ALMANAC OF
ICBC

2021

中国工商银行年鉴

中国工商银行年鉴编辑委员会 ◎ 编

中国金融出版社

责任编辑：张翠华
责任校对：潘　洁
责任印制：程　颖

图书在版编目（CIP）数据

中国工商银行年鉴．2021/中国工商银行年鉴编辑委员会编．—北京：中国金融出版社，2022.8
ISBN 978－7－5220－1708－2

Ⅰ．①中…　Ⅱ．①中…　Ⅲ．①工商银行—中国—2021—年鉴　Ⅳ．①F832.33－54

中国版本图书馆 CIP 数据核字（2022）第 136392 号

中国工商银行年鉴．2021
ZHONGGUO GONGSHANG YINHANG NIANJIAN. 2021
出版
发行　中国金融出版社
社址　北京市丰台区益泽路 2 号
市场开发部　（010）66024766，63805472，63439533（传真）
网 上 书 店　www.cfph.cn
（010）66024766，63372837（传真）
读者服务部　（010）66070833，62568380
邮编　100071
经销　新华书店
印刷　河北松源印刷有限公司
尺寸　205 毫米×280 毫米
印张　52.25
插页　12
字数　1950 千
版次　2022 年 8 月第 1 版
印次　2022 年 8 月第 1 次印刷
定价　285.00 元
ISBN 978－7－5220－1708－2
如出现印装错误本社负责调换　联系电话（010）63263947

董事长　陈四清

董事长致辞

2020年是极不平凡的一年，也是工商银行改革发展进程中值得铭记的一年。面对世纪疫情和百年变局交织的复杂形势，工商银行坚持以习近平新时代中国特色社会主义思想为指导，深入贯彻党中央、国务院决策部署，按照“党建引领、从严治理，客户至上、服务实体，科技驱动、价值创造，国际视野、全球经营，转型务实、改革图强，风控强基、人才兴业”的工作思路，迎难而上，砥砺前行，全面落实金融工作“三项任务”，全力参与“三大攻坚战”，取得了稳中有进、优于预期的经营业绩。

工商银行2020年集团总资产达到33万亿元，实现净利润3 177亿元，比上年增长1.4%；不良贷款率1.58%，保持在稳健区间；资本充足率达到16.88%。本行董事会建议派发2020年普通股股息每10股2.660元，将提交股东大会审议。

这一年，我们统筹推进疫情防控和服务实体，积极践行大行担当。面对突如其来的新冠肺炎疫情，坚持人民至上、生命至上，及时成立应对疫情领导小组和工作专班，因时因势调整防控策略，构筑起抗击疫情的坚固防线。全行累计捐款捐物2.5亿元，2 800余名干部员工毅然奔赴抗疫一线，以实际行动践行伟大抗疫精神。坚决扛起金融保障责任，围绕“六稳”“六保”精准发力，开展支持防疫抗疫、复工复产、稳链固链、外贸外资、湖北武汉等专项行动，人民币各项贷款和债券投资增量均创历史新高。大力发展普惠金融、制造金融、科创金融，持续提升金融服务的适应性、竞争力和普惠性，普惠贷款发放破万亿元，制造业中长期贷款占比、先进制造业贷款占比大幅提高。统筹推进金融扶贫、产业扶贫、消费扶贫，定点帮扶的四县市全部如期脱贫摘帽。

这一年，我们纵深推进改革攻坚和创新转型，着力增强发展动能。围绕服务人民美好生活需要，深入实施“第一个人金融银行”战略，全面提升个人金融服务水平，储蓄存款增量创历史新高，零售银行品牌价值蝉联全球第一。完善综合化业务布局，全方位服务能力进一步增强。将支持国家区域协调发展战略与提升自身竞争力有机结合，优先满足重点区域、重大项目融资需求。加快数字化转型，推进数字工行建设，提高金融可得性、便利性、精准性，助力数字中国建设。智慧银行生态系统工程（ECOS）顺利推进，金融科技赋能效用不断增强。统筹推进绿色金融发展和信贷资产布局，绿色贷款规模保持同业领先。

这一年，我们坚持增量防控和存量处置并举，全面提升风险治理效能。把握和运用系统观念，坚持未雨绸缪、见微知著、亡羊补牢、举一反三，加强风险治理顶层设计，实现风险排查与管理强化有机结合、风险防范与流程再造协调推进，牢牢守住不发生系统性金融风险底线。统筹管好集团全口径信用风险，资产质量保持总体稳定态势，逾期贷款率、关注贷款率实现双下降。扎实做好市场风险和流动性风险管理，交易业务在市场剧烈波动中保持稳健。不断提升资本管理精细化水平，持续增强服务实体经济和抵御风险能力。

这一年，我们持续完善全球机构网络和经营布局，积极服务高水平对外开放。坚持人类命运共同体理念，以国际视野推进全球经营，不断满足客户全球化金融服务需求。新西兰奥克兰分行开业、巴拿马分行获批成立，境外机构网络覆盖49个国家和地区。率先实现大宗商品全流程人民币跨境使用。全面服务进博会、服贸会、广交会，取得务实成果。举办金融合作论坛、全球系统重要性金融机构会议，推动“一带一路”银行间常态化合作机制（BRBR）覆盖61个国家和地区，坚定维护多边金融合作。

2020年是本行三年规划的收官之年。经过持续拼搏，三年规划主要目标任务全面完成，本行市值保持国内金融业第一，连续八年位居《福布斯》全球企业2 000强和英国《银行家》全球银行1 000强榜首，综合实力跃上新台阶。

2020年，本行坚持将公司治理建设作为提升核心竞争力的基础工程，不断增强公司治理稳健性和有效性。设立执行委员会，在行党委领导下具体负责经营管理工作，“党委全面领导、董事会战略决策、监事会依法监督、管理层负责经营”的治理格局进一步完善，公司治理效能进一步提升。

2020年，谷澍先生因工作变动，辞去本行副董事长、执行董事、行长职务。谷澍先生在任期间，恪尽职守，勤勉履职，全面加强经营管理，为本行发展作出了突出贡献。我谨代表董事会，对谷澍先生表示衷心的感谢！我还要代表董事会，热烈欢迎本行新任副董事长、执行董事、行长廖林先生，新任董事冯卫东先生、曹利群女士，新任副行长王景武先生、张文武先生、徐守本先生。期待各位新任董事和管理层成员锐意进取、务实担当，为工商银行高质量发展作出更大的贡献。

2021年是中国共产党成立100周年，是国家“十四五”规划开局之年，也是本行新三年规划起步之年。工商银行将深入学习贯彻习近平新时代中国特色社会主义思想，立足新发展阶段，贯彻新发展理念，坚持稳中求进、防范风险、支持重点、狠抓担当落实，紧密围绕服务构建新发展格局、推动高质量发展安排各项工作，持续为股东、客户、员工和社会创造卓越价值，不断开创世界一流现代金融企业建设新局面，以优异成绩庆祝建党100周年！

董事长：陈四清

二〇二一年三月二十六日

行 长 廖 林

行长致辞

2020年，面对新冠肺炎疫情的冲击和国内外形势中各种不稳定不确定因素，管理层坚决贯彻党中央、国务院决策部署，认真落实“党建引领、从严治理，客户至上、服务实体，科技驱动、价值创造，国际视野、全球经营，转型务实、改革图强，风控强基、人才兴业”的工作思路，围绕金融工作“三项任务”，夯实稳健发展基础、打造转型创新亮点，着力保持经营的稳定性、协调性，取得了好于预期的成果。

坚持稳中求进，全力提升经营质态。在合理让利实体经济的同时，努力挖潜、控本、增效，全年实现来之不易的正增长。集团实现净利润3 177亿元，比上年增长1.4%；实现拨备前利润5 948亿元，比上年增长4.2%。实现营业收入8 827亿元，比上年增长3.2%。各类风险得到有效管控，不良贷款率1.58%，保持在稳健区间。逾期贷款率、关注贷款率均实现下降。逾期贷款与不良贷款的剪刀差首次实现年度为负。拨备覆盖率180.68%。成本收入比22.30%，继续保持在较优水平。

履行大行担当，全力服务实体经济。全面落实“六稳”“六保”任务，认真贯彻逆周期调控政策，保持投融资总量稳定、结构持续优化。境内人民币贷款新增1.88万亿元，同比多增5 491亿元。债券投资较年初增加1.19万亿元，居市场首位。开展支持防疫抗疫、复工复产、稳链固链、外贸外资、湖北武汉等专项行动，为统筹疫情防控和经济社会发展各项工作提供全面的金融保障。落实好延本延息政策，为10万多客户缓释还本付息压力，涉及贷款1.5万亿元。围绕重点领域和薄弱环节优化金融资源供给，提升金融服务的精准性直达性。投向于制造业贷款增加2 229亿元，其中中长期贷款增长46.7%。积极发展数字供应链融资，让优质金融服务惠及更多中小微企业。民营企业贷款增长12.4%，普惠贷款增长58%，推动普惠金融实现增量、扩面、提质、降本。积极推进绿色金融体系建设和服务创新，绿色贷款规模达1.85万亿元。

践行系统观念，全力加强风险管理。完善全面风险管理体系，坚持“主动防、智能控、全面管”路径，落实落细“管住人、管住钱、管好防线、管好底线”四管齐下的风险管理措施，实现对各机构板块、各类型风险的全面覆盖、精准管控。坚持风险出清与流程再造并重，加强“三道口 七彩池”管理，实施授信审批新规，稳步推进信用风险有序化解，持续优化信贷资产质量。清收处置不良贷款2 176亿元，比上年增加289亿元。推进“融安e”系列风控系统建设，打造智能风控品牌。加强市场形势分析研判，动态调整投资交易策略，不断提升市场风险的识别、计量、预警、控制能力，有效应对市场波动。持续抓好操作风险、流动性风险、声誉风险管控。培育涵养合规文化，做好境内外合规管理。

深化战略实施，全力推进转型创新。坚持以客户为中心，完善营销体系，强化政务、产业、消费（GBC）三端联动，进一步夯实客户基础。境内人民币存款（含同业）增加2.48万亿元，创历史新高。重点战略实施效果日益显现，个人金融服务能力、外汇业务服务能力、区域发展服务能力得到全面提升。个人客户总量达6.8亿户，网络金融月活跃客户数在同业中率先破亿。适应资管新规，资产管理、私人银行经营转型有序推进。优化国际化发展策略，提高全方位服务水平，有效满足客户全球化综合化需求。智慧银行生态系统工程（ECOS）顺利推进，IT基础设施水平继续引领同业。加快数字化转型，持续推动核心产品创新、业务模式创新、服务生态创新。积极赋能工业互联网、智慧政务、智慧医疗等领域，共为一万多家合作方提供智慧金融解决方案。

2021年，我国经济长期向好的基本面没有改变。随着新三年规划的实施，本行的经营发展也进入了新时期。我们将牢牢把握经济恢复性增长的特点，运用“三比三看三提高”工作方法，完善“扬长、补短、固本、强基”布局，落实新三年规划各项任务，持续增强金融服务的适应性、竞争力、普惠性，努力以自身的高质量发展、高质量风控、高质量转型，更好支持经济高质量发展。我们有信心，用跨越时空的预判能力和穿越周期的稳健优势，迈好新时期经营发展的每一步，以更加出色的业绩回报广大股东和社会各界的信任与支持。

行长：

二〇二一年三月二十六日

2020年1月19日，工商银行“不忘初心、牢记使命”主题教育总结大会在北京召开。党委书记、董事长陈四清传达习近平总书记在“不忘初心、牢记使命”主题教育总结大会上的重要讲话精神，并对全行主题教育情况进行总结。党委副书记、行长谷澍主持会议，党委班子全体成员、高管出席会议。

2020年2月4日，党委书记、董事长陈四清主持召开全行疫情防控工作视频会议，传达学习习近平总书记在2月3日中央政治局常委会会议上的重要讲话精神，对下一步疫情防控工作进行安排部署。总行党委、高管层成员出席会议。

2020年5月13日，工商银行与湖北省政府采取视频形式签署金融支持湖北复工复产暨推进经济社会高质量发展战略合作协议。陈四清董事长、谷澍行长、王景武副行长出席。

2020年6月16日，工商银行与四川省扶贫开发局、四川省地方金融监管局、凉山州金阳县政府通过视频连线，共同召开工商银行四川金阳支行“云”开业仪式暨支持金阳脱贫攻坚视频会议。党委书记、董事长陈四清宣布四川金阳支行开业，党委委员张文武出席。

2020年6月22日，陈四清董事长在2020财新夏季峰会上发表演讲。

2020年7月1日，总行举办庆祝中国共产党成立99周年暨“七一”党课活动。党委书记、董事长陈四清带领总行党委成员及参加活动的全体党员重温入党誓词。

2020年7月22日，“第一个人金融银行战略”品牌体系发布会在北京举行。党委书记、董事长陈四清出席活动并致辞，党委副书记、监事长杨国中，党委委员张文武，董事会秘书官学清，高级业务总监宋建华参加发布会。

2020年9月22日，工商银行西藏山南、那曲分行同步开业，陈四清董事长、张文武副行长出席开业仪式。

2020年11月6日，工商银行联合人民银行举办金融合作论坛，陈四清董事长出席并致辞，官学清董事会秘书主持论坛。

2020年11月11日，总行在北京举行党的十九届五中全会精神中心组学习暨宣讲报告会。党委书记、董事长陈四清做宣讲报告，党委副书记、行长谷澍就贯彻全会精神和做好全行经营管理工作讲话，党委副书记、监事长杨国中主持会议，总行党委、高管层成员出席会议。

2020年3月27日，总行在北京通过全球电话会议方式，举办2019年年度业绩发布会。谷澍行长、廖林副行长、王景武副行长、官学清董事会秘书、宋建华执行委员出席发布会并回答了现场提问。

2020年10月20日，党委副书记、监事长杨国中出席“工银大学星火学堂”发布仪式。

2020年5月29日，派驻纪检监察组组长、党委巡视工作领导小组副组长王林出席总行党委2020年第一批次巡视进驻动员会。

2020年11月27日—28日，廖林副行长在广西南宁出席中国—东盟博览会和商务与投资峰会开幕大会，并在“中国—东盟金融合作与发展领袖论坛”发表题为“新机遇引领中国—东盟金融合作新格局”的主题演讲。

2020年10月11日—12日，王景武副行长赴福建分行调研期间，走访当地民营企业，就提升民企金融服务能力深入开展调研。

2020年8月28日，张文武副行长出席“环球撮合荟”跨境撮合平台发布暨2020年中国·马来西亚中小企业（线上）跨境对接会并致辞。

2020年11月13日，徐守本副行长出席2020年普惠金融客户经理线上技能大赛总决赛并致辞。

2020年1月2日，王百荣首席风险官出席风险管理工作汇报会，安排部署2020年风险管理工作。

2020年9月23日，官学清董事会秘书主持召开国际化联席暨境外机构管理修订工作会议。

2020年12月18日，熊燕高级业务总监与来访单位商讨合作事宜。

2020年6月4日，宋建华高级业务总监赴北京金融街支行调研智慧银行建设情况。

2020年，全行坚决贯彻打好疫情防控阻击战部署，急事急办、特事特办，做好疫情防控重点企业金融服务。疫情发生后，第一时间对接雷神山、火神山医院建设施工企业，及时发放融资，确保企业资金充裕，项目提前完工。图为火神山医院建设现场。

2020年，面对疫情影响，全行上下克服困难，坚守岗位，保证金融服务不断档。图为疫情发生后，湖北分行干部员工勇于担当，全力做好重点客户金融保障工作。

2020年，面对疫情带来的挑战，全行围绕重点领域疫情防控企业，开辟绿色通道，加强融资支持。图为2020年2月5日浙江嘉兴海宁支行上门走访当地口罩、防护服面料生产企业，给予企业优惠利率贷款，缓解企业资金压力。

2020年，全行落实“六稳”“六保”要求，深入开展“春润行动”，加大对中小微企业的支持力度。福建分行创新推出“陶瓷贷”，支持制陶企业渡过难关。

2020年，全行贯彻打赢脱贫攻坚战部署，创新服务模式，加大资源投入，全力以赴做好收官阶段扶贫工作。图为内蒙古分行成立工银乌兰牧骑，将金融服务送入田间地头、千家万户。

2020年，全行积极践行大行责任和担当，切实做好防汛救灾金融服务。图为江西分行慰问上饶、九江抗洪抢险的解放军及武警官兵，并组织“流动银行车”为部队官兵提供上门金融服务。

2020年，全行落实“第一个人金融银行”战略，加快非接触式服务创新，积极拓展服务触点。图为6月19日“工银星空间”线上直播平台以房贷利率转不转LPR为主题开展直播。

2020年，全行落实打造“境内外汇业务首选银行”战略部署，发挥资本市场跨境投资服务领先优势，加快创新步伐。11月4日，由工商银行担任存托人的我国首单存托凭证（CDR）——九号公司股票成功发行上市。

2020年，全行坚持科技驱动、价值创造，加快推动数字化转型。图为自主研发的“工数小e”巡查机器人正在对机房设备及环境进行自动检测，大幅提高运维效率。

2020年，全行加快5G智慧网点建设步伐，打造网点生态融合创新场景，以智慧金融引领未来发展。图为2020年9月新一代5G智慧银行骨干网点——南京科技支行营业部投入试运行。

2020年，全行完善消费者权益保护制度，保障服务品质，展现大行形象。图为2020年6月11日广东分行积极开展“6·14信用记录关爱日”活动。

2020年，全行加大“绿色金融”宣传力度，推动实现人与自然的和谐共生。图为2020年6月21日辽宁分行开展保护母亲河公益志愿活动。

2020年，总行组织青年志愿者，分别赴青海西宁、四川金阳、西藏拉萨开展“看见公益 守护‘睛’彩”“爱目行动”第6季公益活动，为贫困地区儿童进行视力筛查，守护儿童视力健康。

北京分行支持建设的北京2022年冬奥会国家速滑馆“冰丝带”。

山西分行牵头筹组的全国铁路系统首单债务优化业务——大西铁路项目营运期银团贷款，支持大西铁路建设。

江苏分行牵头筹组银团贷款，支持我国单套规模最大的炼化一体化项目。

山东分行为威海某公司“全球打印机产业园区”项目提供信贷支持。

海南分行支持建设的第六届亚洲沙滩运动会场馆。

广西分行支持的广西长洲水利枢纽项目。

重庆分行重点支持的重庆京东方显示技术有限公司第6代AMOLED（柔性）生产线项目。

贵州分行支持的黔西林泉镇海子村，从曾经的“烂泥塘”蜕变成贵州省十佳美丽乡村“网红花园村”。

青海分行通过固定资产融资支持素有“黄河第一坝”之称的龙羊峡水电站发展。

河北雄安分行支持建设的雄安高铁站。

工银租赁向中远海特交付的首艘多用途纸浆船在“中国杨浦港”注册，这是在海南自由贸易港登记注册的第一艘国际航行船舶。

目　录

第五部分　境外机构与子公司经营

第六部分　重要文献

第七部分　大事记

第八部分　附　　录

第一部分

党建工作与公司治理

责任编辑：张海明

疫情防控和金融保障

新冠肺炎疫情发生以来，工商银行党委从全局高度深刻认识做好疫情防控的极端重要性，增强“四个意识”、坚定“四个自信”、做到“两个维护”，坚决服从党中央统一指挥、统一协调、统一调度。坚持全盘谋划和精准施策相结合，以坚决的态度、周密的措施、有力的行动，快速落实党中央、国务院决策部署，毫不放松推进常态化疫情防控，统筹做好金融服务，务实践行守土担责、守土尽责，全力保障了员工健康和经营发展，有力支持了实体经济，在特殊时期充分展现了大行责任担当。

一、加强领导，建立上下协同运转高效的疫情防控机制

（一）坚持全行“一盘棋”，加强统一指挥领导。疫情发生后，第一时间成立党委书记任组长，党委委员、高管任成员的总行应对疫情工作领导小组。第一时间学习传达党中央、国务院疫情防控工作相关会议精神，分析研判疫情态势，对全行疫情防控工作进行总体谋划和统一部署，因时因势因事制定和调整疫情防控安排。境内外各级机构均成立了疫情防控工作领导小组，全行搭建起上下贯通、条块畅达、反应敏捷、协同高效的防疫指挥领导体系，时刻保持应激状态，确保快速响应党中央、国务院决策部署，及时有效应对各种突发情况。

（二）抓住责任“牛鼻子”，建强防控责任体系。准确把握疫情防控阻击战、持久战、人民战等特点，牢固树立“疫情就是命令，防控就是责任，责任重于泰山”的观念，以拧紧责任链条为根本，构建不漏一处不漏一人的责任网，织牢全覆盖无死角的疫情防控网。一是强化主体责任。压实境内外各级领导班子的主体责任，“一把手”负总责、总负责，严格执行总行部署和属地要求；总行党委办公室、人力资源部、运行管理部、国际业务部等部门按照职责进行统筹指导。二是压实“四方责任”。明确行领导和高管、总行部门和分行负责人、处级干部、员工“四方责任”，按照“逐级负责、精准到人、全面覆盖”原则，推动每项工作和每个环节都有人负责、有人担责，防止责任悬空、管控缺失。三是从严监督问责。加强疫情防控工作监督检查和问题整改，对疫情防控中履职不力、违规违纪人员严肃问责。

（三）推进管理“网格化”，完善各项工作机制。实行“横到边、纵到底、全口径、无缝隙”网格化管理，推进全域、全员、全流程、全时段的立体防控，不断完善工作机制，将大量细致入微的具体工作规范化、流程化、信息化，提高精细化管理水平和效率。一是建立监测预警机制。实行全口径人员常态化健康监测和预警，局地阳性病例出现后，第一时间组织摸排，掌握员工及同住人员重点区域居住史、到访史和接触史，落实核酸检测和居家隔离等措施。搭建数字化健康监测平台，提高信息收集效率。二是建立应急处置机制。总行制订《总行本部疫情防控应急处置方案》《总行办公大楼网格化封闭管理应急预案》，组织各机构、各条线制定相关应急预案，提前做好隔离、环境消杀、关键岗位AB角、弹性工作制等安排。总体上，境内外机构出现确诊病例后都进行了妥善应对，保证了办公连续和业务连续。三是建立政策传导机制。通过视频会议、微信工作群等多种方式实时传导防疫政策要求，确保员工及时准确知晓。四是建立信息报送机制。建立防疫专班向领导小组、分支机构向总行等各类报告制度，明确报送内容、路径、时限，第一时间掌握员工确诊、成为密接等重要情况，第一时间采取应急措施。五是建立应急物资保障机制。实行境内外一体化的防疫物资保障机制，疫情初期组织全行特别是境外机构采购急需物资1 200万件，疫情全球蔓延后建立“一省对数国”对口支援机制，为境外机构累计采购各类防疫物资70万件，有力地保障了抗疫需要。

二、盯紧关键，严慎细实做好疫情防控各项工作

（一）加强总行本部和在京办公机构疫情防控，全力维护首都安全稳定大局。严格服从首都防疫安排，制定《防疫期间安全办公指南》等制度，以更高标准、更实措施推进在北京机构疫情防控。一是管好场所。严格办公场所安全管理责任制，对总行本部、北京分行及19处在京机构办公场所，逐一明确防疫牵头机构和牵头责任人，严格落实防控责任。突出抓好总行本部园区管理，强化消毒杀菌，严格访客管理，严控传播风险。二是管好人员。按照稳慎管理原则加强员工管理和行为约束，根据北京市政策动态调整员工进出京、居家隔离等措施。对第三方人员持续实行体温实时监测、“两点

一线”轨迹管理、非必要不出京、集中住宿等措施。动态发布8版《疫情防控人员管理政策汇编》。三是管好会议活动。从严控制现场会议和活动数量，控制会议规模，通过严格验码测温、会场消杀等措施降低聚集风险。四是管好集体用餐。控制食堂就餐人员密度，实行分散用餐或错峰用餐，根据疫情变化采取了取消堂食盒饭送餐、部分堂食、分时错峰隔座就餐等措施，并持续强化餐饮加工和运送管理，保证冷链食品采购安全，提供放心餐饮。五是管好审批。在“非必要不出京”“非必要不举办会议活动”“非必要不来访”等政策下，对确有必要的事项提级审批，特殊情况行领导审批。

（二）加强重点时期、重点区域的疫情防控，全力完成好阶段性任务。一是众志成城打好武汉疫情阻击战。2020年1月下旬到4月初，以武汉市及湖北省为主战场，以非常之举应对非常之难。总行领导靠前指挥，随时连线、实时指导，帮助特事特办、坚定信心。湖北分行建立了履责联动、防疫保障、排查监测、员工关爱、值班轮岗、应急服务、突发处置、安全办公、居家防疫9项机制，明确了“12个必须、4个禁止、8个确保”，实施了拉网式滚动排查监测、日报告时报告、宿舍区包院包户24小时值守、一对一心理疏导等措施。二是盯住零星散发疫情抓好重点区域防控。对发生疫情地区机构重点指导，特别关注云南、黑龙江、内蒙古等疫情多发地区和口岸城市机构，专题听取汇报，督导责任落实。三是加强重点时期疫情防控。做好重要节日、全国两会等重要活动期间防疫安排，保障重点时期平稳运行。

（三）加强营业网点疫情防控和服务管理，全力构筑严密防线。一是做好统筹安排。总行制定《疫情防控期间网点安全营业提示30条》《常态化疫情防控期间网点安全营业指南》等，网点严格落实营业前准备、营业中防护、营业后监测及测温、验码、登记、限流、一米线等常态化防护措施。严格驻点保安、平台值守和押运守护等外包人员管理。二是加强动态监测。每日监测全行营业网点及后台中心因疫情停业和人员隔离情况，确保底数清、情况明，为特殊情况应对处置和支持保障做好准备。三是保障服务连续性。明确重要岗位AB岗备份和应急轮岗排班安排，总行清算、集约运营中心建立同城+异地多场所业务备份机制，持续启动热备运行模式，实现人员场地双备份；分行业务处理、风险监控、现金营运中心严格落实防控要求，细化多班轮换、重点岗位备份、机动队伍等应急机制。持续为医院等疫情防控单位提供上门收款服务；严格执行现钞收支两条线管理，坚持开展现金、库房、设备全面清洁消毒，让客户用上“安心钱”。

（四）加强境外机构疫情防控，全力保障员工及随任亲属安全健康和业务平稳运营。一是分类制定境外防疫策略。按照所在国家和地区疫情严重程度，将境外机构分成红、橙、黄、蓝4类，对应发展期、暴发期、平缓期及其他4类，分类施策、动态调整。制定《境外机构疫情防控措施自查清单》，定期组织自查，查漏补缺。二是强化日常对接支持。建立专门团队与境外机构7×24小时联动沟通，实施境外机构日报、周报机制和负责人对接机制，指导境外机构做好防疫物资配置，做好通航、出入境及疫苗接种的动态跟踪。对正在医治或隔离的员工及其家人，努力争取医疗资源，提供必要帮助。三是全面防控次生风险。指导境外机构强化资产负债管理、资产质量管理和业务经营管理，做好业务运营应急灾备演练和业务连续性安排，严防疫情次生风险。四是加强境外回国人员管理。根据疫情防控态势，动态调整外派员工和家属回国（境）指导政策，细化境外人员远端防控和回国管理，尽量减少感染风险，防止疫情外部输入。

（五）加强员工关心关爱。统筹做好员工健康管理、医疗救治、人文关怀，通过发放物资、心理辅导等多种方式关心慰问员工，做好特殊时期暖人心、聚人心工作。一是加强员工关心慰问。疫情初期，行领导向湖北分行全体员工发送慰问信。2020年10月，湖北分行召开表彰大会，对46个战疫先进基层党组织和集体、151名优秀共产党员和先进个人予以表彰。二是加强员工防疫保障。疫情暴发后，湖北分行第一时间为下沉社区、坚守岗位的员工发放津贴补助，为一线员工落实染疫健康保险和住院补贴，对600余名从事一线医护工作的员工家属给予特别关怀，为因“封城”无法回家的98名外地员工送上生活物资。三是加强员工心理疏导。各机构广泛通过开展“安心隔离、健康防疫”等线上培训活动，做好集中隔离、居家观察人员心理疏导，必要时开展一对一心理咨询，帮助员工缓解焦虑和恐慌。四是做好境外机构员工关爱。做好各境外机构公共卫生体系建设，聘请外部咨询公司为外派员工及随任家属提供心理健康服务。健全完善福利保障体系，向外派员工发放抗疫慰问补贴。五是做好员工疫苗接种。提早动手，抢占稀缺疫苗资源，早在2020年10月底即组织总行重点人群接种新冠疫苗。

三、统筹推动，全面加强抗疫融资支持和服务

（一）聚焦疫情防控相关融资需求，加大对重点领域和薄弱环节支持力度。实施助力复工复产的“春润行动”，突出加大对企业复工和扩大生产的支持。2020年4月，出台支持湖北复工复产和经济社会发展的“23条”措施。圆满完成抗疫特别国债投资工作，实现一级市场中标规模2 233.60亿元，市场占比22.3%、排名第一，领先第二名近300亿元。一是突出保障三类企业。重点企业方面，2020年重点围绕金融抗疫和企业复工复产，持续优化新增信贷投放，向七大类重点领域

的6.9万户企业提供全口径融资2.7万亿元，其中发放贷款2万亿元。小微企业方面，推出贷款利率优惠、手续费减免、无还本续贷、贷款展期延期等多项服务，创新“抗疫贷”“开工贷”等专项贷款产品，为防疫抗疫小微企业、复工复产小微企业解决融资难题，助力40余万小微企业复工复产。受困企业方面，逐笔排查受困企业存量融资，制订预案，审慎合理采用展期、续贷、再融资等方式做好接续安排；对受疫情影响较大的制造业、批发零售、住宿餐饮、旅游、物流等产业，坚持不抽贷、不断贷、不压贷。二是实施专项计划管理。对受疫情影响较大的地区、行业、普惠和民营贷款单列信贷规模，对制造业、普惠、绿色、科创、乡村振兴等重点品种设置专项计划和实施内部资金定价优惠，保障重点贷款投放需求。三是提高应急融资审批效率。疫情暴发后，迅速开辟审批绿色通道，对直接参与疫情防控的“五医”企业，实现业务随报随审；对重点企业实施名单制，简化集体审议程序；对直接参与疫情防控的重点客户新增风险限额，通过特别授权加快审批。

（二）持续让利实体经济，落实纾困帮扶等疫情防控支持政策。一是做好信贷优惠利率精准支持。对人民银行名单内企业新发放贷款实施价格优惠，2020年高效完成1 169户重点企业334亿元再贷款资金的投放工作，专项再贷款额度使用率近100%，平均贷款利率仅2.42%。二是认真落实延期还本付息政策，减轻企业还息压力。2020年以来，对符合条件的中小微企业、个体工商户以及湖北境内的各类企业贷款，通过调整结息周期、展期等方式，缓释还本付息压力，涉及客户10万户、贷款14 952亿元。

（三）持续优化个人客户金融服务。一是明确服务总体原则。坚持特事特办、急事急办，优先保障社会民生领域服务，重点加强对医护人员、抗疫工作人员、感染患者等客户服务。第一时间推出疫情期间个人账户应急服务10条措施，从快从简为客户办理业务。二是落实灵活还款政策。对疫情期间不便还款的抗疫工作者、病患及其家属等群体提供延期还款服务，不计逾期、不收罚息、不报征信；疫情高峰期紧急推出定期存单到期自动延期服务，合理延长贷款延期待扣参数，暂停逾期贷款催收。三是做好抗疫保险服务。为湖北疫情防控医护人员免费提供每人100万元的人身保险和相应治疗补助金；专设理赔特案快速处理机制，针对感染新冠病毒的出险客户按高优先级处理，24小时受理、全电子化理赔。四是及时完善信用卡服务。暂免湖北省办卡人境内跨行ATM取款等手续费，减免湖北地区所有个人客户及“疫情相关四类特定客群”信用卡挂失服务手续费。对湖北分行客户统一提供延期还款服务，对“疫情相关四类特定客群”冲销相关息费、调整征信记录，对受疫情影响暂时失去收入来源的客户延长还款期限。建立快速处理机制，简化流程加快审批相关公务卡及个人信用卡发卡、调额等业务。

（四）持续强化线上金融服务支持，确保服务渠道通畅。努力保障手机银行、网上银行、远程银行、微信银行等线上渠道稳定有序运行，满足人民群众金融服务需求。畅通线上公益捐款通道、急事急办绿色通道，放开手机银行、网上银行线上小额支付系统业务限额，高效搭建单位银行结算账户防疫开户和全球支付“绿色通道”，保障捐款、医疗物资应急采购等款项及时支付。

（总行党委办公室）

助力打赢脱贫攻坚战

2020年，全行上下深入贯彻党中央、国务院决策部署，坚决落实监管机构扶贫领域政策要求，搭好金融助力脱贫攻坚顶层架构、布局多领域金融扶贫体系、紧抓精准扶贫贷款投放、聚焦扶贫小额信贷产品、做好定点扶贫及疫情防控工作、丰富金融扶贫工作形式、延伸金融扶贫服务渠道、讲好工行扶贫故事，在金融扶贫领域取得较好成绩。

一、纲举目张，搭好金融扶贫顶层架构

工商银行于2016年成立了由党委书记任组长，多名党委成员和高管任副组长的金融（定点）扶贫工作领导小组，将金融助力脱贫攻坚工作作为一把手工程，坚持全行“一盘棋”统筹推进。2020年以来，全行通过党委中心组学习、视频会议、非现场传签和现场会议等方式，召开6次专题会议，全面分解监管机构脱贫攻坚领域各项工作要求，推动决胜期金融助力脱贫攻坚各项工作高质量完成。

二、有的放矢，紧抓精准扶贫贷款投放

高度重视精准扶贫贷款投放，向贫困地区、人口倾斜信贷资源，通过激励先进、督导后进、管控容易波动的薄弱环节等方法，实现精准扶贫贷款拉动式发展。截

至2020年末，全行精准扶贫贷款余额2 006.57亿元，较年初增加335.55亿元，增速为20%，完成全年计划的559%。高质量完成银保监会“努力实现精准扶贫贷款余额持续增长”的监管要求。自脱贫攻坚战以来，全行累计投放精准扶贫贷款4 340亿元，累计带动服务贫困人口3 714万人次。

截至2020年末，在“三区三州”135个深度贫困县各项贷款余额238亿元，较年初增加37亿元，增幅18.64%。在“三区三州”深度贫困地区存贷比为40.05%，较年初增加6.43个百分点，增幅19.14%。达到银保监会“努力实现‘三区三州’深度贫困地区各项贷款平均增速高于所在省份贷款增速”和“力争2020年各深度贫困县存贷比有较大提升，尽快达到全国平均水平”两项指导性工作要求。从分行看，在“三区三州”深度贫困地区设立机构开办存贷款业务的甘肃、四川、新疆和云南四家分行，在“三区三州”深度贫困县贷款增速分别超过本分行各项贷款增速26.11个、17.81个、7.09个和6.69个百分点；存贷比分别较年初提升13.04个、4.15个、3.15个和12.12个百分点。相关分行在“三区三州”的贷款增速和存贷比指标均全面高质量完成各项要求。

三、突出重点，聚焦扶贫小额贷款产品

一是做好政策的传导落地。按照银保监会等四部委联合印发的《关于进一步完善扶贫小额信贷有关政策的通知》的有关要求，第一时间制定并在全行范围内印发《关于进一步做好扶贫小额贷款工作的通知》，推动各分行加大贷款投放力度，扩大产品支持范围，将返贫监测对象中具备产业发展条件和有劳动能力的边缘人口纳入扶贫小额贷款支持范围，实现贷款投放。二是持续监测推动全行开展扶贫小额贷款业务。根据扶贫小额贷款信贷政策要求，组织15家扶贫小额信贷业务重点分行普惠部主要负责人，召开专项指导会议。传导监管及总行文件精神，对存量贷款逐一分析解决问题，并提出下一步发展要求。三是充分运用金融科技优势，探索线上扶贫小额贷款的办理模式，创新推出“线上扶贫小额贷款”产品，在大数据支持下做好贫困户的精准对接和风险管控，提高贫困人口获得金融服务的效率。产品上线一个月内，实现白名单导入128户，主动向贫困人口授信483万元。2020年，实现扶贫小额贷款投放2.58亿元，向5 986户贫困户提供了扶贫小额信贷服务。

四、攻坚克难，做好定点扶贫各项工作

在决战决胜脱贫攻坚收官之年，领导小组坚持高标定位、自我加压，努力克服疫情影响，强力推进定点扶贫工作，定点扶贫责任书各项指标完成率全面超过200%，6项指标中5项位列同业第一。新设金阳支行，实现四县（市）机构全覆盖，在金阳增设3个助农取款点，进一步提升金融服务的覆盖面和可得性。消费扶贫方面，组织全行开展“春暖行动”“金秋行动”，实现购买贫困地区农产品5.4亿元，帮助销售贫困地区农产品73.8亿元；扶贫培训方面，组织“工行筑梦”定点扶贫人才振兴培训计划，以“现场+远程”的培训方式累计培训各类技术人员6.8万余人。开展基层干部“云培训”，邀请中央党校、中国社科院的专家学者为四县（市）基层干部授课，累计培训3.6万人；引入资金方面，点对点帮扶成效显著，北京、上海、广东、浙江累计向定点扶贫四县（市）引进无偿帮扶资金4 300余万元。11月，帮扶的深度贫困的四川省凉山彝族自治州金阳县获批退出贫困县序列。至此，工商银行定点帮扶的四川通江、南江、万源、金阳等四县市全部实现脱贫摘帽。

五、多措并举，为贫困地区、人口提供金融服务

（一）线下服务渠道持续延伸。结合贫困地区，特别是“三区三州”深度贫困地区客户实际需求，扎实开展贫困地区渠道建设及优化调整，贫困地区线下服务渠道持续延伸。截至2020年末，在832个国定贫困县中的558个设有网点1 096家，较年初净增21家；设有自助银行2 654家、ATM 6 138台，全年分别新投入256家和793台，其中贫困地区ATM占全行ATM总量的8.4%，较年初增加1.4个百分点。在贫困地区的线下渠道整体覆盖率为67.1%，较年初提升2个百分点。全行在“三区三州”深度贫困地区共设有网点115家，较年初新增7家；覆盖62个深度贫困地区，深度贫困地区覆盖率29.7%，较年初提升2.4个百分点。

（二）线上服务渠道全面铺开。充分利用金融科技手段，在多个线上平台搭建扶贫专区，进一步将金融服务渗透到贫困地区，扩大服务覆盖面。一是依托“融e购”平台，对内做好各层级机构扶贫商品采购，对外开展扶贫共建，全力做好贫困地区农产品销售，持续做好电商扶贫工作。截至2020年末，融e购累计发展扶贫商户4 257户，覆盖全国22个省市区的701个国贫县，较2019年末增加覆盖208个县；当年累计扶贫交易额45.6亿元，同比增长6.6倍；与政府部门、大型央企、龙头企业等300个单位开展扶贫共建合作，为贫困地区引项目、引资源。二是持续优化手机银行美好家园版。面向县域城镇居民、农民、小微企业主，提供“惠民、惠农、惠商”三大类专属金融服务，更精准地满足县域客户的差异化金融服务需求。截至2020年末，已累计在全国34家分行1 509家县域机构上线，覆盖全行300家重点县域。三是依托工银大学直播平台策划实施“工e课堂”直播培训。面向融e购扶贫商户、分

行相关营销人员，以银商联动、惠农扶贫为主题开展系列直播培训13期，覆盖了500多家融e购国贫县扶贫商户及分行相关营销人员。四是在融智e信平台开设“扶贫专区”模块，筛选并发布东西部扶贫协作信息，推动东西部分行加强在扶贫领域的合作。截至2020年末，累计筛选发布各行报送东西部扶贫协作信息超过200条。五是发挥“工银e生活”平台价值，拓展消费金融、生活场景等综合线上服务，通过自有货架为贫困地区打通线上线下农产品营销渠道，并提供宣传推广、促销活动、物流售后等全链条服务支持。先后推出商品预售、团购、满减活动、直播、扶贫故事与商品推荐等多种营销模式。截至2020年末，当年交易笔数达6万笔，总计营销金额超过300万元。

六、开拓进取，创新金融扶贫模式

持续创新金融助力脱贫攻坚的手段方法，探索金融扶贫的可持续发展模式。一是推动“银行+保险+期货”扶贫模式的实施及升级。在定点帮扶四县落地“银行+保险+期货”项目，覆盖玉米、豆粕用量同比增加1倍以上；惠及农户和建档立卡户人数分别为上年的6.6倍和5.4倍。二是创新开展跨境联动金融扶贫工作，为贫困地区引入境外优质资源。一方面，推动多方公益资源落地定点扶贫县市。引入外部捐赠资金456.42万元人民币；境外机构采购或推动客户采购扶贫农产品168万元；工银亚洲向达州川投燃气发放贷款5 000万元，东京分行向凉山州西昌电力发放贷款3 000万元；组织境外机构为南江县长赤镇傅家小学开展线上英语教学活动。另一方面，为贫困地区企业搭建跨境招商融资桥梁。举办凉山州国际产业招商推介会、境外资本市场融资业务推介会两场线上推介活动，为百余家四川企业搭建招商及融资对接平台。此外，成功推动汇丰、渣打等多家外资同业通过助学捐赠、开展培训等方式为帮扶县市投入扶贫资源120万余元。在环球撮合荟跨境撮合平台的扶贫与社会责任板块，发布贫困地区扶贫协作共享信息，为贫困地区招揽外资。三是继续开展贫困大学生专项招聘工作和扶贫干部选派工作，做好贫困地区“扶智+扶志”工作。截至2020年末，合计已签约贫困大学生2 519人，其中2020年贫困大学生招聘477人，超额完成贫困大学生专项招聘计划。全行共有1 406名专职扶贫干部交流任职开展扶贫工作，其中2020年当年选派228名。四是开拓消费扶贫新模式，助力贫困地区产品销售。将全行重点战略和重点工作推进同消费扶贫有机结合起来，先后开展了5次专业知识答题活动，活动奖品均为扶贫产品；将健步走活动奖励调整为机关工会统一采购扶贫产品；在疫情常态化防控背景下，将过去集中办运动会的形式调整为线上运动会，以扶贫产品为活动奖励。截至2020年末，总行机关通过工会统一采购及个人参与消费扶贫等形式，累计购买1 000多万元扶贫产品。

七、全面布局，大力开展扶贫宣传

在行内树典推优，营造人人要扶贫的氛围；在外部巩固工商银行大行担当的社会形象。一是向政府监管部门主动、定期汇报。向监管机构报送金融扶贫工作总结、精准扶贫信息专报等20篇，人民银行金融扶贫专刊作专题报道；梳理总结行内发展特色产业带贫益贫先进经验，向人民银行和银保监会报送《中国工商银行产业扶贫案例汇编》。二是开展“金融扶贫工行情”主题宣传，利用传统纸媒、新兴网络社交媒体，通过接地气、有温度的报道，讲好工行扶贫故事，各类媒体刊发工商银行助力脱贫攻坚报道超1.3万篇次；央视《走村直播看脱贫》对工商银行定点扶贫工作进行1小时直播报道；国务院扶贫办唯一主办杂志《中国扶贫》，以20页的专题报道全景式展示工商银行扶贫工作亮点和成效；面向农村留守儿童的公益项目“童行人计划”新浪微博话题累计阅读量超2亿人次。在喜马拉雅官方电台扶贫节目报道，累计收听量超过1 000万。三是对内总结扶贫工作经验，树典推优。通过官方微信、微博连载金融扶贫成效案例，并做好全行范围的脱贫攻坚评选表彰。四是金融支持脱贫攻坚工作受到社会各界的认可与好评。在全国金融五一奖（扶贫专项）评选表彰推荐中，所推荐的2个全国金融五一劳动奖状、1个金融先锋号、6名全国金融五一劳动奖章候选人员（机构），均获得全国金融工会表彰；2019年、2020年连续两年“中国网之优秀金融扶贫先锋榜”评选活动中被评为“优秀扶贫先锋机构”；2020年获评新浪财经“年度金融扶贫最佳模式奖”；融e购电商扶贫荣获中国网络金融联盟2020年银行数字化转型社会责任类“最佳金融抗疫服务奖”。

（总行普惠金融事业部）

党建工作

一、系统党建

2020 年，全行坚持以习近平新时代中国特色社会主义思想为指引，全面贯彻落实新时代党的建设总要求和新时代党的组织路线，坚持“党建引领、从严治理”，推动全行党建工作在继承中发展、在创新中提质，以高质量党建引领高质量发展。

（一）旗帜鲜明讲政治，把党的政治建设深度融入经营管理全过程。坚持把加强党的政治建设摆在首位，把“两个维护”作为最高政治原则和根本政治规矩，全面贯彻落实到党的建设和经营发展全过程。

一是把讲政治体现在履行管党治行责任上。坚持党对金融工作的全面领导。贯彻落实《中共中央关于加强党的政治建设的意见》，严格执行向党中央请示报告制度，制定印发《关于严格执行向党中央请示报告制度的若干措施》，进一步把政治纪律和政治规矩立起来、严起来。严肃开展党内政治生活。举办庆祝中国共产党成立 99 周年暨“七一”党课活动，党委书记以“旗帜鲜明讲政治”为题讲授专题党课。召开 2020 年党建工作座谈会。对全行深入学习贯彻党的十九届五中全会精神、落实新时代党的组织路线、纵深推进全面从严治党从严治行进行具体部署。深入推进全面从严治党。制定《关于贯彻落实新时代全面从严治党要求的意见》《中国工商银行党委全面从严治党主体责任清单》，指导各级党组织建立和落实责任清单，完善党风廉政建设责任制实施办法，进一步做好建章立制。

二是把讲政治体现在对标党中央决策部署上。推进党的领导和公司治理有机融合。完善党委和公司治理主体协调运转机制，修订党委工作规则，设立执行委员会，在党委领导下具体负责经营管理工作，将董事会、监事会、执委会工作情况汇报纳入党委“三重一大”事项，进一步完善“党委全面领导、董事会战略决策、监事会依法监督、管理层负责经营”的治理格局。强化党委领导作用发挥。2020 年，总行党委共召开 91 次党委（扩大）会议，研究贯彻习近平总书记重要讲话和重要指示批示精神的具体措施，审议全行党的建设和经营发展重大事项。建立健全落实习近平总书记重要指示批示精神和党中央决策部署的工作机制，梳理 2019 年以来全行贯彻落实习近平总书记重要指示批示精神情况，逐项明确责任机构、落实时限和工作成果，强化跟踪督导，狠抓落实落地。将贯彻落实体现在具体行动上。把做好疫情防控、支持实体经济、决胜脱贫攻坚作为落实“两个维护”的重大检验，围绕“六稳”“六保”大局，以支持复工复产的“春润行动”、支持稳外贸稳外资的“春融行动”、支持消费扶贫的“春暖行动”“金秋行动”为抓手，创新服务、精准发力，2020 年累计提供全口径融资 3.7 万亿元，普惠贷款较年初增长 58%，4 个定点扶贫县全部脱贫摘帽。

（二）抓好党的创新理论武装，推动习近平新时代中国特色社会主义思想入脑入心。将学习贯彻习近平新时代中国特色社会主义思想作为首要政治任务，推动全行持续深化创新理论学习，为全面加强党的建设固根守魂。

一是发挥党委示范带动作用。建立“第一议题”机制，每次习近平总书记发表重要讲话、中央召开重要会议或印发重要文件后，及时组织传达学习。加强党委理论学习中心组学习，2020 年，总行党委共开展学习 34 次，集中学习研讨 19 次，围绕决战决胜脱贫攻坚、贯彻落实“两会”精神、民法典、香港国安法等专题深入交流；开展总分行三级联学，各一级机构党委中心组学习 540 余次。带头做好全会精神宣传贯彻。深入学习贯彻党的十九届四中、五中全会精神，总行党委书记带头宣讲，总行和各级党委班子积极宣讲宣传，举办专题培训班，扎实推进轮训工作，实现处级以上干部十九届四中全会精神轮训全覆盖。带头巩固和深化“不忘初心、牢记使命”主题教育成果。制定全行巩固深化主题教育成果的具体措施和总行党委工作安排，扎实做好整改整治“后半篇文章”，推动全行各级党组织累计完成主题教育整改事项 4.58 万项，有效解决一批群众反映强烈的操心事、烦心事、揪心事，健全查改问题长效机制，推动践行初心使命常态化、制度化。

二是开展常态化思想政治教育。抓好日常学习教育。通过开通“学习强国”订阅号、打造“线上讲习所”，编制发放“口袋书、微课件、教育片”等多种形式，确保理论学习融入日常、抓在经常。开展廉洁文化基地和红色金融文化基地建设，促进党的理论教育和党性教育入脑入心。抓好意识形态工作。制定宣传思想文化工作和意识形态工作责任制实施细则，在总行本部开展意识形态工作责任制情况专项检查，强化落实意识形态制的使命责任。深化思想政治调研，打造“思政微课堂”，提高领导干部思想政治工作能力。推动文明创建融入经营发展，全行25家单位成功创建第六届全国文明单位，现有“全国文明单位”成功突破百家。抓好基层宣传引导。开展“战‘疫’工行人 温暖在身边”主题宣传，发布信息5万余条，推出“工行榜样直播间”，收看达19万人次，助力全员同心抗疫。开展红色金融文化主题活动，打造红色金融文化“七一成果”，建党100周年献礼。通过编制微课、一图读懂等资料，依托晨会直通车、工银大学等渠道，开展总行党委“48字”工作思路宣传，推动总行党委战略传导落地。

三是注重发挥党校主阵地作用。健全党校制度办法，推动分行党校规模达38家，“行外合作+行内开发”方式设立一批党性教育基地，评选党校好课程，出版《干部教育读本》，进一步完善党校办学体系。将习近平新时代中国特色社会主义思想作为各级党校的主课和必修课，通过线上线下相结合的方式，分级分类做好党员干部经常性培训。2020年，总行党校举办领导干部进修班、二级分行负责人培训班、中青年干部培训班等12期面授培训班，创新举办“党校直播课堂”12期，各级党校通过线上线下共培训63万人次。

（三）树牢大抓基层的鲜明导向，完善全行组织体系建设。全行各级党组织深入贯彻党支部工作条例、国有企业基层党组织工作条例等党内法规，聚焦国有企业基层党建工作重点任务，细化措施、抓好落实，打造上下贯通、执行有力的组织体系。

一是优化组织设置，推动全面覆盖。注重打基础，持续完善组织设置。大力推进党支部标准化规范化建设，按照“支部建在网点”“支部建在部门”的原则，加快推动符合条件的机构设立独立党支部，2020年以来，全行基层党组织从年初的2万个增加到2.3万个；成立驻港机构、驻澳机构党委，境外机构党组织从年初的45个增加到54个，实现了党的组织全覆盖。注重提效能，统筹推进组织工作。聚焦机关、基层、子公司和海外党建工作，召开全行机关党的建设工作会议，编写《基层党组织工作手册》，组织“党课开讲啦”、党建课题研究等活动，指导基层党组织探索“党建+”特色党建新模式，打造“智慧党建云平台”，推动党建工作与业务发展相融共促。推动符合条件的境内综合化子公司党建入章，把党的领导融入公司治理各环节的要求向下延伸、向基层拓展。推动境外机构到离任制度落实，严格执行“五不公开”，确保因地制宜、安全有效地开展海外党建工作。

二是建强基本队伍，推动全面过硬。强化党员管理。坚持“三个倾斜”，将发展党员指标向基层一线、高学历优秀青年员工、业务骨干倾斜。坚持“两个优先”，优先把党员中的优秀分子培养成基层管理者，优先把工作表现突出的基层管理者发展为党员，网点主要负责人党员占比较年初增加了10个百分点。加强党员关心关爱，在2020年元旦春节期间开展走访慰问老党员、老干部工作，进一步增强了党员队伍的归属感和凝聚力。强化作用发挥。把抓重大任务落实作为磨刀石和试金石，引导党组织和党员在金融服务、疫情防控、脱贫攻坚等重大任务中亮身份、作表率，切实发挥战斗堡垒和先锋模范作用。今年以来，全行8 900余个党组织直接参与到疫情防控工作中，在抗疫一线组建党员突击队355个、发展17名党员；500余个党组织参与到防汛救灾工作中，组建防汛救灾“党员突击队”275个，在完成重大任务中筑牢“红色堡垒”。强化党务队伍。明确把党支部书记岗位作为培养选拔企业领导人员的重要台阶、把党务工作岗位作为培养企业复合型人才的重要平台。选优配齐党支部书记，建立党支部书记“一述一评一公开”制度和任前谈话、每年全覆盖轮训、新任党支部书记任职培训“三项机制”，推进党务干部和业务干部双向交流。

三是健全基本制度，推动责任落实。根据党中央关于基层党建工作的新要求，制定《进一步加强党的基层组织建设的意见》，以及贯彻落实国有企业基层党组织工作条例和基层党组织选举工作条例的具体措施，印发《关于加强境内综合化子公司党建工作的意见》，确保各项要求落地落实。面向省分行级机构分管党建工作的班子成员和组织部长，举办基层党建业务专题培训班，强化基层党建工作履职本领。修订党建工作联系点管理办法，推动二级分行及以上机构党委班子成员每年选择3类机构作为联系点，将抓党建工作联系点情况纳入各级党委班子成员年度述职报告，作为党委书记抓基层党建工作述职的重要内容。2020年，总行党委班子成员共建立党建工作联系点24个，各一级机构党委班子成员共建立联系点830个，累计到联系点调研1 260余次。

二、机关党建

2020年，直属机关党委以习近平新时代中国特色社会主义思想为指导，牢牢把握政治机关定位，坚持围绕中心、建设队伍、服务群众，切实增强“四个意识”，坚定“四个自信”，做到“两个维护”，推动总分行机关党建质量得到新提升，为全行经营转型提供了坚强保障。2020年，共荣获中央和国家机关荣誉表彰15项。其中，2019年、2020年均荣获中央和国家机关党建课题一等奖；在贯彻落实习近平总书记“7·9”重要讲话精神成果评选中，直属机关党委调研报告荣获一等奖，个人金融业务部案例荣获三等奖；总行机关荣获2018—2020年度首都文明单位标兵称号，机构金融业务部荣获2018—2020年度首都文明单位称号；机关1人获全国劳动模范。

（一）强化政治统领“主心骨”，践行“两个维护”更加主动自觉。

一是强化机关党建责任落实。总行党委高度重视机关党建工作，认真履行主体责任，审议直属机关党委汇报议题21项。党委书记陈四清履行第一责任人责任，亲自研究、亲自部署、亲自协调、亲自督办机关党建工作，主持召开机关党建工作会议。直属机关党委书记履行直接责任人责任，主持召开7次直属机关党委全委会，研究审议议题40项，团结带领直属机关党委聚焦专责部门职责，完善了直属机关委员会工作规则、集体学习、委员党建工作联系点等制度办法，理顺了对机关工会、机关团委的领导关系，完成第十届总行机关团委换届工作，推动机关党建高质量发展。

二是强化政治机关意识教育。制订强化政治机关意识教育工作方案，举办4次“新时代新思想新征程”大讲堂，在教育培训中加入政治建设课程，组织“强化政治机关意识、走好第一方阵”专题党课讲授评选、“不忘初心、弘扬优良家风”主题党日活动，教育引导党员干部把爱党为党融入到工作全过程、各方面。严格落实意识形态工作责任制，在培训讲堂、组织活动、征文课题中，把好政治关、思想关、方向关，加强阵地建设和管理，定期定时做好思想引领，有理有节开展舆论斗争。

三是强化创新理论武装。采取多种措施，全方位推动机关真正做到学懂弄通做实。学习内容不断丰富，认真学习习近平总书记重要讲话精神和关于经济金融领域的重要指示批示精神，及时传达学习党的十九届四中、五中全会精神，制订总行机关学习宣传贯彻工作方案，推动学深理论、学透政策、学精业务。学习主体以点带面，突出抓好领导干部和年轻干部两个重点，发挥领导干部领学促学作用，搞好思想政治上的传帮带；深入实施青年理论学习提升工程，累计培训2 375人，选树青年理论学习标兵265人，为其提供充分的展示平台。学习方式持续完善，制定总行机关巩固深化“不忘初心、牢记使命”主题教育成果举措33条措施，按季跟踪整改情况；积极创新载体和形式，用好“智慧党建云平台”和演讲、竞赛等方法，推动学习向纵深发展。学习效果有效运用，用科学的思维方式和工作方法来指导实践、推动工作，进一步推动党建与业务融合。

四是强化政治担当。积极创建“让党中央放心、让人民群众满意”的模范机关，选树先进典型，切实做到政治、思想、组织、作风、纪律、作用发挥过硬。推动机关党员干部自觉贯彻落实党中央决策部署，践行以人民为中心的发展思想，在政策制定、资源分配等方面主动对接国家发展战略、融入新发展格局，认真落实“六稳”“六保”任务，积极开展春润、春暖、春融系列活动，实现金融为民、利民、惠民、安民。明确机关疫情防控“四方责任”，建立完善机制，定期监督检查，在打赢疫情防控阻击战中充分发挥机关作用。为机关员工采购防疫物资369万元，受益受惠万余人次，有效保障了员工及家人健康。动员在鄂机关党员干部做好“两报到、两参与”，慰问抗疫一线党员家属，组织机关党员捐款80余万元。讲好工商银行抗疫故事，在主流媒体平台刊发抗疫信息60余篇。引导机关各级党组织有效发挥金融优势，助力解决“两不愁三保障”具体问题，提升脱贫攻坚质量。积极开展党建促扶贫系列活动，坚持党建扶贫与机关党建同步部署、党建扶贫资金与机关党费预算同步安排、党建扶贫纳入机关党建同步考核，将工会福利安排、全行重点战略和重点工作推进、机关员工健康同消费扶贫结合起来，机关消费扶贫1 000余万元。选派优秀党员支教扶贫，拨付专项党费支持四川、贵州、青海等地扶贫项目，开设党员活动室，培训贫困地区党务干部，完善基础设施。

（二）筑牢基层组织“主阵地”，党建业务融合更加紧密深入。

一是提升组织规范性。印发全面推进总行机关党支部标准化规范化建设的实施意见，明确组织设置、支委会建设、组织生活、功能作用、党员队伍建设和制度保障6个方面规范。编写总分行机关基层党组织工作手册，把党建工作职责清晰化、要求具体化，总结推广先进支部典型经验，定期发布《机关党建动态》，梳理薄弱环节，加强分类指导，推动党建工作全面进步、全面过硬。

二是提升组织战斗力。精准分析党员队伍建设现状，落实好把业务骨干培养成党员、把党员培养成业务骨干的“双培养”工作，对发展党员的重点部门、重点人群进行研究，全年发展党员140名，组织300余名入党积极分子参加培训，不断优化党员队伍结构。建立机关创先争优长效机制，持续开展树典推优工作，营造比学赶帮超氛围，鼓励党员干部为客户排忧解难、为基层解决困难、为发展贡献力量。

三是提升组织创造力。开展总分行机关党建课题研究，推动基层党组织探索规律、破解难题、推动实践，形成课题报告280余篇，评选出优秀成果100篇。深化“互联网+党建”发展模式，积极推进“智慧党建云平台”建设，在疫情防控期间，发挥了精简文件报表、优化线下流程的作用，以信息技术推动党建工作减负赋能，荣获工委党建信息化案例三等奖。

四是提升组织凝聚力。发挥党建的政治引领作用和群团组织的桥梁纽带作用，坚持以人为本，持续做好援疆、援藏、支教干部、生活困难党员、老党员和老干部慰问工作，党费慰问金额80.9万元。建立员工常态化慰问机制，普惠慰问、特殊慰问、特色慰问三位一体，慰问金额2 414.25万元。开展困难员工救助，建立救助绿色通道，发放救助金45万元，惠及14名在职和退休员工。丰富员工文化生活，举办2020年春节团拜会，组织线上运动会，近万人次参加，在疫情防控形势下，有效舒缓员工压力、健康员工体魄。开展爱心义卖品牌活动，筹集善款近19万元。联合办公室健康处组织员工急救知识和技能培训，更好保障员工生命安全。组织两期联谊活动，持续服务单身青年婚恋交友。

（三）打好全面从严“主动仗”，风清气正的机关氛围更加鲜明浓厚。

一是大力整治不良风气。对落实中央八项规定精神情况进行重点监督检查，加大查处力度，及时通报违纪典型案例。将厉行节约、反对浪费作为党建考核的重要内容，健全制度规定，及时通报浪费行为，开好专题组织生活会，深挖思想根源，成效显著。

二是大力减负赋能服务基层。将解决形式主义突出问题纳入到巩固深化“不忘初心、牢记使命”主题教育成果的具体措施中，落实为基层减负30条措施，督促总行机关各党组织查摆解决突出问题230余项，工作效率得到明显提升。积极开展结对帮扶、回乡调研等活动，鼓励党员干部密切联系群众、深入基层调研、解决难点问题。

三是大力强化监督警示。转发工委印发的机关党员工作时间之外的政治言行若干规定，通过廉政谈话、廉政风险排查、网格化管理，及时掌握思想动态、家庭情况、社交“圈子”，强化对党员干部的日常监督。综合运用“四种形态”，对苗头性问题做到早发现、早提醒、早纠正，严肃查处违纪问题，点名道姓通报案例，发挥警示作用。

四是大力推进“三不”机制。畅通信访举报渠道，广泛收集问题线索，处置问题线索12件，立案审查3件，给予党纪处分2人次，发挥不敢腐的震慑作用。制定纪检委员工作指引、谈话函询工作实施细则、检举控告工作规程、案件审理工作规则等制度办法，强化不能腐的防范作用。常态化开展教育活动，定期编发纪检信息交流、组织专题党课、召开警示教育大会，深化不想腐的自律作用。

（四）健全体制机制“主框架”，明责履责督责考责体系更加健全完善。

一是建立清单明责。制定直属机关党委落实全面从严治党责任清单，明确了直属机关党委，直属机关党委书记、委员任务职责；印发总分行机关基层党组织主体责任清单，列明党组织、党组织书记、党组织委员主体责任；梳理党中央、工委、总行党委等五个层面的文件规范，形成制度汇编，让党建工作有据可依。

二是建强队伍履责。印发机关党组织书记任职谈话实施办法，编制基层党组织委员工作指引，开展专兼职党务干部队伍建设调研。制定分层分类的培训规划，设置机关党建网络专区，采取线上与线下相结合的方式，覆盖党组织书记、委员、党小组长各层面，运用实践教学、结构化研讨、汇报展示等多种方式，切实提升党务干部履职能力。

三是精准检查督责。坚持问题导向，建立自上而下、全面覆盖的“灯下黑”问题专项整治工作机制。总行党委带头对照四方面17项整治重点和中央巡视反馈意见，梳理查摆问题22个、制定整改措施64条。组成7个监督检查组，对总行机关40家部室党组织、138个党支部开展全覆盖现场督查。运用测、听、谈、看、答方法，研究7 300余份调查问卷结果，组织60场党建知识测评，同499名党员、39名群众、4名民主党派人士开展谈话，查阅16 000余份资料，检查发现问题42个，提出针对性整改建议54条，督促各部门党组织立行立改、限期整改。

四是健全制度考责。对习近平总书记“7·9”重要讲话精神进行分解落实，明确职责任务，制定加强机关党建措施，完善机关党组织党建工作考核评价办法，健全党组织书记述职评议考核办法，把中心任务完成情况纳入党建考核，把党建考核结果纳入部门考核体系，根据考核情况对党组织书记开展针对性地谈心谈话。把党务干部工作经历纳入干部履历，在评优评先、提拔任用中听取支部意见，发挥考核“指挥棒”作用，推动守土有责、守土担责、守土尽责。

（总行党委组织部、直属机关党委）

领导班子建设

2020年，全行坚持以习近平新时代中国特色社会主义思想为指导，以党的政治建设为统领，贯彻新时代党的组织路线，落实行党委“48字”工作思路，努力锻造政治过硬、素质优良、结构合理、堪当重任，有国际视野和全球经营能力的领导班子和干部队伍，为建设具有全球竞争力的世界一流现代金融企业提供坚强的组织保证。

一、系统谋划，全力推进，持续强化领导班子建设

抓好后继有人根本大计，着力打造高素质专业化干部队伍。一是强化对各级领导班子的分析研判，高效有序推进各级各类干部选配调整，全年共调整总行管理干部、助理层级干部和总行管理的专家层级干部307人。二是优化领导班子结构，组织开展分行副职公开遴选，持续推动交流使用。总行直管机构班子成员中“70后”占比超过50%。新提拔的分行领导班子成员交流使用比例达70%。完善副职干部到龄转岗机制，推动新老接替、有序更迭。三是组织实施干部任期考核和年度考核，优化干部考核体系，把党建作为考核评价的重要因素，引入第一个人金融银行、境内外汇业务首选银行等专项考核内容。

二、总结经验，与时俱进，调整完善干部管理政策制度

根据干部队伍现状和未来发展需要，调整完善现行干部管理体系，有效激发广大干部员工干事创业热情。一是深入研究中央精神和监管要求，修订管理人员选拔聘用、职务任期、任职谈话、监督检查等规定办法，构建涵盖各层级、全流程的干部制度体系。建立干部制度备案机制，打造全行干部制度库。二是对综合化子公司制订差异化的公司治理优化方案，规范高管层履职。建立境外机构和子公司中层干部职数管理机制，实现集团职数管理全覆盖。

三、传承创新，多措并举，大力推进全行年轻干部工作

将年轻干部培养放到为党和国家培养优秀金融人才的大局中思考谋划，持续完善发现培养选拔优秀年轻干部的工作机制。一是着眼工商银行长远发展需要，创新性采取按年龄段推荐选拔方式，开展全集团优秀年轻干部调研。制定印发《关于深入推进“千人工程”“万人工程”建设的意见》，形成未来一段时期全行干部梯队建设和年轻干部工作的纲领性文件。建立覆盖各层级优秀年轻干部的储备体系，打造优秀年轻干部不断涌现的生动局面。二是加大干部特别是新提任干部交流使用力度，为各一级、直属分行班子配备交流干部。突出关键吃劲岗位和正职岗位的培养锻炼，选拔10余名优秀年轻干部到艰苦地区担任一级分行行长助理，选派36名干部赴锦州银行支持工作。举办第2期中青年干部培训班和2020年度领航示范班，切实增强年轻干部综合能力素质。三是制定荣誉表彰管理办法，开展工银卓越奖章评选，激发干事创业活力。

四、全面从严，统筹兼顾，强化干部监督管理

保持严的韧劲、完善严的措施、落实严的责任，不断深化新时代干部监督工作。一是做好选人用人工作监督。开展选人用人现场检查，深入推进组织人事条线“两明案”专题教育整改。二是加强对领导干部的监督。开展个人有关事项报告专项整治，修订印发《员工亲属回避管理办法》，开展全行履职回避情况摸排和存量清理，全面贯彻落实银保监会监管要求。扎实推进全行干部人事档案专项审核全覆盖。

（总行党委组织部）

纪检监察工作

2020年是派驻改革后按新职能新机制运行的第一个完整年度。一年来，派驻纪检监察组和全行各级纪检机构在中央纪委国家监委坚强领导下，在行党委和全行干部员工有力支持下，以习近平新时代中国特色社会主义思想为指导，认真学习贯彻党的十九大和十九届二中、三中、四中、五中全会精神，全面贯彻十九届中央纪委四次全会决策部署，坚持党建引领、从严治理，讲政治、战疫情、抓改革、强监督、查案件、促整改、建队伍，充分发挥监督保障执行、促进完善发展作用，努力以高质量纪检监察工作助推工商银行高质量发展，保障党中央重大决策部署在工商银行落地落实。

一、以精准有效的政治监督，推动工商银行履行好国有大行职责使命

（一）深入学习贯彻习近平新时代中国特色社会主义思想。2020年，派驻纪检监察组召开40次组长办公会、组务会，建立“首要议题”机制，第一时间传达学习习近平总书记重要讲话精神，重点抓好十九届四中、五中全会精神、中央纪委四次全会精神和《习近平谈治国理政》第三卷的学习，两次为全行纪检监察干部讲授专题党课，真正在思想上政治上行动上同以习近平同志为核心的党中央保持高度一致，打牢做好政治监督的思想基础和政治基础。

（二）紧盯“国之大者”强化政治监督。紧盯习近平总书记重要指示批示精神、党中央统筹疫情防控和经济社会发展重大决策部署，抓住金融政策落实、普惠金融服务、制造业升级服务等11项重点工作的强化监督，及时跟进合理让利、收费减免、服务科技创新、账户原油业务风险等新情况新问题，推动行党委落实好“六稳”“六保”任务，全力服务经济社会恢复发展；提升服务实体经济质效，做好小微企业、制造业、绿色金融等重点领域金融服务；统筹发展与安全，坚定不移防范化解金融风险；积极贯彻新发展理念，持续深化金融改革创新。

（三）督促和协助党委落实全面从严治党政治责任。制定《全面从严治党监督责任清单》，督促行党委贯彻《党委（党组）落实全面从严治党主体责任规定》，健全完善全面从严治党制度体系。定期开展落实“三重一大”议事决策等情况的专项监督检查，会同行党委研究讨论全面从严治党、党风廉政建设和反腐败工作77项。经常与班子成员，特别是党委书记进行谈心谈话，就全面从严治党、重大风险和腐败案件等情况提示提醒、沟通交流。各级纪检机构及时发出纪律检查建议书和监督提示函430份，对154名履行领导责任不力的干部严肃问责，推动扛起管党治行主体责任。

二、树牢以人民为中心的理念，坚决维护员工切身利益

（一）在疫情防控工作中抓细抓实监督。在疫情暴发之初，派驻纪检监察组负责同志和各一级机构纪委书记即刻返回辖区、投入工作。派驻纪检监察组第一时间向行党委提出6点工作提示，推动出台加强疫情防控工作“20条”，建立并抓好“四方责任”机制。各级纪检机构查处履行疫情防控责任不力等问题62个，问责相关部门或机构4家，问责处理责任人104人次，以严明的纪律保障员工生命健康和全行安全运营。

（二）紧盯脱贫攻坚政治任务不放松。贯彻落实决战决胜脱贫攻坚座谈会精神，派驻纪检监察组深入宁夏、四川、新疆、贵州等地摸底扶贫工作，严肃约谈扶贫工作落实不力的分行党委书记、纪委书记。督促行党委认真落实中央纪委国家监委交办的扶贫整改任务，重点助力四川金阳等4个定点扶贫县如期脱贫摘帽。

（三）持续整治群众身边的不正之风。指导各级纪检机构从严查处员工绩效违规二次分配，以及消极服务客户引发重大投诉等11个群众身边的作风问题，推动干部员工树牢为民服务理念。

三、持续深化派驻改革，推动完善工商银行大监督体系

（一）强化制度建设和调查研究。突出制度建设主线，紧跟党中央、中央纪委国家监委新制度新要求，派驻纪检监察组出台制度办法35项（派驻改革以来累计出台51项），进一步完善派驻监督制度体系。坚持边学习、边调研、边工作、边总结，聚焦派驻改革后新问题新情况，开展11项重点课题调研，推动各级纪检机构深入一线开展调研667次，并促进调研成果高质量转化运用。

（二）进一步推动全系统深化改革。会同行党委重温习近平总书记对派驻监督的重要论述，以及党中央、中央纪委国家监委对深化派驻改革的要求部署，共同召

开深化派驻改革工作座谈会，安排部署28项深化改革重点任务并抓好落实。推动各级行党委落实改革主体责任，督促各级纪检机构有序移交违反行规的处理职责，规范一级机构纪委书记分工和兼职，总结安徽分行纪检改革试点经验，加强基层纪检队伍建设。着力完善沟通会商机制，出台《驻工行纪检监察组与工商银行党委加强沟通会商办法（试行）》，派驻纪检监察组与行党委就政治生态、廉洁风险等先后3次进行沟通会商，重点就16个方面的问题进行专题研究，共同推动解决。

（三）推动建立工商银行大监督体系。充分发挥派驻监督的牵引和辐射作用，研究制定《发挥监督合力提高派驻监督效能意见》《内部审计机构向纪检监察机构移交问题线索工作意见》等制度，健全监督会商和联席会议、问题线索移送等工作机制。2020年，共收到内部审计、内控合规等部门自查发现问题线索×件、巡视巡察发现问题线索×件。与银保监会大型银行部建立沟通联系机制，围绕重大监管问题整改、廉洁文化建设和个别线索处置等加强交流研判，促进形成强监督、强监管、强治理的良性互动。

四、做深做实监督职责，强化对权力运行的制约和监督

（一）突出“关键少数”这个监督重点。会同行党委研究制定《关于加强对“一把手”和领导班子“三项监督”的意见》《一级（直属）分行纪委对同级党委及其班子成员监督的办法（试行）》，探索破解“一把手”和领导班子监督难题有效路径。各一级（直属）分行纪委对同级党委班子成员开展提醒谈话47人次，收到同级党委班子成员报备的监督信息367条。通过参加民主生活会、监督调研、专项检查等多种方式，对“关键少数”进行政治画像，各级纪检机构主动约谈“关键少数”近6 000人次。

（二）强化问题线索管理处置。对十八大以来的223件总行党委管理干部的问题线索再次进行起底梳理和集体研判，截至2020年底已重新初步核实或谈话函询67件。制定《处理检举控告工作规程》，派驻纪检监察组提级办理非总行党委管理干部问题线索13件次。对各一级（直属）分行线索处置和案件查办工作进行分析指导，重点选取10家有代表性分行、100多个重点线索和案件，“一对一”进行现场研商。2020年，全行共收到信访举报×件，处置问题线索×件，其中，派驻纪检监察组处置问题线索×件。

（三）强化重点领域靶向监督。紧盯银行重点业务“准入关”和选人用人“提名权”，出台多项制度加强对信贷领域、管理人员选拔聘用工作的监督，推动日常监督规范化系统化。开展履职回避专项检查，推进“近亲繁殖”问题治理。严把党风廉政意见回复关，各级纪检机构提出暂缓等否定性意见46人次，其中派驻纪检监察组提出15人次。探索加强对境外机构监督，在57家境外机构设立49名廉洁专员和52名联络员，制定印发《境外机构廉洁从业监督办法（试行）》和履职清单，组织开展1 300多人参加的境外机构廉洁专员、联络员以及全体外派干部廉洁从业培训，开展境外机构负责人任前廉洁谈话，不断夯实境外机构监督基础。

（四）贯通运用“四种形态”。推进纪法情理贯通融合，明辨金融改革发展中的为公与为私、无心与存心、一般性错误与严重违纪违法。2020年，共运用“四种形态”处理1 937人次。其中，运用第一种形态979人次，占50.5%；第二种形态860人次，占44.4%；第三种形态64人次，占3.3%；第四种形态34人次，占1.8%。认真学习贯彻《政务处分法》，出台失实检举控告澄清、规范处分决定宣布、受党纪政务处分人员回访教育等制度办法。严肃处分宣布、执行，达到触动思想、深刻反思效果；做好跟踪回访和思想政治工作，全年共对1 538名受处分干部进行跟踪回访，鼓励和帮助受处分人重拾信心、努力工作。

五、锲而不舍落实中央八项规定精神，纠“四风”与树新风并举互促

（一）重点整治形式主义、官僚主义。对总行14个职能部门开展作风排查，推动解决工作浮于表面等问题。开展审计发现问题调研监督，推动对问题背后的不担当不作为问题严肃问责。盯住基层减负，把解决形式主义突出问题成效，纳入党建工作考核、内部巡视等工作。2020年，总行发文和会议分别同比下降20%和6.2%；全行累计查处形式主义、官僚主义问题共计87个，处理责任人119人。

（二）坚决防止享乐主义、奢靡之风反弹回潮。贯彻落实习近平总书记重要指示批示精神，加强厉行节约勤俭办行监督工作。2020年，全行累计查处享乐主义、奢靡之风问题35个，处理责任人74人，其中总行党委管理干部4人。组织开展办公用房检查，推动履职待遇制度落地。会同行党委召开作风建设视频会议，点名道姓通报违规违纪典型案例，印发3起饮酒典型问题通报，发挥“反面教材”警示作用。

（三）进一步健全纠治“四风”问题长效机制。聚焦“四风”问题易发多发领域和环节，强化源头治理，推动加强考评体系统筹优化，为基层行减负赋能。督促有关职能部门细化履职待遇、业务支出、差旅等制度规定，完善长效机制。

六、全面贯彻巡视工作方针，健全完善上下联动机制

（一）督促协助抓好中央巡视整改。针对信贷领域、新兴业务、案件防控、客户服务、境外机构管理等

方面重点问题，对总行本部8个部室开展巡视整改“回头看”，发现问题103个，从部门落实整改措施进展，检视党委主体责任的落实，督促适应形势任务的发展变化，持续深化整改。

（二）协助党委履行巡视工作主体责任。行党委召开全行巡视巡察工作会议，对巡视工作进行全面部署；党委书记对巡视工作坚持亲自部署、协调、督办，对巡视发现的问题点人点事；党委班子成员抓好分管领域巡视整改工作。建立健全近30项巡视巡察制度，出台《关于推动巡视监督与其他监督贯通融合的意见》，完善纪检机构和组织人事部门巡视巡察整改日常监督等联动协同机制。

（三）积极推进高质量巡视全覆盖。紧扣国有商业银行职能责任，聚焦“四个落实”，协助行党委创新采取“交叉巡察在前、总行巡视在后”的工作方式，聚焦防范化解金融风险，开展对8家风险问题较突出分行的巡视巡察，发现问题280个，并同步开展选人用人、纪委书记履职等专项检查。

七、深化金融反腐，一体推进“三不”机制建设

（一）坚定稳慎推进案件查办取得新突破。在中央纪委国家监委三室具体指导下，行党委与派驻纪检监察组密切沟通、统筹推进，“室·组·地”上下联动、协作配合，查处徐卫东、王英奎、陈琪等严重违纪违法案，对重要问题线索开展深度初核，实现了案件查办领域从传统信贷到资产管理等新兴业务，从分支机构到总行本部，从境内机构到境外机构的新突破。2020年，派驻纪检监察组立案12件，审查调查16人，其中，总行党委管理干部11人，已给予党纪政务处分8人；各级纪检机构立案749件，给予党纪处分411人。

（二）加强与地方纪委监委等机关的协作配合。制定《各一级（直属）分行纪委与地方纪委监委协作配合工作办法》，提高协同联动水平，全年与地方纪委监委联合办案留置16人。同时，制定“走读式”谈话指导意见，建成派驻纪检监察组谈话室，促进办案安全管理规范到位。

（三）做实以案促改“后半篇文章”。推动行党委深刻吸取胡怀邦案沉痛教训，开展“两明案”专题教育整改“回头看”，通过以案促省、促思、促改，强化重点领域监督机制改革和制度建设，建立健全授信审批新机制，加大干部交流轮岗力度。坚持稳中求进、坚定稳妥，做好徐卫东等案风险处置和舆情处理预案，追赃挽损×亿元，既“打掉老鼠”又“护好玉盘”。拍摄并组织观看“两明案”专题警示教育片，编制《派驻改革以来工商银行查处典型违纪违法案件警示录》，在全行分级分层分类开展警示教育。推动建成金融业首家廉洁文化教育基地，培育金融报国、风清气正的企业文化。

八、不断加强自身建设，打造高素质专业化纪检监察队伍

（一）坚持把政治建设作为干部队伍建设首要任务。制定并落实派驻纪检监察组加强政治建设和巩固深化主题教育成果32项具体措施。严格执行民主集中制，严守请示报告制度，2020年向中央纪委国家监委请示报告108次；用好两个“月报告”机制，规范和加强一级机构纪委向派驻纪检监察组报告工作。认真落实“三会一课”要求，召开“胡怀邦案”警示反思等专题组织生活会，增强党内政治生活严肃性、有效性。

（二）做好做实干部选拔教育管理。加强重要纪检岗位干部配备，优化调整7家一级（直属）分行纪委书记，对50名一级机构纪委办公室负责人的选任严格把关。通过年中年末述职等方式，对52家一级机构纪委及其负责人进行全覆盖考核。深入开展全员培训和实践锻炼，疫情期间组织开展为期3个月、覆盖3 000多名专职纪检干部的线上“春训”，下半年又连续举办5期全员视频培训，并组织开展审理工作现场培训和审查调查工作交流。选派60余名干部参加中国纪检监察学院专项培训，并通过抽调参与专案办理等方式，在实训实干中提高政治素质和专业能力。开展“工银成就奖（纪检业务）”评选，激励纪检监察干部担当作为。

（三）扎实推进法治化规范化履职。牢固树立制度意识，围绕检举控告、审查调查等环节，完善自身权力运行和管理监督制约机制。强化线索处置、案件审理等工作的督查督办、专项检查和指导帮扶，推动各级纪检机构严格按照制度履职尽责。以中央纪委国家监委办公厅、三室、审理室调研检查为契机，不断规范安全保密、档案管理、措施使用等各项工作，全面投产使用纪检监察管理平台，筑牢高质量发展的根基。

（派驻纪检监察组）

巡视巡察工作

2020年，工商银行党委坚持以习近平新时代中国特色社会主义思想为指导，深入学习贯彻习近平总书记关于巡视工作重要论述和中央关于巡视工作的新部署新要求，始终坚持把“两个维护”作为根本任务，聚焦国有商业银行职责使命开展巡视巡察监督，以高质量巡视巡察推动全面从严治党向纵深发展，为全行高质量发展提供坚实政治保障。

一、强化政治担当，认真履行巡视工作主体责任

一是认真学习贯彻党中央关于巡视工作的新精神新部署新要求。行党委多次以党委会、中心组学习、专业会议等形式深入学习习近平总书记关于巡视工作的重要论述和全国巡视工作会议精神，把巡视作为全面从严治党的有力抓手，以履行好巡视工作的主体责任作为践行“两个维护”的具体行动，不断强化管党治党的政治责任担当。二是把巡视纳入全行工作大局统筹谋划。全年8次召开党委会和巡视工作领导小组会议专题研究巡视工作。党委书记陈四清审定每批次巡视工作方案，认真听取巡视工作汇报，见人见事直指问题，对整改工作提出具体要求，使巡视成为“书记工程”。三是推动巡视监督与其他监督贯通融合。一方面，建立党委与派驻纪检监察组沟通会商机制和监督联席会议制度，定期沟通交流党的建设、政治生态、廉洁风险、重大问题线索等情况，加强巡视监督与派驻监督的协同联动，合力推动全面从严治党向纵深发展。另一方面，树立“大监督”理念，制定《关于推动巡视监督与其他监督贯通融合的意见》，推动巡视监督与党内其他监督、治理层监督、业务监督互通互融，既注重解决监督内容重复的问题，更注重各类监督成果的贯通和统筹利用，提升监督效能。

二、把准政治定位，聚焦“国之大者”明确监督重点

紧紧围绕服务实体经济、防控金融风险、深化金融改革“三项任务”，结合国有商业银行发展实际，细化“四个落实”监督重点。强化贯彻落实党和国家重大金融政策方面的针对性监督，深入检查服务实体经济、支持“六稳”“六保”情况、助力形成以国内大循环为主体、国内国际双循环相互促进的新发展格局情况及严格落实疫情防控情况。尤其突出加强对落实党中央关于支持制造业、小微企业和金融精准扶贫决策部署的监督，全面推动党的理论路线方针政策和党中央重大决策部署在工商银行贯彻落实到位。强化管党治党方面的针对性监督，深入检查落实党的建设主体责任情况，持续强化对形式主义、官僚主义问题的监督与整治。坚持以人民为中心的发展思想，既推动解决基层干部员工反映较多的问题，更推动解决人民群众对金融服务工作反映较为突出的问题。强化防范和化解金融风险方面的针对性监督，深入检查防范和化解重大金融风险情况，严查风险背后的腐败问题。强化贯彻总行党委战略部署方面的针对性监督，深入检查落实总行党委“48”字工作思路情况，推动第一个人金融银行、境内外汇业务首选银行、重点区域竞争力提升等战略落地见效。

三、坚持问题导向，积极推进高质量巡视全覆盖

坚持问题导向，抓住关键、精准发力，统筹打好常规巡视和专项巡视“组合拳”。2020年共开展4批次巡视工作，创新采取“交叉巡察在前、总行巡视在后”工作方式，对8家分行开展两个批次常规巡视。督促落实中央脱贫攻坚决策部署，对宁夏分行开展金融扶贫专项巡视。探索建立巡视与审计协同机制，对工银国际、中东欧基金两家境外机构开展巡视。围绕中央巡视、总行党委巡视指出问题整改情况，在总行本部开展巡视“回头看”。同时，在巡视期间同步开展选人用人、巡察工作、纪委书记履职情况、意识形态工作情况专项检查。

四、夯实管理基础，持续推进巡视巡察规范化建设

一是加快整章建制。根据巡视工作的新形势新任务新要求，对标中央精神，与时俱进完善制度机制，制定修订22项制度办法，形成了涵盖组织领导、实务操作、协调协作、自身建设等五大类30项制度的巡视制度体系，确保巡视工作依规依纪依法规范开展。二是锻造干部队伍。选优配强巡视干部，选拔一批优秀年轻干部进入巡视人才库，打造专兼职相结合、专业结构多元、年龄结构合理的人才队伍，切实把巡视岗位作为发现、培养、锻炼干部的重要平台，充分发挥巡视熔炉作用。推

动全行巡视巡察干部树立密切联系群众的作风形象，忠诚担当的作风形象和铁面、铁腕、铁律的“三铁”作风形象，打造执纪部队过硬的作风。三是推进信息化建设。投产巡视巡察业务系统，着力构建“智慧巡视”平台，打通巡视巡察与信贷、内审、内控等专业的信息渠道，实现全方位的线上数据记录与管理，规范建立“电子档案”。

五、加强上下联动，扎实提升分行巡察工作质效

一是以监督重点联动促进巡察监督精准聚焦。按照中央巡视“四个落实”监督重点制定巡察工作手册，形成政治巡察要点，使分行巡察监督内容更加聚焦职能责任、更加贴近基层实际。二是以工作机制联动助力破解巡察监督难题。建立分行交叉巡察和总行巡视联动机制，既强化了巡察组之间“比”的思想，又有效提升了巡察监督的独立性，探索破解“熟人社会”监督难题。三是以检查考核联动推动巡察工作主体责任落实。深入部分分行实地调研指导，督促分行切实提高巡察工作质量；完善巡察工作考核评价办法，重点强化主体责任考核评估。四是以信息资讯联动提升巡察成果运用水平。定期将中央巡视办《巡视巡察参考》印发全行巡察机构，创办《巡航》电子期刊，建立中巡办、总行、分行三级信息联动机制，实现巡视巡察工作经验和监督成果共享。五是以专业培训联动提升巡察队伍建设水平。举办巡视巡察上下联动研讨班和巡察骨干人员培训班，邀请中央巡视办、地方党委巡视机构领导为巡察干部授课，不断提升巡察干部的政治政策水平和专业能力。

六、压实整改责任，切实做好巡视“后半篇文章”

一是从严落实三个层面的整改责任。紧盯被巡视单位整改主体责任，督促被巡视单位领导班子召开整改专题党委会和民主生活会，分解整改任务，研究整改措施，及时公开巡视反馈意见、整改重点措施和完成情况，接受干部员工监督。落实派驻纪检监察组、各级纪委日常监督责任，要求各级党委主动配合监督。落实党委巡视办组织协调与组织部日常监督责任，加强对巡视整改的跟踪问效和指导督导。二是坚持标本兼治双线整改。一方面，紧盯被巡视单位整改落实情况，对整改结果严格审核把关，整改不到位、不彻底、不扎实的坚决回炉，继续整改。另一方面，从巡视发现的问题以下看上，总行层面从体制机制、政策制度上解决普遍性、倾向性问题，实现监督、整改、治理的有机贯通。三是进一步深化中央巡视整改。适应新的形势任务变化，严格对标中央对巡视整改有关要求，从严从实检视整改情况，推动将中央巡视、国家审计、监管机构等监督发现问题和“不忘初心、牢记使命”主题教育检视问题以及其他新发现问题一体整改落实。

（总行党委巡视办）

党风廉政建设

2020 年，工商银行党委认真学习贯彻习近平新时代中国特色社会主义思想，增强“四个意识”、坚定“四个自信”、做到“两个维护”，旗帜鲜明坚持和加强党的全面领导，落实“48 字”工作思路，推动党风廉政建设各项工作取得新进展、开创新局面。

一、持之以恒抓好作风建设，弘扬求真务实、清正廉洁的新风正气

把贯彻落实中央八项规定精神、纠治“四风”放到党和国家工作大局中去把握，坚持久久为功、扭住不放，坚持问题导向、与时俱进，进一步把好作风内化为信念、外化为习惯、固化为制度三个“关口”。

（一）锲而不舍贯彻落实中央八项规定精神。召开全行深入贯彻落实中央八项规定精神、驰而不息加强作风建设工作会议，点名通报作风方面典型问题，给党员干部拧紧螺丝、上紧发条。对总行 14 个职能部门开展作风排查，推动解决工作浮于表面等问题。开展审计发现问题调研监督，推动对问题背后的不担当不作为问题严肃问责。2020 年查处违反中央八项规定精神问题 122 个，处理责任人 193 人。

（二）坚决整治形式主义、官僚主义。印发《关于深入解决形式主义突出问题 持续为基层减负的通知》，把解决形式主义突出问题纳入党建工作考核和巡视巡察，深入治理“大企业病”“痕迹管理”问题，加强群众身边作风问题整治，打好为基层减负的“组合拳”。2020 年，总行发文和会议较去年分别下降 20% 和 6.2%，查处形式主义、官僚主义问题 87 个，处理责任人 119 人；全行累计完成主题教育整改事项近 4.6 万项，有效解决一批群众反映强烈的操心事、烦心事、揪心事。

（三）深入治理享乐主义、奢靡之风。制定实施厉

行节约勤俭办行的若干措施，修订业务招待、因公出国、差旅费管理等制度，坚决落实党中央关于“过紧日子”的要求，把节约理念贯穿履职待遇、公务接待、差旅用餐等各个方面，各级机构勤俭节约意识得到强化，浪费现象明显减少。开展办公用房专项检查，加大违规饮酒问题整治，增强党员干部纪律规矩意识。常态化做好节假日廉洁监督工作，层层压实党委主体责任和纪委监督责任。

二、严明纪律强监督，做到真管真严、敢管敢严、长管长严

以深化派驻机构改革为契机，持之以恒正风肃纪，金融反腐力度进一步加大，规矩意识和纪法观念在全行更加深入人心。

（一）深化派驻改革。召开深化派驻改革工作座谈会，建立定期会商、要情通报、线索联合排查等机制，制定35项相关制度，坚决支持派驻纪检监察组开展监督工作。召开3次沟通会商会议，就政治生态、作风建设、廉洁风险等交换意见，研究部署全面从严治党、党风廉政建设和反腐败工作。建立健全大监督体系，在57家境外机构设立和指定廉洁专员和联络员，境外廉洁风险防控进一步加强。

（二）强化巡视监督。坚守政治巡视定位，紧扣国有金融企业职能责任开展政治监督。对上一轮中央巡视整改情况进行再检视，推动巡视、审计、主题教育发现问题联动整改，从体制机制、政策制度层面推动解决普遍性倾向性问题。聚焦并推动“四个落实”，创新采取“交叉巡察在前、总行巡视在后”的方法，对8家一级（直属）分行开展常规巡视，对3家机构开展专项巡视，对总行部门开展“回头看”。巡视巡察期间共受理群众信访举报249件，发现党员干部违纪违法问题线索99条、涉及124人。

（三）一体推进“三不”机制建设。召开全面从严治党暨纪检监察工作会议，切实将思想和行动统一到党中央关于深化金融领域反腐败的部署上来。党委及时听取案件审查调查进展通报，配合派驻组坚决查处徐卫东、王英奎等严重违纪违法案件，2020年共立案查处总行管理干部11人，给予党纪政务处分8人。召开党委会议和专题会议，认真学习胡怀邦案有关通报精神，党委班子成员、高管逐一开展自我剖析，举一反三提出整改措施。开展“两明案”专题教育整改“回头看”，组织观看专题警示教育片，督促全行以案为鉴、警钟长鸣。加强廉洁文化建设，打造金融业首家廉洁文化教育基地。

三、推进建制立规，将制度优势转化为治理效能

坚持把制度建设摆在更加突出的位置，既坚持和巩固制度，发挥已有制度作用；又完善和发展制度，拓展新的制度优势。

（一）强化制度“硬约束”。认真贯彻《党委（党组）落实全面从严治党主体责任规定》，坚持从基础制度严起、从日常规范抓起。印发贯彻落实新时代全面从严治党要求的意见，建立主体责任清单，制定党委工作要点等全面从严治党制度30余项。出台加强对“一把手”和领导班子“三项监督”的意见，进一步增强全面从严治党工作的规范性和有效性。把制度执行情况纳入党建考核，引导干部严格按照制度履职尽责、善于运用制度谋事干事。

（二）完善工作机制。完善管思想、管工作、管作风、管纪律的干部从严管理机制，着力打造横向联动、纵向一体的责任链条，逐级签订党风廉政建设责任书和廉洁从业责任书。开展主体责任落实及党风廉政建设调研检查，印发《关于进一步强化落实全面从严治党主体责任 推进党风廉政建设工作的通知》，优化党委职能部门分工，全行一级机构全部实现党务工作职能调整到位、人员配备到位。

（三）严格请示报备。认真落实重大事项请示报告工作要求，2020年向党中央及有关部门报送请示8篇，报告166篇，报备23篇。严格执行《中国共产党党内法规和规范性文件备案审查规定》，按照有件必备要求，全年累计报备党内规范性文件15件。

（总行党委办公室）

宣传思想文化建设

2020年，宣传思想文化工作以习近平新时代中国特色社会主义思想为指导，坚持弘扬和践行社会主义核心价值观，持续抓好全员理论武装和意识形态工作，统筹推动精神文明建设、企业文化建设工作，为推动全行高质量发展提供坚强思想保证和文化支撑。

一、突出政治学习和理论武装

围绕学习宣传贯彻党的十九届四中、五中全会精

神，及时出台学习宣传方案，统筹抓好全行的学习、宣传、宣讲各项工作。总行党委成员和境内一级机构党委班子开展四中全会精神专题宣讲330余场，覆盖辖内干部员工2万余人，部署推动各级党委班子成员开展五中全会精神宣讲，推进学习贯彻走深走实。以政治学习为根本，抓好党委理论学习中心组学习，制定重点内容安排，推动各级党委班子深入学习领会习近平新时代中国特色社会主义思想。总行党委中心组学习34次，其中集中学习研讨19次；各一级机构党委开展中心组学习540余次。创新总分行三级联学，有关学习情况在旗帜网、“学习强国”及工委、金融政研会内参等平台刊发。开展学习秘书培训和中心组学习检查“回头看”，探索“一学一报”、巡听旁听等机制，强化系统指导。

二、夯实意识形态工作和精神文明建设基础

认真贯彻中央有关要求，制定落实中央关于宣传思想和意识形态工作的各项要求的实施细则，提升制度化规范化水平。开展总行本部落实意识形态责任制情况专项检查，确保意识形态工作责任制进一步落地落实。强化阵地管理，梳理全行宣传文化、教育培训和共青团各类平台渠道媒体，强化舆论阵地政治意识，引导发挥宣传合力。推进岗位学雷锋常态化，开展“学雷锋集中宣传月”活动，以“文明单位”“青年文明号”等为重点，发动各级机构奋力防疫扶贫、助力复工复产。开展“红色金融文化”主题活动，发布红色存单、红色贵金属等红色产品，举办“红色金融足迹”实践活动，赓续红色血脉，弘扬红色精神。组织第六届全国文明单位推荐评选，持续开展“新时代文明大讲堂”主题宣传，全行共有25家单位通过“系统＋地方”创建成功，全行全国文明单位突破百家，居同业领先地位。深化思想政治工作，组织全行开展思政课题研究，遴选近200篇优秀调研成果向中国金融政研会推荐入库，23篇报告荣获“2020年全国金融系统思想政治工作和文化建设优秀调研成果”，其中2项成果获评中宣部中国政研会一类、三类优秀研究成果，连续九年获评“优秀组织奖”。

三、开展正面宣传和典型宣传

围绕打赢疫情防控阻击战、夺取“双胜利”等宣传重点，开展“战‘疫’工行人”主题宣传，依托行内外媒体持续宣传全行防疫战“疫”的措施成效和先进事迹，讲好工行人抗击疫情的生动故事，累计发布各类宣传信息约5万余条，新媒体信息阅读量高达600万人次。创新推出“工行榜样直播间”，先后聚焦助力防疫抗疫、复工复产和脱贫攻坚等专题，推出典型访谈节目，累计收看量超19万人次。开展“‘工’同迎小康 奋进新时代”活动，评选表彰第五届“感动工行”人物和集体，汇编《榜样的力量》干部教育读本，振奋精气神、集聚正能量。建强网上阵地建设，开设“中国工商银行”学习强国订阅号，与网讯“党建之声”、“工银大学”等形成立体化、矩阵式网上正面宣传平台，发出工行好声音、传递网上正能量。

四、聚焦集团价值理念和战略传导

围绕落实“48字”工作思路，制定《2021—2023年企业文化建设工作规划》，编写《企业文化建设白皮书》（2020年版），丰富发展企业文化理念内涵。印发《关于进一步加强“48字”工作思路学习传导的通知》，制作“48字”工作思路、“三比三看三提高”工作方法等传导微课，工银大学平台点击量达52万人次。制作第一个人金融银行、境内外汇业务首选银行、重点区域竞争力提升等战略视频微课，深化战略认同，凝聚发展共识。推动价值理念传导，为新员工“量身制作”企业文化核心理念动画微课，纳入新员工培训必修课。参加行外评奖，工商银行获企业文化研究会“十三五企业文化行业旗帜”等奖项。

五、推进企业文化落地深植

持续开展廉洁文化建设，在杭院举办廉洁文化教育暨党校党性教育基地揭牌仪式，制作《廉洁文化宣传片》《两明案警示教育片》，推进新兴业务领域、深化金融反腐专题警示片制作，举办境外机构廉洁专员线上培训，推动全面从严治党从严治行向纵深发展。推动创新文化落地深植，举办第二届“创新工行”评选活动，21万员工参与，评选出100个创新项目，搭建跨层级、跨专业、跨区域的协同联动创新平台。推动合规文化、服务文化、信贷文化落地，开展“制度执行年”“2020服务先行”“从严治贷”等年度主题活动，在全行营造强服务、防风险、促发展的氛围。

六、创新开展企业文化实践

举办“ONE ICBC ONE FAMILY”工银全球荟主题活动，组织境内外机构近200名员工代表回总行“过年”，弘扬“全球工行一家人”的文化理念。编制“文化工行·精彩视界”全球文化节目精选视频，制作境外机构企业文化宣传片（中、英文），促进文化融合。开展“同心聚力 奋斗逐梦”工银文化荟主题活动，推出166个工行故事，展现工行人决胜全面小康、决战脱贫攻坚、统筹防疫抗疫和复产复工做出的重要贡献和体现的责任担当。

（总行党委宣传部）

工会工作

2020 年，工会工作委员会深入学习贯彻习近平新时代中国特色社会主义思想特别是习近平总书记有关工会工作重要指示批示精神，认真贯彻落实总行党委“48 字”工作思路，扎实做好服务中心、服务员工工作，为统筹推进常态化疫情防控、助力脱贫攻坚和经营发展凝聚力量。

一、着力加强党的建设

坚持党建工作与工会工作同谋划、同部署、同推进、同考核，2020 年初印发全年工会工作要点，把全面贯彻新时代党的建设要求、加强工会组织政治建设放在首位。扎实开展强化政治机关意识教育、“灯下黑”问题专项整治和党支部标准化规范化建设。积极配合派驻纪检监察组监督调研和“灯下黑”问题专项整治监督检查，对检查指出的问题认真落实整改，切实解决党建工作中存在问题和不足，有力提升了党建工作和工会工作质效。根据行党委部署，向工会全体员工宣讲党的十九届五中全会精神，组织学习金融工会五届三次全会精神。强化系统工会干部政治理论学习，历时 5 个月，采用线上线下相结合形式，开展全行工会干部学习竞赛活动，利用工银大学平台组织各行层层选拔出的 380 名工会干部进行网上知识答题竞赛，有效促进了全行工会干部理论水平、专业素质和履职能力的提高。

二、统筹推进新冠肺炎疫情防控和复工复产

切实做好新冠肺炎疫情暴发期间关心关爱员工工作，从总行工会经费中先后拨付三批疫情防控专项资金，累计 1 600 余万元，主要用于为基层员工购买口罩、消毒液、手套等防护用品和对感染新冠肺炎、直接参与防疫一线医护工作的员工家庭进行慰问。2020 年 2 月，在抗疫关键时期，按照总行党委部署，总行工会联合直属机关党委、团委倡议并组织了全行员工支持湖北抗击疫情爱心捐款活动，全行广大员工和离退休人员有 38 万人，共计捐款 7 079 万元，全部款项捐赠给湖北省慈善总会，定向用于湖北省疫情防控工作。在全行开展学习贯彻习近平总书记给郑州圆方集团职工回信精神活动，动员广大员工发扬习近平总书记回信中号召的奋斗精神，积极投身复工复产。大力宣传工行员工抗击疫情、复工复产的先进典型事迹，向中国金融工会推荐了工行劳模代表，并在全国总工会“技能强国——全国产业工人技能学习平台”上授课，在全国总工会视频号发布个人事迹短视频等，受到行内外员工广泛关注，取得良好反响。

三、有效助力脱贫攻坚

动员各级工会和广大员工开展消费扶贫和扶贫捐赠活动，2020 年全行工会条线共采购扶贫产品 8 000 余万元。积极组织员工参与中国金融工会组织的助力湖北扶贫产业恢复发展专项消费扶贫行动、“金遇‘旗’缘‘甘’愿等您”扶贫直播、“一元捐、十元捐”等活动，工行员工在“一元捐、十元捐”活动中捐款金额在金融同业中排名第一。各级工会积极开展以扶贫为主题的宣传教育、知识答题、书画展览等活动，营造了人人关心和参与扶贫的良好氛围。加强对扶贫干部的关心关爱，2020 年全行工会慰问扶贫干部 660 余人次。

四、积极开展评选表彰和劳动竞赛

认真做好向全国总工会和金融工会推荐劳模先进工作，3 名员工荣获全国劳动模范称号并参加了全国劳动模范和先进工作者表彰大会；组织推荐全国金融五一奖（扶贫专项）、全国十大金融工匠和全国金融五一巾帼奖候选人，共有 7 个基层单位分别荣获全国金融五一劳动奖状、金融先锋号、全国金融五一巾帼标兵岗，12 人分别荣获全国金融五一劳动奖章、金融工匠、全国金融五一巾帼标兵。大力弘扬劳模精神、劳动精神、工匠精神，通过网讯、行报行刊及人民网、《中国金融家》等媒体广泛宣传劳模工匠的先进事迹，充分发挥劳模先进的示范引领作用。评选表彰总行级巾帼文明示范岗 98 个、巾帼岗位标兵 100 名，以及总行级最美家庭 96 个。深化劳模工匠人才创新工作室工作，命名第二批总行级劳模和工匠人才创新工作室 34 个，推荐全国级和金融系统劳模和工匠人才创新工作室共 6 个。下发了《劳动竞赛管理办法》，进一步规范全行劳动竞赛，全年会同相关部门举办技能大赛 10 项。

五、完善全行困难员工救助机制

进一步加大送温暖力度，年初以现场和非现场两种方式慰问基层员工 882 人，发放慰问金 281.5 万元。加大对特困员工救助力度，总行党委将 2020 年特困救助金规模提高至 1 亿元。印发了 2020 年版《特困救助金

使用管理办法》，将最高救助标准由2万元提高至3万元。2020年总行共使用特困救助资金9 736.8万元，救助全行特困员工10 275人。26家分行和机构在总行救助的基础上，安排配套资金2 784.9万元，救助困难员工4 394人。工会负责人分别赴云南、内蒙古、陕西、青海、贵州等分行对部分特困员工进行了走访慰问。持续开展单亲困难女员工一对一结对子帮扶活动，在金融工会“三八”大课堂活动中专门介绍了工行“结对子”帮扶经验和做法。根据行领导有关防汛救灾的指示精神，主动了解有关分行网点和员工受灾情况，经报行领导批示同意，向湖北、湖南分行下拨了防汛救灾专项补助资金，用于慰问受灾员工和基层职工之家灾后建设。

六、大力开展员工喜闻乐见的文化活动

举办了全行第二届员工书法美术（剪纸）摄影作品展览，经各单位筛选报送，共征集各类作品4 475件，经评委严格评选，共评出书法类、美术（剪纸）类、摄影类获奖和入展作品各100件，在总行B座G层大厅举办了现场展览，利用网讯、行报、工银大学等平台进行了线上展览，收到了很好效果。

七、加强工会财务制度建设和审计监督

印发2020年版《基层工会经费收支管理实施办法》，研究起草工会采购实施办法，起草《工会送温暖资金使用管理办法》并广泛征求意见建议。加强对工会经费审查监督，2020年召开了4次总行工会经费审查委员会议，对15家分行和直属机构工会经费进行了现场审计，评选表彰了30余个全行工会优秀审计项目，其中3个项目获得全国金融系统工会优秀审计项目表彰。举办了全行工会财务和经审工作网络培训班，57家机构共382名工会专兼职财务和经审人员参加了培训，促进了工会财务和经审队伍履职能力的提高。

（总行工会工作委员会）

共青团工作

2020年，团委以习近平新时代中国特色社会主义思想为指引，深入贯彻落实党的十九大、团的十八大精神，落实行党委“48字”工作思路，以服务全行高质量发展和青年全面发展为工作落脚点，发挥好“党委与青年的桥梁纽带”“各项业务的生力军突击队”“全行青年员工之家”三大作用，组织开展了以下工作。

一、思想引领，多重奏唱响青春奋进最强音

（一）持续推进全行青年大学习行动。以深入学习习近平新时代中国特色社会主义思想为主线，加强广大团员青年的理论武装，提升团员青年政治素养，读原著、学原文、悟原理，结合理论学习、实践锻炼、交流研讨、专题研究等形式，学用结合。在全行共青团和青年中深入开展学习宣传贯彻党的十九届五中全会精神，切实提高政治站位、认真组织开展学习、更加注重实干实效、创新做好主题宣传，确保十九届五中全会精神在全行共青团和青年中落地生根。

（二）举办五四主题活动。为纪念五四运动101周年，展现当代工行青年在各条业务战线上奋发向上、不懈奋斗的青春风貌，召开“不负韶华 逐梦前行”全行五四青年座谈会，党委书记、董事长陈四清出席并讲话，向青年提出明理想、承担当、强本领、勇奋斗四点期望。八位在抗击疫情、脱贫攻坚、推动业务发展方面有突出表现的工行青年代表做了发言。

二、聚焦发展，多途径组织青年建功新时代

（一）开展“青年先锋队 百日大会战”（第六季）主题营销竞赛。开展“青年先锋队 百日大会战”（第六季）“缤纷盛惠”获客拉新主题营销竞赛活动。为聚合产品和服务满足客户多样化需求，发动全行青年跨专业组队发挥合力，实现拉动营业贡献“一揽子收益”，持续加强全行青年员工的业务水平。全行共有3.5万名团员青年组成3 991支战队参与大会战。

（二）开展“工银普惠行”行动。为助力全国受疫情影响的制造企业，特别是小微企业复工复产，做好普惠金融服务，围绕“融智”“融合”“温度”“创新”四大主题，开展“工银普惠行”行动，与小微企业风雨同舟、携手共进。全行共组建1 239支普惠青年先锋队，9 660名先锋队员以柔性团队形式开展“三联动、三走进”活动，覆盖37家一级分行，367家二级分行，1 538家一级支行。网点普惠产品知识竞赛和获客营销挑战赛同步启动，普惠青年先锋队参与普惠产品知识竞赛6 941人，通过“码上赢”成功营销客户8 641户。

（三）举办员工外语大赛。围绕英语比赛、小语种

比赛和外籍员工中文比赛三个部分，通过主题演讲、现场口译、主题辩论、才艺展示等现场与非现场相结合的形式，深度发掘一批既精通语言、又熟悉业务的外语人才，进一步充实工商银行后备人才库，提高全行员工国际化发展意识和外语能力水平。

三、搭建平台，多平台助力青年走向广阔舞台

（一）举办“工贺新婚 执手同行”中国工商银行集体云婚礼。通过现场和云端连线的形式，为来自不同国家和地区的共50对新人举行了隆重的集体婚礼，党委书记、董事长陈四清作为主婚人在婚礼上致辞。全行员工通过现场直播共同见证了他们步入幸福美满的婚姻殿堂。

（二）开展“‘团’聚星辰计划”。通过组织开展一次规范新颖的团课，如“十个一”活动等，让新入行团员青年了解团、关注团、参与团，从源头着手强化共青团对团员青年的思想引领，增强新入行员工对工商银行团组织的认同感和归属感，帮助新入行员工尽快融入工商银行大家庭。

（三）举办首届中国工商银行“大行菁英”评选活动。为树立和宣传当代工行青年的先进典型，进一步引导和激励广大青年员工岗位建功、建设工行的热情和积极性，举办首届“大行菁英”评选活动。在全行范围内推选出65名“大行菁英”、20名“大行菁英标兵”。全行共有20余万名员工通过总行网讯参与投票，93家境内外机构参与机构投票，由党委职能部门及其他相关部门等17个部门主要负责人、全国金融青联常委2人，共19位评审委员投出专家评审票。

（四）举办“仲夏蜜恋 见字如面”线上云交友活动。结合防疫措施创新形式，改变传统相亲活动的线下模式，结合线上云相亲的新颖形式，为单身青年搭建交友平台，共有来自在京机构、同业及企事业单位的88名青年参加活动。

四、诠释奉献，多方式书写志愿服务新篇章

（一）开展“爱目行动”第六季公益活动。持续拓展“爱目行动”的深度和广度，分别赴青海西宁、四川金阳、西藏拉萨开展“看见公益 守护‘睛’彩爱目行动”第六季公益活动。活动期间组织医疗团队为8 500名孩子进行了免费视力筛查，针对拉萨市1 900名孩子开展为期五年的眼病流调学研究（2020年是第二年），开展爱眼护眼知识第二课堂。后续将对屈光不正的孩子进行免费配镜，对有眼疾的孩子提供医疗救助。

（二）开展“爱心助学‘工’益有你”第四季活动。在“99公益日”期间，联合中国青少年发展基金会开展“爱心助学‘工’益有你”募捐活动。活动受到了广泛关注，工行率先捐出20万元，共收到22 316位爱心人士的善款总计53万元。在四川金阳举办捐赠仪式，向金阳530名贫困学生转交了爱心助学款。该项目被团中央授予第五届中国青年志愿服务项目大赛金奖，系全国金融系统唯一金奖。

（三）开展“美丽中国 青春工行在行动”第三季“保护母亲河”plogging公益活动。在世界环境日期间，组织全行团员青年积极参与保护母亲河活动，开展垃圾分类、抵制污染活动，传播生态文明理念、倡导绿色生活方式。活动覆盖全国27个省市自治区200余个城市的母亲河流域，全行7 000余名青年志愿者参与活动，人民网、中国新闻网等多家媒体对活动进行了广泛报道。

（四）组织青年志愿者服务进博会。在第三届中国国际进口博览会期间，组织全行550名青年志愿者，围绕进博会金融窗口服务保障目标和任务，以优化金融窗口服务为主线，以满足中外宾客需求为导向，以最佳的精神面貌、最优的金融服务配合进博会顺利举办。

（五）开展“蓝信封”儿童公益活动。推动河北、上海、浙江等五家试点分行，共征募青年志愿者800余人参加“蓝信封”儿童公益活动。通过志愿者与青春期留守儿童一年半到三年的通信陪伴，走进孩子的内心，打开孩子的视野，让孩子们在书信中学会表达和倾诉。

（六）开展总行机关爱心义卖主题活动。在国际志愿者日到来之际，为推动青年志愿者工作深入开展，弘扬志愿服务精神，面向机关全体员工开展了爱心义卖主题活动。义卖所得将用于资助定点扶贫县四川大巴山区、大凉山区等学校的爱心食堂，改善贫困山区学生的就餐条件，为打赢脱贫攻坚战贡献一份力量。

五、抗击疫情，多项措施助力疫情防控阻击战

（一）加强宣传引导，组织各级团组织积极防控疫情。通过团委公众号“青春进行时”开展“战疫工行人”主题宣传，持续发布全行各级团组织和团员青年抗击疫情的事迹，传播正能量。组织动员团员青年立足本职岗位，科学有序参与到疫情防控工作中，在开辟金融服务绿色通道、强化疫情防控金融支持、宣传疫情防控知识以及社区志愿服务等方面做出应有贡献，充分发挥了生力军和突击队作用。

（二）紧急开展抗击疫情募捐活动。在中央金融团工委号召下发起“抗击疫情 工行青年在行动”公益捐赠特别活动，短短两天时间全行4万多名青年员工累计捐款近500万元。联合工会、直属党委发起“众志成城，同舟共济，工行人在行动”爱心捐款倡议，广泛宣传动员广大员工积极参与捐款，奉献爱心，为疫情防控工作贡献一份力量。

（三）向基层团组织划拨疫情防控专项团费。按照

共青团中央和中央金融团工委相关精神，将中央金融团工委向工行下拨的4万元专项团费和工行101.5万元专项团费共计105.5万元，陆续向14家一级分行团委划拨。相关分行团委通过统一购买防疫物资等形式，支持基层团组织积极参与新冠肺炎疫情防控阻击战。

六、从严从实，多维度抓好团委自身建设

（一）完善自身制度建设。在广泛征求基层意见建议的基础上，制定并印发了《基层团组织推优入党管理办法（试行）》《团费收缴、使用和管理办法》《关于贯彻落实全面从严治团要求 切实改进工作作风密切联系青年的规定》《共青团中国工商银行委员会工作规程》等制度规范，为各级团组织开展工作提供了更为明确和详细的指引和规范。

（二）夯实基层团组织建设。用好基层驻点调研成果，在全面了解基层组织整体情况的基础上，深化对有效工作经验的总结与分析。稳步推进“智慧团建”系统完善工作，为团青工作提供准确翔实的基础数据，充分利用信息化手段提升工作的针对性和有效性。

（三）推进各项团务工作有序开展。严格落实团组织“三会两制一课”制度；组织召开总行机关团代会；提高团干部工作能力，依托“中国工商银行党性教育基地——古田干部学院”开展“全行团委书记培训班”；召开2020年度总行团委委员会，总结全行共青团和青年工作开展情况，讨论下一步工作重点。

（四）加强团的宣传阵地建设。继续做优做强总行网讯“青春在线”专栏、《才智青年》杂志、“青春进行时”微信公众号平台等青年工作舆论阵地，不断提高报道时效性和深度，持续为全行青年员工提供符合时代精神的成长支持性内容。全年共在“青春进行时”微信公众号发送230篇推文，阅读量总计超过60万人次，关注人数达到3.9万余人。加强新媒体与传统媒体宣传阵地的联动，与《才智青年》编辑部建立沟通机制，加强各媒体间的协同联动，为《中国共青团》杂志供稿，刊登工行专刊。

（系统团委）

公司治理机制建设

2020年，工商银行将公司治理建设作为增强核心竞争力的基础工程，对标监管要求和行业最佳实践，持续建设现代公司治理架构、机制和文化，推进治理体系和治理能力现代化，打造全球大型金融集团治理标杆，荣获香港上市公司商会“2020年香港公司管治卓越奖”、中国上市公司百强高峰论坛“中国百强企业奖”，蝉联“中国上市公司百强排行榜”榜首。

一、董事会合规高效运作

不断完善由股东大会、董事会、监事会、高级管理层组成的“权责分明、各司其职、相互协调、有效制衡”的公司治理制衡机制，优化权力机构、决策机构、监督机构和执行机构之间“决策科学、监督有效、运行稳健”的公司治理运作机制。董事会依法合规高效履职，统筹推进金融工作“三大任务”落地，持续提升金融服务的适应性、竞争力、普惠性，实现高质量发展。

（一）推进党的领导与公司治理有机融合，提升公司治理质效。积极探索党的领导与公司治理有机融合与一体化路径，加强党委议事规则和公司治理决策机制有机衔接。2020年，根据中央国企党建工作、最新法律法规的新要求，结合治理实践研究修订《公司章程》，进一步提升公司治理的稳健性和有效性，夯实公司治理制度基础。

（二）合理调整董事会成员组成，优化公司治理架构。严格遵照相关法律法规，认真评估董事会及专门委员会的组织架构与人员构成，依照公司治理程序，合规有序推进董事换届，新聘、续聘部分董事。调整部分董事会专门委员会委员，建立独立董事人才库，积极构建具有国际视野的独立多元、科学决策的董事会，进一步发挥董事会各专门委员会的辅助决策职能。

（三）发挥战略引领职能，董事会科学决策能力不断提升。董事会坚决贯彻党中央、国务院决策部署和落实金融监管要求，聚焦供给侧结构性改革，服务“双循环”新发展格局，坚持稳中求进、传承与创新发展理念，积极发挥战略引领作用，围绕公司价值可持续增长、为客户和股东创造价值等目标，强化全面风险管理和内部控制，推进经营转型和结构调整，确保集团稳健经营和健康发展。2020年，共召开12次董事会会议，审议通过《关于〈中国工商银行2021—2023年资本规划〉的议案》等81项议案，听取35项汇报。董事会各专门委员会充分发挥决策支持职能，共召开45次专门委员会会议，审议78项议案，听取41项汇报。董事会专门委员会围绕金融科技战略与创新发展、境外合规建

设与反洗钱管理、关联交易控制与内幕信息管理等问题召开专题研讨会和座谈会，督导规划落地，讨论执行效果，为董事会科学决策提供专业化意见和建议。

（四）强化董事履职支持，保障董事会合规高效履职。持续加强董事会履职支持机制建设，持续提升全方位、全流程、个性化董事履职支持。2020 年，董事会成员聚焦国家战略部署和本行改革发展重点问题，积极开展专题调研，定期与管理层开展沟通交流，有效、及时掌握监管动态和主要经营管理情况，深入了解本行加强疫情防控、支持制造业发展、开展供应链金融、推动资产证券化、化解债务风险等相关情况，并提出建设性意见建议，董事会履职效能有效提升。

（五）加强治理研究交流，弘扬优秀董事会文化。率先在可比同业中制定《董事会职业规范与价值准则》，准则将中国公司治理特色与基本治理原则相结合，将国有大型银行特性与商业银行治理共性相结合，充分体现了新时期的使命与担当，为董事会治理文化建设奠定制度基础，为金融治理体系和治理能力现代化积极贡献工行智慧。

（六）加强信息披露管理质效，提升集团信息透明度。严格遵守信息披露有关监管规定，持续完善集团信息传导机制，积极履行信息披露义务。在做好强制性信息披露的基础上，积极推进自愿性信息披露，持续拓展信息披露的广度和深度，主动对公司战略制定、业务发展规划、风险管理、国际化综合化经营、绿色金融等境内外投资者和资本市场重点关注事项进行披露。发布的自愿性披露专项公告数量继续领先可比同业，连续 14 年实现信息披露零差错，在上海证券交易所上市公司信息披露工作年度考评中获评“优秀”。

（七）维护股东合法权益，打造良好市场形象。严格依照监管规定和公司治理基本制度，通过加强信息披露管理、完善股东大会运作体系、坚持稳定的现金分红机制等多种措施，充分保障沪港两地投资者的合法权益，切实维护全体股东尤其是中小投资者权利。2020 年共召开 3 次股东大会，审议 17 项议案，听取 3 项汇报。会议的召集、召开、通知、公告、提案、表决等均严格遵守相关程序。本行 2020 年为约 63 万 A 股、H 股股东派发股息 936.64 亿元人民币，为境内优先股“工行优 1”股东派发股息 20.25 亿元人民币，为境内优先股“工行优 2”股东派发股息 29.40 亿元人民币，为境外欧元优先股股东派发股息 0.4 亿欧元，继续保持了较高的分红金额和分红比例，在资本市场上赢得了良好口碑。

二、监事会深入开展监督

2020 年，监事会根据有关法律法规、监管要求和公司章程规定，认真履行监督职责，运用现场调研和非现场监测分析等多种方式，扎实做好履职尽责、财务活动、风险管理和内部控制等方面监督工作，切实发挥监事会在公司治理中的重要作用，促进本行依法合规经营发展。

（一）监事会履职情况。2020 年，监事会共召开 9 次会议，审议本行年度报告、季度报告、财务决算和利润分配方案、监事会履职评价报告、发展战略评估报告等 18 项议案，听取本行经营情况、外部审计报告、内控案防管理情况等 8 项专题汇报，审阅本行战略规划执行情况、集团反洗钱工作情况、年度风险管理情况等 49 项专题报告。客观公正地发表意见，恰当行使表决权。监事会成员勤勉忠实地履行职责，参加 3 次股东大会，列席 10 次董事会及 41 次专门委员会会议，投入足够的时间和精力参与监督工作专题调研，注重加强专业学习和实践总结，进一步提高履职能力。外部监事在行内工作时间超过 15 个工作日，符合有关规定。

（二）履职监督情况。监督董事会和高级管理层及其成员遵守法律法规及公司章程，以及执行股东大会、董事会决议和监管意见等情况，重点关注董事会和高级管理层贯彻落实国家经济金融政策、监管要求、服务国家重大战略、应对新冠肺炎疫情、支持服务实体经济和防范化解金融风险等情况。开展履职评价工作，访谈董事会和高级管理层成员、总行有关部室总经理，听取意见和建议，结合日常履职监督情况，形成对董事会、高级管理层及其成员履职评价意见，促进依法合规履职尽责。做好战略评估工作，对发展战略的科学性、合理性和有效性以及战略实施情况进行评估，促进加强战略管理。

（三）财务监督情况。监督财务活动和重要财务事项决策及执行情况，重点关注全行重大会计核算事项、财务审批事项和有关会计核算等情况。认真审核定期报告、年度财务决算和利润分配方案，定期听取审计结果和经营情况汇报，抽查重大会计核算事项，核实财务信息的真实性，客观、公正地发表独立意见。监督外部审计工作的独立性和有效性，提示审计重点，评价外部审计师履职情况。开展疫情防控期间财务资源配置和使用、提升集团与综合化子公司协同效应、内部账户管理等专题调研，分析研究疫情防控期间总分行财务资源配置机制运行、集团和境内子公司战略协同、内部账户管理等情况，提出相关工作建议，进一步优化财务资源配置，加快推进综合化子公司与集团重点战略融合统一，明确内部账户管理职责。

（四）风险监督情况。监督风险管理体制机制健全性和有效性，重点关注全面风险管理、资本管理、并表管理及主要监管指标达标等情况。加强对跨市场、跨行业、跨领域金融业务风险管理情况的监督，注重分析和揭示潜在性、苗头性、倾向性重大风险隐患。开展疫情背景下信用风险管理、私人银行理财业务风险处置、工银投资债转股业务发展与风险管理情况等专题调研，分析研究疫情背景下我行信用风险应急管理机制、存量理财业务受托管理处置、债转股业务风险管控等情况，提出相关工作建议，提高预防和处置信用风险突发事件水平，完善风控体系建设，充分发挥集团整体协同优势。

（五）内部控制监督情况。监督内部控制体系有效性、内部控制职责履行和依法合规经营情况，重点关注重大风险事件、经营损失责任追究、内部控制体系运行和规章制度完善等情况。强化合规管理和案防工作监督，监测重要内部控制指标达标情况。关注境外机构合规基础建设、集团监督体系运作、监管发现问题整改落实等情况，坚决守住不发生系统性风险底线，保障经营合规稳健运行。开展疫情防控背景下资管业务管理和发展、境内机构反洗钱管理情况等专题调研，分析研究资管业务投资管理、境内机构反洗钱管理体制机制和运作等情况，提出相关工作建议，进一步加强资管业务风险管理，优化反洗钱管理系统。

（总行董事会办公室、监事会办公室）

投资者关系管理

2020年，工行投资者关系管理按照“全面、主动、协同、精准、有效”原则，开展了大量投资者沟通工作，提升了估值管理科学化水平，支撑了市值稳定和境内同业领先优势，实现了国有金融资本保值增值。

一、主动发声，管理层高频开展投资者交流活动

直面突发疫情冲击，总行管理层针对性部署开展投关活动，最大限度缓冲疫情对市值的影响。成功举办“科技驱动、价值创造”专题反向路演，以“科技基础设施”和“科技业务赋能”为主题，通过“演示+体验、线上+线下”的形式，系统展示了工行科技内核和业务赋能成效，得到市场的广泛关注与百余家投研机构的热情参与。通过远程撬动境外重点投资者，与欧洲、美洲、中东等区域重点投资者开展一对一、一对多线上交流，向其展示中国抗疫成就和工行持续稳健的经营业绩。通过登门拜访境内基石投资者，与北京、上海、深圳、成都等地的重要机构投资者一对一交流，稳定境内基石投资者的投资信心。通过抓住保险业会计准则切换契机，加大保险机构的沟通交流力度，一对一覆盖了资产规模500亿元以上的20家头部保险集团，多家国有大型保险集团在2020年陆续成为持有工行股票超1%的重要股东。通过投资者开放日主动回应市场焦点问题，通过参与国际投资论坛主动向市场传递信心，通过上证e互动、投资者热线、投资者邮箱等多种渠道保障中小投资者合法权益。

二、精准穿透，做好股东服务工作

通过建立分层分类精准维护体系。对A股和H股股东分门别类制定管理策略，并针对核心投资者逐户制订分层管户人员、工作目标和管户方案，做到精准维护。通过三个“双轮驱动”，即境内+境外驱动、法人+个人驱动、线上+线下驱动，在I端、B端、C端大力挖潜、全面拓展，持续构建巩固“基数大、结构优、黏性强”的全方位价值投资者基础。

三、智慧创新，做好股权管理精准穿透

扎实推进投关管理信息化工作。2020年，工行第一版智慧投关系统成功上线，集合“股权管理、投资者画像、会议管理”三大功能，实现对投资者精准画像，支持对市值表现开展多维度监测，提升对集团股东的服务精度和效率。

四、前瞻研究，推动资本市场关注与工行经营管理双向互促

深入研究市场走势和行业热点，针对可比同业市值变动情况、大型商业银行估值情况、工行业绩发布市场反馈情况、股价异动等事件，分析研究市场资金流向和政策方向对工行股价和市值的影响，为提升工行公司治理、经营管理做好镜鉴。

（总行战略管理与投资者关系部）

子公司公司治理及股权投资管理

一、子公司公司治理机制建设情况

（一）有效推进子公司党建与公司治理有机结合发展。不断加强党的领导，积极稳妥推进子公司党建与公司治理有机融合，持续推进境内综合化子公司党建入章，完成除工银安盛以外全部境内综合化子公司的党建入章工作，持续完善党委工作规则和“三重一大”议事决策等制度，把党委会研究讨论明确作为董事会、管理层决策重大问题的前置程序，充分发挥党委在公司战略经营等重大决策中的把方向、管大局、保落实作用，初步形成以党的建设、公司治理和股权管理为核心的集团子公司治理模式。

（二）完善子公司公司治理顶层设计。落实银保监会《银行保险机构公司治理准则》相关要求，在参照法律法规、监管要求、国际国内先进经验的基础上，制定《境内控股机构公司治理指引》，明确集团子公司公司治理的基本准则，指导子公司加强公司治理能力建设，引导子公司在遵守监管规定基础上，按照指引要求不断完善公司治理架构，优化治理运行机制，切实维护股东权益。

（三）系统评估优化境外子公司治理情况。对标监管规定、集团要求、优秀实践，结合子公司所处行业及自身发展规模、阶段等因素，对境外子公司的治理水平进行了系统梳理、评估，分级评价了境外子公司公司治理水平，并针对评估过程中发现的薄弱环节，“一司一策”提出优化方案。

二、战略并购和战略性股权投资管理情况

（一）强力推进工银标准脱困振兴。组织召开两次工作推进会及一次风险管控会，推动脱困振兴措施稳步实施，压实工银标准主体责任，培育经营动能，发挥集团协同优势协助提升经营水平，全力支持并帮助工银标准提升价值创造力、市场竞争力和风险控制力。在总行大力支持下，工银标准2020年初步实现了脱困振兴目标，盈利金额达到1.16亿美元，为收购以来最好水平，为推动境外并购子机构有效整合创造了有益经验。

（二）全力做好世福资本优化调整。理顺世福资本过渡期投资决策相关流程，完成陈四清董事长兼任世福资本董事长相关事宜，进一步强化对重点三级子公司穿透管理，提高治理能力。

（三）积极稳妥开展战略并购。2020年，合规高效完成工银阿根廷行权交割，增强对共建“一带一路”高质量发展的金融服务能力。围绕RCEP、中欧投资协定等国家战略安排及集团国际化需求，研究制订新时期境外并购思路，持续筛选、跟踪优质标的。多渠道研究推进补齐综合化牌照路径，协助监管机构研究相关方案。加强战略投资规范管理，制定行内首个符合最新国标要求的企业标准《战略并购业务操作标准》，研究战略并购整合能力后评价方案并进行部分试评，提升投资决策的科学化、标准化水平。

（四）强化附属机构增资管理。积极加强监管沟通，推动完成工银奥地利增资1亿欧元、工银投资增资150亿元人民币项目，顺利推动万象分行、工银国际增资项目，支持附属机构稳妥增强资本实力。

（五）优化子公司战略性股权投资布局。审慎把握子公司战略性股权投资准入和退出，推动工银理财与外资资管公司合资设立联营资管公司，授权工银亚洲向富融银行增资，批复工银科技设立北京子公司、工银泰租设立保险经纪公司，批复工银亚洲期货有限公司主动清盘，不断优化子公司战略性股权投资布局。

三、锦州银行支援协调情况

（一）有序推动锦州银行改革重组落地。2020年7月13日，锦州银行1 500亿元不良资产剥离落地。2020年9月30日，由人民银行下属公司成方汇达和辽宁金控向锦州银行增资120.9亿元，使锦州银行成为国有控股银行。

（二）建立支援工作长效机制。成立支援锦州银行领导小组，由行长任组长、副行长和董事会秘书任副组长；设立专门团队开展支援协调，在战略管理与投资者关系部成立锦州银行事务协调处；加强支援工作统筹管理，印发《锦州银行支援工作要点》；选派36名行内优秀人才担任锦州银行中高层等职务，协助实施“535”高级管理人才工程；稳慎提供流动性支持，授信额度提升至350亿元；积极开展前台业务合作，银团合作累计推荐项目总金额超1 000亿元；协助锦州银行提升公司治理、战略规划、资产负债管理、信贷与风险管理等十大管理能力。

支援工作获得国务院、人民银行的多次肯定。截至2020年末，锦州银行负债成本有效压降，经营呈现积极因素，但由于历史存量巨额风险资产影响，脱险脱困

仍需持续努力。

四、委托持股处置情况

面对委托持股资产清盘出局的重大威胁，全力搜集关键证据，多方争取监管支持，科学运用政策工具，实现换股和市场化处置。以中航沈飞为例，截至2020年末，回收资金8.76亿元，剩余股票市值约31亿元，相比2.47亿元初始成本实现十倍以上增值，作为“探索国有金融资产保值增值和市场化处置新路径”的优秀案例专题报送国务院。

五、派驻董监事管理情况

将兼职派驻董监事统一纳入履职管理范围。专职、兼职派驻董监事人选主要来自境内一级分行负责人、境外机构管理层和总行部室负责人，具有丰富的经营管理经验和多元的专业知识水平。截至2020年末，11名专职派驻董监事在持股公司担任53个董事、监事职务，24名兼职派驻董监事在持股公司担任29个董事、监事职务。派驻董监事通过例行会议、专题调研、撰写报告、履职访谈、履职培训等有效途径，加强集团战略传导，深化子公司并表管理，推动持股公司完善公司治理，加强重大问题双向互通，较好地发挥了治理纽带、沟通桥梁的作用。在履职过程中，派驻董监事尽职履职，重点关注持股公司的战略性、趋势性和苗头性问题，围绕公司治理、战略管理、业务发展及风险管控等方面提出高质量意见与建议，履职广度、深度和专业性不断增强。

（总行战略管理与投资者关系部）

品牌建设

2020年，全行坚守金融服务实体经济本源，立足新方位，把握新坐标，凭借卓越的服务和良好的经营业绩，实现品牌价值、美誉度及影响力持续提升，在国内外多项评价中取得了优异表现。集团品牌连续4年蝉联Brand Finance“全球最具价值银行品牌”，品牌价值高达807亿美元，第五次荣登“中国最具价值银行品牌”。连续八年位居英国《银行家》全球银行1 000强、美国《福布斯》全球企业2 000强以及美国《财富》500强商业银行榜单榜首。荣获2020年中国金融品牌影响力峰会“年度影响力品牌传播案例”奖以及“年度创新传播银行”“最佳传播奖”等奖项，入选“中国金融十大高光时刻”。

一、展示守正出新的大行风范

围绕贯彻落实党中央、国务院决策部署积极开展主题宣传、传递主流声音，新闻媒体正面报道服务“六稳”“六保”、支持抗击疫情、助力脱贫攻坚等超过40万篇次，正面传播数量和排名同业第一。品牌传播新举措频出，品牌形象和集团面貌实现新提升，推出《奋斗时光》《梦想篇》《追梦篇》《个人金融业务巡礼》《伙伴篇》等19部精品视频和360余款优秀宣传作品，弘扬主旋律，讲好工行故事，树立负责任的大行形象。创办《工行通讯》，以“工行发展见证者”和“全行员工同行人”的角色，做优做强行内舆论场，推动全行员工进一步凝聚共识、奋发向前，彰显了不同凡响的“工行力量”。

二、凸显战略引领的工行智慧

2020年，第一个人金融银行、境内外汇业务首选银行、重点区域竞争力提升等重点战略持续落地实施，战略优势不断转化为发展动能。品牌工作紧密围绕战略部署，深入推进三大战略品牌建设，在业内率先发布“第一个人金融银行战略”品牌体系，成功构建了个金业务品牌生态。“境内外汇业务首选银行”及“重点区域竞争力提升”战略品牌体系建设稳步推进。同时，聚焦新产品和优势业务，引导各业务条线加快子品牌体系建设，统筹调动全行力量开展形式多样的品牌营销活动，大力推广了手机银行、工银e钱包、环球撮合荟等优秀业务品牌，深入发挥品牌赋能业务发展的驱动作用。

三、体现客户至上的人民金融底色

坚守客户至上的服务宗旨，积极推进人民满意银行建设，“人民金融”底色愈发鲜亮。以品牌体系为纽带不断挖掘自身优势、提升服务能力，清晰界定了贴心、极智、无界、放心等品牌核心特质，进一步提升服务温度，较好地推动了个金业务高质量发展。推出“工银爱相伴”老龄客群品牌和“工银星礼遇”客户分层服务品牌，开展面向大学生客群的线上线下品牌推广，集中推广了宝贝成长卡、普惠金融等央视广告，体现了客户服务精准度和适应性。通过“工行驿站2.0”品牌计划打造“金融+泛金融”场景服务平台；通过工银e政务、工银e社保等品牌，多方位助力GBC场景综合金融服务；推出“一顾两证三融”产品体系，打造智库服务标杆品牌。策划推出“工祝幸福年”“见证奋斗 工筑未来”新年品牌营销活动，围绕重要节日节气持续深化与受众沟通，营造温暖和谐的社会氛围。

四、彰显众志成城的时代精神

秉持创新进取理念，克服疫情影响，厚植奋斗土壤，弘扬众志成城、共克时艰的时代精神。制作《奋斗时光》抗疫主题音乐视频，推出“提示”“行动”“致敬”“春天”4大主题宣传，彰显工商银行举全行之力抗击疫情、全面支持复工复产的大行担当。“童心港湾”“健康快车”“童行人计划”等品牌公益项目深入推进，进一步展现了热心公益、扶危济困的大行形象。微电影《放不下的心事》《有事找丹增》故事片引发网友共鸣和点赞，原创音乐视频《奋斗的工行人》继荣获“纪念改革开放四十周年歌曲创作十佳原创作品奖”之后，再度荣获第二届中国银行业微视频大赛“最佳视频奖”，以工行人的奋斗形象回应时代主题，弘扬时代精神。

（总行办公室）

人力资源管理

2020年，全行人力资源管理条线深入贯彻习近平新时代中国特色社会主义思想和党的十九届历次全会精神，以及全国组织工作会议、全国组织部长会议精神，系统谋划和创新组织人事工作，增强服务全行战略发展能力，推动组织人事工作取得新成效。

一、落实“人才兴业”工作思路，提升人员配置效能

（一）优化人员总量结构。一是扎实做好全行三年人员规划的2019年总结和2020年落地执行，有力保障重点战略区域、重点业务条线、重点专业人才队伍的人力资源支持投入，实现三年人员规划圆满收官。二是执行2020年集团用工计划，集团各类人员新增1.9万、退出2.4万，年末人员总量44万，顺利完成年初下达的用工计划。结合新形势要求和全行经营发展需要，研究编制2021年集团用工计划。三是贯彻落实国家“稳就业”“保就业”要求，努力扩大校招规模，2021年度秋季校园招聘计划达1.8万人，居四行同业首位。强化“工银星辰”招聘品牌，通过全流程线上招聘确保疫情期间招聘质量和效率。成立工银大学“新星学院”，打造银校合作优质平台。四是积极做好多渠道人才引进，全年共招聘各类社会化人才5 000人，接收符合政府安置条件的退役士兵380余人，确定2020年援藏干部员工选派计划。

（二）加强专业人才队伍建设。坚持“服务战略、科学配置、降耗增效、培育人才、激发活力”的人力资源效能提升工作思路。一是推动全行重点战略的落地实施。组织个人金融、外汇业务人才队伍的专项调研。召开“第一个人金融银行”专业人才队伍建设研讨会，深入探讨战略人才支持保障落地措施。提炼各行个金专业队伍建设特色做法，形成一批优秀案例印发全行学习。组织外汇业务人员统计摸排，撰写全行外汇业务人员盘点分析报告。研究增设外汇序列，推动外汇专业人才队伍建设。二是强化信贷专业条线人才队伍建设。深入调研并撰写全行信贷队伍建设调研报告，起草《关于加强全行信贷队伍建设的意见》，会同相关部门研究制定《授信审批条线管理人员任职管理实施细则》、修订《信贷风险官管理办法（2020年版）》，为打造信贷“铁军”提供坚强保障。三是开展金融科技背景下的人力资源配置研究。适应数字化转型趋势，探索“云网点”服务形态下的人力资源配置方式，起草《关于加强全行金融科技人才队伍建设的意见》。四是加强境外人才配置和培养。在深入调研基础上，撰写重点课题报告《境外机构人力资源配置研究》，形成2019年境外机构人力资源盘点报告。加强专业条线外派后备人才库和外语人才库建设。通过公开招聘和组织推荐方式，加大外派人才选派力度。举办全行员工外语大赛，配合进博会、撮合荟等做好志愿者及人才招募。

（三）强化员工日常管理。一是加强员工行为规范管理。撰写全行岗位标签体系建设工作报告，加强岗位标签体系管理价值挖掘和实践应用。编制《在职员工突发事件应急处置指引》，做好紧急事件的妥善处置流程指导。修订全行关键岗位管理办法、关键岗位目录等配套政策制度。二是提升总行本部人力资源效能。完善各部室生态画像，开展总行本部2019年度人员盘点，搭建各部室人力资源使用情况数据库，加强总行本部人员情况梳理分析。优化内部人员交流机制，推广内部人才市场，促进部室需求与员工

意愿的有效撮合。

二、聚焦薪酬激励保障功能，完善集团资源配置管理

（一）优化工资总额配置机制。一是根据疫情和内外部环境变化，及时研究调整集团2020年度工资总额配置机制，在复杂经营条件下实现全年工资总量紧平衡。按照全行“一盘棋”原则，做好全年工资费用决算，加强薪酬资源灵活配置，引导各机构内部挖潜。二是紧紧围绕三大重点战略，分类研究制定薪酬激励机制与相关配套措施。完善对普惠金融、集约运营中心、工银科技的薪酬方案和激励机制。

（二）提升集团薪酬治理水平。一是加强前瞻研究分析。撰写集团2019年度薪酬分析、推行员工持股计划有关意见等报告。二是推进集团薪酬治理。制订2020年度高级管理人员业绩考核方案，协助董事会成员完成2019年度高管人员履职评价。制订董监高、各控股子公司高管人员2019年度薪酬清算方案。三是提升薪酬管理规范化水平。印发《关于加强薪酬发放管理的意见》，进一步规范薪酬发放流程。将各级机构薪酬发放岗位纳入关键岗位管理，组织境内分行、直属机构开展员工薪酬发放银行账户信息的全面排查。

（三）积极完善员工福利保障。一是健全福利保障配套机制。修订印发《企业年金方案（2020年版）》，完善留存基金统筹管理模式，切实提高员工补充养老保障水平。根据社保政策变化和员工关心关爱需要，优化2020年集团非工资性人力费用管理机制，在控制费用总量的基础上，挖潜增效、突出重点，加强全行员工疫情防护、医疗保障、食堂餐饮、困难救助等领域的费用保障，向低收入和重点战略区域机构适当倾斜配置。二是稳健开展年金基金投资运作。积极应对2020年资本市场的大幅波动和各类黑天鹅事件，加强投管人分层施策和重点督导，开展投资策略动态调整，持续推动长期稳定类资产优化配置，全年投资收益超出业绩基准。三是完善扶贫干部和外派员工的薪酬福利保障。印发《关于进一步加强扶贫干部薪酬福利保障的意见》，修订《外派员工薪酬管理办法（2020年版）》，推进境外所得境内汇算清缴个人所得税工作。

三、围绕金融供给侧结构性改革，优化组织机构布局

（一）加强分支机构建设。一是落实金融扶贫工作要求，体现工行政治担当，推进日喀则、阿里分行新设和林芝、昌都支行升格工作，推动山南、那曲分行完成开业，实现工行在西藏空白地市的机构全覆盖。服务“重点区域竞争力提升”战略，推动长三角示范区内机构提质增效。二是巩固城区市场优势，纵深推进城区一级支行优化调整。全年共降格或撤并55家、升格或新设12家城区一级支行。三是支持乡村振兴战略，印发通知推进县域机构布局优化，全年共升格或新设42家县域一级支行，进一步密切银政关系。

（二）优化部门职能分工。一是落实党内相关制度要求和行内巡视整改意见，加强直属机关党委对同级群团组织的领导，调整机关工会和机关团委隶属关系。理顺总行本部职能分工，完成直属机关党委等3个部门更名及职能调整。二是落实“境内外汇业务首选银行”战略，推动涉敏业务管理职能从国际业务部调整至内控合规部，提升风险防控能力。

四、加强组织人事队伍建设，提高信息化服务水平

（一）加强系统管理。提高政治站位，从严从实加强组织人事队伍自身建设。完成2019年度人力资源专业考核，落实2020年组织人事工作要点。着眼基层问题和需求，开展组织人事工作意见建议征集和集中反馈，举办组织人事工作系列调研座谈。实施人力条线2020年线上系列培训，系统提升组织人事队伍政策业务能力，坚持专业制胜，强化责任担当，精耕细作锻造行业标杆。坚持推进定点联系工作，加强对分行业务短板的个性化帮扶。组织开展综合化子公司组织人事工作检查。促进条线经验传导与信息交流，全年编发图文并茂的《人力资源管理工作动态》近30期，探索开展条线内“云分享”直播课堂。

（二）加强人力资源信息化。高度重视“科技驱动，价值创造”工作思路在人力资源管理中的应用，积极推进人力资源管理方式转型赋能。一是加快业务处理平台更新。基本完成新一代招聘平台、新关键岗位管理系统、劳动合同电子化系统的建设和推广，推动党建管理、荣誉表彰申报、任职回避、编制职数、离退休管理等模块的优化改造，节约专业人力投入，提高管理控制精度，持续提升人力资源管理效能。二是发挥员工服务平台作用。研发员工健康监测系统，持续升级“HR咨询”功能，推出员工祝福专区、员工绩效反馈等模块。三是强化人力资源大数据应用。梳理建设人力资源指标库，完善人力资源风险监测，推动RPA、人工智能等新技术在人力资源专业的应用，不断增强信息化服务能力。

五、立足在重大任务落实中发挥作用，抓好抗击疫情工作

（一）科学细致做好疫情期间人员管理。一是组织各级人力资源管理部门分类压实员工管理的主体责任，确保员工管理全覆盖，责任落实无死角。指导各分支机构统筹做好疫情期间员工工作安排和网点营业计划，确保业务运转有序、风险防控有力。二是加强集团员工的健康情况监测和统计报告，统筹做好常态化疫情防控和散点突发事件的应急处理。三是建立总行本部疫情防控

“模块化”人员管理体系，将疫情防控分解为“健康监测”“现场排班管理”“出入京管理”“员工关心关爱”四个模块，分级明确各模块内容和要求，根据实际情况灵活调整和组合。

（二）分类落实员工关爱和健康保障。一是向湖北分行和境内分行划拨专项工资费用和福利费用，提高疫情期间上班员工的午餐和交通补贴。二是制定对境内感染或疑似新冠肺炎员工的救助帮扶措施，为网点员工提供新冠肺炎相关医疗保障。印发《关于加强境外机构员工关心关爱的通知》，推动境外机构完善医疗保障机制，聘请外部咨询公司为外派员工及随任家属提供心理健康服务，开展心理健康调查和心理咨询辅导。三是在工银e办公开通“医疗保障”线上服务，更新“HR咨询”福利保障知识库，上线防疫证明在线打印功能，研发员工健康监测系统，畅通“无接触”线上服务渠道。

（总行人力资源部）

离退休人员服务和管理

2020年，全行离退休人员工作以让党委放心、老同志满意为标准，以表彰先进增动力，以细化服务固根本，以加强管理夯基础，取得了新成效。

一、坚持不懈抓好离退休人员“三项建设”

一是加强政治思想引领。通过中组部老干部局“离退休干部工作”微信公众号，先后组织全行离退休人员和离退休工作人员收看了“学好用好民法典”“弘扬伟大抗疫精神，做好疫情防控工作”“学习党的十九届五中全会精神辅导”等三场全国离退休干部网上专题报告会，并通过座谈、访谈、征文等形式，及时收集了广大老同志对学习报告会的心得体会，弘扬了主旋律，凝聚了正能量；组织召开了离退休原领导干部胡怀邦案、“两明案”情况通报座谈会，引导老同志以案为鉴、警钟长鸣；坚持围绕党的建设、新冠肺炎疫情防控、脱贫攻坚等，通过线上不间断开展时政学习和答题等活动，及时传导党中央决策部署，引领老同志在政治上思想上行动上始终与党中央保持高度一致。二是创新抓好党组织建设。根据疫情防控形势，首次采取线上和线下投票相结合的方式，举办了离退休人员服务与管理部党总支换届选举工作，老同志参与投票率达到99%，为利用网络平台进一步创新搞好离退休人员党组织建设积累了成功经验。三是大力开展“我看脱贫攻坚新成就”调研。按照中组部老干部局统一部署，组织动员全行老同志通过座谈、征文以及诗书画影等多种形式点赞党的扶贫好政策，讴歌脱贫攻坚新成就。如北京分行围绕“我看脱贫攻坚新成就”，开展了以“一次分享、一次建言、一次诗书画影征集、一次扶贫知识答题、一次线上文艺汇演、一次助力消费扶贫”为主要内容的“六个一”系列活动，引导老同志发挥独有优势，助力脱贫攻坚；上海分行通过搭建“扶贫驿站”展示馆、制作宣传“易拉宝”巡展等方式让老同志深刻了解我行的扶贫成果，进一步激发了他们作为“工行人”的自豪感。

二、召开全行离退休人员“双先”表彰大会

在与中组部同步做好全国和全行离退休人员先进集体和先进个人推荐评选基础上，于2020年5月下旬采取现场与视频相结合的方式，召开全行离退休人员“双先”表彰大会暨离退休人员工作会议，40个离退休人员先进集体和82名离退休人员先进个人受到表彰。此前，江西萍乡分行退休干部甘公荣被中组部授予“全国离退休干部先进个人”称号。各级行党委及其离退休人员工作部门认真抓好“双先”表彰大会精神的贯彻落实，采取多种形式广泛宣传离退休人员的先进事迹，在全行进一步营造了学习老同志、关心老同志、照顾老同志的良好氛围。

三、全力做好离退休人员疫情防控

一是强化组织领导。成立由总行离退休人员服务与管理部主要负责人任组长的疫情防控工作领导小组，制定了《离退休人员疫情防控工作责任制》，向全行离退休人员工作部门及时发出《关于进一步做好新型冠状病毒感染的肺炎疫情防控工作的通知》，层层压紧压实责任，切实织密织牢疫情防控网。二是认真摸底排查。在全行离退休人员工作系统建立了疫情“日报告”“旬报告”机制，对武汉等重点地区实行重点关注和即时上报，确保及时全面准确掌握离退休人员疫情信息。三是注重舆论引导。充分利用“工行离退休之家”微信公众号、工作群、党建群等线上渠道，做好疫情防控宣传，引导广大老同志坚定信心，科学防疫。四是加强关心关爱。各级离退休人员工作部门坚持疫情期间不歇

工，积极争取和利用各方资源，想方设法为离退休人员配发防疫用品。同时积极调整慰问和服务方式，采取电话问候或慰问品邮寄到家等形式坚持开展慰问工作，并指导老同志通过线上报销医疗费，较好做到了疫情期间服务不打折、关爱不停摆。五是发挥老同志作用。全行6万余名离退休党员积极响应党中央号召，累计捐款825万元助力疫情防控。许多老党员、老同志以身作则，奋勇争先，纷纷加入抗疫志愿者行列，用实际行动践行了共产党员的初心使命。

四、用心用情做好服务工作

一是组织开展多种形式的走访慰问活动。先后举办了总行机关老同志春节联欢会、离退休老领导迎新春座谈会和离休干部迎春茶话会；通过微信公众号、微信群等及时将总行党委对全行老同志重阳节的问候传达到每个人；上门为总行机关第一位百岁老人祝寿；成功举办了总行机关70周岁和80周岁老同志线上集体祝寿会；对全行202位健在的抗日战争时期及以前参加革命工作的老同志进行了走访慰问；为全行650位符合条件的老同志颁发了抗美援朝出国作战70周年纪念章；向困难党员和老党员老干部发放了慰问金。二是积极践行精准化服务。秉承“一人一策”的服务理念，成立专门服务团队，进一步加大了对总行离休干部和退休行级领导的关心和照顾。对各分行离退休原主要负责人的健康状况和养老地点等情况专门进行了调查摸底，为进一步做好慰问工作奠定了基础。借助人力资源管理系统和智慧党建云等平台，着力搭建功能更加完善、更加贴近老同志的信息管理和服务平台，使离退休人员服务管理工作进一步实现了精准化、信息化。三是不断丰富老同志精神文化生活。总行本部利用网络平台，先后举办了美食制作直播、瑜伽和太极拳视频教学、垃圾分类宣传、培养节约习惯等16期“团结一心，抗疫有我”系列活动和“孝老敬亲·情暖重阳”线上作品征集展示活动；依托“国联老教”直播课堂，让老同志足不出户就能学习书法、绘画、剪纸、茶道等课程。各分行也都根据疫情防控形势，通过线上或线下，积极开展了“云端隔空合唱”“翰墨丹青助胜‘疫’”“宅家绘生活，云上秀才艺”“爱在重阳度金秋，情暖夕阳共和谐”等多主题的文化活动，传递凝聚了老同志的正能量，丰富了他们的晚年生活。

五、持续加强系统和基础管理

一是加强系统指导。通过制定印发年度工作要点，明确了全年重点工作目标和任务；根据《离退休人员工作考核办法》，对2019年各行工作完成情况进行了考核通报；通过组建远程数据库统计汇总团队，圆满完成了2019年度全行离退休人员信息统计任务。工行报送的离退休干部统计年报表被中组部评定为第一等次“良好”。二是搞好调查研究。根据全行“双先”表彰大会精神和总行现代金融研究院分配的调研任务，发动全行着重围绕推进离退休人员工作创新发展课题进行了调查研究。在此基础上，组织撰写了《新时代推进离退休人员工作创新发展的实践与思考》课研材料。此外，还按照总行党委组织部和直属机关党委要求，完成了《提高认识 创新方法——全面做好新形势下离退休人员思想政治工作》和《统筹研究 积极尝试——探索实践疫情常态化下的老干部工作》等课研任务。三是加大信息宣传。全年共编审、发布离退休人员工作部门网讯信息1 341条；“工行离退休之家”微信公众号发布信息300余篇；根据杨凯生老行长事迹撰写的《老行长的扶贫足迹》等宣传稿件在《中国老年报》发表。

（总行离退休人员服务与管理部）

教育培训

2020年，全行及时有力应对新冠肺炎疫情对教育培训工作的重大影响和严峻挑战，聚焦全行经营发展和员工成长需求，积极推广网络培训、直播课堂、线上训练营等新模式，统筹开展线上线下、分层分类培训，持续推进学习型银行建设，为集团高质量发展和干部员工成长提供智力支持。

一、高质量推进党校培训

实施党的十九届四中及五中全会精神专题轮训、领导干部进修班、二级分行负责人培训班等重点班次，统筹推动二级分行、一级支行、基层党支部书记和党务工作人员等常规培训，抓好各级党员领导干部的理论教育和党性教育；完善党校体系，健全制度办法，拓建分行党校达38家，“行外合作＋行内开发”方式设立一批党性教育基地，创新“党校直播课堂”，评选党校好课程，出版《干部教育读本》，进一步提高党校办学质量。

2020年，总行党校共举办面授班12期、培训656

人次；举办“党校直播课堂”12 期、培训 28 万人次；统筹全行党校线上线下做好各级党员干部培训，共培训 63 万人次。

二、完善分层分类培训体系

2020 年，全行共举办线上线下各类培训 3.1 万期、参与人数 589 万人次。围绕各专业岗位需求，聚焦通用知识技能和新产品、新业务、新流程推广，及时开展各类业务培训，深化全员阅读活动，服务员工履职成长；聚焦战略传导，系统打造“境内外汇业务首选银行”“第一个人金融银行”“融智小微”等培训项目，着力实施“长三角区域二级分行个人金融业务分管行长培训”“重点县域支行‘三比三看三提高’工作坊”等重点培训，助力战略落地；探索“育人留人”机制，推进国际化人才、90 后年轻干部“领航”示范班、个人客户经理“厉兵行动”、运营主管“磐石计划”、新员工“繁星计划”等培训项目，推进人才的梯次化培养；开放共享培训资源，面向政、企、学等客户群，举办贵州、四川省金融服务培训，与工信部合作“促进大中小企业融通发展”培训，推进“民营企业高管金融培训项目”，面向学生群体成立工银大学“新星学院”“星火学堂”等，以培训助力业务拓展、服务社会。

三、创新提升培训服务能力

坚持集团化理念，探索对境内外分行、直属机构、综合化子公司的培训统筹和覆盖，逐步构建集团一体化培训框架；健全机制体制，优化专业资格认证机制，推进教材、课程、案例等培训产品的共建共享，探索构建训、学、考、评、用一体化学习平台，打造全员乐学赋能新生态；优化培训渠道，统筹发挥行属院校、专业教研室协同效能，探索构建“亚洲学院”“欧洲学院”，更有力地支撑业务发展；加强队伍建设，举办绩效改进、行动学习等专业能力培训，建设运营“工银大学”公众号，强化对外交流和成果宣传；创新手段方法，疫情期间，推广网络、直播、视频等在线培训，提高全员金融服务能力和科学防疫水平。

四、发挥长春金融研修学院作用

（一）立足“三个服务”，助推战略落地。根据疫情防控常态化下教育培训要求，坚持线上线下培训融合发展、相互促进，实现“停班不停学”，全年承办总行网络培训项目 46 期，自主开发实施 24 期，参训学员 79 万人次，覆盖境内外所有机构；线下培训突出小规模、精品化、研讨式，全年承办现场培训班 12 期，严格落实常态化疫情防控各项措施，做到思想认识到位、责任落实到位、重点人员管理到位、重点部位消杀到位、重点环节把控到位、信息传导到位、应急处置到位，确保参训学员、教职员工健康安全；认真落实总书记关于厉行节约、反对浪费指示批示精神，采取线上订餐、精细计划、按需采购、科学搭配、推进光盘等措施，将勤俭办学理念贯穿于餐饮、教学全过程；将第一个人金融银行战略、境内外汇业务首选银行战略、区域竞争力提升战略融入培训项目和课程设计、学习资源研发全过程，先后实施了深化普惠金融培训、打造第一个人金融银行——青年营销骨干培训、零售客户精准化分层分类等重点培训项目，积极助推全行战略落地；先后创意制作“银行业务案例微课”等 700 多个微课件，拆分 21 部业务类教材上传“工银 e 办公”云平台，供全行员工在线学习，《现代商业银行》杂志社策划专题，开辟专栏，进行专访，形成“48 字”工作思路宣讲合力，提升传导力度，努力为全行更好地服务“双循环”新发展格局、服务“六稳”“六保”做出积极贡献。

（二）坚持“三为王”理念，彰显专业价值。受疫情影响，现场培训按下“暂停键”，但线上培训启动了“快进键”。长春金融研修学院坚持“平台为王、内容为王、能者为王”理念，紧贴业务场景，加强线上教育培训相关制度创新和流程优化，加快线上学习资源创制、课程迭代、学习项目开发步伐，充分利用总行新一代网络大学平台，不断优化“工银长院”平台，创新实现推送提醒、自动翻译、连线切换等功能，体现直播形式多样化，打造学院对外宣传窗口和教育培训移动互联平台，为全行员工提供“智能、互动、开放、共享”服务；充分发挥全行“绩效改进教研室”作用，为县域支行定制化实施“个人存款营销业绩速增”绩效改进项目，将绩效改进在工行内化落地；与总行结算与现金管理部、机构金融业务部、公司金融业务部紧密合作，持续开发相关线上课程、项目、学习资源；加强员工能力素质养成，逐步培养一批项目设计师、引导师、催化师、内训师，全方位培育“能者”，总行级内训师达到 10 名，学院级内训师达到 26 名，平均年龄 37.8 岁，占在编员工 45%，形成“多通道、多平台、多层级”职业发展路径，有效发挥了各年龄段员工的价值与作用。

（三）运用好“三比三看三提高”工作方法。自觉对表对标党中央决策部署、全行改革发展任务和国内国际先进标准，强化“比”的意识、“拼”的思维和“进”的行动，深入学习研究国内外教育培训领域新技术、新工具、新方法，做好工行内化落地及应用。承办了总行重点县域支行“三比三看三提高”工作坊，通过同业县域支行信贷经营模式解析与信贷风险典型案例分析，不断深化“比”的内涵和实质；自主实施黑龙江数据分析与应用能力提升培训项目，运用“三比三看三提高”工作方法，选取不同二级分行培训对象，聚焦培训目标工作重点、难点，引导学员深入研讨，充分萃取实践经验；积极承办境外分行及附属机构模型风险管理网络培训，为境外分支机构量身定制 TAD 能力发展在线测评，在工银亚洲综合化子公司率先完成首测，帮助组织了解员工行为特质、能力、潜力状况，为人才潜力挖掘提供科学依据；创意制作配套学习资源，协助总行开发《境外机构反洗钱标准化手册》；围绕以国内大循环为主体、国内国际双循环相互促进的新发展格局，支持服务相关分行、部门加强课程设计与执行，先后实施了外汇业务经营管理能力提升培训、运行督导员外汇业务专项培训，设计实施海南中国特色自由贸易港建设等政策支持型培训项目，加强对海南分行 FT 账户培训项目落地效果科学评估，实施区域一体化发展（东北振兴）培训项目，更好地服务高水平对外开放；积极选派优秀青年业务骨干参与总行外派交流，开展技能竞赛，搭建外语人才库，助力全行国际化人才队伍建设。

（四）加快线上教育转型发展。不断加大线下培训向线上转型、线上线下融合和场景融入力度，一体推进线上党建、线上学习、线上营销、线上引导、线上考试系列产品研发。线上党建以党建微课为抓手，运用工作任务分析法针对具体党建岗位分析其所需知识能力，逐步建立《基层党支部工作手册》微课体系；线上学习以培训培训者工程为依托，探索实践数字化培训方式方法，开展了“学习工程”训练营、“组织行为”训练营和学苑杂谈三个线上学习项目，以自主 + 团队 + 共创的形式，以比促学，以学促进，有效提升员工专业能力，同时注重迭代更新，实现线上线下学习有效融合；线上营销深入研究营销动机，厘清教学方法与营销产品关系，探求客户需求本质，着力将营销亮点与客户痛点联系起来，以新媒体文案写作、图文设计技巧为切入点，实现新媒体宣传推广与银行营销场景融合，在打造第一个人金融银行——青年营销骨干培训班、新疆分行卓越店长培训班试点应用，效果良好；线上引导梳理国内外先进经验，探索实践路径，将引导技术内化落地，以太原分行法人拓户在线项目为落脚点，设计与实施在线研讨会议，形成可复制推广的运营流程；线上考试构建“长院 e 考试”线上考试体系，设计游戏化考试模式，完成多项制度考试题库搭建，不断提高试题针对性、实用性，努力满足全行员工对业务类知识即学即会、即答即用的需求。

五、发挥杭州金融研修学院作用

（一）统筹推进教育培训工作。认真落实“停训不停学”要求，积极研发和实施线上培训项目，统筹开展线上线下培训。探索“杭院策划、分行实施、送教上门”点对点培训模式，为多家分行送教上门 393.5 课时。严格执行总行对现场培训的有关要求，采取“封闭式”办学，实行出入校园“百分百测温”、学员核酸检测“百分百落实”、防疫宣传教育“百分百覆盖”、教学办公场所“百分百消杀”，确保防疫措施从严从实落地。全年共举办现场培训 27 期，培训 1 537 人次/6 685 人天，培训班整体满意率 99.96%。实施直播培训 308 场/623.6 课时，培训 14.7 万人次，其中学院教师直播 139 场/311 课时。实施总行适应性网络培训项目 87 个，培训 145 万人次/774 万学时。承办在线考试 281 个，服务考生 28.6 万人次。新开发培训项目 37 个，实施培训项目 57 个，其中线上项目 41 个，线下项目 16 个；开发课件 1 986 个，编审完成教材 22 本，开展课题研究 16 项。院内教师授课 802.5 课时。

（二）扎实推进培训业务创新发展。

一是开发实施线上线下培训。开发重点培训项目，实施“第一个人金融银行”、信贷铁军、智慧银行、金融科技、区域一体化协同发展等项目。实施工业和信息化部中小企业经营管理领军人才“促进大中小企业融通发展”专题培训、贵州省金融工作业务能力提升专题研修班、四川省金融干部业务能力提升培训，实施锦州银行“535”高端人才培训，促进 GBC 三端联动。发挥党校分校职能，实施党的十九届四中全会专题网络培训，开发和实施基层党建业务、二级分行负责人、一级机构内设部门新任党支部书记、新任基层管理人员、总分行机关党小组组长等培训项目。持续加强党校基地建设，建成启用总行廉洁文化教育基地暨党校党性教育基地。密联境内外分行和综合化子公司，为境内外机构策划实施管理人员、专业人才和经营管理类线上线下培训项目 43 个。

二是统筹开发一揽子学习资源。构建 MPA（动机、人格、能力）测评工具体系，推进敬业度满意度测评工具深化应用。开发管理人员学习地图和个贷客户经理能力素质模型。细化构建“四纵四横两类”的初、中级管理人员培训体系，初步搭建领导梯队课程架构体系；迭代行动学习课程，推出直播课堂系列课程和系列微课；启动两批次课程开发认领，开发新课程 21 门。参与编制《“三个一”开发工作手册》，做好考试大纲题库修订开发工作，全年更新及审核入库 8 序列 18 个模块共计 2.1 万题。加大网络课件开发力度，编制《课件制作分类及技术标准》。推进案例开发工作，完成境内外汇首选银行培训专题案例模板、信管案例和三本案例微课集。深化《金融言行》智力内涵，刊发 12 期，策划专题 12 个；刊发《投行研究》6 期。

三是持续提升培训运营质量。探索常态化疫情防控下的线上培训运营模式，编发《网络培训项目全流程管理与操作指引》，创新推进“线上工具导入 + 线下实战练习”培训研发和“微信群 + 直播平台”培训运营。推进线上直播课堂建设，搭建实体直播间，开展优秀课程展播。落实项目经理负责制，提升线上学习效果和用户体验。开展培训管理后台再分离，落实岗位职责，优化线下培训管理流程。编制《大赛标准化流程操作手册》，梳理培训管理工作场景并编制标准话术，开发培训班破冰游戏。加强企业号“培训社区”管理，拓展课程创建、信息维护、课程回放、数据整理分发等功能，开发“云师资库”功能。

六、发挥香港培训中心作用

成立培训中心（联合）党支部，主动服务工行驻港机构党委及其他党支部的学习活动，累计32期、984人次；提高政治站位，部署防疫措施，做好应急预案，做细防疫储备，压实四方责任；建立“香港培训中心直播间”，为总行、驻港机构及其他境外机构提供线上线下综合化培训解决方案，支持驻港机构培训需求，累计承办各类培训60期、1.5万人次；支持总行及驻港兄弟机构疫情期间的特殊业务需要，提供备份办公场地；落实监管机构要求，制定《香港培训中心员工居家办公管理细则（2020年版）》《香港培训中心员工不当言行突发事件应急处理预案（2020年版）》等多项制度；完成内网提升改造，加装全行视频会议系统，依托总行平台连通全球；培养员工跨专业、多岗位的复合适应能力，在近两年连续退休减员、员工总数降低40%的情况下，成功保持了培训中心的高效运转。

（总行企业文化部、长春金融研修学院、
杭州金融研修学院）

金融理论研究与学术交流

2020年，全行金融理论研究继续实现质、量双提高，在服务实体经济发展，推进全行深化改革，优化经营发展中的智力支持作用更加凸显。全行学术交流活动愈发活跃，研究交流机制不断完善，在高层次学术活动中不断发出工行声音，贡献工行智慧，彰显工行责任。

一、围绕中央重大决策、全行中心工作和改革发展重大问题，组织推动46项重大课题研究，全面服务全行战略决策

一是围绕落实中央重大决策部署，就全行战略谋划开展研究。相关课题研究包括：“十四五”经济金融特点及商业银行影响、工行服务经济双循环的实现路径与策略安排、国际新格局下商业银行支持共建“一带一路”高质量发展研究、商业银行实施运用民法典重点问题研究等。

二是围绕全行改革发展总体要求和重点战略的总体思路，就关键业务领域和产品服务的改革创新开展研究。相关课题研究内容包括：央行数字货币与个人金融银行发展、新形势下提升外汇业务竞争力的对策研究、工商银行GBC工作实施落地的研究、“数字普惠”发展趋势下工商银行小微信贷产品体系建设研究、工商银行数据资产管理体系理论与实践研究、本外币一体化对公外汇运营管理模式研究、工商银行全景式智慧云服务体系建设研究、工商银行新时期综合化发展战略2.0研究、工商银行养老金融业务发展战略研究、关于大资管业务服务全行加快现代金融模式布局的研究等。

三是围绕新形势下银行深化全面风险管理，提升风控效率与技术，促进业务稳健发展等开展研究。相关课题研究内容包括：工商银行全面风险管理实践与探索、基于风险动因与风险传递关系的新型操作风险管理模式研究、公司客户风险限额测算方法与模型研究、新形势下“融安e防”信用风险智能防控策略研究、公司治理与防范化解重大突发风险或危机研究、巴塞尔Ⅲ框架下市场风险资本新规的挑战与应对、构建银团发展新体系支持新时期公司信贷经营转型、新形势下财政与货币政策创新方向及金融市场业务对策措施研究、公司治理与防范化解重大突发风险或危机研究等。

四是着眼于数字化银行建设与金融科技的研发应用方面开展研究。相关课题研究内容包括：互联网+平台运用对改善营商环境及促进基础对公业务发展的意义研究、基于数字化技术赋能银行对客服务升级研究、“零接触”智慧贸金平台创新探索、后疫情时代信用卡业务数字化转型的路径探索、聚焦产业互联网深化开放银行建设、基于业务架构的业务研发体系研究、后疫情时代网络学习模式及平台研发创新、数据生产要素赋能商业银行经营转型发展研究等。

五是针对新时期加强党建引领与队伍建设，完善公司治理机制方面开展研究。相关课题研究内容包括：新形势下推进专兼职机关党务干部队伍建设研究、境外机构人力资源配置研究、完善巡视巡察上下联动格局高质量推进巡视巡察全覆盖、新时代推进离退休人员工作创新发展的实践与思考、新形势下整改闭环驱动因素研究与治理能力提升等。

二、全面推进研究体系改革，提升研究实际应用效果和决策支持水平

（一）构建研究工作逻辑整合与统筹管理的制度框架。覆盖全行研究人员、研究产品、研讨与会商机制、期刊等；筹建集团内特邀研究员和集团外客座研究员队伍；筹备设立东南亚、葡语系国家研究中心；组建重点区域研究柔性团队；以“工银研究”品牌整合全行研究成果，统一线上发布渠道。

（二）创新疫情动态监测研究机制。第一时间成立新冠肺炎疫情研究专班，对国内外疫情形势及其影响开展系统性研究，形成覆盖全面、层次丰富的研究成果。

（三）完善快速响应与深度分析相结合的研究支持决策机制。就中央重要会议、国家部委重要政策、重要经济金融数据和国内外重大事件，及时向行领导报送研究成果。全年共完成各类研究成果近500篇，其中深度研究报告近200篇，研究快报200余篇，决策参考52篇，及时向监管机构和中央部委报送各类研究材料。开展自然科学基金、社科基金等多项重点课题研究。

（四）全面推进绿色金融研究与交流。一是发布“一带一路绿色（投资）指数”，推动“180ESG指数”ETF基金产品开发、中证800成分股ESG评级。二是完成《中国工商银行2019年度绿色金融专题报告》（中英文），推进《中国工商银行2020半年度绿色金融专题报告》编制。撰写《全球绿色金融标准与创新趋势》等研究报告，完成《金融机构环境信息披露指南》（人民银行送审稿）。与人民大学合作编撰《绿色金融年报》。三是积极参与联合国GISD联盟、GIP工作组、UNEP FI、新能源联盟等组织的绿色金融国际合作活动。

三、提升办刊理念，持续扩大两刊影响力

（一）《现代金融导刊》创刊，强化实务研究型期刊新定位。聚焦新发展格局，贯彻落实总行党委“48字”工作思路及全行重大战略，刊登一批重头研究文章。稳步推进新媒体编辑运营，开设“现代金融导刊”微信公众号，与“金融论坛”微信公众号并行，强化线上传播力度，实现线上线下协同运营。

（二）提升《金融论坛》办刊质量。及时组织刊发新冠肺炎疫情影响研究文章。包括：《新冠疫情背景下人民币国际化的新机遇》《疫情背景下的中小微企业金融纾困模式》《传染性公共卫生事件的市场反应研究》《新冠疫情对中国股票市场的影响研究》等。同时，加强名家约稿，学术影响持续扩大，成功入选“FMS高质量管理科学期刊”及“中国科技核心期刊（社会科学卷）”，在中国学术期刊影响因子提升至4.708，再创历史新高。在银行/货币、金融/保险期刊中《金融论坛》的影响因子和影响力指数均排名第三。

四、打造智库传播平台，提升研究品牌软实力

（一）成功承办2020年金融街论坛两项重要活动。一是成功承办全球系统重要性金融机构闭门会。人民银行、银保监会、证监会及北京市领导出席，国内外14家全球系统重要性金融机构、国内部分大型银行和保险公司领导参会，为加快推进全球金融治理体系和治理能力现代化贡献智慧。二是成功承办“金融市场与开放”平行论坛。北京市、监管机构领导出席，中外资管机构嘉宾深入探讨，为高水平金融开放背景下的资管行业发展出谋划策，引发市场热烈反响。

（二）发挥学会重要作用。一是顺利完成理事会换届。2020年11月24日，中国现代金融学会召开第七届会员代表大会以及第七届理事会第一次会议，鉴于疫情防控要求，经有关部门批准，会议采取线上线下相结合方式，审议通过第六届理事会工作报告，表决通过学会章程修订方案，选举产生第七届理事会、常务理事会和学术委员会，陈四清董事长当选为第七届理事会会长。

二是入选中宣部重点联系社团并承担国家社科基金资助项目。2020年5月，经中宣部批准，中国现代金融学会被纳入重点联系全国性社科学术社团，并获准承担2项国家社科基金资助项目（课题研究项目“重大公共卫生事件冲击与金融应对——基于新冠疫情下小微企业融资视角”和学术会议项目“新冠疫情后国际国内经济金融演化趋势与银行业的应对”）。这是学会乃至工商银行第一次承担国家社科基金项目。

三是组织团体会员开展重点课题研究，完成研究成果185篇，为金融改革以及工商银行转型发展提供了有力支持。

四是组织开展“金融扶贫、助力乡村振兴”专项调研，从多个角度为金融扶贫工作的开展提供了新思考、新策略、新措施。组织团体会员结合自身特点开展对口帮扶、捐助等多种形式的扶贫工作，开展消费者保护、征信宣传、防范金融诈骗等不同主题的科普宣传活动，践行普惠金融。

五是通过开展学会工作考核，举办秘书长培训班等，推动全行学会工作的开展。

（三）博士后科研工作站建设再上台阶。在人社部、全国博士后管理委员会开展的2020年度博士后综合评估中，获评优秀工作站、优秀博士后管理工作者双优秀称号。组织完成2018级博士后出站报告评审及留行考察工作；邀请行内外专家对2019级博士后开题报告进行评审；组织完成2020级博士后进站工作和2021级博士后招聘工作。博士后研究课题按进度稳步推进，研究成果量质齐升。2020年在站博士后研究人员在《金融研究》《会计研究》等国际国

内知名期刊公开发表学术论文 19 篇，其中以第一作者发表核心期刊论文 11 篇。参加各类学术会议并提交会议论文（发表演讲）4 人次。组织 10 余次内部专题讲座和调研活动。

（四）稳步推进行史编修。推进《中国工商银行史》（电子版）项目制作和《中国工商银行信息化建设史》编修工作。加强行史行风宣传，落实党史学习教育活动要求，在总、分行通过多种方式组织开展行史和红色金融史宣传教育等活动。

（总行现代金融研究院）

第二部分

服务新发展格局与推进高质量发展

责任编辑：项大宇

服务新发展格局

2020 年，全行认真贯彻落实党中央决策部署，全面落实“六稳”“六保”任务，按照行党委“48 字”工作思路，战疫情、抗洪水，扶经济、渡难关，攻脱贫、助普惠，勇创新、惠实体，统筹推进金融工作“三大任务”落地，持续提升金融服务的适应性、竞争力、普惠性。2020 年，全行境内人民币贷款新增 1.88 万亿元，同比多增 5 491 亿元，债券投资新增 1.19 万亿元，居市场首位。其中境内分行公司客户贷款余额较年初增加 1.22 万亿元，首次突破万亿元大关，同比多增 6 543 亿元，增幅为 14.2%，公司信贷增量及增幅均创近五年最高。

一、主动融入国家区域发展大局，加大重点区域信贷支持力度

支持长三角一体化发展以及雄安新区和北京城市副中心建设。与湖北、贵州、西藏、四川、福建、青岛等 6 个省市政府签署银政战略合作协议。出台支持西藏经济发展十九条措施，全面推动区域协调发展。2020 年末，京津冀、长三角、粤港澳大湾区、中部及成渝重点区域公司贷款余额 6.6 万亿元，余额占比 70%，较年初净增 8 776 亿元，增量占比 79%。

二、开展“制造业金融服务提升年”活动，加大重点领域信贷支持，突出支持制造业高质量发展

在绩效激励、考核评价、信贷规模、授信政策、审批权限等方面完善相关政策。在同业中创新推出“制造业企业技术提升支持贷款”项目，优化营运资金贷款管理办法，满足制造业企业中长期流动贷款需求。构建“愿贷、敢贷、会贷”长效机制。2020 年全行投向制造业各项贷款余额达 1.84 万亿元，较年初增加 2 229 亿元，增速达 14%，完成全年监管任务的 310%；其中中长期贷款余额 6 731 亿元，较年初增加 2 144 亿元，增速达 47%，完成全年监管任务的 233%。取得了好于计划、好于预期、好于同期、好于竞争对手的工作成绩。

三、切实加强普惠金融供给，推动普惠金融实现增量、扩面、提质、降本

加快产品创新，完善“经营快贷”“e 抵快贷”“工银 e 信”三大类型线上产品。完善风险管控，统筹疫情防控与支持小微企业复工复产。2020 年末，普惠型小微企业贷款 7 452.27 亿元，比年初增加 2 737.06 亿元，较年初增长 58%。全年累计发放贷款破万亿元，新发放普惠贷款平均利率 4.13%，比上年下降 0.39 个百分点。

四、第一个人金融银行战略破题深化，全面助力满足人民对美好生活的向往

强化品牌体系建设，加强存款服务创新，稳妥推进个人贷款 LPR 转换工作。围绕养老、汽车、租赁、教育、家装等重点消费市场，加强贷款业务创新，做好消费金融服务。截至 2020 年末，个人贷款余额 6.28 万亿元，较年初增加 7 160.05 亿元。

五、统筹疫情防控与业务发展，落实好延本延息政策

开展支持防疫抗疫、复工复产、稳链固链、外贸外资、湖北武汉等专项行动，全力保障重点疫情防治企业融资政策及流程通畅，为统筹疫情防控和经济社会发展各项工作提供全面金融保障。全年累计向医药、医院等防疫抗疫重点领域及受疫情影响较大的航空、旅游等领域的 5 678 户企事业单位投放疫情防控贷款余额 515 亿元。落实好延本延息政策，为 10 多万客户缓释还本付息压力，涉及贷款 1.5 万亿元。

六、落实脱贫攻坚及乡村振兴战略

高质量开展定点扶贫和金融扶贫工作，与农业农村部签署《金融服务乡村振兴战略合作协议》，将产业链供应链融资作为支农服农富农的重要手段，落地农业链 129 条，融资额达 183 亿元，提前完成“双百”任务。全行涉农贷款余额 2.28 万亿元，较年初增加 2 740亿元，增量超前四年之和；完成涉农供应链认定 145 条，实现融资落地 106 条，累计投放贷款余额 150 亿元，融资余额 64 亿元；单位精准扶贫贷款余额 1 952亿元，较年初增加 281 亿元。强力推进定点扶贫工作，定点扶贫责任书各项指标完成率全面超过 200%，6 项指标中 5 项位列同业第 ，定点帮扶的四川通江、南江、万源、金阳等四县市全部实现脱贫摘帽。

七、不断提升投资银行业务服务实体经济质效，深化金融供给侧结构性改革

以投贷联动、商投互动新模式，加大对现代服务业、战略性新兴产业、数字经济和民营经济的支持力度。围绕资本市场、产业整合、国企改革、“一带一路”等重点领域开展并购业务，保持并购市场领先地位。推动融资再安排顾问业务创新及大型困境企业债务重组，主动前移金融服务与风险防范工作，提升投行手段化解风险的能力。

（总行信贷与投资管理部）

第一个人金融银行战略

2020年，全行坚守“人民金融”底色，把以人民为中心的立场和以客户为中心的要求统一起来，紧紧围绕第一个人金融银行战略目标，加强大势研判，夯实发展基础，推动战略落地和深耕厚植，努力打造“人民满意银行”，推动个人金融业务实现高质量发展。

一、战略成效逐步显现

（一）市场竞争力稳步提升。一是持续做大金融资产蓄水池。个人金融资产规模达15.99万亿元，新增1.42万亿元，可比口径金融资产稳居四行首位。其中，人民币储蓄存款余额突破11万亿元关口（11.31万亿元），新增1.2万亿元。储蓄存款日均增量占全行一般性存款日均增量的63.24%，成为全行稳定的资金来源。个人外汇存款余额新增24.13亿美元，同比多增40.64亿美元，四行占比较2020年初提升0.39个百分点。二是坚持按揭贷款主体地位。个人贷款余额6.28万亿元，新增7 160亿元。其中按揭贷款余额5.65万亿元，新增5 511亿元，保持同业第一；信用卡贷款余额6 805亿元。三是加快发展个人中间业务。零售板块中收891.31亿元，在全行中间业务中占比55.81%。其中，信用卡专业中收426亿元，个金100%核心口径中收（不含三方）首次实现同业第一。

（二）效益贡献站上新台阶。个人金融板块营业贡献2 660亿元，同比增加165亿元，增幅6.62%，高于全行平均增幅5.39个百分点，在全行营业贡献中占比48.86%，同比提升2.47个百分点。其中，个人金融专业营业贡献2 536亿元，同比增加239亿元，增幅为10.41%。

（三）经营质态持续优化。一是客户基础进一步夯实。全量客户达6.8亿户，服务全国近半数人口，较2019年净增3 024万户，保持同业第一。其中，月日均资产5万元以上客户4 557万户，净增258万户，创历史新高；私人银行同业可比口径客户18.2万户，增加2.38万户，总量、增量均为四行第一。代发工资客户首破1亿户，净增537万户；社保客群新增发卡1 452万张，占全市场增量的46%；县域个人客户2.92亿户，净增1 654万户，增幅6.01%。信用卡客户1.07亿户，增加236万户，保持同业第一；e支付商户544万户，净增151万户，“第一收单银行”地位不断巩固。手机银行客户4.16亿户，总量、增量排名保持同业第一。二是风险得到有效管控。个人贷款不良率0.42%，同比持平；其中，按揭不良率0.29%，保持优良水平。信用卡专业不良率1.93%，下降0.41个百分点，2015年以来首次降至2%以内，实现四行排名进位；不良贷款金额149亿元，下降26.2亿元，2018年以来首次实现“双降”。三是业务结构不断优化。主动负债余额下降1.05万亿元，降幅为35.3%。高收益期交保险收入占比首破50%，达到50.34%。信用卡绑卡消费额占比提升4.5个百分点，跨行消费额占比提升2个百分点；直客分期占专项分期比重提升到18%。

（四）客户体验和品牌建设提速。成功举办“智诚相伴 美好与共”第一个人金融银行品牌体系发布会，推出“贴心工行、极智工行、无界工行、放心工行”个人金融品牌体系，进一步提升了个人金融服务的品牌价值和市场影响力，荣获第三届中国金融品牌年会暨中国金融年度品牌案例大赛“品牌传播年度案例奖”。完成极智体验一期工程，形成了客户体验的闭环管理机制。据第三方评价，全行的客户满意度、忠诚度分别达到86.4%和82.6%，居可比同业前列。持续加强客户投诉治理，全行个金和信用卡月均投诉量分别较2019年末可比口径下降49.55%、57.4%，在全行投诉量占比同步下降。

二、战略举措稳步推进

（一）持续夯实客户基础。坚持全量客户和中高端客户两手抓，从全景客群和行业客群角度出发，定位新客户、新资金发展源头，推动个人客户客群化经营。

一是加强重点客户群拓展。以GBC联动为契机，

加大财政代发、建工代发、养老代发等重点领域市场拓展。2020年代发资金规模达4.49万亿元，同比增加3 360亿元，同比增长8.1%。加快推进县域拓展方案落地，有序推进县域营业网点调整优化，2020年县域新投入网点150家，提升网点效能100家，加快“美好家园版”手机银行推广，升级“乡村振兴——福农卡”与幸福“1+4”专属服务，结合农村集体经济中的资金、资产、资源改革强化县域GBC联动，县域机构人民币储蓄存款余额3.21万亿元，净增3 773亿元，增幅13.3%。抓住国家社保卡政策发展机遇，推进全国社保卡线上服务平台支付项目建设，提升服务体验，强化分类施策指导和业务督导，全行社保卡发卡总量达1.62亿张。响应国家老龄化人口战略，搭建老龄客户群服务体系，建设“工银爱相伴”服务品牌，做好自助终端、手机银行适老化改造，加强老龄客群的营销拓展，老龄客户群突破1亿户。

二是不断提升客户维护水平。持续推进建立以客户管理为核心、系统建设为驱动、客户经理队伍为抓手、营销资源体系建设为保障、渠道管理为触点的全量客户分层维护体系。围绕出行、健康医疗、虚拟商品等客户焦点领域，丰富三大类94项增值服务，非金融增值服务体系建设取得新进展。优化客户星级评价体系，加强个人综合积分整体运营，有效提升客户黏性。

（二）经营转型稳步推进。

一是高质量发展全新破题。储蓄存款方面，其一是多措并举加强付息率管控。加强分层定价分类指导，面向县域地区、重点客群实施差异化定价，做到精准投放。其二是创新存款产品，做好客群化经营。针对老年客群、县域新客户新资金客群、社保客群，分别推出“福满溢”“幸福存3号”社保卡专属存款等客群类产品。在国有大行中率先推出大额存单可转让功能，实现大额存单结构的整体优化。个贷方面，顺应监管导向，引导分行坚持“重点地区、重点企业、重点项目”投向原则，确保收单与投放力度不减，督促分行将按揭规模向资源丰富、储备量大、定价水平有优势的地区倾斜，2020年全年累计发放个人贷款平均利率5.45%，同业排名第二。打好个贷组合拳，个人金融条线个人消费和经营类贷款自2012年以来首次实现了正增长。信用卡方面，推动信用卡专项分期向直客式转型发展。组建自有队伍1 700余人，超过800人实现出单。总分行联动拓展，直客式分期余额达到308亿元，2020年交易额达301亿元。

二是智慧化转型取得新成效。其一是以智慧大脑为决策新中枢。加速“智慧大脑”落地应用，面向全量客户、整合全类产品、打通各类渠道、直通基层队伍，输出千人千面的智慧化客户服务方案。全行智慧大脑用户超过4.92万名，服务中高端客户932万户，促成存款及各类理财类业务交易1 155亿元。其二是以开放银行为渠道新生态。加快“工银e钱包”平台建设，将金融服务输出到各类外部互联网场景，累计上线项目386个，较2020年初增加120个；服务客户3 317万户，较2020年初增加1 552万户；沉淀资金320.93亿元，较2020年初增加294.86亿元。其三是以智能风控为发展新保障。加强政银互联在个贷风险防控领域的应用，已在300个城市实现了在线核验权证，覆盖87%以上的个贷业务办理机构。推动“工银智能卫士”升级，使用人数累计1.5亿人次，惠及4 118万用户。加强智能风控技术应用，信用卡自动审批比例接近80%。发挥网络金融事中风险监控系统作用，拦截欺诈交易11.98万笔，为客户避免资金损失5.03亿元。其四是以智慧运营为服务新手段。加强线上化转型和人工智能技术应用，提高服务便捷性。推动首笔全流程线上化个人贷款落地；全面推广无介质服务模式，柜面渠道实现10类业务无介质服务，累计业务量近12万笔；智能设备新增69项无介质服务，ATM无介质存取款642万笔。推动总行级智能外呼平台建设，累计触达客户1 049万人次。

（三）机制建设不断聚焦。

一是协同联动实现新突破。公私联动方面，统筹推动GBC联动机制建设，推动37个重点场景落地。私私互动方面，开展优质客群信用卡渗透营销，实现对151万名个人客户的交叉销售；加强高净值客户联动拓展和维护，同业可比口径私人银行客户数单边提升6.1万户。行司联动方面，加强与工银瑞信、工银安盛、工银理财等子公司协同发展，实现子公司非货基金销量408亿元，同比提升204%；期交保险销量42.66亿元，行内占比（19%）位居首位；新规理财规模达8 440亿元，新增金额3 968亿元，增幅为89%。

二是资源投入和支持保障情况。财务资源投入方面，支持开展特定积分、爱购周末、三方支付绑卡、个人手机银行等直达客户的营销活动，投入营销费用预算约17.3亿元。个人金融板块（含银行卡）处置不良资产耗用拨备312亿元，有序推进风险化解。人力资源投入方面，加强个人客户经理队伍建设，全行个人客户经理净增1 200人。科技资源投入方面，重点项目研发效率大幅度提升，个金、银行卡等需求平均周期较2019年同期大幅下降。产品资源投入方面，加大对个人住房贷款倾斜支持，将银行卡透支计划纳入各项贷款专项维度计划。合理有效配置主动负债资源，支持储蓄存款稳健增长。渠道资源投入方面，完成625家网点布局优化，实现443家低效网点的效能提升，网点平均储蓄存款稳居四行首位。提升远程银行价值创造能力。组建中心远维团队，承接驻地行865万大众客户（金融资产1万~5万元）远程维护工作，完成个贷催收493.2万笔、信用卡催收3 006万户。推出手机银行6.0版，推动从交易通道向财富管理平台转变，从功能驱动向信息驱动转变。

三是理顺内部管理机制。加强对分行高级管理人员和个金板块各专业条线的综合评价，将个金板块市场竞争力评价结果纳入相关专业条线评价体系，引导各专业共同做强市场竞争力。推动个人基金（不含尾随佣金）、个人理财等多项“总对总”中收、部分分行入账的代理保险、银行卡等收入，分解下沉至网点，解决基层对收入“看得见、摸得着”的核心关切，激励基层价值创造。优化调整网点员工考核体系，推动营销人员绩效工资与业绩贡献相匹配。

三、做好疫情期间服务支持

（一）贯彻落实党中央、国务院和监管部门政策精神，为抗击疫情提供安全高效的金融服务。构建慈善捐款绿色通道，累计维护公益机构捐款账户 1 753 个，个人捐款 21.7 万笔、捐款金额 6.38 亿元。及时推出个人贷款延期代扣服务，惠及客户 158 万余人次、办理贷款 5 826 亿元。紧急推出存单自动延期服务，对疫情期间到期的355 万户、2 233 亿元的个人本外币纸质定期存单，实施到期延期服务，全面保障客户利益。

（二）快速启动应急服务，全力保障防疫抗疫。按照特事特办、急事急办的原则全力做好疫情期间的金融支持和保障工作，推出应急服务十条措施，简化业务代办流程，对网点办理的个人外汇业务实施“一事一议”优先办理流程，解决人民群众关心关注的金融服务诉求。专设工银安盛理赔特案快速处理机制，针对感染新型冠状病毒的出险客户按高优先级处理，24 小时受理、全电子化理赔。

（三）加快推进非接触式线上服务。创新薪酬服务模式，切实保民生、稳就业，率先推出全线上薪酬服务方案，助力企业复工复产。2020 年线上薪酬服务累计代发单位 1 365 个，服务代发单位 1 310 个，累计获客 78 万户，代发笔数 232 万笔，涉及金额 17 亿元。打造全流程化、规范化和专业化的全线上服务窗口，开通云工作室的客户经理达 2.5 万名，累计访问量 2 086 万人次。

（总行个人金融业务部）

境内外汇业务首选银行战略

一、2020 年总体情况

一是外汇存款取得历年最好成绩。2020 年，境内外汇存款时点余额 1 463 亿美元，较年初增加 292 亿美元，增量为四行第一，与领先同业差距由年初的 537 亿美元收窄至 437 亿美元，为近八年最好成绩。二是外汇贷款持续保持领先优势。2020 年，境内外汇一般性贷款余额 526 亿美元，较年初增加 95 亿美元，余额和增量均为四行第一。三是基础产品实现历年最快增长。实现国际结算量 1.92 万亿美元，同比增长 7.9%，在四行中排名第二；跨境人民币结算量突破 4 万亿元大关，同比增长 62%，在四行中排名第二。实现结售汇业务 6 345亿美元，同比增长 16.8%，增量四行第一。四是发展基础不断夯实。国家外汇管理局（以下简称外管）考核结果保持稳定。总行取得外管考核 B + 类评级，好于可比同业，26 家分行取得外管考核 A 类评级，9 家分行实现进位。外管处罚同比下降超 50%。外汇资产质量趋好，外汇贷款不良率 3.55%，较年初下降 0.24 个百分点，其中国际贸易融资不良率 0.21%。外汇业务网点建设取得成效，优化营业网点五级分类评价体系，创新纳入外汇关键评价指标，完成近 9 000 家外汇业务网点建设挂牌。人员队伍能力进一步增强，全行 12 万人次通过外汇业务准入资质考试；开展外汇业务各层级培训 25 万余人次。

二、主要工作措施与成效

（一）战略格局构建实现良好开局。印发《关于打造境内外汇业务首选银行的意见》及 8 个配套方案，细化责任落实，将责任分解到 27 个部门，构建了涵盖宣传培训、监测督导和支持保障等在内的战略传导落地机制。持续强化统筹部署和执行推动，加强重点领域的分析研判和发展谋划，围绕领先发展行、重点发展行召开了一系列专题督导会、收官推动会等。加强基层调研，先后赴上海、深圳、浙江、福建、重庆等分行调研市场形势和业务发展情况，强化战略传导落地。构建外汇业务诉求台账机制，统筹推动战略落地的重难点问题解决，全面增强落地效果。

（二）统筹有序推动战略加速落地。全行上下闻令而动、抓紧落实。“全行办外汇”的战略氛围日渐浓厚，多项关键指标实现历史性突破，战略落地机制日臻完善，外汇业务发展基础不断夯实，梯次发展、重点突破的新局面已初步形成。建立外汇业务定期通报机制，推动境内分行与同业比、与兄弟机构比、与自身比。依托《工行通讯》、网讯首页专栏、外汇动态专刊等加强战略引导、经验交流和氛围营造，举办外汇业务技能大赛，全行近4万名员工踊跃参赛，持续营造“比学赶超”的良好氛围。外汇业务竞争力评价指标体系印发执行，外汇存贷款分层定价授权机制搭建完成，外汇序列增设和外汇资质认证考试体系建设稳步推进。全面梳理整合现有产品及服务体系，积极开展“境内外汇业务首选银行”战略品牌建设。完成2020年度改革发展重点课题研究，撰写《新形势下提升外汇业务竞争力的对策研究》，为全行改革发展顶层设计提供参考依据。

（总行国际业务部）

重点区域竞争力提升战略

2020年，工商银行立足新发展阶段，贯彻新发展理念，对标“国家所需、金融所能、工行所长”，将服务国家区域发展战略与推动自身高质量发展有机结合，为服务构建新发展格局、推动高质量发展贡献力量。

一、聚焦战略重点，深化战略内涵

（一）构建战略推进机制。强化总分行协调联动，推进高层营销赋能，建立京津冀、长三角、粤港澳大湾区、中部地区、成渝地区五大重点区域分工联系机制及联席会议机制，明确区域联系行领导、高管及牵头部门，适时组织召开联席会议，统筹协调区域发展中跨层级、跨机构、跨专业的重点难点问题。

（二）出台专项支持政策。从营销赋能、经营激活、减负松绑等方面出发，制定赋能减负支持五大重点区域一体化高质量发展措施。从政策端、资源端、授权端、机制端联合发力，为战略执行落地提供有力保障。结合区域发展需要，优化重点区域信贷政策，助力区域机构提升金融服务能力。

（三）完善配套改革措施。优化业务流程，推进营销服务、授信审批、智慧运营、科技创新等领域改革项目在重点区域率先试点。强化研究赋能，积极服务地方智库建设。

二、坚持服务实体，强化战略执行

（一）京津冀区域。牢牢把握疏解北京非首都功能这个“牛鼻子”，积极支持雄安新区、北京城市副中心和天津“一基地三区”建设。工商银行雄安分行保持融资支持雄安新区建设第一大行地位，全面服务雄安新区实体经济发展；工银科技作为雄安新区唯一银行系金融科技子公司，全面支持雄安新区金融基础设施和应用场景建设。工银租赁积极推动京津冀产业链与创新链深度融合。

（二）长三角区域。发布金融支持长三角一体化发展行动方案，明确未来五年不低于2万亿元的新增投融资支持。积极服务浦东新区打造社会主义现代化建设引领区，加大对集成电路、生物医药、人工智能等战略新兴产业的支持力度。在长三角设立6个总行级科创企业金融服务中心，成立上海、江苏、苏州3家长三角一体化示范区支行。在上海建设金融创新、跨境业务、金融市场交易三大中心，成立自贸新片区分行，举办“聚焦示范区、服务进博会、金融助力长三角”大型营销活动。

（三）粤港澳大湾区。强化湾区机构联动、深化跨境业务创新，推出多项创新产品和首单业务。广东、深圳分行率先落地FT账户业务，出台支持深圳分行打造先行示范行的三批次改革举措，积极支持横琴、前海等重大合作平台建设，推进跨境投融资、跨境支付结算便利化，促进跨境资产转让等业务创新发展，打通境内境外两个市场，打造跨境金融一体化发展创新试点。粤港澳大湾区机构组织系列项目联动交流会，累计对接项目60余个，投资金额超千亿元。

（四）中部地区。统筹推进支持疫情防控和服务经济社会发展，倾力支持湖北重振经济，全面促进企业复产复工和现代化产业体系建设。积极发挥金融主力军作用，聚焦中部地区产业创新升级、国资国企改革和重点项目建设，加快金融创新和服务升级。围绕中部地区特色产业、传统支柱型产业，加大信贷政策和资源支持力度，促进制造业创新升级，支持中部地区高质量发展。在武汉成立科创中心，为区域科创企业提供优质金融服务。

（五）成渝地区。打造开放与互联、科创与产业、民生与普惠、绿色与生态四大金融品牌，全面融入成渝地区双城经济圈建设。围绕基础设施互联互通、重点产业协同发展、民生服务共建共享、生态环境联动保护等方面，提供全方位金融服务。建立与地方政府的常态化联系工作机制，持续做好金融服务跟进支持。对接两地医保系统，实现“工银e社保”在成渝区域全覆盖。发布川渝主题银行卡，以实际行动支持“川渝一家亲”。

（六）其他区域。积极推进绿色金融发展，优化信贷投放节奏、结构、质态，服务长江经济带和黄河流域生态治理。组织召开西北地区分行专题调研座谈会，系统谋划支持西部地区经济振兴和高质量发展的创新举措。系统出台支持海南自由贸易港建设工作方案，助力海南全面深化改革开放，全面服务首届消博会。

三、聚焦重点城市，深化赋能减负

（一）加强政策引导，深入服务实体经济。结合我国区域经济发展重点和行内经营发展实际，加大重点城市行信贷资源投入力度，在信用风险、存贷款定价、财务和科技四个领域实施人格化授权，扩大分行审批权限，支持分行更好地服务地方发展。

（二）深化战略内涵，提升经营发展活力。围绕突出差异定位、健全体制机制、加快经营转型、加大科技创新、优化资源配置、强化基础管理、提升队伍素质和强化战略传导八个方面，深化重点城市行战略内涵，激活经营发展的内生动力。

（三）推进经验共享，搭建交流共享平台。组织重点城市行结对交流活动，构建经验分享、互相学习平台，为遇到阶段性困难的重点城市行，开拓经营思路，提供改革参考。

四、战略执行成效显著

（一）五大重点区域。一是与同业比，竞争力提高。截至2020年末，五大重点区域合计一般性存款存量、增量四行“双第一”，各项贷款存量第一、增量第二。二是与系统内比，贡献度提高。五大重点区域各项存款、各项贷款增量在境内分行中占比分别为84%和78%，分别高出余额占比6个和7个百分点。三是与自己比，成长性提高。各项存款、各项贷款增幅分别为11.42%和14%，分别较同期提高1.88个和3.16个百分点。

（二）重点城市行保持竞争优势。截至2020年末，80家重点城市行各项存款余额第一、增量第二，各项贷款余额、增量“双第一”。

（总行深化改革领导小组办公室）

服务重大活动情况

一、全方位服务第三届进博会，为构建新发展格局、推动高质量发展贡献力量

（一）全球招商成果丰硕。工商银行作为第三届中国国际进口博览会招商合作伙伴，在中国国际进口博览局（以下简称进博局）的支持下，克服疫情影响，创新招商形式，组织了近30场“境外云招商”和“境内配套推介”活动，向境内外政府、协会、金融机构及逾1 500家企业进行了推介，超额完成了进博局布置的工商银行境外招商1 000户的任务，邀请到逾500家中外企业客户现场参加进博会，其中外资企业占比超过四成。

（二）配套活动丰富务实。一是在商务部、国家外汇管理局、进博局的支持下，举办了中欧企业家大会。多名中外政要及企业嘉宾现场或视频致辞，近260家中欧企业的近600名代表出席大会，探讨后疫情时期产业链供应链稳定等议题。近150家中欧参会企业联署发布了《中欧企业家支持中欧贸易投资合作的倡议》，呼吁中欧企业加强合作，共同推动后疫情时代中欧贸易投资合作，对增强市场信心，密切中欧经贸关系，起到了积极作用。二是与人民银行联合主办金融合作论坛。依托工行倡导建立的“一带一路”银行间常态化合作机制（BRBR），邀请到来自20多个国家和地区的70余家银行、政府部门、国际多边组织等机构的代表出席会议，其中涵盖近40家BRBR机制成员。会议期间，携手BRBR机制成员共同发布《“一带一路”银行间常态化合作机制支持经济复苏与供应链稳定的倡议》，呼吁各成员机构保持服务畅通，加强互联互通与交流合作，为共创后疫情时代“一带一路”金融合作新局面贡献金融力量。BRBR机制是工商银行在首届“一带一路”国际合作高峰论坛（以下简称峰会）期间倡导成立的开放性“一带一路”资金融通多边合作平台，是首届峰会官方成果清单中唯一的商业性成果。截至2020年末，BRBR机制成员包括来自61个国家和地区的112家金融机构。三是与中国国际贸易促进委员会联合举办“一带一路”沿线贸易洽谈会。多名中外嘉宾通过现场或视频致辞。洽谈会依托“环球撮合荟”跨境撮合平台，助力“一带一路”沿线企业投资洽谈，32个沿线国家和地区的500多名企业家代表现场进行商务洽谈。同时还为因疫情原因不能现场参会的中外企业特别推出了5场线上专场，累计为来自53个国家和地区的800余家企业提供了跨境撮合服务。洽谈会涉及的行业覆盖第三届进博会的全部六大展区，并特别推出扶贫与社会责任、医疗与公共卫生防疫、节能环保三大特色专

区。现场签约及达成合作意向近300项、涉及金额30多亿元。

（三）金融服务优质专业。升级打造“智、速、全、优、云”五位一体金融产品体系，为参展参会企业提供本外币一体化账户、跨境结算、贸易融资、跨境供应链、利率汇率避险等全方位的金融服务，并在会场搭建“智慧银行展区”。推出“中欧e单通”“中非e链通”“跨境e贸通”“国际e航通”等创新产品，构建开放的“智慧贸金生态体系”，赋能进博会金融服务；全面上线“智享工银·慧聚进博”主题专区，搭建工商银行服务进博会“线上+线下”的一体化平台。“进博专区”以服务进博参展参会客户为主线，兼具了工商银行往届进博活动掠影、进博服务动态、全球分支机构及“融e购”跨境馆等模块，全方位、多层次地为客户提供工商银行服务进博会一体化活动及资讯。

二、承办首届全球系统重要性金融机构闭门会，为我国参与全球金融治理贡献力量

受金融街论坛组委会邀请和北京市政府委托，2020年10月22日，工商银行承办的全球系统重要性金融机构闭门会圆满闭幕。会议围绕“应对全球变局、维护金融稳定”议题进行广泛磋商和深度交流。包括中国5家GSIFI机构，美欧亚地区9家外资GSIFI机构，以及北京市政府，监管机构，国内其他主要大型银行，头部保险公司、金融集团、智库协会等近20家机构高管与会并发言。

会上，政府部门、监管机构传递了中国推进更高水平金融对外开放、建设更加市场化、法治化和国际化金融营商环境的决心与力度。国内主要金融机构的发言，重点表达了坚定服务实体经济发展、积极防范化解金融风险的担当与作为。国外主要金融机构的观点分享，充分体现了对中国经济发展和市场环境的信心，以及加强开放合作、推动共赢发展的意愿。

陈四清董事长进行会议总结并发出倡议：全球系统重要性金融机构应本着4C原则（包容Comprehension、协同Coordination、合作Cooperation、沟通Communication），共享精准适配的服务实体经济新经验，共塑开放平等的金融市场发展新格局，共建包容有序的全球金融治理新体系。

本次会议作为2020年度金融街论坛年会的重量级活动，参会机构影响力、参会嘉宾职级、会议现场保障均取得超预期效果，为我国多元化参与全球金融治理体系建设贡献了工行智慧和力量。

（总行国际业务部）

全面深化改革

一、全面贯彻落实党中央决策部署

（一）对标对表落实党中央各项决策要求。制订落实党中央重要精神工作方案43项，主要包括：一是围绕落实十九届五中全会精神，形成《关于落实党的十九届五中全会精神的意见》。二是围绕国内国际双循环新发展格局，形成《关于服务经济“双循环”新发展格局的工作方案》。三是围绕高质量发展，形成《关于落实银行保险业高质量发展指导意见责任分工》。四是围绕国企改革，形成《关于落实〈国企改革三年行动方案（2020—2022年）〉的意见》工作方案。五是围绕深化金融改革，拟订《工商银行深化改革情况报告》。

（二）加强改革协调，强化宣讲引导。一是印发《2020年深改工作要点》，明确深改工作重点领域，定期对全行重大战略部署、重大改革任务的推动落实情况和改革中形成的可复制推广的经验等进行总结，发布深改动态34期，坚定改革信心，汇聚改革合力，激发创新动能。二是面向五大重点区域，组织1 600余名处级以上干部开展5次区域战略宣讲。三是重点区域竞争力提升战略网讯专栏正式上线，印发2期重点区域竞争力提升战略工作动态。四是收集重点县域改革成熟经验和优秀成果案例，推广至全行共享共赢。

二、高标准编制新三年战略规划

（一）搭建高质量发展战略框架。一是构建“扬长、补短、固本、强基”战略布局，重点回答我是谁、去哪里、怎么去的问题。布局主要涵盖四大业务优势、四大战略重点、四大经营根本和四大发展基础，开创工商银行高质量发展新局面。二是构建“1+N”战略规划体系，其中，“1”为集团整体规划，“N”包括重点战略和风险、资本、国际化等专项规划。战略规划体系的构建实现了板块整体协同，条块一体化联动，是贯彻落实党中央要求、总行党委决策部署的具体体现。

（二）与国家规划全方位对接。深入学习贯彻习近平总书记系列重要讲话精神、十九届五中全会精神，强化与“十四五”规划建议、中央经济工作会议精神等

对标对表，将党中央、国务院决策部署贯穿于经营发展各领域各环节。

（三）前瞻预判国内国际经济金融形势。一是从国际、国内和金融行业三个层面，以及经济、政治、文化、社会、生态、科技六个维度进行形势分析。二是通过经济周期、金融周期、政策周期、风险周期进行交叉验证，预测全球主要经济体增长，从不确定性中提炼出规律，把握确定性，有针对性地制定发展规划和策略措施。

（四）广泛深入开展规划调研论证。新三年规划编制坚持开门问策、集思广益的指导原则，把加强顶层设计和汇聚全行智慧有机统一起来。一是在规划编制过程中，召开战略规划专题研讨会，以及个金、国际、普惠、机构、风险、综合化、人力等重点板块调研座谈会，对当前和未来一段时期的重点战略进行研究论证。二是先后6次组织董事会、监事会及专业部门、分支机构专题座谈会，就规划内容进行深入细致的研究讨论。三是广泛征求行领导、高管、董事、监事、省分行、总行部门的意见建议，通过网讯“我为规划献一计”专栏征求基层员工意见。共收到行领导、高管意见60余条，董事、监事意见48条，省分行意见36条，总行部门意见200余条，基层意见3 200多条。

三、高效发挥改革统筹职能

（一）深入应用“三比三看三提高”工作方法。一是坚持与全球银行同业比，拓宽比的视野、拉长比的周期，完成自股改上市以来，我行与美日欧大行的比较分析；每周收集整理同业动态，供行领导决策参考使用。二是坚持与国内主要竞争对手比，从规模、市值、管理、效益等多个方面，持续开展我行与主要可比同业的全方位比较分析。三是坚持做好行内机构对比分析，开展重点区域和分支机构监测和重点区域存贷款占比分析，针对重点区域、重点城市行和重点县域支行，做到月度有监测、季度有报告。

（二）推进专项攻关，促进经营转型。2020年，立足全行改革发展大局，结合总行党委战略部署和内外部形势研判，科学谋定了2020年10大深改项目，涵盖公司治理、第一个人金融银行、境内外汇业务首选银行、重点区域协调发展、普惠金融、风险治理等重点方向，确立了160项攻坚任务目标，着力解决体制机制难题。

（三）充分发挥深改督办机制作用。一是压实33个牵头和协同部门及子公司责任，明确落实到处、落实到人，推进深改项目落地实施。厘清牵头部门与配合部门业务边界，充分协调和平衡各部门诉求，避免战略冲突与重叠。二是按季组织开展监测督导，督办结果第一时间提交总行党委，反馈有关部门。三是对进度滞后的深改项目进行研究分析，查摆原因，明确整改时间。

（四）推动全行战略做深、做实、做细。完成总行重大战略执行情况报告，通过增加细项指标，强化目标导向，推进专项攻关，引领经营转型，实现重点深改项目、重点战略的关键性突破。

（五）推动上一轮战略规划圆满收官。将总行党委“比”的思想全面贯彻进检查督办的每个环节，推动全行贯彻落实总行党委战略部署。2018—2020年规划期，工商银行规模优势更加突出，服务能力更加多元，业务根基更加牢固，增长动能更加强劲，经营质态更加清晰，市场形象更加鲜明，经营成效优于过去、好于预期，领先地位进一步巩固，为新一轮规划期打下重要基础。

四、健全战略风险管控体系

（一）落实集团全面风险管理要求。为更好适应内外部形势变化，充分吸收和反映战略风险管理的最新理论成果和实践经验，积极完善战略风险管理制度，修订印发《战略风险管理办法（2020年版）》。

（二）建立战略风险监测报告机制。建立经营监测、环境监测、同业监测三大监测体系和战略风险报告机制，定期形成监测报告。一是明确战略风险的报告类别、报告内容、报告频率和报告路径，压实各机构责任。二是完善经营监测报告机制，每半年向总行党委、董事会、监事会报告战略风险监测情况。三是强化环境监测动态管理，深入研究疫情影响、环境和同业监测、国内外政策调整、行业技术变革，形成专题报告。四是建立同业监测报送体系，定期跟踪国内外同业战略动态，形成27期同业动态周报，机构涵盖美日欧大行、国有大型银行、股份制银行和互联网金融公司。

（三）制定《战略风险事件责任评议及认定管理办法（试行）》。一是明确战略风险事件责任评议的总体原则和制定依据。二是明确组织管理及工作职责。三是明确责任评议及认定标准和流程。完善责任认定机制，实现闭环管理。

（总行深化改革领导小组办公室）

智慧银行建设

2020年，工商银行智慧银行信息系统（ECOS）建设顺利推进，5G、数据中心、云计算等新型数字基础设施建设力度加大，安全生产运营底线进一步筑牢，管理体制机制变革加速，依托第五代核心银行系统，深度赋能数字业态发展和全行数字化转型升级。在中国银保监会全国性银行信息科技监管评级中名列第一，连续七年领跑国内同业。7项科技成果获得人民银行银行科技发展奖，其中分布式技术体系荣获一等奖，获奖数量为同业最多。

一、升级数字基建

深化科技与业务融合创新，推动新型基础设施建设并取得标志性成果，围绕5G + ABCDI打造了一系列企业级服务能力强、具有行业领跑优势的新技术平台，形成涵盖前瞻性趋势跟踪研判、重点技术研究攻关、业务场景创新落地的全流程新技术转化应用机制。

（一）全面建成"核心业务系统 + 开放式生态系统"的新型IT架构。在可比同业中，率先建成完整覆盖分布式技术主要领域的分布式技术平台，日均服务调用量近60亿次。完成新一代云计算平台落地建设，IaaS基础设施云、PaaS平台服务云规模保持同业领先，基于"云计算 + 分布式"开放平台架构体系，构建起包括核心业务基础支撑框架、账户体系、产品服务在内的开放平台核心银行系统，率先完成核心系统中最关键和数据量最大的借记卡账户下移主机，实现大型银行IT架构的历史性突破。

（二）构建起"深度感知、开放应用"的大数据与人工智能服务平台。大数据体系率先达到国家大数据标准推进委员会制定的"六大融合"标准。全面建成自主可控、同业领先的企业级人工智能技术体系，打造"看、听、想、说、做"五大人工智能核心能力，建成一站式AI建模工作站，利用人脸、声纹、虹膜等多种生物特征识别能力，实现机器学习、光学字符识别（OCR）、机器人流程自动化（RPA）、知识图谱等主流人工智能技术的广泛应用。

（三）打造"工行区块链 +"高价值品牌。实现150余项技术突破，提交120余项专利申请，首批获得工业和信息化部"可信区块链"专项评测全项认证，在金融同业中率先获得国家密码管理局颁发的安全评测证书，率先完成国家网信办备案，并入选福布斯全球区块链50强。先后在慈善资金、医疗服务、工程建设、银行函证等多个领域进行了场景落地，直连服务机构超过1 000家。

（四）锻造5G及物联网全面连接技术能力。打造"端、边、云"一体化物联网技术体系，搭建企业级音视频平台，支持云网点、云柜台等非接触对客服务模式创新。同业率先完成5G消息平台自主建设，联合中国移动公司完成5G消息业务的试点落地。

（五）入选2020年度国家绿色数据中心名单。通过推动新数据中心规划和建设，有效承接了信息系统稳定运行、海量数字资产存储与智能应用等高并发业务。

二、构建数字业态

依托智慧银行信息系统（ECOS），全面打造科技赋能零售、对公、政务、乡村、同业等领域协同发展的数字新业态，实现全行经营动能转换、质量升级和效率变革。

（一）打造"云上工行"零售业务。推出个人手机银行6.0，加快推进手机银行与物理网点两大金融服务主渠道的"融合式打通"，在手机银行和微信小程序端创新推出互动式线上"云网点"、客户经理"云工作室"，提供"屏对屏"非接触金融服务。依托云计算、分布式等技术搭建的科技平台，提供7×24小时线上线下一体化金融服务。

（二）赋能链式产业金融生态。紧跟行业龙头企业转型发展的步伐，将金融服务触角向更广泛的群体延伸。为数字化转型龙头企业集中输出账户、存款、支付、融资等金融产品，赋能关联企业各类线上应用场景。面向大型工业互联网平台，统一输出对公线上支付、一体化收单、安心账户对账、供应链融资等服务。依托大数据、人工智能、物联网等新技术，建成5大类、109项开放式普惠服务，与"走出去"重点企业客户合作对接，促进服务普惠与生态繁荣，创新推出"云闪贷""电e贷""跨境贷"等，深化产品创新与场景拓展，助力企业数字化转型。

（三）加快政务要素市场建设。积极参加要素市场建设，深化与省级大数据中心的合作，借助多维度平台政务数据创新融资产品。作为唯一一家银行参与上海市公共数据开放首批试点，利用政府采购数据创新上线"政采贷"。在北京上线智慧政务服务，通过自助终端提供社保权益查询等154类政务服务，以及合作推出基于社保、纳税等政务数据的“普惠大数据信用贷款”，实现政府便民利民服务。

（四）构建乡村金融服务新模式。打造数字乡村综合服务平台，面向村集体、村办企业、村民客群，一站式全面提供政务、财务、村务、党务、金融等综合服务，目前已覆盖31个省、直辖市、自治区，154个城市，与500家县级农业农村部门签约。打通乡村农户拓展“最先一公里”，升级便携式智能终端等设备，实现新开卡、注册电子银行、境内转账汇款等120余项业务。升级推出“千县千面”个人手机银行美好家园版，针对不同地区方言创新线上县域专属服务，在全国范围内全面推广。

（五）提升行业数字化风控水平。同业首创声纹风控新模式，利用声音、指纹识别快速无感地为客户经理提供身份识别和欺诈风险判断依据，全面提升智慧风控水平和客户服务体验。升级服务同业的智能反洗钱系统“工银Brains”，覆盖客户身份识别（KYC）、客户风险分类、大额和可疑交易监测等反洗钱工作全流程，向多家同业及非银机构提供服务。完善风险大数据智能服务产品“融安e信”，构建黑名单服务、风险、情报、关联、动态监控等九大产品体系，有效防范外部欺诈风险，累计服务同业机构275家，服务企业客户超5.6万家。

三、筑牢安全生产底线

积极应对复杂多变的外部形势和技术革新带来的新挑战，坚守安全生产底线。全集团安全生产运营继续保持较高水平，技术支撑、监控分析、应急处置、性能规划与管控等生产运营能力跃上新台阶。

（一）生产运营转型有序推进。重点应用全部实现高可用改造，逐步形成与自主可控、分布式等新技术路线相适应的生产运营管理体系。业务运营监控体系持续完善，监控计算时效由分钟级提升至10秒级。完成年度同城切换运行和业务级异地灾备演练，业务连续性保障水平持续提升。

（二）建设全集团一体化安全防御体系。全集团信息系统保持安全平稳运行，相关系统在2020年网络安全等级保护测评中均获得“优级”，为广大客户提供了安全稳定的金融服务。开展安全团队攻防能力建设，在国家和监管机构举办的安全竞赛中持续保持行业领先。加大安全能力输出，为金融行业安全态势感知建设、金融行业网络安全态势研究提供了安全助力。

四、深化科技治理和管理变革

深化“一部、三中心、一公司、一研究院”金融科技组织布局，加大科技投入支持力度，激活释放全行科技创新活力。2020年，全行金融科技投入费用238.19亿元；金融科技人员3.54万人，占全行员工的8.1%。

（一）优化组织架构布局。成立数据智能中心，充分发挥大数据领域技术优势，对接数据产业发展。成立信息安全运营中心，推动安全防护模式向实战化转变提升。推进专业化金融科技队伍建设，打造“懂业务、通技术”的复合型金融科技人才队伍。

（二）锻造金融科技研究院“产学研”一体化产出能力。联合头部企业、科研院所围绕关键核心技术领域，持续开展研究攻关，助力我国科技自主创新。在国内同业中，首家发布《区块链金融应用发展白皮书》《5G时代银行创新白皮书》等多篇白皮书和专题研究报告。6个项目入选人民银行金融科技创新监管试点创新应用项目，入选项目数量领先同业。

（三）强化工银科技市场化建设能力。多层次输出专业科技能力，赋能集团大客户业务创新，承接多家金融机构以及数字化转型企业的项目研发与运维。深化合作共赢，完善征迁安置资金管理区块链平台、智慧社保公共服务平台等，推动雄安合作经验向江苏、北京等省市推广，在教育、医疗、企业服务等领域推出18款金融生态云产品，助力智慧政务和企业数字化转型。

（总行金融科技部）

网络金融

2020年，网络金融条线按照总行党委“48字”工作思路，运用“三比三看三提高”工作方法，加快推进e－ICBC战略升级，网络金融业务经营与创新发展取得良好成效。

一、坚持经营发展量质并举，市场竞争力与价值贡献实现新提升

（一）线上客户发展保持同业领先。个人手机银行

客户规模、月活水平全面领跑移动金融市场，客户总数达4.16亿户，月活突破亿户，达1.11亿户，与可比同业的优势进一步扩大。法人网上银行、手机银行年动户分别达621.5万户、306.19万户，实现同业“双第一”。线上客户覆盖率再创新高，手机银行客户覆盖率、对公网络金融客户覆盖率、线上业务量占比分别达61.14%、93.45%和98.70%，均实现同比持续提升。远程银行成为客户维护的新渠道，远程银行维护个人客户数超1 200万户，同比增长超3倍。客户满意度达86.41%，远程银行电话人工接听率92.78%，均居同业前茅。

（二）网络金融价值贡献持续提升。网金中间业务收入保持增长态势，总量达194.64亿元，增量同业第一，四行占比、集团贡献占比、同比增幅分别达25.67%、12.20%和15.07%，均保持明显增长。其中，电子商务、个人信使、对公网络金融收入同比分别增长15.97%、9.05%和23.30%，各项业务都在疫情冲击下保持了明显增长。渠道赋能增效作用明显，远程银行完成个人信贷及信用卡人工催收超过1 300万户，通过信用卡风险监控为客户避损13.3亿元。

二、坚持服务经济社会发展，疫情防控与金融保障取得新成效

（一）全力驰援疫情防控，助力打赢疫情防控阻击战。制定《网络金融业务支持疫情防控七项工作要求》《网络金融部疫情期间应急预案》，从运营保障、客户服务、员工关怀等方面细化工作举措。全力保障线上服务有序有力运行。全面放开线上小额支付系统业务限额，全面减免公益捐款、转账汇款以及短信通知手续费，加急处理各类抗疫拨款等大额支付指令，迅速投产手机银行“一键捐款”等功能。主动对接民众“非接触”服务和民生物资需求。丰富线上教育场景，推广线上社保金融服务，打造线上抗疫专区、健康专区；发挥融e购商户资源优势，加大米面粮油、蔬菜生鲜、防疫用品等生活必需品的供应与销售。

（二）深耕三方支付便民消费场景，助力消费提振经济。参与武汉市政府消费券发放活动，持续开展“工行消费季”北京消费券发放活动，活动触达客户3 380万人次，成功发放消费券492.85万张，直接带动消费额约4.7亿元，撬动交易额27倍。连续开展“云购买菜”“安心出行”“工享美食季”等30个主题百余项子活动，核销5.7亿元营销补贴。

（三）加强线上交易欺诈风险防控，保障客户线上交易资金安全。持续推进网络金融交易事中风险防控系统智能化升级和应用，从客户特征、账户特征、位置特征、设备特征、操作特征等多维度，建立识别可疑欺诈交易的监控规则；实现人脸识别、短信验证、延迟转账、电话提醒等二十余种事中干预措施，强化对客户操作和交易行为的智能化监测和精准化干预。深化银警合作实现与公安系统的专线对接，共享电信网络欺诈威胁情报，进一步保障客户线上交易资金安全。

三、坚持服务全行发展理念，赋能重点战略取得新成果

（一）赋能第一个人金融银行。加强科技创新应用，智能化、移动化服务能力迈上新台阶，创新推出个人手机银行6.0、法人手机银行3.0等版本，推出声纹登录、AR识别外币、AI智能推荐等功能，在业界率先发布5G消息应用。优化重点产品与客群功能体验，升级存款、基金、保险栏目，推出工银瑞信财富号、工银理财精选产品专项推荐等功能，全新上线私人银行2.0专版，持续优化“幸福生活版”适老亲老功能体验。

（二）赋能境内外汇业务首选银行。推进境内外手机银行互联互通，投产e账通和融e行授权登录、跨境金融专区、全球星级服务通、跨境安全锁等功能，利用大数据和新技术推进境外手机银行年度账单、一键转账等服务创新。推进跨境支付业务布局，境外本地支付方面，成功实现与澳门特别行政区政府邮政储金局线上支付合作，首次打入G端市场；跨境移动支付方面，在工银亚洲、工银澳门正式推出手机银行对接银联二维码支付服务，实现跨境移动支付突破。

（三）赋能重点区域竞争力提升。在京津冀地区，深耕第三方支付便民消费场景，开展“北京消费季”活动，直接带动消费额近5亿元。在长三角地区，在中国进出口国际博览会上创新发布跨境贸易平台；对接浙江义乌小商品城等平台，输出支付、清算等跨境金融服务。在粤港澳大湾区，推出工银澳门e支付产品，在深圳落地全国首家“数字人民币+公益慈善+区块链溯源”项目。在中部地区，拓展无感支付、电子乘车码应用场景，河南等地无感加油成为标杆项目，2020年服务客户超8 000万人次。在成渝地区，探索将“中欧e单通”嵌入跨境贸易平台，提供中欧班列项下运费贷服务。

四、坚持渠道联动智慧协同，线上线下一体化建设取得新进展

（一）加快线上线下渠道打通。深化网点、客户经理与手机银行的协同服务，创新推出云网点、云工作室，已覆盖全部网点和个人客户经理，2020年云网点客户访问量超1.27亿次。深化远程银行与手机银行、网点服务协同，推出新一代“工小智”，智能服务客户2.9亿人次，同比增长15.67%；通过“手机银行自助+远程银行审核”联动办理借记卡密码重置、借记卡解除挂失服务11.1万笔。

（二）加快非接触服务推广。推动柜面业务线上化

迁移，推出卡密码在线修改、LPR 利率转换、他行信用卡还款、征信查询等功能。推广线上线下一体化运营服务，已支持资信证明等 16 类业务“线上便捷受理、集约高效处理、服务快捷交付”，主要场景替代率超过 80%。全面推广网点无介质服务，通过手机银行扫码办理小额活期存取款等业务，网点无介质服务已覆盖近 140 项高频交易。

五、坚持场景生态合作共建，GBC 联动发展开创新局面

（一）巩固全量客户基础，提升资金闭环管理水平。联动拓户效果初显。带动 G、B 端客户较年初新增 1 万余户，其中，互联网平台场景通过 API、聚富通、数字人民币业务新增合作方 6 239 个，教育场景通过银校通新增合作学校 5 319 所，司法场景新增合作法院 160 个；C 端获客较年初新增 850 余万户，其中，银校通新增 28.8 万户，融 e 行、融 e 联全年签发医保电子凭证 669 万张、电子社保卡 153.8 万张。为全行稳存增存作出贡献。银校通年缴费资金超 200 亿元，对公存款余额 235 亿元；司法拍卖年保证金存款 7.5 亿元、拍卖成交资金 17.8 亿元，对公存款余额 240 亿元；聚富通年交易资金 59.7 亿元。

（二）服务国家重点领域改革发展，贡献工行力量。服务政务改革，紧跟国家治理体系和治理能力现代化建设要求，依托聚富通平台，服务北京通、皖事通等省级及“i 许昌”等 10 余家地市级政务平台建设。服务医疗改革，紧跟国家医疗改革工作要求，创新推出“商医云”，打造业界首个“互联网 + 医疗器械 + 金融”新模式，2020 年营销对接医院 39 家、覆盖 7 个省份。服务司法改革，发挥融 e 购司法拍卖资质优势，提供“法拍贷”司法金融综合服务，2020 年合作法院达到 258 家。服务平台经济发展，依托聚富通平台，与“12306”等一批政府、产业和消费互联网平台对接合作，打造场景化部署、定制化开发、集成化服务、全程化风控的开放银行金融服务体系。

（总行网络金融部）

智慧运营体系建设

一、集约运营体系改革成效显著

佛山、成都两大集约运营中心加快筑牢业务运营和管理基础，扎实做好运营流程改造、制度机制建设、业务集中上收及运营质效管理等各项工作，全行集约运营成效不断显现。集中上收境内标准化业务，建立全行统一的集约运营流程和业务受理审核标准，完成全行碎片信息录入和 20 家分行支付结算业务从省行层面向总行层面集中。推动智能技术在集约运营领域应用，通过人脸识别、机器学习等技术实施业务流程改造，精简了 40% 的远程授权业务量和 50% 的凭证信息录入量，业务处理效率提升了 80%，分行人员释放近千人，技术替代人工成效明显。受疫情影响，紧急承接湖北、新疆、工银亚洲、工银秘鲁、工银伦敦等机构关键业务后台运营，支持全球业务连续运作；成功试点上线工银澳门汇款、票据业务，亚太集约运营迈出了重要一步。

二、线上线下运营流程建设亮点纷呈

不断深化线上线下一体化业务运营体系，通过对复杂业务实施“端到端”全流程线上化、订单化改造，全面构建线上便捷受理、集约高效处理、服务快捷交付的服务模式，在实物、信息、现金、账户、外汇五大领域 27 类场景中推广应用，各场景客户订单总量超过 1 100万笔，借记卡、资信证明等场景新模式替代率达 85% 以上，满足了新形势下客户“无接触、零出行”的金融服务需求。加快建设网点无介质服务模式，完成借记卡活期存取款、账户信息查询等 10 类柜面个人业务的无介质服务改造，支持客户凭手机银行、身份证等直接办理业务，累计处理超 12 万笔柜面业务；自助渠道新增 69 项无介质服务，累计达 131 项，基本覆盖了高频个人业务场景。2020 年，客户在工商银行自助渠道累计办理无介质业务 858 万笔，全新的便捷服务体验得到基层网点和客户的一致认可，降低了客户获取金融服务的门槛。积极构建纵贯企业客户服务链条的流程生态化模式，在业内率先推出应用我国自主研发文档存储技术的 OFD 版式电子回单，完成财政部、工信部 OFD 版电子回单的会计信息化标准和行业标准制定；业内首家实现银行电子函证对会计师事务所全口径覆盖，并将工行经验成功推广到中银协电子函证平台，助力审计业、银行业形成良性互动的生态化服务模式。

三、现金集约运营能力持续提升

现金实物物流体系建设成效明显，在 16 家现金营

运中心成功试点现金清分、网点领缴、ATM 装卸钞的信息化流转模式，实现网点现钞全流程闭环管理和实物流、信息流、资金流的“三流合一”，现金作业效率和风险控制水平大幅提升。金库智能化建设持续推进，在南京、成都、保定等分支行率先建成行业领先的智能金库，充分应用物联网、智能机器人等技术设备，实现库房作业无人化、实物处理自动化、业务管理智能化，推动金库管理由“人管”向“机控”的跨越式提升。现金智能服务加快推广应用，上门收款智能模式推广至 1.3 万个客户收款站点，较 2019 年提升 37%，实现了信息实时交互、现金扫码交接和联动清点入账等功能，上门收款服务效率和风险控制水平大幅提升；外币预约取现实现全行外币现金业务网点的全覆盖，业务替代率达 81%；大额人民币预约取现在上海、广东等 9 家分行试点；实物自提柜在北京等分行成功应用，实现了客户本外币现金需求线上下单、后台配款、标准化封装交付及预约现金实物自助提取等功能，进一步优化了现金服务体验。

四、运营风险智能管控体系建设稳步推进

全新构建运营风险智能管控体系，按照“主动防、智能控、全面管”的管理路径，充分应用 AI 算法、图数据库等技术研发智能模型，实现对企业结算账户全生命周期的风险监控；重构运营风险识别、确认、计量和评估报告的一体化监测流程，全行运营风险识别和管控效能显著提升。健全新体系智能风控运作管理机制，建立涵盖管理办法、操作规程、工作指引等在内的智能风控制度体系，强化风控中心专业能力和队伍建设，全面提升中心运行质效和全流程履职的规范性。加快推广运营风险智能管控体系，新系统风险预警量较原来减少 30%，风险识别率提升两倍，达到 21%，投产以来累计识别了 2.5 万余个高风险账户并及时采取控制措施，工商银行涉嫌电信网络新型违法犯罪的对公账户同业占比由年初的 42.8% 降至年末的 7.5%，有效遏制了涉案账户的增长势头。

五、运营领域科技赋能成效明显

（一）在同业中率先将人工智能等技术应用到业务运营实践中，实现全行机器处理业务量由 2019 年底的 200 万笔/月大幅提升至 1 090 万笔/月，2020 年累计完成 1 亿笔业务处理，相当于精简 1 000 名员工手工处理的工作量，进一步加快“技术换人”的革新步伐。应用深度学习算法，研发投产 24 个凭证影像信息识别模型，替代人工工作量达 90%；综合运用语音识别、自然语言理解等技术，通过机器人实施智能化语音对账，助力基层网点减负赋能；在账户管理、支付清算、国库业务等领域中应用 RPA 技术，月均替代手工处理业务 20 万笔，为实现业务处理智能化提供了新的解决方案。加快组建总分行智能运营数字劳动力管理团队，构建机器学习应用管理平台，实现智能技术应用的全生命周期管理。

（二）打造功能完备的数字人民币基础设施。通过网点柜面、智能终端、手机银行等渠道，为个人及企业客户提供数字人民币钱包开立、转账消费、资金管理等服务；在融 e 购、e 生活、e 缴费等场景应用中嵌入数字人民币支付功能，向银行同业、第三方平台及支付清算组织提供数字人民币服务能力，为共建支付生态、创新支付场景奠定重要基础。数字人民币业务多项试点指标同业领先。2020 年共开立个人钱包 40 万个、对公钱包 2.7 万个，围绕数字政务、公共交通、民生缴费、商事赋能等领域落地场景超 1.8 万个，累计交易金额 39 亿元、交易笔数 216 万笔，在北京、深圳、苏州等地数字人民币消费券试点活动中各项指标保持同业第一；为北京、海南、四川、苏州等多个试点地区政府制订业务试点方案，与美团、滴滴、快手等互联网头部企业建立战略合作关系。深化数字人民币支付产品创新应用。设计了形态丰富的可视卡硬件钱包产品体系，实现了硬件钱包开立、充值、提现、查询及注销的全生命周期管理；联合中国移动率先研发基于 5G 多媒体消息的数字人民币支付原型；建立智能合约平台，根据商户类型、时间、地点等要素灵活配置政府消费券、商家优惠券等促销活动。

（总行运行管理部）

渠道转型和服务创新

一、网点优化调整扎实推进

科学做好网点布局优化，紧密围绕第一个人金融银行、重点区域竞争力提升、境内外汇业务首选银行等重点战略，完成625家网点布局优化，其中在京津冀等重点区域优化调整网点423家，占比67.7%。以总行印发县域网点新三年规划为指导，加快金融服务重心下沉，2020年新建县域网点150家，其中在长三角、珠三角等“强县富镇”新投入114家网点，在四川、西藏等空白地区及贫困县新建36家网点，县域网点覆盖率较年初提升1个百分点，贫困县覆盖率提升2个百分点，24家分行实现了辖内县域全覆盖，县域金融服务能力持续增强。加大对金融资源富集网点、核心潜力网点以及老旧网点的装修改造力度，2020年装修开业网点1 611家，其中在重点城市行装修网点669家，占装修网点总数的41.5%；在重点县装修网点282家，占装修网点总数的17.5%；完成9 212家外汇网点挂牌，有力推动了网点服务环境的持续改善。积极开展网点群落化协同运营，推动网点间资源整合与优化配置，不断增强网点经营活力和市场竞争力。到2020年末，工商银行网点平均各项存款和储蓄存款均稳居四行首位。

二、网点转型创新持续深化

加快推动网点数字化转型，在16家分行探索试点新一代智慧网点；持续丰富网点智能营销服务场景，研发投产24个营销触点，全行各类非现金设备及10万台智能Pad均支持到店识别营销，并与“智慧大脑”实现功能打通；在30家分行智能终端投产对公智能开户，将开户流程缩短至30分钟以内，实现对公开户3.5万户。2020年网点智能渠道服务客户3.2亿人次，实现个人业务新获客1 700万户，注册手机银行、绑定第三方支付及开通信使业务量占比，均为全渠道第一。持续推动GBC联动，完善政务、普惠、扶贫等“网点+”特色场景建设，建成涵盖社保、公积金、税务、征信等政务类一站式服务网点1 205家，累计建成各类特色网点2 500家，全行31%的网点可办理社保业务，22%的网点可以办理公积金业务，18%的网点可以提供税务服务；在智能终端打造GBC服务专区，支持30项银政业务和395项分行特色服务；推动“红色金融”“工银大学·星火学堂”等特色文化场景在网点落地。在全行1.55万家网点打造“工行驿站”服务专区，构建“共享便民、扶贫惠民、公益为民、宣教亲民、融合利民”五位一体的“工行驿站”公益惠民服务体系，先后举办主题突出、跨界融合的系列惠民活动2万余次，累计服务客户及社会公众2 500万人次，进一步丰富网点服务内涵、增强金融惠民力度。

三、网点岗位优化及人员赋能成效明显

深入实施总分行联动、全员覆盖的运营主管“磐石”项目，分层搭建人才梯队，配套完善岗位准入、能力培养、晋升发展全方位管理机制，队伍专业素质和履职能力稳步提升，统筹兼顾的网点事中风险防控和运营组织管理水平持续提升。以客服经理队伍效能提升年活动为抓手，举办首届客服经理网络知识竞赛，持续丰富综合化培训课程，推进客服经理综合化履职落地，客服经理专业资格持证率提升至97%，外汇业务准入资质持证率从24.2%提升至78.09%；全行10.5万名客服经理中有8.6万名实际通岗履职，其中4.2万名客服经理维护客户关系超3 245万人次，维护客户877.2万户，管理金融资产8 266亿元，并输送6 000余名优秀客服经理到客户经理队伍，新岗位体系改革红利逐步释放，助力网点竞争力稳步提升。

（总行运行管理部）

公司金融

2020年，全行公司金融条线深入落实“48字”工作思路，坚持“三比三看三提高”工作方法，战疫情、惠实体、勇创新，有效应对外部严峻挑战及同业激烈竞争，主要经营指标创历史最好水平，业务发展迈上了新台阶。

一、2020年经营情况概览

板块贡献方面，实现公司贷款利息收入3 927亿元、较同期增加187亿元，实现公司客户营业贡献2 208亿元、较年初增加192亿元，增幅9.5%。公司板块中间业务收入稳居四行第一，公司类重点6项中收完成137.2亿元，再创历史新高。存款方面，本币公司存款余额突破5万亿元大关，达5.09万亿元，居四行第一，较年初净增7 529亿元，为过去3年增量之和，增量上六年来首次位居四行第一。实现考核口径公司存款日均余额52 465亿元、净增5 190亿元。在全市场公司存款价格竞争加剧的情况下，公司存款平均付息率1.14%，保持同业及各业务条线最低。贷款方面，累计投放5.4万亿元，较年初净增11 742亿元，增量首次突破万亿元大关，一般法人公司贷款余额、增量均居四行第一，年度计划完成率294%。公司贷款平均收益率4.24%，居四行第一，较四行平均高0.12个百分点。债券方面，主承销非金融企业债务融资工具6 445亿元、创历史同期最高水平，居市场第一，在四行占比中进一步提升，领先第二名1 081亿元，承销质量保持市场最优。质量方面，公司贷款不良率、剪刀差、潜在风险贷款余额实现“三降”，剪刀差较年初下降76亿元，余额为-243亿元。

二、2020年重点工作综述

（一）坚定不移服务国家战略。

一是落实抗疫防疫责任。开展支持复工复产的“春润行动”，全力做好特殊时期金融保障工作，支持经济社会恢复发展。同业首家与湖北省签署《金融支持湖北复工复产暨推进经济社会高质量发展合作协议》，支持湖北恢复发展；突出中央企业主力军作用，率先与国资委签署支持企业复工复产合作协议。聚焦疫情防控重点企业，出台配套专项政策，成立专班统筹、专项保障，2020年向1 169户重点企业累计发放优惠利率贷款335亿元，平均贷款利率仅2.42%；向“五医”领域、生活物资保障、交通物流、装备制造、能源化工、电信运营、外贸外资七大重点领域提供全口径融资支持超过2.7万亿元。落实缓息、展期、续贷等政策，累计办理贷款延本延息2万亿元，惠及企业近8万户。

二是落实区域协调发展战略。深化银政合作。与湖北、贵州、西藏、四川、福建、青岛6省市政府签署银政战略合作协议，出台支持西藏经济发展十九条措施。加强组织推动。召开长三角区域、粤港澳大湾区第一次联席会议，同业首家出台《金融支持长三角生态绿色一体化发展示范区行动宣言》，组织长三角区域内分行签署《合作备忘录》，印发《关于做好新形势下京津冀协同发展综合金融服务的意见》。推动业务创新。在上海建设总行金融创新中心、跨境业务中心、金融市场交易中心，扩大跨境业务授权，抢抓自贸新片区业务机遇；创新推出“雄安新区发展贷款”并探索雄安分行贷款规模单独管理模式；扩大城市更新贷款准入至北京、南宁、武汉、成都、苏州等城市。注重宣传推广。在《现代商业银行》杂志设立“公司金融Fintech”专栏，搭建战略区域分行公司金融业务交流互鉴平台。京津冀、长三角、粤港澳、中部及成渝重点区域公司贷款余额6.6万亿元、余额占比70%，较年初净增8 776亿元，增量占比79%。

三是落实脱贫攻坚及乡村振兴战略。高质量开展定点扶贫和金融扶贫工作，与农业农村部签署《金融服务乡村振兴战略合作协议》；将产业链供应链融资作为支农服农富农的重要手段，落地农业链129条，融资金额183亿元，提前完成“双百”任务。全行涉农贷款余额2.28万亿元，较年初增加2 740亿元，增量超前四年之和；完成涉农供应链认定145条，实现融资落地106条，累计投放150亿元，融资余额64亿元；单位精准扶贫贷款余额1 952亿元，较年初增加281亿元。

四是落实扩大对外开放战略。立足境内，抢抓全面对外开放及RCEP签署业务机遇，明确三年公司客户外汇业务发展目标，做好一般现汇贷款规律分析和任务分解，突出抓好六类重点客群跨境金融服务。内外联动，加强境外公司信贷条线管理，印发《境外机构公司金融业务发展评价管理办法》；提升境外队伍公司业务经营能力，组建“公司客户外汇首选银行服务柔性团队”，举办第一期线上交流大讲堂。联动境内外近50家机构为128个集团的356项大型跨境事项提供了全球备用银团、全球现金管理、跨境双向资金池、跨境并购融资、境外发债、账户开立等综合金融服务，业务金额约为1 584亿美元，涵盖全部“一带一路”沿线境外机构，公司金融服务全球影响力不断提升。

（二）坚定不移服务实体经济。对标同业，深入开展公司贷款争先进位专项行动，建立“名单制 + 分级分类分层授权 + 快速审批绿色通道”的公司贷款利率定价管理机制，动态调整重点客户名单，加大对总分行重点客户及制造业、民营企业、新兴产业的精准支持力度，着力提升金融服务直达性、精准性。

一是制造业方面。完善顶层设计，深入开展“制造业金融服务提升年”活动，先后印发《关于进一步做好金融支持制造业高质量发展工作的意见》《关于加强制造业中长期贷款投放的通知》，在绩效激励、考核评价、信贷规模、授信政策、审批权限等方面完善相关政策。加快产品创新，在同业中创新推出“制造业企业技术提升支持贷款”，优化营运资金贷款管理办法，满足制造业企业中长期流动贷款需求。加大资源保障，为优质制造业名单企业配置专项信贷规模、优惠内部资金价格，并进一步扩大分行利率授权，将制造业发展情况纳入境内分行经营绩效指标。强化尽职免责，构建“愿贷、敢贷、会贷”长效机制。全行制造业贷款余额16 468亿元，较年初净增2 192亿元，约占全社会制造业贷款增量的十分之一，增幅为15%，完成全年监管任务的304%；中长期制造业贷款余额6 087亿元，较年初净增1 729亿元、增幅为40%，完成全年监管任务的198%；不良贷款余额较年初下降超200亿元，不良率较年初下降超2个百分点；制造业公司贷款、中长期贷款余额及增量均创历史新高，稳居同业首位。

二是民营企业方面。加强银政合作，与全国工商联建立全面战略合作伙伴关系，发布“融资、融智、融商、融信、融链、融创、融惠、融新”专项措施；在古田举办以“党建引领共促银企融合发展”为主题的民企高管金融研修班。加大资源保障，印发《关于2020年民营企业综合金融服务工作的意见》，针对民营企业设置1 400亿元民企专项贷款规模；疫情期间，出台《关于做好当前阶段民营企业金融服务工作的通知》，分类施策，做好疫情防控、科创等重点领域民企金融支持。做实名单管理，对首批总行级骨干民营企业名单和2018年分行级民营企业名单进行梳理调整，分层分类配套资源，丰富民企融资产品体系。完善考核机制，首次将民营企业贷款增长、拓户和风险管理情况纳入分行行长经营绩效考核。实现公司贷款余额2.18万亿元，较年初净增2 405亿元，完成全年任务的172%；民营企业有贷户13.98万户，较年初增加5.08万户，全年拓户任务完成率508%；民营企业贷款不良率较年初下降0.25个百分点

三是新兴产业方面。做好顶层设计，印发《加快新动能市场拓展的意见》，针对5G、数据中心、人工智能、工业互联网四大领域形成新型基础设施研究报告及营销指导意见。加强政银合作，与发改委、科技部、工信部在战略性新兴产业集群、“科技助力经济2020”和先进制造业等专项工程上开展深度合作，深入开展高新技术企业“931”专项行动计划，全面打造工银科创品牌。完善专营机构，新设苏州、厦门、南京、杭州、合肥、武汉、成都7家科创中心，完成“10 + 100”科创企业专营机构布局，加强对特色机构的引导和考核，打造全行科创金融服务先锋队。丰富产品体系，加强投贷联动探索，推出科创上市贷、科创高新贷等科创专属产品，打造全周期、全产品、全链条的科创金融专属产品矩阵，满足科创企业差异化的金融服务需求。加大资源保障，建立新动能名单贷款价格授权机制，为“双创”金融债提供专项规模保障，上线科创企业风险评级模型评价体系。加强系统推动，实施产业图谱梳理及新市场重点案例库案例汇编，开展100家特色支行考核数据线上报送及数据计算分析自动化系统建设。新市场贷款净增1 616亿元、增量占比14%。

（三）坚定不移提升公司金融业务质效。

一是突出抓好营销体系改革。牵头完成《关于完善营销体系提升营销质效的意见》。坚持“以客户为中心、以市场为导向”，通过完善资源配置、绩效考核、合理授权等方式，强化联动协同、创新赋能、资源保障，提升基层、前台、一线营销能力，通过十个方面29条工作措施初步构建起营销体系改革框架，将进一步为前台营销部门放权、赋能、强责，持续提升竞争力，确保市场领先地位。

二是突出抓好全量客户。战略客群方面，年内与国家管网、中信、中船、商飞、国投等客户签订战略合作协议；积极参与国家管网债转股、海南昌江核电站、浙江苍南核电站、京东方重庆第6代AMOLED新型显示面板、北汽并购戴姆勒、长江电力并购秘鲁配售电资产等境内外重大项目。中型客群方面，印发《中型企业拓展行动方案（2020—2022）》，提出中型客群拓展三年整体规划，完善产品体系建设，推动信贷流程改造，加强金融科技赋能，加大业务通报督导，提前完成全年融资金额3亿元以内中型企业的“双千”任务目标，推动公司客户结构向橄榄形转变。长尾客群方面，着力提供线上化、标准化金融服务，完善对公客户服务支持机制，深化客户分类分包管理，探索打造“总行统一架构、分行特色应用”的客户分包管理功能体系，在新疆、河北、浙江、大连、广西、陕西、天津7家分行试点。全行公司客户总数达780万户、净增51.6万户；其中有贷户较年初净增5.3万户、增幅48%，日均金融资产1万元以上客户净增36.5万户，占比提升2.2个百分点，公司客户基础不断夯实。

三是突出抓好全量服务。债券承销方面。加大疫情

防控、制造业、民营企业重点领域债券承销力度，承销“疫情防控债”募集资金总额同业第一，资产支持票据承销实现飞跃，承销额达上年3.5倍；强化“一道防线”职能，在保持承销额市场第一基础上，全行承销债券违约金额和支数保持市场最低，承销质量显著优于同业。银团贷款方面。高质量推进“银团发展年”，构建“线上化、平台化、公开化、智能化”银团贷款管理模式。健全同业合作体系，年内与邮储银行、中信银行和北京银行签订银团专项合作协议。投产银团撮合交易平台二期功能，全年银团撮合金额达1.39万亿元。银团贷款余额、中收以及牵头签约金额均创历史新高，全行银团贷款余额14 597亿元，较年初净增4 358亿元，增幅43%。蝉联银团委评优活动的“最佳业绩奖”。集团联动方面，联动集团子机构做好非信贷融资项目营销推荐，促进表内外投融资业务协调健康发展，有效支持分行信贷规模腾挪和信贷结构优化，做好理财直接融资全流程营销、协调、管理，推动广东、浙江等分行开展跨境信贷资产交易试点。产业链融资方面，加强顶层设计，印发《关于推进供应链业务高质量发展的意见》，积极与七大重点领域核心企业对接，批量认定4 895户供应链核心企业，完善链式营销系统，迅速将金融服务延伸至复工复产重点企业及其产业链上下游客户。深化平台企业合作，积极拓展TCL简单汇、顺丰供应商平台、301合医平台等多个平台，中企云链合作金额超100亿元。加快产品创新，创新推出项目e链产品，并实现首单落地；推动“品牌白酒贷”特色场景下供应链融资业务。

四是突出抓好稳存增存。顶层设计方面，年初提出采取“高举高打”的快攻策略、抓好抓实“三层、两链、一汇”的工作措施，加强主要可比同业对标和分析，行领导召开3次全行公司存款业务专题推动会，明确“将短期攻坚与长期增长相结合，确保公司存款业务的市场领先地位”策略。组织推动方面，深入开展公司存款营销攻坚“秋实行动”，从优化大额存单管理、新增主动负债产品、支持大行进行创新、探索资产负债自主运作模式、开发理财产品、保障大户理财需求六方面提升全行挖转能力，“秋实行动”期间全行公司存款增长5 295亿元，日均存款增长1 802亿元，实现对主要竞争同业的超越。机制优化方面，抓实GBC资金闭环管理，加大地方政府专项债、房地产等重点领域公司存款留存，改进组织推动和服务支持工作，为烟草、华为、雄安集团、高校等重点客户提供定制化个性负债业务方案。

五是突出抓好创新驱动。强化系统建设，按照“智慧、开放、共享、高效、融合”理念，探索建设“公司客户智享营销管理系统”，纵深推进“1+N”一体化营销提升项目建设，推进公司信贷资产质量信息化管理建设，完善客户分包管理功能，强化智慧化系统建设、提高信息化水平。强化应用推广，创新推出《公司金融智慧快报》，打造“工银聚融”大客户科技服务产品，加大企业手机银行应用推广，提升非接触式银行服务。牵头雄安工程建设资金管理区块链平台项目设计开发并验收成功，上链企业300户，拨付资金9.7亿元；在雄安新区首家签发数字信用凭证，实现“区块链+供应链”金融模式新突破。强化数据治理，完善公司客户画像功能，加快公司金融大数据平台信息化建设，优化公司客户贡献模型。

（总行公司金融业务部）

普惠金融

2020年，全行认真贯彻党中央、国务院决策部署，落实行党委“48字”工作思路，坚持“做真、做实、做好、做活、做持久”，持续加大信贷供给力度，提升普惠金融服务水平，全面超额完成监管目标，普惠金融发展实现近年最好局面。

一、普惠金融突破式发展，全面完成监管要求

一是普惠贷款创新高。2020年末普惠口径贷款余额7 452亿元，较年初增加2 737亿元、增幅58%，超额完成“增速高于40%”的监管要求；人民银行降准口径贷款余额7 636亿元，较年初增加2 759亿元，增量占同期全行人民币贷款增量的15%，达到人行定向降准二档目标；普惠客户数达60.6万户，较年初增加18.4万户；小微企业首贷、续贷、信用贷款、制造业贷款等重点结构性指标均达到监管要求，贷款投向更加符合实体经济需要。二是有力支持疫情防控和“六稳”“六保”。推出支持小微企业稳企业保就业的12条举措，加大信贷支持力度，累计向防疫相关的4 805户小微企业发放贷款135.36亿元，为复工复产的36万户小微企业发放贷款5 100亿元。三是资产质量持续优化。银保监普惠口径不良贷款余额81亿元，较年初减少39

亿元；不良率1.09%，较年初下降1.46个百分点，实现了不良额、不良率“双降”，达到“普惠型小微企业贷款不良率不高于各项贷款不良率3个百分点”的监管要求。四是贷款利率统筹得当。通过下调贷款利率、减免贷款相关费用等手段，进一步加大对小微企业的让利力度。2020年全年累计发放贷款平均利率4.13%，较上年下降0.39个百分点，综合融资成本下降0.88个百分点，实现了较低利率水平基础上的持续让利。

二、推动产品创新，提升服务质效

一是推广线上信用贷款产品。加速多维数据融合应用，打造信用类普惠贷款“经营快贷”系列产品，并将其作为加强首贷户、信用贷款服务的核心产品，推出结算、税务、用工、跨境、开工等12个全国性场景产品，拓展烟草、专业市场、园区等区域优质场景超过400个。截至2020年末，“经营快贷”系列产品已为近110万户小微企业主动授信超8 500亿元，业务余额超1 000亿元，全年业务增长超200%。二是强化供应链融资服务。以核心企业为依托，形成包括垂直链、交易链、数据链三大场景的数字供应链产品体系，为产业链上下游小微企业提供整体资金支持方案，2020年末落地数字供应链1 700余条。三是深化外部合作，丰富业务模式。加强银政、银担、银保合作，探索客户共管、风险共担业务模式。作为首批合作银行与国家融资担保基金签订银担“总对总”批量担保业务合作协议，并在全国率先落地第一单贷款业务。

三、升级发展模式，强化经营能力

一是构建适应“数字普惠”特点的经营机制。加强科技赋能，强化智慧化集约运营能力，打造“批量化获客、数据化决策、智能化运营”的运营模式，构建“信息共享、流程联动、渠道协同”的服务体系，提升普惠金融经营管理和业务处理水平。二是优化风控模式，提升风控水平。不断完善以“数据驱动、智能预警、动态管理、持续运营”为特征的全流程融资风险管理体系，全面整合行内外信息数据，构建以客户为中心的客户画像和统一风险视图，推行“非现场+现场”的总分行联防联控，有效提升风险管理效率与精度。三是持续强化合规管理。严格落实监管要求，加强贷款资金用途合规性管理，确保小微企业减费让利、支持实体经济等政策落实到位，普惠金融发展基础更为坚实。

四、推进城乡联动，巩固脱贫成效

一是完善金融扶贫基础制度。2020年提出脱贫攻坚决胜年5大目标和9个领域的62项具体任务，制定金融扶贫效果评估办法，在同业中首家由总行对辖内分支机构金融扶贫工作效果实施定量评估；在定点扶贫、电商扶贫、扶贫配套信贷政策等领域制定专项工作方案和管理办法，实现金融扶贫工作有章可循。二是高质量完成监管考核任务。截至2020年12月末，金融精准扶贫贷款余额2 018亿元，较年初增加347亿元，增速21%，完成全年计划的578%；普惠型涉农贷款余额1 522亿元，较年初增加406亿元，完成全年计划的387%。三是创新业务模式。加大信贷资源倾斜，打造“融资—生产—撮合—销售”的全链条扶贫服务模式，因地制宜创新农业专属贷款产品，拓展农产品种植、水产养殖、家禽养殖等农业场景，全面提升深度贫困地区金融精准扶贫质效。

五、完善综合服务，品牌美誉度提升

一是深入开展“工银普惠行”“千名专家进小微”“万家小微成长计划”等系列活动。累计开展“工银普惠行”营销推介活动4万多场，发布媒体宣传文章1万多篇、宣传视频3 000多部；全行9 660名青年员工组建了1 239支普惠青年先锋队，覆盖37家一级分行、367家二级分行、1 538家一级支行，通过“码上赢”累计成功营销客户8 641户，营销申请金额172亿元。二是推出智慧化全流程跨境撮合服务。全新推出面向全球企业免费开放的“环球撮合荟”跨境撮合平台，提供智能化全流程跨境撮合服务，吸引了来自40多个国家和地区的30余个行业的近2万家企业入驻。举办第三届进博会“一带一路”贸易洽谈会及中非、中缅等多场跨境撮合活动，超过75%的参会企业达成合作意向，累计达成跨境合作意向540余项，合作金额近百亿元，助力形成“大循环”“双循环”的新发展格局。三是品牌影响深化。我行支持小微企业复工复产的成效获央视新闻直播间、《人民日报》《经济日报》等多家主流媒体报道，荣获《证券时报》“2020年度普惠金融服务银行天玑奖”、《澎湃新闻》“2020年度普惠金融奖”、新浪财经“年度金融扶贫最佳模式奖”等奖项，获评银保监会2020年度商业银行小微企业金融服务“一级”（最优级）。

（总行普惠金融事业部）

机构金融

2020 年，机构金融业务主要经营指标完成情况良好。与自己比，日均存款再创历史新高。全年本外币机构及同业存款日均增量 8 847 亿元，达到历史最好水平。与行内比，量价协调发展效果显著。全年营业贡献再破千亿元大关，成本管控效果良好，同业存款付息率较年初下降 0. 11 个百分点，为全行存款唯一下降品种。与同业比，市场占比达到新高度。机构存款余额占比 35. 78%，较年初进一步提升；同业存款余额占比 35. 39%，较年初扩大 5. 03 个百分点。机构存款及同业存款规模稳居四行首位。

一、落实中央决策部署，服务国家改革大局

政府第一合作银行地位更加稳固。全年代理各级财政支付超 6 万亿元，居同业首位；地方非税电子化系统上线 21 个分行，业务量市场第一；全力服务退役领域，取得较好成效。社保改革服务营销提前锁定胜局。独家参与“社保全国统筹系统”项目合作及相关配套服务，提供工行方案；养老保险省级统筹账户市场占比 76%，份额独占鳌头；“工银 e 社保”实现全国省区服务全覆盖，代理业务超过 8 000 万笔，稳居同业第一；首批与国家医保局签订合作协议，首家上线医保电子凭证；在已启动医保移动支付清算资格招标的 13 个地区中，工行中标 10 个，奠定了合作的先发优势。金融同业合作亮点频出。服务重要金融基础设施建设，全面深化与大商所的合作，构建上清所集中清算代理业务统一管理体系，在业内率先实现银行间市场集中清算代理五项业务的全覆盖。与头部金融同业客户的全面战略合作持续深入，在资本补充、债券承销、市值管理等方面合作硕果累累。银行、保险客户投资工行资本补充工具合计 961 亿元，占比超 80%。成功营销中国人寿等头部保险机构多次增持工行股票。业务扶贫融资融智。升级金融扶贫项目，新增 4 家同业合作主体，增加玉米、豆粕等重点项目保障覆盖范围，推动“银行 + 政府机构 + 保险 + 期货 + 农户”的金融扶贫生态圈落地。引入同业客户扶贫捐赠资金 945 万元，超过过去两年引资之和两倍。

高效保障抗疫资金及时拨付。作为中央财政防疫资金拨付的唯一银行渠道和地方财政支付的主渠道，高效完成各级财政抗疫资金拨付，财政部为此专门致函给予充分肯定。紧急推出金融科技战疫“产品包”。迅速投产“应急物资管理系统”“校园防疫登记管理系统”，快速上线“工银 e 政务”线上捐款、“工银 e 社保”防疫专区、“我的宁夏”APP 疫情防控专栏，累计上线客户 8 644 家，辐射带动 2. 8 万余家机构，助力疫情防控和复工复产。全力维护金融市场安全。向中证登、中债登等金融基础设施客户提供快速安全的结算服务和系统保障，保障金融市场稳定运行。联动保险机构向部队医护、保障人员赠送专属人身保险，覆盖医疗机构超过 500 家，赠险保单超过 20 万张。为金融机构提供流动性支持，成功承销中信证券等券商特种金融债和短融债，支持太平人寿 ABS 发行用于疫情赔付。

二、突出强调创新驱动，加快拓展潜力领域

机关事业领域快速开疆辟土。全国已落地 5 000 多个云平台项目，较 2019 年实现翻番，覆盖“三农”、医疗、教育、工会等多个潜力领域，以轻量平台撬动了海量市场。“三农”领域，在同业中首发“农村三资监管平台”，并以此为基础升级建设“数字乡村”综合服务平台。合作覆盖全国 27 个省份、154 个地市、482 家县区级农业农村局，直接带动各级农业农村部门、股份经济合作社账户新增 8 355 户，较历史存量增幅高达 600%，为全行拓展县域市场、扩大农村市场打开了突破口、建立了桥头堡。教育领域，抢抓国务院加强教培市场监管契机，业内首创教培资金监管平台，合作教委达 485 家，纳入监管的培训机构达到 2 300 余家，带动教培机构拓展 1 481 家，在成功切入万亿级教育培训领域的同时，也为开发各类消费预付费市场奠定了坚实基础。医疗领域，把握国家“三医改革”、加快推进“互联网 + 医疗”建设机遇，推进“智慧医疗开放平台”建设，对接吉林省卫健委等 10 余家卫健委和 301 医院等近百家医院客户。工会领域，升级“智慧工会”云平台服务内涵，打通“总工会—企业会员—个人会员”全链条，合作各级总工会客户 80 家，带动工会客户较年初增长 400%，个人客户增加 1. 1 万户。同业合作实现多项领先。联合上期所推出标准仓单质押融资业务，作为首批上线的唯一国有商业银行，为中小企业提供融资贷款，精准支持实体经济。抢抓理财子公司合作先机，与 16 家理财子公司建立信贷台账，合作覆盖率达 85%。作为四

大行中唯一的票据经纪业务银行，新拓展“贴现通”签约企业 2 168 家，在五家试点行中遥遥领先。

三、前瞻谋划 GBC 工作，助推全行战略落地

前瞻谋划开启全行 GBC 工作。把握近年来“机构源头存款沉淀减少、下游带动作用显著”这一趋势，率先提出 GBC 工作方案，努力以对公资源优势带动全行各项业务发展。研究制订全行 GBC 工作方案，研发投产“客户资金闭环管理系统”，搭建源头客户、重点领域资金流向分析框架，提升资金闭环管理能力。赴重点区域召开多场 GBC 工作区域推动会，全面推动 GBC 落地实施。目前全行 37 个场景已实现全部落地，各重点场景核心业务指标平均完成率达 121.16%。全面助力打造“第一个人金融银行”。依托医保清算合作场景，为 2.4 亿医保参保人员提供医保公共服务。全年机构客户代发工资金额 1.57 万亿元，较年初增加 2 199 亿元；覆盖个人客户 4 206 万人，较年初增加 375 万人。协助政府积极推广“我的宁夏”APP，累计注册自然人用户突破 500 万，占宁夏回族自治区常住人口的 74%。联动 30 家重点券商，第三方存管账户突破 6 272 万户，全年新增超过 757 万户，创五年来新高。与各级退役管理部门签署合作协议，带动下游新发行拥军优抚卡超过 90 万张。高效贯彻落实“境内外汇业务首选银行”战略。积极拓展网商银行等中小银行的代理境内外币结算，实现野村证券、友邦保险等外资金融机构资本金和基本账户落户工行，成功营销教育部公派留学生奖学金发放等项目。成为亚投行熊猫债和美元债唯一中资主承销商，重点营销的新开发银行、亚投行在工行外币存款余额较年初净增 20 亿美元，获得中信证券等 5 家头部券商境外债券主承销商和收款行资格。营销新华人寿、众安保险等保险公司外资股东跨境增资、境外股东分红、港股分红、境外债境内收款等业务，撬动结售汇、本外币存款、跨境结算等一揽子业务合作。积极向人民银行争取境内外币美元代理结算行资格，成功营销多家农商行选择工行接入人民币跨境支付系统，多家券商选择工行作为债券通代理结算银行。机构及同业外币存款日均增量达 52 亿元，在全行外币存款增量占比 49%，在全行业务条线排名第一。外币同业存款时点增量 128 亿美元，完成全年计划的 427%，在四行占比中达 45%，跃升第一并反超中行 26 个百分点。持续发力战略性区域布局。落实长三角区域协同牵头部门职责。会同资产管理部落实牵头部门职责，针对分行诉求，探索授信融资、支付结算、信息数据、金融服务、风险防控、营销机制、资源保障“七个一体化”建设，力争在五大区域中率先落地。创新推动粤港澳大湾区发展。立足区位优势，推动开展跨境金融、投融资等合作；创新推出业内唯一“智慧职教”管理平台，在广东省人社厅率先落地并在 15 所省属技校试点运营；抓住粤港澳大湾区科研事业蓬勃发展契机，投产科研资金监管发放系统。激发京津冀区域经营活力。会同资负部将天津、雄安分行纳入同业活期存款差异化授权范围，与雄安新区管委会独家开展“智慧社保”系统合作。

四、筑牢风险防范屏障，推动营销提质增效

筑牢风险防范战线。加强中资代理行反洗钱管理，终止与 32 家存量客户的代理行关系。对被接管、出风险的个别保险、证券机构进行风险排查，及时跟踪疫情对金融机构的影响，严防风险传染和输入。在反洗钱、代理对公保险、代理资金支付、军队信息保密、消费者权益保护等领域，做好检查和自查，加强风险点梳理，完善业务流程，严防风险事件。完善客户管理模式。首次统筹 12 个行业板块，制定《2020 年同业业务营销管理指导意见》，提出差异化分层营销策略；统筹制定《同业客户综合评价管理办法》，首次实现对多部门牵头的 9 个行业综合评价规则的统一规范；建设完善机构客户统一信息视图，优化同业客户统一视图，实现存款实时监测、流向监控等功能，全方位推动机构业务发展提质增效。

（总行机构金融业务部）

负债业务

2020 年，工商银行认真贯彻落实国家宏观经济政策和金融监管要求，统筹推进疫情防控和经营发展，主动应对复杂多变的国际国内经济金融形势，多条线联动配合，精耕细作，共同发力，不断巩固负债业务改革发展的政策基础、产品基础和客户基础，推进负债管理再上新台阶，实现资金来源总量稳健增长，结构不断优化，有效提升了服务实体经济的能力。2020 年末，境内人民币各项存款（含同业）余额 24.92 万亿元，比

年初增加2.44万亿元。其中储蓄存款余额11.31万亿元，比年初增加1.2万亿元；公司存款余额5.09万亿元，比年初增加7 529亿元；机构存款余额6.58万亿元，比年初增加473亿元；同业存款余额1.95万亿元，比年初增加4 317亿元。

一、个人负债业务创新发展情况

一是全行人民币储蓄存款时点、日均增量双超万亿元，均创历史新高。2020年12月31日，全行人民币储蓄存款余额达到11.31万亿元，较年初增加1.2万亿元，同比多增1 957亿元。全行储蓄存款日均余额10.74万亿元，较年初增加1.05万亿元，同比多增20亿元，在全行一般性存款日均增量中的占比达到63.23%。持续推广完善储蓄存款分层定价、做好创新产品压降工作，人民币储蓄存款付息率结束上升趋势，储蓄存款量价协调保持高质量发展态势。

二是储蓄存款营业贡献进一步提升。2020年，全行实现储蓄存款营业贡献1 206亿元，同比多增97.09亿元，增幅8.75%，占个人金融专业营业贡献的47.58%，为占比最高的业务品种；其中活期存款、定期存款营业贡献分别为899亿元和302亿元。

三是疫情期间，在国有大行中率先推出纸质存单到期延期服务，体现了大行责任担当。为贯彻落实党中央关于新型冠状病毒感染的肺炎疫情防控工作会议精神，减少营业网点客户聚集，疫情防控期间在可比同业中首家通过官方网站公告个人纸质定期存单实施到期延期服务，涉及355万户个人客户，到期金额2 233亿元，最大程度减少广大居民不必要外出和聚集，切实保护人民群众身体健康和存款收益。

四是创新引领、科技赋能，在四大行中创新首推个人大额存单可转让功能，兼顾产品收益性与流动性，满足客户需求。相继推出“工囍存单”“红色存单”等主题存单产品，丰富了特色存单产品系列，提升商业品牌价值，满足客户产品价格外的独特文化需求。推出“福满溢”“幸福存3号”、社保卡专属存款等客群类产品，助力客群化经营发展。

二、公司负债业务创新发展情况

2020年，全行公司存款稳存增存面临的同业竞争态势异常激烈。总行坚持短期攻坚与长期固本相结合的政策，有力推进了全行公司存款竞争力提升。2020年末，全行本币公司存款余额突破5万亿元大关，达5.09万亿元，较年初增加7 529亿元，增量超过去三年增量之和，公司存款余额、增量均排名四行第一。全行本币日均公司存款余额4.49万亿元，较上年日均公司存款增加4 203亿元。大力发展低成本存款，严控长期限、高上浮存款，不断优化公司存款期限结构，全行本币公司存款平均付息率1.14%，为各条线最低、四行最优，实现了量价协调发展。

一是完善全行营销服务体系。提升综合营销服务能力和质效，聚焦解决“客户在哪、谁来营销、怎么服务”三个基本命题，坚持“以客户为中心、以市场为导向”，本着为基层“松绑、减负、赋能”的原则，通过完善资源配置、绩效考核和合理授权等方式，提升基层、前台、一线营销能力，持续提升竞争力，确保市场领先地位。

二是深化数据分析。按季形成全行公司存款与客户结构情况的通报，从地区、行业、客户等不同维度持续监测通报公司存款情况，包括公司存款总体情况、重点存款产品情况、信贷资金管理情况、资金流转情况、公司客户拓展情况五大方面，为全行业务发展提供数据支撑、参照体系、决策依据。

三是加强资金承接闭环管理。印发GBC资金闭环管理、地方政府专项债配套金融服务、房地产行业公司存款管理等系列制度办法，着力解决公司存款稳存增存的痛点、难点、断点，系统性夯实公司存款增长基础。

四是对标同业精准施策。8－11月开展公司存款营销攻坚“秋实行动”，突出抓好重点客户资金揽存挖转，支持大行进行创新、探索资产负债自主运作模式、优化大额存单管理。充分发挥公司存款优惠利率、大额存单、结构性存款等主动负债产品在市场竞争中的杠杆撬动作用。针对重点客户提供个性化存款产品，提升存款产品竞争力。

三、机构负债业务创新发展情况

一是在面对突发疫情带来的严峻挑战下，实现了存款均衡增长。通过夯实客户基础，抢抓政策机遇，把握资金流向，提升资金沉淀，实现了机构及同业存款稳定均衡增长。全年机构及同业存款日均增量8 847亿元，实现历史最高水平，存款结构更优、增长均衡性更强，夯实了全行存款稳定发展的基础。

二是在面对同业竞争愈发激烈的环境下，市场优势进一步扩大。2020年末，机构存款余额四行占比36%，较年初进一步提升，规模稳居四行首位，领先优势继续扩大；同业存款余额四行占比35%，较年初提高5个百分点，人民币同业存款付息率1.69%，较上年下降0.11个百分点，量价均保持四行最优水平。

三是在利率上浮压力不断增加的环境下，有效提升了经营贡献。机构条线坚持以服务作为吸引客户资金的主要手段，在保证存款总量稳步提升的同时，做好重点产品存款定价管理，调整部分存款定价标准及授权，有效控制存款成本上升，全年机构金融负债业务营业贡献达到976亿元，实现了量价协调稳定发展。

（总行资产负债管理部）

信贷业务

一、信贷业务发展总体情况

2020 年，工商银行在保持总体信贷政策导向基本稳定的前提下，适时调整信贷策略，满足疫情防控、复工复产、应急贷款、延期还本付息等特殊阶段资金需求，积极支持实体经济重点领域建设。2020 年末，各项贷款余额 18.62 万亿元，较上年末增加 1.86 万亿元，增长 11.1%。其中境内分行人民币贷款 16.81 万亿元，增加 1.88 万亿元，增长 12.6%。

二、持续优化信贷结构

一是积极支持基础设施在建及补短板重大项目，有效发挥压舱石作用。认真贯彻落实党中央、国务院关于重点支持“两新一重”项目建设精神，加大对公路、铁路等重点项目的信贷投放力度，稳健支持新型城镇化建设、城镇基础设施和公共服务等领域的重大项目和民生工程、在建项目的投融资需求。截至 2020 年 12 月末，公共设施与交通运输领域贷款合计较年初增加 6 959亿元，同比多增 2 419 亿元，增量主要集中在城建、产业集聚区、公路、铁路等领域。

二是统筹疫情防控和业务发展，落实好延本延息政策。2020 年，积极支持疫情防治重点企业，满足疫情防控、复工复产、应急贷款、延期还本付息等特殊时期资金需求，建立信贷业务绿色通道，及时对接受困企业到期贷款，按照“应延尽延”原则，全面落实延期还本付息政策，妥善纾解企业因疫情影响出现的暂时性经营困难。境内分行 2－12 月累计对 10.1 万户公司及个人客户办理延本延息，涉及贷款 1.5 万亿元。同时，持续做好延期还本付息贷款的风险监测工作，加强对已办理延期还本付息贷款的风险管理，实施分类施策。

三是有效落实国家支持制造业高质量发展战略，制造业贷款增量创新高。全面部署支持制造业相关举措，持续完善相关信贷政策，明确支持制造业的总体思路和目标，引导全行制造业信贷投向，持续加大高端装备制造业领域信贷支持力度以及用于防疫抗疫的物资保障能力。2020 年全行投向制造业各项贷款余额达 1.84 万亿元，较年初增加 2 229 亿元，在全社会制造业贷款增量中占比超 10%，增速达 14%，完成全年监管任务的 310%；其中中长期贷款余额 6 731 亿元，较年初增加 2 144亿元，增速达 47%，完成全年监管任务的 233%；取得了好于计划、好于预期、好于同期、好于竞争对手的工作成绩。制造业中长期贷款占比、先进制造业贷款占比大幅提高，投向结构持续优化。

四是保持房地产贷款占比基本稳定，房地产投融资结构持续优化。贯彻落实国家关于房地产的调控政策和房地产金融宏观审慎管理要求，对商业性房地产开发投融资实施限额管理，合理控制商业性房地产开发投融资总量及其占比。重点支持符合调控政策导向的普通商品住房和保障性住房项目，贷款增量占比分别为 76% 和 22%，积极稳妥推进商业性租赁住房融资业务，当年贷款增幅为 49%；在区域投向上，主要投向库存消化周期合理的一二线城市；在客户投向上，择优支持实力较强、财务状况良好、负债水平合理的大型优质房地产集团客户，严防高杠杆扩张的房地产集团客户风险。

五是统筹推进绿色金融发展和信贷布局，绿色贷款规模保持同业领先。综合运用“贷＋债＋股＋代＋租＋顾”投融资工具，为绿色产业提供综合金融服务支持；持续完善绿色金融政策体系，强化行业（绿色）信贷政策管理，全方位推动投融资结构向绿色产业调整；加强环境（气候）风险管理，全面实施投融资绿色分类管理。截至 2020 年末，绿色贷款余额 1.85 万亿元，较年初增加 2 202 亿元，绿色贷款不良率为 0.60%。

三、加强信贷管理

一是持续加强信贷管理制度体系建设。建立前中后台部门协同参与、支持重点业务发展与风险管理的联防联控工作机制，构建“三道口、七彩池”智能信贷风险管控模式，突出加强信用风险管控。全面实施授信审批新规，优化审查审批体系，完善信用风险缓释措施。优化整合流动资金贷款管理制度，强化风险控制流程管理，完成配套系统改造。制定制造业企业技术提升支持贷款管理办法，积极支持制造业企业技术升级改造和优质项目建设融资需求。

二是强化信贷政策的战略引领。印发 2020 年度行业（绿色）信贷政策，积极引导全行布局，积极支持高速公路、铁路、机场、城市轨道交通、市政公用等基础设施在建项目及补短板重大项目建设。突出支持新一代信息技术、高端装备等制造业新兴领域优质客户和优质项目，持续加强传统制造业差异化政策管理。积极支持消费升级服务业的融资需求。做好行业政策与区域政策的有机衔接，修订完善京津冀、长三角、粤港澳大湾区、中部地区、成渝地区等重点区域的信贷政策。优先支持“一带一路”沿线重点投融资项目和提升核心技术、稳定全球产业链、促进国内国际双循环相关业务需求。

三是强化资产质量管控。坚持增量防控和存量处置并举措施，加强客户准入监控，加大重点领域风险防控力度。严守地方政府债务管理政策红线，修订完善对政府投资类项目信贷政策；实施差别化住房信贷政策，合理控制商业性房地产贷款占各项贷款的比例；对“两高”及产能过剩行业实施移位管理，有保有压。做实法人大户联防联控会诊，抓好重点风险大户战略退出和风险管控。坚持潜在风险客户“应纳尽纳”，做好色池分类并实施分层管理。坚持合规处置，促进常规方式与创新手段相结合，努力提高不良资产处置质效。

（总行信贷与投资管理部）

中间业务

一、中间业务发展情况

2020 年，全行围绕“第一个人金融银行”“境内外汇业务首选银行”“重点区域竞争力提升”等重点战略，努力克服新冠肺炎疫情、保险监管政策调整和持续减费让利等因素影响，统筹疫情防控和中间业务发展。2020 年集团手佣净收入 1 312.15 亿元，增长 0.49%，收入总量继续保持同业第一。其中境内分行手佣收入 1 326.98亿元，增长 0.14%。增长较好的产品有：代销基金实现收入 69.02 亿元，增长 43.61%；债券承销及代销收入 51.66 亿元，增长 35.47%；第三方支付收入 141.33 亿元，增长 9.86%；资产管理收入 126.92 亿元，增长 9.30%；贵金属收入 38.44 亿元，增长 28.88%；人民币对公结算收入 104.71 亿元，增长 8.82%；账户交易类及其他收入 30.86 亿元，增长 31.64%；资产托管收入 73.15 亿元，增长 7.71%。2020 年 25 家分行收入实现增长，其中福建（实现收入 42.27 亿元，增长 15.03%）、内蒙古（实现收入 17.06 亿元，增长 13.27%）、陕西（实现收入 22.98 亿元，增长 11.81%）等分行增速较快，江苏（实现收入 140.97 亿元，增加 5.99 亿元）、福建（实现收入 42.27 亿元，增加 5.52 亿元）、山东（实现收入 74.18 亿元，增加 4.01 亿元）、河北（实现收入 55.41 亿元，增加 3.25 亿元）、四川（实现收入 69.82 亿元，增加 2.66 亿元）等分行增量贡献较大。

二、中间业务组织推动情况

一是统筹集团中收目标并及时传导经营压力。按照“坚守总量第一底线”的经营思路，结合外部经营环境变化，围绕“直接动因”和“同业占比”，通过制定年度目标和阶段性目标以及强化过程管理、缺口管理等手段，准确传递总行经营意图，引导集团各经营单元努力多增中间业务收入。

二是强化沟通协调，推动目标落实。在严格落实疫情防控要求的前提下，采取面对面、视频、电话等多种沟通方式，与总行专业部门及各分行进行沟通，全面了解、分析疫情对各专业条线中收影响，听取各增收单元意见和建议，引导各条线增强应变能力，平衡好抓疫情防控和抓中收之间的关系，细化推动措施，确保市场竞争力基本稳定并符合市场预期。

三是积极协调解决部门、分行诉求和问题，支持业务发展。研究解决公司业务部门提出的加大银团考核问题；协调解决银行卡业务部门提出的加快智能 POS 投放、个人消费积分递延规则调整等事项，进一步支持信用卡业务发展；联合运行管理部共同研究规范基金尾佣收入计量规则的具体要求，推动基金尾佣收入按权责发生制核算；牵头协调相关部门共同研究私银联动产品业绩计量方法，客观体现私银条线业绩贡献；帮助分行协调解决趸交保险供给不足、不平衡等问题，支持分行营销。

四是加强中间业务收入监测、分析和通报，为管理层提供决策支持。与自己比，按月完成《集团手续费及佣金收入分析》，及时发现中收发展中存在的问题并提出解决对策。与同业比，按月分析监测分产品、分部门、分机构中收同业竞争力变化情况，按季完成《境内分行中收同业分析》，指出需要关注的问题，提出针对性建议。

五是促进增收典型案例分享交流，定期通报重点产品业务量，支持分行挖掘增收潜力。疫情严重期间，按周推广中间业务增收典型案例，支持分行增收。每季度末向分行通报贵金属、信用卡、外汇买卖等重点产品业务量，引导分行对标系统内兄弟行，进一步挖掘增收潜力。

三、中间业务规范管理情况

一是出台自主免费项目。积极贯彻落实国家关于疫情防控的决策部署，认真履行社会责任，参与制定“全力支持疫情防疫工作12项举措”，配合相关部门出台了“捐赠汇款手续费免收”“特殊群体个人信用卡违约金免收”“湖北疫区个人取款手续费免收”等9项新增免费项目，同时认真做好相关新增减免政策传导，督促相关部门做好落实。

二是严格落实监管要求，切实做好各项政策传导。认真解读并逐项评估监管要求对中收和合规管理的影响，组织相关部门提出服务收费方面的具体落实意见和要求，按时取消6项涉企收费项目，并按要求反馈落实情况。

三是安排部署全行自查自纠工作。根据监管要求，安排部署全行“清理银行乱收费 降低企业负担”自查自纠专项活动，制订统一的自查方案，明确相关工作要求。对自查发现的问题，督促分行切实做好整改，起草《中国工商银行关于“清理银行乱收费 切实降低企业负担”自查情况的报告》，并反馈银保监会。

四是做好收费减免数据的统计和监测。根据监管要求，建立减免数据每月报送机制，明确各部门报送减免项目的范围和测算依据，按月统计和监测减免金额变化情况，及时反馈收费减免金额。

五是密切关注监管动态、收费舆情和外部检查，做好合规风险防范工作。根据行领导在各类报告、投诉监测周报上的批示要求和相关会议精神，对涉及中间业务收费方面的相关内容进行了核实，起草了《关于陕西分行客户反映收费事项有关情况的汇报》《关于近期收费问题有关情况的汇报》《关于监管部门对江西南昌分行收费检查有关情况的汇报》，报告了收费问题的整改进展情况。积极配合国家审计组工行协调小组、中国银保监会组织的“小微企业融资收费情况核查”等各类检查，及时提供各类材料。提示分行持续做好外部检查配合工作，针对检查和自查问题，认真整改，做好沟通解释，避免合规风险。

（总行财务会计部）

结算与现金管理业务

2020年，全行以支持实体经济为目标，有序开展结算与现金管理各项工作，多项业务取得重大突破，客户基础不断夯实，经营质效全面提升，市场竞争力稳步增强，荣获亚洲银行家“亚太区最佳国际现金管理银行”、财资中国“最佳全球现金管理银行”“最佳交易银行”、贸易金融“最佳交易银行”等诸多奖项，实现了对公支付结算业务高质量转型发展。

一、加强中收管理，实现增收创收

一是以平台营销、账户拓展、产品创新为抓手，持续做好源头获客，扩大客户基础。二是通过对部分重点产品建立精准营销模型，为客户提供自动化、线上化的银行服务，提高产品使用率。三是做好重点产品自动收费，加强审批管控及参数检查，在有效释放柜面资源的同时，提高收费的准确性。四是做好收费提示及防疫相关企事业单位的费用减免工作。2020年，结算与现金管理全口径中间业务收入为133.36亿元，同比增长10.74%，全年计划完成率96.54%；其中人民币对公结算板块中间业务收入为103.10亿元，同比增加8.53亿元，增幅9.02%，全年计划完成率94.34%。收入增量及增幅继续保持四行双第一。

二、坚持量质并重，狠抓拓户增存

坚持平台拓户工作思路不动摇，以线上线下相结合的方式，帮助企业解决疫情期间开户难题，并在“后疫情时代”为企业提供优质便利的账户服务。同时，始终坚持“量质并重”的工作原则，严把开户风险关、质量关。2020年，全行新开对公结算账户168.3万户，新开账户存款年日均余额4 095.68亿元，日均金融资产1万元以上公司客户净增36.47万户，客户质量持续优化。

三、落实重大战略，增强服务能力

一是践行现金管理“六大产品线”综合服务理念，在通过拓户“做宽底部”的同时，积极推动现金管理服务能力提升，争揽优质“头部”客户，助力“境内外汇业务首选银行”战略落地。先后上线多家重点客户现金管理服务项目，与客户开展全面战略合作。2020年，深度合作现金管理（含全球）客户净增数11.48万户，全年任务完成率124.74%。

二是抓好场景引流获客，推动GBC战略实施落地。积极探索实践交易银行业务发展新模式，创新推出“供应链云”“政采云”“医采云”“建筑管理云”系列产品，有效助力供应链客群服务能力提升。不断扩展工银 e 缴费、全球发薪、工银 e 企付等重点产品的应用场景，加强 GBC 三端联动，全力服务经济“双循环”新发展格局。

三是支持重点区域竞争力提升。结合国家政策制定粤港澳大湾区创新服务方案，推动本外币合一资金池、跨境 e 缴费、跨境企业通、电子供应链云等业务创新。全力做好海南自贸区对公账户服务，有效促进重点区域竞争力提升战略的落地实施。

四、推动服务支持，做实网点转型

一是全面分析、循因施策，高质量推进对公服务支持体系建设。综合运用各类产品、线上服务平台，做好存量客户的激活、唤醒、提质，客户对公基础业务服务能力明显提升。2020 年，全行激活潜在不动户和长期不动户 74.04 万户，激活账户贡献日均存款 1 359.25 亿元，全行新开有效户占比 66.12%，较上年末增长 4.89%。二是突出重点、狠抓落实，网点对公业务转型成效显著。整合优化系统，在基层网点建立“五分”营销服务体系，持续抓好标杆网点建设，促进对公基础业务提质增效。2020 年，全行开办对公业务的网点 14 559家，同比新增 70 家；当年新开对公结算账户 20 户以上的网点 11 410 家，占比 78.37%。

五、聚焦科技驱动，深化平台建设

坚持抓“三大平台”，赋能对公支付生态体系建设。一是完善全球现金管理平台，创新打造财资管理云，持续推进全球发薪、跨境资金池优化，有效提升大中型客户财资管理服务能力。二是发挥好小微金融服务平台，提供多样化线上金融服务的优势，支持抗击疫情，助力提升小微企业业务办理效率。三是做精做细工银聚平台，提升供应链客群服务能力，打造一批标杆项目。四是积极推进数字人民币对公场景建设，发力对公钱包，丰富应用场景。

六、注重人才兴业，强化队伍建设

一是产品营销经理队伍建设效果突出，队伍规模突破 3 000 人，人员配备下沉至贴近市场的一级支行，场景营销活动全面开展，重点产品营销成功客户数同比提升 60%。二是创新开展结现条线直播培训，覆盖各层级结现专业业务骨干。

七、践行风控强基，筑牢合规防线

一是加强尽职调查管理，组织开展涉嫌电信网络新型违法犯罪专项治理工作，全面落实新开户百分之百实地尽职调查的要求，切实提升账户服务质效。二是牵头开展单位客户反洗钱工作，明确各成员部门的职责，保障相关业务平稳运行。三是持续推进法人理财销售风险管理体系中 IT 系统和业务流程的完善优化，推进建立对公代销法人理财业务体系，为业务健康发展保驾护航。

（总行结算与现金管理部）

信用卡业务

一、2020 年信用卡业务经营情况

一是中间收入完成全年计划，对全行贡献稳步提升。全年实现信用卡全口径中收 425.7 亿元，完成率 100.2%，增幅 3.4%，信用卡中收在全行和大零售板块的占比分别为 26.7% 和 44.6%，较 2019 年末分别提升 0.6 个和 0.1 个百分点，继续保持全行中收总量最大、贡献最高产品线地位。二是资产质量实现历史性突破。2020 年末银行卡专业不良率 1.93%，较年初下降 0.41 个百分点，六年来首次降至 2% 以下，不良额降至 149 亿元，三年来首次实现不良率、不良额双降，其中信用卡不良率 1.95%，较年初下降 0.36 个百分点，四行排名从第四进位到第三；融 e 借不良率 1.8%，较年初下降 0.78 个百分点。三是核心指标保持同业领先。2020 年末信用卡客户数 10 708 万户，继续保持同业第一；e 生活注册客户数、绑卡客户数分别达 9 108 万户、6 423万户，稳居四行第一，跃居全行业第二；e 支付商户数达 544 万户，全年收单交易额超 3.07 万亿元，“第一收单银行”地位不断巩固。四是客户服务明显改善。全行信用卡月均投诉量较同期同口径下降 57%，四季度全行月均投诉量占比为 40.4%，较同期大幅降低 18 个百分点。五是党的建设成效卓著。牡丹卡中心荣获“全国金融系统思想政治工作标兵单位”称号，全国金融系统仅 12 家单位获此殊荣（工商银行为唯一一家银行）。

二、2020 年信用卡业务发展的主要措施和成效

（ ）深化五大转型，构建结构更优、动能更足的发展新模式

1. 推进分期业务转型。一是突破专项分期转型。

加快队伍组建，自有队伍已到位超 1 700 人，超过 800 人出单；推进各分行外包队伍组建；17 家分行实现“先收后支”模式落地，全年直客分期交易额达 301 亿元，在专项分期的占比达 18%。二是推进账单分期转型。推动远程银行中心 4 个外呼职场及西安外呼营销团队建设，队伍规模已达 2 500 人，全年外呼账单分期交易额达 558 亿元，同比增幅 9.4%，占账单分期交易额 41%，同比提升 6 个百分点。三是落地催收模式转型。建成西安催收中心二期，组建 1 400 人催收团队；推动分行组建 22 个清收处置分中心，初步形成总行中早期集中催收与分行属地化催收相结合的催收体系。

2. 推进客户拓展转型。一是加强房贷、中高资产、ETC 三大行内优质客群渗透营销。与个金部共同推进考核激励机制落地；建立优客审批绿色通道，匹配专属授信政策；向分行下发 6 400 万户目标客户清单，开展精准营销。二是扎实开展行业优质客群营销。联动机构部制定医护、教师、军人三大客群营销方案，梳理清单开展批量获客。全年新增行内优客渗透获客 170 万户，行业及商户优客营销获客 71 万户。

3. 推进消费业务转型。一是建立不间断“爱购”促销机制，强化效益做大跨行消费。全年跨行消费额 14 258 亿元，占消费额比重的 55.2%，较去年提升 2 个百分点。二是努力做大绑卡消费额。推动“绑卡优先绑信用卡”理念落地，实现支付宝消费累计积分，推进绑卡手续费借贷记分离。年末绑卡量达 7 101 万张，较年初增长 14.6%，绑卡消费额达 3 333 亿元，同比增长 22%，占消费额比重的 13%，提升 4.5 个百分点。

4. 推进业务数字化转型。一是创新线上获客产品。10 月推出纯线上、无实体、秒批秒开、即刻启用的数字信用卡，2 个月发卡 50 万张，新增获客 25 万户，保持行业领先。二是打造消费金融生态圈核心平台。在 e 生活搭建“APP、小程序、公众号、H5”全平台，丰富金融功能，打造“购物 + 积分 + 分期”三大场景、“e 饭团 + e 爆品 + e 咖啡”三大品牌，上线“e 直播”频道，e 生活已成为工行信用卡消费金融生态圈的核心平台。

5. 推进商户业务转型。一是以私促公。构建“线上线下一体化智慧收单 + 一揽子金融服务”综合解决方案，赢得海尔独家收单合作并促成集团战略合作，成功与洋河等 28 家大型集团建立合作关系；营销中石油中石化“ETC 智慧加油站”4 142 座。二是私私互促。“e 商助梦计划”带动个人商户日均储蓄存款余额在 2020 年末达到 1 652 亿元，净增 174 亿元。

（二）夯实四大基础，锻造高质量发展新根基

1. 夯实客户基础。一是推进客户生命周期管理项目。落地项目一期三大模块；完成项目二期对标诊断，制订优化方案；建立客户体验预审机制，在数字卡、家居卡、绑卡功能等上线前开展体验预诊断。二是启动客户分层服务体系建设。实现客户标签看板投产应用，支持电话坐席精准识别客户并一键触发客户运维策略。三是将投诉治理贯穿全年，投诉占比持续下降，第四季度监管转办投诉环比减少 30.4%。

2. 夯实消费基础。一是提升存量客户质态。结合促销专项活动，全年激活存量客户 300 万户，稳定存量活跃客户，留存率达 82%。二是开展常态化调额。全年开展 7 轮常态化调额，为 230 万客户成功提额。提额客户消费额增长 54%，分期中收增长 65%，调额 6 个月后不良率仅 0.14%。

3. 夯实风控基础。一是构建全面风险管理体系。出台全面风险管理规定以及实施细则，搭建信用卡全面风险管控新体系。二是提升全流程风险管控能力。在“入口”把好准入关，完善差异化授信政策；在“闸口”建立监测体系，构建“六维”风险监测指标，创新“七彩池”风险分类，控制敞口 538 亿元；在“出口”完善处置机制。建立不良资产表内外一体化清收处置机制。全年清收处置 387 亿元（是 2019 年的 1.6 倍），表外清收 29 亿元，同比增长 67%，年末剪刀差 142.5 亿元，较峰值下降 59%。

4. 夯实效益基础。一是强化效益意识。构建效益指标监测体系，在条线和内部 KPI 考核中突出效益指标。二是提升资源配置效能。财务资源与业务质态和效益挂钩，全年营销类项目费用同比增长 72%。三是提升定价管理水平。优化定价机制，控制减免范围，按月通报督导提升定价及收益水平。

（三）苦练三大内功，迈出精细化管理的新步伐

1. 加强条线管理。一是创新实施“一行一策”帮扶与激励。赴江苏、山东、重庆、新疆（视频）、青岛、上海、浙江、湖北 8 家分行召开总分联动打造“第一信用卡银行”启动会，向各级分行一把手进行战略传导，并进行现场授课、督导调研，激励效果明显。青岛、上海分行信用卡贷款余额月均增长超 400%；浙江、江苏分行客户数增量月均增长超 90%；新疆分行不良率下降 2.6 个百分点等。二是开展第三季度“2020 夏天特别行动”主题营销活动。突出核心指标，建立红黑榜制度。梳理 14 项业务痛点堵点，赴 11 家重点分行调研，推广征集采纳分行建议 94 条，扭转疫情以来业务下滑趋势。

2. 深化内部改革。一是优化中心机构设置，精简调整 10 个部室（团队）。二是完善选人用人机制。以公开竞聘和专业评审的方式，选拔优秀骨干晋升到管理和专业类岗位。建立大数据、金融科技等核心人才加速晋升机制。

3. 坚持运营创新，提升品牌形象。信用卡公众号连续 3 个季度的阅读量行业第一，推出“用心生活的人，不会被困境打败”形象片，3 个小时阅读量突破 10

万+，并被人民日报官方APP转载，当日播放量超72万，引起强烈共鸣。业内唯一连续两年荣获“全球卡界奥斯卡奖”依兰奖，并获“中国广告界奥斯卡奖”长城奖、亚洲微电影艺术节优秀奖等重量奖项。

三、工银信用卡中心（国际）业务发展和经营管理情况

（一）业务发展总体情况。面对境外新冠肺炎疫情持续冲击和错综复杂的国际社会经济环境，境外银行卡业务稳中有进，消费和资产业务逆势增长，产品创新同业领先，信用卡发卡量整体保持稳定，不良率稳中有降，中后台业务稳健高效。截至2020年末，境外银行卡发卡量为379万张。其中，信用卡184万张，借记卡195万张；信用卡在线办卡占比达54%。境外银行卡年累计消费额350亿元人民币，同比增幅为18%；境外收单商户11 327户，同比增幅为34%，累计收单额195亿元人民币；境外信用卡资产业务余额94亿元人民币，较年初增长27%。逾期90天以上不良率1.1%，较年初下降0.5个百分点。

（二）经营管理主要成效和措施

1. 获客活客取得实效，价值贡献逆势突破。一是丰富产品体系。与京东、澳门电讯等不同领域头部企业合作，推出联名信用卡；将总行级优势产品向境外输出，成功发行星座卡、麒麟卡等主题银行卡。二是强化客户运营。与头部互联网公司开展在线引流办卡、消费优惠等系列线上营销活动；与大型商户合作推广工银e支付，促进B端和C端联动发展；开展外呼发卡、唤醒和启卡奖励专项营销，全年为工银亚洲和工银澳门外呼发卡8 600余张。三是提升资产业务价值贡献，提高核心产品市场竞争力，持续推动工银亚洲税贷、工银澳门汽车分期等重点产品稳步发展；完善多渠道建设，提升资产业务便捷化处理效率。

2. 科技赋能加速发展，产品创新实现同业领先。一是完善移动支付功能。推出工银e支付银联二维码支付功能，支持工银亚洲和工银澳门客户在粤港澳大湾区跨境支付；实现Huawei Pay产品同业首发。二是创新线上营销功能。市场首推全新纯线上信用卡和贷款产品组合申请，推出H5形式在线办卡、现金分期、短信分期、信用贷款等功能。三是强化收单系统建设。研发智能POS机受理美国运通卡、银联二维码和优计划功能，推出境外收单商户服务平台。

3. 风险管控能力持续提升，优质服务赋能业务发展。一是持续强化境外信用卡风险管控，开展境外风险管理政策巡检，投产境外信用卡风险监控系统实时干预功能。应对疫情冲击和政府纾困要求，推出“境外信用卡特殊还款计划”等，体现工行的社会责任。二是持续健全内控合规管理。设立职能独立的内控合规组，制定合规管理细则，健全合规管理架构。三是持续提升业务运营、线上自助及电话银行人工服务能力。完善电话自助渠道应用，优化电话语音系统菜单，全力确保业务连续、平稳运行。提供电话银行人工服务的22家境外机构，紧急业务平均接听率达95.5%，一般咨询热线接听率有14家机构达95%以上，6家机构达90%以上；外呼业务逆势增长，工银亚洲、工银澳门全年外呼信用卡分期成交金额合人民币2.2亿元，外呼分期成交金额分别占工银亚洲及工银澳门全年信用卡分期成交金额的69%和60%。

（总行银行卡业务部）

金融市场业务

2020年，全行金融市场业务认真贯彻落实总行党委战略安排，统筹做好常态化疫情防控与经营发展各项工作，充分发挥专业优势，提升服务实体经济质效、全力支持抗击疫情、助力全行重大战略落地实施、扎实做好风险防控，推动高质量发展。

一、经营业绩再突破，规模质量双提升

一是净利润与下划分润合计突破千亿元大关。总行金融市场部本部净利润910.48亿元，同比增加137.3亿元、增长17.1%，同时向分行下划分润收益94亿元，二者合计突破1 000亿元大关。二是中间业务收入总量排名四行第一。实现产品线中间业务收入130.68亿元，同比增加13.26亿元、增长11.3%，总量排名四行第一。三是全行金融市场业务营业贡献保持增长态势。实现全行金融市场业务营业贡献1 338.44亿元，同比增加174.41亿元、增长15%；全行金融市场业务营业利润1 333.04亿元，同比增加176.37亿元、增长15.2%。四是资产规模稳步增长的同时保持资产质量优良。2020年金融市场业务日均资产规模7.71万亿元，较年初增加1.03万亿元，增长15.4%。在全市场债券违约规模再创新高的不利环境下，继续保持金融市场业务新增不良率为零。

二、服务实体见实效，竞争优势更巩固

一是债券投资规模排名市场第一，为实体经济提供直接资金支持。全年累计新增地方债、信用债等各类人民币债券2.3万亿元、同比增长57.6%，人民币债券年末投资余额6.9万亿元、同比增长17.9%；其中新增地方债投资1万亿元、同比增长48.8%，地方债年末投资余额4万亿元、同比增长20.1%，上述新增投资规模及余额均排名市场第一，为实体经济发展提供了源头活水。二是承销发行连续十四年保持全市场第一，协助实体经济拓宽融资渠道。全年累计主承销非金融企业债券、金融债、地方债等各类债券发行规模合计1.9万亿元、同比增长25.5%，再创历史新高，并已连续十四年保持全市场第一；成功发行国有大行首只双创金融债，募集资金100亿元，彰显了积极支持实体经济重点领域和薄弱环节的责任担当。三是资产证券化与二级资本债成功发行，助力盘活存量资产，提升全行资本充足率。先后完成2期二级资本债发行，累计发行规模1 000亿元，提高全行资本充足率约0.5个百分点，发行结果均为同期市场最优，保持优质金融债券发行人的领先地位；圆满完成发行18单资产证券化项目的全年计划，累计发行规模1 426亿元、出表规模1 661.31亿元，对优化个贷结构、盘活存量资产、化解不良资产压力起到了有力支撑。四是交易业务规模持续增长，全面对接实体经济交易避险需求。全年汇率、利率、商品交易量合计41.85万亿元、同比增长30.29%，交易规模大、做市能力强的市场地位进一步巩固；与境外机构投资者客户，在银行间市场达成各类利率汇率交易2.09万亿元、同比增长1.4倍，代理客户数继续保持中资机构第一。在我国利率汇率市场化进程不断推进、境内债券市场加速对外开放的大背景下，高效满足了进出口企业、境内外机构投资者交易避险的需求。五是融资业务充分发挥大行市场稳定作用，积极助力货币政策传导。积极发挥大行责任担当，配合做好央行货币政策传导工作，协助维护银行间货币市场平稳运行，全年通过线上线下渠道融出资金合计68.02万亿元、同比增长25.13%，2020年末融资余额1.15万亿元、同比增长19.92%，充分发挥了资金市场“压舱石”的重要地位。

三、抗击疫情作表率，专业特长扬优势

一是抗疫特别国债投资市场第一，充分彰显国有大行“头雁”效应。圆满完成抗疫特别国债投资工作，实现一级市场中标规模2 233.60亿元，市场占比22.3%、排名第一，领先第二名近300亿元，充分彰显了国有大行带头响应中央号召的头雁效应。二是疫情防控债券承销发行规模稳居市场首位，为抗疫企业发债融资提供高效服务。开辟绿色通道优先保障抗疫债发行，在疫情防控的关键时期，工行累计主承销疫情防控相关债券46只，为41家客户募集资金1 442.60亿元，工行主承销规模496.50亿元，募集资金规模和主承销规模均稳居市场首位；成功发行27亿元疫情防控专项同业存单，全力支持全行抗疫企业贷款投放；在柜台市场成功组织发售抗疫特别国债、国开行“战疫”专题债合计18.31亿元，其中抗疫特别国债工行分销规模位列同业第一。三是疫情期间加强货币市场融出力度，维护市场平稳运行。努力发挥好国有大行市场稳定器与政策传导枢纽的作用，在保障全行备付率合理安全的基础上，做好货币政策传导工作，支持货币市场平稳运行。其中，对中小机构融出规模占全部融出规模中的比例超过60%，在风险可控的前提下保障对中小金融机构流动性的支持力度。四是交易业务发挥抗击疫情表率作用，有效满足特殊时期客户需求。按照“急事急办、特事特办”的原则，将跨境采购防疫物资购汇、境外疫情防控捐赠资金结汇业务列为最高优先级并提供优惠报价，主动为近百家客户延长相关外汇资金交易的交割宽限期，在春节复工后的抗疫攻坚阶段，通过外汇交易绿色通道高效办理抗疫相关结售汇929笔、合计13.47亿元；为疫情防控相关企业办理棉花和基本金属等大宗商品套保交易2 855笔、合计295.27亿元，有效满足了疫情防控企业在特殊时期的货币兑换与套期保值服务需求。

四、重点战略抓落实，协同联动作贡献

一是稳步推进“境内外汇业务首选银行”战略，在结售汇与外汇买卖业务方面市场竞争力不断提升。总分行联动深入对接高端制造业、医疗医药、能源、农产品等重点领域客户需求，不断提升全行结售汇与外汇买卖业务市场竞争力。二是协同推进“第一个人金融银行”战略，积极联动做好业务推广与客户服务。加强协调联动，指导分行充分利用线上增值服务资源，积极做好客户服务，实现中间业务收入14.89亿元、同比增长16%；积极把握市场波动的交易机会，结合贯穿全年的点差优惠活动，联合前台营销部门，做好个人外汇买卖业务推广工作，业务量同比增长45%。三是持续推动“重点区域竞争力提升”战略，债券投资承销业务规模及余额市场领先。全面对接京津冀、长三角、粤港澳大湾区、中部地区、成渝地区、海南自贸区等重点区域发展资金需求，全年新增上述重点区域地方债超5 650亿元、同比增长37.5%，2020年末投资余额2.29万亿元、同比增长18.9%，新增投资规模及余额均排名市场第一；承销发行上述区域非金融企业债券规模合计5 481.82亿元、同比增长17.32%。

五、创新工作结硕果，经营发展激活力

一是业务创新取得新进展。推动银行间债券市场夜

盘做市、工行债券指数 ETF 基金、商业银行国债期货业务、人民币利率期权交易等创新交易市场首家或首批落地；达成银行间人民币外汇市场全部“非美货币对”首笔询价点击模式交易、外汇交易中心银企平台即远期“双首笔”代客结售汇交易，丰富结售汇币种至 35 个，首家通过外汇交易中心验收并成功达成银行间外汇市场首笔“外币对”程序化交易；完成代理市场首笔直投渠道延时时段交易，并参与境外机构投资者直投模式下直接交易模式首日交易，是四行中唯一在代理和做市方面均参与业务创新的机构；达成外汇交易中心首笔债券质押式回购请求报价（RFQ）交易，首批瑞士法郎和韩元拆借交易，首笔以人民币债券为抵押的欧元、加元和日元回购交易，创新开展全球回购主协议（GMRA）项下的境外外币债券回购业务；完成市场首单国际多边机构抗疫熊猫债、首单“应对气候变化”专题绿色债等创新项目，在金融市场领域的创新引领地位进一步巩固；在柜台市场成功组织发售国家开发银行“脱贫攻坚”“应对气候变化”与“长江大保护”专题金融债券，其中“应对气候变化”专题债我行分销规模位列同业第一。二是系统建设取得丰硕成果，ECOS 金融市场领域系统建设有序落地。积极落实智慧银行信息系统（ECOS）金融市场领域系统建设方案，围绕“五大领域＋七大能力提升”建设规划，有序推动具体项目落地，全年投产 159 个项目并进行需求优化，全面提升“全球架构、集约整合、统一管理、风险管控”的业务系统体系，在国内同业间自主研发并首创建成智能量化交易系统，获《银行家》杂志“十佳金融科技创新奖”，在产品创新、全渠道对客交易、交易事前控制、对外交易、集约化管理、全面经营分析等全流程上实现了系统支撑和驱动。

六、组织推动出新招，全球布局提质效

一是产品线组织推动进一步加强，分行金融市场产品线分类施策持续发展。在制定金融市场业务工作要点与营销方案、加强境内外金融市场业务一体化管理的基础上，制定并印发境内分行金融市场业务“一行一策”，分类施策推动分行金融市场产品线持续发展；研发推广金融市场业务条线“三比三看”分析表，促进分行进一步增强“比”的意识，推动市场竞争力提升；组织开展全行金融市场产品经理培训与网上知识竞赛，分行参与人数超 6 万人。二是金融市场业务全球布局持续优化，助力工银标准脱困振兴、扭亏为盈。在广泛征求境外机构意见的基础上，将在岸人民币利率交易等 3 条产品线纳入集中交易范畴；加强疫情期间境外机构外部交易渠道管理，指导境外机构做好系统功能适应性改造，全年集中交易规模达 7 000 亿美元左右；继续发挥工银标准业务联动作用，积极助力脱困振兴方案贯彻落实，顺利完成全年任务目标，助力工银标准实现扭亏为盈、并创收购以来最佳业绩水平。

七、风险防控守底线，常态防疫保运行

一是主要风险指标全部优于目标，新增不良率与操作风险损失率保持为零。严把债券投资与承销的准入关口，持续加强风险预判与交易存续期管理，及时处置和化解债券风险，金融市场业务全年新增不良率、操作风险损失率继续保持为零。二是积极应对有效化解市场极端行情，疫情期间有序承接欧美集中交易职能。面对疫情期间国际商品市场极端行情，及时采取应对措施，从严落实风控要求，保障账户交易产品平稳运行，并及时做好客户沟通解释与监管汇报工作；健全总行交易室场地应急新机制，持续提升极端市场波动下的系统支持能力，实现业务系统稳定运行；全力支持境外金融市场业务条线做好疫情应对工作，搭建多种渠道高效响应机制应对境外系统应用和应急诉求，有序承接伦敦、纽约交易中心欧美时段集中平盘职能，确保特殊时期全集团金融市场业务连续运营。三是提升政治站位，疫情防控工作常抓不懈。面对疫情提高政治站位，慎终如始压实四方责任，强化交易大厅常态化联防联控，密切关注员工健康情况与思想动态，想方设法采购防疫用品，增强员工战疫信心，有力保障交易大厅办公场所安全。

（总行金融市场部）

资管业务

一、严格按照资管新规和监管部门要求，稳妥有序推动理财存量业务整改

一是完成理财存量整改计划。自2018年4月27日资管新规出台以来，工商银行按照“既要符合监管要求，又要最大努力整合资源、为行内节约整改成本”的思路，经过多次测算、多轮讨论、多方法比较、多次与监管沟通汇报，历时两年半最终制定形成理财存量业务整改计划，经执委会、党委会、董事会审议通过后于2020年9月25日正式报送监管部门。二是建立理财存量整改工作机制和制度基础。在机制方面，根据2020年第74次党委（扩大）会议决议，总行成立理财业务整改工作领导小组，由行长任主要负责人、资产管理业务分管行领导任负责人，同时下设理财业务整改工作专班，统一组织、统筹推进整改任务。在制度方面，2020年先后印发了《理财存量资产处置管理办法》《理财存量非标准化债权回表操作规程》《理财存量标准化债权回表操作规程》《总行理财业务整改工作领导小组议事规程》等制度规程，保障理财整改有规可循、分工明确、权责清晰。三是推动存量产品压降和存量资产处置。产品端通过自然到期、提前终止、额度及申购控制、新规产品移行等方式推进存量产品处置，截至2020年12月31日，存量非保本理财产品规模16 349亿元，较年初压降4 089亿元，较2018年4月27日压降12 151亿元，另有保本理财产品1 459亿元，较年初压降3 659亿元，较2018年4月27日压降5 107亿元。资产端通过自然到期、市场化转让、回表、合规新产品承接等方式推进存量资产处置，截至2020年12月31日，全行存量非保本产品持有资产规模18 980亿元，较年初压降7 422亿元，较2018年4月27日压降13 442亿元，平稳实现了2020年理财存量整改压降任务目标，银保监会大行部在2021年2月现场通报理财整改评估情况时，对工行理财整改给出了“2020年工行整改计划完成度为109%，处置工作完成较好”的正面肯定评价。

二、按照总行党委“六端发力”工作要求，推动私人银行存量风险处置取得阶段性进展

一是负债端有序压降私人银行存量理财产品规模，坚持对标LPR等市场利率、对标资产收益、对标同业价格，加强产品价格的精细化管理，控制刚兑产品的付息成本。截至2020年12月31日，私人银行存量理财产品规模由托管时的6 864亿元压降至2 708亿元，客户端成本由托管时的4.07%压降至3.25%，取得了防止缺口进一步扩大、节省财务资源额外消耗的成效。二是资产端从整体组合、资产大类、资管计划、底层资产四个层级分类运作，积极创造投资收益。截至2020年12月31日，生息资产收益率由托管时的3.67%提升至3.90%；2020年4月私人银行存量业务资产负债息差首次转正。三是产品端积极发展私银渠道新规产品，通过一揽子新规产品对接压降的刚兑产品，与此前以刚兑为主的产品结构相比，产品结构明显改善，在风险化解过程中保持理财产品规模总体稳定。四是外包端强化监测与管控，推进非头部机构的清退工作，现有存量有效合作机构29家，较托管时退出17家。五是客户端提升服务质量，助力私人银行客户数创历史新高。六是员工端增强队伍凝聚力，私银存量共管团队整体人员队伍保持稳定。

三、加强母子公司联动协同，推动资产管理业务高质量转型发展

构建工银理财与母行渠道销售、产品布局、投资管理、风险管理、科技运营、考核人力、区域理财以及境外发展“八大协同”机制，打造“4+3”全谱系产品管理、自主渠道营销、资产配置与投研、区域业务拓展、组织管理和人才吸引、全流程主动风险管理、金融科技赋能、全球化资产管理“八大核心能力”，推动工银理财管理规模和经营效益稳步提升、业务结构和产品布局持续优化、业务创新和品牌建设取得突破。

截至2020年12月31日，新规产品规模10 700亿元，非现金、混合类、中长期限产品占比稳步提升，发行同业首只开放式美元理财产品并荣获“行业理财产品金牛奖”，成功投资同业首笔新规后股权项目、首笔直接认购股权基金以及首单非标转标ABS，同业首家发布广谱信用债指数，发行同业首只期权挂钩净值型产品，同业首批取得养老理财先行试点资格，成为行业转型发展标杆。

（总行资产管理部）

资产托管业务

2020年末，全行托管规模达到19.62万亿元，同比增加2.37万亿元，四行占比35.74%，领先第二名建行4.02万亿元，是农行、中行托管规模的约2倍。托管业务总收入达到146.36亿元，同比增加9.91亿元。托管手续费收入达到73.15亿元，同比增加5.24亿元，在四行中占比34.22%，领先第二名建行17.82亿元；托管存款日均余额6 086.28亿元，同比增加1 173.94亿元。在保持外部风险零渗透和托管营运零风险的前提下，实现超预期的经营业绩。蝉联中央国债登记结算有限责任公司“年度优秀托管人”、《财资》“中国最佳保险托管银行”等奖项。

一、托管业务成为带动全行利润增长的核心业务

2020年，全行托管业务总收入达到146.36亿元，占全行净利润比重保持在5%左右，构成重要利润来源，且同比快速增长7.26%，高于全行利润平均增速（1.38%）。中间业务收入上，托管手续费收入达到73.15亿元，同比增加5.24亿元，增幅7.71%，显著高于全行中间业务收入平均同比增速（0.49%）。特别是在金融脱媒、息差收窄的行业背景下，全行托管业务收入保持稳定增长，持续发挥对中间业务收入和利润的重要拉动作用，在全行经营转型中的战略地位不断得到加强。

二、托管业务对全行存款营业贡献不断提升

2020年末，全行托管沉淀存款日均余额超6 000亿元，同比增加1 173.94亿元。在利率市场化进程持续推进、资产端收益率下降、全行存款付息成本上升的环境下，通过付息率精细化管理，2020年托管存款付息率压降至1.04%，同比下降约0.08个百分点，低于全行同业存款平均付息率（1.74%）0.7个百分点，实现净息差收入73.20亿元，同比增加4.68亿元。

三、创新引领市场，多项业务取得突破性进展

（一）开办业内首批银行间债券市场多级托管业务。2020年2月，工行成功开办首笔银行间债券市场多级托管业务，成为业内首批办理多级托管业务的托管银行。根据人民银行《关于商业银行理财子公司进入银行间债券市场有关事宜的通知》，托管人作为名义持有人为理财产品在银行间市场开立托管代理总账户，并进行二级登记、结算和托管。全行及时响应相关政策，积极与人民银行、上海清算所、中央国债公司沟通有关银行间市场备案、开户、结算等事宜，率先在上海清算所开立托管代理总账户；同时多级托管制度要求托管人需使用其在人行大额支付系统的清算账户办理资金结算，成立工作小组，组织相关部门与分行沟通协调，反复研究并形成实施方案，最终在2月27日成功试水多级托管业务。

（二）成为全国首家获得职业年金新增计划托管资格的托管银行。2020年8月，工行在山东省职业年金新增计划托管人评选中成功中标，工行不仅成为山东省职业年金10家托管银行中唯一的双计划托管银行，也成为全国首家获得职业年金新增计划托管资格的托管银行。截至2020年末，全行职业年金落地营运规模达到1 900.92亿元，较年初增加1 193.92亿元，养老金类托管规模四行占比近39%。

（三）智慧托管银行建设稳步推进。2019年初，以打造“智慧托管银行”为目标，在业内率先启动“工银智慧托管系统”建设，开启国内托管系统2.0时代。2020年，全行加快智慧托管银行建设进程，托管服务能力得到全方位提升：一是投产智慧营运平台的主体功能，核心账务系统直通率提升至95%以上。二是初步搭建智慧数据中台并开发主体功能框架，支持图像识别（OCR）和大数据量指标计算。三是开发智慧托管管理平台，支持经营业绩、指令统计、营运监测等场景，提供立体多维经营决策支持，推动实现托管业务经营管理数字化转型。四是在智慧客服平台推出工银托管手机银行，向客户提供线上线下全渠道托管服务。

（四）托管首批“深港ETF互通”基金。2020年9月，首批深港ETF互通基金之一“银华工银南方东英标普中国新经济行业交易型开放式指数证券投资基金”正式发行，工行担任该基金托管人。“深港ETF互通”是深交所贯彻落实粤港澳大湾区发展及深圳建设中国特色社会主义先行示范区重要决策部署的具体举措，通过创新方式推动深港金融市场互联互通，进一步丰富跨境基金产品体系，为两地投资者提供更加多元的投资选择。继2019年成功托管上交所首批“中

日 ETF 通”基金后，工行再次成功托管首批“深港 ETF 互通”基金，凸显了全行在跨境托管领域的市场领先优势。

（五）落地全市场首单存托业务。2020 年 10 月，由工行担任存托人的全国首单存托凭证（CDR）九号公司成功发行上市，发行人九号有限公司成为全国境内上市的第一家“红筹 + VIE + CDR”企业。继 2019 年获得国内首批存托凭证试点存托业务资格后，成功助力市场首单中国存托凭证发行。成功落地市场首单存托业务，为未来更多符合条件的红筹科创企业回归中国资本市场融资奠定基础，有利于开拓存托业务蓝海市场，把握“独角兽”回归业务机遇。

（六）新冠肺炎疫情冲击下保持业务营运零差错。2020 年 2 月，春节假期受疫情影响延长，导致交易日变更，原本依靠系统自动进行的基金等资管产品估值核算短期内需要大批量修改。工行作为中国证券投资基金业协会估值小组组长单位，关键时刻发挥大行担当与专业优势，春节后首个交易日，工行顶住疫情冲击，圆满完成 1 041 只公募基金的估值核算及信息披露工作，有力保障了托管服务高效、专业、准确，实现了托管业务零风险，有效维护了资本市场的安全稳定。

（总行资产托管部）

票据业务

2020 年，票据营业部紧扣总行党委工作部署，以深化票据业务管理体系改革为主线，不断完善票据业务产品线建设，推动全行票据业务取得了良好的经营成效。

一、条线贡献逆势增长

积极应对票据市场波动、规模资源收缩和利差大幅收窄带来的经营压力，根据市场变化灵活施策，沉着应变，通过加快流量周转、调优库存结构、加大回购运作等措施，努力做到扩盈增效，有效提升了条线贡献水平。在计提风险拨备 10.59 亿元的基础上，全行实现票据融资营业贡献 71.01 亿元，同比增加 3.33 亿元，增幅 4.92%；实现“大票据”贡献 81.85 亿元，同比增加 1.31 亿元，增幅 1.63%；实现票据条线营业利润 66.61 亿元，同比增加 5.21 亿元，增幅 8.48%；实现同业专营业务利润 9.99 亿元，同比增加 2.32 亿元，增幅 30.31%。

二、贴现市场优势扩大

抓住年初业务旺季的契机，通过组织营销竞赛，开展主题季活动，形成了条线业务发展合力。服务全行信贷规模调控大局，主动调节经营节奏，实施“月初增长、月中调控、月末均衡”策略，统筹运作有限的票据规模资源，主动加快票据周转交易，通过直转联动、即贴即转，保证了贴现业务量稳步增长。为满足全行信贷规模调控需要，票据资产余额较年初下降 121 亿元，但全行仍办理贴现业务量 14 749 亿元，同比增加 1 093 亿元，增幅 8%。全行票据条线以 2020 年初 4 204 亿元、年末又减少 121 亿元的规模资源，满足了企业近 1.5 万亿元的融资需求。尽管受到疫情的冲击较大，全行贴现业务量仍比去年提前实现万亿元的突破，创下历史最快纪录。工行贴现量市场占比提升至 11%，在稳定保持全市场占比第一的同时，领先优势进一步扩大。

三、融资作用充分发挥

针对新冠肺炎疫情带来的影响，积极推动全行票据条线从业务审批、快速响应、线上服务、资源保障等方面着手，重点发挥票据业务优势作用，配合落实全行“春润行动”，提升票据服务效率和融资便利，加大了贴现业务支持企业复工复产的力度。全行累计为医药、医疗器械、医疗机构、公共卫生基础设施建设等支持疫情防控的重点行业办理票据贴现 328 亿元。制造业贴现量6 716亿元，同比增长4%，在贴现总量中占比达 46%。同时，发挥票据业务对小微企业发展的扶持作用，灵活运用利率政策与再贴现业务，降低融资成本，推动票据精准扶贫，配合普惠条线加强小微企业的营销和维护，全力支持小微企业复工复产与纾困发展。全行小微贴现量 4 434 亿元，在贴现总量中占比 30%。累计办理再贴现业务 522 亿元、时点余额 79 亿元，均在四行中排名第一，实现了一级分行（除西藏分行）再贴现业务基本全覆盖。

四、客户源头不断拓展

从业务基础抓起，紧盯客户源头，做好全面拓展、分类维护与深度发掘的三篇文章，强化了客户营销拓展工作。建立了分层营销管理机制，与分行、基层行协同推进客户营销工作，累计走访重点企业客户 511 户，重点贴现企业客户集团口径达到 1 134 户。用好“鹰眼票据”“智能营销”“对公客户票据业务提质挖潜”系统工具，助推分行对接潜在网银客户和有贷户客户准入拓户，全行贴现准入客户数 37 869 户，同比增加 3 461 户，增幅 10%。同时，加强对同业客户的营销走访，扎实推进“总对总”营销工作，积极拓展中小机构的票据出口。全行转贴现客户数 1 043 户，其中中小机构客户数 611 家，卖出量占 47%，有力助推了直转联动。买入返售业务交易客户数达到 90 户，全年办理业务 2.31 万亿元，同比增加 6 036 亿元，增幅 35%，为圆满完成经营目标奠定了扎实基础。

五、票据服务更加全面

持续做好“工银 e 贴”、付款票据通、普惠专享贴等已有产品的优化升级，加强与分行联动，在政策传导、客户选择、营销推动等方面有针对性地加大推广力度。全行累计办理“工银 e 贴”2 675 亿元，同比增长 120%；34 家一级（直属）分行开办了付款票据通业务，累计业务量 77 亿元，同比增加 44 亿元，增幅达 133%，覆盖了 71 家供应链核心企业和 273 户上下游企业；累计办理“普惠专享贴”业务 15.73 万笔，金额 1 507亿元。同时，作为全行票据融资业务的牵头部门，积极配合总行参与供应链票据业务试点工作，至 2020 年末，全行已有 9 家分行参与试点，共涉及签发票据 11 笔、金额 1 067 万元。统筹推动 ECOS 票据业务架构改造落地，有序推进“贴现业务线上线下一体化整合”“风险组件”“账务核算剥离”“内部账户序号改造”等项目，投产应用“网银端票据管理增值服务项目”，协同工银 e 企付实现与票付通的一期对接，全面优化客户服务体验，为基层一线减负赋能。依托“票据产品线渠道输出”项目，成功落地“企票通”平台商票出票功能，支持相关分行与我行境外机构合作，实现了跨境资产转让业务的新突破。

六、条线经营保持稳健

密切关注票据市场风险动向，加强重要风险点的监测，投产了转贴现业务监督系统，对票据营销系统外转贴现和回购业务实行 T+1 全量监督，并持续优化票据业务风险管控系统功能，组织分行贴现业务合同发票监督试运行，开展票据融资业务专项检查、市场乱象整治“回头看”和“制度治理年”主题活动，落实审计发现问题的整改问责，有效防范化解潜在风险。积极推动票据业务纳入全行统一风险管理体系，从客户准入、尽职调查、背景审查、限额管理、系统刚控、监督监测等方面强化风险防控，重点强化对中小银行、财务公司承兑票据的风险管控，进一步加强了对全行纸质票据实物、票据到期资金收回及贴现行被迫垫款情况的全流程监测，确保了业务条线稳健运行。虽然受新华联与天津物产财务公司共计 11.83 亿元风险票据“不良”影响，年末全行票据资产不良率仍控制在 0.1997% 的较低水平；票据逾期率为 0.002%，同比下降 0.01 个百分点；假票收进率保持为零。

（总行票据营业部）

私人银行业务

2020 年，私人银行业务条线坚持六端发力，一手抓业务发展，一手抓风险防控，加快实现从产品营销部门向综合化客户服务部门转型，攻坚克难，全力做大业务规模。

一、全行同业口径私人银行客户总量、增量四行双第一

截至 2020 年末，全行私人银行达标客户数站稳 10 万户大关，达 101 741 户，较年初增加 11 517 户，增幅 12.76%；管理资产达 17 935 亿元，较年初增加 2 387 亿元，增幅 15.35%。与同业比，按四行可比口径，工行私人银行客户规模 181 906 户，较年初增加 23 750 户，增幅 15.02%；客户资产规模 21 782 亿元，较年初增加 2 828 亿元，增幅 14.92%，实现同业口径私人银行客户总量、增量四行双第一。

二、坚持精耕细作，营销服务量质并举

一是客户签约工作提质增速。通过目标客户库升级、大数据模型运用、线上定向弹窗等工作，2020 年全年实现全行累计新签约客户 3.76 万户，同比增加 4 581户。新签约客户户均资产高达 745 万元，同比提升 27%；线上渠道签约客户占比 82%，同比提升 65 个百分点。二是客户提升工作稳步推进。开展高端客户拓展竞赛，通过远程外呼实现总行直拓，协助分行精准营销，2020 年全行同业口径客户较年初单边提升 6.4 万户，同比增加 8 612 户。三是客户留存率持续提升。通过应用易流失预警模型、发行专享产品等举措，实现时点达标客户留存率 73.5%，同比提高 2.8 个百分点。

三、坚持服务大局，产品结构优化转型

积极服务理财产品净值化转型大局，做好私银客户资产配置和存量产品到期资金承接工作。一是配合资产管理部有序压降存量理财产品规模，协同提升存量资产投资水平，截至 2020 年 4 月 21 日，私银存量理财产品生息资产提前实现息差转正。截至 2020 年末，私银存量产品规模合计 2 708 亿元，较移交之日压降 60%；按日监测督导全行资金承接工作，稳定承接 90% 到期资金。二是截至 2020 年末，私银专属理财产品规模顺利突破 2 400 亿元大关，达 2 405 亿元，较年初实现 9.7 倍增长；专属工银安盛保险累计新增保费 53.3 亿元，同比增长 576%；期缴保险业务突破 10 亿元，同比增长 66%。联动工银瑞信创新开展家族信托综合顾问业务，全行共有 17 家分行落地 61 单家族信托综合顾问业务，合计受托资产规模超 10 亿元。

四、落实战略要求，持续增强价值创造

一是围绕建设“第一个人金融银行”，联动个人金融业务条线优化分行条线考核指标，实施定期督导，不断提高同业竞争力。联动银行卡部进一步提高私银客户信用卡渗透率，截至 2020 年末，同时持有信用卡及融 e 行的私银客户比例达到 66.6%，高于全年 T3 目标 2.6 个百分点。二是围绕建设“境内外汇业务首选银行”，积极联动相关专业，提高行内优质产品渗透率。截至 2020 年末，持外汇资产达标客户 3.4 万户，外汇资产覆盖率 33.7%，较年初增长 1.2 个百分点，外汇资产规模 27 亿美元，增幅 27.1%。三是围绕“重点区域竞争力提升战略”，强化基层赋能，一行一策凸显成效。2020 年，全行较年初新增 2 家私银时点达标客户五千户行和 6 家私银时点达标客户千户行。四是围绕定向扶贫，助力打好精准脱贫攻坚战。线上线下多渠道发力，通过公益竞买和直募等方式募集善款。截至 2020 年末，“君子伙伴 与爱同行”公益项目共已累计募集 180 余万元，定点帮扶四川通江县、南江县、金阳县、万源市的数十所中小学，惠及近 3 万名学生。

五、坚持专业聚焦，加强人才队伍建设

一是加强全行投资顾问队伍建设。建立私人银行投资顾问管理机制和专业评价体系，初步建立“财顾 + 投顾”协同发展工作机制，细化监督流程，保障客户资产配置方案落地实施。二是完善分行专业人才培养体系。建立“私银加油站”“私银 e 小时”“理财微课堂”等固定在线培训品牌项目，累计线上参训可统计人数超 6 万人。邀请专业机构对投资顾问开展 7 次培训，全面提升投资顾问专业水平。三是加强本部员工培养和加大人员管理力度。全年开展私银讲坛 16 期，建立干部能上能下机制，结合履职行为能力评价结果，年内完成 2 名绩差管理干部转任业务类岗位和 1 名高级经理解聘工作。开展 2020 年岗位职级评聘工作，严格选人用人，主管聘任淘汰率达 50%。组织 33 名员工进行轮岗，加大复合型人才队伍培养力度。

六、坚持建章立制，构建全面风险治理体系

一是完善风险合规基础架构建设，建立健全各项专业委员会议事架构，完善集中审议和决策机制，积极构建私银部“主动防、智能控、全面管”的全面风险治理体系。全年共制定、修订 31 项业务制度。二是梳理完善遴选产品业务流程。建立“1 个守则、2 个规程、3 个手册”管理体系，打牢业务管理基础。三是做好存续非标股权、非标债权的风险处置工作。建立常态化的沟通机制和客户应急预案，防范声誉风险。四是加强产品适当性销售、反洗钱管理、员工规范管理等合规管理工作。进一步明确产品销售适当性方案，定期实施私人银行条线员工异常行为网格化、智能化排查，全面防范操作风险和案件风险。

（总行私人银行部）

投行业务

2020 年，投资银行业务条线坚决贯彻总行党委决策部署，全面提升八项能力，围绕客户服务和中收增长两项核心工作，扎实推进业务发展。2020 年，投行业务发展整体向好、收入结构持续优化、同业占比继续领先的发展趋势进一步稳固。

一、市场领先地位稳固，品牌影响持续提升

收入贡献方面，集团大口径投行业务（含银团贷款、债券承销等）实现收入 218.3 亿元，其中投资银行

部负责的七科目收入115.4亿元，在四行中占比50.01%，稳居同业首位，为全行中收增长和经营结构转型做出了积极贡献。

业务流量方面，累计运作并购贷款项目347个，发放贷款规模1 269.6亿元，交易数量连续七年位列中国区第一名，其中境内并购流量逆势增长49.5亿元，增幅达5.64%。全年运作非标代理投资项目330个，实现投资1 321.9亿元。推动企业降杠杆和市场化债转股项目41个，实现投资303.9亿元。

荣誉奖项方面，获得路孚特并购交易数量亚太区、中国区双榜第一名。荣获《证券时报》"2020年度全能银行投行业务天玑奖"、北京金融资产交易所"2020年度债权融资计划'筑梦同行奖'"、全联并购公会"最佳并购推广奖""最佳并购管理奖""最佳并购交易奖"、晨哨集团"中资海外投资并购金哨奖——最佳金融服务机构"、《银行家》杂志社"2020中国金融创新奖——十佳投资银行创新奖"。

二、持续加强产品创新，不断提升服务能力

（一）境内并购多措并举拓展市场。紧盯重点市场、重点客户和重点产品，围绕产业整合、资本市场、国企改革等领域挖掘业务机会，着力推进商投一体化营销运作，完成国家管网资产重组、唐山德龙重组新天钢等重大项目。积极构建并购生态圈，多渠道拓展并购专属客户群。加快队伍建设，聚力打造"融资＋交易"两支队伍，形成了近300人的主办人和交易师团队。

（二）跨境并购不断扩大品牌影响。围绕服务"双循环"新发展格局，以"支持国内技术升级、制造升级和消费升级，支持中资企业境外资本市场运作"为指导，逐步拓展非中资并购业务市场，成功推动国网国际收购20余个项目落地。完善客户营销机制，聚焦大型央企国企、在美上市中概股私有化、港股私有化等领域的重点客户业务机会，完成搜狐畅游私有化、中航国际私有化等代表性项目，确保重大项目全面覆盖。

（三）财务重组聚焦风险项目化解。积极落实总行信贷资产质量"123"攻坚战工作部署，多个风险化解项目取得突破性进展，累计推动包括光汇石油、川煤集团、中信国安在内的11家大型困境企业风险债务重组，涉及风险债务约3 036亿元，目前已落地512亿元，以投行手段化解我行风险资产超过100亿元。融资再安排顾问落地业务规模540亿元，同比增长32.80%。

（四）债务融资抢抓政策机遇期。把握政策红利，重点发挥投行债务融资"功能性"和"差异化"作用，紧跟监管政策动态，抢抓万亿级国企降杠杆融资需求和"新基建""传统基建"重大项目资本金融资机会。积极探索业务模式创新，引入信托通道、工银瑞投资管计划及北金所等渠道拓展业务场景，关注资本市场融资需求，发掘权益性投资机会，抢抓政策窗口期业务机遇。加强主动管理、承揽承做承销全流程运作ABS业务，推动实现由ABS主动投资的"量变"到主动管理的"质变"。

（五）股权直投业务深化推进。积极开展主动管理型类REITs业务，成功发行全国首单新能源发电基础设施类REITs产品——中国能建风电资产类REITs，起到良好创新示范作用。加强与中国互联网投资基金等基金管理人互动，深挖被投企业合作潜力，为优质客户提供一揽子综合金融服务。提前布局公募REITs市场，已对接拟参与试点的公募REITs项目10余个，拟发行总规模超500亿元。

（六）金融顾问咨询服务体系进一步完善。"一顾两证三融"的产品体系持续优化。联动开发提升产品创新能力，ISP融慧智能金融解决方案创新上线，行内应用实现了"智能报告生成""智能财务分析""智能服务记录"三大核心功能，行外对客系统上线了战略、财务、投融资等九大智能服务模块，为客户提供一站式综合化服务。创新推出国内首家银行级电子函证平台"函证e信"，实现了对14个函证事项的数据集中处理与自动反馈，获得财政部、监管机构及行业协会高度认可。"融誉e信"新增上市公司财务对标体系，强化了核心财务数据展示能力。"融智e信"引进7 700余名内训师入驻，上线近50个工银大学系列微课，对接展示江苏产交所、上海联交所等项目撮合信息，开展线上系列论坛。"融安e信"持续丰富产品使用场景，目前已涵盖九条产品线，并支持多方式接入服务。

三、深入推进商投联动，强化客户服务协同

（一）行司联动成效进一步深化。与工银投资在债转股方面合作再上新台阶，完成债转股投放304亿元，余额超过1 300亿元。在项目、客户等多方面加强与工银理财合作，新增投资额超过千亿元。与工银安盛、工银瑞信印发《保险及社保资金撮合顾问业务管理办法和操作规程》，加快业务复制推广，新增投资项目14个、投资金额149.49亿元，项目数是去年的3.5倍、投资金额是去年的5倍。与工银租赁强化行司联动攻坚力度，联动项目投放规模超130亿元。

（二）同业合作体系进一步完善。聚焦核心同业客户建立营销体系，"聚星计划"总行级重点客户累计营销252次，其中84%的客户实现二次营销，项目落地率92%。直接或间接联动营销券商、信托、保险等优质持牌金融机构100余次，对接投行合作项目信息290余项。开展60余项同业合作业务，完成120笔债券、定增、可转债、可交债等各品种资本市场投融资业务。大力推动业务创新，协助太平人寿成功完成30亿元储架式保单质押贷款ABS项目，银保投行合作模式取得新突破。

（三）投行业务国际化进一步发展。境外投行精品

产品线一体化营销成果显著，牵头境内外机构成功完成境外投行精品产品线项目387笔，涉及项目规模约1 800亿美元。其中，有效支持工银国际完成27笔IPO项目，港股市场排名第二、四行国际排名第一，全面覆盖京东、网易、百胜中国等市场规模前十大客户；联动完成中资离岸债承销151单，项目规模860亿美元，位列中资同业第二位，成功为国家电网、腾讯、宁德时代、美团等知名客户提供服务。积极推进境外投行全球布局，初步完成工银（澳门）全球投资并购交易中心方案，促进亚洲“双旗舰”发展。

四、落实条线合规管理，强化业务支持保障

（一）加强业务存续期规范管理。开展非标业务存续期日常管理，按季撰写《全行投资银行非标代理投资业务情况简报》，持续跟踪投行业务风险状况并及时制定管控措施。开展私募股权基金管理机构合作风险排查，梳理存量私募股权基金业务135笔，共计审批金额近2 000亿元，做好母基金项下子基金（项目）及其他资管理财资金投资的市场化基金（项目）的投后管理工作。强化集体审议制度，全年项目审核委员会共计召开38次会议，累计审核60个项目/事项，拟投项目投资金额超75亿元。

（二）完善内控合规管理。组织协调迎接国家审计署、财政部、国家市场监督管理总局、银保监会等外部检查40余次，对接行内审计与检查工作20余次，开展沟通会商50余次。积极推进“9 + X”风险控制体系、《内部控制手册》在投行业务条线的落地应用，建立健全投资银行业务风险控制体系。

（三）推进智慧投行系统建设。加大系统开发力度，对23项功能、85项细节进行优化升级，投产保险及社保资金撮合功能，推动实现项目与资金对接，全年落地项目125.8亿元。在“工银i服务”中增设“大投行”专栏，半年内关注人数突破1万人，对基层行业务咨询实现100%答复。

（四）投行研究提升业务支持。扎实推进基础研究，完成近1 000篇、600余万字的各类报告。加强专项成果支持，在疫情期间发布20余篇、15万字左右宏观或行业专题报告，为疫情防控和复工复产贡献了投研力量；完成专著《住有所居：中国房地产解码》；向有关单位和部门报送专题研究成果30余篇。投研互动再上台阶，实现各类投研互动近300次，同比增长30%。多渠道强化对外发声，在《中国金融》《财新周刊》等知名期刊和媒体上发表专题文章80余篇，投行研究影响力稳步提升。

（总行投资银行部）

贵金属业务

2020年，贵金属业务条线沉着应对外部环境日趋严峻、贵金属需求持续低迷、同业及跨界竞争日益加剧等挑战，坚决落实党委工作部署，各项业务稳中有进、稳中提升。

一、着眼战略协同，持续提升对集团的价值贡献

截至2020年末，全行贵金属业务实现营业贡献55亿元、同比增长5.54%，完成全年计划；全行实现贵金属中间业务收入29.2亿元、同比增长21.28%，完成全年计划的108.14%；新增实物贵金属有效客户115万户、同比增长22.15%，完成全年计划的104.79%；黄金租赁不良率1.51%，控制在全年计划（1.6%）以内。实物贵金属中收在四行中占比56.62%，同比提升3.22个百分点，连续8个季度保持总量增量“双第一”；工行代理上海黄金交易所（以下简称“上金所”）清算额、交易额和黄金融货规模排名均保持场内第一，其中，代理清算额占比42.38%，同比提升9.11个百分点；代理交易额占比17.86%，创五年来新高。

业务条线积极融入总行重点战略，有机整合贵金属零售、投资、交易、融货产品，并将其作为个金、公司、机构条线获客、活客、黏客的有效手段，更多深层次合作项目逐次落地。在“第一个人金融银行”建设方面，融入大个金战略，充分发挥贵金属产品和服务的独特优势，通过投资、收藏、消费客群的细分及特色场景的搭建，积极拓展中高端客户，实现新增客户数和金融资产双升的良好成效。与腾讯合作的积存金业务正式接入理财通平台。截至2020年末，用户规模达到577万户，黄金资产沉淀802公斤；着力满足金价上涨后的黄金回购业务需求，回购量同比增幅26.87%，带动新增储蓄存款超30亿元。在“境内外汇业务首选银行”建设方面，黄金积存沉淀资产纳入个人外汇储蓄资产考核口径，带来外汇存款达30.88亿美元，黄金积存资产规模和客户规模继续保持同业第一。积极参与集团境内

外联动，支持工银标准脱困振兴，借金及衍生品交易量提前完成年度计划；与东南亚机构、南美机构探索，为国内黄金产业链企业“走出去”提供一揽子投融资、交易结算和财务顾问服务。在“GBC联动”方面，以定制化产品为抓手，通过G端切入、辐射B端和C端，与26家地方政府建立了合作关系。在“重点区域竞争力提升”方面，实地走访龙头企业、行业协会和地方政府，深入调研贵金属在新能源、新材料、新技术、新工艺方面的应用，发放首笔铂金租赁和白银租赁。

二、聚焦业务创新，转型升级不断深化

一是以“文化兴金”为引擎，促进黄金文化与金融生态的相互赋能。建立融传统文化、红色文化、奋斗文化于一体的贵金属品牌化、体系化开发机制，成功打造“大美中国”系列产品，初步建立相对于同业的代际优势。与故宫博物院、国家博物馆联名打造贵金属文创产品“福包”和“祝福金卡”；本着“金融微生态圈”的经营理念，在广东潮州分行、山西运城分行分别打造以“婚俗六礼”“西厢记”为文化元素的“贵金属旗舰店2.0”场景。

二是以“数字掘金”为保障，推动多渠道融合发展。大数据应用已覆盖贵金属全业务品种。外部互联网合作引流扩量和提质并举，2020年上线10家代理交易合作引流项目，全部平台的引流收入贡献占总收入的48.48%；工行代理金银交易总额同比增长153.88%，远高于上金所场内98.39%的平均增幅；成为国内首家在云闪付平台开展积存业务的银行，积存金业务同时还上线同花顺、买金网等平台；在2019年“311”创新项目落地并初步产生效益的基础上，2020年启动新一批项目并完成中期评估，着力形成不间断的利润增长点；探索数字驱动物联网平台建设点，制订实物产品RFID电子标签应用实施方案。

三、完善风险管控体系，筑牢“第一道防线”

坚守不发生系统性、区域性风险的底线，着力强化风控应急机制和长效机制。信用风险防控方面，在产业链部分企业经营不佳、少数地方商业银行和金融机构加速风险暴露、融货资产质量承压的情况下，按照“三道口、七彩池”要求，加强信用风险预警监测、存续期管理和动态监控，保持了较好的风险控制和抵补能力。市场风险防控方面，完善风险预警机制、客户分层管理方案和差异化动态保证金机制，有效应对金银价格波动加剧的市场情况，在国际金价创四十年来最大单周跌幅、上金所白银递延合约连续三个交易日跌停等极端市场风险情形下，未出现重大风险或投诉。合规和风控体系建设方面，扎实推进“制度治理年”主题活动，发布《贵金属业务制度汇编》，加强业务条线制度传导落实；对标集团“9+X”风险管理要求，建立创新发展与风险管理联防联控联席工作机制；以“识别准、覆盖广、管住人”为目标，建设异常交易监控体系，确保不发生“交易台风险”；定期、全面、现场评估合作企业履约情况，未发现质量或服务问题。基础管理体系建设方面，成立资产负债管理团队，流动性风险、资产负债组合和资金定价管理水平有效提升；以提高业务运营效率、强化管控能力为核心，前瞻规划黄金账户体系建设；升级贵金属风险管理系统，投产上金所三代系统、交易业务子系统、反洗钱功能优化等项目。

（总行贵金属业务部）

专项融资业务

2020年，专项融资部积极克服全球疫情和国际经济波动的叠加影响，保持定力，稳中求进，不断提高市场竞争力，年末产品线余额2 747.14亿元，努力为“境内外汇业务首选银行”战略赋能，为“一带一路”高质量发展贡献力量。

一、提高政治站位，全力保障国家矿产资源安全

（一）认真落实中国—几内亚资源换贷款合作框架。在该框架下的2个铝土矿已投产，年产能约2 000万吨，有效保障了我国铝土矿供应安全；同时，中铝铝土矿项目承运人中远集团已向中船集团订购八条铝土矿远洋运输船，成为2020年中船集团最大订单，有效带动了上下游产业链发展。

（二）积极支持中资企业海外优质铁矿项目扩产。谋划推动特大境外新项目开发，为国家铁矿资源安全做贡献。独家支持的首钢秘鲁铁矿扩建项目正式投产，新增1 000万吨产能，取得了良好经济效益。与多家中资企业合作，谋划推进南美、非洲多个大型境外铁矿石开发项目。

（三）大力支持中资企业海外铜矿项目。支持中铁资源华刚铜钴矿二期、安胜矿业刚果（金）绿纱铜钴矿、紫金矿业卡莫阿—卡库拉铜矿一期、中铝秘鲁铜矿二期四个铜矿建设项目；支持五矿秘鲁铜矿流动性需求，帮助其顺利度过年初矿价低迷期间。以上项目涉及年产能近100万吨，对保障国家铜资源安全发挥了重要作用。

二、稳中求进，落地实施一批重大境外项目

营销推动一批重大海外项目取得实质进展，保持主要板块市场竞争力，资源融资经受住了2020年全球大宗商品大幅波动的考验。稳妥推进重大资源合作，中铝秘鲁铜矿二期融资完成审批；中铁工刚果（金）华刚铜钴矿二期项目完成放款；莫桑比克LNG一号区块及紫金矿业卡莫阿铜矿一期项目完成签署协议。牵头安排的莫桑比克LNG项目荣获《国际项目融资》杂志（PFI）“2020年度全球最佳多边项目奖”。

电力融资稳步推进海外重点项目落地实施，完成上海电气巴基斯坦Thar I煤电一体化项目签约。基建融资抓住区域市场重大基础设施合作机会，完成审批中电信菲律宾第三运营商项目，是2020年中信保支持的中资海外投资最大金额项目。装备融资完成国投集团科特迪瓦陆上通关平台项目签约，是非洲地区互联互通的标志性工程。飞机融资方面，完成中航租赁—深航1架飞机交付融资放款，中标3架国航租赁—国航ARJ21国产飞机融资。租赁融资方面，累计承销金租客户220亿元金融债业务，完成发放4亿美元金租境外银团融资。跨境并购牵头筹备组织的长江电力收购桑普拉秘鲁资产40亿美元银团项目，顺利完成提款和股权交割，是央企2020年最大并购项目。国际银团完成国网意大利CDP RETI银团项目、潍柴公司8.15亿欧元银团项目签约放款。

三、发挥撬动作用，助力重点战略落实和综合业务带动

认真贯彻落实打造“境内外汇业务首选银行”战略要求，研究制订专项融资部打造外汇首选银行产品服务体系五年（2021—2025）行动方案，明确落实目标和举措。以专业融资撬动分行综合业务贡献，支持分行拓展国际结算、开户存款、设备租赁、汇率掉期等外汇综合服务。特变电工两个项目带动新疆分行实现国际结算量、结售汇、外币存款均突破2亿美元，支持分行实现中收1 036万美元，实现保函业务量7 540万美元。阿根廷基塞水电站项目为湖北分行带来4.62亿美元保函业务量。安哥拉卡卡水电站项目为湖北分行和北京分行共带来5.76亿美元保函业务量及630万美元中收。工银标准尼日利亚央行7.5亿美元流贷，由北京分行担任担保代理行、债券资金账户行，带来代理行费用收入160万元/年。南非Telkom一期出口买贷项目由北京分行收取中信保保费，带来对公外汇买卖业务量约630万美元。

四、固本强基，持续强化风险防控和业务管理

（一）进一步加强顶层把握和制度建设。认真贯彻执委会精神，落实好“全行境外风险统一管理”及“控制投放节奏”相关要求。严把项目入口关，暂停受理B-以下低评级、集中度较高、已申请债务延期等三类国家的新业务，审慎办理受疫情影响严重的航空、航运、交通类基础设施行业的新增跨境业务。编制下发电力、油气、有色金属、黑色金属、国别限额等5份行业和国别信贷业务指引，制定或修订出口买方信贷业务管理办法、业务变更办理流程、信用风险事件责任评议流程、加强信贷业务押品评估管理、反洗钱工作指引等6项管理办法。更新应用《专项融资业务内部控制手册》，编制《业务角色清单表》。制定洗钱高风险客户管控策略。

（二）对信贷主要环节全面从严管控。项目准入和尽职调查全面从严，扎实把好“入口关”，召开信贷业务准入会20期。强化融资协议审查、提款前提条件核准等关键环节管理，加强对借款人/担保人的财务约束、提款前提落实与合同协议的一致性、存量项目新增放款等重大不利事项等的审核。严格执行存续期管理各项要求，从历次审批及融资协议要求落实情况、中信保保单要求执行情况、项目建设/运营情况、抵质押管理情况、信贷基础管理等6方面监测非现场贷后的检查质量，覆盖70个潜在风险点，对贷款风险提前进行预警防范。召开25次信用风险管理委员会，对潜在风险项目“一户一策”制订化解计划。非洲贷后管理中心启动筹备运行，对36个非洲重点国别开展债务可持续性研究，制订存量项目现场贷后检查工作计划，完成42个项目存续期管理交接，提升非洲存量业务管理质量。

（三）多措并举，集中精力推进不良贷款清收处置。重点推进中信保相关不良贷款各项理赔工作，与信保理赔部等部门保持高频度对接，全年累计安排数十次会谈，向信保先后提交几十封索赔函件，经过不懈努力，信保项下部分项目已完成赔付。境外诉讼相关不良贷款重点盯住诉讼进展，在数次境外庭审及重组方案投票等关键节点，部门先后召开20余次专题会议，研究部署与诉讼相关的追偿策略，资产调查及舆情防控等事项，力争取得最好诉讼效果。对部分有条件的不良贷款开展重组，在追加现金质押、交叉抵押等担保措施的基础上，已成功完成一个不良项目的重组安排。对由债委

会统一安排的重点集团，保持与客户各层级日常联系，密切关注集团重组方案最新进展，盯紧债权和担保物时效，争取对工行最有利条件。

（总行专项融资部）

养老金业务

2020年，面对疫情冲击和变局下的机遇，养老金业务部坚决贯彻落实总行党委工作要求，统筹疫情防控和经营发展，统筹战略谋划和夯实基础，统筹回归本源和创新驱动，圆满完成了全年经营任务，推动了业务转型创新发展。

一、2020年主要经营情况

2020年末，工商银行受托管理业务市场占比11%，在全市场13家机构中排名第3，在5家银行同业中占比43.5%，排名第1；账户管理业务市场占比42%，在全市场18家机构中排名第1。2020年，受托企业年金平均收益率超12%，受托职业年金收益平均排名位列前25%。重点客户回访率100%，服务满意度达100%，服务得到监管和客户的一致好评。2020年，全行实现养老金业务收入8.8亿元，收入增幅达9.9%，收入规模在四大行占比中持续保持90%以上。同时，本源业务收入占比提高了13个百分点，收入结构持续改善。

二、业务创新情况

2020年，养老金业务坚持创新驱动发展，不断拓宽业务领域、丰富产品形态、完善服务渠道，推动业务创新发展。

（一）加快战略转型步伐，积极拓展养老金融业务领域。一方面，加快养老金融战略顶层设计。完成《养老金业务2021—2023年发展规划》，开展重点课题——养老金融业务发展战略研究，提出响应国家导向、契合市场需求、匹配我行实际的养老金融战略规划实施方案，推动构建涵盖养老金金融、养老服务金融、养老产业金融三大板块的养老金融服务生态圈。另一方面，积极推进养老金融战略落地实施。牵头组织召开“全行社保领域重点工作推动会”，对全行社保板块工作进行全面部署，有效推动养老金融战略落地实施。推动全集团加大资源整合和板块联动力度，在横向上，与多个业务线和子公司强化联动协同，初步构建了“N+1”的联动营销机制和产品创新机制；在纵向上，开展分行分类指导工作，带领条线上下进一步统一思想，发挥合力，共同推动养老金融战略解码与落地。此外，基于业务三年规划，优化养老金业务产品目录，全面梳理养老金金融、养老服务金融和养老衍生服务三大类别共12项产品，为养老金融战略的产品体系建设奠定了基础。

（二）加快业务创新步伐，积极布局第三支柱新赛道。养老金业务条线认真贯彻落实银保监会、人社部等监管部门政策规定及行领导批示要求，抓住机遇、超前布局，牵头相关部门和子公司做好统筹推进和资源协调，为第三支柱业务开展做好准备，积极构建具有工行特色的第三支柱产品及服务体系。在推动政策落地方面，积极履行银保监会第三支柱产品试点职责，同时密切关注人社部制度进展，提前开展专用账户管理、配套产品销售等全流程业务准备工作，做好银保监会和人社部两个制度体系的衔接和落地。在业务准备方面，成立第三支柱联合工作组，会同各相关部门及综合化子公司，整合工行在牌照、渠道、产品、服务和客户资源等方面的优势，拓展第三支柱制度内涵和外延，打造具有工行特色的养老金融品牌。在合作共享方面，积极服务“第一个人金融银行”战略，将第三支柱客户信息纳入全行个人客户统一视图，拓展养老金融子领域。加强GBC联动营销，借力GB端客户资源，提升批量获客效能。支持重点区域发展战略，鼓励分行结合地方政策导向制定区域性、个性化营销推广策略，提供产品创新支持。

（三）加大产品创新力度，培育业务发展新动能。2020年，首次推出净值型个人养老理财产品4只，主动推动理财业务向净值化、定制化转型。成功推出团体养老保障产品2只，试点期销售规模达到3.5亿元。成功落地“世茂港珠澳大桥合作基地”等资金端向资产端延伸项目，业务规模超过20亿元，实现中间业务收入超过5 000万元，并带动投行、存款、托管、结算等业务发展。针对养老客户特点打造“工银养老愿”智慧养老服务平台，提供覆盖衣、食、住、行、医等综合性养老服务，借助科技手段提升养老金融服务的普惠性、适应性和竞争力。

（四）加快系统和服务创新，谋划数字化养老金新格局。在系统创新方面，积极构建养老金业务“核心业务系统”+“三大客户生态圈系统”格局，对内加强核心业务系统建设，对外建立对公、对私及面向同业机构的三大系统生态圈，打造覆盖全渠道、全客户类型的系统架构。在服务创新方面，坚持以客户为中心，持续丰富服务内容，创新服务方式，打造客户服务新体验。疫情期间，实现了业务线上化转移，为客户提供零接触金融服务。引入互联网思维，对网上银行服务界面进行全面改造，提升用户体验。丰富个人客户服务渠道，实现工行所有服务渠道全覆盖，同时不断丰富服务功能，优化服务体验。

（总行养老金业务部）

第三部分

风险管理

责任编辑：宋宏春

全面风险管理

2020年，本行积极应对复杂的外部形势和新冠肺炎疫情，建立“全球、全员、全程、全面、全新、全额”的风险管理体系，完善集团风险治理架构，强化市场风险管控，做好国别风险监控预警，加快智慧化风控体系建设，以高质量风控助力高质量发展。

一、加强危机应对与管理，提升应急处变能力

（一）稳妥应对新冠肺炎疫情冲击。为支持疫情防控，快速响应，改进和应用科创企业等评级模型，提高评级效率，对分行评级流程提供技术指导，支持重点防疫企业顺利完成评级。分析疫情对风险的影响，在做好当前风险防控的同时，做好长期应对准备，加强延期还本付息客群风险和资产质量监控，优化客户评级模型，开展风险加权资产占用和风险权重预测，及时发布风险提示。

（二）有效防控化解外部风险事件不利影响。针对海外疫情升级、美股多次熔断、商品价格大跌等国际市场动荡情况及“原油宝”等同业风险事件，建立应急管理机制，完善重大市场波动的损益分析和报告机制。推动交易部门完成交易处理和移仓操作，及时排查产品设计和限额、盯市管理等方面隐患。加强金融市场业务前、中台合作，建立长效沟通机制，保障平稳转期。

（三）及时做好债券市场违约分析。针对债券市场风险上升、标志性违约事件频发的情况，建立投融资风险联防联控机制，利用大数据第一时间监测违约风险事件，排查集团持仓违约债情况，防范债券市场风险向贷款、投资等领域传染。

二、完善风险治理顶层设计，提升全面风险管理水平

（一）完善顶层设计。以“管住人、管住钱、管好防线、管好底线”为重点，以“主动防、智能控、全面管”为路径，持续完善全面风险管理规定，制定全面风险管理职责实施细则，完善并表管理、市场风险、国别风险、新产品风险、理财业务等系列风险管理制度办法，体现“三道防线”“六方责任”等风险管理最新要求，实现各类风险、各类机构、各类产品、全集团员工风险全覆盖管理。

（二）明确管理策略。适应疫情后供给侧结构性改革，制定风险管理短期与中长期策略。短期通过全面体检，重点防范信用风险“灰犀牛”、市场风险“黑天鹅”，及时排危化险。长期通过优化结构，在发展中解决结构性问题，提高跨境、跨业、跨界风控水平，守住不发生系统性风险的底线。

（三）完善偏好体系。对风险偏好体系进行全面评估和完善，将原有的二个层级风险偏好体系扩充为四个层级，强化偏好逐级传导，新增主要资产大类RWA增速指标，推动资产配置优化，引导业务向低资本占用、高回报领域发展。

（四）提升决策效果。修订《风险管理委员会章程（2020年版）》，优化委员构成和议事机制，强化一道防线责任，完善专业风险委员会和境外机构委员会职责，发挥好决策支持作用。总、分行风险管理委员会适应疫情下决策需要，更多采取非现场方式召开会议，增加会议数量、提高会议频次，提高议题针对性，全面更新各类风险管理制度，研究新业务新产品风险管理及疫情下法人大户风险防控、延期还本付息业务等。持续提升风险报告综合性、时效性、适应性与前瞻性，从“9+X”风险类别、“四大板块”维度优化报告的结构和层次，增加新业务和重点机构专题分析。完善风险报告管理系统、流程和校验机制。

（五）突出责任落实。制定全面风险管理职责实施细则，夯实“六方”责任，明确各分行和附属机构管理层班子、机构负责人、分管负责人及三道防线六方责任主体50条职责。制定加强全面风险管理三道防线建设意见20条，进一步明确三道防线岗位设置和履职要求，强化全面风险统筹管理。通过集中培训、现场调研、问题解答、经验分享等方式，推动新理念新要求落地。

三、发挥支持作用，助力重点战略落地

（一）做好普惠金融业务配套支持。调研普惠金融业务特别是线上业务发展需要，研究开发互联网平台类科创企业模型，投产线上小型企业评级模型，实现自动采集数据、自动评级。创新押品自动评估，优化风险计量模型和普惠专属反欺诈工具，为普惠金融业务提供多方面支持。

（二）挖掘潜在个人优质客户。应用大数据深挖优质个人客群，开展全量客户分析，进一步认识客户。深

挖大数据价值，积极为第一个人金融银行建设贡献力量。筛选投产医护客户标签，向全行开放共享，为银行卡、个金、私银等部门加强专属服务提供支持。

（三）智能反欺诈助力业务线上化转型。将e抵快贷产品接入企业级反欺诈平台，在贷款审批和提款环节提供定制化反欺诈服务；适应个贷产品与服务线上化发展需要，综合运用反欺诈手段加强调查环节的欺诈风险识别。

（四）支持分行提高风险管理能力。落实资产质量“123”攻坚战要求，制订分行零售风险量化管理能力提升方案，重点为14家分行培训个人客户智能监控系统，切实提高分行大数据应用与风险监控能力；组建工作专班，制订工作方案，帮扶辽宁鞍山、锦州分行实现提质进位目标。

四、做好基础治理与监测分析，强化重点领域风险防控

（一）加强市场风险管理，应对金融市场波动。加强市场风险监测分析和预警提示，开展债券投资、汇率及商品等风险分析，建立产品全生命周期风险评估与审查机制。强化市场风险限额管控，审慎核定总行和境内分行、境外机构市场风险限额，严格限额管理和监控，推动前台部门和机构保持中性交易策略，落实市场风险整体对冲思路。做好事前事中事后全流程监控，全年监测覆盖400余名活跃交易员，交易量190万亿元。

（二）强化国别风险跟踪预警，严格限额管控。做好国别风险评估与评级更新，评估新冠肺炎疫情和国际地缘政治影响，下调近40个经济体评级，完成150余个经济体内部评级更新。强化国别风险监控预警，跟踪主要经济体国别风险趋势变化，发布国别风险提示，覆盖50余个经济体。强化国别限额管理，严控高和较高风险国家国别敞口集中度，动态调整机构分配限额，收回部分风险上升经济体限额。

（三）坚持管理穿透与数据穿透，提升并表管理能力。完善综合化子公司风险治理，明确子公司风险管理措施。按照“应穿尽穿”原则，提升子公司数据穿透覆盖面，基于入湖数据开展投融资监测、风险排查、预警提示。完善美国区域全面风险管理体系，提出29项风险管理提升计划，覆盖风险治理、风险文化、三道防线、独立验证、风险报告和新产品等关键要素，提升数据加总与报告能力。构建美国区域常态化培训管理机制，覆盖企业文化、国际监管要求、全面风险、9大类专业风险管理4个专题。

（四）加强理财业务风险管理，落实资管新规风控要求。夯实集团理财业务全面风险管理体系，编制理财业务风险管理三年规划，制订集团理财业务全面风险治理方案和风险管理办法，印发理财业务年度风险限额方案。对理财业务进行全天候监测，加强产品申赎兑付、流动性、高风险投资监测预警、合作机构及客群分析；前瞻性开展理财业务压力测试，做好重大紧急风险监测、报告及提示。完善理财业务交易管控体系，从制度层面明确一道防线主体责任，强化交易关键环节风险点控制，健全公平交易和异常交易监控机制。推动理财投资底层穿透和非标估值，在基本实现全产品线底层持仓穿透和合作机构底层交易穿透的基础上，按照应穿尽穿原则，持续提升穿透覆盖面。

五、推进智慧化风控体系建设，提升风险管控效能

（一）建设集团投融资风险监控平台。打通信息流与资金流、产品链与关系链，实现客户、产品（业务）全图谱、全流程的风险识别、计量与监控。拓宽集成数据信息，投产风险预警自动下发、预警原因下钻和代客商品统计监测等功能。

（二）推进个人客户智能监控系统建设。构建复合型、全周期个人客户模型体系，完善客户评分模型，刻画客户能力、品质、偏好、信用等特征。优化专项分期申请评分模型，满足业务直客式转型需要。投产150多项监控模型，按客户、产品、渠道、押品、机构、关键人员等维度，开展个人客户信用、反欺诈、账户交易、代销适当性等风险监控。

（三）深化新技术反欺诈应用。同业首创应用声纹技术在信用卡电话调查识别“声音相似、身份不同”风险，应用知识图谱技术识别普惠贷后资金流向违禁领域风险。研发投产信用卡申请、交易环节反欺诈机器学习模型，提高欺诈风险识别精度。应对疫情期间欺诈新特点，优化调整反欺诈规则，提高模型针对性和准确性。

（四）强化市场风险模型开发与系统建设。建设市场风险智慧分析监控平台，实现业务数据入湖和下钻分析功能。国内首家实现巴Ⅲ新标准法自主研发系统上线试运行。完成GMRM系统在工银美国和巴拿马分行的延伸，推进工银阿根廷和工银土耳其数据质量治理。完成FMBM系统数据预警等新功能和应对LIBOR转换数据需求。

（五）推动风险加权资产系统优化升级。关注监管规则和业务发展变化，持续推动风险加权资产计量系统优化，细化展示维度，提高数据覆盖范围，优化参数管理方式，更好地支持监管数据报送，提升风险加权资产精细化管理与监测分析的自动化水平。

（六）优化国别风险IT系统。持续优化国别敞口统计分析系统，提高国别敞口统计的准确性和时效性。实现国别风险限额在GCMS系统信贷业务流程中的嵌入式管理与刚性控制，在已推广应用GCMS系统的境外机构试点信贷业务国别限额占用。

（七）推进交易员行为管理项目。创新技术手段，

完善异常交易监测与行为排查。建立交易员行为风险管控体系，实施信息申报核查制度，融合交易业务信息与交易员行为信息，推进交易人员行为特征全图谱与职业生涯全流程风险管控。

（八）加强模型风险管理。持续监控风险计量模型表现，将模型相关政策、制度、流程、数据、系统等支持体系纳入验证范围，确保各类风险计量模型平稳运行。修订模型风险管理规定，新增模型风险评估与报告、附属机构和分支机构模型风险管理内容。推进模型风险管理平台建设，涵盖全集团模型库建设与模型风险的验证、评级、审批、监测与报告等全生命周期管理。

（总行风险管理部）

不良贷款管理与处置

2020 年，本行积极克服疫情不利影响，加大不良贷款处置力度，持续改善处置结构，为资产质量管控赢得主动。截至 2020 年末，集团不良贷款余额 2 940 亿元，不良率 1.58%，比年初上升 15 个基点。集团逾期贷款率 1.44%，比年初下降 16 个基点。剪刀差贷款 -265亿元，比年初减少 545 亿元，首次实现年度剪刀差为负。集团共处置不良贷款 2 176 亿元，使用核销额 1 206亿元，核销额撬动处置额的比为 1∶1.8。

一、统筹疫情防控与风险资产经营，圆满完成目标任务

及时研判形势，调增 2020 年不良贷款处置计划，共处置不良贷款 2 176 亿元，计划完成率 104.62%，在银保监会任务完成率考核中居四大行首位。加强工作推动，在商事活动受限、市场交易停滞、司法程序中止的形势下，创新运用“视频会议 + 线上报价”等方式，推动不良贷款处置抢先复工达产，为全行资产质量向好发展保驾护航。

二、强化不良资产经营，增收创效成果显著

加强不良资产经营管理，强化成本意识，优化处置结构，加快变“清收”为“经营”的观念转变。一是优化资源配置。以集团利益最大化为原则，提高资源利用成效。加大对“123”质量攻坚工程的核销支持力度；加大境外机构资源配置规模。二是突出抓好风险大户债务重组。全年推动重点债务重组项目 32 个，融资合计 537 亿元。三是充分运用市场化方式提高处置成效。成功举办总行牵头竞价会 5 场，累计发行 8 期不良资产证券化项目，优化批量转让策略，提高组包技巧，增强议价能力，批量转让受偿率同比提升 5 个百分点。四是优化处置结构。常规处置、常规核销与账销案存明显提升，批量转让规模下降，实现“三升一降”。全年常规清收 907 亿元，处置额居四大行之首，在处置总额的占比为 41.68%，同比提升 8 个百分点。

三、夯实基础管理，加强合规操作，确保资产真实洁净出表

一是完善不良资产管理处置制度体系，提高日常管理的规范化、制度化和精细化水平。二是充分发挥三道防线作用，筑牢合规管控防火墙。积极组织专业自查抽查，严把项目审查关，杜绝违规现象。三是统筹推进信用风险责任评议。研究构建信用风险责任评议制度体系，规范全行信用风险评议工作。四是加快系统开发建设和数据质量监测，不断提高系统易用性。

（总行信贷与投资管理部）

内部审计

2020 年，本行积极应对疫情给审计工作带来的冲击，及时转变审计方式方法，全面落实监审要求，优化内部审计管理，有序开展审计活动。

一、强化底线思维，抓好防控风险主责主业

坚持风险导向、战略导向和价值导向，集中力量实

施多层次、多形式的审计监督评价，实现对跨境、跨界、交叉领域和各类产品、业务、机构的有效审计覆盖，重点揭示机制、流程、系统、运营等方面存在的问题和风险，全面完成年度审计任务。全年共开展境内外审计项目44项，境内外高管人员离任审计46项，涉及44个总行部门和直属机构、37家境内分行、51家境外机构和8家境内附属机构。

（一）聚焦主要风险和重点领域。高度关注境外与境内、宏观与微观、现实风险与潜在隐患的交叉传导，围绕中央经济金融政策在全行的传导落地，密切关注信贷服务实体经济的效能和“一带一路”沿线部分境外机构跨境融资，持续监督中央八项规定和各项财经纪律的贯彻落实；围绕境内外监管要求在全行的对标落实，密切关注信贷存续期管理、票据、反洗钱、绩效考评、案防管理、代理投资、消费者权益保护等业务和管理领域；围绕总行党委决策部署和全行转型战略的贯彻执行，密切关注信用卡、理财、债券投资等规模增长较快或重点发展的产品及业务领域。

（二）聚焦重点机构经营与风险。对天津、吉林等11家境内机构和新加坡、河内、金边、万象、仰光等境外机构开展机构审计，重点关注风险防控、战略落地、资产质量、客户服务、发展能力与整改问责等方面情况，突出对机构经营发展的整体研判，挖掘体制、机制、系统、流程等方面存在的缺陷。

（三）聚焦防疫执行。根据疫情变化，密切关注支持防疫抗疫、恢复生产各类措施的落实，开展抗疫物资采购分配审计、疫情防控贷款监测分析、疫情期间个人贷款延期还本付息合规分析等项目。

（四）聚焦整改跟踪闭环。持续完善“审计项目+整改督促+核实评价”全流程闭环管理，建立“整改台账”销账机制，研究制定《审计发现整改销账管理办法》，推动被审计单位积极完善制度、改进系统和优化流程。建立常态化审计整改核实工作机制，实施年度审计发现整改核实与评价，逐项核实确认问题整改情况。

二、加强监审协调，推动整改工作落实落地

主动适应“强、严、深、精”的监管要求，持续提升协调工作质效，配合国家审计署、银保监会、外部审计机构等完成各类专项检查和监管工作。

（一）强化监管配合。配合国家审计署开展2020年贯彻落实国家重大政策措施跟踪审计，配合银保监会开展日常监管，协助毕马威完成2020年度各期次审计、审阅、商定程序和增值服务，有效保障国家审计、金融监管、外部审计工作的顺利进行。

（二）强化外审协调。依法合规开展2021年度会计师事务所选聘工作，协调前后任会计师事务所有序开展审计交接。

（三）强化整改推动。推进审计署发现问题和银保监会监管通报问题整改的有效落实，加强通报提示、台账审核、整改考评和整改评估。

三、加快科技赋能，推进数字化转型

贯彻数字化转型方针，推动审计项目实施方式向非现场转型，审计监督效能进一步提升。

（一）有效开展持续性监测。围绕疫情影响下区域机构的经营发展和风险变化，开展“短精专深”监测分析和风险排查，对重大风险进行快速识别和前瞻预警，落实守土有责。

（二）全面推动信息化审计。成立审计项目信息化支撑团队，加强审计项目信息化应用的精细管理，明确标准方法，信息化审计主导的项目比重大幅增加。综合运用视频培训、数据排查、资料分析、抽样测试、线上访谈等方式，促进现场审计工作线上发展。

（三）加快信息系统建设。进一步完善“3+N”系统架构，审计管理系统、分析系统和监测系统3大基础系统功能的全面优化，境外审计管理、境外监测分析、信贷大户监测和新兴业务等专业系统陆续投产使用。

（四）优化扩展模型库。强化模型生命周期管理和产品化管理，进一步提升模型体系化水平和数据分析质效。2020年新增模型293个，优化模型113个，模型总量达923个。

（五）智慧审计取得突破。对知识图谱、网络爬虫、机器学习、图像识别、自然语言处理等11个技术领域开展专题研究，推动研究成果向应用转化。

四、强化专业能力，推进履职水平提升

（一）做好项目融合统筹。通过审计项目深度融合、审计资源有效整合、监督服务有机结合，形成1+N的集约式审计新模式，实现“一次进场、多项融合，一项审计、多项产出”的审计效果。

（二）优化审计项目管理。全面落实《内部审计质量控制办法》，修订完善《内部审计项目管理办法》，进一步优化审计流程，规范审计模板，建立健全统一的审计项目运作标准，将项目质量管理要求嵌入审计作业平台，完成年度审计质量评估。

（三）强化队伍能力建设。通过集团内招聘和社会招聘方式，补充数据分析、新业务审计、境外审计等专业领域业务骨干近30人，持续优化审计分析师团队与模型专家团队。逐步建立审计人员职业能力框架和培训体系，搭建分专业、分梯次的线上培训平台，有效提升审计人员的理论知识和实战能力。

五、加强境外管理，推进标准化规范化建设

（一）完善境外审计管理机制。深化对美国、欧洲、亚洲等重点机构的审计管理，强化对审计计划、工

作进度、工作质量、整改跟踪、监管应对等方面的监督指导，提升审计活动的规范性、合规性。集中力量开展美国监管整改成果的审核与独立验证，督导工银欧洲有序推动监管来函反映问题的独立评估。

（二）深入开展境外审计标准化建设。在46家境外机构上线境外审计管理系统，实现境外审计项目运作标准化与日常审计管理自动化，以全局质量评估体系为基准，优化审计项目与管理标准化模板，提升境外审计项目标准化水平。

（内部审计局）

内控合规建设

2020年，本行持续完善“全方位覆盖、全过程控制和全员参与”的内控机制，不断强化以“主动防、智能控、全面管”为特色的内控方法，有效提升全行内控合规水平。

一、完善内控机制建设

（一）健全制度管理机制，扎牢制度防火墙。完善制度生命周期管理，修订印发《集团制度管理办法》，提升集团制度统筹管理水平。增强制度严肃性和约束力，制定实施《关于扎牢制度防火墙的指导意见》，完善全行制度体系，提升制度治理能力。

（二）做实三年规划，推进内控体系建设。做好《2018—2020年内控体系建设三年规划》实施收官，将1 942项工作措施落实到位，完善以流程化、集中化、系统化为特色的内控方法。

（三）推进《内部控制手册》落地应用，压实内控责任。组织各级员工签订《岗位内控履职规范指南》，实现各项主要业务及管理活动内控角色和职责与人员岗位的精准匹配，清晰建立全面、全员、全程的内控责任管理体系。以《内部控制手册》应用为契机开展“境内分行关键业务角色”评估，完善关键岗位管理制度，提升制度的科学性与可执行性。

（四）优化内控评价体系，强化过程管控导向。在总行层面，按照“主动防、智能控、全面管”的风险管理路径，结合最新监管要求、业务发展和风险导向，优化内控评价指标体系，加大对内部控制过程有效性的评价力度，确保内控制度有效落地。在分行层面，印发《关于规范基层行内控评价工作的意见》，细化规范基层行评价工作，增强评价工作的向下穿透力和战略传导能力。

二、加强操作风险管理

2020年，本行操作风险损失率为万分之8.60，处于监管强化标准（HRS）监测目标值之内，基本符合集团风险偏好，风险总体可控。

（一）健全完善“1+5+2”操作风险制度体系。全面修订操作风险管理的6项制度，新增《操作风险事件责任评议及认定管理办法》及实施细则，完善风险识别、监测、评估、报告、整改问责全流程管理；建成操作风险限额管理、损失事件、指标监测、自我评估、重大操作风险事件等工具集，实现对损失事件与重大操作风险事件闭环全流程、自评估业务领域和新产品周期的全覆盖。

（二）被诉风险与监管处罚治理双管齐下。针对贷款与担保、挪用侵占客户资金、银行卡被盗刷、融e购平台购物纠纷等4类被诉风险，研究制定防控措施，印发《关于2020年典型操作风险事件的通报》，切实增强“关键少数”的合规经营意识；梳理2017—2020年上半年境内全部监管处罚事件以及影子银行与交叉金融业务检查发现的问题，组织全行开展“监管红线”操作风险与控制专项自评估，针对性制订行动计划，推动一道防线精准布控，防范机构违规行为。

（三）加强集团协同响应，积极应对疫情影响。印发疫情期间强化操作风险防控的通知及工作提示，推动全行增强外部欺诈与关键人员案件风险防范意识，指导境外机构加强疫情期间操作风险管理。

三、强化境外机构合规建设

2020年，本行积极践行“主动防、智能控、全面管”的风险管理路径，境外机构合规管理在长效机制建设、重点领域与重点机构管控、履职能力提升等方面取得新成效。

（一）完善境外合规管理体系，长效机制建设实现新突破。修订集团合规和制度管理基础制度，滚动实施境外合规管理长效机制建设方案，细化境外合规与反洗钱年度工作任务。构建履责控险新机制，优化风险责任认定问责机制，强化委员会问责。建立实施境外合规反洗钱区域协同机制，推动“一区一模式”区域合规反洗钱管理持续深化，完成境外合规风险评估。

（二）夯实重点领域管理基础，反洗钱治理能力得到新提升。开展存量客户信息“地毯式”排查，强化管理层监督与三道防线履职，试点推动 KYC 集约化机制落地，推进配套系统建设抓实 KYC 核心履职。完善涉敏名单管理及制度体系，高度关注美国监管制裁处罚类重大事件，组建涉敏工作专班，分析涉港涉疆等涉敏风险并提出预案，审慎严防涉敏风险。

（三）推进清雷除险排患，重点机构风险管控缓释取得新进展。持续推进美国区域监管整改，召开 14 次美国机构监管事项领导小组会议，推动健全区域整改架构，持续优化监管沟通机制，加快推进反洗钱和制裁合规系统建设。妥善处理马德里事件，指导工银巴西顺利完成监管和解。

（四）提升合规专业能力，合规队伍建设迈上新台阶。持续做好合规官准入和履职考评，完成“境外反洗钱核心人员独立性和有效性管理项目”，创新搭建“境外合规与反洗钱云讲堂”，不断提升合规队伍胜任力。加强“融安 e 控”品牌建设，持续优化推广工银 BRAINS，在 3 家境外机构新增投产全球特别控制名单处理系统（COMPASS），补充完善 OCO 反洗钱综合管理功能，持续提升科技系统支撑力。

（总行内控合规部）

反洗钱工作

2020 年，本行启动实施“反洗钱治理能力提升工程”，统筹加强对总行本部及利润中心、境外机构、境内分行、综合化子公司“四大板块”的洗钱风险管理，形成“纵横联动、运行有效”的反洗钱管理格局。

一、集团反洗钱管理架构不断健全

（一）组建反洗钱专业团队。分批分步在总行 7 个重点部门成立反洗钱专业团队，按部门员工总数 5% ~ 8% 的标准配备反洗钱专职人员，夯实一道防线反洗钱责任。

（二）健全双线考核机制。将反洗钱指标全面纳入总行部室及利润中心定量考核、境内外机构经营绩效考评、境内分行内控合规专业考核及境内外汇业务竞争力评价体系，充分发挥考核指挥棒作用。

（三）提升子公司管理水平。指导子公司持续开展监管对标，紧跟监管导向。印发《关于提升工银租赁反洗钱治理能力的指导意见》，提出 7 方面 21 条改进建议以及 4 项中长期规划建议，并持续督导整改。

（四）开展“学、训、讲、考”活动。面向总行 18 个业务部门负责人、37 家一级分行主要负责人开展“认识洗钱风险，不踩制度红线”专题授课，组织直管机构负责人和内设部门负责人进行反洗钱知识测试。全年开展反洗钱培训 3 000 余次，累计参训人次近百万。

二、境外反洗钱工作开展情况

坚持“既抓顶层规划设计，又抓分类精准施策”的工作策略，以 KYC 专项治理为突破口，聚焦重点风险领域，丰富自动化监测管控手段，持续构建境外反洗钱合规管理长效机制。

（一）扎实推进客户认定标准落地实施。以产品为依托建立健全客户认定标准，精准实现境外机构全产品客户主体及业务相关方确认，推动全行累计完成 2 446 项产品清单梳理，认定境外存量客户 339.65 万户，识别缺失客户 KYC 档案 2 319 户并及时补录，防控潜在风险。

（二）分类优化境外机构反洗钱机制。印发《关于加强境外机构反洗钱工作机制建设的意见》，突出压实一道防线反洗钱职责，促进三道防线协同配合。依据经营定位、客户结构、市场规模、业务治理等状况，将境外机构划分为巩固强化、集约强化、基础强化、区域强化 4 大类，明确定向优化提升策略，促进 KYC 等反洗钱核心工作高效运行。

（三）完成境外机构反洗钱关键风险评价。搭建“外部环境风险 + 内部环境风险”双维度评价体系，分析共性风险管控薄弱环节，前瞻性捕捉整体风险不突出但潜在影响深远的关键风险领域，有效识别管理盲区和风险死角。

（总行内控合规部）

声誉风险管理

2020 年，全行声誉风险管理工作围绕中心、服务大局，着重加强工作“体系性、机制性、时效性”，实现“宣传强、舆情稳、创新升”效果，声誉风险平稳可控。正面传播力排名每月均保持同业第一，品牌价值排名保持全球银行第一，舆情管理工作在监管考核中继续保持领先。

一、正面宣传实现量质并举

一是主题宣传影响力领先同业。围绕贯彻落实党中央、国务院决策部署及行党委“48 字”工作思路和“三大战略”，策划开展了“工行战疫”“金融扶贫工行情”“服务六稳六保 工行在行动”“工行进博时间”等主题宣传。权威媒体报道大幅增长。新华社、央视、央广、《人民日报》《光明日报》《经济日报》《金融时报》《中国银行保险报》、人民网、新华网等权威媒体刊发原发报道 3 100 余篇，同比增长超 50%。正面传播力排名保持同业第一。在《中国银行保险报》发布的“中国银行业月度网络影响力榜单”中，工行每月均排名银行业第一名，月均正面宣传触达超 1.5 亿人次。

二是高效保障全行重大活动宣传报道。通过官方微信、新闻媒体等渠道，及时发布行党委学习贯彻中央精神以及行党委决策部署等重要信息。及时跟进行领导重要活动，在行领导扶贫调研、重要会见、出席论坛等节点，统筹营造氛围，第一时间对外报道。

三是有力促进全行经营发展。举办业绩发布会、银行保险业例行发布会、第一个人金融品牌体系等各类发布会 20 余场，组织记者采访团 20 余个，开展宣传 200 余项。抗疫宣传引领同业，媒体刊发工行支持抗疫相关报道超 4 万篇次，实现央视报道商业银行“两个首家”，即 2 月 2 日（正月初九），央视率先播出工行网点坚持服务及支持小微企业抗疫的采访报道；2 月 8 日（元宵节），央视《新闻联播》率先播出工行 430 亿元贷款支持疫情防控和企业生产的专题报道。扶贫宣传有力有效，央视《走村直播看脱贫》节目全方位展示工行定点扶贫成果。以文字、图片、视频、音频等多种方式，通过新华社、《人民日报》《经济日报》《金融时报》《中国青年报》《中国经济时报》《中国经营报》《中国新闻周刊》、人民网、澎湃新闻等主流媒体刊发系列专题报道。国务院扶贫办唯一主办杂志——《中国扶贫》，以 20 页的专题报道全景式展示工行扶贫工作亮点和成效。服务“六稳”“六保”重磅频传，受到央视《新闻联播》《晚间新闻》《经济信息联播》《人民日报》、新华社等 100 余家媒体关注报道。其中，《人民日报》整版刊发工行积极发挥金融服务作用，支持经济社会高质量发展的专题报道。进博会宣传特色鲜明，权威媒体报道数量和影响力领先同业，制作《进博会走读特别探访》《工行全方位服务进博会》《致进博会志愿者》系列新闻视频，累计播放量超 800 万次。其中，人民日报新闻客户端播出的《进博会走读特别探访》，当天直播间观看近 100 万人次。

二、舆情管理质效持续增强

一是稳妥处置重大舆情事件。2020 年，坚持前瞻、主动、及时原则，重点抓好源头治理、主体责任、有效应对三项工作，实现全行声誉风险总体平稳。全年协调各单位处置舆情事件同比下降近一半。

二是不断完善舆情管理机制。强化主体责任，坚持属地管理、分级负责，深化落实舆情管理“三项措施”，即重大舆情提示到一把手、引发舆情的业务谁主管谁负责、全行轮流监测值班，提前报告声誉风险隐患、制定应对预案，促进从业务源头化解舆情。完善报告机制，实行全行舆情月度通报、每日快报、实时报送“三位一体”报告机制，全行处置客户投诉、改进工作 200 余项。完善应急协调处置机制，针对重大舆情事件快速响应，提高处置效率。实施媒体公关经理机制和媒体关系属地维护机制，建立覆盖监管部门、重点中央媒体、全国性重点媒体、地方重点媒体、主要网络媒体、网络大 V 等名单，通过上门走访、实地采访、线上线下沟通等多种形式，全年与各类媒体保持深度沟通，从媒体高层、部门负责人、记者、编辑、市场人员等多个角度深化了解，增进互信。

三是持续完善舆情管理制度体系。制定《声誉风险事件评议及认定办法（试行）》；印发《关于进一步加强声誉风险源头治理的通知》《关于加强声誉风险防范处置的通知》《关于严格规范对外信息发布的通知》，明确履职范围，压实各方责任。

四是扎实推进舆论引导和网络评论工作、舆情引导工作，得到监管和网信办高度肯定。中央网信办专门致信感谢；银保监会下发通知表扬工行舆论引导工作，并高度评价工行牵头组织的银行业保险业“小编联盟”。2020年向银保监会推荐行内专家引导文章20余篇，组织全行性网络评论20次。增强各层次专家舆论引导效用。围绕重大热点话题开展多元化引导，积极抢占网络舆论阵地。行领导、部门总经理、专家主动对外发表演讲、接受采访或发表引导文章，稳步提升工行意见领袖影响力。网评员队伍发挥重要作用。针对涉及党和国家对经济金融领域的领导成效、全行重点战略等敏感话题，充分发挥网评员的舆论引导作用，通过在线举报、跟帖评论等方式，积极占领舆论主阵地，澄清事实、解读政策、回击谣言，全力把握互联网空间的舆论主动权。

五是加强队伍建设与培训力度。提升舆情专业队伍建设。各分行设立新闻舆情与新媒体管理团队，持续加强全行网评员队伍建设。提高舆情管理专业能力。以增强专业能力为核心，通过培训班、微视频、网络教育、舆情演练等多种方式，推动分行新闻舆情引导能力持续提升。

三、新媒体传播保持领先

一是小编联盟方面，牵头组织将“银行业小编联盟”发展成为“银行保险业小编联盟”，不断“破圈”“扩列”吸纳新成员加入，受到业内肯定。

二是阵地拓展方面，成功申设央视频、新华社视频、腾讯视频、快手、哔哩哔哩、知乎等官方账号，率先在大型银行中实现主流新闻媒体、视频、音频、知识分享平台全覆盖。

三是“双微”传播方面，官方微信粉丝量增至2 800万，同比增长超25%，发布原发报道200余篇，发挥了“工行新闻联播”作用，成为行内外了解工行新闻的第一平台。官方微博影响力不断提升，“童行人”公益项目微博话题阅读量达2.2亿，位居金融业微博话题阅读量第一名，在人民网第15届“人民企业社会责任奖”评选中获评“年度案例奖”。

（总行办公室）

消费者权益保护

2020年，本行统筹推进疫情防控与消费者权益保护，健全消保制度体系，提升投诉治理能力，为支持全行重点战略落地、改革转型推进提供专业保障。

一、统筹做好疫情防控和消保工作

在同业中率先制定消保工作指引和消保“战疫”33条措施。建立疫情防控期间部门沟通协作、分行指导联动、特殊事件应急响应等工作机制，及时解决客户在业务政策、网点服务、产品流程等方面遇到的实际困难。针对疫情期间客户在贷款还款、个人征信方面遇到的困难，迅速出台落地措施，保障服务品质，展现有温度、负责任的大行形象。

二、优化消保体制机制

完善消费者权益保护、客户投诉管理、金融知识宣教、消保审查等制度办法，夯实制度基础，提升工作效能。试点网点小金额快速补偿机制，推动金融纠纷多元化解机制落实落细，全行投诉纠纷化解更加高效有力。针对个人金融、银行卡等客户投诉重点专业领域，持续完善顶层设计，制定治理措施，优化产品功能和操作流程，提升客户满意度。

三、深化投诉问题根源治理

持续关注易引发投诉的产品与服务痛点，深化根源治理。开展个人金融、银行卡等重点业务条线投诉问题专项治理，针对个人贷款、汽车专项分期等投诉热点问题，研究制定根源治理措施。坚持“客户至上”，开展投诉与客户流失关系研究，做好客户关系维护管理，推动全行更加重视消费者权益保护。持续开展客户投诉“日监测、周报告、月分析、季通报”，全年监测客户投诉意见6万余条，有效提示相关业务风险近50项，从源头防控风险隐患。

四、深入开展金融知识宣教

加强资源投入保障，多措并举提升消费者宣教活动的覆盖面、渗透率和实效性，提升消费者金融素养和风险防范能力。开展“金融知识普及月 金融知识进万家 争做理性投资者 争做金融好网民”“普及金融知识万里行”等集中式宣教活动，深化消费者宣教与经营管理和业务发展的融合。主动回应消费者关切和社会热点问题，针对性加强校园贷、非法集资、电信诈骗等重点领域和在校大学生、老年人、农村居民等特定群体的宣教力度，帮助消费者及时识别、妥善应对非法金融活动，切实守护好自身的“钱袋子”，提升宣教的精准性和直达性。全年累计开展各类宣教活动8.64万余次，参与网点1.58万余个，参与员工77万余人次，受教育消费者2.82亿余人次。

五、提升全员消保意识技能

组织开展《民法典》《中国人民银行金融消费者权益保护实施办法》等专题视频培训，组织个人金融、银行卡、网络金融、私人银行、贵金属、普惠等条线开展专业消保培训，组织各分行采取视频培训、晨会夕会等形式，开展全方位、多角度的消保培训，推动各级机构和员工增强消保意识、提升专业水平。

（总行法律事务部）

财务会计管理

一、坚持服务大局，强化服务高质量发展的财务保障

（一）全力服务高质量发展。主动对标国家所需，积极发挥金融所长，紧扣专业中心工作，聚焦经营管理情况，强化经营穿透分析，做好全盘统筹平衡，切实推动财务工作从账务核算型向决策参谋型转变，为集团更好地贯彻党中央各项决策部署、服务高质量发展出实招、促落地、谋实效。

（二）全方位支持实体经济。一是落实“六稳”“六保”，加大服务实体经济力度。通过持续深化LPR改革、对名单内疫情防控重点企业新发放贷款实施内部资金转移价格优惠、加大地方债和特别国债及企业债券投资等，推动企业信贷融资成本有序下降。二是落实纾困政策，加快提升金融服务效率。精准对接抗疫金融需求，配合出台并督导落实多项免费项目。严格落实六部委《关于进一步规范信贷融资收费，降低企业融资综合成本的通知》要求，取消相关收费项目。做好因疫情受困客户延期还本付息缓释政策的财务安排和会计核算支持。

（三）强化集团战略支持保障。一是建立督导机制，增强目标任务的可控性。以重点战略为牵引编制经营计划，按季监测重大战略相关目标执行情况。二是加大财务支持，保证资源投入的连续性。建立基础营销费用与个人客户数量和结构的挂钩机制、营销费用与综合绩效考核结果的挂钩联动机制，加大对外汇业务的财务保障。三是完善配套管理，激发拓展业务的主动性。优化考核指标，将重点战略发展要求分解至各条线、各部门。优化个金业务核算方案、个人积分递延规则。对于受疫情影响非正常逾期的个贷和信用卡业务，出台拨备考核还原政策。

二、坚持稳中求进，全力统筹推动经营质效稳定

（一）平衡协调稳增长与防风险。一是统筹推动经营效益稳步增长。面对疫情冲击及经济下行挑战，把握节奏、全盘统筹，动态调整经营目标，强化监测分析，找准潜力方向，在主动让利实体经济的同时，保持自身商业可持续发展。集团全年实现净利润3 177亿元，同比增长1.4%；实现拨备前利润5 948亿元，同比增长4.2%；实现营业收入8 001亿元，同比增长3.1%。二是深入推进存款量价协调发展。通过预算和绩效考评引导，增强存款稳定性，加快信贷投放，实现早投放早受益。强化付息成本管控，差异设定上浮幅度和总量，加快活创产品压降，优化定期存款增长结构，加强“实质利差”监测分析。三是全面加强实质风险成本管控。严格资产质量分类标准，强化不良资产认定管理，优化预期信用损失模型，促进拨备保有率稳步提升。统筹财务资源投入安排，有序推进表内外风险化解。年末集团不良额2 940亿元，较年初增加538亿元；不良率1.58%，较年初增加0.15个百分点。逾期贷款余额2 675亿元，较年初减少7亿元；逾期率1.44%，较年初下降0.16个百分点；剪刀差－265亿元，较年初减少545亿元，自6月末首次由正转负以来持续保持为负数；拨备覆盖率180.68%，较年初下降18.64个百分点。

（二）做好中收组织推动。一是推动完成年度目标。做好收入缺口管理，充分传导经营压力。细化增收举措，努力稳定市场竞争力。按月监测分产品、分部门、分机构竞争力，推广增收典型案例。二是持续加强合规管理。根据监管要求开展“清理银行乱收费 降低企业负担”自查自纠和小微企业融资收费核查。全年集团实现手续费及佣金净收入1 312.15亿元，同比增长0.49%，收入总量继续保持同业第一；境内分行手续费佣金收入1 326.98亿元，同比增长0.14%。

（三）推动境外及控股机构夯基固本。一是夯实境外机构经营基础。深入分析疫情影响，挖掘增收节支潜力，提升拨备保有水平，增强风险抵补能力，全力稳定经营预期。做好金融衍生品敞口管理，积极应对市场风险，防范实质财务损失的发生。全年实现拨备前利润

41.8 亿美元，下降 3.4%，好于经营预期。二是分类施策加强控股机构管理。指导工银瑞信抓住资本市场有利时机优化业务结构，提升可持续发展动力；指导工银安盛监控资本市场对权益类投资估值的影响，稳固收益水平；指导工银租赁强化利差管理，压降资金成本，夯实资产质量；指导工银投资和工银理财重点关注风险防控和资产质量。控股机构实现拨备前利润和净利润同比分别增长 25.8% 和 27.2%。

三、坚持守正出新，全力促进财务基础管理提质增效

（一）优化考评体系，推动经营战略落地。分行考核方面，优化价值贡献导向，强化全面风险管控，重点加大服务实体经济、经营战略落地、市场竞争力提升考核。部门考核方面，横向分解分块考核导向，强化全面风险管理。对境外机构、子公司考评办法进行适应性调整。竞争力评估方面，完善分行竞争力评估办法，印发新三年周期评估方案，兼顾年度评估与周期评估，监测重点区域竞争力。建立“条块结合”评估体系，监测评估条线的存款规模、实质付息率和中收竞争力。

（二）细化资源配置，提高投入产出效率。一是传导勤俭办行理念。积极压降行政办公费用，严控差旅、会议、招待等中央八项规定相关费用，从严从紧核定保障费用，引导压降低效无效投入消化部分增量缺口。追加调整对外捐赠额度，有力保障全行扶贫捐赠需求。全年水电、差旅、会议等日常办公开支同比压降 7.16 亿元，降幅 24.91%。二是加强固定资产精细化管理。加大总量投入，优化配置结构，有力支持重大战略落地。推进网点小型化、轻型化建设，加强车辆报废和更新管理。停止采购应淘汰设备，落实“零库存”管理，建立设备全生命周期管理机制。

（三）深化业财融合，提升专业服务效能。一是服务于经营决策。投产产品价值链分析系统，实现智能化、可视化的深层分析；将结构性存款“未实现损益”自动还原至网点，辅助量价协调管理；进行经营穿透分析，支持经营决策。二是服务于员工减负。优化财务共享服务平台功能，持续提升员工体验；投产房产移动盘点、POS 管理模块；第三方支付收入按日自动分润至业务发生网点，激发营销积极性；实现金融工具计量系统每日自动估值记账，及时监测市场波动。

（四）强化税收筹划，提升税务管理成效。一是按时保质完成合规申报。做好疫情捐赠税前扣除，统筹全行完成企业所得税汇算清缴及纳税申报、BEPS 本地合规申报。2020 年本行境内法人缴纳税款1 404.59亿元。二是强化税收成本管控。强化进项抵扣管理，积极推动债转股损失税前扣除，全力搜集海外收入完税凭证，加快清理诉讼费垫款。三是防控境外涉税风险。做好海外税务信息报送和统计分析，妥善应对税务检查；开具税收居民身份证明，充分享受双边税收协定优惠。

（五）实化合规举措，贯彻从严治党从严治行要求。一是制度流程更严密。修订业务招待等十余项费用管理办法，规范境外机构负责人履职待遇。二是工作机制更完善。在总行发布财务合规管理工作方案及任务清单，在分行发布加强重点领域财务合规管理的意见。三是检查效能更突出。对各类检查中发现的财务合规问题，强化总分行联动，开展系统性排查，提升整改合力，筑牢合规防线。

四、坚持风险与效率、质量与效益平衡，全力做好集采管理

（一）健全实质性风险管控长效机制。多渠道扩大供应商来源，加强年审，及时清理不合格供应商。投产“围标串标”识别功能，前置风险防范关口。开展后评价，强化供应商履约管理。鼓励优先采用招标方式，加强单一来源项目论证及督导，提升公开招标占比。强化招标代理机构管理，加强专家队伍建设。全年公开招标占比 8.61%、同比提升 2.83 个百分点，单一来源项目占比 0.21%、同比压降 0.24 个百分点。

（二）持续完善集中采购制度体系。对境内分行，修订集管会工作规程、供应商管理办法、第三方合作类项目管理方案、集采目录，增加差异化授权，加强专项集采项目管理。对境外机构，发布集采管理意见，建立重点机构信息报告机制。对综合化子公司，制定集采管理办法，推动落实管理决策与操作执行分离原则。

（三）挖潜增效全面提升集采效率。创建疫情防控常态化下管理新模式，通过规范非现场评审谈判流程设计及会议组织、“表决系统 + 电话会议”召开非现场集管会、项目按轻重缓急分类实施并加强跟踪监测等，保证项目实施效率。通过招标项目会商机制、落实项目经理责任制等提升评审质效。通过推动机构间认同采购、创新一揽子整体授权、加强与电商采购合作等赋能业务发展。

（四）积极推进集中采购智慧化转型。投产线上评审谈判、专家智能化评分考核、OCR 识别供应商信息等功能，大幅减少手工操作。推广网上竞价、一般商品询价等线上寻源工具，扩大专区交易范围，提升交易金额。制订智慧化采购平台建设规划方案，打造全流程、标准化、结构化、数据化的线上业务闭环。

五、坚持担当作为，全力做好抗击疫情财务保障

（一）开启“加”速度，紧急驰援湖北地区抗疫。第一时间建立财会绿色通道，实施抗疫财务审批与集中采购快速响应机制；牵头制订湖北分行解困方案，紧急调拨专项资金；配置固定资产专项指标，及时实现复工场所自动测温设备全覆盖。授权分行为医院、

公益组织、医药设备生产等防疫相关企业减免对公结算费用。

（二）发挥“大”优势，组织抗疫物资双向采购。建立跨境联动采购工作机制，发布境外采购防疫物资财务核算和物资统筹流程，采购物资捐助国内。协调境内资源支援境外机构疫情防控，高效响应远程办公系统授权、应急办公场所租赁等诉求。疫情以来跨境物资采购1 183万件，金额1.21亿元。

（三）把好“严”关口，确保抗疫财务投入合规。在特事特办、快速响应的同时，明确捐赠对象、财务核算、税务和物资管理要求，做好会计核算支持、捐赠涉税安排、项目应急审批管理，确保投入精准、规范、有效。

（总行财务会计部）

资产负债管理

2020年，资产负债管理条线主动对接全行发展战略，科学把控集团资产负债管理总量与结构，统筹推动各项业务稳健运行，较好实现预期目标。

一、业务运行总体良好

（一）集团资产负债总量实现较快增长。2020年末，集团本外币总资产33.3万亿元，比年初增加3.2万亿元，同比增长10.75%，其中本外币各项贷款余额18.1万亿元，比年初增加1.81万亿元，同比增长11.11%。集团本外币总负债30.4万亿元，比年初增加3.02万亿元，同比增长11.01%，其中本外币客户存款余额25.1万亿元，比年初增加2.16万亿元，同比增长9.39%。

（二）本外币存款和人民币存款增量双破2万亿元。2020年末，本外币存款（含同业）和人民币存款分别增加25 776亿元和24 365亿元，同比分别多增5 774亿元和5 273亿元，年度增量双破2万亿元。人民币存款日均余额比上年增加1.49万亿元，均衡率为61.21%，同比提高3.4个百分点。人民币和外币存款增量均排名四行第一。

（三）信贷总量结构保持同业最优。2020年末，境内人民币贷款（含拆放）比年初增加18 715亿元，同比多增4 740亿元，同比增长12.28%，贷款增量创历史新高。结构上，通过专项贷款规模设置、FTP激励政策实施、贷款优惠利率支持等措施，普惠、民营、制造业贷款等重点业务指标全面符合监管要求。房地产类贷款新增占比33.55%，较上年下降14.8个百分点，符合政策导向。五大重点区域分行增量占比达到77.99%，高于余额占比；广东、江苏、浙江、北京、深圳5家分行贷款增量均超千亿元。

（四）有序推进利率市场化改革。加强贷款LPR应用，完成存量贷款定价基准转换，新发放LPR定价贷款约7.5万亿元，通过LPR下行促进新发放对公贷款平均利率同比下降47个基点，市场化降低企业融资成本。强化对疫情防控、航空应急、优质制造业、科技企业等重点领域贷款的定价精准支持，保障335亿元疫情防控专项优惠利率贷款高效发放。动态调整扩大优质制造业客户、新动能客户名单、湖北地区贷款利率授权，促进制造业贷款增长领先同业，2020年湖北分行新发放对公贷款利率下降83个基点。

（五）资金管理效率同业领先。积极应对疫情时期和疫情防控常态化下流动性新形势，资金管理集约高效，2020年全年日均备付率低于四行均值15个基点。前瞻优化大类资产布局，加大资金摆布力度，拓展资金运作盈利空间，债券投资余额突破7万亿元，比年初增加10 453亿元，债券投资和同业资金运作实现收益同比增加205亿元。

（六）资本充足率稳中有升。成功发行1 196亿元资本工具，合计提高资本充足率60个基点。2020年末，集团口径资本充足率16.88%，比年初提高11个基点，创历史最优水平，一级资本连续八年蝉联全球银行业首位。境内分行经济资本占用增幅9.85%，较信贷资产增幅低3.1个百分点；信贷资产信用风险经济资本占用率6.08%，比年初下降2个基点。

（七）集团外汇资产稳健增长。2020年末，境内外汇各项贷款余额526亿美元，比年初增加95亿美元，同比增长22.13%，余额和增量均为四行第一；外汇各项存款余额比年初增加292亿美元，同比增长24.88%，增量四行第一。境外机构资产负债总体运行平稳，2020年末，境外机构总资产余额4 890亿美元，比年初增加227.4亿美元，同比增长4.88%。

（八）风险管理指标符合监管要求，央行评级同业领先。流动性风险指标兼顾安全适度和集约高效，各项流动性风险指标均符合监管要求。前瞻应对利率市场化改革深化与疫情挑战，2020年资产负债净久期较年初拉长0.32，有力应对全年下行冲击，支持集团利差价差收入稳定增长。灵活运用汇率风险管理工具，加强境外机构资本投入账面价值保值增值管理，2020年末账面价值比年初增加26.5亿美元。2020年末，本行获得央行评级一级次数同业领先。

二、主要工作开展情况

（一）展现服务实体经济的大行担当，为疫情防控注入金融活水。一是积极助力疫情防控和复工复产，持续扩大贷款总量目标，全年增量、同比多增额和均衡率均排名金融机构首位。率先在业内制定支持湖北23条措施，对受疫情影响较大的湖北分行单列信贷规模，全额满足湖北地区防疫和实体经济恢复发展相关提款需求。二是聚焦实体经济重点领域和薄弱环节，持续加大对普惠、民营、制造业等专项贷款计划考核传导，推动重点领域贷款全面达成监管目标。三是突出战略引领，持续加大对“两新一重”等国家重大工程的融资支持力度，突出对重点区域分行的信贷资源倾斜配置，推动重点地区分行贷款增速持续高于全行平均增速。

（二）强化“比”的意识，有效夯实存款领先地位。一是持续加强存款监测预测和组织推动，加大产品协同，推动存款业务稳健发展。在存款付息成本相对可控的情况下，实现存款总量及分品种增量持续大幅领先主要竞争对手，为做好服务实体经济提供充足有效的资金支持。二是前瞻研判社会资金运行规律和同业竞争态势，引导分行进一步夯实存款业务发展基础，做大做实日均存款，提升关键时点存款增长稳定性和量价协调发展市场竞争力。三是做好境内分行存款竞争力评估，推动分行稳步提升存款市场竞争力。四是充分发挥主动负债存量规模与全量滚动发行同业领先优势，优化重点产品发行成本与期限结构，动态调控产品配置节奏，持续提升对存款高质量增长的适配性。

（三）深化市场化定价改革，提升定价精准支持实体经济水平。一是积极推进人民银行LPR改革落地。顺利完成存量贷款定价基准转换工作，加强LPR应用，促进新发放贷款利率明显下行，组合运用贷款利率、延期还本付息、再贷款等手段，增强服务实体经济能力。保持各项贷款FTP调整方向和幅度与LPR一致，有效传导LPR改革意图。二是持续深化人民币存贷款利率市场化定价改革。健全分级分类的LPR定价贷款授权体系，加大对制造业、绿色金融、普惠、民营和湖北地区等重点领域、重点区域的定价支持，高效支持疫情防控、航空应急等专项优惠利率贷款投放。三是有效发挥在行业组织中的大行引领作用。认真履行自律机制主任单位职责，率先下调3年期、5年期大额存单利率自律上限，协调做好存款利率自律、创新存款产品压降、明示贷款年利率等自律工作，充分发挥大行定价引领作用。履行LPR报价行职责，有效引导LPR报价合理下行。

（四）统筹资金来源与运用，资金营运保持集约高效。一是精准高效做好防疫专项再贷款等各项货币政策的传导对接，在疫情防控特殊时期保持资金融出力度，成功发行疫情防控专项同业存单，切实发挥资金大行的引领示范作用。二是稳妥应对境内外支付系统时序的重大变化，实施特殊时期资金监测管理和备份机制，多渠道平滑行内资金波动，备付管理集约高效、同业领先。三是前瞻谋划资金摆布策略，为认购抗疫特别国债、地方政府债等债券投资提供充足的资金保障。四是推动建设完善集团资金管理一体化平台、境外准备金自动化系统、流动性风险指标数据集中归口管理等，加强流动性管理集约化、智能化水平。

（五）加强FTP定价机制建设，顺应市场变化前瞻调整FTP。一是精准对接人民银行专项再贷款政策，制定湖北地区FTP优惠政策，大力支持企业复工复产。二是科学把握资金运行规律和利率走势，下调中长期和高利率存款FTP，努力增加稳定、低成本的资金来源并防范利率风险。三是及时、有效传导全行经营管理导向，实施对普惠、制造业和产业链新动能FTP优惠政策，引导资金流向经济发展关键领域。四是推进FTP有感传导机制建设。投产FTP传导“四张表”，推出期限转化效益增量换算表“明白纸”，推广FTP传导先进经验案例，引导分行增强FTP利差敏感性，提高精算账能力。

（六）资本补充有序推进，资本节约成效显著。一是完善资本、资产和资金的动态协调机制。统筹考虑疫情对外部环境和本行经营影响，完成2021—2023年资本规划编制，提交董事会和股东大会审议通过。二是有序推进外源性资本补充。主动追加900亿元二级资本债券发行议案，高效完成公司治理审批流程。全年发行29亿美元境外优先股和1 000亿元二级资本债券。三是深入推进资本节约优化和管理挖潜。加大保本理财规模调控，节约RWA4 484亿元，提高资本充足率37个基点。开展表外资产经济资本优化，占用资本的表外贷款承诺余额较年初下降2 154亿元，减少RWA1 077亿元，提高资本充足率约9个基点。完成卖断票据计量优化。四是G－SIBs组别管理取得显著成效。根据FSB公布的最新名单，保持第二组不变，连续四年未升组，实现延缓升组的管理目标。

（七）有序推进集团LIBOR转换工作，优化境外筹资工具发行管理。一是有序推进集团外币基准利率改革。按时高质量完成人民银行、自律机制各项任务，制订境内外汇贷款转换方案，克服疫情影响，加快组织推动集团LIBOR转换系统改造。开展LIBOR转换培训，全行外币LIBOR转换工作进度在境内同业中保持领先。二是持续完善外币利率定价机制。印发《集团外汇利率管理办法》，强化同业对标，动态调整外汇业务内外部资金定价，基于名单制进一步扩大对北京等八家分行外汇存贷款定价授权，建立总行跨部门会商机制，提升分行利率定价市场反应效率。三是优化境外筹资工具发行管理。印发《境外筹资工具管理办法（2020年版）》，稳步推进设立200亿美元规模的"全球中期票据发行计划（GMTN）"，发行债券合计34亿美元，为新冠肺炎疫情发生后最大规模中资金融机构境外高级债券。

（八）全面强化风险管理，不断增强流动性利率汇率风险管控能力。一是多措并举应对流动性管理压力，确保集团流动性运行平稳有序。制定《流动性风险事件责任评议及认定管理办法（试行）》，强化流动性风险管理落地执行和管控能力。加大关键指标日常监测力度，做好集团内流动性统筹调度和运营支持。及时启动集团流动性应急机制，协同制定境外机构流动性风险应急预案，确保疫情时期集团流动性运行平稳有序。二是全面提升集团利率风险治理能力，有效应对利率下行与疫情冲击。制定《银行账簿利率风险事件责任评议认定管理办法（试行）》，分类施策、精准调控集团"量、价、期、险"组合配置结构，深化"主动防、智能控、全面管"的利率风险智能化管理系统，优化"新产品评估+限额体系+激励约束与责任认定"全流程管理机制，提升市场化环境下利率风险治理能力。三是落实汇率风险中性管理原则，完善集团汇率风险管理体系。实施差异化外汇敞口管理策略，控制敞口规模、调节币种结构，深化落实集团汇率风险管理多部门会商机制、境外机构月度会商机制，前瞻采取措施对冲汇率风险，强化境外机构资本投入账面价值保值增值管理。

（总行资产负债管理部）

授信审批

2020年，全行核定法人及机构客户年度授信方案61 830户，核定授信额度32.32万亿元；共受理审查各类融资业务247.21万笔、金额28.01万亿元，完成审批各类融资245.23万笔、27.52万亿元，分别占受理笔数和金额的99.20%和98.27%；完成项目评估5 404个，涉及融资3.08万亿元；完成新增押品评估101.97万宗，评定价值2.41万亿元。

一、贯彻落实全行重大发展战略

一是深入贯彻重点区域竞争力提升战略。制定赋能减负支持五大重点区域高质量发展措施，优化授信管理模式，通过简易流程、增加预留和特别授权等方式，提高授信管理质效。加大融资支持力度，推进华为供应链等新融资模式个案创新，协同优化银团业务流程。二是大力支持境内外汇业务首选银行战略。制定外贸外资企业授信项下授权审批制方案指引，印发国际贸易融资审查要点、国际银团风险防控策略等，协助推进出口买贷等业务创新，大力支持"一带一路""走出去"等重点项目和"稳外资、稳外贸"骨干企业。三是助力加快打造第一个人金融银行。推动优化个贷自动化审查模型并扩大范围。稳妥推进个人家居消费贷款审查职能下沉，完善消费信贷产品和风控体系。四是突出支持先进制造业、民营企业、普惠业务发展。举办两场制造业企业座谈会，制订制造业企业技术提升贷款管理办法、重点专项科技金融服务方案，开展"科技助力经济2020"专项金融服务工程。通过表外业务创新支持民企合理融资需求。完善小微信贷制度，优化线上融资模型，做好线下审批。优化供应链和数字供应链授信管理模式。

二、有序推动授信审批新规实施

一是制定授信审批新规。印发《关于加强授信审批流程管理的意见》及5个配套文件，形成授信审批新机制。二是推动"新规"实施。自6月30日在总行率先落地后，开展多轮视频辅导，举办现场培训班并赴分行督导，有序推进"新规"在33家分行分批实施。研究制定分行、科创中心人格化授权新规实施方案。三是完善"新规"配套措施。研发提升通用表决系统功能，严肃贷审会纪律和保密要求。优化审结范围，印发配套制度、优化业务授权、完善系统功能，做好总行专职委员聘任和分行审批人及审议委员选聘。

三、全力支持疫情防控和社会经济发展

一是建立授信审批"绿色通道"。建立24小时应急工作机制，优化流程、简化评估、明确时限，高效满足防疫融资需求。全行累计通过绿色通道审批抗击疫情专项融资1 786笔、652亿元，本行防疫融资投放额可比同业排名第一，相关做法被《经济日报》、人民网、旗帜网等媒体专题报道。二是积极投身"春润"行动，快速出台支持复工复产融资掌握意见，印发疫情影响分析及37类相关行业融资审查参考。指导全行逐户对接客户复工复产需求，全行累计为"春润"6.8万户企业提供融资2.7万亿元。三是切实做好受疫情影响较大行

业、小微企业、个贷、扶贫等领域的审查审批服务，纾解疫情受困客户的资金压力，落实落细“六稳”“六保”要求。四是支持湖北分行信贷业务发展。研究分析湖北省产业结构，制定支持复工复产和分行经营发展19条措施。

四、把好资产质量关键阀

一是全年核定授信方案61 598户，核定额度34.16万亿元，分别较上年增长5.5%和29%。受理审查融资业务249万笔、金额33.22万亿元，分别较上年增长8.6%、55%；完成各类融资审批245万笔、26万亿元，分别占受理笔数和金额的98.41%和79.50%。二是把好重点领域风险关口。严控房地产业务风险。加强同业融资风险防控，对资产规模500亿元以下的184户中小金融机构开展风险排查并分类提出管控意见。审慎把控债转股等代理投资业务风险。加强境外融资业务风险把控，审慎核定高风险国家主权限额，开展代理行风险全面排查。着力做好融资大户风险把控。三是快速开展重大风险事件和负面舆情排查。针对原油价格暴跌等112项风险事件第一时间排查融资授信情况，提出后续风险管控措施。

五、全面推进专业条线系统指导

一是加快推进信贷资产质量“123”攻坚战。指导河南分行及河南焦作、山西吕梁分行完成提质目标，河南鹤壁、山西运城分行实现进位目标，大连分行将不良率控制在目标范围内。二是健全全集团信用风险审查审批统筹管理机制。加强集团信用风险审查审批管理，明确四大板块条线管理措施，优化信用卡线下业务风险管控措施。三是加大贷中监测力度，对境内分行审批的大额信贷业务开展“回头看”。

六、切实抓好廉政案防建设

一是加强关键少数管理。印发《授信审批条线管理人员任职管理实施细则》，对16家分行分管行长及11家分行授信审批部总经理进行调整，对任期超5年的“关键少数”全部进行调整，完成18家境内外机构授信审批主要负责人任职审核。加强对离职人员所在企业信用风险业务的审批管理。二是推动“真实性”审查机制落地见效。定期总结机制建设及运行情况，结合发现问题督导分行整改，设置专岗审查人员203人，上收44家二级分行业务权限，投产反信贷欺诈辅助审查功能。三是开展“两明案”专项整改复盘。深刻吸取案件教训，推行审批新规，加强条线管理和队伍建设，突出实践效果。完成涉案企业反思报告，组织做好授信审批专业“回头看”。

七、着力提升授信审批专业能力

一是积极推进智能审批建设。授信审批管理平台正式立项，财务审查分析和重大舆情监控模型进入集中采购阶段，“AI审贷”项目获第2届“创新工行”总决赛集团创意类冠军。二是开展公司客户风险限额测算方法与模型课题研究，优化外资商业银行、证券公司限额测算方法。三是加强重点行业前瞻性研判。针对半导体、城际高铁、涤纶产业等先进制造业、新基建、供应链融资领域，完成审查指引和研究报告26篇。对“十四五”规划涉及的30多个重点行业快速开展调研，提出融资策略掌握意见。四是修订项目评估后评价管理实施细则，印发项目评估师管理办法。梳理编发民营、科创、制造业、新兴市场等支持类案例和不良贷款反思案例。

（总行授信审批部）

运行管理

一、业务运营风险管理持续强化

（一）内部账务核算管理体系建设成效显著。有效构建坏账准备计提、资金成本计量、呆账核销、责任认定等垫款全流程闭环管理机制。一是1670其他应收款科目10大重点场景核算新模式全面应用。季度手工核算金额减少2.23万亿元、较改革初期下降79%，场景驱动率达78%，剩余手工账务全面纳入系统审批；代理财政集中支付、准备金集中缴存等业务纳入新模式，累计管控金额达5.39万亿元。二是完成2360其他应付款科目19个主要场景群梳理。在全行推广跨行支付、委托收款等5个场景群新流程，季度管控金额近2万亿元。逐一明确九大类分行特色业务改造方案，依托总行“7+1”特色系统销账接口开展改造，北京、上海、重庆等分行重点业务成功取消内部户过渡或实现核算新模式管控。

（二）运营风险过程控制持续强化。一是涉嫌电信网络新型违法犯罪企业账户风险治理成效初显。累计完成224万账户风险排查，有效管控账户21万，新开户涉案较年初下降95%以上、同业占比降至四行最低。二是严格抓好现金业务安全管理。全面杜绝人民币假币误收误付风险，假币浓度控制在百万分之0.20，较年初下降38%；综合采取重点抽查、交叉检查方式对全行现金业务和黄金交易所指定仓库开展多轮次检查，推动年初29座E类不达标金库全部退出，有效提升金库安全管理水平和运营效能。三是强化重要领域、重点分行、关键环节风险管控。围绕单位结算账户、内部账户、案防等重点领域开展检查和运营风险分析改进，全行内部风险暴露水平稳定在万分之1.37的较低水平。

二、集团运营支持能力有效增强

（一）跨境支付清算体系建设扎实推进。全面完成个人跨境支付运营体系建设推广。业内首推一站式个人全线上跨境汇款服务，支付运营效能整体提升6倍；试点应用对公领域跨境收款共享运营流程，实现业务标准转换、自动清分、智能处理、全程管控，有效提升跨境支付市场竞争力和客户服务能力。在国家跨境支付应急体系建设中发挥行业引领作用，组织总行、境内分行和40余家境外机构接入人行跨境报文传输系统，推动新加坡人民币清算行和工银亚洲首批成功申设CIPS境外直参行并顺利开业。制定完善跨境支付清算业务应急预案，强化压力场景预防演练，有效防范重大风险隐患。将集团欧元清算业务纳入清算业务通用平台统一管理，实现对总行、境内分行和53家境外机构的多币种资金清算业务内部集约运营管理。

（二）金融市场后台运营效能显著提升。重构工银美国、工银加拿大等14家机构的金融市场后台业务流程，实现全行104家境内外机构制度体系、运营模式和风控机制的集团统一，有效保障全行10大类70小类金融市场交易、8万亿元金融资产安全平稳运营，树立金融市场后台运营行业标杆。顺利完成理财非标资产回表运作方案制定和系统功能改造，年内支持43个非标项目共计111亿元规模资产完成回表核算，有力保障全行理财资产整改顺利推进。启动资管产品代销运营管理平台建设，为1 092只、1.2万亿元规模的代销理财产品提供资金清算支持和中收精益管理，助力全集团理财代销业务顺利起航。

（三）境外业务运营体系建设成效显著。制定印发境外机构业务运行管理规定，统一境外业务运行标准和管理机制，为境外机构开展运营管理提供根本遵循和基本指引；推动港澳、湄公河流域、工银欧洲等境外机构强化核算、流程、风控的团队建设和人员配备，境外运营专业能力显著提高。结合境外机构实际情况，建立集监测、识别、报告、处置于一体的运营风险管理流程。建设境外运营风险管理系统，支持运营重点领域规则监控和凭证影像质检，基本完成柜员、会计档案、核算要素电子化管理模式的境外推广，有效提高运营风险管理效能。

（四）参数统一运营管理建设稳步推进。推动参数设计规范和管理标准与科技开发流程对接，实现参数管理与科技管理标准的协同统一。稳步推进参数维护配置功能提升，试点投产标准模板导入、业务场景驱动等功能，推进参数生产维护的安全强化与效率提升。建立统一规范的分行特色业务参数管理体系，有效提升分行平台参数的精细化管理水平。聚焦参数管理潜在的风险环节和关键控制要点，扩大实施产品和业务条线综合化模型监控范围，有效防控参数操作风险。

（总行运行管理部）

法律事务与授权管理

一、法律事务

2020年，法律事务条线按照“主动防、智能控、全面管”路径，坚持源头风险治理和个案风险化解“两手抓”，持续优化法律事务工作模式，努力为全行应对复杂变化的国内外形势和疫情冲击提供法律支持，为支持重大战略、防控金融风险提供专业保障。

（一）统筹强化疫情防控和法律专业管理。

1. 严防法律风险，重点保障应急金融服务。快速响应特殊时期法律审查需求，完成支援抗疫方案制定、公告发布、支持小微企业、加强流动性管理、保障线上业务办理等工作，助力“春润行动”取得预期成果。

2. 创新工作机制，抓实疫情期间诉讼管理。制订稳妥开展特殊时期法律清收工作方案，对符合条件的企业违约贷款适当采取风险缓释措施，充分运用线上诉讼执行，确保“法律清收不停摆”。研究制定专门指导意见，化解因疫情防控导致网点现场协助司法查控难题，成功协助北京市第二中级人民法院异地紧急续冻刑事案款获多家媒体正面报道。

（二）优化工作模式，提升专业价值。

1. 着力做精专业，有力防控风险。一是针对信贷“出口”端典型虚假风险印发专项指引，强化法律手段运用，形成风险问题闭环管理和信贷防假反假合力。二是复盘剖析“关键少数”和关键岗位人员形成操作风险事件导致的被诉案件，总结提炼风险管控措施，加强风险源头治理。三是妥善应对账户商品类业务重大突发事件，预判风险并提供审慎务实的决策支持服务。四是坚持底线思维做好重大风险防范化解，某境外重大风险事件顺利收尾，和解成果全面落实。

2. 全面落实民法典，积极支持经营发展。一是开展民法典普法培训系列直播讲座，开设“民法典伴我行”行报专栏，积极营造全行学习应用民法典的良好氛围。二是对照民法典修订完善各类业务格式合同，更新业务制度，开展业务创新，完善业务风控管理要求，防控法律风险。三是分析互联网贷款新规、债券纠纷纪要等对全行业务发展与经营管理的影响，工作触角从研究分析、普法宣传向经营管理延伸，促进业务依法合规发展。

3. 持续优化系统，提升法律服务效能。一是完善电子签约系统核心功能，加强对合同等法律文件用印的系统管控。全年审查各类书面法律文件 58.84 万份，累计电子用印 999.21 万枚，继续保持“零风险事件”。二是研发投产国税总局总对总网络查控系统，提升数据共享和价值挖掘，更好满足新形势下查控与管理需求。全年共办理网络查控事项 3 797 万笔，涉及账户 1 167 万个；办理电信诈骗冻结资金返还 1 535 笔，返还金额 1.17 亿元。

（三）顺应形势变化，有效管理诉讼。

1. 法律清收实现“双提升”。认真落实服务实体经济要求，将诉讼维权与助力企业复工复产有机结合、分类施策。对疫情防控重点企业暂缓法律清收；充分运用线上立案、网络审判及线上执行等方式向“深度不良”、恶意逃废债、大户清收等硬骨头发力。组织开展失信惩戒常态化工作试点，对恶意逃债的被执行人，纳入失信名单 1.56 万人次、限制高消费 1.46 万人次、限制出境 4 651 人次、司法拘留 42 人次、拒执罪立案 2 人次，“以惩促收”收回现金 30.07 亿元。指导某分行高效完成重大疑难法律案件清收，全额收回现金 39 亿余元，创近年来通过法律手段单笔现金清收最大金额。多措并举克服疫情不利影响，全年累计运用法律手段收回风险资产 238 亿元，同比增加 30.42 亿元，增幅 14.65%；胜诉案件执行率达 24.15%，同比提高 0.83 个百分点，实现法律清收额和胜诉案件执行率“双提升”。

2. 被诉应对凸显“强互动”。紧跟社会热点和监管重点，建立机构、部门间联动工作机制。加强对账户商品业务和中间业务收费等被诉风险监测预警，系统分析、精准施策。持续关注涉及重点领域、“关键少数”和关键岗位人员的被诉风险，建立信息共享机制。加强对存量重大诉讼案件的名单制管理，组建柔性团队专班应对，多起境外重大风险事件得到妥善处置或取得阶段性成果。全年累计审结案件避免损失 17.59 亿元，避免损失率 87.57%。

二、授权管理

2020 年，本行不断加强授权体制机制建设，持续强化日常动态管理，持续提升授权规范化水平与精细化程度，进一步发挥授权管理的政策传导与风险防控作用。

（一）聚焦基础制度建设，不断优化管理体制机制。修订印发《集团授权管理办法（2020 年版）》，进一步完善集团授权管理体系，细化授权管理要求，持续提升集团授权管理规范化和体系化建设水平。一是在深入调研和充分论证“母—子”授权模式的基础上，将子公司纳入新办法适用范围，结合公司治理要求，明确子公司授权管理原则、管理模式和管理要求等，强化集团统一授权管理，落实全面风险管理要求。二是按照“牵头统筹、分工负责、协同配合”原则，进一步明确总行各部门授权管理职责分工，并规定境内外分行和子公司辖内授权管理职责，构建分工协作工作机制。三是根据实践做法补充授权管理新规定，明确新设机构授权拟订程序和要求。四是细化授权管理要求，规范基本授权权限类别划分，统一转授权对象适用标准，完善特别授权流程。

（二）扎实做好基本授权，助力全行稳健经营发展。在特殊环境下更加突出“稳”的政策导向，授权对象覆盖全集团，包括高级管理人员、总行部门、利润中心、境内外分支机构和附属机构等各个维度。突出差异化授权，重点调整信用风险、金融市场、资产负债等业务授权。做好电子签约系统授权配套，增设签约用印转授权文件模板，进一步强化授权系统管控。

（三）加强授权动态管理，提升授权适应性和规范性。加大对全行重大战略领域、重点区域和重点机构的授权支持，适时对信用风险、资产管理、金融市场等业务授权进行调整，切实发挥授权管理的战略支持和政策传导作用。加强授权执行的监督检查，发现问题及时纠正，确保授权规范和严肃落地执行。

（总行法律事务部）

管理信息

2020 年，全行克服疫情影响，抓基础、建平台、推应用、促融合，进一步做实、做强、做活数据资产，为重点战略及数字化转型提供数据保障和支持服务。

一、做实数据资产，基础数据管理能力显著增强

（一）健全以“一湖两库”为核心的数据管理体系。在以企业级数据仓库（EDW）为核心的大数据 1.0 基础上，完善以数据湖、数据仓库和集团信息库“一湖两库”为核心的大数据服务云数据体系，领先同业进入大数据 2.0 时代，累计向数据湖迁移境内外机构及行外数据表 3 万张，数据量 3.02PB。建立“工银云图”，实现数据资源“一图尽览”，投产应用数据资产运营数字化大屏，展示数据生态建设全貌。构建数据资产价值评估体系，启动企业级数据资产管理体系建设，开展全行数据资产管理能力成熟度评估，形成数据资产全生命周期闭环管理体系。

（二）集团数据治理取得实质性进展。印发境内分行数据质量评价办法及实施细则，多客编客户数由 85 万压降到 7 万。集团基础信息标准达到 3 500 项、指标信息标准突破 10 万项，实现 ECOS 业务领域 100% 贯标。成立金融基础数据统计工作领导小组，制定监管统计基础数据源质量管理办法，推动各系统源头数据质量治理。建设全球法人识别编码（LEI）管理信息系统，推进全球法人机构统一识别。推动境外机构及综合化子公司数据治理，印发境外分行和控股机构数据质量评价办法（试行），实现集团数据治理评价全覆盖。重点支持美国区域机构开展数据治理，投产纽约分行数据资产管理系统首期功能。

（三）客户贡献模型得到进一步推广应用。建立客户贡献监测通报体系，拓展客户贡献模型在绩效管理平台（MOVA）、个人客户营销管理系统（PBMS）、对公客户营销管理系统（CBMS），以及在业绩考核、客户评价、经营分析、产品分析、重点城市行评价等领域的应用。

二、深化数据挖掘应用，数据与业务融合成效突出

（一）服务二大战略成效明显。推动 20 项高价值数据分析产品落地，19 项精准营销类项目成功营销客户 333.2 万户，1 项风险管理类项目成功预警存续期逾期风险金额 91.24 亿元。完成全量资金流和同业客户活期资金流、高价值长尾客户分类识别与价值提升、新增个人客户来源与成长路径等一批高质量数据分析报告，为全行重点战略实施提供决策参考。组织开展数据支持区域协同发展调研，试点跨区联动精准营销。

（二）全力支持疫情防控和脱贫攻坚。高效满足疫情防控数据挖掘需求，梳理完成 469.76 万户医护人员、防疫物资生产企业等重点客户名单，完成疫情期间小微商户融资准入 14.47 万户白名单更新。助力消费扶贫“金秋行动”，基于资金流向数据和外购工商注册信息，提供与扶贫企业相关的 7 类潜力企业客户名单及营销信息。

（三）银政数据合作取得重大进展。加强与北京市政府数据主管部门的政务数据合作，与北京市金控集团签署政务数据合作协议，在同业中率先实现北京地区政银数据合作场景突破。截至 2020 年末，累计发放普惠贷款 2 472 万元、个人贷款 1 433 万元。

（四）升级大数据平台功能。优化智能营销信息服务管理系统（EBM）功能。依托 EBM 系统，2020 年全行部署精准营销活动 3 474 项，通过客户经理、排队叫号机、工银 e 生活等渠道提供精准客户营销信息超过 6 亿人次，客户营销成功率 7.96%。健全分析师培养和使用的长效机制，全行分析师队伍增至 5 180 人。

三、强化集团统计管理，统计服务与监管数据质量不断提升

（一）顺利完成监管统计报送。制定印发 2020 年综合统计制度、金融基础数据（单位贷款）统计制度，修订金融监管统计报表编制流程手册。克服疫情困难，制订应急方案，通过自动化等方式完成湖北等疫情严重地区的统计报送。投产国内系统重要性银行统计系统，组织完成资本充足率和杠杆率报表编报以及巴塞尔Ⅲ最终方案定量测算。协助国家审计署开发并投产“商业银行金融审计数据分析系统”工行版，按时完成金融审计数据报送。

（二）扎实开展 EAST 数据治理。印发 2020 年版监管标准化数据（EAST）统计制度，将 EAST 规则校验库校验规则由 897 项扩充至 2 113 项，按要求完成各期数据加载报送。落实银保监会 EAST 稽核调查工作要求，梳理修订 EAST 稽核调查问题整改动态台账，推动

开展问题立查立改，抓好数据质量长效治理。

（三）优化统计系统信息服务能力。建成以全球统计信息系统（GSIS）为核心统计生产系统，管理层驾驶舱、统计分析系统（AIS）展示分析应用的“一核两翼”统计信息服务体系。在GSIS实现普惠统计核算报表自动化；管理层驾驶舱已展现99张同业报表，增设外汇业务专栏、重点区域日报，实现普惠贷款相关报表按日展现，52家境外机构、综合化子公司总账数据T+2日展现；优化完善AIS系统功能，用户范围持续扩大。

四、充分发挥网讯宣传阵地作用，“e企查”月度查询量过百万

（一）突出党建引领和中心工作。紧跟全行重点工作部署，集团网讯开通“学习贯彻党的十九届五中全会精神”“学习贯彻‘48字’工作思路”“全面打造第一个人金融银行”“境内外汇业务首选银行”“重点区域竞争力提升战略”“众志成城 抗击疫情”等专题页面，及时报道最新工作动态。成功举办网讯20周年暨资讯10周年主题活动。扎实推进网讯系统国产化重构及测试，推进子公司网讯信息展现。

（二）打造同业领先的拳头信息产品“e企查”。开发新企速递、附近公司查询及地图展示、空壳公司风险识别等新功能，月度查询量突破100万人次，前端获客领域成效突出。

五、狠抓个人客户信息安全管理，有效保障客户征信权益

（一）切实保障客户征信权益。投产征信逾期报送过滤功能，对受疫情影响企业和个人实施征信纠改151.82万户（人）。同业中首批在全行投产网上银行、手机银行查询个人与企业征信报告功能，提升用户体验，截至2020年末，个人和企业各渠道信用报告查询量分别达到120.28万笔和5.77万笔。

（二）健全个人客户信息安全机制。印发个人客户信息安全管理办法，规范个人客户信息安全管理基本原则与管理标准。开展“遏制侵犯个人信息案件专项行动”，强化信息安全管理。在GCMS系统试点法人征信授权书OCR识别校验功能，完成全行50余个业务应用一二代征信系统查询功能的切换。升级CIIS与GCMS、CBMS、PBMS等系统对接，个人征信日均查询量上限较征信一代增长10倍。

六、高质量完成定期信息披露

（一）顺利完成全年四期定期报告的编制与披露。新增防疫抗疫、普惠金融、第一个人金融银行和智慧银行等自愿性披露内容，完成2019年度及2020年各季度定期报告、资本充足率报告编制。及时跟踪同业最新经营情况，高效完成63项同业比较分析产品。

（二）评级评优成果丰硕。疫情期间，本行外部信用评级保持稳定。2020年共获得21项境外专业媒体奖项，连续8年在英国《银行家》“1 000家大银行”、美国《福布斯》“全球企业2 000强”、美国《财富》500强商业银行子榜单等三项全球顶级榜单中位列首位，连续4年蝉联英国Brand Finance“全球银行品牌价值500强”榜首。

（总行管理信息部）

安全保卫

2020年，全行筑牢安全生产底板，强化安保履职监督，提升技术防范水平，统筹推动境内外一体化安全管理，加大外部案件防范与外部欺诈风险管控力度，全年未发生重大恶性外部案件和安全责任事故。

一、全力做好疫情防控安全保障

一是突出保障在京场所安全。建立完善工作机制，加强重大活动和节日值守，加强在北京办公场所和家属区防疫安全管理。二是加强系统指导。紧盯各地疫情，指导落实办公和营业场所安全管控措施，及时组织增补采购视频监控红外热成像摄像机，为各级机构防疫体温监测提供支持保障。重点督促保安公司加强外包人员防疫防护，严防疫情输入。三是加强境外机构防疫安保。编发新冠肺炎疫情风险地图，每周发布全球安全风险提示。坚持“一行一策”，指导工银亚洲、工银美国等20余家境外机构，结合疫情、政治、自然灾害等情况，强化、改进和落实各项安全管理措施。四是助力防疫金融。为防疫企业免费开通融安e信，应用融安e信对全国医疗防疫用品生产企业、重点保障企业等进行分析筛查，助力相关部门开展防疫金融工作。

二、扎实推进全行安全生产

落实国家安全生产专项整治三年行动计划，开展学习贯彻习近平总书记关于安全生产重要论述宣传活动，

增强各级机构安全生产责任意识、牢固树立底线思维。在总行网讯建立“生命至上、安全第一”专栏，推动安全生产宣传常态化。部署开展安全事故隐患自查自纠，为疫情复工复产提供安全环境保障。组织开展高层建筑消防隐患整治、打通消防车道和电动自行车火灾预防等专项工作，切实排查化解事故隐患，全年全行未发生重大安全生产事故。

三、及时组织做好防汛工作

召开全行防汛工作专题视频会议安排部署防汛工作。建立汛情监测预警机制，编制防汛重点区域、重点机构和重点场所管理台账，逐级实行汛期日报制度，随时掌握一线情况，做到紧跟汛情、上下联动、快速响应、重点防护、及时救灾，确保全行平安度过汛期，未发生重大汛情灾害事故。

四、持续夯实安全管理基础

推动第六轮安全评估问题整改，逐行建立整改档案，按月跟踪核销，全年整改完成率87.20%。推动安防设施达标改造，全行自助场所视频监控、报警、对讲子系统安防设施实现100%达标，32家一级（直属）分行实现全辖安防设施100%达标。推动完善安全保卫制度体系，修订印发《外部欺诈风险管理办法》《刑事治安事件应急预案》，组织安保内控手册落地应用。

五、加强案件管理及风险防控

完成外部监管通报问题整改，本年外部案件发案率和损失率均控制在年度目标值内。完成本年业外案件调查处置工作。针对实体场所外部侵害威胁，加强动态指导、复盘分析和风险提示，指导各机构逐级压实安全防范责任、强化安全防范措施，抓实重点时段与突出风险防范，切实维护各级营业机构安全运营。针对手机芯片卡盗刷等风险事件，开展会诊分析，查堵漏洞、改进防范措施，增强针对性风险监测与防控能力。

六、打击电信网络新型违法犯罪

落实人民银行、公安部打击电信网络新型违法犯罪要求，成立专项工作小组，印发专项实施方案，多次召开专题会议，建立定期监测、分析和通报机制，在全行开展专项治理。全行对公涉案账户同业占比由37.10%降至14.80%，个人涉案账户同业占比由21.20%降至19.30%。

七、推进融安e信发展

坚持创新发展，积极推进产品升级和功能优化。持续扩充风险数据库，引入管理体系认证等数据近400万条；新增监管处罚监测分析、企业风险智能监测预警、全流程集中采购风控服务三条产品线。坚持服务业务，积极深化行内应用。加强与业务部门交流，累计对接总行26个部门（机构）的34个业务系统、60个业务环节，年内预警各类业务风险96.54万次。克服疫情影响，超额完成拓户目标，助力业务创收7.20亿元。

（总行安全保卫部）

案件查防

2020年，全行认真落实监管要求，扎实推进案防工作，案件风险率百万分之11.39，控制在银保监会HRS监测目标值以内。

一、完善体系，扎实有效推进案防治理

（一）制定预防金融犯罪措施。印发《〈关于预防银行业保险业从业人员金融违法犯罪的指导意见〉实施细则》，落实银保监会意见，明确信贷、同业、金融市场、资产处置、资产管理、信用卡、现金业务、第三方合作、洗钱和恐怖融资、信息科技等十大领域预防措施。

（二）全面规范案件管理制度。印发《涉刑案件管理办法（试行）》，对标银保监会监管规定，总结案防实践，突出分级分类管控，明确案件报告、调查、审结、考核全程闭环要求并配套信息系统。

（三）创新实施案件归口闭环管理。按照“属人、属业、关联”原则，明晰案件责任，将案件调查排查、舆情监测、问责处理、整改警示等纳入闭环管理，实行“有案必归口、一案一闭环”。

（四）落实重点监控机制。总行重点监控机构成立以主要负责人为组长的案防整治领导小组，系统深入开展整治。

二、聚焦关键，多措并举控制案件风险

（一）聚焦关键人，坚持协同发力。一是推动履职监督。各级机构积极落实“一把手抓案防”和“抓一

把手案防履职”，对辖内机构、部门负责人案防履职进行督导、督查、考核。二是强化审计监督。印发《关于进一步强化经济责任审计工作的意见》，将内控案防作为必审严审内容，发挥经济责任审计在干部监督中的重要作用。

（二）聚焦关键处，强化内部控制。审议通过《2020 年“四项专项行动 两项强化措施”案防工作方案》，总行 13 个专业部门共组织实施 76 项工作措施。

（三）聚焦关键事，紧盯重点任务。一是统筹疫情防控与案防工作。二是提升整改有效性。高度重视中央巡视、监管检查、监管通报等发现问题的整改工作，建立台账清单，开展“机构 + 专业”双线整改。三是实施专项审计。开展案防管理专项审计，客观评价本行案防机制建设和运行效果。

三、注重实效，创新开展案件风险和异常行为排查

（一）围绕重点领域开展业务风险排查。一是管控业内案件。总行开展了×项案件风险排查和×项专项检查，各分行合计立项实施××个自查项目，对排查发现的各类不规范操作业务，处理相关责任人××人次，其中行政处分××人次，问题整改率 96.33%。二是防控业外案件。运用报警监控平台累计防范盗抢、破坏及治安扰序事件××件，协助公安机关抓获犯罪嫌疑人××名，通过远程对讲为客户提供风险提示 85.7 万余次，持续运用融安 e 信平台预警各类业务风险 96.54 万次、涉及风险资金 33.44 亿元。

（二）实施员工异常行为网格化智能化排查管控。一是完善体系架构。引入社会治理国标，制定《员工异常行为网格化智能化排查管理办法（试行）》，明确 58 种异常行为识别标准，规范异常行为识别、监测、核查、确认、处置全流程管控。二是明确实施路径。建立“网格化”管理模式和责任机制，将全行 39.26 万名员工编入五级网格，压实格长排查责任；依托大数据“智能化”手段和风险模型，持续监测分析异常行为。投产员工网格化管理信息系统（GIS）和违规风险智能识别系统（VIS），实现系统对接自运行，支持格长履职。三是提升排查质效。开展员工套现、办理第三方机构 POS 机专项排查，线索核实确认率 81.39%。

四、严肃查处，强化案防激励与约束机制

（一）加大案件查办力度。坚持“有疑必查、有案必报”，对重大案件由总行组织调查问责。健全（9 + ×） +4 风险责任认定问责机制。构建运行违规问责委员会、责任认定委员会“两委”体系，确保案件问责程序独立公正，形成高压震慑。2020 年共对 272 名责任人给予党纪、政纪处分和其他处理，其中涉及总行和一级（直属）分行的 47 人。

（二）强化案件信息管理。组织全行学习银保监会《银行保险机构涉刑案件管理办法（试行）》和《案情通报》，加强政策传导落实。将案件信息报告纳入境内分行经营绩效考评和专业考评。

（三）完善激励与约束机制。完善境内分行经营绩效考评，新增对作案人员职务层级、员工异常行为排查考评内容，突出人事双管；对自查发现报告的案件下浮扣分，按照追赃挽损率下浮扣分，鼓励自查报告和追赃挽损；对 3 年连续发案分行加大考核力度，考核持续案防效果。强化正向激励，修订印发《违规积分管理办法（2020 年版）》，指导分行奖励案件排查处置有功人员。

五、讲法明纪，持续加强刑法教育

印发《刑法（节选）读本（二）》，组织全行员工学习刑法、刑事诉讼法、监察法相关内容；印发案件通报，编发银行同业典型案例；制作《珍惜职业生涯，远离非法平台投资》短视频，面向“新转岗、新入职、新聘任”员工开展警示教育培训。

（总行内控合规部）

基础管理

一、办公信息化取得新成果

年内投产办公室工作管理系统、声誉风险管理系统移动版、内部用餐管理系统、涉密载体智能跟踪管理系统、关注人员智能管理系统等，完成国家电子政务内网在工行的推广。优化公文管理系统，疫情期间迅速投产了公文、会议、用印审批等 12 项新应用功能，为所有境外机构开通 VPN 远程访问办公系统，支持居家办公。办公平台全年处理业务 8 000 余万笔，日均 33 万笔；移动办公平台处理业务 2 400 万笔，日均 8 万笔。落实

行党委“建设全球最先进的视频会议系统”要求，提出新一代智能视频会议系统建设规划，启动总行智能视频会议室建设。推广无纸化会议和培训，全行召开无纸化会议445次，节约用纸约300万张。从降数量、强监督双管齐下，全年未发生行政印章风险事件。

二、档案管理实现新发展

档案鉴定销毁三年规划圆满收官，累计销毁档案972万件，腾出有效库房空间超2万平方米，节约库房建设投入1.2亿元。通过持续扩大出口，缓解库房保管压力，不断优化库存档案结构。坚持仅“具有法律凭证作用、涉及工行债权债务关系的资料”留存纸质档案外，其他档案一律用电子档案替代的原则，大量剔除各专业不需要保存纸质载体的档案，引导纸质档案向少而精的方向发展，避免不必要的纸张打印，每年可节省纸张2亿张以上，节省复印纸及打印耗材费用超1 000万元，也进一步降低了档案入库压力。强化科技驱动，制定智能档案管理系统建设三年规划，试点实施单套归档、档案二维码全生命管理项目，实现个贷和文书档案自动归档，档案智能化管理迈出新步伐。强化编研利用，完成行领导2019年《历程》光盘制作，深入挖掘工行档案所承载的优秀文化和历史记忆，在行报“档案看工行”专栏发表文章23篇，筹备“工行大文物 打卡新去处”宣传活动，创意研发文创产品，实现档案价值最大化。

三、保密管理水平进一步提升

从严从细部署全行保密工作，坚决守住不发生失泄密风险的底线。完善制度，修订《保密管理办法》，制定《境外机构保密管理办法》，保密工作制度体系更加健全。创新机制，实行网格化管理，进一步下沉管理职责。夯实基础，组织“强化保密教育 筑牢思想防线”培训，开展总行本部保密工作大检查，扩展要害部位范围，完成总行本部涉密载体解密工作，首次开展本部机要人员和保密专员岗前测试，有效降低失泄密风险。优化手段，投产涉密载体和关注人员双线智能管理系统，完成集团商密换装试点推广，保密信息化智能化水平同业领先。

（总行办公室）

第四部分

境内分行成就

责任编辑：赵会玉

北京分行

【主要业务指标完成情况】

2020 年，北京分行实现本外币拨备前利润 706.08 亿元、净利润 513.24 亿元，同比分别多增 5.1 亿元和 2.38 亿元、增长 0.73% 和 0.47%，继续保持系统内和同业第一盈利大行地位。本外币全部存款余额 4.95 万亿元，较年初增加 3 708 亿元，余额和增量均保持系统内和同业第一。本外币各项贷款余额 1.07 万亿元，较年初增加 1 061 亿元，分别排名北京四大行第一和第二。实现中间业务收入 128.12 亿元，北京四大行排名第一，系统内排名第四，同比多实现 1 253 万元。资产质量保持稳定，不良贷款额 24.13 亿元（含卡），不良率 0.23%，北京四大行最优。

【主要工作措施】

一、强化党建引领，抓实“两个从严”和队伍建设

坚持和强化党建引领，深化“两个从严”，坚决做到“两个维护”。一是抓好党的建设。筑牢理论武装根基，坚持以习近平新时代中国特色社会主义思想为指引，深入学习贯彻党的十九届四中、五中全会精神，坚决守好意识形态阵地。持续加强党支部标准化、规范化建设，优化党员结构，夯实组织基础。二是推进从严管理。强化监督保障执行，深入贯彻派驻改革要求，完善制度体系，细化管理手段，出台多项纪检与巡察制度办法，全面推进从严治党、从严治行。强化督查督办，统筹推进机关作风建设，营造了“风正、心齐、劲足、绩优”的良好氛围。三是加强队伍建设。突出政治标准，配优配强各级领导班子，深入开展优秀年轻干部调研，用好各年龄段干部；持续优化人员结构，升级人才培养体系，强化员工福利保障；组织机关作风建设集中整治，开展“三比三看三提高”研讨活动，打造政治过硬、本领过硬、作风过硬的干部人才队伍，为经营发展提供坚强保障。

二、强化量价协调，推动存款优势持续巩固

紧盯重点客户、潜力账户，抢抓合作机遇，深化 GBC 联动，加快综合营销，争揽源头资金，不断巩固扩大负债业务竞争优势。一是持续夯实存款根基。对公存款方面，紧跟国家重点领域改革进程，把握资金运作规律，围绕军队、政府、社保等重点领域，加强营销合作，不断巩固机构存款领先优势。优化公司客户梯队结构，建立 1 + N 综合营销机制，强化同业结算资金竞揽，深挖外汇源头客群，有效推动公司、同业、外汇存款发展。储蓄存款方面，加强源头客群和源头资金拓展，开展“竞新引存”行外吸金等活动，储蓄存款规模稳步提升。截至年末，人民币全部存款比年初增加 3 170亿元，余额达到 4.72 万亿元，保持系统内和同业第一存款大行地位。其中，人民币储蓄、机构、公司、同业存款分别增加 1 075 亿元、637 亿元、883 亿元和 575 亿元。人民币全部存款日均余额 4.72 万亿元，比 2019 年全年增加 4 247 亿元，排名四行第一。二是切实强化成本管理。针对市场变化精准施策，及时跟踪分析资金运行规律，加强存款付息成本控制，持续强化 FTP 指导调控作用，不断提升分层定价能力，存款成本合理可控，截至年末，人民币全部存款付息率 1.63%，四行最优。

三、强化服务本源，促进融资业务质效提升

加大融资支持力度，积极服务国家战略实施和首都“四个中心”建设，全面开展“春润行动”，助力“六稳”“六保”、复工复产和疫情防控，有效支持经济恢复增长。截至年末，人民币各项贷款余额达到 1.02 万亿元，保持同业“第一信贷大行”地位。其中，人民币公司贷款、个人贷款余额分别为 7 601 亿元和 2 228 亿元，排名保持四行第一。围绕京津冀、城市副中心、自贸区建设和央企、市区属企业营销，制订多项行动方案，优化策略打法，进一步提升服务精准性和有效性。全年审批京津冀协同项目 90 个、1 372 亿元，累计发放 467 亿元，融资余额和储备量均保持同业领先。当好抗疫融资“先锋队”“主力军”，年内发放防疫贷款 91 亿元，同业系统“双第一”。持续优化融资投向，精准支持重点领域、重点行业，制造业和民营企业贷款分别净增 151 亿元和 106 亿元；人行口径和银保监会普惠贷款分别增加 96 亿元、97 亿元；新动能贷款和科技文化贷款分别增加 130 亿元和 125 亿元。积极满足实体需求，做好“全融资”服务，年内累计投放非信贷融资 4 703 亿元，余额 8 503 亿元，保持同业“第一融资大行”地位。认真落实中央减费让利要求，新发放贷款利率同比下降 56 个基点。

四、强化经营转型，深化重点战略落地落实

围绕市场变化，加快转型步伐，改进产品服务，完善竞争策略，成效初步显现。“第一个人金融银行”建设深入推进。加强资源整合，强化“资产端”与“负

债端”协同互动，开展全方位综合营销。个人金融资产总额1.73万亿元，比年初增加1 695亿元，系统排名首位。个人客户总量3 242万户，净增84万户。个人手机银行客户规模1 790万户，四大行占比43%。分期付款增量42.4亿元。私人银行客户和资产规模分别达到2.23万户、2 516亿元，四行排名第一。“境内外汇业务首选银行”战略扎实落地。完善“全行办外汇”经营机制，按照“人民币管什么、外汇就管什么”的原则，强化本外币协同发展，发挥对公结售汇、外汇买卖等业务优势，不断扩大业务领域。截至年末，一般性外币存款余额177亿美元，外汇贷款余额73亿美元，保持四大行第一。全年国际结算量3 578亿美元，国际收支口径结算量首次超越中行；跨境人民币结算量2.11万亿元，增幅140%，保持同业、系统“双第一”。个人结售汇连续五年保持同业首位。合规管理扎实有效，连续十一年获得外汇局A类考核评价。资管等重点业务亮点纷呈。大资管收入同比多实现2.33亿元。分行口径高端投行收入8.73亿元，同业四大行占比69%。托管规模5.11万亿元；养老金受托规模293亿元，同比增幅36%；投融资业务余额3 751亿元，系统内占比80%以上；代客资金交易2 011亿美元，创历史新高。个人账户交易同比增长55.5%，遥遥领先北京同业。

五、强化从严治理，确保风控案防扎实有效

持续深化派驻改革，同步落实全面从严治党主体责任和监督责任，强化党风廉政专职队伍和“三专”纪检队伍建设，扎实做好部室巡察和问题整改，一体推进“三不”机制建设，营造了风清气正的良好氛围。坚持以全面从严治党引领全面从严治行，以“抓履职、控风险”强基固本，以“促合规、提质效”保障发展，做到了“主动防、智能控、全面管”。积极推广“3+3”信贷管理架构，扎实推进信贷资产质量“123”攻坚战，完善大户风险会诊机制，加快不良资产处置。强化运行风险管理，实现集约运营新突破，运营质量、效率和安全水平再上台阶。厚植合规文化，完善内控案防机制，扎实推进反洗钱、涉敏等各类风险防控，确保了“一、二道防线”履职有效，“三线合一”职责落细落实，全年零案件、零重大案件风险事件。

六、强化责任担当，保障重点工作有序开展

疫情防控有力有效。坚持人民至上、生命至上，严格执行防疫要求，健全管控机制，动态优化防控策略，抓严抓细人、物、场所管理，压紧压实“四方责任”和“四早”要求，全行保持“零感染”，保障了稳健发展大局。渠道服务提升成果丰硕。积极对接北京城市规划和总行重点战略，加大新兴区域进驻力度，在中心城区、平原新城等地新迁建11家网点，实现全辖外汇服务网点对外挂牌。开展“体验论道、服务创效”项目，客户体验指数、网点竞争力稳居系统前列，6家网点入围中银协“千佳”，蝉联同业第一。脱贫攻坚硕果累累。积极支持脱贫攻坚，行内扶贫采购额5 100余万元；帮助销售扶贫产品2.75亿元，是2019年的8.8倍；精准扶贫贷款净增1.15亿元。

（北京分行）

天津分行

【主要业务指标完成情况】

2020年，天津分行实现拨备前利润实现69.42亿元。中间业务收入实现21.90亿元，增加0.99亿元，增长4.7%。全行本外币各项存款余额较年初增加275.17亿元，增长8.36%。本外币储蓄存款较年初增加213.25亿元，对公存款较年初增加61.92亿元。全行本外币各项贷款余额较年初增加185.7亿元，增长5.75%。

【主要工作措施】

一、在统筹疫情防控和服务实体经济中展担当

2020年，天津分行坚持疫情防控和经营发展“两手抓、两不误、两促进”，先后多次召开专题会议和疫情防控领导小组会议，研究制订工作方案，完善防控机制，坚持把员工、客户的生命安全和身体健康放在第一位。开展全覆盖的疫情防控专项巡察。在防疫抗疫的同时，做好金融保障和服务实体。积极开展“春润行动”“春融行动”，与市文旅局、市工商联签订战略合作协议，助力“六稳”“六保”，服务实体经济的精准性、直达性进一步增强。截至2020年末，人民币公司贷款余额2 239.70亿元，较年初净增181.33亿元，完成全年任务的120.89%，余额、增量均排名同业第一。累计为25户人民银行全国性名单内企业发放优惠利率贷款4亿元，独家获得19家企业优惠贷款发放行资格，占比35%。基础产业继续发挥信贷业务“主动力”和“压舱石”作用，重点支持北疆电厂一期等重点项目，累计投放贷款630.80亿元，余额较年初净增94.54亿元。聚焦“5+6+21”产业集聚区，支持TCL并购中环等重点客户、重点项目，累计投放制造业贷款150.71亿元，余额

较年初净增 29.68 亿元，同比多增 17.93 亿元，四行排名第一。民营企业贷款较年初净增 11.46 亿元。创新普惠金融业务，与天津市线上银税互动服务平台合作推出线上税务贷产品，投放全国首笔“总对总”批量担保贷款。银保监口径、人行降准口径普惠贷款分别增加 25.37 亿元、26.04 亿元，同比分别增长 98% 和 106%，连续两年基本实现了“翻一番”的目标。

二、在深化三大战略推进中谋发展

2020 年，分行认真落实总行“48 字”工作思路，深入推进重点战略落地。积极服务京津冀协同发展战略，与国开行、进出口银行、农发行等政策性银行签署合作协议，密切协同合作。聚焦交通一体化、产业转移、生态环保，加大对重点项目支持力度，分行京津冀协同发展领域贷款余额达到 1 029 亿元，在银保监局服务京津冀协同发展银行融资评比中名列第一。积极推进第一个人金融银行战略，持续推动重点拓户工程，截至 2020 年末，个人全量客户 1 127 万户，较年初增加 47.37 万户。个人金融资产 2 425.90 亿元，较年初增加 212.18 亿元，增长 9.58%。日均 5 万元以上客户 73.08 万户，较年初净增 3.25 万户，增长 4.65%，同比多增 1.04 万户。社保卡存量达到 133.28 万张，较年初净增 65.35 万张，增量同业第一，养老金客户数量较年初净增 13 万人，代发金额增加 4 亿元。私人银行客户 1 140 户，较年初增长 26.95%，管理资产 187.66 亿元，较年初增加 42.5 亿元，增长 29.28%。累计开展村长工程、主任工程外拓 5 000 余次。个贷业务坚持优化模式，稳固二手房市场主导地位，集中力量抢占一手房市场，提高个贷中心智能化处理效能。个人贷款余额 1 059.56 亿元，还原证券化个贷增量 72.13 亿元，余额、增量同业第二。截至 2020 年末，信用卡中间业务收入、客户数、发卡量、消费额、贷款余额五大核心指标保持同业第一。信用卡分期付款投放额 57.24 亿元，较上年增长 19.6%。专业市场拓展 101 家，实现 e 支付交易额 11.25 亿元。积极推进境内外汇业务首选银行战略，建立了“1 + N”外汇业务协同推动机制，开展了外汇业务技能大赛，构建了多维度的外汇工作保障机制。截至 2020 年末，国际业务客户净增 374 户，同比多增 223 户。国际业务中间业务收入实现 3.35 亿元，位居同业第一。做优重点产品，累计办理福费廷业务 340 亿元，系统内排名第二。国际贸易融资累放量 27 亿美元，完成全年任务的 135%。推广跨境人民币反向风险参贷业务，跨境人民币结算业务量 246.73 亿元，完成全年任务的 123.37%。夯实个人外汇基础建设，外币储蓄存款较上年增加4 510万美元，日均增量较年初增加 4 104 万美元，连续四个季度排名同业第二，百家外汇网点均开办外币储蓄、理财、结售汇业务。

三、在持续改革创新中增活力

打好改革攻坚主动仗，持续推进重点改革深植落地。深化全员绩效考核最后一公里落地，搭建了绩效合约管理系统。推进信贷分类经营管理，积极构建“重点行率先突围”与“特色行做大做专”的信贷分类经营、梯次跟进格局。持续提升网点竞争力，高质量、高效率完成“渠道建设新三年规划”首年 30 项任务，制订了网点营销服务能力提升工作方案，持续开展存量低效网点提升工作。截至 2020 年末，存量低效网点数量从 2017 年的 53 家下降到 4 家，效果明显。对环城四区部分服务半径交叉、客户资源重叠的网点进行归属调整。在系统内率先开展“云游工行”直播活动。开展覆盖所有支行的服务“环境靓化工程”“网点 6S 环境规范”现场培训项目。率先实现远程银行中心（天津）职场开业。总行客户服务考核进入前 10 名，渠道管理专业荣获总行工银成就集体奖。推进人民币对公存款管理机制改革，构建自上而下、衔接有序的管理架构，加强支行直营团队建设。截至 2020 年末，对公结算账户净增 1.55 万户，日均金融资产 1 万元以上公司客户较年初增加 5 270 户，超额完成全年任务。推进运营管理改革，稳步推进业务集中处理上收，推广线上线下一体化运营服务，系统搭建智慧化现金运营体系。下好业务创新先手棋，深化科技赋能，全年研发新项目 40 项，实现了非标资管业务、结构化保理项目的突破。先后获得天津滨海农商银行和天津地铁集团企业年金账户管理及托管行资格。首批获得贸易便利化试点资格并成功办理首笔业务。成功上线融 e 行乘车码，投产津体惠、健康武清两个聚富通项目。投产推广手机银行县域“美好家园版”。积极推进民生缴费，在燃气、民电、自来水等多个领域实现突破。截至 2020 年末，个人手机银行存量客户达到 628.48 万户，净增 83.82 万户，完成全年任务的 153.24%，增长 51.72%，系统内排名第二，客户存量、增量保持同业“双第一”。法人手机银行年动户 4.42 万户，增长 65%，同业占比超过 60%，稳居天津市场第一。

四、在强化风险管理中夯基础

按照总行“主动防、智能控、全面管”的总体部署和“三道口、七彩池”的管理要求，天津分行着力打造“54321”风险管控体系，全面风险管理体系建设扎实推进。截至 2020 年末，账面口径不良贷款余额 38.74 亿元（不含天物、订正及银行卡透支），较年初减少 2.34 亿元；不良贷款率 1.13%，较年初下降 0.14 个百分点，成功实现“双降”。打响信贷资产质量“123”攻坚战，研究落地实施方案，明确攻坚目标。建立前中后台联防联控常态化工作机制，压降潜在风险客户融资 25.02 亿元，超额完成全年任务，国企风险名单内企业投融资余额较年初下降 20.40 亿元。授信审批新规成功落地实施，完成专职委员及审批人的选聘工作，业务流程和审议效率不断优化和提升。加快不良贷款清收处置，完成了渤钢系企业不良贷款处置，全年清收处置不良贷款58.61亿元，完成总行调增后处置任务的253.70%，系统内排名第一。推进天物集团债务重组工作，经不懈努力，集团重整计划被裁定批准，境外债成功化解，债转股实现回表。内控案防进一步夯实，持续深化“四项专项行动、两项强化措施”，落实“格长负责制”，实现了全员覆盖。配合内审南京分局完成机构审计工作，扎实推动整改。认真做好“内部控制手册”应用，全面推进“制度治理年”主题活动。持续开展企业账户治理，投产推广智能风控体系。全面开展重点内部科目账务核算改造，核算风险敞口大幅降低，内部账务核算规范管理共识基本形成。加强安全生产和声誉风险管理，筑牢风险防控屏障。

五、在坚持全面从严治党中凝士气

始终坚持以党的政治建设为统领，深入学习贯彻习近平新时代中国特色社会主义思想，增强“四个意识”，坚定“四个自信”，做到“两个维护”。健全工作机制，拉单列表、动态更新，完善了《天津分行党委全面从严治党主体责任清单》《天津分行纪委全面从严治党监督责任清单》等制度。统筹抓好机关党建、基层党建，创建“模范机关”，深入开展“强化政治机关意识，走好第一方阵”政治理论知识竞赛活动，全面推进机关党支部标准化、规范化建设。实现了辖属支行党委建制、纪委建制的全覆盖。加强党风廉政建设，制定了《落实党风廉政建设主体责任的实施办法》，研发了“党廉云”系统。深化派驻纪检监察改革，健全完善监督机制，完成党风廉政建设和违规审理的职能移交。全面落实总行党委巡视巡察工作要求，按照总行巡视和交叉巡察反馈意见，建清单、明责任、定措施、促落实，扎实有序推进整改工作，以高质量的整改推动党建和经营发展取得新成效。持续纠正“四风”，以“两明案”为鉴，组织学习警示教育纪录片，筑牢干部员工思想防线。加强干部人才队伍建设，研究出台了《分行管理人员选拔聘用工作实施办法》《业务类人员选拔聘用管理办法》等一系列管理机制，增强了干部管理的规范性与科学性。为10家存贷规模大行和信贷一类行增配班子职数，提高了各级机构班子设置的科学性。持续推进“513”干部培养迭代提升工程，为干部施展才华搭建舞台。坚持发展依靠员工，首次开展了客户经理职业积分晋升，实施新员工“关键成长期”晋升机制，召开职工代表大会，加快职工小家建设，提高全员的凝聚力，实现员工成长与经营发展的同频共振。

（天津分行）

河北分行

【主要业务指标完成情况】

经营效益保持双增长。实现营业收入241.29亿元，增长5.85%，拨备前利润171.78亿元，增长6.73%；净利润97.7亿元，增长24.74%；中间业务收入55.41亿元，增长6.23%。

存款突破8 000亿元。全部存款余额达到8 544.69亿元，时点增加645.89亿元，日均增加708.88亿元。其中，储蓄存款时点增加540.88亿元；日均增加606.29亿元；公司存款时点增加202.53亿元，同比多增188.1亿元；日均增加95.48亿元，同比多增72.94亿元；机构业务中军队、社保板块存款同业占比达到82%和37%。外币存款时点增加1.72亿美元，同比多增2.21亿美元；日均增加0.41亿美元，同比多增2.88亿美元。

贷款增量创历史新高。各项贷款增加770.66亿元，较好地体现了服务实体的大行担当。全力支持河北“三件大事”，京津冀项目贷款余额突破1 400亿元，在服务雄安新区、冬奥会建设、大兴机场临空经济区重点战略上贷款余额保持同业首位。扎实开展“春润行动”，全力支持制造业、民营企业发展，制造业、民营企业贷款分别增加100.8亿元和67.95亿元，均为近年来最多，带动公司贷款增加375.06亿元，同比多增362.98亿元，为10年来最好水平。突出支持普惠金融和扶贫攻坚，人行降准和银保监口径普惠贷款均超额完成任务计划。持续打造个贷精品亮点工程，个人住房贷款余额同业首家突破3 000亿元，个贷和按揭贷款分别增加405.2亿元和326.9亿元，连续8年保持同业双首位。

不良贷款实现“双下降”。积极抢抓政策窗口期，全力推动资产质量攻坚战，累计清收处置不良贷款72.11亿元，不良贷款（含银行卡）余额89.12亿元，较年初下降6.55亿元，不良率1.3%，较年初下降0.27个百分点，保持了三年解困后的平稳态势，“稳”的格局持续巩固。

内控案防实现“双无”。以巩固“双无”专项行动为统领，全面开展内控合规“制度治理年”主题活动，突出抓好“十大领域”深度治理和反洗钱管理，强化案件风险和员工异常行为排查，严格落实安全生产责任制，实现了无案件、无重大风险事件和重大安全责任事故的“双无”目标。

【主要工作措施】

一、突出党建引领，队伍凝聚力向心力显著增强

强化党对统筹推进常态化疫情防控和经营发展的领导，在疫情初期打阻击战，在常态化防控时期打主动战，辖内员工未发现疑似和确诊病例，营业办公场所未发生聚集性风险，以实际行动和成效践行“两个维护”。扎实推进“不忘初心、牢记使命”主题教育常态化制度化走深走实，加强支部标准化规范化建设，举办建党99周年及结对共建、“党建+”系列活动，党建质量全面提升。干部队伍梯次化建设步伐加快，新提拔干部达到两个“五分之一”。深化派驻改革，探索推动同级监督并建立长效机制，完成对省行本部24个党支部的现场巡察和8家二级分行交叉巡察“回头看”，着力构建贯通联动、同向发力的“大监督”体系。加强作风建设，持续为基层减负赋能，开展送温暖到基层活动，激发干事创业热情，营造和谐家园氛围。

二、突出板块驱动，经营效益实现稳步提升

在加大让利、拨备多提、利差收窄等多重压力下，拨备前利润、净利润、营业收入三项指标均实现正增长且增幅均高于系统平均水平，效益增长更具含金量。8家分行三项指标正增长，廊坊、保定分行拨备前利润同业首位。中间业务实现提升进位，同业占比提升0.59个百分点。保定、廊坊、衡水、承德分行中收总量同业首位。

三、突出客户拓展，存款业务均衡较快增长

积极践行“比”的思想，抓客户、抓日均、抓GBC闭环，全部存款突破8 000亿元。廊坊、承德分行全部存款日均增量同业首位。储蓄存款坚持抓源头客群和源头项目，“第一个人金融银行”战略破题深化，日均增量同比多增37.87亿元。公司存款通过强化落实客户分层分包机制和融资资金延伸管理，创近年来最好水平。机构存款持续巩固扩大军队、财政社保领域优势，同业占比分别达到82%和37%。

四、突出精准投放，各项贷款增量创历史新高

在疫情防控大背景下，河北分行坚决扛起金融保障重大责任，支持经济社会双发展，全力开展复工复产的“春润行动”、支持外资外贸的“春融行动”、支持脱贫攻坚的“春暖行动”“金秋行动”，各项贷款增加770.66亿元，充分体现了服务实体的大行担当。公司贷款实现同业客户挖转提升43户、融资金额119亿元，公司贷款增量创历史新高。京津冀协同发展项目贷款余额突破1 400亿元，在服务雄安新区、冬奥会建设、大兴机场临空经济区重点战略上贷款余额保持同业首位。制造业、民营企业贷款分别增加100.8亿元和67.95亿元，均为近年来最多，均超额完成年度计划。人行降准和银保监会口径普惠贷款均超额完成任务计划。自觉把决战决胜脱贫攻坚的政治责任扛在肩上，高质量完成扶贫任务。个贷和按揭贷款连续8年保持同业双首位。

五、突出标本兼治，资产质量整固成效明显

顶住疫情对资产质量的冲击压力，不良贷款连续三年保持双降，不良率低于系统平均0.36个百分点，保持了三年解困后的平稳态势，“稳”的格局持续巩固。6家分行不良贷款实现双降，5家分行不良率控制在0.5%以内，唐山、衡水分行不良额、不良率同业第一。亿元以上大户处置实现重点突破，完成清户12户、金额34.98亿元。深入开展“信贷业务质效提升”活动，扎实推动“三道口”“七彩池”、授信审批新规等管理要求落地，压实审慎经营责任和全流程履职监督，信贷基础管理进一步夯实。

六、突出转型创新，经营发展活力有效激发

全面推动GBC三端联动，35个场景批次落地，新增G端客户3 044户、B端客户6.4万户、C端客户126.7万户，均居系统前10位。深化科技赋能，推动业务模式创新，投产研发特色产品项目168个，新增平台合作活跃法人客户系统首位，重点场景交易系统首位。个人手机银行净增和法人手机银行动户同业双首位。境内外汇首选银行战略开局良好，外币存款、贷款增量同业排名均提升2个位次，进出口千万美元以上客户覆盖率提升11个百分点。智慧运营和岗位体系建设加快推进，完成5G智慧银行试点建设，网点岗位“4变3”改革全面收官。

七、突出责任落实，内控案防向纵深推进

以巩固“双无”专项行动为统领，全面开展内控合规“制度治理年”主题活动，突出抓好“十大领域”深度治理和反洗钱管理，强化案件风险和员工异常行为排查，严格落实安全生产责任制，连续三年保持“双无”，连续22年无重大安全责任事故。

（河北分行）

山西分行

【主要业务指标完成情况】

2020 年，山西分行实现利润指标“双增、双超、双完成”。实现拨备前利润 77.75 亿元，同比增加 4.04 亿元，增幅 5.48%；净利润 45.83 亿元，同比增加 2.1 亿元，增幅 4.8%。存款余额 4 976 亿元，贷款余额 3 089亿元，继续保持同业领先地位。营业收入稳健增长，全年实现 120.63 亿元，同比增加 3.65 亿元，增幅 3.12%。中间业务收入竞争力明显提升，实现 21.38 亿元，同比增加 1.12 亿元，增幅 5.52%。

【主要工作措施】

一、公司业务

2020 年，山西分行按照山西省委“全方位推进高质量发展”总体思路和要求，坚持服务实体经济不动摇，坚持以客户为中心不动摇，保持人民币贷款业务稳健发展，不断提升服务实体经济质效。截至 2020 年末，人民币公司贷款时点余额 2 200.55 亿元，四行占比 34.32%，公司贷款净增 89.23 亿元，增幅 4.23%，增量四行占比 29.28%。人民币公司存款时点余额 611.31 亿元，较年初净增 43.44 亿元，同比多增 23.78 亿元；日均余额 562 亿元，较上年日均净增 20.22 亿元，同比多增 8.29 亿元。全年累计发放公司贷款 915.69 亿元，其中民营企业贷款投放 82.11 亿元，较上年末增加 10.31 亿元，增幅达 14.36%。民企有贷户 1 622 户，较年初增加 973 户，增幅达 150%，民企有贷户占全部公司客户的 85%，较年初增加 20 个百分点。

围绕信贷“1+3”布局，发力基础设施板块和能源板块等省内传统优势信贷市场。牵头筹组全国铁路系统首单债务优化业务——大西铁路项目营运期银团贷款，总额 371 亿元全部实现投放，开创铁路债务优化“山西模式”；完成晋豫鲁项目营运期银团贷款审批，取得联合牵头行地位，实现 150 亿元全额承贷，同业占比 35%；成功落地担任牵头行的长临高速回购 82.4 亿元银团贷款，工行份额 42.4 亿元，占比 51%；取得太原武宿机场三期改扩建 90 亿元银团招标的银团牵头行地位；采取“贷+债+租+顾+股+代”六位一体融资支持，提供全方位、全产品、全链条的综合金融服务，实现租赁项目落地 6 个，投放 103.93 亿元，发行债券 42 亿元，较上年同期净增 2 亿元。

助力打赢疫情防控阻击战，全力支持企业复工复产。主动对接人行、工信厅，获取疫情防控重点企业名单，一对一配备助企客户经理，建立疫情防控“1+4”信贷专项工作机制，全面对接 34 户全国性疫情防控重点企业和 17 户省属疫情防控重点企业，累计投放贷款 1.7 亿元。全年累计为 78 户企业发放复工复产融资 245 亿元，为疫情防控贡献工行力量。

二、普惠金融

2020 年，山西分行按照“做真、做实、做好、做活、做持久”要求，以服务实体经济、支持转型发展为导向，全面提升金融服务普惠性、覆盖率、可得性和满意度。截至 2020 年末，人行定向降准口径贷款余额 39.13 亿元，较年初净增 15.04 亿元，增幅为 62%。银保监普惠口径贷款余额 41.21 亿元，较年初净增 18.55 亿元，增幅为 82%。金融扶贫贷款余额 44.44 亿元，较年初净增 4.97 亿元。全年新拓小微企业客户（含 e 抵快贷）2 219 户，同比增长 71%，年末小微企业有贷户 1 644 户，较年初净增 995 户，全辖有贷户净增户数占比达 99.7%。同时，实现银保监普惠口径有贷户 4 227 户，较年初净增 1 912 户，增幅为 83%。

在同业中率先提出支持小微企业稳企业保就业“六增、三降、三优、一控”13 项工作措施。全年累计为 2 373 户小微企业投放贷款 55.93 亿元，同比增长 142%；借助“抗疫贷”产品积极支持防疫相关行业企业融资需求，疫情期间为 11 户疫情相关行业小微企业授信 2 800 万元，其中 10 户企业提款 2 500 万元。同时，积极传导落实监管机构对中小微企业实施续贷政策要求，做好临时性还本付息工作，按照产品结构分别实施不同的续贷期限，截至 2020 年末，为 473 户小微企业办理 826 笔续贷业务，续贷金额 2.32 亿元。

严格贯彻落实金融精准扶贫工作要求，全面摸排 61 个包干乡镇，完成 45 179 户建档立卡贫困户逐户走访、113 386 名贫困人口逐人对接，新投放扶贫小额贷款 11 263 万元（其中 35 万为边缘人口发放），分别为 100 户贫困户延期代扣、51 户贫困户贷款展期，做到“应贷尽贷、应贷快贷”，四年来累计投放扶贫小额贷款 63 827 万元，惠及贫困户 12 894 户，支持脱贫攻坚成效显著。

三、个人贷款

2020 年，山西分行坚持“重点区域、重点企业、重点项目”投放原则，以省城太原和二级分行所在城区为重点，聚焦总分行级重点开发商按揭资源争夺和规模配置保障，坚持不懈抓好项目储备、业务收单和贷款投放。全年总分行级优质开发商投放规模达 64.82%，较年初上升 0.49 个百分点。参与住房正常贷款证券化，全年共交割出表 9 期、金额 21.4 亿元，全部用于各期"鼓肚子"放款，一定程度缓解规模紧张压力。全年投放不占用房贷规模的个人商用房贷款 26 笔、金额 526 万元。截至 12 月末，个贷余额（个金口径）584.96 亿元，比年初净增 79.92 亿元。其中，房贷余额 575.5 亿元，比年初净增 79.41 亿元；个人质押贷款（经营）余额为 3.49 亿元，比上年增加 2.11 亿元；质押贷款（消费）余额为 2.01 亿元，比上年增加 635 万元。

四、存款业务

2020 年，山西分行积极推进"第一个人金融银行"战略实施，坚持"以储蓄存款为纲"发展理念，实施"强化目标、强化机制、强化主题"工作机制，截至 2020 年末，储蓄存款时点增量为 336 亿元，同业排名第二。个人金融资产达 4 388.34 亿元，较年初净增 330.85 亿元，较同期多增 94.9 亿元。个人全量客户达 1 980.96 万户，较年初净增 93.51 万户，较同期少增 93.98 万户；有效客户 1 382.57 万户，占全量客户的 69.8%，较年初净增 75.77 万户，较同期少增 15.78 万户；月日均资产 5 万元以上客户 134.25 万户，较年初净增 8.4 万户。全年个人金融专业实现中收 6.14 亿元，同比减少 0.18 亿元，零售板块中收达 15.07 亿元，占全辖中收的 70.48%，同比多增 0.9 亿元，四行排名首位。

搭建智能外呼平台，上线"潜力客户一年期专属定期存款"智能机器人外呼营销项目。采用人机结合模式，平均每天外呼量为 2 100 通，周外呼量超万通，单个智能机器人效率是人工坐席的 4 倍，提升远维团队外呼效率。疫情期间，优化 30 项流程手续方便客户，快速上线理财经理线上工作室和 Beta 金融小店，累计平台访问 26.39 万人次，访问客户 12.8 万户，营销储蓄存款 21 000 万元、财富类产品（基金、保险、理财）18 600 万元。

五、资产质量

2020 年，山西分行严格落实"三道口、七彩池"管控要求，实现信贷资产质量持续好转。把好"入口关"方面，科学编制《山西分行 2020 年—2022 年投融资规划》，优化新建信贷关系客户准入和法人客户分类管理办法，全年累计完成 60 户新增法人客户分类、1 330户存量法人客户分类审核工作，严防"病从口入"。守好"闸口关"方面，通过综合运用风险差异化预警、潜在风险贷款压降、法人大户风险会诊等措施，化解逾期贷款 79.05 亿元，有效防止贷款劣变。畅通"出口关"方面，不断优化处置结构，强化重点大户及重点区域清收处置。年末全辖不良贷款、不良率，分别较年初减少 9.48 亿元、下降 0.37 个百分点，实现连续三年双下降，达到历史最好水平。成立推进全面风险管理领导组，制订山西分行推进全面风险管理实施方案，明确总体思路，落实"六方责任"，筑牢"三道防线"，按照"主动防、智能控、全面管"管理路径，扎实推进全面风险管理职责落实，风险管控能力逐步提升。

六、网络金融

2020 年，山西分行网络金融专业直接贡献中间业务收入 2.92 亿元，占全辖中收的 13.7%，创历史同期最好水平。互联网客户规模、活跃、交易额、收入等关键指标继续保持同业首位，互联网客户渗透率稳步提升。截至 2020 年末，个人手机银行月均动户数达到 260.29 万户，较上年净增 48 万户，增幅 22.9%，动户率再上新台阶，达到 23%；企业网上银行客户达到 22.45 万户，净增 3.12 万户；企业手机银行 13.77 万户，新增 2.11 万户。围绕复工复产，通过资源投入组织开展"三晋周周惠"活动、积极参与政府消费券发放等，助力消费提振经济。发挥融 e 购优势开展电商扶贫，全年累计实现消费扶贫交易 5 220 万元。e 差旅推广取得实效，交易金额 1 214 万元，司法拍卖取得突破，累计交易 7 000 万元，聚富通首个项目在太原落地投产。政府领域成功投产山西省直属机关事务管理局"智慧后勤"项目；教育领域构建银校合作新模式，成功与 13 所各类院校开展或达成合作；文化领域与山西省图书馆联合推出线上电子借阅。

七、渠道管理

2020 年，山西分行优化网点建设流程，助力网点效能提升。持续压降冗余环节，加强供应商管理，细化合同主体责任，选树网点标准化建设标杆工程，构建网点建设效能提升闭环管理模式。全年标准化装修网点开业 47 家，网点布局优化 17 家，建设完成山西省内首家 5G 智慧骨干网点。推动太原清控互联网（普惠）金融支行投入运营，新建临汾吉县、吕梁岚县 2 个空白县支行。全年压降 5 个超面积续租网点的租期和租金，迁址 3 个低效网点，提升 2 个低效网点经营效能，缩减面积大、租金高的离行式自助银行 21 个，减少自动柜员机 170 台，持续提升网点精益化管理水平。打造 2 个千佳网点、3 个总行服务五星级网点、8 个四星级网点，发挥标杆示范窗口效应。开展"个人金融信息保护""身边的银行暨存款保险"和"金融知识普及月 金融知识进万家"等金融宣教活动，将金融宣教与产品推广、金融扶贫、社会热点等结合，提升金融宣教覆盖面和有效性，累计 1 000 余个机构参与金融宣教活动，参与员工累计 1.7 万余人次，受众客户达到 130 万人次。

八、党的建设

2020 年，山西分行统筹党建引领和强化内控，切实做到管理实、风控强。巩固深化"不忘初心、牢记使命"主题教育成果，精心组织学习宣传党的十九届五中全会精神。扎实推进"两明案"专题教育整改

“回头看”，建立同级监督和信贷关键岗位轮岗等制度，切实做好“以案促改”后半篇文章。细化党风廉政建设各项措施，明确提出新“七个严禁”，加大源头治理力度。增强行内巡察独立性、权威性，运用标准化、模板化巡察清单，“结硬寨，打呆仗”，直面问题，深挖、细纠、严改，深入推进不敢腐、不能腐、不想腐机制建设。紧盯“关键少数”，按照总行“两委、两化”风险管控建设新格局，推进案件及风险事件“防—查—处”一体化体系建设。坚持“抓早、抓小、治未病”，确定“报、谈、观、询、查、判、处”七步工作法，建立员工异常行为排查新机制。

九、公益事业

2020 年，山西分行继续秉承“回馈社会、服务社会”宗旨，投身社会公益事业，在捐资、扶贫、助学、助残、环保等方面发挥金融骨干作用。开展“众志成城、同舟共济、工行人在行动”抗击疫情捐款活动，全辖共 13 242 人次捐款，合计金额 223 余万元。1 356 人次向湖北慈善总会、红十字会和当地医疗卫生机构捐款近 2 万元。对两个扶贫点各捐赠 10 万元，用于扶贫点民生项目建设。2020 年两村顺利通过国家脱贫成效普查，并进入山西省脱贫成效“第一梯队”。春节、国庆等重大节日开展送温暖活动，将总行拨付资金 287 万元、山西分行配备配套资金 49.6 万元用于困难救助，共计救助困难员工 493 名，通过多频次特困救助活动，及时传递组织关爱，解决员工实际困难。

（山西分行）

内蒙古分行

【主要业务指标完成情况】

2020 年，内蒙古分行实现净利润 26.29 亿元，较上年增加 3.1 亿元，增长 13.37%；实现拨备前利润 51.17 亿元，较上年增加 4.88 亿元，增长 10.54%；实现营业收入 84.96 亿元，较上年增加 5.74 亿元，增长 7.25%。实现中间业务收入 17.06 亿元，较上年增加 2 亿元，增长 13.27%，同业实现“总二增一”竞争力提升目标。拨备覆盖率 254.99%，较上年提高 1.22 个百分点，较 31 家一级分行平均水平高 53.1 个百分点，风险抵御能力进一步增强。

【主要工作措施】

一、立足区情行情，谋划战略发展

2020 年 4 月，内蒙古分行结合经营实际和发展方向，强化“比”的思想，以积极进取的态度，瞄准市场第一，致力于摆脱同业排名落后、系统贡献较小的现状，以加快落实推进总行党委的各项战略部署为核心，进一步明确各项业务提升目标，结合实际制定了“335 战略”。“3”即打造第一个人金融银行、第一公司金融银行、第一机构金融银行，全面提升市场竞争力、价值创造力、风险控制力和金融服务力；“3”即建设普惠金融首选银行、外汇业务首选银行、信用卡首选银行，做到业务领跑、多维发力、有效赋能；“5”即实施存款立行、信贷强行、拓户活行、内控安行、人才兴行五大基础工程，集众智、汇众力，把内蒙古分行建设成为系统小而优、同业大而强的区域竞争力强行，努力实现以高目标带动大发展。经过全行上下近一年的凝心聚力、精诚团结、奋发图强、锐意进取，努力克服疫情带来的不利影响，坚持向实体经济减费让利与激发内生动力两手抓，经营效益显著增强，发展实力再上新台阶。

二、坚持客户至上，夯实发展基础

坚持以客户为中心的发展理念，不断提升服务水平，夯实客户基础，厚植发展潜力，客户经营能力和存款吸收能力呈现新面貌。发力聚力客户拓维，全面提升服务效能。开展“2020 服务先行”等主题活动，狠抓谋客、获客、活客、留客四个核心环节，加强网格化营销和精细化管理，“第一个人金融银行”战略成效初显。全量个人客户增幅高于系统平均水平，系统排名第 11 位；个人手机银行客户市场占比提升显著，同业排名第 1 位；日均金融资产 1 万元以上公司客户较上年末增长 47%；存量结算账户四行占比 26.7%，同业排名第 2 位。全力聚焦稳存增存，持续夯实发展基础。各项存款较年初增加 221 亿元，增长 7.97%。人民币存款付息率为 1.42%，较系统平均水平低 0.2 个百分点，处于同业最优水平。储蓄存款时点增量、日均增量同业排名提升至“双第二”。个人金融资产系统排名较上年提升 1 个位次至第 24 位。公司存款余额同业排名较年初提升至第 2 位，市场占比较年初提升 2.83 个百分点；公司存款增量较上年提升 1 个位次至同业第 1 位。尽最大努力克服不利因素，熨平机构存款波动。外币各项存款余额同业占比较年初提升 6.2 个百分点；外币存款增量同业排名较年初上升 1 个位次至第 2 位。存款付息率为 1.42%，较系统平均水平低 21 个基点，为同业最优水平。

三、坚守金融本职，服务实体经济

立足地区经济实际，聚焦实体发展需求，加强投融资一体化管理和顶层设计，全力支持复工复产，重点倾斜“两新一重”、交通能源等领域，坚持“房住不炒”原则提升个人贷款投放水平，努力拓展普惠金融覆盖面，全力支持自治区政府化解债务，持续推动信贷业务健康可持续发展。2020 年累计投放各项贷款 906.68 亿元，较上年增加 114.22 亿元，增长 14.41%，各项贷款余额市场占比较年初提升 1.09 个百分点；各项贷款增量市场占比 39.4%，同业排名第 2 位。其中，为自治区全国性名单企业发放首笔疫情防控贷款，向疫情防控重点企业投放贷款、债券承销近 20 亿元。制造业中长期贷款余额同业第一，民营企业贷款增量同业排名第一。公司贷款增量市场占比 63.12%。人行和银保监口径普惠贷款增幅分别为 51.62% 和 43%，是近年来最好增长水平，余额、增量实现同业进位；不良额和不良率实现“双降”，完成“两增两控”目标。全口径个人贷款余额突破 500 亿元关口，还原证券化因素，增量超百亿元；个人按揭贷款增量同业排名第 1 位。完成地方隐性债务融资置换 126 亿元，承销地方债 450 亿元，占比 24.4%，连续 11 期承销额市场排名第一。

四、压实风险管控，实现稳健经营

严格落实“管住人”“管住钱”“管好防线”“管好底线”要求，进一步完善“主动防、智能控、全面管”的风险管理体系，着力实现合规稳健运营。抓紧抓实内控案防工作。针对近年内蒙古分行案件风险多发频发现状，自 4 月份开始在全行有重点、分层次、多维度、网格化开展了风险全面排查行动，实现机构、业务、员工全覆盖，加强案件风险防控，根除各类违规顽疾，全年共排查 4 万余人次，累计通过违规积分、行政处分处罚员工 1 500 余人次，营造合规经营氛围，为竞争力强行建设创造安全、稳定、和谐的发展基础。启动信贷经营能力提升工程。深化“先横后直、归口管理”的网格化管理模式，确保资产质量保持稳定。重点移出客户池净移出 37.87 亿元。累计清收处置不良贷款（不含银行卡）16.92 亿元；全口径不良贷款余额 33.31 亿元，较年初减少 0.43 亿元；不良率 1.46%，较年初下降 0.21 个百分点，近年来首次低于系统平均水平。加强潜风险贷款管理，全年累计压降潜风贷款 2.51 亿元，潜风融资余额 35.49 亿元，占比较年初下降 0.52 个百分点。

五、锐意转型创新，促进改革发展

持续推进重点城市行、重点县域支行和支行特色化经营等转型战略，重点突出、层次分明、以点带面，为区域竞争力强行建设打造多维引擎。加强重点城市行建设，将通辽分行纳入分行级重点城市行统一管理，配套机制，优化资源配置，同步支持呼和浩特、包头、鄂尔多斯、赤峰等其他重点城市分行把握战略机遇，抢占发展先机。呼和浩特分行在总行级重点城市行综合竞争能力评价中排名第 18 位，等级由上一年度 D+ 提升至C-。优选 20 家重点县支行，专题召开竞争力提升座谈会，解剖麻雀、逐个把脉，从政策调控、机制配套、资源倾斜和产品支持等多领域，制定支持保障和推动措施，市场份额较年初均有所提升。启动支行特色化经营，在各机构全面发展个人金融业务的基础上，分别确定 33 个对公业务（含公司、机构、结现等）、30 个普惠金融、23 个国际业务、23 个信用卡业务特色化经营支行，以点带面推动竞争发展水平整体提升。

六、强化党建引领，从严管党治行

坚持把党的政治建设摆在首位，深入学习贯彻习近平新时代中国特色社会主义思想和党的十九大及二中、三中、四中、五中全会精神，进一步增强“四个意识”、坚定“四个自信”、做到“两个维护”。强化区分行本部政治机关意识，努力走好第一方阵，创建“让党中央放心、让人民群众满意的模范机关”，区分行本部获评第六届全国文明单位，是自治区唯一一家获此殊荣的商业银行。组织召开党建组织人事工作会议和党建工作领导小组会议，印发《区分行委员会工作规则》《全面从严治党主体责任清单》等多项制度规定，将党的组织建设有机贯穿到经营管理的各个环节。统筹做好“选、育、用、管”，完善了事前有目标和规范、事中有控制和监督、事后有评价和奖惩的干部管理体系，加大年轻干部选拔培养力度，被总行评为 2020 年“用人风气评价一类行”。开展两个批次巡察工作，实现对区分行各机构、各部门巡察全覆盖，风清气正的干事创业氛围不断增强。建立“任务立项—跟踪检查—效果反馈”的全流程督办机制，有效提升执行力。助力脱贫攻坚，在消费扶贫“金秋行动”中，超额完成总行采购贫困地区农产品和帮助销售贫困地区农产品任务计划，位居系统前列。坚持人民至上、生命至上，把员工生命安全和身体健康放在首位，有序有力有效落实常态化疫情防控措施，实现了营业场所、员工及家属零感染。

（内蒙古分行）

辽宁分行

【主要业务指标完成情况】

2020 年，辽宁分行实现拨备前利润 82.3 亿元，同业第一，实现净利润 5.6 亿元，两项利润均超额完成总行必保计划。人民币各项贷款 2 957 亿元，比年初增加 71 亿元，增长 2.46%；全部存款 4 119 亿元，比年初增加 144 亿元，增长 3.62%；实现中间业务收入 17.6 亿元。

【主要工作措施】

一、统筹推进疫情防控与金融保障

成立应对疫情工作领导小组，组建工作专班支持防疫保障企业，投放辽宁省首笔防疫支持贷款，保障企业开户率、授信率、有贷率、投放额四行第一。全面支持企业复工复产、保障外贸外资企业各项金融需求，积极开展“春润行动”“春融行动”，分别投放贷款 210 亿元和 75 亿元。坚持让利实体经济，支持困难企业延期还本付息，主动降低新发放贷款利率 0.75 个百分点。注重服务实体经济，实体贷款增加 100 亿元，同比增加 31 亿元；银保监和人行口径普惠贷款任务完成率 162% 和 175%。加大力度防范金融风险，资产质量攻坚战成效明显，不良额、不良率两项指标均降至近三年同期最低水平。落实脱贫攻坚政治责任，精准扶贫贷款投放、“春暖行动”“金秋行动”消费扶贫超额完成总行任务。

二、稳步推进总行战略与经营发展

持续推动“第一个人金融银行”战略落地实施，确立“1+3+5+3”经营方向，即“以客户为中心”，构建全量客户多元获客、重点客群差异经营、存量客户分级服务“三个体系”，实施业务经营创新、营销模式转型、产品交叉销售、重点区域升级、运营风险防控“五个工程”，完善考核传导、全面赋能、资源配套“三个机制”。进一步夯实客户基础，通过场景搭建、名单制营销、代发拓展等专项营销，做大客户规模，个人客户总量 1 910 万户，净增 68.6 万户，增量同业第一；手机银行客户新增 167 万户，增量同业第一；储蓄存款增加 267 亿元，创历史新高。外汇业务首选银行战略开局良好，围绕外汇存款、结售汇及外汇买卖、国际贸易融资、国内信用证、福费廷等产品，加快市场拓展。加强本外币、境内外联动，全面提高国际结算、跨境人民币业务总量，扩大外汇中收市场份额，进一步缩小与领先同业差距。外汇存款、外汇贷款增量同业排名均从第 3 位升至第 1 位；外汇中收、国际结算、资金交易等主要指标超额完成总行计划。持续抓好重点城市行和县域支行两个重点区域，突出问题导向和目标导向，强化对标对表，制定新的竞争力提升三年规划，压实同业赶超时间表、路线图和责任人，重点区域发展保持良好态势，重点城市行整体竞争表现稳中向好，县域支行存贷款业务均实现较快增长。

三、持续推进深化改革与优化升级

加速推动票据业务经营机构发展，新增 38 家经营机构，票据直贴量同业第一，业务收入系统内排名第一。不断深化场景建设，强化网络金融 G 端、B 端和 C 端连接渠道建设，打造机构、公司、个人三大客群融会贯通的发展格局，已落地 GBC 场景 30 个，其中 17 个总行级场景全部落地。加速推进网点对公场景建设及应用，通过标杆网点建设、队伍战斗力提升，加快网点对公业务发展，对公账户开户网点新增 40 家。进一步推动智慧银行战略落地，智慧银行生态系统（ECOS）有序投产，线上线下一体化运营服务模式顺利推进。启动实施审批新规改革，推进员工异常行为网格化管理，严防电信网络新型违法犯罪行为，大力压降监管转办投诉数量。

四、纵深推进从严治党从严治行

不断深化“不忘初心、牢记使命”主题教育，围绕总行巡视反馈意见，制定 102 条措施扎实做好整改“后半篇文章”。纪律作风建设持续加强，落实新时代党的建设总要求，制定全面从严治党主体责任和监督责任清单，开展“贯彻落实中央八项规定精神 驰而不息加强作风建设”专项整治，推进“两明案”专题教育整改，对 19 个省行部室开展巡察。加强重点条线人才队伍建设，制定三年人力资源规划，建立全新荣誉激励体系，召开职代会推进民主决策，严格落实常态化疫情防控机制，保障广大员工健康安全。

（辽宁分行）

吉林分行

【主要业务指标完成情况】

2020年，吉林分行实现拨备前利润47.8亿元，同比增加3.8亿元、增长8.5%；实现中间业务收入18.3亿元，同比增加0.9亿元、增长5.04%；实现净利润28.1亿元，完成全年计划的104%。不良指标实现“三降”，不良贷款余额29.2亿元，较年初减少35.6亿元；不良率1.37%，较年初下降1.87个百分点；年度“剪刀差”为-0.4亿元，实现历史突破；成为系统内第一家完成资产质量“提质进位”目标的一级分行。全部存款余额3 036亿元，比年初增加327亿元；各项贷款余额2 130.1亿元，比年初增加132.8亿元，余额稳居同业第一位次。

【主要工作措施】

一、坚持党建引领发展，经营工作政治根基更加坚固

充分应用总行党委巡视巡察工作成果，协助总行党委第三巡视组圆满完成2020年第二批次巡视工作。将整改任务转化为治理效能，推动解决分行全面从严治党、从严治行方面存在的深层次问题。切实提升干部队伍建设效能，近三年，新选拔任用的处级管理人员中，年轻干部占比分别为31%、25%和32%。全辖处级干部中，年轻干部占比14.5%。在疫情防控和扶贫攻坚等重大任务中锤炼党性，面对省内外多次发生疫情反弹的严峻形势，吉林分行上下严格落实排查报告、弹性工作、人员管控、餐饮供应、环境消杀、物资储备等防疫举措，持续确保全体员工“零疑似”“零感染”。助力脱贫攻坚决战决胜，超额完成“金秋行动”购买农产品任务和帮销任务；三年来累计发放精准扶贫贷款17.2亿元，支持扶贫项目20余个，帮扶贫困户741户，切实加快37个扶贫点的脱贫步伐。

二、坚持基础业务发展，各项存款经营态势更加强劲

储蓄存款蓄势蓄能，持续保持同业竞争优势，形成“每天增长一点点”的常态化增存理念，年末余额2 127.4亿元，增加282.2亿元。公司存款保持稳健，将客户拓展作为公司存款增长、降低公司存款成本的重要途径，年末余额358.4亿元，增加22.4亿元。机构存款深挖潜力，积极打开优势业务的延伸通道，拓展机构存款的增长空间，年末余额488亿元，增加11.4亿元；同业存款余额39.5亿元，增加6.5亿元。旺季营销夯基利远，通过开展“零售、对公”旺季营销双轮驱动，各项业务协同促进，发动分行全年发展提速“新引擎”。

三、坚持服务经济发展，贷款业务整体布局更加优化

公司贷款布局优化，通过统筹把握投融资总量、结构和定价，推动金融服务向产业生态“上下游、前后端”延伸，年末余额1 115.2亿元，增加65.3亿元。票据贴现量完成全年计划的152.1%，排在系统内首位；增量和增幅分别列系统内第4位、第2位。普惠金融稳健发展，全面贯彻总行关于普惠金融“做真、做实、做好、做活、做持久”的发展要求，推动实现“增量扩面、提质降本”目标，年末银保监口径普惠贷款余额33.9亿元，增加6亿元；人行降准口径普惠贷款余额31.1亿元，增加5.2亿元，分别完成全年计划的121%和103%。个人贷款领跑同业，坚持按揭贷款核心地位，全力补齐非住房类贷款业务短板，年末贷款余额731亿元，增加23亿元；在余额、累放额稳居同业首位的基础上，个贷不良额、逾期贷款额，分别低于总行管控目标0.2亿元和0.7亿元，顺利完成资产质量管控任务。

四、坚持战略促进发展，重大战略落地执行更加深入

深耕厚植“第一个人金融银行”战略，全量客户较年初增加119.7万户，创历史最好水平。私银客户增加265户，排在同业首位；私银产品客户覆盖率、资产渗透率、客户签约率，分别列系统内第1位、第2位和第3位。信用卡客户增幅3.6%，活跃客户净增3.7万户。纵深推进“第一手机银行”战略，个人手机银行客户净增122.1万户，完成全年计划的155%，存量、净增均排在同业首位，增幅实现系统内、同业“双第一”。法人手机银行年动户数2.8万户，稳居同业首位。医保电子凭证签发量在系统内和同业中均列第一位次。扎实推动“境内外汇业务首选银行”战略，国际业务客户全年新增171户，增幅19.6%；办理国际结算量61.2亿美元，增幅20.9%；办理结售汇量46.3亿美元，增幅68.6%。全面深化“重点区域竞争力提升”战略，加快对重点城市行人格化授权实施速度，加强对县域市场的资本性资源倾斜力度，全面激发县域支行经

营活力和内生动力。

五、坚持转型驱动发展，业务市场活力要素更加集聚

投行资管保持多元增收，投行中收同比增幅、同业业务收益增长率和余额增速，均排在系统内首位。渠道运行管理更加长效，风险账户预警率、“码上赢”渗透率和员工覆盖率，分别列系统内第 6 位、第 1 位和第 4 位；网点优化调整、装修改造和隐患治理的任务完成率均达到 100%；辖内 2 家网点获评“中银协千佳网点”、3 家网点获评“总行服务五星级网点”。创新引领市场再造深化，吉林分行地方债承销规模连续五年位居同业首位；养老金理财销售额增长 158%，创近三年最好水平。金融科技打造竞争优势，深化科技与业务的协同联动，为业务营销拓展注入新的发展动能，抢占新一轮竞争制高点。

六、坚持安全稳健发展，经营风险防控屏障更加牢固

资产质量基础得到夯实，截至年末，潜在风险贷款全部化解，为后续健康发展奠定坚实的资产质量基础。作为第一批试点行正式实施授信审批新规，分行信贷业务整体运行平稳有序。内控案防底线更加牢固，荣获全行第五季内控合规冠军挑战赛总冠军。围绕员工异常行为“六大类”突出问题开展专项治理，确认违规 398 人次，给予 330 名违规人员和 20 名责任人严肃处理，行政警告以上处分比例 72.4%，有效发挥标本兼治的震慑作用。安全运营保障加快构建，全年开展现场检查 15 次、非现场检查 2 万余次，实现二级分行检查全覆盖；各级行消防演练任务计划均超额完成，继续保持全年无案件和重大风险事件的良好态势。

（吉林分行）

黑龙江分行

【主要业务指标完成情况】

2020 年，黑龙江分行全部存款余额 4 306 亿元，比年初增加 562 亿元。各项贷款余额（含银行卡透支）2 269亿元，比年初增加 206 亿元。实现中间业务收入 15.53 亿元，同比减收 0.19 亿元。实现拨备前利润 57.1 亿元，同比增盈 3 亿元，增长 5.6%；实现净利润 33.3 亿元，同比增盈 2.2 亿元，增长 7%。不良贷款实现“双降”，不良贷款余额 26.25 亿元，比年初减少 0.56 亿元，不良率 1.16%，比年初下降 0.14 个百分点。从市场竞争力来看，全部存款余额和增量、各项贷款的余额和增量、中间业务收入、利润均居可比同业第一位，且领先优势进一步扩大。

【主要工作措施】

一、不断强化党建与干部队伍建设

始终坚持把党的政治建设摆在首位，认真学习贯彻习近平新时代中国特色社会主义思想，不断增强“四个意识”、坚定“四个自信”、做到“两个维护”。通过党委中心组学习、专题讲座、讲授党课等形式，掀起学习贯彻党的十九届四中、五中全会精神热潮。巩固“不忘初心、牢记使命”主题教育成果，持续推动主题教育常态化、制度化。加强基层党组织建设，基层党支部发展到 756 个，消除了党员空白网点。充分发挥直属党委、直属纪委的监督作用，推进增强机关政治意识、“灯下黑”问题专项整治、党支部标准化规范化建设、创建“让党中央放心、让人民群众满意”模范机关四项重点工作。深化纪检监察派驻改革，持续强化作风建设，构建不敢腐、不能腐、不想腐体制机制；对 4 家二级分行和 9 个省行部室开展了巡察监督，实现了首轮巡察全覆盖，共反馈问题 265 个，处分责任人 11 人次；紧盯关键少数、重点人、重点事，做实日常监督，运用监督执纪“四种形态”，抓早抓小、惩前毖后，共处理 255 人次；组织开展“两明案”专题教育整改“回头看”，发挥警示教育作用。持续加强干部队伍建设，重视优秀青年干部的培养与使用，开展优秀年轻干部集中选拔和动态调整，建立覆盖各层级的优秀年轻干部储备体系。全年交流干部 33 人次，提拔任职近 300 人，推进了干部队伍的梯队建设。

二、存款规模再创历史新高

2020 年，黑龙江分行存款在 2019 年高位增长的基础上实现增量 562.3 亿元，全部存款余额、增量均创历史新高。其中：储蓄存款增加 430.1 亿元，占全部存款增量的 77%；公司、机构、同业存款均实现了余额和增量可比同业“双第一”，为全行经营效益大幅攀升作出了突出贡献。落实“第一个人金融银行”战略，个人客户总量 1 968 万户，净增 71.6 万户；月均金融资产 5 万元以上客户净增 12.5 万户。新增借记卡 181 万张，居可比同业第 1 位。e 支付活跃商户净增 1.2 万户，增幅 31.7%。个人手机银行客户 990 万户，居可比同业第 1 位，本年净增 190 万户，同比增长 58%；个人手机银行月均动户 177 万户，同比增长 32%。落实“境内

外汇业务首选银行”战略，成功办理了系统内首笔单一窗口项下卢布跨境汇款业务和自贸区首笔区块链服务平台贴现融资业务；代理柜台记账式国债交易实现零的突破。

三、有效提升实体经济服务质效

服务地方经济发展，全力抢占优质信贷市场。累计向七大产业集团投放贷款 110.85 亿元，成功对接百大项目主体单位 258 个，核定授信 220 亿元，发放贷款 44 亿元。围绕北大荒集团等龙头企业，全力营销现代农业产业链，新增两条数字信用凭据涉农供应链。发力公路铁路基础设施建设，向交通行业投放贷款 137.7 亿元，全年净增 100 亿元，融资占比同业第一。借助“制造业金融服务提升年”行动，积极拓展高端装备信贷市场，装备制造业贷款余额 86 亿元，比年初增加 62 亿元。大力拓展风电、光伏等新兴能源市场，投放贷款 74 亿元，比年初增加 10 亿元。践行使命担当，全力支持疫情防控和企业复工复产。实施“春润行动”，制定“春润十条”工作措施，设立 200 亿元专项信贷规模，快速、全面满足企业项目资金需求。全年投放复产复工贷款 597 亿元，投放疫情防控重点保障企业贷款 249 亿元，其中优惠贷款 133 亿元，为企业节约融资成本 2.43 亿元。积极响应省委省政府号召，牵头成立佳木斯市金融服务队，带领 10 家金融机构对接企业 4 160 户，投放贷款 376 亿元，位居全省 13 个地市第三位，得到了政府和社会各界的高度认可。落实“增量扩面、提质降本”工作要求，提升小微客户服务能力。大幅提升普惠金融业务指标权重，调动“全行做普惠”的积极性、主动性；围绕“六稳”“六保”，持续推进线上线下双轮驱动，积极利用农 e 贷等创新产品，扩大信贷规模。全年投放银保监普惠口径贷款 88.4 亿元，增量 18.2 亿元，累放额与增量均超过前两年的总和，实现了三年翻一番的发展目标，普惠金融连续 6 年完成监管部门“三个不低于”及“两增两控”工作任务。

四、信贷资产质量进一步夯实

全年累计清收处置不良贷款 27.87 亿元，同比多处置 7.1 亿元，清收处置额创近十年来新高。处置不良贷款腾出 14.73 亿元贷款规模，在增加收益的同时优化了资产结构。首次实现账销案存资产包双溢价成交，平均溢价率达到 242%，并实现两家分行法人账销案存资产余额清零。不良贷款连续三年保持双降，不良率低于可比同业平均水平，且东三省最低。其中全口径不良率、法人贷款不良率、个人贷款不良率均降至 2014 年以来最低水平。

五、持续发力全行经营转型与改革创新

完善信贷体制机制建设。选出专职审议委员，强化独立审议职能；落实授信审批新规，加强授信审批流程管理，实现对关键管理岗位的风险管控。为 3 家二级分行选配信贷风险官，启动信贷风险官工作机制。制定了《2020—2022 年信贷人员及队伍建设三年规划》，并重点提升县域支行信贷竞争能力，满足普惠金融业务发展需要。网点布局持续优化。全年完成网点迁建 14 家、撤并 4 家、新设 2 家，在全省县域、农垦和森工分公司所在地已实现工行网点全覆盖，服务能力进一步提升。新兴业务取得突破。开展法人理财客户激活专项活动，有效客户同比增加 1 459 户，增幅 72.8%；金融资产 1 万元公司客户净增 4 164 户，同比多增 2 979 户。以“一行一户”营销活动为契机，实现投行业务在二级分行全覆盖，基础投行产品在一级支行机构覆盖率从 2019 年的 28% 扩大到 73%；为省建投集团办理 2 亿元类永续业务，实现分行首单类永续业务成功落地。

六、员工获得感和幸福感进一步增强

持续优化员工福利待遇，企业年金单位缴费比例提高至 8%，同时员工可自行选择个人企业年金缴费比例。加强疫情期间对员工的帮扶救助，对在岗的一线员工发放了岗位临时津贴 341 万元，为员工及家属 2.3 万余人赠送新冠疾病保障保险。组织开展特困员工救助，惠及 954 人次，救助金额 512 万元。累计组织举办各类培训班 1 186 期，培训员工 33 万人次，培训覆盖率 99.7%。切实发挥共青团组织的宣传职能，开展首届黑龙江分行“大行菁英”评选，13 名优秀青年员工获得荣誉称号，4 名优秀个人和 3 个优秀团组织受到总行表彰，有效激发了广大青年员工干事创业的积极性和主动性。

（黑龙江分行）

上海分行

【主要业务指标完成情况】

2020 年，上海分行实现本外币拨备前利润 315.43 亿元、净利润 216.06 亿元，同比分别增加 4 亿元和 4.04 亿元，增长 1.29% 和 1.9%。本外币全部存款余额 1.92 万亿元，增量首次突破 2 400 亿元，余额、增量均实现同业“双第一”。本外币各项贷款余额 8 522 亿元，保持同业第一。中间业务收入 115.4 亿元，同比增收 1.2 亿元。资产质量保持稳定，不良率 0.61%，实现单降。

【主要工作措施】

一、坚持党建引领，凝聚高质量发展合力

坚持把党的全面领导落到实处，以高质量党建引领高质量发展。一是抓好党的建设。以习近平新时代中国特色社会主义思想为指导，深入学习贯彻党的十九届四中、五中全会精神，增强“四个意识”、坚定“四个自信”、做到“两个维护”。强化基层组织建设，实现基层党支部全覆盖、网点负责人岗位党员全覆盖，各级党组织管党治党主体责任意识明显提升。二是持续深化“两个从严”。深化派驻改革，实现专职监督机构、专职监督人员、专职纪委书记全覆盖；开展“两明案”专题教育整改“回头看”，对教育整改情况进行再梳理、再排查；完成第一轮巡察全覆盖，增加专项巡察和巡察“回头看”。三是高标准推进人才队伍建设。制定干部工作规划，明确干部培养动线，用好各年龄段干部；通过公开遴选为基层选配优秀年轻干部；通过优秀年轻干部调研，形成覆盖各层级的干部队伍储备。

二、坚持存款立行，巩固同业领先地位

明确负债业务在整个经营中的基础性地位，遵循存款高质量发展理念，动态把控存款增长的阶段性目标，优选资金来源、统筹产品运用，通过抓实关键时点存款来夯实日均增长，保持了整体竞争地位。年末，人民币全部存款日均增量突破 2 000 亿元大关，人民币全部存款、人民币对公存款、人民币同业存款时点、日均的余额、增量均实现同业“双第一”。人民币储蓄存款时点、日均余额保持同业第一，增量排名同业第二；公司存款在全年开局落后的情况下，最终实现反转，时点余额和增量“双第一”，日均增量为历年最高。注重夯实 GBC 联动等基础性工作，累计上线工银 e 政务系统 1 086户，云出行、云党建等场景上线客户超 160 户。加大财政资金闭环系统的推广应用，全年新增目标客户 327 户，新增日均存款 17.69 亿元。首发上海地区民兵卡。

三、坚持回归本源，提升服务实体质效

组织制定投融资三年规划，以服务供给侧结构性改革为主线，深入落实“六稳”“六保”工作要求，加强信贷顶层设计，强调既抓总量投放，更要抓表内外投融资的结构优化，打造更具活力的信贷格局，摆脱房地产贷款依赖，积极支持制造业、民营、小微、科创、绿色等领域。年末，涉房类贷款增量占比降至 12%。制造业人民币贷款增量占比达到 77.5%，成为贷款增长的主力军。普惠贷款全面完成监管考核指标和总行核心发展指标任务，银保监普惠口径贷款较年初净增 164.74 亿元。全口径科创企业本外币投融资余额净增 153.2 亿元。与此同时，在结构调整中实现贷款规模的跃升，截至年末人民币各项贷款余额 8 052 亿元，总量同业第一，增量创历年新高，巩固了市场领先地位。落实“春暖行动”“金秋行动”，实现消费扶贫交易额 2.66 亿元，为定点帮扶县引进捐赠资金 1 000万元。

四、坚持战略引领，加速释放经营活力

强化“比”的意识，制定针对性措施，推进重点战略取得积极成效。第一个人金融银行战略铸长板、补短板。发挥零售条线精细化优势，在更细分的领域、更微观的层面、更日常的管理上下功夫，年末个人金融资产增量超千亿元，余额达到 1.18 万亿元，个人住房贷款余额大幅缩小与可比同业差距；信用卡净增客户 17 万户，数字信用卡进件数、开户数，均系统排名第一；私行时点达标客户、资产增量排名上升至系统第二；个人手机银行客户规模、活跃客户、交易规模继续保持同业第一，企业网银客户规模实现同业第一。境内外汇业务首选银行战略强基础、促长远。聚焦上海国际金融中心建设，充分发挥上海市场资源禀赋优势，持续推动本外币一体化综合金融服务，全年国际结算客户净增 4 099 户，累计国际结算客户突破 2 万户，继续保持外汇局 A 类评价。高水平服务第三届进博会，利用工行全球网络和“环球撮合荟”平台，举办多场境内外企业供需对接会，提升金融服务贸易的品牌形象。

五、坚持创新驱动，促进经营转型发展

三大中心建设初出实效。深刻把握党中央赋予上海的重大任务，以更高层级、更宽视野助力上海经济社会发展。跨境业务中心累计为“走出去”企业的境外关联公司发放融资 13.5 亿美元，国际银团参与数提升到 12 个，发放簿记贷款 5.66 亿美元；金融市场交易中心全年代客及做市交易量 195 亿美元，顺利承接总行金融市场业务异地备份职能，创新开办外汇交易中心即期外汇买卖交易及外币拆借交易、外币债券银行账户投资等业务；金融创新中心对集成电路、生物医药、人工智能、数据中心四大行业，全年累计发放贷款 67 亿元，并荣获全行最高综合类荣誉“工银卓越集体奖章”。管理效能显著提升。推动实施支行内设机构改革，增强前台资源配置，提高前台科室占比至 52%。整合撤并现金营运中心（南区），降本增效成果不断显现。新设郊区空白区域网点 15 家，完成全部 18 家存款日均 3 亿元以下低效网点的优化调整。科技赋能有序推进。推动个人电子证照、政采贷、线上供应链融资项目等多个金融科技场景落地。利用 RPA 技术、机器外呼、自然语言处理、电子地图等最新技术，实现人力资源效用、运营成本的大幅优化。

六、坚持风控强基，全面筑牢风险防线

加强前瞻思考、全局谋划和整体推进，把防范化解金融风险放在突出位置。按照“主动防、智能控、全面管”的风险管理路径，落地“9+X”责任认定和违规问责机制，推动全面风险管理履职规范评价工作，正式实施授信审批新规，落实50项风险管理职责和联防联控机制。树立“四个更加”的内控工作导向，强调通过抓二道防线来强化一道防线履职。健全反洗钱中心集中管理机制，组建31家支行反洗钱中心。落实“不敢违、不能违、不想违”案防工作“三不”机制，扎实做好案件风险、员工异常行为“两排查”。全年投诉工单实现年初控制目标，投诉量系统内排名提升6位，监管受理举报件同比减少44件，降幅77%。强化疫情防控大局意识，严格执行总行党委、监管机构和属地政府防疫要求，建立坚强有力、高效运转的疫情防控体系，多措并举做好现金调拨、抗疫信贷支持、受困企业帮扶等金融保障工作，确保疫情防控、对外金融服务万无一失。

（上海分行）

江苏分行

【主要业务指标完成情况】

2020年，江苏分行本外币全部存款时点余额1.63万亿元，较上年增加2 843亿元，增量创历史新高。本外币贷款增量2 010亿元，人民币贷款增量1 928亿元。实现营业收入525亿元、拨备前利润398亿元、净利润245亿元，增幅分别为8.4%、7.8%和6.4%。全年实现中间业务收入141亿元，增长4.44%。年末不良贷款余额86.83亿元、不良率0.65%，较年初实现“双降”。

【主要工作措施】

一、扎实抓好疫情防控和金融保障

组织召开专题党委会和工作会，研究制订对策方案，落实总行党委和地方政府各项防疫要求。坚持把员工、客户的安全健康放在首位，严格落实主体责任，严密推进各项保障措施，毫不放松抓好常态化疫情防控工作，筑牢全方位防控屏障，保持“零疑似”“零感染”的稳定局面。在做好疫情防控的同时，围绕“六稳”要求和“六保”任务，以“春润行动”“春融行动”为主题，开辟绿色通道，强化金融支持，做好受困企业纾困解难，为经济恢复发展提供有力支撑。

二、扎实抓好服务实体和服务大局

主动对接重点工程建设，加大“两新一重”领域支持力度。开展“制造业金融服务提升年”活动，力促“核心企业不断链、上下游企业不断流”。制造业贷款余额2 012亿元，净增289亿元。针对小微企业精准发力，增强线上和线下的产品创新供给。小微企业贷款净增223亿元，增长51.5%，超额完成监管目标。认真落实支持民营企业改革发展，构建新型银企合作关系，民营企业贷款净增234亿元。加快推进两项直达实体政策，做到普惠小微贷款“应延尽延”，累计实施延期偿还本息贷款超过600亿元。

三、扎实抓好市场竞争和客户拓展

准确研判社会资金需求和流动规律，抢抓窗口期，“比”的意识进一步增强，“只唯市场”的氛围进一步浓厚，核心业务争先进位，市场形象全面提升。坚定不移实施全量客户战略，做到全域市场发力，依托金融科技，打造“线上+线下”“金融+非金融”“人工+智能”的服务体系。净增全量个人客户194.5万户，新开对公结算账户16.1万个。

四、扎实抓好战略落地和转型创新

全力巩固传统优势业务板块，公司、机构、投行拉动作用增强。牢牢把握发展方位，推进第一个人金融银行、境内外汇业务首选银行、重点区域竞争力提升战略落地。全面开展GBC工作，细化重点场景方案，发挥G端源头作用，联动做好GBC营销。加快推动渠道优化，新投入县域网点19个，存量低效网点完成运营提升。深入推进ECOS工程落地应用，打造为全行赋能的数据中台、运营中台。推进数字供应链业务发展。深化电子社保卡、智慧医疗平台、教培资金监管平台、电子医保凭证等场景拓展。

五、扎实抓好风险管控和安全合规

以江苏银保监局“三大”行动为抓手，坚决落实“主动防、智能控、全面管”要求，强化全面风险管理。加强新增违约督导，加快不良贷款常规清收处置，常规处置增幅达54.44%。存量贷款移位1 913亿元，结构进一步优化。强化管理人员案防履职，提高案防分析会成效，实现“零案件、零案件风险事件”的管控目标。落实监管要求，开展“制度治理年”活动，深化《内控手册》推广应用，强化合规理念教育和行为引导。

六、扎实抓好党的领导和队伍建设

牢牢把握党建这个统领和人这个根本，统筹推进机关党建、基层党建，探索新形势下高质量党建新路径。组织开展“党课开讲”活动，推动党员干部“带头讲”“主动讲”，筑牢党员思想基础。深化纪检体制派驻改革，聚焦“两个责任”“两个从严”和“四个落实”，充分发挥监督执纪问责职能作用，实现分行巡察全覆盖。坚持选优配强，促进人事相宜，抓好各级领导班子建设。健全干部储备培养体系，开展优秀年轻干部调研，拓宽员工职业发展通道。

（江苏分行）

浙江分行

【主要业务指标完成情况】

2020年，浙江分行实现拨备前利润325.93亿元，增长5.17%，在降息减费、让利实体的同时，经营效益稳中有进；全部存款日均余额16 346亿元，新增2 569亿元，余额、增量四行排名双第一；各项贷款余额12 119亿元，新增1 670亿元，创历年来最高增量，其中公司贷款首次突破千亿元大关。不良贷款率0.85%，较年初下降0.02个百分点，连续5年呈现下降态势。

【主要工作措施】

一、统筹抗击疫情和服务实体，提升金融服务质效

坚决落实打好疫情阻击战要求。面对突如其来的疫情，浙江分行迅速成立专班靠前指挥，强化党对防疫工作的统一领导，构建常态化疫情防控机制，有效保障了员工的健康安全。组织发放专项贷款61亿元，支持企业生产抗疫物资。为超万户企业减免息1.2亿元，帮助企业共渡难关。全面开展保障复工复产的“春润行动”和支持稳外资稳外贸的“春融行动”，推出“抗疫贷”“用工贷”系列特色产品，发放“双保”应急融资6亿元。精准服务实体经济。全年各项贷款新增1 670亿元、同比多增634亿元，增量再创历史新高，公司贷款增量首破千亿元。积极支持生产制造业，围绕“存量提质、他行优质、招商引资”三张清单和全省制造业客户目标库，全年新增制造业贷款232亿元，余额达到2 232亿元、保持系统第一。坚持服务民营经济，聚焦10家总行级民营骨干企业和100家省行级民营企业，开展分层走访，全年新增民企贷款309亿元。大力发展普惠金融，坚持“普真惠、真普惠”的发展理念，进一步优化完善小微融资品种、期限、流程和业务模式，全年普惠贷款新增443亿元、增长53%，余额、增量系统内双第一。

二、贯彻总行党委决策部署，保持战略执行定力

第一个人金融银行战略初见成效，坚持市场竞争力、经营质态、客户口碑、价值创造的齐头并进，推动全年储蓄存款时点新增687亿元，日均新增700亿元、2013年以来首次领先。境内外汇业务首选银行战略开局良好，年末15项战略性指标中9项指标位列同业第一，外币存贷款增量均领先同业。重点区域竞争力提升战略持续推进，在省市分行成立县域支行工作专班，对辖内支行开展课题调研和“一行一策”联合会诊，加大力度补齐县域竞争力短板，专班成立以来县域存款与主要竞争对手实现缩距。大力发展绿色金融。成立绿色金融委员会、制订绿色金融行动方案，辖内湖州分行获批系统内首家总行级绿色金融试点行。有机融合“五水共治”“美丽乡村”建设，大力支持重点绿色项目。创新整合全域景点资源，为舟山嵊泗等文旅融合产业转型项目提供融资支持。全年新增绿色贷款281亿元，增幅高于各项贷款增速25个百分点。加快融入长三角一体化发展战略，围绕基础设施互联互通、生态环境联保共治、社会民生便利共享等重点项目，加大信贷投入，全年新增融资420亿元，助力省内各地加快融入长三角一体化发展。高质量推动客户发展战略，以基础产品抓活客黏客，大力开展零余额激活、代缴代扣营销和基本账户回流三项攻坚，推动客户发展量质并举。年末个人有效客户突破3 000万户、零余额占比下降1.7个百分点，对公有效客户突破50万户、公司零余额客户下降1 262户。各类中高端客户增量均创新高，私银客户站稳万户大关。

三、强化各类风险管理，提升从严治理能力

建立并充实完善信贷治理体系架构。严格客户、项目和机构人员准入，扎实开展大户分层会诊，加强信贷专项巡查，强化押品管理，落实两个责任人制度和信贷分管行长报告制度，压实信贷经营主体责任。主动帮扶企业化解风险。牵头做好93家集团企业的联合会商工作，通过线上会商、线下会议等方式开展“一户一策”帮扶，推进“稳企业”“降杠杆”；充分发挥债委会作用，累计牵头组建债权人委员会134个，召开会议175次，涉及企业数量167个、涉及融资554亿元，通过稳定融资、债务重组、担保圈化解、减费让利等措施帮助企业化解流动性风险。投入资源抓好清收处置。综合运用债务重组、呆账核销、批量转让、资产证券化等方式累计清收处置不良贷款101亿元。年末全行不良贷款余额103亿元，不良率0.85%，同比下降0.02个百分点，资产质量保持稳定，2017年以来法人客户新增融资当年劣变率仅为0.02%。针对案件和风险事件暴露出的

管理漏洞及薄弱环节完善制度流程，构建网状案防工作治理体系。建立“各级行长主责、分管行长负责、专业落实、全员有责”的网格化责任体系，健全风险堵漏、责任追究、信息报告、考核评价等配套机制，改变分散点状的案防工作局面，进一步加固案件风险防线，全年未出现重大案件风险。打造电信诈骗防范体系。应用工银“融安e信”风险信息库系统，对诈骗涉案账户实施“人防+技防”全渠道布控，全年成功堵截电信诈骗8 982起，避免客户资金损失3.4亿元。完善账户分级分类管理制度，实现从开立到存续期全周期闭环管理，担任省银行业账户自律机制委员会主任单位，联合同业共同构筑打击电信网络新型违法犯罪的支付结算防线。

四、加大改革创新力度，激发经营发展动能

坚持以改革促发展、以创新增动能，应对形势变化和市场竞争，为发展注入新的活力。探索多元化融资服务，全年落地债券承销520亿元、并购重组240亿元、债转股10亿元，在信用增进中长期民企债券等业务上实现首单突破。持续优化人力资源结构，通过总量管控与存量盘活，腾挪释放三级机构本部522人，净增管户客户经理508人，强化基层一线和专业队伍力量。实施减负增效工程，聚焦五个板块20项重点工作，通过流程优化、服务改进、数据共享应用等手段，提升内部运行效率。推进抵押登记业务线上化，牵头全省银行业抵押登记线上化办理试点，实现全流程网络化和证明材料无纸化，助力浙江“最多跑一次”改革。加快网点智慧化建设，率先规划“技术驱动+服务协同+场景链接+生态融合”四位一体的新一代智慧网点体系，积极应用人工智能技术，加快推动机器换人，全年完成20家智慧网点建设，并在杭州建成系统内首家总行级5G智慧网点，全面应用人脸识别、人工智能、机器学习、智能互动屏等新设备、新技术，提升到店客户服务体验。

五、落实新时代党的建设总要求，开创党建新的局面

坚持以党建为统领，强化党对各项工作的全面领导。推动党建与经营深度融合。召开二级分行党委书记工作座谈会，把落实党对各项工作全面领导要求转化为浙江分行自身行动。制定党建和经营深度融合的工作意见，推动党建与经营同谋划、同部署、同推进、同考核。推进全面从严治党从严治行。落实党风廉政建设职能调整，强化“两个从严”工作力量；对4家二级分行和12个省行部室开展巡察，发现问题230个；严格执纪问责，党纪政纪处分125人次；开展机关“灯下黑”问题专项整治，对违反纪律的干部员工给予严肃处理、追究相关管理者责任，增强警示震慑。强化干部队伍建设。推进年轻干部调研，储备优秀年轻干部710人，结合“三英两专一平台”加快培养使用。提升关键岗位党员占比，年末网点主要负责人党员占比94.5%、较年初提升16个百分点。深入关心关爱员工。提升基层员工薪酬水平，增加网点员工各类津贴补贴，人均福利同比增长9.8%，解决员工工作和生活中的实际困难，加快职工小家建设，进一步增强员工幸福感。

（浙江分行）

安徽分行

【主要业务指标完成情况】

2020年，安徽分行本外币全部存款增加882.76亿元，余额6 329.23亿元，余额增量同业“双第一”，全部存款夺得同业“双第一”。各项贷款增加683.09亿元，同比增长106.1%。其中：制造业贷款增加超100亿元，普惠贷款增加超70亿元，新兴产业贷款增加近100亿元，涉农贷款增加超170亿元，化解政府隐性债务增加超180亿元。承销地方政府债275亿元，居同业首位。不良率创股改后最好水平。以“提质进位”目标引领，2017年以来新发放贷款不良率仅为0.15%，不良贷款持续“双降”，年末不良率控制在0.6%内创股改后最好水平，居同业首位。经营效益再创历史新高。实现拨备前利润111.33亿元再创新高，拨备后利润首次突破百亿元达104.81亿元，增长9.59%。净利润76.15亿元，增长7.54%。

【主要工作措施】

一、坚持党的领导，深入推进全面从严治党

坚持和加强党的领导，全面贯彻新时代党的建设总要求，把全面从严治党全面从严治行向纵深推进。

一是把政治建设摆在首位、统领大局。提高政治站位，不断增强“四个意识”，坚定“四个自信”，做到“两个维护”。召开64次省行党委（扩大）会议，以及党委碰头会、二级分行党委书记会议、党建领导小组会、纪检工作会议，传达党中央决策部署，研究贯彻落实措施。包户贫困户全面脱贫，超额完成消费扶贫任务。全面开展制止餐饮浪费活动。主动担当政治责任，

开展党建引领信用村建设。国家实验室账户圆满落户工行。成立应对疫情领导小组，先后召开20余次专题会议研究部署，抓实抓细人员排查、安全防护、物资保障、营业复工等措施，构建了“3+3”常态化防控制度体系和公共卫生体系，疫情防控成效被安徽省疫情防控指挥部办公室作为经验介绍在全省各单位进行了宣传推广。

二是思想建党和制度治党同向发力。严格落实党委“双周”中心组学习制度，深入学习贯彻习近平新时代中国特色社会主义思想，深化主题教育，及时跟进学习党的创新理论。制定省行党委、二级分行党委、基层党支部三个层面的全面从严治党主体责任清单，完善党委会工作规则及“三重一大”事项集体决策等制度，深化党建和党风廉政建设责任制考评，以及巡察和工作落实约谈等机制。开展政治机关建设，巩固党支部标准化建设，统筹抓好机关党建和基层党建。

三是纪律建设和作风建设常抓不懈。开展模范机关创建活动，推进“三项任务”落实，排查“灯下黑”问题95个，全部进行了整改。强化警示教育，召开2次全行性的警示教育大会，在重要节假日前均进行廉洁提醒。实现第一轮巡察全覆盖，开展支持服务实体经济专项巡察。深化纪检试点改革，完善同级监督和基层纪检工作等机制，二级分行纪委书记全部为异地任职。省行党委全力支持纪委履行监督责任，党委书记亲自挂帅、全程参与，贯彻好改革各项要求。

四是组织和队伍建设齐头并进。开展基层党支部标准化建设“回头看”，新增基层党组织133个，实现网点党员全覆盖，在职党员占比43.95%提高1.3个百分点，网点主要负责人党员占比为73.60%，提高16.51个百分点。加强干部梯次配备，处级管理人员平均年龄下降1.3岁，40岁以下处级干部占比提高5.7个百分点。开展副处级干部、高级（客户）经理等遴选。完成年轻干部调研，启动省行年轻干部培养“200工程”，二级分行建立500余名科级以下优秀干部库。深化落实“十件实事”，提高基层员工工资等级，普调员工薪点值。

二、提高政治站位，服务实体质效有效提升

围绕“六稳”“六保”，当好服务实体“国家队”，各项贷款增幅17%。剔除票据、核销、证券化等因素，各项贷款实际增加745.69亿元。

一是建机制、压责任，提高服务质效。突出对抗疫、灾后恢复重建、服务长三角一体化、制造业、普惠金融等领域统筹调度。开展服务支持实体经济专项巡察，实行政策任务清单管理机制，组织纪委协助开展监督，党委定期听取汇报。

二是抓重点、调结构，提高信贷适配性。开展“制造业金融服务提升年”活动，提出打造“制造业贷款首选银行”目标，制造业贷款增长28%，其中中长期贷款增速53.32%高于各项贷款36.21个百分点。把普惠金融作为重大政治任务，人行降准和银保监口径完成率分别达146%和139%；首贷户增加超过1 200户，信用贷款占比提高13个百分点。迅速响应“春润行动”，为复工复产领域提供融资835亿元，疫情防控重点企业贷款户数和总额均居四大行首位。严格落实延期还本付息等政策，为1 899户中小企业办理延期还本付息。

三是稳发展、提质量，保持个贷稳健发展。围绕打造“第一个人按揭银行”目标，主动调控一般客户、二手房和县域市场，个人住房贷款增加225.13亿元，余额继续领先同业。个人不良贷款继续保持“双降”态势，个贷逾期率0.61%，低于系统平均水平0.06个百分点。

三、深植比的思想，市场竞争力加快提高

坚持把提高市场竞争力作为工作出发点和落脚点，全力构筑竞争优势。

一是践行“三比三看三提高”方法。组织与建行、兄弟行对比分析，找差距、找原因，明目标、定策略，机构、公司和储蓄存款增幅分别居系统第4、第6和第10位。按月下达竞争力提升目标并强化考核，日均存款增加593亿元增长11.31%，日均余额市场占比提高0.35个百分点。

二是坚决果断贯彻总行战略。把“第一个人金融银行”战略作为基本经营定位，零售板块营业贡献占比53.73%提高1.48个百分点。净增个人金融资产387亿元，计划完成率176%；个人手机银行增量、信用卡客户总量领先同业。认真贯彻“外汇业务首选银行”战略，国际结算、贸易融资和跨境人民币分别增长52%、322%和50%，12项总行评价指标居前列。

三是提升区域竞争发展能力。组织召开重点城市行、重点县支行座谈会，谋划区域发展新定位、新思路。6家重点城市行整体存款增量和余额、公司贷款增量和余额均居同业首位。61家县支行拨备前利润、储蓄存款和各项贷款系统贡献同比分别提高0.36个、0.47个和1.79个百分点。

四是积极培育先发竞争优势。把GBC工作作为提高竞争力的基础性工作，实现35个场景落地。紧抓安徽设立自贸区重大机遇，在同业率先成立合肥、芜湖两个自贸片区一级支行。推进人民满意银行建设，客户满意评价率提高1.38个百分点。

四、重点战略实施迈出新步伐

一是第一个人金融银行战略破题深化。省行零售板块营业贡献占比53.73%，提高1.48个百分点。净增个人金融资产387亿元，完成总行计划的176%；净增月日均金融资产5万元以上个人客户9万户，完成总行计划的130%。信用卡客户总量272.7万户继续领先同业。第一手机银行战略加快落地，净增个人手机银行256万户居同业首位。

二是外汇业务首选银行战略开局良好。国际结算、贸易融资和跨境人民币业务分别增长52%、322%和50%，外汇存款增长67%。外汇交易、客户基础等12项总行评价指标居前列。

三是重点区域竞争力提升战略扎实推进。召开重点城市行、重点县支行座谈会，谋划区域发展的新定位、新思路。6家重点城市行整体存款增量和余额、公司贷款增量和余额均居同业首位。合肥分行全部存款增量和余额实现“双第一”，阜阳分行对公存款实现“双第一”，滁州分行各项贷款实现“双第一”。61家县支行拨备前利润、储蓄存款和各项贷款系统贡献同比分别提高0.36个、0.47个和1.79个百分点。

四是GBC工作全面强力推进。实现35个场景落地见效。智慧政务等一批合作项目落地，构筑了领先优势。深入推进人民满意银行建设，客户满意评价率持续提高。

五、紧抓风险管控，经营业态保持稳定

始终高度重视强化全面风险管理，应对风险前瞻性、管控风险驾驭能力得到增强。严把机构和客户准入关，完善“真实性”审查机制，防止“病从口入”。加强存量排查和风险化解，对受疫情和洪灾影响企业、线上融资、房地产客户、涉外和涉及资本市场的业务开展专项排查。清收处置不良贷款30.76亿元，计划完成率163%，现金清收等常规方式占比68%提高7个百分点。账销案存资产收回计划完成率128%。开展合规大讲堂和全面风险管理专题研讨，强化全面风险管理意识。深化“制度治理年”活动，实施四个专项行动，加强员工网格化管理，消除隐患。推进完成反洗钱集中处理改革，强化涉嫌电信网络新型违法犯罪专项治理。全力做好防汛抗灾，确保人员和财产安全。高度重视解决偏远网点、老旧办公和营业用房的安全问题。

（安徽分行）

福建分行

【主要业务指标完成情况】

2020年，福建分行实现拨备前利润97.33亿元、净利润61.04亿元，同比分别增长8.32%和44.26%。全部存款余额4 850.89亿元，较年初增加974.97亿元，四行第一。各项贷款（含卡透）余额4 714.68亿元，较年初增加565.13亿元，四行第一。实现中间业务收入42.27亿元，同比增加5.52亿元，增量四行第一。资产质量持续改善，不良额37.84亿元，较年初下降12.39亿元；不良率0.8%，较年初下降0.41个百分点。

【主要工作措施】

一、强化大行担当，支持实体经济稳发展

坚持把疫情防控作为首要政治任务，统筹推进防疫抗疫和支持实体经济发展。抓好自身防疫。始终把员工客户安全放在首位，第一时间成立省市支行三级疫情防控工作领导小组，制订严格方案，采取有力措施，联防联控、自始至终做好日常监测、场所消毒、防疫宣传等各项工作，实现全年“零疫情”。支持抗疫和发展大局。以服务“六稳”“六保”为己任，着力提高金融服务的精准性、直达性，争当金融抗疫的排头兵。深入开展“春润行动”“春融行动”“春暖行动”，对全国级、省级重点防疫企业和福建省“四个一百”名单企业逐户对接、一户一策，累计向205户抗疫名单企业发放贷款269.28亿元，有力促进了企业复工复产。持续发力普惠、制造业、民营、涉农、扶贫等实体领域，分别新增贷款98.82亿元、80.3亿元、140.09亿元、129.29亿元和21.23亿元，其中普惠小微首贷户、信用贷款和无还本续贷明显提高，制造业中长期贷款增速达60.54%。落实让利实体经济的政策导向，新发放公司贷款利率较年初下降28个基点，普惠贷款利率较年初下降52个基点。

二、强化战略实施，构筑市场竞争新优势

坚持把加快转型尤其是推进总行重大战略落地作为主攻方向，构筑竞争发展新优势。着力推进“第一个人金融银行”战略。制订实施“1+7”行动方案，强化组织、资源、考核等保障机制，增强战略辐射力、穿透力、执行力，有力推动个金业务模式变革和服务升级，实现个金营业贡献63亿元、同比增加5.17亿元、占全行营业贡献比重达52.48%；储蓄、个贷、分期增量均居四行第一，其中分期余额时隔十年再超同业、四行第一。着力推进“境内外汇业务首选银行”战略。坚持全行办外汇理念，制订分行实施方案，配套支持保障措施，做大外汇规模体量，外币存款新增5.49亿美元、四行第一，国际结算量249.49亿美元、四行第一。着力推进“区域竞争力提升”战略。通过选好配强班子、加大资源倾斜等措施，助力重点城市行做大做强、争先进位。2020 年福州、泉州、漳州分行在总行 80 家重点城市行综合竞争能力评价中分别居第 14 位、27 位、42 位，分别较年初进步 33 位、7 位、16 位。积极探索“城乡联动发展”思路。响应乡村振兴、脱贫攻坚等国家战略，把做大乡镇市场放在事关全局的高度加以研究，下沉渠道和服务，积极打造新的增长极。2020 年乡镇储蓄、个贷、个人客户增量分别为 64.68 亿元、90.57 亿元、23.06 万户，占县域增量比重分别为 28.92%、58.66% 和 50.56%。

三、强化改革创新，激发经营发展新活力

坚持把改革创新作为第一动力，以改革创新的“活招”激发经营发展的“活力”。绩效考核上，突出竞争力、核心指标、重点工作和关键时点，全面修订完善各类细则办法。体制机制上，实施网点岗位“4 变 3”改革，完善省市分行大客户直营，深化人民币公司贷款定价审批改革，新设省分行资产托管与养老金业务中心以及宁德、晋江分行小微中心，升格泉州清濛、漳州古雷支行。渠道优化上，开业全省首家 5G 智慧网点，迁建 19 家网点，提升 37 家低效网点，创建 327 家特色网点，智能化网点改造比率达 100%。科技创新上，突破 G 端，响应“数字福建”建设，成功对接“闽政通”“漳州通”“i 宁德”等政务平台；发力 B 端，新建 110 个智慧单位/园区等重点场景；深耕 C 端，全力打造“第一手机银行”，个人手机银行新增 106.77 万户，十年来首次实现增量四行第一，企业手机银行年动户 6.82 万户、四行第一。产品创新上，实现海鸥期权、人民币货币掉期业务、贴现通、可转债投资等业务“零突破”，创新推出“私银专享贷”“抗疫贷”“租金贷”、妈祖主题系列贵金属等特色产品，成功开发不动产抵押直连、外拓营销管理、社保直连等特色系统。加快推进投融资一体化建设，非信贷融资业务量（含债券承销、代理投资和融资租赁）新增 166.72 亿元，其中承销地方债 271.54 亿元，市场占比第一。

四、强化风险管控，实现治理效能稳提升

坚持把风险管控作为头等大事，打好风险化解的主动仗和攻坚战。严守资产质量防线。把好“入口”，坚持把控实质风险导向，做好新增客户筛查工作，2018 年以来新增融资不良率 0.1%；控好“闸口”，对存量贷款定期排查、全面监测，对潜在风险前瞻预判、精准化解，逾期（含卡专业）和潜风融资余额较年初下降 8.43 亿元和 2.69 亿元；管好“出口”，综合运用现金清收、以物抵债、常规核销等多种方式，清收处置不良贷款（含卡专业）62.59 亿元；抓好“固本”，深化“四严”活动，启动授信审批新规工作，推动“真实性”审查等管理要求落地，不断夯实信贷管理基础。严守合规经营底线。深入开展“制度治理年”主题活动，突出抓好“一道防线”履职，全面落实“四项专项行动 两项强化措施”，扎实开展合规讲堂、“警示与反思”大讨论等合规教育，实现了无重大违规违纪事件、无外部案件、无生产责任事故的“三无”目标。

五、强化党建引领，凝聚经营发展强合力

坚持把党的建设作为应对复杂形势、完成繁重任务的重要法宝，以高质量党建更好地凝心聚力、保障发展。抓实从严治党。深入学习习近平新时代中国特色社会主义思想和党的十九届四中、五中全会精神，持续巩固“不忘初心、牢记使命”主题教育成果；强化组织基础，网点主要负责人党员占比提升至 77.3%，党员网点覆盖率实现 100%；落地支行层面纪检监察改革，完成两家二级分行巡察“回头看”、六个省分行部室巡察和普惠金融专项巡察，开展“两明案”专题教育整改“回头看”等活动，不断推动全面从严治党从严治行向纵深发展。抓优队伍建设。全年选聘总助级以上干部 59 人、资深及高级经理 27 人、本部正副科长 75 人，推进 108 名干部轮岗交流，开展 434 期各类培训。抓好员工关爱。举办福建分行先进表彰大会暨迎新春员工文艺汇演，开展巾帼文明示范岗等各类创先争优活动，走访困难员工 415 人次、发放困难救助金 181.7 万元，拨付疫情防控专项资金补助 60 万元，增强了员工的凝聚力和归属感。

（福建分行）

江西分行

【主要业务指标完成情况】

2020 年，江西分行实现拨备前利润 104.3 亿元，首次突破 100 亿元大关，增长 17.4%；净利润 61.2 亿元，增长 19.7%，拨备前利润、净利润增幅分列系统第 2 名、第 8 名。实现中间业务收入 28.3 亿元，增长 6.2%。各项存款余额 4 484 亿元，较年初增加 359 亿元，余额列同业第一。其中，储蓄存款余额 2 537 亿元，较年初增加 248 亿元；公司存款余额 1 037 亿元，余额列同业第一，较年初增加 43 亿元；机构存款余额 910 亿元，较年初增加 68 亿元，增量列同业第一。各项贷款余额3 658亿元，较年初增加 553 亿元，同比多增 221 亿元，余额增量均保持同业第一。其中，公司贷款增加 388 亿元，余额增量均居同业第一；个人按揭贷款较年初增加 133 亿元，余额保持同业第一。不良贷款率较年初下降 8 个基点至 0.82%，低于系统均值 76 个基点。拨备覆盖率较年初提升 2.8 个百分点至 289%。

【主要工作措施】

一、强化责任担当，筑牢织密疫情“防控网”

慎终如始抓好常态化疫情防控工作，先后召开 30 余次会议进行部署，因时因势制定防疫相关制度 10 余项，全力保障员工客户身体健康和生命安全，实现全员零感染。加强组织领导，第一时间成立以行长为组长的应对疫情工作领导小组，全面启动“集中统一、快速反应、协同应对”的应急指挥体系，坚持属地管理，压实“四方责任”，制定并执行《江西省分行疫情防控应急机制》《省行本部防疫期间安全办公指南》《省行防疫物资采购分配管理实施细则》等系列文件，确保全行疫情防控有序开展。加强员工关爱，坚持把员工、客户生命安全和身体健康放在第一位，扎实做好防疫物资供应、办公场所防护、餐饮环境管理，科学有序推动复工。持续跟踪关注员工、客户、服务保障人员等各类人口的全口径流量情况，做好健康申报管理。加强互帮互助，充分发扬同舟共济、守望相助精神，积极向兄弟分行和海外机构伸出援手。累计向武汉等 3 家境内分行、多哈等 10 家境外机构捐赠口罩 70.4 万只、一次性隔离衣 9 000 套、一次性手套 1.2 万双、护目镜 130 副、额温枪 10 支、连花清瘟颗粒 100 盒。先后两次邀请医疗专家为对口的三家境外机构和迪拜分行开展网络防疫讲座和在线咨询心理疏导。积极践行社会责任，全行 8 371名员工累计捐款 144.68 万元。

二、坚持两个从严，精耕细作党建“责任田”

始终把加强党的政治建设摆在首位，以政治建设统领大局，深入学习贯彻党的十九届五中全会、中央经济工作会议以及省委十四届十二次全会精神，不断强化党的创新理论武装。巩固深化“不忘初心、牢记使命”主题教育成果，扎实有效开展总行党委巡视、主题教育、“两明案”和机构审计等“四项体检”反馈问题整改，制订印发专项整改实施方案，压实主体责任，建立长效机制。持续开展“我为党旗添光彩—先锋榜”“三亮三比创五优”“四好”班子评选等活动，组织召开全行党建工作暨“两优一先”表彰会议，全行涌现出 4 个二级分行党委“四好班子”、124 名优秀共产党员、46 名优秀党务工作者和 48 个先进基层党组织。强化政治巡察，完成对 6 家二级分行、1 个省行内设部门的巡察工作。加强干部人才队伍建设，制定《分行 2021—2023 年干部队伍建设规划》，开展优秀年轻干部调研和正副处级管理人员公开遴选工作，加快优秀年轻干部培养和选拔，人力资源效能进一步提升。突出关爱员工，努力改善基层员工收入，调增全辖薪点值 20%，网点一线员工人月均增收 1 500 元，提振基层员工士气。

三、发挥头雁效应，当好服务实体“国家队”

着眼于服务新发展格局，助力“六稳”“六保”，彰显大行风范。深入开展“春润”“春融”行动，累计向 62 户涉疫企业发放贷款超 8 亿元，向 1 570 户企业复工复产发放贷款超 110 亿元，向 160 户外贸企业提供融资近 56 亿元。积极对接政府“项目建设提速年”活动，累计向全省 137 个重大项目投放贷款 347 亿元，向全省 14 条重点产业链投放贷款 473 亿元。制造业贷款较年初增加 21.5 亿元，增长 9%，其中中长期贷款增加 21.7 亿元，增量占比 101%；银保监和人行降准口径普惠贷款分别较年初分别增加 50.47 亿元和 50.64 亿元，增速均超 51%，是各项贷款平均增速的近 3 倍；民营企业贷款较年初增加 24 亿元，增长 7.6%。银保监口径绿色贷款较年初增加 97 亿元，增长 48%，增量增幅均居同业第一。落实打好脱贫攻坚收官战部署，扎实开展“春暖行动”“金秋行动”，金融扶贫贷款增加 6 亿元、增长 28%，普惠型涉农贷款增加 14 亿元、增长 34%。帮扶的 83 个贫困村全部脱贫。加大减费让利力度，新发放贷款利率下降 38 个基点至 4.89%，累计让利 5.55 亿元。其中，新发放普惠贷款利率下降 38 个基点至 4.09%，同业最低，综合融资成本下降 88 个基点。

四、突出比拼意识，巩固经营发展“基本盘”

坚持存款立行，细管理、夯基础、强拉升，市场竞争优势进一步稳固。储蓄存款方面，围绕储蓄和资产两个重点，及时调整疫情期间营销策略，推出客户经理“云工作室”，实现线上营销精准“制导”。灵活运用“加减乘除”工作法，有序组织承接创新产品资金，同时对活创产品增量进行零系数折算考核，引导条线控量降价。储蓄存款日均余额 2 432 亿元，较年初增加 247 亿元，日均增量居同业第一。公司存款方面，强化资金闭环管理，精细日常监测，紧盯项目贷款基本户、房开贷款专户、企业股权融资进度，抓实贷款受托支付和货款回笼管理，争取资金最大程度在工行“体内循环”，做大资金留量。积极争取牵头主承销商、簿记管理人角色，实现近 100 亿元募集资金落户工行。机构存款方面，实现“工银 e 政务”综合服务平台合作覆盖全地市，累计上线 515 家机关事业单位。职业年金三项资格（受托、托管、投管）管理总规模居市场首位。成功取得六家地市企业职工养老保险统筹归集户，社保资金市场占比提高 20 个百分点，列同业第一；独家搭建全省社保信息系统及人社手机 APP 平台。

五、聚焦战略实施，培植转型升级“动力源”

第一个人金融银行战略初见成效。全量个人客户

1 968 万户、净增 100. 91 万户，同业第一，增长 5. 39%。个人金融资产余额 3 198 亿元，同业第一，较年初增加 329 亿元，日均金融资产 5 万元以上个人中高端客户净增 7. 93 万户、增长 7. 7%，增量增幅分列系统第 14 名、第 8 名。个人手机银行客户规模突破千万户达1 042万户，净增 140 万户，总量增量同业“双第一”；月均动户 194 万户，同比增长 26%。私人银行达标客户及管理资产总量增量均居同业第一。境内外汇业务首选银行战略开局良好。国际业务客户净增 213 户，完成总行年度计划的 211%，客户和业务覆盖率实现“双提升”；国际结算、跨境人民币、结售汇业务量分别同比增长 18%、10% 和 5%；外汇日均存款净增 8 008万美元，增长 27%。外管综合考核获得 A 类，是江西省唯一获评 A 类的国有银行。

六、注重底线思维，守住风险防控“安全线”

前瞻性管控信贷风险资产，潜在风险贷款较年初减少 19 户、16. 7 亿元。持续加大不良资产处置力度，累计清收处置不良贷款 26. 7 亿元；现金收回账销案存资产 2. 1 亿元，同比多收 1. 84 亿元。扎实开展“制度治理年”主题活动，强化案件风险管理，内控评价系统排名第 11，同比提升 2 个名次。在第六轮银行业金融机构安全评估中获评优秀，评估结果同业第一。在全国七个试点行中率先完成员工异常行为网格化排查单元划分工作。全年未发生案件和重大风险事件，实现了安全稳定运营。

（江西分行）

山东分行

【主要业务指标完成情况】

一是经营效益加快向好。拨备前利润、净利润均同比正增长，彻底扭转了 2019 年大幅亏损的不利局面。实现拨备前利润 211. 65 亿元，同比增加 17. 48 亿元；实现净利润 10. 45 亿元，同比增加 93. 79 亿元。在向实体经济让利超 10 亿元的基础上，实现中间业务收入 74. 2 亿元，排名四行第 1，同比增加 4 亿元。

二是存款增量同业第一。本外币、人民币存款的时点增量均超 1 200 亿元，日均增量均超 1 000 亿元，创历史新高。本外币存款时点增加 1 283 亿元，四行排名第 1。机构存款时点增量排名四行第 1，余额反超农行，时隔 7 年后重回四行第 2。公司存款时点、日均增量均创新高，时点、日均余额排名四行“双第一”。

三是贷款增量再创新高。本外币各项贷款较年初增加 695. 72 亿元，同比多增 292 亿元。剔除核销、证券化因素后单边增加 1 037 亿元，创历史最高水平。本外币、人民币贷款余额“双超”8 000 亿元，是山东省首家跨越这个关口的国有商业银行。

四是资产质量大幅改善。不良额、不良率较年初显著“双降”，均创 2013 年以来最大降幅，基本解决了困扰分行长达六年的资产质量问题，实现了总行信贷资产质量“123”攻坚战的“提质进位”目标。年末不良额 201. 33 亿元，较年初减少 108. 72 亿元，系统和同业内下降最多；不良率 2. 43%，较年初下降 1. 66 个百分点，摆脱了四行垫底位置。处置不良贷款 250. 22 亿元，排名系统和四行“双第一”。贷款劣变 141 亿元，同比减少 135. 8 亿元。拨备覆盖率 171. 57%，较年初提高 53. 2 个百分点。

【主要工作措施】

一、加强党的建设

强化思想建设。认真组织学习十九届四中、五中全会精神，实现了处级以上干部轮训全覆盖。全面落实总行党委“48 字”工作思路，制订学习宣贯方案，由班子成员和部门总经理到基层宣讲 31 场，推动全行深刻领会、入脑入心。强化组织建设。制定责任清单，启动实施“党建质量提升”项目。创建“模范机关”，开展“赋能型”本部建设，确定 71 个重点项目，为基层减负赋能、增强动力。旗帜网和总行机关党建动态刊发了山东分行的经验做法。强化基层党组织的战斗堡垒作用，成立基层党支部 145 个，实现网点党员全覆盖，网点负责人的党员占比较年初提升 13 个百分点。强化纪律建设。一体推进“三不”机制建设，强化“不敢腐”的震慑，受党纪处分的管理人员占比提高 9 个百分点；扎牢“不能腐”的笼子，制定完善 22 项制度办法，二级分行纪委书记的异地交流比例由 18% 提高到 100%；增强“不想腐”的自觉，召开 3 次警示教育大会，抓好总行巡视发现问题整改。

二、坚守服务实体经济本源

加强信贷顶层设计。年初制定《投融资规划布局》，把融资优先投放到 7 家重点城市行，大力发展普惠民营和制造业贷款，继续提升个人贷款和中长期贷款比重。年末，山东分行 7 家重点城市行贷款比重较年初提升 1. 3 个百分点，个人贷款比重较年初提升 1. 1 个百分点，公司贷款的中长期贷款比重提升 4. 7 个百分点。

全力服务“六稳”“六保”。开展制造业“春笋行动”，实施“五个一工程”（夯实100个战略性客户、抓牢100个重点项目、突破100个竞争性客户，培养100个业务骨干、单边增长100亿元），年末制造业贷款打破五年负增长局面，余额、增量排名四行“双第一”。普惠贷款增长125亿元，增幅达58%，高于全部贷款增速49个百分点，贷款户数增长54%，贷款平均利率下降42个基点。做好疫情防控金融服务。制定出台公司金融35条、普惠金融10条工作意见，新增疫情防控重点企业优惠贷款16亿元，金额、户数排名同业“双第一”。疫情期间，救助困难企业778户、金额295亿元。在人行组织的金融支持疫情防控会议上，山东分行作了经验介绍。

三、坚持科技赋能

科技赋能经营，为发展创造价值。加大手机银行发展力度，年末个人手机银行客户排名同业第1、系统第3，法人手机银行客户排名同业第1、系统第5。在系统内率先成立交易银行暨供应链柔性团队，新增供应链融资52亿元，排名系统第5。上线“精专”系统，代发工资金额同比增加262亿元，排名系统第6。科技赋能服务，为客户创造价值。疫情期间，快速研发推出“个人客户经理线上工作室”，打造线上服务新模式，累计开户108万户，揽存50亿元。在全省首家开设5G智慧银行旗舰店。打造个人远维团队，团队维护的个人金融资产较年初增加367.8亿元。科技赋能履责，为社会创造价值。研发移动支付清算平台，在全国商业银行中首家上线医保电子凭证支付项目；打破固有流程，全国首家在智能终端实现社保卡即时制发卡；打造“农e融”品牌，为脱贫攻坚、乡村振兴提供综合金融服务。

四、深耕外汇业务

研究制订实施方案，实现战略良好开局。年末外汇存款时点、日均增量排名四行“双第一”，表内外汇贷款增量、增幅创五年来新高，结售汇量四行占比创历史最好水平，连续四年荣获省外汇局外汇合规与宏观审慎评估A级行。在组织上，成立由行长为主任的推进委员会，分管副行长和相关部门总经理参加。在考核上，对省行部门设置联动考核指标，纳入二级分行和行长绩效考核，实施网点外汇客服经理评选奖励制度。在管理上，二级分行层面确定7家领先发展行、6家潜力发展行、3家特色发展行，支行层面确定60家重点行，实施差异化管理，进行重点突破。

五、持续深化改革

启动实施全面深化改革，确定了“夯实基础，完善体系，提升经营能力和管理水平”的整体思路，推出五大板块30个重点项目，为转型发展提供有力支撑。强力推动“第一个人金融银行战略”。由“一把手”牵头负责，以提升市场竞争力、金融服务力、价值创造力、风险控制力为目标，以抓好系统化原则、精细化原则、专业化原则、智能化原则为指引，以优化客户策略、产品策略、营销策略、风控策略为抓手，推动战略加快落地。个人贷款余额及增量、公积金贷款增量、借记卡和社保卡新增、信用卡客户存量、个人手机银行客户总量等17项指标排名四行第1。在《零售银行》杂志主办的“2020年中国零售金融创新实践大奖”评选中，被授予山东地区“最佳零售银行”奖。构建“GBC铁三角”营销服务新模式。将其作为“一把手”工程，在系统内首家正式启动GBC工作，在省行和二级分行均成立GBC联动委员会，建立GBC联动委员会会议机制，实施重点项目推进一体化管理，完善联动考核评价体系，推动106个子项目扎实落地，合计增加资金43亿元。大力实施重点城市行战略，逐行研究制订竞争力提升方案，加大资源投入和帮扶力度。7家重点城市行在总行的考核排名均大幅提升，创历史最好水平。尤其是济南分行获得总行级重点城市行十强、省会城市行（直属行）、80家总行级重点城市行“三项第一”。

六、坚守风险底线

全力打赢资产质量攻坚战。加强顶层设计，建立“主动防、智能控、全面管”的矩阵式、网格化工作机制，并且按季召开信用风险管理委员会，出台实施方案和考核办法，为资产质量攻坚提供了“路线图”。实行分类管理，将各专业、各分行划分为领先类、提升类和攻坚类，倾斜资源，集中攻坚，推动重点分行和专业率先解困。完善考核机制，在经营考核中增加净利润、风险成本、资产质量考核权重，实施机构、个人“双线考核”。优化不良处置，实施法人不良资产集中处置改革，变“处置不良”为“经营不良”，提升处置效率和处置效益。全力守住合规经营底线。按季召开“操作风险暨内部控制管理委员会成员会议”，以处理好“六个关系”（合规与发展、过程与结果、严管与厚爱、追求规范与激发活力、问题整改和长效机制建设、过去现在和将来的关系）为指引，持续完善内控机制。开好案防分析会，做好案件复盘工作，切实筑牢风险防线。实施“反洗钱治理能力提升工程”，获得监管部门高度认可。

七、加强队伍建设

抓住人这个关键，推动干部“年轻化”、队伍“专业化”、管理“精细化”。加大年轻干部选拔培养力度，处级、科级年轻干部的增量占比分别为35%和42%，分别高于存量占比18个和28个百分点；大力倡导“工匠精神”，开展业务类职务常态化选聘，1 100多人获得职业晋升；传导贯彻“比”的思想，建立管理人员任期考核制度和竞争力评价体系，营造出拼搏进取、奋勇争先的良好氛围。

（山东分行）

河南分行

【主要业务指标完成情况】

2020年末，河南分行本外币全部存款余额6 875亿元，较年初净增573.8亿元，其中储蓄存款净增408.9亿元，公司存款净增86亿元，机构存款净增31.9亿元，同业存款净增47.1亿元；全部存款日均净增479.5亿元。各项贷款（含卡透支）余额5 833亿元，较年初净增577.4亿元，创历史新高。实现中间业务收入40.5亿元。实现拨备前利润144.1亿元；实现净利润46.9亿元。内控案防基础持续稳固，不良贷款连续两年保持“双降”。

【主要工作措施】

一、坚持党建铸魂，激发干事创业动能

以党的政治建设为统领，完善全面从严治党制度体系，深入学习贯彻党的十九届四中、五中全会精神，进一步增强“两个维护”的自觉性和坚定性。以激励干部担当作为为核心，优化领导班子结构，公开遴选和调整55名省行管理干部，加快干部专业化配备和优秀年轻干部梯队建设，加强履职评价和绩效辅导，提升干部干事创业积极性。以提升组织力为重点，深入实施基层党组织建设质量提升三年行动计划，统筹推进机关党建和基层党建，涌现出全国劳动模范张晓勤、工银卓越奖章获得者周海莲等一批先进典型。以正风肃纪为保证，严查重处违反中央八项规定精神行为，深入推进为基层减负赋能，深化巡视巡察问题整改整顿，共问责省行管理干部30人。同时，工会、共青团、离退休服务等工作取得较好成效。

二、坚持服务本源，支持经济稳步复苏

精准直达服务“六稳”“六保”，以“春润行动”为抓手，围绕国家重大区域战略、疫情防控、复工复产、制造业、优质民营、普惠小微等加大融资投放，公司贷款较年初净增267.6亿元，创历史新高，大中型企业贷款同业第一；全国性和地方性疫情防控重点名单企业贷款投放量均居全部同业第一。制造业贷款净增18.9亿元。民营企业贷款净增32.5亿元。人行降准、银保监普惠贷款分别净增70.1亿元和71.1亿元，完成总行任务的184.6%和187%。个人住房贷款净增297.8亿元，余额、增量、投放量同业“三第一”。全面支持脱贫攻坚，精准扶贫贷款净增20.7亿元，完成总行任务的346%；扎实开展消费扶贫“春暖行动”“金秋行动”，购买贫困地区农产品2 438万元，完成全年任务的203%；定点扶贫村均已脱贫摘帽。坚定扛稳疫情防控政治责任，把员工、客户生命安全和身体健康放在第一位，制定实施常态化疫情防控措施，压实“四方责任”，全辖“零感染”“零疑似”，营造了安全的金融服务环境。

三、坚持系统观念，深入实施重点战略

深刻领会总行战略内涵，结合实际创造性细化落实举措，循序渐进推动实施。推进“第一个人金融银行”战略落地。对标总行战略体系，动态完善实施方案和制度机制，强化转型创新，个人金融资产增量创历史新高，私银客户及金融资产总量、增量均居同业第一。加快建设外汇业务首选银行。坚持全行办外汇理念，打造一批外汇业务重点发展支行和个人外汇旗舰店，扎实开展“春融行动”，国际结算连续8年保持同业第一，外汇公存余额、新增额均是同业第一。加强外汇合规管理，外管考核连续11年获得A级单位。着力提升区域竞争能力。深化重点城市行竞争力提升，加大重点区域信贷、财务、科技、人才等资源配置，在有效管控前提下强化授权、赋能，力促竞争力提升。制订“35+5”县域支行市场竞争力提升方案和个人业务、对公业务、公司联动、管理支持等配套方案，一行一策，加快提升。扎实开展GBC工作。制订实施GBC“1+33”工作方案，以点带面，复制推广，重点场景落地31个。

四、坚持变中求进，加快推动经营转型

抓全量客户拓展。线上线下全渠道发力、大中小全市场布局、对公对私全板块拓展，全量个人客户净增260.6万户、系统第四，新开对公结算账户8.6万户、同业第一，净增机构客户3 086户，是上年增量的2倍。抓GBC联动增存。更加注重日均存款增长，把握资金规律，争揽代发等源头资金，强化GBC联动和封闭管理，全部存款、公司存款、机构存款日均净增均排中部六省第1，储蓄存款日均增量同业进位、金融资产消除倒挂。抓中间业务转型。做强基础类，做实项目类，做大创新类，以结构调整、经营转型和规范化、大众化、客群化业务发展来做大中收规模，中收总量中部六省第1。抓渠道优化建设。新设网点7家，撤并4家，通过迁建和新设向县域投入网点13家；完成渠道建设项目91家，完成总行任务的149%；建成“网点+政务”场景244家。

五、坚持风控强基，加固筑牢风险防线

扎实推进全面风险管理。以“主动防、智能控、全面管”为路径，绘制16大类风险管理路径图，细化“六方”责任履职规范表，梳理出1 300多个风险点，压实“三道防线”尤其是“一道防线”责任，实施网格化智能化管控，风险治理能力持续提升。深入开展资产质量攻坚。落实总行“三道口、七彩池”管理要求，前中后台联防联控，把好“入口、闸口、出口”三个关口，对新增融资加强自上而下管控，对存量融资实施差异化管控和主动双向管理，对有问题资产加大清收、盘活、转化力度。坚持资产质量调度会等制度，全年召开12次调度会，按月听取前中后台资产质量管控情况，研究部署下步管控方向和重点，对重要风险大户集体会诊，精准快速处置，资产质量稳步向好。不良贷款余额105.5亿元、不良率1.81%，分别下降14.63亿元、0.48个百分点。坚决打好内控案防攻坚战。以“管住人、看住钱、扎牢制度防火墙”为根本遵循，狠抓制度执行和管理者履职，初步形成“五·三·三”内控案防框架体系；开展“制度治理年”“明红线 守底线”等活动，对关键人员、关键岗位、关键环节和重要敏感部位实施网格化智能化管控，加强安全生产管理，强化KYC治理，积极配合风外监管，常态化开展警示教育，深植合规文化，防范化解各类风险，内控案防总体平稳。

（河南分行）

湖北分行

【主要业务指标完成情况】

2020年，湖北分行实现营业收入219亿元，拨备前利润152亿元，实现净利润35亿元。中间业务收入37.8亿元，保持同业第一。本外币各项存款余额达7 361亿元，比年初增加512亿元。其中，对公存款余额3 195.6亿元，比年初增加90亿元，余额同业排名第一；储蓄存款余额4 165.7亿元，比年初增加422亿元。人民币各项存款余额达7461.5亿元，比年初增加633亿元，同比多增127亿元。全口径投融资余额达8 908.7亿元，比年初增加1 088亿元，累计投放4 098亿元。本外币各项贷款余额达6 165亿元，同业第一，比年初增加663亿元，同比多增150亿元。全量个人客户达3 097.6万户，增加120.8万户，其中日均金融资产5万元以上个人客户增加12.9万户，同比多增4.6万户。个人手机银行客户达1 657万户，增加251万户，存量增量首夺同业“双第一”。同业客户达487户，新开68户，同比多增43户，实现全省78家农商行全覆盖。资产托管业务规模达到1 007亿元，收入实现1.28亿元，稳居市场第一。养老金受托、账管、收入均居同业第一。票据直贴量达638.5亿元，市场占比60%，客户数达1 966户，均居同业第一。全年清收处置不良贷款113.8亿元，同比多处置43.9亿元。不良贷款余额89.74亿元，比年初增加25.76亿元；不良贷款率1.46%，比年初上升0.29个百分点。

【主要工作措施】

一、牢牢把握政治方向

统筹推进从严治党从严治行。坚持党建工作与业务发展同谋划、同部署、同推进、同考核。始终将党的政治建设摆在首位，不断强化政治理论武装和强化基层党建工作，推动全面从严治党主体责任落实，强化考核结果运用，推进全面从严治党向基层延伸。突出“严”字标准，围绕各级班子、选人用人、信贷业务等方面加强监督查处力度，保障关键领域权力规范运行。实现首轮巡察的全覆盖，7个批次巡察发现的661例问题，整改率达96.8%。深入查纠“四风”，从严执纪问责，运用“四种形态”约谈提醒、问责处理813人次，党纪政纪处理责任人员162人次，营造风清气正的发展环境。

众志成城共同打好疫情防控阻击战。召开24次应对疫情领导小组会议研究部署疫情防控工作，强化三级联动，压实四方责任，有序推进差异化复工，因时因势调整防疫策略，对员工全力救治帮扶，患病在职员工已全部康复上岗；建立9项联防联控机制，完善“1+3”常态化疫情防控制度，抓细抓实秋冬季疫情防控10条措施，不断筑牢疫情常态化防控屏障。疫情期间，深入开展“战疫先锋、发展先行”活动，2 851名志愿者下沉到758个社区、135个村组，坚守防疫一线，其中党员志愿者占比超过75%。成立85个金融服务应急小分队，保障金融服务，履行社会责任。全集团向湖北疫区捐赠防疫资金和物资2.29亿元，以实际行动彰显了工行大爱。省分行召开抗击新冠肺炎疫情表彰大会，对16个战疫先进基层党组织、51名优秀共产党员、30个先进集体和100名先进个人予以表彰，大力弘扬伟大抗疫精神。

二、切实履行大行担当

全力支持复工复产和疫后重振。抓好总行支持湖北复工复产“23条”专项政策、总行与湖北省政府签订战略合作协议的落实，为实体经济发展提供有力支撑，累计向 514 户复工复产企业提供全口径融资 1 125 亿元。着力拓展新优领域信贷市场。以上市公司、纳税百强、拟上市金种子企业、国家级高新技术企业和国家级战略新兴产业集群为目标客户，在全辖范围内开展“九大板块”专项营销，对重点客户逐户摸排，动态更新名单库，公司贷款累计投放 1 858 亿元，同比增加 846 亿元。携手小微企业共渡难关。在同业和系统内率先出台支持小微“六专”措施，扎实推进七大产品精准营销，普惠贷款实现扩面、增量、降价，客户数达 23 119 户，增加 4 004 户，增长 20.95%；监管口径普惠贷款全面超额完成计划。积极助力扶贫攻坚战役。精准扶贫贷款增加 9.7 亿元、涉农贷款增加 29.7 亿元，分别完成全年计划的 162%、153%。行内购买和帮助销售贫困地区农产品分别为 1 775 万元和 1.29 亿元，任务完成率分别为118%和205%；省市县三级机构 108 个定点扶贫村全部如期脱贫。

全面推进客户拓维工作。个人客户重点围绕代发工资、“助农安薪”、百万拓户发卡夺标竞赛以及“e 钱包线上代发”四个维度开展重点客群拓展。代发个人客户总量增加 33.3 万户，已为 9 279 个农民工用工单位、超 64 万人次农民工提供代发工资服务；新增借记卡 292 万张、社保卡 30.8 万张、e 钱包账户 15.7 万户。公司客户重点开展精准营销，挖转他行目标客户 567 户，实现公司存款增存 8.7 亿元。机构客户通过 G 端带动 B 端、C 端获客。新增预算单位零余额账户 343 户，开立 G 端医保账户 87 个，与全省 44 家医保局签订合作协议。优化客户服务体验，改进服务硬环境和软实力，竞争力达标网点占比达 66%，提高 5 个百分点；客户满意度为 82.6、忠诚度为 83.2，均居同业前列。

三、有效激发创新活力

发挥金融科技对业务发展的助推作用。成功研发人脸识别实名认证项目，上线湖北分行“掌上运维”，“聚富通”项目，投产建成“高速公路 ETC 通行手机端查询”服务，开发投产物业智慧停车项目，建成智慧银行 2 家。以科技力量为安全运营提供支撑保障。快速研发“线上电子账户开户”项目，成功推出智能服务机器人“工小智”，搭建远程办公平台，保障抗疫和抗汛期间资金及金融服务到位。

四、用好两个市场资源

积极打造“湖北区域外汇业务首选银行”。聚焦重点客群、重点产品、重点机构，建立外汇业务领先发展行、重点发展行和潜力发展行三级梯队，分类推进差异化发展。在全方位跨境金融服务中拓展市场。稳步推进总行“春融行动”，对重点制造业企业制定专项服务方案，提供全口径跨境类融资折人民币 137.8 亿元，外汇贷款余额及增量均位居同业第一。开办国内信用证福费廷业务 3 810 万元，实现零的突破。

五、深入推进重点战略

扎实推进“第一个人金融银行”战略。将战略推进情况纳入专业评价和干部考核；建立个人金融业务市场竞争力提升工作机制，按季通报、按月检视，加快推进核心指标市场份额增点进位。持续抓好区域竞争能力提升。坚定不移贯彻总行服务中部地区发展战略，明确具体目标和工作路径，分类列出重点事项清单。出台推动县域支行加快发展的意见，坚持目标导向、一行一策，实施分类管理与差异考评相结合、内部挖潜与资源倾斜相结合、正向激励与反向约束相结合，开展省行部门挂点县域竞争力落后支行帮扶活动，帮助县域支行解决渠道建设、客户拓展、产品创新、数据支持等问题，推动总省行相关政策措施落实到位。以体制创新提升价值创造能力。深化直营式营销体制改革，充分发挥公司金融业务大客户中心、资产托管业务团队、票据业务团队直面市场、直接营销的攻城拔寨作用，改革成效初显。公司金融业务大客户中心所管辖企业的存款增加 61.7 亿元，日均增加 55.3 亿元，系统贡献分别提高 2.9 个和 2.6 个百分点；融资余额达 1 238 亿元，增量 306 亿元，余额占比提高 4.36 个百分点。资产托管分部成立一年来，规模、存款、自营收入等竞争类指标均实现同业第一。票据业务贴现量达到 638.5 亿元，再创历史新高，居同业第一。

为重点战略落地提供机制保障。优化薪酬分配机制，严格按季兑现，有效传导压力，不断提升绩效考核与薪酬分配效率。完善干部任期考核评价体系，强化考核结果运用，激励干部担当作为，营造干事创业、担当作为的良好氛围。遵循“集约管理，精简高效”的原则，完善部门组织架构，增强管理效能。

六、努力夯实发展基础

全力打好资产质量攻坚战。明确了资产质量逐年进位、三年重夺第一的攻坚目标。多措并举加快处置，信贷风险有序释放。出台工作方案，制订行动计划，明确了资产质量逐年进位、三年重夺第一的攻坚目标。省行党委班子成员相继赴各二级分行对资产质量攻坚进行专项督导，前中后台联动帮扶，扎实推进攻坚战。着力解决信贷资产质量工作中存在的基础性、机制性问题。多措并举加快处置，信贷风险有序释放。全年实现现金清收 6.8 亿元，重组转化 36 亿元，批量转让 31.6 亿元，证券化 12.9 亿元，常规核销 26.4 亿元。切实强化内控案防管理。深入开展“学制度、用制度、守制度”活动，强化员工警示教育，深植合规文化；以飞行检查和“违法、违规、违纪”员工异常行为大排查为手段，从源头上管控风险。对全行 16 127 名在岗员工实行了网格化管理，对排查出的 326 名存在异常行为的员工进行建档动态管理。全面推进整改工作“五步责任压实法”，强化全面风险管理，落实“六全”风险管理要求，压实六方责任和三道防线“主动防、智能控、全面管”的具体职责。

加强干部队伍建设。突出政治标准、坚持业绩导向，严格选用干部。完善常态化交流使用机制，推进梯队接续建设，全年组织对29个二级分行和省分行部室班子120名干部进行调整和补充，新提任处级和助理人员中，40周岁以下的有12人，占比30.8%，交流使用占比43.6%，公开遴选13名平均年龄38.8岁的年轻干部，选派省分行本部7名青年业务骨干赴县域支行任职锻炼。落实员工关心关爱。完善困难职工帮扶机制和多层次救助工作体系。按照普惠均等原则，继续加大对基层员工的薪酬倾斜力度，有效提升基层员工的获得感、幸福感。

（湖北分行）

湖南分行

【主要业务指标完成情况】

2020年，湖南分行实现拨备前利润103.88亿元，同比增加8.84亿元，总量首次突破100亿元。实现营业净收入148.94亿元，同比增加11.35亿元，增长8.25%。实现中间业务收入27.66亿元。

本外币全部存款余额增加384.61亿元，增长8.39%，同比多增42.58亿元。其中，同业存款余额及增量均列可比同业第1位。本外币各项贷款增加703.10亿元，同比多增255.83亿元，增长18.25%，其中，公司贷款增加584.1亿元，增量近年首次列可比同业第1位。人行定向降准、银保监口径普惠贷款分别增加53.94亿元和56.90亿元，均超额完成总行下达年度计划。

不良贷款余额60.36亿元，不良贷款率1.33%，较年初下降23个基点，不良贷款率为近5年最低。信用卡不良余额3.23亿元，不良率2.97%，分别较峰值下降21.9亿元和12.13个百分点。贷款拨备覆盖率181.74%，提升44.40个百分点，贷款拨备覆盖率为近5年最高。资产质量、贷款拨备覆盖率近年来首次优于境内一级分行平均水平。

【主要工作措施】

一、着重突出“严的主基调”，在党的建设中彰显了新成效新作为

一是深化政治理论学习。坚持把党的政治建设放在首位，深入学习贯彻习近平新时代中国特色社会主义思想和党的十九届四中、五中全会精神，举办专题培训班，组织各类管理人员1 262人参加“直播课堂”专题讲座。二是强化全面从严治党主体责任落实。全年完成对4家二级分行党委和19家省分行部室党支部的巡察工作。持续夯实基层党建基础，新发展党员135人，新增设党总支17个、党支部126个，党支部覆盖率较上年提高22个百分点。三是贯彻新时代党的组织路线，加强干部队伍建设。共提拔、调整、退出副处级以上干部89人次，开展优秀年轻干部专题调研，不断推动高素质干部队伍建设。

二、着重抓好“统筹谋划”，在疫情防控和服务实体中展现了国有大行责任担当

第一时间成立应对疫情工作领导小组，第一时间研究部署应对疫情防控工作，构筑起抗击疫情的坚固防线，全辖未发生一例新冠肺炎确诊和疑似病例。在疫情防控最艰难时刻，紧急采购和捐赠防疫物资，火线驰援湖北分行、武汉分行以及集团境外机构，以实际行动践行了伟大的抗疫精神。一是全面落实“六稳”工作、“六保”任务，开辟信贷审批绿色通道，服务实体的适应性和普惠性进一步提升。各项贷款投放创历史新高。本外币各项贷款增加703.10亿元，同比多增255.83亿元，增长18.25%，增量、增幅分列系统内第8位和第2位，均创近年来同期最好水平。其中，公司贷款增加586.90亿元，同比多增288.02亿元，增量列可比同业第1位。重点业务领域贷款增长提速。制造业、民营企业、幸福产业贷款分别增加46亿元、98亿元和20.01亿元，均超额完成总行下达年度计划。二是接续开展支持复工复产的“春润行动”、支持外贸外资的“春融行动”、支持脱贫攻坚的“春暖行动”，共向3 316家企业提供支持复工复产复商贷款725亿元，向39户重点企业发放专项优惠贷款5.79亿元。在支持“五医领域”的专项融资行动中累计向145户“五医”企业投放贷款40.35亿元。三是积极参与政府隐性债务化解，累计发放化债贷款393.25亿元，其中“优化南湖新城债务结构项目”荣获2020年度“湖南省融资创新一等奖”。

三、着重强化“营销拓展”，在重点战略实施中促进了发展动能不断提升

一是稳步推进第一个人金融银行战略。储蓄存款日均新增列可比同业第2位，增量可比同业排位提升1个位次。大零售贡献占全产品营业贡献58.76%，同比提

升16.15个百分点。个人全量客户新增88.29万户。e支付商户、个人信用贷款取得新进展，私人银行客户新增和中间业务收入、个人手机银行新增均列可比同业第1位。金融科技、大数据赋能业务发展、获客场景建设、渠道转型创新成效显著，工银安薪、“智慧云餐厅+银校通”、电信惠民购机、聚富通平台、电子社保卡签发等GBC联动获客场景建设取得新突破，获得湖南省卫健委居民电子健康卡主办银行资格。二是全力推进重点区域竞争力提升战略。长沙、岳阳2家总行级重点城市行在全省绩效考核排名保持前列，在全行经营贡献度分别保持在44.46%和7.79%（拨备前利润口径）。三是高效建设境内外汇业务首选银行战略。成功协办2020中非经贸合作线上磋商会，对外担保和走出去业务继续保持同业领先地位。公司、普惠、机构、投行等业务板块拓展成效明显。股权融资顾问、财务重组顾问收入均实现零的突破，成功参与全国首单并购贷款资产证券化业务，办理全省首单理财资金过桥融资投资和全省首单险资撮合顾问业务。完成“中企云链”供应链新模式线上化改造，融资余额列系统内第2位。“烟草贷”融资增量均列系统内和可比同业第1位。政府地方债承销、省级财政专户社保资金定期存放均列可比同业第1位。

四、着重推进“综合施治”，在基础夯实和风险管控中取得了实质性进展

资产质量管控方面，一是制定资产质量“123”攻坚战工作机制，深入开展法人潜在风险贷款排查和大户风险会诊，持续加大不良贷款处置工作力度。不良贷款余额60.36亿元，不良贷款率1.33%，较年初下降23个基点，不良贷款率为近5年最低。信用卡不良余额3.23亿元、不良率2.97%，分别较峰值下降21.9亿元和12.13个百分点。贷款拨备覆盖率181.74%，提升44.40个百分点，贷款拨备覆盖率为近5年最高。资产质量、贷款拨备覆盖率近年来首次优于境内一级分行平均水平。二是全力做好受疫情影响企业的贷款风险缓释，信贷经营体制机制改革与授信审批新规有效落地。内控案防管理方面，一是认真组织开展“制度治理年”主题活动，持续加大案件与操作风险管控力度，内控案防闭环管理不断强化。持续加强重点领域和关键环节风险排查，持续推进对经营风险突出机构的专项整顿，稳妥有序处理好各类遗留问题。二是全面开展电信网络新型违法犯罪涉案账户排查，对可疑个人和企业账户采取管控措施，深入开展员工贷记卡套现风险排查整治。连续三年被人民银行长沙中心支行评为反洗钱重大案件成果单位。公安和银保监安全评估获评优秀等级，实现安全保卫管辖“零案件”。

五、着重强化“精细管理”，在经营管理过程中不断激发了员工动力活力

把内控案防、精细化管理和管理人员工作状态提升作为三大重点基础管理工作强力推进，并提出了量化细化的具体工作措施。一是出台了内控案防和精细化管理若干工作措施和进一步提升各级管理人员工作状态的意见，要求各行、各部门特别是省市分行本部坚决以精细化管理措施推动作风再改进、状态再提升、工作再抓实。强化对总行专业考核排名20位以后部室的工作督导，要求厘清工作职责，打通工作堵点，尽快实现排位提升。二是持续为基层赋能减负，进一步加大精文减会力度，省分行本部和二级分行发文数量分别同比下降5.72%和5.18%，省分行本部会议同比下降12.88%。坚持以人为本，聚焦员工最关心、最直接、最现实的利益，制定提升员工获得感和幸福感《二十条》和《十条》，在提升收入福利待遇、提高服务基层水平、改善工作生活环境、促进员工职业发展、营造良好工作氛围五个方面，明确了实实在在的提升措施，员工内生动力活力进一步增强。在系统内工资费用下降的情况下，人均工资收入和人均非工资性人力费用增长高于境内一级分行平均水平。开展“大行菁英”评选活动，创建两家大行工匠创新工作室，创先争优热情进一步激发。

（湖南分行）

广东分行

【主要业务指标完成情况】

2020年，广东分行实现拨备前利润518.65亿元，同比增长3.63%；实现净利润302.91亿元，同比增长0.45%；利润总额居同业第一。本外币全部存款余额21 616亿元，比年初增加1 857亿元；本外币贷款余额15 923亿元，比年初增加2 465亿元。全年实现中间业务收入181亿元，同比增长1.48%。资产质量总体稳定，不良贷款余额185亿元，不良率1.16%。实现安全运营，确保“内控评价一类行”的地位。

【主要工作措施】

一、强化党建引领，一以贯之纵深推进全面从严治党从严治行

一是旗帜鲜明讲政治，不断提升全面从严治党的履职能力和水平。认真贯彻落实新时代全面从严治党要求，压实全面从严治党的主体责任，持续推进支部标准化、规范化设置，优化党员队伍结构，全辖基层党组织较年初增设282个，网点和分行本部实现党支部应设尽设，全年新发展党员445人，在职党员占比较年初提高1.7个百分点。二是持续强化党风廉政建设和反腐败斗争，把“严”的主基调长期坚持下去。深入推进党风廉政责任制建设，认真开展“两明案”回头看和“清廉金融文化建设”系列主题活动，在省行机关开展“树正气、改作风”专项活动，积极倡导厉行节约、勤俭办行，强化同级及“关键少数”监督，积极探索协同监督机制，顺利完成了第一轮对辖内分行党委巡察“三年全覆盖”的收官工作。三是加强干部队伍建设。坚持党管干部原则，公开遴选了一批年轻干部，对33位省行管理干部实行岗位退出，实现辖内二级分行纪委书记易地任职全覆盖。扎实推进员工工作，认真贯彻落实关爱基层员工的十件实事，落实好为员工减负松绑的各项措施，让员工感受组织的温暖。

二、强化责任担当，在疫情防控与脱贫攻坚中展现工行力量

一是积极支持防疫防控和复工复产。面对突如其来的疫情，广东分行坚持把员工、客户的生命安全和身体健康放在第一位，认真贯彻总行党委部署安排和省委省政府、监管部门的属地管理要求，细化防控措施、健全工作机制、层层落实“六个责任”，实现了广东分行和总行驻粤机构员工“零感染”。同时，分行以服务“六稳”为己任，坚持急事急办、特事特办，开辟金融服务绿色通道，通过专门审批机制、专项规模保障、专属利率优惠、专户服务方案等措施，加大对受疫情影响相关行业企业的融资支持，其中开展“春润行动”“春融行动”、云上广交会等服务，累计向1 401户大中法人企业发放贷款1 746亿元，持续助推企业尽快复工达产；疫情发生以来累计投放防疫再贷款28.2亿元，向39户全国性重点防疫名单客户发放再贷款17.6亿元，位居同业第一。落实延期还本付息、展期、续贷等政策，帮助企业和个人渡过难关。全年为9 748户、1 813亿元办理延期还本付息。二是全力推进脱贫攻坚工作。加强与系统内机构的对接沟通，凝聚社会各方面力量，形成扶贫大合力。消费扶贫方面，组织实施“春暖行动”“金秋行动”，累计购买贫困地区农产品6 422万元，实现扶贫助销4.42亿元，超额完成总行消费扶贫任务。定点帮扶方面，除通过农产品购买外，携手企业与金阳县线上举办“资助金阳县扶贫项目捐赠仪式”，向金阳县脱贫攻坚生猪养殖基地建设项目捐赠资金1 100万元；省行定点帮扶的广东阳江市九三村全部实现脱贫摘帽，全面完成广东省委下达的扶贫任务。金融精准扶贫方面，年末扶贫贷款（国标）余额40.3亿元，较年初增加5.5亿元，其中产业扶贫增加1.3亿元，超额完成总行任务。

三、贯彻新发展理念，对接广东区域经济发展战略，不断提升服务实体经济质效

一是主动把握基础设施补短板等市场机遇，发挥“稳投资”主力军作用。对照广东省委省政府的发展规划和项目安排，加大主动走出去力度，进一步密切与政府机构、重点客户的沟通联系，积极支持粤港澳大湾区建设、广东“一核一带一区”等重大战略实施。年末本外币公司贷款余额7 653亿元，比年初增加1 346亿元，同比多增724亿元，增速21%，其中项目贷款增加857亿元，增速25%，同业第一，余额占各项贷款比重较上年提升1.4%至29%。二是突出支持先进制造业、高新技术产业等现代产业体系建设。立足广东省制造业立省的经济特点，把支持广东制造业改造升级和高新技术产业建设作为服务实体经济的重要发力点，与工信厅签订战略合作协议，积极对接全省20大战略性产业集群，推动高新技术企业在工行开户1.5万户，覆盖率46%，通过投商互动、产业基金、绿色通道等多种方式，支持企业多样化金融服务需求。全年实现科创、制造业、物联互联、幸福产业、环保产业等5个前沿板块贷款增加451亿元，增速30%。三是坚持线上线下双轮驱动，提升普惠业务服务水平。线下进一步推动普惠专营，强化小微客户分层分类和梯度开发，把“工银普惠行”和监管部门“百行进万企”活动有效对接，组织分行“千名专家进小微”“万家小微成长计划”系列推介活动；线上依托金融科技技术，进一步完善线上模型和产品设计，加大e抵快贷、税易通等产品的推广力度，创新推出抗疫贷、政采贷、成长贷等特色创新方案。截至年末，全省普惠口径贷款余额1 056亿元，比年初净增399.3亿元，增速60.8%。四是准确把握居住消费需求，促进个人资产业务健康发展。信用卡方面，以分期付款产品为抓手，加大内部挖潜和优质客群渗透营销，扩大消费金融应用场景，打造消费金融生态圈。年末信用卡透支余额858亿元，较年初净增88亿元，增长11.4%。个贷方面，坚持“房住不炒”原则，继续支持住房按揭市场的稳步发展，适度推进个贷证券化。个贷余额7 292亿元，比年初增加1 050亿元，其中个人住房贷款余额6 249亿元，占人民币各项贷款的40%，比年初下降1.9个百分点。

四、深化经营转型和改革创新，推动总行重点战略实施，厚植可持续发展新动能

一是巩固广东“第一个人金融银行”地位，核心指标系统同业领先。坚持存款优先发展战略，抓好“抢抓源头、挖转行外、做大结算、承接到期”四项核心工作，深化实施个人客户拓户工程，持续优化个人中

收结构。储蓄存款余额实现时点、日均同业双第一，个人贷款实现余额、增量同业双第一，个人板块中收系统占比达 12.4%，较去年提高 0.36 个百分点。二是统筹推进境内外汇业务首选银行战略。依托工行人民币业务优势，结合粤港澳大湾区及广东自贸区区域特色，按照“对头部客户运用灵活定价、对中部客户运用授信支持、对底部客户运用便利服务”的思路逐户制订营销方案，营造“全行办外汇”良好氛围。年末外汇业务获客同业第一，客户数达到 2.31 万户；国际结算量四行占比 29.05%，提升了 1.11 个百分点，居同业第一。三是粤港澳大湾区战略持续深化。广东分行湾区分行新增贷款达 2 077 亿元，全省系统占比达 84%。积极推动跨境贸易便利化政策落地，在同业内率先落地办理首笔货物贸易和首笔服务贸易外汇收支便利化业务，办理业务规模位居同业前列。加强粤港澳地区联动，成功与港澳机构开展保理资产跨境转让等多项创新业务，深化“湾区通”个人服务体系，成功落地 FT 账户试点，承办大湾区联席会议并签订合作框架协议，进一步加大与湾区机构的创新联动。四是深化科技与业务融合，有效拓展了科技赋能的广度和深度。做实 ECOS 工程推广宣传和项目落地，2020 年完成重点领域创新研发项目 341 个，同比增长 40%。聚焦 GBC 场景建设推出了多个有影响力的平台和产品，其中广东省级职业年金项目取得了全满贯的佳绩，各类智慧社保场景累计发放各类社保资金 871 亿元、同比增加 5 倍多。“数字财政”迁移改造，上线电子化业务金额占比达 75%。

五、积极应对复杂多变的外部环境，不断夯实经营基础

一是巩固全量客户基础。个人拓户方面，在进一步拓宽客户量的基础上注重提质。积极完善线上线下双维获客体系，深化客群拓展专项行动，抓好 GBC 联动获客、线上场景获客工作，强化客户分层分类服务维护。年末个人有效客户 5 159 万户，系统第一，较年初增加 223 万户；个人有贷户 144 万户，增长 7.57%，增幅比总行高 11.5 个百分点。公司拓户方面，扩大服务覆盖面。认真贯彻总行“做宽底部、做强中部、做实头部”的战略部署，持续推动“对公制胜”网点竞争力提升工程，在加强账户管理基础上进一步提升服务水平，年末金融资产 5 万元以上公司客户 22 万户，增长 10.74%。机构拓户方面，在抢抓好省级源头性客户的基础上，向下延伸，加大对市、县、镇、村级政府客户的营销力度。年末金融资产 5 万元以上机构客户 2.44 万户，增长 5.73%。二是加快推进线上线下一体化渠道服务能力提质增效。线下持续推进网点总量、布局与结构持续优化和服务提升，全年迁建网点 63 家，支持重点县镇发展新设网点 13 家、实现全省县域网点全覆盖，500 米内密集网点减少 28 家，装修 138 家网点，创建 7 家银行业千佳网点和 23 家总行四五星级网点。线上聚焦“第一手机银行战略”，全力做大手机银行客户规模，分行融 e 行净增客户数 441 万户，存量达 4 101 万户；融 e 行移动端月均动户数 893 万户，净增 137 万户。同时，以 GBC 场景建设为抓手，开展二级分行一把手牵头建场景行动，推动线上线下一体化服务联动。

六、强化底线思维，不断提升风险防控能力

一是有序释放、真实反映、加快处置，积极稳妥地推进信用风险化解。稳步推进“三道口、七彩池”智能信贷风险管控工作，整合入口、闸口和出口管理措施，形成广东分行特色的口池管理体系，有效落实总行“主动防、智能控、全面管”工作部署。扎实推进授信审批新规实施，持续推进信贷客户经理人岗匹配方案和信贷主管行长双线管理机制，探索实施总分行合作项目物联网存续期智能管理试点工作。统筹协调做好了非标回表工作，确保风险稳步有序释放。二是齐抓共管抓好内控案防，持之以恒推进操作风险管控。深入推进内控合规“制度治理年”主题活动，扎实组织开展市场乱象整治“回头看”工作，全面加强员工异常行为“两化”管理，提升员工异常行为管控效果。三是强化安全运营管理。抓好信息系统安全总控中心平台建设，深化网点运营风险分级，加强内部账户核算管理，在加强账户风险管理基础上提高客户服务水平。操作风险损失率（万分之 1.81）和内部风险暴露水平（万分之 0.35）处于较优水平，实现安全运营。

（广东分行）

深圳分行

【主要业务指标完成情况】

2020 年，深圳分行实现拨备前利润 228.2 亿元、净利润 130.7 亿元，均超额完成总行目标任务，同比分别增长 10.3% 和 5.1%，系统排名均保持第 7 名，系统内贡献度分别较 2019 年末提升 0.85 个和 1.21 个百分点，是拨备前利润前十大分行中唯一一家增幅超过

10%的分行。公司、个人、机构三大板块营业收入分别增长9%、11%和5%。

【主要工作措施】

一、党建和经营发展实现“质的提升”

（一）党的建设质量不断提升。党建引领“引”的作用进一步增强，深入贯彻习近平新时代中国特色社会主义思想，认真抓好党的十九届五中全会宣讲，统筹推进机关、基层党组织政治功能和组织力提升，以党建引领疫情防控、脱贫攻坚、服务实体经济、防范化解金融风险等重大任务，不折不扣落实党中央决策部署。从严治党“严”的态势进一步巩固，落实全面从严治党主体责任，持之以恒纠治“四风”，认真开展“灯下黑”问题专项整治、“两明案”教育整改回头看，实现分行第一轮巡察全覆盖，一体推进主体责任和监督责任同向发力。干部员工“进”的活力进一步激发，完善干部人才队伍建设规划，高质量开展外语大赛、劳模与工匠人才创新工作室创建等活动，评选表彰“两优一先”、青年岗位明星、巾帼岗位标兵等先进典型，分行营业部还获评总行首届“工银卓越”集体奖章。文化建设“暖”的氛围更加浓厚，加强员工健康防护管理和后勤保障服务，制定分行员工服务手册，上线“深圳i伙伴”员工服务系统，开展“浓情关爱，助力先行”系列家园文化建设活动，将员工关爱落到细处实处。

（二）服务实体经济质效不断提升。积极助力“六稳”“六保”，深入开展“春润行动”“春融行动”，累计提供复工复产相关贷款支持1 769亿元，人行全国性名单内深圳企业放款金额同业第一，疫情防控债承销额同业第一。服务实体经济更加精准到位，制造业贷款、中长期制造业贷款、民营企业贷款增量均超额完成总行目标任务；人行定向降准口径和银保监口径普惠贷款余额均较年初翻番，总行任务完成率分别为142%和137%，银保监口径普惠贷款增量和余额实现同业排名“双进位”（增量第二、余额第三）；数字供应链融资余额较年初翻番，余额及增量均排名系统第一。高质量完成精准扶贫任务，“春暖行动”“金秋行动”等消费扶贫工作效果良好，创新电商扶贫网络直播模式，累计助销贫困地区农产品1.4亿元。

（三）总行重点战略落地成效不断提升。“第一个人金融银行”建设率先突破，储蓄余额、个贷余额和增量实现同业第一，全量客户、优质客户、私行客户分别较年初增长23%、9.8%和19.1%，个人手机银行客户数、月均动户数均排名同业第一。“境内外汇业务首选银行”建设步伐加快，国际结算增量、国际收支客户增量均列同业第一，成功争取首批本外币合一账户体系试点资格，取得了国内首笔供应链保理资产跨境转让业务、全市首笔FT全功能资金池业务等多项“首笔”的突破。GBC三端联动不断强化，28个重点业务场景全部实现项目落地，公共资源、住建领域、教育培训等重点场景取得有效突破，数字人民币个人钱包数、对公钱包数均列同业第一。先行示范行建设路径更加清晰，通过行动方案明确了总行政策措施责任分工和任务分解，描绘出未来高质量发展的“施工图”。

二、重要经营指标实现“量的突破”

（一）存款余额实现上万亿元的突破。本外币总存款余额达到10 086亿元，较年初增加2 546亿元，增量为2019年的2.1倍，同业占比较年初提升1.6个百分点，增量排名同业第一，存款付息率及存贷利差率也保持同业第一；储蓄存款、公司存款、同业存款日均规模增幅均超过15%；9家支行人民币存款增量超50亿元，14家支行储蓄存款增量超10亿元，8家支行人民币公司存款增量超20亿元。

（二）贷款增量实现上千亿元的突破。本外币总贷款余额6 851亿元，较年初增加1 016亿元，增量创历史新高，同业占比较年初提升0.27个百分点，与系统内前一名分行的差距由2019年末的246亿元缩小至0.34亿元；人民币个人贷款、人民币对公贷款余额分别增长17%和22%，同比分别多增146亿元和194亿元。

（三）中收实现扭负为正的突破。在年末最后关头成功扭转前11个月中收负增长的局面，全年实现中收87.1亿元，同比增加0.3亿元，系统排名继续保持第6名。“投行+资管”口径中收、结售汇中收保持同业第一，网络金融中收排名系统第一，结现中收首次实现同业第一。

（四）不良贷款实现双降的突破。成功实现某集团48.6亿元重组贷款风险分类上调的突破性进展，在将存量融资大户31.57亿元贷款全部纳入不良贷款管理的情况下，年末不良贷款额较年初减少7.9亿元，不良贷款率1.07%，较年初下降0.32个百分点，拨备覆盖率219%，较年初提升58个百分点，风险抵补能力显著增强。同时，实现了全年安全平稳运营，常态化疫情防控周密有序，未发生案件及重大风险事件，保持了安全稳定、风清气正的良好氛围。

（深圳分行）

广西分行

【主要业务指标完成情况】

2020年，广西分行实现拨备前利润91.22亿元、同比增加10.76亿元；实现净利润56.57亿元、同比增加6.47亿元，均超额完成总行调增后的任务。实现中间业务收入26.19亿元，同比增加1.7亿元。全口径融资总额5 391亿元，比年初增加670亿元，其中各项贷款余额3 454亿元，比年初增加419亿元，贷款投放创历史新高；不良贷款23.16亿元、比年初减少0.18亿元，不良率0.67%，比年初下降0.1个百分点，连续五年实现“双降”，资产质量在系统排名第六位。

【主要工作措施】

一、坚持党建引领，筑牢经营发展根基

加强思想政治建设。深化理论学习，采取线上线下相结合的方式，学习贯彻党的十九届四中、五中全会精神，持续巩固深化“不忘初心、牢记使命”主题教育成果，全年党委班子开展9次集体学习研讨。规范党组织管理。坚持制度先行，逐级压实责任，组织举办5期全覆盖的党支部书记网络培训班和面授培训班，切实提升党员干部政治站位、党性修养和党建工作能力。抓实党风廉政建设。切实履行党风廉政建设主体责任，推进作风改进长效机制建设，推进厉行节约勤俭办行，抓实监督执纪，组织开展“两明案”专题教育整改“回头看”，抓好以案促改，稳步推进巡察工作。

二、坚持夯基提质，市场竞争力稳步提升

深入推进“拓户夯基”。深入推进“1+N”客户一体化营销模式，线上线下双维获客，推动“夯基”“提质”齐步走。对公拓户注重精准批量获客，重点抓好注册资本50万元以上客户拓展和链式营销，大力拓展党政机构改革账户；个人拓户注重公私联动，深化与人社厅、糖企等源头客户，大力拓展第三方存管客户，创新推出“E农通”，激活乡镇社保卡客户55万户。落实客户分包管理，抓好存量客户提升工作，注重产品组合营销和二次挖潜，抓实风险账户治理。推动存款均衡发展。紧抓重点公司资金营销，做好集团客户延伸服务，强化G－B－C资金闭环和货币派生闭环双循环管理。储蓄重点抓好代发源头，用活贷款“话语权”，注重量价协调，推动资产与存款同向发展。机构在军队资金持续上划和社保资金缓免减的双重压力下，持续抓好部队服务，以农村集体三资管理平台为切入点，争揽农村集体资金，做好财政资金承接。加快中收转型发展。持续落实“规范发展为先、基础类中收做大、卡分期做强”思路，提升结算、第三方支付、工银信使、基保理等基础业务创效水平，着力打造信用卡中收新增长点，全年实现基础中收15.14亿元，信用卡分期付款中收4.6亿元。

三、坚持稳中求进，着力拓展优质信贷市场

积极拓展法人信贷市场。落实“六稳”“六保”要求，全面开展“春润行动”，配置专项信贷规模，助力服务实体经济恢复增长。全年累计发放复工复产及稳企业保就业各类融资993.62亿元；支持基础设施项目建设，加快推进重大项目落地，全年累计发放项目贷款347.31亿元，积极支持产业转型升级，年末制造业贷款余额143.57亿元。创新拓展普惠市场。顺应“数字普惠”趋势，线上畅通经营快贷、e抵快贷、e税快贷等办理渠道，线下密切与担保机构合作，创新拓展糖业产业链融资和“桂宿贷”业务，为企业提供“融资+融智+融商”综合金融服务。着力拓展个贷市场。扩大优质项目按揭业务占比，提高个贷服务效率，打造二手房贷款品牌，拓展消费信贷，优化个人贷款结构，年末个人贷款余额1 437.71亿元，居同业首位。全力打好脱贫攻坚战。持续加大贫困地区信贷资源支持力度，保障扶贫贷款计划配置，积极拓展“产业扶贫+供应链”模式，助力交通扶贫、水利扶贫、电力扶贫、网络扶贫等，不断夯实贫困地区脱贫致富的基础，全年共发放扶贫贷款29.44亿元，实现电商扶贫1.8亿元，消费扶贫930万元，全面完成定点扶贫任务，贫困发生率清零，2020年被《广西日报》评为“金融扶贫先锋银行”。

四、注重改革创新，增强转型发展动能

一是注重“激发活力”。激发机构活力。陆续推进区分行、南宁分行私人银行中心职能整合，贺州、崇左、防城港、北海分行城区支行扁平化管理。激发干部活力。创新干部选拔机制，加大公开遴选力度，推动干部“能上能下”。全年提任处级管理人员及助理26人，提任资深经理、高级经理6人。激发员工活力。完善薪酬激励机制，工资费用向基层和营销一线倾斜，加大对优秀员工激励力度，年内全行有3 772人晋升工资档次。深植“16字”特色企业文化，建设学习型银行，开展专题讨论，推出“学·思大讲堂”系列讲座5期。用好行长奖励基金，奖励创新项目79个，做好评优评先，激发全行创新进取。二是加快“创新发展”。推进网点转型。选优配强网点行长，实行网点分级管理，创新职级管理机制，重点考核网点利润、存款、中收、客户、内控案防等核心指标。深化人员结构调整，把握人员退休高峰期，持续压降人员总量，在全行人员总量减少297人的情况下，通过部室调配、上下交流、压缩中后台人员等方式，做好营销人员更新补充和梯队培养，年末客户经理占比32.5%，比年初提升4.2个百分点。优化考评机制，修订完善经营绩效和业务发展考评办法，增整员工工资薪点值和地区调节系数，优化员工工资结构。

五、抓实风险防控，打造合规有力银行

抓实抓细信用风险管控。强化底线思维，坚持有进有退，抓好存量移位和增量并轨管理，严管“三道口、七彩池”，有序退出房地产、批发零售、住宿餐饮等行业潜在风险较高的企业，重点防控房开贷款和线上新增融资风险，严防“假按揭”和“烂尾楼”，从源头上把好新增融资投向和质量关；加大不良资产清收处理力度，强化现金清收、以物抵债等方式运用，全年清收处置不良贷款26.2亿元。持续抓实内控案防。建立员工网格化管理机制，组建检查专员队伍，通过征信、家访和司法排查等方式，做实员工异常行为排查；自主开发22项“智能化”风险监控模型，对办公场所管理、个人理财等15个重点业务领域进行全面体检，严格执行关键岗位轮换和员工强制休假制度，强化案防履职、问题整改和责任认定，抓好制度落实。扎实做好常态化疫情防控。坚持疫情防控和经营发展“两手抓”，严格落实各项安全保障措施，加强服务和办公场所消毒管理，全面开展排查防控，保持员工和到店客户“零感染”；紧盯秋冬季反弹多发现象，压实四方责任，加强网格化管理，持续做好常态化疫情防控。

（广西分行）

海南分行

【主要业务指标完成情况】

2020年，海南分行营业收入、拨备前利润、净利润、存款规模、中收、资产质量等主要指标继续保持同业领先优势，其中利润是2018—2020年“四行”唯一持续保持盈利的行；各项存款日均增量和均衡率领跑同业、系统，时点存量领先第二名的优势由2016年初的30亿元扩大至近200亿元，机构存款由同业第二跃升第一；个人贷款占比、“1+3”板块贷款增量占比均超50%；成功营销省基本养老保险财政统筹专户落户。资产质量为同业最优。资产跨境转让、跨境第三方支付等新业务、新产品领跑同业。

【主要工作措施】

一、牢牢把握党建引领和从严治党这一根本，凝心聚力促发展

坚持党建引领，纵深推进从严治党、从严治行。认真落实党委班子带头宣讲党的十九届四中、五中全会精神，增强“四个意识”，坚定“四个自信”，做到“两个维护”。突出抓好基层党委（总支）书记这个“关键少数”，严格落实“一岗双责”，层层推进党建联系点制度，切实帮助基层解决实际问题。聚焦贯彻落实总省行党委决策部署、疫情防控、经营管理等重点领域，加强巡察监督，累计对13家单位开展监督检查，发现并整改问题198个。召开全员警示教育大会，用身边事教育身边人，不断增强党员干部纪律规矩意识和全员廉洁从业的自觉性。

二、牢牢把握服务大局和政治责任这一核心，坚决走好第一方阵

将自身经营有效融入海南经济金融建设和自贸港建设，全力做好金融服务大文章。通过降息、减免、创新等工作举措，不折不扣落实好中央让利实体经济等工作要求，全年累计让利2.79亿元。持续提升普惠金融服务质效，年末监管口径余额35.76亿元，较年初净增11.39亿元，连续多年均超额完成银保监口径和人民银行降准口径普惠贷款任务，增速远超监管要求。通过成立专业团队、开辟绿色通道、推出专属产品等工作机制，扎实推进“春润/春融”行动，积极助力复工复产；累计向5 656户企业提供抗疫和复工复产贷款269.33亿元，新发放涉疫企业贷款利率低至2.05%，复工复产企业线上抵押类产品利率最低至3.85%，信用类重点产品利率最低至4.75%。坚决打赢脱贫攻坚决胜战，连续两年在省派定点扶贫工作成效考核综合评价都为“好”，得到社会各界的充分肯定。

三、牢牢把握改革创新和战略落地这一重心，不断巩固竞争优势

坚持从实际出发，将总行战略与海南自贸港建设、分行转型发展相结合，适时提出“三个紧紧围绕”的经营策略，并沿着这三个大方向深耕客户、市场。“第

一个人金融银行”战略初见成果，零售业务营业贡献占比超过50%，再创历史新高；信用卡中收、客户数、消费额和贷款余额继续保持同业领先位次，家装、汽车分期业务快速发展。“境内外汇首选银行”实现较大突破，积极开展“外汇账户、首选工行”主题营销，与一大批来琼央企建立了业务联系，全年合计办理单证业务量同比增长 86.8%；自贸区反向风参、国内证福费廷等业务实现零的突破。县域市场竞争力提升全面启动，制定印发《关于加强县域信贷市场发展的意见》，按照“做优、做新、做精”的原则，全力拓展县域信贷市场。GBC 链式、联动拓展成效明显，成功营销省基本养老保险财政统筹、市县土地拍卖和海关保证金等专户，进一步夯实客户和存款基础；全国首家中标军队区域副食品集中筹措平台项目，树立了全国军民融合新典范；职业年金正式运营，收益率在 6 只计划中排名第一；上线“一网通办”预约开户，全年新开对公账户 2.75 万户，同业“四行”第一。线上业务发展不断提速，个人手机银行客户规模、黏性、活跃度同业第一；网络金融和第三方支付业务收入、手机银行客户和月均动户数等关键指标均保持同业领先。“包行包点”工作扎实推进，“最后一公里”问题得到有效解决，收集并推动解决基层反馈问题 134 条；同时“全员营销”态势持续巩固，机关部室共营销存款 7.43 亿元，占年度增量的 18%。

四、牢牢把握底线思维和风险意识这一关键，确保各类风险托底可控

坚持风险管控因时而变、因势施策，落实风控主体责任，严守风险防线和底线。着力推动全面风险管理职责的落地实施，有效发挥“三道防线”的风险管控作用。按照“主动防、智能控、全面管”治理路径，严格落实总行“三道口”“七彩池”管理要求，推动资产质量提质进位。存量贷款移位 169.76 亿元，超额完成年度计划；累计预警新增融资风险客户 112 户、金额 247.87 亿元；通过“工银 e 资产”平台，顺利完成多户不良贷款的转让竞价和财务处理，贷款本金受偿率达 72%，累计清收转化不良贷款 11.78 亿元。深入开展重点业务检查、整治“回头看”、责任认定、员工异常行为排查等工作，进一步强化监督检查质效。坚持账户风险防控和服务质效提升并举，统筹抓好生产安全、客户信息、信访维稳等基础工作，实现“无案件、无重大差错和重大事故、未发生涉敏事件”的管控目标。

五、牢牢把握队伍建设和作风整治这一抓手，充分调动干部员工的积极性和主动性

坚持发挥人力第一资源作用，积极营造担当进取干事创业的氛围。建全公开公平公正的选人用人机制，公开遴选部分分支行副职岗位及高级经理人选，选优配强基层班子队伍，累计提拔聘任省行直管干部 29 人。召开各层级员工座谈会，举办“奉献工行三十载”感恩活动，进一步增强队伍的凝聚力和战斗力。深入推进基层减负 22 条举措、形式主义官僚主义典型问题“回头看”等活动，大力整治省行机关“灯下黑”问题，机关作风得到了有效改进。

（海南分行）

重庆分行

【主要业务指标完成情况】

一是市场竞争力大幅提升。人民币各项存款新增 434 亿元，同比多增 225 亿元，创历史新高；新增市场占比 39.67%，高出余额占比 6.29 个百分点，余额、增量均保持同业第一；增幅 10.42%。其中，储蓄存款、对公存款分别新增 283 亿元和 151 亿元，增量市场占比分别达到 31.65% 和 75.5%，均列同业第一。二是客户结构得到优化。日均金融资产 5 万元以上个人客户净增 6.53 万户，同比多增 4.3 万户。私银客户净增 211 户，列同业第一。有效对公结算账户净增 2.05 万户，列系统第 5 位；新开户有效率 76%，列系统第 3 位。日均金融资产 5 万元以上公司客户净增 4 278 户、同比多增1 288户。市级政府机构账户、区县级公共资源账户、物业维修账户覆盖率升至 70%、70% 和 80%。三是服务实体积极有效。人民币各项贷款新增 497 亿元，创历史新高；增量市场占比 32.8%，高出余额占比 2.61 个百分点，余额、增量均保持同业第一；增幅达到 12.35%。其中，公司贷款新增 268 亿元、个人贷款新增 232 亿元，均列同业第一；人行降准口径和银保监普惠口径贷款分别新增 64.31% 和 65.77%，超额完成总行和监管计划，余额及增量均实现同业进位。四是不良资产加快处置。全年清收不良贷款 55.8 亿元，同比多收 22.9 亿元；实现表外和表表外业务并账，为加快处置打下基础。

【主要工作举措】

一、坚持党建引领

认真贯彻新时代党的建设总要求，以政治建设为统

领，全面提高党的建设质量。狠抓思想建设，不断增强“四个意识”，坚定“四个自信”，做到“两个维护”。压实全面从严治党主体责任，制定主体责任清单、党风廉政建设职责分工等系列制度，深入落实中央八项规定精神，驰而不息纠治“四风”，积极推进正风肃纪和反腐败斗争。扎实做好“两明案”后半篇文章，健全相关制度38项，严格家风家教、从严治贷和选人用人管理，全面完成专题教育整改“回头看”“两书”整改以及案件整改工作。统筹推动模范机关创建和基层党建，消灭党员空白网点。积极应对战疫、战洪、战贫等大战大考，疫情防控组织措施到位，洪涝灾害损失被降到最低，顺利完成金融扶贫任务。深入践行人本理念，选拔总经理级干部24人、县支行行长8人；严格按照收入增幅“三个不高于”的原则，推动薪酬资源向基层倾斜；加强员工关心关爱，为246名特困员工发放慰问金152万元，加强营业网点“四小件”建设。

二、坚持服务实体

以服务“六稳”“六保”为己任，投放表内外融资3 334亿元，同比多投267亿元，其中信贷投放1 801亿元，同比多投206亿元，均创历史新高。大力支持成渝地区双城经济圈建设，深入践行“一盘棋”的思想，对内与四川、成都分行建立常态化联系机制，对外搭建政银战略合作机制，成功对接30多个川渝重大项目，并全国首创跨省电子缴税模式。积极为实体经济注入源头活水，为39户重点防疫企业发放专项贷款11.1亿元，列重庆市全国性银行首位；制造业贷款计划超额完成，中长期贷款增量列同业第一；投放基础设施贷款536亿元；民营企业贷款新增54亿元，计划完成率236%；为1.93万户小微企业投放贷款526亿元；精准扶贫、普惠型涉农贷款超额完成计划。

三、坚持科技驱动

强化科技赋能，推动业务模式创新、流程重塑、领域拓展。创新研发领域，成功开发上线中国保险结算登记平台等38个创新项目，优化改造项目64个。机构金融领域，成功获得市医保局“医保电子凭证支付清算银行”资格，上线市非税国标系统。个人金融领域，创新建立线上薪酬中心，5万元以上代发客户新增7万户，代发留存率提升4个百分点；通过工银e钱包获客12万户，同比增长2倍。创新建立个贷线上解、抵押模式，办理时间由1周缩短为1天。互联网金融领域，个人、法人手机银行动户分别较上年增长23.4%和56.9%。网点渠道领域，在重庆率先建成“5G智慧网点”和夜间服务“星光网点”，在西部率先实现网点县域全覆盖，同业竞争力达标网点占比68.1%，列系统第5位。运营服务领域，线上线下一体化运营服务模式深入应用，14类重点场景得到全面推广，业务替代率超过90%。

四、坚持全球经营

新增国际业务客户211户，计划完成率264%。外汇存款新增43.58亿元，增长16.34%，余额、增量继续保持同业第一。提供结售汇181亿美元，增长13%，列四行第一。成功办理全市首笔代理境外机构投资银行间债券市场交易。成功获批贸易外汇收支便利化试点银行。获得重庆外汇管理局合规管理考核A类评价。圆满承办“高质量推动金融双向开放论坛暨中国债券ETF上市仪式”，有效提升了跨境业务品牌影响力。

五、坚持改革创新

坚决打好改革攻坚“主动仗”，下好转型创新“先手棋”。认真落实第一个人金融银行战略，实施“战略解码”“三查五问”工作机制，加强精细化管理；大零售营业贡献63亿元，同比增长10%；批量代发达到1 115亿元，其中建工代发同比增长22%；信用卡客户新增11.44万户，优质客户占比提升22个百分点。公司投行方面，成功投放首笔公租房租赁收益权转让融资、集成电路领域融资、民营企业中长期信用扶贫项目。大机构方面，成功中标国库现金管理80亿元，列同业第一；成功中标市政府采购保证金账户；企业年金客户增长20%，年金规模增长93%，增量列同业第一；托管规模4 052亿元，列同业第一、系统第六。机构调整方面，完成两家一级支行、两家县支行、两个内设部室整合，新设资产托管部。与此同时，有序推进GBC工作落地，在拓展专项债资金、批量个人客户方面取得良好成效。

六、坚持风控强基

强化真实合规经营理念，综合施策、标本兼治，各类风险得到有效管控。坚决打响“123”资产质量攻坚战，狠抓“出口”优化，实现多个顽石类项目和长账龄大额不良资产核销；切实管好“闸口”，潜在风险资产下降85.02亿元，剪刀差下降至-12.89亿元；从严把好“入口”，动态调整26户企业授信额度，主动下调抵押物价值162亿元。健全信贷管理机制，顺利推动授信审批新规提前落地，修订信用风险管理委员会议事规则等制度。强化内控案防及合规管理，扎实推进“三年零案件、零案件风险事件”管控工作，不断健全风险管控机制，认真开展市场乱象整治“回头看”“制度治理年”活动，全年未发生案件或案件风险事件。积极推动全面风险管理，理清各条线责任，“20字”风险文化、“主动防、智能控、全面管”等理念逐步落地。持续抓好安全保卫、保密管理、信访舆情、消费者权益保护等工作，实现安全运营。

（重庆分行）

四川分行

【主要业务指标完成情况】

2020 年，四川分行实现拨备前利润 189.46 亿元，系统第七，同比增长 7.25%；实现净利润 120.38 亿元，系统第 7，同比增长 8.98%；存贷利差较上年上升 1 个基点至 3.21%，贷款收益率较上年上升 4 个基点至 4.54%；中间业务收入同比增长 1.01%，总量、增量在同业中“双第一”。各项存款增加 766 亿元，增幅 8.59%，系统排名第 6，同业第 3。各项贷款余额 6 336 亿元，全年全口径表内贷款增加 642 亿元，系统排名第 6，同比多增 136 亿元；全年合计提供表内外融资 1 356 亿元，领先同业。存贷比 68.08%，高于四行平均水平 5.59 个百分点；贷款增幅高于存款增幅 2.68 个百分点。不良贷款余额 76.48 亿元，不良贷款率 1.28%，在同业和系统内均保持较低的水平，实现了资产质量安全稳定可控。全年无案件和重大风险事件发生，无大额监管处罚。

【主要工作措施】

一、积极开展并全力支持疫情防控

第一时间保障支持抗疫企业金融需求。开辟信贷审批放款绿色通道，指定“助企客户经理”提供高效服务，累计向近 300 家企业提供抗疫融资超 57 亿元，为 50 余户疫情防控重点保障企业提供优惠利率贷款近 8 亿元。联动集团境外机构，在医疗物资最为紧张时期帮助川内企事业单位成功寻找货源，迅速撮合迪拜供货商为多家医院提供口罩近 1 万只、伦敦供货商为甘孜道孚提供防护衣 100 件。联动集团子公司，紧急制定专属保险产品向 1 574 名援鄂医疗队员、6 000 名省内医护人员免费提供。联动集团科技部门，迅速研发新冠肺炎防控应急物资管理系统并免费提供给各级疫情防控指挥部、卫健委及医院等全省 21 个市州 480 家防疫重点单位使用，大幅提高了应急物资管理调配效率。

二、迅速启动“三春”行动助力复工复产

一是落实金融逆周期调节，助力企业复工复产和经济复苏好转。有力落实“六稳”“六保”工作要求，先后启动“春润”“春融”“春暖”三春行动，为全省重点企业、重点项目开工复工提供金融支持，为 4.9 万户复工复产小微企业发放贷款近 400 亿元，为全省涉外企业提供跨境投融资折合逾 500 亿元人民币。二是与受疫情影响企业风雨共担。对受疫情影响较大的企业，坚持不抽贷、断贷、压贷，积极通过变更还款计划、延长还款期限、展期、续贷等方式保证企业合理、连续使用资金，做到了贷款应调尽调、应展尽展、应续尽续，全年累计帮扶受疫情影响企业 3 334 户、涉及融资超 160 亿元，为 52 家受疫情影响的融资大户调整结息周期、涉及融资逾 400 亿元。疫情发生以来累计减费让利近 18 亿元，其中，通过主动降低贷款利率减少利息收入 14 余亿元，通过主动减免各类费用减收近 3 亿元。

三、落实决战决胜脱贫攻坚要求

多年来先后派出驻村扶贫干部 125 人次奋战在扶贫一线，全力支持贫困群众发展生产、增加收入，全面完成了工总行在川四县市和省行帮扶的 44 个贫困村脱贫摘帽任务。一是认真做好金融精准扶贫。截至年末金融精准扶贫贷款余额 127.51 亿元，当年净增 26 亿元。“三区三州”深度贫困地区贷款增速 31.87%。二是加大扶贫捐赠资金投入。自 2015 年起累计捐赠资金 1 148 万元，实施了新农村建设、产业扶持、教育帮扶、公益捐赠等 5 大类 79 个扶贫项目，惠及贫困地区群众 5.4 万人、贫困人口 1.26 万人。三是积极开展消费扶贫。全年购买贫困地区农特产品 2 000 余万元、助销 3.08 亿元。联合广东、北京、上海、浙江四家分行尝试开展网络直播带货活动，吸引 120 余万人次线上观看，销售金额达 1 082 万元。四是加强贫困地区基础金融设施建设。截至年末已在全省 88 个贫困地区设立 127 家网点和 281 家离行式自助银行，投放自动柜员机 981 台。五是接续助力乡村振兴。在 96 家设有县域机构的区域中实现信贷净增 366.5 亿元，助力县域乡村更好发展。

四、积极支持成渝地区双城经济圈建设

一是积极提升服务层级。促成总行与省政府签订全面战略合作协议，并以“清单制 + 责任制”方式确定了工商银行服务成渝地区 7 个方面 26 项具体解码内容，在信贷规模、产品创新、金融科技等资源和政策的支持上给予了四川地区更多倾斜。二是加大成德眉资同城化发展支持力度。在省分行服务成渝地区双城经济圈建设领导小组下建立了服务成德眉资同城化发展协调联动机制，全年在成德眉资四市的信贷增量占比达到 77%，高于余额占比 12 个百分点。三是联动重庆分行强化服务。重点围绕川渝两地区域协同发展重点事项加大金融配套支持。与川渝两地市场监管局共同成立了“营商通—川渝版”联络推动工作组。

五、全面助力四川融入“双循环”新发展格局

一是助力四川厚植国内大循环的经济腹地优势。优先支持四川现代综合交通等基础设施建设全面提速，有力支持“5+1”现代工业体系完善，积极优化“4+6”现代服务业、“10+3”现代农业服务方式。二是借力工银集团全球化经营格局助力四川打造国内国际双循环门户枢纽，累计为全省百余家涉外企业提供了相关跨境融资与国际结算服务。2020 年，实现当年外汇存款、外汇贷款和国际结算量等指标同业第一，外管合规评价连续两年位列 A 类第一名。

六、以科技、绿色赋能服务民生

一是助力智慧政务服务民生。社保领域，线下建成社银一体化网点 143 家，在疫情防控期间独家打通支付宝城市服务城乡居民社保缴费渠道；创新应用人脸识别技术，缓解人社部门线下人员聚集压力，累计服务退休人员超 120 万人。并在医保、工商、教育、住建、政法、军队与退役军人服务等多个领域，提供金融创新服务，提高客户满意率。二是落实绿色发展保民生。坚持“环保一票否决制”，协同筑牢长江、黄河上游生态屏障，环境友好和环保合格企业客户数及贷款余额占比均在 99.5% 以上。三是切实保护金融消费者权益。全年开展金融宣教活动 3 500 余场、受众突破 1 000 万人次，得到监管机构和社会各界认可好评。

（四川分行）

贵州分行

【主要业务指标完成情况】

经营效益保持稳定增长。实现营业收入 150.46 亿元，同比增长 5.22%；中间业务收入 41.35 亿元，同比增长 6.54%；拨备前利润 117.38 亿元，同比增长 7.07%；净利润 59.54 亿元。资产负债业务改善明显。全部存款、一般性存款和同业存款时点、日均余额均实现正增长。全部存款时点余额 3 099 亿元，时点增量 136 亿元，日均增量 130 亿元。各项贷款余额 4 263 亿元，较年初增加 501 亿元。其中，公司贷款较年初净增 375 亿元，个人贷款较年初净增 116 亿元。资产质量总体整体可控。不良贷款额（不含信用卡）30.55 亿元，较年初增加 8.05 亿元，不良贷款率 0.78%，较年初增长 0.12%。逾期贷款余额 29.5 亿元，较年初增加 4.6 亿元。拨备覆盖率 239.47%，较年初减少 19.77%。客户基础进一步夯实。日均 5 万元以上公司客户数 28 943 户，较年初净增 2 406 户。日均 5 万元以上机构客户数4 674户，较年初净增 183 户。日均 5 万元以上个人客户数 59.37 万户，较年初净增 2 800 户。内控案防和安全生产保持稳定。全年无内外部经济案件，无廉洁案件、无安全责任事故、无重大服务投诉。

【主要工作措施】

一、围绕党建引领这一根本，不断深化全面从严治党从严治行

一是突出加强党的领导。认真贯彻落实习近平新时代中国特色社会主义思想和党的十九届四中、五中全会精神，进一步提高政治站位。制定落实全面从严治党主体责任清单，健全全面从严治党制度。召开机关党建工作会议，推进省市两级行模范机关创建，强化政治机关意识教育，狠抓机关“灯下黑”问题专项治理。推进支部标准化规范化建设，创新支部书记“清单式”履职机制；开展支部和党员“1+1 结对子”、主题教育和特色党日案例征集评选活动等，巩固深化主题教育成果。全年新发展党员 138 名，网点党员空白点重新清零，网点负责人党员占比提升 21 个百分点至 75%。二是持续加强党内监督。持续做实做细做深政治监督、日常监督、巡察监督，加强对下级“一把手”监督，完成分行本部常规巡察全覆盖和二级分行专项巡察工作，揭示问题 207 个，推动被巡察单位和专业条线“双反馈、双整改”。扎实做好低风险地区常态化疫情防控工作，出台各项严防严控管理机制，切实保障员工队伍安全健康，全年无员工确诊感染。

二、围绕服务本源这一主线，不断优化信贷经营布局

“十三五”期间累计投放各类资金超万亿元，2020 年投放贷款 1 513 亿元，贷款新增创历史新高，是贵州贷款余额率先突破 4 000 亿元的商业银行。一是积极支持疫情防控、复工复产和脱贫攻坚。高质量开展“春润行动”“春融行动”，累计投放抗疫贷款 13 亿元，全国性重点企业名单放款户数同业和系统内领先。率先与省职能部门联合出台支持抗疫和经济发展的相关机制，投放复工复产贷款 870 亿元，实现精准扶贫贷款余额 541 亿元，居系统内第一，结对帮扶黔西南普安县整县

脱贫，荣获“全国金融五一劳动奖状（扶贫专项）”称号。二是着力深化重点领域金融服务。持续支持交通、城建、水利水务、房地产等基础设施领域“补短板”，新增贷款287亿元。把制造业、幸福产业、物联互联、民营企业重点领域服务提升作为促进货币政策传导与落实“六稳”“六保”要求的突破口，制造业、幸福产业、物联互联等三大新引擎板块贷款增加80亿元。三是大力提升普惠金融发展质效。落实普惠金融“一把手”负责制，推动普惠金融“增量、扩面、降本”。全年累计发放小微贷款102亿元，普惠型小微企业贷款增加25亿元，增速43%，高于各项贷款28个百分点，超额完成目标。小微企业有贷户3 500户，较年初增加1 783户。创新推出产业兴农贷、黔旅快贷等十余个特色场景产品，开展“百行进万企”行动，累计向小微企业让利2 500余万元，小微不良保持“双降”。四是全面推进金融优化布局和创新发展。加强信贷顶层设计，制订贵州分行2020—2022年投融资规划方案。提升全融资服务能力，通过债券、投行、租赁、委贷、风险参贷、行内外银团等渠道实现融资1 211亿元，成为系统内第二家银团余额破千亿元的分行；参加春季及夏季政金企融资对接活动，签约项目64个1 990亿元，已实现投放45个581亿元；全年新增投资和承销地方债533亿元，已累计投资2 578亿元，市场占比第一；营销专项债项目243个228亿元，同业第一。探索“融资+融商+融智”立体化金融服务模式，与相关市州、省住建厅、省自然资源厅、省农发行等重点客户签订战略合作协议；举办两期贵州省金融工作业务能力提升专题研修班。

三、围绕存款客户这一核心，不断巩固经营发展基础

公司存款止跌回升。年末公司存款余额864亿元，时点增量34.7亿元，同比多增196亿元。坚持以客户为中心，发起公司存款攻坚，日均金融资产1万元、5万元以上公司客户同比分别多增1 316户和824户；高质量做好茅台综合金融服务方案，实现茅台、金控等核心企业增存10亿元，联动营销极贫基金偿还资金、交通化债资金173亿元划入我行；专项债落地资金231亿元，带动开立监管账户226户。机构重点领域实现突破。以七大重点板块（社保、住建、医疗、教育、政法、养老金、资产托管）为营销重点，全力做好拓户增存。日均1万元以上机构客户较年初净增334户，省市县三级覆盖率均在60%以上；通过黔货出山进军营拓展全省73个营区部队金融服务；智慧政务、智慧医疗、智慧三农实现创新突破；同业合作由单一存款拓展至本外币资产、负债、中介全领域；资产托管带动对公存款日均增加38亿元。储蓄存款稳定增长。年末人民币储蓄存款余额1 288.6亿元，同业第一；日均增量29.6亿元，同业第二。个人全量客户1 594.6万户，系统排名第4，连续7年进入前10；净增114.3万户，系统排名第13。落实“日增长、周提升、旬进位”工作要求，日均增量市场占比连续17旬提升；全面开展全员营销，员工5万达标率达83.1%；储蓄存款付息率较总行低37个基点，实现营业贡献16.3亿元；抓好资金承接，金融资产同比多增94亿元；个人外汇时点及日均增量大幅高于同期。网点竞争力进一步提升。超额完成全年网点优化任务，积极推进“网点+”场景打造。深化网点服务治理，辖内2家网点通过省银协千佳示范单位创建验收、3家获评总行服务五星级网点，连续三年实现总行五星级网点验收通过率100%。做实金融消费者权益保护，推出贵州工行消保代言人“工小消”，荣获“年度贵州省银行业金融知识万里行活动先进单位”荣誉。

四、围绕经营转型这一趋势，不断培育创新发展动能

全面推进重点战略落地。召开“第一个人金融银行”专题会议并印发实施方案，市场竞争力、经营质态和营业贡献不断改善。个金第三季度竞争力综合评价排B类行第一、全行第8；银行卡7项核心指标四行第一，主要指标均位列系统前10；网金个人手机银行规模、净增和动户同业第一，法人手机银行和企业网银动户数增幅系统前三、同业第一，线上场景有效落地。“境内外汇业务首选银行”战略有序推进。国际结算量、跨境人民币量、外汇中间业务收入等核心指标保持同业第一。加快推进经营转型创新。构建GBC联动发展新格局。成立GBC联动工作领导小组，在系统率先组建集中式GBC联动团队，推动总行37个场景有序落地，财政支付、地方债、医保、三农、医疗、政法等重点板块场景落地效果取得实效，并探索构建GBC全链条营销服务新架构。开展重点产品劳动竞赛，10项重点中收实现收入20.69亿元，占总收入的50.04%，收入结构进一步优化。新客户市场占有率超过七成，受托规模同比增长1 306%；成功营销全国标杆年金企业茅台集团；实现全省首单公立医院编外人员年金业务突破，是系统内突破的3家分行之一。

五、围绕风控人才这一保障，不断筑牢稳健发展基石

强化全面风险管理。不良额、不良率、剪刀差、新发生逾期额、累计劣变额均控制在合理水平，资产质量保持系统前列。全年累计清收处置不良贷款19.96亿元，不良贷款处置损失率22.3%，远低于系统平均水平，累计实现拨备回拨6.88亿元，账销案存、受托资产清收均超额完成。实施“行长带户”工程，夯实信贷管理基础。抓好内控案防管理。落实总行“制度治理年”主题活动要求，压实“三道防线”主体责任。深化人力资源管理。推进三年人员规划圆满收官，人员结构进一步优化；开展优秀年轻干部调研，形成贵州分

行新时期“3723”干部培养规划，推进干部上下交流、专业培养、政府挂职，开展交流干部座谈、助理干部主题演讲等；优化绩效考核管理，激发各经营主体活力与效能；加强规范管理，出台精文减会、公文流转、考勤请假等一系列规章制度。

（贵州分行）

云南分行

【主要业务指标完成情况】

2020 年，云南分行实现拨备前利润 82 亿元，同比增长 8.15%，实现净利润 45.83 亿元，同比增长 5%，实现营业收入 111 亿元，同比增长 5.58%，效益指标连续四年保持高速增长，增幅高于系统平均水平，账面指标分别排名第 9、第 14 和第 15 位，全面完成总行下达目标。储蓄存款连续三年增量超百亿元，机构同业存款增量保持同业第一，私人银行客户储蓄存款增长 26%，实现中间业务收入 22.19 亿元，同比增长 1.55%，公司中间业务连续三年同业第一，结现贵金属中收创历史最好水平。新兴业务快速成长，受托管理年金资产增长 93%，规模保持省内市场第一，资产托管规模突破千亿元大关，存量增量同业“双第一”，票据营业贡献完成率 142%，各项核心指标市场第一。深入挖潜、提升质量，有效盘活闲置固定资产，全年实现处置收入 1.1 亿元，同比增长 156%，年末拨备覆盖率 235%，比 2019 年提高 16.61 个百分点，经营水平继续提升。

【主要工作措施】

一、全面强化党建引领

聚焦主责主业和重点工作，进一步完善党内制度建设，专题研究审议了党的建设、干部管理、内控案防、疫情防控、扶贫攻坚、信贷规划、资产质量管控等重大事项，把总行党委“48 字”工作思路、“三比三看三提高”工作方法落到实处。压实疫情防控“四方责任”，团结带领全辖干部员工取得了疫情防控的阶段性成果。面对严峻复杂形势，围绕“怎么看、怎么办、怎么干”开展讨论，确定了“因时而变、顺势而为”的工作策略，充分统一思想行动、凝聚发展共识，倡导“想比、敢比、会比”。以提升基层组织力、战斗力为核心，扎实推进本部“三个工作方案”，持续强化队伍建设，新发展党员人数同比增长 158%，实现网点党员全覆盖，党员各项占比显著提升。深入推进全面从严治党“六个一”警示教育，完成 16 家二级分行第二轮巡察全覆盖，持续开展落实中央八项规定精神、纠正“四风”问题专项检查，紧盯重点领域开展监督，加大问责惩处力度，落实“严”的要求。

二、有力服务实体经济

紧紧围绕金融“三大任务”，累计投放全口径投融资 1 729 亿元，投放量位居同业前茅，创新融资占比提升了 4.54 个百分点，圆满完成总行、省政府《落实“一带一路”金融服务战略合作项目实施协议》执行。各项贷款净增 351 亿元，同比多增 115 亿元，创历史最好水平。牵头筹组银团 714 亿元，累计承销企业债 156 亿元、地方债 251.9 亿元，优势业务的市场份额进一步提升。制造业贷款净增 25 亿元、其中中长期贷款净增 10 亿元，民营企业贷款净增 5.42 亿元，发放数字供应链融资 5.73 亿元，超额完成总行任务。与省商务厅签署稳外贸稳外资促消费合作协议，系统内成功发行首笔绿色债券、审批首笔医共体项目，实现标准化票据、理财直融、政府隐债置换业务突破。人行降准和银保监普惠贷款分别增长 31.5% 和 35%，金融精准扶贫贷款余额较年初翻倍，“二区二州”各项贷款增速比全辖平均水平高 6.69 个百分点，存贷比提高了 12 个百分点。“春润行动”为疫情防控和复工复产企业提供了 696 亿元信贷支持，延期还本付息贷款 277 亿元，支持力度同业第一。

三、有效夯实经营基础

“第一个人金融银行”和“境内外汇业务首选银行”建设取得阶段性成效，个人住房贷款增量创历史新高，增幅系统排名第 5，个人手机银行客户增量同业系统“双第一”，全量个人客户和代发工资个人客户增幅分别排名系统第 9 和第 2 位，私人银行同业口径客户同比多增 152%；国际业务客户同比增长 195%，对公外汇存款增量首次实现同业第一，领先同业完成自贸区机构布局，国内首家实现人民币对缅甸元汇率挂牌和交易。强化 GBC 联动，完成 37 类 543 个场景建设，对公结算账户净增 1.78 万户，首夺同业第一，新开账户激活率、潜在不动户转化率、新开基本户占比系统排名首位，对公优质客户数量倍增。“县域机构布局规划”有序实施，新设三个县域机构，县域人口覆盖面提升 4.8 个百分点。注重贷款量价协同，公司贷款增量同业第一，新发放贷款收益率四行最优。强化费用管控，全行营业费用同比减少 8 800 万元。实施新一轮优秀年轻干部调研、交流和公开遴选，提前一年完成科级年轻干部占比“三年规划”目标，基本形成了干部队伍的梯次建设格局。

四、全力稳控资产质量

贯彻落实全面风险管理理念，着力强化资产质量管控，信贷结构进一步优化，信贷经营能力进一步提升。年末不良贷款（含卡）余额29.08亿元，较年初下降2.46亿元，不良率（含卡）0.88%，较年初下降0.19个百分点，继续保持“双降”的稳健态势。完善联防联控机制，抓实“三道口、七彩池”管控，开展资产质量“678”攻坚，潜风融资减少3.99亿元，新发生逾期减少5.27亿元，累计清收处置不良贷款（含卡）33.49亿元，现金清收账销案存资产1.22亿元、个人证券化受托资产2.3亿元，超额完成总行下达计划，成功实现3户亿元以上不良贷款大户清户，顺利完成5.17亿元存量非标风险项目回表和5 700万元全额现金清收。个人逾期贷款、关注贷款、新发生逾期、新发生劣变、不良额和不良率六项指标同比下降，银行卡不良率在系统内排名第10位，资产质量达到近五年最好水平。

五、着力强化内控案防

深刻吸取连续发案教训，聚焦“关键少数”，压实主体责任，持续推进扫黑除恶专项斗争，严格开展案防履职督导，细化落实各级“格长”的排查责任，实现全行员工网格管理和异常行为排查全覆盖。紧扣“一确保两压降”目标，深入开展“四项专项行动 两项强化措施”专项治理活动，完成案件风险排查项目1 062个，累计核查准风险事件1.38万笔，对5 261户风险账户进行管控，操作风险损失额、监管处罚额控制在总行限额内。突出强化重点机构管控，党委专题研究曲靖分行重点治理帮扶工作方案，继续实施案件重点监控管理和重点领域治理，全面核查问题线索，严肃处理违规责任人。以整改问责闭环管理为抓手，内外部各项检查发现问题整改完成率98%，问责1 849人次，审议违规事项99件，警示震慑作用得到充分发挥。以“制度治理年”主题活动为载体，加强制度全生命周期管理，抓实《内部控制手册》落地应用，推动合规文化教育全覆盖。

六、关爱员工回馈社会

优化工资总额分配办法，加大重点工作考核及资源配置力度，保持薪资资源对基层一线的持续倾斜，员工人均工资收入比2018年提升了6.5%，人均福利发放标准提高了2 750元。按照总行“两个90%”的薪酬分配原则，严格落实网点岗位津贴和艰苦边远津贴政策，疫情期间，向网点一线员工发放疫情临时性工作津贴206万元，对集中到岗办公的干部员工发放疫情交通补贴316万元。全年完成了53个网点装修改造，建成职工之家249个，进一步改善员工食堂条件及办公环境。五年定点扶贫工作中，共派出驻村工作队员80余人，各级挂联干部1 141人，累计投入扶贫专项资金2 353万元，57个挂钩扶贫点全部脱贫。持续资助少数民族贫困大学生培养计划，捐赠100万元资金推进革命老区“控辍保学”项目，阻断贫困代际传递。组织全体员工和青年志愿者积极参与社会公益活动，省行本部顺利通过全国文明单位复检，昆明分行成功创建全国文明单位，文明创建工作同业领先。

（云南分行）

陕西分行

【主要业务指标完成情况】

2020年，陕西分行实现拨备前利润91.89亿元，列系统第18位。实现净利润57.56亿元，列系统第13位。全部存款总额5 141亿元，较年初净增343亿元。各项贷款总额3 356亿元，较年初净增402亿元。实现中间业务收入22.98亿元，增长11.81%。清收处置不良贷款22.41亿元，不良贷款余额27.8亿元，不良率0.83%，剔除总行订正不良贷款后，不良贷款余额16.3亿元，不良率0.49%。

【主要工作措施】

一、党的建设开创新局面，疫情防控取得新胜利

始终坚持把党的政治建设放在首位，深入学习贯彻习近平新时代中国特色社会主义思想和习近平总书记来陕考察重要讲话精神，深入开展党的十九届四中、五中全会精神宣讲和专题培训。制定贯彻落实新时代全面从严治党要求实施意见，深入推进“不忘初心、牢记使命”主题教育整改落实和专项整治工作，全面压实从严治党主体责任。扎实开展“四风”整治，推动治理形式主义突出问题、为基层减负各项措施落地。把常规、专项、机动巡察与“回头看”贯通起来、穿插使用，对15家机构开展政治巡察，有力推动分行党委决策落实。

坚持深耕企业文化建设。陕西分行荣获中国企业文化管理协会“2020年度新时代企业文化优秀单位”，铜川分行荣获“献礼中国共产党百年华诞 企业党建实践

创新典范单位”，延安分行荣获“十三五中国企业文化建设优秀单位”，宝鸡凤翔支行荣获全国“文明单位”。深入开展“2020 服务先行”活动，客户体验指数列系统第 10，西安沣东分行、咸阳人民东路支行、汉中人民路支行荣获中银协“千佳示范网点”。铜川分行郭晓燕荣获总行首届“工银卓越奖章”。

坚持把做好疫情防控作为“两个维护”的重大检验。第一时间成立应对疫情工作领导小组，因时因势制定应战策略，从确保抗疫资金划拨到千方百计采购防疫物资，从率先恢复网点营业到全力支持复工复产，各级党组织和广大党员不畏艰险、冲锋在前，实现了“员工零感染、服务高效率、业务抓机遇、经营保平稳”。积极向定点医院和援鄂一线医护人员捐赠保险，各级机构和广大员工踊跃捐款捐物超 200 万元。

坚持党管干部原则，开展优秀年轻干部调研，选拔配备了 12 名 40 周岁以下的机构助理，新提拔 35 岁以下科级干部达到 40.2%。落实关心关爱员工“十件实事”，全行工资总额同比增长 1.94%；3 674 人实现工资档次等级晋升，1 209 人实现职务层级晋升，广大员工获得感、幸福感不断提升。

二、经营效益实现新跃升，转型发展迈出新步伐

努力克服疫情叠加经济下行和利率市场竞争加剧的影响，全年综合经营绩效考评位列系统第 9，同比提升 10 个位次，创历史新优。全行实现营业收入 137.6 亿元，同比增长 8.4%，增幅列系统第 8；实现拨备前利润 91.9 亿元、净利润 57.6 亿元，均创历史最好水平，同比分别增长 10.5% 和 13.3%，高于系统平均 5.4 个和 16.2 个百分点，增幅分列系统第 5 和第 11。拨备覆盖率 246%，为应对疫情影响和抵补风险做足准备。

全力推进新旧动能转换和结构优化。债券承销、银团安排、国际业务、代理基金、养老金、投资银行、资产管理等一批新产品、新业务快速发展，实现中间业务收入 22.98 亿元，同比增长 11.8%，增幅列系统第 4。公司、国际、投行、结算等专业收入同比分别增长 39.5%、27.7%、25.8% 和 16%。

三、贷款增量创历史新高，服务实体展现新担当

深度融入陕西“追赶超越”大局，更加扎实地做好“六稳”工作，落实“六保”任务。认真落实逆周期调节政策，全年累计投放表内外融资 1 350 亿元，同比多投 303 亿元和 29%。本外币各项贷款净增 402 亿元，再创历史新高，同比多增 126 亿元和 45.7%，增量列四行第 1。其中，公司贷款净增 260.3 亿元，同比多增 113 亿元和 76.9%，继续保持四行第 1；个人贷款净增 147 亿元，同比多增 33 亿元和 28.9%；个人住房按揭贷款净增 112 亿元，二手房按揭贷款翻番增长。认真贯彻国家让利实体经济的要求，各项贷款平均收益率 4.32%，同比下降 11 个基点；充分运用展期、续贷、再融资等政策，主动做好疫情特殊时期融资接续安排，累计为 308 户企业办理延期还本付息业务，涉及贷款本金 143.5 亿元。

落实精准直达的金融服务要求，积极开展支持企业复工复产的“春润行动”“春融行动”等“春天”系列活动，银保监普惠口径贷款净增 39 亿元，是 2017—2019 年三年增量总和，同比增长 69.3%，超额完成“普惠型小微企业贷款增速高于 40%”的监管要求。全国重点疫情防控小微企业贷款投放额列系统第 4、四行第 1。民营企业贷款净增 36.8 亿元，增长 30.3%。制造业贷款和制造业中长期贷款分别增长 28.5% 和 30.3%，创历史新高。外汇贷款净增 3 亿美元，增长 4.8 倍，获评外汇合规“A”类行。累计认购地方债 295 亿元，当年认购额和总额列各承销商首位；承销企业债券 115 亿元，同比增长 53.3%。

深入落实打好脱贫攻坚收官战部署，精准扶贫贷款、涉农贷款同比分别增长 38.4% 和 19.8%。派驻一线驻村扶贫干部 116 人次，定点帮扶的 68 个村全部脱贫摘帽。深入开展“春暖行动”“金秋行动”，消费扶贫总金额近 9 000 万元，提前超额完成任务。

四、拓户增存取得新突破，改革创新激发新活力

深入落实“第一个人金融银行”战略，全面打响代发工资营销“上甘岭”战役，代发单位同比增长 47.5%，增幅列系统第 1；进一步加大源头性客群拓展力度，个人全量客户净增 309 万户、总量突破 2 000 万户大关，增量和增幅均列系统第 2；社保卡净增 305 万张，是 2019 年增量的 3.6 倍，增量列系统、四行双第 1，市场份额由四行第 3 跃居第 1。私人银行时点达标客户净增 217 户，是 2019 年增量的 2.4 倍。融 e 行客户净增 164 万户，跃居四行第 1。信用卡客户净增 7 万户，列系统第 9；信用卡分期净增 24.5 亿元，增长 54.2%，增量和增幅分列系统第 7 和第 5。

认真落实 GBC 战略部署，17 个总行级场景全部落地、其他 20 个场景落地率 80%，医疗、教培、三农等场景在系统内实现首家突破。机构有效客户净增1 047 户，列系统第 12；公司客户净增 1.94 万户，列系统第 8。全部存款日均净增 415 亿元，同比多增 31%，其中公司存款日均增量是上年的 5.5 倍。全部存款时点净增 343 亿元，其中机构存款连续四年保持余额、增量同业双第 1，储蓄存款同比多增 36 亿元和 18.9%。

五、从严治行取得新成效，资产质量再创新优良

严格落实内控案防主体责任，以“新案铲尽、陈案清零”为主线，加大员工异常行为排查，突出加大信贷前台尽调和贷后管理、信贷“真实性”审批审查、违规挪用信贷资金、法人结算账户合规性、互联网金融反洗钱等专项治理，一批风险隐患“精准拆弹”。扎实推进账户尽职调查管理和电信网络新型违法犯罪专项治理，严格落实全生命周期管理机制和反洗钱管理要求，涉案账户数量持续下降。

前瞻性把控好重点领域风险，全面打响资产质量保卫战，2017 年以来新增融资不良率 0.09%，低于系统平均 36 个基点；潜在风险融资占比 0.73%，低于系统平均 145 个基点；深度潜在风险贷款余额由低到高列系统第 2。累计清收处置不良贷款 22.4 亿元，不良贷款额和不良率分别为 27.8 亿元和 0.83%。若剔除总行订正不良贷款后，不良额、不良率分别较年初下降 7.4 亿元、0.31 个百分点至 16.3 亿元和 0.49%，再创历史新优，继续保持同业和系统优良水平。

（陕西分行）

甘肃分行

【主要业务指标完成情况】

2020 年，甘肃分行实现营业收入 60.17 亿元，较上年增长 2.16%；实现拨备前利润 38.03 亿元，较上年增长 5.27%。人民币全部存款余额 1 936.66 亿元，较年初净增 184.74 亿元，增长 10.55%。各项贷款余额 1 755.92亿元，较年初净增 106.08 亿元，增长 6.43%。累计清收处置不良贷款 22.22 亿元，不良贷款余额 40.74 亿元，不良率 2.23%。

【主要工作措施】

一、坚持党建引领，全面从严治党构建新格局

深入学习贯彻习近平新时代中国特色社会主义思想，持续巩固深化“不忘初心、牢记使命”主题教育成果，加强政治建设、思想建设和组织建设，加强意识形态教育，举办管理干部读书班、政治理论学习班，认真组织学习党的十九大精神和十九届三中、四中、五中全会精神，跟进学习习近平总书记重要讲话精神，增强“四个意识”，坚定“四个自信”，做到“两个维护”。召开全面从严治党工作会议，制定从严治党主体责任清单，层层压实主体责任。抓好各级班子建设，加快年轻干部培养使用，打造忠诚干净担当的高素质干部队伍，营造良好的选人用人风气。深入落实中央八项规定精神，驰而不息纠治“四风”，开展第一轮巡察“回头看”，启动第二轮巡察和脱贫攻坚帮扶工作专项巡察。抓实基层党建工作，全面推进党支部标准化规范化建设，提出党支部书记的“八动作”，基层党组织战斗堡垒作用得到提升。持续改进工作作风，继续组织开展“双服务”活动，推动“两学三争”主题活动，开展“改进作风”大讨论，建立半月谈制度，推动跑客户、增存款活动，凝聚力战斗力不断增强。

二、坚持服务实体，服务地方经济展现新作为

坚决贯彻总行党委关于支持抗疫的部署，推进“春润行动”，筛选确定省行级重点支持企业名单，签署 3 份支持省内重大项目、重点企业的合作协议。建立专门机制、专列名单、专属产品、专项政策“四专”模式，投放全省首笔疫情防控重点保障企业贷款，累计向名单内企业投放贷款 6.47 亿元，发放“抗疫贷” 3.49 亿元，为 343 户企业延期还本付息 49.22 亿元，做到应延尽延。服务省内重点项目建设，围绕基础设施补短板、能源基地建设、军民融合、制造业、幸福产业五大板块，加大营销力度和资源投入，全年累计投放各类贷款 712.3 亿元，创近五年新高，其中累计向公路、铁路、水利等领域投放贷款 260.35 亿元。以“云上祁连山，绿色新陇原”为主题，成功举办第三届“甘肃·祁连山论坛”，连续 13 年冠名陇人骄子活动，已成为甘肃弘扬正能量的重要品牌。服务甘肃经济社会发展的措施得到社会各界认可，省分行自 2017 年以来连续四年荣获省长金融奖。

三、坚持做真做实做活，探索普惠金融新模式

将普惠金融作为“一把手”工程，发挥服务小微企业的创新推动作用，累计投放小微企业贷款 78.32 亿元，普惠型小微企业贷款余额较年初增长 9.07%。省分行党委班子带队走访全省 200 余户小微企业，对接企业需求。成立小微企业服务专家团，为农业龙头企业和重点小微企业提供专属服务。实行小微企业首贷“一把手”走访制，积极对接税务部门、供应链核心企业，普惠小微企业贷款余额64.04 亿元，较上年增长 7.4%。利用大数据塑造“数字普惠”新模式，累计为 2 015 户小微企业在线上融资 18.31 亿元，基于税务和电力数据为 640 户小微企业发放信用贷款，线上信用贷款占比达到 60.51%。

四、坚持转型务实，激发经营管理新活力

深入推进第一个人金融银行落地。从重点产品推广、网点标准化导入、支持保障等方面入手，全面提升个人金融业务竞争力。对重点项目营销、地方政府专项债承销以及 GBC 三端联动实行“军令状”制度，为第一个人金融银行落地打牢基础。零售板块营业贡献 62.24%，较上年提升 14.35 个百分点；日均储蓄存款和金融资产分别较年初净增 116.81 亿元和 158.29 亿元，是近五年的最好水平。GBC 场景不断突破。积极

承接甘肃地方债券，全年承销地方债券 180.47 亿元，市场占比第一。持续承接地方债券项目资金，共承接 120 个项目资金，地方债券资金 49.76 亿元，占承销地方债券资金总量的 27.57%，成功中标医保电子凭证移动支付合作银行。深化人力资源结构性改革。将更多人力资源向市场一线摆布，人员结构、人均效率都有了明显提升。全部存款较 2017 年增长 23.4%，拨备前利润较 2017 年增长 14.6%，在职员工人数较 2017 年减少 8.18%，基本实现三年改革目标。持续推动县域支行竞争力提升工程。做细做实县域支行分类管理，明确县域支行"3 + X"的发展方向，精简县支行考核指标，按照分类结果差异化确定考核指标，县域支行竞争力提升效果初步显现。72 家县域支行各项存款余额 544 亿元，在四大行中的占比为 22.91%，比建行多 2.15 个百分点。2017 年以来，县域支行各项存款累计增加 130.5 亿元，四行占比 27.43%。

五、坚持大行担当，金融扶贫取得新成效

始终将扶贫作为光荣的政治责任，认真落实总行党委关于支持脱贫攻坚的各项安排，组织做好驻村帮扶，围绕"两不愁、三保障"和帮扶村产业发展实施一系列帮扶项目，投入帮扶资金 376 万元，帮扶 89 个帮扶村脱贫摘帽。2017 年以来，连续四年被表彰为全省脱贫攻坚帮扶工作先进集体，省分行脱贫攻坚团队荣获总行 2020 年"工银卓越集体奖章"。举办"促进乡村振兴、扶贫攻坚、稳企业、保就业"信贷融资支持签约活动，对 68 户脱贫带动力强的企业重点进行支持，全年累计投放金融精准扶贫贷款 13.6 亿元，余额 40.77 亿元，较年初净增 5.98 亿元。组织开展消费扶贫"春暖行动""金秋行动"，认购贫困地区农产品 598 万元，帮助销售农产品 7.6 亿元，其中，通过融 e 购电商平台销售农产品 1.12 亿元（含 B2B）。

六、坚持风控强基，资产质量攻坚实现新进展

加大不良贷款清收处置力度，省分行成立主管行领导负责的清收处置办公室，抽调专业干部专职负责重点不良贷款和潜在风险贷款的清收处置，定期召开风险大户会诊会议，建立不良贷款清收重大事项考核制，重点大户清收处置取得进展，小微企业贷款质量更加洁净，个人贷款质量保持平稳，信用卡不良暴露逐步回落，影响多年的资产质量问题得到初步夯实。累计清收处置不良贷款 22.22 亿元，不良贷款余额 40.74 亿元，不良率 2.23%；加强信贷风险监测，成立个人、法人信贷监测中心，精细化管理潜在风险，剪刀差降至 0.29 亿元。把好新增贷款投向，按照"个贷优先、票据扩容、公司提质、普惠保障"的思路，持续调整信贷结构。落实全面风险管理新要求，确定"三道防线""16 大类"管理责任部门，压实"六方"责任，全方位开展信贷干部和骨干人员培训，提升主动防、智能控、全面管的能力和水平，信贷基础管理得到加强。

七、加强作风建设，塑造金融服务新风尚

组织 300 多个党支部进行"改进作风"大讨论，促进全辖进一步转变作风。开展服务基层、服务客户"双服务"活动，2020 年党委班子成员到基层行开展调研近 50 次，了解员工愿望和诉求，帮助解决困难和问题；走访政府及客户 30 余次，实地到小微企业调研生产经营情况，逐步探索出一条普惠金融健康发展道路。带头执行中央八项规定精神及总行党委改进作风有关规定，开展省分行机关部室巡察和二级分行第二轮巡察，督促整改问题 84 条。制定深入解决形式主义突出问题持续为基层减负 28 项任务清单，加强机关考勤管理，推动作风纪律改进和服务基层、服务客户质效提升。

（甘肃分行）

青海分行

【主要业务指标完成情况】

2020 年，青海分行实现净利润 9.41 亿元，同比增长 137%。各项存款较年初负增长 56.3 亿元，其中，储蓄存款较年初净增 25.2 亿元，同比多增 9.6 亿元，占比同比提升 1.75 个百分点。各项贷款较年初增加 41.8 亿元，增长 5.6%。个人贷款增幅高于全部贷款增幅 30 个百分点。实现中间业务收入 3.79 亿元，同比增长 3.1%。盐湖股份不良贷款顺利出表，不良额较年初减少 52.35 亿元，不良率降至 1.37%。

【主要工作措施】

一、党建工作取得突破性进展

坚持和加强党的领导，做好疫情防控的集中统一领导，成立疫情防控工作领导小组，启动全面应急响应机制，做好常态化防控，取得了员工零感染、零疑似的成绩。制定印发了全面从严治党《主体责任清单》《监督责任清单》等一系列党建工作制度，在管理人员绩效

考核合约中增设了全面从严治党从严治行考核指标（权重20%），建立健全贯彻落实党中央重大决策、总分行党委重要部署、巡查巡视整改工作机制，拉单列表，加强督办，推动落实。扎实做好“两明案”整改落实后半篇文章，专项整治“灯下黑”问题，组织开展“从严治党、从严治行”成就展，党的十九届四中、五中全会精神宣讲覆盖了全体党员、各级党组织。建立基层党组织建设“分支行两级监测”制度，党支部覆盖率、在职党员占比同比增幅均排名系统第一；新发展党员同比增长78%。接续推进“党建引领员工关爱工程”，“十件实事”办结率100%，营造了员工与分行同进步、共发展的氛围。建立协同监督会商机制，突出“三个责任”、强化“三项监督”、深化“三不”机制，制定13项党纪监督制度，完善党委巡察机制，促进主体责任、监督责任融会贯通。

二、全力支持经济企稳回升

统筹做好疫情防控和经营发展，结合“春润、春融”行动，启动助企抗疫八项措施、助企复工复产八项措施，率先与青海省发改委签订了专项合作协议，累计投放公司贷款407亿元（不含票据），同比增长40%，保持信贷总量同业第一。重点支持了清洁能源、交通、制造业、民营企业、消费内需等行业融资需求。投放省内首笔抗疫专项再贷款，省内唯一实现对全省疫情防控生产企业支持的全覆盖。加强总分行联动，在省内重点项目投招标工作中实现100%的中标。以全市场第一名的成绩中标青海省医保电子凭证推广应用项目；成功中标青海民族大学智慧校园一卡通项目。持续开展“工银普惠行”“百行进万企”等系列活动，创新推出“抗疫贷、烟草贷、银医贷、税务贷”等线上产品，小微贷款增速37%，高于全部贷款增速31个百分点。

三、创新发展成果显现

积极推动青海“春暖惠民”居民消费券在“融e购”“e生活”等线上平台的发放工作，主动推进青海省数字人民币试点。与青海“拉面之乡”循化县政府签订了战略合作协议。通过大数据模型成功营销客户6.9万户，成功率19%。代发工资、社保客群手机银行渗透率分别为68%和54%，系统排名分别上升6位和19位。实现融e购金融交易额53亿元，同比增长95倍，首次实现e资产平台处置行内不良资产的突破。诉讼费申退工作取得新进展，法律风险防控和消费者权益保护工作全面加强。渠道建设、服务改进和网点竞争力提升同步优化，上线运行36个特色项目，科技研发创新、应用服务力度加大。

四、国际业务实现新提升

落实“境内外汇业务首选银行”战略，主动做好金融参谋，在省内自贸区建设、“大美青海”全球推广等重点工作中发挥了积极作用。全面落实“春融行动”，国际业务中收同比增长2.83倍；国际结算业务量同比增长3.15倍；外汇账户增长2倍；办理福费廷业务95.5亿元，实现业务品种全覆盖。个人外币储蓄存款时点增量同业占比26%，排名第二。搭建贵金属政银合作平台，累计定制援青十周年、抗疫表彰、银行业协会纪念、省委省政府表彰奖章及证书2 700余件，办理黄金租赁138千克。累计实现贵金属业务收入1 232.64万元，增量、增幅四行占比“双第一”。

五、重大战略加快落地

加速布局“大美青海”战略，“旅游青海、健康青海、知识青海”三个子战略全部落地。新增商户完成全年计划的252%，商户总量、收单交易规模稳居同业第一。助力全省“惠民暖企健康消费”活动，分期付款余额增长9.8%。投产上线了面向全省的融e联电子社保卡签发项目，全年累计新增三代社保卡10.58万张，新客户占比达43%以上。医保电子凭证推广应用项目成绩喜人，“两定机构”新增对公账户1 174户。大力实施拓户扩容，累计新开对公结算账户5 719户，同比多开1 711户，完成年度计划的143%。日均金融资产1万元以上公司客户净增1 017户，完成计划的102%。强力推进“第一个人金融银行”建设，大零售综合贡献6.18亿元，增长1.4%。持续丰富产业扶贫、电商扶贫、军银扶贫精准模式，在系统内首家正式对外挂牌“扶贫助农直播中心”，新增精准扶贫贷款16.8亿元，完成年度任务的24倍。开展了“爱目行动”第六季活动。与国家粮食青海青稞和牛羊肉交易中心签订战略合作协议，搭建起省内牦牛、藏羊等农畜产品向蒙牛、中粮我买网等龙头企业的供货渠道。

六、风险管控经受住了经营环境变化的重大考验

建立分行分管领导主持召开部门案防分析会机制，构建“两化、两委”管理机制，做到管人管事并重、问责追责并举，确保内控案防闭环管理。连续四年实现零发案。开展“制度治理年”活动，修订完善制度16项，扎实推动《内部控制手册》应用及合规文化建设，深化规合管理。制定《内控案防“底线”手册》，依托网格化智能化管控机制做实“两排查”，守牢350条合规底线。建立洗钱风险管控指标“红黄牌”预警机制，反洗钱考核系统内排名上升7个位次至第19名。深入整治市场乱象，强化“双线整改”，整改率达96%。在人民银行西宁中心支行2019年度全省金融机构综合评价中获得A级的最高评级。内部可控风险暴露水平万分之0.5，同比下降0.54个万分点。发挥好债权主席行的牵头作用，成功处置盐湖股份不良贷款。

（青海分行）

宁夏分行

【主要业务指标完成情况】

2020年，宁夏分行实现拨备前利润14.79亿元，同比增加574万元，增长0.39%；实现净利润2.52亿元，同比增加1.75亿元，增长228%。客户方面，个人全量客户较年初新增12.5万户，总量达327.7万户；公司客户较年初新增3 820户，总量达2.93万户；新开对公结算账户8 563户，净增账户5 232户，均位居四行首位。中收方面，虽然总量同比减少，但基础类中间业务收入实现4.54亿元，同比增加903万元，增长2%，其中国际业务中收实现同业第一。存款方面，各项存款余额663.2亿元，较年初增加65.1亿元，增长10.9%，四行占比33.7%，排名第一。其中，储蓄存款余额349.5亿元，较年初增加34.3亿元，增量四行排名第二，较上年末提升一个位次，四行占比24.64%，比年初余额占比提升1.7个百分点。对公存款余额301.4亿元，较年初增加27.5亿元，增量四行占比50.2%，排名第一，其中公司存款余额147.4亿元，较年初增加42亿元，余额及增量均位居同业第一。贷款方面，各项贷款余额806.7亿元，保持同业领先；人民币各项贷款较年初增加35.1亿元，剔除票据贴现因素，增量同业第一。

【主要工作措施】

一、提高政治站位，疫情防控与金融保障卓有成效

面对突如其来的新冠肺炎疫情，宁夏分行党委带领干部员工坚持守土有责、守土担责，守土尽责，不断压实“六个责任”，落实“四方责任”，抓实抓细常态化疫情防控，全体员工及其家属实现“零感染”。积极配合自治区联防联控，及时在“我的宁夏”APP上线“防疫健康码”，为自治区疫情防控和企业复工复产贡献了工行力量。通过捐款捐物、走访慰问、志愿服务等方式投身抗疫大局，以实际行动践行伟大抗疫精神。荣获了自治区“我身边的战‘疫’模范集体”荣誉称号，宁夏分行电子政务服务团队荣获“全区抗击新冠肺炎疫情先进集体”称号。在防疫抗疫的同时，以“春润行动”“春融行动”“春暖行动”“金秋行动”为支点，不断增强支持企业复工复产的政治自觉，全面落实金融保障职责，服务实体的适配性、灵活性和普惠性显著提高。公司贷款和个人贷款增量均突破20亿元，创5年来新高；制造业和民营企业贷款、两项口径普惠贷款、金融扶贫贷款均超额完成总行计划。

二、坚持底线思维，风险管理水平不断提高

积极落实全面风险管理各项要求，按照“全面体检、排危化险”的短期策略和“精细管理、优化结构”的中长期策略，加强风险监测管理，各类风险得到有效管控。积极落实总行资产质量“123”攻坚战部署，坚持风险出清与流程再造有效衔接，稳妥实施授信审批新规，推进“三道口”“七彩池”管理，压实各机构审慎经营和业务全流程管理责任。2020年累计清收转化不良资产20.92亿元（含卡）。2020年末，不良贷款额11.36亿元，较年初减少7.61亿元；不良率1.41%，较年初下降1.04个百分点；拨备覆盖率155.3%，较年初上升37个百分点。全面落实内控案防要求，统筹推进“制度治理年”与“合规建设深化年”活动，落实重点领域和关键环节风险排查，加强反洗钱管理，持续打好内控案防保卫战。安全保卫、信访维稳、消费者权益保护、网点服务、声誉风险管理不断强化，运行平稳有序。

三、坚持改革创新，经营发展活力明显增强

坚持目标导向、问题导向和结果导向，坚持刀刃向内，以体制机制创新不断激发经营发展活力。积极改进调查研究，首次交叉开展调研督导，推进战略战术深入“细枝末梢”。优化绩效考核体系，加强对核心业务市场竞争力的考核，有效传导经营压力。加强任务督导，在关键时点通过督导调度进一步压实责任、落实任务。强化条线联动，全面推进GBC工作，17个场景建设加快落地。增强上下协同，用“八个寓于”串联分行与支行，提升经营管理效率。积极推进数字化转型，网络金融加快发展，个人手机银行客户净增25.9万户，增量四行占比持续提升；企业客户手机银行年动户数达1.2万户，四行排名第一。深化科技驱动，持续做好“我的宁夏”APP开发建设和运营维护。截至2020年末，“我的宁夏”APP累计注册个人用户516万户，占全区常住人口的74.5%，累计注册法人用户4.8万余家，银政合作进入新阶段。

四、坚持党建引领，全面从严治党从严治行纵深推进

坚持把党的政治建设摆在首位，认真学习贯彻习近平新时代中国特色社会主义思想，抓实抓细党的十九届四中、五中全会精神的学习宣传贯彻，进一步增强

“四个意识”，坚定“四个自信”，做到“两个维护”。坚持机关与基层“一盘棋”，建立“1+1+1”“1+2”党建共建机制，组织开展基层党组织“大比武”和党员“三亮三比三提高”活动，认真落实机关党建三项重点工作，全面推动“四性”“四型”模范机关建设，以机关党建带动宁夏分行党建质量提升。深入落实纪检派驻改革要求，完善监督体系，提升监督针对性，以“严监督”推进“强落实”。深化政治巡察，完成对17个部室及8家支行党组织的巡察，实现三年巡察全覆盖。深化干部和人才队伍建设，开展全行优秀年轻干部调研、部门总经理助理和专职审议委员公开选拔工作，制订“双百人才计划”，提前实现35岁以下科级干部“五分之一”的结构要求。自觉扛起助力脱贫攻坚的政治责任，全面落实金融扶贫任务，最后一个定点扶贫村顺利脱贫摘帽，金融精准扶贫增量创新高，消费扶贫“直接买”“帮忙卖”超额完成计划任务，4篇扶贫稿件被人民网等主流媒体刊发，有效弘扬了工行金融扶贫正能量。加强对员工的关心关爱，不断凝聚动能、激发活力，经营动力不断增强。

（宁夏分行）

新疆分行

【主要业务指标完成情况】

2020年，新疆分行实现拨备前利润63.95亿元，同比增长0.3%，完成总行经营计划的101.2%。实现净利润44.4亿元，同比增长4%。实现中间业务收入18.8亿元，同比增长7.3%，居系统内第4位。本外币全部存款克服军队家底资金、社保基金大额上划影响，时点余额较年初略降，市场占比34.4%，保持同业第一，日均余额较年初增加145.4亿元，存款偏离度-0.16%。人民币储蓄存款、公司存款增量创历史峰值，较年初分别净增147亿元和35.3亿元，分别增长9.8%和12%。各项贷款较年初净增98亿元，增长5.7%，余额保持同业第一，其中公司和个人贷款分别净增103亿元和31.8亿元，分别增长9%和6%。民营企业、制造业贷款分别增长53.9%和33.8%，任务完成率392.6%和317.5%。普惠金融完成监管和总行目标任务。不良贷款余额12亿元，不良率0.62%，分别较年初下降0.12亿元和3个基点，保持双降。保持安全平稳运营，全年未发生案件和重大风险事件，操作风险损失率控制在总行核定目标值内。

【主要工作措施】

一、纵深推进全面从严治党从严治行，以高质量党建引领高质量发展

一是落实“不忘初心、牢记使命”主题教育要求，强化理论武装，开展党的十九届四中全会精神轮训学习，提高广大党员干部政治站位。二是压实从严治党责任。制定实施全面从严治党主体责任清单和监督责任清单，加强基层党建工作规范化建设，网点党员覆盖率100%；组织漠视侵害员工利益专项整治，完成首轮本部部室、二级分行巡察全覆盖，推动全面从严治党落实落地。三是狠抓作风建设。开展贯穿全年的“作风强化与竞争力提升年”活动，着力破除“满、浮、怕、慢”不良作风，强化“比拼”意识，在全行营造补短板、强弱项、增优势、重执行的良好氛围。四是加强干部队伍梯次建设和培养锻炼。规范管理人员选拔聘用，提拔和调整处级干部56人，公开遴选8名“85后”二级分行行长助理，统筹选派35名干部到分行本部、南疆二级分行、驻村工作队上下交流。五是聚焦“关键少数”履职尽责。完善干部考核评价内容和标准，加强考核结果运用，持续传导经营压力。突出抓早抓小，全年运用“四种形态”批评教育帮助和处理共36人次，形成有力震慑。

二、统筹兼顾，全力做好常态化疫情防控与实体经济支持工作

压实疫情防控主体责任和“四方责任”，建立健全工作机制，落实防控举措，确保了全辖“零感染”“零疑似”。围绕落实“六稳”“六保”，紧盯全疆“补短板、强弱项、稳预期”重点领域，精准摆布融资，全力支持经济社会恢复发展。一是加大基础设施及重点板块信贷投放。围绕“1+3”板块和“一带一路”核心区建设，重点支持交通、能源、制造业等领域，加大幸福产业、农业、供应链融资市场拓展力度。二是全力支持企业复工复产。开展“春润行动”“春融行动”，为防疫保障和复工复产企业投放贷款103.7亿元，办理展期、续贷、再融资、延期还本付息2 745户，27.6亿元。三是提升普惠金融服务能力。建设特色支行，打造小微金融“获客、活客、黏客”综合金融服务平台，创新推出“烟草贷”“税务贷”“商户开工贷”等专属融资产品，为辖内近8 800户小微客户提供融资支持。银保监口径普惠贷款增幅67.8%，居同业第一。向辖

内小微客户让利 4 524 万元，普惠贷款利率较年初下降 37 个基点至 4.19%。

三、细化方案，稳步推进重要改革战略落地

一是打造“第一个人金融银行”。建立健全“全员参与客户维护、外拓营销、线上渠道维护”工作机制，按季接茬部署重点活动，提升核心业务市场竞争力。制定实施信用卡“三年行动计划”，推进“获客、支付、融资、服务、管理”转型发展。二是实施公司客户服务维护提升项目。强化前台主导、全行参与的全量客户营销服务体系，建立健全客户分层分级维护机制，落实客户分包管理，实现了日均金融资产 30 万元以上客户专人管户服务模式创新应用。三是推进“外汇业务首选银行”战略。强化国际业务全量客户维护，加强外汇专业队伍培养和网点建设，综合外汇业务网点占比 28%。四是激发重点城市行和县域支行经营活力。制定差异化政策及指导意见，组建县域柔性支持团队，提升县域机构服务供给能力。

四、盯住源头，不断巩固深化重点领域客户合作

从打牢客户基础着手，强化公私联动，打通“GBC”三端。一是强化“银政合作”。与乌鲁木齐市、昌吉州、巴州、塔城地区及自治区商务厅、工信厅、文旅厅、兵团商务局等签订银政战略合作协议，深化全方位合作。二是深化兵团合作。围绕兵团向南发展、国资国企改革等金融需求，建立快速响应机制，兵团师市财政存款类业务全覆盖，兵团政府债券承销额居同业第一。三是拓展系统及行业合作。加强财政、军队、社保及医保等客户维护，推进场景建设，助力财政构建“互联网 + 政府收费”新模式，与自治区医疗保障局、空军乌鲁木齐基地等签订合作协议。

五、强基固本，提升全面风险防控能力和内部管理水平

全面落实风险管理改革要求，坚决守住风险底线和资产质量生命线。一是全面落实审批新规。严格落实主审查人制度和集体审议制度，落实专家审贷，强化资质管理。二是建立信用风险联防联控机制。统筹发展和风控，发挥前中后台、三道防线合力，把好三道口，抓好重点业务、重点风险大户、重点区域风险管理联防联控。加大个人及信用卡不良资产处置力度，确保后疫情时期资产质量稳定。三是夯实内控案防管理基础。健全内控案防“抓排查、抓考核、抓典型、抓整改”机制，全面构建员工异常行为排查管控体系。落实“四项专项行动 两项强化措施”，开展市场乱象整治“回头看”，加强反洗钱及涉敏管理，严守“监管红线”。四是高度重视安全生产工作，确保了全辖机构、网络、人员及财产安全。

六、聚焦总目标，精准助力脱贫攻坚

一是常态化推进“访惠聚”驻村工作。完善“队员当代表、单位做后盾、一把手负总责”机制和常态化驻村队伍后备补充机制，派出 53 支驻村（含联合驻村）工作队 180 人，分布全疆开展驻村工作，打牢维稳基础。二是扎实开展“民族团结一家亲”活动，近 1 500名干部员工结对认亲，坚持走访、住户，开展民族团结联谊等活动。三是履行脱贫攻坚政治责任。成立专班，坚持高位推动、项目带动，在历年持续投入基础上，2020 年捐赠资金 76.7 万元、扶贫项目 7 个，所服务的 26 个贫困村全部脱贫。分行驻村工作队及多名队员被评为自治区级驻村工作先进集体和个人，3 名派驻深度贫困村第一书记获自治区、地区级脱贫攻坚贡献奖。

（新疆分行）

西藏分行

【主要业务指标完成情况】

2020 年，西藏分行实现拨备前利润 3.36 亿元，实现净利润 1.23 亿元。实现中间业务收入 0.49 亿元，同比增长 37.73%。各项贷款余额 323.40 亿元，较年初增加 26.31 亿元，增幅 8.86%；全部存款（含同业）余额 101.02 亿元，比年初增加 32.04 亿元，增长 46.45%。不良贷款率 0.08%，优于当地同业和系统平均水平。

【主要工作措施】

一、从严纵深推进，全面加强党建工作

深入学习贯彻党的十九届四中和五中全会精神，紧跟内设部室改革、二级分行新设及升格，同步加强基层党建，并纳入绩效考核，促进了“四个意识”的增强和主体责任的压实。举办庆祝建党 99 周年暨“七一”党课活动，举行了新党员入党宣誓暨老党员重温入党誓词活动。开展党务工作者实务培训、新任党支部书记培

训、党支部书记轮训、新党员培训和发展对象线上教育，进一步加强党性教育工作。深化“两明案”专题教育整改“回头看”，推动派驻纪检监察改革落地，发挥了纪检工作主业专责作用。

二、坚持战略引领，推动竞争发展

对标总行“48字”工作思路、“三比三看三提高”方法，紧扣“固本强基、因地制宜、创新进取”工作主基调，结合实际提出“三讲三比三保”的发展路径，其中：“三讲”即同业讲竞争、系统讲贡献、经营讲效益；“三比”即发展比速度、自身比前景、工作比效率；“三保”即拓展保质量、严管保安全、服务保形象。同时，坚持“唯市场不唯目标”的竞争发展理念，明确“两个高于”目标，即主要指标新增市场占比高于余额市场占比、增幅高于系统平均增幅。持续通过年度及年中工作会、基层调研、讲党课、月度例会等形式，深入开展宣讲传导，把这些经营理念融入到业务发展、风险管控和队伍建设全过程，持续增强全员干事创业的思想和行动自觉。全年，各项贷款余额突破300亿元，存款余额突破100亿元，公司存款、储蓄存款、个贷、中收等指标，较上年分别增长83.86%、47.32%、63.48%和37.73%，增幅均居系统前列。

三、统筹抓好疫情防控和金融服务

疫情突发后，立即全面启动防控应急机制，严格落实各项疫情防控举措，全辖干部员工及家属均未出现确诊或疑似感染情况。同时，统筹做好金融服务，一是保障金融服务高效通畅。建立绿色通道，加快防控疫情相关业务办理速度，仅用三天即成功发放区内首笔疫情防控专项贷款，用于企业为西藏辖内采购防疫相关药品及医疗用品；对慈善机构账户和疫区专用账户采取转账汇款、取现等减免手续费。二是精准支持企业复工复产。开展“春润行动”，对受疫情影响较大的批零、餐饮、文旅等行业，做到不盲目抽贷、断贷、压贷。对35户企业办理了贷款延期还本付息，涉及贷款本息9.8亿元，支持协助受困企业持续经营。三是加大投入助力促消费。紧跟推动消费回升、保市场主体部署，开展“助力复工复产 提振消费信心”“绑卡立减”“商户月月惠”等各类促销活动，先后投入200多万元助力促消费惠民生。

四、优化信贷投放，服务地方经济

坚持服务实体经济本职本源，突出重点，优化投向，不断提升服务地方经济质效。一是大力支持重点项目建设。在水电开发、光伏能源、公路交通、城建等重点项目建设上加大融资力度，年末项目贷款余额165.81亿元，占公司贷款总额的65.34%。二是积极支持民营及小微企业发展。坚持“不唯所有制、不唯大小、不唯行业、只唯优劣”的信贷政策，以供应链融资、经营快贷、网贷通等重点产品为抓手，增加小微企业信用贷、首贷、无还本续贷等业务，破解民营小微企业融资难融资贵问题，确保普惠小微企业贷款增速不低于40%。年末，民企贷款余额23.5亿元，小微企业（含个体工商户）贷款13.8亿元。三是支持居民消费信贷需求。构建“分散受理、集中处理”个人信贷经营模式，并持续优化流程、产品，全年累计投放个人贷款18.72亿元，余额38.3亿元，其中个人住房贷款余额36.37亿元，较年初增长67.3%，有力支持居民购房及消费信贷需求。

五、强化精准施策，助力脱贫攻坚工作

坚持精准扶贫、精准脱贫基本方略。一是精准投放扶贫贷款。以带贫益贫能力强、商业可持续的扶贫产业项目为重点，做好信贷资金配置。年末，各类扶贫贷款客户163户，贷款余额20亿元。重点支持林芝7个特色乡镇基础设施建设、农网升级改造和公路基建等扶贫带动项目。产业精准扶贫贷款余额15.6亿元，重点支持光伏、高原农产品加工和建材等产业带动扶贫。二是探索金融扶贫新模式。紧跟林芝旅游景区家庭旅馆改扩建金融需求，创新“政府+银行+保险”金融服务模式，向20户家庭旅馆投放“藏宿贷”1 500万元，探索金融旅游扶贫新路径。总行以该题材拍摄《有事找旦增》微电影，成为展示大行责任担当的宣传载体。三是积极开展驻村及帮扶工作。持续选派驻村队员赴阿里森布村，全面落实自治区强基惠民“八项重点任务”。特邀河南胸科医院专家来藏爱心义诊，并将5名先天心脏病患者送到郑州免费就诊。连续三年开展“爱目行动”志愿者行动，为自治区小学生解决视力问题提供帮助。

六、完善为民举措，提升金融服务水平

始终把客户体验好不好、满意不满意作为衡量金融服务重要标尺。一是全面加快地市机构布局。顺利完成那曲和山南分行的开业、林芝和昌都支行升格二级分行，增设阿里和日喀则分行获监管部门批复，进一步提升金融服务全区经济社会发展的水平。二是创新特色民生金融服务。创新跨区域社保卡一体化服务，实现成都，格尔木、西安等城市联动服务，累计发放区外社保卡2.3万张，覆盖自治区长期异地居住社保卡持卡人半数以上，同业领先优势明显，受到人社部、自治区政府及社会各界高度认可。三是创新金融服务举措。推广手机银行端中小微企业便捷开户平台，成功上线工银e政务、党建云、赛搏云、智慧年检、西藏非税电子化、一网通、西藏财政预算一体化等系统。购置辖内首台流动银行服务车，持续开展金融服务进军营活动。四是加强金融消费者权益保护。完善线上线下金融知识宣教体系，深入开展“3·15”金融消费者权益日活动，开展银行卡诈骗、电话欠费陷阱、反洗钱教育等金融知识宣教。荣获西藏银行业社会责任“绿色金融奖”“最美公益奖”“实践案例奖”等荣誉称号，营业部获中银协

“千佳”示范单位，林芝分行获林芝市金融系统工作“先进单位”。

七、加强合规管理，全面落实监管要求

一是健全全面风险管理体系。印发《分行全面风险管理职责实施细则》，压实风险管理“三道防线”，全面开展“制度治理年”主题活动，完善信贷、个金、财务、内控合规、反洗钱等方面制度30余项，增强整体风险防控能力。二是加强客户管理。制订西藏分行客户信息质量整治活动方案，持续开展客户信息专项治理，定期开展信息治理通报，将客户信息质量治理情况纳入考核。三是加强各类监控监督。持续加强异常交易监测核实，规范营业场所现场监督管理，加强联网监控中心、印章、保密、舆情等管理，确保全行安全稳健运行。四是坚持把做好维稳安保工作作为第一要务，严格落实全行干部员工的维稳安保责任，切实把自治区党委政府的各项维稳要求抓实抓细，确保实现维稳安保工作“三不出”。

八、坚持人才兴业，激发队伍建设活力

坚持以人为本，把干部员工队伍建设作为事业长远发展的“关键一招”。一是多渠道充实人才队伍。通过系统选派、校招、社招等渠道，补充干部员工94人，充实优化队伍力量，也有效扩大了系统影响力和社会影响力。二是完善考核激励机制。通过完善“三个倾斜”考评机制，规范畅通干部员工晋升渠道，极大增强了员工的进取意识、归属感和自豪感，并在“爱行营销我争先”活动中得到充分展现，共177名干部员工参与，吸收存款达3.3亿元。还在总行客服经理网络知识竞赛中，取得2名获一等奖、3名获二等奖和5名获优秀奖的优异成绩。三是加强员工关心培养。通过实施“结对子”工程，让系统内选派员工与年轻员工形成师徒、兄弟、姐妹关系，做到感情上互通、思想上互融、工作上互助。

（西藏分行）

大连分行

【主要业务指标完成情况】

2020年，大连分行实现拨备前利润27.45亿元，计划完成率93.5%。本外币全部存款余额1 685亿元，各项贷款余额（含银行卡透支）1 405亿元，均为同业第一。全口径不良额135亿元，增加9亿元；不良率9.62%，增加0.58个百分点，在劣变压力巨大的背景下，保持了不良曲线的平滑。拨备覆盖率增加48个百分点，达到130%，抵御风险能力明显增强。

【主要工作措施】

一、经营发展取得新起色，金融支持实体经济取得新成效

本外币储蓄存款余额1 154亿元，增量120亿元，增幅11.6%，创历史最好水平；本外币公司存款时点增量35亿元，同比多增18亿元，日均存款较年初增加15亿元，同比多增24亿元，实现时点与日均增量同业双第一。直贴业务量同业四行占比达到85%，保持市场绝对领先地位；制造业公司贷款余额占比明显提高，增速优于各项贷款增速；民营企业贷款规模及户数实现双增长；普惠贷款全面完成“两增两控”和“国有大型银行普惠贷款增速力争达到40%”的监管工作要求。积极开展“春润行动”，支持地区企业复工复产；开展“春融行动”，为企业提供多元化跨境金融服务；开展“春暖行动”“金秋行动”，助力脱贫攻坚，帮助贫困地区打通产销通道，发挥国有大行的示范带动作用。

二、总行信贷资产质量“123”攻坚战行动取得新进展

作为总行确定的十家攻坚分行之一，大连分行组织实施分行“2661”资产质量攻坚战，选定2家关键支行、6家重点支行的61户客户实施集中攻坚，层层立下“军令状”。2020年累计清收处置不良贷款51亿元，同比多处置30亿元，清收处置效率明显提升。推动审批新规执行到位，配足、配强审议审批人员，不断完善新规配套制度。严格落实“三道口、七彩池”管控要求，将“从严治贷”和“过程管理”作为夯基固本和能力提升的主题。树立“大信贷”理念，逐步搭建分行全面风险管理框架，规范信贷基础管理，培养分行良好的风险和信贷文化。

三、总行重点战略落地深植取得新进步

一是围绕“抓早抓小抓细抓实”八字方针，落实“第一个人金融银行”战略。储蓄存款余额同业第一且是大连地区唯一突破千亿元的银行。在36家一级（直属）分行中，大连分行个人客均金融资产排名第三。个人贷款余额同业排名首位，在信贷规模的比重持续提升，“第一个贷银行”与“第一按揭银行”市场地位稳固。信用卡发卡规模、客户规模、线下商户规模、消费额均保持四行首位，信用卡分期余额实现赶超同业目标。私人银行达标客户规模近三年增量最多、增幅最高。手机银行客户规模及活跃度同业双第一，第三方支

付业务交易额及收入同业双第一。全年实现零售类中间业务收入6亿元，同业第一，占全行中间业务收入的比重达到76%，成为经营稳定最重要的“压舱石”，并将在经营发展中扮演越来越重要的角色。二是围绕“一把手、一盘棋、一张图”的工作要求，发挥GBC战略对各项业务引领作用。对37个重点场景按照“一景一策”逐一绘制“作战地图”，选定辖内高校、医院目标客户，以互联网思维打破传统业务格局，在医保、医疗、高校、三农、公积金等重点场景建设上取得初步成效。截至年末，已有30个场景取得营销突破，实现“总行级重点场景全面落地，分行级重点场景落地70%”的工作目标。新开机构（含同业）账户336户、新增机构存款（日均）37.5亿元；新开公司账户55户、新增公司存款6.5亿元、新增公司贷款5.3亿元；新增代发工资77户、人数2.2万人、代发额2.4亿元；新发各类借记卡11.3万张、新发信用卡0.1万张；新增个人贷款10.3亿元、新增普惠贷款1.3亿元；新增融e购线上交易额0.8亿元。三是按照“营销一批、储备一批、跟进一批”的可持续化营销节奏，推进“境内外汇业务首选银行”战略落地。以10户分行牵头营销客户为核心、以87户存量企业、78户他行百强客户为辐射、以年收支申报量5万美元以上客户为基准，确定“外汇攻坚”目标客户群。2020年跨境人民币业务量创历史新高，同比增幅60%。分行2020年外汇业务“合规与审慎经营”评估考核结果为A级，且连续三年获评A级。

四、各项业务经营转型取得新突破

成功营销大连市首家跨国公司跨境资金集中运营客户，并实现资金池框架下跨境资本双向业务突破；联动新加坡分行成功营销分行首家全球发薪客户。贵金属中间业务收入区域同业排名第一，新增积存金客户完成率总行排名第三。成功推荐工银租赁完成大连地铁40亿元融资租赁项目的审批，投资银行并购顾问业务收入继续领跑区域同业。加快数字人民币试点推广，“电e宝”缴费项目和“亿通行”公交项目纳入人民银行确定的试点场景。截至12月末，落地37个数字货币应用场景，涵盖民生缴费、医疗、餐饮、商超等多个行业。

五、员工精神面貌取得新提升

2020年，在总行内控合规网络知识竞赛中，分行荣获总决赛三等奖，有力促进“十六字”合规文化核心理念的传播根植。在总行私人银行专业服务技能比赛中，分行分别荣获“组织推动三等奖”“专业协同板块个人三等奖”“合规技能板块个人三等奖”“最佳人气奖”；分行获评《零售银行》杂志社“2020年大连市最佳私人银行奖”，展现了私人银行队伍良好的精神风貌和过硬的专业能力。在总行普惠金融客户经理线上技能大赛中，取得“知识比拼”环节第1名、总决赛团体第10名、参赛选手系统第8名的好成绩，激发了全行发展普惠金融业务的信心。在总行“同业合作新征程”汇报展示活动中，分行以“银期业务转型发展”为主题晋级“同业课题争先赛”十强，得到总行专家评委的高度认可。强化科技赋能，进一步深化推广公司金融信息化进程，分行系统应用综合排名位居第2位，较上年末提升30位，进一步增强系统对客户营销和管理的辅助支撑作用。

六、体制机制改革取得新深化

进一步强化“比”的思想，在储蓄存款、个人贷款、信用卡、私人银行等核心业务领域，广泛开展分组竞赛；围绕个人按揭、普惠金融、对公存款等核心业务，按季对关键指标督办问责；优化考核分配机制，落实资源配套，凭业绩论英雄，靠贡献拿资源；增强本部直接营销能力，提升重点客户营销层级；优化人员队伍结构，抓两头带中间，做好对基层一线中年员工的关心关爱；加强对公司投行、理财经理、银行卡直营团队、信贷风控、网点负责人等条线专业队伍的培养，加快机构、网点形态结构调整。

（大连分行）

青岛分行

【主要业务指标完成情况】

2020年，青岛分行实现拨备前利润49.5亿元，同比增加3.3亿元；实现营业收入66亿元，同比增加4亿元。实现中收12.7亿元，增幅高于系统平均水平6.3个百分点，完成总行年度计划。拨备前利润、净利润增量与增幅均排名直属分行第一；中收和营业收入均创历史新高，增量排名直属分行第一，拨备前利润、中收和营业收入总量均保持四行第一，利润第一大行地位进一步巩固。

【主要工作措施】

一、保持稳中求进，经营发展再创“新高度”

一是服务实体经济质效进一步提高。以总行与青岛市政府签订《战略合作协议》为引领，聚焦“经略海洋”和 RCEP 等国家重点战略，进一步提高服务实体经济的适应性、竞争力和普惠性。突出抓好央企和重点国企等“头部”客户，信贷结构持续优化。人民币各项贷款余额 2 090 亿元，较年初增加 284 亿元，总量和增量均排名四行第一，市场份额保持在 30% 以上。其中，公司贷款余额 983 亿元，总量保持四行第一，首次实现年度百亿级增长。个人贷款余额 1 072 亿元，总量和增量均排名四行第一。普惠贷款、民营贷款、制造业贷款等均超额完成总行年度计划，服务实体经济的精准性和直达性进一步提高。贷款保持量价协调增长，新发放贷款利率居四行首位。

二是“大千乙方业务”开创新局面。坚持“天天抓，抓天天”的存款营销理念，建立日常存款分析机制和考核奖励机制，强化目标导向和过程管理，持续推动存款业务高质量发展。本外币全部存款余额 1 959 亿元，较年初增加 242 亿元，创近四年来新高，较前三年最高增量多增 59 亿元，月均增量 307 亿元，保持四行第一。储蓄、公司和同业存款增量均为近四年来最高，市场竞争力进一步提高。建立高成本存款管控分配机制，各条线存款增长对主动负债的依赖度明显改善，付息成本得到有效控制，存款结构不断优化。

三是风险管理基础进一步夯实。坚决打好资产质量攻坚战，2020 年末，在总行的政策指导和监管部门的支持下，订正了 40 亿元深潜风险贷款，资产质量基础更实。还原年末订正因素，不良贷款余额 24 亿元，不良率 1.15%，较年初下降 15 个基点。坚持把严守风险底线放在突出位置，扎实开展“制度治理年”活动，扎牢制度笼子，完善内控体系建设，加大屡查屡犯和此查彼犯问题的整治力度，实现了全行安全稳定运营。

二、突出战略导向，重点战略落地取得“新突破”

一是坚持以客户为中心，把“第一个人金融银行”作为优先发展战略。坚持回归本源，大力发展代发工资等源头性业务，代发个人客户 105 万人，新增 19 万人；代发额 481 亿元，较同期净增 80 亿元，总量和增量均排名直属分行第一。建立表内表外一条线和一体化考核机制，推动储蓄存款与金融资产协调发展，储蓄存款日均余额 923 亿元，较上年增加 127 亿元，日均增量同业第一。坚持战略引领，启动数字人民币推广“赶超工程”，同业先发优势明显，试点期内，市场份额达到 34%，位居同业第一。二是利用青岛“双节点”区位优势，加快建设“境内外汇业务首选银行”。紧抓青岛加快推进上合示范区、山东自贸试验区青岛片区建设，打造国家面向 RCEP 成员国深度开放发展的重要支点和“一带一路”国际合作新平台的机遇，办理国际结算 303 亿美元，同比增加 24 亿美元，增幅和增量均排直属分行第一，创历史新高；跨境人民币、结售汇增量均实现同业第一，市场竞争力显著提升。三是强化 GBC 联动，持续夯实客户基础。强化科技赋能，自主研发 GBC 资金流量流向营销平台，通过运用大数据、人工智能、区块链技术实现客户资金流向图谱和营销关键信息主动推送，加大对过程指标监测分析力度，促进专业间和支行间的有效协同，有效解决 GBC 联动工作中的堵点和断点。运用区块链技术，创新研发了以“营销盒子”为代表的一批特色重点项目，实现了内部管理效能和外部客户服务触点的“双提升”。坚持全行一盘棋，按照“下游对上游补贴、综合贡献对专业贡献补贴、牵头部门对协同部门补贴”的“三个原则”进一步完善考核激励机制，引导全辖“扩流入、稳流出、强封闭”，营造“我为人人、人人为我”的良好发展氛围。优化工作机制，构建行内行外两个营销三角的“3+3”联动营销模式。针对重点目标客户，建立公司、个金、机构三个专业的营销工作专班，对接营销对公客户的主要负责人、财务负责人和业务负责人三个重点客群，充分发挥协同效应。四是紧盯“一号工程”，打造“工业互联网+金融”新生态。以总行与海尔集团签订战略合作协议为契机，全力推进与海尔合作事项的“一号工程”，深化在工业互联网平台搭建、传统产业转型升级、全球发展战略布局、全产业链资源整合等领域的战略合作，开创了双方合作的新局面。2021 年 7 月，海尔工业互联网“智家金融台”项目荣获《亚洲银行家》“中国最佳商户服务”大奖。

三、强化大行担当，疫情防控和金融保障工作取得“新成效”

一是常态化疫情防控取得阶段性成果。针对青岛市作为港口城市持续性输入风险压力较大的特点，始终把疫情防控作为重大政治任务，坚持把员工和客户的生命安全和身体健康放在第一位，抓实疫情防控主体责任，提升物防、技防水平，动态优化疫情防控工作预案；对重点人员实行主动、全面、低频的核酸检测共计1 103 人次，保障了全员“零感染”。二是支持企业复工复产，全面助力“六稳”“六保”。有针对性地开展了支持企业复工复产的“春润行动”，累计为复工复产七大领域 234 户企业投放贷款 427 亿元，多项指标居同业第一。在青岛市委对金融机构企业新增贷款增长情况考评中，分行排名同业第一。三是主动让利实体经济，积极践行社会责任。认真落实纾困和让利政策，全年发放人民币公司贷款平均利率同比下降 50 个基点。累计为 832 户中小微企业办理了 98 亿元延期还本付息或调整计息周期，有效纾解了企业资金压力。2021 年 7 月，海尔工业互联网“智家金融台”项目荣获《亚洲银行家》“中国最佳商户服务”大奖。

四、坚持党建引领，落实“两个责任”取得“新气象”

·是压实全面从严治党主体责任。坚持以党的政治建设为统领，及时制定《青岛分行全面从严治党主体责任清单》，细化党委班子工作任务 25 项，逐级签订党风廉政建设责任书57份，定期召开述责述廉会议50次。完善“两个从严”制度体系，严格行政管理和党务管理的重大事项报告制度。同时，强化正向引导，启动分行创先争优规范化体系建设。二是充分发挥“两个作用”。统筹抓好机关党建和基层党建，以党支部标准化规范化建设为抓手，提高党支部的战斗力和凝聚力，充分发挥在常态化疫情防控和经营发展中的战斗堡垒作用。坚持“三个倾斜”和“两个优先”的党员发展原则，及时制定青岛分行2021—2023年党员发展规划，进一步优化党员队伍结构，在职党员占比、网点主要负责人党员占比和网点党员覆盖率等基层党建重点指标均位居全行前列。三是构建“1+5N”纪检监督制度体系。“1”是分行纪委全面从严治党监督责任清单，“5N”为政治监督、日常监督、同级监督、基层监督、自我监督等五方面近30项配套落实制度，初步形成了具有青岛分行辨识度的监督路径和监督方式。

（青岛分行）

宁波分行

【主要业务指标完成情况】

2020年，宁波分行全部存款余额2 358.03亿元、增加69.72亿元，各项存款余额2 318.13亿元，增加59.63亿元；各项贷款余额2 744.98亿元，增加158.32亿元；实现中间业务收入19.03亿元，四行占比35.97%，保持同业第一；不良额189.05亿元，不良率6.89%；实现拨备前利润56.09亿元；受风险大户贷款利息冲减、拨备计提等因素影响，净利润负增。

【主要工作措施】

一、在疫情防控与金融保障中展现责任担当

落实落细新冠肺炎疫情防控措施，2020年辖内疫情平稳；踊跃捐款捐物超过77万元，以实际行动支持抗疫。响应总行“春润”“春融”行动及地方监管部门部署，主动作为优化融资支持，全面助力“六稳”“六保”：加大投放力度。还原不良处置后贷款实际净增169.64亿元；新办理非信贷融资（含债券承销、代理投资和融资租赁）98.16亿元；累计承销地方政府债32.7亿元，同业第一。把好投向精度。发放疫情防控相关贷款约30亿元，支持27家名单企业申请财政贴息资金，向复产复工企业累计发放贷款790亿元；人行降准口径贷款净增52.67亿元，银保监口径普惠贷款净增52.41亿元，分别完成总行计划的114.53%和113.92%；制造业贷款净增66亿元，民营企业贷款净增49亿元，分别完成总行计划的220.37%和140.41%，制造业中长期贷款增加51.4亿元；精准扶贫贷款完成总行计划的621.39%。

二、在加快清收处置化解中做实资产质量

处置更有力。累计清收不良贷款26.12亿元。成立10个团队专班负责10个大户风险处置化解，整体融资余额压降11.92亿元。车贷业务余额从2018年143亿元的峰值回落到7亿元，风险基本出清。家底更扎实。加强“三道口”“七彩池”管理，重点移出池客户以及“灰色区”客户共压降融资敞口48.77亿元，累计现金收回潜风融资8.31亿元。管理更完善。首批试点授信审批新规改革、完善个贷集中处理中心建设，优化信贷全流程管理，重塑信贷文化。

三、在推动重点战略实施中改善经营质态

第一个人金融银行战略成效良好。个金专业营业贡献25.13亿元，同比多增3.49亿元；储蓄存款时点、日均增量均列四行第二，个人贷款增量四行第一；社保卡累计发卡及新发卡同业第二；上线工银e钱包项目84个，新开二类账户11.99万户；私银中收列28家重点城市行第六。境内外汇首选银行建设破题。在总行框架下制订了分行实施细则、责任分解方案及9个专业配套方案。外币存款增加2.87亿美元，其中个人外币存款增幅排名系统第10；外币贷款增加1.82亿美元、同业第一；人民币外汇期权业务量系统第四、同业第一；系统内率先开办手机银行结售汇业务，办理系统内首笔金融市场电子交易平台掉期结售汇交易。公司、机构、投行资管等板块拉动作用增强。与海曙、鄞州区政府签订全面战略合作协议；获土地出让金存放资格，打破长期由他行独家存放局面；品牌投行及理财收入同业第一，落地新规后系统内首笔永续债权业务全额投放和首单理财资金投资信托贷款业务；对公结算中收、贵金属中收同业双第一。

四、在深化改革创新中增强经营活力

营销领域，推进GBC工作，四梁八柱逐步搭建，明确17类33个重点场景建设，首批9类场景渐次落地。运营领域，全辖推广外币预约取现、凭证预约出售配送、ATM吞卡领取线上线下一体化等项目。渠道领域，迁建网点7家，新建县域网点2家，2家网点入选“中国银行业文明规范服务千佳单位”；启动网点人员结构优化工程，调整优化82人，其中35人转岗客户经理。内控案防领域，形成“自上而下、覆盖全员”的员工异常行为排查网格单元链条，部署日常监测模型93个。科技赋能领域，完成宁波工行薪开户、零售智管家平台等研发类项目81个，网点全部开通“云网点”门户及客户经理“云工作室”。

五、在深化党建工作中加强队伍建设

旗帜鲜明讲政治。深入学习贯彻习近平新时代中国特色社会主义思想，把“两个维护”落实到工作中、体现在行动上，确保经营发展始终沿着正确方向前进。制定党委工作要点、党建工作主体责任清单，打造“红色甬动”党建品牌。推进基层组织建设，网点主要负责人党员占比88.74%，较上年提升13.4个百分点。多措并举强队伍。新提任处级干部21名、助理9名、高级（资深）经理21名，新提拔处级管理人员中40周岁及以下占比57.14%；调整“362”培养对象，举办两期“领航力提升”培训；加强业务类职务与管理类职务纵横发展。驰而不息转作风。接受总行党委巡视并推进后续整改，完成分行首轮巡察；开展公文处理效率、餐饮浪费等专项检查，推进分行本部作风专项治理、支行和部室作风效能建设互评。人文关怀聚合力。倡导“比拼、实干、协作、斗争”四种精神，提炼形成分行“潮甬”企业文化；开展“奋进工行、奋斗有我”全员营销、十七届业务技术比赛等活动；完成12家支行、25个网点“五小暖心工程”建设。

（宁波分行）

厦门分行

【主要业务指标完成情况】

2020年，厦门分行实现营业收入44.15亿元、拨备前利润33.10亿元、净利润19.63亿元，可比口径分别增长2.8%、2.8%和2.7%，均超额完成总行下达的年末目标。实现中间业务收入12.12亿元，增长4.76%，高于系统平均水平4.08个百分点，四行占比提高0.54个百分点，实现竞争力提升底线目标。全部存款增加58亿元，储蓄、公司、同业存款分别增加87亿元、86亿元和23亿元，增幅分列系统第5、第7和第9，储蓄、公司存款增量均创历史新高，机构存款余额仍保持四行第一。各项贷款（不含票据）增量首破200亿元，创历史新高且居四行第一。

【主要工作措施】

一、突出服务实体，进一步践行了大行责任

持续提升服务“六稳”“六保”和新发展格局的适应性、竞争力和普惠性。一是服务实体经济扩量增效。贷款累放额同比增幅50%，创多年来最好增长水平。公司贷款增加148亿元，增幅系统第二。票据贴现量创历史新高。地方债承销总量位居同业第一。新发放人民币公司贷款收益率保持四行第一。二是服务重点领域精准直达。全面实施“春润行动”“春融行动”，超额完成人行稳企保就业年度任务。资金精准直达实体中长期需求和重点领域，中长期贷款增量占比86%，制造业中长期贷款占比提升11个百分点，普惠、民营、制造业等领域贷款分别增加37亿元、46亿元和13亿元。三是服务重点项目有效突破。城市更新重点项目牵头银团数、承贷份额和投放总量均居同业第一，取得了重点项目营销的重大突破，带动项目贷款增量超100亿元、增速超50%，余额占比大幅提升7.58个百分点。

二、突出战略落地，进一步加快了转型步伐

坚持转型务实，推动总行战略和分行规划加快落地。一是第一个金战略强力开局。储蓄存款和个人金融资产增量均创历史新高，资产扩容速度系统第二。个金专业中收增幅系统和四行双第一。个人优质客户增幅系统第五。市民卡发卡量同业第一、启用率系统第一。拆迁资金拓展大幅增长。二是外汇首选战略初见成效。外币各类存款的增量和增幅均居四行第一，外币全部存款余额四行排名进位。外币各项贷款的余额、增量和增幅均居四行第一。国际结算收入跃居四行第一。在厦门外管局年度考核中取得A类的好成绩。三是岛外提升战略深化拓展。岛外支行全部存款和储蓄存款的余额跃居四行第二。海沧区储蓄存款增量四行第一，带动储蓄和全部存款的余额均跃居四行第二；对公贷款余额、增量双双跃居四行第一，带动各项贷款增量四行第一。翔安区对公存款余额、增量双双跃居四行第一，带动全部存款增量四行第一；个人贷款增量四行第一、余额跃居四行第二。集美区个人贷款增量四行第一，杏林支行以拆迁补偿营销为突破带动储蓄存款余额、增量跃居四行双第一。

三、突出改革创新，进一步激发了经营活力

坚持以改革增动力、激活力，以创新稳增长、促转型。一是机制改革持续深化。深入推进大客户直营改革，大客户存贷款增幅均超40%，占公司存贷款的比重分别比年初提升4.52个和6.51个百分点。优化调整部分网点层级和归属，提升竞争能力和管理效能。建立竞争性公司客户营销管理、信息获取处理等营销服务机制，提升客户服务质效。建立完善助理和初级管理人员选聘、员工职业发展、岗位轮换交流等制度，加大优秀年轻干部选拔培养，开展业务类职务晋升，畅通干部人才发展通道。二是创新发展实现突破。获批设立全省工行系统唯一的科创中心，中标技改基金、国企战略发展基金，绿色信贷获得市政府专项奖励。强化 GBC 联动，取得教育、政务等领域合作新突破，机构金融业务源头辐射作用不断增强。金融科技赋能业务发展和战略落地的作用更加突出。

四、突出风险防控，进一步夯实了发展基础

坚持风控强基，牢牢守住风险底线和合规红线。一是资产质量提质进位。严把“三道口”，系统首家实施授信审批新规。累计清收处置不良贷款 8.66 亿元。全口径不良贷款额 9.77 亿元，基本保持年初水平。不良贷款率 0.64%，比年初下降 0.07 个百分点，创十年来最好水平，四行排名提升至第二。二是内控案防落细落实。按照“主动防、智能控、全面管”的原则，落地实施全面风险管理职责，内控合规“制度治理年”活动深入开展，运营风险分级管理取得实效，运营服务新模式加快推广，对公账户诈骗专项治理扎实推进，网格化、智能化管控机制稳步应用，内控案防基础更加巩固。

五、突出党建引领，进一步强化了政治担当

统筹抓好全面从严治党从严治行，以高质量党建引领高质量发展。一是党建制度体系更加健全。贯彻落实新时代全面从严治党要求，制定分行党委工作要点、主体责任清单等制度，推动全面从严治党主体责任压紧压实。二是重大部署落实更加到位。抓实抓细常态化疫情防控，因时因势制定应战策略，压实“四方责任”。坚决扛起脱贫攻坚政治责任，开展“春暖行动”“金秋行动”，超额完成消费扶贫目标任务。三是党建工作形式更加丰富。学习宣传贯彻党的十九届五中全会精神，巩固深化“不忘初心、牢记使命”主题教育成果，创新开展联学共建活动和“八个一”活动，党建形式不断丰富。四是党风作风效能更加提升。完善党风廉政建设和督办工作机制，深入解决形式主义突出问题为基层减负，开展专项考核，促进本部作风效能进一步提升。五是监督作用发挥更加充分。建立监督工作联席会议机制，开展两个批次巡察和“六稳”“六保”专项巡察，深化派驻监督成果，推动各类监督同向发力。

（厦门分行）

苏州分行

【主要业务指标完成情况】

2020 年，苏州分行拨备前利润突破百亿元大关达 101.93 亿元，同比增加 4.73 亿元，增长 4.87%，人均、网均拨备前利润四行排名第一。实现净利润 64.33 亿元，同比增加 3.78 亿元、增长 6.25%；营业收入 129.29 亿元，同比增加 7.06 亿元、增长 5.77%；中间业务收入 33.75 亿元，增长 1.51%。本外币全部存款余额 3 832.13 亿元，较年初增加 799.71 亿元，本外币、人民币、外币存款时点、月均、日均增量全部实现四行第一。本外币各项贷款余额 3 798.32 亿元，较年初增加 535.46 亿元，增量四行第一。客户服务固本强基，个人全量客户达 1 187.55 万户，较年初净增 55.27 万户。私人银行时点达标客户 1 971 户，创近五年新高。新开对公结算账户 3.56 万户，总量达 21 万户。机构客户净增 483 户，总数达 4 344 户。治理能力持续完善，不良贷款余额 15.47 亿元，不良率 0.41%，分别比年初减少 4.82 亿元和 0.21 个百分点，连续 5 年实现“双降”。拨备覆盖率 372.06%、较年初提高 96.84 个百分点。实现零案件、零重大风险事件、零重大负面舆情。

【主要工作措施】

一、坚持党建引领，从严治党管行能力实现新提升

坚持以党的政治建设为统领，进一步增强“四个意识”、坚定“四个自信”、做到“两个维护”，在疫情大考中闻令而动、迎难而上，统筹推进疫情防控和经营管理两手抓、两不误。面对 2020 年初疫情严峻形势，持续压实各级党委防控疫情的主体责任和纪委的监督责任，坚持将员工、客户的生命安全和身体健康放在第一位。践行金融服务初心使命，迅速成立疫情防控信贷支持工作专项小组，在苏州全市率先出台并发布“信贷支持实体经济十项举措”，组建融资业务“1+4”专班，实施“T+1”快速审批投放流程，落实防疫重点企业助企客户经理制度和金融抗疫工作联络员工作机制；按照特事特办、急事急办原则，持续加大对疫情防控相关领域重点企业信贷支持力度，为实体经济“输血供氧”。1 月 31 日率先投放吴中医药集团专项贷款 2 000万元，成为苏州地区第一家向重点企业发放贷款、

第一家执行人民银行防疫期间最优惠贷款利率的商业银行。应对疫情和常态化防控期间累计向抗疫重点企业投放信贷资金超12亿元。

深化党建和业务相融合，将党的领导全面融入经营实践，实施《全面从严治党主体责任清单》，在辖属各分支行新设党建办公室，将经营发展纳入党建考核，采取业务经营考评结果与党建考核结果双向印证。推动基层党组织与政府部门、企事业单位、镇村等110个党组织开展党建共建，“红色堡垒”更加坚固，“红色纽带”更加紧密。制定《提高作风效能具体要求三十条》，深化派驻改革，建立监督联席会议制度，实现专职纪委干部配备全覆盖，创立并持续完善“廉石清风苏州行”品牌。坚持在贯彻党中央决策部署、总行党委要求、勇挑急难险重任务中培养使用干部，全年新提任管理干部42人。认真履行社会责任，组织开展“春暖行动”“金秋行动”等扶贫专项行动计划，累计发放精准扶贫贷款近40亿元，帮助销售贫困地区农产品超4 100万元。创立“蚕豆联盟”“工银快递小哥青春接力站”等公益品牌，社会美誉度持续提升。

二、对接区域发展战略，服务实体经济展现新作为

深度对接长三角一体化发展，加强与区内各级政府、开发区、经济园和一大批头部企业建立全面战略合作关系，运用各类金融产品和精准方案提供综合金融服务。组建分行重大项目营销拓展工作组，48支公司投行信贷专业化团队累计发放项目贷款440亿元、新增156亿元。大力服务新发展格局，全面开展“制造业金融服务提升年”活动，用好用实民营企业、制造业企业优惠政策，开通绿色发展通道，优化授信方案。民营企业贷款新增123.04亿元，制造业贷款新增166.89亿元，其中制造业中长期贷款增加88.61亿元，先进制造业贷款新增86.33亿元，牵头组团的省内投资额最大的先进制造业民营项目——盛虹炼化一体化415亿元银团贷款顺利闭团并实现提款，服务实体经济的精准性直达性进一步增强。强化普惠金融服务，落实“六稳”“六保”工作，组建普惠金融先锋队，创新发布“用工贷”“薪金云贷”“惠青贷”“公积金小微贷”等一系列普惠贷款产品，开展“美丽乡村、普惠同行——乡村振兴普惠先锋行动”，落实延期还本付息和减费让利政策，全年累计发放普惠贷款322亿元、新增60.32亿元、增幅53%，其中小微企业普惠贷款累放166亿元，平均执行利率较年初下降47个基点，小企业不良贷款率1.03%，较年初下降1.21个百分点。

三、以发展方位为指引，三大战略一大转型取得新成效

做深做实“第一个人金融银行”战略。坚持以客户为中心形成融合发展机制，本外币储蓄存款余额1391.7亿元，四行第二；本外币储蓄存款日均、旬均、月均、时点增量四项四行第一。首创“金融小店”“云薪酬”线上服务新模式，举办多场跨界金融服务“云直播”活动，苏博线上主题存单获国家专利，荣获零售金融创新实践“最佳零售银行奖”。加强警银合作，为苏州460余万车主提供全方位的金融驾管服务。与一批头部企业签署合作协议，个人贷款新增177.33亿元，增量四行第一。信用卡透支余额突破100亿元，e分期投放系统内领先。高质量实施“境内外汇业务首选银行”战略。成立“境内外汇业务首选银行”推进委员会，推动全辖办外汇，外币全部存款余额和增量列四行第一。新增国际业务客户2 225户，外汇中间业务4.28亿元、外汇资金交易479亿美元，均列四行第一。先后落地自贸区新政下首单跨境人民币融资业务和首笔跨境人民币反向风参业务，开展“春融行动”，创新发布“外贸e贷”等特色品牌，助力稳外贸稳外资，外币各项贷款余额突破20亿美元。纵深推进“第一公司金融银行”战略。开展对公结算账户“产业园对公拓户合伙人计划”等专项活动，新开对公结算账户3.56万户，四行第一。本外币公司存款新增438.22亿元，列四行第一，余额1 608.25亿元，四行第二。开展信贷领域“三重三新”行动，抓住城市更新项目窗口期，审批通过城市更新项目14笔，金额252亿元。强化行司联动、境内外联动，非信贷类业务推荐投资157亿元。并购贷款余额148亿元，在一级分行中排名第六。全面实施互联网金融创新转型。“互联网+”赋能获客活客，个人和法人手机银行客户数分别达636万户和16.6万户，均列四行第一。工银e钱包获客22万户，落地场景209个，新增G/B端客户223户、C端客户12万余户。网络融资业务新增71.81亿元，余额达125.9亿元，数字供应链余额46.86亿元，新增28.88亿元。

四、坚持革故鼎新，体制机制创新形成竞争新优势

加强管理体制改革。持续深化本外币、投融资、线上线下三个“一体化”，加快构建融合化经营新体制，稳步推进信贷体制机制改革，畅通决策和执行“最先和最后一公里”。在考核评价、资源配置、干部使用等方面，向敢担当、有作为、善攻坚、强执行的机构和部门倾斜，推动拨备前利润破百亿元，营业收入、拨备前利润、净利润、中间业务收入继续保持正增长。完善机构设置服务科创企业。设立总行级科创企业金融服务中心和分行科技支行，综合运用资金和技术优势支持全市科技型企业发展，与吴中医药集团共同设立“工银药研之星”专项基金，助力企业加大新药研发攻关力度。至2020年末，科创企业贷款余额达215亿元，累计发放先进制造业贷款360亿元、发放高新技术企业贷款200亿元，为苏州“争当表率、争做示范、走在前列”贡献金融力量。强化科技赋能构建金融服务新生态。加快构建CBC全链发展新生态，成功中标南京大学苏州校区唯一账户合作银行，机构账户净增535户。机构存款时点、月均、日均分别新增122亿元、165亿元和94

亿元，均列四行第一，总量四行排名和市场份额实现双提升。注重发挥金融科技赋能支撑作用，强化科技人才队伍建设，首次发布年度金融科技创新产品，全年自主完成58项应用场景建设和推广，金融科技在创新转型中走向前台、走进市场。

五、坚定底线思维，风险防控和内部管理构筑新防线

以“主动防、智能控、全面管”为路径提升风险治理能力，不良贷款余额、不良率、逾期贷款、剪刀差较年初实现“四降”。从严落实《全面风险管理职责实施细则》，做好“三道口”“七彩池”智能风险防控，抓严抓实重点大户、潜在风险客户、重点移出池客户等三类客户，贷款存量移位543.85亿元，助力新海宜、胜利精密成功纾困。落实员工行为网格化智能化排查要求，推进监管“四项专项行动和两项强化措施”，反洗钱评估保持A类机构，内控评价连续五年保持一级并首次名列一级（直属）分行第一；外汇合规考评首次实现省市县三级全域A级“满堂红”。强化消费者权益保护，持续打击和防范非法集资，成功防范、堵截各类电信、网络等诈骗风险事件，避免客户资金损失超400万元，连续九年获得“苏州市平安金融创建活动先进集体”并荣立集体三等功两次。

（苏州分行）

广州分行

【主要业务指标完成情况】

2020年，广州分行本外币各项存款（不含同业）余额8 673.01亿元，比年初增加686.26亿元，余额、增量均居四行第一；本外币各项贷款（含银行卡透支）余额6 678.13亿元，比年初增加926.47亿元；资产质量保持稳定；内控评价保持总行一类行位置；经营考评在直属分行和省会城市行中排名第3位，连续七年排名前三甲。此外，有5家支行入围城区支行40强。超40家集体、100以上人次获得总行级以上表彰，辖属东城创展支行荣获中国银行业协会文明规范服务“千佳示范网点”称号，华南支行被评为“全国文明单位”光荣称号。

【主要工作措施】

一、积极践行大行担当，抓好金融支持“六稳”“六保”和疫情防控

一是全力支持重大项目、重点行业复工复产。开展“春润行动”“春融行动”，全力支持广东省、广州市重大项目投资建设、重点企业复工复产，2020年累计投放项目贷款802.27亿元；重点支持进出口贸易、服务贸易、加工贸易、外商投资等四类客户，对名单内重点企业的国际贸易融资业务，给予下浮融资利率专项资金支持，并提供全方位、全链条金融服务，2020年通过线上渠道办理跨境业务13 157笔、规模35.86亿美元；积极参与广东省商务厅筹建的加工贸易企业融资风险补偿资金池项目，创新推出“加易贷”产品，支持加工贸易企业保运转、渡难关，为48户名单内加工贸易企业发放贷款41.88亿元。

二是全力做好小微企业金融纾困。积极落实广东省银保监局“百行进万企”融资对接活动，结合广州分行“千名专家进小微”“万户小微成长计划”以及“工银普惠青年先锋”等活动，为小微客户复工复产提供专项服务。2020年累计为24 491户小微客户（含小微企业和小微企业主）提供融资支持573.18亿元，银保监口径普惠贷款增速达59.05%，超额完成监管目标。同时，综合运用续贷、再融资、展期、调整还款计划、调整计息周期、给予还款宽限期以及延期代扣等帮扶措施，2020年累计为受疫情影响、遇到暂时困难的2 791户客户（含企业和企业主）提供156.41亿元融资支持，降低疫情对企业的经营影响。

三是积极支持民营、制造业企业复工复产。坚持主动、高效的原则，全力做好民营企业各项金融服务，2020年民营企业本外币公司贷款余额1 339.00亿元、比年初增加178.78亿元；制定“春润行动”10项优惠政策及配套措施，加强对防疫物资生产企业的支持力度，累计为13户人民银行支持疫情防控名单内企业审批贷款11.39亿元，放款金额居广州四大行第一；加大对疫情防控重点企业和关系国计民生等重要企业的信贷和非信贷支持力度，2020年制造业本外币贷款（银保监口径）余额405.36亿元、比年初增加88.89亿元。

二、积极服务区域发展，全力满足社会事业和地方金融服务需求

一是全力做好地方金融服务。认真做好广东省政府地方债发行工作，2020年累计承销广东省地方政府债券428.10亿元，稳居同业第一；上线工行系统内首个“e科研”平台——银科资金监管系统，基本实现广州地区新设科研院所服务全覆盖；成功落地广州市机关事

业单位医疗保障基金归集账户；配合广州市房地产交易登记中心上线耕地储备指标交易保证金监管系统；与广州市税务局联合推进“银税互联自助办税”银行网点办税项目；推进广州市政务数据管理局“穗好办APP”与银行金融业务的相互融合；与广州公共资源交易中心合作投产“药采贷”线上融资系统。

二是全面抓好社会保障领域金融服务。全力配合广州市医保局做好社保卡发放工作，及时上线第三代社保卡，推出线上申领和批量申领功能，投放105台即时打卡机具，全辖网点均可受理所有社保卡业务；全力推进医保电子凭证服务，2020年累计新增26.66万户；大力推动电子社保卡签发业务，2020年新发电子社保卡14.3万张、比2019年多发13.3万张；取得全国最大单一职业年金计划——广东省职业年金第一档受托业务资格，同时担任广东省职业年金主托管行和统一计划收益率核算人。

三是着力满足和改善居民金融服务。合理满足居民各类融资需求。截至2020年末，广州分行个人贷款余额2 316.67亿元，比年初增加250.67亿元；信用卡客户数277.85万户，消费额863.48亿元，继续保持广州第一大信用卡银行市场地位；个人客户借记卡2 643.82万张，为超3万户单位提供代发工资服务、代发客户数超360万户，发卡量和服务客户数均居同业前列。

三、积极推进金融创新，打造大湾区金融服务业发展高地

一是全面推动普惠业务创新发展。2020年，广州分行围绕“圈”“链”“平台”，结合区域客群特点，加强特色场景产品创新。配合人行、广州市财政局创新推出广州同业市场首个政府采购类融资产品——“工银政采贷”，累计向41个广州政采供应商提供融资支持1.14亿元；推出基于房产按揭场景的“余值快贷”，为80户小微企业发放贷款1.09亿元；探索通过抵押类业务与创业担保和贴息政策相结合形成“产品+政策”组合，支持个人创业、扶持初创企业，累计发放36笔、8 487万元创业担保贷款，超额完成与广州市人社局协定的阶段性任务目标；聚焦营销优质商业物业持有人，创新推出“e商快贷”，为以优质商业物业作为抵押担保的小微贷款提供高效投放渠道；推出“花都绿色工业集群贷”产品，为持有优质工业物业的小微企业提供融资支持。

二是加速推进科创金融业务发展。依托科创企业金融服务中心平台，加大同业及战略市场、热点行业研究，做好产品及业务模式创新，搭建投贷联盟生态圈，大力支持广州地区IAB（新一代信息技术、人工智能、生物医药）、NEM（新能源、新材料）等战略性新兴产业和科创企业转型发展。产品创新方面，推出“科技入池贷”“科创高新贷”“工银上市贷”“科创认股权”“工银科创投资+”“科创知产贷”“工银创投贷”等七款产品，初步构建了投贷联动的基本产品体系；其中“科创上市贷”荣获2020年第九届中国（广州）国际金融交易博览会（以下简称金交会）金融产品热度榜前十名，是金交会唯一入选的科创类金融产品。服务创新方面，与广州市金融局签订培育拟上市企业领头羊添翼计划战略合作协议，推出广州企业上市“领头羊”添翼计划综合金融服务方案——专属融资产品“工银上市贷”和“六大专属综合金融服务”，为拟上市目标企业提供百亿元信贷支持；推动广州科技型中小企业信贷风险损失补偿资金池入池工作，2020年入池客户947家，累计发放贷款15.58亿元，获得由广州市科学技术局颁发的“资金池合作银行最佳成长奖”。

三是创新驱动跨境业务发展。投产上线跨境结算溯源认证项目，是人行首批“广州金融科技创新监管试点项目”；办理首笔粤港澳大湾区金融机构间国内保理资产跨境转让业务，首次将资产跨境转让业务品种扩大至保理资产；以代理交单模式创新办理国内信用证福费廷业务；落地广州首笔“一次性外债登记”，2020年共18家企业通过广州分行取得备案登记；成为广东省首批货物及服务贸易外汇收支便利化试点银行，累计为6家企业完成货物、2家企业完成服务贸易便利化试点备案；与广东省商务厅合作定制“加易贷”融资产品，解决加工贸易、制造业客群融资需求，累计为48名客户发放融资41.88亿元。

四是扎实做好绿色金融服务工作。成立广州分行绿色金融委员会，持续加大绿色产业投融资支持，强化环境与社会风险管理；加强对客户和项目绿色信贷分类动态监测管理，及时调整企业和项目绿色信贷分类标识；加大对节能减排、生态保护、清洁能源、资源综合利用等领域的绿色贷款投放，新增贷款主要投向绿色交通运输项目、可再生能源和清洁能源项目、垃圾处理与污染防治项目以及绿色建筑项目。截至2020年末，广州分行绿色金融贷款余额550.24亿元，比年初增加181.82亿元、增长49.35%，远高于一般贷款增速。

四、强化从严治党、从严治行，不断夯实发展基础

一是强化党建引领。层层压实全面从严治党责任，不断深化基层党建工作，截至2020年末，辖内共有基层党支部527个、比2019年末增加100个，实现应设尽设；新发展党员175名，在职党员占比34.02%。深入开展“清廉金融”文化建设活动，落地总行“红色金融足迹”广东站启动仪式，基层党建工作更加扎实。

二是强化从严治理。资产质量方面，深入推进信贷体制机制改革，不断完善制度办法及配套措施，提升风险管理能力；坚持把好“新增准入、存量管控、不良处置”三道闸口，严守经营发展底线，全年资产质量整体可控。内控案防方面，全面加强单位结算账户风险

管理和个人异常账户风险排查，新开结算账户涉案势头得到有效遏制；深入开展合内控合规“制度治理年”主题活动，扎实推进运营风险管理、安全生产管理、扫黑除恶、反欺诈、反洗钱、信访维稳、声誉风险防控等各项工作，实现安全运营，连续5年获评系统内控评价“一类行”。

三是强化人才强行。开展经理级以上干部、十大网点负责人公开遴选，干部队伍持续优化；启动首届“飞鹰”计划，“三鹰计划”人才培养体系进一步完善；上线运营“广州云学堂”，线上培训成为专业培训主渠道；持续开展各专业条线“大比武、大练兵”，全方位提升员工职业技能。

四是强化家园文化。坚持把员工生命安全放在首位，多渠道采购防疫物资，第一时间为全辖员工增加购买新冠肺炎专属保障计划，全辖1万多名员工无一人疑似或确诊感染新冠肺炎。全力推进“十件实事”，持续开展劳模工匠关爱活动、困难职工救助活动、员工光荣退休“四个一”工程、忠诚员工授牌仪式、新员工粤语大赛，员工的凝聚力和归属感进一步增强。

（广州分行）

杭州分行

【主要业务指标完成情况】

2020年，杭州分行本外币各项存款（不含同业）余额8 673.01亿元，比年初增加686.26亿元，余额、增量均居四行第一；本外币各项贷款（含银行卡透支）余额6 678.13亿元，比年初增加926.47亿元；资产质量保持稳定；内控评价保持总行一类行位置；经营考评在直属分行和省会城市行中排名第3位，连续七年排名前三。此外，有5家支行入围全行城区支行40强。同时，有超40家集体、100以上人次获得总行级以上表彰，辖属东城创展支行荣获中国银行业协会文明规范服务“千佳示范网点”称号，华南支行被评为“全国文明单位”光荣称号。

【主要工作措施】

一、筑牢存款底线，坚定守住领跑优势

面对职业年金商业化运作的现实，杭州分行谋划在先、布局在前，多措并举，全力巩固存款竞争力优势。储蓄存款，持之以恒抓代发、社保等源头客群，精耕细作强化客户分层维护和资金承接，久久为功落实“日日增存、旬旬抬升”，全年实现时点、日均余额、增量四行双第一，进一步巩固扩大了领先优势，为竞争力提升“托底压舱”。机构存款，贯彻GBC联动营销战略，发挥在法院、社保、教育等系统优势，实现省市机构存款账户不断落地；着力抓好新兴业务突破，在同业、托管、养老金业务上实现落地，开辟了机构存款新方向。公司存款，落实“大客户拼占比、中等客户拼提升、基础客户拼拓户”，全力夯基础、补短板，竞争力实现有效提升，同比实现多增431亿元，增长95%，增量进位至四行第一、“5+1”分行第一。

二、优化融资服务，坚定做强信贷投放

坚持服务实体经济本源，倾力服务“六稳”“六保”，全面融入杭州社会主义现代化国际大都市建设，加大信贷拓展和投放力度。公司贷款，“挂图作战”狠抓投放进度，全年新增476亿元，同比多增284亿元、增幅147%，增量进位至四行第一、“5+1”分行第三。制造业贷款全年新增78亿元，完成省行下达任务目标。普惠贷款，持续深化专营机制，深耕科技型、小微园区等客群，普惠贷款人行与银保监口径新增双超百亿元，为全省系统内首家。个人贷款，继续保持个人按揭市场占比第一，同时加快发展直客式汽车分期、非车分期业务发展，缓释域外汽车分期下降。全年新增个人贷款152亿元，同比多增13亿元。

三、抓好战略落地，坚定夯实发展基础

着眼长远，聚焦协调和持续，统筹抓好战略落实和改革转型。“第一个人金融银行”战略领先落地，18项指标中17项保持总量领先，个人外汇存款与中行缩距至6 000万美元。“境内外汇业务首选银行”战略快速推进，首次实现各项存款余额、各项贷款增量、国际结算量、国际收支申报量四个“第一”。客户战略深化落实，新开结算户3.1万户、基本户2.3万户，保持四行“双第一”；新开机构有效客户1 697户，同比多开944户；净增一般法人客户125户，同比多增79户；净增个人有效客户128万户，同比多增93万户；净增私人银行客户310户，总量达到3 353户。改革创新多点开花，“不跑一次”、智能银行、AI远维、智慧中台、网点外汇业务五大改革均实现落地，取得初步成效，有力推动了转型发展。

四、聚焦从严治行，坚定扎紧风险关口

坚守风险底线，统筹抓好疫情防控和各类风险防控。信用风险防范方面，优化重点领域评估审批，严格把好准入关口；抓实客户会诊，开展重点领域排查，强化“主动防、智能控、全面管”，同时加快潜在风险化解和不良风险处置，继续保持资产质量优良。内控案防管理方面，落实总行“制度治理年”活动，开展制度学习、案例警示等多种形式合规教育，新建监管要求落实工作机制，实行监管问题整改“一把手负责制”、强化一道防线作用、加强闭环整改；强化重要风险专项检查，围绕反洗钱、账户安全、贷款资金流向等领域和环节，落实专项检查，整治屡查屡犯，严防重点领域风险；持续加强员工行为动态管理“人事结合”强化内控案防。有力地防范了内外部风险，继续实现安全经营。

五、加强从严治党，坚定深化队伍建设

抓好党建“规范、模范”主题词，强化基层党建工作机制，健全规范指引、落实规范检查，提升基层党建质量和规范化建设水平。抓好深度融合，制订进一步推进党建与经营深度融合的实施细则；从分、支行两级班子成员“一岗两责”抓起，切实推动分管业务与党建工作两手抓两手硬。抓好“述评考察”，进一步落实党建述职、评价、考核和巡查，全面强化党建责任落实。抓好党风廉政，深化“两明案”专题教育和作风建设专项整治，建立健全基层调处化解矛盾纠纷工作机制，深化开展巡查监督，从严执纪监督，进一步正风肃纪。做好干部代际传承，40 周岁以下行处级干部（含助理）和 35 周岁以下科级干部占比分别为 23.4% 和 33.1%。重视干部实岗锻炼，继续推动干部上下交流、行际交流和政府挂职锻炼，优先安排到县域锻炼任职，为县域竞争力提升提供干部人才保障。强化干部考核激励，形成“五位一体”干部评价（业绩评价、能上能下、任期考核、绩效考核、常态化考核），让干部在现任岗位中充分发挥作用。强化员工关爱，深入推进防疫抗疫、网点减负、小家建设、员工就餐、困难帮扶等工作，开展“家园文化节”、亚运特许游园会等特色文体活动，提升员工安全感、幸福感、获得感。

（杭州分行）

成都分行

【主要业务指标完成情况】

2020 年，成都分行实现拨备前利润 137.87 亿元，增长 7.25%，系统占比提升 0.25 个百分点。实现净利润 89.55 亿元，增长 3.37%，系统占比提升 1.98 个百分点，经营效益实现正增长，为保持合理的资本补充和风险抵御能力提供了坚实基础。实现中收 41.06 亿元，增长 1.72%，系统占比提升 0.54 个百分点。三项指标均排名系统第三，位列四行榜首。

存贷款增势良好，存款余额领先同业。本外币存款（不含同业）净增 614.58 亿元，同比多增 293.09 亿元；增量四行占比 52.78%，系统第三，在四行当中拔得头筹。本外币各项贷款净增 690.3 亿元，同比多增 178.19 亿元；增量四行占比 31.75%，系统第二，四行第一。储蓄存款余额历史性超越建行，领先同业。

不良贷款逐步下降，有效防范重大风险。为有序释放风险，主动将 13 亿元信用卡逾期纳入不良贷款管理。剔除主动劣变后，不良额 16.67 亿元，较年初下降 5.01 亿元；不良率 0.34%，较年初下降 0.18 个百分点，四行第二。

【主要工作措施】

一、筑牢发展根基

进一步强化党建主体责任落实，坚持历史与现实相贯通、理论与实践相结合。首先，在思想上提高政治站位。深入学习贯彻习近平新时代中国特色社会主义思想，持续巩固深化“不忘初心、牢记使命”主题教育成果。其次，在落实上完善党建工作机制。研究制定全面从严治党主体责任清单，健全党建工作考核体系，促进党建主体责任落实。同时，在党建工作中强化政治监督。分行开展党委决策部署贯彻落实情况监督，建立“上情下达、下情上达、凝心聚力”的良性发展机制。驰而不息纠治“四风”。持续开展违反中央八项规定精神问题整治。开展专项监督检查，杜绝“舌尖上的浪费”等行为。

二、突出发展重心

始终聚焦主业，坚持服务实体经济的本源，与实体经济共荣共存、共担风雨、共同成长。全年制造业贷款净增 123 亿元，任务完成率 492%。投放民营贷款 396 亿元，平均利率同比下降 40 个基点。普惠贷款（人行口径）净增 74 亿元，同比增幅 102.47%，系统第三，四行第二。助力成都建设全面体现新发展理念的中心城市，同业独家创新设计“产城融合项目贷款”，截至年末完成审批项目 22 个、307 亿元，其中实现投放 45 亿元，待投放 35 亿元。此外，成都分行积极支持企业“走出去”和“引进来”，参与西南地区首笔欧元债券、西部地区首只港澳两地上市债券、全省首笔地方国企美元债券等标杆性项目，还成功为全球石化领域单一最大金额合同开立 4 亿欧元预付款保函。做好抗疫金融服务。办理防疫类融资 83 亿元，为 2.7 万余户法人和个人客户缓释还款压力，涉及贷款金额 128 亿元。开展“春润行动”，累计为全市企业复工复产和重大项目建设提供融资 1 767 亿元。

牢牢盯住客户基础。通过搭建重点头部企业的一二三级控股企业和供应链核心企业上下游企业在我行的账户体系，个人客户全量拓展工程和“网格化填空”等手段拓展客户。全年新拓对公结算账户 41 976 户，任务完成率 101.15%，系统第二，四行第一。机构账户净增 901 户，任务完成率 166%。新增个人客户 96.4 万户，系统第三。强化核心企业产业链、供应链服务，实现 26 条线上数字供应链挂链，开立数字信用凭证 700 余笔、46.44 亿元。

强化 GBC 三端协同。大力抢占教育培训、医保、公积金等市场，总行 37 个重点场景中已落地财政资金支付、医保服务、金融社保卡等 30 个场景，满足市场多样化的金融需求，为客户提供金融保障。

三、增添发展动能

科技创新创造价值。2020 年，成都分行始终坚持稳中求进、创新求进；积极发展金融科技，加快数字化转型。开发核心账户体系、法人客户资金流水监控等系统，累计拓展资金承接客户 299 户，封闭时点资金 50.3 亿元。实现 5 万元以上、100 万元以上潜力个人客户营销精准触及、资源费用精确投放，获评总行“精准营销及数据产品应用”优秀案例和“营销大赛”优秀奖。作为成都 2021 年第 31 届世界大学生夏季运动会银行类独家官方合作伙伴，搭建“大运联盟—工行淘宝”平台，全年营销对公账户 480 户，发行大运联名借记卡 2 万余张，拓展 e 支付收单商户 1 600 余户。

模式创新形成突破。打造华西医院 5G 健康顶级品牌门户，实现智慧医疗领域重大突破。打通跨区域企业“分散用工”薪酬管理的“最后一公里”，实现中国广电四川网络股份有限公司等万人级代发项目落地。四行独家推出“熊猫 + 金融”创新项目，发行熊猫借记卡 38.7 万张，引资 44 亿元，获总行“创极智”优秀创新项目奖。创新上线“e 商助梦贷”，被《人民日报》、新华社等主流媒体报道，实现投放 6.35 亿元。

场景创新顺应潮流。分行推进成都市总工会“职工普惠”项目、中国东方电气集团有限公司 e 企付项目、中国石化销售股份有限公司四川成都石油分公司无感加油应用、成都新世纪环球中心无感通行等场景建设，入选总行 ECOS 案例。深化“天府市民云”场景建设，新增个人客户 32.7 万户，对公客户 151 户，实现交易 204 万笔、14.9 亿元。落地数字货币应用场景 6 204个，四行、系统双第一。拓展数字钱包 10.17 万个，实现交易 28.46 万笔、10.71 亿元。

四、拓宽发展领域

利用集团全球平台优势，助力优质企业“引进来”。引入境外低成本资金办理风险参贷 79.04 亿元，增长 108.49%。全力做好金融服务，支持本地企业“走出去”。为 28 家企业 52 个“走出去”项目提供金融支持。新开保函金额四行占比 73.46%，四行第一。全市场收付汇业务量占比 23.24%，四行第一。开展“稳外贸、稳外资”银政企对接活动及“环球撮合荟”云招商，累计引入海外资本市场资金近 40 亿元，为 80 余户本土企业搭建跨境贸易桥梁。主动服务“一带一路”建设，助力中国化学工程第七建设有限公司在俄罗斯 120 亿欧元的巨型项目启动，实现贸易创汇 11.8 亿美元。积极对接自贸试验区，自主开发数据核验系统，支持外汇支付结算线上化、高效化、合规化发展；加快“中欧 e 单通”区块链平台二期项目开发上线，为中欧班列供应链发展提速。

五、增强发展活力

加速打造第一个人金融银行。坚持储蓄存款与金融资产“双第一”目标。人民币储蓄存款余额首次赶超建行，实现时点、日均、旬均、月均增量四维四行第一。金融资产净增 383 亿元，同比多增 137 亿元，系统第二。坚持全量客户和重点客群“双激活”策略。存量客户存款增量贡献度近 80%。确保基础结算和代销收入“双增长”。零售中间业务收入 24.35 亿元，四行第一，增长 0.97 亿元。

深化境内外汇业务首选银行战略。坚持政府首选，做好政府跨境金融服务顾问，依托“春融行动”开展跨境普惠金融园区主题活动 58 场。坚持客户首选，全年新拓 1 000 万美元级收付汇重点客户 25 户，创历史新高。收付汇重点客户开户覆盖率达到 52%，四行第一。外币储蓄存款净增 3 987 万美元，余额超越建行实现四行第二。坚持业务首选，积极开展海外发债上市等海外资本市场专项营销活动，已累计实现海外发债上市资金回流超 24 亿美元，市场占比近 70%，衍生人民币存款逾 150 亿元。坚持风控首选，连续九年保持银行外汇业务合规与审慎经营评估考核 A 类。无重大差错及风险事件，国际收支数据申报柜面操作零差错。

构建成渝地区经营发展新格局。为助推成渝地区双城经济圈建设，2020 年，成都分行加快推进各项重大项目落地实施，全年实现表内外信贷投放 3 074 亿元，各项贷款余额、增量均居成都市金融机构第一。为川渝共同实施重大项目提供融资支持，助力构建成都平原新空间格局和多层次轨道交通网，分别向公共设施领域和交通领域投放贷款 343 亿元和 279 亿元。下好成德眉资“先手棋”，与德阳、眉山、资阳三分行银团联动签约 109 亿元、投放 100 亿元。建设东进“桥头堡”，领先各商业银行与成都东部新区管委会签订全面战略合作协议，实现贷款投放 19.29 亿元；承接发债资金 2.5 亿元，同业占比 37%。深化民生领域银政合作，推进川渝跨省异地就医直接联网结算、药品及医用耗材招标采购等合作，助力政银医系统搭建。

六、拓宽发展“护城河”

扎实开展风险防控，提高后疫情时代信贷风险管理水平，实现业务高质量发展。首先，做实“三道口、七彩池”智能信贷风险管控，强力推动授信审批新规落地实施，强化准入管理、存量管控，推进“五个一批”不良资产清收处置。据统计，全年累计清收处置不良资产 19.26 亿元，任务完成率 148.15%。除了信贷风险管控之外，聚焦实质性风险防控，全面推进网格化智能化排查；开展支行和网点 100% 全覆盖的“夯基础防案件”检查，发现各类问题 906 个，年末问题整改率 98.57%。2020 年人行银行业机构综合评价等级 A 级；总行内控评价保持一级，得分系统第四，提升一位。

致力优化人力资源配置。多措并举，持续提高员工素质，全力打造有信心、有目标、有拼劲、有方法、有风险意识的“五有”干部队伍，不断激发队伍干事创业活力。研究制定干部选拔聘用管理规定，全年新提拔和交流锻炼干部 25 人。优化人员区域层级间配置，为科技研发、东部新区支行筹备、运行风险监测等提供人才支撑。

（成都分行）

南京分行

【主要业务指标完成情况】

2020 年，南京分行实现营业收入 123.14 亿元，同比增加 5.72 亿元，增长 4.9%；拨备前利润 97.01 亿元，同比增加 3.52 亿元，增长 3.8%；净利润 59.62 亿元，同比增加 3.78 亿元，增长 6.8%；实现中收 29.18 亿元，其中基础中收 11.71 亿元，增长 8.61%。以上各项效益指标均保持四行第 1，中收 21 条产品线中有 11 条列四行第 1，大个金营业贡献 37.79 亿元，占比 32.74%，分别提升 1.17 亿元和 0.56 个百分点。

【主要工作措施】

一、党建工作扎实推进

始终坚持并加强党的领导，为经营发展提供了坚实保障。突出政治引领，落实不忘初心、牢记使命的制度，常态化加强政治学习，配合完成省分行政治巡察，建立政治督察制度，强化政治机关意识教育，基层党组织的政治功能进一步提升。抓实疫情防控，成立应急领导小组，完善防疫管理机制，多渠道筹措并向全员配发防疫物资，做好健康监测、清洁消杀和进出管理，向防疫一线以及到店客户投入超 300 万元的资金和防疫物品，实现了全员零感染零疑似。强化队伍建设，通过公开遴选、民主推荐共提任部室、支行助理 14 人，消灭了党员空白网点、新发展党员 80 人，网点员工转岗 169 人、其中 73% 转至各级营销管理岗，客服经理深度通岗率达 86.4%、比系统平均水平高 5 个百分点。抓细党风廉政建设，认真学习十九届中央纪委四次全会精神，推广中层干部“主动约谈”和“提醒谈话”，开展廉政宣传和警示教育，巩固了风清气正的政治生态。创新开展企业文化工作，推出直播授课、电子书屋等线上学习模式，举办青年座谈、公益行动、外语大赛、电子竞技等系列活动，做好对老同志慰问关怀，营造了和谐共进的发展氛围。

二、存款发展势头较好

贯彻 GBC 工作要求，抓好日常组织推动，全部存款余额 4 094 亿元，时点、日均分别新增 576 亿元和 448.7 亿元，创近三年新高。储蓄存款方面，细化过程管理，强化社保、高校、薪酬等重点领域拓展，时点新增 186 亿元、月均新增 155.8 亿元，均列四行第 1，日均新增 133 亿元、列四行第 2。机构存款方面，聚焦重点板块，在全省金融系统首创财政征拆迁资金区块链平台，中标省级养老金统筹等 51 个项目、中标率达 75%，落地省市消防体系 21 个改革基本账户、市场占比达 95%，时点新增 131.6 亿元、日均新增 52.4 亿元，均列四行第 1。公司存款方面，深化专业齐抓共管机制建设，围绕客户抓资金，主动负债主动做，强化有贷户现金保障比和产品引存管理，抓好亿元以上客户提升，开展千户拔旗、链式营销等专题活动，人民币对公结算账户存量及新开、千万美元以上资本金项目落户率均保持四行第 1，存款时点新增 172.7 亿元、列四行第 1，日均新增 64.8 亿元、同比多增 56.2 亿元。同业存款方面，抓好大户合作，成功落地兴银理财、创金合信基金、苏宁银行等重点项目和账户，时点新增 96.8 亿元，日均新增 209.4 亿元、列四行第 1。

三、信贷结构持续优化

强化信贷全流程管理，有序推进授信审批新规落地，抢抓机遇运作了一批重大项目，表内外信用总量 3 931.6亿元、新增 420.6 亿元，其中各项贷款余额 3 056亿元、新增 437.5 亿元，对公贷款新增 311.2 亿元，以上余额和增量均保持四行第1。高效响应南京“四新”行动，制订专项方案并得到市长批示支持，落地江北新区第二水源、中芬合作交流中心等项目56笔、540亿元；推动市政府落地城市更新相关政策，在总省行支持下创新推出城市更新融资，已落地秦淮三十四标等项目18笔、316亿元。全力支持实体民生领域，人行降准和银保监普惠口径贷款分别新增36.3亿元和37亿元，均超额完成总省行计划；制造业贷款新增14.5亿元，其中中长期贷款新增31.2亿元，民企贷款新增29.4亿元；科创企业贷款累计投放146亿元。稳健推进表外业务发展，落地省内首单险资撮合、系统内首单主动管理型单一信托、理财子公司首批区级平台类永续等项目；租赁融资投放66亿元，跃居系统第1。继续推动个贷综合化发展，住房贷款新增102.7亿元、余额四行进位，公积金贷款新增40亿元、保持四行第1，e分期交易额增长13.6%、直客式分期交易额提升5.8倍。积极推进票据业务，贴现量146.8亿元，保持四行第1。

四、管理效能不断提升

持续优化组织架构，成立总行级科创企业金融服务中心，完善消费金融、产品创新、反洗钱等管理体系，促进了客户服务、集约运营和精细管理。滚动实施网点布局三年规划，统筹推进县域网点规划、低效网点提升等工作，完成37家网点升级改造，打造了5G智慧银行骨干网点，创建1家千佳网点、1家五星网点。全面启用新办公大楼，各项功能有序运转，对外形象焕然一新。严格管控资产质量，抢抓窗口期加大重点大户不良处置，累计处置不良贷款26.9亿元、超过前三年处置总和，年末不良额17.37亿元、不良率0.58%，较年初分别下降11.1亿元和0.54个百分点；持续开展深潜及重点风险贷款治理，年末潜在风险融资16户、7.65亿元，较年初分别下降11户和8.21亿元。抓细抓实内控案防，以“制度治理年”活动为契机，推进“四项专项行动、两项强化措施”落地，聚焦八大领域、涉案账户等开展风险排查，抓好网点分级管理，构建“网格化智能化”人员管控体系，内控评价继续保持一级行且得分进一步提升，内部风险暴露水平压降至万分之0.44，消灭了DE类高风险网点，安全评估得分位列南京地区金融机构第1，实现了“零案件、零重大事故、零重大负面舆情”。

（南京分行）

武汉分行

【主要业务指标完成情况】

一是经营效益“稳”。全年实现账面拨备前利润88.69亿元，净利润50.77亿元，总量系统第6；实现中间业务收入17.67亿元，总量系统第8，同业第一。

二是量价协调“好”。人民币全部存款净增279亿元，增长8.89%，其中：储蓄存款净增153亿元；对公存款净增19亿元、同业存款净增107亿元；人民币各项贷款净增408亿元，增长13.71%，其中：公司贷款净增331亿元、个贷净增55亿元、票据贴现净增24亿元。本外币全部存款余额及增量，各项存款、储蓄存款、对公存款余额均为同业第一；各项贷款余额、公司贷款余额及增量、银行卡透支余额均为同业第一；贷款收益率、新发放贷款收益率等持续保持同业最优。

三是客户基础“实”。个人全量客户新增42万户，总量达1 039万户，占武汉市常住人口（1 121万人）的93%；商户总量、增量、收单规模均保持同业第一；个人手机银行增量、存量分别多C行26万户和12万户，保持并扩大同业“双第一”优势；私银达标客户1 108户，时点和日均800万客户资产余额、增量同业“双第一”；日均5万元以上公司客户新增4 252户，完成全年任务的213%，对公客户质量得到有效提升。

四是风险控制“优”。年末不良贷款余额19.43亿元，不良率0.56%，资产质量总体可控并保持系统和同业较优水平。保持安全稳健运营，未发生案件和重大风险事件，连续17年实现安全无事故。

【主要工作措施】

一、持续强化全面从严治党

坚持以党的政治建设为统领，深入学习贯彻习近平新时代中国特色社会主义思想，增强“四个意识”，坚定“四个自信”，做到“两个维护”。强化制度建设，修订和完善了党建主体责任清单及考核评价等管理制度共20余项，提升关键少数“一岗双责”履职能力，推动全面从严治党主体责任落实。强化思想建设，举办两级党委中心组学习228次、实现292个辖属党组织书记轮训全覆盖，强化党的创新理论武装，确保将新思想新精神学深悟透。强化组织建设，突出政治标准，在干部培养使用、结构优化、评价激励等方面采取有力举措，全年调整补充84名管理人员。加大优秀年轻干部培养选拔力度，新提拔干部中40周岁以下占比达到22.50%。强化作风建设，深入落实中央八项规定精神，驰而不息纠治"四风"，全面落实巡视巡察整改、问责和"回头看"工作，问题整改率达 91.60%；从严执纪问责，运用"第一种形态"主动约谈、谈话提醒 108 人次，党纪政纪处理责任人 7 人次，一体推进不敢腐、不能腐、不想腐。

二、持续巩固疫情防控成果

始终把疫情防控作为首要政治任务来抓，第一时间成立应对疫情工作领导小组和疫情防控工作专班，召开了 19 次领导小组会议，及时研究部署并因时因势调整防疫工作策略，压实压细各级管控责任。落实疑似及确诊员工的一对一关爱，员工核酸检测应检尽检，福利保障应发尽发，有序推进差异化复工，有效保障了员工和客户的生命安全和身体健康。全力保障疫情期间对外金融服务，成立应急小分队，开辟信贷绿色通道，累计投放 355 亿元复工复产融资，累计办理柜面应急业务 53 万笔。弘扬伟大抗疫精神，召开抗击新冠肺炎疫情表彰大会，对 30 个战疫先进集体、120 名先进个人予以表彰。

三、持续提升市场竞争力

坚定不移落实总省行重点发展战略，坚持零售业务"全行办、全员办"，深挖建工、商户、代发、院校、军队等领域优质客户资源，全力拓展新市场、新客户、新资金，实现储蓄存款时点余额、时点增量、日均余额、日均增量四项指标全面领先同业，"第一个人金融银行"地位不断巩固。全面落实总行"中部地区发展战略"，积极推动支持湖北复工复产和经济社会发展 23 条措施落实落地，全面助力"六稳""六保"，全年实现表内信贷投放 979 亿元，同比增加 303 亿元（不含票据）；全面完成人行、银保监两项口径普惠贷款任务，超额完成 40% 的增速要求；统筹抓好个人一手房信贷储备与投放、直客分期转型，房抵 e 分期营销推广。从客户满意度最高和指标排名同业领先两个维度加速打造"境内外汇业务首选银行"，年末，外币存贷款余额同业"双第一"，国际结算量、结售汇市场份额持续提升。

四、持续加快转型创新

强化科技赋能，首创投产微信线上开立 II 类电子账户，积极推进智慧农贸、智慧停车、智慧校园等场景建设，加快推进 GBC 闭环管理，分类推进 40 余个线上拓户项目，195 家机构客户开立工银 e 政务，中标多家院校信息化建设项目。围绕客户财资管理新需求，大力推进全球现金管理、跨银行资金管理等重点项目，全年新上线现金管理项目 60 个，同比增长 33%。狠抓账户提质增效，强化源头资金和新客户新存款争揽，加速公司客户分层、分阶段提质，对公结算量同比增长 12%，总量达 21 万亿元；全年新增深度合作现金管理客户 3 300户，系统排名第一。

五、持续加强风险管控

稳步推进授信审批新规落地执行，强化全口径风险管控，守牢风险关口，确保资产质量总体可控，全年清收转化不良贷款 27.58 亿元。扎实开展"制度治理年"活动，增强全员学制度、用制度、守制度意识；抓好"三违"员工异常行为大排查和"四合一"专项检查，网格化管理实现全覆盖。从严处理各类违规违纪行为，保持内控案防高压态势，内控等级评价保持二级 1 档。

（武汉分行）

雄安分行

【主要业务指标完成情况】

2020 年，雄安分行主要经营指标保持市场竞争优势。三项存款全部突破百亿元大关，负债基础进一步夯实，全部存款余额 358.19 亿元，较年初增加 107.5 亿元，增长 42.88%，完成省行计划的 1.6 倍，其中：储蓄存款余额 115.56 亿元，较年初增加 12.78 亿元；公司存款余额 110 亿元，较年初增加 43.34 亿元；机构存款余额 123.61 亿元，较年初增加 44.25 亿元。全部贷款余额稳居同业首位，资产规模进一步扩大，各项贷款余额 152.82 亿元，较年初增加 61.82 亿元，增长 67.93%，特别是公司类贷款余额 145.63 亿元，四行占比 36.28%。

【主要工作措施】

一、坚持党的领导不动摇，党建和队伍建设获得新提升

一是突出党建引领，深入学习习近平新时代中国特色社会主义思想，巩固深化"不忘初心、牢记使命"主题教育成果，把服务雄安新区建设作为增强"四个意识"、坚定"四个自信"、做到"两个维护"的重大政治考验和现实检验。二是抓牢"两个从严"，逐级制定党建工作主体责任清单，明确纪委监督责任清单，扎实做好省行党委巡察整改，巩固作风建设新成效。三是加强队伍建设，创新选人用人机制，优化岗位职级体系，加快干部队伍梯次建设，提拔使用干部 17 人，干

部队伍增加到39人，并聘任首批主管层人员28人。四是提升激励效能，优化考核评价机制，发挥薪酬资源激励作用，分行薪酬水平持续增长，系统和同业均保持领先。五是压实防疫责任，强化党对统筹推进常态化疫情防控和经营发展的领导，切实落实“四方责任”，疫情防控实现零感染、零通报、零案件。为新区疫情防控提供高效便捷金融服务，开立新区唯一疫情防控应急资金账户，投放新区首笔抗疫支持贷款，累计为抗疫相关企业发放贷款6.7亿元，以实际行动扛起防疫抗疫和金融保障重大责任。

二、坚持金融创新不动摇，服务新区建设实现新突破

一是“智慧雄安”金融创新体系进一步完善，GBC联动的金融服务生态圈成效显现，部分创新成果形成了“雄安经验”输出到北京、江苏、重庆等系统内兄弟单位。工程建设资金管理区块链平台方面，上链项目33个，同业第一，上链企业318家，拨付金额逾20亿元，并在同业中率先嵌入了数字货币代发等功能，有效带动对公账户开立、供应链融资和代发工资等业务。二是征迁安置资金管理区块链平台进一步增量，累计支持新区拨付征迁资金超过200亿元，已逐步成长为新区G2C资金管理主要渠道。配套上线征迁资金特色存款产品，进一步巩固了新区征迁资金“G2C”流转后在工行的资金留存。三是智慧社保进一步扩面，上线智慧社保APP，并在新区全面推广，注册用户达10万人。配套投产工伤保险办理、口粮补贴管理、征迁信息查询、社保卡申领等功能，向成长为新区统一民生线上服务渠道稳步推进。四是企业工商注册“一窗通”平台进一步推进，持续完善系统功能，在网点配套设立企业登记服务站，实现企业线上提交注册，政府在线快速审批，公安税务联网备案，网点自助领取证照公章、银行账户开立和结算融资业务办理的“一站式”服务，有效拓宽对公客户源头获客渠道的同时，大大提升企业和群众办事效率，获得省政府和新区管委会高度认可。五是数字货币进一步增效，落地1 129个场景项目，累计开立个人钱包7.3万个，对公钱包2 079个，交易金额9 326万元，交易笔数近18万笔。此外，积极践行总行“境内外汇首选银行”战略，利用雄安自贸试验区政策优势，打造“易汇家”跨境人力资源金融服务平台，从境外劳务用工招聘源头入手，一方面解决出境费用的融资需求，另一方面联动海外分行通过结汇和人民币跨境汇回完成境外劳务人员入境资金沉淀，形成资金闭环。

三、坚持服务新区不动摇，传统业务竞争巩固新优势

一是推进重点项目有效突破。抓住新区建设机遇，加强业务预判，提前介入客户营销和业务审批，协调总省行做好人员配套准备，把工作做在前面。加强与雄安集团的信息沟通，打造充足的融资项目库，围绕容东片区和高铁站片区等建设工程，研究综合化金融服务方案。密切跟进雄安专项债、雄澳基金、商务中心区开发、白洋淀治理、城市管网建设等项目动态，确保项目营销和融资方式的全覆盖。全部贷款余额继续稳居同业第一，公司贷款同业率先突破百亿元，达到145.63亿元，稳居同业第一。始终保持新区基础设施领域最大贷款份额，累计投放111亿元，份额49%。签发新区首笔金融数字信用凭证“工银e信”，签发量和融资量均为系统首位。票据贴现创新高，全年办理票据贴现量5.4亿元，增幅315%，同业第一。陆续落地“雄安新区发展贷款”和“拆迁贷”等创新产品，金融服务适应性和竞争力不断提升。二是深耕财政、社保、公检法、教育医疗等重点领域与核心客户，建立分行机构金融业务在新区的核心竞争优势和市场领先地位。做好新区社保份额争揽，抓好拆迁资金补偿客群，提升新区代发工资市场渗透，全面挖掘零售业务增长潜力。存款基础进一步巩固，全部存款突破300亿元，时点余额、增量均为同业第一；日均余额增加107.46亿元，四行增量占比超过存量占比，其中机构存款（含同业）余额、增量同业“双第一”。三是密切关注非首都功能企业的疏解动态。密切联系管委会改发局、总行和北京分行，掌握新区第一手的企业迁入信息，深入做好央企市场拓展的大文章。客户竞争优势进一步扩大，全量对公账户净增保持同业第一。央企入驻首选银行地位进一步巩固，累计入驻央企基本户开户率达41%，保持同业第一。与雄安集团合作关系进一步深化，保持集团本部及全部21家子公司账户全覆盖，投融资支持最大份额。机构核心账户质量和数量继续保持同业领先，成功争揽新区职业年金基金归集账户、中证商品指数有限责任公司基本户等关键账户，累计中标新区本级核心账户占比达44%。

四、坚持安全稳健不动摇，基础管理能力得到新强化

一是巩固内控案防成果，深入开展巩固“双无”专项行动，扎实推进“制度治理年”专项活动，全年无案件发生、无重大风险事件和严重违规问题。二是持续净化资产质量，年末不良贷款余额1 607万元，不良贷款率0.1%，较年初下降0.03个百分点，连续三年实现不良率大幅压降。三是提升财务管理水平，认真开展财务分析工作，持续优化部门和支行考评方案，充分发挥考评导向作用。严控费用合规管理，支持保障好各项业务发展。四是加强运营保障支持，有序推进账户服务年活动，顺利完成“4变3”岗位整合，重点做好客户经理队伍培养培训，网点运营质效和客户服务质量进一步提升。五是打造渠道服务品牌，完成6家网点新设项目，制定未来三年渠道建设规划，容城支行营业室获评银协

“千佳”网点，分行渠道服务覆盖面和影响力持续优化。六是营造和谐家园氛围，通过组织两周年线上直播等党团工会活动，坚持用政治站位教育人、用事业和舞台激励人，用关心关爱感动人。分行获评省行首届“工银卓越奖章”荣誉，“在未来城市建设未来银行”文化故事荣获总行“文化十年·十佳工行故事”称号。

（雄安分行）

第五部分

境外机构与子公司经营

责任编辑：张海明

境外机构拓展与业务发展情况

2020 年，面对百年未有之大变局，全行坚定国际化发展信心，坚持“48 字”工作思路，用好“三比三看三提高”工作方法，推动境外经营稳中有进，创新高效服务国家高水平对外开放大局，稳妥有效应对复杂外部挑战，推动高质量发展。

一、全球服务网络持续完善

2020 年，奥克兰分行正式开业，巴拿马分行获颁银行牌照，受让标银集团持有的工银阿根廷 20% 剩余股权。工行全球服务网络扩展至 49 个国家和地区，建立了 426 家境外机构，通过参股标准银行集团间接覆盖非洲 20 个国家，在“一带一路”沿线 21 个国家和地区拥有 124 家分支机构，与 143 个国家和地区的 1 436 家境外银行建立了代理行关系，服务网络覆盖六大洲和全球重要国际金融中心。

二、境外经营表现基本保持稳健

截至 2020 年末，境外机构（含境外分行、境外子公司及对标准银行投资）总资产 4 220.79 亿美元，比上年末增加 163.96 亿美元，增长 4.0%，占集团总资产的 8.3%。实现税前利润 30.17 亿美元，比上年末减少 10.73 亿美元，下降 26.2%，占集团税前利润的 5.0%。各项贷款 2 028.44 亿美元，比上年末增加 20.11 亿美元，增长 1.0%；客户存款 1 482.21 亿美元，增加 134.72 亿美元，增长 10.0%。尽管利润有所下滑，但整体保持平稳，符合全球疫情严重冲击下的合理预期。

三、服务国家高水平对外开放呈现新进展

一是全方位服务进博会等三大展会平台。在第三届进博会期间成功举办中欧企业家大会、金融合作论坛、“一带一路”沿线贸易洽谈会等三场官方配套活动，推动近 150 家中欧企业联署发布合作倡议，指导境内外机构面向逾 1 500 家境内外企业举办“云招商”推介；在 2020 年中国国际服务贸易交易会期间，成功举办工行服务贸易合作成果发布会，分别与中国石油物资有限公司、阿里巴巴国际站、意中基金会等签署了合作协议，并发布了“智联 e 网通”“托收 e 管家”等创新成果；作为第 128 届广交会首批金融服务商及全球招商合作伙伴，依托大数据和金融科技优势，积极为广交会客商提供融资、企业开户、跨境结算等线上服务。二是推动创造性服务“一带一路”建设。“一带一路”银行间常态化合作机制（BRBR）成员扩展至 61 个国家和地区的 112 家金融机构，并发布支持抗击疫情、产业链供应链稳定等多个倡议。境外机构累计承担着沿线 83 个项目的综合代理业务，涉及总投资约 1 646 亿美元。三是外资金融机构和主权业务取得新突破。获任卢森堡央行等 6 家境外主权客户的 CIBM、CIFXM 代理及托管银行，新增代理境外主权客户位列中资同业第一；获任波兰主权熊猫债牵头主承和簿记管理人。四是深入参与全球经济金融治理。积极参加金砖、联合国 GISD、IIF 等多边合作机制，积极履行中德经济顾问委员会、中西企业顾问委员会中方主席职能，推动改善营商环境，开展双边经贸投资交流与务实合作。五是助力“春融行动”全力支持稳外贸稳外资。年内境外机构向上下游名单企业累计发放全口径融资近 220 亿美元，助力外贸、外资及产业链稳定。

四、全球重点产品线建设有序推进

公司金融业务方面，加强对企业“走出去”和“一带一路”建设的金融支持，统筹推进自由贸易试验区特色金融创新，推动大型、优质海外合作项目落地，为跨境客户提供“一站式”综合金融服务。个人金融业务方面，积极促进粤港澳大湾区民生便利化，推出“湾区服务通”“湾区账户通”“ICBC Pay”等业务，在境外推出“卡贷合一”“融 e 借”等个人消费金融产品。网络金融服务方面，为境外个人及对公客户提供网上银行、手机银行等线上渠道，服务覆盖 41 个国家和地区，支持 14 种语言。金融市场业务方面，建立绿色通道优先办理疫情防控相关结售汇业务，助力外贸外资企业管理汇率风险。与近 60 个国家和地区的境外机构投资者建立银行间债券及外汇市场交易业务合作关系。资产管理业务方面，持续完善外汇理财产品体系，推出多款离岸人民币投资理财产品，积极服务境内外客户外汇及跨境理财需求。资产托管业务方面，加强疫情期间全球托管网络风险管理，保障全球托管产品平稳运营。

五、集团国际化领导力不断提升

一是提升境外党建水平。开展境外机构党建及廉洁从业专项课题研究。向境外传达总行廉洁从业管理要

求，强化境外廉洁银行建设。通过“双重领导、双线报告”机制，各境外机构在驻在国使领馆党组织和总行党委的双重领导下，因地制宜推进境外党建工作，取得了良好的成效。二是全面修订《境外机构管理规定》。全面强化和明确“牵头统筹、条线主抓”的境外机构管理机制和职责分工，并细化境外机构经营各方面基本管理要求，确保“职责清晰、分工明确、相互协同、一点接入、全球响应”。三是强化国际化联席会议机制统筹和领导作用。全年累计召开4次国际化联席会议，就打造境内外汇业务首选银行、境外机构经营发展及诉求支持等中心工作进行专题讨论；全面梳理2020年国际化经营发展诉求台账，年内已解决及形成解决方案诉求164条。四是研究制定2021—2023年国际化发展战略规划。结合境内外机构发展思路和规划方向，评估疫情对境外机构经营效益和业务连续性的影响，深度追踪经济发展、产业链、重大事件之间的联系，制定境外发展新三年战略规划。五是持续优化境外机构区域管理。做实美国区域管理委员会职能，健全工银欧洲董事会、管理层和内设机构运行体制，发挥中东机构营销合力，提升集约化管理水平。

六、合规管理与风险管控进一步强化

一是有力应对各类衍生风险及突发事件，统筹做好涉美风险情景预案、模拟演练和应急管理。二是组织境外机构开展2020年度属地监管沟通工作，指导境外机构探索常态化疫情防控下的监管沟通机制。三是指导境外机构加强合规管理基础，根据总行对境外机构监管检查发现整改情况的审计监测情况，制定印发《关于做好境外监管发现整改工作的通知》，指导境外机构健全整改工作机制，开展整改全流程管理，做好整改确认和评估验证等。四是实施“9 + X”全面风险管控。实现集团风险偏好体系对境外机构全覆盖，有效强化限额管理，制定责任追究和责任评议工作机制。

（总行国际业务部）

中国—中东欧金融控股有限公司

一、中东欧金控主要工作进展

2020年，中东欧金控切实履行公司治理程序及职能，并做好相应出资及投资管理工作。一是顺利完成董事变更工作，确保公司治理架构完善。二是积极支持中东欧基金投资及运营。截至2020年末累计实缴出资3.1亿欧元，履行中东欧基金有限合伙人的职责，定期跟踪了解基金运营状态，做好相关风险管控和投后管理工作。三是做好对世福资本的股权投资管理工作。中东欧金控已出资1 141.28万欧元用于投资世福资本，并按照公司治理程序，通过派驻董事、参加董事会或股东会、行使股东权利等方式参与世福资本公司治理，为世福资本开展工作、履行职能提供良好的资源和组织保障。

二、世福资本及中东欧基金工作开展情况

2020年，世福资本和中东欧基金领导层进行了调整，内部治理架构和运行模式按照新时期新要求进行了全面、细致的优化完善，确保了各项投资管理工作有序开展。

一是公司治理架构进一步优化。世福资本在原有治理机制的基础上，提升了重大事项的决策层级，优化了经营管理权限设置，根据新时期工作需要，调整了董事会成员，修订完善了包括董事会以及各专业委员会的议事规则，凭借决策层力量的增强以及治理机制的更新，促进基金下一阶段充分利用外部环境和股东政策提供的强劲利好，实现业务跨越式增长。

二是项目投资逆境下保持稳健。受疫情影响，项目竞标流程和尽调工作有所延迟，但中东欧基金仍积极关注市场动态，搜寻、评估潜在优质投资机会，累计储备项目超过500个，中东欧地区累计跟进项目超过200个，重点跟进项目63个。截至2020年末，基金已投资项目3个，成功退出项目1个。海尔D股项目成功退出并取得21.3%的税后项目投资回报率；丽笙酒店项目在疫情影响下仍有序运营并实现酒店规模的稳定增长；波兰光伏电站项目首创多项“第一”：该项目于2019年底正式签约，2020年3月完成所有12个项目公司的股权交割，截至2020年底，工期完成率实现整体80%左右，为波兰当地在疫情期间解决直接就业约300个岗位，并首创了“中国样板”模式，即在国内搭建包括设备供应商、工程总承包商在内的新能源“走出去”联合体，带动中资EPC承包商、设备提供商“成套”进入波兰市场。

三是党建工作迈上新台阶。针对公司人员少、外籍/境外人员较多、党员多地办公较为分散的状况，公司进一步强化党组织在公司经营发展中的核心作用，重点发挥工商银行作为发起人的带头效应，强调政治站

位，加强党员日常的统一管理，探索建立上海、香港、欧洲三地党员日常沟通交流机制。积极组织三地党员进行党风廉政建设，认真开展“以案释纪明纪 严守纪律规矩”等主题警示教育活动，严格遵守党章党纪和法律法规，建立健全制度流程，制定了世福资本管理有限公司党员廉洁从业要求，积极开展“不忘初心 牢记使命”主题教育等活动。

四是持续打造团队品牌。加强各条线精英队伍建设，围绕基金投资主线、关键热点区域及各地办公室监管合规的要求，及时做好核心人才的引进退出；关注团队每一位成员的发展，以复合化的工作实践、跨国的文化视野、灵活的项目合作机制培育个人成长。此外，重点扩大公司品牌宣传力，主动建立并维护国内外重要媒体关系，加强与外交部、商务部以及地方政府等监管机构或股东的沟通汇报，通过组织和参与国内外关于中东欧地区的经济论坛研讨、发布新闻和媒体访谈等形式，通过纸媒、官网、社交媒体等全方位渠道，就基金的成立、使命、进展、成就有效沟通与充分宣介，覆盖募资来源国、投资项目所在国、欧盟机构所在国，为中东欧基金投资推进营造良好的市场舆论及合作氛围。

（中国—中东欧金融控股有限公司）

与标准银行的战略合作

2020 年，工商银行进一步强化标准银行股权管理，持续推动两行战略合作，积极维护自身股东权益。

一、对标准银行投资收益情况

截至 2020 末，工商银行持有标准银行股份 324 963 464 股，股比 20.06%。按权益法核算，2020 年标准银行归属工商银行利润约 10.95 亿元人民币。自入股以来，工商银行累计收到标准银行现金分红约 227.9 亿兰特，股票分红约 1 995 万股。

二、对标准银行的投资管理

工商银行通过委任董事履职、专项研究及日常监测相结合的方式，进一步加强标准银行股权管理。工商银行委任董事积极履职，充分发挥在标准银行公司治理层面的积极作用，有效引导其战略发展及经营转型；及时就重大事项深入研究、积极沟通，切实维护战略投资权益及股权安全；密切关注非洲、南非经济及标准银行经营动态，并就南非疫情、兰特汇率波动、标准银行疫情防控、风险管理等相关情况开展专题研究。

三、两行战略合作开展情况

在新冠肺炎疫情背景下，工商银行和标准银行相互支持，团结抗疫，积极深化多个领域的交流合作。两行团队密切协作，扎实推进新的战略合作纲要制定工作；积极支持标准银行抗击疫情，通过高层慰问、疫情防控经验交流、捐赠防疫物资等多种方式，帮助其做好疫情防控工作；加强在年报、社会责任报告中对两行战略合作的信息披露与宣传。两行建立了金融科技领域合作专项推进机制，开展科技创新成果共享、中非跨境金融服务平台建设，推动两行科技业务深度融合；克服疫情带来的挑战与不便，继续推进人员互派交流。

两行高层保持密切沟通交流，联合举办了多场重要活动。与 BRBR 机制成员共同发布支持抗击新冠肺炎疫情、稳定供应链及经济复苏的倡议，加强后疫情时代国际金融合作；携手举办“新冠肺炎疫情对中国及非洲国家影响与应对”系列研讨会；召开两行区块链业务合作研讨会，分享先进技术和经验，探讨潜在合作领域，协助推动标准银行区块链能力建设；共同举办“中非农贸洽谈会”，达成合作意向 40 余项；第三届上海进博会期间，共同邀请并营销非洲企业扩大对华出口、拓展中国市场，会议期间，标准银行高管参加工商银行“一带一路”沿线贸易洽谈会等活动并致辞；联合承办“中非经贸合作线上磋商会”，涵盖基建、医疗、农贸等 10 大行业的 180 余家中非政府机构及企业参会。

（总行战略管理与投资者关系部）

跨境人民币业务

2020 年，境内外机构跨境人民币业务累计实现金额 7.24 万亿元（含结算、贸易融资、人民币购售），同比增长 59.67%。其中，完成跨境人民币结算量 65 287亿元，完成跨境人民币贸易融资 5 367 亿元，办理跨境人民币购售 1 773 亿元。境内分行实现跨境人民币结算量 4 万亿元，同比增长 3.96%，四行占比达 27.38%；跨境人民币贸易融资发生额 3 524 亿元。

一、聚焦重点业务领域，取得多个历史性突破

一是稳步推动央企、大宗商品、对外承包工程领域人民币跨境使用。开展专题调研，编制《企业跨境人民币金融服务手册》和《大宗商品跨境人民币服务方案》；成立央企跨境人民币服务专班，重点走访营销头部企业客户，直接跟踪营销大宗商品和对外承包工程重点项目；在“一带一路”、亚洲、南美洲、非洲等重点区域成功落地多笔示范性大宗商品跨境人民币业务，取得铁矿石、农产品、原油等大宗商品人民币跨境使用多项突破和创新。二是积极创新离岸人民币金融产品供给。依托境外机构创新推出多款适合境外客户的人民币投资理财产品；多措并举引导境外客户接受、持有和使用人民币，实现人民币跨境使用“最后一公里”落地的重大突破；全景谋划境外端人民币使用方案，开辟了解决境外大宗商品供应商不愿意、无渠道持有人民币问题的有效路径。

二、瞄准重点境外市场，助力完善人民币使用环境

一是持续深化人民币在周边地区的使用。新加坡和工银亚洲分别作为首个海外人民币清算行和非清算行成为 CIPS 直参行；完成老挝银行间交易系统与当地代理行首笔人民币兑基普的直盘交易；实现人民币对柬埔寨瑞尔的直接交易业务；在泰国前置性对当地人民币使用外管政策进行全盘梳理，构建以人民币形式投融资、设备和原材料采购以及利润汇回的工业园区全流程闭环使用模式；积极推动人民币与印尼卢比本地货币结算安排，全力争取指定特许交叉货币做市商资格。二是多渠道与阿根廷央行沟通，梳理制度办法，推动系统改造，大力推进阿根廷清算行落地工作。三是为境外清算行和部分境外机构提供有力的人民币流动性支持，全力服务与我国经贸往来和实体经济发展。四是充分发挥与南非标准银行战略合作的优势，引导中非客户在经贸投资合作中提高使用人民币的主动性。

三、紧跟经济开放步伐，扎实推进自由贸易试验区发展

一是在湖南分行设立中非跨境人民币中心，加强中非信息和人员交流，提升对非业务综合服务能力。二是建设上海跨境业务中心，打造“离岸 +”金融服务支持体系，促进境内外资金、客户、产品互联互通，服务“走出去”企业、跨国企业集团跨境业务需求。三是根据第五批自由贸易试验区扩容安排，做好监管政策对接、产品创新、客户营销等工作，成功落地首批业务。四是稳步推动深圳自由贸易试验区自由贸易分账核算业务（FT 业务），助力大湾区资金流通数字高速公路建设。五是积极开展人民币资产跨境转让试点，取得多个自由贸易试验区市场突破。

四、把握新经济新业态，稳妥推进跨境电商业务发展

一是完善跨境电商服务体系，不断优化跨境电商平台功能，在 2020 年中国国际进口博览会上推出“跨境 e 电通”品牌，助力打造全行跨境电商综合一体化服务体系。二是持续推动与跨境电商客户合作，为深圳财付通、阿里国际、上海支付宝、海南新生支付等重点客户提供专项解决方案，提升客户服务质效。三是向国家外汇局申请凭借交易电子信息为跨境电商等新业态市场主体提供结售汇及相关资金收付服务，稳步推进跨境电商支付资质申请工作。

五、发挥大行引领作用，积极做好境内外跨境人民币宣传推介

我行人民币国际化发展的专题采访在《新闻联播》等栏目播出，形成良好品牌宣传效应。我行受邀作为唯一中资银行为人民银行举办的大宗商品跨境人民币业务培训授课。成功举办中国—非洲、中国—哈萨克斯坦人民币国际化论坛等重要活动，在多个境外机构举办十余场跨境人民币推介会。

（总行国际业务部）

国际结算单证业务

2020年，境内分行实现国际结算量19 234亿美元，同比增长7.86%，序时计划完成率120.97%；国际结算与融资业务收入46.76亿元，国际业务中间业务收入（四行口径）四行占比26.56%，四行排名第二；表内外币国际贸易融资余额及增量四行排名双第一，表内国际贸易融资不良率为0.21%，持续保持低位；全行国际业务净增客户2 468户，序时计划完成率123.4%。

一、积极开展“春融行动”，促进产业链供应链稳定

一是为切实履行“六稳”“六保”工作要求，助力外贸外资企业克服疫情影响复工复产，促进供应链产业链稳定，与商务部签署“稳外贸、稳外资”合作备忘录，并第一时间在全集团范围内启动“春融行动”。二是主动对接各地商务主管部门，联合梳理确认了1 072户境内外贸外资核心企业以及2 590户境外上下游企业。截至12月末，累计向境内外重点外贸外资企业投放融资8 100亿元。三是积极做好“春融行动”服务国家战略的对外宣传推广工作，向商务部正式报送2期专题报告，向行领导呈报10期“春融简报”并通过人民网、新华网等主流官方媒体渠道发布相关宣传报道。

二、大力推进国际业务线上化建设，提升贸易便利化

一是积极落实国家促进贸易便利化发展举措，向海关总署正式提交“单一窗口”单证及国际贸易融资项目立项方案，共同推动“单一窗口”跨境金融服务功能对接开发，全面提升进出口企业跨境金融服务水平，截至12月末，“单一窗口”跨境汇款业务量超60亿美元，居同业首位。二是作为外汇局跨境金融区块链服务平台首批试点银行，积极配合外汇局实现工行单证系统与跨境金融区块链服务平台总对总系统直联，丰富了银行对外贸企业融资背景和贸易真实性审核的手段，有效缩短业务处理时间，大幅提升业务办理效率，降低了虚假融资、重复融资风险。三是作为人行电证福费廷子系统首批上线的商业银行，积极抢抓平台业务机会，在首发当日即成功落地首笔国内证福费廷业务，在短时间内完成了业务相关的线上资产发布、要约达成、债权转让及支付清算等全流程操作，充分发挥了人行电证系统线上化、电子化优势，有效提高了企业贸易融资办理效率。

三、加大国际业务重点客户支持力度

一是积极为重点客户争取信贷、资金等政策支持，将4家分行的5户企业纳入总行级国际贸易融资重点客户名单（252户）。二是会同资负部和公司部建立130户《优质制造业外汇贷款客户名单》，对超一类行授权外汇存贷款业务执行20个基点（含）以内的利率定价快速审批会商机制，持续加大对重点分行重点客户的资金支持力度。三是充分发挥国际贸易融资优惠定价客户名单（364户）机制优势，今年先后为9家分行调整23户客户名单，为超30户客户的120余笔业务申请优惠资金定价。

四、加快重点产品创新，不断夯实国际业务发展基础

一是针对外贸企业融资授信和担保不足的问题，联合中国出口信用保险公司推出短期出口信用保险项下国际贸易融资白名单业务，对白名单客户（131户）配套优惠信贷政策支持，印发《关于稳步推动短期出口信用保险项下国际贸易融资业务发展的通知》，出台白名单业务操作指引，充分发挥短期出口信用保险增信作用，有效降低企业融资门槛，缓解外贸企业融资压力。二是按月协调国内福费廷资金规模支持，明确了包买他行国内证福费廷业务报价、FTP执行标准，增加自买型国内福费廷品种，先后完成18家银行总对总协议签署，扩大承诺付款行范围至27家，全力推动福费廷业务发展。2020年，境内分行累计办理福费廷业务3 105.69亿元，同比增长130.74%；实现中收6.45亿元，同比增长212.83%。三是多措并举实现非融资保函逆势增长，推动非融资类保函业务助力企业构建全球产业链。截至2020年末，对外担保余额293.84亿美元，四行占比提升2.11个百分点；非融资对外担保余额195.9亿美元，较年初增长10.67%。四是积极应对疫情及外部市场变化，创新保理融资模式稳定企业上下游供应链，为境内核心企业及其境外上游公司提供一揽子创新国际保理方案，有效降低企业融资成本。同时创新运用“信保融资”模式，“一企一策”帮助大型重点企业破解难题。2020年，境内分行累计完成国际保理融资

2.86 亿美元，同比增长 257.17%；余额 1.53 亿美元，较年初增长 185.02%。

五、持续完善制度办法，做好国际业务相关政策及系统配套工作

一是推进国际贸易融资流程优化，印发《国际贸易融资业务审查要点》。二是持续推动解决有关部分国际贸易融资业务无法占用双优授信的业务系统问题，推动 LIBOR 利率转换各项工作。三是组织《信用证管理办法》修订，对 2014 年版进口信用证管理办法从开证申请资料、担保方式、涉敏筛查、拆分审批、规范罚息利率等方面进行逐项修订。四是根据外汇局发布的《关于优化外汇管理支持涉外业务发展的通知》新规规定，组织《企业电子化国际结算单证业务规程》修订，并将网银单证业务扩充至网上银行、手机银行、单一窗口、融 e 联等电子渠道。五是根据新民法典对抵质押资产法律认定、清偿顺序、免责要求等多方面要求，对涉及国际业务的 50 份借款合同进行梳理及修订，做好借款合同的修订工作。

（国际结算单证中心）

工银亚洲（含香港分行）

2020 年，工银亚洲认真落实党委工作思路，一方面稳字当头，积极应对风险，切实提升发展质效；另一方面迎难而上，抢抓危中之机，努力拓展优质业务，整体呈现经营平稳有序、基础不断夯实的发展态势。

一、克服不利因素推进转型发展，经营业绩稳中有进

（一）净利润保持领先，经营效益稳步提升。面对反复多变的疫情影响和激烈的市场竞争形势，工银亚洲机构在做好疫情常态化防控、风险防范及合规管理的基础上，保持稳健经营，积极加强市场、政策及客户需求的前瞻性预判，把握优质客户和零售业务市场贡献度，完成年度经营目标，净利润总量在集团境外核心类机构中继续保持第一，贡献占比进一步提升。

（二）存贷款实现稳步增长，资产负债结构不断优化。工银亚洲机构多管齐下抢抓市场机遇，开拓业务先机，主动压降存款证和高息定期存款，丰富资金来源，各项业务带动低息存款、贷款余额增长，全面优化存款及负债结构。

（三）推动经营转型和跨境业务发展，优化收入结构。工银亚洲机构不断优化业务结构，坚持不懈提升“四大转型业务”收入贡献。积极发挥境外旗舰作用，服务内外双循环，推动跨境业务和人民币国际化发展。

（四）履行中资大行企业社会责任，助力抗击疫情与跨境扶贫。通过惠民惠企的金融纾困系列措施，慈善捐款和抗疫物资捐赠，与本地市民同舟共济，携手对抗疫情，纾解民生困境，助力社会经济恢复与发展。响应政府及集团扶贫要求，成功支持对口地区扶贫融资项目。

二、主要经营亮点与工作措施

（一）有效应对疫情冲击，确保健康有序运营。面对百年一遇的新冠肺炎疫情，工银亚洲机构坚决主动抗击疫情。成立疫情应急防控小组，做到安全管理责任逐级落实、防疫物资高效保障、疫情排查全面覆盖；将员工关爱放在首位，发放抗疫物资、设立屯门后备运作中心，做好疫情期间午餐安排、加强消杀、做好疏导、弹性办公，并妥善调配人员设备、合理安排值班，有力保障全行员工零感染、各项服务及时提供、各项业务高效运行。抓牢信用风险防控。主动退出、清收处置，在同业不良贷款大幅攀升情况下，工银亚洲机构不良贷款额、不良率同比下降。抓好全面风险应对。将 2020 年确定为“风险文化全面提升年”，围绕“主动防、智能控、全面管”实施路径，完善全面风险管理体系、严控各类风险事件、保障流动性和经营安全。做好监管合规工作。高度重视复杂形势下监管趋严态势，对标监管要求，持续推动落实资本、风控、流动性等提升项目；全面建立涵盖反洗钱、反恐怖融资、制裁合规、反欺诈、反腐败的一体化内控合规管理体系，守住不发生重大监管违规、巨额监管罚款的底线。

（二）始终坚持危中寻机，多元化拓展优质市场客户。面对经济下行压力，工银亚洲机构主动出击，抓牢多领域多条线齐头发展机会。抢抓对公业务重点客户和优质项目。成功落地多个重大项目，拓展本地公营机构、央行主权客户及虚拟银行新客群，有效深化与重点目标客户的业务合作。抢抓零售业务市场贡献。认真落实集团全面打造“第一个人金融银行”战略，应对疫情推出切合市场需求的防守投资产品，推动保险、证券及基金收入同比大幅增长；公私协同合力拓展零售中高

端客户市场，中高端客户、私银客户占比持续提升。抢抓金融市场业务机遇。多措并举、全方位提升金融市场交易能力，代客财资收入、债券通下外汇交易量显著增长，离岸人民币及港币的主要做市商地位不断稳固，在主流电子平台中，交易规模排名稳居中资首位。

（三）推动精细化管控，全面优化负债及存款结构。主动压降存款证和高息定期存款，拓展低成本资金来源，低息存款大幅增长，低息存款余额占比提升并达历史高位。零售低息存款快速增长，低息占比明显提升。现金管理业务拓展有力，不断新增客户，带动相关低息存款增长。IPO 收款业务保持市场领先，全年业务量名列同业第二。协助总行成功发行 200 亿美元全球中期票据计划（GMTN），创下中资银行境外美元债发行的最低票息及收益率纪录。

（四）持续推进经营转型，不断优化收益结构。坚持不懈提升“四大转型业务”收入贡献，实现纯收费中收及占比增长，中收结构大幅优化。“大资管”稳健发展。深入推进资产管理产品、渠道、平台等体系建设，并在“发行最大规模中国纯国债 ETF、实现公募基金互联网渠道销售、创新跨境及境外私募股权项目、首家债券通中资全球托管行、全球首单 CDR 基础证券托管”等领域实现重要突破，资产管理规模显著增长。“大投行”保持领先。积极应对香港银团市场规模降幅超 30% 的不利情形，银团牵头行市场港澳地区排名保持第二；牵头完成多笔重点债券承销项目，境外债券承销业务位列市场第一梯队，中资承销商第二；跨境并购及结构化融资落地多笔重量级并购和私有化项目，成效显著。交易银行成效显现。企网贸易融资功能持续优化，发票融资实现全流程线上处理，并首次推出客户“集中付款跨境通”等定制化综合服务方案，多产品绑定客户数快速增长。交易银行相关中收稳步提升、客户低息存款增长创近年新高。数字金融全面提速。编制数字化转型规划、成立转型推进委员会、设立 6 个工作专班，全面推进数字化转型；制定管理办法、明晰治理责任，全面加强数据治理工作，信息准确性以及风险报告和监管报送数据质量明显改善；推出工银智投资 APP、“e 开户”“湾区 e 贸通”等创新产品和服务。业务线上化率、网银及手机银行客户渗透率均有所提高。

（五）服务内外双循环战略、推动区域特色化经营。认真落实集团“境内外汇业务首选银行”“重点区域竞争力提升”战略和“春融行动”部署，发挥境外业务旗舰作用，内外联动深入服务大湾区、共建“一带一路”及人民币国际化，全年跨境人民币业务量大幅增长达到过万亿元。在亚太区市场，利用亚太银团贷款中心等区域中心资源，持续服务“走出去”企业，落地华电柬埔寨项目融资、中国长电并购秘鲁电力、中铝几内亚金融服务等重大标志性项目。在大湾区及内地重点区域，推出湾区“企业通”“置业通”“跨境 e 缴费”等创新产品，完成首笔跨境人民币银团贷款、首笔港股上市公司人民币派息、首笔 A + H 股并购贷款、首笔人民币国内保理资产跨境转让等业务，并在重点区域落地多笔重大项目。在“春融行动”中，落实“稳外资、稳外贸”工作要求，将境外与香港元素融入国家和集团战略，围绕外贸和跨境产业链客户推出“春融专项资金池”，为相关企业提供高效服务和有力资金支持。

（工银亚洲）

工银澳门

2020 年，面对突如其来的新冠肺炎疫情，工银澳门机构认真贯彻落实澳门特区政府、中联办以及总行决策部署，充分发挥集团业务平台和当地主流银行优势，一手抓疫情防控，一手抓经营管理，较好地完成了各项任务，践行了大行责任。

截至 2020 年末，总资产、贷款、存款达到 4 408 亿元（澳门元，下同）、2 339 亿元和 2 586 亿元，分别较年初增长 31.7%、13.6% 和 14.4%；实现拨备前利润 38.2 亿元，同比增长 12.5%，实现净利润 21.5 亿元；不良贷款率保持 0.25%，继续处于同业优良水平。连续第 11 年蝉联美国《环球金融》及英国《银行家》《世界金融》杂志“澳门地区最佳银行”。

一、扎实做好疫情防控工作

以“抗疫情、保民生、兴经济、促合作”为工作重心，协同澳门特区政府及社会各界共抗疫情、共克时艰。

一方面，全力保障特殊时期金融服务，全方位保障员工及客户身心健康，全行员工及家属无一感染；大幅减息降费，协同业界抗击疫情；创新推出“的士贷”“应急贷”等特色产品，助力民生福祉；拜会特区政府，密集走访中华总商会、工商联会、归侨总会、妇联总会等澳门主要社团，听取意见建议、了解中小企业状况，制定针对性支援措施，积极服务澳门经济社会运作。

另一方面，推出16项政策举措，配合政府提振经济，包括：50亿元贷款计划驰援中小企业；100亿元“春融行动”专项资金，支持“六稳六保”，服务国家“双循环”发展新格局；150亿元工程贷，助力政府基建投资，取得积极成效；捐资200多万元，支持全国抗疫。期间，通过工银澳门微信官方公众号、Facebook官方主页等累计发布专属服务产品、防疫小贴士等近200篇，积极传播抗疫正能量，中央电视台、《人民日报》、《澳门日报》等主流媒体多次对本行疫情防控工作进行专题报道；得到澳门特区政府、中联办及社会各界的充分肯定。

2020年10月，工银澳门运行管理部、现金管理部、总务部荣获澳门中联办“抗疫先进集体”称号，十余名干部员工荣获澳门中联办“抗疫先进个人”称号。

二、致力完善公司治理结构

克服疫情影响，顺利完成董事会及其专业委员会人员调整工作，立足经营管理实际需要，按照本地监管要求，在澳门政商界补充两名独立董事，优化了董事会成员结构，提高了公司治理的规范化水平和社会影响力；在董事会层面成立战略委员会，提高战略管理水平，在部门层面新设战略与投资管理部，专职负责公司治理、战略管理、政策研究、投资管理等相关工作，为公司治理工作提升和转型发展提供了基础。

三、持续改善民生福祉

（一）支持澳门中小企业发展。创新推出多项信贷专案服务，建立审批绿色通道，为中小企业发展和经济振兴提供专项信贷支持；依托金融科技优势和主流银行地位，推出“线上购物节”“电子支付立减”等活动引流客户，助力澳门中小企业去库存、促销售；牵头成立澳门跨境电商协会，汇聚本澳主流电商企业，致力支持澳门中小企业转型发展。

（二）倡导绿色健康经营理念。作为澳门最大的信用卡发卡行、消费收单行和首家建成智能银行网络的综合金融机构，积极实施e支付百日营销竞赛，广泛倡导绿色健康经营理念，推动澳门金融服务消费向更高层次、更便利化方向升级。倡导绿色金融。对手机银行和网上银行转账汇款全部免费。加快推进金融服务无纸化进程，实现手机银行月结单、信用卡账单在线查询及下载，并逐步推广至网银及自助渠道，避免投递延误或疫情传染。发展智慧金融。快速优化线上存款、转账、投资等系列功能，推出手机银行“智能存”平台、手机号转账、新版股票系统及“智生活”业务品牌，多渠道服务能力进一步增强。开放服务平台。联合外卖等商家推出抗疫消费、e支付随机立减等数十项产品及优惠政策，联合澳觅推广线上支付、线上服务，鼓励客户利用多种电子渠道进行金融服务和支付消费，减少到店排队和接触机会，提升服务智慧化水平。

（三）着力提升金融普惠水平。凭借先进的科技实力和优质的金融服务水平，成为澳门特区政府核酸检测线下独家收单机构，并实现与邮政储金局合作的重大突破，进一步拓宽澳门居民线上支付缴费服务渠道；首家开展“湾区账户通”服务试点，累计见证开立内地账户7 000余户，完成各类交易9万笔。

联合珠海市不动产抵押登记中心，在港澳首家推出一站式跨境抵押登记服务，带动大湾区物业按揭贷款17亿元，市场占比近八成；前瞻性开展“跨境理财通”测试，在系统建设、方案报备等方面走在系统内及同业前列。

四、支持澳门经济多元发展

（一）恢复澳门分行设立。经过近三年时间筹备，2020年1月澳门分行正式恢复设立，成为澳门市场第31家银行机构，工商银行也成为澳门市场首家双牌照经营机构，2020年，分行牌照下累计投放各类融资近300亿元，有效提升了澳门机构涉税、跨境及高资本消耗业务的承载能力。

（二）支持澳门现代金融发展。成功在澳门市场全本地化公开发行21亿澳门元都市发展金融债券，开创了澳门元债券在本地公开发行的先例。

（三）创新推动跨境联动合作。组织近三十家澳门客商参与第三届进博会，搭建起澳门与内地以及全球经贸往来的金融桥梁，助力境外企业深度参与中国市场，推动国际与国内资源共享；充分发挥澳门跨境电商协会平台优势，联动政府及社会各界力量，密切与横琴、义乌等地区联动合作，推动跨境电商业务创新合作新实践。

五、积极服务国家战略

（一）支持粤港澳大湾区建设。在跨境资产转让、理财产品发行，以及跨境抵押登记服务、跨境远程代办工商注册登记服务等方面实现多项创新，并在琴澳私募股权融资、跨境集合理财等方面进行了积极探索。2020年累计办理大湾区各类贷款（不含澳门本地）199亿元，深化粤澳合作。

（二）“稳外资、稳外贸”。累计向近30户“春融行动”核心客户发放各类融资百亿元，走在系统内前列；积极落实总行跨境撮合工作部署，联合四川分行开展了“成都天府新区—澳门投资招商”活动，澳门贸促局、中联办贸易处相关领导及若干客户参加，密切了各方合作关系；组织参加四川省凉山州政府的“云招商”活动，得到社会各界充分肯定。

六、热心社会公益慈善

继续向澳门大学、澳门科技大学、澳门理工学院和澳门城市大学提供奖学金；依托工银大学—澳门青年金融人才培训学院，组织开展线上防疫知识讲座、专业主题讲座等内容，扶助文教事业发展；向澳门历史悠久、影响力大的民间慈善机构同善堂捐赠善款，造福社群；向公益基金会捐款并组织全行参加“线上百万行”活动，承担社会责任；加强与进步社团联系与互动，携手明爱捐赠爱心福包、生活必需品等10万元物资，扶危助困、关爱病弱。

七、言商言政培育爱国力量

认真践行言商言政职责，积极协助澳门特区政府及中联办广泛凝聚人心，壮大爱国爱澳力量。积极组织开展多层次专业培训，重点加强核心员工与年轻人才储备，为转型发展提供基础，为澳门社会培养多元金融人才；重点培养一批文化素质高、业务能力强、拥护“一国两制”的本地员工，并积极推荐加入传统爱国爱澳社团，壮大爱国爱澳力量；组织本澳重点客户及行内员工参加第三届上海国际进口博览会，并参观“四行仓库”爱国主义教育基地，以及上海银行博物馆、上海中心大厦等现代人文景观，促进广大澳门同胞对国家政治经济体制的认知。

八、大力支持脱贫攻坚

积极对接四川当地扶贫工作需求，依托澳门跨境电商协会平台，以及工银澳门手机银行“惠生活”平台，拓展当地特色产品销售渠道，已完成首批价值30余万元人民币的跨境扶贫采购工作。全面落实川澳跨境扶贫工作事项，广泛动员员工捐款5万余元，及时为南江黑谭乡元顶小学捐赠空调、洗衣机、烘干机等电器设施，送去澳门同胞对留守儿童的关心关爱；按照总行统一部署，组织与四川方面跨境撮合和招商引资工作，分别邀请川、澳政府部门以及澳门优质企业参加两场线上投资招商活动，达成广泛合作共识。

（工银澳门）

新加坡分行

一、做好疫情防控全面保障安全运营

2020年，新加坡疫情出现多次反复、时有恶化。新加坡分行扎实做好防疫物资采购、办公场所消毒、员工及家属跟踪监测等防疫措施，保护员工健康安全，同时启动“分组隔离＋错峰轮岗＋同城异地备份”的组合办公模式。在新加坡银行业获批到岗率只有10%和25%这段时期，分行获批现场办公到岗率达到48%，保证了相对正常的经营状态，是境外尚能维持常态化经营的少数几家机构之一，有效保障了业务连续性以及对总行、境内分行业务联动的响应效率。

二、金融活水助力企业全球发展

积极落实“春融行动”部署，全力保障中新经贸畅通，助力企业复工复产。截至目前，为名单内的28家境外上下游企业累计办理融资62亿美元，约占总行统计境外机构融资总额的40%。同时，积极协助优质客户以发行债券、筹组银团等方式进行海外融资，降低资金成本，支持重点行业、重点领域、重点项目建设。2020年承销境外发债34笔，发行金额187亿美元；办理银团贷款15笔，融资总额106亿美元。继续支持中资企业共建“一带一路”项目，以优惠的利率为国家电网并购阿曼国家电网49%股权提供过桥贷款。

三、全链条产品服务国际贸易上下游

把握新加坡大宗商品贸易中心的市场机遇，持续营销优质目标客户、存量客户逾200家，覆盖原油、铁矿石、有色金属等多个行业，贯穿下游终端买家、中间贸易商以及上游资源企业，提供全链条贸易金融服务。2020年已累计办理贸易融资业务126亿美元，同比增长14%；完成国际结算业务300亿美元，同比增长42%，两项指标稳居集团境外机构第一。

四、加强基础建设提升人民币清算服务水平

2020年10月，新加坡人民币清算行升级成为CIPS系统首批境外直参行，并率先实现业务首发。截至2020年11月末，累计办理人民币清算量超45万亿元，同比增长3%，是香港以外最大的离岸人民币清算中心。同时，依托集团在跨境人民币结算、融资、投资等综合服务能力，创新人民币全贸易链条应用场景，与悉尼分行、山东分行联动，全面对接贸易企业下游钢厂、中间贸易商以及上游矿山，成功为境内钢厂在新加坡的贸易平台办理1.5亿元人民币信用证采购澳洲铁矿石，上游澳洲矿山在收到人民币采购款后在珀斯分行办理

1.2 亿元离岸人民币存款，实现了人民币在大宗商品贸易中闭环交易的新突破。

五、源头营销带动全球账户管理

新加坡分行强化源头营销，拓展凯德、丰树、吉宝等知名客户总部全球现金管理业务，累计实现全球主办行项目 65 个，成功推荐客户的分、子公司在北京、上海、广东等 20 余个省市以及英国、迪拜等 10 余个国家或地区的工行机构新开账户近 200 个；投产 31 家跨国集团跨境双向人民币资金池，包括新加坡集团企业 8 家、跨国公司 4 家、中资企业 19 家，2020 年累计实现跨境人民币池内交易量 587 亿元，较上年增长 3 倍，业务量创下历史新高。

六、公私联动挖潜跨境零售市场

坚定实施全量客户战略，加强对重点客户群的营销拓展，坚持线下、线上获客并重，个人客户数突破 11 万户，较年初增加近 7 000 户。适应企业对其客户及员工的跨境收付需求，丰富“全球发薪”“跨境 e 缴费”等产品和业务场景，将跨境资金流从企业端延伸至个人客户端，促进个人客户在工行境内分行开立多币种账户，办理外汇业务。2020 年以来，企业客户累计发薪 5 138人次，同比增长 64%，跨境发薪从新加坡直达境内深圳、大连、福建等十余个地区；个人客户跨境汇款汇往境内工行金额占比 95%，笔数占比 99%。成功拓展南洋理工大学、新加坡管理大学等知名院校业务合作，为超过 1 200 名中国留学生提供跨境 e 缴费服务，交易金额已突破 1 亿元人民币。

七、搭投资渠道便利外资进入境内资本市场

协助总行营销境外机构投资者（含新加坡分行），2020 年以来通过直参或债券通模式，参与中国银行间市场交易的人民币业务量超过 5 000 亿元。在 2020 中新金融峰会期间创新推出人民币 ETF 产品，为境外机构及个人投资者提供便捷进入中国债券市场的投资渠道，初始募集金额 12.6 亿元人民币，是全球首只追踪“中债—工行人民币债券指数”的基金，也是中国区以外亚洲市场第一大、全球第二大的追踪中国国债及政金债的 ETF。

八、架金融桥梁助力中新互联互通

积极响应总行号召，全力以赴为第三届中国国际进口博览会贡献力量，发送专业观众邀请 100 余户，发掘有意向参与“一带一路”洽谈会的企业 26 户，入驻工行“环球撮合荟”平台 13 户，并有多个企业在活动现场与撮合方签订了合作备忘录；助力“环球撮合荟”平台发布以及推广，并成功营销新加坡中华总商会达成签约合作意向；通过线上方式联合新加坡经发局、新加坡金管局、新加坡交易所等举办了“全球财资管理策略”“中新互联—重庆线上推介会”，以及“尊享企业网银客户线上沙龙”等多场业务推介论坛，讲解新加坡财资管理中心政策，推介工行全球财资管理服务；连续第四年应邀参展新加坡金融科技节，并以跨境电商扶贫项目为主题，参与 2020 年度新加坡金管局主办的全球金融科技奖项评选，在 326 家竞争对手中成功入围金融机构 10 强，是唯一进入全球 40 强决赛圈的中资银行机构。

九、强化信用风险管理，不良贷款额和不良贷款率双降

新加坡分行秉承审慎的信贷策略，筛选优质客户，严把入口关，未发生新增不良贷款；对存量客户及交易对手开展了多轮排查，及时化解风险，控好闸口关，2020 年全年收回潜在风险融资 1.6 亿美元，余额减少至 3 243 万美元；加大不良贷款清收处置力度，截至 2020 年末，分行不良贷款余额 1 175 万美元，比年初减少 819 万美元，不良贷款率 0.12%，比年初下降 0.1 个百分点，远低于新加坡银行业不良率水平。

十、拓展资金来源，切实防范流动性风险

面对 2020 年 3 月和 4 月期间离岸市场美元资金持续紧张局面，持续夯实存款基础，较好应对了流动性紧张的冲击。拓展其他资金来源，特别从新加坡金管局、印尼央行、菲律宾央行等机构筹集大量优惠资金；在保障自身流动性安全之余，新增上存总行一年期以上资金 6 亿美元，9 月份完成代集团发行债券 18 亿美元，其中上存总行资金 15 亿美元。上存总行的总余额达 73 亿美元。

十一、持续夯实基础，提升合规管理水平

反洗钱工作领域推动“三个首创”，一是首创实现 Brains 与 FFFVW 名单回溯系统对接方案，有效解决回溯筛查范围不全面的专业课题。二是首创实现以 Brains 统一管控客户准入的系统方案，有效实现 KYC 先行的系统硬控制。三是首创实现 KYC 监测与考核的系统自动化方案，通过系统的自动化评分，将 KYC 考核落实到前中后台、落实到部门主管、落实到具体操作人和复核人，实现了 KYC 工作的良性循环。

内控合规工作领域落实“四个抓实”。一是抓实基础管理，对标监管要求全年落实各类监管规则 158 条，提升属地监管规则对标水平；二是抓实重点领域和关键环节风险治理，重点推动大个金业务条线合规工作，着力解决制度、流程、机制等方面的薄弱环节；三是抓实专业履职，引导各业务条线认真履行“一岗双责”的内控管理主体责任，保证疫情期间操作风险管控不松

懈；四是抓实制度深度治理，全行制度办法由142个优化至80个，提升了分行制度的合规性、规范性和适用性。

（新加坡分行）

东京分行

2020年，在复杂的外部经营环境下，东京分行抓实抓好重点战略落地，坚持固根基、扬优势、补短板、强弱项，引导全行员工在抗击疫情一线、业务发展一线和跨境扶贫一线拼搏奋斗，取得良好的经营业绩。

一、主要工作成效

截至2020年末，东京分行主要经营指标保持稳健，总资产达230.4亿美元，实现营业收入9 444万美元，同比增长9%，拨备前利润7 664万美元，同比增长14%，净利润4 336万美元，超额完成年度经营目标。不良贷款继续保持为零，拨备水平持续夯实，各项准备金余额为4 202万美元，较年初增长33%。风险管控水平进一步提升，在总行全面风险管理职责实施细则首次摸底评价中获得“A+”等级。

二、主要经营管理措施

（一）统筹突发疫情防控与长效风险管理，全力以赴保障员工健康安全和业务平稳运行。

一是闻令而动，积极投身抗疫防疫工作。将抗疫作为全年最重要、最紧迫的工作来抓，全力以赴保障员工健康安全和业务运营平稳。落实百万余件、总值超过2亿日元的防疫物资驰援国内，积极支持本地疫情防控，获人民网、新华社等主流媒体专题报道及驻日大使馆荣誉表彰。

二是坚决助力打赢脱贫攻坚战。将“决胜脱贫攻坚”作为“守初心、担使命”的重要实践载体，开展跨境融资、外部资金引入、消费扶贫等形式多样的跨境扶贫工作，如向凉山州发放跨境贷款5 000万元，以境外低成本资金助力帮扶地区稳定燃气电力供应，保障民生；推动三井住友、瑞穗银行、东方汇理等多家同业及当地企业捐赠40万元；成功促成四川金阳跨境扶贫项目云落地，利用融e购平台创新推出跨境e福礼业务，有效打通跨境电商网络扶贫的“最后一公里”，创新扶贫工作模式获得监管部门高度认可。

三是深化全面风险管理与合规管控。实施“主动防、智能控、全面管”的管理路径，持续推进全面风险管理体系建设，提升风险治理能力；坚持系统观念，统筹好发展和安全，完善BCP应急预案；坚持合规经营、风险为本的底线思维，强化三道防线履职，筑牢一道防线关口，圆满完成“合规标兵”评选和“制度治理年”主题活动，同时建立健全常态化疫情防控下的属地监管沟通机制，获监管机构充分认可与肯定。

（二）统筹总行重点战略落地与自身国际化转型发展，全力推进打造境内外汇业务首选银行。

一是全力服务外贸外资盘基本稳定。以推动“春融行动”为抓手，以供应链、产业链、资金链、股权链为着力点服务中日经贸往来，累计为春融名单企业发放贷款84笔，总额28.88亿美元，是集团内春融客户落地项目最多的境外机构之一。持续深化绿色金融建设，密切关注疫情下境内外“绿色金融”信贷需求，实现多笔新能源企业融资落地。

二是全力服务国家高水平对外开放。支持自贸区（港）发展，积极创新金融产品与服务，与上海分行联动实现首单境内贸易融资资产跨境转让业务落地；与工银亚洲、工银澳门、深圳分行加强联动，实现腾讯、万科、中化等多笔融资业务合作，支持粤港澳大湾区建设；抓住海南自贸港政策新机遇，联动海南分行举办跨境人民币业务主题沙龙，并落地首笔贸易融资二类风参业务。

三是全力服务跨境人民币业务发展。多渠道挖掘跨境人民币业务资源，完成跨境人民币业务量约1 776亿元，继续在境外机构中保持前列。作为集团内最早获得债券通交易资格的境外机构之一，累计投资境内银行间债券市场人民币债券138亿元，创历史新高。

（三）统筹全球视野与本地特色化经营，高效服务国内国际双循环新发展格局。

一是聚焦提升中日跨境服务能力。建立福布斯2 000强重点客户营销机制，建立专门团队开展营销，日资头部客户跨境覆盖率提升至80%。除与川崎重工、佐川物流等多家本地龙头建立业务联系外，成功营销丰田总部500亿日元存款，成为首家与之开展存款合作的中资银行；助力丰田新能源中国合资公司在北京分行开户；促成上田八木短资公司完成在华成立首家外资独资货币经纪公司资本金划转工作等。

二是全力夯实本地经营发展根基。全年累计发放公司类贷款31.55亿美元，增量领先在日中资同业。以云洽谈、云商务等新方式远程拓户，实现负债业务存量提增和新户拓展。12 月末存款额达 41.35 亿美元，较年初增长 29.77%，发行各类筹资工具共计 50 亿美元。在确保疫情期间资金流动性的基础上，以货币拆放、外汇掉期、债券投资等方式获得稳定收益，实现各类资金交易金额 3 199 亿美元，债券投资交易额 24 亿美元，同比增长 324%。充分发挥日元清算中心职能，做好疫情下面向全集团的价值型业务后台支持，截至 12 月末，清算账户 44 户，完成清算业务量约 9.3 万笔，清算总金额 24 万亿日元。

三是积极参与助力中日第三方市场合作。积极推动国家“一带一路”战略持续纵深发展，与大型日资企业围绕智能制造、绿色环保等领域开展第三方市场合作，签约项目位列中资同业第一。全年与日立、松下、日本交易所集团、日本政策投资银行、三菱日联银行、瑞穗银行、三井住友金融集团、“一带一路”日本研究中心等达成 MOU 签约合作意向 8 个。

四是抓市场机遇实现新发展。持续开展行业研究，坚持 GBC 联动工作思路，利用中日经济互补性强的特点，通过加强境内境外客户的营销，积极开展 C2B 跨境电商合作和业务撮合，通过跨境业务联动助力集团整体获客、活客、黏客的能力，为总行“第一个人金融银行”等战略实施做出积极贡献。

（东京分行）

首尔分行

2020 年，面对百年不遇的新冠肺炎疫情、日益复杂的地缘政治局势等外部经营环境变化，首尔分行保持稳中求进的总基调，较好地认真完成了抗疫、扶贫和经营三大项任务，守住了风险和合规底线，高质量地达成了分行“风险防控深化年”和“资产负债管理年”的年度经营主题规划，较好地完成了总行下达的主要经营指标，稳固了在当地市场的领先地位。

一、主要工作成效

疫情防控零感染。首尔分行搭建的八个独立防疫区域和全方位的员工防护体系，有效地保障了员工和家属安全，经受住了三次高峰的冲击，人员、场所和业务全部安全。

精准扶贫见实效。引入外部捐赠 50 万元人民币修建凉山马依足乡农贸市场、通过融 e 购采购扶贫特色产品 5.97 万元人民币，组织多家韩资企业参加扶贫项目对接会。

主要指标同比进步同业领先。实现拨备前利润 10 452万美元，同比增长 3.48%，在本地 6 家中资银行排名第 1。

经营安全无合规和风险事件。分行不良贷款率保持为零，根据总行安排增提拨备 1 990 万美元。全年安全无案件和事故发生，未发生合规和反洗钱处罚事项。

本地收入创新高产品线更完备。本地自主筹资比例达到 66.1%。本土化业务收入占比达到 92.75%。员工本地化率达到 83%。公司信贷、投资银行、金融市场、贸易融资主流产品线不断完善，存款、贷款、交易等多项产品业绩同业领先。其中客户存款（含同业）余额达到 32.74 亿美元，同比增加 12.81 亿美元，增长 64.26%。

市场形象和社会影响力显著提升。韩元人民币做市商交易业务占比 15%，在 11 家做市商中位居第一，为集团贡献跨境人民币结算量 1.2 万亿元；各项主要指标位居 36 家外资银行前列中资银行第一，反洗钱监管评价连续两年外资银行前 2 名。与首尔市政府投资中心签订合作备忘录，与光州市政府达成签约意向。

践行社会责任彰显工行大行担当。成功参贷全球首笔造船业绿色银团；积极组织捐赠物资支援国内和韩国抗疫，向境内机构输送高等级口罩等物资近百万件，受到中国商务部、驻韩大使馆、国际红十字会荣誉表彰，分行落实外汇首选银行战略的举措和进展、践行社会责任举措等相关事迹得到十多家中韩主流媒体报道。

全面落实总行重点战略成果丰硕。供应链金融、贸易融资、跨境人民币、全球现金管理等多场景齐发力推动“境内外汇业务首选银行”战略，“春融行动”相关融资 76.69 亿美元，位居集团境外机构前列；联动深圳分行创新并落地全国首笔国内核心企业供应链保理融资跨境转让业务，审批专项额度 40 亿元人民币；联动上海分行完成上海票据交易所跨境人民币贸易融资转让服务平台首单业务交割；联合总行成功举办“中国资本市场投资机遇及工行服务方案”线上研讨会；聚焦跨境撮合助力上海进博会；协助总行中标韩国产业银行直投中国银行间债券市场（CIBM）唯一代理行及托管行角色。

二、主要经营管理措施

（一）党建引领，问题导向，狠抓能力建设落地解决实际工作问题。围绕七种能力建设，着重培养干部员工进行形势分析和解决实际问题的能力，将党建工作紧密地和本职工作有机融合起来。

（二）安全第一，关爱健康，以高标准精细化疫情防控为中心给经营工作保驾护航。一是做好组织领导，压实防控责任，重点抓制度执行和意识培养。二是关心关爱员工，重视个人防护。三是保障业务连续，动态调整等级。先后四次调整响应等级，实施三次轮岗，疫情防控和经营发展两手抓、两手硬。

（三）积极行动，主动参与，切实履行社会责任全力支持中韩两国抗击疫情。一是积极支持中韩抗击疫情，积极捐款捐物、代采物资；二是积极参与总行定点扶贫，引入外部捐助50万元采购扶贫特色产品约6万元，组织多家企业对接扶贫开发项目；三是重视与主流媒体沟通和舆论引导，分行践行社会责任举措分别被新华社、人民网、韩联社等十多家主流媒体广泛报道。

（四）深化合规，紧盯反洗钱，进一步稳固2018年“内控合规年”、2019年“合规深化年”的建设成果。一是主动与监管沟通。二是进行“制度对标”，系统性梳理和归并更新各类制度，确保制度合规。三是主动申请参加试点，在集团内高标准率先完成客户认定和KYC治理。四是开展基于RBA的风险评估，应用评估结果持续优化系统功能。五是加强反洗钱队伍建设，全行持ACAMS证书人员从三年前的3人增加到20人，占分行员工的12.8%。

（五）风控强基，守住底线，做好全面风险管理。一是在总行全面风险管理职责实施细则落实情况评价中获得A+级的最高评价。二是开展了产品、客户、国家维度的风险识别后编制了客户风险全景图和国别风险全景图。三是形成分行风险监控指标库，完善风险计量和监测。四是建立了重点风险指标、重点风险管理事项的一二三道防线共享和管理层汇报机制。五是明确了各防线的检查职责和方法论，重视非现场检查，提升内部监督检查科学性。六是提高重点风险的管理有效性。流动性风险方面，用好同业对拆协议，流动性风险管理三色监测和响应机制满足实战需求，在主要市场流动性偏紧的大环境下，LCR指标平均值101.7%，高出监管标准41.7个百分点。在操作风险方面，完成了分行149条KRI指标设立和监测机制。加强了疫情期间的操作风险管理和监督检查，成立运行管理部加强操作风险管控。在市场风险方面，前瞻性主动优化了资产、负债币种和期限结构，有效应对了市场风险并提升了营收能力，通过日间和日终交易限额的控制和对交易员授权调整，资金市场和衍生品市场未发生风险事件。估值管理进一步增强，估值波动在合理水平。在信用风险方面，全面落实“三道口、七彩池”智能信贷风险管控方案，加强主要行业、客户跟踪分析，严防市场风险向信用风险传导。确保了年内无不良贷款产生，继续保持零不良。

（六）紧盯市场，主动作为，前瞻性地开展资产负债管理年主题活动，在复杂市场上赢得先机取得喜人成绩。一是有效地发挥资产负债管理委员会议事决策机制，紧盯美元、人民币、韩元利率、汇率走势，综合分析与经营币种密切相关的韩美股市、债市、央行政策、利率曲线、掉期曲线、VIX等关键指标，仅在上半年市场波动较大时，形成决议11份，前瞻性变成资产负债调整操作指令。二是准确地判断了主要筹资币种美元韩元的利率走势，兼顾流动性管理要求，及时调整优化了筹资品种和筹资期限组合，有效应对市场变化，使分行负债平均成本跟随市场利率水平，节约了资金成本。三是及时抓住资本市场机会，韩元债券配置成为分行一个重要利润增长点。在韩元利率走势下降趋势明确的预判下，注意到韩元高流动性债券配置从多年来的负收益成为正收益的情况下，分行及时优化债券投资策略，果断配置了MSB、优质金融债和公司债，缩小了与欧美主要外资银行在债券资产上的差距。资产结构也更加合理，提高了分行经营稳定性，完成了年初制定的债券追赶目标。四是流动性管理经受住了市场大幅波动的考验。分行采取MSB配置、对拆协议、负债久期、缺口管理等多种组合手段用于流动性综合管理，结合红、黄、绿三色的缓冲管理，LCR一直保持100%的平均水平。五是搭建了基于风险考量的定价机制，使产品定价与产品风险、客户风险、经济资本占用、资金成本直接挂钩，提高了风控能力和定价科学性。六是规范了金融市场交易策略，通过加强对日间、日终和单笔授权调整及止损限额管理有效降低了交易风险，提升了交易水平。七是改善了本地汇率形成机制研究方式，将观测指标扩展到美元、人民币、美股、美元恐慌指数、韩国股市等，提高了汇率走势的预测能力，并将之成功运用于资本金管理。八是初步形成了掉期业务操作策略，规定了掉期业务操作时点、检测指标、事后监督等。

（七）服务实体，加强联动，扎实推进“春融行动”，落地境内外汇业务首选银行战略。一是为了深入贯彻国家“稳外贸”“稳外资”的要求，推进“春融行动”落地，累计办理各类支持中韩两国复工复产业务76.69亿美元。二是通过创新谋求发展，成功办理了第一笔国内供应链保理融资跨境转让业务，成功参贷全球首笔造船业绿色银团贷款300亿韩元。三是启动全球客户经理机制建设，着力提升公司金融综合贡献。吸收大型企业存款12亿美元，公司、金融债券投资规模达到19亿美元。既保障了分行流动性充裕，又确保了分行营收。四是提升金融机构同业合作深度，年内与釜山银行、韩亚银行、韩国产业银行等多家金融机构达成了4.5亿美元的韩元、人民币对拆协议，充分保障了分行在本地经营中韩元资金供给，也进一步提升了分行的市场影响力。协助总行中标韩国产业银行CIBM直投代理人，助力总行成为未来资产大宇证券公司的债券通交易对手银行。营销韩国央行与总行办理业务超百亿元。五是公司投行类重点产品。启动全球 RM 机制建设，致力于提升韩国头部企业综合贡献度，分行存款余额在 36 家外资银行中位居第 2，本地贷款余额位居第 2；战略性压降纯资金类跨境通道业务，创新发展供应链相关贸易融资创新；提升投行业务风控能力，扩大结构化融资、大型项目融资竞争优势。

（首尔分行）

工银泰国

2020 年，工银泰国一手凝心聚力抓抗疫，一手聚精会神抓发展，坚定信心、勇于担当，全面推动总行各项重点工作有效落地，综合经营实力显著增强，监管评级再次提升，实现了好于预期、优于同期的经营成果。

一、主要经营数据

（一）经营效益再创新高。2020 年全年子行实现净利润 8 033 万美元，创历史新高，较上年增长 6.2%。实现拨备前利润 12 460 万美元，同比增长 11.7%。实现营业收入 21 048 万美元，同比增长 5.7%；实现中间业务收入 4 041 万美元，同比增长 4.6%。

（二）资产规模稳健增长。2020 年末，资产总额为 90.4 亿美元，较年初增长 5.9%；其中贷款余额达到 57.4 亿美元，较年初增长 3.5%。负债总额达到 79.1 亿美元，较年初增长 5.7%。其中客户存款余额达到 49.1 亿美元，较年初增长 12.7%。

（三）资产质量总体可控。通过持续加强信用风险管理，加快不良贷款核销和清收处置，信贷资产质量总体可控。不良贷款余额 5 035 万美元，不良贷款率 0.88%，远低于市场同业 3.2% 的平均水平，拨备覆盖率为 441.9%。

（四）零售转型取得突破。2020 年末，零售客户数达到 246 724 户，增幅 8.3%，增幅位居境外机构第二位；零售存、贷款增幅分列境外机构第二、三位。信用卡总发卡量 3.4 万张，上升至境外机构第四位，增量位居第二位，增幅位居首位；借记卡总发卡量近 15 万张，增量和增幅居境外机构首位。工银泰租个人车贷客户总量 9.8 万户，较年初新增 2.9 万户，增幅 42%。

二、主要经营情况

（一）扎实开展抗疫工作，保障员工安全和业务稳健运营。一是坚持底线思维，扎实开展疫情防控工作。疫情暴发后从领导机制、物资储备、办公安排、员工关怀、应急预案、灾备演练、舆情宣传、应急联络等多个维度快速行动，狠抓具体防控举措落实，有效降低了员工感染风险，保障了业务连续运营。二是加强员工关心关爱，保障员工身心健康。坚持以人为本的管理理念，始终把员工生命安全和身心健康放在第一位。通过组织员工观看心理健康讲座、提供心理咨询辅导服务、适时适度开展外派员工及家属联谊活动等一系列措施，有效缓解员工及家属疫情期间紧张压力。三是积极履行社会责任，彰显工行责任担当。疫情在泰国暴发后，子行积极向当地公共服务、慈善、医院等机构捐款捐物，为本地疫情防控贡献工行力量。多家中泰媒体包括大使馆对子行向泰国红十字会及五家医院捐赠 17.68 万只医用口罩的活动进行了报道，得到泰国社会各界的高度赞誉。

（二）统筹协调，推动集团战略落地和专项重点工作落实。一是有效对接“境内外汇业务首选银行”战略，持续巩固“在泰中资客户首选银行”地位。找准市场定位，推动国际结算和贸易融资业务发展；加大营销力度，巩固跨境人民币业务优势地位；提升服务能力，开创结算现金管理业务新局面；挖掘跨境客群金融需求，定向开展产品推介。二是扎实推进“第一个人金融银行”战略，全力打造新的盈利增长点。围绕重点客户群体，积极营销拓展个人客户；丰富网络金融产品，强化线上服务能力；坚持创新引领，推动银行卡业务健康发展；优化资源配置和业务流程，持续提升客户体验；优化业务结构，推动租赁业务稳健发展。三是快速响应、严密组织，认真落实总行年度专项重点工作部署。积极落实“春融行动”，支持外贸企业复工复产；严密组织和宣传，助力服务第三届进博会。四是积极引入外部资金，支持境内脱贫攻坚。

（三）完善风险内控体系和机制建设，保障业务稳健发展。一是动态调整信贷经营策略，狠抓常态化疫情下的信贷风险管控，抓住“客户准入”和“过程管理”两个关键环节，加快不良资产处置，健全信贷制度体系，规范和优化信贷操作流程，强化信贷人员资质和履职管理，提高信用风险掌控能力。二是开展全面风险履职评价，持续推进全面风险管理。基于总行提出的 122 个风险评分点，结合实际工作补充 65 个子评分点，对管理层及一二三道防线各个岗位的风险防控履职工作进行摸底、自评、总结，有效提升全面风险管理工作质量。三是坚守合规及反洗钱底线，不断完善合规反洗钱管理机制，压实全流程合规管理，进一步完善 KYC 治理和机构反洗钱风险评估；健全合规反洗钱考核问责，强化培训和人员保障，加强合规反洗钱队伍建设和人力资源配置。

（四）以党建促发展“从严治党、从严治行”锤炼队伍。一是充分发挥党员和核心骨干在防疫中的先锋模范作用。按照总行和使馆党委工作部署，结合本机构实际和新常态下的疫情防控要求，持续做好党员学习培训、支部委员增补、党员发展、党费收缴等各项党建工作。举办防疫讲座，讲好中国抗疫故事，充分发挥党支部和全体党员在关键时刻的战斗堡垒和核心引领作用。二是健全廉洁风险防控工作机制，强化廉洁风险防控意识。组织外派班子成员学习《境外机构廉洁从业监督办法（试行）》《境外机构 2020 年廉洁专员履职清单》等重要文件精神，并填报廉洁风险调查问卷。组织全体外派员工积极参加境外机构廉洁从业系列在线培训。三是以关键岗位为抓手，提升员工专业能力和文化认同。疫情背景下运用线上方式加大对全行各专业、各层级员工培训力度，组织开展网点负责人公开竞聘，激发青年员工干事激情和进取活力。组织泰籍员工开展中文比赛，促进中泰文化融合，增强本地员工在中资企业工作的自豪感和荣誉感。

（工银泰国）

工银印尼

2020 年，面对新冠肺炎疫情严峻形势，工银印尼在疫情防控和生产经营两个战场认真落实好“保运营、防风险、稳经营、保安全”的总体要求，凝心聚力服务国家战略，促进当地经济社会发展，彰显了工银印尼的责任与担当。

一、较好地完成各项经营管理目标

2020 年，工银印尼实现营业收入 8 647 万美元，实现利息净收入 7 005 万美元，增幅 4.4%。总行拨备前利润计划 5 000 万美元，计划完成率 115.74%。手续费及佣金收入计划 1 250 万美元，计划完成率 106.24%。资产质量得到巩固。2020 年不良贷款清收处置金额 6 665.80万美元，账销案存现金清收 577.35 万美元。2020 年对存量中信用等级低、无有效抵质押担保、低端制造业、经营无优势、市场抗风险能力较弱的 51 户和 38 户非目标客户进行融资余额压缩，压降金额约 1.40 亿美元和 0.85 亿美元。市场竞争力持续提升。资产方面，子行总资产 40.67 亿美元，同比增长 4.43%。负债方面，子行总负债 36.11 亿美元，同比增长 3.65%；子行总存款 29.26 亿美元，同比增长 49.51%。所有者权益方面，子行所有者权益 4.56 亿美元，同比增长 1.79%。

二、更加突出党建引领，将全面从严治党从严治行引向深入

坚持和加强党对金融工作的全面领导，把抓党建、严纪律、防疫抗疫和经营发展统筹推进，切实增强“四个意识”，坚定“四个自信”，做到“两个维护”，扎实开展“不忘初心、牢记使命”主题教育。严格执行“一岗双责”，认真落实使馆党委对照基层党组织标准化规范化建设实施标准，建立台账、逐项检查，完善组织设置规范、组织生活规范、功能作用规范、党员队伍建设规范、制度保障规范。坚持做好“三会一课”制度，党费管理严格规范。坚持两个主体责任和党风廉政建设一起抓，坚持党建和经营发展两手硬，以党风带行风、以从严治党带动从严治行。工银印尼党支部被驻地使馆党委评为馆外支部中唯一先进党支部。

三、更加突出坚守本源，持续推动高质量发展

2020 年实现潜在风险融资率、额双降的目标。潜在风险融资余额 4 895.12 万美元、潜在风险融资率 1.85%，分别较年初减少 4 085.39 万美元、下降 1.11 个百分点。境内外汇业务首选银行战略方面，以龙头企业、产业链核心企业为重点，加大头部客户拓展力度。依托工行人民币业务优势，提升对目标客群的外汇业务渗透率。聚焦成为“客户首选”，有效吸引客户在工行办理主要外汇业务。截至 2020 年末，跨境人民币结算量为 743.17 亿元人民币，同比增长 98.73%。人民币存款余额 12.74 亿元，同比增长 80.43%。人民币贷款实现突破，成功通过银团贷款方式于 12 月 15 日向中资共建“一带一路”企业象屿集团与德龙钢铁在印尼的不锈钢项目发放人民币贷款 1.48 亿元。子行主权客户印尼央行通过母行进行人民币外汇及债券买卖交易量 290.32 亿元。LCS 项目成功落地，子行被印尼央行初步拟定为人民币 ACCD 清算行之一。打造第一个人金融银行战略方面，坚持“以客户为中心、以人民为中心”

的理念，以扎实的风险管控能力提升个人金融业务的质量与口碑，着力打造与促进跨国文化交融的个人金融业务。聚焦六类客群，即私人银行客户，中高端客户，中印尼往来客户，公私交叉营销客户、社区网点客户，符合条件的按揭类客户。截至 12 月末，个人银行卡发卡 21 704 张，其中信用卡 12 750 张，借记卡 9 529 张。

四、更加突出可持续发展，经营结构进一步优化

公司业务方面，截至 2020 年末，贷款余额 18.72 亿美元，较年初减少 3.26 亿美元，增幅 -14.83%，占全行贷款余额 78.31%，其中：优质印尼国企 24 户，贷款余额 8.85 亿美元，占法人贷款余额 37.40%，较年初上升 0.11 个百分点，主要集中在金融机构、航空运输、石油、钢铁和电力等行业。中资元素客户 13 户，贷款余额 6.05 亿美元，占法人贷款余额 25.58%，较年初上升 0.16 个百分点，主要行业涉及电力开发、电信通讯、矿产冶炼、制造业等。

机构业务方面，主权类客户方面，2020 年，子行主权类重点客户印尼央行通过总行金融市场部进行外汇和债券交易，全年交易量为 290.32 亿元人民币，同比实现大幅增长。印尼央行在北京分行开设的人民币 NRA 账户逐步启用。与主权类重点客户印尼口行续签 3.8 亿美元贷款，并建立了全面业务合作关系。代理行客户方面，在整体风险可控的前提下，向印尼西爪哇银行（BJB）发放 8 000 亿卢比的双边贷款；向印尼国家储蓄银行（BTN）发放 8 000 亿卢比的双边贷款，用于支持其有政府背景的“百万家”项目，为印尼中、低收入阶层提供价格合理的住房抵押贷款，在取得良好效益的同时，也提升了子行在当地市场的企业形象。

零售业务方面，截至 2020 年末，个人存款 10.92 亿美元，全行占比 37.45%；个人客户质量持续优化，50 万美元以上个人高端客户存款达 8.24 亿美元，在全行存款的占比达 28.52%。

五、更加突出严管就是厚爱，全面加强内控案防管理

牢固树立“合规优先、风险至上”观念，把符合本地监管标准作为合规管理第一要务，让“合规为本、全员有责、风险可控、稳健高效”的合规文化内化于心、外化于行。推进全面风险管理方面，按照“主动防、智能控、全面管”风险管理路径，加强三道防线，完善“六方”责任体系，对《实施细则》122 个要点逐项排查，通过“9+2”共 11 类风险全面覆盖总行 16 大风险及当地监管 8 大风险。新组建合规反洗钱委员会，信贷政策委员会、责任认定问责委员会，优化完善原有 7 个委员会章程、职责，始终突出制度建设这条主线。制定合规、反洗钱、内审三本手册，强化整改、考核、问责三大机制落实主体、监管、整改三大责任，坚持合规创造价值，保持内控案防高压态势，努力打好合规守纪基础。制度建设方面，集中开展“制度治理年”主题活动，2020 年完成新建、维护制度办法 294 份，合并、废止制度办法 151 份。加强合规培训方面，组织全员开展了 6 批 CARAL（合规，审计，风险，AML 和法律）业务知识培训，有 96 人次参加了总行组织的两轮合规反洗钱专题培训，持续推动合规文化建设。市场风险、流动性风险管理等方面，子行克服今年以来新冠肺炎疫情和全球金融市场剧烈动荡带来的不利影响，从存款增长入手，多措并举，严格严控。各项存款余额 29.26 亿美元，较年初增长 9.69 亿美元，涨幅 49.51%。在存款增长同时，卢比存款平均成本较年初下降 207 个基点，美元存款平均成本较年初下降 135 个基点。

六、更加突出风险防控，稳健过好资产质量关

把“抓质量、防劣变”作为第一要务，持续推进“两项工程、三项机制、九项措施”，持续推进信贷资产质量和信贷基础管理两大工程。持续推进不良贷款周例会机制，研究制定“一户一策”解决方案，结合风险变化趋势及时调整风险管控策略，落实风险化解和退出措施，2020 年分别召开 27 次不良贷款分析会，26 次潜在风险融资分析会，48 次个人贷款、信用卡不良处置及潜风化解分析会。建立大户分析机制，召开了 9 次大户分析会议。继续推进激励约束机制，严格执行《不良贷款责任认定管理办法》，将责任认定和追究落实到位，出台不良贷款清收激励约束办法，划拨专项奖金鼓励清收，以考核为手段激发处置潜能。继续推进目标责任机制，签订目标责任要约书，将不良贷款和潜在风险客户落实到人，逐户制定清收处置预案。坚持常规清收为先，充分运用现金清收、破产清收渠道进行追索。坚持对标总行信贷制度，结合属地监管标准和市场惯例，逐项做好差距分析，查漏补缺、整章建制，2020 年更新《信贷业务档案管理》《个人按揭贷款政策》等 69 份制度和办法。

七、更加突出创新驱动，打牢提高转型发展基础

截至 2020 年末，公司客户共 2 123 户，较年初减少 92 户。其中公司客户有贷户 118 户，较年初减少 37 户；公司客户存款户 2 073 户，较年初减少 116 户。机构客户共 318 户，其中主权类客户 2 户，为印尼央行和印尼口行，代理行客户 255 户，非银金融机构 61 户。零售客户共 45 750 户，较年初增加 1 000 户，增幅 2.23%，其中 50 万美元以上个人高端客户数达 267 户，较 2019 年末提升 29.61%。零售客户基础保持良好发展

势头。在核心平台本地化部署方面，克服新冠肺炎疫情对工程进度的严重影响，如期完成了19个应用、84套本地环境的操作系统搭建、网络环境配置、试运行演练、数据备份、业务验证等工作。历时两年半的印尼平台核心系统成功实现本地部署，为今后子行的转型发展打牢基础。在新产品布局上，随着个人手机银行、个人网银均已获得金融服务管理局（OJK）批准，成为当地中资银行中唯一获手机渠道牌照的银行，历史性地迈入印尼个人移动金融市场行列，将为今后进一步联动拓客打牢基础。

八、更加突出以人为本，全力做好抗疫工作

第一时间认真部署落实金融抗疫有关要求，强调要把外派员工、本地员工和客户的健康安全摆在首要位置。第一时间制定最为严格的BCP防疫措施。坚决做到防早、防小，坚决遏制群体性感染，坚决预防社会动荡。在国内疫情暴发之初，迅速组织支援祖国抗击疫情，在主动捐赠资金的同时，也带动当地客户参与捐赠，第一时间募集款项1亿印尼盾（折合约5万元人民币），以“印尼中国商会总会”的名义统一汇至国家指定慈善机构，支持武汉防疫一线。随后，面对国内医疗防护用品紧缺的严峻形势，发动各渠道奋力筹集防护物资、医疗用品，并克服中印（尼）两国停航、国际物流受限等困难，在国内防疫形势最严峻的时候，先后向湖北地区慈善机构和医院直接捐赠符合急需品标准的防疫物资。一是直接捐赠到湖北各医院80套防护服（价值8 800万印尼盾，折合约4.4万元人民币）和4 100个N95口罩（价值折合约3.3万元人民币）。二是在国内医疗救治物资最紧缺，且找不到货源的关键时期，工银印尼通过多方打探，抢购了当时仅有的34台呼吸机（243.12万美元）、150万副手套和20万个头套（18.8万美元），总价折合约1 833万元人民币。

同时，子行也积极服务本地抗疫工作。一是工银印尼协调国内资源，采购了一批符合抗疫标准的医用口罩，直接捐赠给BNPB（印尼国家灾难管理局），共计20万只，价值约48万元人民币。二是通过本地ICBC CARE账户筹集社会各界捐赠款项共计4.0985亿印尼盾，折合约人民币20.5万元。三是号召子行员工自愿捐款折合人民币约4.25万元，其中外派员工捐款约2.2万元人民币，本地员工捐款约2.05万元人民币，用于支持印尼抗击疫情。在“以人为本、与人为善，促进文化融合”方面，为全体员工加强医疗保障、配备防疫物资、为印尼疫情较为严重地区的员工统一安排午餐和交通等措施。在印尼实施PSBB期间，为当地经济就业带来了巨大冲击，12家分行深入一线，分别采购价值约20万元人民币的防疫物品、粮食、药品及生活物资，通过14场捐赠活动，直接送到当地医院、孤儿院及护士手中，得到社会广泛好评。

（工银印尼）

河内分行

2020年度，河内分行认真落实总行各项战略部署，通过抗击疫情与经营管理两手抓，经受住了疫情及复杂国际形势对分行带来的诸多挑战，整体保持平稳态势。

一、价值创造质态稳定

2020年度，河内分行拨备前利润3 682万美元，较上年同期增长6%；实现净利润2 950万美元，完成总行下达经营目标的102%；实现中间业务收入733万美元，完成总行下达中间业务收入目标的103%，较上年下降11%。截至2020年末，分行总资产余额17.57亿美元，较年初下降0.9%；总负债余额16.33亿美元，较年初下降2.6%；净利息收益率1.83%，较上年提升28个基点，手续费及佣金收入占比17.54%；资本充足率（当地口径）11.82%，满足当地监管最低要求8%。分行不良贷款率继续保持为零，全年无内部案件，重大风险事件和监管关注事件。效率类指标在越南可比同业保持较高水平，高于区域平均水平。在越五家中资银行中，分行继续保持总资产、拨备后利润最高位置。分行作为唯一的中资企业荣获河内税务局颁发“依法纳税先进单位”，河内社保局颁发“社保工作先进单位”荣誉。

二、认真做好疫情防控

分行认真执行防疫政策，实现“员工零感染，服务零中断，资产零劣变”；在疫情期间成为在越五家中资同业中唯一全体外派人员在岗的机构；分行支部作为先进典型在驻越使馆党委抗疫交流会上发言，落实抗击疫情措施以及“春融行动”的2篇新闻稿件，分别在新华网、新浪财经、中国银行业协会网站刊登。分行积极为使馆及中越双边经贸交流活动提供人员和金融服务

支持；作为驻在国最重要的中资银行，受邀向越南央行等政府机构、社会科学院等智库机构介绍工行发展情况及传播两国合作共赢发展理念；作为当地中资商会理事单位，在国内抗击疫情工作中为紧急捐赠提供绿色通道，并向国内提供医疗物资支援。

三、风控强基落到实处

在信用风险管理方面，分行全年共组织贷审会18次、风险管理委员会5次，审查批复信贷业务212笔，涉及对公客户101户；执行放款核准、利率变更等作业监督361笔；贷后监测提醒与风险排查超过500户/次；加强存量资产信用风险隐患排查，及时掌握客户经营动态和受疫情影响情况，力保存量资产安全，严格控制新增业务。在市场风险管理方面，严格监控外汇日间、隔夜敞口，按时保质提交各项报告报表。在流动性风险管理方面，每日按时发布流动性指标统计和预测情况；在本地疫情两波严重期间，第一时间实施流动性和市场风险应急方案，提高流动性资产储备，要求交易部门加快平仓频率、压低头寸，严保流动性和市场风险限额指标安全合规。在反洗钱方面，分行通过制定的客户信息治理目标及方案，细化各工作步骤目标，指导客户管理部门有序开展客户认定和信息清理，已完成全部存量个人及单位的客户类型认定。在内部管理方面，分行在“三重一大”方面严格执行集体决策机制，将规范集中采购制度和严控财务支出作为反腐倡廉建设重点，并修订了差旅、招待费等制度规范。在制度建设方面，全年分行共完成信贷业务基本流程、流动性、信用风险、市场风险应急工作措施、疫情受困客户纾困办法等制度的起草和修订；根据上年全面风险管理执行情况，牵头对36项风险偏好指标自我限额修订。

四、服务实体成效显著

落实“稳外贸”要求，在贸易融资拓展方面获得重大突破，成功办理以华为越南为核心企业，向其下游企业延伸的供应链项下融资业务，为越南三大电信商之一VNPT集团下属公司UPAS信用证业务，首次与越南国有电信行业企业建立起融资合作关系。组织各类线上磋商活动，成功组织2家企业参与进博会现场活动，多家越南本地企业参与“出海优品、云洽全球”线上磋商活动，并先后走访越南工贸部电商局、越南企业商会，宣传介绍工行“环球撮合荟”平台。做好疫情下客户营销服务，分行在制定落实了疫情下“客户日常沟通到位”“存量信贷管理到位”“重点项目跟进到位”“重要事项落实到位”“个金业务应对到位”以及“远程办公人员到位”六个责任制来明确疫情期间营销工作内容和规范。在做好人员健康安全防护的基础上开展多种形式营销活动，保持团队积极向上的工作态度。在中方企业投资和人员入境受限的情况下分行实现客户数量逆势增长，至年末对公客户达到1 118户，比上年上年净增80户，个人客户18 934户，比上年净增1 464户。加强电子渠道服务能力，优化系统功能，投产了企业网银SWIFT代发工资，推广电子回单免验签流程，为客户提供外币汇款、代发工资、外汇买卖、远程取现等对外支付业务，引导266户企业使用网上银行办理业务。通过代理行合作实现线上与线下融合，与越南最大银行之一的投资发展银行续订代收代付框架协议和现金兑换协议。

（河内分行）

金边分行

2020年，金边分行在柬埔寨经济负增长2%的市场大环境下，实现净利润3 285万美元，增幅近5%，继续领跑当地中资同业。

一、坚持推动经营转型，保持稳健发展

一是深挖潜力，推动“一带一路”项目进展。与金港高速公路有限公司签署战略合作协议，在融资结算、投资理财、个人金融等领域与客户开展全面合作，为分行后续业务发展夯实基础。完成华电西港电厂6 000万美元项目审批，成功签订银团协议签订；推进暹粒国际机场银团贷款增资事宜，争取工行参贷份额从3 000万美元增至5 000万美元。二是成功营销亚投行在柬贷款账户银行资格，为分行带来7 500万美元低成本存款和宝贵的中间业务收入，同时开辟了除国家开发银行和中国进出口银行外，在同业合作和代理业务方面新领域。三是多措并举，推动个人存款逆势增长。分行结合自身优势及特色业务，借助网站、手机银行、官方微信以及本地热门公众号等渠道，加强对新客户宣传。同时坚持做好对重点客户的节日问候关怀、日常防疫小知识推送和产品线上介绍工作，稳定重要时点大额存款。2020年12月末，个人存款余额突破8 800万美元，较上年同期增长近35%，再创历史新高；个人存款日均

余额近8 000万美元，较上年同期增长近33%。四是线上收单业务取得重大突破。分行着力拓展线上收单市场，全年实现业务量近2 500万元人民币，较上年同期增长470%。成功开通SMILESHOP线上银行卡收单，是全集团内第3家开通线上银行卡收单的境外机构。五是积极拓展代理行业务，紧抓机构贷款。在本地各大银行贷款余额普遍下降的不利形势下，克服疫情带来的营销不便，加强同本地主流银行的沟通和联系，保持了贷款和利率的稳定。2020年12月末，机构贷款日均余额达1.93亿美元，较上年同期增加4 300万美元，增幅近30%。六是优化调整资产负债机构，提升净息差水平。根据国际市场利率变化情况，及时调整存贷款利率，全面加强贷款定价管理，保持存贷利差稳定。同时做好拆入资金安排，在满足监管要求和降低成本之间寻找最佳平衡点，降低资金负债成本，不断优化收益结构。

二、重点工作完成情况

“春融行动”方面，积极联系境内分行，开通贸易融资绿色通道，积极定制差异化金融服务方案，通过优惠利率和优质服务，助力“稳外贸、稳外资”。携手四川德阳分行成功完成该行首笔服务共建“一带一路”的“抗疫复工”跨境融资，以优惠利率办理融资近6 000万元人民币，为企业解决了资金短缺的燃眉之急，以实际行动支持共建“一带一路”项目在柬埔寨复工复产，在抗疫阻击战中贡献积极金融力量。跨境人民币方面，顺利完成业务报批和有关参数设置，做好入市各项技术测试和人员培训等准备工作。抓住本行客户人民币结算需求有利时机，和广西分行内外联动，在中国外汇交易中心成功办理人民币对柬埔寨瑞尔直接交易业务，实现交易业务新突破。进博会招商方面，积极开展海外招商，配合总行活动筹备，共邀请境外专业观众注册企业15家，圆满完成总行下达任务。同时借助进博会维护本地银企关系，进一步融入本地市场。联动扶贫方面，积极参与跨境扶贫相关推介活动，邀请三家本地优质企业参加凉山州“云招商”活动，积极推广当地招商引资项目，助力当地特色产业发展。对接了解当地扶贫工作需求，向本地中资企业食堂发送贫困县特色产品清单。

三、坚持履行主体责任，打好疫情防控阻击战

分行管理层带头履职尽责，抓实抓细疫情防控措施，强化营业网点安全管理，力保安全稳健运营。一是抓防抓控，做到“人”“物”共抓。重点关注办公场所、会议室、电梯间等重点部位，抓好前台员工和后勤保障服务人员等重点人群的防控工作。二是制订业务连续性方案，确保核心业务正常开展。做好资金清算等核心业务的运营安排，全行各部门均针对极端情况制定了详细应急预案。三是积极履行社会责任，先后两次向柬政府进行捐赠，同时作为中国商会会长单位，牵头在柬中资企业设立抗疫基金。全年全行员工及家属无一人感染。

四、坚持关心关爱员工，抓好队伍建设

一是关注员工动态，及时疏导压力。安排各部门主管定期对部门员工开展谈心谈话，主动了解员工思想动态，帮助员工消除恐慌、减少顾虑。二是加强心理健康管理，确保及时干预，特邀昆明医科大学心理学专家进行心理健康讲座，普及心理健康知识，缓解员工负面情绪，帮助其以积极心态维持正常生活和工作秩序。向外派员工及其家属开通心理咨询热线，有效疏通员工心理压力。三是优化劳动组合，实施最小化办公。在本地疫情最严重时，分行启动本部最小化办公和营业部轮岗工作方案，精简业务流程，适度减轻员工工作强度。四是做好员工医疗保障。及时联系保险公司，提高住院保险和大病保险保额，减轻患病员工医疗负担。提前联系当地主流医院，确保患病员工及时得到妥善救治。五是发放防疫物资，提供物质保障。分行提前采购和储备了口罩、手套、消毒液等防疫物资，并定期配发给员工及其家属，保障员工及其家属生命安全。

分行坚持以岗位胜任力为核心，夯实人力资源管理基础，通过开展中层干部任期考核、推荐优秀年轻干部、优化薪酬管理体系和加强骨干员工培训等工作，进一步提升人力资源配置效率，提高人力资源管理水平，分行员工平均年龄30岁，研究生以上学历占比15%。

五、坚持风险合规管理，全力维护经营安全

积极推行总行全面风险履职评价和“三道口、七彩池”工程，落实“主动防、智能控、全面管”的防控职责，在对标自查、推进落实中不断巩固风险管理制度体系，进一步提升风险管理水平。及时调整信贷业务发展进度，收紧风险偏好，严控新增准入门槛，梳理识别存量融资风险，压降融资总量，增加实质性保障，化解处理潜在风险，严防资产劣变。有效落实资产质量管控，遵循新增融资“入口”管理、存量融资“关口”管理要求，确保资产质量心中有数，业务方向优质安全，风险管理精进细化。通过有效开展反洗钱标准化手册培训，组织合规与反洗钱云培训活动和开展涉敏业务检查等工作，进一步夯实分行合规管理基础。做好反洗钱领域客户认定和KYC治理等重点工作，重点解决休眠账户风险管控、客户证件有效期和客户认定等问题。2020年12月末，分行无不良贷款发生，不良贷款率保持为零，表外业务无垫款，信用风险整体可控，无合规处罚事项。

六、坚持党建引领，加强基层党组织建设

一是突出政治引领，进一步筑牢思想根基。认真制订支部学习计划，以“三会一课”为抓手、以“学习强国”、网络大学等学习平台为载体，定期组织学习。二是开展“久久为功”庆七一党建活动。分行党支部以“五个一”形式开展庆七一主题党日活动，唤醒党员入党初心，增强党员自豪感、责任感和使命感。三是认真学习党的十九届五中全会精神。在总行党委举行十九届五中全会精神宣讲报告会后，支部党委迅速传达了报告会精神及要求，把思想和行动统一到党中央对形势的分析判断和决策部署上来，落实总行党委“48 字”工作思路，推动总行党委决策部署在分行得到贯彻落实。四是持之以恒强化作风建设。明确支部书记对支部党风廉政建设负全面领导责任，细化支部各委员工作职责，对分行关键岗位的外派员工开展不定期约谈提醒，坚持警钟长鸣。

（金边分行）

万象分行

一、2020 年主要经营成果

2020 年末，万象分行资产规模 32.42 亿美元，其中各项贷款 11.28 亿美元；负债规模 31.48 亿美元，其中各项存款 8.60 亿美元；实现营业收入 7 455 万美元，同比增长 5.13%；实现净利润 4 526 万美元。各项主要财务指标保持稳定，不良贷款率继续保持为零，ROA 为 1.86%，ROE 为 45.94%，NIM 为 1.82%，成本收入比 12.85%，均保持较好水平；实现中间业务收入 1 227 万美元，中收占比 16.13%、同比增长 0.63 个百分点。

二、2020 年主要工作情况

（一）党建工作扎实深入。

一是落实党建主体责任。分行外派管理层成员严格履行“一岗双责”和“双线管理、双线报告”机制，坚持民主集中制，“三重一大”事项集体决策，全年召开 48 次班子会、11 次经营分析会、1 次全体员工大会，研究决策部署分行各项工作，并形成会议纪要公布，严格落实行务公开。

二是抓实党员教育管理。认真开展“三会一课”，全年开展组织生活 15 次，支部书记讲授党课 2 次、组织委员讲授党课 1 次，集体学习了“两会”、党的十九届五中全会等重要精神，学习了国有企业基层组织工作条例、选举工作条例等党内规章制度，学习了工行先进人物典型事迹，以及听取大使讲党课等。

三是抓实廉政监督。开展谈心谈话 15 次，实现外派员工全覆盖，开展机构负责人履职待遇、选人用人、财务、信贷等相关领域的自查，开展廉洁宣讲和警示教育，组织全员签署廉洁承诺书，常年公示关于本机构问题线索举报渠道的公告，畅通举报通道，按照派驻组要求严格落实疫情防控工作监督，切实推动全面从严治行走向深入。

（二）全力做好重点工作。

一是做好疫情防控。分行严肃落实“四方”责任，制定防疫预案，抓实防疫措施，关注衍生风险，储备防疫和营运物资，加强防疫宣传，做好沟通汇报，落实员工关爱，开展多项捐赠，积极克服麻痹思想和厌战情绪，抓牢常态化防控，分行未有发生员工感染、隔离等情况，业务连续性运营未受影响。

二是全力落实“春融行动”。积极联动境内分行，梳理重点客户，分类施策营销，提供丰富的产品，用好优惠政策，累计为境内企业提供贷款和融资承诺 2.68 亿美元，向某中资企业在老挝机构发放 2 000 万美元流动资金贷款，为某中资企业在老挝机构办理 229 笔信用证，金额 1.47 亿美元，并减免开证手续费超过 11 万美元，与客户共度时艰的同时也助力分行经营发展。

三是积极打造驻地“外汇业务首选银行”。制定《万象分行打造“外汇业务首选银行”实施方案》，确立了分行 2020—2022 三年发展目标，从内外联动、客户服务、信贷导向、产品优化等方面制定详细的工作措施，确定任务目标并分解落实到考核中。通过强有力的措施，年内实现跨境国际结算量 89.96 亿美元，同比增长 65.09%，实现国际贸易融资发生额 22.13 亿美元，同比增长 74.25%。

四是积极推动跨境人民币业务发展。分行积极响应国家“双循环”发展格局，大力推动跨境人民币业务，全年跨境人民币清算量达到 1 176 亿元，同比增长 27.63%，累计为境内 15 家企业审批 18.4 亿元人民币流动资金贷款；累计与境内分行合作各类人民币贸易融资业务 112 笔、金额 82.9 亿元人民币；营销了老挝某客户开立首笔人民币结算的进口信用证。分行年内申请

加入了人民银行人民币跨境支付系统（CIPS）直接参与者，是首批通过的成员之一。

五是积极推动打造“第一个人金融银行”。分行结合驻地华人客户较为丰富的资源优势，结合集团的科技优势，以智能化为切入点，力争在驻地打造独具特色的个人金融服务品牌。分行智能网点项目得到老挝央行和总行的大力支持，年内已投产一期，成功实现人脸采集和识别功能，是驻地第一家应用该技术的中资银行，也是集团内第二家应用该技术的境外分行。

六是积极推动网络金融发展。分行从个人、对公两个条线双轮驱动，加强网银和移动端建设，提升线上服务能力。年内，个人条线投产了微信收单、智能 POS、个人二维码等，是当地第一家实现微信收单的中资银行；投产了监管项目 LAPS 跨行转账功能，拓展了分行银行卡、个人网银和手机银行的服务范围。对公条线实现了企业网银批量汇款、跨境人民币汇款等功能；分行向华为提供的全球现金管理业务提前通过验收，华为在老挝的业务在分行实现了全部装载，是集团内首家通过华为全球现金管理验收合格的机构。

七是抓实全面风险管理。以全面风险履职评价为抓手，认真落实最新版全面风险管理规定，明确“9 + X”风险牵头管理部门及职责，压实“六方”责任，学懂弄透 50 条职责，认真组织开展差距分析，逐条逐项制定并落实改进措施，进一步强化三道防线的风控能力，将全面风险管理贯穿到全员全业务全流程，做到实质到位，取得实效转变。

（三）分行经营稳健向好。积极克服疫情、老挝的国别风险下调等影响，抓好抗疫的同时潜心经营，稳健发展。

一是存款稳步增长。年内分行强抓存款工作，以委托代理业务、保证金等为主要抓手，公私联动，稳存增存。年末分行各项存款（不含同业）8. 52 亿美元、较年初增长 12. 82%，其中对公存款 7. 4 亿美元、较年初增长 11. 79%，储蓄存款 1. 12 亿美元、较年初增长 20. 15%，月均存款增量达到 7 786 万美元。

二是离岸业务多点开花。通过非贸风参、内保直贷方式成功为境内企业审批流动资金贷款 14 笔，金额 2. 68 亿美元，提款 10 笔，余额 1. 08 亿美元；累计办理贸易融资风参业务 118 笔，金额 12. 68 亿美元。分行与华为集团的福费廷业务合作继续加强，全年累计包买华为福费廷 122 笔，金额 9 006 万美元，年末余额达到 6 239万美元，同比增长 94%。

三是创新金融市场业务。年内分行成功营销老挝央行成为中国银行间外汇交易市场成员，与老挝本地代理行在老挝银行间交易系统开展了首笔人民币和基普的直盘交易，与老挝央行开展了首笔远期交易，开展了首笔欧元和美元掉期业务等，实现多项金融市场业务创新。

四是有效化解信贷业务风险。年内，分行多措并举、强抓落实，收回某客户的潜在风险贷款 366. 10 万美元，提前收回问题按揭贷款 73. 62 万美元，完成某客户的公寓酒店项目 4 489. 58 万美元信贷资产转让，提前收回某电力行业客户流动资金贷款 500 万美元、到期正常收回流动资金贷款 666. 67 万美元，有效防范了个别客户因受疫情影响，经营存在潜在风险，而可能给分行资产质量带来的冲击，进一步夯实了分行信贷基础，保持了资产零不良。同时，信贷风险拨备较年初增加了 744. 57 万美元，抵御风险能力进一步加强。

（四）内控管理水平进一步提升。

一是完善制度体系。结合总行内控合规“制度治理年”主题活动，对存量制度完善性、有效性和及时性开展了全面梳理，补充新增制度 26 项、修订制度 56 项，废止无效制度 67 项，分行内控合规制度体系建设迈上新台阶。

二是反洗钱工作质量提升。积极开展反洗钱治理能力提升工程，落实客户身份识别与 KYC 专项治理要求，规范新产品准入合规审查流程，建立长期不动户动态管控机制，清退货币兑换所客户 9 户，对存在 ATM 套汇及 POS 虚假消费行为的高风险客户 229 户采取风险管控措施，分行反洗钱风险监测及管控更加精准和细致。

三是优化考评体系。结合总行战略部署，以及分行转型发展的需要，对经营绩效考评办法进一步优化，增加了战略转型的业务指标，例如“境内外汇业务首选银行”相关指标、贷款储备指标等，加强了风险和合规的考核评价，为分行经营管理提升提供考核激励保障。

四是加强队伍建设。制定了员工招聘管理办法、部门负责人选聘管理办法等，加强员工准入管理和干部任用管理，从源头上把控员工素质，从机制上保障优秀员工脱颖而出。在人员结构布局上，前台人员占比达到 65%，较上年提升 5 个百分点，前台营销和服务力量进一步加强。

（万象分行）

仰光分行

2020年，仰光分行全力建设“第一中资银行、第一外资银行”的大行品牌与市场地位，各项业务稳健发展。

一、经营成果

2020年仰光分行实现净利润1 123.6万美元（含簿记），比上年同期增长10.9%，其中中间业务收入实现1 073.88万美元（含簿记），较上年增长47%。总资产7.2亿美元，总负债6.9亿美元，新增公司客户223户达1 002户。

仰光分行在国内疫情突发的时间，积极发动各方力量支持武汉抗疫，累计捐赠超过100万元人民币的医用防疫物资。当疫情在缅甸等国家快速传播的时候，仰光分行积极履行社会责任，向缅甸社会各界进行了最大一笔外资企业捐赠。

二、业务发展

（一）建设“第一中资银行、第一外资银行”，筑牢市场标杆地位。2020年缅甸央行新批准包括中国银行在内7家外资银行进入缅甸市场，缅甸外资银行总数达到20家，仰光分行经过5年的奋斗，已成为在缅甸最有影响力的外资银行，2019—2020缅甸过渡财年，分行在缅甸纳税贡献榜上位居外资金融类第一名，在规模、盈利能力等方面效益已取得领先优势，成为当地的外资金融机构市场标杆，为分行实施“第一中资银行、第一外资银行”战略抢占先机、开出好局。

（二）坚持服务客户、服务共建“一带一路”，推动经营基础全面提升。分行坚持将服务好共建“一带一路”、中缅经济走廊国家战略的中资“走出去”企业作为夯实各项工作的基础，推动分行经营发展与中缅经济共进退。布局通讯、电力行业，深化与本地优质客户合作，创新产品设计，为客户提供优质金融服务。

（三）积极拓展，完善清算网络，推动缅甸市场开展人民币业务取得重大突破。2020年人民币结算量达到183亿元，提升了企业使用人民币的频率，增强了缅甸社会各界使用人民币的热情。

（四）不断扩展规范代理行业务，推动同业和非银机构市场持续发展。分行不断巩固与代理行的业务合作，2020年实现代理行相关业务收入1 002万美元，在全行收入中的占比为42%，持续提升代理行业务贡献度。

（五）着力推动新市场、新业务，新的利润贡献点不断涌现。2020年分行坚持开拓新市场、开展新业务，以弥补分行早期客户不丰富，产品线短的问题。坚持抓住贸易融资等新业务领域，取得了较大的进展，丰富了分行的产品线，为分行带来更大的贡献。分行网络金融服务发展迅速，网上银行、手机银行业务走在了市场的前列，网银功能不断丰富，出现了代发工资的新的产品，对新客户发展起到了较大帮助。国际单证结算及贸易融资业务板块贡献度进一步提升，2020年共为客户办理出口单证收汇2.2亿美元，为分行维持稳定的日均存款发挥了重要作用。

（六）推陈出新，大力拓展网络金融业务。成功投产了企业手机银行查询版、企业网银工银信使功能、外汇买卖功能、企业网银代发工资功能，成功推出“网银新开户，月月好礼送”活动，积极营销工行线上产品，提高客户对工行产品的认知度。

（七）紧跟监管理念，坚持合规先行，合规管理体系更加健全。分行严格按照行内规定及缅甸监管要求，确保分行未发生反洗钱风险事件、未发生涉敏风险事件、未发生监管处罚事件、未发生卷入法律纠纷事件，在内外部审计检查中也未发现严重的合规反洗钱风险问题。

（八）强化风险监督，推进全面风险理念，构建全面风险控制体系。分行结合疫情带来的新的风险点和经营发展策略的变化，加强对各类风险的监测、跟踪管理，构筑全面风险管理体系。

（九）丰富业务运营场景、优化业务流程，确保业务连续稳定运营。搭建应急办公场地，为居家办公人员开通VPN，加强业务系统灾备建设，组织应急场地业务应急演练。除营业网点柜面对客服务外，其余业务均成功由应急办公场地接管，有效确保了分行业务在突发状况下实现连续性运营。

（十）以人为本，齐心治行，建设缅甸高质量金融人才队伍。积极开展干部晋升发展，吸引保留核心干部队伍。规范开展外派员工国内职级晋升、外派员工期满考核、境外管理层后备选拔工作。关心关爱员工，保持员工队伍稳定。制定了“疫情期间金融服务举措、员工防疫手册、办公室防疫工作指南”等一系列疫情防控工作措施，及时传递总行员工关怀政策，为员工解决后顾之忧，积极拓展员工招聘渠道，为分行长远发展提供了人才保障。实施以业绩定薪资，提升薪酬资源配置效率。加强引导，推动工资费用投向高效益、高产出领域。坚持按前中后台分类，资源向前台倾斜，吸引员工向前台部门转移。年度绩效分配坚持以业绩作为重要考核标准，保持业绩与绩效同增同减。

（十一）坚持党建引领，积极开展境外机构党建工作。加强思想建设，提升履职能力。积极组织学习《习近平谈治国理政》第三卷、党的十九届五中全会精神等，推动干部员工结合自身工作实际谈感想、说体悟，促进广大干部员工提升履职能力。加强政治建设，增强组织力量。积极落实一岗双责，完善管理层议事决策机制，凡事关分行经营发展、干部任免、员工整体利益等重大事项，全部由集体研究决定，领导班子间坦诚畅谈，在重大事项上做好双线报审工作。加强组织建设，落实教育培训。在疫情期间克服困难组织党员积极学习，为党员购买各类图书百余册，加强疫情期间党员精神文明建设，提升组织生活水平，组织党员在国内疫情严重期间捐款抗疫，争当模范党员。

（仰光分行）

工银马来西亚

2020 年，工银马来西亚对内不断夯实管理基础，对外做好疫情期间营销拓展，取得了一定的经营管理成果。

一、2020 年经营业绩概况

截至 12 月末，子行资产总额 10.19 亿美元，较上年末减少 2.18 亿美元，降幅 17.64%；负债总额 7.17 亿美元，较上年末减少 2.36 亿美元，降幅 24.73%；实现拨备前利润 1 571.33 万美元（含拨备前簿记利润 13.47 万美元），较上年末下降 266.03 万美元，降幅 14.48%；实现净利润 1 039.63 万美元（含簿记利润 29.11 万美元），较上年末减少 199.35 万美元，降幅为 16.09%。

二、全年工作亮点

（一）做好疫情防控，保障业务连续性。一是制定并落实本机构疫情防控各项应急预案；二是突出员工关心关爱，启动健康状况每日监测、分组隔离办公、楼层控制、交通补贴、午餐补助等措施，最大限度降低感染风险；三是加强防疫物资全流程管理，定期做好办公区域消毒；四是做好员工医疗保障，建立疫情突发应急小组，专职对接协调本地医疗资源。子行至今保持零确诊、零疑似的良好防控成果。

（二）聚焦综合营销，实现中收逆势增长。一是在夯实客户基础、提高核心客户数量、提高客户综合贡献度上下功夫，为核心中资客户提供一站式全流程服务；二是进一步加强了客户的营销分层、分级、分类管理，强化顶层设计，落实政策配套；三是掌握核心客户的诉求，为客户提供一揽子综合金融服务方案；四是通过核心企业撬动本地优质上下游客户，实现业务延伸及新拓客户的突破。2020 年全行共计实现中间业务收入 738.96 万美元，同比增加 36.27 万美元，增长 5.16%。

（三）落实科技创新，零售存款增长较好。一是推出个人美元定期存款促销新机制，在时间成本上采用了长期策略，资金成本上采用了 FTP 的加权，提高了美元定期的揽存率和灵活性；二是制订了存款 + 投资产品的营销方案，在满足客户需求的同时实现存款和产品销售的双增长；三是制定线上联系标准话术、视频直播、开办线上经济论坛和客户座谈等方式，提高客户存款的选择意愿。2020 年子行零售存款 2.11 亿美元，比年初存款增加 2 372 万美元，增长 12.66%。

（四）优化信贷布局，做好全年信贷规划。一是加强第一道防线的防控，制定“优质行业、优质企业、关注现金流”的策略，在行业、产品、客户的选择方面贯彻到位；二是突出优质客户拓展，围绕重点企业和中资集团大客户拟定营销计划；三是提高资金使用效率，突出优质项目投放，持续跟进“一带一路”重大项目落地投放；四是促成首笔人民币跨境资产转让业务成功落地，累计开展跨境人民币业务超 600 亿元，有效推进跨境人民币业务在大宗商品及跨境工程承包等领域的使用。

（五）围绕顶层设计，推进总行战略落地。一是认真落实“春融行动”相关工作，扩大子行贸易融资客户群体；二是积极推进“跨境撮合平台”马中贸易与投资合作，为中国和马来西亚的中小企业实现跨境线上对接；三是克服疫情困难，向当地中资企业食堂推荐采购贫困县市特色产品，认真落实跨境联动定点扶贫工作；四是与京津冀、长三角、大湾区几个主要地区及境内机构联动办理线上线下活动，积极筹划 Invest KL MOU 的落地工作。

（六）主动应对危机，丰富资金条线获利手段。落实“境内外汇业务首选银行”战略，深挖市场投资潜力。一是开展债券投资，累计投资国债、金融机构债、企业债人民币债券 1 亿元，实现利息收入 737.22 万美元；二是合理安排资金头寸，支持了子行资产业务发展；三是积极应对疫情影响，拓展外汇营销，全年完成外汇交易量 50.88 亿美元，实现外汇交易收入 519.51 万美元，较去年同期增长 14.75%。

（七）加强行业分析，严格信贷全流程管控。一是对新增贷款承诺逐户进行风险评估，对风险上升的客户审慎投放，从严办理；二是重点关注客户还本付息、融资行为变化及市场重大变化等风险事件，提早发现隐患；三是组织专项风险排查，严控重点领域融资风险，谨慎设定延期还款期限及条件；四是建立“分池、分区、分块”七彩立体职能信贷风险防控，采取差异化措施加大风险化解力度；五是夯实信贷基础管理，加强前中后台信息共享与联合防控，增加信贷合规自查项、细化押品评估分析。

（八）立足市场研究，强化全面风险管控。一是做好油气行业、电子电气等当地龙头出口导向型行业、餐饮娱乐服务业及商业地产业市场分析，及时做出相应风险提示及管理方案；二是开展林吉特、美元、人民币在内的利率分析及汇率分析等宏观政策分析，强化外汇、债券等产品风险定期估值机制；三是及时完善监测及压力测试机制，健全流动性风险管理体系；四是开展全面风险压力测试，有效识别子行整体及局部风险。

（九）坚守合规底线，坚持稳健发展基调。一是结合客户信息完整性要求，优化客户身份识别（KYC）尽调机制，完善符合监管要求的尽职调查流程；二是统筹做好合规整改，及时落实整改措施，加强整改进度管理和有效性验证，保质保量按时完成整改；三是积极推进合规反洗钱系统优化工作，定期对可疑预警参数进行调整，提高预警甄别效率。

（工银马来西亚）

马尼拉分行

2020 年，马尼拉分行紧紧围绕年初制定的工作目标，抓党建聚人心，抓早抓落实抓中层，坚持稳中求进，外防疫情，内抓发展，核心业务取得积极进展，营销储备了一些有潜力的项目，经受住了疫情的严峻考验，在非常时期保持业务稳健发展。

一、主要经营指标

截至 2020 年末，分行总资产 2.31 亿美元，较年初增长 76%。其中贷款余额为 1.46 亿美元（在岸贷款 1.1 亿美元，簿记业务 0.36 亿美元）。年末存款余额 3 400万美元，比年初增加 3 300 万美元。实现营业收入 694 万美元，其中贷款利息净收入为 369 万美元（其中在岸 275 万美元，簿记业务 94 万美元）。实现拨备前利润（含考核还原）53 万美元，净利润（含考核还原）-196 万美元，完成总行的考核目标。中间业务收入 41 万美元，比上年同期增长 86.4%。实现外汇买卖9 700 万美元，其中代客外汇买卖 758 万美元，同比出现较大幅度提升，债券投资余额保持在6 600万美元，累计叙做资金拆借存放 553 笔。资产质量基本保持稳定，不良贷款率继续保持为零。

二、2020 年主要工作措施

（一）坚持党建引领。分行把加强党的思想建设摆在首位，以思想建设统领大局，增强“四个意识”、坚定“四个自信”、做到“两个维护”。一是把党员的学习教育作为日常党建工作的核心内容来抓，坚持每月组织支部党员认真学习习近平总书记系列重要讲话，学习党的十九大以来的各类文件精神，组织党员谈心得、谈体会，提高学深悟透的能力。二是严格执行“三重一大”决策制度和议事规则，定期召开委员会会议，按要求召开领导班子恳谈会，认真执行“一岗双责”。三是为充分发挥党支部的战斗堡垒作用和党员的先锋模范作用，着实解决实际经营管理工作中面临的问题，年初与支部全体党员签订党员争先创优岗位责任书，以解决实际经营工作中存在的痛点难点问题。

（二）多措并举应对疫情，落实业务连续性计划。分行成立了由管理层为组长的疫情工作领导小组，公布应急预案，根据疫情发展的不同情况采取相应的防控措施与业务连续计划，精准施策，确保员工健康安全和业务连续性经营。

一是迅速制订业务连续性计划及灾备方案，在第一时间落实了灾备场地。二是为确保人员安全，确保业务运营，压缩了在办公室办公的人员，并启动远程在家办公安排，配置了 VPN，并根据疫情变化和业务要求，适时调整在岗人数。第四季度，根据业务量增加的趋势和疫情的发展变化，逐步将现场办公人员增加到 95% 以上，有力地支撑了业务的发展。三是为全体员工采购必要的防护物资和药品，每天做好员工的健康状况和所在区域疫情发展的登记工作，以动态调整政策确保业务连续。四是加强工作场所的人员安全防护，时刻保持社交距离，避免人员接触，为当地员工提供上下班班车，减少接触传染风险。

（三）克服疫情影响，全力开展业务。一是业务抓早落实，年初抢得先机。得益于岁末年初的妥善布局，第一季度分行逐笔跟踪已批未放业务，落实各项提款条件，确保贷款及时发放，尽早实现收益。二是加强同业联系，加紧项目储备。三是紧密联动总行，推动本地项目落地。四是深入挖潜，推动人民币业务实现突破。通过与境内分行联动及分行在本地的积极营销，分行成功争揽两户使用人民币在菲律宾投资的企业，为其提供了人民币结算账户的开立、资本金入账、人民币存款与结汇及人民币跨境支付等多项服务。

（四）加强资产负债管理，提高资金收益。一是从分行资产负债精细化管理入手，加强分行资金流动性管理。根据市场利率的变化趋势，采用灵活的流动性管理策略，在满足分行日常资金支付及流动性指标限额的前提下，通过对拆借资金期限进行灵活调整，提高分行的资金使用效率，降低资金综合成本。二是加强对银行账户利率风险和汇率风险的管理，通过准确判断市场行情走势，采取相应的风险管理策略，最大限度地实现了资本金的保值增值。三是积极拓展外汇交易业务，通过灵活报价策略，提升服务竞争能力，2020 年实现了代客外汇买卖业务零的突破。四是债券业务发展继续保持稳定，为分行创造了良好的收益。

（五）落实全面风险管理，完善风险管理体系。

一是通过 ICAAP 提升全面风险管理水平。按照总行境外机构风险及资本充足率评估要求和当地监管要求，向菲律宾央行报送了 2020 年度 ICAAP 报告。通过报告分析汇报了分行的组织架构、业务模式、经营策略、风险管理、资本管理和压力测试等状况，以及未来三年分行在风险管理和资本管理等方面努力的方向。同时，分行细化具体工作措施，制定出台了分行 ICAAP 手册。该手册为指导分行顺利开展评估工作，确保评估程序完善合规、评估结果准确，确保资本水平能够有效抵御各类主要风险奠定了坚实的制度基础。并围绕 ICAAP 报告内容的要求，按季全面分析、计量、管理各类主要风险，提升全面风险管理的水平。

二是从严开展信贷合规管理。分行信贷经营牢固树立合规意识，前中后台联动，深入梳理驻地监管政策，结合总行各项信贷政策制度，修订了分行信贷管理手册，在具体信贷业务办理过程中，加强全流程管理，各环节严格落实制度规定和操作规范。

三是优选客户，严控新增准入。分行定位于主要服务本地前十大企业集团和优质中资“走出去”企业。加强前中后台的业务预沟通，在加快市场拓展的同时，始终将风险控制放在首位，将制度落实贯穿整个业务流程，全年无新增不良贷款。

四是加强防范疫情扩大导致局部金融市场动荡引发的流动性风险，定期监测分析 LCR、NSFR、流动性期限缺口等流动性指标，按时向总行和菲律宾央行报送流动性风险监测报告，定期开展相关压力测试，确保流动性风险管理有效到位。

（六）加强战略资源投入，提升本地清算服务能力。一是继 2019 年加入本地比索、美元清算系统后，分行今年再次获批加入本地人民币清算系统 RTS，完成了本地全币种清算的完整布局。二是分行加入自动清算系统 PesoNet，继而实现菲律宾比索的 7×24 小时批量清算，为下一步无缝对接企业网银线上支付清算创造了有利条件。三是分行 6 月份正式加入并成为本地支票交换行。四是 9 月份成功加入 PvP 清算，意味着分行可以在一级市场参与本地银行间货币交易，使分行的金融市场交易成本平均节省交易额的万分之四，同时在交易对手方面有了更大的选择空间。

（七）加快行内系统优化，提升业务处理水平。一是投产了企业网银对外支付功能，完成了需求提交、测试体验、制度及手册编写、业务凭证更新，服务渠道进一步拓展，尤其在疫情期间为客户提供了更加便捷的无接触服务。二是投产了银团贷款牵头行功能，实现了分行作为银团牵头行角色在平台核心、GCMS 系统内进行参贷行管理及贷款分款处理。三是完成了客户对账单格式优化改造，以满足当地监管要求及客户需求。四是完成了 FOVA 客户信息模块中证件类型、行业分类等若干字段的改造，使之更符合当地监管要求及操作习惯。五是完成了账户管理相关交易的改造，支持修改调整存量账户及产品属性，更加满足业务处理的实际需要。六是完成了清算平台账单明细处理功能的投产，简化了 NOSTRO 户手续费、利息、税等账务的处理环节，将业务处理时间由原来的 10 分钟/笔缩短至 1 分钟/笔。

（八）强化三道防线建设，提升合规与反洗钱能力。一是完善合规体系，强化三道防线。分行根据属地监管要求，对内部委员会进行了重组，建立了全新的合规及反洗钱委员会，并依据菲律宾中央银行的标准对分行 IT 模式进行了全面自查。二是根据总行一行一策、客户认定、合规体系建设等指导意见，着眼分行合规及反洗钱管理中存在的关键问题，夯实反洗钱基础。三是依托 IT 系统，增强内控水平，成功投产 BRAINS 系统的 KYC 模块，为反洗钱客户尽职调查的审批和存档提供了电子化工具。在发布合规任务时加大了对 OCO 系统的使用力度。多部门协作，对大额及可疑交易监控系统进行分析，使其更好地服务分行业务发展。通过对 COMPASS 系统的内部分析，提升了审批涉敏业务命中交易的工作效率。四是加强合规培训，提高员工合规意识。分行在 2020 年共进行内部合规及反洗钱培训 12

次，其中既包括针对全员的一般性培训，也包括针对业务部门及新员工的专项培训，切实提高了员工的合规知识水平。

（马尼拉分行）

卡拉奇分行

2020 年，卡拉奇分行坚持“保运营、防风险、稳经营”的工作基调，紧盯质量、结构、效益和队伍的良性发展，深入推进“固稳、谋远、深转”，在疫情防控和安全保障中迎难而上，连续三年保持“零案件、零处罚、零通报”的良好态势，实现了服务发展战略落地与保持安全稳健经营的深度融合共进。

一、经营发展成果

全年各项核心指标持稳向好，业务发展和经营管理体现为以下特点：

经营能力稳步提升。截至 2020 年末，实现净利润 9 015 万美元，较上年增长 1.53%，计划完成率 112.7%。实现中间业务收入 2 266 万美元，较上年增长 14%，计划完成率 113%。

资产总量稳中有优。年末总资产 49.89 亿美元，较上年减少 0.8 亿美元，表内贷款较年初增加 0.14 亿美元，国别风险占用低于限额 1.73 亿美元。

存款总量稳定增长。年末存款余额 7.63 亿美元（含本票），增加 1.29 亿美元，增长 20%；日均存款余额 7.79 亿美元，较上年增加 2.71 亿美元，增长 53%；自主筹资率（账面，不含簿记）从 22% 提升至 28%。

拓户强基行之有效。年末存量对公客户 496 户，较上年增加 40 户；公司有效高价值客户 224 户，较上年增加 34 户。客户持续增长为后续业务发展奠定了坚实的基础。

特色业务赋能发展。“代发工资＋个人网银＋购汇汇款”组合套餐等创新产品落地推广，中国跨境银行间支付系统直参行获 CIPS 及巴央行批准，深耕本地市场特色服务。

风险管控有力有序。全面管控资产质量，持续保持信贷资产零不良、零“剪刀差”的优良质态，贷款和债券投资拨备保有率较上年分别增加 1.36 个和 0.16 个百分点。

保障能力继续增强。扎实做好疫情防控和安全保卫各项工作，持续强化内控案防和安全生产管理，实现了安全稳健经营和员工身心健康；更换 IT 机房设备，建立驻地应急办公区域，保障了可持续经营。

二、业务发展与管理情况

（一）盈利再创历史新高，经营能力经受住考验。分行准确预判、科学应对货币政策的剧烈波动，提前规划投融资方案，合理调整资产负债久期，力保 NIM 稳定。2020 年，在巴央行连续降息 5 次、累计 6.25 个百分点情况下，实现净利息收入逆周期增长。账面 NIM（含拆借资金掉期成本）水平为 2.95%，较上年仅下降 0.57 个百分点。

（二）中收强项保持优势，特色业务成效凸显。人民币做市业务量达 160 亿元，较上年增长 45% 以上，人民币第一做市商地位进一步巩固；改革代客交易报价机制，实现交易收入 1 193 万美元，增长 50%；LG/LC 业务止跌回升，实现收入 463 万美元，增长 9%；代理业务形成稳定来源，实现收入 157 万美元，增长 16%；投行顾问、现金管理、代发工资＋购汇汇款等业务取得新突破，形成“三大支柱”加“三小潜力”的可持续发展格局。

（三）资产总量保持稳定，负债结构逐步优化。一是强化资产发展边界意识，合理控制资产增速。2020 年末总资产 49.89 亿美元，掉期投资组合压缩 5%、1.16 亿美元，国别风险占用低于限额 1.73 亿美元；表内信贷资产结构趋向优化。二是持续优化负债结构。持续加强客户拓展，从增量拓展和存量维护两端发力，促进客户发展、稳存增存的量质双提升，存款实现稳定增长，存款前 100 户客户起点从 2019 年末的 12 万美元提升到 2020 年末的 16 万美元。

（四）拓户工程不懈推进，客户基础持续夯实。一是量质并举，增加有效对公客户。围绕 PBC（巴商会）名单、上市公司 30 强、纳税 50 强三张表，在本地大型企业、著名家族企业和行业龙头中优选本地目标客户跟踪落实，持续强化 OICCI（巴海外工商协会）会员中世界 500 强企业和优质外资企业的营销，同时将重点项目建设作为切入点，持续推进拓户强基。2020 年末对公客户数较上年增加 40 户，公司有效价值客户数增加 34 户，形成了“央企中资企业＋本地龙头企业＋世界 500 强企业”的基本客户结构，客户质量稳步提升。二是有保有压，落实个人客户逐步退出策略。围绕满足优质中资企业代发需求、加强服务协同提高服务效率，年末代发个人工资客户达到668户。

（五）积极融入本地市场，业务创新亮点频现。针对目标客户推出“代发工资+个人网银+购汇汇款”创新组合套餐、“CEO FORTUNE”等产品，打造个人美元存款“金矿”；联合本地银行推出现金管理产品；根据中巴贸易特点，改造保理、福费廷及人民币“LC+FATR+远期锁汇”等创新产品；中国跨境银行间支付系统间参转直参获CIPS及巴央行批准，提升人民币清算效率。

（六）全面加强风险管理，各类风险适度可控。一是从严管控信用风险。按照“可控进、从严审、及时退”的思路，严格客户准入和授信审查，加强疫情期间对客户的跟踪监测和风险排查，持续保持了信贷资产零不良、零“剪刀差”的优良质态。2020年计提贷款减值准备360万美元，拨备保有率1.71%，较上年增加1.36个百分点；计提债券投资减值准备1 866万美元，拨备保有率1.18%，较上年增加0.16个百分点。二是成功规避流动性和市场风险。积极关注国际政治经济变化，前瞻性研判市场资金和利率趋势，提前规划美元融资方案，科学调整资产负债久期，以合理成本保证流动性需要。三是充分发挥内审第三道防线的职能。加大对分行特色业务或新兴业务领域的审计，高效完成内外部审计项目，发现并解决多个潜在的风险点。

（七）合规工作再上台阶，监管检查评价正面。一是内控合规基础得以加强。及时完善合规政策制度，研究解决疫情或系统原因导致的反洗钱滞后问题；加强合规人员配备和合规履职考核。二是重点监管项目逐步落地。完成CRM合规风险管理系统的投产和试运行，形成TBML贸易反洗钱项目初步开发思路。三是监管现场检查顺利圆满。分行积极配合监管检查，对检查发现问题及时沟通、认真整改。未发现较严重违规事件或明显经营管理缺失，获监管正向积极评价。

（八）内部管理精益求精，防疫防恐担当有为。一是加强党建引领。开展支部例行学习、“奋战抗疫最前沿 彰显党员真本色”主题党日活动以及支部书记讲党课等活动，激励和带动疫情期间支部战斗堡垒和党员先锋模范作用发挥。二是以高度的政治责任感抓好防疫工作。认真落实总行“六大责任”和疫情防控的各项工作部署，制定并严格落实《关于加强COVID－19人员症状诊断及处理的通知》《关于持续加强疫情防控及办公现场管理的通知》等抗疫政策和要求，全辖经营秩序平稳、防控良好，形成了共克时艰的强大动力。在全力防控疫情的同时，综合落实各项金融服务和监管要求的特殊信贷政策，以实际行动保障中巴贸易畅通。三是持续强化安全和纪律管理。加强人防、物防管理，加大安保投入，完成总部办公场所及驻地安全屋建设、防弹衣配备和辖属分行迁址安防提升工作，及时发布安全风险提示信息，开展安全排查和演练，杜绝安全风险事件发生。四是提升人力资源管理效能。制定和更新了系列人力资源管理制度，完善员工绩效考核机制；进一步优化外派人员结构，探索建立特色化人力资源招聘和培养体系，加大本地优秀人才的引进和梯次培养，本地员工占比提升至60%。五是积极参与社会公益事业，加强媒体和形象宣传。疫情期间向卡拉奇阿加汗大学医院捐赠防疫物资，分行助力中巴企业共渡疫情难关的事迹先后获经济日报、BUSINESS RECORDER等多家国内和巴主流媒体宣传报道。六是夯实IT基础建设，保障信息科技安全。完成国际专线优化、服务器扩容和分行三地网络架构的优化，稳步推进分行IT机房等基础环境优化；聚焦业务支持推进报表自动化和FBR报送数据生成工具等特色工具研发投产。

（卡拉奇分行）

孟买分行

2020年，孟买分行全面贯彻总行党委工作要求，结合印度当地经营环境和自身发展特点，着力提升全面管理能力、加快不良资产清收，保障了分行正常经营。

一、抗疫情况

自疫情暴发以来，分行高度重视防疫抗疫工作，坚持党建引领，认真履行主体责任，增强大局意识和责任意识。针对印度疫情发展态势，前瞻性作出预判，相应制定应急分级预案。通过多种方式强化防疫管理和教育，强化各类防疫措施。根据总行疫情分类，不断提升防疫等级，抓早、抓细、抓实各项措施，有力确保了员工安全、财产安全和业务连续性。不断增强疫情期间业务连续性准备，推动各项工作有序开展。持续落实办公区域、通勤车辆定期消毒；协调物业及安保公司加强日常疫情安全防范；为员工配备必要的防疫包；制定员工疫情期间行为规范并严格落实；持续教育全体员工做好自身及家人的防护。持续落实“核心业务现场办公，非核心业务 VPN 居家办公”的轮岗制，现场办公人员按照 AB 分组安排出勤，严格物理隔离。分行未发生员工确诊病例，疫情防控工作开展有效，员工安全、财产安全和业务连续性都得到稳定落实。

二、经营管理情况

截至 2020 年 12 月末，分行总资产余额 7.7 亿美元，较年初下降 1.7 亿美元。其中本地报表余额 4.9 亿美元，较年初下降 589 万美元，簿记报表余额 2.7 亿美元，较年初下降 1.7 亿美元。贷款余额 3.8 亿美元，较年初下降 2.0 亿美元，其中本地贷款余额 4 768 万美元，较年初下降 4 658 亿美元，簿记贷款余额 3.3 亿美元，较年初下降 1.5 亿美元。债券投资余额 4.2 亿美元，较年初增加 0.3 亿美元。

2020 年，分行净利息收入 1 650 万美元，较上年同期增长 24.2%，其中本地报表净利息收入 1 762 万美元，同比增长 60%，簿记报表净利息收入 -113 万美元，同比下降 149.6%。佣金和手续费收入 405 万美元，同比增长 14.7%，其中本地报表收入 373 万美元，同比增长 11.5%，簿记报表收入 31 万美元，同比增长 74.8%。拨备前利润 1 531 万美元，同比增长 38%，其中本地报表 1 612 万美元，同比增长 86.6%，簿记报表 -81 万美元，同比下降 133.1%。实现净利润 373 万美元，同比增长 106.6%。

2020 年，分行积极探索高风险市场中特色化发展模式和路径，取得了较好成果。一方面加强对外部形势变化的预判，充分利用好利率下行周期有利因素，另一方面立足低资本消耗低风险业务模式，在根据形势发展需要大规模主动压降资产规模的同时，通过控制付息成本和增加中间业务收入，实现拨备前利润较快增长。同时充分安排财务资源加快处置存量不良资产，实现不良贷款余额首次下降，拨备覆盖水平显著提升。

分行前瞻调整本地资产负债结构，主动退出受疫情影响较大的行业贷款，降低经营环境恶化情况下资产质量进一步恶化的潜在风险。本地业务中除占同业敞口的信用证贴现业务外，其余已全部为中资企业业务。积极推动不良贷款清收处置，实现了部分现金清收，不良贷款余额较年初下降 2 016.7 万美元。

自 2020 年初以来，受疫情影响和中印关系双重影响，大量中资企业在印业务受到较大冲击。分行一方面保持战略定力，严防各类风险发生，另一方面保持战术灵活，通过加强与境内分行联动，加大与总行各项战略对接力度，提升客户一站式服务能力，扩大中资客户基础，提升客户服务能力。截至 12 月末，新开对公账户 31 户，较年初增长 12.92%，有效服务中资企业在印发展需要。拓展华为等主要企业代发工资预结汇业务，有效锁定优质个人客户资源，配合境内分行推动第一个人金融银行业务战略破题深化。积极投入华为、TCL 等总行级重要客户全球现金管理项目，克服多项技术困难，初步实现项目落地。

全力支持稳外资的“春融行动”，完成转开保函共 105 笔，共计 1 586.18 万美元。协助集团境内分行及单证中心与本地银行进行业务沟通及协调，协助解决信用证付款不及时、单据无法交付等各类问题，促进中印贸易往来的顺畅开展。积极营销“春融行动”重点客户 Reliance Industries，累计办理本地信用证贴现业务共计 553 笔，金额共计约 7 579.24 万美元。

三、风险管理情况

分行坚持稳中求进的工作总基调，清醒分析看待印度市场发展中存在的风险点，主动作为，全面管控各类风险，在多重目标中寻求最优方案和动态平衡，各类风险控制扎实有效。

信用风险管理方面，分行主动抓住机会退出多笔本地业务贷款，降低经营环境恶化情况下资产质量进一步恶化的潜在风险。截至 12 月末，分行不良贷款余额为 11 400 万美元，较年初减少 2 016.7 万美元，完成核销 3 笔不良贷款；分行另将一笔存量不良贷款 3 400 万美元全额计提拨备后申报总行核销，总行已完成审批，完成核销后不良贷款余额将降至 8 000 万美元。

市场风险管理方面，分行重点关注市场动荡引发“黑天鹅事件”风险，全面落实事前风险控制、交易复核、限额管理等要求，强化稳健经营文化，调整债券投资品种和久期，每日跟踪投资估值情况变动，有效控制潜在风险。流动性风险方面，及时压降隔夜流动性敞口，加强主动负债管理，随时关注疫情形势变化可能导致的流动性收紧，确保流动性处于合理水平。重点关注特殊时期操作风险，按照“最小必需”原则严格控制通过 VPN 办理的业务品种、人员、日期和时间段等，紧盯关键领域、环节和岗位开展各类排查。

内控合规方面，分行认真落实属地监管和行内各项工作要求，持续优化公司治理架构，深入开展内部制度梳理更新，大力培养员工合规从业意识，不断夯实合规管理基础，确保机构行稳致远。

（孟买分行）

工银阿拉木图

2020年，工银阿拉木图一方面坚持党建引领，坚守合规底线、稳健经营管理，另一方面围绕防疫、抗疫采取各项措施，妥善安排生产，克服疫情影响，发挥“比”的意识和“拼”的精神，狠抓资产和收益本地化，表内各项指标优于去年同期，资产质量继续保持优良，行内各项风险管理有序开展，没有发生监管批评与处罚事项，子行内部没有发生操作风险损失。

一、业务发展情况

截至2020年12月末，工银阿拉木图资产总额（含簿记资产）为82 029.15万美元，较年初下降6%，贷款余额（含簿记贷款）46 804.32万美元，较年初下降4%。考核还原后，实现拨备前利润1 622.49万美元，超总行下达的经营目标任务额84.49万美元；实现税后净利润1 516.82万美元，超总行下达的经营目标任务额234.82万美元，完成目标任务的118.3%；实现中间业务收入273.6万美元，超总行下达的经营目标任务额23.6万美元。继续保持高投资回报率，年化ROA为1.89%，年化ROE为21.61%，成本收入比为11.25%。资产质量保持优良纪录，不良率继续为零。

二、经营管理情况

（一）生产抗疫两手硬，多措并举取得成效。一是积极争取哈萨克斯坦市场中的大项目，成功实现了重要客户的挖转，2020年子行新开对公账户246个，其中人民币账户50个。二是积极开展同业竞争，以服务和产品争取客户存款，实现各项存款逆势稳存。三是大力拓展委托代理业务，取得4个新的委托代理项目。四是积极拓展与国际多边金融机构的合作，与同业在银团贷款、贸易融资、跨境人民币等方面的实质合作。五是以价值创造为目标，不断提升对集团的价值贡献度。在疫情冲击和经济下行的叠加下，子行努力营销综合价值贡献大的客户，积极拓展，占用资本少，风险小的代理业务，交易业务等。

（二）全力服务国家经济外交战略。一是认真落实总行稳外资稳外贸的战略举措，以“春融行动”“第三届进博会”“广交会”“跨境人民币业务”作为营销客户的宣传点和切入点，全力开展业务营销。如与新疆分行联动，营销特变电工中亚项目，争揽其5 000万美元融资业务。二是以中亚五国“一带一路”项目为重点，全面走访拓展重点项目和目标客户，营销了一批潜力客户和项目。三是为配合境内外汇业务首选银行战略，加强中亚地区小币种交易业务创新。子行利用处于“一带一路”前沿的优势，积极发展“一带一路”沿线国家特别是中亚国家小币种业务，拓展工银集团外汇服务币种，现已具备提供人民币对塔吉克斯坦索莫尼TJS和吉尔吉斯斯坦索姆KGS兑换服务能力，为走出来的中资企业提供更多的产品和服务。

（三）积极推进跨境人民币业务发展。

一是积极发挥人民币坚戈外汇即期交易做市商优势，努力扩大交易量。2020年，子行充实了金融市场员工队伍并进行了细致的岗前培训；加强了交易员的授权管理，对交易员实施更加合理的业务授权并注意加强风险控制；加强了市场分析和交易分析，及时分析市场情况，不断提高交易员交易水平。2020年，子行人民币清算量达131.81亿元，同比增长307.77%，人民币外汇买卖交易量32.53亿元人民币，较同期增长0.3%。

二是全力拓展本地同业人民币业务。子行与中亚地区29家银行建立了代理行和多个币种账户行关系，为23家代理行开立人民币清算账户，人民币清算服务覆盖哈萨克斯坦主流银行。

三是积极向大宗商品客户推介跨境人民币结算方案。在前期落地中油国际阿克纠宾股份公司资源品贸易首次以人民币计价结算的基础上，营销更多中资及本地企业使用人民币结算。

四是利用线上渠道，大力向客户宣传跨境人民币业务。2020年，为了进一步落实“稳步推进人民币国际化”，促进人民币跨境使用。子行组织举办了两场线上人民币推介会。

（四）强化合规风控，建章整治见成效。

一是全面落实总行合规年有关要求。2020年，子行按照总行“合规年”的有关部署，结合哈国监管转制，围绕风控合规与公司治理，开展整章整制。哈央行8月对所有银行远程检查结果显示，子行各项经营符合监管要求，各项合规、风控与反洗钱管理合格。

二是夯实运行管理基础，严控运营操作风险，提升客户服务效能。运行制度建设和检查两手抓。从运营基础制度入手，组织制订和修订了《子行业务运营检查管理办法》《清算平台业务管理办法》《资金后台（GMO）系统业务处理规程》等10余项运营管理基础制度。开展了子行首次运行管理专业的全面检查工作，提高运行管理专业人员对制度的执行力，强化子行运营操作风险控制。实施参数集中管理，解决子行长期以来参数管理分散质量不高的问题。组织试点投产了《指纹认证系统》，首次在子行实现了对操作人员的授权管理硬控制。制定业务运营应急方案，组织投产了《远程授权系统》，制定《远程授权系统操作指引》。

三是狠抓财务管理。全面实施了由核算会计向管理会计转型，长期以来，子行财务管理以核算为主导，对财务数据分析使用及财务数据对前台业务的导向性作用发挥较少。2020年度，子行组织了多次对本地财务人员财务预算、财务指标分析、财务数据应用的培训工作，尝试通过设定财务KPI考核机制，引导前台营销部门有重点地开展业务营销和资金投放工作。成功组织投产了总行财务管理系统，租赁资产管理、差旅费报销系统、招待费报销系统、通用开支项目报销系统等一系列内部财务管理系统，使子行财务管理工作与总行管理要求和规范有效衔接。利用财务系统投产，同步推进固定资产、无形资产、费用类财务科目账户核算管理上收至财务会计部集中管理。制订了子行2021—2023年业务发展三年规划和子行2021年度资产负债和财务预算计划报告。

（五）坚持科技引领，持续提升客户服务能力。

一是积极应对疫情，提升网银业务处理能力，优化客户需求。组织投产了网银坚戈汇款优化项目、网银易用性优化项目、网银手续费优化等多个网银优化项目，满足了客户远程汇款、结售汇、转账、代发工资等业务的远程处理需要，网银渠道业务占比，从疫情前的65%提升到85%。

二是充分发挥子行自身科技研发能力，自主研发了“阿拉木图统一运营平台”，该平台已实现了与总行清算系统、央行清算系统、税务局系统的对接。采用集中部署，支持中、英、俄、哈四种语言，提高了客户汇款的处理效率。

三是多措并举，保障生产业务安全稳定运行。疫情暴发以后，为满足远程办公需要，子行在总行的指导下开通各业务系统VPN访问权限，紧急采购并配置VPN笔记本电脑70余台，严格按照总行和子行安全生产管理要求安装各类安全控制软件。有力地保障了全行重点业务操作部门（清算部、金融市场部、营业部）的安全运行。

四是加强内部系统治理，持续推进监管报表自动化项目，规避操作风险和监管风险。2020年，子行联合总行开发中心，分11个月度版本，完成了全行所有应用的哈语数据问题治理工作。

（六）持续加强党建工作，严格落实集团和总领馆各项党建工作要求。组织所有外派人员深入学习习近平总书记重要讲话精神及党的十九届四中全会、五中全会精神，不断增强“四个意识”、坚定“四个自信”、做到“两个维护”。在“三重一大”的重大决策方面，坚持支部研究决策在前的原则，始终将党的领导放在子行工作的第一条。建立了廉洁专员制度，组织班子成员通过工银大学认真学习境外机构廉洁从业监督办法网络培训课程，督促所有外派员工认真学习《关于加强境外机构新冠病毒肺炎疫情防控监督工作的通知》，积极做好贯彻落实。

（工银阿拉木图）

迪拜国际金融中心分行

一、主要经营数据

截至2020年末，迪拜分行总资产179亿美元，较年初增长10%，各项资产质量保持良好，贷款不良率为零；全年实现拨备前利润1.57亿美元，同比增长0.3%；为增强风险抵御能力，夯实经营管理基础，本年度计提拨备7 498万美元，同比增提2 472万美元，实现净利润8 091万美元；通过簿记平台为兄弟机构实现净利润7 287万美元。

二、主要经营情况

（一）持之以恒做好疫情防控，保障人员健康安全和业务稳定运营。严格落实总行工作部署，始终将员工的健康安全放在首位，共召开18次疫情防控安全管理全体会议，出台十项防控措施，实施A组、B组、SOS组最小化办公模式，有针对性地将防疫工作做深、做细、做实。一是采购各类急需医用防护物资，驰援国内抗疫，累计采购寄送各类口罩50余万只。组织员工开展“抗疫有我”爱心捐赠活动，筹集资金全部用于购买紧缺医用物资发送武汉。二是联动境内分行，邀请国内知名抗疫专家为迪拜当地政府机构和华人华侨分别举办两场中英文防疫知识线上讲座。克服疫情防控时期内外禁航、居民人车出行限制等困难，向在阿中国留学生捐赠防疫物资。三是结合本地雇员来自全球各地这一特殊情况，为外籍员工在北美、欧洲、东南亚等地区的家人寄送防疫包。四是组织开展“每周云讲”“云上欢聚”以及线上文体节等团建活动，疏导缓解员工心理压力，凝聚员工精神士气，提高员工业务素质。

（二）积极把握市场机遇，充分发挥“三中心、一平台”优势，提高市场竞争力。充分发挥“区域管理中心”作用，围绕本地市场和“一带一路”建设，抢抓业务机遇；发挥“海外筹资中心”功能，拓宽资金来源，多渠道拓展各项业务发展；发挥“金融机构客户合作中心”作用，大力推进金融同业业务发展；发挥“簿记平台”作用，支持兄弟机构开展簿记业务。一是扎实推进总行“春融行动”工作部署，通过海外代付、风险参贷、福费廷、跨境担保融资等方式支持国内企业复工复产，全年累计发放融资100亿美元，其中向多家境内分行“春融行动”重点客户办理表内外融资业务超过60亿美元，为稳外资和稳外贸贡献力量。二是克服疫情和油价双重影响，锁定重点目标行业，加大对当地龙头企业的营销，储备一批基础民生行业的大项目；承办第三届进博会“境外云招商”中东地区网上推介会，邀请近80家来自阿联酋、沙特阿拉伯、卡塔尔等国家的重点企业或机构共同参与，协助更多中东地区客户借力进博会进一步开拓中国市场。三是持续推进主权机构和金融机构同业营销。成功举办“后疫情时代中国银行间债券市场投资机遇”网络研讨会，邀请来自中东北非地区的主权机构、主权财富基金、银行和非银行金融机构逾百位观众参会。推进FI客户管理电子化、智能化建设，顺利投产FI客户贡献计量项目（一期），成为总行“外资机构及境外主权客户营销管理系统智能化提升项目”在境外机构的首次应用。洞察机遇，积极联动工银国际、工银资管全球等兄弟机构，向本地区机构客户营销港股IPO投资机会。四是抢抓市场机遇，积极捕捉本外币债券交易机会，不断提升对全行利润贡献。抢抓疫情初期市场动荡的收益高点和年中波段操作机会，全年新增外币债券投资99笔，同比增幅98%，减持潜在风险债券3.69亿美元，年末外币债券投资余额约33.38亿美元，较去年底增长20.85%，实现市值浮盈约1.05亿美元；全年新增人民币债券投资140笔，同比增幅49%，年末人民币债券投资余额约309.03亿元，较去年底增长90.8%，人民币债券投资总量和增量在集团境外机构及当地中资同业均位居首位；积极拓展CIBM市场新业务品种，首次与总行达成了人民币债券正回购交易，叙做约82.5亿元的人民币债券正回购交易，提升了分行在人民币债券市场的跨产品投资及管理能力。五是进一步强化集团筹资中心建设，丰富筹资渠道，降低资金成本。把握市场机会，全年共发行筹资工具76笔，同比增幅130%；金额74.7亿美元，同比增幅68%；筹资成本较货币市场节约10个基点，其中跨年资金约65.6亿美元，进一步降低了期限错配比例；积极拓展投资人并首次获得当地主权机构投资约3亿美元；积极发展各类负债产品筹集资金，全年同业拆入金额约300亿美元，新拓展交易对手36家；作为首家中资银行率先完成测试并上线了隔夜存款业务ODF，上线后共开展交易105笔，为管理迪拉姆活期存款提供了投资渠道；与汇丰中东成功签署首份本地GMRA协议，全年开展外汇债券回购21笔，总金额10.2亿美元，同比分别增长75%和155%；办理外汇掉期交易173笔，交易金额102.8亿美元，同比分别增长40%和22%，币种覆盖人民币、欧元、美元、港币及黄金等。六是动态监测簿记行经济环境及国别风险变化带来的信用风险冲击，从业务处理、风险把控、系统保障等方面着手，稳健推进簿记业务发展。截至年末，与14家海外机构建立簿记业务联系，累计审批簿记业务约132亿美元，累计放款120亿美元，2020年末余额58.65亿美元，全年为集团实现簿记业务净利润0.81亿美元，为兄弟机构业务发展提供支持，实现了集团在全球高效摆布资产的目标。

（三）坚持稳健发展，筑牢“三位一体”风险防线，防范业务风险。一是强化合规管理，提升机构反洗钱履职能力。细分拆解并逐项执行“产品清单梳理、业务主体识别、客户清单维护、系统功能优化”等工作任务，圆满完成客户认定工作目标。二是夯实信贷管理，防控和化解信贷风险。对于航空、航运、油气等受到疫情影响较大的风险显著上升的行业，继续加强准入控制和跟踪监测，针对相关客户已承诺未放款业务，在放款核准时严格审查，不断提示风险；对于商业地产、汽车制造、旅游、酒店、餐饮等疫情影响行业从严掌握，规避潜在信用风险的产生；组织开展多项风险排查，包括保函转让和质押情况排查、贷后管理要求落实情况检查等；积极组织开展印航、阿曼财政部等我机构重点关注客户电话会议，全年共组织50多次电话会议，将存续期管理工作落到实处。三是持续做好流动性风险管理。通过邮件方式传签召开4次中东机构资产负债管理委员会会议，疫情期间每周牵头向总行报送区域流动性监测报表和流动性压力测试结果，确保中东机构各项流动性指标满足监管要求；紧盯全球美元流动性状况，进一步丰富和完善流动性应急预案，前瞻性做好外汇流动性储备，确保美元流动性安全；利用自动化工具实现现金流期限缺口表及LCR指标的每日自动监控，提升市场快速波动下及时调整缺口期限摆布的应对能力；开展资金价格变动、高流动性资产价格变动、表外业务及客户存款变动等日常指标监测及压力测试工作；通过逆回购、HQLA 债券投资、存放同业等多种方式，提升 LCR 指标。年内各项流动性风险指标均符合监管及行内管理要求。

（迪拜国际金融中心分行）

多哈分行

2020 年，多哈分行坚持风险为本、稳中求进的经营理念，以质量和效益为主线，积极服务共建“一带一路”抢抓市场有利时机，主动进行业务结构调整，有效推进经营结构转型，在继续保持资产零不良水平的前提和基础上，主要经营指标实现了稳步增长。

一、主要经营数据

截至 2020 年末，多哈分行资产规模为 59.71 亿美元，同比增加 6.62 亿美元，增长 12.48%。负债规模为 57.20 亿美元，同比增加 6.12 亿美元，增长 11.99%。

二、主要经营情况

（一）坚持党建引领，促进业务稳步发展。组织学习习近平新时代中国特色社会主义思想、《习近平谈治国理政》等理论，引导全体党员坚定共产主义的理想信念，保持与时俱进的精神状态，增强“四个意识”，坚定“四个自信”，做到“两个维护”。扎实有序推进“不忘初心、牢记使命”主题教育序时开展。把学习教育、调查研究、检视问题、整改落实贯穿主题教育全过程，通过主题教育切实推动整体经营管理提升。

（二）严守合规和风险控制底线。认真贯彻落实总行和当地监管要求，严格落实主体责任抓实重点治理夯实管理基础，确保经营管理符合内外部监管要求。一是完善合规管理架构，强化三道防线责任机制，建立覆盖全机构、全业务、全客户的合规反洗钱风险管理常态化工作机制。主动了解监管动态，积极配合监管检查并及时落实整改要求。分行连续多年无合规风险事件发生，未发生监管处罚情况。二是坚守质量底线，进一步完善稳健高效的风险控制，建立了前中后台分离的全面风险管理体系。信用风险方面，分行提高客户准入门槛，优选本地大中型金融机构、国有航空公司和主流电信服务商等龙头企业开展业务，分行开业以来一直保持资产质量零不良。市场风险方面，严格执行各项风险控制措施，未出现重大市场风险事件或隐患。建立了部门之间的联动机制，严格落实岗位分离和事权划分管理要求，做好风险专项排查和日常监测监控，确保分行各项业务的平稳发展。

（三）克服疫情不利因素，主动进行业务结构调整，有效推进经营结构转型。

一是贸易融资业务稳步发展。本年度累计办理贸易融资业务 26.03 亿美元，同比增长 24.4%，年末余额 15.45 亿美元，同比增长 4.7%。新冠肺炎疫情适时调整发展策略，不断加强对境内分行及同业客户的营销力度，积极挖掘客户需求，克服疫情带来的不利影响，实现贸易融资业务正增长。中资企业业务不断取得新突破，本年度新开立保函 4 笔，金额合计 370 万美元，包括联动河南分行为中铁隧道集团有限公司承建卡塔尔 UCC 公司公共工程隧道项目，开立 303 万美元预付款保函联动北京分行为同方威视技术股份有限公司投标卡塔尔海关安检设备采购项目，开立 220 万卡币投标保函联动深圳分行为华为公司承接 OOREDOO 电信工程项目。积极配合中资企业完成多笔存量保函的展期或减额等修改，支持和助力中资企业开拓当地市场。结算及投融资方面，成功举办保函和信用证业务研讨会，邀请卡塔尔国际商会保函信用证业务专家及知名律所共同为当地中资企业解析保函信用证业务，进一步加强银企联动。在为当地中资企业做好日常结算、汇兑服务的基础上，积极营销客户存款业务并实现突破，从他行成功挖转 8 200 万卡币。持续跟进营销中资企业参与 2022 年世界杯项目及其他基础设施项目相关的信用证及投融资业务，提升多哈分行对在卡中资企业的服务水平和影响力。

二是稳步推进本地化经营战略，努力提升在本地金融市场份额及影响力。结合分行经营转型实施步骤，持续深耕本地业务，实行精准营销，积极开拓当地金融、电信、航空等国民经济支柱行业龙头企业客户，提升分行在本地金融市场份额及影响力，努力创造新的利润增长点。成功为驻地优质同业客户卡塔尔系统性银行 Al Khaliji 发放了期限 3 年的双边贷款 1.2 亿美元。同时，分行抓住航空业流动资金短缺机会，向 Qatar Airways 发放主权担保贷款 3 亿美元。

三是稳步提升多哈人民币清算行的客户服务水平。始终秉承安全稳健、精细管理的工作宗旨，促进多哈人民币清算行运营管理与清算能力的持续提升。积极向参加行推广应用 SWIFT 组织全球支付创新（GPI）项目，使多哈人民币清算行具备向客户提供更加快速、透明、可追溯的跨境支付服务能力，更好地推进人民币业务在中东的国际化进程。

（多哈分行）

阿布扎比分行

一、主要经营数据

截至2020年末，阿布扎比分行总资产6.5亿美元。各项资产质量保持良好，贷款不良率为零；全年实现拨备前利润902万美元，同比增长6%；为增强风险抵御能力，夯实经营管理基础，本年度计提拨备336万美元，同比增提311万美元，实现净利润386万美元。

二、主要经营情况

（一）合理统筹疫情防控与业务经营，关心关爱员工，保障人员健康安全和业务稳定运营。高度重视疫情安全防控工作，自1月26日召开首次疫情防控工作会议后，根据当地疫情形势和防控变化，不断完善、调整、细化应对方案，制定并适时修订《新冠肺炎疫情期间安全办公指南》《新型冠状病毒常态化疫情防控方案》《新型冠状病毒肺炎疫情专项应急预案》等。在常态化持久抗疫中，组织开展一对一员工谈心谈话工作，主动了解员工思想动态，及时协调帮助解决员工实际困难。组织开展“同心抗疫”讲座和“云上分享”活动，有效降低长期社交隔离对员工带来的心理压力和精神影响。

（二）积极把握市场机遇，提高市场竞争力。一是扎实推进总行“春融行动”工作部署，通过海外代付、风险参贷、福费廷、跨境担保融资等方式支持国内企业复工复产，为稳外资和稳外贸贡献力量。二是克服疫情和油价双重影响，锁定重点目标行业，加大对当地龙头企业的营销，营销储备了一批基础民生行业的大项目。持续推进第三届进博会境外招商工作安排，成功邀请多户当地注册企业完成第三届进博会海外专业观众线上注册。三是持续推进主权机构和金融机构同业营销。于9月成功举办了“后疫情时代中国银行间债券市场投资机遇”的网络研讨会，来自阿联酋、科威特、沙特阿拉伯、卡塔尔、阿曼、巴林、埃及等中东北非地区的主权机构、主权财富基金、银行和非银行金融机构逾百位观众参加了此次研讨会。成功营销阿布扎比某大型投资公司投资中国人民币债券市场。四是加大筹资工具发行力度，加强流动性风险管理。综合考虑全球市场不确定性加剧及投资人当年投资额度不足等因素，积极与承销商及投资人保持互动，通过了解投资人投资计划及资金安排，抓住市场机会，加大筹资工具发行力度，有效保证了分行跨年流动性充足，提升了市场活跃度及品牌影响力。

（三）坚持稳健发展，防范业务风险。一是强化合规管理，提升分行反洗钱履职能力。根据总行下发的客户认定工作指引，结合业务现状，细分拆解并逐项执行“产品清单梳理、业务主体识别、客户清单维护、系统功能优化”等工作任务，圆满完成客户认定工作目标。根据阿联酋央行要求，于9月初报送近一年反洗钱数据。二是对于航空、航运、油气等受到疫情影响较大的风险显著上升的行业，继续加强准入控制和跟踪监测；对于商业地产、汽车制造、旅游、酒店、餐饮等其他受影响行业，根据总行要求对相关业务审查从严掌握，规避潜在信用风险的产生。三是持续加强流动性风险管理，为防范疫情期间复杂严峻的国际金融形势带来的流动性风险。

（阿布扎比分行）

科威特分行

2020年，科威特分行努力克服新冠肺炎疫情和金融动荡带来的负面影响，一手抓疫情防控，一手抓经营管理，各项业务稳定增长，资产质量保持优良，实现合规稳健经营。

一、主要经营数据

截至年末，分行总资产6.12亿美元，较上年增长21%，全年实现净利润104万美元，不良贷款率保持为零。

二、主要经营情况

（一）切实抓好疫情防控，积极履行社会责任。科威特分行成立防疫工作领导小组，建立常态化防疫工作机制，及时制定A/B组轮岗上班、灾备办公室、VPN远程操作、区域集中贷款等多种应急预案逐级实施，科学动态调整防控策略；加强办公场所防疫纪律管理，及时向员工提供防疫用品及资讯，牵头组织江西分行对口支援境外机构心理疏导压力健康讲座，全力保障员工健康安全和经营有序开展。在科威特当地采购口罩13万余只，及时捐赠湖北武汉抗疫第一线，并成功协助境内分行购买医用外科口罩3.8万只；参加驻科中资企业协会与科威特华人华侨联合会向湖北省孝感市中心医院捐款10 565元科威特第纳尔（折合人民币23.7万元）；积极参与我国驻科大使馆组织的党员捐款活动，向驻科大使馆经商处捐赠口罩支援防疫，积极履行国有大行社会责任。

（二）持续加强金融服务，有效拓展客户业务。分行多措并举确保业务运营连续性，持续为在科中资企业提供保函开立好展期、汇款结算等服务，并优化网银服务功能，实现了疫情期间对中建安装、葛洲坝集团、山东德仕、保利长大、中铁一局、中联重科、中船重工等中资企业在科项目的持续金融支持。全年累计新开立信用证15笔，金额4 459.5万美元，同比多增3 569.5万美元；办理信用证承兑13笔，金额185.13万美元；新开立保函11笔，金额2 847万美元，同比多增452万美元；完成保函展期15笔，金额23 158万美元，同比多增13 351万美元。

贯彻“境内外汇业务首选银行”战略和“春融行动”工作要求，密切内外联动，持续加强对目标本地企业和中资企业的营销，取得实效。成功营销科威特当地进口商QTECH公司及其上游出口商河北新兴铸管股份有限公司的信用证和履约保函业务；推动中港湾和中石化国工科威特项目部开户；与四川、广东分行内外联动，成功为境内企业办理1.3亿元人民币直贷业务；与工银伦敦、迪拜分行外外联动，成功对科威特博根银行（Burgan Bank K. P. S. C.）联合发放俱乐部贷款0.7亿美元；积极联动利雅得分行，从二级市场买入沙特阿美（Saudi Amarco）贷款5 000万美元；举办“同心抗疫，共筑辉煌”科威特中资企业银行业务线上交流会，驻科30多家中资企业参加，反馈效果良好。全年分行共完成贷款投放7笔，合计金额10 313.58万美元，同比多增5 450万美元。

（三）优化资产负债管理，提高资金业务收益。分行加强市场判研和流动性风险监测，谨慎配置资产负债，实现生息资产稳健增长和资金效益有效提高。一方面完善流动性监管指标的预测模型，提高对资产负债头寸监测的前瞻性和科学性；另一方面充分利用科央行为抗疫纾困而在年度内放宽流动性要求的政策空间，适时灵活调整短期资负配置创造效益空间，利用政策空间提升资金收益。全年分行净息差NIM为1.13%，较上年上升25个基点；净利差（NIS）1.00%，较上年末上升42个基点。新增债券投资4 518万美元，增长24.69%，债券投资组合到期收益率2.88%，久期1.75年。新增资金交易对手4家，资金拆放日均余额比上年增长6.87%。

（四）夯实全面风险管理，强化内控合规建设。一是认真落实《全面风险管理责任实施细则》，认真梳理分析风险管理机制、制度、流程、数据、系统，夯实“三道防线”和“六方职责”，定期监测风险指标、开展压力测试、修订相关风险管理手册，各项风险指标均保持在可控范围以内。二是强化信用风险管理，严控受疫情影响严重和评级下降客户的信贷增加，对存量信贷客户进行信用风险排查和压力测试，加强对潜在风险客户的监测；监测分析疫情影响和油价下跌对本地财政和客户市场的冲击，撰写了《科威特分行油气行业相关业务风险分析报告》。三是制定了反洗钱客户清单管理操作规程，完成总行部署的加强反洗钱工作建设机制对标自查并整改，开展不同专题合规培训，积极打造合规文化，与当地监管建立常态化交流机制，全年监管检查过程中均未发现实质性问题。四是有效推进本地监管要求的实时清算联网、网络安全自评估以及网银优化、对账单改造、办公自动化系统等分行特色项目，及时组织应急演练，确保疫情期间业务运营的连续性和安全性。五是完成2021—2023年分行发展规划和资本规划，配合科威特税务局进行分行成立以来的首次税务检查，因时制宜地开展疫情特殊时期的干部选拔、员工管理和招聘工作，组织完成外派员工个税汇缴清缴。

（科威特分行）

利雅得分行

2020年，利雅得分行坚持党建引领开拓进取，迎难而上，践行工行责任与使命，全力奋战在抗疫防疫与金融服务的主战场，全年工作交上了一份满意的成绩单。

一、主要经营指标

截至2020年末，分行总资产21.2亿美元，较年初增长20.2%。其中贷款16.67亿美元，较年初增长21%，债券投资3.97亿美元，较年初增长38%。表外资产9.23亿美元，较年初增长61%。实现拨备前利润2 726万美元，较2019年增长40.6%；净利润1 760万美元，增长16.9%。中间业务收入557万美元，增长41.36%。不良贷款率继续保持为零。

二、主要经营情况

（一）积极部署，打赢防疫攻坚战。2020年，分行把做好疫情防控与保障金融服务作为增强“四个意识”，坚定“四个自信”，做到“两个维护”的现实实践，将保障员工与家属的身体健康和业务连续运营摆在首要位置。

一是为国内采购、捐献防疫物资。2020年初，分行短期内筹集了3 480只1860型N95口罩、13 150只一次性医用口罩和9 290只医用手套，抢在沙特限制出口前托运出关，以实际行动支援国内疫情防控工作。二是积极履行社会责任。分行请国内专家为在沙留学生安排了抗疫知识讲座，得到了央视、驻沙使馆官方的积极报道。三是保障员工身体健康和业务连续。利雅得分行为全体员工提供了充足防疫抗疫物资储备，对员工与家属进行体温日监测，有效保证了全体外派员工与家属零感染。根据疫情防控等级，利雅得分行先后实施了最小化办公、A/B组轮换办公等措施，在降低员工接触病毒风险的基础上，保障各类金融服务不中断。四是努力推进“春融行动”。在国内疫情好转后，利雅得分行积极支持国内外企业复工复产。持续做好融资服务。为本地中资企业走出去项目，安排提款近1 000万美元，保障新冠疫情期间中资公司项目不中断；继续为国内出口企业提供保函服务近4 000万美元；利用分行优势，积极开展信息咨询和沟通服务，为中资公司在沙销售提供信用证业务咨询服务，协助国内分行联系沙特本地开证银行就福费廷业务进行沟通确认，促进出口公司回笼销售货款近1 000万美元；积极邀请客户参加第127届广交会线上展览观展，扎实开展第三届进口博览会客户服务工作，积极引导客户开展注册登记，做好客户账户开立、结算等配套服务工作，取得初步成效。

（二）克服困难，不断拓展本地市场。一是抓住市场机遇，行业龙头企业营销取得新突破，利雅得分行成功参贷沙特阿美石油公司国际银团业务。二是同业市场创新转型取得明显成效，实现了四个“首笔”业务突破。成功营销首笔债券承销业务，获得沙特金融集团（SAMBA）债券承销商角色；分行成功发行首笔美元存款证，2020年累计发行2.02亿美元，资产负债期限结构得到进一步改善；发放首笔同业贷款，也是借款人沙特国民商业银行首次与中资银行开展融资合作；完成首笔中国银行间债券市场债券投资业务，有效拓宽了人民币的投资渠道。

（三）强化管理，合规与反洗钱管理能力再上新台阶。2020年，利雅得分行狠抓重点工作的落实，补齐自身短板，合规的基础管理有了明显提高。

一是重塑合规团队，一支专业素质相对较高，履职认真的队伍初步形成。2020年分行完成新任合规官任命，并增聘合规经理、合规专员与反洗钱经理三个岗位。按照监管要求，成立了独立监测团队，选聘了合格的员工。合规部员工占全行员工超过18%。二是2019年监管验证发现问题全面整改完成。随着今年第1次《反洗钱与反恐怖融资手册》的修订完成，各项评估与监测机制正式生效，监管提出的发现问题完成整改。此外，分行还将监控模型进行了重新评估，补充和更新后的模型针对性和有效性得到提高。三是完善了《反洗钱与反恐怖融资手册》，修订了《反洗钱手册》，手册的指导性和质量得到进一步提高。四是完成反洗钱领域客户认定工作。按进度完成了全部认定工作和系统内客户代码的确认，为反洗钱工作奠定了坚实的基础。五是员工反洗钱培训取得较好效果，员工合规意识得到显著提升。组织全行员工认真参与总行的《境外机构反洗钱标准化手册》和在线培训与考试，考试通过率达到100%。而且，合规部门根据修订后的《反洗钱手册》对前台营销部门和新员工开展了专门的培训，员工相应的意识和能力都得到有效提升。六是合规反洗钱委员会机制作用得到充分发挥。2020年分行在委员会中新增公司和资金两个前台部门作为成员，加强了前台部门对合规重要事项的理解，增强了一道防线履职的自觉性。

（四）迅速推进，信息系统建设取得显著成果。按照“科技驱动、价值创造”的思路，分行坚持信息系统建设，2020 年取得了新的突破。

一是核心银行系统的替换工程取得阶段性成果。通过长期反复沟通，沙特央行于 2020 年 4 月批复利雅得分行，同意使用总行 FOVA 核心银行系统并将系统部署在境外。分行成立 FOVA 替换领导小组，制定了详细的路线图《利雅得分行 FOVA 系统推广项目业务需求书（差异化需求）》。二是完成 Watheeq 项目二期顺利投产。三是清算系统灾备中心正式投入运营，分行的业务连续性运营能力得到显著提高。

（五）开展资金与清算业务应急演练。分行进行了首次流动性应急演练，演练取得圆满成功。同时，在加强市场风险限额管理和日常风险监控的基础上，按季度定期对交易账户外汇敞口开展不同情景模式下的市场风险压力测试。

（六）与时俱进，不断加强员工队伍建设。一是加强员工关心关爱。对疫情期间做出突出贡献的员工进行表彰，开展体育活动，提高伙食标准。二是强化人力资源管理机制建设。分行制定了人力资源操作手册，对人事工作流程进行明确，特别是对招聘、入职、离职等可能产生法律风险的工作进行了梳理，形成规范的操作流程。分行本地员工达到 26 人，监管口径本地化率达到 69.44%，较去年提升 10 个百分点。三是持续强化党风廉政建设。线上、线下相结合的方式系统学习党的十九届四中、五中全会、十九届中央纪委四次全会等重要会议精神。与本地中资企业开展共建活动。积极响应“节约粮食”的倡议，在食堂管理中提出厉行节约，严禁浪费的要求。扎实开展廉洁从业监督工作，落实全面从严治党、从严治行总要求，全年没有违反廉洁自律的事件发生。依靠廉洁专员机制，切实发挥监督职能。共召开会议 30 余次，审议项目超过 40 个，内容覆盖分行各项工作，审议通过完善的分行制度流程近 10 个。认真开展违规行为排查，本年度分行开展了外派员工及随任亲属的兼职、学习、永久居留权、入外国籍和宗教团体组织等情况的重点排查，通过谈心谈话、签订承诺书等方式对工作违规行为进行全面排查，有力保证了分行廉洁从业建设。

（利雅得分行）

工银土耳其

工银土耳其全力服务共建“一带一路”倡议和土耳其“中间走廊计划”，认真执行子行三年发展战略规划，围绕“立足本地、辐射周边、联通欧亚”的战略定位，打造“一带一路”项目首选银行、中资元素领先银行、稳健经营最佳实践银行、中土金融合作的典范、文化融合的名片，实现规模、质量、效益连年快速增长。

2020 年工银土耳其被土耳其资本市场协会授予“最佳投资银行”奖；在土耳其企业所得税纳税评比中，入选“企业所得税纳税 100 强”企业；在美国通讯专业联盟评选的奖项中，荣获了“最佳年报白金奖”“最佳股东致辞白金奖”等十二项大奖；2016 年至 2020 年连续五年荣获“伊斯坦布尔中资企业协会年度突出贡献奖”。

一、攻坚克难、多点发力，经营发展稳中向上

2020 年，工银土耳其含簿记资产总额由年初的 48.21 亿美元增长到 50.54 亿美元，增加 2.33 亿美元，增幅为 4.84%；不良贷款总额较年初下降 2 122 万美元，不良贷款率下降 62 个基点至 0.13%，持续保持土耳其银行业最优水平；实现含簿记净利润 3 682 万美元，同比增加 468 万美元，增幅 14.58%，其中不含簿记利润 1 321万美元，同比增加 94 万美元；含簿记业务后实现拨备前利润 6 340 万美元，同比增加 420 万美元，增幅 7.09%；含簿记中间业务净收入 2 753 万美元，完成集团年终下达数（2 470 万美元）的 111.46%。

二、坚守底线、勇于担当，疫情防控卓有成效

一是行动早，预案全。子行在 1 月 23 日即成立了防疫工作领导小组，坚持“生命至上，安全至上”，制定了各项工作预案并根据疫情发展不断细化措施。全年共召开 30 次防疫工作小组会议，定时及时研究解决防疫具体问题。二是主体明，责任实。确立分行行长、部门负责人是防疫工作第一责任人，坚持“守土有责、守土尽责”，结合当地疫情和相关管控措施，从严执行，做好疫情防控。三是覆盖广，范围全。子行通过多

种手段，提高员工安全防护意识，做好全员防护。全年举办了疫情相关培训11次29课时超过5 000人次。四是措施实，工作细。子行根据疫情发展，不断细化和完善防疫工作措施，实施最小化人员办公模式，严格管理办公场所、外包人员、采取无接触送餐、工作制度，强化对违规行为的通报和督促整改。五是合作广，检测勤。子行增加聘用了驻行医生、护士、咨询医生。主动与当地有资质的医疗实验室合作，为员工提供检测。全年自行组织的检测已超过370人次，未发现行内传染情况。六是储备早，物资足。子行防疫工作行动较早，提前购置了口罩、消毒水、体温检测仪等防疫物资，并第一时间分发到人。

三、战略引领、从严治理，治理能力全面提升

2020年是工银土耳其“治理能力提升年”，全行紧紧围绕这一目标，不断完善制度、明确职责、优化流程，推动治理能力现代化。子行按月、按季举行管理委员会、总经理办公会、董事会和季度工作会议，完成了对全行战略规划、重要工作会议、规章制度三个方面文件修订汇编，并作为重要学习材料印发全行；按照“战略引领，从严治理，实现银行治理能力现代化”全员主题教育方案，组织全体员工开展线上学习。严格遵循“安全性、流动性、效益性”三性原则，平衡好全行资产负债。推动子行增资业务、货币互换业务，稳妥解决资产比率达标问题。不断推动法律风险防范关口前移，强化法律审查、风险提示、诉讼案件执行管理，进一步提高个人信息保护工作。顺利完成了工银土耳其2021—2023发展规划（建议稿）、“一带一路”金融发展与合作课题报告，创办《工银土耳其观察》周刊，开展系列专项研究咨询工作，为子行发展提供智力保障。

四、固本强基、稳健经营，重点工作有序开展

坚决贯彻本地多元化，区域一体化发展战略，深耕客户资源，拓展周边市场，成功营销本地大型购物中心、地铁、医院等融资项目；充分利用集团规模资金成本比较优势，最大限度提高单一同业客户在集团内的业务贡献度。积极践行“中资元素”领先银行战略，对接第三届“中国国际进口博览会”。在疫情期间与本地中资企业客户互帮互助，为后疫情时代的发展奠定良好基础。积极拓展交易、承销、代理业务，做强、做精资金交易与债券投资业务。坚持盯紧“大客户”策略，不断完善贸易融资产品线，突出重点贸易融资产品贡献度，同时以双币种信用证等产品探索新的利润增长点。不断推动同业客户多元化发展，同业贷款总收入创历史新高。进一步提高证券公司利润占比，积极营销IPO项目承销，成功实现IPO承销业务首单突破，该项目也是土耳其市场近2年来规模最大的IPO项目；积极参与当地重点项目融资、周边信贷区域项目拓展落地。

五、扬长补短、转型发展，开拓创新亮点纷呈

贯彻集团“第一个人金融银行”战略，持续优化、丰富个人及企业网上银行、手机银行功能，包括线上预约开户功能、“非接触”加油服务等，加入华为应用市场、本地银联BKM服务网络，构建金融生态体系，不断提升客户满意度。零售活跃客户、存贷规模、SME、银行卡、汇款等主要指标稳步增长。不断夯实本地“人民币首选银行”地位，成立人民币业务推动委员会，强化部门协作，紧紧抓住土耳其宣布人民币为结算货币的契机，通过驻土使领馆、中资企业商会平台大力宣传，以“一站式跨境人民币金融服务”，践行集团人民币国际化战略。完成了子行在CIBM市场上的第一笔人民币债券投资。协助中国人民银行和土耳其央行于2021年9月16日完成中土货币互换协议项下1.3亿元人民币放款，进一步发挥竞争优势，全力担当人民币跨境流通的主渠道、人民币国际化的重要推动者。

六、风控为基、合规至上，真践实履稳健经营

工银土耳其坚持统筹发展和安全，不断完善与新时期相适应的风控体系，坚持完善全面风险管理体系。按照集团“三个对标”工作要求，围绕“风险管理创造价值”，持续推进风险治理体系、管理制度建设；及时通报警示典型风险事件和案例，逐步建立集团风险文化和理念，不断提升全行全员风险意识和责任意识，确保风险管理无死角。坚持制度先行、合规为先，认真做好反洗钱工作，严控涉敏合规风险。强化与监管机构沟通交流，精准落实集团、监管要求。健全合规和反洗钱体系，强化内部审计工作，提升履职能力，进一步夯实“三道防线”。坚持从严治贷，深入推动集团统一的风险偏好与授信管理体系整合，持续推动授信审批能力建设，完善工作机制，优化业务流程，不断提升从业人员素质，审慎客观地开展审查工作，认真执行集团统一投融资风险限额管理要求，顺应经济周期、发展趋势、风险特征，把握好各行业、各项目信用风险，重点化解潜在风险，保持良好信贷资产质量，系统性防控信用风险。持续做好数据监督，按日、月、季、年等不同频度对不同维度信贷数据进行监测分析。

（工银土耳其）

悉尼分行

2020年，悉尼分行沉着有力应对各种风险挑战，统筹新冠肺炎疫情防控和经营发展，坚持稳中求进工作总基调，坚持新发展理念，坚定不移推进总行“春融行动”和“境内外汇业务首选银行”战略，扎实做好全面风险管理基础工作，始终把员工生命安全和身体健康放在第一位，在疫情防控、经营发展和安全运营方面达到预期。

一、主要经营数据

经营目标方面，分行实现拨备前利润11 356万美元，净利润3 653万美元，分别比同期下降14%和66%；总资产195亿美元，较年初增长12.6%；实现中间业务收入5 078万美元，增长11%；贷款无逾期和不良，潜在风险融资持续化解；监管评级保持最高级正常。

重点工作方面，积极响应“境内外汇业务首选银行”和“春融行动”工作要求，累计办理贸易融资业务110亿澳元，同比增长30%，增幅居可比机构首位；推广跨境人民币业务，完成跨境人民币贸易和证券投资结算460亿元；助力第三届进博会，推荐30余家企业成功参会。

二、主要经营情况

（一）疫情防控构筑“强”的保障。一是成立疫情防控领导小组，制订应急预案，明确应急措施和处置流程，全面建立多重保障，有效保证了业务连续性，流动性风险、市场风险、操作风险、员工行为风险管控有力，实现安全生产运营。二是始终警惕侥幸心理和麻痹思想，根据疫情变化和本地管制措施动态调整应对方案，员工及家属始终保持零感染。切实把总行党委对员工的关心关爱落到实处，帮助员工保持积极乐观的心态，解决实际困难。三是加强与使领馆和总行的沟通汇报，加强与各类协会和群体的联防联控，多次采购和捐赠防疫物资、开展线上讲座，得到积极评价，分行客户还向武汉青山慈善会捐款100万澳元用于武汉方舱医院建设。作为澳大利亚总商会法律与合规委员会的主席单位，制作发布的特刊得到了商务部的肯定和推广。

（二）经营发展构筑“新”的动力。一是全力落实“春融行动”。在资金供给上突出“增”，在融资成本上突出“降”，在产品服务上突出“新”，提供精准适配的金融服务。推出贸易融资直通车产品系列，营销铁矿石、油气等行业龙头，成功营销托克等企业落户。通过加强多渠道合作，筹集低成本资金28亿美元，高效助力国内企业复工复产。全力支持打造“境内外汇业务首选银行”。开通绿色通道，提供“两小时到账”，为境内客户定制方案及优惠利率，内外联动。营销央行及澳洲最大的养老基金与总行建立交易对手，实现营销代理交易总量超过34亿元人民币。完成NAB总对总MOU的签署，助力NAB成为首个通过工行加入CIBM的澳洲大型银行。全力打通“跨境人民币”的堵点痛点。营销ROYHILL（全球第五大铁矿石企业）闭环办理1.23亿元人民币信用证业务及定存，并使用该笔资金通过CIBM完成了在境内的投资。后续还办理了全球大宗商品贸易龙头托克公司的银矿粉等有色金属项下的多笔人民币业务。全力助力进博会、广交会、服贸会。积极沟通使领馆、行业协会、贸易促进机构，联动获取企业信息，持续开展品牌宣传和业务营销。二是以新本领适应新形势。转型赋能，培育新的业务线。组建DCM专业团队，开展高层营销，首次获得交行和中行两笔债券发行的联席主承销商角色，实现开门红。成为星展银行T2澳元补充资本债券发行项目和本地公司客户NEWCREST美元债的联席承销商。科技赋能，驱动服务优化和管理提升。NPP新一代支付平台、澳元清算平台功能优化、跨境保理转让等相继落地；电子银行推出10余项优化；私人银行手机银行投产，成为首家同时提供企业和个人移动金融服务的中资行；人力资源平衡计分卡考核、员工打卡、培训管理、财务报销等系统大幅提高了智能化管理水平。创新赋能，服务新需求。代客商品掉期、远期交易多点开花，贵金属拆借掉期组合成功入围总行创新产品。全球现金管理的新产品成功帮助FMG等跨国企业实现全球账户信息查询、管理和资金的集中调拨。三是以新机遇带动高质态。紧抓澳洲政府经济刺激政策的重点领域，基础设施板块拓户成效显著。在码头运营、宽带基础网络的垄断性运营商、电视和收音机广播运营商、高速公路、垃圾管理服务等行业均实现突破。“头部”行业及客户稳中有进。与医疗行业中的多家龙头企业建立合作关系并提高参贷份额；为养老行业中的重点客户提供融资；联动新西兰分行营销医疗行业客户银团贷款。持续拓宽与资管公司、中资行、投行等在各领域的合作；继续保持分行在新能源领域的竞争优势。

（三）风险管控构筑“稳”的基础。一是多层次储备应对流动性风险。抢抓时间窗口，以中资机构历史最低价格发行5亿澳元债券，为全年流动性管理奠定基础。运用央行“定期融资便利工具”，打通低成本资金渠道，累计融入资金21.9亿澳元。拓宽渠道，保持存款证的高效运作，持续开展低成本债券回购和拓展交易对手，累计筹措负债余额207亿澳元。争揽客户长期稳定资金，客户存款增幅达41%。二是固本强基防范化解信用风险。深化信贷重点领域治理，制定疫情期间信贷管理指南，审慎控制信用风险。开展重点领域信用风险分析和三轮大户风险排查，实现了融资余额2 000万美元以上大户及高风险行业107户大户全覆盖。监测潜在风险贷款，将申请财控豁免或财务指标有明显恶化的借款人均纳入预警清单，成功化解两笔潜在风险贷款，全额提前收回贷款7 500万美元。落实全面风险管理履职要求，分解落实六方责任主体的122个职责要点。制定完善“三道口、七彩池”立体智能信贷风险防控实施细则。持续提升拨备覆盖率水平，提高抗周期能力。三是完善制度和系统应对监管合规风险。多维度完善制度。优化合规反洗钱12项制度，制定反洗钱风险偏好，并作为试点行参加反洗钱客户认定项目；通过开展自查自检、独立审计等措施持续压实工作效果，顺利通过反洗钱监管的风险评估。投产本地监管新增报表、头寸监控系统等，有效保证监管数据报送。强化与监管部门沟通，稳步推进监管条例落地实施。通过监管例会、全面报告、监管调研、主动开展监管检查问题和监管新规“回头看”等，获得监管“应对疫情较好的银行之一”的评价。四是提升集约运营管理水平防范操作风险。对辖内二级分行汇款业务进行集中处理，对45张客户业务申请表进行规范和梳理，并投产主机柜员指纹项目，有效管理操作风险和欺诈风险。五是加强信息安全管理防范信息科技风险。持续开展VPN终端的安全完整性检查和严密监控访问日志；严格落实监管信息安全管理要求；实施覆盖全员的信息安全意识实测等。信息安全执行率持续保持较高水平。

（四）党风廉政建设构筑“严”的基调。一是从严落实支部主体责任和基层党建各项工作。扎实落实党建工作要求。组织抗疫讲座、五四座谈、警示教育、跨境扶贫、保密教育等“线上＋线下”的主题活动，搭建支部网络培训班，党员人均在线学习41项内容超过60学时。多措并举，积极响应跨境扶贫重点工作。管理层带头，鼓励全员购买金阳县土特产；营销在澳商户采购扶贫县市尤其是金阳县土特产；统筹资源助力线上“云招商”活动；积极参与扶贫地区小学的线上英语“云教学”。二是坚持以人为本，严管不忘厚爱。完善廉洁风险防控体系和问题线索搜集；以主动约谈为抓手，兼顾提醒监督和关心关爱；推出职级体系试行办法，拓宽员工职业发展空间；完善薪酬分配方案，激发员工积极性；改善办公场所、举办外语大赛和“在一起”线上圣诞活动等。三是紧抓重点领域和环节，严密监督制度体系。修订营业费用制度、集中采购管理流程、成立薪酬委员会，陆续开展管理层费用列支、人力资源、中间业务收入管理专项检查，共梳理近40项改进内容；充分发挥风险合规和各类委员会、内外部审计的职能和作用，构建协同监督体系。

（悉尼分行）

工银新西兰

2020年，新西兰机构（工银新西兰和奥克兰分行）把握稳中求进的工作总基调，坚持以稳为先，坚持国际视野，坚持立足长远，围绕疫情防控、风险管控、转型发展、落实集团战略和奥克兰分行申设等工作切实履行主体责任，经营质态保持良好。

一、总体经营情况

2020年末（含簿记业务），新西兰机构资产余额17.45亿美元，较年初增加2.1亿美元，增幅为14%；各项贷款余额合计13.82亿美元，较年初增加2.08亿美元，增幅为18%。负债总额为15.47亿美元，较年初增加1.86亿美元，增幅为14%。

营业净收入（含簿记）2 604.37万美元，较上年增加268.69万美元，增幅为12%。实现拨备前利润1 361.24万美元，较上年增加194.93万美元，增幅为17%。税前利润1 298.46万美元，净利润943.71万美元。

二、2020年经营发展情况

（一）风控为基，实现业务审慎稳健合规经营。合规与反洗钱风险管理方面：一是不断强化反洗钱监控措施，加强与新西兰央行关于反洗钱情况的沟通，结合疫情期间反洗钱形势变化，进一步提升反洗钱风险防控能力。二是积极参与新西兰银行家协会的各项交流会议，确保第一时间掌握当地法律法规的变化情况，有效落实当地监管机构针对疫情提出的各项要求。三是坚持合规制度建设与落实两手抓。一方面，根据总行和监管要求，制定信息披露报告确认框架与流程，确保风险管理符合监管和信息披露要求。另一方面，根据新西兰央行的要求，认真落实《文化与行为准则》的各项要求，进一步解决客户服务痛点、提升服务质量打下基础。四是建立风险控制自评估矩阵，进一步提升全行风险管理水平。五是按照外部监管变化趋势、内控检查结果及合规管理要求，落实合规与反洗钱管理要求。

信用风险管理方面：一是进一步夯实信贷基础管理，未发生信用风险和潜在信用风险事件。本机构一直将确保疫情期间信贷业务稳健运营作为首要任务，从严监控信贷资产质量，严格管控重点领域融资风险。二是坚持“合规优先、风控至上”总体原则，全面落实风险管理新制度、新理念。三是坚决落实“关口把控，分池管理；内防劣变，外促提质”的工作要求，稳步推进本机构“三道口、七彩池”信贷管理体系建设。

流动性风险防控方面：受疫情影响，市场流动性趋紧，本机构及时启动流动性应急机制，重点加强流动性管理，不断提高自身抗压能力，自我融资能力不断增强。一是多渠道筹措应急资金，提高流动性和现金储备。二是加强流动性风险压力测试。将流动性风险压力测试频率提高至每周，加强流动性和现金头寸测算和监控。三是与新西兰央行建立日报告、周沟通机制，确保流动性监管指标健康，为潜在资产规模增长提供了有效保障。

（二）加强疫情防控，确保人员健康和业务连续性。在当地疫情暴发前，本机构预先启用办公灾备中心（Plan B），有序开展应急灾备演练，有针对性地制定并实施了新冠肺炎疫情应急预案。疫情暴发后，本机构认真落实新冠肺炎疫情应急响应措施，实现了疫情以来全体员工及家属健康无感染、业务连续稳定、客户服务正常。

一是积极开展对国内疫情的捐赠支持工作。多方协调获得30 000个医用口罩资源并及时启运发往国内。发起全员募捐活动，共计捐款7 000新西兰元。全面开通疫情防控汇款免手续费绿色通道，为抗击疫情贡献力量。二是严格落实新冠肺炎疫情应急响应措施。强化应对疫情指导决策机制，管理层第一时间召开疫情防控会议，高效部署疫情防控应急预案各项工作，强化防控实施方案落实和监督，确保人员安全和疫情期间业务正常运行。建立与总行和使领馆双线疫情汇报机制、确保联络畅通。疫情期间，实施部分核心岗位员工分组在现有办公场所和灾备场所现场办公、其他所有人员居家办公的方案，在保障业务和客户服务不间断的同时，尽最大可能降低疫情传播风险。三是关爱员工，保证员工健康。坚持把关爱员工摆在重要位置，切实保护员工身心健康和生命安全，认真执行各项防疫措施，实施员工及家属健康情况监测报告机制，加强办公区域消毒防疫工作，开展心理辅导，提振团队士气，缓解紧张畏惧情绪，坚定战胜疫情的信心和决心。四是加大疫情期间对实体经济和客户的支持力度，切实保障公司客户抗疫、国际贸易、融资等服务需求，向部分企业客户捐赠医用口罩，针对零售客户推出了个人贷款还款假期等支持措施，赢得了客户的高度赞赏。

（三）分行申设开业，打造双牌照经营新格局。疫情期间，在总行的大力支持与指导下，努力协调新西兰央行推进分行牌照审批工作，最终于5月18日成功获准分行注册，并于9月28日奥克兰分行正式对外试运营。分行牌照的获得主要将从以下几方面促进发展：一是有利于抓住后疫情时代中新两国经济恢复趋势向好的发展机遇，积极服务国家经济“双循环”和集团国际化整体战略。二是有利于发挥分子行双牌照协同优势，进一步助力集团“境内外汇业务首选银行”、全面打造“第一个人金融银行”战略，持续推进“春融行动”计划，形成经营合力，实现协同配合，进一步提高提升服务能力及价值贡献。三是有利于深入推进本地化经营，打造本地化综合金融服务提供商，逐步迈向本地中型银行行列。

（四）稳步推进多元化发展。

一是落实“境内外汇业务首选银行”战略，实现金融服务新成效。本机构紧紧围绕客户金融新需求，不断提升客户一站式服务能力，切实落实外汇业务首选银行战略部署。抓好中资客户境外投资机会，截至2020年12月末，客户在工行存款余额合计1.3亿美元，为新西兰最大的中资存款客户。以e缴费产品为抓手，与境内分行及业务研发中心紧密联动，于2020年12月与新西兰一流学府奥克兰大学完成签约，成功投产“跨境e缴费”平台，是目前唯一一家与大学实现签约落地的中资银行。着力突破全球现金管理。积极对接华为新西兰现金管理需求，着力推进全球发薪、询价购汇付款、跨境汇款等产品落地，为本机构创造了新的中收渠道。

二是贯彻打造“第一个人金融银行”战略，实现零售业务新发展。积极推动个人业务发展转型，围绕夯实个人客户基础、扩大个人存款规模和推进个人贷款发展等重点工作，深入落实各项经营发展规划。进一步夯实个人客户基础。始终秉承“以客户为中心”的服务理念，着眼于本地主流客群和高端客群。截至2020年12月末，个人客户达到4 908户，较年初增加341户，借记卡累计发行总量达到4 104张，个人电子银行客户数量达到3 719户。稳步提升个人存款规模。随着新西兰央行多次下调OCR基准利率，本机构充分调研行业内利率调整情况，积极通过网上银行渠道吸引客户自助进行存款。截至 2020 年 12 月，子行个人存款余额为 1.44 亿新西兰元，较年初净增 1 422 万新西兰元。个人汇款业务增幅明显。受到疫情影响，个人客户对汇款服务需求明显增加。截至 12 月末，个人汇往中国境内汇款达到 803 笔，较 2019 年增长 59.64%，其中汇往境内工行达到 693 笔，较 2019 年同期增长 115.89%。

三是积极开展“春融行动”，实现联动营销新突破。强化联动，营销中资企业。创新业务办理方式，积极帮助支持一家受疫情影响的林业企业客户办理贸易融资。截至 12 月末，该客户在本机构单证结算量高达 3.14 亿美元，克服疫情及澳洲木材出口的不利影响下，实行业务稳步增长。持续深耕当地市场，创新跨境金融产品。积极在当地市场创新推广信用证跨境交单服务方案，提高客户资金周转效率，保障从采购到货物出运整个贸易流程的顺畅。利用工行国内代理行优势，成功营销本地某大型出口商在工行办理信用证保兑业务。截至 12 月末，实现单证项下结算量 4.44 亿美元，表内表外贸易融资总额 2.57 亿美元。

四是全力开展进博会招商工作，打造金融服务新模式。围绕服务双循环相互促进新发展格局建设，持之以恒深入推动中新经贸合作，克服疫情影响全力开展第三届进口博览会招商工作，取得了良好的营销效果。从已建立贷款、结算、贸易融资、融 e 购等业务联系的存量客户中甄选目标，确保有意向的客户全部参会。与相关政府机构排摸有出口意向的客户，积极宣传进博会的各项优势及潜在业务机会，借助第三届进博会及“一带一路”沿线贸易洽谈会契机，积极营销华为、顺丰、首创、伊利、海尔等“走出去”中资企业在新西兰的项目。

五是坚持科技赋能，持续优化 e－ICBC 新平台。积极推进 e－ICBC 落地，为疫情期间业务连续性提供有力技术支持。突出重点持续强化和完善网络金融产品及渠道建设，持续优化现有功能，提升线上业务风控能力。截至 12 月末，个人网络金融客户 3 378 户，客户渗透率为 82.37%；企业网络金融客户 149 户，客户渗透率为 44.88%，电子银行业务占比 76.84%，较上年末增长 4.69%。牢固树立“安全生产第一”的意识，落实生产运行管理责任制，加强信息科技风险管理，确保信息科技体系安全运行。加强业务连续性资源建设，先后完成灾备场所扩容改建、VPN 远程办公环境搭建，建立了依托主办公场所、灾备场所、营业网点的场地备份以及 VPN 远程办公的应急响应方案，确保疫情期间关键业务不中断。强化信息系统安全生产和信息安全管理。优化信息系统基础设施，顺利实现国际专线改造和带宽升级，建立了“主、备节点＋三专线”的网络拓扑。持续开展数据治理，通过开展客户税务信息专题治理，提升客户信息数据质量，实现利息税信息报送自动化。持续完善基础数据模型，扩大数据模型应用范围，推动监管报送、客户分析、内部管理等工作自动化。加强清算业务管理，确保清算业务安全高效。做好新西兰储备银行新的清算系统投产相关测试和业务流程及参数调整，确保了央行新系统投产后业务的平稳运行。

六是加强队伍建设和员工关爱，团队建设呈现新气象。保持队伍稳定，保证业务稳健发展。为应对当地日趋严苛的移民和工作签证政策变化，顺利完成“雇主认证证书”申请工作，有力支持了本机构业务的稳健发展。深入开展员工培训。常态化开展全员培训，全面提升各层级员工的专业技能和管理能力。坚持以合规管理和风险管理为重点，定期组织面向全员的合规反洗钱、公司治理、风险管理、信息安全等培训，增强合规经营意识和能力。持续完善全员职级体系和考核激励约束机制。进一步引导员工讲求绩效贡献、提高客户服务能力、增强合规与风险防控意识、关注自身专业能力发展。加强队伍建设，助力落实重点战略。科学分配人力资源，重点投入支持集团重点战略实施、新冠肺炎疫情防控、分行申设开业、全面风险管理提升等关键领域。推进企业文化建设和本地员工对工行文化的认同。通过倡导实践家庭文化、价值实现文化、创新文化和合规文化，促进文化融合，提升了团队的凝聚力和归属感。

（工银新西兰）

工银欧洲

一、2020 年工银欧洲区域管理情况

（一）十大集中战略工程第一阶段全面收官，项目实施效果显著。2020 年，工银欧洲机构十大集中工程第一阶段全面收官，完成全辖 CIS 系统投产、全辖新信贷业务工作模块推广、深入完善区域 FTP 管理机制及流动性管理水平、成立总部人力资源部、实现分行财务数据总部集中查询、启动第二次数据专项治理等重点工作。

集中工程项目的实施在疫情下逐步发挥作用。在信

贷审查集中方面，2020年全辖共集中受理664笔信贷审查业务，不良率0.06%，同比下降0.18%；面对或有系统性风险，总部授信审批统一全辖风险偏好，严控疫情影响相关行业新增融资，集中加强各类信用风险排查，统筹全辖做好风险评估与防范。在资负管理集中方面，总部资负集中管理水平不断提升，建立健全的区域化的资负管理专用数据库，优化各项工具和指标体系，保障全辖平稳度过2020年市场流动性枯竭特殊时期，依靠自身能力维护了全辖流动性。在运行管理集中方面，总部在疫情暴发初期顺利承揽米兰、马德里和巴黎三家受疫情影响较重的分行所有现场操作业务，保障工银欧洲机构防疫措施的落实，最大限度降低员工感染可能。在信息科技集中方面，统筹完善全辖科技风险与信息安全管理措施，在疫情期间保障全辖最小化现场办公策略的实施。

（二）抗疫工作“六个到位”，勇担社会责任，保障员工及外派家属健康安全。为保障全辖员工及外派家属健康安全，工银欧洲机构发挥独特区域管理优势，落实“六个到位”抗疫工作要求。一是反应到位，重点是防疫常态化，并保持对突发事件的敏感性；二是培训到位，重点是让员工真正具有防疫防恐的敏感性和应对能力；三是渠道到位，重点打造紧急联络、当地救助和心理疏导三条通道；四是物资到位，行内抗疫物资储备充裕；五是管理到位，在员工关爱、报告制度等关键环节压实责任；六是灾备到位，科学有效的应急预案经受了实战检验。截至2020年末，全辖13个机构所有外派员工及家属零感染。

2020年疫情期间，工银欧洲勇于承担社会责任，在国内疫情紧张的情况下，采购十余万件抗疫物资支援国内；在欧洲疫情暴发后，先后拿出战略储备中的4 000只口罩支援当地医院和留学生；欧洲二次疫情暴发后，工银欧洲机构保持捐赠援助的持续性将2台空气消毒机和一半的员工募捐款捐献卢森堡红十字会，得到使馆、院方及卢森堡华人圈的高度评价。全辖通过各种方式捐赠各类防疫物资约236万美元。

作为卢森堡中资银行俱乐部主席单位，工银欧洲召集在卢中资行召开两次专题会议研究疫情防控，印发《卢森堡中资银行俱乐部关于抗击新冠病毒肺炎的参考措施》《卢森堡中资银行俱乐部关于抗击新冠病毒肺炎的倡议书》。

（三）全力做好重点工作，实现多项业务突破。落实“春融行动”要求，工银欧洲机构累计为境内外相关企业发放贷款近1.5亿欧元，办理贸易融资近2.75亿美元，开立保函超过8 000万欧元，结算额超过3亿欧元。

2020年实现多项业务新突破。2020年3月，卢森堡分行为国内大型医药制造企业发放人民币紧急贷款，用于购买新冠肺炎疫情所需医疗用品的生产原材料，该笔业务是工行首笔以一类非贸风参方式办理的人民币贷款，在疫情期间积极支持境内实体企业，做好稳外贸工作；2020年7月，全辖存款总额达到53亿美元，首次突破50亿美元大关，有效应对疫情期间流动性压力；2020年12月，卢森堡分行积极响应总行号召，成功达成首笔通过“债券通”渠道完成的境内银行间市场债券投资交易，进一步丰富投资境内银行间市场的渠道，提升跨境人民币业务水平。

二、2020年业务发展总体情况

2020年，工银欧洲机构在疫情冲击下实现营业收入微增0.84%，实现拨备前利润10 809万美元，同比下降3.25%，实现净利润4 518万美元，同比下降39%。为提高风险抵御能力，工银欧洲机构按照总行最低拨备要求计提减值准备2 600万美元，贷款拨备率较上年提高0.36个百分点。若剔除此因素，2020年工银欧洲机构在疫情冲击下的盈利能力与2019年基本持平。

截至2020年末，工银欧洲和卢森堡分行信贷资产整体规模为102.35亿美元（不含海外代付），较2020年初下降16.05亿美元；债券投资余额87.49亿美元，较2020年初增加10.25亿美元。工银欧洲机构实现营业收入2.25亿美元，其中利息净收入1.84亿美元，手续费及佣金净收入3 724万美元，投资收益890万美元，手续费及佣金收入占比达到16.53%。盈利结构中，来源于公司金融业务占比60%，金融市场业务占比37%，金融机构业务占比3%。工银欧洲机构业务本地化率持续提升至2020年末的77.90%。

（一）金融机构业务持续发展、不断做大人民币本地影响力。2020年末，金融机构贷款余额突破23亿欧元，2020年实现信贷收入合计2 302.14万美元。工银欧洲机构成功营销卢森堡央行成为首家西欧主流央行委任总行为其CIBM唯一结算代理行；协助总行成功营销意大利存贷款公司10亿元人民币熊猫债和法国农业信贷银行200亿元人民币熊猫债发行项目，保持工银欧洲机构熊猫债承销服务对辖内金融机构客户的全覆盖；协助总行与中央结算公司举办面向欧洲投资者进入中国银行间市场的线上营销活动，吸引央行、资管公司等超过200余人参加。

（二）金融市场把握债券投资交易窗口期，货币市场交易发展迅猛。工银欧洲机构积极拓展债券投资业务，在疫情暴发初期把握住了海外信用债市场信用利差大幅展宽的机会，主动加大对防御性行业及本地高评级优质发行人信用债券的投资力度，卢森堡分行2020年共完成外币债券投资202笔，投资金额28.3亿美元。合计实现债券利息收入1.3亿美元，同比增长8.3%。抓住美元债券收益率阶段性触底的交易机会全年合计卖出债券25笔，金额合计2.89亿美元，获取价差收益约

252万美元。卢森堡分行维持境内银行间债券参与力度，丰富债券组合的同时获取合理利差，2020年实现利息收入约8 000万美元。

货币市场拆放业务发展势头迅猛。2020年拆放业务交易量930亿美元，较2019年增长82%；交易笔数1 264笔，较2019年增长57笔；实现利息收入8 401万美元，拆放业务交易对手数量46家。工银欧洲机构利用卢森堡分行融资渠道广泛、融资成本较低的优势，充分发掘筹资中心的潜力，为集团内兄弟行和集团外交易对手持续提供流动性，其中为集团内兄弟机构提供流动性支持797亿美元，为集团外交易对手提供流动性支持133亿美元。卢森堡分行作为人民币清算行，2020年为各金融机构累计提供人民币流动性支持130亿元，进一步提升当地影响力。

（三）债券承销业务持续发展，基金资产管理规模再创新高。2020年，工银欧洲机构成功完成6笔债券承销业务，全辖实现手续费收入约75.70万美元，较2019年增幅3.64%。参与国家开发银行公开向市场发行10亿元英镑债券，取得联席主承销商和联席簿记管理人角色，实现了多个“首次”的突破；参与Societe Generale欧元债券项目，进一步加强银银合作关系。深化集团内联动，进一步推动债券承销业务发展，联动伦敦分行参与国开行的欧元债券发行，吸引亚洲、欧洲等地区诸多高质量投资人踊跃参与，其中欧洲地区投资人超40%；联动上海分行与工银国际成功参与光明新加坡发债项目；与工银标准联动完成EDP及Engie欧元债项目，进一步提升工行债券承销业务在欧洲市场的知名度。

截至2020年末，凭借UCITS平台下第二只子基金——工行施罗德“一带一路”债券基金的顺利发行及3 000万美元资金的成功募集，工银欧洲基金资产管理规模达6 066万欧元，较2019年增长67%。

（四）积极服务第三届进博会。2020年，为加强在欧洲本地对第三届进博会的推广宣传，全辖各机构共计举办14场配套线上推介会；完成专业观众招商注册264户，任务完成率125.71%；近70家外商企业现场参加中欧企业家大会和“一带一路”沿线跨境磋商活动；共邀请51户欧洲龙头企业参加中欧企业家支持中欧贸易投资合作倡议联署，任务完成率145.71%，全行占比72.85%。2020年10月，工银欧洲机构邀请卢森堡总理贝泰尔为第三届进博会中欧企业家大会发表视频致辞，展现了良好的本地银政合作关系。

（五）绿色金融继续走在同业前列。完成工银欧洲绿色金融委员会章程制作，持续推进卢森堡绿色金融中心建设；邀请法国东方汇理银行和法国巴黎银行为全辖举办绿色信贷产品和ESG资本市场等产品培训，促进全辖绿色银行服务能力建设。

（工银欧洲）

巴黎分行

一、基本经营情况

2020年，巴黎分行实现考核净利润181万美元，同比下降153万美元；资产方面，2020年分行资产（账面+联动）合计26.05亿美元；负债方面，分行账面负债总额17.56亿美元。

二、以“严管+厚爱”助力疫情防控

2020年，面对新冠肺炎疫情肆虐，分行确立“以人为本、严防死守”理念以及“比疫情发展快一步、比政府响应快一步、比社会反应快一步”的“三个快一步”防疫思想，建立“三严三爱”管控机制——“严格隔离、严控流动、严管队伍、关爱员工、敬爱工行、热爱祖国”；推出全员家庭保护预案+业务连续性预案双预案。积极履行社会责任向国内、驻法使馆、留学生群体、法国医疗机构捐赠防疫物资。

为保护人员健康安全，管理层研究更新隔离办公预案，沙盘推演防控预案；高频度向全员发送防疫提醒通知，避免懈怠厌战；及时为员工配发充足抗疫物资；严密监测员工及家属健康状况以及休假、子女复学等；多次召开外派员工、本地雇员座谈会，了解员工需求；开展“云食神”“云歌神”“云才神”“云健身”及“云讲坛”等线上文体活动，加强关心关爱；联系协调班车满足现场办公员工通勤需求，减少传染风险；成立舆情团队，收集法国疫情、治安相关新闻报道，整理更新核酸检测指导手册共享全员；成立本地雇员支援团队提供语言、法律、后勤支持；联络国内开展线上心理疏导，纾解压力；及时上报疫情进展紧急报告和安全工作简报，争取支援。至年末，全行员工及家属无一人感染。

三、“大风控”管理格局进一步形成

分行充分发挥“大风控”集约优势，全年召开11

次风险管理委员会议，对信用风险、流动性风险、市场风险等充分讨论，确保疫情期间各类风险点应对有方、把控有力，全年保持信贷资产零不良，实现各项监管指标合规可控。

2020 年，完成检查 50 个，提出发现点 30 个；组织完成 5 项报告项目；完成各项监管报告及年度风险图制作；跟进各项检查发现 112 个，全年问题关闭独立完成率达 89%。

2020 年分行合规工作进入巩固阶段。2 月，分行向法国监管部门 ACPR 通报了 PWC 外部审查的满意结果，标志整改工作基本完成；10 月，ACPR 正式通知分行检查项目结束；11 月底，分行 KYC 年度审核工作全部完成。

四、队伍建设成效进一步凸显

年初，分行先后颁布两个人力资源管理制度，包括统一的部门岗位名称，管理层以下员工职务职级体系，起草员工年度考核管理办法。

为倡导员工业务激励，分行为本地员工整体薪酬增加幅度达 18.3%，进一步加强员工获得感、向心力，提升企业凝聚力。为挖掘内外部潜能、打造干事创业团队，多次跨部门调整员工岗位，占比 17%；疫情期间克服阻力招聘本地雇员 8 人。为规范员工年度考核考评，分行将本地雇员考评嵌入集团人力资源系统统一管理，设置中法文双语考评项目，强化透明。

与此同时，分行与本地工会持续沟通，确保员工权益。管理层全年与工会共召开 11 次会议，共同制订了“分行利益分享计划”；疫情期间，多次就员工办公问题与工会协商，帮助低收入员工争取政府免税补贴；国内外重大节日坚持为员工提供福利，组织月度员工生日庆祝，促进跨文化沟通；通过行务公开及信息共享及时了解员工诉求，疫情期间坚持办公环境提升工程，着力打造“ONE ICBC ONE FAMILY”家园文化，鼓舞团队士气。

（巴黎分行）

阿姆斯特丹分行

2020 年，阿姆斯特丹分行以全面做好疫情防控、保障业务连续平稳、防范化解经营风险为首要任务，凝心聚力，积极克服不利形势，全年经营发展平稳有序。

一、积极防疫抗疫

（一）建立四大机制。第一时间成立由总经理担任组长的防疫小组，全面部署和指导防疫抗疫各项工作，建立应急统筹、员工健康跟进、在岗在家办公和复工方案机制，有序开展防疫工作。分行全体员工及家属健康状况良好，无一感染。

（二）开展捐助工作。一是捐助国内，分行于 2 月中旬向湖北四家医院共捐助 4 200 个医用头套和 210 副医用床单；协助湖北分行联系飞利浦购置 50 台呼吸机；协助北京分行购置 100 多套飞利浦诊断医疗器械。二是捐助荷兰，分行先后向荷兰 VU 医院捐赠 300 个 FFP2 口罩，向鹿特丹市政府捐赠 3 000 个医用口罩，向阿姆斯特丹市政府捐赠 5 000欧元用于购置疫情期间线上教学所需电脑。

（三）加强行内疫情防控。向员工及家属购置发放防疫物资，定期对分行全面消毒。向员工发布疫情安全提示和每日防疫信息汇总，部署防疫要求。及时调整行内防疫措施，如错峰上下班、分楼层就餐等。多次开展线上防疫知识讲座。为员工购置 30 台笔记本电脑并开通安装 VPN 和工银 e 视讯。

（四）组织在荷中资企业防疫抗疫。2020 年分行被选为全荷兰中资企业协会会长单位，面对疫情分行积极组织协会企业开展境内外捐助及自身防疫工作；联系专业机构和专家为协会多次开展疫情期间相关讲解和培训；召开会员大会，共享防疫经验与共商应对措施。在荷中资企业未出现大规模聚集性感染病例，防疫工作得到使馆认可。

二、积极排查和化解业务风险

2020 年，全行信贷质量良好，无逾期欠息客户，不良贷款额、不良贷款率始终保持为零。加强信贷业务准入审查，树立底线思维，强调风险预判，对有疑虑的业务一律从严把握。针对部分行业受疫情冲击较大的情况，全行及时调整营销方向，规避潜在风险。统筹关键岗位人员做好现场办公安排，确保分行业务连续性，全年未出现流动性与操作性风险事件。

三、坚持稳健经营，账面利润实现增长

截至 2020 年 12 月末，分行账面资产余额 10.9 亿美元，含联动还原资产余额 12.7 亿美元，比年初增加 1.2 亿美元；账面负债总额 10.3 亿美元，其中各项存款 7.2 亿美元，占负债总额比例 70%。实现账面净利润 249 万美元，同比增长 86%，联动还原后净利润 562

万美元，同比下降12%。

（一）狠抓存款业务。成功营销三家世界五百强本地公司的定期存款。继续稳定重点客户的长期存款。2020年末分行公司客户定期存款余额折合约4.75亿美元，较年初增加约1 664万美元、增幅3.64%；累计吸收42笔机构存款，累计金额约7.21亿美元，机构存款余额2亿美元，较上年末增长33%。

（二）发展金融市场业务。开拓资金拆放业务。发展债券投资。2020年，分行持有债券余额4.12亿美元，较上年末净增6 336万美元。

（三）代客衍生交易实现突破。分行成功获得两家客户的意向性交易委任，并与企业签订ISDA；成功营销荷兰一家大型客户叙做4笔利率掉期交易，交易金额共计1.44亿美元。

（四）深化优质客户合作。加大对昕诺飞、华为、VCC等重点公司客户的业务拓展。同时主动拜访兄弟分行，成功办理分行首笔非银金融机构信贷业务，获配2 700万欧元份额；向一本地客户发放5 000万欧元2年期固定利率贷款。

四、推进合规整改工作

一是按期完成合规整改。2020年完成54户公司客户和56户机构客户年审、102户公司客户和70户机构客户CIS数据整改、400份零售客户档案整改及31户零售客户年审和销户工作。二是全面使用客户关系管理系统（CIS），组建合规柔性支持团队（CST）。三是完成2019年度和2020年中期审计工作、总部2020年内部审计及后续跟踪整改工作。四是外聘数据保护官（DPO）和第三方机构对分行进行GDPR评估，开展自查整改工作。

五、支持国家战略，落实总行重点项目

（一）落实进博会招商和跨境撮合。分行累计邀请31户企业注册成为进博会专业观众，并邀请多家名企参加配套磋商和中欧联署倡议活动；对接荷兰企业局、鹿特丹投资局等机构增强进博会影响力，进一步提升分行美誉度。

（二）稳外资、稳外贸，推进“春融行动”。分行在账户开立、存款、贸易融资等领域形成一批成果落地，助力外贸外资基本盘稳固和企业复工复产。同时，通过主流媒体平台对工行成果进行广泛宣传。

（三）推动跨境人民币业务发展。力促本地航空等跨国企业人民币业务成果落地。积极配合总部举办European Investor Webinar，邀请6家荷兰保险、资管客户和RABO宏观经济学家参会，相关发言广受好评。积极营销熊猫债，提高RABO BANK对熊猫债承销能力的认可度。

（四）推进扶贫工作开展。分行积极参加总行扶贫会议，累计向10家荷兰慈善机构了解捐助意向，定期汇报扶贫进度；发挥桥梁作用，帮助扶贫县开拓在荷销售渠道，推进跨境采购工作。

（阿姆斯特丹分行）

布鲁塞尔分行

2020年，布鲁塞尔分行积极落实党委工作思路，抓好疫情防控和业务经营，有序推进各项工作平稳开展。

一、2020年经营指标完成情况

分行考核口径净利润－59.98万美元，同比下降385.97万美元，降幅118.40%。实现中间业务收入136.67万美元，同比增加30.05万美元，增幅28.19%。

分行总资产规模9.79亿美元，较2019年下降0.34亿美元，其中账面资产6.88亿美元，联动资产2.91亿美元。全年账面新发放贷款0.36亿美元，联动业务投放0.98亿美元，参与备用银团1.01亿美元，共计2.35亿美元。信贷资产地区、币种结构进一步优化，本地及欧洲地区贷款余额由2019年末的51.38%提升到75.35%，欧元币种资产占比由67.57%提升至73%。分行账面负债总额6.58亿美元，其中客户存款余额4.61亿美元，同比增加3.78亿美元，日均存款余额3.12亿美元，同比增加2.25亿美元。

二、2020年主要工作举措

（一）围绕“拓资产、揽存款、增收益”三大目标开展工作，推进公司业务本地化和金融机构业务发展。

1. 资产业务方面，分行按照积极拓展三大重点市场，即“本地业务＋欧洲地区优势银团＋内外联动”发展公司业务的策略，大力推进公司业务本地化发展。一是重点针对本地客户开展密集营销推介活动，全年举行客户营销会议29场，境内外机构联动会议35场，关注业务机会41件，申报贷款20笔。对比利时本地龙头仓储物流开发企业的首笔信贷成功投放，标志着分行首

次实现对比利时 BEL20 指数企业的零的突破。随后参与全球航运龙头企业和比利时最大的制药企业的备用银团，成为合作银行之一，后续将带来更多的业务机会。二是继续加强与集团内机构合作，拓展新的资产业务，推动跨境人民币业务，分别与工银伦敦、广东分行、上海分行等合作实现行内银团及转开人民币保函等业务。

2. 存款业务方面，一是找准目标客户强力营销，及时制定无开户公司存款业务流程和存款协议，努力营销本地大型公司客户，实现一世界知名企业大额公司存款的突破，公司存款余额 0.95 亿美元，较年初增长 94.50%。二是积极营销本地重点金融机构客户，拓展金融机构业务合作渠道，成功营销比利时三大保险公司之一的大额定期存款业务，同时继续维护了存量金融机构客户存款业务关系。

3. 中间业务收入方面，通过银团贷款、转开保函、表外承诺实现中间业务增收。在 RWA 限额管理、表内资产难以大幅增长的形势下，分行大力推进表外业务的发展。转卖资产 4 900 万美元实现收入 27.32 万美元，累计转开人民币保函 3.76 亿元实现收入 6.41 万美元，牵头银团协议 1.3 亿美元实现收入 2.74 万美元。

（二）落实专项部署，发挥中比经贸桥梁作用。一是积极开展“春融行动”，助力境内机构营销取得实效。与广东、北京、上海分行内外联动，发挥与本地企业总部直接联系的优势，分别协助完成客户授信一户 10 亿元人民币，转开保函 7 笔、金额合计 3.76 亿元人民币，办理信用证贴现 3 笔、金额合计 72 万欧元等业务。二是积极响应号召，助力第三届进博会。组织 20 家本地企业参与线上线下活动，邀请本地 5 家企业参与“中欧企业家支持中欧贸易投资合作倡议”联名签署活动，邀请 6 家企业入驻普惠金融部“环球撮合荟”活动平台。

（三）全面加强风险管理，有效管控疫情造成的影响。一是加强资产风险管理和潜在风险排查。对存量客户逐户排查，建立每周动态分析制度，存量贷款客户未出现因受疫情影响造成还本付息困难的情况。二是完善规范信贷业务制度与流程。根据总行及工银欧洲信贷政策与指导意见，分行制定并定期更新分行信贷管理政策细则。包括制定分行信贷业务基本流程细则，进一步规范评级授信、一般信贷业务及低风险业务等操作流程；认真落实总行“三道口、七彩池”的管理规定。三是加强对流动性风险、操作风险、市场风险、国别风险管理、外包业务等方面管理，强化全面市场风险管理，落实各项监管指标的监测和预警机制。四是加强资产负债管理，应对疫情形势的不利影响。分行积极营销大额长期存款，确保分行流动性及 NSFR 指标达标。同时，完善定期存款及资金拆借报价机制，提高定价决策科学性。五是梳理完善操作流程，提高操作风险管理水平。全面梳理监管报告事项，制定监管报告监督制度和流程。梳理负责人电子签名授权，更新电子证书，消除风险隐患，明确授权使用范围和经办责任，刚性控制电子授权使用载体，确保电子授权有效管控。针对疫情期间远程办公，严格监督检查和信息安全管理措施，防范疫情造成的操作风险。

（四）完善合规管理措施，提高合规管理水平。一是进一步完善分行制度体系。今年以来，分行对标总部制度文件，结合当地法律法规进行差异化分析，签发和更新合规工作章程、反洗钱政策、CRS 新客户接纳流程、客户尽职调查手册、黑名单筛查手册、监督制度变化管理办法等制度 15 份。二是规范 KYC 审查及持续跟踪监督机制。加强对新开户及存量客户 KYC 资料审查要求，提升 KYC 文件质量；建立 KYC 持续跟踪监督机制，对逾期未完成尽职调查审查的情况定期通报。三是完善客户信息管理系统（CIS）信息录入，规范客户 KYC 档案保管。前台部门对 CIS 系统中录入的客户信息进行多轮筛查和整改，法律合规部双人复核，确保系统信息准确，明确了 KYC 纸质档案管理部门和交接手续。四是建立合规周例会制度，加强合规部门与前台部门沟通，及时讨论重点及难点问题，提升前台部门合规意识，有效提升合规工作质效。五是妥善应对当地税务机关 FATCA/CRS 报告检查。开展一系列内部整改工作，包括客户历史数据抽样分析、组织开展 CRS/FATCA 培训、历史账户数据梳理、制度差异性分析、进场演练等，并向工银欧洲总部定期汇报工作进展，按总部指导开展各项检查准备工作。六是稳步推进 GDPR（个人数据保护通用法令）项目实施。为落实 GDPR 法规要求及工银欧洲总部要求，通过询价、内部审议、总部相关部门审批等程序，成功聘请外部 GDPR 数据保护官并开展相关评估工作。七是充实内控条线岗位人员。分行新增加高级风险经理、内审内控专岗、前台部门反洗钱专岗、合规部反洗钱专岗、高级法务经理等岗位，进一步充实内控队伍。八是制定前台部门合规工作考核管理办法，有效提升前台部门对合规工作的重视，确保员工意识合规、业务合规、操作合规。九是加强与比利时央行等监管机构积极沟通，有关工作得到央行充分肯定。

（五）强化科技管理，确保安全生产。坚持科技创新和发展，开发了 PCC2、CRS 监管报表自动批量生成和转换工具，完成了央行 Becris data entry 监管数据报送平台的测试和投产。坚持强化科技风险管理，完成了年度灾备办公室切换演练、数据恢复等演练，各项业务连续性计划得到严格落实，确保了全年安全生产无事故。

（六）积极组织协调，全力开展疫情防控。一是驰援国内和支持当地抗疫。积极支援国内抗击疫情工作，及时采购护目镜、手套、口罩等物资支援疫区和中资机构，作为中企协会长单位，动员中企协会员单位和员工捐款通过使馆划转灾区。向当地医疗机构捐赠款项和医疗物资。二是坚持底线思维，确保疫情常态化下安全经营。周密部署优化劳动组合，随着疫情的发展动态调整工作方式，从AB组轮换办公到最小化配置现场办公，确保业务连续性。积极开展各项防疫工作，制定防疫措施、应急方案，落实防疫物资、药品的采购和分发，统筹协调上下班通勤，保护员工生命安全。三是与兄弟机构商定两两备份方案，在总行指导下落实紧急托管方案，确保极端条件业务连续性。四是落实关心关爱员工措施，鼓舞员工队伍士气。做好外派员工思想工作，加强党建、廉洁从业学习，提振员工队伍精神。对全天在现场上班员工给予午餐补贴以及报销开车上班员工停车票，计划对疫情期间每天都到现场上班的员工给予适当奖励。

（布鲁塞尔分行）

米兰分行

2020年，米兰分行坚持将党建与中心工作深度融合，积极统筹疫情防控、经营发展和风险管理，取得了良好成效。

一、主要经营指标跃居当地中资同业首位

一是分行资产余额34.82亿美元，较年初净增13.62亿美元，增长64%。二是各项贷款余额19.71亿美元，较年初净增1.82亿美元，增长10%；客户存款余额19.15亿美元，较年初净增16.16亿美元，增长540%；月均存款余额14.98亿美元，较年初净增14.09亿美元，增长1 580%。三是实现拨备后利润1 435万美元，同比增长225%；净利润1 045万美元，同比增长246%。四是潜在信用风险全面“清零”，全年成功退出潜在风险贷款、收回问题贷款合计5 400万欧元。截至年末，分行无贷款发生新劣变。

二、“严疫防、稳运营”取得良好成效

一是将员工健康安全放在首位，通过科学研判、严密防控、动态管理，确保分行员工及外派员工家属中未发生一例感染事件，有力保障业务经营连续性。二是从网络信息、机房安全、远程办公、应急灾备等关键环节入手，扎实做好安全管理和应急预案，搭建满足当地监管要求的应急管理体系。三是将关心关爱措施落到实处，关注员工实际需求，切实解决个人困难，做好心理疏导，团队凝聚力、向心力和战斗力在疫情期间显著提升。

三、中心工作和重点业务呈现新亮点

（一）以抓存款为切入点，向负债要效益。分行有效克服居家办公等不利影响，深入开展存款营销攻坚，成功争揽Luxottica 6亿欧元低成本定期存款、Snam 7.5亿欧元低成本定期存款、Terna 1亿欧元定期存款、Bracco 1 500万美元定期存款。截至12月末，分行存款余额创历史新高，推动负债成本较年初下降68个基点。

（二）以抓本地市场为着力点，激发经营活力。一是跻身多个本地重点信贷项目。总分联动，成为首家入围CDP银团贷款的中资银行，参贷金额6 875万欧元；联动伦敦分行，成功获意大利500强企业过桥银团贷款牵头行委任，参贷金额1.55亿欧元。二是持续提高债券投资收益。聚焦超主权机构、政策性银行、龙头企业、金融机构等本地优质发行主体，把握投资窗口期，截至12月末，银行账户债券余额约3.2亿美元，较去年初增加约9.6%；实现投资收益162万美元，比上年增长107%，创历史最佳，全年债券业务创收约482万美元，为LCR指标管理提供有力支持。三是深挖主权类及同业客户合作潜力。截至2020年末，与本地主权机构合作实现突破，成功营销联合国农业发展基金以同业拆借的方式向卢森堡分行提供2 000万欧元资金；与本地代理行办理双边贷款余额合计约7 600万美元，以现金质押方式为机构客户开立保函的业务余额约4 400万欧元，合计创收约91万美元；全年走访及营销潜在外资金融机构客户逾20家，重点加大跨境人民币业务营销力度。

（三）以抓重点工作为关键点，提升价值贡献。一是全力服务重要展会平台，打造跨境撮合服务特色品牌。在服务进博会方面，作为全年中心工作来推动，会前，创新境外招商形式，联合意中基金会举办“云招商”，近150家意大利客户参会，反响热烈；成功邀请超过100户境外专业观众注册第三届进博会，超过30户企业现场参加工行配套活动“一带一路”投资洽谈会。会中，联动境内分行精准撮合，助力客户现场达成各类合作意向逾40项；推动11户意方企业参与联署中欧企业家支持中欧贸易投资合作的倡议；邀请意大利外交部副部长、意中基金会主席等重要嘉宾为中欧企业家大会录制视频致辞。在助力跨境撮合方面，对接Promos Italia等机构举办专场活动，助力中小企业跨境撮合，新华社等主流媒体广泛宣传报道；促成总行与意中基金会合作签约，为“环球撮合荟”平台

全球发布仪式、工行服贸会产品发布等活动，积极贡献务实成果。二是联动赋能客户服务能力和市场竞争力提升。对接境内机构深入开展联动合作，办理浙江海亮集团并购再融资 4 300 万欧元，潍柴香港行内银团 3 000万欧元，法拉帝再融资项目 8 500 万欧元贷款，帮助企业渡过疫情难关，助力全球产业链供应链稳定；以同业拆借或双边贷款形式支持境内分行，累计新增 1.7 亿美元。

四、合规风控管控能力进一步增强

（一）完善机制，压实风险管控主体责任。面对疫情全球蔓延叠加市场动荡等复杂局面，分行牢固树立底线思维，稳妥应对信用、市场、流动性、合规、税务、操作等各类风险，压实一道防线主体责任，通过信用风险分析会、合规恳谈会等机制，不断提升全面风险管控能力。以欧盟及意大利信息安全和数据保护监管要求为基准，坚持每日监控、实时汇报、每周总结，强化信息安全管理。

（二）夯实基础，认真落实各项监管要求。一是筑牢合规管理基础，全面落实意大利央行 2019 年反洗钱新规要求，完成存量客户 KYC light review，推进 FOVA 客户信息数据治理，按计划完成年度 Review。二是做好属地监管沟通，认真完成意大利央行各类问卷调研。三是助力系统开发，用好“一道防线”经验，对标监管要求及行内制度，参与 BRAINS 系统方案设计和研发测试。

（三）守土有责，不断提升信贷风险管理水平。累计化解潜在风险贷款达 9 600 万欧元，在当地中资同业中，首家实现潜在风险贷款“清零”，持续加强信贷风险管理，每周进行市场分析和信用风险排查，重点监测受疫情影响严重的行业，完善大户贷款风险分析机制。截至年末分行无新增贷款发生劣变。

五、坚持党建与业务发展实现同频共振

（一）党建引领，强化战斗堡垒作用。分行坚持党建引领，进一步增强“四个意识”、坚定“四个自信”、做到“两个维护”，把主题教育等学习成果用于指导实践、推动工作，引导党员干部强化政治机关意识、提高政治能力。切实发挥基层党组织的战斗堡垒作用，保持定力、服务大局，奋力开创经营发展的新局面。坚持以作风建设为抓手，塑造浓厚的干事创业氛围，以党风廉政建设为重点，打造风清气正的企业文化。

（二）严管厚爱，激发员工奋斗精神。分行以建设“百分百满意度境外一流优秀管理班子”“敢比善拼勇担当境外一流优秀工作团队”为具体目标，以绩效合约为主要抓手，通过管理层与部门主管签订目标责任书，做实全员 KPI 和 360 度评价机制，围绕全年经营管理重点目标，优化资源配置，实现精准滴灌。重视本地优秀员工的发掘和使用，持续夯实人才储备，提升本地员工忠诚度与归属感。疫情期间，举办丰富多彩的线上团建活动，加强跨文化交流融合，收效良好。

（三）驰援疫情，树立负责任的社会形象。一是支援境内 40 余万只口罩和 3 800 套防护服。二是作为当地首家举办防疫知识暨心理疏导讲座的中资银行，精心组织中企客户、华人社团、学校共 150 人线上参与。三是积极协助意大利政企在国内采购防疫物资，订单总额超千万欧元，把履行企业社会责任与支持国内企业复工复产扩大出口结合起来。

（米兰分行）

马德里分行

2020 年，面对本地严峻的疫情形势，马德里分行一方面抗击疫情、防控风险，上下一心打好抗击疫情“攻坚战”；另一方面危中寻机、稳中有进，凝心聚力打赢经营发展“保卫战”。

一、2020 年经营情况

（一）盈利情况。2020 年，分行共实现考核净利润 136 万美元，同比增加 65 万美元，增长 90%。其中：账面净利润 -169 万美元，同比增加 134 万美元；联动还原净利润 305 万美元。还原后利息净收入 652 万美元，同比增加 109 万美元，增长 20%。其中：账面利息净收入 444 万美元，联动利息净收入 208 万美元。还原后中间业务收入 342 万美元，同比减少 73 万美元，在营业净收入中占比 32%。其中：账面中间业务收入 275 万美元，联动中间业务收入 67 万美元。

（二）资产负债情况。2020 年末，分行总资产 5.72 亿美元（账面资产 5.63 亿美元，联动资产 0.09 亿美元），较年初减少 0.86 亿美元，下降 13%，其中：信

贷资产 3.98 亿美元，较年初减少 0.36 亿美元，下降 8%；债券投资 0.75 亿美元，较年初增加 0.12 亿美元，增长 20%。

2020 年末，分行总负债 5.56 亿美元（账面负债 5.51 亿美元，联动负债 0.06 亿美元），较年初减少 0.9 亿美元，下降 14%。公司存款余额 1.41 亿美元，较年初增加 0.61 亿美元，增长 75%。

二、2020 年主要工作举措

（一）主动防控、有序应对，打好抗击疫情“攻坚战”。新年伊始，在总行和总部的统筹指导下，分行主动作为，通过员工公益募捐、分行采购捐赠等方式，全力支援国内抗疫。疫情在欧洲暴发后，分行主动防控，有序应对疫情风险，联动境内分行采购物资、调配自用物资等方式，积极支持本地抗疫。

1. 早谋划、早行动，疫情风险得到有效防控。一是第一时间成立了疫情应急小组和疫情防控工作组，统筹分行疫情防控工作。二是做好现场办公管理及各类防疫安排。根据本地疫情演变适时调整办公安排。在疫情暴发初期，先后实施了员工分组分楼层隔离办公、错峰上下班等现场办公安排；提前完成了业务托管和 VPN 安装等全员居家办公准备工作，业务运行平稳有序；针对欧洲区域出现的多起恐怖袭击、暴力示威活动，制定了防恐、防暴力示威安全应急预案等内部制度。三是多管齐下，切实做好疫情期间各类风险防控。进一步加强对流动性风险的管理，迅速制定流动性风险应急预案。一方面，对资金拆借需求进行摸底排查，结合当时资金价格及各项资金变化情况，提前安排资金计划。另一方面，抓好公司存款等主动负债营销，拓宽资金来源，2020 年疫情期间累计吸收公司存款 9.7 亿美元。加强疫情期间信用风险管控。一方面，主动开展行业风险分析，严格把好信贷准入关，密切跟踪西葡两国的宏观经济形势和疫情期间政府政策的调整情况，制定疫情期间行业风险防控策略，审慎介入受疫情影响较大行业客户的信贷业务。另一方面，持续高频开展风险监测。对全部存量客户按周进行风险排查，并按风险程度进行分类，制定相应的信用风险缓释计划。按“三道口、七彩池”要求，完成了客户颜色识别和认定，全面夯实资产质量基础。加强市场风险和操作风险管理。密切跟踪市场汇率、利率水平及资金成本变化趋势，特别是对关键时点和重大金融市场事件保持高度警惕和合理规避。

2. 践行大行责任担当，支持国内和本地抗击疫情。一是全力支援国内抗疫。紧急采购防护服、防护鞋套和防护手套等三批次共 8 万余件防护物资，支援武汉四家指定接收医院。二是积极支持本地抗疫。本地疫情蔓延初期，迅速对接西班牙卫生部及马德里主要大型公立医院，将 5 万只 KN95 口罩捐赠至西班牙驻华大使馆，将 20 台空气净化消毒机捐赠至西班牙卫生部。同时，分行还调配自用防护物资捐赠本地公立医院、地方政府与我国本地留学生，并与江苏分行共同组织防疫知识在线讲座，多种形式支持西班牙抗击新冠肺炎疫情，展现大行责任担当。三是主动加强媒体宣传。新华社以及西班牙埃菲社、欧洲快讯、先锋报、马德里首都报、世纪日报、雅虎等 19 家主要西语媒体，相继对我行捐赠物资支持西班牙抗击疫情进行了报道。

（二）危中寻机、稳中求进，打赢了经营发展“保卫战”。

1. 凝心聚力、危中寻机，继续深耕本地信贷市场。一是积极争取本地优质银团贷款业务。2020 年，在本地疫情不利形势下，分行加强风险研判和行业分析，坚持关口前移、好中选优，全年成功落地三笔本地主流企业银团贷款，如以联合牵头行身份为西班牙英格列斯百货公司筹组 20 亿欧元再融资银团贷款，并参贷 3 050 万欧元。二是持续发力本地债券承销业务。如与工银标准联动营销，协助葡萄牙电力于 2020 年 4 月初成功发行了七年期 7.5 亿欧元绿色债券，当天投资者超额认购超过 7 倍。三是重点抓好当地公司存款营销。多措并举加强主动负债营销，全年累计吸收公司存款 9.7 亿美元。四是主动加强债券投资组合管理。加强市场利率走势研判和持有债券价格走势跟踪，抓住市场机遇，主动加强债券投资组合管理，在保证分行流动性达标的前提下，适时锁定价差收益。全年共完成债券交易 14 笔，涉及债券面值 5 250 万美元，实现债券投资收益 60 万美元。

2. 积极响应、迅速行动，全面落实重点工作。一是优势服务助力“春融行动”。分行密切关注疫情对中资在西企业经营的影响，适时为企业提供融资支持，先后以内保外贷方式为东北工业集团和江苏交通科学研究院在西子公司发放了 3 000 万欧元贷款。二是扎实推进第三届进博会服务工作。迅速建立专项工作机制。组建进博会工作团队，明确分工、细化工作方案，制作进博会相关营销材料，确定客户邀请方案、多资源渠道对接等工作重点。积极筹备本地宣传招商活动。在总行和总部的指导支持下，成功举办了两场线上“云招商”活动，100 余家西班牙企业参加了活动。分行共邀请 32 家企业注册成为进博会专业观众；邀请 4 家企业共计 6 名企业代表现场参加“一带一路”沿线贸易洽谈会，14 家企业参加“一带一路”沿线贸易洽谈会线上对接活动；邀请 5 家西班牙龙头企业联名签署总行发起的“中欧企业家支持中欧贸易投资合作的倡议”；营销 24 家企业入驻“环球撮合荟”，56 家企业设立进博会展台。三是积极参与跨境联动扶贫工作。分行积极响应总行跨境联动扶贫工作号召，积极邀请客户参加总行跨境扶贫线上“云招商”活动。逐户联系邀请知名中餐馆和食品进口华商，邀请十余家优质客户参加线上招商活动。积极对接总行“空中英语课堂”，选拔8名员工组成志愿教师队伍，在为期3个月的时间内为傅家小学六年级同学提供4堂线上英语教学课程。

（三）进一步深化反洗钱合规管理。一是进一步完善合规治理架构。高度重视委员会等集体决策机制的职能强化和作用发挥，全年共召开反洗钱与合规管理委员会12次，涉及客户状态、交易监测、合规专题项目、合规培训、新规落实等重要反洗钱合规管理工作；于2020年10月正式成立了客户准入委员会，加强对高风险客户的准入管理，全年已召开了5次会议。二是进一步提升全员合规履职能力。高度重视反洗钱合规培训工作，根据年初制定的培训计划，有序推进各类反洗钱合规培训，组织开展内外部培训9次，按时完成了总行境外机构反洗钱标准化手册网络培训和境外机构合规反洗钱云课堂培训。三是坚持合规履职要求不放松，进一步强化三道防线履职要求，统一制定客户重评年度计划，有序推进、按时保质完成了客户重评工作，实现了零延迟、无积压。顺利投产客户尽职调查管理系统（CIS），进一步提升了分行KYC自动化水平。根据本地监管要求，按时完成了2019年度反洗钱外部专家评估，普华永道出具了无检查发现的专家报告。

（四）党建引领，为实现稳中有进提供坚强保障。一是加强组织建设，党支部充分发挥政治核心和战斗堡垒作用，党组织的凝聚力、战斗力和创造力进一步增强。二是加强理论学习，提升政治素质。全年共召开支部会议11次，除加强重要文件精神学习外，还综合运用典型案例、视频资料、时政资料，丰富学习内涵和形式。三是加强廉政建设，完善反腐机制，建立了廉洁从业监督制度，有序推进分行廉洁从业监督各项工作，加强重点领域和关键领域廉洁从业执行监督。

（马德里分行）

华沙分行

2020年，华沙分行在积极应对新冠肺炎疫情挑战前提下，审慎挖掘潜在市场资源，不断夯实合规和风险管理基础，总体上保持了健康平稳的发展态势。

一、着重提高质量和效益，合理把握业务节奏

全年实现净利润1 507万美元，同比增加101万美元，增长7.21%；实现中间业务收入750万美元，同比增加131万美元，增长21.14%；总资产达到23.52亿美元，其中本地化贷款余额14.36亿美元，较年初增加0.71亿美元，占信贷资产比重为72.84%。本地化客户占信贷客户比重为91%，较年初增加0.7个百分点；经营效率稳中有进，NIM、ROA、ROE分别为1.07%、0.88%和9.33%，较年初分别提高了0.18个、0.12个和0.56个百分点，成本收入比28.09%，较同期下降4.88个百分点；合规和风险管理保持良好局面，无重大违规事件和监管负面评价，信贷资产继续保持零不良，零逾期，零剪刀差。

二、巩固优势，促进业务均衡发展

2020年，华沙分行继续调整结构，坚持立足波兰，深挖本地市场，为华沙分行的可持续发展奠定坚实基础。一是大力拓展本地业务，挖掘新的增长点。以市场为中心，深耕波兰市场。2020年，成功营销和落地包括波兰铁路唯一输电系统运营商PKPE、波兰最大电商集团Allegro、波兰最大的两家石油集团Orlan和Lotos等一批重点客户。以创新为驱动，拓展横向区域，积极开展外外联动。以双边金融合作为契机，抓住熊猫债机遇。第一时间营销介入波兰财政部熊猫债项目，成功签署承销委托书，并完成发行前的相关准备和注册，注册额度为30亿元。二是提升资金精细化管理水平，优化负债结构管理。寻找同业兹罗提融资渠道。新增活跃交易对手千禧银行一户，并完成首笔长期限兹罗提资金拆借。积极寻求在当地市场发行债务融资工具的机会，协助发行卢森堡分行兹罗提大额存单项目的准备工作。努力优化负债结构。充分利用货币市场拆借、外汇货币掉期、存量拆借提前还款、企业存款等流动性工具，有效地控制成本。三是积极落实“春融行动”，全面营销中资背景业务。积极落实总行“春融行动”，全力支持中资企业投标波兰基础项目建设，先后为国家电网、中水电等18家中资企业进入中东欧市场提供了结算、汇兑、保函、内保外贷融资、供应链融资等金融支持。

三、严格风险控制，确保稳健运行

做好长时间应对外部环境恶化的思想准备和工作

准备，坚持把严格准入、风险排查和应急预案做在前面，坚决守住资产质量底线。一是重点抓好信用风险防控。全面排查分析石油天然气、航空、物流、商场、零售、酒店等受疫情影响较大且有我行客户分布的行业，及时研判疫情蔓延对客户正常经营及还本付息可能带来的影响。分行所有信贷业务还本付息正常，信贷资产未出现实质劣化。二是持续优化操作风险防控流程。在疫情暴发初期将操作风险监测上报频率增加到按周上报，对每个部门业务运行过程中可能存在的操作风险点逐个环节进行分析和监控。出台疫情期间内部文件流转机制、金融市场交易授权和贷审会非现场审议机制，在确保业务流程符合内部控制要求的前提下保证了业务处理效率。防范 IT 风险，坚持 VPN 用户开通和电脑配置最小化，及时出台 VPN 操作指引和注意事项。三是全面加强其他风险管理。对 RWA、LCR、NSFR、固定利率缺口、国别风险监控以及各类敞口等进行持续准确监测，建立风险提示机制。通过当地纸媒、网络、电视媒体等持续监控关于工行的声誉风险信息。

四、重视合规管理，坚持底线思维

华沙分行坚持合规经营的理念，按照最佳银行实践，从严落实合规反洗钱的各项规定，不断探索适合分行实际的合规管理长效机制。一是注重合规机制建设。坚持分行一把手统筹规划，把握分行合规经营的全局方向，做好分行合规经营的相关工作。注重优化合规业务流程，不断优化合规部门的 KYC 岗位职责，前台部门设立合规柔性支持团队，推动合规流程的顺利运转。二是注重内外部合规事项沟通协作。进一步推动合规风险防控前移，将合规规章制度的执行情况纳入对前台部门的年度绩效考核，把好合规风险的第一道关口。注重加强分行部门之间的沟通协作，积极落实卢森堡及波兰的各项监管规定，为满足各项监管合规要求及时提供有效的数据及系统支持。主动与监管加强沟通，保持良好的监管关系。三是注重加大合规资源投入。加大合规人员投入，合规人员占总人数达到 14%，较年初增加了 4 个百分点。加强与专业机构合作，针对 GDPR、合规培训等重点事项，加强与外部咨询机构的合作，推动合规管理向更加专业化水平迈进。

五、做好疫情防控，营造安全环境

华沙分行将疫情防控和员工身心健康放在突出位置，截至年底，分行无确诊病例。一是高度重视疫情防护和员工关爱。采取 AB 组轮岗或最小化人员办公，及时、充足保证防疫物资供应，全力为员工营造安全、安心环境。落实总行员工关心关爱政策，对单身、病孕、新入职员工进行重点关注和谈心谈话，充分借助总行和境内分行以及互联网资源开展员工心理疏导、病毒知识普及讲座等活动，保障员工身心健康。二是细化疫情防控预案和安全生产管理。制订实施了分层办公和远程办公方案和员工确诊病例应急预案，加强 VPN 访问策略控制，按最小必须原则进一步缩紧用户可访问的系统范围，定期做好 VPN 安全检查、防病毒监控、登录日志分析。三是积极践行社会责任。贯彻落实总行和总部的部署和倡议，向武汉协和医院捐赠 2 批口罩和防护服，向波兰当地华人留学生捐赠了一批口罩和消毒液，向当地医疗机构捐赠一批消毒机、口罩和消毒液，为在波中资企业和留学生组织两场防疫讲座。

（华沙分行）

工银标准

2020 年，工银标准落实增收入、降成本、控风险、促整合的要求，通过加强党建引领和公司治理、调整管理团队、优化业务条线、精简机构布局、深化集团管理等一系列变革，经受住了新冠肺炎疫情和国际金融市场剧烈动荡的双重考验，取得良好成效。

一、坚持党建引领和公司治理

2020 年，工银标准持续加强党的建设，不断强化与集团的战略协同、业务协同、风控协同和文化协同。优化公司治理，实现工行外派管理层全面实质接管和当地核心管理团队稳定，集团战略传导和贯彻执行力度显著增强。强化战略执行，关闭股票业务线，完成基本金属与贵金属业务合并，提升核心业务优势和资源配置效益。关闭东京、迪拜和香港分行，大幅压降经营成本。

二、实现经营业绩和专业能力双提升

2020 年以来，工银标准克服海外疫情持续蔓延与金融市场剧烈动荡的双重挑战，积极把握大宗商品与新兴市场机遇，合理平衡业务发展与风险管控，经营业绩不断提升。全年实现净利润 1. 16 亿美元，创历史最好

水平。

围绕打造工商银行集团商品业务中心和海外金融市场业务中心的战略定位，加强专业能力建设和集团协同机制建设，努力实现全产业链服务能力的提升和对全集团价值贡献的增长。2020 年实现集团联动收入超 9 000 万美元，创并购以来历史最好水平。2020 年，工银标准先后荣获上海黄金交易所颁发的“最佳国际业务创新会员奖”“最佳国际业务创新交易员奖”，荣获中央国债登记公司颁发的“担保品业务杰出机构奖”；在部分新兴市场国家主权债券交易量位居市场前三名。

三、实现业务拓展和风控合规双稳健

不断优化客户结构和产品结构，在客户选择上向工商银行核心客户和优质中资客户倾斜，形成大宗商品业务、新兴市场业务和结构化融资业务各占三分之一的业务格局，聚焦打造核心主业和中资银行独有特色品牌。特别是在推进国家“一带一路”倡议、人民币国际化战略、服务重点中资商品和能源企业等方面发挥了积极作用。与此同时，子行持续强化风险管控和监管合规能力提升，获得了外部评级的持续提升和当地监管机构的认可肯定。穆迪评级由往年的 Baa3 上调至 Baa1，长期展望稳定；惠誉评级继续维持在 A－的较高水平，凸显了子行经营提升和集团支持作用的显著成效。

四、做好常态化疫情防控确保持续运营

子行周密部署、快速应对，有力有序抓好疫情防控，保持了子行平稳经营态势。一是切实履行主体责任。子行管理层第一时间组建全球防控小组启动应急机制，统筹部署全行疫情防控和经营运转有力开展、有序推进，始终保持高度战略定力和责任担当，确保了全行员工健康安全和业务平稳运营。二是审慎把握疫情发展态势。针对疫情形势变化及时动态调整防控重点和应对措施，增强对外部形势变化的整体把握，最大限度采取有效的疫情防控和风险管控措施。三是做好子行各分支机构管控。加大对美国、新加坡、上海、香港等分支机构人员的管理，提高重视程度，结合所在国管控措施，严格做好防疫管理和应对预案。四是充分履行社会责任。子行在年初组织全行员工为国内捐款捐物，会同伦敦分行向英国当地医疗体系捐赠物资。

（工银标准）

工银伦敦（伦敦分行）

2020 年，伦敦机构全力抓好总行各项重点工作部署和常态化疫情防控，实现了员工安全、运营持续、风险可控、业务平稳的总体目标，2020 年末资产总额达到 204.7 亿美元，较年初增长 7.4%，实现拨备前利润 1.45 亿美元，同比增长 29.7%，净利润 5 670 万美元，账面拨备总额 1.05 亿美元，较年初增提 7 116 万美元，增长 210%，不良贷款余额 2 764 万美元，不良贷款率 0.25%，不良贷款拨备覆盖率 380%。

一、全力推进各项重点工作

（一）响应号召，全力支持国内抗疫，积极开展定点扶贫。国内抗疫方面，积极为武汉医院筹集医用防护服（1 438 套）、医用口罩（2 200 件）、医用护目镜（90 套）等国内短缺医疗用品，组织捐款捐物合计 1.1 万多美元，协助国内兄弟行采购医疗物资。扶贫方面，年初向四川巴中市南江县贵民乡九年义务教育学校宿舍楼升级项目定向捐赠 86 100 元，6 月通过“中英公益”平台向云南省金平县打落村爱心项目捐助 2 500 英镑，促成当地客户向通江县教育科技和体育局汇款捐赠 500 英镑。积极联系当地华人企业参与跨境联动定点扶贫，推介英国最大网上中国超市对四川扶贫县市产品进行采购。积极支持当地抗疫，向英国当地五家医院捐赠 10 万只医用口罩，协助总行、使馆组织当地留学生在线参加防疫专家讲座，响应使馆号召为部分留学生提供必要的医疗物资。

（二）发挥优势，助力“境内外汇业务首选银行”战略，支持“中资企业走出去”。重点服务优质“走出来”中资客户，以银团贷款、双边贷款、贸易融资、现金管理、多币种存款等多产品为抓手，全面推动和支持中资客户。全年参与 7 家央企/大型国有银行境外分支机构的 16 笔融资项目，涉及总金额 42 亿美元，伦敦机构签约金额 8.9 亿美元，并推动工行整体参贷金额超过 10 亿美元。此外，成功为华为英国财务公司、中央电视台等客户开办现金管理业务，并储备了字节跳动英国、中航油英国等新客户。成功营销国投电力英国上市资金的独家收款账户行资格，成为客户在英国的首选金融服务银行。

（三）内外联动，积极开展“春融行动”。针对业务协同度高、有合作基础的目标客户展开定向营销，一户一策，4 月总行发起“春融行动”以来累计向名单内 6 家客户办理表内外融资合计 21.4 亿美元，其中贷款

5.16亿美元，国际贸易融资4.62亿美元，办理债券承销78亿美元，国际结算24.3亿美元，重点投向国内金属、石油化工、建材等企业产业链客户，对国内稳外贸、促复产起到积极作用，为推进加快形成“双循环”新格局添砖加瓦。

（四）极尽所能，积极支持“进博会”。与上海分行、北京分行联合举办两次线上推广活动，邀请到14户企业报名注册。积极邀请世界500强企业参加中欧企业家大会，成功邀请阿斯利康、英国最大在线购物网站The Very Group代表签署中欧企业家中欧贸易投资合作的倡议，成功邀请英士力中国区CEO现场参加中欧企业家大会。积极宣传推介“环球撮合荟”平台，成功邀请两户英国企业洽谈。

（五）突出特色，积极支持国家“一带一路”倡议。面向EMEA区域优质客户，以银团贷款为抓手，参与“一带一路”区域13个国家的17个优质客户的19个项目，涉及项目总金额180亿美元，伦敦机构实际签约项目17笔，签约金额12.6亿美元，并推动工行整体参贷金额超过16亿美元。其中，伦敦机构联合牵头16笔、金额12.1亿美元，担任银团最高层级簿记管理行10笔、金额8.3亿美元。

（六）多措并举，积极支持人民币国际化战略。积极与国内兄弟行联动，成功举办跨境人民币及贸易结算、银行间债券市场投资机遇两场主题线上交流会，以人民币结算和贸易融资为抓手，全年完成跨境人民币业务量54亿元，累计发放跨境人民币贸易融资24.53亿元。积极响应中国资本市场开放，参与银行间市场投资、与总行金融市场部的债券交易，配合总行与多家境外机构投资者建立CIBM交易对手关系，完成10亿元人民币债券交易。积极拓展人民币融资渠道，成功发行人民币CD。

（七）谋求多赢，积极推进内外联动。发挥国际金融中心机构带头作用，通过主动推荐、联合营销、牵头审批、共同参贷、风参、转让等多种方式推动集团内业务联动。2020年累计为20余家兄弟机构推荐银团60多笔、130多亿美元，最终与10家境内外兄弟行成功合作19笔银团、24亿美元。

二、全力抓好常态化疫情防控，努力保障员工安全与运营持续

（一）未雨绸缪，及时完善并启动BCP预案，确保持续运营。根据疫情发展态势，及时制订和动态完善全方位、详细、分级应急预案。疫情初期每天召开网上BCP碰头会，5月12日以来改为每周两次网上BCP碰头会+两次经营分析会，6月以来改为每周一次BCP会议，各专业委员会也均通过“云会议”正常履职。资金交易、后台业务操作等核心运营功能均可通过现场轮岗+VPN远程操作+总行业务运营中心代管、总行交易代管等模式实现持续运营，保障了所有业务职能的平稳运行。

（二）细处着手，突出员工管理与关心关爱，员工情绪总体稳定。始终把员工安全和心理健康放在首位。一方面全方位布防，及时采取了各种安全防范措施，包括：员工心理疏导、互助关爱小组、储备医疗物资、办公室定期消毒、居家办公、错峰上下班、更新防疫信息、实施旅行建议、出差管控、会议管控，准备救治预案，也与使馆保持密切沟通，寻求医疗支持等；第二波疫情以来，在继续抓好前期各项防疫措施的基础上，重点加强员工管理，确保有序、安全办公。

三、全力抓好全面风险防控，努力确保非常时期各项风险可控

研究制订了关于落实总行常态化疫情防控下全面风险管理工作意见的方案，对常态化疫情下的全面风险管理做出周密安排，全年未发生大的信贷、市场、合规、流动性、操作风险事件，各类风险整体可控。

（一）突出抓好信贷风险管控。认真梳理排查大户风险、异地贷款风险、承诺类业务风险，持续梳理和化解存量信贷风险，严控新增敞口，信贷风险总体可控。2020年末贷款余额111亿美元，不良贷款率0.25%，不良贷款拨备覆盖率380%，总体信贷风险可控。

（二）重点领域均有风险管控预案。详细研究制订了各种场景、各类风险、分层分级防控预案，并结合总行新要求、疫情新态势、伦敦机构新情况对预案进行动态更新和优化。贷款流动性储备较为充足，市场风险敞口较小，建立了较为完善的居家办公管理规则、信息安全管控措施，流动性风险、市场风险、操作风险、合规风险、信息安全风险相对可控。

四、危中寻机，优中选优，实现业务平稳发展

伦敦机构在疫情期间坚持“稳”中求“稳”经营策略，统筹好安全、风险与业务的关系，合理把控资产发展节奏，“危”中寻“机”，业务拓展坚持“优中选优，严把新增客户准入，主攻优质、存量客户存量与疫情融资，借机巩固和深化优质客户合作关系”，实现了业务平稳增长。

（一）核心资产稳中有升，经营效益平稳增长。2020年末核心资产——贷款余额111亿美元，较年初增长13.4%，实现净利息收入1.41亿美元，同比增长14.7%，拨备前利润1.45亿美元，同比增长29.7%，净利润5 670万美元，同比下降15%（主要受大额增提拨备影响），账面拨备总额1.05亿美元，较年初增提7 116万美元，增长210%，不良贷款余额2 764万美元，不良贷款率0.25%，不良贷款拨备覆盖率380%。实现中间业务收入3 374万美元，同比增长15.2%。成本收入比22.8%，同比下降3.2个百分点。

（二）成功拓展多笔优质存量客户业务。成功参贷BP 3亿美元石油融资，先后承销其32.5亿欧元债券、47.5亿欧元和12.5亿英镑混合债券；参贷Shell 6亿美元疫情备用融资，承销其20亿欧元双期限债券，成为一家承销商中唯一的中资银行，并借机营销其4亿美元存款。成功牵头或参贷英国国家电网公司、必和必拓、嘉能可等多家优质企业银团疫情贷款或再融资。

（三）EMEA区域银团业务排名获提升，两项指标排名超中行。充分发挥伦敦国际金融中心机构的综合优势，通过密切与优质客户和银团主流牵头机构的长期合作关系争取营销先机，在严控风险基础上抓服务、抓效率。2020年成功办理59笔一级市场银团业务，签约额60亿美元，同比增长25%，其中EMEA市场银团账簿管理行签约21笔、37亿美元，排名34，较年初提高15位；牵头行签约49笔、65亿美元，排名35，提高5名。

（四）斩获多个年度最佳绿色融资奖项。联合牵头筹组中粮集团首笔23亿美元可持续银团贷款，是全球大宗商品交易商有史以来最大额度可持续发展贷款，获评亚太地区贷款市场协会、环境金融、《财资》杂志等多家机构“年度最佳绿色银团贷款”，以及中国银行业协会“2020年度一带一路项目最佳银团”。此外，联合牵头英国最大的废物管理和发电项目25亿英镑银团贷款，并承贷2亿英镑。

（工银伦敦）

法兰克福分行

2020年，法兰克福分行统筹安排做好疫情防控和经营管理各项工作，攻坚克难，实现业务稳中有进，不仅圆满完成了年初的既定任务，还实现了关键指标的同比提升。

截至2020年末，分行资产总额46.24亿美元，其中各项贷款余额和债券投资余额均保持同比增长态势。2020年，分行全年实现净利润1 612万美元，同比增长2.54%，完成总行全年计划任务的101.68%，其中中间业务收入926万美元，完成总行全年计划任务的112.89%；截至2020年末，分行ROA、ROE和NIM均实现同比提升，较上年分别提高10个、17个和16个百分点。在经营规模保持基本稳定、经营效益稳步提升的同时，分行持续强化风险管控，并取得良好效果。截至2020年末，分行资产质量继续保持零不良，成为近五年唯一保持零不良贷款的本地中资银行。

一、慎终如始抓防控，保障员工健康和经营稳定

2020年疫情发生以来，分行坚决贯彻落实总行疫情防控工作部署，结合德国当地疫情及驻地使领馆要求，严格落实一把手负总责的工作责任制，压实全员四方责任，统筹协调做好疫情防控和经营管理工作。

（一）及时响应，严防死守做好疫情防控。一是迅速组建抗疫工作小组，由总经理担任组长，把疫情防控作为当前时期最紧迫任务来抓；二是紧急制定各种应急预案，确保出现紧急状况时各项工作有章可循；三是畅通信息监测流转，保持与总行和使领馆的密切沟通汇报，切实将总分行疫情防控要求和关心关爱传达至每位员工。

（二）多措并举，确保业务连续运营。一是启动现场轮值办公，按周制定人员轮值计划、严控办公场所人数，并结合疫情情况及时动态调整工作要求；二是确保生产安全稳定，迅速布置完成应急工作环境搭建以备紧急状况使用，同时为分行业务骨干搭建VPN生产办公环境，强化VPN信息安全监控；三是保驾护航业务运营，制定分行同城及异地灾备应急预案，按照疫情发展不同阶段，分别设计应对措施，保障集团欧元跨境清算业务安全运营。

（三）积极筹措，保障物资场所安全。一是积极储备防疫物资，确保口罩等重要抗疫物资储备充足；二是做实安全保卫措施，提前谋划办公场所卫生、安全措施和安排并第一时间做好安全事件预警提示，将员工安全和染疫风险降至最低。

二、主动作为强措施，实现疫情防控和经营管理双赢

（一）坚持稳中求进，危中寻机提质效。

一是做强公司信贷业务。全力拓展本地优质客户。截至2020年末，分行信贷客户数80户，同比增长15.94%；全年拓展了巴斯夫、博世集团、德国邮政等德国世界500强企业，以及福伊特、伟巴斯特等一大批德国行业龙头企业。抢抓信贷业务窗口。为“走出来”中资在德企业、德国跨国公司及行业领先企业新增发放贷款41笔、累计发放金额4.66亿欧元，累计开立保函

42 笔，金额合计 9 922 万欧元。稳健发展贸易融资。累计办理贸易融资 114 笔，金额合计 11.28 亿美元，拓宽欧元资金运用渠道并取得较好收益。持续优化客户结构。在清退非目标客户的同时，为中车福斯罗、中电建 TLT 等优质在德中资客户提供账户结算及网银服务。发挥内外联动优势。着眼服务全局，认真落实总行关于第三届进博会客户邀请、推广宣讲、联署倡议等项工作，与总行普惠金融事业部联合参加“中德连线，对话隐形冠军”活动，重点向德国高端装备制造优质客户推介“一带一路”商贸洽谈会及“环球撮合荟”交易平台。

二是做精清算业务。强化清算系统建设。年内成功投产总行清算平台系统，极大提升分行欧元清算服务能力，日均支付类清算报文业务处理量由投产前的 4 000 笔提升到 5 500 笔（增幅达 37.50%），真正实现了欧元清算全行一体化管理。巩固清算市场地位。全年处理各类清算业务 43.1 万笔，总金额 8 961.4 亿欧元，较上年末增长 13.45%，实现清算中间业务收入 565.72 万欧元，清算业务在本地中资同业中仍保持相对领先优势。提升客户服务效能。强化线上服务主渠道，年内投产新版企业网上银行，采用了全新的服务界面，新增了批量付款、SEPA 预约汇款等实用功能，网银汇款离柜率占比达到 92%，得到客户一致肯定。

三是做优金融市场业务。强化流动性管理。以滚拆方式增强分行流动性，创新运用总行债券参与欧洲央行流动性支持，获得低成本稳定的美元资金，积极参与欧洲央行两次 TRTLO Ⅲ和一次 LTRO，累计融入低成本资金 2.47 亿欧元。逆势提高资金收益。通过同业存放头寸分层计价机制，累计多收取利息约 289 万欧元，合理运用欧洲央行存款准备金双层计价政策，累计减少负利息支出约 109 万欧元；积极利用欧元清算头寸开展短期资产业务，累计拆出一个月以内资金 86 亿欧元，节省约 42 万欧元负利息支出。全年分行全币种平均付息成本降至 0.47%，较上年降低 53 个基点。创新人民币账户融资。积极挖潜本地离岸人民币需求，从境内累计融入 2.75 亿元人民币，用于为本地代理行提供离岸人民币流动性支持。

（二）强化风险防控，化危为机谋长远。分行认真落实总行全面风险管理要求，扎实推进“主动防、智能控、全面管”，强化三道防线建设，尤其面对新冠肺炎疫情不断反复、全球金融市场震动等复杂形势，将风险防控工作摆在突出的位置，确保分行经营稳健发展。

一是抓好信用风险管控。统筹抓好存量和新增业务风险，审慎拓展业务，认真做好信贷大户分析、风险监测排查、存续期管理和“三道口、七彩池”信用风险管理工作要求，对存量业务进行审慎风险预判并提前做好应对措施。

二是强化流动性风险管理。利用分行作为集团欧元清算中心的优势，危中寻机，打开思路，在总行的指导和支持下探索研究多种应对措施，实现对流动性风险的有效管控。

三是持续整改深入研究。踏实做好内外部审计发现的整改工作，统筹资源配备，通过合规教育、外部咨询、建章立制、差距分析、完善组织、加强沟通、跟踪督办等措施，对整改清单进行动态管理，确保按时保质完成整改，进一步夯实分行基础管理。

三、党建引领强队伍，夯实人才队伍基础

坚持党建引领，落实严管厚爱，在全力保护员工身心健康的同时，持续真抓实干、提升人员效能。

（一）夯实分行党建基础。一是加强政治建设。将政治建设摆在支部党建工作首要位置，增强“四个意识”，坚定“四个自信”，做到“两个维护”，严格落实境外党建“双重领导、双线报告”制度，坚决贯彻落实总行党委、驻德使领馆党委各项决策部署。二是开展理论学习。支部委员定期组织集体学习，在全体党员中落实学习要求，紧跟中央和总行最新政策，认真学习贯彻党的十九届五中全会、中央经济工作会议精神，集中学习总行陈四清书记“七一”专题党课讲话及商业银行经营管理十五组关键词，将理论学习与当前分行疫情防控和经营发展实际相结合。

（二）优化机构人员结构。一是稳步推进机构改革。年内完成了原中国业务部和本地业务部整合，成立公司金融业务部，落实了前台大部制加柔性团队设置，为后续业务拓展和流程优化打下基础；成立内部审计部，进一步完善了分行内部治理架构，强化“第三道防线”建设。二是挖掘存量人员潜力。面对疫情影响的困难，积极从存量员工中挖潜补位，通过提拔本地骨干员工、跨部门建立柔性团队、任命管理层成员兼任部门主管等方式，满足内部控制和业务流程合规要求。三是及早谋划外派轮换。对今明两年外派员工任期到期情况进行集中梳理，提出外派岗位轮换需求，并首次通过集团内公开招聘的方式成功选聘 2 名部门主管层级员工，全年共有 11 名外派员工到期回国或转派其他境外机构。四是拓宽本地人才引进。与多家本地猎头公司合作，扩增本地高素质人才池，满足重点专业岗位的人员需求，在分行官网和本地招聘网站长期发布招聘广告，从中选拔教育背景优异、综合素质良好的岗位人员，全年共计招聘本地雇员 11 人。

（三）落实严管厚爱要求。一是执行人员考核制度。积极配合总行开展分行副总经理任期考核，以及合规官、反洗钱官等关键专业岗位人员年度考核，组织全体员工一体化年度考核工作，做好员工试用期考核和合同到期考核，为用人决策提供科学依据。二是增进员工队伍活力。通过用人导向和激励机制，激发干部员工敢于担当、克难攻坚、踏实做事的劲头，完成 3 名外派干

部国内职级晋升，积极推选疫情期间冲锋在前的员工参加总行荣誉称号评选。三是关心关爱员工生活。积极落实总行对境外员工关心关爱政策，为外派员工及家属提供充足防疫物资保障，开通外派员工及家属与国内心理专家一对一咨询热线，妥善安排部分员工回国休假探亲解决家庭实际困难，缓解人员紧张情绪。四是持续强化教育培训。充分运用线上培训资源，组织员工参加工银大学平台各类专业培训，聘请外部咨询公司开展为期三天的 MaRisk 风险合规培训。

四、胸怀大爱显担当，积极践行社会责任

疫情期间，在做好疫情防控、确保业务稳定运营的同时，分行以大行担当为己任，统筹协调，以各种方式积极践行社会责任，树立良好品牌形象。

一方面在国内疫情严重期间，分行全力筹措防疫物资捐赠国内医疗机构；在德国本地疫情暴发后，从国内采购紧缺医疗物资捐赠给使领馆和德国当地医院。另一方面，积极响应总行组织的“空中英语课堂”跨境教育定点帮扶活动，组织安排本地及外派员工为四川省南江县长赤镇傅家小学四年级 30 多名学生开展线上英语教学等扶贫活动，取得良好效果和反馈。此外，分行党支部捐赠专项党费 10 万元给金阳县少儿大病医疗基金项目，开展健康扶贫。

（法兰克福分行）

工银莫斯科

一、2020 年经营情况概述

俄罗斯自 2020 年初以来新冠肺炎疫情严峻，全年感染人数高居世界第四，卢布大幅贬值，经济衰退约 5%。年内俄央行四次降息，关键利率从年初的 6.25% 降至 4.25%。期间俄顺利完成了联邦政府更换和宪法修订公投，社会秩序、银行业和金融体系相对稳定。

子行认真贯彻落实坚持防疫优先，团结拼搏，迎难而上，切实保护人员、资产和运营安全，主要竞争力指标稳中有进。2020 年末资产总额 10.65 亿美元，比 2019 年末增加 1.04 亿美元；受压降退出个别潜在风险客户贷款以及部分客户提前归还等因素影响，各项贷款（含贸易融资）2.76 亿美元，比 2019 年末减少 1.49 亿美元；债券投资余额 1.33 亿美元，比 2019 年末减少 1 286万美元。客户存款 4.65 亿美元，比 2019 年末增加 1.02 亿美元，完成总行年初下达任务增量 5 000 万美元的 204.15%；同业存款余额 2.32 亿美元，比 2019 年末增加 9 106 万美元。营业收入 2 688 万美元，同比减少 502 万美元（卢布口径实现 20.15 亿，同比增加 3 093 万，增长 1.56%）；实现手续费及佣金收入 387 万美元，同比减少 5 万美元（卢布口径实现 2.9 亿，同比增加4 613万，增长 18.91%），完成目标数 350 万美元的 110.57%；实现拨备前利润 1 374 万美元，净利润 863 万美元，完成目标数 600 万美元的 143.87%。

二、2020 年经营管理主要特点

（一）防疫优先保开门。加强完善组织领导、工作机制，优先保障人员健康，发动全员，责任到人。2020 年子行有两名俄籍员工确诊，均已康复。2020 年 2 月抓紧完成灾备运营中心建设，不断完善优化业务连续性应急预案，坚持三级紧急响应、内外部应急联络报告机制（使馆、总行、莫斯科市、俄央行）、最小化集中办公排班，一旦发现人员健康异常及时应急调整人员排班。蔡欣欢同志科技抗疫保障有力荣获使馆党委“先进党员”表彰。反洗钱、清算、资金、科技、会计、营业部等部门克服困难勤勉履职。轮班以来各类业务处理及时，操作风险控制较低，运营持续稳定，保持对重点客户重点产品的优质服务。跨境人民币业务逆势增长，人民币清算行业务量1 518.54亿元，同比增长 24.20%，新拓参加行 6 家。在莫斯科交易所人民币—卢布做市商交易额同比增长 220%。

（二）严控风险保合规。2020 年初和每位员工签订绩效合约落实对合规、安全、风险管控的“一票否决”责任。在董事会指导下做细做实主要风险压力测试和风控预案，明确“安全第一”审慎风险偏好和策略。授信部会同前台加强宏观形势、行业和贷款客户的风险分析研判，退出相对高风险业务，专注俄优势产业优质客户，严把新贷款入门关。收紧了贸易融资，婉拒了俄罗斯航空的融资需求，退出了疫情影响前景未明的5 100万美元银团参贷。前台非现场营销重点客户成效显著，各项存款稳定正增约 2 亿美元，保持流动性指标在安全较好水平。通过收紧授权、暂停复杂交易、高质量产品控制管控市场风险。继续每年盈利向总行分红，降低股东权益敞口和卢布汇率风险，2020 年分红约2 100万美元，已连续四年分红累计 9 000 多万美元。

（三）合规部与监管保持密切沟通，每周监测分析新的国际制裁法律法规监管新要求，发布了近 600 项监

管新规提示，完成300多个内部命令及制度发布，加强合规审查、合规培训、合规和操作风险的警示监督，督促内部检查发现问题整改。反洗钱部在做好日常涉敏反洗钱业务筛查审核工作的同时，认真落实总行五大任务和俄央行新要求。认真排查内外部欺诈和各类安全隐患，检查落实防疫措施，排查人员异常。解聘防疫及履职不力员工两名。无合规和重大风险事件，零不良贷款，主要风险指标都在绿色区域。

（四）抓早抓重点努力稳经营。公司部争揽了中海油、葛洲坝北京燃气等中资在俄子公司落户，海尔、第一车辆厂、NLMK等客户的较长期限大额存款。疫情期间全力保障重点客户服务，对被禁足的客户提供上门收单送件，为VIP客户预约柜面和现钞服务。抓住长安汽车和白俄罗斯UNISON汽车组装厂CKD项目合作的契机，精心设计资金汇划路线，提供外汇监管咨询服务，推介远期信用证产品，有效地解决了长安汽车在俄罗斯对资金安全和账期的需求痛点，成功挖转。

（工银莫斯科）

布拉格分行

2020年以来，布拉格分行保持运营稳健连续，资产保持零不良，全年无监管合规和风险事件发生，全员零确诊。截至2020年末，分行连续3年圆满完成总行下达经营目标T3值，实现开业前三年良好收官。

一、2020年经营计划指标完成情况

截至2020年末，布拉格分行实现净利润202万美元，同比增加59万美元，增长41%，其中考核净利润189.5万美元，考核还原12.5万美元。净利息收入163万美元，中收162万美元。不良贷款余额和不良率均为零。各项核心指标均完成总行经营绩效目标T3值。资产、利润均高于中行、交行，为当地中资同业首位。

二、主要工作成效

（一）不忘初心，抓严抓实党风廉政建设。持续加强党建引领，持续提升干部队伍党性素养。严格落实双线汇报，分行党建工作得到驻地使馆高度认可，获党员知识竞赛“优秀组织奖”。严格执行廉洁文化。召开全体外派员工廉洁从业会议、签订廉洁责任书，开展2次典型案例通报，外派员工谈心谈话全覆盖，认真执行总行最新关于机构负责人财务管理规定。

（二）守土有责，稳妥高效开展疫情防控。抓严抓实疫情防控。早于捷克首例疫情成立应急领导小组并完成预案准备，合理控制现场办公比例，每日疫情及员工健康两监控，营业场所每月两消杀，动态补充防疫物资确保1年以上，全员疫情防控意识强。细致落实员工关爱，定期组织员工防疫远程培训座谈，安排心理健康在线讲座，发放外派员工及家属防疫用品爱心包，严格突发事项“半小时速报”，坚持严管厚爱。积极履行社会责任，积极向捷克政府、央行、学联、使馆等提供捐赠，多家央媒进行正面报道。

（三）稳中求进，业务拓展风险防控两手硬。严选优质客户发展稳健增长。截至2020年末，对公客户数达78户，同比增长37%，突破了一批中资背景、业务覆盖欧洲市场的优质客户。联动与中国进博局、捷克投资局、贸易局、核心商（协）会开展多轮“工行捷克进博云招商”助力捷企业成功参展。“春融行动”效果取得阶段性成效，结算量同比增加4.7倍。捷克央行CIBM投资落地，是系统内首家欧洲区央行同类业务的境外机构，金额累计达人民币43亿元。

严格落实集团合规文化。年初即召开专题会议组织各部门签署年度履职责任书，合规及风控类指标平均占比约30%。持续加大合规资源前瞻性投入，开展CRR/CRD、BRAINS、GDPR、PSD2、税务等外部咨询项目对标并落地制度更新，总经理亲自为全行授课反洗钱专题，持续强化关键领域合规水平。合规自动化水平持续提升，投产GMO系统、Brians KYC module，提高了风险控制能力。属地监管高度认可，分行管理层坚持与捷克央行管理层每月良性沟通，捐赠抗疫物资收到央行行长的亲笔感谢信，监管报告等得到捷克央行高度评价。

全面风险管理持续巩固。2020年分行资产质量良好保持零不良、零潜在风险融资、零剪刀差融资，落实“三道口”“七彩池”信贷管控方案，坚持“专家治贷”，完成全量客户的大户贷后分析及全口径客户会诊。全年加强流动性市场风险控制，未发生限额超限事件。

（四）一体化管理，团队战斗力持续提升。员工管理一体化扎实推进。考评及职级一体化建设，正向激励了员工长期扎根预期，关键岗续约率100%。顺利推动外派员工有序更替，持续加大合规资源投入，加强合规培训。通过分行三周年系列活动、首届“汉语之星”

比赛等持续提升团队凝聚力和跨文化融合。

（五）树立形象，展现工行正面影响力。建立中捷经贸绿色通道，组织多场捷克企业云磋商，跨境扶贫取得实质进展，成功引入外部扶贫捐赠资金 10 万元人民币。当选捷克中资企业协会新一届会长单位，加强中资企业沟通团结，“云讲座”反响良好，系列活动得到央媒连续正面报道，影响力持续提升。

（布拉格分行）

苏黎世分行

一、年度经营目标顺利实现

2020 年，苏黎世分行秉持“防风险、保运营、稳经营”的总基调，围绕做高端、做专业、做亮点、做平台打造自身本地化、特色化、差异化和一体化发展战略。经营中坚持以中瑞两国经贸往来的重要客户、重要项目为抓手，多渠道拓展资金来源，同时充分发挥人民币优势，积极拓展人民币业务。进一步增强合规与风险底线意识，加强属地管理，鼓励创新发展，积极推进总行重点工作部署有效落地和分行本土化重点业务协同发展，实现了年初制定的各项经营目标，较好地满足了客户对中资银行的服务需求。

2020 年末，苏黎世分行资产总额 22.49 亿美元，其中公司贷款 9.78 亿美元、债券投资 8.94 亿美元；负债总额 22.26 亿美元，其中客户存款 8 074 万美元、同业拆入 6.64 亿美元；实现考核拨备前利润 425 万美元，考核净利润 307 万美元，中间业务 215 万美元，均超额完成 2020 年经营目标，也实现了分行 2018—2020 三年规划目标，为新三年规划的起步奠定了良好的基础。分行客户均来自世界 500 强、走出去中资在瑞企业和本地优势行业的龙头企业，资产质量持续保持优良，无不良贷款和潜在风险贷款。从同业比较来看，作为瑞士最年轻的境外银行分行，目前已进入可比同业中上游水平，市场竞争力进一步提升。

二、积极推进总行重点工作部署有效落地

（一）全面开展“春融行动”，有效服务中瑞经贸往来。苏黎世分行紧密结合总行“春融行动”工作部署，积极做好业务发展与境内外汇业务首选银行战略有效对接，多措并举持续服务中瑞经贸往来，重点支持“走出去”中资企业客户疫情期间融资需求。2020 年，苏黎世分行累计为总行“春融行动”名单内企业发放本外币流动资金贷款超过 20 亿美元，支持中资客户全球采购，为“稳外贸”贡献力量。

（二）持续提升境内外汇业务首选银行战略服务能力。分行以中瑞两国经贸往来的重要客户和重大项目为抓手，积极推进总行战略级客户营销，做深做细对跨国企业集团客户的一体化服务，持续提升“境内外汇首选银行战略”服务能力。2020 年，分行与上海分行成功办理了首笔外保内贷业务，全力服务中资企业全球现金管理项目，持续推动境内分行与瑞士优质企业的跨境担保及现金管理业务。同时，分行还持续加大人民币业务推广力度，2020 年分行人民币结算量超过 26 亿元，同比增长超过 500%。

（三）强化集团境内外业务联动，充分展示联动服务优势。苏黎世分行通过联动境内外兄弟机构积极发掘新的业务领域合作机会，充分展示“一点接入，全集团响应，全球化服务”的联动服务优势和品牌形象，满足客户各类金融需求。2020 年，分行积极配合总行营销在瑞士国际金融监管机构和瑞士央行人民币债券投资和外汇交易业务，推动了瑞士金融机构在中国银行间债券市场交易量的快速攀升。总行与瑞士央行开展现券交易 124.7 亿元人民币，与在瑞士国际金融监管机构开展现券交易 198.4 亿元人民币，交易量增幅超过 100%。同时，总行与在瑞国际金融监管机构的外汇交易量达到 1 867.81亿元，约占所有与工行达成银行间外汇市场交易量三分之一。分行推出了 31 天通知存款，成功拓展瑞士法郎存款业务，实现了首笔境内人民币债券投资业务的有效突破。另外，分行还通过与多家境内外机构合作，成功实现了保函转开、信用证通知、外汇存款、外汇买卖等业务联动。

（四）积极助力打赢脱贫攻坚战。苏黎世分行积极发掘本地客户优势和社会资源参与总行定点扶贫工作。2020 年，分行邀请 7 家本地企业和机构加盟四川贫困县“云招商”活动，超额完成总行下达的招商计划。向四川南江县贵民九义校捐赠 20 套餐桌椅和 10 套消毒柜，累计采购了四川贫困县 4.6 万元扶贫产品。

（五）超额完成进博会招商任务。通过与总行共办“云招商”等多种方式先后对 80 余家瑞士本地及跨国企业开展推介宣传，其中 20 余家企业报名参加了进博会，促成 5 家瑞士科技创新及先进制造业企业入驻“环球撮合荟”平台，现场参与“一带一路”沿线贸易洽谈会跨境磋商，成功推动 5 家瑞士企业参与中欧企业家

支持中欧贸易投资合作的倡议联署，各项工作均完成或超额完成总行下达的任务指标。

三、稳步推进分行本土化经营和各项业务协同发展

（一）稳中求进推动重点业务实现突破。苏黎世分行努力克服疫情不利影响，稳步推进分行本土化经营战略，通过稳步扩大存量，审慎发展增量，实现多领域业务有效突破。

1. 在公司金融领域，分行作为牵头行，组织行内机构为某国有大型企业在瑞子公司提供 2.5 亿美元俱乐部银团贷款。作为唯一受邀中资银行，成功参与某全球知名仿水晶制造商全球银团贷款，并全面启动跨境一体化服务方案。

2. 在资金交易领域，成功获批 CIBM 市场投资资格，完成中国外汇交易中心、中债登、上清所的开户，成功实现首笔境内人民币债券投资业务突破，年内完成 10 亿元人民币债券投资。开展债券投资 44 笔，涉及发行人 31 家，所有债券均为投资级或国内主要金融机构，符合总行债券投资政策要求。分行全年债券投资余额 8.94 亿美元，较年初增加 3.91 亿美元。盘活存量债券资产，降低融资成本。在总行大力支持下，创新开展外币债券回购，在盘活存量债券资产同时，有效降低融资成本。外汇交易增加新渠道，代客外汇交易服务能力再上新台阶。引进 360T 交易平台，首次作为外汇交易做市商，为本地客户提供报价和交易服务，代客外汇交易服务能力大幅提升。

3. 在存款领域，分行针对瑞士本地特点推出 31 天通知存款，成功拓展瑞士法郎存款业务。年末公司存款 8 074 万美元，实现了存款业务逆势增长。

4. 在同业业务拓展领域，实现瑞士本地金融机构在工行开户，成功营销瑞士本地金融机构与工行建立代理行关系，新增多家机构为融资交易对手，从集团外融入资金超过 8 亿美元，有效降低了对母行负债依存度。成功营销瑞士本地主流商业银行成为总行交易对手并实现交易突破。联动工银标准先后对 25 家瑞士金融机构进行 CIBM 营销，目前瑞士多家主流商业银行旗下子公司已进入 CIBM，并与总行建立交易对手关系。

5. 在金融服务领域，成功加入某中资科技企业全球现金管理系统，为其瑞士子公司提供现金管理和跨境资金结算业务。在年内顺利开通网银服务，全年累计完成网银支付 100 余笔。

6. 在客户拓展领域，加大优质存量客户支持力度，审慎稳健拓展新客户，进一步夯实优质客户基础。2020 年分行共拓展公司客户 43 户，机构客户 78 户，分别比年初增加 7 户和 13 户。其中，信贷客户 18 户，均为世界 500 强、国有大型企业在瑞子公司、行业领军企业等优质客户。年末分行所有信贷客户均为瑞士本地企业、中资在瑞企业或跨国大型企业客户。客户行业主要分布在大宗商品交易、机械制造、水泥、汽车、食品包装等本地优势行业。总部设在瑞士的 14 家世界 500 强企业中，已有 6 家与分行开展业务合作。

（二）持续提升风险管理和合规管理能力。

1. 持续提升风险管理能力。苏黎世分行积极落实全面风险管理履职要求，按照“主动防、智能控、全面管”原则，压实三道防线责任，持续完善风险管理制度体系和“三道口、七彩池”信贷管理体系，严把客户准入关，发挥审批关键阀作用，加大监测力度，做好疫情期间客户风险排查和分析，持续提升分行风险管理水平。2020 年末，分行信贷资产质量持续优良，未发生不良贷款，无逾期贷款，无潜在风险贷款，市场风险限额满足总行要求，流动性覆盖率始终保持在监管标准之上，未发生操作风险损失事件、内控违规事件和声誉风险事件，各项风险指标表现良好，整体风险较低，实现了分行“零不良、零处罚、零案件、零事故”目标。

2. 严守合规底线，强化疫情衍生风险防控，把依法合规经营放在首位。分行始终将合规经营放在突出位置，实施合规事项一票否决，强化合规在分行经营管理和业务发展中的重要地位，严格遵守本地各项法律法规和母国的监管要求，加强在反洗钱、税务、内控、风险等方面的管理。按季开展合规风险评估，对发现问题及时落实整改。加强客户身份识别和尽职调查合规管理，完成八大类 52 个产品梳理。加强反洗钱管理，细化相关举措，明确第一道防线合规履职考核指标。加强监管沟通，持续跟踪监管政策变化情况。分行内部控制、风险管理等方面满足监管要求，合规情况良好，内部审计和监管审计未发现重大问题。

（苏黎世分行）

工银奥地利

2020年是工银奥地利成立后第一个完整的经营年度。面对错综复杂的外部形势和新冠肺炎疫情的蔓延，子行坚持疫情防控与业务经营发展“两手抓、两不误”，进一步夯实公司治理，强化风险控制，确保内外合规，稳步推进各项业务发展，较好地完成了总行经营目标和子行商业计划。子行于2020年12月获得总行1亿欧元增资，进一步夯实了子行的经营实力和服务能力。

一、基本经营情况

（一）主要财务数据。截至2020年12月末，子行考核口径总资产9.41亿美元，较年初增长101%。其中贷款5.36亿美元，包括中长期普通贷款3.69亿美元，簿记贷款1.67亿美元，在总资产中占比57%；债券投资2.60亿美元，包括金融债券1.59亿美元，公司债券0.78亿美元，政府债券0.23亿美元，在总资产中占比28%；总负债7.03亿美元，其中同业拆借5.79亿美元，客户存款1.23亿美元；净资产2.38亿美元。全年实现营业收入704万美元，净亏损253万美元，不良贷款率及不良贷款余额保持为零。

（二）预算完成情况。总行核定子行2020年净利润目标-400万美元，子行实际执行-253万美元；核定子行手续费及佣金收入目标50万美元，子行实际执行78万美元，预算完成率156%。子行净利息收益率由2019年的0.61%提升至2020年的0.9%，生息资产收益能力显著提升。

（三）机构人员情况。截至2020年底，全行长期外派员工15人（其中包含2名管理层），短期外派1人，当地员工12人（其中包含1名管理层），另有当地外聘顾问2人（其中包含1名当地独立监事）。机构总人数比2019年增长16.7%，本地员工比例提高10%。

二、业务发展情况

工银奥地利作为工行的中东欧业务中心，自开业以来一直秉持“精耕细作奥地利，审慎拓展中东欧”的业务策略，致力于将机构打造成“中国—中东欧”经贸往来的首选银行，同时将进一步加强内外联动，助力集团境内外汇业务首选银行战略，不断提升机构竞争能力。

（一）公司业务发展情况。2020年子行面对疫情严峻影响，积极研判市场走向，合理调整营销策略，共克时艰，实现公司客户数、信贷规模和存款的“三增长”及增收创效。截至12月末，对公贷款迈上5.35亿美元台阶，实现中间业务收入75万美元，对子行经营效益贡献度进一步提高。同时，公司客户基础进一步发展。在“优中选优”的前提下，公司表内有贷户比去年末新增3户，融资客户同比增长5户，重点项目储备3户。

子行坚决贯彻总行“以内带外、以外促内、畅通内外”的工作思路，依托强大集团支持，夯实稳健发展基础，努力做实做精疫情应对金融支持、“走出去”项目配套、招商引资搭桥保障等重点工作，包括为中奥贸易往来和投资企业发放7 000万欧元贷款并为其量身打造融资+结算一体化综合服务方案；通过表外业务有力助推“走出去”企业进入欧洲新市场；第一时间响应当地维也纳政府抗疫融资需求，依托优质高效融资服务，有力支持当地政府抗疫采购；积极邀约客户参加第三届进博会工行中欧企业家支持中欧贸易投资合作的倡议等。

（二）资金业务发展情况。子行积极持续营销，经过前期充分准备和沟通，顺利完成首笔中国境内银行间市场债券交易；积极拓展中东欧同业资金，实现负债渠道多元化；顺利开展首笔外汇掉期交易，实现外汇衍生业务零突破；为提高资金自筹能力，积极探索推进德式银团筹资项目。

（三）主权和金融机构业务发展情况。子行2020年成功为中东欧政策性银行发放7 500万欧元抗疫银团贷款；协助奥地利央行与总行成功开展银行间债券交易，交易量达16.8亿元人民币，奥地利央行成为首家进入中国银行间债券市场的非亚洲国家央行；子行成功营销11家中东欧银行加入工行“一带一路”银行间常态化合作机制。

三、主要经营管理情况

2020年，子行进一步夯实公司治理和内部控制基础，在把控风险的基础上强化各项业务拓展。疫情带来的宏观经济和外部市场环境变化，促使子行在发展过程中更加关注业务发展的质量，强化稳健的经营模式，加强资本管理，调整业务结构，发展资本集约型业务，为可持续发展夯实基础。

（一）积极抗击疫情体现大行担当。2020年，新冠肺炎疫情暴发以来，工银奥地利以保护员工健康为中心，动态化精细化确保机构业务连续性。同时积极采购物资支持国内抗疫；在欧洲疫情开始后，子行又通过奥地利红十字会积极捐助奥地利；同时作为今年当选的奥地利中资企业协会主席单位，子行大力配合使馆工作，为在奥中资企业和留学生提供专家抗疫视频讲座和物资，在支援奥地利抗击疫情中体现大行担当。

（二）强化风险管理稳步审慎拓展业务。疫情及宏观经济等的外部影响无疑将对子行资产业务拓展，资金来源及流动性管理等产生一定的影响。子行在业务发展方面更加审慎，一是对公司客户精挑细选、优中选优；二是增加中东欧区域内主权机构、政策性银行为子行主要目标客户，在严格把控风险的同时提升盈利能力；三是在负债业务方面，强化期限结构调整，努力拓展资金来源、降低资金成本；四是强化资本管理，做好定价指引，发展资本集约型业务。在2020年欧洲多数银行受疫情影响被外评降级的情况下，子行维持了标普"A－"展望"稳定"的评级，树立了良好的企业形象，获得当地监管机构的高度赞许。

（三）增资顺利到位经营实力显著提升。2020年12月，总行向子行增资1亿欧元顺利到位。此次增资是工行践行监管承诺，支持子行稳健发展的重要举措，得到了当地监管的高度认可；夯实了子行的经营实力和抵御风险能力；促进了子行全面风险管理水平的提升；促使子行进一步践行总行中东欧发展战略，与当地政府、企业、银行全面加强业务联系，把握共建"一带一路"发展机遇，经营质态及市场竞争力显著提升。

（工银奥地利）

纽约分行

2020年，面临严峻的新冠肺炎疫情、中美紧张关系加剧以及巨大的监管整改压力，纽约分行以推进整改工作为工作重心，多措并举做好防疫工作和风险管控，强化业务稳健运营，为可持续发展打下了坚实基础。

一、基本经营情况

截至2020年12月31日，纽约分行资产总额为210亿美元，资产规模同比增加1.6亿美元，基本与2019年持平；贷款余额77.6亿美元，同比增加3.3亿美元；有效控制了总资产规模。2020年，纽约分行营业收入为2.5亿美元，同比下降32%。

二、主要工作成果

（一）加强疫情防控，确保员工安全和业务运营连续性。2020年3月初，纽约分行迅速成立了疫情应急领导小组，并起草了应急方案，及时调整现场办公安排和员工轮岗计划。在4月开始逐步实现全员远程办公，确保了员工的安全和业务运营的连续稳定。

多措并举，保障员工安全和心理健康。主要措施包括准备充足的防疫物资，加强办公场所的清洁消毒；通过在线咨询、举办讲座、举办线上晚会等方式为员工提供心理健康辅导，缓解员工的焦虑情绪；落实总行指示精神，对疫情期间坚守岗位的员工给予艰苦补贴等。

积极承担社会责任，树立良好社会形象。在疫情发展初期，纽约分行积极部署筹备防护物资，驰援国内抗疫；对纽约本地医院捐赠了10万只医用N95口罩。

（二）有效控制疫情期间的各类风险。疫情期间，由于市场波动加剧，部分企业客户受到较大冲击，市场流动性风险和信贷风险加大。纽约分行密切关注市场变化，积极采取措施，有效控制了风险。

1. 流动性风险管理措施。一是面对三四月资金面极度紧张情况，快速启动应急融资计划，顺利度过市场动荡期。受3月新冠肺炎疫情在全球范围内暴发引发的金融市场动荡的影响，分行本地融资渠道，尤其是一个月以上的融资来源受阻。同时，由于客户承诺提款快速增加，分行资产负债结构受到影响，流动性曾一度承压。面对不利情况，启动了应急融资计划，一方面收紧资产，严格把控新增业务审批；另一方面积极扩大融资面，以增加本地市场短期拆借、回购、向总行拆借等方式保障了分行流动性的基本稳定和支付义务的顺利进行；同时配合前台客户经理，通过调整存款报价、优惠价格、内部转移价格来增大存款吸收力度，使存款存量在市场不稳定的情况下有所增加。二是成功加入联储CPFF项目，强化分行融资能力。在美联储无限量QE政策出台后，积极参与调研，并于四月份成功加入CPFF项目。通过在CPFF项目下发行CP，不仅解决了中长期融资短缺的问题，也在当时市场价格偏高的情况下使分行始终保有较强的议价能力，有效控制融资成本。

2. 强化信贷风险防控措施。受新冠肺炎疫情影响，纽约分行在航空、旅游、房地产、酒店等行业的多笔大额贷款风险出现集中暴露，信贷资产质量出现较大波动。

分行对此高度关注，持续做好新冠肺炎疫情相关信用风险管控。一是收紧信贷风险偏好，严格信贷审查标准和新增准入关，并采取停止叙做疫情高风险行业贷款、停止新增循环信用额度贷款客户及敞口等措施，并根据疫情变化情况调整了信用风险偏好及限额；二是每周对潜在风险贷款和不良贷款进行逐户风险排查和强化贷后监控，密切跟踪监测市场和客户的变化情况，相应制定风险化解措施；三是根据不良客户状况，通过贷款重组、二级市场出售等方式实现退出，成立风险贷款管理团队，强化风险贷款的处置效率和效果。

3. 防范各类信息安全风险。疫情暴发后，分行经营模式发生重大变化，转为全员远程办公模式。对此，不断强化 VPN 远程访问方案，做好日常管理和监控，确保了远程办公的信息安全和访问效能；同时，安排 IT 员工为全行员工提供了专人全天候的支持模式，确保远程办公模式下，业务开展正常。全年分行未发生任何信息安全事件。

（三）积极落实总行战略，发挥集团网络优势，实现稳健经营。面对因新冠肺炎疫情以及中美摩擦不断升级的外部严峻环境，分行控制资产规模的同时，顶住外部恶劣环境，积极探索业务机会，实现稳健经营。

1. 服务境内外汇业务首选银行战略。纽约分行积极联系境内外分行，共同开拓跨境业务机会，实现中资企业跨境资金池和国际结算业务合作，服务“境内外汇业务首选银行”战略，提升中资企业在全球范围内与工商银行的客户关系。

2020 年，联动新加坡分行成功营销美光科技公司的亚太区域跨境外币资金池业务，在深化与客户多元业务合作的同时，提升了工行金融服务的国际影响力，更为促进总行国内国际双循环的内外联动营销策略添砖加瓦。并积极联动境内分行，全面开展备证业务合作。发挥地缘优势，积极推广中国企业跨境业务，联动境内分行开展备证保兑和转开业务，截至 2020 年 11 月底，业务存量总金额为 6 250 万美元。

2. 挖掘现有客户业务机会，拓展新的收入来源。在外部环境严峻的情况下，深度挖掘现有客户，加强非信贷业务的拓展。分行连续三次参与 AT&T 发债业务，共计发债规模达 265 亿美元，并由此获得约 661 万美元的债券费总收入，创造了分行迄 2020 年为止发债收入的最高纪录。

3. 进一步加强区域联动，业务成效显著。借助区域多牌照优势，进一步加强联动，截至 2020 年 11 月，分行共向工银标准推荐 96 单 DCM 业务，涉及承销金额约 2 300 亿美元，联动收入共计约 3 039 万美元，较 2019 年增长 151%。此外，工银标准还与分行非银客户 Mastercard 万事达签署了 ISDA 协议，并办理了外汇及衍生品交易，为集团带来收入近 14 万美元，是继债券承销业务推荐合作的又一领域突破。

4. 关注市场，把握机遇，债券投资交易取得可观收益。2020 年，人民币美元利率市场利差不断拉宽，为此加大以人民币利率债为主投资力度，增持高流动性资产的同时获得了较好收益。截至 12 月 31 日人民币债券组合已累计投资 18 亿元，除年内到期 2 亿信用债后共计持有 18.5 亿元，实现当期利息收入超 3 000 余万元，较 2019 年利息收入增长达 210% 左右，投资组合收益达 2.91%。

5. 加强与本地政府业务合作，树立良好市场形象。2020 年，纽约分行成功参与纽约市政府下属地面客运公司大都会运输局（MTA）为期 2 年总金额 9.5 亿美元银团贷款。MTA 是美国规模最大的公共交通管理机构，承担着纽约大都会地区的地铁、公交和通勤火车的运营管理。疫情期间 MTA 收入来源受到较大冲击，但一直坚持连续服务支持本地经济。此次分行作为唯一的中资银行参与到大都会运输局（MTA）银团融资，大力支持了纽约市政府的复工计划和本地经济发展。

（纽约分行）

工银美国

2020 年，工银美国以保障合规经营作为工作重点，及时调整业务策略，有效管控各类风险，实现了业务平稳运营。

一、基本经营情况

（一）资产负债情况。截至 2020 年末，工银美国资产余额为 29.01 亿美元，贷款余额 26.02 亿美元，总存款（含各项存款和同业存款）余额 22.20 亿美元。

1. 贷款方面。受疫情影响，美国信贷市场从第二季度开始进入停滞状态，直至第三季度才逐渐有所恢复，但信贷活动显著弱于疫情前。市场上信贷需求主要来源于存量公司客户满足流动性、现金流应急等避险措施而支取信贷额度，以及美国政府推出应对疫情的小企业薪资保护计划贷款。工银美国贷款组合中的商业房地产、航空、酒店等行业的银团贷款受影响严重且金额占比较大，存在贷款质量劣变风险。为稳固信贷资产质量，工银美国迅速将工作重心调整为资产组合风险监控、根据监管指引对部分贷款做延期还款等调整，以及问题贷款的及时解决和清理等。贷款增速受到影响，较上年增加 1.04 亿美元，增幅为 4.2%。

2. 存款方面。疫情以来，美联储采取多项措施提高金融体系和市场流动性，联邦资金、批发市场资金利率降至历史最低。工银美国通过锁定联邦住房贷款银行、美联储贴现窗口、经济存单等极低成本资金来源，确保流动性充足；同时，将负债端工作重心调整为利用低利率市场机会降低资金成本，暂停高息引存等定存账户促销活动，降低活期存款利率，主动让一部分高成本存款流出。2020 年末，各项存款较去年下降 3.52 亿美元，降幅为 17.2%；资金成本较年初 1.36% 下降 0.71 个百分点至 0.65%，策略效果明显。

（二）盈利情况。2020 年，工银美国实现营业收入 8 043 万美元，净利息收入 7 429 万美元，中间业务收入 592 万美元。商誉减值前盈利约 330 万美元，较去年下降 80% 左右。

商誉减值前盈利下降主要影响因素：一是受美联储零利率政策影响，资产收益率快速下降，净利息收入较去年下降 14.3%。二是中间业务收入中与纽约分行营销协同收入部分下降明显，降幅超过 90%，未来工银美国预算将不再考虑这部分收入。三是为应对资产质量变化，应提尽提贷款减值损失 1 723 万美元，较去年增长 3.1 倍。

二、主要经营特点

（一）抗疫防疫工作及时有效。工银美国贯彻落实总行疫情防控工作部署，制订实施工银美国新型冠状病毒疫情防控工作应急预案，切实落实营业网点和办公场所防疫措施。

在网点服务方面，工银美国分布在纽约、旧金山、洛杉矶的 13 家网点在疫情期间正常对外营业，保障各项业务的连续性。为了做好内部防疫工作，工银美国采取缩短网点营业时间的策略，减少员工通勤风险；同时，做好防疫物资储备及办公区域清洁消毒，全力保障员工健康安全。

在业务连续性方面，工银美国在总行金融科技部、国际业务部的指导与支持下，根据总行 VPN 访问系统的风险提示及风险控制等指导意见，完成自建 VPN 加固并增加安全控制措施，实施 VPN 远程办公方案。相关应急预案及 VPN 方案得到了监管的认可。

在应对社会治安方面，工银美国严格执行应急管理和突发事件上报机制，每日通报示威游行信息，对营业网点周边环境进行风险排查，并结合实际情况做好网点物理加固和警报系统预演，防范暴力突发事件，全力保障员工、财产和业务运营安全。

（二）持续提升合规管理水平。工银美国从实际出发，以保障合规经营为工作重点，主动应对新冠肺炎疫情下的风险变化，及时采取合规及风险管理措施，实现了总体经营情况健康稳健，持续保持收购以来最优的监管评价结果。

（三）严守资产质量，及时压降不良率。疫情以来，工银美国第一时间采取各项措施，将不利环境对资产质量影响尽可能降至最低。一是对存量贷款就借款人受影响程度和未来风险预判进行了全面梳理。按照监管要求和指引，为各类贷款制定了疫情应对策略。二是为避免部分贷款质量恶化重组，按照监管指引对相关贷款进行了贷款条款调整，完成了借款人协商、重新审批、签订贷款协议等各环节工作。三是对新裂变的不良贷款进行了及时处置，将不良率压降在年底 0.89% 水平。四是根据风险预判对贷款拨备应提尽提，加固风险缓冲和抵御能力。

（四）各项风险防范得当。

流动性风险方面，疫情之后第一时间启动应急资金计划，按日预测短期现金流进出活动，并向联邦住房贷款银行 FHLB 增加资产抵押换取可借资金额度，以抵御可能的流动性缺口，流动性覆盖率一直保持在 130% 以上。

市场风险方面，每日监控银团贷款等资产市场交易价格和固定资产抵押物价格波动趋势，一是为在二级市场随时处置不良资产决策做准备，二是为掌握 FHLB 抵押资产价值和可借资金额度变化，三是为监控抵押贷款抵押物价值，为贷款评级决策做准备。

利率风险方面，在期限错配限额管理框架下，借助低利率批发代理 CD 和联邦资金逐步置换高利率零售 CD，压降资金成本；同时利用长期低利率市场环境调整期限错配策略，增加长期负债期限敞口。

（五）积极履行社会责任，向社区提供多方面援助。

一是助力社区抗击疫情。疫情以来，工银美国向纽约 Memorial Slone Kettering Cancer Center、加州地区圣马特奥政府、旧金山市政府、休斯敦当地医疗机构以及西雅图当地医院、病毒研究所、警察局等捐赠各类医疗及防疫物资，并积极了解当地政府采购的招标流程，为企业和政府之间的防疫物资采购牵线搭桥。新华网、人民网、世界日报等国内外知名媒体及当地媒体对此进行了报道，进一步提升了工行品牌形象和社区影响力。

二是做好疫情防控各项金融服务保障。一月初，工银美国特别开通了疫情期间汇款绿色通道，凡是工银美国企业或其账户和个人活期账户向中国红十字会等慈善机构账户或疫区专用账户，汇划捐款、防疫专用款项，一律免收手续费。这一支持抗疫的实际举措得到了客户的一致好评。

三是在贷款服务方面，工银美国积极响应美国小企业管理局 SBA 出台的工资保护计划（Paycheck Protection Program，PPP），为社区中小企业提供援助。PPP 项目虽为 SBA 担保，银行依然承担一部分信贷风险，且贷款利率固定并低于工银美国资金成本，参与此项目完全是出于履行社会责任的考虑。

（工银美国）

工银金融

2020 年，工银金融全力落实总行“防疫稳、经营稳、团队稳、预期稳”的重要指示，有力确保了美国疫情和市场动荡期间持续平稳运营。全年员工零感染，无任何风险事件和业务损失发生。截至 2020 年末，公司总资产 231 亿美元，实现净利润 963 万美元。

一、高度重视疫情防控和业务连续性工作，多措并举，全力确保团队安全健康和公司业务持续稳定运营

2020 年，工银金融高度关注新冠肺炎疫情在美国蔓延情况，及时预判形势挑战，完善应急预案。作为美国纽交所、纳斯达克交易所、美国期权清算所、证券托管清算公司、固定收益中央清算公司和欧洲证券清算所等各主要交易所和清算所的注册会员，为始终保持证券清算和证券交易的业务连续性，工银金融设立以来，设有灾备专业团队，每年数次进行业务连续计划（BCP）演练；且一直为关键岗位提供较为成熟的远程办公安排。2020 年为应对新冠肺炎疫情及其衍生风险，工银金融在原有的远程办公和灾备运行机制基础上，迅速成立疫情防控应急领导小组，坚持每日定时碰头会，督导和牵头各项相关工作，并加强同总行、区域、内部的汇报沟通，密切关注疫情动态、经营情况、市场情况、监管沟通情况，商议应急计划执行情况和可能出现问题，不断梳理和审慎排查潜在风险点，持续完善应对预案。

根据应急预案，3 月初公司即启动了应急机制，48 个小时内即实施了员工轮岗安排，并及时通过增购设备、配置服务、满足特殊需求等方式，进一步扩充和提升远程办公支持水平：3 月 9 日，实施全体员工轮岗计划，经一周测试运行和完善，3 月 16 日起公司全力支持员工远程办公。客户服务、业务运营、风险管理、合规管理等部门远程办公有效协作，各个业务系统总体运行平稳，可正常完成各项日常业务开展、报表生成、以及监管、清算所和客户沟通等。同时，对于日常“热运行”的新泽西州灾备办公室设施，公司也再次进行集中测试，可支持员工在家远程办公、办公室办公，或灾备办公室办公。同时，在总行的指导下，工银金融还梳理加固了远程办公模式下的信息安全策略，部署启用了总行 VPN 客户端环境，严格执行总行的各类远程办公信息安全要求。

此外，增加员工通讯渠道、加大科技保障力度，确保内部沟通顺畅。对业务连续性计划中紧急联系方式多次测试，确保员工手机联系方式及时更新。及时取消所有现场会议。除公司已有的电话会议系统外，还采购了视频会议服务，方便员工各类工作沟通需求。科技部门每日 6 点开始通过热线或邮件为员工提供远程办公科技支持。

关注员工健康，进一步完善人员风险备份方案。3 月初开始，工银金融即取消了所有因公外出计划，确有必要的须总经理事前批准。要求员工及其家属生病时应居家；从敏感地区旅行返岗前需居家隔离 14 天，全员减少不必要旅行；人力团队会同灾备专员以邮件、短信和公司内网等方式，及时发布政府公告、就医指引等。鉴于纽约疫情发展迅速，在实施远程办公的基础上，还进一步完善了人员备份方案；并多次通过邮件和手机短信提醒、敦促全体员工减少外出活动，做好物资储备，尽量居家，保证健康安全。

主动与监管、清算所、客户和交易对手，以及供应商加强沟通，及时告知公司应急远程办公情况，并提供了应急联系方式，确保对外沟通顺畅。

二、持续完善公司治理架构，未雨绸缪大力加强风险管理，不断提升公司科学管理水平

2020 年，工银金融规范平稳完成董事换届和高管层调整，公司治理架构持续优化。为不断加强董事会自身建设，在公司董事长和管理层的倡导与支持下，加强了总行派驻董事美国证券业务培训，有效增进了派驻董事对工银金融业务模式和风控合规要点的理解把握。根据股东提名，董事会顺利完成六位董事调整，其中包括立足工银金融持续提升风控合规和战略管理的长期发展需要，公司董事长和总经理亲自指导和面试，公司组织专业律师和相关顾问认真论证、广泛接触、审慎比较、稳妥遴选的在美具备证券从业丰富经验和监管合规背景

的资深外部董事。同时，经公司推荐和总行提名，公司董事会还审议批准了本地管理层的调整与增补。

2020 年，面对历史罕见的金融市场动荡，工银金融坚持“主动防、智能控、全面管”，多次召开临时风险管理委员会，不断研究完善和主动强化压力情景下的各类风险应对，在市场巨幅震荡、全员远程办公的严峻形势中，全年无任何风险事件和业务损失发生。同时，在总行支持下，打通了工银金融与总行的回购业务交易路径，并建立起按季开展大金额回购交易测试机制，进一步统筹做好极端情况下的流动性应急安排。

根据总行统一部署，2020 年工银金融还开展落实了“全面风险管理职责实施细则”评价工作，认真对照梳理公司各环节风险管理情况，精心整理相关报告和支持材料并上报总行，得到了总行的积极评价。

在总行风险部直接领导下，2020 年工银金融还全力开发完成了符合巴塞尔协议和总行要求的信用风险评级模型（共七项），并聘请独立第三方对开发模型进行验证。

2020 年，工银金融还积极开展了疫情防控常态化下的员工关爱工作，大力保障员工队伍健康安全，努力维护团队稳定，同时进一步优化考核机制，坚持严管厚爱，持续推进人力资源管理水平提升。

继续推进提升合规管理“五大支柱”规划，确保疫情期间合规经营，并连续实现证券监管年检“零发现”。工银金融作为一家外国银行控股的美国券商，需同时接受纽约联储、美国证监会（SEC）、美国金融业监管局（FINRA）三家全球顶级金融监管机构监管，合规经营压力巨大。

2020 年，工银金融持续深化推进提升合规管理五大支柱规划。

一是打造专业素质过硬，支持业务良性发展的合规管理团队。包括巩固合规防线，同时根据反洗钱工作重心的进一步明确，调整了反洗钱团队成员，进一步加强了团队客户 KYC 的工作能力。此外，根据内审对公司合规的审计情况，进一步加强了合规部门内部分工，强化流程管理。在系统建设方面，继续调优加强 Comply-SCI 系统（合规反洗钱自动化留痕系统及券商合规监督跟踪系统）对公司日常合规的管理；加强了公司对黑名单筛查系统供应商的服务能力的日常跟踪，并继续推进调试 GoldTier（客户准入综合管理系统），以进一步加强客户准入管理的科学化、综合化和自动化。

二是持续不断更新优化了业务监督流程手册（Written Supervisory Procedures，WSP），及时按照监管要求，根据公司部门管理人员变化情况，及时更新 WSP，确保 WSP 与公司业务发展相匹配。在落实总行制度方面，根据本地情况制定了案防相关政策，严格落实总行案防相关工作要求。

三是不间断开展公司业务监督手册与法律监管规则“差异分析”。按年就公司相关制度办法与监管规则开展差异对标，根据对标情况，制定加强制度管理规划并密切跟踪落实情况，确保公司经营依法合规。

四是持续开展业务合规监测自查，督促落实公司各项合规管理要求，使合规管理形成闭环。

五是持续提升合规文化建设，使正确的合规理念深入人心。充分把握不同场合与形式，反复强调合规经营的重要性；参与总行第二届合规标兵评选，营造合规之上的文化氛围。适应疫情，加强网络培训，通过网络培训平台及公司内网平台为员工提供券商业务专题培训，以及总行制作的境外反洗钱手册合规培训。培训效果得到管理层及员工认可。

2020 年，工银金融在全力做好合规管理“内功”的同时，继续积极主动沟通各家监管机构，努力增进与监管机构的了解互信。2018 年 FINRA 年检无发现重大问题；2019 年和 2020 年 FINRA 年检连续两年实现“零发现”。

2020 年，立足美国资本市场平台和团队专业优势，工银金融还持续推进集团协同工作。每日向集团内机构发送美国债券回购市场信息和相关资料，并积极跟进沟通，支持集团增进对美国回购市场的理解。协助纽约分行推进逆回购业务流程建设，为其设立清算管理系统用户权限，向其提供押品管理等专业咨询，助其完成了首笔逆回购测试交易。向纽约分行、伦敦分行和工银亚洲等机构推荐客户和业务，并积极跟进总行和纽约分行推荐的客户和交易对手，协同提升为集团客户综合金融服务能力。

（工银金融）

工银加拿大

2020 年，在新冠肺炎疫情带来全球经济普遍放缓的严峻形势下，工银加拿大围绕总行统一部署，科学预判，及早行动，防疫措施扎实有效，日常运营平稳有序，信贷业务结构优化，风险管控及合规反洗钱措施得到进一步强化，积极推进监管检查整改工作，有效化解了内外部压力。同时，坚持稳健发展，在异常困难的时期保持住队伍稳定，实现了业务规模正增长，本地化水平得到进一步提升。

一、主要经营情况

截至2020年末，子行总资产余额为19.44亿美元，较年初增加4.35亿美元，增长28.82%；其中，贷款余额达到12.05亿美元，较年初增加1.11亿美元，增长10.15%。子行坚持审慎对待无第一还款来源的内保外贷项目，2020年3月末已完成全部内保外贷业务收回工作，将总行收紧中资跨境投资管理政策落到实处。腾出的贷款空间均由本地优质银团贷款以及本地新业务类型贷款补充。截至2020年末，本地贷款比率从2017年的86.79%提升为91%（指经营区域为加拿大的客户，其融资在全部融资中的比例），贷款结构及客户群本地化率大幅提升。

疫情期间大部分企业收入下降明显，对银行存款的使用需求提升，同时，随着加拿大央行连续降息，存款市场竞争异常激烈。子行通过扩大营销、优化产品、提升服务，实现了存款业务的健康发展。子行2020年末客户存款余额为9.82亿美元，较年初增加1.56亿美元，增长18.87%；债券投资余额为2.19亿美元，较年初增加0.89亿美元，增长68.06%。存款和债券投资增量均超过预算指标。

2020年3月加拿大央行连续降息三次，商业银行基准利率从之前的3.95%下调至2.45%。子行净收益率（NIM）随之逐渐走低，从年初的2.34%下降至年末的1.64%。同时，子行在2020年9月将一笔贷款分类下调为可疑，重新测算减值准备。子行2020年贷款损失准备合计1 798万美元，不良率从2019年的0.02%增长至0.73%。受降息和拨备大幅增加两大因素的影响，子行2020年实现净利润145万美元，较2019年减少1 961万美元，减幅为93.13%，与总行年初下达净利润目标2 110万美元相差1 965万美元，预算完成率6.87%；实现拨备前利润2 205万美元，较2019年减少671万美元，减幅为23.32%，超过总行下达拨备前利润目标70万美元，目标完成率103.28%。2020年手续费佣金收入889万美元，同比增长12.04%，超过总行下达手续费佣金收入目标约64万美元，收入主要来自非常规性的担保承诺以及国际结算收入。业务及管理费为1 600万美元，基本保持在上年水平，其中工资总额预计914万美元、经营性费用预计512万美元，各类费用均控制在额度内。

二、主要措施

（一）防疫措施扎实有效，未出现群体感染事件。新冠肺炎疫情对子行业务带来了较大冲击，同时也对日常经营和安全管理带来了挑战。加拿大2020年1月出现首例确诊，3月开始大规模暴发。子行的防疫工作突出“早”和“快”，于1月成立了领导小组，加强对防疫工作的组织领导，建立了一系列应急机制和制度。回顾全年，员工精神状态平稳，工作扎实有序，子行在多数网点正常营业、运营部门每日现场办公的情况下，未发生群体性感染。

员工健康管理方面，子行建立了每日监测机制，加大防疫物资的采购和储备，初期紧缺时优先为一线员工配备。3月初，子行短暂实行了两周错峰上下班、交替异地办公；3月25日果断升级为现场办公最小化配置，确保关键岗位履职不间断的前提下，除保营业的部门、分行外，其他部门一律实施居家办公。同时，子行定期对办公场所进行清洁、消毒；分行柜面增设了透明防护罩，从严要求限制厅堂人数，实施社交距离规定。

业务持续运营方面，子行于3月13日发布应急预案，确立了四级响应机制，并制定了资金业务、清算运营、营业网点、信息科技、内控合规、风险管理、人力资源等各条线应急机制。在保障业务连续性上，确保全行科技基础设施与信息系统可持续运营，做好异地办公的系统支持，并加强风险监测，做好疫情期间的合规工作。

（二）主动排查清收，确保资产质量健康稳定。2020年，子行从两方面着手加紧对信贷存量资产的排查工作，应对疫情对资产质量带来的冲击。

一方面，充分评估疫情影响，开展存量业务风险排查，及时采取增信措施。召开大户风险分析会，制定了一户一策的增信措施。组织两轮公司客户逐户风险筛查，全面分析存量融资风险。研究监管要求和预期，申请推出了贷款延期偿还计划，缓解了借款人尤其是中小企业及个人客户因突发疫情面临的流动性困难，履行社会责任的同时，也确保了子行信贷资产的安全。

另一方面，稳步退出风险贷款，大力清收不良贷款，推进潜在融资风险化解。严格准入管理和执行退出策略，对信贷业务在区域、行业、产品、客户集中度等方面的结构进行调整，退出部分实力较弱、开发进度不理想的土地贷款及其他风险贷款，土地贷款较年初下降1 800余万加元。同时，加大不良贷款处置力度，共现金全额清收不良贷款4笔，合计金额465万加元。

（三）信贷业务稳定发展，结构进一步优化。2020年，子行稳步推进信贷业务发展，深入挖掘本地优质客户，拓展大型银团项目，优化调整贷款行业、地域、产品和客户结构，降低各类集中度风险。子行公司客户信贷业务已覆盖交通运输、能源、制造业、金融服务、房地产等14个行业。从贷款资金地域投向看，子行信贷业务本地化（项目、资金所在地）余额占比达到91%，其余信贷资产也主要投向了美国、澳洲等发达地区，子行无簿记业务，内保外贷余额为零。另外，子行还进一步加大对本地大型银团项目的拓展力度，成功参贷多个优质银团。子行银团贷款余额超过 8 亿加元，占全部贷款余额的 50% 以上，增幅超过 40%。

（四）加大机构业务营销力度。

一是完成了子行银行评级工作。一直以来，缺少外部信用评级是限制子行资产负债业务增长的瓶颈。通过多方比较，子行选定了标普公司作为外部评级公司，从集团支持、战略发展、业务状况、流动性和风险控制等各方面着手准备，最终获得了 A－的标普信用评级，为子行未来发展打下了坚实基础。

二是保持私募基金认购过桥贷款增长，年内持续推动私募基金认购过桥贷款拓展，实现利润约 100 万加元。

三是全力推动对非银机构的业务营销，推进魁北克省熊猫债发行业务，通过更新尽职调查报告、参加发债进展电话沟通会等多种方式，保持与客户的良好沟通。同时，子行还跟进营销 CIBM 业务，年内先后牵头营销多家非银机构。

（五）积极推进反洗钱检查问题整改工作。

2019 年 6 月，加拿大金融监管机构 FINTRAC 和 OSFI 同时对子行进行了反洗钱现场检查。OSFI 评估结果显示，子行在代理行、反洗钱反恐融资等方面基本满足监管要求，在代理行交易监控及客户尽职调查等方面存在一些不足。子行于 2020 年 2 月针对 OSFI 意见做出了改进，相关问题已于 2020 年 3 月由 OSFI 复查完毕并关闭。

子行于 2020 年 7 月收到 FINTRAC 的检查结果征求意见稿，8 月收到正式检查结果函。FINTRAC 提出的问题主要集中在高风险客户认定、可疑交易报送、交易报送质量及有效性检查等方面。针对这一情况，子行当即对 FINTRAC 所提问题进行了认真核对，协调内外部力量，聘请了专业律师，并根据独董建议引进了普华永道咨询公司，着手回应 FINTRAC 的检查结果函。同时，子行也开始积极整改确实存在的问题，通过培训、考试等方式将需要改进的内容及时传达落实。

（六）风险管理和监控能力持续提高。

流动性管理方面，进一步提高流动性监管报表数据的关联性和质量，提高流动性预测的准确性；及时向 OSFI、董事会和总行提供子行在疫情冲击下流动性数量分析和流动性管理现状报告；完成流动性风险各项指标的监测及压力测试工作，根据市场与业务特点对压力测试情景进行修改与更新。

市场风险管理方面，完成 GMRM 商业行和清算行的市场风险敞口清理工作和系统参数更新；完成 GPC 外汇敞口对账和系统参数更新；并按总行要求，对外购交易路透 FXALL 及彭博 FXGO 系统逐一制定了相应的事前控制参数和实施细则；完成市场风险压力测试，并根据监管要求对现有 IRRBB 压力测试的情景进行进一步细化。

操作风险管理方面，完成信用卡欺诈风险分析和票据业务欺诈风险分析；依照内控三年规划工作计划，持续推进内控关键风险点梳理工作。

资产负债及全面风险管理方面，完成监管要求的反向压力测试；定期向资产负债委员会、总行提交资产负债及全面风险管理、风险偏好等各项指标管理报告；完成 2020—2021 年度总行国别风险、银行账户市场风险限额申请以及相应的风险偏好限额更新；落实总行《全面风险管理细则》精神，完成全面风险履职评估，落实总行风险事件问责管理要求，完成子行风险模型清单统计。

（七）日常运营平稳有序。

子行克服困难加快推进重点项目，实现了金融市场后台清算系统（GMO）落地。为满足 CDIC 等监管报送，加强客户信息地址输入项的控制，投产了 MT202/205 的自动记账，减少了人工干预。针对每月底手工输入远期外汇买卖掉期点差，申请开放了交易 API 接口，提高了工作效率。

同时，全年生产保持安全稳定运行，主要系统的总体可用率达到 100%，全年未发生一起影响生产的重大生产事件。疫情初期，紧急开通 66 个业务应用系统和超过 130 个用户 VPN 访问；组织完成 100 台以上电脑的分发和 VPN 安装与调试；提供包括工银 E 视讯、腾讯会议、Zoom 会议以及电话会议等平台，确保了居家办公环境下的有效沟通，保障业务持续性运营。

（工银加拿大）

工银墨西哥

2020 年，工银墨西哥坚持以党建引领业务发展，以客户为中心，以高质量发展为导向，以防范风险为底线，推出“信贷增强”“监管合规增强”“员工胜任力增强”三大计划，进一步夯实信贷基础，强化监管合规水平以及员工胜任能力。

一、坚持党建引领，持续锤炼政治担当

子行高度重视党建工作，以全面从严治党为指引从严治行，不断提升支部党员和群众的政治意识、政治站位和工作能力。一是定期组织学习党中央方针政策和行领导讲话精神，以党建带动业务发展，以党建作为奋斗源泉，营造不忘初心求发展，牢记使命勇奋斗的拼搏氛围。开展“不忘初心、牢记使命”主题教育，通过安排支部成员轮值讲党课12次，调动了党员同志学习政治理论的积极性，确保了党员同志在境外工作思想意识、政治立场和价值观念得到保鲜。二是深刻把握从严治党和从严治行的“六个统一”要求，以全面从严治党引领和带动全面从严治行。一贯坚持和加强支部对子行工作的全面领导，坚持民主集中，认真落实重大事项报告制度，所有“三重一大”先由党支部讨论后再提交董事会表决，通过坚持民主办行，不断提高决策的民主化、公开化、制度化和科学化水平。三是主动适应疫情形势，在疫情期间坚持政治学习、创新党建形式，持续提升支部成员政治能力和业务水平。为落实年初制订的“培训提升年”计划，子行在外派员工范围内开展了线上“管理工作讲坛”20次，定期由外派员工分享工作心得和管理方法，进一步加强了外派团队凝聚力，不断提升外派员工的政治素养和管理水平。四是为庆祝建党99周年，持续锤炼支部成员的政治担当，开展了“弘扬上甘岭精神、勇于担当作为”的专题党日活动。针对墨西哥经济下行、疫情肆虐、突发地震和治安恶化等不利形势，要求全体党员将政治和业务紧密联系、高度统一起来，锤炼政治担当，增强斗争本领，打好防疫防风险攻坚战。通过回顾朝鲜战争历史，观看电影《上甘岭》精彩片段，进一步强化了支部成员的拼搏和斗争意识，坚定了支部在困境中谋发展的必胜信念。

二、秉持客户至上，持续提升服务能力

作为第一家在墨西哥设立的中资银行机构，子行以全力支持中资企业开拓墨西哥市场为使命，积极营销在墨中资企业。为扎根本地发展，促进中墨两国经济贸易深入合作，子行积极拓展与当地大型企业和跨国企业在墨西哥分支机构的业务合作。借助集团专业化服务和全球化网络优势，以诚心打动客户、专业赢得客户、服务留住客户，一是大力营销优质客户，在疫情期间大部分企业停工停产的不利环境下，成功实现重点公司客户的营销突破，并积极推进潜在中资客户的开户流程，全年新增中交建等12户公司客户，中国“走出去”企业年末存款达1.5亿比索，同比净增1.39亿比索。二是在美国对华为进行打压后，子行抓住时机积极营销华为墨西哥公司，以网银、存款、结算、人民币交易、保函等产品成功从花旗银行挖转华为墨西哥公司资金业务。疫情期间正常为多家中资企业提供包括外汇、网银、人民币交易、保函和支票结算等服务，保障了中资客户的金融服务需求。三是积极落实总行“境内外汇业务首选银行”战略方针，通过发挥在墨西哥市场耕耘四年的优势，积极响应湖南分行需求，第一时间为中车集团提供信息翔实且分析深入的墨西哥政经及汇率分析报告，助力湖南分行成功营销重要目标客户，并助力客户成功中标墨西哥首都19亿美元地铁改造项目。

三、借助科技驱动，持续实现价值创造

由于子行是墨西哥同业中唯一提供企业网银服务的中资银行，投产以来，子行对网银功能持续优化，陆续增加跨境汇款、外汇交易、代发工资等功能，成功借助网银这一利器拓展了一批优质结算客户，并提升了子行在中资同业中产品和服务优势。对存量结算客户进行网银全面推广，网银使用客户数占结算客户总量近40%，累计通过网银结算的比索和人民币金额也有大幅提高。

四、依托转型务实，持续推动业务拓展

自去年以来，受经济下行和油价下跌影响，墨西哥经济遭遇近20年最大打击。特别是疫情暴发以后，旅游、能源、制造业及物流供应链等领域均受到重创，GDP预期增速跌至－10.5%。面对经济形势的持续恶化，子行及时调整经营策略，以“不唯速度、但唯质量、做稳做实、稳中求进”为指导，主动降低信贷资产增速，并加大非信贷业务的持续拓展，努力实现收入多元化。银行间美元支付系统（SPID）申请工作取得进展，申请资料已正式向央行提交，为下一步强化对中资企业服务和发展非信贷业务奠定基础。联动工银亚洲推动并优化外汇代客交易业务，进一步强化了子行外汇交易服务能力，交易量同比增长86倍；营销华为墨西哥公司10亿元跨境人民币贷款结算业务，实现跨境人民币业务量质的飞跃；以比索远期交易和跨境清算方案成功挖转普泰墨西哥公司结算业务，实现日均存款1.8亿比索，办理跨境远期交易近8.5亿比索。积极拓展同业资金来源，保持了标普和惠誉的墨西哥最高AAA评级。

五、坚持风控强基，持续守护资产安全

子行高度重视全面风险管理工作，持续完善前台、中后台以及审计三道防线建设，同时强化人才培养，践行人才兴行战略，为子行业务发展提供坚实保障。一是固本强基，进一步重塑信贷管理体系。把好新增准入、存量化解、不良处置三道关口，明确和提升准入标准，强化风险识别，提升审批精准度，加强对存量贷款的逐一排查、分级监控和主动化解力度。实施“信贷增强

计划”，着力推进“三道口、七彩池”建设，在总行指导下进行信贷整固，分设信贷审查和信贷管理部，严控准入、强化全流程履职，持续退出疫情冲击下抗风险能力一般的客户，有效解决不良并化解潜风贷款，资产质量扎实优化。通过开展系列警示教育与培训，有效形成了稳健经营的信贷文化，信贷能力得到明显提升。年初向热电联产天然气电站项目 ContourGlobal 及墨西哥汽车悬架及制动系统龙头企业 RASSINI 发放银团贷款 2 600 万美元。2 月底疫情暴发后，立即调整信贷策略，停止新增客户信贷审批，将重点放在资产质量保卫战和不良处置攻坚战上。经过各方努力，于 11 月对墨航贷款成功实施本金和利息无损失重组，并压降敞口 16.1%，2021 年 2 月可转为正常；通过要求客户提前还款或对现有敞口增加担保，化解了 70% 的潜风贷款；持续推动对 4 户账销案存的法律清收。二是实施“监管合规增强计划”，继续强化合规意识，密切关注监管动态，重视与监管的定期沟通。针对本地监管政策法规频繁变化的情况，强化了跟踪管理力度，及时传导落实各项监管要求。疫情暴发后，与银保监会司长团队建立了双周视频沟通机制，进一步强化与监管的密切沟通。三是实施“员工胜任力增强计划”，强化教育培训，持续推进人才队伍建设，营造聚人才、激众智、求创新、促发展的企业氛围。及时传达总行领导对境外员工的关爱政策，将疫情防控和员工关爱放在工作首位，用真情与厚爱让员工安心、让家属放心，有力践行了“以人为本、生命至上”的防疫理念，在保证战疫有力度的同时，持续做到关爱有温度。

（工银墨西哥）

工银阿根廷

2020 年，工银阿根廷落实统筹疫情防控与经营发展要求，保持战略定力与战术灵活，稳防疫、稳经营，稳中求进，育新机、开新局，经营管理成果达到预期和期望。

一、稳防疫

把握疫情态势，以谨慎之心，先于政府、慎于同业持续强化细化防控措施，多项关键防控措施当地同业首家实施，成为同业借鉴模板；稳慎应对政府管控灵活化和带疫解封，不跟风，保持最小必须现场办公的定力。压实各方管理责任，强化员工及家属防控意识，细致开展隐患排查隔离，守住严防办公场所聚集性感染的底线。压实防疫物资监测、采购、使用管理，保障防疫物资持续充足。快速提升居家办公支持保障能力和非接触式服务能力，最大限度保护员工和客户健康安全，实现 119 个网点的持续运营，网点、第三方服务防控措施成为同业借鉴模板。全行始终保持正常有序的经营管理秩序。

做好员工关爱，落实全员及配偶子女医疗保险覆盖新冠病毒检测和治疗费用，应急为外派员工非随任家属购买医疗保险；提前安排特殊人群居家办公；开展线上全员防控指引强制培训和阶段性提示，增强员工防控意识和自我保防能力；做好前期滞留境外、隔离观察治疗员工及家属的救助关爱，借助内网为员工持续提供瑜伽、健身、营养饮食等在线课程，丰富员工居家身心健康活动，举办年终线上活动，增强集体凝聚力。

履行社会责任。稳妥落实政府、监管各类救助性政策，稳妥参与本地有影响力的捐赠计划，满足政府、监管要求和社会期盼，展现温度与担当，树立负责任的企业形象。

二、稳经营

（一）稳盈利。2020 年实现全口径净利润 2.17 亿美元（通胀会计调整前），其中本地净利润在比索贬值 40.49% 的情况下同比增长 3.02%；ROA 同比上升 0.24 个百分点，ROE 高于年累计通胀，成本收入比同比压降 2.18 个百分点，拨备覆盖率同比上升 113 个百分点。ROA、ROE、拨备覆盖率均高于集团总体水平，NIM 优于工银阿根廷对标管理的本地核心可比同业平均水平 0.8 个百分点。通胀会计调整后净利润为 1.27 亿美元，完成总行年末下达的沟通目标，账面净资产增长 1.73 亿美元，增长 35.32%。

（二）稳风控。资产质量防控方面，收紧风险偏好，严格新增准入、严控存量授信；引入总行“三道口、七彩池”管理理念，强化信贷全流程管理；落实总行“早、实、快、稳”的管理要求，着力前瞻化解，强化逾期催收和不良贷款清收处置，增强抵御未来风险的能力；2020 年不良贷款额和不良率实现双降，不良额较年初下降 32.13%，不良率较年初压降 0.32 个百分点，不良率好于总行下达的控制目标和集团总体水平，本地央行监管口径不良贷款率优于核心可比同业平均水平0.14个百分点；剪刀差同比压降54.53%，超额完成总行下达的控制目标，拨备同比增厚45.17%。市场风险防控方面，严格市场风险限额管理，保持较小的风险敞口；完成美元债券置换，压降美元债券敞口；投资美元汇率挂钩债券，增持通胀挂钩债券，有效对冲缓释汇率风险；2020年未发生任何超限和市场风险事件。流动性风险防控方面，强化流动性指标滚动监测与主动前瞻管理，保持流动性充裕，保持美元流动性比率慎于可比同业，积极应对利率管制，取得优于可比同业的净息差与银行账簿利率风险管理绩效。合规风险防控方面，强化合规管理全流程闭环管理，有效跟踪各项法规的落地实施；完成央行反洗钱专项检查的问题整改，优化反洗钱系统客户风险等级评定模型，完成中高风险客户的风险等级复评，建立新型有效的预警场景和参数；信息科技央行专项检查评级提升1级，处于同业最优评级集群，投产VPN动态密码改造项目等，提升信息安全管理水平，信息安全防控优于核心同业；在第二届总行级合规标兵评选活动中，工银阿根廷同时获得合规标兵集体与个人两项荣誉。认真落实总行全面风险管理职责实施细则工作要求。

（三）稳发展。着力提升活期存款竞争力，深化与机构客户的合作，拓展机构存款；2020年存款折合比索增幅为56.29%，折合美元增幅为11.25%，2020年比索存款市场占比较年初提升0.62个百分点。稳健发展信贷业务，大幅调整融资币种结构，2020年比索贷款较年初增幅高于金融同业5个百分点。

（四）稳客群。深化与本土头部客群的合作，本土优势行业龙头企业和跨国企业的渗透率稳固在70%以上；深耕外贸产业链，阿根廷进出口百强渗透率分别达76%和69%；实现对大型中资企业活跃账户的全覆盖。财富客户金融资产总额同比增长14.2%；代发工资企业数、客户数逆势增长；成功取得养老金代发批量获客机会，启动数字客群的拓展。

（五）稳优势。即远期外汇市场、保险托管业务、新车贷款市场占比保持第一；稳固银团贷款本地同业第一的地位，成为第二大本土债券承销银行，落地首笔跨区域信贷业务；并大力提升线上服务能力，打造交易银行竞争新优势，2020年末工银阿根廷成为阿根廷第三大进口结算银行和第五大出口结算银行，贸易融资跻身同业前三强；基金公司和综合电商平台市场地位进一步稳固。

三、开新局

（一）提速数字化转型。建立非接触式服务项目跟踪考核机制，推广敏捷开发模式、远程居家研发测试技术方案等，同业首家上线基于人脸识别身份认证的手机银行智能化自助业务管理，投产互动式语音应答（IVR）电话银行、ATM无卡取现、在线获客等客服项目，投产无纸化移动版，各类业务线上受理比例达83%。丰富新一代手机银行功能，参股本地银行业支付联盟（MODO），成为首批可绑定的银行，推进手机银行MODO整合功能开发，截至2020年末，个人手机银行注册客户数同比增长63%，交易笔数同比增长101%，个人客户数字渠道渗透率上升18%；完成两大企业网银平台升级整合，实现公司金融服务在线一点接入，投产在线外贸服务新功能、电子支票全生命周期管理、定存、基金申赎等新功能，截至2020年末，企业网银客户渗透率同比上升27.36%，企业网银平台荣登本地金融行业排行榜首。完善自助机具功能，完成5家网点智能化转型，非现金业务分流率较传统网点提升55%。积极与集团合作推进全球集中支付项目在工银阿根廷的落地，联动推进线上数字化服务产品落地。持续精减人员，优化人员结构，保障数字化转型人才需要。

（二）对接集团境内外汇业务首选银行战略，务实推进中阿贸易往来首选银行建设。落实“春融行动”，为总行名单内企业阿根廷最大的水泥生产商LOMA NEGRA以及医药龙头、中阿疫苗合作企业ELEA提供全面金融服务；积极发挥中阿经贸桥梁作用，支持1 273家中阿经贸往来本地企业，助力4 126家中国国内企业开展对阿贸易。助力人民币国际化，率先在阿根廷银行间外汇市场（MAE）开展第一笔人民币外汇交易，成功叙做新政后第一笔阿根廷本地企业、中资企业人民币跨境业务，积极稳妥推进人民币清算行建设，成功获得阿央行指定工银阿根廷作为在阿根廷境内人民币交易的清算行，获准为本地开展人民币交易的参加行开立人民币账户，获准并完成在阿央行开立人民币账户。开展了广交会推广活动，集各方之力组织企业云参会，累计组织了580家阿根廷企业参加云推广活动。以进博会为契机，构建与阿根廷生产发展部、投资贸易促进局的机制化长效合作机制；举办进博会线上云招商推介，近300多家阿根廷企业参加，工银阿根廷注册进博会中小企业客户占全量报名客户的42.0%；举办首届中国·阿根廷云洽荟跨境撮合活动，参加活动的企业合作意向达成比例近80%，目前入驻撮合平台企业数在境外机构中排名第二；上线融e购阿根廷馆；成功争取阿根廷生产部为对华出口中小企业提供优惠支持。

（三）配合完成全资控股。积极配合集团，保障股权顺利交割，实现集团对在阿三家子公司的100%控股。

四、强党建

工银阿根廷坚持常态化学习，坚定政治方向，提高政治站位，引领统筹疫情防控与经营发展，服务新发展格局和高质量发展。组织建设稳步推进，落实人才兴业，开展优秀年轻干部调研以及本地培养与组织推荐；

以人为本，开展疫情下互助关爱团队建设，稳固外派队伍凝聚力、战斗力。发挥党建在完成重大任务和应对突发事件的作用，作为中资企业协会会长单位，主动担当，高效组织中资企业万里驰援国内抗疫，共采购13.2万只N95医用口罩、4万只医用口罩、2.3万套防护服、5 000副护目镜等各类国内急需医疗物资，直接驰援境内抗疫一线医疗机构，商务部专门发来感谢信，高度赞赏协会在抗击疫情过程中展现出的爱国情怀，社会责任和精神风貌；牵头中资企业守望相助，开展抗疫合作捐赠，维护共同安全，服务中阿全面战略伙伴关系新格局。工银阿根廷各项工作获得使馆认可和肯定，同时荣获使馆设立的协力抗疫、中阿合作、党建先进单位在内的三项表彰。

五、树廉洁

贯彻派驻纪检监察组各项部署，落实境外机构廉洁从业监督办法；持续完善公司治理，提升科学民主决策力；推动诚信合规项目，完善反腐政策体系；落实中央八项规定精神以及境外机构负责人履职待遇相关规定等，修订完善外派人员管理手册，强化制度约束力；组织参加总行廉洁从业系列在线培训，组织开展常态化廉洁从业学习教育，围绕派驻纪检监察组和国内权威媒体警示材料，以案说纪，强化纪律规矩意识；2020年工银阿根廷没有发生重大违法违纪案件。

（工银阿根廷）

工银巴西

2020年，面对新冠肺炎疫情、经济波动等困难挑战，工银巴西着力“保运营、防风险、稳经营”，确保全年各项业务稳定运行。截至年末，子行本地账面资产2.65亿美元，负债2.25亿美元，所有者权益0.39亿美元，拨备前利润224万美元，净利润－379万美元。考核还原后全口径总资产9.25亿美元，总负债8.7亿美元，拨备前利润946万美元，同比增加400万美元，增长73%；净利润200万美元，比总行下达的年初（－290万美元）及年末净利润计划（50万美元）分别多增490万美元和150万美元，全口径中间业务收入473万美元，完成率118%。全口径资本回报率3.37%，资产回报率0.21%。不良贷款率1.09%。

一、动态调整经营策略，审慎开展信贷业务

疫情期间子行及时主动跟进客户生产经营情况，审慎开展信贷业务，顺势而为调整目标行业及客户，重点针对超大型客户、存量优质客户及动物蛋白、粮食等受疫情影响较小的客户开展营销，同时把握疫情期间的市场机会积极营销同业美元信贷。截至年末，子行公司客户数99户，同比增加12户，其中有贷户44户，同比减少3户。考核还原后公司信贷总量6.41亿美元，同比减少0.12亿美元，剔除汇率影响后实际增加0.15亿美元，增长2.25%，公司贷款余额6.3亿美元，同比下降0.94%，剔除汇率影响后实际增加0.21亿美元，增长3.31%。此外，同业融资取得较好进展，美元贷款余额2.69亿美元，同比增加1.45亿美元，增长117%。

二、抓住机会提升投资收益，精细化开展资产负债管理

子行通过加强市场走势研判，准确识别把握业务机会，实现国债投资和外汇交易点差收入大幅提升。其中，2019年投资的1.75亿雷亚尔国债实现年化收益率7.6%，2020年投资5 500万雷亚尔国债实现年化收益率19.21%，均大幅高于同期基准利率。截至年末，国债逆回购余额4.4亿雷亚尔，国债投资收入2 000万雷亚尔、逆回购收入1 930万雷亚尔；办理信用卡应收款保理3.1亿雷亚尔，收入220万雷亚尔。

资产负债管理方面，坚持流动性、安全性和盈利性“三性协调”，全年流动性覆盖率保持在150%以上，集团负债依存度控制在25%以内，外汇敞口、利率风险敞口等各项指标始终满足总行和本地监管要求。

三、严守资产质量底线，落实全面风险管理要求

针对疫情影响，子行对信贷客户开展全面滚动排查，逐户形成调查报告，做好潜在风险防范部署。对因疫情原因出现临时性还款困难的企业，根据实际情况并比照同业给予一定宽限期处理，同时按照总行要求纳入潜在风险管理。

全面风险管理方面，针对流动性、信用、汇率、利率、连续性等风险因素开展专题分析，制定应对方案并遵照执行。对全面风险履职情况进行系统梳理，对照总

行122项履职指标逐一排查，将责任落实到人，并在年末通过履职评价系统完成了上传填报。

四、落实监管政策要求，强化三道防线建设

子行全年以落实监管新规和整改工作为重点。与巴西央行签订和解协议，妥善解决了长达数年的监管检查事项，将影响降到最低，同时稳步推进后续审计验证的落实。同时针对巴西央行年内发布的反洗钱新规，第一时间开展差距分析，制定落实计划并有序推进，按时完成了内部风险评估、制度规程完善、系统版本投产等工作。此外还高效实施了SWIFT筛查系统工具采购，启动个人数据保护法相关咨询项目、2019年巴西央行监管评级检查问题整改等重点项目。

五、确保业务连续性，强化疫情期间公司治理效能

针对本地严峻的疫情形势，子行提前制订了新冠肺炎疫情期间办公应急预案，从规章制度、人员保障、业务流程、支持保障等方面制定响应措施。在3月初疫情快速暴发时及时启动灾备中心，随后实施“核心部门轮岗+居家办公”的一级响应，有效降低员工风险暴露。

党建方面，落实海外“双稳、双防”工作，认真履行“一岗双责”，严格落实主体责任，将防控工作和保持业务连续性开展摆在重要位置。坚持开展思想政治建设，全年共组织支部学习12次，支部书记讲党课2次，多次参加巴西使领馆党建和防疫视频会议，并作为代表发言。

公司治理方面，进行了董事会人员调整，全年共召开股东大会5次，董事会7次，审议议题41个，并就子行相关经营情况、监管要求和本地重大事件等向董事进行报告。

企业文化方面，组织员工向境内外捐赠防疫物资，积极利用线上渠道开展各类文体才艺活动，增强隔离期间的员工交流，保持队伍凝聚力。

（工银巴西）

工银秘鲁

2020年，秘鲁受疫情和政局动荡的双重打击，经济遭受重创，GDP预计下降12%，市场风险和信用风险加剧。工银秘鲁贯彻落实总行部署，明确定位，找准方向，确保常态化疫情防控和支持经济社会发展双战双赢。年末，子行资产、负债总额较年初显著增长，客户基础继续扩大，主要业务指标再创新高，各项管理得到优化，经营效益持续提升，不良贷款率保持为零，风险合规未出现重大问题。

2020年末，子行全口径资产总额13.18亿美元，同比增长41%；负债总额12.05亿美元，同比增长46%；实现拨备前利润1 520万美元，净利润1 106万美元，完成总行下达任务的175%，较上年分别增长55%和29%，净利润连续三年保持正增长。子行经营效益持续向好，市场影响力显著提升。

一、落实落细各项抗疫措施，确保业务连续运营

一是加强组织领导，落实各项责任。成立新冠肺炎疫情防控领导小组，发挥子行健康与安全管理委员会作用，出台居家办公、人员、场所、通勤、应急、防疫物资管理等措施并不断更新，将防疫工作要求纳入每一级管理者和每位员工的年度绩效考核中。

二是落实总行加强员工关心关爱相关要求，开展心理讲座，为外派员工家属提供医疗保险，为员工疫情期间居家办公及现场办公提供便利和津贴，定期了解员工及家人健康状况，专人跟踪检测结果为阳性的人员状况，并提供必要支持，确保全员及家人身心健康。

三是制定并适时调整完善各项业务连续性应急预案，做好与集约运营中心（佛山）的衔接工作，为员工居家办公提供电脑、VPN等支持，优化系统支持，及时解决员工远程办公及客户使用网银遇到的各类问题。

四是组织开展全员参加线上培训、竞赛等活动10余次，密切员工沟通，增强凝聚力，提升文化融合。

五是履行社会责任，向秘鲁卫生部捐款，支持当地抗疫活动；组织外派人员向湖北慈善总会汇款；联系国内专家向在秘鲁中资企业员工及家属、汉语老师及留学生，以及华人华侨在线讲解疫情防治知识。

二、防范各类风险，审慎稳健开展经营管理

全面风险管理方面，完成全面风险履职评估工

作，制定风险限额管理办法、风险偏好管理办法及年度风险限额管理方案。信用风险方面，继续保持零不良，先后召开8次贷审会，对全部信贷客户进行疫情影响风险排查。信贷管理方面，落实总行"三道口、七彩池"智能防控方案要求，加强信贷履职规定动作培训；制定了能源、矿产、批发零售行业的信贷政策；修订了不良清收处置、核销等多项手册。市场和流动性风险方面，加强资产负债管理，完成外汇敞口监管限额的测算和修订，启用GPC系统损益归因folder组参数，梳理代客交易记录，为后续前后台余额对账奠定了基础。操作风险及信息安全方面，落实监管新规，强化检查评估，无重大操作风险事件、信息安全事件发生。

子行将2020年确定为"合规管理年"，旨在提升内部制度管理、加强内部制度审查和更新、强化对新员工的合规培训、建立合规正向激励措施、制定合规监测指标和提高合规培训质量等。组织线上合规先进个人评选。跟踪监测和落实疫情期间监管新规350余款，更新子行内部文件56份。完善反洗钱制度建设，落实年度反洗钱培训要求，优化反洗钱系统，做好新产品和新服务反洗钱风险评估工作等。

三、积极助力企业复工复产

克服疫情影响，拓户成效显著，经营基础进一步夯实。年末客户数达232户，增长15%；其中信贷类客户共计83户，增长15%；网上银行动户数达到69户，增长21%。

一是积极助力"一带一路"倡议，服务"走出去"企业，为五矿邦巴斯铜矿项目办理备用循环贷款业务；为华为秘鲁办理全球现金结算管理业务；为国电投智利子公司太平洋水电发放大额流动资金贷款；协助总行专融部完成国家电网收购智利电力公司Chilquinta的尽职调查，并成功发放大额并购贷款；同时，联动总行专融部作为联合牵头行向长江电力收购秘鲁电力公司Luz del sur发放了近13亿美元的并购贷款，并为其提供36亿美元股权交割的资金结算服务。

二是切实践行"境内外汇业务首选银行"战略，贯彻落实总行"春融行动"稳外贸、稳外资工作会议精神和要求，主动对接中秘经贸往来供应链中的核心企业，为本地企业向中国贸易商采购开具多笔进口信用证，并为多家中资企业在海外投标开具了194笔保函，金额达到2.24亿美元，增长22%。为首钢秘鲁公司办理拉丁美洲首笔大宗商品项下跨境人民币"闭环"结算业务，做好华为、中铝和本地客户人民币外汇交易服务，扩大人民币跨境结算业务的应用领域，助力人民币国际化不断发展。

三是抓住国际金融市场波动价格回调时机，适时出售债券资产获取投资收益，并根据市场情况控制再投资进度，累计实现投资收益257.1万美元，同比增长257.34%。全年实现代客外汇交易业务量和收入分别达到3.5亿美元和184万新索尔，同比分别增长164%和150%。

（工银秘鲁）

巴拿马分行

2020年，巴拿马分行筹备组积极克服疫情带来的不利影响，在确保人员健康安全的前提下，创新思路，在困境中开新局，想方设法推动分行筹建工作，为分行正式开业打下坚实的基础。

一、做好疫情防控

（一）积极支援国内抗疫工作。2020年初筹备组在当地积极抢购医用口罩等抗疫物资，克服邮路不通的困难，辗转他国第一时间送达湖北疫区，主动捐款支持国内抗疫工作。

（二）有序开展巴拿马当地防疫工作。面对严峻的疫情形势，筹备组采取切实有力措施全力保障筹备组员工健康安全，一是提早谋划防疫工作，在巴拿马出现确诊病例前就制订了疫情防范措施和预案；二是提前采购防疫物资，用好境内分行对口支援，确保了口罩等抗疫物资储备充足；三是合理安排居家办公，将对外接触的风险降到最低；四是严格要求疫情期间的行为规范，注重困难时期对员工心理健康的关注和引导，确保筹备组成员的身心健康和安全。

（三）积极协调做好当地防疫物资捐赠工作。筹备组在收到巴拿马驻华大使馆的求助函电后，积极向总行汇报并协调组织开展巴拿马急需核酸检测试剂盒的采购和捐赠工作，代表总行将价值30万元的医疗物资送交至巴拿马驻中国大使馆，在当地树立了工商银行良好的社会形象。

二、做好机构申设工作

按照巴拿马当地银行总署申设流程要求，在全部申设资料送审通过和登报公示后，筹备组于3月20日在疫情暴发初期成功取得临时银行牌照；随即在巴拿马政府和监管部门疫情期间不能正常办公的情况下，筹备组于6月12日中巴建交3周年纪念日取得正式银行牌照，并顺利完成了国家公报的公告、税务实体登记、营业执照的获取和营运资金注入等工作和当地法人代表的聘用工作。

三、落实内外要求精细组织建章建制

一是系统性掌握巴拿马银行监管机构的最新规则，有序开展外部对标。为确保对当地监管规则掌握的全面性和有效性，筹备组细致梳理和翻译了巴拿马银行监管规定49个，确立了200余项监管对标内容，并对各项对标内容制定对应措施，确保满足监管开业验收要求。筹备组以当地监管规定为基本依据，制订内部规章制度和手册34个，须报备监管的主要制度均顺利通过了监管审核。

二是提早开展沟通协调，夯实总行验收准备工作的基础。筹备组遵照总行《境外机构开业验收管理办法》的有关要求，早谋划、早动手，深入开展与境内监管及总行政策制度的对标工作。筹备组认真学习和对标境内规章制度近百个，对照总行要求以总行验收部门为维度完成和提交了各项验收资料，确保总行验收部门能够清晰有序地开展验收与沟通。

四、克服疫情影响，抢抓分行办公室装修

分行办公室装修于2020年年初动工后，受巴拿马当地新冠肺炎疫情影响，装修项目自2020年3月中旬起停工长达半年。为尽可能降低停工带来的不利影响，筹备组采取了一系列优化施工措施来争取到第一时间复工并尽可能缩短工程进程。筹备组通过与装修施工商进行多轮专题研究，全面做好各项复工工作安排和细节优化工作，通过分区隔离施工来增加人员、扩展施工时间、按周对施工人员进行核酸检测等方式，在确保施工人员安全的前提下尽可能缩短工期。

五、细化业务规划

（一）全力配合总行研究确定巴拿马分行未来发展定位。在前期全面调研巴拿马经济环境、了解监管政策、走访中资及本地客户的基础上，及时向总行就巴拿马分行未来经营发展定位问题进行汇报，从未来分行业务模式、账务核算、信贷审批等方面提出建议并进行了细化的沟通交流，配合总行完成了巴拿马分行未来业务发展的定位工作。

（二）积极研究制定分行三年发展规划。筹备组以明确未来业务发展定位为导向，着手制定了分行未来三年的业务发展规划。进一步明确了未来的发展方向，对于今后业务发展有了更加清晰的思路。

（三）积极开展与拉美机构交流沟通。为推动与其他拉美机构离岸信贷业务的顺利开展，筹备组加强了与拉美其他机构的日常联络，全面了解其他拉美机构离岸信贷业务主要特点、市场、监管政策等信息，积极为开业后的业务合作做好前期准备工作。

（四）全面做好业务资源储备工作。筹备组持续开展了客户联系及项目对接工作，重点对本地主要中资企业及拉美机构的重点项目进行了交流和跟踪。

（五）多方面、多层次地与本地银行同业及国际资金市场的活跃机构进行了交流。筹备组与多家资金市场的活跃机构和拉美地区的成熟代理行建立联系，为开业后拓展交易对手和交易渠道打好基础；与本地银行同业重点就代理行账户开立、关系建立和业务合作等方面进行了深入的交流。

六、完成IT环境搭建及系统验证测试投产工作

硬件方面，筹备组提前制订了详细的IT建设实施方案并组织实施，临时机房和备用机房已投入使用，国际和本地线路已开通，IT硬件建设已达到运营标准，待办公楼装修完毕后，可在短时间内完成正式机房的转移切换工作。

软件方面，筹备组通过与业务投产相关的总行部室、业务研发中心和软件开发中心等密切协作配合，利用远程协同办公手段与现场办公相结合的方式推进系统验证调试工作，完成了各主要业务系统测试和投产工作。

七、开展合作外部机构遴选和各类账户开立工作

积极与会计师事务所、律师事务所、保险公司、工资公司、猎头公司等各类中介机构进行沟通交流，根据筹建工作进程适时开展外部合作机构的遴选工作。同时，筹备组还完成了总行、本地、境外各类清算账户和SWIFT用户的开立方案并组织实施，为分行清算网络的搭建打好基础。

八、扎实做好党建和员工队伍建设工作

筹备组坚持发挥党建对分行筹建工作的引领作用，按月开展集中党建学习和廉政学习，面对各种困难，筹备组全体成员持续保持了良好的精神状态。筹备组积极做好员工队伍建设工作。一是加强与监管机构的沟通，通过争取监管和劳工部门的理解，寻求外派员工比例不能超过10%的豁免方案；二是科学把握人员

到位工作的节奏，基本完成外派员工招聘工作，并完成本地合规官等核心岗位本地雇员的招聘工作，其余本地员工岗位的招聘工作有序推进；三是及时启动外派员工劳工签证申办工作，确保开业前外派员工按时到岗。

（巴拿马分行）

非洲代表处

2020 年，非洲代表处积极应对外部环境挑战，在疫情防控、对标行股权管理和战略合作、服务国家“一带一路”战略和中资客户、调研了解非洲市场、展示工行形象、抓好代表处党建工作及廉洁从业等方面取得了较好成效。

一、统筹谋划、严密部署，全面加强疫情防控

（一）加强组织领导，扛起防控责任。代表处成立由首席代表任组长的防疫工作领导小组，制订非洲代表处新型冠状病毒肺炎疫情防控工作方案和非洲代表处应对新型冠状病毒感染肺炎疫情应急预案。

（二）踊跃捐款购物，驰援国内一线。代表处全体成员自发组织了向国内疫区捐款的活动，共计捐款约合 2 000美元；成功采购 5 万个 FFP2 欧标口罩，驰援湖北疫情防控一线。

（三）准确研判形势，提前做好物资储备与发放。从南非当地采购了口罩、温度计、消毒液和医用手套等防疫物资，及时发放给在南非的员工和家属；同湖南分行建立了对口支援关系，进一步充实了代表处的防疫储备。

（四）战疫不停学，开展云端培训。积极探索培训工作与在线平台深度融合新模式，创新开展“云端”培训，精细化、有针对性地丰富培训内容，为代表处全体人员坚定信心、补短提能。

（五）做好员工关爱，筑牢疫情防护墙。代表处积极协助员工及家属办理签证延期相关事宜。举办了“抗击疫情 你我同行”主题征文比赛和员工“健步走”活动。

（六）履行社会责任，主动担当作为。与湖南分行联动，完成工行向南非政府捐赠 15 万个医用口罩和向在南非中国留学生捐赠 6 000 个一次性医用口罩等践行社会责任活动。邀请在南非的中国留学生参加线上疫情防控讲座。组织员工向南非当地慈善机构捐款 30 000 兰特。

二、始终如一、牢记使命，抓好工行股权管理

（一）强化对标行集团股权的现场看管责任，及时就重大问题向总行报告并妥善解决。对标行分红政策、人事安排、合资实体等涉及工行股东权益的重大敏感事项积极与标行沟通。疫情高峰期，工行派驻董事与标行集团 CEO 每两周召开一次沟通会，就疫情及其他重大事项进行沟通。

（二）协助工行派驻董事履职，开展南非公司治理领域研究。协助总行顺利完成行领导任职标行集团副董事长、非执行董事的流程和手续，全力保障董事参加标行董事会。同时开展南非公司治理领域研究，先后就董事任命流程、董事披露事项等进行全面研究，向总行建言献策。

（三）就工行对标行股权投资的潜在风险，定期提供专项分析报告。高度关注疫情对标行资本与风险管理的影响，每周通过不同形式和路径进行汇报，形成各类报告和专项汇报 50 余篇。此外密切监测标行的经营状况，紧盯市场走向，统筹分析外部市场波动对标行的影响。

（四）调研、监测、分析标行经营管理状况，定期向总行报告并提出合理化建议。密切跟进标行的经营业绩以及重大事项，通过定期董事会报告、年度股东大会报告、临时董事会和传签议案报告等，累计上报董事审议议案 106 条，阅知类报告 35 篇，提出涉及重大战略管理事项的合理化建议数十条。

（五）做好两行人员交流项目的组织、人员管理和后勤保障等工作。协调标行项目团队，确保年初交流同事提前完成交流任务，安全返回国内。安排新选任交流人员通过在国内远程办公参与交流项目。

（六）配合总行做好两行重点合作项目的维护和跟进，推动两行战略协同进一步深化。配合总行推动未来三年合作纲要签署的准备工作，协调标行开展“穿红衣、

挺中国”并向国内捐赠75万兰特，举办工行与标行高层关于疫情专题会议，与标行交流网点抗疫经验，完成向标行捐赠15万个医用口罩等工作。

（七）推动两行金融科技合作，夯实两行业务合作基础。协助总行组织起草深化两行金融科技合作计划书，就两行在跨境贸易单据、跨境汇款及跨境身份识别等领域进行研究与论证，组织50余场两行新技术、新产品合作交流会议，向标行介绍工行智能客服、数字化网点建设经验。

三、多措并举，持续深化两行战略合作

（一）内外联动，多措并举，精准推动中非“外汇业务首选银行”品牌。

1. 深入调研，夯实业务基础。一是深入调研标行在非洲的人民币服务能力，并在经常项下和资本项下推进两行人民币合作建言献策。二是通过线上方式，调研数十家在非主要中资企业在大宗商品、工程承包领域的人民币结算及投、融资业务需求，并向总行定期报送营销进展。

2. 内外联动，紧抓政策红利。一是在总行国际业务部支持下，举办2020年中非跨境人民币线上推介会。二是围绕湖南自贸区政策，联动湖南分行和肯尼亚标行，为某跨境电商定制跨境人民币结算服务方案，完成首笔500万元人民币跨境结算业务。

3. 金融赋能，提升服务质量。推动两行成功举办高级别区块链合作研讨会，该会议由战略管理与投资者关系部牵头，金融科技部、国际业务部、网络金融部、运行管理部、结算与现金管理部、普惠金融事业部、个人金融业务部等多个技术和业务部门参与，与标行进行了深入交流。

此外，代表处推动标行发行熊猫债项目也正式取得人民银行批准，并获得2年的发行窗口期。并协助两行发行和承销团队，通过电话、邮件等形式向60多家境内外潜在投资者进行了意向咨询。

4. 进一步强化与境外机构间联动。协助巴黎分行、东京分行和首尔分行实现了与标行的系统对接，就相关国别企业客户在非业务及同业业务联动合作保持深入交流。

（二）深入调研，积极谋划，丰富“第一个人金融银行”场景。

1. 调研中资企业在非员工个人金融需求。代表处与标行相关团队密切联动，通过调查问卷、电话访谈等方式开展个人金融需求调研，获得覆盖20余个非洲国家的近300名客户答卷。

2. 进一步提升标行对我国在非使领馆的金融服务覆盖率。继顺利营销对我驻约翰内斯堡和德班总领馆外交官金融服务后，又联动营销我驻坦桑尼亚大使馆、驻莫桑比克大使馆、驻南非大使馆的外交官个人金融服务。目前已有8个我国驻当地使领馆选择标行个人及对公业务。

3. 携手合作伙伴联动持续提升产品服务。联动银联，探索为其非洲金融合作伙伴提供契合市场需求的工行人民币清算等金融服务。

此外，在总行结算与现金管理部指导下，代表处协同上海自贸区分行合力推动“在非中资企业通过自贸区账户向员工境内账户发薪”的代发工资新业务模式落地。

（三）积极联动，广挖机遇，为“一带一路”建设、对非合作倡议落地添砖加瓦。

1. 全力推动第三届中国国际进博会工作。一是配合总行、上海分行履行“进博会境外邀商伙伴”邀约客商职责。二是帮助标行做好进博局、上海分行、大使馆经商处等各方沟通，助力标行成功参展第三届进口博览会，同时代表处还协调参与标行首席执行官“一带一路”贸易洽谈会致辞、参加线上线下配套磋商等具体环节。

2. 积极协助中非贸易、投资客商“云”对接。一是联合总行普惠金融事业部、湖南分行、标行参加“中非农产品线上磋商会”，会议达成25个合作意向。二是进博会期间，配合总行普惠部邀请10家标行客户参加进博会配套线上线下磋商活动，达成6个合作意向。三是在总行专融部统筹安排下，协调标行参加中非经贸博览会线上磋商活动，取得10余个合作意向。

3. 开展“线上非洲”论坛。在总行现代金融研究院、专项融资部，工银标准等机构大力支持下，累计举行9场“线上非洲中国主题日”客户论坛活动，覆盖9个非洲国家；联动人民银行长沙中心支行、总行国际业务部、湖南分行、标行举办2020年中非跨境人民币线上推介会；联动总行投资银行部、标行举办“2020年中非资本市场线上讲座”。

4. 发布非洲债务周报。2020年4月起累计归集、整理工行融资覆盖国别和标行经营网络所覆盖非洲国别的相关债务新闻信息周报30余期，为总行和境内分行的决策提供了智力支持。

5. 做深做实非洲国别风险管理。2020年以来，代表处累计完成了非洲26国的年度国别风险报告初评工作，连续两年实现了对工行层面在非洲有风险敞口的国家的全覆盖。

6. 协助做好非洲重点国别主权客户关系维护。为及时监测国别主权信贷风险，与安哥拉财政部保持密切联系，同时还与安哥拉财政部、央行、部分项目业主及承建中资企业等保持联络，梳理工行在安哥拉存量贷款的项目进展、息费支付进度、未来提款计划等，并协助总行及时监控安哥拉主权信贷风险。

四、收集政经信息，调研非洲市场

按周编发《非洲快报》49 期，按月编发《非洲月报》12 期。撰写《气候变化对南非经济和金融体系影响与南非央行应对策略研究》《关于疫情期间南非经济困境及政府救济措施的报告》及《南非经济受疫情冲击影响的情况简报》等专题报告。根据 2020 年非洲各国发生的重大、突发事件，累计向总行提交政经简报 22 篇。

五、积极开展党建活动，提高员工队伍党性修养

深入学习习近平新时代中国特色社会主义思想和党的十九届四中、五中全会精神，学习党章及《中国共产党纪律处分条例》等有关党内制度规定。积极参加总行“工银文化荟”全球文艺汇演，拍摄视频《万里同心 守望相助》，记录抗疫故事。

六、加强安全管理，确保员工人身安全

进一步完善代表处《安全管理实施细则》《应急预案》《安全管理档案》等安全管理制度，向总行安全保卫部报送了《境外机构安全责任书》《非洲代表处新冠肺炎疫情应急预案》《安全服务外包评价报告》《外部欺诈及安全风险年度评估报告》等 20 余项重要安全管理材料。

（非洲代表处）

蒙古代表处

一、坚持党建引领，激发员工为国际化事业奋斗的内生动力

代表处始终把党建工作放在首要位置，以习近平新时代中国特色社会主义思想为指导，牢固树立“四个意识”、坚定“四个自信”、自觉做到“两个维护”。贯彻落实行党委和派驻纪检组工作要求，积极履职，廉洁从业。通过坚持不懈抓党建工作，激发员工为国际化事业奋斗的内生动力，激励员工在国际化发展中建功立业、在践行国家战略的伟大事业中实现人生价值。

二、落实总行重点战略，发展涉蒙贸易金融业务

（一）抓住疫情窗口期，拓展跨境业务客户。新冠肺炎疫情暴发后，蒙古国自 2 月 1 日起封闭国境，阻断跨境人员往来。代表处发挥常驻优势，梳理涉蒙优质企业清单，分析企业概况和业务结构，与内蒙古分行召开联席会议，逐户制定专属营销方案；两家机构开展联动营销，代表处在蒙古当地逐家拜访跨境贸易活跃企业，推介工行企业网银、跨境人民币和资金池相关产品，封城禁足期间，通过线上产品推介会，向企业介绍工行一揽子解决方案，以产品吸引客户，以诚意感动客户，部分企业明确与工行合作意愿。

（二）推动建立中蒙“绿色通道”，助力企业复工复产。在疫情期间，大量中资企业人员迫切需要返蒙复工复产，作为蒙古国中华总商会常务副会长单位，代表处充分发挥带头作用，与商会管理层全力以赴，反复协调使馆、外交部和蒙方应急事务委员会、外交部等相关部委，最终促成中蒙边境口岸“绿色通道”开通，在外交部、使领馆支持下，有序组织中资企业高管、技术人员等 1 603 人返蒙，确保了大部分在蒙中资企业复工复产，最大限度降低了在蒙中资企业疫情期间损失，赢得广大中资企业称赞。

三、营销维护涉蒙客户，推进涉蒙优质项目

（一）内外联动，开展客户营销维护。2020 年以来，代表处采取线下和线上结合方式，配合总行部门、联动境内外兄弟机构持续开展客户营销维护工作。一是联动河南分行，为分行客户对蒙调研提供本地支持；为新疆分行转开保函业务提供协助；联动新加坡分行，为北京分行客户离岸业务提供咨询服务；联动中东机构为本地代理行客户信用证业务提供支持。二是疫情封城禁足期间组织了 10 多场线上沟通会，与在蒙主要中资企业、本地主要商业银行以及国开行、口行涉蒙团队开展线上访谈，收集业务需求。三是开展“暖心服务”工作，积极为疫情期间无法返蒙的中资企业提供信息资讯、业务咨询和本地服务，帮助企业解决实际困难。

（二）持续营销，推进涉蒙优质项目。按照经营型代表处运作思路，代表处以营销推动涉蒙优质项目为核心任务，密切关注中蒙俄经济走廊建设规划，持续挖掘新项目机会，持续跟进乌兰巴托棚户区改造、蒙古国白塔铜矿开发、蒙古国 OT 铜金矿开发等多个优质项目。

四、聚焦新增长点，金融市场和跨境人民币业务取得突破

一是营销蒙古国最大的商业银行——蒙古瀚银行，在了解到该行有人民币投资需求后，代表处及时向其营销工行 CIBM 业务，促成瀚银行向工行提出开户申请并提交开户资料，工行成为首家在蒙古国市场开展 CIBM 业务的中资银行。二是持续营销在蒙活跃的科技公司，充分发挥跨境人民币资金、价格优势，促成工行与当地公司贸易融资业务首次使用人民币结算，跨境人民币业务在蒙古国市场实现突破。代表处在线上和线下营销工作中，积极向在蒙中资企业介绍工行跨境人民币业务优势，有多家企业表达了与工行开展跨境人民币业务合作意向。

五、挖潜优质金融机构，探索同业业务蓝海

蒙古国主权类和类主权机构、主要代理行是本地市场优质客户资源，代表处重点营销维护上述机构，做好机构客户动态管理，挖掘客户潜力，拓展合作范围。一是营销蒙古国主流商业银行，推广工行金融市场业务。二是按照总行代理行评级授信有关办法和规定，年内完成蒙古国前三大银行授信额度尽职调查工作、撰写尽调报告提交授信主办行，完成三家代理行授信额度展期工作。三是年内代表处完成蒙古央行和蒙古开发银行两家主权和类主权机构尽职调查并提交尽调报告，协助完成两家机构评级工作。四是持续向主流商业银行推介中资客户，工行对蒙贸易融资业务和笔数较上年继续增长。五是与中行乌兰巴托代表处加强沟通，分享监管信息，合作推动营业机构申设。六是积极联络国开行蒙古国工作组、进出口银行对蒙业务团队，分享项目和风控经验，代表处发挥常驻优势，向两行提供委托代理服务，巩固与两行合作关系，争取银团和委代业务合作机会。

六、精耕本地市场，夯实内部管理基础

代表处深入开展本地市场调研，及时向集团传递蒙古国政治经济金融动态。一是年内编制 24 份半月刊《蒙古国快讯》，定期向总行和兄弟机构发送。二是编制《蒙古国信贷布局调研报告》《蒙古国宏观经济运行和分析报告》《蒙古国市场研究分析报告》和 12 期《蒙古国别风险报告》等并发送总行。三是编制完成蒙古国电力、畜牧、有色金属、煤炭化工等主要行业研究报告。四是完善蒙古国客户信息库和经济数据库。

七、慎终如始，坚持不懈抓好疫情防控工作

（一）同心抗疫，全力保障员工健康和机构平稳运行。蒙古国疫情多次反复，由于医疗防疫能力有限，年初疫情暴发后该国先后三次采取封城禁足措施，但疫情在年底仍然出现失控迹象，防疫形势不容乐观。面对突发疫情，代表处沉着应对，一是第一时间成立了以首席代表为组长、各部门主管为组员的疫情防控工作小组，确定应急处置联系人和报告机制。二是启动应急机制，制订蒙古代表处防疫抗疫工作方案，明确疫情期间办公安排，建立员工及家属健康日报制度、内外部应急联络机制，克服困难储备防疫物资。三是始终保持高昂坚定的工作意志投入防疫抗疫工作，不麻痹、不放松，不断强化人员、场所、应急和物资管理，持之以恒做好常态化疫情防控。四是把总行党委对员工的关爱落到实处，运用科学方法做好防护，做好员工心理疏导，帮助解决实际困难。

（二）守土尽责，支援两国抗疫工作。一是密切关注国内疫情态势，代表处全体员工通过使馆、商会和蒙古国文化发展和教育基金等渠道先后三次向国内捐款，积极支持国内抗疫。二是积极回报蒙古国人民对中国人民抗疫的支持，全体员工先后两次向当地有关部门捐款，帮助蒙古国人民渡过难关。三是作为蒙古国中华总商会常务副会长单位，代表处与总商会管理层一道，先后三次组织会员企业展开抗疫募捐活动，总商会累计向国内捐款捐物约 15 万元，向蒙古国政府捐助价值约 34.6 万元的防疫物资，相关活动赢得了蒙古国社会舆论和民众的赞誉。

（蒙古代表处）

希腊代表处

2020 年，希腊代表处统筹推进代表处办公选址、税务登记和装修改造等主体工作，关键筹备事项按计划保质保量完成；广泛联系希腊政府机构、金融同业、重点企业和商会协会，市场拓展取得初步成效；严格执行各项防疫措施确保员工健康，积极落实相关抗疫举措彰显大行担当，防疫抗疫常态化为日常工作保驾护航。

一、机构筹备工作

自2019年11月获颁牌照后，代表处各项筹备工作加速推进。于2020年3月完成办公用房选址，4月完成办公用房装修、办公家具及科技系统方案设计，7月完成税务登记注册，11月完成办公用房装修，12月基本完成科技系统搭建。

（一）高效完成办公用房选址。自2019年11月获颁牌照后，希腊代表处筹备组正式启动办公用房选址工作。在2020年3月希腊疫情暴发前，筹备组在希腊现场开展了深入细致的调研，并广泛听取了大使馆、中资企业、银行同业等机构的建议，并于3月份完成办公用房选址，接续完成办公用房选址及租赁合同签署。

（二）细致做好装修设计。筹备组结合机构规划及办公用房结构特点，多次深入讨论确定了办公用房装修“利旧翻新、突出形象、功能完善、敏捷调整”的设计思路。在此基础上，筹备组内部及与装修公司间对装修方案进行了反复推敲、打磨，涵盖办公区内承重柱外观设计、标识形象墙材质等诸多细节，在节约费用的同时，使整体装修效果庄重、大方，突出展示了形象和风貌。根据办公用房装修设计方案，结合代表处职能定位，筹备组又对办公家具品牌、选型及功能等进行了反复讨论及遴选，重点突出办公家具的实用性和功能性，且符合集团标识规范。严格按照集团系统建设规范要求，以系统集约及高可用性为原则设计系统搭建方案，结合当地市场供应情况，确定设备品牌、型号，确保系统充分满足代表处业务需求。

（三）顺利完成税务登记注册工作。筹备组坚持以我为主，充分发挥主观能动性，深入学习调研，抓紧关键环节，控严每处细节。在整个税务登记注册环节，筹备组始终亲力亲为，广泛查阅资料，详细研究希腊当地税务登记注册规定，并与咨询机构交叉验证，督促中介机构更新税务注册材料清单，协调各方准备完善注册材料，并及时完成材料公证认证、翻译等工作，最终完成了代表处税务登记注册，实现了自机构获颁牌照后的第二个里程碑。

（四）现场推进办公装修及科技系统搭建。2020年8月筹备组成员陆续返回希腊现场后，第一时间与装修公司、办公家具及电子设备供应商进行了密集会谈，高效推进办公用房装修、家具及电子设备采购、科技系统搭建等工作，并对各项工作的详细计划进行了统筹规划。施工期间，在做好防疫工作的前提下，筹备组通过现场监督发现并及时沟通解决相关问题，有效地保障了工程进度和质量，如期完成办公用房装修、办公家具采购及科技系统搭建等关键筹备事项。

二、业务联动工作

（一）聚焦机构职能定位，实施常态化希腊市场信息收集、汇总及分析工作。实时关注希腊经济新闻，形成每日经济新闻速递；重点关注希腊经济数据，撰写经济形势月度综述；密切关注希腊项目机会，形成项目信息台账。通过建立信息收集、汇总与分析机制，筹备组加强了对当地市场动态的认知，加深了对希腊经济形势及主要行业和重点企业的了解，为后续业务拓展奠定了基础。

（二）广泛接触希腊政府机构、金融同业、重点企业和商会协会，积极储备业务机会。筹备组紧密结合希腊经济形势、发展规划、同业质态、重点项目和重要客户等关键因素，因地制宜地进行业务拓展。

第一，主动寻求希腊主权机构项目机会。希腊成功退出救助计划并重返国际市场后，各大国际评级机构不断上调希腊主权评级，希腊国债等主权业务受到国际投资者的一致看好。在此背景下，筹备组努力寻求与希腊主权机构的业务合作，于2020年4月获知希腊公共债务管理局（PDMA）存量国债利率掉期转让项目业务机会，并积极联动总行和卢森堡分行展开营销和调研工作，为与PDMA的后续合作奠定基础。

第二，重点关注希腊国有资产私有化项目。希腊政府根据欧盟要求和改革需要，近年来不断推进国有资产私有化，其中蕴含着重要的业务机会。为此，筹备组特别关注国有资产私有化工作动态，及时获取相关项目信息，并重点跟踪中资企业参与的私有化项目进程，比如积极支持并协助中国—中东欧基金公司参与竞标希腊天然气管网DEPA私有化项目，争取业务机会。

第三，积极拓展与希腊主要金融同业的合作。希腊拥有四家大型系统性银行，其当地市场份额超过90%，且均已与工行建立代理行关系，业务合作前景可期。为此，筹备组注重加强互动，积极配合总行邀请其加入“一带一路”银行间常态化机制，邀请其参加中国债券市场论坛，并联动营销其参与中国银行间债券市场业务，推动资源共享和业务合作。

第四，持续跟进希腊重点中资企业及项目。希腊作为“一带一路”关键节点国家，筹备组深知服务中资企业“走出去”的使命和责任，因此密切关注希腊重点中资企业发展及项目进展。2020年，筹备组联动跟进米诺斯光热电站项目融资、协同营销希腊电网公司电力基础设施项目、跟踪比雷埃夫斯码头扩建项目、营销中远集装箱码头公司账户开立、寻求与国家能源欧洲新能源公司资本金划转、账户开立及项目融资等方面的业务合作，不断扩大工行的服务影响力。

第五，加强与希腊主要商会协会的联络。中希两国互动频繁，经贸合作日益密切，金融机构作用愈加重要。筹备组积极参加中国—希腊“后疫情时代”新兴市场经济合作论坛、第　届希腊　中国线上对接论坛、中国希腊合作论坛等活动；主动联系希腊主要商会协会，及时获取市场及项目信息，做好我行业务宣传；积极邀请希腊当地商协会参加工行活动，并顺利完成了第三届进博会招商工作任务，工行在当地的知名度日益提升。

三、防疫抗疫工作

（一）认真落实总行防疫要求，严格做好日常防疫工作。在远程办公期间，筹备组要求所有成员遵从属地管理，服从所在机构的防疫管理要求；在返回希腊现场前，筹备组协调对口境内分行支援口罩用于返回希腊后的日常防护，并反复确认出入境防疫要求及注意事项，最终所有成员安全顺利抵达；在希腊现场工作期间，安排员工在雅典相对安全区域集中住宿，并以低密方式外出，始终密切关注当地防疫措施要求，及时调整工作和生活安排，确保所有员工健康安全。

（二）积极组织参与抗疫活动，获得希腊各界好评。筹备组联动境内分行组织新冠肺炎防护知识线上讲座，得到了希腊中资企业员工和留学生的积极响应并受到了参会者的广泛好评，也得到了中国驻希腊大使馆的宣传与肯定。筹备组积极履行社会责任，以工银欧洲的名义向希腊卫生系统捐赠两台呼吸机，支持当地抗疫工作，得到了希腊政府及社会各界的高度评价，为此中国驻希腊大使馆特别发来感谢信。

（三）持续关心员工健康状况，确保防疫抗疫和机构筹备工作“两手抓、两手硬”。筹备组持续关心、关注每位员工的身体健康状况，及时传达总行对全体员工的关怀。同时，积极组织员工参加总行举办的各项防疫及心理健康讲座，不断强化防疫意识，缓解工作压力，确保员工身心健康。

（希腊代表处）

工银瑞信

2020年，面对新冠肺炎疫情冲击、资本市场波动加大、资管新规影响持续等复杂形势和诸多挑战，工银瑞信积极进取、迎难而上，通过坚持党建引领、强化合规底线、提升核心能力、抢抓市场机遇，集团协同和自主发展并举，实现了“经营质效持续提升、发展基础不断夯实、综合化贡献持续增强”的良好局面。

一、抢抓机遇，加快转型，经营质量和效益持续提升

（一）管理规模稳步增长，业务结构持续优化。2020年末，工银瑞信资产管理总规模达到1.41万亿元，居银行系第一，较年初增长9.62%，成功消化资管新规带来的超过1 400亿元规模下降缺口并实现净增加逾1 200亿元。核心业务快速增长，业务结构不断优化。养老金投资管理规模5 274亿元，较年初增长44.17%，占公司管理资产总规模的比例由年初的28.40%提升至37.35%，继续保持同业第1的领先地位；非货币基金规模3 242亿元，较年初增长61.60%，占公司公募基金规模的比例由年初的37.16%提升至54.83%；高业务价值的股票型基金规模1 546亿元，较年初实现翻倍。

（二）经营利润再创新高，超额完成年度目标。2020年，工银瑞信实现营业收入44.60亿元，同比增长20.44%；实现净利润19.73亿元，同比增长28.42%，大幅超额完成集团年初下达的净利润目标。2020年净利润水平创公司成立十五年来历史新高，并持续保持银行系第1、行业领先的地位。

（三）客户回报突破千亿元，投资业绩表现优异。2020年，工银瑞信管理的各类产品组合合计为客户创造了超1 000亿元投资回报，创成立以来新高，居同业前列。2020年度，工银瑞信主动管理的股票基金平均收益率达80.30%，居15家大型基金公司第1，全市场排名从上年度的第33名进位至第6名，收益率翻倍的股票基金有10只，数量居全行业第1；债券基金、养老金等组合持续保持稳健领先的业绩表现。

（四）渠道拓展不断加强，行内行外增势良好。与集团渠道协同方面，2020年，工银瑞信非货币基金产品在工行渠道的销量实现翻倍增长，在行内渠道整体非货基代销保有规模中的占比稳步提升。行外业务拓展方面，在非工行渠道代销的非货基保有规模占公司非货基代销总规模的比例持续提升，机构直销业务稳步发展。2020年末，公司自主营销各类业务合计规模达7 540亿元，较上年末增长27.48%。

二、发挥特色，深化协同，积极助力集团战略实施

（一）落实第一个人金融银行战略成效突出。2020年，工银瑞信在个金条线基金新发和持有营销量均实现同比翻倍增长。积极配合私银条线转型，不断丰富代销专户产品，家族信托投顾合作实现落地。加强线上化协同创新，工银瑞信基金财富号在“融e行”平台首家上线，积极为集团客户提供包括“查、投、看、用、

学”的一站式基金投资服务。

（二）积极配合境内外汇业务首选银行战略实施。2020 年，工银瑞信加强跨境产品布局，发行了彭博巴克莱国开债 1 ~ 3 年指数等新产品，新成立 QDII 专户 6 个，并持续积极开展 QDII 基金、沪港深通基金等跨境投资产品与集团营销联动，积极服务集团客户跨境投资管理需求。

（三）积极服务重点区域竞争力提升战略推进。在巩固提升基金销售第一梯队协同效能基础上，重点加强与基金销售第二梯队分行联动。2020 年，基金销售第二梯队分行代销工银瑞信非货币基金销量合计 120 亿元，同比增长近 3 倍。

三、严守底线，激发动能，不断夯实内在发展基础

（一）强化合规风控，保持稳健经营。按照集团“主动防、智能控、全面管”的方法，加强全面风险管理，强化重点风险防控，未发生重大风险事件。重点强化投资类风险前置防控，有效应对疫情初期市场大幅波动带来的市场风险和潜在流动性风险。不断加强销售适当性管理，全面提升反洗钱管理水平，加强内控案防管理和操作风险管控，强化子公司风险穿透管理，持续保持合规稳健经营。

（二）加强科技建设，推动科技赋能。逐步加大科技建设投入，积极推进投研、营销、运营、风控等领域的重点项目建设，并结合资管行业金融科技发展趋势着手研究制定数字化转型发展规划，积极推动提升金融科技发展水平。同时，持续加强运维体系建设、灾备体系建设、信息安全管理，各类系统生产平稳连续。

（三）优化内部管理，激发经营动能。持续推进投研核心能力建设，提升研究广度深度，强化组合精细管理，加强投研内部分工协作和成果共享，有力支撑了投资业绩提升。结合业务发展和竞争需要，对分支机构营销职能进行调整优化，加强规范管理，持续提升区域市场营销竞争力。完善优化考核激励机制，重点突出市场竞争导向、协同发展导向。

四、从严治党，从严治司，不断强化党建引领作用

（一）持续强化政治建设。全面贯彻落实党中央精神要求以及集团党委各项工作部署；严格执行“三重一大”决策程序，确保党委“把方向、管大局、保落实”作用得到充分发挥；按照全面从严治党要求，构建七类责任主体体系，加强党建述职评议和党建考核，确保责任落实到位。

（二）全面推动思想建设。扎实推进“不忘初心、牢记使命”主题教育常态化、制度化，巩固深化主题教育成果。通过集中学习、专题党课等方式持续加强党委中心组和党支部的学习教育。通过党建专栏、党建电子屏等多种载体积极开展党建宣传。

（三）深入推进组织建设。全部实现“支部建在部门上”，确保“一岗双责”完全落实。制定了《党支部规范化建设指导意见》等一系列制度，全面推动落地实施，扎实推进党支部规范化建设。严格执行“三会一课”、民主生活会和组织生活会等基本制度。

（四）加强干部队伍建设。坚持“党管干部、党管人才”原则，加强干部队伍建设，重点结合“一岗双责”要求，积极推进中层干部的党员发展，压实主体责任；积极推动优秀员工的党员发展，强化党员模范先锋作用。

（五）狠抓党风廉政建设。积极运用“第一种形态”加强监督执纪，重点加强“反四风”，严查违反中央八项规定精神等情况。认真组织开展专题教育，通过实地参观、集体学习、微信公众号宣传等多种宣教方式，强化警示教育；加强自查自纠，重点加强投资交易等关键领域的监督检查。

五、强化担当，履行责任，加强防疫和支持脱贫攻坚

（一）全面加强疫情防控。新冠肺炎疫情出现后，工银瑞信严格落实集团及各级管理部门的要求，将疫情防控作为首要任务来抓，坚持统筹部署，压实“四方责任”，通过强化健康排查、员工管理、场所消杀、物资保障、制订应急预案等各类措施，保障了员工健康安全和经营发展平稳连续。

（二）积极履行社会责任。严格按照党中央精神和集团部署要求，积极支持脱贫攻坚。金融扶贫方面，投资扶贫专项债和股票 42 只合计近 80 亿元；消费扶贫方面，扶贫定向采购金额近 118 万元；教育扶贫方面，完成书籍捐赠 9 000 余本、捐建电教室 2 个；持续面向西藏都昌、拉萨等高寒地区捐赠冬衣。

（工银瑞信）

工银租赁

2020 年，工银租赁全面贯彻落实总行党委各项决策部署，紧紧围绕全行年度工作会议精神，聚焦主业、回归本源、凝心聚力，持续推进公司高质量发展，各项工作呈现良好发展态势。

2020 年末，工银租赁总资产 2 814.17 亿元，其中租赁资产 2 485.32 亿元。实现营业收入 175.24 亿元、净利润 35.13 亿元。资产质量总体稳定，融资租赁不良资产率 1.13%。与 2019 年相比，公司资产规模、净利润稳中有升。全年规模、利润、市场份额等核心指标继续保持行业领先，经营发展取得积极成就。

一、坚持党建引领，厚植家园文化

2020 年，工银租赁坚持党建引领，坚持全面从严治党从严治司。进一步优化党委工作规则，完善“三重一大”事项清单，创新理论中心组学习方式，深入开展“履职尽责担当作为，推动公司高质量发展”主题活动，推进基层党支部规范化、标准化建设，加强和改进意识形态工作，充分发挥党员先锋模范作用。狠抓纪律建设和作风建设，强化纪委同级监督，加强廉政风险防控，召开全面从严治党专题会议，举办“强党性、明纪法、知敬畏”专题培训，落实全行案防工作会议精神，不断筑牢全面从严治党制度体系。优化公司治理，完成“党建入章”，实现党的领导和公司治理有机统一。

2020 年，工银租赁不断加强队伍建设，厚植家园文化。通过多元化培训、多维度交流，增强全员专业能力与综合素质。优化薪酬福利体系，充分发挥先进典型示范作用，激励员工担当作为、干事创业。做好员工关心关爱，积极为员工解决实际困难，队伍向心力凝聚力不断增强。

二、服务集团战略，支持实体经济

2020 年，工银租赁积极融入集团综合化金融服务体系，持续提升客户专业化服务能力、服务集团战略能力和核心竞争能力。围绕服务国家区域协调发展战略和集团重点区域竞争力提升战略，加大在京津冀、长三角、粤港澳大湾区、中部及成渝地区的业务拓展和业务模式创新力度，支持自贸港、自贸区综合金融服务能力提升，交付海南自贸港首艘船舶，积极参与上海自贸区建设。围绕集团“境内外汇业务首选银行”战略，加大重点客群拓展，为进博会提供金融支持。围绕落实集团与中国商飞、中船、光大、京东等战略合作协议，积极深化多领域合作创新。

2020 年，工银租赁扎实有力服务实体经济，认真落实集团“春润”“春融”行动要求，完成国内复工复产后首艘国产船舶、首架国产飞机交付，助力武汉等地交通运输企业复工保运，切实做到“疫情防得住、服务实体优”，经营发展动能持续提升。航空租赁板块进一步优化资产布局，积极提升存量资产管理效能，严格境外新增业务准入，确保资产规模稳定增长。航运租赁板块全力稳住基本盘，聚焦优质客户和行业头部企业，强化全球航运市场形势分析研判。境内综合租赁板块着眼新时代新机遇，扎实提升客户服务能力，不断巩固交通、能源、大型设备等领域传统竞争优势，加大对清洁能源、智慧交通、高端装备制造等领域支持力度，在文化体育、医疗健康、绿色能源等业务领域积极探索打造可复制的创新业务模式，“主流市场”“压舱石”效应明显。

三、强化风险管控，夯实管理基础

2020 年，工银租赁不断强化与集团统一的风险偏好，筑牢风险管理“三道防线”，压实“六方责任”，扎实提升全面风险管理能力。主动强化经营风险防控，积极应对疫情冲击，持续开展压力测试，结合全球疫情态势审慎开展境外业务投放，各项应对举措对疫情冲击的抵销效应超出预期。加强流动性风险研判，发行融资债券，适时增加流动性储备，优化负债结构。全力开展疫情冲击下的航空租赁业务风险管控，妥善应对波音 737MAX 停飞影响。

2020 年，工银租赁不断夯实管理基础，切实提升管理质效。强化科技赋能，完成核心业务系统及有关专业系统升级改造，加强系统间的融会贯通，进一步优化内部流程，推进数据治理。深入推进“整改提升年”活动，按照严管和厚爱相结合原则，深化员工异常行为排查，不断提升反洗钱、SPV 管理等内控合规重点领域治理水平。迅速响应疫情防控要求，针对公司“一司五地”全球办公的实际情况，围绕境内境外两个战场，严格执行总行及属地防控要求，搭建起常态化疫情防控和突发性应急处置相结合的防控体系，确保全体员工生命健康安全。

四、践行社会责任，提升品牌价值

2020年，工银租赁聚焦三大攻坚战，积极助力精准脱贫。开展“筑心之旅”深入四川通江扶贫调研，走访当地乡村小学，通过“聚爱成塔，爱心接力”义卖活动筹集捐款，向贫困学生捐赠图书文具等慰问品。公司积极参与总行“爱心助学‘工’益有你”捐款活动，有效拓宽公司员工贡献爱心、志愿服务的领域和渠道，收获更多成就感、责任感。积极开展保卫母亲河Plogging公益环保系列活动，组织垃圾分类知识竞赛、勤俭节约倡议活动，从身边一点一滴、一日一行中切实践行社会责任。

2020年，工银租赁先后荣获“2020年度金融租赁公司天玑奖”、《金融时报》2020中国金融机构金牌榜·金龙奖“年度最佳金融租赁公司”“第八届中国航空金融万户奖——创新发展奖”、2020年金融服务中小微企业优秀案例奖等多项奖项荣誉，充分展示公司稳健实力和行业领导者地位。

（工银租赁）

工银国际

2020年，面对复杂严峻的外部压力和挑战，工银国际管理层团结带领全体员工，坚持稳中求进的工作总基调，统筹推进疫情防控和经营发展，交出了一份超预期的年终答卷。

一、有效应对外部复杂环境，经营管理稳中有进

一是疫情防控有效落实。工银国际坚持一把手负责，迅速制订疫情防控应急预案，结合总行、属地政府和香港特区政府要求，抓细抓实人员、环境、宣传及保障管理，全年保持“零疫情”状态。

二是经营效益稳中有进。实现营业净收入35.4亿港元、同比增长16%，账面净利润（不含工银科技项目）18.8亿港元、同比增长19%，完成总行全年考核任务（2.0亿美元）的121%。ROE、ROA分别为16.8%和2.8%，保持同业较高水平，成本收入比为30.6%、同比下降4.8个百分点。

三是资产质量持续稳健。坚持“稳”字当头，扎实做好特殊时期资产质量全流程管控，整体资产质量管控水平在境外机构位居前列，连续五年新增融资无不良发生。加大风险资产化解力度，创新不良资产处置办法，在总行支持下按特事特办原则首次开展股权类投资损失的核销审查，成功化解历史遗留问题潜在风险，不良处置取得历史性突破。

二、牢固树立争先进位意识，核心业务活力增强

对标总行要求和同业竞争需要，不断强化“比、拼”意识，积极把握市场竞争的主动和先机，各业务线克服困难稳步推进，核心投行业务的竞争实力和发展活力持续增强。

一是核心业务活力持续增强。股票承销方面，在香港主板市场账簿管理人或以上角色承销规模排名市场第二、四大行国际第一。债券承销方面，在中资离岸投资级企业债券市场居中资投行第二，集团内承销份额占比超80%，并获2020年财资（The Asset）“香港地区最佳债券顾问”奖项。投资业务方面，资产业务结构持续优化，新经济股权投资取得成效，已投项目孚能科技成功登陆内地科创板、长远锂科通过科创板上市过会，二级市场自营投资整体回报率超同期同类别市场指数水平，成功开办中资投行中首个跨境双向人民币资金池业务，为跨境人民币投资业务提供强有力支持。销售交易方面，二级市场股票经纪规模1 343亿港元、同比增长154%，在中外资机构排名创历史新高为64名，稳居港交所B类券商行列；成功推出债券保证金融资业务，债券做市累计成交108亿美元、同比增长54%，境外“债券通”客户数继续居集团内首位。资产管理方面，制度与管理基础进一步夯实，加强太平基金管理，与光大控股GP业务合作取得实质进展，家族财富公司的投资产品库建立和投资体系建设进一步完善。市场研究方面，连续四年上榜《机构投资者》大中华区“海外最佳分析师团队”，荣获2020《机构投资者》“全亚洲研究团队”评选排名第9，入选“2020年度白银行业最佳研究机构”，积极为内地有关部门、驻港机构建言献策，市场影响力和政策影响力不断提升。成功协办“香港交易所第七届人民币定息及货币论坛”，举办“工银国际·金时读书会”“财新—工银国际2020国际投资论坛”，有效提升了工银国际的品牌影响力。

二是与集团联动成效稳步提升。始终发挥集团“特种兵、驱逐舰”的战略定位作用，通过新设粤港澳

大湾区营销团队、开办跨境双向人民币资金池，机构布局和业务布局进一步完善，与集团联动实现提质增效。2020年与总行8个部门、境内36家一级（直属）分行、80家重点城市行的联动覆盖，联动完成18个IPO项目、22个海外债券承销项目、2个并购融资业务和1个并购顾问业务，联动业务收入累计约3.4亿元人民币。成立进博会柔性团队协助集团保障第三届进博会相关工作，作为独家全球协调人协助总行完成境外优先股发行，完成总行推介私募股权基金项目首笔出资。发挥集团投行平台优势，落实“商投互动、投行引领”战略，协助工银投资入股锦州银行，首次与新加坡分行合作完成VTTI跨境并购顾问业务，主动为工银亚洲介绍京东、万国数据、京东健康3笔上市收款业务合计拉动存款近500亿港元，助力浙江分行营销瓜子二手车项目保卖融资业务落地。与集团内机构共享研究成果，积极开展调研、非交易路演、企业日活动、分析师及专家论坛等各类活动，助力服务集团境内外机构和重要战略客户。

三、聚焦围绕高质量发展，内部管理有效夯实

在全力开拓业务的同时，高度重视内部管理机制建设，通过将公司治理、合规管理、反洗钱、全面风险管控摆在更加突出的位置，进一步强化各中后台部门对前台业务的有效支持，为公司高质量发展提供了坚实保障。

一是公司治理持续完善。严格落实总行要求和属地监管规定，按照财政部文件精神积极推进工银国际子公司层级压降整改工作，及时向总行汇报工作进展。定期召开公司董事会及董事会风险管理委员会，做好疫情期间非现场参会董事的履职支持，及时跟进落实董事会工作要求。认真配合外部监管机构和总行的专项检查和审计，总行党委巡视意见整改取得显著成效，完成总行内审局对我司80%以上的审计发现和管理提示整改。

二是风险合规稳健管控。按照“主动防、智能控、全面管”的风险治理路径，全面风险管控能力不断增强。在各业务领域落实“管住人、管住钱、管好防线、管好底线”的要求，强化对总行“三道口、七彩池”等管理要求落地，新增融资无不良发生，无重大风险事件发生。重点抓好融通资本转型、太平基金退出、子公司层级压缩等工作，新业务和市场风险管理体系进一步完善。重点关注保荐、自营、做市、配资等业务合规风险，在香港证监会、香港交易所多次现场检查中均无重大风险点暴露，树立了良好的合规形象。

三是应急管理有效落实。根据新冠肺炎疫情蔓延、全球资本市场剧烈震荡、中美博弈升级、香港国安立法，及近期特区选举制度改革、爱国者治港原则推进落实等复杂外部形势变化，建立完善全面应急预案体系。在疫情防控方面，迅速制定疫情防控应急预案，结合总行、属地政府和香港特区政府要求，抓细抓实人员、环境、宣传及保障管理，持续保持“零疫情”状态，并密切关注香港地区疫苗接种进展，全力保障员工健康安全。在信息安全方面，参加总行组织的多次信息安全演练，进行多次灾备演练，优化远程办公解决方案，信息安全能力得到实战检验，整体运行稳定可靠，未发生重大生产事件或信息安全事件。

四是队伍建设不断强化。牢记“在商言商、在商言政”双重任务，坚持“境外无例外，特区无特殊”，认真落实中央和总行党委关于境外机构党建工作的指示要求。人力信息系统和多层次培训体系建设持续推进，招聘、晋升、薪酬等管理制度体系进一步完善，正向激励效应不断显现，员工队伍保持稳定。积极履行爱国爱港、全民“战疫”社会责任，积极参加四川巴中扶贫活动，“工银国际—九阳希望厨房”扶贫项目成功落地，树立起积极公司品牌形象。

（工银国际）

工银安盛

2020年，面对新冠肺炎疫情带来的冲击，工银安盛在“高价值成长”战略方针的指引下，秉承“以客户为中心”的经营理念，统筹推进疫情防控与经营管理，取得了来之不易的成绩。截至2020年底，实现保险业务收入459.63亿元，在所有寿险公司中居第16位；总资产达2 108.84亿元，同比增长31%，资产规模稳步提升；实现净利润12.56亿元，同比增长28%，超额完成股东下达的目标。

一、实现业务平稳发展

2020年，面对复杂的外部环境，公司密切研判“时”与“势”，积极调整应对，推动保费实现稳步增长。公司年累计总保费收入为459.63亿元，其中年累计新业务保费收入为267.41亿元；年累计续期保费收

入为192.22亿元，同比增长9%。新业务保费中，年累计趸交保费收入为202.09亿元，年累计期交保费收入为65.32亿元，同比增长6%。

二、推动重点战略实施

2020年，公司各业务条线深入落实转型战略。公司银保业务渠道聚焦期交业务，协助行方做好中端客户和高端客户期交保险配置，推动银保期交保费、银保重疾险期交保费与银保百万大单期交保费创历史新高；公司个险业务渠道面对新的外部形势，积极探索模式转型，代理人人力同比增长了4.83%；公司团险及中介业务渠道持续扩大覆盖范围，同时努力为市场客户在后疫情时代的经营提供保险。

三、提升客户经营工作

公司积极把握后疫情时代居民保障需求与财富管理需求释放的契机，开展了主题整合营销活动，进一步满足了客户全方位、多元化的保障需求，拉近了公司与客户的距离；公司通过"客户之声日报"，进行了主动客户体验管理，建立了客户体验闭环管理机制；公司推出了全新互联网行为数据保险产品，提升了互联网平台批量获客能力。

四、加强分支机构管理

截至2020年末，除上海总部外，公司共有19家省级分公司、1家直属中心支公司、72家中心支公司、24家营销服务部。公司另在上海设有一家全资控股的保险资产管理子公司。公司在2020年聚焦存量机构的管理提升。公司积极把握国家区域战略的重要机遇，选取10家重点城市机构加强改革与管理，努力将重点城市机构打造成为公司高质量发展的示范区、改革创新的试验田和竞争力提升的新高地。

五、筑牢风控合规防线

公司进一步提升偿付能力管理的精细化程度，提升风险管理的信息化水平，夯实了风险并表管理基础；公司持续强化合规监督检查工作，完善了案件防范制度体系，加强了合规宣传教育；公司高度重视消费者权益保护工作，将消保工作融入了公司治理各个环节，强化了消费者权益保护决策执行和监督机制。

六、优化内部管理体系

2020年，公司紧抓战略解码落地执行，为公司加快转型提供指引；通过加大中层干部调整配备力度，完善人才培养体系，开展核心管理人员培训等措施，加强了人才内生性培养；优化考核指标及考核维度，进一步强调了价值转型和客户经营，并且强化了考核工作的执行。

七、开展防疫抗疫工作

公司落实监管部门抗疫决策部署，制定了周密的应对策略，关爱客户与员工的安全与健康。扩展了相关医疗保险责任，并且为湖北医护人员设计、提供了专属人身保险产品"护医天使"。积极协同工银集团，为企业复工复产送去保障。公司防疫抗疫工作获得了社会的高度肯定，荣获权威财经媒体颁发的"2020年中国保险业抗疫先进事迹方舟奖"和"2020年度最佳助力抗疫保险公司"荣誉。

（工银安盛）

工银投资

2020年，工银投资主动融入集团"贷、债、股、代、租、顾"六位一体的全口径投融资体系，统筹推进常态化疫情防控和业务经营，实现了公司稳健经营。公司债转股自营资金投资余额、风险资产投资余额、基金投资余额、基金募资余额、中间业务收入、合作费用分配等核心指标同业第一。

一、推进全面从严治党从严治司向纵深发展，进一步全面提升党建质量

印发落实全面从严治党主体责任清单，党委班子带头讲党课，深入学习贯彻党的十九届五中全会精神，全年开展党委中心组学习15次。完成党建入章，扎实推进基层党组织标准化建设，新增3个支部，新发展党员5人，党员占比70%。全年开展任前廉政谈话41人次，实行诫勉及谈话提醒35人，有效发挥警示震慑作用。加强干部队伍建设，开展业务类和管理类岗位竞聘，拓宽员工晋升发展通道。积极践行脱贫攻坚政治责任，全年向贫困地区购买扶贫农产品40.3万元，爱心捐款资助贫困学生。工银投资发挥债转股优势助力脱贫攻坚成果报送国务院扶贫办，被中央媒体广泛宣传报道。

二、抗击新冠肺炎疫情取得实效，进一步展现责任担当

面对突如其来的新冠肺炎疫情，公司党委把疫情防控作为头等大事抓紧抓实抓细，坚持人民至上、生命至上。严格落实总行党委部署，成立应对新冠肺炎疫情工作领导小组及办公室，压实“四方”责任，多次召开专题会议，出台防控措施办法，组织全员核酸检测和接种新冠疫苗，采购防疫物资，严格办公场所防控措施。全体员工坚持“全司一盘棋”，众志成城、风雨同舟、履职尽责、爱心捐款，构筑抗击疫情坚固防线，全年未出现员工确诊病例。在做好疫情防控的同时，主动扛起大行政治责任担当，首创业内支持疫情防控专项基金，实现9个项目19.8亿元投资落地，助力防疫抗疫企业复工复产。

三、服务实体经济提质增效，进一步发挥债转股主力军作用

（一）规模领先同业。截至2020年末，债转股投资与管理资产余额1 680.81亿元，较年初增长28.88%。自营资金投资余额1 322.91亿元，较年初增长25.86%，其中风险资产投资余额125.10亿元，较年初增长38.51%。基金投资余额535.56亿元，基金募资余额284.32亿元。各项指标均为同业第一。

（二）服务精准直达。聚焦服务制造业高质量发展、央企混改和民营经济发展，持续优化投资布局，制造业投资占比19%，央企占比42%，民营企业占比6%。累计向持股企业派驻153名董监事，有力支持企业改革发展。

（三）创新引领发展。国家管网逾百亿元项目开创业内首单债转股投资央企本部新模式，是工行支持国家能源战略改革具有里程碑意义重大事件。华能项目创新了全国首单“债转股+并购基金”业务模式，助力央企华能集团清洁能源产业发展。首创项目是北交所落地的首笔实属国企债转股业务，助力绿色低碳发展。

四、市场竞争力有所提高，进一步推动核心经营指标保持较快增长

（一）经营效益争先进位。全年实现总收入50亿元，同比增长85%；投资收益45亿元，同比增长163%，同业第一。中间业务收入1.65亿元，同比增长77%。净利润11.22亿元，同比增长98%，超额完成年度计划的166%，在集团子公司排名升至第三，累计净利润同业第一。

（二）筹融资能力持续提升。累计表内筹融资1 406亿元，较年初净增145.5亿元。累计表外募资284亿元，较年初净增13亿元。累计设立私募基金及资管产品31只、新增7只，认缴规模1 131亿元、新增190亿元，实缴规模611亿元、净增186亿元，同业第一。

五、协同集团作战能力明显提升，进一步强化对集团贡献

（一）助力集团关联业务发展。债转股投资带动165户战略企业深化合作，带动分行公司存款增加302亿元，公司贷款增加675亿元。建立债转股合作费用共享机制，累计为分行带来债转股合作费用收入8.72亿元、新增6.21亿元，累计为集团托管规模629亿元、新增241亿元。

（二）助力集团资产质量保持稳定，累计化解处置集团风险资产334亿元、新增94亿元，协同集团完成天物集团债转股回表和破产重整方案法院裁定，搭建首期债权持股平台。

（三）助力集团区域竞争力提升战略，京津冀、长三角、粤港澳、成渝、中部地区五大重点区域投资占比63.6%，较年初提升7.8个百分点。

六、内在软实力基础持续夯实，进一步增强经营管理质效

（一）资产质量总体平稳。落实总行全面风险管理关于“三道口、七彩池”要求，新增全行368户、累计845户债转股优质企业名单，把好客户准入关。出台落实集团全面风险管理新制度新理念方案，印发全面风险管理、声誉风险管理、法律审查等办法，配合总行做好对工银投资经济责任及全面经营管理审计，构建“资产质量分类+风险排查+大户会诊”一体两翼的投后管理体系。2020年末自营资金正常类资产占比98.57%，较年初提升0.4个百分点，核心风险指标总体稳定。

（二）改革转型创新推进。针对监管强化新形势，统筹做好资本管理计划，完成总行增资事项可行性研究和审批，两地办公问题整改落实方案得到监管认可，及时调整业务经营发展计划。优化绩效考核和薪酬体系，通过校园、社会招聘补充专业化高素质人才，提升精细化经营管理水平。实施行业研究小组建设工程，形成行业研究简报41期，为公司业务科学决策提供支持。加强信息化建设，债转股业务管理系统、资产管理系统、行司联动管理平台等系统32项建设内容已投产应用，提升公司智能化信息化水平。

（工银投资）

工银科技

2020年是工银科技扬帆"金融+"新蓝海的首个完整年度。公司围绕集团战略和金融科技总体布局，在全力做好疫情防控常态化工作的前提下，着力抓好战略顶层设计，全面提升治理能力和经营水平，业务与人员规模迈上新台阶，行业与市场影响力逐步扩大，对集团的价值贡献初步显现。

一、金融科技赋能"增量"发展取得成效

助力雄安建设取得阶段进展。上线"雄安智慧社保"APP，累计用户量超过10万；雄安工程建设项目资金管理区块链平台累计拨付资金超20亿元；雄安新区征地群众口粮补贴系统和养老补贴系统投产；赋能新区智能城市建设，参与雄安区块链实验室建设，助力雄安区块链底层系统（1.0）发布。

在政务、医疗、资金监管、社保等重点领域持续突破。政务领域，"政务服务+金融生态"示范效应显现，"我的宁夏"政务APP注册用户覆盖全区常住人口75%，累计交易量5.6亿元，荣获"2020政府信息化卓越成就奖"；上线并推广昆山"城事通"，启动了贵港退役军人"智慧优抚"项目，为全行持续拓展客户进行了积极探索。医疗领域，初步形成了由互联网医院、商医云、云HIS等构成的智慧医疗产品体系，相关产品荣获北京数智医保竞赛创新奖。资金监管领域，"区块链+资金监管"逐步向产品化发展，"西昆公司建设资金流向监管"项目协助重庆分行成功营销西昆公司；南京江北新区征拆迁资金管理区块链平台，获得"2020政府信息化方案案例创新奖"；建设"保定区块链金融服务综合平台"，利用政府相关数据助力行内普惠融资业务发展。社保领域，上线河北省社保基金统收统支项目，实现全省企业职工基本养老保险基金统筹管理；征拆迁民生资金管理平台荣获"2020可信区块链峰会潜力案例"；上线河北省社保风险控制系统一期工程，填补省级社保风控领域系统空白。

产品输出业务提速，同业影响力逐渐扩大。着力打造"产品+技术平台+咨询服务"三位一体的产品输出体系。"工银BRAINS"反洗钱产品向其他中小金融机构输出，助力国家金融风险防控，已落地邮储银行、昆仑健康保险等13家银行机构和非银金融机构。自主研发打造监管报送、态势感知等监管科技产品，成功输出甘肃银行、兰州银行等6家客户。结合国家金融系统信创的规划，启动支持信创体系的分布式核心银行系统、信贷系统的产品研发工作。开展金融科技咨询服务，为票交所、上海银行、北京农商银行、农发行等机构提供信息安全、IT运维、科技体系规划、业务系统建设等咨询服务，努力扩大工商银行的科技影响力。

持续优化托管及大客户业务。作为工商银行系统托管服务的对外窗口，公司对外统一对接集团重点客户需求，积极做好客户关系管理、商务管理，对内统筹协调集团内研发、运维资源，向客户提供安全、高效、可靠的托管服务。服务质量得到了大客户的充分肯定。与进出口银行等5家重点客户签署新一期托管协议；研发银保监会外网门户，推进银保监会OA国产化改造项目实施；全面承接审计署金审三期建设和审计专网运维工作，首次对外输出公司驻场运维能力；为中国银行业协会建设国内领先的第三方电子函证金融服务平台，提高函证效率与可靠性。

工行云生态建设进一步加强。秉承开放、合作、共赢的发展理念，依托API开放平台，构建工行服务"朋友圈"，实现金融服务"走出去"，树立"工行云"品牌。截至2020年底，工行云平台累计推广租户3.3万户，累计交易用户1 020万，交易金额约1.74万亿元。完成"千、万"级金融生态云平台重点建设目标，自建了人员健康登记、慈善云SaaS产品，引入建筑云、商医云、人力云、发票云产品，增强了工行云在建筑、医疗两大民生领域的专业服务能力，建立了客户付费和行内付费2种工行云新商务模式。"商医云"获得中国电子信息产业发展研究院举办的"2019—2020年度互联网产业最佳解决方案奖"，并获"创新工行"大赛一等奖；建筑云签约客户1 100余家，并获"创新工行"大赛三等奖。

积极开展基础研究，持续提升自立自强能力。充分发挥金融科技生力军作用，积极开展和参与金融科技相关研究工作。公司数字金融实验室作为工行金融科技研究院的一部分，联合行内科研力量，与中国信通院等机构合作，发布了中国银行业首个《区块链金融应用白皮书》及《2020年产学研课题申报指南》，积极参与雄安区块链实验室工作。2020年共提交专利申请58件。

践行社会责任，用科技能力筑起防疫高墙。推出应急物资管理系统、健康信息登记管理系统、校园防疫登记管理系统，免费供各级防疫重点单位使用。上线

“我的宁夏”防疫健康码功能，助力宁夏回族自治区疫情防控工作。“工银e防疫”荣获“金融科技创新特色服务奖”“金融抗疫优秀产品及服务奖”。

二、深入探索市场化运营机制

建立敏捷化机制，支持公司未来战略布局，上线产品研发管理体系，实现了公司所有项目的线上化管理；DevOps体系100%覆盖研发项目，有效提升了组织研发效能；探索并落地SOW外包结算模式、专项外源引入机制、ODC模式，持续探索研发效率提升、研发质量控制、研发成本压降等措施。深化行司联动，建筑云、商医云、人力云等产品市场营销体系建设进展有序，发挥全行营销优势推广智慧医疗产品。强化品牌建设，联合承办2020首届中国医疗器械智慧生态发展大会，受邀参加多个论坛并发表主题演讲，全面展示工行金融科技发展历程及公司业务特色，年内主流媒体报道公司相关文章80余篇。资质认证取得突破，取得CMMI L3、ISO9001、ISO27001认证证书，启动和推进了双软高新资质认证，入选毕马威发布的“2020中国领先金融科技企业50”榜单。

三、夯实创新发展内在基础

公司治理与风险管理方面，完成新任董事长选任和3个专门委员会成员的调整。初步构建了具有科技公司特点的全面风险管控体系，持续加强内控体系建设，累计发布公司级有效制度78份。有效开展内部审计工作，加强信息安全专项检查，扎实推动问题整改。

人才队伍建设方面，加快推进组织和人才队伍建设，公司部室从5个增加到9个，引入4名高端人才，交流多名集团内干部，公司员工达到近500人规模，实现人员翻番。制定人力资源规划，形成岗位图谱，探索矩阵及柔性团队组织架构，建立岗位说明书与能力矩阵，创新实践双职务序列。

文化活力方面，公司坚持凝聚“成为最有情怀、最有活力、最具影响力的金融科技公司”的发展情怀与使命担当，培树“卓越、高效、融合、进取”的价值观。开展“创业奋斗，不负韶华”主题活动、“科创蓝海 勇当先锋”创新大赛，发布《逐梦未来》主题歌，发布“战疫先锋”系列报道，有41人次获得工银成就奖、大行菁英等总行级个人奖项及荣誉称号。

（工银科技）

工银理财

2020年是工银理财成立后第一个完整经营年度。公司坚决贯彻落实“六稳”“六保”要求，紧紧围绕服务新发展格局、服务集团重点战略工作主线，坚持党建引领，坚持抓机会与防风险并举、做实自身发展和强化集团协同并举，统筹推进业务发展、经营转型和疫情防控，成功应对疫情冲击、政策变化、行业转型、市场波动等复杂局面，实现经营管理平稳起步和各项业务有序开展。

一、稳固行业领先地位，产品和投资规模双破万亿元

2020年，工银理财产品和投资规模稳步增长，年内实现双破万亿元，年末新规产品规模余额10 700.1亿元，同比增长78.80%，全年日均产品规模余额9 204.6亿元，产品规模峰值突破11 600亿元；投资规模11 175亿元，比年初增长73%，稳居可比同业第一。

公司2020年共实现净利润4.08亿元，同比增长24%；实现中间业务收入40.38亿元，同比增长6.9倍；向集团分润37.8亿元，同比增长7倍，集团监测的各项财务指标均达到年度计划目标，对集团的中收贡献显著增强。

二、推动产品体系转型，产品创新和品牌打造持续发力

工银理财坚持客户至上，不断完善专业化、策略化产品管理机制，构建包括现金管理、固收+、多资产组合、另类4大基础产品线和权益、量化、跨境3大特色产品线的“4+3”基础+创新+战略产品体系，有效满足不同类型、不同风险承担能力的客户需求。

一是围绕公司战略转型方向，一方面稳步提高非现金、混合类、中长期限产品占比并保持结构同业最优，其中非现金管理类产品、混合类产品、1~2年期产品规模年内分别增长170%、252%和近600%，开放式产品规模突破千亿元；另一方面着力提高产品竞争力，建

立五星评价体系，高星级产品平均年化收益领先同业竞品357个基点且最大回撤优于96%同类公募基金，明星产品“添利宝”年化收益高于“余额宝”116个基点且优于他行同类产品。

二是深耕母行渠道，平稳做好规模承接，公司产品营销体系领跑同业。新规理财产品实现个金、私银、结现、养老金渠道全覆盖，增强线上线下渠道服务能力。做好私行客户产品资金承接，助力私银稳客户、降风险和转型发展。优化法人机构定制化服务，实现法人产品增长92%。

三是积极创新产品运作，2020年公司首只三方代销产品正式上线发布；同业首家发布广谱信用债指数，发行同业首只期权挂钩净值型产品；取得养老理财先行试点资格。公司荣获“金牛奖2020银行理财公司”等15项行业重量级奖项，量化股债轮动产品获评“2020金牌金融创新产品”，“工银理财”品牌影响力日益彰显。

三、强化行司协同联动，有效服务集团战略落地

工银理财立足“集团的产品中心、轻资本的创收中心以及客群经营的稳定器”定位，积极赋能全行重点战略。

一是支撑全面打造“第一个人金融银行”战略。公司深耕产品和服务，协同总行渠道部门持续足量供应优质理财产品，2020年个人新规产品规模突破6 400亿元、私银新规产品突破2 300亿元，全面服务集团2 568万个人客户、8.9万私银客户的理财需求。

二是支持打造“境内外汇业务首选银行”战略。公司发挥外汇理财业务牌照先发优势，发行外币及跨境人民币产品规模余额近370亿元，规模和增速均领先同业，市场占比保持第一，发行同业首只开放式美元理财产品并荣获“行业理财产品金牛奖”，发行“工银南方东英富时中国政府债券指数ETF”并在新加坡交易所正式挂牌上市，积极对接全行境内外客户外汇及跨境理财需求。

三是参与“重点区域竞争力提升”战略。公司协同重点区域分行，新增投资主动服务国家重点区域发展，积极布局支持粤港澳大湾区、长江经济带、京津冀地区和雄安新区、“一带一路”等区域建设。

四、发挥直接投融资优势，积极服务实体经济发展

公司精准匹配实体需求，配置在固收、项目和权益类余额占比超70%，通过不错配新规产品投资项目规模突破1 200亿元。不断加大对民营企业支持力度，新增投资中民营融资主体占比升至11%。积极为产业转型升级、降杠杆等国家决策部署和相关企业提供资金支持，提升银行理财业务服务新发展格局的活力和效率。高效服务疫情防控，支持企业复工复产，加大疫情专项投资力度，建立绿色服务机制，累计投资以湖北武汉为重点、疫情防控有关领域的相关债务工具和融资项目超300亿元。

五、加强投研体系建设，培育业务持续发展动能

工银理财秉承“受人之托，代客理财”的资管本源，构建“投资引导研究，研究驱动投资”的投研联动关系，坚持以投研为基础，以大类资产配置为指引，夯实覆盖“标+非标、场内+场外、公募+私募”的全市场、各支柱投资能力，努力践行“勤勉、专业、规范、互信、协作、高效”的投研文化。加深投研一体化建设，搭建投研柔性团队，推动股票库建设，构建立体化投研联动机制。在此基础上，增强优质基础资产获取能力，为集团大众财富管理战略落地提供助力。

公司不断规范投资决策流程，精简优化投资决策委员会运作机制，建立重大事项定期例会及月度策略会复盘检视机制。2020年工银理财产品收益水平和波动表现稳居同业第一梯队。其中，大类资产配置能力明显增强；另类投资取得突破，成功投资同业首笔新规后股权项目、同业首笔直接认购股权基金和首单非标转标ABS；固收能力持续优化，固收+类收益跑赢业绩基准并有效控制回撤；权益特色不断凸显，提前布局定增投资，准确把握创业板注册制改革红利，量化科创打新特色产品线突破百亿元；跨境投资重点突出，精准获取中资美元债配置价值和港股市场IPO打新红利；多资产投资前瞻布局，通过应用目标风险等策略培育养老理财投资能力；自营投资收益率显著提升。

六、健全风险管理体系，合规风控能力持续增强

工银理财坚持“未雨绸缪、见微知著、亡羊补牢、举一反三”的风控理念，强化“9+X”全面风险管理体系和能力建设，2020年公司代客和自营业务风控坚实，保持零风险暴露，非标不良率、信用债违约率均为零，抵御风险资本和基础牢固。

一是搭建风控合规治理体系，落实“全面管”。持续完善公司治理体系，构建党委领导、董事会统筹、管理层执行、监事会监督的协同推进风控机制。夯实风险管理委员会统一、全面风险管控机制，创立内控合规集体审议机制。公司在集团内各机构全面风险管理职责评价中获A+最高评价。

二是设置全流程风险三道防线，实现“主动防”。压实一道防线直接责任，在产品创新、投资交易、存续期管理等关键环节坚持风控关口前移。强化二道防线管理责任，将风险管理工作嵌入投资流程。落实三道防线

监督责任，提升内控有效性。

三是加快风控合规系统建设，推进“智能控”。推动风险管理平台系统功能建设，实现展示层功能投用。推动登记报送、信息披露功能优化，投产反洗钱系统主体功能，提升风控合规管理效率。

四是开展关键领域重点问题整改，聚焦“重点抓”。扎实推进监管检查、机构审计和公司自查整改工作，同步完善内控合规长效机制。严格执行集团统一合作机构名单、评级及限额管理。建立健全“三位一体”员工行为规范体系和合规经理工作机制，严防操作风险。

七、坚持深化党建引领，不断加强干部员工队伍建设

工银理财全面加强党的建设，坚持以党的政治建设为统领，强化党委主体责任和纪委监督责任，持续巩固“不忘初心、牢记使命”主题教育成果，严肃“三会一课”等组织制度，着力推动支部标准化、规范化建设，组织召开全面从严治党暨纪检工作会议和专题警示教育大会，强化政治监督和执纪问责。

将加强党的领导与健全现代金融企业制度有机统一，有效提升公司治理体系和治理能力现代化水平。以高标准编制公司2025战略发展规划及与集团战略协同机制为抓手，建立科学系统的战略管理体系。打牢稳健高效的内部管理基础，完善授权及制度体系，加大重点事项督办督导力度。关键系统开发取得阶段性进展，科技赋能业务发展和管理提升初见成效。

坚持党管干部、党管人才，主动对标国际先进资管机构，初步构建公司全新岗位职级、干部选拔、薪酬管理和绩效考核体系并实现有序落地，强化员工培训和能力提升，推动家园文化建设和人才投入，努力提高干部员工队伍的归属感、凝聚力和战斗力。

（工银理财）

浙江平湖和重庆璧山工银村镇银行

一、浙江平湖工银村镇银行

（一）经营情况。从存款看，各项存款余额20.96亿元，较年初增加2.07亿元，增长10.96%，超额完成年初董事会确定的目标任务。从存款构成来看，对公存款12.70亿元，较年初增加0.67亿元，储蓄存款8.17亿元，较年初增加1.4亿元。从贷款看，各项贷款余额19.41亿元，较年初增加1.05亿元，增长5.72%，其中：个人贷款余额达到8.16亿元，较年初下降0.40亿元，公司贷款11.25亿元，较年初新增1.45亿元。从资产质量看，不良贷款余额4 260万元，不良率2.19%，分别较年初下降了304万元和0.3个百分点。全年不良贷款处置3 105.54万元，拨备覆盖率达到302%，较年初提高了57.58个百分点，贷款不良率呈现持续下降态势，资产质量稳中向好。从效益看，实现营业收入5 219.53万元，营业支出4 546.29万元，实现拨备前利润3 627.24万元，提取各项贷款损失准备2 954万元，实现净利润493.45万元，净利润较去年同期下降53.21万元。

（二）主要工作措施。

1. 进一步深化党建引领，有效提升乡村振兴战略的金融服务能力。一是完善符合支农支小金融需求的特色经营模式，完成“两增两控”各项工作，有效提升服务乡村振兴能力。二是坚持问题导向，系统梳理过去工作，全面开展调查研究，推动问题整改。始终在巩固信贷文化，优化信贷结构，降低潜风贷款总量，提升资产质量，增强拨备覆盖上花力气、下功夫。三是在推动稳健发展上敢于发扬攻坚克难担当作为的精神，紧紧围绕发展中的痛难点，主动作为、补齐短板。始终在有效降低最大单家非同业集团客户风险暴露水平，应对疫情影响信贷风险波动，统筹做好普惠金融工作与人力资源控制，以及提升信息科技水平上敢攻坚、争突破。四是在加强员工队伍建设上注重以人为本，积极营造村镇银行家园文化。始终在关爱员工工作和生活，完善员工职业生涯规划和晋升，提升员工工作水平与技能上想办法、求务实。

2. 进一步深化普惠金融工作，有效提升小微实体经济的信贷服务能力。一是积极参与监管部门与地方政府启动的“双百双进”“百行进万企”等融资对接工作，切实加强疫情期间对实体企业的融资供给。积极应对疫情影响，在风险可控的前提下，对部分制造业、批发零售业企业实行一定利率优惠；对疫情防控应急物资及生活物资生产企业，安排专项信贷额度，优先保障融资需求；对受疫情影响较大、暂时出现还款困难的企业，科学合理采取延期还款、分期还款、展期、无还本续贷、利用财政周转资金等措施，确保企业资金链不断裂。积极创新疫情创业贷款，在落实有效担保的基础上，结合企业实际，科学设定贷款期限，确保与企业生产经营、资金循环周期相匹配。合理拓展中期流贷，满

足部分优质信贷客户需求。二是加强与主发起行、同业银行的联系与合作，尝试“共享客户”合作模式，实现风险分散、管理到位，和谐竞争、效益共享。充分运用支农支小再贷款政策工具，降低资金来源成本，对符合条件，有合理需求的企业发放优惠利率贷款，体现地方法人银行应有政治担当。三是强化个人经营性贷款市场拓展。进一步突出对个体工商户、种养殖大户、普通农户的信贷投放，加强与农经局、各乡镇农办的联系，筛选部分优质种养殖大户作为营销目标，尝试引入政策性担保公司参与，做好信贷支持。

3. 进一步深化负债业务工作，有效提升信贷资金的供给服务能力。一是倾力吸收储蓄存款。突出产品优势，加大对高端客户的精准营销，推出期限较长又具备一定利率优势的存款产品，抢抓长期限存款。突出老年客群优势，强化黏客力度，做到回馈老客户、吸引新客户。突出公私联动优势，大力营销公司企业的代发工资业务，做好对中高层管理人员的金融服务，拓宽客户稳存增存新渠道。二是大力拓展对公存款。加大结算客户拓展，聚焦贷款关联企业、核心企业上下游等客群，扩大对公存款的来源。加大贷款引流力度，加强中小贷款客户拓展，开辟新的存款增长点。持续做好财政部门存款业务的普惠招投标工作，全年成功中标 5 000 万元。此外，加强大户沟通，掌握大额资金流向特征，提升流动性预判的准确性，尽可能减少存款大额波动。

4. 进一步深化内控管理，有效提升全量风险管理的保障服务能力。一是从细从严做好疫情影响下的信用风险防控。持续关注贷款客户情况，提前制定潜在风险客户的风险预警方案，遇有风险事件及时介入处理。持续推行信贷客户准入预审工作，把好准入关，防止病从口入。二是重点做好不良贷款的清收转化，实现不良贷款的持续“双降”。加快对建材市场及大额不良的个人经营性贷款的应诉尽诉及呆账核销工作，为疫情下新劣变贷款腾出空间。尝试对部分大额个人不良贷款客户提起拒执罪的诉讼，争取以诉促谈。持续加强对小额个人违约贷款的日常催收工作，严防劣变。加强对潜在风险和关注类客户的合理压降工作，一户一策，积极引导企业主主动瘦身处置各项资产。三是全面做好内控案防工作。深入贯彻落实反洗钱监管要求和主发起行反洗钱工作计划，坚持风险导向、监管导向和问题导向，以夯实反洗钱工作基础和提高制度执行力为抓手，在 2019 年已上线“新一代反洗钱系统”的基础上，重点提升可疑交易甄别质量和及时性，落实个人客户证件过期管控两大工程，全行反洗钱工作稳步提升。结合上海内审的全面审计及嘉兴银保监部门的专项检查，以及自身各项内审检查，加大整改落实力度。

5. 进一步深化家园文化建设，有效提升以人为本的关爱服务能力。强化“干”字，提升全行员工的执行力，特别是中层干部的履职能力。突出“带”字，加快新员工的岗位适应能力，做好新老员工的传帮带工作，让新员工感受组织温暖。尝试“通”字，逐步建立起与主发起行相近、相通的员工管理机制，推动员工资等级档次逐步与主发起行打通，推进与主发起行在员工福利方面的缩距。学会“引”字，更多引入主发起行的专业优势和人才资源，提高全行各专业的工作水平、履职能力，以及员工综合素质。传递“爱”字，全面统一党团工妇各条战线，继续致力于把村镇银行建设成为一个凝心聚力，团结奋进，和谐温馨，充满爱的大家庭。开展了对市场部和营业部的全面装修工作，为员工营造更好的工作环境。

6. 进一步深化科技创新，有效提升经营管理的支撑服务能力。抓住主发起行下派科技干部挂职的有利时机，加快推进各项科技创新工作。年内，电子银行承兑汇票系统、人行 ACS 前置系统、企业二代征信系统、办公信息化系统、电子档案管理系统、对公存款查询等系统上取得突破并成功上线，银联贷记功能、临柜组合交易模式、无纸化交易升级、磁条卡升级 IC 卡、个人手机银行等系统上正式启动或取得重要进展。

二、重庆璧山工银村镇银行

2020 年，村镇银行坚持党建引领，紧紧围绕总行下达的利润指标和 18 个核心监管指标两项中心工作，坚持支农支小主业，积极拓展新客户，各项业务平稳有序推进，超额完成总行下达的任务，核心监管指标实现优化，监管和央行评级预计稳中有升。

（一）经营指标。2020 年末各项存款余额 31 450 万元，较 2020 年初增加 3 222 万元，增长 11.41%。其中，储蓄存款余额 20 362 万元，较年初增加 805 万元，增长 4.12%；公司存款余额 10 825 万元，较年初增加 7 493 万元，增长 224.88%；机关团体存款余额 35 万元，较年初减少 2 万元，降低 5.41%；保证金存款 184 万元，较年初减少 1 429 万元，降低 88.59%。

2020 年末各项贷款余额 24 537 万元，较 2020 年初增加 3 625 万元，增长 17.33%。其中，公司贷款余额 6 823万元，较年初增加 1 502 万元，增长 28.23%；个人贷款余额 17 714 万元，较年初增加 2 123 万元，增长 13.62%。

2020 年末不良贷款余额清零，较年初减少 390 万元，完成了全年存量不良贷款清收处置任务；不良贷款率为零，较年初下降 1.86 个百分点，控制在计划范围以内。

通过加强特殊资产的管理力度，2020 年收回账销案存资产 749 万元，实现贷款拨备回拨 470 万元，收回诉讼费垫款 34.94 万元。同时，通过加强以物抵债资产的管理，实现抵债资产租金收入 6.67 万元。

2020 年实现拨备前利润 -362 万元，较上年减亏 49 万元，拨备后利润、净利润均为 108 万元，均较上年增加92万元。拨备前利润、净利润分别超总行任务174万元和28万元。

（二）监管指标。近年来，18个核心监管指标持续实现优化。

1. 流动性持续优化。扭转了依靠拆借总行资金支撑的局面，核心负债比例实现达标，夯实了稳定性存款。流动性可用资金保持在2亿元左右，头寸充足。

2. 资产质量持续好转。解决了资产质量问题，2020年实现了不良贷款双清零目标。四项资产质量指标优于监管标准要求。

3. 风险抵补能力进一步加强。2020年末，减值准备余额5 254万元，贷款损失准备充足率达到2 100%；核心一级资本充足率、资本充足率分别为37.15%和38.28%，分别优于监管标准29.65个和27.78个百分点。

4. 金融服务指标持续巩固。“三农”和小微贷款占比达到81.42%，单户贷款余额全部在500万元以下。三项金融服务指标处于监管优秀值。

5. 完成“扩面”“提质”“降本”。小微贷款首贷户贷款余额3 784万元，较年初增加1 545万元；小微贷款首贷户结余贷款户数51户，较年初增加26户；小微贷款首贷户占比57.14%。小微信用贷款余额1 082万元，较年初增加1 021万元；小微信用贷款占比11.43%，较年初增加10.74个百分点。小微贷款余额加权平均利率5.61%，较年初下降49个基点。

（三）存款工作。2020年，全行存款工作主要着力于降成本开展。

1. 克服不利影响，推动存款有序增长。克服璧山财政存款办法调整和业务保证金下降5 081万元的不利因素，通过大力营销公司存款，年末各项存款余额31 450万元，较年初增加3 222万元，增长11.41%，完成经营计划任务的107%。量价并举，存款付息率较上年下降8个基点。头寸保持在2亿元左右，三大流动性指标均优于监管要求。

2. 以代发业务为抓手，营销储蓄存款。全年完成旧城改造拆迁代发、高速公路拆迁代发和工资代发款项7 705笔、金额共计3 208万元。

3. 大力营销低息公司存款，降低存款付息率。通过对政府平台和某农牧公司的营销，实现区属平台公司账户全覆盖，公司存款较上年增加7 493万元，增长225%，公司存款付息率较上年下降92个基点。

（四）贷款工作。2020年末，贷款工作始终坚持支农支小的经营定位，切实围绕“三农”、小微开展。

1. 信贷规模稳步增长。2020年，投放贷款13 369万元，其中新增信贷客户92户、5 598万元，收回贷款9 354万元，核销不良贷款390万元，年末各项贷款余额24 537万元，较年初增加3 625万元，增长17.33%，完成经营计划任务的104%。

2. 坚持小额分散原则。共有信贷客户445户，户均贷款余额仅55万元。

3. 坚持支农支小定位。涉农贷款余额17 829万元、小微贷款余额9 464万元，“三农”和小微贷款占比达到81%，实现了户数、余额双增长，其中，农担贷在璧山区增量占比达到65%，三个金融服务指标处于监管优秀值。

4. 加强特殊资产管理。全年现金清收账销案存资产749万元，为实现净利润目标提供了保障。

（五）信用风险管控。

1. 持续推进集团统一授信管理。根据总行年初制定的《2020年信用风险管理工作要求》，统一授信管理的对象。落实与集团关联客户的统一授信，对于客户在我行以及在工行有授信业务的一并纳入客户统一授信管理。

2. 持续夯实信贷管理基础。一是优化了小微农业担保贷款（农担贷）业务方案、制定了中小微企业流动性信用贷款管理办法和旺农贷管理办法。二是加强了信贷风险管控，修订了《信贷审查委员会章程》，明确了审议100万元以上的信贷业务、首次办理的新业务、重大疑难的业务等，严格实行客户准入审批制，按期召开信贷集体审议会议，实现了共商共议，达到充分了解客户，提前将风控措施细化到后期业务中的目的。同时，对《潜在风险贷款管理实施细则》《融资性担保机构信用风险管理办法》《押品管理基本规定》《授信业务贷后管理实施细则》等进行修订，从贷前、贷中、贷后全方位夯实信贷基础。三是加强信贷业务合规性监督。截至2020年末，发出信贷监督通知书33份，回复率100%，整改率100%。增强全行合规意识，避免信贷业务发生违规风险。

3. 加大不良资产处置力度。全年累计处置不良贷款390万元，不良贷款余额实现清零。拨备余额5 254万元，四项资产质量指标和四个风险抵补能力指标均优于监管要求。

（六）内部管理工作。

1. 加强全面风险管理。坚持稳健经营原则，不断完善风险防控制度，优化风险管控机制，加强信用风险、流动性风险、声誉风险等风险管理，全年未发生风险事件和案件，各项经营管理工作实现了稳健发展：一是资产质量方面，不良贷款清零，不良贷款率、不良资产率分别较年初下降1.08个和1.86个百分点；二是流动性方面，头寸保持在2亿元左右，三大流动性指标均优于监管要求；三是声誉风险方面，顺利实现网点搬迁工作，全年未发生声誉风险隐患事件。

2. 加强内控管理。制定、修改了《内控合规工作考核办法》《反洗钱工作考核办法》等50项制度办法，全年共计问责33人次，压实内控案防工作责任，全年实现安全运营，无案件和重大风险事件。

3. 做实疫情防控工作。组织召开专题疫情防控工作会17次，严格落实各项防疫措施，严格人员管控，严格防疫物资管理，确保各项防疫工作要求落到实处。

4. 加强队伍建设。一是选拔2名部门副经理、1名专业类业务经理，对4名经理助理进行了岗位调整，拓宽员工晋升渠道，加强人才储备。二是加强员工资质管理，目前13名信贷从业人员中，取得信贷A类高级资质5人、中级2人、初级4人，另有9人取得其他专业类中级资质。三是建立了村镇银行年金制度。增强了员工的归属感和单位的凝聚力。

（浙江分行、重庆分行）

第六部分

重要文献

责任编辑：项大宇

在中国工商银行2020年工作会议上的讲话

陈四清

（2020年1月9日）

这次会议的主要任务是，以习近平新时代中国特色社会主义思想为指导，全面贯彻党的十九大和十九届二中、三中、四中全会精神，认真落实中央经济工作会议精神，总结2019年工作，分析当前形势，部署2020年任务。下面，我讲几点意见。

一、关于2019年工作

2019年是新中国成立70周年的大庆之年，也是工商银行改革发展的奋进之年、收获之年。面对国内外风险挑战明显上升的复杂局面，在以习近平同志为核心的党中央坚强领导下，全行上下坚决贯彻党中央、国务院决策部署，严格落实金融监管要求，坚持稳中求进总基调，扎实推动高质量发展，各项工作取得积极成效。全行经营实现了量的突破，总资产突破30万亿元，储蓄存款突破10万亿元，净利润××亿元，具有重要的标志性意义。体现了质的提升，不良率降至××%，拨备覆盖率升至××%，资本充足率达到××%，“三率”同步改善。市值保持国内金融业第一。做到了优的口碑，蝉联全球最有价值银行品牌，客户满意度不断提升，多维度展示了负责任、受尊重的大行形象。

一年来，我们坚持观大势、谋大局、抓大事，主要做了以下工作。

第一，抓好十九届四中全会精神的学习宣传贯彻，提升公司治理水平。坚持把党的政治建设摆在首位，认真学习贯彻习近平新时代中国特色社会主义思想，增强“四个意识”，坚定“四个自信”，做到“两个维护”。通过党委中心组学习、面向基层宣讲、开展各类培训等形式，掀起学习贯彻党的十九届四中全会精神的热潮。将学习贯彻四中全会精神，同推进全面从严治党从严治行、完善公司治理体系、加强制度创新和治理能力建设相结合，周密部署，统筹推进。

第二，抓好“不忘初心、牢记使命”主题教育，将全面从严治党从严治行引向深入。按照中央统一部署，在中央指导组和督导组悉心指导下，扎实有效开展第一批和第二批“不忘初心、牢记使命”主题教育，制订实施方案，组织学习研讨，开展调查研究，深入查摆问题，认真抓好整改落实，取得重要成果。制定《关于贯彻落实新时代全面从严治党要求的意见》，召开全面从严治党从严治行系列会议，推动党建责任层层落实。全面落实纪检监察派驻改革，重构内部监督体系，开展专题警示教育，强化巡视巡察联动，实现总行本部巡视全覆盖，以及一级机构纪委书记“四全”（全覆盖、全专职、全交流和到期全轮换）目标。以高压态势整治“四风”，制定实施治理形式主义突出问题30条措施。

第三，抓好落实逆周期调控政策，提高服务实体经济的适应性。在经济下行压力较大情况下，合理加大融资支持力度，境内人民币贷款新增1.39万亿元，增幅10%。主承销各类债券1.52万亿元，新增地方债投资6 760亿元，均居市场首位。更加注重精准投放，优先满足国家重大项目资金需求，落实支持制造业高质量发展行动方案，还原不良处置后制造业贷款增加近1 200亿元，中长期贷款和信用贷款余额占比分别升至33%和37%。普惠贷款较年初增长超过50%，是各项贷款平均增速的5倍，普惠贷款不良余额和比例实现“双降”。召开多场民营企业座谈会，组建民企专家团队，民营企业贷款较年初增加1 754亿元，增幅10%。新增市场化债转股落地项目114个、金额1 686亿元，推动已投企业资产负债率平均降低14个百分点。新发放贷款LPR定价占比55%，促进企业融资成本稳中有降。精准扶贫贷款增长16%，是各项贷款平均增速的1.6倍。

第四，抓好增量防控和存量处置，打好防范化解金融风险攻坚战。强化集团全口径信用风险统筹管理，优化重点领域和大户风险管控机制，全面启动信贷“真实性”审查机制建设，分门别类加大不良资产处置力度，保持了资产质量逐季改善态势。开展内控合规“压实责任年”活动，深化“八大领域”风险治理及“非法集资、非法放贷、飞单”专项整治。加强境外合规管理体系建设，我行在美机构监管调查事件及在欧机构刑事调查事件，均得到符合预期的解决。加强子公司穿透管理。在化解中小同业机构风险中，积极发挥大行市场稳定器作用。按照中央有关部署，妥善应对中美经贸斗争及香港“修例风波”，我行在港机构总体保持经营平稳。

第五，抓好重大战略谋划与落地，加快创新转型步伐。启动实施第一个人金融银行战略，实现储蓄时点和日均增量双第一，个人客户净增 4 329 万户，创近年同期最好水平，信用卡客户破亿，ETC 客户增量（4 203 万户）显著领先同业。公司金融业务主要经营指标领先同业。机构客户覆盖率市场第一。职业年金营销中，我行中标资格最多、中标规模最大。相继召开粤港澳大湾区、长三角一体化、京津冀协同发展、中部地区发展等座谈会，强化顶层设计。工银理财及奥地利、希腊机构开业，跨市场、跨境服务能力进一步增强。利率定价、网点转型、流程优化等改革纵深推进，现代金融研究院挂牌成立。设立工银科技公司、组建金融科技研究院、重磅发布智慧银行生态系统（ECOS），标志着我行金融科技发展迈入新阶段。

第六，抓好为基层和员工办实事办好事，激发干事激情和创新活力。结合主题教育整改工作，千方百计为基层减负赋能。解决外派员工实际困难，致力改善基层员工收入，举办“五四”主题活动、员工集体婚礼，开展分层分类培训，将关心关爱员工落到实处，汇聚起推进改革发展的强大力量。

特别值得肯定的是，在庆祝新中国成立 70 周年、第二届“一带一路”国际合作高峰论坛、第七届世界军人运动会、第二届中国国际进口博览会等一系列重大活动中，全行上下团结一心、尽锐出战，以一流水平、一流服务、一流保障，赢得各方广泛赞誉，充分展现了工商银行强大的组织力、执行力和战斗力，彰显了大行的品牌形象和责任担当。

总地看，过去一年面临的困难和挑战超出预想，但我们取得的成绩也超过预期。成绩来之不易，需要倍加珍惜。这是党中央坚强领导、国务院科学决策的结果，是监管机构和国家有关部门指导帮助的结果，是全行员工攻坚克难、砥砺奋进的结果。我代表总行党委和董事会，向监管机构、股东单位和国家有关部门，向全行干部员工，表示衷心感谢和敬意！

一年来，我们在实践中深化了对做好新形势下银行工作的规律性认识。

一是必须坚持和加强党对金融工作的全面领导。办金融是党执政的要事。越是形势复杂严峻，越要维护党中央权威和集中统一领导，增强“四个意识”，坚定“四个自信”，做到“两个维护”，不折不扣落实好中央决策部署，发挥好党委把方向、管大局、保落实作用，把国有银行的政治优势转化为治理效能和发展优势。

二是必须按商业银行规律办事。善于以全局视野和辩证思维，看待形势发展变化，在站位大局、服务全局中，把握机遇，引导预期，回应关切。善于把握金融本质和发展规律，坚持市场化导向和商业化原则，坚持量质并举和量价协调，抓住主要矛盾，强化分类指导，充分激发各主体主观能动性，以重点突破带动全面发展。

三是必须坚持传承和创新、战略和战术相结合。既保持战略定力和耐力，保持战略连续性和稳定性，坚持一张蓝图绘到底，一锤接着一锤敲，把工商银行既有优势巩固好、发展好，又坚持守正出新、革故鼎新，进中谋变、因势而变，适时调整经营策略，以“48 字”工作思路，指导和推动全行新时期发展。

四是必须强化底线思维和风险意识。既保持经营理性，增强忧患意识，从最坏处着想，向最好处努力，用大概率思维应对小概率事件，打有准备之仗，又注重方式方法，排好风险优先序，抓住关键风险点，防治结合，精准拆弹，细致稳妥处置风险，打好主动仗和攻坚战，确保“托底”“守底”“保底”。

五是必须充分调动干部员工的积极性和创造性。人力资源是最宝贵资源。人员资产负债表是最重要、最核心的报表。要坚持严管与厚爱相结合，坚持从严治行和关心关爱干部员工相结合，树立“以人为本”的理念和价值取向，完善“人人有责”的制度和机制，营造“与人为善”的环境和氛围，发挥“事在人为”的主动性和创造性，激励干部员工敢干事、会干事、干成事，用改革发展成果“说话”，用干事创业实绩“交卷”。

二、关于当前形势和今年工作总体要求

分析当前形势，要有全球观、全局观、历史观，从世界看中国，从经济看金融，从当下看未来，以跨越时空的专业预判，保证穿越周期的稳健。

从国际看，世界大变局加速演变的特征更趋明显，全球动荡源和风险点显著增多，保护主义、单边主义蔓延，全球产业链稳定和供应链安全受到威胁。全球经济下行风险上升，经济增长已降至国际金融危机以来最低点，国际上普遍认为可能出现“三低两高”（低增长、低通胀、低利率、高债务、高风险）。各主要经济体货币政策逐步转向宽松，全球债务规模持续扩大，国际金融和大宗商品市场波动可能加剧。总体看，世界经济仍处在国际金融危机后的深度调整期，我国发展面临的外部环境进一步趋紧。

从国内看，经济运行总体平稳，主要指标符合预期。全年经济增长 6.1%，在主要经济体中位居前列，国内生产总值接近 100 万亿元，人均突破 1 万美元。同时，“三期叠加”影响持续深化，经济发展困难和风险增多。经济下行压力持续加大，经济增速逐季放缓，投资增长后劲不足。企业经营困难增加，亏损面有所扩大。区域分化态势明显，部分地区发展动力不足。尽管中美经贸磋商取得一定进展，但美国对我国发展的打压，是必须长期面对的严峻挑战。

从金融看，我国金融体系总体健康，但以往累积的金融风险正处于高发期。银行面临的风险点多面广，境内境外、投资融资、线上线下、存量增量、同业跨界，各类风险交织叠加，相互转化，给银行前瞻预判、主动化解、精准拆弹带来更大难度。国际国内金融监管标准

提升、处罚力度加大，从严趋紧成为常态。

从市场竞争格局看，金融市场的加速演化和金融科技的深入应用，正在深刻改变金融生态和竞争格局。竞争主体更加多元，既要与国际大银行比，又要与国内同业比，还要与跨业跨界机构比。竞争维度更加立体，既要比产品、比定价、比风控，又要比品牌、比文化、比综合实力。

从工行自身看，2020 年是工商银行成立 36 周年。经过 36 年的发展，工商银行在党建、战略、规模、创新、管理、科技、人才、品牌等方面，形成了良好基础和独特优势，站在了可以发挥综合优势的新起点上。同时，在复杂变化的形势面前，我们还面临不少困难和挑战。一是金融服务的适应性有待进一步提升。对标经济高质量发展要求和人民美好生活需要，我们在服务理念、服务机制、创新能力、供给水平等方面还不能充分适应。特别是在支持制造业高质量发展、服务民营和小微企业、支持新动能等方面，还有较大改进和提升空间。二是治理体系和治理能力建设有待深化。如何在现代公司治理框架下，形成更加科学高效的决策机制和运行程序，需要不断探索完善。在资源配置、授权管理、战略传导、激励约束等体制机制上，还存在制约发展的短板和瓶颈。三是市场竞争发展能力面临新挑战。在国际上，尽管我们成为全球最大银行和全球系统重要性银行，但全球竞争能力还不强。在国内，尽管总体保持竞争优势，但优势有所缩小。在同业和跨界竞争加剧状况下，条线和区域双维承压。一些重要利润条线可持续增长能力弱化，一些重点区域失去了市场领先地位，一些机构经营态势分化。四是风险管控能力面临新考验。当前，风险形态和生成机制更加复杂多元。存量风险的化解难度加大，防范增量风险的机制和手段有待进一步健全。尤其是“两明案”等严重违纪违法案件，教训十分深刻，警示我们全面从严治党从严治行，仍存在漏洞和薄弱环节。五是干部队伍建设还需持续发力。在可比同业中，我行人均效率还不算高，区域、条线和前中后台人员分布不尽合理，人力资源投入产出效能有待提升。有的干部在观念、素质、能力、作风上与创新转型要求还不适应，还存在不思进取、不接地气、不抓落实、不敢担当的问题。

总地看，国际问题和国内矛盾相互交织，实体困难和金融风险叠加影响，自身不足和外部挑战共同作用，给全行经营发展带来前所未有的压力。同时我们也要看到，我国发展仍处于重要战略机遇期，拥有诸多独特优势、巨大潜力和不断迸发的创新活力，经济稳中向好、长期向好的基本趋势没有改变。工商银行具有支撑高质量发展的良好基础，应对各种风险挑战的思想准备、政策准备、工作准备、队伍准备较为充分。困难和问题必须正视，信心和决心也必须坚定。全行要从形与势的变化中把握全局，从危与机的转化中把握机遇，从稳与进的统一中把握战略主动。

2020 年是全面建成小康社会和“十三五”规划收官之年，也是我行完成三年规划的决胜之年，做好今年工作意义重大。总体要求是：以习近平新时代中国特色社会主义思想为指导，全面贯彻党的十九大和十九届二中、三中、四中全会精神，全面落实中央经济工作会议部署，坚持和加强党对金融工作的领导，增强“四个意识”、坚定“四个自信”、做到“两个维护”，紧扣全面建成小康社会目标任务，坚持稳中求进工作总基调，贯彻新发展理念，落实“48 字”工作思路，统筹推进金融工作“三大任务”落地，全心全意支持经济高质量发展，千方百计实现工行高质量发展，持续提升金融服务的适应性、竞争力、普惠性，以一流治理能力，开创世界一流现代金融企业建设的新局面。

2020 年经营发展的核心目标是：净利润增长××% 以上，不良率控制在××% 以内，拨备覆盖率保持在××% 左右，资本充足率保持在××% 以上，存款、客户、中收市场增量占比提升。上述目标是党委对管理层提出的高要求，是积极进取的目标，需要努力奋斗才能实现。

实现上述目标，做好今年工作，要把握好以下几点：

一是坚持稳字当头。这是今年工作的根本要求。稳中求进是我们工作的总基调。今年面临的困难和挑战可能更大，必须把“稳”放在第一位，把“稳”作为关键字，把“稳”作为大局和前提。要以稳的经营目标、稳的战略定力、稳的治理节奏、稳的政策措施，实现效益稳、质量稳、风控稳、市值稳、队伍稳、预期稳，在多重目标中寻求最优方案和动态平衡。大体量、高基数上的“稳”就是“进”。要以不确定性中寻找确定性的“稳”，以步步为营、久久为功的“稳”，以经营基本盘的“稳”，来体现“进”，做到稳字当头，以稳促进、以稳促改、以稳促新、以稳促优，以我们工商银行的稳为“六稳”助力。

二是坚持贯彻新发展理念。这是高质量发展的引领。发展理念是发展行动的先导。一定的发展实践都是由一定的发展理念来引领的。发展理念是否对头，从根本上决定发展成效乃至成败。创新、协调、绿色、开放、共享的发展理念，既有各自内涵，更是一个整体，必须以系统思维，全面落实到经营发展中。贯彻落实新发展理念，涉及思维方式、行为方式、服务方式、工作方式的变革，必须以改革创新精神，在理念、体制、机制、手段等方面，促改革、破难题、建体系，确保新理念转化为高质量发展的新实践、新成果。

三是坚持“比”的思想。这是提升竞争力的需要。要坚持“比”的认识论和方法论，明确和谁比，比什么、怎么比。比学赶帮超，比是前提，学赶帮是手段，超是目的。先看再比，在比中想，想好干，干中提高。

既要比总量和整体，又要比结构和细分领域，还要比机制完善。既要静态比，看时点，更要动态比，看趋势变化和增量份额。要和全市场最强对手、最高水平、最佳实践比，敢于出招亮剑，比中求胜，比出水平、比出优势、比出能力、比出效益、比出工行声势和力量。

四是坚持三个导向。坚持问题导向、目标导向、结果导向，这是做好工作的方法论。要坚持问题导向。增强发现问题的敏锐、重视问题的清醒、解决问题的自觉，把解决突出问题作为工作重点和优先，做到应对外部挑战和破解内部难题相结合，解决当前问题和化解长期矛盾相结合，解决共性问题和解决个性问题相结合。要坚持目标导向。对照全年目标任务找差距、补短板、加压力、增动力，脚踏实地，咬定青山不放松，不达目标不罢休。要坚持结果导向。力戒形式主义、官僚主义，坚持实干为要，重视过程管理，以工作实效为衡量标准，不能把说了当做了，把做半截当做完了，把做完了当做好了，确保经营业绩经得起历史和时间检验。

五是坚持价值创造。这是经营的根本目标。坚持价值创造才有可能赢得未来。新时代的银行，应该追求价值创造的最大化，坚持履行经济责任、政治责任和社会责任的统一，通过为实体经济、股东、客户、员工和社会创造卓越价值，来赢得尊重、实现可持续发展。大型银行更应在价值创造中大有作为，以价值创造力统领市场竞争力、金融创新力、风险控制力及客户服务力。价值创造始于服务。要下沉服务重心，强化服务功能，优化服务供给，促进经济和金融的良性循环。价值创造成于创新。要以市场为导向，以创新驱动发展，以金融科技“变量”赋能经营发展“增量”。价值创造源于管理。既要眼睛向外，对标全市场；又要眼睛向内，挖潜增效。向精细化管理要效益、要生产力、要竞争力。

六是坚持高效治理。这是健康发展的保障。通过深化治理体系和治理能力建设，实现夯基固本，行稳致远。要抓好坚持和巩固。发挥党的领导这个最大的制度优势，坚持按党的方针办金融、按党的纪律管金融，不断探索党的领导和现代公司治理有机结合的有效机制和路径。要抓好完善和发展。治理体系和治理能力建设是一个动态过程，不可能一蹴而就，也不可能一劳永逸。要与时俱进推进重点领域和关键环节的改革，补短板，扬优势，为金融治理实践提供大行示范。要抓好遵守和执行。强化战略穿透力，强化制度执行力，提高运用制度防范化解金融风险能力和干事创业能力，为改革发展保驾护航。

三、关于2020年重点工作

今年工作任务重、要求高、难度大。要落实责任，突出重点，抢先抓早，统筹推进。

（一）做党建引领、从严治理的银行。要全面贯彻新时代党的建设总要求，纵深推进全面从严治党从严治行，以高质量党建推动高质量发展。

一是旗帜鲜明讲政治。全面落实中央关于加强党的政治建设的意见，增强全行各级党组织和广大党员的政治意识、政治能力。坚决维护党中央对金融工作的集中统一领导，不折不扣落实中央决策部署，把讲政治体现到具体行动中。强化创新理论武装，落实不忘初心、牢记使命制度，巩固深化主题教育成果，推进“两学一做”学习教育常态化制度化，推动全行学习贯彻习近平新时代中国特色社会主义思想走深走实。深入学习贯彻党的十九届四中全会精神，各级党委班子带头宣讲辅导，开展好专题轮训，把全会精神学深学透、落细落实。将党的领导有机内嵌到公司治理各环节，做好党委议事规则与公司治理决策机制的有效衔接，完善“党委全面领导，董事会战略决策，监事会依法监督，管理层负责经营”的治理格局。突出政治功能和组织力，推进基层党支部标准化、规范化建设，实现基层党的组织和工作全面覆盖。健全海外党建工作机制，灵活务实提高海外党建工作质量。

二是加强党风廉政建设和反腐败斗争。认真贯彻即将召开的十九届中央纪委四次全会精神，层层压实管党治党责任。巩固扩大派驻改革成果，加强对“关键少数”和权力运行的监督制约，推动各类监督有机贯通、相互协调。深刻汲取“两明案”教训，持续开展警示教育和整改工作，一体推进不敢腐、不能腐、不想腐。准确把握新时代落实中央八项规定精神的规律特点和工作要求，深挖细查隐形变异问题，大力纠治形式主义、官僚主义，推动作风建设常态化、长效化。深化巡视巡察，聚焦政治监督，启动对一级分行和直属机构新一轮巡视工作，继续探索境外机构巡视，做好巡视整改“后半篇文章”。

三是加强干部队伍建设。贯彻新时代党的组织路线，全方位做好干部人才培养、选拔、使用、管理和监督工作。抓好各级领导班子建设。落实全国党政领导班子建设规划纲要精神，在深入调研基础上，结合我行实际，规划好全行领导班子建设，加强各级班子的优化配备，增强整体功能。要着眼长远规划和战略培养，开展新一轮优秀年轻干部调研。要坚持用好各年龄段优秀干部，形成良好的代际传承。着力加强政治和专业能力建设。突出实践导向，加强干部政治历练和实践锻炼，增强斗争精神和斗争本领。推动学习型银行建设，强化全员学习、持续学习，推进分层分类培训，培养专业型、专家型金融人才。营造干事创业的良好生态。树立鲜明的选人用人导向，把政治过硬、担当作为的干部及时识别出来、使用起来。坚持严管与厚爱相结合，加大干部监督工作力度，严格落实任期管理和关键岗位轮换制度。完善正向激励和容错纠错机制，健全荣誉表彰体系，为担当作为的干部增底气、添锐气，让“奋斗 + 落实”成为工行最强音。坚持为员工做好事、办实事、解难事，加强人文关怀和企业文化建设，增强员工凝聚力和职业自豪感。

（二）做落实中央决策部署的标杆银行。贯彻新发展理念，在深化金融供给侧结构性改革上持续用力，提升金融服务的适应性、普惠性，促进做好“六稳”工作，服务经济高质量发展。

一是把好投融资总量、结构、节奏和定价。综合考虑实体经济需求、货币政策导向和全行经营实际，今年计划投放贷款××万亿元，其中人民币贷款新增××万亿元，存量移位再贷××万亿元。非信贷融资和地方债投资新增××万亿元。资产证券化和债转股××亿元。同时，完善贷款、债券、股权、代理、租赁、投资顾问等全口径投融资体系，提升金融全要素的支持力。要加强投融资结构布局的整体规划和顶层设计，动态完善政策引导和业务授权，不断优化投融资区域、行业和客户结构，进一步提升金融资源配置与经济高质量发展的契合度。要早布局早投放，抢占优质客户和目标市场，前瞻做好信贷储备。要加强对贷款利率走势的研判，持续提升 LPR 定价应用和客户服务水平，完善风险定价策略，加强存贷款业务量价协调发展，平衡好降低实体融资成本与商业可持续的关系。

二是支持国家重大战略实施。把握基础设施补短板等市场机遇，主动对接国家区域发展战略，促进形成优势互补高质量发展的区域经济布局，促进供需共同受益，发挥大行在“稳投资”中的主力军作用。围绕共建“一带一路”以及中资企业“走出去”，深化银行间常态化合作机制，提升“一带一路”金融服务水平。

三是支持制造业高质量发展。围绕“一个目标、两个领域、四个加强”，开展全行“制造业金融服务提升年”活动，支持产业基础能力和产业链现代化水平提升。一个目标是，制造业中长期贷款增速高于各项贷款平均增速。两个领域是，聚焦先进制造业发展，聚焦传统制造业升级。四个加强是，加强优质市场投放，优选2 000户细分领域优质制造企业。发挥科创中心“头雁”和特色支行“样板”作用，支持优秀科创企业发展壮大。加强资源保障，通过扩大审批和定价授权、内部资金转移价格优惠、增加专项规模等，支持重点头部客户投放。加强服务创新，重点推广线上供应链融资、“融资＋融智”等优势产品和专属服务。加强专业能力建设，培养一批熟悉制造行业的人才队伍，提高专业服务能力和风险控制水平。

四是提升小微和民营金融服务。小微金融方面，要按照“做真、做实、做好、做活、做持久”要求，持续打造普惠金融综合服务标杆银行，实现普惠贷款增长1 600亿元。要针对小微企业“长贷难、续贷难、信用贷款难”问题精准发力，增强线上和线下的产品创新和供给能力。要把我行“工银普惠行”和监管部门“百行进万企”活动有效对接，传递工行温度和普惠影响力。民营金融方面，要认真落实党中央、国务院关于营造更好发展环境支持民营企业改革发展的意见，构建新型银企合作关系，加快服务创新升级，探索主办行制度，丰富专属产品体系，实现民营企业贷款增加1 400亿元。

五是服务民生消费领域。积极支持医疗、卫生、教育、养老、旅游等幸福产业发展，促进产业和消费“双升级”。坚持“房子是用来住的、不是用来炒的”定位，因城施策，支持居民家庭首套自住购房需求，支持城镇老旧小区改造。创新服务模式，积极稳妥开展住房租赁业务。

六是坚决打赢脱贫攻坚决胜战。脱贫是全面小康的重中之重，是必须完成的硬任务。要坚持定点扶贫和金融精准扶贫相结合，以金阳县为重点，分类实施帮扶政策，确保扶贫点如期脱贫摘帽。统筹全行力量，通过信贷扶贫、产业扶贫、电商扶贫、就业扶贫等手段，增强扶贫“造血”功能。按照中央“四个不摘”要求，坚持脱贫攻坚与乡村振兴相结合，巩固脱贫成果，探索长效发展机制。

（三）做风控有效、合规有力的银行。要全面落实打好防范化解重大金融风险攻坚战实施方案，按照“稳定大局、统筹协调、分类施策、精准拆弹”的基本方针，找准主攻方向和突破口，守住资产质量生命线，确保完成2020 年攻坚战收官目标。同时，根据新的形势变化，做好打持久战的准备。2020 年要认真做好全行风险管理的改革工作，解决管理工作中的痛点难点问题。

实现资产质量的持续改善。要从客户、机构、业务三个维度，把好新增准入、存量化解、不良处置三道关口，依托夯实基础管理、强化从严治贷、提升信贷经营能力三大支柱，实现资产质量持续向好、赶超同业的目标。要健全风险统一视图，加强集团一体化信用风险敞口管控。要突出抓好地方政府隐性债务、房地产、高负债企业、线上融资、代理投资、境外融资等领域的风险管控，防止产生新的“出血点”，确保相关业务尤其是发展较快业务的资产质量经得起周期考验。要抓好大户风险管控，做实大户会诊、名单制管理和总行牵头化解机制。要做好中美经贸摩擦的有效应对，关注可能对我行客户和融资带来的风险影响，前移风控关口。要健全统一授信、审贷分离、集中与授权相结合的体制，强化责任落实和有效运行。要夯实贷前、贷中、贷后风险管控，全面提升高质量选择客户能力，在发展中管控风险。要抓好重点分行风险化解，促其及早走出经营困境。要加大不良贷款处置力度，打造更加洁净的质量和更加健康的体质。要统筹好表内与表外、境内与境外、法人与个人、常规核销与批量转让的关系，提高整体处置效益。尤其是要强化账销案存资产清收处置，落实好相关激励机制，补齐与可比同业的短板，向账销案存资产清收要效益。

筑牢交叉性输入性风险防控的“防火墙”。加快集团投融资风险和交叉性风险监控两大平台建设，实现风险“看得清、摸得透、管得住”。强化对子公司的并表和穿透管理，一司一策，实施子公司风险管理优化和强化工程。加强合作机构准入和存续期管理，加强代理业务风险处置，高度关注个别中小同业机构风险暴露。加强对客户债务结构的分析，关注债券违约、股票质押爆仓等跨市场风险的传导。关注全球货币政策转向、大国贸易争端等事件影响，统筹抓好利率、汇率、流动性风险管理。

坚决实现内控案防“一确保两压降”目标。全面开展“制度治理年”主题活动，压实“三道防线”及各机构主体责任，确保案件风险率和操作风险损失率不超过监管目标值，坚决压降信贷领域案件数量，坚决压降重大案件和风险事件。要深入推进信贷、核算、关键岗位、个人信息安全“四个专项行动”，强化案件风险和员工行为“两排查”。要做好监管处罚、诉讼赔偿等风险的专项管控，以合规创造价值。要做实责任认定及责任追究，强化问责与整改工作，做到问严、问精、问准，做到整改落地见效。要高质量做好安全保卫工作。

多措并举提升资本管理水平。要坚持开源节流、降耗增效，算好资本筹集、资本配置、资本优化三本账，确保资本充足率保持在合理区间。要捕捉市场有利窗口，有序推进资本工具创新和外源性资本补充，优化资本结构，降低资本成本，今年力争完成××亿元外源性资本补充。要加大低效资本占用清理力度，发挥好经济资本考核作用，坚持走资本节约型发展道路。要持续优化全球系统重要性银行组别管理，努力减缓升组步伐，避免附加资本要求过快上升。

（四）做竞争优势突出的银行。要找准竞争发展的主战场，从条线和区域两个维度，勇争第一，守牢第一，构筑竞争优势。尤其是境内分行要坚守中收总量第一的地位。

推进第一个人金融银行战略全面落地。第一个人金融银行战略是全行的优先发展战略，总行以今年1号文件印发了《关于全面打造“第一个人金融银行”的意见》。全行上下要深化战略认同，充分认识这里讲的“第一”，包括经营规模第一，如个人金融资产与储蓄存款的“双第一”，个人按揭和消费贷款的“双领先”，基础结算和代销收入的“双增长”，全量客户和重点客群的“双激活”，信用卡和私银业务的“双领军”；经营质态第一，结构、质量和风控最优；服务品牌第一，赢得客户、同业、监管和社会的高度认同；价值创造第一，营业贡献和协同效应持续提升。最核心的是综合效益第一。要对照上述目标，压实各部门、各分行责任，以高度的领悟力、执行力、创造力，确保战略开局年实现强力突破。要发挥我行信用卡第一发卡大行优势，尽力缩小收入总量和增量与领先同业的差距。要健全“以公带私、以私促公、私私互动”机制，做实资源配置、渠道转型、场景建设、客户引流、交叉销售、产品创新等工作。各一级分行和重点城市行要因地制宜，做好战略解码，打通落地“最后一公里”，确保全面实现个人金融业务主要指标增量第一。

全面发力公司金融业务。要进一步夯实公司客户基础，做宽底部，做强中部，做实头部。要深化与央企战略合作，全力打造央企服务主力银行，提升央企客群服务质效和市场份额。要通过链式营销，深挖产业链上游供应商、下游经销商客户资源，实现批量精准获客。要加快网点对公业务场景建设及应用落地，做好新客户的争揽。要按照1+N一体化营销服务理念，联动境内外各相关部门和机构，提供面向客户的综合金融服务解决方案。要深入分析公司存款资金流向规律，从货币派生和资金循环管理的高度，打造公司存款持久竞争优势。

巩固机构金融业务优势。机构金融业务要以全面出击的姿态，巩固优势，扩大战果，为全行创新转型赢得时间、创造空间。要在服务国家战略中发挥支撑作用，充分发挥我行资金、渠道、科技等综合优势，在军队、财政、社保等重点领域，做好金融配套服务，加快市场布局。适应机构客户资金运用“开枝散叶、加速下沉”的特征，推动业务重心向县域机构下沉延伸。要在服务全行战略中发挥源头作用，加快从“主抓存款”向“经营客户”转型，全力打造好医疗、教育、财政、军队四大场景，将机构金融业务优势转化为G-B-C全量拓户的动能。适应我国人口老龄化和三支柱养老体系加速推进的趋势，研究启动全行养老金业务战略，建设“养老金融+养老服务”的业务体系，从管理养老金向建设养老金融服务生态圈转型。

推动资管和投行业务转型发展。资管和投行板块尽管面临转型阵痛，但长远看，仍处于发展机遇期。资管板块要把“过渡期”变为“成长期”。要顺应各类资管机构同台竞技的趋势，发挥客户、资金、产品等优势，补齐投研、风控、人才等短板，巩固国内领先地位，坚决止住收益下滑，确保2020年实现收入止跌回升，确保过渡期内资管收入降幅不高于主要可比同业。要高起点、高水平推进理财子公司建设，抓好战略协同和能力培育，打造国内第一、国际一流的市场化资产管理公司。投行板块要增强统筹和创新水平。要针对目前投行业务发展中商行业务强、资本市场业务弱的现状，积极探索全牌照经营、全链条服务、全客户拓展，在商投一体、投贷联动中，打造综合金融服务商和国际一流投资银行，增强服务实体经济转型升级的能力。

提升战略性区域竞争发展能力。要把服务好国家区域经济布局同提升自身区域竞争发展能力有机结合，谋划全行区域发展的新定位、新思路，打造高质量发展的充沛动力源。京津冀机构要抓住京津冀协同发展和雄安新区建设机遇，打造成总部引领发展、服务协同高效、改革创新驱动的战略先行优势区，实现增量优势全面扩大。长三角机构要抓住长江经济带发展和长三角一体化发展机遇，打造成经营贡献突出、一体化服务、高质量发展的强劲增长极，实现业务全面增长、市场全面领先、创新全面突破。粤港澳机构要抓住粤港澳大湾区建设机遇，打造成国际视野、全球经营、跨境发展的对外开放桥头堡，实现境内外市场全面领跑、核心指标夺回市场第一。东北机构要抓住东北全面振兴机遇，打造成经营稳健、发展多元、转型升级的活力焕发新前沿，实现资产质量全面优化，经营活力全面提升，市场份额全面领先；总行将定点帮扶困难分行脱困振兴。中部机构要抓住中部地区崛起机遇，做好对黄河流域生态保护和高质量发展的金融服务，打造承东启西、连南接北、战略交汇的转型驱动新样板，实现经营结构优化、发展多元支撑、竞争全面出彩。成渝机构要抓住成渝地区双城经济圈建设机遇，打造成优势资源互补、产业合作升级、引领西部跨越增长的竞争新高地，实现经营布局全面优化、竞争优势全面扩大。

需要强调的是，区域发展上要把握好三点。一是全行一盘棋，即通过加强顶层设计，实现全行资源配置最优化和发展效果最大化。二是协同出合力，即通过区域间和区域内的联动，增厚战略叠加优势。三是自身有进步，即各区域根据资源禀赋和管理实际，走特色发展、优化发展的路子，发挥比较优势，确保在当地市场的地位与工行第一大行的声誉口碑相匹配。

（五）做国际化综合化水平领先的银行。按照强化“三个服务”（服务国家战略、服务集团发展、服务当地经济社会发展）的原则，根据市场环境和监管要求的变化，完善国际化综合化发展布局和内涵，提质增效，做优做强。

要构建国际化发展新生态。一是完善海外布局。适应国家全面开放新格局，加强对“一带一路”沿线及我国经贸往来密切地区等重点市场的深度渗透，有序填补北欧、中东欧、北非、加勒比海、南美等重点空白目标市场，力争尽快完成巴拿马机构开业和台湾地区机构申设工作。做强亚太市场，工银亚洲要加快由城市银行向区域银行转型，以香港辐射带动东南亚及其他亚太机构转型发展。工银澳门要抓住大湾区发展机遇，辐射葡语系国家，成为新的旗舰平台。二是分步打造外汇业务首选银行。坚持全行办外汇理念，采取“境内外汇业务—境外外汇业务—跨境人民币业务”三步走策略，打造外汇业务首选银行。今年要在推动境内法人和个人外汇业务发展上迈出较大步伐，在境内外汇存贷款、结售汇与外汇买卖、外汇中间业务收入等指标上，进一步缩小与领先同业差距。要根据各区域机构市场资源和发展水平，实施分类管理，并在发展目标、授权管理、资金定价、信贷政策、产品创新、考核激励等方面，配套差别化政策，形成境内外汇业务重点突破、梯次发展、协调有序的局面。三是升级全球化的产品体系。打造全球高端信贷、并购融资、国际银团、贸易金融、投行资管、现金管理等专业品牌，从价值链中低端向高端迈进。把握人民币国际化发展机遇，积极推进重点空白市场人民币清算行资格申设。四是建设全球化的风控体系。坚持风控为基、合规至上，对标全球最佳实践，完善海外风险管理、合规管理、反洗钱三大体系建设，建立与境外监管常态化沟通机制，增强“在线修复”能力，变“被动救火”为“主动防火”。要多措并举化解个别境外机构存量重大风险。

要提升综合化发展水平。完善子公司党的建设和治理机制。狠抓子公司班子建设、党组织建设和党风廉政建设。制定集团控股机构治理指引，明确共同遵循的治理准则，加强对子公司治理机制运作的专业辅导和支持。加强对综合化平台的规范管理，以资本回报为核心，立足于功能互补、客户共享、业务协同，对子公司业务和职能进行整合。完善牌照体系，提升全市场服务能力和全价值链竞争力。提高子公司的专业水平和协同发展能力。各子公司要聚焦主业、做精专业，增强内生发展能力，提高对集团的价值贡献。要按照“统一战略、统一品牌、统一客户、统一渠道”的原则，增强战略协同和产品交叉销售能力，实现专业化发展和集团化统筹的有机统一。

在推进国际化、综合化发展上，要加强总行领导力建设，打造集团化、国际化、智慧化的总部。总行各部门既要有商业银行的管理能力，又要有综合化管理能力；既要管境内，又要管境外，带头学习、带头适应，主动作为、专业作为，提升对境外和集团子公司的统筹管理和一体化服务能力。

（六）做改革图强、创新领跑的银行。以体制机制改革与金融科技创新为两个轮子，打通堵点，积厚成势，打造高质量发展的新动能。

要做好深化改革的文章。处理好顶层设计与分层对接的关系，处理好重点突破与协同配套的关系，以改革深化促治理效能提升。一是启动县域网点结构调整。从落实国家区域发展、乡村振兴、脱贫攻坚战略部署的高度，按照中央经济工作会议提出的“大银行服务重心下沉”的要求，统筹考虑我行普惠金融发展及打造第一个人金融银行的战略安排，启动实施县域网点结构调整工程。计划用三年左右的时间，通过新设和存量优化等手段，完成1 000家左右网点调整，全面提升我行在县域的金融覆盖率、可得性和匹配度，打造经营发展新的增长极。要坚持盘活、下沉、精耕、协同策略并举，优先抓好发达县域的布局，有针对性地填补空白县域，发挥牵引和激活全局效应。要结合重点县域市场竞争力提升工作，通过“四个强化”，即强化市场对标，强化总分行联动和专业协同，强化线上线下融合，强化资源保障，以点带面提升我行县域机构的竞争优势和价值创造能力。这里需要特别说明的是，县域网点结构调整，不是简单的数量增加，而是要提升与经济发展相适应的金融服务供给能力。二是做实80家重点城市行竞争力提升。完善重点城市行综合竞争力评价办法，既推动基础业务争先进位，又推动资产质量精准攻坚；既推动领先行扩大优势，又推动落后行加速赶超；既推动本币业务领跑同业，又推动打造区域内外汇业务首选银行。三是完善绩效考评办法。按照强化价值创造、强化比的思想、强化风险管控三原则，调整优化对境内分行考核办法，促进全行战略落地。四是深化智慧运营改革。在去年组建两个总行级运营中心的基础上，按照统一组织规划、中心分步建设、业务分批上收原则，深化集约运营体系改革，进一步实现集团层面运营资源的统筹调度。以信息化和智能化为主要方向，全面构建线上线下一体化运营模式，满足客户“一点接入、全网响应、体验一致”的服务需求。五是打造现代金融研究体系。充分发挥现代金融研究院的作用，整合集团研究力量，建设高端金融智库，打造有市场影响力的“工银研究”品牌。凝聚共识，汇聚众智，高水平编制好新一轮三年规划，确保与国家“十四五”规划导向相衔接。六是加强市值和品牌管理。健全全面、主动、协同、精准、有效的市值管理机制，持续扩大市值领先优势。坚持高站位，广视角，讲好工行故事，提升“ICBC”品牌影响力、公信力和价值量。

关于我行改革，有关部门正在研究具体方案，我们将根据这次会议的精神，有步骤地推进深化改革。

要做好科技创新的文章。落实全行金融科技发展规划，开启“数字工行”建设新征程。今年要重点抓好“三力提升”。第一，落地厚植智慧银行战略，增强科技赋能的“价值创造力”。顺应产业互联网、政务互联网发展趋势，加快突破G端、B端，打造更多现象级产品和服务模式，强化GBC三端联动。尤其是按照国家优化营商环境部署，加快推动智慧政务建设，打造一批标杆项目。全面发力第一个人和法人手机银行，打通线上线下、界内界外、境内境外，确保实现手机银行个人客户净增4 500万户、法人手机银行260万动户、同业“双第一”的目标，树牢线上综合金融服务第一平台的品牌形象。要依托金融生态云、API开放平台和聚富通三大基础平台，深耕场景，丰富生态，输出金融，提升活客黏客与价值整合能力。要加快智慧银行在各个领域的落地应用，全面提升智慧营销、智慧运营、智慧风控能力。第二，深入推进IT架构转型，锻造领先同业的“技术硬实力”。全面完成ECOS工程，以“高质量工程”打底，用“全方位推广”增色，加强对部门和分行的培训宣导，强化创新成果的落地应用。持续加大“ABCDI”（人工智能、区块链、云计算、大数据、物联网）等技术的研发投入，做好数字货币试点工作，抢占技术创新制高点。第三，释放改革红利，形成科技与业务高效协同的“融合软实力”。组织架构是“体”，机制运转是“魂”。要在去年完成“一部、三中心、一公司、一研究院”布局的基础上，今年把重点放在理顺机制、优化流程、发挥作用上。要真正让科技与金融产生化学反应，形成“煲汤式”“聚变式”融合。尤其是要按照“板块化、开放化、差异化、扁平化”思路，进一步提升敏捷迭代研发能力。

同志们，做好今年工作任务艰巨，全行上下要以习近平新时代中国特色社会主义思想为指导，不忘初心、牢记使命，只争朝夕，不负韶华，确保完成全年目标任务，交出一份高质量发展的答卷。

在中国工商银行2020年工作会议上的总结讲话

陈四清

（2020年1月10日）

这次会议开得很好。在一天半的时间里，大家通过学习讨论，进一步统一了思想、凝聚了共识、坚定了信心、明确了任务。昨天，我代表总行党委，对2019年全行工作和做好2020年工作讲了几点意见。谷澍同志详细分析了2019年的经营管理情况，分八个方面对2020年的重点任务作了安排，目标明确、重点突出、切实可行。国中同志、王林同志、胡浩同志、廖林同志，以及百荣同志、学清同志围绕各自分管领域作了发言。大家讲得都很好，我完全赞同。下面，根据会议安排，我对本次会议做个总结。

一、会议的基本情况和主要特点

这次会议是我行在全面建成小康社会和“十三五”规划收官之年、脱贫攻坚决战决胜之年召开的一次重要会议。会议呈现以下特点：

一是准备充分、集思广益。总行党委高度重视这次会议。去年下半年开始，各位党委成员、高管结合“不忘初心、牢记使命”主题教育，通过调研、座谈、走访等多种形式，主动谋划2020年工作。党的十九届四中全会和中央经济工作会议召开后，党委在深入学习会议精神的基础上，分别组织召开务虚会、交流汇报会。各位行领导、各相关单位负责人就做好2020年工作交换意见、提出思路。在充分听取各方面意见和建议的基础上，今年1月党委审定了工作会议文件，为开好本次会议打下了坚实的基础。

二是主题清晰、任务明确。会议开宗明义地指出，以习近平新时代中国特色社会主义思想为指引，全面贯彻党的十九大和十九届二中、三中、四中全会精神，认真落实中央经济工作会议精神，总结工作、分析形势、部署任务，为开好这次会议明确了主题、定下了基调。会议充分肯定2019年全行经营成果，提炼出五条规律性认识，阐述了做好工作的六条原则，部署了六个方面重点工作，为做好2020年工作指明了方向。

三是组织高效、作风务实。这次会议时间虽然不长，但议程安排紧凑、组织严谨有序。会议期间，举办了“工银全球荟”暨2019年度荣誉表彰，鼓舞了海内外干部员工的士气，振奋了大家干事创业的精神。分组讨论中，代表们说真话、讲短话，出实招、求实效，展现了良好的精神面貌和务实的工作作风，对于推进工商银行未来的改革发展具有十分重要的意义。

二、强化创新理论武装，提高科学思维能力

习近平新时代中国特色社会主义思想是当代中国马克思主义、21世纪马克思主义。用这一科学理论武装头脑、指导实践、推动工作，是我们的一项重大政治任务。学习掌握这一思想，既要全面准确领会其中的丰富内涵、思想体系和实践要求，又要深刻把握贯穿其中的科学思维方法和工作方法，提高攻坚克难、化解矛盾、驾驭复杂局面的能力。习近平总书记在党的十九大报告中提出，要坚持战略思维、创新思维、辩证思维、法治思维、底线思维，科学制定和坚决执行党的路线方针政策，把党总揽全局、协调各方落到实处。

我们要强化战略思维，提高把握事物发展总体趋势和方向的能力。“不谋全局者，不足以谋一域”。提高战略思维能力，要以小见大、见微知著，站在时代前沿和战略全局的高度观察、思考和处理问题，从政治上认识和判断形势，透过纷繁复杂的表面现象把握事物的本质，在解决突出问题中实现战略突破。总行党委提出，打造第一个人金融银行、外汇业务首选银行、完善区域发展战略布局，都是基于对大势的判断，关乎工商银行未来长远发展，所作出的决策部署。我们要形成工商银行的“生态”系统。首先，线上线下、境内境外、个人公司机构业务等要形成自己的生态；然后，将这些生态连接在一起，形成整个工商银行的大生态，使得无论外部环境如何变化，资金都能在工商银行生态内部循环。

要看到，新时代我国社会主要矛盾已经转化为人民日益增长的美好生活需要和不平衡不充分的发展之间的矛盾。打造第一个人金融银行，就是要准确把握人民群众的美好生活需要，提供具有高度适应性、竞争力、普惠性的金融服务，重夺全面市场领先地位。打造第一个人金融银行，不是拍脑袋想出来的，也不是从天上掉下来的，而是从工商银行历史中形成的，是从工商银行现实需要出发的，也是面向工商银行未来提出来的。

要看到，当今世界面临百年未有之大变局，我国正处于实现中华民族伟大复兴关键时期。全球30%的GDP增量由中国贡献，中国经济与全球经济水乳交融。人民币在国际交易货币、储备货币里的占比不断提升，人民币与外币互动达到全新高度。工商银行是全球人民币业务第一大行，用人民币业务带动外汇业务发展有先天的优势，再通过加强总行国际化领导力、健全海外机构网络、强化人员培训、提高业务能力、消化历史遗留问题，完全有能力打造外汇业务首选银行，满足客户全方位金融需要，助力我国高水平对外开放。打造外汇业务首选银行这个思想必须要统一。

还要看到，我国经济发展的空间结构正在发生深刻变化，中心城市和城市群正在成为承载发展要素的主要空间形式。党委提出，完善区域发展战略布局，就是要把服务国家区域经济布局，同提升自身区域竞争发展能力相结合，推动金融资源向重点地区集中，推动京津冀协同发展、雄安新区建设、长江经济带发展、粤港澳大湾区建设、长三角一体化发展、东北全面振兴、中部地区崛起、黄河流域生态保护和高质量发展以及成渝地区双城经济圈建设，进而带动我国经济总体效率提升。各级领导干部要强化战略思维，坚定战略自信，保持战略定力，把党委重大战略部署坚决落实到位。

我们要强化辩证思维，提高抓住关键、找准重点、洞察事物发展规律的能力。“善战者必以守为战，善守者必以战为守”。形势有利时，我们要善于看到潜伏着的不利因素，做好应对不利因素的准备；形势不利时，要善于把握蕴藏着的转机，坚定扭转不利的信心。古人说：“泾溪石险人兢慎，终岁不闻倾覆人。却是平流无石处，时时闻说有沉沦。”这四句话里蕴含的辩证哲理，应当引起我们深思。做好2020年工作，要稳字当头，把问题和困难估计得重一点。稳是手段，稳的目的是达到优，要以稳促进、以稳促改、以稳促新、以稳促优。

我们要强化创新思维，提高因时制宜、知难而进、开拓创新的能力。创新创造差异，差异创造价值。我们强调，提高价值创造能力，本质上是要提高全要素生产率，全面推动科技创新、产品创新、管理创新。与市场

变化与客户需求相比，我们的创新性还要加强。特别是在网络时代，同质化、跟随型创新要有，自主型、引领型创新更要有。服务制造业发展是篇大文章。我们要用创新思维，仔细研究支持制造业发展的方法和措施，为实体经济发展提供更具适应性、竞争力和普惠性的金融服务。

我们要强化法治思维，提高运用法律和制度治理银行、约束自己的能力。提高法治思维能力，要增强法治观念，做到在法治之下、而不是法治之外、更不是法治之上想问题、作决策、办事情，自觉在法治轨道上深化改革、推动发展、化解风险。我们要增强政治敏锐性和政治鉴别力，提高政治能力，坚定不移地坚持中国特色社会主义根本制度、基本制度、重要制度。涉及方向性问题，必须以这些制度为准星。要将坚持党的领导与完善公司治理更好结合起来，做好党委议事规则与公司治理决策机制的有效衔接，完善“党委全面领导，董事会战略决策，监事会依法监督，管理层负责经营”的治理格局。我们要切实强化合规经营意识，确保各项工作照章办事、依法合规，把制度和规定扎扎实实落实到位。

我们要强化底线思维，提高居安思危、未雨绸缪、牢牢把握工作主动权的能力。底线思维，是富有前瞻性和忧患意识的思维方式。1945 年，毛泽东同志在党的七大上作总结报告，讲到“准备吃亏”、准备对付困难时，一口气讲了 17 条挑战。习近平总书记多次强调，要善于运用底线思维方法，凡事从坏处准备，努力争取最好的结果，打有准备、有把握之仗，以大概率思维应对小概率事件。银行是经营风险的行业。防范化解风险是做好银行工作的根本任务，也是金融工作的永恒主题。工商银行管理着表内外 50 万亿元资产，哪怕出现万分之一的风险，也是重大损失，我们必须时刻警醒。面对严峻复杂的外部形势，要按照“稳定大局、统筹协调、分类施策、精准拆弹”要求，提前谋划、稳扎稳打、步步为营，精细稳妥处置风险个案。同时要不失时机地完善全面风险管理体系，聚焦表内表外“两张表”、境内境外“两条线”，做到各类风险“看得清、控得住、管得好”。

三、坚持“48”字思路，推动高质量发展

2019 年年中工作会议提出，坚持“党建引领、从严治理，客户至上、服务实体，科技驱动、价值创造，国际视野、全球经营，转型务实、改革图强，风控强基、人才兴业”的“48 字”工作思路。这是总行党委贯彻落实中央部署、结合工商银行实际，反复研究、通盘考虑后提出的工作思路，一定要高度重视、认真把握。

“党建引领、从严治理”是根本，保证工商银行始终沿着正确的方向前进，不断提高决策科学性和治理有效性。“客户至上、服务实体”是宗旨，激励我们不忘初心、坚守本源，始终致力于满足人民群众对金融服务的新期待新要求。“科技驱动、价值创造”是趋势，以金融科技赋能经营管理，为股东、客户、员工和社会创造卓越价值。“国际视野、全球经营”是梦想，也是方向，促进工商银行融入国家高水平对外开放新格局，更好运用两个市场、两种资源。“转型务实、改革图强”是动力，坚持问题导向、与时俱进，向转型要空间，向改革要活力。“风控强基、人才兴业”是保障，推动工商银行夯实基础、行稳致远。

“48 字”思路以党的建设为引领，以客户为中心，以高质量发展为导向，以防范风险为底线，有机统一、相互促进，共同构建起推动工商银行发展的强大引擎。其背后是深刻的思想变革、体制机制变革和组织变革，要靠加强党的建设、夯实客户基础、完善产品体系、加强风险管控、推动渠道转型、优化运营效能、加强队伍建设等一系列配套措施来支撑。

落实“48 字”工作思路，要强化“比”的意识，做到“三比三看三提高”。“三比三看三提高”指的是：一是与市场同业比，看自己的优势和差距，提高市场战斗力；二是与兄弟单位比，看自己在集团中的位置，提高对集团的贡献度；三是与自己比，看自己的进步率，提高经营业绩的成长性。“三比三看三提高”的要义是，全面、准确、科学地比较看得见的数字和现象，进而透过现象看本质，读懂数字背后的深层次因素，通过补短板、增优势、抓重点、强执行，最终实现自身竞争能力、综合实力和市场地位的全面提高，真正做到知己知彼、百战不殆。

“三比三看三提高”前提是比较，要找准对象，明确口径，拉长周期，不断提升战斗力、贡献度和成长性；基础是分析，要读懂数字背后的“故事”，找出现象背后的规律；关键是变革，要把比较分析的结论落实到改变现状、赢得未来的行动上；落脚是提高，要坚持顶层设计与基层实践相结合、突出重点与统筹兼顾相结合、强化管理与上下联动相结合，让提高的部分越来越多、优势越来越大、质量越来越高。

“三比三看三提高”的工作方法，是战略思维、辩证思维在银行实践中的探索，体现的是问题导向、目标导向和结果导向的统一。需要强调的是，“三比三看三提高”的工作方法，不仅要运用在业务发展上，更要运用在其他各个方面：要看看我们的党建工作，是不是比同业更扎实、更到位；我们的风险管理，是不是比同业更全面、更有效；我们的内部控制，是不是比同业更严密、更高效；我们的发展基础，是不是更坚实、更深厚。总之，要通过“三比三看三提高”的工作方法，推动我行党建工作、业务经营、风控案防、发展基础等各个方面全面提高。

落实“48 字”工作思路，要强化“学”的意识，

增强能力本领。习近平总书记在十九大报告中提出，要增强学习本领、政治领导本领、改革创新本领、科学发展本领、依法执政本领、群众工作本领、狠抓落实本领、驾驭风险本领，其中排在第一位的就是学习本领。必须看到，相对于新时代、新矛盾、新目标、新部署，我们的能力还须进一步提高，本领还须进一步增强。我们要增强学习理论、提高本领的自觉性和紧迫感，下大力气来场大学习，不断提高服务新时代、实现新目标、落实新部署的能力。

抓好学习，首先要学习好习近平新时代中国特色社会主义思想，各级领导干部要在学懂弄通做实上作表率。要及时学习领会习近平总书记最新重要讲话精神和重要指示精神，不断提高理论素养、政治素养，不断坚定信念、砥砺初心，不断推进自我改造、自我净化，更好为党和人民工作。大力弘扬马克思主义学风，将深入学习贯彻习近平新时代中国特色社会主义思想与开展实际工作联系起来，把服务客户的最前沿、业务创新的第一线、风险管控的主战场作为砥砺品格、增长才干、提高本领、开拓创业的最好课堂和广阔舞台，在实践中掌握新知识，积累新经验，增长新本领。要向群众学习，带着感情、带着责任深入基层、深入客户，倾听他们的呼声，解决他们的困难，虚心向他们请教。

要大力改进文风。拿笔杆是实行领导的主要方法，文风不是小事。毛泽东同志指出："学风和文风也都是党的作风，都是党风。"翻开《毛泽东选集》，鲜明朴实的文风扑面而来。习近平总书记提倡"短、实、新"的文风。"短"就是要力求简短精练、直截了当，要言不烦、意尽言止，观点鲜明、重点突出。文章写完至少看两遍，把可有可无的字句段都删去。"实"就是要实事求是，有一说一，有二说二，不夸大问题，不粉饰成绩。"新"就是要力求思想深刻、富有新意。做到"短、实、新"，要花气力大兴学习之风和调查研究之风，针对存在的短板和弱项，勤于思考、勤于动笔、勤于动腿，立足客户、立足业务、立足基层，做到学以致用、学用结合、知行合一。

落实"48 字"工作思路，要强化"拼"的意识，做到担当作为。习近平总书记指出，干部干部，干是第一位的。坚持原则、敢于担当是领导干部必须具备的基本素质。"为官避事平生耻。"担当大小，体现着干部的胸怀、勇气、格调，有多大担当才能干多大事业。组织把每一个干部放在每一个工作岗位上，都是充分的信任、沉甸甸的托付。希望大家意气风发、满腔热情地干好工作，为官一任，造福一方。

怎样才能做到担当作为？说到底，无私才敢担当。要真正做到留"四公"、去"两私"：做到公私分明、先公后私、公而忘私、大公无私；坚决摒除假公济私、损公肥私。我们要大力破除部门壁垒，横向增强协同力，纵向提高穿透力，强化责任意识和担当精神，打造管控科学、服务到位、领导有力、治理有效的集团司令部。全行要大力倡导简单清新的企业文化，人人主动作为，事事主动担当，形成"以人为本、与人为善、事在人为、人人有责"的良好氛围。

落实"48 字"工作思路，要强化"进"的意识，干在实处、奋勇争先。工商银行的发展取得了很大的成绩，但发展如逆水行舟，不进则退。我们要始终保持谦虚谨慎、不骄不躁的作风，以永不懈怠的精神状态和一往无前的奋斗姿态，紧紧抓住发展机遇，牢牢补上发展短板，积极挖掘发展潜力，出实招、办实事，努力创造出新的更大业绩。

四、学习贯彻好这次会议精神

会后，各单位要认真组织传达学习，把全行的思想和行动统一到党中央对当前形势的分析判断和决策部署上来，以踏石留印、抓铁有痕的干劲，抓好工作会议精神的传达学习贯彻，在新的一年展现新气象、新作为。

第一，要在认真学习上下功夫。首先要认真学习贯彻党的十九届四中全会精神、中央经济工作会议精神和即将召开的中央纪委四次全会精神，把会议精神落实到实际工作中。同时要认真传达本次工作会议精神，研究制定重点工作、重大任务在本单位落地实施的办法和措施。

第二，要在融会贯通上下功夫。一要做好会议成果总结。会后，请办公室把会议代表们所提的重要建议汇总起来，总行各职能部门要对这些建议与观点进行专题研究，尽快提出办理意见。二要融合全行上下的经营智慧，汇聚起全行改革发展的广泛共识。三要坚持问题导向、目标导向、结果导向，增强"比"的意识、"拼"的意识，实现"进"的目标。

第三，要在狠抓执行上下功夫。对于工作会议的部署，各单位要在结合实际的基础上坚决落实。总行部门要带头贯彻工作会议精神，带头为基层解决痛点难点问题，不断提高服务基层、服务一线、服务全集团的能力。

第四，几项具体工作。一要实现"开门红"。"一年之计在于春"，一季度开局很重要。希望大家积极谋划、主动作为。二要切实关爱干部员工。要把干部员工和离退休老同志的冷暖放在心上，真心实意地关心他们的工作和生活，既要带着责任做，更要带着感情做，切实为他们排忧解难，让每个干部员工都感受到工行大家庭的温暖，让他们以作为工行人而骄傲，让他们的家人以作为工行的亲属而自豪。三要做好安全生产和各类隐患排查，确保平安。

我再次强调，加强党的领导，加强党的建设，全面从严治党，以全面从严治党带动全面从严治行。1 月 8 日，党中央召开了"不忘初心、牢记使命"主题教育总结大会，习近平总书记强调，要以主题教育为新的起点，持续推动全党不忘初心、牢记使命。总行将于近期召开全行主题教育总结大会，专门对学习贯彻习近平总书记重要讲话精神作出部署。十九届中央纪委四次全会召开后，我们将组织好专题学习贯彻。全行要以党的政治建设为统领，自觉增强“四个意识”、坚定“四个自信”、做到“两个维护”。全面推进党的政治建设、思想建设、组织建设、作风建设、纪律建设，将制度建设贯穿其中，深入推进反腐败斗争，把政治优势、组织优势和群众工作优势，转化为创新优势、发展优势和竞争优势，为实现发展目标，提供坚强的政治、思想和组织保证。持之以恒正风肃纪，纠“四风”、树新风，营造风清气正氛围。

再过两周就要到农历新年了。借此机会，向全行干部员工和家属致以节日的问候。祝大家身体健康、万事如意！

在“不忘初心　牢记使命”主题教育总结大会上的讲话

陈四清

（2020年1月19日）

2019年6月以来，全行分两批开展了“不忘初心、牢记使命”主题教育。2020年1月8日，中央召开“不忘初心、牢记使命”主题教育总结大会，习近平总书记发表重要讲话。今天，我们召开这次会议，既是对习近平总书记重要讲话精神的集体学习，也是对全行两批主题教育情况的回顾总结，更是持续推动全体党员、干部不忘初心、牢记使命的一次整装再出发。

中央第12巡回督导组组长卢纯同志稍后将作指示，我们要认真学习贯彻。现在，我先代表总行党委，讲几点意见。

一、深刻领会习近平总书记在主题教育总结大会上的重要讲话精神

习近平总书记在主题教育总结大会上的重要讲话，从新时代党和国家事业发展的全局和战略高度，总结了主题教育取得的成效和成功经验，对巩固拓展主题教育成果，不断深化党的自我革命，持续推动全党不忘初心、牢记使命，作出了全面部署，提出了明确要求。

习近平总书记指出，在全党开展“不忘初心、牢记使命”主题教育，是党的十九大作出的重大决策。各级党组织有力推动，广大党员、干部积极投入，人民群众热情支持，整个主题教育特点鲜明、扎实紧凑，达到了预期目的，取得了重大成果。一是各级党组织和广大党员、干部深入学习实践新时代中国特色社会主义思想，提高了知信行合一的能力。二是思想政治受到洗礼和锤炼，增强了守初心、担使命的思想自觉和行动自觉。三是干事创业、担当作为的精气神得到提振，推动了改革发展稳定各项工作。四是积极解决群众最急、最忧、最盼的问题，强化了宗旨意识和为民情怀。五是深入进行清正廉洁教育，涵养了风清气正的政治生态。六是重点抓突出问题专项整治，消除了一些可能动摇党的根基、阻碍党的事业的因素。这次主题教育是新时代深化党的自我革命、推动全面从严治党向纵深发展的生动实践，促进了全党思想上的统一、政治上的团结、行动上的一致，为我们党统揽“四个伟大”、实现“两个一百年”奋斗目标作了思想上、政治上、组织上、作风上的有力动员。

习近平总书记强调，这次主题教育，总结历次党内集中教育经验，对新时代开展党内集中教育进行了新探索、积累了新经验。一是聚焦主题、紧扣主线，学习教育、调查研究、检视问题、整改落实紧紧围绕主题、主线、总要求，克服学做脱节问题，确保了党内集中教育不走神。二是以上率下、示范带动，以“关键少数”示范带动“绝大多数”，精心组织谋划、推动落实责任，做到了一贯到底、落实落地。三是有机融合、一体推进，把学和做结合起来、查和改贯通起来，边学边研边查边改，提高了主题教育质量，提升了党内集中教育的整体成效。四是紧盯问题、精准整改，逐条逐项推进落实，问题不解决不松劲、解决不彻底不放手、群众不认可不罢休，确保取得的成果经得起实践、人民和历史的检验。五是严督实导、内外用力，加强政策研究指导，分级分类推进，压紧压实责任，坚持敞开大门，请群众参与、监督、评判。六是力戒虚功、务求实效，把反对形式主义、官僚主义作为突出要求，把主题教育同落实“基层减负年”的各项要求结合起来，把基层干部干事创业的手脚从形式主义的束缚中解脱出来，把工作做扎实、做到位。

习近平总书记要求，全党要以这次主题教育为新的起点，不断深化党的自我革命，持续推动全党不忘初心、牢记使命。一是必须将不忘初心、牢记使命，作为加强党的建设的永恒课题和全体党员、干部的终身课题常抓不懈。教育引导各级党组织和广大党员、干部经常

进行思想政治体检，以党的创新理论滋养初心、引领使命，把初心和使命变成锐意进取、开拓创新的精气神和埋头苦干、真抓实干的原动力。二是必须用马克思主义中国化最新成果统一思想、统一意志、统一行动。把学习贯彻党的创新理论作为思想武装的重中之重，在学懂弄通做实上下苦功夫，在解放思想中统一思想，在深化认识中提高认识，切实增强贯彻落实的思想自觉和行动自觉。三是必须以正视问题的勇气和刀刃向内的自觉不断推进党的自我革命。始终保持崇高的革命理想和旺盛的革命斗志，用好批评和自我批评这个锐利武器，驰而不息抓好正风肃纪反腐，不断增强党自我净化、自我完善、自我革新、自我提高的能力，把我们党建设得更加坚强有力。四是必须发扬斗争精神，勇于担当作为。时刻保持警醒，不断振奋精神，勇于进行具有许多新的历史特点的伟大斗争。广大党员、干部要在经风雨、见世面中长才干、壮筋骨，练就担当作为的硬脊梁、铁肩膀、真本事，在有效应对重大挑战、抵御重大风险、克服重大阻力、解决重大矛盾中冲锋在前、建功立业。五是必须完善和发展党内制度，形成长效机制。坚持系统思维、辩证思维、底线思维，强化制度意识，自觉尊崇制度，严格执行制度，坚决维护制度，健全权威高效的制度执行机制，加强对制度执行的监督，推动不忘初心、牢记使命的制度落实落地。六是必须坚持领导机关和领导干部带头，增强“四个意识”、坚定“四个自信”、做到“两个维护”，团结带领各族人民勇于战胜前进道路上的各种艰难险阻。

习近平总书记的重要讲话立意高远、思想深邃、内涵丰富，既系统总结了主题教育的成效、经验，也对持续推动全党不忘初心、牢记使命作出了全面部署，具有很强的政治性、思想性、理论性、指导性。全行各级党组织和广大党员、干部要认真学习领会，自觉把思想和行动统一到讲话精神上来，持续推动习近平总书记重要讲话、重要指示批示精神和党中央决策部署在工商银行全面落地。

二、全行两批主题教育开展情况

按照党中央统一部署，全行各级党组织牢牢把握主题教育的根本任务、总要求和具体目标，将学习教育、调查研究、检视问题、整改落实贯穿始终、一体推进，完成了规定任务，实现了既定目标，达到了预期效果。

（一）以一贯到底的标准抓好组织领导。总行党委把开展好主题教育作为重要政治任务，切实履行主体责任，坚持统筹谋划，抓好具体推动。召开10次主题教育领导小组会议，面向全行召开2次动员大会、4次专题培训会和1次工作推进会，制定两批主题教育实施方案和12个具体落实文件，确保标准要求直达基层、不偏不漏。建立“一竿子插到底”机制，针对基层党支部和普通党员专门制定工作安排，加强直通式管理。各级党委认真执行“分片包干”制度，逐级落实现场指导全覆盖，确保主题教育各项要求有效落地。

（二）以知行合一的态度抓好学习教育。聚焦学习贯彻习近平新时代中国特色社会主义思想这一主线，总行党委研究确定了“牢记初心使命”“锤炼政治品格”“勇于担当作为”三个学习研讨专题，系统梳理了习近平总书记关于金融工作的重要论述，党委书记带头面向全行宣讲十九届四中全会精神，推动广大党员、干部持续深化对党的创新理论的理解。各级党组织认真抓好学习教育规定动作，平均每个班子集中学习研讨时间达到7天以上，所有党支部书记均参加了集中轮训，实现了学习教育全覆盖。创新方式方法，开展党建理论知识竞赛、爱国主义“快闪”等活动，激发党员群众爱党爱国热情，推动学习教育入脑入心。

（三）以求真务实的精神抓好调查研究。坚持从实际出发，下沉基层一线开展调查研究。总行党委立足工作实际，确定了7个方面的调研方向，带头深入基层调研30余次，既解剖麻雀、以点带面，也全盘分析、明确思路。各级领导班子深入基层一线、市场、客户，累计开展调查研究3万人次，形成调查研究成果1.7万个。在深入学习、广泛调研基础上，各级领导班子成员和基层党支部书记认真讲授专题党课，进一步激发了广大党员、干部理论学习的内生动力。

（四）以刀刃向内的勇气抓好检视剖析。各级领导班子突出问题导向、实践导向，深入查摆存在问题，为整改落实提供精准靶向。总行党委梳理了检视问题的15个重点方向，征求并归纳了69条意见建议。各级领导班子通过自己找、群众提、集体议、上级点等方式，广泛听取意见建议，深挖思想根源，持续完善问题清单，征求意见建议6.5万余条，检视各类问题4.8万个；认真对照党章党规找差距，召开专题会议，深入检视问题，相互咬耳扯袖，增强了查摆和解决问题的针对性。

（五）以自我革命的决心抓好整改整治。总行党委分3批确定了24项整改任务，制定了49条整改措施，目前已全部完成整改。在落实中央专项整治任务的基础上，将整治非法集资、非法放贷、“飞单”等损害群众利益的突出问题，单独列为专项整治任务。建立上下联动整改任务清单，推动两批主题教育相互衔接。扎实开展整改落实“回头看”，持续巩固整改整治成效。各级领导班子均认真制定整改清单，采取过硬措施，确保整改工作有序推进。一级支行以上领导班子高质量召开专题民主生活会，严肃开展批评与自我批评；基层党支部认真召开专题组织生活会，进一步深化了主题教育成效。

（六）以脚踏实地的作风抓好督促指导。总分行两级指导组积极履行职责，抓住“一把手”这个关键，坚持原则，严格督导，要求学习教育不达标的“重新补课”、调查研究走过场的“重新回炉”、检视问题不聚焦的“重新剖析”、整改落实不到位的“重新校准”、专项整治有漏项的“重新补齐”，从严从实纠偏纠差。指导组按周量化工作安排，通过座谈交流、个别访谈、实地走访、随机测试等多种形式，把工作要求传导到位，把压力动力传递到位。

三、开展主题教育的成效收获

通过主题教育，全行上下在理论学习、思想政治、干事创业、为民服务、清正廉洁等方面实现了全方位提升，党的建设和改革发展取得了新成绩。

（一）习近平新时代中国特色社会主义思想更加入脑入心。主题教育期间，各级党组织和广大党员、干部坚持读原著、学原文、悟原理，进一步深化了对习近平新时代中国特色社会主义思想的全面理解。坚持理论联系实际，带着问题学、融入实践学，不断从习近平新时代中国特色社会主义思想中寻找解决问题的“金钥匙”，进一步增强了用党的创新理论推动经营发展的意识和能力。广大党员、干部在学习的过程中，开阔了视野，掌握了方法，学出了感情，强化了做好党的金融工作的思想自觉和行动自觉。

（二）对马克思主义的信仰和对中国特色社会主义的信念更加坚定。通过开展主题教育，全行上下经历了一次深刻的政治洗礼。总行制定加强全行党的政治建设的具体措施，各级领导干部更加严肃、规范地落实党内政治生活制度，把专题民主生活会和组织生活会作为一次触及思想、触及灵魂的党性锻炼过程，真正起到了红脸出汗、治病排毒的效果。广大党员进一步严明了政治纪律和政治规矩，增强了党员意识，提升了党性修养，对党忠诚更加坚定，家国情怀更加深厚。

（三）干事创业、担当作为的精气神进一步提振。全行把主题教育和中心工作紧密结合，围绕贯彻落实习近平总书记重要讲话、重要指示批示精神和党中央决策部署，围绕贯彻新发展理念、推动转型升级、加强党的建设，围绕落实金融“三大任务”，深入推动主题教育和改革发展齐头并进。2019 年全行经营实现了量的突破、质的提升和优的口碑，在服务国家重大战略、支持制造业高质量发展、改进民营小微金融服务、助力脱贫攻坚战等重点领域集中发力，服务实体经济的适应性进一步提升。聚焦加强基层党建工作，优化党组织设置，完善机关党建工作，召开海外党建工作座谈会。全行担当作为、履职奉献的精神状态不断提升，各级领导班子在变局中开创新局、奠定胜局的能力不断提高，基层党组织狠抓落地执行、奋勇争先的干劲不断增强，广大党员、干部创新创造活力和拼搏进取动力不断激发。

（四）以人民为中心的发展思想得到积极践行。全行各级党组织坚持站稳群众立场，服务基层、服务员工、服务客户，紧盯群众的操心事、烦心事、揪心事，深入推进整改落实和专项整治，有效解决了一大批群众最关心、最直接、最现实的突出问题。持续改进客户服务，有效压降客户排队时间，杜绝恶性服务事件，提升了客户满意度。响应员工诉求，制定治理形式主义突出问题为基层减负 30 条措施，积极为基层减负赋能，为员工办实事、办好事，得到了基层和员工的广泛好评。党组织的凝聚力、号召力、吸引力进一步增强，广大党员、干部的群众观点更加牢固、群众立场更加坚定、群众感情更加深厚。

（五）全面从严治党从严治行持续深化。修订全面从严治党意见，制定加强政治监督的实施办法、员工亲属回避管理办法等制度，进一步夯实全面从严治党从严治行的制度基础。召开全面从严治党从严治行暨警示教育大会、全面从严治党从严治行推进会，层层压实管党治党责任。全面落实纪检监察派驻改革，强化巡视巡察工作。开展“顾国明案、谢明案”专题教育整改，推动以案促思、以案促省、以案促查、以案促改。广大党员、干部进一步提升了廉洁自律的意识，提高了正确处理公私、义利、是非、情法、亲清、俭奢、苦乐、得失关系的自觉性，推进全面从严治党从严治行向纵深发展。

总结主题教育的丰富实践和良好成效，我们深切体会到，必须强化理论武装，坚持思想建党、理论强党，持之以恒用习近平新时代中国特色社会主义思想武装头脑，引导广大党员、干部保持统一的思想、坚定的意志、强大的战斗力，增强贯彻党中央决策部署的决心和能力。必须牢记初心使命，从根本上想清楚从哪里来、到哪里去、为什么人、担什么责的问题，激发广大党员、干部奋斗前行的根本动力，把初心使命根植于理想信念中、体现在担当作为上，为实现“中国梦”共同奋斗。必须密切联系群众，把群众观点、群众路线落实到具体行动上，教育引导全行广大党员、干部践行党的根本宗旨，把客户至上和关心关爱员工落到实处，筑牢工商银行长远发展的根基。必须全面从严治党，不断增强自我净化、自我完善、自我革新、自我提高的能力，将全面从严治党从严治行要求贯穿到经营管理的全过程。必须勇于自我革命，始终保持正视问题的勇气和刀刃向内的自觉，在严峻复杂的形势中，增强斗争精神和斗争本领，增强战略定力和战胜困难挑战的信心决心。必须坚持以上率下，充分发挥各级党委主体责任和党委书记第一责任人责任，坚持“书记抓、抓书记”，以“关键少数”带动“绝大多数”。必须力戒形式主义，引导党员、干部树立正确的业绩观、发展观，脚踏实地、真抓实干，推动党的建设和改革发展各项工作落地生根、取得实效。

主题教育取得良好成效，得益于全行各级党组织和广大党员、干部积极投入、步调一致，得益于各级党委以身作则、统筹谋划，得益于各级领导小组办公室履职尽责、一抓到底，得益于全行350个指导组和1 500名成员辛勤付出、严督实导，更得益于中央主题教育领导小组办公室、中央指导组和巡回督导组的督促指导。在过去7个多月的时间里，中央第26指导组和中央第12巡回督导组以高度负责的态度、严谨细实的作风、科学高效的方法，对工商银行两批主题教育工作给予了有力督促和悉心指导。面对第二批主题教育点多、面广、线长的特点，中央第12巡回督导组深入我行基层机构，不辞劳苦、连续奋战，精准督导、及时纠偏，指导我行第二批主题教育纵深推进、高质量开展。我代表总行党委和全行党员、干部，向中央指导组和巡回督导组的领导和同志们表示衷心的感谢和崇高的敬意！

四、不断巩固和拓展主题教育成果

总体来看，全行主题教育进展顺利，取得了积极成效，但与中央的要求相比，与群众的期盼相比，仍有一些需要改进的地方。部分机构和党员对习近平新时代中国特色社会主义思想钻研得还不够深，把握得还不够全面；有些问题的整改还没有完全到位，一些深层次问题还没有从根本上破解，上下联动解决问题的合力还需要进一步加强。对这些问题，我们要高度重视，在后续工作中持续改进、善始善终。

不忘初心、牢记使命，是加强党的建设的永恒课题和全体党员、干部的终身课题。全行各级党组织和广大党员、干部要巩固拓展主题教育成果，不断增强“四个意识”、坚定“四个自信”、做到“两个维护”，开创党的建设和经营发展新局面。

（一）要在强化理论武装中践行初心使命。习近平总书记强调，共产党人的初心，不仅来自于对人民的朴素感情、对真理的执着追求，更建立在马克思主义的科学理论之上。各级党组织和广大党员、干部要突出常态化学习，做到全面系统学、及时跟进学、深入思考学、联系实际学，持续推动学习贯彻习近平新时代中国特色社会主义思想往深里走、往实里走、往心里走。要突出融会贯通，将学习贯彻党的创新理论，同学习马克思主义基本原理贯通起来，同学习党史、新中国史、改革开放史、社会主义发展史等结合起来，增强贯彻落实的思想自觉和行动自觉。要突出实践运用，将理论学习成果运用到新时代党的建设和金融工作实践中，切实做到真学真懂真信真用。当前，要重点学习贯彻好习近平总书记在主题教育总结大会上的重要讲话精神、党的十九届四中全会精神、十九届中央纪委四次全会精神、中央经济工作会议精神，切实把学习成果转化为做好金融工作的理念思路和科学方法，汇聚起推动高质量发展的思想力和行动力。

（二）要在坚定政治信仰中践行初心使命。习近平总书记强调，不忘初心、牢记使命不是一阵子的事，而是一辈子的事，每个党员都要在思想政治上不断进行检视、剖析、反思，不断去杂质、除病毒、防污染。各级党组织和广大党员、干部要把不忘初心、牢记使命作为必修课、常修课，经常进行思想政治体检，自觉同党中央要求、同党章党规、同人民群众新期待、同先辈先烈、先进典型全面对标对表，不断叩问初心、守护初心，不断坚守使命、担当使命，始终做到初心如磐、使命在肩。要全面贯彻中央《关于加强党的政治建设的意见》，落实总行加强党的政治建设的具体措施，进一步严肃党内政治生活，经常重温党章，重温入党誓词，对照检查，用好批评和自我批评武器，不断锤炼初心、体悟使命，提升思想政治境界。

（三）要在全面从严治党中践行初心使命。习近平总书记指出，办好中国的事情，关键在党，关键在坚持党要管党、全面从严治党。面对复杂多变的外部环境，各级党组织和广大党员、干部要以正视问题的勇气和刀刃向内的自觉，切实解决违背初心使命的各种问题，不断推动全面从严治党从严治行向纵深发展。要坚持不懈做好整改落实“后半篇文章”，对已经完成整改的，要巩固深化成果；对正在整改中的，要加大工作力度；对整改进度滞后的，要加强督促指导，决不允许出现“烂尾”工程。要巩固深化专项整治工作，加强上下联动，力求标本兼治，整体推动问题解决。要充分认识金融领域反腐败斗争的严峻性、复杂性，坚定不移推进党风廉政建设和反腐败斗争，严格落实全面从严治党主体责任和监督责任，强化政治监督和日常管理监督，巩固拓展“顾国明案、谢明案”专题教育整改成果，一体推进不敢腐、不能腐、不想腐。要深入落实中央八项规定精神，坚决整治形式主义、官僚主义，让广大党员、干部把更多精力用在抓落实上。

（四）要在勇于担当作为中践行初心使命。习近平总书记指出，要牢记我们党肩负的实现中华民族伟大复兴的历史使命，勇于担当负责，积极主动作为。工商银行是党领导下的国有金融企业，要树立起大行自信，担负起大行责任，将勇于担当体现在培育斗争精神、涵养斗争本领上，引导党员、干部拿出敢于斗争的精气神，练就担当作为的铁肩膀，在重大任务面前奋勇争先、在重大挑战面前迎难而上、在重大风险面前抗住压力，在推动党的金融事业发展中建功立业。要将勇于担当体现在推动落实党中央决策部署上，认真贯彻新发展理念，深化金融供给侧结构性改革，提升金融服务的适应性、普惠性，做落实中央决策部署的标杆银行。要将勇于担当体现在坚持以人民为中心的发展思想上，持续优化服务流程，完善服务响应机制，切实提高服务客户、服务员工、服务基层的质量和效率。

（五）要在完善制度机制中践行初心使命。习近平总书记强调，不忘初心、牢记使命，必须完善和发展党内制度，形成长效机制。党的十九届四中全会明确提出建立不忘初心、牢记使命的制度，党中央将印发建立不忘初心、牢记使命制度的意见。要紧密结合全行实际，总结提炼主题教育的经验做法，细化落实不忘初心、牢记使命制度的措施。要坚持制度制定与制度执行并重，把党内制度执行情况纳入巡视巡察、党务行务公开等工作中。党员领导干部要带头强化制度意识，加强制度学习，维护制度权威，严格制度执行，使制度优势真正转化为治理效能。

同志们，让我们始终紧密团结在以习近平同志为核心的党中央周围，以习近平新时代中国特色社会主义思想为指引，坚定不移贯彻落实党中央各项决策部署，不忘初心、牢记使命，锐意进取、只争朝夕，为做好党的金融事业、实现中华民族伟大复兴的中国梦贡献工行力量！

最后，再次感谢卢纯组长，感谢中央第12巡回督导组对我们的督促指导。值此新春佳节来临之际，谨代表总行党委向督导组全体成员，向全行广大干部员工，致以诚挚的问候和美好的祝福，祝愿大家新春快乐，在新的一年里取得新成绩、开创新局面！

在中国工商银行疫情防控工作视频会议上的讲话

陈四清

（2020年2月4日）

新型冠状病毒感染的肺炎疫情发生以来，党中央、国务院高度重视。习近平总书记作出一系列重要指示，多次主持召开会议，对疫情防控工作进行研究部署，提出明确要求。昨天习近平总书记再次主持召开中央政治局常委会，研究下一步疫情防控工作。会议要求，疫情防控要坚持全国一盘棋；要着力做好重点地区疫情防控工作；要全力以赴救治患者，保障医疗防护物资供应，努力提高收治率和治愈率、降低感染率和病死率；要加大科研攻关力度；要切实维护正常经济社会秩序；要做好宣传教育和舆论引导工作；要继续为实现今年经济社会发展目标任务而努力。李克强总理多次主持召开领导小组会议，赴武汉考察指导疫情防控工作。全行要认真学习并抓好贯彻落实。

全行上下认真贯彻习近平总书记重要讲话和指示批示精神，落实党中央、国务院决策部署，集中力量、集聚资源，既抓防控、又保服务，采取多种措施关心关爱员工，确保疫情防控工作扎实有序推进。春节期间，各位党委成员坚守岗位、紧急行动，召开5次党委（扩大）会议，专题研究部署全行疫情防控工作。党委成员和高管组织召开5次专题会议，布置具体工作措施。特别是湖北分行、武汉分行的干部员工不畏艰险，主动积极作为，英勇奋战在抗疫第一线。令人敬佩！让人感动！总行各部门、境内各分行各机构主要负责同志，也都提前回到机构所在地，靠前指挥。总行党委办公室、财务会计部、人力资源部、授信审批部、安全保卫部等部门的同志加班加点，及时组织调配资源，推动工作落实。全球各机构主动作为，在做好自身抗疫工作和金融服务的同时，想方设法筹备防疫物资。其间，全行涌现出了一批识大体讲奉献、舍小家顾大家的先进典型和事迹，表现出工商银行强大的组织力、执行力、凝聚力和战斗力，令人备受感动和鼓舞。我代表总行党委，向大家及全行干部员工致以崇高的敬意和诚挚的慰问。

当前正是疫情防控与病毒蔓延赛跑的紧要关头。今天召开这次视频会议，就是要动员全行上下，进一步把思想和行动统一到习近平总书记重要讲话和指示批示精神上来，统一到党中央、国务院决策部署上来，按照“坚定信心、同舟共济、科学防治、精准施策”的要求，切实做好各项工作，特别是要做好对湖北分行、武汉分行的专门支持，采取有力的专门政策，坚决打赢这场疫情防控阻击战。

一、提高政治站位，强化责任落实

疫情就是命令，防控就是责任，责任重于泰山。工商银行作为国有大行，服务涉及千行百业、千家万户，机构遍布境内外，员工数量众多，做好疫情防控工作责任尤为重大。全行上下要把疫情防控工作作为当前最重要的工作来抓，充分认识到做好疫情防控工作，直接关系人民生命安全和身体健康，直接关系经济社会大局稳定，也事关我国对外开放。要增强“四个意识”，坚定“四个自信”，做到“两个维护”，认真贯彻党中央决策部署，牢记人民利益高于一切，进一步增强做好疫情防控工作的责任感和紧迫感。

现在，最关键的问题就是把落实工作抓实抓细。总行已经成立应对新型冠状病毒感染肺炎疫情工作领导小组，并启动全面应急机制。各部门、各机构也要成立由一把手任组长的防疫专门领导小组，强化组织领导，切实担负起主体责任，做到守土有责、守土担责、守土尽责。主要负责同志要切实履行第一责任人的职责，靠前指挥，亲自部署协调，亲自抓落实。要充分预估可能出现的各种情况和风险，对照中央部署要求，找差距、补短板，完善工作机制，落实应急处置措施，确保各项工作更深入、更细致、更扎实。要一级压实一级，确保责任层层落实。要增强大局意识和全局观念，形成强大工作合力。要严格落实请示报告制度，及时全面上报相关信息。疫情防控形势不断变化，要密切跟踪、及时分析、迅速行动，同时间赛跑，与病毒较量，毫不懈怠做好各项工作。要做好舆情管理工作。既要加强正面宣传引导，讲好全行防疫抗疫的感人事迹，展现工商银行的专业作为和良好精神风貌，又要严格规范宣传纪律，避免负面声誉影响。要特别注意防范由于不当收费引发的舆情。

各级党组织和广大党员、干部要把投身防控疫情第一线，作为践行初心使命、体现责任担当的试金石和磨刀石，把党的政治优势、组织优势、密切联系群众优势转化为疫情防控的强大政治优势，让党旗在防控疫情斗争第一线高高飘扬。基层党组织要做好广大党员、员工的组织和动员工作，坚定站在疫情防控第一线，充分发挥坚强战斗堡垒作用。广大党员要将“不忘初心、牢记使命”主题教育的成效转化为实际行动，在疫情防控阻击战中当先锋、作表率。要注重在疫情防控第一线考察、识别、评价、使用干部，把领导班子和领导干部在疫情防控斗争中的实际表现，作为考察其政治素质、宗旨意识、全局观念、驾驭能力、担当精神的重要内容。要坚决反对形式主义、官僚主义，让基层把更多精力投入到疫情防控工作中。对贯彻落实党中央决策部署不力的，对不敢担当、作风漂浮、推诿扯皮的，要严肃问责。各级组织部门、纪检机构要在党委领导下，积极主动履职，有效发挥作用。

二、全力做好各项金融服务

之前，总行出台了支持疫情防控的 12 项措施，突出加大对企业复工和扩大生产的支持，通过专项服务方案、绿色审批通道、信贷额度安排、利率优惠等措施，及时满足医疗卫生行业企业紧急融资需求。截至 2 月 2 日，通过绿色通道为 230 多家疫情防控领域企业提供紧急贷款 46 亿元。近日，我们又组织对人民银行等 5 部门金融“30 条”措施进行了责任分解。全行要在前期工作基础上，按照党中央、国务院最新决策部署，以更坚定的决心、更有力的措施，进一步强化金融对疫情防控工作的支持、对实体经济的支持、对决胜全面建成小康社会和决战脱贫攻坚的支持。

要按照金融“30 条”措施要求，落实责任分工，加强协调配合，进一步增强金融供给能力。要特事特办、急事急办，加大对疫情防控领域，受疫情影响较大地区、行业和企业，以及社会和民生领域的信贷支持。加大对企业复产用工的支持保障力度，支持新投资项目加大开工力度，支持在建项目积极推进。要提高审批效率，完善续贷安排。要加强对企业特别是小微企业的引导帮扶、共渡难关。要想方设法做好各项服务工作，确保现金供应充足，做好结算、清算、交易、托管、资金拨付、信贷投放等各项工作，保证金融市场平稳有序运行与金融服务畅通高效。要加强对疫情防控相关人员的金融服务保障，进一步改善客户服务，开辟绿色渠道，充分发挥我行金融科技优势和线上服务功能，做好特殊场景下特别是疫区的金融服务。

要在做好疫情防控金融服务工作的同时，聚焦疫情对经济运行带来的冲击和影响，做好科学预判和密切监测，围绕做好“六稳”工作聚力发力，积极支持今年经济社会发展目标的实现。要聚焦攻克脱贫攻坚战最后堡垒，结合推进乡村振兴战略，以支持疫情防治为切入点，更好满足居民健康生活消费需求。要统筹兼顾，精准施策，做好应对各种复杂局面的准备，努力保持全行平稳发展态势，为打赢疫情防控阻击战创造条件、营造环境。

三、将关心关爱员工落到实处

要把人民群众生命安全和身体健康放在第一位，采取多种有效方式，做好客户和员工安全防护。要加强与属地党委政府协同配合，统筹做好员工健康保护、协调医疗救治、人文关怀等工作，筑牢联防联控的铜墙铁壁。要严格落实各项管理要求，加强办公楼、营业场所、餐饮、会议、出差等各项管理，尽最大努力为员工提供安全工作环境，把各项保障措施落细落小、落实到位。要持续跟踪行内员工身体情况，加强监测与排查预警，做到早发现、早报告、早隔离、早治疗，有效控制全行员工新增感染情况。要进一步加强对各机构疫情防控的分类施策。对湖北分行和武汉分行，优先给予资源保障和政策支持，务必做到机制对接、信息对称、物资到位、关心到人。对其他已发现确诊、疑似病例的机构，及时安排员工医治，落实隔离防护措施，坚决防止疫情传播扩散。对未发现病例的机构，严格管理，毫不放松，做实监测报告、健康保护、应急预案等工作，确保一旦发生紧急事件，能够快速和有效应对。对境外机构，高度关注部分机构所在国家和地区，出台封关、延迟入境等政策导致我行员工无法返行的情况，及早制定应对方案。

在关爱员工身体健康的同时，要认真做好思想政治工作，加强人文关怀，有效帮助解决实际困难，确保干部员工思想稳定。特别是对于奋战在疫区一线的干部员工，对患病、进行医学观察、被采取隔离等措施的干部员工，要及时关怀慰问，让干部员工感受到党组织的关怀和温暖，更好强信心、暖人心、聚民心，为科学有序做好疫情防控工作营造良好氛围。

我们坚信，有以习近平同志为核心的党中央的坚强领导，有全辖同志的共同努力、担当作为，一定能够打赢这场疫情防控阻击战。

没有一个冬天不会过去，没有一个春天不会到来。今天就立春了，同志们一定要有信心！

同志们，打赢战役、保障运行，工商银行重任在肩、使命在前。让我们凝聚起众志成城、共克时艰的强大力量，在非常时期担起非常之责，在关键时候发挥关键之力，努力为全国疫情防控工作和经济金融稳定大局作出更大贡献！

在中国工商银行2020年全面从严治党暨纪检监察工作视频会议上的讲话

陈四清

（2020年2月12日）

这次会议是在决胜全面建成小康社会、决战脱贫攻坚、全国抗击新冠肺炎疫情的关键时刻召开的一次重要会议。会议的主题是，以习近平新时代中国特色社会主义思想为指导，全面贯彻党的十九大和十九届二中、三中、四中全会精神，深入贯彻十九届中央纪委四次全会精神，巩固扩大纪检监察派驻改革成果，把全面从严治党、从严治行向纵深推进，为全行治理体系完善和高质量发展提供坚强政治保障。王林同志将代表派驻纪检监察组作的工作报告，经过了总行党委会议审议，我完全赞同。下面，我讲几点意见。

一、全面从严治党从严治行迈上新台阶

2019年，全行坚持把党的政治建设摆在首位，把深入学习贯彻习近平新时代中国特色社会主义思想作为首要政治任务，增强“四个意识”，坚定“四个自信”，做到“两个维护”，以“不忘初心、牢记使命”主题教育和纪检监察派驻改革为双契机、双动力，扎实推进全面从严治党，以全面从严治党引领从严治行，推动各项工作迈上新台阶。

一是“学”的基础进一步稳固。坚持用习近平新时代中国特色社会主义思想武装头脑、指导实践、推动工作，推进“两学一做”学习教育常态化制度化，努力把学习成果转化为坚定的理想信念和干事创业的实际行动。扎实开展“不忘初心、牢记使命”主题教育，全行一级支行以上领导班子累计开展集中学习研讨6万余次，知信行合一能力进一步提升，守初心、担使命的思想自觉和行动自觉进一步增强。通过党委中心组学习、面向基层宣讲、开展各类培训等形式，掀起学习贯彻党的十九届四中全会精神的热潮，推动全行完善治理体系、提升治理能力。

二是“严”的态势进一步形成。制定《关于贯彻落实新时代全面从严治党要求的意见》，召开全面从严治党从严治行系列会议，推动党建责任层层落实。深入开展“两明案”专题教育整改，用身边事教育身边人，以案明纪、以案促改。强化对“关键少数”的管理监督，净化党内行内风气。

三是“查”的力度进一步加大。积极配合派驻纪检监察组、地方纪委监委对顾国明案、谢明案的查处。全年共立案审查调查总行党委管理干部10人，立案审查调查案件114件，给予党纪政务处分157人。实现总行本部巡视全覆盖，发现各类问题408个，提出整改意见130条。始终以高压态势整治“四风”，巩固落实中央八项规定精神成果。全年共查处违反中央八项规定精神问题172个，处理责任人258人。

四是“改”的成效进一步显现。针对案件和风险事件暴露出的管理漏洞及薄弱环节，重点完善信贷审批、集中采购、选人用人等领域的制度和流程，强化用制度管权、按制度办事、靠制度管人的“硬约束”。制定实施治理形式主义突出问题为基层减负30条措施，把中央“基层减负年”要求落实落细。结合主题教育整改和专项整治，有效解决了一批群众反映强烈的操心事、烦心事、揪心事。

五是“督”的合力进一步发挥。全面落实纪检监察派驻改革，重构内部监督体系，有机整合监督力量，提高监督效能。运用好监督执纪“四种形态”，提高监督问责的精准性、实效性。制定《重大事项请示报告实施办法》等多项制度，夯实管党治党的制度基础。

在过去一年的实践中，我们对全面从严治党的一些重要原则，有了更加深刻的认识和体会。

一是必须坚持和加强党的全面领导。坚持党的领导、加强党的建设，是国有企业的独特优势。我们始终坚持党中央对金融工作的集中统一领导，增强“四个意识”，坚定“四个自信”，做到“两个维护”，自觉与党中央对标对表，不折不扣把党中央决策部署落到实处，确保改革发展的正确方向。

二是必须坚持以党的创新理论为引领。理想信念是

共产党人的政治灵魂，科学理论是理想信念坚定的基础。我们在学懂弄通做实习近平新时代中国特色社会主义思想上下功夫，落实不忘初心、牢记使命制度，推进学习教育制度化常态化，不断筑牢信仰之基、补足精神之钙、把稳思想之舵。

三是必须坚持“严”的主基调。只有严字当头、全面从严、一严到底，治党治行才能持续推向深入。我们必须牢固树立永远在路上的意识，增强严的定力，保持严的韧劲，实践严的要求，保持一刻不停歇的节奏，做到真管真严、敢管敢严、长管长严，力度不减、久久为功。

四是必须坚持求真务实的作风。一分部署，九分落实。我们必须坚持一切从实际出发，在“求真”上下功夫，在“务实”上做文章，做到讲实情、出实招、办实事、求实效，坚决反对形式主义、官僚主义等不良风气，营造良好政治生态和经营氛围。

二、深刻学习领会十九届中央纪委四次全会精神

十九届中央纪委四次全会，是在坚定不移推进全面从严治党的新形势下召开的一次重要会议。习近平总书记站在实现“两个一百年”奋斗目标的历史交汇点上，深刻总结新时代全面从严治党的历史性成就，深刻阐释我们党实现自我革命的成功道路、有效制度，深刻回答管党治党必须“坚持和巩固什么、完善和发展什么”的重大问题，对以全面从严治党新成效推进国家治理体系和治理能力现代化作出战略部署。习近平总书记的重要讲话高屋建瓴、统揽全局、思想深邃、内涵丰富，充分体现了党中央高瞻远瞩的战略视野、居安思危的政治清醒、兴党强国的使命担当，对不断深化党的自我革命、持续推动全面从严治党向纵深发展具有重大指导意义。我们必须认真学习、深刻领会，以高度的政治自觉把全会部署的任务落到实处。

（一）充分认识新时代全面从严治党的历史性成就。习近平总书记指出，党的十八大以来，党中央以前所未有的勇气和定力推进全面从严治党，推动新时代全面从严治党取得了历史性、开创性成就，产生了全方位、深层次影响。坚持以伟大自我革命引领伟大社会革命，健全党的领导制度体系，深化党的建设制度改革，完善全面从严治党制度，坚决扭转一些领域党的领导弱化、党的建设缺失、管党治党不力状况，使党始终成为中国特色社会主义事业的坚强领导核心。坚持以科学理论引领全党理想信念，建立不忘初心、牢记使命的制度，持之以恒用新时代中国特色社会主义思想武装全党、教育人民、指导工作，推进学习教育制度化常态化，不断坚定同心共筑中国梦的理想信念。坚持以“两个维护”引领全党团结统一，完善坚定维护党中央权威和集中统一领导的各项制度，健全党中央对重大工作的领导体制，以统一的意志和行动维护党的团结统一，不断增强党的政治领导力、思想引领力、群众组织力、社会号召力。坚持以正风肃纪反腐凝聚党心军心民心，坚决惩治腐败、纠治不正之风，坚决清除影响党的先进性和纯洁性的消极因素，健全为人民执政、靠人民执政的各项制度，让人民始终成为中国共产党执政和中国特色社会主义事业发展的磅礴力量。

党的十八大以来，党中央带领全党探索出一条长期执政条件下解决自身问题、跳出历史周期率的成功道路，构建起一套行之有效的权力监督制度和执纪执法体系，这条道路、这套制度必须长期坚持并不断巩固发展。

（二）准确把握以全面从严治党新成效推进国家治理体系和治理能力现代化的战略部署。

第一，强化政治监督保障制度执行，增强“两个维护”的政治自觉。十九届中央纪委四次全会强调，要加强对党的十九届四中全会精神贯彻落实情况的监督检查，坚定不移坚持和巩固支撑中国特色社会主义制度的根本制度、基本制度、重要制度。推动党中央重大决策部署落实见效，今年尤其要聚焦决胜全面建成小康社会、决战脱贫攻坚的任务加强监督，推动各级党组织尽锐出战、善作善成。督促落实全面从严治党责任，切实解决基层党的领导和监督虚化、弱化问题，把负责、守责、尽责体现在每个党组织、每个岗位上。保证权力在正确轨道上运行，坚持民主集中制，形成决策科学、执行坚决、监督有力的权力运行机制。

第二，坚持以人民为中心的工作导向，以优良作风决胜全面建成小康社会、决战脱贫攻坚。十九届中央纪委四次全会强调，要通过清晰的制度导向，把干部干事创业的手脚从形式主义、官僚主义的桎梏、“套路”中解脱出来，形成求真务实、清正廉洁的新风正气。在重大工作、重大斗争第一线培养干部、锤炼干部，让好干部茁壮成长、脱颖而出。集中解决好贫困地区群众反映强烈、损害群众利益的突出问题，精准施治脱贫攻坚中的形式主义、官僚主义等问题，加强对脱贫工作绩效特别是贫困县摘帽情况的监督。深入整治民生领域的“微腐败”、妨碍惠民政策落实的“绊脚石”，促进基层党组织全面过硬。

第三，继续坚持“老虎”“苍蝇”一起打，重点查处不收敛不收手的违纪违法问题。十九届中央纪委四次全会强调，要清醒认识腐蚀和反腐蚀斗争的严峻性、复杂性，认识反腐败斗争的长期性、艰巨性，切实增强防范风险意识，提高治理腐败效能。坚决查处各种风险背后的腐败问题，深化金融领域反腐败工作，加大国有企业反腐力度，加强国家资源、国有资产管理，查处地方债务风险中隐藏的腐败问题。坚决贯彻中央八项规定精神，保持定力、寸步不让，防止老问题复燃、新问题萌发、小问题坐大。加强对各级“一把手”的监督检查，

完善任职回避、定期轮岗、离任审计等制度，用好批评和自我批评武器。

第四，深刻把握党风廉政建设规律，一体推进不敢腐、不能腐、不想腐。一体推进不敢腐、不能腐、不想腐，不仅是反腐败斗争的基本方针，也是新时代全面从严治党的重要方略。不敢腐、不能腐、不想腐是相互依存、相互促进的有机整体。要以严格的执纪执法增强制度刚性，推动形成不断完备的制度体系、严格有效的监督体系，加强理想信念教育，提高党性觉悟，夯实不忘初心、牢记使命的思想根基。既要把“严”的主基调长期坚持下去，又要善于做到“三个区分开来”；既要合乎民心民意，又要激励干部担当作为，充分运用“四种形态”提供的政策策略，通过有效处置化解存量、强化监督遏制增量，实现政治效果、纪法效果、社会效果有机统一。

第五，完善党和国家监督体系，统筹推进纪检监察体制改革。完善党和国家监督体系，总要求是党统一领导、全面覆盖、权威高效，着力点是增强监督严肃性、协同性、有效性。统一领导，就是要强化主体责任，加强统筹协调，使监督工作在决策部署指挥、资源力量整合、措施手段运用上更加协同；全面覆盖，就是要坚持有形覆盖和有效覆盖相统一，抓好“关键少数”，带动整个监督体系更加严密、更加有效运转；权威高效，就是要科学设计体制机制，提升监督体系整体效能。

第六，用严明的纪律维护制度，增强纪律约束力和制度执行力。完善全覆盖的制度执行监督机制，强化日常督察和专项检查。要把制度执行情况纳入考核内容，推动干部严格按照制度履职尽责、善于运用制度谋事干事。要以有效问责强化制度执行，既追究乱用滥用权力的渎职行为也追究不用弃用权力的失职行为，既追究直接责任也追究相关领导责任。纪检监察机关要带头加强党的政治建设，继承对党绝对忠诚的光荣传统，做忠诚干净担当、敢于善于斗争的战士，把维护制度权威、保障制度运行的职责履行到位。

全行各级党组织和广大党员、干部要把学深悟透十九届中央纪委四次全会精神，作为当前一项重要政治任务，切实把思想和行动统一到习近平总书记的重要讲话精神上来，统一到党中央关于党风廉政建设和反腐败工作的决策部署上来，切实增强推进全面从严治党从严治行的责任感、紧迫感。尤其要深化对金融领域反腐败斗争形势的认识。金融安全事关国家安全。当前金融风险仍处在高发期，金融腐败往往与金融风险交织在一起。同时金融行业具有创新较快的特点，一些领域的制度建设相对滞后。从我行来看，虽然这些年全面从严治党从严治行取得积极成效，但在党风廉政建设和反腐败工作中还存在管理漏洞和薄弱环节，特别是“两明案”教训十分深刻。全行必须不折不扣落实中央决策部署，深刻把握党风廉政建设规律，保持战略定力，保持恒心韧劲，把“严”的主基调长期坚持下去，不断开创全面从严治党从严治行的新局面。

三、以全面从严治党引领和带动全面从严治行

2020年是全面建成小康社会和“十三五”规划收官之年，也是我行完成三年规划的决胜之年。做好今年全面从严治党从严治行各项工作十分重要。总体要求是：以习近平新时代中国特色社会主义思想为指导，全面贯彻党的十九大和十九届二中、三中、四中全会精神，全面贯彻十九届中央纪委四次全会精神，增强“四个意识”，坚定“四个自信”，做到“两个维护”，坚持稳中求进工作总基调，落实新时代党的建设总要求，以政治建设为统领全面提高党的建设质量，一以贯之、坚定不移地推进全面从严治党从严治行，确保党的路线方针政策贯彻落实，为在决胜全面建成小康社会、决战脱贫攻坚中发挥国有大行作用，为提升治理能力、实现全行高质量发展提供坚强保障。

落实好这一总体要求，根本在于坚持以党的政治建设为统领，关键在于夯实管党治党责任，重点要抓好以下工作。

（一）坚持思想政治引领，做到“两个维护”。“两个维护”是党的最高政治原则和政治规矩，也是新时代强化政治监督的根本任务。一要落实不忘初心、牢记使命制度，把不忘初心、牢记使命作为加强党的建设的永恒课题和全体党员、干部的终身课题，巩固深化主题教育成果，锤炼忠诚干净担当的政治品格，增强“两个维护”的政治自觉。二要持续强化创新理论武装，推动习近平新时代中国特色社会主义思想走深走实，切实增强对“两个维护”的理性认同和情感认同，增强“两个维护”的政治定力和能力。三要用推动党中央决策部署落实见效的实际行动，衡量“两个维护”是否坚定有力，自觉把工商银行工作放到党和国家大局中去谋划和推动，做旗帜鲜明讲政治的银行，做落实中央决策部署的标杆银行。

（二）坚持守土有责，确保主体责任落实到位。全面从严治党能否落到实处，关键在于能否抓住主体责任这个“牛鼻子”。要强化党委班子的责任担当。各级党委班子，包括各子公司党委班子，要把党风廉政建设放在重要位置，按照党中央《关于实行党风廉政建设责任制的规定》要求，进一步明晰主体责任清单。党委书记切实履行第一责任人职责，真正做到党委抓、书记抓、各有关部门抓，一级抓一级、层层抓落实，把党风廉政建设责任传导到“神经末梢”。要坚持党内谈话制度，认真开展提醒谈话、诫勉谈话、廉洁谈话。要补齐基层纪检工作短板。实践发现，纪检机构在力量配比、监督成效等方面，普遍呈“倒三角形”，从上到下依次

递减，造成“问题出在基层、困难多在基层、力量弱在基层、形象差在基层”。要将基层短板补齐，注重发挥基层党组织、纪检机构作用，解决群众身边的腐败和作风问题。要突出领导干部表率作用。党员领导干部要带头示范，正确处理公私、义利、是非、情法、亲清、俭奢、苦乐、得失的关系，时刻自律自重、慎独慎初。要强化“一把手”带头作用，落实“一岗双责”，做到管人、管事、管党风“三个结合”，做到“重要工作亲自部署、重大问题亲自过问、重点环节亲自协调、重要案件亲自督办”。

（三）坚持协同发力，进一步强化监督执纪。监督是治理的内在要素，必须统筹推进、同向发力。一是健全统一领导、全面覆盖、权威高效的监督体系。做好各类监督的统筹衔接，发挥好党内监督的主导作用，推动工商银行党内监督、治理层监督、业务监督和派驻监督有机贯通、相互协调。二是坚决惩处腐败问题。落实党中央“老虎”“苍蝇”一起打的要求，重点查处十八大以来不收敛不收手、严重阻碍党的理论和路线方针政策贯彻执行、严重损害党的执政根基的腐败问题。各级党委要加强对所管理的领导干部特别是主要领导干部的监督，上级“一把手”必须抓好下级“一把手”；要为纪委聚焦主责主业、发挥监督专责撑腰鼓劲。纪委书记要加强对同级党委班子成员的监督，强化任职管理和履职管理。继续全力支持派驻纪检监察组工作，充分发挥派驻监督效能。三是发挥好巡视巡察作用。要坚持问题导向，对问题线索深挖严查；坚持效果导向，落实巡视整改责任，确保整改实效。要采取上下联动、交叉巡察等新方式，对一级机构开展新一轮常规巡视工作，继续探索开展境外巡视。

（四）坚持狠抓重点，严肃案件查防。要聚焦重点，消除盲区，压实“三道防线”及各机构主体责任，坚决实现今年“一确保两压降”的内控案防目标。要聚焦关键人。前移监督关口，加强对“关键少数”的监督，完善任职回避、定期轮岗、离任审计等制度，健全廉政档案。要聚焦关键处。对资金资源富集、案件易发多发领域，强化风险排查整治。开展好投融资、核算、关键岗位、个人信息安全“四个专项行动”。要聚焦关键事。坚持党中央重大决策部署到哪里，监督检查就及时跟进到哪里。紧盯疫情防控、脱贫攻坚、巡视整改等重大事项，以监督检查促落地见效。

（五）坚持锲而不舍，构建作风建设长效机制。一是坚决防止老问题复燃。针对去年查处的违反中央八项规定精神和形式主义、官僚主义问题，持续推动整治措施落实，释放“越往后盯得越紧、执纪越严”的强烈信号。二是坚决防止新问题萌发。紧盯“四风”新形式、新动向，加强对各种搞变通、打折扣等隐形变异问题的整治。要把整治形式主义、官僚主义作为巡视巡察、监督检查重点，尤其是对脱贫攻坚中、对疫情防控工作中的形式主义、官僚主义问题，坚决依纪处理。三是坚决防止小问题坐大。要畅通和拓宽监督渠道，强化日常监督，做到八小时内外监督全覆盖。要经常咬耳扯袖，精准用好监督执纪“四种形态”。

（六）坚持把握规律，一体推进不敢腐、不能腐、不想腐。“三不”机制，凝结着对腐败发生机理、管党治党规律的深刻洞察，必须贯通理解、一体推进。要把握好“三不”辩证关系。不敢腐、不能腐、不想腐，是密不可分的有机整体。不敢腐是前提，解决的是腐败成本问题；不能腐是关键，解决的是腐败机会问题；不想腐是根本，解决的是腐败动机问题。只有统筹联动，才能增强总体效果。要扎牢制度笼子。及时修订完善党风廉政建设及风险合规相关制度办法，推动形成更加完备的制度体系，不断强化制度执行力，让制度更务实管用、更深入人心。要抓好正向激励和警示教育。要抓好正面典型引领，推进廉洁文化建设，强化理想信念、党性修养和党风党纪教育。要深刻汲取教训，开展好“两明案”专题教育整改“回头看”，持续深化警示教育。

（七）坚持新时代党的组织路线，建设忠诚干净担当的纪检铁军。要深入学习贯彻习近平总书记对纪检监察干部队伍提出的“忠诚干净担当”“建设模范机关”等要求，坚持党管干部原则和好干部标准，把队伍建强、让干部过硬。要适应新形势新任务，着眼于全行干部“大池子”，加大纪检干部培养选拔工作力度，尤其要选优配强纪检机构主要负责同志、培养选拔纪检年轻干部。要加强政治历练、实践锻炼、专业训练，推进纪检干部能力建设，提高工作规范化法治化水平。要坚持严管厚爱结合、激励约束并重，既关心关爱干部，又严格监督约束，持续防治“灯下黑”。

这里需要特别强调的是，当前正处在防控新冠肺炎疫情的关键时刻。党中央、国务院高度重视疫情防控工作。总行党委多次召开专题会议进行研究部署。全行要切实把思想和行动统一到习近平总书记重要指示批示精神上来，统一到党中央、国务院决策部署上来，坚持全国一盘棋，把做好疫情防控和金融保障作为当前最重要、最紧迫的任务来抓，坚决履行大行责任担当，全力支持打赢疫情防控阻击战。各级机构“一把手”要切实履行第一责任人的职责，坚守岗位、靠前指挥，把防控责任扛在肩上，亲自部署、亲自协调、亲自抓落实。要发挥好基层党组织战斗堡垒作用和广大党员先锋模范作用，坚定信心、同舟共济、科学防治、精准施策，让党旗在防控疫情斗争第一线高高飘扬。要注重在疫情防控斗争中，考察识别领导班子和领导干部。要在抓好疫情防控、关心关爱员工的同时，全力做好特殊时期的金融服务保障，有效引导预期，为全国疫情防控和经济社会大局稳定贡献工行力量。纪检等机构要加强监督，确保合规管理、依法防控。坚决整治形式主义、官僚主义，严肃查处乱收费、审批过程中假公济私等行为。

同志们，让我们更加紧密地团结在以习近平同志为核心的党中央周围，不忘初心、牢记使命，奋力书写全面从严治党从严治行的新篇章，为推进国家治理体系和治理能力现代化，为全面建成小康社会、决胜脱贫攻坚贡献工行智慧和力量！

在2020年专项巡视工作情况汇报会上的讲话

陈四清

（2020年2月25日·根据录音整理）

刚才，我们学习了中央巡视工作领导小组有关会议精神，3个巡视组分别汇报了对宁夏分行、工银国际、世福资本的专项巡视情况。总体上看，各巡视组能够按照总行党委的决策部署，坚守政治定位，重点检查境外机构党建工作情况、金融扶贫主体责任和监督责任落实情况；创新工作方法，加强与内审等监督部门的沟通协作，探索境外巡视路径；坚持问题导向，发现了不少重要情况和问题线索，提出了有针对性的整改建议，为2020年全行巡视工作开了一个好头，为今后深入开展专项巡视工作积累了宝贵经验，为接受中央巡视办的指导督导工作奠定了坚实基础。在此，我代表总行党委对大家的辛勤工作表示感谢！下面，我讲三点意见。

一、进一步提高政治站位，深刻理解把握巡视工作发展新要求

习近平总书记多次强调，巡视作为党内监督的战略性制度安排，不是权宜之计，要用好巡视这把利剑。2019年7月，习近平总书记在听取中央第三轮巡视汇报时强调，巡视是反腐败的一把利剑，是发现问题的有效制度安排。在今年1月16日的政治局会议上，习近平总书记又强调巡视是有效制度、成熟制度，必须长期坚持下去、巩固下去。赵乐际同志总结了中央巡视的四个特点：一是全面贯彻方针，聚焦职责使命，深化政治巡视；二是坚持上下联动，构建巡视巡察战略格局；三是推动巡视与其他监督的贯通融合；四是强化巡视整改和成果运用，做好“后半篇文章”。这些都说明党中央对巡视工作的充分肯定、殷切期盼，巡视作为战略性制度安排，是管全局、管长远的，而不是一时一事的。

专项巡视作为巡视的一种具体形式，有其鲜明的工作特点，能够发挥独到的监督作用。2018年10月，党中央对26个地方、党委党组织开展了脱贫攻坚专项巡视。习近平总书记强调，在这个阶段开展专项巡视很有必要、很有意义。2019年底，党中央又对这26个地方和单位开展了脱贫攻坚专项巡视“回头看”。近两年来，我行在专项巡视工作方面也做了积极的探索尝试，并取得较好成效。例如，2018年对山东、江西、福建、大连4家分行开展信贷专项巡视，就防范信贷风险、加强信贷管理提出了有价值的工作建议；2019年对私人银行部、工银瑞信开展防范金融风险专项巡视，对发现的部分问题和线索初核后立案并取得重大突破。这次我们对宁夏分行、工银国际、世福资本开展巡视，就是要继续发挥专项巡视“专而精、短平快”的特点，有侧重地监督检查被巡视党组织履行主体责任、贯彻落实总行党委决策部署等情况，探索境外机构巡视，推动境外机构健康持续发展。

二、总结专项巡视工作经验，推进新一轮巡视全覆盖

2019年12月27日，我和王林同志一起拜会了中央纪委常委、国家监委委员、中央巡视工作领导小组成员、中央巡视办主任王鸿津同志。王鸿津同志一方面充分肯定了工商银行巡视巡察工作成效，提出了具体的工作要求；另一方面提出计划将我行列为15家中央金融企业唯一一个试点，派员直接指导督导我行巡视巡察工作。因此，我们要以中央巡视办对我行指导督导巡视巡察工作为新契机，以推进新一轮巡视全覆盖为新起点，贯彻中央巡视工作方针，落实2月12日全行全面从严治党暨纪检监察工作视频会议精神，把握政治巡视内涵，充分发挥巡视利剑作用。

一是保持政治站位，推动落实中央及总行党委决策部署。巡视组是代表总行党委开展巡视监督的，监督内容要始终聚焦中央及总行党委的决策部署，并将被巡视党委的贯彻落实情况向总行党委客观、真实地反映和报告。这次专项巡视就发现，宁夏分行党委存在扶贫领域重要文件精神学习不够深入、履行金融扶贫主体责任不到位、对中央及总行党委扶贫政策要求落实有差距等问题，特别是对扶贫捐赠资金监管不力，有部分资金未用于该行定点扶贫单位建设；世福资本存在服务国家“一带一路”倡议作用发挥不够充分的问题，三年来已

完成的两个交割项目聚焦中东欧国家和“一带一路”不够，因此总行党委要综合考虑世福资本的战略定位、经营管理、风险管控等情况，专题研究其未来经营发展的可行性和必要性。

二是聚焦监督重点，加强领导班子建设。巡视组巡视的重点是党委班子及其成员，评价的重点是班子的建设情况。一家单位的发展怎么样、风气怎么样，关键就看党委班子，看一把手的大局驾驭能力怎么样，看班子成员的精神状态和工作作风怎么样。这次专项巡视就发现，工银国际政治意识缺失，规矩意识不强，一把手权力过于集中，特别是部分人员与借款企业及项目标的公司的管理层有关联关系，存在潜在的道德风险。针对这些问题涉及的干部和员工，总行党委的态度很坚决，该调整的调整，该处分的处分。世福资本存在党组织的领导核心和政治核心地位落实不到位的问题，党支部书记、支部委员均不是董事会和高管层成员，致使党的领导与公司经营决策严重脱节。另外，总行人力资源部要对我行退休干部到世福资本任职、薪酬标准等重要情况进行政策把关，提出明确意见，对不符合规定的，要坚决予以纠正。

三是加强上下联动，逐步构建严密高效的巡视巡察联动格局。今年1月，总行举办了全行巡视巡察上下联动工作专题研讨班，提出今年将分两批对8家一级（直属）分行开展巡视工作。每批巡视选8名分行纪委书记作为巡视组副组长，8名分行纪委书记各自组建2个巡察组参加被巡视单位的巡察工作，被巡视单位也自行组建2个巡察组参加本单位的巡察工作，巡察时间约两周。巡察结束后，总行党委巡视组再进场。巡视巡察期间，中央巡视办将全程给予我们指导督导。因此，巡视办要做好迎接中央巡视办工作组的准备工作，抓住这次难得机会，近距离、全流程地学习借鉴中央巡视工作的好经验好做法，帮助我们进一步明确工作定位，规范工作流程，提升工作实效，推动我行新时代巡视工作高质量发展。

四是强化问题整改，深化巡视成果运用。对于巡视来说，发现问题是方法和路径，推动解决问题才是目的和意义所在。要认真落实巡视工作方针，始终将“推动改革、促进发展”作为工作落脚点，把发现问题、解决问题、促进完善体制机制贯通起来思考、推进。最近党委巡视办再次梳理汇总中央巡视整改情况后发现，虽然中央巡视整改涉及的具体问题已经基本整改完毕，但是从解决体制和机制问题的角度看，全行在信贷领域、集中采购、作风建设、境外机构管理等方面仍存在较多问题，巡视整改的质量和效果仍有进一步提升的空间，需要相关部门对重点问题再对标，再找差距，举一反三，认真整改，持续整改。

三、强化自身建设，着力锻造忠诚干净担当的巡视干部队伍

总行党委历来高度重视巡视工作的组织建设，在去年设立了党委巡视办、增配巡视组组长和年轻干部的基础上，今年1月又调增了巡视办的处室设置和人员编制。因此，巡视办要加大自身建设力度，打造结构优、能力强的干部队伍，为做好巡视巡察工作提供坚强的组织保障。

一是加强政治建设，确保政治过硬。巡视是政治巡视，巡视办和巡视组都是政治机构和组织，政治性是第一属性，旗帜鲜明讲政治是第一要求。要继续落实把临时党支部建在组上的要求，组长要担负起党的建设主体责任，突出政治功能，严格组织生活，发挥党组织战斗堡垒作用。

二是加强能力建设，确保本领高强。巡视干部要把增强学习本领当做重要政治责任，认真学习习近平总书记关于巡视工作的重要论述、巡视业务知识和实际操作技能等，切实通过实践锻炼，不断提高政治鉴别能力、谈话突破能力、组织协调能力、信访处置能力等，将实践积累转化为工作能力，转化为加强和改进巡视工作的实际成效。

三是加强作风建设，确保干净担当。巡视队伍是“纪律部队”，既肩负着总行党委的信任，也承载着被巡视单位干部员工的期待。要坚持严管和厚爱相结合，探索符合巡视干部队伍特点的激励约束机制，完善具体管理办法和措施，对苗头性、倾向性问题抓早抓小，对违纪行为严肃查处，坚决防止“灯下黑”。

四是加强力量配备，发挥熔炉作用。巡视办和组织部要严把“入口关”，严格政治标准，通过组织选调、公开选拔等方式，把优秀干部选配到巡视岗位上来，防止照顾性安排，优化巡视干部年龄结构、知识结构，完善巡视人员库建设，发挥“以干代训”作用，使巡视岗位成为发现、培养、锻炼干部的重要平台。

最近新冠肺炎疫情严重，防控疫情是全国上下头等的政治任务，在今年巡视工作中请巡视组关注各行防控工作的落实情况。同时也请大家注意防护，保持身体健康，为今年即将开展的巡视工作做好准备。

坚决做好疫情防控　全力支持经济发展

陈四清

新冠肺炎疫情发生以来，党委书记、董事长陈四清带领全行，认真学习贯彻习近平总书记重要讲话和重要指示批示精神，坚决落实党中央、国务院决策部署，抓紧抓实抓细疫情防控工作，统筹做好金融支持经济社会发展各项服务。主持召开 8 次党委（扩大）会议、3 次应对疫情工作领导小组会议和 7 次组长碰头会、1 次专题会议，并多次作出批示，研究部署疫情防控和金融服务工作。现将陈四清有关讲话、批示和工作要求印发全行。各机构要认真学习领会，抓好贯彻落实，坚决打赢疫情防控人民战争、总体战、阻击战。

一、深入学习领会习近平总书记重要讲话和重要指示批示精神，坚决贯彻落实党中央、国务院决策部署

近期湖北武汉等多个地区发生新型冠状病毒感染的肺炎疫情，党中央、国务院高度重视。习近平总书记作出重要指示，强调要把人民群众生命安全和身体健康放在第一位，坚决遏制疫情蔓延势头。李克强总理作出批示，要求完善应对方案，全力以赴做好防控工作。1 月 20 日上午，李克强总理主持召开国务院常务会议进一步部署新型冠状病毒感染的肺炎疫情防控工作，当天新闻联播播发习近平总书记的重要指示和李克强总理批示内容。

我们要深入学习贯彻习近平总书记的重要指示精神和李克强总理的批示内容，把思想和行动统一到党中央、国务院的重要决策部署上来，高度重视疫情防控，强化担当，做好应对工作。要尽快制订应急预案，完善工作机制，明确职责任务，确保春节假期平稳度过。要加强春节期间值带班管理，确保信息通畅，第一时间传达落实党中央、国务院相关工作要求，及时全面掌握全行情况。要加强对疫情防控相关医药企业的金融服务，提高融资便利性。湖北分行要重点做好疫情防控，总行相关部门要加强政策支持。

——在 1 月 21 日第 6 次党委（扩大）会议上的讲话

今天是春节假期延长后正式上班第一天，我们召开第 10 次党委（扩大）会议，传达学习贯彻党中央、国务院的四份重要文件：中共中央《关于加强党的领导、为打赢疫情防控阻击战提供坚强政治保证的通知》，中共中央组织部《关于坚决贯彻落实习近平总书记重要指示精神在打赢疫情防控阻击战中积极主动履职有效发挥作用的通知》，中央应对新型冠状病毒感染肺炎疫情工作领导小组《关于进一步加强当前疫情防控工作的通知》和《关于做好春节后错峰返程加强疫情防控工作的通知》。

全行要深入贯彻落实习近平总书记重要指示精神和党中央、国务院决策部署，充分认识当前疫情防控形势的重要性和紧迫性，增强“四个意识”、坚定“四个自信”、做到“两个维护”，把疫情防控作为当前最重要最紧迫的任务来抓，坚决打赢疫情防控阻击战。各级领导班子和领导干部、基层党组织和广大党员要不忘初心、牢记使命，挺身而出、英勇奋斗、扎实工作，坚定不移把党中央决策部署落到实处，全力以赴做好各项工作。

——在 2 月 3 日第 10 次党委（扩大）会议上的讲话

今天我们传达学习习近平总书记在 2 月 3 日中央政治局常委会会议研究应对新型冠状病毒感染肺炎疫情工作时的讲话，国务院第 80 次常务会议精神和国务院联防联控机制《关于进一步强化责任落实 做好防治工作的通知》。

这两次会议是在防控新型冠状病毒感染肺炎疫情的关键阶段召开的重要会议。习近平总书记的重要讲话为做好疫情防控和当前各项工作指明了方向，提供了根本遵循。李克强总理在会议上要求切实做好疫情防控重点医疗物资和生活必需品保供工作，确定支持疫情防控和相关行业企业的财税金融政策。《通知》要求深化对疫情发展规律的认识，切实保障人民群众的生命安全和身体健康。我们要认真学习领会习近平总书记的重要讲话和国务院常务会议精神，增强“四个意识”、坚定“四个自信”、坚决做到“两个维护”，切实抓好贯彻落实。要坚持把疫情防控作为当前最重要的工作来抓，牢记生命重于泰山、疫情就是命令、防控就是责任，加强统一领导，加强组织协调，以严而又严、细而又细的举措，切实把疫情防控各项工作抓实抓细。要坚持全国一盘

棋，坚决服从党中央统一指挥、统一协调、统一调度，以党员干部的艰苦奋斗、群防群控的铜墙铁壁、科学严密的工作措施，同时间赛跑、与病魔较量，坚决打赢疫情防控阻击战。

——在2月10日全行应对新冠肺炎疫情工作领导小组第一次会议上的讲话

2月10日，习近平总书记在北京调研指导新型冠状病毒肺炎疫情防控工作，并视频连线湖北武汉抗击肺炎疫情前线，给全国奋战在疫情防控一线的医务工作者和广大干部职工送去党中央的关怀和慰问。

在新冠肺炎疫情防控的关键时刻，习近平总书记亲自到北京抗疫一线视察、直接指挥，对于北京市和我们在京单位，是极大鼓舞和鞭策，更加坚定了打赢疫情防控阻击战的决心和信心。习近平总书记强调，北京作为首都，做好疫情防控工作责任重大，决不能有丝毫松懈。北京作为首都，疫情防控工作关系党和国家工作大局，关系全国疫情防控全局，责任重大。

作为总部在北京的中管金融企业，我们要深刻认识做好首都疫情防控工作的极端重要性，深刻认识肩负的职责使命。要认真学习贯彻习近平总书记的重要讲话精神，把思想和行动统一到党中央决策部署上来，增强“四个意识”、坚定“四个自信”、做到“两个维护”，强化责任落实，紧紧依靠人民群众，坚决做好疫情防控工作。要以更坚定的信心、更顽强的意志、更精准的举措，推进各项防控工作，严格做好总行本部、北京分行和各在京机构的疫情防控，坚决防止疫情蔓延，让党中央放心。要按照北京市委、市政府要求，抓实具体防控举措，保障金融服务，协助市政府共同做好首都北京的疫情防控工作。

——在2月13日全行应对新冠肺炎疫情工作领导小组第二次会议上的讲话

中共中央政治局常务委员会2月12日召开会议，听取中央应对新型冠状病毒感染肺炎疫情工作领导小组汇报，分析当前新冠肺炎疫情形势，研究加强疫情防控工作。中共中央总书记习近平主持会议并发表重要讲话。

会议特别强调，要保持经济平稳运行和社会和谐稳定，努力实现党中央确定的各项目标任务。在疫情防控进入到最吃劲的关键阶段，我们一定要深入学习领会中央政治局常委会会议精神和习近平总书记的重要讲话，坚决贯彻落实党中央决策部署，毫不放松做好疫情防控重点工作。要全力做好各项金融服务，加大金融对疫情防控和实体经济的支持力度，努力降低新冠肺炎疫情影响，为全面建成小康社会和“十三五”规划收官贡献大行力量。要加强政策传导，把人行再贷款资金迅速精准投放给疫情防控重点支持企业。要支持各类企业复工复产，主动对接客户，保障资金需求。要加大对受疫情影响企业特别是中小企业的帮助力度，在信贷规模、利率优惠、还款期限等方面提供支持，帮助企业共同应对困难。要精准选好项目，加大融资力度，助力社会稳投资。加快个人贷款、信用卡分期等业务发展，稳定和促进居民消费。对湖北地区的企业要研究推出针对性支持政策。

——在2月13日全行应对新冠肺炎疫情工作领导小组第二次会议上的讲话

对习近平总书记关于新冠肺炎疫情防控工作的系列重要讲话和重要指示批示精神，各位党委成员要进一步深入学习，做到全面系统学、及时跟进学、深入思考学、联系实际学。要在以习近平同志为核心的党中央坚强领导下，增强“四个意识”、坚定“四个自信”、做到“两个维护”，以实际行动践行初心使命，为打赢疫情防控的人民战争、总体战、阻击战发挥大行作用，贡献应有力量。

——在2月17日第12次党委（扩大）会议上的讲话

统筹推进新冠肺炎疫情防控和经济社会发展工作部署会议2月23日在京召开，习近平总书记出席会议并发表重要讲话，全面总结了新冠肺炎疫情防控工作，深刻分析了当前疫情形势和对经济社会发展影响，提出了加强党的领导、统筹推进疫情防控和经济社会发展工作的重点任务和重大举措。

这次会议是疫情发生以来，党中央第一次面向全国范围召开的疫情防控工作会议，进一步坚定了我们战胜疫情的必胜信心，全行要认真学习领会习近平总书记的重要讲话，深入贯彻落实，坚决打赢疫情防控的人民战争、总体战、阻击战。要毫不放松抓紧抓实抓细各项防控工作。加强党对统筹推进疫情防控和经济社会发展工作的领导，各级机构党委要认真履行主体责任，抓好贯彻落实，把党中央各项决策部署抓实抓细抓落地。广大党员干部要增强必胜之心，鼓足干劲、主动担当、积极作为，狠抓工作落实、增强忧患意识、提高工作本领。

——在2月24日第13次党委（扩大）会议上的讲话

2月21日，习近平总书记主持召开中央政治局会议，研究新冠肺炎疫情防控工作，部署统筹做好疫情防控和经济社会发展工作。疫情发生以来，习近平总书记先后主持召开4次中央政治局常委会会议、1次中央政治局会议，专题研究疫情防控工作和复工复产工作。

会议十分重要，对疫情防控作出了新判断、阐明了新策略、提出了新要求，为我们做好疫情防控指明了方向，提供了根本遵循。全行要把中央政治局会议和贯彻统筹推进新冠肺炎疫情防控和经济社会发展工作部署会议联系起来，认真学习领会习近平总书记的重要讲话精神，增强“四个意识”、坚定“四个自信”、做到“两个维护”，坚决把思想和行动统一到党中央对疫情防控工作的判断和部署上来。要深刻认识“目前疫情蔓延势头得到初步遏制，防控工作取得阶段性成效”的整体形势，坚定打赢疫情防控阻击战的必胜信心。深刻领会“全国疫情发展拐点尚未到来，湖北省和武汉市防控形势依然严峻复杂”的形势判断，毫不放松抓好疫情防控工作，不断巩固成果、扩大战果。深刻领会“全力做好北京疫情防控工作”的重要性，坚决做好首都北京和在京机构疫情防控。深刻领会“完善差异化防控策略”的工作要求，开展分区分级精准防控。深刻领会“坚定不移打好三大攻坚战”“积极的财政政策要更加积极有为”“稳健的货币政策要更加灵活适度”“积极扩大有效需求”的重要内涵和工作要求，根据新形势、新任务明确工作方向，加大工作力度，提高金融服务的精准性、有效性，为实现全年经济社会发展目标任务贡献力量。

——在2月24日第13次党委（扩大）会议上的讲话

二、毫不放松抓紧抓实抓细全行疫情防控工作

现在还是春节假期，我们召开党委（扩大）会议，传达学习贯彻党中央、国务院关于应对新型冠状病毒感染肺炎疫情的最新决策部署，研究我行疫情防控工作。当前疫情防控任务艰巨，全行要把做好疫情防控作为当前工作的重中之重。

一是加强员工防护。越是形势严峻，越要体现对员工的关心关爱。要周密做好办公及营业场所的安全防护，做好财务支持、考核管理和轮岗安排，保证员工身体健康和平稳营业。

二是严格控制人员聚集。全行要从严控制各类现场会议活动，做好人员备岗、轮岗，班子成员之间也要做好相互备岗。

三是强化网点运营管理。总行相关部门要指导湖北分行做好网点营业管理，后续恢复营业要明确流程、提前公告、严格防护，既要做好客户服务，也要保护好员工和客户的身体健康。

四是做好防疫捐赠工作。要根据疫情防控形势做好我行捐赠工作，加大支援力度，提高响应效率，提高支援效果。

五是做好湖北和全国其他地区的疫情防控。既要重视湖北，也要加强其他地区防控。要切实保障广大员工的身体健康，严格执行疫情防控应急机制，加强重点领域疫情防护。

六是规范收费管理。在保障金融服务、加大融资支持的同时，要高度重视收费问题，对疫情防控相关服务一律免收，其他业务也要根据实际情况做好减免、延收等工作，特事特办，履行大行责任。

——在1月28日第8次党委（扩大）会议上的讲话

现在，最关键的问题就是把落实工作抓实抓细。总行已经成立应对新型冠状病毒感染肺炎疫情工作领导小组，并启动全面应急机制。各部门、各机构也要成立由一把手任组长的防疫专门领导小组，强化组织领导，切实担负起主体责任，做到守土有责、守土担责、守土尽责。主要负责同志要切实履行第一责任人的职责，靠前指挥，亲自部署协调，亲自抓落实。要充分预估可能出现的各种情况和风险，对照中央部署要求，找差距、补短板，完善工作机制，落实应急处置措施，确保各项工作更深入、更细致、更扎实。要一级压实一级，确保责任层层落实。要增强大局意识和全局观念，形成强大工作合力。要严格落实请示报告制度，及时全面上报相关信息。疫情防控形势不断变化，要密切跟踪、及时分析、迅速行动，同时间赛跑，与病毒较量，毫不懈怠做好各项工作。

——在2月4日全行疫情防控工作视频会议上的讲话

当前疫情防控进入非常关键的阶段，进入到需要连续作战、持续奋战的重大考验期。做好疫情防控工作，直接关系人民生命安全和身体健康，直接关系经济社会大局稳定，也事关我国对外开放。全行要始终保持高度责任感、强大执行力，一定要以更强担当、更大作为打赢疫情防控阻击战，为维护经济金融稳定大局作出贡献。要把要求落到实处，对于金融服务、营业和办公安排、场所管理、员工健康、餐饮安全、会议活动、请示报告、舆情监测等各项工作，都要抓实抓细，把工作做具体。要强化责任落实，各部门、各机构主要负责同志要切实履行第一责任人的职责，担负主体责任，靠前指挥，亲自抓落实。一级压实一级，确保责任层层落实。要优化工作格局，对照中央部署要求，找差距、补短板，落实应急处置措施，确保各项工作更深入、更细致、更扎实。根据疫情变化，及时研究解决新情况新问题，第一时间做好应对。

要在全行疫情防控工作领导小组统一指挥下，全力做好全行疫情应对与防控。要保证办公平稳有序，加强场所管理、人员管理、会议出差活动管理等。尤其要做好各类人员防护，持续跟踪身体情况，加强监测与排查，保证安全健康。进一步做好各机构疫情防控，强化对已发现确诊病例机构，以及其他各机构的疫情管理，加强对员工关心关爱，全力守护生命安全和身体健康。要发挥集团全球网络优势，进一步筹措急需医疗资源，为国家抗击疫情、缓解物资供应紧张局面贡献力量。

——在2月10日全行应对新冠肺炎疫情工作领导小组第一次会议上的讲话

要绷紧疫情防控这根弦，坚决做好湖北和武汉的疫情防控工作，落实属地工作要求，抓住重点加大防控力度，加强对湖北和武汉的支援力度。要全力做好首都北京疫情防控，进一步提高重视程度，听从“严格进京管理协调机制”统一指挥，认真履行疫情防控主体责

任，压实“四方责任”，强化纪律要求，加强人员安全与进京管理，做好办公楼与营业场所管理，坚决防止疫情蔓延。要加强员工健康管理，把关心关爱落到实处，保障员工安全健康。

——在2月24日第13次党委（扩大）会议上的讲话

要稳妥有序推进网点营业。全行要按照湖北省、北京市、高风险、中风险、低风险五类地区的不同防控要求，根据所在地区疫情形势和属地管理政策，结合当地复工复产情况，合理确定网点营业率，制定差异化营业安排。要合理把握营业节奏，加强场所安全防护，确保网点营业率与我行疫情防控管理能力相匹配。要加快发展网上银行、手机银行服务，有效满足客户金融服务需求。北京分行要根据首都防控要求稳妥安排营业网点数量，确保网点安全。

——在3月2日第14次党委（扩大）会议上的讲话

三、加大支援力度，坚决做好湖北省和武汉市疫情防控

当前正值春节假期，我们通过电话会议方式召开第7次党委（扩大）会议，研究向湖北武汉疫情防控工作进行捐赠事项。为全力支援湖北省抗击疫情，履行大行责任，经党委研究决定，我行拟向湖北省进行捐赠，第一批款项3 000万元人民币。董事会办公室要按照公司治理程序将捐赠事项提交董事会审议，财务会计部要迅速推进捐赠工作，确保资金第一时间到位。

——在1月26日第7次党委（扩大）会议上的讲话

要尽最大努力加强对湖北分行的支持，总行拨付资金要尽快到位，发挥集团力量提供医疗物品支持，协调政府资源医治我行感染员工，在信贷、资金等业务资源上进一步给予倾斜。湖北分行要严格做好防护与隔离等工作，除武汉之外的几家二级分行也要密切关注疫情，坚决防止员工感染。

——在2月10日全行应对新冠肺炎疫情工作领导小组第一次会议上的讲话

湖北分行和武汉分行要按照新一届湖北省委、武汉市委关于强化疫情防控的最新要求，强化属地防控责任，落实好十五条工作措施，在当地党委和政府指导下认真开展工作。

——在2月17日第12次党委（扩大）会议上的讲话

湖北省分行和武汉市分行的全体干部员工辛苦了。全体ICBC员工与你们同在，一定全力以赴支持你们抗击疫情，希望你们按照党中央的部署，按照省委省政府、市委市政府的新要求，切实做好工作。

——2月19日在湖北分行《关于进一步加强复工前后疫情防控及金融服务有关工作的通知》上的批示

对湖北分行、武汉分行要由财务会计部牵头，抓好具体的支持措施。我十分关注这个问题，这是总行要切实做好的事情。

——2月27日在《关于新冠疫情对武汉等5家重点城市行影响的分析报告》上的批示

四、全力加强首都北京疫情防控，严守安全底线

北京分行作为首都北京最大的商业银行分支机构和系统内旗舰机构，区位重要，意义特殊。各在京办公机构确保办公秩序平稳与人员安全，对于北京市做好疫情防控工作十分重要。要认真学习领会、深入贯彻落实习近平总书记在北京调研指导时的重要指示精神，高度重视做好疫情防控工作的重要性，切实做好各项工作，为首都疫情防控和经济社会稳定做出应有贡献。

要压实防控责任，明确主体责任，各机构主要负责同志要切实履行第一责任人的职责，担负主体责任，靠前指挥，亲自抓落实。一级压实一级，确保责任层层落实。要严格落实“四方责任”，明确责任分工，强化责任追究，各办公场所的疫情防控工作协调小组要切实发挥作用，制定更加周密精准、更加管用有效的措施，确保办公场所防控工作扎实有效。要周密防控，不留遗漏，对家属楼、员工宿舍等非办公场所制定同样严格的管理措施，明确具体责任人，协助社区做好管控。要把对员工的关心关爱落到实处，严格落实办公楼、营业场所、餐饮、会议等管理要求，为员工提供安全的工作环境。加强员工健康管理，持续跟踪行内员工身体情况，对外地返京人员要做好监测，严格执行隔离措施。要做好营业场所管理，针对复工后网点客流和业务量上升的情况，合理安排网点运营计划，优化人员调配，加强场所监测管理，务必保护客户和员工安全。各在京办公机构要认真做好疫情防控，提高站位，加强重视，压实责任，做好全面排查，严格办公管理，做好弹性上班安排，坚决防止员工感染，同时做好各项经营工作，确保业务平稳有序开展。

——在2月13日全行应对新冠肺炎疫情工作领导小组第二次会议上的讲话

要认真贯彻落实习近平总书记在北京调研指导时的重要指示，深刻认识做好首都疫情防控工作的极端重要性，全力做好首都北京的疫情防控。北京分行要做好辖内各机构、各网点的疫情防控，采取有效措施，落实属地防控责任。总行办公楼和其他在京办公机构要持续加强安全管理，明确责任分工，进一步完善应急方案和应对措施，确保妥善处置各类突发事件。包括总行办公大楼在内的各在京机构，一旦哪个办公地点发现确诊或疑似病例等紧急情况，要有具体应急方案，从办公场所到人员管理，都要有明确应对安排，确保不慌不乱，有序应对。

——在2月17日第12次党委（扩大）会议上的讲话

近日，国家某单位发生聚集性疫情传染，中纪委领导同志在中央和国家机关工委的通报上作出批示，要求在京中央单位进一步加强疫情防控，严守不出现聚集性感染的底线。行党委要认真抓好落实。要认真贯彻落实习近平总书记在北京调研指导时的重要指示精神，深刻认识做好首都疫情防控工作的极端重要性，抓好外防输入、内防扩散两大环节，强化落实主体责任，压实“四方责任”，进一步把各项防控举措抓实抓细抓到位。总行本部和各在京办公机构要加强对干部员工教育引导和管理监督，做好返京人员管理，强化餐饮物业等后勤人员疫情防控，加强办公楼宇和营业网点防护，确保首都北京安全。派驻纪检监察组要加大监督执纪力度，对责任落实不到位、作风漂浮、搞形式主义、官僚主义的要严肃问责。

——在3月2日第14次党委（扩大）会议上的讲话

五、时刻把员工关心关爱放在心上，落到实处

要把人民群众生命安全和身体健康放在第一位，采取多种有效方式，做好客户和员工安全防护。要加强与属地党委政府协同配合，统筹做好员工健康保护、协调医疗救治、人文关怀等工作，筑牢联防联控的铜墙铁壁。要严格落实各项管理要求，加强办公楼、营业场所、餐饮、会议、出差等各项管理，尽最大努力为员工提供安全工作环境，把各项保障措施落细落小、落实到位。要持续跟踪行内员工身体情况，加强监测与排查预警，做到早发现、早报告、早隔离、早治疗，有效控制全行员工新增感染情况。要进一步加强对各机构疫情防控的分类施策。对湖北分行和武汉分行，优先给予资源保障和政策支持，务必做到机制对接、信息对称、物资到位、关心到人。对其他已发现确诊、疑似病例的机构，及时安排员工医治，落实隔离防护措施，坚决防止疫情传播扩散。对未发现病例的机构，严格管理，毫不放松，做实监测报告、健康保护、应急预案等工作，确保一旦发生紧急事件，能够快速和有效应对。对境外机构，高度关注部分机构所在国家和地区，出台封关、延迟入境等政策导致我行员工无法返行的情况，及早制定应对方案。

在关爱员工身体健康的同时，要认真做好思想政治工作，加强人文关怀，有效帮助解决实际困难，确保干部员工思想稳定。特别是对于奋战在疫区一线的干部员工，对患病、进行医学观察、被采取隔离等措施的干部员工，要及时关怀慰问，让干部员工感受到党组织的关怀和温暖，更好强信心、暖人心、聚民心，为科学有序做好疫情防控工作营造良好氛围。

——在2月4日全行疫情防控工作视频会议上的讲话

六、抓紧采购境外物资，支援国内疫情防控，强化境外机构疫情防控，做好指导应对与帮助支持，决不能掉以轻心

要急疫区所急，竭尽全力为防疫物资保障提供支持，发挥我行境外渠道、客户资源特点，在前期工作基础上，加强统一管理、加大采购力度、提高采运效率、保证物资质量，高水准做出贡献。要明确职责，国际业务部牵头负责境外抗疫物资采购工作，相关部门做好配合。要加强统筹，对物资筹措、物流管理、调配使用等工作进行全流程规范。要科学采购，既着眼口罩、防护服等普通防疫物资缺口，也要关注特效药品、特殊设备等专业物资需求，主动与卫生部门和医疗机构联系，尽力做好跨境协调。要严格管理，坚持实事求是原则，客观分析国外政治环境、市场情况，密切监测舆论动向，并妥善协调同业，避免竞相采购造成不良影响。要保障费用，采买费用由财务会计部统筹安排，做到合规有序。

——在2月7日第3次专题会议上的讲话

要从优从快抓好抗疫物资境外采购。境外物资采购是全行疫情防控的一项重要工作。要在前期基础上，加强统一管理、加大采购力度、加强组织管理，以最快速度、最高质量，竭尽全力为防疫物资保障提供支持，要优先满足湖北和武汉的防疫物资需求。

——在2月17日第12次党委（扩大）会议上的讲话

要进一步加大对湖北省、武汉市的支持力度，彰显工商银行大行担当。同时要加大对湖北省行、武汉分行境外采购物资的支持力度。

——2月17日在《关于境外防疫物资采购组织推动情况的报告》上的批示

近期全球疫情加速蔓延，部分国家防控形势严峻，全行务必高度重视，决不能掉以轻心。国际业务部要牵头加强统筹管理，及时分析情况，给予指导帮助。各境外机构要制定防控措施与应急预案，压实防控责任，根据所在国家和地区情况，一地一策、分区分级制定针对性防控举措，坚决保障员工和办公场所安全。韩国、日本、意大利等疫情严重国家机构要严防员工感染，香港、澳门机构，疫情高发区域周边国家机构，以及其他风险较低国家要结合自身情况分类施策，抓实抓细工作，做好防控。要加强员工关爱，严格场所管理，认真执行疫情监测报告制度，把防控措施落实到位。

——在3月2日第14次党委（扩大）会议上的讲话

七、大力支持企业复工复产，精准服务经济发展，更好发挥金融对实体经济的支持作用

疫情防控不只是医疗卫生问题，而是全方位的工

作，工商银行的各项工作都要为打赢疫情防控阻击战提供支持。要增强大局意识和全局观念，发挥好金融对疫情防控和实体经济的支持作用。一是做好政策传导。要按照金融“30条”责任分工，加强协调配合，做好工作落地，增强金融供给能力。深入跟进疫情防控重点支持企业的专项再贷款政策，把人行支持资金迅速精准投放到位，已开户的抓紧发放融资，尚未建立联系的抓紧对接落实贷款需求，在信贷规模、利率优惠等方面提供支持，助力重点企业加快生产提升产能。二是助力企业复产转产。当前全国医疗防控物资供需矛盾仍然突出，国家已组织相关国企和民企尽快复工并转产扩能。我们要抓紧对接，第一时间提供服务，加大资金支持，满足相关企业生产、采购、技术改造等需求，帮助扩大产能，加大医疗物资供给。三是帮助中小微企业纾困。受疫情影响许多中小微企业经营困难加剧，国家已出台相关政策帮助企业降低税费并提供财政贴息，缓解资金压力。我行要立即跟进，加大支持力度，灵活调整企业还款安排，及时提供续贷服务，简化审批程序，进一步降低贷款利率，持续推进“增量、降价、提质、扩面”。四是做好“六稳”工作，稳定社会预期。疫情对经济稳定运行的影响不断显现，要为实现今年经济社会发展目标努力，支持各类生产企业复工复产，精准选好项目，加大融资力度，助力社会稳投资。加快个人贷款、信用卡分期等业务发展，针对5G、汽车、电子商务等行业加强拓展，稳定和促进居民消费。五是协助锦州银行应对疫情。防范化解锦州银行风险是党中央、国务院交给我行的一项重要任务，一定要认真处理好，既要做好金融风险防控，也要帮助其应对疫情。要把锦州银行的事当作工行的事来抓，抓实抓小抓落地。要建立两行联席联动机制，加强信息联动及时了解情况，加强工作指导，帮助锦州银行实现经营稳定与抗击疫情胜利。

——在2月10日全行应对新冠肺炎疫情工作领导小组第一次会议上的讲话

要加强疫情防控金融服务，做好政策传导，确保各项服务优质、高效、不间断。要加大对实体经济的支持力度，及时主动对接企业复工复产和新开工项目的融资需求，促进“六稳”工作落地。各机构要压实责任，强化担当，狠抓落实。

要不折不扣履行好各项金融服务承诺。认真落实人民银行等五部门金融支持“30条”措施有关分工和全行疫情防控“20条”意见，及时根据新情况新任务调整优化服务方案，确保责任落实到位，定期跟进工作成效，向社会提供优质高效服务。切忌对外承诺的金融服务在实际工作中不落实或部分落实！要实实在在、真真切切全面落实到位。

——在2月17日第12次党委（扩大）会议上的讲话

要着眼全局加大金融服务力度，进一步把工作重心放到服务经济社会发展大局上来，按照“六稳”、决胜全面建成小康社会和“十三五”规划收官的总体要求，根据政策导向变化，统筹抓好各项工作，提高工作的主动性、针对性、有效性。按照稳健的货币政策更加灵活适度的导向，加大信贷投放力度，提高信贷投放的精准性，为疫情防控、复工复产和实体经济发展提供精准金融服务，持续降低融资成本，进一步缓解融资难融资贵。紧跟积极的财政政策更加积极有为的安排，加大地方债投资力度，精准选好投资项目，加大融资力度，助力稳投资。稳定和促进居民消费，加快个人贷款业务发展。做好稳外贸、稳外资，主动对接客户需求、丰富融资方式，支持进出口企业复工复产。加强社会民生领域金融服务，完成脱贫攻坚任务。

要加强风险防控，打好防范化解重大风险攻坚战。要全面分析疫情影响，制定有效举措确保资产质量稳定。分地区、分行业采取针对性措施，既通过展期、再融资等方式帮助客户走出困境，也要前瞻性做好主动风险防控。加强全口径风险管理，关注疫情对汇率、利率、流动性和全球市场的影响，防止风险交叉传染。平衡好稳增长与防风险的关系，优化融资结构、提高信贷配置效率，稳定经济杠杆率。

各部门、各机构要根据党中央对疫情防控和经济社会发展工作的统筹部署，制定具体举措，抓紧推动落实。

——在2月24日第13次党委（扩大）会议上的讲话

要提供精准服务，全面支持企业复工复产与经济社会发展。认真贯彻落实中央政治局常委会、统筹推进新冠肺炎疫情防控和经济社会发展工作部署会议和国务院常务会议要求，深入推动我行“春润行动”落地，精准服务企业复工复产。持续做好抗疫重点企业保障和受困企业支持，高效保障抗疫重点企业资金需求，做好展期、续贷、再融资等融资接续，对符合条件、流动性遇到困难的中小微企业、个体工商户和湖北境内各类企业，给予本金和利息延期偿还安排。分类、分层、分批支持企业复工复产，对七大重点领域支持率先复工复产，对总分行客户提供分层支持，结合各地复工复产步骤给予分批支持。加强综合服务和创新支持，综合运用金融市场、投资银行等服务加大支持企业复工复产力度，通过普惠金融综合服务加大对小微企业的金融支持。前瞻做好金融服务支持，增强对优化产业结构、加快科技创新、推动区域经济发展的服务能力。

——在3月2日第14次党委（扩大）会议上的讲话

八、统筹抓好全行经营管理，通过优质稳健的经营为经济社会发展大局贡献力量

要前瞻性推动全行经营发展工作。疫情发生对经营产生较大影响，全社会逐步复工对金融服务提出新的需求，保持经济平稳运行和社会和谐稳定对金融工作提出

更高要求。要根据形势变化，前瞻性做好工作谋划，及时调整经营策略，统筹抓好客户营销、信贷投放、资金摆布、风险管理、改革创新、内部管理等各项工作，通过我行稳健的经营，为全面建成小康社会和“十三五”规划收官贡献大行力量。

——在2月17日第12次党委（扩大）会议上的讲话

疫情防控是当前最重要的工作，经营发展也不能等、不能拖，要正确处理两者关系，做到两手抓，两不误，在全力支持企业复工复产和经济社会发展大局中，充分挖掘市场机会，增强市场竞争力，提高经营成效，通过我行稳健优质的经营，为国家经济发展与金融稳定贡献力量。要强化“比”的思想，既要比支持疫情防控，也要比经营发展。各条线、各机构都要认真分析今年前两个月的经营情况，对标全年任务目标，加强同业对比，领先的继续扩大优势，落后的认真查找差距、检视不足、迎头赶上。要全力抓好存款工作，当前存款市场竞争十分激烈，要尽快采取措施，下决心把储蓄存款、公司存款、机构存款抓上去，努力构建“G－B－C”的资金循环运转模式，降低付息成本，扩大客户规模，做好量价协调，提升存款竞争力。

——在3月2日第14次党委（扩大）会议上的讲话

九、加强履职监督，强化责任落实，提高一线战斗力

要加强履职监督，严格纪律执行。疫情防控工作任务重、压力大、人手紧，一定要坚决反对形式主义、官僚主义，把精力投入到疫情防控第一线。派驻纪检监察组要加强政治监督，各级机构纪委要协助所在机构党委认真落实党中央、国务院决策部署，落实好总行党委疫情防控部署各项安排，推动主体责任层层落实，对不作为、不担当的干部要进行问责。要严格执行各项纪律，绝不允许在疫情防控中乱收费、抬高利率、耽搁审批，对于发现的情况要严肃认真处理。

——在2月10日全行应对新冠肺炎疫情工作领导小组第一次会议上的讲话

要认真做好疫情防控监督执纪问责工作，加强对疫情防控工作责任落实情况的监督检查，推动各机构党委进一步压实主体责任，做到守土有责、守土担责、守土尽责。对作风漂浮、敷衍塞责、推诿扯皮，不担当、不作为的要严肃问责。

——在2月17日第12次党委（扩大）会议上的讲话

在深入贯彻落实中央八项规定精神驰而不息加强作风建设会议上的讲话

陈四清

（2020年3月12日）

刚才，王林同志通报了2016年以来工商银行以中央巡视整改为契机，贯彻落实中央八项规定精神的情况，对全行作风建设取得的成效给予了充分肯定，同时也客观指出了三个方面存在的不足，剖析了问题的原因，我完全赞同。按照十九届中央纪委四次全会精神，根据全行全面从严治党暨纪检监察工作会议安排，结合王林同志的通报，我就全行持久深入推进中央八项规定精神的贯彻落实，再讲三方面的意见。

一、清醒认识成效和不足

党的作风和形象关系党的创造力、凝聚力、战斗力，决定党和国家事业的成败。党的十八大以来，党中央以彻底的自我革命精神推进全面从严治党，坚持不懈推动中央八项规定精神落实、驰而不息纠治“四风”，持续坚决清除一切影响党的先进性和纯洁性的消极因素，党风政风和社会风气明显好转，取得的成效有口皆碑、有目共睹，开辟了“中国之治”新境界。总行党委一直高度重视作风建设，坚决贯彻习近平总书记重要指示批示精神和党中央决策部署，狠抓中央八项规定精神的落实，特别是2019年，以开展“不忘初心、牢记使命”主题教育和深化派驻机构改革为双契机、双动力，紧紧围绕事关初心使命、事关全行稳健发展、事关员工切身感受的突出问题，实打实、硬碰硬，对违反中央八项规定精神的问题线索加大查办力度，扎牢制度笼子，深化标本兼治，取得了积极成效。总体来看，主要有以下几个鲜明特点：

一是注重发挥政治指南针作用。以党的政治建设为统领，深入学习贯彻习近平新时代中国特色社会主义思想，把严格落实中央八项规定精神作为增强“四个意识”、坚定“四个自信”、做到“两个维护”的具体行动，以坚定政治定力推进作风建设。将作风建设与“两学一做”学习教育和“不忘初心、牢记使命”主题

教育紧密结合，持续推进中央八项规定精神在各项具体工作中落地见效。二是注重抓关键领域和突出问题。聚焦贯彻落实党的十九大精神和党中央重大决策部署情况，聚焦服务实体经济、推进转型发展、提升窗口服务、转变机关作风等方面存在的形式主义、官僚主义问题，聚焦"关键少数"和问题多发领域，紧盯"四风"隐形变异新动向，以点带面，全力整治。三是注重教育和严惩相结合。着力强化创新理论武装，持续开展正面教育、警示教育，引导全行党员干部加强党性修养，坚定理想信念，提高落实中央八项规定精神的思想自觉和行动自觉。坚持严字当头，把纪律和规矩挺在前面，深化运用监督执纪"四种形态"，加强对党员干部的全方位管理监督，对违反中央八项规定精神问题，点名道姓通报曝光，2019 年查处违反中央八项规定精神问题 172 个，处理责任人 258 人，形成有力震慑，持续释放一刻不松、一严到底的强烈信号。四是注重长效机制建设。建立完善落实中央八项规定精神的配套制度，查找制度制定和执行方面存在的空白、短板和模糊地带，持续推进建章立制，完善用制度管权、按制度办事、靠制度管人的机制，推进作风建设在坚持中见常态、向制度建设要长效。

同时，应当清醒看到，尽管我们对作风问题的认识逐步深化、对作风积弊的治理日益制度化，不良作风得到了一定程度遏制，但仍然存在一些问题不容忽视。刚才，王林同志通报了工商银行干部员工近年来违反中央八项规定精神的典型案例，这些事件就发生在我们身边，教训深刻，发人深省。这些问题说明，享乐主义、奢靡之风隐形变异问题时有发生，形式主义、官僚主义问题仍然突出，有的问题还十分顽固，有的问题虽然面上得到遏制，但又出现新动向、新表现。这也警醒我们，作风建设任重道远，不能有初见成效就差不多、松口气、歇歇脚的想法。全行要进一步提高思想重视程度，充分认识作风建设的长期性、艰巨性，决不能出现麻痹和松懈思想。对违反中央八项规定精神的机构和人员，党委将保持一贯的从严处理态度，绝不姑息，严惩不贷。

二、准确把握贯彻中央八项规定精神面临的形势任务

党的十八大以来，党中央突出强调党要管党、全面从严治党，中央八项规定出台后，配套作出了一系列制度安排和工作部署，先后在全党组织开展了党的群众路线教育实践活动、"三严三实"专题教育、"两学一做"学习教育、"不忘初心、牢记使命"主题教育，2019 年在全党范围内组织开展了解决形式主义突出问题为基层减负专项整治。在 2019 年底召开的中共中央政治局"不忘初心、牢记使命"专题民主生活会上，习近平总书记就中央政治局贯彻执行中央八项规定、解决困扰基层的形式主义问题切实为基层减负提出了明确要求。今年初召开的十九届中央纪委四次全会指出，要坚决贯彻中央八项规定精神，保持定力、寸步不让，防止老问题复燃、新问题萌发、小问题坐大，强调要坚决查处各种风险背后的腐败问题，深化金融领域反腐败工作，加大国有企业反腐力度。从 2012 年 12 月中央八项规定出台实施到现在，党中央狠抓、严抓党的作风建设，提出新理念、实施新举措，不断完善制度体系，用制度疗治"四风"顽疾，从未有过一丝一毫的放松，彰显了我们党以自我革命精神，持之以恒正风肃纪的鲜明态度和坚定决心。中央八项规定不是五年、十年的规定，而是长期有效的铁规矩、硬杠杠。作风建设是一场持久战，必须永不懈怠、久久为功。

2020 年是打赢脱贫攻坚战的收官之年，是全面建成小康社会的决胜之年，也是为期三年的扶贫领域腐败和作风问题专项治理的最后一年。越是在最吃劲的时候、最紧要的关头，越要锤炼严实、深细的作风，把各项工作做实做细做好。今年以来的新冠肺炎疫情，是新中国成立以来在我国发生的传播速度最快、感染范围最广、防控难度最大的一次重大突发公共卫生事件。经过艰苦努力，当前疫情防控形势持续向好、生产生活秩序加快恢复，但疫情不可避免会对经济社会造成较大冲击。越是在重要任务、重大考验面前，越是在关键时刻，全行越需要加强作风建设，激发担当作为的精气神，为复工复产提供强力金融支撑，为决战决胜凝聚强大前进动能。

三、驰而不息推进中央八项规定精神贯彻落地

面对新的形势任务要求，全行要以习近平新时代中国特色社会主义思想为指导，全面贯彻党的十九大和十九届二中、三中、四中全会精神，全面贯彻十九届中央纪委四次全会精神，坚定不移推进全面从严治党从严治行，锲而不舍深化落实中央八项规定精神，以治理体系的完善、治理能力的提升，保障作风建设成效，营造风清气正的政治生态和经营环境，持续为经营发展提供坚强保证。

（一）以政治建设为统领加强思想教育。要在学懂弄通做实习近平新时代中国特色社会主义思想上下功夫，把增强"四个意识"、坚定"四个自信"、做到"两个维护"熔铸在脑海里、体现在行动上，巩固"不忘初心、牢记使命"主题教育成果，始终同以习近平同志为核心的党中央保持高度一致。要从关乎党的兴衰存亡、巩固党的执政地位、实现党的初心使命的政治高度，进一步重视加强党的作风建设，不断增强贯彻中央八项规定精神、切实改进作风的自觉性和坚定性。要落实不忘初心、牢记使命制度，强化理想信念、党性修养和党风党史教育，常态化开展正面典型引领，推进廉洁

文化建设。要深刻汲取教训，开展好“两明案”专题教育整改“回头看”，持续深化警示教育，以案明纪、以案促改。

（二）压实各级党委主体责任。中央抓作风建设的一个重要方面，就是自上而下、以上率下，重点是“领导干部和领导机关”。各级党委班子，包括各子公司党委班子，要强化责任担当，把作风建设放在重要位置，认真落实好主体责任，做到管人、管事、管党风“三个结合”，把责任传导到“神经末梢”，做到深入抓、持久抓、全覆盖。一把手是关键少数中的关键少数，具有风向标的作用，特别要带好头，切实履行好第一责任人职责，发挥好“头雁效应”，把严的思想、严的标准贯穿于作风建设全过程和各方面。党员干部要带头示范，正确处理公私、义利、是非、情法、亲清、俭奢、苦乐、得失的关系，时刻自律自重、慎独慎初。对涉及各级领导干部的违规案例，要点名道姓通报曝光，做到真管真严、敢管敢严。

（三）突出整治形式主义、官僚主义。形式主义、官僚主义本质上是政治问题，需从政治高度审视和整治，从思想和根源上来破解和整肃。要坚持“靶向治疗”，聚焦贯彻党中央重大决策部署、聚焦落实行党委要求、聚焦三大攻坚战、聚焦疫情防控、聚焦基层反映强烈的问题，有针对性地开展深入整治。要紧盯“四风”隐形变异新动向，坚守重要节点和时点，深挖细查、露头就打。要深化拓展“基层减负年”工作，坚持标准不减、力度不减，细化落实措施，倡导“短、实、新”文风，严控会议形式、规模、时间和参会范围，统筹规范考核检查，切实减少填表格报材料，避免层层加码、过度留痕，真正为基层减负，让基层感到明显变化。要坚持严管和厚爱相结合，加大干部正向激励力度，引导各机构、各业务条线增强“比”的思想和能力，敢打头阵，奋勇争先，争创佳绩。

（四）进一步发挥监督合力。监督是权力正确运行的保证，是国家制度和治理体系有效运转的重要支撑，是促进全行规范经营、健康发展的重要保障。要形成全程、全员、全覆盖的监督体系，推动党内监督、治理层监督、业务监督和派驻监督有机贯通、相互协调，形成强大的监督合力。各级党委要加强对所管理干部特别是主要领导干部的监督，上级一把手必须抓好下级一把手，除关注思想、工作、作风等基本情况，还要了解“社交圈”“生活圈”和“朋友圈”，消除监督盲区。各级纪委要敢于监督、有效监督，深入发现和推动解决作风方面的突出问题。今年全行将启动新一轮巡视巡察工作，要把落实中央八项规定精神情况作为重要内容，对发现的问题严查深究，加强整改督促。要运用好监督执纪“四种形态”，在抓小抓早的同时，对违反中央八项规定精神的各类问题，尤其是疫情防控中工作落实不力，以及作风漂浮、搞形式主义的机构和个人，坚决从严从重查处问责。

（五）持续推进长效机制建设。贯彻执行中央八项规定精神，只有把“当下改”与“长久立”相结合，建立长效机制，才能真正把好势头保持下去。要坚持标本兼治，一体推进不敢腐、不能腐、不想腐，坚决防止老问题复燃、新问题萌发、小问题坐大。要将行之有效的做法固定为制度，及时针对新情况、新问题提出新的管理要求，推动形成更加完备的制度体系。要深入分析典型案例，尤其要抓住普遍性和反复出现的问题，找准症结、完善制度、狠抓执行，不断把制度笼子越扎越紧、越扎越牢，从根本上推动良好作风化风成俗、成为习惯。

作风建设永远在路上，永远没有休止符。各级党委要保持“咬定青山不放松”的定力，坚持不懈推动中央八项规定精神落实、驰而不息纠治“四风”，以全面从严治党引领和带动从严治行，以优良作风护航干事创业，为疫情防控和服务经济社会大局稳定担起工行责任，为全面建成小康社会、决胜脱贫攻坚贡献工行力量！

统筹推进疫情防控和经营发展工作

陈四清

（2020 年 3 月 12 日）

从前两个多月的情况看，全行在有力有序抓好疫情防控的同时，经营发展总体保持了平稳态势。同时也要看到，受经济下行、疫情冲击等叠加影响，全行经营发展中遇到一些困难和挑战，突出表现为四个“进一步加大”。一是利差收窄压力进一步加大。在资产端收益率下行、负债端付息成本上升的双向挤压下，前两个月全行 NIM 水平较上年下降。二是稳存增存压力进一步加大。各项存款增长落后可比同业，公司存款和机构存款比年初下降。三是中收增长压力进一步加大。前两个月全行中收增长同比下降，代理保险、投行等业务收入降幅相对较大。四是资产质量压力进一步加大。对公和个人业务（含信用卡）信用风险都有所上升，逾期额和剪刀差比年初增加。随着临时性延期还本付息贷款的陆续到期，二季度及下半年质量管控压力将进一步显现。

数字和情况的背后，更多的是精神状态的问题、竞争发展能力的问题、工作方法的问题。经营发展中存在的这些问题，有疫情“黑天鹅”因素的影响，同时也暴露出我们工作中的一些短板。统筹抓好疫情防控和经营发展，是一次大考。考验的是我们的执行力、战斗力、竞争力，考验的是我们的担当精神、经营状态、工作作风。在相同的外部环境下，机构间经营差距有所拉大，发展不平衡现象有所加剧，反映出我们一些经营机构对形势变化反应“慢半拍”，分析研判不够，措施应对不足，创新办法不多，一些工作浮于表面、抓而不实、进退失据，“比”的思想、“比”的方法和“比”的能力都有待强化提高。全行要坚持问题导向、目标导向、结果导向，对照总行要求部署找差距、对照全年目标任务找差距、对照市场竞争位置找差距，切实加压力、强作风、补短板。

一、做好宏观形势的研判分析

打胜仗先要观大势、谋大势。越是形势复杂、挑战严峻，越要全面、辩证、科学地分析形势，以前瞻、敏锐的专业预判，保证经营局面平稳。当前，要重点加强“四个关注”。

一是关注疫情对我国经济和我行经营的影响。客观地讲，冲击和影响是比较明显的。有的影响是直接的，有的影响是间接的；有的影响当前，有的事关长远。需要我们强化底线思维，既保持见叶知秋的敏锐，也保持稳妥审慎的经营理性。同时也要充分认识到，疫情的冲击是短期的，影响总体上是可控的。我国经济有强大动能和巨大潜力，我行经营发展有良好基础和诸多优势，我们完全有信心、有条件、有能力保持稳健经营态势，并以自身的“稳”为国家“六稳”助力，彰显大行担当。

二是关注复工复产的形势变化。当前，随着疫情防控形势的持续向好，复工复产加快推进。除湖北省外，全国工业大省、规模以上工业企业已基本实现复工，产能利用率逐步恢复。在核心企业的带动下，中小企业的复工复产率也稳步提高。从市场面来看，企业新增信贷需求正逐步转向常态化。与此同时，不同区域、不同行业、不同企业的复工复产情况和金融需求，呈现不同特点，需要我们主动对接、分类施策，进一步提升金融服务的适应性、精准性、有效性。

三是关注境外疫情扩散趋势。已有 109 个国家和地区发现确诊病例超过 32 000 例，数量还在增加。防范境外疫情“倒灌”，成为国内经济平稳发展的重要考量因素。同时，也对我们做好境外机构疫情防控和平稳经营，提出紧迫要求。

四是关注全球金融市场动荡。疫情扩散叠加油价暴跌，导致全球金融市场大幅动荡。3 月 9 日，美股 23 年来首次触发熔断机制，美国国债收益率创历史新低。欧洲股市大幅下挫。国内资本市场也震荡加剧，给我行资管、金融市场等相关业务提出更高要求。

二、在困难复杂局面下突出加强作风和能力建设

在统筹推进疫情防控和经营发展工作中，既要有责任担当之勇，又要有统筹兼顾之能。要坚定必胜信心。发挥好工商银行的综合优势，保持战略定力，坚持稳中求进工作总基调，落实好“48 字”工作思路，善于危中见机、化危为机，“比”在关键时、“拼”在关键处，以“咬定青山不放松”的韧劲，夺取防疫抗疫和经营发展的全面胜利。要扛起主体责任。各机构各条线领导班子尤其是一把手，要把疫情防控和经营发展两手抓、两手硬的责任扛在肩膀上，在其位谋其责、在其职尽其力，主动作为，攻坚克难。特别是与同业相比差距较大的，要检视不足，迎头赶上。要狠抓工作落实。各机构各部门都要列出任务清单和问题清单，逐项研究、逐条推动解决，把工作落到实处。总行要加大督导力度，确保各项措施落地见效。要强化分类指导。总行部门要通过多种途径，了解各区域、各分行发展情况，加大指导推动力度，及时响应分行诉求，协调解决经营难题。各分行要强化辖内的分类指导、精准施策，敏锐关注市场变化和同业态势，敏锐把握客户需求，高效推动服务改进和业务创新，努力把疫情影响降到最低，保持在当地市场的应有地位。

三、千方百计保持经营平稳

发展是硬道理。在继续抓紧抓实抓细疫情防控工作、不降低警惕性、不降低防控要求的同时，突出重点，加大力度，扎实推动经营发展工作，确保完成全年目标任务。

一是稳住盈利能力。要深化定价管理改革，管控好利差收窄速度，保持合理的营业收入和利息净收入增长。要唯市场，不唯指标、不唯计划，找准发力点，挖掘增长点，确保完成一季度中收目标，实现中间业务竞争力稳中有升。抓好银行卡、投行、银团、代销类等产品的市场拓展，尽快缩小与领先同业的差距。要落实好相关收费政策和减免承诺，确保合规经营。

二是推动存款量价协调发展。要坚持存款领先目标不动摇，“第一个人金融银行”“外汇业务首选银行”战略都要从存款业务抓起。要把握资金流转规律，强化客户、服务等基础管理，加强 G－B－C 联动发展和资金闭环管理。要加强对重点分行的督导，尽快实现存款

赶超。要把握好主动负债的发行节奏、期限、规模和定价，在量和价两个维度上确立竞争优势。

三是进一步提升服务实体经济的适应性。要把支持经济社会发展放到更加重要位置，全面落实好“春润行动”，夯实信贷储备，完善大类资产布局，在支持实体经济发展中实现自身高质量发展。要加大对制造业的融资支持力度，实现中长期贷款和信用贷款的显著增长。要打好政策“组合拳”，提升对小微企业和民营企业的服务能力。要加强顶层设计，抢抓新基建领域市场机遇。要主动对接国家重大战略实施，发挥大行“稳投资”作用。要把握疫情后消费模式、生产模式、交易模式的变化，加快拓展智能制造、无人配送、在线消费、医疗健康等新兴产业市场。要坚持定点扶贫和金融精准扶贫相结合，通过各种手段增强“造血”功能。

四是提高风险管控的有效性。要以逾期贷款、大户风险为重点，加强前瞻性风险排查和实质性风险管控，精准施策、综合施策，为二季度和下半年风险管控腾出空间。要有序做好个人逾期贷款催收工作，加大不良资产的处置力度。要在助力疫情防控和复工复产的同时，加强贷款合规管理，防止资金挪用套利等风险。要密切关注金融市场走势，完善业务策略，保持资管产品净值稳定，防范风险交叉传导。境外机构要评估好本地区疫情形势及影响，完善应对预案，确保平稳运营。

统筹疫情防控和经营发展工作，全行要进一步改进作风，总行党委将带头完善工作方式，畅通沟通渠道，推动解决重点难点问题。希望同志们保持饱满的精神状态，主动积极作为，不等、不靠、不观望，把各项工作做深入、做扎实。

在应对新型冠状病毒感染肺炎疫情工作领导小组第四次会议上的讲话

陈四清

（2020 年 3 月 20 日）

近一个时期以来，我国及全球多个国家和地区，经受了新冠肺炎疫情的严峻考验。在以习近平同志为核心的党中央坚强领导下，举国上下聚力同心，全面投入疫情防控斗争。工商银行作为国有大行，深入学习贯彻习近平总书记重要讲话和重要指示批示精神，认真落实党中央、国务院决策部署，坚持疫情防控和金融支持两手抓、两不误、两促进，各项工作周密有序开展。相关工作成效得到了中央领导同志，以及国家有关部门和地方政府的肯定。在抗击疫情的过程中，境外机构充分展现出同舟共济、守望相助的家国情怀，全力筹措防疫物资驰援国内，ONE ICBC 的理念与情谊，在并肩战疫中得到了升华。上周，我给境外全体员工写了一封信，代表总行党委以及全集团 45 万员工表达了对大家的感谢。今天，我再次代表总行党委，向境外机构的全体干部员工，表示衷心的感谢和诚挚的慰问！

习近平总书记在 3 月 18 日召开的中央政治局常委会会议上指出，在全国上下和广大人民群众共同努力下，全国疫情防控形势持续向好、生产生活秩序加快恢复的态势不断巩固和拓展，统筹推进疫情防控和经济社会发展工作取得积极成效。同时，我们也面临着不少新情况新问题，特别是境外疫情扩散蔓延及其对世界经济产生不利影响，也给我国疫情防控和经济发展带来新的挑战。世卫组织宣布疫情已具有全球大流行特征。到 3 月 20 日上午，全球 171 个国家和地区的确诊病例累计已达 24 万例。中国以外新冠肺炎累计确诊病例数过去两周增长了近 10 倍，涉及国家和地区数增加了 1 倍，防控形势异常严峻。疾病没有国界，疫情面前没有旁观者，所有人都是休戚与共的命运共同体。工商银行是一家国际视野、全球经营的大型银行，机构众多，员工众多，责任更加重大。

前一段时间，总行党委把疫情防控的重心主要放在境内、放在湖北、放在北京。当前形势下，我们既要关注境内，更要关注全球，像对境内机构一样，责无旁贷地把境外机构的防疫工作做好。此前，谷澍行长、国中监事长、学清董秘已就境外机构疫情防控和经营管理召开会议作了专门研究，总行有关部门和境外机构也做了大量富有成效的工作。当前我们仍是重任在肩，主要面临员工安全、机构安全、流动性风险、信用风险、操作风险五个方面的考验。下一步，要在前期工作的基础上，准确把握国内外疫情防控和经济形势的阶段性变化，因时因势调整工作着力点和应对举措，全力以赴、统筹兼顾做好境外机构疫情防控和经营管理工作。

一、增强必胜之心，坚决防控疫情

我行在全球 49 个国家和地区设有分支机构（含筹备），其中 47 个国家和地区已发生疫情，个别机构已出现确诊和疑似病例，各方面的矛盾和困难正在显现出来。越是在这样的紧要关头，越要坚定必胜信念，咬紧牙关，步步为营，打好主动仗。当前要敏锐把握全球共识逐渐强化的大趋势，按照积极稳健、审慎灵活的原则，将境内防疫工作中的一些经验做法践之于行。比如，坚持因应施策、分类管理，根据各国疫情形势、机构人员情况等，对境外机构实行四级分类管理，强化针对性支持和差异化保障。又如，突出人员全口径和场所全覆盖两个重点，每一家境外机构都要重视对员工、家属等各类人员的监测管理，严格对办公、餐饮、住宿等场所的防护措施，建立起“看得住人、守得住门”的严密防线。

二、增强责任之心，积极担当作为

抗疫争在朝夕，落实难在方寸。一段时间以来的实践表明，疫情防控能否顺利推进，扎实落地，关键在人，关键在责任主体。总行相关部门和各境外机构既要各尽其责、各显所能，也要主动担责、补位配合，防止出现缺陷和空白点，确保出台的各项防控措施都能得到严格执行，形成严密无缝的责任闭环。总行国际部要牵头抓总，会同相关部门加强远端指导，层层压实责任，级级传导压力。要做好统筹协调，确保信息畅通、及时、准确，第一时间做好上情下达和下情上传，为党委做决策、境外机构抓落实提供精准靶向。要指导境外机构加强业务连续性管理，针对极端情况制定详尽预案，并提前测试跑通。境外机构要加强近端管控，做实疫情防控工作组，履行属地责任，夯实四方责任，细查每个环节，及时有效作为，推动疫情防控工作更加完善严密。

三、增强仁爱之心，纾解员工忧难

对于世界其他国家和地区遭遇的疫情，中国人民感同身受，工行员工感同身受。在境外疫情防控工作中，要始终把人员生命安全和身体健康放在第一位，与所在国政府、驻当地使领馆等各相关方加强合作，共担人道主义援助的道义，共尽保护生命的责任。对内，要千方百计暖人心、强信心，及时了解干部员工的身体和心理健康情况，关注大家的思想动态，尽最大努力帮助境外的同志们解决实际困难、疏解精神压力。要优先保障防疫物资向他们倾斜，注意不同机构的情况，不搞一刀切，打出时间差，备好提前量。尤其是要把物流问题妥善处理好。要积极调配医疗、保险等方面资源，强化就地防护和应急处置，严防疫情境外输入性风险。对外，中国抗疫离不开全球的支持，全球抗疫缺不了中国的参与。要积极践行人类命运共同体理念，履行全球企业公民责任，为全球抗疫提供力所能及的物资支持和捐赠帮助。境外机构要当好工行的“大使”，在当地使领馆的指导下，有序开展相关工作。此外，要高度关注一些误解、曲解中国政府和人民的苗头及个案。

四、增强谨慎之心，防范风险挑战

对疫情带来的各类风险因素要有底线思维，时刻保持如履薄冰的谨慎、见叶知秋的敏锐，既要高度警惕和防范境外出现区域风险，也要密切关注系统性、全局性重大风险，在第一时间提出思路举措，把风险降下来、把时间抢回来，做到有章有法、有为有效。近期，总行还要专题研究全球金融市场波动对我行风险防控及经营发展带来的影响，前瞻制定有针对性的政策举措，相关部门要做好准备。尤其是要加强对国际经济形势的研判分析，密切跟踪全球金融市场变化，每天都要匡算掌握资产负债总头寸、分品种结构，以及期限错配、地区错配、币种错配等最新情况，严密防范可能出现的流动性紧张及信用风险、操作风险等各类风险的传染转化，确保安全平稳运营。

同志们，当前境外机构疫情防控任务艰巨繁重。越是形势复杂、挑战增多，越要注意统筹好境内境外抗疫“两条战线”，兼顾好疫情防控和经营管理“两个方面”，越要坚持党委统一领导，形成全行步调一致的强大合力。总行是境外1.5万多名员工的坚强后盾，全行45万员工与你们心手相连、休戚与共，有大家的共同努力，我们一定能够取得最后的胜利！

为决战决胜脱贫攻坚贡献工行力量

——在支持脱贫攻坚工作会议上的讲话

陈四清

（2020年3月24日）

2020年是决胜全面建成小康社会、决战脱贫攻坚之年，也是“十三五”规划收官之年。3月6日，中央召开决战决胜脱贫攻坚座谈会，习近平总书记发表重要讲话。总行党委已经召开党委扩大会议，传达学习了习近平总书记重要讲话精神，部署了贯彻落实措施。今天，我们再专题召开全系统支持脱贫攻坚工作会议，主要任务是进一步深入贯彻决战决胜脱贫攻坚座谈会精神，对标对表党中央决策部署，凝聚发挥全行合力，坚决克服疫情影响，以更大决心、更大力度推动全行脱贫攻坚各项工作再提质、再增速。刚才，普惠金融事业部和办公室分别就精准扶贫和定点扶贫工作作了发言，总体扶贫工作思路是明确的，措施是具体的，我都同意。下面，我讲几点意见。

一、始终以习近平总书记扶贫工作重要论述为根本遵循

党的十八大以来，以习近平同志为核心的党中央把脱贫攻坚摆在治国理政突出位置，把贫困人口脱贫作为全面建成小康社会的底线任务和标志性指标，在全国范围内打响脱贫攻坚战。习近平总书记亲自挂帅出征，作出一系列新决策新部署，提出一系列新思想新观点，形成了关于扶贫工作的重要论述。2013 年，习近平总书记在湖南湘西十八洞村，首次提出精准扶贫重要思想。2015 年，提出了“六个精准”，实施“五个一批”，解决“四个问题”等重要思想，在中央扶贫开发工作会议上系统阐释了脱贫攻坚的目标任务、基本方略、政策措施和工作要求。2016 年，提出实施最严格的考核制度，强化东西部扶贫协作和对口支援。2017 年，提出聚焦深度贫困地区，开展扶贫领域腐败和作风专项治理。2018 年，提出打赢脱贫攻坚战是实施乡村振兴战略的优先任务，相对贫困将长期存在，抓紧谋划脱贫攻坚目标任务完成后的战略思路。2019 年，提出重点解决“两不愁三保障”突出问题，巩固脱贫成果，减少和防止返贫，不获全胜、决不收兵。

2020 年是脱贫攻坚的决战决胜之年。2 月 3 日，习近平总书记在中央政治局常委会专题研究疫情防控工作时强调，要统筹抓好改革发展稳定各项工作，特别是要抓好涉及决胜全面建成小康社会、决战脱贫攻坚的重点任务。2 月 23 日，在中央统筹推进新冠肺炎疫情防控和经济社会发展工作部署会议上强调，要加快建立健全防止返贫机制，狠抓攻坚工作落实，坚决完成脱贫攻坚任务。在 3 月 6 日召开的决战决胜脱贫攻坚座谈会上，全面总结了脱贫攻坚取得的决定性成就，深刻分析了打赢脱贫攻坚战面临的困难和挑战，对决战决胜脱贫攻坚作出了全面部署，向全党全社会发出了脱贫攻坚的总攻动员令，为夺取脱贫攻坚的全面胜利注入了更强信心和动力。

习近平总书记在决战决胜脱贫攻坚座谈会上的重要讲话以及一系列关于扶贫工作的重要论述，逻辑严密，内涵丰富，既是理论之基，又管实践之用，是打赢脱贫攻坚战的根本遵循和行动指南。全行上下要认真学习贯彻，从党和国家事业发展的全局，从增强“四个意识”、坚定“四个自信”、做到“两个维护”的高度，深刻认识做好扶贫工作的重要性，切实把思想和行动统一到党中央的决策部署上来，增强脱贫攻坚的使命感和责任感，凝心聚力，奋勇向前，坚决落实好各项工作，在决战冲刺中走在前、作表率，全力以赴支持贫困地区打赢脱贫攻坚战。

二、充分认识我行扶贫工作成效和形势任务

作为国有大行，党委始终高度重视扶贫工作，自觉把助力脱贫攻坚的政治责任扛在肩上，深入贯彻落实党中央、国务院决策部署，锲而不舍推进脱贫攻坚各项工作。各级行在这场战役中冲锋在前，扎实工作，认真落实党委各项部署和要求，全行扶贫工作取得了显著成效。

一是构建扶贫工作“一盘棋”。在金融（定点）扶贫工作领导小组的领导下，总行建立了办公室牵头定点扶贫、普惠金融事业部牵头金融扶贫，21 个成员部门各负其责、主动作为的工作机制。各级行将扶贫工作作为“一把手”工程，统筹推动各项政策落地。我任总行金融（定点）扶贫领导小组的组长，去年 4 月，新班子成立后召开的第一个会议就研究了扶贫工作。一年来，党委先后 5 次召开扶贫方面的会议，推动全行扶贫工作有力、有效深入开展。二是提高金融服务“普惠性”。始终坚持“地方所需、工行所能”，结合贫困地区金融服务实际，加大信贷资源倾斜，制定专门信贷政策、配置专项信贷规模、设计专属贷款产品，增加贷款支持供给。截至 2019 年末，全行精准扶贫贷款余额 1 704亿元，较 2015 年有数据统计以来，年均增幅接近 40%，超额完成监管增量任务目标。设立贫困地区专属理财产品和大额存单，因地制宜推出“致富创业贷”等具有地域特色的金融产品，使金融活水流向实体经济和贫困地区的远端末梢。加快网络建设，增强贫困地区物理网点、自助机具和网上银行的服务能力，提升金融服务覆盖度和易得性。全行设立贫困县网点 1 074 家，覆盖全国 539 个贫困县，覆盖率 64. 8%。三是创新工行扶贫“新模式”。发展“精准扶贫 + 涉农供应链”服务模式，目前全行涉农供应链 72 条，累放金额 82 亿元。实施“金融 + 电商”扶贫模式，依托融 e 购电商平台，帮助贫困地区拓展农产品销售渠道，2019 年帮助销售农产品金额达 6 亿元，累计上线扶贫商户 3 500 户。探索“银行 + 保险 + 期货”联合扶贫模式，降低因农产品价格波动导致农户收益受损的风险，帮助稳定增收、稳定脱贫。四是深耕定点扶贫“责任田”。按照党中央、国务院统一安排，总行从 1995 年开始陆续对四川南江、通江、万源和金阳进行定点帮扶。25 年来，始

终坚持真金白银、真心诚意、真抓实干，不断加大无偿捐赠力度，用心用力用情帮扶，推进金融扶贫、产业扶贫、消费扶贫、教育扶贫、健康扶贫在定点县落地开花，把定点扶贫的“责任田”打造成金融扶贫的“示范田”，受到各方充分肯定和高度认可。2019 年，我行定点扶贫 6 项考核指标完成额均达到上年 3 倍以上，在考核中连年获得第一档“好”的评价。目前通江、南江、万源已经脱贫摘帽。四川省委、省政府对我行扶贫工作给予高度评价。

总的看，全行扶贫工作成效显著，成绩来之不易，这是以习近平同志为核心的党中央坚强领导的结果，是各级机构狠抓落实、担当作为的结果，是一线扶贫干部工作人员攻坚克难、奋力拼搏的结果。我代表总行党委，向全行各级机构特别是战斗在扶贫一线的同事们表示诚挚慰问和崇高敬意，衷心感谢你们的辛勤付出和无私奉献！

3 月份已经过了大半，距离年底还有不到 10 个月时间，脱贫攻坚面临的困难和挑战依然艰巨。原本就有不少硬仗要打，突如其来的新冠肺炎疫情，对人流物流、复工复产造成影响，无疑又给收官工作带来新的挑战。习近平总书记强调，到 2020 年现行标准下的农村人口全部脱贫，是党中央向全国人民作出的郑重承诺，必须如期实现，没有任何退路和弹性。这是一场硬仗，越到最后越要紧绷这根弦，不能停顿、不能大意、不能放松。每一天都是倒计时。全行一定要充分认识决战决胜脱贫攻坚的重要性、艰巨性、紧迫性，绷紧弦、加把劲，只争朝夕、全速前进，统筹抓好疫情防控和脱贫攻坚，尽快推动扶贫工作取得新成效，在大战、大考中向党和国家交出满意的答卷。

三、全力以赴做好收官阶段的扶贫工作

总行党委已经对全年扶贫工作作了安排部署，现在关键是务实推进。各机构、各部门要加大工作力度，坚持目标导向和结果导向，主动作为、精准施策，实之又实，紧之又紧，确保高质量完成脱贫攻坚各项目标任务。

（一）进一步压实攻坚责任。习近平总书记指出，脱贫攻坚越到最后，越要加强和改善党的领导，各级党委（党组）一定要履职尽责、不辱使命。全行各级党委要提高政治站位，坚持党建统领，把脱贫攻坚工作摆在重要位置，统筹谋划推进。“一把手”要负总责，压实责任，靠前指挥，抓好组织推动和督促落实。各职能部门要认真发挥职能作用，尤其是前台部门，要充分发挥客户资源优势、平台优势、信息优势，凝聚好各方力量开展帮扶。各境外机构、子公司要积极贡献力量，多方式、多渠道参与扶贫工作，努力形成总分行和境内外协同联动、合力攻坚的良好局面。

（二）全力以赴做好定点扶贫。定点扶贫工作是党中央、国务院交给我们的一项重要政治任务。目前 4 个扶贫点中，只剩下深度贫困的金阳县尚未脱贫摘帽。这个月初，总行与国务院扶贫开发领导小组签订了定点扶贫责任书，对 2020 年投入帮扶资金、引进帮扶资金、购买农产品、销售农产品等 6 项指标完成额做出了承诺，我和监事长都签了字。承诺必须践诺，做到一诺千金，做到言必信、行必果。总行已印发 2020 年定点扶贫工作计划，各机构、各部门要按照“统筹四县、突出金阳”的“1 + 3”工作思路，保持工作力度不减、工作要求不松，铆足干劲，与扶贫县共同努力、共同担当，确保坚决完成定点扶贫任务。

一要把深度贫困地区帮扶作为重中之重，坚持“三个优先”。目前金阳县还有 2.8 万人口未脱贫，贫困发生率仍高达 14.6%，是国务院 52 个挂牌督战县之一。按照摘帽的标准，今年贫困发生率要降到 3% 以内，难度不小。作为定点帮扶的中央企业，我们对金阳这个最难啃的骨头、最后的堡垒，下多大功夫、给多少支持都不为过。要继续坚持“三个优先”，即脱贫攻坚的资金、项目、政策措施，都要优先安排在金阳，进一步集中优势资源，聚焦“两不愁三保障”，加大倾斜力度，全力以赴支持金阳如期脱贫摘帽。

二要巩固好脱贫成果，坚持“四个不摘”。对已经摘帽的南江、通江和万源，要“扶上马送一程”，严格落实摘帽不摘责任、摘帽不摘政策、摘帽不摘帮扶、摘帽不摘监管的“四个不摘”要求，保持原有的扶贫政策不变、工作队伍不撤、资金投入不减，帮助建立长效机制，巩固脱贫成果，实现已脱贫人口的持续稳定脱贫。“脱贫摘帽不是终点，而是新生活、新奋斗的起点”，要深入研究摘帽后的帮扶措施，激发内生动力，做好全面扶贫与乡村振兴的有效衔接。

三要遴选好定点扶贫项目，坚持“三个结合”。怎么帮、帮什么是非常重要的问题，决定着定点帮扶的效果。要以金融专业的眼光，深入开展调查研究，将中央部署、地方所需与我行所长相结合，将扶贫与扶智、扶志相结合，将融资与融智、融商相结合，精心遴选产业扶贫、教育扶贫、卫生扶贫、党建扶贫等项目，确保把宝贵的帮扶资金用在刀刃上。收官在即，扶贫项目确定后，投入资金要尽快到位，尽早见效。

为切实提高帮扶成效，今年总行借鉴东西部协作扶贫经验，指定北京、上海、浙江、广东 4 家分行点对点帮扶 4 县市，北京对万源，上海对南江，浙江对通江，广东对金阳。在攻坚阶段委以重任，代表党委对你们的充分信任和殷切期待。4 家分行一把手要高度重视，必须亲自参与、亲自推动、亲自督导，把定点扶贫当成应尽职责、分内之事，明确牵头部门和责任人，投入充足资源和力量，尽快做好对接，尽快帮出特色、扶出成效。

四川分行作为属地分行，多年来一直在定点扶贫中

发挥着十分重要的作用，定点扶贫各项工作都离不开四川分行，巴中、达州、凉山分行，以及通江、南江、万源支行的支持。这些机构要进一步发挥情况熟悉、资源丰富的优势，协助总行选好管好扶贫项目，协助点对点帮扶的4家分行做好对接，积极建言献策，与总行一体推进定点扶贫工作，真正担起一方责任、凸显独特贡献。

（三）持续加大精准扶贫力度。“金融扶贫是脱贫攻坚最强有力的支撑。”要坚持金融支持疫情防控和脱贫攻坚两手抓，围绕政策统筹、复工复产等方面，强化金融支持的力度、准度和温度，努力减轻疫情影响。

一要加大信贷资源支持力度，进一步发挥单位扶贫贷款的支撑作用，确保高质量完成今年金融精准扶贫贷款增量任务。扶贫任务较重的分行要设置扶贫专项贷款计划，积极帮助贫困地区解决企业复产复工过程中的资金问题，支持扶贫龙头企业、扶贫车间尽快复工。要加大产业和项目精准扶贫贷款投放力度，改善贫困地区基础设施条件，优先支持带贫益贫能力强、商业可持续的扶贫产业和项目。大力发展农业供应链业务，通过带贫龙头企业、核心企业，将金融服务延伸辐射到上下游的贫困户。要做好扶贫小额贷款的续贷和推广工作，对于符合贷款要求的贫困户做到应贷尽贷。随着贫困人口的不断减少，通过项目和产业带动贫困人口脱贫的重要性进一步凸显，各行公司、投行条线要发挥优势、主动作为，下沉服务、勇担责任，提高单位扶贫贷款占比。

二要进一步聚焦深度贫困地区的金融帮扶。监管机构最近对加强“三区三州”深度贫困地区金融支持提出了新要求，总行有关部门和各分行要积极研究、确保落实到位。要改进贫困地区分支机构和人员的考核，取消或降低对收入利润的考核要求。要在“三区三州”分行简化信贷审批流程、下放审批权限、执行优惠利率、降低综合融资成本、完善尽职免责办法，努力实现“三区三州”深度贫困地区各项贷款平均增速高于所在省份贷款平均增速，深度贫困县分支机构新增可贷资金的70%以上用于当地，逐年提高存贷比和县域贷款在资产中的占比。要做好配套支持，相关数据部门要尽快开发“三区三州”深度贫困县对应指标的报表，让总行和分行有关人员及时掌握监管政策落实情况，为业务决策提供好服务与支持。四川、云南、西藏、甘肃、青海和新疆等“三区三州”所在地区分行要高度重视，抓紧制定切实可行的措施，确保中央政策和监管要求落地。

三要打造联合扶贫协作平台。重点围绕深度贫困地区，探索联合扶贫新路径。各行要充分发挥好“资金中介”“信息中介”作用，用好自身资源，主动对接政府，建立结对帮扶机制，为贫困地区引资、引智、引项目、引人才，搭建金融扶贫生态圈和大平台。今年，金融扶贫效果等级评定范围将扩大到全行。

四要探索精准扶贫长效机制。脱贫攻坚任务完成后，金融扶贫工作重心将向相对贫困人口转移，工作方式由集中作战调整为常态推进，脱贫攻坚工作纳入乡村振兴战略统筹发展。去年党委对全行县域市场发展战略作了部署，全行要统筹做好研究推动，对标同业补足“短板”，努力抢占“三农”这片“蓝海”的优势阵地。

（四）着力加强消费和就业扶贫。当前受疫情影响，部分贫困地区农产品卖不出去，出现一定程度的滞销。国务院28部委近期印发通知，对加强消费扶贫提出明确要求。总行将在全行开展消费扶贫“春暖行动”，这是继我行支持企业复工复产“春润行动”后的又一重大举措。一袋米、一篮菜、一只鸡，都是贫困户脱贫的来源，买就是帮，多买就是多帮。各级行、各机构要结合食堂采购、福利发放，加大贫困地区农产品购买力度，只要贫困地区有供应，就尽量从贫困地区买。同时，也要积极动员员工自愿购买，动员对公客户通过融e购“e福礼”电子券方式给员工发福利。融e购电商平台在促进消费扶贫上一直发挥重要作用，要进一步加强融e购扶贫馆建设，加大扶贫产品上线、促销力度，注重从模式创新上探索新思路，推动销售额大幅增长，努力将我行电商平台打造成为销量可观、影响广泛、业界领先的扶贫平台。各级行要加强与消费型企业、农业龙头企业、电子商务、龙头商超等线上线下客户的对接，帮助贫困地区农产品进超市、进电商、进龙头企业供应链，为产品销售提供持续保障。消费扶贫情况今年将继续纳入全行精准扶贫考核。

“一人就业、全家脱贫”，就业扶贫对于实现稳定脱贫最直接有效。2016年以来，总行组织开展了贫困大学生专项招聘，截至2019年底，共有21家分行累计签约贫困大学生1 869人。这一做法得到了国务院扶贫办以及社会各界的高度评价。今年还将组织专项招聘，各行要加大贫困大学生招聘力度，加强培养教育，让他们扎根当地、成为骨干，更好地服务贫困地区。

（五）关心关爱扶贫干部。习近平总书记指出，要关心爱护基层一线的扶贫干部，让有为者有位、吃苦者吃香、流汗流血牺牲者流芳，激励他们为打好脱贫攻坚战努力工作。目前全行共选派1 330余名专职扶贫干部和驻村第一书记任职。他们冲锋在脱贫攻坚最前线，舍小家、为大家，有的环境十分艰苦，经常上山下乡，克服了种种困难，十分不容易。各级党委要切实关心关爱扶贫干部，把他们的冷暖放在心上，经常了解他们的工作、生活、心理状况，积极回应他们的所需所盼，多帮助解决后顾之忧。要树立正确的用人导向，对干出成绩、群众认可的干部要重点培养使用，在职级晋升方面给予优先考虑。要落实相关待遇，创造条件让扶贫干部扎扎实实开展工作。

（六）以优良作风保证扶贫成效。越是在全面收官的关键时刻，越要用优良作风凝聚决战决胜的磅礴力量。扶贫工作最重要的是要坚持实事求是、真抓实干，时时处处都要体现一个“实”字。中央多次强调，要严防脱贫攻坚中的形式主义、官僚主义。工行所有的扶贫工作、参与的各类扶贫项目，都要以有助于真脱贫、脱真贫为标准，与带动贫困户脱贫密切挂钩，决不搞半点虚假，真正把好事办好、实事办实。要把“严”的要求贯穿捐赠资金使用全过程，规范审批流程，加强项目监管，严格风险把控，确保项目质量。要把扶贫工作作为巡视巡察的重要内容，继续加强监督，确保经得起检查和检验。

（七）积极传播扶贫正能量。习近平总书记强调，脱贫攻坚不仅要做得好，而且要讲得好。近年来，我们组织开展了“金融扶贫工行情”等宣传活动，宣传了精准扶贫成果，弘扬了脱贫攻坚精神，扩大了扶贫社会影响力。现在到了决战决胜阶段，做好宣传对于促进脱贫攻坚具有更加重要的意义。要加强行内宣传，充分调动员工积极性，形成人人关注、人人参与扶贫的强大声势和良好氛围。同时加大对外宣传，全面总结工行25年的扶贫经验，深入挖掘扶贫干部典型事迹，向全社会讲好工行助力脱贫的故事，在脱贫攻坚中持续发出“工行好声音”，弘扬大爱无疆的正能量。

同志们！脱贫攻坚到了关键节点，决战决胜的号角已经吹响。冲锋时刻愈需奋勇，让我们在党中央的坚强领导下，不忘初心、牢记使命，坚定信心、顽强奋斗，一鼓作气、不胜不休，加快推进脱贫攻坚各项工作，为坚决打赢脱贫攻坚战、全面建成小康社会做出应有的贡献。

在应对新型冠状病毒感染肺炎疫情工作领导小组第五次会议上的讲话

陈四清

（2020 年 4 月 1 日）

3 月 25 日和 27 日，习近平总书记分别主持召开中央政治局常委会会议、中央政治局会议，分析国内外新冠肺炎疫情防控和经济运行形势，研究部署进一步统筹推进疫情防控和经济社会发展工作。3 月 29 日至 4 月 1 日，习近平总书记在浙江考察调研时强调，要精准落实疫情防控和复工复产各项举措，奋力实现今年经济社会发展目标任务。习近平总书记的一系列重要讲话，为我们认清当前形势、做好下一步工作指明了方向，增强了变压力为动力、化危为机的信心。全行上下要自觉加强学习，抓好贯彻落实。

时间过得很快，今年四分之一的时间已经过去。今天是 2020 年二季度的第一天，我们开展一次“回头看”，总结前一阶段全行疫情防控情况，同时也是一个“向前看”，按照中央最新决策部署，对当前及今后一个时期的重点工作进行布置安排。刚才，谷澍同志、国中同志和王林同志作了讲话，湖北分行、北京分行、总行相关部门作了交流发言，回顾了疫情防控工作的阶段性进展，分析了当前防疫形势和对经营发展的影响，提出了加强和改进工作的思路举措。派驻组对我行疫情防控工作进行了监督提示。大家都讲得很好，特别是几位行领导的讲话，突出问题导向和实践导向，紧密结合当前形势，结合一季度分管工作情况，对下一步工作作了很好的安排和布置，全行要狠抓落地落实。结合大家的发言，我再强调几点意见。

一、关于前一阶段疫情防控工作

这次新冠肺炎疫情，是新中国成立以来，在我国发生的传播速度最快、感染范围最广、防控难度最大的一次重大突发公共卫生事件。面对这场危机和大考，在以习近平同志为核心的党中央坚强领导和周密部署下，全国上下和广大人民群众万众一心、众志成城，形成了共克时艰、共抗疫病的强大合力。目前疫情防控取得阶段性重要成效，经济社会秩序加快恢复，成绩来之不易。

在这场仍在进行的重大斗争中，工商银行坚决贯彻习近平总书记重要讲话和重要指示批示精神，落实党中央、国务院决策部署，增强“四个意识”、坚定“四个自信”、做到“两个维护”，积极投身疫情防控的人民战争、总体战、阻击战，推动全行疫情防控和金融保障各项工作有力开展、有序推进。到昨天，全行在职员工确诊 6 例（境内 1 例、境外 5 例）、疑似清零，累计治愈出院 56 例。3 月末，疫情防控相关全口径融资累计投放 497 亿元；向人行防疫重点企业发放优惠利率贷款 304 亿元。累计捐款 1.98 亿元；协调采购急需物资 1 296万件，总价值人民币 1.15 亿元。

疫情防控是一个大战场，也是一个大课堂。大家亲身经历、参与其中，既付出了大量心血，做了大量工作，也受到了教育，得到了锻炼。同时，我们在实践中也积累形成了一些规律性的认识和体会。比如，我们对加强党的领导、加强党的建设必要性的认识更加深刻。在抗疫斗争中，我们各级党组织和广大党员干部展现出过硬的动员能力、组织能力和协调能力，检验了抓关键少数、抓基层支部的党建工作成效。这是我们做好工作最大的支撑，也是最大的底气，必须坚定不移、一以贯之。我们对中国特色社会主义制度优越性的认识更加深刻。习近平总书记指出，我们最大的优势是我国社会主义制度能够集中力量办大事。这是我们成就事业的重要法宝。疫情防控工作高效有序地开展，再次彰显了中国特色社会主义制度的优越性。我们对新发展理念科学性的认识更加深刻。特别是要在坚持人与自然和谐共生、支持形成绿色发展方式和生活方式上主动担当，要在调整优化经营结构、增强抗风险能力、推动可持续发展上积极作为。我们对推进治理体系和治理能力现代化重要性的认识更加深刻。通过派驻组点问题，通过自身找差距，增强了全行完善治理体系、提升治理效能的紧迫感，认清了全面提升综合能力、驾驭能力、专业能力的必要性。我们对 ONE ICBC 强大凝聚力的认识更加深刻。在抗疫的上半场，境外机构积极筹措物资，火线驰援境内；在下半场，21 家境内分行提供物资保障，对口支援境外，让我们真切感受到整个工商银行是一家人，感受到各个兄弟机构情同手足、守望相助的深情厚谊，感受到了命运共同体的应有之义。这种在特殊时期巩固形成的凝聚力，日后必将成为进一步推动工商银行改革发展的强大动力。

当然，这些体会只是初步的、阶段性的，希望大家在日后的工作中不断加深感悟、作新的思考，不断举一反三、指导工作，做到学思践悟、知行合一。

二、关于当前疫情防控重点工作

战疫还在继续，大考仍在进行。习近平总书记在中央政治局会议上强调指出，当前，国内外疫情防控和经济形势正在发生新的重大变化，境外疫情呈加速扩散蔓延态势，世界经济贸易增长受到严重冲击，我国疫情输入压力持续加大，无症状感染者以及治愈复阳者需要引起高度关注，经济发展特别是产业链恢复面临新的挑战。全行上下要进一步深入贯彻落实习近平总书记重要讲话精神，因应国内外疫情防控新形势，及时完善我行疫情防控策略和应对举措，把重点放在外防输入、内防反弹上来，毫不放松抓紧抓实抓细各项工作，慎终如始打好阻击战，不断巩固和拓展疫情防控成效。这里，我重点谈谈需要加强统筹的几个方面。

（一）加强重点地区和非重点地区的统筹。从全局上说，武汉胜则湖北胜，湖北胜则全国胜。打好湖北保卫战、武汉保卫战，必须发扬连续作战精神，拿出抓疫情防控的拼劲、狠劲和韧劲，统筹推进疫情善后、复工安排和经营管理各项工作。尤其要看到当前复工进展较快，目前湖北规模以上工业企业复工率接近九成，员工到岗率超过六成。湖北分行要进一步强化属地责任，实施差异化有序复工，严防人员流动和聚集增加带来疫情反弹风险。要统筹做好滞留在汉在鄂员工返程、滞留在外人员返乡，细化点对点、一站式工作安排，确保人员安全有序流动。武汉分行要根据风险等级变化，在做好疫情防控的前提下，积极稳妥恢复经营秩序。

北京是当前疫情防控的重中之重，首都的安全稳定直接关系党和国家工作大局。总行本部、北京分行及各在京机构要坚决防止抗疫疲劳症，时刻紧绷安全这根弦，更加有力地担起应尽之责，做到认识不降、力度不减、目标不移，强化严格管控、闭环管理，特别是要持续加强对各类人员及场所管理的监督指导，把防控网络织得更密更严。要按照政府部门统一要求，集中整治卫生环境，开展扫除，加强消杀，筑牢外防输入的坚实屏障，营造防疾病、促健康的好氛围。

其他低风险地区的机构要落实分区分级精准防控要求，健全及时发现、快速处置、精准管控、有效救治的常态化防控机制，完善相关防控预案，坚决防止麻痹思想和侥幸心理。要以管辖区域为单元，及时调整与正常经营秩序不相适应的防控措施，推动经营管理各项工作稳步走上正轨。要从大局出发，全力配合重点地区和境外机构防疫工作。总行相关部门要加强分类指导，帮助解决实际困难，打通“堵点”，补上“断点”。

（二）加强境内和境外的统筹。当前境外疫情快速扩散蔓延，到 3 月 31 日，全球确诊病例已达 75 万例，疫情扩散至 202 个国家和地区。波及范围之广，患者数量之多，扩散蔓延之快，充分表明这次疫情已经成为一个全球性的挑战。我行境外机构众多、人员众多，防控任务十分艰巨。一方面，要始终把关心关爱员工放在重要位置，集全行之力支持境外机构做好疫情防控。国际业务部要强化牵头职能，在做好面上推动的同时，密切跟踪和分析全球疫情走势，快速精准识别风险源风险点，有针对性地指导相关境外机构找准着力点，一地一策细化预案措施，狠抓总行相关会议部署和各项制度安排的落地落实，确保员工安全、运营稳健、风险可控。要会同办公室和境内对口分行，做好防疫物资境内采购支援境外工作，精准统计需求、合规科学采购、及时安全运达；做实对境外员工的健康防护和心理疏导。在满足境外机构需求的基础上，要力所能及地为国外政府、全球客户提供援助，体现 ICBC 的责任担当，彰显我国负责任的大国形象。另一方面，要高度重视输入性疫情风险管控。截至 3 月 31 日，我国境外输入病例 771 例。对此情况，人力资源部要研究制定更加严格的防控措施。疫情期间，原则上要暂停外派员工回国或出行安排。我行员工家属从境外回国的，要提前报告。对密歇根大学培训班，企业文化部（教育部）要定期向党委报告工作进展。

（三）加强疫情防控和经营管理的统筹。3 月中旬，党委召开专门会议对此问题作了强调部署。刚才谷行长也讲到了经营情况特别是“春润行动”。总地看，一季度全行起步向好，在有力有序抓好疫情防控的同时，经营发展总体保持了平稳态势。同时也要清醒看到，我们在竞争能力提升、存款量价协调、中间业务发展、资产质量改善、全面风险管控等经营管理的重点领域，还存在一些值得关注的问题。下一步，要做到保持战略定力与因应形势变化相统一，在确保安全的前提下，按下工作的“快进键”，把失去的时间抢回来、错过的机会找回来、造成的损失补回来。

一是经营发展要稳健。要坚持稳中求进工作总基调，保持合理的盈利增速。要强化“比”的思想，改善“比”的方法，增强“比”的能力，紧盯客户、紧盯市场、紧盯同业，统筹抓好收入增长、稳存增存、中间业务、资产质量等重点工作，力求形成显著的比较竞争优势。

二是服务实体要有力。疫情发生以来，全行信贷业务受到一定影响。至一季度末，进入资金配置通道的贷款排队需求合计 1 994 亿元，同比减少 415 亿元。其中，公司类贷款储备 1 369 亿元，个人贷款储备 625 亿元，分别同比减少 269 亿元和 146 亿元，均降至去年以来相对较低水平，须予以高度重视。要按照逆周期政策导向，有效提升信贷投放与实体经济的适配性，保持贷款增长的均衡性。公司金融业务部要大力推动、全面实施“春润行动”，提高对疫情防控和复工复产的服务质效。要落实好加大宏观政策对冲力度的要求，聚焦深化供给侧结构性改革、坚决打好三大攻坚战、有效扩大内需、产业链协同、全面做好“六稳”工作等，为实体经济发展提供精准金融服务。要主动把握经济转型升级和产业结构调整的变化趋势，瞄准好行业、好客户、好项目、好业务，努力构建形成新的资产业务蓄水池。金融市场部要加紧研究支持特别国债发行、增加地方政府专项债券规模的具体方案。

三是风险防控要严密。近期，国际金融市场动荡加剧，全球经济下行的风险不断加大。股票、石油、贵金属等各类资产价格大幅震荡下跌，3 月份当月美股 4 次熔断，全球股市市值蒸发近 15 万亿美元。根据经合组织的最新测算，在最好情景下，2020 年全球经济将仅增长2.4%，为2010 年以来最低水平；如疫情扩散至整个亚洲、欧洲和北美洲，2020 年全球经济增速将跌至1.5%。国际货币基金组织预计今年全球经济将出现衰退。在全球化时代，发展机遇是全球性的，风险挑战也是全球性的。大家都是全球产业链、供应链、价值链中的一环，国内环境和国际环境相互影响，相互激荡。总行相关部门要对当前更趋复杂的国际国内经济金融形势，作更加深入具体的、贴合工行实际的分析研究，高度关注疫情态势、实体经济、金融市场、货币政策的相互影响，持续强化风险预判、排查、压力测试和应急处置，严防各类风险交叉转化，决不允许潜在隐患变成现实风险，决不允许现实风险变成现实危害。要落实好完善集团风险治理体系、提升风险治理能力指引的系列方案，创新探索数字经济时代风险防控的新手段新方法，找到解决境外合规、资本管理、并表管理等重点问题的抓手和突破口，提高风险防控工作的前瞻性、系统性和有效性。

三、关于加强党对统筹推进疫情防控和经营管理工作的领导

统筹推进疫情防控和经营发展，考验的是广大党员干部的责任担当之勇、科学防控之智、统筹兼顾之谋、组织实施之能。全行各级党组织和广大党员干部要进一步提高政治站位，将统筹推进疫情防控和经营管理，作为增强“四个意识”、坚定“四个自信”、做到“两个维护”的现实检验，认真工作，狠抓落实，让党旗在工商银行的防疫工作中和业务经营一线高高飘扬。

（一）强化组织领导。要认真学习贯彻习近平总书记重要讲话和重要指示批示精神，始终同以习近平同志为核心的党中央保持高度一致，突出工作重点，细化思路举措，确保中央各项决策部署不折不扣贯彻落实。要充分发挥各级党组织的战斗堡垒作用和党员的先锋模范作用，尤其是领导干部要增强必胜之心、责任之心、仁爱之心、谨慎之心，勇当先锋、敢打头阵、担当尽责。组织部门和纪检监察部门要注重在抗疫斗争一线考察识别干部，对表现突出的大力褒奖、大胆使用，对工作中涌现出的先进集体和个人，要及时进行表彰和嘉奖，对不担当不作为、失职渎职的严肃问责。

（二）提高能力本领。各级领导干部特别是一把手要加强学习实践，提高专业素养，淬炼解决矛盾问题、驾驭复杂局面的本领，推进思维方式、工作方法创新，着力提升领导能力和治理水平。要强化全局观念，坚持底线思维，保持如履薄冰的谨慎、增强见叶知秋的敏锐，特别是要针对差距和问题，抓紧补短板、堵漏洞、强弱项。当前尤其要做好宣传工作，加强正面宣传，用事实坚定信心，用沟通赢得信任。近一时期以来，我们的公众号对外发布了一系列报道，集中反映了工商银行疫情防控和金融支持工作的积极进展，尤其是对基层一线干部员工先进事迹的宣传报道十分感人，今后要再接再厉，争取获得更多的深情点赞。与此同时，我们要坚决回击错误言论，及时澄清不实信息，更好地弘扬正能量、激发真善美。

（三）注重真抓实干。无论是做好疫情防控，还是推动经营工作，都必须坚持干字当头、实字托底，既要雷厉风行抓落实，又得求真务实正作风。全行各级党组织和党员领导干部要力戒形式主义、官僚主义，不能紧一阵松一阵，确保干一件成一件。现在还不具备开展实

地调研的条件，各级领导干部要发挥主观能动性，创造条件加强不同层面的调查研究，及时掌握一手信息，在交流互动中集众智、聚合力。要敢于担当负责，因时因势、审时度势，在抓好疫情防控的前提下敢抓发展、大抓发展、善抓发展。特别在重大问题上要严而又严、实而又实、细而又细，决不能推诿扯皮、左顾右盼，慢作为、不作为、乱作为。要严格执行请示报告制度，坚决杜绝瞒报、漏报、迟报、谎报情况。

同志们，最后的胜利，往往蕴于“再坚持一下”的努力之中。全行上下要在以习近平同志为核心的党中央坚强领导下，把初心落在行动上，把使命担在肩膀上，一鼓作气，顽强作战，坚决夺取疫情防控和经营发展的双胜利，向党和国家、向全体员工交出一份优异的答卷。

在听取内部审计工作情况汇报时的讲话

陈四清

（2020 年 4 月 2 日）

刚才，我听了内审局的工作汇报，以及直属分局、天津分局的发言，也认真看了其他分局的汇报材料。应该说内审系统的同志们对工作是有思考的，对不足是有认识的，对发展是有期盼的。当前，全行经营环境正在发生深刻变化，风险防控工作面临着更加艰巨的任务与挑战。内审系统认真贯彻落实总行党委工作部署，围绕全行转型发展中心任务，将监督检查工作放在全行加强风险防控的大局下来推动，确保了各项工作任务的全面完成，为全行进一步完善监督体系建设、强化重大风险防控作出了积极贡献。下面，我就做好新形势下的内部审计工作，更好地履行审计的职责与使命，提几点意见。

一、坚决落实党中央要求，找准内审工作新定位

党的十九届四中全会明确提出“推进国家治理体系和治理能力现代化”。今年年初，习近平总书记在审计署表彰全国审计机关先进集体和先进工作者时指出：审计是党和国家监督体系的重要组成部分，审计机关要在党中央统一领导下，适应新时代新要求，紧紧围绕党和国家工作大局，全面履行职责，坚持依法审计，完善体制机制，为推进国家治理体系和治理能力现代化作出更大贡献。习近平总书记的重要指示与他在 2018 年 5 月中央审计委员会成立时的讲话一脉相承，进一步强调了审计是党和国家监督体系的重要组成部分，明确了新时期审计工作总要求就是要为推进国家治理体系和治理能力现代化发挥更大作用。在新的历史时期，内部审计是国家审计的延伸。作为国有金融企业的内部审计人员，同志们要深入学习习近平新时代中国特色社会主义思想，深刻领会贯彻习近平总书记重要指示批示精神，将其作为有效履职的根本遵循。要准确把握新时期内外部的发展变化、发展要求和发展特征，找准内部审计工作的着力点，科学谋划、补齐短板、全力而为，主动应对各种风险挑战，推进工行内部治理体系的完善和治理能力的提升。

内审要把防控风险、维护安全、服务发展的使命与责任扛在肩上，把职责定位在守住不发生系统性、区域性风险这个底线上。要在评价揭示现实风险和问题的基础上，洞察分析未来可能出现的风险和状况，提供更多全局性、趋势性、方向性上的决策支持，为基层提供更多支持与服务。要以信息化审计引领审计模式变革和层次跃升，从根本上提升审计的深度、广度和精度，增强审计发现能力，提升工作价值和效率。

二、坚决落实党委要求，履行内审工作新使命

总行党委对内部审计工作和内部审计队伍总体上是满意的。但也要看到，与党中央的要求相比，与行党委的期望相比，内部审计工作还有很大的提升空间。比如，一些审计项目深度不够，风险环节覆盖也不够全面，发现问题还比较浅，甚至一些重大问题在审计过程中没有能够及早发现。部分机构整改难以彻底，此查彼犯、改了又犯、屡改屡犯现象仍不同程度存在，与“强监管、严监管、深监管、精监管”的管理形势和管理要求还存在差距。针对这些问题，我提三点要求：

第一，内审要做“长牙齿的老虎”。从事内审工作的同志，在工作中要敢担当、能担当、会担当，要以眼里不揉沙子的认真劲儿，敢于发现问题和揭示问题，在问题面前不回避，在压力面前不躲闪，在困难面前不推脱，在挑战面前不畏惧，绝不能当“老好人”。

第二，内审要守住全行风险底线。要关注发展快、风险大、表面平稳但实际有隐藏风险的业务领域，做好

趋势研判，密切关注重大风险和主要矛盾发展动态，为全行进一步做好风险防范各项工作提供支持服务，确保不发生引发系统性风险的事件和颠覆性错误。

第三，内审要快速响应全行中心工作。业务发展到哪里，审计就要跟进到哪里。要开展“重、大、快、新”项目，承担“急、难、险、重”任务，做出“精、准、快、优”的审计报告，提出有针对性的审计管理建议。要做到形势研判在前，风险识别在前，预警提示在前，措施建议在前，为各领域防范风险提供更有针对性的决策参考和建议，为化解难题提出富有建设性的思路和办法。特别是今年面临的形势更加严峻，疫情蔓延对全球对中国经济都会产生不同程度的影响，内审要关注，要研究，要适时做出针对性的审计安排。

三、坚决落实职责要求，体现内审工作新担当

经济下行压力持续加大时期是风险考验最为严峻的时期，也是需要内部审计勇于担当、善于工作、更有作为的时期。内部审计系统要进一步提高政治站位，充分领会当前形势对自身工作的新要求，自觉把思想和行动统一到党中央决策部署上来，落实“应审尽审、凡审必严、严肃问责”12 字原则，持续加大对重点领域、关键环节、关键少数的监督，努力在推进全行战略转型、防范化解风险的过程中，更加有效、更加有力地发挥支持和保障作用。

要盯住关键事。内部审计要保持高度专业敏感，主动适应经济由高速增长阶段转向高质量发展阶段带来的新变化，加强对重点业务领域的审计力度。要集中精力办大事，集中看全局性问题、重要性问题、深层次问题，看总体风险、重大风险、关键领域风险，看可能影响全行发展的机制性和系统性问题，努力当好改革进入“深水区”中全行经营管理的“卫士”和“哨兵”。核心是盯住六大重点领域。一是看资产质量，看重点信贷业务产品和信贷体制机制，特别是疫情影响带来的变化；二是看案件和风险事件多发高发领域；三是看集团并表和境外机构跨监管、跨市场、跨国别风险，看其落实集团风险管理和内部控制效果；四是看业务创新中的风险控制，看业务联动效果、竞争与盈利能力；五是看 IT 运行、业务系统的安全与质量，看系统运行管理、系统研发、信息安全、业务连续性效果；六是看全行重大改革实施的效率与效果，看全行战略整合效率、执行效果和协同效应及其风险控制。

要盯住关键人。所有事都需要人去完成，人是决定因素。“两明”案的发生就凸显了关键岗位关键人的问题。有的单位屡查屡犯问题得不到根治，抓经营、防风险措施不到位，也与个别领导干部自身担当不够、履职不到位有关。内审系统要加强对关键少数的审计力度，积极与派驻纪检监察组共享信息，实现“从人到业务、从业务到人”的全面审计评价，做到对违纪违法违规人员的早发现、早报告。要改进对领导干部的经济责任审计，化被动为主动，加强其任职期内的经营决策行为、经营管理行为、经营业绩、内部控制、风险管理、案件防控和党风廉政建设等情况监督；要注意在审计项目实施中，看各层级人员对制度规定、机制流程与规划部署的认识、执行、尽责情况，分析其中存在问题的原因，促进全行加强人员管理。

四、积极应对转型挑战，实现内审工作新提升

当前，银行经营环境和监管要求发生深刻变化，全行业务规模不断扩大，业务领域进一步延伸，内部审计工作面临新的形势。一是风险形势严峻。风险管控难度增加，要求内审工作进一步增强风险揭示和预警能力，善于找出背后原因，拿出有针对性的审计建议。二是监管要求提高。内审是落实监管政策的重要手段。每年开展项目 70% ~80% 来自监管要求，承担的监管审计任务更多，范围更广，标准更高。三是审计需求转型。全行新业务、新产品、新领域、新技术迅猛发展，内审需求逐渐增多，这要求内审工作不仅揭示风险，还要趋势判断，提供全局性、方向性和决策性支持。四是金融科技变革。在智慧银行的运营模式下，体量庞大、瞬息万变、高度互联、高速运行的系统与数据信息，对现有审计思维方式、风险视角、管理模式、方法技术、队伍能力等，提出了更高的要求。

面对这些挑战，内部审计必须主动作为，要敢于面对，善于应对，因时而变，因势而变。要始终把“服务”作为工作的出发点和落脚点，把坚守“底线”作为履职担当和守卫责任，把“价值”作为履职目标和工作目的，把“创新”作为发展推力和前进动力，进一步增强风险责任意识、战略前瞻意识、监管联动意识和政策敏感意识，围绕落实总行党委“48 字”工作思路和战略决策，以落实“两个从严”要求为引领，以防范化解金融风险为主线，强化科学审计思维，拓展全球审计视野，优化现代审计模式，完善集团审计体系，始终保持与全行经营发展需要相匹配的审计能力，通过主动服务、有效服务、增值服务，为完善全行治理体系、提升治理能力、加快建设世界一流现代金融企业，作出新的更大贡献。

在2020年全行组织人事工作会议上的讲话

陈四清

（2020年4月10日）

这次会议的主要任务是深入学习习近平新时代中国特色社会主义思想，坚决贯彻党中央决策部署，围绕全行改革发展大局，认真总结过去一年组织人事工作成效，部署当前及今后一个时期的战略方向、目标任务和实现路径。下面，我讲六个方面的意见。

一、过去一年的组织人事工作取得明显成效

2019年，全行各级党委和组织人事部门坚持以党的政治建设为统领，以学习贯彻习近平新时代中国特色社会主义思想为主线，全面贯彻新时代党的组织路线，推动全行组织人事工作取得了良好成效。

（一）“不忘初心、牢记使命”主题教育成果丰硕。按照党中央统一部署，全行各级党组织聚焦根本任务和主题主线，全面把握“守初心、担使命，找差距、抓落实”的总要求，一体推进学习教育、调查研究、检视问题、整改落实四项重点措施，使广大党员干部接受了一次党的创新理论的全面教育。各级领导班子和领导干部突出问题导向、实践导向，开展调查研究3万人次，形成调查研究成果1.7万个；整改完成各类问题3.6万个；认真对照党章党规找差距，召开专题民主生活会和组织生活会，受到了一次全方位的思想政治洗礼。通过主题教育，全行上下有效解决影响群众切身利益的重点难点问题，持续深化全面从严治党从严治行，进一步提振了干事创业、担当作为的精气神。我行作为中管金融企业唯一代表在中央第二批主题教育推进会上发言，得到中央指导组、督导组的高度肯定。

（二）基层党建质量不断提高。制定贯彻落实新时代全面从严治党要求的意见，明确加强党的政治建设具体措施，夯实党建工作制度基础。积极推进党支部标准化、规范化建设，全行境内机构基层党组织从1.5万个增加到2万个，境外机构党组织增加到45个。加强机构本部、基层网点、境外机构党组织建设，制定总分行本部基层党组织建设质量提升三年行动计划；按照“一支部一对策”，积极整顿软弱涣散基层党组织；先后两次召开海外党建工作座谈会，明确新时代海外党建工作要求。注重提高党组织书记履职能力，全面推行“述评考”工作，对基层党支部书记开展全覆盖轮训。持续加强党员教育管理，按照“两个优先”原则做好发展党员工作，不断优化党员队伍结构；开展“两优一先”评选表彰，激励党员发挥先锋模范作用。

（三）干部队伍建设扎实推进。突出政治标准选人用人，突出全面从严管理干部，制定完善管理人员选拔聘用、监督检查和责任追究、助理管理等制度办法，进一步搭建起涵盖各层级、全流程的干部制度体系。统筹调配集团干部资源，加大交流使用力度，优化干部队伍年龄、专业和经历结构，新提任干部交流使用占比超过50%，各一级机构均已配备交流干部，实现一级（直属）分行纪委书记全覆盖、全专职、全交流和到期全轮换。按照干部成熟度和年龄段分层分类实施培训，组织举办中青年干部培训班和85后年轻干部培训班。出台加强初级管理人员选聘工作意见，推动加快优秀年轻干部成长。将资源向重点培养人群倾斜，不断提升实践锻炼的针对性和有效性。优化干部考核评价机制，扎实做好干部任期考核，出台全行荣誉表彰管理规定，不断激发干事创业动力。制定加强外派干部队伍建设方案，确保“派得出、留得住、调得动、回得来”。深刻反思“两明案”教训，扎实做好选人用人问题专项自查，制定出台亲属回避等管理规定，从严做好干部管理监督。利用人力系统加强流程控制，有效提升干部监督信息化水平。

（四）人力资源配置效能持续提升。坚持效益贡献导向，控制人员总量，优化人员结构，持续推进三年人员规划落地。2019年全集团人员净减近4 200人，平均年龄41.9岁，连续两年下降。加强“工银星辰”雇主品牌建设，做好贫困大学生和退役士兵招聘接收工作，切实履行大行政治责任和社会担当。加强公司信贷客户经理、网点客服经理、运营主管等专业队伍建设，强化国际化人才培养，建立人员岗位标签体系，重点人才队伍建设取得积极成效。科学配置集团薪酬福利资源，整合精简员工绩效考核指标，提升资源投入产出效率。加大员工关心关爱力度，制定提升基层员工薪酬待遇的指导意见，着力提升基层收入。开展各类机构优化调整工作，推进全行职数管理方式变革，进一步提升组织效能。强化科技赋能，建立一站式、自助化的员工服务平台，人力资源服务效率和员工体验明显改善。

一年来，各级组织人事部门在党委领导下，加强自身建设，强化系统管理，增强履职能力，释放工作活力，为全行改革发展稳定作出了重要贡献。特别是在这次疫情防控阻击战中，广大组工干部坚决落实总行党委部署，以身作则、奋勇争先，完善防控组织体系，科学统筹人员调配，加强疫情防控监测，强化员工关心关爱，激励引导广大干部员工积极参与抗疫斗争，凝聚起了众志成城、共克时艰的强大正能量。借此机会，我代表总行党委，向组织人事战线的同志们，表示衷心的感谢和诚挚的问候！

二、深刻认识组织人事工作面临的形势任务

2020年是全面建成小康社会收官之年，也是我行完成三年规划的决胜之年。运筹帷幄才能决胜千里，做好今年全行组织人事工作，必须深刻领会中央精神要求，准确把握我行发展形势，清醒认识组织人事工作面临的机遇挑战，以高水平的组织人事工作支持高质量发展。

（一）必须落实中央精神、展现大行担当。党的十九届四中全会提出要推进国家治理体系和治理能力现代化，把提高治理能力作为新时代干部队伍建设的重要任务。2020年全国组织部长会议对全年组织人事工作的目标任务，作了深刻阐述和全面部署。去年以来，中央先后就加强党的政治建设、落实全面从严治党责任、干部选任、领导班子建设规划和疫情防控等工作，印发了一系列制度办法，提出了新的要求。这为我们做好工作提供了遵循、指明了方向，也充分体现了时代发展对组织人事工作提出的更高标准和更严要求。作为国有大行，我们必须坚决贯彻落实中央要求，守住“主阵地”、种好“责任田”，结合我行实际，进一步深化改革、加快创新，全面提高金融治理能力，持续提升组织人事工作水平，推动全行各项工作迈上新台阶。

（二）必须提高发展站位、服务中心工作。去年以来，总行党委相继作出了打造第一个人金融银行、境内外汇业务首选银行、提升战略性区域竞争发展能力等一系列战略部署，要求各级党委和干部员工坚决贯彻“48字”工作思路，强化“比”的思想，千方百计实现工行高质量发展。全行年初工作会议强调，要坚持稳中求进工作总基调，贯彻新发展理念，落实好各项重点工作。如何把战略部署落到实处，把发展愿景变为现实，关键靠各级党委，关键在干部员工。组织人事工作要始终向中心聚焦、为大局聚力。要巩固拓展“不忘初心、牢记使命”主题教育成果，抓好基层党建工作，开创党的建设和经营发展新局面。要遵循干部成长规律，着眼中心工作，选好干部、配好班子，着力建设忠诚干净担当的干部队伍。要及时应对经营业态和客户金融消费习惯的变化，前瞻思考、科学摆布组织架构、人员结构、资源投入和劳动组合，不断提升人力资源效能。

（三）必须聚焦重点难点、做到靶向施策。在充分肯定近年来我行组织人事工作成绩的同时，也要看到一些老问题仍未彻底解决，一些新矛盾也开始陆续出现。比如，党建工作和经营发展不平衡的问题虽已破题，但还没有完全解题，基层党建质量还需进一步提升。比如，少数机构班子力量偏弱，整体合力不强，市场竞争力未达预期。监管新规对干部职务任期和回避管理做了明确规定，对下一步的干部统筹调配提出了更高要求。2019年末，全行40岁以下处级干部占比16.8%，35岁以下科级干部占比18.6%，干部年轻化工作仍然任重道远。再比如，有的机构和专业条线的人力资源成本约束意识还不够强，在推动业务发展时，采取新思路、新办法、新技术的创新解题偏少，依赖增人员、增机构、增工资费用的惯性思维偏多。不论是“老问题”还是“新矛盾”，我们都要给予高度重视，分清主次，突出重点，尽快加以解决。

做好今年全行组织人事工作，总的要求是：以习近平新时代中国特色社会主义思想为指导，深入贯彻党的十九大和十九届二中、三中、四中全会精神，认真落实全国组织部长会议部署，按照全行年初工作会议要求，执行好“48字”工作思路，坚持以不忘初心、牢记使命为永恒课题，全面提升党的基层组织建设质量，着力推进干部队伍建设，持续提升人力资源效能，激发各类员工群体的活力，为建设现代化强行提供坚强组织保证。要实现这个总要求，发现问题是起点，改革创新是动力，推动落地靠实干，工作重点在基层，必须把握好“四种导向”。

一是坚持问题导向。问题是着力点，也是突破口。要敢于正视问题，主动查找差距不足，把抓党建思路上的瓶颈、干部工作上的短板和效能提升上的顽疾找准、找实。要善于研究问题，透过组织人事问题表象，深挖发展理念和经营思路上的根源，准确把握各类问题的紧迫性和优先级。要长于解决问题，盯紧问题抓整改，突出重点难点，拉出责任清单，统筹时限进度，加强跟踪督导，确保取得实效。

二是坚持创新导向。抓创新就是抓发展，谋创新就是谋未来。要强化创新意识，履行大行担当，敢闯敢试，敢为人先，努力成为组织人事领域的行业领军者。要提升创新能力，以成功经验为师，开门搞创新，学习借鉴全国乃至全球人力资源方面先进做法。以群众为师，把基层在干部培养、组织建设等方面的有效探索转化为制度成果和治理效能。要把准创新方向，始终紧跟中央要求，围绕银行主责主业，从本机构实际出发，切实将组织人事工作创新融入我行发展大局。

三是坚持实干导向。空谈误国，实干兴邦。要做实干的表率。各级干部首先要从自身做起，立足本职、埋

头苦干，争做时不我待的行动者和只争朝夕的实干家，发挥好带头表率作用。要在实干中锻炼队伍，强化“比”的思想，让干部员工在市场竞争、防控疫情等重大任务挑战中提升能力、增强本领。要树立重实干重实绩的鲜明用人导向，对那些敢于担当扛重活、勇于负责挑重担、善于作为打硬仗的优秀干部，要大力提拔使用，让实干者有舞台、有位子，发挥更大的作用。

四是坚持基层导向。基层机构是我行的“神经末梢”，基层员工是我们的重要力量源泉。要常下基层。组织人事工作的重点在基层，难点也在基层，只有深入一线了解实情，才能抓到工作的关节点、要害处。要心向基层，把基层员工冷暖放在心上，最大限度地为他们排忧解难、减负赋能。要将资源向基层倾斜，完善工资倾斜政策和津贴、补贴制度，进一步提高基层员工待遇。要把基层作为干部培养的重要阵地，不断拓展基层员工职业发展空间。

三、坚持党建引领，全面增强党组织政治属性和政治功能

坚持党的领导，加强党的建设，是国有企业的“根”和“魂”。各级党组织要坚持以习近平新时代中国特色社会主义思想为指导，全面贯彻新时代党的建设总要求和新时代党的组织路线，扎实推进党的各方面建设，为工商银行高质量发展提供坚强的政治保证和组织保证。

（一）突出“两个维护”，持续强化政治建设。要始终把党的政治建设摆在首位，把增强“四个意识”、坚定“四个自信”、做到“两个维护”，体现在坚决贯彻落实习近平总书记重要指示批示精神和党中央决策部署的实际行动上，体现在建设世界一流现代金融企业、落实战略重点任务的实际成效上，体现在党员干部对党忠诚、履职尽责的一言一行上。一是要强化政治引领。坚持加强党的领导和完善公司治理相统一，不断完善治理体系，提高治理能力，确保党组织在各级机构中充分发挥领导作用。认真贯彻《中共中央关于加强党的政治建设的意见》和加强全行党的政治建设的具体措施，完善落实党中央决策部署的制度机制，推动党建工作与经营发展融为一体。二是要压实政治责任。认真贯彻《党委（党组）落实全面从严治党主体责任规定》，完善全面从严治党制度，健全主体责任清单。强化各级党组织书记抓党建工作的第一责任，落实抓基层党建“述评考”、党建工作联系点、双重组织生活和党课等制度，推进党组织书记与机构、部门主要负责人“一肩挑”，既抓好经营、又抓好党建。三是要增强政治能力。引导党员干部在深化理论武装中坚定理想信念，在严守纪律规矩中增强政治免疫力，在重大任务中历练政治本领，切实提高与实体经济发展相适应的金融供给能力，与解决人民群众实际困难相匹配的金融服务能力，与新形势相适应的风险防控能力。

（二）突出创新理论武装，建立不忘初心、牢记使命的制度。集中教育有期限，但守初心、担使命永远在路上。一是要把学习贯彻习近平新时代中国特色社会主义思想推向深入。坚持集中性教育与常态化教育相结合，完善集中轮训、中心组学习、“三会一课”等学习方式；坚持原原本本学与联系实际学相结合，积极探索党的创新理论指导商业银行经营发展的有效路径；坚持党员带头学与员工普遍学相结合，抓好支部书记轮训、党员集中培训，以“关键少数”带动“绝大多数”，努力形成党员干部带头学、普通党员主动学、员工群众人人学的良好氛围。要有步骤、有计划地安排各级领导班子成员接受系统理论教育和严格党性教育，实现处级以上干部党的十九届四中全会精神轮训全覆盖。二是要建立和落实不忘初心、牢记使命的制度。坚持不懈抓好主题教育整改落实和专项整治，持之以恒解决影响全行党的建设和经营发展的各类问题。认真贯彻落实中央关于建立不忘初心、牢记使命的制度的要求，总结经验做法，细化落实措施，建立健全学习教育、调查研究、检视问题、整改落实的长效机制，引导党员干部把主题教育成果转化为践行初心使命的不竭动力。

（三）突出党的组织和工作全覆盖，不断提高基层党建质量。从基本组织、基本队伍、基本制度抓起，提高基层党组织政治功能和组织力，推动基层党组织全面进步、全面过硬。一是要完善组织体系。推动各单位结合自身实际，持续优化组织设置，深化党支部标准化、规范化建设，统筹推进机构本部党建、网点党建、子公司党建和海外党建，构建横向到边、纵向到底、上下联动、系统发力的组织体系，确保全行党建工作“齐步走”。二是要提升工作能力。选优配强党组织带头人，做好支部书记任前谈话、任前培训，把党支部书记岗位作为培养选拔管理人员的重要路径，把党务工作岗位作为培养人才的重要平台，切实提升党员领导干部抓好党建工作的意识和能力。三是要建强党员队伍。建立严格把关、提早发现、适度储备的党员发展体系，加强对青年员工、高知识群体、优秀骨干的政治引导，提前储备适度规模的积极分子。建立源头介入、日常为主、分类培养的党员教育体系，注重前置教育、日常教育、分类教育，对不同类型的党员分别制定教育计划，确保教育培训全覆盖、有效果。建立宽严相济、奖惩分明、帮扶并举的党员管理体系，坚持管在日常、督在经常，关注思想和心理状态，用好谈心谈话制度，激发党员身份意识，经常性开展纪律教育，使党员队伍始终保持“一池活水、一汪清泉”。四是要充分发挥作用。引导基层党组织围绕中心开展工作，以服务经营发展、凝聚员工群众、参与基层治理为着力点，充分发挥战斗堡垒作用。通过设立党员责任区、党员示范岗等形式，引导党员创先争优、攻坚克难，争当推动经营的能手、推进创

新的模范、提高效益的标兵、服务群众的先锋。尤其是面对新冠肺炎疫情等重大突发事件，各级基层党组织更要带领党员、干部，统一思想认识、牢记初心使命、强化责任担当，做到哪里任务险重，哪里就有党组织坚强有力的工作，哪里就有党员当先锋、作表率。

四、打造政治过硬、本领过硬、作风过硬的高素质干部队伍

贯彻新时代党的组织路线，建设高素质干部队伍是关键。要始终坚持与时俱进、着眼未来，从时代发展需要出发、按干部成长规律办事，构建科学规范的干部制度体系，锻造堪当重任的干部队伍，涵养风清气正的选人用人生态，推动形成人才辈出、人尽其才的生动局面。

（一）打造全面过硬的干部队伍。金融是国之重器，工商银行是国有大行。工商银行的干部，必须要政治上靠得住、业务上拿得起、作风上过得硬、廉洁上真干净。一是要始终把政治标准摆在首位。要严格落实新时期好干部标准，选出来、用起来的干部，必须在政治上站得稳、过得硬。要加强干部政治素质考察，细化评价标准，使政治素质考察落得实、把得准。对干部既要听其言，更要观其行：要看能否坚决执行中央政策要求和总行党委部署，做到不讲条件、不打折扣；要看能否坚持高站位和大格局，主动把本职工作放在党和国家金融事业，放在全行改革发展大局中去把握推动；要看在抗击疫情等严峻考验与挑战面前，敢不敢斗争，能不能迎难而上。二是要加强干部能力建设。要继续落实按专业培养、选拔、考核干部的要求，全面提升干部的专业知识、专业能力、专业作风和专业精神。要推动干部全员学习、持续学习，紧跟时代步伐、补齐能力短板、填补知识弱项、消除经验盲区。要根据干部成长规律，及时把握干部能力建设的关键时点和重要环节，在解决突出矛盾、破解发展难题中提高领导能力和水平。三是要持续改进工作作风。要深化落实中央八项规定精神，驰而不息加强作风建设，坚决反对形式主义、官僚主义，营造风清气正的政治生态和经营环境。要落实好“三个区分开来”重要要求，坚持多措并举、综合施策，坚决整治不担当不作为问题，完善激励担当作为的各项机制，旗帜鲜明为敢于担当的干部撑腰鼓劲。四是要全面加强党风廉政建设。要时刻绷紧拒腐防变这根弦，守牢廉洁自律这条线，始终做到艰苦朴素、廉洁奉公。各级领导干部特别是一把手要发挥“头雁效应”，既要在廉洁自律上作表率，更要在抓班子带队伍上下功夫，履行好全面从严治党从严治行的主体责任。

（二）强化各级领导班子建设。要深入学习贯彻《2019—2023年全国党政领导班子建设规划纲要》精神，结合我行实际，优化各级领导班子结构，提升班子整体合力。一是要做好系统谋划。着眼全行领导班子接续优化和干部队伍代际传承，研究制定全行干部队伍建设规划。总行要做全行的规划，各一级机构要做本机构的规划。规划既要充分体现在长期干部培养使用实践中获得的规律性认识，又要提出具体可行的目标，给出见效管用的措施。二是要选准“班长”。班长必须好中选优、优中选强，坚持高标准、严要求。据统计，全行各一级机构一把手，平均在副职岗位上工作7年以上，经历3个以上不同岗位的历练，才能脱颖而出。正因如此，更需要组织前瞻发现、提前储备，持续观察、长期考验。要在广泛调研、统筹研究的基础上，发现储备一批“种子选手”，打造未来领军者队伍。三是要坚持因事择人，优化班子结构。从机构核心职能和未来发展需要出发，统筹考虑班子成员年龄经历专长等因素，不断提升干部调配的针对性和科学性。按照班子平均年龄稳中有降、专业结构持续优化要求，按年龄段择优使用一批干部，统筹做好各专业板块的干部储备和培养工作。根据中央关于干部能上能下有关精神，综合考虑干部业绩表现和工作需要，完善机制，差别管理，合理确定干部的进退留转，持续推动部分副职干部退休前转岗工作。四是要合理加大干部交流力度。干部交流是为了培养干部。要帮助干部拓宽视野、增长见识、提升本领，走出舒适区、走向新天地。干部交流也是为了保护干部。要按照中央精神与监管要求，严格执行职务任期管理和风险隔离要求，优化关键岗位管理。广大干部也要充分理解组织的良苦用心，展现出应有的大局意识和担当精神。当然，不能“为了交流而交流”。要深入研究什么样的干部应交流、什么时候交流、交流到什么岗位。参考公务员职务职级并行机制，结合我行实际，研究优化我行岗位职级体系，破解总分行、机构间干部统筹使用的制约因素，有重点、分阶段推进干部交流使用，更好地在集团内统筹配置干部资源，充分发挥人才整体优势。对于异地交流的干部，要做好关心关爱，尽可能解除后顾之忧。

（三）加强干部梯队建设。工行事业要实现基业长青，首先要确保后继有人。我们强调“比”的思想，不仅是指经营发展要跟同业比，干部培养也要跟同业比。工行的接班人有理想、有本领、有担当，工行的事业才能有前途、有未来、有希望。一是要适时开展新一轮优秀年轻干部调研。要下沉调研层级、扩大选拔范围、科学设置标准，发现培养选拔一批70后、75后和80后优秀年轻干部，将更多干部纳入视野。不仅要“收获”，紧盯近期可补充进班子的人选；更要重视“播种”，做好长远规划和战略储备。二是要将培养资源向重点对象倾斜。要安排优秀干部到困难分行、国家重大战略发展地区、脱贫攻坚一线等关键吃劲岗位去经风雨、见世面；对有发展潜力的干部，要尽早放到一把手岗位去考察历练。坚决防止镀金式、呵护式培养，实践锻炼不是为干部堆砌履历，而是向干部出卷、是赛场

选马，每一个岗位都是一份试卷、一条赛道，必须要交出满意答卷、跑出出色成绩。要注重国际化、综合化人才储备和培养，为重点战略实施提供人才支撑。继续发挥好教育培训作用，坚持按照成熟度和年龄段，分层分类抓好优秀干部培训工作，重点办好中青年干部培训班和示范班。三是要加快优秀年轻干部成长成才。要敢于打破隐性台阶，对表现突出、堪当重任的成熟人选，大胆合理地加快使用，探索开辟优秀年轻干部成长的“快车道”。要统筹用好各年龄段干部，充分调动好经验丰富同志的工作积极性。干部梯队建设是一篇大文章，各级党委特别是一把手要以对工行事业高度负责的精神，切实承担起发现、培养、推荐干部的责任，既当好识才选才用才的“伯乐”，更要当好培育环境、营造风气的“园丁”。要按照“下管一级、监控两级”要求，加强对下级机构落实班子规划和干部培养工作的督导力度，抓好责任落实。

（四）从严管理监督干部。“两明案”是发生在我们身边的沉痛教训，全行一定要深刻总结反思，切实做到以案为鉴、以案促改，继续保持严的韧劲、完善严的措施、落实严的责任，把“严”的主基调长期坚持下去，实现监督全覆盖，增强监督有效性。一是要加强对“关键少数”的监督。要抓住关键发力，管好关键人、管到关键处、管住关键事、管在关键时。要按照中组部统一部署，稳妥开展规范领导干部配偶、子女及其配偶经商办企业行为的工作。要严格落实监管要求，建立完善履职回避工作的长效机制。要加强宣传培训和提醒督促，严格做好个人有关事项报告工作。二是要加强日常管理监督。坚持严管就是厚爱，把对领导干部的日常管理监督由事后向事中、事前转变。注重经常性、多渠道、全方位、近距离了解观察干部，对苗头性、倾向性问题，要见微知著、防患于未然、及时提醒、严肃纠正。夯实从严管理基础，深入推进干部人事档案专项审核工作全覆盖。加强对各机构制度执行的监督，做到有章必循、有规必依。三是要深化选人用人监督。要在“两明案”选人用人问题专项自查的基础上，进一步加大检查力度和强化专项整治，更加关注选人用人生态质量、遵守组织人事纪律等情况，加大追责问责力度，以严肃问责推动主动履责。四是要增强监督合力。要推动完善党内监督和公司治理监督体系。组织人事部门要加强与纪检、信访以及内审内控等部门的协作配合和信息共享，营造齐抓共管同监督的工作格局。

（五）抓好干部激励管理。水不激不越，人不激不奋。要充分激发干部队伍活力与热情，让干部把时间和精力聚焦在干事创业上。一是要完善考核机制。持续完善专业分类、长短结合、内外可比的考核体系，提升精确性与科学性。扩大任期考核应用范围，实行任期考核全覆盖。加强考核结果运用，强化考核反馈，加大“下”的力度。完善“任前有谈话、年度有考核、任期有评价”的闭环管理机制，让干部以“任命书”为“军令状”，增强自我驱动，激发带动整体队伍活力。二是要加强干部正向激励和人文关怀。要关心关爱干部，强化荣誉表彰管理，让好干部在政治上受激励、工作上被关心、待遇上有保障，营造温情暖心的工作氛围。要贯彻党中央关于基层减负有关精神和总行党委工作要求，细化减负减压措施，把干部从无谓事务中解脱出来，帮助干部在负重前行的同时，也能轻装上阵。

五、持续提升人力资源效能

人力资源是第一资源，也是第一成本。我们与同业竞争比拼，不只是比总量、比规模，更要比人均、比效率、比人力资源的经营水平。人力资源效能提升是牵一发而动全身的系统工程：从人力资源专业来说，人员、薪酬、机构各板块要协同作战、集中发力，打好“组合拳”；从全行来看，不能只靠组织人事部门单兵突进，更要靠各条线横向互联、各层级纵向贯通，形成推动合力。具体工作一会儿谷行长会做详细布置，这里我强调一下做好人力资源效能提升的几个重点，就是要服务战略、科学配置、降耗增效、培育人才、激发活力。

（一）服务战略。人力资源效能提升要始终坚持服务全行发展战略这个导向，为战略落地提供有力支撑，以服务战略成效作为检验标准。总行是决策中心、全行大脑，要抓好战略制定的“最先一公里”，探索开展总行本部机构改革，进一步提升战略管理水平，打造智慧协同高效的集团总部。同时要通过完善机制，破除政策“中梗阻”，畅通压力传导链，压实各级经营管理者责任，打通战略传导“最后一公里”。要进一步发挥好资源配置“指挥棒”的作用，优化组织架构和人员薪酬资源配备，优先满足经营要地和关键领域的资源投入，努力在战略高地形成比较优势。要处理好战略上的前置投入与保运转的常规投入之间的关系，坚持整体最优思维，统筹好长期与短期、局部与整体的关系，确保发展可持续、高质量。

（二）科学配置。要坚持“向效益要资源”“以产出定投入”的配置导向，建立更加科学的资源投放决策机制和后评估机制。一是要优化人员投放布局。确保三年人员规划圆满收官，持续推进新形势下的人员总量规划与结构调整，算好各专业条线“投入产出”账。严格管控总行及各级行本部人员总量，持续优化人员在不同机构、流程和关键节点中的合理分布。二是要强化薪酬资源约束。以工资总量为基础，建立各项资源“预算硬约束”机制。继续坚持以块为主、条块平衡，做好工资投入与产出之间的匹配性评估。突出价值创造，坚持重点将资源投向投入产出高的业务单元，以更高的盈利贡献带来更多的工资增量。三是要提升组织机构运作效能。根据管理幅度、业务协作、前中后台配比等，精简本部内设机构。持续推进城区一级支行优化调整工作，深入推进集约化中心建设。以抓强抓细区域机构为重点，探索优化境外区域人力资源管理模式。需要强调的是，人力资源的优化配置，没有以不变应万变的最优解，要系统地看、辩证地看、动态地看，通过跟同业比较、看实践结果、听客户反响、问员工意见，不断根据战略指向、市场格局、业务发展的变化及时调整优化。

（三）降耗增效。提升人力资源效能，一方面要把资源用好，另一方面要减少资源损耗。要对人力资源投入产出全流程做好梳理，严控低效或无效投放；各机构各部门要切实担负起主体责任，协同组织人事部门下大力气破解造成人力资源无效损耗的瓶颈问题。一是要释放员工能力。要挤压冗员，减少忙闲不均，避免员工做“无用功”，引导员工把更多精力时间用于服务客户、设计产品、推动创新上。要合理加大部分业务的外包力度，减少低价值创造岗位上的人员占用。二是要精简业务流程。要从严评估机构新增需求，加强职能整合，适当控制所有业务、所有条线都向基层一线延伸的冲动。要进一步厘清部门职能，理顺协作关系。各部门要按照精简高效的原则，对自身业务流程进行认真梳理，能优化的必须优化、该精简的坚决精简。要注意以客户和员工体验作为“金标准”，让负责具体操作的人在流程设计中多发声、多参与。三是要加强科技赋能。让工商银行科技优势，不仅体现在对客户的服务上，更体现在对员工的减负和赋能上。重复性强、标准化高的工作，要大胆地用机器、用技术替代。结合 ECOS 工程建设及智慧运营、智慧零售等项目，充分发挥金融科技作用，让员工效率更高，响应更快，服务客户的能力更强。

（四）培育人才。要坚持党管人才，遵循人才成长规律，通过体制机制创新，建立一套涵盖员工全职业生涯周期、适应各个阶段成长需求的培养体系，创造人才不断涌现的有利环境。一是要抓好源头管理。要在招聘市场上讲好“工行故事”，持续提升对优秀毕业生的吸引力。要加快优秀青年人才发展，稳定员工成长预期，让优秀学生既能被工行事业吸引进来，更能在工行平台快速成长起来，从而让工行培育人才的口碑广泛传播开来，形成良性循环。二是要推进专业人才队伍建设。要打造不同领域的专业铁军，在信贷队伍建设、基层客户经理综合化、科技条线与业务条线双向交流培养等方面出新招、出实招，提升各类岗位人员的能力素质。加强业务类职务管理，充分发挥业务类人员作用。三是要提升人才培养意识。要深入贯彻“人才兴业”要求，各级管理者都要以培养出更多优秀员工为荣。要近距离观察人才、考验人才，练就识才荐才的慧眼，担当起培养推荐人才的责任。

（五）激发活力。人才的业绩表现，既看个人能力大小，更要看能发挥出多少、愿意发挥出多少。在提升员工能力的同时，更要注重以人为本、凝心聚力，千方百计激发员工队伍活力。一是要提升使命感召。要让广大干部员工充分认识工商银行的平台价值和战略愿景，增强自豪感、认同感和向心力，激发建设世界一流现代金融企业的雄心壮志，传承一心一意办银行的坚守精神。二是要优化员工管理模式。要公平公正地做好职务晋升、绩效考核，鼓励竞争择优，倡导实干担当，让员工在工行有盼头、有成长。要倾听员工心声，全心全意为员工排忧解难，多办实事、办好事、办打动人心的事，让员工感受到工行大家庭的温暖。三是要增强员工获得感与幸福感。要加强监测督导，确保基层员工薪酬待遇提升相关举措落实到位。做好福利费用管理，加强基础费用投入，加大困难员工救助力度，让员工踏实、安心。从根本上讲，只有我们把经营发展抓好、把风险控制做好、把市场竞争力提升上去，才有条件提高员工收入，提升员工满意度。各级机构要全力以赴抓好经营管理，以工行事业的发展带动员工幸福指数的提升。

六、着力加强组织部门自身建设

打铁必须自身硬。要牢记初心使命，做到在政治上绝对可靠、工作上严谨审慎、能力上精通过硬、作风上求真务实、操守上清正廉洁，努力打造模范部门和忠诚干净担当的组工队伍。

（一）提高政治站位，从严从实加强自身建设。组织部门首先是政治部门，要坚持把政治建设摆在首位，把对党忠诚作为最根本的党性要求，把“两个维护”落实到组织人事各项工作中去。在各级组织部长的选任上，党委内部要充分沟通酝酿，突出政治标准，严格审核把关，做到选优配强。

（二）强化责任担当，切实发挥先锋模范作用。当前全行组织人事工作站在新起点、面临新任务，还存在很多亟待解决的问题。各级组织人事部门的同志一定要增强使命感和紧迫感，敢担当、善作为，以只争朝夕、夙夜在公的精神，对照目标“撸起袖子加油干”，以更大的力度去支持业务、推动创新，在踏踏实实的付出和实实在在的行动中发挥先锋模范作用。

（三）坚持专业制胜，精耕细作锻造行业标杆。既要政治过硬，也要本领高强。要不断加强组工干部特别是组织部长队伍的专业能力建设，强化教育培训，推动轮岗历练，努力实现观念变革和本领升级，持续提升人力资源管理的科学化水平。要对标自身最优成绩、市场最佳实践、基层最高期望，努力锻造组织人事工作的行业标杆。

同志们，世上无难事，只要肯登攀。各级党委和组织人事部门要主动担当，奋发有为，统筹抓好党建干部和人力资源各项工作，努力开创全行组织人事工作新局面，为把工商银行建设成为世界一流现代金融企业作出新的更大贡献。

在统筹推进常态化疫情防控和经营发展工作视频会上的讲话

陈四清

（2020年4月17日）

这次会议的主要任务是：深入学习领会习近平总书记系列重要讲话和重要指示批示精神，贯彻落实党中央、国务院决策部署，强化战略导向，明确战术实施，统筹推进常态化疫情防控和支持经济社会发展工作，努力完成全年经营管理目标任务。

春节以来，受新冠肺炎疫情影响，国内外经济金融形势变化很大，超出预期。总行党委连续召开多场座谈会，对各方面情况进行分析研判。一季度过后，专题听取执委会经营汇报，安排下一阶段工作。在此基础上，决定召开本次会议。

这次会议一直开到二级分行这一基本经营核算单位，是为了更好地统一思想、提高认识，进一步明确形势任务、激发主体活力，进一步巩固、拓展来之不易的工作局面。前面，谷澍行长通报了一季度经营情况，对下一阶段重点工作进行了安排，我都赞成。下面，我重点就贯彻落实党中央决策部署、正确认识全行经营形势、战略实施、战术落地讲几点意见。

一、全行深入学习贯彻习近平总书记重要讲话和重要指示批示精神，统筹推进疫情防控、服务经济社会发展和经营管理工作，一季度多稳局面来之不易

疫情发生后，习近平总书记亲自指挥、亲自部署，召开9次中央政治局常委会会议、2次中央政治局会议、1次专题全国电视电话会议，分别赴北京、湖北、浙江开展调研，发表一系列重要讲话，作出一系列重要指示批示，为我们统筹推进疫情防控和服务经济社会发展指明了前进方向、提供了根本遵循，对打赢疫情防控的人民战争、总体战、阻击战具有重大意义。

关于疫情防控，习近平总书记在大年初一主持召开的中央政治局常委会会议上强调，疫情就是命令，防控就是责任。必须把人民群众生命安全和身体健康放在第一位，把疫情防控工作作为当前最重要的工作来抓。只要坚定信心、同舟共济、科学防治、精准施策，我们就一定能打赢疫情防控阻击战。在3月2日赴北京考察调研时强调，防控新冠肺炎斗争有两条战线，一条是疫情防控第一线，另一条就是科研和物资生产，两条战线要相互配合、并肩作战。在3月27日中央政治局会议上强调，要抓紧抓实抓细疫情防控各项重点工作，不断巩固和拓展疫情防控成效。要因应国内外疫情防控新形势，及时完善我国疫情防控策略和应对举措，把重点放在外防输入、内防反弹上来，保持我国疫情防控形势持续向好态势。在4月1日赴浙江考察调研时强调，必须牢牢坚持外防输入、内防反弹，防控疫情要强调再强调、坚持再坚持，始终保持警惕、严密防范，尤其要加大对无症状感染者管理工作力度，继续抓紧抓实抓细各项防控工作，精准落实到复工复产和社会生活各方面。要把严防境外疫情输入作为当前乃至较长一段时间疫情防控的重中之重，增强防控措施的针对性和实效性，筑起应对境外疫情输入风险的坚固防线，不能出现任何漏洞。在4月8日中央政治局常委会会议上强调，面对严峻复杂的国际疫情和世界经济形势，要坚持底线思维，做好较长时间应对外部环境变化的思想准备和工作准备。

关于统筹做好疫情防控和经济社会发展，习近平总书记在2月12日中央政治局常委会会议上强调，统筹做好疫情防控和经济社会发展，既是一次大战，也是一次大考。要扛起责任、经受考验，既有责任担当之勇、又有科学防控之智，既有统筹兼顾之谋、又有组织实施之能，切实抓好工作落实，在大战中践行初心使命，在大考中交出合格答卷，确保打赢疫情防控的人民战争、总体战、阻击战，努力实现全年经济社会发展目标任务。在2月23日统筹推进新冠肺炎疫情防控和经济社会发展工作部署会议上强调，在确保疫情防控到位的前提下，推动非疫情防控重点地区复工复产，恢复生产生活秩序，关系到为疫情防控提供有力物质保障，关系到民生保障和社会稳定，关系到实现全年经济社会发展目标任务，关系到全面建成小康社会和完成“十三五”规划，关系到我国对外开放和世界经济稳定。在3月27日中央政治局会议上强调，要在疫情防控常态化条件下加快恢复生产生活秩序。各地区各部门要坚定信心、迎难而上、主动作为，统筹推进疫情防控和经济社会发展工作，坚定不移贯彻新发展理念，深化供给侧结构性改革，坚决打好三大攻坚战，加大宏观政策对冲力

度，有效扩大内需，全面做好“六稳”工作，动态优化完善复工复产疫情防控措施指南，努力完成全年经济社会发展目标任务。在4月8日中央政治局常委会会议上强调，要抓紧解决复工复产面临的困难和问题，力争把疫情造成的损失降到最低限度，确保实现决胜全面建成小康社会、决战脱贫攻坚目标任务。

关于对经济形势的判断，习近平总书记在2月23日统筹推进新冠肺炎疫情防控和经济社会发展工作部署会议上强调，新冠肺炎疫情不可避免会对经济社会造成较大冲击。越是在这个时候，越要用全面、辩证、长远的眼光看待我国发展，越要增强信心、坚定信心。在4月1日赴浙江考察调研时强调，危和机总是同生并存的，克服了危即是机。随着境外疫情加速扩散蔓延，国际经贸活动受到严重影响，我国经济发展面临新的挑战，同时也给我国加快科技发展、推动产业优化升级带来新的机遇。要深入分析，全面权衡，准确识变、科学应变、主动求变，善于从眼前的危机、眼前的困难中捕捉和创造机遇。在4月8日中央政治局常委会会议上强调，当前我国疫情防控阶段性成效进一步巩固，复工复产取得重要进展，经济社会运行秩序加快恢复。

关于宏观调控，习近平总书记在3月27日中央政治局会议上强调，要加大宏观政策调节和实施力度。要抓紧研究提出积极应对的一揽子宏观政策措施，积极的财政政策要更加积极有为，稳健的货币政策要更加灵活适度，适当提高财政赤字率，发行特别国债，增加地方政府专项债券规模，引导贷款市场利率下行，保持流动性合理充裕。要落实好各项减税降费政策，加快地方政府专项债发行和使用，加紧做好重点项目前期准备和建设工作。要充分发挥再贷款再贴现、贷款延期还本付息等金融政策的牵引带动作用，疏通传导机制，缓解融资难融资贵，为疫情防控、复工复产和实体经济发展提供精准金融服务。在4月8日中央政治局常委会会议上强调，要加强对困难行业和中小微企业扶持，扩大居民消费，合理增加公共消费，启动实体商店消费，保持线上新型消费热度不减。要加强国际经贸合作，加快国际物流供应链体系建设，保障国际货运畅通。

关于加强党的领导、加强党的建设，习近平总书记在大年初一的中央政治局常委会会议上强调，面对新冠肺炎疫情，必须加强党中央集中统一领导，增强“四个意识”、坚定“四个自信”、做到“两个维护”，深刻认识做好疫情防控的重要性和紧迫性，加强统一领导、统一指挥，坚定不移把党中央各项决策部署落到实处。在2月23日统筹推进新冠肺炎疫情防控和经济社会发展工作部署会议上强调，各级干部特别是领导干部要增强必胜之心、责任之心、仁爱之心、谨慎之心，勇当先锋，敢打头阵，主动担当、积极作为。要在斗争一线考察识别干部，对表现突出的干部要大力褒奖、大胆使用，对不担当不作为、失职渎职的要严肃问责。在3月4日中央政治局常委会会议上强调，要贯彻党中央决策部署，做好统筹推进疫情防控和经济社会发展各项工作。要坚持实事求是、一切从实际出发，坚决防止形式主义、官僚主义。在3月27日中央政治局会议上强调，要增强责任感、使命感、紧迫感，保持定力耐力，防止松懈、厌战思想，发扬连续作战的优良作风。

在突如其来的疫情面前，全行在以习近平同志为核心的党中央坚强领导下，认真贯彻党中央、国务院决策部署，落实监管要求，闻令而动、迎难而上，统筹做好疫情防控、金融保障和经营管理各项工作，取得了阶段性重要成效。

一是坚持以党的政治建设为统领，全面做好疫情防控各项工作。疫情发生后，全行深入学习并坚决贯彻习近平总书记重要讲话和重要指示批示精神，增强“四个意识”、坚定“四个自信”、做到“两个维护”。总行党委先后召开13次专题党委会、6次领导小组会、20多次专题会，研究制订工作方案、推动贯彻落实。完善疫情防控治理体系，印发全行性防疫制度30余项。针对湖北地区、在京机构和境外机构，坚持分类精准施策，压实“六个责任”和“四方责任”。坚持把员工、客户的生命安全和身体健康放在第一位，抓实抓细安全防护、物资支持、复工安排等措施。目前，境内机构在职员工确诊和疑似病例全部清零；海外机构感染员工得到妥善治疗，恢复情况良好。总行召开全面从严治党暨纪检监察工作会议，以及深入贯彻落实中央八项规定精神、驰而不息加强作风建设工作会议，压实各级机构防控责任，发挥好基层党组织战斗堡垒作用和广大党员先锋模范作用。坚决整治疫情防控中的形式主义、官僚主义，对金融服务的关键环节、重要领域实施重点盯防，从严从速查处相关问题，对典型事件予以通报曝光。

二是坚持以服务“六稳”为己任，全面做好支持经济社会发展各项工作。按照国务院金融委“稳预期、扩总量、抓分类、重展期、创工具”要求，落实人民银行等部门金融“30条”措施和银保监会“6号文”要求，以“春润行动”为主题，建立专业服务团队、专门绿色通道、专属优惠利率、专项规模保障、专户服务方案等“五专”工作机制，全力支持企业复工复产。为抗疫重点企业配备助企客户经理，向2.1万户企业提供3 917亿元贷款支持，主承销疫情防控相关债券近千亿元。设立20亿元疫情防控专项基金。发挥大行市场“稳定器”作用，本外币资金融出余额1.37万亿元。落实缓息、展期、续贷等政策，帮助企业和个人渡过难关。坚持急事急办、特事特办，全力满足大额取现、紧急购汇、跨境支付、远程开户等客户需求，保障金融服务高效畅通。紧急开发防疫相关系统，全面保障重点单位防疫工作。积极践行社会责任，全行累计捐款1.28亿元。扎实推进脱贫攻坚工作，消费扶贫总金额超过1亿元。

三是坚持以战略重点任务为牵引，全面做好经营管理各项工作。全行“稳”的局面进一步巩固。净利润、拨备前利润、营业收入、手续费及佣金净收入均实现正增长，资产质量保持稳定，不良率、拨备覆盖率与年初基本持平，各类风险总体可控。“比”的意识进一步增强。各级行、各条线积极践行“比”的思想、“比”的方法，一些基础业务、新兴业务保持竞争优势。人民币存款增量四行第一，债券承销金额、制造业贷款余额居同业首位，个人手机银行客户规模、黏性、活跃度同业第一。战略实施成效进一步显现。围绕建设第一个人金融银行，出台全量客户、金融资产和储蓄存款、个人贷款等9项行动方案，以及渠道、人力、财务等6类支持保障措施，制度框架初步搭建。储蓄存款、个人住房贷款等核心指标增量第一，个人金融资产余额突破15万亿元。围绕建设境内外汇业务首选银行，拟定总体意见及具体行动方案，以“春融行动”为抓手，在助力稳外贸、稳外资的同时，推动境内外汇业务实现重点突破。外汇储蓄存款较年初增长7%，与领先同业差距进一步缩小。重点区域竞争力加快提升，信贷投放力度加大，400家重点县域及县级市支行存款余额近3万亿元，较年初增长9%。研究体系改革成效初显，推出《现代金融导刊》。风险管理制度进一步健全，出台《进一步完善集团风险治理体系、提升风险治理能力指引》及系列管理意见。其他重点改革措施也在稳步推进。

总的看，今年以来的困难和挑战超过预想，而我们取得的成绩好于预期，值得充分肯定。在这场大战和大考中，全行展现了担当，经受了考验，涌现出一大批可歌可泣的先进典型和感人事迹。我们对党的领导和中国特色社会主义制度的显著优势有了更加深刻的认识，对ONE ICBC强大的凝聚力、组织力、执行力、战斗力有了更加深切的感受。在此，我代表总行党委，向全行干部员工的辛勤努力和无私奉献，表示衷心的感谢和崇高的敬意!

二、当前形势错综复杂，需要持续研判、科学应对

国际国内疫情和经济形势仍在持续变化，需要我们加强分析研判，适时调整策略打法，既抓应急之举，又谋长远之策，在以变应变中，扎扎实实做好自己的事情，服务好经济社会发展，推动好战略执行和经营管理工作。

一要密切关注国际国内疫情形势变化。国际方面，目前全球发生疫情国家已达211个，累计确诊病例215万例。从现在情况看，最坏的时刻还没有到来，全球疫情加速蔓延势头还将持续。国内方面，在党中央的坚强领导下，全国疫情基本得到控制，防控工作正由应急性超常规防控向常态化防控转变。目前，输入性病例已成为我国新增病例的主体，全国已有27个省份报告了输入性病例，还出现多例境外输入关联本地病例。此外，经济社会秩序加快恢复，人员流动和聚集增加，也会增加疫情传播概率。全行要根据“外防输入、内防反弹”防控策略要求，抓紧完善与之相适应的工作机制和举措，“备足干粮”，做好打持久战的准备。

二要密切关注疫情对国内外经济金融形势的影响。这次疫情的严峻性、复杂性、传播性超出想象，其对于国际经济、金融乃至全球治理体系、地缘政治格局带来的冲击影响非常大，而且目前仍在发酵，后续还存在很大不确定性。牵一发而动全身，一个变量变化，就可能引发全局变动。总的看，外部风险大于内部风险，宏观挑战大于微观挑战。

从国际看，世界经济正面临严峻考验，可能出现深度衰退。有分析认为此次疫情是继1929年大萧条之后，世界经济面临的最大一次冲击。全球“三低两高”（低增长、低通胀、低利率、高债务、高风险）特征进一步显现。国际货币基金组织预测，在较乐观的情形下，全球GDP将下降3个百分点。国际金融市场剧烈震荡，美国股市10天之内发生4次熔断。全球油价大幅下挫，市场避险情绪加剧。主要经济体生产受阻、进出口下降，全球产业链受到严重冲击。美联储连续降息至零利率区间，实施无限量化宽松，并推出2.2万亿美元刺激协议。欧洲、日本也密集出台力度空前的财政金融刺激计划，向市场注入大量流动性，但后续效果及外溢影响有待观察，资金呈现出沉淀多、流动缓、见效慢、产出低的特征。

从国内看，复工复产取得重要进展，经济活力逐步提升，但国内有效需求不足，经济社会运行秩序尚未完全恢复。我国经济外向度高，世界经济下行风险增大，使我国稳外贸、稳外资难度加大，3月中旬以来外贸订单急剧减少。餐饮酒店、文化旅游、交通运输等行业受到较大冲击，中小微企业困难较大，保障和改善民生任务艰巨繁重。各国停工、停产、停航、停摆，对我国维护供应链畅通带来巨大挑战。

从金融看，金融是经济的镜像反映。经济下行压力叠加疫情影响，将通过各种途径传导至金融体系，对银行流动性管理、资产质量和风险控制带来相当压力。这种传导具有一定滞后性，我们要做好较长时间应对外部环境变化的思想准备和工作准备。

三要密切关注疫情下的危中之机。尽管疫情不可避免地会对经济社会造成较大冲击，但同时也要看到，我国经济体量大、韧性强、潜力足，疫情不会改变我国经济稳中向好、长期向好的趋势，也不会改变我国经济发展基本面。值得关注的是，疫情正在倒逼市场格局、产业发展、商业模式、消费方式发生改变。线上课堂、居家办公、虚拟会展、远程问诊、智能制造、无人配送等新技术、新业态、新场景、新模式的快速发展，给经济

转型和金融发展带来新的机遇。金融消费与客户行为习惯发生变化，“无接触支付”需求激增，“线下需求通过线上来满足”成为趋势，居家金融、社区金融未来发展前景巨大。谁能抓住危中之机，谁就能脱颖而出，谁就能收获下一波经济转型变革的红利，谁就能在金融竞争格局的演化中占据主动。这是一场争夺制高点的较量，工商银行必须比出锐气、赢得精彩。

四要密切关注国家宏观调控政策变化。疫情发生以来，党中央、国务院出台一系列政策措施，加大宏观政策调节力度，强化“六稳”举措。国家有关部门也相继推出“组合拳”，对冲疫情影响。近期，中央发布《关于构建更加完善的要素市场化配置体制机制的意见》，进一步激发全社会创造力和市场活力，推动经济发展质量变革、效率变革、动力变革。发改委等出台促进消费提质扩容的19条措施。这些政策对银行经营发展具有直接和深远的影响。全行要进一步把思想和行动统一到党中央对形势的分析判断上来，统一到对经济金融工作的安排部署上来，坚决贯彻逆周期调控政策，促进货币政策传导和各项政策协同，在助力国家“六稳”政策落地中，实现年初确定的经营管理目标。

三、关于下一阶段策略导向和战术实施

今年是决胜全面建成小康社会、决战脱贫攻坚之年，是“十三五”规划收官之年，也是我行三年规划收官之年。当前及今后一个时期，在常态化疫情防控中开展工作，在线下触点减少情况下营销客户、拼抢市场，在利率市场化条件下提升定价和资源配置能力，在白热化竞争格局中巩固优势、布局蓝海，是我们面临的新课题新任务，也正是助力健全具有高度适应性、竞争力、普惠性现代金融体系的契机。全行要认真落实“48字”工作思路，在坚持年初工作会议确定的战略方向、战略目标、战略任务基础上，因势利导，适时调整工作重点、力度和节奏，以更加灵活的应变策略和战术打法，实现疫情防控和经营发展“两手都要硬、两战都要赢”。关键是做到“四个更加注重”，在“稳、准、实、新”上下功夫。

一是更加注重底线思维，突出一个“稳”字。时刻保持如履薄冰的谨慎、见叶知秋的敏锐，高度关注疫情态势、实体经济、金融市场的相互影响，高度关注境外与境内、宏观与微观、现实风险与潜在隐患的交叉传导，把困难和挑战估计得更充分一些，把预案和措施准备得更充足一些。要突出“稳”字，做到防疫稳、效益稳、质量稳、风控稳、市值稳、队伍稳、预期稳，实现以稳促进、以稳促改、以稳促新、以稳促优，以统筹平衡的“稳”、经受大考的“稳”，体现一流现代金融企业特质；以工商银行的“稳”，支撑金融体系的稳健，助力国家“六稳”。

二是更加注重调查研究，突出一个“准”字。在严峻复杂的多难局面下，各级管辖行尤其是总行、省行要通过多种途径加强调研，全面及时了解基层、市场、同业、客户的情况，做到心中有数、手中有方，增强工作的针对性和有效性。要突出“准”字，做到摸准情况、对准目标、看准政策、瞄准客户、找准项目、抓准风险。通过专业研判政策取向、资金流向、市场走向、同业动向，做到前瞻性布局、精准化施策、差异化管理。

三是更加注重快速响应，突出一个“实”字。市场机遇稍纵即逝。越是在困难的时候，我们越要增强工作主动性、下好“先手棋”，力促重点工作快马加鞭，重大战略加快落地见效。要突出“实”字，做到责任压实、基础夯实、管理严实、创新求实、转型务实，打通战略落实的“最后一公里”，向执行力、兑现度要“超额收益”。要“蕴快于实”，用好“三比三看三提高”工作方法，多想“快”和“加”的办法，少讲“慢”和“减”的理由，以拼搏进取、奋发有为的精神状态，把全行的潜能和动能充分释放出来，将工商银行高质量发展提升到新的更高水平。

四是更加注重以变应变，突出一个“新”字。要立足疫情态势、经济形势和竞争格局的新变化，善于因势而变、顺势而为，善于打破思维惯性和传统路径依赖，通过加快创新突破困局、蹚出新路。要科学把握“变”与“不变”，善于从不确定性中寻找确定性，从危中寻找机遇，以创新能力的提升，增强全行的适应性和竞争力。要突出“新”字，完善新思路、找到新方法、推出新产品、创造新模式、运用新技术、培育新生态，找准创新的切入点和发力点。尤其是要在疫情防控常态化条件下，适应客户金融行为、消费行为的变化，加快推动数字化转型，丰富场景触点，创新营销方式，增强线上获客活客能力，以新应变、以变固稳、以稳求进，全面塑造工商银行新的竞争优势。

下一步，全行要坚持“服务实体，战略为本，客户优先，前瞻布局，营销高效，风控托底”原则，适应疫防常态，保持战斗状态，营造经营新态。

（一）全力服务实体经济恢复增长。要深入实施“春润行动”，服务好国家重大项目建设，大力支持产业链、供应链、贸易链协调复工复产。加大制造业融资支持力度，中长期贷款增速要高于各项贷款平均增速。提升中小微企业和民营企业服务能力，打好政策“组合拳”。积极配合逆周期调控政策实施，加大对特别国债、地方政府专项债的投资力度。要科学把握投融资总量、结构、节奏和价格，综合平衡资产负债、中收以及客户关系，战略要“稳”、战术要“活”、市场地位要巩固。采取“优质先于定价”和“应贷尽早投放”的策略，通过动态灵活的营销和定价手段，确保优质市场、优质项目、优质客户不丢。要针对受疫情影响最重的湖北地区，制定专门的综合化金融服务方案。要加强

顶层设计，完善大类资产布局，不失时机地加快信贷结构调整，增厚信贷资源储备。要持续提升对新兴产业的行业研究、产业链分析、客户选择、政策支撑、产品供给、风险管控等能力，抢抓新基建等市场机遇。要用好人力、资本、技术、数据、渠道等资源，尽快形成与新技术、新产业、新业态相适应的经营形态。

（二）全力推进重大战略落地。要按照年初工作会议部署，结合新形势、新任务、新要求，加快推动重大战略实施，提高战略协同和战略传导能力。

第一个人金融银行战略要全面推进。要落实第一个人金融银行战略关于经营规模、经营质态、服务品牌、价值创造、综合效益等方面的要求，围绕客户和账户，完善机制，打牢基础，提升市场竞争力。坚持核心指标领先，上半年要在量价协调的基础上，确保储蓄存款日均、时点增量双第一，个人按揭贷款增量第一，全量客户净增要进一步提速，个人和信用卡业务收入市场竞争力要稳步提升。总行要把重点放在建立机制、明确策略、配套资源、创新产品、组织推动上。分行要把重点放在狠抓落实、做出特色、对接客户、竞争市场上。条线要把重点放在加强联动、互荐客户、共享资源、强化协同上，要加快实现系统贯通和数据联通。要全面把握疫情冲击下C端消费模式、B端运营模式、G端政务模式新变化，以智慧运营加速助推战略落地。公司金融、机构金融、金融市场、资产管理等条线，在助力第一个人金融银行战略实施的同时，要巩固竞争优势、加快自身发展，形成各业务条线互为支撑、竞相成长的良性格局。

境内外汇业务首选银行建设要加快推进。工商银行要成为国际化大行和强行，必须补上外汇业务短板。要以雄厚客户基础带动外汇业务发展、以人民币业务优势带动外汇业务发展、以重点区域突破带动外汇业务发展、以全球机构布局带动外汇业务发展、以重大项目合作带动外汇业务发展。各机构主要负责人要带头学习研究外汇业务，主动适应本外币业务一体化、客户经营全球化趋势，提升外汇业务经营管理能力。要加强总行国际化领导力，抓住国家高水平对外开放、稳外贸稳外资的契机，夯实客户基础，优化产品供给，提升外汇综合服务水平，推动境内外汇业务首选银行建设迈出更大步伐。当前全球疫情严重、叠加逆全球化现象，对我行发展外汇业务是一个挑战。但这只是阶段性现象，我们要迎接挑战、实现战略。

战略性区域布局要协同推进。重点区域行要采取“资源富集区域优先”策略，重点区域必须保第一、争第一。总行党委已审定服务国家区域发展战略的总体意见，以及京津冀、长三角、深圳分行发展指导意见，还将于近期审定粤港澳大湾区、中部地区、成渝地区等国家重点战略区域布局行动方案，各单位要加快落地实施。要坚持创新引领，以机制创新激发经营创新、模式创新、产品创新，促进我行金融服务与实体经济新动能的深度融合发展。要立足各地区资源禀赋，充分发挥和巩固区域分行的优势。要完善区域协作机制，充分调动各方积极性，总行将适当加大对重点区域的资源投入力度、政策倾斜力度和考核监督力度。区域分行要增强“比”的意识，主动把转型发展责任扛起来，把市场竞争力提上去，辐射带动区域外机构高质量发展。重点城市行要继续发挥竞争主体作用，通过机制改革、资源匹配、授权优化，巩固竞争优势。重点县域行要真正实现服务能力与竞争力突破提升，明确分类发展路径，通过减负、赋能，激活内生动力。

（三）全力加快现代金融模式布局。适应利差收窄、非接触式服务的发展趋势，加快布局资管、投行、交易、数字金融等符合现代金融体系的业务。资管板块要把握居民财富迁移、资本市场改革等趋势，增强配置能力、投研能力、风控能力，持续完善大资管板块内部的统筹协调机制。投行板块要发挥价值挖掘、要素整合功能，在发展直接融资、服务新经济的大背景下，实现商投一体化发展。交易业务板块要巩固发展优势，统筹推进利率、汇率、商品、贵金属、外汇买卖、结售汇等产品线发展，增强交易能力、创新能力。数字金融板块要形成强大的生产力，用好数据、技术等要素资源，提高金融供给能力。要从数据找方向，把社会痛点、难点作为我们工作的创新点、出发点。要以“煲汤”方式，将数字金融深度融入G端、B端、C端各类业务，形成为全行赋能的数据中台、技术中台、运营中台。

（四）全力丰富客户基础和营销体系。在疫情防控常态化、数字化转型加速的背景下，我们必须打破传统的客户经营模式，用全量思维、全新手段获客活客。要实施“客户优先、营销有效”策略，回答好“客户在哪、谁来营销、怎么服务”三个基本命题，加快形成检验有效、动态调整的客户营销管理方案，更好地服务客户、管好账户。要全量抓客户。加快健全营销机制，守好线下优势，突破线上阵地，开辟场景获客新途径，让更多进入我行生态、使用我行资源的用户转变为客户。要在合规的前提下，充分挖掘好我行数以十万计的交易对手及合作伙伴潜力，做大客户增量。要闭环抓客户。要健全统筹联动营销机制，紧盯资金闭环，实现G端、B端、C端全量拓户突破和业务协同发展，发挥营销合力。要加快建立以客户为中心的智能营销平台，整合客户视图，细化客户分类，精准客户画像，打通客群链接，从产品运营向客户运营转型，实现客户、产品、渠道与客户经理、风控策略的智能化匹配。要分层抓客户。要根据中型企业、年轻客户、交易对手等重点客群的不同特点，有针对性地完善营销对策，分类做好高层精准获客、渠道源头获客、条线联动获客、大数据批量获客。继续深化与央企战略合作，采取有效措施增强营销管理能力。要全员抓客户。我行有44万名员工、180

万个家庭成员，每个员工都兼具员工、客户、客户经理三重角色，要通过合理的机制，加快形成全员营销态势，想尽一切办法抢抓客户、维护客户。

（五）全力完善全面风险管理体系。在经济下行风险加大、不稳定不确定因素显著增加的形势下，风险管理难度确实很大。资产质量和风险管控是一场大考，考的是风险治理能力，考的是统筹管理能力，考的是综合履职能力。我们要全力争取考得比以前好，考得比同业好。一要落实全面风险管理责任。各级党委班子要扛起全面风险管理的主体责任和实施责任，坚守稳健审慎经营底线；前中后台部门要履行直接责任和管理责任，全面加强对境内分行、境外机构、境内子公司、总部利润中心的风险管控，总行和各级机构联防联控化解风险机制要有新举措；三道防线要强化制衡责任和监督责任，第一道防线要实、第二道防线要专、第三道防线要强。二要实施好风险治理指引。以“管住人、看住钱、扎牢制度防火墙”为核心环节，持续优化全球、全员、全程的风险管理体系，构建完善全面、全新、全额的风险管理模式；要按照“主动防、智能控、全面管”的原则，实现对各类机构、各类风险和各类人员的完整覆盖、充分穿透、智能监控。要优化调整业务策略，全力拼抢优质客户，科学调整资产结构，以稳健的客户组合、资产组合来应对经济金融波动。要统筹抓好大户风险化解、延本延息贷款管理，提高资产处置、账销案存资产管理精细化水平。要严格落实授信审批新规，优化工作模式，完善制衡机制，落实全流程责任。要坚持审慎交易策略，严格控制风险敞口，防范重大投资或交易损失。要推进员工异常行为管理网格化智能化，建立覆盖各类风险的责任评议、责任认定、责任追究机制。要探索数字经营时代风险防控新方法，找到解决境外合规、资本管理、并表管理等问题的突破口。总行将对风险管控压力较大的一级行开展专项督导，对风险管控压力较大的二级行实施主动帮扶，对复杂疑难项目实施牵头化解。

四、坚持党建引领，强化从严治理

统筹做好疫情防控、金融保障和经营管理，归根到底是靠全面从严治党。全面从严治党既是政治保障，也是政治引领。各级党组织要深入贯彻总行前期召开的党建系列会议精神，落实全面从严治党主体责任，以全面从严治党引领全面从严治行，以全面从严治行推动各项工作高质量开展。

一要驰而不息加强党的建设，慎终如始做好疫情防控工作。坚持以政治建设为统领，推动学习贯彻习近平新时代中国特色社会主义思想走深走实，落实不忘初心、牢记使命制度，增强“四个意识”，坚定“四个自信”，做到“两个维护”。要抓好疫情期间习近平总书记系列重要讲话和重要指示批示精神的学习贯彻，以党建质量的全面提升，引领和带动疫情防控及经营发展工作。要把加强作风建设放在突出位置来抓，持续解决困扰基层的形式主义问题，切实为基层减负，让干部轻装上阵。要坚持全盘谋划和精准施策相结合、境内防控和境外防控相结合。境内机构要高度警惕麻痹思想、厌战情绪、侥幸心理、松劲心态，坚决落实“四方责任”，继续毫不放松抓紧抓实抓细各项防控工作。特别是要高度重视甄别无症状感染者、境外输入源，管控好每一个风险环节，绝不留下死角和盲区。要保持应急响应，按照属地管理要求，做好员工防护、场所防控、人员管理、健康监测和物资保障工作。抓紧建立与疫情防控常态化相适应的办公机制、营销机制、管理机制和调研机制。武汉、北京等重点区域机构，要根据分区分级精准防控要求，落实差异化管理措施，全面从严从细，做好联防联控。要指导境外机构落实好分级预警、分类管理要求，把应急管理、员工关爱、跟踪报告、舆情引导等措施落细落小，确保员工安全、经营连续、风险可控、预期稳定。

二要打造过硬干部队伍，千方百计激发活力。紧紧抓住“人”这一关键因素，培养造就忠诚干净担当的高素质干部队伍。注重在抗疫斗争一线考察、识别、评价和使用干部，把冲得上、靠得住、业务精、口碑好的优秀干部真正选出来、用起来，对不担当、不作为、慢作为、失职渎职的要严肃问责。在重大疫情和激烈市场竞争面前，各级党组织要以战代训，让干部在一线经风雨、见世面，以实战锤炼斗争能力、砥砺担当精神。要进一步提升干部队伍执行力，有令要行、有禁要止；进一步增强驾驭复杂局面的能力，主动思变，积极谋变，创新求变。着眼建设世界一流现代金融企业和打造基业长青的“百年老店”，加快完善干部梯队，前瞻做好人才储备，充分调动各年龄段员工的积极性，加快选拔、培养、使用优秀年轻干部，以成就员工发展、实现员工价值，作为对工商银行44万名员工的最大关心关爱。

三要全力以赴做好收官阶段扶贫工作。助力打赢脱贫攻坚战是政治任务，要强化支持力度、体现工行温度。要聚焦重点任务。优先保障扶贫龙头企业、扶贫车间复工复产金融需求。加大产业和项目精准扶贫贷款投放力度，确保高质量完成精准扶贫贷款增量任务。要聚焦重点区域。做好深度贫困地区金融帮扶工作，满足贷款增速、占比、用途等最新监管要求。要凝聚合力做好定点扶贫。落实“点对点”帮扶机制，全力以赴完成金阳县脱贫摘帽任务。开展消费扶贫“春暖行动”，落实“十个一批”措施，帮助扶贫产品进网点、进超市、进企业、进供应链。同时，加强总结宣传，向全社会讲好工行助力脱贫故事，弘扬扶贫济困正能量。

同志们，今年外部环境更加严峻复杂，叠加疫情对经济金融造成的影响，完成全年发展目标任务难度加大。越是在这种情况下，我们越要更加紧密地团结在以习近平同志为核心的党中央周围，不忘初心、牢记使命，锐意进取、顽强拼搏，以“咬定青山不放松”的韧劲、以“不破楼兰终不还”的拼劲、以“天工人巧日争新”的闯劲，奋力夺取疫情防控、金融保障、经营管理的更大胜利！

在第33次党委（扩大）会议上的总结讲话

陈四清

（2020年4月27日）

党委会议的最后一项内容，我就有关工作讲几点要求，党委同志参加，高管和相关部门同志列席。

近一段时间以来，面对复杂的内外部形势，在各位党委成员、高管领导下，各部门、各机构齐心协力，统筹推进常态化疫情防控、经营发展和风险管理各项工作，工作抓得很紧，推动有力，党委感谢大家的努力。时间过得很快，马上就进入5月了，我们要进一步增强紧迫感，保持并加大工作干劲，防止产生松懈情绪，努力取得更好的成绩。当前要重点做好以下工作。

第一，深入学习贯彻习近平总书记重要讲话和重要指示批示精神。要通过党委会议、党委理论学习中心组、个人自学等不同方式，原原本本、扎扎实实学习习近平总书记的系列重要讲话和重要指示批示精神，坚持用习近平新时代中国特色社会主义思想武装头脑、指导实践、推动工作，努力把学习成果转化为坚定的理想信念和开展各项工作的实际行动。要认真贯彻落实疫情发生以来总书记的系列重要讲话和重要指示批示精神，按照党中央决策部署，推动全行统筹做好常态化疫情防控、金融保障和经营管理各项工作。

第二，持续推动全面从严治党从严治行。要全面贯彻十九届中央纪委四次全会精神，一以贯之、坚定不移地推进全面从严治党，以全面从严治党引领和带动全面从严治行。要深入贯彻总行前期召开的从严治党系列会议精神，落实全面从严治党主体责任，以全面从严治行推动各项工作高质量开展。要持续巩固“两明”案教育整改成果，开展专题教育整改“回头看”，持续深化警示教育。从近期个别条线和机构发生的一些问题看，反腐败任务任重道远，全面从严治党从严治行仍然在路上。我们要保持高度警醒，把“严”的主基调长期坚持下去，深化金融领域反腐败工作，严肃查处各类违纪违法问题。各位行领导、高管要加强分管部门的从严管理，坚持“一岗双责”，做到两手抓、两手硬。发现潜在问题苗头要及时提醒，督促整改，防止小问题发展成更大问题。

第三，全力做好常态化疫情防控形势下的经营管理。当前形势下，党和国家对国有大行提出了更高期待与要求，我们肩上的担子更重了。要按照党中央、国务院决策部署，做好分区、分级、分类精准防控，因时因势完善各项防控措施，增强防控措施的针对性和实效性。要根据各地防控要求，合理制定全行复工复产安排，扎实推进经营管理与业务发展。近一段时间执委会运转顺畅高效，既抓经营管理，又抓党委重大战略推动，重点突出、成效显著。各部门、各机构要在执委会的领导下，抓好工作落实。上半年马上就要过去，时间不等人，大家要抢抓工作进度，努力完成上半年目标任务。党委、执委会布置的各项工作要强化责任落实，推动工作落地，加强督查督办，防止因为轮岗上班导致工作遗漏、职责悬空。要创新常态化疫情防控下的工作交流与调研方式，保证信息顺畅，力戒形式主义、官僚主义，多解决基层困难，多为一线服务。

第四，认真筹备召开全行应对疫情工作领导小组第7次会议。会议要研究常态化疫情防控下全行的工作策略与制度方案，调整优化工作举措，做好分区、分类、分层防控。国中同志已进行了认真准备和布置。5月的时间节点很重要，随着复工人数持续增加、人流加大、交通恢复，我们要继续绷紧疫情防控这根弦，抓紧抓实抓细常态化疫情防控，把各项举措落实到位。

第五，大力加强干部培养与队伍建设。近期我召开了几场干部座谈会，面向不同机构、不同层级的干部，听取大家对经营管理工作的意见建议，很有收获。干部梯队建设是一篇大文章，各级党委要以对工行事业高度负责的精神，切实承担起发现、培养、推荐干部的责任，当好识才选才用才的“伯乐”，努力选拔培养德才兼备、年富力强、堪当重任的优秀干部。要统筹用好各年龄段干部，同时要加快促进优秀年轻干部成长成才，发现培养选拔一批70后、75后和80后优秀年轻干部，对表现突出、堪当重任的成熟人选，大胆合理加快使用。要加强对基层干部员工的关心关爱，进一步提高基层员工待遇，把基层作为干部培养的重要阵地。工行事业要实现基业长青，要确保后继有人，工行的干部队伍有理想、有本领、有担当，工行的事业才能有前途、有未来、有希望。

第六，高度关注市场变化，进一步强化市场风险管理。今年市场环境复杂多变，小概率事件可能演化为大概率风险，要时刻保持谨慎和敏锐，高度关注疫情态势、实体经济、金融市场的相互影响，高度关注境外与境内，信用、市场、流动性、操作等不同风险之间的交叉传导与相互转化，加强分析研判，提前主动做好应对。要优化市场风险防控策略，完善制度办法、梳理业务流程、加强系统建设、夯实基础管理，强化各类产品和交易业务的市场与流动性风险管理。各位行领导和高管之间，部门和部门之间都要相互提醒，加强提示，主动补位，既要自扫门前雪，也要帮扫他人瓦上霜。要增强责任心，更加严谨、细致、周密，每天回顾梳理当天任务，防止思想疲惫、精神松懈导致疏忽和遗漏。要做好工作落地，压实主体责任，既要有效授权，也要加强监督管理。涉及市场风险的相关部门要认真落实近期有关专题会议要求，进一步提升风险防控成效。今天全行调整了账户原油和相关商品业务的交易策略，要关注市场动态，加强舆情监测，做好风险提示。

第七，进一步加强全行产品管理。全行产品条线涉及部门广，产品数量多、门类多、层级多。要做好对全行产品的统筹管理，全面系统梳理情况，形成全行完整的产品体系。每一项产品，对外要提供规范的产品说明书、加强投资者适当性管理、做好风险提示；对内要有产品目录，包括产品名称、功能说明、销售对象、定价管理、风险敞口、交易限额、应急处置机制等具体管理举措。对公司、个人、机构等不同客户产品线，境内和境外，银行和子公司的各类产品都要进行全面梳理，加强统筹管控，做到每个产品有条线、有机构、有人员管理。当前要重点关注涉及境外平盘和实物交割的商品业务管理，防止市场极端情况对我行和客户产生大的冲击。对自营、撮合、代理业务，表内、表外业务，以及可能承担信用风险的各项中间业务也要进行全面分析，及时优化调整产品策略，防止市场变化导致我行承担最终风险。总体来说，我们要对风险再识别、产品再统筹、客户再评估，加强产品创新、销售、运营、授权和风险管理，做到措施到位、管理有效、风险可控，通过高效的产品管理提升经营发展和风险管控成效。

第八，全面分析梳理风险，加强主动防控。各位行领导、高管要根据分工，全面分析梳理分管领域的业务风险点。廖林同志正在牵头对全行风险进行梳理。要对各条线、各机构、境内境外的风险做到分析监测全覆盖，看清楚各项业务的潜在风险点、风险概率和风险损失，制定防范化解风险的时间表、路线图、方法论、责任人，做到看得清、摸得透、管得住、不遗漏。当前要特别防范遗漏风险和疲劳风险，防止不经意的小事件变成大风险事件。

第九，加强监管沟通，主动回应监管关切。近期，监管机构很关注我行的各方面经营情况，要做好对国家审计署、财政部、人民银行、银保监会、外汇局等各机构的沟通汇报，紧跟最新政策要求，及时调整我行业务策略，落实好各项要求。要研究分析近期各地审计、人民银行和银保监会等机构向我行反馈的年度监管评价情况，加强问题分析，解决共性与个性问题，做好问题整改。内审、内控等部门要做好风险提示与监督，更好发挥二三道防线作用，提升工作合力。

第十，坚持厉行节约，关爱基层员工。今年国家财政预算比较紧张，银行经营也面临更大困难，我们要树立过紧日子的意识，进一步挖掘内部潜力，加强费用管理，提高使用效率。同时加强对一线员工的关心关爱，把更多资源向基层倾斜，帮助解决基层实际困难。

第十一，创新工作方法，加强业务营销。随着疫情进入常态化防控阶段，一些管控措施逐渐解除，近期京津冀的人员流动已经放开。要根据形势变化创新营销方式，加大营销力度。对京津冀、长三角、粤港澳大湾区、中部地区、成渝双城经济圈等国家重点发展区域，要按照我行支持区域发展战略意见，加强主动营销，提高服务国家区域发展战略的成效，提高我行在重点区域的市场竞争力。

第十二，全力以赴做好脱贫攻坚工作。上周我和国中同志与四川省、凉山州、金阳县三级政府召开了视频会议，共同商议进一步推进四川省脱贫攻坚尤其是金阳定点扶贫工作举措。我们要把各项扶贫措施落实到位，打好精准脱贫攻坚战，坚决完成脱贫攻坚的重大政治任务。

以上是关于近期工作的一些思考，供大家参考。当前工作任务十分繁重，班子之间要齐心协力把各项工作开展好。

在“不负韶华　逐梦前行”五四青年座谈会上的讲话

陈四清
（2020 年 4 月 30 日）

很高兴和青年朋友们在这里座谈交流，共同纪念五四运动 101 周年。首先，我代表总行党委，向全行广大青年员工致以节日的问候，向获得表彰的先进集体和个人表示热烈的祝贺！

一代人有一代人的使命，一代人有一代人的担当。百余年前，面对民族危亡与苦难，青年学生勇肩时代重任，掀起了伟大的五四爱国运动，对追求民族独立和发展进步具有里程碑意义。101 年后，在新冠肺炎疫情防控斗争中，新时代广大青年不畏艰险、冲锋在前，彰显了青春的磅礴力量，交出了合格答卷。习近平总书记在给北京大学援鄂医疗队全体“90 后”回信中指出，“广大青年用行动证明，新时代的中国青年是好样的，是堪当大任的”，鼓舞和激励广大青年“不惧风雨、勇挑重担，让青春在党和人民最需要的地方绽放绚丽之花”。这封回信，与习近平总书记关于青年工作的系列重要论述一脉相承，充分体现了党中央对青年工作的高度重视，为广大青年成长成才指明了前进方向。

刚才，青年员工代表作了很好的发言，我听后很受触动、很受教育。他们讲述的不仅是自己的故事，更是全体工行青年、全体工行人奋斗的缩影。他们当中，有坚守抗疫一线、在疫情肆虐时挺身而出的青年志愿者，有深入贫困乡村、在脱贫攻坚战中担当作为的扶贫干部，也有立足本职岗位、在全行经营发展中建功立业的有志青年。实践证明，当代工行青年是充满理想、抱负远大的一代，是朝气蓬勃、积极进取的一代，是大有可为、创新创造的一代，是忠诚奉献新时代党的金融事业、值得托付工商银行未来的先锋力量！

新时代的工行青年，身处中华民族伟大复兴的历史征程，面对建功立业的难得人生际遇，要始终坚持党的领导，继续发扬五四精神，赓续“永久奋斗”传统，矢志不渝为中国人民谋幸福、为中华民族谋复兴，争做堪当大任的时代先锋，不辜负党组织期望，不辜负人民重托，不辜负伟大时代。

一、堪当大任者，必明其理想

理想指引人生方向，信念决定事业成败。习近平总书记指出：“青年时代树立正确的理想、坚定的信念十分紧要，不仅要树，而且要在心中扎根，一辈子都能坚持为之奋斗。”广大青年员工要以习近平新时代中国特色社会主义思想武装头脑，厚植爱国主义情怀，把报效祖国作为最崇高的追求，把服务人民作为最大的责任。金融是现代经济的核心，银行是金融业的主体。全行青年员工要胸怀金融报国理想、树立建设强行志向，把爱国主义精神转化为做好银行本职工作的实际行动，按照“48 字”工作思路，把个人成长坐标与工行发展轨迹统一起来，融小我于大我，在世界一流现代金融企业建设中实现人生抱负、展现个人芳华。

二、堪当大任者，必承其担当

勇于担当是五四运动留给我们宝贵的精神财富，更是新时代中国特色社会主义对青年一代的重托和要求。“宝剑锋从磨砺出”“梅花香自苦寒来”。工行青年要不畏艰险，迎难而上，勇于把青春汗水挥洒在脱贫攻坚主战场、把青春华章书写在经营发展第一线、把青春力量凝聚到改革创新最前沿。要以战略重点任务为牵引，以青年岗位建功、争先创优比拼活动为载体，积极投身到第一个人金融银行、境内外汇业务首选银行、提升战略性区域竞争力等战略部署中，以实实在在的工作业绩，汇聚起实干强行的青春力量。

三、堪当大任者，必强其本领

成就事业靠过硬本领，练就本领靠勤奋学习。人的一生都要学习，青年时代更是学习的黄金时期。当今时代，知识更新不断加快，新技术新模式新业态层出不穷。这次新冠肺炎疫情倒逼市场格局、产业发展、商业模式、消费方式发生了深刻变化，也倒逼我们更新知识、提高认识、提升能力素质。广大青年员工要把学习作为责任、成为追求、养成习惯，努力学习马克思主义立场观点方法，不断扩充知识储备和专业技能，不断锤炼思想品格和道德修为，使自己的思维视野、思想观念和认识水平跟上越来越快的时代发展。要坚持学以致用，积极投身决胜全面建成小康社会伟大实践，在助力打好“三大攻坚战”、完成金融“三大任务”中充分发挥积极性、主动性、创造性。

四、堪当大任者，必勇于奋斗

比起我们这代人年轻的时候，现在青年人的生活条件好了，但奋斗的精神不能少，奋斗的传统不能丢，奋斗的青春最美丽。日益激烈的市场竞争、不断变化的经营环境，为青年施展才华提供了广阔舞台，也对秉持奋斗精神提出了更高要求。工行青年要坚决“应战”，以青春的朝气与活力，冲破思维惯性和传统路径依赖，从危机中寻找机遇，把不利因素转化为有利条件；工行青年要特别“敢战”，敢于出招亮剑，敢于拼搏求胜，在争夺市场制高点的较量中占据主动；工行青年要更加“善战”，用好“三比三看三提高”工作方法，以比促进、以比创新、以比致胜，推动世界一流现代金融企业建设迈上新的台阶。

共青团是党的助手和后备军，是党的青年工作的重要力量。全行各级共青团组织围绕中心，服务大局，认真履行引领凝聚青年、组织动员青年、联系服务青年职责，通过举办员工集体婚礼、青年员工座谈会、新入职员工迎新活动等方式，团结带领广大青年员工不断开拓创新、奋发有为。希望各级团组织继续发扬“党有号召、团有行动”光荣传统，在党和国家事业发展全局以及全行工作大局中找准自身工作切入点，深入基层、走进青年，想青年之所想，急青年之所急，不断提高全行青年员工的认同感、获得感和幸福感。各级党组织要主动关心青年工作，充分信任青年，严格要求青年，为青年成长奋斗铺设广阔舞台，让他们大展身手，大放光芒。要贯彻新时代党的组织路线，在用好各年龄段干部的同时，以更大的力度发现和培养青年干部。

工行青年有理想、有本领、有担当，工行事业就有前途、有未来、有希望。衷心希望广大青年员工拥抱新时代、展现新作为、争做搏击者、勇当弄潮儿，以锐意进取、不懈奋斗、勇攀高峰的实际行动，贡献民族复兴，奉献工商银行，实现心中理想，不负青春年华。

走在前　作表率　树标杆
推动机关党建高质量发展

——在中国工商银行机关党的建设工作会议上的讲话

陈四清

（2020 年 6 月 4 日）

这次会议的主要任务是，深入贯彻习近平总书记在中央和国家机关党的建设工作会议上的重要讲话精神，全面落实《关于加强和改进中央和国家机关党的建设的意见》要求，学习传达 2020 年中央和国家机关党的工作暨纪检工作会议精神，总结经验，分析形势，部署任务，推动机关党的建设高质量发展。我讲几点意见。

一、近年来机关党建工作成效明显

刚才，五家单位围绕强化政治担当、党建和业务融合发展、党支部标准化规范化建设、工作机制建设、党支部工作法等方面作了重点发言，介绍了一些鲜活做法和有益经验，展示了创新成果。总的来看，我行机关党建工作开展得有声有色，在金融同业中处于前列，得到了广泛认可。

近年来，机关各级党组织以党的政治建设为统领，统筹推进机关党的各项建设，取得了新成绩新进步。一是思想政治更加坚定。“不忘初心、牢记使命”主题教育成果显著，政治机关意识更加深入人心，机关党员、干部在增强“四个意识”、坚定“四个自信”、做到“两个维护”上认识更加深刻、站位更加高远、行动更加自觉，进一步提升了用党的创新理论破解实践难题、推动经营发展的能力，在助力三大攻坚战、完成好金融工作“三大任务”、加快推动经营发展中履行了职责、展现了作为、发挥了示范表率作用，引领带动全行践行“六个力量”要求，为经济金融发展贡献了工行力量。二是基层基础更加扎实。坚持抓基层、打基础，规范总分行机关基层党组织设置，启动质量提升三年行动计划，开展党支部标准化规范化建设试点，探索建立创先争优长效机制，党内政治生活政治性、时代性、原则性、战斗性进一步增强，机关党员、干部攻坚克难、勇挑重担的积极性主动性进一步提高，党组织战斗堡垒作用和党员先锋模范作用得到充分发挥，党的政治优势、组织优势、群众工作优势，切实转化为强行兴行的发展优势，实现了党建与经营的同向聚合、深度融合，机关党建工作和改革发展都取得了新成效。三是正风肃纪更加有力。坚决查处违反中央八项规定及实施细则精神问题，持之以恒纠治“四风”，重拳整治机关形式主义、官僚主义顽疾，有效解决了一批基层和员工最关心、最直接、最现实的突出问题。认真落实派驻纪检改革要求，理顺工作职责，重构了内部监督体系，监督力量进一步整合，监督效能进一步提高。有效运用“四种形态”，深化“八大领域”风险治理，常态化、精准化开展警示教育，机关党员、干部进一步提升了廉洁自律意识，不敢腐的震慑初步实现，不能腐的制度日益完善，不想腐的堤坝更加牢固，风清气正的干事创业氛围不断加强。四是体制机制更加完备。认真学习贯彻党的十九届四中全会精神，加快制度“供给侧”改革步伐，健全完善全面从严治党、从严治行主体责任落实机制，探索建立了科学有效的考核评价办法，专兼职党务干部“一岗双责”意识更加强化，齐抓共管工作格局逐步形成，机关党建工作合力持续增强，“正面有规范、反面有禁止、违规有问责”的制度体系不断完善，机关党建体制机制建设和治理能力建设同步推进，内部管理体系更加有效。

我行的机关党建工作在新冠肺炎疫情防控中也经受住了考验，发挥了积极作用。面对突如其来的疫情，总分行机关各级党组织和党员、干部闻令而动、迎难而上、担当作为，统筹做好疫情防控、金融服务保障和经营管理各项工作，展现了良好精神风貌，进一步检验了机关党建工作成效。在此，我代表党委向广大党员和党务干部，表示诚挚的问候和衷心的感谢。

我们在实践中深化了规律认识，积累了重要经验，主要体现在四个方面。一是坚持提高站位，践行“两个维护”。坚持党的领导、加强党的建设，是国有企业的“根”和“魂”。总分行机关是全行的经营决策、管理指挥和资源配置中心，是践行“两个维护”的第一方阵。必须充分发挥党组织把方向、管大局、保落实的作用，把准政治方向，坚定政治立场，认真对标对表，增强践行“两个维护”的思想自觉和行动自觉，推动习近平总书记重要指示批示精神和党中央决策部署在工商银行不折不扣贯彻落实。二是坚持宗旨意识，站稳群众立场。全心全意为人民服务是党的根本宗旨，是我们做好一切工作的出发点和落脚点。必须把“不忘初心、牢记使命”作为加强党的建设的永恒课题和党员干部的终身课题，把宗旨意识植根于思想中、落实到行动上，坚持服务基层、服务客户、服务员工，实现服务效能和基层活力的“齐增强”，促进经营发展和客户满意度的“双提升”，推动工商银行和员工个人的“共发展”，使机关党建工作获得不竭动力、展现勃勃生机。三是坚持以上率下，当好表率模范。机关党建是全行党建的“风向标”。必须在深入学习贯彻习近平新时代中国特色社会主义思想上作表率，在始终同以习近平同志为核心的党中央保持高度一致上作表率，在坚决贯彻落实党中央各项决策部署上作表率，把建设让党中央放心、让人民群众满意的模范机关作为目标任务，积极推进理念思路、方式手段、制度机制等各个方面的改革创新，真正把机关党建打造成为“样板工程”，以机关带系统，引领和带动全行党的建设质量全面提升。四是坚持找准定位，狠抓工作实效。“围绕中心、建设队伍、服务群众”是机关党建的职责定位，也是凝心聚力促发展的关键所在。必须找准党建工作与业务工作、党建要求与党员需求、理论学习与实践运用的结合点，推动党建和业务深度融合。注重发挥和弘扬党员的先锋模范作用，常态化开展树典推优工作，用好“三比三看三提高”工作方法，激发出党支部的战斗堡垒作用和党员的先锋模范作用，把机关党员、干部组织动员起来，凝聚推动工商银行改革发展的强大力量，落实好全面打造“第一个人金融银行”、建设境内外汇业务首选银行、推进战略性区域布局等战略重点任务。

当前，我们正处于“两个一百年”奋斗目标的历史交汇期，正面临世界百年未有之大变局，机遇与挑战并存，压力与动力同在。机关党建工作的成效，直接关系着我们以什么样的奋斗姿态迎接挑战，以什么样的精神状态实现发展。机关各级党组织和党员、干部要进一步增强推动机关党建高质量发展的责任感使命感，扎实推进各项工作。要通过高质量的机关党建工作激发出机关各级党组织、广大党员投身改革发展的精气神、正能量，充分发挥党的政治领导力、思想引领力、群众组织力优势，以党建促发展，以发展强党建。

二、今年机关党建工作总体要求及重点安排

2020 年是全面建成小康社会和“十三五”规划收官之年，也是我行完成三年规划的决胜之年。做好今年总分行机关党的建设工作总体要求是：以习近平新时代中国特色社会主义思想为指导，认真贯彻党的十九大和十九届二中、三中、四中全会以及十九届中央纪委四次全会精神，持续加强党对金融工作的领导，按照工委、总行党委工作部署，推动机关各级党组织和党员、干部增强“四个意识”、坚定“四个自信”、做到“两个维护”，争做“三个表率”，创建模范机关，坚持新发展理念，统筹推进金融工作“三大任务”落地，支持经济高质量发展，落实总行党委“48 字”工作思路，为建设世界一流现代金融企业提供坚强保证，为全面建成小康社会和“十三五”规划圆满收官贡献工行力量。

根据今年机关党建工作总体要求，总行直属机关党委已经印发了《2020 年总分行机关党建工作要点》。近期，工委又部署了强化政治机关意识教育、开展“灯下黑”问题专项整治、党支部标准化规范化建设三项重点工作，机关各级党组织和党员、干部要认真抓好落实。

（一）强化政治机关意识教育，走好“第一方阵”。总分行机关首先是政治机关，必须旗帜鲜明讲政治。要强化政治机关意识。工商银行是国有金融企业，肩负着

建设党和国家金融事业、服务广大人民群众的责任，天然地具有政治属性，必须处理好政治责任、经济责任和社会责任的关系。国有金融企业的特殊地位，决定了总行机关与其他中央和国家机关一样，离党中央最近、服务党中央最直接，是贯彻落实党中央决策部署的“最先一公里”，必须永葆政治机关的鲜明本色。要自觉践行“两个维护”。要教育引导机关各级党组织和党员、干部不断增强践行“两个维护”的思想自觉、政治自觉、行动自觉，锤炼忠诚干净担当的政治品格。自觉把机关党建工作放到推动贯彻落实党中央决策部署的高度去谋划，将经营发展目标紧密融入国家战略，自觉服从服务于党中央工作大局。扎实推进服务实体经济、防控金融风险、深化金融改革“三大任务”，把更多金融资源配置到经济的重点领域和薄弱环节，统筹做好常态化疫情防控和经营发展的各项工作。积极投身脱贫攻坚工作，坚持定点扶贫和金融扶贫相结合，助力打赢“三大攻坚战”。要增强忧患意识，提升斗争本领，增强政治敏锐性和政治鉴别力，加强思想淬炼、政治历练、实践锻炼、专业训练，在完成急难险重任务中提高政治能力。要筑牢理想信念。总分行机关必须在学懂弄通做实上当好示范，用党的创新理论武装头脑、指导实践、推动工作，解决好世界观、人生观、价值观这个“总开关”问题。要深化从学到知的转变。摆脱“浅尝辄止”的习惯，在深学细研、入脑入心上下功夫。要坚持学原文、读原著、悟原理，既学知识内容、理论体系，也学立场方法、精神实质，在国际与国内、历史与现实对比中学深悟透、融会贯通。要突出抓好领导干部和年轻干部两个重点，发挥理论学习中心组龙头带动作用，组织实施好青年理论学习提升工程，不断提高理论学习针对性有效性。要完成从知到信的提升。要克服“功利主义”的倾向，在真学笃信、内化于心上下功夫。在学的过程中提高站位、理清思路、掌握方法，在干的过程中加深理解、增进认同、纠正偏差，不断增强用党的创新理论破解实践难题、推动经营发展的信心和能力。要实现从信到行的跨越。要解决“学用脱节”的问题，在学以致用、外化于行上下功夫。要落实不忘初心、牢记使命制度，把习近平总书记关于强化政治机关意识和经济金融领域的重要论述，转化为提高机关党建质量的具体举措，转化为执行总行战略安排的自觉行动。要发挥表率作用。聚焦“让党中央放心、让人民群众满意”这个目标，大力推动模范机关创建，把对上负责和对下负责统一起来，使创建过程成为破解工作难题、转变工作作风、推动经营发展的过程，着力打造政治过硬、思想过硬、组织过硬、作风过硬、纪律过硬、作用发挥过硬的模范机关。要把创建工作同巩固拓展“不忘初心、牢记使命”主题教育成果结合好，同推进中心工作结合好，深度融合、同向发力，营造共创共建的浓厚氛围，引导机关各级党组织和党员、干部围绕“决胜小康、岗位建功”担当作为，坚决贯彻落实党中央决策部署，高质量完成工作任务，创造一流经营业绩。

（二）坚持问题导向，抓好“灯下黑”问题专项整治。要深刻认识整治“灯下黑”问题的重要意义。习近平总书记多次就解决机关党建“灯下黑”问题作出重要批示、提出明确要求，强调“中央和国家机关出问题危害很大，属心腹之患而非皮癣之忧”。工委也专门拿出半年的时间进行专项治理，这些都体现了党中央对于“灯下黑”问题的高度重视。工委结合中央巡视发现的机关党建突出问题，梳理了四方面 17 项内容，这些内容既是中央和国家机关各部门机关党建的整治重点，也是今后中央巡视组检查的重点。作为即将接受中央巡视检查的金融企业，对照这些重点内容排查梳理整改机关党建存在的问题，是我行接受中央巡视前的一次重要准备，具有十分重要意义。要认真全面排查“灯下黑”问题。应该讲，工委整治的“灯下黑”重点问题，在我行也不同程度的存在，有的甚至较为突出。比如，理论学习入脑入心入行不够的问题。有的没有入脑入心，去年党建知识测试中，一些部门得分不高；有的结合实际做得不够，“学归学”“做归做”，理论与实践相互脱节。又如，以“业务部门”的“业务干部”自居的问题。有的同志存在“业务抓好、一好百好”的错误思想；有的同志对自己的第一身份是党员，第一职责是为党工作，抓好党建是最大政绩，认识不够。总行党委对解决“灯下黑”问题高度重视，已经进行了专项部署，率先查摆整改问题。总分行机关各部门也要对“灯下黑”突出问题进行一次大排查、大起底。领导班子特别是“一把手”要在治理“灯下黑”问题上下大力气，既要管好自己，也要管好班子，通过抓好班子，带好队伍，认真落实好全面从严治党从严治行各项要求；要贯彻以人民为中心的发展思想，打通机关和基层、干部和员工、前中后台、银行和客户之间的服务交流渠道，做好机关服务基层、干部服务员工、后台服务前台、全员服务客户、金融服务实体经济的各项工作；要带头查摆问题，把自己摆进去、把思想摆进去、把工作摆进去，通过自己找、上级点、群众提、对照查等方式，把问题找准找实，把问题背后的原因查深查细。要结合中央巡视、工委督查、总行巡视以及“不忘初心、牢记使命”主题教育查摆出的机关党建突出问题，进一步明确问题清单，制定措施，建立台账。要以钉钉子精神抓好整改落实。要坚持边查边改、立行立改。对于需要时间推进的，要明确责任、确定时限、限期整改；对于需要长期坚持的，要总结经验规律，形成制度办法，建立长效机制。问题整改要实行项目化推进，逐一明码结账，确保问题检查到位、整改到位。

（三）全面推进标准化规范化建设，提升机关基层党组织组织力。基层党支部建设质量是决定机关党建工作质量的关键因素，我们必须坚持强基固本，扎实推进党支部标准化规范化建设，有力推动基层党组织全面进步、全面过硬。一是要规范基层党组织设置。总分行机关基层党组织要落实好党支部、临时党支部、党小组的设置要求，应建尽建、设置规范、运行高效、调整及时。要选优配强基层党组织班子，部室主要负责人要担任党组织书记，部室负责人是党员的要担任委员，党小组长要由处室、科室或团队负责人担任。二是要提升组织生活质量。要认真落实“三会一课”、民主评议党员、党员领导干部参加双重组织生活等制度，强化领导带头，从开好民主生活会、组织生活会抓起，把批评和自我批评作为组织生活的经常性内容，积极营造直面问题、敢于担当、敢讲真话和虚心纳谏的良好氛围。要创新组织生活形式，总结提炼经验做法，丰富组织生活内容，运用互联网载体，宣传推广“党支部工作法”“党小组工作法”和典型案例，不断增强组织生活的时代性、吸引力。要推动组织生活常态化，以尊崇党章、遵守党规为基本要求，以解决问题、发挥作用为基本目标，增强严肃性、仪式感，锲而不舍地抓紧抓实抓好组织生活这项基础工程，确保组织生活高质量开展。三是要强化党员队伍建设。要严把党员发展的“入口关”，积极主动做好业务骨干、青年员工等优秀人才的发现、培养、发展工作，不断增强党组织的感召力、影响力、吸引力，永葆党员队伍先进性。要推动创先争优常态化、长效化，激发“比”的意识、“拼”的精神，实现“进”的目标，引导党员带头学习强素质、带头创新争一流、带头服务比贡献、带头干事谋发展。要构建教育管理监督闭环工作体系，既要有力度，又要有温度，把严管和厚爱统一起来，加强党内激励关怀帮扶，提升党员的获得感、幸福感和归属感。四是要充分发挥功能作用。要逐步构建起系统化的党建工作制度、规范化的党建工作程序、高效化的党建工作方法、精细化的党建工作考核机制，注重用党的理论引领人、用理想信念说服人、用党的活动感染人、用思想政治工作凝聚人，切实提升组织力，推动每个党支部都强起来、每个党小组都活起来、每名党员都动起来，使支部成为宣传党的主张、贯彻党的决定、推动改革发展的坚强战斗堡垒。

三、强化责任担当，推动全面从严治党从严治行向纵深发展

机关各级党组织和党员、干部要以身作则、率先垂范，以更高标准、更严要求深入推动全面从严治党从严治行。

（一）落实机关党建责任。要坚持书记抓、抓书记，形成职责清晰、任务明确、环环相扣的责任链条。要牵住责任“牛鼻子”。分行党委要履行好机关党建主体责任，健全定期研究机关党建的工作机制，切实加强对机关党建工作的领导；直属机关党委要聚焦主责主业，统筹推进机关党建各项任务落地，切实担负起专责机构职责；机关各级党组织要发挥主体作用，细化工作举措，切实抓好教育、管理、监督党员和组织、宣传、凝聚、服务群众的具体工作。分行党委书记要强化抓机关党建是本职、不抓机关党建是失职、抓不好机关党建是渎职的理念，自觉扛起机关党建第一责任人职责，其他班子成员要履行“一岗双责”，抓好分管领域党建工作。直属机关党委书记要聚精会神抓党建，敢于担当作为，不做“挂名书记”。基层党组织书记要当好“带头人”，委员要分工负责，落细落实各项工作要求。要找准工作着力点。党建工作与业务工作是不可分离的，要一起谋划、一起部署、一起落实、一起检查，把机关党建工作融入全行经营发展中，把推动改革发展作为机关党建工作的出发点和落脚点，用改革发展成果来检验机关党建工作成效。要坚定信心、提高能力、履职尽责，把发挥党组织作用与完善公司治理结合起来，把党员管理和员工管理有机结合起来，把党建工作贯穿业务发展全过程，使各项举措在部署上相互配合、在实施中相互促进。

（二）营造良好政治生态。要保持严的主基调，坚定不移推进党风廉政建设和反腐败工作。一是加强作风建设，建立长效机制。要严格落实中央八项规定及实施细则精神，执行好总行党委驰而不息加强作风建设的要求部署，以通报的典型案例为鉴，坚决同隐形变异“四风”问题作斗争，推进作风建设长效化。要持续解决困扰基层的形式主义问题，抓好问题排查和整改落实，让基层和客户切实感受到减负带来的新变化。要致力于满足实体经济和人民群众对金融服务的新期待、新要求，既服务好实体经济又防控好经营风险。二是强化纪律教育，筑牢思想防线。机关各级党组织和广大党员、干部要带头学纪律、懂规矩，把党章党规党纪作为理论学习中心组、党支部、青年理论学习小组学习的重要内容，通过多种形式加强纪律教育、政德教育、家风教育，强化纪律规矩意识。要持续开展严重违纪违法案件警示教育，巩固拓展“两明案”专题教育整改成效，以案明纪、以案促改。要带头守纪律、讲规矩，严格执行党内政治生活若干准则、重大事项请示报告等制度，严肃党内政治生活，净化政治生态。三是严肃监督执纪问责，扎紧制度笼子。要敢抓敢管、善抓善管、真抓真管。要灵活运用监督执纪“四种形态”，特别是在用好第一种形态上下功夫，多做红脸出汗、咬耳扯袖的工作。要健全和落实廉政风险防控机制，加强对权力、资金、资源集中的重点部门和关键岗位的监督，切实“管住人、看住钱、扎牢制度防火墙”，一体推进不敢腐、不能腐、不想腐。

（三）凝聚党建工作合力。机关党建是一项系统工程，是机关各级党组织和广大党员、干部的共同责任。要树立“一盘棋”思想，统筹好党委职能部门资源优势，发挥好工青妇等群团组织的桥梁纽带作用，激发好

专兼职党务干部的工作热情，唱好“大合唱”、共建“大格局”。要尊重广大党员主体地位，党员既是机关党建工作的对象，也是机关党建工作的主体。要做实做细思想政治工作，让大家相信组织、依靠组织，主动参加机关党建工作，使每一名党员都成为机关党建的实践者、参与者、推动者、受益者。要建设高素质专业化的党务干部队伍，注重选拔政治强、业务精、作风好的干部从事机关党建工作，建立党务干部同业务干部的双向交流机制，使党务工作成为既成就事业又成就人才的重要平台。要以明确责任、考核监督、保障服务为重点，探索建立党务干部机关党建工作考核评价体系。要将党务工作经历纳入干部履历，把管党治党能力作为干部年度考核和选拔任用的重要依据，把党务干部培养成为政治上的明白人、党建工作的内行人、干部员工的贴心人。

同志们，机关党建工作责任重大、使命光荣，让我们紧密团结在以习近平同志为核心的党中央周围，不忘初心、牢记使命，开拓进取、扎实工作，不断推进机关党的建设高质量发展，为促进“六稳”、落实“六保”、决战全面建成小康社会、决胜脱贫攻坚作出新的更大贡献。

旗帜鲜明讲政治 坚定不移跟党走 在变局中开创工商银行改革发展新局

——在庆祝中国共产党成立99周年暨“七一”党课上的讲话

陈四清

（2020年7月1日）

在党的99岁华诞之际，我们通过重温入党誓词、讲授专题党课等方式，隆重纪念党的生日。刚才，两位同志讲述了带领基层党组织和广大党员，在打好疫情防控阻击战、打好脱贫攻坚战中担当作为的实践与感悟，这也是对共产党员守初心、担使命的生动诠释，听了很受鼓舞、很受教育。我代表总行党委，向奋战在抗疫一线、扶贫一线、经营一线，为党的金融事业和全行改革发展作出积极贡献的各级党组织和广大党员，致以节日的问候和崇高的敬意！

坚持党员领导干部讲党课制度，是党的优良传统，是党内政治生活的重要内容，也是加强党员思想教育、强化党性观念的有效途径。今年，中央组织部在全国开展了“党课开讲啦”活动，要求结合“三会一课”、主题党日等，组织讲党课、上党课；中央和国家机关工委要求围绕“强化政治机关意识、走好第一方阵”讲党课。根据中央要求，结合总行党委安排，我围绕“旗帜鲜明讲政治”这个主题，谈谈自己的体会和认识，和大家做一个思想交流，也作为一次专题党课。下面，我讲四个方面的内容。

一、充分认识旗帜鲜明讲政治的重要意义

习近平总书记指出，“我们党作为马克思主义政党，必须旗帜鲜明讲政治”。全行各级党组织和党员干部要充分认识旗帜鲜明讲政治的重要意义，切实增强推进党的政治建设的自觉性和坚定性。

（一）旗帜鲜明讲政治，是马克思主义政党的根本要求。马克思主义政党具有崇高政治理想、高尚政治追求、纯洁政治品质、严明政治纪律，政治性是党的根本属性，讲政治是党的一贯要求。中国共产党之所以能够始终保持团结统一，历经磨难奋起拼搏、历经曲折勇往直前，与始终旗帜鲜明讲政治密不可分。毛泽东同志确立了思想建党、政治建军的重大政治原则，提出了要“使党员的思想和党内的生活都政治化、科学化”“政治工作是一切经济工作的生命线”等重要论断。邓小平同志强调“改革，现代化科学技术，加上我们讲政治，威力就大多了。到什么时候都得讲政治”。江泽民同志提出，“在对干部进行教育当中，要强调讲学习、讲政治、讲正气”。胡锦涛同志指出，“我们讲的政治，是马克思主义的政治，是建设有中国特色社会主义的政治”。习近平总书记在党的十九大上明确提出党的政治建设这个重大命题，强调“党的政治建设是党的根本性建设，决定党的建设方向和效果”，并提出了“政治方向是党生存发展第一位的问题”“民心是最大的政治”等一系列重要论述。党的发展历程告诉我们，注重从政治上建设党，是我们党不断发展壮大、从胜利走向胜利的重要保证。什么时候全党讲政治、党内政治生活健康，我们党就风清气正、团结统一，党的事业就蓬勃发展；反之，就会人心涣散、丧失斗志，给党的事业造成严重损失。必须充分认识讲政治对巩固党的领导基础和执政基础的重要作用，把政治建设作为党的根本性建设常抓不懈。

（二）旗帜鲜明讲政治，是十八大以来全面从严治

党的鲜明特点。习近平总书记指出，“政治问题，任何时候都是根本性的大问题。全面从严治党，必须注重政治上的要求”。党的十八大以来，以习近平同志为核心的党中央从党和国家事业全局出发，把党的政治建设摆在突出位置，强化管党治党政治责任，有力解决了党内存在的突出问题。十八届四中全会把违反党的政治纪律和政治规矩的现象归纳为“七个有之”，强调“干部在政治上出问题，对党的危害不亚于腐败问题，有的甚至比腐败问题更严重”。十八届六中全会审议通过了《关于新形势下党内政治生活的若干准则》，提出“党要管党必须从党内政治生活管起，从严治党必须从党内政治生活严起”，要求增强党内政治生活的政治性、时代性、原则性和战斗性。党的十九大提出以党的政治建设为统领，要求全党坚定执行党的政治路线，在政治立场、政治方向、政治原则、政治道路上同党中央保持高度一致。2019 年，党中央制定了《关于加强党的政治建设的意见》，对新形势下党的政治建设各方面工作进行了全面部署。十八大以来全面从严治党的经验表明，加强党的政治建设是解决党内各种问题的治本之策，不抓党的政治建设或背离党的政治建设指引的方向，党的其他建设就难以取得预期成效。必须旗帜鲜明讲政治，不断实现自我净化、自我完善、自我革新、自我提高，团结带领广大人民群众统一意志、统一行动，开创党和国家发展新局面。

（三）旗帜鲜明讲政治，是金融事业发展的内在要求。金融事业是党的事业的重要组成部分，是在党的领导下一步一步建立和发展起来的，讲政治是党的金融事业的优良传统和应有之义。战争年代，经济建设是围绕革命战争进行的，钱袋子和枪杆子发挥了同样重要的作用。土地革命战争时期，党在中央革命根据地成立国家银行，自主发行货币，为“反围剿”的胜利和根据地的巩固发展提供了金融保障；抗战时期，党开展大生产运动，在边区的施政方略中科学部署财税金融工作，战胜了敌人封锁造成的经济困难。新中国成立以来，党领导金融事业，白手起家、探索发展，不唯书、不唯洋，坚持用马克思主义立场、观点和方法指导实践、解决问题。新中国成立初期，实现了财政收支平衡，遏制了恶性通货膨胀，迅速恢复了社会经济秩序；改革开放后，稳步推动金融改革，逐步建立起中国特色社会主义金融体系。作为党领导下的国有金融企业，工商银行始终把坚持党的领导、加强党的建设作为“根”和“魂”，自觉肩负起国有大行的政治担当，努力把政治优势转化为经营发展优势，实现了跨越式发展。当前，我们正处于“两个一百年”奋斗目标的历史交汇期，面临世界百年未有之大变局，叠加新冠肺炎疫情影响，国内外形势更趋错综复杂，改革发展任务更加艰巨繁重。只有将旗帜鲜明讲政治融入到各项工作中，才能从政治上提高站位、把准大局、看清问题，确保全行改革发展保持正确方向。

（四）旗帜鲜明讲政治，是党员干部健康成长的现实需要。总体来看，工商银行的党员干部理想信念是坚定的，政治上是可靠的，但也存在一些差距和不足。有的干部政治站位不高，对党的创新理论学习领会不够，想问题、办事情过多关注本单位利益，对党中央决策部署执行不够到位，对总行党委要求有时存在“选择性落实”的情况。有的干部政治担当不够，面对复杂形势、严峻挑战、经营困难，过于强调客观因素，忽视主观能动性的发挥，工作落实不力。有的干部政治能力不强，不善于抓班子带队伍，不习惯做思想政治工作，对干部员工甚至班子成员的思想状况关注不足，敏感性不够。有的干部执行政治纪律不严，请示报告不及时，有的事情对组织打“马虎眼”，违反中央八项规定精神的问题仍有发生。此外，一些机关干部缺乏基层艰苦环境的历练，对基层的困难和群众的疾苦缺乏体验和感受，应对复杂局面、解决复杂问题的能力还不够强，服务基层、服务群众的本领还需要提高，等等。这些情况，在各级机构、各级机关、各级干部中都不同程度的存在。讲政治，是共产党人的立身之本。金融行业的党员干部，容易遇到各种围猎腐蚀，如果不能把政治意识和纪律底线树牢，小问题终会变成大问题。近年来，金融系统和我行的个别党员干部，都是因为理想信念滑坡而突破底线，一步步走向违法犯罪道路。党员干部必须清醒地认识到这一点，以对党忠诚、为党分忧、为党尽职、为民造福为己任，经常接受政治体检、打扫政治灰尘、净化政治灵魂，全方位加强政治历练、增强政治免疫力。

旗帜鲜明讲政治，是具体的而不是抽象的，具有鲜明的实践性和科学性，要掌握实践要求，关键是把握好“四个关系”。

一是要把握好政治和业务的关系。政治和业务是紧密联系、高度统一的，没有脱离政治的业务，也没有脱离业务的政治。对于国有银行来说，讲政治是一切业务工作的前提，抓业务是讲政治的落脚点。要坚持政治工作与业务工作同谋划、同部署、同落实、同检查，在推进各项工作时自觉同党中央决策部署对标对表，找准政治与业务的结合点，使讲政治和抓业务“同频共振”。

二是要把握好思想和行动的关系。思想是行动的先导，决定行动的方向和动力。旗帜鲜明讲政治，既要统一思想，又要见诸行动。既要强化政治意识，深刻领会讲政治的重要意义，在思想上绷紧讲政治这根弦；又要提升政治能力，在行动中深化对讲政治的认识，落实好讲政治的各项要求。要做到知行合一，用新思想引领新实践，用新本领迎接新考验，用新担当创造新业绩，不断提高讲政治的思想自觉和行动自觉。

三是要把握好机关和基层的关系。机关在全行党建工作中具有重要的风向标作用，是讲政治的“第一方阵”；党的基层组织是党的全部工作和战斗力的基础，是讲政治的“战斗堡垒”。旗帜鲜明讲政治，要强机关、带基层。要重点抓好各级机关和领导干部这个“关键少数”，发挥好示范引领作用；要引导基层党组织和广大党员干部把讲政治体现在履职尽责上、日常言行中，形成全行上下坚定不移跟党走、团结一致向前看的生动局面。

四是要把握好建章立制和落地见效的关系。制度的建立和完善为开展各项工作提供了遵循，而执行和落地则是制度发挥有效作用的保障。近年来，党中央先后出台了加强党的政治建设、严肃党内政治生活等方面的制度办法，总行党委也制定了具体措施。要坚持建章立制和制度执行并举，从基本制度严起、从日常规范抓起，将制度要求与工作实际相结合，提高制度执行力。对执行不力、落实不好、问题突出的，要敢于亮黄牌、掏红牌。

二、各级党组织要增强政治功能，发挥领导作用

工商银行拥有 2 万多个党组织，是我们强大的组织基础和政治优势。各级党组织要不断强化政治属性和政治功能，坚持听党话、跟党走，坚决贯彻落实党中央决策部署，为党的事业贡献工行力量。

（一）把方向，把讲政治体现在对标党中央决策部署上。把方向，就是要自觉在思想上、政治上、行动上同以习近平同志为核心的党中央保持高度一致，坚决贯彻党的理论和路线方针政策，确保全行坚持改革发展的正确方向。一是要用党的创新理论指引方向。建立和落实不忘初心、牢记使命的制度，坚持学思用贯通、知信行统一，深入学习贯彻习近平新时代中国特色社会主义思想，及时跟进学习习近平总书记最新重要讲话、重要指示批示精神，从根本上坚定理想信念、凝聚发展共识、增强工作本领。当前，要重点学习贯彻党的十九届四中全会精神、全国“两会”精神、习近平总书记关于统筹推进疫情防控和经济社会发展的重要讲话精神。二是要坚定“两个维护”的意识和行动。一方面，要增强维护意识、提升维护能力，严肃党的政治生活，严格政治纪律和政治规矩，加强政治把关和政治历练，引导党员干部锤炼忠诚干净担当的政治品格；另一方面，要坚定维护行动、提高维护效果，立足党和国家发展全局谋划推动经营工作，确保党中央决策部署在工商银行一贯到底。三是要坚持“以人民为中心”的发展思想。要坚持客户至上，强化服务功能，找准服务重点，持续提升金融供给质量，打造效率高、体验佳、口碑好的银行，更好地满足人民美好生活的需要，真正体现金融为民、利民、惠民、安民。要坚持以人为本、关爱员工，持续为基层减负赋能，解决员工最关心最现实的问题，增强员工的归属感和凝聚力。

（二）管大局，把讲政治体现在履行管党治行责任上。管大局，就是要坚持在大局下行动，议大事、抓重点，加强集体领导、推进科学决策，全面履行经济责任、政治责任、社会责任。我们的工作不能只考虑自身经济利益，更要考虑国家发展大局。比如，我们让利实体经济，与湖北省政府签署战略合作协议，在“三区三州”等深度贫困地区增设机构、支持当地发展等，都是讲政治、顾大局的具体体现。全行要找准服务大局的切入点和着力点，扛起责任，强化担当。一是要突出“稳”的基调。强化底线思维，保持战略定力，把“稳”作为大局和前提，在当前严峻复杂的形势下，做到防疫稳、经营稳、队伍稳、预期稳。同时，发挥好金融主力军作用，全力服务“六稳”“六保”，统筹推进“三大攻坚战”和金融工作“三大任务”落地，助力稳住经济基本盘。二是要坚持“严”的标准。坚持以全面从严治党引领全面从严治行，强化各级党委主体责任、党委书记第一责任人责任和各级纪委监督责任，把严的要求落实到公司治理、经营发展、队伍建设等各项工作中。要深刻汲取“两明案”教训，持续加强党风廉政建设和反腐败斗争，巩固扩大派驻改革成果，一体推进不敢腐、不能腐、不想腐，营造风清气正的良好政治生态。三是要强化“实”的导向。坚持实干为要，落实总行党委“48 字”工作思路，用好“三比三看三提高”工作方法，扎实推进第一个人金融银行、境内外汇业务首选银行、提高战略性区域竞争力等重大战略落地，全力推动工商银行高质量发展。四是要开拓“新”的思路。适应疫情态势、经营形势和竞争格局的新变化，按照“健全具有高度适应性、竞争力、普惠性的现代金融体系”的新要求，完善新思路，找到新方法，推出新产品，创造新模式，运用新技术，培育新生态，努力在危机中育新机、在变局中开新局。

（三）保落实，把讲政治体现在凝聚发展合力上。保落实，就是要管干部聚人才、建班子带队伍、抓基层打基础，凝心聚力完成中心工作，把党中央决策部署不折不扣落到实处。一是要建强基层组织。聚焦实现党的组织和党的工作“两个覆盖”，持续优化组织设置，加强党支部标准化规范化建设，推进机关、网点、子公司、境外机构党组织全面进步、全面过硬。聚焦发挥基层党组织战斗堡垒和党员先锋模范“两个作用”，突出政治功能和组织力，严格党员教育管理，健全创先争优机制，激励党员在抗击疫情、脱贫攻坚、服务客户、经营发展中亮身份、作表率，把基层党组织建设成为宣传党的主张、贯彻党的决定、领导基层治理、团结动员群众、推动改革发展的坚强战斗堡垒。二是要打造过硬队伍。坚持党管干部、党管人才原则，发挥好党组织对选人用人的领导和把关作用。突出政治标准选准人，坚持事业为上用好人，注重政治能力培育人，强化担当作为激励人，打造政治过硬、本领过硬、作风过硬的高素质专业化干部队伍。大力发现培养选拔优秀年轻干部，加

强梯队建设，用好各年龄段干部，不断提升领导班子建设质量。三是要培育优良作风。认真贯彻中央八项规定精神，按照总行改进作风要求，围绕推进疫情防控常态化和经营发展，改进工作方法，提高工作效能。要弘扬“奋斗＋落实”之风，努力形成真抓实干、狠抓落实的生动局面，确保各项工作有的放矢、弹无虚发。

三、机关党组织要强化政治机关意识，走好第一方阵

习近平总书记强调“中央和国家机关是践行‘两个维护’的第一方阵”。各级机关党组织要认真学习领会习近平总书记重要讲话精神，在旗帜鲜明讲政治上走在前、作表率，展现出“第一方阵”的政治担当。

（一）切实强化政治机关意识。习近平总书记指出，“中央和国家机关首先是政治机关，必须旗帜鲜明讲政治，坚定不移加强党的全面领导，坚持不懈推进党的政治建设”。作为国有金融企业，我们的各级机关不单纯是业务机关，更是政治机关。旗帜鲜明讲政治，必须从机关严起，从强化政治机关意识抓起，教育引导机关党组织和党员干部增强“四个意识”，坚定“四个自信”，做到“两个维护”。各级机关要深刻把握政治机关要求，争做“三个表率”，建设模范机关。在深入学习贯彻习近平新时代中国特色社会主义思想上作表率，是思想上的要求，体现了理论武装的高标准，强调的是要学理论、懂理论、用理论，切实提高把科学理论转化为实际运用的能力，真正做到武装头脑、指导实践、推动工作；在始终同以习近平同志为核心的党中央保持高度一致上作表率，是政治上的要求，强调的是自觉同党的基本理论、基本路线、基本方略对标对表，同习近平总书记重要指示批示精神对标对表，在政治立场、政治方向、政治原则、政治道路上始终同党中央保持高度一致；在坚决贯彻落实党中央各项决策部署上作表率，是行动上的要求，体现的是知行合一的高标准，强调的是把讲政治的要求落实到工作各方面、全过程，把坚决贯彻落实党中央决策部署作为政治建设的落脚点；建设“让党中央放心、让人民群众满意”的模范机关，是目标上的要求，体现的是站稳党性立场和人民立场的高标准，强调的是对上负责和对下负责相统一，倡导的是始终干在实处、走在前列。各级机关党组织和党员干部要切实强化政治机关意识，准确把握实践要求，在讲政治上树立更高标杆。

（二）带头做到“两个维护”。各级机关作为全行组织体系的神经中枢，承担着战略规划、经营决策、管理指挥和资源配置等重要职责，是落实党中央决策部署的排头兵，是保障全行政令畅通的“最先一公里”。如果在“最先一公里”上“出了岔子”，党中央决策部署就可能在源头上变调走样、无法落实。机关党员干部不管在哪个部门、哪个层级、哪个岗位，都要牢记自己的第一身份是共产党员，第一职责是为党工作，定政策、作决策、抓落实，都要把准政治方向，及时校准偏差，把听党指挥、对党负责、坚决贯彻落实党中央决策部署作为第一位的任务。当前，重点是要按照党中央“两个统筹”的要求部署，胸怀决战决胜大局，聚焦实体、服务本源，畅通货币政策传导，提高服务实体经济的精准性和直达性，加大对制造业、一般服务业、尤其是中小微企业的支持力度，切实缓解融资难融资贵问题。要准确把握定点扶贫和金融扶贫的重点难点，创新工作思路，强化精准支持，为决战脱贫攻坚发挥应有作用。

（三）坚定走好第一方阵。前不久，总行召开了机关党的建设工作会议，对全行机关党的建设进行了全面部署。各级机关党组织和广大党员干部要认真学习领会、抓好贯彻落实。这里，我再强调三点。一是要带头担当作为。机关干部要做“跟我上”的实干者，而不是“给我上”的发令员。对授权范围内的事情，要敢于拍板、敢于担责，避免推诿扯皮、矛盾上交；对上级部署的工作，要结合实际细化措施，帮助基层出主意、想办法，避免简单下指标、分任务；对经营中的困难挑战，要敢于攻坚克难，善于改革创新，避免回避矛盾、消极作为。二是要带头改进作风。要深入基层调查研究，及时解决群众最关心、最直接、最现实的突出问题，把人民立场贯彻到服务基层、服务员工、服务客户的全过程。要认真落实治理形式主义突出问题为基层减负的具体措施，帮助基层从大量事务性工作中解放出来，集中时间和精力去抓业务、抓市场、抓创新。要坚持客户需求导向，制定政策、设计产品从客户角度出发，更好地满足实体经济和人民群众日益多样化的金融需求。三是要带头从严治理。权力和资源聚集的地方通常也是诱惑频现、风险高发的地方。各级机关不能只做严以待人的“管理者”，更要做严于律己的“带头人”，要坚持更严标准、更高要求，强化纪律教育，广泛开展以案为鉴、以案明纪活动，明底线、画红线，筑牢思想道德防线；强化日常管理，深化运用“四种形态”，注重抓早抓小，健全廉政风险防控机制；强化对权力运行的制约和监督，特别是对“八大领域”和权力、资金、资源集中的关键岗位监督，使党员干部少走“弯路”、不入“歧途”。

四、党员干部要提高政治能力，把讲政治落在实处

习近平总书记指出，“党的政治建设落实到干部队伍建设上，就要不断提高各级领导干部特别是高级干部把握方向、把握大势、把握全局的能力，辨别政治是非、保持政治定力、驾驭政治局面、防范政治风险的能力”。“把握方向、把握大势、把握全局”是政治能力在战略层面的体现，要求党员干部始终坚持党的领导，坚定不移地坚持和发展中国特色社会主义，

用全面、辩证、长远的眼光，准确研判大势、科学把握大局，主动抓住机遇、顺势谋篇布局。“辨别政治是非、保持政治定力、驾驭政治局面、防范政治风险”是政治能力在工作层面上的体现，要求党员干部在事关政治原则的重大问题上，头脑清醒、眼睛明亮、立场坚定，面对大是大非敢于亮剑，面对矛盾敢于迎难而上，面对危机敢于挺身而出，面对失误敢于承担责任，面对歪风邪气敢于坚决斗争，切实提高驾驭复杂局面、处理复杂问题的本领，履行好党和人民赋予的责任。政治能力是党员干部的第一能力。全行党员干部要准确把握政治能力的时代内涵，打造过硬政治能力，做政治上的明白人。

（一）加强政治学习。重视学习、善于学习是党和人民事业发展的成功经验，也是党员干部增强政治意识、提高政治能力的基本途径。政治学习应该是全面的、系统的，既要抓住重点，也要拓展领域。当前，政治学习的重点，是要认真学习贯彻习近平新时代中国特色社会主义思想，学习党章党规和国家法律法规，学习党史国史，通过理论上的深化，达到政治上的清醒、信念上的坚定、能力上的提升，切实筑牢信仰之基、补足精神之钙、把稳思想之舵。同时，要坚持干什么学什么、缺什么补什么，注重向实践学、向群众学、向市场和同业学。要向实践学。实践是检验政治能力的“练兵场”。党员干部不能“隐”在机关、“窝”在高楼，要在深入一线、深入实践中，深化对理论的认知，察实情，谋实招，求取发展的“真经”。要向群众学。人民群众中蕴藏着朴素鲜活的政治智慧，纸面上读不到，会场里听不到，办公室里想不到。要自觉拜群众为师，把客户装在心里，把员工放在心头，弯下腰、沉下心，深入调查研究、虚心向群众求教，切实提高分析和解决问题的能力。要向市场和同业学。金融企业党员干部的政治能力要到市场中去打磨锤炼。我们要警惕以大行自居、精神懈怠的风险，主动融入市场，紧跟形势变化，强化“比”的思想，在比中想、想中干、干中提高，比出能力、水平和优势。

（二）保持政治定力。习近平总书记指出，必须加强和培养党员干部在大是大非问题面前的识别力，加强各级党员干部的党性和政治修养，大力提升政治敏锐性，不断提高政治鉴别力。党员干部要在大是大非面前站稳政治立场。把对党负责和对人民负责高度统一起来，站在党性立场和人民立场想问题、作决策、办事情。对于身边存在的错误言论、不良倾向，要从政治上正确对待、从思想上高度警惕，旗帜鲜明表明立场、纠正错误，时刻保持共产党人的风骨、气节和操守。要在关键任务面前找准行动方向。切实按照党中央决策部署，领会总行战略意图，在助力“三大攻坚战”、推进金融工作“三大任务”、推动经营发展中履行职责使命、展现担当作为、抓好落地见效。要在复杂局势面前抓住主要矛盾。领导干部特别是一把手要头脑清醒、思路清晰，主动适应经济高质量发展的新要求，善于在充满不确定性的环境中，抓住主要矛盾，推动改革发展。

（三）锤炼政治担当。党员干部要在摸爬滚打中增长才干，在层层历练中积累经验，做起而行之的行动者，当攻坚克难的奋斗者。要加强政治历练。严肃党内政治生活，认真参加民主生活会、组织生活会，经常进行思想政治体检，自觉同党中央要求“对标”，拿党章党规“扫描”，用人民群众新期待“透视”，同先辈先烈、先进典型“对照”，通过“咬耳扯袖、红脸出汗”来净化思想、叩问初心、体悟使命。要注重实践锻炼。工商银行的党员干部不能做、也没有条件做“太平官”，要敢于扛事、愿意做事、能够成事，主动接受各种考验和挑战，在困难环境、吃劲岗位、关键任务中千锤百炼、强筋健骨，在重大斗争中经风雨、见世面，提升解决问题的能力，增强执行力，成为堪当重任的人才。要增强斗争本领。勇于担当作为，增强疫情后经济重振的信心、经营发展的信心，摒弃循规蹈矩、瞻前顾后的思想顾虑，以刀刃向内、自我革命的勇气，以时不我待、只争朝夕的决心，掌握经营主动权、打好发展主动仗。

（四）强化政治自律。政治自律，是党员干部安身立命的“压舱石”，是提升政治能力的“定盘星”。党员干部要加强党性修养，胸怀敬畏之心，始终做到心中有党、心中有民、心中有责、心中有戒。要敬畏规则。党内有纪律规矩、国家有法律法规、工商银行有制度办法，这些共同构成了我们工作的准绳、为人处世的底线，任何人都不能心存侥幸。要知敬畏、存戒惧、守底线，严守纪律规矩，践行“四个服从”，做到“五个必须”，杜绝“七个有之”。要自觉、主动地接受监督，真诚欢迎监督，让自己习惯在被监督下工作。要敬畏权力。我们的党员干部往往掌握着大量的金融资源，如果不注意修身律己，就会被公关、被拉拢、被围猎。要敬畏职业，珍惜岗位，牢记我们从事的是党的工作，手中的权力是党和人民给予的，始终做到慎独慎微、严格自律，永葆共产党人的政治本色。要敬畏风险。对各类风险因素，要做到“未雨绸缪、见微知著、亡羊补牢、举一反三”。要注重防范政治风险，对容易诱发重大突发事件的敏感因素、苗头性倾向性问题，做到眼睛亮、见识早、行动快，及时消除风险隐患。要健全“全球、全员、全程、全面、全新、全额”的风险管理体系，落实“主动防、智能控、全面管”原则，压实主体责任，打好防范化解金融风险攻坚战，做到“管住人、看住钱、扎牢制度防火墙”。

同志们，今年上半年，全行深入学习贯彻党中央决策部署，认真落实总行党委工作要求，保持定力，顶住压力，激发动力，取得了来之不易的工作成果。尤其是广大干部员工挺身而出、迎难而上，奋战在防疫抗疫和金融服务的主战场，经受了重大考验，交出了合格答卷。在此，我代表总行党委，向全行干部员工，表示衷心的感谢！今天是七月一日，是下半年的开局之日，接下来的任务将更加艰巨繁重。让我们紧密团结在以习近平同志为核心的党中央周围，将旗帜鲜明讲政治的要求植根心底、见诸行动，锐意进取、迎难而上，共同推动工商银行事业开创新局面、取得新突破，以优异的成绩向建党100周年献礼！

在中国工商银行2020年年中工作会议上的讲话

陈四清

（2020年7月16日）

这次年中工作会议，是一次在重要时点召开的重要会议。会前，总行党委召开多场调研会和务虚会，加强经营形势分析，研究下一阶段重点工作。接下来，谷澍同志还将作经营分析报告，请大家抓好落实。下面，我讲几点意见。

一、格外珍惜来之不易的经营成果

今年上半年极不寻常，突如其来的新冠肺炎疫情对我国经济社会发展带来前所未有的冲击。以习近平同志为核心的党中央团结带领全国各族人民，众志成城，顽强拼搏，取得了全国疫情防控的重大战略成果，充分展现了中国力量、中国精神、中国效率，充分展现了党的集中统一领导和我国社会主义制度的显著优势，充分展现了中华民族风雨同舟、守望相助的家国情怀。全行上下深入学习贯彻习近平总书记重要讲话和指示批示精神，落实党委“48字”工作思路，按照年初工作会议和4月17日视频会部署，突出抓好“三个统筹”，取得了来之不易的工作成果。尤其是广大干部员工闻令而动、迎难而上，奋战在防疫抗疫和金融服务的主战场，经受住重大考验，交出了合格答卷，以实际行动诠释了新时代精神和大行责任担当，极大增强了我们战胜一切风险挑战的信心和决心。

第一，统筹推进疫情防控和支持实体经济，做到防得住、服务好。全行把做好疫情防控作为增强“四个意识”、坚定“四个自信”、做到“两个维护”的重大检验，党委成立应对疫情工作领导小组和疫情防控工作专班，把员工生命安全和身体健康放在第一位，召开防疫相关会议40余次，制定全行性防疫相关制度30余项，落实落细“外防输入、内防反弹”的策略措施，形成全员动员、全面部署、全球统筹、全行战疫的局面。各级各类机构坚持全行一盘棋，落实“六个责任”“四方责任”，尤其是湖北分行、武汉分行、北京分行等机构干部员工不畏困难、坚守奋斗，构筑起抗击疫情的坚固防线。全行疫情防控取得阶段性重要成效，境内在职员工确诊和疑似病例全部清零，境外机构患病同事均得到妥善治疗。

在做好疫情防控的同时，全行紧紧围绕“六稳”“六保”任务，创新服务，精准发力，为经济社会恢复发展提供有力支撑。落实逆周期调节政策，加大融资力度。上半年境内人民币贷款新增10 854亿元，同比多增2 974亿元，半年增量首破万亿元；新增地方债投资4 673亿元，主承销各类债券9 111亿元，均居市场首位。落实专班统筹保障措施，开展支持企业复工复产的“春润行动”、支持稳外贸稳外资的“春融行动”、支持湖北经济社会发展的专项行动、支持“五医领域”的融资行动，累计为复工复产领域提供融资支持1.2万亿元，全国性专项再贷款投放居大型银行首位。落实精准直达的金融服务要求，制造业贷款增加2 233亿元，其中中长期贷款增加952亿元，均列四行第一，创历史新高。举办金融支持小微及民营企业座谈会，民营企业贷款增加1 874亿元，完成全年增量计划；推动小微金融增量扩面降本，普惠贷款增加1 684亿元，同比增幅45%。落实让利实体经济的政策导向，LPR存量转换实施进度达76%，新发放贷款利率××%，较去年下降××个基点。落实打好脱贫攻坚收官战部署，启动消费扶贫“春暖行动”，消费扶贫总金额超过5.5亿元。

第二，统筹全面风险管控和转型创新发展，做到管理实、经营稳。把风险防控放在更加突出位置，既抓顶层规划设计，又抓分类精准施策。制定完善集团风险治理体系、提升风险治理能力指引，修订全面风险管理规定及实施细则、风险偏好管理办法等基础制度，完善“六全”风险管理体系。构建“三道口”“七彩池”模式，实施授信审批新规，完善信用风险缓释措施，保持资产质量总体稳定。上半年清收处置不良贷款××亿元，同比多增××亿元。适度加快风险释放，不良率较年初上升××个基点，同时逾期率下降××个基点。统筹抓好利率、汇率、流动性风险管理，建立24小时盯市机制，妥善应对全球市场的剧烈波动。开展“制度治理年”主题活动，深化境内外合规管理，实现内部案件数量和涉案金额“双下降”。

全行按照“三比三看三提高”工作方法，对标先进，依托创新，着力提升市场竞争力，经营管理稳中有进。人民币存款新增25 460亿元，创同期新高，居同业首位。重点战略落地加快，第一个人金融银行战略实现良好开局，个人客户净增超1 400万户，市场竞争力、经营质态和营业贡献同步改善。境内外汇业务首选银行战略形成整体框架，国际业务中收和跨境人民币结算量等指标超额完成序时任务。服务国家区域发展战略方案基本形成，五大区域贷款增量占比达78%。改革创新迈出新步伐，ECOS业务架构落地接近90%，线上线下一体化智慧运营改革有序推进，GBC闭环联动机制和现代金融研究体系初步构建。

第三，统筹全面从严治党和全面从严治行，做到守初心、担使命。坚持和加强党的全面领导，推进全面从严治党向纵深发展，以全面从严治党引领和带动全面从严治行。坚持把党的政治建设放在首位，深入学习贯彻习近平新时代中国特色社会主义思想，开展党的十九届四中全会精神专题培训，持续推进主题教育整改落实和专项整治。召开全面从严治党系列会议，制定落实全面从严治党主体责任清单。

全面提高机关党建工作质量，有针对性地加强综合化子公司和境外机构党建工作。持续深化派驻改革，推动监督力量整合和监督效能提升。深化拓展巡视巡察，启动对一级分行新一批次巡视。做好“两明案”查处后半篇文章，强化警示教育，保持反腐高压态势。深入开展“四风”整治，推动治理形式主义突出问题为基层减负的措施落地。贯彻新时代党的组织路线，坚持党管干部原则，启动优秀年轻干部专题调研，将关心关爱员工落到实处，激发干部员工担当精神和创造活力。

上半年成果来之不易，全行的经营韧性和活力再次得到验证。这是习近平新时代中国特色社会主义思想指引的结果，也是全行干部员工克难奋进的结果，更离不开派驻纪检监察组、监管部门的指导与支持。在此，我代表总行党委，向大家表示衷心的感谢！

二、准确判断不断变化的经营形势

疫情是影响当前形势的关键变量。在全球疫情冲击下，世界百年未有之大变局加速演变。我们要将思想和行动统一到党中央对形势的分析判断和决策部署上来，坚持用全面、辩证、长远的眼光分析形势，既善于谋势蓄势积势，又善于识变求变应变，在困难中看到光明，在危机中孕育新机，于变局中开创新局。

（一）准确把握挑战和机遇。从疫情形势看，疫情全球大流行的程度远超预期。部分经济体前期应对不力，疫情仍在快速扩散蔓延。一些发展中国家公共卫生体系薄弱，疫情外溢风险加剧。我国疫情防控取得重大战略成果，但“外防输入、内防反弹”的任务依然艰巨繁重。

从经济形势看，本次疫情冲击下的全球经济，兼具1918年大流感、1929年大萧条、2008年国际金融危机的部分特征。国际货币基金组织（IMF）再次下调全球GDP增长率预测至负4.9%。世界银行预测全年世界经济下降5.2%。各国出台规模空前的刺激政策，外溢影响相互交织。一些国家保护主义和逆全球化思潮不断升温。全球经济深度衰退，可能通过外贸外资、产业链、供应链、市场预期等多个渠道对我国造成冲击，我国经济运行面临较大压力。

从金融形势看，在救市政策干预下，全球金融市场剧烈波动和流动性紧张局面有所缓解，但风险并未充分释放。我国金融市场运行总体平稳，但在外部冲击和内部风险叠加影响下，市场稳定运行的压力上升。实体经济运行困难将通过多种途径传导至金融体系，市场震荡、信用违约等各类潜在风险不容忽视。银行面临市场需求减弱、利差持续收窄、不良贷款承压、经营风险加大等多重挑战，盈利增长面临拐点，银行间的经营分化和竞争格局演化进一步加速。

从发展机遇看，我国经济韧性强、回旋空间大，经济发展的宏观基本面没有变，经济短时间“暂停”和阶段性回落，没有改变长期向好的趋势，没有改变国内市场规模和潜力巨大的特质。在国家政策“组合拳”推动下，经济运行企稳回升，积极因素明显增多，主要指标呈现边际改善。二季度经济增长由负转正，GDP同比增长3.2%。6月份规模以上工业增加值同比增长4.8%，其中制造业增长5.1%，全社会固定资产投资环比提高5.91%，服务业生产指数连续两个月为正，市场销售逐步回暖。尤其值得关注的是，新型基础设施、数字经济、智能制造、生物医药等领域，正在形成更多新的增长点、增长极，国际产业链、供应链重构也带来新旧动能加快转换的新机遇。

我们要准确把握经济金融形势变化，善于在危机挑战中看到新的机遇，在短期波动中找准长期趋势，在复杂局面中抓住主要矛盾，努力在服务实体经济发展中化解风险，在深化改革创新中应对挑战，积极锻造“后疫情时代”的新竞争优势。

（二）准确把握宏观调控政策要求。近一个时期，党中央、国务院围绕“六稳”“六保”，在就业保障、新增投资、专项债券、减税降费、扩大消费、完善社会主义市场经济体制、推进要素市场化配置改革等方面，密集出台了一系列政策措施，促进形成以国内大循环为主体、国内国际双循环相互促进的新发展格局。

特别是，金融支持实体经济政策更加精准细致，要求保持市场流动性合理充裕，全年人民币贷款新增和社会融资新增规模均超过上年；完善资金直达企业的政策工具和相关机制，确保新增金融资金主要流向制造业、一般服务业尤其是中小微企业。鼓励银行大幅增加小微企业的信用贷、首贷和无还本续贷，明确大型商业银行普惠型小微企业贷款增速要高于40%，贷款延期还本付息政策再延长至明年3月底。合理让利实体经济，让中小微企业贷款可获得性明显提高，让综合融资成本明显下降，推动金融系统全年向各类企业合理让利1.5万亿元。

我们要发挥好大行货币政策传导“主渠道”和金融服务“主力军”作用，打通堵点，解决痛点，不折不扣落实好党中央、国务院决策部署。

（三）准确把握我行发展方位。面对复杂严峻的经营形势，总行党委坚持一张蓝图绘到底，保持战略连续性稳定性，持续推动具有全球竞争力的世界一流现代金融企业建设，并在此基础上，不断丰富全行战略体系和治行方略，提出“48字”工作思路，“三比三看三提高”工作方法，以及“大、全、稳、新、优、强”发展方位。其中：

大是发展特征。主要指规模、体量、市场份额和影响力。工商银行是全球最大银行，大是我们的经营底气和综合实力，是我们服务实体经济能力和市场影响力的重要体现。我们要强化“比”的意识，保持进取锐气，牢牢巩固第一大行市场地位。

全是发展手段。主要指全面的客户服务能力。我们要统筹好对公对私、表内表外、境内境外、本币外币、线上线下的发展，增强业务联动和服务协同，努力为客户提供全方位、全链条的综合金融服务方案。同时保持开放心态，积极参与金融生态建设，不断增强系统影响力。

稳是发展基调。主要指经营稳、风控稳、队伍稳、预期稳。我们要坚持稳中求进，注重经营均衡性和发展平稳性，不断提升控制力和抗风险能力，以稳的定力、稳的节奏、稳的治理，实现跨越周期的稳健。同时发挥好大行“压舱石”“稳定器”作用，助力实体经济和金融体系平稳发展。

新是发展动力。主要指创新力，包括理念创新、机制创新、管理创新、技术创新。我们要坚持创新驱动，改革图强，更好发挥人才、资本、技术、数据等要素作用，传承创新、守正出新，永远走在时代和市场的前列。

优是发展质态。主要指结构优、效益优、质量优、品牌优。我们要强化价值创造导向，根据市场客户需求，动态优化经营结构，实现经济效益和社会效益的统一。要提高可持续发展质量，打造负责任、受尊重的银行，通过提供卓越服务和极致体验，擦亮工商银行的金字招牌。

强是发展目标。主要指服务实体经济能力、风险控制力和综合竞争力。我们要在深化金融供给侧结构性改革中，提升服务实体经济的高度适应性；在深化金融对外开放中，提高全球竞争力、风险抵御力和参与国际金融治理能力。

“志不求易者成，事不避难者进。”面对复杂严峻形势和艰巨繁重任务，全行干部员工要秉持金融报国之志，紧贴实体经济之需，勇担时代使命，始终保持艰苦奋斗的前进姿态，奋力实现工商银行新时代发展目标，为党和国家事业发展贡献更大力量。

三、稳中求进、把握节奏，推动战略执行取得新成效

做好下半年工作，既是实现全年经营发展目标、确保三年规划圆满收官的需要，又是促进实现决胜全面小康、决战脱贫攻坚任务的需要。全行要坚持以习近平新时代中国特色社会主义思想为指导，紧扣全面建成小康社会目标任务，坚持稳中求进、把握节奏，落实党委“48字”工作思路，运用“三比三看三提高”工作方法，准确把握“大、全、稳、新、优、强”发展方位，保持战略定力和战术灵活，统筹做好常态化疫情防控、金融服务和经营发展工作，持续提升金融服务的适应性、竞争力和普惠性，坚决打赢防范化解重大金融风险攻坚战，助力经济社会发展目标顺利实现。

根据外部形势变化和政策导向，总行将对全年经营目标作出适当调整。总的考虑是，让利实体经济，夯实发展基础，提升市场竞争力。需要强调的是，调整经营目标，不是放松经营管理要求，而是强化高质量发展导向，通过眼睛向内，深挖潜力，激活动力，锻造能力，努力把盈利放缓期变成发展蓄势期、转型加速期、风险消化期，引领工商银行在新发展周期开好局、起好步，走出一条有效应对冲击、保持稳健发展、实现与实体经济良性循环的新路子。

（一）坚持党建引领、从严治理，把国之大者作为金融工作的立足点。要进一步提高政治站位。全行各级党组织和党员干部要强化战略思维，对国之大者做到心中有数，时刻关注党中央在关心什么、强调什么，深刻领会什么是党和国家最重要的利益、什么是最需要坚定维护的立场，以更加开阔的视野把握大局、大势、大事，切实增强“四个意识”、坚定“四个自信”、做到“两个维护”。得其大者可以兼其小。我们要胸怀“两个大局”，更好地把全行工作与党中央的决策部署精准对标，与经济社会发展任务精准对接，与市场客户需求精准匹配，在全面提高党的建设质量、全面提升金融治理能力中，谱写新时代工商银行改革发展新篇章。

纵深推进全面从严治党从严治行。坚持以党的政治建设为统领，着力加强习近平新时代中国特色社会主义思想的理论武装，提高理论学习的针对性和实效性。建立和落实不忘初心、牢记使命的制度，坚持上下联动抓好主题教育整改工作。以落实清单为抓手，健全全面从严治党制度，突出“严”的主基调，层层压实全面从

严治党主体责任。把加强党的领导与健全现代金融企业制度紧密结合，持续提升治理的科学性、稳健性和有效性。统筹抓好机关和基层党建，扎实推进强化政治机关意识教育、“灯下黑”问题专项整治、党支部标准化规范化建设等重点工作。巩固扩大派驻改革成果，健全协调联动、同向发力的“大监督”体系，完善巡视巡察联动机制，促进形成强监督、强监管、强治理良性互动局面。深化金融反腐工作，加大对重点领域的排查整治力度，深入开展“胡怀邦案”“两明案”警示教育，做实以案促改“后半篇文章”，弘扬金融报国理念，培育清廉金融文化，一体推进不敢腐不能腐不想腐，强化权力制约与监督。持之以恒落实中央八项规定精神，持续解决困扰基层的形式主义问题，让广大干部员工凝心聚力干事业、促发展。

抓紧抓实抓细常态化疫情防控。严格落实“外防输入、内防反弹”的防控策略，织密织牢“防控网”，巩固来之不易的疫情防控成果。境内机构要继续做好分区、分级、分类精准防控，压实“四方责任”，坚决管住人、管住机构、管住通道、管住制度落实，堵住各种可能导致疫情反弹的漏洞，持续完善常态化防控工作格局。境外机构要落实分级预警管理要求，做到严疫防、保运营、控风险、强管理、稳预期。全行要坚持平战结合、预防为主、系统治理，从战略规划层面，推动全行公共卫生体系和员工健康安全管理体系建设，让应急举措变为长效机制，让治理效能转化为发展优势。目前我国南北方已全面进入主汛期，相关机构要压实责任，统筹做好疫情防控、汛情防控与经营管理工作，维护人员、财产和运营安全。

坚决助力打赢脱贫攻坚战。保持决战状态，克服疫情等不利因素影响，高质量完成好扶贫任务。要尽锐出战，啃下定点扶贫的“硬骨头”。按照“统筹四县、突出金阳”的工作思路，把金阳作为重中之重，做到资金、项目和政策措施“三个优先”，落实对口帮扶机制，通过硬核帮扶措施，全力以赴支持金阳如期脱贫摘帽。要合力攻坚，形成精准扶贫的“一盘棋”。将地方所需与工行所能相结合，将扶贫与扶智、扶志相结合，将融资与融智、融商相结合，充分发挥集团资金、信息、客户和平台优势，做好产业扶贫、消费扶贫、教育扶贫、健康扶贫的综合文章。要补短谋长，跑好支持乡村振兴的“接力赛”。把稳定脱贫与长远发展统一起来，探索服务乡村振兴的新实践。全面总结我行扶贫经验和典型事迹，发出好声音，唱响主旋律。

（二）坚持客户至上、服务实体，把精准直达作为服务“六稳”“六保”的着力点。经济与金融共生共荣、共克时艰。支持实体经济，就是支持银行本身；保市场主体，就是保信贷资产质量。这既是银行的责任担当，也符合银行自身利益。全行要以“春润行动”为抓手，进一步提高金融服务精准性、直达性，精准摆布融资总量、节奏、投向、结构和价格，让利实体经济，全力支持“六稳”“六保”。

在总量上，要贯彻逆周期调节政策，根据实体经济需要、货币政策导向、同业竞争态势，安排好投融资总量，加大对实体经济的支持力度，全力保障战略区域、重点行业、重点客户融资需求，提升市场竞争能力。综合运用贷款、债券、债转股等多种工具，满足客户多元化投融资需求。

在节奏上，要坚持“应贷尽早投放”，采取动态灵活的营销手段，对优质市场、优质客户、优质项目，做到早布局、早储备、早投放、早见效，推动国家重大战略、重大项目加快落地进度，推动新旧动能加速转换，推动资金直达企业，更加有效地对冲疫情影响，助力打造以国内大循环为主体、国内国际双循环相互促进的新发展格局。

在投向上，要突出对制造业、一般服务业尤其是中小微企业的金融支持。深化“制造业金融服务提升年”活动，重点通过加大产业链、供应链核心企业支持力度，增强其对上下游企业的辐射带动作用，力促“核心企业不断链、上下游企业不断流”。抓住物流企业、商超等重要节点，以信息链带动资金链，以资金链助力产业链，推动服务业更好恢复发展。开展中小微企业金融服务能力提升工程，落实好延期还本付息等政策，推动普惠金融增量、扩面、降价、提质。聚焦“两新一重”领域，深挖优质信贷市场业务机会，加大绿色信贷投放，积极培育新动能。

在结构上，要根据监管导向和市场主体需求，加大重点产品、潜力产品创新推广力度，扩大服务覆盖面，提升首贷户占比；缓解企业资金周转压力，提升续贷占比；加强“滴灌式”融资供给，提升信用贷款占比；优化贷款期限结构，提升制造业和普惠中长期贷款占比。

在定价上，要坚持“优质先于定价”，实施更加灵活有效的定价策略。要强化合理让利的政策传导，切实降低企业综合融资成本，确保全年小微企业客户综合融资成本再下降50个基点以上。严格规范定价和收费行为，做到应免尽免。

要构建科学高效的营销服务体系，全力扩大客户基础，提高客户服务能力，积极为“后疫情时代”发展布局。坚持“总行服务基层、中后台服务前台、领导服务员工、全行服务客户”理念，通过完善资源配置、绩效考核、合理授权等方式，更好调动基层、前台、一线积极性，不断提高服务客户质效。总行部门要进一步简政放权、优化服务，为分行拼抢市场“松绑”、减负、赋能。针对客户金融需求日益多样化、定制化特点，进一步强化前台主导、全行参与的全量客户营销服务模式。建立直达客户的信息传导机制，使客户声音及时传递到总行，总行部门要提高响应效率。打造智慧营销机制，更好激发营销活力。完善联动营销和捆绑考核机制，加强专业营销队伍建设，为重点客群、源头市场、核心项目的拓展提供更有力的支持。

（三）坚持科技驱动、价值创造，把创新升级作为未来竞争的制高点。习近平同志强调，要加快建设数字中国，构建以数据为关键要素的数字经济。全行要顺应数字经济发展趋势，用好数据资源，做好数字化经营，发挥好金融科技作用，全面推动 e－ICBC 的战略升级，全力服务数字中国建设。

构建数字化发展新模式。抓住国家要素市场建设机遇，充分发挥数据作为生产要素的作用，在产品创新、精准营销、精细运营、智能风控等领域推进数字化变革，提升数据资源价值创造力。加快推进与北京、上海等地的金融科技合作，确保创新成果早日落地，为全行提供可推广、可复制的经验模式。

打造极致体验新产品。坚持以客户为中心，突出用户思维、科技思维、数字思维，打造更加智能简洁、更优体验的极致应用，以“体验为王”实践“客户至上”。健全产品创新后评价机制，将用户量、活跃度、场景等数据作为重要检验标准，使产品研发、流程管理与客户需求相统一。加快支付、融资、投资、保险等基础核心产品的在线化、智能化重构，推动金融服务向“标准化加定制化”转型，全面增强获客、活客、黏客能力。

建设创新赋能新平台。打通线上线下、界内界外、境内境外，建立紧密联动、相互支撑、反应迅捷的一体化全渠道发展模式。线上平台方面，要以个人手机银行、法人手机银行为主体，打造线上金融服务主阵地，加大对县域客群、年轻客群、高端人群、小微普惠客群的服务渗透，巩固客户规模、黏性、活跃度等核心指标。用好开放银行平台，增强金融输出能力，加大与平台经济、产业互联网、政务互联网的对接，构建“行业加金融”的综合化服务生态。线下网点方面，要加大转型力度，更好发挥1.6万家网点作用，切实赋能减负，做强“店面”功能，丰富服务内涵，提升闭环体验，实现效能跃迁，以“活力网点”添彩“活力工行”。

健全科技驱动新机制。进一步优化科技布局，培养各机构各条线的科技素养，形成全行齐抓共建、成果共享的科技创新发展新局面。成立工作专班，在金融科技赋能支付生态建设、数字货币等重点领域集中突破。突出先进技术的应用落地和使用效能提升，为经营、管理和一线赋能。鼓励一线员工积极参与系统和产品的体验及评价，促进提升科技研发与管理。

（四）坚持国际视野、全球经营，把打造国际化综合化新生态作为工作发力点。面对更加不稳定不确定的外部环境，全行要把国际化综合化发展的重点放在助力我国构建完整内需体系，促进形成以国内大循环为主体、国内国际双循环相互促进的新发展格局上，在严峻复杂的外部环境中激发发展潜力，在世界变局中塑造发展新局。

下一阶段，国际化发展要重点做好以下工作。一是全力服务外贸外资基本盘稳定。继续开展好“春融行动”，围绕新形势下的外贸外资企业需求，提供差异化金融服务方案。积极支持跨境电商等外贸新业态新模式发展和海外仓建设。强化境内外机构联动，助力推动外企来华投资、延伸在华产业链。前瞻谋划、系统实施，推动第三届中国国际进口博览会金融服务迈上新台阶。二是全力服务国家高水平对外开放。围绕高质量共建“一带一路”，积极营销“走出去”“引进来”和“一带一路”沿线当地企业，按照商业化原则服务好沿线重点项目。支持上海自贸区临港新片区、深圳中国特色社会主义先行示范区和海南中国特色自由贸易港建设，落实政策导向，开展资本项下业务创新。发挥人民币业务优势，积极促进人民币在国际贸易和跨境投融资结算中的使用，推动人民币国际化。三是全力维护经营安全。全面提升境外合规反洗钱治理能力，海外机构要落实好主体责任，总行内控合规、风险管理相关部门要落实好管理责任，按进度、高标准推进问题整改，不可授人以柄；其他机构要以此为鉴，牢牢守住不发生重大监管违规、巨额监管罚款的底线。坚决拥护香港国安法颁布实施，驻港机构要牢固树立总体国家安全观，履行好言商言政双重职责。四是全力夯实发展基础。以重点客群、重点产品、重点机构为突破，加快推动国际化转型升级与境内外汇业务首选银行战略的有效对接、融合发展。进一步提升总行国际化领导力，完善国际业务部牵头统筹、各条线主抓督导、各境外机构全面落实的管理机制。优化区域管理体系，加快推动工银亚洲区域化转型发展和一体化经营。

综合化发展要重点做好以下工作。一是全面提升客户一站式服务能力。全行要紧紧围绕客户金融新需求，在落实监管要求、有效隔离风险的前提下，强化商业银行与子公司业务联动，加快构建功能齐全、协同顺畅、竞争有力的综合服务体系，为客户提供一站式综合金融解决方案。抓住资本市场发展机遇，积极拓展投资银行、证券投资、资产管理、代销、托管等业务，增强综合化发展动力。二是全面提升服务集团战略能力。各子公司要主动融入集团发展大局，根据第一个人金融银行、境内外汇业务首选银行、区域竞争力提升等战略安排，结合 GBC 工作方案，发挥专业优势，增强营销合力，提升对集团战略贡献度。三是全面提升核心竞争能力。进一步增强“比”的意识，用好“三比三看三提高”工作方法，争做所在行业排头兵。租赁、债转股、投行证券等领域，要不断增强内生发展能力、市场竞争能力，夯实风险管理基础。大资管领域，要落实监管要求，把握发展机遇，严格合规管理，巩固市场地位。金融科技领域，既要积极输出我行科技优势，也要集聚外部优质资源，探索以战略投资为突破点，打造金融科技新的增长极。境外综合化子公司，要严守合规底线，稳妥推进战略转型，加大协同力度，发挥战略价值。四是全面提升集团管控能力。进一步完善子公司的全面风险管控体系，健全综合化发展协调机制，增强集团战略穿透力、业务规范力和偏好约束力。制定子公司治理指引，发挥好派驻董监事作用。严控子公司层级，实现最优管理半径和有效风险控制。加强子公司风险管理能力评估监测，将子公司客户和产品纳入集团统一视图和销售体系。优化集团统一系统架构，提升数据加总和并表管理能力。

（五）坚持转型务实、改革图强，把重点战略的落地见效作为全局突破点。要以重大战略落地为核心推进器，激活改革和转型全局，带动各业务板块增活力、添动力，既利当前又惠长远。这里重点强调加快战略落地问题。

第一个人金融银行战略要巩固开局、破题深化。要加强战略传导和推动。围绕机制建设、资源配套、系统开发、组织推动等，加强顶层设计，增强战略辐射力和穿透力。加强各方联动和多方互动，发挥重点战略统筹推进的叠加共振和倍增效应。要夯实客户发展基础。坚持全量客户理念，扩大总量、激活存量、优化结构，以坚实客户基础保证战略实施效果。以资金流和信息流为主线，以场景建设和产品创新为支撑，打造全链条、全闭环的营销服务体系，做精业务，做优客户，做强市场。要坚决打赢竞争主赛场。抓住居民储蓄倾向有所增强的窗口期，做好资金承接和争揽，注重量价协调发展，力争实现储蓄存款增量同业领先，并严格遵循监管偏离度要求。用足用好个贷和按揭规模，做到有增量、有质量，实现增量“双第一”，努力缩小与可比同业余额差距。把握疫情催生的市场和客户消费行为变化，固根基、扬优势、补短板，收窄与可比同业的信用卡收入差距，实现个金核心口径中间业务收入同业领先目标。

境内外汇业务首选银行战略要突出重点、寻求突破。要抓好重点客群拓展。以龙头企业、产业链核心企业为重点，加大头部客户拓展力度。依托我行人民币业务优势，提升对目标客群的外汇业务渗透率。聚焦成为“客户首选”，有效吸引客户在我行办理主要外汇业务。要抓好重点产品推广。一方面抓好外汇账户、外汇存贷款、国际结算、贸易融资等基础产品的营销，另一方面抓好金融市场、资产管理、投资银行等高附加值产品的交叉销售，打好产品组合拳。要抓好重点机构发展。落实“资源富集区域优先”策略，发挥好领先发展行、重点发展行的“领头羊”和“主阵地”作用，形成重点突破、梯次发展局面。重点机构要履行好主抓责任，实现本外币一体化经营，做到同部署、同考核。

区域竞争力提升战略要做实机制、分层推进。要坚持全行“一盘棋”，推动区域竞争力提升方案落地。重点区域分行要坚持改革创新先行，强化发展主体责任，结合区域特点，明确突破目标，细化改革措施。发挥好联席会议机制作用，及时响应市场需求、解决基层困难、推动机构协同。建立指标监测体系，强化结果导向和过程管理，评估战略执行成效，实现服务国家区域发展战略与提升自身竞争力的有机结合。

继续推动重点分支行优先发展，80 家重点城市行要通过资源匹配、授权优化、机制改革，全面争先进位，巩固扩大竞争优势。400 家重点县域行要分类明确发展定位和路径，实施精细化管理、差异化发展，激活内生动力和发展潜力。

公司金融、机构金融、金融市场、资产管理要巩固优势、扩大战果。要为全行发展作出新贡献。进一步强化“比”的意识、“拼”的劲头，努力拉开与市场竞争者的距离，让业务发展更优、价值贡献更大、领先地位更稳，继续发挥好“压舱石”“领头羊”作用。要为全行改革作出新贡献。适应市场客户新要求，瞄准业界最佳实践，加快推动转型升级，尽快补齐短板领域，努力成为全行客户拓展的总源头、产品创新的孵化器、科技创新的试验田、机制改革的排头兵、人才培养的尖兵连、区域竞争力提升的高标杆。要为战略协同作出新贡献。强化与重点战略的衔接配合，推动形成互为支撑、竞相成长、合力贡献的良性格局。总行资源管理部门要坚持统筹兼顾、突出重点，处理好资源配置和要素摆布问题，充分发挥公司金融、机构金融、金融市场、资产管理等条线作用，推动集团综合竞争力整体提升。

要立足新起点、标注新方位、描绘新蓝图，高水平编制好全行新一轮三年规划，使之成为一个立足行情、体现众智、推动战略、促进发展的好规划。

（六）坚持风控强基、人才兴业，把行稳致远作为发展的落脚点。前所未有的冲击和挑战，对全行经营发展是一场大考，更多考的是风险治理能力，考的是履职担当能力。我们必须在这场大考中考出工行好成绩，决不能“掉链子”。

一是风险应对要走在市场曲线前面。要强化全面风险管理，提升风险治理能力。坚持“未雨绸缪、见微知著、亡羊补牢、举一反三”，按照“主动防、智能控、全面管”原则，压实三道防线责任，落实管理细则，完善“全球、全员、全程、全面、全新、全额”的风险管理体系。要了解客户、理解市场，增强风险管理的方位感，对风险动荡源、传染点、传导链、影响面做到心中有数，有的放矢；要认识自身、尊重规律，增强风险管理的边界感，使业务创新和发展速度与风控能力相匹配。

要多措并举夯实信贷资产质量。树立全周期经营理念，深化“三道口”“七彩池”管理，有序推动授信审批新规实施，充分发挥审批关键阀作用，开展资产质量“123”攻坚战，实现信用风险管控提质进位。把握风险化解的窗口期，统筹考虑信贷和非信贷、表内和表外、境内和境外、总行和子公司财务安排，用好拨备资源，加大处置力度，加快风险出清，做到应核尽核，为长期可持续健康发展夯实根基。加强处置队伍建设，优化处置手段、结构和策略，全面提高受偿率。目前全行账销案存资产在2 500亿元左右，结构和账龄持续改善，要把账销案存资产处置的重心，由单纯“清收”变为“经营”，最大限度地创造价值、反哺利润。在加大不良处置的过程中，必须健全责任机制，强化合规管理，严肃经营纪律，严防道德风险。

要加强交叉性输入性风险管控。以风险治理深化为推动，全面执行风险管理指引，落实“全面体检”“排危化险”的短期策略与“精细管理”“优化结构”的中长期策略。对风险在不同市场的传导演化进行全景扫描，做到宏观有判断、微观有安排。管控好跨境、跨界、跨市场业务的创新边界，把握适度性，坚持匹配性，控制外溢性。加强全行产品统筹，对全量产品进行梳理排查，严格准入和限额管理，做到风险再识别、客户再评估、控制再强化。密切关注宏观政策变化、地缘政治走向，及时开展专题风险评估和压力测试，对重大风险因素前瞻布控、底线设防，对各类风险传导保持高度警惕，筑牢“防火墙”，严防风险输入。

要突出抓好合规管理及案防工作。在疫情冲击叠加经济下行的特殊时期，要保持高度敏锐性，全面防、系统治、严问责。按照监管要求，结合我行“制度治理年”主题活动，全面开展市场乱象整治“回头看”工作，有效提升依法合规经营和风险管理水平，培育审慎稳健的经营文化。提升“融安e控”系统的防控水平。在抓好“关键少数”的同时，加强员工异常行为排查，落实网格化、智能化管控机制，推进实施信贷、核算、关键岗位、个人客户信息安全“四项专项行动”。做实责任评议、认定及问责机制，“管住人，看住钱，扎牢制度防火墙”，实现年初确定的“一确保两压降”内控案防目标。加强审计监督，提升监督质效。

二是队伍建设要突出政治过硬、本领过硬、作风过硬。要以新时期好干部标准，抓好各级机构干部队伍和人才队伍建设，坚持把政治标准放在首位，把好干部政治关、廉洁关，严把素质关、能力关，涵养风清气正的选人用人生态。坚持德才兼备、以德为先、任人唯贤的方针，研究制定全行干部队伍建设规划，持续优化班子结构。通过开展全行优秀年轻干部调研工作，建立覆盖各层级的优秀年轻干部储备体系，确保人才辈出、代际传承。要统筹用好各年龄段干部，让大家都有干劲、有奔头。高度重视专业化人才队伍培养，建立一整套涵盖员工全职业生涯周期的能力素质培养体系，让广大干部员工的理论水平、专业能力、实践本领跟上时代发展步伐，适应工行高质量发展要求。坚持严管和厚爱相结合，完善管思想、管工作、管作风、管纪律的从严管理干部机制，激励干部担当作为、临难不避、实干为要、专业致胜，推动形成能者上、优者奖、庸者下、劣者汰的正确导向。最后特别要强调的是，情况越是困难复杂，各级党委和领导干部越要把关心关爱员工摆在更加重要的位置，切实保护干部员工身心健康和生命安全。

同志们！让我们更加紧密地团结在以习近平同志为核心的党中央周围，凝心聚力，砥砺前行，以“等不起”的紧迫感、“慢不得”的危机感、“放不下”的责任感，统筹推进疫情防控、金融保障、经营发展各项工作，奋力完成全年目标任务，实现三年规划圆满收官，为全面建成小康社会作出新的更大贡献！

在总行党委2020年第一批次巡视工作情况汇报会上的讲话

陈四清

（2020年7月24日）

刚才，4个巡视组分别汇报了对辽宁、河南、江西、大连4家分行党委的巡视情况。总体来看，各巡视组能够坚守政治巡视定位，充分借助“巡察在前”的联动优势，努力克服新冠肺炎疫情带来的不利影响，对被巡视单位党委践行“四个落实”、助力扶贫攻坚、防控金融风险等方面的情况进行了监督检查，作出了客观全面的评价，发现问题的数量和质量都有明显提升，提出的整改建议更具针对性，取得了较好的工作成效，为总行党委第三轮巡视全覆盖开了个好头。在此，我代表总行党委，对大家的辛勤工作表示感谢！为做好下一步巡视工作，我讲几点意见。

一、聚焦本批巡视特点，进一步提升工作质效

与以往巡视工作相比，这一批次巡视具有明显的特点：

第一，本批巡视是落实全国巡视工作会议精神的首批巡视。今年5月，中央召开了全国巡视工作会议。深刻领会、准确把握会议精神，对扎实推进我行当前和今后一个时期巡视巡察工作至关重要。总行党委专门传达学习会议精神，王林同志就深入学习贯彻会议精神提出了具体要求。党委巡视办和各巡视组把学习贯彻会议精神与本批巡视工作结合起来，聚焦国有金融企业职能责任、聚焦各一级（直属）分行改革发展任务，进一步明确监督着力点，政治巡视定位更加精准，目标任务更加清晰，监督效果更加突显。

第二，本批巡视是探索巡视巡察联动监督模式的首批巡视。这次巡视贯彻落实十九届中央纪委四次全会精神，进一步完善全行巡视巡察上下联动工作格局，首次采取“交叉巡察在前、总行巡视在后”的模式开展。巡视组和巡察组既相对独立、各有侧重，又步调一致、互为补充，同时也为各分行巡察组提供了交流比拼的平台，促进大家比学赶超、共同提高，取得了良好效果。

第三，本批巡视是新冠肺炎疫情发生以来的首批巡视。新冠肺炎疫情给本批巡视工作带来了很多困难和挑战，但我们坚持底线思维，审慎稳妥推进工作。巡视进驻前，专门组织巡视巡察组全员进行了核酸检测，制定了突发情况应急预案，在保障安全的前提下顺利完成了这次巡视工作。当前，“外防输入、内防反弹”的防控任务依然复杂艰巨。我们要做好在疫情防控常态化形势下开展巡视工作的各项准备，切实健全工作机制，为巡视工作平稳有序开展提供有力保障。

党委巡视办和各巡视组要进一步总结这次巡视工作的新做法新成效，也要审视当前工作存在的不足，持续深化对国有金融企业巡视工作规律性的认识。要关注被巡视单位是不是把增强“四个意识”、坚定“四个自信”、做到“两个维护”落实到实际行动和具体工作中，是不是真正采取措施推动党委“48字”工作思路和决策部署落实落地，切实提高做好巡视工作的政治把握能力和专业水平。保障全行更加有力有效服务党和国家工作大局，这是政治巡视最根本的要求。

二、始终坚持问题导向，有效发现问题、有力推动整改

（一）高度关注巡视发现的问题。从刚才汇报的情况看，4家分行总体情况是好的，但也存在一些亟待解决的问题。辽宁、江西、大连分行发挥党建引领作用有差距，对党建工作重视不够，党建与业务同谋划、同部署、同推进、同考核有待加强，存在党建业务“两张皮”现象；河南、江西分行贯彻党中央重大决策部署、落实总行党委工作要求有差距，金融扶贫贷款主要为个人住房贷款，普惠贷款增量大幅落后于当地同业，新增贷款多半投向房地产领域，没有充分发挥国有金融企业助力金融扶贫、服务实体经济的主力军和排头兵作用，与工商银行国有大行应有的担当不相符；4家分行在对违规违纪问题从严查处方面均有差距，违反中央八项规定精神的行为仍时有发生，且存在应问责未问责，问下级多、问上级少，问责力度偏轻等问题，管党治行失之于宽、失之于软；辽宁分行防范化解金融风险有差距，虽然有客观环境的问题，但信贷领域违规违纪问题突出，个别基层机构甚至发生了内外勾结、骗取贷款的违法行为。还有一些问题表现很突出，河南周口分行副行长孙广建长期违规使用带休息室套间的办公室；辽宁鞍山分行实物管理中心副经理李大民在巡视期间超桌数办理女儿婚宴，收受管理对象和部门员工礼金。而且，上述两人均存在隐瞒事实、欺骗组织的行为，性质和影响十分恶劣，一定要严肃处理。辽宁、河南、江西分行仍然存在落实亲属回避制度不到位的问题。亲属回避问题是2015年中央对工行党委专项巡视时就指出来的，总行的制度办法很明确，总行也在持续改进，但一些基层单位仍然执行不到位，值得我们深思。大连分行不良贷款包袱沉重，新增贷款风险管控不力，法人贷款不良率高达18.5%，大幅高于全行系统和当地可比同业，资产质量亟待提升。上述这些问题反映出，我们的一些党组织和党员干部在落实中央重大决策部署、履行全面从严治党“两个责任”、服务实体经济和防控金融风险方面，还不同程度存在政治站位不高、风控意识不强、制度执行不力等情况。决胜全面建成小康社会的三大攻坚战、金融工作三大任务，都要求我们把防控风险摆在重要位置，要通过这次巡视，推动总分行同向发力，进一步深化监督，从严治理，从严要求。

（二）不断提高发现问题的能力和水平。准确发现问题是衡量巡视工作成效的重要标准。大家要在观念意识和方法路径上，做到以下几点：一是以联系的视角看问题。要增强政治鉴别力，从具体问题着眼，前后对照、上下兼顾，深入洞察问题的本质以及相互之间的关联，尤其要加强对深层次、共性问题的归纳提炼分析。下面的问题多，上面要归纳好，共性的问题全行都要整改，总行要带头改，避免就事论事、走马观花。二是以发展的眼光看问题。要紧跟全行重点工作和发展趋势，立足当下、放眼未来，在发现被巡视单位当前问题的同时，综合研判其长期发展的基础是否牢固、储备是否充分、动力是否持久。三是以公正的态度看问题。要始终做到实事求是，既要以小见大，也不上纲上线；对于基层单位一些先行先试中出现的工作失误，要给予适当的包容和理解，保护好干部员工的干事创业热情。

（三）做深做透巡视“后半篇文章”。准确发现问题的目的，是要解决问题，进而推动改革、促进发展。要压实整改责任，督促被巡视单位党委切实负起整改主体责任，一方面外除病症，对账销号，解决一个一个的具体问题；另一方面内除病根，着力解决体制性障碍、机制性梗阻、制度性漏洞，统筹推进具体问题整改和长

效机制建立。要加强条线整改，对于巡视发现的共性问题和巡视组对总行相关部门提出的工作建议，相关部门要高度重视，加强分析研判，牵头做好条线整改，将巡视成果应用于更深层次、更广范围。很多问题发现在下面，根子在上面。要做实“政治复查”，通过巡视回访、日常监督、跟踪督办等方式，持续跟进整改情况，强化再监督，体现再震慑。要严查整改不力、敷衍整改、虚假整改、边改边犯等问题，对未完成整改任务的党组织，要责令其做出深刻检查，存在严重失职失责行为的，要对主要负责人严肃问责。

三、持续完善制度机制，夯实巡视工作高质量发展根基

（一）以中央巡视指导督导为契机，加强巡视规范化建设。巡视工作规范化，是贯彻依法治国、依规治党的内在要求，也是巡视工作高质量发展的重要保障。今年中央巡视办将我行列为15家中央金融企业唯一的指导督导试点，是对我行党委的信任，更是对我行的鞭策。我们要对标中央巡视工作精神和要求，看看还存在哪些薄弱环节，还有哪些需改进的地方，抓紧时间补短板、强弱项，努力让改进优化走在指导督导前面。同时，抓紧做好下一批巡视准备和组织工作，真诚虚心接受中央巡视办的指导督导，把握好这次近距离学习的宝贵机会，学思想、学理论、学方法，加快规范化和专业化建设，进一步确保工作的严谨性，体现监督的权威性。

（二）持续深化联动机制，促进巡视监督与其他监督贯通融合。本批巡视点多面广，在人员、培训、信息、手段等方面调动整合的监督资源也比较多，是巡视巡察与纪检监察、内审、内控等监督方式有机结合的一次创新实践。我们要总结经验，进一步用好巡视这个重要平台，推动完善巡前信息对接、巡中相互借力、巡后成果共享的联动协作机制，以系统集成、协同高效的工作格局，促进监督更加全面立体。

（三）强化制度建设，为有序做好巡视工作筑牢支撑。习近平总书记强调“要不断完善巡视制度，更好依纪依法巡视”。我们要深入学习贯彻习近平总书记关于巡视工作的重要论述精神，在实践中，讲章法、重规范，做到“先有办法、后有做法；提炼做法、完善办法”，逐步形成建章立制、付诸实践、总结提升的良性循环。要在已有制度的基础上，进一步细化制定相关工作规则、规定，构建起内容协调、程序严密、配套完备、有效管用的制度体系，确保巡视工作全流程各环节有法可依、有章可循。

同志们，总行党委本批次巡视工作取得了较好成效。希望大家再接再厉，以更加奋发有为的精神状态，高质量地完成好各项工作任务，为推动全行加强党的建设、深化改革发展作出新的贡献。

坚守职能定位　强化政治监督
努力推动新时代巡视巡察工作高质量发展

——在中国工商银行巡视巡察工作暨党委2020年第二批次巡视工作动员会议上的讲话

陈四清

（2020年8月18日）

这次会议的主要任务是，深入学习领会习近平新时代中国特色社会主义思想，特别是习近平总书记关于巡视工作的重要论述，贯彻落实全国巡视工作会议暨十九届中央第五轮巡视动员部署会精神，安排今后一个时期巡视巡察重点任务，对今年第二批次巡视工作进行动员部署。

总行党委高度重视巡视工作。去年6月，中央办公厅印发《关于中央部委、中央国家机关部门党组（党委）开展巡视工作的指导意见》，对包括中管金融企业在内的中央单位巡视工作进行顶层设计和统筹部署。总行党委认真学习贯彻指导意见要求，推动全行全面改进巡视巡察工作，单设党委巡视办作为专职巡视机构。一年来，在中央巡视工作领导小组的正确领导和中央巡视办的具体指导下，我行巡视巡察工作坚持把“两个维护”作为政治巡视根本任务，紧扣国有金融企业职能责任开展政治监督。集中完成了对总行本部36个党组织的巡视全覆盖，推动巡视与主题教育和机关党建深度融合、互促共进；探索建立巡审协同机制，对工银国际和世福资本开展巡视，对两家境外机构的政治生态和经济责任落实情况进行全面“体检”；落实党中央打好“三大攻坚战”的战略部署，对宁夏分行开展金融扶贫专项巡视。今年上半年，尽管受到新冠肺炎疫情影响，但我们坚持底线思维，在做好疫情防控的基础上，适时启动新一轮巡视，创新采取“交叉巡察在前、总行巡

视在后”工作方式，完成对辽宁、河南、江西、大连4家分行的巡视，进一步形成巡视巡察上下联动、一体推进的工作格局。持续做深做实中央和内部巡视整改，推动各级机构切实抓好问题整改和成果运用。完善巡视巡察制度体系，建立巡视干部政治学习和业务培训机制，启动巡视巡察信息管理系统研发，巡视巡察工作规范化、信息化建设基础得到夯实。各一级（直属）分行党委按照“四个落实”要求，持续深化政治巡察，对577个基层机构开展了卓有成效的政治巡察。

一年多来，全行巡视巡察工作力度、广度、深度和效果大幅提升，进一步保障了党的路线方针政策、党中央重要决策部署的落地见效，进一步深化了行党委“48字”工作思路的贯彻执行，进一步压实了各级党组织全面从严治党从严治行主体责任，进一步推动了全行的改革发展，进一步加强和改进了干部作风建设，营造了干事创业的良好氛围。同时，我们也要认识到，我行的巡视巡察工作正处在完善深化与创新发展的关键阶段。5月9日，中央巡视工作领导小组召开全国巡视工作会议暨十九届中央第五轮巡视动员部署会，系统梳理了习近平总书记关于巡视工作的重要论述，对做好巡视工作作出了新的部署。我们要对标习近平总书记关于巡视工作的新要求，对标中央对巡视工作的新部署，把积累的经验总结好、传承好，把取得的成效巩固好、发展好，把下一步工作统筹好、推动好。下面，我讲几点意见。

一、深入学习贯彻习近平总书记关于巡视工作重要论述，牢牢把握新时代巡视工作的政治方向

全国巡视工作会议指出，习近平总书记关于巡视工作的一系列重要论述，是在新时代全面从严治党向纵深发展、巡视监督不断深化的生动实践中形成并丰富发展的，具有强大的真理力量、实践力量、创新力量，是我们常学常新、必须真懂真用的思想武器。全行要跟进学习、深入领会习近平总书记重要讲话和指示批示精神，掌握蕴含其中的马克思主义立场观点方法，切实提高做好新时代巡视工作的政治把握能力和工作水平。

（一）深化对政治巡视定位的理解把握，聚焦监督“两个维护”的实际行动。习近平总书记强调，巡视是政治巡视，本质是政治监督。“两个维护”要体现在履职尽责做好本职工作的实效上，如果本职工作都没做好，不担当不作为，把党组织交给的“责任田”撂荒了甚至弄丢了，那就根本谈不上“两个维护”。具体到工商银行，坚持和加强党对金融工作的全面领导，坚决贯彻中央金融工作方针，管好资产、带好队伍，是各级党组织最核心的政治责任。巡视巡察就是要紧紧围绕各级党组织最核心的政治责任开展监督。一是突出对落实党的路线方针政策和党中央重大决策部署情况的监督，尤其要聚焦落实习近平总书记关于金融工作重要论述和指示批示精神情况，聚焦落实金融工作三大任务情况，聚焦落实总行党委根据中央精神提出的“48字”工作思路情况；二是突出对落实全面从严治党战略部署情况的监督，尤其要聚焦加强党的领导和党的建设、领导干部廉洁自律、作风建设情况，聚焦“关键少数”，聚焦金融领域腐败易发多发环节，聚焦群众身边腐败问题和不正之风；三是突出对落实新时代党的组织路线情况的监督，尤其要聚焦领导班子和干部队伍建设、基层党组织建设、选人用人等情况；四是突出对落实巡视、审计、主题教育整改情况的监督，尤其要聚焦履行巡视整改主体责任、监督责任情况，整改实效和建立长效机制情况。

（二）深化对巡视战略作用的理解把握，推动制度优势更好地转化为监督效能。习近平总书记强调，巡视是党章赋予的重要职责，是加强党的建设的重要举措，是从严治党、维护党纪的重要手段。巡视是党内监督的重要形式，是上级党组织对下级党组织监督的重要抓手，要求做到横向全覆盖、纵向全链接、全国一盘棋。党的十九大对巡视工作作出新部署，以《党内监督条例》《巡视工作条例》和《巡视工作规划》，确立了巡视在党内监督中的战略作用、在全面从严治党中的突出地位。总行党委深入贯彻落实党中央关于健全党和国家监督体系的战略部署，以党内监督为主导，推动全行各类监督有机贯通，逐步形成了派驻监督、党内监督、治理层监督、业务监督相互协调的全面监督体系。巡视作为贯通这一监督体系各个环节的重要纽带，具有权威性、融合性、深入性等特点，在整个监督体系中具有战略作用。我们要更加自觉地把巡视监督嵌入到全行监督体系的各个层面，进一步发挥巡视巡察工作的系统作用和组织优势。

（三）深化对巡视工作方针的理解把握，自觉担负发现问题、推动解决问题的职能责任。“发现问题、形成震慑，推动改革、促进发展”16字巡视工作方针，是以习近平同志为核心的党中央结合巡视实践发展确立的。党的十八大以来，巡视之所以成为管党治党的利剑，关键在于问题导向，始终把发现问题作为主要任务。当前反腐败斗争取得压倒性胜利，但是形势依然严峻复杂。十九届中央纪委四次全会指出，腐败仍然是我们党面临的最大威胁，一体推进不敢腐、不能腐、不想腐，不仅是反腐败斗争的基本方针，也是新时代全面从严治党的重要方略。从我行情况看，我们扎实推进全面从严治党，以全面从严治党引领全面从严治行，推动各项工作迈上新台阶，党风行风呈现新气象。特别是去年开展的“两明案”专题教育整改，有力深化了反腐败斗争和廉洁银行建设，今年以来徐卫东、卢健等腐败问题得到揭露和严惩，形成了新的震慑。但是，从各种内外部监督检查情况看，一些领域违规违纪违法问题，一

些机构、专业条线风险、管理问题，一些领导干部不尽责、不作为、管党治行宽松软问题仍然存在。总行党委刚刚组织完成对4家分行的巡视。从巡视结果看，4家分行总体情况是好的，但发现问题也不少。特别是在信贷领域，个别基层机构发生内外勾结、骗取贷款的违纪违法案件。有的机构仍存在违反中央八项规定精神问题。因此，我们还不能说腐败存量已经全部清除，更不能认为滋生腐败的土壤已经铲尽。必须坚持把发现问题、形成震慑作为巡视工作的生命线，把“严”的主基调长期坚持下去；必须坚持靶向思维，紧盯信贷、选人用人、集中采购、不良资产处置、账外固定资产等重点领域和关键环节，深挖以权谋私、以贷谋私、“靠行吃行”等问题。

（四）深化对巡视整改落实的理解把握，更加重视做好巡视“后半篇文章”。习近平总书记每次听取巡视情况汇报都对整改提出明确要求，强调巡视整改是“四个意识”的试金石，整改不落实就是对党不忠诚，就是对人民不负责。发现问题的目的是解决问题，发现问题不解决，比不巡视的效果还坏。从最近总行党委梳理中央巡视整改情况看，从总行巡视、巡视回访情况看，中央巡视和总行巡视整改工作取得了明显成效，巡视指出的问题大多数能够得到整改，巡视成果得到较好运用。同时也要看到，虽然绝大多数具体问题已基本整改，但是同类型、同性质的问题依然不同程度地存在或有新的表现，有些问题在严峻复杂形势下甚至变得更为突出。这反映出整改工作还没有达到应有的深度，还没有真正解决体制机制上的深层次原因。因此，各级党委都要更加重视，统筹做好巡视“前半篇文章”和“后半篇文章”，既要重视推动解决一个一个具体问题，又要善于“以下看上”，从下往上解决上级党组织、管理部门工作存在的系统性问题，注重攻克体制机制上的弊病与难题，提高整改落实水平，使标本兼治成为巡视工作鲜明特点。

二、完善巡视巡察工作体系，确保实现高质量全覆盖

按照总行党委《巡视巡察工作规划》，2022年我们将完成新一轮对一级分行、直属分行、直属机构的巡视全覆盖，各一级分行、直属分行党委也要逐步完成对下一级党组织的巡察全覆盖。全覆盖不是简单完成任务，必须是高质量的全覆盖，这是一个数量与质量并重、进度与效果兼顾的目标。要实现这个目标，必须以健全高效的工作体系为根本保障。

（一）强化巡视巡察主体责任。习近平总书记强调，抓巡视工作是党委主体责任的具体化。总分行党委都要扛紧扛实政治巡视巡察责任，认真贯彻落实党中央关于巡视巡察工作的部署，按照总行党委要求，自觉把巡视巡察工作纳入全面从严治党总体部署，一体谋划、一体推动，深入研究巡视巡察工作规律，准确把握政治监督内涵，做到组织领导有力、责任落实到位。各分行“一把手”要把巡视巡察工作作为“书记工程”来抓，坚持牵头抓总，及时听取巡察情况汇报和巡视整改情况汇报，研究推动成果运用。对于重要问题、难点问题要亲自抓、亲自管，切实把责任落到底、落到位。

巡视能否发挥利剑作用，巡视组组长是关键。要严格落实组长负责制，巡视组组长要对巡视期间本组工作全面负责。组长要深入了解、认真研究巡视中的重要事项，把好方向、控好节奏、分析问题、作出判断。坚持实事求是，一是一、二是二，把精准、客观、全面地发现问题、反映问题、推动解决问题作为使命和担当。既要强化“重大问题没有发现就是失职、发现了没有如实报告就是渎职”的观念和责任，也要防止反映问题不准确、不客观、不全面。发现问题是不是精准，要看是不是紧扣了被巡视单位的核心职责使命，是不是体现了被巡视单位当前的主要矛盾，问题整改是不是有利于推动被巡视单位的改革发展，不能以一般性的业务问题、细枝末节的管理问题来代替领导班子履行职能责任方面存在的问题。坚持从政治层面分析业务问题、从业务问题查找政治偏差，防止把政治巡视等同于业务工作检查。用历史与发展的观点分析和把握问题，既要避免把被巡视单位历史上长期形成的问题简单归咎于现任领导班子，也要避免将被巡视单位长期积淀的良好发展基础简单归功于现任领导班子。善于从被巡视单位经营管理情况变化中，分析问题演变的趋势，判断是向上向好，还是原地踏步，或者持续恶化，以此评价领导班子担当作为情况，发现领导干部思想和工作中存在的问题。向被巡视单位传导压力、压实责任，推动被巡视单位自我剖析存在的问题，调动被巡视单位与巡视组同题共答、同向发力的积极性。建立巡视办和巡视组会商机制，定期组织中期汇报，对巡视报告进行审核把关，确保巡视发现与反映的问题经得起实践和历史的检验。

（二）健全巡视巡察监督格局。巡视巡察涉及面广、工作战线长，必须增强贯通思维、联系思维，强化“一盘棋”思想，把巡视纳入融入“不敢腐、不能腐、不想腐”一体推进的工作格局。一是健全上下联动机制。今年新一轮巡视，每个巡视组配备了5～6个巡察组，目的就是要探索巡视巡察联动工作机制，以巡视带巡察，以巡察助巡视，巡视组从上往下“挖”，巡察组从下往上“照”，发挥“双剑合璧”作用。总行任命的交叉巡察组，作为上级监督具有权威性，作为异体监督具有威慑性，目的是有效破解基层机构“地方小、人头熟、巡不深、察不透”等问题，提高基层巡察实效。党委巡视办和巡视组要注重总结这一新的做法和经验，不断探索巡视巡察联动路径，总行要更多地督导和参与分行党委对一些重点领域的巡察，进一步推动巡视巡察监督任务联动、成果运用联动、队伍力量联动、信息宣

传联动，通过巡视巡察联动带动，督导分行巡察工作高质量开展。二是健全“大监督”机制。把各类监督力量整合起来，对标学习中央巡视做法，建立健全巡视与派驻纪检监察组的协调协作机制，推动完善监督统筹衔接制度，促进党内监督与审计监督等多种方式的融通融合，推动形成系统集成、协同高效的巡视巡察监督工作格局。三是健全持续监督机制。把常规巡视与专项巡视、机动巡视和巡视“回头看”贯通起来、穿插使用，探索“延伸巡视”“提级巡视”，围绕“精准发现问题和促进问题整改”，不断创新巡视方式，全面提升监督质效。

（三）完善巡视巡察整改机制。围绕巡视巡察整改，大力推动责任机制、监督机制、问责机制、公开机制建设，促进问题源头整改、实质整改、协同整改的闭环更加牢固紧密。一是完善整改责任机制。压实被巡视党组织整改主体责任，督促被巡视党组织把发现问题、解决问题、促进完善体制机制等方面贯通起来思考和推进，坚持巡视发现问题、主题教育检视问题和审计、监管指出问题集成整改、一体整改，坚决防止“为整改而整改”的过关心态，坚决防止整改方案“一定了之”、整改台账“一建了之”、整改报告“一报了之”。督促被巡视党组织和领导干部从本级、本人改起，坚决防止敷衍应付、上推下卸、边改边犯、此改彼犯，坚决防止以简单问责下级代替本级整改、本人整改。对于普遍存在的共性问题，总分行相关部门要牵头整改，行领导、管理层要高度重视，亲自推动分管条线的整改工作，真正将巡视成果应用于更深层次、更广范围。二是建立整改日常监督机制。对标中央纪委、中央巡视办有关制度办法，加快破题巡视整改日常监督机制，落实日常监督责任。三是强化整改问责机制。严明整改工作纪律，对整改不力、敷衍整改、虚假整改的，严肃追责问责，典型案例公开通报，以问责促整改。四是健全整改公开机制。对整改措施、整改结果和进展情况等应当公开的内容都要公开，自觉接受干部员工监督，以公开激发整改内生动力，以整改实效赢得干部员工的信赖。

（四）推进巡视巡察规范化建设。实现巡视巡察工作高质量发展，关键在于严格依规依纪依法，做到实事求是、精准规范。一是加紧完善巡视巡察制度。对标中央巡视工作制度体系，完善顶层设计，在现有制度基础上，先建立基本制度，再补充配套制度，力争在较短的时间内使制度建设跟上巡视巡察工作发展的需要。二是依规依纪依法开展工作。明确巡视巡察工作流程，坚决按党章党规、巡视工作条例和规定办事，严格执行“不干预被巡视单位正常工作、不履行执纪审查职责”要求，及时移交巡视发现的问题线索，严格执行问题底稿制度，切实使各流程各环节工作有章可循、有序运行，确保巡视过程严谨，巡视结果精准。三是抓紧推进信息化建设。加快建成巡视巡察业务系统，推动建立科学、高效、安全的巡视巡察工作网络平台，为巡前收集信息、巡中发现问题、巡后跟踪整改和成果共享，提供更加便捷高效的技术支撑。

（五）加强巡视巡察队伍建设。一是配齐配强巡视巡察人员。根据巡视巡察任务需要，及时增配专职人员，注重从各级优秀年轻干部中抽调人员到巡视巡察岗位锻炼，做到“专兼结合”。加快完善总行巡视、分行巡察干部人才库，储备一批政治过硬、本领高强的巡视巡察干部，根据需要抽调参加中央巡视、总行巡视和分行巡察。二是全面加强政治建设和能力建设。巡视巡察机构是政治机构，所处的特殊位置和承担的重要职责，决定了巡视巡察干部必须要有更高的政治标准和更强的专业能力。希望巡视巡察战线的同志们做学习贯彻习近平新时代中国特色社会主义思想的表率，做党的路线方针政策的坚定捍卫者和实践者，做让党中央放心、让人民满意、让腐败分子畏惧的钢铁战士。要推进巡视巡察干部队伍政治建设与专业建设，加强学习培训，强化实战练兵，把分级分类开展全员培训和“以干代训”作为建设高素质专业化巡视巡察队伍的重要方法，不断提升政治素质和专业能力。三是加强作风建设。增强群众观念，谦虚谨慎、平等待人，时时处处体现对基层的关心、对员工的关爱、对人民的情感，紧紧依靠广大人民群众开展监督工作，树立巡视巡察干部密切联系群众的作风形象。大兴学习之风、调研之风，注重不断提高政治政策水平，提高认识和解决问题的能力；巡视时要真正扑下身子、沉到一线、走进矛盾集中的地方，听实话、察实情、揭盖子，树立巡视巡察干部担当作为的作风形象。锻造坚持原则、敢于斗争、实事求是、严明纪律的鲜明特质，真正发挥利剑作用，树立铁面、铁腕、铁律的“三铁”作风形象。同时，要加强对巡视巡察队伍的监督管理，严肃工作纪律，严明作风要求，严格考核评价，坚决防止“灯下黑”。

三、扎实做好今年第二批次巡视工作，督促推动被巡视单位更好履行职责使命

今天，我们正式启动2020年第二批次巡视。本批巡视要深入贯彻这次工作会议部署，坚持高标准、落实新要求，全面提高发现问题的质量和促进发展的效果。要结合实际细化“四个落实”监督重点，结合第一批次巡视发现的问题，结合被巡视分行经营管理特点，更加注重强化四个方面的针对性监督。

一是强化管党治党方面的针对性监督。重点看被巡视单位党委落实党的建设主体责任情况，看当前国际国内严峻复杂形势下意识形态工作开展情况，看整治形式主义、官僚主义问题情况，看领导干部行使权力情况，深查重点领域腐败问题和问题线索。

二是强化贯彻落实党和国家重大金融政策方面的针对性监督。在当前全球经济衰退、我国经济运行遇到多

方面困难的严峻形势下，党中央对金融服务实体经济、让利实体经济、支持“六稳”“六保”、助力加快形成以国内大循环为主体、国内国际双循环相互促进的新发展格局等作出了重要部署，总行党委相应提出一系列工作要求。要坚决做到党中央决策部署到哪里，巡视就跟进到哪里。各巡视组要重点看被巡视单位落实这些重大政策和部署情况，尤其要看支持先进制造业、民营企业、小微企业情况，看金融精准扶贫、定点扶贫开展情况，看对小微企业执行优惠利率情况，看规范服务收费情况。

三是强化防范和化解金融风险方面的针对性监督。高度关注贷款不良率高的分行，重点看其贷款劣变背后的深层次管理问题，看其领导班子是否真正担当起了防范和化解重大金融风险的政治责任，看风险防控措施是否到位与有效，看风险形成的背后是否存在腐败问题。

四是强化贯彻总行党委战略部署方面的针对性监督。重点看被巡视单位落实年初以来全行一系列工作会议情况，看落实总行党委“48 字”工作思路和“大、全、稳、新、优、强”发展方位要求情况，看“三比三看三提高”运用情况，看推动第一个人金融银行、境内外汇业务首选银行、重点区域竞争力提升等战略落地见效情况。同时，要了解被巡视单位疫情防控措施落实情况，推动 4 家分行统筹抓紧抓实抗疫情、稳经济、谋发展各项工作。

这次巡视在疫情防控常态化形势下开展，要坚持工防结合，加强统筹，稳妥推进。巡视组组长要增强风险意识、底线思维，切实担负起统筹抓好疫情防控和巡视工作第一责任。巡视办要做好服务保障，制订应急预案，加强与被巡视单位的沟通，确保大家安全，确保巡视工作平稳有效开展。

同志们，做好新时代巡视工作责任重大、使命光荣。我们要加快适应新的形势任务要求，进一步改进和加强巡视巡察工作，更加充分地发挥巡视巡察发现问题、督促解决问题的利剑作用，推动全行不断增强“四个意识”、坚定“四个自信”、做到“两个维护”，不断深化全面从严治党、全面从严治行，为推动全面建成小康社会、助力形成双循环的新发展格局作出更大贡献。

在四川分行工作汇报会上的讲话

陈四清

（2020 年 9 月 23 日 · 根据录音整理）

刚才，韩松同志代表四川分行班子作了工作汇报。汇报得很细致、很全面。听完汇报，感到四川分行有一股敢拼敢干的劲头，有一支高素质的干部队伍，整体的精神状态也非常好。近年来，四川分行认真贯彻落实总行党委决策部署，扎实推动各项重点工作，核心经营指标进步明显，市场竞争力提升较快，在支持当地经济社会发展上表现突出。对此，总行党委给予高度肯定。

下面，结合大家的发言，讲几点意见。

一、深化思想认识，狠抓全行战略落地实施

总行党委坚持传承与创新，在实践中强化对做好新形势下工商银行工作的规律性认识，提出“48 字”工作思路，“三比三看三提高”工作方法，以及“大、全、稳、新、优、强”发展方位。同时，着眼全行经营发展大局，提出了第一个人金融银行、境内外汇业务首选银行、重点区域竞争力提升等重点战略。

对于上述内容，要从思想上高度重视，不仅知其意，更要明其理；要坚持目标导向、问题导向、结果导向，结合当地发展实情和分行经营实际抓贯彻落实，以实打实的市场表现检验战略的理解力和执行力。

关于“48 字”工作思路，既要从 12 个具体维度出发，逐一细化工作要求，又要从内在联系、相互贯通的有机整体出发，统筹指导和推动工作。就四川分行工作，再强调几个方面。党建引领，要旗帜鲜明讲政治，纵深推进全面从严治党从严治行。要按照“统筹四县、突出金阳”思路，把金阳作为重中之重，通过总分行一起努力，按时高质量打赢脱贫攻坚收官之战。要落实“四个不摘”政策要求，对四县市扶贫情况进行“回头看”检查，稳住脱贫成果，固化工作机制。风控强基，要系统梳理信用卡资产不良率高的成因，下大力气开展风险治理，有效夯实资产质量。人才兴业，要深入贯彻新时代党的组织路线，综合考虑干部的阅历经验、知识结构和年龄分布等特点，进一步优化完善各级机构领导班子配置。要加强干部培养和交流，为全行输送更多、更优秀的干部。要重视对员工的关心关爱，形成“人心齐，泰山移”的局面。

关于“三比三看三提高”工作方法，要看到“比”

是前提，是基础。要把握好“和谁比”。与市场同业比、与兄弟单位比、与自己比，这三者是有实质顺序和内在层次的。与自己比，能看到实在的进步；与兄弟单位比，能看到自己在系统内排名位次的变化；而与市场同业比是最重要的。比的对象一定要聚焦再聚焦，瞄准全市场第一比，比出水平、比出优势、比出能力、比出效益。要把握好“比什么”。既要比总量和整体，又要比结构和细分领域，还要比机制完善。既要比业务规模和经营效益，又要比资产质量和风控水平，还要在党建工作、内部管理、队伍建设、业务创新等方面进行全方位的比。要把握好“怎么比”。既要盯住时点比，看月末、季末、年末的即期变化，更要拉长经营周期、穿透行长任期比，看几年的趋势变化和市场竞争力提升情况。

关于“大、全、稳、新、优、强”发展方位，要看到“大”是工商银行的发展特征，代表了我们的规模、体量、市场份额和影响力。工商银行实现高质量发展，“大”是很重要的因素。理论上，只要各分行、各机构都是第一，工商银行就一定会是市场第一。反之，如果各分行、各机构在当地市场和各自领域都被同业超过，工商银行作为一个整体将很难保持市场领先地位。当然，“全面第一”是一个过程，我们首先要保证各重点区域成为第一。因此，总行有关部门在制定政策时不能“撒胡椒面”，要突出重点，以有利于战略实现为原则。

关于重点战略，要正确理解、准确把握，确保战略落地实施方向不偏、力度不减。第一个人金融银行战略，要把准立足点。坚定不移发展好公司金融、机构金融业务，是全力打造第一个人金融银行的重要保障。要坚持“以长带短、以公促私”的策略，不断巩固和扩大公司金融、机构金融业务优势，助力个人金融业务固根基、补短板、加快发展。要把准发力点。加强 GBC 联动，着力打造立体式、全链条、全场景的获客模式和营销模式，持续完善综合金融服务体系，让客户的全方位金融需求都能够得到有效满足，形成高质量的营销服务“内循环”。要把准驱动点。更加注重科技赋能，加快数字化变革升级进程，不断为个人金融业务发展注入新动能。境内外汇业务首选银行战略，要把当前重点放在夯基垒台、备战练兵上，依托我行人民币业务优势，顺应本外币一体化经营趋势，不断提升对目标客群的外汇业务渗透率，为未来积厚成势、打造“客户首选”奠定坚实基础。重点区域竞争力提升战略，要做实机制、分层推进，实现服务国家区域协调发展战略和提升自身竞争力的有机结合。

二、深化业务联动，抢抓区域发展重大机遇

四川是“一带一路”和西部陆海新通道建设的重要交汇点，是推动长江经济带协同发展的重要战略支撑和核心腹地，区位优势突出。特别是党中央作出推动成渝地区双城经济圈建设的战略部署以来，四川发展迎来重大机遇。四川分行要坚持改革创新先行，强化发展主体责任，强化与周边区域分行的业务联动和协同，尽快将区域发展红利变为自身发展动力。要紧扣“一体化”这个关键，唱好成渝“双城记”。四川分行、重庆分行要发挥好联席会议机制作用，重点打造开放与互联、科创与产业、民生与普惠、绿色与生态四大金融品牌，持续提升服务双城经济圈的能力。要继续推动成都分行优先发展，将其打造为区域发展的“领头羊”。要坚持以重大项目为牵引，奏好川藏“同心曲”。川藏铁路雅林段（雅安—林芝）即将开工建设。这不仅对川藏地区发展具有重要历史意义，而且对工商银行来说也是一次重要的业务发展机会。总分行要乘势而上、齐心协力、精心安排，扎扎实实服务好川藏铁路建设，并以此为契机，促进四川分行、西藏分行的业务发展。总行要成立工作专班，形成专项推动机制，由王景武副行长牵头，熊燕高级业务总监以及相关部门、相关分行共同参与。要对川藏铁路建设项目的金融需求专题研究，吃透政策、系统谋划，从总部企业和业务源头切入，真正把市场机遇抓在手里，把工作主动权抓在手里。四川分行、西藏分行要加强营销联动，共同拓展铁路沿线区域和上下游企业的业务合作机会。

三、深化管理创新，紧抓重点领域突破提升

总行作为管理行，要按照战略要求，聚焦一些事关全局的重点领域，加大改革力度，集中攻关突破，以此带动整体面上经营管理能力的不断提升。

存款，核心是盯住成本和均衡性。要通过 GBC 联动，加强源头资金的承接和争揽，同时合理摆布各类存款产品，切实管控住存款付息成本。要掌握好资金流动特点和规律，综合运用考核评价、资源配置、成本约束等手段，夯实日均存款基础，确保存款均衡稳健增长，确保存款偏离度满足监管要求，防止“冲时点”情况再次发生。

贷款，核心是盯住规模和投向。一要做实沟通，积极争取监管部门的指导和支持。二要做优结构，根据宏观政策导向和产业发展方向，确定贷款投向，突出对制造业、民营企业的支持。综合考虑存量基数、存贷比、市场位次、资产质量等因素，进一步优化规模分配规则，突出对重点区域、重点分行的支持。三要做强普惠，着力推动普惠金融“增量、扩面、提质、降本”，拿出与工商银行整体地位相称的担当和成绩。

风险防控，要压实主体责任，坚守审慎经营底线，统筹应对信贷和非信贷、表内和表外、境内和境外、显性和隐性等风险。对部分分行、子公司和业务条线的不

良资产问题，要科学研判、前瞻布控、精准施策，加大处置力度，加快风险出清。

机构管理，要立足集团治理视角，立足各机构发展所需，针对部分城市同时设有分行、直属机构、子公司、集约中心、业务条线分支机构等不同类型机构的情况，抓紧形成一套条块畅达、运转高效的组织协调机制，切实增强各机构的工作合力。

衷心希望四川分行再接再厉、矢志奋斗，在推动自身高质量发展上闯出新路子、展现新作为，不断交出让总行党委满意的"高分答卷"。

在总行党委2020年第二批次巡视情况汇报会上的讲话

陈四清

（2020年11月9日）

刚才，4个巡视组分别汇报了对山东、天津、吉林、宁波4家分行党委的巡视情况。总体看，党委巡视办和各巡视组坚决贯彻落实习近平总书记关于巡视工作的重要要求，按照8月18日全行巡视巡察工作会议部署，牢牢把握政治方向，积极探索巡视工作新思路、新方法，取得了比较好的效果。4家被巡视分行坚持党的领导、加强党的建设，积极落实金融"三大任务"，工作各有特色和亮点。同时，巡视也发现了一些问题和薄弱环节，相关分行要从讲政治的高度，切实抓好整改。部分带有普遍性的问题，总行相关部门要做好总结梳理，系统施策，促进全行工作整体提升。

下面，我讲几点意见。

一、深入学习宣传贯彻党的十九届五中全会精神

学习宣传贯彻党的十九届五中全会精神，是当前和今后一个时期全行的重要政治任务。我们要将学习贯彻五中全会精神，同学习贯彻习近平总书记关于巡视工作重要讲话和重要指示批示精神结合起来，按照赵乐际同志、杨晓渡同志在十九届中央第六轮巡视工作动员部署会上的讲话要求，坚持问题导向、目标导向、结果导向，坚持新发展理念，把握新发展阶段，融入新发展格局，扎扎实实地解决工作中存在的问题。

要准确理解党中央对形势的分析判断，深刻认识我国社会主要矛盾变化带来的新特征新要求，深刻认识错综复杂国际环境带来的新矛盾新挑战，深刻认识党对金融工作的新部署新安排，把严的主基调长期坚持下去，为落实五中全会精神营造良好政治生态和发展环境。要坚决贯彻党中央各项决策部署，突出政治监督，严明政治纪律政治规矩，保障党中央政令畅通、全行步调一致前进；突出高质量发展主题主线，推动全行不断提升服务新发展格局的能力。要认真学习宣传五中全会精神，党委巡视办和各巡视组要在原原本本学、全面系统学的基础上，推动被巡视机构深入学习贯彻五中全会精神。重点督促党员领导干部发挥表率作用，带头宣讲宣传，带头贯彻落实，切实用全会精神武装头脑、指导实践、推动工作。

二、扎扎实实地解决服务实体经济方面存在的问题

从巡视情况看，4家分行在贯彻党中央决策部署、落实总行党委安排、积极服务实体经济上做了大量工作，在支持当地经济社会发展中发挥了大行"头雁"作用。但在服务制造业、普惠、民营等领域，仍有一些差距和不足。针对这些问题，相关分行要采取有针对性的措施，实施全面彻底整改。

要提高政治站位，强化责任担当。坚决贯彻落实习近平总书记关于金融服务实体经济的重要讲话和重要指示批示精神，全面对照检查相关政策措施落实情况，切实从"两个维护"的高度，落实好服务实体经济的政治责任。要注重研究规律，完善经营机制。深入把握国民经济循环规律，充分发挥专业能力、综合实力，切实增强经营能力、风控能力，不断提升服务实体经济水平。构建"亲清"新型银企关系，提升金融服务效能。要落实目标任务，加强责任考核。综合考虑新阶段、新格局、新要求，进一步明确各行落实党中央重大金融政策的目标要求，定期评价，严格考核，及时督导，推动全行在服务新发展格局中，继续发挥好国有大行责任与担当。

三、扎扎实实地解决防范化解金融风险方面存在的问题

从巡视情况看，4家分行较为重视风险防范化解工作，但在信贷、信用卡、表外业务等领域，仍不同程度存在风险问题。这既有市场环境变化因素，也与发展观业绩观、内部管理等方面紧密相关。

我们要坚持系统观念和底线思维，统筹发展和安

全，在推动经营发展的同时，切实防范和化解好金融风险。要督导相关分行牢固树立新发展理念，针对暴露出来的管理漏洞，深化体制机制改革，切实强化基础管理和内控监督。总行相关部门要根据各机构的经营环境、管理基础、风控能力等情况，进行差异化指导、授权和资源配置。对风险高发机构，要严肃问责，并坚决查处风险背后的腐败问题。

四、扎扎实实地解决总行党委战略落地中存在的问题

从这两批次的巡视情况看，各分行高度重视、认真落实总行党委战略部署，但在全面准确领会战略意图、提升高质量发展能力和成效等方面，还存在不深入、不平衡的地方。

全行要紧紧围绕总行党委战略，研究、部署和推动工作。要着眼大局，善于将本行发展融入全行发展大局。特别是重点区域机构，要干在实处、走在前列，努力成为落实总行战略的领跑者和排头兵。要重在落实，善于将落实总行战略与用好自身禀赋相结合，制定符合实际的行动计划，将战略部署落地落细落实。要增强活力，发挥主观能动性，以改革创新精神推动战略实施，把握非接触服务、数字经济、绿色金融发展趋势，打造新的竞争优势。要强化“比”的意识，不仅要比业务，还要比产品、技术、流程，比商业模式、管理效率和资源配置，更要比党建和人才队伍建设，在“三比三看三提高”的过程中学习借鉴、扬长补短、改进工作，锻造更强的核心竞争力。

五、扎扎实实地解决全面从严治党从严治行方面存在的问题

这两批次巡视都发现了一些违反中央八项规定精神和“四风”方面问题。我们要高度重视，既要严肃查处顶风违纪问题，也要认真整治形式主义、官僚主义问题，及时纠正新的苗头性、倾向性问题，保持高压态势，坚决防止“四风”问题反弹回潮。在制度执行过程中，总分行要及时指导，帮助基层精准落实，这既是增强规定执行严肃性的要求，也是对干部的爱护。要重视个别分行干部员工违反社会治安管理、违背社会公序良俗等问题，将干部员工“八小时以外”的监督纳入网格化管理，严格教育，严肃执纪，维护良好的行风和形象。

应该说，今年两批次巡视针对性都比较强，事前做了充分准备。要按照干部管理权限，对核查清楚的问题及时处理，对新发现的问题线索做好移交和核查，真正起到震慑作用。同时，对于一些易发多发问题要重点治理，在治本上下功夫，坚决防止老问题复燃、新问题萌发、小问题坐大。

这次巡视反映了16起案件和风险事件。以2017年7月全国金融工作会议部署治理金融乱象为节点，有12起是旧案，有4起是新发生或从过去延续下来的。可以看出，随着全面从严治党从严治行深入推进，4家被巡视分行近年来案件增量明显减少。但也要高度重视新发案领域，强化合规意识，夯实管理基础。总行要对近年来全行发现的案件进行深入分析，更有针对性地改进工作。要优化反腐与查案激励约束机制，压实“削减存量、遏制增量”的主体责任，严肃纠正“新官不理旧账”、拖延处理甚至掩盖问题的行为。

六、扎扎实实地解决新时代党的组织路线执行不规范、不到位的问题

针对巡视反映出部分分行在干部年龄结构、选人用人、基层党组织建设等方面的问题，要举一反三，实施根源性整改和系统性提高。

要着力加强干部队伍梯队建设。正确认识和把握党的干部政策，从工商银行事业薪火相传、永续发展的高度，落实好行党委关于优秀年轻干部培养使用的规划和政策措施，确保各层级干部储备充足、后继有人。同时统筹发挥好各年龄段同志的作用，激发干部队伍活力。总行要加强对年轻干部选拔使用、干部转任等工作的检查督导，加大违规问责与通报力度。着力加强选人用人纪律和风气建设。压实党委选人用人主体责任，严格执行标准、严格履行程序；强化纪委监督责任，加强对选人用人的全过程监督；严肃查处选人用人上的违规违纪行为，整治不正之风，营造风清气正的选人用人环境。着力加强基层党组织规范化、标准化建设。以《支部工作条例》为指针，形成大抓基层、大抓支部的责任机制和浓厚氛围，规范基层党组织的设置和工作方式，加强支部书记队伍建设，强化基层党组织的政治功能和组织力，真正使基层党建严起来、活起来，充分发挥党支部战斗堡垒作用。

最后，强调一下巡察工作。这次巡视中首次安排了对分行巡察工作的专项检查。从检查情况看，巡察工作进展和提升比较快，有些分行实现了巡察全覆盖。但是，巡察工作总体上开展时间不长，还不同程度存在巡不深、察不透问题。个别分行党委对巡察工作抓得不够紧，存在政治巡察站位不高等问题。我们要加快构建巡视巡察一体推进、上下联动的工作格局。党委巡视办要加强督导，整章建制，推动落实，解决关键问题。各分行党委要准确把握政治巡察的内涵、方向和重点，确保组织领导有力、责任落实到位，破解熟人社会监督难问题。

巡视是政治巡视，是政治体检。针对巡视指出的问题，各相关机构要即知即改、立行立改，建立整改台账，制定整改方案，压实整改责任，明确整改时限。总行要安排一次巡视“回头看”，扎实做好“后半篇文章”。

同志们，党的十九届五中全会为我们在新时代新阶段做好各项工作指明了前进方向，提供了根本遵循。我们要增强“四个意识”、坚定“四个自信”、做到“两

个维护”，将思想和行动统一到党中央对形势的分析判断和决策部署上来，把智慧和力量凝聚到实现党中央确定的目标任务上来，充分发挥巡视巡察作用，为开启全面建设社会主义现代化国家新征程贡献更大的力量。

在党建工作联系点调研时的讲话

陈四清

（2020 年 12 月 24 日）

北京分行、翠微路支行是我的党建工作联系点。今天来这里，既是专题调研党建工作，又是推动学习贯彻党的十九届五中全会和中央经济工作会议精神。刚才，黄力同志、郭俊同志和基层代表分别介绍了情况。总体来看，北京分行和翠微路支行党委能够认真贯彻党中央决策部署，落实总行党委要求，坚持党建引领，压实主体责任，采取务实举措，在围绕中心、服务大局、推动党建和经营融合发展上，取得了明显成效，总行党委对此充分肯定。

党的十九届五中全会着眼于推进“高质量发展”，提出“提高党的建设质量”要求和“坚持系统观念”原则。党的建设是一项系统工程，尤其是工商银行党建工作，具有摊子大、层级多、覆盖广等特点，必须坚持系统观念，做到前瞻性思考、全局性谋划、战略性布局、整体性推进、高质量发展。既要全面推进党的政治建设、思想建设、组织建设、作风建设、纪律建设，把制度建设贯穿其中，深入推进反腐败斗争，又要一体推进机关、基层、子公司、海外机构党建工作；既要抓顶层设计，又要抓落地执行；既要扬优势、创特色，又要补短板、强弱项，着力提高党建整体效能。

刚刚闭幕的中央经济工作会议，是党的十九届五中全会之后党中央召开的又一次重要会议。习近平总书记的重要讲话，深刻分析了当前国内外形势，明确提出了明年经济工作的总体要求、政策取向和重大任务，既是对“经济形势怎么看”的认识论，又是对“经济工作怎么干”的方法论，为我们做好明年及今后一个时期经济工作提供了根本遵循。会议强调，适应新发展阶段、贯彻新发展理念、构建新发展格局，必须加强党的全面领导，善于用政治眼光观察和分析经济社会问题，提高专业化能力，真抓实干把党中央决策部署贯彻到经济工作各方面。

学习贯彻好党的十九届五中全会精神和中央经济工作会议精神，必须坚持党中央对金融工作的集中统一领导，以全面从严治党带动全面从严治行，以高质量党建引领高质量发展。北京分行要发挥好系统内大行和党建工作联系点的作用，在提高党建质量、经营发展质量、服务实体经济质效等方面作更多创新探索，努力把“联系点”变成“试验田”“示范点”。

一、高质量推进党的政治建设

聚焦做到“两个维护”，深入推进党的政治建设，坚持按党的方针办金融、按党的纪律管金融，将党对金融工作的全面领导落实到党建和经营管理的全过程。做到对“国之大者”领悟于心、融汇于行，立足首都功能定位，主动把分行发展放到全国经济金融大局、全行改革发展大局、支持区域经济发展大局中去把握和推动，不折不扣落实好党中央决策部署。

二、高质量推进党的思想建设

明年是中国共产党成立 100 周年，要深入总结和运用我们党百年来的宝贵经验，巩固深化“不忘初心、牢记使命”主题教育成果，在学懂弄通做实习近平新时代中国特色社会主义思想上下功夫，将党的创新理论转化为坚定的理想信念、正确的政治方向、科学的思维方式、有效的政策举措、显著的工作成效。

三、高质量推进党的组织建设

北京分行要在巩固前期工作成果的基础上，以党支部标准化规范化建设为抓手，突出政治功能和组织力，进一步把组织建设的重心从“增量扩面”转向“提质增效”，打造执行力、战斗力、创造力强的基层党组织。要把抓重大任务落实作为磨刀石和试金石，引导党员干部在服务实体经济、常态化疫情防控、巩固拓展脱贫攻坚成果等重大任务中亮身份、作表率。要落实好“人才兴业”工作思路，抓好高素质干部人才队伍建设，大力培养选拔优秀年轻干部，用好各年龄段干部。要加强对员工的关心关爱，激励担当作为。

四、高质量推进正风肃纪反腐

要把“严”的主基调长期坚持下去，压紧压实党委全面从严治党主体责任、党委书记第一责任、班子成员“一岗双责”。严格落实中央八项规定精神，坚决纠治“四风”特别是形式主义、官僚主义，深化为基层减负赋能。弘扬金融报国理念，培育清廉金融文化，持续开展警示教育，严肃监督执纪问责，一体推进不敢腐、不能腐、不想腐，营造风清气正的政治生态和干事创业氛围。

五、以高质量党建引领高质量发展

北京分行、翠微路支行要进一步找准党建和经营的契合点、切入点，对标党的十九届五中全会精神和中央经济工作会议部署精准发力，围绕发展抓党建，抓好党建促发展。

一是以推动高质量发展为主题，增强服务新发展格局的能力。深刻把握中央经济工作会议提出的“紧紧扭住供给侧结构性改革这条主线，注重需求侧管理”的要求，从供需两端发力，贯通生产、分配、流通、消费各环节，提升金融服务的适应性、竞争力、普惠性，促进形成需求牵引供给、供给创造需求的更高水平动态平衡。深刻把握创新在我国现代化建设全局中的核心地位，完善融资模式和服务体系，助力强化国家战略科技力量，促进产业链供应链安全稳定。要抢抓历史机遇，全力支持北京推进首都功能核心区规划、打造国家服务业扩大开放综合示范区。

二是坚持创新驱动发展，加快重点战略落地。北京分行要按照总行党委“48 字”工作思路，运用“三比三看三提高”工作方法，坚持高处谋局、高标定位、高水平编制自身三年规划，通过发挥“科技驱动、价值创造”的作用，通过加快重大战略的落地见效，带动和激活经营全局，全面巩固同业领跑地位，为全行转型发展作出更大贡献。要坚持系统观念，着力固根基、扬优势、补短板、强弱项。机构金融、公司金融，是北京分行的优势业务，在全行业务布局中发挥了重要作用，要进一步完善营销体系，巩固传统优势领域，拓展新产业新业态领域，确保长板更长；个人金融是相对的短板，要坚持 GBC 联动，对标市场最优，逐业务逐领域追赶超越，努力在全行打造第一个人金融银行战略上走在前、作表率；要抓住北京“两区”建设等新机遇，打造境内外汇业务首选银行；立足京津冀协同发展，提升区域竞争力。

三是强化底线思维，统筹发展与安全。安全是发展的前提，发展是安全的保障。明年外部形势依然严峻复杂，我国经济恢复基础尚不牢固，疫情冲击导致的各类衍生风险不容忽视。要坚持“未雨绸缪、见微知著、亡羊补牢、举一反三”，进一步提高风险预见预判能力，完善风险治理体系，统筹管控好表内与表外、境内与境外、界内与界外、线上与线下、传统与新型等各类风险，确保资产质量整体稳定和各类风险总体可控。

当前，境外疫情仍在肆虐蔓延。国内随着元旦、春节临近，将迎来人员流动、聚集高峰，疫情防控将面临重大考验。北京分行要深刻认识做好首都疫情防控工作的特殊重要性，始终紧绷疫情防控这根弦，压紧压实“四方责任”，坚决筑牢疫情防控屏障。

北京分行作用突出，责任重大。希望分行党委认真总结党建工作经验，不断提升党的建设质量，团结带领广大干部员工不忘初心、牢记使命，立足新发展阶段，贯彻新发展理念，服务新发展格局，确保明年工作谋好篇、开好局，为推动全行高质量发展作出新的更大贡献，以优异的成绩向建党 100 周年献礼。

在中国工商银行 2020 年工作会议上的讲话

谷　澍

（2020 年 1 月）

一、2019 年经营情况

1.1　集团总体经营情况

□主要经营指标

国际财务报告准则（集团管理层数据）

主要经营指标	2019 年	2018 年
1. 盈利能力		
1.1　净利润（亿元）	××	2 987

续表

主要经营指标	2019 年	2018 年
1.2　净利润增长率	××	3.9%
1.3　拨备前利润（亿元）	××	5 340
1.4　拨备前利润增长率	××	8.4%
1.5　营业收入（亿元）	××	7 251
1.6　营业收入增长率	××	7.3%
1.7　加权平均权益回报率	××	13.79%

续表

主要经营指标	2019 年	2018 年
1.8　加权平均资产回报率	××	1.11%
2. 收益结构		
2.1　净利息收益率（NIM）	××	2.30%
2.2　手续费及佣金净收入占比	20.04%	—
2.3　成本收入比	××	25.71%
3. 资产质量		
3.1　不良贷款额（亿元）	××	2 351
3.2　不良贷款率	××	1.52%
3.3　拨备覆盖率	××	175.76%

续表

主要经营指标	2019 年	2018 年
3.4　信贷成本率	××	0.96%

注：2019 年数据为管理层未经审计数据。

➢2019 年，集团实现净利润××亿元，同比增长××%，创近年来最高增速，提前达到 2018—2020 年三年发展规划提出的净利润突破××亿元的要求。

➢实现拨备前利润××亿元，同比增长××%；实现营业收入××亿元，同比增长××%，增速在可比同业中处于较好水平。集团 NIM 为××%，较 2018 年下降××个基点。

➢年末集团不良贷款率为××%，较年初下降××个基点；拨备覆盖率为××%，较年初上升××个百分点。

□各板块盈利贡献

2019 年各板块净利润增长情况表　　单位：亿元

盈利板块	2019 年			2018 年	
	净利润	同比增幅	净利润贡献占比	净利润	净利润贡献占比
境内分行（含总行本部）	××	××%	92.0%	2 757	92.3%
境外机构	××	××%	6.6%	203	6.8%
境内控股机构	××	××%	1.4%	27	0.9%
集团	××	××%	—	2 987	—

注：境内控股机构包含重庆璧山和浙江平湖两家村镇银行。

➢2019 年，境内分行实现净利润××亿元，同比增长××%；境外机构实现净利润××亿元，同比增长××%；境内控股机构实现净利润××亿元，同比增长××%。

➢各板块盈利贡献基本保持稳定，境内控股机构对集团净利润增长拉动作用有所增强，由 2018 年的 0.9%提升至 2019 年的 1.4%，主要得益于工银安盛股票及基金公允价值变动收益。

□营业收入与净利润增长结构

2019 年四行营业收入与净利润增长结构

国际财务报告准则（集团）　　单位：亿元

项目	工行		A 行		B 行		C 行	
	总量	增幅	总量	增幅	总量	增幅	总量	增幅
营业收入	××	××	××	××	××	××	××	××
其中：利息净收入	××	××	××	××	××	××	××	××
手续费及佣金净收入	××	××	××	××	××	××	××	××
非利息净收入	××	××	××	××	××	××	××	××
营业费用	××	××	××	××	××	××	××	××
资产减值损失	××	××	××	××	××	××	××	××
拨备前利润	××	××	××	××	××	××	××	××
净利润	××	××	××	××	××	××	××	××

注：C 行营业收入和拨备前利润增长较快，主要是衍生品等估值收益同比增加较多（约 200 亿元），带动其他非息收入较快增长（××%）。

➢从盈利增长的驱动因素看，2019 年营业收入保持了较好增长，累计实现××亿元，同比增长××%，并在同业中居于较优水平。其中，实现利息净收入××亿元，同比增长××%；实现手佣净收入××亿元，同比增长××%。受风险成本因素较高影响，我行净利润总量仍保持领先，但增速略低于同业。

□手续费及佣金净收入增长情况

➢2019 年，集团实现手续费及佣金净收入××亿元，增长××%，收入稳居同业第一。境内分行中收××亿元，增长××%，其中，结算类业务收入 586 亿元，增长 9.13%。

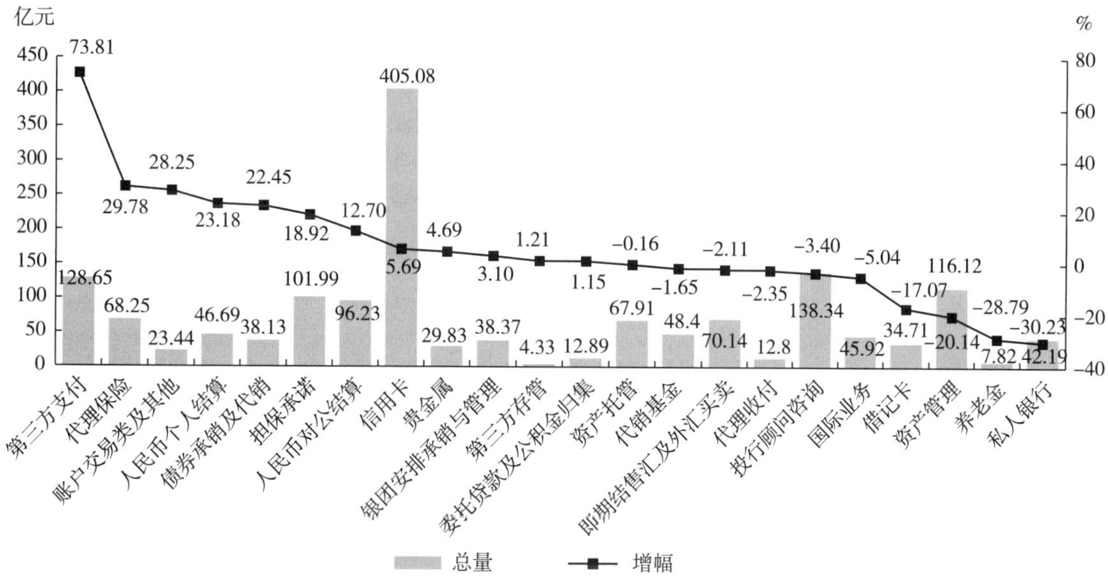

2019 年境内分行 22 类收入情况

□存款增长情况

➢在近年 M2 增速下行和全社会存款增速放缓背景下，全年本外币存款（含同业）和人民币存款分别增加 20 302 亿元和 19 437 亿元，同比分别多增 4 280亿元和 3 953 亿元，年度增量均达到历史最高。各项存款和一般性存款的时点、日均以及储蓄和对公存款增量均排名四行首位，存款竞争力进一步巩固提升。

2019 年末四行境内人民币存款增长情况表　　单位：亿元

项目	工商银行					A 行			B 行			C 行		
	余额	排名	比年初	排名	增幅	余额	比年初	增幅	余额	比年初	增幅	余额	比年初	增幅
人民币存款（含同业）	224 865	1	19 437	1	9.5%	194 625	15 320	8.5%	125 042	6 280	5.3%	189 687	12 735	7.2%
（一）一般性存款	209 650	1	14 774	1	7.6%	182 013	11 750	6.9%	116 165	6 322	5.8%	176 273	10 498	6.3%
1. 储蓄存款	101 006	2	10 088	1	11.1%	110515	8 580	8.4%	55 212	5 136	10.3%	87 716	8 400	10.6%
2. 对公存款	108 644	1	4 686	1	4.5%	71 498	3170	4.6%	60 954	1 186	2.0%	88 557	2098	2.4%
（二）同业存款	15 214	1	4 662	1	44.2%	12 612	3 570	39.5%	8 876	−42	−0.5%	13 415	2 238	20.0%

√各板块存款互补协同。储蓄存款增加 10 088 亿元，增量占比超过 50%，余额突破 10 万亿元，时点和日均增量保持“双第一”；公司存款增加 2 170 亿元，同比多增 1 581 亿元，为近年最好增长水平；机构和同业存款合计增加 7 178 亿元，其中机构存款日均增加 5 767亿元，同业存款增量中活期占比超过 100%。

√时点日均增量双领先。人民币存款日均余额比 2018 年增加 18 584 亿元，均衡率为 57.8%，同比提升 5.3 个百分点。

➢全年存款余额领先主要可比同业扩大至 3.5 万亿元以上，存款增速近年来首次高于全部金融机构平均增速。

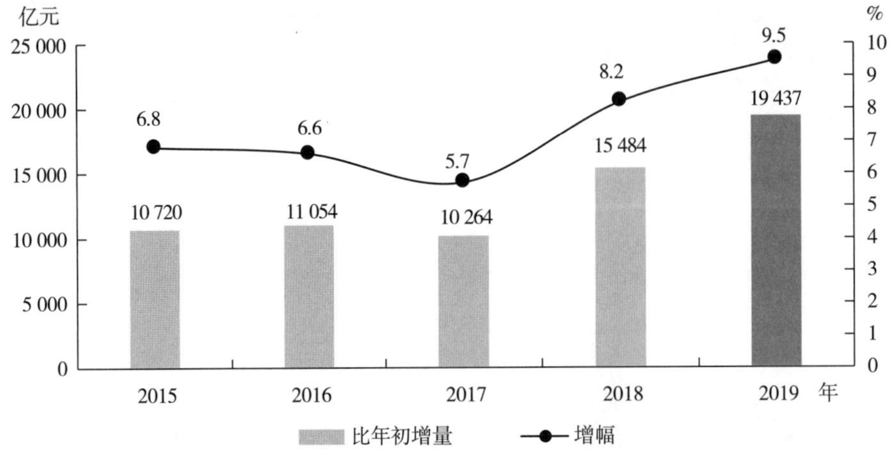

近年来境内人民币存款实现最好增长

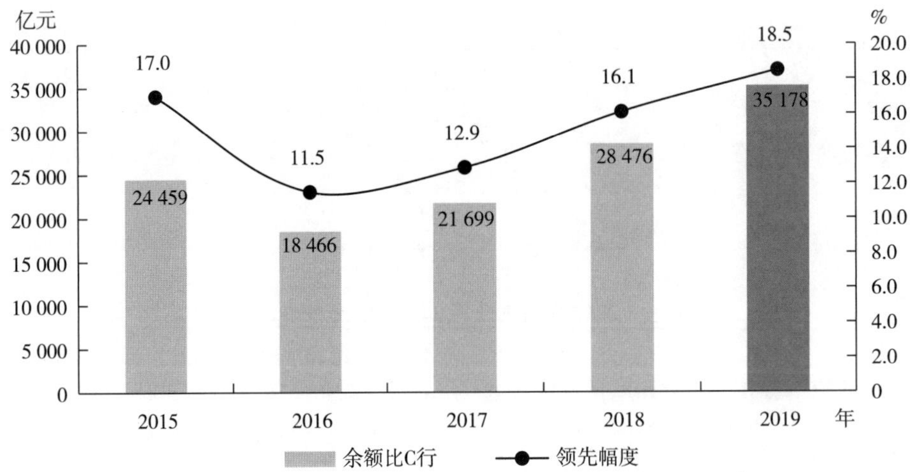

存款余额较同业领先优势稳步扩大

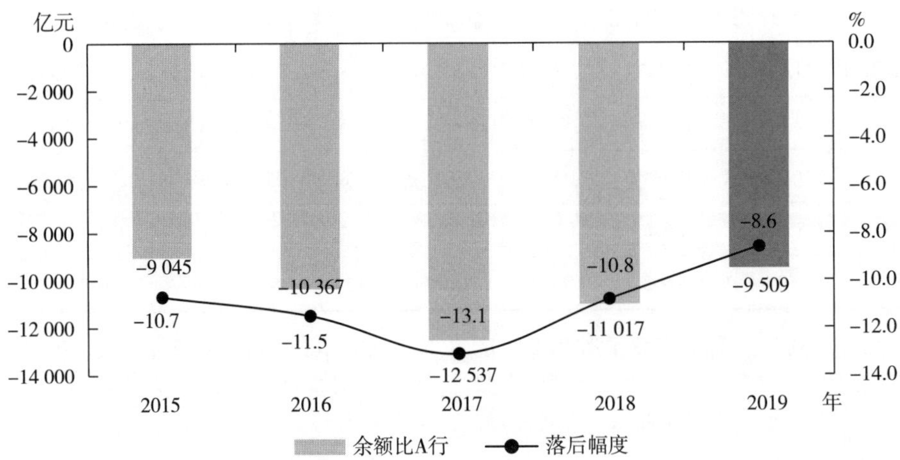

储蓄存款较同业落后差距缩小至 1 万亿元以内

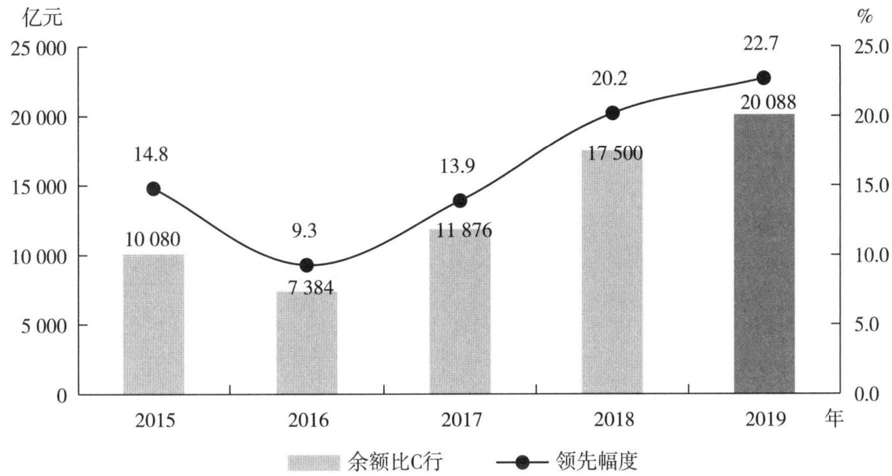

对公存款较同业领先优势扩大至 2 万亿元以上

□贷款增长情况

➢全行积极响应宏观政策要求，适时调增年度信贷总量，推动贷款增量再创新高，服务实体经济的适配性、普惠性和稳定性进一步提升。

2019 年末四行境内人民币存款增长情况表　　单位：亿元

项目	工商银行					A 行			B 行			C 行		
	余额	排名	比年初	排名	增幅	余额	比年初	增幅	余额	比年初	增幅	余额	比年初	增幅
人民币存款（含拆放）	152 409	1	13 975	1	10.1%	130 392	13 785	11.8%	105 093	9 474	9.9%	139 831	13 837	11.0%
（一）人民币贷款	149 290	1	13 116	2	9.6%	127 426	13 563	11.9%	99 572	10 338	11.6%	137 759	12 884	10.3%
1. 公司贷款	82 670	1	5 256	2	6.8%	69 352	5 560	8.7%	52 548	4 137	8.5%	68 001	4 674	7.4%
2. 个人贷款	55 665	2	6 746	1	13.8%	49 118	6 287	14.7%	39 273	4 638	13.4%	57 360	5 477	10.6%
其中：个人住房贷款	50 994	2	5 652	1	12.5%	41 575	4 979	13.6%	35 774	4 273	13.6%	53 051	5 515	11.6%
3. 票据贴现	4 204	3	615	4	17.1%	4 214	774	22.5%	3 140	1 054	50.5%	4 977	1 841	58.7%
4. 银行卡透支	6 752	2	498	4	8.0%	4 743	942	24.8%	4 611	509	12.4%	7 421	892	13.7%
（二）非存款类金融机构拆放	3 119	2	859	2	38.0%	2 965	202	7.3%	5 521	-864	-13.5%	2 072	953	85.1%

➢贷款增量实现历史最高值。境内人民币贷款（含拆放）增加 13 975 亿元，同比多增 2 455 亿元，增幅 10.1%，人民币贷款增量、同比多增额均排名四行首位。

➢贷款均衡率持续领先同业。全行根据实体经济需求和货币政策导向，科学安排贷款投放节奏，提高新增贷款投放均衡性，全年人民币贷款日均增量为 8 350 亿元，新增贷款均衡率为 59.8%，均居四行首位。

➢重点领域贷款提质增效。人行降准普惠贷款和银保监会普惠贷款分别增加 1 669 亿元和 1 614 亿元，增速均超过 50%，是各项贷款平均增速的 5 倍。民营企业贷款增加 1 754 亿元，超额完成年度计划。制造业贷款增加 609 亿元，还原核销增量近 1 200 亿元，达到监管考核要求。

➢结构调整步伐加快。个人类贷款（含信用卡透支）增加 7 245 亿元，余额占比由年初的 40.5% 提高 1.3 个百分点至 41.8%，个人类贷款和个人住房贷款增量均排名四行首位，其中个人住房贷款增量连续三年领先主要竞争对手。房地产类贷款增量占比为 48.4%，掌握较为适度。累计发行个人住房贷款证券化 1 312 亿元，排名全市场首位。

➢新增贷款向重点区域集中。大湾区等重点区域分行增量占比达到 60%；直辖市分行及重点城市行贷款增量占全行贷款增量的 76.3%，较余额占比高 2.8 个百分点。

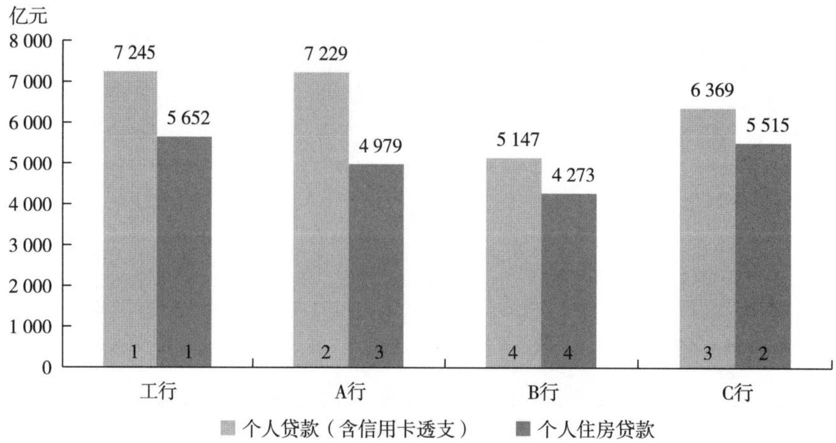

四行个人类贷款增长情况

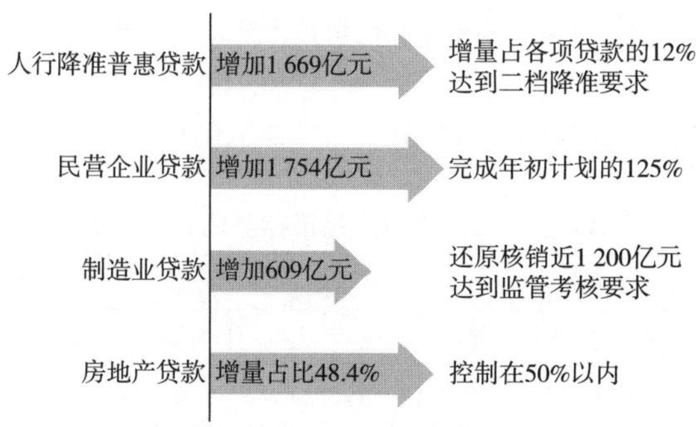

重点业务贷款计划完成情况

□资产质量情况

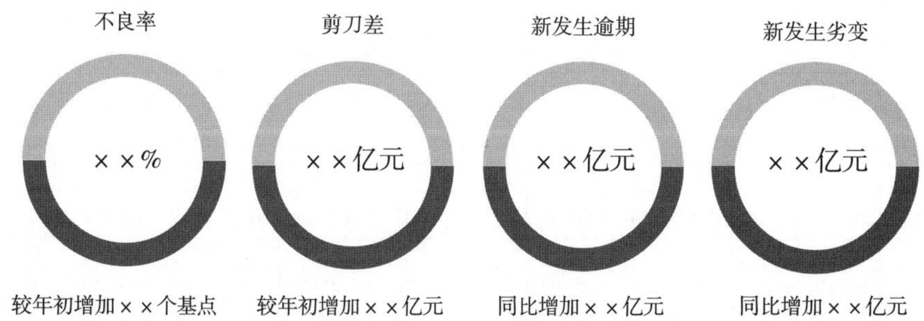

➤不良率和剪刀差持续回落：分别实现连续12个和14个季度的稳步下降，其中不良率创近年来最大降幅。

➤新发生逾期劣变显著下降：全年新发生逾期和劣变额分别同比下降29%和19%，均创近年来最大降幅。正常、关注、次级、可疑各类贷款向下迁徙率近两年首次实现全面下降。

□不良资产处置情况

2019年同业清收处置情况表

境内分行　　　　　　　　　　　　　　　　单位：亿元

行别	清收处置总额	境内分行受偿率	常规处置		呆账核销		批量转让		证券化		账销案存收回
			金额	占比	金额	占比	金额	占比	金额	占比	
工行	1 764	48%	552	32%	285	16%	737	42%	190	10%	37
A行	1 397	48%	567	41%	514	36%	282	20%	34	3%	169
B行	1 406	50%	616	44%	487	35%	297	20%	6	1%	83
C行	1 584	48%	590	38%	535	34%	289	18%	170	10%	90

注：受偿率＝（不良贷款处置额－核销额）/不良贷款处置额。

➢处置总量四行最大：2019 年我行集团口径清收处置不良贷款 1 887 亿元，其中境内分行 1 764 亿元，居同业首位。

➢账销案存清收超额完成任务：全年收回 37 亿元，超额完成 35 亿元的全年任务。

➢创新处置四行最优：总行牵头不良资产批量转让已成为同业领先的业务模式。2019 年总行牵头批量转让 248 亿元，较 2018 年增加 154 亿元；整体实现溢价 3. 34 亿元。

□贷款存量移位情况

1. 有效盘活资源，支持实体经济发展

√全年境内分行公司贷款移位 14 033 亿元、个人贷款移位 6 255 亿元，合计实现移位超 2 万亿元。

2. 主动战略退出，前瞻性化解隐性风险

√重点移出客户池全年战略退出 1 551 亿元，超额完成全年净移出任务。

√产能过剩行业谨慎退出类客户融资下降 306 亿元，商业性房地产投融资总量控制在限额内。

3. 公司贷款行业结构不断优化，夯实可持续发展根基

√公共设施和交通两大基础设施板块增量占比 79. 1%。先进制造业成为制造业贷款增长主力。服务业中文化、医疗、经营性物业等消费升级和民生相关行业成为增长主体。商贸流通、住宿餐饮余额下降。

√2019 年末境内分行绿色信贷余额 13 508 亿元，在“绿色银行总体评价优秀单位”评比中，我行在 2018 年国有大行第一的基础上，得分进一步提高。

单位：亿元

重点板块	2019 年末				较年初			
	贷款余额	余额占比	不良额	不良率	贷款余额	增量占比	不良额	不良率（百分点）
交通运输	17 389. 0	20. 3%	135. 0	0. 78%	1 823. 7	32. 3%	31. 4	0. 11
公共设施	17 495. 8	20. 4%	9. 1	0. 05%	2 648. 8	46. 9%	1. 1	-0. 0018
能源	9 295. 5	10. 9%	58. 2	0. 63%	-95. 6	-1. 7%	17. 4	0. 19
制造业	14 418. 29	16. 83%	732. 27	5. 08%	608. 62	10. 77%	-26. 74	-0. 42
其中：先进制造业	6 640. 74	7. 75%	100. 52	1. 51%	787. 14	13. 93%	71. 59	1. 02
服务业	17 334. 7	20. 2%	733. 3	4. 23%	241. 6	4. 3%	21. 2	0. 06
房地产业	8 013. 90	9. 36%	98. 01	1. 22%	1 107. 47	19. 59%	31. 73	0. 26

□个人客户增长情况

➢ **全量个人客户净增突破4 000万户。**
个人客户总量规模达6.50亿户，较年初净增4 329万户，增幅7.1%，同比多增362万户，新拓、净增均为近六年最好水平。

➢ **社保卡新增发卡超过2 000万张。**
在全市场社保卡发卡同比下降超过4 700万张情况下，我行发卡仍保持快速稳步增长，全年发卡2 099万张，获客1 041万户。增量市场占比达到23.8%（11月末），同比提升8.7个百分点。

➢ **代发工资额超过 4 万亿元。**
全年代发工资额4.15万亿元，较同期增加4 589亿元，增幅12.4%；代发个人客户较年初净增403万人，增幅4.3%；代发单位净增7.1万户，增幅15.6%。

➢ **工银 e 钱包线上获客超1 300万户。**
线上获客取得实质性突破，e钱包线上获客1 328万户，较年初新增1 226万户，累计充值金额近1 100亿元，新投产项目超200个。

➢ **“随军行”品牌继续保持同业领先优势。**
“随军行”服务体系引领同业，客群规模同业最大、服务满意度最高、市场口碑最佳。

ETC客户

4 203万户

34%

全市场占比

41%

四行占比

6 -12 月所有一级（直属）分行增量同业第一

□公司客户增长情况

2019 年公司客户情况表

单位：万户

日均金融资产分段		5 万元以下	5 万～50 万元	50 万～500 万元	500 万～5 000 万元	5 000 万～1 亿元	1 亿元以上	总计
2019 年	客户数	572.33	110.21	37.06	7.78	0.61	0.58	728.57
	占比	78.56%	15.13%	5.09%	1.07%	0.08%	0.08%	100%
2018 年	客户数	484.74	98.93	34.29	7.44	0.58	0.55	626.52
	占比	77.37%	15.79%	5.47%	1.19%	0.09%	0.09%	100%
2019 年末增幅（较上年末）		18.07%	11.40%	8.09%	4.68%	5.63%	3.97%	16.29%
2019 年末占比变动（较上年末）		1.19%	-0.66%	-0.39%	-0.12%	-0.01%	-0.01%	—

注：数据来源于 MOVA 系统。

➢与 2018 年末相比，公司客户总量增加 102.05 万户，增幅 16.29%；日均金融资产 5 万元以下公司客户增长最快，较 2018 年末增长 18.07%。

□机构客户增长情况

2019 年机构客户情况表

单位：万户

日均金融资产分段		5 万元以下	5 万～50 万元	50 万～500 万元	500 万～5 000 万元	5 000 万～1 亿元	1 亿元以上	总计
2019 年	客户数	26.34	10.35	6.51	2.78	0.37	0.52	46.87
	占比	56.19%	22.08%	13.89%	5.94%	0.79%	1.11%	100%
2018 年	客户数	24.06	9.74	6.60	2.85	0.37	0.51	44.11
	占比	54.53%	22.08%	14.96%	6.46%	0.83%	1.15%	100%
2019 年末增幅（较上年末）		9.49%	6.21%	-1.33%	-2.27%	1.53%	2.79%	6.24%
2019 年末占比变动（较上年末）		1.66%	-0.01%	-1.07%	-0.52%	-0.04%	-0.04%	—

注：数据来源于 MOVA 系统。

➢与 2018 年末相比，机构客户总量增加 2.76 万户，增速 6.24%；在各分段客户中，日均金融资产 5 万元以下机构客户占比提升最高，为 1.66 个百分点，5 万元以上机构客户占比有所下降。

➢在完成职业年金受托人招标的 30 个地区中，我行中标率 100%，位列银行业第 1，全市场并列第 2；同时，带动托管中标最多计划、工银瑞信投管中标最多组合。

职业年金“攻坚战”超预期

职业年金	工行	A 行	B 行	C 行	M 行
中标率	100%	38%	52%	97%	69%
平均名次	2.57	9.5	8.9	6.1	8.3

□网络金融客户增长情况

➢个人手机银行“三个第一”

客户规模、活跃程度、客户黏性同业第一。

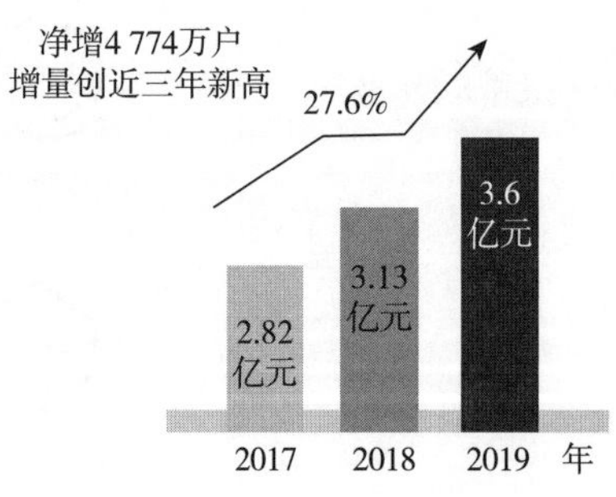

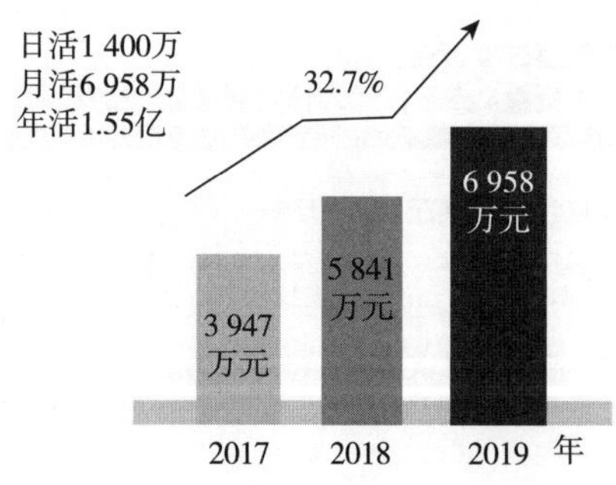

银行	注册客户	月活客户	排名
工行	3.60 亿户	6 958 万户	1
A 行	3.10 亿户	4 413 万户	3
B 行	1.81 亿户	2 585 万户	4
C 行	3.51 亿户	6 210 万户	2

客户规模较第二名 C 行领先优势由年初的 333 万户扩大至年末的近 1 000 万户。

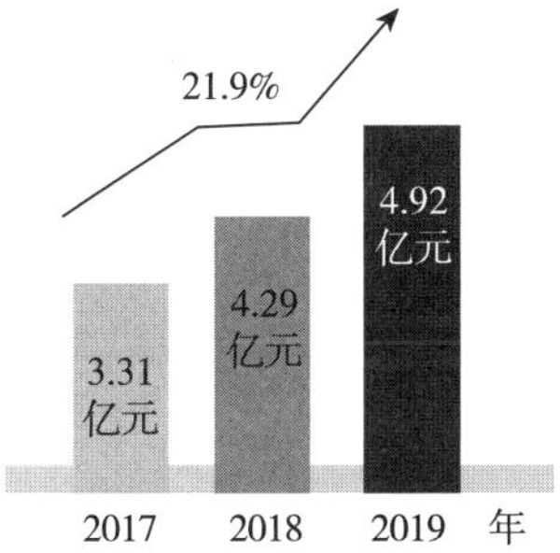

个人互联网金融用户覆盖
全国57.4%的移动互联网用户

用户1.46亿，月均动户512万户
月活银行业电商首位、综合电商前十

融e购

用户1.67亿，月均动户2 844万户
银行APP月活前列

融e联

➢法人手机银行活跃度“绝对领先”

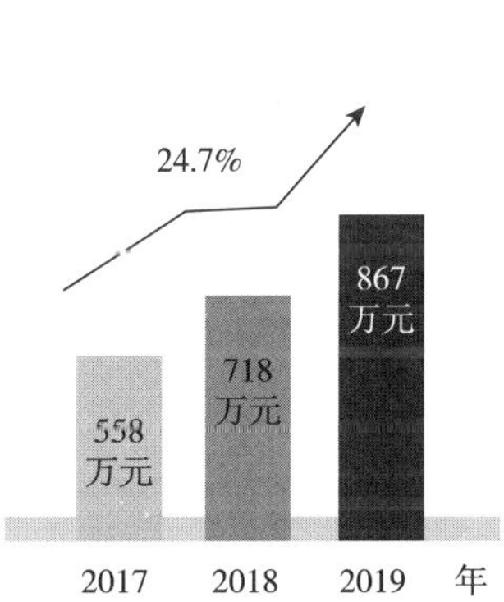

对公互联网金融客户
覆盖全行87.2%的
公司机构客户

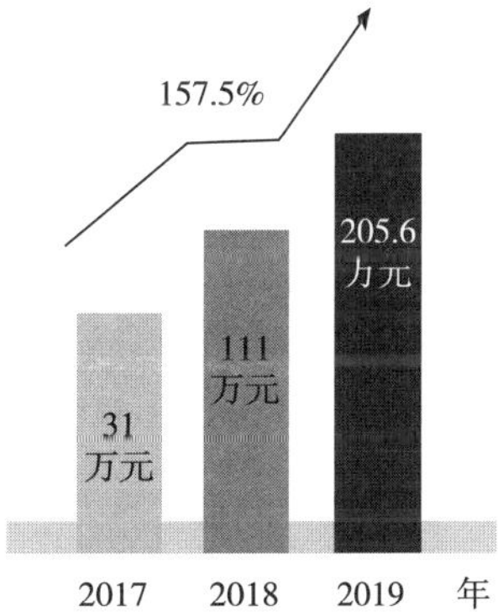

法人手机银行
“百万元级活跃”

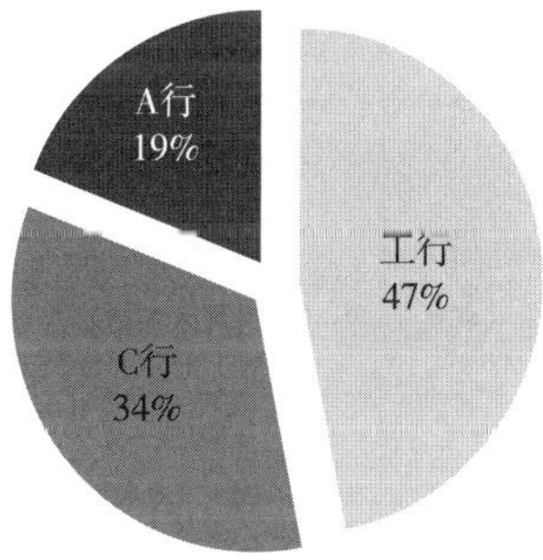

法人手机银行
活跃占据四行同业
“半壁江山”

➢三方支付业务增长“业界领跑”

绑卡增量、交易额增量、收入增量四行同业第一
交易额增幅高于业界平均水平

□资本管理情况

预计集团资本充足率达××%左右，创历年新高，较年初提升约××个基点。

三大外源补充

√抓住市场流动性充裕、利率下行的有利窗口，成功发行二级资本债券、优先股、永续债共2 600亿元，合计提高资本充足率151个基点。
√平均发行价格4.35%，是同期商业银行较低水平。

二级资本债券 1 100亿元
提高资本充足率64个基点

境内永续债 800亿元
提高资本充足率46个基点

境内优先股 700亿元
提高资本充足率41个基点

三大管理挖潜

√通过结构性外汇敞口统计优化、表外承诺清理压降、其他应收款轧差调整等措施，合计释放RWA约4 800亿元，提高资本充足率约40个基点，相当于新增发行资本工具约700亿元，每年节约利息支出约30亿元。

-1 900亿元 RWA 结构性外汇敞口统计优化
提高资本充足率16个基点

-1 600亿元 RWA 表外承诺清理压降
提高资本充足率13个基点

-1 300亿元 RWA 其他应收款轧差调整
提高资本充足率11个基点

TheBanker《银行家》

根据2019年7月英国《银行家》杂志发布的数据，我行一级资本净额第七年位居全球银行首位。

1.2　各盈利单元经营情况

1.2.1　境内分行经营情况

□营业收入增长情况

单位：亿元

行名	营业收入（按增量排序）				行名	营业收入（按增量排序）			
		同比增量	同比增幅	增幅排名			同比增量	同比增幅	增幅排名
北京	××	××	××	6	青岛	××	××	××	2
广东	××	××	××	14	内蒙古	××	××	××	9
江苏	××	××	××	10	黑龙江	××	××	××	12
浙江	××	××	××	5	贵州	××	××	××	27
深圳	××	××	××	8	山西	××	××	××	21
四川	××	××	××	16	辽宁	××	××	××	18
上海	××	××	××	26	天津	××	××	××	22
安徽	××	××	××	4	湖南	××	××	××	29
湖北	××	××	××	19	新疆	××	××	××	25
福建	××	××	××	3	宁波	××	××	××	23
河南	××	××	××	20	重庆	××	××	××	33
江西	××	××	××	7	甘肃	××	××	××	28
山东	××	××	××	31	吉林	××	××	××	34
陕西	××	××	××	11	宁夏	××	××	××	24
河北	××	××	××	30	青海	××	××	××	32
厦门	××	××	××	1	西藏	××	××	××	17
广西	××	××	××	15	大连	××	××	××	35
云南	××	××	××	13	海南	××	××	××	36

注：还原卡拨备因素影响。

➢境内分行营业收入同比增长××%，34家分行实现正增长。13家分行增幅超过平均水平，其中北京、广东、江苏、浙江、深圳、四川、上海7家分行增量超过20亿元。

□拨备前利润增长情况

单位：亿元

行名	拨备前利润（按增量排序）				行名	拨备前利润（按增量排序）			
		同比增量	同比增幅	增幅排名			同比增量	同比增幅	增幅排名
北京	××	××	××	6	广西	××	××	××	16
广东	××	××	××	13	内蒙古	××	××	××	7
浙江	××	××	××	10	湖南	××	××	××	25
江苏	××	××	××	14	陕西	××	××	××	20
深圳	××	××	××	8	山西	××	××	××	17
上海	××	××	××	27	宁波	××	××	××	18
四川	××	××	××	19	天津	××	××	××	22
湖北	××	××	××	15	重庆	××	××	××	29
福建	××	××	××	5	山东	××	××	××	33
安徽	××	××	××	9	新疆	××	××	××	26
江西	××	××	××	11	辽宁	××	××	××	21
厦门	××	××	××	1	甘肃	××	××	××	30
河南	××	××	××	24	西藏	××	××	××	2
河北	××	××	××	28	宁夏	××	××	××	31
黑龙江	××	××	××	4	吉林	××	××	××	34
云南	××	××	××	12	青海	××	××	××	32
贵州	××	××	××	23	海南	××	××	××	35
青岛	××	××	××	3	大连	××	××	××	36

注：1. 还原卡拨备因素影响；

2. 重庆分行剔除 2018 年同期因大楼置换产生的一次性收入××亿元。

➢境内分行拨备前利润同比增长××%，35 家分行实现正增长。14 家分行增幅超过平均水平，其中北京、广东、浙江、江苏、深圳 5 家分行增量超过 20 亿元。

□净利润增长情况

单位：亿元

行名	净利润（按增量排序）				行名	净利润（按增量排序）			
		同比增量	同比增幅	增幅排名			同比增量	同比增幅	增幅排名
北京	××	××	××	21	云南	××	××	××	15
浙江	××	××	××	7	河南	××	××	××	19
福建	××	××	××	1	黑龙江	××	××	××	17
江苏	××	××	××	18	湖南	××	××	××	24
广东	××	××	××	22	贵州	××	××	××	27
辽宁	××	××	××	2	宁波	××	××	××	23
安徽	××	××	××	6	青岛	××	××	××	25
深圳	××	××	××	14	重庆	××	××	××	28
江西	××	××	××	9	湖北	××	××	××	29

续表

行名	净利润（按增量排序）				行名	净利润（按增量排序）			
		同比增量	同比增幅	增幅排名			同比增量	同比增幅	增幅排名
河北	××	××	××	16	宁夏	××	××	××	3
天津	××	××	××	8	西藏	××	××	××	20
陕西	××	××	××	11	甘肃	××	××	××	31
内蒙古	××	××	××	4	大连	××	××	××	34
四川	××	××	××	26	上海	××	××	××	30
广西	××	××	××	12	海南	××	××	××	32
新疆	××	××	××	10	青海	××	××	××	36
山西	××	××	××	13	吉林	××	××	××	33
厦门	××	××	××	5	山东	××	××	××	35

注：1. 未考虑分行拨备提取可能产生的审计差异；

2. 重庆分行剔除2018年同期因大楼置换产生的一次性收入××亿元；新疆分行净利润负增长主要是受八一钢铁债转股因素影响；

3. 海南分行净利润同比下降较多，主要是海航系贷款欠息，大幅增提拨备所致。

➢境内分行净利润同比增长××%，29家分行实现正增长，7家分行净利润同比下降。

□中间业务收入情况

➢2019年前三季度，14家分行中收总量同业第一，6家分行增量第一，其中：江苏、浙江、四川和黑龙江4家分行总量、增量“双第一”。

➢22家分行收入落后同业，其中，总量第二位18家，第三位3家，第四位1家。

14家总量同业领先的分行

单位：亿元

分行	2019年	同比增量	同比增幅	总量排名	增量排名
江苏	××	××	××	1	1
浙江	××	××	××	1	1
四川	××	××	××	1	1
黑龙江	××	××	××	1	1
山东	××	××	××	1	2
贵州	××	××	××	1	2
海南	××	××	××	1	2
深圳	××	××	××	1	3
广东	××	××	××	1	4
北京	××	××	××	1	4
上海	××	××	××	1	4
湖北	××	××	××	1	4
重庆	××	××	××	1	4
宁波	××	××	××	1	4

22家总量同业落后的分行

单位：亿元

分行	2019年	同比增量	同比增幅	总量排名	增量排名
天津	××	××	××	2	1
内蒙古	××	××	××	2	1
福建	××	××	××	2	2
湖南	××	××	××	2	2
江西	××	××	××	2	2
吉林	××	××	××	2	2
青岛	××	××	××	2	2
河北	××	××	××	2	3
云南	××	××	××	2	3
辽宁	××	××	××	2	3
新疆	××	××	××	2	3
甘肃	××	××	××	2	3
大连	××	××	××	2	3
河南	××	××	××	2	4
广西	××	××	××	2	4
陕西	××	××	××	2	4
山西	××	××	××	2	4
厦门	××	××	××	2	4
宁夏	××	××	××	3	2
青海	××	××	××	3	2
安徽	××	××	××	3	3
西藏	××	××	××	4	2

□存款增长情况

2019 年境内分行人民币存款（含同业）增长同业比较情况　　单位：亿元

地区	余额	排名	增量	排名	地区	余额	排名	增量	排名	地区	余额	排名	增量	排名
总行	224 865	1	19 437	1	陕西	4 766	2	358	2	内蒙古	2 788	3	335	1
北京	44 016	1	3 904	1	山西	4 728	1	383	1	吉林	2 690	2	220	1
广东	18 918	1	1 436	2	湖南	4 553	3	349	2	宁波	2 214	1	167	1
上海	15 327	1	1 675	1	重庆	4 400	1	331	1	甘肃	1 752	3	38	3
浙江	14 422	1	2 030	1	江西	4 250	1	549	1	青岛	1 678	2	185	1
江苏	12 861	3	1 147	2	辽宁	3 944	2	286	3	大连	1 543	1	45	2
四川	10 000	3	839	1	福建	3 816	3	593	1	海南	1 363	1	-13	2
山东	8 815	2	565	2	黑龙江	3 711	1	403	1	厦门	1 235	2	122	1
河北	7 862	3	689	3	云南	3 304	3	285	2	青海	703	3	7	2
深圳	6 949	2	986	2	新疆	3 303	2	-39	4	宁夏	596	3	19	3
湖北	6 813	2	506	2	广西	3 274	2	228	1	西藏	69	4	4	2
河南	6 052	2	485	1	天津	3 158	2	232	1					
安徽	5 406	1	461	2	贵州	2 957	1	-154	4					

注：数据来自同业交换。

➢人民币全部存款增量排名当地四行第一位的分行 17 家，与 2018 年持平，占比近一半；排名第二位的分行 13 家，较 2018 年末增加 4 家；排名第三位的分行 4 家，排名第四位的分行 2 家。

➢直辖市分行和重点城市行新增存款占全行的 86.2%，较 2018 年提升 12.6 个百分点。预计一半以上分行存款竞争力动态评估为“进步”。

□不良贷款变动情况

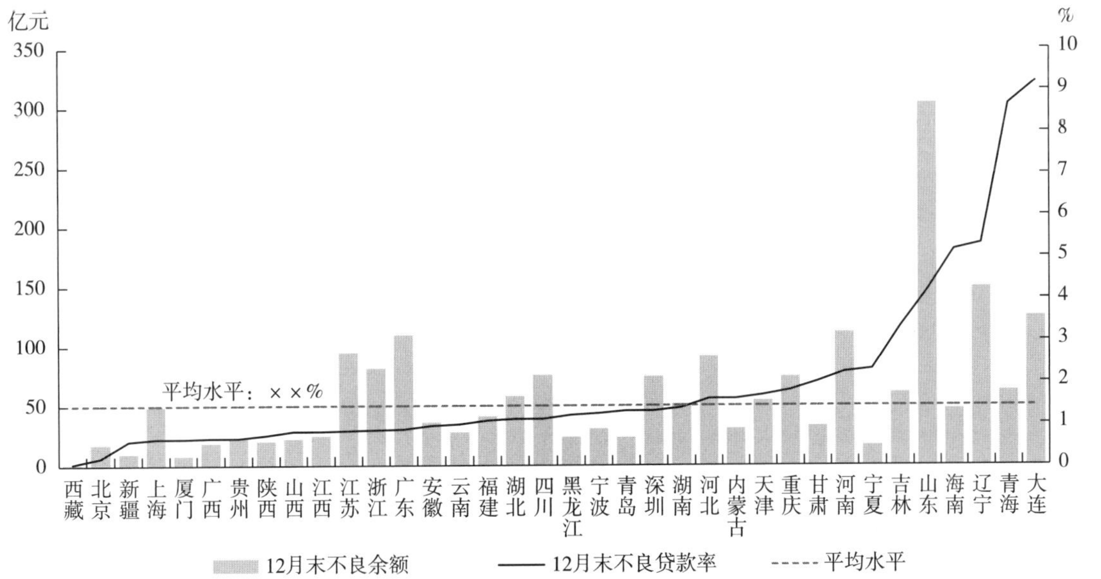

2019 年 12 月末各分行不良贷款余额及不良率情况

➢23 家分行不良贷款余额和不良率较年初“双降”，4 家分行不良率较年初“单降”。

□新劣变贷款情况

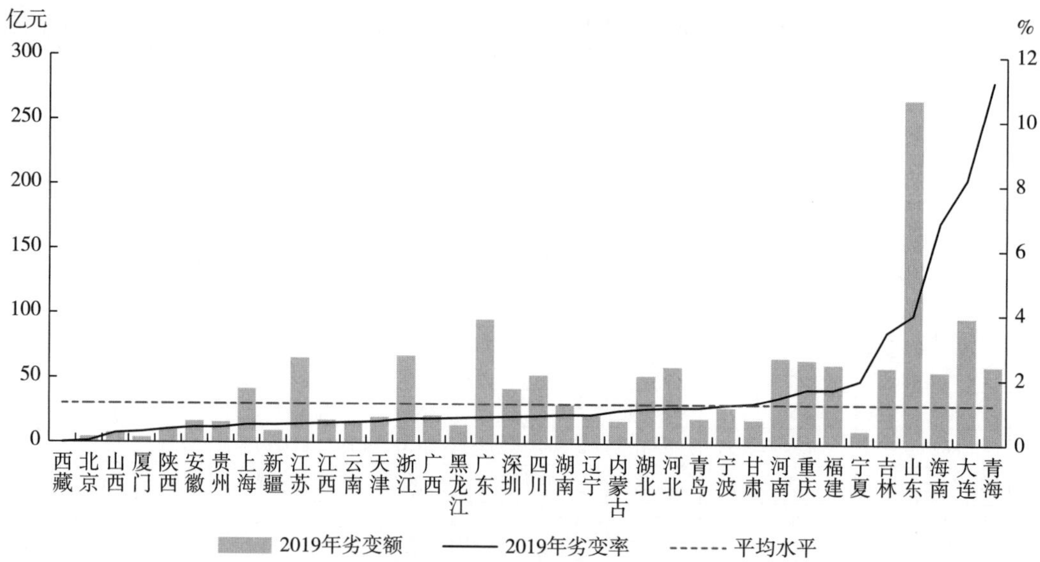

2019 年各分行累计劣变情况

➢26 家分行累计劣变率低于全行平均水平，西藏、北京、山西、厦门、陕西、安徽和贵州 7 家分行劣变率低于 0.5%。青海、大连、海南、山东和吉林 5 家分行劣变率在 3% 以上。

□不良贷款处置情况

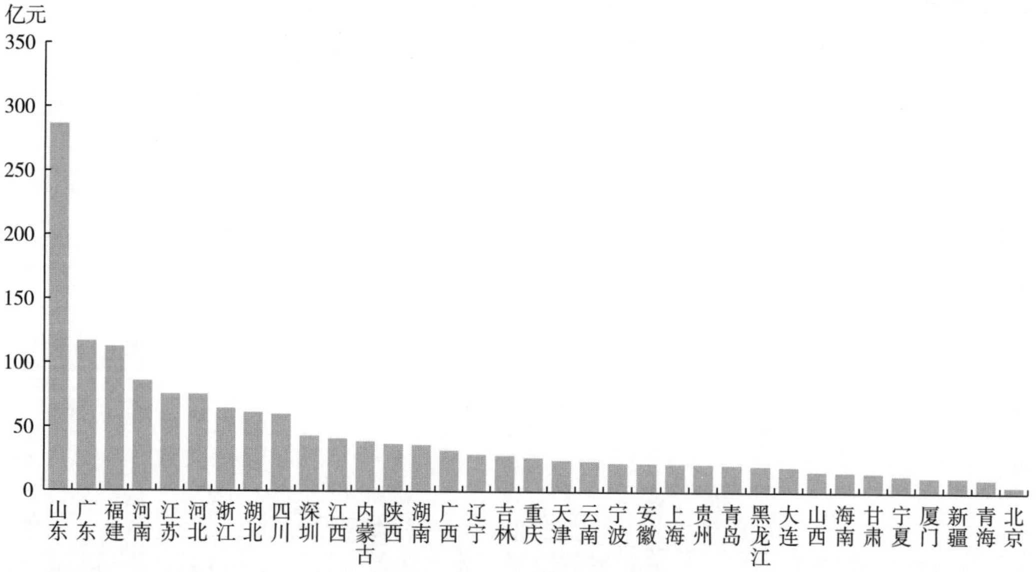

2019 年各行不良贷款处置情况

➢2019 年，境内分行共处置不良贷款 1 764 亿元。

□账销案存资产清收情况

2019 年各分行账销案存资产清收情况

单位：亿元

分行	收回金额	动态回收率	年末本金余额	分行	收回金额	动态回收率	年末本金余额
浙江	3.52	10.06%	22.53	广西	0.59	2.49%	23.59
贵州	2	9.95%	19.19	内蒙古	0.53	2.48%	21.43
重庆	0.96	5.88%	12	云南	0.51	2.44%	24.62

续表

分行	收回金额	动态回收率	年末本金余额	分行	收回金额	动态回收率	年末本金余额
新疆	0.14	5.02%	5.88	宁波	0.72	2.38%	15.01
江苏	3.18	4.69%	53.91	安徽	0.62	2.13%	23.85
湖南	1.94	4.50%	41.3	河北	1.73	2.03%	77.65
青岛	0.55	3.50%	24.2	山东	1.67	1.48%	117.23
福建	1.73	3.38%	52.17	山西	0.29	1.47%	18.49
湖北	1.17	3.36%	35.19	河南	1.21	1.40%	86.52
大连	0.8	3.30%	25.6	甘肃	0.13	0.94%	10.87
江西	0.53	3.29%	14.92	辽宁	0.27	0.67%	37.73
广东	4.38	3.26%	134.15	海南	0.14	0.65%	5.12
黑龙江	0.63	2.98%	18.05	北京	0.34	0.63%	47.55
深圳	0.72	2.98%	23.41	天津	0.26	0.62%	46.58
四川	0.69	2.83%	22.37	宁夏	0.04	0.59%	4.63
上海	3.36	2.78%	109.46	吉林	0.04	0.13%	29.43
厦门	0.35	2.66%	8.3	青海	0.05	0.09%	12.87
陕西	0.38	2.50%	15.98	全行	37.26	2.77%	1 399.94

➢截至2019年末，全行信贷类账销案存资产本金余额1 399.94 亿元。浙江、贵州、重庆、新疆4家分行全年动态回收率超过5%，但青海、吉林、宁夏、天津等8家分行动态回收率不足1%。

□移位管理情况

2019 年各分行存量移位管理情况

单位：亿元

分行	重点移出客户池净移出	流贷及国内贸易融资 A－级及以下移位率	流贷及国内贸易融资 A+级及以上移入额占比	A+级及以上一般法人客户增幅	新增规模配置情况	分行	重点移出客户池净移出	流贷及国内贸易融资 A－级及以下移位率	流贷及国内贸易融资 A+级及以上移入额占比	A+级及以上一般法人客户增幅	新增规模配置情况
江苏	128.2	23.88%	89.77%	7.77%	101	甘肃	48.5	39.90%	91.14%	2.16%	10
北京	101.8	41.15%	95.76%	10.95%	98	黑龙江	19.0	32.80%	94.95%	－7.36%	10
上海	85.7	29.72%	90.11%	1.07%	76	天津	30.6	22.20%	84.67%	－4.98%	7
浙江	119.2	21.93%	73.69%	3.86%	36	厦门	9.4	49.29%	94.71%	7.66%	7
四川	44.6	27.91%	89.13%	6.84%	35	山西	22.4	12.59%	86.75%	1.75%	6
深圳	68.5	13.24%	88.90%	－2.91%	30	吉林	33.4	13.11%	77.02%	－32.46%	5
陕西	12.0	73.62%	95.63%	10.17%	24	河南	62.1	30.49%	82.24%	－8.44%	3
云南	51.4	47.44%	78.19%	－0.50%	23	海南	12.4	34.62%	97.57%	－17.07%	2
江西	51.8	26.73%	83.50%	3.86%	20	宁波	48.6	23.49%	84.42%	－5.71%	1
安徽	32.1	33.12%	75.56%	7.57%	16	大连	21.6	17.68%	91.05%	－30.17%	0
湖南	42.0	22.70%	92.78%	7.60%	16	青岛	25.3	15.61%	93.47%	－4.91%	0
贵州	39.5	40.66%	84.15%	2.01%	15	青海	7.0	25.05%	96.43%	15.52%	0
重庆	48.6	25.58%	91.98%	16.90%	14	山东	87.7	15.03%	84.84%	－0.80%	0
河北	54.5	20.81%	80.96%	－1.83%	13	宁夏	6.1	35.36%	92.83%	－21.79%	－1
湖北	41.7	22.08%	92.28%	2.47%	13	广西	10.1	65.77%	83.21%	6.77%	－2
辽宁	39.4	29.29%	92.88%	7.54%	13	福建	21.2	20.01%	79.77%	8.37%	－5
内蒙古	39.4	66.08%	95.77%	8.90%	12	广东	67.3	44.07%	88.94%	11.43%	－10
新疆	28.5	81.67%	81.22%	10.38%	12	全行	1 551.4	25.04%	88.52%	3.34%	600

➢共30家分行完成重点移出客户池净移出任务。

➢全行优质一般法人客户数较年初增长639户、增幅3.34%，共22家分行实现增长。

➢全年依据各行移位效果合计挂钩配置600亿元新增规模。

□个人客户增长情况

2019年全量个人客户情况表

单位：万户

分行	较上年末增量	其中：5万元以下客户增量	其中：5万元以上客户增量	分行	较上年末增量	其中：5万元以下客户增量	其中：5万元以上客户增量
深圳	559.27	553.32	5.94	湖南	112.52	109.87	2.65
山东	495.19	480.89	14.30	内蒙古	108.93	104.49	4.44
广东	385.11	365.01	20.09	吉林	107.01	105.57	1.44
四川	382.75	373.06	9.69	辽宁	99.98	98.69	1.29
浙江	313.47	306.27	7.20	上海	97.76	91.40	6.36
河南	305.05	300.24	4.81	新疆	92.40	91.16	1.24
广西	262.01	258.80	3.21	福建	84.25	79.27	4.97
江苏	230.73	221.82	8.91	重庆	82.86	83.08	-0.22
安徽	212.80	206.39	6.41	甘肃	81.64	81.57	0.08
河北	196.02	188.99	7.03	天津	58.85	56.59	2.26
湖北	190.68	182.62	8.07	青岛	47.74	46.30	1.44
山西	187.30	184.30	2.99	宁波	37.77	38.52	-0.74
贵州	167.35	167.93	-0.58	厦门	23.34	21.79	1.55
黑龙江	143.60	140.87	2.73	海南	21.13	21.15	-0.03
北京	142.80	135.39	7.41	大连	20.94	20.54	0.40
江西	139.19	133.63	5.57	宁夏	18.98	18.91	0.06
陕西	136.60	134.88	1.71	青海	12.64	12.58	0.06
云南	135.08	134.37	0.70	西藏	6.17	6.13	0.04

注：数据来源于MOVA系统。

➢与2018年末相比，36家一级（直属）分行全量个人客户均实现正增长，其中深圳、山东、广东、四川、浙江分行增量排名前5位。

从客户结构看，36家分行日均金融资产5万元以下个人客户均实现正增长；32家分行日均金融资产5万元以上个人客户实现正增长，其中广东、山东、四川、江苏、湖北分行增量排名前5位。

□公司客户增长情况

2019年公司客户情况表

单位：户

分行	较上年末增量	其中：5万元以下客户增量	其中：5万~50万元客户增量	其中：50万元以上客户增量	分行	较上年末增量	其中：5万元以下客户增量	其中：5万~50万元客户增量	其中：50万元以上客户增量
广东	135 798	116 979	14 229	4 590	湖南	19 817	17 419	2 240	158
江苏	101 107	83 837	12 750	4 520	贵州	19 394	17 812	1 552	30
河北	63 036	56 688	5 044	1 304	重庆	18 756	15 764	2 453	539
浙江	62 486	51 450	8 421	2 615	深圳	14 008	9 425	3 232	1 351
山东	60 490	49 976	8 383	2 131	新疆	12 889	10 282	2 140	467
湖北	49 306	41 859	6 166	1 281	黑龙江	12 334	11 703	533	98

续表

分行	较上年末增量	其中：5万元以下客户增量	其中：5万~50万元客户增量	其中：50万元以上客户增量	分行	较上年末增量	其中：5万元以下客户增量	其中：5万~50万元客户增量	其中：50万元以上客户增量
上海	42 183	33 491	6 470	2 222	海南	11 497	10 882	563	52
河南	39 614	34 463	4 085	1 066	内蒙古	10 911	9 340	1 017	554
陕西	37 827	33 907	2 930	990	甘肃	8 771	7 412	1 073	286
四川	37 431	27 917	7 379	2 135	云南	7 386	5 921	1 193	272
北京	36 554	32 836	2 741	977	青岛	7 108	5 672	1 091	345
安徽	33 796	29 964	2 973	859	厦门	6 857	5 805	763	289
天津	29 808	27 932	1 530	346	宁夏	4 905	4 632	202	71
福建	29 108	26 166	2 130	812	宁波	4 818	3 692	841	285
广西	28 668	25 743	2 237	688	吉林	3 859	3 369	442	48
辽宁	25 369	24 407	705	257	大连	3 842	3 156	573	113
山西	22 165	19 485	1 918	762	青海	1 431	1 021	324	86
江西	20 157	16 422	2 882	853	西藏	499	278	167	54

注：数据来源于 MOVA 系统。

➢与 2018 年末相比，36 家一级（直属）分行公司客户均实现正增长，其中广东、江苏、河北、浙江、山东分行增量排名前 5 位。

□机构客户增长情况

➢从客户结构看，日均金融资产各分段公司客户均实现正增长，其中广东、江苏、浙江、上海、四川分行 50 万元以上客户增量排名前 5 位。

2019 年机构客户情况表　　单位：户

分行	较上年末增量	其中：5万元以下客户增量	其中：5万~50万元客户增量	其中：50万元以上客户增量	分行	较上年末增量	其中：5万元以下客户增量	其中：5万~50万元客户增量	其中：50万元以上客户增量
广东	2 934	1 687	985	262	重庆	488	367	111	10
浙江	2 556	1 847	541	168	天津	422	378	177	-133
山东	2 269	2 264	233	-228	广西	417	380	105	-68
内蒙古	1 524	1 326	317	-119	青岛	406	278	118	10
河南	1 517	1 384	146	-13	安徽	386	252	170	-36
四川	1 463	1 282	288	-107	北京	364	231	225	-92
山西	1 362	742	538	82	厦门	275	154	106	15
黑龙江	1 257	1 091	169	-3	贵州	269	261	152	-144
辽宁	1 200	1 233	131	-164	海南	253	287	35	-69
江西	1 168	1 001	180	-13	云南	245	237	61	-53
河北	1 103	775	337	-9	深圳	200	110	85	5
湖北	1 048	814	272	-38	宁夏	186	178	12	-4
陕西	1 013	857	180	-24	宁波	117	99	25	-7
湖南	876	722	288	-134	甘肃	19	88	68	-137
江苏	850	731	260	-141	西藏	1	-2	2	1
吉林	626	562	45	19	青海	-11	38	-1	-48
上海	563	470	-132	225	新疆	-135	178	-205	-108
福建	530	564	87	121	大连	198	54	51	93

注：数据来源于 MOVA 系统。

➢与 2018 年末相比，有 33 家一级（直属）分行机构客户实现正增长，其中广东、浙江、山东、内蒙古、河南分行增量排名前 5 位；大连、新疆、青海、西藏、甘肃分行增量排名后 5 位。

➢从客户结构看，有 34 家分行日均金融资产 5 万元以下机构客户实现正增长，32 家分行 5 万 ~50 万元机构客户实现正增长，10 家分行 50 万元以上机构客户实现正增长。

1.2.2　重点城市行经营情况

□存款竞争力稳步提升，贷款竞争优势持续稳固

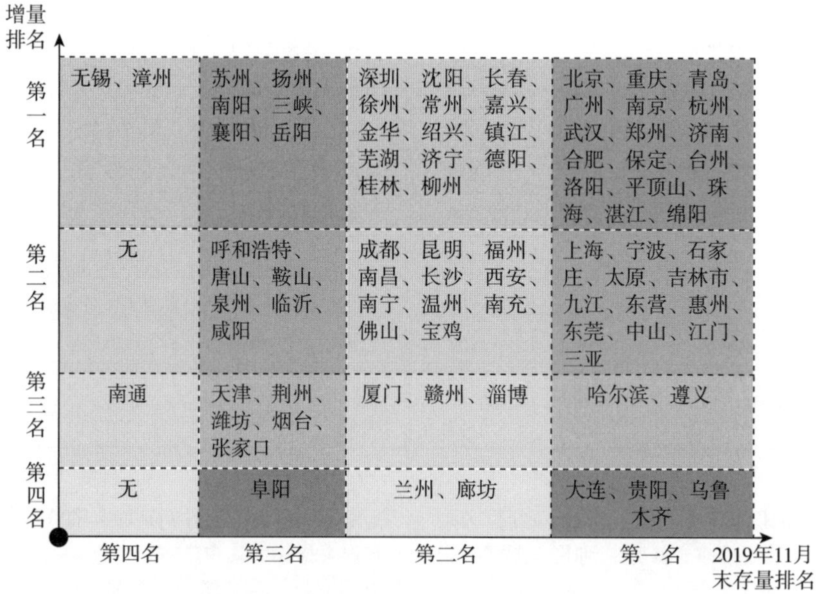

重点城市行各项存款存量、增量排名分布

➢2019 年 11 月末，85 家重点城市行（80 家总行级重点城市行及 5 家一级城市行）各项存款余额四行占比 34.22%，四行首位，较 2018 年末提升 0.82 个百分点，增幅四行首位。储蓄存款和对公存款余额四行占比分别为 30.69% 和 37.09%，均为四行首位，较年初分别提升 0.33 个和 1.28 个百分点。

➢有 39 家重点城市行各项存款增量排名四行首位，较上年末增加 5 家，其中，北京、青岛、广州、绵阳等 17 家分行，余额和增量排名均为四行首位。44 家储蓄存款增量排名四行首位，其中，上海、南京、长春、惠州等 17 家分行，余额和增量排名均为四行首位。

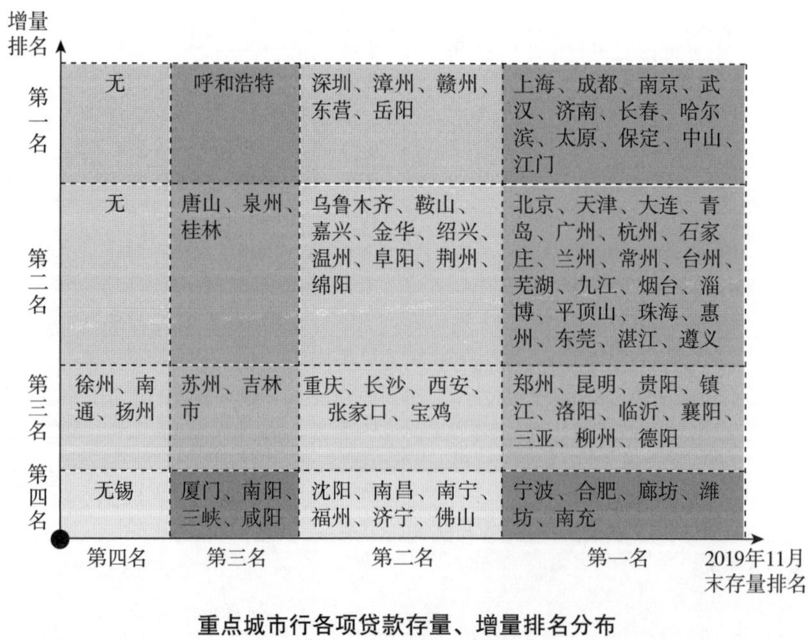

重点城市行各项贷款存量、增量排名分布

➢截至2019年11月末，85家重点城市行（80家总行级重点城市行及5家一级城市行）各项贷款余额四行占比29.63%，四行首位，较2018年末下降0.26个百分点，增量四行首位。其中，个人贷款余额（含卡）四行占比28.17%，四行第二，较上年末提升0.15个百分点，增量四行占比29.45%，增幅四行第一。

➢有17家重点城市行各项贷款增量排名四行首位，其中，上海、成都、济南、江门等11家分行余额和增量排名均为四行首位。28家个人贷款（含卡）增量排名四行首位，其中，北京、杭州、南昌、阜阳等16家分行余额和增量排名均为四行首位。

1.2.3　业务条线经营情况

2019年业务条线拨备费用前利润

单位：亿元

业务条线	拨备费用前利润				拨备费用前利润排名		
	当期	同期	同比	增幅	当期	同期	变动
金融市场	××	××	××	××	3	3	—
机构金融	××	××	××	××	4	4	—
个人金融	××	××	××	××	1	1	—
国际业务	××	××	××	××	10	10	—
银行卡	××	××	××	××	6	6	—
票据业务	××	××	××	××	11	11	—
公司金融	××	××	××	××	2	2	—
资产托管	××	××	××	××	8	9	1
贵金属业务	××	××	××	××	12	13	1
结算与现金管理	××	××	××	××	5	5	—
投资银行	××	××	××	××	7	7	—
资产管理	××	××	××	××	9	8	-1
私人银行	××	××	××	××	13	12	-1
养老金	××	××	××	××	14	14	—

注：银行卡条线2018年拨备规则发生调整，为增强可比性，条线业绩数据采用了拨备费用前利润口径。若按营业贡献口径，总量前三名的条线是个人金融、金融市场和机构金融。

➢2019年全行14个部门条线、利润中心中，10个条线拨备费用前利润同比正增长，4个条线拨备费用前利润负增长。

➢养老金、私人银行、资产管理、投资银行条线拨备费用前利润同比下降，主要受中收同比减少影响。

1.2.4　境外机构经营情况

□境外各板块经营情况

盈利同比正增长

√2019年境外机构实现净利润××亿美元，在克服部分机构突发重大风险事件、资产质量劣变、监管整改支出投入加大等不利因素的情况下，努力保持盈利不下降。

√2019年境外机构净利润在集团中占比××%，较2018年末略降。

资产负债规模适度增加

√2019年末，境外机构总资产4 675亿美元，较年初增加191亿美元，增幅4.3%，增幅较2018年有所回升。资产增量主要来源于债券投资和存放央行，贷款余额略有下降；客户存款（不含同业）较年初增加70亿美元，同比增幅5.3%。

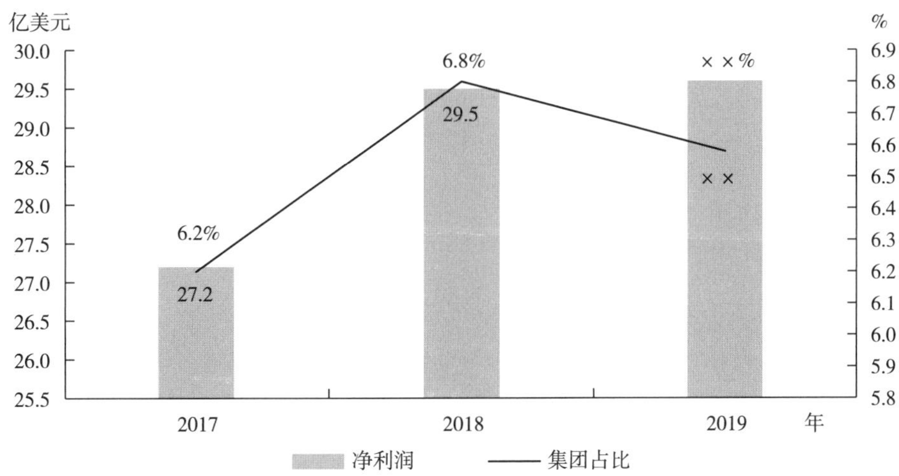

境外机构净利润增长情况

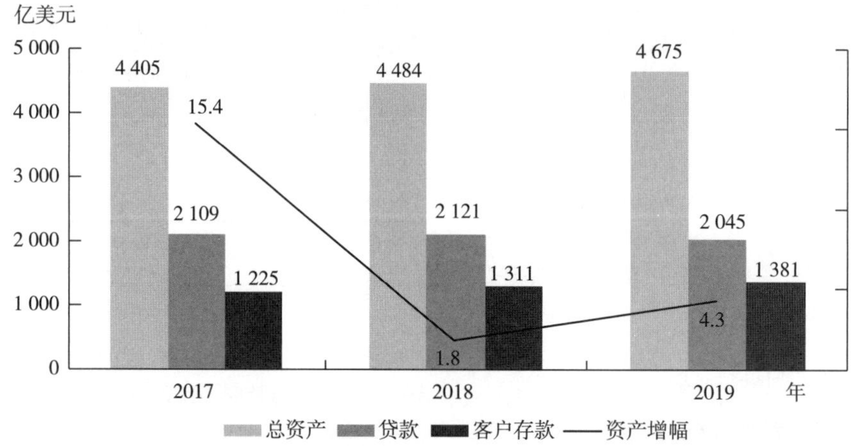

境外机构资产负债增长情况

□境外各板块经营情况

港澳地区

实现净利润17.1亿美元，同比增长4.4%，在境外机构中占比60%。港澳地区克服贸易摩擦、外部经营形势和资产质量恶化等不利因素，保持资产规模和盈利稳健增长，较好地发挥了压舱石的作用。

经营特点：下半年以来香港局势动荡，严重破坏营商环境，资产和收入增长难度加大，工银亚洲克服困难实现净利润同比增长2.6%。工银澳门净利润同比增长13.4%，实现近三年最高增速，但本地市场增长空间有限，地域政策红利有待进一步挖掘。工银国际凭借投融资顾问业务较好发展和投资资产估值提升，在同期基数较高的情况下保持盈利水平不下降。

亚太地区（不含港澳）

实现净利润7.9亿美元，同比增长2.6%。盈利贡献在境外机构中占比27.8%，仅次于港澳地区。

经营特点：区域主要机构经营情况总体稳中向好，中东机构、工银新西兰、湄公河机构、卡拉奇分行、工银泰国、新加坡分行贡献利润增量8 500万美元。近年来区域整体盈利增长较为平稳健康，但个别机构面临一定的经营瓶颈：一是受本地经济放缓影响，信贷资产投放难度加大；二是强监管趋势下，盈利空间遭到进一步挤压；三是孟买分行、工银印尼等机构资产质量问题凸显，经营负担较重。

境外机构

美洲地区

实现净利润4亿美元，同比下降8.3%，主要是美国机构受监管趋严和资产质量劣变影响，净利润明显下降。

经营特点：区域盈利增量主要来源于工银阿根廷，受益于债券投资估值增加以及出售Prisma股份实现投资收益，子行克服本币贬值36%的不利影响，折美元利润同比增长43.3%。总体看，美洲区域机构所处市场环境较为复杂，经营不确定性较大，资产质量、监管合规、资本约束是区域机构面临的普遍性问题。

欧洲地区

剔除工银标准后欧洲地区实现净利润2.1亿美元，同比大幅增长，主要是伦敦机构和工银莫斯科同期计提拨备较多盈利基数较低，在2019年体现出较为明显的盈利增量贡献。工银标准遭受重大风险事件损失，全年亏损2.5亿美元。

经营特点：2019年欧洲区域各一级机构均实现盈利同比正增长，区域盈利贡献较同期有所回升。目前欧洲区域量化宽松重启、英国脱欧等因素交织，市场整体低迷，严监管态势有增无减，机构经营转型形势较为严峻。工银标准正在进行内部业务条线和资源整合，具体实施效果有待观察。

□境外机构净利润情况（分地区、按盈利总量排序）

2019 年境外机构净利润完成情况 单位：万美元

机构名称	当期	同比增减	同比增幅	机构名称	当期	同比增减	同比增幅
港澳地区	170 900	7 205	4.4%	美洲地区	39 588	-3 576	-8.3%
工银亚洲机构	117 001	2 940	2.6%	工银阿根廷	24 101	7 287	43.3%
工银澳门	34 082	4 027	13.4%	美国机构	13 781	-9 612	-41.1%

续表

机构名称	当期	同比增减	同比增幅	机构名称	当期	同比增减	同比增幅
工银国际	19 818	238	1. 2%	其中：纽约分行	12 807	－10 240	－44. 4%
亚太地区	79 263	1 986	2. 6%	工银美国	2 306	－209	－8. 3%
中东机构	15 580	2 033	15. 0%	工银金融	－1 332	836	38. 6%
其中：迪拜分行	10 555	1 152	12. 2%	工银加拿大	2 102	29	1. 4%
多哈分行	2 725	887	48. 2%	工银秘鲁	850	621	270. 7%
利雅得分行	1 380	174	14. 4%	工银巴西	401	－138	－25. 6%
阿布扎比分行	655	58	9. 7%	工银墨西哥	－1 648	－1 761	盈利转亏损
科威特分行	265	－237	－47. 1%	欧洲地区（不含标准）	20 622	10 661	107. 0%
新加坡分行	12 195	1 149	10. 4%	工银欧洲机构	7 433	1 024	16. 0%
湄公河机构	11 223	1 333	13. 5%	其中：华沙分行	1 403	143	11. 4%
其中：万象分行	4 159	446	12. 0%	阿姆斯特丹分行	634	－233	－26. 9%
金边分行	3 132	413	15. 2%	巴黎分行	322	－586	－64. 5%
河内分行	2 920	272	10. 3%	布鲁塞尔分行	317	192	154. 2%
仰光分行	1 012	201	24. 8%	马德里分行	67	－185	－73. 4%
悉尼分行	10 680	210	2. 0%	米兰分行	－735	－909	盈利转亏损
卡拉奇分行	8 830	1 259	16. 6%	伦敦机构	6 512	7 737	扭亏为盈
工银泰国	7 358	1 251	20. 5%	工银土耳其	3 222	553	20. 7%
首尔分行	7 041	457	6. 9%	工银莫斯科	2 201	1 101	100. 0%
东京分行	4 649	394	9. 3%	法兰克福分行	1 566	229	17. 1%
工银印尼	3 296	104	3. 2%	布拉格分行	141	85	153. 9%
工银阿拉木图	1 736	147	9. 2%	苏黎世分行	－43	292	亏损减少
工银新西兰	1 567	1 500	大幅增加	工银奥地利	－409	－359	首个完整年度
工银马来西亚	1 249	－687	－35. 5%	工银标准	－24 863	－23 384	亏损扩大
马尼拉分行	－421	－379	首个完整年度				
孟买分行	－5 720	－6 786	盈利转亏损				

注：工银金融因资产大幅压降和2015年前历史问题和解支出（1 609万美元）所致产生亏损。

1. 2. 5　境内控股机构经营情况

□2019年，境内控股机构实现净利润45. 3亿元人民币，同比增加18. 6亿元，增幅70%。

工银租赁

➢实现净利润8.6亿元，同比增长44.8%，主要是综合付息成本下降拉动租赁业务净收入同比增长。2019年末融资租赁不良资产有所压降，但存量待租资产仍有较大化解压力。

工银安盛

➢实现净利润12.5亿元，同比增加11.6亿元，主要是股票、基金公允价值变动收益，以及保费增长投资效益提升，实现较高盈利。新业务价值达成情况较同期有所下降，产品结构优化及销售渠道转型有待加强，同时需采取多种措施努力平滑盈利波动性。

工银瑞信

➢实现净利润15.2亿元，同比增长3.1%，克服货币基金等业务规模受资管新规影响持续下降的不利因素，通过提升投资业绩，提高管理费提成、推动养老金投资管理和非货币基金业务开拓，以及不断改善直代销比例，实现盈利正增长。

工银投资

➢实现净利润5.6亿元，同比持平。表内债转股项目落地规模增长较快带动投资收益增加。在实现债转股项目较高落地目标的同时，需有效平衡好项目投放进度与风险管理，持续提升表内外业务全口径风险管理能力，确保稳健经营。

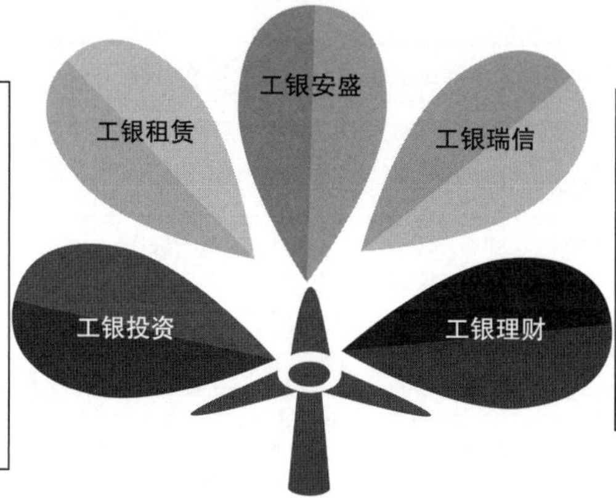

工银理财

➢新设机构，实现账面净利润3.3亿元（未包含营业费用）。需进一步理顺管理模式和发展路径，探索合理的分润模式调动集团内相关方积极性；做好新旧产品交接，进一步做大集团内专属保险、专属基金规模，充分发挥协同优势。

1.3　经营中存在的主要问题

1.3.1　资产质量管控压力大

□资产质量同业比较

2019 年末同业资产质量情况

集团　　　　单位：亿元

行别	不良余额				不良率			逾期剪刀差		
	12 月末	年初	比年初增加	比年初增幅	12 月末	年初	比年初上升	12 月末	年初	比年初增加
工行	××	2 351	××	××%	××%	1.52%	－××BP	280	348	－68
A 行	××	1 900	××	××%	××%	1.59%	－××BP	－31	129	－160
B 行	××	1 669	××	××%	××%	1.42%	－××BP	－137	530	－667
C 行	××	2 009	××	××%	××%	1.46%	－××BP	－314	－252	－62

➢当前我行不良率和剪刀差在四行中的位次不尽理想，尚未摆脱落后局面。

□存量贷款总体风险仍不容忽视

➢六类高风险融资余额仍然较高：截至 2019 年末，全行合计 934.9 亿元，其 B 行行外交叉违约 441.6 亿元、还本付息异常 217.3 亿元。

➢计息日新增逾期贷款仍处于高位：虽然 2019 年全年新增逾期有所下降，但 9 月、12 月计息日新增逾期均高于前两年同期水平，分别达到 1 046 亿元、943 亿元。

➢部分区域资产质量压力较大：

√大连、青海、辽宁、海南、山东 5 家分行当前资产质量管控压力较大：年末不良率均超 4%，其中青海、大连分行已经超过 8%。

√宁波、宁夏、重庆、天津 4 家分行未来资产质量管控压力较大：潜在风险融资占公司融资比重较高，大户风险突出，其中宁波分行潜在风险融资占比达 11.74%。

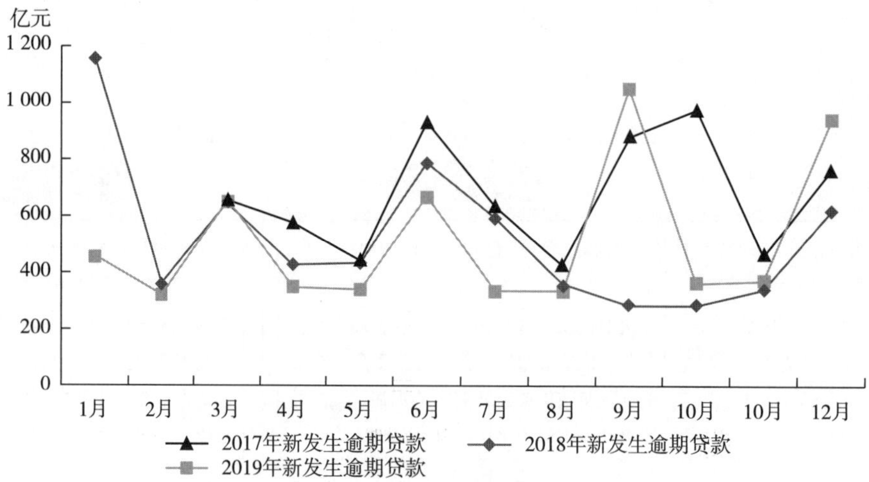

计息日新逾期趋势图

单位：亿元

序号	六类风险	2019 年末余额	较年初	增降幅
1	行外交叉违约	441.6	-166.2	-27.34%
2	还本付息异常	217.3	-263.1	-54.77%
3	计息周期调整为按半年/年	416.2	95.7	29.85%
4	展期达上限	149.1	-109.9	-42.44%
5	因生产经营异常等受到审计提示	72.9	-20.1	-21.64%
6	未按分期还款计划还款	12.3	-265.3	-95.56%
深潜在风险融资合计		934.9	-428.7	-31.44%
一般潜在风险融资合计		1 600.4	-157.0	-8.93%
潜在风险融资合计		2 535.3	-585.7	-18.77%

□类信贷业务风险呈上升趋势

目前全行类信贷业务包括资管、私银、债券承销、理财投资信用债、租赁等，合计余额达到62 109 亿元。

➢违约情况：截至2019 年11 月末，全行类信贷业务违约（逾期欠息）客户共111 户、173.2 亿元。

➢潜在风险情况：截至2019 年11 月末，全行类信贷业务潜在风险客户合计52 户、169.8 亿元。

2019 年11 月末类信贷业务风险情况

单位：亿元

业务类型 \ 风险情况	违约金额	违约率	潜在风险余额
非标业务	139	1.87%	99.8
其中：资管	112.3	—	93.4
私银	26.7	—	6.4
债券承销业务	18.5	0.05%	10
租赁业务	15.7	0.5%	59.2
总计	173.2	—	169.8

➢另外，要高度关注资本市场流动性风险向信用风险交叉传染。目前已有部分企业出现债券违约、股票质押爆仓等风险事件，2019 年前三季度，债券市场共有41 家发行人的110 只债券发生违约，38 户违约主体在我行有融资280 亿元，涉及集团关联融资达840 亿元。

□大户风险形势严峻

➢大户质量与集团整体质量趋势背离：2019 年亿元以上大户不良额增加××亿元、至××亿元；不良率上升××个基点、至××%；潜风占比增加××个百分点、至××%。

➢特大户（十亿元以上）劣变压力较大，甚至开始出现百亿级大户：××、××、××等××个重点大户劣变压力较大，涉及融资××亿元；××、××、××等××个重点大户出现明显违约迹象，涉及融资××亿元。

➢大户风险管控难度大：突出表现在风险前瞻性识别难、跨区域跨机构策略统一难。

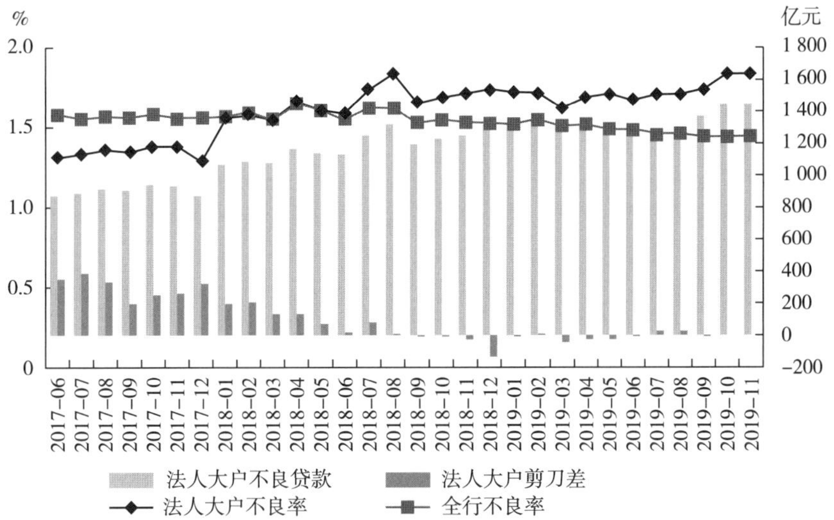

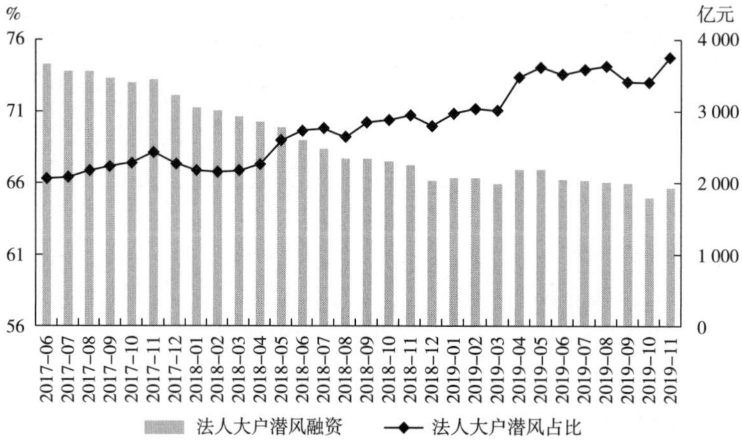

2020 年，预计有 × × 户风险企业（集团）将实施债转股，涉及 × × 家分行、融资超 × × 亿元，转股过程及转股后均面临不确定性：

√当期损失风险：债转股股权价格一般高于公允价值，将占用较多核销资源，且实际损失税前抵扣存在较大不确定性。

√股权管理及退出风险：难以实质介入债转股企业经营，如企业经营没有实质性改善、股权价值没有显著提升，股权难以按期退出，甚至面临更大风险。

□重点行业风险要审慎把控

政府类投资项目

√合规风险压力大。公共设施板块每年贷款增量占公司的 40% 以上，短期内仍是投放主力，要处理好稳投资与化解隐性债务的关系，把握好政策红线与底线。

√部分区域偿债风险较大。目前全行城建领域依托地级市下辖区县财力的贷款 × × 多亿元，政府类项目对再融资依赖较高，在新增融资受限、融资渠道收窄的大背景下，个别区域总量性系统性风险需高度关注。

√融资平台公司债务信息共享后投融资政策面临不确定性。财政部已在五省区十个城市试点开展全口径融资平台公司债务信息对账，我行为首批试点行之一，2020 年可能全面铺开。纳入财政监测统计的客户及项目后续贷款如何把握存在政策不确定性。

制造业

√整体下行压力大。

√中美贸易摩擦。

√新兴热点投资领域风险较难把控，需防范产能过剩问题。

√传统领域企业普遍债务重。

√环保风险突出。

√地炼行业系统性风险凸现。

房地产

√二三类城市风险显现。目前部分三类城市人口净流出、多数二类城市商业用房供给过剩，房地产领域出现“双升”，主要集中在三类城市、二类城市商用房开发贷款以及个别区域商业性棚户区改造贷款。

√个别分行出现系统性风险。主要是自身管理、客户及项目选择问题。

1.3.2　利差呈持续收窄趋势

□受负债成本上升较快影响，我行 NIM 收窄压力较同业更大

我行 NIM 呈逐季持续下降态势。

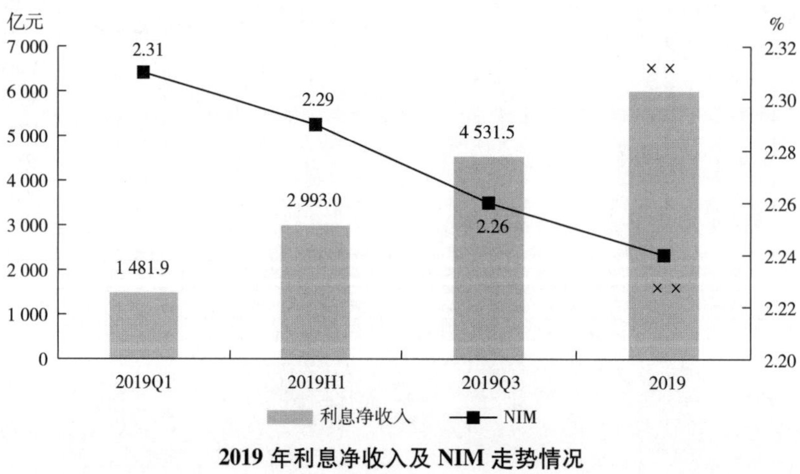

2019 年利息净收入及 NIM 走势情况

同业 NIM 呈现逐步企稳或略有提升。

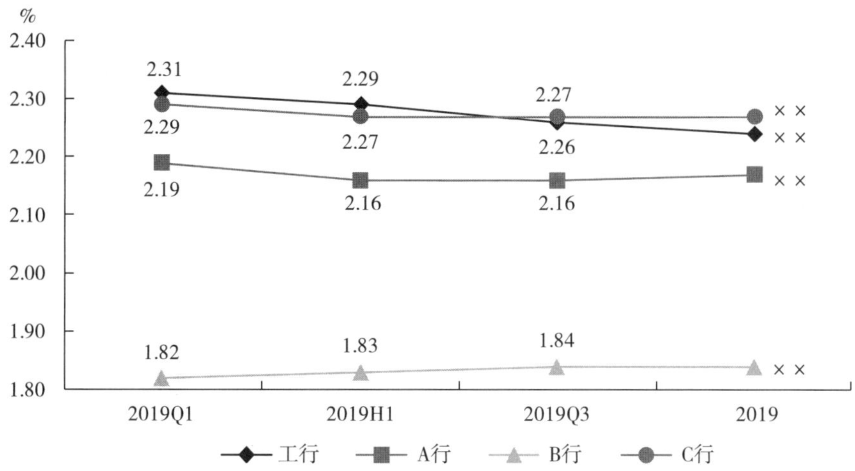

2019 年四行 NIM 走势情况比较

√在利率下行的背景下，受付息成本上升较快影响，2019 年以来我行 NIM 呈持续下降趋势。

√2019 年 NIM 为××%，较 2018 年（2.30%）下降××个基点。如考虑保本理财和结构性存款等主动负债成本，全口径的实质 NIM 为××%。

√2020 年，我行生息资产规模预计将达到 30 万亿元，NIM 每变动 1 个基点对利息净收入影响将达到 30 亿元，影响净利润增速近 1 个百分点。

2019 年前三季度四行实质 NIM 比较

项目	工行	A 行	B 行	C 行
NIM	2.26%	2.16%	1.84%	2.27%
保本、结构性存款对 NIM 的影响	-0.11%	-0.03%	0.00%	-0.03%
NIM（实质利差）	2.15%	2.13%	1.84%	2.24%

□资产端收益率下行压力较大

➢LPR 改革和存量贷款利率基准转换形成新挑战。

√8 月份 LPR 形成机制改革以来，1 年期 LPR 报价已下调 16 个基点至 4.15%，5 年期以上 LPR 报价已较央行基准下调 10 个基点至 4.8%。

√2019 年 12 月人民币新发放公司贷款利率较 LPR 改革前（1－8 月）下降 16 个基点。

√存量贷款基准转换涉及贷款 10 万亿元，2020 年 3 月 1 日后转换的 5 万亿元公司贷款面临重新议价，静态测算影响当年利息收入 20 亿～25 亿元，个人住房贷款影响延后，2021 年贷款收益仍将承压。

√LPR 仍有下行空间，MPA 从严考核贷款利率点差，加大新增、存量贷款收益率下行压力。

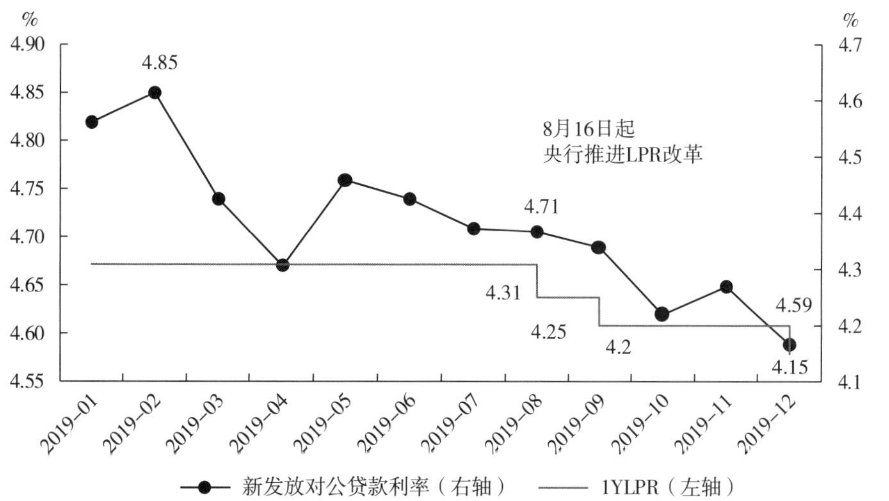

2019 年新发放对公贷款利率及 1YLPR 情况

2019 年 1－11 月四行新发放贷款利率比较

单位:%

品种	工行	A 行	B 行	C 行
各项贷款	4.95	4.85	4.69	4.93
公司贷款	4.72	4.59	4.4	4.66
个人非住房	5.28	5.26	5.67	5.38
个人住房	5.6	5.58	5.61	5.62

➢预期市场资金面相对宽松，债券投资和同业资金运作收益率预计总体维持低位。

□实质付息率上升较快，存款成本管控是稳住利差的关键

➢前三季度，我行付息率较年初上升 13 个基点。其中，储蓄存款上升 20 个基点，公司存款上升 10 个基点，机构存款上升 2 个基点，包含结构性存款和保本理财的全口径实质付息率为 1.62%，高于 C 行（1.58%），与 A 行持平（1.62%）。其中，储蓄存款全口径实质付息率四行排名第三。

➢我行目前付息成本尚未出现下行趋势，利差收窄的压力高于可比同业。如果存款付息成本上升 1 个基点将增加利息支出 24 亿元，降低营业收入、拨备前利润增速约 0.5 个百分点。在以量补价难度加大的情况下，我行收入、拨备前利润等发展指标将面临更大的同业竞争压力。

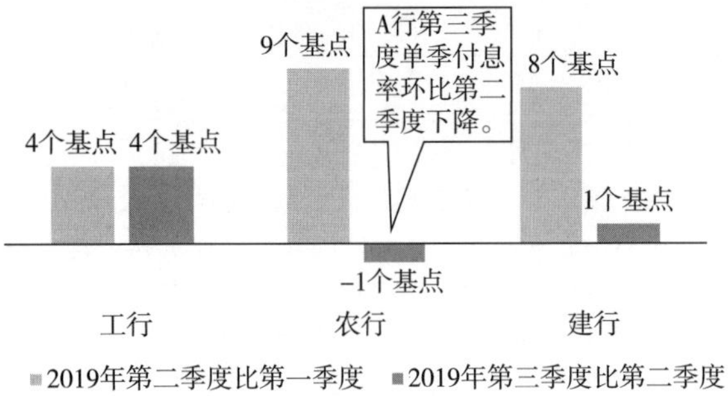

可比同业单季付息变化情况

2019 年，我行单季付息率环比持续上升，且上升幅度未出现下降；C 行虽也环比持续上升，但上升幅度大幅下降；A 行付息率三季度较二季度环比下降。

2019 年前三季度储蓄存款情况表

单位：亿元

项目	工行	A 行	B 行	C 行
储蓄存款	101 004	111 663	55 435	87 614
较年初增量	10 086	9 728	5 359	8 298
其中：主动负债增量	7 105	5 690	3 348	2 530
储蓄存款不含保本、结构性的存款付息率	1.70%	1.65%	2.03%	1.76%
保本、结构性存款对付息率的影响	0.15%	0.11%	0.13%	0.02%
储蓄存款实质存款付息率	1.85%	1.76%	2.16%	1.78%

1.3.3　部分中收产品竞争力下降

2019 年，我行中收同业占比同比下降 1.63 个百分点，境内分行中收总量领先 C 行 141 亿元，同比收窄 66 亿元。

□信用卡收入与同业差距进一步拉大

2019 年，我行信用卡收入 405 亿元，同比增长 5.69%。收入总量第二，增量、增幅均为同业第四，收入总量落后 C 行 78 亿元，同比扩大 29.5 亿元。78 亿元相当于境内分行中收增速 4.8 个百分点，相当于营业收入增速 1.07 个百分点。

2019 年工行、C 行信用卡收入情况

单位：亿元

收入	工行			C 行			工行－C 行	
	2019 年	增量	增幅	2019 年	增量	增幅	总量	增量
1. 基础类中收	117.04	－19.40	－14.22%	140.16	4.11	3.02%	－23.12	－23.51
其中：消费回佣收入	67.67	－10.98	－13.96%	88.87	9.30	11.69%	－21.20	－20.28
2. 分期付款	254.23	42.01	19.80%	312.25	50.33	19.22%	－58.02	－8.32
3. 违约金	33.81	－0.79	－2.29%	30.99	－3.10	－9.08%	2.81	2.30
合计	405.08	21.82	5.69%	483.41	51.35	11.89%	－78.33	－29.53

□“资管＋私银”收入自资管新规以来累计降幅高于可比同业，领先优势收窄

➢2019 年，我行“资管＋私银”收入 158.31 亿元，下降 23.11%，其中资管收入下降 20.14%；私银

收入下降 30.23%；C 行“资管 + 私银”收入增长 13.45%。我行领先 C 行金额同比收窄 60.14 亿元。

➢2017—2019 年，我行“资管 + 私银”累计下降 46.89%，其中资管累计下降 47.67%，私银累计下降 44.62%；C 行“资管 + 私银”累计下降 42.8%；A 行累计下降 33.6%。

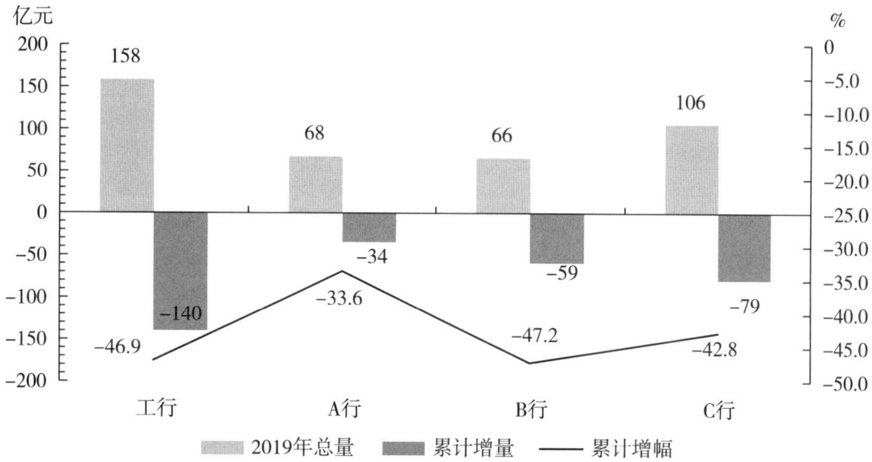

四行 2017—2019 年“资管 + 私银”收入增长情况

1.3.4　客户基础仍有待加强

□个人客户基础方面

√全行支撑重点客群和重点市场板块获客维客的基础设施建设不足。

√作为近两年全行客户拓展的主力军，实体社保卡大规模发卡已近尾声，要寻找新的增长点。

√传统金融业务的服务、创新均在自建渠道、产品的“孤岛”内开展，“一横”（专业条线）、“一纵”（总、分、支）的产品体系、组织结构、运作机制不满足新时代发展要求。

√我行个人客户具有总量大、增长快的特点，但客户拓展方面也存在一些隐忧：高价值客户占比逐年下降，低效无效客户占比高、价值贡献低；获客之后如何活客、黏客，提升客户价值贡献，需要关注。

□公司客户基础方面

√日均金融资产 5 万元以上的客户，总数及占比均落后于 C 行。

√公司客户的“中间力量”尚未发展成为公司金融的“中坚力量”，主要原因在于我行高度关注大客户的营销与价值挖掘、线上线下协同拓展小微客户，中型客户的营销与管理缺乏系统规划与资源支持。此外，随着商事登记改革推进，市场主体大幅扩容，公司业务还面临着如何在服务好存量客户的基础上抓住新的高质量客户资源的问题。

1.3.5　案件防控压力仍较大

□当前形势

➢监管要求更加严格√全球监管延续强监管、严问责、重处罚态势。不仅关注违规事实本身，而且注重管理体系、制度、流程、机制等深层次问题。

√国内监管要求进一步与国际标准接轨。国内监管在框架合规性基础上更加关注反洗钱管理的有效性，以及新技术带来的变化与影响。6 月起，我国开始担任 FATF 轮值主席国，9 月份以来，人民银行对我行总部开展集团层面洗钱风险评估，评估结果将对后续监管评级、监管措施产生重要影响。

➢案防形势更加严峻。

√案件数量明显增多。全年报告案件××件、涉案金额××亿元，同比增加××件、××亿元，增长××%、××%；报告案件风险事件××件，同比增加××件。主要体现为贷款虚假、制衡缺位、管理失控、人员失范。

√两类案件风险突出。信贷领域案件（风险）××件，涉案金额××亿元，占比分别为××%、××%；挪用资金案件（风险）××件，涉案金额××万元，分别占××%、××%。

√陈案多且触点分散。16 家分行发生案件，3 年以上案件××件，占比××%，案件潜伏期最长 10 年；公安立案侦查、监察立案调查、监管督查、审计移送线索、扫黑除恶专项斗争以及媒体揭示案件合计占一半以上。

二、2020 年经营目标与调控取向

完成 2020 年目标任务，在调控取向上，要统筹处理好以下几个关系：

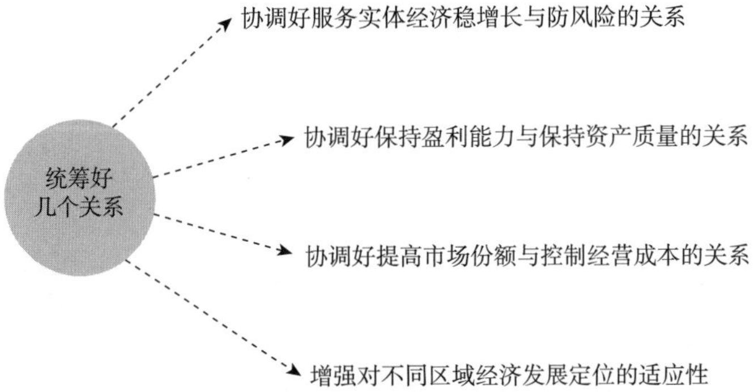

2.1 集团经营目标

2.1.1 财务收支计划

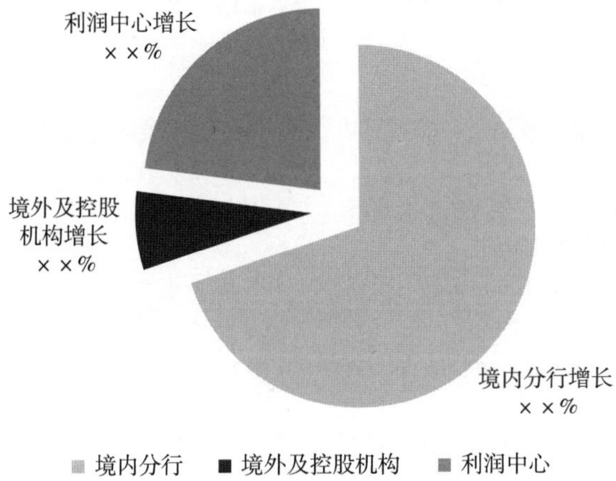

各盈利板块净利润增长目标

2020 年集团财务收支情况表

国际财务报告准则　　单位：亿元

项目	预计 2020 年			2019 年
		同比增减	同比增幅	
利息净收入	××	××	××	××
利息收入	××	××	××	××
利息支出	××	××	××	××
手续费及佣金净收入	××	××	××	××
营业收入	××	××	××	××
营业费用	××	××	××	××
资产减值损失	××	××	××	××

续表

项目	预计 2020 年			2019 年
		同比增减	同比增幅	
贷款减值损失	××	××	××	××
非信贷资产减值准备	××	××	××	—
拨备前利润	××	××	××	××
净利润	××	××	××	××

➢2020 年，各盈利板块净利润目标按照积极进取的要求进行分解下达，全行要平衡好效益、质量和风控之间的关系，稳中求进，努力推动经营目标顺利实现。

2.1.2　业务发展计划

□境内人民币存款计划

境内分行　　单位：亿元人民币

计划项目	2020 年计划			2019 年		
		增量	增幅		增量	增幅
人民币存款（含同业）	××	××	××	224 865	19 437	9.5%
一、一般性存款	××	××	××	209 650	14 774	7.6%
1. 储蓄存款	××	××	××	101 006	10 088	11.1%
2. 公司存款	××	××	××	43 352	2 170	5.3%
3. 机构存款	××	××	××	65 292	2 516	4.0%
二、同业存款	××	××	××	15 214	4 662	44.2%

➢2020 年，人民币各项存款（含同业存款）计划增加××亿元。其中一般性存款计划增加××亿元；同业存款计划增加××亿元。

➢新增存款均衡率要达到 50% 以上，人民币存款日均余额计划增加××万亿元。

□境内人民币贷款计划

境内分行　　单位：亿元

贷款项目	2020 年计划			2019 年		
	余额	增量计划	增幅	余额	增量	增幅
人民币贷款（含拆放）	××	××	××	152 409	13 975	10.1%
一、人民币贷款	××	××	××	149 290	13 116	9.6%
1. 公司类贷款	××	××	××	82 670	5 256	6.8%
（1）短期流动资金贷款	××	××	××	18 823	-789	-2.0%
（2）中长期流动资金贷款	××	××	××	7 118	251	3.7%
（3）项目贷款	××	××	××	48 715	4 686	10.6%
（4）房地产贷款	××	××	××	8 014	1 107	16.0%
2. 个人类贷款	××	××	××	55 665	6 746	13.8%
（1）个人住房贷款	××	××	××	50 994	5 652	12.5%
（2）个人消费贷款	××	××	××	1 484	-189	-11.3%
（3）个人经营贷款	××	××	××	3 187	1283	67.4%
3. 票据贴现	××	××	××	4 204	615	17.1%
4. 银行卡透支	××	××	××	6 752	498	8.0%
其中：分期付款	××	××	××	4 263	605	16.5%
二、非存款类金融机构拆放	××	××	××	3 119	859	38.0%
1. 普惠贷款	6 498	1 600	32.7%	4 898	1 669	51.7%
2. 民营企业贷款	20 814	1 400	7.2%	19 414	1 754	9.9%
3. 制造业贷款	14 918	500	3.5%	14 418	609	4.4%
4. 精准扶贫贷款	××	××	××	1 703	235	16.0%

➢公司贷款方面，全年计划增加××亿元，重点增加中长期贷款投放。要积极做好国家重大项目对接，全年项目贷款增加××亿元，加大优质头部企业尤其是先进制造业的营销拓展力度，中长期流动资金贷款增加××亿元。

➢个人贷款方面，全年计划增加××亿元，其中个人住房贷款增加××亿元。信用卡分期增加××亿元。

➢全面落实重点领域投放要求。根据人行 MPA 评估导向和银保监会具体要求，全年普惠贷款计划增加1 600亿元，民营贷款计划增加1 400 亿元，制造业贷款初步计划增加500 亿元。根据监管政策要求，要及时动态调整重点业务计划目标，确保全面完成考核目标。

➢密切关注市场利率走势，合理把握票据和非银拆放节奏。

□境内外汇存贷款计划

境内分行　　单位：亿美元

计划项目	2020 年计划			2019 年		
		增量	增幅		增量	增幅
外汇存款（含同业）	1 317	145	12.4%	1 172	110	10.4 %
其中：一般性存款	1 042	115	12.4 %	927	92	11.0%
外汇贷款	521	90	20.9%	431	52	13.7%

➢2020 年，外汇存款（含同业）计划增加 145 亿美元，其中一般性存款计划增加 115 亿美元。

➢2020 年，外汇贷款（含拆放）计划增加 90 亿美元，其中国际贸易融资计划增加 60 亿美元，一般现汇贷款计划增加 30 亿美元。

□个人金融业务发展计划

单位：亿元

计划项目	2020 年计划			2019 年预计
		同比增减	增幅	
个人客户金融资产净增	9 000	-1 000	-10.00%	10 000
代发工资额净增	4 500	200	4.65%	4 300

➢2020 年，个人客户金融资产计划净增 9 000 亿元，代发工资额计划净增 4 500 亿元。

□信用卡业务发展计划

单位：亿元

计划项目	2020 年计划			2019 年
		同比增减	增幅	
信用卡贷款余额	××	××	××	6 752
信用卡消费额	34 000	1 785	5.54%	32 215

注：信用卡透支为境内人民币口径。

➢2020 年，信用卡贷款余额增量计划××亿元，信用卡消费额计划达到 34 000 亿元。

□境内人民币资金运营计划

➢综合考虑 2020 年市场及全行流动性形势、债券市场发行情况、预估存贷款增量差及准备金变动等因素，2020 年人民币债券投资增量计划按较年初增加××亿元掌握。如 2020 年内市场及全行资金面发生变化，可根据实际情况对债券投资计划进行调整。

2.1.3　风险控制计划

□不良贷款管理计划

单位：亿元

计划项目	2020 年计划			2019 年
		同比增减	增幅	
不良贷款余额	××	××	××%	××
不良率	××	××	××%	××
其中：银行卡不良率	××	××	××%	××

➢2020 年末，集团不良贷款额计划控制在××亿元以内，不良率计划控制在××%以内；其中，银行卡不良率计划控制在××%以内。

□人民币债券业务久期计划

境内分行　　单位：年

计划项目	2020 年计划		2019 年预计	
		较 2019 年计划		同比增减
人民币债券业务久期	4.40	0.10	3.98	0.19
其中：信用类债券业务久期	3.70	—	3.02	0.10

➢2020 年银行账户境内人民币债券组合久期适度提高，控制在 4.4 年以内。

2.2　经营调控政策取向

2.2.1　关于信贷资源配置

中央经济工作会议指出，要科学稳健把握宏观政策逆周期调节力度，增强微观主体活力，把供给侧结构性改革主线贯穿于宏观调控全过程。继续实施积极的财政政策和稳健的货币政策，货币信贷、社会融资规模增长同经济发展相适应，降低社会融资成本。要深化金融供给侧结构性改革，疏通货币政策传导机制，增加制造业中长期融资，更好缓解民营和中小微企业融资难融资贵问题。

2020年全行信贷总量安排。

顺应高质量发展要求，贷款总量目标更为合理适度，节奏安排更加均衡主动。2020年全行人民币贷款增量目标暂按××万亿元掌握，年度增幅在××%左右。年内节奏安排上，更加注重与货币政策导向、可比银行投放态势的协调同步。

近年来全社会信贷总量增长情况表　　单位：亿元

时间	全部金融机构贷款余额	我行贷款余额	占比	全部金融机构贷款增量	我行贷款增量	增幅
2014年	816 770	97 245	11.9%	97 800	9 066	10.3%
2015年	939 540	109 022	11.6%	117 200	8 863	8.9%
2016年	1 066 040	117 606	11.0%	126 500	8 584	7.9%
2017年	1 201 321	126 916	10.6%	135 272	9 309	7.9%
2018年	1 362 967	138434	10.2 %	161 700	11 520	9.1%
2019年	1 530 580	152 409	10.0%	167 601	13 975	10.1%

注：2019年全部金融机构贷款余额及增量为预估数。

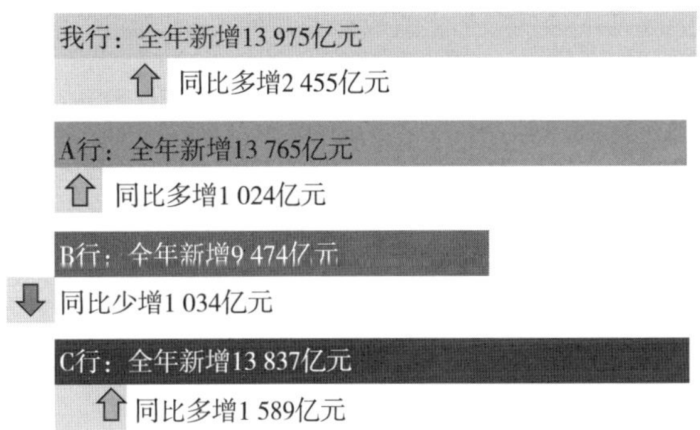

2019年四行人民币贷款增长情况

□信贷规模年初分配突出重点，年内掌握强化统筹

➢全年人民币贷款增量计划××万亿元。其中，年初先行分解下达××亿元，占全年计划的××%，与去年初分配各行的计划总数一致，比例有所下降；剩余计划作为机动额度，年内根据实体经济需求、货币政策导向和各行贷款实际投放等因素适时分解下达。

√体现宏观政策导向，保障普惠、民营、制造业、精准扶贫贷款等重点领域投放需求，强化卡分期规模落地，为重点业务匹配相应规模。

√体现质量效益联动，继续挂钩重点指标，将存量移位执行纳入进度计划，在落实逆周期调节政策背景下，更加注重向质量要效益。

√体现重点区域聚焦，落实国家重点区域政策，并将四行在当地贷款平均增量作为挂钩分配因素之一，支持重点分行提升区域竞争力。

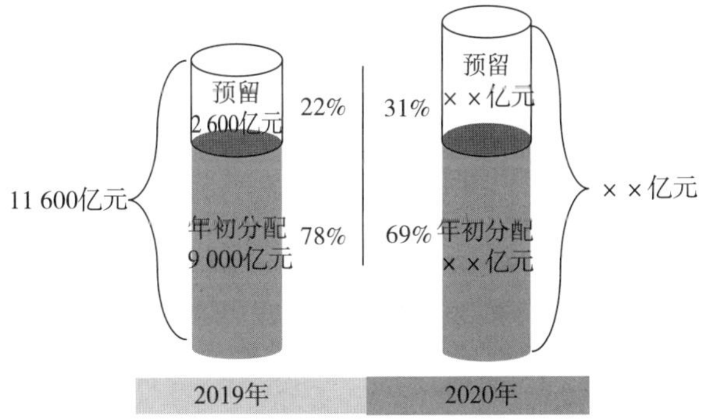

2019—2020年初贷款计划分配情况

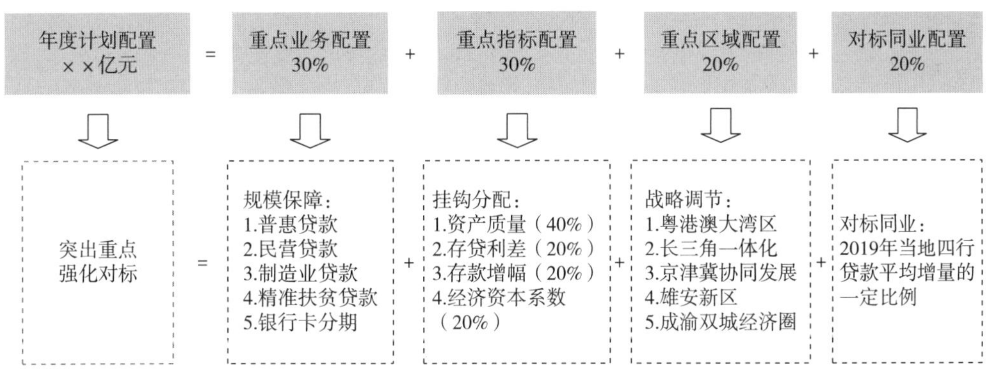

年初××亿元计划分配方法

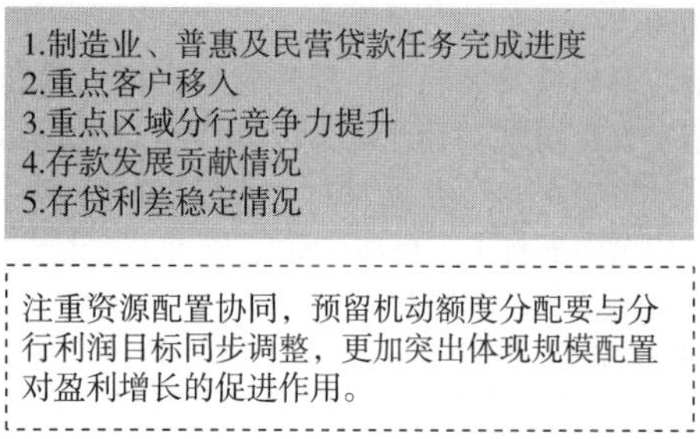

××亿元预留机动额度分配原则

与2019年分配方法的变化：

1. 挂钩重点业务任务，将普惠贷款、民营贷款、制造业贷款、精准扶贫贷款及银行卡分期任务数纳入分配基数，年初重点业务任务数越高，则相应配置规模更多。

2. 提升资产质量权重，将资产质量挂钩指标权重提高至40%，按资产质量（40%）、存贷利差（20%）、存款日均增幅（20%）、经济资本占用系数（20%）四个指标加权得分进行排名，排名越高则配置规模更多。

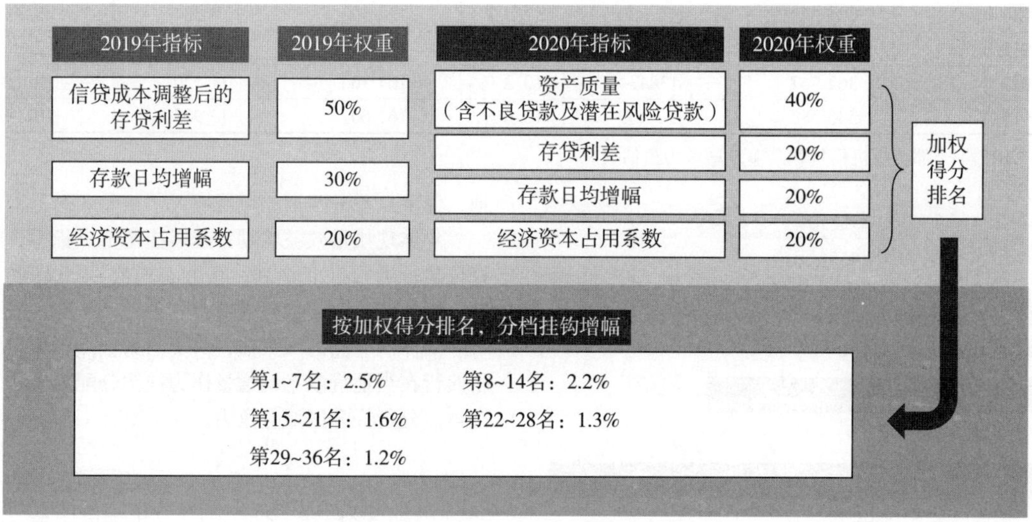

重点指标挂钩方法及分行排名情况

2.2.2 关于存贷款定价管理

□ 强责提效，激发内生动能，促进量价协调发展

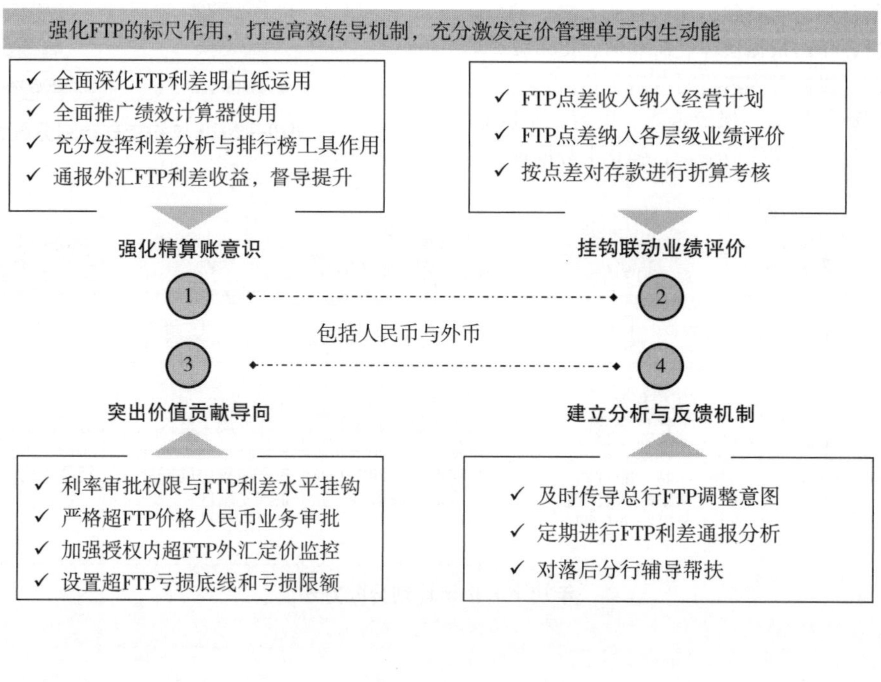

□完善主被动负债总量管理和激励约束机制，缓解利差收窄压力

2020 年上浮 1.3 倍以上存款及主动负债总量管理方案。

➢总体策略：

按照“稳存增存多分配、结构优化多分配、量价协调多分配”的原则，加强差异化分配管理，实施主被动负债“全产品配置、全流程管理、全口径监测”，横向到部门、纵向到分行，优化资源配置，强化激励约束，实现竞新引存、提质增效。

➢总量计划：

2020 年全行上浮 1.3 倍以上存款及主动负债总量计划同比适度压缩，较 2019 年末增长××万亿元左右。

√利率上浮 1.3 倍以上一般性存款余额控制在××万亿元，较 2019 年末增长约 1.3 万亿元。

√主动负债增量发行计划××亿元，结合存款创新产品压降，与 2019 年实际增量基本持平。

2019 年计划执行情况和 2020 年计划

单位：亿元

项目	2019 年		2020 年
	增量计划	实际增量	增量计划
利率上浮 1.3 倍以上存款	16 000	14 849	××
其中：分行（1.3，1.4]	11 000	10 861	××
业务部门（1.4，1.5]	5 000	3 988	××
主动负债产品	14 500	6 057	××
其中：大额存单	6 000	3 702	××
结构性存款	3 700	1 184	××
创新产品	4 800	1 973	—
保本理财	—	-802	—

➢分配原则：

突出量价协调和差异化分配管理要求，总量分配横向到部门、纵向到分行。

（1）利率上浮存款总量。挂钩量价协调、存款增量、存款分层定价的四行对标情况分配。利率（1.3，1.4] 倍总量分配到分行。利率（1.4，1.5] 倍总量，横向配置到条线，纵向分配到分行。

（2）主动负债增量规模。挂钩量价协调情况、存款增量和低成本资金占比分配。在条线产品额度和分行总量限额内，条线制定分配规则可采用全国额度抓取和区域定向分配方式配置部分重点产品额度。

➢激励约束：

按月监测、按季通报、超限计收资金成本。

2.2.3　关于普惠金融配套机制

总体思路

➢ 二档降准所带来的收益**全额转与**分行。

➢ **分配方法**原则上与2019年一致。

➢ **分配系数**有所不同，2019年增量计划是1 200亿元，2020年增量计划是1 600亿元。

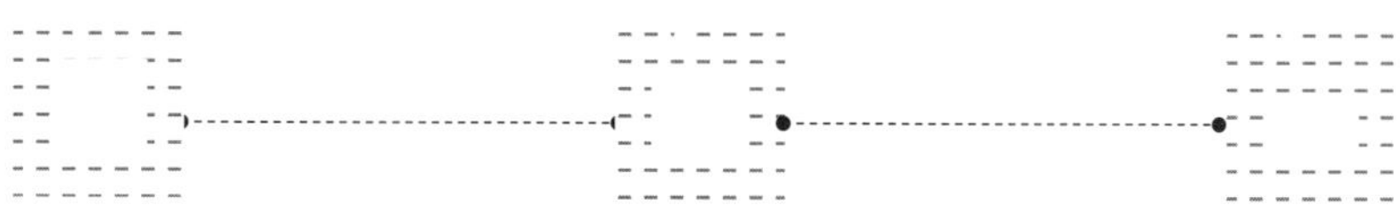

全额转与

降准资金带来的增量效益全部用于激励分行普惠贷款发展，2020年激励总额为42亿元。

分配方法

与2019年基本一致，一半通过FTP激励方式，一半通过调增考核利润方式，各21亿元。

分配系数

由于增量计划和激励总额发生变化，分配系数有所不同。FTP激励与不良率挂钩方式进一步优化。

实施方式

➢ 按序时进度完成情况和不良率按季兑现给分行，年终统一追溯调整。

➢ 年末完不成计划分行不奖励，超额完成计划分行超额部分按照现行规则计算分配基数，根据分配基数占比分配剩余奖励。

➢ 本方案实施期一年，后续视方案执行效果再行评估。

2.2.4 关于分行考核办法

□考核办法主要调整内容

➢优化价值贡献导向：

√调增人均经济增加值考核权重，并实施三年“穿透”考核，即近三年人均 EVA = 考核期人均 EVA × 0.6 + 前一年人均 EVA ×0.3 + 前二年人均 EVA ×0.1。

√取消总资产净回报率指标。

√调增存款付息率考核权重，对保本理财、结构性存款主动负债类存款按 80% 进行折算考核。

√优化中间业务收入考核，调增人均中间业务收入、结算类中收指标同业比较调节考核权重。

√调增信用卡业务收入（含分期付款）考核权重。

√增设外汇业务收入指标。

2019 年指标设置		2020 年指标设置	
指标名称	指标权重	指标名称	指标权重
调整后风险加权资产回报率	105	调整后风险加权资产回报率	105
人均经济增加值	110	人均经济增加值（三年穿透考核）	115
总资产净回报率（成本收入比调节）	50 ±60	成本收入比	25
新发放贷款收益率（同业比较调节）	30 ±25	新发放贷款收益率（同业比较调节）	30 ±25
存款付息率（同业比较调节）	40 ±35	存款付息率（同业比较调节）	45 ±35

2019 年指标设置		2020 年指标设置	
指标名称	指标权重	指标名称	指标权重
人均中间业务收入（同业比较调节）	60 ±55	人均中间业务收入（同业比较调节）	60 ±60
结算类业务收入（同业比较调节）	30 ±25	结算类业务收入（同业比较调节） （其中：国际结算业务收入）	30（5）± 30（5）
		外汇业务收入（同业比较调节）	10 ±10
大资管业务收入	30	大资管业务收入	30
大投行业务收入	30	大投行业务收入	30
代理销售业务收入	15	代理销售业务收入	15
信用卡业务收入 （信用卡消费额、信用卡收入同业比较调节）	12 ±5	信用卡业务收入 （信用卡消费额、信用卡收入同业比较调节）	22 ±15
贵金属和账户交易类产品收入	10	贵金属和账户交易类产品收入	10
承销业务收入（承销规模同业比较调节）	5 ±5	承销业务收入（承销规模同业比较调节）	5 ±5

➢强化全面风险考核：

√取消 2013 年以来新增融资不良率指标。

√调增新发生逾期贷款率、贷款劣变率指标考核权重。

√对不良贷款率指标，同时考核还原核销后的不良率和账面不良率。

√增设不良贷款清收处置率指标。

√增设监管通报整改扣分项指标，调增反洗钱指标考核权重。

√增加账销案存考核利润还原。

2019 年指标设置		2020 年指标设置	
指标名称	指标权重	指标名称	指标权重
新发生逾期贷款率	75	新发生逾期贷款率	85
贷款劣变率	75	贷款劣变率	80
2013 年以来新增融资不良率	50		
不良贷款率（其中：银行卡专业不良率）	85（10）	不良贷款率（其中：银行卡专业不良率） （账面不良率、还原核销后不良率各 50%）	100（10）
不良贷款清收处置损失	85	不良贷款清收处置损失（新增卡处置）	85
		不良贷款清收处置率	15

续表

2019 年指标设置		2020 年指标设置	
指标名称	指标权重	指标名称	指标权重
押品回收率	18	押品回收率	18
风险扣分项	112	风险扣分项（调增消保相关指标权重）	117
案件风险控制	200	案件风险控制	200
内控合规（外管合规、反洗钱合规）	100 ±30	内控合规 （外管合规、反洗钱合规、监管通报整改）	100 ±45（－10）

➢完善服务实体经济考核：

√增设制造业和民营企业金融服务、工银投资债转股指标，落实国家战略及外部监管要求；

√加大消费者权益保护和客户服务考核力度，提高客户有责投诉率、客户服务指标权重，落实以客户为中心发展理念。

2020 年境内分行考核指标表

指标名称	市场地位提升类	夯实基础业务类	指标名称	市场地位提升类	夯实基础业务类
一、经营效益类	380 ±120	380 ±105	四、对公及转型优化类	370 ±140	325 +110
调整后风险加权资产回报率	105	105	日均金融资产 1 万元以上公司客户数（系数折算）	45	30
人均经济增加值	115	115	日均金融资产 1 万元以上机构客户数（系数折算）	45	35
成本收入比	25	25	人均本外币公司存款日均增量（系数折算）	45	50
新发放贷款收益率（同业比较调节）	30 ±25	30 ±20	人均本外币机构及同业存款日均增量（系数折算）	15	50
存款付息率（同业比较调节）	45 ±35	45 ±30	结算类业务收入（同业比较调节） （其中：国际结算业务收入）	30（5）＋30（5）	30（5）＋25（5）
人均中间业务收入（同业比较调节）	60 ±60	60 +55	大资管业务收入 （含资管、私银、养老金和托管）	30	25
二、风险内控类	800 ±45	800 ±45	大投行业务收入（含投行、银团）	30	25
（一）风险管理评价	500	500	代理销售业务收入 （含代销保险、代销基金、第三方存管）	15	10
新发生逾期贷款率	85	85	贵金属和账户交易类产品收入	10	6
贷款劣变率	80	80	承销业务收入（承销规模同业比较调节）	5 ±5	3 ±3
不良贷款率（其中：银行卡专业不良率）	100（10）	100（10）	大票据营业贡献	9	5
不良贷款清收处置损失	85	85	外汇业务收入（同业比较调节）	10 ±10	10 ±5
不良贷款清收处置率	15	15	国际结算业务量（同业比较调节）	6 ±5	6 ±3
押品回收率	18	18	跨境人民币结算量（同业比较调节）	5 ±5	5 ±3
风险扣分项	117	117	制造业和民营企业金融服务	15	15
（二）案件风险控制	200	200	对公客户产品渗透率	25	20
（三）内控合规（外管合规、反洗钱合规、监管通报整改）	100 +45（－10）	100 ± 45（－10）	行司联动	±35	±21

续表

<table>
<tr><th>指标名称</th><th>市场地位提升类</th><th>夯实基础业务类</th><th colspan="2">指标名称</th><th>市场地位提升类</th><th>夯实基础业务类</th></tr>
<tr><td>三、个人金融业务类</td><td>295 ±15</td><td>340 ±10</td><td colspan="2">受托管理养老金规模</td><td>±20</td><td>±20</td></tr>
<tr><td>人均本外币储蓄存款日均增量（系数折算）（其中：人均外币储蓄存款日均增量）</td><td>95（5）</td><td>110（5）</td><td colspan="2">职业年金托管人中标情况</td><td>±30</td><td>±30</td></tr>
<tr><td>人均本行理财产品日均增量</td><td>25</td><td>25</td><td colspan="2">五、互联网金融类</td><td>80 ±30</td><td>80 ±25</td></tr>
<tr><td>大零售业务营业贡献</td><td>20</td><td>30</td><td rowspan="3">G 端/B 端</td><td>平台合作活跃法人客户数</td><td>15</td><td>15</td></tr>
<tr><td>全量个人客户数：日均金融资产 5 万元以下个人客户数（系数折算）</td><td>20</td><td>20</td><td>手机银行（企业）年动户数（同业比较调节）</td><td>10 ±5</td><td>10 ±5</td></tr>
<tr><td>全量个人客户数：日均金融资产 5 万元以上个人客户数（系数折算）</td><td>30</td><td>40</td><td>网上银行（企业）年动户数［网上银行（企业）客户数同业比较调节］</td><td>10 ±5</td><td>10 ±5</td></tr>
<tr><td>私人银行客户数</td><td>10</td><td>10</td><td rowspan="4">C 端</td><td>手机银行（个人）净增客户数（同业比较调节）</td><td>12 ±5</td><td>12 ±5</td></tr>
<tr><td>信用卡有效客户数</td><td>10</td><td>10</td><td>手机银行（个人）月均动户数（同业比较调节）</td><td>15 ±5</td><td>15 ±5</td></tr>
<tr><td>信用卡业务收入（信用卡消费额调节、信用卡收入同业比较调节）</td><td>22 ±15</td><td>22 ±10</td><td>有交易快捷支付绑卡数（第三方支付业务收入同业比较调节）</td><td>10 ±10</td><td>10 ±5</td></tr>
<tr><td>个人客户产品渗透率</td><td>30</td><td>35</td><td>互联网金融活跃用户渗透率</td><td>8</td><td>8</td></tr>
<tr><td>代发工资额</td><td>15</td><td>20</td><td colspan="2">六、社会责任类</td><td>75</td><td>75</td></tr>
<tr><td>网点竞争力与布局优化</td><td>18</td><td>18</td><td colspan="2">客户服务</td><td>30</td><td>30</td></tr>
<tr><td></td><td></td><td></td><td colspan="2">绿色信贷</td><td>5</td><td>5</td></tr>
<tr><td></td><td></td><td></td><td colspan="2">普惠金融业务</td><td>40</td><td>40</td></tr>
<tr><td colspan="7">合计：市场地位提升类 2000 ±350，夯实基础业务类 2000 ±295</td></tr>
</table>

2.2.5 关于财务资源投入

□贯彻集团战略，强化工资刚性约束

配置思路：量入为出、效益优先、兼顾公平、精细管理。

➢工资费用继续采用“基础工资 + 绩效工资”方式进行配置，基础工资挂钩比例继续按照 75% 执行。

➢2020 年集团净利润较难大幅增长，工资总额依然较紧，各机构要树立“过紧日子”的思想，在可用工资总额内统筹规划，合理有序把控工资增长，做好工资费用使用的跨年平衡。

➢理性看待自身利润增长与工资增长的匹配关系。

√今年各经营机构层面的利润增长仍将明显好于集团层面，但集团工资增量只能按集团利润增幅获得。

√为平滑各经营机构因利润大幅波动带来的工资大起大落，总行层面继续通过奖金池适度调控工资波动，利润与工资匹配关系不仅看当期，还应关注年度间变化。

境内分行绩效工资配置思路

<table>
<tr><th>2019 年挂钩指标</th><th>2020 年调整思路</th></tr>
<tr><td>净利润</td><td>不变</td></tr>
<tr><td>存款</td><td>由人民币日均增量口径调整为本外币日均增量口径，支持第一个人金融银行战略传导</td></tr>
<tr><td>存贷款点差</td><td>取消，避免追求过高贷款利率，导致风险收益不匹配</td></tr>
<tr><td>当年新增逾期贷款</td><td>适当加大挂钩比例</td></tr>
<tr><td>中间业务净收入</td><td rowspan="2">不变</td></tr>
<tr><td>个人及对公客户净增数</td></tr>
</table>

□经营费用配置思路

➢各行要深刻领会中央经济工作会议精神，认清当前全行经营发展形势，强化项目投入产出分析和后评价，主动抑制、合理管控开支冲动，持续推动低效无效费用的再压降，向费用精细化管理要价值，创造红利。

√强化项目可行性论证，定性、定量相结合进行投入与产出情况分析，结合既往业务发展情况、类似产品和业务走势以及市场发展情况，进行明确的财务、业务预测，在此基础上进行成本收益比较，确保财务资源投入“划得来”、见效果。

√建立项目退出机制：对于营销资源利用效果较差且没有有效优化措施的，坚决退出；要向营销资源利用效果好的项目进行资源倾斜，将宝贵的资源“用在刀刃上”。

√要严肃财经纪律，费用管理要严格执行各项财务开支管理制度，按照规定的开支范围、开支标准和核算规则组织实施财务支出，确保财务开支的合法性、合规性和合理性，做到令行禁止。

□固定资产投入思路

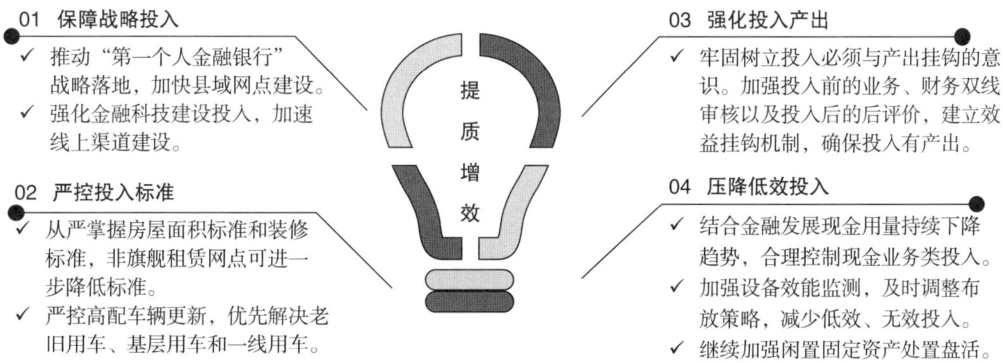

2.2.6　关于人力资源管理

□压降人员总量，提升组织效能

1. 持续压降集团人员总量

√深入研判内外部形势的新变化，突出效益效率导向，合理把握人员总量调控的节奏和力度，2020 年人员数量由 2019 年末的 44.5 万人降至 44 万人。

2. 做好退休高峰期的人员流量管理

√应对人员“大进大出”挑战，前瞻谋划人员更新与人才储备，实现年度间动态平衡和梯次衔接，确保经营发展的可持续性。

3. 继续调整区域与专业间人员结构

√加快落实区域发展战略，加大京津冀、长三角、粤港澳大湾区等重点区域人力资源投入；

√加强信贷、客户经理、金融科技等专业队伍建设，有序推进重点条线人员配置；

√根据县域营业网点结构调整需要，结合新设网点的效益贡献与人员短缺程度，差异化补充人员。

4. 优化城区支行设置，精简组织架构

√指导省行推进城区一级支行优化调整，围绕资源禀赋、网络布局、效率效能等开展自我诊断，通过机构聚合提升整个城市行市场竞争力；

√各省行要强化同业对标，分类施策，根据管理幅度、业务协作、前中后台配比等，精简辖内二级分行本部内设机构设置。

□持续转变人力资源配置理念

1. 探索金融科技支持下的人力资源配置新模式

√加大业务部门科技力量投入。建立重点业务部门及条线的科技人才直投机制，健全科技条线与业务条线的双线交流培养，使我行的科技优势真正转化为业务竞争优势；

√强化新技术对人员的赋能。加快渠道、场景和系统平台的线下线上融合互通，充分发挥金融科技赋能效应，在前台客户服务、中台投资分析、后台风险防控等多岗位推进业务智能处理，释放员工价值创造力；

√围绕线上线下一体化经营优化人力资源配置。紧跟移动互联发展形势，打造线上线下一体化的客户管理体系，重点强化线上获客的人力资源配置，严控传统线下获客的人海战术，减少对人力资源的占用。

2. 紧盯可比同业

√主动对标先进可比同业，压缩人员占用较多的中后台岗位，研究分析我行人力资源配置问题，为技术创新与流程优化提供参考依据。

3. 倡导业务短流程

√推动主要条线梳理优化业务流程，消除不必要的中间传递环节和流程断点；

√推进员工减负增效，持续对总行各项工作流程精简优化，减少低效劳动和人力资源浪费；

√利用新技术创新风控模式，精准管控风险，减少人员占用。

三、2020 年重点工作

3.1 关于“第一个人金融银行”

总行以今年1号文件印发《关于全面打造“第一个人金融银行”的意见》

战略目标

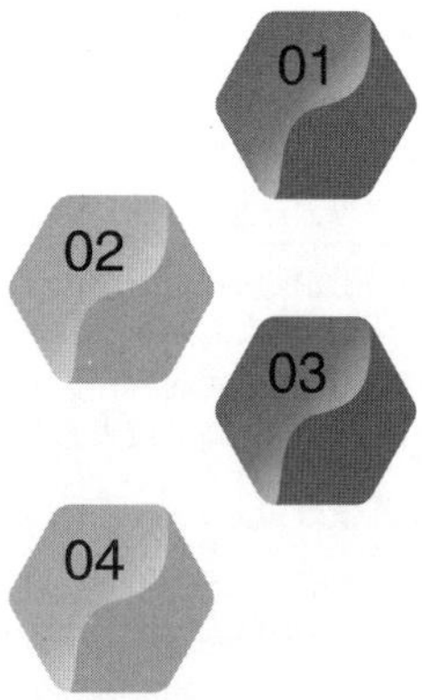

1.市场竞争力最强

- ➢ 客户总量最大、结构最优；
- ➢ 个人金融资产和储蓄存款第一、个人贷款第一、个人中间业务收入第一、个人手机银行第一、信用卡第一、私人银行第一、个人外汇首选。

2.价值创造力最大

力争5年内个金板块营业贡献达到50%~55%。

3.经营质态最优

- ➢ 风险控制稳；
- ➢ 利率管理细；
- ➢ 科技创新快。

4.品牌美誉度、客户满意度最佳

要落实《关于全面打造“第一个人金融银行”的意见》及若干子方案，尽快实现“第一个人金融银行”的目标。2020 年，重点在以下领域发力突破。

□全量客户和重点客群“双激活”

获客

坚决落实全量客户战略，持续做大客户规模。围绕重点客群与源头市场，持续推进拓户深耕，稳步提升客户价值与综合贡献。

➢抓好社保、县域、线上等批量客群。

➢深耕代发、建工、拆迁、商友、个贷等重点客群。

➢构建和完善军人、车主、一老一小、跨境客户等客群营销服务体系。

活客

推进分层服务，优化全量客户分层维护体系。重点加快 5 万元以上客户发展，优化个人客户结构。

➢客户分层，发布新的星级评价模型，制定差异化管户策略。

➢产品渗透，加强重点产品渗透，实施零余额客户激活工程，促进Ⅱ、Ⅲ类账户向Ⅰ类账户的转化。

➢运营维护，构建个人金融数字化运营服务体系，做好线上线下运营维护。

黏客

实施极智体验工程，投产全量客户体验监测与管理平台，关注客户需求，聚焦体验问题整改，实施客户体验动态监测管理，变“被动投诉处理”为“主动体验管理”。

核心指标	年度目标
全量个人客户净增	4 000 万户
5 万元以上客户净增	200 万户
100 万元以上客户净增	18 万户
零余额客户压降	1 000 万户
信用卡有效客户净增	600 万户
私人银行客户净增	1 万户
个人手机银行客户净增	4 500 万户
ETC 客户新增	2 000 万户

深耕 ETC 业务：加大货车 ETC 营销，持续拓展客户。搭建智慧停车、加油、洗车等核心场景。真正将综合营销、交叉营销做深做透，提升 ETC 客户价值。

□个人金融资产与储蓄存款“双第一”

➢同业竞争力：人民币储蓄存款增加 9 000 亿元，确保同业领先；保持并扩大金融资产领先优势。

➢行内贡献度：人民币储蓄存款在各项存款中的增量占比超过 50%，余额占比升至 47%。

➢管理精细度：创新个人负债产品，优化储蓄存款结构，提高低成本存款占比；推广利率审批管理系统，推动量价协调发展；完善客户准入模式，强化差异化定价。

□个人按揭和消费贷款“双领先”

保持个人按揭贷款增量第一

- ➢ 坚持个人按揭贷款业务核心地位。落实国家调控政策，顺应房地产市场分化、政策变化、房价波动趋势，加快调整结构、确保增量市场第一。
- ➢ 加快发展个人住房公积金贷款业务，全力实现增量超越先进同业。
- ➢ 加强规模统筹与量价协调发展。常态化推进按揭证券化。稳步做好LPR工作，提高议价能力，确保新发放贷款利率处于同业前两位。

加快个人消费贷款发展

- ➢ 定位中高端、优质消费市场和客户群，实施精准化营销和精细化管理。
- ➢ 构建适应不同消费场景的个人消费贷款产品体系，打造消费信贷品牌，提升市场美誉度和知名度。

□信用卡和私银业务“双领军”

信用卡

今年目标：保持信用卡新增发卡量、新增客户数、新增商户数、消费额、收单额、ETC业务增量四行第一，贷款余额、中间业务收入努力缩小与四行第一的差距（达到第一的85%~90%），资产质量四行排名进位。

- ➢ 做强资产：打造“专项分期+消费分期”双轮驱动产品体系，构建新型分期系统，平稳发展“融e借”业务。
- ➢ 做活客户：深化线上线下双轮驱动发卡获客模式，丰富客群化产品体系，从源头抓好活客。
- ➢ 做优商户：纵深推进“e商助梦计划”，创新推出针对小微商户的信用贷款产品。
- ➢ 做大消费：持续开展营销，抓好互联网平台绑卡、动态提额；以商务卡深挖B端G端消费潜力。
- ➢ 做精平台：加快e生活APP建设，力争注册客户升至全行业第二、月活客户升至第五。加强与互联网平台企业的消费金融合作，搭建生态圈。
- ➢ 做好重点城市行:着力提升重点城市行信用卡业务竞争力。

私人银行

今年目标：客户数超10万户，管理资产超1.7万亿元，持续扩大同业领先优势。打造“口碑最好、体量最大、发展最稳、风控最严”的全面领先第一私人银行。

- ➢ 客户端：建立客户分层、产品分类、服务分级且与客户贡献相匹配的服务体系，完善非金融服务方案，树立品牌形象，推动客户及其资产规模稳步增长，扩大同业领先优势。
- ➢ 产品端：加强集团联动，构建全市场产品遴选体系，做强资产配置和综合服务能力，推动私银客户综合贡献最大化。
- ➢ 员工端：努力打造一支素质高、专业精、忠诚度高的财富顾问和投资顾问团队。
- ➢ 资产端：压降低息存量资产，通过投资运作提升资产收益。
- ➢ 负债端：压降高成本产品，置换低成本产品，降低负债成本。
- ➢ 外包端：持续加强穿透、考核和评价等精细化管理。

落实 LPR 改革要求，推进存量贷款利率基准转换。

2019 年 12 月 28 日，人民银行就存量浮动利率贷款的定价基准转换为 LPR 有关事宜进行公告（中国人民银行公告〔2019〕第 30 号）。

➢30 号公告要点：

√自 2020 年 1 月 1 日起，各金融机构不得签订参考贷款基准利率定价的浮动利率贷款合同。

√自 2020 年 3 月 1 日起，金融机构与存量浮动利率贷款客户就定价基准转换条款进行协商，原则上应于 2020 年 8 月 31 日前完成。

√商业性个人住房贷款在转换时点保持原合同最近的执行利率水平不变，其他贷款加点数值由借贷双方协商确定。定价基准只能转换一次。

√金融机构应利用官方网站和网点公告、电话、短信、邮件和手机银行等渠道通知存量浮动利率贷款客户，协商约定定价基准转换具体事项。

➢工作要求：

√加强组织领导。总行已经成立工作小组，各行也要参照设立。资负部负责牵头，前台部门制定转换方案、组织全行推动落实，各相关部门做好支持配合工作。

√线上线下相结合。涉及基准转换的客户量超过 1 500万户，其中个人住房贷款约 1 300 万户，涉及 3 700家基层网点。线下要合理安排节奏，缓解集中办理压力，减少客户等待。线上要加强客户指导，降低操作难度。

个人贷款：发挥金融科技优势，力争90%客户通过线上完成转换。	对公贷款：重点做好中长期贷款利率基准转换，力争早日完成，防范利率风险。

√准确传导政策。做好政策宣传，及时答疑解惑，向客户传导贷款利率基准转换为 LPR 的降成本优势。

3.2 关于制造业贷款与对公业务

□制造业贷款

➢今年目标：围绕“一个目标、两个领域、四个加强”，开展“制造业金融服务提升年”活动，确保全年制造业贷款新增 500 亿元，中长期贷款增速高于各项贷款平均增速。

信贷政策支持情况：

√扩大部分分行及优质客户授权。将北上广深江浙 6 家分行制造业项目贷款授权提高至 20 亿元，将重庆、湖北、四川、安徽分行授权提高至 12 亿元，将湖南分行授权提高至 10 亿元。对优质客户、重点项目实施精准扩权，授权分行在基本授权额度内审批部分技改类项目；扩大优质汽车龙头企业 5 年期流动资金贷款的审批权限；授权分行自行审批重点代工企业双优业务授信。

√优化中长期贷款产品政策。放宽制造业企业中长期流动资金贷款规定。不扩大产能的技改类项目可适用评审合一流程。

√优化异地管理规定和工业厂房抵押率要求。经总行审核同意，制造业重点发展行可为辖内集团客户下属异地企业以双边方式办理项目融资业务。对工业用房，可在审慎评估的前提下，抵押率按最高 70% 掌握。

➢下一步重点工作：

聚焦优质客户	加大资源保障	提升经营能力
✓ **稳妥支持新兴制造业重大项目。**支持掌握核心技术以及运营经验的优质龙头企业，及其投资的重点项目。 ✓ **支持传统产业转型升级优质客户及项目。**支持行业优质龙头骨干企业搬迁改造、转型升级及并购类融资需求。 ✓ **选择长期基础较好产业及产业链。** ✓ **突出名单制管理。**总行已核定1 670户制造业优质名单客户。对名单内客户，给予新增贷款内部资金转移价格优惠25个基点及执行优惠利率（目前最低相当于基准利率84折）的政策支持。	✓ **纳入分行经营考核指标。**重点考核贷款增量、中长期贷款、有贷户及资产质量四项指标。 ✓ **单列专项规模，增加中长期流贷计划。** ✓ **拓展细分市场。**制定重点细分市场营销方案及目标客户，在融资总量、授信核定等方面探索优化方案，并给予单独授权。 ✓ **出台制造业贷款尽职免责办法。**合理确定制造业风险容忍度，以新老划断原则分配资源。	✓ **加强资产质量管理。**制造业贷款投放要符合国家政策及我行信贷政策，不能为完成任务盲目投放。对经营业绩持续恶化，存在盲目扩张、过度融资等行为的制造业企业，要坚持审慎态度。要加强贷款资金流向监控，做好贷中贷后管理，保证信贷资产持续健康发展。 ✓ **加强队伍建设。**组建制造业专项或柔性团队，加大培训力度，组建制造业咨询服务外部专家库。

□全面发力公司金融业务

坚持服务实体经济不动摇、坚持以客户为中心不动摇、坚持做市场领跑者不动摇。

➢巩固提升公司客户基础优势。全年公司客户净增 10%；新开对公结算账户 200 万户，市场占比第一。

加大拓户力度：

√以服务优化做实“头部”。关注混改、降“两金”（应收账款和存货占用资金）、开放合作等央企改革重点，为央企提供定制化、综合化金融服务及差异化资源保障，巩固央企服务优势。提升世界 500 强等重点客户全球服务能力及业务覆盖率。

√以链式营销做强“中部”。大力推动链式营销，深耕产业链上下游，实现批量精准获客，推动日均金融资产 50 万元以上公司客户的数量和占比稳步提升。

以客户拓展做宽“底部”。完善对公客户服务支持机制，加快网点对公业务场景建设及应用落地，深化客户分类分包管理。

加快一体化营销：

√推广应用一体化营销体系。完善公司客户“1 + N”一体化营销服务体系，做到“营销统一管理、政策统一把握、数据统一展现、风险统一视图”。在已覆盖所有总行级客户的基础上，加快推动在省行级客户的应用。

√搭建客户端。建成并推广公司客户线上开放银行模式的系统客户端，实现客户需求无损传输、进度实时跟踪。

√加强考核联动。将总行融资产品线、子公司融资产品线、其他产品线纳入“1 + N”一体化营销服务体系，推动业务协同联动。

➢打造公司存款持久竞争优势。

1. 形势：监管部门对各类存款创新产品进行了规范，高成本存款将受到限制。

2. 特征：市场流动性由全面充裕转向结构性充裕，大量小额交易性资金转化为大额趋利性资金，客户存款在多家行留存转变为向高报价银行集中，公司存款市场结构愈发向“寡头式资金拍卖市场”方向演化。

做好资金闭环

- ✓ **因地制宜。**选取当地资金富集产业，切实抓好结算资金回笼工作。以优势特色类结算产品提升客户黏性，尤其做实客户日常结算场景的营销服务，用流量带动存量资金的增长。
- ✓ **抓好闭环。**做好信贷资金、发债资金、代理投资资金的管理。力争多手支付资金环节在我行体内循环。

争揽大户资金

- ✓ **抓住重点大户。**继续做好通信、广电、烟草等现金流量大、弱周期行业公司及财务公司等存款大户的资金争揽工作。
- ✓ **做好前瞻布局。**创新存款产品，优化定价机制，提升稳存增存能动性。

抢先抓早

由于春节效应、企业经营规律等，公司存款历来在年初是运行低点。**要顺应资金流转规律，抢先抓早，打好竞争时间差，提升全年公司存款日均贡献。**

- ✓ **早授权。**对于主动负债产品限额、定价等，提前授权，不被动跟随。
- ✓ **早拓户。**各条线要密切合作，共同做好新客户拓展。
- ✓ **早创汇。**打造NRA、资金池、自贸区等外币存款增长点。

➢巩固提升公司贷款领先优势。2020 年公司贷款计划增加××亿元，要统筹好信贷投放，全力服务经济高质量发展。

√区域上：将京津冀、长三角、粤港澳大湾区等战略性区域作为主战场，巩固并扩大同业领先优势，推动形成优势互补高质量发展的区域经济布局。

√行业上：继续推进“1＋3”信贷布局。夯实“1”基础板块（公共设施、交通、能源），贷款增量计划××亿元；有效培育“3”先进制造业、幸福产业、物联互联板块业务发展“新引擎”，贷款增量计划××亿元；坚持“房住不炒”定位，做好房地产贷款总量控制，分类施策，房地产贷款（含棚改）增量计划××亿元。

√客户上：更好发挥民企服务“头雁”作用，贷款增量计划 1 400 亿元，要精准支持优质民企。做好新动能领域综合金融服务，重点支持战略性新兴产业集群、国家级高新技术企业重点客群。

重点投放市场	增量目标（亿元）
基础产业	××
其中：公共设施	××
交通	××
能源	××
先进制造业、幸福产业、物联互联	××
民营企业	1 400

□巩固和扩大机构金融市场领先优势

巩固优势

- ✓ 做好全层级客户营销。通过“抓流量”，抓好机构客户“总部—省—市—县”客户链条，提升各层级客户资金在我行的沉淀周期，推动机构日均存款的稳步增长。
- ✓ 做好GBC客户拓展。通过“抓流向”，引导机构源头资金在我行体内封闭循环。

开拓市场

- ✓ 抢占民生领域蓝海。**医保领域，**医保信息化建设、异地就医结算备付制度改革、机关事业单位人员医疗保险制度改革将逐步落地，为银行竞争相关医保账户和资金提供了机遇。**教育领域，**国务院明确2020年底前建立教培资金监管模式，将带来新的资金市场。**“三农”领域，**农村集体产权及土地制度改革试点将在2020年10月底前基本完成，这为银行通过信息化手段、协助开展农村集体资金专项业务监管带来契机。初步估算，**这三大领域均有望带来万亿级的资金流量。**要紧跟政策窗口期，依托“医保移动支付清算平台”“教育培训资金监管平台”“农村集体三资管理平台”三大平台，通过推广智慧化、模块化、云端化的主打产品，全面满足G端核心需求，借力拓展下游B端和C端优质客户群。
- ✓ 发力市县乡村市场。重点营销市以下地域“两院二校七局”（县人民医院、中心医院，县中心小学、实验小学、县中学，县财政局、人社局、医保局、公共服务局、住建局、公共资源局、退役局），推动服务重心下沉。
- ✓ 拓展业务发展新阵地。争夺住建、同业外汇等业务领域的市场份额。

3.3 关于普惠金融

今年目标：普惠贷款确保增加 1 600 亿元，全面达到监管要求；不良率控制在2%以内。普惠型小微企业贷款综合融资成本再降 0.5 个百分点。

按机构划分

类别	金额（亿元）	占比（%）
优先发展行	1 115	70
跟进发展行	405	25
特色发展行	80	5
合计	1 600	100

按产品划分

类别	序号	场景/产品	市场空间（亿元）	增量目标（亿元）
经营快贷	1	结算	593	25
	2	金融资产支持	480	8
	3	商户	210	5
	4	泛交易链及第三方平台	390	10
	5	跨境贷	500	10
	6	用工贷	248	3
	7	税务	3 713	120
	8	房产支持	165	1
	9	电费	50	2
	10	云闪贷	50	15
	11	烟草	25	1
	小计	—	6 424	200
网贷通	12	e抵快贷	5 000	1 000
数字供应链融资	13	数字供应链融资	1 750	250
线下融资产品	14	银政通、经营型物业贷和固定资产购建贷	—	150
合计		—	13 174	1 600

□主要措施

创新产品

- 线上要发挥主力军作用。加大经营快贷融资场景上线力度，保持“e抵快贷”业务持续增长，加快数字供应链核心企业准入、方案设计和业务落地。
- 线下要持续稳健增长。灵活运用中期流动资金贷款、固定资产购建贷等，增加中长期贷款供给，有序开展“续贷”业务。

提升服务

- 以中小企业商品、服务、技术、资本等领域跨境合作需求为切入点，积极开展中小企业跨境撮合服务。
- 融资、融智和融商相结合，打造普惠金融服务2.0。
- 推进“百行进万企”“工银普惠行”“万家小微成长计划”活动，共建普惠金融开放合作新生态。

严控风险

- 完善线上线下协同风控模式。将线上丰富的客户信息和线下“活情况”有机结合，有效识别客户风险。发挥小微中心、基层行落地优势，加强小微企业存续期管理，落实间隔期现场检查责任。

合规经营

- 持续开展金融支持小微企业政策落实情况专项治理。
- 严格遵守“七不准、四公开”“两禁两限”和《商业银行服务价格管理办法》等监管规定，严格落实“明码标价”，严禁“存贷挂钩、以贷引存”“转嫁成本”“以贷收费”和违规搭售。

积极发展数字供应链融资业务。

➢发展现状：截至2019年12月末，全行数字供应链融资余额255亿元，较年初增加81亿元，其中普惠贷款余额47亿元，较年初增加34亿元。

➢今年目标：增加1 100亿元（其中普惠贷款增量不低于250亿元）。

➢重点工作：

√统一认识，抢抓机遇。供应链金融具有显著的排他性，各行要充分认识发展的急迫性和重要性，加大资源投入，抢抓优质客户，挖掘潜力市场，推动数字供应链金融全面快速发展。

√完善政策，创新产品。形成一套与数字供应链金融发展相匹配的制度及产品体系，打造以金融科技为支撑，债项风控为基础，系统对接快捷、客户体验良好、适应规模化发展的数字供应链业务模式。

√打造标杆，发挥引领效应。根据市场资源及业务储备的丰富程度，将各行划分为核心分行、重点分行及特色分行。其中核心分行共8家（广东、浙江、江苏、北京、上海、深圳、湖南、广州）；重点分行共8家（四川、山东、河北、河南、陕西、天津、青岛、苏州）。核心和重点分行要发挥引领作用，承担主要发展责任。特色分行要立足于自身实际，作出应有贡献。

√聚焦核心，深耕12个重点行业。挖掘现代农业、品牌汽车、健康医疗、白色家电、港口物流、能源化工、建筑安装、IT通讯、基础材料、先进制造、智慧装备、航天军工12个行业的优质客户资源。总行在相关行业中筛选了一批重点项目和重点客户，相关分行要积极开展营销，加快业务落地。

√做好统筹，合理分配科技资源。要结合ECOS架构梳理，搭建模块化数字供应链金融体系。

√整合资源，积极对接第三方平台。实现客户引流和数据接入，做大我行数字供应链融资业务规模。

□坚决打赢脱贫攻坚决胜战

定点扶贫

不折不扣完成各项硬任务。

➢ **确保摘帽**。加大资源倾斜力度，确保金阳县如期“摘帽”。

➢ **巩固成果**。对已经“摘帽”的三县市，落实“四个不摘”要求，探索长效发展机制。

➢ **有效衔接**。发挥金融优势，做好脱贫攻坚与乡村振兴的有效衔接。

精准扶贫

确保精准扶贫贷款增加××亿元，力争深度贫困地区贷款增速高于所在省（区、市）贷款平均增速。

➢ 通过信贷政策、专项规模、专属产品、优惠利率等手段，加大信贷投放力度。

➢ 加快金融基础设施建设，向贫困地区延伸金融服务。

➢ 开展东西部及境内外协作扶贫，做好资金与项目的推荐、撮合。

3.4 关于信贷资产质量

指标	2020年末目标	比年初增长
不良额	××亿元	××亿元
不良率	××%	××个基点
逾期率	××%	××个基点
剪刀差	××亿元	××亿元
清收处置	××亿元	××亿元

□ 加强顶层设计和移位管理，下好资产质量管控“先手棋”

1 各行一把手要牵头抓好投融资规划，切实防范结构性风险

✓ 总体原则——三个统筹：统筹好提高政治站位与按规律办事，统筹好服务实体经济与防控金融风险，统筹好总行政策导向与区域资源禀赋。

✓ 规划要素：对象—全口径投融资；内容—环境分析、目标分解、措施配套；期限—3年为主，中短期结合；流程—起草、论证、决策、实施、评价。

✓ 配套机制：结合规划目标，制定资源配置、经营计划、绩效考核。

✓ 防范结构性风险：关注特定机构、特定产品、特定客户类型业务超速发展，与实体经济脱节。

2 将存量移位作为有效抓手，推动结构前瞻性调整

✓ 目标任务：各项贷款总量移位计划××万亿元、重点移出客户池净退出××亿元。

✓ 抓好“两个池子”：

重点移出池—前瞻性战略退出：不符合我行风险偏好类客户、重点移位行业谨慎退出类客户、大户会诊锁定类客户等。

重点移入池—优质客户战略竞争：先进制造业客户、优质上市公司、细分行业龙头企业、同业占比过低的优质客户等。

✓ 专项规模：全年将继续挂钩配置600亿元新增规模，另配置100亿元移入池专项规模。

□ 把握好重点领域投放导向

（1）公共设施领域严守合规底线

√ 严守政策红线。不得违规新增地方政府隐性债务，审慎把握存量政府购买服务棚改项目的后续提款。

√ 稳妥参与隐性债务化解。审慎把握融资政策，合规接续我行存量隐性债务融资，从严把握他行融资置换。

√ 积极参与隐性债务对账。做好监管部门组织的平台公司债务信息比对，确保我行债权应纳尽纳。

（2）房地产

√ 产品/区域差异化管理：重点支持刚需普通商品住房项目，提高商用房开发、商业性棚改准入标准；重点关注热点城市市场回调、三类城市中长期库存压力。

√ 市场新机遇：关注城市更新、老旧小区改造的具体运作模式及风险特征，优选城市稳妥进入。

（3）能源与交通领域突出差异化政策

√ 能源：从严审慎把握火电、煤化工、煤炭等高风险领域融资，择优支持新能源、天然气产业链等领域优质客户及运营良好的项目。

√ 公路：稳妥参与省级融资主体存量债务置换，择优支持主要依靠运营收费偿债、且财政实力较强地区的PPP项目。

√ 铁路：优先支持国铁集团或地方铁路集团控股、位于经济发达地区、自身运营现金流较好的客运铁路项目，谨慎支持货运铁路项目。

□ 把握好四个环节

各行一把手、各业务条线主要负责人是资产质量管控的第一责任人，要做好新增逾期防控与风险化解，确保完成全年质量控制目标，实现区域内四行排名保持领先或进位。

（1）对新增逾期保持高压态势

√ 对多次在结息日后还本付息的。

√ 对资金不归行、故意逃废债的。

√ 对靠续贷还本付息的。

√ 对他行正常还本付息，但我行逾期欠息的。

（2）把防控劣变作为攻坚重点

√ 加大常规化解力度，充分利用现有缓释政策，有效防控劣变。

√ 丰富防劣变工具箱，多措并举，综合运用债转股、投行等手段防控劣变。

√ 充分发挥债委会牵头功能，联合同业、联动政府，共同做好防劣变。

（3）切实提升不良资产经营能力

重点做好六个统筹：

√ 统筹好批量转让与常规核销。

√ 统筹好重点机构与其他机构。

√ 统筹好公司条线与个人条线。

√ 统筹好境内外处置工作。

√ 统筹好短期利益与长期利益。

√ 统筹好目标管理与过程管控。

（4）向账销案存要效益

√ 继续执行“双挂钩”考核，即任务完成率与分行行长绩效挂钩、与分行工资费用挂钩。

√ 落实责任，大额资产要落实一级（直属）分行行领导挂帅清收机制，一户一策、专人专管。

□ 抓好三个重点

重点大户

✓落实责任：因地制宜，落实好大客户中心管控职责，强化大户风险牵头化解功能。

✓总分行联动：总行要创新工作方法，直接参与重点客户的风险化解；分行要变“被动防控”为“主动作为”。

✓转变理念、创新方法：各行要强化风险经营理念，更多使用债转股、并购、混改、引入战投等风险化解手段。

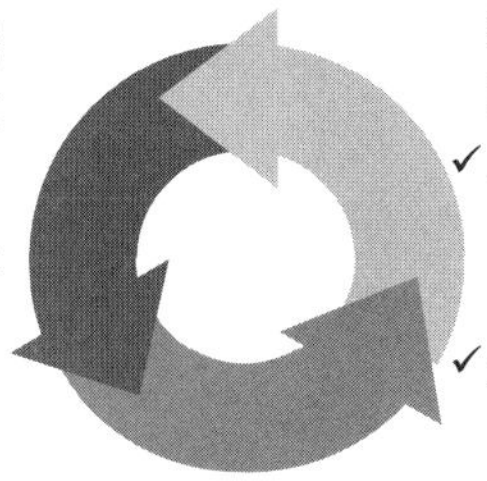

重点机构

✓机构范围：
不良率高的大连、青海、辽宁、海南、山东等分行；
潜在风险占比较高的宁波、宁夏、重庆、天津等分行；
境外资产压力较大的亚洲、纽约、孟买等机构。

✓总行帮扶：立体会诊，找出短板；
核销资源倾斜；考核激励配套；
经营费用支持；专业团队指导。

✓分行攻坚：加强管控，把质量作为工作重心，
倾斜资源，帮扶重点二级分行。

重点业务

✓受政策调整、市场波动影响大的：如代理投资，资管新规影响大，关注市场化退出股权业务风险。

✓合规风险与信用风险交织的：如跨境融资业务，要规范国际银团、异地贷款。

✓质量压力大的：如信用卡业务，完善逾期催收体系，构建表内外一体化不良处置新体系；专项融资业务，要严格准入管理、规范业务流程。

✓发展速度快的：如经营快贷、融e借、e抵快贷等线上产品，做好跟踪监测。

□ 全面提升信贷经营能力

加强信用风险业务授权管理

✓ 分层分类转授权：根据二级分行经营能力，差异化设置转授权上限，改变现有“能授尽授”的粗放式管理模式。严禁越规定转授权。

✓ 开展自查和回头看：重点关注越权审批、化整为零规避审批权限制等违规问题。

✓ 完善系统控制：总行要加强授权系统刚性控制，并对各行转授权情况及授权执行情况开展专项检查。

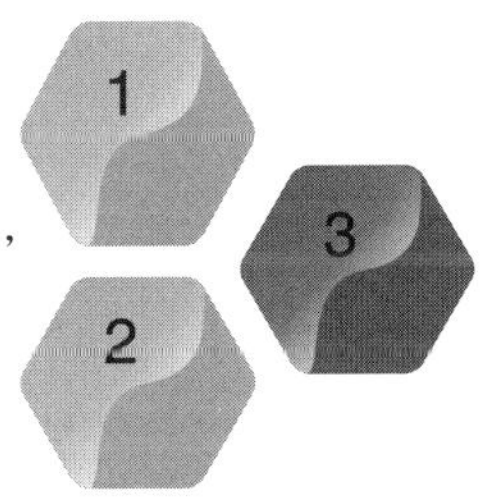

持续推进人格化授权

✓ 从严把控、审慎推进：
工作导向：支持重点城市行发展战略和专家治贷落地。
授权对象：全面评价、精挑细选。

✓ 开展人格化授权后评价：
对已经批复的16家机构，系统开展一次后评价；对于机构经营能力下降、专家治贷效果弱化的机构，收回人格化授权。

提升一二级分行信贷经营能力

✓ 抓好四方面.
完善经营架构、优化体制机制：加强信贷职能部门建设，厘清客户营销与管理职责划分。
落实关键少数责任、推进专家治贷：统筹好专家治贷、专业治贷、从严治贷。
建好重点机制、抓实过程管理：市场规划机制；流量管理机制；分级会诊机制；存续期精细化管理机制；资质管理与考评机制。
搭建交流平台、实现信息共享：推广先进分行经验案例。

✓ 完善经营能力评价指标：
评价指标：过程类指标+结果类指标。
评价应用：转授权分类依据、信贷规模配置参考。

□ 夯实信贷管理基础

➢完善制度机制

√ 深化统一投融资风险限额管理。将工银安盛等6家子公司纳入限额管理，对工银亚洲、华商银行、工银澳门的金融市场资金交易类业务风险限额，实施系统控制。

√ 加快完善集团非标投资风险管理机制。抓紧构建完善多资金来源、多资产类型、多参与主体的非标投资风险管理机制。

√ 强化集团股权投资统筹管理。强化股权投资业务估值、分类等重点环节管理，加大 SPV 管理力度。

√ 做细押品管理。各行要切实落实机构设置要求、人员配置要求，总行要系统搭建押品管理架构，全面加强外部评估机构遴选与管理。

√ 优化产品管理机制。建立部门协同、模型独立验证、新产品投产经集体审议的线上融资业务工作机制；加强创新产品风险管理。

√ 优化审贷机制。真正建立起经营责任落实、前

中台联合上会、独立审议、专家审批、有效制衡的审贷机制。

➢中台要重点做好真实性审查

√ 要对客户准入、尽职调查环节的履职情况进行审查。

√ 要通过常识判断、逻辑分析、多渠道信息交叉验证等方式，尽可能堵住各类造假和欺诈行为。

√ 要结合对客户和业务的实质风险判断，进一步规范和细化“真实性”审查内容。

➢推进从严治贷

√ 做好全流程履职监督。要将监督内容从原来的人员常规履职内容，扩展到业务合规与行为合规事项。要聚焦未纳关联关系、各类虚假问题、逾越各类监管“红线”等具有较高风险、可能造成重大损失的关键环节和关键动作。

√ 强化监督检查和惩戒。总行要探索建立信贷督导和惩戒机制，加大直通式飞行检查力度，有效震慑信贷不履职行为。各行要全面加大监督检查力度，积极推动信贷领域各类问题业务整改。

3.5　关于中间业务收入

2020 年总行各部门/利润中心中收计划

单位：亿元

部门	目标	增幅
个人金融业务部	380.36	12.72%
公司金融业务部	137.04	0.00%
贵金属业务部	26.67	12.00%
国际业务部	59.27	13.33%
机构金融业务部	5.39	-26.12%
结算与现金管理部	109.78	16.08%
金融市场部	130.33	11.00%
私人银行部	25.08	-41.96%
投资银行部	147.00	6.26%
养老金业务部	8.60	9.94%
银行卡业务部	482.81	17.30%
资产管理部	136.92	17.91%
资产托管部	72.36	6.55%
网络金融部	210.17	19.46%
专项融资部	10.00	6.42%

注：“银行卡部”口径：信用卡业务收入 + 信用卡第三方支付业务收入。

2020 年中收增量结构　　单位：亿元

合计	产品线	增量
增量合计 186.85 亿元	银行卡	69.92
	网络金融（第三方支付）	25.48
	资产管理	20.80
	个人金融	18.73
	结算与现金管理	15.21
	金融市场	12.91
	投资银行	8.66
	国际业务	6.97
	资产托管	4.45
	贵金属	2.86
	养老金	0.78
	其他产品	0.08
减量合计 20.04 亿元	机构金融	-1.90
	私人银行	-18.14

➢2020 年中收预算增长 8.9%，增速与主要可比同业基本相当

□ 信用卡：确保收入增量超 C 行

➢优势：信用卡中收增长可持续、合规风险小

我行信用卡中间业务收入情况表

单位：亿元

年份	信用卡中间业务收入			
	总量	增幅	其中：分期付款	增幅
2017	326	13.74%	174	5.3%
2018	383	17.55%	212	21.8%
2019	405	5.69%	254	19.8%

➢ 2020 年信用卡中收任务 475 亿元，同比增长 17.26%。

➢抓信用卡中收关键在于抓好分期付款业务发展，而分期付款的关键在于抓好重点分行与重点产品。

➢分行端：解决分期付款业务发展不平衡问题，快速提升部分分行分期业务的市场竞争力：

√ 部分分行分期业务与当地的资源禀赋、市场潜力严重不匹配。

√ 部分分行当地同业排名大幅落后，市场竞争力亟待提升。

2019 年部分分行分期付款业务发展情况表　　单位：亿元

分行	信用卡贷款余额		分期付款交易额		分期付款余额	
	余额	较年初增量	交易额	同比增量	余额	较年初增量
北京	157	-2	246.6	48.6	44.6	6.9
山东	337.2	12.3	215.8	20.2	228.9	15.9
河北	362.8	14.0	214.8	-18.6	247.6	12
吉林	160.0	22.3	102.3	-2.8	107.5	19
黑龙江	83.0	-7.5	50	-11.1	40.9	-5.9
浙江	805.2	-13.6	541.2	58.3	645.5	-6.3
安徽	173.6	0.4	108.5	-17.5	121.4	2.4
河南	254.8	-16.2	129.5	-14	127.9	-12.7
海南	63.5	-3.4	32.6	-7.6	34.8	3.1
宁波	99.8	-81.3	34	-69.8	77.5	-79

部分分行信用卡贷款余额同业排名情况表　　单位：亿元

	河南	北京	苏州	江苏	山东	深圳	天津	上海
信用卡贷款余额	257	176	69	279	330	228	53	163
当地同业排名	8	7	7	5	4	4	4	3

注：截至 2019 年 11 月末，包括工、农、中、建、交、中信、平安、浦发、民生、光大 10 家银行。

➢聚焦拳头产品 e 分期：一把手真重视，“一日一网点一单”真落实。

➢拓展汽车分期：与辖内主要厂商达成贴息合作；拓展当地汽车销售市场。

➢发展爱家分期（家装分期）：结合房贷按揭，联动为客户提供按揭 + 家装分期一揽子住房金融服务方案。

➢产品端：构建由汽车分期、e 分期、账单分期、爱家分期及现金分期五大产品支撑的分期付款产品体系

汽车分期	e分期	账单分期	爱家分期	现金分期
✓ 厂商式：品牌贴息实现较大突破 ✓ 间客式：重点与优质合作机构合作，落实汽车分期落地面签的监管要求，确保面签比例1月份实现20%，3月份实现50%，6月份实现100% ✓ 直客式：建立直客式外包专项分期团队	✓ 一箭五雕：发卡+拓户+中收+存款+消费 ✓ 私私联动：对行内优质存量客户进行挖潜，确保总行筛选的目标客户100%精准营销，常态化开展“一日一网点一单”营销活动 ✓ 公私联动：开展外拓职场营销，重点批量发展优质六大板块客户	✓ 西安信用卡外呼中心：保持1 000人规模，拓展外呼发卡、现金分期等业务 ✓ 远程银行中心：2020年2月份建成并投产运营天津、郑州、成都三个外呼职场，到位2 500人，主要营销账单分期；合肥外呼职场保持500人外呼规模	✓ 4月份推出“爱家分期”品牌和全新总行级产品：实现全流程处理、多次放款功能 ✓ 联动营销：联动个金专业做好房贷客户的联合营销 ✓ 外部合作：与当地头部家装公司及互联网家装平台合作	✓ 产品优化：去年12月版已从客户准入、风险控制、办理流程等方面对现金分期产品进行了全面优化，具备了一定的同业竞争优势 ✓ 营销推广：拓展办理渠道，重点面向我行年轻的信用卡客户进行短信或外呼推广

➢总行将从贷款规模、产品定价管理、队伍建设、系统建设、成本管理等方面全力支持分期付款业务发展。

贷款规模	按照赶超同业的要求给予信用卡专业贷款规模倾斜，以其中数方式下达分期付款专项规模并进行单独考核，挪作他用将等额扣减贷款规模。同时实现月度贷款规模及分行间的适度调配。
产品定价	完善分期业务分产品、按客群、差异化长效定价体系，进行阶梯式定价管理，价格水平由高到低分为四个档次：现金分期、消费分期/账单分期/定制分期、e分期/直接分期、专项分期。
队伍建设	加快在一、二级分行信用卡部选配懂信贷的管理干部，同时补充信贷专业人才；采用先试点、后推广的方式在重点城市行建立直客式外包专项分期团队，保障分期付款业务专业化运营、可持续发展。
系统建设	尽快上线支持直客+间客、担保类+信用类、汽车分期+其他场景分期等各种业务模式的分期系统，实现分期业务贷前、贷中、贷后全流程的智能化、大数据风控管理。
成本管理	对信用卡拨备计提和贷款资金成本进行动态调整，增强发展的内生动力。

□ 资产管理

稳健推进资管转型，确保规模总量同业第一，2017—2020 年收入累计降幅不高于可比同业。

2020 年力争实现收入 136.92 亿元，增长 17.91%。

➢压实管理责任

√ 2020 年对资管部实行全口径考核。包括：资管存量理财收入、私银存量专属理财收入和子公司理财收入。

√ 对私银存量专属理财收入实行双线考核，即资管部和私银部各 100%，直到处置期结束。

➢保护分行销售积极性

√ 2020 年子公司理财销售费、项目推荐费收入 100% 下划分行，子公司理财投资管理费收入 81% 下划分行。

➢确保全行资管整体规模同业第一

√ 处理好存量理财压降和新规理财增长的关系，在私银存量理财压降的过程中要协调理财子公司做好新规产品发行，加大私银专属理财产品供给，避免私银客户及客户金融资产流失，切实推进《私人银行部改革方案》落地。

□ 资产托管

2019 年资产托管收入情况

单位：亿元

资产托管	2019 年	同比增量	总量排名	增量排名
工行	67.91	-0.11	1	4
A 行	38.99	3.27	3	1
B 行	32.37	0.69	4	3
C 行	47.44	1.17	2	2

资产托管：力争实现收入 72.36 亿元，增长 6.55%，实现总量、增量"双第一"。

➢以证券投资基金、保险资产、职业年金为重点持续做大托管规模。

➢推广资产托管外包等新业务，力争规模贡献超过 1 万亿元。

□ 稳定投行、公司类中收

➢投资银行

2019 年投资银行收入情况

单位：亿元

投行顾问咨询	2019 年	同比增量	总量排名	增量排名
工行	138.34	-4.86	1	4
A 行	36.95	8.26	3	1
B 行	11.43	1.68	4	2
C 行	77.69	1.59	2	3

2019 年，我行投行收入总量第一，增量第四。20 家分行收入同比下降。12 家分行投行收入落后 C 行。

投资银行：力争实现收入 147 亿元，增长 6.26%，增量同业第一。

√ 扩大三融产品（融安 e 信、融智 e 信、融誉 e 信）客户量，提升收入贡献。

√ 以并购贷款为抓手，做大做强并购重组收入。挖掘债转股、资产证券化等新增长点。

√ 抓薄弱分行投行收入恢复性增长。

√ 各分行尤其是信贷资源分配量较大的分行要努力促进投行增收。

➢公司类中收

2019 年银团收入情况 单位：亿元

银团安排承销与管理	2019 年	同比增幅	总量排名	增量排名
工行	38.37	1.15	1	4
A 行	32.94	4.75	3	3
B 行	31.12	8.38	4	1
C 行	36.81	6.40	2	2

2019 年，我行公司类中收总量、增量"双第一"，但银团收入总量第一，增量第四。其中，境内分行银团

收入总量第四，落后C行7.77亿元。我行6家分行没有银团收入，8家分行银团收入同比下降，26家分行总量落后C行。

公司类中收：力争实现收入137.04亿元，同比持平。其中银团收入增长19.87%，总量、增量“双第一”。

√ 总行实行贷款规模分配与银团贷款发展情况挂钩，鼓励分行以银团方式满足客户融资需求。

√ 提升专项融资部对含中资元素国际银团筹组能力，加强与境外机构联动，争做银团牵头行。

√ 对专项融资部单独核定银团收入目标并考核。

□ 进一步加快外汇业务发展

➢国际业务

2019年国际业务收入情况

单位：亿元

国际业务	2019年	同比增量	总量排名	增量排名
工行	45.92	-2.44	1	3
A行	34.05	2.95	4	1
B行	44.20	-6.18	2	4
C行	37.17	-0.77	3	2

2019年，我行国际业务收入总量第一，增量第三。信用证、外汇汇款、托收等基础类国际业务收入占24%，依然较低。

国际业务：力争实现收入53.31亿元，增长16.08%，增量第一。

√ 配合海关将结售汇、信用证、托收等产品嵌入到“单一窗口”平台，全面扩大海关“单一窗口”金融服务范围，提升基础结算产品覆盖面。

□ 结算类产品要实现“增量”同业第一

➢第三方支付

√ 对标同业，做大国内信用证福费廷业务量和收入，缩小与同业差距。

√ 规范国际信用证、国际保理等产品费率管控，对确需减免的客户，应多采用“减”而不是“免”。

➢即期结售汇及外汇买卖。

2019年即期结售汇及外汇买卖收入情况

单位：亿元

即期结售汇及外汇买卖	2019年	同比增量	总量排名	增量排名
工行	70.14	-1.51	1	3
A行	21.45	-1.28	4	2
B行	61.00	-2.60	2	4
C行	27.00	0.47	3	1

2019年，我行即期结售汇及外汇买卖收入总量第一，增量第三。

即期结售汇及外汇买卖：力争实现收入73.79亿元，增长5.2%。

√ 拓户：实施名单制拓户和产品联动拓户。

√ 拓渠道：加大网银、手机银行、电子交易平台等渠道的推广力度。

√ 拓品种：抓联动，新增印度卢比等新兴市场和“一带一路”结售汇币种，以货币掉期、期权及期权组合等创新产品带动结售汇业务发展。

2019年1-11月我行第三方支付业务情况

行名	C宝			Z通			合计	
	交易额（万亿元）	费率	收入（亿元）	交易额（万亿元）	费率	收入（亿元）	交易额（万亿元）	收入（亿元）
工行	5.91	0.075%	41.79	7.39	0.08%	55.79	13.30	97.58
A行	5.06	0.075%	35.82	11.40	0.10%	107.56	16.46	143.38
C行	6.30	0.075%	44.56	8.01	0.11%	83.16	14.31	127.72
工行-A行	0.85	0	5.97	-4.01	-2BP	-51.77	-3.16	-45.80
工行-C行	-0.39	0	-2.77	-0.62	-3BP	-27.37	-1.01	-30.14

第三方支付：力争实现收入154.12亿元，增长19.8%，交易量同业进位。

√ 完善以“扩大交易量”为目标的营销机制。从“绑卡、促活”双目标向“做大交易量”单一目标转变。考核和资源配置均要聚焦交易量指标。

√ 利用MOVA系统“按日按动因”将第三方支付收入自动分润至网点功能，提高网点监测精度，调动网点积极性。

√ 总行网金部牵头抓紧推动费率谈判。

➢人民币对公结算

2019 年我行与 C 行对公结算收入情况 单位：亿元

收入	工行			C 行			工行 – C 行	
	总量	增量	增幅	总量	增量	增幅	总量	增量
结算业务	54.47	5.49	11.20%	45.95	1.82	4.13%	8.52	3.66
对公账户管理	15.29	3.06	25.02%	27.24	2.44	9.83%	–11.95	0.62
现金管理服务	11.82	–1.71	–12.65%	5.44	–3.11	–36.35%	6.38	1.39
电子银行企业客户服务	14.65	4.01	37.69%	21.40	3.97	22.77%	–6.75	0.04
合计	96.23	10.84	12.70%	100.03	5.12	5.40%	–3.80	5.72

人民币对公结算：力争实现收入 111.54 亿元，增长 15.91%，收入总量同业第一。

√ 抓拓户，实现结算账户增量超 C 行。2019 年前三季度我行对公结算账户 983 万户，同比增加 113 万户；C 行 1 056 万户，同比增加 142 万户。

√ 巩固 7 个对公产品联机收费增收成果，并做好跟踪评估。

➢个人工银信使

2019 年个人信使收入情况

单位：亿元

个人信使	2019 年	同比增量	总量排名	增量排名
工行	32.05	10.71	3	1
A 行	55.41	2.55	1	3
B 行	15.87	0.98	4	4
C 行	44.40	3.16	2	2

2019 年，我行个人工银信使收入总量第三，增量第一。收入总量分别落后 C 行 12.25 亿元、A 行 23.36 亿元。全行新开借记卡收费信使渗透率 19.09%，依然较低。

个人工银信使：力争实现收入 38.46 亿元，增长 20%。

√ 保持营销策略的稳定性，充分发挥短信信使更直接、更实时、更直观、更方便的优势，提供方便客户且自愿基础上的服务。

√ 抓客户拓展，稳步扩大收费工银信使签约客户数和渗透率。

√ 加快存量免费信使客户压降。

➢借记卡

2019 年借记卡收入情况

单位：亿元

续表

借记卡	2019 年	同比增量	总量排名	增量排名
工行	34.71	–7.14	3	2
A 行	54.41	–11.49	1	3
B 行	13.34	–1.38	4	1
C 行	36.70	–14.54	2	4

借记卡：力争实现收入 34.71 亿元，同比持平。

√ 做大借记卡发卡量，力争实现发卡量增量同业第一。

√ 提高特色借记卡发行规模，推动工本费和年费增长。

√ 持续推进借记卡消费量增长。

□ 持续做大代销类、债券承销产品规模，实现收入增量同业第一

➢代理保险

2019 年代理保险收入情况

单位：亿元

代理保险	2019 年	同比增量	总量排名	增量排名
工行	68.25	15.66	3	3
A 行	76.42	16.60	1	1
B 行	36.67	11.74	4	4
C 行	72.03	16.07	2	2

2019 年，我行代理保险收入总量第三，增量第三。收入总量落后 C 行 3.78 亿元，落后 A 行 8.17 亿元。

代理保险：力争实现收入 72.67 亿元，增长 6.48%。

√ 深化与优质保险公司的合作，争取更多的趸缴产品代销资源。

√ 主动应对监管政策变化，做大期缴保险代销量。

√ 提升私人银行渠道对代理保险收入的贡献度。

➢代销基金

2019 年代销基金收入情况

单位：亿元

代销基金	2019 年	同比增量	总量排名	增量排名
工行	48.40	-0.81	1	4
A 行	13.92	-0.25	4	3
B 行	17.46	1.58	3	1
C 行	31.36	0.92	2	2

代销基金：力争实现收入 55.39 亿元，增长 14.45%。

√ 提高基金产品筛选能力，力争将优质产品配置给我行客户。

√ 抢抓储蓄向资本市场长期资金转化的政策机遇，做大基金定投业务量和收入。

√ 提升私人银行渠道对代销基金收入的贡献度。

➢实物贵金属

2019 年实物贵金属收入情况

单位：亿元

实物贵金属	2019 年	同比增量	总量排名	增量排名
工行	23.82	2.80	1	1
A 行	5.48	-1.99	3	4
B 行	6.21	-0.14	2	2
C 行	4.44	-0.83	4	3

实物贵金属：力争实现收入 26.67 亿元，增长 12%。

√ 推广生肖、故宫合作等系列品牌新产品，做大实物贵金属产品销售量。

√ 利用工银 e 定制平台，实现个性化定制批量营销。

√ 搭建智慧交易服务平台，拓宽代理交易业务获客渠道，持续做大上金所交易规模，稳定交易费率。

➢债券承销及代销

2019 年债券承销及代销收入情况

单位：亿元

债券承销及代销	2019 年	同比增量	总量排名	增量排名
工行	38.13	6.99	2	1
A 行	31.75	3.10	3	4
B 行	26.50	4.23	4	3
C 行	41.66	5.81	1	2

2019 年，我行收入总量第二，增量第一，收入总量落后 C 行 3.53 亿元。

债券承销及代销：力争实现收入 43.7 亿元，增长 14.6%，总量、增量“双第一”。

√ 把握市场机会，推进金融债、熊猫债、资产支持票据等产品创新。

√ 做大资产证券化业务量。

√ 推广柜台地方债业务。

√ 比照同业惯例，调整债券承销发行费率。

□ 始终把合规作为中间业务发展的前提

➢严格落实监管和我行自主出台的支持“小微”企业发展的收费减免政策，以及总行规定由我行承担“小微”企业抵押贷款评估费、抵押登记费、公证费、保险费的政策。

➢在客户申请贷款的过程中，严禁违背客户真实意愿，要求客户购买保险、理财、基金、贵金属等金融产品和金融服务。

➢要坚持收费自查整改常态化，积极配合外部收费检查。

3.6　关于科技创新与渠道建设

□ 金融科技

➢ECOS 工程

在 1.0 版本基础上继续做深做实，全面完成 ECOS 工程，巩固智慧银行生态系统代际领先优势。

继续组织好工程实施：

√ 全面完成 17 个重点领域业务架构落地，构建成熟的分布式架构体系；完成热点业务下主机和应用分布式转型。

√ 建设大数据服务云平台 2.0。

√ 开展办公系统等国产化试点，推进各领域业务系统国产化，提升关键信息技术自主可控水平。

深化 ECOS 工程推广应用：

√ 积极推进业务成果落地应用，结合实际情况主动开展特色业务创新，确保工程建设成果惠及全行业务转型发展。

√ 开展“智慧＋”系列 ECOS 宣传，提高 ECOS 影响力。

➢前沿金融科技研发

√ 打造 5G 综合应用平台和“区块链＋”金融生态开放体系，实现对前沿技术应用的突破。

√ 做好法定数字货币场景等基础设施建设，加强与行内支付生态融合；做好深圳分行的试点工作，并逐步扩大试点城市和客户覆盖面。

法定数字货币是由央行发行的主权货币，是实物现金的数字化，可以降低货币发行成本，提高支付的安全性和便利性。2019 年，人民银行正式启动了深圳等地区的试点推广工作。2020 年，法定数字货币将全面进入试点运行阶段。

➢科技体制机制改革

进一步释放改革红利，畅通科技与业务的“对话机制”，加快形成敏捷研发、快速迭代的科技体系，提高研发效能与科技供给能力。

√ 做好新建数据中心建设的前期准备工作。

√ 强化工银科技价值输出，在运用市场化手段提升我行科技力量上尽快破题。

□ 渠道建设

线下：

➢持续推进网点转型五大工程

√ 完善基层减负赋能长效机制。强化问题跟踪解决，持续推动基层反映强烈问题的解决，以及为运营类、服务类工作减负。

√ 扩大智慧网点试点范围，强化5G等金融科技应用，完善智慧网点运营模式。

➢启动县域网点结构调整

√ 在保持网点总量基本稳定和持续巩固城市行竞争优势的前提下，用三年左右的时间，完成1 000家左右网点调整，打造我行在县域地区的新兴优势。

√ 推进原则：突出重点、梯次推进、因地制宜、稳妥实施。

√ 2020年目标：

新投入网点150家：重点县域新增建设网点60家；空白县域新增建设网点20家；城区向县域迁址建设网点70家。

内部迁址建设130家。

压降低效网点100家。

➢开展“2020，服务先行”主题活动

持续深化客户满意银行建设，确保实现“厅堂服务零空白、超时网点零新增、服务事件零案例、满意忠诚双提升”的目标。

线上：

➢ 坚持C端为发展根本，将三融平台打造成为线上自有流量入口，做专业、做极致、做体验。

融e行　全面打造“第一个人手机银行”

目标：净增客户4 500万户，月均动户7 500万户，持续保持同业第一。

总行

✓锻造新动力：强化新技术应用，推出手机银行6.0版本。

✓构筑新体验：建立客户意见搜集机制，打造敏捷迭代机制。

✓提供新价值：推出县域版手机银行，建立线上“六专”（存款、理财、卡片、权益、贷款、支付）产品供给机制。

✓打造新生态：建立小程序机制，引入优质服务；丰富线上线下一体化订单功能；推动境内外个人手机银行互联互通。

分行

✓做好全员体验。员工手机银行开通率100%，月登录率保持在95%以上。

✓投入资源、夯实责任，加强县域、私银、年轻客户等重点客群宣传营销，强化客户渗透与覆盖。

到店客户渗透率	个人有效客户渗透率	代发工资客户渗透率	信用卡客户渗透率	私人银行客户渗透率
60%	70%	75%	85%	97%

融e购　商融合作平台、中高端用户服务和金融价值创造平台

✓目标：月均动户550万户，交易额6 000亿元，确保银行业电商首位、综合电商前十。

融e联　场景建设主入口、客户信息交互服务中心

✓目标：月均动户2 800万户。

像线下网点选址一样，高度重视线上入口建设，加强与外部互联网平台合作，做场景、做平台、做生态。

✓抓龙头：加强与世界500强、互联网龙头企业等合作

✓抓前沿：前瞻布局数字货币、人脸支付和可信身份认证场景

✓抓县域：双轮驱动、注重生态，突破重点县域市场

✓抓生态：高度重视消费、娱乐、医疗、民生、交通场景

➢坚持G端和B端为发展之机，以开放银行平台为抓手，深化政务和产业互联网布局，加大资源投入、加快复制推广，为政府、企业数字化转型赋能。

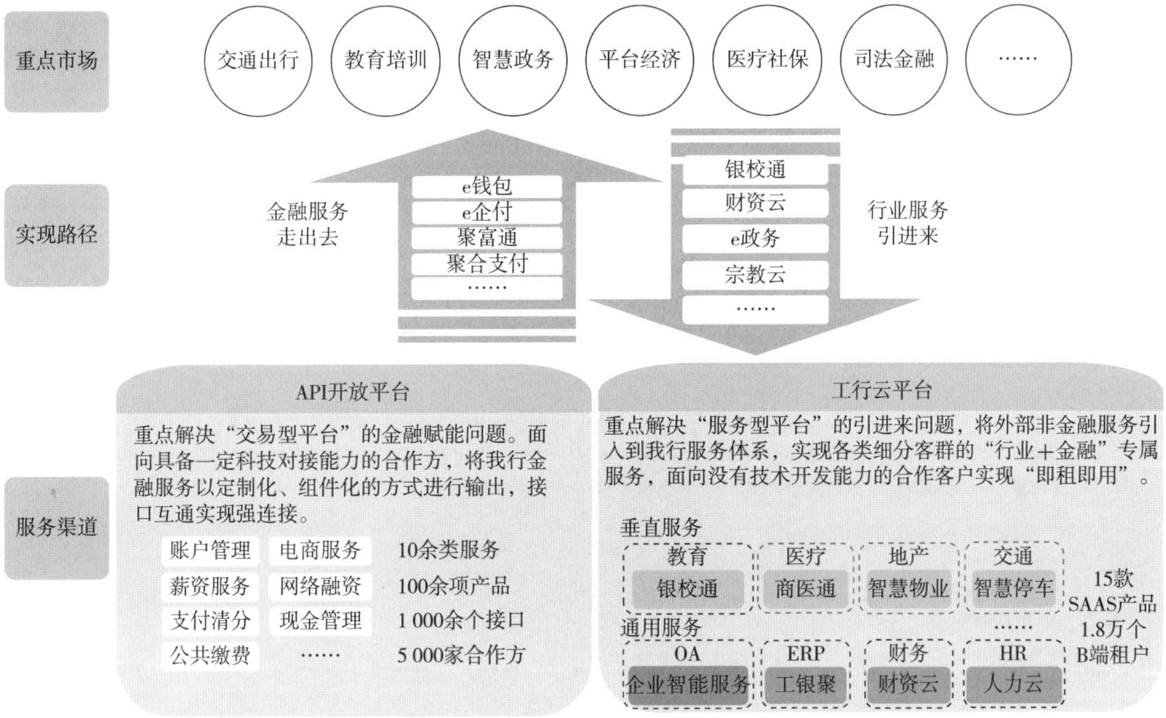

	API开放平台有效合作方实现翻番，达到4 000家	工行云平台活跃租户突破2万户
分行 因地制宜 深耕行业	➢ **平台经济：** 加快头部互联网平台合作，以e企付、聚富通、e钱包、供应链金融等为抓手，拓展产业互联网平台。聚富通上线合作50家。 ➢ **交通出行：** 从“人、车、路、场”四个领域全面布局，加快推动工银无感支付、APP电子乘车码服务输出，各省会城市行、重点城市行至少实现3项智慧出行项目合作，加快构建“大出行”生态体系。 ➢ **医疗医保：** 营销各地省市级医保机构，强化社保应用、医保支付场景建设，重点突破医院、药店等场景，力争对接30家医保机构。	➢ **智慧政务：** 抓好工银e政务推广，发挥“智付、智存、智管、智缴、智融”服务体系优势，营销对接辖区内各级财政部门、预算单位客群需求，全国政务客户达到上万家。 ➢ **教育培训：** 以“银校通”为基础，形成以“智慧教育”为基础的产品分层服务体系，满足不同校园客群的需求。加强第三方优质机构合作，扩大市场规模，力争实现全年缴费学校达1万所，缴费客户150万户。 ➢ **党团工会：** 依托现有云产品，面向各地党组织、工会、共青团、宗教组织等提供定制化解决方案，提升社会效应。
总行 丰富产品 强化支持	➢ **创新：** 加强人工智能、生物识别、物联互联等新技术应用，延展“场景+金融+科技”服务供给。 ➢ **支持：** 提供业务手册、营销素材、成功案例、目标清单，针对性组织开展横向交流和纵向帮扶。 ➢ **运营：** 加强全行二级机构层面和境外机构的用户推广覆盖；按机构、产品、客户等维度实现全量精准统计分析，实现贯通式、一站式的数据展现。	➢ **产品：** 拓展行业解决方案，以“金融+行业”的服务模式，为客户提供综合化、一体化服务。紧盯政策热点领域，围绕电子发票、智慧工地、医疗改革等发展方向，探索推出相应云服务产品。 ➢ **分层：** 推进重点领域分层分类服务，针对教育、物业、建筑等行业，尽快推出面向不同规模客户的分层产品。 ➢ **机制：** 加快推动合作方引入机制创新，解决外部合作集采流程长、市场响应慢的问题，为云服务快速落地见效提供支撑。

□ 智慧运营

深化集约运营体系改革

通过模式创新、科技赋能和流程重构，实现更大范围、更宽领域、更深层次的集约化运营，为全行产品创新、客户拓展和业务发展提供支撑。

- ✓ 推进集约运营中心建设，加大人工智能等先进技术应用，构建智慧运营平台，实现后台智慧运作和专业服务，推动机器换人。
- ✓ 稳步实施全行业务上收，在总结试点经验的基础上，按照“安全第一、先易后难、分批上收”的原则，上半年全面完成碎片录入业务的集中上收，下半年启动支付结算等标准业务的集中上收。
- ✓ 健全集约运营管理机制，构建涵盖集约运营业务管理规定、专项制度、操作规程和应急预案三个层次的制度体系，并明确岗位设置、人员配置、业务操作等标准。

构建线上线下一体化运营服务模式

全面构建流程无缝衔接、信息实时交互、资源协同高效的线上线下一体化运营模式。

- ✓ 一体化：加快拓展新模式业务应用范围，年内完成信用卡、贵金属、贷款等业务场景改造，实现手机银行全业务品种服务，基本完成线上线下一体化服务模式建设。
- ✓ 订单化：针对长流程复杂业务开展订单化改造，持续解决线上线下流程割裂、服务不落地、客户体验不佳等问题。
- ✓ 无卡化：全面推广柜面无卡化服务模式，满足移动互联时代客户一点接入、全网响应、高效便捷的金融服务需求。

3.7 关于境外业务

□ 优化布局

- ➢ 尽快完成巴拿马机构开业和台湾地区机构申设工作
- ➢ 有序填补中东欧、北非、北欧、加勒比海、南美等重点空白目标市场

港澳地区

- ✓ 根据香港形势变化，择机推动工银亚洲由城市银行向区域银行转型；
- ✓ 加快澳门机构转型发展方案落地实施，打造港澳机构双旗舰平台。

欧洲地区

- ✓ 推动工银欧洲加快重回增长轨道；
- ✓ 做强工银奥地利平台，积极拓展中东欧网络和业务；
- ✓ 推进在英机构整合。

美洲地区

- ✓ 合理控制美国资产规模和质量，强化合规整改与区域管理；
- ✓ 以巴拿马分行成立为契机建立拉美机构联动机制；
- ✓ 巩固在拉美的比较优势。

□ 完善经营

加强国际化顶层设计与统筹发展

- ✓ 各条线要强化对境外经营的统筹管理与指导支持；
- ✓ 完善“一行一策”差异化管理，加强同业对标，提升市场竞争力和可持续发展能力；
- ✓ 争取更多境外人民币清算行资格。

做优做强战略性业务

- ✓ 围绕国家对外开放战略，做强粤港澳大湾区等重点区域业务；
- ✓ 发挥“走出去”信贷业务的联动营销作用，打造有竞争力的公司金融类核心产品线；
- ✓ 抢抓共建“一带一路”市场机遇，挖掘新的业务增长点。

□ 强化风控

风险管理

信用风险管理：

✓ 遏制信贷风险蔓延的苗头，做好重点机构和重点大户风险管控；探索差异化授权，推进“专家治贷”，加大信贷人才外派力度。

✓ 强化境外机构驻在国行业、客户和业务结构研究，细化境外机构“一行一策”信贷工作要求。

市场风险与流动性风险管理：建立健全境外机构市场风险、流动性风险管理的统筹协调机制。

境外风险管理：

✓ 加强集团国别限额系统控制，强化重大风险趋势前瞻分析和重点国家风险监测。

✓ 强化对香港局势、中东局势、英国脱欧、新兴市场国家潜在风险的研究分析，做好工作预案。

合规管理和反洗钱

严格执行属地监管沟通常态化机制，全面推进境外机构合规管理长效机制建设，持续做好核心监管联席会监管关切整改。

关注欧洲、北美等合规重点区域，关注跨境业务、代理行、涉敏等重点反洗钱领域，强化差异化策略和措施。

完善境外风险管理、合规管理、反洗钱三大体系建设

□ 打造外汇业务首选银行

夯实基础

✓ 建立“领先、重点、潜力、特色”四类境内国际业务发展梯队；

✓ 依托“1+N”联动机制，以外汇账户营销为抓手，提升客户覆盖率和产品渗透率；

✓ 实现本外币一体化的业务运营管理；

✓ 强化外汇合规管理，完善机构设置和人员配备。

加强创新

✓ 自贸区分行要积极争取跨境人民币业务先行先试资格；

✓ 积极营销熊猫债、境内银行间债券市场、债券通、沪港通、深港通业务；

✓ 推动跨境业务中心、金融创新中心、金融市场交易中心“三大中心”建设，完善“在岸—跨境—离岸”新型跨境金融服务；

✓ 加大线上融资产品的研发及推广。

提升智能化水平

✓ 以海关“单一窗口”为核心，不断提升业务操作电子化水平；

✓ 打造行业领先的跨境电商综合金融服务体系；

✓ 加大区块链技术应用，做好外汇局平台试点推广及系统对接；

✓ 以智慧贸金平台为基础，提升单证业务线上化服务速度。

3.8　关于风险防控

□ 强化全面风险管理

2019 年初提出的全面风险管理八大目标及六家机构的风险管理任务，均已落地。有的取得了阶段性进展，有的已全面完成。

工作目标：适应跨境、跨业、跨界发展趋势，构建全球、全员、全程的全面风险管理体系，提升全面风险管理水平，打好金融风险防控攻坚战。

重点工作：

➢提升并表管控能力

√ 完善风险并表数据平台，动态监测掌握子公司风险状况。

√ 加强并表附属机构管理，全面梳理存量 SPV 项目，加快清理关闭，实现对附属机构底层资产的穿透和风险管理。

√ 强化总行专业条线对子公司的管理履职，形成合力。

➢加强对各机构的风险评估

√ 建立境内分行全面风险评估体系。全面评估境内分行的风险水平和薄弱环节，解决当前机构风险评价“以点为主、难以看清风险全貌”的问题。

√ 建立全面风险评估系统。

➢加强交叉性输入性风险管理

√ 加快集团投融资业务风险监控平台建设，实现统一风险视图和全流程风险监控。

√ 加快交叉性风险监控平台建设，扩大数据覆盖范围。

√ 高度关注个别中小同业机构风险暴露，以及跨市场风险的传导，提前做好管控预案。

➢强化理财业务风险管理

√ 推进理财业务风险管理平台建设，前移穿透关口，形成多维度风险管理视图。

√ 理顺子公司模式下的风控职责定位分工，做好存量业务转型。

√ 建立总分行联动的监测预警机制。

□ 抓好内控案防

工作目标：做到“一个确保两个压降”。即确保案件风险率和操作风险损失率不超过监管目标值，坚决压降信贷领域案件数量，坚决压降重大案件和风险事件。

工作要求：聚焦“管住人，看住钱，扎牢制度防火墙”，开展内控合规“制度治理年”主题活动，全面推进案防“四个专项行动”（信贷业务真实性、核算业务合规性、关键岗位有效轮换、个人客户信息保密）、“两个强化措施”（强化从业人员监督履职、强化人员管理和队伍建设），做实责任认定及责任追究，提升内控案防管理水平。

严防严惩五类案件

✓ 贷款诈骗、骗取融资和违法发放贷款等严重影响服务实体经济能力的案件。

✓ 挪用资金、挪用公款、职务侵占等严重侵害银行及客户财产权益的案件。

✓ 非法集资、非法吸收公众存款、侵犯个人信息安全等直接损害人民群众利益的案件。

✓ 严重不负责、滥用职权等失职渎职类案件。

✓ 贪污受贿等严重危害党和国家形象及银行声誉的案件。

加强异常行为排查

✓ 加强“关键少数”监督与管理。综合运用异常行为排查、纪律检查、巡视巡察、个人重要事项报告、经济责任审计的“组合拳”。加大对“关键少数”涉案的惩治力度。

✓ 建立网格化、智能化全员异常行为排查体系，形成自上而下一级排一级的网格责任区，压实各级机构主要负责人主体责任。

完善长效机制

✓ 健全（9+X）+4风险责任认定问责机制。其中：（9+X）是从风险维度，覆盖信用风险、国别风险、市场风险、银行账簿利率风险、操作风险、信息科技风险、流动性风险、战略风险、声誉风险9大类风险，以及其他风险；4是从板块维度，覆盖境内分行、境外机构、子公司、总行利润中心及部门4大板块。

✓ 深化集团制度统筹管理。对标监管要求，修订完善全行系列制度办法，将案防管理要求纳入业务制度、流程和系统。

➢突出信贷领域案件风险防控

去年，全行信贷领域大案、要案有所增多。今年，要针对问题根源，加大管控力度，坚决遏制信贷领域案件高发态势。特别要做好两方面工作：

□ 深化信贷中台“真实性”审查

√ 严格落实“五专”（专岗、专责、专品、专流、专人）要求，将“真实性”审查机制建设到位，并在实际运行中不断优化完善。

√ 抓好重点产品，“反信贷欺诈”审查专岗要对风险高发的国内订单融资、国内采购融资、国际保理融资、应收租赁款保理、银行承兑汇票 5 个产品做好“真实性”审查，对资料的完整性、一致性和合理性负责。

√ 明确责任，分行对本行的机制选择和案防目标负责。如因机制选择不恰当导致案件发生，要从严追究分行班子责任。

√ 完善配套机制，加快修订“真实性”审查的配套信贷制度、办法、流程，优化 GCMS 系统配套功能。

需要强调的是：加强中台“真实性”审查，丝毫不替代前台和后台的任何工作和责任。前中后台都要从自身出发，加强“真实性”把关，共同提高防假反欺诈水平。

□ 深入推进个贷业务集中处理

√ 实现业务处理中心建设“两个百分百”，即：处理中心建成比例达到 100%，辖内个贷业务开办机构集中处理覆盖率达到 100%。将主要关键风险环节统一到集中处理中心办理。

√ 实现业务集中处理专项检查全覆盖，并开展问题分行“回头看”，穿透式跟踪业务整改落实情况。

√ 实现从业人员管理全覆盖，规范业务处理及风控团队人员职责、资质、权限管理，严防关键岗位兼岗或混岗。

➢强化运营风险管理

加快运营风险管理体系、模式、流程和队伍建设，打造更加坚实的业务运营风险管理屏障。

√ 加快推进运营风险智能管控体系建设：

• 加快智能模型投产应用。强化“账户新政”背景下客户准入管理，精准识别实质性风险。

• 全面推广运营风险智能管理系统，建立风险管理、系统管理、模型管理、机构管理等配套机制，力争三季度完成对公业务风险监控新旧模式转换。

• 加强新旧风控体系过渡管理。各行要根据全新监控模式需要，做好岗位设置、人员摸底和技能培训，制定应急方案，确保新旧体系平稳过渡。

√ 做好业务运营重点领域风险管理：

• 聚焦重点领域。加强特色业务、结算账户、内部账户、现金实物、关键岗位等领域和风险易发环节管理。加快票据交换、代理财政集中支付等特色业务的电子化改造和规范化管理。

● 聚焦内部账务核算管理体系建设。加快场景驱动核算模式推广。年内要全面完成重点科目内部账务核算体系建设的主体任务，尚未实现场景驱动的手工核算场景必须实行联动审批。

● 聚焦制度落实。严格客户准入，规范核算操作，落实岗位轮换，狠抓履职管理，加强检查督导。

□ 抓好线上业务风险管理

➢当前形势：目前，全行线上业务总量逐步增大，但风险管控形势不容乐观。截至 2019 年末，零售线上贷款余额 2 887 亿元，同比增长 162.49%；不良额 42 亿元，较年初增加 12 亿元，不良率 1.44%，不良率高于系统平均水平。

风险特征主要表现在：

√ 客户行为在变。金融行为呈现多样化，风险互相传染。如融 e 借客户中，“90 后”“00 后”占比达到 49%。

√ 风险规律在变。集群风险突出，单一维度管理不适用。

√ 风险内涵在变。各类风险的混合，单一风险视角已不能满足管理需要。

➢工作要求：建设智能化风险监控平台，提升线上风险管理能力。

✓ 完善监控体系。

客户	覆盖全部个人客户，包括个人贷款1 400万户、信用卡1亿户，代销业务2 900万户、理财业务2 400万户、第三方存管4 000万户等
产品	覆盖个贷、信用卡、普惠等产品，以及代销、账户交易、结售汇等各类个人金融产品
渠道	覆盖线上、线下等各类渠道、场景、平台
押品	覆盖全国285个城市、50万个小区、141万个楼栋 监控全行1 400多宗住房押品价值变化
机构	覆盖36家一级（直属）分行，400多家二级分行
关键人员	覆盖1.5万名客户经理，对关键人员进行监控

✓ 丰富监控手段。应用人工智能技术，进行智能化全维度的风险扫描、诊断、预警、预测、报告。

□ 强化反洗钱管理

任务目标：牢牢守住“不发生重大洗钱风险事件、不遭受大的监管处罚”这一合规底线，力争用 2～3 年的时间，实现集团反洗钱监管评级提档进位、居国内领先地位。

重点工作：

反洗钱

1 ✓ **开展“集团反洗钱治理能力提升工程”**。覆盖“三个层面（总行本部、境内机构、境外机构）、三个层次（管理人员、合规人员、业务人员）、三个重点（外汇业务、美元清算、制裁合规）”，增强全员反洗钱意识，提高履职能力。

2 ✓ **筑牢境内反洗钱工作基础**。突出抓好反洗钱培训、KYC专项治理，加强名单管控，优化风险评估，全面夯实反洗钱工作基础。尤其是要**“治存量、控增量、优机制”**，力求根治非实名、证件过期、信息错误等监管重点关注问题。

3 ✓ **健全境外反洗钱长效机制**。研究分析前沿国家和地区的反洗钱监管规则，梳理境外机构“反洗钱红线”。搭建境外机构洗钱风险评估体系，持续推进客户认定落地实施，深化境外机构KYC专项治理，夯实境外机构反洗钱管理基础。

在中国工商银行运行管理工作会议上的讲话

谷 澍

（2020 年 1 月 15 日）

这次会议的主要任务是，贯彻落实全行工作会议精神，全面总结 2019 年运行管理工作，研究部署 2020 年工作任务。下面，我讲几点意见。

一、运行管理为全行改革发展作出积极贡献

2019 年，各级运行管理部门围绕全行新时期战略部署，狠抓基础管理、深化改革创新，运营基础持续夯实，智慧运营体系建设成绩显著，为全行改革发展作出了积极贡献。

（一）业务运营风险管理持续强化。

一是内部账务核算管理体系建设取得明显成效。按照“挂账、销账、账龄、对账”四位一体的核算管理要求，加快推进重点科目内部账务核算数据梳理、流程重构和规范管理。组织完成全行1670科目其他应收款、2360科目其他应付款涉及的 19 个专业条线、3 000 万笔核算明细梳理，明确了 50 类重点核算场景流程重构方案。1670 科目下代理财政支付等 10 类场景群完成流程重构并在重庆、广东、四川、河北等分行成功试点，近两千亿元挂账资金实现直驱记账和进销匹配的系统刚性控制。严格管理随意开立账户、垫款确认中收和归还贷款等不合规行为，错用乱用内部户问题得到初步遏制。1670科目季度手工核算金额同比减少 2. 9 万亿元，降幅 66%，核算风险敞口大幅降低，内部账务核算规范管理共识正在全行形成。

二是运营风险智能管控体系建设稳步推进。以对公客户为切入点，汇集行内外多个系统的数据信息，构建了客户资金往来等 10 个维度的客户关系网络。聚焦账户开立、资金结算等关键环节，应用 AI 智能算法设计 10 类智能模型，实现结算账户全过程监控、资金交易偏离监测预警以及风险量化管理；构建集监测、甄别、核查及评定于一体的运营风险监控新流程，提升了风险管理的独立性和有效性。全新运营风险智能管理系统在北京、云南等 7 家分行成功试点，有效定位风险行为，累计识别涉嫌团伙开户、电信诈骗等风险账户4 000余个，核查下发工作量降低 90%，监控质量效率明显增强。

三是关键环节运营风险管理更加扎实有效。制定完善账户、票据、岗位等 20 余项制度；实施同城票据交换、代理财政支付等分行特色业务流程优化，实现行内外系统业务的联动直驱处理，操作风险得以刚性控制。落实关键岗位轮换制度，完成 2 万多名业务人员突击轮岗。围绕支付结算和反洗钱等监管规定，开展多轮单位结算账户排查，对证照超期、涉嫌电信诈骗的，实施清理和支付控制。全行在 ATM 运营维护、查库盘点等环节应用动态密码验证、移动智能查库等信息化手段，现金领域风险控制水平显著提升。各行深入实施网点运营风险分级管理，高风险网点退出率达到 87%，连续 2 期的高风险网点同比下降 33%。

（二）集约后台体系建设取得重大突破。

一是集约运营体系开启全新变革。在深入调研论证和精心筹备的基础上，总行两大集约运营中心正式成立并投入运营。按照“简单业务机器做、标准业务外包做、复杂业务行内人员做”的原则，建立了“驻场 + 离场”相结合的外包模式，搭建了支持离场外包多地作业、业务实时互备、风险多维管控的集中处理平台，应用机器学习技术替代了 19% 的人工录入量。率先试点碎片录入业务集中上收，青海、厦门、大连等 8 家分行碎片录入业务上收至总行集约运营中心，业务处理效率提升了 60%，规模效应有效发挥。

二是现金集约运营能力持续提升。强化金库建设和管理，改造、撤并不达标业务库 120 座，新建 6 座现金中心库，南京、成都、天津分行率先建成智能化现金营运中心，移动作业、智能机器人、物联网技术在金库成功应用。实施库存精细化管理，现金库存连续四年下降，减少 256 亿元无息资金占用，库存控制同业领先优势明显；推广上门收款智能服务至 2 500 家企业，年上门收款量达 5 500 亿元，实现信息实时交互、现金扫码交接和联动清点入账；广州等 10 家分行试点外币预约取现服务，建立了现金标准化封装、后台统一配送、客户到店即取流程，现金服务能力有效增强。

三是跨境支付清算水平显著提升。构建跨境支付运营管理平台，整合分散于 30 余个系统的汇款处理、币种兑换、收支申报等六大类功能，率先在个人跨境产品领域建立起全流程无缝衔接、全过程透明可视的跨境支付运营模式，为客户提供一站式、全线上跨境汇款服

务。实现全球清算汇路智能配置，汇路自动选择率达95%；业内首推跨境汇款全程可实时止付服务，有效降低电信诈骗风险；实施支付清算外汇合规和洗钱风险过程控制，切实保障支付清算安全。

四是金融市场后台建设取得重大成果。金融市场运营平台（GMO）推广至境内外94家机构，支持债券、资金、衍生品、商品期货等全种类交易和投融资一体化运转，GMO平台荣获人民银行“科技发展一等奖”；配套建立集团统一的运营制度、流程和标准，有效保障全行6.4万亿元金融市场业务安全平稳运营。落实资管新规要求，完成181只、4 992亿元理财产品净值化转型，支持工银理财完成总行理财后台系统复用、运营流程设计和运营人员培训，助力子公司顺利开业运营。

（三）运营服务模式创新成效显著。

一是线上线下运营流程建设亮点纷呈。立足客户服务需求端到端视角，以订单化管理为手段，完成15类业务场景建设，领先同业构建起线上快捷办理、业务集中处理、线下便捷交付、全程透明感知的线上线下一体化运营服务新模式，让客户享受“一次都不跑”的服务。借记卡换卡不换号、个人资信证明等实现线上下单、集中处理、邮寄到家；行业首创“函证E信”产品，实现数据集成处理和自动反馈，函证效率与可信度实现质的提升，受到财政部、银保监会的高度认可；35项主要法人信贷业务实现放款直驱记账。线上线下新模式在浙江、湖北、江苏等分行试点应用，使用新模式办理业务占比超过80%，满足了新时期客户对金融服务的新期待。

二是网点新岗位体系效能加快释放。建立运营主管和客服经理准入退出、分级管理、考核激励、职业发展机制，全面加强队伍建设和履职管理，网点全新岗位体系平稳运行。以教育培训为抓手，构建起网点人员网络培训平台，开发涵盖场景视频、H5等多种形式的百余门微课，满足基层员工移动式、碎片化学习需要；启动实施运营主管队伍“磐石”培养计划，以全面系统的培训助推运营主管素质能力提升。通过加强学习和考试认证，运营主管持证率接近100%，客服经理持证率提升39个百分点、达到97%，全行有8.2万名客服经理实际通岗履职，占比77%。新疆、陕西、湖南、吉林、青岛等分行落实总行要求，细化管理办法、制定薪酬激励政策、组织技能竞赛、建立群落化网点服务机制，新岗位体系效能有效释放。

三是网点减负工作成效明显。贯彻落实总行党委基层减负工作要求，结合“不忘初心、牢记使命”主题教育，深入研究解决了手工登记多、咨询查询工单处理量大等21类痛点问题。聚焦运营类工作负荷压降，全面推广智能交接系统，实现了重要物品交接的电子登记和无感留痕，网点手工登记簿和报表大幅精简69%；在确保风控水平不降的基础上实施“技术替代授权”，现场审核和远程授权量降幅达40%。

四是全新单位账户管理模式有效建立。贯彻落实国务院“放管服”和人民银行账户改革部署，圆满完成取消企业银行账户许可新政推广，账户核准改为备案、账户当日开立当日收付顺利实施。创新线上申请异地开户模式，成功拓展企业便捷开户对接第三方渠道，全年企业便捷开户量占新增账户量的70%。上海、山西、重庆等分行试点应用RPA技术实施账户自动备案、智慧年检项目，账户全流程、全生命周期管理能力明显提升。

（四）集团运营支持能力有效增强。

一是境外业务运营体系建设持续强化。工银澳门、河内等8家机构完成运营管理职能整合，工银亚洲、首尔等10家机构制定百余项运营制度，核算要素管理系统、会计档案管理系统推广到工银泰国、工银欧洲等35家机构，主机柜员审批及身份认证新模式基本建立。组织完成亚太机构业务共享运营方案论证，规划设计集约运营架构模式和系统平台，为实施亚太机构业务集约化、智能化运营奠定基础。

二是参数集中统一管理持续加强。贯穿设计、推广、维护、监控的参数质量管理机制高效运行，累计完成390余个项目的参数设计投产和5万余份参数申请维护，有力支持全行业务产品创新，全年参数管理实现安全生产无事故。率先在湖南分行试点特色平台参数纳入总行平台统一管理，相关领域参数运营风险得以有效管控。

一年来，全行运行管理坚持党建引领，主动担当作为，服务改革发展，智能风控体系建设迈出坚实步伐，集约运营稳步推进，线上线下运营服务模式初步建成，人工智能、RPA等技术与业务运营融合实践闯出新路子，运营人力资源效能提升取得新成果。这些成绩的取得，是各级党委高度重视和各部门大力支持的结果，也是各级运行管理人员不忘初心、牢记使命，奋力拼搏和辛勤付出的结果。在此，我谨代表总行党委向全行运行管理工作者表示衷心感谢！

二、牢牢把握当前运行管理工作新要求

立足于服务全行经营发展战略，在智慧运营体系建设新征程上，我们还有一些问题要正确认识，还有很多挑战要妥善应对，还有巨大潜力要深入挖掘。

（一）贯彻新时期部署要有新的使命担当。党的十九届四中全会提出要推进国家治理体系和治理能力现代化。在党的十九届四中全会精神宣讲报告会上，总行党委提出要完善我行治理体系，提高治理水平。全行工作会议要求要以一流治理能力、开创世界一流现代金融企业建设的新局面。运行管理作为全行各项业务的基础支撑，要不断推进运营体制、机制、制度创新，在全行完善治理体系中全面提升现代化运营管理能力。

（二）应对内外部严峻风险冲击要有新举措。当前运营风险防控面临着严峻的形势。从外部看，随着国家推进商事制度和“放管服”改革、取消企业开户许可，企业注册进入了“宽入严管”阶段，商业银行的账户管理责任更加重大。国内反洗钱监管与国际对标接轨，反洗钱管理要求日趋严格。社会不法分子利用对公账户进行电信诈骗、网络赌博的违法行为日益猖獗，公安部、人民银行、银保监会对银行加强账户开立和存续期管理进行全新部署，提出了更严格的要求。从内部看，2019年个别分行发生了员工挪用资金案件，在分行特色业务流程建设、关键岗位轮换、人员履职管理等方面仍存在薄弱环节。各级行要进一步增强安全运营的紧迫感和责任感，拿出切实有效的措施筑牢运营风险管理防线，层层压实责任，增强识别、防范、化解和管理运营风险的能力。

（三）日益加剧的同业竞争要求加快创新发展。金融科技飞速发展，金融同业和互联网企业纷纷加入支付市场，支付行业正处于关键变革期。近期陈四清董事长在人民银行发布的《新兴支付市场将改变全球支付格局》上批示，“科技变革导致支付变革，支付变革引起金融大变革”。运行管理作为商业银行支付体系建设和管理的核心部门，要将金融科技与支付体系建设深度融合，加快研究论证，为我行持久保持领先竞争力提供支撑。

牢牢把握这些新要求并采取有效的落地措施，是我们今后的重要任务。2020年是运行管理第五个三年规划的收官之年，今年工作总体思路和目标是：以习近平新时代中国特色社会主义思想为指导，贯彻新发展理念，落实全行工作会议精神，坚持问题导向、目标导向、结果导向，以智慧运营体系建设为主线，深化改革创新，坚持强基固本，努力开创智慧运营新格局。

实现今年的工作目标，要重点把握以下五个方面的工作要求。一是坚持党建引领。要持续巩固深化“不忘初心、牢记使命”主题教育成果，坚持党建工作和智慧运营体系建设“两手抓”，做到同部署、同落实，推动党的建设与业务工作融合促进，把党建优势转化为运营改革创新发展优势。要以党建为统领打造政治过硬、本领过硬、作风过硬的人才队伍，为各项改革和管理工作的攻坚克难提供有力保障。二是坚持高标站位。要把运行管理工作放在建设世界一流现代金融企业的全局中去谋划和推动，放在全面打造“打造第一个人金融银行”战略中去把握，做好运营服务支撑。三是坚持安全为本。全行上下要牢固树立安全就是效益、合规经营创造价值的理念，坚守安全运营的底线要求，以严格管理措施把好运营风险防控关。四是坚持创新求变。要以更加开放的姿态拥抱金融科技，充分运用人工智能、区块链、云计算、大数据等先进技术为智慧运营赋能，确保紧跟客户需求、引领银行同业、不断创新突破、勇立潮头浪尖。五是坚持统筹协调。要在运营改革进程中同步推进统一运营管理，统筹好集团与分支机构、境内与境外、效率与安全、质量与效益的协调并进，为集团业务发展提供更有力的运营支持。

三、全力推进改革创新，加快构建智慧运营体系

要深化先进理念，运用先进技术，推进全行业务运营架构、模式、流程的创新升级，整体提升运营服务效能。

（一）持续推进智慧型集约运营后台建设。

一是纵深推进集约运营体系改革。组建总行集约运营中心是在更高层面配置运营资源、推动全行质量效率和风险管控更上新台阶的重要举措。要以建设国际一流运营后台为目标，按照“统一规划、分批上收”的原则，统筹推进集团业务集约化运营。要按照选优配强的要求，序时完成集约运营中心人员招聘工作，建立素质过硬、结构优良、梯队合理的人才队伍，满足全行业务集约运营需要。要建立健全总行集约运营管理制度体系和内部管理、业务管理、外包管理、服务支持、应急管理等机制，确保集约运营体系安全高效协同运转。要有序推进作业场地建设，加快推进装修改造，确保根据业务上收进度、分批交付运营。全行上下要密切协作，按照“安全第一、先易后难、分批上收”的原则，上半年全面完成分行碎片录入业务的集中上收，再利用两年时间分步完成支付结算等标准业务、账户外汇和远程授权等复杂业务的集中上收。各行要按照整体部署做好各项工作衔接，提前开展业务梳理规范，并根据业务上收节奏，同步做好人员转岗安排和培训工作，推动人力资源的逐步释放。

二是加快建立信息化现金实物物流体系。要以智能物流、智能金库、智能服务为主线，构建实物流、信息流和资金流高度融合的信息化现金物流体系。上半年完成现金出入库、清分、交接、调拨等关键环节的信息化改造，实现流转过程的任务驱动、移动作业和账务自动处理；同步启动现金物流智能调度项目，实现调拨路径的智能规划、可视追踪以及现金需求的智能预测。要依托分类评级不断推动金库建设，年内实现80%的现金中心库达到B类以上，90%的支行业务库达到C类以上。综合运用5G、物联网等技术，引入智能设备和信息化手段，率先在城市行现金营运中心打造一批行业领先的智能金库。要不断提高现金智能服务能力，全面推广外币预约取现服务，在部分网点试行定额外币支取；在有条件的网点柜面试用现金循环设备，实现本外币多券别现金的自动存取、清分和账务联动处理。

（二）不断提升运营服务质态。

一是全面推广线上线下一体化运营服务。要加快构建线上线下一体化运营服务新模式，实现运营资源集中

调度、协同运转和科学配置，为客户打造“一点接入、全网响应、体验一致”的高品质金融服务。各相关部门要加强协作，加快拓展新模式业务范围。各行要着力开展业务培训、宣传引导、推广应用等工作，确保成效充分释放。个人业务方面，年内要将新模式拓展至信用卡、贵金属、贷款等业务领域，基本实现线上线下渠道全业务协同服务；要全面实施柜面渠道无介质服务，进一步提升线下交付效率和客户服务体验。对公业务方面，要重点加强行内外系统服务整合和流程衔接，大力宣传推广“函证E信”，完成对国内主要会计师事务所的全覆盖。要发挥行业领头雁作用，率先建立基于我国自研文档存储和会计信息标准的企业电子回单模式，支持回单信息在工商、税务、审计等第三方的深度共享共用。要全面推广增值税专票打印、凭证购买等业务的线上渠道申请、后台集中处理、实物线下邮寄。

二是有序推进单位银行账户管理体系建设。要继续贯彻“两个不减、两个加强”要求，打造以客户为中心、便捷高效、管控有力的单位结算账户管理体系。要研究集团大型客户“异地见证、本地开户、集中管理”的“总对总”服务方式，打造“中小客户标准化、大型客户定制化”的账户管理模式。各行要切实承担账户管理主体责任，年内完成单位账户智慧年检、自动备案的全行推广，提升账户全流程管理能力。要密切关注人民银行、外汇局对公账户分类改革和本外币账户一体化改革进程，加强对公外汇账户管理制度和线上线下一体化流程建设，研究设计场景驱动的外汇业务分级审批机制，提高外汇业务运营效率与合规管理水平。

三是深入推进网点岗位体系赋能增效。要按照网点业务运营专才方向深入推进运营主管队伍建设，以分级管理为基础，落实人员配备、培养、使用、发展等管理要求，深入推进“磐石”培训计划落地，用科学的选人用人机制、完善的岗位激励约束、合理的薪酬分配和有效的教育培训，提高运营主管岗位价值、业务素养和履职能力。要按照服务与营销通才方向，推进客服经理赋能增效，按照“客户有需求、履职有能力、服务可保证、风险可控制”的原则，实事求是、因地制宜确定开通客户维护权限的客服经理，有序推进个人客户维护职责落地，不搞“一刀切”。要强化履职过程管理、效果评价、考核激励，着力打造“懂业务、善服务、会营销、知风险”的客服经理队伍，持续提高人力资源综合利用效能。

（三）着力推进法定数字货币项目研发试点。法定数字货币建设是国家战略工程，是支撑数字经济发展的核心基础设施。2019年，根据人民银行安排部署，我行作为法定数字货币研发机构，在运营平台建设、支付工具研发等方面取得阶段性成果，并在深圳、苏州、雄安、成都四个地区试点。今年，要进一步加大研发资源投入，持续加强法定数字货币清算、核算、额度管理、钱包生态、风险合规、客户服务等运营体系规划设计，加快基础设施建设。各部门要加强法定数字货币生态体系研究，分析其对我行产品服务、客户营销、资产负债等带来的变化，深入推进产品条线与法定数字货币应用的融合创新。深圳等试点分行要高度重视，结合试点推广进度，加强与政府部门在法定数字货币业务领域的合作，营销优质企业，做好G端、B端、C端的业务联动与创新，加快布局法定数字货币支付市场，确保圆满完成试点推广工作。

四、坚持强基固本，加强运营基础设施建设

按照确保安全和兼顾效率的要求，完善运营风险过程控制体系，加强运营基础管理，全面提升全行业务运营质量。

（一）全面强化运营风险过程控制。

一是加快构建对公客户运营风险智能管控模式。要加快技术研发、机制建设和推广应用，确保运营风险智能管控体系建设成果在年内全面落地。要加快对公客户运营风险模型投产应用，切实强化账户开立、变更、使用等环节风险识别和管控。要构建对公客户统一风险视图，实施客户运营风险等级量化评分。要加快运营风险智能管理系统全行推广应用，建立与全新体系相适应的系统管理、模型管理、风险监测管理等配套机制，力争三季度完成对公客户风险监控新旧体系转换，构建起运营风险管理新模式。各行要按照总行统一部署和实施步骤，结合模型分期投产进度，做好岗位设置、人员安排和新旧体系衔接过渡。

二是持续深化内部账务核算管理体系建设。2020年是重点科目内部账务核算“四位一体”新模式在全行推广落地的关键之年，要投入更大的力量统筹推进体系建设、推广应用和日常管理工作。要加快平台和流程研发，年内完成1670科目新模式推广及2360科目场景改造，各行要于年底前完成分行特色业务改造。新体系推广后，暂未能实现场景驱动的手工核算场景必须实行联动审批。要制定内部账务管理基本规定，按照“统一管理、分工负责”的原则全面强化业务准入、账户开立、资金挂账、销账管控、监控对账等全流程管理。各部门要按照“谁使用谁负责”的原则加强内部账务核算的流程建设、规范管理和挂账清理。

三是不断加强业务运营关键环节管理。要持续强化单位账户的准入审批及存续使用期间的监测、分析和管理，确保落实账户管理制度和反洗钱要求。要切实加强银企对账管理，想方设法实现双方账务实质性核对，对军队、财政、社保等特殊类型客户，研究采取专线推送、系统核对等方式，提升对账效果。要严格落实岗位轮换、人员履职等关键环节风险管理要求，坚决杜绝长期不轮岗的潜在风险隐患和代客操作、代

客保管等违规行为。要加快构建任务灵活定制、履职过程智能、履职结果直观的运行督导新平台，配备足够数量、具有相当业务素质和职业素养的运行督导员并实施二级分行及以上集中管理，全面提高督导效能。要围绕制度建设、日常管理、应急演练等方面加强全行业务连续性管理，建立业务应急跨部门、跨专业协同机制；各部门要完善专项业务应急制度，加强本专业业务影响分析评估，聚焦重要业务领域开展应急演练；各分行要建立业务连续性日常管理架构，加强分行特色业务应急管理。

运营风险点多面广，管理难度大，各行要完善管理机制、压实管理责任。要树立正确的业绩观和风险观，绝不允许以牺牲合规为代价换取经营业绩。各级行负责人要切实履行好管理责任，各业务部门要切实做好有关业务的流程建设、制度制定、培训教育和过程管理工作，确保各机构、各条线严格落实运营风险管控履职要求，保障全行业务安全运营。

（二）持续推进国际领先支付清算银行建设。

一是持续提升资金清算市场竞争能力。要加快建立和完善对公领域跨境支付运营体系，构建集成处理的共享运营流程，力争年内试点。要按照人民银行工作部署，做好 CIPS 境外直参行的系统功能建设和资金托管运营安排，持续提升我行跨境人民币清算服务能力。宁波等 17 家分行要根据人民银行同城清算系统上收工作安排，做好分行特色业务系统改造，平稳完成业务迁移。要按照国际支付清算标准体系升级规划，加快实施集团统一清算平台功能改造，稳妥推进各相关产品系统、客户渠道配套调整，保障平稳过渡。要全力推动法兰克福分行清算平台推广，确保年底前将全行欧元清算纳入集团统一运营。要深化监管要求和集团合规策略在支付清算条线落地，建立健全清算业务合规风险长效管理机制。

二是持续提升金融市场后台服务能力。要全面完成 GMO 平台境外推广，实现全集团金融市场业务后台标准化运营和一体化管理。要严格遵守“理财与代销产品相分离”的监管要求，集中构建资管产品代销运营体系，支持各类代销资管产品实现共享运营，全面提升客户申赎、信息披露、资金清算的效率和安全水平。要按照国际会计准则（IFRS9）要求对理财投资品实施核算分类计量，开展回表资产核算体系建设，为全行资管业务发展提供有力支撑。

（三）不断提高集团运营支持水平。

一是稳步推进境外业务运营体系建设。要加快完善境外机构运营组织架构，建立考核评价机制，强化统筹管理。要结合境外业务运营特点和合规管理需要，推进运营风险管理系统和配套管理流程建设，强化关键环节运营风险管控。要稳步推进亚太机构业务集约化运营，搭建智能化的境外共享运营平台，建立协同高效的共享运营机制，年内率先在澳门、新加坡、马来西亚、悉尼等 4 家机构开展客户信息、汇款清算、参数管理等领域试点，更好支持亚太机构转型发展。

二是继续加强参数规范运营管理。要持续强化参数生产运行管理，构建场景驱动参数维护模式，形成融业务事件触发、数据自动录入、系统有效检测、关键环节复审于一体的参数配置机制，提升参数运行质量效率。要扩大分行特色参数统一运营管理试点，建立业务和产品维度的综合化参数监控模式，对网点新增、国债发行等实行参数事中风险管理。要加强参数分级评价结果应用，提升参数规范化管理水平。

兴行强行，人才为要。各行要深刻认识运行管理队伍建设在运营改革发展中的基础性作用，加强各级管理人员专业履职能力建设，确保各级行领导班子中配备熟悉运营的人才。要加强运营高素质人才引进培养，打造一支既掌握前沿技术又精通业务运营、具有创新思维的复合型人才队伍。

同志们，2020 年运行管理工作任务艰巨繁重、意义重大。各级运行管理部门要以奋发有为的精神状态迎接挑战，以改革创新的工作思路破解难题，以服务大局的责任意识践行使命，全面构建智慧运营体系，为新时期全行改革发展和经营管理注入新动能。

在中国工商银行疫情防控工作视频会议上的讲话

谷　澍

（2020 年 2 月 4 日）

刚才，董事长对深入学习领会习近平总书记重要讲话和指示批示精神，全面贯彻党中央、国务院决策部署，全力做好下一阶段疫情防控工作进行了安排，大家要认真抓好落实。正如董事长在讲话中指出的，这一段时期以来，全行涌现出许多感人的先进典型和事迹，充分彰显了工商银行的大行责任与担当。下面，我就贯彻好党中央、国务院决策部署，落实好监管要求和总行党委安排，做好下一阶段疫情防控工作，再谈三方面的具体意见。

一、做好疫情防控期间营业和办公安排

从近几天与各分行沟通了解的情况看，大部分分行按照当地政府要求，将在2月10日复工。届时预计疫情仍处于高峰期。各分行包括现在已经复工的分行，首先要做好营业和办公安排。

（一）合理安排、动态调整营业网点运营计划与人员调配。要根据各地区疫情防控要求和复工安排，依托大数据等信息技术，加强对网点业务量和客户到店数量情况的分析预估，按照最少必需原则，合理安排网点营业数量及到岗员工人数，妥善制定网点营业方案。既要保障疫情期间重点金融服务供给，也要最大限度减少员工患病染疾风险。总行人力资源部对全行上报的近一周网点及各级行本部上岗人员进行了汇总分析。2月3日至2月7日，全行开业网点数占全部网点数的26.7%；前台上岗员工数占全部前台员工数的17.4%。这是全行的平均数字。各行可以根据这个数字对辖区内营业网点的运营计划和人员调配进行对比。疫情防控期间，前台业务量有所减少，后台相关的支持部门，包括运管等中心，人员也要相应进行调整。

调整网点营业计划，各行要主动做好与当地人民银行、银保监会等监管机构的沟通。对受疫情影响暂时休业或调整营业时间的网点，要做好公示说明，明确告知附近可以办理业务的网点。

（二）科学安排各级行本部员工到岗情况。各行可统筹考虑疫情、业务运转等因素，采取灵活办公方式，妥善安排员工到现场办公或居家办公。对每日现场办公人员要有科学安排，避免过于集中在一个场所办公。总行本部自2月3日正常上班，这两天在大楼现场办公的员工占比在23%～24%，有的部门多一些，有的少一些。比如资产托管部有基金核算等职能要求，在岗人员就略多一些。这个数字也可以供大家参考。

目前，进出办公场所人员都要测量体温。各行一定要提前做好错峰上班安排，避免因测量体温形成人员的聚集，造成交叉感染。

二、全力做好金融服务

认真贯彻党中央、国务院决策部署，落实金融“30条”措施等监管要求，落实总行党委安排部署，全力做好金融服务。关于这方面工作，刚才董事长已经作了重点部署，大家要抓好落实。我在这里再展开讲几点。

（一）强化对疫情防控相关领域的融资支持。

一要加大对疫情防控相关企业的信贷支持。近期，人民银行联合发展改革委、工信部，下发了直接参与防疫的医用物品和生活物资生产、运输和销售重点企业的白名单，名单是动态调整的，目前共有139家企业。人民银行对9家银行提供2 000亿元的再贷款资金，用于为这些企业提供定向贷款支持。总行公司金融部牵头负责这项工作，白名单已经下发给各行。在这139家企业里，我行有贷款的20家，存量贷款14.99亿元；在我行开户的71户。这139家企业涉及26家分行，户数较多的有湖北分行24家、陕西分行18家、江苏分行13家、河南分行8家。从企业贷款需求来看，目前报上来的总需求是49亿元。金额超过1亿元的有10户，需求比较大的主要涉及湖北、天津、上海分行。我们要发挥大行担当，支持疫情防控，首先要把这一领域的企业对接好、服务好，在信贷规模安排、利率优惠等方面，积极满足其合理融资需求。其次总行公司金融部要牵头和这几家分行保持密切联系。对于未在我行开户的企业，要抓紧对接，争取开户，并落实贷款需求。对这139家企业贷款的利率水平，总行在前期发文也有规定。在和企业对接过程中，大家一定要密切关注同业情况，及时报告总行，并灵活掌握。

二要对受疫情影响较大的零售、住宿、餐饮、旅游、娱乐、民航、铁路、城市公共交通等行业企业，不得盲目抽贷、断贷、压贷。对受疫情影响严重的企业到期还款困难的，可予以展期或续贷。或者通过适当下调贷款利率、增加信用贷款和中长期贷款等方式，支持相关企业降低疫情灾害影响。

三要加大对制造业、小微企业、民营企业等重点领域的支持力度。继续保持小微企业、民营贷款增速。对符合条件的小微企业贷款，做到随审随批，信贷规模优先保障。加强对各地药店的“医保贷”等融资服务，做好对采购医药抗击疫情的小微企业续贷工作。对湖北地区小微企业、个体工商户的经营贷款及药店办理的“医保贷”，利率在目前市场较低水平的基础上进一步优惠。要继续增加制造业中长期贷款投放。关于湖北地区小微企业贷款的水平，银保监会正在研究相关政策，应该很快会下发。届时总行有关部门要与湖北分行做好对接，执行好监管要求。

四要提高疫情期间金融服务的效率。对直接参与疫情防治工作的重点医院、医疗科研单位、药品和医疗设备生产及流通等企业的新增融资及存量融资续贷业务，要建立绿色审批通道，切实提高业务办理效率，及时满足客户合理融资需求。湖北分行可结合当地实际情况，在把控实质风险的前提下，简化审批流程，加大对参与疫情防治工作的重点企业及项目的信贷支持力度。对重点企业新增及续贷融资需求，可不履行集体审议程序，直接报有权审批人审批。对政府主导的重点卫生基础设施项目，可采取评审合一等简化流程。要特别注意的是，目前金融系统都在加大对疫情防控的信贷支持，如果这中间出现一笔该贷的贷款被延误、被媒体曝光，影

响是非常负面的。因此，要注意提醒基层机构，当对一笔贷款有疑虑、有疑问时，一定要尽快提高决策层级，决不能出现应贷的贷款，因为我们的工作效率问题而造成延误。

五要落实好有关要求，切实提高疫情相关外汇和跨境人民币业务办理效率。金融“30 条”措施里，有 4 条涉及外汇和跨境业务。总行和各级行国际业务部门要负起责任来，确保落实到位。比如，要建立绿色通道，对捐赠的资金可以直接用经常项目的外汇结算账户办理，不用单独开立捐赠账户。对疫情相关项目，可以无须事前逐笔提交审批材料，但要做好事后检查，等等。

（二）全力保障特殊时期金融服务需求。

一要发挥金融科技和线上服务优势。要及时调整网银、手机银行小额支付限额，满足客户 7×24 小时快速办理资金汇划需求。全行科技部门要积极完善应急预案，做好关键系统配置和参数检查，全力确保特殊时期系统高可用机制发挥应有作用。数据中心要大力加强安全生产运行情况的监控力度，做好运行操作远程接管准备，主动应对突发状况。要充分发挥各监控系统和自动化应急工具作用，做好关键系统和基础设施运行情况监控，加强远程办公环境安全监测和管理，确保全行信息系统安全运行。

二要完善受疫情影响的社会民生领域金融服务。这里特别要强调，凡参加疫情防控的医护人员、工作人员，以及确诊患者和疑似隔离人员及其配偶，疫情期间在我行的个人贷款、信用卡透支因不便还款发生逾期的，不计入违约，不进入违约客户名单，不进入人民银行的征信系统。这方面的工作，首先银行卡部要负责，其次各级行管理信息部门要负责。因为征信系统方面的工作，是各级行管理信息部门在负责。要防止这些客户在征信系统有不该有的不良记录，引发客户投诉。对感染新型冠状病毒的出险理赔客户，要优先处理，适当扩展责任范围，应赔尽赔。工银安盛要负责。

三要切实保障消费者合法权益。充分利用线上等方式保持投诉渠道畅通，优化客户咨询、投诉处理流程，及时妥善处理疫情相关的金融咨询和投诉，做有温度、负责任的银行。切实加强行业自律，维护市场秩序，不得利用疫情进行不当营销宣传。

（三）发挥大行支持实体经济的稳定器作用。

要全力促进中央“六稳”要求落地。在做好防控工作的前提下，要加大金融支持力度，全力支持各类生产企业复工复产，支持新投资项目开工，支持推进在建项目。特别是加大对中央预算内优先投资的疫情重灾区应急医疗救治设施、隔离设施等传染病防治急需项目的资源倾斜。要聚焦攻克脱贫攻坚战最后堡垒，结合推进乡村振兴战略，支持地方政府以疫情防治为切入点，加强乡村人居环境整治和公共卫生体系建设。要加大消费金融创新力度，着力支持稳定居民消费，加快释放新兴消费潜力，更好满足居民健康生活消费需求。

要正确对待因疫情给业务发展带来的暂时影响，密切跟踪疫情变化，做好疫情影响评估和分析，及时调整经营策略，努力把疫情造成的负面影响降到最低限度。

三、保障客户和员工安全

全面做好排查和防控工作，消灭盲区、不留死角，坚决杜绝聚集性交叉感染，确保客户和员工安全。这里，再强调几个事项。

一要进一步严控会议、出差等活动。能不开的会坚决不开。确需召开的，原则上通过视频或电话会议系统召开；确需通过集中方式召开的，严格限制参会人数，须经主要负责人批准，同时对参会人员逐一登记。各部门、各机构班子成员出国、出境或跨省（区、市）出差、调研的，须经总行批准。严格控制跨区域员工流动，确需安排的出差活动，应事先采取必要预防措施。

二要持续跟踪关注行内员工、服务保障人员、保安、客户、外来访客等各类人员的全口径流量情况，做好疫情监测、排查预警工作。目前，我们对行内员工监测覆盖较为到位，各行要再检查对服务保障人员和保安是否做到全覆盖，这是容易出现疏忽的地方。

三要严格落实疫情报告制度。对出现疑似症状，家属有感染或列为疑似病人的员工，要立即组织排查和诊治。一旦员工被确认感染或列为疑似病人，要立即逐级报告有关情况，同时按规定向当地有关部门报告，采取有效措施阻断传染源，做到早发现、早报告、早隔离、早治疗。

四要加强对餐饮环境和卫生安全的全过程跟踪监管。食堂是个重点。从总行这几天的做法来看，一个是调整就餐方案，尽可能通过盒饭等方式，不要在食堂聚集吃饭，拿回到各个办公室分头就餐，减少人员聚集。另一个是从源头上严把食品的进货和加工渠道的安全卫生。这几天新闻大家都关注到了，新冠病毒除了飞沫传播以外，还可能通过接触传播。对于食堂管理，各行不仅要安排分散用餐，还要严把食品进货和加工渠道的安全卫生。

五要完善后勤保障，想方设法配给药物、口罩等预防用品。目前来看，全国口罩的产量可能要到 2 月底才有大的提升。口罩在一段时间内仍会处于短缺状态。首先要保一线、保重点，包括上门收款的员工等。对口罩等预防用品，各行调配要更加前瞻更加科学一些，安排要更周全一些。

同志们，当前疫情防控处在非常关键的阶段，进入到需要连续作战、持续奋战的重大考验期。全行要始终保持高度责任感、强大执行力，以更强担当、更大作为打赢疫情防控阻击战，努力为维护经济金融稳定大局多作贡献。

在应对新型冠状病毒感染肺炎疫情工作领导小组第五次会议上的讲话

谷　澍

（2020 年 4 月 1 日）

刚才，我们传达学习了习近平总书记在 3 月 27 日中央政治局会议上的重要讲话。我深切感到，在以习近平同志为核心的党中央坚强领导下，经过全国上下和广大人民群众艰苦努力，疫情防控取得阶段性重要成效，经济社会秩序加快恢复，成绩来之不易。习近平总书记的重要讲话，深入分析国内外新冠肺炎疫情防控和经济运行形势，深刻指出当前国内外疫情防控和经济形势正在发生新的重大变化，突出强调要因应国内外疫情防控新形势，及时完善疫情防控策略和应对举措，把重点放在外防输入、内防反弹上来，保持我国疫情防控形势持续向好态势，在疫情防控常态化条件下加快恢复生产生活秩序，为进一步统筹推进疫情防控和经济社会发展工作提供了重要遵循。结合大家的发言，我主要谈四点体会。

一、思想认识要保持清醒

疫情在不同阶段有不同特点，疫情防控也不可能一蹴而就。在疫情防控常态化条件下，需要我们做好打持久战的准备。特别是境外疫情呈加速扩散蔓延态势，防范境外输入的形势严峻、任务艰巨，我们的疫情防控工作切不可麻痹大意、掉以轻心。要时刻紧绷疫情防控这根弦，坚定信心、迎难而上、主动作为，把中央各项决策部署坚定不移贯彻落实好，把各项防控工作做得更加缜密、更加到位，千方百计巩固来之不易的防控成果。

二、金融服务要持续加力

从前期情况看，全行上下狠抓“春润行动”落地实施，为企业复工复产提供了高效率、高质量的支持，较好发挥了大行的“头雁”引领作用。下一步要继续扎实推进。这里，我想重点强调一下供应链融资业务发展问题。支持制造业发展，恢复生产生活秩序，很重要的一条就是推动产业链协同复工复产达产，防止断链。我们实施“春润行动”、支持复工复产也要牵住“牛鼻子”，沿着产业链条做好服务，同时这对我们的供应链融资服务能力提出了新的更高要求。从总行到分行都要予以足够的重视，充分认识到供应链融资是我行未来制造业金融服务和普惠金融业务发展的重要增长极，具有排他性特征，要着力打造拳头产品，加快客户批量化拓展。要注重发挥合力，特别是公司金融业务部和普惠金融事业部要加强信息沟通、措施协调、行动配合，把牵头作用发挥好，把专业队伍建设好，把核心企业服务好。总行相关部门在科技、授信、风控、规模、价格等方面，要加大支持、优化管理，提升我行供应链融资发展质效。

三、重点地区要重点支持

疫情发生后，总行为湖北分行强化疫情防控、支持防疫企业融资需求等制定了针对性支持措施，取得了积极效果。刚才，湖北分行在交流发言中提到，中央指导组会同省委省政府近期多次召开专题推动会、调研座谈会，要求各银行金融机构以更大的支持力度、更大的争取力度、更大的创新力度、更大的宽容力度，出台定向支持湖北复工复产的综合性方案。我们要积极响应、认真落实，加紧制定支持湖北的专项方案，找准工作着力点，在关键时期搭把手、拉一把，全力支持企业复工复产、共渡难关，助力打赢湖北经济保卫战。

四、风险防控要与时俱进

这里重点谈谈操作风险问题。现在看，达到满员到岗复工可能还需要一个过程，出于疫情防控和人员安全考虑这是必要的。同时也要看到，一些原有的内部控制安排，在人员较少的情况下可能落实起来有难度，加之当前疫情下，到岗人员少、业务量不减、市场波动反而更大等因素综合作用，部分岗位特别是交易类岗位发生操作风险的概率上升，需增强警觉性，及时跟进这些新情况新问题，强化对境内外所有机构的操作风险管控。总分行相关部门特别是资金交易部门要结合业务复杂程度、风险状况、时效要求等因素，充分考虑并梳理人员、流程、系统、营业场所情况，采取降低限额、缩小授权、人工干预等必要强化措施，确保做到有章必循、防控有效，切实防止业务操作失误、实物损失、客户信息泄露、道德风险等问题发生。境外机构也不能掉以轻心，要持续加强远程办公和业务管理，做好疫情防控期间 VPN 访问业务系统的风险控制，有效防控操作风险。

在2020年全行组织人事工作会议上的讲话

谷 澍

（2020年4月10日）

刚才，陈四清书记从全局角度和战略高度，对新形势下加强党的建设、干部人才队伍建设和人力资源效能提升等工作进行了全面部署安排，提出了新的要求，具有十分重要的指导意义。全行要认真学习，深刻领会，准确把握，抓好落实。根据陈四清书记的讲话精神，围绕全行人力资源管理工作，我再讲几点具体意见。

一、去年人力资源配置工作取得的成绩和下一步改进的方向

2019年，各级党委和人力资源部门坚持以习近平新时代中国特色社会主义思想为指导，全面落实总行党委“48字”工作思路，坚持效益贡献导向，不断优化资源配置，持续提升人力资源效能，各项工作取得了较好成效。

一是三年人员规划年度目标圆满完成。集团人员总量降至44.5万人，较年初净减4 200人。加快人员更新储备，全年共退出2.6万人，新增2.2万人，员工平均年龄稳步下降，队伍活力明显增强。客户经理、新兴业务、科技条线力量进一步充实，信贷前中后台人员比例不断优化，运营中后台与综合保障人员有序压降，人员结构与业务发展战略的契合度进一步提高。此外，把服务国家区域经济布局同提升区域竞争发展能力相结合，加大对京津冀、长三角、粤港澳大湾区等重点区域人员投入，为提升市场竞争力提供人才保障。

二是薪酬福利资源配置更加合理。坚持“效率优先、兼顾公平”分配导向，加大当期业绩挂钩力度，鼓励经营性机构创利增效；加强工资费用与非工资性费用的统筹配置，对低收入分行给予适当倾斜，帮助经营困难分行渡过难关。努力提升员工收入水平，绝大部分机构的人均工资实现了正增长。针对基层员工收入较低等问题，制定《关于加快提高基层员工薪酬待遇的意见》，在全行工资总量非常紧张的情况下，为20余万个网点员工人均每月增加290元岗位津贴，为5万名艰苦边远地区员工人均每月增加340元艰苦边远津贴。基层员工人均工资增幅达到10%，获得感、幸福感明显提升。完善各项政策制度，规范薪酬发放，保障正常休假，升级养老和医疗保障，将总行党委对员工的关心关爱落到实处。

三是组织机构布局得到优化。贯彻党和国家机构改革精神，落实总行党委战略部署，完善组织机构设置，为全行转型发展提供组织保障。持续优化总行本部组织架构，成立现代金融研究院，设立工银理财，推进资管业务板块机构改革；深化集团金融科技组织体系转型，组建金融科技研究院，设立工银科技和研发分中心，全行科技力量得到加强。加大对重点区域机构申设的支持力度，开展一级支行优化调整，稳步推进集约化中心建设，机构布局得到优化，经营资源和人力资源得到进一步释放。

在充分肯定成绩的同时，我们也要看到，人力资源工作还存在一些需要改进提升的地方。一是与高质量发展要求相比还存在差距。高质量发展强调的是更高质量、更有效率、更加公平、更可持续的发展，这要求我们必须科学评估资源的承载能力，改变过去铺摊子、拉队伍、抢资源的路径依赖，通过优化资源配置，使各类要素最大限度地发挥作用，实现业务长期、平稳、可持续增长；要求我们不断优化改进分配机制，既要避免平均主义，又要合理控制收入差距，使发展成果更多、更公平地惠及全体员工，实现员工和工商银行的共同发展。二是在依托金融科技提升人力资源效能方面还需要加强。新技术在为银行业务发展全面赋能的同时，也对传统运营模式带来新挑战，国内外一些金融企业正在探索借力金融科技、人工智能，实现减员增效。三是从同业对比看，部分区域还存在差距。前期人力部专题分析显示，我行不同区域的人均产能存在较大差异，一些省行或二级分行，在各类资源配置与当地同业大体相当、甚至比同业更多的情况下，市场份额和业绩表现却不如同业。比如，我们有10余家省行人员总量大于主要可比同业，但利润、中收、存贷款规模等却低于对方，投入产出效率有待提高。四是从我行管理实际看，资源配置的统筹平衡能力还需要进一步提高。部分机构成本约束意识还不够强，配置资源的手段方法比较粗放，用新技术、新模式和新机制破解资源约束难题的能力不足、方法不多。有的专业条线对业务流程设计不合理，链条长、断点多、市场响应速度慢，人员占用多，降低了运行效率，影响了客户和基层服务体验。要解决这些痛点，绝不是一个部门的事，需要各机构、各部门树立全

行一盘棋思想，充分发挥工作合力，共同为效能提升作出贡献。

二、以三年人员规划为引领，加快员工队伍转型升级

（一）坚定不移做好人员规划落地执行。三年人员规划是指导全行做好人力资源优化配置的重中之重。今年是规划收官之年，全行要增强一张蓝图绘到底的战略定力和韧劲，对照规划目标，对新增人员投放、供需矛盾破解、区域及条线人员优化等重点工作进行全面评估，确保实现各项目标要求。2020 年全行预计将新招聘 1.5 万人，要以业务发展需求为导向，实现人员供需的精准对接。加强信贷、销售、科技、外汇等专业队伍建设，有序推进重点条线人员配置。加快落实区域发展战略，继续加大战略性区域人力资源投入。根据县域营业网点结构调整需要，结合网点效益贡献与人员短缺程度，差异化制定人员补充策略。另外，要注重前瞻谋划，加强系统研判，统筹做好未来人员总量和结构的规划安排。

（二）持续转变资源配置方式。各机构要树牢成本约束意识，算好人力资源投入产出的“经济账”，严控低效人力资源投放。要持续优化业务流程。总行各部门要加强自我检视，勇于改革创新，主动对标同业，持续开展技术创新与流程优化，切实减少人员占用。要加大机器换人工作力度。业务部门要与科技部门加强协同，制定时间表、路线图，加快推进在标准化岗位上机器对人的替代。要增强线上人员配置。适应智慧银行发展趋势，加强线上服务的人力资源配置，强化人力资源对线上线下一体化联动的支撑。要精简压缩各类冗员。以全行岗位标签体系建设为抓手，做好人员盘点。在摸清底数基础上，各机构要针对在岗不履职、履职不尽责的“清闲人员”，以及不合理流程占用的“忙碌人员”，进一步明确工作职责，加强考核管理，强化能力提升，适当加大业务外包力度，实现减员增效。

（三）打造全链条人才培养体系。针对近年来部分机构招聘吸引力不足、人才断层问题突出等情况，要加强对新员工职业发展的关注，完善培养成长路径，做好全周期管理。在大学生实习阶段要“松好土”，适当将招聘关口前移，以线上线下相结合方式，持续开展暑期训练营、科技精英、岗前实习等项目，提前锁定优秀人才。在员工招聘阶段要“选好苗”，切实抓好源头管理，不断增强“工银星辰”品牌建设，坚持按岗按需、分层分类开展招聘，有针对性地吸引综合素质较高、专业背景相符、实践能力突出的优秀人才。在新员工管理阶段要“浇好水”，落实好加强新员工管理工作意见，完善新员工入行后的跟踪监测，有针对性地开展各类培训，加快优秀青年员工成长。在骨干员工成长阶段要“施好肥”，打造核心人才队伍，实行名单制管理，加强跨机构、跨专业的多岗位交流历练，突出实战培养。对于发展潜力大的员工，适当加快晋升速度，优先提拔到支行、网点负责人等初级管理岗位，搭平台、压担子，为其成长发展创造机会。

（四）加快推动人才队伍转型升级。抓紧制定信贷队伍建设指导意见，做好信贷人员更新补充和梯队培养，提升信贷经营能力。落实全面打造“第一个人金融银行”战略，进一步加强理财经理、财富顾问、个贷客户经理等营销队伍建设，切实增强个人中高端客户营销维护力量。探索推进基层客户经理综合化，融合营销岗位职责，打通系统权限，强化技能培养，优化考核机制，全面提升客户经理队伍公私联动营销和交叉销售能力。深入推进网点岗位“5 变 4”改革，提升各岗位人员的协同营销服务意识。加强国际化、综合化人才培养储备，持续优化国际化人才培训项目，完善当地雇员管理。

三、兼顾效率与公平，用好薪酬福利资源

（一）做好薪酬福利总量分配。在资源有限的情况下，各机构要做好过紧日子的准备。总行将在保持整体工资分配政策稳定、连续的基础上，继续突出价值贡献导向，加大对利润贡献大行、同业领跑先进行、金融资源富集行的激励力度。同时，对于因暂时经营困难，当年挂钩工资下降幅度过大的机构，以及工资总额连续几年下降的机构，也会适当予以支持，合理控制机构间薪酬差距。各机构要按照“量入为出”的原则，科学制定辖内工资总额分配方案，合理预测经营指标实现情况，按季控制好工资预算列支进度。此外，省行要按照总行考核分配导向，加强对二级分行的工资费用分配管理，逐级完善二级分行到支行、支行到网点的工资费用分配办法，加强战略引领和压力传导，提高内部薪酬资源配置效率。在非工资性费用管理上，完善“控峰填谷”配置机制，将增量费用资源优先投放到基层行、基层员工，提高不同地区、不同机构层级间员工福利保障水平的均衡性。

（二）提升薪酬资源使用效果。各机构要强化工资费用约束，提高投入产出比，通过薪酬资源配置控制增人需求。抓住退休高峰机遇期，使用好人员总量减少释放的薪酬资源，为人员更新、人才储备及人员结构优化调整提供资源支持。各机构要在激励约束机制上下足功夫，明确重点激励领域和对象，建立与关键业绩表现挂钩的薪酬分配机制，让敢于奋斗、甘于奉献的员工获得合理回报。对于专业资质要求高、培养周期长、可替代性低的骨干人才，可根据人才成长规律和特点，研究实施不同模式的骨干人才激励方案，激发其创新动力，提升队伍稳定性。

（三）提高薪酬管理精细化水平。薪酬资源层层分配，发到员工这一环节至关重要。各机构一定要注重提

高分配的透明度，做到公平公正，确保员工对个人工资清晰明了。加强应付工资管理，做好工资费用使用的跨年平衡，避免年度间工资水平的大起大落。要提高薪酬发放的规范化水平，确保岗位工资足额按时发放，绩效工资及时均衡发放。总行已将薪酬分配工作纳入巡视和审计内容，各机构也要加强监测并纠正薪酬发放过程中的违规行为，切实保障员工权益。

四、优化组织设置，提升整体运行效率

（一）构建精简高效的二级分行本部。二级分行是我行最基本的经营单位，是拓展业务、创造效益、控制风险的核心力量。我行二级分行平均有 18 个部门，是可比同业的 1.5 倍。部门设置过多，容易增加内部协调成本，影响运转效率。去年，部分省行对辖内二级分行本部进行了瘦身，取得了较好效果。今年要加快推进这项工作。总行要做好规划设计，抓好组织推动，指导省行对辖内二级分行本部进行一次全面的诊断和评估，摸清情况，找准发力点。各省行要对标可比同业和系统内标杆分行，统筹规划辖内二级分行本部机构设置。各二级分行要主动作为，积极探索，优化现有职能分工、减少业务流程节点，通过部门整合带动中后台人员压降和服务效率提升。

（二）持续推进城区一级支行优化调整。我行的传统优势在城区，绝大多数机构和客户都分布在城区，城区一级支行数量多少、布局优劣、效能高低，直接影响全行经营发展质量。今年要继续大力推进这项工作，并适当扩大范围。对于前期工作力度不够或优化不到位的分行，要主动作为，重新梳理城区一级支行数量、管理幅度、与区域资源禀赋的匹配程度等情况，重点关注支行扎堆的老城区，提高工作的针对性和有效性。对于前期工作已取得成效的分行，可将辖内重点城市行纳入优化调整范围。省行要做好总体规划和统一部署，加强对二级分行的业务指导和资源支持。二级分行要做好具体实施，不打折扣、不搞变通、不降标准，确保各项工作有序推进。

（三）充分发挥条块协同作用。这个问题前两年讲过，但从实际情况看，条块矛盾依然存在，这里我再强调一下。从“条”上看，“条”的优势在于站位高、专业性强，短处在于离“战场”较远，因此，“条”应当以发挥业务指导和支持作用为主，在人员管理、薪酬分配、机构设置等方面减少对“块”的干预。具体来说，各专业条线要专注做好三项保障工作：通过优化流程和产品设计，为分行提供“先进武器”；通过加强专业人才培训，增强员工专业技能，提升一线“作战能力”；在分行遇到问题时，及时给予专业辅导和服务支持，做好“炮火支援”。此外，还要科学评估条线与条线之间的业绩贡献，实现全集团整体利益最大化。从“块”上看，“块”的优势在于离市场近，直面问题，能够掌握业务发展的第一手信息。“块”一定要使用好对资源配置的自主决策权，充分发挥“战区主战”作用，同时将战场情况及时向“条”上反馈，自下而上驱动产品、流程持续完善，形成管理闭环，发挥好“条”“块”协同作战的威力。

（四）推动完善治理监督体系。近年来，我行案件多发高发，特别是“两明案”的发生，暴露出我行对“关键少数”和业务经营的监督还存在一些问题。境外机构经营风险增加，反洗钱合规管理压力加大。全行要贯彻落实党的十九届四中全会精神，推进治理体系和治理能力现代化建设，通过加强事中事后监督，明确主体责任，发挥好“三道防线”的监督合力。各级机构和经营管理部门作为第一道防线，要守好“责任田”，强化在业务经营、日常监督和整改问责中的主体责任，做好制度规范和流程优化。各级风险管理和内控合规部门作为第二道防线，要当好“巡逻兵”，统筹监督检查资源，并对重点领域开展监督检查。内部审计部门作为第三道防线，要守住风险“底线关”，切实履行对前两道防线履职有效性的再监督再评价。全行要为加强事中事后监督提供组织人事保障，进一步增强业务监督效能，提高组织运行效率。

五、突出多元激励，加强对员工的关心关爱

（一）多措并举激发员工队伍活力。各机构要针对不同群体员工的差异化诉求，综合运用职务晋升、多岗位锻炼、保障休假、荣誉激励等多种方式调动员工积极性。各级管理人员要关心员工职业发展，注重在实践中提升员工综合能力。统筹抓好全行统一的荣誉表彰，加大对先进人物先进事迹的宣导力度。在员工入职工作期间的重要时间节点，举办各类纪念仪式，增强员工荣誉感、成就感。结合新生代员工逐步成为员工队伍主体的形势变化，开展课题研究，引导各级管理者改进管理方式，提升员工管理水平。

（二）为基层员工减负赋能。落实不忘初心、牢记使命制度，巩固深化“基层减负年”成果，切实为基层真减负、减真负。各专业条线要通过持续优化业务流程、精简整合各类报表等措施，减少不必要的工作内容，切实减轻基层一线员工工作压力。各行要强化员工适岗培训，加快向一线人员赋能，创新基层网点员工实战培养模式，使其成为孵化各类人才的重要平台。在去年大幅精简网点考核指标的基础上，进一步完善网点员工考核激励体系，为基层员工减负松绑。

（三）切实保障员工利益。各机构要不断完善员工养老、医疗与困难救助体系，为员工办好实事；关注员工身心健康，加强员工心理疏导。密切关注员工工作生活中的实际困难，想方设法协助解决；对因感染新冠肺炎住院治疗的员工，要做好关心慰问、医疗费用保障和

困难救助等工作。

六、聚焦科技应用，提高人力资源管理水平

去年，总行发布了ECOS智慧银行生态系统，标志着全行进入了“智慧银行”“数字银行”建设的新时期。全行要贯彻好科技驱动、价值创造要求，紧紧抓住金融科技这一推动高质量发展的关键变量，增强全员依托科技创新提高竞争发展能力的意识，充分发挥金融科技的杠杆作用、乘数效应，为业务转型、客户服务赋能，不断提升价值创造能力和服务供给能力。全行上下要积极学科技用科技，特别是各级管理人员要主动研究新业态、掌握新方法、理解新技术，在金融科技创新中更好地发挥好领路人的作用。各机构、各部门要积极构建金融科技人才蓄水池。通过吸纳优秀毕业生、市场化引进中高端精英人才等方式，多渠道引入科技人才，不断提高科技人才占比。探索建立“人力部门招聘、科技部门锻炼、业务部门使用”的人才培养使用新模式，加强科技人员向业务部门流动，并注意选拔使用具有金融科技专业背景的人才，培养一批说内行话、懂专业事的干部。积极推动业务与科技融合，让业务与科技能够谈到一起、干到一起、想到一起，在深度融合中形成化学反应，围绕全面打造“第一个人金融银行”、境内外汇业务首选银行、区域发展等全行重点战略，加快金融产品、业务流程和运营模式的变革创新。

同志们，2020年是我行完成三年规划的决胜之年，做好人力资源工作任务艰巨、责任重大。人力资源部门要在各级党委的领导下，继续通过扎实有效的工作，推动人力资源管理水平实现新的、更大的提高，为实现全行高质量发展提供更加有力的组织和人才保障！

关于一季度经营情况的通报和下一阶段经营的几项重点工作

——在统筹推进常态化疫情防控和经营发展工作视频会上的讲话

谷　澍

（2020年4月17日）

根据会议安排，我通报一下一季度经营情况，强调下一阶段需要重点关注和加强的几项工作。接下来，董事长还将就贯彻党中央决策部署、推进战略实施和战术落地进行强调和布置，大家要抓好贯彻落实。

一、一季度主要经营情况

今年以来，面对经济下行叠加新冠肺炎疫情的影响，全行上下坚决贯彻习近平总书记重要讲话和指示批示精神，落实党中央、国务院决策部署，按照总行党委“48字”工作思路及年度工作会议安排，在统筹抓好疫情防控和支持经济社会发展的同时，保持了自身稳健经营态势。

（一）盈利增长平稳。北京、江苏、山东、江西、黑龙江等19家分行净利润和拨备前利润均正增长。工银瑞信、工银投资、工银理财等子公司净利润正增长。在当前增收不利因素较多且去年同期高位增长的基础上，实现手续费及佣金净收入469.65亿元，增长1.8%，总量继续保持同业第一。账户交易类、债券承销及代销、贵金属、个人工银信使、人民币对公结算收入等业务增长较好且四行占比提升。

（二）资产质量总体稳定。及时做好疫情受困客户贷款风险缓释，加快重点风险大户消化清淤，加大不良贷款处置核销，季末集团不良贷款率、逾期贷款率、拨备覆盖率、拨贷比与年初基本持平。山东、辽宁、江苏和河南等16家分行不良贷款较年初双降。剪刀差276亿元，较年初下降4.7亿元，其中公司贷款剪刀差－282亿元。今年我行对公司贷款仍执行无正常理由逾期即纳入不良，同时将有实质风险的未逾期贷款也分类为不良。一季度末，逾期90天以上贷款与不良贷款的比例为74.54%，比年初下降3.41个百分点；逾期60天以上贷款与不良贷款的比例为79.71%，比年初下降1.6个百分点。

（三）信贷投放精准有效。贯彻逆周期调控政策，合理加大融资支持力度，以“春润行动”为主题，全力支持疫情防控和复工复产。一季度境内人民币贷款（含拆放）新增6 490亿元，同比多增1 676亿元，增量创同期新高。债券投资新增3 330亿元，同比多增872亿元。其中，专项再贷款名单内企业贷款保持可比同业领先；制造业贷款增加1 085亿元，增长7%；普惠贷款增加803亿元，较年初单季增幅达到17%，较去年同期多增221亿元；民营企业贷款增加1 323亿元，高于去年同期增量。广东、江苏、浙江、深圳、四川、北

京等分行新增贷款均衡率较好。

（四）存款增量领先同业，“第一个人金融银行”战略开局良好。境内分行人民币各项存款（含同业）余额24.26万亿元，新增1.77万亿元，同比多增4 826亿元，增量排名同业首位。一般性存款（不含同业）余额22.24万亿元，新增1.27万亿元，同比多增1 221亿元。分品种看，储蓄、公司、机构存款分别增加8 819亿元、2 172亿元和1 751亿元。其中，储蓄存款增量占一般性存款增量的69.2%，对全行存款的增长起到了重要支撑作用。从分行看，江苏、山东、四川、吉林分行，以及这些分行的南京和苏州分行、济南和烟台分行、成都和达州分行、长春和白城分行等二级分行在时点与日均增长、付息成本控制、同业对标等方面综合表现突出。浙江、河南、辽宁、新疆分行存款日均增长好、时点增量大、同业排名靠前，同时也要关注改善付息成本同业排名。北京、深圳、广东分行存款时点增量系统内领先，付息率控制在同业较低水平，同时也要更加注重提高日均增长效率，增强存款稳定性。

（五）客户拓展稳中有升。个人客户总量达6.56亿户，较年初净增590万户，其中日均资产5万元以上客户增量创近3年同期新高。公司客户总量达747.6万户，净增19万户，其中有贷户净增1.4万户、增幅13%。机构客户总量达47.6万户，净增7 457户。线上客户方面，个人手机银行月动户达7 581万户，同比增长17.6%，继续保持规模、活跃度、黏性三个同业第一。法人手机银行动户146.3万户，同比大幅增长65.1%，四行占比近60%。

总地看，一季度全行主要业务指标开局平稳，成绩来之不易。同时，我们也要清醒看到，全行经营管理中还存在一些值得关注的问题。

一是资产质量后期稳定压力较大。当前国内外经济运行不确定性因素增多，疫情影响对银行资产质量传导的滞后性，加上之前临时性延期还本付息贷款的陆续到期，下半年质量管控压力将进一步显现。二是存款量价协调发展能力有待提升。存款增长稳定性偏弱，时点冲高迹象明显。一般性存款季末最后3天增加8 069亿元，占全部增量的63%，日均增量为负的分行有17家。同时成本上升较快，一季度存款付息率较上年上升6个基点，加上资产端收益率下行的双向挤压，NIM单季就下降4个基点。三是转型增长困难加大。24家分行中收同比下降，信用卡、代理保险、投行等减少较多，个别条线竞争力下滑，与可比同业差距不减反增。

二、关于下一阶段重点工作

全行要咬定全年任务目标不放松，统筹做好常态化疫情防控和经营发展工作，努力完成半年序时任务。

（一）关于信贷及其他投放工作。全行要把支持实体经济恢复发展放到更加突出位置，深入贯彻逆周期调控政策，合理安排二季度贷款增长计划，扎实推进“春润行动”，在支持疫情防控和经济社会发展中展现更大担当。

要落实好制造业和普惠贷款的发展要求。国务院及监管部门对此提出了明确的增长幅度及结构性要求，我们必须不折不扣地落实好。制造业贷款，要按照“制造业金融服务提升年”部署，加快专营机构建设，重点围绕先进制造业、战略性新兴产业、传统产业转型升级等领域，做实名单制管理。要适度扩大中长期制造业贷款利率授权，对于优质制造业名单内客户的1～3年期贷款，利率授权扩大至1年期LPR减30个基点，超利率授权业务由分行报总行公司部，总行公司部、资负部要协同建立快速响应机制，在部门权限内当天回复，努力保持制造业贷款好的增长势头。普惠贷款，要依托经营快贷、e抵快贷、数字供应链融资等主力产品，继续加快贷款投放，组织开展“万家小微成长计划”专项活动，完成好各项监管要求指标，确保6月末普惠贷款增量达到全年计划70%以上。

要重视沿着产业链发展数字供应链融资。发展数字供应链融资，能化解上下游小微企业流动性压力，对于推动协同复工复产，促进产业循环、市场循环、经济社会循环具有重要作用，也是制造业和普惠贷款当前上户上量、未来可持续增长的重要依托。全行要上下联动、内外合作，力争完成上半年增长目标。一要建好名单库，精准对接。选好核心企业，是实现批量拓户、量质平衡的关键。总分行都要尽快建立核心企业白名单库，开展产业链固链行动，力争上半年数字供应链业务落地1 000条。二要紧抓重点行业，快速上量。各行要以医药、制造业和农业等行业为重点，结合区域产业优势，加快营销推动。近期可从优质三甲医院、重点医药企业入手，将个性化方案转化为可配置的场景方案。三要明确模式，控好风险。要明确数字供应链融资的业务模式，依靠金融科技优化债项授信模式和运营模式，确保数据真实、风险可控。总行要分行业打造一批标准化、可复制的供应链模板，各行要加快复制推广，实现批量化、规范化增长。四要强化协同，形成合力。供应链融资专业性强、服务链条长、涉及部门多，总分行都要组建专门队伍，加大培训力度，优化协同机制，强化在科技研发、产品创新、资源配置等方面的支撑，形成营销和风控合力，解决业务发展的难点和痛点。

要抓住“稳投资”政策落地的机遇，聚焦战略性区域、重大在建续建、新建扩建项目，增厚信贷资源储备，提高转化效率。要紧抓各地住房销售逐步恢复时机，一、二手房并举，服务好人民群众通过住房按揭提高生活品质的需求。要把握疫情后新产业、新技术、新业态、新模式带来的机遇，重点加大对5G网络、数据中心等新基建项目的营销力度。要创新线上消费金融产品，为未来发展积厚成势。

（二）关于存款工作。一要夯实客户基础，努力增加日均存款。要始终坚持以客户基础为抓手，而不是以价格驱动为抓手，走持续强化客户基础的路径，防止简单以提高利率水平来短期冲时点的做法。要完善分层分级的客户、产品、营销体系，不断扩大客户规模，提高客户质量。要强化 GBC 三端联动，进一步加大夯实存款基础力度，让资金尽可能在我行闭环流动，留下“过路钱”。要建机制，建立系统化、制度化、常态化的横向联动保障机制，实现优势互补、配合作战、梯次带动，解决“联而不动”的问题。要拓场景，继续大力拓展医疗、教培、政务、交通、司法等线上线下场景，深化政务和产业互联网布局。要抓末端，发挥好在总部机构、核心企业方面的优势，围绕“甲乙方合作、上下级隶属、集团内关联”等模式，争揽“客户的客户”。要针对我们在县域 B 端 C 端“毛细血管”客户的短板，加快重点县（县级市）域网点渠道下沉。

二要突出负债成本管控，控制付息率过快上升势头。年内贷款利率的下行是确定的，也是银行业让利实体经济所必需的，相应我们一季度付息成本上升较快值得关注。这既容易影响我们资产端的调价能力，也已引起监管关注并在 MPA 考核中被扣分。要建立全口径存款定价考核机制，加大对实质付息成本的考核评价和激励，督导基层机构强化负债成本的对标管理，力争全口径存款付息成本优于可比同业。要优化负债结构，动态调整主动负债产品品种、期限结构和利率定价，引导基层机构适度加大中短期存款吸收力度，进一步压降长久期、高上浮存款产品规模，确保能够吸收合理成本的资金，来支持实体经济，维护自身经营稳定，同时符合监管部门和央行当下控制存款成本的导向。

（三）关于业务转型。中间业务是转型和市场应变能力的重要体现。从一季度情况看，我行中间业务收入四行占比同比下降了 1.36 个百分点，说明在疫情面前，全行的市场应变和转型创新能力还有差距。二季度，全行要围绕疫情防控常态化条件下市场和客户出现的新变化，做好转型创新这篇大文章。

一是加快线下与线上联动，推出更多的非接触金融服务。一季度全行通过抢抓资本市场、黄金以及大宗商品市场机会，利用线上等非接触方式积极营销，取得了一定成效。例如代销股混型基金销售额增长 504%，贵金属收入同比增长 47.48%，资管产品日均余额增长 19.52%。但与同业相比，我行部分领域也还存在短板，如代理保险收入同比下降 36.89%，降幅同业最大，市场占比下降了 3.94 个百分点。总行相关部门和分行要深入分析原因，及时作出策略调整，限期改变同业落后局面。

二是服务好大众消费升级需求，补上“第一个人金融银行”短板。要做大信用卡消费、分期付款规模，加快缩小与同业的差距。密切跟踪国家扩大消费的政策动向，推动汽车分期业务从间客式向直客式顺利转型。同时用好外呼渠道，以账单分期、e 分期和家装分期为重点优化结构，培育分期产品可持续增长能力。要组织好第三方支付“绑卡促活”“爱购”系列促销活动，带动第三方支付交易量及信用卡消费额恢复性增长。

三是尽快找到“境内外汇业务首选银行”的实现路径。要以服务实体经济、促进稳外贸稳外资为主导，以本币优势带动外币业务，对全行现有的对公与个人外汇业务进行梳理，针对客户需求，找准发力点。要按照精细化、可持续原则，分门别类，制订扩大外汇客户基础和提高外汇业务价值贡献度的方案。要多研究便利和完善外汇服务的具体措施，发挥商业银行作用，提升跨境贸易投资便利化水平。要对疫情冲击下，全球利率水平下行的加快和低位的持续性进行分析，论证清楚当前市场环境下外汇大类资产的价格趋势，资源投入要有针对性，避免依靠笼统增大考核权重、单纯诉诸价格手段的简单方式。要先能力培训再开展业务，确保合规上不出问题。

四是理财类子公司要加快产品创新，更好满足客户的财务管理需求。随着境内外市场利率的逐渐走低，客户的财富管理需求将会更加迫切。工银理财要加快推出符合新规、具有竞争力的产品，以满足不同层级、不同类型客户的需求；工银瑞信要平衡好货币基金和股混基金的发展，及时捕捉市场机遇，满足客户不同时期、不同市场环境下的需求。

五是挖掘债券承销、银团方面的业务机会。当前，国内市场利率走低导致表内资产相关收益下滑，但同时非金融企业债、地方政府债等承销业务机会增多。一季度全行债券承销与代销业务收入同比增长 47.47%，增量同业第一，总行金融市场部和境内外各分行要密切配合，继续把这一工作做好。针对国内外经营风险加大的情况，对于重大项目要多做银团贷款，分散风险，增加牵头行相关收益。随着复工复产逐步提速扩面，客户多样化的融资需求不断显现，要提升“融安 e 信”“融智 e 信”“融誉 e 信”等产品客户渗透率，挖掘客户融资再安排顾问需求，用好并购贷款工具，争揽境内外并购业务机会。

（四）关于风险管控。要强化实质风险管控，努力实现资产质量稳定和各类风险总体可控。

一要保持资产质量基本稳定。要做好统筹安排，实时监测复工复产效果。对经营恢复好的企业，尽量按合同约定恢复正常结息；对暂时性遇到困难的，在深入评估的基础上，可提供缓释支持；对受影响程度大、确实经营难以为继的，如餐饮、住宿、旅游等行业中的部分企业，要有序纳入不良管理。要加强重点领域风险管控。在做好既定重点分行帮扶的同时，尽快制定湖北和武汉分行专项支持方案。要加快消化实质风险较大的重点大户风险，有序做好个贷和信用卡逾期催收，认真做好地方政府隐性债务对账和到期债务的风险化解。要在发展供应链融资的过程中，从核心企业资质、数据真实性验证、优化授信机制等方面控制住风险，保证供应链融资健康发展。要合理调整境外资产增速，严控境外新增贷款承诺。要提高不良处置质效。近期总行调整优化了不良贷款责任评议权限，各行要把握时机加快推进，提高常规处置占比，加大账销案存资产清收力度，力争上半年处置任务完成率有所提升。要发挥好信贷体制改革红利，进一步强化前中后台的风险控制能力。

二要密切关注市场风险。要加大市场形势分析研判，动态调整投资交易策略，加强境内外、本外币统筹管理，严格控制交易限额及汇率风险、流动性风险敞口。要加强存量金融市场业务交叉风险管理，避免因市场风险、操作风险引发信用风险被动超限。要关注部分中小金融机构风险，严格新增准入，做好存量监测。

三要加强合规风险管控。境内外各机构都要高度重视疫情影响下操作风险诱因增多的问题，保持内控案防的高压态势，坚决实现“一确保两压降”目标。要围绕信贷、信用卡及理财业务、员工异常行为排查等监管通报的重点领域问题，强化源头整改。要针对因疫情人员难以满编到岗、一些内控安排执行上出现人手困难的情况，制定必要的风险防控措施，加大全流程实时监控和非现场检查力度。要执行好《“17 版”服务价目表》和今年疫情期间出台的 9 项免费项目，不折不扣兑现免费承诺。规范承担小微企业评估费和抵押登记费等相关费用，决不向客户转嫁成本。要坚持收费自查自纠常态化，发现问题及时整改，确保各项收费监管政策和总行要求落到实处。

在全行个人金融业务工作会上的讲话

谷　澍

（2020 年 4 月 29 日）

今天，我们召开全行个金板块工作会议，主要是分析当前形势和问题，总结“第一个人金融银行”战略推进情况，研究部署下一步工作。下面我讲三点意见。

一、“第一个人金融银行”战略实现良好开局

去年下半年“第一个人金融银行”战略启动以来，全行上下认真贯彻落实总行党委的决策部署，积极进取、同心协力，在市场竞争力、价值创造力、经营质态和客户基础上都取得了新的突破，多项关键指标创下了近年来最好成绩。尤其是人民币储蓄存款余额突破 10 万亿元大关，增量实现了“双第一、双万亿”；个金板块营业贡献行内占比达到 46.1%，再创新高；按揭贷款不良率 0.23%，实现同业最优；全量客户站上 6.5 亿户大关，净增突破 4 300 万户；5 万元以上个人客户净增创近 5 年来的最好水平，信用卡客户率先破亿，ETC 客户新增四行占比超过 41%。良好的经营业绩，也得到了国际评级机构的认可，零售品牌价值达到 354 亿美元，蝉联全球第一，实现了良好的战略开局。

今年以来，围绕“获客吸金、维客提质”的旺季营销主题，各级领导带队营销超过千场，掀起了全行营销热潮，推动了各项业务的快速发展。随着 1 月份疫情的突然暴发，个金条线按照总行党委的要求，迅速调整工作节奏，围绕疫情防控、战略落地和业务发展推动，取得了良好的成效。

在疫情防控上，履行大行担当，迅速开设慈善捐款的绿色通道，支持全国人民捐款超过 25 万笔；个人贷款和信用卡延期代扣 174 万笔；为客户到期的定期存单自动延期超过 350 亿元；为湖北一线全体医护人员赠送保险累计理赔近 2 000 例。围绕疫情期间客户服务需求，出台了 10 项应急便民措施；简化了信用卡授信流程；搭建了客户经理云工作室，累计访问量超过 100 万人次；建立了总分联动、高效直达的投诉处理机制。同时，创新服务手段支持复工复产，“工银 e 钱包”一季度末代发单位新增近 800 家，服务客户超过 38 万户。个金板块的一系列举措，也得到了人民日报、经济日报、旗帜网等的关注报道，形成了良好的社会效应。

在战略推动上，加快推进“第一个人金融银行”战略落地。印发了 1 号文件，形成了 9 个行动方案、6 项支持保障措施，制度框架初步搭建。在此基础上，在 22 个部门进行了责任分解，从考核考评、宣导培训、督导调研、跟踪通报、氛围营造等方面，构建了战略的传导落地机制。各分行党委也迅速行动，分层级召开工作会议，制定战略落地意见，研究同业赶超方案，把经营思路和工作重点统一到总行部署上来。

在业务经营上，对标战略目标，紧盯同业市场，克服疫情冲击，实现了业务的平稳持续发展。

一是市场竞争力方面。人民币储蓄存款时点新增8 819亿元，同业排名第一，对全行一般性存款的贡献达到69%。个人外汇存款增幅7%，创多年来的新高，与同业的差距进一步缩小。个人住房贷款新增1 565亿元，实现同业第一。

二是效益贡献方面。个金专业实现营业贡献587亿元，增幅3.7%，在全行占比43.14%，比年初提高了0.43个百分点。个金板块实现中间业务收入226.55亿元，在全行占比49.6%，继续发挥较好的支撑作用。其中，个金专业实现中收117.18亿元；信用卡实现中收105.29亿元，同比增幅高于全行平均水平7.5个百分点。

三是经营质态方面。产品结构不断优化，活期储蓄占比同比提高了0.89个百分点；信用卡贷款中分期付款占比同比提升了6.4个百分点。客户活跃度进一步提升，手机银行月均动户数同比上升17.6%；e支付商户中活跃商户占比达到38.4%，同比提高9.3个百分点。交叉销售更加深化，信用卡、手机银行在全行各类优质客户中的渗透率进一步提高。

四是个人客户方面。全量客户较年初净增590万户，月日均资产5万元以上客户较年初净增158万户，同比增幅14.9%，增量创近3年同期新高。私人银行客户数达到10.34万户，较年初增长1.32万户，客户总量和管理资产规模同业第一。信用卡客户有效客户较年初净增183万户。个人手机银行客户达到3.7亿户，净增987万户，月均动户数7 549万户，均列同业第一。

成绩来之不易，凝结了全行个金条线同志们的辛勤汗水，体现了全行上下攻坚克难的工作作风。在此，我代表总行党委，向大家并通过你们向奋战在一线的广大干部员工，表示衷心的感谢和敬意！

二、当前的经营环境和面临的问题

虽然一季度取得了不错的成绩，但面对当前复杂严峻的经营环境，需要我们提高敏感度和预判意识，以更加灵活有效的举措和积极有为的作风，推动接下来的各项工作。

（一）密切关注外部经营环境的新变化。

1. 从宏观环境看，随着疫情在全球的蔓延，疫情防控工作正在由应急性向常态化转变。面对经济下行压力，党中央、国务院持续加大了宏观政策调节力度，要求积极的财政政策更加积极有为，稳健的货币政策更加灵活适度，把支持实体经济，推动复工复产、复商复市摆到了更加突出的位置，推动生产生活秩序的恢复。同时，进一步深化体制机制改革，围绕要素市场、消费提质扩容等出台了一系列重大政策。这些都会对我们的业务经营产生重要影响，需要我们提前预判，及时把握政策机遇。

2. 从金融市场看，随着货币政策变化和LPR改革深化，社会资金总量和流动规律出现新变化，存贷款整体利率下行趋势明显，对NIM管理带来了较大压力，对我们的储蓄存款和个人贷款效益管理都提出了更高的要求。同时，经济下行压力下，全球资本市场和商品市场震荡，各类“黑天鹅”事件频发，这些都会通过各种途径传导至金融体系，对我们的风险管理水平也是一次严峻的考验。受疫情影响，国家也采取了一系列政策措施来稳定经济增长，防范金融风险。在此背景下，资产端利率会快速下行，需要我们更加关注并做好储蓄存款的付息率管理。

3. 从同业竞争看，个金业务已经成为市场关注的热点和同业聚焦的发力点。比如，招商银行以个人业务为战略突破口，通过坚持“一体两翼”战略，以个人业务带动全行价值的提升，取得良好的实施成效。再比如，建行通过“零售优先”战略持续做好深耕；农行着眼“再造线上银行”强化战略转型。个金领域的竞争已经处于白热化程度。今年一季度最后10天，四行累计新增储蓄存款超过了1.4万亿元，占一季度增量的48%，这在过去是从来没有过的。

4. 从客户需求看，防疫抗疫下广大居民的居家隔离，对客户行为产生了重要的影响。同时，各类新技术、新业态、新模式的快速发展，也推动并加快了客户行为的线上化。如何加快创新“无接触金融服务”，已经成为各行比拼的新课题。谁能更好地把握好线上化、数字化、智能化的发展趋势，谁就能在下一轮竞争中脱颖而出。

（二）高度重视业务经营中存在的问题。

1. 量价还需要进一步协调。一季度储蓄存款虽然增长势头较好，但付息率较上年上升了9个基点，是四大行中唯一上升的银行，对全行的NIM管理带来了压力。全行必须进一步强化储蓄存款的成本管理，努力降低付息率，不能简单地依靠高收益产品来获得储蓄存款的增长。此外，按揭贷款保持了较好的收益水平，但在资产端利率下行的趋势下，接下来如何更好地保持量价协调，也是对我们工作水平的考验。

2. 价值创造力还需强化。受疫情对资产质量和业务发展的冲击，一季度个金板块营业贡献同比出现了0.98%的小幅下降。在中收上，虽然信用卡中收对全行做出了较大贡献，但相比同业，我们还有差距，而且有扩大趋势，还需要进一步理顺思路，强化效益意识，对标同业迎头赶上。

3. 资产质量还未见底。个贷业务本身具有更易受经济周期波动影响的特点，叠加疫情冲击，一季度个贷累计新发生劣变66.3亿元，同比增加10.1亿元。累计回收个人不良贷款10.4亿元，回收率1.73%，同比下降44个基点。随着4月份延期贷款转入逾期，全行实际逾期率达到了1.33%，比年初上升64个基点。信用卡受到的影响更为明显，一季度剪刀差比年初预测数多了100亿元，不良额多了20亿元，还原核销因素后，不良额是同期的1.2倍。疫情暴发至今才刚刚3个月，真正由疫情引起的风险还没有完全暴露，二季度以后资产质量将面临严峻考验。

4. 发展不平衡问题还要重视。从全行情况看，行际间竞争力水平还有较大的差异。有的分行保持了较好的竞争优势，有的分行还处于胶着态势，还有的分行在储蓄存款、按揭贷款以及信用卡、私人银行、手机银行等核心指标上与同业有较大差距，追赶的压力还很大。各行一定要做好自我分析，对标先进同业，找准自身定位，采取针对性的措施。

三、下一步的工作安排

今年是“第一个人金融银行”战略的开局之年。全行要坚定信心，围绕战略目标，把战略落地抓细抓实。总行要围绕机制建设、经营转型、配套资源、产品创新、组织推动和系统开发等，强化顶层设计。各行要按照总行的统一部署，认真完成战略落地的各项任务要求，同时结合本行实际，细化实施方案，围绕狠抓落实、做出特色、对接客户、竞争市场等进一步加大工作力度。要进一步健全并强化零售业务推进委员会的作用，加强对辖内二级行、支行和网点的战略传导培训。尤其要压实重点城市行、重点县支行的责任落实，推动与同业差距较大分支机构的快速突破。在抓好战略落地的同时，还要持续抓好业务经营，以良好的经营业绩体现战略成效。一会儿宋高监还会做具体部署，这里我重点强调五个问题。

（一）关于客户基础。客户的拓展与维护是个金业务经营的核心。只有客户基础扎实了、活跃度提升了，我们才能在服务实体经济、支持复工复产的同时，留下更多低成本的“过路钱”，更好地实现市场竞争力和效益贡献度的平衡。

去年的专业会上，我们也对客户经营做了专题部署，要求全行围绕社会资金流向，抓好源头客群的拓展，并强化对存量客户的维护。经过一年的持续努力，成效初步显现。去年全行代发工资额突破了4万亿元，同比增加了4 589亿元，对储蓄存款的增量贡献超过40%。商户客群日均储蓄存款净增了302亿元。建工客群净增了146万户，增幅超过80%。社保客群新获客1 040万户，贡献了全量客户净增的四分之一，上海、山东、广西、四川、山西、安徽和河南等7家分行社保发卡均超过百万张。工银e钱包线上获客1 328万户，实现了新的突破。同时，客户结构也不断优化，月日均金融资产5万元以上中高端客户增量超过200万户。今年全行还要继续下苦功夫、笨功夫，持之以恒地抓好客户基础。

一是要多维获客，持续扩大客户总量。首先，要持续抓好重点源头客群。继续强化代发业务营销渗透，依托“春润行动”抓好公私联动，继续用好工银e钱包线上代发服务等支持企业复工复产，力争全年代发额同比多增4 500亿元。以务工人员实名制管理和劳务薪酬代发为重点，加快建工客群拓展，力争全年新增80万户。务工人员实名制管理是服务GBC三端的重要场景与业务领域。目前，全行已有20家分行根据当地政府部门要求，不同程度地推进了实名制管理平台的项目落地，其他分行也要抓紧推进。要全力竞争拆迁市场，尤其是对我行配套投融资或参与债券承销的项目，要力争补偿款100%落地我行。要加强商户客群的营销，创新客群专属金融产品，打造手机银行商户专区。要抓实抓细县域个人金融拓展方案的落地，力争全年新增客户1 800万户。要以社保卡领取养老金为契机，深度融入民生服务电子化、线上化生态圈建设，实现全年获客500万户。其次，要抓好线上获客和GBC联动。运用工银e钱包把我行服务嵌入到各类政府民生、企事业单位、垂直行业等外部线上平台，做好线上获客项目的持续运营，力争全年获客超过1 500万户。要强化GBC联动，围绕财政、社保、医疗、教育、交通等重点场景，深入研究社会资金流动规律，创新业务模式，理顺联动机制，有效凝聚各专业、各部门、各条线的合力，为全行客户经营和业务发展提供新动力。

二是要强化维客，持续优化客户结构。首先，要运用好新一代客户分层服务体系。推出新的客户星级评定标准，以客户金融资产为主要依据，解决现有评定标准计算复杂、不便对客营销的问题。同时，要加快构建包括私人银行客户在内的高星级客户增值服务体系，提高客户贡献与服务资源之间的匹配度。其次，要将手机银行作为竞争制胜的“重器”。持续提升客户体验，用好县域版、幸福生活版、校园版等不同版本，实现对目标客群的精准服务。同时，要创新客户维护手段，加快客户经理线上工作室、智能外呼平台、买方投顾等创新手段应用，加强客服经理履职能力建设。在此基础上，保持金融资产5万元以上中高端客户良好的发展势头，推动私银客户站稳10万户平台，实现达标客户和管理资产增量可比口径同业第一。

三是要科技赋能，不断提高客户体验。继续做好智慧大脑的规划建设，基于统一的客户、产品、渠道和队伍视图，建立各部门共商共用的协调机制，推动个金板块各部门围绕客户画好同心圆。各行要加强智慧大脑的推广应用，为做好客户的经营、维护提供支持。推进极智体验工程，建设全产品、全客群的体验管理系统，做好对客户体验的实时监测和主动管理。

（二）关于存贷款重点业务。储蓄存款和按揭贷款是个金业务的两大支柱，这几年取得了较好的发展成绩。但市场经营环境的变化，对我们也提出了更高的要求。

一是要量价协调抓好储蓄存款。全行要坚定不移，确保二季度储蓄存款时点和日均增量“双第一”，并同步抓好金融资产，做大储蓄存款稳定增长的“蓄水池”。在工作策略上，当前监管机构推动贷款利率下行、让利实体经济的导向已经非常明确。储蓄存款作为全行主要的负债来源，必须服从于全行整体的战略安排，加快推动付息率的压降。如果付息率过快上升，不仅会对全行整体 NIM 水平的稳定带来压力，也会影响个金业务自身营业贡献的持续提升。从 4 月份起，全行已经停发了高成本定期存款产品，并加大了对活期创新产品的压降力度。总行前几天也专门开会做了部署。各行一定要把思想统一到总行的工作要求上来，全力推动二季度付息率见顶回落。

结合这些产品策略的调整，全行要及时转变营销思路，不断推出针对性的产品和服务，做好客户引导和资金承接。接下来，全行将有 8 664 亿元的大额存单以及活期和定期存款创新产品到期，其中二季度 2 300 多亿元，三季度接近 3 700 亿元，四季度接近 2 700 亿元，这些资金的平稳承接是储蓄存款实现增量“双第一”的关键。各行要按照总行的要求，用好 2 年期及以下个人大额存单等产品，以及定活通协议、大额存单转让等服务，把工作做细做实，做好各类到期资金的承接，确保存款规模稳中有升。

二是要大力抓好按揭贷款业务发展。继续坚持按揭贷款的核心地位，主动适应市场形势变化，加强营销推动，更好地满足人民群众对美好生活的追求，保持新增同业第一。坚持重点地区、重点企业、重点项目的发展策略，加紧推进与大型重点开发商的总对总合作，加大资源储备。持续提升重点城市行按揭贷款新增占比，并采取更加积极、灵活的定价策略，推动全行早收单、多收单，实现房贷量价综合收益的最大化。

（三）关于中间业务。一季度受疫情影响，个金中收出现了一定程度的下降。接下来，要把握节奏，密切关注后疫情时代市场和资金热点、客户消费行为变化，确保半年和全年关键时点实现同业领先。要加大对支付结算、代理销售、三方支付等重点业务的拓展力度，特别是加快推动代销保险转型，创新期交保险销售模式，尽快缩小同业差距。这里我再强调一下信用卡的中收工作。

信用卡业务是全行重要的中收来源，对于全行收入的稳定增长具有重要意义。今年以来，受疫情冲击，信用卡在消费额、收单额和分期付款余额上，都出现了一定程度的下降，尤其是与同业比较，差距有扩大态势，主要体现在分期收入、线下消费回佣收入等领域。从分行看，有 23 家分行信用卡中收同比下降，有 3 家分行排名四行末位，有 28 家分行中收落后于建行。近期总行已印发了信用卡中收赶超行动方案，提出了相应的目标、路径和举措，全行要进一步拓宽思路，加强落地执行，尽快缩小同业差距。

要突出抓好分期付款业务，做强中收核心。一是汽车分期，要加强与优质第三方机构的合作，稳定汽车分期规模与市场份额。加快由“间客”向“直客”转型，着重解决好佣金支出、系统功能、流程优化等方面的问题。总分行要联合做好对主机厂商的贴息合作营销。各分行要组建直客式团队，通过“自有 + 外包”方式配足队伍，明确业务模式与考核机制，二季度试点行务必取得突破，三季度开始逐步向全行覆盖。二是 e 分期，要把 e 分期作为推动中收增长的重中之重，提高思想认识，层层落实营销责任。特别是北京、上海、深圳、河南、安徽等资源大行更要高度关注，一把手要亲自过问，调动资源，传导压力，抓好部门联动和各级机构的主体责任落实。要盯住两大目标客群，包括总行筛选下发的白名单，以及优质的企事业单位、优质六大板块客户、可证实收入的代发工资客户等，抓实客户经理、网点、公私联动、考核激励等四个层面的工作，确保取得实效。三是账单分期，要进一步强化外呼营销。信用卡西安外呼中心要在全面复工的基础上，尽快恢复和提升营销效能；远程银行中心要确保 6 月份上线天津、郑州外呼职场 2 100 人外呼团队；各分行也要充分利用总行筛选的目标客户清单，调动基层行营销力量开展精准营销，提升覆盖率及转化率。四是家装分期，要加快系统功能建设，北京、江苏等 11 家第一批试点行要加快推动，争取早日上量，打造新的增长极。五是现金分期，银行卡业务部要按客户需求加大推广力度。要强化顶层设计，厘清政策制度、系统流程和业务模式，并通过外呼营销、第三方平台合作引流等方式，尽快实现业务突破。

要做大消费业务，厚植信用卡中收土壤。消费是信用卡业务的本源和根基，更是分期业务的源头和基础，同时还为其他个人金融业务发展创造了场景和条件。在信用卡业务经营体系中，要把消费摆在更加重要的位置，充分体现消费在信用卡业务发展中的杠杆支点作用，精准发力，做大规模，做优结构。要加快推进信用卡绑卡，加大资源倾斜力度，推动存量活跃客户的绑卡全覆盖，尽快缩小与建行的差距。要持续开展“爱购”促销，提升客户消费活跃度。要聚焦餐饮、百货、商超等十大行业客户，合理摆布本行、他行商户的促销策略，推动高回佣的“他代本”消费额提升。要做大做强 B 端跨境消费，以爱购全球境外消费促销、国际借记卡等新产品为抓手，抢占利润丰厚的 B2B 跨境消费市场。

要加快商户业务发展，扩大商户回佣收入领先优势。要突出重点，拓展回佣较高的百货、商超、餐饮、石油、旅游、酒店等行业，以及年交易额在亿元以上的区域连锁商户和年交易额在千万元以上的地方重点商户。要顺应抗击疫情下的新趋势，加大对生鲜、物流、购房、购车等线上新兴行业的拓展力度，力争全年线上收单额达到3 000亿元，打造新的收入增长点。要发挥好e客行合伙人对商户拓展中的“敲门砖”和“维稳器”作用，加快推广e商助梦贷，形成商户业务“支付入口、融资变现”的生态闭环。

要提升客户规模和活跃度，夯实中收基础。要加快行内客户的渗透转化，做好对房贷客户、中高端客户、ETC客户、高消费借记卡客户等的营销渗透。这项工作前不久总行已经做过专门部署，各分行要按照总行的顶层设计，抓好落地执行，力争年内成功渗透800万信用卡客户。要抓好存量客户的激活，开展动态提额和爱购促销，提升存量客户的活跃度和价值贡献。加大对Plus系列卡、定制卡、高端卡等具有刚性年费特点产品的推广力度，提高信用卡跨行取现及转账的便利性，多措并举提升结算类收入。

（四）关于风险管理。在宏观经济下行、金融市场波动和经营压力加大的背景下，各类风险也同步进入高发期，对我们的风险管理能力提出了更高的要求。

一是要进一步完善个贷业务风控体系。这两年全行持续推进个贷经营模式的优化，将个贷风险防控分解到业务开展的全流程，加强对账户、岗位、权限等的系统控制。同时，加快推动各行业务集中处理中心建设，业务集中处理全覆盖的目标已经基本实现。下一步，各行要继续深化个贷业务处理中心的运行质态管理，规范处理流程，强化对用印、办抵、放款等关键环节的管理，落实好换手操作的要求，以良好的风控体系实现对个贷风险的机制化管理。总行一直在大力推进个贷业务处理中心建设，要加强中心管理，尽快推进与当地产权登记等相关系统的银政对接，争取实现全面对接。

二是要切实加强个贷业务的贷后管理。随着个贷延期待扣政策的调整，部分未正常还款的贷款将集中进入逾期。各行要积极做好贷后管理工作，对逾期和不良贷款客户开展逐笔核查回访，区分短期还款能力下降客户和搭便车客户，做好分类施策。既要有序恢复逾期客户的催收，又要推进呆账核销、不良资产证券化，合理合法运用好诉讼手段，加大不良资产现金清收力度。尤其是对于信用卡业务，要按照管理人员、分行片区、业务分类等维度，实行网格化管理，加强过程督导。

三是要做好合规风险管理。要抓好合规经营，按照监管要求，落实好反洗钱个人客户信息治理，做好各类监管检查问题的整改。要抓好内控案防，筑牢制度与系统的防线，严格落实“一岗双责”要求，特别是做好员工异常行为的排查。要加强投诉治理，做好“个人金融投诉治理年”建设，启动信用卡投诉专项治理活动，抓好重点领域问题的根源治理，实现年内个人客户投诉的大幅降低。

四是要强化产品设计的风险防控。疫情在世界范围的传播，导致全球化趋势放缓、地缘关系紧张，“黑天鹅”“灰犀牛”事件频发，风险传染性加强，尤其近期的市场波动为我们敲响了警钟。要高度关注市场动荡对理财、代销、交易等业务的影响，强化产品设计，严防各类输入性风险，特别是与国际市场关系紧密的个人外汇产品。全行要强化危机意识，树立底线思维，全面梳理我行个人外汇产品，特别是商品交易类产品的产品设计、制度办法、系统设计、营销手段和宣传话术等，查找漏洞，补齐风险防控短板。同时，要提前做好应急预案，避免由局部问题引发全局风险。

（五）关于协同联动。推进“第一个人金融银行”战略，不是一个部门、一个板块、一个条线的事情，是全行上下、各部门共同的任务。必须以集团利益最大化为原则，发挥好整体合力。在私私互动上，要加强个金、银行卡、私人银行、网络金融、渠道管理等部门的联动，厘清客户、产品、渠道部门的定位，抓好信用卡、手机银行的渗透，挖掘和培育私人银行潜力客户提升。更重要的是，要推动系统的互联互通，以智慧大脑的共享共用为枢纽，把私私互动建立在打通系统的基础上，年内争取有重大突破。在公私联动上，要自上而下建立完善的公私联动管理体制，研究建立GBC协同联动联席会议制度，锁定重点领域，实施项目制管理，探索建立总分行直营的平台型团队。在行司联动上，要发挥集团整体优势，加强与工银瑞信、工银安盛、工银理财的交叉销售，围绕客户综合金融需求，实现客户在行司间的互相引流。

要加强个金板块与后台资源保障部门的联动。人力资源方面，要选优配强各级个金条线的班子队伍，重点围绕中高端客户维护，做好个人客户经理的配备。财务支持方面，要进一步强化财务资源主动、精准配置，紧跟行内业务模式创新需要，紧盯个人金融和互联网市场竞争形势，提供敏捷有力的财务保障。资产负债方面，要完善主动负债管理手段，有效配置贷款资源，合理设置内部资金定价，做好动态全面的效益管理。渠道建设方面，要加快网点优化调整步伐，加快重点县域网点建设进度，围绕线上线下一体化，推动网点智慧化转型。各行、各部门在资源配置上，要紧紧围绕“第一个人金融银行”战略要求，充分领会总行党委的意图和精神，切实加强对个金业务发展的资源支持。

同志们，打造“第一个人金融银行”是全行重大的战略，事关工商银行未来的发展。全行上下一定要齐心协力、保持定力、持续推进，尤其在当前抗击疫情背景下，更要进一步振奋士气精神，创新工作方法，强化工作推动，高质量完成战略开局之年的各项任务目标。

在2020年公司结现投行业务推动会上的讲话

谷 澍

（2020年5月15日）

今天我们召开公司结现投行业务推动会议，主要任务是，以习近平新时代中国特色社会主义思想为指导，全面贯彻党中央、国务院决策部署，认真落实全行统筹推进常态化疫情防控和经营发展工作会议要求，总结前四个月工作情况、分析当前经营形势、部署下一阶段重点工作，以更好服务实体经济、不断提升市场竞争力。下面我讲四方面意见。

一、前四个月公司结现投行业务发展稳中有进

今年以来，面对新冠疫情暴发蔓延、经济下行风险加大等严峻复杂的国内外经济金融形势，公司、结现和投行条线认真贯彻党中央、国务院决策部署，按照总行党委“48字”工作思路及年度工作会议安排，坚持以客户为中心，主动服务国家战略，积极支持实体经济，高效服务疫情防控，有力推动复工复产，有效应对外部严峻挑战及激烈的同业竞争，交出了一份稳中有进、好于预期的成绩单。

一是公司金融主要指标领跑同业。客户方面，公司客户总数达756万户、净增28万户，有贷户净增1.55万户、超2019年全年增量，增幅14%。中收方面，实现公司类重点6项中收67.6亿元、再创历史新高，稳居四行第一，年度计划完成率49%，超全行平均水平18个百分点。存款方面，本币公司存款日均余额达4.15万亿元、净增789亿元，同比多增1 525亿元，平均付息率1.05%，保持各条线最低水平。贷款方面，公司贷款余额达8.8万亿元、同业第一，净增5 289亿元，为历史同期最高。新发放贷款收益率4.39%，处于合理区间。结构上，制造业贷款余额达1.74万亿元，净增1 181亿元，年度计划完成率164%；民营企业贷款余额2.07万亿元，净增1 290亿元，年度计划完成率92%。质量上，实现公司贷款不良率、逾期贷款、剪刀差“三降”。信贷有效储备1.5万亿元。主承销非金融企业债务融资工具2 442亿元，四行第一，AAA级债券占比94%，市场最优。

二是对公结算业务实现良好开局。持续推进对公结算账户及中收竞争力提升两大核心工作。账户拓展方面，平台拓户效果显著，账户规模稳定增长，账户质量不断提升。新开对公结算账户51.7万户，连续两个月单月新开超去年同期。实现对公结算中间业务收入44.3亿元。法人理财方面，新规法人理财日均存量规模2 301亿元，较年初增长61%。基础产品方面，深入建设“全球现金管理”“工银小微金融”和“工银聚”三大对公服务平台，积极开展工银e企付与行内平台对接及应用场景嵌入，持续打造行业领先的对公支付结算体系。客户服务方面，树立现金管理六大产品线综合服务理念，构建常态化对公客户维护机制，现金管理客户、理财客户、供应链客户、中小微客户服务齐头并进，服务能力和手段更上一个新台阶。

三是投资银行转型升级稳步推进。实现境内投行业务收入49.7亿元，较3月末降幅收窄3.2个百分点，其中4月单月收入创2017年以来新高，年内首次实现单月同比正增长，初步止住了收入下滑态势。并购重组领域，发放境内及跨境并购融资433亿元，交易数量和业务流量同业第一，并购融资余额达2 953亿元，稳居同业第一；为受困大型企业提供债务重组顾问服务，推动2 140亿元风险债务重组（其中我行份额257亿元）。债务融资领域，落地非标债权融资投资86笔，累计金额517亿元，同比增长18%；大力拓展主动管理型ABS业务，已获客户委任12笔，预计发行金额超200亿元，分别是2019年全年的2倍和4倍。股权融资领域，成立工银新动能（科技创新）基金，完成55亿元出资及多笔项目投资决策；完成抗疫专项基金三笔市场化股权项目投资。金融顾问领域，注重运用金融科技手段完善产品体系，加速智能服务系统研发，推动函证e信与九大会计师事务所系统直连，创新推出保险及社保资金撮合顾问业务。境外投行业务领域，积极推进境外投行产品一体化营销，承销中资离岸债券38笔、发行金额208亿美元，同比增长90%。

总地看，今年以来的困难和挑战超过预想，公司结现投行条线业绩好于预期。难能可贵，值得肯定。在此，我代表总行党委对大家的努力付出表示衷心感谢！

二、公司板块是全行经营发展的重要动能

公司金融是全行优势业务板块，是连接对公产品线以及个人客户、机构客户服务的重要纽带，为全行经营

发展提供重要动力和活力。工商银行要建设具有全球竞争力的世界一流现代金融企业，必须要有一个强大的公司板块和有力的营销前台作为支撑。

从国内情况来看，改革开放40年来，投资一直是中国经济高速增长的主要驱动力之一，巨大的投资需求，催生出巨大的公司信贷需求，促进了商业银行公司业务快速发展。从四大行来看，公司板块业务收入占比都在40%以上，是商业银行的核心业务与重要利润来源。

从我行自身来看，公司业务是支持实体经济发展的主要形式。工商银行名字里就带着“工商”，是从工商信贷起家的。总行党委提出打造“第一个人金融银行”，是因为个人金融业务在同业竞争力提升等方面还有很多工作要做。目前我行公司业务营收全行占比47%，是经营发展的基石。无论是为更好服务实体经济，还是实现自身可持续发展，工商银行都必须要有一个强大的对公前台，既能冲锋陷阵，又能守土有责，真正实现市场拓展、风险防控两手抓、两手硬。

当前，境外疫情和国内外经济形势仍在发生重大变化。这次疫情的严峻性、复杂性、传播性超出想象，其对于国际国内经济、金融带来的冲击影响非常大，后续还存在很大不确定性。与非典、2008年金融危机相比，今年我国同时面临内外需压力，经济形势更为严峻复杂，一季度我国GDP同比负增长6.8%，为改革开放以来首次。固定资产投资增速创历史新低，民间投资下滑幅度更大。餐饮酒店、文化旅游、航空航运等行业受到较大冲击，中小微企业经营困难。多国停工、停航对全球产业链畅通带来冲击，稳外贸、稳外资难度增大。我国经济社会运行秩序尚未完全恢复，复工复产正在有序推动，但达产率仍然没有恢复到正常水平。

“危”与“机”是同一件事情的两个方面，严峻考验期也是战略机遇期。我国经济体量大、韧性强、潜力足，疫情不会改变我国经济稳中向好、长期向好的趋势，不会改变我国经济发展基本面。一是今年是决胜全面建成小康社会、打赢脱贫攻坚战和“十三五”规划收官之年，为对冲疫情影响，国家逆周期调节力度加大，密集出台了一系列政策措施，如专项债加力提速，重大项目进度加快。二是区域协调发展战略深入推进，新旧动能加速转换，人口与开放红利持续释放，5G等新型基础设施快速发展。三是疫情正倒逼一些产业加速转型升级，市场格局、商业模式、消费方式正在发生变化，线上经济、智能制造、无人配送等新技术、新业态、新模式的快速发展，将给经济转型与公司板块发展带来新的机遇。

再分析我行自身，公司客户金融服务领域仍存在诸多发展不平衡不充分的问题。基础业务上，4月以来公司贷款增速放缓，区域间公司信贷投放不平衡的现象有所加大，优质项目同业竞争激烈，收益率走低；公司存款增长稳定性偏弱，时点冲高迹象明显，同业领先优势不明显，确保总量第一面临很大挑战；对公基础结算业务同业领先地位不稳固。投资银行上，企业有效融资需求下降，加上表外回表、非标转标监管要求及表内融资成本下行等问题，投行业务多头承压，发展面临更大挑战。资产质量上，国内外经济运行不确定性因素增多，叠加疫情影响对银行资产质量传导的滞后性，下半年及明年质量管控压力将进一步显现。

外部环境的新变化，我们自身存在的问题，都是下一阶段公司板块业务发展要重点考虑的因素，我们要以更宽广的视野和全新思维，把握新的变化趋势，适时调整战略战术。具体来说，要重点把握好以下四点：一是稳中求进。这既是工作总基调，也是方法论。要坚持以客户为中心，扎实推进“1+N”一体化营销服务机制落地，做好制造业高质量发展和民营企业金融服务，持续强化公司信贷项目储备及转化，夯实公司信贷质量。二是进中谋变。要坚持战略引领方向，因时因势谋划好全行公司金融下一步发展战略，变革客户营销模式，以链式营销为抓手，带动批量精准获客，加快结现、投行转型升级。三是机遇意识。要抢抓疫情后业务机遇，聚焦国家重大发展战略，抢抓传统基建补短板、“新基建”、城市更新、公共卫生基础设施、5G产业链、大型核电及炼化项目等领域业务机遇。四是底线思维。要密切关注同业竞争态势，牢固树立优质客户、优质项目同业占比底线思维，突出做好重点客户投融资服务；要坚持前瞻主动防范风险不动摇，进一步稳固资产质量改善态势。

三、贯彻落实好中央决策部署，推动公司客户服务实现新跨越

在当前形势下，大型银行支持实体经济发展的作用更突出、责任更重大。全行公司结现投行条线要做好“六稳”工作、落实“六保”任务，把支持实体经济恢复发展放到更加突出位置，巩固优势、补齐短板，夯实业务发展基础。

（一）提高站位，发挥好国有大行服务实体经济高质量发展的主力军作用。

一要高效服务国家重大战略。区域战略方面，要落实“资源富集区域优先”策略，将战略性区域作为公司板块竞争发展的主战场，下沉服务重心，积极对接政府相关部门，抢抓重大项目，创新融资产品，优化业务流程。加强国家战略落地实施的营销组织与系统推动，巩固并扩大同业领先优势，推动形成优势互补高质量发展区域经济布局。脱贫攻坚方面，要聚焦脱贫攻坚、乡村振兴等重点领域，将农业供应链融资作为支持脱贫攻坚和服务“三农”的重要手段，深入实施供应链金融“双百”工程，大力拓展农业龙头企业供应链。全面开放战略方面，要围绕打造“境内外汇业务首选银行”，

加快境内对公外汇业务发展，着力加强本外币一体化营销管理，构建本外币、内外贸、线上线下一体化服务体系；要提升大型跨国集团、优质进出口客户、中资“走出去”企业重点客群服务能力，实现目标客户覆盖率与业务渗透率“双提升”。

二要加大金融支持复工复产力度。要扎实推进“春润行动”，实现银政合作“深化”、融资规模“增量”、落地见效“加速”。要加快国资委名单内央企集团融资投放和服务覆盖，推进藤蔓式营销，尽早实现所有分行与当地政府的签约合作。两会前后，更要加大工作力度，体现我行疫情期间主动加强金融服务的担当。要落实银保监会、工信部等部委工作要求，以供应链融资为抓手，围绕重点产业链、龙头企业、重大投资项目，加大金融支持，促进产业链上下游、产供销、大中小、内外资企业协同复工达产。同时，要有序做好人行专项再贷款收尾工作。

三要深化重点领域金融服务。制造业方面，要按照“制造业金融服务提升年”的部署，加快专营机构建设，重点围绕战略性新兴产业、未来产业、先进制造业、传统产业转型升级等领域，做实名单制管理，加大中长期制造业贷款投放力度，助力产业基础再造和产业链提升工程。民营企业方面，要强化白名单动态管理，分层分类配套资源；要构建民营企业跨区域协调机制和服务模式，丰富民企融资产品体系；要常态化举办民营企业家金融研修班，推进民营企业联合智库建设。科创金融方面，要坚持一张蓝图绘到底，深入实施科创企业营销“931”工程，发挥好科创中心及特色支行“样板”作用，加快拓面见效；要持续提升对新兴产业的行业研究，加快第三方专业评估推广，迭代完善专属授信模型、评级模型。

四要加快公司信贷投放节奏。总体来看，在逆周期调节大背景下，今年 LPR 和债券市场发行利率下行趋势仍将持续，流动性充裕带来的“资产荒”和同业低价竞争问题凸显，全行必须把握大势，加强营销，加快投放。4 月以来，全行公司贷款增长出现放缓迹象，4 月增量不足 200 亿元，月度中间基本处于负增长状态，一些信贷大行当月公司贷款出现较大下降。近日人民银行要求我行优化贷款增量结构，特别要求进一步加大对实体企业的信贷支持力度。要加快优质项目投放，结合政策导向、市场需求和同业动态，采取“优质先于定价”和“应贷尽早投放”的策略，加大对疫情后企业复工复产和经济社会发展的支持力度，力争 5 月当月公司贷款增量不低于400 亿元，6 月当月不低于600 亿元，特别是要加大中长期制造业项目贷款投放力度。要发挥合力，总行相关部门要做好政策、资源、授权、授信、审批等相关保障与服务，进一步提高公司信贷规模配置的前瞻性和灵活性，适当做大全行规模总量，做好定价管理的放权、强责。各行要提前做好工作谋划与组织推动，加大客户营销与沟通力度，确保公司贷款稳健增长。要用好授权，总行于近期分别下调新增 5 年期及以内、5 年期以上公司贷款 FTP 资金配置成本 20 个基点、10 个基点，印发了扩大公司贷款利率定价授权的 3 726 户总分行重点客户名单，为超分行定价权限的公司贷款业务开通了快速会审通道。各行要算好“战略账”“长期账”“综合账”，乘势而上，勇夺优质信贷市场战略高地。

五要不断夯实公司信贷储备。要强化公司信贷储备及有效转化，加强储备精细化管理，确保储备金额不低于两个季度所需投放量。要深化“1 + 3”信贷布局，认真分析后续公司信贷市场的总体形势，有针对性地谋划好未来信贷布局，深挖交通、能源、公共设施、5G 新基建、幸福产业、战略性新兴产业集群等若干千亿级优质信贷市场业务潜力，抢抓雄安新区建设高峰期重大工程，大力营销地方政府专项债对应的优质项目。要做好全口径融资支持，把握债券市场有利时机，加强重点客户营销服务；要扎实推进“银团发展年”行动，构建多层次分销体系，优化银团系统，优先采用银团方式满足客户需求。要加快推进 LPR 定价应用及存量定价基准转换工作，LPR 转换进度已被纳入人行 MPA 考核，低于底线目标将被一票否决，各行需要高度关注，确保二季度末达到 95% 以上。

六要全方位投融资满足客户需求。公司客户需求和市场竞争格局正发生深刻变化，公司客户金融服务需求多元化、综合化、全球化是必然趋势。要坚定不移加快向全功能银行转型，为实体经济提供“商行 + 投行”“境内 + 境外”“融资 + 融智”一揽子金融服务。要加快经营转型，当前，投行业务发展面临暂时性困难，要坚定信心，立足中国国情和自身发展阶段，围绕“全牌照经营、全链条服务、全客户拓展”的发展思路，加强系统谋划，加大资源统筹，抓实战略落地，推进投资银行转型升级再提速。要注重创新驱动，完善“并购 + 重组”“债权 + 股权”“一顾二证三融”（顾问服务，函证 e 信、资信证明，融安 e 信、融智 e 信、融誉 e 信）等覆盖企业全生命周期的产品、服务架构，积极把握经济结构转型升级和后疫情时期的业务机遇，深入拓展国企改革、资本市场、资管退出、十大产业整合等四个万亿级并购市场。要突出联动协作。横向上，要立足“全行一盘棋”的思想，聚焦战略区域及重点城市行，充分挖掘集团整体资源和牌照优势，联动突破。纵向上，要盯目标、盯执行、盯效果、盯落地，既要加强集团层面投行业务布局顶层设计，又要重视工作下沉，做好分类指导和差异化发展，加快收益模式转型，稳定和增加投行业务收入。

（二）强基固本，抓好公司客户基础工作。

一要坚定不移狠抓公司客户基础。客户既是我们的衣食父母，也是我们所有产品和服务的最终归宿。经营环境越是复杂、同业竞争越是激烈，越要重视抓好客户拓展、维护，不断提高客户贡献。

要进一步优化公司客户结构。要在做深做实“头部”客户，做宽做细“底部”客户的基础上，突出做大做强“中部”客户。当前，银行经营面临资产端收益下行与负债端成本上升双重压力，利差空间收窄，要将中型企业作为拓宽业务来源、提高收益水平、加快经营转型的重要客群。要依托产业链视图系统，深耕产业链上下游，深入研究销售收入在5亿～10亿元区间中型企业金融服务需求和信贷风险特征，实现对中型客户信贷投放的新突破。总行要加强顶层设计，制定中型企业拓展规划，突出重点，梯次发展，把这块以前被隐藏的“富矿”开发利用好，推动客户结构和质量稳步上移。

要进一步挖掘公司客户贡献。今年全行中间业务发展面临较大压力，公司结现投行条线要通过加强对客户的综合金融服务，提升板块对全行的贡献度。结现、投行中收要补齐短板，全力创收增收；公司类重点中收要夯实基础，在总量稳步提升的基础上持续优化产品结构。要建机制，进一步完善形成科学可持续的收费服务策略，建立合理的收费服务机制，避免营销简单化和减免随意化，防止中间业务收入跑冒滴漏，建立中收储备机制。要促转型，坚持把创新作为投行业务的灵魂，改变类信贷的利差收益模式，努力形成“财顾收入＋投资收益＋管理费分成”的新型盈利结构，做实基础类投行，做强品牌类投行，融资与融智并举、融资与投资互促，形成股权、债权、并购业务多点开花的发展格局，不断拓展业务延伸发展的边界和空间。要抓产品，紧紧扭住一批增长空间大、带动效应强的重点产品，将银团贷款作为公司中收增收扩源突破口，快速推动银团安排收入增长；要进一步提高品牌类投行收入占比，稳步推动常年财务顾问、投融资顾问等基础类投行的标准化转型。要强化考核，总行要以目标为导向，严格考核督导，落实相关责任。各行必须高度重视，守土尽责，拿出过硬措施，结合辖内业务实际制定本年度中收服务工作方案，方案要做实做细、落实落地，有条件的分行更要不唯计划、多做贡献。要重合规，树立中收合规管理理念，严格执行疫情期间费用减免的相关规定，平衡好业务发展与合规经营，对于程序合规、定价合理、服务规范的收费项目，要做到应收尽收。对于应该减免的收费项目，要执行好监管要求，落实好大行应尽的社会责任。

二要坚定不移强化G－B－C三端联动。公司存款是全行成本最低的资金来源。在今年特殊的市场形势下，公司存款对集团经营全局至关重要，对竞争力提升至关重要。G－B－C三端联动是总行党委深刻把握新时期国内外经济形势变化，为充分发挥公司、机构、个人金融业务资源禀赋和比较优势，提出的一项重大基础性战略，目的是构建以资金流和信息流为主线，以全量客户拓展、一体金融服务为落脚点的全链条营销服务体系，这对于系统性抓好公司存款具有重要作用。公司存款固然有上半年增长慢、下半年增长快的季节性特点，但是在目前公司存款市场资金相对稀缺，同业纷纷逆势发力，我行领先地位受到极大挑战的严峻形势下，总行相关部门和各家分行都要高度重视，加快工作节奏，加大工作力度。总行公司部要逐月下达公司存款增长任务，各行要全力完成总行下达的任务，确保实现增量可比同业第一。要抓闭环，要加深对G－B－C宏微观资金循环流转规律研究，尽量使资金在我行体系内封闭运行，留下“过路钱”；要完善信息系统及体制机制建设，抓实产业链、资金链，实现从“主动脉”到“毛细血管”的公司存款链式拓展。要抓基础，切实抓好工商注册、税务登记、招商引资等企业服务入口，大力拓展结算账户市场，通过场景获客、产品黏客、服务留客，要完善存量客户分层分类分包管理体系，夯实存款增长基础。要抓大户，重点做好通信、广电、烟草、高校等现金流量大、弱周期行业公司及财务公司等存款大户的资金争揽，前瞻性布局存款产品创新开发，优化定价机制。要抓外汇，健全“本币存款＋外汇存款”良性互动机制，运用好NRA账户、跨境资金池和全球现金管理等产品，建立客户境外募集资金回流机制。

三要坚定不移提升对公结算竞争力。账户既是所有金融服务的落脚点，也是长期保持同业竞争优势的基础。要抓好平台拓户，充分发挥结现平台和服务的创新优势，加快成熟平台赋能和创新平台推广，促进拓户效能转化和落地，将产品创新优势，转化为账户及市场占比优势，确保实现对公结算账户新开和净增重回市场第一的目标。要加强服务赋能，持续打造好财资管理云、金融资产池、工银e缴费三款精品产品，大力推广全球现金管理、工银小微金融和工银聚三大平台，立足长远推动境内现金管理与六大海外现金管理中心协同发展，增强现金管理对重点客户的黏性和服务能力。要整合服务资源，加快推进对公客户服务支持体系建设，提升网点对公服务能力，带动日均存款、理财及结算量上升。要深入挖掘结现中间业务收入增长点，抓好关键项目收费减免梳理，防止跑冒滴漏。

四、坚持未雨绸缪，推动风险防控关口前移

我行作为全球最大信贷银行，面对疫情影响下全球经济环境的深刻变化，防控好信贷风险显得尤为重要和紧迫。否则不良资产前清后溢，花再多的财务资源也将于事无补。要紧盯风险高发领域和关键环节，未雨绸缪，精准施策，防范好跨产品、跨市场、跨境业务交叉传输风险，实现风险控制关口前移，从营销环节加强风险防控。要坚持前瞻主动防范风险不动摇，充分利用前台“了解市场、了解客户”的优势，强化“一道防线”

履职，主动构建前台驱动型风险管控体系。要落实好信贷体制改革要求，合理确定风险限额和债项业务经营主责任人，确保经营主责任人制度得到有效落实。

要高度关注全球疫情对航空航运、商贸流通、旅游餐饮行业带来的影响，认真梳理监控存量业务，加强分析研判，制定风险防控预案。要突出抓好大户风险防范。大户风险隐蔽性强，风险敞口大，处置难度大，各行要加强对大户风险的监测和评价，落实风险防范化解责任和措施。要突出抓好批零行业、过度多元经营但核心竞争力又不强的企业、财务包袱重的地方国企等重点风控领域，做好潜在风险贷款细化管理。要持续关注民营企业、制造业、疫情防控等公司信贷增长较快领域风险防控，强化债券承销风险预警与应急处置，密切跟踪受疫情影响的发行人信用风险状况。

最后要强调的是，越是在困难大、挑战多的时候，越要加强党的建设，越要保持良好的精神状态和工作作风。要以党建凝心聚力，工商银行作为党领导下的国有大型金融企业，具有鲜明的政治属性，要以习近平新时代中国特色社会主义思想武装头脑，把旗帜鲜明讲政治全面融入各项工作中，充分发挥各级党委把方向、管大局、保落实作用，充分激发干事创业的精气神与创新创造活力，把党建优势转化为创新优势、发展优势、竞争优势。

同志们，当前形势错综复杂，任务艰巨繁重。公司、结现和投行条线要以“干”字当头、“实”字打底，坚持问题导向、目标导向、结果导向，针对业务短板和薄弱环节，敢于啃硬骨头，打攻坚战。要以更好的状态、更实的作风，锐意进取、顽强拼搏，咬定全年任务目标不放松，齐心协力、全力以赴做好二季度工作，将公司结现投行经营计划完成得更好一些，为下半年工作争取主动，并为完成全年任务目标打下坚实基础。

在授信审批新规第一批实施分行动员会上的讲话

谷　澍

（2020 年 6 月 19 日）

今天我们召开授信审批新规实施动员会，主要任务是，贯彻落实总行党委决策部署，推动授信审批新规在第一批实施 8 家分行的有序落地。这次会议一直开到各相关二级分行，参加这次会议的有各级行行长、分管前中后台的行领导、信贷条线前中后台部门相关人员，以及人力资源、内控合规、纪委办、金融科技等部门主要负责人，目的是为了更好地统一思想，凝聚共识，确保新规理解到位、实施到位。下面，我讲三点意见。

一、关于新规实施的必要性

商业银行是经营风险的企业，任何时候、任何环境下风控能力都是商业银行的核心竞争力和看家本领。为积极应对当前面临的新形势、新挑战，进一步完善集团风险治理体系、提升风险治理能力，按照总行党委“48 字”工作思路，近期我们出台了一系列举措，制定了《进一步完善集团风险治理体系 提升风险治理能力指引》，提出加强信用风险管理、授信审批流程管理、信贷资产质量监测、金融市场业务风险管理、落实违规责任认定问责工作机制等 5 个方面的意见，实施授信审批新规是其中至关重要的一环。大家要充分认识实施授信审批新规的必要性。

（一）当前形势变化对银行风控能力提出了更高的要求。当前，商业银行风险形势比较严峻。受新冠肺炎疫情影响，今年商业银行经营面临新挑战。前几天，国务院常务会议部署推动金融机构向企业合理让利 1.5 万亿元，助力稳住经济基本盘。有些同志可能认为，金融机构向企业让利，意味着我们能多劣变一些贷款，多核销一些坏账。大家要认真学习国常会精神。我理解，商业银行向企业合理让利是必要的，核销是一种方式，这种方式主要表现在加快核销进度而不是简单放松核销标准上。让利更主要是通过引导资产端利率下行减轻企业利息负担，同时减免一些收费项目。粗略估算，近 2/3 是减在企业利息支出，近 1/3 减在各种收费。如果将让利等同于核销坏账的话，去年银行业整体合计核销大概 1.3 万亿元，今年让利 1.5 万亿元，那就和去年没太大的差异，因此不能简单将让利等同为坏账核销。这是今年对银行经营影响最大的一个因素，大家一定要正确理解，绝不能将加快核销进度，为未来腾出更多支持实体经济的空间简单误解为可以放松资产质量管理，可以降低风险把控标准。向企业让利会较大幅度减少银行收入，要维持银行自身经营的相对稳定，实际上是对银行经营和资产质量管控能力提出了更高的要求。

还有，今年党中央和国务院对商业银行支持普惠金融、制造业，特别是增加制造业中长期贷款、信用贷款提出了很多要求。这些年来，我行信贷资产质量总体保持稳定，但从信贷结构看，我行在普惠金融、制造业方面仍然存在短板，如何做得又多又好，风险控制能力非常关键。在这些领域我行还不敢说已经做得非常完美、非常强了。

在任何情况下，风险管理工作都是商业银行的核心竞争力和根本，今年是，未来也同样是。不管内外经营环境如何变化，都不能放松风险意识，放松风险纪律，放松对风险控制能力的培养。

（二）授信审批机制优化完善是一个持续动态的过程。银行信贷资产质量决定因素很多，授信审批机制只是其中的一个重要方面。第一是从宏观方面讲，资产质量是由经济周期、行业周期等宏观因素决定的。在不同的周期阶段，哪些行业该进，哪些行业该退，选哪个客户，该占多少份额，对资产质量都有重大影响。第二是人的因素。“两明案”表明，如果对主管信贷的领导权力制约和监督机制不够有力有效，再加上他本人党性修养缺失，法纪意识淡薄的话，就很容易出问题。第三是信贷体制机制，包括授信审批机制。资产质量好，授信审批机制有功劳，但也不完全是授信审批机制的功劳；反之，资产质量不好，也不能说全是授信审批机制的问题，这是多种因素综合作用的结果。

但是，毫无疑问，授信审批机制对资产质量具有十分重要的作用，我们要不断地去优化，再通过加强对宏观经济的提前预判、信贷政策制度的完善、人员管理和人员素质的提高，使我行的资产质量持续保持在一个良好的水平。

授信审批机制的优化完善，既要靠不断地总结我们自身经验教训，也要不断吸取国内外银行同业，特别是国内可比同业的先进经验。这次实施新规，总行酝酿论证很长时间，进行了广泛调研，吸收借鉴国际主流商业银行和国内可比同业的经验做法，反复修改完善。虽然我行是信贷第一大行，但只有博采众长，与时俱进，不断优化完善授信审批机制，才能为资产质量的长期稳定提供更有力的保障。

二、关于新规的核心内容

授信审批新规总体思路是“框架不变，细化优化”。即在我行现行的制度体系框架下，细化优化信贷流程的贷前、贷中、贷后环节，贷前环节落实经营主责任人责任，强化真实性调查；贷中环节明确落实审查、审议、审批责任，优化审议审批会议设置和职能，完善制衡机制；贷后环节加强前中后台信息共享和联合防控。通过这些措施，推动完善“责任明晰、权责匹配；独立审议、独立审批；分类授权、有效制衡；信息共享、联合防控”的授信审批机制。

（一）推行新规要把握好三个基本原则。

一是保持现行的信贷制度体系框架不变。本次实施新规核心是落实责任，优化授信审批流程管理，现有的信贷基本体制机制、前中后台分离机制、信贷制度体系框架没有改变。近些年来，我行信贷体制机制经历了几次调整，主要表现在审批层级的变化。我们曾经将审批权从二级分行全部集中上收到一级（直属）分行，后来又根据运行情况进行了调整。比如实行授信项下授权审批制，或者向二级分行适当下沉了部分业务审批权限。单纯从体制机制来说，上收或下沉各有优缺点，这与整体经济形势、银行经营水平、信息科技水平等都有关系。要做到每次调整时机都与上述因素的变化完全吻合，做到最优时机调整是很难的。在几次调整过程中我们也付出了一些代价，一些客户和业务受到了影响，一些分行的授信审批队伍受到了一些冲击。经过几次调整优化，目前我行审批体制机制相对稳定，比较适合工行的实际，也与当前外部经济状况和科技发展水平相适应。所以，新规没有改变信贷体制机制，主要是细化优化流程。

二是兼顾原则性和灵活性，不搞“一刀切”。在大的原则方面保持全行统一的情况下，在经营主责任人确定、专职委员队伍扩充和集体审议会议组织形式等方面，允许分行结合自身经营特点和实际情况，因地制宜，灵活安排。

三是分步实施，有序推进。总行 6 月底前先行先试，分行分三批实施，成熟一个推进一个，允许一定时期内“双轨”运行，以不影响业务经营发展，有利于提升竞争力，强化全流程风险控制能力为原则。

（二）推行新规要落实好三项核心内容。

第一，优化工作模式。原有的授信审批流程存在前中台联合作业不够、集体审议效率不高、贷后联防联控协同不足等问题，新规从三个方面进行了优化。

一是优化前中台作业模式。原有流程中前台尽调和中台审查主要是“串联”作业，通常先由前台部门完成尽职调查后，再提交审查部门开始审查，且前台人员一般不参加集体审议，由中台审查人员独立上会。新规统一明确前台经营主责任人要与审查人联合上会汇报，共同回答审议委员的提问。这既有利于压实经营主责任人的责任，促使经营部门增强风险意识和风控能力，也有利于会议主持人和审议委员更好地听到前台的意见、市场的声音，深入了解客户和业务的具体背景和“活情况”，增强市场敏感度，更科学地作出业务决策。

另外，对于一些重大、复杂、紧急业务，前台部门和中台部门要加强沟通协作，积极探索尽调和审查联合作业模式，也就是从“串联”改为“并联”，提高业务响应效率。

二是精简审议机构，合并债项审议审批环节。原来集体审议机构设置较多，总行层面根据权限大小、自营和代理投资共分为 4 个审议机构，行领导主持的有信贷审查委员会和代理投资审查委员会，授信审批部内还有授信审议小组会和代理投资审议小组会。4 个审议机构都仅承担辅助决策职能，所有业务审议通过后都须再报有权审批人审批。这次新规对审议机构进行了精简，将多个审议机构统一成一个，即信贷与投资审查委员会。

同时，根据审议业务类型不同，委员会下设限额审议会和债项审批会，分别负责审议风险限额和单笔债项，在会议职能和委员组成方面也进行了差异化设置。其中，债项审批会合并了审议审批环节，既承担审议职能，也承担审批职能，由有权审批人直接主持会议，参会委员全部为专职委员。限额审议会仍然承担辅助决策职能，既可由有权审批人主持，也可由同层级或下一层级审批人主持，参会委员既有专职委员，也有部门委员，但审议通过后都必须报有权审批人最终审批。

三是加强联防联控。目前前中后台之间信息交互、反馈和共享不及时，不充分。前中后台部门要加强协作与信息交流，搭建立体化监测体系，持续提高信贷前中后台和三道防线的信息共享，加强交叉验证和交互反馈。对于复杂、疑难的风险事项，要通过常态化的联防联控、会商会诊，实现前中后台齐抓共管，统筹推动业务营销和风险防控。

第二，落实全流程责任。虽然总行原有的信贷制度办法已经规定了全流程的职责，但从实际运行情况看，责任不明晰、权责不匹配的问题还比较突出。比如，尽调环节，一笔业务从发起到审查审批，流程中尽调人员很多，但责任界定不清晰，出了不良贷款，往往处理十几号人甚至几十号人，尤其是信贷大户、大额贷款的经营责任层层分解到基层一调、二调客户经理，但一、二级分行的经营责任虚化，这是非常不合理的。再如，集体审议环节，会议主持人在业务审议中具有重要影响，很大程度上决定了集体审议结果的走向，但在集体审议仅承担辅助决策职能的情况下，难以清晰界定会议主持人、审议委员和审批人责任。从某种程度上讲，“两明案”的发生，就是钻了我们之前流程制度的空子。

明确责任的目的不是简单为了追究责任，更主要是为了从制度设计上把责任压实、保障信贷业务各环节、各岗位各司其职，尽职履责。

一要落实好前台经营主责任人制度。每个客户授信方案、每笔债项业务都要明确一个适当层级的管理人员作为经营主责任人，承担客户和业务尽职调查、方案执行、存续期管理主要责任，这是新规对前台的一个关键改变和调整。虽然本次新规重点围绕加强授信审批流程管理，由授信审批部牵头，但对前台部门意义同样重要。近期，我在公司金融业务推进会上曾经讲过，一家银行风险文化、风险意识强不强，关键不是看中后台，而是看前台。中后台作为风险管理部门，有风险意识理所应当，属于分内职责，只有前台部门也有风险意识了，一家银行才能说整体风险意识强。

一方面，资产质量好的前提是找到好客户、找到好项目。找不到好客户好项目，进与退的时机选择错误，中台水平再高、流程再合理也没有意义。好客户、好项目要靠前台发现，前台有效识别客户和项目是否有风险，是银行做好风险控制的前提。另一方面，对已经进入的客户和项目，在企业和项目经营的生命周期里，什么时候该退出，同样对资产质量起到关键作用。合理的退出应该在风险还没有完全显露时就及时进行，而发现这些细微的风险苗头，主要靠前台。等到中后台发现风险苗头的时候，企业或者项目就已经出现大问题了，每家银行都想退出，这个时候已经晚了。所以，前台的风险文化、风险意识对银行的风险控制水平非常重要，我们这次新规实施，首先要落实好经营主责任人制度。

经营主责任人制度运行成效的关键是单个人担任经营主责任人的客户数和业务量要适当，太多会超出个人的合理承受能力，导致经营主责任人形同虚设，太少则与现有状况没什么差异。各分行之间业务量差异非常大，有些二级分行总体业务量较少，有些地区比如广东、长三角的一些二级分行，可能每个月业务量都非常大。所以，总行对分行经营主责任人的确定方式没有统一刚性规定。但是，没有统一规定，不等于一点指导原则都没有，总行主要是把大的规则、总的思路定好，具体方法由各行自己来细化确定，但要报上级行把关。

前期授信审批部对部分信贷大行的省会城市行和业务量较大的二级分行报审业务量进行了摸底调研，在此基础上提出了一级（直属）分行审批业务的经营主责任人确定参考规则。总的来看，参考规则还是比较合理的，既有利于落实责任，也具有可操作性。各分行一把手要高度重视，结合本行实际制定经营主责任人确定方法，对管理客户数量较多、业务量较大的二级分行，可适当将经营主责任人范围扩大至一级支行行长或副行长，但要坚决避免经营主责任人层级过于下沉和分散。这一制度落实了，第一道防线就有了保障。

二要夯实中台审查责任。与前台尽调环节一样，中台也要按照“谁决定谁负责”的原则，逐户逐笔明确审查主责任人。审查主责任人由授信审批部门负责人或内设团队负责人担任，负责对业务方案的合规性、合理性、风险判断的准确性以及管理的有效性进行复核，对审查意见负主要责任。

在这里，我再强调一下，中台部门要切实履行好“真实性”审查职责。去年年底，总行对分行建立“真实性”审查机制进行了统一部署，廖林副行长专门开会作了具体安排。总行反复强调，“真实性”不仅是前台的事情，中台也有“真实性”审查的职责，不能对前台报送的业务资料简单默认都是真实的，以此进行审查测算，并据此判断是不是符合贷款条件。从我行近几年发生的信贷案件来看，贷款真实性出了问题，一旦司法介入，审查审批环节也难以逃脱责任。

从近期看，各分行总体上比较重视，积极贯彻落实总行要求，通过“真实性”审查机制，成功堵截了一些风险隐患，较好地发挥了作用。但是，也有少数分行在机制选择、运行规范性方面存在一些问题，特别是专岗人员配备比例较低，还需要进一步完善。总行要求中台开展“真实性”审查，并不是漫无边际针对所有客户、所有业务，重点是针对特定客户、特定业务，尤其是新客户和少数容易出问题的业务品种，比如说贸易融资。配备专岗不仅能提高“真实性”审查效率，也容易发现问题。专岗人员“真实性”审查多了，敏感性就会增强，就越能训练出业务合不合常理的直觉。因此，各分行要进一步完善“真实性”审查机制建设，加强专岗人员配备，切实履行好“真实性”审查职责，强化对“真实性”尽调履职的监督，有效防控由造假引起的信贷案件风险。

三要明确委员责任。原有流程中集体审议仅承担辅助决策职能，委员责任不清晰，独立审议职能未有效发挥。本次新规完善了审议规则，明确了委员（包括专职委员和部门委员）职责、工作纪律和履职要求，进一步压实委员责任。

此外，以前委员只在上会前一天或参加会议时介入业务，对业务的熟悉程度有限。本次新规明确委员要提前介入债项业务，与审查人并行作业，提高对业务的熟悉深度，充分发挥专家治贷作用。委员要秉持独立性原则，客观、专业、审慎地对审议事项作出独立判断，积极提出意见建议，对集体审议投票意见负责。

四要落实考核与激励机制。新规完善了委员和审批人管理制度，优化了委员和审批人考核激励机制。拓宽专职委员职业发展路径，明确部分审批人优先从本级机构专职委员中选拔，业务类人员中的4级（含）以上审批人工资等级、绩效考核比照管理类人员管理。这一点是比较大的突破，专职委员中的审批人不是管理人员，但审批贷款的责任很大，出了重大偏差，还可能被问责，因此，新规按照权责匹配的原则，明确了上述安排，也是对审批人的激励。各行要算大账，把这项措施落实好，落实到位。

当然，审批人自身也必须履行好职责，要有大局意识、发展意识和责任担当，在具体业务审批中做到宽严适度，把控好实质风险，既不能对审查审议中发现的风险问题视而不见，淡化风险意识，也不能处处谨小慎微，满眼都是风险，一切从严，不敢决策。简单地说，就是平衡很重要，过松肯定不行，过严同样不行。业务报到上级行批不过去，金额降下来企业又不同意，下级行只好在自己的授权范围内再找次优客户或其他业务做，风险可能更大。因此，激励到位了，责任也要同步到位。

第三，完善监督制衡机制。目前我行信贷业务以管理人员审批为主，有权审批人较为集中，监督制衡机制不够完善。授信审批新规突出加强了监督制衡机制。

一是扩充队伍，避免审批权过于集中。以前，我们专职委员数量较少，但每次需要参会的委员数量又比较多，选择余地很小，基本固定那几个人，委员容易被提前“打招呼”“做工作”。目前国际主流银行集体审议参会人员普遍在5～9人。新规明确扩充委员人数，精简参会委员数量，参会委员按照随机均衡性、业务相关性确定，能有效提升审议的独立性。

审批人方面，与以前主要按照管理层级进行转授权的模式不同，新规建立了审批人分级管理制度，明确全行审批人统一按照1～6级管理，增加审批人数量，确保每一层级审批人不少于2～3人，避免审批权过于集中。

各分行要尽快选聘具备大局意识、作风优良、专业过硬、敢于担当的信贷专家充实到审批人队伍，推进专家治贷。各行要合理确定转授权，统一风险把控尺度，做好审批人决策质量跟踪评价。

二是建立审结机制。目前我们的流程是有权审批人完成审批后，业务决策就结束了，没有后续的报告和制衡机制，总经理审批的业务副行长不了解，副行长审批的业务行长不了解。这次新规的一个重大变化，就是建立审结机制，对一些重要业务，审批人在权限内完成审批后，决策程序并没有结束，还需要报送行长或其授权人履行审结程序，审结人可以“一票否决”，也可以对授信或融资方案从严调整，对审批人的履职情况进行监督和纠偏，但不承担审批决策责任。

在这种机制安排下，行长不再直接行使审批权，全额转授副行长或其他行领导行使，行长以审结人身份对审批人履职情况进行监督和纠错。但是行长不承担具体业务审批决策责任，并不意味着就没有责任了，按照总行印发的《进一步完善集团风险治理体系 提升风险治理能力指引》，作为机构的主要负责人，行长承担本行风险治理的第一责任。

三是完善回避制衡机制。原有流程中回避制衡机制不够完善，如部门负责人可以作为审议委员审议自己复核的业务，既当运动员，又当裁判员。有些会议主持人提前定调，引导审议委员发表意见等。新规针对此类情况提出了多项完善的措施，例如，明确行领导不得审批分管的营销部门直接报送或经营机构直接经营的债项业务。前台部门负责人不参加债项审批会，授信审批部门负责人不得审批其分管处（科）室审查的债项业务。会议主持人须执行末位发言制，严禁提前定调，影响审议委员独立发表意见。

三、关于新规实施总体安排

（一）加强领导，统筹推进。总行已经成立了授信审批新规实施领导小组，由我任组长，廖林副行长任副组长，授信审批部、公司金融业务部、信贷与投资管理部、人力资源部等7个总行相关部门为成员部门，统筹规划和部署境内分行的新规实施。各分行的一把手作为第一责任人，要全面负责本行新规实施落地，不折不扣执行好各项工作部署，把握进度节奏，解决困难问题。各行要尽快召开党委会，专题研究、专题部署，明确分工，责任到人。

（二）分批实施，抓好落实。本次授信审批新规按照分步、分类、分批原则，稳步推进，总行于6月底前先行实施，分行分三批推进。今天参会的上海、重庆、广东、四川、吉林、大连、宁波、厦门8家一级（直属）分行以及广州、成都2家“5+1”分行作为第一批，要在9月底前实施。今年年底前实施第二批，明年3月底前实施第三批，最晚明年6月底前全部实施。时间紧，任务重，各分行要严格按照总行党委的统一部署，抓实抓细新规落地实施工作。

（三）做好配套，确保效果。总行信贷与投资管理部、公司金融业务部、金融科技部等部门要守好“责任田”，按照职能分工做好新规各项配套制度修订和系统改造工作。各级行人力资源部门要会同授信审批部门做好审批人和专职委员选聘工作，确保实施前人员到位，保障新规顺利实施。

同志们，授信审批是全行风险治理体系的重要一环，让我们共同努力，将授信审批新规推行好、落实好。

在中国工商银行2020年年中工作会议上的讲话

谷　澍

2020年7月

一、上半年经营情况

1.1　集团总体经营情况

□ 主要经营指标

国际财务报告准则（集团）

主要经营指标	2020H1	2020Q1	2019
1. 盈利能力			
1.1 净利润（亿元）	××	850	3 134
1.2 净利润增长率	××%	2.8%	4.9%
1.3 拨备前利润（亿元）	××	1 666	5 707
1.4 拨备前利润增长率	××%	2.9%	6.9%
1.5 营业收入（亿元）	××	2 062	7 761
1.6 营业收入增长率	××%	2.2%	7.0%
1.7 加权平均权益回报率	××%	13.44%	13.05%
1.8 加权平均资产回报率	××%	1.09%	1.08%
2. 收益结构			
2.1 净利息收益率（NIM）	××%	2.20%	2.24%

续表

主要经营指标	2020H1	2020Q1	2019
2.2 手续费及佣金净收入占比	××%	22.93%	20.05%
2.3 成本收入比	××%	18.38%	25.79%
3. 资产质量			
3.1 不良贷款额（亿元）	××	2 501	2 402
3.2 不良贷款率	××%	1.43%	1.43%
3.3 拨备覆盖率	××%	199.37%	199.32%
3.4 信贷成本率	××%	1.13%	0.97%

注：2020年上半年数据为管理层未经审计数据。

➢ 2020年上半年，全行积极贯彻落实统筹推进疫情防控和支持实体经济、减费让利和加快风险化解等政策要求，集团实现净利润××亿元，同比下降××%。

➢ 经营发展继续保持稳中有进态势，实现拨备前利润××亿元，同比增长××%；实现营业收入××亿元，同比增长××%。

➢ 风险总体可控，预计6月末集团不良率为××%，较年初上升××个百分点；拨备覆盖率为××%，较年初下降××个百分点。

□ 各板块盈利贡献

上半年各板块净利润增长情况表

单位：亿元人民币

盈利板块	2020年上半年			2019	
	净利润	同比增幅	净利润贡献占比	净利润	净利润贡献占比
境内分行（含总行本部）	××	××%	××%	2 883	92.0%
其中：36家一级（直属）分行	××	××%	—	2 555	—
境外机构	××	××%	××%	206	6.6%
境内控股机构	××	××%	××%	45	1.4%
集团	××	××%	—	3 134	—

➢ 上半年，境内分行实现净利润××亿元，同比下降××%，主要是总行本部进一步加大拨备计提力度，上半年计提××亿元，同比增长××%，36家一级（直属）分行合计实现净利润××亿元，同比增长××%；境外及控股机构预计实现净利润××亿元，同比下降××%。

➢ 各板块盈利贡献基本保持稳定，但受疫情持续、经营环境和监管政策等影响，境外及控股机构经营面临较大的不确定性。

□ 营业收入与净利润增长结构

上半年四行营业收入与净利润增长结构

国际财务报告准则（集团）

单位：亿元

项目	工行		农行		中行		建行	
	总量	增幅	总量	增幅	总量	增幅	总量	增幅
营业收入	××	××%	××	××%	××	××%	××	××%
其中：利息净收入	××	××%	××	××%	××	××%	××	××%
手续费及佣金净收入	××	××%	××	××%	××	××%	××	××%
其他非利息收益	××	××%	××	××%	××	××%	××	××%
营业费用	××	××%	××	××%	××	××%	××	××%
资产减值损失	××	××%	××	××%	××	××%	××	××%
拨备前利润	××	××%	××	××%	××	××%	××	××%
净利润	××	××%	××	××%	××	××%	××	××%

注：同业数据为初步电话沟通数。

➢ 上半年，四大国有商业银行净利润均下降××%左右。

➢ 我行营业收入和拨备前利润增速低于可比同业，主要是我行付息成本走势与可比同业出现明显反差，如分别按照我行存款付息成本走势与农行、中行、建行一致进行模拟还原，则上半年我行营业收入和拨备前利润同比增速与可比同业基本相当。

➢ 四行均加大了拨备计提力度，我行资产减值损失计提金额最高。

□ 利息净收入增长情况

➢ 上半年实现利息净收入××亿元，同比增长××%。一方面持续减费让利、加快LPR有序转换，贷款收益率明显下降，利差进一步收窄，NIM较上年下降××个基点；另一方面在符合监管政策的前提下，加大对实体经济的投融资力度，生息资产规模实现较快增长，实现了以量补价。

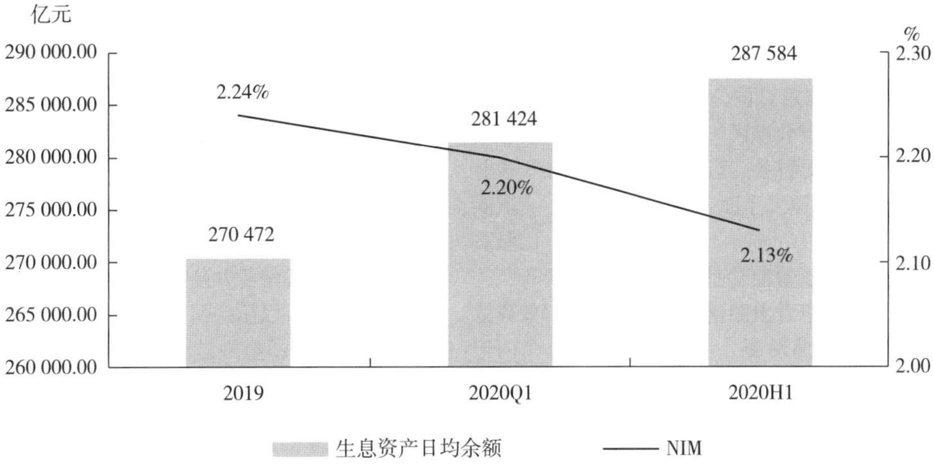

上半年生息资产和 NIM 变化情况

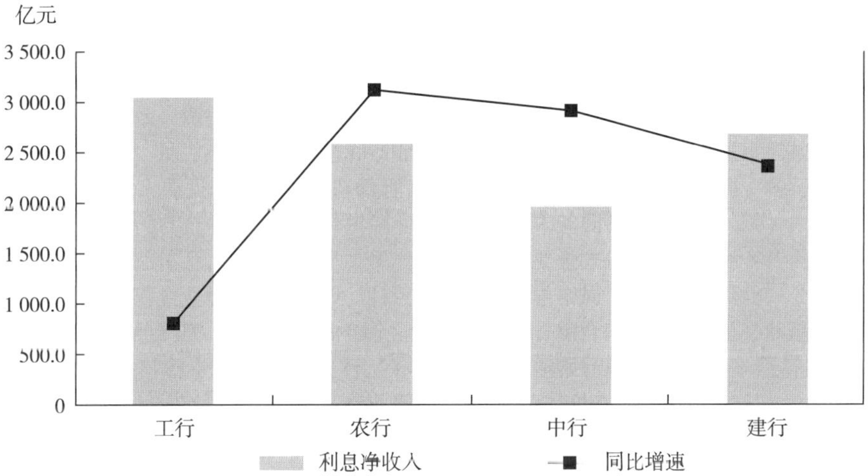

上半年四行利息净收入增长情况

上半年四行利息净收入增速动因分析

行名	生息资产规模同比增幅	NIM 同比变化
工行	××%	××BP
农行	××%	××BP
中行	××%	××BP
建行	××%	××BP

➢ 与农行和中行比，我行 NIM 较上年同期收窄幅度较大，导致利息净收入增速较低。

➢ 与建行比，我行生息资产规模增速及 NIM 变化幅度均不占优势。

□ 手续费及佣金收入增长情况

➢ 上半年，全行在积极落实减费让利政策，有效防范合规和声誉风险的基础上，实现手续费及佣金净收入××亿元，同比增长××%，总量仍保持同业第一。其中，手续费及佣金收入××亿元，同比增长××%。

➢ 上半年境内分行中收增长总体呈现以下特点：

√ 一是部分“代销类”产品继续保持较快增长态势。如账户交易类及其他收入 19.19 亿元，同比增长 55.68%；贵金属收入 19.66 亿元，同比增长 40.69%；债券承销及代销 25.16 亿元，同比增长 34.7%。

√ 二是部分结算类产品增收效果较好。如人民币对公结算收入 56.41 亿元，同比增长 14.72%；个人工银信使收入 17.01 亿元，同比增长 8.96%；“支付宝+财付通”交易额 7.22 万亿元，同比增长 2.47%，较一季度（-5.96%）提升 8.43 个百分点。

√ 三是公司类中收保持较为平稳的增长态势，收入结构有所优化。上半年公司类中收 105.31 亿元，同比增长 3.19%，其中，分行端银团收入 24.88 亿元，同比增长 14.71%。

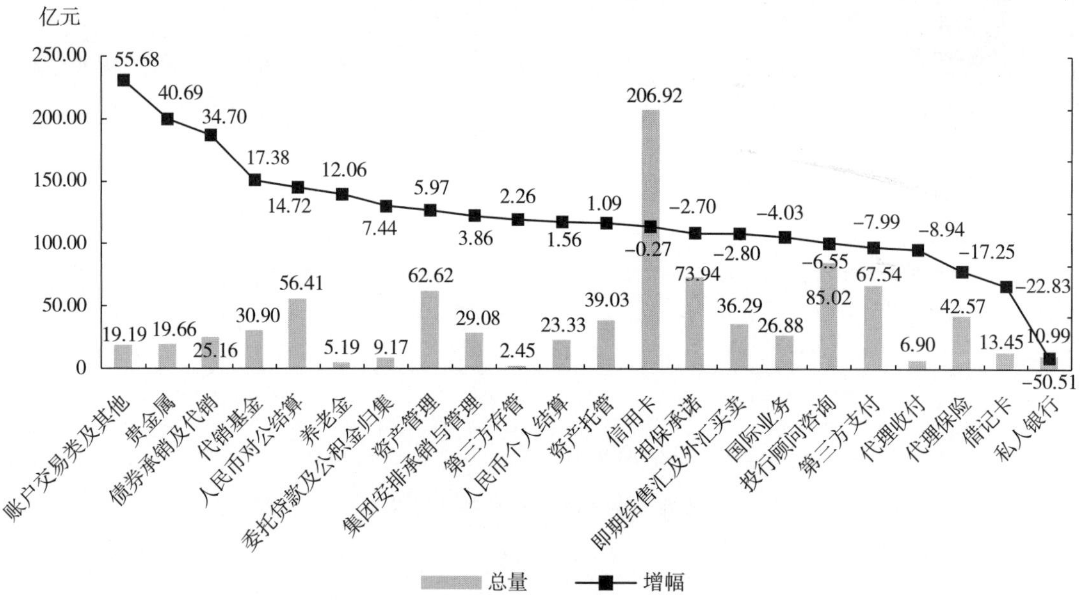

上半年境内分行22类收入情况（按增速排序）

□ 手续费及佣金收入同业情况

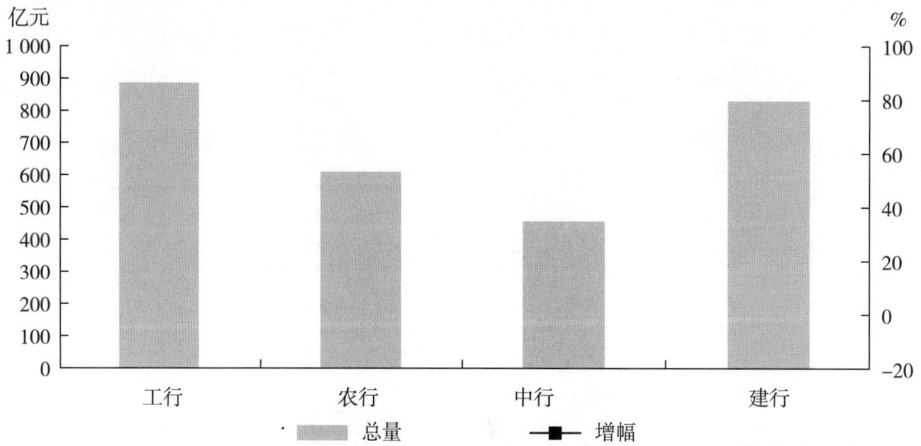

上半年境内分行中收同业比较情况

➢ 上半年，境内分行扭转了年初以来持续负增长的局面，中收同比增长××%，较一季度提升××个百分点，中间业务收入总量继续保持同业第一。

22类产品同业排名情况

产品	2020年上半年	同比增量	同比增幅	总量排名	增量排名
人民币对公结算	56.41	7.24	14.72%	1	1
债券承销及代销	25.16	6.48	34.70%	1	1
贵金属	19.66	5.69	40.69%	1	1
账户交易类及其他	19.19	6.86	55.68%	1	1
养老金	5.19	0.56	12.06%	1	1
资产管理	62.62	3.53	5.97%	1	2
即期结售汇及外汇买卖	36.29	-1.04	-2.80%	1	2

续表

产品	2020 年上半年	同比增量	同比增幅	总量排名	增量排名
担保承诺	73.94	-2.06	-2.70%	1	3
代理收付	6.90	-0.68	-8.94%	1	3
投行顾问咨询	85.02	-5.96	-6.55%	1	4
资产托管	39.03	0.42	1.09%	1	4
代销基金	30.90	4.58	17.38%	1	4
借记卡	13.45	-3.98	-22.83%	2	2
委托贷款及公积金归集	9.17	0.63	7.44%	2	2
银团安排承销与管理	29.08	1.08	3.86%	2	3
信用卡	206.92	-0.55	-0.27%	2	4
私人银行	10.99	-11.22	-50.51%	2	4
第三方存管	2.45	0.05	2.26%	2	4
代理保险	42.57	-8.88	-17.25%	3	2
人民币个人结算	23.33	0.36	1.56%	3	2
第三方支付	67.54	-5.86	-7.99%	3	3
国际业务	26.88	-1.13	-4.03%	3	4

➢ 上半年，22 类产品中 12 类收入总量第一，人民币对公结算、债券承销及代销、贵金属、账户交易类及其他、养老金 5 类总量、增量“双第一”。

➢ 人民币对公结算、账户交易类及其他、债券承销及代销、贵金属、代销基金和资产管理等产品收入增量贡献较大。

□ 存款增长情况

➢ 上半年全行本外币存款（含同业）和人民币存款分别增加 26 029 亿元和 25 460 亿元，同比分别多增 5 353亿元和 5 777 亿元，增量均达到历史最高。

6 月末四行境内人民币存款增长情况表　　单位：亿元

项目	工行					农行			中行			建行		
	余额	排名	比年初	排名	增幅	余额	比年初	增幅	余额	比年初	增幅	余额	比年初	增幅
人民币各项存款	250 324	1	25 460	1	11.3%	206 991	12 366	6.4%	133 586	8 544	6.8%	211 234	21 547	11.4%
（一）一般性存款	229 100	1	19 450	2	9.3%	197 699	15 686	8.6%	125 482	9 316	8.0%	196 930	20 657	11.7%
1. 储蓄存款	111 396	2	10 390	2	103%	120 737	10 222	9.2%	60596	5 384	9.8%	98 433	10 717	12.2%
2. 对公存款	117 704	1	9 060	2	8.3%	76 962	5 464	7.6%	64 886	3 932	6.5%	98 497	9 940	11.2%
其中：公司存款	47 707	1	4 355	2	10.0%	35 831	3 409	10.5%				45 816	6 611	16.9%
机构存款	69 997	1	4 705	1	7.2%	41 131	2 055	5.3%				52 681	3 329	6.7%
（二）同业存款	21 224	1	6 009	1	39.5%	9 292	-3 320	-26.3%	8 105	-772	-8.7%	14 305	890	6.6%

√ 余额和增量双领先。各项存款余额领先建行扩大至 3.9 万亿元以上，比年初增量领先建行 3 913 亿元。

√ 各板块存款全面增长。储蓄存款增加 10 390 亿元，日均增量排名四行首位，余额突破 11 万亿元；公司存款增加 4 355 亿元，余额持续保持同业领先；机构存款增加 4 705 亿元，增量排名四行首位。

□ 贷款增长情况

➢ 全行积极响应逆周期政策要求，主动扩大信贷总量，贷款增量半年首次破万亿元，投向全面符合政策要求，服务实体经济的适应性、普惠性进一步提升。

6 月末四行境内人民币贷款增长情况表 单位：亿元

项目	工行			农行			中行			建行		
	余额	比年初	增幅	余额	比年初	增幅	余额	比年初	增幅	余额	比年初	增幅
人民币各项贷款	163 263	10 854	7.1%	140 426	10 034	7.7%	111 504	6 412	6.1%	153 830	13 998	10.0%
（一）人民币贷款	160 250	10 960	7.3%	138 520	11 094	8.7%	105 845	6 274	6.3%	151 414	13 655	9.9%
1. 公司贷款	89 797	7 127	8.6%	76 662	7 310	10.5%	55 774	3 228	6.1%	78 565	10 564	15.5%
2. 个人贷款	59 600	3 935	7.1%	53 391	4 275	8.7%	41 819	2 546	6.5%	60 923	3 562	6.2%
其中：个人住房贷款	54 127	3 133	6.1%	44 168	2 592	6.2%				55 912	2 861	5.4%
3. 票据贴现	4 307	104	2.5%	3 615	-599	-14.2%	3 562	421	13.4%	4 169	-808	-16.2%
4. 银行卡透支	6 547	-205	-3.0%	4 852	108	2.3%	4 690	79	1.7%	7 757	337	4.5%
（二）非存款类金融机构拆放	3 013	-105	-3.4%	1 906	-1 060	-35.7%	5 659	138	2.5%	2 416	343	16.5%

√ 贷款增量实现历史同期最高值。境内人民币贷款（含拆放）增加 10 854 亿元，同比多增 2 974 亿元，增幅 7.1%。

√ 新增贷款均衡率高于主要竞争对手。新增贷款均衡率 55.9%，较建行高 1.4 个百分点。

□ 境内外汇存贷款业务

“境内外汇业务首选银行”战略推进情况。

➢ 上半年，我行境内外汇各项存款余额 1 234 亿美元，较年初增加 62 亿美元。其中同业存款比年初增加 34 亿美元，是带动存款增长的主要动力。

➢ 全面贯彻“稳外贸、稳外资”政策要求，充分满足“春融行动”目标客户信贷需求。上半年，我行境内一般性外汇贷款余额 557 亿美元，较年初增加 126 亿美元。其中国际贸易融资较年初增加 98 亿美元，投向制造业余额占比约 77%。

➢ 截至 6 月末，我行外汇存款余额四行第二，与中行差距收窄至 465 亿美元；一般性外汇贷款余额、增量均为四行第一。

□ 资产质量情况

➢ 集团核心管控指标保持稳中可控态势。核心指标“双升四降”，首次实现集团口径剪刀差为负、逾期率低于不良率。

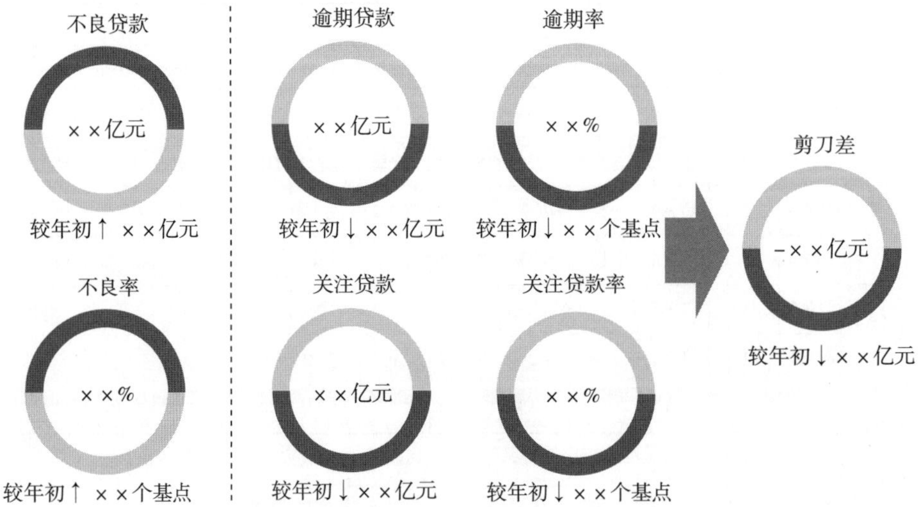

☐ 资产质量情况——同业比较

6 月末资产质量同业比较情况

集团　　　　　　　　　　　　　　　　　　　　　　　　　　　　单位：亿元

行别	不良余额				不良率			逾期剪刀差		
	6 月末	年初	比年初增加	比年初增幅	6 月末	年初	比年初上升	6 月末	年初	比年初增加
工行	××	××	××	××%	××%	1.43%	××BP	××	××	××
农行	××	××	××	××%	××%	1.40%	××BP	××	××	××
中行	××	××	××	××%	××%	1.37%	××BP	××	××	××
建行	××	××	××	××%	××%	1.42%	××BP	××	××	××

➢ 我行不良贷款率四行排名第四，较年初上升幅度最大。

➢ 剪刀差改善速度同业最快：逾期贷款与不良贷款的剪刀差较年初减少××亿元，下降幅度四行最大。

☐ 资产质量情况——清收处置

上半年清收处置同业比较情况表

境内分行　　　　　　　　　　　　　　　　　　　　　　　　　　单位：亿元

行别	清收处置总额	核销额	常规处置		呆账核销		批量转让		证券化	
			金额	占比	金额	占比	金额	占比	金额	占比
工行	1 016	616	363	36%	301	29%	305	30%	47	5%
农行	664	311	310	47%	220	33%	105	16%	29	4%
中行	531	176	343	65%	151	28%	37	7%	0	0
建行	736	412	256	35%	269	37%	106	14%	105	14%

注：四行同业交换数据为境内分行快报数据。

➢ 处置总量四行最大：上半年我行集团口径清收处置不良贷款 1 041 亿元，其中境内分行 1 016 亿元，居同业首位。

➢ 账销案存收回额同比大幅提升：上半年收回账销案存资产 21 亿元，同比增长 61.54%。

➢ 创新处置四行最优：总行牵头不良资产批量转让已成为同业领先的业务模式。上半年总行牵头批量转让 114 亿元，占比同比上升 8 个百分点。

☐ 个人客户增长情况

➢ 截至 6 月末，全量个人客户 6.68 亿户，新拓展 1 595.62 万户，较年初净增 1 408.73 万户，增速 2.16%，同比少增 603 万户。其中，全行日均金融资产 5 万元以上客户 4 475.98 万户，较年初净增 177.43 万户，增幅 4.13%，同比多增 72.54 万户，增量创近 3 年同期新高。

在整体承压大背景下，与同业比，我行个人客户发展仍维持了一定的比较优势。

➢ 借记卡增量发卡四行领先，1－6 月我行借记卡净增发卡 2 595 万张，市场占比 36%，四行排名第一，较第二名（农行）多增 799 万张。

➢ 社保发卡抢抓市场“大尾巴”，1－5 月我行社保卡增量发卡份额全市场占比 66%，同比提升 40 个百分点。

➢ 积极顺应客户行为线上化的市场变化，加速“工银 e 钱包”模式输出，6 月末累计开户数超 2 000 万户，1－6 月净增 915 万户，同比增幅达 439%。

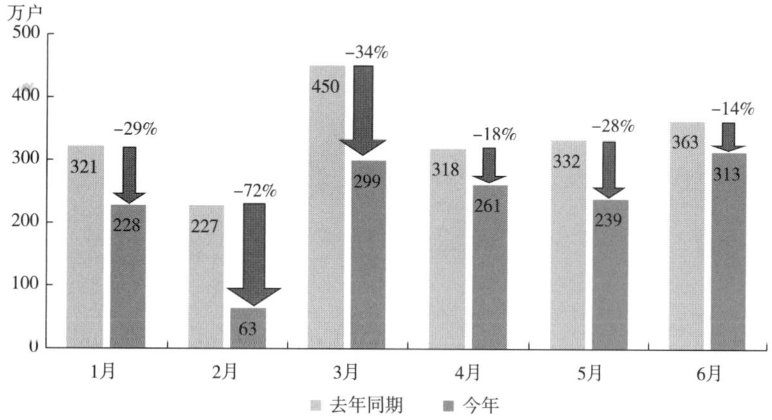

上半年全量个人客户逐月增长情况

6 月末全量个人客户情况表

境内分行 单位：亿元

日均金融资产分段		1 万元以下	1 万～5 万元	5 万～20 万元	20 万～100 万元	100 万～800 万元	800 万元以上	总计
2020 年 6 月	客户数	57 017	5 312	2 961	1 291	182	9	66 771
	占比	85. 39%	7. 95%	4. 43%	1. 93%	0. 27%	0. 01%	100%
2019 年	客户数	55 714	5 413	2 886	1 181	160	8	65 362
	占比	85. 24%	8. 28%	4. 42%	1. 81%	0. 24%	0. 01%	100%
2020 年 6 月增幅（较上年末）		2. 34%	－1. 88%	2. 58%	9. 25%	13. 82%	15. 01%	2. 16%
2020 年 6 月占比变动（较上年末）		0. 15%	－0. 33%	0. 01%	0. 12%	0. 03%	0	—

注：数据来源于 MOVA 系统，百分比数据采用四舍五入原则。

□对公拓户情况

➢ 受疫情影响，截至 6 月末，全行新开对公结算账户数 82. 96 万户，同比少开 9. 01 万户，降幅 9. 80%。

➢ 面对外部环境的挑战，全行通过狠抓线上平台应用，强化服务支持，账户质量得到有效提升。截至 6 月末，全行新开账户存款余额贡献超 5 000 亿元，同比增加 1 471. 88 亿元，增幅 41. 20%；新开户存款日均超过 1 800 亿元，同比增加 536. 61 亿元，增幅 41. 27%。

□ 公司客户增长情况

6 月末公司客户情况表

单位：万户

年日均金融资产分段		1 万元以下	1 万～5 万元	5 万～50 万元	50 万～500 万元	500 万～5 000 万元	5 000 万～1 亿元	1 亿元以上	总计
2020 年 6 月	客户数	485. 28	119. 98	114. 43	39. 27	8. 14	0. 64	0. 61	768. 35
	占比	63. 16%	15. 62%	14. 89%	5. 11%	1. 06%	0. 08%	0. 08%	100%
2019 年	客户数	455. 24	117. 09	110. 21	37. 06	7. 78	0. 61	0. 58	728. 57
	占比	62. 48%	16. 07%	15. 13%	5. 09%	1. 07%	0. 08%	0. 08%	100%
2020 年 6 月增幅（较上年末）		6. 60%	2. 46%	3. 83%	5. 97%	4. 53%	5. 10%	5. 26%	5. 46%
2020 年 6 月占比变动（较上年末 ）		0. 68%	－0. 45%	－0. 24%	0. 02%	－0. 01%	0	0	—

注：数据来源于 MOVA 系统，百分比数据采用四舍五入原则。

➢与上年末相比，公司客户总量增长 39. 78 万户，增幅 5. 46%。

➢在各分段客户中，年日均金融资产 1 万元以下公司客户增长最快，较上年末增幅为 6. 60%。

➢日均金融资产 1 万元以上公司客户较上年末净增 9. 74 万户，同比多增 3. 05 万户，增幅 45. 52%，客户结构更优。

□机构客户增长情况

➢ 截至 6 月末，全行机构客户达 48. 6 万户，较年初净增 16 942 户。其中，日均金融资产 1 万元以上的机构客户为 28. 6 万户，较年初增加 4294 户。

➢ 在上半年开展的重点改革领域旺季营销中，机构金融条线聚焦教培、“三农”、医保、财政四大领域，抢抓业务机遇，奠定先发优势。

教培领域

教培资金监管平台合作覆盖30个省级地区、75个地市，共计205家区县级教委

“三农”领域

农村三资管理平台合作覆盖23个省级地区、91个地市，共计257家区县级农业农村局

医保领域

医保清算移动支付平台合作覆盖24个省级地区，共计66个地市医保局，累计拓展医疗机构、定点药店等近1.2万家，辐射9 600万参保个人

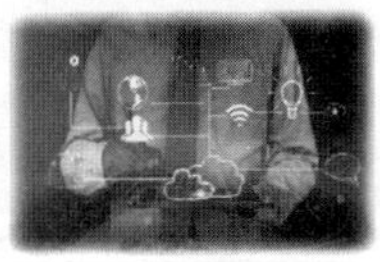

财政领域

“工银e政务”综合服务平台合作覆盖31个省级地区，累计上线超过2万家预算单位

6 月末机构客户情况表　　单位：万户

年日均金融资产分段		1 万元以下	1 万～5 万元	5 万～50 万元	50 万～500 万元	500 万～5 000 万元	5 000 万～1 亿元	1 亿元以上	总计
2020 年 6 月	客户数	19. 93	8. 02	10. 71	6. 35	2. 68	0. 36	0. 51	48. 56
	占比	41. 04%	16. 52%	22. 06%	13. 07%	5. 52%	0. 73%	1. 05%	100%
2019 年	客户数	18. 67	7. 67	10. 35	6. 51	2. 78	0. 37	0. 52	46. 87
	占比	39. 83%	16. 37%	22. 08%	13. 89%	5. 94%	0. 79%	1. 11%	100%
2020 年 6 月增幅（较上年末）		6. 78%	4. 56%	3. 53%	－2. 48%	－3. 61%	－4. 05%	－1. 67%	3. 61%
2020 年 6 月占比变动（较上年末）		1. 22%	0. 15%	－0. 02%	－0. 82%	－0. 41%	－0. 06%	－0. 06%	—

注：数据来源于 MOVA 系统。

□网络金融客户增长情况

➢ 个人手机银行发展全面提速

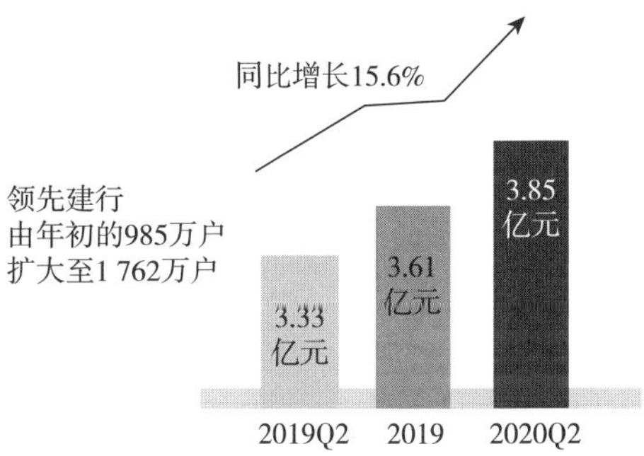

个人手机银行客户规模

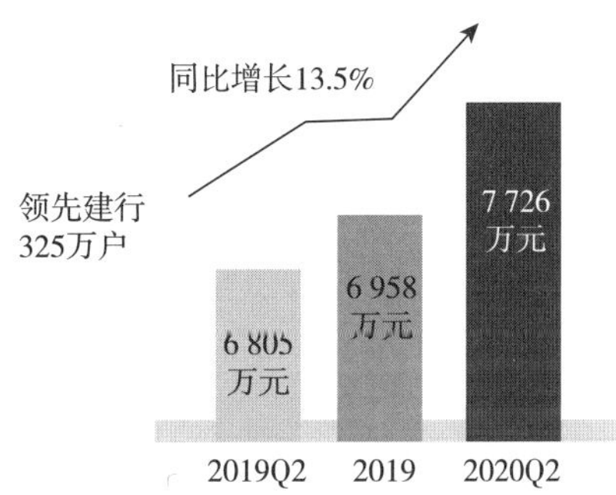

个人手机银行月均动户

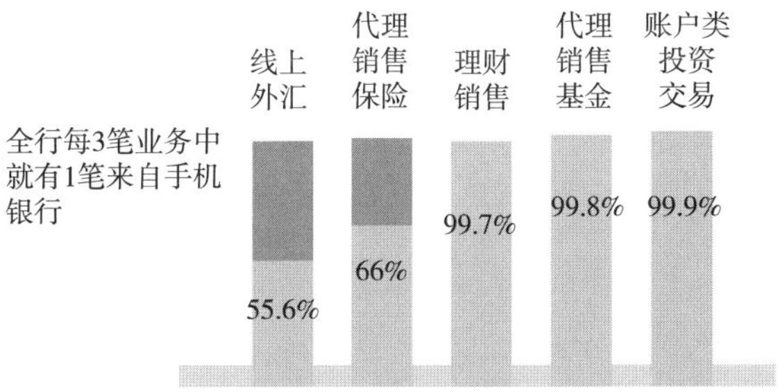

线上交易笔数占比

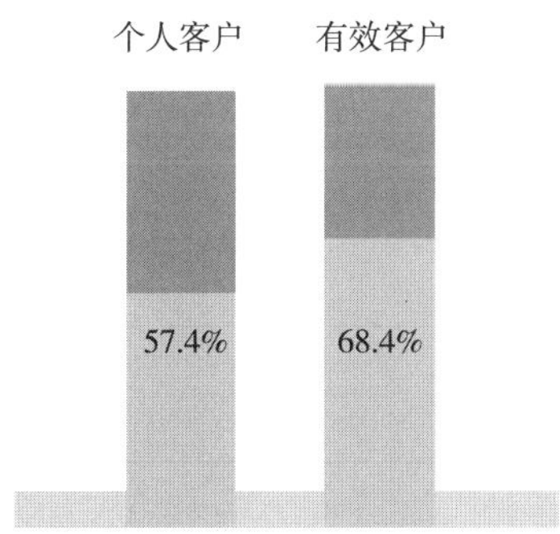

个人手机银行客户渗透率

个人手机银行同业客户数和月活比较　　单位：万户

银行	客户数	月活
工行	38 480	7 006
建行	36 718	6 681
农行	33 161	5 182
中行	19 378	3 195
招行	12 800	4 236
平安	10 000	3 351

➢法人手机银行实现“绝对领先”

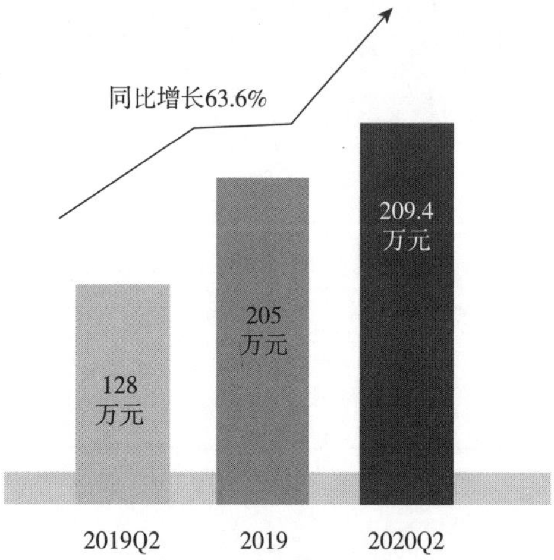

法人手机银行年动户

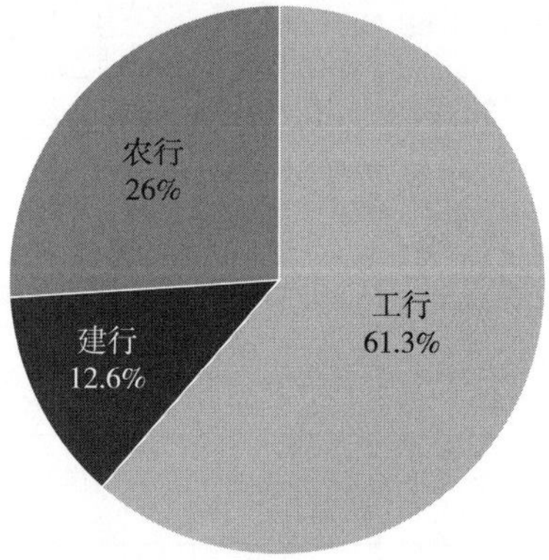

注：百分比数据采用四舍五入原则。

法人手机银行年动户同业比较

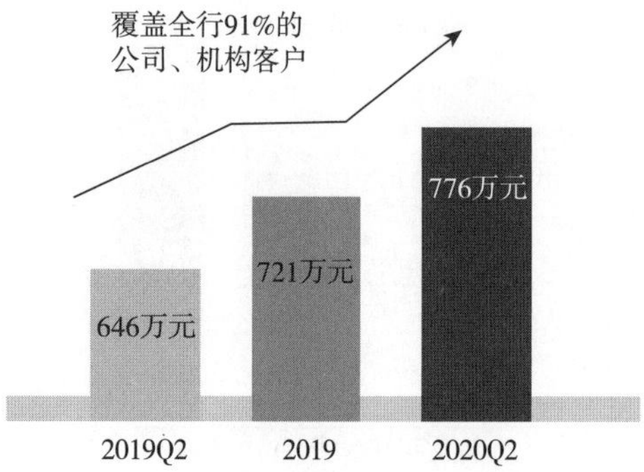

对公互联网金融客户规模

➢ 三方支付显著缩小同业差距

比同业：建行同比负增长 2.47%。我行 2－4 月交易额连续 3 个月单月超越建行，2－6 月交易额合计超越建行。

➢ GBC 三端联动持续深入

建成有效场景 3 739 个，覆盖平台经济、政务、交通、教育、医疗、司法等各领域，呈现多点开花新局面。

1.2 各盈利单元经营情况

1.2.1 境内分行经营情况

拨备前利润增长情况 单位：亿元

行名	拨备前利润（按增量排序）				行名	拨备前利润（按增量排序）			
		同比增量	同比增幅	增幅排名			同比增量	同比增幅	增幅排名
江苏	211.78	14.2	7.2%	16	贵州	63.68	2.9	4.8%	23
广东	271.79	11.2	4.3%	24	内蒙古	27.34	2.2	8.9%	10
山东	114.95	10.5	10.1%	8	黑龙江	31.10	2.2	7.5%	15
江西	57.32	8.2	16.7%	2	吉林	25.96	2.0	8.4%	11
北京	350.74	8.0	2.3%	28	青岛	25.31	1.9	8.2%	12
浙江	167.52	7.8	4.9%	22	甘肃	21.46	1.5	7.7%	14
四川	120.50	7.8	6.9%	17	新疆	36.50	1.3	3.8%	25
深圳	115.35	7.2	6.7%	18	宁波	36.24	1.1	3.3%	26
辽宁	39.85	6.9	20.9%	1	天津	39.89	0.9	2.3%	27

续表

行名	拨备前利润（按增量排序）				行名	拨备前利润（按增量排序）			
		同比增量	同比增幅	增幅排名			同比增量	同比增幅	增幅排名
湖南	56.68	6.4	12.7%	6	上海	169.87	0.4	0.2%	31
陕西	50.21	6.3	14.25%	4	重庆	61.71	0.3	0.5%	30
广西	47.19	6.2	15.2%	3	西藏	1.85	0.2	13.2%	5
河南	79.54	6.0	8.1%	13	宁夏	7.98	0.2	2.0%	29
河北	88.40	5.1	6.2%	20	湖北	78.84	-0.1	-0.2%	32
云南	43.73	4.3	10.8%	7	厦门	16.68	-0.4	-2.5%	33
山西	42.06	3.8	9.9%	9	青海	7.66	-0.5	-5.8%	35
福建	49.68	3.1	6.7%	19	海南	17.15	-0.5	-2.8%	34
安徽	59.08	3.0	5.3%	21	大连	15.18	-1.7	-10.2%	36

注：青海分行因盐湖股份债务重组停计利息影响拨备前利润1.3亿元，如考虑该因素，则拨备前利润同比增幅为12.2%。

➢境内分行拨备前利润同比增长5.6%，31家分行实现正增长。20家分行增幅超过平均水平，其中江苏、广东、山东3家分行增量超过10亿元。

净利润增长情况　　单位：亿元

行名	拨备前利润（按增量排序）				行名	拨备前利润（按增量排序）			
		同比增量	同比增幅	增幅排名			同比增量	同比增幅	增幅排名
山东	60.71	57.1	1 580.1%	1	黑龙江	19.46	2.2	12.9%	14
北京	259.80	12.2	4.9%	24	大连	9.27	2.1	30.0%	7
江苏	140.60	11.0	8.5%	17	新疆	25.57	1.7	7.3%	21
河北	54.08	10.2	23.4%	8	四川	72.83	1.2	1.7%	26
福建	35.29	9.7	37.7%	6	内蒙古	23.04	1.1	4.8%	25
江西	44.61	6.71	7.6%	10	甘肃	10.60	0.8	8.5%	18
浙江	118.91	6.1	5.4%	22	海南	9.61	0.7	7.9%	19
吉林	16.70	6.0	55.8%	4	安徽	39.71	0.6	1.5%	28
深圳	74.92	5.1	7.3%	20	厦门	11.16	0.6	5.2%	23
陕西	31.37	4.5	16.7%	11	西藏	1.27	0.4	47.3%	5
河南	54.54	4.3	8.6%	16	青岛	14.71	0.1	0.4%	29
广西	33.22	4.21	4.5%	12	上海	124.10	-2.6	-2.1%	30
宁夏	3.89	3.5	1 006.9%	2	湖南	27.96	-5.0	-15.2%	32
云南	28.53	3.3	12.9%	13	重庆	38.01	-5.4	-12.5%	31
山西	28.71	2.9	11.1%	15	贵州	34.30	-9.2	-21.2%	33
青海	4.83	2.7	130.0%	3	湖北	22.73	-12.4	-35.3%	34
广东	165.55	2.7	1.7%	27	天津	2.75	-20.8	-88.3%	35
辽宁	16.90	2.6	18.4%	9	宁波	-16.67	-42.4	-164.7%	36

➢境内分行净利润同比增长4.3%，29家分行实现正增长，7家分行净利润同比下降。

□中间业务收入情况

➢上半年，15家分行中收总量同业第一，6家分行增量第一，天津分行总量、增量“双第一”。

➢21家分行收入总量落后同业，其中，第二位17家，第三位3家，第四位1家。

15 家总量同业领先的分行

单位：亿元

分行	2020 年上半年	同比增量	同比增幅	总量排名	增量排名	占比变动（百分点）
天津	11.37	0.89	8.49%	1	1	2.49
山东	43.22	3.11	7.76%	1	2	0.96
贵州	24.52	2.12	9.47%	1	2	-2.96
江西	17.48	1.01	6.11%	1	2	-0.60
海南	4.97	-0.03	-0.61%	1	2	1.02
广东	98.95	-1.78	-1.77%	1	3	-0.69
江苏	86.28	5.48	6.78%	1	3	-0.44
北京	69.90	-1.02	-1.44%	1	3	-0.26
浙江	69.88	-1.44	-2.02%	1	3	-0.23
四川	39.95	1.56	4.06%	1	3	-0.40
上海	60.49	-4.38	-6.75%	1	4	-0.74
湖北	20.68	-6.84	-24.86%	1	4	-3.61
重庆	18.43	-2.95	-13.82%	1	4	-5.21
宁波	12.56	-2.51	-16.65%	1	4	-6.31
黑龙江	7.93	-0.96	-10.84%	1	4	-1.39

21 家总量同业落后的分行

单位：亿元

分行	2020 年上半年	同比增量	同比增幅	总量排名	增量排名	占比变动（百分点）
福建	22.02	2.98	15.63%	2	1	2.09
湖南	21.67	4.59	26.87%	2	1	3.70
吉林	9.84	0.51	5.50%	2	1	1.68
新疆	9.72	1.16	13.58%	2	1	1.73
内蒙古	8.79	1.16	15.23%	2	1	2.76
河北	29.62	0.74	2.56%	2	2	0.04
广西	14.21	1.25	9.67%	2	2	-0.27
陕西	12.73	2.37	22.83%	2	2	2.22
云南	12.63	0.78	6.57%	2	2	0.30
山西	10.88	0.15	1.42%	2	2	0.03
辽宁	10.18	0.29	2.89%	2	2	-0.45
厦门	6.44	0.33	5.47%	2	2	-0.36
河南	24.20	-1.78	-6.85%	2	3	-0.99
青岛	6.85	-0.06	-0.89%	2	3	-1.04
深圳	47.21	-3.17	-6.29%	2	4	-2.26
甘肃	7.33	-0.18	-2.45%	2	4	-2.36
大连	4.21	-0.45	-9.73%	2	4	-2.11
安徽	16.58	0.23	1.40%	3	2	0.16
青海	2.12	0.23	12.19%	3	2	0.66
宁夏	2.43	-0.12	-4.86%	3	3	-0.65
西藏	0.22	0.01	6.58%	4	4	-0.30

□存款增长情况

上半年境内分行人民币存款（含同业）增长同业比较情况表 单位：亿元

地区	余额	排名	增量	排名	日均增量	地区	余额	排名	增量	排名	日均增量	地区	余额	排名	增量	排名	日均增量
北京	47 847	1	3 831	1	1 327	湖北	7 392	2	578	1	112	青岛	1 926	2	249	3	65
江苏	15 219	2	2 358	1	1 190	辽宁	4 426	2	482	1	219	山西	4 963	1	236	2	36
广东	20 944	1	2 026	2	346	重庆	4 856	1	457	1	309	贵州	3 186	1	229	2	29
浙江	16 316	1	1 894	2	666	湖南	4 977	3	424	3	182	新疆	3 508	2	205	1	144
上海	17 218	1	1 891	2	693	云南	3 693	3	389	1	47	宁波	2 344	1	130	4	-26
深圳	8 539	2	1 590	1	284	江西	4 626	1	376	1	280	甘肃	1 871	3	119	3	0
山东	10 376	2	1 561	1	736	吉林	3 014	2	324	1	180	厦门	1 342	2	108	3	-8
河北	8 849	3	987	1	311	黑龙江	4 025	1	314	1	142	宁夏	658	3	62	2	14
安徽	6 360	1	954	1	170	陕西	5 071	2	305	2	33	大连	1 604	1	62	4	20
四川	10 922	2	921	2	357	广西	3 555	2	281	2	67	海南	1 404	1	41	1	-3
福建	4 678	3	863	1	140	内蒙古	3 056	3	268	2	32	青海	719	3	16	4	-3
河南	6 826	2	774	1	378	天津	3 417	2	259	2	-49	西藏	73	4	4	1	-1

注：数据来自同业交换。

➢人民币全部存款增量排名当地四行第一位的分行18家，较2019年增加1家，占比近一半；排名第二位的分行11家，较2019年减少2家；排名第三位的分行4家，排名第四位的分行3家。

上半年境内分行人民币一般性存款增长同业比较情况表 单位：亿元

地区	余额	排名	增量	排名	日均增量	地区	余额	排名	增量	排名	日均增量	地区	余额	排名	增量	排名	口均增量
北京	41 268	1	2 891	1	316	湖北	7 179	2	461	1	86	青岛	1 877	2	220	3	36
江苏	14 442	3	2 051	3	939	湖南	4 785	3	372	3	161	天津	3 214	2	210	2	-52
浙江	15 483	2	1 740	2	226	重庆	4 479	1	338	2	115	新疆	3 489	2	195	1	138
广东	19 488	1	1 565	3	-12	江西	4 455	1	336	1	74	贵州	2 944	1	158	2	2
山东	9 718	2	1 162	1	502	吉林	2 969	2	321	1	175	宁波	2 304	1	116	4	-47
上海	13 582	1	1 053	2	49	云南	3 562	3	311	1	9	甘肃	1 835	3	109	3	2
河北	8 676	3	899	3	270	辽宁	4 057	2	302	2	190	宁夏	650	3	64	3	14
四川	10 662	2	868	2	239	黑龙江	3 944	1	288	1	117	大连	1 531	1	34	4	10
安徽	5 922	3	673	3	104	广西	3 481	3	246	3	56	海南	1 368	1	22	1	-13
福建	4 313	3	611	2	73	陕西	4 868	2	244	2	5	青海	709	3	16	3	0
深圳	5 980	3	582	3	-183	山西	4 779	1	241	1	37	厦门	1 203	2	7	3	-54
河南	6 491	2	571	2	229	内蒙古	2 936	3	225	2	45	西藏	73	4	4	1	-1

注：数据来自同业交换。

➢ 人民币一般性存款增量排名当地四行第一位的分行11家，较2019年减少5家；排名第二位的分行11家，较2019年减少1家；排名第三位的分行12家，较2019年末增加7家；排名第四位的分行2家。

□不良贷款变动情况

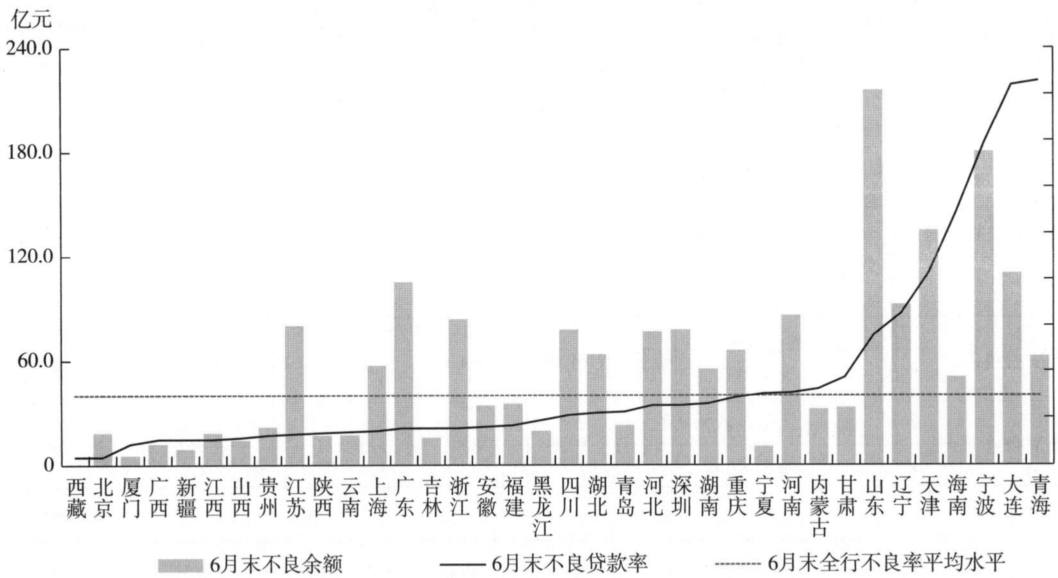

6 月末境内分行不良贷款余额及不良率情况

➢24 家分行不良贷款余额和不良率较年初“双降”，6 家分行不良率较年初“单降”。

□新劣变贷款情况

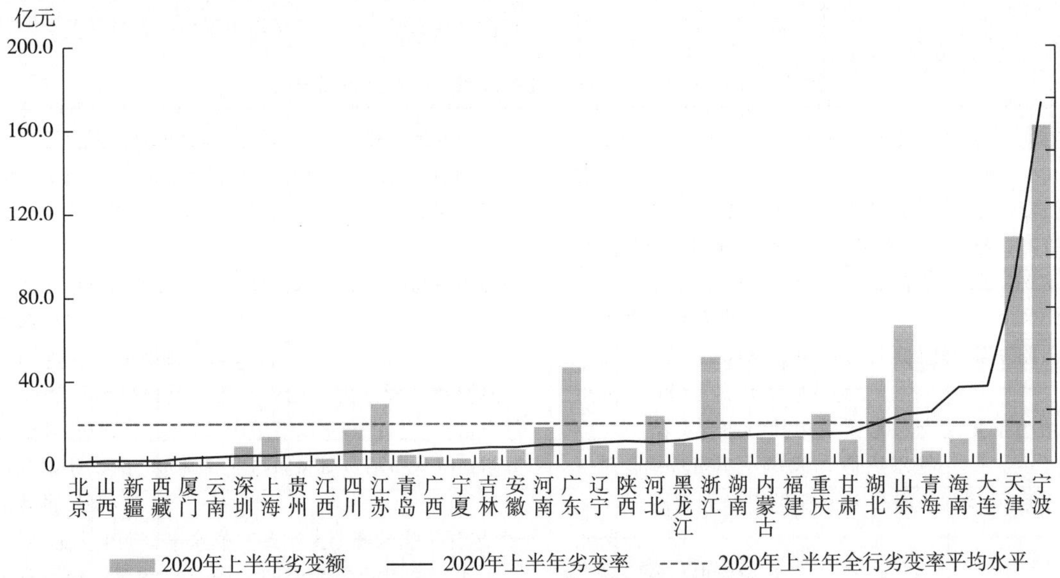

上半年境内分行累计劣变情况

➢29 家分行累计劣变率低于全行平均水平，北京、山西、新疆、西藏、厦门、云南、深圳、上海和贵州 9 家分行劣变率低于 0.2%。宁波、天津分行劣变率在 2%以上。

□不良贷款处置情况

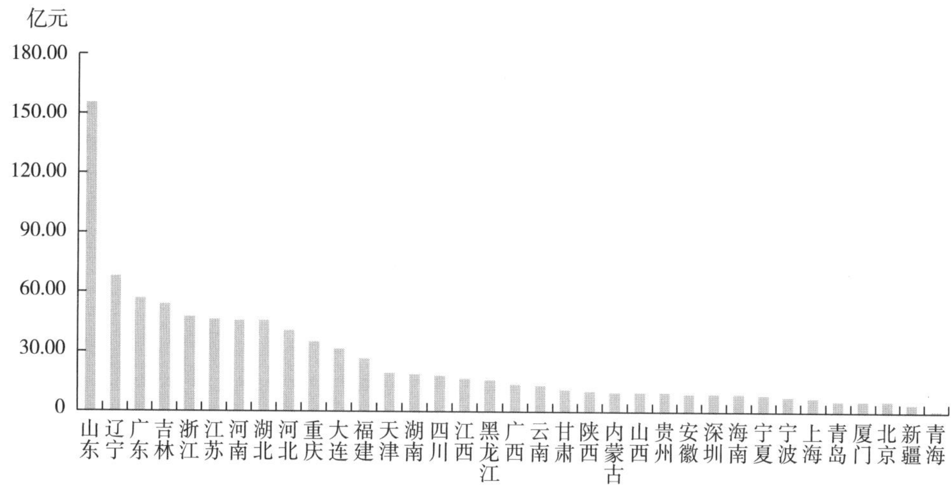

上半年境内分行不良贷款处置额

➢ 上半年，境内分行共处置不良贷款 1 016 亿元，重点支持受疫情影响的湖北分行维护区域资产质量稳定；支持山东分行加快资产质量脱困；支持辽宁、吉林分行解决丹东港、通钢等疑难大户处置等。广东、浙江、江苏分行等创利能力强、处置潜力大的分行发挥头雁效应。

➢ 从完成情况看，山东、辽宁、广东、吉林、浙江 5 家分行处置额最高，合计处置 382 亿元，占比 37%；北京、大连、黑龙江、吉林、云南 5 家分行序时计划完成率最高；青岛、宁波、深圳分行处置额和计划完成率综合排名落后。天津、辽宁、新疆、深圳、北京分行常规处置（不含常规核销）占比位列前五名。

□潜在风险融资情况

上半年境内分行潜在风险融资管理情况　　单位：亿元

分行	余额	占比↓	余额较年初	深潜余额	预警准确率	池内劣变率	分行	余额	占比↓	余额较年初	深潜余额	预警准确率	池内劣变率
大连	70.08	10.35%	-4.12	29.32	94.83%	100.00%	广东	82.68	1.96%	11.08	6.81	90.59%	97.63%
山东	387.40	7.35%	94.50	270.62	52.71%	99.86%	云南	46.96	1.94%	1.06	6.58	94.59%	94.99%
宁夏	29.12	5.97%	-0.88	26.22	95.22%	100.00%	贵州	58.08	1.93%	6.08	13.51	75.86%	96.40%
重庆	165.62	5.71%	-25.08	93.38	97.60%	97.93%	辽宁	37.00	1.89%	-2.80	6.09	94.47%	100.00%
海南	20.47	4.71%	4.57	7.18	0.45%	100.00%	江西	37.55	1.87%	-4.75	9.36	87.87%	90.45%
青岛	52.51	3.60%	8.61	44.95	97.32%	100.00%	厦门	16.94	1.87%	4.24	6.16	26.43%	100.00%
福建	83.41	3.52%	-7.79	13.93	86.85%	83.69%	吉林	17.42	1.41%	-3.78	5.66	95.65%	99.39%
宁波	70.35	3.48%	-154.55	10.55	90.03%	99.75%	苏州	34.61	1.41%	-7.39	14.13	73.82%	99.88%
甘肃	39.59	3.00%	4.09	30.64	65.01%	96.94%	安徽	28.69	1.35%	-2.31	3.29	93.36%	93.18%
深圳	115.63	2.98%	7.63	30.81	91.79%	100.00%	陕西	27.71	1.21%	6.31	13.06	65.04%	99.63%
河北	78.49	2.80%	-14.61	47.30	21.97%	99.68%	四川	59.35	1.21%	-5.25	30.55	95.32%	95.53%
河南	78.10	2.62%	-8.00	20.36	44.41%	99.01%	湖南	36.37	1.18%	-15.43	15.63	54.88%	97.26%
天津	63.16	2.55%	-2.44	26.97	100.00%	100.00%	江苏	69.43	0.98%	-8.37	26.12	70.90%	99.26%
广州	113.90	2.50%	24.60	70.92	53.78%	99.91%	北京	99.46	0.95%	21.26	75.95	100.00%	100.00%
湖北	83.81	2.14%	-16.69	27.97	81.41%	94.44%	上海	46.36	0.72%	21.06	22.56	79.45%	96.47%
浙江	166.81	2.08%	-19.59	64.29	89.07%	99.81%	青海	3.79	0.66%	1.59	1.39	94.5%	94.52%
山西	49.19	2.07%	12.49	13.55	99.51%	100.00%	广西	11.18	0.58%	4.58	9.25	95.66%	98.47%
内蒙古	30.75	2.05%	-7.25	16.48	95.72%	99.74%	新疆	5.54	0.43%	0.36	1.64	78.36%	100.00%
黑龙江	29.39	2.03%	-8.61	11.88	83.71%	100.00%	西藏	0.00	0.00%	-0.30	0.00	6.56%	100.00%

➢潜在风险融资余额 2 454.3 亿元，占法人融资余额的 2.22%，较年初下降 0.27 个百分点。大连、山东、重庆等分行潜在风险融资总量及占比较大。

➢深潜风险融资余额 1 125.1 亿元，占潜在风险融资总量的 45.84%，较年初上升 0.09 个百分点。山东、重庆、广州等分行深潜风险融资总量较高，后续资产质量管控压力仍然较大。

□ 个人客户增长情况

6 月末境内分行全量个人客户情况表

单位：万户

分行	较上年末增量	其中：5 万元以下客户增量	其中：5 万元以上客户增量	分行	较上年末增量	其中：5 万元以下客户增量	其中：5 万元以上客户增量
深圳	351.09	346.58	4.52	黑龙江	32.16	23.26	8.90
陕西	169.06	163.80	5.25	上海	31.57	25.52	6.05
浙江	147.30	140.55	6.75	福建	31.29	27.14	4.15
河南	134.42	125.55	8.88	内蒙古	31.27	25.87	5.40
山东	122.05	106.10	15.95	辽宁	30.49	22.49	8.00
广东	112.71	96.06	16.65	北京	29.48	20.69	8.79
江苏	92.95	78.92	14.03	新疆	28.44	25.55	2.90
吉林	82.87	78.37	4.50	重庆	22.77	16.96	5.81
四川	68.44	53.65	14.78	天津	21.93	19.01	2.92
河北	50.44	39.39	11.05	甘肃	19.00	15.68	3.32
广西	48.79	45.06	3.73	宁波	9.25	7.55	1.70
江西	47.82	41.78	6.05	厦门	8.71	7.27	1.43
安徽	47.35	39.30	8.06	海南	6.79	6.60	0.19
湖北	43.86	33.07	10.80	宁夏	5.28	4.52	0.77
贵州	38.72	37.53	1.19	大连	5.09	3.24	1.85
湖南	35.72	29.19	6.53	青海	4.39	4.04	0.35
山西	34.76	29.14	5.63	西藏	1.59	1.55	0.04
云南	32.72	31.54	1.18	青岛	-2.53	-4.66	2.13

注：数据来源于 MOVA 系统。

➢ 与上年末相比，35 家一级（直属）分行全量个人客户实现正增长，其中深圳、陕西、浙江、河南、山东增量排名前 5 位。

➢从客户结构看，35 家分行年日均金融资产 5 万元以下个人客户实现正增长；36 家分行年日均金融资产 5 万元以上个人客户均实现正增长，其中广东、山东、四川、江苏、河北增量排名前 5 位。

□公司客户增长情况

6 月末境内分行公司客户情况表

单位：户

分行	较上年末增量	其中：1 万元以下客户增量	其中：1 万~5 万元客户增量	其中：5 万元以上客户增量	分行	较上年末增量	其中：1 万元以下客户增量	其中：1 万~5 万元客户增量	其中：5 万元以上客户增量
江苏	53 288	38 287	4 311	10 690	天津	7 145	5 436	1 510	199
山东	33 200	25 442	3 384	4 374	黑龙江	6 073	6 030	-333	376
四川	32 915	23 220	3 706	5 989	湖南	5 870	3 922	472	1 476
河北	24 675	20 494	1 424	2 757	内蒙古	5 586	5 760	-432	258
河南	24 468	21 424	551	2 493	青岛	4 648	3 831	70	747

续表

分行	较上年末增量	其中：1万元以下客户增量	其中：1万~5万元客户增量	其中：5万元以上客户增量	分行	较上年末增量	其中：1万元以下客户增量	其中：1万~5万元客户增量	其中：5万元以上客户增量
广东	23 796	17 099	17	6 680	广西	4 420	1 669	820	1 931
浙江	22 783	16 122	2 756	3 905	海南	4 116	4 320	-173	-31
上海	18 913	8 187	5 090	5 636	辽宁	3 863	2 331	1517	15
湖北	18 547	14 074	-354	4 827	吉林	3 102	3 193	-198	107
安徽	11 780	7 343	1 507	2 930	宁夏	2 585	2 336	139	110
北京	11 408	13 831	-965	-1 458	贵州	2 187	1 731	108	348
云南	10 841	8 917	560	1 364	厦门	2 092	1 779	90	223
江西	10 399	7 077	710	2 612	大连	1 827	2 288	-279	-182
陕西	10 090	5 750	1 466	2 874	甘肃	1 635	880	379	376
新疆	9 960	8 900	145	915	宁波	1 553	1 662	-152	43
重庆	9 274	7 778	-67	1 563	青海	1 214	1 390	-188	12
福建	9 215	6 913	1 005	1 297	西藏	193	194	-16	15
山西	7 593	6 532	108	953	深圳	-2 383	-4 835	27	2 425

注：数据来源于MOVA系统。

➢ 与上年末相比，35家一级（直属）分行公司客户实现正增长，其中江苏、山东、四川、河北、河南增量排名前5位。

➢ 从客户结构看，35家分行年日均金融资产1万元以下公司客户实现正增长，25家分行1万~5万元公司客户实现正增长。

□对公结算账户拓户

6月末境内分行对公结算账户拓户情况表

单位：户

分行名称	新开对公结算账户	同比增幅	分行名称	新开对公结算账户	同比增幅
江苏	81 407	-1%	湖南	16 564	-16%
广东	79 475	-39%	云南	15 432	31%
山东	61 914	-2%	深圳	15 250	-20%
浙江	61 569	1%	辽宁	14 844	-32%
四川	48 651	24%	新疆	13 947	10%
河南	45 658	24%	山西	13 192	-28%
上海	39 328	-6%	内蒙古	12 802	4%
河北	34 534	-5%	天津	10 805	-33%
湖北	26 512	-28%	黑龙江	10 720	-4%
安徽	25 556	-24%	甘肃	10 273	20%
北京	25 037	-13%	吉林	9 334	7%
江西	23 384	27%	青岛	7 446	-25%
福建	19 340	-12%	厦门	4 967	-19%
广西	18 181	-15%	宁波	4 330	-39%
陕西	17 604	-14%	宁夏	3 911	12%
重庆	17 378	-9%	大连	3 845	-5%
贵州	17 050	15%	青海	2 319	27%
海南	16 582	-19%	西藏	435	-29%

➢ 截至6月末，12家分行新开对公结算账户数实现同比正增长，其中，四川、河南、江西、云南、贵州分行增量位居前五位；云南、青海、江西、河南、四川分行增幅位居前五位。

□机构客户增长情况

6 月末境内分行机构客户情况表 单位：户

分行	较上年末增量	其中：1 万元以下客户增量	其中：1 万 ~5 万元客户增量	其中：5 万元以上客户增量	分行	较上年末增量	其中：1 万元以下客户增量	其中：1 万 ~5 万元客户增量	其中：5 万元以上客户增量
河南	2 000	1 757	82	161	云南	193	108	113	-28
浙江	1 908	1 352	195	361	深圳	160	179	-14	-5
内蒙古	1 643	1 322	267	54	厦门	159	80	51	28
山东	1 418	1 162	193	63	吉林	154	137	83	-66
河北	1 415	1 378	93	-56	青岛	145	48	44	53
四川	1 165	856	232	77	宁波	140	44	15	81
安徽	808	650	97	61	海南	136	90	68	-22
湖南	796	471	275	50	江西	135	-90	100	125
江苏	677	508	74	95	天津	119	114	42	-37
山西	658	549	58	51	北京	87	119	63	-95
广东	539	153	94	292	大连	65	105	19	-59
陕西	530	423	128	-21	宁夏	35	30	0	5
黑龙江	462	194	42	226	青海	15	89	-13	-61
广西	453	119	117	217	西藏	-3	-2	-2	1
湖北	383	387	-26	22	新疆	-4	227	55	-286
贵州	361	234	82	45	甘肃	-15	61	79	-155
辽宁	304	332	176	-204	重庆	-40	63	-8	-95
福建	200	285	36	-121	上海	-230	-889	595	64

注：数据来源于 MOVA 系统。

➢与上年末相比，31 家一级（直属）分行机构客户实现正增长。其中，河南、浙江、内蒙古、山东、河北、四川 6 家分行上半年全量机构客户净增数均超过 1 000户；上海、浙江分行日均金融资产 1 万元以上的机构客户上半年净增超过 500 户。

➢从客户结构看，33 家分行年日均金融资产 1 万元以下机构客户实现正增长，31 家分行 1 万 ~5 万元机构客户实现正增长，21 家分行 5 万元以上机构客户实现正增长。

1.2.2 重点城市行经营情况

□上半年重点城市行存贷款竞争力基本稳定，同业竞争压力增大

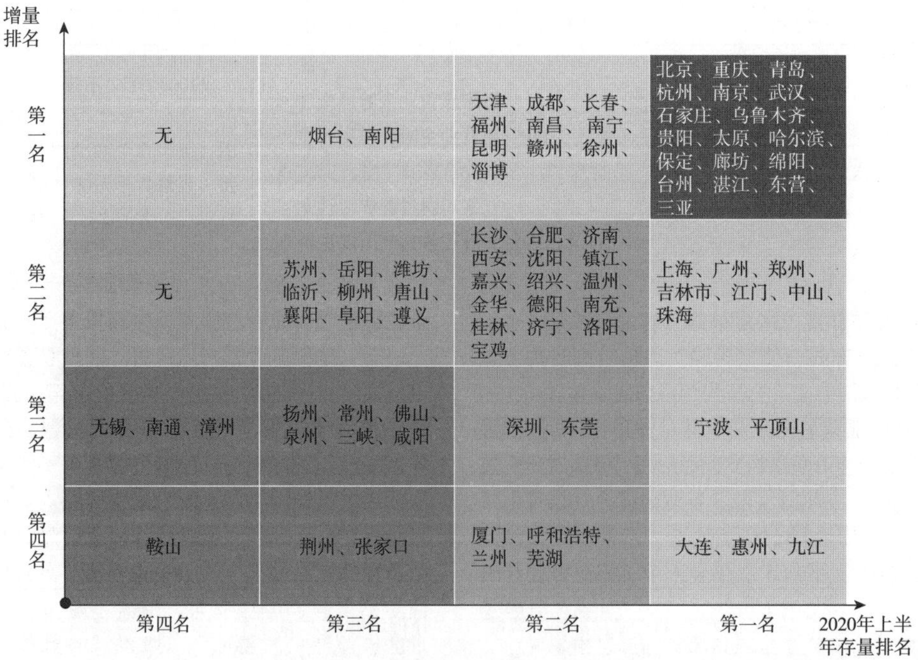

重点城市行各项存款存量、增量排名分布

➢ 上半年，85 家重点城市行各项存款余额四行占比 33.69%，四行首位，较年初下降 0.05 个百分点，增量四行第一。其中，储蓄存款余额四行占比 30.67%，四行首位，较年初下降 0.06 个百分点；对公存款余额四行占比 36.16%，四行首位，较年初上升 0.01 个百分点。

➢ 有 30 家重点城市行各项存款增量排名四行首位；19 家储蓄存款增量排名四行首位。

➢ 乌鲁木齐、保定、绵阳、湛江、台州、东营、廊坊等 18 家分行，各项存款余额和增量均为四行首位。长春、合肥、太原、三亚等 13 家分行，储蓄存款余额和增量均为四行首位。

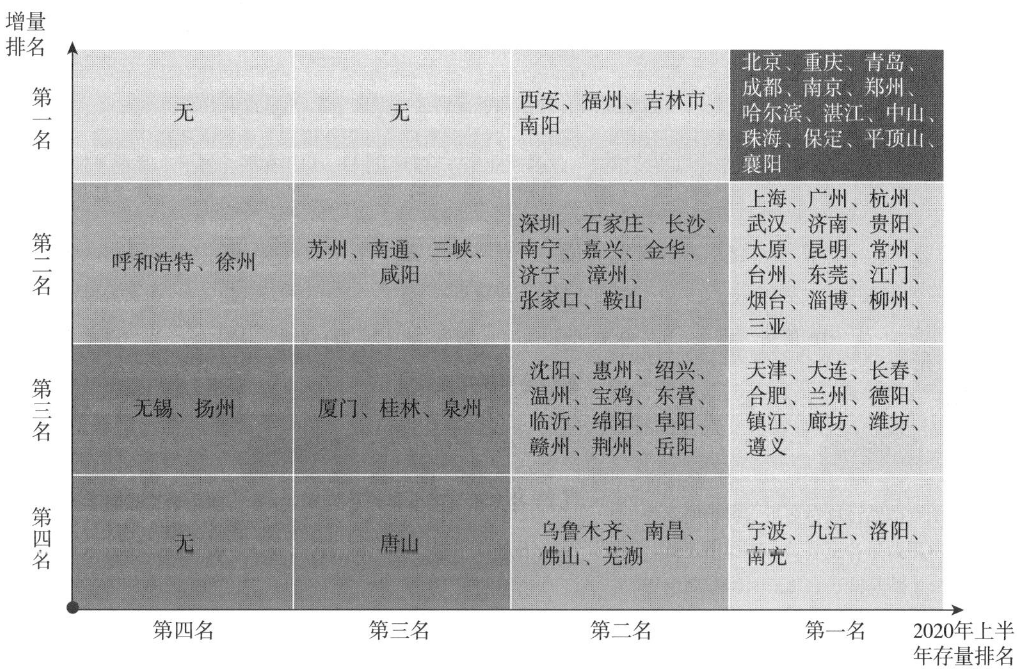

重点城市行各项贷款存量、增量排名分布

➢ 上半年，85 家重点城市行各项贷款余额四行占比 29.57%，四行首位，较年初下降 0.15 个百分点，增量四行第二。其中，个人贷款余额（含信用卡，下同）四行占比 28.19%，四行第二，较年初持平；公司贷款余额四行占比 30.75%，四行首位，较年初下降 0.43 个百分点。

1.2.3　业务条线经营情况

□各条线营业贡献情况

➢ 有 17 家重点城市行各项贷款增量排名四行首位；24 家个人贷款增量排名四行首位。

➢ 哈尔滨、保定、湛江、中山、珠海、襄阳等 13 家分行各项贷款余额和增量排名均为四行首位。吉林市、济宁、东莞、东营、廊坊等 11 家分行，个人贷款余额和增量排名均为四行首位。

上半年业务条线业绩变动表

业务条线	拨备费用前利润				营业贡献			
	本期	同期	同比	增幅	本期	同期	同比	增幅
个人金融	1 284.0	1 210.3	73.7	6.1%	1 179.5	1 146.5	33.0	2.9%
公司金融	891.7	837.3	54.4	6.5%	555.1	532.0	23.1	4.3%
金融市场	662.9	563.9	99.1	17.6%	662.2	564.0	98.3	17.4%
机构金融	487.3	491.1	-3.8	-0.8%	487.3	491.1	-3.8	-0.8%
结算与现金	247.3	249.1	-1.7	-0.7%	247.3	249.0	-1.7	-0.7%
银行卡	131.2	130.2	0.9	0.7%	8.5	77.0	85.5	111%
投资银行	88.7	94.2	-5.5	-5.8%	88.7	94.2	-5.5	-5.8%

续表

业务条线	拨备费用前利润				营业贡献			
	本期	同期	同比	增幅	本期	同期	同比	增幅
资产托管	72.4	72	0.4	0.5%	72.4	72.0	0.4	0.5%
资产管理	65	60.3	4.7	7.8%	65.0	60.3	4.7	7.8%
国际业务	54.3	59.3	-5.1	-8.6%	52.9	56.2	-3.3	-5.8%
票据业务	42.6	31.9	10.7	33.5%	43.0	35.0	8.0	23%
贵金属业务	33.6	29.6	4	13.5%	33.6	29.4	4.2	14.4%
私人银行	12.9	22.4	-9.5	-42.5%	12.9	22.4	-9.5	-42.5%
养老金	5.5	4.7	0.8	16.5%	5.5	4.7	0.8	16.5%

➢ 机构金融业务部拨备费用前利润负增长主要是受同业存款利差收窄影响；结算与现金管理部负增长主要 是受活期存款利差同比减少影响。

➢ 私人银行部、投资银行部、国际业务部拨备费用前利润同比负增长，主要受中收同比减少影响。

➢ 个人金融业务部、公司金融业务部、银行卡业务部营业贡献同比增幅受拨备成本增长影响较大。

➢ 票据业务条线业绩增长较好，全行票据业务交易量28 164亿元，同比增长54%。其中，贴现业务量8 794亿元，同比增长19%，全市场占比11.2%，保持“贴现第一大行”地位并扩大了领先优势。

□各部门中间业务收入情况

各部门中间业务收入情况（全口径）　　单位：亿元

部门	2020年上半年	同比增量	同比增幅	总量排名	增量排名	四行占比	占比变化（百分点）	农行（亿元）	中行（亿元）	建行（亿元）
金融市场部	72.43	12.12	20.10%	1	1	38.68%	4.73	37.98	40.25	36.57
结算与现金管理部	70.72	9.14	14.84%	1	1	31.77%	2.09	52.65	37.06	62.18
贵金属业务部	14.39	3.28	29.49%	1	1	44.97%	4.06	6.06	5.35	6.20
养老金业务部	3.63	0.54	17.63%	1	1	91.26%	1.28	0.02	0.23	0.10
公司金融业务部	151.05	2.11	1.42%	1	2	43.64%	0.01	47.56	61.26	86.29
资产管理部	64.42	3.81	6.28%	1	2	34.00%	3.03	35.24	28.51	61.32
个人金融业务部	230.96	-2.09	-0.90%	1	3	28.82%	0.14	227.47	116.25	226.57
投资银行部	89.61	-5.24	-5.53%	1	4	48.71%	-2.44	27.76	5.75	60.84
国际业务部	41.37	-3.33	-7.44%	1	4	26.85%	-3.13	33.98	40.87	37.87
资产托管部	39.03	0.42	1.09%	1	4	32.42%	-4.63	30.47	19.62	31.25
银行卡业务部	217.32	7.20	3.43%	2	3	28.73%	-1.04	147.97	141.69	249.34
网络金融部	93.21	8.80	10.42%	3	1	24.30%	1.22	119.78	63.89	106.73
机构金融业务部	16.98	-1.62	-8.72%	3	2	24.02%	-0.03	17.79	11.99	23.93

➢上半年，金融市场部、结算与现金管理部、贵金属业务部、养老金业务部、公司金融业务部、资产管理部、个人金融业务部、投资银行部、国际业务部、资产托管部10个部门收入总量同业第一，其中：金融市场部、结算与现金管理部、贵金属业务部、养老金业务部等4个部门收入总量、增量“双第一”。

➢ 金融市场部、贵金属业务部、资产管理部、结算与现金管理部、养老金业务部、网络金融部等8个部门同业占比提升。

➢资产托管部、国际业务部、投资银行部、银行卡业务部等5个部门同业占比下降。

1.2.4　境外机构经营情况

□ 境外各板块经营情况

➢ 努力克服疫情不利影响，拨备前利润同比略降。

√上半年境外机构实现拨备前利润××亿美元（××%，折人民币+××%），主要是新冠肺炎疫情全球蔓延形势下，绝大部分机构业务拓展和收入增长压力在当期已凸显。其中，拨备前利润同比下降较多的机构包括工银亚洲机构（-9 531万美元，-11.8%）、美国机构（-7 467万美元，-51.6%），工银阿根廷（-8 374万美元，-34%）受汇率贬值及同期取得PRISMA收益影响下降幅度也较大。

√此外，工银标准（+2.1亿美元，同期受费城能源损失影响拨备前亏损1.3亿美元）、澳门机构（+4 981万美元，+25.2%）、伦敦机构（+2 333万美元，+49.5%）等机构同比增长较好。

➢ 夯实资产质量增提拨备，净利润同比下降。

√上半年境外机构实现净利润××亿美元（××%，折人民币略降××%）。主要是疫情冲击下部分行业和客户信用风险开始暴露，为增强风险抵补能力，部分机构加大拨备计提力度，合计提取资产减值损失3.5亿美元（+9 663万美元，+37.4%）。其中，工银澳门机构同比增提4 220万美元，工银亚洲机构增提3 323万美元。

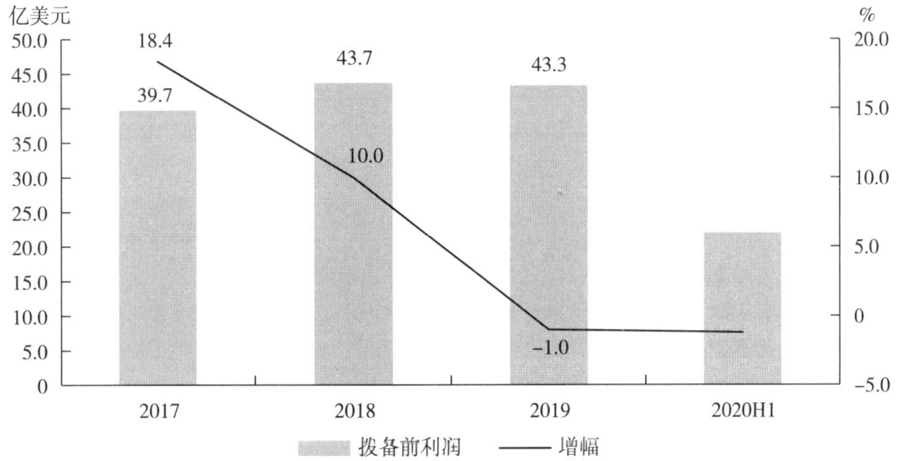

境外机构拨备前利润增长情况

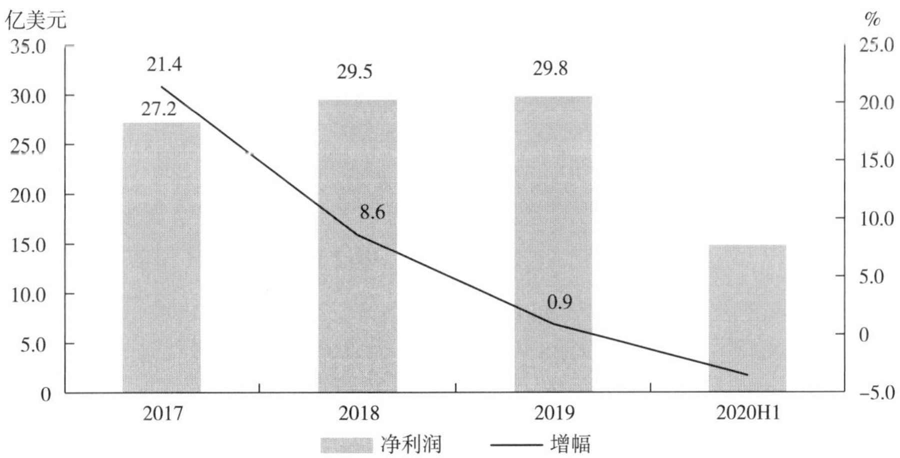

境外机构净利润增长情况

□境外分机构盈利情况（分区域、按拨备前利润总量排序）

上半年境外机构盈利完成情况　　单位：万美元

机构名称	拨备前利润			净利润			机构名称	拨备前利润			净利润		
	当期	同比增减	同比增幅	当期	同比增减	同比增幅		当期	同比增减	同比增幅	当期	同比增减	同比增幅
港澳地区	104 093	-7 460	-6.7%	71 262	-12 864	-15.3%	美洲地区	26 229	-15 309	-36.9%	8 909	-10 497	-54.1%
工银亚洲机构	71 169	-9 531	-11.8%	48 171	-10 409	-17.8%	工银阿根廷	16 264	-8 374	-34.0%	12 001	-4 140	-25.6%

续表

机构名称	拨备前利润			净利润		
	当期	同比增减	同比增幅	当期	同比增减	同比增幅
工银澳门机构	24 781	4 981	25.2%	17 082	405	2.4%
工银国际	8 143	-2 910	-26.3%	6 009	-2 860	-32.2%
亚太地区	59 393	-563	-0.9%	45 954	3 437	8.1%
中东机构	10 547	598	6.0%	9 521	136	1.4%
其中：迪拜分行	7 073	360	-5.4%	6 270	-44	-0.7%
多哈分行	1 594	-135	-7.8%	2 051	117	6.0%
利雅得分行	1 178	268	29.5%	650	1	0.1%
阿布扎比分行	556	115	26.1%	404	19	5.1%
科威特分行	147	-11	-6.8%	146	42	40.6%
湄公河机构	8 249	561	7.3%	6 623	488	8.0%
其中：万象分行	3 489	109	3.2	2 420	125	5.5
金边分行	2 155	56	2.7%	2 077	61	3.0%
河内分行	1 945	231	13.5%	1 634	223	15.8%
仰光分行	661	165	33.2%	493	79	19.1%
卡拉奇分行	7 367	-1 853	-20.1%	5 751	81	1.4%
悉尼分行	6 860	927	15.6%	4 255	-408	-8.8%
新加坡分行	6 185	-1 641	-21.0%	6 284	-914	12.7%
工银泰国	5 569	205	3.8%	4 039	536	15.3%
首尔分行	4 509	-650	-12.6%	3 343	-469	-12.3%
东京分行	3 930	811	26.0%	2 481	73	3.0%
工银印尼	2 789	64	2.4%	790	-368	-31.8%
工银阿拉木图	898	-25	-2.7%	861	55	6.9%
工银马来西亚	867	-32	-3.6%	593	-49	-7.7%
工银新西兰	863	219	34.1%	618	114	22.6%
孟买分行	678	-15	-2.2%	866	4 033	扭亏为盈
马尼拉分行	82	268	144.2%	-71	132	亏损减少
美国机构	6 996	-7 467	-51.6%	-3 873	-5 297	-371.9%
其中：纽约分行	3 924	-10 485	-72.8%	-5 771	-7 466	盈利转亏损
工银金融	1 946	3 799	205.1%	1 414	2 824	扭亏为盈
工银美国	1 126	-781	-41.0%	848	-655	-57.5%
工银加拿大	1 214	-229	-15.9%	117	-936	-88.9%
工银秘鲁	972	475	95.5%	762	323	73.4%
工银巴西	484	211	77.2%	179	-140	-43.9%
工银墨西哥	299	75	33.6%	-278	-306	盈利转亏损
欧洲地区（不含标准）	17 798	657	3.8%	10 573	-679	-6.0%
伦敦机构	7 043	2 333	49.5%	3 387	360	11.9%
工银欧洲机构	5 096	-1 650	-24.5	3 257	-815	-20
其中：华沙分行	1 151	56	5.2%	874	14	1.6%
米兰分行	611	50	8.9%	486	902	扭亏为盈
巴黎分行	541	-72	-11.8%	355	78	28.4%
阿姆斯特丹分行	332	-223	-40.2%	261	-141	35.1%
布鲁塞尔分行	85	-120	-80.8%	47	-315	-87.0%
马德里分行	-49	-203	-131.5%	-94	-206	盈利转亏损
工银土耳其	3 561	91	2.6%	2 519	649	34.7%
法兰克福分行	1 274	-30	-2.3%	858	-53	-5.8%
工银莫斯科	656	-284	-30.2%	539	-951	-63.8%
布拉格分行	142	-32	-18.6%	92	-21	-18.7%
苏黎世分行	6	78	514.1%	3	45	扭亏为盈
工银奥地利	-37	151	80.4%	-83	107	亏损减少
工银标准	8 484	20 984	167.9%	7 026	19 978	扭亏为盈

1.2.5　境内控股机构经营情况

➤工银租赁实现拨备前利润28.5亿元（+25.8%），主要是负债资金成本下降较多。加大资产拨备提取力度（上半年提取22亿元），实现净利润0.3亿元。存量海工资产风险仍有待化解，航空资产在疫情影响下出现劣变，拨备保有仍有不足。

➤工银瑞信实现净利润9.38亿元（+18.6%），资产管理规模和投资业绩稳步提升，养老金和混股基金保持良好增势，结构持续优化。应结合近期资本市场趋势及研判，进一步优化产品结构，提升收益贡献，提高市场竞争力。

➤工银理财实现净利润2.56亿元（+1.75亿元）。上半年资产管理规模8 032亿元，较年初增加2 810亿元。需关注资管新规对产品、经营模式的影响，防范业务风险。

➤工银安盛实现净利润5.9亿元（-17.9%）。上半年实现保费收入301亿元，同比减少83亿元，降幅较一季度（-187亿）有明显压降；实现期交保费36亿元（+5亿元），新业务价值与同期持平。疫情期间期交转型压力进一步加大，权益类投资估值振幅增加。

➤工银投资实现净利润5.91亿元（+62.2%），主要是项目分红增加较多。债转股规模大幅增长，其中表内规模达到1 109亿元（+136.7%），表外规模577亿元（+14.1%）。表内业务资本耗用较高，对我行G-

SIBs 升级有重大影响，需加大表外资金撬动比率，进一步关注债转股投资风险。

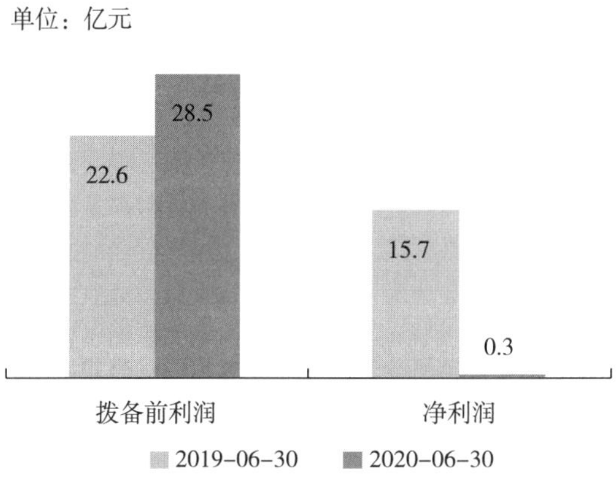

工银租赁

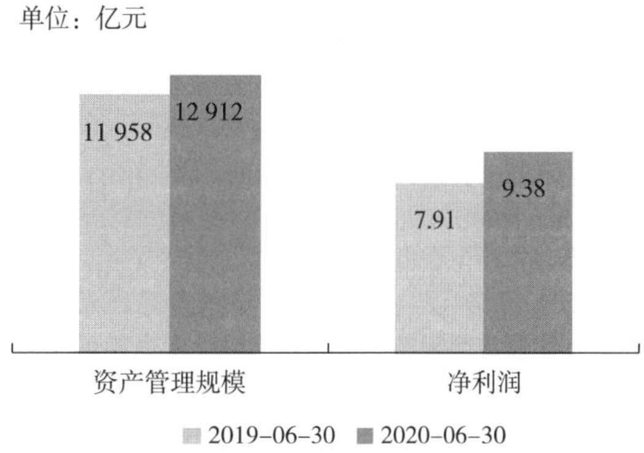

工银瑞信

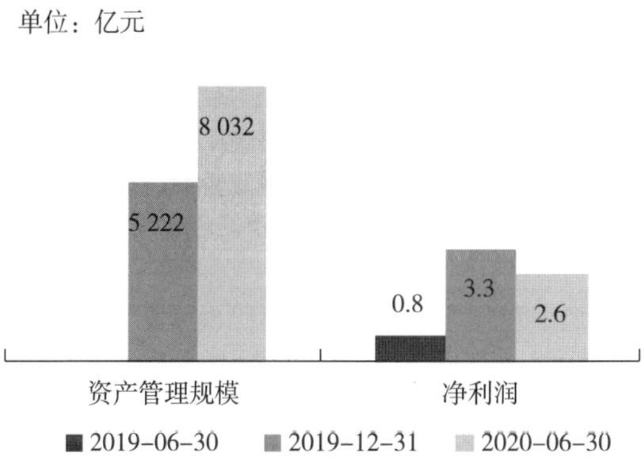

工银理财

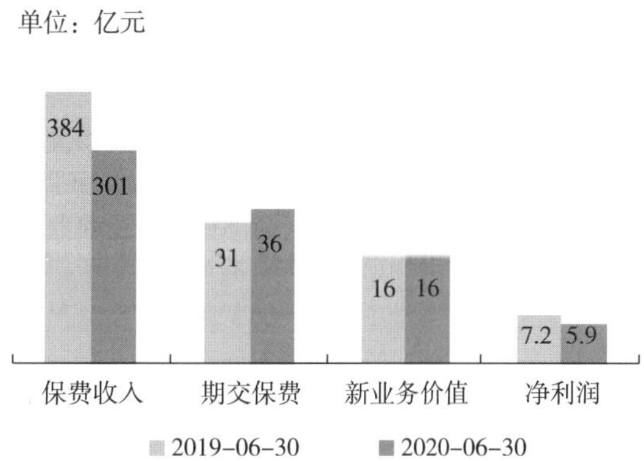

工银安盛

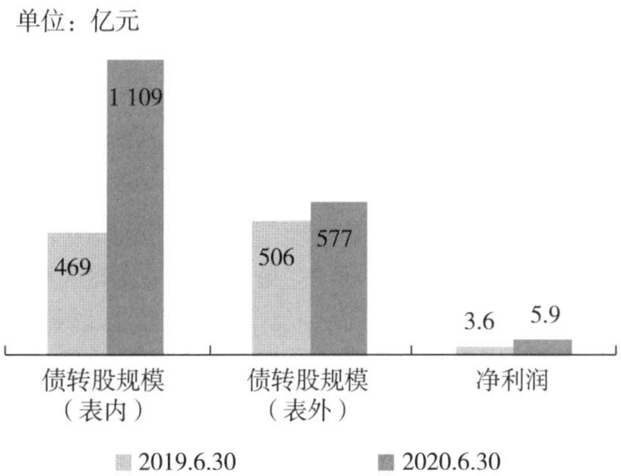

工银投资

1.3 经营中存在的主要问题

1.3.1 存款增长稳定性不足

□ 存款日均增长较弱，季末冲时点现象突出

➢部分存款品种日均增长较弱，季末月初波动性较大。储蓄存款和公司存款在 6 月末后 5 日分别增加 3 129亿元和 2 848 亿元，但 7 月前 5 日又分别减少 3 344亿元和 1 097 亿元，存款增长稳定性有待提高 。

➢部分分行大局观念和合规意识不足，季末“冲时点”行为较为突出，存款增长稳定性差，导致全行存款偏离度两次超出监管限额要求，可能面临监管处罚。

√ 广东、安徽、四川、河北、山东 5 家分行 6 月末均　超出偏离度框架 100 亿元以上，且存款偏离度超过 4%。

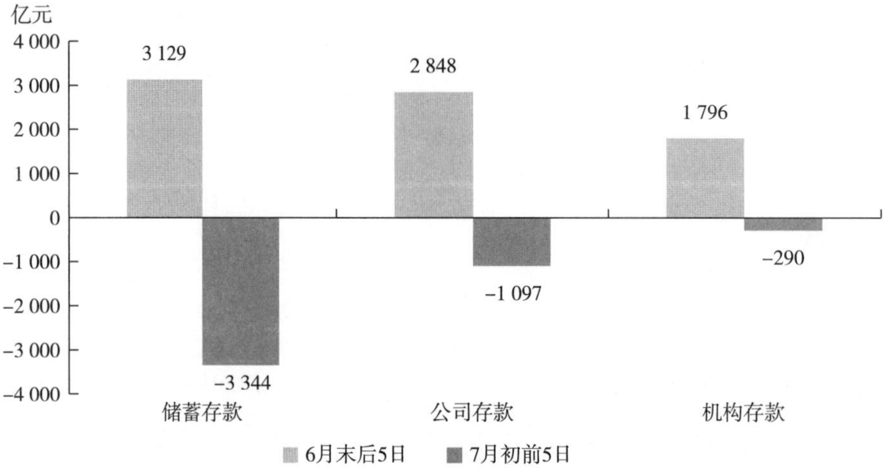

6 月末 7 月初各品种存款增长情况

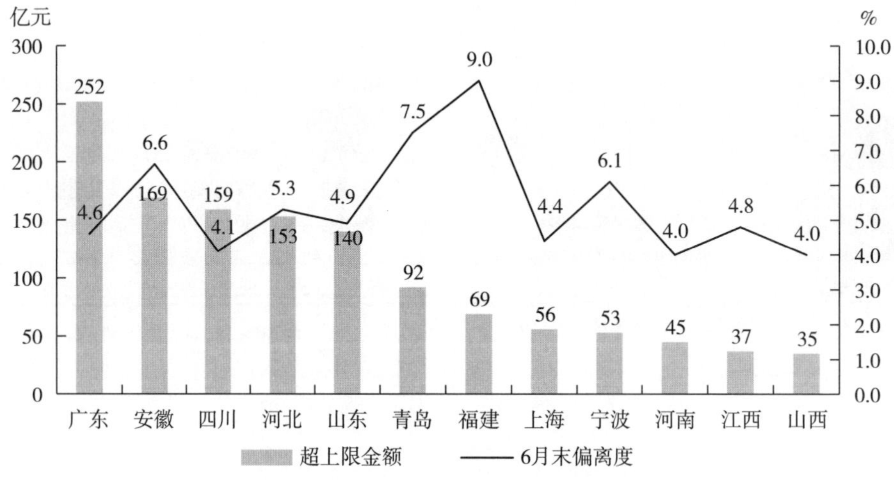

6 月末部分分行存款偏离度执行情况

1.3.2　利差呈加速收窄趋势

□集团 NIM 持续较快下降

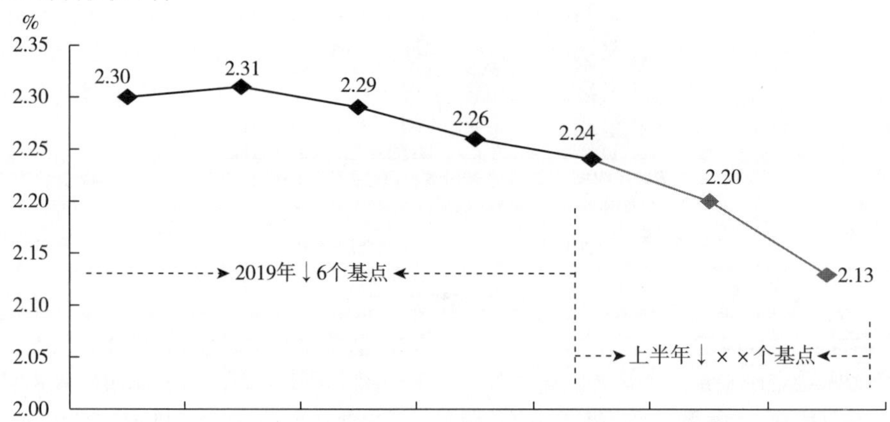

2019 年以来集团 NIM 走势

上半年境内分行收益率和付息率情况

项目	2020 年上半年	2019	较上年变动
资产收益率	3.75%	3.82%	-7BP
其中：贷款收益率	4.44%	4.49%	-5BP
负债成本率	1.67%	1.63%	+4BP
其中：存款付息率	1.61%	1.55%	+6BP
存款实质付息率	1.69%	1.65%	+4BP

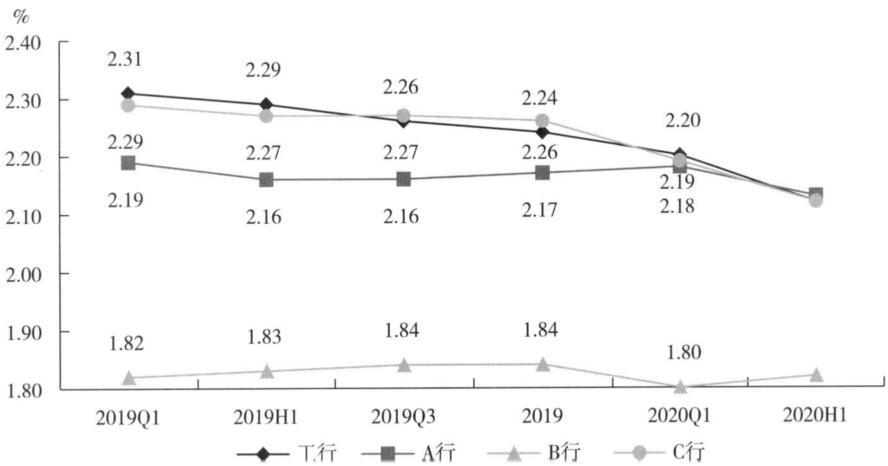

四行 NIM 走势对比情况

➢资产端，受 LPR 改革推进及存量定价转换效应显现、发放优惠利率贷款，以及加快普惠信贷投放等影响，资产收益率加速下行，上半年资产收益率较上年下降 7 个基点。

➢负债端，存款理财化、同业化、竞标化趋势明显，同业市场竞争激烈，上半年存款实质付息率（含保本理财和结构性存款）1.69%，较上年上升 4 个基点。

□存款付息成本依然较高

➢存款付息率较上年上升明显。上半年，机构和储蓄存款分别上升 4 个基点和 5 个基点，公司存款下降 1 个基点。从环比变动看，各项存款及分产品存款实质付息率与一季度持平。

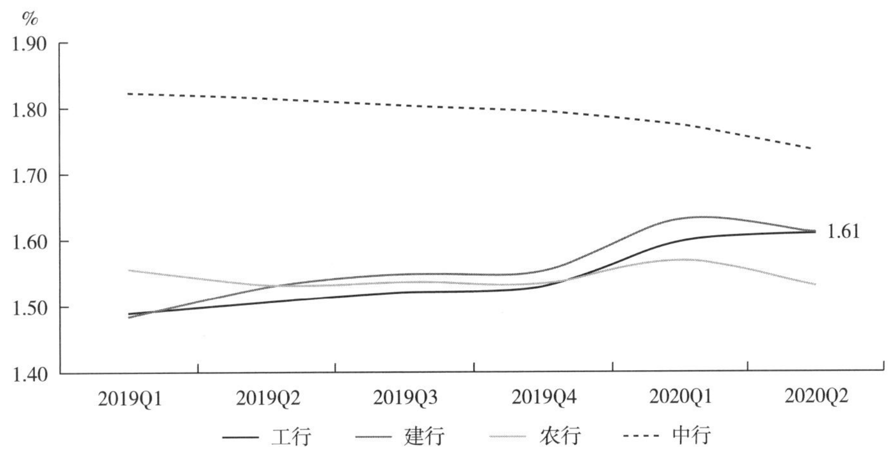

各项存款付息率同业对标情况

境内分行上半年存款实质付息率变动情况

项目	2020H1	2020Q1	2019
各项存款	1.69%	1.69%	1.65%
1. 对公存款	1.49%	1.49%	1.47%
其中：公司存款	1.27%	1.27%	1.28%
机构存款	1.64%	1.64%	1.60%
2. 储蓄存款	1.90%	1.90%	1.85%

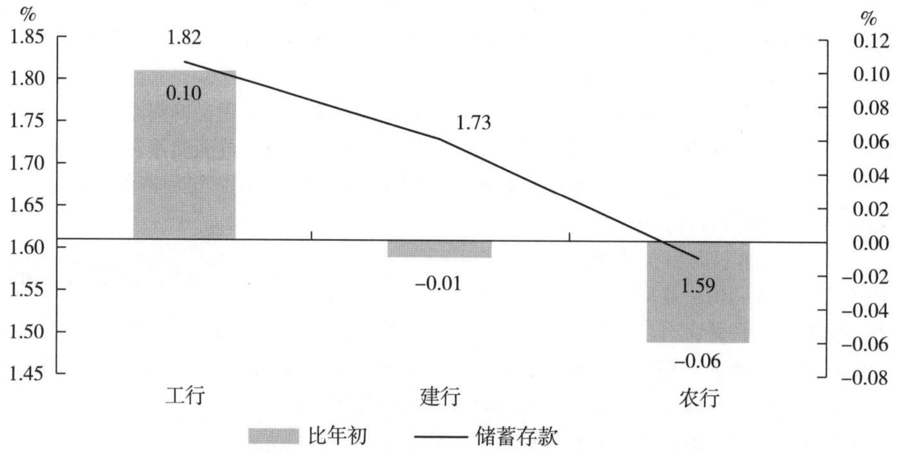

储蓄存款同业对标及与年初对比情况

➢一般性存款付息率升幅高于主要可比同业。上半年我行一般性存款付息率1.61%，较上年上升8个基点，分别较建行、农行和中行多上升2个基点、8个基点和14个基点。

➢上半年，我行储蓄存款付息率（不含保本理财和结构性存款）1.82%，较上年上升10个基点，其他同业均下降，形成明显反差，显示我行量价协调发展能力有待增强。

1.3.3 中间业务竞争力弱化

□中间业务收入同业占比下降

上半年，我行境内分行中收增量、增幅均列同业第三，同业占比同比下降0.55个百分点。中收总量领先建行54.25亿元，同比收窄25.30亿元。

□信用卡收入同业差距进一步扩大

➢上半年，我行信用卡业务收入206.92亿元，同比增长4.36%，可比口径同比下降0.27%。收入总量第二，增量、增幅均为同业第四；四行占比28.24%，同比下降1.74个百分点。收入总量落后建行36.63亿元，同比扩大20.66亿元。

四大行信用卡中收情况（可比口径） 单位：亿元

银行	2020年上半年	总量排名	同比增量	增量排名	同比增幅	增幅排名
工行	206.92	2	-0.55	4	-0.27%	4
农行	144.30	3	16.15	2	12.61%	1
中行	137.97	4	5.06	3	3.80%	3
建行	243.55	1	20.11	1	9.00%	2

注：上表中我行、建行同期信用卡中收均还原了个人综合积分收入递延规则调整对收入的影响。

工行、建行信用卡收入分类情况

收入	工行			建行			总量落后	增量落后
	2022年上半年	增量	增幅	2020年上半年	增量	增幅		
1. 基础类中收	56.2	-10.55	-15.80%	54.9	-5.87	-9.66%	1.26	-4.67
其中：消费回佣收入	36.7	-4.83	-11.64%	33.8	-1.06	-3.05%	2.86	-3.77
2. 分期付款	135.4	13.93	11.48%	170.9	23.44	15.90%	-35.56	-9.51
3. 违约金	15.4	-3.94	-20.41%	17.7	2.54	16.74%	-2.33	-6.48
合计	206.92	-0.55	-0.27%	243.5	20.11	9.00%	-36.63	-20.66

□投资银行收入领先优势收窄

上半年，我行投资银行收入 85.02 亿元，同比下降 6.55%；同业占比 47.40%，同比下降 2.71 个百分点。尽管二季度当季我行收入总量领先建行金额同比扩大 0.67 亿元，但上半年领先金额同比收窄 13.63 亿元。

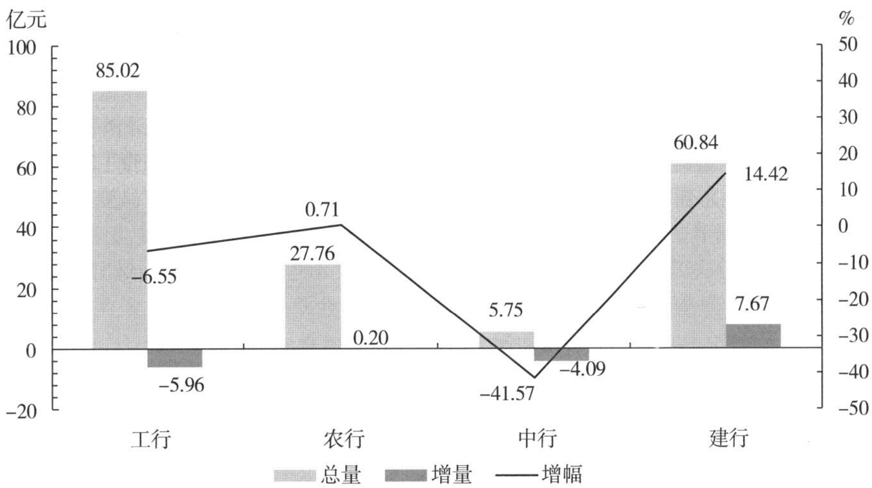

四行上半年投资银行收入增长情况

□“资管+私银”收入领先优势继续收窄

➢上半年，我行“资管+私银”收入 73.62 亿元，下降9.46%，总量第一，增量、增幅均为同业第三；四行占比35.75%，同比下降1.01 个百分点。我行领先建行金额同比收窄 3.43 亿元，其中，我行资管收入增长5.97%；私银收入下降50.51%；建行“资管+私银”收入下降6.48%。

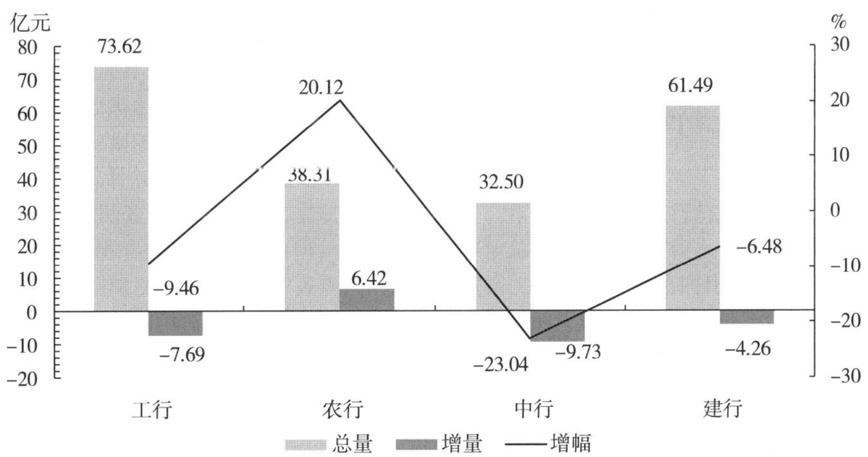

四行上半年“资管+私银”收入增长情况

□代销基金收入领先优势收窄

➢上半年，我行代销基金收入 30.9 亿元，同比增长17.38%，收入总量第一，增量、增幅均列同业第四。建行、农行、中行分别同比增长 51.39%、80.71%、107.12%。我行代销基金收入同业占比 34.08%，同比下降9.56 个百分点，总量领先建行金额同比收窄 3.61 亿元。

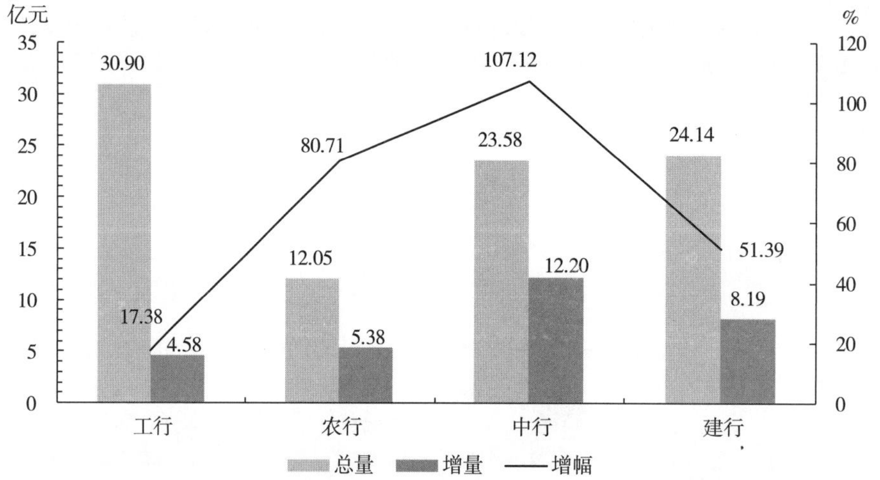

四行上半年代销基金收入增长情况

1.3.4 风险控制压力仍较大

□延期还本付息贷款风险

公司贷款

6 月末延期付息贷款情况

单位：亿元

类别	2－6 月办理（累计）	2－6 月办理（剔重）	上半年消化	当前余额	目前不良	非不良余额
延本	1 813.8	1 812.5	－135.2	1 677.3	168.7	1 508.6
延息	8 074.6	6 825.5	－397.4	6 428.1	321.7	6 106.4
合计	9 845.2	8 485.1	－531.5	7 953.6	465.6	7 488

➢ 延期还本付息贷款余额较高，全行境内 2－6 月累计对 12 315 户公司客户办理延期还本付息，涉及境内公司贷款 9 845.2 亿元，截至 6 月末，非不良延期还本付息贷款余额 7 488 亿元。

➢ 今年下半年及明年上半年还本付息压力较大。

√ 延期还本贷款主要集中在明年 2－6 月还本，共涉及 955.9 亿元贷款，占延期还本贷款额的 63.37%。

√ 延期付息贷款主要集中在本年 9 月及 12 月结息，其中年末 3 103.4 亿元延期付息的贷款将结息，占延期付息贷款额的 50.82%。

个人贷款

➢部分机构个贷延期待扣业务催收工作缓慢，收回率较低。

√ 疫情防控期间执行个贷延期还款特殊政策，对受疫情影响客户还贷给予一定宽限期。享受延期优惠政策客户累计 100 余万户，融资余额超 6 000 亿元。

√ 自 3 月恢复个贷常态化逾期催收工作以来，截至 6 月末，全行延期待扣业务精准成功收回金额占比近八成，但部分机构收回比例较低，风险化解能力亟待提升。

□ 大户风险形势仍然严峻

6 月末潜在风险融资结构

单位：亿元

序号	六类风险	余额	较年初变动额	增降幅
1	行外交叉违约	419.5	－22.1	－5.00%
2	还本付息异常	270.8	53.5	24.63%
3	计息周期调整为按半年/年	699.4	283.2	68.05%
4	突破政策办理续贷转化	170.7	21.6	14.51%
5	因生产经营异常等受到审计提示	28.7	－44.2	－60.69%
6	未按分期还款计划还款	60.9	48.6	394.88%
深潜在风险融资合计		1 125.1	190.2	20.34%
一般潜在风险融资合计		1 329.2	－271.2	－16.94%
合计		2 454.3	－81.0	－3.20%

➢ 六类高风险融资余额仍然较高。截至 6 月末全行合计 1 125.1 亿元，其中行外交叉违约 419.5 亿元、还本付息异常 270.8 亿元。

➢ 部分区域资产质量管控压力较大。大连、重庆、山东等分行风险管控压力较大，潜在风险融资余额占公司融资比重较高，大户风险突出。

√ 大户质量与集团整体质量背离趋势有所收窄但仍然较大。上半年亿元以上大户不良额××亿元，较年初增加××亿元；不良率××%，较年初下降××个基点，高于集团整体不良率××个百分点；潜风占比××%，上升××个百分点。

√ 特大户（10亿元以上）处置压力加大，大户风险仍在持续暴露。

××个重点大户已劣变，涉及融资××亿元，后续处置难度较大；

××个大户出现违约迹象，涉及融资××亿元；

突发风险事件应对处置同比增加××起，增幅××%，经营压力叠加疫情影响，部分客户业绩下滑严重。

√ 大户风险管控难度大。突出表现在风险前瞻性识别难、风险融资压降难、受疫情影响的客户后续可能会演变为实质风险。

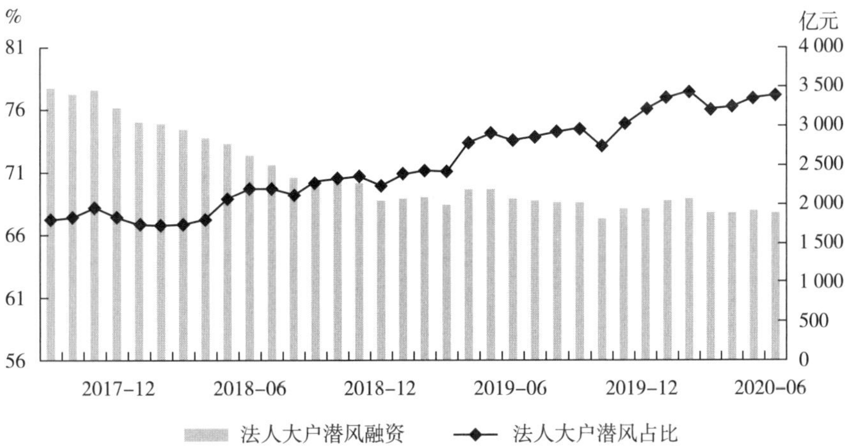

□ 重点板块风险管控压力加大

➢ 综合化子公司——资产质量管控压力加大

√ 受全球疫情影响，上半年工银租赁经营性租赁业务逾期额较年初增加××亿元，逾期率××%，主要集中于境外航空租赁业务。随着国际油价暴跌，海工市场不景气，航空、航运类业务及海工租赁项目租金支付困难，海工风险资产处置步伐受阻，资产管控压力较大。

➢ 利润中心——部分类信贷业务风险上升

√ 目前全行类信贷业务主要包括非标（资管+私银）、信用债承销、理财投资信用债、租赁等，余额合计达39 323.7亿元。

√ 违约情况：截至6月末，全行类信贷业务违约（逾期欠息）客户共××户、××亿元。

√ 潜在风险情况：截至6月末，全行类信贷业务潜在风险客户合计××户、××亿元。

√ 黄金租赁业务：个别客户准入不严，投向偏离产品市场定位，存在违约风险；变现用于日常经营的黄金租赁业务，难以准确把握资金实际用途；部分业务未采用我行渠道办理套保，黄金价格波动可能带来风险。

6月末类信贷业务风险情况　　单位：亿元

业务类型＼风险情况	违约金额		违约率		潜在风险余额	
	6月末	较年初	6月末	较年初	6月末	较年初
非标业务	××	××	××%	××	××	××
其中：资管	××	××	—		××	××
私银	××	××	—		××	－××
信用债承销	××	××	××%	—××	××	××
融资性租赁业务	××	××	××%	××	××	××
经营性租赁业务	××	××	××%	××	××	××
总计	××	××	—	—	××	××

1.3.5　境外经营不确定性加大

➢ 受疫情持续、全球经济下行等影响，境外机构盈利持续性面临较大挑战。

- 新冠肺炎疫情全球蔓延，贸易、投资、消费等正常经济活动被迫中断，经济基本面变差。
- 全球股票、债券、外汇、大宗商品等金融市场震荡加剧。
- 旅游、酒店住宿、零售、航空、汽车等行业遭受重创，部分已出现资金链断裂申请破产。
- 新兴市场国家经济脆弱性被放大。
- 目前部分国家疫情得到控制，但复苏前景不乐观，IMF6月份最新预计2020年全球GDP增长率-4.9%。

信用

✓受疫情影响较大行业和客户集中度较高的机构，风险暴露和拨备计提增加。

✓市场整体信用风险显著上升，境外机构为规避风险调整业务策略，资产收益率降低。

流动性

✓ 境外机构对同业资金依赖程度相对较高，疫情导致的恐慌情绪使得市场异常波动加剧，流动性风险和流动性成本增加。

✓ 机构需满足LCR、NSFR等流动性监管达标要求，抬升资产负债管理难度和成本。

汇率

✓资本外流、大宗商品价格下跌使得新兴市场货币贬值压力加大。上半年巴西、墨西哥、阿根廷、土耳其、俄罗斯等国家货币较年初贬值幅度超过10%，机构折美元利润缩水。

利率

✓3月以来，以美联储为代表的多国央行纷纷出台降息等宽松刺激政策，以缓解疫情带来的经济衰退影响。银行业信贷利差普遍收窄，利息收入增长挑战加大。

地缘政治

✓各国疫情防控和经济衰退程度出现分化，矛盾激化。

✓大国间关系复杂度提升，政治博弈力度加大，驻地机构经营难度和风险上升。

二、下半年经营计划调整

6月17日，国务院常务会议部署引导金融机构进一步向企业合理让利，助力稳住经济基本盘，进一步通过引导贷款利率和债券利率下行、发放优惠利率贷款、实施中小微企业贷款延期还本付息、支持发放小微企业无担保信用贷款、减少银行收费等一系列政策，推动金融系统全年向各类企业合理让利1.5万亿元。

2020年利润布局预计情况　　单位：亿元

机构	拨备前利润		资产减值损失提取额		税前利润		净利润	
	预计2020年		预计2020年		预计2020年		预计2020年	
		同比增幅		同比增幅		同比增幅		同比增幅
境内分行（注）	××	××	××	××	××	××	××	××
总行本部	××	××	××	××	××	××	××	××
境外及控股机构	××	××	××	××	××	××	××	××
集团	××	××	××	××	××	××	××	××

注：境内分行不包括去年亏损的吉林、山东、青海、大连等四家分行，以保证数据计算结果的代表性。

➢ 境内分行端净利润同比下降××%，主要是为加大不良劣变和处置力度，提取贷款减值损失较年初预算增加××亿元，预计分行端拨备提取增幅将达到××%左右。

➢ 境外及控股机构净利润同比下降××%，主要是境外机构营业收入有所下降，且贷款拨备提取额较年初预算增加××亿元。同时，工银租赁为消化存量不良资产，拨备提取有所增加。

➢ 延期还本付息订正不良贷款的信贷成本及总行拨备参数调整对拨备计提的影响（××亿元），统一反映在总行本部，受此影响总行本部净利润预计为××亿元，同比下降××%。

2.1　境内分行

2.1.1　利息净收入调整方案

□考虑因素

➢ 价的方面

√ 为落实好支持实体经济、降低企业融资成本的政策导向，我行在存量贷款LPR定价基准转换时，适当降低了贷款利率，低于年初计划水平。

√ 为支持企业复工复产和经济复苏，部分新发放贷款收益率较上年下降幅度高于年初预算。

√ 存贷款FTP调整，新发生业务内部点差较年初预算收窄。

√ 价格因素总体导致利息净收入较年初预算减少。

➢ 量的方面

√ 预计境内全年贷款增量较年初预算有较大增长。

√ 预计境内全年人民币存款（含同业）日均增量1.8万亿元，较年初分解预算（1.5万亿元）增加3 000亿元。

√ 规模因素总体带动利息净收入较年初预算增加。

□调整方案

➢ 存款

√ 价的方面，存量存款点差按照上半年实际情况测算，新吸收存款根据现行FTP内部点差及存款期限结构管理导向，并按照“逐步压降高成本存款”的管理要求进行测算。

√ 量的方面，存款日均规模按照较年初预算增加3 000亿元，相应追加分行收入目标。

➢ 贷款

√ 价的方面，新发放贷款按照现行FTP内部点差进行测算。

√ 量的方面，初分规模提升至××万亿元向分行分配。

2.1.2 中收调整策略

□考虑因素

√ 国内疫情防控常态化，境外疫情仍具一定的不确定性，经济增速放缓，我行线下消费等业务增长预计低于预期，外汇业务及境外机构增收难度加大。

√ 市场环境和客户行为出现明显变化，刺激非接触式服务拓展，而且国家出台一系列宏观政策，为代销类、理财类、结算类以及债券承销、品牌投行、银团安排等业务带来增收机会。

√ 我行中收总量市场占比下降，领先优势收窄。上半年我行中收总量第一，增量第三，市场占比31.81%，同比下降0.55个百分点。我行同比增长0.42%，建行、农行分别增长3.59%、4.73%。

□下半年要确保中收组织及管理过程合规

√ 坚决贯彻落实减费让利决策部署，从产品和客户两方面把好关，对监管要求和我行承诺免费的项目，确保应免尽免，对受减费影响的产品适当调减目标。

√ 积极配合外部收费检查，对监管提出的问题及时整改。

□要保持市场份额稳定

按照总量四行第一且占比基本稳定的要求，确定境内分行全年中收总量目标，并分解落实到产品、部门和分行。

➢要大力发展代销类、结算类及理财业务，保持市场竞争力稳中有升。

√ 力争代销基金、代理保险、资产管理、贵金属等产品收入增量同业第一。

√ 确保人民币对公结算、即期结售汇及外汇买卖、国际业务收入总量同业第一，工银信使收入增量同业第一，第三方支付交易量同业排名进位。

√ 保持债券承销收入总量、增量“双第一”。

➢要提升信用卡消费、收单、分期付款等重点板块管理精细化水平，确保中收与主要可比同业差距逐季收窄。

➢要稳定银团安排、品牌类投行业务量和收入。

➢要稳健发展承诺、基础类投行、国际贸易融资等业务。

2.1.3 存款调整安排

□夯实存款日均增长基础，巩固同业领先优势

当前，市场资金较为充裕，为吸收存款提供了有利的环境。既要抓市场机遇，更要重视抓客户基础，抓日均存款，在提高存款稳定性的基础上，扩大同业领先优势。

总量领先要巩固。要强化同业对标，确保存款增量同业领先。

日均增长要强化。总行将全年人民币存款（含同业）日均增量计划由1.5万亿元调增至1.8万亿元。

价升势头要遏制。存款付息成本下降是大趋势。要加强负债成本管控，严控长期限、高利率存款规模，在存款创新产品压降和大额存单、一般存款利率上加强自律，避免付息成本与可比同业走势形成反差，为让利实体经济腾挪出更多空间。

日均存款计划调整思路	
	✓总行将聚焦一般性存款，参照各地区上半年存款增长情况，分地区下达一般性存款日均增长计划。 ✓日均增长较好的分行，总行将适度少追加增量计划。分行要优化存款结构，保持增长势头，提升存款稳定性。 ✓日均增长较差的分行，总行将适度加大增量计划。分行要夯实基础，推动存款有效增长。

□强化合规意识，确保偏离度不超限

确保偏离度不超过监管上限，是下半年的硬任务，硬杠杠。各相关部门各分行必须提高站位，提高认识，严格落实总行偏离度管理要求，坚守合规底线，抓实做细稳存增存各项工作。

总行将在继续执行对偏离度的考核传导、对超偏离度框架计收资金成本两项措施的同时，调整完善相关控制机制。

√ 主动负债产品分档次挂钩偏离度的分配机制。按照总行偏离度管理值实施分类分档管理，相应按不同比例调减季度主动负债分配额度。

√ 存款竞争力评估分类分档管理。在分行竞争力考核中，对超总行偏离度管理值的分行，采取分类分档管理，调减市场占比提升幅度，直至降至“未达到底线目标”。

√ 日均存款考核口径调整。日均存款考核聚焦一般性存款，适当降低同业存款的考核比重。

√ 存款偏离度双线管理。建立专业部门和分行的双线负责管理机制，压实管理责任。

对不同条线、不同分行，提前确定总行偏离度管理值，既提高存款竞争的积极性和工作的灵活性，又确保实现总行管理目标。

2.1.4　贷款调整安排

□下半年信贷投放考虑因素

➢ 从近期政策导向看，稳健的货币政策更加灵活适度，同时坚持总量政策适度，有效发挥结构性货币政策工具的精准滴灌作用，继续释放改革促进降低贷款利率的潜力，实现金融与实体经济的良性循环。

➢ 从贷款增长空间看，按全社会全年预估新增贷款 20 万亿元测算，下半年预计增加 7.9 万亿元，增量空间与去年大体相当；全年增速在 13% 左右，较 4 月和 5 月水平有所回落。

➢ 从同业和自身来看，近两年数据显示，四大行下半年信贷投放量总体少于上半年。今年以来我行投放进度较快，同比明显多增，下半年要结合政策导向和同业形势，保持贷款合理增长。

近三年四大行人民币贷款增长情况

单位：亿元

行名	2018 年		2019 年		2020 年	
	上半年	下半年	上半年	下半年	上半年	下半年
工商银行	6 268	5 252	7 881	6 095	10 854	2 974
农业银行	7 019	5 722	8 752	5 013	10 034	1 282
中国银行	4 145	6 363	4 950	4 523	6 412	1 462
建设银行	6 693	5 555	8 034	5 803	13 998	5 964

注：2019 年下半年我行公司、个贷、票据、信用卡透支分别增加 1 110 亿元、2 838 亿元、972 亿元和 463 亿元。

□下半年信贷投放计划

➢ 贯彻逆周期调节政策，根据实体经济需要、货币政策导向、同业竞争态势，安排好投融资总量，确保增量继续保持同比多增，加大对实体经济的支持力度。

➢ 在上半年贷款实际增长的基础上，按照年初确定的“强化重点业务保障、突出重点区域聚焦、体现质量效益联动”的初分原则，将初分额度调增至 ×× 万亿元并挂钩分解下达至分行。预留一定机动额度，按照优质信贷市场拓展、重点指标完成和存款日均增长等情况适时分解下达。

1　**新增贷款投放重点**

✓ 加大对普惠、民营、制造业及制造业中长期贷款等保障力度，有效落实国家政策导向和监管要求。
✓ 继续加大对重点区域和重点城市行的倾斜。
✓ 继续拓展复工复产过程中的优质信贷需求，稳定重点领域领先市场份额。
✓ 适度把握房地产贷款增量占比。
✓ 结合政策导向，推动票据贴现业务稳健发展。

2　**机动额度配置原则**

✓ 重点业务任务完成进度。
✓ 支持重点区域分行提升市场份额，落实好战略性区域竞争力提升战略。
✓ 重点客户移入。在落实逆周期调节政策背景下，更加注重向质量要效益。
✓ 存款发展贡献情况。坚持存贷款平衡发展理念，强化一般性存款发展导向。

3　**精准落实合理让利政策要求**

✓ 继续落实降成本政策导向和LPR改革深化要求，提高LPR报价质量。
✓ 公司贷款LPR转换确保三季度完成进度目标；个人贷款LPR转换进度保持四大行较优水平。
✓ 坚持“优质先于定价”策略，完善贷款利率授权体系，进一步支持重点战略区域、头部客户和中长期优质制造业贷款营销。

2.1.5　资产质量管控方案

不良贷款管控计划调整情况

单位：亿元

项目	劣变估算	处置计划	拨备计提	不良额		不良率
					较 2019 年末	
1. 调整后	××	××	××	××	××	××
其中：总行订正	××	××	××	××	××	—
分行	××	××	××	××	××	—

续表

项目	劣变估算	处置计划	拨备计提	不良额		不良率
					较2019年末	
2. 较年初计划变动	××	××	××	××	××	××
其中：总行订正	××	××	××	××	××	—
分行	××	××	××	××	××	—
3. 年初计划	××	××	××	××	××	××

注：分行多提取的××亿元拨备中，境内分行多提取××亿元，境外及控股机构多提取××亿元。

➢全年劣变预估为××亿元，较年初计划增加××亿元。其中，××亿元以“延期还本付息订正不良贷款”形式在总行体现，分行劣变金额较年初计划增加××亿元，主要体现为个人贷款和银行卡透支劣变增加。

➢剔除“延期还本付息订正不良贷款”后，集团全年预计新增劣变××亿元、处置不良贷款××亿元，较年初计划分别增加××亿元和××亿元。与往年水平相比，劣变总量基本相当，处置总量略有提升。分行账面不良率预计将保持稳中有降的趋势。

➢非标债权资产回表预计增加拨备计提××亿元。

2.1.6　境内分行经营目标动态调整机制

贷款规模

➢ 后续根据各分行实际分配的信贷规模，动态调整分行预算目标。

信贷成本

➢ 后续各行劣变及处置计划如发生重大变化，总行将对各行信贷成本及净利润目标进行动态调整。

2.2　境外及控股机构

2.2.1　境外机构管理方案

□关注重点收支项目和重点机构经营情况

➢ 关注重点收支项目变化情况，如受经济停摆需求萎缩及流动性宽松影响，大部分机构利差收窄；金融市场动荡源和风险点增加，非息收入项目损益波动加大。

➢ 关注重点机构经营情况，并根据其经营环境、行业特点、面临的经营压力等逐机构加强沟通，聚焦主要问题，及时应对。

√ 美国机构：关注监管整改与信贷资产质量情况

√ 工银亚洲：关注收入增长乏力与贷款劣变情况

√ 工银国际：关注非息收入稳定性与SPV潜在风险情况

√ 工银标准：关注商品和资金两大业务板块收入持续性及稳定性情况

□ 增加净利润目标弹性，抓住时机夯实资产质量，提升拨备保有水平

➢ 将适当调高全年不良率目标与压降关注类、潜风贷款有机结合起来，防范道德风险。

➢ 根据目前部分机构贷款拨备保有水平不足情形，下半年拟分步骤实施拨备夯基固本工作。在确保合规的前提下，按照贷款三阶段分别确定拨备保有底线标准，合理提升拨备保有水平。

一阶段贷款：结合境外机构拨备保有整体水平和当地利差水平，确定各机构底线标准；

二阶段贷款：结合境外机构拨备保有整体水平，重点考虑贷款逾期率情况；

三阶段贷款：重点考虑押品估值和处置损失率情况，拨备保有率拟按照不低于50%掌握。

对第一、第二阶段贷款考虑境外机构拨备保有整体水平，主要目的是提升境外机构间净利润的可比性。

➢ 按照以上原则测算各机构拨备缺口情况，结合集团整体财务安排、机构所在地监管要求和经营情况，合理增提拨备，提升拨备保有水平。

➢ 考虑上述因素后，给予境外机构净利润目标一定弹性，引导机构加快风险资产化解，弥补拨备缺口。

从上半年经营数据来看，如剔除工银亚洲、美国机构，境外机构板块可完成年初净利润序时目标。初步预计拨备增提对年初净利润目标产生重大影响的机构为少数机构，因此暂不对净利润目标进行普遍调整。

2.2.2　境内控股机构管理方案

√ 上半年境内控股机构虽然同受疫情影响，但得益于目前较好的资本市场情况，新基金发售和资金募集总额达历史较好水平，权益类投资估值也有明显提升，对工银瑞信和工银安盛产生正面影响。

√ 工银租赁由于付息成本下降，上半年实现拨备前利润有所增加。全年看消化年初安排的30亿元海工资产拨备有余，预计在完成年初预算的基础上，还有空间增提航空板块拨备。

√ 工银投资的主要任务是完成全年债转股计划安排。

√ 工银理财作为第一个完整经营年度，重点关注新规产品的设计和风险防范。

综合上述分析，拟不对境内控股公司调整年初净利润目标。下半年将逐机构督导重点收入项目、推动风险化解、夯实拨备基础以及抓住市场机遇优化产品结构等，更好地提升盈利质量、弥补境内分行收入影响。对

于上半年预算序时完成较好的工银理财和工银瑞信，将结合资本市场情况，以市场竞争力为导向，通过季度沟通目标传导市场压力。

2.3 绩效考核与资源分配

2.3.1 绩效考核方案调整

√ 调增普惠金融业务考核权重，同时等比例调减经营效益、个人金融业务、对公及转型优化、互联网金融等指标权重。

√ 调增制造业和民营企业金融服务考核权重，由15分调增至25分，其中，制造业中长期贷款增速情况由2分调增至12分。进一步下调新发放贷款收益率考核权重，引导分行在当前市场环境下抢抓优质贷款客户。

√ 调增外管合规考核权重，由±15分调增至±30分。

指标名称	市场地位提升类	夯实基础业务类	指标名称	市场地位提升类	夯实基础业务类
一、经营效益类	308±120	308±105	四、对公及转型优化类	322±140	284±110
调整后风险加权资产回报率	85	85	日均金融资产1万元以上公司客户数（系数折算）	38	25
人均经济增加值	95	95	日均金融资产1万元以上机构客户数（系数折算）	38	30
成本收入比	20	20	人均本外币公司存款日均增量（系数折算）	38	42
新发放贷款收益率（同业比较调节）	20±25	20±20	人均本外币机构及同业存款日均增量（系数折算）	38	42
存款付息率（同业比较调节）	38±35	38±30	结算类业务收入（同业比较调节）（其中：国际结算业务收入）	25（5）±30（5）	25（5）±25（5）
人均中间业务收入（同业比较调节）	50±60	50±55	大资管业务收入（含资管、私银、养老金和托管）	25	21
二、风险内控类	800±195	800±195	大投行业务收入（含投行、银团）	25	21
（一）风险管理评价	500	500	代理销售业务收入（含代销保险、代销基金、第三方存管）	13	8
新发生逾期贷款率	85	85	贵金属和账户交易类产品收入	8	5
贷款劣变率	80	80	承销业务收入（承销规模同业比较调节）	4±5	3±3
不良贷款率（其中：银行卡专业不良率）	100（10）	100（10）	大票据营业贡献	8	4
不良贷款清收处置损失	85	85	外汇业务收入（同业比较调节）	8±10	8±5
不良贷款清收处置率	15	15	国际结算业务量（同业比较调节）	5±5	5±3
押品回收率	18	18	跨境人民币结算量（同业比较调节）	4±5	4±3
风险扣分项	117	117	制造业和民营企业金融服务	25	25
（二）案件风险控制	200	200	对公客户产品渗透率	20	16
（三）内控合规（外管合规、反洗钱合规、监管通报整改）	100±60（－10）	100±60（－10）	行司联动	±35	±21
（四）考核降级降档	±135	±135	受托管理养老金规模	±20	±20
三、个人金融业务类	248±15	286±10	职业年金托管人中标情况	±30	±30
人均本外币储蓄存款日均增量（系数折算）（其中：人均外币储蓄存款日均增量）	80（5）	92（5）	五、互联网金融类	67±30	67±25

续表

指标名称	市场地位提升类	夯实基础业务类
人均本行理财产品日均增量	21	21
大零售业务营业贡献	17	25
全量个人客户数：日均金融资产 5 万元以下个人客户数（系数折算）	17	17
全量个人客户数：日均金融资产 5 万元以上个人客户数（系数折算）	25	35
私人银行客户数	8	8
信用卡活跃客户数	8	8
信用卡业务收入（信用卡消费额调节、信用卡收入同业比较调节）	19 ± 15	19 ± 10
个人客户产品渗透率	25	29
代发工资额	13	17
网点竞争力与布局优化	15	15

指标名称		市场地位提升类	夯实基础业务类
G 端/B 端	平台合作活跃法人客户数	13	13
	手机银行（企业）年动户数（同业比较调节）	8 ± 5	8 ± 5
	网上银行（企业）年动户数［网上银行（企业）客户数同业比较调节］	8 ± 5	8 ± 5
G 端	手机银行（个人）净增客户数（同业比较调节）	10 ± 5	10 ± 5
	手机银行（个人）月均动户数（同业比较调节）	13 ± 5	13 ± 5
	有交易快捷支付绑卡数（第三方支付业务收入同业比较调节）	8 ± 10	8 ± 5
	互联网金融活跃用户渗透率	7	7
六、社会责任类		255	255
普惠金融业务		220	220
客户服务		30	30
绿色信贷		5	5

合计：市场地位提升类 2 000 分 ± 500，夯实基础业务类 2 000 分 ± 445。

2.3.2 财务资源投入调整

下半年，财务费用资源配置将继续坚持“支持重点战略投入，坚决压降一般性支出”的管理思路。

√ 对于营销费用配置，分行挂钩营销费用受拨备前利润、中收等经营目标下调影响，挂钩额度虽略有下降，但总体同比仍保持一定增幅。总行将结合各行实际营销需求，对于因重点战略领域投入确实存在缺口的，视情况在年末予以追加。同时，对于星级客户权益、总行直投特定积分等投入，将采取据实专项追加政策，不占用分行挂钩营销费用指标。

√ 对于日常行政办公等一般性开支，要“过紧日子”，继续严格管控，腾挪空间加大营销费用投入。

2.3.3 工资总额配置方案调整

综合考虑外部环境和全行经营目标变化等因素，下一步拟调整年度集团工资总额配置方案。调整的主要原则是：

√ 量入为出，从紧安排全年工资费用。

√ 精打细算，调整各类机构工资总额核定机制，严格控制工资总额列支进度，突出重点战略支持，强化同业比较，做好基层薪酬倾斜，有效发挥工资费用配置的战略传导和激励导向作用。

三、下半年重点工作安排

坚持以习近平新时代中国特色社会主义思想为指导，全面贯彻党中央、国务院决策部署，落实党委“48 字”工作思路，统筹推进常态化疫情防控、金融服务和经营发展工作，全力促进“六稳”“六保”，推动全行高质量发展。

3.1 助力稳住经济基本盘

□上半年信贷投放加快，有力支持了疫情防控和经济社会发展

➢围绕支持企业复工复产和稳外贸稳外资，组织开展了“春润行动”“春融行动”，以及支持湖北经济社会发展的专项行动，累计为复工复产领域提供融资支持 1.18 万亿元，全国性专项再贷款投放居大型银行首位。

➢重点业务领域贷款增长提速。上半年，制造业贷款增加 2 233 亿元，完成年度计划的 279%，其中制造业中长期贷款增加 952 亿元，增幅 20.8%；人行降准普惠贷款和银保监会普惠贷款分别增加 1 727 亿元和1 684 亿元，同比增速均超过 44%，均达到监管考核要求。民营企业贷款增加 1 874 亿元，超额完成年度计划。

➢新增贷款投向持续优化。公司贷款增加 7 127 亿

元，增长 8.6%，增量和增速均为近年来新高；其中新市场贷款增加 1 759 亿元，增量占比 24%；先进制造业、幸福产业、物联互联贷款增加 1 247 亿元，超额完成年度目标。个人类贷款增加 3 935 亿元，同比多增 26 亿元，其中个人住房贷款增量排名四行首位。

➢贷款增量向重点区域集中的特征突出。京津冀、长三角、粤港澳等五大战略性区域分行贷款增量占比 77.5%，较余额占比高 8.2 个百分点；直辖市分行及重点城市行贷款增量占全行贷款增量的 76.1%，较余额占比高 2.4 个百分点。

重点业务贷款计划完成情况

单位：亿元

项目	年度计划	实际增量	完成情况
人行降准普惠贷款	2 000	1 727	86%
银保监会普惠贷款	2 000	1 684	84%
民营企业贷款	1 400	1 874	134%
制造业贷款	800	2 233	279%
制造业中长期贷款	1 300	952	73%

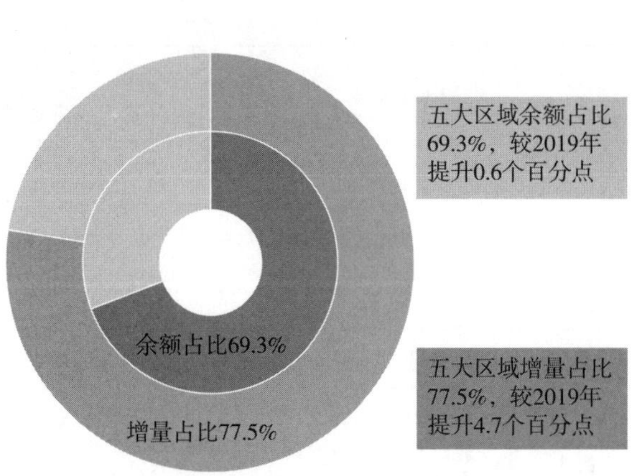

五大战略性区域人民币贷款增长情况

3.1.1 关于制造业贷款

围绕“一个目标、两个领域、四个加强”，开展“制造业金融服务提升年”活动，重点加大制造业中长期贷款投放，确保年末净增不低于 1 000 亿元，确保完成监管各项要求。

做好精准投放

✓**加强工作统筹**，主动对接拟到期贷款续贷事宜。

✓**进一步加大优质项目营销储备**，积极竞争优质客户，合理提高优质客户中长期融资同业占比。

✓**选择发展基础较好的产业链**，切实做好金融支持产业链稳链固链服务，推动制造业企业复工复产。

加大资源保障

✓**加强考核传导**，制造业中长期贷款考核分值已提高至12分。各行要做好考核传导。

✓**用好创新产品**，加大制造业技术提升支持贷款、中长期循环贷款等创新产品的推广，提升金融服务的适应性。

✓**灵活运用总行利率授权**（中长期贷款优惠利率已扩大至30个基点），加快审批，提高服务效率和市场竞争力。

提升经营能力

✓ **设立专业化经营机构**，在制造业产业聚集地试点设立制造业金融服务中心。

✓ **加强队伍建设**，加大培训力度，提升制造业专业团队服务能力，组建制造业咨询服务外部专家库。

制造业贷款投放要符合国家政策及我行信贷政策，不能为完成任务盲目投放。对经营业绩持续恶化、盲目扩张、过度融资的企业，要坚持审慎态度。要严控制造业资产质量，确保年内不良额和不良率保持“双降”。

3.1.2 关于普惠金融

普惠贷款新增 2 000 亿元，增速高于 40%，加大对稳企业保就业的支持力度。

□监管最新要求

➢《政府工作报告》提出：中小微企业贷款延期还本付息政策再延长至明年 3 月底，对普惠型小微企业贷款应延尽延，鼓励银行大幅增加小微企业信用贷、首贷、无还本续贷。大型商业银行普惠型小微企业贷款增速要高于 40%。

➢人民银行等八部委《关于进一步强化中小微企业金融服务的指导意见》要求，“五家大型国有商业银行普惠型小微企业贷款增速高于 40%”。

“商业银行要提升普惠金融在分支行和领导班子绩效考核中的权重，将普惠金融在分支行综合绩效考核中的权重提升至 10% 以上”。

➢银保监会《关于印发商业银行小微企业金融服务监管评价办法（试行）的通知》。

在考核小微企业信贷投放情况时，提出对“小微企业首贷户服务情况”的考核要求；

在考核重点监管政策落实情况时，提出对“续贷业务增长”的考核要求；

在考核产品及服务创新情况时，提出对“银税互动、制造业、中长期、信用贷款占比较去年末提升”的考核要求。

□总行考核政策调整

➢完善普惠金融业务考核，加大服务实体经济考核力度。

➢调增普惠金融业务考核权重，由40分调增至220分，占总权重11%。同时相应调减经营效益、个人金融业务、对公及转型优化、互联网金融等指标权重。

√ 增设信用贷款占比、首贷户占比、续贷占比等结构性监管指标，加大对中小微企业的金融支持力度。

√ 继续保留考核降级降档、考核利润挂钩、FTP价格优惠、专项激励工资等一系列组合政策。同时，结合新的普惠贷款增量计划优化考核利润挂钩比例。

普惠金融业务指标调整对比表

调整前指标设置		调整后指标设置		
指标名称	权重	指标名称		权重
银保监普惠口径贷款增量	10	业务拓展（90分）	银保监普惠口径贷款增量	15
银保监普惠口径客户数增量	5		银保监普惠口径客户数增幅	15
人行降准口径贷款增量	13		人行降准口径贷款增量	30
—	—		精准扶贫贷款增量	10
—	—		数字供应链融资增量	20
—	—	重点监管评价指标（50分）	首贷户占比	10
—	—		信用贷款占比	14
—	—		中长期贷款占比	6
—	—		制造业贷款占比	6
—	—		续贷业务累放占比	8
—	—		银税合作贷款占比	6
		风险控制与规范经营（80分）	银保监普惠口径新发生逾期贷款率	10
			银保监普惠口径贷款劣变率	10
银保监普惠口径贷款不良率	12		银保监普惠口径贷款不良率	30
—	—		精准扶贫贷款不良率	10
—	—		客户服务及规范经营情况	20
合计	40	合计		220

□上半年普惠金融主要监管指标对照表

监管指标	余额/利率/户数（亿元/户数）		增速/占比		监管要求	
	本期	较年初	本期	较年初	较年初	完成情况/缺口
普惠贷款	6 399.36	1 684.15	35.72%	—	全年增速高于40%	阶段性完成（上半年年化增速71%）
普惠贷款户数	53万	10.8万	25.59%	—	不低于年初水平	阶段性完成
普惠贷款利率	4.15%	-37个基点	—	—	利率显著下降，综合融资成本下降50个基点以上	阶段性完成（除利率下降外，减费让利折合50个基点）
精准扶贫贷款	1 793.85	122.82	7.35%	—	余额较年初增长	阶段性完成
普惠型涉农贷款	1 423.81	308.06	27.61%	—	增速高于各项贷款平均增速	阶段性完成
信用贷款	5 421.15	144.75	29.85%	-0.05个百分点	余额占比较年初上升0.5个百分点	-0.55个百分点
中长期贷款	10 667.46	-245.54	58.74%	-3.10个百分点	余额占比较年初上升0.5个百分点	-3.60个百分点

续表

监管指标	余额/利率/户数（亿元/户数）		增速/占比		监管要求	
	本期	较年初	本期	较年初	较年初	完成情况/缺口
制造业贷款	3 812.03	191.93	20.99%	+1.25 个百分点	余额占比较年初上升 0.5 个百分点	阶段性完成
首贷户	19 111	19 111	13.65%	—	不低于同类机构占比或完成监管部门提出的量化目标（监管尚未明确占比计算方式及量化目标）	阶段性完成（预计）
续贷业务	504.36	—	4.40%	+0.16 个百分点	续贷金额占比持平或上升	阶段性完成
银税互动业务	195.39	184.45	1.08%	+1.02 个百分点	余额和占比均较上年末上升	阶段性完成

表格说明：

普惠贷款、普惠贷款利率、精准扶贫贷款和普惠型涉农贷款均为银保监会口径，且均为较年初增长或下降要求。

信用贷款、中长期贷款、制造业贷款、首贷户、续贷业务和银税互动业务均为工信部口径，且均为占比提升要求。

□当前存在问题

➢ 产品结构仍不均衡，创新能力需进一步提升。普惠金融业务增长对“e 抵快贷”依赖程度较高，信用类线上融资产品业务虽有所增加，但市场潜力开发仍有不足。大数据整合和运用仍需加强，产品创新能力需进一步提升。

➢ 同业竞争日趋激烈，重点区域竞争力不足。6 月末，长三角地区普惠贷款余额占比、增量占比同业排名均为第三；珠三角地区普惠贷款余额占比同业排名第二，增量占比同业排名第三，与可比同业仍存在较大差距。

□下半年措施：围绕监管要求，持续推进普惠金融服务能力提升

1. 优化产品和服务体系

√ 依托金融科技，进一步创新线上信用类贷款产品，提升首贷户、续贷、银税互动贷款占比。丰富中长期贷款服务模式，依托产业链推进重点制造业领域链式营销和批量拓户。

√ 加快构建普惠金融“数字化获客、多维度风控、线上化运营、智能化客服”的智能经营体系；下沉营销重心，强化网点营销机制建设，加大线上标准化产品网点营销力度，提升线上线下联动营销和服务水平。

√ 完善“融资 + 融智 + 融商”的综合服务体系。持续开展“工银普惠行”活动，打造“环球撮合荟”品牌，搭建智能化跨境撮合平台。

√ 普惠与公司、票据等部门要加强协同，确保完成工信部口径小微企业监管指标。

2. 落实好延期还本付息政策

√对符合条件的小微企业贷款“应延尽延”。

√合理设置延期还本付息贷款到期时间，避免贷款集中到期。对延期还本付息贷款建立专门台账，逐月分析跟踪，经预判已出现实质风险的，提前做好清收处置准备工作，分类做好处置预案。

3. 继续推进“重点突破、梯次发展”

√ 长三角、珠三角地区分行为代表的优先发展行，要强化“头雁”意识，通过 1～3 年的发展，实现四行排名前 2，带动全行业务发展和普惠金融经营管理能力提升。

√ 跟进发展行要强化“追赶”意识，在夯实基础、优化结构的同时，适当加大投入，力争早日实现跨越。

√ 特色发展行要树立“深耕”意识，做实做深区域优势产业行业。

√ 资产压力较大的分行，要把夯实基础、提升质量放在首位，实现稳健发展。

4. 落实合理让利政策要求，确保全年小微企业客户综合融资成本下降 50 个基点以上

5. 聚焦脱贫攻坚战任务目标，做好定点扶贫和精准扶贫

□数字供应链

➢业务发展情况

截至 6 月底，融资余额 337 亿元，较年初增加 82 亿元，与去年全年增量持平。其中普惠融资余额 90 亿元，较年初增加 43 亿元；累计落地（签约）供应链 768 条，较年初增加 324 条。

√ 建立核心企业名单库。已批量准入 4 895 家全行范围核心企业。

√ 紧抓医药、制造业和农业等重点行业。医疗健康新增落地供应链 21 条，融资余额 9 亿元。

√ 强化与第三方平台合作。新增落地 76 家核心企业，新增融资 22 亿元。

√ 加快标准化产品营销。数字信用凭据（工银 e 信）新增落地核心企业 112 户，新增融资 46 亿元。

➤存在问题

√ 规模与同业差距较大。

√ 配套信贷制度仍需优化：尚未在数字供应链融资方案标准系统化审批、授信占用、业务办理流程等方面建立细化的信贷管理制度办法。

√ 发展不均衡：部分大行业务发展缓慢，市场份额下降；供应链团队力量薄弱，人员专业性不强；数字供应链融资风控管理认识不足。

➤下半年工作计划

融资规模新增500亿元，供应链合作突破1 000条

总行要加大推动力度

构建批量准入机制

✓ 发布数字供应链的债项授信制度和实施细则并进行试点，夯实全行规模化发展信贷制度基础。

✓ 优化核心企业准入和融资方案审批流程，建立智能化、模块化、标准化业务办理机制。

细化完善配套政策

✓ 保障数字供应链专项信贷规模。

✓ 实施更为灵活的利率定价政策。

✓ 执行内部资金转移价格激励政策。

加大重点行业推动力度

✓ 目前重点板块融资余额173亿元，下半年要突破500亿元。

✓ 打造健康医疗、先进制造、现代农业和建筑安装板块模板，加快复制推广。

加快系统功能开发

✓ 加快投产分层解耦系统功能。推进与核心企业系统对接，确保业务快速落地。

✓ 优化工银e信、电子保理等拳头产品。

分行要提高执行力度

✓ 要畅通政策传导渠道，将任务指标层层分解传导到位，强化对一线考核激励。

✓ 数字供应链牵头部门要做好业务转培训、业务督导、项目指导等。

✓ 客户营销部门要持续开展精准营销，三季度要完成总行批量准入的核心企业营销，实现营销覆盖率100%，合作达成率40%。

✓ 前中后台要达成数字供应链金融风控共识，提高业务沟通效率。

✓ 加大医疗健康行业推动力度，年内签约100家三甲医院供应链项目。

3.1.3 关于重点领域信贷投放

提升优质市场份额，稳住公司贷款压舱石。

总量上，下半年全行公司贷款可发放净增需求××亿元。根据国家货币政策、行内信贷计划适时调整。

节奏上，三季度要阶段性加大贷款投放力度。

结构上，聚焦重点领域、五大战略性区域。

重点领域

√“1＋3”方面，聚焦“两新一重”重点领域，深耕公共设施、城市更新、交通运输、电力石化、新基建、幸福产业六大万亿级信贷市场，抢抓铁路骨干网络、轨道交通、城镇老旧小区改造、深海能源勘探、大型核电风电、大型炼化等领域优质新建项目及存量债务置换业务机会。

√ 复工复产方面，扎实推进“春润行动”，以供应链融资为抓手，促进产业链上下游、产供销、大中小、内外资企业协同复工达产。

√ 新动能方面，突出抓好“两群两链”市场拓展，即加大对战略性新兴产业集群、国家级高新技术企业群中优质客户和项目信贷支持。主动适应新基建市场化政策导向，围绕新基建产业链和重点项目产业链，延伸重点领域客户金融服务链条。

战略性区域

√ 落实战略性区域竞争力提升战略，加大对京津冀、长三角、粤港澳、中部、成渝地区公司信贷投放，确保公司贷款增量占比高于余额占比，巩固扩大同业领先优势。

夯实项目储备，确保已签合同未放款项目贷款储备金额不低于 2 个季度所需投放量。

下半年重点领域可发放净增需求

行业板块	公司贷款增量预测（亿元）
“1”基础产业板块	××
其中：公共设施	××
交通建筑	××
电力石化	××
“3”新引擎板块	××
其中：先进制造业	××

续表

行业板块	公司贷款增量预测（亿元）
幸福产业	××
物联互联	××
现代服务业板块	××
其他	××
合计	××

下半年战略性区域可发放净增需求

区域	公司贷款增量预测（亿元）
京津冀	××
长三角	××
粤港澳	××
中部地区	××
成渝地区	××
合计	××

3.2 重点战略和经营转型

3.2.1 关于“第一个人金融银行”

对照战略评估指标，不断强化客户基础。

□ 夯实客户基础

客户拓展

- **扩大规模**：坚持全量客户与中高端客户拓展两手抓，积极应对疫情对客户拓展的影响，加快扩大个人全量客户规模；做好日均金融资产5万元以上中高端客户拓展，力争全年中高端客户数新增200万户。
- **创新模式**：进一步创新线上获客、批量获客模式，力争全年“工银e钱包”模式获客数超1 500万户。
- **聚焦重点**：加强GBC联动，做好代发、社保、县域、商友、建工等重点客群拓展，持续完善专属客群的产品、服务、权益体系，提高资产及存款留存率。

客户维护

- **完善体系**：加快建设并发布新一代客户分层维护体系，形成具有市场影响力的服务品牌。
- **创新手段**：加快客户经理“云工作室”、智能资产配置服务、智能外呼场景推广应用。
- **智慧应用**：加快“智慧大脑”应用，推动各条线、各部门围绕统一客户视图，持续优化客户运营策略，提升客户营销服务能力。

□夯实业务基础

储蓄存款

人民币储蓄存款力争年底实现增量领先，外币储蓄存款进一步缩小同业差距。

- **抓机遇、拓源头**：有效把握资金流动规律，一手抓源头性资金争揽，一手抓回流回归资金承接，狠抓基础存款、日均存款，提高储蓄存款稳定性。
- **优结构、降成本**：持续压降创新产品规模，加大中短期存款、低成本存款吸收力度，加强利率精细化管理，有效控制付息成本。
- **促联动、增总量**：做大个人金融资产“蓄水池”，实现储蓄存款与金融资产的联动发展、稳定增长。

个人贷款

- 盯住重点地区、重点企业、重点项目，狠抓按揭贷款营销，提升市场竞争力；加大资源倾斜和支持，有效保障业务发展。
- 进一步优化完善个贷风控体系，有效提升个贷业务处理中心运行管理能力。
- 积极运用金融科技手段，加快推动业务的线上化转型。

个金中收

个金中收（核心口径，不含第三方支付）全年市场份额有所提高。

- **做好基础**：持续做好“工银信使”等基础结算业务，加快特色卡推广，发掘新的业务增长点。
- **做实转型**：持续推动代理基金销售业务、期交保险业务转型发展。

□ 打造"第一信用卡银行"

缩小信用卡中收与领先同业的差距	➢ **全面发力分期业务**：分期付款余额力争全年净增600亿元，交易额力争全年突破4 800亿元；加快间客模式向直客模式转型，进一步优化产品结构。 ➢ **加快扩大消费业务**：消费额力争全年实现3万亿元，保持可比同业第一。 ➢ **精心开展专题活动**：一行一策推动分行信用卡中收赶超同业。 ➢ **加强风险防控**：进一步提升信用卡业务的风险识别、防范和化解能力，大幅缩小信用卡业务资产质量与同业差距，提高信用卡业务综合贡献。
保持发卡量、客户数同业第一，提升活跃客户比重	➢ **保持市场领先地位**：力争年内信用卡客户总量突破1.1亿户，活跃客户总量达5 000万户。 ➢ **着力深耕优质客群**：坚持内外并进策略，加大对中高资产、房贷、ETC等三大行内优质客群渗透，加强对医护、教师、军人、公务员、金融同业及优质企业员工等六大行外优质客群拓展。 ➢ **提升分行营销能力**：建立分行信用卡专营团队，完善信用卡专业营销系统。
保持第一收单银行市场地位	➢ **强化商户业务与公司业务的协同**：以收单支付为抓手，带动存款、贷款、代发工资等一揽子金融业务发展，形成收单支付场景生态圈。要研究建立商户业务综合贡献还原考核机制，努力实现集团利益的最大化。 ➢ **拓展线上收单市场**：围绕六类电商、八大场景，集中力量拓展头部线上平台。 ➢ **加强小微商户营销**：发挥e支付收款码的功能优势，强化对中小微商户聚集的场景和客群的营销渗透。 ➢ **加快推广ETC智慧加油项目**：搭建ETC车主新生态。

3.2.2　巩固对公业务基础

□提升公司存款市场竞争力

从余额看，6月末我行人民币公司存款继续保持四行第一，但仅领先第二名建行1 891亿元。

从增量看，6月末我行人民币公司存款较年初增加4 355亿元，但比建行少增2 256亿元。

余额分区域对比

我行在京津冀、长三角、粤港澳、成渝地区均领先建行，但在中部地区余额落后建行657亿元，五大战略性区域余额合计领先建行3 596亿元。粤港澳、成渝地区竞争胶着，领先优势需进一步扩大。

增量分区域对比

我行在京津冀、长三角、粤港澳、成渝、中部地区公司存款增量均落后于建行，五大战略性区域合计落后1 997亿元。其中粤港澳、长三角、中部地区增量落后均在300亿元以上。广东、天津等分行要进一步加强同业对标，找准问题，尽快扭转竞争不利局面。

五大战略性区域既是资金富集区，也是竞争主战场，要进一步主动对标、主动谋划、主动出击，逐步取得竞争的压倒性优势。

6月末人民币公司存款与建行分区域对比

单位：亿元

区域	余额			比年初增量		
	工行	建行	工行－建行	工行	建行	工行－建行
京津冀	8 539	6 349	2 189	364	491	－127
长三角	13 954	12 705	1 249	1 900	2 560	－660
粤港澳	7 509	6 898	611	654	1 516	－861
中部	4 911	5 568	－657	226	533	－307
成渝	2 929	2 727	203	197	238	－42
五大战略性区域合计	37 842	34 247	3 596	3 341	5 338	－1 997
全行合计	47 707	45 816	1 891	4 355	6 611	－2 256

将短期攻坚与长期增长相结合，保持同业领先地位。

抓好短期攻坚	抓好货币派生资金留存	抓好GBC资金闭环管理
➢ **加强同业对标**，从区域、行业、客户多维度深入分析，查找薄弱环节，持续提升存款市场竞争力。 ➢ **完善分层营销**，第一、二、三梯队分行，分别挑选30户、20户、10户资金大户作为公司存款发展基石客户，逐户攻坚，提升市场占比。 ➢ **开通绿色通道**，对客户的个性化需求，在满足监管要求、报价不超可比同业的前提下，产品价格等授权提前到位。 ➢ **做实客户分包**，做好“全生命周期”管理和营销过程管理，切实提升长尾客户贡献。	➢ 分行业做好融资资金的留存转化，大力提升行业存贷比。 ➢ 在监管合规前提下，突出抓好大中型企业贷款、债券承销、股权融资、并购贷款等融资资金的有效承接，重点抓好项目贷款基本户、房开贷款专户开户。 ➢ 全力争取牵头主承销商、簿记管理人、并购贷款业务牵头行等角色，统筹做好资金承接。 ➢ 要以清单制管理相应项目，压实责任。	➢ **加速相关场景建设落地。** ➢ **突出抓好专项债资金链条**，重点做好“政府专项债—城投公司—建筑企业”资金闭环管理，强化下游项目承办单位开户营销。

□ 夯实公司客户基础

全年公司客户增长目标保持 10% 不变，新开对公账户 200 万户目标保持不变。

分层次营销	分类别服务	分链条拓展
➢ 要加快构建全量客户营销服务体系，依托商投联动、行司联动等多元机制，做好新客户拓展和存量客户挖掘。 ➢ **做深头部客户** 着力提供个性化、综合化、全球化金融服务方案，提升业务覆盖率，确保战略客户同业占比领先。 ➢ **做强中部客户** 重点拓展融资额在3亿元以下的中型企业，今年新增客户数不少于1 000户。 ➢ **做宽底部客户** ✓ 立足线上化、标准化两个着力点，用好对公结算产品，加快平台获客、链条获客、场景获客，实现公司客户批量拓展。 ✓ 持续提升网点公司客户服务能力。	➢ **打造央企服务主力银行** 聚焦混改、降两金、开放合作等改革重点，为央企提供定制化、综合化金融服务及差异化资源保障。 ➢ **打造优质民企主办银行** 强化白名单动态管理，分层分类配套资源，进一步完善“融资+融智”服务体系。 ➢ **打造科创企业首选银行** ✓ 深入实施科创企业营销“931”工程。 ✓ 加快构建“10家科创中心+100家特色支行”专营机构体系。 ✓ 推进知识产权融资和投贷联动落地。	➢ **拓展项目供应链市场** 充分挖掘优质项目供应链市场潜力，通过线上化、智能化的项目e链产品拓展企业客群。 ➢ **推广平台供应链模式** 全面扩大与重点供应链服务平台的合作范围，加大融资投放力度。 ➢ **创新票据供应链产品** 开展供应链商票保贴、商票质押贷款等产品研发及应用。

新开户要扎实推进账户尽职调查管理，严格落实全生命周期账户管理机制，以及反洗钱管理要求。

□ 扩大机构金融领先优势

抢抓市场机遇，加快 GBC 工作落地，扩大机构金融市场优势，发挥客户源头辐射、业务领军同业的重要作用，为全行重点战略落地多作贡献。

深耕优势领域　稳固传统阵地

➢加快智慧政务营销服务推广。把握各级政府部门提升治理能力中的服务需求，推动金融与科技深度融合，加快“智慧政务”落地。近期要尽快推动与北京市政府全面战略合作协议签署。

➢紧跟军队客户改革营销。紧盯机构设置、账户开立、关键岗位与人员配备情况，提前营销。

➢抓好社保改革营销跟进。重点抓好基本养老保险省级统筹账户、机关事业单位工伤保险账户开户营销工作，进一步扩大我行医保移动支付清算和电子凭证合作范围。

➢补齐公积金业务短板。机构、公司、个金等条线要加大营销联动，全力拓展公积金中心新增缴存单位，提升公积金缴存个人金融服务水平，加快促进公积金存款增长。

➢深化与同业头部机构全面合作。深度参与多层次资本市场改革建设，加强新三板、创业板试点注册制等同业合作。

开拓县域市场 优化客户布局

➢深化县域布局。把握机构资金加快向基层流转的趋势，下沉服务重心，加快制定重点县城“补短板、强弱项”政银合作方案，选取财政实力较强的 120 个重点县，以县域“两院两校七局”（县人民医院和县中心医院，县中心小学和县中学，县财政局、人社局、医保局、农业农村局、住建局、公共资源交易中心、退役军人事务局）为营销重点，以农村三资管理平台为突破口，以省带市、以市带县，将机构金融市场领先优势延伸到县乡。

➢加强协同联动。各部门要进一步加强协同，整合全行资源，形成营销合力，做好对直达县域基层资金的有效承接。

□加快 GBC 工作落地实施

总行即将印发GBC工作方案，各行要对照落实、抓紧推进。

实施路径

以客户拓展为核心，以资金流和信息流为主线，以GBC三端场景建设为切入点，发挥全行合力，打造全链条营销服务体系，开展全领域拓户。目前已确定37个业务场景，先期要将17个总行级重点场景作为主要发力点，尽快实现重点突破。

财政支付　医药　军队工程　教育培训　房产交易

医保服务　社保卡　军队装备　三农　农民工工资监管

医疗　“网点+政务”　高校　工会　交通出行

小微客户线上融资　互联网平台对接

17个总行级场景全面推广

工作措施

总行

- ✓**统筹推进工作落地，**成立GBC工作领导小组，落实各部门责任分工，细化各场景方案。
- ✓**持续推进创新赋能，**聚焦重点场景生态创新和产品服务建设，强化决策支持。
- ✓**科学配置全行资源，**从GBC工作整体贡献出发，统筹财务预算，确保科技投入，加强渠道建设。
- ✓**完善营销服务机制，**构建以“牵头责任制”为核心、以业务场景为载体的矩阵式营销服务体系。
- ✓**优化考核评价体系，**更加侧重过程指标，与现有考核体系相互补充，研究制定全行GBC工作考核评价模型。
- ✓**强化风险与合规管控，**在各场景客户准入、流程设计等各个环节做好全面风险管理。

分行

- ✓**尽快传导，**迅速将总行战略意图、实施路径以及工作要求，传导至各层级机构。
- ✓**全面解码，**在总行方案基础上，结合本行实际逐个场景进行战略解码，明确时间表，制定路线图和责任清单，确保可操作、可落地。
- ✓**迅速落地，**投入资源，夯实责任，尽快实现重点场景的重点突破。

3.2.3 关于境内外汇业务首选银行和国际化发展

□稳步推进“境内外汇业务首选银行”

着眼长远，久久为功，聚焦基础能力建设，抓紧补齐业务短板。

进一步夯实机制保障基础、科技运营基础、合规风控基础、人才队伍基础。

坚持“量、质、价”协调发展，做好资源精准滴灌，努力实现战略良好开局。

□ 抓好“三大”重点领域提升

抓好基础产品提质增效

- ➢外汇存款要“追进度、保目标”
- ➢外汇贷款要“扩优势、控风险”
- ➢外汇中收要“夯基础、增贡献”
- ➢业务创新要“争首单、打品牌”

➢强化组合营销
- ✓大外汇方面，强化“存、贷、汇、兑”组合营销。
- ✓本外币方面，强化一体化服务，带动提升综合回报。

抓住“客户首选”牛鼻子

- ➢瞄准重点公司客群，分类制定外汇业务组合营销策略和针对性挖潜转营销方案。
- ➢以“春融行动”为抓手，有效提升核心客户外汇业务渗透率。
- ➢聚焦核心个人外汇客群，分类制定差异化的服务方案和营销计划。
- ➢开展外汇账户专项劳动竞赛。

抓好重点机构带动引领

- ➢9家领先发展行和10家重点发展行要加快战略执行，做好重点领域突破，有效发挥“领头羊”和“主阵地”作用。
- ➢同业排名第三、第四的分行要尽快找准发展路径，总行要加大帮扶。

➢构建并用好外汇业务竞争力评价指标体系

总行境内外汇业务竞争力评价指标体系
（共计1 000分，含五大类、28项指标）

客户基础类（260分）
- ✓公司外汇客户数
- ✓机构（同业）外汇客户数
- ✓头部客户覆盖率
- ✓国际业务净增客户数
- ✓结售汇、外汇买卖客户数
- ✓全球现金管理客户数
- ✓对私外汇客户数
- ✓对公外汇产品渗透率
- ✓对私外汇产品渗透率

业务发展类（220分）
- ✓外汇存款日均增量
- ✓公司外汇存款日均增量
- ✓个人外汇存款日均增量
- ✓机构外汇存款日均增量
- ✓外汇贷款余额
- ✓国际结算量
- ✓跨境人民币结算量
- ✓结售汇发生额
- ✓代客外汇买卖发生额

风险合规类（260分）
- ✓外汇贷款不良率
- ✓反洗钱合规及涉敏业务
- ✓代客涉外收付款处罚额

效益贡献类（210分）
- ✓外汇存款付息率
- ✓外汇贷款收益率
- ✓外汇中间业务收入
- ✓对公外汇业务中收
- ✓对私外汇业务中收

管理基础类（50分）
- ✓外汇业务客服人员占比
- ✓持外汇从业准入证人员占比

通过构建境内外汇业务竞争力评价指标体系，进一步明确各细分领域发展目标，动态评估战略执行中的不足和差距，作为指导分行打造境内外汇业务首选银行战略的工作指南，确保外汇业务“量、质、价”协调发展。下一步，总行将制定分行外汇业务竞争力评价指标体系，并对战略执行情况按季监测、按年评估。

□ 稳步推进境外机构安全运营和业务发展

面对复杂严峻外部形势，全行要紧密围绕服务国家对外开放新格局，认真落实“防风险、保运营、稳经营”的总体策略，确保境外人员、业务运营安全，努力实现更高质量的国际化发展。

➢ **优化区域战略**

做强港澳和亚太市场
- ✓ 在港机构要坚定不移支持香港国安法颁布实施，适时研究工银亚洲区域化发展方案；
- ✓ 推动澳门机构加快转型发展，深化“一体两翼”布局，提升市场占比。

探索拉美联动机制
- ✓ 以巴拿马分行为平台，在强化合规基础上，推动拉美机构协同联动发展，提升工银阿根廷当地主流银行地位。

完善中东欧网络布局
- ✓ 完成工银奥地利增资，依托工银奥地利平台，拓展中东欧网络和业务。

强化重点区域管控
- ✓ 控制美国机构资产规模，强化合规整改与区域管理。
- ✓ 推进工银标准脱困振兴，强化风险防控，力争保持盈利态势。
- ✓ 中东机构重点关注油价暴跌，地缘政治博弈，政权更迭的影响。

➢ **提升管理水平**

构建境外机构管理体系
- ✓ 进一步提升总行国际化领导力，国际业务部要加强境外业务牵头统筹，各业务主管部门要加强对境外机构专业主抓职责，做强国际化战略支撑。
- ✓ 对形势变化保持高度敏感性，做好一行一策差异化、阶段化战略调整与选择。

构建国际化发展新生态
- ✓ 突出服务国内国际双循环，以境内外汇业务首选银行战略实施为契机，稳步推进境内外、本外币一体化的全球服务体系。
- ✓ 进一步做强粤港澳大湾区重点区域业务，巩固“一带一路”金融服务领先优势。

➢ 强化风险管控

高度重视信用风险管理

➢ 审慎把握风险显著上升重点领域业务范围和规模，有序退出有风险苗头的融资，密切关注汇率变化引发的抵押物和担保品价值不足风险。关注备用银团和不可撤销提款承诺造成的信用风险敞口被动扩大。

切实做好流动性风险管理

➢ 监测好流动性指标变化，做好流动性准备，防止出现“黑天鹅事件”；总行相关部门要指导做好流动性安排，加大对境外机构资金支持。

前瞻性把握市场风险管理

➢ 控制好境外机构金融市场业务交易账户敞口，规划好大类资产摆布，防范市场大幅波动以及疫情冲击下经济总量大幅萎缩所导致的风险。

抓好特殊时期运营风险管理

➢ 总行已为48家境外机构开通106个业务系统的VPN或云桌面访问，要加强远程办公管理和业务系统备份工作，落实各项操作风险和信息安全等风险控制措施。

进一步强化境外风险管理

➢ 强化境外限额管理，做好重大风险趋势前瞻分析和境外重点国家与地区风险监测；强化对中美关系演化、香港局势、中东局势、英国脱欧、新兴市场国家潜在风险的研究分析，动态做好工作预案。

➢ 夯实合规基础

✓ 审慎做好战略定位、业务准入，坚持有所为有所不为，有进有退。

✓ 加快合规长效机制建设，完善境外合规管理体系， 全面提升境外合规反洗钱治理能力。

✓ 持续做好属地监管部门常态化沟通，全面跟进监管形势和关切要点，扎实做好境外监管合规整改。

✓ 欧美等重点机构要继续做好监管整改工作，夯实合规管理基础，不授人以柄。

✓ 进一步增强对重大事项判断敏感性和预见性，严格落实重大事项主动及时全面请示与报告制度。做好重大风险事件应急预案，前瞻性做好合规风险防控。

特别强调

➢ 在疫情防控的特殊时期，更要牢牢守住不发生重大监管违规、巨额监管罚款事件的底线。

➢ 高度关注涉美风险，关注中美关系变化格局下的非常规风险，从严做好场景分析并制定应对预案。高度警觉在金融领域的扩大演化，做好妥善应对。

➢ 不片面追求没有管理能力的市场地位，不片面追求没有风控能力的市场占比。

3.2.4　关于金融科技

□ 持续提升金融科技实力

硬实力

➢ **加强安全运营**：推进生产运营转型，建立与信息系统自主可控转型、新技术广泛应用相适应的新一代生产运维体系；夯实信息安全防护体系，完成信息安全运营中心（SOC）建设，形成全行安全集中运营常态化机制，开展全行级攻防实战演习。

➢ **加快国产化**：推进信息基础设施自主可控转型，开展国密应用改造，完善国密应用评价指标体系。

➢ **加快新基建落地**：深挖现有潜能、制定长远规划，积极推进新数据中心建设；推进新一代云平台建设，力争达到主流公有云服务商水平；打造5G综合应用平台。

软实力

➢ **全面完成ECOS工程各项任务**：完成重点领域业务架构落地收官，积极推进业务成果应用。

➢ **加强新技术应用**：围绕“ABCDI”（人工智能、区块链、云计算、大数据、物联网）加强技术与业务场景的融合应用；建设大数据服务云平台2.0，围绕营销、运营、风控等重点领域，打造统一高效的数据中台和数据产品服务体系，进一步提升数据资源的价值创造能力。

➢ **深化机制创新**：持续优化金融科技组织架构；加大迭代研发、研发测试一体化、轻流程等新型研发机制的运用，有效提升研发效能；将用户思维和体验导向贯穿于研发管理全流程，提高用户满意度，打造极致产品。

➢ 加强与北京、上海等地方政府的金融科技合作。

□ 个人手机银行

➢ 自有平台、外部平台双轮驱动，构建线上金融服务的完整链条与闭环生态。

□ 法人手机银行

➢ 打造中小微企业线上金融服务主阵地。

全年目标

- 客户数突破4亿
- 月均动户7 500万
- 客户数月活同业“双第一”
- 法人手机银行年动户260万
- 企业网银年动户560万
- 年动户同业“双第一”

个人手机银行6.0

✓ 总行：推动从产品视角向用户视角、从交易通道向财富管理、从功能驱动向数据驱动转变，突出重点特色功能展现。

✓ 分行：组织做好试点和推广，做好全员内测、全员体验，不断迭代，确保11月正式面向市场推出。

县域版

✓ 总行：优化“惠民、惠农、惠商”智能化场景化产品服务。

✓ 分行：面向305家个金重点县，做好分批试点推广。

数字分行

✓ 跟随客户，联合外部高流量互联网平台建立“数字分行”。

✓ 持续推进客户经理云工作室和云服务平台建设。

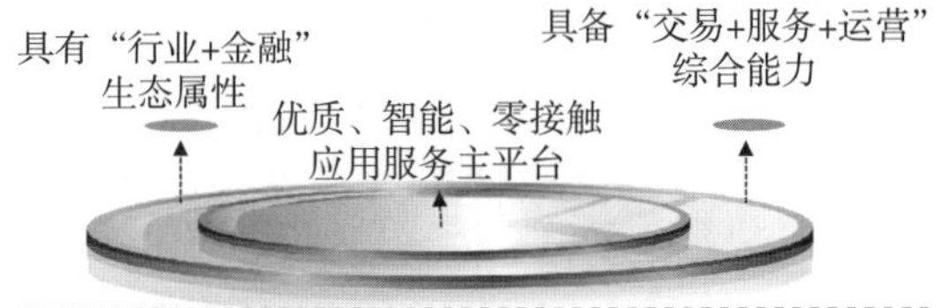

法人手机银行3.0

✓ 总行：提升平台基础架构的服务能力，丰富平台金融功能，强化智能化建设。

✓ 分行：全力做好宣传，打出行业声势；结合代发工资、转账汇款、在线融资、外汇业务等，开展专题营销和体验活动；着力提升企业网上银行动户率，确保同业第一。

对公支付

✓ 总行：加快对公支付清算通道建设，推动跨行智能路由建设。

✓ 分行：推广“工银e企付”对公支付产品，加快布局政务市政、供应链平台、跨境支付等新兴产业支付。

□ 提升融 e 购、融 e 联平台创新能力

融e购

平台定位

商融服务平台　数字化产业链平台

多维大数据平台　业务创新试验平台

目标任务

月均动户550万　消费扶贫交易额8亿元

交易额6 000亿元

思路　**品质化、特色化、开放化、智能化**

➢ **B2C做优品质、做精品类。**打造积分兑换、扶贫公益、跨境商品、金融投资四大板块，拓展优质商户500户。各行要落实商户管理基层行负责制，实施商户分级分类管理。

➢ **B2B突出特色化发展。**构建e采购、e资产、e差旅、e公益、e跨境“5e”以及银法通、车云贷、集客开放平台等特色板块。其中，要着重发挥融e购司法拍卖资质优势，推动行内诉讼资产、不良资产处置。各行要做好“5e”等特色服务的市场推广和对外输出。

➢ **做好收官阶段电商扶贫。**加强扶贫馆建设，力争实现国家级贫困县商户入驻全覆盖，定点四县扶贫农产品能上尽上，推进银政银企扶贫共建。

融e联

平台定位

全行线上客户营销服务平台

GB端场景与C端客户的连接平台

目标任务

月均动户2 800万

思路　**服务互联、信息互联、客群互联、场景互联**

工作要求

➢ **丰富服务信息推送。**各行要积极接入政务、民生、出行等高频刚需的服务信使信息源，每家一级行要确保活跃的服务信使不低于3个。

➢ **打造专属“企业号”服务。**各行要面向辖内代发工资、养老金等企业推广融e联企业号及员工服务，配备专属的管群客户经理，积极探索企业员工客群的线上运营维护。

➢ **推进场景主入口建设。**着力拓展政务、医疗、社区、交通、社保、医保等重点领域。

➢ **狠抓融e联月活提升**，确保完成指标任务。

□ 积极探索全渠道　协同服务体系

➢扎实做好智慧网点推广建设。认真总结借鉴前期建设相关经验，健全推广机制，完善网点智能识别营销功能。

➢加快构建“云网点”模式。推动网点的业务处理、营销推介、服务支持等经营活动“触网”“上云”，充分激发线上、线下、远程等渠道载体的协同效应，进一步提升对客户的触达、连接和维护能力。

➢加快创新非接触服务。加快网点无介质建设，以手机银行为线上线下融合的关键枢纽，推进线上开户、线上办卡申请、线上预约等服务，扩大网点周边生态圈建设，为客户提供免卡免证、线上线下一体化服务。

➢推进远程服务价值升级。坚持数字化、共享化、集团化、国际化思路，继续推进远程银行中心转型升级；丰富集约维护、精准营销、风险监测等业务场景，进一步增强价值创造能力。

☐ 加快构建新型运营服务体系

纵深推进集约运营体系改革

➢稳步有序实施标准业务上收：下半年分批次将16家分行、23大类标准业务集中上收至总行中心统一运营；各行要安排好人员工作对接，并同步做好人员转岗安排，推动人力资源逐步释放。

➢提升集约运营中心运作效能：加大金融科技应用和平台智能化改造力度，力争年内精简40%的人工录入和专业处理量，节省外包运营成本，减少人员占用。

全面构建线上线下一体化运营服务体系

➢加强管理机制建设：建立完备有效的线上线下一体化运营管理机制，统一运营流程建设标准。

➢加强服务过程管理：着重做好内外部业务流程的跟踪监测、分析评价和运营保障，确保客户订单和物流服务的管理精细化、规范化。

➢加强应用场景拓展：加快推进信用卡、贵金属、个人贷款等场景的投产试点和业务推广，年内基本完成复杂业务场景的线上化改造。

3.3　加强风险防控

3.3.1　关于信贷质量管理

坚持“未雨绸缪、见微知著、亡羊补牢、举一反三”，按照“主动防、智能控、全面管”原则，实施“分池、分区、分块”七彩池立体智能信贷风险防控，加大不良资产处置力度，切实把好“入口、闸口、出口”三道口，努力夯实信贷资产质量。

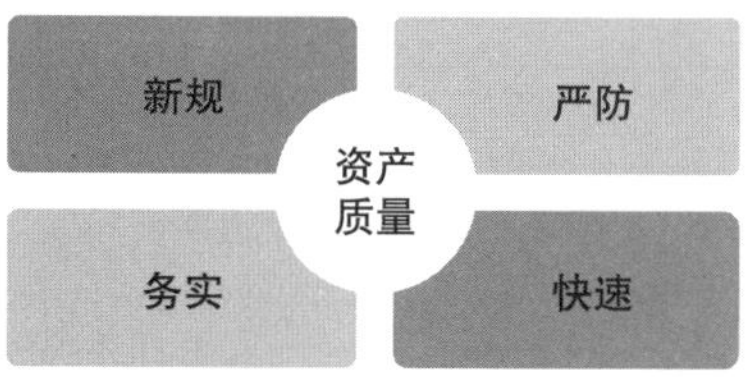

☐ 管控措施

➢新规：有序推进授信审批新规落地实施

核心内容

框架不变，细化优化。

√ 优化工作模式：优化前中台作业模式、精简审议机构，合并债项审议审批环节、加强联防联控。

√ 落实全流程责任：落实好前台经营主责任人制度、夯实中台审查责任、明确审议委员、审批人责任、落实考核与激励机制。

√ 完善监督制衡机制：扩充队伍，避免审批权过于集中、建立审结机制、完善回避机制。

总体安排

兼顾原则性和灵活性，不搞“一刀切”；分步实施、有序推进。

√ 加强领导，统筹推进。总行已成立新规实施领导小组。各行一把手作为第一责任人，要全面负责本行新规实施落地，不折不扣执行好各项工作部署，把握进度节奏，解决困难问题。各行要专题研究、专题部署，明确分工，责任到人。

√ 分步分类、分批实施。总行6月底已开始运行，分行分三批推进。第一批上海、重庆、广东、四川、吉林、大连、宁波、厦门8家分行在9月底前实施。年底前实施第二批，明年3月底前实施第三批。确有困难的，可适当延期，最晚明年6月底前全部实施。

√ 做好配套，确保效果。总行各相关部门要守好“责任田”，按照职能分工做好新规各项配套制度修订、差异化转授权、GCMS系统改造等工作，保障新规顺利实施。

落实要点

√ 合理确定经营主责任人。

√ 配足配强委员和审批人。

➢ 严防：防范重点领域风险，保持全行资产质量平稳可控

重点大户

10亿元以上大户中：

√ ××个法人大户、××亿元融资已出现违约现象，即我行融资月末逾期欠息、非标违约、行外交叉违约、公开市场债券违约、计息日违约且与各行逐户核对确有风险。

√ ××个法人大户、××亿元融资存在一定的风险隐患，即集团内大部分企业纳入潜在风险、因经营困难调整分期还款计划、成立了债委会或是总分行排查发现的其他风险。

重点产品

防范受疫情影响较大的重点产品风险，如由于个人收入下降导致的银行卡和个人贷款风险、贸易融资风险。

重点行业

上半年境内公司不良贷款增加额较大比例来自服务业，延期还本付息额也明显超过其他板块，除商贸流通领域风险较高外，工业与商业物业、住宿、人工旅游等与长期持有型物业融资经营相关的领域，均面临经营现金流硬缺口，预计仍是风险集中领域。

重点机构

√ 境内机构：深潜贷款中，重庆、青岛、宁夏等分行，以及受海外疫情影响较大的工银租赁和专项融资

部，后续劣变压力较大。

境外机构：潜在风险融资余额 83 亿美元，较年初增加 47 亿美元。工银亚洲、工银澳门和纽约分行持续承压。

➢ 务实：以“延期还本付息订正不良贷款”的方式充分暴露风险

实施延期还本付息政策，虽然延缓了风险暴露时间，且目前未明显表现出违约特征，但潜在压力仍然较大，有可能呈现出区域性、系统性、集中暴露。

√ 要提早谋划，纳入不良贷款管理，在财务上及早准备，应对未来的不确定性。

√ 要在充分反映资产质量实际的基础上，有序消化存量风险，体现资产质量管控的前瞻性、精准性、联动性和持续性。

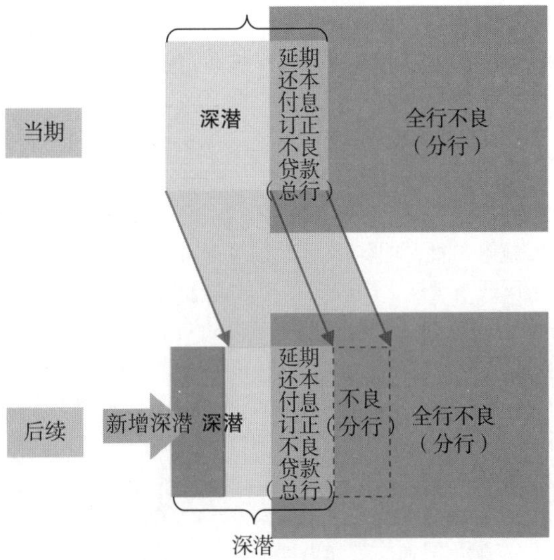

延期还本付息订正认定标准

✓ 将账面未逾期欠息，但调整过结息周期、存在还本付息困难等其他实质性风险的贷款纳入“延期还本付息订正不良贷款”。

✓ 后续结合客户风险监测、识别情况，动态调整分类标准，及时将受疫情影响且有实质风险的贷款纳入“延期还本付息订正不良贷款”管理。

延期还本付息订正调整标准（账面计入不良）

✓ 通过一段时间的观察（原则上不超过下一个还款期），对于无法恢复正常还本付息的。

✓ 客户在同业融资中已部分或全部劣变。

✓ 监管部门或内外审要求纳入不良贷款，或存在违规风险。

✓ 存在其他已实质劣变的风险。

➢ 快速：加大不良贷款处置力度

在疫情等不利因素仍在持续、不良资产批量转让市场尚未完全恢复的情况下，全行不良贷款处置任务较年初增加××亿元，各行要做好不良处置人员安排和标的准备。

√ 加快优化处置结构。提高常规清收占比、提升常规清收质效。强化不良贷款经营理念，向不良资产要效益。

√ 加强总分行协作，推动大额债务重组项目。主动介入重组方案制定过程，加强与地方政府、法院、破产管理人及企业的沟通，全力维护我行权益。

√ 提高核销资源统筹使用效果，加强常规核销储备。有序解决大额及长账龄大户、假按揭等历史遗留问题，加大境外分行和子公司核销处置力度。强化项目储备，实现应核尽核。

√ 抓住处置新政策机遇。力争完成银行个人批量转让首单，有效探索扩宽不良贷款处置渠道。

➢ 依法合规处置不良贷款，防止道德风险

缓释客户要符合国家政策导向及监管规定：

√ 目前能够维持经营，延本延息能够帮助企业逐步恢复生产经营，扭转暂时的经营困难。

√ 债委会各债权人一致行动，他行没有贷款劣变等。

√ 既要对普惠贷款应延尽延、做好与其他中小微企业协商延期还本付息工作，又要防止风险贷款搭便车和道德风险。

√ 认真履职，及时全面开展尽职调查工作。

√ 尽职追索，最大限度保全我行债权。

√ 合理估值，充分论证处置价格公允性。

√ 压实责任，落实处置全流程合规履职。

3.3.2　关于合规与案防工作

深入开展“制度治理年”主题活动，有效遏制案件频发、陈案抬头态势，确保实现“一确保两压降”的目标。

□上半年境内操作风险损失和三类案件有所增加，案防形势依然严峻

	指标	2020H1	同比	目标值
HRS监管指标	案件风险率（百万分点）	××	××↓	××
	操作风险损失率（万分点）	××	××↑	××

	指标		2020H1	2019H1	同比增幅
操作风险损失	集团口径（亿元）		××	××	××%↓
		境内（亿元）	××	××	××%↑
		境外（亿元）	××	××	××%↓
	法人口径（亿元）		××	××	××%↑

	指标		2020H1	2019H1	同比增幅
案件情况	合计	数量（件）	××	×	××%↑
		金额（亿元）	××	××	××%↑
	一、二类案件	数量（件）	××	××	××%↓
		金额（亿元）	××	××	-××%↓
	三类案件	数量（件）	××	0	↑
		规模（亿元）	××	0	↑

√ 多年积留的大额败诉案件集中执结，上半年执结千万元以上的案件××件、金额××亿元，占集团操作风险损失总额的××%。

√ 陈案新案并发，部分机构频发。上半年报告案件××件，其中陈案×件、××亿元（占案件总额的××%）；涉案机构中内蒙古、广西、云南、福建连续发案。

√ 三个领域案件和风险事件突出：信贷领域××件（占比××%）、××亿元（占比××%）；侵犯客户资金类××件（占比××%）、××万元（占比××%）。客户信息类仍屡禁不止，上半年报告×件。

□需要关注的风险点

“假”，以借款人主体、交易资料、抵押物、公积金数据、受托支付虚假为主要特征。

“新”，手法已成为防范侵犯客户资金的痛点。近年来，直接利用系统漏洞作案减少，但通过脱离业务流程监控，利用银行员工身份、营业场所盗窃、侵占、挪用客户资金等新手法作案的案件有所增加。

“弱”，法纪意识弱，突破法律底线，对侵犯公民信息安全，参与电信诈骗、为洗钱犯罪团伙违规开立对公结算账户等明知故犯，屡禁不止。

“大”，基层管理者涉案，往往涉案金额大、破坏力巨大。上半年，涉及二级分行部门负责人、二级支行行长作案×件，金额××万元（占一二类案件的××%）。

监管保持“严”的态势

✓ 处罚重，上半年，我行被监管处罚××万元，同比增长××%；刚颁布的《银行保险机构涉刑案件管理办法》已明确，将对“机构+责任人”双罚。

✓ 连续性强，紧盯案件不放，对迟报、漏报、瞒报加重处罚。

➢ 监管保持“严”的态势

√ 处罚重，上半年，我行被监管处罚××万元，同比增长××%；刚颁布的《银行保险机构涉刑案件管理办法》已明确，将对“机构+责任人”双罚。

√ 连续性强，紧盯案件不放，对迟报、漏报、瞒报加重处罚。

□ 下半年工作措施

√ 扛责任，各行要落实主体责任，加强员工行为管理，管好“关键少数”，推动“9+X”体系下责任认定工作落地。

√ 治重点，落实“四项专项行动 两项强化措施”。开展诉讼赔偿专项治理，信贷、个金、结现等条线要着力开展违规担保、员工违规民间借贷、挪用资金等问题治理。严守“监管红线”，对信贷、外汇、中间业务收入、支付结算、理财资管等领域，要前瞻评估风险，以评促改，以评追责。

√ 盯关键，信贷领域，中台要切实履行好“真实性”审查职责，强化对“真实性”调查尽职履责的监督；要加强与政府系统互联，强化信息交叉验证，深化对业务主体、背景、财务报表、抵押权证、受托支付凭证的“识假、防假、治假”。防范侵占客户资金领域，要加大现场管理、岗位制衡，尤其要防范利用智能机具等新型违规手段。客户信息安全领域，要强化警示教育、排查监控。

√ 建“两化”，各级行要落实员工异常行为排查“网格化、智能化”管控体系要求，加强核实与处置。各级管理者作为网格单元格长，要切实承担排查直接责任，确保履职到位。

➢ 加强业务运营安全管理

加快运营风险智能管控体系建设，提升智能化管控水平。

√ 构建科学有效的制度体系和部门协作机制。要加快建立运营风险智能管控制度，明确职责、流程和规范，建立智能风控管理协作机制，全面提升风险揭示—核实—控制的质量效率。

√ 全面加强运行风险监控中心的能力建设。要优化中心组织架构和功能设置，全面提高风险监测甄别、质量管理、评估分析、创新发展等方面能力，不得随意撤并整合现有风控中心；加快建立一支熟悉前后台流程、善用数据挖掘、具备较强分析能力的人才队伍。

√ 全面完成运营风险监控新旧模式转换，做好岗位设置、人员安排和新旧体系衔接过渡。

➢ 扎实推进电信网络新型违法犯罪专项治理，打赢单位账户质量专项治理之战

√ 确保实现企业银行结算账户“零涉案”目标。各行要落实账户专项治理工作组织推动机制，强化开户管理、风险账户管控、考核问责，确保新开账户不再涉案。

√ 强化主体责任落实，确保账户管控措施落到实处。各级行主要负责人要切实对本行结算账户质量管理负起责任；营销部门要严格落实新开账户 100% 实地尽职调查和回访制度，确保客户身份与经营背景持续真实、合规、有效；内控部门要切实落实账户管理全过程的监督检查和责任追究。

√ 切实建立质量导向型单位账户长效管理机制，以及绩效考核机制，推动我行单位结算账户持续健康发展。

追根溯源　标本兼治
坚决打好防范化解案件风险攻坚战

——在 2020 年全行案防工作会议上的讲话

谷　澍

（2020 年 8 月 27 日）

全行案防形势依然严峻。总行召开这次案防工作会议，就是要求各级管理者认清当前案防形势，直面问题，以强烈的责任感、有效的执行力，坚决打好防范化解案件风险攻坚战。下面，我讲三点意见。

一、关于当前案防形势

年初，总行党委明确“一个确保、两个压降”管控目标，要求确保案件风险率控制在监管目标值内、压降信贷领域案件、压降重大案件和风险事件。前 7 个月，全行案件和风险事件 × 件、涉案金额 × 亿元。其中，信贷领域 × 件，包括亿元以上案件、风险事件各 × 件。案件风险率百万分之 ×，业内案件涉案金额离控制线只剩 × 亿元。上半年我行案件数量、涉案金额均超过可比银行。目前来看，案防形势有以下特点。

（一）重点领域案件隐患仍突出。前 7 个月的案件和风险事件集中在三个领域：一是信贷（含信用卡）领域。主要表现为内外部人员以伪造印章、抵押权证、借款主体等虚假资料骗取我行信贷资金。去年贸易融资、个人住房类贷款的违法放贷案居多，而今年以来外部骗贷案凸显，主要涉及个人住房按揭、小微企业贷款，多为陈案暴露。二是侵占挪用客户资金领域。通过连续的重点领域风险治理、印章综合改革等举措，员工直接利用系统漏洞挪用客户资金作案有所减少；新的情况是，网点客户经理、客服经理、运营主管脱离业务流程监控，利用银行员工身份，通过现金不入账方式，或以推荐理财产品等为由，代客户保管支付介质、代客操作，或利用营业场所、智能机具、现场管理不到位等进行作案。三是个人客户信息领域。目前电信网络诈骗、侵犯公民个人信息犯罪已形成黑色产业链，以“流水线”作业方式，由一人搜集全量信息到多人分别搜集信息，犯罪团伙再组合出售。我行这方面也有涉及。

（二）案件和风险事件暴发触点多。公安侦查、监察调查、监管督查、国家审计移送、扫黑除恶还有媒体报道等都牵出相关案件。2019 年以来，我行案件和风险事件 60% 为外部触发，呈现出扫黑除恶牵出违法放贷案件、涉众事件舆情发酵倒逼确认案件、司法公开信息引发陈案确认等新特征。如果内部控制和合规管理薄弱，“外部揭示案件增多”趋势会长期存在。此外，以“机构或客户未发生资金损失、员工个人行为、涉案员工已离职”为由撤案的做法，监管机构已明文规定不允许。比如 2019 年以来的案件和风险事件中，我行涉案员工已离职的 × 件、涉案金额 × 万元。

7 月 1 日，银保监会施行了《银行保险机构涉刑案件管理办法》，要求银行案件调查、问责上提一级，重大案件调查提至总行；案件问责上追一级，重大案件问责上追两级，机构与条线双线问责，对一年内发生两起以上案件的有责人员加重问责。2019 年以来，全行因案件被监管处罚 × 笔，其中机构 × 笔、× 万元，个人 × 笔、× 万元。警告处分 × 人，上至省行副行长。被取消任职资格 × 人，分别为二级分行、一级支行行长。2017—2020 年二季度，监管点名通报我行 × 家分行，通报的案防问题集中在信贷、信用卡、挪用资金领域。

监管对案防问题密切关注，对案件管理持续从严，逐案督查、逢案必罚、信息公开。

二、剖析问题根源，深刻反思案件高发频发原因

去年8月案防工作会议以来，全行保持案防高压态势，坚持强基固本一体推进，案防工作取得一定成效。信管、授信、个金等部门排查存量业务抵质押虚假风险，设立“反信贷欺诈”审查专岗，开展系统交叉验证工作，推进个贷业务处理中心专业化、集中化运营。运管部门梳理内部账户风险隐患，推进内部账务核算体系建设。人力部门推进关键岗位系统功能升级，加强专项考核评价。管信部门全面梳理个人客户信息存储和应用系统，完善管理机制。个金、运管、网金等部门持续开展非现场监测。这些案防措施深入推进，层层落实，值得肯定。但也应当看到，全行仍然没有根本扭转案件和风险事件多发的局面，有些机构响应执行不力、深刻反思不透、吸取教训不够、举一反三不足。刚才5家分行和相关部门结合发生的典型案件进行了发言。安排分行发言不是要分行行长作检讨，而是因为发生的案件有一定代表性，分行行长们的认识也比较深刻。通过会议交流，举一反三，要从以下五个方面吸取教训。

（一）部分基层机构风险意识淡薄，案防工作不力。一是经营价值观扭曲，思想偏差导致行为偏差。这一点刚才5家分行行长的发言都提到了。如××分行汇报的信用卡案，案发原因之一就是未树立正确的业绩观。该行银行卡中心原管理层都是些年轻干部，有工作的冲动和热情，但是在想出成绩的同时没有树立正确的业绩观，在强调发展的同时没有树立合规风险意识。有的认为案件小概率“不算事”，以机构整体业绩好掩饰案件损失问题。还有一些机构案防讲得多、行动不足，存在形式主义。如××分行梁某某案，在同一网点出现同一人代理办理30多笔大额定期存单提前支取，虽然手续、流程合规，但显然不合理，对如此明显的问题视而不见，这不是形式主义是什么？二是案防管理基础薄弱。如2015年以来，1家分行累计发案9件，2家分行均发案6件，4家二级分行连续发案，暴露出案防责任悬空，制度防线失守，人员渎职妄为、违法乱纪，管理者失察失管，员工、营业场所管理失控。三是案件处置不力。有的监管沟通不到位，层级上升、消耗精力；有的追赃挽损不足，造成重大损失；有的衍生声誉风险，处置压力倍增。

（二）信贷领域内外勾结，识假防假能力不足。前7个月，×家分行发生信贷、信用卡领域案件和风险事件×件，作案时间在3年前的×件，占比接近70%，潜伏期最长8年。主要表现为：一是内外勾结，收好处为虚假贷款开道。个别支行行长、二级分行部门负责人、一级分行部门员工和借款人或中介人员通谋，帮助那些财务报表造假、法定代表人征信失信、贷款用途不合规、质押物不足值的“问题”客户获得贷款，甚至连借新还旧“作假”都一帮到底。××支行案件就是一个典型。对此，特别是小微企业贷款业务，一方面要落实支持实体经济要求，另一方面要加强风险防控，包括防范道德风险。二是防假、识假能力不足。因产品风控缺陷、系统联网不直接、信息不对称、操作不规范等因素未能识别假客户、假财报、假合同、假发票、假“流水”、假权证。××支行贷款被骗案就是这种情况。外部人员利用不动产登记机构信息未联网出现的信息不对称，虚增房屋面积，一房多售，蒙蔽了个人贷款客户和银行。正面的例子也有，××分行个贷中心直联市不动产登记中心信息系统，马上发现抵押权证造假问题，揭示出外部人员伪造权证，擅自注销抵押登记等涉嫌贷款诈骗行为。三是不良贷款处置后暴露案件风险。有的违规贷款给第三方去化解不良贷款，第三方不能偿还到期贷款告银行违法放贷而被立案侦查。××支行、××支行发生的涉嫌违法发放贷款案都是不当化解风险的典型案例。有的贷款交易背景、财务数据虚假，劣变后转让给资产管理公司，原借款人以超低价格买回，“违法放贷—不良转让—借款人回购”整个过程都有银行同一员工身影。如××支行的案件就是这种情况。

（三）控制有缺陷、系统有漏洞。特别是挪用资金类案件反映出的问题。一是制度不完善、系统不联动、流程有断点、执行不到位。一些分行的代理财政集中支付、代收等分行特色业务，存在制度、系统设计缺陷，涉及多方当事人的业务信息缺乏内在钩稽核对控制；还有分行的批量代发业务，存在代发工资、个人定期存单业务流程有缺陷。代理业务传输系统有漏洞，制作批量加密文件控制措施不力。二是网点现场管理薄弱。网点负责人、现场管理人员失职，对员工违规行为习以为常，不予制止纠正，以习惯代替制度，以信任代替监督。整体来说，全行的业务流程及系统控制是比较完善的。前几年此类案件作案人对业务流程、系统的研究还是比较深的，从今年此类案件的作案手法来看，在业务流程中，利用系统等作案越来越难，有些案件之所以发生，就是因为直接截留现金不入账，手法极其简单粗暴，授权、复核岗位制衡都没有发挥控制作用。三是对监测到的异常交易核查处置不落实。比如最近，××银保监局给××分行的《行政处罚事先告知书》指出：对作案员工大额资金转账、代理支取存单业务触发监测模型等明显异常未能有效识别和管控。风险监测要进一步增强案防敏感性，对预警风险要核实处置到位。

（四）岗位制衡缺位，异常行为管控不足。一是业务处理“一手清”，轮岗制度执行不到位。近3年有多件案件和风险事件反映出关键岗位轮换不到位的问题。如××分行作案人邵某某长达13年1人从事网点同城票据交换经办、复核和主机记账。总行组织自查发现，

全行网点负责人中约×名超期未轮岗，部分客服经理长期在同一网点从事实物票据交换、代理财政支付等岗位未轮岗。二是对员工异常行为缺乏案防敏感性。案件调查往往能发现一些员工异常行为，如账户资金往来或交易异常、过度消费、高风险投资、沉迷网络赌博等，出现资金困难或亏损，就拆东墙补西墙，诱发作案动机，但员工的管理者缺乏敏感性，对此熟视无睹。如××支行客服经理万某以个人名义向亲友及社会人群，以口口相传方式吸收大量资金，用于民间借贷牟利长达八年，其网点负责人缺乏敏感性，没有发现，没有过问阻止。再如，××支行胡某曾被列入异常行为人员名单，并给予行政警告处分，但未能持续关注，2017 年 7 月支行将其移出该名单。而胡某自 2016 年 10 月涉嫌挪用客户资金、参与民间借贷直到 2019 年案发。

（五）客户信息安全领域教育传导漏损，警示效力衰减。该领域既触碰社会公众敏感神经，更是法律“禁区”。侵犯公民个人信息 50 条，违法所得 5 000 元，公安机关即可立案侦查。5 年来，总行多措并举加强防控，三令五申警示通报，但仍有屡禁不止行为。2017 年以来仍发案×件，涉及 4 家分行，×名员工被立案侦查或判刑。部分网点员工无依据查询客户账户余额或交易明细，单日查询频率超出一般业务需求的问题仍然突出。

三、切实扛起责任，坚决打赢防范化解案件风险攻坚战

面对严峻案防形势，全行要坚持以习近平新时代中国特色社会主义思想为指导，以“管住人、看住钱、扎牢制度防火墙”为根本遵循，贯彻落实总行党委“48 字”工作思路，自觉接受银保监会监管和驻工行派驻纪检组监督，坚持无禁区、全覆盖、零容忍，坚持重遏制、强高压、长震慑，坚决守住案件风险率监管目标，压降重大案件和风险事件。

（一）各级管理者要坚持“一岗双责”，履行好第一责任。落实好案防责任，各级机构、部门负责人必须心中有、嘴里念、眼睛盯、手上做，率先垂范，亲力亲为，改善案防环境、落实案防措施。特别是“一把手”要履行好案防“第一责任”，统筹好市场拓展和风险管理，确保绩效激励到位和风险管理责任到位有机结合。这一点讲起来容易，但一些机构负责人考虑问题比较简单。如××分行银行卡业务部信用卡案是自查发现的，省行仅通过对一张报表数据的分析，就发现了异常，省行负责人敏感性高，排查发现了不法行为。为什么上级管理者可以看出问题，所在机构就看不出？反映出的是案防意识、案防履职责任上的差异。“一把手”要亲自主持，开好开实开透案防形势分析会；要落实机构主要负责人案防履职述职，分管（协管）行长、条线部门负责人接受质询，新任职管理人员案防履职谈话机制。网点负责人要切实履行网点内控案防第一责任人职责，要有高度的案防警觉，对业务异常表现、员工异常行为、营业办公场所异常变化、客户异常到访等保持职业敏感。要用好我行“案防直通车”动态信息，警钟长鸣；坚持服务为民，做好客户回访，开展金融消费者安全教育和保护，借力客户监督。

（二）三道防线协同、多级机构联动，增强案防执行力。各级业务部门要守土有责，担起“条”的管理责任。一道防线要坚决守住风险第一道关口。要对照《案件风险列表》，针对归口统计的案件，做好业务剖析和案件风险评估，针对业务策略、管理模式、制度规定、流程设计、系统控制和机制建设中的案件隐患，正本清源、标本兼治。要主动加固系统硬控、系统联控、信息交叉验证，落实“一道防线解决 90% 问题”。二道防线要强化再监督、协同控险和追究违规失职，逐案监督落实条线风险管理责任；强化岗位制衡、授信审批、限额管理、授权审批、系统控制、监督检查、异常行为排查。三道防线要发挥好独立监督作用，做好专项审计，监督解决体制、机制方面的深层次问题。

各级机构要守土尽责，扛起“块”的管理重担。尤其是各一级（直属）分行、二级分行要突出一级抓一级。今后，从总行做起，各级机构分管行长部署工作均要讲案防、管风险。一级（直属）分行案防要做深、做透。要确保银保监会《关于预防银行业保险业从业人员金融违法犯罪的指导意见》《银行保险机构涉刑案件管理办法》和总行《案防工作规定》传导、执行到位，从经营理念、体制机制、干部任用、市场策略、客户准入、管理模式、制度执行等方面全方位确保案防责任在辖内有效落实；主动对照总行《刑法（节选）读本》，举一反三评估和盯住案件风险；下沉一级督导分支机构开好案防形势分析会；辅导案发机构“一案一闭环”管理；下管一级案防重点监控行整改。

二级分行案防要做细、做强。制度的生命力在于执行，执行和监督过程都要坚持实质重于形式。要敢于揭示风险，及时解决问题，切实消除隐患；案件处置中，要落实“控人控钱控风险”，稳妥安全办案，避免发生案件处置的次生风险，避免成为系统性风险导火索；做好监管汇报，减少监管行政处罚。

基层支行案防要做宽、做实。做到机构、员工、业务、客户、风险全面了解、全覆盖，案防不留死角盲区。要实实在在防微杜渐，绝不让简单问题积累成复杂矛盾，绝不让违规行为演化成违法犯罪。

（三）深化案件高发领域专项行动，增强案防穿透力。

首先，要遏制信贷领域案件高发。要深刻领会违法发放贷款罪的刑法规定，切实遵守商业银行法对贷款规则的要求，识假防假，预防违法放贷、骗贷、职务侵占和受贿等案件。要紧扣“治假”强化全流程履职与监

督，严格尽职调查，建设防假反假体系，加强交叉验证，把住准入关。当前，特别是普惠金融业务领域要重点关注这方面风险。要强化信贷反欺诈岗履职，完善“真实性”审查机制。要深化个贷专业化、集中化运营改革，确保借款人、首付、交易行为、抵押物、抵押手续“五真实”到位。截至7月末，我行开办个贷业务的344个城市中，已有199个可在线核验抵押，要不断推进与不动产登记部门的系统直联，应联尽联、应核尽核，最大限度确保抵押真实有效。要落实信用卡“亲访亲签”，将间客式信用卡分期业务模式转型为直客式，并全面纳入总行系统规范管理。不良贷款处置要更精细、更精准，防范案件风险。

其次，要围堵侵占挪用资金案件。确保银行资金和客户资金安全，是“看住钱”最为直接的任务之一。全行要对侵占挪用资金类案件实施整体围堵策略。一要重点保护财政、军队、社保资金权益。各行要指定分管运行管理的副行长负责，对代理集中支付、代理非税收缴等分行特色业务开展一次全面检查。总行已制定了代理地方财政集中支付业务三种治理方案，各行要结合本行实际加快改造。针对全行在1670、2360科目重点内部账户中核算的九大类分行特色业务，总行已印发方案，各分行要高度重视，确定本行具体方案并分类实施改造。针对分行特色现金代理收款业务，各行要对照总行整治要点，集中开展梳理排查，把工作落实好，把风险防控住。二要强化系统信息联动控制，按照四位一体新模式，组织内部账务核算，实现业务驱动账务、资金进销匹配，避免内部账户成为资金挪用的通道。各业务部门要梳理本条线业务系统，有序实现内外部系统信息交互和校验控制，确保业务源头交易指令可溯，资金流与信息流匹配，提升风险流程控制能力。三要紧盯印章、凭证、协议、支付介质等要素管控，强化柜面、自助设备、智能机器和POS机具等渠道控制，增强异常交易监测核实，规范营业办公场所现场管理，确保产品推荐、业务处理合规，做到线上线下一体管控。

最后，要打击侵犯公民个人信息犯罪。保护公民个人信息安全是打造可信赖银行的基石。作为国有商业银行，要积极配合公安机关坚决打击侵犯公民个人信息犯罪、电信网络诈骗犯罪。要严格按照“知所必需，最小授权”原则强化管理，持续开展非现场监测与排查，对异常的查询行为要能及时发现。要面向所有接触客户信息的员工持续开展警示教育，用刑法警戒人，用案例教育人，坚决守住法律底线。要加快推进相关系统功能改造，管理信息部牵头，各相关业务部门要梳理其主管系统可能涉及的个人客户信息泄露风险隐患，细致做好信息屏蔽、脱敏，强化授权控制和系统硬控制。同时，不要忽略业务交易长期不用、个人客户信息查询功能未关闭的系统，该关闭的要尽快关闭，务必要把该类漏洞及时堵住。

（四）强化人员管理和案件问责，增强案防威慑力。所有案件都和人相关。要坚持全面从严治党从严治行，贯彻落实银保监会《银行业金融机构从业人员行为管理指引》，强化从业人员履职监督，强化人员管理和队伍建设，做实关键岗位轮换，优化岗位目录和轮岗方式，强化不相容职务分离控制，实施系统提示轮岗、突击轮岗、百分百轮岗，刚性控制系统操作密码，杜绝“一手清”作案。

要抓紧构建员工异常行为“网格化智能化”管控体系。要推行“网格化”管理模式，充分发挥6万名管理者“格长”的履职作用。要运用“智能化”管理手段和工具。总行、一级（直属）分行各部门要积极探索信息监测、指标监测、模型监测，提供排查线索，驱动和支持格长排查履职。各级行要掌握好58种异常行为识别标准、落实好“格长负责制”，早发现、早识别、早核实、早处置，遏制异常行为演化为违规行为，减少违规行为恶化为违法犯罪，保护员工职业生涯安全。

要做好案件追责。一要及时问责。严格执行监管规定，限时问责、限期结案，不能按期处理的要提前请示得到监管延期许可。二要严肃问责。依规依纪按程序处理责任人，组织处理与行政处分都要到位，确保惩戒的严肃性。三要有效问责。该点名通报的点名通报，切实发挥警示教育作用，避免同一领域和环节发生同类案件。

同志们，案防既关乎全行稳健发展与基业长青，也关乎每一名管理者、员工职业生涯的安全与成长，责任重大！让我们共同努力，坚决打好打赢防范化解案件风险攻坚战！

高标准、高质量做好管理信息工作

——在2020年管理信息重点工作推进会议上的讲话

谷 澍

（2020年9月3日）

这次会议的主要任务是，认真贯彻落实全行2020年年中工作会议精神，总结上次全行管理信息工作会议以来的主要工作，分析当前面临的形势，研究部署未来一段时期重点工作任务。下面，我讲三方面意见。

一、管理信息为全行转型发展作出了积极贡献

近两年，全行管理信息部门深入贯彻落实总行党委“48字”工作思路和各项工作部署，抓基础、建平台、推应用、促融合，突出数据服务主线，坚守监管底线和红线，扎实推进数据管理向业务系统延伸、数据服务向基层延伸，在数据管理与应用、统计、征信、资讯等领域为全行重点战略落地和数字化转型作出了积极贡献，网讯平台、管理层驾驶舱、大数据服务云等数据服务领先同业，值得充分肯定。

（一）强化数据管理与应用，开启大数据2.0时代。在以企业级数据仓库（EDW）为核心的大数据1.0基础上，全行建成了以数据湖、数据仓库和集团信息库“一湖两库”为核心的大数据服务云数据体系，领先同业进入了大数据2.0时代，在数据资源层、数据服务层和数据应用层建设上都取得了显著进展。

一是完善数据资源层，夯实了“全、快、准”的数据基础。基本实现各业务系统数据全入湖，累计向数据湖迁移境内外机构及行外数据表2.9万张，数据全面性、完整性、多样性显著增强。数据供给时效性大幅提升，通用查询和灵活查询效率分别提升10倍和50倍。实现对基础信息标准、主要业务指标信息标准的全覆盖，集团基础信息标准超过2 400项，指标信息标准突破10万项。重点领域数据质量明显改善。

二是优化数据服务层，全行大数据共享与服务水平明显提升。建立了大数据资产视图，实现数据资源“一图尽览”。客户贡献计量精度明显提升，实现新版客户贡献在MOVA、PBMS等主要业务系统的应用。总分行共同推动数据服务基层，着力向二级分行及以下机构扩充数据查询用户，发布数据查询模板6 378个。统筹协调，整合共享，逐步建立和完善外部数据采集和大数据对外合作管理制度。

三是深化数据应用层，围绕场景化应用推进数据与业务融合。管信、个金、公司、机构等部门在客户画像建设应用领域，个金部、结现部、管信部在精准营销活动领域，风险部、运管部、信管部在大数据风险监测与管控领域，渠道部、网金部在线上线下营销渠道协同与管理领域，资负部在数据驱动产品创新与定价领域，运管部、渠道部在运营优化与提升领域，内控部、内审局在监管合规与审计领域深入推进大数据智能应用，都取得显著成效。数据分析产品落地应用方面，连续两年推进50余项高价值数据分析产品在基层行落地应用，打造了“长尾客户唤醒与提升模型”“高端客户挖潜模型”等一批典型模型。另外，通过组织全行分析师开展“跨专业、进阶式”培训、举办数据分析建模大赛、完善数据分析师队伍管理办法等措施，强化了数据挖掘分析在各分行、各业务领域的应用。

（二）完善“一核两翼”统计管理体系，统计自动化与信息服务水平进一步提升。全行统计系统不断升级，形成以全球统计信息系统（GSIS）为核心统计生产系统，通过管理层驾驶舱、统计分析系统（AIS）展示分析应用的统计管理体系。GSIS底层数据向云平台迁移，民营经济、制造业贷款等一批关注度高的统计报表实现自动化，顺利完成信用卡资产数据下划分行工作；压降手工统计报表数量，总行部室布置的境内专业手工统计报表全部取消；52家境外机构、综合化子公司总账数据做到在管理层驾驶舱T+2日展现。同时紧密配合总行战略实施，在管理层驾驶舱上已展现99张同业报表，增设外汇业务专栏、重点区域日报，实现普惠贷款相关报表按日展现，为各级行领导了解最新经营情况、同业动态提供了有力支持。疫情期间总行和境内外机构全体统计人员协同奋战，通过远程办公环境，确保如期完成监管统计报送任务。

在顺利完成监管统计报送任务基础上，重点提升监管基础数据质量。以银保监会监管标准化数据（EAST）稽核调查为契机，管信部、科技部会同22个业务部门积极落实EAST新规范要求，高效投产EAST监测分析平台；各业务部门开展业务规则梳理与数据核验，积极进行业务系统改造，推动全行开展空值字段数据补录和

问题数据治理。同时，制定监管统计基础数据源质量管理办法，牵住重点统计标识管理这个“牛鼻子”，开展业务系统源头数据治理。

（三）筑牢征信合规管理基础，保障客户权益。健全征信合规管理应用体系，覆盖了信息报送、查询应用、异议处理、用户管理等征信应用管理全流程各环节。加强系统建设，投产征信授权书OCR识别校验功能，建立征信异常查询行为监测、预警及阻断模型，实现主要业务系统禁止打印、复制、无业务背景查询个人征信报告。清理关停4 000余个非必需的人行征信系统查询用户。顺利完成全行50余个业务应用一、二代征信系统查询功能切换。

主动做好客户征信权益保障工作。对受疫情影响发生逾期的客户征信信息进行主动纠改，紧急投产了征信逾期报送过滤功能。截至2020年7月末，全行实施征信纠改共计142.15万户（人），有效落实了监管要求。在全行投产网银与手机银行查询个人与企业征信报告功能，在部分分行试点投产网点智能终端查询个人征信报告服务，提升用户体验。

另外，完善全行个人客户信息安全管理机制，印发个人客户信息安全管理办法。开展“遏制侵犯个人信息案件”专项行动，针对个人客户信息泄露风险点，强化主机可查询个人客户信息相关交易的授权控制。

（四）充分发挥网讯宣传阵地作用，资讯信息应用成效突出。今年恰逢网讯投产20周年。20年间，网讯不断升级，成为我行信息量最大、覆盖面最广、传播速度最快的主要宣传渠道，发挥了集团行务信息统一平台、业务系统统一导航、内外部信息统一搜索的重要作用，打破了信息流动的“部门墙”“机构壁”；实现了总分行“1+X”站点群信息互联互通，积极传导总行最新工作部署，共享各行工作经验。年初以来迅速上线“众志成城 抗击疫情”主题策划栏目，及时推出了“学习贯彻‘48字’工作思路”等专题报道。

今年也是资讯投产10周年。资讯平台已集成了工商信息库、项目信息库等十余个高价值商务信息数据库，是我行值得深入挖掘的信息“金矿”。“e企查”挖掘整合了工商注册信息、对公客户信息等信息资源，提供企业信息查询及验证服务，月均查询量已超过80万人次，是去年同期的4倍；定期及时推出国内重大项目信息，通过网讯“项目推介”栏目为营销人员提供信息支持。

各分行管理信息部门积极落实总行工作部署，各项工作进展顺利。北京、广东、浙江、河北、上海、贵州6家分行管理信息工作总体成效突出。

取得这样的成绩，是各级行党委领导和各相关部门大力支持的结果，更是各级管理信息部门共同奋斗的结果。

二、面临的形势和挑战

（一）深刻理解数据作为新型生产要素的重大意义。自2014年以来，“大数据”连续六年进入国务院政府工作报告。党中央、国务院提出了实施大数据战略，出台了《促进大数据发展行动纲要》等发展规划，并在2020年4月发布的《关于构建更加完善的要素市场化配置体制机制的意见》中，明确提出了数据作为一种新型生产要素，与土地、劳动力、资本、技术共同构成要素市场化改革的重要内容。大数据、5G、区块链等新技术和业务解决方案无缝衔接融合，正在成为加快银行数字化转型发展的新型引擎，国内外同业纷纷将大数据作为竞争客户资源的利器。在2020年年中工作会议上，总行党委明确提出“要构建数字化发展新模式。抓住国家要素市场建设机遇，充分发挥数据作为生产要素的作用，在产品创新、精准营销、精细运营、智能风控等领域推进数字化变革，提升数据资源价值创造力。”

（二）“强监管、严监管”对监管统计、征信信息安全工作提出更高要求。银行统计与监管进入了大数据时代。近年来，金融监管数据采集粒度逐步下沉，在以往报表、指标报送基础上不断加大明细数据的采集，有的还需要银行进一步完善业务制度、系统。从2015年开始，原银监会要求各银行报送监管标准化（EAST）数据。2018年以来，银保监会已经连续两年对各家银行进行稽核调查。人民银行去年成立了金融基础数据中心，今年7月又印发了《关于建立金融基础数据统计制度的通知》，从9月开始对主要金融工具和全部银行机构实行标准化逐笔全量统计，校验规则超过2 300条，数据采集量很大，质量标准要求更高。对比监管要求，我行还存在部分基础数据源字段缺失、空值率高、校验规则通不过等质量问题。监管部门掌握了银行几乎全量的明细数据后，可以构建模型，从多角度对我行业务进行分析和校验，各类科目错用、标识错误和各业务系统数据不统一等问题以及其他不合规问题都会被发现。银保监会银行检查局明确表示，该局所开展检查的一半问题线索来源于EAST模型。

在监管统计报送任务加重的同时，监管机构加大了执法检查力度。2019年以来，我行境内分支机构因企业大中小划型、个体工商户和小微企业主及农户身份、贷款行业分类、存款科目错用等基础业务系统标识错误方面的原因，累计被处罚金117.9万元。

在征信信息安全方面，人民银行对征信信息泄露零容忍，只要在众多应用系统中有一个环节管控不到位，就可能引发系统性违规问题。2019年以来，我行因征信工作违反相关规定被人民银行处罚20次，被处罚金263.7万元，涉及13家一级（直属）分行。这反映出我行部分专业和分行守好征信信息安全的“红线意识”

还不牢固，个别业务系统对征信信息应用的监控手段和处理机制还不完善。

（三）我行新时期发展战略和风控策略对管理信息工作提出新要求。近年来，党中央和国务院对商业银行服务实体经济，特别是在制造业和普惠金融方面提出了更高要求。贯彻党中央、国务院决策部署，落实总行党委构建“全球、全员、全程、全面、全新、全额”的风险管理要求，都需要在集团数据质量、应用与共享、数据安全等方面进一步加强。目前，我行数据治理还存在短板：境外机构、综合化子公司数据治理工作基础薄弱，外购业务系统较多，数据标准化和整合共享难度大；数据要素与业务融合有待加强，基层行普遍存在数据应用“最后一公里”的落地问题；全行精通业务与数据的人才不足，将数据分析成果转化为业务竞争优势还不够突出。

全行管理信息专业干部员工要准确把握内外部形势的变化，进一步增强责任感和使命感，主动抓住发展机遇。今年及未来一个时期，管理信息专业总体工作目标和思路是：深入贯彻党中央、国务院决策部署，落实总行党委“48字”工作思路，坚持问题导向、目标导向、结果导向，完善企业级数据资产管理体系，推进集团数据资源整合共享，促进数据与业务的全面深度融合，进一步提升监管统计数据质量、征信管理和资讯应用水平，为支持服务全行数字化发展作出新贡献。

三、高标准高质量做好未来一个时期管理信息重点工作

（一）抓好基础数据源头治理，加快提升监管数据质量。近年来，我行监管数据报送任务总体完成较好，但要高标准定位，既要守住底线，也要突出“比”的意识，实现监管数据质量评价同业排名领先。根据人民银行、银保监会要求，总行已经成立了金融基础数据统计领导小组、监管标准化数据报送工作领导小组及监管数据质量专项治理领导小组。管信部要进一步细化制度，积极组织协调，不断将统计管理向业务系统数据源头延伸，切实当做重点工作来抓。

一要严格落实监管统计基础数据源质量管理办法。各部门要按照“归口管理、规范录入、及时监控、限期整改”的原则，承担本条线监管统计基础数据源管理主体责任，将监管要求和内控规定嵌入到本专业制度、系统、流程之中；要做好录入环节和业务存续期内的信息维护，设立满足监管工作需要的专职或兼职岗位，及时开展本条线监管统计基础数据源的检查、监控、纠改。管信部要按人民银行要求，尽快制定我行《金融基础数据统计制度》，明确部门职责分工，与科技部稳步推进系统建设。各行基础数据源归口管理部门要加强对监管统计数据真实性的管控，在日常监控和业务检查中发现包括明细数据缺失及统计标识错误等问题，及时与同级管信部门沟通协商，达成一致后再进行修改。

二要组织开展监管数据质量专项治理工作。监管数据质量问题，实质上反映了我行业务管理制度是否规范、业务系统建设是否完善、业务系统日常维护是否到位的问题。管信部和科技部要发挥好“双牵头”作用，进一步扩充EAST数据校验规则库，建立EAST数据质量通报评价及跟踪机制，强化问题台账动态管理，着力解决字段缺失、空值率高、历史数据记录不规范、取数规则与实际情况不符等问题。根据监管部门近期反馈的EAST检查事实确认书，大部分问题集中在统计标识、字段缺失等方面，涉及的业务面较广，随着检查深入还会不断增加新的数据质量要求。一方面，要配合监管部门，及时、认真完成数据质量问题整改；另一方面，各业务部门要积极支持管理信息工作，认识到仅靠管信部无法解决这些数据质量问题，主动从业务系统源头解决统计标识、字段缺失等问题，自觉维护集团形象与声誉。信管、个金、公司等部门要与牵头部门共同做好稽核调查工作，开展本专业数据质量问题定位及原因分析，有针对性制定解决方案并尽快完成问题整改。各行要严格落实当地监管要求，明确EAST数据管理职责和报送机制流程，制定本行监管数据质量专项治理工作实施方案，确定实施路径和时间表，强化基础数据质量管控，开展统计数据质量检查和考核，加大问责力度。

三要健全数据治理认责机制及集团信息标准。将数据治理要求嵌入业务发展、系统建设、数据应用流程，丰富数据质量监控管理模型，推进数据共建、共维、共治、共享；做好我行信息标准与国标、行标对接，强化贯标和评估管理。各相关业务部门要明晰数据资产业务归属和数据问题责任主体，确保考核问责落实到位。业务研发中心和软件开发中心要配合做好信息标准新建、修订或废止工作。各行要开展业务需求和系统研发合标检查及系统合标改造等工作。

（二）进一步夯实基础，推进集团数据资源整合。

一要持续扩大数据供给与共享。建立统一开放的常态化数据入湖整合机制，开展数据资产盘点，制定企业级数据资产全生命周期管理流程，实现对原始数据、数据标准等各类数据资产的精细管理和及时发布。总行相关业务部门要在新系统或新功能建设中主动做好数据入湖和共享，涉及不共享和有限共享数据应及时报备。各行要积极做好分行租户数据开放共享和信息安全工作。各境外机构、子公司应结合当地法律和监管规定，推动本机构特色系统数据整合和管理。

二要补齐境外机构、子公司数据治理短板。境外监管机构对数据质量的要求很高，对当地银行的检查要求已延伸到了数据体系、机制、流程建设等方面，对我行境外机构特别是美国机构提出了较大挑战。管信部、国际部要下功夫做好境外机构数据治理工作，补齐短板。

结合当地实际情况，将境内机构成功的数据治理方法、平台、制度推广应用到境外机构和综合化子公司。摸清重点境外机构数据源现状，明确系统完善和数据治理需求。根据境外监管要求建立境外机构数据湖、数据仓库，依法合规做好数据整合共享。规范境外机构统计制度与流程，推动境外机构加强加总流程与业务制度建设，规范统计数据加总报送机制流程，制定覆盖辖内全量监管统计报表数据的《统计业务制度》和《报表操作流程手册》。各境外机构、子公司要参照总行各项制度要求，从机制、制度、流程、工具、管理等多方面发力，建立本机构数据质量治理体系；结合当地法律和监管规定，制定覆盖辖内全量监管统计报表数据的业务制度和操作手册。发布并推广本地信息标准，做好与总行信息标准对接。

三要升级数据服务平台。完善大数据 2.0 体系，构建数据资产全景视图，为数据资产管理、应用和运营提供“一站式”数据服务。搭建全行统一的企业级模型管理平台。优化完善 EBM，构建智能化、触发式、场景式、多渠道协同的智慧营销体系。整合人行金融基础数据、EAST 和综合统计数据，不断提升 GSIS 统计自动化水平与数据加总能力。加强非结构化信息智能分析，建立智能文档库、数字图片库、融合多媒体库。要打造企业级数据中台，建设共享数据服务区，实现基础数据、指标、标签、画像等公共数据资产的充分共享和动态维护，形成整合、开放的应用数据集。科技部和管信部要在数据中台顶层设计过程中统筹好、协同好，注重传承和发展多年来数据仓库的经验与成果，充分利用好已有的数据资产管理平台和数据资产视图。

（三）深化数据挖掘应用，促进数据与业务的深度融合。

一要重点围绕营销、风控、产品、运营、决策五大板块，开展数据智能化应用，结合具体业务场景，加强对全行战略与业务部门战术需求的支持力度。在智慧营销领域，结合客户的交易数据、消费数据、社交数据等行内外数据，持续丰富并完善潜在客户购买重点产品、低资产客户资产提升、高价值客户流失预警、产品交叉销售等机器学习模型，支持高效“获客、活客、黏客、提质”营销管理活动。在智能风控领域，推动大数据在智能反欺诈、反洗钱、智能风控、信用评估、违约风险预警、贷后风险监控、不良资产存量化解等方面的深化应用；研发大数据合规性监控和审计监测模型，提高合规审计效率和智能化水平。在精益管理领域，聚焦全景客户、重点客群、客户服务、营销管理等应用场景，进一步完善客户标签体系、客户贡献体系和客户资金流知识图谱，丰富重点客群画像建设与应用。在渠道运营领域，持续优化客户、产品、渠道（C－P－C）营销管理策略，为客户提供全方位、多层次的金融服务，提升客户体验和满意度。在产品创新领域，基于客户贡献、产品贡献、客户洞察和行为特征，对客户实施差异化的定价策略，提高对客户个性化需求和差异化风险偏好掌握能力，构建数据驱动的智能金融产品运营体系。个金、机构、普惠、私银、贵金属、票据等部门要承担好总行级数据产品的业务牵头职能，明确营销方案、业务目标、资源配置，加强数据产品与配套业务流程、系统的衔接，实现数据分析成果“入系统、进流程”。

各行要主动谋划，结合重点领域，充分挖掘大数据价值，积极探索数据智能化应用模式，协同总行做好长尾客户唤醒与提升、中高端个人客户流失预警及挽留等拳头数据产品落地应用，加强上下联动，强化推动落实，配套部署具有地方特色的产品和活动，定期总结成果，提升应用成效。重点城市行要发挥数据应用先锋队的作用，把数据产品作为提升核心竞争力的重要手段，积极推动无管户客户定期存款到期资金承接、手机银行动户率提升、跨境客户群体价值提升等数据模型落地应用。京津冀、长三角、粤港澳大湾区、成渝等重点区域分行要用好全行各类数据信息资源和成熟数据产品，依托总行开发的全量资金流向模型和 EBM 系统，强化跨区域资金信息共享，服务区域联动营销、风险联控等重点工作，支持全行重点区域竞争力提升战略。

二要进一步加强与政府合作，依法合规共享公共数据。加大外部数据引入力度，通过政务、公共数据依法合规共享推进与行内信息整合，加强工商、税务、社保、医保等场景应用，支持业务发展，统计、掌握各行银政数据合作应用情况。京津冀、上海、珠三角等分行要利用“国家大数据综合试验区”优势，加强与当地大数据局对接，做好政务数据开放对接，开展银政数据合作应用。海南分行要以自由贸易港建设契机，加快推进银政数据合作应用。各行要充分认识到银政数据对接的重要性和对我们获取客户信息、加强客户营销的积极作用，各分行管理信息部门要提高银政数据主动对接的意识，积极创造条件，尽快和当地大数据局做好银政数据对接，做好政务数据积累，加强政务数据应用。

三要扩大网讯资讯信息应用效果。网讯是一个很好的宣传平台，深受各级行特别是基层行员工的关注。要继续围绕中心工作发挥网讯宣传平台作用，及时报道、共享集团各机构的工作成绩、亮点。推动网讯资讯全方位升级，对展示页面进行统一设计、优化布局，对采编后台实施整体管理、一体化运营，实现信息一次采集、全网应用、自动标签、统一搜索。加强外购信息集中采购管理，坚持外购项目专家小组集中评议机制，进一步丰富信息来源，整合企业舆情信息、关联信息。各行要充分利用全行网讯“1＋X”互联互通功能，共享集团信息，及时应用子站点升级版本。

（四）强化征信合规管理，健全个人客户信息安全管理机制。客户信息安全特别是征信信息安全事关重大。目前，客户保护个人信息及隐私的意识很强，稍有纰漏就可能对我行造成重大损失和声誉风险。

一要常抓不懈做好征信合规管理，严守合规红线。银行卡、个金、普惠、信管等征信信息应用部门及分行要尽快全面梳理涉及征信信息查询的相关业务系统，确保所有可触发征信信息查询的功能均严格落实征信管控要求，通过必要的流程控制、技防措施确保征信查询业务背景真实，对查询前授权合规性进行有效核验。各行要牢固树立征信合规红线意识，重点强化授权合规性、用户报备及异议处理等监管处罚重点的管理。

二要落实好遏制侵犯个人信息案件专项行动。在持续开展个人客户信息安全保护宣传教育的基础上，要着力加强个人客户信息查询的系统“硬控制”。一是加强各业务系统信息安全“人防＋技防”建设。个金、银行卡、普惠、渠道等部门要严格按照《个人客户信息安全管理办法》，在本专业系统中落实好客户敏感信息脱敏、系统展现信息禁止复制打印、用户异常查询行为监控等管理和控制措施；网金部要加快改造电子银行内管系统，消除个人客户信息泄露的风险隐患。二是强化主机个人客户信息查询交易授权控制。运管部要会同个金、银行卡和网金等部门深入全面梳理主机中涉及个人客户信息的各项交易，完善授权控制和异常查询监测，对目前“一手清”查询个人客户信息的牡丹卡信息查询、司法协助冻结查询、身份信息核实3项交易加强管控，增加必要的介质或授权控制；进一步查清能够查询个人客户信息的其他渠道，按照“知所必需、最小授权”的原则进行关停或加强管理。三是在各类业务制度中要明确对个人客户信息安全的管理要求，健全教育培训、监督检查和应急处置机制。

三要持续推进疫情常态化防控下的客户征信权益保护。落实国家延长中小微企业延期还本付息政策有效期对征信工作的要求，避免产生不良信息报送征信系统，继续推进完善自助渠道查询个人和企业征信报告项目。信管部、普惠部要会同管信部做好中小微企业延期还本付息业务处理；渠道部、网金部、科技部要配合管信部，完善自助渠道查询个人和企业征信报告功能，指导分行推广相关服务。各行要高度重视疫情相关客户征信投诉或异议，指导业务发生机构积极受理、准确甄别客户身份，确认符合监管和总行相关政策后及时处理。对于客户有关信息误报送征信系统的情况，要加快进行纠改。

四要做好征信数据质量评价相关工作。借助二代征信报送程序即将投产契机，完善征信信息数据治理制度，规范数据报送程序、管理机制，明确出错数据纠改流程，实现二代征信数据报送程序在同业中首批切换，全面提升征信数据质量。信管、公司、普惠、票据、个金、银行卡等部门要确保我行接入二代征信系统的各类信贷业务信息准确、完整。各行要落实客户经理责任，务必确保法人客户身份主键信息采集录入，并按照《企业征信异议处理工作管理办法》，明确责任，规范流程，对于征信报送校验发现的问题数据限期纠改补报。

（五）进一步抓好队伍建设。加快管理信息专业化人才队伍建设，不断优化队伍年龄结构、知识结构、专业结构。强化作风建设，弘扬奉献精神，树立严谨、精细的专业精神。

要进一步健全数据分析师科学化、制度化、体系化人才培养机制，确保数据分析师队伍覆盖主要业务部门及二级分行以上机构。总行相关部门要充分调动本专业条线数据分析师积极性，管好、用好本部门数据分析师人才。各行要高度重视数据分析师专业人才队伍培养，加强数据分析师人力资源配置，通过课程培训、在岗实践等多种方式为数据分析师提供更多的交流、培训等机会，不断提升人才队伍的理论水平和实践本领。

要做好统计人员的转型与人员补充工作。金融统计事业正迈入大数据时代，统计人员要在做好传统报表统计的同时，适应金融基础数据统计工作的新要求，更新知识结构，学习数据挖掘分析技术工具，用好“一核两翼”和“一湖两库”，提高金融统计能力和分析服务水平。各分行、各部门也要大力支持，及时调配、补充人员。

同志们，今后一个时期管理信息条线任务艰巨繁重。全行管理信息部门要紧紧围绕总行党委战略部署，以更加昂扬的斗志、饱满的热情、务实的作风，加快推进各项重点工作，为全行转型发展作出更大的贡献。

把握机遇　凝心聚力
全力推进 GBC 工作落地实施

——在全行 GBC 工作会议上的讲话

谷　澍

（2020 年 9 月 23 日）

GBC 工作是一项重要的基础性工作，对全行转型发展意义重大。前期总行已印发 GBC 工作方案，对 37 个重点场景落地提出了工作要求。今天我们召开全行 GBC 工作会议，目的就是要让各行进一步提高认识、加快行动、营造声势、重点突破，全力推动工作落地。下面我谈几点意见。

一、找准路径，扎实推进，确保 GBC 工作取得实效

GBC 工作是总行党委为顺应社会资金循环流转规律，构建金融服务生态圈，巩固壮大客户基础所作出的重要决策。各行要全面推进 37 个重点场景落地实施，使这项工作在全行转型发展中发挥出更大的基础性、支撑性作用。具体实施过程中，要找准路径、找准重点，掌握好以下方式方法：

一是紧跟重点领域改革，掌握营销主动权。GBC 工作多个场景与国家重点领域改革密切相关，受改革影响相关市场将面临重新洗牌，全行要紧跟改革步伐，借助场景建设提前做好营销工作。要善于谋篇布局、抢占合作先机。以社保场景为例，目前养老保险全国统筹改革正处于方案起草和论证阶段，将于明年正式启动。改革一旦实施，中央调剂金比例会逐年提升，原本分散在市县级的养老保险基金将逐步向省级和中央汇聚，最终实现养老基金全国统收统支，将对现有银社合作模式和市场格局产生深远影响。下一步，要以全国统筹为核心推进社保场景建设，北京分行要全力配合总行争取人社部社保全国统筹信息系统合作建设资格，各行要根据人社部要求和总行部署，做好地方各级系统对接工作，同时，要乘胜追击，打好省级养老统筹账户营销收官战。已中标省级统筹账户的 19 家分行要积极引导改革进度，加快资金归集；未招标的四川、内蒙古、河南、吉林、湖北五家分行，要全力以赴，确保统筹账户落户我行。要善于因势利导、打破固有格局。以“三农”场景为例，年初以来全行抓住农村集体产权改革契机，以农村三资管理平台为抓手全力推进场景建设，打通了从农业农村部门三资监管源头向广大农村集体组织、村办企业、村民客群的辐射通道，目前已同 460 家区县级农业农村部门达成合作，成功锁定 8.3 万个村集体客户。河北、河南、陕西、四川、广西、黑龙江、贵州等分行落地客户数位居前列，为全行打造了样板。根据时间计划，2021 年底前全国改革要基本完成。下一步，要将现有农村三资管理平台全面升级为工农 e 家数字乡村综合服务平台，把“三农”场景作为我行精准服务农村市场的“落脚点”、整合产品输出的“主渠道”、助力乡村振兴的“金名片”，快速打破目前相对固化的市场格局，建立起我行服务农村市场的综合金融生态。要善于抢抓机遇、提升服务价值。以资源交易场景为例，年底前全国公共资源交易领域要全面实施电子化交易，有利于我行借此争取账户合作和资金沉淀，拓展 B 端投标企业，同时带动相关融资业务发展。全行要以智慧招标平台为依托，以线上化电子保函服务为重点，营销各地公共资源交易中心。海南分行前期搭建线上电子化平台对接海南省土地矿产网上交易系统，预计可带来 60 亿元日均存款；深圳分行在全行率先上线电子保函业务，保函余额快速突破 20 亿元，中收超过千万元，做法值得肯定。

二是抓住关键环节，占据合作制高点。推动 GBC 各项场景落地取得实效，要在关键处落子，以点带面，牵引全局大势。要拿下关键资格。以医保场景为例，年初以来我行全力竞争医保省级清算银行合作资格，在已完成招标的 9 个省市中，山东、浙江、重庆、贵州、吉林、安徽、福建、青海 8 家分行成功中标，地区覆盖率达 89%，居同业第一。其中，山东、浙江两家分行，通过医保清算合作，开辟了一条有别于传统资源投入的银医合作新路径，已成功拓展各级定点药店 2.4 万家，与 577 家医院建立了合作关系，覆盖 9 000 多万参保个人。未开展招标的 22 个地区，相关分行要提前做好营销公关和投标准备工作，全力竞争合作资格。要推广关键产品。以医疗场景为例，此次疫情推动了互联网医院和在线诊疗服务的快速发展，国家也在政策层面要求年底前二级以上医院要普遍建立预约诊疗制度、建立完善预约诊疗服务平台。全行要以智慧医疗开放平台为核心

推动医疗场景建设，有效解决长期以来医疗领域缺乏产品抓手、客户合作黏度低和投入成本较高的问题，发挥我行“科技研发+市场运营”优势，为各级医管部门、医疗机构提供“超市化”服务，实现市场快速切入、客户深度绑定。目前，北京、青岛、贵州、陕西、四川、河南、新疆、甘肃等分行已在试点中取得成效。下一步，要加快试点进程，全面落地，把医疗场景做实、做深、做透。要对接关键需求。以军队工程建设场景为例，我行把握军队代建工程信息化、社会化、规范化建设的新需求，有效整合社会服务资源，推出军队代建工程资金监控系统。江苏、广东分行率先落地，成功营销某部代建专户，实现对下游B端建筑企业和C端代发工资户的联动营销，为全行树立了标杆。下一步，全行要结合军队客户需求特点，不断丰富代建服务模式，持续加快平台复制推广，进一步提升服务口碑，巩固扩大市场占比。

三是下好“长远棋”，培育未来发展新动能。当前全行面临的经营形势依然复杂，必须立足长远，在潜力领域布好局，为转型发展蓄好能。要深耕厚植潜力领域。以教育培训场景为例，市场目前约有培训机构70多万家，年培训费用近2万亿元并以每年10%以上速度增长。前期，我行把握教育部门强化教培机构监管契机，业内首家推出教培资金监管平台，目前已经与300多家区县级教委达成合作。其中，四川分行抓住四川省作为全国教培机构监管唯一试点省份机会，与省教育厅签署全面合作协议，率先对接我行平台，带动90%的教培机构和家长选择工商银行缴纳教培资金。下一步，全行要加快推广上线，纳入更多B端教培机构，引流更多C端客户。同时，可将资金监管扩展到所有预付费场景。目前北京分行正在积极配合朝阳区金融局和市场监管局，计划对全区主要预付费行业开展预付资金监管，这也为全行打造了合作样板。要借力突破薄弱环节。以农民工工资监管场景为例，国家高度重视拖欠农民工工资问题，我行以此为切入点，推出农民工工资监管发放系统、智慧工地等系列产品，在满足主管部门需求的同时，提升了我行在建筑工程行业的竞争力。目前已新增建工代发单位5 000余家。其中，湖北分行启动“助农安薪”专项行动，持续加强与地方政府，以及人社厅、住建厅等部门合作，并在拓户方面取得了良好成效。

四是紧盯客户流，做轻做多做优场景。有效的场景必须能引来用户，用户来了才有可能转变为客户，产生价值贡献。要下大力气做好场景客户引流，实现客户“引得来留得住、既获客又活客”。场景入口要轻。以宗教场景为例，我行通过云部署、免开发、轻入口的宗教云平台，精准聚焦宗教主管部门、宗教场所和信众的线上服务需求。目前已成功拓展宗教事务管理部门100余家，宗教客户1 000余家，覆盖300多万个人客户。下一步，全行要参照浙江、苏州、福建、河北、广东、辽宁、宁波、厦门等分行的成功经验，不断提升场景获客成效。线上触点要多。以互联网平台对接场景为例，客户对银行的线上化金融服务需求日益迫切，目前嵌入我行金融API服务的客户数量已超过5 000户，但与我行庞大的对公客户数量相比，线上服务触点的客户引流作用发挥得远远不够。要通过场景建设，强化与核心客户的平台合作，不断通过搭场景、建生态、扩用户，输出我行金融产品服务，快速拓展线上服务触点。客户体验要优。以政务平台建设场景为例，宁夏分行支持自治区政府推出的“我的宁夏”政务APP平台，现已对接30个厅局，上线近700项可办事项和3 200余项可查事项。目前，该APP累计注册个人用户480万人，占全区常住人口的70%，法人用户3.6万余家，累计办件量60余万件，得到当地政府和群众的一致好评。

五是紧盯资金流，提升资金闭环管理能力。要善于把握资金流动范围、重点、比例、流向，以全局视角解决资金流通各环节“漏损”问题，让客户往来资金最大限度在我行内部封闭运行。要抓牢资金源。以财政资金支付场景为例，围绕财政国库资金流主线，立足“工银e政务”核心平台，兼顾做大流量与做优流向，提升资金行内留存比例。今年以来，全行承接各级财政国库集中支付资金1.21万亿元，较去年同期增加100亿元。其中，北京、江苏、云南、天津、吉林、河北、辽宁等分行积极对接财政等源头部门，加强协同联动、突出创新引领，在场景建设方面取得良好成效。下一步，全行要把握财政支付电子化改革向市县推广的有利契机，围绕“工银e政务”平台提升综合服务能力，发挥源头合作优势做好下游营销拓户。以地方债场景为例，全行在持续做好地方债承销发行服务的同时，要积极开展债券配套金融服务和债券关联项目营销，围绕债券资金流向，做好资金承接和闭环管理。如贵州分行通过“国库—预算单位—公司账户”的全流程跟踪，今年已撬动下游新增客户115个，承接专项债资金108亿元。要留住“过路钱”。以政法案款管理场景为例，要以诉讼费、案款、非法集资司法冻结资金管理作为撬动银法业务合作的主要抓手，推动各级法院机构拓户工作。如北京分行成功完成百亿元“e租宝”案款资金归集和发还工作，我行C端承接资金近50亿元；浙江分行承担“龙炎案”债权确认、涉案资金发还工作，可为我行拓展24万融e联客户和个人客户，全部19亿元案款资金将在我行闭环管理。要降低付息率。以工会场景为例，通过工会经费管理平台加强对各级总工会客户的科技赋能，在客户资金流转过程中实现了“无感增存”，同时降低了我行付息成本。广东、湖南、大连等分行将各级总工会经费收缴、分拨、支付、补助等环节固定在我行账户体系内，以较低付息水平沉淀了大量“过路”资金。要用好“追踪器”。各行要依托GBC客户资金闭环管理系统，深度分析客户资金流转规律，筛选潜在重点目标客户，有针对性地开展精准营销。前期，吉林分行通过资金闭环系统，成功挖转他行存款1亿元；天津分行借助关联关系营销75家目标客户，新增存款3亿元。

六是紧盯信息流，用好全量场景数据。要充分挖掘、广泛利用GBC场景全量信息，为全行产品创新、精准营销、辅助决策、风险管理提供强大支撑。要做好行业信息流的直接利用。以司法拍卖场景为例，通过将我行金融服务对接诉讼资产拍卖信息，上线仅一年即为我行带来近7亿元的客户保证金流水、超5 000万元的住房按揭贷款。下一步，各行要利用我行为法院客户提供网络司法询价的数据优势，对各级法院开展针对性营销，并通过融e购“法拍贷”功能，提升贷款人线上服务体验。要做好交易信息流的衍生运营。以房产交易场景为例，通过直连国土住建部门不动产登记系统，掌握交易信息数据，在助力防范贷款风险的同时，丰富了获客增存渠道。仅浙江分行，今年累计监管交易额已超210亿元。下一步，各行要积极参与G端政府部门平台建设，加强B端房地产开发企业系统互联，加强C端个人金融产品创新，提升场景价值贡献。要做好政务信息流的拓展运用。以小微客户线上融资场景为例，我行可基于小微企业税务、工商、社保等政务信息流，提供线上信用贷款服务，支持普惠金融的精准实施。目前，全行线上小微融资业务增量已突破2 000亿元，客户增量突破15万户，业务增幅领先同业。广东分行在今年线上“广交会”创新推出专属融资产品组合“广交贷”，为近3 000户企业授信超过50亿元，累计发放6.7亿元贷款。下一步，各行要基于政务信息流，进一步发掘场景效能，创新产品和融资方案，不断拓宽普惠金融服务触达面。

二、问题导向，多措并举，推动GBC工作再上新台阶

从前期试点情况看，各行快速行动、先行先试，GBC工作成果初显，但是距离构建起“一点接入，全集团响应，全流程服务的GBC全链条营销服务体系”的要求，还有较大差距。推动GBC工作全面落地，还面临着许多制约和困难。客观上讲，GBC工作涉及业务场景多、专业面宽、客户互联互通系统性强，协调推进的工作难度确实比较大。主观上讲，我们的经营理念、工作思路、方式方法还没有完全跟上社会资金循环流转新趋势的要求，在体制机制上还存在一些不适应。现在距离年底还有3个多月，要抓紧时间，全力以赴，快马加鞭，围绕“做精业务、做优客户、做强市场”的目标，全行要确保实现37个场景全部落地；每家分行要确保17个总行级重点场景全部落地，其他20个场景落地70%以上；全行各场景合作客户市场占比均要做到同业第一。为实现上述目标，各行要解决好以下几个问题：

一是解决好整体规划问题。GBC工作是一项全行性的系统工程，涉及的业务场景多、相关专业多、客户类型多、服务需求多，对总行的顶层设计能力、分行的统筹执行能力均提出了高标要求。以往以条线为主、各自推动的模式，虽然取得了一定成效，但由于缺乏整体规划，实施路线不够清晰，落实责任不够明确，全行合力难以发挥，全链条营销服务体系尚未真正形成。鉴往而知今，推动这项工作必须坚持全行“一盘棋”，进行科学谋划和全面部署。总行近期已制订并下发了全行GBC工作方案，各行要结合本行实际统筹做好落实工作。要开动火车头。各行要成立统一领导小组，切实明确责任，立足GBC工作的战略定位与目标任务，定方向、出思路、抓落实，统筹资源投入与考核激励，加快推动各项工作落地。近期，深圳、山东、辽宁、河北、上海、青岛等23家分行已成立了工作小组。各行要对标本次会议要求，再研究、再部署、再行动。要绘好路线图。各行要在总行方案基础上，全面梳理业务现状，分析自身优势，把握竞争态势，形成符合本行业务实际的落地方案。目前北京、河南、福建、湖南、大连等20家分行已初步拟定了工作方案，要进一步优化调整，并在实践中检验成效；其他分行更要抓紧时间，迎头赶上。要耕好责任田。各行要落实好场景建设牵头责任制，牵头部门要对场景建设、组织推动、考核督导负总责；各支持保障部门要主动响应业务需求，科学配置资源，完善管理机制，提高保障能力。GBC工作考验着我们的精神状态、干事能力、工作作风。分行领导班子，特别是“一把手”要高度重视，当好发展理念的宣传员，战略计划的总司令，统筹推进的领航人，工作落实的铁钉子，真正推动工作落地实施。

二是解决好精准施策问题。近年来，全行持续推进经营转型和战略升级，但在业务推动、客户营销和内部精细化管理上仍有改进空间。客户精准营销难，对目标客户的分层分类不细，营销信息制导不准；重点场景推广难，对场景理解不够、应用不深，快速批量获客方法不足；考核激励穿透难，过程性、协同性指标不多，评价和激励机制不够。这些问题如果不能很好解决，将会使今后GBC工作事倍功半。全行必须在精准施策上出实招、在精准推进上下实功、在精准落地上见实效。要树立目标靶心。各行要全面梳理上下游目标客户清单，以全局视角建立多层级网格化营销图谱，确保每个场景都真正有人去盯、去促、去干。要推动标杆引领。各行要加紧重点业务布局，着力打造一批影响力大、带动力强、示范性高的GBC场景项目，及时总结经验做法，实现批量快速复制。要优化考核评价。统筹考虑CBC工作综合贡献，立足过程性指标，科学设定项目合作类、拓户增存类、产品渗透类、代发资格类等关键指

标。要按照“谁付出、谁受益”原则，将项目与团队人员业绩评价、费用配置、绩效奖励进行挂钩。要集中宣传造势。围绕我行服务国家战略助力重点领域改革、发挥国有金融重器作用、落实“六稳”“六保”要求，充分利用各种宣传渠道，打造并宣传好我行GBC工作品牌形象。

三是解决好协同联动问题。近年来，“以客户为中心”的经营理念虽深入人心，但在体制机制上还不能说完全破题。牵头营销“联而不动”，客户部门的统筹牵头作用局限于条线内部，多头营销格局在一定范围内仍然存在；数据信息“联而不通”，各条线营销信息封闭运行，共享程度仍然有限；产品组合“聚而不统”，营销推介停留在硬性捆绑阶段，一站式服务水平仍需提高。这些问题如果不能有效解决，将在很大程度上制约GBC工作的协同联动效果。全行要进一步强化全局意识，凝聚发展合力，打破思维惯性和传统路径依赖，通过加快创新突破困局、蹚出新路。要围绕牵头抓总，在客户统筹营销上开创新局面。各行要深入落实“机关服务基层、后台服务前台、全行服务客户”的理念，进一步强化营销条线统筹牵头、相关条线支持保障的“1+N”营销服务体系，从根本上改变现在“各自为战、分散用力”的局面，全面提升GBC落地成效。此前，河南、湖北分行机构部门牵头，个金、科技等部门密切配合，统一协调、步调一致，在全量客户拓展方面积累了宝贵经验，值得各行借鉴。要聚焦互联互通，在信息共享上取得新进展。要通过GBC客户资金闭环管理系统整合全行对公客群资金流信息，对接各条线相关业务系统，实现信息资源共享。各行要以此为基础，搭建前中后台信息沟通机制，做好市场、客户、产品、政策等信息共享和部门协同，提高营销效率，实现精准营销。要立足核心平台，在产品资源整合上实现新突破。各行要以客户需求为导向，立足场景核心平台，为客户提供“一站式、全产品、多场景”的综合服务。例如，上海、黑龙江、内蒙古分行通过工银e政务平台的一站式窗口，无感推介人力、党建等云产品，服务能力显著提升，受到客户广泛好评。各行要以此为例，进一步加快重点场景核心平台的推广力度。

四是解决好优化配置问题。近年来，全行在各相关业务领域的资源投入力度持续加大，但实际效果未达预期。财务资源投入不够平衡，还要进一步处理好长期收益与短期投入、客户整体贡献与部门利益的关系；科技资源匹配不够充分，还要进一步加快个别项目的研发进度；渠道资源匹配不够协调，还要进一步提升线上线下一体化运营能力。下一步，财务资源投入要聚焦重点。各行要算好“全行账”“长期账”“经济账”“整体账”，加强工作执行的定力、超前投入的意识和综合收益的思维，打破以条线划分资源配置的固有模式，将资源用在刀刃上，提高投入产出比。吉林、安徽等分行通过优化GBC项目财务审批流程，提高了审批效率；深圳、云南等分行给予人力、财务、科技等专项资源支持，配套相关费用，起到较好的激励效果。科技资源配置要强调时效。各行要建立GBC工作科技保障机制，充分调动科技资源，夯实研发基础，强化工程管理，全面支撑GBC各场景建设项目快速落地，对战略客户及重点项目要强势介入，持续推进系统功能迭代优化。渠道资源支持要全面发力。各行线上要抓好获客突围，充分利用对公网银、手机银行、第三方合作等渠道，实现我行金融产品和服务引流；线下要抓好网点转型，围绕“网点+”特色场景建设，实现社保、公积金、退役等政务服务以及普惠金融的落地承接。北京、广东、四川等分行将政务服务功能延伸至我行智能终端，在提高网点获客与场景变现能力的同时，为业务发展赋能，经验值得学习。

五是解决好坚守合规问题。合规经营是业务发展的“生命线”。当前全行严峻的案防形势给GBC工作带来较大压力，有些分行“主动防”意识淡薄，重业绩、轻风险，反映出博弈心态；有些分行“全面管”措施匮乏，业务流程监控脱节，现场监督执行不到位；有些分行“智能控”有待提升，大量账务手工处理，潜在风险较高。全行要把GBC场景建设和风险防控结合起来，切实做到懂合规、识风险、堵敞口、强管控。要绘制风险视图。要全面评估GBC工作辐射客户的资质和风险水平，强化对财政、社保、“三农”、教培等重点业务场景已知风险的动态监控和核心环节的风险预警，防止因跨专业、跨系统、跨机构造成信息不对称、操作不规范、风险不识别。要通过数据共享完善合规管理，严把客户准入，严控风险敞口。要强化流程管控。目前，GBC工作前中后台风险联防机制还存在一些薄弱环节。对于协同管理交叉多、客户覆盖链条长、产品功能融合强的业务，各行“三道防线”要发挥各自所长，彻底杜绝联动不联防现象，做到风险管理无死角、无盲区。要创新风控手段。充分利用科技手段主动加强对GBC各场景信息流、资金流的全程监测，提升资金划转和账务核算的自动化、直通式处理水平，切实扛起防范化解案件风险的主体责任。

同志们！道阻且长，行则将至。GBC工作是全行积极应对外部形势变化、落实重点战略的关键举措之一。全行要进一步增强奋斗精神和攻坚意志，以合作的思维、坚定的信念、统一的步伐、快速的行动，推动这项工作早日取得更大成效。

在全行旺季营销工作推动会议上的讲话

谷　澍

（2020 年 11 月 25 日）

今年以来，面对复杂多变的经营形势，全行个金条线认真贯彻落实总行党委决策部署，按照第一个人金融银行战略要求，围绕疫情防控、战略推进和经营发展统筹推动，各项工作取得了良好的成绩。

从前 9 个月的经营情况看，有几个特点。

一是市场地位稳中有进。储蓄存款的时点和日均增量超过主要竞争对手农行，储蓄存款和个人金融资产的增量都创历史新高。个人贷款和按揭贷款新增保持同业“双第一”，个人贷款与主要竞争对手建行的差距缩小至千亿量级以内。个金分润后中收继续保持同业第一，尤其是核心口径中收五年来首次实现了同业第一，信用卡中收同比增幅 3.4%，高于全行平均水平 2 个百分点。

二是营业贡献再创新高。零售营业贡献达到 1 964 亿元，在全行占比达到 51.71%，首次突破 50% 关口，同比提升了 5.43 个百分点。其中个金专业营业贡献 1 886亿元，占全行的 49%，发挥了对全行经营的压舱石和稳定器作用。

三是经营质态不断优化。经受住了经济下行和疫情冲击的双重考验，个人贷款和按揭贷款资产质量保持优良。个金和信用卡专业可比口径的投诉量，都实现了较大幅度的下降。

四是客户基础持续夯实。前 9 个月，全行个人客户总量达到 6.75 亿户，较年初净增 2 510 万户，增量实现同业第一。其中，月日均金融资产 5 万元以上客户达到 4 525 万户，较年初净增 222 万户，创近 3 年的新高。

五是经营转型稳步推进。在客户拓展上，通过工银 e 钱包加快探索线上获客，累计获客超过 2 700 万户。在客户维护上，加快新一代客户分层服务体系建设，智慧大脑服务方案实现了对全量客户的覆盖，累计服务客户超过 1 000 万人次。完成了极智体验一期工程，初步建立起了以客户反馈为导向的客户体验主动管理体系。同时，私私互动、GBC 联动、前后台联动也不断深化。

经营成绩的取得，是全行个金条线广大干部员工克服多重困难，顶住市场压力，积极转型创新得来的。在此我谨代表总行党委，向大家的辛勤工作表示衷心感谢！

接下来，我们还要面临更加激烈的竞争。既要一鼓作气，抢抓岁末年初有利时机，确保全年圆满收官和明年的良好开局；又要着眼长远，久久为功，通过夯实基础、加快转型，推动第一个人金融银行战略全面落地深耕。接下来宋高监还会就今年旺季营销做工作部署，请大家抓好落实，我重点就当前和未来一个时期全行个金业务值得关注的领域，再谈几点想法。

一、抓住客户基础这个关键，推动个金业务高质量发展

党的十九届五中全会以高质量发展为主题，对“十四五”规划和二〇三五年远景目标做了全面布局。个金业务也要回归本源，把握规律，坚持新发展理念，走高质量发展的道路。这既是服务构建新发展格局、推动经济社会高质量发展的客观要求，也是遵循个金业务发展规律、推动业务可持续发展、实现我们自身战略目标的内在需要。

围绕高质量发展，我们既要做大业务规模，对标同业持续提升市场竞争力；又要注重效益贡献，注重经营质态，提升综合贡献，补齐经营短板，抓好风险控制和合规经营；更要跳出个金抓个金，跳出指标抓指标，通过持之以恒地努力，夯实客户基础，推进经营转型，完善体制机制，逐步推动个金业务从外延式增长向内涵式发展转变，从粗放型增长向集约型发展转变。通过一个阶段的努力，最终实现市场竞争力最强、价值创造力最大、经营质态最优、品牌美誉度和客户满意度最佳的战略目标。

这当中，尤其要牢牢牵住客户基础这个“牛鼻子”。今年全行客户发展总体不错，客户增量保持同业领先，优质客户增量创三年新高。同时，通过品牌发布会、828 理财节、美好与共等多项主题营销活动，品牌美誉度进一步提升。但也要看到，客户基础的薄弱，仍然是我们经营中存在的突出问题。

接下来，一方面，抓住旺季这个有利时机，抓早、抓好源头客户和源头资金，持续做好具有旺季特征的代发、建工、拆迁、返乡务工人员、商户等重点客群拓展，做好对老龄、宝贝及其监护人客群，以及私人银行客户、金融资产 5 万元以上客户、财富提级潜力客户的营销拓展，实现旺季期间个人客户新增超过 1 350 万

户。另一方面，要着眼中长期，投入更多的精力和资源，推进客户维护基础性工程建设，加快构建全量客户维护体系。要做好智慧大脑的应用，建立各部门共商共用的协调机制，推动个金板块围绕客户画好同心圆。要做好极智体验工程、客户经理云工作室、智能外呼平台的推广，构建精准、高效的智能化客户维护体系，以良好的服务，赢得市场口碑和客户认同，为业务的高质量发展奠定基础。

二、量价协调，进一步提升个金业务的经营贡献

实现个金业务的高质量发展，要持续提升对全行经营的综合贡献，这是我们推进第一个人金融银行战略的最终目标，是分析个金业务发展状况的一个综合性指标，也是社会公众评价一家银行的重要参考。

今年以来，在复杂严峻的外部经营环境下，个金业务不仅在营业贡献上为全行的稳健经营发挥了重要作用，在具体业务上也实现了有力支撑。10月末，日均储蓄存款增量在全行一般性存款的增量占比达到67.6%，并通过对偏离度的有效控制，为全行存款业务的发展创造了回旋的余地。按揭贷款以0.27%的不良率和远低于全行平均水平的资本占用率，为全行资产质量稳定和资本节约作出了重要贡献。此外，个金板块的中收在全行的占比也达到了54%，保持在一半以上的水平。

接下来，个金业务还要在全行经营中承担更加重要的责任。随着居民财富的增长、资管新规的实施和金融监管的强化，社会资金向银行体系，尤其是向个人账户端回流回归的趋势明显，储蓄存款将继续成为全行主要的资金来源，个金中收对全行营业收入增长的支撑作用将进一步凸显。此外，随着明年对公信贷延期还本付息政策的到期，个人贷款对全行信贷资产质量的稳定作用也更加关键。因此，未来个金业务在全行经营发展中将扮演越来越重要的角色。全行要通过2~3年的努力，在保持我们对公业务优势的基础上，通过夯实基础、补齐短板，力争将零售业务的营业贡献占比提升并保持在全行的55%左右，为全行作出更大的综合贡献。

当然，要提高营业贡献，除了需要不断做大总量外，还要同步提升精细化管理水平，实现量价的协调发展，这也是个金业务高质量发展的题中之义。今年二、三季度，全行个金条线在储蓄存款付息率管理上全力以赴，加快活期创新产品和保本理财的压降，推动结构性存款降价，保持了二三季度储蓄存款付息率的稳定，并推动了三季度活期储蓄付息率环比下降7个基点。旺季营销期间，总行根据市场竞争形势，投入了一定的优势产品，为大家参与同业竞争、争揽资金提供支撑。但也要看到，不能简单依靠优势产品资源，还需要全行进一步明确目标，坚定信心，提高战斗力，每天进步一点点，推动储蓄存款的量价协调发展，这也是对全行工作作风和执行能力的考验。

今年个人贷款总体发展不错，与主要竞争对手的差距持续缩窄。但我们的贷款收益率，与同业相比还有提升空间。前9个月，全行个人贷款的执行利率是5.08%，落后于建行和中行。其中，按揭贷款新发放利率5.49%，比建行低3个基点。而包含了个人经营贷款在内的个人非住房贷款，前9个月执行利率为4.38%，排名同业第四。这当中有76%的贷款投放是普惠贷款，执行利率为4.23%，一定程度上影响了全口径个贷的利率水平。这是我们落实中央要求、发挥大行责任担当、支持复工复产应该采取的主动措施。但也要看到，我们在利率的风险收益精细化管理上还有提升的空间。

我们要在坚决贯彻落实国家调控要求和差别化住房信贷政策的前提下，根据信贷规模的总体状况，完善量价挂钩的分配机制，做好按揭收单、发放与储备之间的动态平衡。

三、促进消费市场健康发展，加快提升信用卡业务收入

今年前10个月，全行信用卡专业实现中间业务收入351.7亿元，增幅4%，高于全行平均增幅2.4个百分点，为全行中间业务收入保持第一，作出了很大贡献。但与建行相比，竞争态势越发严峻。前9个月，我们的信用卡中收落后建行72.2亿元，同比扩大18.6亿元。缺口主要体现在分期收入（差距60.5亿元）和线下消费的回佣收入（差距21.6亿元）上。这当中，既有疫情因素带来的影响，也更要看到，分期业务转型，以及消费总量落后和结构的差异，是导致我们与建行差距扩大的主要原因。我们要加快发展信用卡业务，一方面是按照五中全会的要求，促进消费市场健康发展，另一方面也需要尽快转型，缩小与同业的差距。

关于信用卡业务转型发展的方向思路，全行已经明确，关键是要统一思想，上下同心，把握旺季窗口，强化资源投入，狠抓贯彻落实，争取尽早见效，确保与建行的差距不再扩大。分期业务方面，一是加快直客业务队伍建设，深入推进分期付款向直客业务转型，并抓好“先收后支”佣金模式的落地，为市场拓展和中收增长奠定基础。二是抓好优势产品，实现业务快速上量，通过分期投放额增长带动当期分期收入的增长。三是对现金分期、账单分期等高收益产品，要加大推广力度，将价格优势转化收入优势。各行要根据当地市场环境和同业竞争情况，开展分地区、分阶段促销活动，逐渐摆脱对价格战的依赖，不以单一降价为营销手段，避免价格无感下浮，充分平衡好各期限各费率产品的增长，提升分期业务整体收益水平。消费业务方面，要加大资源投

入，做好“爱购”系列促销，做大跨行消费；同时狠抓绑卡，实现绑卡业务突破发展，促进消费规模增长转化为财务成果。收单业务方面，要努力提升高收单交易额、高回佣率、高回佣收入的“三高”商户占比，做大收单交易额，尽快扭转收单收入同比负增长的不利局面。获客方面，要持续改进客户服务，完善权益体系，促进刚性年费产品的推广，增加年费和基础结算类业务收入的增长。同时，这里强调一点，各行要注重收费的合法合规性，严格落实各项监管收费要求，严禁碰触监管红线。

对于个金中间业务收入，我就不再展开讲了。今年个金中收进步明显。希望全行能够继续保持良好状态，进一步夯实支付结算业务基础，加快代理业务经营模式转型，从以“自我为中心”转变为“以客户为中心”，加快权益类基金和期交保险增长，在为投资者创造价值中实现业务的快速发展。同时要抓住旺季营销的市场机遇，积极推动代理业务的区域均衡发展，加快打造第二梯队，为未来可持续发展夯实基础。

四、优化完善流程机制，走内涵式集约型的发展道路

个金业务要实现高质量发展，既要抓好指标，也要抓细节性、基础性问题的解决。重点是针对基层痛点，围绕产品支持、营销拓展、流程优化、机制完善等，做到上级服务下级、中后台服务前台，为基层减负赋能，让一线轻装上阵，走内涵式集约型的发展道路。

一是产品支持上，不仅要关注市场动态，提供契合客户需求的存款、贷款及其他各类金融产品，满足市场竞争的需要。同时，也要加强科技资源的投入，配强个金业务的研发力量，提高产品创新的响应速度，为一线抢抓市场做好赋能支撑。在产品和服务上，我们还有很多改进的地方。比如，我们的积分体系还缺乏一致性，要加快打通信用卡与借记卡的积分，打通不同的产品和区域，提升客户体验。再如，我们的外拓营销设备，体积还比较大，网络不够稳定，功能还不够强大，不利于支持基层行外拓营销的市场竞争。另外，营销费用怎么花，如何用到点子上，也要进一步思考研究。分行相关问题应该及时向总行反映，总行也要主动向基层了解情况，加快问题解决。

二是流程优化上，要加大业务集约运营的支持，持续推进个贷业务处理中心等建设，让一线营销人员有更多的时间、精力真正从事营销。要适应移动互联网发展趋势，加快推进业务的线上化、自动化、智能化处理水平，减轻基层行业务处理压力。要探索建立更加完善的存贷款定价授权机制，让基层行在营销中更加灵活自主。

三是完善机制上，要进一步为基层行减负赋能。比如，在今年旺季营销活动的考核上，重点选取了15项核心指标，分为吸金、客户和交易三个大类。这些指标，强调同业占比（排名），突出增量，强化对经营利润有贡献的核心指标，更加凝练精简、聚焦核心，让全行能更加清晰地理解并执行好总行的工作部署。再如，在报表上，前几年运管部做了很多工作，要继续挖潜力，更好地统筹各类管理工作，最大限度地减少一线的统计工作量，减轻基层网点的工作负担。

五、切实做好信用卡和个人贷款的风险防控

（一）强化信用卡业务风险防控。随着今年全行信用卡风险的有序释放，到9月末，信用卡专业的不良率3.18%，较年初上升0.84个百分点。与同业相比，我们还处于不利的地位，风险化解压力不小。

一要把好入口关，堵住新的出血点。要压实风险管理职责，守住不发生系统性、区域性重大风险的底线，统筹平衡好收益、市场和风险的关系。要优化优质客群的授信政策和业务流程，加快建立优质客户白名单库，确保客户准确识别、精准授信。要加快完善信用卡调查、审批机制，持续提升集约化调查审批管理质效，实现对信用风险的有效防控。

二要继续抓好风险资产的催收清收工作。总行已经在西安建立了一支1 400人的集中催收团队，年内将实现早中期逾期贷款催收的集约化运行，提升早中期逾期资产的回款额和回款率，降低逾期资产向后递延。各分行要积极配合，及时做好催收处置的衔接。要发挥好属地化催收效能，通过司法催收、上门催收、合作催收等方式，降低信贷成本占用。

三要持续加大不良资产的清收处置力度。做好现金清收、核销及不良资产证券化工作，提高不良贷款清收的主动性和针对性。要强化责任意识，将不良贷款清收责任落实到人，对于大额不良贷款，要指定相应级别领导挂帅，落实清收绩效统计及相应的奖惩制度。各行要加大不良资产处置力度，合规序时开展呆账核销和资产证券化工作。

（二）强化个人贷款的信用风险防控。个人贷款总体而言质量不错。通过上半年加快催收，到6月末实现了资产质量的好转，到10月末，个人贷款不良率已恢复至年初水平。但也要看到，我们对比同业还有差距。而且，今年以来个人贷款单边劣变额同比增幅超过了30%，上游劣变的闸口还处于较高水位。同时，新劣变贷款的回收率同比下降了10%，风险暴露加速等深层次矛盾依然突出。接下来，要在坚决堵住新增贷款出血点、防止病从口入的前提下，推动一、二道防线协同应对。

一要抓细逾期催收。在个贷新发生逾期后，要千方百计把欠款尽早催回来。对短期还款有困难、但信用较好的客户，要主动采取缓释措施化解风险。今年

99.2%宽限期到期的个贷业务都能正常还款，要会用、善用缓释方法。尤其是随着当前社会信用体系的逐步健全、大数据的应用，个人贷款出现违约会给客户自身带来很多影响，也为我们做好催收创造了有利条件。要加大催收力度，尽量不出现劣变。

二要抓实诉讼处置。个金条线和法律条线要紧密配合。个贷催收和诉讼处置要相互配合，以诉促谈、以诉促还、以诉促收。旺季营销期间，解决个贷风险的重要任务就是抓早、抓实个贷诉讼，借助司法震慑力控制个贷劣变的风险苗头。

三要保障处置资源。个贷和信用卡是受疫情影响最直接的专业，要适度加大对不良证券化和核销处置所需资源的支持力度，力争今年把资产质量问题解决得更好一些。

六、加强风险合规管理

岁末年初，不仅是资金和客户的旺季，也是风险的高发多发期，对我们的风险管理能力提出了更高的要求。全行在做好业务冲刺的同时，一定要绷紧风险防控这根弦。

（一）重点关注合规风险。个金板块是反洗钱链条中的重要环节。近两年来，反洗钱工作更加突出“一道防线”的主体责任，部分反洗钱中心的后台审核职责，将调整前移至业务部门。今年，个金板块还将新增个人客户涉敏业务审核、洗钱风险等级审核和尽职调查确认等工作职责。各行要保证风险和反洗钱岗位的人员配备，切实强化履职，防控实质风险。要特别加大对电信网络违法犯罪的防范力度，层层压实责任，落实各项工作措施。

（二）严防操作风险。要落实案防责任，加强对虚假按揭、批量代理业务资金挪用、客户经理飞单或盗取客户资金、个人客户信息泄露等重点领域操作风险和案件的防控，把住第一道风险关口，杜绝发生案件。要加强合规管理，重点聚焦客户身份识别、外汇合规管理、贷款资金用途管控、销售适当性、中间业务收费、催收与征信信息管理等违规行为高发领域，避免发生监管处罚。要严格做好尽职调查和开户管理，切实强化开户、电子银行开立及U盾发放等业务审核，阶段性采取高风险客户暂停开户、存量涉案账户管控等措施，坚决压降涉诈涉赌账户数量。

（三）做好消费者权益保护。要坚持“以人民为中心”的发展思想，落实好消保工作“一把手工程”要求，强化消费者权益保护。要持续开展客户投诉的根源治理，将客户诉求作为我行改善制度流程，提升客户体验的契机与抓手。将监管转办投诉压降作为客户投诉治理的重点，确保处于同业较优水平。要持续改善服务，打造与第一个人金融银行相匹配的服务口碑，维护大行形象，体现大行担当。

同志们，困难之中结硕果，来之不易；压力之下求突破，更需努力。个人金融业务发展，关乎工商银行事业发展全局。当前全行正处于转型发展的关键时期，大家一定要保持定力、坚定信心、奋力拼搏，在旺季营销活动中打出气势、抓出成果，为年底圆满收官、明年良好开局，为推动高质量发展，打下坚实的基础。

在2020年决算工作会议上的讲话

谷　澍

（2020年12月9日）

今天召开决算工作会议的主要任务是，部署年末重点工作，找准主攻方向和薄弱环节，推动全年经营目标圆满实现，并为明年工作创造良好开局。

今年以来，面对经济下行叠加疫情的严峻挑战，全行按照总行党委“48字”工作要求，加强主动应对，加大逆周期金融支持力度，通过以量补价、加快转型，推动经营质效总体保持稳健。

一是经营效益稳步增长。前11个月，集团实现营业收入××亿元，同比增长××%；实现拨备前利润××亿元，同比增长××%，增幅均好于前三季度。实现利息净收入××亿元，同比增长××%；实现手佣净收入××亿元，同比增长××%。江苏、浙江、深圳、广西、江西等分行营业收入和拨备前利润增长较好，宁波、大连、天津、青海、厦门、海南等分行营业收入和拨备前利润均同比下降。

二是资产质量保持平稳。截至11月末，集团不良贷款余额××亿元，较年初增加××亿元；不良率××%，较年初上升××个百分点。逾期贷款××亿元，较年初减少××亿元；剪刀差××亿元，较年初减少××亿元，自6月末集团剪刀差首次为负以来，持续保持为负。同时，风险抵御能力有所增强，贷款减值损失余额××亿元，较年初增加××亿元；拨贷比×

××%，较年初上升××个百分点。处置不良贷款××亿元，同比增加××亿元，其中常规处置占比（××%）明显提升。

三是资产负债业务较快发展。前11个月，境内人民币贷款新增××万亿元，同比多增××亿元，增量创同期新高，且重点领域、区域信贷增长较好。境内人民币债券投资新增××亿元，同比多增××亿元。境内人民币存款（含同业）继续保持良好增长，较年初增加××万亿元，增长××%，较好地支撑了资产业务发展。

总体来看，全行在变局中，保持了稳健发展的态势，非常不易。同时我们也要清醒地认识到，全行经营中面临的困难和问题还比较突出，同业竞争压力较大，部分业务竞争力下滑。为做好年末收官及明年开局工作，需要准确研判形势、分析短板，有针对性地完善策略措施，下面，我讲六个方面的要求。

一、前瞻研判市场动向，统筹信贷投向布局

目前我国经济加快恢复增长，人民银行近期多次对货币政策走势进行政策传导，引导市场预期，继续保持货币信贷总量合理增长。各行要准确把握政策导向、市场资金和贷款供需形势变化，结合宏观政策要求和自身客户需求对接情况，统筹做好年底信贷收口和明年初信贷布局，在主动让利实体经济的同时，保持自身商业可持续发展。

要确保重点业务实现全年任务目标。临近年末，要继续全面精细盘准到期收回、不良处置和资产证券化等因素，把年末前贷款流量需求压实。资负部要会同有关业务部门和各分行精细谋划年末规模账，做好流量优选排序，统筹做好年末分品种和分地区贷款计划的平衡调配。在前11个月普惠、民营、制造业贷款实现较快增长的同时，要继续落实精准直达的政策导向，排准普惠、民营、制造业贷款到期量，做好重点业务规模的统筹调配和优选发放，确保顺利实现全年预定目标，全面达到监管考核要求。各行要切实提高贷款计划管理的科学性和主动性，结合自身经营目标和当地同业市场形势，合理确定年度贷款增长预期，关注年末部分大型企业融资再安排对贷款计划管理的影响，做好非标回表的规模统筹，年末前剩余规模要重点用于普惠贷款、数字供应链等业务。

要密切关注市场利率走势。加强政策和市场动态研判。一方面要密切关注近期市场融资需求变化。近期部分大型集团企业因对明年信贷供给形势变化担忧而提前安排融资需求，事实上明年的货币政策仍将保持稳定。另一方面也要尽早考虑明年初贷款投放策略安排。在同业集中抢抓投放情况下，要优先投放符合总行信贷政策要求、收益水平合理的中长期贷款，通过合理摆布贷款投放结构和节奏，把握好全行存量贷款收益率调整节奏。总分行要持续跟踪关注市场利率走势、可比同业贷款定价竞争策略，在名单内客户和部分重点区域分行贷款利率授权已接近国债收益率的情况下，平衡好风险与收益关系，审慎把握优惠利率贷款审批力度和节奏。在精准落实合理让利政策的同时，做到利率变化趋势要和市场走势一致、与同业走势一致，协调好竞争优质信贷市场和增强可持续的服务实体经济高质量发展能力的关系。

要持续做好优质贷款营销储备。目前，全行资金配置通道中的贷款排队需求为2 300亿元，其中公司贷款需求1 000亿元，较去年同期高300亿元；个人住房贷款储备1 400亿元，较去年同期高260亿元。广东、浙江、深圳、安徽4家分行贷款排队需求较上年同期高50亿元以上，同时也存在10家分行贷款排队需求较上年同期低且超过10亿元。各行要高度重视对重点业务和优质信贷的营销储备，在夯实贷款储备总量的同时，也要关注储备质量，多增加符合政策导向、提款意愿明确、定价合理的有效储备，做好年底收官和一季度投放的平稳衔接。要加强对储备品种、期限及行业的分析和动态跟踪，加大对优质项目、重点头部客户、重点领域的营销拓展力度。要关注新型基建投资进展情况，主动把握市场机遇，加大新发展格局下战略性新兴产业、现代服务业、新型基础设施、新型城镇化建设和数字经济发展等领域的项目储备，持续夯实普惠、民营、制造业和数字供应链等重点业务储备，提高贷款增长的稳定性和均衡性。总行将继续按周监测和督导各行贷款储备情况，并根据各行贷款储备情况做好相应规模调度工作。

二、持续抓好稳存增存，做好资金承接工作

年初以来，在全行努力下各项存款实现较好增长，存款总量保持四行首位，但波动性较大。在市场流动性宽裕、M2和M1增速同比回升明显、可比同业存款持续增长的背景下，暴露出市场竞争力不足、基础性工作不扎实、营销服务不适应市场形势变化等问题。

年底到春节前是资金旺季。各条线、各机构要认真落实全行旺季营销工作部署，把握机遇、明确目标、强化统筹、分工协作，做好年底存款收口和明年初市场拓展工作。要加强同业对标分析，继续做好监测管理和组织推动，突出过程、突出质量，按照目标导向、问题导向和结果导向，抓实做细稳存增存各项工作，补短板、增优势、抓重点、强执行，夯实日均存款基础，既要确保存款平稳实现预期增长目标，偏离度符合监管要求；又要加强存款大额资金变化的监测预测，避免年末时点存款大起大落，增加流动性管理成本。

同时，要坚持以客户基础为抓手，强化GBC三端联动，让资金尽可能在我行闭环流动。全行要紧盯年末地方债加速使用、社保养老资金发放、特种经费集中划

拨的资金流向变化，全力做好 G 端资金的承接工作。机构条线要加强对财政、社保、特种客户的营销对接，摸清资金进度安排、跟踪资金划拨动向、梳理下游目标清单；公司条线要牵头做好承建单位、军工企业的营销工作，提高项目投融资支持匹配度，根据资金划拨进展，加大对承接企业的营销力度；个金条线要持续加大公务卡、社保卡、军人保障卡等产品的推广力度，加大对上述客群专属储蓄及理财产品的发行力度，提升获客活客效果。总行拟在 2021 年境内分行绩效考核办法中，进一步加大 GBC 三端联动考核，增设“资金回行率”指标（分别从资金支付和承接两个维度考核，即考核支付到我行的资金占所有支付资金的比例，以及承接的资金占流入到本地区各行的资金比例），引导分行发挥合力，增强客户基础建设，加强各项资金的闭环管理，实现资金在行内循环，盘活存量资金的使用。

三、稳抓营业收入增长，重点控好付息成本

各分行、各机构要全力以赴抓好营业收入，按照“逐季向好”的要求努力提高营业收入增幅。今年经过全行共同努力，克服了诸多困难，保持了营业收入的稳步增长，但与同业相比，市场竞争力仍有提升空间。前三季度，我行营业收入同比增长 2.66%，增速低于可比同业，农行、中行、建行分别增长 4.79%、3.23%、4.77%；其中，我行利息净收入同比增加不足 100 亿元，增幅 2.13%，增量及增速均低于可比同业。分析原因，主要是我行负债成本上升较快导致 NIM 下降幅度较大。1－9 月，我行生息资产收益率下降幅度与同业相当，但存款付息率上升幅度四行最高，尤其储蓄存款付息率较上年上升 10 个基点，是四行中唯一上升的，建行与上年持平、农行和中行均下降。目前我行存贷利差已由四行首位降至第三位，江西、湖南、新疆、广西等 9 家分行存款付息率下滑至当地四行第四位，辽宁、天津、甘肃、内蒙古等 9 家分行存贷款利差较上年末收窄幅度超过 10 个基点。目前存贷款利率走势不同步，尤其是存款成本走势与可比同业形成反差，对营业收入稳定形成较大压力。因此，年末推动营业收入增长，重点要控制好付息成本，促进存款付息率尽快步入下行通道。

一要加快活期存款创新产品压降进度。目前活期存款创新产品压降进度落后于可比同业，是导致我行储蓄存款付息率上升幅度高于同业的主要原因。要继续加快储蓄活期创新产品压降进度，落实监管要求，确保明年按计划压降完毕，推动储蓄存款付息率尽快下行。二要进一步优化定期存款期限结构。要在控制好定期存款成本的同时，优化存款增长结构，严控三年期以上中长期定期存款过快增长，特别是大额存单，避免定期存款付息率逆势增长，使活期创新产品压降效果大打折扣。三要做好存款自律工作。各部门要严格落实现行的存款利率自律要求，继续停发长期限、高上浮定期存款产品，规范分条线存款利率上浮管理；同时加强与人民银行、主要可比同业的沟通协调，推动完善存款利率自律约定，促进各金融机构共同降低负债成本。四要坚持吸收低成本资金策略。把握社会资金运行规律，强化板块条线间联动机制和资金闭环管理，依托金融科技创新，为客户提供更加智能高效优质金融服务，增强客户黏性，吸收结算性、低成本资金来源，有效控制付息成本。

各行务必要高度重视并切实抓好营业收入、拨备前利润和净利润等效益指标的实现，这不仅关系到各机构的经营发展，更关系到分行员工的切身利益。目前总行已根据各行的经营效益指标情况核定了工资费用，对于最终未能完成预定目标的分行，总行将对工资可用额度进行动态调整。因此，各行一定要扎实奋进，确保圆满完成目标任务。

四、加快转型创新发展，稳住中收市场地位

目前全行中收面临的突出问题是市场竞争力下滑，合规压力较大。前三季度，境内分行中收同比增长 1.4%，建行、农行分别同比增长 5.81% 和 6.49%，我行总量领先主要可比同业 47.4 亿元，较同期收窄 48.97 亿元。北京、上海、山东、福建等 18 家分行中收四行占比同比提升，广东、浙江、深圳、河南、云南等 18 家分行四行占比同比下降。同时，个别机构部分产品收费可能存在一定的监管合规压力。剩下不到一个月时间，各经营机构要统筹好“合规”与“收入”的关系，坚守合规底线，努力完成全年收入目标。

一方面，要坚守合规底线。各行要坚决落实各项收费监管政策，树立底线思维，决不触碰监管红线。要将中间业务收费管理纳入日常合规管理，特别是公司、投行、普惠、国际等部门要对融资相关的产品合同、协议、服务内容和议价方法进行梳理，从制度源头、关键收费环节和重点、敏感领域强化规范，细化过程管理，确保收费经得起检查和质询。各分行要按照监管部门“清理银行乱收费、降低企业负担行动方案”要求，做好自查自纠，确保各项让利实体政策落地。受到外部收费检查的分行，要主动汇报近年来我行减费让利情况，及时提供相关材料，加强应对检查的统筹协调，最大限度降低问题数量和金额，防范声誉风险。总行相关部门要加强专业指导，明确解释口径。总行法律事务部要进一步加强与相关监管部门沟通，统筹好配合外部收费检查工作，减轻基层行协调负担，提高沟通质量和效率。总行财务会计部要及时评估外部检查退费对收入的影响，及时做好预案。

另一方面，要努力完成全年收入目标。今年总行对中收目标做了两次调整，一是 7 月份根据减费让利和疫

情影响，对部分条线和各分行调减了中收目标，二是10月份再次做了调减，且调减幅度较大。各行要继续做好中收组织推动，努力完成中收任务，尤其是受减费让利政策影响较小且收入与同业差距大的业务，要明确主攻方向和措施，确保见到实效。一是对标同业，大力发展代销和结算类业务，提升收入贡献。要做大趸缴产品销售规模，继续保持期缴保险良好的增长态势，争取全年实现代销保险收入同业进位。要加强对年末资本市场的研判，遴选优质股混型基金，做大基金销售规模和存量规模，扩大我行代销基金收入领先优势。要加大资管新规产品营销力度，确保全行资产管理规模持续提升，资产管理部门要平衡好销售规模与收入的关系，保护分行销售理财产品积极性，促进资产管理业务收入市场份额稳中有升。要用好总行投入的费用资源，做大第三方支付交易额、工银信使签约账户数、特色借记卡发卡量，加大人民币对公结算账户拓展力度，提高财智账户卡、自助打印回单、网银证书等产品渗透率，确保重点结算类产品收入增量同业第一。二是提升信用卡收入贡献。要抢抓旺季营销机遇，做大信用卡他代本消费额，提升收单业务费率水平，努力扭转信用卡基础类业务收入下降态势；要加快直客式分期队伍建设，推进分期付款转型落地，尽快探索出分期付款业务新的盈利模式，确保人员、费用等资源投入尽早见到实效，缩小与同业差距。三是积极争取品牌投行、银团安排等业务机会。要加强集团与子公司、境内外联动，用银团安排、并购重组、债转股等多种手段满足企业融资需求，同时加强债贷联动，控制好风险的前提下巩固我们在债券承销方面的优势，确保全年银团安排、债券承销收入同业第一，提升品牌投行收入贡献。四是继续提升子公司对集团的贡献。工银瑞信要稳住基金规模，提升股混型基金规模占比，确保完成全年增收目标。工银投资要加大与分行联动，提升债转股顾问收入贡献，同时做大私募基金管理规模，尽快提升中收在营收中的贡献，更好地完成全年收入目标。

五、统筹管控境内外风险，确保总体风险可控

目前我行信贷资产质量核心管控指标总体平稳，但与同业相比资产质量管控压力相对较大。同时，未来风险防控形势依然严峻，延本延息贷款大部分将在年底集中结息，逾期及剪刀差贷款可能出现反弹，大户风险频发多发态势持续，回表风险资产对表内带来交叉违约影响，境外风险也在积聚。全行要在总行统一安排调度下，确保实现年末资产质量管控目标，力争关键指标持续向好，集团整体风险可控。

一要统筹推进资产质量管控，确保完成年度目标。各行行领导要亲自挂帅督导，切实履行资产质量管控的主体责任，对自身风险家底和风险防控形势要心中有数。要统筹推进新增逾期防控、存量风险化解、非标不良资产回表和不良贷款处置等各项工作，尤其是目前与年末不良管控目标差距较大的辽宁、浙江、广东、深圳等分行，要对照目标找差距、抓落实，确保年末不良贷款和新发生逾期额控制在总行下达的计划内。对于今年主要负责人调整的分行，要保持风险释放和资产质量平稳过渡。对管控目标计划做较大调整的，要及时与总行沟通，总行将根据全行整体情况统筹安排。

二要管控好延本延息贷款风险，严格公司贷款质量分类。各行要把防逾期作为年末攻坚重点，行领导做好组织督导，尤其对延期至年底付息的5 400亿元贷款，提前做好风险预判，前移风控关口至结息日前，逐户落实还款资金来源，分类施策做好收息及风险化解预案，最大限度减少年底结息日后的剪刀差波动，山西、湖北、广东和贵州等延期付息金额较大的分行要做好计划管控。个贷和银行卡条线要将逾期催收作为年末的重点工作，为全行逾期与剪刀差压降多作贡献。同时，各行要按照“实质重于形式”原则，继续严格执行总行分类管理要求，特别是对于前期暂计入总行的“延期还本付息订正不良贷款”，如年底前发生逾期欠息，要按总行规定还原至分行，按不良贷款进行考核和管理。

三要全面推进不良贷款处置攻坚，打好年底收官之战。各行要抓住当前不良资产处置“窗口期”，强化目标管理，确保完成全年不良处置计划。在全行资源有限的情况下，各行要推动常规处置项目尽快落地，进一步提高常规处置占比。同时，要牢牢守住依法合规底线，严明处置规矩，确保不良资产处置公开、公平、公正。另外，对于账销案存资产，全行要按照50亿元的全年清收任务目标，紧盯重点项目，责任落实到人，全力以赴完成既定目标；同时要做好前瞻性规划，梳理新入池资产，提前储备项目，为明年的清收工作做好准备。

四要着重强化境外风险管控，提升境外板块发展质量。境外机构近十年资产规模快速增长，部分机构增幅超过十倍，在规模扩张过程中，风险因素相应也在积聚，近年来在复杂多变的外部环境催化下，有加速暴露趋势。各境外机构要建立业务规模发展边界意识，资产增长计划要与机构在集团内的定位、所在地区国别风险、自身管理能力相匹配，改变规模驱动盈利增长的粗放发展模式，提升经营管理和风险把控能力。同时，要强化汇率风险管理。部分境外机构如工银阿根廷、卡拉奇分行、工银土耳其、工银巴西、工银墨西哥等所在地本币，近几年贬值幅度较大，要结合当地的监管政策综合考虑采取多种方式有效对冲汇率风险，最大限度锁定已实现盈利。

六、严守财经纪律底线，保障业务合规发展

近年来，全行上下强化合规意识传导、完善财务管

理制度机制、深化信息系统应用，推动财务合规管理水平不断提升。今年以来，更是将财务合规管理作为一项重要工作，深入推进，严抓不懈。在全面从严治党从严治行的背景下，各行要始终保持清醒认识，进一步重视财务合规管理。

境内分行方面。总行结合近期财会领域合规管理重点，专门组织开展了本年度财务会计合规检查。从检查情况来看，开支超标准、列支禁止事项等问题，得到较为明显的遏制，但暴露出一些较为隐蔽的、深层次的问题，且部分问题具有一定的普遍性，甚至在某些机构长期反复出现。比如，虚列支出、套取费用问题，虽然在财务处理形式上做到了合规，但实质上却违背了最基本的真实性原则，套取出的费用存在各类违规变通的用途，潜藏着很大的风险隐患；又如，有些基层机构财务基础管理薄弱，对于不相容岗位分离、关键岗位人员轮换、资金支付风险等管控不严，风险防控基础不牢。此外，在今年财政部对我行开展的“会计信息质量检查”和总行的日常会计管理监测中，发现部分机构仍存在收支未严格落实权责发生制、债转股业务错用抵债资产科目、手工冲转利息收入等问题。针对这些问题，总行印发了《关于加强重点领域财务合规管理的意见》和《关于进一步加强会计核算管理的通知》，各行要逐项梳理，强化责任落实，切实将发现的问题整改到位，同时要举一反三，组织做好合规风险的全面排查，确保重点领域风险防控有力、会计核算依法合规。

境外及控股机构方面。近年来，国内“强监管”形势逐渐向境外机构延伸，今年财政部对我行的会计信息质量检查范围已扩展至境外及控股机构，预计未来审计署、财政部和银保监会等监管机构的财务和合规检查都可能做到集团全覆盖。各机构应时刻绷紧财务合规这根弦，按照行内制度办法和当地监管政策孰严原则加强管理，准确反映各机构的财务状况和经营业绩。今年总行制定下发了机构负责人履职待遇和业务支出管理细则，更新了境外及控股机构财务制度落实要点。各机构要认真领会、严格落实，守住财务合规底线，外派人员尤其要严格按照已印发的相关制度标准，贯彻落实好中央八项规定及反四风要求。

另外，今年下半年，总行按照资管新规和监管要求制定了理财整改计划，年末计划回表资产约 1 000 亿元，其中债券资产约 600 亿元，非标资产约 400 亿元，涉及 27 家分行。各机构、各条线要依法合规、稳妥推进理财回表任务。要严格遵循行内制度流程，确保理财回表符合监管各项要求，符合信贷和表内债券投资制度，符合理财处置配套制度办法；要做到各环节规范操作、留痕留档、可追溯。前期总行已将回表项目明细下发分行，各行要按时间倒排计划，提前做好客户沟通、协议签署，按照制度和手册做好回表操作。回表后的非标资产将按照“谁发起、谁负责”的原则，计入各分行账务并纳入考核。资产回表后，要按照有关要求，抓实抓细存续期管理。

同志们，今年是不寻常的一年，面对外部环境变化带来的挑战，全行统筹推进疫情防控、金融服务和内部管理各项工作，保持了集团经营稳健发展态势。最后收官阶段，全行上下要一以贯之，抓好各项决算任务，奋力完成全年经营目标，大力夯实高质量发展基础，增强应对未来变局的核心竞争力，为明年“十四五”和我行新三年发展规划实现良好开局打下坚实基础。

在应对新型冠状病毒感染肺炎疫情工作领导小组第五次会议上的讲话

杨国中

（2020 年 4 月 1 日）

今天的会议很重要。在党中央的坚强领导下，国内疫情防控形势已呈现出持续向好的态势，全国各地生产生活秩序加速恢复，全行疫情防控和金融保障各项工作取得阶段性进展。同时，全球疫情大流行，不仅对世界其他国家造成严重冲击，对我国也带来一系列严峻挑战。尤其是境外输入病例增多，国内疫情防控形势依然复杂。当前及今后一个时期，全行仍需要进一步压紧压实责任，严格落实中央决策部署和属地疫情防控要求，把疫情防控各项工作抓牢抓细，不能掉以轻心。一会儿，董事长和谷行长还要讲话。这里，我就疫情防控工作先谈三点意见。

一、关于境内机构疫情防控

重点是要严密防控三类风险。一是湖北机构特别是武汉分行要严防反弹风险。“解封”不等于解甲归田，仍要坚持慎终如始，毫不放松地把各项防控工作要求落实到位。湖北分行要根据疫情形势发展，按照当地要求和工作实际，动态优化防控策略，掌握好复工的进度和节奏，合理确定网点营业率和员工到岗率。特别是武汉分行要根据风险等级做好稳妥把握，不片面追求复工率，防止良好局面出现反复。

二是在京机构要严防输入风险。总行本部、北京分行及各在京机构要主动参与首都防疫工作，继续抓紧抓实抓细各项防控措施，做到四方责任履行不麻痹，人员管理要求不降低，场所防护不厌战，检查督导不松劲，坚决避免形成存量风险输入。对滞留湖北人员返京、境外人员回国等可能引发的增量风险输入也要高度关注，详细摸排员工及家属的动线轨迹、接触人员等情况，严格执行隔离观察等要求，确保底数清、轨迹明，坚决杜绝瞒报漏报。总行本部及在京机构滞留湖北人员共计54人，近期已有25人返京，尚有29人待返京。返京人员须按要求隔离14天，隔离结束后应先居家办公，暂时不安排到岗上班。

总行本部要做好全面复工的各项准备。对各项防疫措施要进行全面评估并及时优化调整，特别是要加强服务保障人员的健康监测与管理，确保餐饮、工位、安保、停车等关键环节的服务保障到位，做到复工率与防疫力相匹配。要强化各部门的主体防控责任，科学合理安排工作及人员交互方式，最大限度减少交叉接触。请办公室牵头的联合监督检查小组加大检查指导频度，最近要安排一次对总行本部及在京机构的检查督导，发现问题及时督促整改。

三是其他地区要严防交叉风险。主要是防范境外疫情输入、滞留在外人员返乡带来的交叉风险。现在，除北京和湖北外，多数境内分支机构工作秩序基本恢复正常，但仍要持续抓好各类人员的健康监测管理，及时采取有效措施，堵塞漏洞，消除隐患，防止因人员流动和聚集增加形成新的传播渠道。各机构间要加强工作联动，有序组织滞留在鄂人员返乡返岗。

二、关于境外机构疫情防控

重点是要围绕人员、场所、物资三个重点聚力发力。一是力保人员健康。目前境外机构已有5名本地员工感染，其中工银阿根廷4名，工银伦敦1名，同时也出现了接触确诊病例导致人员被隔离的情况，形势十分严峻，必须严防死守。要把员工的生命安全和身体健康放在首位，因地制宜加强对境外机构员工包括本地员工的教育引导和关心关爱。要充分调动各方面资源力量，强化就地防护和应急处置。最好的救治是防护，争取做到不感染。同时，对境外培训班要做好持续跟踪管理，总行企业文化部（教育部）和美国机构要加强协作，保持与当地使领馆以及合作高校的密切沟通，根据形势变化及时优化调整培训方案，确保学员的安全和健康。如确需安排学员回国，要制定更加详尽的工作预案，确保万无一失。二是力保场所安全。要突出全覆盖全天候管理，最大限度减少人员聚集和集体活动。要从紧从严加强对办公室、网点、食堂、宿舍等场所及运营设备机具的消毒防疫。此外，要高度关注近期发生的一些苗头性、突发性安全事件，现阶段宁可把风险挑战估计得更充分一些，把防控措施落实得更完备一些，确保有备无患。三是力保物资充足。要强化“全球工行一家人”的理念，发挥境内外机构共克时艰的合力。国际业务部和办公室要加强对防疫物资对口支援的推动指导，21家境内分行要合理安排物资采购、运输、接收、分配等各环节工作，只要境外机构有需求，就要确保各类防疫物资供应响应迅速、配备充裕，确保满足境外机构防疫需要。

三、关于制定完善与落实应急预案

重点是要根据当前境内外不同的防疫形势，针对各类可能出现的突发情况，优化完善周密管用的应急管理体系。

在境内，现在各地区复工复产的进度正在加快，要及时解决复工后出现的新情况新问题，确保安全稳定运转。要增强忧患意识、底线思维，保持应急处置能力，保证应急流程畅通，以大概率思维有效防范小概率事件。各个办公场所特别是公共场所要有预警机制、导流措施，及时发布动态提醒提示，引导形成错峰上下班、分时用餐、减少驻留的习惯。

在境外，要结合所在国家政府、机构、员工特点，健全完善目前的分级预警管理机制，细化救治预案，确保员工或其家属一旦出现确诊、疑似等紧急突发情况，能够就地得到及时妥善处置，把员工关心关爱工作做出温度。同时要第一时间全面阻断“传播链”，排查薄弱环节，强化管控措施，防止出现聚集性疫情。总行国际业务部要牵头协调医疗、保险等方面资源，支持境外机构应急处置。

最后，我想再强调的就是：必须把员工关爱放在第一位。无论是境内还是境外机构，对员工包括家属来讲，最好的救治就是加强自身防护，务必做到工作场所和生活环境不聚集、不感染。

在定点扶贫工作推进会上的讲话

杨国中

（2020 年 4 月 3 日）

今年是脱贫攻坚的决战决胜之年，总行党委高度重视扶贫工作，始终牵挂着我行定点扶贫的 4 个县市。陈四清董事长多次主持召开会议研究推动扶贫工作，3 月 24 日亲自出席全行支持脱贫攻坚工作会议并讲话，传达学习了中央决战决胜脱贫攻坚座谈会精神，对全行定点扶贫和精准扶贫工作作出新部署、发出动员令。今天，我们召开总行相关部门、四川分行、点对点帮扶 4 家分行和扶贫干部参加的定点扶贫工作推进会，就是要及时落实全行支持脱贫攻坚工作会议要求，进一步明确任务、细化措施、凝聚合力，推动定点扶贫工作全力冲刺收好官。刚才，四川分行和点对点帮扶的北京、上海、浙江、广东分行行长，总行财务会计部、网络金融部、人力资源部、公司金融业务部总经理，以及驻川扶贫组组长分别作了发言，讲得都很好。下面，我再强调几点意见。

一、切实把金阳作为重中之重抓紧抓好

攻克深度贫困堡垒，是脱贫攻坚战取得全面胜利的关键。金阳贫困程度最深，我行开始帮扶时间最晚，能否完成好收官阶段的扶贫任务，关键在金阳。作为中央定点帮扶单位，金阳脱贫的成色好不好、质量高不高，与我们关系重大。金阳已被国务院扶贫办列为挂牌督战县，到去年底，还有 2.8 万贫困人口，贫困发生率 14.6%，按摘帽标准，今年贫困发生率要降到 3% 以内，压力实在不小。金阳县也正快马加鞭推进脱贫，计划 6 月底全面消除绝对贫困，时间十分紧迫。

陈董事长多次强调，金阳是重中之重，需高度聚焦、重点倾斜，“下多大功夫、给多少支持都不为过”。相关部门和机构要坚持“统筹四县、突出金阳”的“3 +1”工作思路，切实做到“三个优先”，即脱贫攻坚的资金、项目和政策措施优先安排在金阳，全力以赴支持金阳如期脱贫摘帽。首先是资金的支持，资金跟不上，产业扶贫、教育扶贫、卫生扶贫、消费扶贫等都会受到影响。去年我行对金阳投入捐赠资金接近 8 000 万元，超过其他三县市的总和，今年还要进一步加大资金保障力度，集中资源，一鼓作气，助力金阳实现脱贫任务。总行财务会计部要做好捐赠资金的统筹安排，确保额度充足、支出规范。

近日，银保监会印发了《关于进一步加大“三区三州”深度贫困地区银行业保险业扶贫工作力度的通知》，普惠金融事业部、四川分行要研究细化方案，落实通知要求，进一步增加金阳县精准扶贫贷款投放，适当放宽信贷条件，努力降低融资成本，探索参照贷款市场报价利率（LPR）定价或执行更加优惠的利率，做好复工复产金融服务，建立起金融支持稳定脱贫的长效机制。凉山分行去年与金阳县签署了《金融精准扶贫贷款银政合作框架协议》，共同建立风险补偿机制，要加快推动见效。目前我行在金阳没有机构，这在一定程度上不利于定点扶贫工作的深入开展，不利于我行更有力地支持当地经济社会发展。四川分行、总行渠道管理部和人力资源部要加快推动，争取今年在金阳设立机构。

对已经脱贫摘帽的南江、通江和万源，今年是脱贫摘帽后与乡村振兴衔接的第一年。一方面，要严格落实“四个不摘”要求，保持原有扶贫政策不变、工作队伍不撤、资金投入不减，巩固扶贫成果，坚决防止返贫；另一方面，支持脱贫工作的重心要更加聚焦激发当地经济活力、激发群众内生动力上来，积极探索金融服务于乡村振兴的新路子新模式。

二、切实做好扶贫项目遴选、对接和落地

扶贫项目质量在一定程度上决定着扶贫效果。如何以责任之心、专业之力做好扶贫项目遴选，把钱用在刀刃上，撬动一方经济，造福一方百姓，关键是做好“三个结合”。

一要将中央部署、地方所需与我行所长相结合。扶贫资金投向，必须符合中央大政方针，围绕地方经济发展规划，发挥出我行特有优势。在产业扶贫上，要充分调研论证，选好项目，保证投入。去年，机构金融业务部创新推出了“银行 + 保险 + 期货”联合扶贫模式，要进一步探索扩大应用范围。在金融扶贫上，要加大信贷投放力度，因地制宜创新产品，推广特色扶贫小额信贷产品，努力实现精准扶贫贷款增速显著高于其他地区，把定点扶贫“责任田”打造成金融扶贫“示范田”。在消费扶贫上，今年受疫情影响，贫困地区农产品出现滞销，国务院办公厅、发展改革委等多部委印发了加强消费扶贫的通知，总行已在全行范围内启动消费

扶贫“春暖行动”。网络金融部要把“融 e 购”扶贫平台的作用发挥好、利用好、营销好，在上线、运营等各方面给予贫困地区商户实实在在的支持。特别是对定点扶贫 4 县市，更要点对点、手把手教，加大资源优先倾斜，争取当地商户能上线、尽上线。要打开消费扶贫思路，公司金融业务部、各分行要积极帮助农产品“进食堂”“进福利”“进网点”“进超市”“进企业”“进供应链”，通过“直接买”和“帮忙卖”，帮助贫困户稳定增收。近日总行机关工会组织采购了一批扶贫点茶叶，北京分行采购了万源 1 万只黑鸡，帮助解决了燃眉之急。各机构都要尽快行动起来，争取实现更多销售。

二要将扶贫与扶智、扶志相结合。既要解决眼前紧迫问题，帮钱帮物，救困救急，更要立足长远，从思想观念、学校教育、就业培训等方面开展帮扶，帮助贫困群众实现从“要我脱贫”到“我要脱贫”“我能脱贫”的根本转变。教育扶贫上，我行一直做得很好，十六七年的坚持，已经扶出品牌。要继续做好“烛光计划”“启航工程”等项目，完善远程教育设施，提升教学水平，帮助更多学生和教师。就业扶贫上，人力资源部、四川分行要组织好贫困大学生招聘，加大对定点扶贫 4 县市的倾斜力度，源自 4 县市的大学生，特别是贫困家庭的大学生要优先招录，录取比率应显著高于其他地区；要继续开展就业培训，帮助贫困群众提高就业技能，提升劳务输出率；我行捐建的金阳培训中心今年将竣工，要将其作为培训基地，充分发挥作用。党建扶贫上，直属机关党委要组织总行党支部与扶贫点党支部结对共建，帮助夯实思想之基、解决实际问题。要确保捐赠清缴党费的规范使用，帮助完善支部活动阵地建设，加强基层干部培训，帮助当地打造素质过硬、战斗力强的干部队伍。

三要将融资与融智、融商相结合。帮助贫困地区解决面临的问题，不仅要重视资金投入，也要重视引入新理念、新思路、新模式。在融资上，除捐赠和贷款投入外，我们还承担着帮助引进资金的任务。引进资金，必须是无偿捐赠资金。在融智上，机构金融业务部要与四川分行研究探索，帮助 4 县市建设智慧政务平台，提升政府服务水平和效率；帮助建设智慧医疗体系，完善设备设施、推进远程问诊、开展医护培训，提高医疗服务水平和公共卫生事件处理能力。现代金融研究院和投资银行部要针对 4 县市开展深度调研，为地方发展提出建议，帮助制定乡村振兴规划。在融商上，公司金融业务部、点对点帮扶分行、四川分行要加强合作、积极探索，利用先进技术和模式支持地方完善产业链，打造适宜当地发展、技术门槛低、劳动密集型的“扶贫车间”。去年公司金融业务部、四川分行帮助金阳引进了新希望等企业，要推动好后续项目实施。4 家点对点分行在对口县要争取至少引进一家龙头企业、促成一个产业合作项目。

三、切实履行好合力攻坚责任

坚持激发内力、用好外力、凝聚合力，是做好扶贫工作的一个重要经验。要加强条块之间的协同，各条线要发挥专业优势，各分行要发挥区位优势，找好业务开展与定点扶贫的结合点。各部门与各分行要相互配合，加强协作，共同推进扶贫工作。要加强境内境外的协同，国际业务部要组织境外机构利用好境外资金、客户资源，通过跨境融资、公益项目合作等形式积极参与扶贫工作，与境内机构形成互补的优势。要加强行内行外的协同，我们的客户中有三百六十行的翘楚，要把他们的力量动员起来，参与到消费、产业、就业、教育、健康等扶贫项目中去，取得更好的帮扶成效。

年初总行印发了全年扶贫工作计划，明确了责任分工，相关分行和总行部门要认真落实。中央单位定点扶贫考核涉及投入帮扶资金、引进帮扶资金、培训基层干部、培训技术人员、购买贫困地区农产品和帮助销售贫困地区农产品等 6 项定量指标。购买贫困地区农产品的任务，已向全行分解。引进帮扶资金任务方面，要充分利用客户资源优势，4 家点对点帮扶分行要力争各引进 1 000 万元，公司、机构、投行、国际部和四川分行要力争各引进 500 万元。帮助销售贫困地区农产品方面，今年计划 3.6 亿元，网络金融部要充分发挥“融 e 购”电商平台优势，各行扶贫采购要尽量通过“融 e 购”购买。指标完成情况是我行扶贫成效的重要反映，是年度扶贫考核的决定性因素，相关分行和部门务必高度重视，“一把手”要切实把扶贫工作当成分内之事、必担之责，切实把责任放在心里、扛在肩上，加强统筹安排、组织推动，确保责任落实到位、任务完成到位。

今年，总行指定北京、上海、浙江、广东 4 家行分别点对点帮扶万源、南江、通江、金阳。这是一项长期工作机制，体现了党委对 4 家行的充分信任。4 家行要高度重视，切实承担起全面帮扶的责任，可联合东西部协作帮扶力量共同开展工作，争取尽快帮出特色、扶出成效。一要成立专门领导小组及工作专班，总行部门与承担任务的四行扶贫工作均要纳入其年度考核。指定点对点帮扶牵头部门，细化责任分工，明确责任到人。二要制定帮扶工作方案，明确具体工作机制、思路和措施，加强组织推动，确保落实到位。三要建立定期沟通汇报机制，按月向总行报告工作进展，持续跟踪监测，及时解决遇到的问题。疫情结束后，4 家分行主要负责人和定点扶贫分管负责人要尽快带队前往四川，调研扶贫项目，落实帮扶措施。

四、切实关心关爱扶贫干部

扶贫工作最重要的是要坚持实事求是、真抓实干。严管就是厚爱。这里，我再强调，扶贫工作必须实打实，把严的要求贯穿始终，不能有任何形式主义、官僚主义。扶贫干部要扑下身子、沉下心来，把工作做扎实、做到位。总行投入的扶贫资金，一分一毫都要用在扶贫上，四川分行、扶贫干部要确保资金规范使用，加强项目监督。工商银行的扶贫项目，决不能出现质量问题，决不能有声誉风险。工商银行的扶贫干部，决不能出现不廉洁、触底线等纪律问题，决不能有不担当、不作为等作风问题。年初，总行组织对宁夏分行金融扶贫工作进行了专项巡视，近日王林组长对宁夏分行党委书记和纪委书记进行了约谈。定点扶贫工作也是巡视巡察的重点，必须确保经得起内外部检查，经得起历史的检验。

扶贫干部奋战在一线，担负着行里的扶贫任务、县里的分管任务、挂联村的帮扶任务，工作辛苦，贡献突出，非常不容易。组织部门和干部派出部门要进一步加强关心关爱，以充分的激励措施提升扶贫干部干事创业的积极性，落实好工资等级晋升，安家费、艰苦地区补贴发放，探亲假期及路费报销等待遇。对敢拼能干，有业绩、有口碑的干部，要重点培养使用，在职级晋升方面优先考虑。当地分支机构要多给予生活上的关心照顾，减少扶贫干部的后顾之忧，使他们全身心投入扶贫工作。今年是打赢脱贫攻坚战的收官之年，也是我行开展定点扶贫第25个年头，要对扶贫历程和经验进行回顾总结，对扶贫典型事迹、人物进行宣传，向全社会讲好工行脱贫故事，发出“工行好声音”，弘扬扶贫正能量。疫情结束后，我尽快安排带队到扶贫点看望大家、开展调研。

同志们！脱贫攻坚是党中央的庄严承诺，必须胜利；定点扶贫是总行承担的政治任务，必须做好！决战决胜的号角已经吹响，希望大家以坚决态度、果断行动、有力措施，精准落实好各项帮扶措施，加快推进各项工作，全力以赴帮助扶贫点如期完成脱贫任务，为打赢脱贫攻坚战尽责担当、贡献力量！

在总行直属机关党委全委会上的讲话

杨国中

（2020年4月10日·根据录音整理）

这次会议开得很好，议程安排紧凑，委员准备充分，体现了全体委员严谨务实的作风。下面，借今天召开直属机关党委全委会的机会，我就进一步发挥好全委会作用，推动机关党建高质量发展，与各位委员交流几点认识和体会。

一、围绕“三个聚焦”，增强责任感使命感

党的十八大以来，以习近平同志为核心的党中央高度重视中央和国家机关党的建设，作出一系列决策部署。尤其是2019年，对于机关党建工作来说，是具有里程碑意义的一年，党中央首次就中央和国家机关党的建设制定了指导性文件，在党的历史上第一次召开中央和国家机关党的建设工作会议，习近平总书记出席会议并作了重要讲话。机关党的建设责任很大、任务很重，中央的要求也很高，我们要深化思想认识，强化工作落实。

第一，聚焦总体要求，提高政治站位。中央和国家机关党的建设工作会议产生了放大效应，对引领带动各领域党的建设质量全面提高，起到了“牵一发而动全身”的效果。习近平总书记多次强调“中央和国家机关党的建设必须走在前、作表率”，这也是我们抓好机关党建工作的总体要求。总行党委高度重视机关党的建设，党委会定期研究谋划机关党建重点工作，全行党建工作会议专门对机关党建如何发挥示范表率作用提出具体要求，赋予直属机关党委的工作职责和管理范围也在不断拓展。总分行机关是经营决策、管理指挥和资源配置中心，领导干部比例比较高，权力责任比较集中，是贯彻落实党中央决策部署和总行党委发展战略的“最先一公里”，加强机关党建工作对全行发展有着重要意义，对全行党建具有“风向标”作用。我们必须主动把机关党的建设工作放到贯彻落实党中央决策部署的高度去把握、放到推动全行党建工作向纵深发展的高度去谋划，更好地发挥党组织的战斗堡垒作用和党员的先锋模范作用，引领全行积极进取、开拓创新。

第二，聚焦形势变化，遵循客观规律。作为国有商业银行，我们的机关党建工作既具有中央和国家机关党的建设的共性规律，也具有很多体现商业银行色彩的个性特点。总行直属机关党委在领导总行机关党建工作之外，还具有对总行部室派出机构、一级（直属）分行机关党建工作的领导、指导职能，加之近年来党中央对机关党建工作提出了新的要求，我行机关党建工作的职责范围更广、涵盖的党组织类型更多、服务管理对象也更加复杂。职责范围从总行机关延伸至一级（直属）

分行机关，从党支部延伸至党小组，从党员延伸至群众，肩负着教育党员、管理党员、监督党员和组织群众、宣传群众、凝聚群众、服务群众的职责；党组织类型既包含了总行基层党组织，又包含了分行基层党组织，既有分散在各地的总行部室管理的分中心，也有相对独立的内审分局，不同类型的党组织党建工作面临的情况差异性很大；服务管理对象中总行部室管理中心人员逐步增多，年轻员工、非党员占比较高，干部员工思维差异大。这些对我们的组织建设、教育管理党员等方面工作都提出了新的挑战，要求我们应时而动、应需而变，掌握蕴含其中的规律，创造性地开展工作。

第三，聚焦使命任务，发挥党建优势。应该讲，我行机关党建工作是得到中央和国家机关工委高度认可的，在检查评价、荣誉表彰、宣传报道等方面都走在前列，我们要在继承好的经验基础上，紧扣机关党建时代特点和党员思想行为特征开展工作，推动各项工作取得实效。一方面，要坚持围绕中心、建设队伍、服务群众，找准党建工作与业务工作、党建要求与党员需求、理论学习与实践运用的结合点，健全党建工作和业务工作同谋划、同部署、同落实、同考核的具体制度，把党的政治优势、组织优势、密切联系群众的优势转化为发展优势。另一方面，要重点关注解决理论武装针对性有效性不够强，基层党组织建设质量不够平衡，破解党建与业务工作“两张皮”、解决机关党建“灯下黑”的方法还不够多等问题，不断夯实机关党建工作基础。

二、做到“四个强化”，推进机关党建高质量发展

党建“高质量”，就是要标准高、要求严、效果好，就是要让总分行机关示范引领作用、领导干部骨干带头作用、党组织战斗堡垒作用、党员先锋模范作用都得到充分发挥。在具体工作中，我们要重点把握好以下几个方面。

一是强化政治统领，着力打造模范机关。要把强化政治机关意识，带头做到“两个维护”作为首要任务，旗帜鲜明讲政治，坚定不移跟党走。刚刚我们讨论了模范机关创建的实施意见，要以此为契机，推动机关各级党组织和党员干部把讲政治落实到具体工作中，带头贯彻落实总行党委战略举措，确保疫情防控、决战脱贫攻坚、金融工作“三大任务”等党中央重大决策部署在我行落地见效。要把提高政治能力作为各级党员干部的必修课，发扬斗争精神，着力防范和化解各种风险。要加大督导检查力度，严肃党内政治生活，严明党的政治纪律和政治规矩，发展积极健康的党内政治文化。对于直属机关党委全体委员来说，要更加严格遵守党的政治纪律和政治规矩。同时，作为部门党组织的书记，还要看好自己的门、管好自己的人，让遵规守纪成为每一名党员干部的日常习惯和自觉行为。

二是强化思想引领，着力坚定政治信仰。要开展分层次地理论学习和检测，推动机关各级党组织认真落实不忘初心、牢记使命制度，深入学习贯彻习近平新时代中国特色社会主义思想，特别是学好用好总书记关于经济金融领域的工作论述和重要指示批示精神，引导党员干部切实在学懂弄通做实上当好示范。要抓好党的十九届四中全会精神学习培训，加强制度自信教育。突出抓好党员领导干部和年轻干部两个重点，发挥领导干部领学促学作用，深入实施青年理论学习提升工程，不断提高学习教育的针对性和实效性，把学习成果落实到干好本职工作、推动事业发展上。

三是强化固本强基，着力锻造过硬组织。要按照总书记重要讲话精神和中央文件要求，分别制定加强和改进总行机关党的建设的实施措施、加强和改进一级（直属）分行机关党的建设的意见，加强统筹谋划和分类指导。要深入推进基层党组织建设质量提升和标准化规范化建设，总结试点经验，及时推广宣传，不断增加先进支部、提升中间支部、整顿后进支部，打造政治功能强、支部班子强、党员队伍强、作用发挥强的“四强”支部。要坚持严管和厚爱结合、激励和约束并重，把每名党员纳入组织的有效管理之中，做实做细思想政治工作，常态化开展创先争优活动，激发内生动力。

四是强化正风肃纪，着力营造良好政治生态。要认真贯彻落实中央八项规定及其实施细则精神，严肃查处违纪行为。着力整治形式主义、官僚主义问题，开展作风建设满意度测评，让基层员工评价减负实效。要按照全面从严治党、从严治行要求，加强经常性纪律教育，精准化开展警示教育，深化运用“四种形态”。要落实廉政风险责任制，研究加强总分行机关党风廉政建设意见，加大对重点部门、关键岗位的监督力度，一体推进不敢腐、不能腐、不想腐，加快清除问题滋生的土壤。总行机关在岗员工有 3 400 多人，队伍比较庞大，直属机关党委、直属机关纪委在严格执行中央八项规定精神、正风肃纪等方面的任务还很重，要真正硬起来、严起来，推动全面从严治党、从严治行在总行机关不断深化。

三、压实委员责任，形成齐抓共管工作格局

在座的各位都是新一届直属机关党委换届选举当选的委员，对各位来讲，这是组织和机关全体党员的信任，更是责任。大家既是机关党的建设的具体规划者、组织者、实施者，也是机关各级党组织发挥职能作用的执行者，承担着直属机关党委委员和基层党组织书记的双重身份，是机关党务干部队伍的中坚力量，是决定工商银行机关党建工作质量的重要因素，大家要带头成为“政治上的明白人、党建工作的内行人、干部职工的贴心人”。这里，给同志们提三点希望。

（一）要讲政治、顾大局。时刻拿起政治上的“望远镜”和“显微镜”，把讲政治的要求落实到一事一物、一言一行中，确保我行机关党建工作始终沿着正确的政治方向前进。要注重加强党性历练，不断提高政治能力，经常同党中央要求对标对表，切实做到对党忠诚、为党分忧、为党担责、为党尽责。在事关政治原则的重大问题上，必须做到脑子特别清醒、眼睛特别明亮、立场特别坚定。要不断增强斗争精神和斗争本领，面对大是大非敢于亮剑，面对矛盾问题敢于迎难而上，面对危机敢于挺身而出，面对歪风邪气敢于坚决斗争。归根结底一句话，就是全体委员在政治上不能犯糊涂，不能犯立场和方向性错误。

（二）要敢担当、抓落实。机关党建是直属机关党委所有委员共同的职责，大家要树立“一盘棋”思想，各负其责、密切配合，唱好“大合唱”，共建“大格局”。机关党的建设工作不仅仅是直属机关党委一个部门的事情，我们要按照《中共中国工商银行委员会党校工作规则》要求，把该担的责任担起来，把该做的工作做到位。每季度要召开一次直属机关党委全委会例会，如果有重要紧急事项可以随时召开。大家要统筹协调好各项工作，保证参会率，因故不能参加会议的要在会前请假。机关党的建设、监督执纪等各项工作都要上全委会集体研究决定。总书记讲机关党建工作“没有金刚钻、揽不了瓷器活”，大家要主动在理论学习中强能力，在实践锻炼中长本领，在学用结合中促发展，不断积累经验、提高技能，力争成为机关党建领域的“行家里手”，积极建言献策，以更加高效、灵活的工作方式合力打造符合工行特色的机关党建品牌。

（三）要知民心、解民忧。机关党建说到底是做人的工作，特别是做广大党员的工作，大家是党与机关干部员工联系的纽带桥梁，承担着把干部员工的思想和行动统一到党中央决策部署、总行党委战略安排上的重要职责。想问题、做工作要多从干部员工满意不满意、高兴不高兴思量和决断，认真落实联系点制度的要求，深入基层党组织调查研究，做到了解基层、服务基层、指导基层。直属机关党委委员具有双重身份，对基层的情况更加了解，要及时把基层党组织的实际情况反映到全委会上来。要坚持“从群众中来，到群众中去”，把群众路线贯彻到机关党建工作的全过程、各方面，加强与党员沟通、与群众互动，做深、做细、做实各项工作。

今天是我担任直属机关党委书记以来召开的第一次现场视频会，也是我第一次与大家就机关党的建设工作进行交流，希望直属机关党委全体委员共同努力把机关党的建设工作抓好，把党中央、中央和国家机关工委、总行党委的各项党建工作部署在机关落实好，圆满履行我们的工作职责！

在党校校务委员会第17次会议上的讲话

杨国中

（2020年4月22日·根据录音整理）

春节以来，面对突如其来的疫情，总行党委按照党中央、国务院统一部署，一手抓疫情防控、一手抓服务经济社会发展，在落实党中央决策部署、维护金融稳定运转、支持企业复工复产方面发挥了重要作用，体现了我们的制度优势、制度自信。今天召开的党校校务委员会第17次会议，审议了《中共中国工商银行委员会党校工作规则》和《关于加强和改进新形势下全行党校工作的实施意见》，听取了党委宣传部关于党校2019年工作总结和2020年工作计划的报告，党校副校长王林同志还做了发言讲话。总体上看，三级党校聚焦学习贯彻习近平新时代中国特色社会主义思想，扎实开展各类常规培训和专题轮训，工作量质齐升、成效显著，为落实全面从严治党、从严治行要求，传导全行改革发展战略发挥了积极作用。讨论中，大家提出了很多好的意见和建议，对党校未来发展很有帮助。疫情期间，党校主动作为，既抓了重点项目的策划和实施，也对未来党校工作进行了谋划，做了大量的工作，值得肯定。下面我结合大家的发言，谈几点看法，供大家参考。

一、提高认识，坚决办好工商银行党校

国有企业是中国特色社会主义的重要物质基础和政治基础，是党执政兴国的重要支柱和依靠力量。工商银行是国有大行，是大型国有企业。总行党委始终高度重视党校工作，成立总行党校后，又相继设立长春、杭州分校和各教学基地，逐步构建了三级党校体系，为全行干部队伍建设和党的建设奠定了扎实基础。新一届党委班子成立伊始，陈四清书记就赴党校出席学员座谈会；行领导和各部门负责人也多次到党校授课调研；总行党委各部门和三级党校通力合作，为办好党校发挥了重要作用。

近年来，党中央印发了一系列党校工作重要制度，对新时代党校工作作出了新的部署、提出了新的要求，党校事业迎来了改革发展的重要历史机遇期。面对新形势新任务，我们必须深刻领会习近平总书记提出的“党校事业是党的事业的重要组成部分，党校是我们党教育培训党员领导干部的主渠道”“从中央到地方建立党校体系，专门教育培训干部，是我们党的一大政治优势”等重要论述，充分认识党校在培养领导干部、推动党的事业发展中的特殊重要地位，坚决贯彻落实党中央关于党校工作的部署要求。要重点抓好以下三个方面：

一是要把坚持党校姓党作为立校办学之本。将旗帜鲜明讲政治融入党校工作全过程和各方面。党校一切办学活动都要坚持党性原则和遵循党的政治路线，遵守政治规矩和政治纪律，在思想上政治上行动上自觉同党中央保持高度一致。

二是要把办好党校作为重要的政治任务。落实各级党委办党校、管党校、建党校的主体责任，加强和改善对党校工作的领导，进一步凝聚全行办好党校的思想共识和行动力量，全力提高全行党校工作科学化、制度化、规范化水平。党校办学水平体现了党委对党的工作重视程度，党委班子按照党中央要求，都需要到党校去讲课。

三是要把党校作为培养锻炼干部的重要阵地。突出抓好党的理论教育和党性教育主课主业，坚持质量立校、从严治校、实干强校，将党校这一党的独特优势保持好、发挥好，为党的事业长远发展提供坚强保障。

二、聚焦主业，造就忠诚干净担当的高素质专业化干部队伍

习近平总书记强调，领导干部到党校学习，主要任务是学习党的理论、接受党性教育。全行党校要以抓好党的理论教育和党性教育这一主业主课为工作重心，以为工行事业培养造就一支政治过硬、作风优良、忠诚干净担当的高素质专业化干部队伍为主要目标，为党员领导干部补钙壮骨、立根固本。围绕高素质专业化队伍建设，党校要在以下这几个方面下功夫：

一是要在增强学员理想信念、锻造党性修养上下功夫。要以学习习近平新时代中国特色社会主义思想为中心内容和首要任务，教育引导广大学员系统掌握马克思主义理论这个看家本领，做到真学真懂真信真用，在忠诚干净担当上取得实效，使党校真正成为培训和培养干部队伍的红色殿堂，使增强“四个意识”、坚定“四个自信”、做到“两个维护”在各级干部的内心深处扎根铸魂。

二是要在增强学员规矩意识、突出思想引领上下功夫。加强对各种社会思潮的辨析和引导，坚持重大政治原则，在大是大非问题上净化“噪音”“杂音”，敢于发声亮剑，善于解疑释惑、激浊扬清，增强纪律规矩意识，使党校成为鲜明的思想旗帜。规矩意识很重要，进了党校、受过熏陶，就要感受到共产党的干部最讲规矩。

三是要在提升学员专业能力、培育专业精神上下功夫。坚持目标导向、问题导向，全面增强本领，提高运用马克思主义基本原理、基本方法分析问题、解决问题的能力，聚焦党和国家重大决策部署、全行重大战略开展深入学习研究，充分发挥党校的平台作用。

三、凝聚合力，注重质量与创新，确保办学目标顺利实现

质量是党校的安身之本，创新是党校的活力之源。要将坚持高标准办学、高水准施训一贯到底，努力形成总行党校、分行党校和教学基地三级党校同频共振、协同发力。

一要坚持质量立校，切实提高党校办学水平。首先要以实事求是为准绳。遵循干部教育和成长规律，搭建工行特色党校培训体系，提高培训设计开发能力，加强师资库、课程库、党性教育基地建设。其次要以创新为动力，在新技术新手段运用上迈出更大步伐，广泛开展研究式、案例式教学；在决策咨询服务功能上发挥更大作用。各单位要用好党校平台，班子要主动到各级党校授课和调研。再次要以质量为导向，加快形成党校工作评估评价机制，推动以评促建、以评促改，通过“三比三看三提高”的工作方法，持续提升党校办学水平。

二要坚持从严治校，大力弘扬学习之风、朴素之风、清朗之风。坚持严以治校、严以治教、严以治学，严格制度执行，压实班主任责任，发挥好临时党支部和班委会自我管理作用，严格落实中央八项规定精神，将全面从严治党、从严治行各项要求落实在从严治校上，以优良校风保障党校事业健康发展。

三要坚持实干强校，落细落实党校工作各项部署要求。全行党校要认真落实工作要点和培训计划，围绕学习党的十九届四中全会精神、统筹推进常态化疫情防控和经济社会发展等内容扎实抓好系列培训，提前谋划五中全会和“十四五”规划培训。要为恢复面授打好“提前量”，确保办学目标顺利实现。

同志们，在这场疫情防控的人民战争、总体战、阻击战中，虽然疫情对我们党校办学各方面工作都带来了深刻影响，但我们抓好党校工作的决心和信心不能变。我们要在总行党委的坚强领导下，进一步增强斗争精神、树立必胜信心，不断提高党校办学水平，为新时期全面提升党建水平和经营管理能力作出我们应有的贡献。

在2020年宣传思想文化和教育培训工作会议上的讲话

杨国中

（2020年4月29日）

这次会议的主要任务是，深入学习习近平新时代中国特色社会主义思想，贯彻落实全行2020年工作会议部署，总结2019年全行宣传思想文化和教育培训工作成效，分析当前形势，部署2020年重点任务。下面，我讲三点意见。

一、2019年宣传思想文化和教育培训工作成果丰硕

过去一年，全行各级宣传思想文化和教育培训工作部门认真贯彻党中央决策部署、落实总行党委战略安排，保持定力、发挥合力、深挖潜力、激活动力，高质量完成了各项既定任务。

（一）深入开展“不忘初心、牢记使命”主题教育，全系统工作作风和业务能力同步提升。履行主题教育领导小组成员部室和党委职能部门双重角色，抓好全行党员干部的学习教育，积极开展理论解读、学习服务和动态宣传，编发《重走长征路》《红色金融足迹》等一批专题视频教育片、学习资料，媒体宣传报道近千次、发布专栏信息万余条，为全行主题教育实现既定目标、达到预期效果提供了有力支持。同时，抓实宣传思想文化和教育培训条线自身教育整改，特别是针对查摆出的问题，制定并落实了创新理论学习形式、丰富文化实践活动、改革专业资格认证机制、提高员工参训均衡度等一系列整改措施，工作成效得到各级机构和基层员工的广泛认可。

（二）宣传思想工作紧抓主线，牵引力和凝聚力进一步增强。围绕学习贯彻习近平新时代中国特色社会主义思想这一主线，强化干部员工理论武装，发挥好党委中心组学习秘书职能，服务总行党委中心组学习33次、各一级机构党委中心组学习889次；组织“金融助力打好三大攻坚战”等中心组专题调研，形成报告447篇；启动党的十九届四中全会精神学习宣讲，力促党的创新理论进基层、入头脑。大力推动全行精神文明建设，开展“我和我的祖国”“感动工行”“学雷锋宣传月”等群众性宣传教育活动，创新宣传模式和传播手段，讲好先进典型故事，凝聚爱党爱国、团结奋进的力量。认真抓好思想政治工作，结合主题教育，夯实思想政治工作基础，选树了一批基层思政工作先进典型，激励引导各级领导干部不断增强“一岗双责”的意识和能力。各机构也结合实际做好宣传思想工作，河北、贵州等分行通过征文、摄影展、在线实景模拟行史馆等方式开展宣传，浙江、湖南等分行依托红色资源开展革命传统教育，取得了较好效果。

（三）党校培训着力搭建平台，理论学习和党性教育主阵地作用得到充分发挥。紧扣“党校姓党”这一根本要求，做实主责主业，重点抓好领导干部研究班、中青年干部培训班、“两个提升”专题轮训等，统筹推动支行行长、基层党支部书记等常规班次有序开展，全年举办党校培训53期、培训3 917人次，在推动党的建设、筑牢干部信仰之基等方面发挥了重要作用。发挥平台作用，组织学员围绕“第一个人金融银行”等重点战略开展课题研究，推动领导干部赴党校授课座谈，助力战略传导和下情上达。完善党校体系，全行设立了32家分行党校，为扩大干部教育培训规模奠定了扎实基础。四川、上海等分行党校逐步探索出“精准扶贫”“乡村振兴”“业务沙龙”等特色教学内容和模式，全行党校培训的规模和质量迈上新台阶。

（四）企业文化融入经营发展，渗透力和感染力进一步提高。围绕新时期经营发展战略，加强企业文化传承创新，通过编制企业文化白皮书、开发多版本文化宣导课程、培养认证师资、加大培训力度等方式，促进企业文化落地深植。加快子文化和专业文化发展，举办“创新工行”大赛，推动创新文化落地；建设杭院廉洁文化基地，拍摄“两明案”警示教育片，推动廉洁文化纵深发展；建设长院红色金融文化基地，开展红色金融宣传和党性教育。加大特色文化实践力度，开展“工银全球荟”活动，展现境外员工奋斗风采；各级机构结合实际打造特色文化，形成了北京分行“家园文化”、深圳分行“四为”文化等一批基层“文化名片”，展现了丰富的文化外延。

（五）教育培训坚持问题导向，针对性和实效性进一步增强。持续优化培训运营机制和分层分类的项目体系，全年共举办线上线下各类培训约4.1万期、培训531万人次。一年里，各级教育部门和培训学校密切配合，强研发、拓渠道、优方法，全行培训工作持续提质增效。

聚焦战略传导，打造二级分行信贷分管行长经营能力提升项目、“融智小微”项目以及天津、山西、湖北等分行“信贷经营”“普惠金融业务”项目，全面助推经营战略落地。聚焦人才培养，集中实施客户经理“信贷铁军”、运营主管“磐石计划”、新员工“繁星计划”以及北京分行学习地图培训、云南分行“个贷生力军”、工银亚洲“领英计划”、工银租赁“双英计划”等项目，进阶式培训机制逐步形成。聚焦业务发展，开展对公存款竞争力提升培训、民营企业高管金融研修、私人银行青年领袖计划以及广东分行“绩效改进”、大连分行“零售业务培训”等项目，成立“澳门青年金融人才培训学院”，培训支持业务、服务社会的模式不断完善。聚焦全球经营，推进国际化人才、全球合规官等项目，统筹开展境外短期培训、境外机构回国参训和境外送训，积极支撑国际化综合化发展。聚焦创新增效，组建“北京校区”，构建多元开放的培训共创平台；发挥长杭两院研发实施优势，成立专业教研室，探索智慧校园建设；引导香港培训中心应对复杂局势，主动服务在港机构、辐射东南亚地区。同时，我们积极推进资格认证大纲、教材、题库“三个一”统筹开发，培育了业务精湛、专业齐全的师资队伍，持续优化网络培训、知识管理等在线学习服务，切实为基层减负赋能，有效提高了培训水平。

回顾2019年，我们始终围绕政治、战略、业务和员工需求，方向明确、措施得力，各项工作有成效、有亮点，较好地服务了全行转型发展。取得这样的成绩，是总行党委坚强领导的结果，是总行各部室、各分支机构通力协作的结果，也是宣传思想文化和教育培训战线上每位同志辛勤工作、努力奋斗的结果。在这里，我代表总行党委向大家的辛勤付出表示诚挚的慰问和衷心的感谢！

二、深刻认识当前面临的形势与任务

工商银行是国有大行，也是全球系统性重要银行，我们谋划新时期发展蓝图必须立足大局、把握全局。伴随当前世情、国情、党情、行情的深刻变化，宣传思想文化和教育培训工作必须适应新形势，认真对照中央要求、党委部署和行业先进做法，有针对性地强优势、补短板、促发展。

（一）从中央的要求来看。近年来，中央先后对干部教育培训、宣传工作、党校工作、意识形态、文明单位创建等提出了新要求，启动了国有企业培训疗养机构改革、产教融合型企业培育等工作，我们要进一步完善培训体系、优化宣传工作机制、创新文化传播手段，更好地落实中央各项要求。

（二）从总行党委部署和广大员工需求来看。去年以来，总行党委提出了新时期“48字”工作思路，对各项业务发展和人才队伍培养提出了更高要求。同时，员工的学习特点和习惯也发生了全新的改变，这就要求我们准确识变、科学应变、主动求变，积极推动工作内容手段的转型升级，更精准地传导战略、更有效地契合新一代员工偏好。

（三）从行业发展趋势来看。近年来，宣传文化领域和培训行业发展日新月异，新方法新技术新工具层出不穷，一些兄弟单位的实践经验给我们的工作提供了有益借鉴，也带来了新的挑战。我们要顺应行业发展趋势，进一步拓展服务客户、服务社会的功能，强化品牌塑造和对外宣传，努力形成与我行地位相匹配的业界影响力。

（四）从当前外部形势特别是疫情带来的影响来看。今年是决胜全面建成小康社会、决战脱贫攻坚之年，也是“十三五”规划收官之年。但突如其来的新冠肺炎疫情对我国经济社会发展和我行经营管理都产生了重大影响，也对我们的应急能力、服务水平和担当精神提出了巨大考验。同时，互联网技术迅猛发展，需要我们准确把握信息传播和员工学习的新特点，加快多元化学习平台和共享资源建设，培育跨地域、跨专业、跨机构的云协同工作团队，从而确保在不同时期、不同环境下都能迅速响应、高效协同。

新冠肺炎疫情虽然给今年的工作开局特别是培训工作带来了一定的影响，但越是困难越要坚定信心，坚持疫情防控和经营发展两手抓，坚持“传承创新、稳中有进”的基调，在观大势中明确方向，在强优势中把握主动，在补短板中改进提高。2020年，全行宣传思想文化和教育培训工作总要求是：深入贯彻习近平新时代中国特色社会主义思想和党的十九届四中全会精神，落实2020年全国组织部长、宣传部长会议、全行年度工作会议及统筹推进常态化疫情防控和经营发展工作会议部署，聚焦“48字”工作思路，扎实开展宣传思想、企业文化和教育培训工作，突出“比”的意识、“拼”的精神和“进”的行动，推动全行干部员工进一步强化理论武装、增进文化认同、提升能力素质，为集团发展提供坚强的思想保证和智力支持。具体要在“六个围绕”上下功夫：

围绕“党建引领、从严治理”，要强化创新理论武装，通过抓实抓紧党委中心组学习和党校培训，推动全行学习贯彻习近平新时代中国特色社会主义思想走深走实；强化党风廉政教育和廉洁文化建设，切实提高全行党员干部的政治意识和规矩意识，推动全面从严治党从严治行纵深发展。

围绕“客户至上、服务实体”，要根据各专业条线的业务需求，研究提供一揽子宣传文化和培训支持方案，增强全行员工高水平服务客户的意识，全面提升集团服务实体经济的能力；面向政、企、商、学、军等群体，积极开放优质培训资源，更好地服务客户、服务社会。

围绕“科技驱动、价值创造”，要积极培育全员创新的文化氛围，持续开展金融科技知识理念普及培训，重点培训一批具有前瞻视野和专业优势的金融科技人才；强化科技赋能，加快宣传文化和教育培训服务模式的变革，依靠科技力量提升我们的工作价值和服务效能。

围绕“国际视野、全球经营”，要加大集团文化宣传力度，做好全球化经营理念和战略的阐释传导，提高员工的认同感和忠诚度；加大国际化经营管理人才和专业人才培训力度，不断提升跨境跨市场服务能力和跨文化管理能力；构建境内外一体化培训架构，加大对外派员工、当地雇员的培训力度，增进文化认同，促进文化融合和业务联动。

围绕“转型务实、改革图强”，要加强对全行经营理念和转型思路的培训与传导，进一步凝聚全行员工改革发展共识；紧盯县域网点结构调整、重点城市行竞争力提升、智慧运营等关键改革领域，实施配套培训项目、培育核心专业人才；坚持高站位、广视角，树立改革创新的先进典型，讲好工行故事，激发奋进力量。

围绕“风控强基、人才兴业”，要加快信贷文化、合规文化建设，抓好授信审批、风险管理、内控合规等专业人才培训，进一步增强全员风控意识和能力；推动学习型银行建设，深入研究人才成长规律，推进分层分类培训，打造专业型、专家型金融人才，进一步发挥培训育人留人作用。

三、关于今年的重点工作

关于年度工作安排，前期已经印发了要点，希望大家认真落实。下面，我从三个方面强调一下今年的重点任务。

（一）加强宣传思想和企业文化建设，凝聚砥砺奋进的思想共识和精神力量。全面贯彻新时代党的建设总要求，着力加强创新理论武装，运用“工行话语”抓好理论阐释和教育宣传，进一步培育和践行我行企业文化，提高员工的情感认同和行为自觉。

一是强化创新理论武装。坚持把习近平新时代中国特色社会主义思想作为中心内容贯穿于宣传思想文化和教育培训工作的方方面面和各个环节，融合运用党委中心组学习、理论宣讲、政策宣传、党校培训等方式，扎实开展党的理论教育，切实增强全行各级党组织和党员干部的理论水平和党性修养。今年，要重点抓好党的十九届四中全会精神学习，各级机构要灵活采取多种方式，分层落实宣讲及轮训方案，确保学深学透、落细落实，原则上于8月底前完成。

二是做好思想政治教育和主题宣传。要严格落实意识形态工作责任制，牢牢把握意识形态工作领导权、管理权和话语权，守好意识形态“责任田”；围绕决胜全面小康、决战脱贫攻坚，开展“‘工’同迎小康 奋进新时代”群众性主题宣传活动，全面展现我行助力打好“三大攻坚战”的举措和成果；加强先进典型、身边榜样事迹宣传，打造“工行榜样直播间”，深度挖掘一批“工行故事”“文化使者”，诠释时代精神，激发奋进力量；总结推广基层思想政治工作好经验好做法，提高各级领导干部抓好员工思想工作的意识和能力，发挥好思想政治工作稳人心、聚人心、暖人心的作用。

三是推动企业文化植根经营、深入人心。紧扣“48字”工作思路，完善新时期企业文化价值体系，用员工听得懂、易接受的表达方式，抓好新时期经营思路和工作方针的宣传落实，推动文化价值理念深入人心；继续组织“创新工行”大赛，加强廉洁文化培育，协同开展“合规制度治理年”“服务先行”和“从严治贷”等子文化和专业文化实践活动，推动文化建设进一步融入经营发展；持续开展“全球工行一家人”境外机构主题文化活动，深化“文化工行·中国书架”项目，增强境外机构全球雇员、子公司市场化员工对中国文化和工行价值的认同感，促进集团上下一体同心。

（二）统筹推进集团教育培训工作创新发展，增强对经营发展和人才培养的支撑力。要聚焦集团发展中的“瓶颈”和“痛点”，创新机制方法，提升教育培训工作水平。

一是持续提高党校办学水平。当前，中央对干部教育培训的规模质量提出更高要求，我们要加快构建三级党校体系，推动一级（直属）分行党校应设尽设；逐步完善工行特色党校培训体系，打造一批党性教育基地，开发一批特色党建课程，培养一批党校教学名师，持续推动各部室、各机构领导干部走上党校讲台。总行党校要协调好长春、杭州分校和7家教学基地，统筹抓好领导干部进修班、中青年干部培训班、二级分行党委书记纪委书记“两个提高”（提高治理能力，提高执行能力）专题培训等重点项目和常规班次。各分行党校要突出党的理论教育和党性教育的主课地位，在抓好重点受训群体基础上，逐步加大对一级支行副行长及以下基层管理人员和普通党员的培训，强化理想信念、党性修养和党规党纪教育。今年，重点要结合“两明案”警示教育“回头看”，把党风廉政教育、廉洁从业教育等内容纳入全行各级党校和管理人员培训，筑牢党员干部拒腐防变的思想防线。

二是加大重点领域、重点人群培训力度。实施战略传导力培训，围绕全面打造“第一个人金融银行”“境内外汇业务首选银行”以及提升战略性区域竞争发展力、提高重点县域支行市场竞争力等战略部署，制定实施分层级、可持续的培训支持方案，组织跨机构、跨专业、跨层级联动培训，助力战略传导落地。实施业务支持培训，围绕“金融精准扶贫”“资管投行转型发展”“金融科技”等重点工作和“信贷经营”“普惠金融”等关键领域，规划实施综合化培训解决方案，助推业务发展。实施职业发展培训，深化管理人员培训、国际化人才培训、客户经理“信贷铁军”、运营主管“磐石计划”、新员工“繁星计划”等重点项目，研究契合人才成长规律的全岗位、梯次化培训体系，推进员工终身学习、持续学习，发挥好育人留人作用。实施服务客户培训，采取相伴学习、公益直播等融智送智方式，面向政府机构、民营小微企业、私人银行客户等开展“培训+”项目，推动“澳门青年金融人才培训学院”运行发展，设立面向在校学生的星辰学院、星火学堂等特色学院，加快产教融合型企业建设，为服务社会民生作出积极贡献。

三是加快培训体制改革。全面完善“工银大学”体系建设，强化对集团内外培训资源的统筹配置和利用；在协同推进境内各级机构培训工作的同时，把境外机构、综合化子公司等纳入整体架构，创建全员学习提高、知识共享、思想创新的大平台，持续输出支撑集团发展的创新思维、专业人才和工行智慧。需要强调的是，今年重点结合工银大学规划，落实好国家培训疗养机构改革要求，总行近期制定了我行试点改革方案，约有20家原疗养机构将纳入工银大学网络布局，工作目标定位发生了变化。下一步，有关分行要切实按照培训院校标准，加强对这些机构的管理，改造补充必要的设施设备，提供必要的人财物支持，保证其聚焦主责做培训、真正为培训所用。

四是提高知识管理能力。要持续优化专业资格认证模式、考试组织方式和继续教育机制，探索与业绩和实战挂钩的认证标准，使其成为员工履职发展的强大引擎；加快新一代学习平台和知识管理平台的建设应用，提供更为便捷高效的学习服务；深化考试大纲、教材、题库“三个一”建设，构建覆盖全面、衔接紧密的课程、案例、教材、课件体系，定向培养普惠、信贷、风险等专业条线师资，促进知识经验转化应用。

五是提高工作规范化水平。要将“严”和“实”的要求贯穿工作始终，认真落实中央八项规定精神、学员管理规定和培训纪律等要求，形成学风建设长效机制；加强学员参训管理，持续解决好“多头调训、重复参训”等问题，重点将培训资源向“应训未训”员工倾斜，尤其是对合规风险防范要求较高的岗位精准施训，切实保障员工受训权益；规范外部培训合作，实行标准化、动态制管理；优化职工教育经费使用机制，研究提高全行经费使用效率。

（三）加强从业队伍建设，持续改进作风，不断提高政治素养和专业水平。抓好宣传文化和培训部门自身建设，努力打造一支政治过硬、作风优良、专业精通的从业队伍。

一是提高政治站位。宣传文化培训队伍既是“播种机”，又是“孵化器”，这就要求我们始终要坚持用习近平新时代中国特色社会主义思想武装头脑，在学懂弄通做实上下功夫，在增强“四个意识”、坚定“四个自信”、做到“两个维护”上作表率。

二是改进工作作风。巩固“不忘初心、牢记使命”主题教育成果，持续深入整治形式主义、官僚主义，大力改进全系统工作作风，强化责任意识和担当作为，密切联系群众、切实服务基层，发挥好先锋模范作用。

三是增强专业本领。我们要不断加强专业能力建设，积极探索工作规律，更新工作观念，创新工作方法，更好地服务全行改革发展。各分行党委也要高度重视宣传思想文化和教育培训条线的力量配备，特别是目前行属院校人员老化情况比较严重，要及时补充新鲜血液，确保可持续发展。

同志们，做好今年工作任务艰巨，我们要进一步增强责任感、使命感和紧迫感，紧紧围绕总行党委部署，统筹推进常态化疫情防控和经营发展工作，以奋发有为的精神面貌和锐意进取的实干精神，扎实推进各项工作，为打造世界一流现代金融企业作出更大贡献！

在全行离退休人员“双先”表彰大会暨离退休人员工作会议上的讲话

杨国中

（2020年5月28日）

这次会议的主要任务是，学习贯彻全国离退休干部“双先”表彰大会和全国老干部局长会议精神，表彰先进、弘扬正气，引导激励广大离退休人员和在职干部员工不断为党的事业和我行改革发展作出新贡献。刚才通过视频，我们对全行40个离退休人员先进集体和82名先进个人进行了表彰，“双先”代表作了典型发言。听后我很受教育、很受感动。这里，我代表总行党委，向受到表彰的先进集体和先进个人表示热烈祝贺！向全行离退休老同志和离退休人员工作者致以诚挚问候！

我们党历来尊重和爱护老干部，历来高度重视老干部工作。特别是党的十八大以来，习近平总书记站在党和国家事业发展全局的战略高度，对老干部工作作出一系列重要指示，从本质属性上，强调广大老干部是党和国家的宝贵财富、是党执政兴国的重要资源、是推进中国特色社会主义伟大事业的重要力量，老干部工作在党的工作中具有特殊重要的地位，承载着党中央关心爱护广大老同志的重要任务，是中国共产党党的建设的特色；从队伍建设上，强调要加强离退休干部党组织建设，广大老干部要不忘初心、牢记使命，珍惜光荣历史、永葆政治本色；从作用发挥上，强调要发挥老同志的政治优势、经验优势、威望优势，组织引导老同志讲好中国故事、弘扬中国精神、传播好中国声音，推动全党全社会更好培育和践行社会主义核心价值观，积极为实现“两个一百年”奋斗目标、实现中华民族伟大复兴的中国梦贡献智慧和力量；从服务保障上，强调要坚持思想上关心、生活上照顾、精神上关怀，满腔热情为老干部办实事办好事，把党中央关于老干部工作的各项方针政策一项一项落到实处，让老同志安享幸福晚年。习近平总书记关于老干部工作的重要指示，为我们做好新时代离退休人员工作指明了前进方向、提供了根本遵循、注入了强大动力。

尊老爱老敬老是我们工商银行的光荣传统和企业文化。一直以来，总行党委始终注重在思想上关心老同志、在生活上照顾老同志、在精神上关怀老同志，推动全行形成了更加尊重老同志、更加重视离退休人员工作的浓厚氛围。尤其新一届党委班子成立以来，为了进一步体现总行党委对老同志的关心和对离退休人员工作的重视，陈四清书记特意在国庆和重阳节前夕，到总行离退休人员管理部调研，委托部里向全行老同志表示节日的问候。之后又带领班子成员出席了总行老同志集体祝寿会和总行离退休老领导迎新春座谈会，多次就做好离退休人员工作作出指示批示。在今年初的党委扩大会议上，还专门召集有关部门就进一步加强和改进离退休人员工作进行了研究。根据总行党委工作部署，下面我就进一步做好离退休人员服务管理工作讲三点意见。

一、围绕中心，用心用情，近年来全行离退休人员工作取得了新成绩

（一）注重加强“三项建设”，确保广大离退休人员始终保持政治坚定、思想常新、理想永存。坚持把加强政治思想引领作为抓好离退休人员工作的总开关和牛鼻子，组织广大离退休人员深入学习领会习近平新时代中国特色社会主义思想；坚持把强化党组织建设作为抓好离退休人员工作的压舱石和稳定器，从离退休人员党员实际出发，通过在异地建立临时党支部加强流动党员管理、利用网络平台创新开展党建学习活动等措施，有效推进了党支部工作的科学化、制度化、规范化，党组织的吸引力、凝聚力、战斗力进一步增强。

（二）注重围绕党和国家以及我行工作大局，组织老同志开展多种形式的主题活动。持续开展“增添正能量·共筑中国梦”活动；深入开展“我看改革开放新成就”“我看新中国成立70周年新成就”等系列调研。同时紧密结合行业特点，不断创新活动载体，在全行相继开展了“体验工行创新发展，我为工行点赞加油”“老同志回娘家”“传承传送好家风”等一系列特色活动，有效凝聚、传递了老同志的正能量。

（三）注重调查研究，着力推动解决离退休人员工作中的热点难点问题。采取点面结合、以点带面方式，深入基层行特别是县域支行开展了多轮深层次的调研，达到了发现问题、推进整改、促进提高的目的。制定出台了《关于进一步加强和改进离退休人员工作的意见》，为全面做好新形势下离退休人员工作提供了政策指引。

（四）注重理念创新，把精准化的要求贯穿离退休人员工作全过程。坚持精准谋划思路、精准制定政策、精准推进工作，引领各级行结合实际，通过扎实开展离退休人员走访慰问工作、千方百计做好困难离退休人员帮扶工作、创新加强离退休人员学习活动阵地建设、积极搭建服务老同志的信息化平台、坚持开展丰富多彩的文娱活动等措施，不断深化细化服务管理工作，为老同志实现“六个老有”创造了良好条件。

（五）注重抓好部门自身建设，努力提高全行整体工作水平和队伍综合素质。把深入学习贯彻习近平新时代中国特色社会主义思想作为主题主线，加强离退休人员工作队伍政治、思想、作风和能力建设，进一步强化做好新时代离退休人员工作的责任担当；大力开展全行离退休人员工作“双先”评选表彰活动，进一步营造崇尚先进、学习先进、争当先进的良好氛围。

特别值得一提的是，在这场防控疫情的严峻斗争中，全行广大老同志在做好自身防护的同时，通过捐款捐物、参加疫情防控志愿者、创作防控疫情文艺作品等多种方式，积极支持疫情防控，用实际行动践行了共产党员的初心使命和为党分忧、为国出力的政治觉悟，展现了我行老同志的先锋形象和家国情怀。借此机会，我代表总行党委，向积极投身疫情防控阻击战的老同志们致以崇高的敬意！向感染新冠肺炎和不幸染病逝世的老同志及其家属，表示深切的慰问和沉痛的悼念！

二、学习弘扬离退休人员先进集体和先进个人事迹，进一步激励广大老同志为党的事业和我行改革发展作出新贡献

习近平总书记强调，老同志这个力量是非常巨大的，在社会上也是非常有影响的，要很好发挥他们的作

用。从这次受到总行表彰的离退休老同志先进事迹来看，无论是先进集体还是先进个人，他们退而不休、奋斗奉献，不忘初心、牢记使命，服务党和国家各项事业，做的许多事情都是非常感人的，切实发挥了老同志的优势和作用。我们要广泛学习宣传他们的先进事迹，引导广大老同志并带动全行干部员工自觉见贤思齐，争做时代先锋。

（一）要大力学习宣传先进集体和个人不忘初心、忠心向党的典型事迹，激励广大老同志坚决做到“两个维护”。这次全行离退休人员先进集体和先进个人评选、表彰，是在深入开展“不忘初心、牢记使命”主题教育的过程中进行的。受表彰的先进集体和先进个人，都是对党忠诚、坚守初心、勇担使命的模范。比如，在这次疫情中不幸去世的全国离退休干部先进个人、第二届“感动工行”获奖员工——湖北分行离休干部王铁生同志，他生前多次缴纳特殊党费；捐款资助过近300名贫困学子；鲐背之年，仍孜孜不倦，坚持学习，用坚定的理想信念，谱写了人生的华章。又如，这次被中组部授予全国离退休干部先进个人称号的江西分行退休员工甘公荣同志，坚持常年向广大党员干部、青年学生讲授老一辈共产党人艰苦朴素、一心为民的奉献精神，并接力母亲的公益事业，为众多困难家庭解了燃眉之急，用行动践行了初心和使命。像这样始终保持崇高信仰，坚决听党话、永远跟党走的先进典型，全行还有很多。我们要大力弘扬他们的感人事迹、崇高精神，激励广大老同志始终做习近平新时代中国特色社会主义思想的坚定信仰者、忠诚实践者。

（二）要大力学习宣传先进集体和个人奋发有为、无私奉献的典型事迹，激励广大老同志始终助力社会发展和道德建设。这次受表彰的先进集体和先进个人，都是老骥伏枥、壮心不已，真心真意为社会服务、为群众服务。比如，浙江舟山分行老同志陆秀娟，退休后主动放弃居家养老的惬意生活，远赴贫困山区义务支教，给那里的孩子送去了知识和希望。又如，山东泰安分行退休员工刘奉阁，坚持几十年如一日，走到哪里好事就做到哪里，以实际行动践行了自己“活着一分钟、奉献六十秒”的铮铮誓言。我们要大力宣传和弘扬这样的先进事迹，激励广大老同志进一步认识和充分发挥自身的多方面优势，积极参与服务社会、脱贫攻坚、以德化人等活动，发挥他们在助力社会发展和道德建设中的积极作用。

（三）要大力学习宣传先进集体和个人牢记宗旨、永葆本色的典型事迹，激励广大老同志始终弘扬社会主义核心价值观和我行企业文化。广大老同志在求索中涵养的道德情操、在奋斗中淬炼的红色基因，对于厚植党的革命文化、弘扬党的优良传统，对于培育社会主义核心价值观，特别是教育引导青年员工，传承和弘扬我行企业文化，具有重要的价值和意义。比如这次发言的北京南礼士路支行离退休人员党支部，通过举办“薪火相传”新老员工座谈会、“工行印记”座谈会，讲好工行故事，弘扬工行文化。又如，河南分行本部离退休人员党总支，通过组织老同志追忆职业经历，畅谈工作感想，向青年员工传授老一辈工行人的好经验、好作风、好传统。我们要大力宣传和弘扬先进事迹，激励广大老同志充分发挥“传帮带”作用，当好社会主义核心价值观的引领员、我行企业文化的传播员、良好行风建设的监督员，为助推我行建设世界一流现代金融企业贡献智慧和力量。

三、求真务实，改革创新，努力开创新时代离退休人员工作新局面

（一）全面加强离退休人员党的建设。目前，全行离退休人员有23.6万人，其中党员9.7万人，离退休人员党组织2 600多个，数量多、分量重、影响大。各级行党委要把离退休人员党的建设纳入党建工作总体安排，切实把离退休人员这支队伍有效地组织起来、团结起来、凝聚起来。

一要加强政治建设。要始终坚持政治引领，严格按照党的十九届四中全会关于坚持和完善党的领导制度体系的决策部署，进一步明确老同志政治学习、严肃党内政治生活、严守政治纪律和政治规矩等方面的要求，并落实到阅读文件、参加重要会议和重大活动、通报情况、形势政策教育、参观学习等具体制度中，引导离退休人员自觉在思想上政治上行动上同以习近平同志为核心的党中央保持高度一致。这里，要强调一点，目前疫情防控进入常态化，各行要不断加强正向宣传，引导老同志提高政治站位，为疫情防控工作传递正能量。

二要加强思想建设。要坚持把学习贯彻习近平新时代中国特色社会主义思想作为根本任务，引导老同志在常学常新中加强理论修养，在真学真信中坚定理想信念，在学思践悟中牢记初心使命。要从老同志实际和特点出发，建立健全老同志“不忘初心、牢记使命”的长效机制，完善和落实离退休人员党支部组织生活、理论学习、收缴党费和流动党员教育管理等制度规定，对于身体条件允许的老同志，在参加组织生活和集中学习方面要严格要求，使他们始终处于党组织的教育管理服务之中。要注意运用网络媒体和信息传播技术，积极打造网络学习平台，为老同志便捷学习、深入交流创造条件。

三要加强党组织建设。要根据老同志特点，按照“利于活动、便于管理、应建尽建”的原则，采取多种方式设置党组织，做到离退休人员党员在哪里、党的组织和工作就覆盖到哪里。要积极创新党组织活动方式，做到动与静结合、个体与群体结合、分散与集中结合、线上与线下结合，增强党组织活动的吸引力影响力。要

以离退休人员党支部为主阵地，持续深化和拓展“增添正能量·共筑中国梦”系列活动，组织开展好“我看脱贫攻坚新成就”专题调研，发动广大老同志以诗书画影等多种形式点赞党的扶贫好政策，讴歌脱贫攻坚新成就。

（二）用心用情做好服务工作。“服务”是离退休人员工作的核心理念。前不久，总行党委立足服务为先，将总行离退休人员管理部更名为离退休人员服务与管理部，并适当为部门增加了编制，其目的就是为了彰显“服务”在离退休人员工作中的重要性。新形势下做好离退休人员服务工作，一要体现在“深”字上。首先是要“感情深”，就是要始终带着深厚感情去做离退休人员工作，发自内心地尊敬老同志，全心全意地服务老同志，把老同志当亲人、当家人、当父母，敬爱致恭、用情用心。其次是要“作风深”，就是要经常走访探望老同志，听取他们的意见和建议，帮助解决实际问题，让他们切身感受到重视、尊重和关心。二要体现在“实”字上。就是要以务实扎实的作风，想方设法为老同志办实事、办好事。对于总行已经明确的政策待遇和制度规定，要不折不扣抓好落实。去年，总行结合“不忘初心、牢记使命”主题教育调查研究，深入部分基层行就离退休人员服务管理制度落实等情况进行了实地调查，发现仍不同程度存在支行不如分行、基层不如机关，一些制度落实不到位现象。对此，各行党委和离退休工作部门要引起高度重视。要沉下身子，直插基层一线，加大对制度落实情况的督促检查力度，发现问题及时整改。该有的政治、生活待遇一定要落实到位。三要体现在“细”字上。离退休人员工作无小事。老同志反映的问题再细小琐碎，也应按大事来对待，不能大而化之。我们一定要落实精准服务要求，在离退休人员工作中想得更细一些，精准谋划、精准施策、精准落实，真正做到“细致入微”“无微不至”。四要体现在“快”字上。不少老同志特别是离休老同志大都年过鲐背之年，有的已逾百岁。服务照顾好他们，一定要有“等不起”“慢不得”“坐不住”的紧迫感、责任感，要有“急人之难，起而行之”的态度和作风，否则就可能会给这些老同志，同时也给我们带来终生遗憾。

（三）推进离退休人员工作创新发展。随着经济社会的快速发展，离退休人员工作面临的社会环境和条件发生了深刻变化，老同志队伍自身的思想观念、组成结构、利益诉求等也发生了很大变化，这就要求我们注重深入学习研究、注重理念思路创新、注重改进方式方法，使离退休人员工作与时俱进、创新发展。

一要拓宽思路。要不断优化思维，敢于打破惯例、跳出桎梏，及时调整那些不合时宜的制度、措施和方法，形成科学的、前瞻的、切实可行的新思路和新举措，探索新的途径和载体，使离退休人员工作更加体现时代性、把握规律性、富有创造性。比如在服务老同志方面，可以综合利用政府公共服务、社会优待服务和市场化外包服务等，帮助我们解决自身资源有限和工作人员力量不足等实际问题；在离退休人员活动学习场所建设方面，可以充分利用撤并网点、单位闲置房等场地，或让老同志错时、错峰使用“职工之家”，与在职员工共同举办文体活动等方式，推进解决老同志无活动学习场所或活动单一等问题；在组织老同志开展正能量活动方面，既要紧紧围绕主题，还要考虑选什么载体最能激发老同志的热情，最能收到明显成效，最能体现离退休人员工作的价值。像前一阶段总行利用“工行离退休之家”微信公众号，先后组织全行老同志和离退休工作部门开展了“我看改革开放新成就”书法摄影作品和“礼赞七十年，颂歌献祖国”短视频作品网上展示评比活动，均得到全行老同志、在职员工和社会公众的广泛关注和好评。诸如这样好的创意和平台，各级行都可以参考借鉴。

二要注重调研。调查研究是党的传家宝，是工作创新的基础性保障。着眼离退休人员工作的特点，经常走进老同志当中摸清情况、弄准问题、倾听意见，了解老同志所思所想、所需所盼，这也是一种调研，是我们推进创新、改进工作、提高质量的有效途径。各行离退休工作部门的同志要主动接近老同志，走百家门、问千家事，经常到离退休人员党支部，到老同志活动学习场所，到工作相对薄弱的机构，全面深入准确地掌握情况发现问题，精准发力解决问题。当前，离退休人员工作面临许多新情况新问题，要围绕提升离退休人员党组织组织力、加强退休人员服务管理、顺应社会化养老趋势满足老同志养老需求等重点难点问题，进行深度研究。要坚持实事求是、与时俱进地思考谋划工作，不断解决突出问题，深化工作开展，不断总结新鲜经验，深化规律性认识。

三要用好网络。当前，互联网已经融入社会生活方方面面，深刻改变了人们的生产和生活方式，也为离退休人员工作发展带来了新的机遇和挑战。要积极推动信息化与离退休人员工作深度融合，抓紧完善直接联系服务老同志的手机软件、微信公众号、数据库等信息化平台建设。要着力提高离退休工作者运用信息化手段开展工作的能力，实现工作提质增效。要引导和帮助广大老同志学习使用信息化终端，让他们用得好、用得惯、用得方便、用得有效。

（四）加强对离退休人员工作的组织领导。各级行党委要把离退休人员工作摆上重要议事日程，定期听取汇报，定期研究部署，定期督导问效。主要领导要经常关心过问离退休人员工作，经常联系走访老同志，经常出席重要活动，带头向老同志通报情况。分管领导要切实负起责任，具体抓、深入抓，直接协调解决重要问题。我行离退休人员队伍庞大，我们有尊老的传统，有专门的队伍，大部分行的离退休工作放在人力资源部门服务和管理，有条件把工作做好。离退休人员工作团队要不断强化自身建设，认真履职、主动作为。组织部门要从思想、工作、生活等方面关心离退休人员工作者，充分理解和体谅他们的辛苦和难处，及时帮助解决实际困难，加大干部交流使用力度，积极为他们的成长进步创造条件。

同志们，做好新时代离退休人员工作使命光荣、责任重大。我们要以这次“双先”表彰大会为新的起点，坚决贯彻党中央对离退休人员工作的决策部署，全面落实总行党委各项要求，以只争朝夕、永不懈怠的精神状态，以求真务实、担当进取的工作作风，推动全行离退休人员工作再上新台阶。

在中国工商银行机关党的建设工作会议上的讲话

杨国中

（2020 年 6 月 4 日）

刚才，陈书记对近年来机关党建工作取得的成绩给予了充分肯定，对加强和改进总分行机关党的建设工作进行了部署，分析了形势任务，提出了工作要求，具有十分重要的指导意义。总行党委一直高度重视机关党的建设工作，新一届总行党委班子组建以来，认真履行机关党建主体责任，陈书记亲自部署、亲自过问、亲自协调、亲自督办，党委会定期研究谋划机关党建重点工作，党委班子成员出席指导换届选举大会、党建知识竞赛等重要会议活动。今天总行党委又专门召开机关党的建设工作会议，充分体现了总行党委对机关党建工作的殷切期盼，体现了对机关各级党组织和党员、干部的关心爱护。陈书记的讲话站位高、立意深、要求实，特别是关于“灯下黑”问题专项整治工作的要求，语重心长、言辞恳切、推心置腹。我们要勇于正视问题，积极面对问题，下定决心、采取措施、抓好整改，希望大家认真学习领会。为贯彻落实好本次会议精神，下面，我再提三点要求。

一、加强统筹推进，高质量完成三项重点工作

陈书记对三项重点工作进行了全面部署，直属机关党委已经印发相关文件，实际上就是三个方案，大家要结合实际，抓好贯彻落实。首先，要把握目标任务。强化政治机关意识教育就是要让政治机关意识深入人心，提高理论武装有效性针对性，锤炼忠诚干净担当的政治品格，自觉把“两个维护”体现在坚决贯彻党中央决策部署的行动上，体现在履职尽责、做好本职工作的实效上，体现在党员干部的日常言行上。习近平总书记在 2019 年 7 月 9 日中央和国家机关党的建设工作会议上，指出了机关党建“灯下黑”的四种现象。“灯下黑”问题的专项整治，就是要坚持问题导向，主动排查机关党建薄弱环节，补齐短板漏洞，以专项整治的实际成效推动机关党建高质量发展。标准化规范化建设就是要将全面从严治党、从严治行要求落实到每个党支部，通过强化支部建设，进一步理顺抓党建、强队伍、促业务的传导链，凝聚智慧力量，把机关党建的各项优势转化为破解业务发展和队伍建设难题的有效武器。其次，要把握内在联系。要充分认识三项重点工作的辩证统一关系，三者相辅相成、相互促进，涵盖了机关党的建设的各个方面。强化政治机关意识教育是统领，确保各项工作沿着正确方向前进；“灯下黑”问题专项整治是抓手，通过查问题、找原因、定举措，解决好制约机关党建高质量发展的瓶颈障碍；全面推进标准化规范化建设是基础，为各项工作明确标准、规范要求、确保实效。再次，要把握工作要求。三项重点工作不分先后，要统筹谋划、一体推进。要把三项工作同落实全面从严治党、从严治行要求结合起来，同建设让党中央放心、让人民群众满意的模范机关结合起来，同落实总行党委战略安排结合起来，久久为功，真正把机关党建工作的成效转化为贯彻落实习近平总书记重要指示批示精神的实际行动，转化为推动工商银行转型发展的强大力量。按照总行党委要求，总行将组建监督检查工作组，7 月份开始对总行机关党组织相关工作开展情况进行督导检查。总行机关各级党组织要提高认识、积极配合，确保督导检查工作取得预期效果。

二、建立健全制度体系，提升治理效能

要深入贯彻落实党的十九届四中全会精神，持续完善机关党建工作制度体系，把建章立制贯穿到机关党建全过程各方面，确保各项工作有章可循、有据可依。首先，要增强制度意识。要加强宣传教育，引导机关党员干部主动学习党章党规党纪，提高制度意识、坚定制度自信，形成遵规学规守规用规的良好氛围。其次，要深化制度建设。要加强制度建设的顶层设计，做好不同制

度的协调衔接，规范制度的体例内容，建立符合机关特点、健全务实管用、操作性强的机关党建制度体系，探索形成一套管人、管事、管权的长效机制。再次，要强化制度执行。制度制定很重要，制度执行更重要。要从基本制度严起、从日常规范抓起，真正把制度执行到人、到事、到底，使各项制度持久发挥效力。最后，要强化对制度执行情况的监督检查，防止“破窗效应”，扎好制度“铁栅栏”，真正把各项制度要求贯彻落实到位，用制度优势推动机关治理和全行各项事业发展。

三、压实管党治党责任，务求工作实效

要在明责、履责、督责上下功夫，推动管党治党责任落实落细，取得实效。一是要建立清单明责。要抓好全面从严治党主体责任清单、监督检查办法、委员工作指引等制度办法的执行，做到主体、内容、要求、措施“四明确”，形成环环相扣的责任链条。各一级（直属）分行党委要履行好分行机关党建工作主体责任，党委书记要履行好第一责任人责任、党委班子成员要履行好“一岗双责”，把机关党建工作放在心上，抓在手上。分行直属机关党委书记要聚焦主责主业，履行好直接责任人的责任；常务（专职）副书记要强化指导督促和跟踪问效，把更大精力放在强基固本上。总分行机关基层党组织书记、委员要强化履职意识，合力推动工作落实。二是要建强队伍履责。要切实提高党务工作者的专业水平和履职能力，制定分层分类的培训规划，探索建立党支部书记、委员履职培训制度，特别是加大对新任专兼职党务干部、党支部书记的培训力度。要拓展学习形式，设置好机关党建网络课程，扩大培训覆盖面；搭建好学习实践平台，帮助党务工作者在学习中强信念，在实践中长本领，在履职中增能力，以更加高效、更具吸引力的工作方式推动机关党建各项工作的开展。三是要强化考核督责。要继续完善总行机关部室党组织党建工作、一级（直属）分行直属机关党委党建工作考核评价办法，建立健全基层党组织书记、委员抓党建工作述职评议考核的办法。要强化结果运用，将党建工作考核评价结果纳入部门考核评价体系，将党务干部党建工作考核评价结果纳入干部考核评价体系，切实发挥好考核“指挥棒”的作用，推动党务干部做到守土有责、守土负责、守土尽责。要坚持用经营管理、队伍建设、服务基层的成果检验机关党建工作成效，推动党建工作与业务工作目标融合、责任融合、管理融合、队伍融合，使机关党员、干部不断提高政治站位，提升运用创新理论指导实践的能力，保证党和国家的决策部署在我行深入贯彻落实，确保总行党委“48 字”工作思路和经营发展战略得到坚决有力执行，让基层和客户感受到实实在在的变化，让党员干部的干事创业热情充分的激发，实现机关党建质量和经营发展质效同步提升。

同志们，今年机关党建工作时间紧、任务重、要求高，大家要及时学习传达会议精神，在传承中发展，在创新中提质，全力以赴落实好各项任务，为全行改革发展作出应有贡献。

在总行机关“灯下黑”问题专项整治情况监督检查工作动员会上的讲话

杨国中

（2020 年 7 月 30 日）

根据工委的部署和安排，总行党委决定，今年下半年在总行机关集中开展“灯下黑”问题专项整治工作。总行将派出监督检查工作组，对各部门党组织专项整治工作开展情况进行一次专门的、全覆盖的监督检查，检查的目的是深入学习贯彻习近平总书记在中央和国家机关党的建设工作会议上的重要讲话精神，落实总行党委“48 字”工作思路，督促和推动总行机关基层党组织从严从实查问题、找原因、抓整改，着力补短板、固成果、强制度，实现政治功能和组织力的再增强、再提升。

下面，我就做好这次监督检查工作，讲三点意见。

一、统一思想，深刻认识开展监督检查的重要意义

（一）开展监督检查，是贯彻落实习近平总书记重要讲话精神及工委要求的实际行动。党的十八大以来，习近平总书记多次就解决中央和国家机关“灯下黑”问题作出重要批示、提出明确要求。在 2019 年中央和国家机关党的建设工作会议上，习近平总书记再次指出，一些部门和单位在政治意识、党的领导、党建工作、责任落实等方面存在着较为突出的“灯下黑”问题，要求高度重视这些问题的排查与整治。习近平总书

记的重要论述，精辟概括了机关党建工作中存在的痛点、堵点、难点问题，指出了困扰机关党的建设高质量发展的症结所在。今年4月，中央和国家机关工委印发了《关于在中央和国家机关开展“灯下黑”问题专项整治的工作方案》，要求聚焦4方面17项整治重点，从严从实开展专项整治，确保取得实效。6月4日，陈四清书记在工商银行机关党的建设工作会议上，深刻剖析了全行存在的“灯下黑”问题典型表现，直击要害、振聋发聩，给总行机关各级党组织和广大党员干部敲响了警钟。如果在全行“最先一公里”解决不好这些顽瘴痼疾，就必然会影响党中央决策部署的贯彻落实，影响总行党委战略安排的落地实施。大家要深刻认识到，开展“灯下黑”问题专项整治情况监督检查，是总行党委贯彻落实习近平总书记重要讲话精神的实际行动，是工商银行推动全面从严治党向纵深发展的必然要求，是检验总行机关基层党组织“不忘初心、牢记使命”主题教育成效的有效举措，更是实现经营发展稳中求进的助力保障，对带动全行各级党组织深入查摆反思、检视自身问题、夯实发展根基具有十分重要的示范作用。

（二）开展监督检查，是发现和解决机关党建“灯下黑”深层次问题的有力抓手。监督检查是我们党长期坚持、行之有效的工作方法，是推进决策落实的“尖刀利器”和推动问题解决的“重要法宝”。在总行机关开展“灯下黑”问题专项整治情况监督检查，充分体现了总行党委纵深推进全面从严治党从严治行的坚定决心，彰显了总行党委坚持“刀刃向内”、革除顽瘴痼疾的高度自觉。采取“测、听、谈、看、答”等科学有效的工作方法，对总行机关“灯下黑”问题专项整治情况进行监督检查，能够比较准确掌握机关党建工作状况、全面查找机关党建工作中存在的突出问题，有力推动党中央决策部署、工委以及总行党委工作要求在总行机关的落实落细。所谓“测”，就是通过党建知识测评，检验各级党员干部对党的理论路线方针政策等基础知识的掌握情况；所谓“听”，就是听取专项整治工作汇报，总结工作进展、检视存在问题、分析改进办法；所谓“谈”，就是广泛谈心谈话，了解各层级党员干部对机关党建工作的真实评价和对做好问题整治的意见建议；所谓“看”，就是查阅相关资料，看各部门党组织是否按要求、高质量地开展党建工作；所谓“答”，就是组织机关全体党员、群众参加问卷调查，如实评价部门专项整治工作，客观反映部门党建情况。要坚持以取得让群众满意、让基层有感的整治成效为目标，推动自查发现问题和检查反馈问题整改相结合，对照问题清单，制定责任清单，自觉主动接受群众和基层的监督，提高整治针对性和实效性。

（三）开展监督检查，是迎接中央巡视的一次重要准备。上一次中央巡视我行是2015年，按照中央巡视有关要求，一般5年时间会安排一次，今年又到了被巡视的时候。总行机关作为全行经营决策、管理指挥和资源配置中心，必然是中央巡视组检查的重点对象。总行直属机关党委梳理出的4方面27项专项整治重点，既包含了中央巡视中央和国家机关各部门发现的党建共性问题，也包含了上一轮中央巡视和工委督查我行以及总行巡视、“不忘初心、牢记使命”检视发现的党建突出问题。能够在中央巡视前主动梳理查摆不足，并通过监督检查推动整改，对各部门来说都是一次难得的自我检视、查漏补缺的机会，希望大家认真严肃对待。为了组织好本次监督检查工作，专项整治工作办公室多次研究讨论、反复斟酌，慎重确定检查时间、检查内容、方式方法和工作组构成，目的就是要统筹疫情防控常态化要求和全行经营发展实际，拿出最优方案，既不给各部门增添负担、影响业务开展，也要确保检查不走过场，以最短的时间达到最好的效果，不浪费宝贵的人力物力资源。

二、提高站位，积极支持配合监督检查工作顺利开展

这次监督检查，时间紧、任务重，能否取得预期效果，很大程度上取决于被检查部门的支持配合。各部门党组织要站在讲政治的高度，从推动总行机关党的建设高质量发展大局出发，全力支持、主动配合好监督检查工作的开展。

（一）在组织领导上坚决支持。对“灯下黑”问题专项整治情况的监督检查实质上是一种政治督查，检查的是各部门党组织管党治党举措是否有力，检验的是各部门党组织政治建设是否有效。被检查部门党组织要切实增强接受监督检查的政治自觉，把接受检查视作一次锤炼政治品格、提高政治能力的难得机会，自觉担负起问题整改责任，积极主动查漏洞、找不足、补短板，进一步提升党建工作水平。同时要做好宣传教育，提高党员干部特别是各级党组织委员对监督检查工作的重视，营造积极健康的迎检氛围，为监督检查工作提供有力支撑和组织保障。

（二）在检查过程中全力配合。各部门党组织书记要发挥好示范表率作用，带头配合检查工作；党组织委员要负责分管领域的组织协调，及时落实好检查组的工作要求。前期专项整治工作办公室已经通过智慧党建云平台向各部门发放了网络调查问卷，从收集回来的问卷情况看，大家答得都很好，比较客观，体现了总行机关各级党员、干部对组织负责、对自己负责、对党建工作负责的认真态度。在监督检查工作组进场后，大家依旧要保持这种态度，完成好接受检查的各项任务。专项整治情况汇报要突出问题导向、目标导向、结果导向，直截了当谈问题，不回避、不遮掩，通过对自身问题的深度剖析，为监督检查工作组考评提供正确参考，同时为下一步整改奠定坚实基础。党建知识测评要严谨组织、

认真参与，杜绝抄袭作弊，真实体现各级党员干部的学习情况。鼓励各部门党组织班子成员带头参加测评，带头检验学习成效，带头营造良好学习氛围。个别谈话要认真准备、高度负责，向监督检查工作组如实反映本部门党建工作情况。还要积极配合监督检查工作组查阅资料，如实提供有关资料，保证相关信息的准确、真实。

（三）在意见反馈后扎实整改。开展监督检查，是为了帮助各部门党组织查找问题、解决问题，根本目的是帮助被检查部门更好落实管党治党责任、提高工作水平。对于检查发现的突出问题，监督检查工作组将形成专门意见，并反馈、督促被检查单位进行整改。各部门党组织要正确对待反馈意见，落实好问题整改主体责任，立行立改、应改尽改。要结合反馈意见，完善“灯下黑”问题专项整治工作台账，进一步明确问题清单，继续坚持对号销账，逐条逐项加以解决。对于中央和总行巡视发现以及“不忘初心、牢记使命”主题教育检视出来的尚未整改问题，要认真研究修订整改方案，集中力量一抓到底、彻底解决，不能击鼓传花、草草了事。

三、严格履职，确保监督检查工作扎实推进

监督检查工作组虽然是为完成这次检查任务，经党委同意组建的临时机构，但从事工作所产生的影响是深远的。对于每一位工作组成员来说，这次监督检查是一项艰巨的、繁重的而且是全新的工作，但同时也是一次难得的锻炼机会，希望大家以饱满的政治热情、全情投入到工作中，不辜负总行党委的委托和党员群众的期待。

（一）注重把握工作重点。围绕监督检查工作要求，聚焦“灯下黑”问题整治实际行动，紧扣27项整治重点，深入了解各部门党组织学习贯彻习近平新时代中国特色社会主义思想情况，特别是贯彻落实习近平总书记在中央和国家机关党的建设工作会议上的重要讲话精神和关于经济金融领域重要指示批示精神的情况；结合中央和总行巡视发现的党建问题、“不忘初心、牢记使命”主题教育检视问题整改、党支部标准化规范化建设要求，查找问题、推进整改情况，切实发挥监督保障执行作用。

（二）注重掌握方式方法。每个监督检查工作组要在一个月左右的时间完成5到6个部门的现场检查任务，在每个部门的检查时间满打满算也就3天左右，而且要确保真刀真枪、不走过场，工作压力是比较大的，需要大家“弹好钢琴”，妥善处理好各个环节和各项工作。首先要做好统筹兼顾。各位组长要履行好监督检查“第一责任人”职责，做好组内任务分工，抓好组织实施；安排专人负责同被检查部门和专项整治工作办公室的联系沟通，协调推进各项工作；其他同志要按照组长安排，以认真负责的态度完成好每一项任务。其次要合理安排时间。提前规划好进场后的各个环节，能同时进行的就同时进行，不等不拖、提高效率；能在场外完成的任务就不带到场内，压缩工作步骤，降低各部门迎检压力。再次要严格进行把关。认真负责、从严督导，既要找出问题、提出建议，也要发现亮点、推广经验，巩固夯实机关党建工作基础，助推机关党建高质量发展。

（三）注重加强自身建设。这次参加监督检查的各位同志，都是各党委职能部门的领导干部和各部门党组织推荐出来的党务骨干，每个组三个同志，代表总行党委开展工作，要自觉维护好监督检查工作组的良好形象，高标准、严要求完成各项工作。一是政策要清。学好用好专项整治工作办公室整理的政策制度汇编，吃透党中央文件精神，领会好工委和总行党委工作要求，把准监督检查标准，确保各项工作成果经得起时间和实践的检验。二是作风要实。要始终坚持实事求是，客观、公正地看待问题，既不无中生有、小题大做，也不大事化小、小事化了，做到精准发现、精准分析、精准报告。要发扬脚踏实地、担当尽责的精神，谦虚谨慎、勤勉履职，不搞形式、不走过场，把监督检查工作打造成样板工程。三是纪律要严。带头严守纪律规矩，严格按照工作纪律、廉洁纪律、保密纪律要求开展工作，不隐瞒、歪曲、捏造事实，不泄露谈话内容、问题线索等秘密，不违反中央八项规定精神及总行相关工作要求，使工作组成为严守纪律规矩的模范。

同志们，开展好“灯下黑”问题专项整治情况监督检查工作责任十分重大，希望各部门党组织和监督检查工作组密切配合，共同努力，圆满完成工作任务，为推动新时代机关党建工作迈上新台阶贡献力量！最后，还要提示一下，现在疫情防控形势还比较复杂，不能掉以轻心、麻痹大意。检查过程中，要严格落实总行常态化疫情防控工作要求，戴口罩、勤洗手、少聚集，提高防护意识，注意办公环境安全，确保大家身体健康。

在2020年教师节座谈会上的讲话

杨国中

（2020年9月8日）

后天就是全国第36个教师节了。根据疫情防控要求，今天我们以云座谈的方式组织这次教师节活动，很特别也很有意义。结合大家的发言，谈三点想法。

一、主动求变，积极作为显担当

过去一年，全行教育培训工作紧紧围绕总行党委“48字”工作思路，统筹开展党校教育、战略传导、履职进阶、客户服务等各类培训，打造工银大学“澳门青年金融人才培训学院”“新星学院”“星火学堂”，积极助力集团转型发展；面对突如其来的新冠肺炎疫情，各级培训工作者快速应对、主动作为，创新实施了网络、视频、直播等多形式的线上培训，确保了“停训不停学”，为统筹推进疫情防控和经营发展发挥了积极作用，以实际行动诠释了我们的责任担当。

长期以来，总行党委高度重视教育培训工作。今天，陈四清董事长专门向大家致以亲切的节日慰问。在此，我谨代表总行党委向全行广大教育培训工作者、各级兼职培训师，向所有关心支持教育培训工作的单位和个人表达崇高的敬意和诚挚的感谢！

二、守正出新，把脉定向谋发展

今年是决战决胜脱贫攻坚和全面建成小康社会的收官之年，也是我行三年规划的决胜之年。在全球疫情冲击下，世界百年未有之大变局加速演变，我们必须做好应对系列风险挑战的准备。作为集团发展的先导性、基础性工程，教育培训工作要在创新中谋发展、在变局中开新局。

一要始终坚持用党的科学理论武装头脑。金融是国之重器。工商银行是国有大行，始终坚持和加强党的领导是我们的天职本分。去年以来，党中央就加强党的政治建设、落实全面从严治党、抓好干部教育培训、加强党校建设、推进产教融合等工作印发了系列制度办法，为当前及今后一段时间培训工作指明了方向。各级培训工作者要胸怀金融报国之志，强化责任担当，切实肩负起强化全员理论武装、培养高素质专业人才的光荣使命。近期，为落实中组部要求，总行人力资源部和教育部对我行落实全国干部教育培训条例及规划情况进行了评估。从评估整体情况看，我行培训工作较好地落实了中央要求，基本实现“规定动作做到位、自选工作有声色”。同时我们也应该看到，培训不充分不平衡问题依然存在。比如，干部培训的力度，精准施训、共建共享的效果等还需持续提升。

二要紧紧围绕总行党委战略部署开展工作。培训工作要落实总行党委“48字”工作思路，在各领域各环节对标对表，无论体系建设、项目策划还是产品研发，都要做好配套转型升级，更精准地对接战略、更有效地契合新一代受众特点，进一步打造需求牵引供给、供给创造需求的高水平培训服务，确保“经营战略指到哪里，培训工作就要跟到哪里”。

三要主动适应“后疫情时代”特点创新培训。在“后疫情时代”，依托创新技术应用，传统培训领域里衍生叠加出了一系列新环节、新链条和新形态。创新培训新业态既是应对疫情的主动之策，更是传统培训转型发展的必然要求。当前正处于国内疫情防控转向常态化和全球疫情大流行相叠加的阶段，防控任务仍然严峻艰巨。预计今后相当一段时期，线上培训将成为主导，培训的方式方法、组织管理等各环节都要作相应调整，进一步适应“后疫情时代”形势任务。无论是从无到有的创新，还是从有到优的升级，都要求我们准确识变、科学应变、主动求变，打造全渠道、全场景、个性化的学习新生态，提高培训服务的广度、深度和温度，把危机化为转型升级的契机，把难点变成高质量发展的支点，持续为集团发展夯实人才根基、提供智力支持。

三、专业致胜，锤炼作风强本领

正如习近平总书记指出的，我们当前所处的，是一个船到中流浪更急，人到半山路更陡的时候，是一个愈进愈难、愈进愈险而又不进则退、非进不可的时候。各级教育培训工作者要以时不我待的心态要求自己，以强烈的忧患意识警醒自己，以改革创新的精神完善自己，具体来说就是希望大家把握好三点。

一是功夫要深。育人者，必先育己。要秉持终身学习理念，在学懂弄通中央精神、领会落实总行部署、跟进学习金融业务上下功夫，努力做学习型银行建设的探索者、组织者和引领者；遵循干部人才成长规律，应用先进工具方法，持续提升培训的时代性、针对性和有效性，发挥好“育人留人”作用。

二是作风要硬。要始终用习近平新时代中国特色社会主义思想武装头脑，严守政治纪律和政治规矩，在培训阵地自觉弘扬主旋律、传递正能量；大兴“学习＋调研”之风，弘扬“奋斗＋落实”之风，营造协同联动、善作善成的好生态，在作风锤炼中展现新风貌新作为。

三是思维要新。要掌握马克思主义立场、观点和方法，善用创新、辩证和发展思维，把握规律、找准重点、回应基层，使培训工作更富有前瞻性、科学性、创造性；认真对照中央精神、总行要求和同业做法，运用好“三比三看三提高”的工作方法，强化特色优势，找准问题弱项，在传承创新中补短板、促发展。

同志们，做好新时期培训工作，责任重大，使命光荣。希望大家锐意进取，砥砺前行，奋力开创全行培训工作新局面，为集团发展再铸新功。祝大家教师节快乐！

在总行直属机关党委第5次全委会上的讲话

杨国中

（2020年9月29日·根据录音整理）

今天，总行直属机关全委会组织集体学习了《关于加强中央和国家机关各部门机关党委自身建设的意见》（以下简称《意见》）。《意见》是在综合考虑新时代中央和国家机关党的建设工作面临的新形势新任务新挑战后，作出的重要决策，既对加强机关党委自身建设提出了具体要求，也为推动工作提供了依据。直属机关党委要认真梳理《意见》中的相关工作要求，切实抓好落实。结合今天的学习主题，我就进一步加强全委会自身建设、充分发挥委员作用，再提几点要求。

第一，要提高政治站位，增强委员履职意识。

一是要认清自身定位。全委会是机关党建工作的重要议事机构，具有引领性、导向性、示范性，直接决定着机关党建工作的发展质效，影响着机关党组织党员干部落实机关党建要求，把机关党建工作转化为贯彻党中央决策部署、落实总行党委战略安排的动力和执行力。必须通过加强自身建设，推动委员以更高标准、更严要求、更实举措履职尽责，切实把工商银行机关党建工作打造成为“样板工程”。同时，直属机关党委是总行党委领导下的基层党组织，也要按照有关规定向总行党委及时请示报告重大事项。

二是要强化政治功能。全委会要以推动工商银行高质量贯彻落实党中央决策部署为己任，引导委员旗帜鲜明讲政治，主动把机关党建工作放到服务国家发展战略的高度去把握，放到推动全行党建工作向纵深发展的高度去考虑，把落实党中央关于机关党建的决策部署和习近平总书记关于经济金融工作的重要指示批示精神细化为符合业务发展需要、符合机关党组织实际的具体任务，在对标对表中明确思路措施，让每一个支部都成为坚强的战斗堡垒，每一名党员都成为一面鲜红的旗帜，发挥出机关党建凝心聚力作用，为经营转型发展提供坚强政治保障。

三是要明确使命任务。全委会负责研究审议、推动落实机关党建重点工作，要聚焦“围绕中心、建设队伍、服务群众”的核心任务，以党的政治建设为统领，着力深化理论武装，着力夯实基层基础，着力推进正风肃纪，在把方向、谋大局、定政策、解难题上下功夫，保证各项工作沿着正确的方向前进。制定制度办法要符合机关工作实际，接地气，坚决杜绝形式主义，制定出机关基层党组织看得懂、做得到的制度办法，有效破解制约党建质量的瓶颈问题，推动党建和业务深度融合，着力提升机关党建工作质量。

第二，要加强顶层设计，完善委员履职机制。

一是要完善议事决策机制。要按照《全委会工作规则》，完善议事规则和决策程序，严格执行民主集中制，坚持集体领导与个人分工负责相结合。委员要提前研究政策文件，积极建言献策，不断提高科学决策、民主决策、依法决策水平，着力提升工作能力水平。要学深吃透党内法规制度、规范性文件，确保决策不偏离中央的要求、符合党内有关规定。

二是要完善调研督导机制。要践行党的群众路线，坚持眼睛向下、大抓基层，建立委员联系基层党组织制度，完善调查研究和重大决策征求意见机制，广泛听取干部职工意见建议，真正了解基层、指导基层、服务基层。委员要发扬斗争精神，对基层党组织落实机关党建工作责任制、落实机关党建重点工作和重要制度情况进行督促检查，敢于发现问题、研究问题、解决问题。委员多数是基层党组织书记，本身就在基层一线，要积极探索联系基层的有效方法。直属机关党委也要抓紧研究落实委员联系指导基层一线的机制办法。

三是要完善责任落实机制。要建立委员分工负责制度，明确委员职责，探索根据委员所在部门的职能进行工作分工。要推进委员履职标准化、规范化，探索建立委员向全委会述职制度。委员要明责、履责、尽责，主动参加党建督查检查、述职评议考核、民主生活会督促指导等专项工作，注重工作实效，以机关党建的高质量推动党中央决策部署落实和全行中心任务完成。

第三，要强化队伍建设，提高委员履职能力。

一是要脑中有“理”。只有夯实知识储备、提升专业修养，做到理论上清醒，工作上才能抓住本质精髓，引领好机关党建工作。要建立直属机关委员会集体学习制度，同时，委员还要结合工作认真研读党的理论创新成果、党中央最新决策部署、党内法规文件。不管是作为委员还是基层党组织书记，都必须要学深理论、学透政策、学精业务，把自己摆进去，把职责摆进去、把工作摆进去，掌握科学的工作方法，让学习成果转化为做好党建工作的思路举措，研究好、推动好、落实好党中央、中央和国家机关工委，以及总行党委党建工作要求。

二是要胸中有“局”。“不谋全局者，不足以谋一域”。总书记多次强调，党员领导干部胸中要怀有两个大局，一个是中华民族伟大复兴的战略全局，一个是世界百年未有之大变局。要站在理论前沿和战略全局的高度观察、思考和处理问题，提升委员制定政策的能力。特别是党委各职能部门，既是总行党委的职能部门，又是直属机关党委委员部门，双重身份意味着双重责任，要统筹资源、加强沟通配合，把该担的责任担起来，把该做的工作做到位，唱好“大合唱”、共建“大格局”，确保党中央决策部署和总行党委工作要求得到全面贯彻落实。

三是要心中有“民”。要树立正确的政绩观，把对上负责和对下负责统一起来，发扬“短实新”文风，讲实话、讲有用的话；开短会、开管用的会。前一段时间开展了“灯下黑”问题专项整治工作，取得了阶段性成果。通过专项整治，我们发现，如果心中没有全心全意为人民服务的宗旨意识，对于广大党员和群众的诉求和呼声就听不到、看不到，就会犯形式主义、官僚主义的错误。要统筹安排调研检查，探索线上审批，简化流程、提高效率，坚决整治形式主义、官僚主义等问题。要加强沟通协调，畅通反馈渠道，做好跟踪问效，帮助基层解难题、办实事。

四是要手中有“招”。要坚持问题导向和目标导向，加强机关党建政策法规学习，开展党建课题研究。要坚持集中、规范与灵活、特色相结合，注重试点探路、经验开路、典型引路，推动委员在完成机关党建重点任务、应对困难矛盾、防范风险挑战中磨炼思想品质、增强专业素养、提高能力素质，在润物无声中让党所倡导的理想信念、优良传统深入人心，让党建工作有声音、有活力、有作用，让员工成为实践者、推动者、受益者。

在消费扶贫推进会上的讲话

杨国中

（2020 年 10 月 15 日）

今年是全面打赢脱贫攻坚战的收官之年，党委高度重视，年初以来先后召开 3 次全行性扶贫工作会议，对扶贫工作进行全面部署。9 月初，受陈四清董事长委托，我到四川通江、南江和万源 3 个扶贫点进行了督导调研，9 月下旬，陈董事长、驻工行纪检监察组王林组长到深度贫困县金阳一同督导调研。总体来看，经过年初党委的周密部署和大力推动，以及全行上下 9 个多月的共同奋战，我们的扶贫成效总体还是不错的。截至目前，中央单位定点扶贫考核的 6 项数量型指标均已超额完成，计划完成率均超过 170%。集团投入无偿捐赠资金 1.4 亿元，覆盖产业、教育、健康、就业等领域的 33 个帮扶项目正在顺利推进；引进帮扶资金 4 000 余万元，北京、上海、浙江、广东 4 家“点对点”帮扶分行和总行相关部门引进的资金、项目为扶贫县的发展注入新动力；培训基层干部和技术人员均超过 4 万人，特别是邀请中央党校和社科院的专家学者为地方干部开展“云培训”，取得了很好的反响；购买贫困地区农产品 1.8 亿元，8 月底前就完成了年初确定的任务目标；帮助销售贫困地区农产品 12.9 亿元，是去年全年的 3 倍多。今年在新冠肺炎疫情影响下取得这样的成绩，十分不容易。这是党委不折不扣落实中央部署、统筹安排、强力推动的结果，是全行上下克服困难、主动作为、精心组织、狠抓落实的结果，充分说明全系统在扶贫这项工作上讲政治、站位高，真上心、实用劲，用实际行动体现出了良好的政治自觉、大局意识和责任担当！

现在离年底还有不到 80 天的时间，脱贫攻坚真正到了冲锋的时刻。但受疫情灾情影响，当前居民消费需求仍未完全恢复，金秋时节正逢农产品集中上市，多重因素叠加，贫困地区农产品还存在较大的滞销卖难问题。总行已印发开展消费扶贫“金秋行动”的通知，拟在四季度再次掀起消费扶贫新高潮，各机构、各部门已经纷纷行动起来。为加快推动落地见效，再加油、再鼓劲，以消费扶贫的实际成效助力决战决胜脱贫攻坚，今天总行专门召开这次消费扶贫推进会。下面我讲三点意见。

一、进一步认识当前做好消费扶贫的重要性紧迫性

从脱贫攻坚战一开始，党中央就高度重视消费扶贫，反复强调消费扶贫工作的重要性，习近平总书记多次作出指示批示。从根本上看，消费扶贫有利于促进贫困地区产业发展，是打通产业发展“最后一公里”的重要举措，而产业发展又是贫困地区和贫困人口稳定脱贫的根本之策。同时，也有利于调动贫困人口的生产积极性，激发依靠自身努力实现脱贫致富的内生动力。当前，在新冠肺炎疫情之下、脱贫攻坚收官之前，大力开展消费扶贫，需求更加紧迫，意义更加重要，不仅是为脱贫攻坚，同时也为共克时艰。受疫情等因素影响，贫困地区部分农产品出现滞销卖难问题，解决不好，会严重影响贫困户收入、动摇脱贫根基。上个月胡春华副总理在全国消费扶贫月启动仪式上强调，要扎实开展好消费扶贫行动，加快构建消费扶贫大市场，促进扶贫产品销售和贫困群众增收，更好地助力脱贫攻坚。

年初，我们在全行范围内开展了消费扶贫“春暖行动”，推出“十个一批”，总体情况较好。在购买农产品方面，北京、广东、四川、浙江、上海、江苏6家分行购买额超过800万元，其中北京分行完成1 300余万元；北京、上海、四川、云南、贵州、新疆、安徽、西藏、深圳、宁波10家分行人均购买额超过600元，其中云南分行人均购买额超过800元。在帮助销售农产品方面，上海、浙江、广西、四川、北京、广东、河北等7家分行超过7 000万元，其中上海完成超过1.5亿元。截至目前，全行购买和帮助销售农产品超过14亿元。

应该说，与自身相比，我们消费扶贫整体上进步很大。但按照“三比三看三提高”工作方法，以及陈董事长“各项指标要在同业前列”的批示要求，我们还有差距，特别是“帮助销售农产品”指标差距较大。对标同业先进水平，总行确定了各机构“购买农产品”和“帮助销售农产品”新任务。目前同业都在铆足干劲加油干，各机构、各部门要高度重视，以更大的决心、更大的投入、更有力的措施，明确责任、狠抓落地，拿出冲锋的姿态，高质量完成指标任务。在国务院扶贫办对中央单位定点扶贫考核中，前两年我们都取得了第一档“好”的评价，收官之年我们更要再接再厉，确保取得优异成绩。

二、多措并举促进扶贫产品采购和助销双提升

今年全国消费扶贫月的主题是“万企参与、亿人同行”，联系到工商银行，就应是“1.6万机构共同参与，44万员工携手同行”。

在采购农产品上，总行一直倡导买就是帮、多买就是多帮。对于贫困地区来讲，一块腊肉、一个苹果、一袋杂粮背后，都支撑着一个扶贫产业，承载着千千万万贫困家庭脱贫增收的希望。购买主体无非两类，要么是机构，要么是员工。在机构采购中，要将832个国家级贫困县的产品放在首位，比如食堂食材采买、员工福利发放、客户礼品采购要优先考虑扶贫产品。在每一笔采购时都要考虑是不是可以结合扶贫。各级机构的有权决策人、采购负责人头脑中都要有这根弦，要形成惯性思维。在费用上，机构采购涉及工会经费、福利费、餐饮费用等，要统筹安排好，在政策允许的额度内充分使用。在产品上，特别要注意购买品质过关的产品，保障好员工和客户的权益。

员工采购农产品，最重要的是做好组织、做好动员、做好服务、做好统计，切不可一刀切、硬摊派。消费扶贫“人人皆可为”，是行善的好事，要引导好员工，把道理讲通透，把解释做到位，多倡议、多激励、多帮助，营造出好氛围，让购买扶贫产品成为一种光荣、一种时尚，在员工自觉自愿的基础上，把工作完成好。贫困地区农产品大多是有机无公害产品，家家户户日常也需要，员工每个月多花点钱购买扶贫产品不会有太大压力。融e购、淘宝、京东、拼多多以及商超等线上线下各类渠道购买的832个贫困县的农产品都可纳入统计范围。总行将加大融e购扶贫专项类营销费用投入，组织“扶贫购物节”等活动，加大折扣力度，各机构要做好行内宣传，给员工带去实惠，努力让员工买得舒心。消费扶贫为每个人参与脱贫攻坚提供了一个机会，全行有44万员工，每名员工都贡献一份力量，涓涓细流终将汇成大海。

在帮助销售农产品上，作为金融企业，主要是依靠我们的电商平台、金融产品和客户资源。工商银行是国有第一大行，我们的融e购是银行系第一大电商平台，我们的对公业务一直领先同业，销售贫困地区农产品这项指标也不应落后，一定要看看我们和同业的差距究竟在哪里，认真分析落后的原因，找到提高的路径。各部门、各机构务必提高站位，避免本位主义，加强协同联动，促增量和挖存量要两手抓、两手都要硬，尽快将这项指标追上来。

要线下线上、B2B和B2C统筹推进促增量。促增量最大的潜力在B2B，各行在做好融e购B2C销售的基础上，要以B2B电商扶贫为重点发力方向，推动对公客户从贫困地区采购农产品、原材料等通过融e购平台

完成，带动电商消费交易额快速上涨。融e购B2B商城支持线上产品展示、下单、支付、融资等全流程线上服务，提供公开销售、集中采购、福利采购、线上寻源、供应链撮合等服务模式，能够满足企业多场景的交易需求。公司、普惠、网金等部门要共同做好涉农企业的营销工作，保证营销层级，向客户提供全方位的优质金融服务，撮合上下游产业链、供应链产销对接，全力推动扶贫农产品采购通过融e购平台完成。管信部要配合做好数据分析，帮助确定重点客户清单等，便于开展精准营销。机构部要牵头做好政府、军队、金融同业等客户营销工作，帮助搭建消费扶贫有关平台，组织“联合消费扶贫”活动，扩大扶贫农产品销售渠道。最近有同业机构在网点销售扶贫产品，大堂经理营销，还包邮。我们有6亿多个人客户，如果其中5%的客户每人购买50元，就是15亿元，个金部、卡部要研究如何把助销农产品和打造“第一个人金融银行”的战略结合起来，把个人客户购买量提上来，优质扶贫产品推销出去的同时也获客、黏客，一举多得。

要发挥我行信息科技优势挖存量。帮助销售扶贫地区农产品的难点在于统计，管信部要发挥数据处理优势，深挖存量，详细统计我行通过融资、结算等各类金融服务支持的扶贫产品销售情况。这方面有什么困难，管理信息部要提出来，金融科技部做好配合，发现问题解决问题，让我们的数据更真实，经得起检查。

三、以真抓实干向总行交上满意的答卷

惟其艰难，方显担当。消费扶贫“金秋行动”的任务指标下达以后，有的分行反映压力较大。与本机构之前的完成情况比，可能加码幅度确实不小，但指标是在数据分析的基础上，经过认真测算确定的，是踮一踮脚可以够得着的目标。

关键要加强领导。脱贫攻坚是今年一项重大政治任务，各机构一把手要高度重视，提高政治站位，把扶贫工作当成分内之事、必担之责，抓好统筹推动。时间非常紧迫，越早完成任务越有主动权。各机构、各部门要以只争朝夕的劲头，加快落实有效措施，争取尽快取得成效，努力在11月底完成任务。

关键要压实责任。消费扶贫两项指标可能涉及不同的分管行领导，涉及公司、普惠、网金、机构、个金、工会、办公室、银行卡、管理信息等多个部门，要根据本机构实际情况，明确牵头部门，责任落实到人，同时加强沟通协调，相关部门要密切配合。特别是“帮助销售农产品”指标涉及对公客户的走访营销，营销部门分管行长要主动担当，积极做好营销安排和客户走访等工作。财务、工会、团委等部门要做好资源支持、员工动员等工作。

关键要落实考评。扶贫工作做得好不好，对行党委而言，是检验落实党中央决策部署情况的重要方面。在年度考评时，行党委也将把各机构、各有关部门扶贫工作开展情况作为评价班子和一把手政治意识、担当作为情况的重要方面，让干与不干不一样、干多和干少不一样、干好和干坏不一样真正有所体现。从本周开始，各机构要每周将最新购买及帮助销售贫困地区农产品情况报总行，办公室要汇总，每两周专报行领导。对完成情况不理想的机构，办公室要进行专项督导，视情况要求作书面或视频专项汇报。对做得好的机构，要充分宣传、通报表扬。

越是决战时刻，越要斗志昂扬；越是棋到终盘，越要竭尽全力。两个多月以后，困扰中国几千年的绝对贫困问题即将在我们这代人的手中解决，能够见证历史并贡献其中，何其幸运。各机构、各部门要坚定信心，集中发力，精准施策，全力以赴完成消费扶贫重点任务，在工商银行助力决战决胜脱贫攻坚中发挥每个机构、每个部门、每个员工应有的贡献和作用！

在境外机构疫情防控工作会上的讲话

杨国中

（2020年11月10日）

全球新冠肺炎疫情持续蔓延，尤其是上月底本月初欧洲多国二度封城后，我行境外机构抗疫形势较为严峻。行领导都放心不下，我与官董秘商量召开本次疫情防控工作会，了解大家实际情况和困难，研究进一步支持境外机构的措施。

刚才，总行国际业务部汇报了境外机构疫情防控的整体情况，孟买分行、工银土耳其、工银欧洲、伦敦机构、工银标准、工银莫斯科、美国机构、工银阿根廷分别汇报了所在地区及本机构疫情防控情况，总行相关部门就境外机构发言中涉及的诉求作了初步回应，讲得都很好，很有针对性。我们也愈加感受到当前第二波疫情防控形势的严峻和工作的难度。

目前，全球累计确诊已超过5 000万例，累计死亡突破125万例，有9个国家累计确诊超过100万例，多达55个国家累计确诊超过10万例。确诊病例最多的美国已超过1 000万例，累计确诊达全球总数的20%。欧洲疫情继续恶化，全球发病率最高的前15个国家中有14个位于欧洲，累计确诊病例超1 200万例，单日新增确诊病例突破23万例，欧洲各国普遍再度收紧抗疫措施，英、德、法等12个欧洲国家发布“封城”令，不同程度关闭公共设施和餐饮娱乐场所，限制个人出行。印度、巴西疫情延续快速增长势头，累计确诊病例分别居全球第二、第三位。此外，部分国家还出现自然灾害和恐怖袭击事件，我行境外相关机构虽未受直接冲击和影响，但防疫抗疫的难度和压力随之增大。

对于境外机构的疫情防控工作，总行始终高度重视，陈董事长多次召开应对新冠肺炎疫情工作领导小组会议、官董秘多次召开和专题会议，研究部署境外疫情防控相关工作。我行已统筹建立起一套立体化境外防疫工作机制，包括在疫情初期建立的境内外对口支援机制、预警机制、分类管理机制等。截至目前，境外机构未发生大家担心的聚集性感染事件，全行15 549名境外机构员工感染21例，其中外派员工1例；确诊员工中19例已康复，还有2例本地员工正在隔离观察。境外机构感染率为0.135%，始终保持在较低水平。在全面抓好疫情防控的同时，各机构克服疫情肆虐的不利影响，保持了经营的相对稳定。

这些成绩的取得，是各机构坚决贯彻落实行总行决策部署和陈董事长“四个到位”要求的结果，是总行各部门与各机构携手奋进、共克时艰的结果，是各机构负责人落实责任、组织有力、担当尽责的结果，更是所有员工勇敢面对、不畏困难、自强自律的结果，在此我代表陈董事长、谷行长、总行高管层向大家表示崇高的敬意和衷心的感谢！当前，第二波疫情势头凶猛，同时境外机构和人员还面临防灾反恐的多重压力。下面，结合大家的发言，我强调几点意见。

一、要更严更实，全面做好疫情防控

一要持之以恒，始终保持高昂坚定的工作意志。这次疫情持续时间较长，外派员工难回来，境内同事也难出去。这无疑是一场持久战，是人人都要参与的战争，需要我们以坚定的信心、顽强的意志战斗到底。疫情持续时间越久，就越不能有麻痹思想、疲惫心态和厌战情绪，大家需要以更严更细更实的举措，应对第二波疫情的凶猛反弹。越在紧要关头，越要坚定信心、乐观面对。对此，我们已经积累了较为丰富的经验，重要的是要把好的经验、有效的做法坚持下去，咬紧牙关，继续打好主动仗。

二要加强领导，坚决落实疫情防控主体责任。各境外机构要强化人员管理、场所管理、应急管理、物资管理等工作，严格按照属地及总行的防疫要求，落实落细防控措施，加强物资补给，统筹好疫苗接种有关工作，尽最大努力筑起坚固的屏障，保障员工健康和生命安全。要实时了解员工健康情况。如出现疑似感染或确诊病例，要按照疫情防控要求，第一时间报告总行，确保不发生聚集性感染事件。要充分依托使领馆、华人团体、大型客户等各方渠道协调医疗资源，千方百计确保患病员工和家属得到妥善治疗。

三要结合防灾反恐，做好应急管理。面对自然灾害、恐怖袭击、地缘政治等风险因素，要特别加强形势研判，充分考虑可能出现的极端情况，完善应急预案，做好全流程应急演练。万一出现问题，要有能力及时妥善处置。

二、要更稳更慎，努力维护有序经营秩序

当前，外部环境异常复杂，全球疫情风险外溢，诸多不稳定、不确定因素叠加，我们必须进一步增强风险意识，提高全面风险管理的系统性和前瞻性，守住不发生重大风险和监管处罚的底线。

总行有关部门要靠前指挥，分门别类细化风险防控策略，更有前瞻性地进行指导，提供更有效的支持，帮助稳妥应对第二轮疫情冲击下可能出现的流动性风险、市场风险、信用风险、国别风险等。

各境外机构要统筹推进疫情防控与业务运营，找准平衡点，按照四级分类管理机制，落实返岗隔离、分隔办公、AB岗轮班、居家办公等防控措施，做好流动性储备、市场及信用风险管控、系统保障等业务连续性管理。要进一步提升境外合规反洗钱治理能力，按进度、高标准推进有关问题整改，牢牢守住底线。

三、要更暖更细，认真做好员工关爱

疫情发生以来，行领导始终高度重视加强员工关爱，每次会议陈董事长都重点强调要做好员工的健康防护和心理疏导。国庆前，总行组织召开境外机构员工及家属座谈会，陈董事长向境内外全体干部员工及家属致以节日的祝贺和慰问。为了集团的全球化经营，境外机构干部员工作出了巨大付出与贡献，特别是疫情发生后，一手抓疫情防控，一手抓连续经营，交出了一份来之不易的抗疫成果和经营业绩。对此，总行十分认可，同时也对境外的同事一直有着放不下的惦念。各机构要切实把行领导对员工的关爱落到实处，引导干部员工遵守当地防控要求，运用科学方法做好防护，劳逸结合，守护好自身、家人和同事的身体健康。要尽最大努力帮助员工保持积极乐观的心态，帮助解决实际困难，疏解精神压力，多做暖人心、聚人心的事。各机构遇到困难和问题，要第一时间向总行报告，总行会随时帮助协调解决。今天发言涉及诉求，请总行国际、人力、财会、信管等部门研究支持。总行永远是境外机构和员工的最

坚强后盾，全行44万员工与大家心手相连、同舟共济。会后，请参会各位一定把行领导的这份惦念和关心传达到每一位员工，包括今天未参会机构也请总行国际部一并转达。

各位同事，全年工作就要进入收官阶段，各项工作都在紧锣密鼓地推进，疫情防控是重中之重。各机构要继续保持顽强拼搏的斗争精神、高度负责的态度和严谨细致的作风，坚决落实落细各项防控措施，保持正常有序的经营秩序。通过大家的共同努力，我们一定能够取得疫情防控和经营发展的好成效。

在2020年党建工作座谈会上的讲话

杨国中

（2020年12月1日）

这次党建工作座谈会，主要任务是深入学习贯彻习近平新时代中国特色社会主义思想，落实党的十九届五中全会精神，总结工作，分析形势，听取意见建议，部署工作任务，推动全行党的建设高质量发展。刚才，12家单位负责同志分别围绕党建与业务融合、基层党组织建设、干部人才队伍建设、全面从严治党等主题，作了交流发言，讲得都很好，反映了各单位党建工作取得的新成绩、积累的好经验，也是全行党建工作务实创新、扎实推进的缩影。对于大家提出的意见建议，党委有关部门要认真研究、抓紧推动解决。

结合大家的发言，我谈几点意见。

一、全行党建工作取得明显成效

2019年新一届党委班子成立以来，坚持以习近平新时代中国特色社会主义思想为指引，全面落实新时代党的建设总要求和新时代党的组织路线，提出“党建引领”的工作思路，层层压实管党治党责任，推动全行党建工作在继承中发展、在创新中提质，开创了党的建设新局面，促进了经营发展稳中有进。

（一）坚持旗帜鲜明讲政治。始终把党的政治建设摆在首位，增强做到“两个维护”的自觉性和坚定性。制定《加强全行党的政治建设的具体措施》《关于严格执行向党中央请示报告制度的若干措施》等，健全党领导各项工作的具体制度。完善党委工作规则，设立执委会，推动5家子公司完成党建入章，促进党的领导与公司治理深度融合。把抓好疫情防控和支持实体经济作为“两个维护”的重大检验，全面压实“六个责任”和“四方责任”，全力做好特殊时期的金融保障，服务“六稳”“六保”，助力脱贫攻坚，把讲政治体现到不折不扣落实党中央决策部署的实际行动中。

（二）抓好党的创新理论武装。建立“第一议题”机制，将学习贯彻习近平新时代中国特色社会主义思想作为首要政治任务。在全行分两批开展“不忘初心、牢记使命”主题教育，做实整改和专项整治，巩固深化主题教育成果。开展党的十九届四中全会精神处级以上干部全覆盖轮训，举办基层党建业务专题培训班。开展廉洁文化基地和红色金融文化基地建设，促进党的理论教育和党性教育入脑入心。

（三）树牢大抓基层的导向。推进党的组织和党的工作全面覆盖，基层党组织从2019年初的1.5万个增长到目前的2.2万个，境外机构单独成立的党组织从40个增长到54个。强化问题导向，突出政治功能和组织力，制定加强党的基层组织建设的意见，落实党建联系点调研制度，统筹推进强化政治机关意识教育、“灯下黑”问题专项整治、党支部标准化规范化建设等工作。按照“两个优先”“三个倾斜”原则，持续优化党员队伍结构，网点主要负责人党员占比提高7个百分点。建立党支部书记任前谈话、任前培训、每年全覆盖轮训“三项机制”，促进提升履职能力。引导基层党组织和党员在重大项目、重大任务中创先争优、攻坚克难，全行8 900余个党组织参与疫情防控、500余个党组织参与防汛救灾，组建党员突击队630个，有效发挥了战斗堡垒作用和先锋模范作用。

（四）打造高素质干部人才队伍。突出政治标准，加强各级领导班子建设，实现全行一级机构纪委书记全覆盖、全专职、全交流和到期全轮换。研究制定干部队伍建设整体规划，开展新一轮优秀年轻干部调研，初步建立新时期的“千人工程”和“万人工程”。完善分层分类培训体系，提升干部综合素质和专业化能力。完善任期考核机制，制定员工亲属回避管理办法，全方位加强干部监督管理。落实“人才兴业”工作思路，持续优化人才队伍总量和结构。加强员工关心关爱，激励担当作为，倡导“奋斗＋落实”。

（五）以全面从严治党带动全面从严治行。制定贯彻落实新时代全面从严治党要求的意见，建立全面从严治党主体责任清单，召开全面从严治党从严治行系列会议，印发《关于进一步强化落实全面从严治党主体责任 推进党风廉政建设工作的通知》，强化主体责任落实。全面落实纪检监察派驻改革，重构内部监督体系，增强监督合力。总行党委与派驻纪检监察组建立常态化沟通、会商机制，召开第一次沟通会商专题会议，一体推进主体责任和监督责任同向发力。持续深化中央巡视整改，建立巡视巡察联动机制，实现总行本部巡视全覆盖。深入推进信贷、资管等“八大领域”风险治理，开展“两明案”专题教育整改，一体推进不敢腐、不能腐、不想腐。严格执行中央八项规定精神，以高压态势持续整治“四风”，推动治理形式主义突出问题为基层减负的措施落地，开展办公用房专项检查，推进厉行节约勤俭办行。

总结实践，使我们更加深刻认识到，提高全行党建工作质量，必须坚持和加强党对金融工作的全面领导，坚持以习近平新时代中国特色社会主义思想为指导，坚持围绕中心、服务大局、推进党建和业务深度融合，坚持抓基层、打基础，坚持问题导向、贯彻全面从严方针。这些既是我们的实践做法，也是我们的认识感悟，需要在今后工作中继续坚持。

二、党建工作面临新形势新要求

当前世情、国情、党情、行情正发生深刻变化，需要我们登高望远，以洞察大势引领谋篇布局，以科学思维引领精准施策，进一步增强抓党建、强党建的责任感、紧迫感。

从世情看，世界百年未有之大变局加速演变，新一轮科技革命和产业变革深入发展，国际力量对比深刻调整，新冠肺炎疫情影响广泛而深远，经济全球化遭遇逆流和回头浪，保护主义、单边主义上升，国际环境日趋复杂，不稳定性不确定性明显增加，世界进入动荡变革期。

从国情看，我国发展仍然处于重要战略机遇期，但机遇和挑战都有新的发展变化。我国已转向高质量发展阶段，由全面建成小康社会转向全面建设社会主义现代化国家，经济长期向好，继续发展具有多方面优势和条件。同时，我国发展不平衡不充分问题仍然突出，重点领域关键环节改革任务仍然艰巨。必须在统筹“两个大局”中，办好中国自己的事情，增强机遇意识和风险意识，育先机、开新局。

从党情看，越是形势严峻复杂，越是风险挑战增多，越需要坚持和加强党的全面领导。决胜全面建成小康社会取得的决定性成就，以及疫情防控取得的重大战略成果，再次彰显了党的坚强领导力和显著优势。近一个时期以来，党中央就加强新时代党的建设提出一系列新理念新举措新要求。如中央政治局以“深入学习领会和贯彻落实新时代党的组织路线”为题举行集体学习，出台加强党的政治建设的意见、党委（党组）落实全面从严治党主体责任规定、党组工作条例、国有企业基层党组织工作条例、基层党组织选举工作条例等一系列党内法规，印发《关于巩固深化“不忘初心、牢记使命”主题教育成果的意见》等。我们要对标对表党中央决策部署，进一步在认识上深化，在结合上聚焦，在做实上用力，更加有力、有效地推动党建高质量发展。

从行情看，如何在急剧变化的市场环境中，落实好总行党委“48字”工作思路，把握“大、全、稳、新、优、强”发展方位，推动工商银行行稳致远，是对全行干部担当精神、斗争本领、解决实际问题能力的重大考验。经营发展背后是人的问题，是党建问题。尽管全行党建工作取得新进展新成效，但对标中央要求，对标高质量发展需要，对标员工期待，仍存在一些差距和薄弱环节。比如，有的机构党委落实主体责任不到位，在贯彻党中央决策部署、落实总行党委战略安排中，不善于创造性开展工作，效果打了折扣；有的机构抓党建与抓业务发力不均衡，“两张皮”问题尚未完全破解；有的机构组织基础不够牢固，关键岗位党员占比偏低，基层党组织和党员作用发挥有待增强；有的机构优秀年轻干部储备不足，干部素质、能力、作风还有不适应之处；有的机构推进全面从严治党从严治行存在松口气、歇歇脚的想法，“四风”问题、违反中央八项规定精神的问题仍时有发生，案件和风险事件反弹较多。这些问题，必须引起高度重视，采取有力举措加以解决。

面对新形势新任务，做好全行党建工作，关键是把握规律和特点，运用科学的思维方法和工作方法，抓住重点、破解难题，推动党建高质量发展。

第一，以战略思维谋大局。要提高站位，开阔视野，胸怀“两个大局”，对国之大者做到心中有数，时刻关注党中央在关心什么、强调什么，主动将全行党建工作放到党和国家大局中考量和推动，做到党中央决策部署到哪里，各项工作就跟进到哪里。要找准党建工作与经营工作的结合点，实现同频共振、同向发力，最大限度地把党建优势转化为创新优势、发展优势、竞争优势。

第二，以系统思维抓落实。党建工作是一项系统工程。要适应全行党组织数量大、层级多、覆盖广的特点，坚持全局谋划、上下联动、整体推进。要统筹抓好机关、基层、子公司和境外机构党建工作，强化分类指导，确保横向到边。要健全一级抓一级、层层抓落实的党建工作格局，打通落地“最后一公里”，确保纵向到底。要抓两头带中间，使后进赶先进、中间争先进、先进更前进，实现全面进步、全面过硬。

第三，以创新思维求实效。要紧扣时代特点、金融特色和受众特征，在传承行之有效的经验做法的基础上，与时俱进地推进党建工作理念思路创新、制度机制创新、方式手段创新，积极探索信息化条件下开展工作的新载体新路数，使党建工作更好地体现时代性、把握规律性、富于创造性、增强有效性。

第四，以底线思维固根基。底线思维是“有守”和“有为”的统一。只有守牢底线，才能夯实发展根基，增强发展底气。要以问题为着力点，在补短板、强弱项上持续用力、精准发力，确保问题彻底解决。要坚持严抓、严管、严治，从基本制度严起，从日常规范抓起，着力化解风险隐患。

三、深入学习宣传贯彻党的十九届五中全会精神

作为国有大行，我们要聚焦做到“两个维护”，持续深入推进党的政治建设，把党的全面领导落实到党的建设和经营管理全过程，把“两个维护”体现在坚决贯彻党中央决策部署的行动上，体现在履职尽责、做好本职工作的实效上，体现在日常言行上。

要把学习宣传贯彻党的十九届五中全会精神，作为当前和今后一个时期的重要政治任务。11 月 11 日，陈四清书记对全会精神进行了宣讲，对全行学习贯彻全会精神作了动员部署。各级党组织要结合实际抓紧抓好落实，迅速掀起学习宣传贯彻全会精神热潮。

（一）深刻把握全会重大意义和主要精神。党的十九届五中全会是在“两个一百年”历史交汇点上，召开的一次具有全局性、历史性意义的重要会议。习近平总书记发表重要讲话，对做好“十四五”期间及更长时期工作进行了全面战略部署，创造性地提出了许多新思想新观点新论断新要求。全会审议通过的《中共中央关于制定国民经济和社会发展第十四个五年规划和二〇三五年远景目标的建议》，是今后 5 年乃至更长时期我国经济社会发展的纲领性文件和行动指南。全行要认真学习领会习近平总书记重要讲话精神，深刻把握全会的重大意义，深刻把握全面建成小康社会取得的决定性成就，深刻把握党中央制定“十四五”规划和 2035 年远景目标的战略考量，深刻把握到 2035 年基本实现社会主义现代化的远景目标和“十四五”时期经济社会发展的方针原则、主要目标、重点任务，深刻把握全会提出的一系列新的重要思想、重要论断、重大举措，深刻把握实现宏伟目标必须坚持党的全面领导，切实把思想和行动统一到全会精神上来。

（二）抓好全会精神的学习宣传。各单位要按照总行统一安排部署，制订学习计划，通过中心组学习、专题研讨、辅导讲座、集中轮训、系统培训、“三会一课”、在线学习等方式，统筹抓好党员干部学习。要围绕习近平总书记重要讲话精神、规划《建议》，原原本本学、全面系统学、结合实际学，确保学懂弄通做实。党员领导干部要发挥表率作用，带头学习研讨，带头宣讲辅导。

（三）确保全会精神落到实处。要自觉对标全会精神，落实总行党委“48 字”工作思路，立足“大、全、稳、新、优、强”发展方位，科学谋划工商银行未来发展目标和发展路径，高水平编制新一轮三年规划。要精准对接“十四五”规划任务，明确全行在推动构建新发展格局中的定位和作用，增强金融服务的适应性、竞争力和普惠性，在推动经济社会高质量发展中，实现自身高质量发展。

四、全面贯彻落实新时代党的组织路线

新时代党的组织路线，既是理论的，又是实践的。要紧扣习近平总书记在中央政治局第二十一次集体学习时的重要讲话精神，聚焦关键环节，采取务实有效措施，推动新时代党的组织路线落地生根。

（一）抓好党的创新理论“铸魂”。要持之以恒用党的创新理论武装头脑，确保全行上下思想统一、步调一致。要拓展学习广度，坚持读原著、学原文、悟原理，深入学习《习近平谈治国理政》第三卷，与学习第一卷、第二卷贯通起来，与学习“四史”贯通起来，与本单位工作实际贯通起来，真正学出坚定信仰、学出使命担当、学出能力水平。要灵活运用学习方式，坚持集中教育和经常性教育相结合、组织培训和个人自学相结合、线上学习和线下学习相结合、深入思考和交流研讨相结合，提高理论学习的针对性和实效性。要组织实施好青年理论学习提升工程，培养一批又一批习近平新时代中国特色社会主义思想的坚定信仰者和忠实实践者。要拓展学用结合的深度，结合落实全行巩固深化主题教育成果的具体措施，健全常态化学习机制和查改问题长效机制，推动学习贯彻往深里走、往实里走、往心里走。

（二）抓好组织体系建设。各级党委要认真贯彻落实党支部工作条例、国有企业基层党组织工作条例等制度，强化抓基层党建工作责任，把持续用力和精准发力相结合，全面提升基层党建质量。要突出“全覆盖”，统筹推进机关党建、基层党建、海外党建，以推进党支部标准化规范化建设为主线，健全优化组织设置，科学做好发展党员工作，有效实现党的组织和党的工作全覆盖。要突出“补短板”，以基本组织是否健全、基本队伍是否合格、基本活动是否正常、基本保障是否到位为标准，每年对所属党支部进行一次“过筛子”，区分先进、一般、后进党支部，对后进党支部开展集中整顿，限期转化提升。要突出“强功能”，推动基层党组织创新打造特色党建品牌，找准围绕中心、服务大局的切入点和结合点，把党建工作融入疫情防控、脱贫攻坚、乡村振兴、服务“六稳”“六保”等重大任务中，同步优化经营发展质态；选优配强党支部书记和党务干部，抓实工作培训和实践锻炼，为基层党建夯实基础、提升质量提供保障。

（三）抓好干部队伍建设。推动事业发展，干部是

决定因素。要选优配强各级领导班子。科学统筹把握班子年龄结构，及早调整优化，防止大进大出。积极推进干部多岗位培养和跨专业交流，使领导班子专业素养整体适应发展需要。要丰富来源和经历结构，注重选配有基层一线领导经历的干部，优化关键岗位管理。要大力培养选拔优秀年轻干部。健全日常发现、动态管理、持续培养、适时使用的工作机制，强化实践锻炼，着力提高年轻干部“七种能力”。要把年轻干部工作放在干部工作全局中考量推进，统筹用好各年龄段干部。要强化对干部的严管厚爱。持续推进激励干部担当作为措施的落地，完善干部考核评价制度，强化考核结果运用，奖优罚劣，激励担当。要从严管理干部，注重政治监督，加强日常管理，实现管思想、管工作、管作风、管纪律的有机统一。

（四）抓好人才队伍建设。金融创新发展，人才是核心要素。要优化引才用才机制。紧跟数字经济与金融科技发展趋势，着眼转型创新和竞争发展需要，拓宽人才引进渠道，优化人才配置布局。要完善人才培养机制。建立多领域、全链条人才发展体系，加强重点专业人才队伍建设，探索职务职级并行机制，为员工成长成才搭建广阔舞台。要健全人才激励机制。用好薪酬激励，体现价值创造导向。健全多元激励体系，关心关爱员工，营造拴心留人的良好环境。

五、纵深推进全面从严治党从严治行

要将总行党委“48 字”工作思路，特别是“党建引领、从严治理”的要求践之于行，以更高标准、更严要求，将全面从严治党从严治行引向深入。

（一）提升思想认识。要紧紧扭住责任制这个“牛鼻子”，把落实全面从严治党主体责任、推进党风廉政建设作为“书记工程”，真正做到党委抓、书记抓、各有关部门抓，层层抓落实、层层传压力，切实把主体责任穿透到“神经末梢”。要健全清单式责任分解体系，解决好“主体责任不清”的问题。要建立工作台账，经常翻账对账，及时结账销账，解决好“责任履行不力”的问题。要加强监督检查，强化考核问责，解决好“责任追究不严”的问题。

（二）强化作风纪律。各级党委要清醒认识反“四风”、反腐败工作的长期性、复杂性，以严的要求、严的作风、严的措施，统筹抓好作风纪律重点任务落地见效。要严格执行中央八项规定及其实施细则精神，落实好总行党委关于加强作风建设的要求部署，将作风建设贯穿于经营管理全过程，把坚决反对形式主义、为基层减负、制止餐饮浪费等党中央的“关注点”，作为纠治“四风”的切入点和着力点，踩准点、把准脉、开好方，推进作风建设长效化。要推动党委主体责任与纪委监督责任贯通联动，一体推进不敢腐、不能腐、不想腐。积极运用监督执纪“四种形态”，特别是在用好第一种形态上下功夫，坚持廉政谈话制度，加强日常管理和监督，持续开展“两明案”专题教育整改，保持警钟长鸣。

（三）创新思路举措。要坚持问题导向，聚焦全面从严治党从严治行薄弱环节，针对前期总行调研检查发现的问题，结合主题教育、审计、巡视巡察等发现的问题，逐个拉单列表，逐个分解落实责任，逐个解决不留死角。要坚持基层导向，关注基层、深入基层，摸清实际情况，分析难点困惑，提出思路举措，有的放矢改进工作。要注重对廉政风险的管控，系统梳理工作中的廉政风险点，做好廉政风险的排查、识别、评估和防范。在实践中要注重及时总结提炼，形成具有普遍适用性的经验和方法，条件成熟的可在全行范围推广。

（四）完善工作机制。派驻改革后，党风廉政建设职能移交至党委办公室。今年，总行又成立党务工作处，进一步整合强化全面从严治党工作力量，形成党委办公室牵头、党委职能部门密切配合的全面从严治党和党风廉政建设工作机制。全行各机构要进一步梳理明确全面从严治党和党风廉政建设工作职能，选优配强工作团队，加快形成工作合力。年底前各一级机构要实现职能调整到位、人员配备到位、工作落实到位。总行党委办公室要及时梳理掌握各机构情况，对没有到位的机构进行督办指导，并将职能调整和人员配备情况纳入考核评价。

同志们，明年是中国共产党成立 100 周年。让我们更加紧密地团结在以习近平同志为核心的党中央周围，立足新发展阶段、贯彻新发展理念、服务新发展格局，不忘初心、牢记使命，不断提升全行党的建设质量，以全面从严治党引领全面从严治行，以高质量党建引领高质量发展，以优异成绩向建党 100 周年献礼。

在成渝区域第一次联席会议上的讲话

杨国中

（2020 年 12 月 16 日）

今天，我们通过视频连线的形式召开成渝区域联席会，四川分行、重庆分行和成渝区域牵头部门分别进行了工作汇报。目前服务成渝地区双城经济圈建设取得了阶段性进展，充分体现了工商银行站位国家发展大局，履行大行使命的责任和担当。对四川分行、重庆分行反馈的相关建议和工作诉求，请资负部、个金部、公司部、普惠部、市场部等相关部门认真研究，积极支持。下面，我讲两个方面的意见。

一、深刻认识成渝地区双城经济圈建设的意义

成渝区域作为长江上游的经济圈，历经近十年的快速发展，已成为我国西部地区发展水平最高、发展潜力较大的城镇化区域，是深入中国腹地的一个活跃经济板块，也是中国内陆开放的典型代表。

2020 年对成渝区域来讲，是具有里程碑意义的一年。习近平总书记主持召开中央财经委员会第六次会议，将成渝经济圈建设上升为国家战略，确立了“一极两中心两地”的战略定位。中央印发《成渝地区双城经济圈建设规划纲要》，标志着成渝地区双城经济圈建设从战略构想进入规划推进阶段。推动成渝地区双城经济圈建设有利于形成优势互补、高质量发展的区域经济布局，有利于拓展市场空间、优化和稳定产业链供应链，是构建以国内大循环为主体、国内国际双循环相互促进的新发展格局的一项重大举措。

总行党委审时度势，提出区域竞争力提升战略，目前已形成五大区域、80 家总行级重点城市行、400 家重点县域支行协同发展的战略布局。6 月 29 日，总行印发《服务成渝地区双城经济圈建设工作方案》，将成渝区域纳入五大区域。这是我行主动融入国家战略，切实服务实体经济的重要体现。成渝地区双城经济圈建设对西部、西南地区的发展举足轻重。全行要深刻领会服务成渝地区双城经济圈建设对于抢抓未来优质市场、巩固同业竞争优势的重大战略意义，以开放与互联金融、科创与产业金融、民生与普惠金融、绿色与生态金融“四大金融”为主体，健全体制机制，强化减负赋能，促进优势资源互补，助力产业合作升级，支持区域城镇化建设，坚持推进脱贫攻坚，满足人民群众对美好生活的向往，取得了金融服务能力和市场竞争能力的新突破。

二、新阶段坚持推进金融服务成渝地区双城经济圈建设

近日，党的十九届五中全会胜利召开，会议科学总结“十三五”时期我国发展取得的决定性成就，重点提出“十四五”时期经济社会发展指导思想、必须遵循的原则和主要目标，并将“十四五”规划与二〇三五年远景目标统筹起来，描绘了未来 5 年乃至 15 年我国发展的宏伟蓝图。“十四五”时期国家实施区域重大战略、区域协调发展战略、主体功能区战略，推动成渝地区双城经济圈建设，为区域经济跨越式发展带来充足动能，为川渝分行乃至全行高质量发展带来前所未有的机遇。立足承前启后的历史交汇点，我们要把握新发展阶段，贯彻新发展理念，服务新发展格局，落实总行党委工作思路，立足发展方位，将全行发展与“十四五”规划和二〇三五年远景目标精准对标，与经济社会发展任务精准对接，推动党中央决策部署在工商银行不折不扣贯彻落实。关于服务成渝地区建设，主要有以下几个方面的考虑。

（一）全面推进金融服务成渝地区双城经济圈建设。成渝地区双城经济圈是一个“核心圈”。巴蜀山川相邻、江河同流，巴蜀文化千载交融。成渝两地天然具备一体化发展基因，一体化发展的基础是客观存在的，也是具有相当优势的。我们要紧紧围绕党中央决策部署，主动适应新时代发展要求，提高政治站位，强化使命当担，全力服务成渝一体化，推动区域经济高质量发展。坚持金融服务实体经济发展，积极展现国有大型商业银行金融作为，推进成渝基础设施互联互通，构建现代产业体系，提升协同创新发展能力，促进城乡协调发展，凝聚多元化金融服务合力，畅通产业循环、市场循环、经济社会循环，支持成渝实体经济改革与转型发展。坚守金融发展基本规律，持续推进金融供给侧结构性改革，全面提升金融服务质量和水平，推动川渝分行金融开放合作，促进金融与产业发展融合，不断优化融资结构，支持成渝经济发展的重点领域和薄弱环节，以强有力的工行力量助力成渝地区双城经济圈建设。坚持

防范化解金融风险，要研究跨市场、跨行业、跨领域的交叉性和输入性风险，以有效的系统、制度和流程全面管理各类风险，增强风险处置本领，既要防范“黑天鹅”，也要防控“灰犀牛”，牢牢守住不发生系统性金融风险的底线。

（二）支持成渝区域产业转型升级。生产力合理布局是成渝地区双城经济圈建设的内在要求。要优化信贷结构，提升金融服务适应力，促进成渝区域产业结构优化，产业空间布局优化。充分发挥成渝经济圈区域信贷政策优势，加快集聚生产要素资源，促进区域制造业高质量发展，服务电子信息、装备制造、先进材料、军民融合等区域优势产业优质客户融资需求，稳健拓展文化旅游、教育、医疗、养老等消费升级服务业优质市场。加快新兴板块动能培育，助力提升产业层级、技术水平和规模效益，支持存储芯片、5G 基站建设、智能穿戴等高端制造业。要结合当地产业特色，创新金融服务方式，研究设计消费升级产业、跨境电商、林业经营等领域的特色产品，拓展新兴产业服务。

（三）支持成渝区域城镇化建设。城镇化建设是一项系统工程，要充分发挥金融服务优势，协调要素市场化配置，助力成渝区域新型城镇化加速推进。服务成渝地区双城经济圈建设的重点在推进城镇化，解决农村人口比例偏大的问题。工商银行要积极服务区域重点城市建设，突出成都、重庆“双核”优势，立足城市首位度、市场资源禀赋与产业比较优势，强化战略聚焦，推动核心城市行竞争力大幅提升。要整合川渝分行资源，支持成渝双城相向发展，抢抓重要节点城市规模扩张和城市等级提升的机遇，确保业务增长与城市发展同步，促进成渝城市结构从“哑铃形”向“橄榄形”转变。要全力支持成渝区域交通基础设施建设，优化表内外各项融资投入，主动服务高速铁路、高速公路、干线机场、城市轨道交通等项目建设，促进城际交通互联互通，打通区域内“断头路”，协同建设进出川渝高铁大通道，建设区域综合交通枢纽，拓展西部陆海新通道。要加强银政合作，积极参与政府平台搭建，完善区域治理体系，提升城市管理水平，与政府数据、产业数据、企业经营数据、研发数据建立全面联系，进一步完善数据网络，提升金融服务的适应性。

（四）坚持打造区域“第一个人金融银行”。坚持以人民为中心的发展理念，把满足人民群众的金融服务需求作为工作的出发点和落脚点，持续做大做强个人金融业务，高质量打造成渝区域“第一个人金融银行”。要向最广大的人民群众提供优质金融服务，持续夯实客户基础，做大客户规模，做优客户结构，提升有效客户总量及占比。要做好重点客群深耕与价值提升，深入推进中高端客户维护，运用好大数据、人工智能、智慧大脑等智能化服务方式，显著提升服务能力与客户体验。要把握区域经济与社会发展趋势，遵循客户与资金循环规律，持续做大存、贷、中收等业务规模，着力提升精细化管理水平，既要注重效益贡献，又要注重经营质态，逐步推动个人金融业务从外延式增长向内涵式发展转变，从粗放型增长向集约型发展转变，提升个人金融业务综合贡献。要不断丰富“贴心工行”“极智工行”“创新工行”“无界工行”系列品牌内涵，突出成渝区域特色，实现客户、市场、社会和监管对工商银行个人金融服务的高度认可，达成品牌美誉度、客户满意度最佳的战略目标。

（五）GBC 协同提升金融服务能力。GBC 是一项重要的基础性工作，对全行转型发展意义重大，为提升区域竞争力提供基础支撑。前期，总行制定了 GBC 工作方案，优选了 37 个业务场景，逐个场景细化了方案。各行要“按图索骥、对号落实”，推动 GBC 工作落地。要注重分类施策，综合成渝区域客户资源禀赋、我行比较优势和市场发展潜力等因素，因地制宜推进场景实施，树立综合化营销意识，发挥 GBC 三端协同服务优势，提升我行市场竞争力。要注重分步实施，遵循社会资金流向与结构，以对公和个人核心业务为主线，塑造“客户流、资金流、信息流”相互依存的金融服务生态，促进资金在我行体系内封闭运行。要突出效益驱动，着眼全局衡量成本投入与效益产出，充分体现本专业对其他专业的贡献，以此为导向在机制建设、资源配置、考核评价、风险防控等各个环节统筹推进工作落地。

（六）持续加强金融创新与市场开发。应用金融科技提升金融服务供给能力，引领相关业务发展。要抓住成渝地区城市建设、经济社会持续健康发展、产业转型升级、人民生活水平提升等实际需求，持续加强金融创新，探索设计数字金融产品，促进金融信息跨区域互联互通，打通账户与客户服务体系，利用科技手段创新“平台型”服务模式，注重输出金融科技赋能成渝区域发展，加快推广创新成果与业务模式。

同志们！我们即将迎来“十四五”时期，同时也处在跨越发展的历史时期。中央提出成渝地区双城经济圈战略以后，四川分行、重庆分行迅速行动，按照总行党委的要求建立了常态化的工作机制，迈出了可喜的一步。希望大家牢固树立成渝一体化发展理念，抢抓机遇、乘势而上，更好担当国家使命、服务区域发展全局，充分发挥成渝地区双城经济圈建设金融服务小组平台作用。川渝两行在行内就是“一家”。要实现资源共享、业务协同，在新的起点上助力巴蜀共兴再上新台阶。

在中国工商银行2020年全面从严治党暨纪检监察工作视频会议上的主持讲话

王　林

（2020年2月12日）

今年1月13日至15日，十九届中央纪委四次全会在北京召开，习近平总书记发表重要讲话，赵乐际同志代表中央纪委常委会作工作报告。为进一步深入学习贯彻四次全会精神，回顾工商银行2019年全面从严治党和纪检监察工作，部署2020年任务，同时充分考虑当前疫情防控工作实际，总行党委会同派驻纪检监察组决定以视频方式召开这次会议。为开好这次会议，会前总行党委多次与派驻纪检监察组就会议内容和具体安排进行会商，并先后两次召开党委扩大会议，学习传达十九届中央纪委四次全会精神，审议会议材料，研究会议安排。

今天会议共两项议程：首先，由党委书记、董事长陈四清同志讲话，对全行当前和今后一个时期深入推进全面从严治党提出总体要求；然后，由我简要对做好疫情防控监督和2020年纪检监察重点工作进行安排部署。

刚才陈四清同志紧密围绕深入学习贯彻习近平新时代中国特色社会主义思想，全面贯彻落实党的十九大和十九届二中、三中、四中全会精神，深刻领悟贯彻十九届中央纪委四次全会精神，总结回顾了2019年全面从严治党工作情况，明确提出当前和今后一个时期全行以全面从严治党引领和带动全面从严治行的总体要求和重点任务，体现了强烈的看齐意识和大行的担当精神，体现了目标导向、问题导向和效果导向的有机统一，是对新形势下全行全面从严治党、从严治行的再动员、再部署、再出发。从这些总结分析和部署要求可以看出，2019年工商银行新一届党委坚持把党的政治建设摆在首位，全力支持派驻改革，坚定不移以全面从严治党带动全面从严治行。正是在中央纪委国家监委坚强领导和具体帮助下，在工行各级党委高度重视和支持配合下，在各级纪检监察干部担当尽责和辛勤努力下，派驻改革取得良好开局，纪检监察各项工作取得突破性进展。在此，我代表派驻纪检监察组向中央纪委国家监委各有关部门、向工商银行各级党委、纪委和同志们表示衷心感谢！

2020年是决胜全面建成小康社会、决战脱贫攻坚的收官之年，也是工商银行“三年规划”的决胜之年。做好今年工作，责任重大。我们既要保持清醒、保持定力，把严的主基调长期坚持下去，也要持续深化派驻改革、深化金融反腐，完善符合工商银行实际的监督体系，充分发挥监督效能，为工商银行在全面建成小康社会中担当作为提供坚强保障。关于去年派驻纪检监察组和全行纪检工作总结及今年工作安排均在我的工作报告中予以明确，已经作为会议材料提前发给大家。下面，我简要讲两方面意见。

一、坚决做好疫情防控监督工作

当前，新型冠状病毒肺炎疫情防控是一场保卫人民群众生命安全和身体健康的严峻斗争。疫情发生以来，工商银行认真贯彻习近平总书记重要讲话和指示批示精神，坚决落实党中央、国务院决策部署，采取有效措施抓好金融支持疫情防控“30条”落地，把疫情防控作为当前最重要最紧迫的任务，全力以赴、有力有效开展各项工作。派驻纪检监察组深刻学习领会习近平总书记重要指示批示和重要讲话精神，认真贯彻落实中央纪委国家监委相关通知精神，结合总行党委要求，立即安排部署纪检监察条线疫情防控监督工作。1月28日向全行纪检系统提了三点要求，1月31日，向总行党委发送了第一份《关于工商银行党委贯彻落实习近平总书记重要指示批示精神、做好疫情防控工作的监督报告》，充分肯定了近期各机构、各部门为疫情防控做出的艰苦努力和积极贡献，同时也提出了一些具体监督意见和建议。各级纪检机构及时响应，既全力协助支持同级党组织开展疫情防控工作，又认真履行本条线疫情防控主体责任，还立足职责抓好监督，保障疫情防控工作高效顺畅开展。

截至目前，全行共有青海、重庆、新疆、浙江、山西、广西6家分行的9个分支机构纪检部门，在对疫情防控工作监督检查中累计发现并报告思想认识不到位、组织排查不力等问题17个，问责处理18人。比如，山西长治分行南街支行未按要求如实统计上报该支行党支部书记秦某密切接触武汉返回人员的情况，也未采取应急措施强化防控，造成南街支行被迫暂停对外营业，27名员工被列为密切接触者，形成疫情隐患，同时引发了社会负面舆情。再如，2月1日，广西河池分行监控中心值班员张某，对所居住小区疫情监测人员谎报自己发烧要去医院看病，实际是去单位上班，并且不佩戴口罩，导致疫情监测点启动应急机制，扰乱了当地疫情防控工作秩序，造成了不良影响。上述分行及相关分支机构能主动发现问题，及时作出处理，并如实上报情况，我们给予肯定和表扬；但也有个别机构还存在发现问题不及时，处理问题慢半拍等问题。如河南信阳分行申城大道家属院在信阳市疫情防控工作指挥部督察组2月6日“回头看”检查中，被查出防控措施不严格不到位的问题，仅有1名门卫在岗值班，未采取登记和测量体温等措施，被信阳市纪委通报批评。这个问题被总行舆情监测到后，省分行还未向总行报告，暴露出河南分行及信阳分行党委、纪委政治敏感性不强、信息不通畅等问题。针对类似问题，我们要高度重视，下大力气整治，以更坚定的信心、更顽强的意志、更果断的措施把各项落实工作抓实抓细，为取得疫情防控斗争的全面胜利提供有力监督保障。2月10日，派驻纪检监察组印发了《关于加强新型冠状病毒感染肺炎疫情防控监督工作的通知》，各级纪检机构要认真落实《通知》要求，重点做好四项工作。

（一）切实增强做好疫情防控监督工作的责任感、使命感。当前，疫情防控形势仍然十分严峻。我们要不断提高政治站位，把做好疫情防控监督工作作为增强“四个意识”，坚定“四个自信”，做到“两个维护”的重大实践检验，坚决贯彻“坚定信心、同舟共济、科学防治、精准施策”的总要求，坚持党中央决策部署到哪里，监督检查就跟进到哪里，积极主动履行纪检监察职责，推动同级党组织严格落实主体责任，督促各级领导干部靠前指挥、强化担当，引领广大党员干部冲到一线，守土有责、守土担责、守土尽责，切实把每一项工作、每一个环节做到位。

（二）精准开展监督。按照“稳预期、防恐慌”以及发挥国有大行金融支持作用的要求，督促各机构、各部门强化对疫情防控相关领域的融资支持，加大对人行名单中重点客户的主动服务；监督保障特殊时期金融服务需求，合理安排、动态调整营业网点运营计划和人员调配，保障特殊时期重点金融服务供给；监督做好员工关爱和排查防护工作，落实联防联控机制要求，消除盲区、不留死角，坚决杜绝聚集性交叉感染，确保客户和员工健康安全。

（三）严格执纪问责。坚决查处纠正疫情防控工作中存在的形式主义、官僚主义问题，对作风漂浮、敷衍塞责、推诿扯皮，不担当、不作为、乱作为，以及故意隐瞒疫情、不配合疫情防控工作、造谣传谣等行为严肃查处，特别是严禁发国难财，对乱收费、加点收息、审批过程中假公济私等行为，一经发现，从严从重处理。

（四）优化监督方式方法。对于涉及疫情防控的相关信访举报，以及监督检查中发现的问题一律优先处置、快查快办。坚决反对监督工作中的形式主义、官僚主义，减少不必要的表格报送、开会传达，既要为疫情防控工作提供有力的纪法监督保障，又要防止因方式方法不当影响疫情防控工作。

此外，纪检监察队伍自身也要认真履行疫情防控主体责任，确保纪检工作接续平稳运行。特别是要合理安排节后上班事宜，坚决防止出现聚集性感染；加强对辖内纪检干部的关心关爱，对于干部本人或家人因感染新型冠状病毒等出现生活困难的，要及时予以救助。同时，要真正做到隔离不搁工作、居家不误工作学习，以监督的实际成效，充分展现纪检干部忠诚品格和良好作风。

二、突出抓好2020年纪检监察重点工作

《中国工商银行2020年纪检工作要点》经总行党委审议通过后已经作为会议材料提前发给大家。这里，我主要强调以下五点要求。

（一）始终牢记初心使命，坚决做到“两个维护”。要坚持以科学理论坚定理想信念。要自觉运用习近平新时代中国特色社会主义思想这一党的创新理论武装党员、教育员工、指导实践，在深学笃行中坚定理想信念、坚守政治立场。要坚决做到“两个维护”。要督促各级行成为不折不扣落实习近平总书记重要指示批示精神和党中央决策部署的标杆银行。今年尤其要聚焦决胜全面建成小康社会、决战脱贫攻坚任务，以实际行动践行国有大行的初心使命。要严明党的政治纪律和政治规矩。加强对党章党规党纪和宪法法律法规执行情况，习近平总书记重要指示批示精神和党中央重大决策部署、重大战略举措贯彻落实情况，党的十九届四中全会精神贯彻落实情况，以及本机构、本部门履行职责使命情况的监督检查，督促各级党组织特别是“一把手”切实担负起全面从严治党政治责任，推动广大党员干部把“两个维护”融入血脉、见诸行动。

（二）深化派驻改革，推动“两个责任”贯通发力。要不断完善派驻监督体制机制。进一步健全派驻纪检监察组与总行党委的常态化沟通会商机制。激发各级党委落实全面从严治党主体责任的内生动力，自觉把责任落到实处，带头经常运用第一种形态。各级党委职能部门要切实做好主体责任日常工作。要不断完善全面从严治党制度。督促和协助各级党委重点完善对各级主要领导干部监督制度、领导班子内部监督制度，健全纪委对同级党委的监督制度、纪检机构双重领导制度，推动上级“一把手”抓好下级“一把手”，推动党委主体责任、书记第一责任人责任和纪委监督责任贯通联动，着力破解“一把手”监督和同级监督难题。要有效整合运用监督力量。将派驻监督与工商银行党内监督、治理层监督和业务监督统筹衔接，增强监督效能。

（三）充分发挥专责监督作用，坚持狠抓作风建

设。要加强上级纪委对下级党组织的监督。紧盯“关键少数”、关键岗位和关键环节，完善发现问题、纠正偏差、精准问责有效机制，建立健全各级行纪委书记从干部动议酝酿阶段就参与并全过程监督等工作机制，压缩权力设租寻租空间。要做实日常监督。深入干部群众中发现问题，注重运用谈心谈话防微杜渐。建立健全廉政档案和廉政活页夹，对领导干部进行精准“画像”。做好党风廉政意见回复工作，加强政治把关。加强问题线索管理，提高分析能力和处置效率。用好用活纪律检查建议书和监察建议书，推动问题整改到位。要积极探索建立全方位监督格局。设立境外机构廉洁专员，强化对境外机构廉洁风险防控。探索对直属机构、子公司的有效监督模式。要实事求是深化运用“四种形态”。依据“两个定量、一个变量”原则，精准把握政策策略。对主动向组织讲清问题，真诚认错悔错改错的，组织要施以援手，最大限度从轻减轻甚至免于处分；对隐瞒情况、避重就轻，不如实向组织讲清问题，甚至对抗组织审查调查的，一律从严从重查处。要实施规范问责、精准问责。把每一起案件都办成“铁案”，增强问责的严肃性和公信力；严格落实“三个区分开来”要求，为受到诬告错告的干部在一定范围内进行澄清，消除不良影响，放开广大党员干部担当作为、干事创业的手脚。要锲而不舍落实中央八项规定精神。坚持从讲政治高度整治形式主义、官僚主义，对享乐主义、奢靡之风等歪风陋习露头就打，对顶风违纪问题从严查处，加大通报曝光力度。督促各机构各部门细化落实国有金融企业负责人履职待遇和业务支出管理最新规定，构建标本兼治长效机制。深刻认识正风肃纪反腐和工商银行长久健康发展的正向关系，带头树立新风正气。

（四）强化政治巡视，完善巡视巡察上下联动工作格局。要加强顶层设计。以中央巡视办派员现场督导指导为契机，把巡视巡察监督做深做细做实，为迎接中央的督导和中央巡视做好各项准备工作。构建内容协调、程序严密、配套完备、有效管用的巡视巡察制度体系，积极探索巡视巡察与纪检监察、审计、内控等其他监督贯通融合的有效路径。要探索巡视巡察上下联动新方式。高质量、有节奏推进新一轮巡视全覆盖。2020 年拟采取“交叉巡察在前、总行巡视在后”的工作模式，分两批对部分一级（直属）分行开展巡视工作。第一批接受巡视的 4 家分行以及参加交叉巡察的 8 家分行已于 1 月 19 日至 21 日参加了巡视巡察上下联动专题培训，北京分行等其他一级（直属）分行同期可自行组织巡察工作。全面加强对各一级（直属）分行巡察工作指导督导。继续探索境外巡视。要把握政治巡视监督重点。坚守“两个维护”根本任务，把贯彻落实中央经济工作会议精神、助力全面建成小康社会、打赢疫情防控阻击战等情况作为巡视重点内容。要做好巡视整改落实工作。坚决防止以问责代替负责，防止“新官不理旧账”，防止问题改而复发。要综合用好巡视巡察成果。精准处置巡视巡察移交线索，建立巡视巡察发现典型问题通报机制，把巡视巡察结果作为干部考核评价、选拔任用的重要依据。

（五）深化金融反腐，一体推进“三不”机制建设。要加大案件查办力度。深刻理解从十九届中央纪委三次全会“加大金融领域反腐力度”到四次全会“深化金融领域反腐败工作”递进的深刻内涵和更高更全面的要求，从严查处党的十八大以来不收敛、不收手，严重阻碍党的理论和路线方针政策贯彻执行、严重损害党的执政根基，成为全面从严治党障碍的腐败问题。把防控金融风险和防控廉洁风险更加紧密地结合起来，坚决查处各种业务违规和风险损失背后的腐败问题。要提升办案质量效果。落实“查案、挽损、控险、反思、整改”五位一体要求，在严惩腐败的同时，抓好金融风险防控、杜绝次生风险，全力追赃挽损。要高度重视和坚持做好“后半篇文章”。以“三不”一体理念、思路和方法推进反腐败斗争和全面从严治党。结合顾国明、谢明案等暴露出的问题和漏洞，重点推进授信审批、选人用人等领域机制制度改革；用好“两明案”专题警示教育片，教育引导党员干部形成规矩的上下级关系、亲清的银企关系，提升金融报国的境界情怀。

同志们，这次会议是在防控疫情的特殊时期召开的一次特殊而重要的会议，今天集中参加会议的人员少，会议讲话短，但目标和任务是非常明确具体的。会后，请参会的各单位党委、纪委要结合本地区疫情防控实际，通过党委会、纪委会等形式，认真学习研讨陈四清同志讲话和本次会议精神，结合自身实际提出具体落实措施，并及时将学习贯彻情况报告总行党委办公室和派驻纪检监察组办公室。

完善监督体系　增强监督效能
为工商银行在全面建成小康社会中担当作为提供坚强保障

——在中国工商银行2020年全面从严治党暨纪检监察工作视频会议上的工作报告

王　林

（2020年2月12日）

根据会议安排，我代表派驻纪检监察组报告2019年派驻纪检监察组及全行纪检监察工作情况和2020年工作安排。

一、关于2019年纪检监察工作情况

2019年是工商银行派驻改革“元年”。一年来，在中央纪委国家监委的领导下，在总行党委和各级党组织支持配合下，派驻纪检监察组和各级纪检机构以习近平新时代中国特色社会主义思想为指导，认真贯彻落实党的十九大和十九届二中、三中、四中全会以及十九届中央纪委三次全会精神，以深化派驻改革和“不忘初心、牢记使命”主题教育为契机和动力，忠实履行党章和宪法赋予的职责，派驻改革取得良好开局，纪检监察工作取得突破性进展。

（一）以“真学真懂真信真用”为导向，扎实开展“不忘初心、牢记使命”主题教育。紧扣“守初心、担使命，找差距、抓落实”总要求扎实组织开展主题教育，较好实现预期目标。一是坚持将自学和集体学习紧密结合。深入学习习近平新时代中国特色社会主义思想，带着责任、带着问题读原著学原文，集体学习研讨，讲授专题党课，派驻纪检监察组和各级纪检机构累计开展学习教育7 000余次，进一步强化理想信念和使命担当。二是坚持深刻检视反思，深入开展调研。派驻纪检监察组和各级纪检机构对照党中央决策部署，对照党章党规党纪，结合工作实际，带头对“两明案”等暴露出的纪检监察方面问题，进行深刻反思剖析和自我检视，深入检视梳理共计5 000多个问题，并深入基层一线调研累计近2 000次，将一体推进“三不”机制建设等调研成果融入实际工作，形成边学习、边调研、边实践的良好氛围。三是坚持从实际出发，及时改认真改。针对检视剖析出的问题即知即改，如对任职满5年的一级机构纪委书记轮岗交流；对需要中长期解决的问题，确定阶段性目标，定期督导、持续推进，累计整改问题近5 000个。此外，在认真抓好纪检监察条线主题教育的同时，积极协助和有力督促各级党委深入推动相关工作。

（二）以强烈的政治责任感和使命感，有力有序推进派驻改革。推进中管金融企业派驻改革是纪检监察体制“三项改革”的重要组成部分。我们切实履行改革专责，确保改革起好步开好局。一是注重上下贯通，整体推进改革。会同总行党委于2019年6月初正式印发派驻改革实施方案，举办派驻改革专题培训班。派驻纪检监察组和各级纪检机构抓好组织实施和具体落实，指导督促全行迅速稳妥推进。选择安徽分行在二级分行层面试点深化纪检体制改革。二是有序划转职责，加快推进“三转”。派驻纪检监察组将党风廉政建设主体责任和行规管理等职责稳妥移交，并推动全行纪检系统有序同步调整，确保改革后把精力和资源向主责主业集中，持续推进更高水平、更深层次的“三转”。三是坚持制度先行，形成监督长效。派驻纪检监察组重点围绕做实政治监督、落实“三为主一报告”要求、依规依纪依法履职等方面，出台20余项制度，初步搭建起制度体系的“四梁八柱”。各级纪检机构也结合实际及时修订印发相关制度办法。四是落实“三为主一报告”要求，加强请示报告。派驻纪检监察组全面接受中央纪委国家监委的领导、管理和监督，2019年请示报告重要事项45项次。同时，健全和落实对全行纪检系统“三为主一报告”要求，修订提名考察、履职考核、报告工作等制度，进一步加强对线索处置和案件查办的全流程管理。五是强化组织建设，夯实基础保障。平稳划转巡视职能、人员，总行单设党委巡视办；调整优化组内人员结构，严选14名优秀干部进组，并为部分一级（直属）分行社会招聘19名有办案经验的纪法专才，为改革提供人才支撑。研发投产纪检监察管理平台，积极推进谈话室、档案室和纪检监察内网联网建设。

（三）以“两个维护”为根本任务，推进政治监督常态化具体化。始终牢记纪检监察机关是政治机关，纪检监察监督是政治监督，及时制定《关于加强政治监督的实施办法》，推进政治监督常态化具体化。一是紧盯政治纪律政治规矩，督促落实党中央重大决策部署。全行共立案审查调查违反政治纪律案件6件，处分6人。派驻纪检监察组深入西藏阿里、新疆喀什、青海德

令哈等艰苦地区和巴基斯坦、印度等境外机构开展调研，组织开展精准扶贫、普惠金融、支持“一带一路”建设等专项调研和监督检查，严肃查处扶贫干部作风不实等17个问题，处理责任人31人。二是紧盯加强党的领导，督促落实全面从严治党政治责任。派驻纪检监察组会同总行党委召开5次全面从严治党会议，督促出台《关于贯彻落实新时代全面从严治党要求的意见》等制度；对总行党委班子议事决策情况进行监督检查，督促发挥好把方向、管大局、保落实的作用；向总行党委发送出访提示函，进一步明确外事纪律。三是紧盯涵养政治生态，强化对选人用人的监督。派驻纪检监察组对部分一级机构班子成员开展监督调研，丰富政治画像维度；开展近千名总行党委管理干部信访问题线索“大起底”，加强政治生态综合研判。把好选人用人关，2019年派驻纪检监察组共参加25次总行党委会研究干部事项，回复党风廉政意见177人次，提出否定性意见3人次，坚决防止“带病提拔”。

（四）以锲而不舍的精神抓落实，持续发力纠治“四风”。认真学习贯彻习近平总书记重要批示精神和中央纪委国家监委电视电话会议精神，持续发力纠治“四风”。一是制定《集中整治形式主义、官僚主义实施意见》，确定12个方面整治重点；对十八大以来形式主义、官僚主义“零报告”的6家机构进行现场检查；集中通报落实党中央决策部署不力等18个典型问题；全年共查处形式主义、官僚主义问题115个，处理责任人179人。二是在紧盯公款吃喝、公车私用、大办婚丧喜庆等老问题，坚持露头就打的同时，结合主题教育，重点查处整治截留或挪用员工绩效等漠视和侵害群众利益问题；根据银行特点，预防整治领导干部利用理财产品销售等“金融特产”以权谋私、利益输送。全年查处奢靡之风、享乐主义问题57个，处理责任人79人。三是坚持问题整改与健全机制相结合。综合收集巡视巡察、内部审计、内检外查等发现的问题，畅通问题线索来源渠道，推动完善财务报销、公务接待等制度规定。

（五）以政治建设为统领，提升巡视巡察监督实效。派驻纪检监察组积极协助总行党委，将派驻监督和巡视巡察监督统筹考虑，一体推进。一是坚守政治定位，推进巡视监督高质量全覆盖。2019年，各级党组织共对340家单位开展巡视巡察，其中完成了对总行本部37个部门的巡视全覆盖，对私人银行部等2家单位开展防范金融风险专项巡视，实现了对境内所有一级机构和总行部门巡视的第二轮全覆盖，同时还创新方式探索了境外机构巡视。巡视巡察期间共受理群众信访举报207件，发现党员干部违纪违法问题线索511个。二是探索建立巡视巡察上下联动机制，印发巡察工作指导意见，将巡视巡察工作一体谋划部署；举办巡察业务培训班，抽调巡察组组长和业务骨干44人次参加总行党委巡视，以干代训跟班锻炼。三是深化中央巡视整改落实。督促总行党委对中央巡视整改情况进行再检视、再梳理，完善相关制度，健全工作机制，强化成果运用，确保整改真正落地、取得实效。四是巡视监督与派驻监督贯通发力。派驻纪检监察组对巡视转来的问题线索认真研判分析处置，对其中部分线索初核后立案并取得重大突破。

（六）以做深做细日常监督为基本职责，切实把纪律和监督挺在前面。派驻纪检监察组和各级纪检机构认真履行监督基本职责、第一职责，注重抓早抓小、防微杜渐，去年共提出监督建议、风险提示等2 000余个。一是强化线索监督。加强问题线索的接收、梳理、研判和分办，加大科学精准处置力度，2019年共收到信访举报2 321件，处置问题线索1 200件，其中初步核实1 091件次，增长18.2%；立案114件次，增长18.8%。二是加强同级监督，建立一级机构纪委两个“月报告”机制，贯通上级监督和同级监督，探索推进同级监督、“一把手”监督。三是进一步发挥各监督主体的责任和作用，制定《关于发挥监督合力提高派驻监督效能的意见》，将派驻监督和工商银行党内监督、治理层监督、业务监督结合起来。四是探索对境外机构监督的有效路径，制定境外机构廉洁从业监督办法，对中巴经济走廊相关融资项目进行廉洁风险排查。五是深化运用“四种形态”。在用好第一种形态上下更大功夫，努力把第二、第三种形态做精做细，充分发挥第四种形态的“后墙”作用。全年“四种形态”应用分别为802人次、137人次、42人次、10人次。六是推进执纪问责工作制度化规范化，对10名总行党委管理的领导干部进行严肃问责；开展处分决定执行情况大检查，维护纪律严肃性权威性；全行共对3 000余名受处分人员进行回访教育，凸显人文关怀。

（七）以“两明案”查处和专题教育整改为切入口，一体推进不敢腐、不能腐、不想腐。特别是抓住以案促改这个重点，全力做好查办案件“后半篇文章”，不断完善一体推进“三不”的思路举措。一是取得案件查办突破，强化不敢腐的震慑。派驻纪检监察组联合、配合地方纪委监委坚决查处“两明案”，在全行引起极大震动。同时，高度重视自查自办案件的突破，2019年初组成若干工作组同步启动私人银行部等重要问题线索的深度初核，并指导全行纪检系统加强与地方纪委监委的联系沟通，提升案件查办水平。2019年全行共立案审查调查案件114件，给予党纪政务处分157人；向地方纪委监委移交问题线索9件，对15人采取留置措施，坚决清除甘于被围猎的腐败分子。在强大震慑和政策感召下，重庆、上海分行有123人次以各种方式向组织说明了有关情况。全行共有17人主动交代问题或主动投案。在办案中既“打老鼠”又“护玉盘”，引导和督促重庆分行帮助相关企业缓释风险72.8亿元，上海分行对涉案企业存量贷款进行风险排查和有效防控，真正实现了查办案件的综合效果。二是抓好案件查办“后半篇文章”，扎紧不能腐的笼子，增强不想腐的自觉。派驻纪检监察组会同总行党委在全行开展为期两个月的“两明案”专题教育整改，明确五项“规定动作”，开展“十查”，派出14个督导指导组进行现场指导和纠偏。派驻纪检监察组和各级纪检机构共制发300余份纪律检查建议书，督促各级党委和信贷审批、选人用人等重点条线，健全权力运行机制，持续深化“三重一大”机制制度改革，消除腐败滋生的土壤。如信贷审批方面，规范授信审批条线员工会见客户行为；选人用人方面，修订《管理人员选拔聘用工作规定》，在动议之前增加“加强日常了解和分析研判”条款；干部轮岗交流方面，提出“四步走”干部交流计划，新提拔的各机构班子成员中交流使用比例超过50%。同时，通过制作警示教育片，建设廉政基地等方式，发挥反面典型教育作用，用身边事教育身边人，使广大干部员工深受警醒，特别是对反腐败形势达成共识，实现了从盲目乐观到深刻警醒，从“旁观者”到“反思者”的转变。

（八）以忠诚干净担当为标尺，建设过硬纪检监察干部队伍。时刻铭记“打铁必须自身硬”，从严从实加强队伍建设，努力做到政治过硬、本领高强。一是坚持把政治建设摆在首位，派驻纪检监察组及时传达学习习近平总书记重要讲话和中央纪委国家监委领导同志最新讲话精神，带头执行民主集中制，不断提高政治站位和政治觉悟。二是严把纪检干部准入和交流关，分5个批次对27名一级机构纪委书记进行调整和充实，实现一级（直属）分行纪委书记全覆盖、全专职、全交流和到期全轮换“四个全”。总行本部纪检委员均由支部副书记兼任。三是贯通政治培训、业务培训和全员培训。开展连续5个月18期的8 000余名专兼职纪检监察干部全员视频培训，并通过测试检验和巩固学习效果。派驻纪检监察组和各级纪检机构组织各类培训3 000余期次，不断提高执行政策水平、执纪执法水平、思想政治工作水平和信息化工作水平。四是强化自我监督。把正面引领和反面警示相结合，学习王瑛同志先进事迹，认真组织学习杨锡怀、邱大明等反面典型案例，深入开展“三对照三自查”活动，教育引导全行纪检监察干部防微杜渐，警钟长鸣。出台《监督执纪工作规则实施细则（试行）》，加强案件查办等全流程管理，坚决守住安全和保密底线，保证纪检监察权力正确行使。印发《纪检监察干部监督办法》，处置涉及纪检监察干部问题线索58件次，给予党纪政纪处分20人次，严防“灯下黑”。

回顾过去的一年，在应对严峻复杂的反腐败斗争形势和完成繁重改革任务的压力挑战中，我们更深刻认识到学深悟透习近平新时代中国特色社会主义思想的极端重要性，派驻改革的成功根本在于这一科学理论的指引；更深刻认识到党中央深化派驻机构改革正当其时，“两明案”等案件的查处和一年来的工作成效，充分验证了党中央决策部署是十分正确、及时和必要的；更深刻认识到必须紧紧依靠党中央、中央纪委国家监委的坚强有力领导，始终在党和国家大局中谋划思考工作，确保始终沿着正确方向前进；更深刻认识到改革带来的转变首先是角色转变，只有持续深化“三转”，才能真正发挥出派驻监督的制度优势；更深刻认识到高素质专业化队伍是高质量发展的重要保障，必须结合金融反腐实际，努力提升政治能力、斗争勇气和纪法本领。

2019年纪检监察工作取得的成绩，得益于中央纪委国家监委的正确领导，特别是第三监督检查室的具体指导和大力支持，得益于总行党委的高度重视和有力支持，得益于全行各机构、各部门和干部员工的支持配合，更得益于广大纪检监察干部的辛勤付出和扎实工作。在此，我代表派驻纪检监察组向中央纪委国家监委各有关部门、向工商银行各级党委、纪委和同志们表示衷心感谢！

在肯定成绩的同时，我们也要清醒看到，“两明案”的发生，充分反映出工商银行面临的党风廉政建设与反腐败斗争形势依然严峻复杂，也暴露出全面从严治党从严治行仍存在不小差距和薄弱环节。从全行来看，在思想认识方面，有的党员干部对新形势下全面从严治党、从严治行严峻复杂形势的判断不准确、不敏感，对金融领域腐败问题的严重性认识不足，缺乏危机意识和紧迫感。在主体责任落实方面，有的党组织仍然习惯性地让纪委代替履行职责，没有真正把主体责任理清楚、担起来，有的机构党委职能部门承接党风廉政建设主体责任日常工作的意识不强、人手不够、能力不足，管党治党层层弱化、虚化、边缘化的问题仍较突出。在“关键少数”监督方面，同级监督不够有力有效，对干部“八小时外”的“社交圈”“生活圈”了解不够、监督不力，个别干部在反腐败高压态势下，依然缺乏敬畏、顶风违纪。在监督体系建设方面，党内监督的主导作用还未充分发挥，各类监督的统筹衔接有待进一步加强。从纪检工作来看，部分纪检机构深化“三转”仍不够到位，对纪委协助职责和监督责任的定位把握不够准确，主责主业不够聚焦；日常监督、政治监督仍是短板，不敢监督、不愿监督、不善监督问题依然存在；基层纪检工作存在短板，纪检干部的政治素质和履职本领有待提高，从政治角度分析问题的能力还需提高，把握和运用“四种形态”不够精准、有力。从派驻纪检监察组自身来看，目前思想观念、工作模式还未完全转变到位，各种新机制新制度仍有待进一步理顺，工作理念和方法路径等也未完全适应形势要求变化；查办案件方面的经验还较欠缺，审查调查和纪法贯通能力亟待提高；组内政治建设和基础管理仍需加强，严肃认真的政治氛围和严深细实的工作作风还需进一步培育，等等。对于上述问题和不足，必须高度重视，以深化派驻改革和深化金融反腐为动力和契机，认真查找思想、作风、能力、方法、效果等方面的差距，以更大决心、更严标准、更实举措取得新的更大成绩。

二、关于2020年纪检监察工作安排

2020年是全面建成小康社会和“十三五”规划的收官之年，也是工商银行完成三年规划的决胜之年，还是我们按照派驻改革后的新职能新机制完整运行的第一年。我们必须提高政治站位，强化政治担当，把“严”的主基调长期坚持下去，把新时代纪检监察工作做得更加科学、更加严密、更加有效。2020年纪检监察工作的主要任务是：以习近平新时代中国特色社会主义思想为指导，深入贯彻党的十九大和十九届二中、三中、四中全会以及十九届中央纪委四次全会精神，增强“四个意识”，坚定“四个自信”，做到“两个维护”，坚持稳中求进工作总基调，督促和协助推动各级党组织持续深化全面从严治党，坚持和完善工商银行监督体系，强化对权力运行的制约和监督，一体推进不敢腐、不能腐、不想腐，在推进金融治理体系和治理能力现代化中充分发挥监督保障执行、促进完善发展作用，建设高素质专业化纪检监察干部队伍，推进新时代纪检监察工作高质量发展，为在决胜全面建成小康社会、决战脱贫攻坚中发挥国有大行作用，为提升治理能力、实现工商银行高质量发展提供坚强保障。

党和国家监督体系是党在长期执政条件下实现自我净化、自我完善、自我革新、自我提高的重要制度保障，是中国特色社会主义制度和国家治理体系的重要组成部分。派驻纪检监察组和各级纪检机构作为党内监督和国家监察专责机关，要深入贯彻落实党的十九届四中全会精神，进一步增强“四个意识”，坚定“四个自信”，做到“两个维护”，自觉把各项工作放到坚持完善中国特色社会主义制度和国家治理体系的大局中来思考、谋划、推进，特别是在推动金融治理体系和治理能力现代化中，充分发挥监督保障执行、促进完善发展作用。监督保障执行，就是聚焦坚持和完善支撑中国特色社会主义制度的根本制度、基本制度、重要制度，突出政治监督，加强日常监督，推动完善全覆盖的制度执行监督机制，强化制度执行力，通过监督保障党和国家治理各项决策部署、政策措施贯彻落实，保障中国特色社会主义制度切实得以坚持巩固。促进完善发展，就是聚焦解决体制性障碍、机制性梗阻、政策性创新方面问题，通过监督发现问题症结、提出整改意见、倒逼深化改革、完善制度机制，把公权力置于严密监督之下，推动构建系统完备、科学规范、运行有效的制度体系。要适应健全党和国家监督体系要求，进一步深化派驻改革，以高质量监督促进金融治理体系和治理能力现代化，充分彰显中国共产党领导和中国特色社会主义制度的优越性。

当前，新型冠状病毒肺炎疫情防控是一场保卫人民群众生命安全和身体健康的严峻斗争。要坚定信心、沉着冷静，紧紧依靠人民群众，积极主动履行纪检监察职责，做好疫情防控监督工作，既全力协助所在机构党委开展疫情防控，又密切关注、及时纠正疫情防控工作中存在的形式主义、官僚主义问题，对作风漂浮，在防控疫情中虚报、瞒报、漏报、迟报疫情，违反纪律不担当、不作为，甚至乱收费、加点收息、在审批过程中假公济私，以及违反信息传播和舆情方面纪律等行为严肃执纪问责，督促所在机构切实做好特殊时期的金融服务工作，为打赢疫情防控阻击战提供高质量金融服务保障。关于全年工作，主要从以下八个方面抓紧抓实抓好。

（一）强化初心使命，不断增强“两个维护”的自觉性坚定性。不忘初心、牢记使命是加强党的建设的永恒课题和全体党员、干部的终身课题，也是对全体纪检监察干部的政治要求。一是加强思想政治引领，持之以恒学懂弄通做实习近平新时代中国特色社会主义思想，不断巩固深化主题教育成果。理想信念是共产党人的政治灵魂，是共产党人初心的本质要求。党内存在的种种问题，根本原因在于理想信念动摇，初心使命迷失。科学理论是坚定理想信念的前提，是正确行动的先导。习近平新时代中国特色社会主义思想是当代中国马克思主义，我们要自觉运用这一党的创新理论武装党员、教育员工、指导实践，在深学笃用中坚定理想信念、坚守政治立场。二是提高政治站位和政治觉悟，坚决扛起“两个维护”的重大政治责任。要始终自觉在思想上政治上行动上同以习近平同志为核心的党中央保持高度一致，坚决落实党中央决策部署，严格执行请示报告制度。推动各级党组织把“两个维护”落实到具体工作、具体行动中，坚决防止和纠正一切偏离“两个维护”的错误言行，决不允许对党中央阳奉阴违，做两面人、搞两面派。三是严明党的政治纪律和政治规矩，精准开展政治监督，推进政治监督具体化、常态化、制度化。要加强对党章党规党纪和宪法法律法规执行情况的监督检查。重点监督对来自上级领导机关和领导干部及其家属、子女、身边工作人员及其他特定关系人的干预、捞取好处等违纪违法行为是否坚决抵制、记录在案并及时报告。加强对贯彻落实习近平总书记重要指示批示精神和党中央重大决策部署、重大战略情况的监督检查，督促推动各级党组织建立健全督办督查和报告情况机制。加强对贯彻落实党的十九届四中全会精神情况的监督检查，坚决纠正一切阻碍国家制度贯彻执行、影响治理体系和治理能力现代化的错误行为。加强对本机构、本部门履行职责使命情况的监督检查，督促推动各级党组织特别是“一把手”切实担负起全面从严治党政治责任，督促推动广大党员干部在内心深处铸牢党的初心使命，把“两个维护”融入血脉、见诸行动。

（二）强化人民立场，全力监督保障脱贫攻坚等关系群众切身利益问题。派驻纪检监察组和各级纪检机构

要深刻认识肩负的职责使命，始终把以人民为中心的工作导向贯穿履职全过程。一是坚持问题导向，聚焦定点扶贫和金融精准扶贫，对扶贫领域腐败和作风问题进行盘点梳理，着力加强对脱贫工作绩效、脱贫政策连续性稳定性、扶贫贷款投放、扶贫干部作风，以及脱贫摘帽后“不摘责任、不摘政策、不摘帮扶、不摘监管”情况的监督检查，对搞数字脱贫、虚假脱贫的严肃问责，对贪污侵占、吃拿卡要、优亲厚友的从严查处，促进建立解决相对贫困的长效机制，推动脱贫攻坚政策措施落到实处。二是补齐基层纪检工作短板，汇聚和增强基层纪检力量，充分发挥基层党组织监督作用，及时回应干部员工关切，深入开展损害群众利益问题集中整治，严肃查处贪污挪用、截留私分、虚报冒领员工绩效等群众身边腐败和作风问题，推动从制度上解决绩效分配不合理、基层营销费用不足等问题。监督推动各级党组织和党员干部为员工办实事办好事。

（三）强化改革引领，推动健全完善工商银行监督体系。派驻纪检监察组和各级纪检机构要按照健全党统一领导、全面覆盖、权威高效的监督体系，以及“上级监督必须加强、同级监督不可偏废、下级监督必须支持”的要求，持续推动派驻改革“形神兼备”，压实党委的全面监督、纪检监察专责监督、党的工作部门职能监督、党的基层组织日常监督和党员民主监督，增强监督严肃性协同性有效性。一是完善派驻监督体制机制。派驻纪检监察组要坚持政治监督定位，强化对总行党委及班子成员和总行党委管理干部的监督，进一步厘清理顺与总行党委的工作关系，完善常态化沟通会商机制，不断提高会商质量和效果。各级纪检机构要找准协助和监督定位，激发各级党委落实全面从严治党主体责任的内生动力，经常提醒和报请党委听取、审议同级纪委的工作报告，至少每半年一次共同研判本单位政治生态，及时推动解决重大问题。规范各级纪检机构派驻改革后的职责职能，把好“监督的再监督”定位。各级党委办公室要主动做好党风廉政建设主体责任日常工作，切实把工作承接好。总结安徽分行试点经验，推广强化基层监督的有效做法，补齐基层纪检工作短板。二是督促和协助各级党委完善全面从严治党制度。要重点完善对各级主要领导干部监督制度、领导班子内部监督制度、“三重一大”决策制度，健全纪委对同级党委的监督制度，推动各级党组织完善，层层落实两个“月报告”机制，推动上级“一把手”抓好下级“一把手”，将上级监督和同级监督上下贯通起来，推动党委主体责任、书记第一责任人责任和纪委监督责任贯通联动、一体落实，着力破解“一把手”监督和同级监督难题。三是推进双重领导体制具体化、程序化、制度化。要加强上级纪委对下级纪委的领导，进一步深化纪检体制改革，细化落实“三为主一报告”要求。用好提名考察权，严把纪检干部准入关；持续推进线索处置和案件查办全流程管理，加大问题线索提级办理力度；充分发挥考核激励约束作用，建立健全近距离、全方位、多渠道、知人知事的考核体系；全面加强请示报告工作，严肃政治纪律、组织纪律和工作纪律。四是有效整合运用监督力量。落实《关于发挥监督合力提高派驻监督效能的意见》，将派驻监督与工商银行党内监督、治理层监督和业务监督统筹衔接，细化优化监督会商、信息共享、协同研判、联合检查等方面的工作机制，凝聚监督合力，增强监督效能，推动监督工作高质量开展。五是建立健全纪检监察制度体系，紧密结合工商银行实际，细化落实《监督执纪工作规则》《监督执法工作规定》《纪检监察机关处理检举控告工作规则》等党内法规，及时将比较成熟的经验做法提炼为制度规定，对过时不适用的制度及时修改废止，确保各项工作规范化、制度化。

（四）强化监督专责，加强对权力运行的监督。派驻纪检监察组和各级纪检机构必须把纪律和监督挺在前面，推动形成决策科学、执行坚决、监督有力的权力运行机制。一是加强上级纪委对下级党组织的监督。要紧盯“关键少数”、关键岗位，探索把领导干部 8 小时以外“社交圈”、家风家教等情况融入述责述廉、约谈提醒、民主生活会等组织监督中，并与群众监督有效衔接。紧盯业务“准入关”和用人“提名权”等关键环节，完善发现问题、纠正偏差、精准问责有效机制，建立健全各级机构纪委书记从干部动议酝酿阶段就参与并全过程监督等工作机制，压缩权力设租寻租空间。督促建立权力运行可查询、可追溯的反馈机制，加强信息化监督平台建设，以公开促公正、以透明保廉洁。二是做实日常监督。围绕进一步拓宽发现问题渠道、强化对权力运行的监督这一主线，突出“关键少数”监督这个重点，积极探索日常监督有效路径和方法。要深入干部群众中发现问题，防止出现群众口碑差、反映大，而纪检监察机关却没有发现等情况。前移监督关口，注重运用谈心谈话防微杜渐。建立健全廉政档案和廉政活页夹，对领导干部进行精准“画像”。做好党风廉政意见回复工作，加强政治把关，不能简单看有没有信访反映、有没有受到过党纪政纪处理等直接、显性的问题，还要看贯彻落实中央决策部署的政治态度是否坚决、是否具有担当精神，并对其一贯表现进行综合分析判断。加强问题线索管理，提高分析能力和处置效率，加大对可查性高、问题反映集中的线索核查力度。坚决整治信访举报工作中的形式主义、官僚主义等问题，严格执行《纪检监察机关处理检举控告工作规则》，加强执行情况监督检查。用好用活纪律检查建议书和监察建议书，用纪法刚性约束推动问题整改到位。三是积极探索建立全方位监督格局，推进“一带一路”廉洁建设，落实廉洁丝绸之路北京倡议，设立境外机构廉洁专员，实行履职清单管理，强化对境外机构廉洁风险防控。探索对直属机构、子公司的有效监督模式。四是更加精准有力地深化运用监督执纪“四种形态”。要督促各级党组织特别是“一把手”带头、经常运用第一种形态，使抓早抓小、红脸出汗成为常态。坚持一切从实际出发，依据“两个定量、一个变量”原则，精准把握政策策略，严格规范工作程序，依规依纪依法行使职权。对主动向组织讲清问题，真诚认错悔错改错的，组织要施以援手，综合违纪违法事实和纪法规定最大限度从轻减轻甚至免于处分；对隐瞒情况、避重就轻，不如实向组织讲清问题，甚至对抗组织审查调查的，一律从严从重查处，实现政治效果、纪法效果和社会效果的统一。五是坚持严字当头、权责统一，实施规范问责、精准问责。要充分发挥审理审核把关和监督制约的职能，推动审查调查准确把握政策、尊重事实、严格程序，把每一起案件都办成“铁案”，增强问责和处理处分的严肃性和公信力。健全处分决定执行工作相关规范性意见，确保把纪律处分坚决执行到位。严格落实“三个区分开来”要求，为受到诬告错告的干部在一定范围内进行澄清，消除不良影响，充分放开广大党员干部担当作为、干事创业的手脚。

（五）强化作风建设，推动中央八项规定精神化风成俗、成为习惯。要以落实中央八项规定精神为抓手，结合国有金融企业特点，狠抓作风建设细化深化，推动作风建设成果向基层延伸，推动党风行风不断好转。一是坚持从讲政治高度整治形式主义、官僚主义。重点从总省行本部和各级领导干部抓起，深化治理贯彻党中央决策部署只表态不落实，维护群众利益不担当不作为，业绩观不端正、经营管理弄虚作假，违规违纪行为屡查屡犯，困扰基层的形式主义等突出问题。二是坚守重要节点，紧盯薄弱环节，对行内公务接待饮酒、变通财务费用、公车私用等顽症痼疾严查严处，防止享乐、奢靡问题反弹回潮；防范和查处收送电子红包、利用“金融特产”特殊资源谋取私利、私车公养等隐形变异问题。对“四风”问题线索优先处置、快查快办，对顶风违纪问题从严查处、绝不姑息，加大通报曝光力度。需要强调的是，纪检机构在开展相关监督检查时必须严格依规依纪进行，坚决杜绝尺度不统一、适用纪律不精准等问题。三是完善落实中央八项规定精神、纠治“四风”长效机制。要督促各机构、各部门重点加强公车管理、公务接待、财务报销、操办婚丧嫁娶等事项的监督管理，督促各级领导干部严格遵守新近出台的《关于进一步规范国有金融企业负责人履职待遇、业务支出管理有关事项的通知》以及行内实施细则等有关规定，特别是在业务招待、差旅支出、办公用房等方面进一步对照自查、严格遵守。进一步畅通“四风”举报渠道，更好发挥群众监督和舆论监督作用。四是坚持纠“四风”和树新风并举。要深刻认识正风肃纪反腐和工商银行长久健康发展的正向关系，坚决消除“特殊论”思想，时刻绷紧纪律规矩这根弦，带头改进党风行风和工作作风。持续推进廉洁银行建设，构建“亲”“清”的银企关系和清爽规矩的上下级关系。

（六）强化政治巡视，完善巡视巡察上下联动工作格局。今年中央巡视办计划将工商银行列为15家中央金融企业唯一一家试点派员指导督导单位，我们要以此为契机和动力，全面贯彻中央巡视工作方针，把握政治巡视内涵，充分发挥巡视利剑作用。一是加强顶层设计。构建内容协调、程序严密、配套完备、有效管用的巡视巡察制度体系，积极探索巡视巡察与纪检监察、审计、内控等其他监督贯通融合的有效路径，不断建立健全巡前、巡中、巡后全流程协作配合工作机制，增强监督合力。二是加强统筹谋划，探索巡视巡察上下联动新方式，高质量、有节奏推进新一轮巡视全覆盖。2020年拟采取“交叉巡察在前、总行巡视在后”的工作模式，分两批对部分一级（直属）分行开展巡视工作。全面加强对各一级（直属）分行巡察工作指导督导，压实巡察主体责任，发挥巡察办与纪委办合署办公优势，把监督落实到基层。进一步加强对境外重点地区、重大项目、重大投资的调研，继续探索境外巡视。三是把握巡视巡察监督重点。要坚守“两个维护”根本任务，将贯彻落实中央经济工作会议精神、助力全面建成小康社会、坚决打赢疫情防控阻击战等情况作为巡视巡察重点内容。对部分单位开展巡视“回头看”，督促从体制机制层面有效解决选人用人和信贷等领域存在的漏洞和问题。四是做好巡视整改工作。要继续抓好上一轮中央巡视整改落实，扎实推动内部巡视整改工作，坚决防止以问责代替负责，“新官不理旧账”，以及问题改而复发，确保整改任务抓到位、落到底。要建立健全纪检监察部门和组织人事部门巡视整改日常监督机制，做实对整改的监督检查和追踪问效，完善整改情况报告制度，健全整改公开机制。五是综合用好巡视巡察成果。要精准处置巡视巡察移交线索，建立巡视巡察发现典型问题的通报机制，将共性问题及时反馈相关专业和部门，促其推动深化改革，完善体制机制，堵塞制度漏洞。把巡视巡察结果及整改落实情况作为干部考核评价、选拔任用的重要依据，发挥好巡视巡察对于加强班子建设、防止干部带病提拔的积极作用。六是做实基础工作。要提升巡视、巡察组工作精细化、规范化水平，确保标准统一、流程顺畅、报告规范、档案完备。加快推进巡视巡察业务系统建设，为做深做细做实巡视巡察提供信息科技支撑。加强巡视巡察队伍建设，持续选好配强巡视巡察干部，着力增强干部履职本领，强化纪律和作风建设。注重选派优秀干部在巡视巡察实践中接受教育、增长才干、锻炼党性，发挥好巡视巡察对干部培养的“熔炉”作用。

（七）强化标本兼治，构建一体推进不敢腐、不能腐、不想腐体制机制。要深刻理解从十九届中央纪委三次全会“加大金融领域反腐力度”到四次全会“深化金融领域反腐败工作”递进的深刻内涵和更高更全面的要求，把防控金融风险和防控廉洁风险更加紧密地结合起来，坚持无禁区、全覆盖、零容忍，坚持重遏制、强高压、长震慑，坚持受贿行贿一起查，既严厉惩治、又有利于稳定，既合乎民心民意、又激励干部担当作为，努力提高治理腐败效能，一体推进“三不”机制建设。一是加大案件查办力度。要突出重点，从严查处党的十八大以来不收敛不收手，严重阻碍党的理论和路线方针政策贯彻执行、严重损害党的执政根基，成为全面从严治党障碍的腐败问题。对主动投案者依规依纪依法从宽处理，对巨额行贿、多次行贿的严肃处置，坚决斩断“围猎”和甘于被“围猎”的利益链，坚决破除权钱交易的关系网。坚决查处各种业务违规和风险损失背后的腐败问题，严肃查处靠金融吃金融、设租寻租、关联交易、内外勾结侵吞国有资产等问题，督促严格执行领导干部配偶、子女及其配偶经商办企业有关规定，对影响经济社会稳定和可能诱发系统性风险的腐败坚决亮剑。二是提升办案质量效果。要加强请示报告，坚决落实查办案件以上级纪检监察机构为主的要求。加强与地方纪委监委的日常沟通和协作配合，实现对相关问题线索移交与接收的快速平稳处置，确保纪法衔接和双施双守。严格落实措施使用监管、办案安全“六必知”等制度规定，坚决守住合规和安全底线。落实“查案、挽损、控险、反思、整改”五位一体要求，完善“发现问题—查清问题—控制风险—挽回损失—完善制度”的闭环机制，在查明案件事实、严惩腐败的同时，抓好金融风险防控、杜绝次生风险，全力追赃挽损。三是以“三不”一体理念、思路和方法推进反腐败斗争，推动相关领域监督机制改革和制度建设。要做深查办案件的“后半篇文章”，结合“两明案”等暴露出的问题和漏洞，持续推动各项整改措施落实落地。重点围绕公司治理、授信审批、选人用人、私人银行和大资管等方面问题，推进体制、机制、制度改革，消除腐败滋生的土壤，切实防止把个人经手或管理的公共资源变成拉关系、牟私利的工具。推动优化对自查案件和存量案件的评价考核办法，精准考核、精准扣分，增强各机构、各部门主动查案的积极性和主动性，对压案不查、瞒案不报的实行“一票否决”并严肃问责。做实同级同类干部的警示教育，用好“两明案”专题警示教育片，以案释德、以案释纪、以案释法。加强思想道德和党纪国法教育，注重家风建设，引导党员干部修身律己、廉洁齐家，培养现代文明人格，提升金融报国的境界情怀。

（八）强化队伍建设，锻造忠诚干净担当、敢于善于斗争的纪检监察铁军。推动高质量发展必须建设一支高素质专业化队伍。要加强思想淬炼、政治历练、实践锻炼、专业训练，切实把队伍建强，让干部过硬。一是坚持把学习习近平新时代中国特色社会主义思想摆在首位，突出抓好政治建设这个根本性建设，一体抓好思想、组织、纪律、作风等各项建设。坚持民主集中制，增强制度意识、坚定制度自信、维护制度权威，在坚决维护党中央权威和集中统一领导、坚决执行党和国家各项制度、坚决贯彻党中央重大决策部署上带好头。二是推进更高水平、更深层次“三转”，增强“主动转”的自觉。完善自身权力运行机制和管理监督制约体系，严格按照制度履行职责、行使权力、开展工作，严格审查调查安全管理，公正文明执纪执法，加快推进纪检监察信息化建设，不断提高纪检监察机关治理能力和执纪执法水平。研究出台规范纪委书记分工和加强队伍建设的相关指导意见，结合实际推动“四个全”向二级分行延伸，为各级纪委书记聚焦主责主业、纪检机构队伍充实优化提供具体可执行的制度依据。三是坚持德才兼备、五湖四海、公道正派，加大纪检监察干部培养管理和选拔任用工作力度，优化领导班子和干部队伍结构，注重引进不同专业、部门的干部到纪检战线，同时在干部选拔中将忠诚干净担当和敢于监督、善于监督的用人导向体现出来、落到实处。四是推进干部队伍专业化建设，加强学习调研培训，强化实战练兵，把分级分类开展全员培训作为建设高素质专业化纪检监察队伍的重要内容，特别是加大对《监督执纪工作规则》和《监督执法工作规定》的培训力度，不断提升政治素质和业务能力。五是教育引导广大纪检监察干部忠诚履行监督职责，坚定斗争意志，把准斗争方向，明确斗争任务，掌握斗争规律，讲求斗争方法，坚决同弱化党的先进性、损害党的纯洁性、破坏党的集中统一的问题作斗争。六是加大纪检监察战线先进典型和英模人物的发现、总结和宣传力度，引导全行纪检系统崇尚、学习英雄模范，安心专注、脚踏实地干好本职工作。关心、关爱、关怀各级纪检干部，尤其是异地交流的纪检干部，为大家解决后顾之忧。七是全面加强纪检监察干部监督工作。加大干部交流轮岗力度，动态更新纪检监察干部廉政档案，研究分析不同岗位风险点，有针对性地开展教育管理监督，切实化解风险挑战。牢固树立法治意识、程序意识、证据意识，完善制度规则，强化内部管理，公正规范履职，创新派驻纪检监察组和各级纪检机构接受各方面监督体制机制，确保执纪执法权受监督、有约束。严肃查处执纪违纪、执法违法行为，严格禁止打听案情、说情干预、违规过问案件，坚决清除以权谋私、以权搞特殊、蜕化变质的害群之马，持续防止“灯下黑”，做党和人民的忠诚卫士。

同志们，当前疫情防控工作任务重、责任大，今年各项工作任务更是要求严、标准高，全行纪检监察系统重任在肩，唯有只争朝夕，砥砺奋进，方能不负韶华。让我们不忘初心、牢记使命，奋力书写全面从严治党、党风廉政建设和反腐败斗争新篇章，为工商银行平稳健康发展、为夺取全面建成小康社会伟大胜利，作出新的更大贡献！

在新冠肺炎疫情防控情况交流会上的讲话

王 林

（2020 年 2 月 28 日）

2 月 21 日，国务院应对新型冠状病毒感染肺炎疫情联防联控机制印发了《企事业单位复工复产疫情防控措施指南》（以下简称《指南》），指导落实新冠肺炎疫情防控各项工作要求，推动企事业单位稳步有序复工复产。中央纪委国家监委领导批示，要求派驻纪检监察组督促驻在单位落实好《指南》及北京等省区市相关规定，严防复工后聚集性感染。

今天下午，我们召开疫情防控情况交流会，请总行办公室、人力资源部以及北京分行、工银安盛参加，主要目的是贯彻落实党中央、国务院关于复工复产疫情防控工作部署以及中央纪委国家监委领导批示精神，沟通交流前一段疫情防控工作情况，结合前期监督检查发现的问题，推动全行进一步落实疫情防控责任，完善复工复产中的疫情防控举措。

下面，请大家结合职责，分别介绍贯彻落实国务院《指南》及当地规定，做好疫情防控的部署落实情况，回答有没有做到部署到位、跟踪到位、监督到位。

……

刚才，四家单位分别介绍了疫情防控工作情况，可以看出，大家在总行党委统一领导下，认真履行职责，采取了切实有效的疫情防控措施，取得了较好的成效。在充分肯定成绩的同时，我们必须清醒地看到，疫情防控正处在最吃劲的关键阶段，我们的防控工作还需要持续抓紧抓细抓实，不要出现疏忽和遗漏。下面，我就贯彻落实党中央、国务院关于复工复产疫情防控工作部署以及中央纪委国家监委领导批示精神，简要讲几点意见。

一、时刻绷紧疫情防控这根弦

这次新冠肺炎疫情，是新中国成立以来在我国发生的传播速度最快、感染范围最广、防控难度最大的一次重大突发公共卫生事件。面对这场保卫人民群众生命安全和身体健康的严峻斗争，在以习近平同志为核心的党中央坚强领导下，全党全军全国各族人民团结奋战，全国疫情蔓延势头得到初步遏制，防控工作取得了来之不易的阶段性成效。2 月 26 日中央政治局常务委员会召开会议，习近平总书记发表重要讲话指出，当前全国疫情防控形势积极向好的态势正在拓展，经济社会发展加快恢复，同时湖北省和武汉市疫情形势依然复杂严峻，其他有关地区疫情反弹风险不可忽视。

值得警惕的是，由于当前疫情蔓延势头得到了初步遏制，疫情防控工作取得阶段性成效，从媒体报道的情况看，一些地区产生了疫情已经结束的“错觉”，集贸市场、超市等高危场所不断出现人员聚集，甚至出现排队就餐、扎堆喝茶等“热闹”场景，放松了警惕，增大了防控风险。

从前期对工商银行各机构疫情防控工作的监督检查情况看，整体上各机构能够及时成立疫情防控领导小组，认真落实疫情防控“四方”责任，采取细化疫情监测报告、加强员工管护关爱、控制现场办公人员密度、加大办公区域消毒通风等措施，为有效防控疫情蔓延作出了积极贡献。同时，我们也发现全行疫情防控中还存在一些不容忽视的问题，如个别单位存在疫情防控责任履行不到位，工作安排不扎实的问题；个别干部员工存在一定程度盲目乐观、思想松懈的倾向，有的员工防护意识不强，未佩戴口罩上岗；办公大楼配备的消毒液、洗手液、纸巾等卫生防疫用品，个别时候存在补充添置不及时的情况，等等。对于存在的问题和隐患，我们必须增强“谨慎之心”，对风险因素要有底线思维，对解决问题要一抓到底，一时一刻不放松，一丝一毫不马虎，直至取得最后胜利。

二、统筹推进疫情防控和复工复产

2 月 23 日，习近平总书记在统筹推进新冠肺炎疫情防控和经济社会发展工作部署会议上的重要讲话指出：“在确保疫情防控到位的前提下，推动非疫情防控重点地区企事业单位复工复产，恢复生产生活秩序，关系到为疫情防控提供有力物质保障，关系到民生保障和社会稳定，关系到实现全年经济社会发展目标任务，关系到全面建成小康社会和完成‘十三五’规划，关系到我国对外开放和世界经济稳定。”2 月 26 日，在中央政治局常务委员会会议上，习近平总书记强调，要精准稳妥推进复工复产，督促企事业单位严格执行疫情防控规定，落实防控主体责任。

一方面，控制疫情是复工复产的重要前提。疫情对经济社会发展的影响取决于其持续时间。疫情越早得到控制，对全年经济的影响就越小。尽早控制住疫情，就能够尽早实现全面复工复产，把疫情对全年经济的影响降到最低。这是打赢疫情防控阻击战的重要标志，也是实现今年经济社会发展目标任务的重要条件。另一方面，复工复产是有效防控疫情的重要保障。疫情发生以来，各方面大规模调动资源，确保防控一线医疗物资供应，确保城乡居民生活必需品供应。这既体现了我国集中力量办大事的制度优势，也得益于所积累的雄厚物质基础。在疫情防控期间，如果非疫情防控重点地区不能有序复工复产，防控一线的物资供应就难以得到保障，居民生活必需品供需平衡就可能被打破，市场供需矛盾就可能加剧。从这个意义上讲，复工复产是打赢疫情防控阻击战的内在要求。

同时，随着各单位、企业陆续复工复产，人员流动增多，聚集性感染风险增大，如2月26日，北京市就出现了一起输入性单位聚集性疫情，新增10例确诊病例。工商银行作为国有大型商业银行，承担着为社会提供金融服务、支持实体经济的重要责任，疫情期间保民生、保生产、保经济的职能作用更加凸显，必须自觉践行做好疫情防控和复工复产的政治责任，增强“必胜之心”，拿出战胜一切敌人而不被任何敌人所屈服的大无畏革命气魄，紧紧抓住主要矛盾和矛盾的主要方面，坚决做到有效防控疫情和有序复工复产两手抓、两手硬、两不误、两促进。

三、从严落实复工复产对疫情防控工作的新要求

复工复产，防疫先行。党中央的工作部署，最终要靠一线的企事业单位去细致落实，特别是靠领导班子担起责任，抓实抓细抓落地。各单位领导干部要增强“责任之心”，把初心落在行动上、把使命担在肩膀上，履职尽责，主动担当、积极作为，认真贯彻落实《指南》和各地规定要求，坚决防范因复工复产带来疫情扩散风险。在这里，我结合国务院《指南》和中央纪委国家监委领导批示精神，就我行疫情防控工作责任落实，再作五点提醒。

（一）严格把控返程人员“流动关”。要牢牢盯住外防输入这个阵地，增强疫情防控的精确性和针对性。要切实掌握员工流动情况，按照当地要求分区分类进行健康管理，对来自疫情严重地区的人员实行居家或集中隔离医学观察。要按照中央部署，继续集中力量和资源，加大对湖北分行的支持保障力度，配合做好湖北省和武汉市疫情防控，坚决遏制疫情扩散输出。习近平总书记强调，首都安全稳定直接关系党和国家工作大局，要坚决抓好外防输入、内防扩散两大环节，尽最大可能切断传染源，尽最大可能控制疫情波及范围。国务院联防联控机制明确，在京中央国家机关、企事业单位要服从北京疫情防控统一安排。工商银行在京机构要切实增强大局意识，强化主体责任，认真落实中央及北京市有关要求，严格执行各类人员返京、居家或集中观察等措施，严守纪律高压线。

（二）严格把控办公场所“入口关”。要加强进出人员登记管理，指派专人对进出单位的所有通道进行严格管理。员工每次进入办公场所，都应在入口处检测体温，体温正常方可进入。要加强协同，同步抓好物业、餐饮等后勤服务公司人员的健康监测。要尽量减少非本单位人员进入，确因工作需要的，应检测体温，并询问来源地、工作单位、接触疫情发生地区人员等情况，符合要求方可进入。营业机构要加强对前来办理业务的客户的体温检测，关注客户健康状况。

（三）严格把控公共区域“安全关”。要保持工作场所通风换气，保障洗手消毒等设施正常运行，洗手液、消毒水等用品要及时补充。要做好工作和生活场所清洁消毒，工作间、食堂、电梯、卫生间等公共区域及相关物品，强化专人负责，定期消毒。电梯按钮、门把手等频繁接触部位应适当增加消毒次数。在公共区域要设置口罩专用回收箱，加强垃圾箱清洁，定期进行消毒处理。加强垃圾分类管理，及时收集并清运。继续采取轮班制、弹性工作制、错峰上下班、居家办公等措施，合理安排现场办公人员。员工在工作场所要佩戴口罩，减少各类聚集和集体活动，分散乘坐电梯，工位之间要保持足够距离，坚持分时就餐、错峰就餐、打包就餐。

（四）严格把控员工个人“防护关”。要增强“仁爱之心”，当好员工贴心人，及时解决员工所急所忧所思所盼。强化防控宣传教育，采用多种形式加强疫情防治知识科普宣传，使员工充分了解防治知识、掌握防护要点、增强防护意识、支持配合防控工作。要千方百计为员工特别是到行办公员工配发足够的口罩等防护用品。要引导员工保持健康生活习惯，出现发热、呼吸道症状时，要及时向本单位如实报告，并及时采取隔离、就医等措施。设立医务室的单位要调配必要的药物和防护物资，配合疾控部门规范开展隔离观察与追踪管理。未设立医务室的单位要就近与医疗机构建立联系，确保员工及时得到救治或医疗服务。要关心关爱员工心理健康，及时疏解心理压力。

（五）严格把控特殊情况“应急关”。各单位主要负责人是疫情防控第一责任人，要健全疫情防控组织体系，明确疫情防控应急措施和处置流程，把防控责任落实到部门和个人。设立隔离观察区，当员工出现可疑症状时，及时到该区域进行暂时隔离，并报告当地疾控部门，按照相关规定安排员工就近就医。发现可疑症状员工后，立即隔离其工作岗位，并根据医学观察情况进一步封闭其所在的办公室、网点等办公单元，严禁无关人员进入，同时在专业人员指导下对其活动场所及使用物品进行消毒，配合有关方面做好密切接触者防控措施。要做好发现病例后的应对处置，已发现病例的单位，要

实施内防扩散、外防输出的防控策略，加强病例流行病学调查、密切接触者追踪管理、疫点消毒等工作。疫情扩散的单位，要实施内防蔓延、外防输出的防控策略，根据疫情严重程度，暂时关闭工作场所，待疫情得到控制后再恢复运转。

四、切实抓好纪检条线的疫情防控和监督工作

一是要积极主动履行协助职责。及时学习贯彻习近平总书记关于新冠肺炎疫情防控的重要讲话精神，切实增强大局意识和全局观念，自觉服从服务当前疫情防控大局，全力支持配合党委疫情防控工作，在党委统一领导下有序行动、积极作为。要督促党委严守不出现聚集性感染的底线，一旦出现要对单位一把手与直接责任人从严问责。

二是要精准稳妥履行监督专责。要贯彻落实中央纪委国家监委、派驻纪检监察组相关工作部署，立足职能、聚焦疫情防控，科学精准稳慎有效实施监督，增强监督严肃性、协同性、有效性，既要防止监督不力不到位问题，又要防止和及时纠正监督执纪过程中的执纪机械化、问责泛化、执纪过度、处理未达预期等问题，确保疫情防控工作部署到位、跟踪到位、监督到位。

三是要落实落细自身防控主责。在做好疫情防控监督的同时，要做深做细自身疫情防控，统筹安排好全年工作，持之以恒正风肃纪反腐，做到守土有责、守土担责、守土尽责。同时，积极组织辖内纪检干部参加派驻纪检监察组在线“春训”，主动自我加压、充电，加强政治和业务学习，做到“隔离不搁工作、不放松学习，居家不误工作、不停止学习”，充分展现纪检干部高度的政治自觉和适应各种环境加强学习、有效工作、能打硬仗、善打硬仗的良好作风。

同志们，船到中流浪更急、人到半山路更陡。在当前疫情防控的关键时刻，我们更要高度警惕麻痹思想、厌战情绪、侥幸心理、松劲心态，要认真学习领会、坚决贯彻落实习近平总书记重要讲话精神，切实把思想和行动统一到党中央决策部署上来，切实增强必胜之心、责任之心、仁爱之心、谨慎之心，把抗击疫情激发出来的强大精神力量转化为恢复生产、加快发展的强大动力，坚决夺取疫情防控阻击战和稳增长促发展攻坚战的全面胜利。

关于2016年以来中国工商银行贯彻落实中央八项规定精神情况的通报

王　林

（2020年3月12日）

根据会议安排，现将2016年以来，工商银行不断深入推进巡视问题整改、不断深化贯彻落实中央八项规定精神情况，通报如下。

一、全行贯彻落实中央八项规定精神取得新的明显成效

（一）推动形成了齐抓共管的良好格局。总行党委自觉向党中央对标看齐，坚持把落实中央八项规定精神、坚决纠治“四风”纳入全面从严治党从严治行工作大局抓细抓实，抓出成效。早在2012年12月中央八项规定出台后，总行党委就及时制定了《关于切实改进总行工作作风密切联系群众的规定》（简称“15条”），在全行狠抓中央八项规定精神的贯彻执行，取得了初步成效。2015年接受中央巡视后，总行党委进一步推动全行各级党组织和党员领导干部认真学习贯彻习近平总书记关于作风建设的重要讲话和指示批示精神，以及中央纪委国家监委深入落实中央八项规定精神电视电话会议等精神，强化各级纪检监察机构监督执纪问责，不断把作风建设引向深入。总行党委班子以身作则，带头严格落实中央八项规定精神，带头改进作风，推动完善作风建设系列制度规范和治理举措，逐级传导压力，层层抓好落实，形成了以上率下、齐抓共管的良好工作局面，推动全行作风建设持续向好。

（二）狠刹享乐主义、奢靡之风。

一是从严监督执纪。2016年以来，总行先后组织开展5次全行性的作风建设调研检查和“四风”问题整治“回头看”。2018年，重点对享乐主义、奢靡之风问题“零报告”的机构现场督导检查，并通报检查处理结果，强调“零报告”往往并不是真正的“零问题”，而是重视和查处力度不够的表现，由此进一步引起全行的高度重视和严肃对待。2019年，开展利用名贵特产、特殊资源谋取私利问题专项整治，将贯彻中央

八项规定精神等纳入巡视巡察安排，推动各机构、各部门加大“四风”问题查处力度，持续释放越往后执纪越严的强烈信号。2016年至2019年，全行共查处违反享乐主义、奢靡之风问题237个，处理责任人362人。从违纪行为发生时间看，发生在2017年至2019年的问题数量分别为64个、54个和10个，整体呈现下降态势。

二是从严控制公务开支。坚持艰苦奋斗、勤俭办行理念，不断规范会议、公务出行、业务招待等费用管理。2016年至2019年，境内分行会议费、车船使用费、业务招待费年均降幅分别为22.6%、18.9%和2.9%；境内分行差旅费、因公出国经费年均增幅控制在5%和2.1%，低于境内分行拨备前利润年均5.9%的增幅；2016年至2018年工商银行成本收入比亦呈现逐年下降态势，且低于国内外可比银行。

三是从严抓好警示教育。坚持“教在纪前”，发布“公开透明、公私分明、自律律他、廉勤并重”的廉洁文化理念，发挥文化促廉作用；开设网讯“明纪守规树新风”专栏，强化告示、提示、警示。坚持抓住元旦、春节等关键时点，向全行员工发布廉洁提示，确保节日期间风清气正。坚持用身边人和身边事开展警示教育，2016年以来，总行先后召开9次全系统警示教育大会，点名通报违反中央八项规定精神和其他违纪违法典型案例，督促全行干部员工真正把自己摆进去、把职责摆进去、把工作摆进去，受警醒、抓整改。

（三）集中整治形式主义、官僚主义。

一是抓好专项治理。根据党中央部署，2018年总行组织开展以形式主义、官僚主义为重点的“四风”问题专项整治，聚焦表态多调门高、行动少落实差，选择性执行制度，层层卸责、层层不负责，流程长、效率低等问题开展自查自纠。2019年印发《关于贯彻落实习近平总书记重要指示精神 集中整治形式主义、官僚主义的实施意见》，集中整治影响党的路线方针政策和党中央重大决策部署贯彻落实的突出问题，以及群众反映强烈、损害群众利益的突出问题。重点加强对扶贫领域作风问题治理的督查督办，推动脱贫攻坚各项工作责任落地落实。按照“不忘初心、牢记使命”主题教育要求，持续深入治理不担当、不作为等八个方面问题。

二是抓好基层减负。2019年，总行党委出台《治理形式主义突出问题为基层减负30条措施》，切实解决基层负担过重问题。如坚持对发文、会议实行硬控制，直接发至二级分行的文件同比下降35%，经总行办公室审核的系统性会议同比下降21%；下放初级专业资格考试组织权限，促进“学、考、用”的衔接匹配；认真对待和解决基层群众身边难题，全年累计解决员工就餐、饮水、更衣、哺乳、如厕等问题8 532个，惠及5 461家网点的6.2万名员工；大力减轻网点手工填报工作量，精简了一半以上的网点手工报表和登记簿；完成58个常用主机交易授权优化，柜面交易授权日均业务量降幅超过40%；整治“考评办法多、指标多，多头重复考核”问题，设置网点每类员工的考核指标个数不超过15个。

三是抓好监督执纪问责。2019年，向全行集中通报了6方面18个形式主义、官僚主义问题。总行重点对形式主义、官僚主义问题“零报告”的机构进行现场检查，发现问题近30个，督促相关机构抓实整改。组织开展扶贫领域作风问题治理，发现无故不参加扶贫工作会议、工作日未请假不在岗等问题17个，严肃处理了相关责任人。2018年以来，全行共查处形式主义、官僚主义问题144个，处理责任人214人。

（四）持续构建作风建设长效机制。坚持纠建并举。2016年和2018年总行党委先后推出作风建设新的“20条”和“26条”规定，进一步规范调查研究、出差接待、精文简会、厉行节约、监督检查等事项。督促相关部门深入查找制度短板，更新或推出系列制度办法。如先后两次修订《业务招待费管理办法》，进一步规范公务、商务接待，提出系统内公务接待不准饮酒等禁止性规定。实施财务开支全流程线上闭环管理，加强费用支出“系统硬控制”。制定《公务用车管理办法》及公务用车改革实施方案，进一步规范公务用车使用管理。修订《因公出国（境）管理办法》，强化对出国（境）计划的统筹，提高出访实效。连续修订《职工福利费管理办法》，确保开支依法合规。更新客户投诉管理办法，分类处理客户投诉，建立健全事前预防、事中监控、事后化解机制。

几年来，全行坚持不懈抓中央八项规定精神贯彻落实，取得了明显成效。“四风”问题得到有效遏制，干部员工的精神风貌越来越好，8小时以外的吃吃喝喝少了，读书学习和陪家人的时间多了，上下级之间、干群之间的关系更加清爽了，与客户“亲与清”的关系更加正常了，对改革发展的推动保障作用更加彰显了。同时，我们也更加深化了对新时期加强作风建设重要性、必要性和规律性的认识。一是作风建设事关党的事业的兴衰成败，事关工商银行的基业长青。作风建设无小事，体现的是人心向背，是对“两个维护”的政治检验。只有不断提高认识、改进作风，才能更好地提升党员干部的凝聚力和战斗力，才能营造全行改革发展的良好环境和经营氛围，才能有效巩固党长期执政的政治根基。二是作风建设的关键在于领导干部。领导干部的作风是一个单位作风的风向标。只有压实各级党组织的责任，充分发挥领导干部带头作用，一级做给一级看、一级带着一级干，才能带动全行作风持续改善。三是作风建设的保障在于有效有力的监督。有了铁规矩，还要有严监督。只有把日常监督严起来、细起来、实起来，从每个节点、每个具体问题抓起，以点带面、久久为功，越往后越严，越往上越严，才能促使全行干部员工树牢纪律规矩意识，自觉改进作风。四是作风建设的根本在于构建长效机制。只有坚持不敢、不能、不想一体推进，不断健全作风建设的制度机制，增强制度执行力，才能标本兼治，不断巩固和提升作风建设的整体效果。

二、贯彻落实中央八项规定精神并使之成风化俗依然任重道远

尽管整体而言，工商银行贯彻落实中央八项规定精神、整治“四风”工作取得了明显成效，但我们必须清醒地认识到，从近几年先后发现和查处的问题以及当前的现状看，不良风气的病原体还没有彻底根除，作风建设长效机制还存在不少缺漏，少数干部员工的思想堤坝还没有真正筑牢，还没有真正上升到“讲了就要听，定了就要做，安排布置了就要认真贯彻落实”的政治自觉和行动自觉，一些同志正因为“不听、不做、不落实”，而受到组织的严肃问责。突出表现在以下三方面。

（一）享乐主义、奢靡之风禁而未绝。从近年来问题查处情况看，全行享乐主义、奢靡之风问题存量逐步化解，但增量问题压力仍然不小。在2016年至2019年查处的问题中，当年新发生的问题数量占比达四分之一。问题发生的领域仍集中在违规配备使用公务用车、大办婚丧喜庆、违规收送礼品礼金、违规吃喝等方面。

一是违规配备使用公务用车问题较为突出。2016年至2019年，全行共查处此类问题49个，且一些问题出现了隐形变异。如黑龙江分行某支行综合管理部经理擅自通过中介办理车辆年检，并虚报套取费用；四川分行某支行行长违规报销私家车过路过桥费，等等。同时，检查也发现，由于一些分支行对公务用车疏于管理，导致驾驶员借职务便利，有的节假日私自驾车出行，有的擅自使用公务用车加油卡购买香烟等个人消费品。这再次说明，用车的“公与私”问题还没有彻底解决，并且还不断有新的隐形变异问题发生，同时也要求各级领导干部不仅要严格自律，还要管好身边人。

二是违规收送礼品礼金问题值得警惕。2016年至2019年，全行共查处此类问题42个。如苏州分行某分行业务管理部副总经理接受信贷客户的宴请和礼品；重庆分行某支行多名员工接受某个人商用车贷款客户赠送的礼金；福建分行某支行客户经理变相收受某汽车经销商赠送的苹果手机；安徽分行某二级分行员工为家人请托赠送国家公务人员购物券等。今年中央纪委最新统计体系中已将相关指标调整为“违规收送名贵特产和礼品礼金问题”，我们要精准领会精神，一并推动整治利用“金融特产”等谋取私利行为和各种不正之风。

三是违规操办婚丧喜庆问题仍然较多。2016年至2019年，全行共查处此类问题29个。如山东分行某二级分行办公室副主任，违规通知并默许同事参加其子在工作日举办的婚宴；河北分行某二级分行后勤服务中心副主任在举办儿子婚宴时，违规收受同事礼金；湖南分行某二级分行部门负责人先后为其母和本人操办生日宴，并违规收受同事礼金，等等。此类问题多发的分行，更要结合当地实际，持续深入治理。

四是违规吃喝问题多发频发。2016年至2019年，全行共查处此类问题65个。特别是2018年，总行禁止内部公务接待饮酒的规定，即内部“禁酒令”出台后，仍有个别干部员工置若罔闻、顶风违纪。为加强警示，这里点名通报近期查处的三起与总行本部相关的典型案例：第一起是辽宁分行安全保卫部总经理王宝林同志公务接待中连续饮酒问题。2019年5月，总行安全保卫部以分行交叉检查方式组织安排全行安全生产大检查，王宝林带队于5月15日至17日赴四川凉山分行检查。期间，连续两天均安排在行外用餐并饮酒，其中5月16日晚餐凉山分行陪餐喝酒人数达9人。凉山是集中连片贫困地区，王宝林赴贫困地区分行检查期间，违反中央八项规定精神，连续接受三次公务宴请并两次饮酒，且陪餐人数超标，影响十分恶劣。经研究，给予王宝林同志党内严重警告处分并免去总经理职务，给予四川分行相关同志党内严重警告和警告等处分。第二起是工商银行总行团委书记孙伯龙同志公务接待中饮酒问题。2019年9月25日，孙伯龙等二人赴湖北分行出差，当晚参加了湖北分行在职工食堂的公务接待并饮酒，湖北分行5人陪餐，超过规定人数。作为总行党群工作部门负责人和团委书记，孙伯龙违反中央八项规定精神，在公务接待中饮酒，且陪餐人数超标，影响恶劣。经研究，给予孙伯龙同志党内严重警告处分，待疫情结束后再对湖北分行相关同志予以相应处理。第三起是总行信贷与投资管理部信用风险监控中心副总经理肖永杰同志境外出差公务接待中饮酒问题。2019年10月25日晚，总行信贷与投资管理部团组，接受卡拉奇分行在外派员工食堂的公务接待。肖永杰作为出访团组组长，违反中央八项规定精神，在公务接待中饮酒。鉴于该同志积极配合审查，认错悔错态度较好，经研究，给予肖永杰同志党内警告处分。同时，给予卡拉奇分行主要负责人诫勉谈话处理。上述三个案例，都是公务接待饮酒等违纪问题，但处理结果轻重有所不同，主要是一方面充分考虑具体违纪事实情节和当事人认错悔错态度；另一方面也是贯彻党中央和中央纪委关于查处违反中央八项规定精神问题，越往后越严，以及对上级机关、领导干部更要严格要求的精神。以上问题涉及的总行三个部门，更要认真组织本部门党员干部深入反思，进一步严明纪律，加强管理。

此外，这里专门强调一下规范办公用房和住房问题。近两年全行共查处了8个办公用房违规问题，3个住房违规问题。如北京分行某支行为班子成员配备休息室；宁夏分行某支行多名班子成员办公用房面积超标；河南分行某支行行长私自将公房长期换租给他人等。此

外，有的机构存在对办公用房问题仅作形式上的整改，但实质上未作改变的情况。总行新近印发了负责人履职待遇和业务支出实施细则，各级机构务必认真对照相关规定，确保严格执行到位。

（二）形式主义、官僚主义问题依然突出。近几年我们逐步加大对违反形式主义、官僚主义问题整治力度，仅2019年全行就查处115个问题，其中履行职责、服务经济社会发展方面问题88个，占比76.5%；学风、会风、文风及检查调研方面问题12个，占比10.4%；联系群众、服务群众方面问题11个，占比9.6%。

一是服务态度和服务效率亟待改进。全行查处的11个联系群众、服务群众方面问题中，服务态度差、办事效率低问题有7个，占比63.6%。如山西分行某支行客户申请安装工行POS机，历时7个月未安装到位，期间客户曾一周内两次投诉，但多次反映无果，导致客户最终拒绝使用工行设备；贵州分行某支行网点运营主管违反服务工作纪律，未耐心对客户问题进行回复，并与客户产生争执，引发客户投诉。此类行为极大降低了客户体验，损害了工商银行口碑，造成了客户和业务机会流失。

二是学风、会风、文风仍需扭转。全行查处的12个学风、会风、文风及检查调研问题中，学风、文风差的问题有9个，占比75%。如青海分行某支行两名副行长，年度述责述廉报告、民主生活会发言材料、年度调研报告存在高度雷同问题，说明作风不实、态度不认真；还有一些分行公文处理效率低下，个别员工收文时间在一年以上未处理完毕的文件达300份以上，这里面既有干部员工对文件制定、流转重视不够的问题，也有文件精简没有做到位、文件处理工作量仍然较重等原因。

三是不担当不作为问题突出。全行查处的88个履行职责、服务经济社会发展方面问题中，不担当不作为不负责问题有66个，占比75%，是当前最为突出的问题。领导干部不担当、不作为、慢作为、乱作为，严重影响中央政令畅通，影响总行工作部署落实，制约全行高质量发展，具有极大的危害性。在此也点名通报三起典型案例：第一起是湖北孝感汉川支行党总支委员、副行长朱少军，担任脉旺镇张培村驻村工作队队长，在新冠肺炎疫情防控工作中履职不力，宣传发动群众工作不扎实，上门走访巡查不到位，对部分群众违规聚集跳广场舞行为制止不力，受到党内警告处分。第二起是天津分行河北支行公司金融业务部主管张晖，未正确履行职责，导致年度公司业务发展欠佳，三个季度内公司贷款没有新增客户，普惠金融贷款余额仅完成全年任务的7%，账销案存清理进度严重滞后，受到行政警告处分。第三起是广东阳江分行财务会计部总经理郭玉驱，集中采购管理流于形式，该行2018年部分定点采购项目无业务部门提出的项目需求书，无供应商商务谈判文件、报价文件等重要资料，专家评分无标准、评分表无签名，固定资产系统账务与实物严重不匹配，受到党政纪警告处分并调整职务。88个问题中还有10个弄虚作假问题，如2018年工银瑞信某团队负责人为应付反洗钱检查，组织虚构客户信息，受到行政记大过处分。在本次疫情防控中，也发现和查处了一些弄虚作假的问题。如总行法律事务部处室主要负责人梅明华同志向组织谎报其春节后已经返京，实际仍在外地，直到组织要求其到单位上班并启动调查才如实说明情况，受到党内警告处分。

需要关注的是，受处分的179人中，科级及以下干部员工161人，占比89.9%，处级干部18人，占比10.1%。这些问题虽然大多发生在基层行，但根源往往在上级行，需要进一步倒追问题产生的深层原因和管理责任，力争从根子上加以解决。

（三）各机构间作风建设工作力度不平衡。从近几年调研检查情况看，全集团内各机构对贯彻落实中央八项规定精神、纠治“四风”的重视程度和工作力度存在不平衡的情况。

一是境外机构的重视程度弱于境内机构，境内子公司等其他机构的重视程度又弱于分行。截至目前，尚没有境外机构直接查处违反中央八项规定精神问题，子公司仅查处4个违规问题。然而，未发现问题并不等于真的没有问题。境外机构和子公司个别干部员工，一定程度上存在“特殊论”思想，有的动辄以身处境外或者市场化人才自居，遵规守纪意识不够强，对整治“四风”认识上需要再提高，行动上需要再落实。

二是政策和压力传导层层递减。从总行到省行，再到二级分行、县支行，贯彻落实中央八项规定精神总体存在衰减现象。2016年至2019年，因享乐奢靡问题处理的362人中，处级及以下干部占比较高。同时，一些基层机构党员干部受当地社会不良风气影响较大，惯性思维严重、积习难改，同类问题一再反复发生。

三是对形式主义、官僚主义问题把握不准、查处力度偏弱。在整治“四风”过程中，部分机构偏重于查纠相对直观、易查的享乐主义、奢靡之风问题，而对形式主义、官僚主义问题，有的缺少关注和深入研究，有的对问题定性不准，有的就事论事，责任追究和整改落实仅限于直接责任人，等等。各级党组织要把整治形式主义、官僚主义，摆在更加突出的位置，抓紧抓好。

以上问题虽然表现各异，但究其原因主要有以下三点：一是部分机构党组织和党员干部思想认识不到位。有的没有从党的自身建设、党与群众的血肉联系和人心向背，以及“两个维护”的政治高度，看待贯彻落实中央八项规定精神的重要性和必要性；有的自身没有做到公私分明，面对纪律和监督依然心存侥幸；有的对整治“四风”与同业竞争的关系存在模糊甚至错误认识，导致执行纪律规矩不坚决、不彻底。二是部分机构党组织主体责任和监督责任履行不到位。一些党组织领导班子和领导干部对作风建设的长期性、艰巨性认识不足，日常领导管理和监督检查不严肃、不精准、不到位，问责处理宽松软，有的甚至带头漠视纪律规定，导致违规吃喝等问题屡禁不止。三是制度建设和制度执行仍有短板。如有的考核评价制度不科学、不合理，重形式轻实质；有的制度规定脱离实际，导致执行中形同虚设；有的上级机构和部门对制度执行盯住不够，出现问题不及时纠偏，导致形成“破窗效应”。

同志们，今天通报的这些情况，再次充分印证了习近平总书记所强调的：“四风”问题具有顽固性反复性，纠正“四风”不能止步，作风建设永远在路上。中央八项规定是一项长期有效的铁规矩，贯彻执行绝不允许有“七年之痒”。全行各级党组织和党员干部要坚持以习近平新时代中国特色社会主义思想为指导，贯彻落实好中央纪委四次全会精神和工商银行全面从严治党暨纪检监察工作会议部署，持续纠“四风”树新风，真正使中央八项规定精神化风成俗，成为广大党员、干部的思想观念和行为习惯。

在应对新型冠状病毒感染肺炎疫情工作领导小组第五次会议上的讲话

王　林

（2020 年 4 月 1 日）

根据会议研究讨论情况，我从纪检监察监督视角谈三点意见：

第一，工商银行认真贯彻落实中央决策部署，疫情防控工作取得突出成效。新冠肺炎疫情发生以来，工商银行党委认真贯彻习近平总书记重要讲话和重要指示批示精神，落实党中央、国务院决策部署，将疫情防控作为增强“四个意识”、坚定“四个自信”、做到“两个维护”的重大检验，强化靠前指挥，坚持疫情防控和金融支持两手抓、两不误、两促进，各项工作周密有序开展，取得了突出成效。中央纪委国家监委对中央金融企业的疫情防控工作十分关注。2 月 14 日以来，派驻纪检监察组按照中纪委第三监督检查室的要求，每周一、三、五汇总上报工商银行开展疫情防控的措施和成效。受中纪委三室邀请，廖林副行长还带队赴中纪委，就落实货币政策等相关问题专门做了交流。中纪委相关负责同志对工行疫情防控工作给予了高度评价。

第二，疫情形势变化给工商银行经营发展带来新的压力和挑战。习近平总书记指出，全国疫情防控形势持续向好、生产生活秩序加快恢复的态势不断巩固和拓展，但同时也面临着不少新情况新问题，特别是境外疫情扩散蔓延及其对世界经济产生不利影响，也给我国疫情防控和经济发展带来新的挑战。工商银行作为一家分支机构遍布全球的跨国金融企业，也不可避免地受到疫情的压力和挑战。比如，全球疫情迅速扩散蔓延，使工行境外机构面临着员工安全、机构安全、流动性风险、信用风险、操作风险等一系列考验；再如，疫情对全球的生产和需求造成巨大冲击，世界经济面临的下行压力不断增大，也会给工行的资产质量和业绩表现带来一定影响。我们要认真贯彻习近平总书记重要讲话精神，把统筹推进疫情防控和经济社会发展作为当前最大的政治工作进一步落实好，持续加强对国际经济形势的研判分析，严密防范各类风险挑战，确保安全平稳运营，保持核心竞争力。

第三，纪检监察队伍将继续发挥好对疫情防控和经营发展的监督保障作用。近一段时间以来，派驻纪检监察组和全行纪检条线积极发挥协助作用、切实履行监督职责，为打赢疫情防控阻击战提供了坚强的监督保障。3 月 12 日，陈四清同志在深入贯彻落实中央八项规定精神、驰而不息加强作风建设会议上提出，希望派驻纪检监察组围绕工商银行经营发展中存在的问题，特别是作风问题，加大监督整治力度。3 月 17 日，派驻纪检监察组发出通知，要求总行相关部门深入排查各类贯彻落实中央决策部署和总行党委工作安排表态多、行动少的问题，特别是在推动重点业务发展中存在的消极等待、不作为少作为，工作浮于表面、抓而不实、进退失据，“比”的思想欠缺等突出问题，目前绝大多数部门已经反馈了排查结果。下一步，派驻纪检监察组将持续加强与总行相关职能部门的沟通协调，形成整治形式主义、官僚主义的强大合力，深化治理困扰工商银行经营管理的突出问题；把监督约束和正向激励结合起来，引导全行广大党员干部勇于担当作为、忠诚履职尽责。派驻纪检监察组和全行纪检条线将继续发挥好对全行疫情防控和经营发展的监督保障作用，推动工商银行在助力复工复产、支持脱贫攻坚、服务社会发展等方面不断取得新成效，展现国有大行的责任与担当。

在党校校务委员会第17次会议上的讲话

王　林

（2020年4月22日·根据录音整理）

去年以来，各级党校认真贯彻落实党中央和总行党委关于干部教育工作和党校工作的各项要求，扎实开展分级分类党校培训工作，统筹推动党校培训体系建设，狠抓校风学风建设，取得了很好的效果。总行党委高度重视党校工作，校务委员会各成员单位，特别是北京分行和长春、杭州分校为圆满完成2019年党校工作付出了大量心血和努力。2019年以来的党校工作有三个特点：一是站位高，认真落实党中央重大部署，按照总行党委要求，围绕全面从严治党、从严治行，大力推进全行党校体系建设，做了大量扎实细致的工作。二是作风严，狠抓校风学风建设，积极推动领导干部上讲台，广泛开展授课调研工作，扎实开展研究型学习，取得了丰硕的成果。三是工作实，高水平组织了3期党员领导干部研究班，连续4年举办具有我们工行特色的“两个系列”专题轮训，特别是疫情期间，在扎实做好院校场地、人员安全保障同时，积极开展网上培训和课程研发，为全行统筹疫情防控和服务经济社会发展发挥了积极作用。对于下一阶段的工作，我再简要谈三点意见。

一要坚持党校姓党，做实主责主业。党校姓党是党校工作的根本要求。党校本质上是一所政治学校，其首要任务就是要做好对领导干部学员的理论武装和党性教育工作。要把握理论教育和党性教育的新要求，突出重点，着力增强针对性，充分利用好行内外的各类资源，大力加强对学员的马克思主义基本理论教育、党性党风教育、世界观人生观价值观教育、理想信念教育、道德情操教育和拒腐防变教育，注重运用正反两方面的典型案例，使学员始终保持清醒的政治头脑和高尚的道德情操，自觉遵守党章、党规、党纪。

二要坚持从严治校，巩固校风学风。要把全面从严治党、从严治行要求和从严治校方针结合起来，坚持严以治校、严以治教、严以治学，把校风建设作为作风建设的重点，严格党校校纪、校规。要抓好《中国共产党党校（行政学院）工作条例》的贯彻落实，在管理模式、办学体制、监督执行上向党中央对标对表。要抓好全面从严治党、从严治行各项重大部署在党校的贯彻落实，做到师资严、课程严、学员严、管理严。要抓紧完善我行党校制度体系，从顶层设计和具体实施两方面入手，确保党校工作有章可循、令行禁止，全流程闭环管理。

三要坚持责任担当，狠抓制度执行。贯彻落实党校各项规章制度，是各级党校、党委的一项重大政治任务。各级行党委要压紧压实“办管建”责任，把党校工作纳入党委主体责任清单、纳入整体工作部署、纳入年度目标考核。要强化纪律约束力、增强制度执行力，抓好党内制度法规和行内规章制度在党校的学习、宣传、贯彻和落实力度，推动党中央决策部署和总行党委确定的制度、规划、工作安排不折不扣落到实处。

当前新冠肺炎疫情还有很大不确定性，要坚持底线思维，做好疫情防控。各级党校要按照党中央的号召，一切行动听指挥，坚决执行总行党委和院校所在地党委政府的工作部署，有序推动复工复产工作。要有效利用党校平台，传达党中央和属地统筹做好常态化疫情防控和经济社会发展工作部署，扎实开展理论学习和研讨，在推进复工复产、服务经济社会发展中贡献党校力量，交出一份满意的党校答卷。

党校事业是党和国家事业的重要组成部分，我行的党校工作也是全行党建工作的重要组成部分。希望党校校委会各成员单位，紧紧围绕全行党建工作要求，落实全面从严治党工作部署，立足我行党校建设实际，不断探索新路径新方法，增强全行党校一体化、高质量、协同发展，为全面加强我行党的建设、干部队伍建设发挥积极作用。

在中国工商银行巡视巡察工作暨党委2020年第二批次巡视工作动员会议上的主持讲话

王 林

（2020年8月18日）

刚才，陈四清同志的讲话系统梳理了习近平总书记关于巡视工作的重要论述，紧密结合工商银行实际提出了学习贯彻习近平总书记关于巡视工作重要论述的工作要求，部署了落实全国巡视工作会议精神的主要措施，并对今年第二批次巡视进行了动员。陈四清同志的讲话政治站位高，思想内涵深刻，工作部署具体全面、重点聚焦、要求明确，为全行巡视巡察机构践行党的初心使命，进一步明确职能定位、强化政治监督、提高巡视巡察工作质量指明了方向。下面，我就学习贯彻本次会议精神再提三点具体要求。

第一，要认真学习领会会议精神，全面抓好会议各项任务落实。大家要通过学习贯彻这次会议精神，进一步深刻理解和把握习近平总书记关于巡视工作重要论述精神，更好地肩负起巡视巡察“两个维护”的重大职责和特殊历史使命。进一步深刻理解和把握当前形势下巡视巡察工作的战略作用、政治定位和工作方针，紧扣国有金融企业职能责任，明确工作方向，突出监督重点，充分发挥巡视巡察发现问题、推动解决问题的“利剑”作用。进一步深刻理解和把握巡视巡察工作体系建设的基本要求，压实主体责任，健全监督格局，完善整改机制，加强规范化建设和队伍建设，推动巡视巡察工作高质量发展。

第二，要精准把握监督重点，高质量完成本批次巡视工作。各巡视组、巡察组要按照这次会议的新部署新要求做好第二批次巡视工作，在巡视工作中更加深入地贯彻落实习近平总书记关于巡视工作重要论述精神，全面落实陈四清同志对巡视工作的任务要求，特别要按照陈四清同志指出的我行巡视监督“四个落实”重点的内容，以及这批次巡视工作“强化四个针对性监督”的要求，突出巡视的重点方向，切实使巡视聚焦全面从严治党从严治行情况，聚焦党和国家重大金融政策贯彻情况，聚焦防范和化解金融风险情况，聚焦总行党委战略部署落实落地情况。

这次巡视继续采用巡视巡察上下联动的工作方法，而且保持了各组人员的相对稳定。希望大家在新的实践中，继续探索完善这一工作机制。既要发挥巡察对巡视的拓展和延伸作用，通过交叉巡察“下沉一级”了解基层实际、倾听群众声音，为巡视打好“前哨战”，也要发挥巡视对巡察的示范、指导和推动作用，破解“熟人社会”巡不深、察不透的问题，提升巡察质量，锻炼巡察队伍。今年有15家分行派出巡察组参加总行的巡视工作，其中有9家分行两次派出巡察组，对总行巡视工作给予了很大支持，我代表总行党委对这些分行表示感谢！

这次巡视，我们还将学习借鉴中央巡视做法，由总行党委和派驻纪检监察组分别派出检查组，对被巡视单位分行巡察工作开展情况和纪委书记履职情况开展专项检查。检查组要重点关注被巡视分行党委履行巡察工作主体责任、贯彻中央巡视工作方针、落实政治巡察要求情况；重点关注纪委书记在履行监督责任、开展执纪问责、强化作风建设和抓班子带队伍等方面的情况和存在的问题。检查组与巡视组要密切协作、加强沟通，将专项检查发现的主要问题体现在巡视报告中，进一步丰富巡视监督成果。

这次巡视人员多、层级跨度大。各巡视组要严格落实组长负责制，加强组织协调和监督管理，坚持依规依纪开展工作，以求真务实的工作作风和认真负责的工作态度，精准发现问题，客观反映问题，如实报告问题，确保高质量完成本批次巡视工作。被巡视单位也要加快贯彻落实这次会议精神，提高政治站位，自觉接受和主动配合巡视巡察，特别是要按照陈四清同志要求加强自查、边查边改，与巡视组同题共答、同向发力，真正使巡视成为一次全面的“政治体检”，成为履行核心职能情况的一次“集中会诊”，成为去除“病灶”“强身健体”、推动进步发展的一次重要契机。

第三，要落实新冠肺炎疫情防控工作要求，确保有序平安推进巡视工作。当前，全国疫情得到有效控制，但是全球疫情蔓延带来的输入性风险与内生风险相互交织，常态化疫情防控形势依然严峻复杂。全行一定要注意防止和克服侥幸心理和松劲心态，时刻绷紧疫情防控这根弦。在接下来的现场工作中，各巡视组、巡察组要切实提高自我防护意识，严格遵守当地疫情防控规定，确保自身健康安全。要根据工作任务采用灵活的方式方法，尽量减少会议安排和参会人数，尽量采取分餐等方式降低风险。总行巡视办要制定突发情况应急预案，实时跟进掌握疫情防控形势变化，及时采取措施应对突发情况。同时，巡视组要检查被巡视单位常态化疫情防控工作开展情况，被巡视单位也要为巡视组、巡察组提供安全的办公环境、防护用品、医疗保障，把疫情防控贯穿巡视工作全过程，做到工防结合，确保万无一失。

同志们，习近平总书记和党中央对实现新时代巡视工作高质量发展作出了新的部署，总行党委对全行巡视巡察工作作出了全面安排。全行上下要以新一轮巡视全覆盖为新的起点、新的促进，不忘初心、牢记使命，全面推动全行党的建设、金融服务、经营管理再上新台阶。

健全监督体系　提升监督效能
坚决助力打赢防范化解金融风险攻坚战

——在第一期监督工作联席会议上的讲话

王　林

（2020 年 11 月 3 日）

今天我们召开第一期监督工作联席会议，一起学习党中央关于健全监督体系的决策部署和中央纪委国家监委的工作要求，梳理监督工作发现的重要问题，研究下一步监督工作重点。刚才，党委办公室、党委组织部、党委巡视办、信贷与投资管理部、内控合规部、内部审计局等 6 个职能部门作了重点发言，介绍了党建工作、选人用人、信贷、资管等方面存在的主要问题，其他部门也结合主题作了交流，会议开得很好。今后联席会议要定期召开，请各成员部门轮流作重点发言，研究监督中发现的问题，交流监督工作措施。下面，结合中央纪委国家监委近期工作要求，我讲三点意见。

一、提高政治站位，深入领会健全监督体系、强化金融领域监督的重要意义

（一）推进全面从严治党需要坚持和完善党和国家监督体系。习近平总书记指出，自我监督是世界性难题，是国家治理的“哥德巴赫猜想”。党的十八大以来，党中央全面加强党的领导和党的建设，坚定不移全面从严治党、正风肃纪反腐，探索出了一条长期执政条件下解决自身问题、跳出历史周期率的成功道路，构建起一套行之有效的权力监督制度和执纪执法体系。在新时代要把我们党建设得更加坚强有力，要推进国家治理体系和治理能力现代化，必须坚持和完善党和国家监督体系，充分发挥中国特色社会主义监督制度的巨大优势。

（二）夺取反腐败彻底胜利需要不断健全监督体系。腐败的本质是权力滥用、以权谋私，反腐败必须强化监督，管住权力。当前反腐败斗争取得压倒性胜利，但形势依然严峻复杂，特别是金融系统的腐败还没有得到真正遏制。必须坚持加强党对反腐败工作的集中统一领导，坚持“三不”一体推进，大力创新体制机制，优化反腐败资源配置，实现党内监督同国家监察、依规治党同依法治国的有机统一，形成决策科学、执行坚决、监督有力的权力运行机制，确保党和人民赋予的权力始终用来为人民谋幸福。

（三）防控金融风险需要持续增强监督合力。监管不仅包括监管部门的监管，也包括纪检监察监督和其他方面监督。派驻监管部门的纪检监察组通过监督推动健全金融监管，派驻金融机构的纪检监察组通过监督推动健全金融机构内部治理。以强监督推动强监管、强治理，形成监督合力，解决金融机构党的建设弱化、经营管理不善的问题，营造金融领域良好政治生态，防范化解金融风险。

二、切实发挥各类监督职能，不断健全工商银行监督体系

（一）健全全行监督体系取得积极成效。派驻纪检监察组成立后，致力于把派驻监督与工商银行党内监督、业务监督和治理层监督有效贯通起来，依托各类监督在监督视角、监督范围、监督对象、监督方式等方面的互补性，同向发力、共享信息，推进形成全面有效的监督体系。今年以来，派驻纪检监察组已经印发或正在制定《关于发挥监督合力提高派驻监督效能的意见》（以下简称《意见》），《派驻纪检监察组与行党委加强沟通会商办法》《监督工作联席会议议事规程》《问题线索移交工作的意见》等制度办法，为进一步统筹各类监督力量，健全全行监督体系，提出了具有操作性的建议和路径。内部审计局、党委巡视办等职能部门和部分分行，围绕发挥监督合力，开展了积极探索，取得了初步成效。比如，“徐卫东案”的查处，就是发挥业务

监督、审计监督、巡视监督和派驻监督合力的典型案例。

年初以来，派驻纪检监察组已多次会同行党委研究党风廉政建设和反腐败工作，特别是10月20日，派驻纪检监察组与行党委首次以两个班子面对面形式召开沟通会商专题会议，研究多项监督工作议题，推动“两个责任”协同发力。今天，我们召开监督工作联席会议，围绕监督工作进行了交流。这些都是我们完善工商银行监督体系的有益探索与实践。

（二）监督部门要知责守责尽责。实际工作中，在发挥监督合力方面，还存在个别部门监督意识不强、监督信息报送不够主动、问题线索移交不够规范等问题，业务系统与派驻纪检监察组信息平台的对接还需加快推进。各成员部门要按照《意见》要求，根据各自定位，认真履行监督职责。党委职能部门要严格执行党内监督条例及各项监督制度，加强职责范围内党内监督工作。业务监督部门要重点督促各领域、各条线依法合规经营，通过开展监测分析和检查，揭示各类潜在风险隐患。治理层监督部门要加强对重要决策、重要事项、重要业务、重要问题和重要风险的监督。各监督部门要加强对监督信息的分类处置，及时向派驻纪检监察组报告工作中发现的重要问题，移交涉及工商银行党委管理人员的问题线索。

（三）派驻监督要切实发挥牵头作用。派驻监督是上级纪委对下级党组织和领导干部的监督。派驻监督的定位是“监督的再监督”，要带动工商银行党内监督、业务监督、治理层监督等各类监督力量对权力运行形成监督的全覆盖。要不断健全信息沟通、线索移送、措施配合、成果共享等工作机制，联合分析研判工商银行经营管理中面临的风险、存在的问题，统筹协调监督资源，更好地推动各类监督有机贯通、形成合力，打造配置科学、权责协同、运行高效的监督网。

三、准确把握工作重点，切实提升监督效能

近期，中央纪委国家监委专门召开深入查处金融风险背后的腐败问题学习交流会，强调要履行好监督责任，坚决查处风险背后的腐败问题，不断提升防范化解金融风险的能力。结合工商银行实际，从监督工作角度，要重点抓好以下工作。

（一）强化政治监督，确保党中央决策部署落地见效。金融事关国民经济命脉，不能简单的就金融论金融，要对国之大者心中有数，自觉把自己摆进去、把职责摆进去、把工作摆进去，站到政治经济社会全局的高度看待金融问题。当前和今后一段时期，要紧紧围绕贯彻落实党的十九届五中全会战略部署做实做细政治监督，进一步严明政治纪律政治规矩，推动全行贯彻落实好党的十九届五中全会精神和习近平总书记重要讲话精神，准确把握进入新发展阶段、贯彻新发展理念、构建新发展格局对工商银行各项工作提出的新要求，做到党中央重大决策部署到哪里，监督检查就跟进到哪里，确保党的十九届五中全会关于经济金融工作的系列决策部署在工商银行真正落地见效。

（二）紧盯“关键少数”、重点环节，以强监督促改革。监督工作要抓住主要矛盾和矛盾的主要方面，监督的重点是领导干部这个“关键少数”。日常监督要着重发现领导干部贯彻落实上级决策部署态度不坚决、执行不到位的问题，“三重一大”流程不规范、履行“一岗双责”不力的问题，以及插手干预选人用人、贷款项目、大额采购、投融资审批、工程建设等问题。要改进对领导干部的经济责任审计，加强对其任期内的经营决策行为、经营管理行为、经营业绩、内部控制、风险管理、案件防范的监督。要落实履职回避规定，严格执行干部交流和关键岗位轮换制度。通过管好关键人、管到关键处，发现并督促解决问题，及时出台堵塞漏洞的新制度，推动重点领域、关键环节的改革与完善。

（三）突出抓好风险防控监督，坚决查处风险背后的腐败问题。要切实发挥风险管控“三道防线”作用，有效贯通监督与治理，既要把好信贷审批、投放、处置的关口，更要盯住跨境融资、资产管理、投资银行等流程复杂、层层嵌套、创新多变的业务领域，增强风险揭示和预警能力。第一道防线要完善与业务相适应的风险管控机制，明确各项业务特别是创新业务的风险控制点，组织开展专业领域的监督检查。第二道防线要承担对第一道防线风险管控的监督责任，加强集团整体和各类风险管理。第三道防线要承担对前两道防线履职的监督责任，揭示体制、机制、系统、流程等方面的问题，分析风险背后的深层次原因。监事会办公室要强化对全行风险管控“三道防线”履职尽责情况的监督，加强对内控合规和内部审计工作的指导。派驻纪检监察组要加强对重大业务违规和风险损失背后的廉洁风险、腐败问题的分析研判和深挖细查，严肃查处靠金融吃金融、设租寻租、关联交易、内外勾结侵吞国有资产等问题，坚决斩断“围猎”和甘于被“围猎”的利益链，坚决破除权钱交易的关系网。要督促行党委在“两明案”专题教育整改基础上，进一步总结“徐卫东案”“卢健案”发生的特点和根源，梳理其中的风险点，加快健全金融风险防控机制。用好反面“活教材”，持续开展警示教育，加强思想道德和党纪国法教育，注重家风建设，引导党员干部修身律己、廉洁齐家。

（四）严管厚爱结合，精准执纪问责。一方面，要严字当头，加大对监督检查发现问题涉及责任人的问责力度，发挥惩戒震慑作用。严格区分直接责任人、管理责任人、领导责任人和监督检查责任人，防止出现问责层级过低、问责范围过宽的现象，提高问责的精准性。坚持问责标准统一，防止虚假问责，确保问责结果落地

执行，提高问责的严肃性。另一方面，要把严管和厚爱、激励与约束结合起来，认真贯彻落实“三个区分开来”，做到“严有严的标准、宽有宽的道理”，调动和保护干部员工积极性、主动性、创造性。对主动发现问题、整改效果好且未造成严重后果的，可从轻、减轻或免予处罚和问责；对履职不到位、工作流于形式、弄虚作假的，要加重处罚和问责。

（五）加强队伍建设，打造监督“铁军”。要增强斗争精神，强化担当意识，敢于动真碰硬，不回避矛盾、不畏惧挑战，敢于发现和揭示问题，不当“老好人”。要选用专业能力突出和风险意识强的人员从事监督工作，加大业务培训力度，加强跨条线联合监督检查，有效锻炼队伍，提升监督能力。要强化监督队伍纪律建设和作风建设，从严自我监督、自我约束，打造政治过硬、本领高强的监督“铁军”。

同志们，党的十九届五中全会刚刚闭幕，我们要认真学习贯彻党的十九届五中全会精神，突出高质量发展主题，突出发挥监督治理效能，以严密的监督体系防范风险挑战、筑牢安全屏障，为全面建设社会主义现代化国家开好局、起好步提供坚强保障。

在总行本部巡视“回头看”动员部署会上的讲话

王　林

（2020 年 11 月 24 日）

根据巡视工作总体安排，总行党委决定对总行 8 个部门开展巡视“回头看”，重点检查上一轮中央巡视和总行党委巡视发现问题的整改情况。期间，第四巡视组还将针对 5 个部门同步开展落实意识形态工作责任制情况专项检查。下面，我就开展巡视“回头看”工作讲三点意见。

一、深入学习贯彻党的十九届五中全会精神和中央关于巡视工作的新部署新要求，准确把握好巡视“回头看”的定位和重点

这次巡视“回头看”，是在全行深入学习贯彻党的十九届五中全会的大背景下开展的。巡视工作要以五中全会精神为指引，更好地把握党和国家工作大局、把握政治巡视定位。各巡视组既要检查和推动被巡视部门学习贯彻五中全会精神，又要与被巡视部门一起深入研究思考进入新发展阶段、贯彻新发展理念、构建新发展格局、推动高质量发展对金融工作的新要求，深入研究思考如何更好履行职责使命，从而进一步从政治和全局的高度检视和改进工作，确保我们的工作能够跟进党中央部署要求、跟上时代前进步伐、适应事业发展需要。

这次巡视“回头看”，要认真贯彻落实中央关于巡视工作的新部署新要求。党的十九届五中全会提出，落实全面从严治党主体责任、监督责任，提高党的建设质量；把严的主基调长期坚持下去，不断增强党自我净化、自我完善、自我革新、自我提高能力；锲而不舍落实中央八项规定精神，持续纠治形式主义、官僚主义，切实为基层减负；完善党和国家监督体系，加强政治监督，强化对公权力运行的制约和监督。在十九届中央第六轮巡视工作动员部署会上，赵乐际同志根据中央单位的特点规律，有针对性地提出了具体巡视要求。我们要坚决落实这些新部署新要求，通过从严监督，推动建设讲政治、守纪律、负责任、有效率的模范机关，发挥好贯彻落实党中央决策部署“最初一公里”作用。

这次巡视“回头看”，要聚焦“两级巡视”整改，尤其要把检查督促中央巡视指出问题的整改作为重中之重。整改是巡视工作的关键环节，是巡视成效的集中体现。习近平总书记多次强调，巡视整改是“四个意识”的试金石，整改不落实就是对党不忠诚，就是对人民不负责。总行党委高度重视巡视整改工作，陈四清书记多次主持研究推动中央巡视整改，每次听取总行党委巡视汇报时，都提出具体整改要求。巡视“回头看”是促进巡视整改的机制性安排，是对整改工作的“复诊”。通过这次“回头看”，要对相关部门落实中央巡视和总行党委巡视指出问题的整改情况逐一分析评估。不仅要看具体问题整改到位了没有，整改效果是否能够立得住；还要从主题教育检视问题、外部审计监督发现问题、从今年两批次巡视分行反映的普遍性问题、近两年新发生新发现问题，看整改工作是否深入，是否从制度机制层面解决了问题，整改成效是否可持续，确保上一轮中央巡视指出问题的整改经得起新一轮中央巡视的检验，各类问题的整改经得起实践和历史的检验。

当然，在聚焦重点的同时，也要注意发现其他方面的问题。有什么问题就反映什么问题，什么问题突出就推动解决什么问题。

这次巡视“回头看”，还同步安排了对落实意识形态责任制情况的专项检查。意识形态工作是党的一项极

端重要的工作，事关党的前途命运，事关国家长治久安，事关民族凝聚力和向心力。巡视组既要对党委宣传部落实意识形态责任制情况进行重点巡视，也要和党委宣传部一道，对意识形态相关工作归口管理部门进行检查，推动各相关部门更好地履行意识形态工作职责，不断改进和加强宣传思想工作，确保全行牢牢把握正确政治方向，巩固团结奋斗的思想基础。

二、被巡视部门要提高政治站位，积极配合巡视“回头看”工作有序开展

从本周开始，各巡视组将陆续进驻被巡视部门，各相关部门要全面做好接受巡视检查的支持配合工作。

（一）从政治高度充分认识巡视“回头看”的意义，切实增强接受巡视监督的政治自觉、思想自觉和行动自觉。开展巡视“回头看”，是党的十八大以来巡视组织制度和方式方法的重要创新，充分体现了巡视监督的韧劲和严肃性。这次巡视“回头看”是对“两级巡视”反馈问题整改落实情况的再监督，是对巡视整改成效的再巩固、再深化。总行是全集团的最高管理机构，是全行的决策中心、指挥中心，总行各部门领导干部拥有更高的权力和更广泛的影响力。因此，总行各部门和各级领导干部必须旗帜鲜明讲政治，要在党性立场和政治意识上坚持更高标准、更高要求。要充分认识到巡视既是监督又是支持，既是严管也是厚爱。各被巡视部门要以这次巡视“回头看”为促进，进一步推动干部队伍政治上更加成熟、专业上更加扎实、作风上更加过硬，进一步营造风清气正的政治生态。同时，也要把巡视“回头看”作为一次“查漏洞、抓反弹、补短板、强弱项”的重要契机，主动检查“两级巡视”整改不彻底、不深入、不扎实的问题，以巡视促进整改主体责任落实、促进作风转变、促进当前工作，推动各项工作在新阶段取得新进展。

（二）坚持统筹兼顾，高效率配合巡视工作。临近年末，各部门工作任务都很重，因此巡视“回头看”的总体时间不超过3周，对每个部门的巡视时间根据各部门情况和各组工作安排有所不同，基本上掌握在1～2周的时间，但要时间服从质量。各被巡视部门要把支持配合巡视作为政治任务，严守政治纪律，积极为巡视工作创造必要条件。被巡视部门主要负责同志要坚持讲政治、守纪律、作表率，带头支持配合巡视工作，带领部门班子成员认真听取意见，虚心接受监督。向巡视组反映问题、汇报情况时，要立足责任落实，坚持问题导向，不回避、不遮掩，防止大而化之，避重就轻，切实通过对自身问题的深度剖析，为下一步改进提升工作奠定思想基础。对巡视组安排的个别谈话，要认真准备、高度负责，如实反映情况。对巡视组安排的民主测评和调查问卷，要认真思考、如实填写，真正做到对组织负责、对同志负责、对自己负责。对巡视组要了解的情况，不得隐瞒不报或者故意提供虚假信息，更不得对反映问题的干部员工打击报复。对出现干扰、阻挠巡视工作的部门和个人，总行将按照相关规定严肃处理。要加强与巡视组的沟通协调，统筹好本部门工作与巡视配合工作，做到“两不误、两促进”。

（三）切实履行巡视整改主体责任，加快巡视整改。开展巡视“回头看”，就是要帮助被巡视部门真找准问题、真抓住问题、真解决问题，以扎扎实实的整改推动形成实实在在的成效。现场工作结束后，各巡视组将向行党委汇报情况，并根据行党委意见向各部门领导班子反馈，提出进一步整改要求。对于发现的问题，各被巡视部门要制定问题清单、任务清单、责任清单，逐项整改、整体推进。巡视整改工作不可能一劳永逸，巡视“后半篇文章”也绝非一蹴而就，我们必须拿出坚如磐石的决心、坚不可摧的意志，以永远在路上的执着和韧劲，从紧、从严、从实推动巡视整改取得更大实效，将落实好巡视整改作为践行“两个维护”的具体行动。

三、总行党委巡视组要聚焦监督重点，严格履职守纪

这次巡视“回头看”要突出监督的针对性和问题导向，要坚持高标准、严要求。一方面，要将巡视“回头看”与“灯下黑”检查相衔接、相配套，不搞重复检查。前期，党委巡视办已分别向直属机关党委和“灯下黑”检查各组组长详细了解各部门落实巡视整改情况，这次巡视“回头看”将着重对“灯下黑”未检查到或未查透的“两级巡视”整改情况进行深入检查，同时结合“不忘初心，牢记使命”主题教育检视、国家审计署审计、银保监会检查等发现问题一体检查整改情况。主要聚焦四个方面：一是中央关于金融服务实体经济重大政策落实情况；二是重大业务与案件风险防控情况；三是党风廉政建设情况；四是意识形态工作责任制落实情况。另一方面，要充分体现巡视“回头看”灵活机动的特点。要针对每家被巡视部门的主要职能责任和“两级巡视”发现的突出问题，制定个性化的检查方案。巡视检查内容要各有侧重，不搞“一刀切”，不面面俱到，检查方式不必固定统一，要灵活掌握，注重效果。

各巡视组是代表总行党委开展巡视监督工作的，要牢记总行党委重托，按照巡视工作规定，认真组织实施，严格纪律要求，谦虚谨慎，实事求是，依规依纪开展工作。要加强与被巡视部门主要负责同志的沟通，充分听取意见建议，不干预被巡视部门正常工作，不履行执纪审查的职责。要多理解部门年末工作繁重的情况，把握程序和节奏，防止形式主义，减少部门配合工作的负担。要敢于坚持原则、不怕得罪人，切实摆脱内部监督可能存在的各种人情干扰，大胆开展

监督检查，不打折扣、不打马虎眼。对巡视“回头看”发现的重要情况与问题线索，要及时向总行党委巡视工作领导小组汇报，按规定移交办理。干部员工发现巡视组成员存在违反纪律的行为，要及时向巡视组组长或党委巡视办反映，或向派驻纪检监察组报告，我们将依据党纪行规予以严肃追究，坚决维护巡视工作的权威性和严肃性。

2020年的工作已进入尾声，各部门的工作任务都很繁重，希望各巡视组和被巡视部门密切配合，统筹兼顾，高效率高质量完成本次巡视“回头看”工作，推动全面从严治党从严治行向纵深发展，有效促进全行高质量发展。

在2020年全行巡察骨干人员培训班上的讲话

王　林

（2020年12月8日）

当前，全党全国正在深入学习贯彻党的十九届五中全会精神，总行党委对学习贯彻五中全会精神作了专门部署，派驻纪检监察组启动了新一轮纪检监察干部全员集中视频培训，并将学习贯彻五中全会精神作为培训主题。前不久，中央巡视办举办了中央企业中管金融企业巡视重要骨干人员培训班，传达了党中央关于巡视工作的新精神新部署新要求。在这样一个新的背景下，我们举办这次巡察骨干人员培训班，非常及时和必要。

本次培训是对党的十九届五中全会精神的一次深入学习，是对习近平总书记关于巡视工作重要讲话精神和中央关于巡视工作新部署新要求的一次集中学习，是对中央企业中管金融企业巡视重要骨干人员培训班精神的一次转培训。这次培训还安排了各分行党委巡察工作领导小组全员参加部分课程学习，目的是进一步落实巡视巡察工作主体责任与监督责任，加强对巡视巡察工作的领导，推动提高巡视巡察质量。希望大家充分利用集中培训机会，带着问题深入思考，积极参与研讨交流，将培训的收获运用好、转化好。下面，我讲五点意见。

一、巡视巡察机构要在贯彻落实十九届五中全会精神中作标杆典范、发挥重要作用

党的十九届五中全会精神是当前和今后一个时期“国之大者”的集中体现。深入学习贯彻五中全会精神，是当前和今后一个时期全党全国全行的重要政治任务。强化对贯彻落实五中全会精神的政治监督，是当前和今后一个时期巡视巡察工作的重要监督内容。巡视巡察机构作为政治监督机关，必须以更高的标准、更严的要求，学深学透五中全会精神，深刻理解党中央因时因势作出的重大战略决策，准确把握关于构建新发展格局的部署要求，努力将深入学习贯彻五中全会精神，与学习贯彻习近平新时代中国特色社会主义思想结合起来，与学习贯彻习近平关于巡视工作重要论述结合起来，与学习贯彻中央关于巡视工作的新部署新要求和总行党委巡视巡察工作安排结合起来，自觉对标对表全会精神，进一步把握好政治巡视的内涵要求，履行好统筹、协调、指导、服务职能，发挥好政治巡视“显微镜”和“探照灯”作用，把“严”的主基调长期坚持下去，精准发现问题、妥善解决问题，不断推进巡视巡察工作高质量发展。新时期全行巡视巡察工作能否贯彻落实好五中全会精神，主要体现在以下三个方面：

（一）体现在推动全行加强党的领导，提高党建工作质量上。长期以来，我们党把坚持党的领导作为抓好党的事业的根本前提，把加强党的建设作为推动事业的根本保证。党的十九大突出强调党的建设新的伟大工程在“四个伟大”中具有决定性作用，并在新时代党的建设总要求中鲜明提出“不断提高党的建设质量”的新要求。“十四五”时期我国经济社会发展面临更加复杂的国际形势、更加繁重的攻坚任务、更加严峻的风险挑战，越是这样，越要坚持正确的前进方向、保持坚强的政治定力、形成强大的发展合力，也越要坚持党的全面领导、加强党中央集中统一领导，以高质量党建引领、推动和保障高质量发展。

全行巡视巡察机构要进一步提高政治站位，牢固树立政治机关意识，认真履行好新时代巡视巡察工作的职责使命，推动和保障全行把党的集中统一领导贯彻到工商银行改革发展的全过程、各方面。一是高质量抓好党的政治建设监督。就是要督促全行在增强“四个意识”、坚定“四个自信”、做到“两个维护”上重行重效，在贯彻落实党中央决策部署上到位到底，坚决防止和克服“表态快调门高，行动慢落实差”“上有政策、下有对策”等假作为。督促各级行党委提高党的建设水平，把各基层党组织建设成为实现党的全面领导、维护党中央集中统一领导的坚强战斗堡垒，督促发挥广大党员在贯彻落实党的路线方针政策和党中央决策部署上

的先锋模范作用，及时解决贯彻落实党中央决策部署中的“拦路虎”“中梗阻”“断头路”问题，使全行各级党组织形成上下贯通、执行有力的严密组织体系。二是高质量抓好党的思想建设监督。就是要督促全行提高学习习近平新时代中国特色社会主义思想的质量，推动广大党员干部在“学懂弄通”上下功夫，把握理论体系，悟透精髓要义，掌握基本立场观点方法，防止和克服只熟悉概念而不懂实质、只知其然而不知其所以然。督促广大干部在“用好做实”上下功夫，将党的理论创新转化为坚定的理想信念、正确的政治立场、科学的思维方式、有效的政策举措、显著的工作成效，防止和克服只武装嘴巴不武装头脑、只见诸文章不见诸行动。三是高质量抓好党的组织建设监督。就是要督促配强各级行领导班子，围绕全行事业发展需要建设忠诚干净担当的高素质专业化干部队伍，严把政治关、能力关、素质关，切实提高选人用人质量。督促广大干部加强思想淬炼、政治历练、实践锻炼、专业训练，使自身素质能力适应新时代高质量发展要求。督促完善人才工作体系，培养造就大批德才兼备的高素质人才。四是高质量抓好党的作风建设监督。就是要督促全行不断巩固和拓展整治“四风”和“不忘初心、牢记使命”主题教育成果，锲而不舍落实中央八项规定精神。督促加大防范和纠治形式主义、官僚主义顽症的力度，推动形成求真务实、真抓实干的浓厚氛围。

（二）体现在践行以人民为中心、人民至上的宗旨上。人民是决定党和国家前途命运的根本力量。一旦脱离群众，党就会失去生命力。当前，社会主要矛盾发展变化带来新特征新要求，人民对美好生活的向往呈现多样化、多层次、多方面的特点，必须紧扣民心这个最大的政治，着力解决人民群众所需、所急、所盼，凝聚起同心共筑中国梦的磅礴力量。五中全会把“坚持以人民为中心”作为基本原则，把“人的全面发展、全体人民共同富裕取得更为明显的实质性进展”写入远景目标，并作出具体部署。

巡视是政治巡视，巡察是政治巡察，必须紧扣民心这个最大的政治，坚持以人民为中心的价值取向，自觉践行党的群众路线，以高度的责任感和深厚的为民情怀做好巡视巡察工作。要深入一线、深入群众，畅通渠道，面对面倾听群众意见，着力解决群众反映强烈的突出问题，切实做到为了群众、依靠群众。要更加突出整治群众身边的腐败问题和不正之风，整治侵害员工利益的现象，发挥正风肃纪反腐的利剑作用，让人民群众在全面从严治党中感受到公平正义，让群众获得感成色更足、幸福感更可持续、安全感更有保障。这是保持党同人民群众血肉联系、满足人民对公平正义需求的重要途径，事关民心所向。

巡视巡察要自觉坚持客户至上，促进提高客户服务水平，监督保障党中央各项惠民富民、共同富裕政策措施落实。推动提升小微金融服务，按照“做真、做实、做好、做活、做持久”要求，持续打造普惠金融综合服务标杆银行，针对小微企业金融服务问题精准发力，传递工行温度和普惠影响力。推动提升民生领域金融服务水平，促进医疗、卫生、教育、养老、旅游等幸福产业发展，促进产业和消费升级。推动提升金融扶贫能力，巩固扶贫成果，探索长效发展机制。推动持续解决好客户投诉突出问题，加快创新金融服务，建设人民满意银行。

（三）体现在全面建设社会主义现代化国家大局中推动工商银行的高质量发展上。五中全会通过的《中共中央关于制定国民经济和社会发展第十四个五年规划和二〇三五年远景目标的建议》对今后五年的金融工作作出了重要部署。作为国有大行，工商银行既是服务实体经济的“主力军”和“领头羊”，也是维护国家经济金融安全的“压舱石”和“稳定器”，在全面建设社会主义现代化国家大局中承担着重要职责使命。巡视巡察机构要督促全行进一步落实好总行党委根据中央精神提出的各项战略部署，确保五中全会精神和党中央决策部署在工商银行一贯到底，确保工商银行在全面建设社会主义现代化国家大局中实现高质量发展。

要着眼于进一步加大服务实体经济力度。督促全行各级机构牢牢把握服务实体经济这一根本，围绕“十四五”经济社会发展重点任务，坚持扩大内需战略基点，促进消费提质扩容，拓展有效投资空间，以更具适应性、竞争力和普惠性的金融供给，助力形成强大国内市场；提升全方位服务水平和全球化竞争能力，积极联通国内国际两个市场，用好两种资源，助力国家高水平对外开放。坚持创新驱动发展，增强服务新发展格局能力，运用金融手段和专业力量，助力解决发展不平衡不充分问题，在不断推动实体经济高质量发展中实现自身高质量发展和竞争力提升。

要着眼于进一步增强防控金融风险能力。督促全行各级机构坚持系统观念和底线思维，增强全面风险管控能力，健全内部控制体系，真正做到“管住人、看住钱、扎牢制度防火墙”，用高质量风控助力高质量发展，维护好经济金融安全稳定大局，坚决守住不发生系统性金融风险底线。

要着眼于进一步深化金融改革。督促全行落实好深化国有商业银行改革各项要求，处理好顶层设计与分层对接的关系，处理好重点突破与协同配套的关系，扎实推进重点领域、重点环节改革创新，切实以改革深化强化公司治理建设，推进管理机制改革，提升风险治理能力，推动工商银行高质量发展。

二、坚守政治巡视定位，聚焦职能责任强化政治监督

党的十八大以来，以习近平同志为核心的党中央高

度重视巡视工作，习近平总书记亲自谋划部署，34 次发表重要讲话，多次作出重要指示批示，不断引领推动巡视工作向纵深发展。党的十九大后，巡视工作进一步深化发展。习近平总书记多次强调，巡视是政治巡视，本质是政治监督。赵乐际同志在全国巡视工作会议上提出“五个深化理解把握”要求（深化对政治巡视定位的理解把握，深化对巡视工作方针的理解把握，深化对巡视整改落实的理解把握，深化对巡视工作战略格局的理解把握，深化对巡视工作规范化建设的理解把握），其中第一条强调的就是要深化理解把握政治巡视的定位。我们在近期开展的调研检查中了解到，一些分行对政治巡视要求理解不够深入，结合实际发挥政治监督作用不够紧密，发现的问题还多停留在业务、停留在现象。巡视有自身的职能责任，突出的是政治监督，是再监督，通过发现问题推动主体责任和监督责任落实。同时，巡视内容也不能泛化，更不能替代相关职能部门的监督责任。赵乐际同志特别强调，现在这个检查、那个检查很多，但巡视的政治定位是别的监督不可取代的。如果巡视工作越搞越泛了，肯定不行。出现这种情况，要及时纠偏。这次培训的一个重要任务，就是帮助大家提高思想认识，把政治巡视要求理解好、落实好，确保方向不出现偏差。

（一）准确把握政治巡视的内涵要求。中央第五轮巡视动员部署会的一个重要理论成果，是提出了政治巡视定义，即政治巡视是上级党组织对下级党组织履行党的领导职能责任的政治监督，目的是坚持和加强党的领导，根本任务是“两个维护”，监督重点是聚焦党委职能责任，监督标准是“四个对照”，即对照习近平新时代中国特色社会主义思想，对照党章党规党纪，对照党的理论路线方针政策和党中央决策部署，对照被巡视党组织的职能责任和“三定”规定。赵乐际同志指出，政治监督是历史的，也是现实的具体的。所谓历史的，就是说，巡视监督是战略性制度安排，是长期的，是强化权力监督的客观需要，伴随着我们党执政的全过程，贯穿于权力运行的全周期，和执政历史使命紧密相连，决不是权宜之计、一时之策，而是长远战略布局，是一个历史性要求；所谓现实的具体的，就是说，巡视监督要始终坚持围绕中心、服务大局，突出每个阶段的中心工作和主要任务进行，聚焦各级党组织的职能责任开展，决不能发散、偏离，必须坚守政治定位，强化对落实党的领导要求、履行职能责任的监督检查。权力监督是一个永恒的课题，我们不搞西方那套“三权分立”，不代表我们不要权力监督。有权必有责、用权受监督，这是权力运行的基本原则。只要公权力存在，就必须受到制约和监督。如果没有有效监督，权力必然出现腐败。加强对权力的监督不仅有利于防治腐败，还有利于提高履行权力职责的效率。因此，巡视是政治监督的重要方式、有效方式。

新时代巡视工作落实坚持和加强党的全面领导要求，就是要聚焦监督“两个维护”的实际行动。党的领导、“两个维护”，都不是抽象的，而是具体的。具体可以从三个维度来理解：一是从巡视的战略地位看。党章在“党的组织制度”中专列一条对巡视作出规定，以党内根本大法的形式把巡视制度固定下来，充分说明巡视是各级党组织和党员干部必须长期坚持、一体遵循的战略性制度。习近平总书记在听取中央第三轮巡视汇报时强调，巡视是发现问题的有效制度安排。在听取中央第四轮巡视汇报时，总书记进一步指出，巡视制度是有效的、成熟的制度，应该坚持、巩固下去。党的十九届四中全会《决定》专设一部分对“坚持和完善党和国家监督体系、强化对权力运行的制约和监督”作出部署，进一步明确巡视巡察是党和国家监督体系的重要组成部分。二是从巡视的战略作用看。赵乐际同志在 2019 年全国巡视工作会议上，深刻阐述了新时代巡视工作的“三个作用”（对决胜全面建成小康社会的重要保障作用，对健全党和国家监督体系的重要促进作用，对坚定不移全面从严治党、巩固发展反腐败斗争压倒性胜利的重要利剑作用）。巡视监督内容涉及党的领导、党的建设、全面从严治党等方方面面，发现和推动解决的都是带有根本性、全局性的问题。三是从巡视的职能责任看。“发现问题、形成震慑，推动改革、促进发展”16 字巡视工作方针，是党中央对巡视职能责任的根本要求，是我们开展工作的根本指针。赵乐际同志对纪检监察机关发挥作用提出的“监督保障执行、促进完善发展”12 字要求，与巡视工作方针有很强的内在逻辑关系。巡视是政治监督，就是要保障党的理论和路线方针政策以及党中央决策部署贯彻执行；巡视发现问题的目的是推动整改，通过深化改革、标本兼治，使体制机制更加完善。贯彻巡视工作方针，具体到实践中，就是要盯住被巡视党组织职能责任，善于从政治上发现问题、纠正偏差。习近平总书记明确指出，“两个维护”要体现在履职尽责做好本职工作的实效上，如果连本职工作都没做好，不担当不作为，把党组织交给的“责任田”撂荒了甚至弄丢了，那就根本谈不上“两个维护”。工商银行作为大型国有金融企业，必须坚决全面贯彻落实好总书记在 2017 年全国金融工作会议上，提出的服务实体经济、防控金融风险、深化金融改革“三项任务”，这是工商银行的主责主业，是我们践行“两个维护”的具体体现，是巡视巡察监督的重点。从今年巡视情况看，一些分行经营较为困难，风险突出、竞争力下降，虽然产生这些问题的原因是多方面的，但现任分行党委班子要勇于担负起肩上的责任和重担，敢于直面各种困难和挑战。必须清醒地认识到，自身的职能责任就是要防范和化解各类风险，积极推动机制改革，服务好实体经济，以奋发有为的精神状态带领分行卸掉包袱、走出困境，实现高质量发展，这才是做到

“两个维护”的最终体现。所以，做到“两个维护”最终要落到党委职能责任上，巡视首先要看这个单位承担的职能职责特别是核心职能是什么，看是不是坚定履行责任、有效履行责任，关键看责任担当。这实际上也是对党忠诚的问题，如果不担当，就谈不上对党忠诚。对此，杨晓超同志强调，忠诚要靠担当来诠释，体现在履职尽责上；担当要靠能力来支撑，体现在高质量工作成果上。

（二）准确把握政治巡察的监督重点。巡察是巡视向基层的延伸，巡察和巡视一样都是政治监督、组织监督、纪律监督，在组织形式、指导思想、工作方式、成果运用等方面的要求和标准一致。从监督内容上讲，各级巡视巡察要贯彻“四个落实”的要求，即落实党的理论路线方针政策和党中央重大决策部署、落实全面从严治党主体责任和监督责任、落实新时代党的组织路线和落实巡视、主题教育、审计等各类监督检查发现问题整改责任的情况。但是每一级巡视巡察监督的对象不同，监督的重点内容必然有所不同，不能上下一般粗。赵乐际同志强调，政治监督越到基层，越要具体、实在。各行要结合本单位实际确定巡察监督重点，既要在政治方向和原则上与巡视保持一致，又要体现基层特点，具体要做到“三个聚焦”。

一是聚焦党的理论路线方针政策和党中央决策部署在基层贯彻落实情况，进一步促进党员干部担当作为。习近平总书记指出，基层党组织是贯彻落实党中央决策部署的“最后一公里”。一分部署，九分落实。党中央的决策部署能从“最初一公里”走到“最后一公里”，靠的就是各级党组织的认真落实。当前，党中央对金融服务实体经济提出了更高要求，特别是对金融支持制造业、民营企业、小微企业、精准扶贫，作出了一系列重大决策。总行党委高度重视，及时作出相应部署。但从巡视情况看，被巡视分行在支持当地经济发展方面仍然存在差距，有的分行新增贷款过度投向房地产领域，制造业贷款占比偏低，民营企业融资增速缓慢，对制造业、小微企业“不敢贷”“不会贷”的问题仍然存在；有的分行普惠、民营、扶贫贷款余额、增量均列当地四行末位。对民营企业金融服务中，“亲”和“清”的新型银企关系构建还不够完善，既表现为有些分行廉洁风险防范机制不够健全，员工与民营企业存在不当资金往来的现象比较多；也表现为有些分行缺乏适应民营企业经营特点的风控与服务机制，融资支持力度不足。这反映出有的分行党委政治站位还不够高，贯彻党中央决策部署、落实总行党委战略安排的自觉性还不足，发展观业绩观仍存在偏差。党中央决策部署只有体现在银行经营管理工作的各个方面，一贯到底，才叫落实。政治巡察要把聚焦点、着力点放在贯彻党中央决策部署、落实总行党委战略安排的实际行动上，紧扣基层党组织职能责任，看服务实体经济、防控金融风险、深化金融改革“三项任务”在被巡察单位落实落地情况，看把握“大、全、稳、新、优、强”发展方位、落实总行党委“48 字”工作思路坚决不坚决，有没有具体的机制措施，落实效果怎么样、群众反映怎么样。坚决破除贯彻落实中的形式主义、官僚主义，坚决纠治选择性落实、虚假落实等问题，为党中央决策部署在工商银行落地执行提供有力保障。

二是聚焦群众身边的腐败问题和不正之风，推动全面从严治党向基层延伸。当前，反腐败斗争已取得压倒性胜利，但形势依然严峻复杂，这是党中央对反腐败斗争形势作出的重大判断。习近平总书记在听取第三轮巡视汇报时强调，央企存在的问题还不少，腐败问题还在增加，而且很多问题是在近三年发生的。总书记的讲话，鲜明指出了党的十八大以来中央企业管党治党的趋势变化和全面从严治党的阶段性特征，也为巡视指明了方向。中央有关巡视工作要求，中管金融企业内部巡视要重点了解被巡视党组织履行全面从严治党主体责任、纪检机构落实监督责任、被巡视单位领导干部廉洁从业以及重点领域和关键环节存在的廉洁风险等情况，把全面从严治党要求贯彻到各层级各领域。

目前，我行基层干部队伍建设是富有成效的，基层干部总体上是好的，但从巡视巡察情况看，部分党员干部党的意识、纪律规矩意识仍有差距，一些分行违纪违法问题仍比较多。比如，员工违规违纪行为屡禁不止，存在经商办企业、参与民间借贷、信用卡大额套现、与企业存在资金往来等问题，有的演变为案件和风险事件；重点领域违规问题较多，信贷管理、资产管理、不良资产处置、财务管理、集中采购、后勤公司管理等领域风险隐患较多；违反社会治安管理要求和违背社会公序良俗问题多发，个别分行干部员工醉驾、赌博、嫖娼等问题时有发生，影响较坏；执纪问责“宽松软”，有的分行对严重违规问题不及时核查处理，或作出处理决定后迟迟不执行，或大而化小，不了了之，或执纪问责不严肃，比如，某个分行两年半内给予同一人 7 次处分，甚至同一天给予其 2 次处分，这实质上是以多个轻处分代替重处分，是另一种形式的“宽松软”。

我们必须清醒地认识到，工商银行全面从严治党、从严治行任重道远，我们必须紧盯风险背后、违规背后的腐败问题，必须贯彻“严”的主基调，坚决清除经营发展中的“病变”。政治巡察就是要重点了解被巡察党组织落实主体责任、加强党的领导和党的建设、领导干部廉洁自律等情况，重点关注员工异常行为情况和重点风险领域管理问题，严肃处理群众身边的腐败问题和不正之风，坚持把人民拥护不拥护、赞成不赞成、高兴不高兴作为检验工作的根本标准。凡是群众反映强烈的问题我们都要严肃认真对待，凡是损害群众利益的行为都要坚决纠正，通过推动解决群众最忧、最盼、最急的“小问题”，赢得民心向背的“大政治”。

三是聚焦基层党组织领导班子和干部队伍建设，推动解决软弱涣散问题、增强基层治理实效。基层党组织是党的全部工作和战斗力的基础。党进行任何一项重要工作，总是先抓组织落实。“三湾改编”把党支部建在连上，不是为了建而建，而是为了打胜仗，为了发挥党支部的领导核心作用，为了坚持和加强党的领导。工商银行有2.2万多个基层党组织，这是推动党的金融事业不断向前的重要力量，是全行生产力和战斗力的基础。但是，从今年两批次巡视情况看，基层党组织建设覆盖不到位问题仍较突出，个别分行网点应设未设党支部占比高达70%，存在正职是党员的情况下，党支部书记由他人担任的情况。有的分行执行党的组织路线不够严格规范，存在以直接点名测评代替民主推荐提拔干部的情况，存在1人参加干部竞聘现象。当前，全行进入员工退休高峰期，干部梯队建设显得尤为紧迫和关键，然而一些分行的重视程度不够，同时存在年轻干部比例提升较慢和老同志作用发挥不够两种倾向，有的分行部分转任干部不正常上班、个别干部不按规定参加党组织生活。有的分行提拔或变相重用仍在处分期的干部，或者为了规避制度要求，采取前一天提拔、后一天处分的做法，存在干部带病提拔的风险。要清楚这些问题看似小，实则都是大问题，都是政治问题，是很多风险事件、腐败案件的开始。顾国明、徐卫东案件就是最好的例证，他们都是先将“自己的人”安插在核心岗位，建立属于“自己的通道”，以掩饰自己的违纪违法问题。因此，政治巡察就是要贯彻新时代党的组织路线，重点了解被巡察党组织领导班子和干部队伍建设以及基层党组织建设情况，看被巡察单位是否严格执行选人用人规定，是否存在任意“裁减”、选择性执行情况；是否以《支部工作条例》为指引，实现党的组织全覆盖和工作全覆盖。要督促分行党委履行主体责任，认真贯彻落实组织路线，着力发现和推动解决基层党组织弱化、虚化、边缘化问题，不断提升组织力，强化政治功能，巩固党长期执政的组织基础和群众基础。

（三）准确把握政治和业务的关系。政治和业务是一枚硬币的两面，业务是表，政治是里。每个单位的具体工作都是业务，但业务背后体现的都是政治方向、政治站位、政治担当。工商银行作为中管金融企业，是执行党中央决策部署的重要力量，工作表面上看是具体业务，但背后体现的都是党和国家的大政方针，体现的就是政治。

巡视是政治巡视，要准确把握政治和业务的关系，善于从具体业务切入，从政治上发现问题、分析问题、辨别问题，这是政治监督的理念和方法。一方面，要把政治巡察与业务检查区分开来，防止出现“巡察是个筐，什么都往里装”的倾向，将巡察监督同党务检查、业务检查、专项治理混同。另一方面，要透过业务看政治、透过现象看本质、透过问题看责任，善于从政治高度发现问题、分析问题、反映问题，不能陷入具体业务就事论事，简单罗列问题表现，也不能脱离业务空谈政治，更不能简单“扣帽子”。要结合巡察情况，把业务问题上升到党的领导、党的建设、全面从严治党的政治高度去分析，全面审视被巡察党组织和领导干部的政治立场、政治态度与政治担当，深入分析被巡察党组织是政治站位不够高、思想认识不到位，还是政治能力不够强，或者是政治立场、政治态度有偏差。如管控资产质量是业务问题，但巡视巡察要看被巡单位是否能从政治高度、从党的领导层面加强防范化解金融风险工作，是否能够主动担当作为，针对风险形成中暴露出来的管理漏洞，深化体制机制改革，认真负责地完善风险控制。

三、提高巡察监督质量，确保有形覆盖与有效覆盖相统一

工商银行巡察工作从2018年起步，虽然开展时间不长，但是分行党委对巡察工作高度重视，巡察工作进展和提升比较快，有些分行实现了巡察全覆盖。总行今年第二批巡视首次安排了对分行巡察工作的专项检查，对部分分行巡察工作进行了调研指导。从检查和调研情况看，各分行还不同程度存在一些亟待解决的问题。比如，有的分行坚持问题导向不够鲜明，“画像”不够精准，报告换个被巡察对象也能适用；有的分行巡察工作站位不高，偏重于党务和业务检查，反映问题表层化、碎片化；也有个别分行党委对巡察工作抓得不够紧，听取汇报不及时、不充分，或者“打捆”听汇报。发现问题也就找到了改进工作的主攻方向。我们要清楚，全覆盖不仅是面上的覆盖，更要突出有效覆盖。推进巡察工作高质量的全覆盖，具体须做到以下四个方面：

（一）落实落细巡察工作主体责任。做好巡察工作，关键是把责任落到实处。分行党委要承担巡察工作主体责任，健全由分行党委组织领导、巡察工作领导小组具体实施的巡察工作机制。具体抓好以下两个方面：一是落实党委主体责任和书记第一责任人责任。分行党委和党委书记要把巡察作为全面从严治党从严治行的有力抓手。只有党委重视，特别是书记重视，巡察工作才能有效果、有权威。分行党委要充分发挥总览全局、协调各方作用，认真贯彻落实党中央和总行党委关于巡视巡察工作的部署要求，及时研究解决巡察工作面临的困难和存在的问题，做到组织领导有力、责任落实到位。党委书记是第一责任人，要把巡察作为“书记工程”来抓，做到重要工作亲自部署、重大事项亲自过问、重要环节亲自协调、重要问题亲自督办。及时听取巡察情况汇报，直接点人点事点问题，明确整改要求和处置意见，不能点个卯、表个态就完事。党委班子其他成员要切实履行“一岗双责”，结合分管领域和部门的职能责任，做好信息情况通报、人员力量支持、提供专业协助等工作，并高度负责地抓好分管领域巡察发现问题的整

改落实。二是落实巡察工作领导小组组织实施责任。要健全领导小组工作规则，认真贯彻落实党委关于巡察工作的各项要求，在实践中要防止出现两种偏差，一种是领导小组组长对自身主体责任认识不到位，把巡察交给纪委主要负责，把巡察办当做纪委内设机构；另一种是领导小组成员对巡察部署工作不谋划、对成果运用不充分，未能有效发挥巡察“推动改革、促进发展”作用。特别要强调的是，平时一谈起巡察工作主体责任，大家会关注党委怎么样，党委书记怎么样，实际上，巡察工作领导小组、巡察办和巡察组，本身都是党委主体责任的一部分。因此，领导小组组长要负起组织实施的第一责任，带头研究工作、带头破解难题、带头推动落实。党委巡察办要认真履行“统筹协调、服务保障”职责，做到统筹有方、协调有序、服务有质、保障有力，当好巡察工作领导小组的“参谋长”。党委组织部要把组织工作和巡察工作有机结合起来，既抓好人员选配、队伍组建、日常监督等职责范围内的工作任务，又真正用好巡察成果，为选人用人提供有力支撑。其他成员部门也要结合职责分工，主动担起责任，把工作抓实抓细。

（二）坚持稳中求进，统筹谋划推进。按照总行党委《巡视巡察工作规划》，2022 年我们将完成新一轮对一级分行、直属分行、直属机构的巡视全覆盖，各一级分行、直属分行党委也要逐步完成对下一级党组织的巡察全覆盖。陈四清书记在今年的全行巡视巡察工作会议上强调，全覆盖不是简单完成任务，必须是高质量的全覆盖，是一个数量与质量并重、进度与效果兼顾的目标。各行要结合实际科学统筹谋划巡察任务，切实做到有效的、高质量的巡察全覆盖。主要把握三点：一要合理确定巡察对象范围。既要防止出现巡察全覆盖规划不科学，任务安排不紧凑，全覆盖进展迟缓；也要防止出现为完成巡察全覆盖而赶进度、走过场，贪多求快。总行今年印发的《关于完善巡察制度的意见》，没有要求分行把部门领导班子作为全覆盖对象，就是考虑巡察力量有限，必须先抓主要矛盾和矛盾的主要方面。各行在完成全覆盖的基础上，也可以结合自身面临的突出问题，有重点、有针对性地对一些部门开展巡察。要注意在巡察二级分行中发现一些普遍性、典型性问题，注重以下看上，跟进巡察分行相关部门，发现和解决条线管理存在的问题。二要不断探索科学的全覆盖实现路径。习近平总书记强调，对权力较大、风险较多的地方和领域，有重大问题反映的，可以随时安排巡视，打破轮次限制，更加机动灵活，巡视过后还可以杀“回马枪”，增强巡视震慑力和实效性。各行要立足常规巡察安排，穿插使用专项巡察、机动巡察和巡察“回头看”，以多种形式高质量推进巡察全覆盖。三要创新巡察方法，研究破解基层熟人社会监督难题。总行党委在今年两个批次的巡视中，探索采用“交叉巡察在前、总行巡视在后”的方式开展工作，取得了不错的效果，在破解基层机构“地方小、人头熟、巡不深、察不透”问题，构建具有工行特色的巡视巡察上下联动监督格局上积累了新的经验，切实提高了基层巡察实效。各行也要不断总结推进巡察全覆盖的有益经验和做法，积极创新符合本单位实际的工作形式，探索开展提级巡察、延伸巡察、交叉巡察，总行巡视办将积极予以相应的指导帮助，从制度机制上排除人情干扰。

（三）坚持问题导向，善于抓住主要矛盾开展监督。赵乐际同志强调，要自觉担负发现问题、推动解决问题的职能责任，发现问题、形成震慑这个生命线不能丢，推动改革、促进发展这个目标不能变，把全面贯彻巡视工作方针作为践行初心使命的具体行动，把“严”的主基调长期坚持下去。换句话讲，发现问题是巡视工作的价值所在，如果发现不了问题，或发现的都是一些鸡毛蒜皮、隔靴搔痒的问题，巡视利剑作用就没有得到发挥，巡视就走了过场，还不如不巡。在中央企业中管金融企业巡视重要骨干人员培训班上，中央巡视办主任王鸿津同志对巡视如何发现问题进行了深入阐述，强调要准确把握全面从严治党阶段性特征，善于抓住不同层级、不同领域的主要矛盾开展监督。具体来说，要把握好阶段特征、层级特征、领域特征。

阶段特征，每个时期的要求是不同的，要抓住所处时期的主要矛盾。比如，今年巡视的一个重要背景就是，新冠肺炎疫情影响广泛深远，经济全球化遭遇逆流，国内外环境深刻变化，党中央对统筹疫情防控和经济社会发展作出了一系列重大决策部署，包括做好“六稳”工作、落实“六保”任务、构建新发展格局，对金融支持实体经济提出重大政策要求等。开展巡视巡察工作，要看被巡单位有没有把思想和行动统一到党中央对形势的分析判断和决策部署上来，有没有结合职责研究落实措施、建立工作机制、采取具体行动。再如，学习贯彻党的十九届五中全会精神，是当前和今后一个时期全行的重要政治任务，巡视巡察要看被巡单位有没有准确把握新发展阶段、贯彻新发展理念，有没有把各项工作放在以国内大循环为主体、国内国际双循环相互促进的新发展格局中谋划、部署、推进，有没有采取符合实际的具体计划和措施，有没有取得实实在在的成效。

层级特征，主要表现为各个层级在全面从严治党方面存在不同的态势与特点。王鸿津同志指出，党的十九大以来，集团层面全面从严治党力度明显增强，但二级及以下企业压力传导力度不够、不到底，沙滩流水不到头的问题仍然存在。这一判断也是符合我行情况的。近年来我们查处了一批总行部门和一级分行领导干部腐败案件，但我们也注意到二级分行及以下机构各类案件和风险事件也是比较多的，说明工商银行反腐败斗争形势依然严峻复杂，必须持续推动从严治党、从严治行向基层延伸。从今年两批次巡视情况看，一级（直属）分行巡察要特别注重盯紧员工信用卡大额套现、经商办企业、参与民间借贷、与企业不当资金往来等问题，盯紧信贷、理财、财务、集采、后勤公司、不良资产处置等领域违规问题，关注违规问题背后的道德风险，关注金融风险背后的腐败问题。巡视巡察只有把握住层级特征，才能精准发力，彰显利剑作用。

领域特征，主要是各个机构、部门的业务范围、职能责任不同，党的领导的要求、侧重点与实现方式也有所差异，存在问题的表现形式也就不一样。因此，要紧密结合被巡视单位的职能责任、主要矛盾、突出问题、当地环境等多方面情况来准确把握。

巡视巡察还要进一步提高监督的精准性、实效性，把现阶段最突出的问题反映出来，精准“画像”。让人看了以后对这个单位形成鲜明印象，它的主要特点是什么、主要问题在哪里，一目了然，不能“眉毛胡子一把抓”“捡到筐里都是菜”。否则，巡视巡察的效果就会大打折扣。当前，要特别注意防止“两种偏差”：一种是在巡视中强调对面上问题的全面监督，而忽略了对反映领导干部问题线索的了解；另一种是只关注反映领导干部问题线索，忽略了对党组织履行职能责任情况和政治生态的监督。当然，防止“两种偏差”不是说巡视工作要平均用力。有的单位可能对领导干部问题线索反映少一点，有的可能反映多一点，甚至在个别领域腐败存量还比较突出。巡视巡察要聚焦主要问题、精准发力，突出主要矛盾，防止“千人一面”。

（四）坚持实事求是，依规依纪依法。实事求是是我们党的思想路线。赵乐际同志在全国巡视工作会议上强调，实现高质量发展，关键是实事求是、精准科学，做到依规依纪依法；要坚持实事求是，更加精准、客观、全面地发现问题、反映问题、解决问题。杨晓渡同志在研究中央第五轮巡视工作时专门强调，对巡视中发现的问题要客观、动态、发展地看。实事求是是马克思主义的根本观点，是中国共产党人世界观、方法论的基石。什么时候坚持得好，工作就做得好；什么时候偏离了，工作就必然出现偏差。要始终把实事求是作为巡视巡察工作的基本原则，把依规依纪依法的要求贯穿巡视巡察工作始终。近来，总行党委加紧推动完善巡视巡察制度建设，形成了由30个办法规定构成的较为完备的制度体系，巡视办的同志们已在这次培训班上作了详细解读。希望全行巡视巡察工作认真贯彻执行这些制度规定，严格做到依规依纪依法规范监督。这里特别强调的是，巡视巡察工作要严守职责边界，严禁超越权限，坚决执行“两不”要求（不干预被巡视单位的正常工作，不履行执纪审查职责），保证巡视巡察权力在正确轨道上运行。

实践中，坚持实事求是要把握好五项基本要求：一是发现的问题一定要符合实际，确保发现的是真问题。二是反映问题的程度一定要精准，既不能放大、也不能缩小，要有事实和数据支撑。三是对问题的定性特别是违规点，一定要有政策依据。四是问题指向的责任一定要准确，不能把板子打错了。五是针对问题提出的意见建议要切实可行，不能脱离实际，不能跨越阶段，而且要可操作、可落地。

具体来讲，要注意以下几点。一要全面客观分析问题。巡视巡察反映问题，不是说得越大越好、越多越好，而是越准越好、越实越好。对发现的问题，要自觉运用发展的、联系的、辩证的观点分析研判，确保经得起历史和实践检验。发展地看，就是要坚持以发展的观点看方向、看变化、看趋势，联系历史背景进行动态分析，看被巡单位管党治党或经营管理的总体态势是向上向好，还是变化不大，或者持续恶化，同时既要避免把被巡单位历史上长期形成的问题简单归咎于现任领导班子，也要避免将被巡单位长期积淀的良好发展基础简单归功于现任领导班子。联系地看，就是要综合考虑各方面因素，把握问题的关联性、整体性，把党中央和总行党委部署要求、当地经济发展环境、被巡单位实际结合起来研判，不能割裂、孤立看问题。比如，对于巡察发现执行层面普遍存在的问题，要看一看上级行政策制定是否符合实际，是否存在制度机制运行不畅的问题。比如，看一个分行的资产质量问题，既要分析自身原因，也要看当地经济发展环境和同业质量情况，从而加以综合分析判断。辩证地看，就是要从整体上、本质上完整地认识问题，防止上纲上线、扣帽子，以偏概全。比如，对违法违纪案件数据，要分析是存量还是增量，是老问题还是新问题，不能简单把查多了作为问题讲。二要严格把握政策。巡视巡察的政治性、政策性非常强，能否精准把握政策，关系到干部的政治生命，影响到党委的判断。对问题的定性，必须以党中央的决策部署、总分行党委的政策制度为依据，不能擅自抬高标准、自定标准，尤其是开展交叉巡察，不能以派出行的标准作为检查依据。同时，还要注意把握政策界限和时间节点，不能用老政策套新问题，也不能用新政策套老问题。三要把握形式和内容的关系。巡视巡察不能简单看有没有学习传达、开会发文，把学了当做了，把做了当做好了，也不是考记忆力，简单依靠测试、问答作为衡量标准，更不能当成党务检查，简单看党费收缴、看“三会一课”记录，关键看是不是真正抓落实了。如果我们只关注形式上有没有留痕，就会起到不好的导向作用，甚至会助长形式主义、官僚主义问题。

在坚持实事求是方面，我们学习中央巡视做法，形成了三项制度支撑：一个是巡视报告问题底稿制度，凡是写入巡视报告的问题都要有底稿作支撑，详细记录巡视报告反映的具体问题，做到事实清楚、依据充分、材料完整、结论严谨。另一个是巡视组与被巡视党组织主要负责人沟通机制，面上问题，特别是在政策把握上拿捏不准、对历史情况掌握不全面的问题，可以与被巡视党组织主要负责人进行沟通，听取意见建议，目的是激发被巡视党组织发现问题、解决问题的内生动力，形成同题共答的合力。巡视组不能把巡视对象当对手，更不能当敌手，两者的根本目的是一致的，都是为了把党委交给的职责任务完成好。当然，沟通是有前提的，不能直接拿着巡视报告去征求意见，涉及主要负责人的问题和领导班子成员的问题线索也不能沟通，对主要负责人提出的意见是否采纳，巡视组要以组务会形式研判确定。还有一个是巡视组作风纪律情况后评估制度，解决“谁来监督巡视组”的问题，督促巡视干部依规依纪依法开展巡视工作，打造让党委放心、让干部员工信赖的巡视队伍。

在坚持实事求是方面，还需要着重讲清楚的是，巡视组要客观准确评价分行党委工作，分行党委也要正确看待巡视组反映的情况。每家分行都有自己的成绩和亮点，巡视巡察坚持问题导向，但发现和反映问题并不是否定这些成绩和亮点，大家务必要正确对待。毛泽东主席说过，成绩不讲跑不了，问题不说不得了。习近平总书记指出，历史总是在不断解决问题中前进的。我们要始终坚持问题导向，注重在不断解决主要矛盾和突出问题中，巩固成绩、扩大优势，促进更好地发展。

四、扎实做好巡察“后半篇文章”，发挥标本兼治战略作用

强化整改落实是十九届中央巡视工作深化发展的鲜明特点。习近平总书记每次听取巡视情况汇报，都对整改提出明确要求，强调巡视整改是“四个意识”的试金石，整改不落实，就是对党不忠诚、对人民不负责。在听取中央第四轮巡视汇报时，总书记进一步强调，组织部门要把整改落实作为班子年度综合考核的重要内容。在听取中央第五轮巡视汇报时，总书记又强调了“四个融入”要求，即把抓整改融入日常工作、融入深化改革、融入全面从严治党、融入班子队伍建设。要突出重点，一件一件抓，一件一件改，用整改的行动和效果体现“两个维护”，整改情况要向中央报账。应当说，总书记对巡视整改的要求越来越具体、阐述越来越深刻，把做好巡视“后半篇文章”提高到了一个新的高度，同时也是对整改工作理念、方法的进一步发展。总行党委认真贯彻落实总书记关于巡视整改工作的重要论述，探索符合工商银行实际的整改机制，近期印发了《关于加强巡视整改工作的意见》，各行要认真抓好贯彻落实。

（一）压紧压实整改主体责任。习近平总书记多次强调，必须明确要求被巡视党组织切实担负起主体责任。有的地方和单位就卡在整改上，口头上接受，实质上对抗抵制，没有真改实改。要督促被巡察党组织在整改工作中切实杜绝以下五种现象：一是“过关心态”，为整改而整改，仅围绕整改报告简单布置整改任务，而缺乏建立中长期整改工作机制的部署；二是“纸面整改”，提出整改措施但未实际实施，或是将提出的一项整改措施简单分解为多项工作；三是“拖延整改”，遇到棘手问题绕道走，不敢触碰和解决深层次矛盾问题；四是“敷衍整改”，对问题整改表面化、形式化，有“等一等、看一看”心理；五是“虚假整改”，整改报告里反馈的问题均已完成整改，但实际并没有逐一落实到位。

分行党委要承担起对总行巡视整改的主体责任，同时要压实被巡察党组织整改主体责任，对巡察整改工作全程负责、负总责，不能简单把巡察整改交给某一个部门；被巡察党组织书记承担第一责任人责任，对巡察整改负首责，对巡察整改要直接部署、直接参与、直接督办；班子成员要履行“一岗双责”，必须主动认领责任，把自己摆进去、把职责摆进去、把工作摆进去，抓好分管领域整改落实。要督促被巡察党组织和领导干部从本级、本人改起，不能以简单问责下级代替本级整改、本人整改，防止出现上推下卸、边改边犯问题。对于被巡察党组织本级难以解决的共性问题，分行党委和相关职能部门必须高度重视，牵头研究整改，真正将巡察成果应用于更深层次、更宽范围、更广领域。

（二）统筹落实整改监督责任。习近平总书记强调，纪检监察机关和组织部门要担起整改日常监督责任。党的十九大后，中央将被巡视党组织报送整改进展情况报告的时限由2个月调整为3个月，明确整改进展情况报告的审核以中央纪委国家监委监督检查室为主，中央组织部、中央巡视办会同中央巡视组配合。根据中央要求，中央纪委国家监委、中央组织部在整改日常监督方面做了大量工作，探索了很多新举措，包括分管领导参加巡视反馈等机制，充分释放“整改从反馈开始，反馈从问题抓起”，从反馈当天开始全方位督促各单位整改的强烈信号，责任分工更加清晰，有力增强了整改外部推力。

纪检部门和组织部门把督促整改作为加强日常监督的重要抓手，推动整改常态化、长效化。分行巡察办加强对巡视整改工作的统筹协调、跟踪问效、指导督导，配合和支持纪检部门和组织部门履行巡察整改日常监督职责；纪检部门要及时处置巡察移交问题线索，加强对整改落实情况的监督，定期梳理整改进展，持续跟踪督办；组织部门要把巡察结果作为干部考核评价、选拔任用、管理监督的重要依据，牵头抓好党组织建设问题、党员教育管理问题、领导班子和干部队伍建设问题的整改。同时，要用好问责武器，对整改不力的严肃追责问责，典型案例公开通报。

（三）着力提升巡察整改成效。巡视巡察工作成效关键体现在成果运用上。目前，无论是总行巡视，还是分行巡察，发挥标本兼治作用都还不够充分。要把巡视巡察整改摆在更加突出的位置，发挥标本兼治战略作

用。一是坚持立行立改与全面整改相结合。巡视巡察期间，对违反中央八项规定精神等方面问题，特别是群众反映强烈、明显违反规定并且能够及时解决的问题，要坚持边巡边改、立行立改，迅速移交办理，形成立竿见影的效果。巡视巡察后针对反馈的意见，要系统研究、深入整改，以重点突破带动面上问题的整改，做到件件有着落、事事有回音。二是坚持举一反三与深化改革相结合。要着眼管长远、见长效，把解决共性问题、突出问题与完善制度结合起来，推动党委和职能部门坚持把巡视巡察新发现的问题、主题教育检视的问题、外部监督监管反馈的问题一体整改、集成整改。只有创新方法思路，拿出有效举措，从体制机制、政策制度层面解决普遍性、倾向性问题，才能真正让政治监督成果落地见效，真正服务于全行的经营发展，实现监督、整改、治理的有机贯通。三是坚持评估验收和责任追究相结合。要加强对巡察整改的监督检查，逐步规范和完善巡察整改评估验收机制，围绕警醒反思、落实责任、问题整改、责任追究、举一反三等关键环节，从整改的针对性、真实性、全面性、彻底性、时效性等方面进行综合评价，指导督促被巡察党组织认真抓好整改落实。同时，要加大责任追究力度，对整改不力、敷衍整改、虚假整改的要严肃问责，典型案例公开通报，切实增强巡察监督的严肃性和威慑力。

五、坚持上下联动贯通融合，推动完善巡视巡察监督格局

赵乐际同志在全国巡视工作会议上强调，巡视是贯通党内监督和国家监督各个环节的重要纽带，在党和国家监督体系中具有战略作用。要更加自觉地把巡视监督融入党和国家监督体系、融入国家治理体系，进一步发挥巡视巡察机构的系统作用和组织优势，积极探索整合监督力量、共享监督成果的实现形式，推动形成系统集成、协同高效的巡视监督工作格局。党的十九大以来，随着全面从严治党向纵深发展、巡视监督不断深化的生动实践，巡视巡察战略格局的内涵要求不断明确。只有纵向上下联动、横向贯通融合，才能整合各个层级、各个方面的监督力量，做到横向全覆盖、纵向全链接、全国一盘棋。全行巡视巡察机构都要强化系统思维，积极探索实践，通过上借下力、下借上势，同向发力、同频共振，为构建巡视巡察战略格局积累新经验、蹚出新路子。重点把握两个方面：

（一）在纵向上要发挥巡视巡察系统作用和组织优势。党的领导体现在各层级、各领域，决定了党的监督也必须跟进到各层级、各领域，切实做到上下贯通，发挥系统作用和组织优势。总行今年开展的两批次巡视，围绕监督任务，全面调动系统资源，合理配置队伍力量，以巡视带动巡察、以巡察助力巡视，推动形成优势互补、成果共享的联动工作格局。今后还要坚持和完善这些好的做法，推动纵向联动的格局更加定型和成熟。具体来讲，要推动形成“四个联动”。一是工作部署联动。按照“统一领导、分级负责”要求，在总行党委领导下，统一监督任务、统一组织实施，既要发挥上级的领导、传导、指导、督导作用，又要发挥下级工作的积极性、主动性、创造性，做到统分结合、一体推进。二是信息运用联动。要加强信息互通，提升巡视巡察监督的针对性和实效性。比如，巡视组充分运用巡察获取的信息，找准业务风险点、整改薄弱点，靶向追踪、深挖细查。目前我们巡视巡察业务系统即将正式投产，全行要充分利用信息数据共享，深化上下工作联动。三是人员力量联动。要整合巡视巡察力量，加大上挂下派力度，抽调巡察业务骨干参加巡视，派出总行巡视骨干督导分行巡察，实现队伍共融共通，彰显上下联动组织优势。四是成果运用联动。要积极推进巡视巡察成果统筹运用，分行巡察要把总行党委巡视反馈问题整改落实情况纳入监督内容，推动解决巡视发现的突出问题；总行巡视要将分行巡察工作列入监督重点，督促巡察精准发现问题、整改落实到位，打好巡视巡察成果运用“组合拳”。

（二）在横向上要着力推进巡视巡察与其他监督贯通融合。巡视巡察覆盖对象广泛、工作战线长，打通巡视巡察与各方面监督的内在联系，是促进健全党和国家监督体系的必然要求。贯通融合有三个层面，即巡视巡察系统自身的贯通融合，与纪检监察监督的贯通融合，与其他监督的贯通融合。要用好巡视巡察这个平台，发挥纽带作用，把各种监督力量调动起来，形成监督合力，把制度优势转化为监督效能。具体做到“四个贯通”。一是思想贯通。要增强系统思维和协同意识，强化“一盘棋”思想，树立“大监督”理念，破除部门合作壁垒，避免出现监督内容重复、监督力度不足、监督质效不高、监督衔接不畅等问题。要认识清楚，贯通融合是通过巡视巡察、纪检监察、组织人事、内审内控等各类监督的立体聚焦，汇聚监督合力，提升监督效能，不存在谁帮谁的问题，不能画地为牢，影响监督作用在全行的整体发挥。二是责任贯通。要把主体责任和监督责任贯通起来，有效解决责任传导层层递减、不到底不到边的问题。要把巡视巡察与纪检监察监督贯通起来，为纪检监察机构履行监督基本职责、第一职责提供有力抓手和突破口，做深做实日常监督。三是机制贯通。要建立健全巡视巡察与其他监督的协作机制，把贯通融合的要求具体化、制度化。总行近期印发了《关于推动巡视监督与其他监督贯通融合的意见》，明确了巡视机构与派驻纪检监察组，与监事会，与组织部、内审内控以及相关业务部门的协作配合具体事项。巡前突出信息共享，建立健全情况介绍机制，用好已有监督成果。巡视机构通过相关部门提供的材料，掌握需要重点关注的人和事，提升巡视监督的针对性。

巡中加强沟通协调，突出监督手段支持，各监督部门在查询信息、调阅资料等方面提供协助，加强对问题的深入了解。巡后强化整改日常监督，按照干部管理权限和职责分工进行材料分类移交，相关部门结合职能责任用好巡视成果，负责统筹推动相关问题整改落实。四是组织贯通。要在更大范围整合运用监督力量。一方面抽调纪检监察、组织人事、内审内控和相关专业部门的骨干力量参加巡视巡察，优化队伍专业结构，提升专业能力；另一方面开展巡前培训，请相关职能部门业务骨干介绍选人用人、信贷管理、财务管理、集中采购等有关情况和制度规定，为巡视巡察干部“充电蓄能”，磨枪擦剑。

最后，我还要强调一下巡视巡察队伍建设的问题。巡视巡察队伍承担着我们党自我监督的重大政治责任，也肩负着党委的重托和广大干部员工的期待。各行党委巡察工作开展时间不长，要高度重视巡察队伍自身建设，严把“入口关”，真正把政治觉悟高、专业素质强、敢于担当、勇于奉献的干部选配到巡察岗位上来，加快配齐巡察办专职副主任和专职工作人员，选好配强巡察组组长、副组长，保持巡察队伍相对稳定。要坚持严管厚爱结合，严格内部监督管理。尤其是巡察组的同志们，直接面对基层、面对群众，更要严于律己，带头落实中央八项规定精神，带头反对形式主义、官僚主义，做担当尽职、廉洁自律的表率，坚决防止“灯下黑”，坚决维护巡察制度的公信力。

同志们，我们很快就要告别2020年，迎来全面建成小康社会、开启全面建设社会主义现代化国家新征程的历史时刻。希望全行上下认真学习贯彻党的十九届五中全会的新精神，起而行之、勇挑重担，全力以赴完成好今年的各项任务，谋划好明年的工作思路，加强巡视巡察队伍建设，不断增强发现问题、分析问题、推动解决问题的本领，更好肩负起新时代政治监督的职责和使命。

在服务第二届进博会工作总结大会上的讲话

胡　浩

（2020年1月7日）

按照习近平总书记关于进博会“办出水平、办出成效、越办越好”的重要指示精神，在总行党委的正确领导下，全行服务第二届进博会的配套活动取得圆满成功。董事长作出批示，要求“认真做好总结表扬工作，继续做好第三届进博会的服务准备工作，使这项工作常态化”。此次会议的主要任务是总结服务第二届进博会的工作成绩，表彰优秀机构和个人，部署服务第三届进博会的准备工作。下面，我讲三方面意见。

一、全行服务进博会工作组织高效，成果丰硕，为进博会贡献了“工行力量”

为服务第二届进博会，我行举办了中欧企业家大会、非洲·拉美地区经贸洽谈会、金融科技论坛等多场配套活动，邀请近千家境内外客户到场，主要活动出席嘉宾达4 200余人次，达成570多项合作和考察意向，涉及行业覆盖进博会全部7大展区。这在工行历史上前所未有。商务部、人民银行、外汇局等部委和上海市、四川省等政府有关领导出席相关活动，高度评价我行配套活动，为中外企业提供了深入交流洽谈机会，有效提升了进博会成交率，凸显了金融特色，体现了工行实力。境内外客户普遍认为我行活动层次高，客户范围广，论坛和磋商将有力带动双边经贸往来，是“双赢之举”。这些活动对扩大我行在全球的影响力，促进国际化发展都有积极推动作用。此外，全行组织的600多名志愿者，在客户对接、外语翻译、会场服务等环节发挥了重要作用，是进博会上一道靓丽的工行风景线。人民日报、新华社、中央电视台、经济日报、金融时报等媒体播发我行相关报道1 200余篇次；新媒体阅读量超过200万人次，官方微博、微信等阅读量超过60万人次。

服务第二届进博会是2019年全行的重要任务，全行上下团结一心，内外协调联动，取得的重要成果值得认真总结，涌现出的优秀机构和员工值得表彰。在此，我代表总行党委，向为服务第二届进博会作出突出贡献的员工和志愿者，致以诚挚的慰问和崇高的敬意。

二、服务进博会工作是对全行境内外一体化经营的集中演练，有力促进了集团全球客户资源共享，提升了国际化经营水平

（一）内外联动，优势互补，有力提升了全行国际化经营水平。集团联动能力是我行国际化经营的核心竞争力。国际业务部发挥全行国际化发展牵头部门的职责，协调总行部室和境内外机构，共同制定详细的客户邀请和磋商对接方案，内外联动挖掘跨境业务资源。为有效提高磋商成交率，普惠金融事业部与金融科技部、

上海分行密切协作，在短时间内开发了磋商对接系统，指导境内外机构客户经理细致了解客户需求，进行了多轮磋商客户预匹配工作，效果显著。办公室对品牌宣传和媒体报道工作予以有力指导。人力资源部和团委短时间内招募600多名客户经理作为志愿者，客户营销和会场服务取得积极效果。全行服务第二届进博会工作，是对境外机构本地化水平和境内分行跨境经营能力的重要促进，是对全行国际化水平和全球品牌影响力的重大提升。

（二）以客户为中心，打造了全球客户高层次集中营销平台。进博会期间，董事长等行领导亲自营销客户，在中欧企业家大会等活动现场，与重要客户逐一交流，并举行多场客户会谈。公司金融业务部组织各分行细致筛选辖内客户，邀请重点客户的高管层、经营决策层近180人参会，涵盖先进制造业、科技、农产品等行业，覆盖央企、地方国企、知名民企。专项融资部、工银租赁邀请多家境外重要客户参会。工银欧洲发挥区域经营管理优势，高效协调辖内机构。米兰分行短时间内邀请53家企业到场，会后持续跟进营销，目前已争取到意大利两家企业客户共7亿欧元定期存款。上海分行发挥主办行优势，邀请154家客户到场。贵州分行、北京分行、吉林分行主动作为，全力承办“中欧企业家大会”等进博会推介活动。四川分行密切跟踪合作意向落地，已有9家受邀参会的川企签约，涉及合作项目13个，金额超千万美元。通过第二届进博会，全行打造了获客、黏客、活客的高层次营销平台，实现了从G端到B端联动营销。境外机构与相关使馆经商处、企业商会的关系进一步密切，有力增强了本地化经营能力，也推动了各境内分行加强与当地商务、贸促会等部门和机构的联系，有助于拓展贸易结算、融资、信用担保等业务，促进从“营销跨境产品”到“经营跨境客户”的重要转变。

（三）定制专业化、个性化产品，为客户参与进博会提供全方位特色服务。为服务进博会，我行发挥产品优势，打造了“智、速、全、优”的专属综合服务方案。金融科技部搭建了金融科技论坛。国际结算单证中心与相关境内外机构共同发布了“智慧贸易金融平台”及主打产品。工银秘鲁主动作为，成为秘鲁参展企业唯一银行类合作伙伴，协助客户布置展位，深度嵌入工行元素，客户大加赞赏。此外，我行充分利用自由贸易账户及离岸金融政策，开展跨境业务创新，打造“离岸+”金融服务支持体系。这对提高我行贸易金融业务水平，服务我国对外经贸合作发挥了重要作用。

三、下一步工作要求

由于第二届进博会配套活动筹备时间有限，我行在会务组织、客户邀请、磋商系统、志愿者培训、服务保障等方面仍需进一步改进。前一阶段，总行相关部室和境内外机构进行了很好的总结，对做好第三届进博会的相关工作提出了126条意见建议。目前，第三届进博会的筹备工作已拉开帷幕。从这个角度讲，此次总结大会也是全行服务第三届进博会筹备工作的启动大会，我再强调几点要求：

（一）提高政治站位，举全行之力服务好第三届进博会。举办进博会，是以习近平同志为核心的党中央为推进新一轮高水平对外开放作出的重大决策。全行要切实提高政治站位，认真学习贯彻习近平总书记在第二届进博会开幕式上的重要讲话精神，深刻认识到进博会是获客、黏客、活客的重要平台，是推介特色金融产品和服务的重要场景，是提高内外联动效能和全球一体化经营能力的重要机遇。全行各条线、各境内外机构应将进博会元素融入到日常经营和营销当中去，利用各类活动及场景宣传进博会。

（二）做好顶层设计，建立服务进博会常态化工作机制。董事长明确要求“继续做好第三届进博会的服务准备工作，使这项工作常态化”。总行成立了服务进博会工作协调机制，各部门要认真履职。国际业务部承担协调机制秘书处的工作，要认真制定总体工作方案，统筹推动进博会各项工作组织实施，牵头境外客户邀请工作，专项融资部、工银租赁和境外机构要全力配合。普惠金融事业部要牵头做好磋商系统优化升级，扩大系统应用范围与磋商规模，延长磋商时间，提高成交率。公司金融业务部要在日常营销中增加进博会元素，提早做好境内头部企业客户的邀请和签约成果积累工作。金融科技部要开拓思路，为全行进博会赋予更多科技元素，继续办好相关配套活动，全力支持磋商系统优化升级。网络金融部要发挥三大平台优势，加强进博会场景的客户营销和业务推广。渠道管理部要在国家会展中心（上海）增设网点和智能柜员机，筹划在活动现场布放便携智能柜员机等先进机具。办公室要指导做好活动宣传方案、进博会宣传片等，配合做好广告投放、媒体采访报道等工作。财务会计部要对进博会相关预算工作予以积极支持。人力资源部和团委要扩大志愿者队伍规模，加强培训，努力提高志愿者综合素质和外语水平。要改进志愿者服装样式和标识设计，提高可见度和辨识度。境内分行要加强所在省区市商务厅、贸促会的营销协调，抓住客户源头，提高客户营销精准度。境外机构要主动拜访所在国协调参展事务的官方机构、行业协会等，宣传我行服务进博会的成果，为第三届进博会的客户邀请和扩大成果打下坚实基础。

（三）加强统筹谋划，启动第三届进博会配套活动筹备工作。要加强与商务部、进博局，以及人民银行、外汇局等部门和机构的沟通，密切与驻华使馆的日常联系，提前部署下一届进博会境外招商和配套活动安排。要进一步提升“中欧企业家大会”等活动规格，扩大参会国家范围，实现欧洲区域全覆盖。要优化会议组织形式，全力打造成为进博会品牌活动。要统筹用好我行在亚太地区的经营优势、拉美地区的先发优势、与标准银行集团的战略合作关系，利用好“一带一路”银行家圆桌会（BRBR），探索搭建新的活动平台。境外机构要利用好我行作为进博会境外招商合作伙伴的优势，全力配合进博局招商路演活动，根据总行要求认真设计活动方案，做好服务保障工作。全行境内有1.6万个网点，在地区覆盖、客户基础方面的同业优势非常明显。各境内机构要充分调动各级机构力量，做好第三届进博会宣传、招商、企业对接等工作。各境内外机构要做好持续营销，将我行普惠金融、跨境人民币、贸易结算融资等产品及服务嵌入进博会配套活动中，作为一项常态化工作来抓。

（四）优化跨境磋商系统，实现磋商常态化。普惠金融事业部应对标先进同业，发挥金融科技优势，实现“跨境磋商系统”升级，全力打造集客户大数据集合、客户需求智能匹配、现场磋商管理、合作意向追踪、信息查询、统计分析等功能于一体的跨境磋商系统，建立合作意向跟踪管理机制，做到成果可追踪、可落地、可回溯，并全力争取上半年投产。同时，要将第二届进博会的合作意向导入系统，指定专人跟进落实。要建立常态化跨境磋商管理机制，每年在境内、境外举办磋商对接，增强配合重大外交活动的主动性，为企业客户尤其是小微企业提供磋商平台，努力打造跨境磋商的工行品牌。普惠金融事业部要拿出年度磋商计划和方案。

（五）发挥主办行作用，提高上海分行服务保障能力。上海分行不仅要走在境内外机构的前面，更要全力争取走在同业的前面。一方面，要切实发挥先锋作用，主动靠前谋划，积极建言献策。另一方面，要对标先进同业，学习成功经验和做法，用足我行业务和客户优势，在全行服务进博会工作中发挥更大作用。要利用地理优势加强与进博局日常沟通协调，最大限度为我行举办进博会配套活动争取资源，加大品牌宣传和媒体报道力度。

进博会是我行做大营销、做强产品、做优服务的重要平台和机遇，全行都要积极参与。今天未点到名的部门，也要献计献策，主动参与，为全行服务进博会作出应有的贡献。

同志们，第二届进博会结束之日，就是第三届进博会开幕倒计时启动之时。服务好第三届进博会，我们责任重大，使命光荣，要以成绩归零的心态重新出发，以再创佳绩的决心持续奋进，以更加务实有效的举措，进一步扩大服务进博会的深度和广度，为进博会贡献更大的工行力量。

稳中求进　奋勇争先
全力构筑公司客户服务新优势

——在中国工商银行2020年公司客户“1+N”一体化金融服务工作会议上的讲话

胡　浩

（2020年1月14日）

这次会议的主要任务是，以习近平新时代中国特色社会主义思想为指导，全面贯彻中央经济工作会议精神，认真落实全行2020年工作会议安排，总结2019年公司客户“1+N”一体化金融服务工作情况，分析当前形势，部署2020年重点工作。下面我讲四个方面意见。

一、2019年全行公司客户服务再上新台阶

过去一年，在挑战骤然增多的情况下，公司、普惠、结现、国际、投行、专融、法律条线及直属党委、工银租赁、工银国际、工银投资紧紧围绕党中央、国务院决策部署，认真落实金融监管要求，按照总行党委“48字”工作思路，坚持以客户为中心、主动服务国家战略、积极支持实体经济，迎难而上、奋斗落实，全面完成全年各项任务指标，交出了一份体现高质量发展的“年度答卷”。

一是公司金融业务全面领先。主要指标全面领跑同业、超额完成全年计划。贡献方面，实现公司客户营业贡献2 051亿元，公司类中间业务收入829亿元、全行占比53%，其中公司重点类中收再创历史新高，完成137亿元、年度计划完成率106%、四行占比39%。客户方面，公司客户总数增至728万户、净增102万户、同业第一，年度计划完成率163%；有贷户净增10 890户、增幅11%。存款方面，实现公司存款时点余额4.33万亿元、同业第一，净增2 169亿元、年度计划完成率181%，平均付息率0.99%，继续保持各条线最低水平。贷款方面，总量上，实现公司贷款余额8.27万亿元、同业第一，净增5 256亿元、年度计划完成率

175%，新发放贷款收益率4.71%、同业第一、较四行平均水平高13个基点，信贷有效储备达1.4万亿元。结构上，实现制造业贷款余额1.44万亿元、净增609亿元，余额增量均四行第一，圆满完成监管任务；先进制造业、幸福产业、物联互联“3”大新引擎板块公司贷款净增1 204亿元、增量占比23%，年度计划完成率151%；新市场增量占比29%、超额完成15%的全年计划目标；民企贷款净增1 754亿元、增幅10%，年度计划完成率125%；涉农贷款余额2.01万亿元、净增1 258亿元。主承销非金融企业债务融资工具5 408亿元、市场排名第一，年度T3计划完成率143%；信贷结构调整实现新突破。ETC方面，公司板块营销ETC客户1 479万户、全行占比超35%。“1＋N”一体化营销服务体系建设方面，实现GCMS系统自动抓取及主动推送公司客户需求6万笔、金额超15万亿元，手工录入395笔、意向融资金额超8 500亿元，大幅提升服务效率。

二是结现业务转型成效显著。持续推进对公结算账户及中收竞争力提升两大核心工作。账户拓展方面，平台拓户效果显著，账户规模稳定增长，账户质量不断提升。全年新开对公结算账户197万户、创历史新高，同比多开54万户。实现对公结算中间业务收入120亿元、同比多收12亿元，现金管理类收入连续两年反超可比同业；日均金融资产5万元以上客户净增14.5万户，增幅39%，年度计划完成率145%。基础服务方面，持续推进“全球现金管理”“工银小微金融”和“工银聚”三大对公服务平台优化、应用与推广，打造对公支付领域同业领先优势。统筹推进网点对公客户营销服务规范与智慧营销项目实施，全行网点综合化率达到93%。法人理财方面，做好新老产品转化及新规产品营销，实现法人理财日均存量规模7 077亿元、同比增加484亿元。

三是普惠金融迎突破式发展。提前完成全年增量任务、达到二档降准目标。同时，区域布局持续优化，资产质量显著改善，产品竞争力与市场美誉度进一步提升。普惠贷款方面，总量上，实现银保监普惠口径贷款余额4 715亿元、净增1 614亿元，是2018年增量的4倍；人行降准口径贷款余额4 901亿元、净增1 672亿元，顺利达到人行降准二档目标。利率上，新发放银保监普惠口径贷款利率4.53%，利率下降及减费让利合计降低小微企业综合融资成本128个基点，完成国务院提出的“降低1个百分点”要求。精准扶贫方面，将涉农供应链融资作为支持脱贫攻坚与服务“三农”的重要手段，精准扶贫、普惠型涉农贷款均超额完成计划目标；积极支持生猪产业发展，生猪全产业链贷款余额突破200亿元；境外机构积极参与跨境扶贫，短短两个月引入外部捐赠资金215万元。品牌建设方面，举办近万场“工银普惠行”营销推介活动，并通过“万家小微成长计划”“千名专家进小微”、普惠青年先锋、进博会小微客户跨境撮合等活动，打造有温度的普惠金融服务品牌。

四是投行经营态势稳中向好。围绕“机制突破、模式突破和区域突破”，进一步加强横向协同与纵向落实，完善行司联动、内外联动机制。总行级公司客户投行业务覆盖率达54%，较2018年提升7.6个百分点。实现大投行业务收入242亿元、四行占比52%，其中，投行类7个重点科目实现收入138亿元；实现境内机构非标投资余额7 182亿元；完成境内外并购交易376笔、并购融资余额近3 000亿元、交易数量及融资额均排名同业第一；交易所ABS实现跨越式发展，投资ABS项目80个、金额180亿元。工银新动能系列基金陆续落地；完成中信国安、光汇石油等多个具有重大影响力的债务重组项目；“三融”创新产品体系（融安e信、融智e信和融誉e信）实现信息服务产品标准化与顾问服务高端化新突破。工银国际实现营业净收入30.5亿港元、增幅17%，账面净利润15.7亿港元、年度计划完成率115%；完成IPO项目22个、259亿美元，承销规模稳居市场第一梯队、四行排名第一；完成境外债券发行90笔、586亿美元，中资离岸投资级债券承销规模排名四行第一。

五是集团行司联动不断深化。工银投资方面，公司客户债转股累计签约5 899亿元，累计投资落地2 493亿元、年内落地1 686亿元，引领同业；累计使用定向降准资金978亿元，撬动社会资金1 111亿元，超额完成国家四部委考核要求。总资产、净资产、新增表内外投资、净利润、ROE、资本增长率等全面领先同业，向77家持股公司派驻董事监事101名。工银租赁方面，航空业务支持民族航空发展取得新进展，航运资产全生命周期管理水平不断提高，设备业务转型卓有成效。年末租赁资产余额3 297亿元、全年项目投放近730亿元，考核还原口径净利润23.6亿元、同比增长12.6%，资产规模、经营利润等主要经营指标继续稳居行业首位。

六是全球金融服务日益完善。国际业务方面，全球服务网络再下两城，工银奥地利、希腊代表处先后开业、颁牌，全球服务网络扩展至48个国家和地区。在外部风险挑战显著增加情况下，积极谋划新时期国际化发展新策略，经营总体平稳，境外机构账面净利润同比微增0.07%。境内分行实现国际结算中收52.3亿元，四行占比28.46%，首次实现四行占比排名第一；境内分行跨境人民币结算量2.46万亿元、年度计划完成率145%。创新推出非贸易项下风险参贷业务，“单一窗口”跨境汇款业务量稳居四行第一。单证中心大力推动线上产品升级，缩短操作流程，将全球单证系统对接B端G端平台，重点业务处理时长降至2小时以下。办理国内证福费廷业务1 272亿元、同比增长252%。创新运用区块链技术开展跨境担保，“中非 E 链通”上链保函金额破亿美元。“中欧 e 单通”产品入选中组部改革发展稳定攻坚克难案例。外资机构及委代业务贡献提升，外资代理行累计为境外机构提供 85 亿美元承诺性及优惠资金；实现非银金融机构与主权客户收入 4.13 亿美元、同比增长 30%；新营销 11 个政策性银行委托代理项目落地境外机构。专项融资方面，信贷基础管理明显改善，抢抓一批重点跨境融资项目，结构化融资竞争力不断提升，“走出去”与“一带一路”首选商业银行地位持续巩固。年内新承贷专项融资项目 67 个、金额 182 亿美元。国际合作方面，成功举办进博会、中德经济顾问委员会、金砖工商理事会等 10 多场大型会议配套活动，“一带一路”银行间常态化合作机制（BRBR 机制）成员已覆盖 51 个国家和地区的 94 家金融机构，签约委托代理项目 41 个，实现日均存款 11 亿美元、累计结算量 315 亿美元。

七是资产质量实现持续改善。公司贷款资产质量稳步向好，实现公司贷款不良率、剪刀差、潜在风险“三降”，年末不良率 2.21%、较年初下降 0.04 个百分点，剪刀差 -167 亿元，潜在风险融资余额 2 463 亿元、较年初下降 437 亿元。银保监普惠口径不良贷款余额 120 亿元、不良率 2.54%，分别较年初下降 46 亿元和 2.81 个百分点，线上重点产品保持较好资产质量。专项融资不良贷款余额 6.1 亿美元，较年初下降 3 672 万美元，境外贷款不良率 1.98%。法律清收风险资产价值贡献不断提升，累计运用法律手段收回风险资产 208 亿元，账销案存资产收回额同比增长 41%；实现“被诉案件败诉金额和损失率”双降，新发生被诉案件金额与件数分别下降 46%、16%，败诉案件金额下降 45%，胜诉金额 17.5 亿元，避免损失率 86%。合规管理领域，总行外管考核预计将获 A 级，取得近 7 年最好成绩。全行涉敏业务管理进一步加强，全年未发生重大涉敏风险及舆情事件。

八是党建队伍建设展现新面貌。以政治建设为统领，进一步压实管党治党责任，开展“不忘初心、牢记使命”主题教育，组织召开“两明案”专题组织生活会，召开海外党建座谈会和境外机构廉洁从业视频会。党建与业务相融互促，切实将“两个维护”体现在助力打赢“三大攻坚战”、落实金融“三大任务”的工作实践上，突出党群共建，板块党建工作与“家园文化”建设深入推进。成功举办普惠金融客户经理技能大赛、产品营销经理大赛，极大增强队伍凝聚力向心力，发现储备一批优秀人才；建立总行级公司信贷客户经理核心骨干人才库、对公外派后备人才库，着力构建长效培养机制，提升队伍履职能力。

2019 年公司金融服务还荣获了“中国最佳公司银行”“杰出银行普惠金融奖”“年度最佳交易银行”“最佳现金管理银行”“全能投行业务天玑奖”等诸多奖项。

事非经过不知难。这些成绩的取得来之不易，是总行党委科学决策的结果，是公司金融板块全体干部员工砥砺奋进的结果，是各分支机构艰苦努力、各专业条线联动协作的结果，是公司客户“1 + N”一体化金融服务结出的硕果。在此，我代表总行党委对大家表示最衷心的感谢！

二、2020 年面临的挑战与机遇

习近平总书记指出，领导干部要胸怀两个大局，一个是中华民族伟大复兴的战略全局，另一个是世界百年未有之大变局，这是我们谋划工作的基本出发点。外部环境的新变化，必将深刻影响着公司金融板块业务发展，需要我们立足世情国情行情，以宽广视野和全新思维，把握新的变化趋势。

放眼全球，总体上仍处于金融危机后的深度调整期，世界大变局加速演变的特征更趋明显。经济全球化遭遇曲折，保护主义、单边主义持续蔓延，贸易和投资争端加剧，地缘政治冲突多点爆发，各种不稳定不确定因素增多。美国单边贸易保护主义对全球产业链布局造成严重干扰，全球直接投资规模持续下降、货物贸易增速显著放缓。国际货币基金组织、世界银行、经合组织纷纷下调全球经济增速预期，全球经济增长仍将处于周期性低点区间。

环视国内，经济运行总体平稳，但稳中有变、变中有忧。尽管中美已就第一阶段经贸协议文本达成一致，但总体上中美经贸摩擦呈长期化、复杂化趋势，进出口对经济增长的拉动作用减弱，制造业投资、社会消费品零售总额增速放缓，叠加汽车类消费出现拐点性下滑、手机出货量持续低迷等不利因素，2020 年经济增长面临较大下行压力。此外，国内金融领域改革加快推进，贷款市场报价利率（LPR）机制将引导融资利率进一步下行。

分析自身，公司客户金融服务领域仍存在诸多发展不平衡不充分的问题。突出表现在：客户基础上，虽然全行公司客户总量同业第一，但日均金融资产 5 万 ~ 5 000万元的中部客户落后主要可比同业 50 万户。结算业务上，虽然今年局面有所扭转，与主要可比同业在账户净增上的差距明显缩小，但账户总量、对公结算中间业务收入仍处落后地位。公司贷款上，信贷储备区域间不均衡有所扩大，如何把信贷资源准确、高质量地配置到制造业、民营、精准扶贫等实体经济关键领域和薄弱环节，需要下更大功夫。普惠金融上，迈向“融资 + 融智 + 融商”综合服务 2.0 新阶段，对综合服务与风控能力提出了更高要求。投资银行上，在资管新规、监管趋严、房地产与政府融资项目收紧等复杂局面下，资金规模与渠道受限，中美贸易摩擦背景下跨境投行业务趋于收紧，业务发展面临较大挑战。国际业务上，我行

“全行办外汇”意识尚未真正形成，境内外汇业务客户基础及部分主要指标与领先同业还有不小差距，资金、信贷等各项发展的配套政策还不尽完善。境外机构盈利增长面临瓶颈，合规管理与信贷质量管控压力明显增大。专项融资上，如何把握好投向与投量、管理好横跨70个国家的资产、管控好跨境资产往来的合规性及资产质量等，仍需加强整体规划。租赁业务上，境内资产荒问题愈加凸显，如何平衡好稳增长与防风险，把握好稳增速与提质量，需要深入思考、有效应对。债转股上，依然存在相关配套政策不完善、募集社会资金难度大、存续期管理体制机制不健全等问题。

严峻考验期也是战略机遇期。我们要看到，经济全球化的大趋势没有变，科技进步作为经济增长的新动力没有变，我国经济潜力大、韧性强、稳中向好、长期向好的基本面没有变。2020年是决胜全面建成小康社会、打赢精准决胜脱贫攻坚战、实现“十三五”规划收官之年，国家“稳增长”政策密集出台、区域协调发展战略深入推进、新旧动能加速转换、产业链水平日益完善、人口与开放红利持续释放、5G等新型基础设施快速发展等，都将为全行公司金融经营发展带来难得机遇。

三、2020年总体工作要求

根据全行2020年工作会议的要求和部署，结合对新一年经营形势的判断，总行确定了今年公司金融板块的主要工作思路是：坚持服务实体经济不动摇、坚持以客户为中心不动摇、坚持做市场领跑者不动摇，牢固树立“比”的意识，巩固优势、补齐短板，提升跨境跨业跨界服务能力，打造客户首选、市场领跑卓越公司金融银行。

2020年要确保实现以下经营目标：公司业务方面，要夯实主要指标同业第一地位并不断扩大领先优势，力争实现公司客户总量增长10%；公司存款时点新增1 500亿元，日均保持平稳较快增长，境内外汇公司存款新增50亿美元、力争同业第一；公司贷款净增4 000亿元，制造业贷款净增500亿元、中长期贷款增速不低于各项贷款平均增速，先进制造业、幸福产业、物联互联等新引擎板块公司贷款净增600亿元，新市场领域增量占比不低于20%，民营企业贷款净增1 400亿元，境内一般现汇贷款净增30亿美元；实现公司类六项重点中间业务收入137亿元；主动做好潜在风险防范和逾期贷款化解工作。普惠业务方面，打造普惠金融综合服务标杆银行，人行降准和银保监普惠口径贷款确保净增1 600亿元，力争2 000亿元，继续达到定向降准第二档标准；银保监普惠口径贷款不良率控制在2%以内；精准扶贫贷款新增75亿元，并力争深度贫困地区贷款增速高于所在省（区、市）贷款平均增速。结现业务方面，新开对公结算账户200万户，日均金融资产1万元以上客户净增25万户、新开户公司存款日均增量3 000亿元；实现结算与现金管理专业中间业务收入125亿元；新规法人理财日均规模达到3 000亿元。国际业务方面，实现境内国际业务中收59.27亿元，确保完成国际结算量1.59万美元，净增国际业务客户2 000户，完成境内分行跨境人民币结算量1.75万亿元。投行业务方面，实现中间业务收入147亿元，确保实现非标债权融资规模1 200亿元，境内外并购投融资1 000亿元，ABS投资规模300亿元。专项融资方面，未来产品线年均新审批承贷金额保持在100亿美元左右，产品线资产余额保持在3 000亿元左右，实现营业贡献40亿元左右，全力推动不良清收取得实效。法律事务方面，进一步提升法律清收风险资产综合效益，继续从根源上压降监管转办投诉，不断提高客户体验与监管评价。

四、2020年重点工作安排

要在严峻复杂形势中争取主动，公司金融经营发展必须坚定不移贯彻新发展理念，坚持稳中求进工作总基调，保持战略定力与耐力，主动服务国家战略，提高服务实体经济的适应性、竞争力、普惠性；必须坚持价值创造，围绕满足客户需求，加快“1＋N”一体化营销体系建设，前瞻主动防范风险，不断提升市场竞争力与板块贡献度；必须强化“比”的意识，坚持问题导向、对标同业，启动实施公司金融“进位争先”3年攻坚行动，力争到2022年实现各分行公司金融主要竞争力指标同业排名全面进一步提升、领先优势进一步扩大。

具体来讲，2020年工作要突出做好五个“新”。

（一）主动服务国家战略作出新贡献。

一要着力提升全面脱贫攻坚金融服务水平。聚焦脱贫攻坚重点领域，在风险可控的前提下，加大脱贫攻坚、乡村振兴等重点领域信贷投放，加强对农村道路、供水供气、环保、电网、物流、通信、广电等基础设施建设的中长期贷款支持，新增金融资源要向深度贫困地区倾斜；聚焦农业产业精准扶贫，以涉农供应链融资为抓手，以种养殖、农机农资、农产品加工、冷链物流等龙头企业为核心，打造100条农业供应链、累计投放100亿元农业产业链融资；聚焦农业生产保障供给，加大对生猪养殖龙头企业建设规模化养殖场及饲料、育种、物流等全产业链金融支持力度，助力恢复生猪生产、保供稳价。

二要全面提升国家区域发展战略服务水平。要将京津冀、长三角、粤港澳大湾区等战略性区域作为公司金融竞争发展的主战场，巩固并扩大同业领先优势，推动形成优势互补高质量发展的区域经济布局。重点支持北京非首都功能疏解、雄安新区、北京城市副中心建设及2022冬奥会等领域重大项目建设；重点支持长三角区域打造“轨道上长三角”“数字长三角”、世界级港口机场群、世界级制造业产业集群等；重点支持粤港澳大湾区、深圳先行示范区先进制造业及世界旅游休闲中心建设，加快跨境金融创新；重点支持长江经济带绿色发展、黄河流域生态保护和高质量发展、东北振兴战略实施中产业升级与转移项目；重点支持成渝地区双城经济圈建设与西部大开发战略转型中能源、交通、城建、生态环境治理等重大项目建设；重点支持“一带一路”建设中，沿海、内陆、延边地区协同开放及构建国际经济合作走廊相关重大基础设施互联互通项目；重点支持优质县域公司金融业务，聚焦县域经济转型、城乡融合发展、新型城镇化建设等领域，关注先进制造业、现代服务业、基础设施补短板、园区建设、拆迁安置等金融服务需求，下沉服务重心、联动个人金融，提升县域金融服务整体竞争力。

三要加快提升国家全面开放战略服务水平。全力办好第三届进博会、中东欧17+1领导人峰会等一系列主客场重大会议配套活动，借助国际合作平台，嵌入我行产品与服务，贡献工行智慧和力量。

加快推动境内外汇业务发展。要抓好对标，力争通过三年时间，实现境内外汇存贷款、结售汇与外汇买卖、外汇中间业务收入等关键经营指标四行第一、合规风控能力达到同业领先水平。要抓好基础，树立“全行办外汇”的经营理念与文化，在信贷政策、审查审批、资金定价、考核评价、机构与人员配置上给予重点支持，重点推进非贸易项下风险参贷、国内证福费廷等重点产品的应用推广，切实提升外汇服务能力。要抓好效率，加快提升外汇业务电子化、线上化、智能化水平，全面拓展“单一窗口”金融服务，加大区块链技术在贸易金融领域的应用开发，打好外汇业务数据治理攻坚战，提升数据报送与统计自动化程度，提升单证业务线上化服务响应速度。

加快打造国际化发展新格局。要抓好统筹，做好新一轮三年规划与推进境内分行外汇业务升级发展战略的统筹衔接。持续推进全球网络布局，发挥国际化联席会议“管总”效能，破解境外机构转型发展难题。要抓好提升，做实一行一策差异化管理，重点推进工银亚洲、工银澳门、工银欧洲、美国机构经营转型。要抓好风控，前瞻研究全球政治经贸形势，坚持底线思维，做好工作预案。

加快挖掘跨境人民币新价值。要抢抓境外清算行资格，紧跟人行部署，做好境外监管沟通，推进境外重点空白市场清算行申设。要培育离岸人民币市场，加强清算行产品与服务的延伸与扩容，争取实现境外清算行所在地区人民币业务全覆盖。要紧抓政策红利与创新，积极争取跨境人民币业务创新机会与业务先行先试资格，打造行业领先的跨境电商综合金融服务平台。积极开展跨境投融资创新、跨境资产转让、跨境投资基金、大宗商品交易等业务。

加快完善专业跨境金融服务。在境外资源、电力、基建、装备、飞机、船舶融资等主要优势板块保持中资商业银行第一地位，在国际银团、跨境并购等领域，争做排名前列的中资银行及国际市场主要参与方。要加强业务顶层规划能力。理性推动市场优质项目合作，实现资源、电力、基建、装备、航空航运、跨境并购等领域核心客户营销“全覆盖”、20亿美元以上重大项目“零遗漏”；积极参与优质央企发起的5亿美元以上海外银团，加强大型银团牵头筹组力度，利用财务顾问介入更多大型项目的早期安排。要加强结构融资专业能力。提升国别主权、法律协议、财务模型、押品估值、工程管理、风险管控、语言能力等专业技术能力，打牢“一带一路”研究基础，在跨境市场中更多发出工行声音；全面提升国别、行业、周期、担保、现金流、项目建设运营等方面的风险分析能力及中长期研判能力。要加强资产质量管控能力。大额不良项目清收要取得实质进展，管控好潜在风险国别与项目，完成高集中度国家贷款分销，力争实现专项融资不良贷款余额、不良率“双降”。

（二）实现服务实体经济质效新提升。要贯彻新发展理念，把握新发展机遇，按照“巩固、增强、提升、畅通”八字方针要求，把“1+3”信贷布局调整、制造业、普惠及民企重点领域服务提升作为促进货币政策传导与落实“六稳”要求的突破口，深化行司联动，以全口径融资服务助力经济高质量发展。

一要提高服务实体经济的适应性。持续推进“1+3”信贷布局。统筹好信贷投放节奏与结构，节奏上要抢先抓早，结构上要布局优化。要牢牢把握铁路骨干网络、轨道交通、公共设施、城市更新、城镇老旧小区改造、深海能源勘探、大型核电风电、大型炼化等领域优质新建项目及存量债务置换业务机会；密切跟进西北五省煤电资源整合，抢抓优质市场，做好风险控制；高度关注近期国务院出台的固定资产项目资本金比例调整及地方政府专项债有关政策，加强项目对接，强化项目储备，不断夯实“1”基础板块。聚焦“中国制造2025”、医疗养老旅游体育等新兴消费领域、ABCDI（人工智能、区块链、云计算、大数据、物联网）等新型基础设施领域，持续推进“一县一医院、一市一景区、一行一高校”“三个一”工程，探索投贷联动新模式支持生物医药产业发展，做好5G产业链金融服务，持续拓展“3”新引擎板块。

打造“制造业金融服务提升年”。突出服务好先进制造业、传统制造业升级两大重点领域，以金融活水助力产业基础能力与产业链现代化水平提升，助力中国制造向中国创造转变、中国速度向中国质量转变、制造大国向制造强国转变。优选白名单，全行筛选2 000户细分领域优质制造业企业，匹配差异化融资服务策略。抓好子行业，聚焦百亿级制造业子行业，深耕5G、航空航天、新材料等10个先进制造业细分领域产业链金融服务。盯重点区域，优先在浙江、广东、江苏等地区选择技改政策体系成熟、产业集群发展前景较好的区域，探索建设5家制造业金融服务中心。防范好风险，高度警惕偏离主业、股东出资异常、小马拉大车等制造业企业及项目；加强贷款资金流向监控，做好贷中贷后管理。

深化新动能领域金融服务。提升战略性新兴产业及集成电路、航空发动机、工业机器人、高端数控机床等“卡脖子”技术项目金融服务；紧盯国家级高新技术企业重点客群，深入实施“931”工程；年内争取新设北京、苏州、厦门等7家科创企业金融服务中心、80家新经济特色支行，打造“10 + 100”科创金融服务体系；围绕科创企业“未上市股权”“知识产权”和“对外债权和收益权”三权，完善科创金融产品体系；加快第三方专业评估推广，迭代优化科创企业专属评级、授信模型，完善科创金融风控体系。

二要提高服务实体经济的普惠性。普惠方面，要深刻认识普惠金融既是大局，更是经营；发展普惠金融不是一时之需，而是长久之计。必须坚持一以贯之，牢固树立“价值普惠”经营理念和“不做小微就没有未来，做好小微有大未来”发展理念，打造普惠金融综合服务标杆银行。要继续发挥线上产品主力军作用，推动经营快贷场景应用和模型优化，围绕税务、海关、结算、用工、“云服务购买”等重点场景加快贷款投放；进一步完善e抵快贷业务系统功能，提升办理效率；加快发展线上供应链融资业务，特别是总行明确的供应链融资核心分行、重点分行要发挥引领作用、承担主要发展责任，结合总行优选重点行业、项目和客户积极开展营销，加快业务落地。要推动线下业务持续稳健增长，丰富数据来源及增信措施，挖掘“银政”“银政担”“银政保”合作潜力，提升优质客户信用贷款占比；要合理设置贷款期限，增强中长期贷款供给，逐步改善小微信贷期限结构。稳步提升“续贷”业务占比，满足优质小微客户的资金需求。做好单户授信1 000万~3 000万元小微企业的接续服务，加强贷款支持、统一风险偏好、提高服务效率，避免优质客户流失。要以“数字普惠”夯实风险底线，加快开发小微客户画像、统一风险视图，进一步完善线上线下协同风控模式。要以从严治理确保合规经营，持续开展合规经营专项治理，加强统计标识管理，坚决遏制“名小实大”、冒名套利现象。要持续打造“有温度的普惠金融”品牌形象，扎实推进“工银普惠行”“万家小微成长计划”系列活动，大力开展中小企业跨境撮合服务，为国家“一带一路”顶层设计做好配套服务。

民企方面，要更好发挥国有大行服务民企的“头雁”作用。实现支持优质民企“更精准”，强化民企白名单动态管理，加大符合国家产业结构调整方向、主业突出、市场竞争力强的优质骨干民企支持力度。推动民企服务模式“更多样”，通过优化企业债务结构、做好跨区域金融服务、提供供应链及第三方平台场景融资等，服务好存量客户、拓展好新增客户。细化民企综合服务“更贴心”，常态化举办民营企业家金融研修班，通过5年时间组织1 000名优秀民营企业家参加培训，推进民营企业联合智库建设，培育银企“同进退、共成长”新型合作关系。规范民企服务行为“更合规”，杜绝借贷搭售、转嫁成本、违规收费等行为，切实降低民企融资成本；不得对民企设置歧视性要求，提高民企融资可获得性。推动民企风险管理“更完善”，密切跟踪民企日常经营与偿债能力变化，主动加强与政府机构、监管部门、金融同业的交流沟通，提高风险管理主动性与前瞻性。

三要提高服务实体经济的竞争力。发挥集团综合化经营、全口径融资优势，打造金融服务“立交桥”，为实体经济发展提供更多渠道的金融活水。推进全口径融资新机制建设，基于市场、客户、风险等因子主动为客户提供最佳投融资方案，提供前端债权 + 后端金融资产交易产品全链条融资服务。对标同业持续提升银团贷款竞争力，发挥好资产证券化调节作用，不断优化信贷结构。坚定“债券精品大行”定位，持续提高优质客户承销服务能力与市场占比，实现重点区域、重点客户、重点品种覆盖率有效提升，确保我行承销份额市场最大、承销质量市场最好、承销结构市场最优。形成供应链融资发展新格局，围绕农业产业链与精准扶贫、制造业产业链、军工上下游、跨境供应链等重点领域提供好全产业链金融服务。力争实现供应链融资“113”发展目标，即新增供应链100条、新增上下游客户1 000户，累计投放供应链融资超3 000亿元。深化行司联动综合服务，为实体经济高质量发展提供更多元金融服务。工银投资要重点抓好项目投资落地、资金募集、存续期管理三项工作，加强债转股客户准入名单库动态管理，构建多维融资渠道，完善行司存续期管理体制机制，确保投资安全，巩固并扩大债转股新增投资同业第一领先优势。工银租赁要坚持“质量效益”发展主线，以专业化经营培育充沛发展动能，健全完善全面风险管理体系建设；树立全球航空金融市场领军地位，巩固船舶融资租赁行业龙头地位，坚定设备类业务转型发展方向。工银国际要立足香港市场和牌照优势，抢抓粤港澳大湾区建设机遇，持续推动“四轮驱动”业务发展战略，继续做好投资银行、投资业务、销售交易、资产管理四大板块的产品完善与功能布局，在同业中争先进位。

（三）完善公司客户营销管理新模式。公司客户是我们的衣食父母，是我们价值创造的深厚源泉，也是我们所有产品和服务的最终归宿。经营环境越是复杂、同业竞争越是激烈，越要重视抓好公司客户服务，打牢发展基础。要着力构建以纵向“全量客户分层分类管理”、横向“1+N”客户一体化营销为骨架，以金融科技、专业能力赋能的公司客户营销管理新模式，全面提升服务能力。

一要深入推进全量客户管理。着力构建更加合理的公司客户梯队结构。要抓好服务优化，关注混改、降两金、开放合作等央企改革重点，为央企提供定制化、综合化金融服务及差异化资源保障，打造央企服务主力银行；不断提升世界500强等重点客户全球服务能力及业务覆盖率，做深做实“头部”客户。要抓好链式营销，改变传统依托集团母公司自上而下、分散型伞式营销模式，依托产业链视图系统，大力推动链式营销，深耕产业链上下游，实现批量精准获客，推动日均金融资产50万元以上公司客户的数量和占比稳步提升，做大做强“中部”客户。要抓好新户拓展，完善对公客户服务支持机制，加快网点对公业务场景建设及应用落地，深化客户分类分包管理，做宽做细“底部”客户。

二要加快推进“1+N”一体化营销。要加强分层营销体系建设，加大与总行级、一级分行级、二级分行级客户的“总对总”合作力度，完善部门联动协作机制，统筹推动公司客户综合金融需求解决，扎实推进板块化营销，深化公私联动，助力“第一个人金融银行”战略落地。要优化并加快“1+N”一体化公司客户需求解决系统及客户端的应用与推广，进一步将主要子公司融资产品及重点产品线纳入系统应用范围，在总行级客户全面应用基础上，加快推进客户统一视图、需求管理中心等功能在一级分行级客户应用。要探索基于客户综合贡献的产品定价、内部收益分配与考评机制。

三要打造公司金融开放银行。通过我行API开放平台与客户系统、第三方供应链平台、大数据公司、ERP系统服务商等的数据连接，将我行支付清算、现金管理和线上融资等公司金融服务植入场景，形成生态闭环。进一步加强企业手机银行应用，支持客户从手机端直驱服务团队，构建差别化公司客户全球统一营销视图，实现对公客户营销管理系统各平台与渠道（PC端、手机端）联动，提升智能化服务与营销水平。

四要增强队伍专业服务能力。事业成败，关键在人，要着力打造一支士气高、作风硬、本领强的专业队伍，形成凝人心、聚人气、集众智、促发展的良性循环。研究出台公司客户经理管理办法，持续开展“信贷铁军”培训，深入推动实施“传帮带”机制，构建境内外公司客户经理长效培养机制，持续提升境内外公司信贷经营能力。壮大产品营销经理队伍，扩大队伍规模、优化队伍结构，进一步推动场景化营销工作落地实施。建设公司客户经理业绩管理系统。以系统化手段支持分行开展特色客户经理评价与业绩展现，实现“客户到包”“包到客户经理”及公司客户经理的拉通式排名，提升客户经理精细化管理水平。组建外部咨询服务专家库，与政府部门、行业主管协会、权威科研机构、国际顶尖咨询机构等建立长效合作机制，为业务决策提供参考。

（四）筑牢重点领域市场竞争新优势。要坚持以改革促发展，利用经营环境变化客观上形成的倒逼机制，推动对公结算、公司存款、投资银行转型升级再提速，实现总量领先、结构优化，促进质量、效益与竞争力提升。

一要提升基础结现业务竞争力。账户是一切金融服务的落脚点，也是长期保持同业竞争优势的基础，要牢牢守住并扩大现金管理业务同业领跑优势，打好对公结算业务翻身仗。账户拓户工作要在2019年取得良好成绩的基础上更上一层楼，2020年对公结算账户新开和净增要重回市场第一。要聚力打造行业领先的对公支付结算新体系，立足互联网时代客户需求痛点和市场热点，从“做功能”向“做体验”转变，促进国内业务优势延伸至海外。要聚力完善交易银行机制，将其作为公司金融领域转型发展重要战略之一，通盘考虑企业支付结算与票据、贸易融资、现金管理等综合投融资服务，全面嵌入企业供应链、上下游环节。要聚力推广全球现金管理、小微金融服务、工银聚三大平台，持之以恒推动支付结算等基础类产品做强，支持结算中间业务收入高质高速增长。要聚力构建专业协同、信息共享、系统整合及智能运营的对公服务支持体系，开展账户全生命周期管理，通过系统建设、大数据分析与信息推送等，实现网点“智慧管理、精准营销”，提升网点对公业务服务效能。

二要巩固公司存款市场竞争力。要保持公司存款平稳较快增长，确保同业第一的地位。要聚焦资金闭环管理，从货币派生的角度深入分析公司存款的发展规律，抓好城建、交通、房地产等重点行业G2B2C2B资金循环，提高行业存贷比和资金内部循环率，提升稳存增存能力。要聚焦大户争存揽存，持续做好通信、广电、烟草、高校等现金流量大、弱周期行业客户及财务公司等存款大户的资金争揽工作，前瞻布局存款产品创新开发，优化定价机制。要聚焦外汇存款增存，多渠道支撑境内外汇公司存款较快增长，探索建立客户境外募集资金回流机制，持续做好重点客户NRA账户营销、吸收客户离岸资金，主动运用跨境资金池和全球现金管理等产品提高重点客户外汇资金沉淀，高效利用自贸区分账核算账户体系构建资金通道、沉淀转化外汇公司存款。

三要打造投资银行核心竞争力。要围绕跨业服务能力提升，进一步完善商投一体、境内外一体、表内外一体的发展机制，提升统筹、协同和创新水平。要在保持商行业务优势的基础上，补足资本市场业务短板，逐步实现全牌照经营、全链条服务、全客户拓展。要突出抓好“三结合、四聚焦、五探索”，推动集团投行板块化发展，打造国际一流投资银行。“三结合”即要结合国民经济结构优化和高质量发展的需要，围绕国家重点区域战略、产业升级、“一带一路”沿线做好布局和营销，持续提升海内外投行联动成效，有效发挥境外投行的牌照优势，不断完善境内外一体化；要结合服务实体经济存在的短板和难点，加大类永续债、可转债、可交换债等权益类工具的市场应用，加强债转股、交易所ABS、投普贷等新模式对民营小微科创类企业的“输血”功能，持续推动新动能基金试行落地，不断完善商投一体化；要结合防范化解金融风险的需要，围绕白名单开展债转股和财务重组，深入推动咨询类投行产品发展，不断完善表内外一体化。“四聚焦”即聚焦战略统筹、联动协同、赋能延伸、重点领域，立体推进“大投行”战略。“五探索”即在并购领域探索表内外“小股权”并购融资新突破，工具是并购债，主攻方向是国企混改领域；在债务融资探索表外权益性工具新模式，工具是类永续债、可转债、可交换债，主攻方向是重大基础设施和大型集团的资本金需求；在股权融资领域探索“投贷联动”新模式，工具是科创基金、债转股基金、私募基金+信贷，主攻方向是先进制造业和科创企业投资；在资本市场探索“新模式新市场”，工具是定增、回购和股票质押融资，主攻方向是上市公司及控股股东；在综合金融服务方面探索建设工行投融资新生态，发挥工行连接投资和融资客户两端的优势，尝试建立工行投资客户联盟，尝试形成自有资金、理财和社保资金、境外资金等多方募资的新渠道，努力推进形成工行投融资服务与投贷联动的新生态、新理念和新模式。

（五）打造公司金融风险防控新格局。风险管理是银行经营的生命线。要始终把防范化解重大金融风险作为各项工作的底线。要突出抓好交叉风险防范，坚持集团统一风险偏好，重点关注表内表外、境内境外交叉传输与合规风险，确保止住出血点、补好漏洞点、化解潜在点。突出抓好前瞻主动防范风险不动摇，做好批发等重点行业资产质量管理及总行级公司客户不良资产管控工作。突出抓好净负债率过高的房地产企业，财力弱、债务负担重的区县级政府融资平台，过度多元化、核心竞争力不强、财务包袱重的地方国企，腹地经济困难地区港口等重点领域风险管理。突出抓好小微企业、民营企业、制造业等增长较快领域，严防“病从口入”，前瞻应对线上融资业务违约风险管控。突出抓好债券承销风险预警与应急处置，丰富提升债券承销风险管理技术手段及水平。突出抓好跨境融资风险防控，谨慎选择目标国家和市场，全面提升结构融资专业能力，完善内部控制体系建设，严格执行基础作业要求。突出抓好合规风险管理，进一步提升全行外汇合规管理水平，加强跨境业务反洗钱涉敏等关键领域风险管理，严守中收合规底线。突出抓好法律风险防控，要抓紧解决基层专业力量不足的问题，重点抓好不良大户诉讼执行与失信惩戒措施运用，推动法律清收风险资产提质再升级；要更加重视从败诉案件中要管理效益，举一反三查控源头风险；要认真落实专业部门和分支机构消保“一把手”工程，主动改进在产品创新、流程设计、价格制定、信息披露和服务操作等方面的不足，从源头上减少投诉风险。

需要突出强调的是，做好各项工作，要始终坚持党的领导、加强党的建设。要拧紧理想信念总“开关”。工商银行作为党领导下的国有大型金融企业，具有鲜明的政治属性，要把党的政治建设摆在首位，旗帜鲜明讲政治。要深入学习贯彻习近平新时代中国特色社会主义思想，增强“四个意识”，坚定“四个自信”，做到“两个维护”。要坚持小道理服从大道理、大局小局一盘棋，不折不扣落实中央决策部署。要全面提高党的建设质量，把党建优势转化为创新优势、发展优势、竞争优势。要上紧纪律规矩的“发条”，严守党的政治纪律和政治规矩，持之以恒改进工作作风，做到守规矩、知敬畏、明是非、知荣辱。在客户营销和服务过程中，要坚持廉洁从业，严于律己，注重构建亲清银企关系，严格执行保密工作要求，推动全面从严治党从严治行向纵深发展。

同志们，打造客户首选、市场领跑的卓越公司金融银行绝非易事，大家要万众一心加油干、越是艰险越向前，坚定信心、鼓足干劲、奋勇争先，推动愿景目标变为经营成果，实现公司金融服务“百尺竿头更进一步”，为建设世界一流现代金融企业做出新的贡献！为全面建成小康社会、决战决胜脱贫攻坚、实现第一个百年奋斗目标做出更大贡献！

在中国工商银行2020年机构金融业务工作会议上的讲话

胡　浩

（2020年1月15日）

本次会议的主要任务是，认真贯彻党的十九届四中全会、中央经济工作会议精神，全面落实全行2020年工作会议要求，总结回顾2019年工作，分析经营发展新形势，部署2020年重点工作任务。下面，我讲三点意见。

一、2019年的经营成绩来之不易

2019年是全行新时期转型发展的奋进之年、收获之年，也是机构金融业务发展中不平凡的一年。全行机构金融条线认真贯彻党中央、国务院决策部署，落实总行党委战略要求，坚定改革发展的决心和勇气，涉险滩，越激流，闯难关，在急剧变革的经营环境中，取得了超越同业、超越计划、超越自己的经营业绩，交出了一份成色足、亮点多的成绩单。

一是实现了营业贡献总量、增幅“双突破”。机构金融营业贡献首次突破千亿元大关，在全行的占比达到19%，三年来提升了6个百分点；营业贡献增幅达到11%，在全行各条线排名第二，为全行经营发展作出了突出贡献。二是实现了存款业务日均、时点“双提升”。全行机构及同业存款实现日均增量7 561亿元，创历史新高；时点增量7 179亿元，同比有效提升，夯实了全行存款稳定发展的基础；机构存款余额和增量四行占比分别达到35.7%和48.5%，分别较上年末提升0.4个和0.6个百分点；同业存款在市场流动性分层的复杂形势下达到近十年最好发展水平，余额、增量四行占比遥遥领先。三是实现了客户拓展源头、下游“双增长”。机构客户数量稳定快速增长，其中重点挖掘的机关事业领域实现客户及存款增量均同比翻番。同时，通过机构及同业客户源头作用的发挥，为我行带来万亿级的公司、储蓄资金流量，辐射带动了上千万个人客户增长，有效助推全行发展战略的落地。

特别需要指出的是，2019年我行机构存款余额和增量四行排名后两位的分行分别较上年减少4家和2家，区域发展均衡性得到提升。其中浙江、上海、黑龙江、陕西、山西、重庆等分行在机构存款余额、增量排名四行“双第一”的基础上市场占比进一步提升，天津、河南、湖北等分行余额及增量四行排名均实现进位，在这里提出表扬！但是，仍有贵州、宁夏、新疆、辽宁、大连等分行机构存款增量排名四行末位，北京、河北、吉林、海南、云南、厦门等分行四行增量排名和占比有所下降，需要进一步提升市场竞争力。

2019年的经营发展成果，既是在市场存款利率上行压力不断提升的背景下取得的，也是在机构客户资金规模不断紧缩的背景下取得的，更是在改革营销竞争异常激烈的背景下取得的，成绩来之不易、需要倍加珍惜。尤其是以下四个方面的工作成效显著，值得充分肯定。

一是在改革大局中体现了大行担当。机构金融业务是工商银行服务国家改革战略的重要领域，始终将服务政府改革、支持国防建设作为首要任务，充分体现了国有大行的责任担当。全层级服务机构改革。我行在中央、省、市、区县四级改革机构账户的市场占比均位居同业第一，改革客户整体覆盖率提升了14个百分点，实现了各层级营销服务梯次接续、层层推进、全面开花。北京、重庆、新疆、广东、江苏、天津、浙江、广州等分行强化系统推进，以省促市，以市带县，机构改革营销成果突出。全领域助推社保建设。医保改革中央和省级地区账户数市场占比47%，领先第二名31个百分点，职业年金实现启动地区可投标资格100%中标。河北、辽宁、上海、山东、四川、甘肃和青海等分行实现独家开立省级医保部门各类账户，江西、重庆等分行职业年金各项资格中标均位列市场首位。全方位支持国防事业。全市场军以上单位主要账户占比达到83%，较改革前提升10个百分点。尤其是在军兵种管理职能改革、海警部队和联保部队改革营销中，取得了市场绝对领先优势。同时圆满完成了庆祝新中国成立70周年阅兵、世界军人运动会、海军成立70周年、“山东舰”航母入列等重大活动的金融保障任务，受到军地领导的高度评价。北京、四川、湖北、江苏、河北、青岛、海南、广州、大连等分行，在重大活动保障和军改营销服务中作出了突出贡献。

二是在客户服务中做到了创新驱动。创新是发展的第一动力。机构金融条线准确把握市场变动趋势，紧跟客户需求，强化创新驱动，开辟了经营发展的新路径。“智慧政务”战略工程加速落地。打造“政务综合门户+重点合作领域”的多引擎智慧政务合作架构。2019年末，全国已有28家分行与当地政府签署政务门户合作协议或达成意向，我行独家承建的“我的宁夏”政务服务APP上线运营，在服务事项、场景覆盖、交互体验等方面树立了同业标杆。重点领域项目呈现出多点开花的良好局面，全国已落地2 500多个云平台项目，覆盖医疗、教育、工会、宗教等多个潜力领域，以轻量平台撬动了海量市场。军民融合建设持续推进。独家协助后保部结算中心完成单据影像化、审核智能化、档案电子化等前沿技术研发，投产上线差旅费保障管理平台，抢占合作高地。创新研发陆军“陆保京诚”生活保障平台，开创军、政、银、企多方融合新模式。首家研发上线军队工程建设资金监控系统，在联保部队医疗、采供等领域实现融资业务突破。统筹推进同业业务改革创新。与沪深交易所、上清所等重点金融要素市场机构开展战略合作、联动10大头部券商签署科创板合作备忘录，全面深化重点同业客户合作关系。在开创“银行+期货+保险”模式的基础上，为我行定点扶贫县定制精准扶贫产品，有力支持全行扶贫事业。作为四大行中唯一的票据经纪业务银行，成功办理全市场首单票据“贴现通”业务。活期便利、反洗钱系统等创新产品不断落地，风险管理、客户管理系统向政策性银行、中小金融机构不断输出。北京、上海、深圳、广东、四川、福建、江苏、河南、山东、山西、新疆、宁夏等分行，在同业业务重点领域、重点项目上勇于创新、精准施策，经营成效显著。

三是在链条拓户中发挥了源头作用。机构金融条线始终坚持将自身业务放在全行整体战略蓝图中进行摆布，通过充分发挥机构客户源头性作用，实现了由线上向线下、由G端到下游的有效延伸。推动场景获客。聚焦G－B－C辐射带动能力较强的财政、医疗、教育、退役等大场景，以金融科技创新产品为抓手，从G端源头突破，批量带动B端、C端客户拓展，有效覆盖公务人员、军人、就医人群等千万级的个人优质客户群体。推动渠道获客。在全国8省市建成了542家“社银一体化网点”，带动个人客户拓展。充分利用“码上赢”大力拓展第三方存管客户，力促第三方存管客户存量增量稳居同业第一。创新对公保险营销模式，拓展百万个人客户。探索“ETC＋保险”“ETC＋证券”联动营销模式，机构条线累计营销ETC车辆320万辆。推动大数据获客。研发投产“客户资金闭环管理系统”，搭建源头客户、重点领域资金流向分析框架，为抓链条、拓客户、攻市场提供了坚矛利器。

四是在经营管理中坚持了党建引领。机构金融条线始终坚持党建引领，抓好“不忘初心，牢记使命”主题教育，以高度的政治站位和踏实的工作作风，推动党建和业务发展融合互促。不断提升队伍精神面貌和业务管理水平，通过加强条线营销人员配置、举办首届客户营销技能大赛、创新构建立体式培训体系等措施，进一步优化了机构金融条线选人、用人、育人的平台和机制，一支人心齐、作风硬、本领强的机构金融营销“铁军”正在不断壮大！

此外，在业务发展中守住了风险底线。在同业刚性兑付打破和流动性分层的环境中守住了风险输入的关口，协助监管部门化解重点机构的金融风险，有力践行大行责任；业内首家实现限制性同业机构名单系统硬控，初步实现合作机构全覆盖，提升了风控水平。

过去的一年，全行机构金融条线有力贯彻落实了总行党委的“48字”工作思路，实现了业务高质量、全方位、可持续的发展。这是各部门、各条线倾力付出、全力支持的结果，是机构金融条线干部员工加倍努力、艰苦奋斗的结果。在此，我代表总行党委，向同志们表示衷心的感谢和诚挚的慰问！

二、2020年主要发展形势

2020年是全面建成小康社会和“十三五”规划的收官之年，也是我行完成三年规划的决胜之年。站在“两个一百年”奋斗目标的历史交汇点上，我国面临的环境仍然复杂严峻，主要体现为“两个增多”：从国际看，世界经济处于国际金融危机后的深度调整期，全球动荡源和风险点显著增多；从国内看，我国正处于转变发展方式、优化经济结构、转换增长动力的攻关期，经济下行压力加大，发展困难和风险增多。国际问题和国内矛盾相互交织，实体困难和金融风险叠加影响，给全行经营发展带来前所未有的压力。但要看到，我国经济稳中向好、长期向好的基本趋势没有改变，特别是党的十九届四中全会和中央经济工作会议确定了当前及今后一段时期国家社会改革的方向，为机构金融业务发展带来历史性发展机遇。机构金融业务要“因变而变”，在变化中找准服务国家改革的着力点，找准支持全行发展的落脚点，用创新发展的确定性去对冲发展环境的不确定性，进一步提升机构金融业务对全行的综合贡献与整体价值。

一是要把握“国家推进治理体系和治理能力现代化”的深刻内涵，做好业务发展模式的转变。党的十九届四中全会提出，要创新行政管理和服务方式，加快推进全国一体化政务服务平台建设；要深入推进简政放权、放管结合，优化服务，深化行政审批制度改革，改善营商环境，激发各类市场主体活力；要加快军民融合深度发展步伐，构建一体化国家战略体系和能力。这预示着，政府、军队等机构客户需求的范围和层次将明显提升，将向资产与负债业务并重、资金流转与信息流转并重、金融服务与非金融服务并重的方向发展，机构金融正迎来一个加速蜕变的新时代。机构金融业务要站在贯彻落实国家战略部署、助力国家治理改革的高度，转变业务发展模式。要抓服务，以全产品、全流程、差异化、专业化的金融服务为主线，全面及时满足客户各类需求，带给客户超过预期的体验。要抓创新，以金融科技为手段，将我行金融服务向非金融服务延伸，自然融合为政务服务、企业经营、人民生活、军队建设的一部分，为现代化国家治理贡献工行智慧。

二是要把握“重点领域改革落地深化、加快资金运用”改革机遇，做好负债管理重心的转变。受重点领域改革逐步落地的影响，机构客户资金使用效率提高、资金沉淀不断减少。2019年，全行乃至全市场机构存款时点增量较往年出现“断崖式”下滑，未来，这恐怕会经常发生。2020年，为保证“十三五”规划顺利收官，财政、社保、军队均瞄准“提质增效”主题进一步深化改革，因此源头资金向民生领域、向基层县乡倾斜的力度将进一步加大，机构存款向公司和个人客户流转的速度将进一步加快。审时度势，我们要转变负债工作的重心，要抓流量，既要抓好总部的“龙头客户”，也要攻坚中层、基层的“毛细血管”客户，保证日均存款实现稳定增长。要抓流向，既要聚焦主业抓好G端，也要跟踪收支全流程，助力公司、个人客户拓展，力争资金在我行体内循环，为全行的经营发展贡献更多的力量。

三是要把握“区域协调发展和乡村振兴战略落地”重大部署，做好区域经营布局的转变。中央经济工作会议强调，要推进京津冀协同发展、长三角一体化发展、粤港澳大湾区建设，打造世界级创新平台和增长极；要狠抓农业生产保障供给，加快农业供给侧结构性改革，带动农民增收和乡村振兴。区域协调发展战略和乡村振兴战略是党中央作出的重大战略部署，布局高远、意义重大。紧跟国家战略做好金融服务，是我行履行大行责任担当、下沉银行服务重心、提升支持实体经济能力的必然要求。董事长在全行工作会议中明确指出，要把服务好国家区域经济布局与提升自身区域竞争发展能力有机结合，谋划全行区域发展的新定位、新思路，打造高质量发展的充沛动力源。机构金融要发挥客户源头辐射作用和业务领军同业的优势，在区域发展和县域提升方面走在全行前列。要抓特色，要根据区域资源禀赋和管理实际，加大定向支持，助力区域内分行走出一条精准定位、特色发展的路子。要抓协同，在全行一盘棋的整体规划下，通过区域间和区域内的联动，做到优势互补、配合作战、梯次带动，实现经营布局全面优化，竞争优势全面扩大。

除了把握外部环境的变化，我们还要清醒认识自身的不足。目前，最突出的问题是“以客户为中心”的经营理念在体制机制上还未真正破题，客户部门的统筹牵头作用还没有系统化、制度化、常态化的机制保障，部门之间一定程度上还存在“联而不动”的问题。特别是在产品支持、科技开发、资源配置、部门考核等方面，还需要创新方式方法，推动“1＋N”一体化营销服务真正落地。

二、2020年重点工作

2020年机构金融业务的总体思路是：全面贯彻落实中央经济工作会议精神和总行党委关于新时期机构金融业务的总体要求，牢记“48字”工作思路，紧紧抓住客户这一中心，全面落实“比”的思想，在优势领域进一步巩固、扩大市场占比；时刻保持“争”的意识，在潜力领域敢为人先，大力开疆拓土；牢固树立“稳”的思维，进一步稳扎稳打、久久为功强化管理赋能。

围绕上述目标，2020年全行机构金融条线要重点做好以下几个方面的工作。

（一）巩固优势，激发传统领域新活力。要从全行经营发展大局出发，进一步深耕传统优势领域，让机构金融业务的优势更优、强势更强、胜势更盛，为全行全面打造“第一个人金融银行”等重点战略实施落地创造条件、赢得时间、腾出空间。

一是应势而变，打造“第一政务合作银行”。在国家财政持续加大“保民生”“保支付”力度的新常态下，作为国有大行，既要全力保障财政资金高效安全支付，也要在财政资金加速下沉的过程中发掘新机遇。要立足“综合化”，拓宽合作范围。紧跟各级政府部门提升治理能力的总要求，推动金融与科技深度融合，不断加快“智慧政务”工程落地进度，持续发掘新的合作领域与合作产品，全面拓展政务服务的内涵与外延。要立足“线上化”，提升服务品质。紧跟财政资金下沉趋势，完善“一个窗口、一点接入”的线上一站式服务体系，实现对各级政府部门，尤其是基层预算单位服务的“便捷、可及、持续”，全面提高客户满意度。要立足“链条化”，实现资金闭环。机构条线要发挥客户源头作用，充分利用“客户资金闭环管理”系统，加强数据运用与部门协同，带动公司和个人客户的精准营销，减少资金“跑冒滴漏”，促进更多的资金在行内体内循环。

二是紧跟改革，巩固“社保合作首选银行”领先优势。党的十九大以来，党和国家持续完善全民社保体系，改革新政频出，资金稳步增长，长期来看社保业务仍是带动机构存款增长的重要领域。今年要重点把握三项改革机遇。要成为“资金流转的核心”。党的十九大明确提出要实现养老保险基金全国统筹。在此趋势下，全国将形成跨区域、跨层级的养老资金流转网络，中央和省级统筹账户将是营销重点。前期，我行已成功营销中央调剂金专户，今年要全力以赴争取更多省级统筹账户和资金，特别是17个尚未实现省级统筹地区的分行要提前布局，全力以赴做好争揽准备工作。要成为“行业合作的标杆”。在全民参保计划稳步推进、参保人群不断覆盖、各类险种不断扩充的大趋势下，各行要重点关注即将启动的机关事业单位工伤保险制度改革，以各级人社和财政部门为营销重点，深度参与顶层设计，尽早制定服务方案，全力营销相关财政专户和支出户，进一步打牢改革合作的市场标杆地位。要成为“政务服务的载体”。在线上扩大功能覆盖，加快对接国家和各地社保服务平台，持续完善养老金代理发放、资格认证、税务征缴社保费等核心场景。在线下加快网点布局，推广“社银一体化网点”合作经验，推动“网点＋政务”方案落地实施，使我行网点承载更多政府公共服务职能，提升社会影响和经济效益。

三是守正出新，进一步发挥军队业务“主渠道”作用。要提高站位，不断强化基础服务能力、创新服务能力。要加强对重点客户账户资金服务。做好账户服务是军队业务“安身立命”的根本。各行要切实推进对重点军队客户的高层营销、牵头营销和系统营销，保持对资金单位和关键岗位人员的高标准服务。对于后保条线，要密切关注总部、军兵种、战区等重点单位的账户资金变化，全面把握资金划拨和流向规律，不断扩大我行在后勤条线的优势地位。对于装备条线，要加强对装备资金拨付规律的前瞻性研判，积极争揽军工企业装备经费专用账户，争取装备资金的体内循环。对于联保条线，要利用联保总部统一建设资金监管系统的契机，自上而下锁定资金流，同时各行要尽快与当地联保部队签署战略合作协议，协同配合提升市场份额。要全面提升各级军队单位和官兵服务质量。总行明确2020年作为

“军队服务质量提升年”，全行要秉承“军队服务无小事”的宗旨，以创新思维，千方百计提升为军队服务质量。总行要开展军队服务检查工作，以检查为契机，破解全行军队服务中长期存在的顽症痼疾。要研发投产“军队客户服务管理系统”，重新修订军队客户服务标准，建立客户满意度反馈考评机制，推动全行服务标准化、专业化，形成长效机制。同时，也要坚持内部流程，规范各类操作。

四是做深做细，夯实同业优质客户基础。我行的同业客户数量最多，覆盖率最高、合作面最广，但重点客户的差异化、定制化、精细化服务仍然不够。下一步，同业业务要从“广、大、全”向“精、深、准”进一步推进。必须以系统思维，从整体上把握好国家战略、监管要求、客户质量、业务需求和盈利空间等多要素之间的关系，对客户分层分类，明确方向，突出重点，有进有退。要积极营销金融要素市场机构，深度参与机构新设、制度变革和产品创新，助力金融要素市场机构做大做强。要与重点银行加强资本补充和技术输出的合作，特别是加强我行科技系统、金融市场交易平台、托管外包等优质产品的输出和整合，助力提升运营和风险管理能力。要与头部券商强化协同联动，深化第三方存管精准营销，创新开展捐资扶贫，启动科创板、创业板落地合作，积极响应券商补充资本、创新发展、国际化布局需求。对证券公司的重大投行类需求，要与投行部积极联动。要与五大保险集团加强全面战略合作，强化在服务共建“一带一路”、健康中国等国家战略上的协同效应，助力打赢精准脱贫攻坚战。要打造金融同业合作共同体，进一步探索发挥各行业的金融牌照优势，在机构组合模式、产品组合设计、合作协同流程等方面持续创新，发挥金融支持实体经济发展作用。

（二）全面出击，打造潜力领域增长新引擎。在巩固优势领域的同时，要摆脱惯性思维和历史包袱，开拓新兴市场、竞争他行优势领域，培育机构金融更优新动能，进一步拉开与主要竞争对手的差距。

一是抢占民生服务市场。要以创新云平台建设为抓手，在持续做好工会、宗教等场景建设推广的同时，重点抓好医保医疗、教培等几个万亿级业务场景建设机遇期，迅速抢占市场份额。拓展医保医疗全面合作。要聚焦核心账户。全力竞争中央和省级医保异地就医备付金账户，做好机关事业单位医疗保险改革账户营销准备。要搭建关键场景。在G端要主动融入各地区医保信息平台建设进程，在B端要创新打造智慧医疗开放平台，缓解民生痛点。先人一步占领教育培训市场。面对国家加速部署教育培训机构监管衍生出的潜力市场，我行前期已快速响应，业内首创“零投入”“无风险”“全监管”的“教培资金监管云平台”，做到了人无我有。各行要把握住宝贵的竞争时间差，以各级教委为营销发力点，带动各类学校、培训机构纳入监管体系，同时推动我行支付结算产品嵌入学校管理场景，拓展师生个人客群。

二是发力县域机构市场。推进县域市场竞争力提升是全行的重点工作。全行计划用3年左右时间，完成1 000余家网点调整，全面提升县域金融覆盖率、可得性和匹配度。调整县域网点布局是治标，治本则要全面拓展客户基础，其中最重要的就是要抓好县域G端客户，以此辐射带动市场全局。机构条线要率先响应总行党委决策，发挥好客户源头作用。在县域，重点营销“两院两校七局”（县人民医院和县中心医院，县中心小学和县中学，县财政局、人社局、医保局、农业农村局、住建局、公共资源交易中心、退役军人事务局），推动大银行服务重心下沉。在乡村，紧抓国家农村集体产权及土地制度改革的政策性窗口机遇，大力推广“农村集体三资管理平台”，批量拓展农村集体经济组织账户，争揽万亿级农村集体资金，并带动相关信贷和个人业务的拓展。

三是拓展军民融合领域。对于军队业务，要持续加大投入，多点发力，形成他行不可复制、不可追赶的优势。重点要针对军队保障社会化、市场化的发展趋势，积极推广代建工程、医疗卫生、军人生活保障等系统平台，针对目前已成功投产和试点的项目，要成熟一批、推广一批，尽快形成规模市场效应。要全面发挥融合项目对上下游军工企业、军人的辐射带动作用，打造全链条、一站式综合金融服务场景。

四是深耕同业业务市场。要围绕新兴业务和重点区域，拓展同业业务新阵地。新兴业务方面，要进一步关注资本市场、债券市场改革政策，做好配套服务。要进一步做大做强金融要素市场，在金融基础设施互联互通、中央对手方清算、指数设计运用、跨境担保品管理等方面走在同业前列。加速票据经纪业务拓展，加快票据经纪业务与供应链金融、金融资产池等场景对接，探索依托票据资产、经纪与自营相融合的小微民营企业服务新模式。重点区域方面，对重点分行在资金定价、创新业务、跨境外汇等方面给予先行先试政策；在跨区域重点资金项目，以及京津冀、长三角、粤港澳大湾区建设中，创新区域协同机制，升级联动水平；积极把握金融开放机遇，竞争进入中国市场的外资金融机构。

五是竞争他行优势领域。通过丰富金融科技手段、创新服务模式等举措，争夺他行在同业外汇、住建等业务领域的市场份额，拓展业务发展新阵地。要打造“境内同业外汇业务首选银行”。以可比同业为目标，制定分阶段追赶计划，在非银存款等优势领域进一步扩大领先地位，在银行存款和美元存款等短板环节加快追赶步伐。要着力提升住建类业务竞争能力。要联动公司条线加强企业客户公积金配套营销，探索存贷联动营销机制。要以帮助G端住建、房管等政府部门搭建系统作为突破口，满足政府部门的监管需求，防范挪用风险，带动各类开发企业、物业公司纳入监管体系，开辟我行B端、C端获客新渠道。

（三）久久为功，推动内部管理水平新提升。全行机构金融条线要贯彻新时代党的建设总要求，以高质量党建推动高质量发展。要对管理中存在的深层次问题找准症结，开好药方，保持定力，一步一步向前推进，不断释放改革经营的活力。

一是坚持党建引领，不断提升自身站位。要紧跟全国经济金融大势，着眼全行经营发展大局，把握机构金融新定位，提高自身站位，强化大局担当，抓好工作落地。要自觉把营销工作放到贯彻党中央、国务院决策部署和工商银行改革大局中去，围绕大局去思考、去定位、去摆布，努力打造大格局、大场景，对外密切客户关系，对内加强部门联动，对基层增强服务意识，切实发挥党组织战斗堡垒作用和党员的先锋模范作用，确保党中央、国务院决策部署和总行党委战略要求得到全面贯彻落实。

二是持续完善“1+N”体系建设。推动统筹联动落地。面对机构客户多元化需求，机构条线要负起责、牵好头，当好“一点接入，全集团响应，全流程服务”的第一责任人。产品和科技部门要在工作中主动瞄准客户部门，加强联动，共同为客户“把脉会诊”，发挥创新能力，提升关键产品的竞争能力。后台支持部门要针对跨专业重点服务团队的管理，研究激励手段，保障“1+N”营销服务团队协调高效、运转顺畅。推动资源支持落地。当前机构改革又到了一个新的重要机遇期，机会转瞬即逝。其他同业也正在不计成本地投入各种资源，想方设法抢占我行在财政、社保、军队和重点同业领域的客户资源，总行各部门和各分行要从算长期账和综合账的角度去看待机构业务，给予更多的资源倾斜，确保我行机构金融业务的绝对优势不动摇。推动人才保障落地。各级行要以成功举办机构金融客户营销技能大赛为契机，全面落实《机构金融客户经理管理办法》，逐级充实客户经理队伍，做好客户与客户经理的匹配，确保户户有人管、服务精准化。强化客户经理素质培养，落实培训制度，要建设一支懂负债、懂资产，会营销、会管理，敢打硬仗、能打胜仗的队伍。推动系统支撑落地。总行要不断加强机构客户营销管理系统的功能完善和应用推动，推进客户统一视图与客户贡献“两统一”工作，支持客户经理开展精准营销，促进管理专业化、规范化和精细化。

三是全面提升风险管理水平。要认真落实董事长关于进一步加强风险管理的要求，严把客户部门第一道防线，强化合规经营和风险防范，筑牢防范化解金融风险的屏障。高度关注操作风险问题。要在反洗钱、代理对公保险、代理资金支付、军队信息保密、消费者权益保护等领域，做好检查和自查，加强风险点梳理，完善业务流程，严防风险事件。加强员工管理。全行要进一步提升道德风险防范意识，在日常工作、专业培训中都要加强教育监督管理，确保纪律、规矩入脑入心。针对检查发现的漏洞及出现的风险问题，要加强通报整改，以案促思受警醒，以案促改筑防线。升级业务风险管理手段。要扎紧制度牢笼，提升系统硬控水平，升级客户风险视图，实施信息全视角整合、舆情广渠道获取，落实“全面”“全程”风控。把好客户准入退出关口，重点关注潜在风险较大的中小机构，要综合考量设置门槛。要逐步将子公司合作机构纳入集团统一名单准入退出和系统硬控。

同志们，2020年，全行机构金融条线要以更加昂扬向上的精神风貌、更加顽强奋进的工作作风、更具活力生机的发展思路，努力开创业务转型发展新局面，为建设世界一流现代金融企业作出更大贡献。

提高站位　强化担当
以金融力量助力打赢疫情防控的总体战阻击战

——在全行疫情防控重点保障企业信贷支持工作视频会上的讲话

廖　林

（2020年2月12日）

今天召开视频会议，主要任务是深入贯彻党中央、国务院关于疫情防控工作的决策部署，落实人民银行、财政部等国家部委的相关要求，总结前期疫情防控重点保障企业信贷支持相关情况，部署下一步重点工作。下面，我讲三点意见。

一、全行重点保障企业信贷支持工作取得阶段性成效

1月31日人民银行下发《关于发放专项再贷款 支持防控新型冠状病毒感染的肺炎疫情有关事项的通知》

（银发〔2020〕28号）、2月1日人民银行牵头五部委下发《关于进一步强化金融支持防控新型冠状病毒感染肺炎疫情的通知》（银发〔2020〕29号）后，陈董事长、谷行长均第一时间作出工作部署，我和官董秘连续三次召开专题工作会议，研究部署积极做好疫情防控重点保障企业信贷支持工作。总行成立了由公司部牵头，普惠部、资负部、授审部、信管部主要负责人组成的“1+4”专班，建立专门协调总行部门解决基层难题的工作机制，先后下发《关于做好当前信贷工作的通知》《关于调整抗击疫情特殊时期集体审议方式的通知》《关于积极做好疫情防控重点保障企业信贷支持工作的通知》《关于进一步做好疫情防控重点保障企业信贷支持工作的通知》等多项通知，推动全行主动对接名单内企业信贷需求，用好人民银行定向资金优惠政策，充分发挥大行担当和“绿色通道”作用，高效主动做好各项金融服务。各分行成立以分行一把手为组长，公司金融业务、普惠金融业务和授信审批业务主管行长为副组长，相关部门主要负责人为组员的疫情防控重点企业信贷支持工作专项小组，担当有为、靠前指挥；广大干部员工积极响应、快速行动，特别是湖北分行、武汉分行的干部员工不畏艰险，积极应对疫情防控的同时，主动对接服务客户，英勇奋战在抗疫一线。期间，全行涌现出一大批识大体讲奉献、舍小家顾大家的先进典型和事迹，表现出工商银行强大的凝聚力和战斗力，令人备受感动和鼓舞。

在全行上下的共同努力下，我行重点保障企业信贷支持工作取得阶段性成绩。人民银行公布的汇总统计数据显示，2月1日至9日我行新增有贷户69户，累计新增贷款31.47亿元，同业占比38%，实现了阶段性新增有贷户和新增贷款量同业领先。从分行看，截至2月10日，人民银行全国性名单532户重点企业共涉及我行38家分行。从开户情况看，青岛、大连、宁波、北京、浙江、上海、广州和陕西8家分行开户率超过85%。从有贷户看，湖北、陕西、浙江均超过10户，最高有贷率达64.71%（浙江）。从贷款投放看，25家分行已实现投放，其中北京、浙江、湖北、江苏、天津、河北6家分行投放均超1亿元。当前要关注重点支持企业的开户率、授信率、有贷率、市场率。

二、提高政治站位，积极做好重点保障企业的信贷支持

当前，全国疫情防控仍处于重要阶段。做好疫情防控工作，直接关系人民生命安全和身体健康，直接关系经济社会大局稳定，也事关我国对外开放。疫情阻击战是一场没有硝烟的人民战争，重要医用物资和生活必需品供应是做好疫情防控工作的重要保障。2月3日召开的中央政治局常委会会议指出，要保障医疗防护物资供应，确保蔬菜、肉蛋奶、粮食等居民生活必需品供应。2月5日，国务院常务会议要求切实做好疫情防控重点医疗物资和生活必需品保供工作，确定支持疫情防控和相关行业企业的财税金融政策。2月7日，财政部、发改委、工信部、人民银行和审计署五部委联合印发《关于打赢疫情防控阻击战 强化疫情防控重点保障企业信贷支持的紧急通知》（财金〔2020〕5号），就强化疫情防控重点保障企业信贷支持提出了细化措施。

2月10日，习近平总书记在北京调研指导疫情防控工作时强调，各级党委和政府要坚决贯彻党中央关于疫情防控各项决策部署，坚决贯彻坚定信心、同舟共济、科学防治、精准施策的总要求，再接再厉、英勇斗争，以更坚定的信心、更顽强的意志、更果断的措施，紧紧依靠人民群众，坚决把疫情扩散蔓延势头遏制住，坚决打赢疫情防控的人民战争、总体战、阻击战。

疫情就是命令，防控就是责任，责任重于泰山。工商银行是国有大行，要走在前、作表率，要有大行担当和责任，要主动做好疫情防控重点保障企业信贷支持工作。全行上下要进一步提高政治站位，切实把思想和行动统一到习近平总书记重要指示批示精神上来，增强“四个意识”，坚定“四个自信”，做到“两个维护”，认真贯彻党中央决策部署，牢记人民利益高于一切，进一步增强政治责任感、使命感和紧迫感，认真落实守土有责、守土担责、守土尽责，切实将疫情防控重点保障企业信贷支持工作抓实抓细抓落地，抓出工行特色。

三、下一步工作要求

前期，我行重点保障企业信贷支持工作取得了阶段性成效，但要看到疫情防控形势依然严峻复杂，人民银行的名单动态调整，同业同样积极主动。2月10日总行召开疫情防控领导小组会议，陈董事长指出做好疫情防控和金融服务是当前两项重要工作，并对信贷支持提出要求。稍后官董秘将对下一步工作进行具体部署，我强调几点要求。

一是加强组织领导，强化责任落实。各分行要加强组织领导，健全完善以分行一把手为组长，公司金融业务、普惠金融业务和授信审批业务主管行长为副组长、相关部门主要负责人为组员的疫情防控重点保障企业信贷支持工作专项小组，明确工作职责，比照总行成立由公司部牵头，普惠部、资负部、授审部、信管部主要负责人组成的“1+4”专班，坚持特事特办、急事急办，明确服务机制、层层压实责任，推动辖内名单内企业“上户上量”，确保新增有贷户和新增贷款量同业或四行双第一。各行要关注开户率、授信率、有贷率、市场率，总行将加大通报力度。对重点保障企业的服务支持要及时对接、沟通需求、快速开户、迅速授信、加快投放、协同推进，让企业尽快复工复产，支持疫情防控工作。

二是突出工行特色，做好助企服务。陈董事长提出，要发挥工行传统优势，探索建立助企客户经理制度，为企业提供贴身服务。总行即将下发《关于建立中国工商银行疫情防控重点保障企业助企客户经理工作机制的通知》，各行要按照“每户到人、户户落实”原则，建立疫情防控重点保障企业助企客户经理工作机制，尽快选派业务骨干为疫情防控重点保障企业提供助企服务，实现“主动对接、专属服务、快速响应、立刻行动”。要主动收集客户信息，提供专属金融服务方案、帮助企业对接政府部门，高效做好疫情防控重点保障企业各项金融服务工作。

三是发挥绿色通道，高效审查审批。总行授审部建立了“绿色通道”和应急机制，明确分行审定名单内客户特事特办制度；将现场审议调整为非现场审议，集中表决调整为分散表决，批量集中审议调整为随报随议。近日，总行还要将“绿色通道”适用范围扩大到疫情防控重要生活必需品等财金〔2020〕5号文件明确的企业范围。授审部门要按照特事特办、急事急办原则，充分发挥“绿色通道”作用，高效审查审批。对受疫情影响较大的零售、住宿、餐饮、旅游等8大行业企业，不得盲目抽贷、断贷、压贷，对发展前景较好但暂时困难的企业，可通过展期、续贷、再融资等做好接续安排。

四是主动对接服务，加大普惠支持。普惠业务要与工行地位相匹配，也要强化“比”的意识，不甘落后，奋勇争先。各行普惠部要动员和组织普惠条线，主动会同各级公司部门，全力做好此项工作。按照“上户限价”的要求，主动作为，扎实做好重点保障小微企业的主动对接、需求跟进、贷款发放。要完善挂牌督导机制，逐户定岗定责、逐户摸透情况、逐户制订方案、逐户跟踪落实。要将重点保障小微企业金融服务工作与普惠金融旺季营销、“百行进万企”等活动紧密结合，统筹推进。要用好总行支持此类企业的各项专属信贷政策，用好经营快贷等线上信用产品和“抗疫贷”等特色场景创新方案，严格落实利率优惠政策，加强产品和服务创新，高质、高效地满足小微企业融资需求。

五是特别强调两点：其一是守住合规和风险底线。要坚持合理授信、自主决策、自担风险；坚持用途真实、专款专用、风险可控原则；严禁弄虚作假；严防不法分子借抗击疫情之名套取、骗取融资；严防各个环节中假公济私。内控审计等条线要跟进业务开展，确保合规运行。其二是关爱员工。要在做好重点保障企业信贷支持工作的同时，把关心关爱员工工作落到实处，采取多种有效方式，做好员工安全防护，让干部员工充分感受到党组织的关怀和温暖。众志成城彰显山河志，万众一心凝聚家国情。我们坚信没有一个冬天不会过去，没有一个春天不会到来。工商银行是国有大行，重任在肩、使命在前。让我们提高站位、强化担当、众志成城、万众一心，积极做好疫情防控重点保障企业信贷支持工作，以金融力量助力打赢疫情防控的人民战争、总体战、阻击战！

普惠金融要实现高质量发展

——在全行普惠金融业务重点工作推进视频会议上的讲话

廖　林

（2020年3月13日）

总行召开推进会，就是要总结前一阶段工作情况，分析当前面临的形势，统一思想，明确目标，全力做好支持企业复工复产、促进经济社会发展的金融服务，确保各项经营目标保质保量完成。下面，我讲三方面意见。

一、疫情发生以来的主要工作

疫情就是命令，做好服务就是责任。疫情发生以来，全行普惠金融条线认真落实总行党委的决策部署，强化责任意识、完善工作机制，迅速行动、积极作为，全力做好对疫情防控和小微企业复工复产的金融支持，取得了较好的阶段性成效。

一是快速响应，全面推动。疫情发生后，总行立即成立疫情防控保障支持团队，及时传达党中央、国务院和总行党委的决策安排，要求高效做好各项普惠金融服务，全力支持疫情防控和小微企业复工复产。总分行按照特事特办、急事急办的原则，出台多项组合措施，支持普惠金融业务营销、审批和投放。截至3月12日，累计为2 421户防疫相关小微企业发放贷款42.39亿元，贷款利率4.06%，较同期普惠贷款平均利率

(4.45%）低39个基点。推出“抗疫贷”“医保贷”“开工贷”等信用类贷款产品，精准支持防疫抗疫和开工复工需求。及时优化续贷、年审制等政策，为1.5万户普惠型小微企业办理续贷152.36亿元，为网络循环贷款批量延期1 900余户、85亿元。

二是聚焦重点区域，加大对湖北地区的帮扶力度。在湖北分行建立“专门的审批绿色通道、专门的产品供给、专门的资金规模配置、专门的续贷安排、专门的利率优惠、专门的业务咨询电话”六专措施，保证贷款随到随审随批、规模应保尽保、利率进一步优惠。提前对到期贷款进行摸底排查，根据实际情况，“一户一策”安排贷款到期对接预案，实施更为宽松的宽限期政策。

三是聚焦重点企业，做好人行名单内小微企业融资支持。总分行多级联动，逐户定岗定责，开展地毯式营销调查，迅速制定服务方案，并将企业信用贷款额度调增至1 000万元。截至3月12日，人行全国性名单内小微企业①共计1 136户，在我行开户客户从475户增加到875户，覆盖率从41.8%增加至77%；有授信客户从77户增加到591户，覆盖率从6.8%增加至52%，授信余额合计30.52亿元；有贷户从77户增加到423户，覆盖率从6.8%增加至37.2%，贷款余额20.55亿元，现存和新增有贷户数均位列同业第二。

四是加强宣传，传递工行温度。在金融抗疫行动中，我行作为首家银行业机构接受了央视采访，通过媒体向社会公开承诺“不抽贷、不断贷、不压贷”，对受疫情影响较大的小微企业进行重点帮扶、共渡难关。国家政务服务平台连续登载我行全面支持企业复工复产、多措并举支持小微企业渡难关等工作，人民日报、新浪财经等主流媒体也进行了大量报道。“众志成城，同舟共济”的大行担当形象更加深入人心。

各分行将普惠金融工作与防疫抗疫紧密结合，积极做好小微企业金融服务。青海和海南分行完成了旺季营销序时任务目标。贵州、陕西、江苏、安徽、辽宁、湖南、浙江等分行人行重点防疫企业名单内小微企业贷款累放覆盖率较高。大连分行第一时间推出特色场景产品“战疫贷”，获得市政府高度认可。上海分行8小时为小微企业完成从开户到放款，刷新“工行速度”。身处疫情最严峻地区的湖北分行克服封城封路困难，加强业务对接，仅用两天时间即完成对参与“火神山”医院紧急建设施工企业的贷款发放。

二、目前的形势和机遇

这次疫情，对全国上下是一次大考。具体到普惠金融工作看，各地交通管制、延迟复工和人口流动限制，对小微企业生产经营造成极大冲击，银行日常工作也面临很多现实困难。但也正是在这复杂的形势下，社会各界对普惠金融的期望更加急切，不仅是支持打好疫情防控战，还要切实促进经济社会稳定和发展。这些都需要我们以更强的统筹能力和专业水平去应对。

（一）普惠金融工作重要性进一步提高。小微客户受疫情影响较大，也是党中央、国务院重点关心的对象。习近平总书记在统筹推进新冠肺炎疫情防控和经济社会发展工作部署会议上指出：“经济社会是一个动态循环系统，不能长时间停摆。”并且就金融支持小微企业进行了再强调。2月25日李克强总理主持召开国务院常务会议，要求“国有大型银行上半年普惠型小微企业贷款余额同比增速力争不低于30%”，较去年年底提出的“全年普惠贷款增速不低于20%”要求更进一步。监管部门也将对普惠贷款增长、融资成本控制以及首贷户、信用贷款、中长期贷款、制造业贷款、续贷业务等多项结构性指标进行考核。

工商银行为国有大行，服务涉及千行百业、千家万户，做好普惠金融服务的责任尤为重大。但从我行目前情况看，距国务院和监管部门的要求还有较大差距。特别是主要受疫情影响，我行普惠贷款业务开年以来的增长势头明显弱于去年同期。截至2月末，全行银保监普惠口径贷款较年初增长37亿元（2019年同期为191亿元），为实现上半年同比增速力争不低于30%的要求，接下来的4个月还有近1 000亿元的缺口，发展压力显而易见。

（二）同业竞争形势愈发严峻。在普惠金融整体推动工作方面，可比同业在疫情期间维持了高水平、超常规的力度。农行凭借2019年下半年推出的“微捷贷”“抵押e贷”等线上产品，今年前两个月银保监普惠口径贷款增长547亿元，发展势头强劲。中行稳扎稳打，依托信贷工厂的线下经营模式，在前两月即实现银保监普惠口径贷款增长205亿元，目前也已投产线上普惠产品，市场潜力很大。建行因去年年底冲高因素导致1月份余额回落较多，但2月已实现快速反弹，疫情期间推出的“云义贷”抗疫专属产品和“个体工商户抵押快贷”展现出很强竞争力，预计建行普惠贷款余额将继续保持快速增长，上半年将重新夺回增量同业第一。

各行还通过实施更加优惠的利率政策，在满足降价要求的同时配合抢占市场资源。建行对抵押类的小微快贷执行最低3.85%的贷款利率，对信用类的小微快贷执行最低4.50%的贷款利率；农行对抵押类的抵押e贷执行最低4%的贷款利率；中行对分行的利率审批授权低至3.85%。这些都对我行形成有力竞争。

在服务重点防疫企业方面，我行自2月初开始对人行全国性名单企业的新发放贷款金额和户数连续20多

① 基于2月26日人民银行全国性名单范围。

天位于同业第一，但24日人民银行重点防疫名单企业扩容后，同业竞争形势愈发激烈。自2月底开始，我行新发放金额先后被国开行、农发行赶超，新发放户数被中行赶超。农业银行近期增量拓户也较快，追赶势头非常迅猛。

（三）普惠金融业务充满生机。越是困难的时候，越要用全面、辩证的眼光看待问题，越要增强信心、坚定信心。我们要正确对待疫情给普惠金融业务发展带来的暂时影响，认识到新的挑战孕育着新的机遇，变压力为动力、化危为机。

第一，随着疫情形势的进一步缓解，企业经营状况和金融环境将逐步好转。从目前情况看，全行普惠贷款自2月10日以来降幅逐步趋缓，说明伴随着全国各地逐渐复工复产，因疫情造成的员工短缺、物流运输限制得到逐步缓解，总、分行的各项业务发展措施也正在逐步发挥作用。

第二，资产质量劣变压力能够得到有效应对。目前我行已出台多项延期还本付息政策，缓释小微客户逾期风险，因此近期普惠贷款不良率有望保持平稳。未来如果能够继续保持对贷款风险的密切跟踪和积极应对，很有希望以"时间换空间"的方式逐步消化疫情带来的不利影响。

第三，此次疫情催生了新的业务机会，传递了新的发展理念。一是医疗物资、设备、疫苗、药物的生产和销售企业信贷需求较疫前明显增大，且预计将保持较快增长。二是餐饮、酒店、商超、旅游等近场消费行业需求延后，后期有望较快恢复，企业信贷需求将随之增加。三是各地烟草局、龙头企业、市场和园区管委会等也积极支持旗下小微企业复工复产，为我行切入场景、加强合作提供了契机。四是疫情促进了线上服务业态的发展，线上融资远程、高效的业务模式得到了市场和客户的初步认可，进一步打开了成长空间。总行已推出相关新产品，并对现有流程、系统功能进行了优化，为各行抢抓机遇提供有力抓手。

三、下一步工作要求

（一）深刻认识普惠金融业务在新金融中的重要意义。习近平总书记在统筹推进新冠肺炎疫情防控和经济社会发展工作部署会议上指出："在确保疫情防控到位的前提下，推动非疫情防控重点地区企事业单位复工复产，恢复生产生活秩序，关系到为疫情防控提供有力物质保障，关系到民生保障和社会稳定，关系到实现全年经济社会发展目标任务，关系到全面建成小康社会和完成'十三五'规划，关系到我国对外开放和世界经济稳定。"普惠金融业务服务的小微企业和个体工商户受新冠肺炎疫情的影响较大，对优质金融服务的需求也较高。在当前疫情防控和推动经济社会发展的关键阶段，全行普惠金融业务发展得好不好，对小微客户的支持力度强不强，一方面是对工商银行的政治站位和大行担当的最好检验；另一方面，普惠金融业务对于助力全行经营转型，夯实客户基础，特别是发展个人中高端客户具有十分重要的意义，疫情期间也是密切银企关系、夯实发展根基的关键时期。全行普惠金融业务条线要深入学习贯彻习近平总书记在统筹推进新冠肺炎疫情防控和经济社会发展工作部署会议、中央政治局常委会会议上的重要讲话精神，深刻认识发展普惠金融在当前阶段的重要意义，一定要把普惠金融业务发展好。

（二）强化目标导向，确保实现贷款序时进度。全行要认真贯彻国常会确定的"上半年普惠金融重点领域小微企业贷款余额同比增速不低于30%"要求，把贷款投放工作做实，严格落实进度安排，在半年末确保完成全年任务的70%。全行还要按照国务院和监管部门要求，发力结构性监管指标，提升首贷户、续贷、信用贷款、中长期贷款和制造业贷款占比。同时要毫不放松对涉农扶贫业务的推动力度，完成金融精准扶贫贷款增加75亿元、普惠型涉农贷款增加130亿元的全年任务。

（三）增强"比"的意识，积极主动开展工作。各行要积极主动开展工作，强化"比"的意识，主动对标先进同业，把是否实现同业争先进位作为衡量当前工作是不是尽职、是不是努力的重要标准，加强与个金、公司和票据等部门的联动，发挥部门合力，尽快弥补前两个月的发展损失。中低风险地区所在地分行要合理加大工作力度，及时跟进当地政府复工复产安排，做好对接服务；高风险地区分行要在保障安全的同时创新工作方法，运用远程、非接触手段积极开展客户联络和营销，储备和投放线上线下业务，并为疫情缓解后复工复产金融服务做好切实准备。

（四）发挥线上融资支撑作用，推动业务上量新模式。各行要围绕经营快贷、网贷通、数字供应链三大产品线，加快线上普惠贷款投放。

一是用好先锋产品，抢抓"疫中""疫后"市场机遇。总行针对小微企业防疫抗疫及复工复产资金需求，创新"抗疫贷""开工贷"等专属产品，并主动对接平台及龙头企业，开发特色场景融资产品。各分行要以此为抓手，加大线上普惠贷款投放，力争上半年"抗疫贷""医保贷"增长30亿元，平台及龙头企业特色场景融资产品力争增长10亿元，"开工贷""用工贷"增长10亿元。

二是发挥主力产品支撑作用，推动业务上量。发挥网贷通（含e抵快贷）和税务贷产品竞争优势，形成业务增长重点支撑，力争上半年增长1 000亿元。其中网贷通方面，总行将采取端口引流、下调利率、开放更多优质城市和小区、提高重点城市贷款额度等多种措施，拓展新市场，力争2020年上半年增长850亿元。税务贷方面，总行将建立业务跟踪和督导机制，力争上半年增长 150 亿元。

三是布局“潜力产品”，推进场景储备与融合。推进数字供应链融资重点区域和重点领域布局，多部门协同储备优质核心客户资源，力争上半年增长 350 亿元（其中银保监普惠口径增长 100 亿元）。激发分行活力，大力拓展经营快贷分行特色融资场景。

（五）适应监管形势，努力提升结构性监管指标。为按照监管要求提升首贷户、续贷、信用贷款、中长期贷款和制造业贷款的占比，需要有针对性利用好相关产品和政策。对于首贷户指标，要加快推动法人经营快贷、法人 e 抵快贷、数字供应链融资等重点业务发展，同时加强行外场景合作和客户引流，扩大授信覆盖面。对于续贷指标，要用好总行近期出台的政策，在把控风险的前提下，主动筛选暂时受疫情影响还款困难的优质小微客户，提供续贷和展期服务，在支持小微渡过疫情难关的同时，稳定贷款存量。对于信用贷款指标，要加快经营快贷银税互动融资场景、外部机构和分行重点信用类融资场景建设，加大“跨境贷”“华为云闪贷”营销推动力度，推动数字供应链产品发展。对于中长期贷款指标，线上加快拓展商用车购置、生产设备购置、商业用房租赁、商业用房装修等中长期融资场景，线下加大“购建贷”等产品投放，同时依托“年审制”贷款推动中期流动资金贷款发展。对于制造业贷款指标，加大信用贷款、网贷通、票据质押融资支持力度，依托信用凭据（工银 e 信）、e 链快贷等产品实现产业链批量拓户。对于单户授信 1 000 万～3 000 万元的普惠贷款指标，要重视小微客户的接续培养，综合运用多种产品，满足成长性小微企业的融资需求，统筹做好均衡发展。

（六）全力做好小微企业延期还本付息和融资成本下降工作。在延期还本付息方面，各行要结合总行政策调整，在坚持服务客户与风险防控并重的基础上，积极作为、主动落实处理方案；同时严控风险，不随意扩大政策适用范围或突破制度办法，更不得弄虚作假，借机掩饰存量业务风险。在融资成本下降方面，各行要按照《关于做好疫情防控期间普惠金融服务工作的通知》《关于全力支持小微企业有序复工复产的通知》要求，分类施策、分类管理，合理有序地降低小微企业的综合融资成本，减轻企业经营负担。

（七）严把风险及合规关口，夯实质量基础。

一方面要做好前瞻分析与跟踪监测，及时化解风险。近期，总行按照监管要求，对小微客户贷款接续作出一系列安排，极大缓解了小微客户资金压力。但是，我们必须认识到，如果下半年特殊政策到期，分行将面临较大的管理压力。大家丝毫不能松懈，一定要结合疫情进展做好前瞻分析，综合运用各项手段防止贷款劣变。对已给予续贷、展期客户，要持续跟踪、锁定到户、落实责任，抢抓风险化解的主动权。对于防疫贷款，要严格筛选发放对象，对信用记录较差客户要审慎决策；要加强贷款用途监控检查，落实专款专用要求。

另一方面要持续加强合规管理。今年合规工作仍是监管机构关注的重点。对于前期内外部检查、特别是去年 12 月银保监会小微企业融资收费排查发现的问题，各行要高度重视、尽快整改，及时调整完善相关制度和流程。同时，通过培训、监督检查，把监管机构和总行的各项政策制度传导落实到位，不断提高全行合规管理水平。

（八）加强激励传导，做好支持保障。为保障全行普惠金融业务的顺利开展，今年总行将继续保持考核激励力度不下降。一是继续实行分行行长责任制。二是保持经营绩效考核权重不变，并继续实施考核降档。三是全面保障信贷规模，在继续设立普惠贷款专项信贷规模的同时，保证每月 20 亿元的影子规模。四是调整优化二档降准收益全额预激励，以 FTP 激励和考核利润调整的方式，将预计产生的 42 亿元收益全额奖励给分行。五是继续设置 2.5 亿元的普惠金融业务专项激励工资费用。六是继续实施普惠贷款内部资金转移价格优惠和经济资本计量优惠政策。各分行要参照总行标准，确保各项激励政策落到实处。特别需要明确的是，为推动全行实现上半年普惠贷款余额同比增速不低于 30% 的目标，总行将按照序时进度目标进行各项考核，兑现各项激励措施，并实施考核降档和考核利润扣减。

在当前的内外部环境下，达到上半年监管目标的任务非常艰巨，希望大家从全行大局出发，发挥主观能动性，不等、不靠，认真落实各项工作要求，在短期内实现进展、取得突破，确保完成总行下达的任务。

坚守安全防线　夯实管理责任
为全行疫情防控和转型发展提供坚实保障

——在全行安全保卫工作专题视频会议上的讲话

廖　林

（2020年4月1日）

刚才总行安全保卫部通报了前期全行疫情防控安全保障工作开展情况，分析了疫情期间发生的四起外部侵害事件和一起建筑火灾情况。相关分析和工作提示，我完全赞同。

这次视频会议的主要任务是，深入贯彻党中央、国务院关于统筹推进疫情防控和经济社会发展工作的决策部署，落实总行党委关于疫情防控和经营发展的工作要求，总结前期安保工作情况，安排部署下一阶段重点工作。讲三点意见。

一、疫情防控期间安全保卫工作扎实富有成效

新冠肺炎疫情发生以来，全行认真贯彻习近平总书记重要讲话和指示批示精神，落实党中央、国务院决策部署，在总行党委统筹指挥和安排部署下，既抓防控、又保服务，全力投入打赢疫情防控总体战阻击战。在这期间，全行安保条线的干部员工坚守岗位、忠实履职，为各级机构有效抗击疫情、保持安全运营、做好金融服务，提供了专业保障，发挥了重要作用。

一是冲锋在前。除夕至今，全行安保条线特别是总行安保部每日领导带班，靠前指挥，及时了解情况，部署工作，提示风险。各级安保部门迅速行动，协调各方力量，加强进出管控，落实重点防护，保障业务运营。一季度全行经营指标完成良好，安保条线作出了应有贡献。二是忠于职守。湖北分行、武汉分行的同志们不畏艰险，甘于奉献。省行行长、分管行领导和安保部负责人坚守武汉，与大家共抗疫情。全辖安保干部和保安人员，坚守报警监控联网平台，保证7×24小时不停机、不间断，协同保安押运公司上门收款1 356点次，为自助设备加钞4.69亿元，维持了1 200余家自助银行正常运营。这种不计安危、勇于奉献的精神，令人敬佩和感动。三是高效出击。除了刚才通报的5起事件外，还有许多分行也成功处置了不同类型突发事件，展现出良好的斗争精神和斗争本领。比如贵州六盘水凉都宫支行制止扰乱营业秩序事件；海南三亚分行及时发现并配合抓获偷窃取款客户钱财的人员；广东茂名分行协助警方快速止付“疫情口罩”诈骗涉案资金；深圳百合支行帮助客户识破跨境购买防疫物资骗局；云南西双版纳分行协助抓获涉嫌跨境赌博的异常取现人员等。四是群防群控。总行安保部密切关注国家应急管理部动态，及时转发工作要求和安全警示，指导全行迅速落实，加强防范。各级机构迅速行动，多措并举，强化落实防疫和安保措施，确保安全。随着疫情缓解，各地积极开展大排查、大整治，为恢复经营办公提供安全环境。五是精准支持。总行安保部协同公司、投行等部门为防疫企业免费开通融安e信，支持企业提升风险防控能力；应用融安e信对全国医疗防疫用品生产企业等进行风险筛查，发送相关部门参阅，积极助力防疫金融服务，有效发挥专业作用。

在这场抗击疫情战役中，全行安保战线的同志们在总行党委和各级机构党委的坚强有力领导下，勇于担当，主动作为，是一支特别有素养、特别能吃苦、特别能战斗的队伍。

二、为统筹推进疫情防控和经营发展提供安全环境

总行党委认真学习贯彻习近平总书记关于统筹推进疫情防控和经济社会发展工作重要讲话精神，要求全行在继续抓紧抓实抓细疫情防控工作的同时，扎实推动转型发展工作，确保完成全年目标任务。全行安保条线要认真落实总行党委要求，坚决抓好疫情防控和维护安全稳定各项措施落实，为打赢疫情防控总体战阻击战、保持经营发展平稳态势创造安全环境。

第一，要提高政治站位，坚持做到守土有责、守土负责、守土尽责。按照党中央、国务院决策部署，总行党委坚持疫情防控和金融支持两手抓、两不误、两促进。陈四清书记多次主持召开党委会议和专题会议，强调工商银行作为国有大行，要在非常时期担起非常之责，在关键时候发挥关键之力，努力为全国疫情防控工作和经济金融稳定大局作出更大贡献。谷澍行长强调要抓实抓细疫情防控、复工复产等关键阶段的安全生产工作，切实做到不麻痹、不松劲，确保安全。杨国中监事

长多次组织研究总行本部、在京机构和境外机构疫情防控工作。各级机构要认真落实总行党委要求，清醒认识当前疫情防控形势的复杂性和严峻性，坚决克服麻痹松懈思想和厌战情绪，强化底线思维，增强责任意识，狠抓各项防控措施落实。各级安保部门要紧密协同相关部门，协调监督物业、保安等单位，做好营业办公场所出入管控和防疫监测工作，严防疫情输入。湖北分行、武汉分行要按照当地政府安排部署，保持防疫力度不放松，做好员工关爱工作，安全平稳有序恢复经营。总行本部和各在京机构要严格落实首都疫情防控要求，看好自家门，管住自己人，确保一方平安。

第二，要强化底线意识，消除事故隐患，维护安全运营。必须看到，在当前国内疫情防控形势持续向好和生产生活秩序加快恢复的同时，有多地发生重大火灾、爆炸及坍塌事故，安全生产形势严峻复杂。在总行安全生产委员会会议上，谷澍行长强调要坚持安全就是底板，隐患就是事故，逐级压实安全生产责任，加强隐患排查，落实源头管控，切实做到守土有责、守土负责、守土尽责。按照海恩法则，只有从 1 000 起事故的隐患抓起，再把 300 次未遂的事故和 29 次轻微的事故都提前排除，最终才能确保不出现一起严重事故。各级机构要深刻汲取相关事故教训，清醒看到在疫情影响下安全监督检查受到限制，可能出现安全隐患积累、安全意识缺位、安全基础松动等问题，进一步增强责任感紧迫感，全面细致抓紧抓实安全生产，坚决守住安全红线底线。总行近期已印发安全生产工作实施方案，各行要迅速抓好落实，总行安保部要协同安全生产委员会成员部门跟进掌握各行情况，在条件允许情况下组织抽查。

三、全面提升管理能力，扎实推进各项工作有序开展

今年全行安全生产和安全保卫工作，总行已经印发文件，各级机构要认真分解细化，逐项抓好落实。在这里，我主要就强化履职担当，提升治理能力，增强工作的适应性，打造共建共治新格局，开创工作新局面，提五点要求。

（一）牢记职责使命，提升履职担责能力。要坚持以保护人员生命安全、国家财产安全和全行运营安全为使命，抓好安保工作五大职责落实。

一是抓实外部案件防控。要发挥外部案件牵头管理职能，按照案件归口统计规则和“属人、属实、关联”原则，压实案防责任，增强各级机构主动预防和自我化解处置能力。当前随着国内疫情防控形势持续向好，人流、物流和资金流开始恢复，要防范抢劫、盗窃等外部侵害风险，加强人防物防技防，筑牢安全屏障。要警惕企业资金链出现断裂、个人还款能力下降等风险，加强案件风险排查，防范贷款诈骗、票据欺诈、伪卡盗刷等风险。要积极协助有权机关打击电信网络诈骗，维护客户权益，履行社会责任。要严格案件查处，坚持查清案情、查清漏洞、查清责任，监督整改问责。要按照监管案件管理要求，严格落实报告制度，做到内外有别，加强沟通协调，严控案件风险和声誉风险。

二是抓实安全生产责任。要发挥安全生产监督管理牵头职责，抓好安全生产法规政策传导培训、工作计划和制度标准制定、联合监督检查和事故调查处理等综合性工作。要协同联动安全生产委员会成员部门落实条线管理责任，强化源头管控，严防责任事故。要加强消防安全管理，重点抓好高层建筑、科技中心、现金中心及各类人员密集场所的消防工作，保证消防车道和疏散通道畅通，消防控制室值班和应急力量落实到位。

三是抓实治安保卫职责。要切实履行单位内部治安保卫工作职责，保证内部保卫制度、措施和安全防范设施落实到位，安全隐患得到及时排查，重要部位得到重点保护，重要时期和重大活动安全保障得到有效落实，严防不法分子利用办公营业场所作案。要加强守护、押运、保安等安保外包业务管理，强化过程控制，避免以包代管，严防一包了之。

四是抓实维护稳定工作。要加强与办公室、人力资源、法律事务等部门的沟通协作，健全工作机制，完善现场处置预案，用好物业保安力量，协调好外部资源支持，妥善处置和化解群体性事件风险。

五是抓实突发事件的应急处置工作。要强化大局意识，着力提高安全风险防控能力、应急救援能力、科技支撑能力和人才保障能力。既要抓好安保负责领域突发事件应急处置工作，也要协同做好其他突发事件应急处置，做到战必用我、用我必胜。

（二）加强机制建设，提升共建共治能力。要深入学习贯彻党的十九届四中全会精神，加快补短板，强弱项，完善治理体系，提升治理能力。

一要强化基础建设。关键要强化“比”的意识。工商银行是国有大行，要有大行风范，在安全保卫领域树立起国内银行业的标杆。近年来，我行安全保卫工作创新发展成效突出，得到监管肯定和行业公认。但基层基础建设也存在短板。比如，在银行业金融机构安全评估中，我行成绩与大行地位不匹配。有的行把这个问题归结于同业有后发优势，安防设施比较新，但两轮评估、4 年时间，问题都没有解决，还是在四大行中排名最后，显然不是设施原因，而是“比”的意识不够强。对此，各行要高度重视，正视现状，看到差距，坚持问题导向、目标导向、结果导向，尽快摸清底数，组织整改，迎头赶上。总行安保部要建立问题清单、整改台账，对落后单位进行重点督导。

二要强化制度建设。关键是用严密的制度控制让人“不能”，用严肃的监督执行让人“不敢”，用严格的教育引导让人“不想”。去年发生的某网点运营主管骗取客户资金案，一个失控环节就是没有落实营业终了双人

在场、一人负责布防、另一人负责锁门，最后再双人离开的制度。这个教训十分深刻，说明再好的制度，再完美的流程，关键在于人的执行，必须狠抓制度执行问题。按照全行“制度治理年”要求，各级机构要认真梳理完善安保制度规程，抓好安保领域内控手册落地应用，逐级加大监督检查力度，特别是非现场检查和突击检查力度，扎牢制度防火墙。

三要强化平安共建。要树立“大安保”理念，善于弹钢琴，调动多方力量参与安保工作。要落实责任制，织密责任网，使抓安全、保平安成为全员之责，形成共建机制。要搭好管理平台，完善制度规范，拓宽参与渠道，引进外部资源，形成共治局面。要倡导安全，宣传安全，加强正面激励和反面警示，让人人共担安全责任、共享安全成果，形成共建共治共享新格局。

（三）加强科技应用，提升现代安保适应能力。要按照党的十九届四中全会关于健全具有高度适应性、竞争力、普惠性的现代金融体系要求，主动应用大数据、人工智能、物联网、云计算等新技术拥抱现代安保，提升安保管理智能化水平。

一要突出智能安防，推进报警监控平台功能升级。要按照“覆盖全、看得清、接警准、处置快”原则，继续指导境外机构报警监控平台建设，建立健全集团应急指挥网络。要组织做好平台智能运维系统投产，加强前端安防系统运行监测，确保稳定运行。要加快推动报警监控平台移动端应用，推进平台数据分析模型优化、监控图像智能分析等技术研究应用，提升平台应用智能化水平。要加强安防系统物联网信息安全建设，查堵设备弱密码、数据通信异常等安全漏洞，提升安防系统信息安全防护能力。

二要突出数据赋能，深化融安 e 信效能发挥。要持续深化与国家有关部门的风险信息共享合作，巩固数据资源优势。积极协调业务端、研发端、营销端等各方资源，做好整体规划，优化运营模式，推进业务发展。要持续助力疫情防控，抓好风险企业筛查。要融入集团全面风险管理体系，积极拓展集团内部应用场景，支持信贷、银行卡、普惠、运管、财会等系统对接应用，提高数据深度挖掘能力，更好发挥风险预警拦截作用。要突出对外赋能，助力国家诚信体系建设，支持普惠金融，履行社会责任，展现大行风范。行内各专业乃至境内外各机构要有效利用融安 e 信的“雷达”功能摸清客户的身世；运用“帕累托最优”原则打破专业壁垒，整合行内风险管理资源，实现融安 e 信产品赋能效率的最大化。

三要立足互通共享，推动三大平台融合应用。在推动信息互通共享方面，对外安保专业要带头做好信息共享，服务全行经营发展大局。对内要以报警监控平台、安保信息管理系统和融安 e 信为基础，梳理底层数据，制定规则标准，推进数据有序共享和互联互通，为提高技术应用与管理能力提供基础数据库支撑。要以服务决策、提升效能为导向，做好整体规划，抓好架构设计，步步为营，有序推进。要扎根实际需求，有效应用新技术，提高智能化水平，搭建智慧安保综合管理平台，为安保工作创新发展提供科技引擎。

（四）完善应急管理，提升突发事件的处置能力。这次抗击疫情是一场检验应急机制和应急能力的大考，既要认真总结经验，也要看到问题不足，抓紧补齐短板，提高应急管理能力。

一要坚持靠前指挥。基层发生突发事件，总行、分行很难及时掌握情况，这就需要支行、网点负责人作为第一责任人，在第一时间、赶到第一现场、掌握第一手情况、组织第一次处置评估、及时发出第一份报告，解决信息上下不对称的问题。上级行特别是总行要立足专业优势，指导帮助基层周全妥善处置，解决“怎么办”的问题。要注意防范声誉风险，尤其在新媒体时代，敏感地区、敏感时期发生突发事件，必须第一时间快报，决不能落在媒体后面，导致信息倒流。

二要认真核实调查。接报重大突发事件，要摸清细节，掌握准确信息，做到“五清”。即基本情况清，掌握事件来龙去脉、影响后果和目前状态；事件性质清，属于哪类事件、何种级别，意外情况还是责任事故；伤亡损失清，包括人员伤亡、救治情况、财产损失和声誉影响；处置措施清，即已经采取的措施、实施效果和后续工作安排；联系方式清，必要时直接询问现场情况。要用好报警监控联网平台，及时掌握现场视频和录像，为指挥决策提供辅助支持。

三要完善应急预案。安保条线面对的突发事件，主要发生在基层，增强现场人员应急处置能力，对于及时控制事态、最大限度避免损失至关重要。要进一步完善预案，细化处置要点，便于员工常看常学，掌握要点，形成行为习惯。要抓好预案演练，在模拟实战中检验完善，突出针对性，保证实用性，确保关键时刻发挥作用。

四要健全应急机制。包括监测预警、应急响应、指挥协调、联防联控、资源保障等内容。要通过健全机制，完善制度，丰富措施，推动应急管理从静态、职能管理向动态、综合管理转变，从事件应对向风险管理转变，提高应急管理专业化能力。

（五）强化党建引领，提升干事创业能力。全行安保条线要牢记初心使命，保持忠诚、干净、担当的政治本色，着力改进工作作风，增强干事创业本领，做新时代攻坚克难的奋斗者、实践者。

一要旗帜鲜明讲政治。要持续巩固“不忘初心、牢记使命”主题教育成果，增强“四个意识”，坚定“四个自信”，做到“两个维护”。要坚定政治信仰、勇于担当作为，在统筹做好疫情防控和经营发展工作中检验初心使命，打造忠诚坚定、勇于担当的安保铁军。

二要讲纪律守规矩。要认真落实总行深入贯彻落实中央八项规定精神、驰而不息加强作风建设会议精神，坚持把纪律和规矩挺在前面，坚决纠治“四风”，永葆清正廉洁本色。要牢记打铁还需自身硬，重点关注和杜绝两类问题的发生：一是在开展监督检查等公务活动中决不能发生饮酒等违规违纪行为；二是在与安保设备供应商接触中，要力戒贪婪之心，清清白白做人。要站在工商银行价值观上考虑问题，保持共产党员本色。

三要讲奉献有作为。工行安保队伍是一支踏实奉献、真抓实干的队伍。有很多优秀的同志献身安保事业，甘当安全底板。要大力宣传这些先进典型，发挥榜样力量，激发内生动力，营造干事担当、争先创优的良好氛围。要加强队伍能力建设，抓好业务培训和岗位锻炼，推动专业人才培养。各级机构领导要充分尊重、关心、理解和爱护安保队伍，激发安保条线同志们甘当底板守护安全的工作韧性和干劲。

越是急难险重和脏累苦艰，越能检验安保条线政治站位、大局意识、责任担当和专业能力。全行安保条线全体同仁要牢记使命，勇担重任，以实际行动为全行疫情防控和转型发展保驾护航、贡献力量，向总行党委交上一份满意的答卷！

管住人　看住钱　守住规
推动内控合规重点工作有效落地

——在全行内控合规重点工作推进会上的讲话

廖　林

（2020 年 4 月 9 日）

今天召开内控合规重点工作推进会，主要任务是贯彻落实总行党委关于统筹推进疫情防控和经营发展工作的要求部署，分析研判当前形势，坚持问题导向、目标导向、结果导向，推进重点工作早落地、早见效，确保全年既定的目标任务圆满实现。我讲三点意见。

一、坚持疫情防控与业务工作两手抓

今年以来，内控合规条线认真贯彻年初全行工作会议精神，遵循总行党委“48 字”工作思路，按照建设“风控有效、合规有力”银行的要求，紧扣“一个确保、两个压降”目标，开展“制度治理年”主题活动，积极推动各项工作开好局，起好步。

一季度，全行报告内部案件 2 件，涉案金额 356.55 万元，同比实现“双下降”。尤其是新冠肺炎疫情发生以来，全行内控合规条线干部员工认真落实总行党委关于坚决打赢疫情防控阻击战的各项要求，守土有责、守土尽责、守土担责，统筹推进疫情防控与业务工作，坚守特殊时期的使命与担当。

（一）因地制宜，统筹推进各项工作。疫情发生以来，全行内控合规条线认真做好干部员工自身防护，没有确诊或疑似报告。建立特殊时期业务工作推动机制，加强上下内外协同，加大工作统筹力度，创新业务开展方式，确保各项工作有序推进。各分行认真贯彻落实《2020 年集团内控合规工作要点》，结合自身实际，分解任务清单，细化推进措施和进度要求，因时因地制宜，启动“制度治理年”主题活动。北京、江苏、上海、广东等分行对全年监督检查、案件风险排查、运营核查、反洗钱等工作进行了针对性安排；新疆、山东、山西、天津等分行，结合疫情防控要求，搭建了“网络课堂”“空中课堂”“云课堂”等，推动专业条线“锤炼内功、同心战疫”线上学习活动。各分行强化“一岗双责”，党员干部坚守岗位、挺在前面，认真做好特殊时期的业务开展、舆情关注、员工防护等各项工作，取得良好成效。

（二）履职尽责，加强各类风险管控。全行内控合规条线坚持风险为本的原则，坚持合规创造价值的理念，统筹疫情防控与内控合规管理。各分行主动担当作为，把控实质风险，层层抓好落实，控制举措有力有效，较好展现了专业履职能力。

一是确保业务运营风险核查质效不下降。各分行突出加大对员工异常行为、内部户资金划转、账户资金频繁异动等问题的核查力度。一季度共核查发现并防控内部风险事件 5 841 笔，及时消除了风险隐患。全行充分使用远程手段开展核查，共核查准风险事件 17.9 万笔，确认风险事件 8.8 万笔，确保了特殊时期核查工作效率和质量。

二是做到反洗钱业务甄别处理不积压。各分行高效做好防疫物资采购资金涉敏甄别合规放行，主动挖掘非法野生动物贩卖可疑线索。湖北分行开辟了涉敏甄别绿色通道，分段、分步、分类推进业务处理。全行节后共

甄别放行购买防疫物资款项交易 873 笔、3.74 亿元，为特殊时期跨境防疫物资采购提供了合规支持。其间，湖北、浙江、安徽、苏州、重庆分行甄别发现 3 个假借疫情的诈骗活动和 4 个涉嫌非法贩卖野生动物的可疑线索，及时报告人民银行，并移交公安部门处理。

三是保障企业信贷合规管理不松懈。各分行认真落实全行疫情防控重点保障企业信贷支持工作会议精神，对总行监测排查发现的受托支付不规范、贷款资金流向关联企业、贷款发放后使用率较低、贷款资金疑似违规购买理财、个别企业融资未体现抗疫专用等风险隐患进行了督导核实，推动立查立改。

四是开展合规风险监测分析不间断。各分行密切关注疫情防控形势变化和地方政府分区分级精准复工动态，聚焦实质性风险，加强合规风险非现场监测分析。比如，河南分行开展贷款分期还款、票据池质押融资、贵金属虚增交易等监测分析；上海分行开展票据业务、信息安全监测分析；江苏分行开展 ETC 业务、融 e 借监测分析，及时向业务部门提示风险。

当前，疫情防控仍不能掉以轻心，业务工作更不能等待观望。陈四清董事长指出，统筹抓好疫情防控和经营发展，是一次大考，考验的是我们的执行力、战斗力、竞争力，考验的是我们的担当精神、经营状态、工作作风。谷澍行长强调，要紧绷疫情防控与经营发展这根弦不放松，保持高度的责任感、使命感，统筹兼顾，确保全年各项工作有序推进。全行内控合规条线要始终保持进取状态，增强“比”的意识，迸发“进”的激情，以“功成不必在我”的境界和“功成必定有我”的担当，完成好总行党委交付的使命。

二、关注当前内外部风险形势与挑战

（一）外部经济金融环境变化带来的不确定性因素增多。当前，世界主要经济体增速放缓，保护主义、单边主义蔓延，地缘政治冲突多点爆发，世界经济金融运行风险上升，各种不稳定性不确定性因素明显增多。近期，新冠肺炎疫情在全球蔓延暴发，疫情扩散叠加油价暴跌，导致全球金融市场震荡加剧，也使全球产业链受到严重冲击，世界经济深度衰退风险加大。美欧等密集出台金融刺激政策，效果及外溢影响有待观察。

（二）金融监管标准持续抬升带来的适应性压力加大。2019 年以来，全球各国或地区密集发布监管规则多达 400 余项，监管要求不断提高，长臂管辖、溯及既往、联合执法、集团追责等监管方式持续发力。尤其是 FATF（金融行动特别工作组）第四轮互评估“高标准、低通过率”的高压态势，使各地区组织及国家纷纷修规立法。我国反洗钱监管标准与国际对标接轨，“强监管、重处罚、严问责”已成监管常态。今年一季度，全国反洗钱处罚累计达 1.23 亿元，与上年罚款总额相当，单笔最高罚金达到 2 360 万元，创历史新高。双罚率（罚机构、罚个人）高达 97.2%，个人处罚对象涵盖了总行部门负责人、一级分行行级领导和部门负责人。监管更加关注 KYC 治理和控制的有效性，目前在人民银行的监管处罚问题中，KYC 占比高达 87%，近期人民银行公布的对 3 家银行机构总部处罚的 24 人中，覆盖了前中后台各领域，其中有 10 人分布在 6 个前台部门，人数最多、罚款最多、涉及违规事项最多，凸显出监管对“一道防线”反洗钱履职的高度关注。

（三）全行内部控制和案件风险防控任务仍然艰巨。2019 年我行案件风险率、操作风险损失率指标，虽控制在监管目标值内，但案件数量明显增多。全年报告案件 24 件、金额 5.57 亿元，同比增加 10 件、1.4 亿元。案件分布在信贷、信用卡、挪用资金、伪造印章或金融凭证、理财销售、客户信息安全等领域，其中信贷和挪用资金案件风险最为突出。案发区域分布较广、作案时间较长，16 家分行发生案件，3 年以上案件占比 75%，案件潜伏期最长达 10 年，“关键少数”作案比重大幅上升，甚至出现“两明案”等影响恶劣的重大案件。制衡缺位、管理失控、人员失范是导致内部案件发生的最主要因素，暴露出全行案件风险隐患仍然巨大，需高度关注和改进内部控制的有效性问题。

三、下阶段内控合规工作要求

（一）全面加强特殊时期的内控合规管理。全行内控合规条线要在继续做好疫情防控工作的同时，全力推进各项工作，明确方向，盯紧目标，补短板、求突破、提效能。要进一步增强专业的敏锐性和有效性，高度关注疫情对我国经济和我行经营的影响，主动研究疫情防控大背景下各业务领域风险防控。持续做好监测分析和缺陷排查，及时向业务部门和分支机构发布风险提示，为全行疫情防控和经营发展提供高质量的合规服务与支持。这里，着重强调三点。

一要关注贷款合规与风险化解。银保监会在提出给予疫情防控重点企业信贷支持一系列要求的同时，要求银行加强贷款管理，对企业经营情况、信贷资金流向、风险情况进行监测和把控。此外，疫情期间的舆情可能会被放大，无论是发放贷款不符合合规要求，还是管控尺度过严过松，都可能造成负面声誉风险，需要更精准地开展工作。同时，随着不良贷款处置工作的持续推进，责任评议认定问责的工作量也会同步增加。本次疫情影响范围较广，时间相对较长，对贷款的不良影响程度还难以量化，在后续责任认定过程中，各分行将面临合理区分不良贷款客观与主观原因的复杂情形，特别是利用疫情掩盖风险问题的识别难度将大大提高。对此，各分行要坚持“问精、问准、问严、问关键”，把责任认定工作做得更实更细。

二要关注经济责任审计。特殊时期，非现场审计缺少实时交流和沟通环节，资料调阅、业务档案查阅都会受到一定影响，各分行要优化审计方式，注重效率的同时重视审计风险，确保质量。

三要关注海外合规与监管沟通。总行要进一步打通对海外分行的支持渠道，指导分行充分评估合规风险，做好监管沟通和报备，避免疫情期间控制措施失当造成风险累积。境内分行也要积极做好监管沟通和汇报，密切跟进监管动态，对涉及监管检查或其他重要事项要及时落实和反馈，保持监管响应的及时性和准确性。

（二）全面推动案防“四个专项行动、两个强化措施”落地。各分行要紧扣总行党委确定的“一个确保、两个压降”目标，围绕信贷虚假、核算失真、岗位制衡失效、客户信息泄密等案发痛点，推进实施信贷、核算、关键岗位、个人客户信息安全“四个专项行动”，以及强化从业人员监督履职、强化人员管理和队伍建设“两个强化措施”。

一要压实主体责任，聚焦“关键少数”抓案防。各分行要落实“一把手抓案防”和“抓一把手案防履职”的要求，对辖内各级机构、部门管理人员案防履职进行督导、督查。尤其是要抓住副科级以上职务管理人员这个“关键少数”，综合运用纪律检查、巡视巡察、内控评价、经济责任审计等“组合拳”，发挥党内监督与业务监督的合力。

二要强化异常行为管理，落实网格化智能化管控机制。从近年发生的案件情况看，内部作案人员的异常行为在案发前并未得到及时有效排查，这其中既有员工行为管理的责任机制落实不到位问题，也有排查手段不足的问题。近期，总行党委明确了加强员工异常行为管理网格化智能化管控的要求。“网格化”，就是要将全员编入固定网格单元，明确网格单元成员责任义务和任务清单，压实各级管理者对员工异常行为排查的直接责任、管理责任、领导责任和监督责任。“智能化”，就是要依托大数据联动挖掘、整合、研发风险监控模型，围绕线上智能监测、线下排查履职、异常名单台账系统化管理三个维度，建设全行统一的员工异常行为排查系统，提高排查的精准度和时效性。

总行将发布《员工异常行为网格化智能化排查管理办法》，各级机构直线管理人员要将排查责任扛在肩上，强化员工遵章守纪的自觉意识，及时发现和有效处置异常行为，提前化解和消除隐患，保护员工职业安全。

三要突出风险排查重点，管住关键环节和关键岗位人员。关键环节方面，要围绕信贷领域，重点排查信贷和信用卡尽职调查、授信审批、作业监督、贷后管理及信用卡调额等环节；要围绕核算领域，重点排查结算账户、内部账户、代理财政集中支付与非税收入收缴、代发工资等业务处理；要排查关键岗位轮换执行和统一身份认证号码及密码使用情况，防止“一手清”；要加强理财产品合规销售，防范利用我行营业场所、设备、产品、渠道实施的挪用客户资金案件风险；要围绕客户信息安全领域，重点排查无依据、无授权查询征信及违规保存客户信息等情况。关键岗位人员方面，要紧盯具有决策审批权、交易权的关键岗位和人员，重点排查员工代客户操作或代保管重要物品、收受“好处费”等工作类异常行为；排查违规经商办企业、参与民间借贷等社会活动类异常行为；排查超过个人经济实力投资或消费、信用卡套现、与他人产生经济纠纷或被追讨债务等投资消费类异常行为，做到早识别、早核实、早处置、早化解。

（三）全面实施“反洗钱治理能力提升工程”。年初，总行印发了《反洗钱治理能力提升工程实施方案》，明确要用3年时间，使集团反洗钱监管考核评级提档进位，位居国内领先水平。《方案》明确了18项举措68项任务，其中有33项任务要在今年完成，另有16项任务需长期推进。全行要认清当前监管形势和自身短板问题，积极主动开展工作。

一要增强反洗钱责任意识，消除“本领恐慌”。总行将从普及基础、提高技能、坚守红线三个方面，统筹推进“学、训、讲”反洗钱教育培训活动。各分行要组织相关人员完成课程学习和系统测试，确保参训率和通过率达到100%。总行将对分行管理层、部门负责人组织考试，验收学习效果。要分层抓好本机构管理人员、合规人员、操作人员反洗钱实战技能培训。要认真学习“反洗钱红线”典型案例，落实好本机构主要负责人“讲一课”要求，推动反洗钱工作内化于心、外化于行、固化于制。

二要优化反洗钱运行机制，强化“一道防线”履职。总行将出台《加强重点业务条线反洗钱团队建设的意见》，个金、结现、国际、银行卡、网金、运管6个专业小组牵头部门和科技部要设立反洗钱专业团队，配备充足的专职人员，其他领导小组成员部门要配备专兼职人员，把反洗钱管理体系中的“6 + N”抓细做实。各分行要结合实际在重点业务条线组建专业团队，加强反洗钱中心规范化管理，按标准设置岗位、配备人员。要加大对业务条线考核力度，细化履职要点及考核标准，反洗钱指标在分行经营绩效考核中权重不低于3%。要建立多层级的监管沟通机制，做到高层沟通到位、日常汇报到位。

三要完善洗钱风险评估体系，突出“分层分类”管控。总行将制定机构、客户、产品维度的洗钱风险评估系列管理办法，各业务部门要根据评估结果采取差异化管控措施。国际部、机构部要切实承担好“两头在外”代理行转汇业务洗钱风险管理职责，统筹加强境内外高风险管控，严防风险传染。各分行要按照总行统一部署落实客户洗钱风险分类、动态风险画像及高风险客户管控策略。要根据总行新的产品洗钱风险评估标准，加强分行特色产品评估管理，对涉及跨境、第三方支付等特定风险要素的产品，及时提交总行业务主管部门及内控部审核。机构洗钱风险评估结果为中高以上等级的分行，要加大洗钱风险管理资源投入，重点加强对高风险要素的针对性管控。

四要加强客户全生命周期管理，打牢“KYC 基础”。总行将更新完善 KYC 治理提升方案，加强对高风险领域的排查分析和风险提示。个金、运管、银行卡等部门要毫不放松地推进 KYC 治理，力求根治非实名、证件过期、证照注吊销等监管重点关注问题。个金、结现部要牵头明确个人、对公客户全生命周期尽职调查管理机制，建立客户统一信息视图，其他部门要在各业务环节落实客户尽职调查要求。各分行要落实好非实名、证照注吊销客户管控措施，加强对证件过期、信息错误等问题的专项整治和效果验证。要持续做好对公客户受益所有人的穿透识别，确保受益所有人信息完整率不低于98%。要强化对同一实际控制人注册多家企业、开立多个账户等复杂情形的核实验证，重点关注代理对公开户、无卡无折存款、联名账户、“伪现金”等高风险领域，结合实际布控落实风险管控安排，严防出现大额监管处罚或重大洗钱风险事件。

（四）全面推进“制度治理年”主题活动。“制度治理年”主题活动是年初全行工作会议确定的重点工作，也是全行合规文化建设的重要载体。各分行要围绕“优制度”“学制度”“用制度”“守制度”，开展好系列文化宣教及管理活动，营造强化制度执行、维护制度尊严、运用制度优势、保障业务发展的良好氛围。这里，再强调三个方面的要求。

一要持续优化制度体系。从近年来内外部检查发现的问题以及各类案件发生的情况看，制度管理中还存在一些问题。比如，有的制度滞后于风险形势变化或监管要求，对经营转型和业务创新缺乏前瞻、及时、有力、有效的制度支持；有的制度发布了，但传导不及时、监督不到位，导致制度执行走偏、变调；有的制度出发点更多是规避责任，而很少考虑制度是否有利于推动业务发展，可操作性不强。各分行、各部门都要全面评估本机构、本专业条线的制度体系，结合实际开展专项治理，解决好制度重复冗余、管理空白、内容矛盾、更新滞后等问题。

二要推进完善违规责任认定问责体系。近年来，我行基于业务损失开展了对不良贷款、非标代理投资、非信贷资产损失的责任认定及审理工作，在维护纪律、监督履职、防控风险方面发挥了积极作用。随着派驻改革职能移交，以及我行推进全球、全员、全程风险管理的新要求，总行党委对完善集团风险治理体系，提升风险治理能力提出更高要求。

近期，总行研究完善了“（9 + X） + 4”违规责任认定问责体系，将银保监会《银行业金融机构全面风险管理指引》中明确的信用、市场、操作、国别、流动性、银行账簿利率、声誉、战略、科技及其他风险（简称“9 + X”风险），纳入违规责任认定问责体系，并且覆盖境内分行、境外机构、综合化子公司、总行利润中心及部门4大板块。这是一项新的工作，对全行内控合规部门是一次新的挑战，考验的是专业本领和担当精神。下一步，总行将设立责任认定委员会，统筹9类风险的责任评议认定工作，明确9类风险主管部门责任评议认定职责，以及审理部门的责任追究职责，规范风险事件的报告、评议认定、处理、约谈、通报、考核等流程。希望同志们加强学习，在实践中总结经验，把工作做好做扎实。

三要推动《内部控制手册》（以下简称《手册》）应用落地。《手册》作为压实内控责任，推进各专业条线制度治理，提升制度执行力的有效抓手，总行各部门要高度重视，抓好“最先一公里”。要对本条线《手册》内容进行再梳理，4月底前梳理完成本条线业务角色清单，5月底前完成角色认领。要结合制度管理变化，健全《手册》应用的常态化管理机制，结合制度审查，强化《手册》更新维护的审核把关，确保准确性和权威性。各分行要抓实“最后一公里”，按照总行下发的业务角色清单，开展本机构业务角色确认及岗位归集工作，8月底前将《手册》内控要求落实到具体岗位和人员。要推进制度管理系统相关功能的应用，畅通《手册》获取渠道，提高员工查询学习的便利性。

（五）全面加强党的建设和队伍建设。全行内控合规条线要坚持党建引领，按照全面从严治党从严治行的要求，不折不扣地落实党委决策，坚定不移地维护金融稳定，服务全行发展大局。总行内控部要继续创建学习型、服务型、效能型、创新型、廉洁型“五型党支部”，推动党建工作不断上台阶。专业条线也要积极行动起来，以讲政治、顾大局、讲规矩、守纪律的坚定立场和要求，加强队伍建设，提升政治素养、业务素养和综合素养，增强“四个意识”，坚定“四个自信”，做到“两个维护”，持续锻造忠诚、干净、担当的高素质专业化队伍。

一分部署，九分落实。各部门、各分行要紧盯目标不偏离，抓住问题不放过，鼓足干劲不懈怠，互相赶超不松劲，全力以赴完成好总行部署的各项工作任务，为全行经营发展贡献合规力量！

坚持底线思维　加强国别风险管理

——在国别风险管理专题调研会上的讲话

廖　林

（2020 年 4 月 23 日）

今天召集前中后台各个部门，对当前形势下国别风险管理工作进行了调研讨论。大家发言都很好。下面我讲两点意见。

一、疫情影响世界经济，全球国别风险加大

新冠肺炎疫情对世界经济的影响日益显现。在 4 月 8 日中央政治局常委会会议上，习近平总书记强调，“国际疫情持续蔓延，世界经济下行风险加剧，不稳定不确定因素显著增多”“要坚持底线思维，做好较长时间应对外部环境变化的思想准备和工作准备”。

与 2009 年全球金融危机相比，此次疫情以来全球工商业活动近于停摆，世界经济受到供给侧与需求侧的双重冲击，可能面临深度衰退。金融市场大幅波动，大宗商品价格下跌，形势仍在变化中。IMF 最新估计今年全球 GDP 负增长 3%，远超 2009 年衰退程度，是 20 世纪“大萧条”以来的最差情况。预计美国 GDP 负增长 5.9%，欧元区负增长 7.5%，发展中国家整体负增长 1.0%，全球经济面临“失速”。

主权部门风险上升。资本流出，财政收入和出口收入下降，汇率贬值，外债偿付压力增大。阿根廷政府 4 月 6 日延迟偿付 100 亿美元债务，再次违约；产油国普遍受到冲击，4 月 21 日，WTI 5 月原油期货价格最低跌到 -37.63 美元/桶，短期供需严重失衡；安哥拉和阿曼的外债均已超过 GDP 的 90%。不发达和低收入国家缺乏资源，受到的影响更为严重。近年来，我国已成为部分国家主权部门的最大或前三大债权人。就在前段时间，世行行长和 IMF 总裁都公开倡议，希望全球官方债权人对国际开发协会（IDA）国家进行债务减免。安哥拉、赞比亚、尼日利亚、厄瓜多尔等国已经向我国提出了重组要求。

企业部门风险也在上升。国别风险向企业信用风险传导转化，各行业、各企业普遍出现流动性挤压和信用质量恶化。航空航运、汽车制造、商业地产、旅游餐饮等直接受疫情冲击，现金流普遍紧张；能源资源行业受石油价格波动影响较大，部分项目融资的偿债保证比降低，已低于合同约定；跨境并购等业务，受全球权益类资产价格下跌影响，抵押率下降。银行面临着国别风险、主权信用风险、客户信用风险交织叠加、相互影响的复杂局面。

从我行自身看，2010 年以来，风险管理部牵头，搭建了比较好的国别风险管理架构、制度和系统，建立了国别风险评级和国别限额体系，提前压降了产油国和一些脆弱性较高国家的限额，为管控风险发挥了重要作用。

目前，我行国别敞口占集团总资产的比例相对不高。但全行要认识到，我们对境外项目的了解有一定局限性，对国别风险的把控也有一定滞后性。在疫情影响下，资产质量管控难度更大，化解手段受到更多限制，更需要前中后台共同努力。国别风险管理不是风险管理部一个部门的事，从战略到经营，从总行到分支机构，全行上下都要落实“主动防、智能控、全面管”；从前台到中后台，都要在各自职责中做好国别风险管理，一道防线要履行好“直接责任”，二道防线要履行好“管理责任”，三道防线要履行好“监督责任”，全面提升风险管控能力。

总的来看，全球经济金融运行逻辑可能改变，外部环境在变，竞争格局在变，商业银行将提前进入微利差时期。我们要主动适应，积极调整，全面统筹，更加注重安全稳健，平衡好业务发展和风险控制的关系，保证境外业务持续为我行创造价值。

二、进一步加强国别风险管理的工作要求

（一）加强境外投融资业务的战略统筹。要把境外投融资业务战略管起来，改变各业务部门分块管理、各机构各自为政的做法。公司部、专融部、国际部要牵好头，综合国家、行业、客户、产品、机构等各维度，统筹制定集团境外投融资业务的总体战略和规划。要区分有机构和无机构的国家，做到分类施策。对有机构国家，虽然当地机构有规划，但其他机构也来发展业务，比如工银亚洲的信贷区域涵盖全亚洲，如何与当地机构协调？对未设立机构的国家，按照现在的管理模式，由谁来制定业务战略？风险部作为中台部门，核定了国别限额，但限额只是风险控制，不是业务规划，也不是业

务战略。一个国家，几个机构都去做业务，怎么平衡？要管控跨境业务，既要保证国际贸易融资等合理跨境业务需求，也要合理安排多个机构在同一个国家的业务，控制多头参与同一个银团的现象，审慎参与结构复杂、风控难度大、机构也缺乏相关经验的跨境业务。战略制定可以逐步开展，复杂程度也可以不同。要把国家和行业结合起来，从重点国家和重点行业开始研究。全行各个机构的业务都要基于这个整体策略，各类业务计划、项目营销、管理方案以及政策、偏好、授权、限额等，也都要服从总体战略。

（二）压实一道防线的风险识别、报告和防控第一责任人职责。要树立风险意识。关注国别风险向客户信用风险的传导途径。经济情况、财政状况、国际收支、汇率波动、执政党更迭等国别风险因素都可能造成风险，导致项目失败。要全面分析融资风险，关注借款人内部评级、RAROC，RWA 和资本占用等，充分利用行内系统对行业及客户的 PD、LGD、EAD 等进行计量和识别，精准选择客户，这是另一视角的 KYC 和 KYR。

要强化周期意识。境外项目融资期限普遍较长。我们已经看到，短短 20 年就出现至少两次大的经济动荡，相当于每年有 10% 的概率出现比较极端的情况。实际上极端情况从概率上看并不“极端”，所以必须考虑整个项目周期内的国别风险和行业风险趋势，保持长远眼光，不能局限于眼前，或只看三五年。

要坚持底线思维。充分考虑各类风险因素对融资安全的影响，主动及时采取风险控制措施。当务之急，是对存量业务风险进行排查，充分评估疫情影响，及时采取增信措施，确保正常项目不出问题，不良项目不扩大损失。要完善跨境业务贷后管理的手段和方式，总行与境外机构，以及境外机构之间，要加强联动协调，分工合作，形成合力。要加强条线管理，公司部和专融部要强化统筹，做好业务规划、项目安排、跟踪报告、控制化解等各项工作。

（三）强化二道防线的基础管理。业务管理部门既要加强组合层面的监测，也要关注影响较大的重点融资项目。要对合同条款、项目进展、资金流向、信贷档案等情况进行监督检查，确保我行资产安全。

要加强主权客户投融资管理。完善以客户为中心的信用风险管理体系，主权客户信贷业务也是信贷业务，信贷部要将其纳入对公信贷业务全口径统一管理，包括信贷制度、信贷政策、业务统计、限额管理等。专融部、国际部要分别做好主权信贷业务的业务和风险调查；审批部要做好风险审查，审慎设定、动态调整主权限额。

（四）加快不良资产处置。当前我行投向境外的贷款中，不良贷款有 17.7 亿美元。现在看，投向香港地区、美国、印度、新加坡、印度尼西亚的不良余额较高，相关机构要克服疫情影响带来的困难，加大清收处置力度，尽量减少损失。部分不良贷款属跨境业务，放款机构要与属地机构密切沟通，充分协作，发挥风险化解合力。

（五）加快 IT 系统建设。IT 系统是智能风控的基础。各专业条线要高度重视，推动系统建设，提高数据完整性、时效性和准确性。基础业务系统要尽快向集团延伸，境外业务数据要通过数据湖等方式实现接入。要对风险参贷和簿记业务的规则进行梳理，完善系统标识，完成系统规则内嵌，提升自动化计量水平。要加快国别限额控制系统建设，逐步推进国别限额事前控制。

最后，感谢大家在疫情期间的辛勤工作和积极应对！希望大家坚持底线思维，提高风险意识，真正落实“全球、全员、全程、全面、全新、全额”的风险管理要求和“主动防、智能控、全面管”的部署，做好特殊时期国别风险管理，确保境外业务持续稳健发展！

主动防 智能控 全面管
子公司要将风险管理放在更重要位置

——在 2020 年综合化子公司风险治理专题会议上的讲话

廖 林

（2020 年 6 月 5 日）

今天召开综合化子公司风险治理专题会议，主要任务是落实陈四清董事长、谷澍行长等领导在集团综合化座谈会上的讲话要求，督促各子公司围绕总行党委“48 字”工作思路，按照“主动防、智能控、全面管”的全面风险治理路径，进一步做好风险管理工作，做到总行党委重大决策部署到哪里，风险管理就跟进到哪里。讲三点意见。

一、集团综合化布局成效显著

过去三十多年，工商银行经历了从专业银行、商业银行、国有股份制银行到全球系统重要性银行的发展历程。综合化是未来的重要发展方向，可以弥补母行牌照的不足，提升集团的多元化服务能力和价值创造力。

第一，子公司综合化经营成效明显。股改上市以来，全行积极稳妥推进综合化经营战略，已实现在金融租赁、基金、保险、投行、债转股、理财等领域的布局，有效支撑了集团重大战略落地，使我行由境内单一商业银行，逐步转型为具有较强竞争能力的跨境综合金融集团。各子公司充分发挥牌照优势，加强与母行协同，实现了“1＋1＞2”的效应，对集团综合化布局作出很大贡献。今天参会的5家综合化子公司，表内投融资规模已经突破××亿元，表外管理规模超××亿元，按大口径统计规模接近××万亿元。前4个月实现净利润××亿元，综合化经营成绩值得肯定。

第二，总行对子公司的垂直管理能力日益增强。为适应国际化和综合化发展战略，近年来我行逐步确立“One ICBC”集团风险管理模式，构建了同业领先的并表管理架构、制度体系和工作机制，推动子公司强化三道防线建设，提升风险防控能力。对银行类子公司，实现了战略、偏好、标准、评价、限额、IT系统、监督检查的“七统一”管理，构建了全面风险管理体系。对综合化子公司，按照“一司一策”原则，总行逐一确定发展战略、强化公司治理、设定业务偏好、制定全面风险管理方案，并定期跟踪监测子公司风险管理情况。

整体看，总行对综合化子公司的垂直管理能力持续提升、进步明显。从各子公司发言也可以看出，总行战略部署向子公司的传导机制不断完善，子公司能够较快领会、较好落实总行“主动防、智能控、全面管”等风险管理要求。

在肯定成绩的同时，也要清醒地认识到不足。对标世界一流现代金融企业，对标总行党委及董事会、管理层、监事会要求，子公司在风险管理上还有差距。对于今天会上通报的问题，请大家务必重视，有则改之，无则加勉。子公司要服务于母行战略和客户需要，服从集团统一管理，尤其是风险管理文化和理念要与集团一致，不能单兵作战、各行其是。重点是坚决落实“全面、全球、全员、全程、全新、全额”的风险管理要求，做到“未雨绸缪、见微知著、亡羊补牢、举一反三”，实现穿越周期的稳健。

二、子公司要全面加强风险管理

在当前经济增速放缓、市场波动加剧、风控压力增大的形势下，子公司要将风险管理放在更重要位置。近期，总行下发了《进一步完善集团风险治理体系 提升风险治理能力指引》《全面风险管理规定》和《全面风险管理职责实施细则》。这些制度非常重要，各子公司要认真对照学习，细化落实到位。重点强调以下几点。

第一，要提高政治站位。作为集团附属机构，子公司要深化对支持实体经济重要性的认识，围绕国家发展战略，落实好服务实体经济、防控金融风险、深化金融改革三项任务，坚决打好三大攻坚战。要强化创新理论武装，坚持以习近平新时代中国特色社会主义思想为指引开展风险管理工作，做好风险监测预警和及时稳妥处置，强化制度监督和科技支撑，切实做到“管住人、看住钱、扎牢制度防火墙”。

第二，要压实风险管理责任。风险管理的关键是责任要落实。各子公司要按照总行党委“48字”工作思路，践行“依法合规、稳健经营、诚信严谨、专业协作、人人尽职”的风险管理文化，把握好三性法则、海恩法则、分散法则、平衡法则、危机法则等基本原则。要认真学习银保监会《银行业金融机构全面风险管理指引》和《商业银行合规风险管理指引》，落实“全面、全球、全员、全程、全新、全额”的风险管理要求，坚持“未雨绸缪、见微知著、亡羊补牢、举一反三”。要明确“主动防、智能控、全面管”的全面风险治理路径，压实六个责任，包括管理层的主体责任、主要负责人的第一责任、分管副总裁的实施责任，以及前台部门的直接责任、中台部门的管理责任、后台部门的监督责任，确保不出现系统性、区域性风险。

在座的各位风险分管副总裁要尽责履职，切实承担起本机构的风险管理实施责任。一是发挥好制衡作用，确保风险管理在管理中发出声音，确保所有业务规范合规。二是建立起完整的风险管理制度体系，确保每项业务、每类风险都有制度覆盖，总行的政策措施能落地见效。三是重视风险数据治理，充分利用集团成熟的风险计量成果和风险管理经验。四是开展风险预警与分析研究，加强对宏观环境和行业趋势的预判，常态化开展压力测试。五是规范双线报告机制，及时向机构主要负责人和总行汇报风险管理情况，出现重大风险事件，要第一时间向总行报告。

第三，做实三道防线“主动防”。要将加强三道防线建设作为完善风险治理的重要内容。第一道防线要将管控好风险作为开展业务的前提和保障，落实风险管理措施，承担风险管理第一责任。第二道防线要提升前瞻性分析预警能力，主动为第一道防线风险管控提供支持。第三道防线要主动提高独立评价能力，对前两道防线进行有效评价，形成三道防线高效配合、主动防控的局面。

各位风险分管副总裁是二道防线主要负责人，要进一步梳理本机构二道防线管理现状，对存在的问题和短板，按照总行要求抓紧改进。第二道防线必须具备监控本机构及其辖属机构全部业务和风险状况的权力和能力。要配备专业强、资历深、工作尽职尽责、具备有效制衡能力的人员担任风险部门主管。要强化对风险中台人员的资质管理，人员数量和能力要与公司业务规模和复杂程度相适合。要规范信用风险集体审议委员会建设，主任委员应由分管风险副总裁担任，前中台委员比例要符合要求。

第四，提升风险技术“智能控”。系统和数据是实现穿透管理和智能风控的基础。各子公司要加快系统建设，早日做到全部业务进系统、所有风险控制流程进系统。要尽早将全部业务纳入集团数据湖，支持集团穿透风险监测。要完善以客户为中心的风控体系，实现全图谱、全流程的风险识别、计量与监控。要持续优化风险数据和风险计量方法，积极应用大数据、人工智能等风险管理技术，全额计量风险，提升快速定位、准确识别、及时管控、迭代学习的智慧化风险管理能力。

第五，坚持风险管理“全面管”。各子公司风险分管副总裁要将全面风险管理职责落实到位，做到全口径、全流程管风险，耳聪目明、心中有数。第二道防线要在公司治理中切实发挥制衡作用，对重大决策发表管理风险意见。既要加强对违规事件的管控，又要管住违规的人。要建立常态化风险防控机制，每天进行风险监测，每周召开风险碰头会，每月开展风险分析，每季报告风险情况，每半年向总行汇报。

第六，紧盯关键领域“重点抓”。当前各子公司要做到“四个关注”。一是关注信用风险领域的“灰犀牛”，提前做好风险排查工作。二是关注市场动荡引发的“黑天鹅”，防范小概率突发性事件。三是关注流动性风险。四是关注特殊时期的操作风险，做好员工尤其是年轻员工的合规教育。工银租赁要重视做好资产布局，工银投资要细化客户准入管理，工银安盛要落实非标穿透管理，工银理财要做好净值化管理，工银瑞信要加强流动性风险管理。

三、总行要加强对综合化子公司的风险管理

总行部门要落实党委要求，实现对集团境内、境外、综合化子公司和利润中心四大板块风险管理的全覆盖。一是总行信贷与投资管理部要把经营租赁业务管起来，管好工银租赁和工银投资的信用风险。资产管理部要管好工银理财。二是要全面加强对子公司的风险监控，及时发现潜在风险问题，提出应对意见。三是要全面加强子公司数据治理，将子公司纳入集团的信息标准体系，确保能够支持集团数据加总、统一风险视图。四是对会上子公司提出的诉求，风险管理部要牵头分解到总行相关部门研究解决。

今后，每半年应召开一次综合化子公司风险治理专题会，传导总行党委要求和集团经营理念，研究解决子公司风险管理方面的关键问题。各综合化子公司要落实好总行党委的决策部署，主动、智能、全面做好子公司的风险管理工作。

做细方案　做实责任
有序推进新规实施落地

——在授信审批新规第一批实施分行动员会上的讲话

廖　林

（2020 年 6 月 19 日）

刚才谷行长全面阐述了授信审批新规实施的必要性，强调了新规总体思路、基本原则和核心内容，对新规实施推进工作作了全面部署，大家要深刻领会，认真抓好落实。下面就落实谷行长讲话要求，讲几点贯彻意见。

一、重视抓好专职委员和审批人队伍建设

本次授信审批新规能不能落到实处，发挥实效，关键是专职委员和审批人队伍建设能否落实好。各行务必要提高站位，不折不扣抓好队伍建设。一要尽快做好人员配备。这次实施新规的核心目标之一是完善制衡机制，制衡机制是否有力有效，专职委员和审批人配备非常关键。各行务必高度重视，确保人员配备到位。对人员配备确有困难的分行，可以适当减少参会委员数量，也可以补充聘任授信审批部门个别信贷经验丰富的科长作为专职委员。二要优化完善激励机制。为吸引优秀人才充实专职委员和审批人队伍，总行在政策上给予了适当倾斜，明确各级行 4 级（含）以上审批人优先从专职委员中选拔。对担任业务类职务的 4 级（含）以上审批人工资等级、绩效考核比照管理类职务人员管理，表现突出的还可提拔任用或调整到管理类岗位。三要强化考核管理。本次新规配套出台了审议委员和审批人管理办法，进一步完善了专职委员和审批人考核指标体系，定量与定性相结合，统筹考虑履职能力、履职表现

和决策质量。特别是新增加表决意见的集中度、表决意见与审议结果的偏离度、参与审议业务资产质量作为专职委员考核的重要指标。对于履职不到位，敷衍塞责的要及时调整岗位。

各行不要纠结于人员增加和绩效激励带来的人力成本增加，要算大账，与风险把关不严导致的不良贷款损失相比，这点投入创造的价值远大于人力成本。

二、重视完善集体审议审批机制

这次新规将信贷审查委员会和代理投资审查委员会统一为信贷与投资审查委员会，委员会下设限额审议会和债项审批会，并差异化设置会议职能和委员组成。职能方面，以前集体审议会议均承担辅助决策职能，审议通过后须报有权审批人审批。本次优化后，限额审议会仍然承担辅助决策职能，但债项审批会承担审批职能，直接由有权审批人主持会议。

从参会委员数量看，目前总行和分行集体审议参会人数都很多。以总行为例，贷审会每次上会人数达 13 人，包括 1 个会议主持人、7 个专家委员、5 个部门委员，分行人数也不少，通常在 11 个人左右。本次优化后，总行、分行信贷与投资审查委员会统一人数，都有所减少，其中限额审议会精减至 9 人，采用“1 + 4 + 4”模式，包括 1 个会议主持人，专职委员和部门委员各 4 个。债项审批会参会人数精减至 7 人，采用“1 + 6”模式，除了一位有权审批人主持会议外，参会委员全部是专职委员。

减少上会人数的原因，主要是借鉴国际主流银行经验，提高审议效率，落实审议责任。总行会充分考虑各行实际情况，明确对人员配备确有困难的分行，限额审议会和债项审批会也可以分别采用“1 + 3 + 3”模式和“1 + 4”模式。在委员组成方面，限额审议会参会委员一半为部门委员，主要是考虑前台部门更接近客户和市场。既尊重专职委员的独立意见，也充分听取前台部门的声音，更有利于把控好对集团客户的授信策略和方向，合理核定风险总量。债项审批会全部由专职委员组成，前台部门经营主责任人仅作为汇报人参会，有利于提高审批的独立性，强化专家治贷。

三、重视建立运行好审结机制

建立审结机制是新规对现有流程的一项重大调整，根本目的是加强对审批人的监督和制衡，完善信贷案防长效机制。审结就是对一定范围内的业务，审批人同意后还要报行长或其授权的审结人执行“一票否决”程序。报审核前有一个复核环节，对报行长审结的业务，审批同意后需要先经分管授信审批的行领导和授信审批部总经理复核；报分管授信审批行领导审结的业务，审批同意后需要先经授信审批部总经理复核。复核人对审批意见有不同意见，可向审结人提出意见建议，但不能直接否决，应就关注到的业务规范性和重要风险事项进行充分提示，发挥好复核作用。

大家可能会觉得，在现有的信贷流程上再增加审结环节，是不是流程更长了，会不会影响业务办理效率。应该说，新规在一定程度上提高了效率。首先，扩大授权对象后，同一层级有权审批人增多，会议召集和业务审批灵活性明显提高。其次，债项业务集体审议和审批由原来的两个环节变成了一个环节同步完成，即使部分债项业务增加了审结环节，跟原来流程环节比，总数也没有增加。最后，在审结机制方面保持灵活性，具体审结业务范围可根据运行情况动态调整，紧急业务可逐笔或批量以纸质方式报送。总的原则就是不能影响对前台和市场的响应速度。

四、重视合理确定转授权安排

为解决审批权过于集中、缺乏有效制衡的问题，本次新规建立了审批人分级管理制度，相应调整现有的基于行政管理岗位的信用风险授权体系，根据审批人层级实行分级、分类授权机制。本次动员会后总行将很快实施新规，相关部门要尽快调整总行各级审批人信用风险授权，并适时研究调整第一批实施新规的分行信用风险授权。

需要注意的是，授权对象的扩大不是对风险把控质量要求的放松，各行应稳妥审慎确定转授权对象、转授权比例、转授权品种。对于各级审批人，各行要在总行规定的审批范围内合理转授权，不得擅自突破或“一刀切”。对于业务量大的分行，如总行现行转授权规定确实不能满足经营需要的，可向总行申请，适当扩大部分审批人审批业务范围。

要准确理解风险限额和债项业务差异化的审批授权制度安排，主要包括以下两个方面。一是债项业务多位行领导有授权，但风险限额审批权仅限分管授信审批的行领导行使。主要考虑我行风险限额是“实授信”，不仅确定总量，还明确具体分项、品种额度，部分客户还要实行授信项下授权审批制，限额核定后，单笔业务由二级分行或大客户中心自行审批，特别是一些集团客户经营范围比较广，跨省甚至跨国经营，往往涉及几十个甚至上百个成员客户，核定集团风险限额总量时还要确定每一个成员企业的额度，因此在行领导层面，风险限额审批权仅限分管授信审批的行领导行使。二是债项业务严格实行回避机制，授信审批部门负责人不得审批其分管团队审查的债项业务，但对分管团队审查的风险限额不须回避。主要是考虑到风险限额核定后，后续客户实际用款需求还要再履行单笔债项审批程序，能够起到有效制衡作用，也有利于兼顾专业分工和业务效率。

有的同志可能会担心，审批人多了，不同的审批人风险偏好可能不一致。对此大家不必过于担心，审查是同一个部门，审议委员还是那些审议委员，审批后还有复核和审结，同时总行还将通过一系列机制安排进行解决。比如，总行目前正在制定业务分发规则，优化了再议和复议机制，申请机构认为把关不合理的，可以申请再议和复议，换人和提级审批。此外，总行还将强化审批人考核，关注审批人决策意见的偏离度，多措并举防范审批出现过严或过松的问题。

五、重视加强工作纪律建设

借这个机会，我强调一下工作纪律，特别是信贷业务全流程都要严格执行保密要求，严禁跑风漏气。这一点做不好，审议审批的独立性就得不到有效保障。贷款审批走到哪个环节，哪些委员参会，审议时发表了什么意见，审批人是谁，同意还是不同意，审结人是什么态度等，都要严格保密。各环节人员都要严格执行总行保密相关规定，审议委员和审批人未经批准不得擅自与业务申请机构沟通，更不得擅自与客户联系；授信审批部门相关人员要对审议委员、审批人、审结人及其意见严格保密；前中后台部门不得违规向客户透露我行审查审批情况。对于违反保密规定并产生不良后果的，要依法依规问责。科技部门正在优化 GCMS 系统功能，通过科技手段控制知悉范围，强化工作纪律，防止跑风漏气，保障“独立审议、独立审批”落到实处。

总行已经成立授信审批新规实施领导小组，全面统筹规划、部署新规实施，同时由授信审批部牵头成立新规工作组，指导督导分行推进授信审批新规落地实施，成员包括授信审批部、公司金融业务部、信贷与投资管理部等部门专家级以上人员以及从部分分行抽调的 4 位授信审批经验丰富的老同志。工作组各成员要服从统一调度指挥，尽心履职，狠抓落实。首先要加强自身学习，吃透新规精神，每个工作组成员要对口一家分行，适时赴分行开展 2 周到 1 个月的现场指导和督导，指导分行尽快制订实施方案，督导分行按照方案推进新规实施。同时，要实时了解分行推进实施中遇到的困难和问题，积极协调解决，并及时向总行报告。

前期总行人力资源部、金融科技部等相关部门对新规出台及实施准备给予了大力支持，也做了许多工作。后续人力资源部要尽快完成总行专职委员和审批人选聘工作，金融科技部要加快推进 GCMS 系统配套功能开发进度。信贷与投资管理部要根据授信审批新规精神，尽快完善和细化信贷业务制度，完善和细化总行和分行信用风险业务授权方案，保障授信审批新规顺利推进。

第一批实施的分行要高度重视，尽快成立分行新规实施领导小组，由行长担任领导小组组长，在总行新规工作组的指导下，结合本行实际抓紧研究制订实施方案，有序推进新规落地实施，实施过程中遇到的问题和困难，及时向总行工作组反馈。

希望大家继续强化“比”的意识，弘扬风险管理创造价值的理念，勇于担当、狠抓落实，将授信审批新规落到实处，全面提升信贷经营能力和风险把控能力，支持全行高质量发展。

提升专业能力　强化责任担当
发挥好审议审批“关键阀”作用

——在信贷与投资审查委员会审批人和专职委员见面会上的讲话

廖　林

（2020 年 6 月 28 日）

总行党委前期审议通过了新规实施后的第一批审批人、专职委员和部门委员。今天召开审批人和专职委员见面会，主要是为了研究推进授信审批新规实施后的集体审议审批工作。接下来，王景武、张文武和熊燕三位副主任还要提要求。下面，我先讲几点意见。

一、关于新规出台的背景

资产质量是商业银行的生命线。资产选择能力是资产质量的关键，授信审批是质量生命线上的“关键阀”，也是全行价值创造的一个战略单元，十分重要。关于新规实施的必要性，陈书记在党委会上、谷行长在新规实施工作动员会上都作了全面阐述，强调这是我行主动适应内外部形势变化、与时俱进动态优化授信审批机制、提升风险治理能力的重要举措。

全国金融工作会议明确金融工作的三项任务是服务实体经济、防控金融风险和深化金融改革。党的十九大明确要坚决打好防范化解重大风险、精准脱贫和污染防治三大攻坚战。在金融三项任务和三大攻坚战中，防范化解金融风险特别是防止发生系统性金融风险，是金融工作的根本性任务。当前的形势变化特别是新冠肺炎疫情的冲击，对银行风控能力提出了更高的要求。同时，近年来金融领域反腐力度持续加大，去年我行发生了

“两明案”。总行党委高度重视，进行了深刻反思和审视，采取了一系列措施，纵深推进全面从严治党从严治行。

在此背景下，总行授信审批部根据总行党委决策部署，前后历时近一年广泛调研、酝酿论证，研究提出了授信审批机制优化方案，经党委研究通过。新规总体思路可以概括为“框架不变、细化优化”，即在不改变授信审批体制总体框架的基础上，对调查、审查、审议及审批、审结等流程环节进行细化优化，核心内容是优化工作模式，落实全流程责任，完善制衡监督机制。

在新规制定过程中，总行按照“比”的思想，充分对标国际主流银行和国内可比同业。从国际主流银行发展趋势看，大型银行审批业务决策机制主要是向专业审批、个人审批和线上审批方向发展，我行主要是集体审议与个人审批相结合。总行对过去三年受理业务进行了梳理，统计了审查、审议、审批等各信贷业务环节风险阻拦情况。数据显示，审查“过滤阀”在我行资产质量管控中发挥了非常重要的作用，挡住了不少风险，审议审批环节很重要，但这个“阀”的风险阻拦作用发挥还要加强。

二、关于新规的主要内容

新规主要包括审议和审批优化。原有规定下，一笔业务从发起到审批完成，前后需经过尽调、审查、审议和审批四个环节。在尽调及审查环节，经营主责任人和审查主责任人等相关人员责任不够清晰，前台人员一般不上会，由审查人单独上会汇报。在审议环节，风险限额和债项集体审议都承担辅助决策职能，采用“1 + 7 + 5”模式。“1”是主持人，根据业务权限确定，实际上是极少数中选1，制衡欠缺；“7”是专职委员，总行原来仅11个专职委员，11选7；“5”是部门委员，共有60个，每次选5个。在审批环节，以行政审批人为主，总行仅有行长、分管授信审批的行领导和授信审批部总经理三位行政审批人，每个层级一位，业务审批后制衡不充分。

针对这些问题，新规主要从以下方面进行调整。在调查及审查环节，关键要点是真实性和落实责任，这也是谷行长一直强调的重点。因此本次新规对这两个环节进行了细化，落实“真实性”调查、“真实性”审查要求，逐户逐笔确定经营主责任人和审查主责任人，要求前中台联合上会，强化尽职调查、尽职审查和存续期管理责任。

在审议及审批环节，第一个变化是精减参会委员数量，扩充专职委员队伍，强化独立审议。原来限额和债项审议都采取“1 + 7 + 5”模式，现在限额审议会采取“1 + 4 + 4”模式，表面上看是量的变化，人数从13个减少为9个，但实际上是质的改变。“1”即审批人，原来有的是1选1，现在扩充到12个审批人，12选1。第一个“4”是专职委员，原来11选7，现在12选4，选择空间明显变大，后续还会通过选聘进一步扩充；第二个“4”是部门委员，现在优先选择有信贷投资工作经验和信贷资质的人员，适当缩小选择范围，兼顾专业性和制衡要求，45选4。债项审批会采取“1 + 6”模式，“1”为审批人，12选1，“6”是专职委员，现在12选6，以后逐步扩展到20选6。

第二个变化是赋予债项审批会主持人“一票否决”权。原来债项审议主持人没有“一票否决”权，2/3（含）以上委员同意即为通过，再提交有权审批人审批。由于原规定未明确要求执行主持人末位发言制，这种“票决”机制容易出现主持人提前定调的情况，造成“一言堂”。新规赋予债项审批会主持人牵头审批职责，有权审批人直接主持会议，对不同意的项目可“一票否决”，并严格执行末位发言制。同时，新规设置了“上诉”通道，申请机构对审批结论有异议的，可以申请再议和复议，换人和提级审批，对审批人风险偏好进行纠偏。

第三个变化是增加审结环节。原来行长直接行使审批权，现在主要通过审结的“一票否决”对审批人权力行使和履职进行制衡监督。行长平台更高，视野更宽，有更多信息渠道，掌握审批人未必了解的情况，能够更好履行监督纠错职责。为增加行长审结信息，报审结前还设置了复核环节，对行长审结的业务，分管授信审批的行领导和授信审批部总经理在复核把关时可以提出意见建议，对发现的风险事项进行提示。

三、关于资产选择、资产管理和资产处置

这里准备了两张PPT。第一张PPT是“三道口、七彩池”智能信贷风险管控框架图。“三道口、七彩池”框架是基于我行长期信贷管理实践，按照“主动防、智能控、全面管”的管理路径，对当前我行信贷风险管控总体思路的高度概括，一张图全面反映本行信贷风险状况和变化特点。

“三道口”即入口、闸口和出口。入口是资产选择，闸口是资产管理，出口是资产处置。

从出口端资产处置来看，不良资产根据资产的押品属性、账龄时间及历史处置受偿率等特点，结合处置市场需求，可分为“冰棍类”“根雕类”和“顽石类”三大类；处置方式相对成熟，包括常规现金清收、重组、以物抵债、呆账核销、批量转让、不良资产证券化六种。行里设立了专门的不良资产管理处置中心，运作规范。我行账销案存资产本息合计约2 000多亿元，下半年要加大账销案存资产清收力度，争取为行里多作贡献。要持续深化不良资产经营理念，向不良资产处置要效益，特别是对不良资产中账龄较短且有抵押物的，要尽可能提高受偿率和价值创造能力，不能简单出表了之。

从闸口端资产管理来看，核心是“七彩池”，即根据信贷资产所处风险演变过程的不同阶段，主动实施差

异化管控和主动双向管理。按照资产质量和风险五级分类管理思路，将正常、关注类资产列入绿色池，将次级、可疑、损失类作为不良资产列入紫色池，将绿色池中的正常、关注类客户融资进一步过滤出红色池、橙色池、黄色池和灰色池四个池子。其中，灰色池是指重点移出客户池融资，红色池、橙色池和黄色池是指潜在风险融资，这是“闸口”风险管理的重点。当潜在风险融资具备六大风险特征时，就被列入浅紫色池，变成深度潜在风险融资。要对不同池子的资产分类管理，通过风险管控与缓释并举，管住小风险，防范大风险，避免资产劣变掉入紫色池，即不要往出口方向走，而是要尽量往上回流，使风险颜色优化迁徙。

风险防控的最前端是入口端的资产选择，第二张PPT将其概括为“两查五关”。其中，“两查”为贷前调查和贷中审查；“五关”为贷前调查的“门槛关”和“尽调关”，贷中审查的“审查关”“审议、审批、复核关”和“审结关”。目前我行已形成系统的“门槛关”筛查体系，综合运用信用评级、风险偏好、行业信贷政策、绿色金融政策、融安e信等风险筛查情况、RO-ROC等对客户进行筛选，只有达到准入标准的才可以在我行办理信贷业务。后四关就是授信审批新规优化细化的主要内容。后续对尽调、尽审、审议及审批、审结都要进行评价，充分发挥好对风险的有效阻拦作用。

资产选择、资产管理和资产处置共同构成了我行总体的信用风险管理体系。我相信，在现有的较为全面的管理体系下，通过实施新规，我们的资产选择能力会进一步提升，全行的资产质量会得到持续改善。

授信审批机制的优化完善是一个动态过程。这次实施新规，也要随着经营环境的变化持续优化调整。下一步，要积极探索云审批，通过科技手段自动调配业务申请，根据各分行审查审批队伍业务专长、人员数量和在审业务情况，灵活匹配各类项目和审批机构，实现集中审批更加智能、更加高效。

四、关于对审批人和专职委员的要求

一是要深刻领会新规实施意义，准确把握新规核心内容，并以新规实施为契机，按照“两查五关”框架要求，进一步提升资产选择能力，切实发挥好“关键阀”作用。二是要深入领会“三道口、七彩池”智能信贷风险管控框架的丰富内涵，在日常审议审批工作中贯彻落实。按照“筛、砼、琢”的要求，通过“入口”的资产选择、“闸口”的资产管理和“出口”的资产处置三道关口共同努力，保障我行经营实现穿越周期的稳健。三是要强化大局意识、发展意识和责任担当，为前台做好服务，在审议审批工作中做到宽严适度，把控好实质风险。太松是不专业不审慎，但过紧也是一种不担当不负责。四是要服从审议审批工作安排，严格遵守工作纪律，并及时总结新规运行问题，为进一步完善授信审批体制机制积极建言献策。

同志们，落实好总行党委的决策部署，以授信审批新规实施为契机，打造高质量的授信审批“关键阀”，为我行资产质量的长期稳定提供有力保障，是我们大家的共同责任。相信我们完全有条件、有能力、有信心做好这项工作。

在2020年全行案防工作会议上的总结讲话

廖　林

（2020年8月27日）

本次会议，谷行长就案防工作作了重要讲话，就案防责任、防线协同、案件专项治理、责任追究做了全面部署。五家一级分行和三个总行部门也开展了深入的剖析和交流。会后，请各行对照会议精神，认真抓好落实。下面，我就贯彻落实这次会议精神提三点建议。

一、各级机构要召开党委（扩大）会，专题研究落实本次会议要求措施

党委要发挥把方向、管大局、保落实的领导作用，全面履行领导责任，讨论和决定“三重一大”事项，即重大事项决策、重要干部任免、重要项目安排和大额资金的使用。案防和安防应属于重大事项决策事项，如发生损失列支也应属于大额资金的使用事项，均应属于党委会议事范围。今年剩余4个月，要抓好案防工作，谨防大型银行监管强化指标（HRS）突破限额，避免产生监管通报和处罚。各级机构党委（扩大）会议研究落实本次案防会议要求措施时要注意三个环节。

一要认真传达学习。要认真领会谷行长讲话精神。对于五家分行、三个部门的分析和建议，大家要相互借鉴。二要听取专题汇报。要听取相关部门或机构专题汇报，就案防、安防形势与建议作全面分析研判。三要审议贯彻落实意见。要审议落实本次会议精神的具体意

见，研究案防、安防具体措施。大型银行监管强化指标（HRS）非常重要，希望各级机构党委把本次会议精神贯彻落实好，把本行的操作风险损失、案件风险指标控制好。

二、各级机构要及时做好复盘和警示工作

各行要对发生的重大风险事件和案件及时进行复盘和警示。吃一堑长一智。复盘有助于发现问题根源，避免再次犯错，减少新犯错误。很多优秀机构都有复盘和警示管理机制、后评估机制。事后评估工具（After Action Review，AAR），就是行动后的反思，是非常好的管理工具。小型风险事件及时复盘，中等风险事件阶段性复盘，重大风险事件全面复盘，形成习惯和常态有助于全面提升我行案防和风控管理能力。

三、推进全面风险管理（ERM）

作为国有大行，要实现穿越周期的稳健，就要有跨越时空的预判、翻越冰山的本事以及超越对手的能力。全面风险管理推进以来，总行党委审议通过了《进一步完善集团风险治理体系 提升风险治理能力指引》《全面风险管理规定（2020年版）》《全面风险管理职责实施细则（试行）》等系列文件，目标、路径、重点、保障已经非常明确。风险管理一定要从信贷风险管理到信用风险管理，再到全面风险管理转变。

一是全面管。全面管即适应“全球、全员、全程、全面、全新、全额”的管理要求，涵盖四大板块（总行部门、境内分行、境外机构、综合化子公司）、“9+X”类风险管理。总行下发的全面风险管理实施细则50条，凝聚了全行多年风险管理的智慧和心血，各级机构党委同志一定要认真学习贯彻。

二是管住人。要在完善“两化”“两委”上下功夫。“两化”是员工异常行为“网格化、智能化”排查管理，“两委”是责任认定委员会和违规问责委员会对违规行为进行问责的机制。“两化”的推进对员工58种异常行为识别起到非常重要作用，“两委”的构建进一步强化责任追究威慑。

三是看住钱。要把好信贷三道口，即入口，闸口、出口。入口包括门槛、尽调、审查、审批、审结5关；闸口用“七彩池”方式，对所有资产进行全面过滤和识别，分出结构、优劣和劣变。出口对所有不良资产分为三大类（冰棍、根雕、顽石），采用多种方式处置。

四是扎牢制度防火墙。总行党委已经全面部署，开展各项制度有序更新，制度更新后一定要体现新、实以及可监督。要加强三道防线协同，压实一道防线直接责任、二道防线管理责任、三道防线监督责任。总行正探索出台加强第二道防线建设的意见。只有加强各防线的协同才能把风险的防火墙筑牢。

主动防、智能控、全面管是路径，管住人、看住钱、扎牢制度防火墙是重点，都做到位了，全面风险管理就有厚实基础。好银行是严管出来的。希望大家都要做全面风险管理的学习者、思考者、实践者，重视案防和安防工作，按照“大、全、稳、新、优、强”发展方位，为工行的发展作出更大的贡献。

溯源治本　从严管理
提升客户投诉问题治理能力

——在持续推进监管转办投诉治理专题会上的讲话

廖　林

（2020年9月23日）

这次会议主要是分析当前投诉管理工作面临的形势，找出导致监管转办投诉数量多的原因，围绕总行党委“48字”工作思路，统一思想认识，研究治理举措，提升治理成效。刚才，消保办、个金部、银行卡部和上海、河北两家分行都作了发言，问题分析得很透彻，取得的阶段性成效也值得肯定。宋高监作了讲话，对推进投诉问题治理有很强的指导意义。下面我讲几点意见。

一、提高格局站位，深化“以客户为中心”消保理念

监管转办投诉数量在可比同业中持续处于高位，是当前全行消费者权益保护工作的突出问题。巡视指出的八大问题中，其中一项就是“银保监会受理的工行有责二次投诉数量翻番”；银保监会大型银行部与消保局曾多次指出我行监管转办投诉数量多的问题，人民银行

也按季通报金融机构投诉情况；相关政府部门高度关注投诉问题，持续加大对违规收费等不规范经营行为的处罚力度。监管转办投诉多的现状，是与工商银行坚持“客户至上”宗旨，打造“第一个人金融银行”“境内外汇业务首选银行”的战略目标不相称的，必须下大力气从根本上解决。

导致监管转办投诉多的原因很多，但最核心的因素还是对消费者权益保护工作从思想上不够重视，这既是不重视的问题，也是工作作风的问题。个别分支机构忽视客户的真实感受，一再提高对投诉的容忍度，对消费者权益保护重视不足。“水龙头不关，拖地板再起劲也是徒劳。”要从源头上彻底解决投诉多的问题，就要从思想深处扭转对消费者权益缺乏敬畏的倾向。

客户是我们的衣食父母，要带着强烈的责任感和使命感服务好客户，坚守人民金融的底色。全行务必提高格局站位，把“以人民为中心”作为一切工作的出发点。要将保护消费者权益作为作风建设的重要内容，力戒形式主义，杜绝口号喊得响、务实行动少的现象。要切实落实“消保一把手责任制”，各部门和分行一把手要承担起管理责任，把管理重心下沉到投诉风险的防范和化解上来，杜绝资源不投入、情况不过问、责任不追究等问题。

二、明确任务目标，建立更具适应性和体系化的治理模式

近几年全行上下在投诉问题治理方面做了大量工作，但从监管转办投诉的绝对量来看，管理效果并不明显，投诉多的问题未得到彻底解决，这就需要我们从改进管理实效上下功夫。

一方面，投诉管理手段需要更加适应快速变化的风险防控形势。近年来，监管持续高度关注投诉问题，银行投诉信息愈来愈公开化，客户维权手段更加丰富多样。但个别机构管理创新不足，过于依赖原有模式，需要因时因势而变。另一方面，需要进一步健全投诉管理机制，形成一整套投诉治理体系。目前部分分支机构管理机制还不健全，如考核责任没有落实到专业部门，导致责任传导链条断档和脱节。

因此，要转变管理思路，改变打法，扭转我行监管转办投诉数量在四大行中排名较高的局面。要坚持问题导向、结果导向和目标导向，建立一套更具适应性和体系化的管理方法，实现消保治理能力的全面提升。下一阶段可以分三步走，实现预期目标。第一步，开展投诉压降攻坚行动，重点解决重复投诉占比高、客户纠纷易升级的问题，力争年末银保监系统转办投诉数量同业排名比二季度有明显改观。第二步，用一年时间，着力提升投诉处置能力，实现全行投诉处理质效显著提升，将监管转办投诉数量控制在合理水平。第三步，再用两年时间，形成更加精细化、标准化的投诉管理体系，建成行业一流的消保管理体系，打造具有工行特色的消保治理模式。

三、坚持联动互补，发挥投诉风险三道防线合力

投诉问题治理是涉及前中后台的系统性工程，需要充分发挥风险三道防线作用，形成严密的风险管控体系。

前台业务部门首先要承担起第一道防线责任，时刻绷紧保护好消费者权益这根弦，不能忽视客户感受，陷入“先污染后治理”的老路子。各专业要制定投诉治理能力提升方案，在产品创新、流程设计、系统研发、信息披露等方面采取更有针对性措施保护消费者权益。客户投诉焦点问题和监管关注问题既是我行服务的难点和痛点，也是服务提升的立足点，要集中精力解决，从根本上提高服务质量，将客户投诉建议转化为服务改进的源动力。

各级行客户投诉牵头管理部门要坚决守住第二道防线。要做好客户投诉监测分析，查找投诉反映的业务顶层设计问题并做好信息反馈与风险提示。要建设好“客户之声”系统，充分发挥信息科技的驱动作用，突出一个“早”字，实现对投诉风险的早预防、早发现、早报告、早处置。科技部门要投入充分资源，提供有力支持。要以全面风险管理的视角治理投诉问题，针对信用风险、操作风险等加速向客户投诉风险的渗透迁移的趋势，相关风险管理职能部门要实现各类风险联防联控。

第三道防线要发挥好独立监督作用，做好专项审计，同时与第二道防线加强衔接配合，准确查找并监督解决消费者权益保护工作中的新问题。

四、从严压实责任，通过监督问责狠抓制度执行力

监管转办投诉压降要见成效，管理手段不能虚化、软化、弱化，必须强硬有力，要将监督、通报、约谈、问责作为推动责任落实的重要抓手。

要强化日常监督对制度执行和责任落实的推动促进作用，各专业要加大投诉处置督导力度，对标制度要求，严把投诉处理质量关，全面排查投诉升级风险隐患。

不仅消保办要加大投诉特别是监管转办投诉的通报力度，各业务部门也要定期向分行通报本专业投诉情况，晒出各行“成绩单”，对于投诉问题治理不力的分行要点名批评。各分行要按季度通报本机构投诉情况，对于投诉处理不当的典型案例要在辖内曝光。

要建立全面覆盖的立体式约谈机制，总行各业务条线要定期约谈重点分行相关负责人，各分行一把手行长

也要约谈内设部门和下级行负责人，对落后部门和机构要重点督办。

各分行每月要对监管转办投诉逐笔倒查，对于业务办理和投诉处理过程中的不履职行为零容忍，发现一起问责一起，不搞“下不为例”，总行专业部门要做好监督。

积极支持绿色金融改革创新试验区建设 持续打造全行绿色金融领先优势

——在绿色金融改革创新试验区联席会暨绿色金融委员会第一次会议上的讲话

廖　林

（2020 年 10 月 16 日）

今天总分行联合召开绿色金融改革创新试验区分行联席会议，这是总行绿色金融委员会正式成立以来召开的第一次重要会议。总行、一级分行及二级分行以“支持绿色金融改革创新试验区建设”为切入点，一起总结前期有效做法和经验，分析面临的形势和问题，研究推进绿色金融工作的思路举措。这为补齐工作短板，助推绿色金改区机构更好发挥绿色金融创新引领作用，为全行持续打造绿色金融领先优势，提供了好的思路和方向。

一、金融支持绿色金改试验区建设取得较好成效

总行党委高度重视绿色金融工作。今年以来，总行及各一级（直属）分行均成立了绿色金融委员会，负责统筹推进全行各层级绿色金融工作，为进一步大力发展绿色金融奠定了坚实的基础。我行绿色贷款规模保持同业第一，绿色债券承销与投资处于同业龙头地位，绿色金融各项重点工作有序推进。绿色金改区分行依托全行整体优势，积极参与试验区建设，有效发挥大行引领作用，取得较好成效。

一是绿色投融资总量领先。9 月末，全行绿色贷款规模达 1.46 万亿元，居四行第一，其中试验区六家一级分行绿色贷款突破了 3 000 亿元。前三个季度，试验区六家一级分行绿色贷款余额较年初增加 523.68 亿元，占全行绿色贷款增量的 56.8%；增幅为 19.75%，比同期全行绿色贷款增幅高 13.33 个百分点。多家试验区二级机构绿色贷款规模在当地同业位列第一、二位。

二是绿色金融综合考评基本保持同业领先。从试验区当地监管及政府绿色金融考核情况看，多数分行绿色金融综合考评等方面基本保持同业领先，获得监管较高认可；个别考核结果暂时不是第一的机构也采取了针对性的措施，积极提升位次，以争取在后续考核中取得更好成绩。

三是绿色金融工作推进体制机制进一步完善。在上下联动方面，总行发挥政策支持及系统推动作用，一级分行全面加强直接指导及资源保障，二级分行充分发挥主体责任，全行上下联动机制基本建立。在机制创新方面，试验区所在机构适应当地情况，采取设立绿色金融事业部和专营机构、加大考核权重、单配信贷资源、设立绿色审批通道等多种方式，创新体制机制，保障绿色金融工作全面开展。

四是绿色金融产品创新有序推进。贷款、表外、基金、债券等各类投融资产品已全面应用，也有机构创新了更具针对性的专属信贷产品，赋予响亮名称，加大宣传推广，提升了工商银行绿色金融的品牌。

二、金改区机构要更好地发挥绿色金融引领示范作用

建立绿色金融改革创新试验区，以绿色金融助推经济绿色转型，是党中央、国务院一项重要决策部署。试验区分行要把绿色金融改革创新作为主攻方向，开拓视野、主动作为，更好发挥引领示范作用。十家机构所在地区具有全面推进绿色金融的优势和条件，应充分把握绿色金改区先行先试的改革机遇，积极探索绿色金融改革创新。刚才大家都提了很好的思路，我再强调以下几点工作：

第一，要进一步强化落实支持绿色金改区建设主体责任。6 家一级分行、10 家二级分行要承担主体责任。一要完善上下联动机制，加强总分行资源统筹。总行金委各委员部门要将支持绿色金改区建设作为重要内容，积极提供专业支持。试验区所在一级分行统筹领导绿色金改试验区金融服务工作。对于试验区分行实际工作推进中需要支持的事项和问题，总行、一级分行都要及时研究解决。二要进一步压实试验区二级分行主体责任。各金改区在探索绿色转型发展过程中有各自特点和不同的做法，身在一线的机构人员要更具有敏锐性和使

命感，在支持绿色金改试验区建设的各项具体工作中更好地实践和落实总行战略。要有为人类、为国家、为社会提供绿色金融服务的家国情怀。

第二，要在地方绿色金融考评中争先创优。总分行要具体分析地方政府及监管部门考评机制，对照自身查找不足，研究对策补齐短板。目前领先的分行要进一步夯实基础，扩大优势，不断在新的领域加强探索；考核相对落后的分行要制定时间表和路线图，尽快缩小与先进行之间的差距。我行连续几年在监管部门绿色信贷综合考评中评分为大行第一，这种优势要在绿色金改区得到充分体现。

第三，要重点加强绿色金融专属产品和服务创新，包括积极支持通过产品组合、流程优化、全产业链融资服务等进行信贷产品方案创新，探索发行绿色金改区主题绿色债券，积极支持试验区企业绿色债券的发行等工作。在产品创新方面，各机构要以客户需求为导向，重视推出更具特色的专属产品，引导客户绿色转型，用更易入脑入心的专属产品，来提升绿色产品创新影响力。

第四，要加强各机构间绿色金融改革创新的经验借鉴。鼓励分行积极作为、大胆创新。总行绿金委每年召开联席会议，交流共享好的做法。要积极对外宣传我行践行绿色金融成效，通过主流新闻媒体等渠道发布我行支持绿色金改区发展信息，提升社会对我行绿色金融的关注度和美誉度。

第五，要以点带面，提升全行绿色金融工作质效。绿色金改区机构要通过绿色金融改革创新，率先探索出全面提升绿色金融服务能力的先进做法，带动全行提升绿色金融服务质效。试验区六家一级分行，要及时将试验区创新的有效做法在当地非试验区全面推广，进一步发挥好引领示范作用。

三、全行要持续打造绿色金融领先优势并形成新格局

今天召开绿色金融改革创新试验区机构联席会，主要是想以点带面，为持续打造全行绿色金融领先优势提供思路。绿色金融是工商银行的优势，起步早、基础扎实、体系完善，社会影响力较好。在新的历史起点上，深入贯彻落实习近平生态文明思想，充分发挥绿色金融在调结构、转方式、促进生态文明建设、推动经济可持续发展等方面的积极作用，需要全行认真践行总行党委绿色金融发展战略，以总行党委“48 字”工作思路为引领，更加积极主动作为，持续打造绿色金融领先优势。

一要提高政治站位。今年是习近平总书记“两山理论”提出 15 周年，也是全面建成小康社会和“十三五”规划的收官之年。近年来，以习近平同志为核心的党中央把生态文明建设上升为国家战略，大力推进绿色发展，坚决打好污染防治攻坚战，开辟了生态文明建设新境界。今年 9 月，习近平总书记在联合国生物多样性峰会上，倡议各国坚持生态文明、坚持多边主义、保持绿色发展、增强责任心，强调中国努力建设人与自然和谐共生的现代化，将秉持人类命运共同体理念，为加强生物多样性保护和推进全球环境治理贡献力量。全行要从讲政治和长期战略的高度来认识绿色金融发展问题，深入学习习近平生态文明思想，系统掌握国家推进生态文明建设重大举措、重要制度、重点工程、体制机制等，找准金融与生态文明建设的结合点，有效支持绿色发展、有效调整投融资结构、有效把控政策红线和底线。

二要加强统筹规划。绿金委作为绿色金融工作统筹领导及协调推进的辅助决策机构，要发挥统筹协调作用，强化绿色金融能力建设，有序推动绿色金融改革向纵深发展。各行要在信贷规划、资源配置、考核机制等工作中把绿色金融的要求贯穿始终，打造全行绿色金融整体优势。ESG 评级在投资者投资决策中具有越来越重要的地位，绿色金融工作要为工行的 ESG 评级持续做好加分项。

三要加强信贷结构绿色调整。将节约资源和保护环境的要求嵌入全部投融资客户及项目选择的全过程，也要突出重点，系统研究绿色产业发展趋势和风险，充分发挥信贷政策投向引导作用，加大对清洁能源、生态环保等绿色产业支持，找准信贷支持的重点和方向，持续加强对“两高”行业的产能控制，支持企业清洁生产改造，走绿色低碳循环生产之路。要持续保持我行绿色融资总量领先、质量优良的态势。同时，要按照绿色发展要求，前瞻调整信贷区域、行业及客户结构。总行要做好顶层设计，一级（直属）分行要做好信贷规划。

四要加强服务创新。绿色金融不仅仅是绿色信贷，它概念的内涵更加丰富。各行要推动各业务板块加大绿色金融产品与服务创新，稳步提升绿色债券发行规模，积极参与绿色债券投资，持续加大理财资金对绿色经济领域投入。要充分发挥集团综合化经营优势，继续通过贷款、债权、股权、租赁等一揽子金融服务，满足企业多元化融资需求。

五要加强风险防范。坚持“环保一票否决制”、投融资环境与社会风险零容忍等基本制度。持续加强重点区域、重点领域投融资结构调整，提升环境与社会风险防控的前瞻性和有效性。要积极借助行内外数据，实现环境与社会风险因素的自动监测、识别、控制与缓释，提升环保风险管理的系统化和自动化。总行信贷与投资管理部要加快与合作机构洽谈和数据采购，及时全面掌握企业环保违法违规信息，并与信贷系统自动挂接实现业务控制，实现环境社会风险自动管控。

六要加强前沿领域研究及国际合作。在国内，要积极参与绿色金融标准体系建设，继续发挥好我行在金融

机构环境信息披露、环境压力测试、“一带一路”绿色金融（投资）指数、ESG指数等领域的研究优势。在国际上，要通过UNEP FI、GIP和GISD联盟平台，加强与国际同业的合作和对话，与国际社会广泛开展绿色金融最佳实践的交流，贡献中国智慧，并积极推动绿色金融的跨境投融资合作。

“四管齐下”着力推进全面风险管理落地

——在2020年下半年子公司全面风险管理专题会上的讲话

廖　林

（2020年11月4日）

今天召开子公司全面风险管理专题会，主要任务是进一步落实前期陈董事长、谷行长、杨监事长等领导在综合化子公司座谈会上的要求，推进子公司全面风险管理落地。6月初，总行召开综合化子公司风险治理专题会议，重点推动解决三大问题，一是完善子公司风险治理体系；二是形成全面风险管理架构；三是提升子公司信息穿透覆盖率，目前已提高到98%。成绩值得肯定，大家要再接再厉。本次会议重点要推动落实三件事，一是推进全面风险管理体系落地，二是强化三道防线的协同和责任落实，三是加强突发风险事件应对和防范化解。

一、总行全面风险管理取得较大进展

今年以来，总行通过制定《进一步完善集团风险治理体系 提升风险治理能力指引》（简称《指引》）《全面风险管理规定》（简称《规定》）《全面风险管理职责实施细则》（简称《细则》）等一系列制度，构建了以“主动防、智能控、全面管”为路径、以压实六方责任为要求、以职责细则为基础的全面风险管理体系。各风险管理部门深入落实总行党委关于风险管理工作的部署，以党建引领、专业素养、科技赋能、强力执行为重要保障，取得显著工作成效。

一是整章建制水平明显提升。制定了《指引》《规定》《细则》以及强化各领域风险管理的办法，确立当前及未来一段时间风险管理的方向和要求，明确履职规范，压实各方责任，促进制度落地见效。二是体系化管理架构初步搭建。明确各类风险的管理机制，找准工作方向和突破口。“三道口”“七彩池”智能信贷风险管控工作和信贷资产质量“123”攻坚战加速推进，授信审批新规落地实施，市场风险管理全流程强化，内控“两委”“两化”工作积极推进。三是工作机制基本形成。建立风险专题会议机制、联防联控联席会议机制。完善风险监测机制，坚持每日监测、每周回顾、每月分析、每季报告。四是全面风险管理要求加快落地。从人、钱、防线、底线等方面，扎实落实全面风险管理要求。

从总体上看，集团全面风险管理理念不断深入，体制机制日益健全，廓清了以往对全面风险管理的模糊认识，破解了原有的不细化不具体难以落地的难题，三道防线正在形成合力，集团全面风险管理工作取得了较大进展。

二、子公司全面风险管理取得明显成效

子公司表内外资产管理规模已超过3万亿元，是集团经营的四大板块之一。召开综合化子公司风险治理专题会议以来，各子公司高度重视，按照总行要求，以抓好全面风险管理职责落实为契机，集体审议落实方案，制订详细的工作计划，明确责任人，完善自身全面风险管理体系，针对薄弱环节整改提升，都取得了很大进步。最近，总行对境内外机构全面风险管理职责落实情况进行了试评价，各综合化子公司整体落实进度较好，评级结果均在A－或以上。工银安盛、工银理财取得A＋的评估结果，成绩来之不易。

综合来看，一是完善了风险治理架构。明确了风险副总裁的全面风险牵头分管职责，充实了风险中台队伍，强化了风险管理部门的主动履职要求。二是健全了制度体系。补充制定或更新了《规定》、专业风险管理办法和细则，扎牢了制度笼子。三是准确划分了三道防线职责。明确了一道防线的直接责任、二道防线的管理责任、三道防线的监督责任，正在努力实现风控关口的前移。四是细化了责任落实。明确管理层成员和各部门的履职事项和任务清单，细化“9＋X”各类风险的责任部门，明确履职规范，压实各方责任。五是补齐了部分短板。各子公司通过完善制度、形成机制、加强评估和检查，有针对性地进行整改完善，解决了一些长久没能解决的问题。

针对试评价中发现的普遍性短板和差距，各子公司还要进一步对照集团风险管理制度把工作做实做细。一是各子公司管理层班子务必提高认识。总行党委十分重视集团风险防控，子公司由于业务的差异性，风险管理的任务还比较重。各子公司一定要将全面风险管理放在今明两年工作的首要位置，切实担负起主体责任，理清各类风险的三道防线组成。子公司一把手要专题听取《细则》落实安排与推进情况，及时做好工作部署。二是各风险副总裁要切实履行好牵头职责。要抓好《细则》落实进度，做好整改提升。要做好向管理层班子和相关部门的沟通与培训。对措施还不够细化的，要协调各方资源，推动各部门逐项整改，明确责任人和落实时间表。三是要加强风险管理体系落地、防线协同和突发风险管理。总行后续将梳理形成全面风险管理图解，为子公司加强全面风险管理提供手把手的支持。各子公司要切实用好集团全面风险管理的方法和工具，推进全面风险管理各项措施落地，确保三道防线协同发挥风险管理职能。要密切关注重大突发风险事件，建立相应应急管理机制，做好应急处置和报告。

三、对子公司的全面风险管理要求

子公司要持续完善全面风险管理体制机制，增强一道防线的风险防控意识，促进三道防线顺畅衔接、高效配合，进一步推进全面风险管理切实落地和效能发挥。要持之以恒做好以下工作。

（一）要以“四管齐下”持续抓细抓实全面风险管理。各子公司要坚持高质量发展，恪守三性法则、海恩法则、分散法则、平衡法则、危机法则等基本原则。要持续优化风险治理，做好顶层设计，加强前瞻性思考、全局性谋划、战略性布局、整体性推进，实现发展质量、结构、规模、速度、效益、安全相统一。要完善全面风险管理体系，增强预判性和前瞻性，努力使风险应对走在市场曲线前面。

第一，要“管住人”。要管住全员，管住关键人，特别要加强交易、审批等关键岗位人员的管理。要加强员工异常行为管理，全面抓好员工队伍建设，完善员工行为守则、禁止规定、违规处理等三位一体的员工合规管理体系。要开展员工异常行为排查，按照员工“网格化”管理和异常行为为“智能化”排查的要求，掌握58种异常行为识别标准和工作流程，对员工行为加强监测和核查，及时发现和有效处置异常行为。要压实案防责任，扎实部署案防工作，坚决遏制案件发生。

第二，要“管住钱”。管住集团的表内外资产。要加强业务流程风险管控，强化信贷“三道口”“七彩池”管理。要严把“入口关”，坚守“两查五关”，做好信贷资产选择，发挥好信贷政策对信贷结构和投向调整的引导作用。要守好“闸口关”，利用“七彩池”做好客户分类管理，对新增逾期保持高压态势，对潜在风险统一分类标准，做好延本延息贷款风险的有序释放和化解。要把住“出口关”，提高不良资产经营意识，发挥各业务条线工作合力，优化处置结构，加快推进重点客户及项目的风险化解和处置。子公司要结合自身业务实际和风险特点，借鉴信贷管理要求，完善主营业务的全流程风险管控机制。

第三，要“管好防线”。要清晰界定三道防线的职责，形成有效制衡的机制。要提高第一道防线的风险意识，完善第一道防线内部风险管理组织架构，增强风险管理能力。要提高第二道防线的独立履职能力，加强全面风险管理和各类风险统筹管理。要提高第三道防线的监督能力，加强对第一、第二道防线的监督。通过打造坚实的第二道防线，推动建立强大的第一道防线和权威的第三道防线。三道防线要相互制衡、齐抓共管、高效配合、协力防控，共同构建起坚实的风控“防火墙”。

第四，要“管好底线”。要管好四大板块和“9 + X”各类风险，确保不出现系统性风险。全面风险管理的核心在于强化责任落实，要建立全面风险管理“六方”责任体系，即压实党委领导班子的“主体责任”、机构主要负责人的“第一责任”、分管副总裁的“实施责任”、前台业务部门第一道防线的“直接责任”、风险管理和内控合规部门第二道防线的“管理责任”、内部审计部门第三道防线的“监督责任”。要落实好全面风险管理职责50条，既要学懂弄通具体要求，更要在实践中真正贯彻落实，识别好“9 + X”类风险，厘清三道防线，构建人人有责、人人尽责、人人担责的履职尽责体系，守牢风险底线。总行将在近期开展一次试评价，并将在年底正式进行年度履职评价。

（二）要坚守监管底线，不触碰监管红线。要认真贯彻落实人民银行、银保监会、证监会、国家外汇局等的监管要求，守住全面风险管理工作的底线，夯实长期稳健运行的基础。要紧跟理财、房地产、普惠、制造业、民营企业等领域的监管动态，严格落实境内外各项监管要求，做好监管问题整改。

（三）要坚持补齐短板。各子公司要针对薄弱环节，加强风险监测和报告，及时制订预案，尽快补齐短板。工银租赁要加强新增不良资产的处置，逐户落实清收处置方案，多策并举，应收尽收；加快海工类资产处置进度，争取取得新进展。工银投资要进一步细化、优化客户准入标准。工银安盛要做好投资策略管理。工银理财要提升产品净值化管理能力，确保各项交易合规。工银瑞信要加强对香港子公司的并表管理，及时掌握其业务风险情况。工银国际要做好公开市场业务盯市管理，稳妥处置好历史遗留不良债权与股权项目。

要提高风险敏锐性，做好防范化解措施。要关注外部市场形势和业务风险事件，关注国内外同业风险信息，加强风险分析和提示。要按照“三比三看三提高”工作方法，认真分析比较优势和劣势，及时总结经验和不足，紧盯战略落地，优化监测指标体系，定期跟踪落实情况，继续做好各项工作。要盯住国际先进同业，不断学习国内外同业先进经验，做好顶层设计。要紧随科技发展趋势，持续提升风险管理数字化智能化水平。

（四）要改变工作作风，加强人员队伍能力建设。要加强政治理论学习，把学习宣传贯彻党的十九届五中全会精神，作为当前和今后一个时期的重要政治任务，深入学习习近平总书记重要讲话精神，全面把握精神实质，增强“四个意识”、坚定“四个自信”、做到“两个维护”，不断提升贯彻落实的政治自觉、思想自觉和行动自觉。

要锤炼扎实的工作作风，提升业务素质和履职能力，积极主动提示和报告风险。同时要加强换位思考，做好前中后台部门、下属机构的协调和平衡。要坚决克服形式主义、官僚主义，敢于担当作为，发扬钉钉子精神，做到令行禁止，扎实做好各项工作，展现金融报国情怀。各风险副总裁要当好带头人，以身作则，严格要求自己，管好部门主管，管好全公司风险条线员工，打造忠诚干净担当的干部队伍。各风险管理部门负责人要履行好一岗双责，进一步加强党建工作，带好本专业队伍，管好业务条线。

（五）要提前谋划下阶段工作。要坚持未雨绸缪，加强对业务形势和风险趋势的研判，前瞻性把控风险。要以时不我待的危机感和紧迫感，抓好年底工作，确保年度任务圆满收官。要提前研究部署 2021 年工作，对明年的情况要有客观预判和充分准备。

为者常成，行者常至。全面风险管理是一项系统工程，大家既要有满腔的热诚和饱满的斗志，更需要持之以恒的韧劲和精耕细作的工匠精神。今天来汇报的各位分管副总裁要向公司一把手做好汇报，阐明抓好全面风险管理的意义和要求，推动子公司绘好路线图，耕好责任田，扎扎实实抓好全面风险管理要求的落地实施。

抓实审批新规实施　全面提升运行质效

——在授信审批新规座谈会上的讲话

廖　林

（2020 年 11 月 19 日）

总行对境内一级（直属）分行和“5 + 1”分行授信审批部总经理开展新规专题培训，主要目的是，在总结总行和第一批分行审批新规实施和运行经验的基础上，指导第二、三批分行做好相关准备工作，同时了解新规在实施运行中碰到的一些问题，优化完善配套政策，提升新规运行质效。从今天大家的发言来看，各分行对新规实施意义认识深刻，思考理性，同时也提出了一些很好的意见和建议，会后总行授信审批部要逐条梳理、研究和落实。下面，我讲几点意见。

一、认真贯彻落实党的十九届五中全会精神

党的十九届五中全会是在我国将进入新发展阶段、实现中华民族伟大复兴正处在关键时期召开的一次具有全局性、历史性意义的重要会议。会议深刻指明了今后一个时期我国发展的指导方针、目标任务、战略举措，是开启全面建设社会主义现代化国家新征程、向第二个百年奋斗目标进军的纲领性文件，是今后五年乃至更长时期我国经济社会发展的行动指南。《建议》共 3 大板块，15 部分，60 条，其中 10 次提到“风险”，66 次提到“安全”，16 次提到“金融”，对新时代、新阶段金融工作作了重要部署，涉及支持科技创新、支持实体经济、增强金融普惠性、健全农村金融服务体系、发展绿色金融、维护金融安全等金融工作的方方面面。

大家要认真学习贯彻党的十九届五中全会精神，牢牢把握“十四五”规划和二〇三五年远景目标的总体架构和丰富内涵。要将实现“十四五”规划和二〇三五年远景目标作为工作的出发点，紧扣总行党委“48 字”工作思路，运用“三比三看三提高”的工作方法，立足本职，全力以赴，学懂弄通做实。要始终坚持问题导向，在服务构建新发展格局、推进总行战略落地实施、解决金融服务痛点难点、推进数字化发展、增强市场竞争力上下足功夫，持续提升金融服务的适应性、竞争力和普惠性。

二、关于新规实施进展和成效

自今年 6 月初新规正式印发以来，各分行按照总行党委决策部署，分批有序推进新规实施。9 月 18 日第一批 10 家分行已全部落地实施，较计划提前两周；第二批 23 家分行也已经完成实施方案制订，预计本月底

全部实施，较计划提前1个月。总体来说，分行实施进度快于计划，执行总体到位，总行党委是满意的。陈四清董事长和谷澍行长在授信审批部《关于第一批分行新规实施情况的报告》上的批示是对大家工作的充分肯定。分行的新规实施工作进展良好。

一是分行党委认识统一，执行力强。各分行成立以行长为组长的新规实施领导小组，严格按照总行统一部署，克服时间紧、任务重的困难，狠抓执行。特别是重庆、山西等分行克服一把手调整、人事冻结困难，新旧班子认真负责，无缝衔接，充分体现责任担当。

二是总行工作组密切沟通，全程指导。总行授信审批部逐一对分行方案审核把关，新规实施工作组对口指导，赴27家分行现场督导或验收。组织多次视频培训和现场培训，编发《授信审批新规动态》和《工行通讯》宣传稿，做好新规宣传和政策解读。

三是总行部门分工合作，紧密配合。人力、信管、科技、公司等部门积极开展审批人和专职委员选聘、转授权、新规配套制度文件制定及系统功能改造等工作。

三、关于新规出台的背景及与全面风险管理的关系

（一）背景。防范化解金融风险特别是防止发生系统性金融风险，是金融工作的根本性任务。今年以来，受新冠肺炎疫情影响，国际国内社会经济受到较大冲击，银行资产质量和风险治理能力面临前所未有的考验。党的十九届五中全会提出将“防范化解重大风险体制机制不断健全”作为“十四五”时期经济社会发展的主要目标之一。进一步完善集团风险治理体系，在服务新发展格局中打好风险化解的主动仗和攻坚战，是我们当前面临的重要任务。同时，金融领域反腐力度持续加大。去年我行发生了“两明案”，总行党委高度重视，深刻反思，采取系列措施纵深推进全面从严治党从严治行。

为积极应对当前面临的新形势、新挑战，提升集团风险治理能力，按照总行党委“48”字工作思路和“三比三看三提高”工作方法，今年以来总行集中研究制定了一系列制度，构建了以“主动防、智能控、全面管”为路径、以“六方”责任为要求、以职责细则为基础的全面风险管理体系。实施授信审批新规是其中至关重要的一环。

（二）关于新规与全面风险管理体系的关系。全面风险管理（ERM）是一套系统性工作，目标是在“大、全、稳、新、优、强”的发展方位下，建设与世界一流现代金融企业相匹配的风险管理体系。ERM以“管住人、看住钱、扎牢制度防火墙”“守住不发生系统性风险底线”为基本遵循，管理路径是“主动防、智能控、全面管”，管理措施是“四管齐下”，即“管住人、管住钱、管好防线、管好底线”。

“管住人”重点是管住所有员工及关键人，实现网格化、智能化管控。“管住钱”指管住表内外资产和业务（表内33+表外33万亿元）。我行作为全球最大的商业银行，已构建了“1+N”营销和产品体系，不仅有信贷，还有债券承销、非标投资、债券投资、债转股等，做到了同业领先。要从管住信贷风险向管住表内外全口径融资风险转变，构筑以“三道口、七彩池”为核心的智能信用风险防控体系，通过“入口”的资产选择、“闸口”的分池分区资产管理和“出口”的资产处置三道关口共同努力，精准管理全口径资产风险。“管好防线”是指落实三道防线建设意见20条，推动三道防线各司其职、高效配合、有效制衡，风险齐抓共管。“管好底线”包括监管底线和管理底线，推行全面风险管理细则50条，压实“六方”责任，管好四大板块，管好“9+X”类风险，守住不发生系统性风险的底线。

授信审批是“三道口”中“入口”资产选择的重要环节。能不能选出好客户、好项目，资产选择过程的科学性很重要。资产选择过程可概括为“两查五关”，“两查”为贷前调查和贷中审查，“五关”为贷前调查的“门槛关”和“尽调关”，贷中审查的“审查关”“审议审批关”和“审结关”。

目前我行已形成系统的“门槛关”筛查体系，综合运用信用评级、风险偏好、行业信贷政策、绿色金融政策、“融安e信”、RWA、RAROC、RORWA等对客户进行准入筛查。后四关资产选择过程的关键环节，也是授信审批新规优化细化的主要内容。下一步还要积极探索“云审批”模式，通过科技手段将业务申请自动调配到审批机构和审查审批人，实现智能、高效集中审查审批。

四、关于新规实施和运行的关键环节

新规总体思路是“框架不变、细化优化”，即在不改变授信审批体制总体框架的基础上，对信贷业务流程各环节细化优化，推动完善“责任明晰、权责匹配；独立审议、独立审批；分类授权、有效制衡；信息共享、联合防控”的授信审批机制。实施运行好授信审批新规，核心是抓好以下几个关键环节。

（一）合理确定经营主责任人。新规对前台尽调责任进行层级上移，主要考虑到跟客户经理相比，管理人员有更强能力、更多经验、更宽视野对客户和业务作出判断决策，拥有与管理难度相匹配的职权，能统筹调动行内资源，更好发挥作用。同时有利于责任明晰，权责匹配。各行在制定本行经营主责任人规则时，要深刻认识该制度设计内涵，确保各级管理人员管户数量在合理承受范围内，职权、能力也与客户、业务的风险管理难度相匹配。

（二）配足配强专职委员和审批人。新规下审议审

批决策机制的风险阻拦作用的发挥，关键在专职委员和审批人队伍建设。各行务必高度重视，严格按照要求配足配强专职委员和审批人。

“配足配强”主要体现在这四个方面：一是数量要足。专职委员数量一般应为参会委员的2～3倍，每一层级审批人不少于2人，否则难以实现独立和有效制衡。二是能力要强。要选拔一批具备大局意识、作风优良、专业过硬、敢于担当的信贷专家充实到专职委员和审批人队伍，推进专家治贷。要加强专业能力培训，积极参与社会培训，拓宽视野。三是结构要优。要合理摆布好专职委员老中青、前中后台人员结构，既形成良性发展的人才梯队，又能全方位审视业务风险。四是发展要广。各行要切实转变观念，将专职委员作为培养储备信贷人才的平台，选拔一批优秀中青年干部，经过一段时间历练，表现突出的可以选拔或调整到管理岗位，形成风险决策机制建设和人才培养的良性循环。

（三）高标准高质量执行新规。新规既然是“框架不变、细化优化”，运行质效好不好，取决于细节是否落实到位。已实施新规的分行，要严格按照新规高标准高质量运行，确保不走形不走样。因阶段性困难设置过渡期的，要抓紧推进，尽量缩短过渡期。同时，各行要加大新规的宣传力度，确保深入人心，使新规成为全行上下高度共识、全面认同、行动自觉、长期稳定的基本管理制度。

（四）有效发挥各环节风险过滤作用。新规实施前审查“过滤阀”在我行资产质量管控中发挥了重要作用，挡住了不少风险，审议审批环节很重要，但这个“阀”的作用发挥仍有待加强。各行要优化尽调、审查、审议及审批、审结考核评价机制，充分发挥各环节对风险的有效阻拦作用。需要注意的是，审查、审议审批和审结与前台相互制衡的同时，要积极支持市场拓展。大家在工作中应充分运用三性法则、海恩法则、平衡法则、分散法则和危机法则等银行经营的基本法则。出了问题，要深刻反思复盘，吸取经验教训。

（五）调整授信审批条线管理方式。实施新规后，分管授信审批的行领导和各位总经理的管理方式要适当调整，管理重心要从过去偏重单笔业务把关决策，转向决策和管理并重，强化条线人员管理，重视人才培养，优化人员结构，做好政策引导、业务指导和信息传导，督导平衡好业务发展和风险防控，但应尊重不同意见和审查审议审批的独立性，不能强制命令，避免行政干预。

五、关于下一步工作要求

（一）加快推进新规全面落地和高标准、高质量运行。第一批分行要严格按照规范运行，尽量缩短过渡期，尽快补充专职委员和审批人，在过渡期满后减少专职委员兼职。第二批分行要抓紧推进新规实施工作，力争在11月底前全部完成新规落地，以更好的状态支持年底高峰期业务发展和明年开门红，并在明年3月末之前结束新规过渡期。第三批分行要吃透新规精神，做好准备工作，尽快制订实施方案报总行备案，力争一次性全面实施到位。

总行授信审批部要继续做好对第二、三批分行全程指导和督导，有序推进新规全面实施落地。要持续跟踪新规在总行和第一批分行实施情况，会同相关部门及时优化完善制度办法及配套系统功能，确保新规高标准、高质量运行。做好第一、二批分行新规实施情况总结，向执委会作专题汇报。

（二）做好年底收官工作。今天离年底只有40天了，时间紧，任务重。各分行要按照总行统一部署，提升审查审批服务质效，大力支持前台部门拓展优质市场，完成全年信贷经营目标并为明年实现开门红夯实储备。落实信贷资产质量“123”攻坚战要求，助力前后台部门做好逾期和潜在风险贷款风险缓释化解工作，夯实资产质量基础。

（三）提前谋划好明年信贷工作。明年是中国共产党成立一百周年，也是“十四五”规划全面实施的开局之年。虽然在新冠肺炎疫情的冲击下，全行内外部经营形势依然严峻，资产质量管控压力依然较大，但机遇与挑战并存。大家要认真学习贯彻党的十九届五中全会精神，坚持未雨绸缪，加强对经济形势和风险趋势的分析研判，提前做好明年融资和授信审批工作的谋划布局。

主动作为　共克时艰　全力开展“春融行动”

——在“春融行动”稳外贸稳外资工作动员会上的讲话

王景武

（2020 年 4 月 16 日）

刚才官董秘介绍了本次“春融行动”的背景，传达了党中央、国务院关于“稳外贸、稳外资”的相关要求，对“春融行动”落地进行了布置，提出了详细的工作要求，讲得很好，我都赞同，希望大家认真抓好落实。“春融行动”和“境内外汇业务首选银行”战略正是“稳外贸、稳外资”要求在工商银行的具体落实。外贸外资企业是经济社会的重要支撑力量，也是我行优质客户的重要组成部分。这部分客户与我行的合作还有一定提升空间。已在我行开户的出口企业中，包括 43% 尚未给我行产生业务贡献的，今年以来贡献额不足 1 万元的客户占 76%。因此稳住外贸外资基本盘，不仅是落实党中央、国务院的决策部署，更是我行稳固客户基础、储备业务后劲的必须举措。全行上下要坚决贯彻党中央、国务院决策部署和总行党委要求，切实抓好“稳外贸、稳外资”相关工作。在这里给大家提五点工作要求。

一、高度重视抓协作

各行各部门要进一步增强政治责任感和使命感，认真领会党中央、国务院关于“稳外贸、稳外资”精神和内涵，以及我行开展“春融行动”的重要意义。全行公司金融条线与国际业务条线要协同作战，紧紧围绕总行党委“48 字”工作思路，确定好机制，调度好人员，配置好资源，分解好目标，督导好进度。要会同信贷与投资管理部、授信审批部、资产负债管理部等部门就“春融行动”建立跨部门沟通机制，分工协作确保行动方案落地。要挑选熟悉国际业务和公司业务的人员共同做好客户营销工作。要与本地商务厅做好衔接，确定专项规模配给的目标客户名单和营销计划。要定期跟踪营销进展，做好经验总结。通过各部门的团结协作，持续深化综合金融服务，以实际行动统筹推进疫情防控和支持实体经济工作。

二、主动作为抓首选

各行一要深刻认识到打造公司客户“境内外汇业务首选银行”是顺应国际形势、响应国家号召、发挥集团合力、深耕银企关系的重要战略部署，也是巩固我行人民币业务优势的重要支撑，是一项全行性的重要工作。二要着力转换营销思路，把服务客户的视野从国内扩展到全球，充分发挥我行公司金融业务的整体优势，集中资源推动公司客户外汇业务的高质量发展，同步优化客户体验，尽快实现从“客户能够选”到“客户愿意选”，再到“客户首选”的同业领先目标。三要加快构建境内外联动、本外币统筹、各条线协同的多维度工作保障体系。各分行要指定公司部门或国际业务部门牵头推进，尽快制定本行公司客户外汇业务拓展实施方案，组建公司金融条线 + 国际业务条线柔性团队，共同做好重点市场研究拓展、目标客群精准定位、产品服务升级完善等工作。

三、稳扎稳打抓固本

各行要把“春融行动”“境内外汇业务首选银行”战略与公司金融业务发展密切结合，强基固本。贷款方面，要顺应当前经济金融形势的急剧变化，加快信贷投放节奏，科学把握总量，以更主动的姿态、更有为的担当，全力支持重大项目建设、企业复工复产和正常生产经营。要加大信贷结构调整，持续做好对实体经济的信贷支持，发挥大型基建项目融资“压舱石”的作用，做好制造业的信贷支持，同时下沉客户结构，着力研究中型企业的金融服务需求和信贷风险特征，实现对中型客户信贷投放的新突破。要加强营销模式创新，强化以客户综合贡献为中心的经营理念，提高细分领域客户信贷支持的针对性、灵活性和精确性，通过对核心企业的筛选营销以及与第三方平台的合作，实现供应链金融的跨越式发展，深入落实投贷联动，不断提升公司信贷的竞争力。

存款方面，要保持公司存款平稳较快增长，确保同业第一的地位。一是落地实施资金闭环管理，打通政府、企业、个人之间资金循环链条，贯通三者之间存款转化渠道，争取全量资金最大限度在我行体系内闭环运行。二是做好重点客户服务，持续加强通信、广电、烟草、建筑、房地产等现金流量较大行业公司存款大户的营销维护，加大优惠产品倾斜、加强公私联动、提升服务水平。三是加大存款产品创新力度，优化定价机制，为争揽竞争性区域优质客户存款“赋能”。四是积极争揽外币资金，落实好国际收支量较大的重点客户营销维护，全面抓好跨境贸易、跨境投融资、跨境工程三大场景外汇存款源头，健全“本币存款 + 外汇存款”良性互动机制，确保完成全年外币公司存款新增50亿美元的目标任务，与机构、个人外汇存款同频共振，促进全行外汇存款稳定健康发展。

四、分层聚焦抓拓展

“春融行动”和“境内外汇业务首选银行”战略需要有坚实的外汇客户基础。各行公司金融条线、国际业务条线要密切配合，梳理辖内外贸外资客户，开展分层分类精准营销，做大增量客户，做强存量客户。刚才官董秘讲了分类营销，我这里再强调一下分层营销。对集团客户总部及管理型子公司，要聚焦于跨境投融资、跨境并购、境外发债、境外 IPO、全球现金管理等集团层面决策的业务，组织开展总分支、境内外、多部门联动，调动行内各条线资源最大限度争取业务机会。对集团下属经营性企业及单一客户，要聚焦于企业经营链条上各环节适用的国际结算、贸易融资、工程类融资、结售汇、避险工具等金融产品，开展闭环营销。对于核心企业上下游，要依托于我行核心企业资源富集优势，聚焦于链式营销模式，积极拓展从业时间较长、交易渠道可靠、履约记录良好、物流和现金流稳定的高附加值长尾客户，用标准化产品实现批量精准获客。

五、行稳致远抓风控

各行要密切关注辖内客户在全球范围内受疫情影响的程度，与客户保持深入沟通。可借助境外机构力量，提前掌握企业订单及交易情况，对信用风险进行预判和准备。对遇到暂时性困难的企业要积极帮扶，支持企业渡过难关。此外，外汇业务相较于人民币业务来讲，在合规管理方面有更高的要求，这一点必须引起大家的高度重视。总行相关部门要加强对公司金融条线、国际业务条线从业人员外汇产品合规风险点的梳理、培训和指导。分行各条线要密切沟通协作，从客户源头把关，强化客户维度的风控意识，切实落实外汇合规管理相关要求，严格坚守合规底线。

最后，希望全行上下在这个特殊时期共同行动，主动作为，共克时艰，推动“春融行动”早见成效！

凝心聚力　团结奋进
支持实体经济持续健康发展

——在2020年公司结现投行业务推动会上的讲话

王景武

（2020年5月15日）

刚才谷行长就公司结现投行条线的工作作了讲话，下面我围绕贯彻落实总行党委部署和谷行长的讲话要求，进一步做好相关工作，讲五点意见。

一、关于金融支持实体经济发展工作

虽然疫情带来诸多困难，但中国经济稳中向好、长期向好的基本趋势没有改变。我们要坚定不移地为实体经济发展提供高质量的金融支持，扎扎实实做好自己的事，确保全年制造业贷款净增800亿元、中长期制造业贷款净增1 300亿元；民营企业贷款净增1 400亿元、民营客户数量净增1万户；供应链融资净增800亿元；新动能市场业务占比显著提高。

（一）加强制造业中长期贷款投放。昨天下午国家发改委召集部际联席会，人民银行、银保监会、各省相关职能部门及商业银行共同参会。会议明确提出要进一步加大对制造业企业的中长期贷款支持力度。各行要主动与当地发改委加强衔接，落实会议精神。做好投向管理。监管部门今年对制造业贷款统计口径进一步予以明确，具体指发放的各项贷款中投向制造业行业的部分，包含公司贷款（含小微企业）、票据贴现及个人经营贷款等，各行要认真梳理存量贷款的资金投向并加以规范，同时确保新增制造业贷款标识准确。用好优惠利率。近期总行已扩大了优质制造业名单客户1～3年期（含）贷款的分行定价授权，即1年期 LPR－30个基点，各行要充分利用这项政策，加快中长期制造业贷款投放。加强精准营销。要紧跟高技术制造业发展方向，加强对5G、新能源汽车、航空航天、电子通信等优质制造业细分市场的拓展，做好大户分析并开展精准营销，合理提升同业占比，有条件的分行要试点“一户一策”，制定差异化的融资策略，真正做到以客户为中

心。推广重点产品。要加大对制造业技术提升支持贷款、中长期流动资金循环贷款等产品的推广力度，撬动更多中长期贷款投放。提升投放效率。对于制造业贷款业务，要保证优先审查审批，已批未放的制造业贷款要加速实现投放。

（二）加强民营企业精准服务。优化信贷区域布局。北京、上海、江苏、浙江等民营企业业务先进示范行，民企贷款增速要不低于8%；天津、河北、内蒙古等民营企业业务重点发展行，民企贷款增速要不低于5%；民营企业业务积极跟进行要在保证资产质量的基础上稳健推动民企贷款增长。做实名单制营销。推动总行级民企客户“总对总”服务落地，从专项规模、优惠利率、业务效率等方面加大资源导入，并从中遴选出典型性骨干企业，试点信贷主办行制度，在全行乃至全社会形成服务民营企业的样板示范效应；对于分行级民企客户，择优将同业占比较低、需战略性竞争的客户纳入重点移入客户池，对与我行暂无合作的优质民营企业要加大拓展力度，力争尽快“破冰”。深化“融资+融智”综合服务体系。发挥好银行专长，主动从金融专业视角帮助重点民营企业做好经营管理分析和投融资决策，依托总行民营企业家金融研修班和“民营企业家智库”，积极培育银企新型合作关系。

（三）加强供应链融资协同拓展。完善联动机制。总行已组建包括公司、普惠、科技、网金、结现等部门在内的供应链联合推动工作组，分行层面也要尽快与总行同步，改变目前条线分割、多头管理的情况，加强分工协作。加强批量营销。总行已批量准入了3 205户企业类和715家医院类核心企业名单，各行要围绕名单内企业，尽快制订营销计划，积极拓展市场。打造经典案例。要聚焦品牌汽车、建筑安装、航天军工、智慧政务、能源化工、通信电子等重点行业领域，打造一批代表性强、影响力大的优秀案例。做大农业链。今年全行要力争在农业链领域实现“链数达到100条、投放达到100亿”的“双百”目标，要依托重点农业龙头企业，打通农业链上各类法人客户及个体农户金融服务，通过供应链融资助力精准扶贫。拓展医疗健康链。要围绕国家大力支持大健康产业发展的市场机遇，抓好产业链中的医疗制造、医疗流通、医院医保以及药交平台四类重点场景，创新拓展医疗健康产业链金融服务。发挥产品优势。要灵活运用订单融资、应收账款融资、项目供应链、工银e信、付款票据通、工银e贴现等拳头产品，综合解决产业链上下游企业资金需求。用实保障资源。总行前期已在全年贷款总量计划中设置了300亿元的供应链融资专项规模，同时明确对完成供应链融资年度增量任务序时进度的分行，增量部分给予15个基点的价格优惠，各行要充分利用以上资源，全力做大做优重点供应链融资业务。

（四）加强新动能金融服务创新。培育重点客户。要紧紧围绕国家级高新技术企业、战略性新兴产业企业两类客群，形成明确的新动能客户名单，加强精准支持。优化体制机制。总行今年计划完成组建10家科创中心和100家特色支行，已成立的科创中心和新经济特色支行要做深做细，其他具备申设条件的要提前储备资源。完善科技金融生态圈建设。要与政府机构、创投机构、资本市场、产业资源加强互动，共建科创金融生态体系。加快产品创新。要紧紧抓住科创企业的未上市股权、知识产权、对外债权及收益权等“三权”做文章，加大知识产权融资、科技人才贷、科技研发贷等产品创新力度。加强工具应用。要扩大科创风险评级和授信模型以及第三方评估机构工具应用，并积极探索其他适合新市场业务拓展的资源。

二、关于结现工作

账户结算是对公业务的源头和基础，也是银行竞争力提升的重要起点，要坚定围绕“拓市场、推产品、重质量、谋创新”的发展思路，狠抓“账户拓展、中收增长、客户服务”三项基础，确保全面完成年初下达的工作目标。

（一）巩固结现业务基础。打牢账户根基。要持续加大资源投入，千方百计提升对公账户规模，不断提升市场份额，尽快实现新开户对可比同业的反超。保持中收增势。要善于在同业对标中找差距、抓落实，积极利用系统自动收费、产品合理定价、加强考核激励等手段，支持结算中间业务收入高质高速增长，巩固夯实我行对公基础结算领域优势。提高拓户效率。要积极用好总行培育的新型批量拓户服务工具，通过链式获客、场景获客和线上批量获客等新手段，切实推动在账户、中收、客户服务等方面实现新突破。

（二）提升对公服务水平。深耕现金管理。要坚持现金管理六大产品线综合服务理念，把握好疫情防控常态化形势下企业需求的转变，抓紧抓实现金管理重点项目落地实施。发挥平台优势。要充分利用全球现金管理平台、工银小微金融平台和工银聚“三大平台”的竞争优势，发挥源头获客“敲门砖”作用，打造我行综合金融服务“硬实力”。加快转型发展。要大力推动交易银行业务转型，切实抓好G－B－C三端业务联动，以供应链核心企业为切入点，创新运用“供应链云”“政采云”“医采云”等场景化产品，打造全供应链一站式金融服务体系。

（三）加强组织机制保障。完善支持体系建设。要构建专业协同、信息共享、系统整合及智能运营的对公服务支持体系，开展账户全生命周期管理，切实加强长尾客户维护的深度、力度、广度。提升网点服务竞争力。深入推动网点综合化率提升，加强网点负责人、客户经理及客服经理的综合化建设。打造人才队伍。要建设作风优良、素质过硬、敢打敢拼的产品营销经理队伍，抓好扩规模、优结构、促能力等重点工作，形成专业人才可持续发展的良性态势。

三、关于投行工作

投资银行要紧跟新产业、新业态、新模式下的金融需求变化趋势，充分发挥价值挖掘和要素整合功能，着力推进商投一体和投贷联动，增强服务实体经济高质量发展的能力，提升投行业务对集团的综合贡献。

（一）做好条线系统推动。画好路线图。要围绕重点投行市场做好统筹规划，明确目标任务，有计划、有步骤、有章法地开展投行业务营销推介活动，既要分清主次抓重点，又要点面兼顾全覆盖。抓住关键点。要对在手项目进行分类摸排梳理，盯紧储备、营销、尽调、审查审批、放款、入账六个阶段，积极协调推进，夯实收入基础。建好人才库。各行尤其是重点战略区域分行、80 家总行级重点城市行，要加强投行专业人才的培养和储备，逐步建立顾问咨询类、估值分析类、并购主办人、并购交易师、企业理财师等专业化人才队伍。

（二）扩大客户群综合贡献。聚焦上市和拟上市公司优质客户。要与上市公司协会等机构加强对接，通过实施上市和拟上市公司客户“董事长、董秘工程”、举办上市公司论坛等途径开展精准营销，力争年内实现对辖区上市公司的全覆盖。聚焦政府平台类客户。要把握好国家加大新基建投资背景下政府类平台公司的投行业务机会，在符合国家监管政策要求的基础上，创新合作模式和产品体系。聚焦同业客户。要与证券、信托、保险、基金等外部金融机构加强合作，深挖未来资本市场业务新蓝海，推动投行业务领域客户、项目和资金来源的多元化发展。聚焦高净值个人客户。要在做好私银服务的同时，大力挖掘此类个人客户背后的公司客户资源，带动投行创新服务拓展。

（三）抢抓疫情后的市场机遇。挖掘产业整合并购业务机会。要重点关注国有企业混改和地方城投整合、重组定增新规推进的资本市场并购、供给侧改革激发的十大产业整合、资管新规过渡期结束启动的资管退出等四个万亿级并购市场，同时紧跟疫情后全球供应链格局的变化趋势，大力拓展“走出去”和“引进来”两个市场的再融资和并购重组业务。把握基建投资提速窗口。要围绕重大基础设施建设项目，强化非标债权的功能性和差异化，加大类永续债和权益用途非标债权等新模式的协同营销推广，稳定非标债权投资流量，持续稳固代理债权投资。推进资本市场业务。要强化投研互动，重点研究新市场中孕育的投行业务机会，紧跟资本市场政策动态，尤其是创业板注册制改革、企业资产证券化发展和基础设施公募 REITs 业务试点等，加强行司联动，加大对优质客户定增和可转债等股权融资的支持力度，积极推进投贷联动。对接客户再融资和财务重组需求。要主动筛查存量客户流动性缓释需求，大力推动融资再安排工作，以财务顾问身份推动大型困境企业债务重组，助力全行和金融同业的风险资产化解。推荐金融顾问咨询服务。积极向大中型企业客户推荐“一顾两证三融”等金融咨询产品，向政府机构、平台企业推荐政府财务顾问服务，向中小企业及金融同业推荐融安 e 信、融誉 e 信服务，向大中型会计师事务所推荐函证 e 信服务。

四、关于公司存款组织工作

存款是立行之本，刚才谷行长明确提出了“要全力完成总行下达任务、确保实现增量可比同业第一”的双目标，各行要坚决落实好。目前，我行公司存款总量仍然领先同业，但是领先优势在缩小，甚至有被赶超的危险。各行要始终坚持对标同业，增强紧迫感和主动性，深刻把握公司存款 GBC 资金闭环、货币派生闭环的双循环增长机理，每个月都要集中资源、放量增长。提升同业排名位次，对于公司存款余额排名同业后两位且增量排名后两位的分行，总行将采取多种方式强力督导。消灭负增长，从 5 月份开始，各行在本年度内每个月都要实现正增长。提高大户资金份额，公司存款第一、第二、第三梯队分行分别选出 30 户、20 户、10 户资金大户，作为全行公司存款发展基石，各行公司业务主管行长要亲自挂户营销，提高我行份额，从 6 月份开始，每月向总行报送工作情况。在稳存增存的过程中，各行遇到困难要及时向总行反映，总行相关部门要按照刚才谷行长的指示，及时为分行提供支持，全行上下齐心协力，确保存款领先地位不动摇。

五、关于风险管理工作

在当前复杂多变的经济形势下，不稳定、不确定因素明显增多，给我们的经营发展带来了巨大挑战。作为公司金融的同业领跑银行，我们不仅要围绕市场拓展创造优势，同时要围绕风险管理做好文章，要把风险防范的关口前移，全力保护好品牌价值，保护好资产质量，保护好员工权益。

（一）提升风险管理意识。要密切跟踪关注疫情动态和企业复工复产实际情况，综合评估企业的融资需求，把好客户准入关。对有技术、有市场但暂时遇到困难的企业，可在合理的融资条件下为其提供必要资金支持；对于生产经营无法恢复、符合破产清算条件的“僵尸企业”，要坚决出清；对于因疫情防控需要实现产能快速扩张、但需求基础不坚实的行业要保持高度警惕。

（二）加强金融科技探索应用。要充分发挥我行信息科技优势，并加强与外部金融科技企业的合作，通过持续收集和挖掘企业的经营数据、金融数据、交易数据、行为数据等重要数字资源，实现贸易背景真实性准确校验、企业偿债能力自动评估、产业及企业风险特征实时监测，全面提高产业链风险防控质效。

（三）推动尽职免责落地。近期总行先后印发了《民营企业客户信贷从业人员尽职免责管理办法》《关于明确制造业信贷从业人员尽职免责要求的通知》等重要文件，各行要认真执行相关要求，明确对从业人员履职情况的评议认定标准，切实保护信贷从业人员的权益，充分调动员工队伍的工作积极性。

同志们，当前经济下行压力加大，同业竞争激烈，我行经营发展的困难和挑战增多。在这爬坡过坎、滚石上山的关键时期，大家一定要认真落实“48字”工作思路，牢固树立“比”的思想，按照谷行长刚才的讲话要求，以更顽强的精神，更主动的担当，更务实的举措，扎扎实实做好二季度的各项工作，为圆满完成全年工作任务打下良好基础。

前台驱动　联动突破
巩固提升公司结现投行市场竞争力

——在全行公司结现投行重点工作推动会议上的讲话

王景武

（2020年8月11日）

刚才公司金融业务部传达了陈董事长在公司投行座谈会、公司金融业务座谈会上的指示精神及谷行长有关工作要求。在这么短时间内接连召开公司板块相关座谈会和工作会议，充分体现了总行党委对这个板块的重视。公司板块是工行的传统优势业务领域、优势板块，陈董事长充分肯定了上半年全行公司板块取得的成绩，高度评价同志们昂扬向上的精神面貌，并强调要为前台及基层“松绑、减负、赋能”，加快构建前台主导、全行参与的科学高效的营销服务体系。大家要认真抓好贯彻落实。下面，我讲三方面意见。

一、上半年成绩来之不易

今年上半年极不寻常，突如其来的新冠肺炎疫情对我国经济社会发展带来前所未有的冲击。全行公司、结现、投行、专融条线及工银租赁、工银投资紧紧围绕贯彻党中央、国务院决策部署，按照总行党委“48字”工作思路，牢固树立“比”的意识，坚持以客户为中心，积极服务实体经济，主要指标均超额完成序时进度，板块贡献度与市场竞争力持续巩固提升，交出了一份稳中有进、好于预期的“中考”成绩单。

一是公司金融业务同业领先。抗疫方面，我行在同业中率先与湖北省政府签署战略合作协议；累计向复工复产七大类重点领域4.1万户企业提供全口径融资支持1.18万亿元；向疫情防控重点企业及民航企业高效投放优惠贷款。贡献方面，实现公司客户营业贡献1 291亿元、增幅超23%；公司重点类中收再创历史新高，实现收入105.3亿元、年度计划完成率77%、超全行平均水平26个百分点。客户方面，公司客户总数达768万户、净增40万户。存款方面，实现公司存款时点余额4.77万亿元、同业第一，净增4 356亿元、完成全年任务290%，是十年来同期最好水平；日均增量2 564亿元、完成全年任务128%，平均付息率1.08%，继续保持同业、各条线最低水平。贷款方面，总量上，实现公司贷款净增7 127亿元、历史同期最高；完成公司贷款LPR定价转换序时进度目标，新发放公司贷款收益率四行第一，信贷有效储备超1.6万亿元。结构上，制造业贷款余额1.66万亿元、净增2 292亿元，年度计划完成率191%；制造业中长期贷款余额5 185亿元、净增827亿元，完成监管目标，均列四行第一；民企贷款净增1 874亿元、年度计划完成率134%。质量上，全行公司贷款不良额、不良率、剪刀差实现“三降”。

二是结现业务转型扎实推进。账户拓展方面，新开对公结算账户82.96万户，新开账户存款年日均余额1 837亿元，日均金融资产1万元以上公司客户净增9.74万户，深度合作现金管理客户净增5.8万户，年度计划完成率63.2%。结现中收方面，实现结现全口径中间业务收入70.5亿元，同比增长15%。其中，人民币对公结算板块中间业务收入合计55.4亿元，同比增长14.7%，收入总量及同比增幅均为四行第一。基础产品方面，深入推进“全球现金管理”“工银小微金融”和“工银聚”三大对公服务平台建设，持续打造行业领先的对公支付结算体系。客户服务方面，坚持现金管理六大产品线综合服务理念，构建常态化对公客户维护机制。

三是投资银行业务逆势突破。实现境内投行业务收入85亿元、四行占比提升至49%，序时任务完成率116%。尤其二季度以来，实现中收39.1亿元，环比提升22个百分点，较主要可比同业多增24亿元。并购重组领域，完成境内外并购交易175笔、新增投放595.9

亿元，并购业务交易数量连续六年蝉联中国区第一。债务融资领域，加大主动管理 ABS 业务营销推动，发行金额超 200 亿元。非标代理投资余额 5 812 亿元，新增投放 716 亿元。股权融资领域，完成工银新动能（科技创新）基金出资及多笔项目投资决策，向抗疫专项基金推荐完成 5 笔项目投资。金融顾问领域，“一顾两证三融”产品体系持续优化，智能服务系统（ISP）研发投产。同业合作领域，持续推进“聚星计划”，推动重点同业客户营销服务工作，营销覆盖率达到 100%。

四是集团行司联动不断深化。工银租赁方面，资产余额 3 341 亿元、上半年项目投放超 300 亿元，考核还原口径净利润 20.5 亿元、同比增幅 31.1%，资产规模、经营利润等主要经营指标继续稳居行业首位。工银投资方面，实现净利润 5.91 亿元，同比增长 62%。总资产、净资产、总收入、净利润连续两年同业第一。实现公司客户债转股累计签约 5 964 亿元，累计投资落地 2 945 亿元、年内新增落地 109 亿元，领先同业。行业首创双非优先股、混改引战、重组并购、可转换权益工具等业务模式。

五是全球金融服务日益完善。专融产品线余额 3 064亿元，营业贡献 27.6 亿元、年度计划完成率 68.8%；实现本部净利润 8.4 亿元、年度计划完成率 61.6%。突出抓好重点客户境外资源、电力、基建、装备、资产融资、跨境并购、国际银团等领域重大项目，进一步提升“一带一路”金融服务能力与结构融资市场竞争力。高质量做好跨境风险管理，持续做好存量资产风险监测，妥善处理个别国家债务风险，目前相关国家主权贷款风险总体可控。

六是党建与队伍建设得到加强。党建方面，坚持把党的政治建设放在首位，全面落实从严治党主体责任，深入学习贯彻习近平新时代中国特色社会主义思想，持续推进主题教育整改落实和专项整治，切实将“两个维护”体现在助力疫情防控、复工复产、脱贫攻坚、服务区域战略等工作实践上。突出党群共建，关心关爱员工，党建工作与“家园文化”建设齐头并进。队伍方面，持续提升公司信贷客户经理履职能力，确定 2020 年“信贷铁军”“总行公司信贷客户经理核心骨干人才”培训计划，修订印发《一般法人客户信贷业务尽职调查管理办法》，提升队伍履职能力。

总地看，今年以来的困难和挑战超过预想，公司结现投行条线业绩好于预期，难能可贵，值得肯定。在此，我代表总行党委对大家的努力付出表示衷心感谢！

二、立足当前、着眼长远，统筹做好下一阶段各项工作

今年以来，主要可比同业聚焦重点区域、优质客户，实行低价竞争和规模敞口供应，实现公司信贷“超常规”投放，同时也带动包括公司存款在内的其他业务快速发展，对我行公司板块领先优势带来了一定的冲击。我们要准确把握经济金融形势变化，准确把握宏观调控政策要求，准确把握全行发展方位，适时调整策略打法，善于在危机挑战中看到新的机遇，在短期波动中找准长期趋势，在复杂局面中抓住主要矛盾，努力在服务实体经济发展中化解风险，在深化营销体系改革创新中应对挑战。

具体来说，下一阶段公司板块要认真贯彻落实“六稳”“六保”要求，把国之大者作为金融工作的立足点，坚持以满足客户需求为导向，坚持以服务实体经济、服务国家战略为己任，突出抓好改革创新与风险防控，牢固树立“比”的意识，聚焦公司贷款、公司存款、对公结现等竞争性重点领域，集中优势资源，全面实施竞争力提升工程，进一步提升价值创造力、客户服务力、风险控制力和市场竞争力。

（一）注重服务实体，高效落实中央决策部署，发挥好国有大行支持经济高质量发展的主力军作用。

一要提升公司信贷同业竞争力。要加快公司信贷投放节奏，下半年全行公司贷款净增要不低于 4 500 亿元，各行要全力以赴确保完成，其中三季度净增不低于 3 000 亿元，8 月、9 月、10 月单月净增不低于 1 100 亿元，加大对复工复产和经济社会发展的支持力度。要开展争先进位专项行动，落实“优质先于定价”和“应贷尽早投放”的策略，聚焦重点区域、重点客户，加大营销攻坚与存量挖转，各行全年公司贷款增量要在所在区域“保二争一”，坚决消灭增量排名后两位的情况，已排名第一的分行要保持领先地位。要加大系统推动和监测督导，总行已将下半年增量任务目标分解至各行，各行要提高公司贷款每月投放均衡度和预测准确性，争取早投放、早收益。总行将按周通报各行计划完成情况。要多措并举加大资源保障，各行遇到困难要及时向总行反映。总行要根据市场竞争态势，动态优化公司贷款 LPR 定价授权体系；要稳步推进 LPR 定价应用及存量定价基准转换工作，确保 8 月底达到 85% 以上。要不断夯实公司信贷储备。要加强储备精细化管理，提升项目储备的可靠性、有效性，做好已批未放公司贷款储备项目二次营销，确保已签合同未放款项目贷款储备金额不低于两个季度内项目贷款所需投放量。

二要深化重点领域金融服务。制造业方面，深入开展“制造业金融服务提升年”活动，加快制造业金融服务中心专营机构建设，重点加大制造业中长期贷款投放，确保年末净增不低于 1 000 亿元，确保完成监管各项要求。民营企业方面，要强化白名单动态管理，分层分类配套资源，丰富民企融资产品体系；要常态化举办民营企业家金融研修班，推进民营企业联合智库建设。新动能方面，要深入实施国家级高新技术企业营销“931”工程，构建“10 家科创中心 + 100 家特色支行”专营机构体系。要加快第三方专业评估推广，迭代完善专属授

信模型、评级模型，深入拓展“两群两链”市场。

三要加快构建全口径投融资机制。要优化客户投融资总量及结构安排，提升全周期金融服务供给能力。要扎实开展“银团发展年”行动，构建多层次银团同业合作体系，做好全球银团营销服务体系规划，升级银团智能化管理平台。要把握债券市场有利时机，坚定“债券精品大行定位”，加强重点客户营销服务。

（二）注重强基固本，从立行之本的高度抓好客户、存款、结现基础工作。

一要坚定不移狠抓公司客户基础。要完善营销服务体系。前期，总行多次召开座谈会，听取相关部门和分支行意见，大家围绕战略谋划、组织推动、运行机制等多个方面提出了很好的建议。下一步总行要通过优化资源配置、绩效考核、合理授权等方式，强化板块间、部门间、机构间战略协同，深化公私联动、行司联动与内外联动，构建以客户为中心，以满足客户需求为导向的科学高效营销服务体系，为前台和基层“松绑、减负、赋能”，更好发挥营销合力、激发营销活力，为全行发展增添动力。要全面及时了解基层、市场、同业、客户的情况，推动行内政策完善，创新产品供给，做到前瞻性布局、精准化施策。要优化公司客户结构。要做深做实“头部”客户，牢固树立战略客户同业占比底线思维，培养一批全天候的战略伙伴，严防同业挖转。要下沉服务重心，做大做强“中部”客户，深耕产业链上下游，重点拓展融资额在3亿元以下的中型企业，今年新增客户数不少于1 000户。要做宽做细“底部”客户，着力提供线上化、标准化金融服务，加快平台获客、链条获客、场景获客，实现批量拓户。要完善服务支持体系。要进一步加大对重点产业链分析，加快开发产业链视图2.0版本；要进一步提高公司金融发展数字化、智慧化、信息化水平，完善公司客户全球统一营销视图，形成“统一、完整、全面、精准”的客户视图，加强企业手机银行应用，打造公司金融开放银行。

二要巩固公司存款市场竞争力。今年以来，全行公司存款业务面临激烈的同业竞争，特别是与主要竞争对手呈胶着态势，要全力提升公司存款竞争力与稳定性，确保与第二名拉开足够安全的距离。要高度重视公司存款工作。各行公司存款较年初增量要对标当地可比同业，全面提升同业排名，消灭三四名现象。总行公司金融业务部要细化监测，逐月下达任务，做好强力督导。一个月完不成任务，分行主管行长向总行提交书面解释，连续两个月完不成任务，分行主管行长到总行进行专题汇报。要突出抓好货币派生循环和GBC资金闭环，前者侧重全社会增量资金创造，后者侧重全社会存量资金摆布。关于货币派生循环，要做好融资资金承接，突出抓好大中型企业贷款、债券承销、股权融资、并购贷款等融资资金的有效承接，加大销售归行率监控，加强信贷资金的受托支付管理，以清单制管理相应项目，压实责任。关于GBC资金闭环，要加强资金循环流转规律研究，做好公司板块牵头的场景建设，重点是资金富集企业上下游交易对手挖掘与营销，特别要做好“政府专项债—城投公司—建筑企业”资金闭环管理。

三要坚定不移提升对公结算竞争力。要聚焦优质客户拓展、中收增收等核心工作，推动全行对公结算业务高质量发展。要持续提升对公账户规模，尽快实现对公结算账户新开重回市场第一的目标。要将现金管理服务深度嵌入企业资金管理各环节，推进对公服务支持体系建设，提升网点对公服务能力，提升长尾客户价值贡献。要严守风险防控和合规经营底线，加强账户全生命周期管理，做好反洗钱、反电信诈骗等合规工作。

（三）注重联动协同，全方位满足客户多元金融需求。

一要深化商投互动。要拓展四个重点市场。紧盯国企改革市场、产业整合市场、资管退出市场、资本市场，助力企业并购重组、降杠杆、化解风险、拓宽融资渠道。要做好四项重点业务。拓展“并购+”产品体系，全流程挖掘并购咨询、交易顾问、交割支付、投融资、并购后整合等方面的业务机会。开展融资再安排业务，重点关注存在潜在流动性风险和集中还款压力的优质企业客户，满足其再融资和财务重组需求。创新非标产品，重点加强类永续债、权益用途非标债权、资本金类股权产品等新模式的营销推广。优化金融顾问咨询服务，强化“一顾两证三融”系列产品的推介落地，适时举办智能服务系统新产品发布会，推动全行组织新产品专项营销。要抓实四类重点客户。对上市公司和拟上市公司、政府平台、同业和高净值个人四类重点投行客群进行针对性营销，推动上市公司客户“董事长、董秘工程”，提高全口径、全产品、全渠道服务能力，强化对客户的价值挖潜。

二要优化内外联动。要提升跨境金融服务质效。审慎筛选重大海外项目，有效把握国别风险和项目第一还款来源，为明年中非论坛、“一带一路”峰会做好项目储备。强化“一带一路”项目顾问优势，以大型资源、基建、电力项目为突破口，推进“一带一路”项目顾问领域合作。进一步完善国别、行业维度的业务规划，加强中长期趋势研判。要加快境内对公外汇业务发展。力争三年内实现境内外汇存贷款、结售汇与外汇买卖、外汇中间业务收入等关键经营指标四行第一、合规风控能力达到同业领先水平。

三要完善行司联动。工银租赁要坚持稳健审慎投放，围绕优质承租人、优质资产开展营销，合理优化境内外资产结构，保持资产负债结构的多元性、均衡性、动态性，发挥好行司协同作用，加快推进风险资产处置。工银投资要以加强创新发展和风险管理为重点，推动公司创新转型、高质量发展。要发挥集团债转股客户准入审议机制作用，优选客户，共同营销，积极稳妥推动债转股项目实施落地；要进一步打通行内外募资渠道，完善行司联动存续期管理体制机制，强化存量项目投后管理，确保我行投资安全。

（四）注重挖潜拓源，持续提升板块贡献度。公司、结现、投行条线要通过加强对客户的综合金融服务，提升对全行的贡献度。要建机制，进一步完善科学可持续的收费服务策略，建立合理的收费服务机制，避免营销简单化和减免随意化，防止中间业务收入跑冒滴漏。要建立中收储备机制。要促转型，坚持把创新作为投行业务的灵魂，努力形成“财顾收入 + 投资收益 + 管理费分成”的新型盈利结构，融资与融智并举、融资与投资互促，形成股权、债权、并购业务多点开花的发展格局，不断拓展业务延伸发展的边界和空间。要抓产品，将银团贷款作为公司中收增收扩源突破口，用好专项授权，快速推动银团安排收入增长；要不断丰富“表内债权 + 表外资本市场业务”产品线，开拓中收新来源；要进一步提高品牌类投行收入占比，稳步推动常年财务顾问、投融资顾问等基础类投行的标准化转型。

（五）注重底线思维，推动信贷风险防控关口前移。要坚持前瞻性地防范风险不动摇，紧盯风险高发领域和关键环节，防范好跨产品、跨市场、跨境业务交叉性输入性风险，实现风险控制关口前移，从营销环节加强风险防控，实现信用风险管控提质进位。要高度关注全球疫情对航空航运、商贸流通、旅游餐饮行业带来的影响，认真梳理监控存量业务，加强分析研判，制定风险防控预案。要突出抓好大户风险防范，落实风险防范化解责任和措施。要突出抓好批零行业、过度多元经营但核心竞争力不强的企业、财务包袱重的地方国企等重点风控领域，做好潜在风险贷款细化管理。要突出抓好疫情防控、制造业、民营企业等增长较快领域风险防控，强化债券承销风险预警与应急处置。

（六）注重党建引领，全面提升党建和队伍建设质量。要加强党的建设。要拧紧理想信念“总开关”。工商银行作为党领导下的国有大型金融企业，具有鲜明的政治属性，要把旗帜鲜明讲政治全面融入各项工作中。要纵深推进全面从严治党从严治行，严守党的政治纪律和政治规矩，持之以恒改进工作作风。要倡导廉洁金融文化，严格执行保密工作要求。

要加强队伍建设。要紧紧抓住“人”这一关键因素，着力打造政治过硬、作风优良、业务熟练、精通产品的公司客户经理、产品经理队伍，持续提升境内外公司信贷经营能力，形成凝人心、聚人气、集众智、促发展的良性循环。

三、苦练内功、勇挑重担，重点提升八项能力

为落实好全行年中工作会议精神、董事长两次座谈会讲话精神及谷行长有关工作要求，全行公司结现投行条线要重点提升以下八项能力。

一要提升分析研判能力。要加强对国内外形势的分析研判，找准发展方向。要坚决贯彻党中央、国务院决策部署，履行国有大行职责。落实好党中央、国务院关于“六稳”“六保”“统筹做好疫情防控和经济社会发展”“要加快形成国内大循环为主体、国内国际双循环相互促进的新发展格局”“要千方百计把市场主体保护好，激发市场主体活力”等相关决策部署。要做好制造业、民营、小微、外贸、科创等企业金融服务，支持纾困惠企政策落地见效。要深入研究分析国家宏观政策最新动向，把握政策导向。主动加强与政策制定部门的沟通联系，掌握第一手信息，抢占市场先机，将我行经营转型融入国家发展大局之中。要持续研究分析各类行业、企业，灵活调整业务布局，准确判断行业发展趋势，力求成为行业专家。只有做到“比客户还懂客户”，才能真正为企业提供优质专业的金融服务。

二要提升战略谋划能力。要坚持战略引领方向，找准战略定位，做好行业、区域、客户的战略布局。总行要发挥好战略规划、战略统筹、管理指挥的职能，分行要根据总行规划，因地制宜地做好区域市场拓展。

三要提升系统推动能力。总行有关部门要做好条线的营销指导、专业支持、政策沟通、队伍建设等工作，加大系统推动力度，确保战略落地。重点是要坚持“总行服务基层、中后台服务前台、领导服务员工、全行服务客户”理念，坚持以客户为中心，聚焦业务痛点，加快构建前台主导、全行参与的科学高效的营销服务体系，为前台及基层“松绑、减负、赋能”，提升市场响应效率、客户服务能力与市场竞争力。

四要提升协同联动能力。要完善“1 + N”公司客户一体化营销服务体系，消除“部门墙”“机构壁”，强化板块间、部门间、机构间信息共享和战略协同，深化公私联动、行司联动与内外联动，进一步整合内部资源，统筹推动客户综合金融需求解决，实现集团利益最大化。

五要提升综合营销能力。要成为综合金融服务商，全面提升对公条线队伍的综合营销能力。每个客户经理都要成为业务多面手和产品专家，做到“十八般武艺，样样精通”。要通过学习前沿技术，服务好先进制造业、新基建、高科技企业等领域的客户。要加快运用金融科技赋能综合营销，通过科技驱动提升客户服务水平，实现集团内客户、产品、营销、数据、制度、风控的一体化融合。

六要提升合作共赢能力。营销不仅仅是盈利的工具，更是一门艺术。在服务客户过程中，要谋长远，算大账，更加注重与客户建立长期合作关系。要双赢、多赢、共赢，通过为商业合作伙伴赋能，联合做大市场，在银企共同成长中实现“获客”“活客”“黏客”“留

客”。与金融同业打交道，也不都是零和博弈，在很多领域也有合作的空间。要善于寻求最大公约数，共同做大市场增量。

七要提升风险防控能力。前台营销部门要切实发挥好“第一道防线”的作用，落实好经营主责任人制度，防止“病从口入”。积极、主动地选择好客户是最有效的风险防范。客户的选择要只唯优劣，把控实质风险，避免一叶障目。传统行业中也有龙头企业，中小微企业中常常出现“隐形冠军”，对国有企业、民营企业、外资企业要一视同仁。

八要提升拒腐防变能力。公司、结现、投行条线的同志们站在与市场、客户接触的前线，一定要增强“四个意识”、坚定“四个自信”、做到“两个维护”，在思想上、政治上、行动上严格要求自己，坚持崇廉拒腐，清白做人，干净做事，构建亲清的银企关系。

同志们，当前形势错综复杂，任务艰巨繁重。大家要坚定信心，鼓足干劲，以更好的状态、更实的作风，锐意进取、顽强拼搏，齐心协力、全力以赴做好下一阶段各项重点工作，奋力完成全年目标任务，保持主要指标同业领先，实现三年规划圆满收官，为建设具有全球竞争力的世界一流现代金融企业作出新的贡献。

夯实项目储备　抢抓旺季营销
持续提升公司板块重点业务竞争力

——在全行公司板块重点工作推动会议上的讲话

王景武

（2020 年 11 月 27 日）

今天我们召开全行公司板块重点工作推动会，主要任务是，以党的十九届五中全会精神为指导，深入贯彻党中央、国务院决策部署，落实总行党委工作要求，总结今年以来全行公司信贷业务工作情况，分析当前经营形势，部署岁末年初公司、投行重点工作，确保各项任务圆满收官，并谋划好明年工作。下面我讲四方面意见。

一、前 10 个月全行公司信贷业务发展情况

全行公司板块认真贯彻总行党委“48 字”工作思路，坚持“三比三看三提高”工作方法，积极提升“八项能力”，迎难而上、奋斗进取，在资负、信管、审批等条线的大力支持下，实现了公司信贷业务快速发展。

截至 10 月末，全行境内人民币公司贷款余额 9.34 万亿元、四行第一，较年初净增 1.07 万亿元，增量首次突破万亿元大关。新发放公司贷款收益率四行第一，全行公司信贷储备 1.99 万亿元。信贷结构上，交通、城建等基础板块公司贷款余额 5.35 万亿元，净增 6 482 亿元；先进制造业、幸福产业、物联互联新引擎板块公司贷款余额 1.57 万亿元，净增 1 826 亿元。制造业公司贷款余额 1.87 万亿元，净增 2 377 亿元，余额、增量均居四行第一；民营企业公司贷款余额 2.18 万亿元，净增 2 325 亿元。重点区域上，京津冀、长三角、粤港澳、中部及成渝等战略性区域公司贷款余额和增量全行占比分别为 70%、80%。抗疫服务上，深入开展“春润行动”，向复工复产七大重点领域的 5.6 万户企业发放公司贷款 1.5 万亿元。脱贫攻坚上，全行涉农贷款余额 2.25 万亿元，净增 2 514 亿元。资产质量上，公司信贷资产质量管控工作的主动性和积极性不断增强，全行公司贷款逾期额、不良率、剪刀差、潜在风险实现“四降”。

总的看，今年面临的困难和挑战超过预想，取得的成绩好于预期，难能可贵。这些成绩是公司板块全体干部员工砥砺奋进的结果，是各分支机构艰苦努力、各专业条线联动协作的结果，在此我代表总行党委向大家表示衷心的感谢！

在看到成绩的同时，我们也要认识到，今年公司信贷市场竞争态势异常严峻，我行同业领先优势受到一定冲击。截至 10 月末，全行公司贷款增量位居同业第二。分行层面，仍有 9 家分行的公司贷款增量处于同业第三、第四名。主要可比同业年初的超常规打法虽然具有阶段性特点，但已经实质性抢走了我行部分优质信贷市场份额，落后的分行要用好总行政策，弥补差距短板。

二、要高度重视公司信贷投放工作

（一）要充分认识公司信贷投放工作的极端重要性。截至 10 月末，境内分行公司贷款余额占全行各项贷款的 56%，是全行资产业务中最重要的板块。同时，

公司贷款对其他业务具有较强的带动作用。总行党委历来高度重视公司业务发展。今年以来，陈董事长、谷行长4次出席公司板块业务座谈会或推动会。陈董事长希望，公司板块要在全行建设世界一流现代金融企业、推动全行战略实施、打造全行最优秀的业务条线上再立新功。谷行长指出，公司板块为全行经营发展提供重要动力和活力，工商银行必须要有一个强大的公司板块和有力的营销前台作为支撑。行领导在肯定成绩的同时，也要求我们继续发挥引领和带头作用，持续巩固提升市场竞争力，将“长板拉长”，更好地服务实体经济高质量发展。

（二）要辩证看待当前公司信贷经营面临的宏观形势。环视全球，新冠肺炎疫情肆虐，全球经济遭受重创，国际贸易和投资大幅萎缩，主要西方国家贸易保护主义抬头，国际环境日趋复杂。聚焦国内，我国经济正处于转变发展方式、优化经济结构、转换增长动力的攻关期，经济发展前景良好，但也面临着结构性、体制性、周期性问题相互交织所带来的困难和挑战。经济环境的变化带来新发展机遇，公司信贷市场也蕴含巨大的潜力。公司条线对于市场的最新动向，要深入研究思考，尽早谋划布局，抢抓发展机遇。

一是持续发挥基础产业公司信贷“压舱石”和“主力军”作用。基础设施领域，今年国家提出重点支持包括新型城镇化在内的“两新一重”建设。“十四五”期间，新型城镇化建设将是稳投资、促消费的关键领域，在城市更新、老旧小区改造、公共服务提升、片区开发等领域蕴藏着万亿级投融资机会。交通领域，预计到2035年，我国铁路运营里程将达到20万公里，全国高速公路仍有6万~7万公里的里程需要建设，未来仍将是交通行业发展的重要时期。能源领域，我国作为能源生产和消费大国，未来将加大水能、风能、太阳能、生物质能等可再生能源比重，预计到2030年非化石能源占一次能源消费比重将达到20%。我们要牢牢把握住上述领域发展机遇。

二是积极培育新产业、新业态、新技术带来的公司信贷新增长点。要把握供给侧结构性改革带来的机遇。今年，党中央、国务院要求扎实做好“六稳”“六保”工作，加快构建以国内大循环为主体，国内国际双循环相互促进的新发展格局。新产业、新业态、新技术等逐渐成为新的经济增长点，5G、大数据等新一代信息技术产业和高端装备制造领域将保持较快发展。要把握内循环带来消费产业机遇，在“消费升级”趋势下，文化、旅游、医疗、教育、养老、育幼、现代物流等领域将作为新消费的主要发展方向，要围绕扩大内需这个战略基点，做好新消费产业的大文章。

（三）要正确认识公司信贷市场的同业竞争态势。今年，主要可比同业主动调整公司信贷业务发展策略，聚焦重点区域和优质客户，加大信贷规模及定价授权倾斜力度，实现公司贷款“超常规”投放。为应对激烈的同业竞争，巩固市场地位，总行经过认真研究，提出全行公司贷款下半年实现4 500亿元增量目标。在资产负债条线大力支持下，总行迅速出台“名单制 + 分级分类分层授权 + 快速审批绿色通道”的公司贷款定价授权体系，并进行动态更新，持续加大公司贷款的资源保障力度，为公司贷款业务赶超同业提供了有力支撑。未来，公司信贷市场竞争必将愈加激烈。各行要始终坚持“比”的思想，既要避免盲目自信，也要克服“畏难”“懈怠”消极情绪，做好打“持久战”的充分准备。

三、要全力以赴抓好岁末年初公司信贷投放工作

下半年以来，全行上下分工协作、奋起直追，加大公司信贷投放力度，与主要可比同业的差距已明显缩小。这充分说明，公司板块敢打硬仗、能打胜仗。同时，我行长期积累的客户基础、强大的综合服务能力和丰富的信贷资源也为我们最终打赢信贷投放“攻坚战”奠定了坚实的基础。11月是年底收官的关键时点，全行一般法人公司贷款增量务必要在本月末实现同业第一。目前同业排名第三、四位的分行要尽快扭转现状，实现公司贷款增量提质进位，同业地位“保二争一”，坚决消灭增量排名后两位的情况，已排名靠前的分行要保持领先地位。总行将在年末条线评价中对公司贷款下半年增量任务完成情况及同业排名情况予以考虑，加大对上述指标的奖惩力度。年底未达到上述要求的分行主管行长要到总行作专题汇报。

（一）前瞻布局，抢抓“十四五”时期业务机遇。党的十九届五中全会审议通过的《关于制定国民经济和社会发展第十四个五年规划和二〇三五年远景目标的建议》，为今后五年乃至更长时间我国经济社会发展指明了方向，也为我们做好新时代新阶段公司、投行工作提供了根本遵循。公司板块要把思想和行动统一到党中央对形势的分析判断和决策部署上来，把握新发展阶段，贯彻新发展理念，服务新发展格局，进一步提高公司客户服务的适应性、竞争力和普惠性，在全力支持实体经济高质量发展中提升公司板块市场竞争力。重点做到“十个聚焦”，即聚焦制造业领域、新动能领域、基础板块、“大消费”板块、区域协调发展、全面脱贫与乡村振兴、绿色金融、高水平对外开放、产业链供应链现代化业务机遇、前瞻主动防范风险。同时，要进一步强化对制造业、民营、普惠、“三农”客户的精准直达金融服务。

（二）联动协同，抓实抓细公司贷款投放工作。各行要充分认识公司信贷业务竞争力提升的重要意义，勇于担当，主动作为，把贷款投放这项工作组织好、营销好、推动好。要充分组织调动前中后台资源共同参与，

着力解决公司信贷投放中的资源调配、审批效率、信贷流程、产品竞争力等问题。各一级分行要统筹安排，层层压实经营责任，传导经营压力，上下同欲，齐心协力，共同应对激烈的公司信贷市场竞争。

（三）夯实储备，筑牢公司贷款投放的“蓄水池”。截至10月末，全行公司贷款项目储备金额1.99万亿元。单从数字来看，信贷资源较为丰富，但区域差异较大、行业集中度较高。部分分行公司贷款投放均衡度较差，呈现月末集中投放的现象。各行一定要高度重视，尽早行动、扎实做好明年的信贷储备管理，实现重大项目“营销一批、储备一批、投放一批”的良性循环。

一要从源头抢抓业务机遇。各级行公司业务部门要加大银政企对接力度，加强与本级政府、重点客户、重点行业协会等的日常沟通联系，及时获取重大项目清单，尽早对接项目融资需求。重点关注国家区域发展战略，持续把握好京津冀、长三角、粤港澳、中部、成渝、东北振兴、西部大开发等国家重大战略开发过程中的区域互联互通、区际产业转移升级、对外开放等方面的市场机会，发挥大行在“稳投资”中的主力军作用。

二要拓宽储备来源。持续做大重点领域储备规模，要立足长远，牢牢把握铁路骨干网络、高速公路、轨道交通、公共设施、城市更新、老旧小区改造、核电、大型风光电基地、水利、幸福产业等领域优质项目机会。要围绕国家“制造强国、质量强国”建设要求，前瞻布局一批信息技术产业、高端装备制造业、新材料产业、生物产业、新能源汽车产业、军民融合等关键技术领域项目储备，推动制造业贷款、中长期贷款显著增长，巩固制造业各项指标同业领先优势。要适应国家经济结构调整要求，储备一批新兴领域的重点项目，更好地服务科技创新、新兴战略产业等融资需求，提升新动能项目储备占比。

三要加强重点项目储备管理。要抓实项目储备，避免上报的储备金额虚高而实际投放不能落地的情况，确保公司贷款项目储备金额不低于本行两个季度所需投放量；各行要建立重大项目储备统计制度，及时清理不再提款的储备项目，根据客户后续提款需求变化，动态调整储备金额。要抓牢存量项目管理，加强已批未放储备项目的二次营销，做好客户其他的融资来源替换和放款前提条件落实，持续提升储备转化率。要抓好储备精细化管理，对即将放款的储备项目，做好流程跟踪，确保投放效率。要根据当月储备项目的提款需求，做实贷款增量预测。总行将把各行待投放信贷储备作为规模配置的重要参考，提高资源的使用效率。

（四）聚焦客户，加大优质客户营销力度。

一是客户服务要进一步提“质”。对“头部”客户，要建立快速响应机制，整合内部资源，发挥营销合力，以做大市场份额、广开项目及收益源头为目标，为客户提供综合化金融服务，不断提升客户黏性与综合贡献度。对“中部”客户，加大中型企业的市场拓展力度，下沉服务重心，深耕产业链上下游。对“底部”客户，要“做宽”“做细”，着力提供线上化、标准化金融服务。

二是客户基础要进一步拓“量”。在深入研究行业规律、分析客户特点的基础上，积极做好分类管理和分层营销，做大央企、民营企业、科创企业、上市公司等客群的客户总量，实现无户开户、有户增量、有量提质。

三是客户选择要进一步增“优”。在总体信贷规模有限的情况下，要优先满足同业竞争激烈、综合收益较高的客户融资需求。要培育、壮大和稳固一批具有重要影响、能和我行建立长远合作关系的优质客户群体。

（五）合理配置资源，提升公司信贷市场竞争力。公司信贷市场竞争激烈，工作推动难度大，我们要把“子弹”提前给足前台营销人员，才能在竞争的关口不误战机、不丢市场。信贷规模上，要进一步提高规模使用效率。总行公司部要主动对接资负部，协助做好公司信贷规模分配与安排，提高分行规模配置的匹配度和灵活性。在分行内部规模分配上，公司条线也要与资负部门做好沟通，确保公司贷款规模满足优质客户、重大项目的融资需求。利率定价上，总分行要继续根据竞争形势变化对优惠利率名单客户实行动态管理，要用足用好利率授权，坚持“优质先于定价”，加大他行优质公司贷款置换挖转力度。营销指导上，总行公司部要针对重点领域和业务，制定下发专项营销指导意见，指导全行快速取得营销实质性进展和重点突破。各分行公司部也要紧密结合本地区宏观经济发展趋势和区域发展布局，制定符合本地区的公司信贷业务发展计划。信贷政策上，公司业务部门要充分发挥贴近市场、了解客户的优势，对于市场中出现的新情况、新问题，主动加强与信贷中后台的沟通联系，配合信贷中后台不断优化评级、授信、授权、产品、流程等相关制度办法，增强政策的灵活性和针对性。

（六）落实经营主责任人制度，抓好全面风险管理。

一要树立“风险管理创造价值”的理念，将经营主责任人制度落到实处，全面提升公司信贷经营能力和风险防控能力。

二要坚持主动防范风险，把控好新增入口、存量管控和不良处置“三道闸口”，助力打赢信贷资产质量“123”攻坚战，实现全行公司信贷资产质量提质进位。

三要严守合规风险底线，对于监管意见和信贷政策不明确的市场领域，要稳妥审慎开展业务，防范接盘同业战略性退出的行业和企业。

四、要统筹做好其他重点工作

（一）要抓好营销体系改革的启动工作。在经济发展模式转变、同业竞争加剧的背景下，全行迫切需要构建更加科学高效的营销服务体系，扩大客户基础，持续提升客户综合服务水平，促进高质量的发展。总行已制定《关于完善营销体系提升营销质效的意见》，将于近期印发全行执行。新营销体系以联动协同、发挥营销合力，创新赋能、激发营销活力，资源保障、增强发展动力为指导原则，初步构建了营销体系改革的框架。其中很多内容还是原则性的，要进一步制定实施细则和专项办法，逐一细化落实。要按照分类、分步、分批原则，选取部分分行试点，稳步推进。总行公司部要做好统筹安排，抓紧推动营销体系落地实施。

（二）要抓好重点任务年末收官。

关于投行业务。要提早布局，做好中收工作的全盘调度。各行要结合辖内业务实际，制定年末中收工作方案，方案要做精做细、落实落地。对于分行开展的大额投行顾问项目，总行要派出业务骨干协助完善服务方案，落实“质价相符”要求，全力做好分行增收创收的服务保障工作。要有的放矢，积极强化投行业务项目储备。按照“营销跟踪一批、推进一批、审批一批、投资一批、实现收入一批”原则全面梳理项目，加快项目推进，尽早实现收入。要做好岁末年初的客户走访工作，抓住年底有利时机，围绕信贷投放重点区域和重点行业，抢抓一批金额大、收益高、风险可控的优质项目资源，为年底乃至明年增收工作做好储备、打开局面，争取全年工作的主动。要突出重点，加强关键领域市场拓展。要紧盯投行四大市场，结合各自资源禀赋，着力探索国企改革、产业整合、资管退出和资本市场等方面的业务机会，积极满足客户并购重组、降杠杆、风险化解、融资渠道拓宽等需求，拓展“并购+”产品体系，大力开展融资再安排业务，重点加强类永续债、权益用途非标债权、“资本金融资+项目贷款”等新模式的营销推广，强化“一顾两证三融”系列产品的推介落地。

关于债券业务。从国际经验来看，未来企业债券融资占比会进一步提高。要充分认识到，在构建新发展格局过程中，直接融资市场作用将进一步强化，债券已逐步成为重点公司客户的核心融资渠道。做好债券承销，对于存款、结算、中收等业务具有较大的综合带动效应。要准确把握承销业务营销工作开展的规律，抓住关键时点。在企业内部，债券融资决策层级高、规划性强，往往在年初就基本确定全年发行计划并相应履行董事会、股东会等决策流程。各行要积极把握当前营销时点，对区域内重点发行人就债券承销等一揽子业务开展地毯式、集中性的高层营销，了解客户发债安排、宣传我行承销优势，力争通过新增注册、加团等方式实现对辖内全部AAA客户注册“全覆盖”，为来年承销工作夯实基础。

关于公司中收。今年以来，全行公司条线把握机遇、主动作为。截至11月25日，公司类重点中收实现128亿元，创历史新高；22家一级（直属）分行实现同比正增长，21家计划完成率超过序时进度。但根据最新摸排情况，全行年末预测数较计划数仍有缺口。要做好年末收官，统筹明年布局。各行要提高重视程度，紧盯任务目标，抓紧年末时间全力组织推动，狠抓银团增收，夯实承诺稳收，确保完成计划。计划缺口较大的北京、上海、重庆、浙江、四川、辽宁、大连等分行要全力增收，完成计划；近期下调预测数的分行要重新摸排，应收尽收；已完成计划的分行要唯市场不唯计划，力争多作贡献。同时，各行要结合信贷布局做好中收项目储备，把好收益关，实现明年中收开门红。要加强商投互动，优化收入结构。要充分利用银团贷款利率快速会审机制、专项规模等优惠政策，年底前抓紧筹组一批高收益银团项目。要尽快实现理财直接融资工具、债权融资计划等非信贷融资项目落地，拓展新增长源，推动中收产品均衡发展。要严守合规底线，做到质价相符、规范经营。落实大额承诺收入报备机制，逐步降低承诺收入集中度。

关于公司存款。今年以来，全行公司存款经历了年初的困难时期，自4月开始稳步增长，逐渐缩小与主要可比同业的增量差距。特别是8月总行开展“秋实行动”后，公司存款实现了较大幅度增长。10月末，全行人民币公司存款时点余额4.87万亿元，较年初增加5 358亿元，连续3个月创历史同期最好水平，成效显著。上次开会，我提出一个月完不成任务的分行，主管行长要向总行提交书面解释；连续两个月完不成任务的，主管行长要到总行进行专题汇报的工作要求。从最近各行上报的材料看，大部分分行对影响当地公司存款稳存增存的主客观因素、同业态势、下一步计划都做了深入分析，但是也有少部分分行的报告浮于表面，缺乏工作思路。11月是“秋实行动”的收官月，各行要高度重视公司存款增存，稳固市场竞争地位。

同志们，再有一个月，今年的工作就要收官了。各行要坚持问题导向、目标导向、结果导向，保持战略定力，坚定必胜信念，努力将全年任务目标完成得更好一些。同时，要抢抓岁末年初有利时机，夯实信贷、存款、中收、债券、投行项目储备，为旺季营销积势蓄能，确保明年实现“开门红”，持续巩固提升公司、投行市场竞争力。

在在京机构疫情防控工作视频会议上的讲话

张文武

（2020 年 6 月 18 日）

受监事长委托，今天下午紧急请在京各机构负责人召开会议，主要是针对当前北京市新冠肺炎疫情的最新情况，传达行党委对防控工作的指示部署，希望大家高度重视，抓好贯彻落实。下面我讲两点意见。

一、当前疫情形势及市政府防控要求

6 月 11 日，北京市结束了连续 50 多天无新增病例的历史，重新出现本地新增确诊病例。截至 6 月 17 日 24 时，连续 7 天出现新增，累计报告确诊病例 158 例，且处于上升趋势。此次聚集性疫情与新发地农产品批发市场高度关联，市场人员密集、流动性大，疫情扩散的风险很高。目前已经扩散到本市 9 个区、28 个街道，有 33 个疫情中高风险地区，其中丰台区花乡为高风险地区。

针对疫情，北京市迅速部署，开展全面流调、溯源、检测、排查。市政府每天召开多场新闻发布会，及时发布信息，回应社会关切，明确要求进一步落实“四方责任”，坚持“三防”“四早”“九严格”，科学、精准、有效抓好防控，坚决阻断疫情传播渠道，坚决遏制疫情扩散蔓延。

6 月 16 日，北京市政府连续召开三场疫情防控发布会，宣布将北京市突发公共卫生事件应急响应级别由三级调至二级，也相应调整了防控策略，提出了二级响应下 15 项必须加强的防控措施，其中有一些和我们密切相关。比如：第三条，中高风险街乡、新发地市场相关人员严禁离京，其他人员坚持非必要不出京，确需离京的，要持 7 日内核酸检测阴性证明。第八条，商务楼宇、商超等公共场所和建设场所需做好体温监测，日常通风消毒和健康宝绿码查验。二级响应级别下不需停产停工，但要下调办公楼与到岗率，鼓励远程、居家等弹性办公，鼓励错峰上下班。第十一条，在严格落实各项防控措施的条件下，可举办 100 人以内规模的会议，或召开视频会议。第十四条，坚持科学佩戴口罩，随身携带口罩。第十五条，非必要不聚餐聚会聚集，严防人员扎堆。开展活动时尽量保持一米以上的社交距离，人员密集场所要加强通风，严格按规范加大清洁消毒的频次和范围。这些都是我们在京各机构做好当前疫情防控工作必须要遵守的措施。

我行在京机构多、人员数量大、场所较复杂、覆盖范围广。作为北京地区第一大银行，我们还要服务众多对公与个人客户，代表着首都金融服务业的整体形象，防控责任更加重大。经过系统全面摸排，截至目前，我行在京机构及总行本部没有出现确诊或疑似病例。

二、下一步工作要求

行党委时刻关注北京市疫情形势变化，高度重视疫情防控工作，坚决贯彻党中央决策部署和北京市各项防控要求，迅速召开党委会议和专题会议。总行也成立了疫情防控工作专班，由杨国中监事长任组长，王景武副行长和我任副组长，研究部署当前疫情防控工作，全面升级防控要求，果断采取一系列排查和防控措施，迎战再次到来的疫情防控战时状态。下面我围绕场所防护和人员流动这两个疫情防控主线，讲几点要求。

（一）加强场所防护，统筹抓好办公场所和营业网点防控管理。

一是各办公场所。要根据北京市《关于进一步严格疫情防控有关要求的通告》，落实“楼长”制，坚决控制住人员密度、办公间距、人际交往等硬要求。要严格出入管理，进出办公楼坚持身份必查、体温必测、口罩必戴、健康宝必验“四必”要求。暂停外部访客进入办公区、一律停止外卖和快递进入办公场所。要严格消毒通风，坚持办公区域每天全面消毒、开窗通风，进一步加强空调消毒管理。要严控会议，能不开则不开、能视频不现场，尤其是严控 10 人以上会议活动。对非独立办公场所，要督促物业单位和楼宇内办公单位制定疫情防控的工作方案和应急预案，落实疫情防控的各项要求，掌握相应空间内的有关情况。

二是关于营业网点。要严格落实《疫情防控期间网点安全营业提示 30 条》要求，压实营业场所主体责任。要全面做好日常消杀，不留死角。每日网点营业前后，对网点出入口、理财专区、智能服务及附行式自助服务区、客户等候区、卫生间等公共区域，以及客户经常接触的服务设施进行清洁及消毒，并做好通风。客流较多的网点，要不定时对服务设施上客户频繁接触部位实施清洁消毒。要做好网点服务质效监测，确保服务不断档。同时，加强与属地疫情防控部门沟通，第一时间了解疫情防控形势。做好线上服务类舆情监测，确保不发酵、不升级。

（二）加强人员管理，统筹做好员工、第三方人员管控与客户服务。今天上午，北京市召开第124场新闻发布会，进一步明确有相关症状人员、新发地市场密切接触人员、中高风险地区人员等三类涉疫人群严禁出京。这是我们加强人员管理的大背景。各在京机构要密切关注国家、北京市以及机构所在地疫情防控方面的最新要求，与自身疫情防控措施紧密结合起来，严格贯彻落实。

一是管好员工。工行在京机构员工数量众多，这是我们工行事业发展的根基，必须始终坚持把员工生命安全和身体健康放在第一位，既加强管控、又紧紧依靠员工打好打赢疫情防控的人民战争、总体战、阻击战。要严格做好员工健康监测，建立员工新增发热病例速报机制，做到一事一报。在现有员工健康情况“一日两报”基础上，将健康宝情况纳入监测范围。严格执行2小时速报机制，及时全面准确掌握员工及同住家属的发热、咳嗽、乏力等健康异常情况。科学合理做好排班和办公管理，分类明确返岗标准。进一步规范员工行为，保持良好卫生和健康习惯，坚持戴口罩、勤洗手、不串岗，控制社交距离，减少外出，停止聚会，选择安全出行方式。

二是管好第三方人员。这关系工商银行各类场所良好运行秩序的维护。要严格日常管理，做好健康监测，比照我行员工相关要求执行，切实避免风险。要实施名单制管理，落实全体人员情况表、上班人员排班表“两张表”，本着健康安全可靠的原则，降低人员班次、降低上岗密度、固定活动范围、划定工作区域、明晰活动轨迹，综合运用“北京健康宝”等手段，实行“绿码”上岗制，做到底数清、轨迹明。

三是服务好客户。要从严抓好网点消毒、员工防护、客户提示与厅堂管理，严格落实“一米以上”安全距离和客户隐私保护。要从严落实客户进店“三步走”，即“测温、验码、采信息”，确保到店客户可溯源，并优化客户信息采集工具，确保客户易用。要从严掌握疫情防控标准，紧密跟踪防疫信息，临时休业网点做好客户告知与资源衔接等工作。

近日，总行抽调了专门力量组成了防疫监督检查小组，对我行在京机构办公场所和营业网点的疫情防控措施进行了抽查暗访，整体情况较好。但是仍然有一些机构存在认识不够、重视不足、管理疏漏等问题。比如，有的多人办公房间员工不戴口罩，有的网点未严格落实“测温、验码、采信息”三道入口管理措施，这些都是绝对不允许的行为。总行最近对个别员工不按防疫管理要求的典型情况进行了全行通报，下一步还将进行严肃处理。各机构必须对员工严格管理、发现问题坚决问责、坚决处理。疫情期间，我们还会组织专门人员再次进行抽查和暗访，希望大家高度重视，压实责任。最近，总行将召开应对新型冠状病毒感染肺炎疫情工作领导小组第九次会议，董事长将对我行疫情防控工作作专门安排和讲话。在京机构主要负责人也要就本机构疫情防控工作作汇报，请大家提前做好准备。

同志们，这次疫情来得突然、来势猛烈，行党委将疫情防控作为当前全行最重要的工作来抓。希望各机构提高政治站位，从首都安全和维护人民生命安全的高度出发，全面贯彻落实各项工作部署，严密防控，全力以赴、分秒必争、主动出击，动员在京机构全体员工和各方力量，织密我行疫情防控网，巩固维护好经营发展良好局面，坚决打好打赢疫情防控仗。

在全行防汛工作专题视频会议上的讲话

张文武

（2020年7月21日）

受陈四清董事长、谷澍行长委托，今天我们召开防汛工作专题会议。我讲两点意见。

一、充分认识当前防汛形势的严峻性复杂性

在7月17日中央政治局常委会会议上，习近平总书记深刻分析了当前防汛救灾面临的严峻形势，指出全国防汛进入“七下八上”阶段，长江流域中上游地区降雨仍然偏多，黄河中上游、海河、松花江、淮河流域可能发生较重汛情，强调要做好预案准备、队伍准备、物资准备、蓄滞洪区运用准备，宁可备而不用，不可用时无备。

前期，总行党委认真学习贯彻落实习近平总书记重要指示精神，召开了专题会议，对全行防汛救灾与金融服务保障工作进行安排部署。陈四清董事长强调全行要迅速把思想和行动统一到习近平总书记重要指示精神上

来，以高度政治自觉坚决抓好贯彻落实，全力做好防汛救灾与金融服务保障工作，以实际行动和实际效果践行“两个维护”。

这两天，西南地区东部、湖南西北部、湖北南部和东部、安徽中部等地出现暴雨或大暴雨，淮河干流、长江中下游干流及洞庭湖、鄱阳湖、太湖周边地区汛情雨情十分严峻。未来两天四川盆地至黄淮一带还将遭遇新一轮强降雨，这不仅将加剧安徽、河南等地区的严峻汛情，还可能在长江上游形成新一轮洪水，加大长江中下游防汛的压力。在这种形势下，安徽、河南、山东、江苏、江西、重庆、四川、陕西等分行，必须提高警惕，全力战备，严防强降雨引发内涝风险。同时，其他分行也不可麻痹大意。据气象预测，未来东北地区需要防范局地短时强降水、雷暴大风或冰雹等强对流天气引发风雹灾害，华南和东南沿海地区要严防台风及其引发的次生灾害等。

今年防汛形势复杂严峻，各级机构必须坚持底线思维，强化风险意识，从最不利的情况出发，尽最大的努力，争取最好的结果。

二、扎实做好预防预警与抢险救灾工作

一要加强领导，统筹组织。要提高政治站位，坚持人民至上、生命至上，安全发展，切实把人员生命安全放在第一位，把做好防汛工作作为重大政治任务抓紧抓实抓到位。各级机构主要负责人是防汛救灾工作的第一责任人，要亲自部署协调，亲自督促落实，做到守土有责、守土担责、守土尽责。主管防汛工作的负责人要深入一线，靠前指挥，现场督查，随时掌握一手资料，及时督促协调，推动落实。各级安全生产委员会成员部门要各司其职，各尽其责，通力协作，做好对分支机构指导和支持，确保各项防汛措施全覆盖、无遗漏。

二要突出预防，做足准备。要抓实抓细防汛救灾准备，做到宁可备而不用、不可用时无备。具体来讲，一是突出防汛重点。总行各部门要重点关注受洪涝灾害影响较大的省市分行，各省分行要关注重点市分行，各市分行要关注重点区域支行，各支行要关注重点营业网点和金库等。要摸清底数，对辖内营业和办公场所安全状况进行排查，对沿河、沿江、沿湖以及地处低洼等曾受灾或易受灾的机构网点做到心中有数，制定预案，组织演练。二是核查防汛物资。重点检查易受灾机构的防水沙袋、挡水板、编织袋、铁锹等防汛物资和个人防护用具是否配备齐全。如有短缺损毁，立即补齐补全。要检查墙体、门窗及附属设施是否安全可靠，设施机具用电是否安全，防止衍生风险。三是落实应急保障。加强汛期备勤，集中调配力量，做好应急准备。加强与当地政府、监管和公安、消防等单位的沟通协调，积极争取支持。对下级机构遇到的困难，要抓紧解决。

三要保障运营，做好服务。工商银行是国有大行，保证汛期安全运营，做好金融服务保障，是必须履行的社会责任。一是保证信息系统安全运行。数据中心要密切监测运行情况，及时做好突发事件技术支持。各分行要重点落实供电、机房、网络、自助机具等重点领域应急预案，确保移动发电车、燃油供应保障等应急物资配备到位。要检查网络设备和主备线路运行情况，确保主备线路互备有效，保障柜面、自助机具、跨行支付等关键对客服务的应用系统正常服务。二是落实现金运营服务保障。做好防汛期间现金投放回笼和调运预约，合理调配运钞人员、车辆与线路，保证现金运送安全和网点正常现金服务。加强自动柜员机供钞、装卸钞和运营维护，保证自动渠道服务畅通。三是加强网点客户服务保障。根据当地汛情和天气变化，及时与属地监管沟通，合理调整营业时间，保证开门营业安全。加强网点厅堂管理，落实防水防滑等措施，保证来行员工和客户安全。暂时停业的网点，要及时告知客户，提示客户通过网银、手机银行等办理业务，减少出行风险。

四要加强预警，及时抢险。要时刻关注当地汛情、雨情和水情变化，及时发布预警信息，指导辖内机构做好各项防范准备工作。要精准调配和提前预置防汛物资，应急救援力量要随时集中待命。接到汛情雨情预警，要迅速启动预案，组织受灾网点视情况采取拦堵、撤款、断电、暂停营业等防范措施，已经受灾的网点要进一步加固防护，防止再次被淹。报警监控联网平台要加大巡查，随时通报前端受灾情况。抢险救灾要优先保证人员生命安全，条件允许时转移资金、保护设施，降低损失，在紧急情况时务必做到人员该撤必撤。要严格落实防汛值班制度，保证 24 小时通讯畅通，按规定时限逐级报告并做好续报，汛情严重的机构要每日报平安。

五要做好善后，恢复运营。具备条件时要尽快恢复运营，支持地方灾后重建，展现工商银行应急能力与大行风范。一是做好恢复准备。受灾网点要组织安全隐患排查，采取必要措施，确保安全运营。要全面核对现金、凭证和账务，确保账实一致。要加强人员配置，做好运营管理，保证服务质量与安全。二是做好理赔准备。要认真核查确认损失，第一时间与保险公司联系沟通，及时报案固定证据，最大限度取得合理赔偿。分行财务部门要做好指导。三是支持灾后重建。要保障支付清算服务，确保涉及赈灾的拨款、捐款等资金顺利到账。深入了解防汛救灾金融服务需求，疏通资金供应渠道，助力受灾企业复工复产，做好灾后恢复重建金融服务。四是做好总结分析。重点查漏洞、补短板、强弱项，推动完善防汛体系和提升防汛应急能力。从源头上降低汛情水情风险，持续推进安全隐患网点治理，从严掌握新建改建物业选址，避免选择地处低洼、易受洪涝侵害的物业。

六要以人为本，关爱员工。各机构要高度重视和切

实做好受灾员工及家庭的关爱救助工作，及时掌握情况，送去组织温暖，切实帮助其渡过难关。对参与防汛抢险的员工要多关心多慰问，主动帮助其解决后顾之忧。对因受灾遇到困难的客户，积极联系，提供帮扶，雪中送炭。参与支持地方防灾减灾，配合做好受灾困难群众的帮扶救助。

同志们，当前防汛形势严峻，做好防汛救灾工作，责任重大、任务艰巨。各级机构要坚决贯彻习近平总书记重要讲话和重要指示精神，认真落实总行党委防汛工作要求，坚决打赢防汛救灾这场硬仗，以安全稳定的运营环境，助力推进疫情防控、金融保障和经营发展等各项工作，奋力完成全年目标任务。

在防控电信网络新型违法犯罪专题会议上的讲话

张文武

（2020 年 11 月 19 日）

刚才总行安全保卫部、个人金融业务部、运行管理部对全行电信欺诈防控工作进行了分析部署，河南、广州分行也结合自身工作做了发言。下面我讲两方面意见，一是“重视”，二是“精准”。

一、高度重视，正视问题，扎实做好电信诈骗防控工作

电信诈骗严重威胁人民群众财产安全。党中央、国务院高度重视，中央领导多次作出重要批示，公安部、人民银行等主管部门采取强有力治理措施，充分显示了防控决心。工商银行作为国有大行，防控电信诈骗既是义不容辞的责任，也是我行践行客户为本、维护金融安全的必然要求。当前不法分子为逃避打击和规避监控，不断升级作案手法，形成了一条开户、出售、转卖、使用涉案账户的黑色产业链，客观上增加了防控难度。

除外部因素外，我行内部情况也不容乐观。去年以来，我行涉案账户同业占比较高，其中对公涉案账户占比第一，最高时占比超过 40%，受到人民银行高度关注，已有 10 家分行 60 多个网点被暂停新开户业务。近日广东分行又被罚款 705 万元，三名责任人被罚款 20 万元，这不仅对我行业务发展造成影响，产生的声誉风险和口碑损失更是难以估量。还有一些分行的问题需要高度关注。如广东、广西、辽宁等 10 家分行对公涉案账户数不仅同业占比排名第一，而且总量是同业第二名的 2 倍以上，其中陕西分行超过 6 倍，广东、湖南分行超过 4.8 倍。个别机构对账户准入把关不严、治理措施执行不力。如多家分行网点虽执行了上门尽职调查，但仍未能识别空壳公司开户。个别机构对风控措施把关不严。如山东、天津等分行网点开户时网银额度设置为 50 万元，后法人申请调额，网点未有效核实客户真实需求即将额度调整至 200 万～500 万元；辽宁、贵州等分行网点对高风险账户核查敷衍了事，导致涉案账户管控晚于公安冻结日期等。

今年以来，全行集中力量开展治理工作，取得初步成效。对公涉案账户增量占比由 1－4 月的第一名，下降到 10 月份的第三名，个人涉案账户保持第二名。但由于我行涉案账户基数较大，对公账户年度总量依然排名第一；个人账户尽管同业排名第二，但与第三名的差距有拉大趋势。对此，总行相关部门和各级机构必须保持清醒的认识，给予高度重视，持续加大治理力度。

二、针对问题，精准施策，建设高质量账户管理体系

一是目标精准。总行相关部门及各级机构，要对标可比同业，锁定风险管理目标，按照条线、分行、网点，逐月进行涉案账户监测分析，通过增量账户动态跟踪，发现犯罪趋势，发现问题苗头，发现重点业务和重点机构，做到心中有数，靶向精准，避免泛泛而谈。

二是业务控制精准。各业务条线要认真梳理当前流程控制环节中存在的问题，有针对性地研究改进。比如，不法分子在涉案账户暴露后，通过挂失等方式再行开立新的账户；又如，使用人造面具通过人脸识别。为指导一线员工提高风险识别能力，总行个金部制作了风险控制操作指引并通过网点直通车直达一线，这一做法很好，相关专业可参考学习。此外，不法分子不断寻找漏洞和可乘之机，通过研究银行业务防控方法，变换花样开立涉案账户，对此我们必须保持警惕，及时发现问题，快速做出反应，体现专业能力。

三是问责精准。责任追究关乎员工利益，问责的核心是要客观准确，让被处理员工心服口服，既不能不分青红皂白，问责扩大化，打击员工积极性；又不能该问责的不问责，如贵州、河北、吉林等分行个人涉案账户数量较多，但追责机构和人数均为零，这也是不正常的。问责不够，就会导致敬畏不足，纪律松散，影响

风气。

四是考核精准。总行及分行相关部门在制定2021年考核办法时要考虑电信诈骗因素，形成正确的考核导向。

近期公安部正在全国组织开展“断卡断链”专项打击行动，各行要积极配合开展工作，及时掌握并妥善处置我行涉案账户。同时，各级机构要加强与属地公安、人民银行、银保监局等部门的沟通，汇报工作进展，反映问题困难，开展联合治理，争取理解支持，形成防控合力。要努力创新警银合作模式，在信息共享、智能监测、联合建模等领域探索新方法和新思路，积极践行大行责任，努力树立防范标杆。

同志们，防控电信网络新型违法犯罪是工商银行义不容辞的责任。希望大家齐心协力、攻坚克难，在助力打赢电信诈骗攻坚战上体现工行担当，贡献工行智慧。

在数字人民币扩大试点工作部署会上的讲话

张文武

（2020年12月3日）

11月25日，人民银行范一飞副行长主持召开会议，就数字人民币试点地区从“4+1”扩大到“10+1”（“4+1”指深圳、苏州、雄安、成都四个试点地区以及2022北京冬奥会试点场景，“10+1”新增了上海、海南、长沙、西安、大连、青岛六个试点地区）作出专项部署。各大型银行、试点地区省政府、金融办及人民银行地方中心支行参加了会议。各试点地区政府高度重视，纷纷表示要全力支持数字人民币业务试点。下面，我就数字人民币扩大试点的下一阶段工作讲三点意见。

一、要进一步强化对数字人民币研发试点重大意义的认识

从国家战略部署角度来看。数字人民币研发试点是党中央、国务院部署的重大战略任务。自2017年人民银行启动数字人民币研发试点以来，习近平总书记对相关工作高度关注，多次作出重要批示，在中央财经委员会第七次会议上指出，要积极参与数字货币、数字税等国际规则制定，塑造新的竞争优势；在二十国集团领导人第十五次峰会上呼吁，要以开放和包容方式探讨制定法定数字货币标准和规则，在共同推动国际货币体系向前发展过程中，妥善应对各类风险挑战。党的十九届五中全会提出，要稳妥推进数字货币研发。数字人民币作为人民银行面向数字经济提供的公共产品，是加快数字化发展的重要内容；数字人民币具有法偿性，有利于打破行业、产业服务壁垒，是支持构建新发展格局的重要手段；数字人民币的账户松耦合、可控匿名、可编程等特性，有利于构建现代财税金融体制；同时，数字人民币也是提高国家治理能力、防范偷税漏税的重要手段。此外，目前欧美日等国家和经济体均在加快研究数字货币，我国只有不断深入开展数字人民币研发试点，才能在数字货币国际规则制定中争取主动，在大国货币竞争中抢占先机。

从商业银行发展角度来看。数字人民币将对我行GBC三端业务线上化与相互联动带来考验。目前，C端个人支付95%的市场份额被两大支付机构垄断，商业银行、互联网金融机构等都在加快G端、B端的大额支付消费场景布局，G端、B端的线上化发展不可避免。各研发机构倾入大量人力、物力等资源，围绕数字人民币GBC三端联动场景建设做文章，力图在不断丰富创新场景过程中，提高数字人民币规则制定的话语权，进而撬动目前的市场格局。我行要牢牢抓住当前数字人民币场景创新的机遇，保持目前GBC业务优势，在激烈的数字人民币研发竞争中突围。从前期试点情况来看，G端方面，数字人民币可加载智能合约、支付环节可追溯等特性有利于政府部门管控财政专项资金、便利税收征管，在服务各地政府开展数字城市建设、实施智慧政务、改善民生服务等方面有大量值得挖掘的创新场景。B端方面，数字人民币对公钱包支持线上开立、可以绑定多个银行账户、支付收款和资金管理、兑换等环节免收服务费，与银行账户服务相比有更多的政策支持和突破，将带动一批新场景不断涌现。C端方面，人民银行正在推进数字人民币钱包生态平台建设，打造线上线下全场景应用的支付环境，着力破除支付市场壁垒。这是商业银行重新夺回支付业务的重要机会，我们要强化机遇意识和危机意识，抓住数字人民币带来市场份额重新划分的窗口期，构建新的生态，通过数字人民币研发创新，进一步带动全行GBC工作落地和服务升级，确保工商银行在数字人民币业务领域的领先优势。同时，数字人民币可能对商业银行中间业务收入和现金营运资源

配置产生深远影响。各部门、试点分行要保持高度警惕，深入研究数字人民币对整个金融生态和商业银行发展模式的影响，提前做好应对安排，助力全行数字化转型发展。

二、要稳步推进数字人民币扩大试点各项工作

目前，我行已经构建了较为完整的数字人民币业务运营体系，实现了数字人民币兑出、兑回、流通、支付的全生命周期管理。我行作为试点运营机构，承担着基础平台开发、运营体系建设、业务流程设计、应用场景创新、新技术研发探索等重要工作。去年11月开始，深圳、苏州、雄安、成都四个地区启动数字人民币业务试点，历经一年多的时间取得了积极成效，已经涵盖批发零售、餐饮文旅、教育医疗、公共交通、政务缴费、税收征缴、补贴发放等领域，初步形成了一批有特色、有亮点、有市场竞争力、可复制、易推广的数字人民币应用场景。各试点分行要在此基础上，加强GBC三端联动，通过G端、B端带动C端，做深做实业务试点推广工作。

一是加强与政府、机构端的战略合作。要抓住各试点地区政府高度重视数字人民币业务试点的机遇，积极加强与当地政府对接，借助公共服务刚性需求与政府信用优势，结合数字人民币支付即结算等特性，重点突破数字政务领域的政府补贴发放、公共事业缴费、扶贫救助等场景应用，助力市场规模集群式拓展和业务规模台阶式提升。要发挥我行作为数字人民币运营机构的优势，加强与同业机构、支付清算组织、第三方支付机构的业务合作，共建数字人民币互惠互利、优势互补的战略合作关系，加速推进同业合作场景落地实施。

二是加快公司客户的数字人民币市场布局。要多维度细分行业客群，完善分层营销管理体系，分类做好综合服务，围绕集团客户资金管理、供应链管理、商贸金融等领域开展场景拓展。要加强与手机厂商、大型电商平台、互联网公司的数字人民币业务合作，加大对重点公司客户的营销力度及优惠配套政策支持，为中小微公司客户提供安全便捷的一站式数字人民币收付服务，形成广泛细微、覆盖线上线下的服务模式，提升金融服务的适应性。

三是打造数字人民币个人支付领域的竞争优势。要继续完善渠道销售、客户管理等业务推广模式，提升客户营销效率。要加强与个人业务产品线的联动营销，以银行账户业务为基础，带动数字人民币钱包快速普及，实现个人客户银行账户业务与数字人民币业务协同发展。要利用数字人民币易获取、零费率等流通优势，挖掘长尾客户价值潜力，通过错位竞争重点突破县域市场，打造县域批量拓客平台。要探索制定境外人士等重点类型客群的场景建设方案，满足境外用户在境内停留期间的货币兑换需求。

四是积极探索数字人民币与新技术的融合应用。要进一步提升创新能力，积极研究客户的支付需求变化，重点围绕5G、物联网、区块链、大数据等领域深入探索积累，开展前瞻性研究和创新性尝试。要深化与中国移动的合作，紧紧围绕信息技术、芯片技术，提升支付效率、优化用户体验，为社会公众提供更多元、更普惠的支付方式，有效扩大数字人民币的业务覆盖范围和支付服务包容性。

三、周密部署，确保数字人民币研发试点取得实效

从目前研发进展来看，各同业机构持续加大资源投入，积极争取在数字人民币市场拓展中占据主动。我行钱包数量、交易业务量等关键指标与同业交替领先，尚未拉开差距，应用场景还有待进一步丰富。为此，各试点分行要集中优势资源，真抓实干、保障业务试点取得优异成绩。

一是坚持目标导向。要将“三比三看三提高”工作方法切实运用到数字人民币业务研发试点中，总行各业务条线、各试点分行要确保个人、对公钱包数量、商户数量、场景创新数量、新技术应用水平、支撑保障能力等指标同业领先。总行要根据人民银行定期通报结果，组织完善业务试点具体实施方案，加强试点成效督导，追踪各业务条线、各试点分行的数字人民币业务试点进展，确保各项工作有效落地。

二是强化总分联动。要建立总分行、各部门分工明确、有效联动的工作机制。总行运行管理部和数字货币子公司筹备组要切实履行牵头职责，会同各部门落实数字人民币各项试点工作主体责任，围绕场景生态、业务模式、技术应用、市场拓展等开展顶层设计，不断完善总体规划方案；要结合数字人民币研发试点持续加强业务培训，确保试点分行掌握数字人民币运行机制、把握业务发展方向；要组织试点分行持续完善试点方案、总结试点经验，在年内形成一批可复制、易推广的成熟经验和典型做法，为快速推进数字人民币场景建设创造条件。试点分行要深入挖掘地方特点，主动探索基础场景与地方特色相融合的应用模式；要把数字人民币试点与目前高速发展的数字经济紧密结合，打造具有地方特色的数字人民币试点场景和应用。试点分行要及时反映试点过程中的业务需求和问题，总行要第一时间予以支持和保障。

三是优化客户体验。要大力提高客户服务能力，结合数字人民币点对点支付、端到端到账的特点，持续完善试点场景业务流程，打造更加直通高效的数字人民币资金支付结算体系。要从客户极致体验出发，充分发挥数字人民币安全便捷的特性，进一步丰富数字人民币的软硬件钱包形态和支付方式。要注重收集试点过程中的客户体验反馈，抓住客户业务办理模式由物理网点转移

到线上的趋势，按照用户需求和市场要求，不断提升数字人民币客户端交互易用性、优化数字人民币产品应用的界面设计。

四是加强风险防控。目前，数字人民币钱包仍处于迭代研发阶段，功能尚不完善，各试点分行要坚持试点推进和风险管理并重，对于外部客户反映的数字人民币使用问题要认真研究分析、制定解决措施，耐心细致做好解释和引导工作，避免简单化处理，确保客户服务质量。要严格按照人民银行保密要求，建立保密责任机制，在人民银行统一安排下，开展对外宣传披露。在舆情处置方面，要与总行工作组密切协作，完善舆情监测应对工作机制，配合总行进行舆论引导，做好应急预案，预防重大舆情事件的发生。

同志们，数字人民币研发试点工作意义深远，责任重大。各试点分行要提高站位，高质量完成数字人民币试点各项工作，力争卓越，确保同业领先。

在全行普惠金融旺季营销工作推动会上的讲话

徐守本

（2020 年 12 月 16 日）

今天会议的主题是明确目标、抢抓市场，部署 2021 年普惠金融旺季营销工作。下面，我讲三方面意见。

一、2020 年普惠业务取得突破式发展，为旺季营销奠定良好基础

今年以来，面对突发的新冠肺炎疫情冲击及内外部环境变化，全行各条线紧密合作，上下共同努力，积极落实党中央、国务院决策部署和“六稳”“六保”任务要求，不唯任务、只唯市场，推动普惠业务取得突破性发展，为下一步实现跨越式发展奠定了坚实基础。

一是普惠贷款余额大幅增长，增速远超监管要求。截至 11 月末，全行银保监普惠口径贷款余额 7 308 亿元，较年初增加 2 593 亿元，增长 55%，提前完成了“普惠型小微企业贷款增速高于 40%”的监管要求。二是普惠贷款拓户效果显著。全行普惠有贷户达 60 万户，较年初新增 18 万户。普惠贷款贡献了全行法人有贷户增量的 97.6%，普惠型个人经营性有贷户增加 13 万户，切实推进 GBC 工作落地见效。三是资产质量不断改善。截至 11 月末，全行银保监普惠口径不良贷款余额 78 亿元、不良率 1.07%，分别较年初下降 42 亿元和 1.48 个百分点。四是发展的内生动力不断增强，普惠金融综合服务能力和社会影响力持续提升。

上述成绩的取得，来之不易。这其中凝结了全行普惠条线及其他相关条线同志们的辛勤付出，在此，我向大家表示诚挚的慰问，对大家为全行普惠业务作出的贡献，表示由衷的感谢！

二、综合研判，明确 2021 年普惠金融旺季营销方案

2021 年是普惠金融扬帆起航的新起点，是打造“普惠金融综合服务标杆银行”的起步年。为实现普惠业务“开门红”，总行紧紧围绕党委“48 字”工作思路，充分运用“三比三看三提高”工作方法，综合考虑全行普惠业务增长潜力和同业竞争态势，明确了旺季营销活动工作目标和举措。

（一）看清形势，确立目标。普惠金融旺季营销目标，可概括为三个“一千”：即自今年 12 月到明年一季度末，新增贷款超“千亿”，即银保监普惠口径贷款增长 1 200 亿元；拓展“一千”个场景，加大融资场景开发与应用力度，各类融资场景超过 1 000 个；组建“一千”支服务团队，结合“千名专家进小微”“万家小微成长计划”“普惠青年先锋”等活动，组建 1 000 支以上小微专业服务团队。三个目标中，贷款增长是核心目标，场景开发和团队组建是基础配套，三者相互促进、互为依托。

总的来看，普惠贷款的旺季营销目标，契合当前普惠业务所处的阶段。从经济形势看，“十四五”期间，我国将以推动高质量发展为主题，加快构建以国内大循环为主体、国内国际“双循环”相互促进的新发展格局。做好普惠金融，是稳企业、保就业的重要一环，也是推进供给侧结构性改革的必要之举。大家都知道，过去的一年，监管部门对普惠贷款增速的要求不断提高，由去年末的“不低于 20%”，到年初的“上半年不低于 30%”，再到 5 月的“要高于 40%”。预计今后一段时间，普惠贷款增长和结构优化的监管要求将保持基本稳定。从可比同业看，建行普惠金融发展动能十分强劲，今年实际增量已超过 5 000 亿元（含证券化），遥遥领先其他同业；农行普惠贷款增速（62%）位居同业首位；中行信贷工厂模式较为成熟，在部分区域保持优势。普惠金融领域的竞争不断加剧，对优质客群的竞争

日趋白热化，需尽快抢抓市场。从全行氛围看，经过几年的积累，全行上下对发展普惠金融的思想认识进一步统一，专项机制日益完善，“数字普惠”发展道路初步形成，资产质量大幅改善，普惠从业队伍建设不断强化，全行上下发展普惠的信心与合力持续增强。

（二）统筹安排，力求实效。

一是优化区域布局，适当调整三类行发展定位。结合当前普惠业务发展态势，总行拟对三类行的发展定位进行调整，并将优先发展行、跟进发展行的名称调整为领先发展行、重点推进行。领先发展行要继续发挥“头雁”作用，承担全行主要发展任务，巩固提升市场地位，加快缩小与可比同业的差距。重点推进行要在夯实基础、优化结构、提高质量的基础上，稳步提高市场地位，提升系统内贡献。特色发展行要着力于辖内重点区域和优势产业，优化增长结构，实现稳健发展。总行将统筹优化三类行的布局，并于近期下发调整后的名单。

二是对准焦距，明确线上线下重点产品发展潜力。近期，总行对重点产品进行了政策优化，加大了资源投入，初步统计，旺季期间重点产品的业务潜力超过1 300亿元。网贷通方面，要继续发挥好“e抵快贷”的“压舱石”作用。优化客户结构，加快推进法人“e抵快贷”和普通网贷通落地，逐步由以“个人端为主”向“个人端、法人端双轮驱动”转变。一季度力争网贷通增长820亿元。经营快贷方面，今年以经营快贷为主的信用贷款贡献了三成以上的贷款增量，增长潜力已开始显现。旺季期间，要进一步提高税务贷生效率、加快白名单和跨境贷核实进度，缩短处理时长，稳步推进新产品、新场景。一季度力争经营快贷增长320亿元。数字供应链方面，做好核心企业准入、营销、对接，按照“市场拓链、链上拓户”的思路，推进重点产品和重点行业贷款增长。一季度力争普惠口径数字供应链增长63亿元。线下产品方面，各行要结合区域内优势资源，加强购建贷、经营型物业贷、个人房产抵押组合贷、商用车等中长期贷款的推广，优化期限结构。用好银政通产品，积极推进与地方政府、担保公司、风险补偿基金的合作。一季度力争线下产品增长120亿元。

三是精心部署，通过“比拼 + 帮扶”做好过程管理。分组比拼方面，总行依据分行规模、业务潜力、旺季目标，将各分行分为十组开展业务比拼，定期按组通报业绩排行、序时进度、同业排名，对小组内任务完成率排名第一的分行，给予旺季评价附加分奖励。帮扶指导方面，开展联合营销，组建跨层级的营销支持团队，深入政府平台、核心企业、合作机构、专业市场，协同开展专项营销。建立帮扶机制，联合一级分行对营销进度较慢的重点二级分行开展专项问诊，制订帮扶方案，努力下沉工作重心、提升活动实效。

三、对普惠金融旺季营销的工作要求

（一）统一认识，建立专项领导机制。各行要高度重视旺季营销活动对抢占优质客户资源、夯实全年普惠贷款增长基础的重要作用，早谋划、早动员、早行动。要持续推进“全行办普惠”的营销格局，成立由普惠金融业务分管行长担任组长，普惠、公司、个金、结现、国际、银行卡、票据、财会、资负、人力、渠道等相关部门为成员的旺季营销工作领导小组。全行上下要统一认识，强化“比”的意识，加快做大普惠业务规模，筑牢普惠金融发展的根基。

（二）紧抓重点客群，做好业务资源储备。在新阶段下谋求新的发展，需要坚实的客户基础作为保障，客户基础牢不牢固，决定了我们普惠金融未来能否走得长远。为此，要抓好总行开展“夯基扩面”拓户专项活动的契机，聚焦重点客群，切实抓好业务资源储备。一是抓好五大客群，围绕抵质押资产客群、产业链上下游客群、银政合作客群、产业园区客群、专业市场客群等五大优质客群，做好营销组织推动，确保将资源储备转化为实际增量。二是优化客户结构，增加法人客户贷款增量占比，在合规经营的前提下，提高普惠业务综合价值。

（三）把握贷款投放节奏，避免大起大落。旺季营销的目的是为全年发展开局面、打基础，“工作上要真抓实干，数据上要真枪实弹”，切忌投机取巧、季末冲量。要有序推进营销工作，按照客户需求和资源储备，把握好贷款投放节奏，尤其是要做好春节前后投放统筹安排，保持贷款增长稳定，为全年普惠贷款快速发展奠定良好基础。

（四）做好政策传导，确保资源保障落实到位。总行将继续给予普惠业务相应的配套资源保障政策。各行要及时统筹做好资负、财会、人力等部门资源保障协同工作，有效传导普惠贷款专项激励支持力度。要提升旺季营销期间信贷投放计划与规模管理水平，明确投放总量、条线需求、进度安排，加强动态监测，做好规模支持。要在总行活动安排的基本框架下，细化本地区旺季营销活动评分标准，配套辖内旺季营销考核激励方案，举办普惠旺季营销竞赛活动，在全行范围形成浓厚的旺季营销氛围。

同志们，2021 年是“十四五”规划的开局之年，也是中国共产党成立 100 周年，全行普惠业务发展将迎来新的发展阶段。做好旺季营销开局工作，是夺取全年工作胜利的关键。勇立潮头、战鼓催征，希望全行认真落实普惠金融旺季营销活动的相关要求，坚定完成发展目标，推动普惠金融业务再上新台阶！

加强统筹联动 发挥集团合力 共同打造国际一流贵金属银行

——在集团统筹联动发展贵金属业务第一次联席会议上的讲话

王百荣

（2020年9月3日）

为深入推动集团贵金属业务统筹联动发展，我们专门召开此次会议。刚才金融市场部、贵金属业务部、工银标准从各自的专业角度分别介绍了目前贵金属业务发展情况和统筹联动方面的工作情况，风险管理部、信贷管理部也分别就支持配合统筹联动的工作思路和措施作了发言。下面，我从五个方面谈下意见。

一、我行贵金属业务的基本情况

近年来，世界经济发展的不稳定性、不确定性、复杂性凸显，国际市场超预期事件时有发生，国际金价震荡上行。面对复杂多变的经营环境和日趋激烈的同业竞争，在总行党委的正确领导下，金融市场部、贵金属业务部和工银标准在总行各相关部门、集团境内外分支机构的大力支持配合下，主动发挥优势，凝心聚力，推动集团贵金属业务发展取得了较好的成绩。但与客户需求和总行党委“国际视野、全球经营”工作思路要求相比，还有一定差距，需要加强业务统筹联动，努力使贵金属业务竞争力跃上一个新水平。

（一）我行贵金属业务经营取得了很大成绩。

1. 已构建覆盖个人、公司、机构全量客户群体的完整产品体系。我行已率先成为国内贵金属产品种类最为丰富的银行。贵金属业务覆盖实物、交易、融资、清算仓储四大业务板块，金融市场部、贵金属业务部和工银标准三个机构既有明确分工，又在涉及市场、产品和服务客户方面有所交叉。金融市场部主要在国际市场开展贵金属业务，以账户贵金属（现金清算）为主，同时是上海期货交易所（以下简称“上期所”）非经纪会员，可在上期所开展黄金、白银期货交易业务。贵金属业务部主要在境内市场开展贵金属业务，以实物贵金属为主，同时是洲际交易所（ICE）国际黄金定盘商，参与ICE黄金定盘报价。工银标准主要在国际市场开展贵金属业务，账户和实物业务均有涉及，同时是上海黄金交易所（以下简称“金交所”）国际板会员，可在金交所国际板开展交易活动。

2. 已具备国内商业银行贵金属第一大行的市场地位。金融市场部账户贵金属业务量、收入始终保持同业第一，交易金额四行占比在40%以上，对公商品（贵金属）交易业务也在客户、业务量、交易渠道等方面处于同业领先地位；贵金属业务部代理金交所交易额、代理金交所清算额、黄金融货（黄金租赁和同业租借）场内占比等主要指标常年保持同业第一；工银标准与摩根大通、汇丰并列，是仅有能够在国际市场提供覆盖全产业链完整产品线的三家贵金属银行之一，尤其在铂族金属领域优势明显。

3. 已显现出一定品牌效应。通过为客户提供覆盖账户类和实物类的投资、交易、避险、融资、清算仓储等完整产品，充分满足客户多元化贵金属业务需求，在客户中形成了“做贵金属找工行”的初步共识，“工银金行家”贵金属业务品牌价值在国内市场领先。

今年前8个月，集团贵金属业务取得了很好的经营成绩。特别是工银标准贵金属业务同比增长显著，很好地抓住了市场机遇，值得充分肯定。

（二）我行贵金属业务发展存在的问题。

1. 联动发展不够。我行贵金属业务由金融市场部、贵金属业务部两个利润中心和工银标准一个境外机构负责经营，虽然在委托交易、联合营销等方面有过一些联动，但这些联动仍是初级的，范围还不够广、程度还不够深，有些联动还没有形成机制性的安排，系统框架和制度建设还都不够。在资源和客户共享、充分发挥协同效应、围绕客户需求搭建全链条服务场景等方面还有较大提升空间，有必要进一步拓展联动发展的广度和深度，以不断提高市场竞争力。

2. 统一管理不够。金融市场部、贵金属业务部作为利润中心各自承担本部门经营考核指标，在集团统一风险管理框架下独立管理各自贵金属条线风险；工银标准承担本机构经营考核指标，主要按照境外监管要求管理本机构贵金属业务。从集团层面看，尚未形成贵金属业务整体发展管理机制与集团层面统一的风险管理体系，还存在一些统一风险管控上的漏洞或真空地带，有必要进一步明确统一管理要求，以不断提升管理水平。

二、当前贵金属业务面临的机遇与挑战

今年以来，突如其来的新冠肺炎疫情席卷全球，全

球经济遭受重创，国际贵金属、商品市场剧烈波动呈现常态化趋势，未来贵金属业务发展面临的不确定性增加，机遇与挑战并存。

（一）面临的机遇。

1. 国际贵金属市场发展空间较大，市场竞争格局也正在发生深刻调整，为进一步提升市场地位带来难得机遇。国际贵金属市场参与主体众多、市场流动性好、交易规模大，未来全球贵金属市场的实物需求稳定、投融资和交易等金融需求有较大增长空间。我行贵金属业务在产品和渠道方面都具有突出的比较优势，纵观整个市场，目前工银标准与摩根大通、汇丰一起，是仅有的能够在国际市场提供覆盖全产业链的完整贵金属产品线的三家机构，同时我行的境外分支机构已遍布全球主要国家和地区，为业务发展提供了扎实基础。近年来，部分外资金融机构因主客观原因调整了贵金属业务发展策略，德银、瑞信等开始收缩贵金属业务，丰业、巴克莱等甚至直接退出了贵金属业务。这些都为我们特别是工银标准在国际市场进一步增强市场竞争力、扩大市场份额提供了难得的机遇。

2. 国内贵金属市场正呈现新的发展特征，为我行做大做强贵金属业务带来重要机遇。我国黄金、白银、铂金实货需求量居全球第一，上海黄金交易所现货交易量连续 12 年居全球第一，国内期货市场黄金交易量居全球第二，国内贵金属市场在全球市场的地位重要。随着共建“一带一路”倡议和“走出去”战略的深入推进，沿线国家黄金资源与我国黄金产业资金技术将形成互补，从而带动国内黄金产业加速创新和转型升级，推动国内贵金属市场从高速增长转变为高质量发展，同时也将使国内国际两个市场充分互动与融合。在此发展过程中，由于我行身处国际金融市场前沿、具有领先的创新意识和服务能力，将成为助推国内贵金属市场国际化发展的重要力量。

3. 世界经济政治形势变化使得贵金属业务蕴藏进一步发展的潜力。未来一段时期特别是未来一两年内，全球经济下行压力增大，全球央行宽松模式仍将持续，美联储的低利率和弱美元政策将延续相当长一段时间，这将是贵金属市场的直接驱动因素和支撑。同时，国际政治形势也充满不确定性，以黄金为主的贵金属避险和价值投资功能将愈加凸显，各国央行、私人部门持有黄金意愿可能将进一步增强，黄金 ETF 资产管理规模也可能继续保持增长，贵金属各环节、各领域业务有进一步发展的空间。

（二）面临的挑战。

1. 贵金属交易业务国际市场综合竞争力还有待提升。我行贵金属交易业务在国内国际市场具备较强竞争力和较高市场地位，但与摩根大通、汇丰等国际领先同业相比，受业务经办时间相对较短、经验较有限、全球客户基础较弱以及贵金属实物、交易、融资、清算仓储等各环节还未能充分整合等因素影响，报价与交易水平还有较大提升空间，在国际市场的综合竞争力和影响力还不强。

2. 贵金属全产业链客户一体化服务能力还有待增强。我行目前尚未形成集团贵金属业务整体联动发展机制，对于全产业链各环节客户的营销和服务相对分散，没有形成客户与营销资源的共享，尚不能为客户提供多环节一站式的服务，一定程度上制约客户营销和服务质效。

3. 贵金属业务创新水平还有待提高。我行贵金属产品体系涵盖账户与实物，能够满足客户多元化需求，但在业务同质化竞争激烈的环境中，尚未能充分发挥集团贵金属业务产品线完备、全球覆盖、工银标准国际市场交易和综合服务能力较强等优势，三个机构各自产品线之间的交叉融合创新还有待强化。

三、加强贵金属业务联动发展和统一管理的必要性

集团贵金属业务未来发展机遇与挑战并存，联动发展和统一管理至关重要，各相关部门和机构要把思想认识统一起来，切实认识到联动发展和统一管理的必要性，有的放矢，制定落实好具体工作措施。

（一）从经营维度看的必要性。

1. 践行总行党委“国际视野，全球经营”工作思路要求，持续提升国际市场竞争力，要求加强联动发展和统一管理。各机构的贵金属业务经过多年的发展，都已经在各自领域具备较强的市场影响力，但集团整体的业务联动广度与深度仍有很大提升空间。为践行总行党委“国际视野，全球经营”工作思路要求，努力实现国际一流贵金属银行的发展目标，我们必须充分利用各机构的资源禀赋与比较优势，把可以在国际市场提供覆盖全产业链完整产品线的优势发挥出来，把我行在全球主要国家和地区遍布营销网络的渠道优势及广泛的客户关系利用起来，建立集团境内外一体化贵金属业务经营机制，统一管理业务发展。

2. 贯彻新发展理念，实现高质量发展，要求加强贵金属业务的联动发展和统一管理。在 2020 年全行工作会议上，陈董事长指出，要以系统思维、改革创新精神，将新发展理念全面落实到经营发展中，确保新理念转化为高质量发展的新实践、新成果。近年来，贵金属业务为集团经营做出了贡献，但也要居安思危、未雨绸缪，国内银行同业已经在开展贵金属产品与产业链服务模式的创新，并尝试成立贵金属业务中心，将集约化经营与专业条线管理结合起来，更好地发挥交叉融合创新与统一业务管理的优势。不仅如此，证券、基金等非银金融机构追赶的势头也很强劲，很多机构都在以贵金属为切入点的大宗商品上布局，互联网金融的兴起也可能带来很大的挑战。为应对未来可能的竞争压力，有必要

提前布局，以创新思维统领整合贵金属业务经营资源和产品线，加强联动发展。

3. 我行面临的国内外各种风险挑战明显上升，国际金融市场和贵金属市场的剧烈波动正在常态化，要求我行加强贵金属业务联动发展和统一管理。今年2月和3月，新冠肺炎疫情在全球扩散蔓延，引发全球金融市场剧烈震荡。国际贵金属市场尽管没有出现WTI原油负价格的黑天鹅事件，但是也出现了多年罕见的剧烈波动。比如，2月底到8月底，黄金单日波动超过3%的情形就发生了7次，相当于2014年到2019年这6年时间里，发生这种情形次数的总和，特别是今年以来发生了两次单日5%的波动，上一次发生这种情况还是2013年。全球范围内的疫情仍在持续，后疫情时代世界经济与政治形势的不确定性大幅增加，要做到未雨绸缪，就必须做好应对贵金属市场剧烈波动常态化的业务和风险统一管理工作。

（二）从管理维度看的必要性。

1. 打造领先同业的贵金属业务银行并持续巩固领先优势，必须要有良好的顶层设计与科学合理的经营管理架构。国际同业通常从产品、服务、职能三个维度对业务实施垂直专业化管理，实行纵向的“条线”与横向的“区域”相结合的经营管理架构，具有跨部门、跨机构、跨区域、跨牌照分工协作机制。我行有必要尝试通过优化管理机制建立矩阵分工和交叉支持体系，将经营责任和业绩归属科学合理地分配，在横向和纵向都发挥出协同效应、实现“1+1>2”的良性互动，形成产品、营销、交易和研究四位一体的合力，达到董事长提出的“夯基固本，行稳致远”的要求。

2. 用统一管理来优化资源配置，发挥协同效应，为业务发展赋能。经过多年专业化经营，我行贵金属业务在国内具备较大领先优势，工银标准在国际市场也处于较强领先地位，但仍有通过统一管理为业务发展进一步赋能的空间。在国内银行同业中，我行具有最全面的贵金属业务经营资质和业务牌照，我行贵金属业务的境内外经营网络布局也处于领先位置。为充分发挥这种优势，下一步有必要在统一管理上下功夫，比如用一个品牌开展客户营销，落实“一点接入、全流程服务、全集团服务”的要求，充分满足产业链客户融资、租赁、套期保值等需求，用“一个工行”服务客户。

3. 通过集团层面的统一管理来消除风险管理和制度建设上的盲区和死角。前段时间贵金属市场剧烈波动，金融市场部、贵金属业务部、工银标准都报告了市场风险敞口和管控情况，各机构的风险管理都很有成效。但仍然需要一套宽视角、全口径的贵金属风险管理全景图。这样不仅可以看出哪些风险敞口在集团口径下可以被对冲或者削减，还可以发现潜在的风险点。与此同时，各机构在自身业务规章制度和操作流程的优化和完善过程中，也必须将如何实现统一管理作为出发点和落脚点，才能在制度流程上做到无缝衔接。

四、加强贵金属业务联动发展和统一管理的主要思路

（一）建立“贵金属业务联动发展和统一管理”的联席会议机制。联席会议原则上按季召开，如有突发事项，可随时组织召开。金融市场部、贵金属业务部、工银标准等相关部门负责人参加，由金融市场部承担秘书处职责，牵头负责联席会议的组织实施，并跟踪会议决定的落地执行。联席会议主要承担五项职责：一是在每年初研究部署集团贵金属业务的年度重点工作目标与任务，并在年末进行联动发展总结；二是组织各参会部门研究制定集团贵金属业务发展战略，定期审议各机构对发展战略的执行情况；三是组织审议参会部门提出的讨论议题，研究贵金属业务发展联同事项，着力解决业务发展的重点问题；四是将“风控强基”摆在重要位置，研究制定集团贵金属业务统一市场风险、信用风险、操作风险管理策略；五是承担应急指挥中心的职能，在发生重大突发事件时召开紧急联席会议，各机构通力协作、共同提升应急处理能力。

（二）建立并完善贵金属业务联动发展机制。

1. 建立全方位的营销服务体系。从客户角度，各机构要联动做好客户需求分析，由金融市场部牵头，共同制定全方位营销服务方案，根据客户特点提供与之相适应的产品和服务，同时要建立客户信息共享机制，定期沟通客户需求，调整优质客户名单。从渠道角度，要加强各机构现有营销能力的整合，特别是国内市场，金融市场部和贵金属业务部的客户很大程度上是重合的，分行营销团队也有重合，更需要营销上的统一，将我行网点渠道优势转化为贵金属业务联动拓户的综合优势；同时努力将营销触角延伸至全球各个分支机构。从产品角度，要立足于我行全产业链服务的综合优势，着力打造“工行贵金属业务”一个品牌，尽快完善营销宣传材料，要全面涵盖集团贵金属业务各产品线特点与优势。

2. 统筹做市交易、代理交易策略及业务方案。一是在国际市场，金融市场部要把我行账户贵金属规模优势与工银标准做市报价能力结合起来，加深协同，在合规前提下扩大流量业务规模；工银标准要着力提升报价竞争力与交易响应速度、改善交易系统稳定性。贵金属业务部在跨市场套利、金交所休市期间平盘等方面，要与金融市场部、工银标准尽快形成交易机制，与工银标准在黄金租赁业务、上海黄金交易所国际板交易上的合作要深化。二是在国内市场，各机构要尽快梳理相互委托开展交易的流程和风险控制措施细节，形成方案，巩固我行在交易所市场（金交所、上期所）与银行间市场的重要地位。金融市场部要持续关注同业客户需求，借助我行自主研发的金融市场同业交易平台，做大同业

做市交易规模。贵金属业务部要保持代理金交所交易额、清算额排名第一的领先地位，同时继续拓展在境内银行间黄金询价、竞价市场的做市业务，并不断优化程序化做市系统。

3. 统筹融资业务政策安排。一是在境外融资方面，国内大型矿产集团有向海外拓展的趋势，各机构也有必要协力搭建贵金属融资境内外联动体系，为产业链企业构建产品创新业务环境，有效提升实体经济金融服务能力，打开新的市场。近期，为支持工银标准脱困振兴、强化信用风险管控，信贷管理部已经开始研究工银标准提出的创新合作模式，即集团内机构通过带资参贷、信用支持等方式参与工银标准贵金属、基本金属等商品融资业务。例如，“商品预付款融资 + 流动资金贷款”“商品回购业务 + 流动资金贷款”模式。但考虑到工银标准为客户办理的交易，不同于集团内机构的融资业务，仍需要对创新合作业务合规性开展进一步研究。二是在境内融资方面，要以客户为导向，在符合人民银行和金交所规定的前提下，研究扩展黄金租赁业务的客户准入范围，覆盖各类有实际用金需求的企业。要从全集团统一融资管理的角度出发，研究将贵金属租赁比照贷款，纳入总部融资管理的可行性，对于总部有用金业务需求的，初期可采取名单制管理，以统筹使用集团授信、合理安排承租主体，做大贵金属租赁业务规模。

4. 探索联动分润考核机制。由金融市场部牵头这项工作，贵金属业务部和工银标准如有诉求，可向金融市场部反映。考核分润机制要调动各方积极性，形成合力，打牢贵金属业务集团联动发展的制度基础。要先明确联动分润考核范围，涵盖各方联动业务形成的价差收入、手续费收入、融资利息收入等，并按照产品分类讨论制定还原比例标准，再根据考核周期对按预先设定的比例进行还原。希望各机构发扬风格，始终坚持集团整体收益最大化原则，通过建立考核机制，合理体现与联动业务相关的收益、成本和风险，确保联动各方责、权、利对等。

（三）建立并完善贵金属统一风险管理机制。

1. 建立统一信用风险管理机制。一是对于线上或线下方式为一般法人客户办理的实物贵金属租赁业务、实物和账户贵金属衍生交易业务，目前均已纳入客户统一投融资风险限额管理，实现总量风险控制。同时，信贷管理部也已经制定了《法人客户实物贵金属租赁（租出）业务管理办法（2016 年版）》，在准入、评级授信、审查审批、存续期管理等方面将实物贵金属租赁业务纳入了信用风险管理体系，未来要继续探索纳入其他业务的可行方案。二是在信用风险监测管理方面，信贷管理部信用风险监控中心已持续对贵金属租赁业务及办理该业务的客户进行信用风险监测，同时从技术上协助贵金属业务部推进监控模型研发和系统部署。贵金属业务部和工银标准今后在贵金属潜在风险租赁管理、大户风险租赁管理、不良租赁处置上，还需进一步加强。信贷管理部和贵金属业务部要进一步研究法人客户贵金属延期合约持仓的市场风险转化为信用风险的问题。信贷管理部要进一步加强对工银标准贵金属融资业务的支持，已实施的措施要进一步丰富完善。

2. 建立统一市场风险管理机制。一是贵金属市场风险业务要全部纳入集团市场风险管理体系实行统一管理，管理范围要覆盖全集团各机构、全产品线，管理精度和指标体系要根据业务风险情况逐层细化，实现系统化市场业务计量监控。二是加强贵金属产品风险管理，制定产品风险评估管理制度，完善授权管理，强化产品审批，定期重检产品适合度评估等客户文档。三是严格贵金属业务市场风险限额管理，以风险偏好为基础，根据业务规模与风险控制能力核定限额指标，限额指标体系要符合贵金属业务风险特性，并建立灵活审慎的限额调整和超限处理机制，实现系统化限额监控管理，制定限额执行情况评价管理制度。四是定期开展贵金属市场分析、制定市场风险应急方案，结合自身业务特性和规模，制定切实可行的风险预案，并建立部门间的长效沟通机制，对预案进行实际演练，提升突发事件应急能力。五是建设贵金属业务市场风险数据汇总和报告机制，依托系统构建多维度、分层级、适用于不同报告对象的集团并表报告体系，提升市场风险管理水平。六是当贵金属市场出现极端情况时，通过实物交割控制风险，三个部门要共同拿出具体运作方案。

3. 建立统一风险视图和预警体系。统一风险视图要全面反映集团层面的贵金属业务风险状况，能够揭示风险特征、挖掘风险源泉，满足各层级、各条线的风险信息需求。同时各机构要协同完善预警体系，持续监控重要风险热点，及时预警重点风险指标，做好对重大风险事件的跟踪和报告。

4. 建立统一风险报告机制。信贷与投资管理部和风险管理部要分别按季提交集团贵金属业务信用风险管理报告和市场风险管理报告，既要反映集团层面贵金属业务的总体风险状况，也要体现各机构自身的风险暴露水平，要以问题为导向，分析关键风险点，尤其对于重大风险事件要做专题汇报，总结防控进展，分享防控经验。

五、近期工作重点

（一）在联动方面的工作重点。

1. 交易业务的统筹联动，包括场内场外交易，境内境外交易，代客、代理、自营交易之间的联动。一是对于账户贵金属交易敞口平盘，金融市场部要继续支持工银标准，加强双方合作力度，工银标准要通过资源和人力调配等手段，着力提升报价竞争力，特别是黄金、白银的报价竞争力。另外要进一步优化电子交易系统、提升稳定性。希望会后这方面尽快有进展。二是金融市场部和贵金属业务部要研究互相代理对方开展上期所和金交所交易的可行方案，密切关注市场机会，密切沟通，适时开展交易。三是贵金属业务部与金融市场部要合作研究以人民币计价的国际市场黄金白银交易。

2. 贵金属实货经营上的联动。一是在实物贵金属租赁业务上，贵金属业务部和工银标准下一步要配合起来，尽快对境内外企业客户的贵金属实货交易需求进行调研，发挥好我行在境内实物市场上的渠道优势和工银标准的境外实货供应优势，研究制定黄金租赁的合作方案，巩固黄金租赁上的优势，同时尝试铂族金属实物租赁。二是加快推进贵金属业务部和工银标准在洲际交易所定盘业务上的合作，尽快提高平盘执行效率，提高工行在洲际交易所定盘业务上的话语权和影响力。

3. 贵金属清算仓储业务方面的联动。一是工银标准与金融市场部要继续围绕总行的贵金属清算账户沉淀头寸运用，研究合规前提下开展合作的方案，共同与资负部协商可行的内部资金转移成本价格，尝试通过协议形式确认总行境外贵金属存量资产留在工银标准的期限。二是金融市场部和贵金属业务部要进一步支持工银标准的贵金属清算服务，从战略层面认识工银标准是唯一有国际市场贵金属清算仓储能力的中资机构的意义，用底线思维来考虑中资机构参与国际贵金属市场的风险。在营销中，可重点强调选择工银标准的贵金属清算渠道，避免中资机构发生被“卡脖子”的情景。

（二）在风险管理方面的工作重点。

1. 密切关注市场动态，开展前瞻性预测分析。关注贵金属市场异动及参与交易所规则变化情况，开展前瞻性预测，提早预警、主动管理，制定有针对性的应急预案，组织相关部门开展多批次、多场景的应急演练，提升应对突发事件的应急能力。金融市场部、贵金属业务部、工银标准的市场分析材料要相互发送，并抄送信贷管理部和风险管理部，加强信息和研究共享。

2. 加强客户管理。强化客户准入，根据客户风险偏好、风险承受能力、市场认知程度和资金状况，调整贵金属产品的客户准入门槛并完善交易规则，并研究设置单一客户最大持仓和分品种客户最大持仓限额的必要性，让客户持仓风险尽可能分散。修订产品宣传资料，加强投资者教育，做好信息披露。提高风险提示频率，考虑到美国大选临近，要研究是否有必要发布专门风险提示。做好舆情管理，规避声誉风险，确保业务稳健运营。

3. 加强保证金管理及平仓管理。要进一步完善保证金制度，根据价格变动情况及时调整，并努力落实好保证金催缴的责任。前期发生的客户穿仓使市场风险转化为信用风险，说明我们的管理还不完善，要尽快解决。

4. 完善和优化交易过程中的平盘管理。金融市场部要做好日常敞口监控、及时轧平敞口，同时要支持贵金属部在金交所休市期间的平盘需求，全力避免我行在交易过程中被动承担交易风险。

5. 加强合规管理及限额管理。严格执行授权制度，严格遵循交易行为准则，把交易员行为管控作为永恒的风险管理主题，严格落实事前、事中、事后操作风险和道德风险管控，落实限额事前控制和监督报告，避免出现违规业务开展行为，减少被动超限情况发生。

6. 加强库房安全管理。工银标准和贵金属业务部都有金库，要切实加强库房安全管理和操作风险管理，避免安全事故。

总之，国际国内贵金属市场为我行贵金属业务提供了难得的机遇窗口，同时也要看到未来全球经济政治形势不确定性带来的挑战和风险。新形势下，我们必须认真贯彻落实总行党委“48 字”工作思路，切实加强贵金属业务的统筹联动和统一管理，严密防范各类风险，持续推动集团贵金属业务稳健发展。

应对形势变化　强化风险防控
深入推进集团贵金属业务持续稳健发展

——在集团统筹联动发展贵金属业务第二次联席会议上的讲话

王百荣

（2020 年 12 月 23 日）

为加强集团贵金属业务联动发展和统一管理，今年9月，我们专门建立了联席会议机制，在各参会部门的共同努力下，第一次联席会议布置的各项工作任务都取得了阶段性成果。刚才金融市场部、贵金属业务部、工银标准、风险管理部、信贷与投资管理部分别就联动工作推动情况和下一阶段工作思路作了发言。下面，我主要谈几点意见。

一、准确把握贵金属业务面临的形势变化

近三个多月来，国际国内贵金属市场环境持续处在不确定之中，面对日趋复杂的内外部经营形势，我行主动作为、积极应对，针对个人黄金、白银代客交易业务进行了自查整改，努力推动代客交易业务朝着更加规范的方向稳健发展。各参会机构要敏锐把握形势变化，有针对性地采取应对措施。

（一）从内部看，我行已暂停个人贵金属代客交易业务新开户，代客交易业务的优化与整改将成为今后一段时间的重要工作。根据市场形势变化，我行与主要同业保持一致，先是于7月31日暂停了账户铂金、账户钯金开仓交易，后又于11月28日暂停了账户黄金、账户白银、代理个人黄金、白银竞价交易等业务的客户新开户。除暂停新开户外，金融市场部、贵金属业务部在风险、法律、科技等部门的协助下，对个人黄金、白银代客交易业务进行了全面细致深入的自查。从自查结果看，我行个人黄金、白银代客交易业务产品设计规范、制度与系统建设相对完备，风险管控相对严格，未发现重大问题。但也要看到，在投资者适当性管理、业务规则优化完善等方面存在一些不足，主要集中在投资者与产品风险等级适配、交易准入门槛、单一客户持仓集中度等方面，需要采取措施加以改进。暂停新开户以后，个人客户贵金属业务的营销推动工作势必受到较大影响，金融市场部与贵金属业务部要抓紧研究，给予分行明确的业务指导，做好对存量个人客户的维护和服务工作。

（二）从外部看，贵金属市场各种风险因素仍持续存在，对风险应对能力提出了更高要求。在国际市场，尽管美国大选已接近尘埃落定，但欧美疫情反弹与疫苗研发应用的消息依然交替影响着市场情绪，同时美国新一轮财政刺激政策、英国脱欧进程、中东地缘局势等不确定性因素仍将持续带来美元和贵金属价格较大幅度的波动。还要看到，美、欧、日等主要经济体的低利率和负利率政策将长期持续，特别是美联储无限量债券购买等宽松政策，给经济体系注入了超量的流动性，因此也有分析认为大宗商品市场会出现新一轮上涨，部分品种也有国际资金流入的迹象。贵金属价格的上涨与下行都具有较强的不确定性，这一点需要我们持续关注。在国内市场，除了受上述因素影响以外，11月26日上海黄金交易所黄金现货交易在10秒钟内以异常低价成交近万手合约，这种“乌龙指”事件无疑是操作风险转为市场风险的典型案例。这些市场环境变化带来的潜在风险无时无刻不在考验着我们的风险应对能力，也对我们提出了更高要求。

二、新形势下我行贵金属业务面临的挑战与机遇

（一）挑战主要集中在贵金属代客交易业务方面。

1. 业务调整会加重明年中收压力。账户贵金属业务铂金与钯金已暂停开仓，黄金与白银已暂停新开户，这势必会对明年账户交易的交易量与中间业务收入带来很大影响。代理个人竞价交易业务也已暂停新开户，这项业务的客户代际更替比账户贵金属业务更快，新客户对中收的贡献度更高，暂停开户将有可能导致该业务中间业务收入出现断崖式下降。

2. 业务创新面临更严的监管要求。今年风险事件的急剧增多令监管机构加强了对个人客户交易类业务创新的风险管控要求，特别是对于涉及国际市场产品的业务，要避免境外风险向境内传播，这将影响我行对贵金属产品线之间的交叉融合创新进程，需要以更加审慎的态度、更加严谨的论证，在做好各种风险控制的前提下进行业务创新。

3. 业务整改方案落地实施需要一定时间。金融市场部、贵金属业务部已经启动了贵金属代客交易业务的自查整改工作，但由于加强投资者适当性管理、业务规则优化涉及系统改造，完善法律文件、组织客户重新签署也需要一定的时间，因此完成全部整改还需要较长时间。

4. 投诉和舆情管理的压力仍然较大。受“原油宝”事件等因素影响，今年以来个人贵金属代客交易业务的投诉量增加较多。尽管绝大部分都得到了妥善解决，但仍有个别客户坚持无理诉求、反复向监管投诉，面临的客户投诉和舆情压力明年仍将持续存在。

（二）集团贵金属业务发展面临的机遇。新形势下我行贵金属代客交易业务发展虽然面临着很多挑战，但我们要正确看待，在面对挑战的同时要看到机遇，机遇与挑战并存。

1. 暂停开户为我行提供了难得的时间窗口。暂停个人贵金属代客交易业务新开户并不是说个人贵金属业务不发展了，而是给我们难得的时间去开展自查整改，通过调整客户门槛、完善法律文件等整改措施，提升我行的经营管理水平、增强风险控制能力。另外，个人实物贵金属业务仍然可以大力发展，今年这块业务发展得很好，明年要力争做得更好。

2. 推进自查整改有助于改善我行客群质量。随着个人黄金、白银代客交易业务自查整改工作的全面推进，无法与产品风险适配的客户将逐渐退出，未来我行的客户群体将具有与产品更匹配的风险承受能力，优质客户群体的积累将有助于个人贵金属业务的长期稳健发展。

3. 常态化的市场大幅波动为贵金属风险管理和同业做市业务提供机遇。当前和未来一段时间，国际贵金属市场仍然面临诸多不确定因素，市场大幅波动很可能常态化，贵金属产业链上下游的客户面临更加复杂的经营形势，会进一步带动相关企业客户的套期保值需求，是扩大我行贵金属套期保值业务规模的有利契机，也是

我行向企业倡导风险管理中性理念、支持中资企业"走出去"以及实现境内外业务联动的有力实践。在当前的市场环境下，同业客户的贵金属交易意愿也将随之增强，我行应充分发挥三个经营机构已有的做市优势、工银标准的清算仓储优势、集团境内外业务联动优势，进一步扩大同业做市业务规模。

4. 贵金属实物、融资、清算仓储业务均有不同程度的发展机会。尽管目前个人贵金属代客交易业务受到一定影响，但该业务作为我行的传统优势领域，仍有广阔的发展空间。要基于强大的市场竞争力与品牌影响力，努力在明年实现业务进一步增长。对融资业务而言，虽然境内黄金租赁业务的市场空间受限，但我们在白银和铂金的租赁上正在取得突破。对清算仓储业务而言，在当前复杂多变的外部环境下，国内同业为分散风险有寻求新清算渠道的需求，工银标准作为唯一既有中资背景又能提供国际贵金属清算仓储服务的机构，具有突出的营销优势，我们要充分把握住当前的时间窗口，推动业务取得新突破。

三、第一次联席会议确定的工作任务落实进展顺利

集团统筹联动发展贵金属业务第一次联席会议召开后，各参会部门积极推进、认真落实会议布置的各项工作任务，在业务联动发展和风险管理两方面均取得了较好进展。

（一）业务联动取得较好成效。

一是交易业务的联动程度不断加深。金融市场部与工银标准一直保持着良好沟通，两机构在贵金属敞口交易平盘方面的合作进一步加深，在双方共同努力下，工银标准电子交易系统的连接稳定性、报价能力都有改善，与国际同业之间的差距不断缩小，带动交易业务稳步增加。金融市场部与贵金属业务部相互委托开展交易也取得突破，在前期两部门共同推进系统开发的基础上，金融市场部已经按照贵金属业务部的委托在上海期货交易所顺利达成交易，为今后深化交易合作打下坚实基础。贵金属业务部已与工银标准就洲际交易所定盘业务合作细节达成一致，并超额完成了对工银标准的支持任务。二是融资业务的统筹联动持续推进。贵金属业务部、工银标准、信贷与投资管理部正在着手进行境外预付款融资、商品回购等创新模式的研究工作，并通过大数据方式挖掘潜力客户，组织需求调研，联动推动铂金租赁业务的客户营销，以更好地利用贵金属业务部在国内实货市场的营销优势和工银标准在境外市场的供货能力。三是工银标准流动性得到提升、清算仓储业务营销取得一定进展。金融市场部、工银标准已共同研究制定流动性支持方案，通过将总行贵金属账户余额在分配和非分配属性之间调拨的方式，有效提升工银标准流动性，满足当地监管对流动性指标的要求。在金融市场部、贵金属业务部的大力营销支持下，澳新银行（中国）、中银香港、中信银行均已同意与工银标准签署账户服务协议，清算仓储业务联动营销取得积极进展。四是起草了集团贵金属业务联动营销方案。近期联席会议秘书处已牵头起草了联动营销方案，确立了协同推进、集团利益最大化、客户至上、依法合规四项基本原则，明确了境内外机构间联动营销工作的总体安排，按业务条线分析了重点客群与各自的业务优势，明晰了部门分工，制定了联动营销措施，以进一步增强营销合力，统筹联动推进集团贵金属业务发展。五是建立了市场研究与信息共享机制。金融市场部、贵金属业务部、工银标准已建立起信息共享机制，内容涵盖了每日每周的市场资讯报告、外部公司提供的分析报告，以及不定期的专题研究报告及市场热点评论，有效增强了各机构的信息分享与研究分析能力。

（二）风险管理联动有序推进。

一是集团统一风险管理机制正逐步建立。信贷与投资管理部已将贵金属租赁业务、贵金属同业租借、贵金属衍生交易业务纳入集团信用风险管理体系，并纳入统一投融资风险限额管理。风险管理部也已将贵金属业务纳入全行市场风险管理体系，并持续开展风险计量、限额管理、产品控制等工作。二是应急风险管理能力有所加强。金融市场部、贵金属业务部、工银标准正在共同研究合作应急方案，互相提供流动性应急支持、增强流动性风险联动应急能力。贵金属业务部已修订并印发了LBMA 黄金价格定盘业务管理办法，以满足交易员夜间应急开展平盘需要。三是信用风险管理水平得到提升。信贷与投资管理部、贵金属业务部按照监管要求，正式印发了《法人客户实物贵金属租赁业务管理办法（2020 年版）》，并联合相关部门协调召开视频推动会，协助分行全面掌握递延客户违约信息，有效执行欠款扣收工作。四是客户保证金管理机制正不断完善。贵金属业务部已对代理个人客户延期交收业务的系统进行了优化，新增了灵活增加强平场次、单独设置强平参数等功能，并对外部引流业务设置了风险准备金条款，用于规避极端行情引发的穿仓风险和声誉风险。

四、下一阶段的工作重点

2020 年是极不平凡的一年，在坚守风险底线、保障业务平稳运行的前提下，各部门勇于担当、同心协力，做了大量工作，付出了很大努力，取得了明显的工作成效。希望同志们再接再厉，发扬攻坚克难的精神，全力打好 2020 年的收官战，并为明年各项工作的顺利开展奠定基础。下一阶段，各部门要在进一步发挥集团合力、提升全面风险管控能力、推进自查整改上多下功夫。

（一）发挥集团合力推进业务统筹联动。

1. 持续推进交易业务统筹联动。一是继续加强账

户贵金属敞口平盘方面的交易合作。金融市场部与工银标准要继续在平盘交易方面加强合作，研究扩大交易规模的可行性方案，推进系统改造与优化，支持工银标准在做大做强交易业务上取得更大的突破。二是尽快完善相互委托开展交易的实现方案并进行风险评估。贵金属业务部与金融市场部要尽快完成委托开展上海期货交易所交易的系统功能优化、业务制度建设与风控措施完善等工作，风险管理部要对该业务的流程、授权、制度、风控等方面进行全面评估。三是稳妥推进人民币报价的国际市场黄金白银交易。金融市场部、贵金属业务部要以满足结售汇监管要求为准绳，以严控市场风险、操作风险为底线，在充分征求各相关部室意见的基础上，推动项目功能稳妥实现，满足贵金属业务部的交易需求、拓展我行贵金属业务产品线，同时风险管理部也要持续跟踪该项目进展，按照新产品管理的相关要求严控风险。四是推动 ICE 黄金定盘代理服务方案尽快落地。贵金属业务部要根据各部门会签意见，大力推进服务协议签署工作、明确具体业务规则，工银标准则要配合做好制度和系统准备工作，尽快开展两机构在洲际交易所定盘业务上的联动合作。

2. 继续加强融资业务统筹联动。一是巩固租赁业务营销成果，尽快制定明年业务合作目标。贵金属业务部、工银标准要加强沟通，力争在前期铂金租赁业务营销突破的基础上继续争揽潜力客户、进一步扩大业务规模。两部门要共同研究制定 2021 年上海黄金交易所黄金租赁、国际板掉期交易两项业务的合作目标，为明年业务联动发展提供指导，同时信贷与投资管理部也要保持高度关注。二是研究落实境外贵金属融资业务方案。贵金属业务部、工银标准、信贷与投资管理部要继续研究境外预付款融资、商品回购等创新融资模式，尽快形成可行的业务方案，缩小与国际领先同业在贵金属融资业务方面的差距。

3. 大力支持工银标准清算仓储业务营销。工银标准要进一步加大营销力度，抓住难得的时间窗口，高度重视各部门的协助营销成果，尽快推动与意向客户的协议签署流程，力争取得切实进展。金融市场部、贵金属业务部要持续跟进工银标准贵金属清算业务营销进展，积极配合做好营销支持。

（二）全面加强风险管控。

1. 持续加强信用风险管理。一是尽快化解潜在风险、大户风险，加快推进不良租赁处置工作。贵金属业务部要建立潜在风险客户名单，深入进行风险分析，做好信用风险缓释。信贷与投资管理部要继续加强管理，全力配合贵金属业务部推进不良租赁处置工作。二是研究完善租赁业务管理要求。信贷与投资管理部、贵金属业务部要根据监管动态及业务发展变化，继续推进实物贵金属租赁业务的制度建设，完善信用风险管理体系。三是全面加强代理法人客户延期交收业务的风险管理。贵金属业务部要持续加强法人客户保证金管理，加强对市场风险、操作风险的管理和监控，避免向信用风险转化，同时要继续研究细化风险管理措施，推动差异化客户持仓限额方案的尽快落地。信贷与投资管理部要继续保持高度关注，对集团范围内的类似业务进一步开展分析研究，探索信用风险管理方案。

2. 增强市场风险应对能力。一是继续完善市场风险联防联控机制。各机构要进一步加强沟通，从各自专业角度密切关注市场变化，做好市场研判，继续提高信息资源共享的深度、广度、准度，加强风险防控的前瞻性、针对性、有效性，提升联防联控能力。二是进一步完善流动性风险联动应急预案。金融市场部、贵金属业务部要抓紧制定流动性紧张情况及交易所休市期间的业务支持方案。工银标准要研究设置特别交易通道，为集团内应急平盘提供支持。三是研究加强黄金询价业务风险管理。贵金属业务部要与风险管理部对新资本监管规制下资本占用增加、缺乏直接的融资规模管理指标以及贵金属融资杠杆率等问题进行深入的研究论证。

3. 优化客户保证金及平仓管理。贵金属业务部要推动保证金自主调整机制、客户保证金差异化管理、系统刚性控制等功能的尽快实现。金融市场部也要保持高度关注，进一步优化保证金管理与强制平仓功能。

4. 继续做好贵金属库安全管理。工银标准要着手修订金库业务风险管理方案，尽快征求意见并正式实施。贵金属业务部要研究在满足上海黄金交易所国际板金库管理要求的前提下，将其纳入全行统一风险管理体系。

（三）加速推进个人贵金属代客交易业务整改措施落地。

1. 加强投资者适当性管理。一是尽快完成产品风险等级调整，提高对客户风险承受能力的要求。金融市场部、贵金属业务部要尽快推进产品风险级别和适配客户风险等级调整工作，建立动态管理与分类管理机制，现阶段应将可能发生本金损失的产品风险级别调至最高。二是尽快调整客户准入门槛，优化业务交易规则。金融市场部、贵金属业务部要按照前期上报的方案尽快落实整改，主要包括：尽快解决客户准入门槛过低的问题，重点关注 18 岁以下及 65 岁以上客户的准入资质；进一步完善客户风险测评机制，测评结果要在系统中留存，电子协议签署时也要保留客户签名，对于风险测评结果低于准入要求的不得签署新的协议，有持仓客户则不能新开仓；适当调高客户交易起点，并推进系统改造尽快实现；研究做好在不同情境下拉宽点差的工作安排；以更加审慎的态度完善保证金比例与强制平仓管理要求；适当调整客户单边持仓管理限额，降低客户交易集中度；探索建立大客户逐户定期评估机制。

2. 高度重视投资者教育和客户风险提示。一是探索丰富投资者教育的内容和形式。金融市场部、贵金属业务部要针对不同类型客户设计多层次的教育活动体系，同时要充分揭示风险，培育具有正确交易理念和风险意识的优质客户群体。二是多渠道全方位做好客户风险提示工作。金融市场部、贵金属业务部要积极主动做好风险提示工作，全面排查我行客户营销和市场推广物料，同时也要重视对市场剧烈波动的专题研究，确保风险提示积极主动、风险术语表述准确无误，对不利情况下可能的损失要及时揭示到位。

3. 尽快完成法律文件修订工作，强化消费者权益保护。金融市场部、贵金属业务部要尽快商法律事务部对现行法律文件进行全面排查，组织开展修订工作，务必要明确客户与银行的权责关系，确保协议换签流程合法合规。要高度重视涉及客户权益事项的调整，充分保障客户知情权，履行好我行信息披露义务。

4. 加强对外部合作机构的监督管理。贵金属业务部要全面提升外部合作管理水平，充分认识到潜在风险，督促合作机构规范营销行为，坚决杜绝过度营销，严把客户准入关，向客户推荐匹配的产品，在建立准备金机制的基础上进一步论证风险控制措施的有效性，对于存在违规行为的机构，要果断采取处置措施。风险管理部也要高度关注与外部机构的业务合作，加强对“场景金融”业务的风险评估与管理，确保风险可控。

总之，当前我行贵金属业务面临新的形势变化，给业务发展带来了一定困难，但我们必须认识到，怕走崎岖路，莫想登高峰。要立足当前、着眼长远，进一步加强贵金属业务的统筹联动，积极应对形势变化，严格各类风险防控，以近期开展的自查整改工作为契机，总结经验，不断前行。

主动有为　狠抓落实　积极做好疫情防控和复工复产企业的信贷支持工作

——在全行疫情防控重点保障企业信贷支持工作视频会上的讲话

官学清

（2020 年 2 月 12 日）

刚才廖行长对疫情防控重点保障企业信贷支持工作的阶段性情况做了总结，深入阐述了做好重点保障企业信贷支持工作的重大意义，并对下一步工作做了整体部署，各分行要认真学习领会、贯彻落实。下面，我就进一步做好疫情防控和复工复产企业的信贷支持工作，谈四点具体意见。

一、主动对接好名单内重点保障企业

针对疫情防控重点保障企业，目前有全国性名单和地方性名单两类名单。根据 2 月 7 日财政部等五部委联合印发的《关于打赢疫情防控阻击战 强化疫情防控重点保障企业信贷支持的紧急通知》（财金〔2020〕5 号），全国性名单申报流程为：各省级发改、工信部门负责审核汇总后报国家发改委、工信部，中央企业可由相关行业主管部门或直接向国家发改委、工信部提出申请，由国家发改委、工信部确定全国性名单；地方性名单申报流程为：湖北和浙江、广东、河南、湖南、安徽、重庆、江西、北京、上海 10 省市可根据需要建立地方性名单，由省级发改、工信部门报国家发改委、工信部备案。

截至 2 月 10 日，人民银行共提供了四批全国性名单合计 532 户，该名单为动态管理，总行公司金融业务部会及时将新名单下发分行。各分行要主动与地方发改、工信等部门对接，原则上公司金融业务部牵头对接工信部门、授信审批部牵头对接发改委。要通过签订专项合作协议、建立“绿色通道”合作机制等方式，提前掌握全国性名单和地方性名单，全力配合推动地方性名单尽快纳入全国性名单。总行公司金融业务部要牵头做好中央企业对接工作，中央企业及下属单位所在地分行，也要加大与企业对接力度，做好行内联动，尽早掌握企业纳入全国性名单情况。谷行长要求我们同业占比要保持在 38% 以上，刚才廖行长也提出相关要求。目前占比有所起伏，任务还是很重，请各分行加大服务力度。

二、进一步支持名单外疫情防控企业

各分行要加大支持全国性名单和地方性名单以外参与疫情防控的重点医用物资和生活必需品企业，做好名单内外疫情防控企业的统筹管理和主动营销，主动对接好相关企业和有关部门，推动企业尽快纳入有关名单。对参与疫情防控工作的重点医院、医疗科研单位、药品和医疗设备生产及流通企业，重要医用物资生产、收储

重点保障企业及其重要原辅材料、重要设备生产制造和相关配套企业，疫情防控重要生活必需品骨干企业，以及为应对疫情提供相关信息通信设备、服务系统及承担运输、销售任务的企业，各行要切实提高信贷业务办理效率，在控制风险的前提下，满足合理融资需求，及时给予资金支持，提供优质高效的疫情防控综合金融服务。

三、为企业复工复产和恢复营业、新建及在建项目、先进制造业和优质民营企业提供高效融资服务和综合金融服务

当前，疫情已对宏观经济运行产生影响，部分服务行业受到冲击较大，中小企业生产经营困难加剧。各分行要充分认识到帮助企业恢复正常生产对疫情防控有效开展、国民经济平稳运行、稳定社会预期的重要意义。2 月 3 日，中央政治局常委会会议明确指出“要在做好防控工作的前提下，全力支持和组织推动各类生产企业复工复产，加大金融支持力度，加大企业复产用工保障力度，用好用足援企稳岗政策，加大新投资项目开工力度，积极推进在建项目”。近期，国资委要求中央企业围绕“六稳”工作目标和年度工作目标，加强统筹，积极有序复工复产、迅速回到正常生产、稳定发展的轨道上来，涉及重要国计民生领域的企业要保障条件立即推动复工复产，主要包括承担疫情急需防护物资、油气、电力、煤炭、通信保障、运输保障、粮油肉生产供应的 30 户中央企业。公司金融业务部已经在安排推动相关中央企业对接事宜，各分行要做好落实工作。

各分行要全面贯彻落实中央“六稳”工作要求，在做好防控疫情工作的前提下，主动对接好企业复产复工和恢复营业过程中的融资需求和其他金融需求，加大对企业复工复产的金融支持力度，积极支持新投资项目开工，有效推进在建项目，进一步加大对先进制造业、优质民营企业、消费和内需行业的融资支持力度。对受疫情影响较大的企业或行业，不得盲目抽贷、断贷、压贷，公司金融部门要主动配合信贷管理部门进行风险化解处置。要积极通过商投互动、内外联动、行司联动、公私联动等多种方式为客户提供表内贷款、债券发行、股权融资、债转股、融资租赁、结算、银行卡、代发工资、国际业务、投资顾问服务等全方位综合性优质金融服务。公司金融系统要全力为稳定经济增长、脱贫攻坚、全面建成小康社会提供优质的公司金融服务。

四、加强利率管理、风险管理、合规管理

刚刚廖行长已提出相关要求。各分行要加强名单内客户动态管理，精准把握政策要求，严格执行优惠利率。对于新纳入全国性名单的企业，自 1 月 25 日起新发放的符合银发〔2020〕28 号文及财金〔2020〕5 号文相关规定的贷款可计入专项再贷款政策统计范围。各分行要严格落实监管部门相关要求，严格执行优惠利率，严禁收取利息之外的任何其他费用，原则上纳入名单后一日内调整至优惠利率，并及时上报总行，优惠利率如突破分行权限的，执行总行《关于进一步做好疫情防控重点企业信贷支持工作的通知》要求，要按照特事特办、急事急办的原则，充分发挥利率审批“绿色通道”作用，高效做好金融服务。

各分行要高度重视风险管理，对于重点保障企业，在办理业务时，要坚持用途真实、专款专用、风险可控的原则。严禁弄虚作假，严防不法分子借抗击疫情之名套取、骗取信贷融资。运用专项再贷款发放的信贷资金不得用于重点保障企业的一般性资金需求，也不得提前收回存量贷款叙做以套取再贷款资金。同时监控重点保障企业不得将此专项信贷资金挪作他用，更不得转贷，也不得转为理财。如发现分行有上述违规行为的，总行将按相关规定进行严肃问责；如发现重点保障企业有上述违规行为的，分行有权收回贷款，并将有关情况及时报告总行。对重点保障企业办理业务应按照总行工银办发〔2020〕28 号文要求，做好 GCMS 系统贷款用途标识维护；加强资金封闭管理，确保贷款到期后及时收回；做好贷款资金使用或企业回款的持续跟踪监测；也要做好抗疫情贷款的廉洁自律，确保整体资产质量保持优良状态。

同志们，当前疫情防控处在非常关键的阶段，积极做好疫情防控和复工复产企业的信贷支持工作，进入到需要连续作战、持续奋战的重大考验期。请全行公司金融条线以高度的政治责任感、使命感、紧迫感，主动有为、狠抓落实，为打赢疫情防控的人民战争、总体战、阻击战，为维护经济社会稳定大局，作出新的贡献。

坚定信心　主动作为
全力以赴抓好公司金融业务和投资银行业务

——在全行公司投行重点工作推进视频会议上的讲话

官学清

（2020年3月6日）

下面我讲五个方面重点工作。

一、认真抓好人行名单内抗疫企业融资支持

全行公司金融业务条线要进一步提高政治站位，增强政治责任感、使命感和紧迫感，守土有责、守土担责、守土尽责，有情怀地做好疫情防控重点企业信贷支持工作。要围绕医院、医疗科研单位、医药或医疗设备生产企业、医药流通、医疗防疫卫生公共基础设施建设及重点生活物资保障等疫情防控相关领域，聚焦人行全国性名单及经人行总行认定的相关省市地方性名单，实行大客户直营服务，做实助企客户经理机制，落实助企客户经理职责，进一步加大名单内企业金融服务支持力度，提高开户率、授信率、有贷率、累放同业占比，要确保贷款增量四行同业第一，且九家同业占比要力争达到20%以上。截至3月5日，两个名单内企业已经超过1万户，我行共投放贷款135.97亿元，其中全国性名单企业投放110.6亿元，3月3日同业占比14%，四大行占比第二，九家行占比第四。因此，全行公司业务条线必须抓紧投放进度，特别是3月上中旬的重要时段。现在时间已经不多了。强调两点要求：一是贷款增量必须四行同业第一，二是贷款投放必须安全合规。要对受疫情影响较大的零售、住宿、餐饮、旅游、娱乐、民航、铁路、城市公共交通等领域企业，做实做细存量融资分析，不盲目抽贷、断贷、压贷；对发展前景较好但暂时受困的企业，要通过展期、续贷、再融资等方式做好融资接续安排，满足企业持续经营资金需求。

此外，做好人行名单内企业融资支持工作，既体现有效支持疫情防控的大行担当，更体现确保业务持续健康发展的管理能力和政策把握能力。各行要坚持“支持防疫与风险管理并重”“市场竞争与合规管理并重”，切实做好人行专项再贷款全流程风险管理、合规管理，运用融安e信等大数据手段事先筛查客户风险状况。要坚持贷款用途主要用于疫情防控保障最直接的企业，做到专款专用，合理确定贷款额度，合理规范确定贷款利率，严禁弄虚作假，严防道德风险，严防套取、骗取融资，不得用于企业的一般性资金需求，不得用于归还其他各种贷款、不得用于其他非抗疫用途，更不得转入银行理财或者协定存款套利，一经发现，必须追回贷款并按照正常商业银行贷款利率补收相应利息。要进一步明确助企客户经理是人行专项优惠贷款合规性的现场责任人，人行专项贷款是救急的钱，具有非常强的特殊性，一定要做好合规管理。要持续做好贷款资金使用及企业回款的跟踪监测，认真做好贷款尽职调查及授信审查审批把关，严防专项贷款被用于交叉违约、高风险客户，确保贷款安全。大家要高度重视，确保贷款安全，把好事办好，经得起审计署检查和行内贷款风险管理检验。

二、全力支持复工复产，加大公司贷款项目储备与投放力度，更好地服务实体经济高质量发展

一要突出抓好“春润行动”高质量落地。各行要深入贯彻落实《关于全面开展“春润行动”全力支持企业复工复产的通知》（工银发〔2020〕23号）文件精神，把全力支持企业复工复产作为当前重要的政治任务抓紧抓细抓实。要围绕“五医领域”类、生活物资保障类、交通物流类、装备制造类、能源化工类、电信运营类、外贸外资类七大类重点领域，加快对接政府相关部门、辖内“两个名单”重点企业，瞄准境内外全产业链需求，实现精准有力支持。要为七类客群提供差异化定制金融服务，重点支持中央企业下属成员企业及重大在建续建、新建扩建项目率先复工复产。要强化目标导向，以开户、授信、信贷投放、全口径融资落地作为成果体现，全力争取对名单内企业“融资投放同业领先、综合业务全覆盖”。要合理执行优惠利率政策，坚守风险底线，坚持合理定价，加强信贷全流程合规管理。特别要强调的是，此类贷款不同于人行专项贷款，是适度优惠，各行要有价格底线。要综合运用贷款、债券、股权、代理、租赁、顾问等全口径融资方式，多渠道支持企业复工复产。做好地方政府债、企业债的承销与投资；创新运用投资银行服务手段，依托境内外资本

市场，着力做好股权融资、大额并购及债务化解等服务；工银租赁要充分发挥租赁产品优势，加大航空、航运、基础设施及大健康行业的融资投放，并审慎合理调整融资性租赁、经营性租赁租期，支持受疫情影响困难企业渡过难关；工银投资要加强行司联动，用好债转股、疫情防控专项基金，做好股权融资，支持好国企混改、重组并购，做好“降杠杆”“稳杠杆”金融服务。

二要突出抓好公司贷款项目储备和有效转化。总体看全行公司贷款储备较为充足，但存在较严重的区域间不平衡现象，主要集中在浙江、广东、江苏、北京、上海等重点分行，部分地区项目储备有待提升。各行要围绕“1+3”板块，聚焦国家重大新建扩建、在建续建项目与重点客户需求，加快主动对接、逐个排查推进，确保公司贷款项目储备金额不低于本行至少两个季度所需的实际投放量，确保已签合同未放款项目贷款储备金额不低于本行1年内项目贷款所需投放量。当前项目营销特别是新开工项目竞争激烈。要加强项目储备精细化管理，提升项目储备的可靠性、有效性，强化分类管理和进程管理，做好已批未放公司贷款储备项目二次营销，持续增加项目储备厚度及有效转化率。要充分把握疫情过后国家财政政策、货币政策、产业政策、区域政策以及监管政策相关调整带来新的发展空间，抓住企业复工复产、新投资迅速加速、消费恢复性增长等机遇，重点关注国家在应急管理体系建设、公共卫生体系建设、国家储备体系等领域深化改革动向及可能带来和释放的相关市场机遇与巨大需求。要在抢抓基础设施补短板、交通运输、公共卫生基础设施建设、乡村振兴、环境整治等领域重大项目的同时，加速拓展智能制造、无人配送、在线消费、医疗健康等新兴产业市场。要加大脱贫攻坚、5G技术、医教养文体旅、居民保障与消费等重点领域信贷支持力度，聚焦医疗、医院、医疗物资储备、康养等补短板项目，持续推进“一县一医院、一市一景区、一行一高校”“三个一”工程，开展“牡丹惠医行动”专题营销活动。

三要突出抓好制造业企业金融服务，进一步加大中长期制造业贷款市场营销。围绕先进制造业、传统制造业转型升级两大重点领域，高质量打造“制造业金融服务提升年”，全力完成制造业贷款增速、占比提升以及中长期贷款增速与信用贷款增速、占比等各项监管任务，今年人行对中长期贷款增速要求将进一步提高，各行要加大对设备改造、新产能领域信贷投放力度。聚焦白名单客户，强化优质制造业企业白名单动态管理，各行要用好差异化授权、专项规模保障及FTP优惠政策。抓好链式营销，聚焦百亿级制造业子行业，深耕医药和医疗器械生产、5G、航空航天、新材料、汽车、工程机械等制造业细分领域产业链。抓好机构专营，优先在浙江、广东、江苏等地区选择技改政策体系成熟、产业集群发展前景较好的区域，探索建设5家制造业金融服务中心，探索专业化服务。抓好风险防控，要优选制造业客户，重点支持先进制造业企业，特别是那些技术领先、主业突出、负债适度的制造业企业。

四要突出抓好优质民营企业金融服务。新冠肺炎疫情对我国经济发展产生一定负面冲击，特别是对民营、中小企业经营发展的冲击较大，这个时候要更好发挥国有大行服务民企的“头雁”引领作用。要聚焦重点企业，着力做“优”，强化民企白名单动态管理，加大符合国家产业结构调整方向、主业突出、市场竞争力强的优质骨干民企支持力度；要紧盯国家级高新技术企业重点客群，深入实施“931”工程。要创新服务方式，着力做“活”，常态化举办民营企业家金融研修班，通过5年时间组织1 000名优秀民营企业家参加培训，推进民营企业联合智库建设，培育银企“同进退、共成长”新型合作关系；完善科创金融产品体系及风控体系，加快第三方专业评估推广，迭代优化科创企业专属评级、授信模型；完善“科创中心+特色支行”组织架构，打造“10+100”科创金融服务体系。要规范服务行为，着力做“实”，杜绝借贷搭售、转嫁成本、违规收费等行为，降低民企融资成本；不得对民企设置歧视性要求，提高民企融资可获得性；密切跟踪民企日常经营与偿债能力变化，提高风险管理主动性与前瞻性。

三、坚持以客户为中心，保持公司存款平稳较快增长

公司存款是公司金融业务核心竞争力的重要体现。可以预见，未来随着利率市场化、公司存款理财化、招标化、同业化趋势加快，全行公司存款稳存增存将面临较大挑战。2017—2019年全行共增加9 000亿元公司存款，但今年2月负增长2 000多亿元，3月前几天一度负3 000多亿元，回到了2018年末水平。陈董事长、谷行长非常重视公司存款问题，本周党委（扩大）会议专门对公司存款工作提出要求；谷行长也召开专题会，要求全系统抓好公司存款。各行特别是北京、广东、上海、江苏、浙江、深圳、山东、四川、湖北、安徽、河北、河南等公司存款大行，与2016年末数据比较，有些行还是负增长，有些行增幅很小。大行通常贡献较大，但往往时点负增长也大，要引起高度重视，切实把责任担当起来。要坚持以客户为中心，狠抓G端B端C端客群联动和资金封闭管理，正确处理公司存款增量与付息成本的关系，聚焦基础客群、基础渠道、基础机制、基础产品、基础定价，构建“公司存款+法人理财”客户金融资产综合负债监测管理体系，健全“本币存款+外汇存款”良性互动机制，进一步强化公司存款系统推动和考核，力争实现一季度扭负为正、确保3月当月增量四行第一，明显缩小与可比同业增量差距，全面提升公司存款市场竞争优势和可持续发展能力。

（一）贯通“两链”，强化G2B2C闭环管理。要通过抓实客户链、资金链，实现产业链上下游企业公司存款链式拓展。这里我重点强调打造好G2B2C资金闭环。全行公司条线要坚决落实陈董事长指示精神和谷行长专题会议要求，全力推进与机构、个金条线紧密联动，着重抓好五大资金流向的典型场景，尤其是G2B、C2B、B2B三大资金流，这些场景对促进公司存款增长至关重要。

关于G2B，要抓好财政支付场景、地方债特别是专项债资金使用场景、军队付款场景、政府采购场景。各行分管行长和公司部负责人要定期联合机构条线走访政府、财政、军队和相关预算单位，掌握重点项目以及资金拨付等信息；定期与政府相关部门对接，及时掌握地方债发行计划、资金拨付计划；公司条线要主动联系机构条线获取政府采购供应商清单并逐户做好存款封闭管理工作。

关于C2B，要抓好日常消费场景、各类生活缴费场景、个人按揭贷款场景、商户收单场景。各行要加大综合化卖场、商超的营销；通过对燃气集团、自来水公司、电力公司、烟草公司的批量营销，从源头掌握个人缴费资金支付；要将在我行办理房开贷的项目推荐给个金条线，共同争取按揭贷款资金回流；要多争取公司客户收单业务，多营销我行账户作为收单账户，提升信用卡和借记卡收单的对公存款资金留存率。

关于B2B，要认清关键是核心企业供应链金融场景。对制造业、军工、房地产、商贸流通、旅游文化等重点领域，核心企业主管行的行领导要亲自抓，要主动对接客户，确保上下游企业在我行开户，资金在我行体内循环，实现核心企业与上下游企业资金支付双向封闭管理。

同时，全行公司条线要积极配合机构、个金条线，做好B2G、B2C两大资金流中企业缴费、纳税、代发工资、代发拆迁款、股票分红等重要场景营销，实现资金流在我行的G端、C端闭环运转。

（二）抓实“三层”，夯实客户基础。

对“头部”客户，要全面巩固领先优势。要持续做好通信、互联网、广电、烟草、高校等现金流量大、弱周期行业存款大户的资金争揽，不断扩大同业领先优势。要实现“头部”客户稳步扩围，各行要尽快筛选当地近三年纳税额前10%的客户作为公司存款“头部”客户，做好分层营销。要按照公司客户金融资产总额大小，做好分层、分类牵头营销，制定个性化产品及定价方案。要抓好上市公司板块资金，紧密跟踪上市公司IPO、增发、并购、分红等进度，结合场景开发包含专项主动负债产品的场景式服务包吸存。

对“中部”客户，要持续做好提质增效。要深入推进中部客户分包管理，对日均金融资产规模达到50万元以上的公司客户要“分包到人、按包考核”，确保包内客户存款不流失，并全力做好增存工作。要多专业合作加快新户拓展，公司、结现、运管等专业要合力推广“中小微企业便捷开户”“对公智能开户”等开户方式，依托集团客户、大型交易市场、交易平台等客户聚集场景，抓好“中部”客户批量拓展。要强化产品监测和创新，各行要按月报告全市场存款产品动态，对于同业新推出的有竞争力的产品，要尽快复制优化，形成更有竞争力的产品投放市场。目前“头部”客户存款呈现理财化、招标化趋势，资金成本越来越高，而我行“中部”客户基础薄弱，存款工作存在短板，对全行公司存款影响很大。

对“底部”客户，要充分发挥长尾效应。要加强网点对公客户经理配备管理，根据网点对公客户规模及客户包数量配备专职对公客户经理，对网点综合客户经理实行双线管理，实现网点无贷户公司存款全覆盖管理。要将公司存款及拓户指标与网点负责人考核激励挂钩，对业绩突出的网点负责人加大资源倾斜支持力度，发挥好网点负责人“市场先锋”作用。要提升网点对公服务人员专业能力，将公司存款营销技能和公司金融全产品培训作为网点对公服务队伍建设的重要内容。要提升线上服务质量，做好互联网平台类客户的拓展。疫情期间要突出做好公司客户线上金融服务，提升客户黏性。

（三）狠抓大中型企业各类融资资金链条延伸管理。要在监管合规前提下，重点抓好大中型企业贷款、债券承销、股权融资、并购贷款等融资资金的管理。对于企业贷款资金，重点抓项目贷款基本户、房地产开发贷款专户、流动资金贷款的受托支付和流水管理；持续做好“裸贷”客户治理工作；抓好租赁资金的公司存款增存。对于债券承销资金，要争取牵头主承销商、簿记管理人角色，并争取募集资金在我行全额集中管理。如果为联席承销商角色，力争做好募集资金按比例在我行归集管理；做好债券本息偿付资金的提前归集与管理；对于资产支持票据等底层资产可持续产生现金流的特殊债券品种，做好监管账户资金留存与管理。对于股权融资资金，公司、机构条线要紧密协作，发挥好我行与证券公司等资本市场业务参与主体的合作优势，动态梳理上市拟上市企业名单，围绕IPO、再融资两个关键节点，争取客户在我行开立募集资金专户，根据客户投资计划提前锁定募资专户资金支付对象，营销其在我行开户并持续跟踪资金使用情况，实现资金封闭管理。要对债转股资金进行封闭管理。对于并购贷款资金，公司、投行专业要加强合作，争取并购贷款业务的牵头行角色，营销并购标的在我行开户，把握好并购资金监管账户的支出，根据监管资金流向和并购标的资金使用情况做好相关资金承接转化。

（四）争揽“一汇”，促进外汇增存。要聚焦多渠道支撑境内外汇公司存款较快增长，进一步健全人民币公司存款与外汇公司存款互动机制，探索建立客户境外募集资金回流机制，持续做好重点客户NRA账户营销、吸收客户离岸资金，主动运用跨境资金池和全球现金管理等产品提高重点客户外汇资金沉淀，高效利用自贸区分账核算账户体系构建资金通道、沉淀转化外汇公司存款。外汇公司存款大行要探索实施“高来高走”揽存模式，进行个性化授权。

各行要争取3月底公司存款增长有一个好成绩，特别是深度负增长的分行，要尽快扭转这个局面。

四、坚持强基固本、合规经营，保持公司类重点中收同业竞争优势

今年前2个月，全行公司类重点中收实现14.5亿元，同比减少3.3亿元，降幅18.6%。各行要高度重视做好中收工作的重要性、紧迫性、严峻性，克服畏难情绪，发挥迎难而上、奋发作为的优良作风，做好中收工作全年布局。

一要坚定信心，确保全年中收计划顺利完成。各行要充分认识疫情对中收的影响是阶段性的，坚定信心，在系统内要比学赶超、在同业中要创新争先，全面完成公司类重点中收全年任务。要结合辖内业务实际制定本年度中收工作方案，明确每季度目标任务，工作方案要做精做细、落地落实，客观分析存在问题并提出有针对性的工作措施，做好中收工作的全盘调度。一季度的工作安排、入账节奏被疫情打乱，各行要做好应对，拿出切实可行的措施。总行已对一季度任务计划进行分解，各行要尽快做好分解督导，务必确保完成，有条件的分行要不唯计划、多作贡献。

二要有的放矢，将银团贷款作为增收突破口。我国银团贷款市场余额超过8万亿元，近三年年均复合增长率约9%。我行同业占比约18%，要采取有效措施，将银团贷款作为增收扩源的重要突破口。要不唯金额大小、不唯分销比例灵活筹组银团，原则上，10亿元以上融资项目应以银团贷款模式办理。要把贷款规模分配与银团贷款发展挂钩，优先保证银团业务规模配置需求。要紧盯辖内可比同业，目前全行牵头银团金额同业占比约18%，但有26家分行在当地的同业占比低于全行平均水平，今年这些行的同业占比要提升至全行平均水平，同业占比较高的分行要继续提高。要优化审批流程，各行公司业务部门要与授信审批部门做好沟通，对符合条件的业务在审批书中明确既可通过双边也可通过银团方式办理，后续可随时开展银团筹组。要加强同业交流，总行近期拟与多家同业签署银团合作协议，建立同业间银团筹组联系人机制，提升银团筹组成功率。要积极探索开展跨境银团，用好自贸区政策，为“一带一路”及“走出去”企业做好跨境融资支持，扩大银团收入基础。

三要压实储备，强化分类督导管理。要狠抓重点项目。抓住复工复产、重大项目集中上马的有利时机，狠抓一批金额大、收益高、风险可控的优质项目资源，特别是基建项目、重大新建续建项目，为二季度乃至下半年增收工作打开空间。要把握市场机遇。加强商投互动，抢抓疫情过后旅游、交通、物流、商贸、城市综合体等领域债务化解及兼并重组机遇，及时跟进本区域基础设施建设等领域的融资再安排动向，把握存量高速公路贷款领域融资再安排机会，提前做好对接。要建立储备机制。指定专人、抓实抓细各细分领域中收，特别是银团贷款、债转股等重大项目的收入来源，要逐级压实、逐笔跟踪，严防跑冒滴漏；对未能按时入账的，要及时查找原因，促进问题解决后实现入账；要特别关注跨年度入账项目，做好衔接沟通及入账摆布，实现收益最大化。

四要合规管理。各行要牢固树立中收合规管理理念，高度重视合规管理工作，严防系统性风险。要细化合规收费管理要求，业务开展务必做到“四有”，即有服务、有产品、有方案、有收费依据。要严守合规“底线”，严格执行疫情防控期间重点支持企业的收费减免要求，以及小微企业收费减免规定，杜绝声誉风险。要细化承诺业务收费合规管理各项要点，就服务内容、收费标准与客户做好沟通，压实服务、完备手续。

五要增收扩源，保持收入可持续增长。各行要因地制宜，力求多点开花、增收扩源。要主动把握供应链业务数字化、智能化、平台化发展趋势，提升国内贸易融资安排收入；要借鉴同业经验，优化保函业务流程，提升客户体验，提高对内担保产品收入；要联动工银投资，推动债转股业务项目落地，合理入账相关收入；要通过“表内债权+表外资本市场”等全口径融资服务不断拓宽公司类中收来源。

五、多措并举协调推动，努力完成投资银行业务既定目标

近期，总行对投资银行收入任务进行了分解，适当调整了今年投行条线的专业考评，进一步强化了考核的收入和贡献导向。各行要按照“全牌照经营、全链条服务、全客户拓展”要求，进一步夯实投资银行条线项目和客户基础、找准投资银行业务的创新推动发力点，按条线、规模、流程进度做好本行投资银行项目与客户的分类梳理，密切关注抗疫防疫中企业经营活动变化和金融服务需求，确保流程中的项目尽快落地形成投资银行收入。要在市场、客户、储备和风控方面多下功夫，确保完成全年收入。

一要抢抓市场机遇。疫情催生了许多行业的投资银行服务机会，国家适时出台的相关政策也将对部分行业大踏步推进起到积极作用。各行要努力打好“机遇牌”“政策牌”“需求牌”，变被动为主动，确保市场机会不流失。

抓好产业整合机遇。全行要力争实现安排并购投融资达到1 500亿元。要落实好整体并购行动方案，业务量力争比上年增长50%，实现并购融资余额和交易数量同业第一。要做好并购行动方案实施与项目落地工作，主要围绕“房地产、医药医疗大健康、消费零售、文化旅游、汽车、装备制造、交通、城建、金融科技、TMT”十大领域，把握住产业整合市场机遇，紧密围绕优质龙头企业，及时跟踪业务线索。要针对国有企业混改提速、地方城投整合、民营企业或投资类公司参与国有企业混改等重大业务机遇，综合运用并购和非标融资，满足客户的控股和非控股并购、引进战略投资者、资产剥离等多方面的业务需求。

要抓好资本市场、稳杠杆等政策机遇。在资本市场领域，要重点关注上市公司出售控制权、并购资产，上市公司及股东定增、可转债、可交换债、股票质押融资、员工持股等投融资需求。今年是国资委稳杠杆收官之年，大家要利用类永续债权产品优势，加大对国企的营销力度。对重大基础设施项目，要加强项目贷款和永续债权的协同营销，帮助项目公司充实资本金，拓展投贷联动的良好局面。

要抓好重组顾问市场机遇。要深挖存量融资客户，摸清受疫情拖累、可能存在暂时流动性风险的企业，要提前对接安排融资接续，积极推进融资再安排工作，帮助企业维持流动性。要关注受疫情影响大的大户风险化解，抓住重组顾问业务机会。对我行在债委会中担任主席行且金融债务规模超100亿元的法人大户，原则上要向债委会推荐总行投资银行部直接担任财务顾问；对我行在债委会中担任主席成员行，且我行债权金额超过10亿元法人大户，要优先向债委会推荐总行或者是分行投资银行部担任财务顾问。对债转股（以股抵债）或以转股为目的实施债权转让的，要加强行司联动，推荐工银投资提前介入。

二要聚焦重点客户。客户需求是投行运作的原动力。各行要围绕客户群体做好分析，迅速开展营销，提前抢占客户“高地”，为项目推动赢得主动。

要围绕“标的、收购方或出售方”拓展并购客户。通过交易撮合、并购融资、以贷（并购贷款）促投等打造“顾问、融资、投资”相结合的全链条并购服务。各行特别是重点城市分行，要深入开展“董事长、董秘工程”，尽快实现对辖内上市公司董事长、董秘的营销全覆盖。要挖掘并购存量客户需求，在并购和整合中，继续推荐标的、提升债转股及证券化等服务，继续增强客户黏性。

要立足“走出去”“引进来”、适当兼顾“两头在外”的三个市场的跨境并购业务机会。要继续围绕共建“一带一路”，重点关注制造业升级、科技创新、消费升级以及全球能源布局，积极营销中资企业、上市企业在全球资本市场的再融资、并购重组。要抓住国家扩大对外开放机遇，聚焦世界500强企业和境外机构投资者，系统开展营销。要利用集团优势，通过外外联动或总分联动，积极争取非中资企业跨境并购业务，提升我行投行品牌的国际影响力。京津冀、长三角和粤港澳大湾区、成渝地区的相关分行要积极研究区域战略中涉及跨境并购方面的有利政策，探索创新新产品新模式，推动跨境融资业务向“财务顾问＋表内融资＋股权投资”的综合化方向发展。

要以协助PE退出所投项目为抓手，拓展股权投资优质标的储备。要继续保持与头部PE机构的联系，探索市场化股权投资、投普贷等产品创新服务。要加强行司联动。重点营销ABS主动管理业务，强化与工银瑞投联动，为客户提供承揽承做承销的全流程投资银行服务。要加强与工银安盛、工银瑞信、养老金部的联动，用好养老及保险资金，满足投行项目的中长期资金需求。要加强同业合作，重点加强与证券公司、信托公司、保险公司等持牌类同业机构和金融控股公司、国有资本投资运营公司、资产管理公司等产业类同业机构的合作。

要围绕企业、政府、金融机构开展金融咨询顾问多元营销。要积极向大中型企业客户推荐投融资顾问、企业财务顾问、融智e信、融安e信、对标管理引擎、国别风险等服务；向政府机构、平台企业推荐政府财务顾问；向中小企业及非银金融机构推荐融安e信、融誉e信服务；向大中型会计师事务所推荐函证e信服务。对于单笔收费千万级的投融资与常年财务顾问重点客户，可以申请总行团队直接服务，提升服务质量，夯实收入基础。

三要做实投资银行项目储备。近期总行投资银行部梳理了重点项目与客户清单，各行要按照项目进一步分类、逐个落实，把投资银行的融资规模、顾问收入逐笔落实到项目上、落实到人头上。要充分利用好智慧投行系统，强化辖内重点项目的总揽总控能力，对潜力项目要及时进行收入督导。要紧盯市场同业，与自己的市场潜力比、与同业比、与兄弟分行比，充分做好项目储备，夯实可持续发展基础，提升投资银行业务收入的系统贡献。

四要强化投资银行的风险管理。要做好在手项目的风险把控，不同阶段的项目要把责任落实到人，抓好项目的关键节点，梳理风险核心所在，在控制风险的前提下提升运作效率。并购业务要充分发挥并购主办人作为并购业务第一道风险防线的作用，对营销的项目进行初评筛选，防范“病从口入”。要进一步加强投资银行收费的合规管理，确保收费符合法律法规、客户自愿、服务匹配、要素完备。尤其是疫情防控期间，坚决杜绝发生与投资银行顾问收费相关的任何乱收费、不合规收费、不合理收费，杜绝发生负面舆情，杜绝发生银企纠纷和客户投诉。要加强与监管部门沟通，发生潜在合规风险时要及时与总行取得联系，严防合规及消费者投诉风险。

今天我主要强调了五个重点但存在短板的工作。各行要对照年初全行公司客户“1+N”一体化金融服务工作会议部署，抓实抓细各项工作，争取在3月底有一个初步的成绩单，半年有一个好的成绩单，全年有一个圆满的成绩单。总行公司部和投行部将进一步加强监测、加强监督。现在是抗击疫情期间，所以今天会议采取了视频方式，在这里感谢广大员工的辛劳工作，特别是湖北分行的同志们。这次疫情对我行公司条线、投行条线，还有债转股、租赁业务都是一场考验，大家要一手抓疫情防控，一手抓公司金融、投资银行业务、债转股和金融租赁业务发展。

目前疫情防控已经取得阶段性成效，但仍然处在最关键、最吃劲的时候。公司、投行条线要在总行党委及应对疫情工作领导小组的统一领导下，坚定信心、主动作为，坚决做到疫情防控重点领域金融服务和全年重点工作两手抓、两手硬、两不误、两促进，全力以赴争取一季度主要业务指标达到目标要求，夯实实现全年任务目标的基础，以我们的金融力量助力打赢疫情防控的总体战、阻击战，助力实体经济高质量发展。

勇于担当　积极作为
实施“春融行动”全力做好稳外贸稳外资的金融支持工作

——在“春融行动”稳外贸稳外资工作动员会上的讲话

官学清

（2020年4月16日）

同志们，今天我们召开这次会议，是在国内新冠肺炎疫情仍未解除、全球疫情蔓延加剧，部分国内企业已复工复产，但全球整体经济形势未出现根本性好转的背景下进行的。当前我行各项工作既面临困难与挑战，又蕴含机遇与发展。我们只有牢牢抓住机遇，迎难而上，主动作为，在开展“春天系列”活动支持各行各业抗击疫情后，抓紧启动支持稳外贸稳外资的“春融行动”，才能为国家稳住外贸外资基本盘、实现全年经济目标做出积极贡献。下面，我就“春融行动”的工作部署先讲几点意见，一会儿王行长还要进行强调和布置，请大家抓好贯彻落实。

一、提高站位，加快实施“春融行动”助力稳外贸稳外资

当前，疫情防控形势严峻复杂，境外疫情蔓延加剧、全球需求下降明显，外贸企业面临二次冲击的可能，全球供应链也面临严峻考验，党中央、国务院对此高度重视。习近平总书记在2月23日统筹推进新冠肺炎疫情防控和经济社会发展工作部署会议上，就“稳住外贸外资基本盘”作出重要指示；在3月4日中央政治局常委会会议上再作部署，要求“在扩大对外开放中推动复工复产，努力做好稳外贸、稳外资工作”。3月10日，国务院常务会议推出六项举措，坚定不移推进“稳外贸、稳外资”工作。

作为国有大行，工商银行有大行担当、大行责任、大行站位，有胸怀、有情怀，支持“稳外贸稳外资”义不容辞、责无旁贷。为加大金融支持力度，陈董事长亲自致信商务部钟山部长，表示将在商务部统筹指导下开展支持“稳外贸、稳外资”的“春融行动”。在双方高层推动下，我行已经与商务部签署《“稳外贸、稳外资”合作备忘录》，将以优质的金融服务支持外贸、外资健康发展。同时，对于我们自身发展而言，“春融行动”也是我行落实打造“境内外汇业务首选银行”战略的重要举措。而打造“境内外汇业务首选银行”的根本目标，就是更好地服务我国新一轮的高水平对外开放、促进跨境贸易投资便利化、推进我国经济高质量发展，使我行成为更多企业的外汇金融服务首选银行，巩固和发挥我行强大的人民币业务优势。

我们要把“春融行动”作为打赢疫情防控阻击战的重要抓手、作为打造我行“境内外汇业务首选银行”的“发令枪”，全心全意、千方百计为稳定全球供应链、稳住外贸外资基本盘贡献工行力量，助力实现全年经济社会发展目标，切实提升全行外汇业务的价值贡献、市场地位及影响力，真正成为企业心目中的外汇业务首选银行。

二、掌握重点，切实理解“春融行动”的要义

前期，我行与国资委签署了《共同支持企业复工达产合作备忘录》，重点支持抗疫重点企业和受困的重

点中央企业。在王行长的领导下，我行“春润行动”成功实施，有效支持了相关企业的复工达产。此次“春融行动”专项支持外贸外资企业，重点在于对外贸、外资企业的广泛覆盖，与“春润行动”主要帮扶中央企业的方案形成互补。“春融行动”方案主要包括10大类金融服务措施。

一是将为符合融资条件的企业提供本外币表内外全口径融资1 500亿元，并根据风险溢价综合考量，配以较同业具有相当竞争力的优惠利率。其中，人民币资金可给予人行基准利率水平下浮10%的优惠幅度，外币资金可给予在内部标准定价利率水平下浮10%的优惠支持。与“春润行动”支持的中央企业（可享受最高下浮15%的利率优惠）有所区别，“春融行动”支持的是外贸外资企业，从风险溢价综合考量，下浮10%是比较优惠的利率。当前，对于与“春润行动”名单重合的企业，优惠措施采取“孰低原则”，也就是说两个行动方案中重合的名单内企业，利率最高可以下浮15%。同时，“春融行动”还加大了手续费减免支持力度，对通过我行办理“工银速汇”业务和“单一窗口”平台办理跨境汇款业务的，可减免50%手续费。二是以国际结算服务满足企业从进出口贸易签约到产销全流程、各环节的跨境结算需求。三是通过进出口贸易融资、流动资金贷款、项目贷款等多元化融资服务，为企业提供短、中、长期本外币融资支持，纾解企业资金压力，助力稳定外贸出口。四是以跨境人民币金融服务，为企业提供结算便捷、成本可控、利率优惠、审批高效的跨境人民币综合解决方案。五是强化线上跨境金融服务，助力企业享受线上不间断“无接触服务”，足不出户高效办理跨境业务。六是创新全球供应链服务，重点为企业提供信用担保、应收账款管理、催收、融资等综合金融支持，力保供应链上下游不断链。七是通过单证与贸易金融专业咨询服务，解决疫情期间因运输停滞导致的单据受阻，保障跨国交单。八是提供全球金融市场服务，以高效、便捷、优质的结售汇报价、资金交易服务和“汇率+利率+结算+融资”组合产品，帮助企业避险增值。九是强化全球现金管理服务，重点解决企业在疫情期间地理、人员阻隔情况下的跨区域、跨银行现金管理需求。十是推出线上全球招商服务，依托“跨境磋商系统”，采取“云签约”等活动方式，帮助开展线上招商，以及资金管理、增信保值和金融市场服务。

“春融行动”要突出工行的特色、发挥工行优势，要充分利用我行雄厚的人民币业务综合实力，把人民币业务优势切实转化成外汇业务优势。要不断丰富全口径跨境金融综合服务内容，抓住一般现汇存款贷款、国际结算、国际贸易融资、对外担保、跨境人民币结算、结售汇等核心业务指标，并通过拉长外汇业务短板进而带动和巩固其人民币存款、结算和贷款业务，推动名单内外贸、外资企业各项业务“上量”，形成本外币一体化内在良性循环。同时，要通过全球供应链金融服务，将分散在全球各地的核心和上下游企业牢牢地统一在我行的业务生态圈，力争实现境内外业务的闭环在我行，进而带动境外机构的相关业务发展。

大家要认识到，“春融行动”是特殊时期我行获客、留客的有效渠道。各行要强化“抓大不放小”全量客户的营销思维，梳理“春融行动”客户名单，秉持“存量挖潜、增量挖转”整体原则，实施分类施策、分层营销服务策略，提升精准营销、精细化服务水平。我们将外贸外资客户划分为四大类，包括进出口贸易类、服务贸易类、加工贸易类、外商投资类。要在把握实质风险的前提下，统筹提供符合企业特征的全口径金融服务支持。对进出口贸易类客户，要从提高资金使用效率、增加货前、货后生产全流程的结算、融资支持方面，提供跨境结算、跨境融资等服务。对服务贸易类客户，要从帮助客户拓展海外市场、提供增信支持，加强对外担保、金融市场业务、线上全球招商等服务，帮助客户规避国别风险、市场风险、汇率风险。对加工贸易类客户，要针对企业大额资金收付的特点，提供便利化的结算服务、存贷及资金交易组合产品，帮助企业资金保值增值。根据加工贸易企业内外贸易链条，提供全方位供应链金融服务。对外商投资类客户，要务必确保我行金融服务的高质量和高效率，提供从投资设立、参股运营、收益结算全流程的一体化金融服务，营造良好的营商环境，着重提供资本金结汇、验资、外管政策咨询、全球现金管理、汇率避险等服务。同时，要加大对上述四类企业个人金融业务尤其是个人外汇金融业务的服务延伸。

三、抓紧抓细，确保“春融行动”落地取得实效

“春融行动”启动以后，各行务必抓紧抓细抓实，要利用好与当地商务主管部门合作的政策资源，结合当地外贸、外资企业的实际需求，加大对其线上招商、跨境服务的全球、全集团、全产品支持，尽快细化方案，强化精准施策，抓好行动落实。

一是要完善机制、压实责任。总行各部门要按照职能分工，落实好主体责任，完善发展目标、授权管理、资金定价、信贷政策、产品创新、考核激励、队伍建设等方面的配套政策。国际业务部要牵头落实好与当地商务厅的对接，以及行动方案中各项服务举措的实施，定期跟踪、通报，及时挖掘分行好的经验做法和典型案例，协调解决行动实施过程中遇到的重大问题；要主动、有效地配合好公司金融业务部做好客户的市场营销工作，高效响应外贸外资企业的需求，全面提升我行外贸外资客户的金融业务覆盖率，让更多的优质外贸外资企业成为我行重点客群。资产负债管理部要确保信贷规

模、资金及优惠利率相关保障政策措施的落地与执行到位。信贷与投资管理部务要提供信贷政策支持，对受困企业不盲目抽贷、断贷、压贷，做好融资接续安排。授信审批部要确保绿色信贷审批通道的畅通，优化外贸外资企业的授信审批政策与标准，灵活处理、特事特办，确保充分授信、高效审批。各分行要加强组织推动，比照总行成立由国际业务部、公司金融业务部、资产负债管理部、信贷与投资管理部、授信审批部组成的多部门协同的“春融行动”团队专班，健全完善分行“稳外贸、稳外资”工作专项小组的工作职责，确保责任落实到一线，工作经得起数据检验。

二是要紧密对接、落实名单。前期各行已经开始与商务部门初步筛选了企业名单，会后要进一步做细、做实，再与当地商务部门协商并最终确定本地重点联系的外贸外资企业和在供应链居于核心地位的龙头企业名单，名单确定后正式报总行。此外，各行要与当地商务部门保持紧密沟通，寻求他们的最大程度支持，有条件的可与当地省政府、商务部门签署具体的合作协议或者行动方案。

三是要量体裁衣、精准支持。各行要提高“春融行动”名单企业的业务覆盖率以及服务有效率，逐户跟进落实，全面摸清企业的需求，抓紧关键环节、压缩工作时间、加快推进实施，高效响应外贸、外资企业的综合跨境金融服务需求，尽早尽快实现业务落地见效。用好行动方案中 1 500 亿元人民币专项融资规模、优惠利率以及各项服务产品与政策，帮助解决客户的实际经营、投资中的后顾之忧，降低外贸客户的经营成本，增强外资客户对我国营商环境的信心，进一步推进外资资本投入、转增资、并购业务以及资本市场业务市场营销工作，推动境外直接投资增长。

四是要加强联动，稳定供应链。充分发挥工商银行全球 49 个国家和地区网络布局优势，依托我行成熟的跨境金融服务模式，通过“春融行动”提供覆盖全链条、全流程的综合金融服务方案。对于核心企业在境内的供应链客户，境内分行要充分发挥本外币多元化融资产品优势，借助核心企业增信为供应链的上下游企业，提供销售融资、采购融资支持，通过融资展期、利率下调提高金融供给能力和效率。要及时将境内核心企业名单及对海外市场的相关需求共享给境外机构，境外机构要实地定位、跟进辖内上下游企业，主动为境外上下游企业提供结算、融资、咨询等交易撮合类服务，进一步巩固境内外上下游企业之间的供求关系。对于核心企业在国外的供应链客户，由境外机构主动做好核心企业金融服务的同时，联动境内分行开展境内上下游企业的营销拓展。境内分行要充分发挥客户的资源基础雄厚、政策与服务手段多样的优势，帮助提升境内上下游企业的成本、效率优势，促进产业链条稳定，确保全球产业链起点不掉链、终端不断链。

五是要做好宣传，营造氛围。要在多种媒体平台广泛宣传，对外发出工行声音，大力宣传我行在“稳外贸、稳外资”领域所做出的响应和努力，体现我行大行担当，提升市场影响力。更重要的是要借助宣传促进营销和获客，最终通过“真落实、见实效”让我行真正成为政府信赖、客户信任、同业信服的银行。

六是要坚持商业原则，风险可控。各分行在开展“春融行动”的过程中，要高度重视风险管理，切实把好融资客户的准入关，重点服务好有市场、有订单、有信誉的优质企业与核心企业。对于名单内企业，各分行在办理融资业务时，要坚持用途真实、专款专用、风险可控的原则，严禁弄虚作假，严防不法分子借抗击疫情之名套取、骗取我行信贷融资。要做好贷款资金使用以及企业回款的持续跟踪监测，确保资产质量保持优良状态。

同志们，“稳外贸、稳外资”是党和国家特殊时期立足全局和长远发展的重大部署，也是应对全球疫情新变化的重要举措，具有重大战略意义。工商银行作为金融业的排头兵，引领同业、支持“稳外贸、稳外资”义不容辞。面对疫情和发展的双重挑战，我们要坚定信心，勇于担当、真抓实干、积极作为，为稳住外贸外资基本盘、促进国民经济平稳运行贡献工行力量。

狠抓落实　化危为机
全力推进网络金融业务加速发展

——在 2020 年网络金融重点工作推进会上的讲话

官学清

（2020 年 5 月 8 日）

这次网络金融重点工作推进会的主要任务是，按照总行党委“48 字”工作思路，全面贯彻落实 2020 年度工作会议及统筹推进常态化疫情防控和经营发展工作视频会精神，进一步推进网络金融重点工作，奋力推动抗疫期间和疫情后网络金融业务加快发展、创新发展。刚才宋建华高级总监的讲话十分重要，我完全赞同。请全行网络金融专业和个人金融业务专业全面配合落实好。下面，我讲四点意见。

一、简要回顾2019年以及今年一季度经营情况

2019年是智慧银行战略落地厚植、加速突破的一年。全年经营成效突出体现为四大亮点：一是市场领先优势进一步扩大。个人手机银行客户总量、增量、增速创近三年最好水平，持续巩固客户规模、活跃程度、客户黏性三项同业第一。法人手机银行动户突破200万大关，占据同业市场“半壁江山”。融e购用户规模和活跃度稳居银行业电商首位。融e联月活位居银行业APP前列。二是网络金融业务直接贡献持续提升。线上客户覆盖面、渗透率进一步提升，客户结构优化，中间业务收入创历史佳绩，四行同业、集团贡献占比明显提升，三方支付成为客户最活跃、体量最大的产品服务。三是开放银行建设成效显著。扎根消费互联网、拥抱政务和产业互联网，建成有效互联网场景2 937个，覆盖平台经济、政务、交通、教育、医疗、司法等领域，智慧政务合作迈出坚实步伐，智慧出行场景广泛布局，智慧校园发展量质齐升，“银法通”进军司法金融，银军合作树立良好典范，电商扶贫彰显大行担当。平台经济合作迈入广阔天地，外部平台合作方超5 000家，其中世界500强、互联网头部企业、行业龙头等大型平台超百家。四是三大平台赋能更为有力。第一个人手机银行、第一法人手机银行建设全面启航，重磅推出了个人手机银行幸福生活版、5.0版本，首创亲情账户、语音导航、免卡免证等服务，全面建成“五人五面”个性化服务体系。法人手机银行2.0、融e购2.0、融e联4.0版本相继推出，移动化、场景化服务能力更上新台阶；聚富通综合服务能力进一步优化，“行业+金融”工行云生态不断扩展，API开放能力和合作方数量位居同业首位。

面对今年以来新冠肺炎疫情带来的严峻挑战和重大冲击，全行网络金融和个人金融业务条线坚决贯彻党中央、国务院决策部署，落实总行党委各项工作安排，让零接触、线上化、移动化的网络金融服务大显身手，全面展示了工行强大的市场竞争和金融服务能力，彰显了大行形象。一季度，手机银行、网上银行、三方支付等在内的线上渠道产生业务笔数达到490亿笔，同比增长12.9%；柜面业务替代率99.18%，同比提升1.4个百分点。个人手机银行净增997万户，同比多增22%，客户总量达到3.7亿户，领先优势扩大至1 353万户。个人手机银行月均动户达到7 581万户，同比增长17.6%。法人手机银行动户146.3万户，达到去年全年的70%，同比大幅增长65.1%，四行同业占比近60%，实现绝对领先。网络金融中收逆势增长，累计实现44亿元，同比增长2.9%，其中电商收入、个人信使收入、对公网络金融收入、融e购收入都在疫情冲击下保持了明显增长，对冲了线下商业活动、金融交易急剧减少的不利影响。

在全球抗疫的特殊时期，全行网络金融条线、个金条线坚决落实五部委金融支持“30条”措施、全行疫情防控“20条”意见，发挥网络金融线上服务优势，全力保障线上服务有序有力运行。第一时间提升线上渠道交易限额、启动对公渠道应急方案、单独制定湖北分行线上服务方案、开辟特事特办绿色通道、畅通线上公益捐款通道、全面减免捐款手续费、加速柜面服务向线上迁移，快速上线一键大额转账、他行信用卡还款、线上卡密码修改、理财产品免风险测评、对公跨行转账智能路由、企业征信查询等服务功能，打造线上“抗疫专区”“健康专区”、建设线上定存、社保、诊疗、教育、智慧党建、健康登记等便民利民惠民服务场景。加强融e购民生防疫物资供给。加大对公网络金融宣传推广，积极引导对公业务线上办理，精准发放线上融资。融e联为客户经理线上服务赋能。建立风险防控与重大客户投诉事件应急处理机制，重点监测疫情风险事件。

一季度的经营成绩来之不易、难能可贵。全行网络金融条线、个金条线特别是湖北分行干部员工不辞辛劳、攻坚克难，积极投身疫情防控阻击战，充分展现了干部队伍良好的精气神和责任担当，在此，向大家表示诚挚慰问和衷心感谢！

二、高度关注疫情后网络金融发展新形势

回顾历史，人类的每一次危机都催生了巨大的社会变革。2003年的“非典”疫情，推动了PC互联网的快速发展，商业银行网上银行服务得到推广与普及。本次新冠肺炎疫情的影响必将是深远的。网络金融业务作为全行互联网金融发展的前沿阵地，必须善于化危为机，研判疫后网络金融发展新趋势，掌握线上金融、数字金融发展主动权，为适应变革变化做好充分准备。

（一）要高度关注政策变化新机遇。加快数字化智能化升级是推进国家治理体系和治理能力现代化的迫切需要。党的十九届四中全会强调要加强数据共享，建立健全运用互联网大数据、人工智能等技术手段进行行政管理的制度规划。疫情期间推出的系列政策，赋予了网络金融发展新空间。“新基建”全面实施，为银行金融科技创新和网络金融发展提供了强大的技术资源。消费互联网发展有利于银行深耕线上线下融合消费新模式。政务和产业互联网加大“互联网+”、平台经济支持力度，有利于发挥大行优势，与政府和企业数字化转型深度对接，在网络金融“下半场”竞争中展现更大作为。

（二）要把握抗疫倒逼和催生的数字化发展新需求。在C端，全民在家抗疫带火了“宅经济”和“云生活”，在线健康问诊需求迅速爆发，在线教育跻身互联网行业“风口”，生鲜电商快速崛起，“非接触”配送成为民生所需。这些不断升级的线上服务新理念、新模式，需要我们进一步用线上化逻辑重构金融服务，更好地满足新需求、融入新场景。在B端，更多实体行业加速从线下向线上迁移，直播、短视频等在线销售方式蓬勃兴起，远程办公、健康登记、物流配送、数字产业链、线上融资等需要我们进一步站在企业客户视角考虑问题，由单一的金融服务拓展至“行业＋金融”综合解决方案，打通内部平台、产品、流程、风控的“大动脉”，搭建起开放银行的“大平台”“大场景”。在G端，如何运用大数据、云计算、区块链、人工智能等前沿技术推动城市管理手段、管理模式、管理理念创新，加快智慧城市社会治理与管理，需要我们发挥大行优势，以金融科技为动力，以传统金融与数字银行、金融与非金融、线上与线下相结合的方式，提供工行方案、贡献工行智慧。

（三）要谋划疫情后数字化发展新战略。疫情下，手机银行等线上平台作为客户“第一触点”的流量入口作用进一步发挥，平台价值进一步突显，服务效率进一步提升。总行党委确定的互联网金融战略方向正确、路径清晰、效果显著。社会网络化、移动化、数字化变革进程将持续加快推进，总行党委对于银行互联网金融战略和数字化、智慧化银行战略十分重视。陈董事长强调，“疫情后如何发挥我行优势抢占新一代金融科技技术应用的制高点”“GBC闭环要有突破，打牢客户基础。网金要协同线上线下获客、活客、增客，科技支撑要作贡献”“实现线上线下融合发展和一体化发展”。这些都是疫情后我行网络金融转型发展的重要课题。总行已于近期启动了2021—2023年新一轮三年规划的研究制定，并将基于推动e－ICBC3.0战略落地厚植取得的成效，统筹谋划疫情后发展的新目标，进一步推进工商银行数字金融发展新体系。

三、明确全年工作思路和主要经营目标

根据全行工作会议精神，结合当前最新形势，网络金融业务的2020年工作思路是，按照总行党委“48字”工作思路，坚持党建引领、客户至上、科技驱动、风控强基，进一步强化“比”的思想、改善“比”的方法、增强“比”的能力，秉承开放、合作、共赢发展理念，强力推动打通界内界外、境内境外、线上线下一体化融合发展，打造更多现象级产品和模式，推动网络金融GBC三端业务齐发力、共突破。坚持C端为发展之本，以打造第一个人手机银行为重点，做专业、做极致、做生态。坚持发挥网络金融GB端和C端的连接作用，以G/B带C、以C促G/B。坚持G端和B端为发展之机，全面发力第一法人手机银行，以开放银行平台为抓手，深化政务和产业平台经济互联网布局，做场景、做平台、做赋能。全面优化、强化融e行、融e联、融e购平台功能。坚持提升价值创造力和市场竞争力为发展之道，促进网络金融与传统业务的深度融合、创新赋能，全面提升手机银行在各类客群中的覆盖率、竞争力，争创市场绝对第一，牢固确立互联网金融业界标杆和优势领先地位。

全行要坚持网络金融业务发展目标任务不变、打造第一手机银行的目标和行动方案不变，着力打造第一个人手机银行、第一法人手机银行。实现融e行手机银行净增客户4 500万户、力争5 200万户，月均动户7 500万户、力争8 200万户，在确保客户规模和活跃程度同业“双第一”的基础上，进一步将同业领先优势扩大至7%以上；融e购月均动户550万户，确保银行业电商排名第一，综合电商排名进位争先；融e联月均动户2 800万户。法人手机银行年动户达到260万户、力争280万户，企业网上银行年动户达到560万户、力争600万户，法人手机银行、企业网上银行年动户同业“双第一”；场景建设、智慧城市、智慧政务、智慧医疗等领域要有更大的新突破、新作为。实现网络金融总收入超过210亿元，其中电子商务收入超过154亿元、融e购收入超过6 000万元。

四、狠抓落实、见效，大力推进网络金融业务重点工作

（一）C端：紧抓疫情下数字化进程加快的时间窗口，打造线上高频流量入口。

融e行要加速实施“第一个人手机银行”战略。“第一个人手机银行”是“第一个人金融银行”战略的重要支柱。总行已经印发了打造“第一个人手机银行”行动方案，各行要认真部署、抓好落实，一定要抓到位。要锻造手机银行“金融重器”，为“第一个人金融银行”战略赋能。一是重科技引领、创新领跑，打造“硬核”实力。加大人工智能、互联网、物联网、大数据、5G网络技术、音视频技术、区块链技术、生物识别技术在我行网络金融业务上的有效应用。创新推出个人手机银行6.0全新版本，进一步提升其智能化、开放化、个性化水平。特别是要做优支付、账户、安全等客户刚需功能，推出需求预判、智能语音响应、无感知认证、互动直播、数字拟人等充满现代科技感的场景服务，做到让客户有感觉、让市场有反响。二是强化重点领域、重点区域渗透布局。个人手机银行要全面融入拓展个人全量客户、金融资产、储蓄存款、信用卡、贷款、中收、私人银行、个人外汇等领域，做到覆盖全客户、承载全产品、贯穿全流程，实现全面赋能。特别是在打造境内外汇业务首选银行中，手机银行要发挥线上主渠道作用，致力于建立功能完善、体验极致的线上个

人外汇业务服务体系，打造“专业级线上外汇金融服务平台”第一品牌，实现外汇功能、覆盖币种、互动体验、境外权益等多维度同业领先；要构建“互联网+”外汇场景生态，推出数字化、定制化外汇业务新产品。在县域市场突破中，今年6月底一定要推出县域版个人手机银行，全年力争完成300家重点县域行的上线推广。精选财富管理、信贷融资等优质金融服务，引入适合县域客户特点的专属产品，为县域获客、创收、揽存提供平台支撑；二级分行、县域机构要大力推广个人手机银行，大力推动业务发展。三是重客户体验，做到“人无我有、人有我优”。全面启动智慧产品、极致体验、客户分层服务、生态建设、一体化融合、品牌塑造六大工程建设，全面优化金融产品布局，打造客户服务全流程闭环，打通线上线下、界内界外、境内境外。减少对网点营销的依赖，从线下营销向线上营销转变，从被动营销向主动营销转变；布局特色场景和金融产品，注重联动工银安盛、工银瑞信发展健康意外保障险，强化基金、保险、理财在线销售，对接外部医疗资源，探索医疗保险创新；打造专栏专区推介集团业务，形成统一的资产视图、客户视图、交易视图。同时，依托打造第一个人金融银行的资源、政策和队伍优势，全面打通手机银行与个人金融业务的客户基础、营销通道与协同机制，显著提升个人手机银行覆盖率、活跃度。网络金融业务条线要主动作为，加强与个金条线、对公条线联动合作，做好私私联动、公私联动、行司联动营销。各行网金部和个金部要按照4:6的比例进行手机银行拓户任务分解，各行信用卡、私人银行业务要切实加强手机银行在所主管客群的覆盖与渗透，手机银行在个人有效客户、到店客户、代发工资、信用卡等各客群的渗透率均要力争提升10个百分点。特别是要把月活客户覆盖率提升与5万元金融资产以上客户、信用卡客户对应起来，同步关注1万~5万元金融资产客群。工银安盛、工银瑞信要协同加强手机银行客群拓展，为手机银行提供更具市场竞争力的专属产品与服务。要针对县域、基金、保险等重点客群，拿出营销资源开展专题营销活动，在监管允许范围内创新营销方式，助力手机银行获客活客，定期通报上述客户拓展、渗透情况。

融e联平台要进一步提升创新力。一是着力优化客户服务功能。疫情推动了银行客户营销服务模式向非接触、线上化、移动化快速转变。要将提升客户经理、客服经理、远程维护人员的线上服务能力作为当务之急，尤其是对网点覆盖不足的区域，如县域市场，研究推广“云网点”服务，创新客户经理“云工作室”，加强赋能。二是做大做强服务信使。推动社保、医疗、物流等高频信息源接入，丰富信息展示方式，提升信息发送效率，各一级、直属分行至少要接入3家外部信息源，外部信息源数量力争达到400个以上。三是做强企业专属服务，重点面向代发工资、年金托管客群，打造专属“企业号”服务，创新线上办公、线上会议等功能。四是加快场景主入口建设，组织存量已投产场景尽快开通融e联场景号，新增场景优先开通融e联场景号，依托融e联场景号强化G端、B端与C端的连接。五是加快音视频平台建设。运用短视频等客户易懂、易用的形式宣传推介产品服务，开展金融知识培训普及。六是探索与5G技术移动运营商的有效合作途径。

融e购平台要进一步明确发展定位。做“三名”战略下精品电商，做与金融交易、资产紧密结合的电商，做精准有效连接的平台。一要严把商户“准入关”、商品“品质关”。各行要落实商户管理基层行负责制，加强入驻商户资质审查，会同总行共同实施商户分级分类管理，构建商品分类体系，形成动态评价、有进有出的良性生态。二要突出品质化经营、特色化发展。B2C业务要坚持名商、名品、名店“三名”策略，打造积分兑换、扶贫公益、跨境商品、金融投资四大专区，把握行业、领域、品牌布局，加强医疗健康等新兴领域渗透，积极推进O2O发展模式。B2B业务要重点发展e采购、e资产、e差旅、e公益、e跨境“5e”以及银法通、车云贷、集客平台、开放平台，并尽快在法人手机银行上实现移动化部署，加快市场推广。

（二）B端：紧抓企业数字化转型趋势，在企业移动金融服务与平台经济合作领域实现更大突破。

要大力发展以法人手机银行为核心的移动金融服务。目前，我行法人手机银行能够提供七大类常用业务、120余项基本交易，在同业中服务能力相对最全；微型和小型企业客群占比超过85%，是提供普惠金融服务的重要载体；活跃客户规模超越主要竞争对手，在市场中形成了一定的“头雁效应”。但对标个人手机银行，法人手机银行在产品服务、客户体验、智能技术应用等方面仍亟待提升，在客户分层服务上有待优化。要进一步坚定第一法人手机银行战略目标，加快推进法人手机银行由交易型平台向综合赋能平台的转型，着力研究打造法人手机银行3.0版本，将法人手机银行建设成为具备“交易+服务+运营”综合能力、具有“行业+金融”生态属性，为全行中小微企业客群提供优质、智能“零接触”应用服务的主要承载平台，力争达到与个人手机银行同等的市场地位与客户口碑。一要持续提升B端线上金融供给能力，在支付结算类业务基础上，扩充延展产品功能，构建涵盖资产负债、法人贷款、租赁、代客投资、股权投资的法人手机银行1+N金融服务体系。二要持续打造适应B端客群的新型安全体系和触点服务体系，探索“对公小额交易免U盾+对公商业保险保障”综合化的风险防控机制，开展企业分层、分级服务。三要打造“行业+金融”的生态协同环境，在法人手机银行建设开放银行移动端门户，建设工行云产品移动端解决方案，基于行业服务加大金融引流。四要构建“一体两翼”渠道协同体系，实现企业网银和法人手机银行对公服务标准一致、体验一致，促进渠道优势互补无缝衔接。五要加速构建县域经济服务能力，延伸对公服务半径。向县域优质B端客户提供家族财富管理、企业投融资一体化管理、代发工资等综合化金融服务；向县域特色产业、核心龙头企业提供增值服务，运用工行云在县域开展政务互联网+、智慧学校、智慧社区等场景建设，实现我行金融服务与乡村智能化发展的互嵌互融。各行要抓住疫情后对公客户移动交易需求增加的市场机会，实施法人手机银行“分层、分类、精准”的推广策略。重点挖掘存量客户，针对全行公司客户中已开通企业证书但尚未使用法人手机银行的客群，以及有贷户、收单商户、融e购商户等客群，开展精准促活，持续推动当日开、当日动、捆绑率、激活率、动户率在网点落地实施；强化大中型法人客户行为引导，紧密结合新功能上线安排，促进其从网上银行向手机银行迁移，提高移动转化率。

要强势渗透以平台经济为核心的产业互联网领域。谷行长在去年网金专业会上就强调过，平台经济市场是我行必须抢占的战略高地。当前平台经济迎来了更为广阔的市场空间，我们要全力以赴抢滩布局、强势渗透。各行网金部要当好互联网平台合作的“总牵头人”。一手拓市场，积极布局具有“零接触”“便民”等特点的行业平台，进一步下沉市场，摸排企业需求，做好业务对接；深入推进Top20头部企业合作，紧盯世界500强、互联网头部企业、独角兽企业、行业龙头等新经济新业态，动态调整“20+N”目标客户群体，会同公司、机构等部门，共同为客户“把脉会诊”，定制服务方案，深化账户、支付、认证、安全等方面的开放合作，打造新商业模式。一手建能力，提升API开放平台、金融生态云、聚富通等关键平台竞争能力，打造开放银行。API开放平台有交易的合作方较去年末翻倍增长达到4 000至5 000家。金融生态云平台要持续丰富云产品种类，拓展应用场景，创新与行业SaaS服务商的合作机制，加快党建云、人力云、物业云、财资云等产品的全面复制推广，实现活跃租户超过5万户；尤其要针对本次疫情中涌现出的智慧社区、线上办公、企业管家等新需求，尽快研发相关产品，推动场景上“云”，实现快速复制推广。聚富通平台要做好存量项目的运营与管理，加大政务、民生、医疗、教育、制造、出行、旅游等重点领域推广，新增上线合作平台力争超过50家。

（三）G端：以“优政、兴业、惠民”为目标，线上线下、场景生态加快布局。重点推广交通出行、教育培训、消费扶贫三大场景。其中，交通出行属于高频应用场景，是典型的“行业+金融”深度融合领域。无论是高速公路、城市交通、市内停车、公交出行，还是违章罚缴、车辆加油、洗车美容等都孕育着巨大市场机会。全行要从人、车、路、场四个领域全面布局，推动工银无感支付、APP电子乘车码服务输出，全年服务出行超5 000万人次，构建“大出行”生态；各省会城市行、总行确定的重点城市行至少实现3项智慧出行项目合作，将我行建设成为智慧出行场景数量最多、覆盖地域与人群最广、服务最全面的银行。教育培训市场蕴含万亿级规模，面对国家加快部署教育培训机构监管衍生出的潜力市场，全行要以“银校通”教育云、教培资金监管云平台为核心，加快实现“金融+非金融”智慧校园综合服务方案，加强第三方优质机构合作，重点拓展县域学校，加大食堂等高频场景布局，全年“银校通”缴费学校达到2万所，带动C端缴费客户200万。消费扶贫领域要积极推动贫困县企业商户批量入驻融e购，力争实现国家级贫困县全覆盖；推动银企、银政扶贫合作共建，确保完成全年国贫县消费扶贫交易额的硬任务、硬目标。重点突破智慧政务、医疗医保、司法金融、智慧军营四大场景。横向打造一站式、综合化的智慧政务平台，纵向对接政府各部门，推动线上缴费、预约开户、身份认证等政务合作，实现省级政务平台全覆盖、市级政务平台覆盖率超过60%，融e联政务类场景信息推送在一级分行全覆盖。“互联网+医疗健康”竞争的关键在于电子社保卡、医保电子凭证的应用范围和应用场景。总行已经成功营销国家医保局，达成总对总医保电子凭证合作授权协议，手机银行、融e联也将相应推出签发功能。各行要会同机构等部门加快营销属地医保主管机构，实现合作对接，重点布局医院、药店等社保支付场景。重点孵化数字货币、人脸支付和可信身份认证三大场景。

（四）大抓增收创收，全面实现网络金融中间业务收入。要奋力打赢三方支付同业进位争先“翻身仗”。去年我们的三方支付工作卓有成效，无论是绑卡量、交易额还是收入都实现了增量、增速的同业第一，显著缩小了与同业的差距。全行务必保持良好发展势头，在确保交易额增量同业第一的基础上力争实现总量超越。总行网金部要抓费率谈判、抓机制优化、抓促销费用投入，力争提升三方支付机构手续费率，深入优化内部分润改革，不断加大促销资源投入。分行要全力做绑卡、做交易、做运营。一是加大便民支付优惠力度，显著扩大绑卡量、活跃度和交易额。联合本地生鲜、商超、医药等商户开展特色化消费满减活动，进一步培育客户行为习惯，总分联动形成多维度市场效应。二是充分发挥微信“商户号+代收代付”营销模式灵活性优势，提升本地自主化运营能力。目前，全行已有29家分行完成微信直联商户号营销平台开通。三是要以数据为底层资产，用好大数据分析工具，力争支付宝交易额可比同业第一，财付通交易额可比同业进位争先。高度关注和有效推进信用卡第三方绑卡的发展，现在信用卡绑卡发展得很不好。要打好工银信使收入持续稳步增长的

"持久战"。各行要实施"新老划断"策略，严控免费短信信使增长。对于增量客户，除特殊政策要求之外，原则上短信信使全部收费，免费信使调整至手机银行和融 e 联 APP，新开借记卡收费信使渗透率不低于 30%；对于存量免费短信信使协议，以及有政策保障要求的社保卡、学生卡、军人卡等特殊卡种，逐步向免费 APP 渠道迁移，有效控制借记卡免费信使协议数。要打响提升对公业务价值创造力的"攻坚战"。总行已将存量企业网银证书年费、账户管理费等手工收费转为系统自动收费，并将机构类客户、重点企业客户的收费减免审批权限上收至一级分行。各分行要抓好存量，开展不动户精准营销，提高收费成功率；要抓好新增，加大对公信使、贵宾室等收费品种推广，企业网银新增客户动户率达到 100%。

（五）注重境外机构线上金融服务保障。各相关境外机构要注重做好线上服务保障，进一步增强线上金融服务供给。一要加速线下业务向线上转移。研究哪些可以实现线上办理，推进线上与线下的联动，开展网点线上化建设，形成线上服务闭环。二是借助全球抗疫积极开展网络金融创新。深入调研本地市场和客户需求，对现有功能尤其是查询、转账等高频功能进行持续打磨优化。三是围绕账户、支付开展网络金融创新。研究开展线上开户创新，积极布局移动支付市场，力争实现先发优势。总行网金部要提高对境外机构手机银行业务发展的统筹性、前瞻性、系统性和有效性，全力支持境外机构做好线上金融服务保障，推动境内外手机银行互联互通，推动境外机构数字化转型。

（六）严守安全底线，强化网络金融风险防控。近年来，网络金融风险防控形势出现新变化，带来了新挑战。金融行业监管趋严，反洗钱、支付结算、外汇等领域违规处罚力度加大；个人信息保护对用户个人信息收集、保存、使用等环节提出更为严格的要求；互联网、金融科技企业等合作方风控能力、行业资质良莠不齐，极易成为输入性风险、交叉性风险的策源地；电信诈骗类风险事件日益增多，遭受欺诈的客户由个人向企业蔓延。

全行务必重视网络金融新场景、新合作和新业务的风险管理，严防开放合作过程中带来的输入性风险，积极化解外部欺诈风险和客户投诉，确保稳健合规经营。一要加强风险统筹管理。完善业务监管政策和监测分析机制，动态完善我行业务相关管理办法、操作规程及风险防控策略。二要突出抓好输入性风险防控，严格审查场景建设中的合作方背景，强化对 API、SDK 等接口管理，重点对数据泄露、接口滥用与调用方抵赖等情况开展监测，防范输入性风险；在互联网对外合作中切实履行各项客户信息保护要求。三要高度重视网络金融洗钱风险管理工作，特别要做好证件信息错误和洗钱高风险客户的电子渠道管控，防范洗钱风险。四要强化网银注册和 U 盾发放等重点领域风险防控，并持续做好相关重点领域的非现场监测工作。五要妥善处置各类客户投诉，积极运用保险补偿等机制，避免客诉升级，强化客户投诉根源治理与消保机制建设，切实保护消费者合法权益。六要做好员工合规培训，严禁行内员工代客户操作电子银行、代保管 U 盾等行为，特别是强化个人客户信息保护，严禁行内员工无业务场景下通过网络金融业务系统查询个人信息的行为。七要突出抓好廉洁自律，防范各类道德风险。严格商户管理、客户准入，重点防范采购、营销宣传费管理、网络金融电子券中的道德风险和廉洁自律风险，重点防范我行权益及客户促销权益被合作方非法侵占、被员工内外勾结盗用等各类案件发生。

（七）以用户为中心，强化网络金融业务运营。产品、流量、运营并称互联网平台的"铁三角"。一要探索构建网络金融业务运营体系，建立用户全生命周期运营框架，打造以用户为中心，全渠道综合利用、总分行协同联动、线上线下一体、多种运营手段融合共进的集约化、智能化、精细化的网络金融业务运营体系。二要着力强化数据运营支撑。建立能够反映互联网金融用户行为和市场细分特征的用户标签和用户画像；强化大数据运用，增强 GBC 三端精准营销、精准风控数据支撑；加大人工智能、大数据等技术工具的运用，推进数字化产品和平台建设，持续打磨年度账单、智能推荐等优秀数据产品。三要以用户为主线开展常态化运营。针对代发工资、新开户等重点客群持续开展拉新、留存、促活、防流失运营；建立线上平台交叉引流机制，培养用户多平台使用习惯，强化一体化用户关系管理和产品交叉销售。各分行要强化运营主体作用。做好三融平台新用户首用辅导、融 e 购商户日常管理、融 e 联场景号的审批管理，形成总分联动、线上线下运营合力。特别要注重推动手机银行运营落地，各一级行和二级行要配齐手机银行体验官，负责辖内手机银行的市场推广、营销宣传、客户体验，各支行、网点要配备手机银行专管员，负责到店客户及外拓场景的首用辅导和联合营销。有条件的分行可以尝试建立区域性线上运营中心，以数据为底层资产，联手外部互联网平台，开展线上运营，形成总分行分层联动互联网运营新体系。

在全行服务与渠道管理重点工作推进会议上的讲话

官学清

（2020 年 5 月 29 日・根据录音整理）

这次会议的主要任务是，贯彻落实全行统筹推进常态化疫情防控与经营发展工作会议部署，对当前全行服务与渠道管理重点工作进行安排，确保圆满完成全年任务。下面，我讲三点意见。

一、前期重点工作进展

（一）2019 年全行服务与渠道管理工作迈上新台阶。

一是坚持以客为尊，深入改进服务，客户口碑持续改善。全行聚焦建设“客户满意银行”，紧密结合“不忘初心、牢记使命”主题教育，聚力线上线下全方位服务改进，客户服务水平进一步提升。全行客户满意度 87.2%、位居四行第一。网点服务效能明显提升。开展网点服务效率、窗口服务电话等痛点治理，全行网点超时等候客户数同比下降 25%。远程银行服务不断改善，电话人工接听率达到 93.5%，同比提升 7.4 个百分点，四行排名第一。客户服务口碑持续向好。开展金融服务“领跑者”活动，119 家网点获得服务星级与“千百佳”网点荣誉。坚守为民服务初心，建成 1.4 万家“工行驿站”惠民服务网点，连续 11 年获评“中国银行业文明规范服务突出贡献奖”。

二是坚持市场导向，优化网点布局，渠道资源契合度显著提升。完成网点撤并迁建 910 家，63% 的新建网点投放到长三角、珠三角和环渤海等重点区域，59% 迁建网点集中在重点城市行，优化调整了 100 余家重点县域网点，填补了 11 个空白县。优先对“老破旧”、资源富集以及重点城市行网点进行装修改造，全年已完成 2 049家，网点服务环境焕然一新。探索将网点打造成“金融 +”服务平台，围绕“网点 + 文化、政务、贵金属、普惠”等 20 余种特色场景，通过跨界合作打造 1 461家特色网点。

三是坚持科技赋能，深化智慧转型，渠道价值贡献更加凸显。抢占科技与业务前沿，我行率先在北京、苏州等地发布新一代智慧银行网点，同业引领效应显著。推进网点智能化向境外延伸，工银阿根廷、工银亚洲投产首家智能化网点。推广网点“无介质”智能服务，实现 18 万台自助设备支持智能识别营销；运用生物识别技术，在智能终端应用人脸识别审验客户身份，应用指纹识别完成员工亲到亲审。智能终端成为线下服务主渠道，实现新拓客户、新开个人手机银行、第三方支付以及工银信使绑定客户、个人保险销售额四项指标全渠道占比第一。

四是坚持创新驱动，强化渠道协同，远程 + 近场、线上 + 线下新型服务模式初步形成。远程银行通过强化平台创新、强化统筹管理、深化业务融合，进一步做优全渠道服务、做强全集团链接、做大全业务贡献，价值转型成效显著。新渠道运用更加高效，有效助力一线数字化、社交化营销服务。“工行服务”小程序客户访问量、网点 WiFi 登录、“码上赢”销售、各类 APP 获客、“客户服务”微信公众号等得到快速发展。

五是坚持党建引领，突出减负赋能，网点经营活力有效激发。落实中央“基层减负年”精神，有效解决了网点反映强烈的 21 类痛点问题。聚焦员工在网点工作生活的基本诉求，大力完善网点生活保障类设施，解决网点卫生间、就餐饮水等生活保障类问题 8 532 个。完善网点援助保障平台应用，推广网点支持响应平台，提升了“二线为一线”服务能力，基层员工满意度持续提升，有效激发网点经营活力。

（二）今年以来重点工作稳步推进。

一是全力做好疫情防控，有效保障服务供给。总行制定发布《防疫期间网点安全营业提示“30 条”》等系列通知文件，各级机构从网点防疫、员工防护、客户服务、应急管理以及复工复产等方面抓实抓细工作措施，在有效防范疫情、保障服务供给上取得了阶段性成效。当前开业网点恢复到 98% 以上。

二是强化金融科技赋能，加速渠道智能转型。优化线下智能服务、远程智能服务及新渠道应用功能，高效投产 60 余项业务功能，完善数字化、高效率的“非接触式”服务。

三是统筹推进网点优化调整，整体实现良好开局。制定《县域营业网点结构调整规划方案（2020—2022 年）》，以行发文 2 号文件正式印发；一季度完成网点优化调整 104 家，1 568 家网点启动了装修改造。

上述成绩取得，是总行党委有力领导、各部门紧密协作、各级行真抓实干、网点员工努力拼搏的结果。我谨代表总行，向奋斗在客户服务、渠道管理领域的全体干部员工以及网点一线员工表示衷心感谢和诚挚慰问！

二、狠抓落实，有力推进渠道管理重点工作

今年全行渠道管理与客户服务的总体思路是：以习近平新时代中国特色社会主义思想为指导，按照总行党委决策部署，贯彻新发展理念，落实“48 字”工作思路，提升客户服务水平，持续深化网点转型，强化渠道创新赋能，不断提升金融服务竞争力与渠道价值创造力，努力以高质量服务、高水平转型开创全渠道协同发展的新局面。

主要目标是：完成网点优化调整 600 家，新建县域网点 150 家，显著提升贫困县网点覆盖率，压降低效网点 300 家，完成网点装修改造 1 600 家以上。

（一）科学推动网点优化调整，有效提升市场匹配度。

一是保持总量稳定。在网点总量基本稳定的前提下，有序做好区域间、城际间、城区与县域网点总量结构摆布平衡，加强分类管理指导。

二是提升网络优势。通过对网点资源精心布局、精准投入，增强网点覆盖渗透能力，构建全新的线下渠道网络优势。重点战略区域分行和重点城市行要当好主力军，紧盯同业进行网点迁移调整，围绕新的人口导入区和资源聚集点投入一大批新网点，确保始终占据获客的核心区位。对于新设立的国家级开发区、自贸区，相关分行也要及早启动网点建设工作，做好入驻企业的对公服务工作。全面推进县域网点结构调整工程，有效助力县域市场发展。对部分重点县域、空白县域、贫困县域，新投入一批网点、迁建一批网点。总行实施名单制管理，加强任务统筹、进度管理和跟踪监测。

2020 年是脱贫攻坚的决战决胜之年。要坚决落实总行党委关于支持脱贫攻坚的工作安排，把金阳县等定点扶贫县和“三区三州”深度贫困地区的新投入网点建设摆在更加突出的位置。四川分行要推动金阳县支行网点早日开业，充分体现责任担当。要综合运用网点、自助银行、远程运维等手段，突出新技术、新业态、新模式的融合，建立工行渠道，展示工行形象。

三是升级硬件环境。要继续加大网点装修改造力度，重点保障网点转型发展对硬件环境提升的需要，加大对形象差、年代久、功能缺失严重、分区又不合理的老旧网点的改造力度。要探索功能布局和装修改造集成化、模块化应用，推动硬件环境迭代升级。要持续优化网点装修建设流程，提升装修效率。

四是深挖存量潜力。全行低效网点五级分类评价为四级和五级的网点占比还高达 14%，自助设备效能提升的压力也比较大。各行要做好低效网点和自助设备的提质增效。对低效网点及自助设备要逐一开展全方位的剖析，坚持对症施策、一点一策，该撤的撤、该迁的迁；在自助渠道效能提升上，要围绕客户需求精准投放设备资源，做好新旧设备无缝衔接。要着手启动公司客户资源丰富区域老旧网点改造，不断提升网点对公服务能力。

（二）持续做好网点减负挖潜，强化赋能提升竞争力。

一是继续做好网点减负。要巩固已有减负成效。持续细化完善减负工程工作措施和工作机制，优化更新减负的清单，要加强台账管理，着重做好客户工单处理流程优化，完善减负长效评价机制。

二是继续推动赋能增效。围绕全面打造“第一个人金融银行”战略以及县域市场拓展、客户“1 + N”联动营销、网点对公能力提升等重点工作的落地实施，从优化机制流程、数据工具应用、政策资源倾斜等方面加强全方位的赋能。要聚焦制约网点经营发展的难点焦点问题，应用好网点大数据布局优化、直通车和援助保障等直通化经营平台，加强精准赋能。进一步完善网点支持响应平台功能，健全“智能 + 远程坐席 + 驻场专家 + 分行专家”4 级服务机制，推动远程银行服务能力与总分行专业服务能力融合互补，共促提升。

（三）完善金融科技创新应用，加速渠道数字化转型。

一是加快网点智慧转型。要深入总结北京金融街旗舰店和苏州分行智慧网点建设运营经验，布局建设 19 家价值创造与体验卓越并重的新一代 5G 技术智慧银行骨干网点，不断扩大业界领先优势；在费用配置、技术研发、集中采购、场景应用等方面，要加强密切协同，加快建设进度，力争 9 月份实现批量开业。要提炼智慧网点可复制的创新成果，打造一批简化版智慧网点，逐步扩大智慧银行创新成果应用。要完善智慧网点经营管理模式，着重围绕价值创造和客户体验提升，积极运用 5G、云计算、生物识别、区块链、远程视频等技术加强智慧赋能，不断优化智慧网点业务流程、营销服务、经营管理、系统平台和风险防控等功能体验，不断完善线上线下一体化服务与“金融 + 泛金融”生态化服务，进一步释放网点价值创造能力和服务品牌效应。

二是加强金融科技创新融合应用。顺应客户需求变化，丰富自助渠道硬件品类，试点推广远程智能柜员机、综合型现金智能柜员机、智能营销交易屏等新设备。智慧服务、智慧营销、智慧运营、“无介质”服务以及虚拟客服、远程客群智能维护等方面，要加强新技术运用实践。要探索建立全渠道管理平台，完善全渠道协同服务与管理基础设施。加强全渠道视图管理，实现对线上线下、行内行外渠道运营情况智慧与集约管控。建立全渠道数据与运营平台，实现数字化、集约化、场景化全渠道服务与运营支持。

（四）深化线上线下协同转型，增强全渠道服务能力。

一是深化远程银行智慧转型。远程银行要继续加快数字化、智慧化转型，加速核心系统升级，打造底层集约、统一的全渠道智能服务平台，构建多媒体化、结构化、图谱化新一代知识库。坚持智能业务优先，积极推动智能语音、智能联想以及智能运营等新技术应用，持续完善“自助＋智能＋人工”的协同服务机制，尽快上线新型智能金融服务助手，充分发挥远程银行衔接线上线下、个人和对公、行内行外和境内境外客户服务的枢纽优势，丰富合作场景，不断增强共享化、集团化、国际化服务能力。要与工银安盛、工银瑞信等子公司密切协同，深挖智能服务、增值服务空间。要加强与工银亚洲、工银澳门等机构业务联动，积极拓展集约维护、精准推荐、风险监测、增值服务和社交服务等远程业务场景，加快完善以智能服务为主、人工服务为辅的海量客群远程运维模式，持续提升价值创造力。

二是强化线上线下协同服务。提升新媒体品牌运营能力。继续完善“双微＋N”新媒体矩阵建设，把重心放在跨媒体运营和促进业务变现上，建设服务宣传与价值创造互促共生的品牌型渠道。深入推进“线上网点”“码上赢”、网点 WiFi 和新渠道的协同运营，有效支持一线员工面向目标客群开展精准渗透和场景营销。要完善远程视频应用，在“线上网点”、智能终端、公众号、小程序以及手机银行、工银 e 生活等渠道做好推广，为客户提供有温度的远程可视化人工服务。

三是驱动跨界合作打造开放生态。各级机构要积极落实开放银行建设、G－B－C 协同战略，充分利用好 API 开放平台和金融生态云平台，着眼全客户营销服务，强化全渠道布局。要推动我行服务渠道以定制化、组件化方式，嵌入到合作方平台和高频场景，把第三方优质产品与服务“引进来”，增强我行线上线下一体化服务与泛金融服务能力。加强“网点＋”生态场景建设与运营，促进场景流量变现。要立足网点周边的市场资源禀赋和本地客群特征，注重引入泛金融服务场景和线上线下协同服务，不断完善“网点＋普惠、＋政务、＋文化、＋社交”等场景运营模式，把网点建成 G－B－C 联动场景的落地体验中心和“金融＋泛金融”的场景生态化服务平台。要着重做好“网点＋”对公特色场景建设，选择区位对公资源丰富的网点，围绕 G－B－C 联动场景的落地，积极拓展区域政务金融、普惠金融、交易金融等对公业务，增强网点面向对公客户的数字化营销、场景化运营能力，将网点打造成辐射周边企事业单位、开展客群特色化经营的主阵地。

三、全面提升客户服务品质，建设“客户满意银行”

实现全行个人价值客户流失率、百万户均服务抱怨率双下降；客户满意度与忠诚度双提升，远程银行中心服务水平与价值创造能力双提升。

（一）提高认识，深刻领会建设“客户满意银行”的指导思想。

建设“客户满意银行”是“不忘初心、牢记使命”责任担当的必然要求。服务品质的升和降、客户体验的优和劣、满意程度的高和低，不仅是我行治理水平的直接映射，更是检验开展“不忘初心、牢记使命”主题教育实践成果的一面镜子。我们要毫不松懈地致力于服务水平的提升，这不仅是工商银行经营发展的实践要求，更是我们坚持为人民服务、为客户服务的永恒追求。

建设“客户满意银行”是全面打造“第一个人金融银行”战略的必然要求。“第一个人金融银行”，应该是客户服务品质优良的银行，由全量客户的市场基础和卓越的客户结构构成。要通过效率高、体验佳、口碑好的服务营销，推动客户满意度、忠诚度的不断提升，有效助力全面打造“第一个人金融银行”。

建设“客户满意银行”是实施“境内外汇业务首选银行”战略的必然要求。在服务好人民币业务市场的同时，以国际视野、全球经营的格局，拓展境内外汇业务市场，这既是现实需要，更是长远需要。客户满意度高，意味着所提供的服务超越客户的期望值就越高；忠诚度高，则意味着服务创造的黏性就越强。美誉度高低是客户对银行的褒贬反映，首选度高低是客户选择银行的好恶反映。金杯银杯不如客户的口碑，好口碑会成就好银行。

（二）聚焦服务改进提升的难点痛点焦点，重拳发力、重点施治。

从服务难点看：一是客户体验的期望与金融服务供给之间的矛盾。这二者的差距，给金融服务创新带来了不竭动力，也对客户满意度提升带来了巨大压力。二是客户应用体验的多元化与银行服务专业化之间的矛盾。特别是随着金融科技的高速发展和第三方支付的大量涌入，客户不仅体验到支付的便捷性和灵活性，也有了更多货比三家的自由选择权。客户进行跨界比较的信息更加全面，而迁徙成本又在不断下降，泛在化的客户需求和宽口径的客户选择，使我们的银行服务面临时代化挑战。三是客户的多重需要和银行同时满足能力之间的矛盾。现在客户多重化的金融服务需求，特别是对金融产品的安全性和收益性的双重期待，让金融产品供给能力、服务能力很难同时满足不同客群、不同风险偏好的金融服务需求，但这会对客户满意度产生很大影响。

从服务痛点看：一是普惠金融的服务供给和需求之间不平衡，让银行的口碑受到很大挑战。二是国际化服务需求跟我们本土化经营能力之间的不平衡，让客户的需求无法实现最好的体验和满足。三是金融消费者权益保护的意识和我们营销服务的效能之间产生不匹配。金融消费者对产品适销的匹配度、收益增加的关注度、风险的接受度和服务收费的透明度、敏感性越来越强，而承受力越来越弱，形成服务痛点。

从服务焦点看：一是群体性服务事件容易造成舆论焦点，变成金融消费者诉求焦点。二是金融知识的普及和金融消费者权益保护意识、能力的增强，使新时代金融消费者有了更多维权自信，对财产安全权、知情权、依法求偿权和自主选择权更加关注。特别是近日通过的《民法典》，其中很多内容对我们下一步的服务改进工作提出了新要求。三是强监管背景下金融消费者会更习惯以法律视角来审视金融服务。无论是个人信息安全保护、中小股东权益保护还是金融消费者权益保护等方面，被诉风险都会上升。从这些情况分析，我们的“大服务”管理面临的冲击和挑战不容小觑。

（三）渠道管理专业要以更高站位和更宽视野，做好大服务。客户满意度的构成，来自广泛而充分的客户群体，因此，要牢固树立“大服务”的意识。重点关注以下几个方面。一是重点关注和监测普惠金融服务中客户对融资可得性以及融资效率、收费合理性、融资价格、增值服务的感受和服务评价。这方面的问题往往在政府和社会调研当中，以及“两会”代表、委员关注的问题当中出现，是最容易影响服务满意度下降的因素。二是关注民营企业和制造业融资的服务可得性和价格、增值服务的满意度。最近我行采取很多措施加强这两方面工作，客户的满意度是在提升的。三是在按揭贷款、消费贷款、信用卡分期方面，无论是授信额度调整、审批和放款效率，还是定价和收费的合理性、还款和付息类的服务感受等内容，在远程银行中心受理的投诉包括重复投诉、客户抱怨中占比较高，特别是个人客户的这类占比基本上超过60%。另外，要高度关注个人和中小企业在账户开立、柜台服务、自助终端服务、线上和移动终端服务、收费标准、息费收取标准以及支付结算方面的体验与服务。第三方满意度调查显示，在个人客群里，中等收入客群的满意度不高，要引起全行的重视。当前和未来要针对一些金融服务的热点，特别是理财产品销售的合规性、风险偏好的适配性、客户金融资产和金融交易的安全性、个人信息保护的有效性、防范诈骗和非法吸存、飞单销售等问题，加强防范和治理，见微知著抓防控、防患未然促管理。总之要更多的关注“大服务”统筹，要从“小服务”概念跳出来，更多的关注“大服务”。

（四）要坚持问题导向，重点落实好八项具体工作。

一是协同运管和金融科技部门，彻底解决网点服务效率问题。服务效率是个老生常谈的问题，这几年有很大的变化，主要靠线上业务和离柜业务的发展，对网点服务效率有很大的提升，但这个问题并没有完全解决。个别时段、个别网点的超长排队问题，仍然是客户对我们服务效率、口碑上的主要槽点。各行要坚持有效施策，对超时服务问题进行挂牌督导、逐一解决。去年我行有40多个超时网点，解决得不错。今年可能个别行还有反弹。要充分研究怎么防范反弹，全面消灭超时网点。要进一步强化行长责任制、首问责任制、限时办结制。对服务资源供给和调配要做好准备；对客户的诉求要及时回应，要创新网点的服务管理模式，统筹抓好厅堂管理和服务改进。总行将持续升级到店客户分析、服务营销支持和援助保障以及工作建议书等系统功能，为分行指导网点服务提供有效支持。要多措并举解决柜面服务压力。持续推进业务的线上化、移动化和智能化，鼓励客户离柜自助办理业务，多渠道提高网点服务效率。要充分发挥网点智能渠道作用，确保网点员工能够准确掌握智能设备业务和服务功能。要扩大线上线下业务场景订单模式和集约化运营服务模式应用范围。要进一步加强网点人员劳动组合管理，统筹推进按月排班、错时上下班、弹性工作制等排班调度管理。

二是抓好“工行驿站2.0”版本的升级。要通过场景赋能、渠道交互、专属服务等方式，尽快出台“工行驿站”的功能优化设计方案，分步打造集社会口碑、引流获客和转型通路为一体的“工行驿站2.0”版本。要在19家智慧网点里面做好“工行驿站”的场景建设落地，探索“工行驿站”生态圈创新服务。要把工行驿站和网点特色化场景建设结合起来。加速实现“工行驿站”管理功能升级，让网点重新焕发活力，变成线下服务平台。要重点聚焦扶贫、公益、社区金融、政务服务等生态场景，逐步赋予“工行驿站”公益惠民、聚客引流等多种功能并推动试点。要完善线上线下协同服务，畅通工行驿站线上入口，通过融e联、融e行、云网点、小程序打造“工行驿站”在线信息查询平台，为客户提供场景化、数字化和社交化的体验。要推动G－B－C共享互联模式，搭建共享互联体验中心和便民政务服务平台，为客户提供税务、社保、医保、签证等便民的政务服务。要完善“工行驿站”管理机制。各行要结合总行“工行驿站”的惠民服务建设方案和标准，加大创新，制定“工行驿站”管理规范。要为客户提供具有工行特色、体验一致、规范高效的驿站服务，尽快在各地探索出有价值创造力的“工行驿站2.0”模式，不断提升品牌影响力。

三是抓好消费者投诉整治。总行已经多次召开投诉整治专题会议，要抓实抓细重点地区、重点领域和重点投诉工作，强化源头治理和压降监管转办投诉，标本兼治解决监管转办投诉较多的问题。对重大恶性投诉要时刻保持敏感，做好苗头性问题处理，持续开展投诉问题根源治理，进一步激发小额赔偿机制的活力。要切实强化客户投诉管理，盯住监管转办率、重复投诉率、工单发生率、流转办结率等核心指标，以清单表和责任制，一项一项抓根治、一类一类清问题，持续推动客户投诉专项治理，让客户获得更称心的服务。从远程银行中心的监测情况看，我行的投诉、抱怨量是比较大的，一定要把投诉治理工作作为各行的重点工作抓好，从制度、产品、服务源头去减少投诉量，从根本上解决投诉的核心问题。

四是协同个金和银行卡部门，强化 ETC 投诉治理。去年 ETC 发展整体很好，但是也产生了一些投诉。今年渠道管理部要继续协助这两个部门，抓紧做好 ETC 投诉整治。主要集中在这几个问题上：金融支付、ETC 申请审核、设备维保、通行费用、设备故障、黑名单导致的通行受阻、电子发票开具报销、费用清单以及 ETC 注销时间长、注销不成功等问题。这些是客户抱怨较为集中的焦点，希望渠道、个金、银行卡等部门联合进行整治。

五是协助个金、银行卡、运管、网金和结现等部门，持续做好客户防诈骗工作。这也是客户服务的焦点问题之一，特别是老年客户防诈骗问题。去年总行采取了专门措施，对老年客户的大额转账实行转账电话提醒和转账延迟提示服务，一定要持续落实到位。要开展企业客户的电信网络诈骗专项治理，积极推广“融安 e 信”大数据反欺诈系统，加强企业银行结算账户开户风险提示，协助企业客户规避电信网络诈骗。

六是确保自助设备服务安全有效。全行自助设备量越来越大，相关部门要做好分工管理，深入实施自助服务专项治理，切实提升各类自助机具的可用性、易用性、安全性，确保自助机具的正常运行率提高到 98% 以上。要多听取客户的意见，持续做好自助服务的细节改进，吸引更多客户、更多业务通过自助渠道去办理。要加强网点机具的统一配置管理，健全本辖区自助服务故障的应急处理机制，进一步解决吞卡、卡钞等自助服务故障。

七是抓好远程银行中心的服务功能发挥。要突出远程银行中心对客户服务的基本功能，确保高水平的接听率，将智能客服等新技术应用到提高客户满意度、忠诚度和美誉度方面，不断提升电话银行服务效率。要进一步扩大智能服务的应用范畴，加强业务数据和服务数据的交叉融合，实现智能服务预判，进一步优化业务布局和服务资源，不断提高排班的适配度，确保今年电话接听率保持 90% 以上，不断提升电话银行服务质量。要扩大智能系统在质检工作中应用范围，增加检测模型数量，在五个中心推广智能风控模型，提升质检工作效率。在客户体验、同业对比视角，要不断提高工单的统计分析，对全行业务流程、制度和产品加强诊断。同时，远程银行中心要对各分行的客户抱怨和投诉加强通报，直接通报到二级分行层面，重大投诉要直接上报行领导。远程银行中心要发挥好这个监督管理功能。只有把服务问题解决好，才能称得上“客户满意银行”。有些行对远程银行中心的工单不重视，有的问题久拖不决，有的小问题导致大问题，结果是客户抱怨升级转化成投诉，有的客户投诉里面可能有案件风险的苗头。对远程银行中心提供的各种工单报告、客户投诉抱怨报告，各一级分行的分管行长要高度重视、及时处理。

八是要关心关爱好基层员工。要继续从严从快实施安全隐患网点的排查整治，切实保障网点员工和客户的生命财产安全。根据统计，现在安全隐患网点还有 260 多个，受到地震、泥石流、洪灾、风灾等潜在风险影响。对于员工的生命安全，大家要高度重视并承担起管理责任。各一级分行要坚持以人为本、以员工为中心，持续做好隐患网点的有效排查，对存量网点加强统计和监测，实现动态化、常态化、系统化管理。要坚持分类治理，区分轻重缓急，及早进行隐患网点的调迁，消除风险安全隐患。要将没有安全隐患作为网点新址选择的强制性准入条件。对存在安全隐患的存量网点，要力争用 2 ~ 3 年时间全面消除。要围绕安全隐患网点的排查和整治，明确措施、目标和职责分工。要持续做好员工生活保障工作，全面解决员工如厕、餐饮、更衣、哺乳等问题。去年全行解决了 8 000 多个相关问题，今年要持续解决好，不要让这些问题出现反弹，要评估好短期措施成效和长期措施进展。

总行“2020，服务先行”主题活动方案已经印发全行，各行要以这个活动为载体，细化方案、丰富方法，坚定不移深化服务改进。要始终绷紧风险防控这根弦，认真贯彻总行全面从严治党从严治行的要求，特别是渠道管理专业要密切关注在网点选址、网点购置和租赁、网点装修和建设、集中采购及付款、业务操作及各种设备采购等环节的各种风险，全方位加强全面风险管理和合规管理。各级机构要深入总结这次疫情防控经验，考虑未来各种突发情况，从网点应急运营、客户应急服务、业务应急营销、灾备应急保障、联防联控、协助政府应急管理以及员工、客户应急防护等方面，尽快完善现有应急方案和体系，坚持做好常态化管理、持续化准备、实战化演练。要在做好重要时期金融服务工作的基础上，乘势而起、顺势而为，以渠道转型和优质服务的实际行动来助力全行经营发展，进一步彰显工商银行的大行担当！

筑牢发展基础　聚焦客户首选
增强战略定力　狠抓战略执行
有效推进"境内外汇业务首选银行"战略实施

——在打造"境内外汇业务首选银行"部署推动会上的讲话

官学清

（2020 年 6 月 10 日）

近期，总行党委审定印发了《关于打造"境内外汇业务首选银行"的意见》。本次会议的主要任务是进一步统一认识，部署当前和今后一段时间境内外汇业务重点工作，围绕筑牢发展基础，聚焦客户首选，狠抓战略执行，增强战略穿透力、定力、合力。下面，我讲几点意见。

一、深刻认识打造"境内外汇业务首选银行"战略重大意义，显著增强战略实施主动性和责任担当

（一）打造"境内外汇业务首选银行"战略是我行服务实体经济、促进跨境贸易与投资便利性和国家高水平对外开放的历史责任。服务实体经济是商业银行的天职。尽管当前和未来一段时间面临疫情冲击，全球产业链、供应链冲击，贸易保护主义抬头，中美经贸等领域摩擦，逆全球化趋势等多重挑战，但是从中长期看，我国经济稳中向好、进一步推进经济金融高水平对外开放、国内国际双循环相互促进的大趋势没有根本改变。我国外资外贸发展、对外开放和经济市场化改革程度加快，必然需要大型商业银行有效提供本外币一体化、境内外协同的金融服务。我行只有构建和完善本外币一体化经营体系、统筹好国内国际两个市场资源，才能为战略客户、目标客群提供全球化金融服务。

（二）打造"境内外汇业务首选银行"战略是实现"世界一流现代金融企业"愿景的必然选择。陈四清董事长明确提出打造"境内外汇业务首选银行"战略是工商银行几十年发展的必然结果，也是应对未来重大挑战的必然选择，是新时期实现"世界一流现代金融企业"愿景的必然选择。我们要深刻领会并清醒地认识到：尽管我行人民币业务优势明显，但是由于境内外汇业务发展短板十分明显，我行的人民币存款、贷款、结算业务绝对优势正在被可比同业蚕食和分割，境内业务本外币的严重不匹配造成人民币业务优势发挥受到制约，形成了战略上的"木桶效应"短板。同业、跨业竞争的严酷现实警醒我们，必须在短期内补齐境内外汇业务短板，才能真正成为全球化的世界一流现代金融企业，才能把握市场机遇、拓展外资外贸外汇业务发展空间，才能真正巩固和显著提升人民币业务优势。

（三）打造"境内外汇业务首选银行"战略是推进"国际视野、全球经营"国际化战略深化的重要基础。我行二十多年的国际化进程，凝聚了几代工行人心血与奋斗。我行通过申设和战略并购形成的国际化网络，不仅每年创造几十亿美元净利润，而且为全球战略客户、目标优质客户群提供了全球化服务，显著提升了我行全球市场核心竞争力，为集团发展发挥了全球经营、巩固中资全球 500 强企业客户优势、跨文化管理及人才培养等多重战略效应。与此同时，由于我行境内外汇业务长期被领先同业所挤压，加之境内外汇业务发展机制、客群、产品、风控、资源配置、人才建设等方面存在许多现实短板，很难为境外经营提供最基础的战略支撑，对我行拥有的境内优质人民币业务客群优势、资源共享与开发严重滞后，以至于我行境外机构的核心竞争优势还没有得到充分展现。

因此，打造"境内外汇业务首选银行"战略，既能有效巩固我行境内人民币公司业务、机构业务、个人业务优势，又能通过境内外联动，协同推动境外机构竞争发展，打通境内外、本外币、线上线下，提升市场竞争力、价值贡献力。同时，还能反哺境内全球化布局客户群的客户关系管理和综合价值创造，实现"境内外汇业务首选银行"战略与我行的国际化战略、综合化战略、第一个人金融银行战略、重点区域发展战略等同频共振。

上述可见，我行打造"境内外汇业务首选银行"战略，不针对任何一家中资同业，是我们自身发展的战略选择，是现实之需，也是未来之路。

二、增强必胜信心与战略定力，坚定不移地推进战略实施

从可能性、可靠性、可行性角度看，我行具备打造"境内外汇业务首选银行"的现实基础：一是总行党委的

战略决定与战略推进。二是国家外贸发展、外资投资、中资企业走出去全球投资与布局、人民币国际化、外汇改革与金融对外开放、跨境人民币市场、股市债市汇市高质量发展、个人外汇资产规模增长、跨境投资与服务贸易等必将为境内外汇业务发展，继续创造市场空间。三是我行拥有人民币公司、机构、金融同业客户和外资外贸客群、个人客群优势。四是历年形成的境内外汇业务发展网络布局与境外机构网络布局，以及初步构成的客群、营运、风控、合规、保障、考核、资源配置基础。五是总行国际化领导能力和本外币一体化经营能力增强，总行部门对总行党委战略的高度认同与主动执行。六是一级分行、直属分行、重点城市行、境外机构班子主要负责人、成员及主要部门的战略领悟与创新执行。

万事开头难。我们必须坚定必胜信心，排除和克服任何困难，坚持久久为功思想，追求境内外汇业务高质量发展，不断提升市场竞争力、价值创造力、金融服务力、风险控制力、资源配置力。站在新的历史起点上，总行决定：坚持全行办外汇理念，对标领先同业，以夯实客户基础、服务实体经济及外贸外资企业为中心，以重点拳头产品为带动，以重点区域、重点机构突破为引领，提高资源投入和定价精准度，增强总行国际化领导力，提升外汇业务综合服务水平，采取“打造境内外汇业务首选银行，推动境外外汇业务快速发展，强化跨境人民币领先优势”策略，形成本外币一体化发展新局面，最终实现“境内外汇业务首选银行”战略目标。

大家要准确解读“首选”概念，打造“境内外汇业务首选银行”不仅要实现可比同业市场竞争力显著提升，奋勇争先，勇争第一，而且要成为目标客群首选，成为市场翘楚及竞争领先者、引领者，全面、有效吸引客户在我行办理主要外汇业务。未来三到五年，全行上下一定要进一步统一思想认识，增强战略执行能力，推进“境内外汇业务首选银行”战略落地实施，以客户为中心、以市场为导向、以价值贡献为核心、以信贷资产质量和合规风控为保障，实现本币＋外币、境内＋境外、线上＋线下协同发展新格局。

（一）聚焦客户首选，筑牢外汇业务发展基础。

要夯实客户基础。打造“首选银行”，归根结底是要突出“客户首选”。要紧扣客户需求打造重点特色产品和优质服务，用好的产品赢得客户、留住客户，不断巩固和扩大客户基础，改善客户体验和品牌美誉度。要全面落实公司、个金和机构三大板块主体责任，把外汇业务发展落实到一体化经营管理中，加强与各主要产品条线联动协同，真正强化“全量客户”经营理念。要认真分析外汇业务客群，顺应客户需求变化，抓好客户分层营销，提升场景获客能力，守住和用好线下基础优势，开辟线上获客、合作获客的新途径，实现由线下向线上、由行内向行外的两个延伸。从目前情况看，我行公司业务、个人业务、机构业务客群中境内外汇业务覆盖率、渗透率都很低，本外币业务同步营销、同步考核、同步问责力度不够，很多重点客户群中我行外汇业务占比不领先、不占优，甚至不少客群外汇业务占比明显低于我行人民币各种融资占比，这是很不应该的。全行要千方百计依托我行庞大的人民币客户基础，不断提升客户的外汇业务渗透率，真正让工商银行成为客户心中的第一选择、最终选择、长期选择。

要夯实外汇业务领导人才、营销人才、专业人才、风控人才基础。无论是总行部门，还是一级分行班子成员及其主要部门负责同志，都应该有全球视野、外汇业务经营管理能力，成为懂外汇、能营销、会管理的外汇业务领导人才。要加强外汇业务营销、专业、风控人才队伍建设，提高总行“头部”决策指挥能力、一二级分行“腰部”战略传导和业务指导能力、基层网点“腿部”队伍锻造和专业服务能力。要加强激励和战略落地引导，充分发挥绩效考核、薪酬激励“指挥棒”作用，突出人才价值导向。要优先加大外汇业务人员投入力度，通过“工银星辰”品牌招聘计划，为“境内外汇业务首选银行”战略提供人才储备。要打造外汇业务模范和典型，开展全行外汇业务技能大赛，形成“全行办外汇”的浓厚氛围。

要夯实资产质量和外汇业务合规基础。打造“境内外汇业务首选银行”，必须坚持确保外汇资产质量、外汇合规先行，筑牢合规经营基础，绝不能出现重大风险和重大违规事件。2019 年，我行荣获四大行唯一的外管考核 A 类评价结果。在推进跨境融资、结售汇业务、跨境人民币业务、各种内保外贷和风险参贷、表外融资及担保承诺业务发展中，必须优选融资客户和交易对手，防止“病从口入”。要有效化解和处置不良外汇融资及信用证、各类担保垫款。与此同时，我们必须认真履行外汇指定银行职责，重点抓好外汇反洗钱、涉敏业务工作，实质性把控外汇业务合规风险，紧盯客户尽调、展业原则、见证开户、贸易融资、结售汇、资本项目、转口贸易、银行卡境外提现、内保外贷与风险参贷、外汇理财、跨境资产转让与投资、地下钱庄、跨境赌博、网络炒汇、非法套汇套利和非法跨境转移资产、外汇按金交易、国际收支申报、可疑交易监测与报告等重大外汇业务违规环节与重点，各条线、各机构要履行好主体责任，多措并举进行防控，确保我行境内外汇业务发展高质量，绝不允许在打造“境内外汇业务首选银行”战略中出现重大违规事件，遭到重大监管罚款，更不能出现重大资产质量问题，这是底线也是红线，大家要坚守好。

要夯实机制基础。我行境内外汇业务发展，必须进一步完善一体化经营机制，夯实外汇业务发展的动力机制、工作机制、考核机制和责任机制。一是要围绕三大行动方案，进一步落实总行、一二级分行公司、个人、机构业务条线主体发展责任，形成本外币业务同部署、同营销、同考核、同管理、同问责格局，提高客户渗透率和产品交叉销售率以及境内外联动协同效应，有效提升公司客户、个人客户、机构客户境内外汇业务市场占比。二是要突出重点产品，推进产品创新。围绕国际结算、外汇融资、国际国内贸易融资、全球现金管理、跨境人民币、全球金融市场、外汇结构化融资业务和投资银行业务、外汇资产管理与外汇资产托管服务等核心产品，进一步优化产品功能和综合定价，提升市场竞争能力、品牌影响力。三是要进一步充分运用金融科技手段，丰富、完善网上银行、手机银行外汇服务、外汇业务线上功能，打造英语版的手机银行，进一步实现境内外汇业务线上化、移动化、数字化转型，突出科技支撑，强化网络金融、数字金融赋能。四是要增强战略执行力，强化境内外汇业务竞争力评价与战略评估。境内外汇业务竞争力评价相关规则由总行财务会计部牵头制定，战略实施评估由国际业务部和深改办牵头进行，评估结果要定期向总行党委汇报。各一级分行、总行相关部门要将推进战略的进度、主动性、创造性情况向总行提供正式报告。要强化相关机构和员工在打造“境内外汇业务首选银行”中的绩效考核与奖惩挂钩。进一步优化外汇业务综合定价策略，全口径对重点外汇客户进行本币 + 外币、法人 + 个人、境内 + 境外的综合贡献度评价。在资源配置上，要强化总行、一级分行战略配置能力和主动、创新配置能力。“境内外汇业务首选银行”战略是新一届总行党委重要战略部署，一级分行行领导和相关部门要增强主动配置意识，增强资源配置主动性、创造性和有效性。五是要持续推进境内外汇业务发展中党建引领、廉政建设以及人才培训与培养使用、渠道建设、业务发展新生态、营运管理、相关数据治理与挖掘、风险管控与存量历史风险化解等各项基础工作。

（二）突出重点，推进境内外汇业务发展迈上新台阶。

一要突出重点区域、重点机构，发挥“排头兵”“主阵地”作用。总行研究确定了四类分行发展名单。各行要围绕客户、产品、业务，找准定位，分类施策。外汇业务资源丰富的一二类分行、重点城市行、二级分行要做好表率，率先实现可比领先同业赶超，发挥好全行外汇业务“领头羊”“主阵地”示范带头作用。全行要向北京等分行学习。要有力指导和督促同业排名第三甚至第四分行抓紧争先进位。总行相关部门对北上广深、浙江、江苏、山东分行要研究相关具体授权、资源配置和支持政策。

二要突出重点产品，打好品牌产品“组合拳”。我们要对标领先同业，抓紧打造、打磨一些竞争力强、市场口碑好的主打产品。要适应外汇业务市场特殊性、战略客户特殊需要和全球布局特殊情况，把外汇账户、外汇存贷款、国际结算及贸易融资、跨境人民币、结售汇、全球现金管理等基础外汇产品做大做强、做精做细，做好套餐式营销、组合式营销。另一方面，要更多抓住中国金融市场对外开放、人民币国际化、“一带一路”、国家重点战略区域、自贸区建设等重大市场机遇和改革政策红利，加大主打产品创新，促进金融市场、资产管理、资产托管、投资银行、结构化融资等高附加值产品交叉销售，进一步创新外汇业务产品，满足市场新需求，挖掘新增长点。

三要突出重点资源配置，提升战略资源配置主动性和精准度。要根据区域市场资源、发展水平和市场竞争态势，围绕提升市场竞争力、本外币客户综合贡献度、创新服务能力，主动高效实施、协调配置各种资源与授权，在市场目标确定、授权弹性、综合定价优化、信贷政策调整与优化、产品创新、考核激励、财务核算等方面实施差异化、精准化政策。总行即将印发三大行动方案和相关配套方案。总行相关部门、一级分行要以资源配置精准滴灌为导向，坚持“量质协调”“量价协调”，围绕市场竞争力、价值创造力有效平衡业务发展和资源配置，形成“重点突破、梯次发展”局面。打造“境内外汇业务首选银行”战略，不是以价格为唯一竞争手段，而是以客户为中心，根据客户对工商银行的综合贡献度、战略重要性进行综合定价，实现综合观察、战略观察，保证我行市场综合定价有弹性、有竞争力。

（三）抓好战略落地统筹推动，确保“境内外汇业务首选银行”战略开局顺利。总行各部门、各分行要高标定位，强化“比”的思想，提高“进”的本领，不折不扣抓好战略贯彻落实，奋发有为、迎难而上，以优良的境内外汇业务发展成果、显著提升的市场占比，显示战略开局之年实施成效。要用数字说话，用数字展现工作成果。

一是要加强战略主动、创新、有效执行。各一级分行、直属分行、重点城市行一定要高标定位，增强干事创业责任感和紧迫感。要专题召开党委会议，制定适合本行境内外汇业务发展的实施策略、实施方案和具体目标、具体措施，建议一把手亲自部署。要加强对本地市场和监管环境研究，着重解决制约外汇业务发展体制、机制性障碍，全面落实总行 56 号文件规定的“必答题”，做好本机构创新执行的“自选题”。各级机构管理者、各部门要主动学外汇、抓外汇、管外汇。要逐级做好战略层层传导，让总行战略真正根植于基层从业人员思想上并付诸于行动中。总行会定期对战略执行进展情况进行跟踪督导并向总行党委汇报。对于动作迟缓、推进不力的，进行通报。

二是要加强总行、一级分行统筹推进。总行、一级分行要建立“境内外汇业务首选银行”战略实施推进工作小组，强化国际业务部统筹抓总推进职能，增强总行国际化领导能力和一级分行外汇业务领导能力。总行公司金融业务部、个人金融业务部、机构金融业务部等客户部门承担客户主抓责任，各相关产品部门、保障部门要切实担负起联动营销和支持保障责任，各一级分行、直属分行、重点城市行要担负起外汇业务发展主体责任，真正形成“大外汇”发展合力。这次总行在印发《意见》的同时，同步做了战略解码，已经明确总行各部门的职责分工。总行会进一步强化组织保障、科学统筹，形成上下贯通、左右协调、前后呼应的立体化推进体系。

三是要做到以业务数据展现战略传导与执行。总行正在研究制定一套评价外汇业务发展竞争力的综合评价指标体系。既要看业务规模、看增量、看结构、看同业，更要看客户增量、客户满意度、看产品渗透率、看价值贡献、看资产收益率和负债付息率、看外汇合规和外汇资产质量水平。要千方百计将我行雄厚人民币业务综合优势、强大客户基础、丰富产品体系、充沛人才队伍、境内外联动优势等各种有利条件，切实转化为外汇业务拓展的实实在在业绩数据。

四是要坚持久久为功。打造“境内外汇业务首选银行”是一项中期战略性工程，需要持之以恒稳扎稳打，步步为营。各条线要拿出切实举措确保市场拓展和客户营销方案落地，确保资源投入和风控合规措施见效。要从队伍建设、产品创新、网点提升、考核激励、风控内控等基础性工作入手，落实责任。要本着“功成不必在我”的精神境界、“功成必定有我”的使命担当，下苦功夫、下真功夫、下细功夫，为早日实现“境内外汇业务首选银行”战略目标不懈奋斗。

三、持续扩大“春融行动”成效，助力“境内外汇业务首选银行”战略实施

今天距离上次召开金融支持“稳外贸、稳外资”工作启动会已经接近两个月。各行已经陆续开展了相关工作，初步取得一些阶段性成果，值得充分肯定。党中央、国务院高度重视稳外贸、稳外资工作。作为国有大行，我们第一时间实施“春融行动”支持“稳外贸、稳外资”。各行一定要把“春融行动”当做当前一项重要任务抓紧抓实抓好，通过专项行动切实提升我行外汇业务价值贡献、市场地位及影响力，真正成为企业心目中外汇首选银行，全力推动我行高质量发展。

（一）狠抓落实，全面深入基层和客户。“春融行动”启动以来，全行上下高度重视，总行相关部门、境内外机构主动作为，从机制建设、产品创新、客户营销、对外合作等方面多措并举做好专项行动组织推广，涌现出一批金融支持外贸外资企业优秀案例，整体工作推进情况值得肯定。但是要清醒看到各分行之间存在不平衡情况，特别是个别外贸、外资、外汇大省的分行进展不快。“春融行动”要和打造“境内外汇业务首选银行”战略结合起来。各行要对名单内企业精准定位、分层营销，把握实质风险，统筹提供全口径金融服务支持。持续提高“春融行动”名单企业业务覆盖率及服务有效率，用好1 500亿元人民币专项融资规模、优惠利率等各项产品政策，帮助解决企业实际经营困难。以“春融行动”为契机补齐外贸、外资客户服务短板，切实提升外汇业务服务质效。6月底后要做一个阶段性的回顾和总结，还有20天时间，相关分行要继续加大工作力度。

（二）内外联动，提升全球产业链、供应链两端金融服务质效。“稳外贸、稳外资”，要稳住境内外贸外资企业境内运转，要稳住其产业链上下游企业境外生产经营，最终实现企业全球产业链、供应链稳定。“春融行动”是特殊时期我行获客、留客有效载体。总行国际业务部发挥集团网络布局优势，组织境内外机构共同摸排梳理1 072户境内重点外贸、外资企业及其2 590户境外上下游企业，为“春融行动”提供“聚焦点”。各行要围绕产业链条、供应链条两端企业差异化金融服务需求，开展针对性营销。对于境内重点外贸、外资企业，各行要全面摸排客户需求，用足配套政策资源，重点推广“春融行动”十类金融产品服务，为外贸外资企业提供全方位金融支持。对于境外上下游企业，要联合境外机构通过我行海外网络实地跟进了解境外上下游企业最新经营情况并及时共享信息。特别是当前境外机构面临抗疫特殊压力下，境内外联动要更有效。现在美国、巴西、印度等很多国家还处在疫情高峰期，境内外机构联动要采取特殊安排。总体来说，境外机构抗疫工作是比较有效的，应急管理和流动性风险管理是及时的，信用风险和市场风险管控是有序的，在进一步推进“春融行动”过程中，境内外机构联动要安排有效渠道。内外联动为境外上下游企业提供结算、融资、咨询等交易撮合服务，进一步巩固产业链上下游企业之间供求关系，促进产业链条稳定，确保产业链“起点不掉链、终端不断链”。

（三）深化合作，联合地方政府机构拓宽金融服务渠道。“春融行动”是与商务部战略合作开展的。目前，各行均与当地商务主管部门完成对接，银政合作、银企合作初见成效。各行要重点拓宽与当地商务部门合作深度，共同研究制定面向辖内外贸外资企业专属服务方案，通过联合举办客户推介会、培训班、开展合作签约等主题活动，开展外贸外资企业拓户工程，提升“春融行动”客户覆盖面，广泛宣传我行支持稳外贸稳外资相关举措和成效，提升市场影响力，赢得地方政府信赖和客户信任。

（四）强化管理，做好风险防控。各行在开展“春融行动”过程中要高度重视风险管理，特别是融资风险管理。要优选客户、精选客户，确保融资投放安全可靠，无论是本币还是外币融资，绝不允许出现重大融资风险暴露。要保持冷静头脑及精准化选择、精细化管理的态度，做好“双稳”支持，做好法人融资客户的选择。要切实把好融资客户准入关，确保名单内企业融资

资金用途真实、专款专用、流向可控，防止相关信贷资金被截留、挪用甚至转手变成理财套利。特别是要防范不符合我行融资条件的外资外贸企业进入融资客户名单。无论是公司金融业务部，还是国际业务部推荐的客户，审批部门都要把好关，对实质风险进行有效把控。严禁在“春融行动”中弄虚作假，严防贷款诈骗、违法放贷，甚至出现恶意逃废债行为。要防止融资价格恶性竞争，严防“春融行动”中各类道德风险及案件风险。要进一步完善各类融资贷后管理和投后管理，做好资金使用和经营回款持续跟踪监测，确保融资到期后及时安全收回。

在打造“境内外汇业务首选银行”战略和推进“春融行动”中，要保持高质量发展战略定位，这样才能真正服务于我国外贸外资发展，才能真正促进稳外贸、稳外资，也才能推动稳就业、保就业。希望各一级分行、直属分行、重点城市行抓好打造“境内外汇业务首选银行”战略和“春融行动”专项工作，期待6月末有一个好的阶段性业绩表现。更要抓好下半年工作，让总行党委的重要战略和重要专项行动真正成为有效的高质量业绩展现平台。

在服务第三届进博会动员大会上的讲话

官学清

（2020年9月8日）

今天召开全行服务第三届进博会动员大会。下面，我讲几点意见。

一、从落实国家“稳外资、稳外贸”任务的高度，充分认识在全球疫情蔓延大背景下，服务进博会工作的重要意义

举办进博会是以习近平同志为核心的党中央推进新一轮高水平对外开放的重大决策，是我国主动向世界开放市场的重大举措，要“办出水平、办出成效、越办越好”。受全球疫情影响，世界经济深度衰退、国际贸易和投资大幅萎缩、国际金融市场动荡、国际交往受限，我国经济运行面临较大压力。

习近平总书记在2020年中国国际服务贸易交易会全球服务贸易峰会上表示，“中国将充分利用中国国际服务贸易交易会、中国国际进口博览会等各类平台，推动开展政策和经验交流，建立和培育政府间、国际组织、商协会及企业间多样化伙伴关系，支持组建全球服务贸易联盟，不断形成更多务实合作成果，使各国人民共同享有服务贸易增长成果”。同时，今年的政府工作报告中特别指出要“筹办好第三届进博会，积极扩大进口”。

第三届进博会是在特殊时期举办的国际经贸合作盛会，是疫情之下我国推动全球贸易发展、助力经济复苏回暖的有力之举。全行上下要形成合力，切实提高政治站位，全力做好第三届进博会筹备工作。

二、通盘考虑，细化方案，集中精力办好我行配套活动

在董事长亲自推动和关心下，通过与商务部、人民银行及贸促会积极沟通，在第三届进博会期间，我行将重点举办以下三场配套活动。一是中欧企业家大会，在去年的基础上实现欧洲区域全覆盖。为满足无法到场的客户需求，由境内一级、直属分行所在城市搭建分会场，组织客户活动，观看中欧企业家大会的直播；二是金融合作论坛，依托BRBR机制，发布专属金融产品；三是“一带一路”沿线贸易洽谈会，开展“企业采购需求对接磋商”，由欧洲、亚太区域境外机构搭建分会场，邀请无法到场的客户参加线上对接磋商。

三、全面动员，明确分工，全力做好各项筹备工作

这三场配套活动层次高、影响大，是对全行国际化能力和水平的一次全面展示和检验。目前，距离进博会开幕仅有50多天的时间，全行各部门、各机构要形成合力，全力做好筹备工作。

国际业务部要履行好服务进博会工作协调机制秘书处职责，做好全行进博会牵头统筹工作，协调总行部室和境内外机构，共同做好第三届进博会配套活动的总体设计和现场安排，制定详细的工作方案，定期向行领导汇报工作情况；统筹服务进博会活动的成果设计，内外联动挖掘跨境业务资源；牵头组织境内外机构做好进博会相关路演推介活动。

公司金融业务部要牵头配套活动的客户邀请工作，并收集合作成果，普惠金融事业部、国际业务部要做好配合。重点邀请世界500强等知名企业驻华代表、外资外贸企业和境内头部企业客户参加我行配套活动，做好发言嘉宾及与会客户参会安排；牵头做好境内总行直营

户、各省分行公司业务部的商贸类直营客户的筛选和邀请。

机构金融业务部要指导境内分行做好与各省贸促会、商务厅等进博会相关组展机构的沟通对接工作，协助邀请金融合作论坛等配套活动发言嘉宾，做好客户批量引流。专项融资部、工银租赁、金融市场部、资产管理部、资产托管部要协助邀请参加我行配套活动的境外发言嘉宾及与会客户，并做好成果梳理、收集工作。

普惠金融事业部要发挥“环球撮合荟”优势，牵头做好“一带一路”沿线贸易洽谈会的线下线上对接磋商工作。网络金融部要发挥境内外网站及“三融”平台优势，加强进博会场景客户营销、业务推广和品牌宣传；提供全方位线上金融展示。金融科技部、网络金融部、国际结算单证中心要共同组织“金融合作论坛”金融产品发布。渠道管理部要充分发挥自助渠道优势，做好进博会宣传资料在全行自助设备布放；与个人金融业务部、金融科技部共同做好配套活动现场增设智能柜员机等自助机具，增强客户体验和对我行产品的应用，展示我行在个人金融、外汇业务、银行卡等方面的科技优势和服务特色。

办公室要多渠道、全方位、多形式做好进博会相关活动媒体广告宣传、对外推广等工作，展示我行倾力服务进博会的良好社会形象。财务会计部要对进博会预算等相关工作提供支持。人力资源部、团委要加强志愿者管理，在招募、组织、服装设计、人员使用、评价等各环节加强协调，突出党建带团建。企业文化部要完善培训体系和课程设计，提高人员综合素质，确保服务效果。

上海分行作为进博会主办行，要勇于承担主体责任，做好我行宣传片及会场平面广告的设计和投放；聘请专业会展公司策划相关活动，做好活动场地预定和搭建、活动材料设计和印制等会务工作；做好外联、会议证件发放和后勤保障，做好进博会专区的迭代开发与信息发布；结合疫情防控要求，做好我行人员和客户来沪参会的支持保障等。

欧洲、亚太地区境外机构要配合总行做好“一带一路”沿线贸易洽谈会分会场的组织搭建、线上磋商客户邀请等，充分利用分会场开展客户营销活动；为“中欧企业家大会”贡献协议签署、产品创新等成果；此外，欧洲机构要充分发挥本地资源优势，积极邀请欧洲政要和重要客户在“中欧企业家大会”上视频致辞。重点区域境内分行要举办服务第三届进博会配套活动推介会，打出我行配套活动品牌，提前锁定参会客户；搭建“中欧企业家大会”分会场，组织客户活动，观看中欧企业家大会的直播，扩大我行活动辐射面和影响力。各境内分行和境外机构要逐一落实境外招商目标客户。

此外，由于全球疫情发展的不确定性，国际业务部作为牵头部门，要坚持底线思维，做好预案。上海分行要密切与进博局有效沟通，做好线上展会的备选方案及配套设施改建工作。金融科技部要全力配合，做好线上设备搭建等支持工作。

同志们，工商银行作为金融业的排头兵，要持续引领同业，提升全行国际化经营水平。各部门、各境内外机构要深入学习贯彻党中央、国务院决策部署，坚决落实总行党委要求，统一思想认识，提高政治站位，主动谋划落实，全力投入到服务进博会的工作中来，把进博会作为提高我行全球一体化经营能力重要场景，打造成为我行获客、黏客、活客的重要平台。

在2020年集中采购重点工作推进会议上的讲话

官学清

（2020年9月23日）

今天，我们召开集中采购重点工作推进会议，主要是对前期工作进行总结和对下阶段重点工作作出安排。刚才9家机构做了充分的交流，分享了很好的经验，对解决工作中的难点提出了建设性意见和建议，希望总行集中采购部和相关部门有效吸收，进一步推进集中采购工作。下面，我讲三点意见。

一、前期主要工作成效

前期，集团集中采购条线落实总行党委要求部署，有效管控实质性风险，着力提升采购效率，有效应对新冠肺炎疫情，一手抓常态化疫情防控，一手抓服务保障工作，集中采购服务战略落地、支持业务发展的能力不断增强。

坚持问题导向，持续深化中央巡视整改。全行公开性方式项目数量有所提升，单一来源采购明显下降，对山西分行再次开展“回头看”工作，对河南、湖北、广东等分行开展专项检查和调研，深入落实政治责任再传导、整改实效再巩固；继续拓展采购管理半径，完善集中采购闭环管理。加强集中采购“前伸”和“后延”管理，将技术测试环节、评审原则和评分方法纳入集中采购重点审查、审批流程，推进供应商分级、后评价结果与推荐供应商关联的闭环管理；强化供应商实质性风险管控，严防制度空转。制定了委托招标管理办法和“融e购”管理办法并推动落实执行，有效扩大外部专家共享，促进项目主管部门集体审议管理，进一步优化存量供应商，强化供应商的准入审查和廉洁风险管理。有效推进了全行重大、重点项目的集中采购，进一步扩大对重点城市行人格化授权，统筹优化采购资源配置，积极支持全行网点建设与调整。保障防疫、抗疫物资的采购，全力支持全行抗击疫情工作，逐步形成了一套常态化疫情防控下的全球集中采购业务模式、工作流程和操作方法，满足了全行防疫采购标的多样化的紧急需求。组织开展了全行集中采购的自我检查和督导，举一反三积极整改，保障了集中采购合规性、合理性和合法性，有效提高各机构主动防范风险的意识和能力。

在此，我代表总行向项目主管部门和集中采购条线的同志们表示衷心的感谢！

二、当前面临的新挑战

（一）中央巡视问题整改依然任重道远。在今年年初全行集中采购业务自我检查和督导中，发现个别基层机构依然存在“应采未采”的问题，依然存在“未严格按集中采购结果执行”的问题，依然存在“制度执行不到位”的问题。如有的项目达到集中采购金额起点未实施集中采购，存在“化整为零”以分散采购规避集中采购的问题；有的项目未在入围供应商范围内进行集中采购；有的项目使用部门擅自改变合同价格、服务周期等集中采购关键要素内容。这些问题虽然主要发生在二级分行，但是说明一级分行集中采购管理的主体责任落实还有很大差距，制度执行、合规压力还没有完全有效传导到所有二级分行，也说明项目主管部门对违反集中采购制度和集中采购关键要素的后果和严重性认识不足，合规、合法、合纪意识还有待提高。

现在个别机构的“应采未采”“未严格按集中采购结果执行”“制度执行不到位”等问题有所抬头，需要引起高度警觉和重视。我们要有“壮士断腕”的勇气来彻底清除这些“顽疾”，对机构集中采购业务的理念、机制、管理和技术等多方面进行变革和创新。

（二）疫情防控常态化要求集中采购加速向智慧化转型。疫情进入常态化防控阶段，对传统的集中采购工作理念和方式带来深远影响。要进一步研究在疫情常态化防控下的集中采购业务新模式和新流程，促进集中采购的智慧化转型。疫情防控对人员现场聚集办公有明显限制，现场谈判的防控难度大，要探索推行非接触式采购评审，推广云评审应用，有效解决传统集中采购模式的局限性和不适应性。目前全行集中采购信息技术运用水平依然不能满足需要，特别是工银亚洲发言中提到500个项目基本上没有使用集中采购系统，这种局面必须改变。线上评审谈判尚未落地实施，集中采购业务条线的智慧化建设亟待增强。

（三）随着“大集中采购”流程推进，涉及项目主管部门和供应商的风险点逐渐暴露，风险防控压力依然很大。从“大集中采购”维度看，风险暴露存在多环节、多角度的情况。一是与供应商直接接触的项目主管部门可能存在个别关键岗位的道德风险。有的项目主管部门既是采购需求方，也是采购结果的使用方，风险高度集中。在自我检查和督导发现的问题都与项目主管部门有直接关系。如“应采未采”暴露出项目主管部门未按照集中采购制度要求提交需求，“未严格按集中采购结果执行”暴露出使用部门不按照集中采购结果执行，这些问题要引起高度重视，必须有效整治。二是在国际政治经济局势不断变化和全球新冠肺炎疫情蔓延的大背景下，需要进一步防范关键供应商自身受经济周期、贸易保护主义、疫情等多种突发因素导致自身风险暴露，带动我行供应商产品供给和服务供给风险暴露，甚至出现断货、断供和不可持续商业经营的供应商风险。

（四）集中采购项目多元化、国际化、集团化带来的新风险防控挑战。全行年中工作会议提出了“大、全、稳、新、优、强”发展方位，集中采购工作必须服务全行发展战略，对标发展方位要求，要从设备、工程、服务采购延伸到信息服务、云计算、数据资产采购等多个领域，服务范围不断扩展到直属机构、利润中心、境内综合化子公司以及境外机构，适应新业态、新技术、新产业带来的重大变化。刚才浙江分行提到新合作模式、新业态、新技术对集中采购工作带来的冲击和挑战。集中采购项目的多元化、国际化、集团化变化带来很多问题，特别是在5G技术、移动互联网背景下，供应商提供的数据资产、多元化标的以及各种数据信息不全、数据信息造假模型应用问题带来的新风险更加隐蔽，对相关模型、风控、精准营销带来很大冲击。这些问题对供应商和项目审查团队的专业判断能力、决策能力等提出了新的挑战，项目主管部门要在供应商推荐和准入环节当中，把好关、遴选好推荐供应商。

（五）集中采购条线干部专业能力亟待提升。当今世界正经历百年未有之大变局，各种“黑天鹅”事件不断出现，各种“灰犀牛”风险依然存在。集中采购专业条线的采购团队、专家团队、集管会成员团队需要进一步增强忧患意识、责任意识、危机意识，提升对这种变局的认识和判断，提高顶层设计能力、规划能力，项目的实施推动能力。

各级项目主管部门和集中采购专业团队都要对这五大挑战深入思考。刚才浙江、深圳、工银亚洲、工银安盛在发言中都提到面临一些新的挑战。大家需要继续共同努力，一方面支持好战略发展和市场营销，另一方面防控好五大挑战带来的新风险。

三、下一阶段重点工作

（一）坚决落实中央巡视整改要求，举一反三，实现整改质效大提升。

1. 以更高的政治站位做好中央巡视问题整改。总行本部和各机构要进一步提高政治站位，以政治建设为统领做好集中采购工作，增强政治机关意识。要充分认识到中央巡视是政治巡视，指出的集中采购问题会带来商业银行的腐败问题，会影响银行风险管控能力和服务经济实体能力，影响防范化解重大金融风险要求的落地。

2. 严格落实总行党委“48 字”工作思路。总行各部门、各机构要坚决制止“应采未采”“未严格按集中采购结果执行”等行为。要从这些问题中发现背后存在的廉洁风险，抓紧组织自我检查和督导“回头看”。一级分行要对有关问题彻底整改、认真整改、有效整改，切实承担起本机构的集中采购风险防控主体责任。要从采购标的金额、价格、品牌、付款进度、供应商选择等核心要素入手，逐一分析案例，将问题落实到部门、人员，深挖深查这些问题背后存在的廉洁问题，不能留下任何风险隐患。要确保问题整改有效果，有结论，绝不能“高举轻放”，不了了之。要进一步理解对集中采购严管就是厚爱，早处理比晚处理好，对于有关责任人该问责必须问责。

3. 在确保做好疫情防控的基础上，进一步加强外部专家使用，提高外部专家参与决策的有效性。引进外部专家是落实中央巡视指出问题的整改，是要充分发挥其在集管会上敢发言、善发言、善提问的优点。从履职情况看，总行聘请的外部专家确实具有高水平高能力，一级分行集管会要充分发挥外部专家决策作用，决不能流于形式，发挥实质性的有效作用。一方面，要研究在疫情防控常态化下，扩大使用外部专家参加项目评审和集管会的方式。要充分尊重外部专家的意见，引入外部专家参与集管会的投票决策。另一方面，要加快提升集管会内部委员专业审议的能力，对委员的发言质量和频次纳入考核，研究建立退出机制，让不合格的内部委员退出专家序列，进一步提升集管会的决策能力和风险把控能力。刚才广州分行提出的技术测试问题，要充分发挥集管会的优势和能力予以解决。

（二）狠抓供应商和重点项目的实质性风险管控。

1. 加强廉洁风险管控。集中采购领域风险是八大领域风险之一，主要风险点与供应商直接相关，供应商实质风险管理的核心就是防范供应商行贿风险和合规流程之外的各种不当利益风险。

2. 加强供应商行为风险管控。供应商实质风险除了廉洁、道德风险外，还存在自身相关的行为风险。一是要把好供应商准入关，防范“病从口入”。要压实项目主管部门对推荐供应商的主体责任和采购部门准予入库的审查责任，项目主管部门一定要加强市场广泛调研，减少对供应商的路径依赖，积极推荐市场排名靠前的优质品牌供应商和管理规范的供应商。要多维度考察画像，严格准入核查，防范出现鱼目混珠情况；集中采购部门对项目主管部门推荐的排名靠后、质量不高的供应商，要核查供应商在各种媒体上和有关机构中的相关不良信息。在准入入库审查中，要提高标准和质量要求，及时提示、纠偏，提升供应商推荐质量和项目准入质量。对供应商集中度高、项目有效期长、采购金额大、非原厂商的项目，项目主管部门更要加强风险把控，集中采购部门要加强审查把关，坚持交叉验证，严防出现道德风险和操作风险。要积极对接利用大数据应用核查，有效识别公司关联风险和异常行为，防范不良供应商“换马甲”后入围，严防未能识别关联公司“围标、串标”风险。二是要清理存量供应商，对有不良记录和涉黑、涉恶等非法供应商及时清除。要探讨研究供应商的“实时评价”管理模式，提高后评价的及时性和管理效能，进一步研究对合法守信履约、服务质量高、公司治理健全的优质品牌供应商进行激励，对劣质、不良供应商及时清理出库。要研究建立“总行统筹、各行联动”的年审机制及供应商资质有效期机制，对不合格的供应商及时强制退出，不断提升库内供应商质量。三是要深入研究优化供应商分类，研究各种新型集中采购标的供应商管理办法，特别是做好数据采购和第三方采购供应商的风险识别，进行有针对性的风险管控。

3. 加大对重点项目供应商的实质性风险管控。要结合“应采未采”“未严格按集中采购结果执行”两大问题，抓住重点项目和关键环节，防范重大风险。要关注金额大的采购项目和金额不大的高频采购项目，这些项目更容易被“围猎”，带来风险也大；对新实施的项目和连续采购的项目进行区别管理，重点关注新实施项目的风险；针对相关企业的特点进行风险防控，关注有不良记录的国有企业子公司，特别是工程类和单价金额较高的设备项目的风险；关注时间长，周期长，累计采购金额较高的相关项目风险。

（三）优化制度，精准施策，针对不同机构进行差异化集中采购管理。制度是合规管控的根本，要结合集采场景、需求、监管要求等变化，以问题为导向做好制度顶层设计，不断提高制度的严密性、严肃性和可执行性，进一步优化集中采购制度体系，针对各类机构的经营特点实施差异化集中采购管理。

各一级（直属）分行、“5＋1”分行要严格按照总行制度，切实落实集中采购管理主体责任，把制度执行作为重中之重，坚决维护制度权威性和严肃性，坚决杜绝“制度空转”。要定期对辖内机构集中采购工作督导检查，做好全辖集中采购管理工作。要加强对辖内二级分行的管理，既要坚持合规采购，又要正确处理提升采购效率与防控风险的关系。要根据辖内机构的管理能力、采购队伍配备、制度执行等实际情况进行差异化、动态化的授权管控，放权不等于放松风险防控，要指导和帮扶二级分行运用供应商评审、定点供应等采购方式，妥善解决好二级分行在宣传、营销物品集中采购方面效率与合规兼顾的难题。对管理不善、制度执行不到位的二级分行，要及时上收集中采购评审权。对在集中采购领域出现重大风险的二级分行，要追究一级分行的主体责任和履职责任。各利润中心和总行直属机构要实施特色化授权控制，在总行授权范围内，做好自身集中采购项目的实施，切实履行辖内分支机构集中采购管理和风险防控职责，严防“化整为零”以分散采购逃避集中采购管理。各院校要落实属地化管理要求，按照总行制度做好需求编写，积极配合属地机构实施集中采购并严格执行集中采购结果。各境内综合化子公司要在股东意见函授权范围内和总行制度的框架内进一步完善自身集中采购制度并严格执行，做好辖内分、子公司的集中采购业务指导和风险管控，不留“盲区”和“死角”。要定期向总行集中采购部沟通交流本机构集中采购业务管理情况，以及接受各类集中采购检查的情况。各境外机构要进一步优化决策管理职能，按照操作执行职能相互分离原则，结合本地监管要求，对集中采购工作建章建制，进一步提升本机构集中采购智能化和信息化水平，特别要防范重点项目集中采购出现廉洁自律风险。希望工银亚洲在境外机构集中采购工作中发挥旗舰行作用，做好表率。

（四）全方位主动应对采购标的多元化、国际化和集团化带来的新挑战。各机构要落实总行党委“48字”工作思路，以“国际视野、全球经营”思路，通过“科技驱动、价值创造”开展多元化、国际化和集团化新型集中采购管理。

要具备国际化和跨行业视野，深入学习人工智能、云计算、数据资产、信息服务、数字金融、区块链等相关知识，提升对新型集中采购标的了解，特别要掌握API各种场景采购、智慧政务采购和企业采购。浙江分行在发言中已谈到这方面的深刻体会，其他机构也要及时支持和响应这些新的集中采购要求，做好新采购模式下的新供应商风险防控。要融合境内外集中采购需求，将集中采购工作融入国际化高水平对外开放新格局，更好运用两个市场、两种资源，做好全集团适用项目的集中采购。特别是对境外机构的集中采购工作，要研究制定专门的方案。要提升对供应商技术性风险防范，特别是防范技术类、软件类、数据资产类、信息服务类产品采购的技术风险，进一步优化相关集中采购断供风险的替代方案。要加强对第三方合作和行业合作供应商提供的服务和信息数据的合法性、真实性、全面性审查，关注虚假数据带来的各种模型失真风险，特别是防范欺诈风险。要了解第三方合作和行业合作供应商在信息数据获取过程中是否违反了《民法典》，侵犯了客户的物权、隐私权等，是否涉及黑恶势力、暴力催收、地下钱庄、跨境赌博、逃税逃费、发票欺诈、数据造假、倒卖客户信息等非法行为。项目主管部门、集中采购团队、集管会要对这些供应商深入研究论证，进行重点风险防控，认真审查把关。

（五）加强集中采购智慧化建设。

1. 要启动全行集中采购智慧化建设。利用大数据挖掘来筛选供应商，充分利用工商、税务、法院等外部数据建立供应商智慧化风险识别系统。要按照数字化、智慧化的总体目标，研究规划《新一代集中采购平台规划建设方案》。要进一步推进境外机构和境内综合化子公司智慧化建设，实现集中采购风险管理的“主动防、智能控、全面管”目标。

2. 要完善集中采购与财务开支系统的闭环管理。强化集采合同签署前后的系统智能判断，通过系统硬控制，确保合同签署、执行与集采结果保持一致，实现“管住人、看住钱、筑牢制度防火墙”的风险管理要求。

3. 要研究建立集中采购云会议系统。综合运用大数据挖掘、人工智能、云计算等相关新技术实现远程、非接触的线上采购，研究实现专家评审的全程录音录像，开发符合集中采购法规要求的会议和风险监控系统。

（六）支持业务发展，加速推进项目计划实施。截至2020年8月末，全行集中采购项目总数5 055个，同比下降2.09%；集中采购计划执行率为55.28%。下一阶段，全行集中采购条线要按照年中工作会议精神，全力推进集中采购项目计划实施，推动项目主管部门抓紧提出需求，抢回进度。今年集中采购一定要确保完成进度，全力支持项目主管部门发展业务和风险防控；全力支持与供应商金融业务合作，协助推动供应商在我行各类账户、存款、金融服务和外汇业务，强化集中采购专业对供应商持续供货能力的监测和分析。

（七）以党建引领业务发展，打造“忠诚、干净、担当、专业”的集中采购队伍。

1. 提高政治站位，扎实推进党风廉政建设。要深入学习贯彻习近平新时代中国特色社会主义思想，增强“四个意识”、坚定“四个自信”、做到“两个维护”。要用严明的纪律维护制度，增强纪律约束力和制度执行力。特别是项目主管部门集中采购关键岗位人员和集中采购专业人员一定要带头执行，确保不出问题。要组织做好集中采购条线党员干部警示教育活动，以案释纪明纪，一体推进不敢腐、不能腐、不想腐。

2. 抓好内控案防，严格执行采购管理制度和纪律。严格执行集中采购工作“三不得”，不得违反制度规定组织实施项目采购及违规干预、影响集采过程和结果；不得相互串通、收受贿赂或者采取不正当手段损害我行利益和其他当事人的合法权益；不得向供应商及无关人员泄露未公开的集中采购项目信息。

3. 加强采购人员队伍建设，提高风险防控能力。做好集中采购队伍建设的核心是提升能力。总行集中采购部要和金融科技部共同研究，提升智慧化管理能力。要强化培训，走精准建设模式，抓骨干，提高集中采购队伍的专业能力、风险把关能力和审查能力。要抓好、建好行内专家队伍，专家的核心要求就是道德品质好、综合素质高，既懂集中采购业务、相关法规、行内制度，又熟悉市场供应商整体的格局和专业特点。要积极推动专家从名义履职到实质履职的转变，提升内外部专家履职能力。

同志们，面对疫情的不利冲击，全行各机构要勇担使命，守土有责，守土担责，守土尽责，强化管理，构建一流的集中采购管理体系，服务和支持好全行经营发展。

在服务第三届进博会工作总结大会上的讲话

官学清

（2020 年 12 月 16 日）

在总行党委的正确领导下，全行上下提高政治站位，团结一心，以“稳外贸稳外资”为目标，努力克服疫情影响，服务第三届进博会工作实现圆满收官。这次会议的主要任务是，总结服务第三届进博会的工作成绩，启动及部署服务第四届进博会的准备工作。下面，我讲几点意见。

一、全行服务第三届进博会工作组织高效，成果丰硕，为进博会贡献了工行力量

一是全球招商形式新、效果佳。今年 9 月，我行升级成为进博会“招商合作伙伴”。境内外机构克服疫情影响、创新形式，面向 1 500 家境内外企业举办近 30 场“境外云招商”和“配套活动推介会”，超额完成了进博局分配的境外招商任务。

二是配套活动层次高、成果实。举办了中欧企业家大会、金融合作论坛及“一带一路”沿线贸易洽谈会等三场配套活动，严格落实疫情防控要求，邀请到 500 多家中外企业现场参加，其中外资占比超过 40%。中欧企业家大会邀请到卢森堡首相贝泰尔、意大利外交与国际合作部副部长迪斯蒂法诺发表视频致辞，奥地利总理库尔茨委托驻沪总领事施丽婷在大会现场致辞，500 多名中欧优秀企业代表参加。与近 150 家中欧企业联署发布《中欧企业家支持中欧贸易投资合作的倡议》。金融合作论坛邀请 20 多个国家和地区的 70 多家银行、政府部门、国际多边组织等机构代表参加，发布《BRBR 支持经济复苏与供应链稳定的倡议》。“一带一路”沿线贸易洽谈会邀请 32 个国家和地区的 500 多名企业代表参会，现场签约及达成意向近 300 项、金额 30 多亿元人民币，并在会后持续发力，累计签约及达成合作意向近 500 项、金额近百亿元人民币。

三是产品服务优势足、体验好。打造“全集团联通、境内外融通、资金链畅通、本外币汇通、多语言沟通”的第三届进博会专属金融服务方案，发布“智慧贸金生态体系”，上线“一带一路”金融区块链服务平台，推出“湾区 e 贸通”“跨境 e 电通”等特色产品。打出“环球撮合荟”品牌，磋商企业参与更加广泛、服务更加全面。升级提供本外币一体化账户、结算融资、跨境供应链、汇率避险等一揽子专属服务，支持 23 个币种的外汇兑换。

新华社、人民日报、央视等权威媒体报道数量居可比同业之首。境内外媒体刊发有关报道约 9 000 篇次。人民日报新媒体等新闻视频片累计播放量超 800 万次。全行组织的 550 多名志愿者，在客户对接、外语翻译、会场服务等环节发挥了重要作用，向外界展示了一道靓丽的工行风景线。

商务部、人民银行、贸促会、国家外汇管理局、进博局等政府部门的领导均对我行的活动给予高度评价。特别是在疫情防控常态化背景下，我行切实做到了“安全第一、人员可控、万无一失”，达到了“安全、高效、富有成效”的目标，成功探索出安全办会的新路径。

陈四清董事长在《关于服务第三届进博会的工作报告》上批示，“很好，相关机构和部门辛苦了”。在此，我代表总行，向为第三届进博会作出贡献的相关部室和境内外机构的员工和志愿者，致以诚挚的慰问。

二、服务进博会是提升全行国际化水平和全球品牌影响力的重要机遇，是对全行境内外一体化经营的集中演练

年初，总行下发了《关于做好服务第三届进博会相关工作的通知》，完善和加强了服务进博会工作协调机制。国际业务部积极牵头组织协调，统筹疫情防控和进博会工作推进，与人民银行、商务部、外交部、进博局等部门有效沟通对接，制定外国政要及境内外客户邀请、倡议联署等成果设计、会场组织等工作的细化方案，高效推进各项工作的落地实施，切实履行了协调机制秘书处的职责。公司金融业务部牵头负责我行配套活动的客户邀请工作，组织各分行精心筛选辖区内客户，233 家企业现场参会，覆盖央企、地方国企、知名民企，超过 80% 的参会嘉宾为集团高管或区域负责人。普惠金融事业部升级推出“环球撮合荟”系统，提供“全流程”跨境撮合服务，深受境内外参会企业好评，取得丰硕成果。机构金融业务部、专项融资部、金融市场部、资产管理部、资产托管部、工银租赁邀请多位重要致辞嘉宾及专题讨论嘉宾。办公室在品牌宣传、媒体报道上做了大量工作，展示了我行倾力服务进博会的良好社会形象。财务会计部在进博会预算等相关工作上给予了指导与支持。人力资源部和团委短时间内招募了 550 名志愿者，强化礼仪、语言服务培训，会场服务取得了积极成效。网络金融部、国际结算单证中心共同组织发布了“智慧贸金生态体系”系列产品，为促进全球产业链供应链顺畅运行贡献“工行智慧”。贵金属业务部发行了我行服务第三届进博会贵金属纪念产品，为我行参会客户留下了深刻的进博记忆。金融科技部给予了充分的科技支持，特别是在全球招商系列活动中，提供了坚实的金融科技保障。

上海分行作为进博会的主办行，认真落实总行要求，圆满完成了我行服务进博会工作的各项保障工作。北京分行在头部客户邀请和营销上成绩斐然，促成客户与外方企业达成 11 项合作意向。江苏分行邀请的企业客户达成近 20 亿元人民币的合作意向。浙江分行借力省政府交易团，与省内航空、高新技术、外贸等企业签约近 10 亿美元。重庆分行举办我行境内首场推介会，打造贸易金融服务新模式。甘肃分行组织省内重点客户参加洽谈，现场签约金额 1. 2 亿美元。深圳分行邀请比亚迪财务负责人出席相关活动，锁定 FT 账户开立意向，对接保函、融资、采购买贷等合作。

工银欧洲、工银奥地利、米兰分行克服疫情影响，成功邀请欧洲政要在“中欧企业家大会”视频致辞，有效提升了活动层级。巴黎分行举办 6 场“境外云招商”活动，有效地扩大了工商银行的当地影响。澳门机构陪同金沙、南光等 27 家重点客户现场参会，举办专场营销活动，成果丰硕。工银亚洲发布“湾区 e 贸通”，联合深圳分行成功办理首单业务。中东机构成功举办我行境外首场推介活动，统筹区域各机构，借助进博会契机，多层次营销客户。东京分行携手日本贸易振兴机构，邀请当地 200 余家企业进行进博会推介。新加坡分行营销 13 户企业入驻“环球撮合荟”，现场达成多个合作意向。工银阿根廷与阿根廷投资与商务促进局签订战略合作协议，共同推动和服务阿根廷企业参会参展。非洲代表处与标银集团密切合作，配合进博局邀请非洲客商参会，有效发挥了我行与标银集团的战略合作优势。

三、下一步工作要求

工行需要进博会，进博会也需要工行。进博会是我行服务实体经济、体现大行担当的重要平台，也是做大营销、做强产品、做优服务的重要机遇。同时，进博会已连续举办三届，今后还将加大商业化运作力度，需要金融机构发挥桥梁作用。2021 年是“十四五”的开局之年，进博会是“十四五”规划中提及的唯一重要展会。今天的会议也是全行服务第四届进博会筹备工作的启动大会，我想强调几点：

（一）提高政治站位，从“十四五”规划的高度认识进博会。在当前受全球疫情影响，世界经济深度衰退、国际贸易和投资大幅萎缩、国际金融市场动荡、国际交往受限的特殊时期，举办进博会进一步释放了我国全面扩大开放、同世界分享市场机遇的强有力信号。全行上下要切实提高政治站位，认真学习贯彻习近平总书记在第三届进博会开幕式上的重要讲话精神，真正把服务进博会作为我行提升获客、黏客、活客能力的重要平台，作为推介我行特色金融产品和服务的重要场景。要用好进博会等展会平台，推进境内外汇首选银行战略落地，构建本外币一体化经营协同新优势，带动国际化升级发展。

（二）加强统筹谋划，打响服务进博会的工行品牌。要进一步加强与商务部、人民银行、贸促会、外汇管理局、进博局等部门的沟通，密切与驻华使馆的日常联系，提前部署第四届进博会境外招商和配套活动安排。一是继续发挥金融桥梁作用，结合中欧投资协定的谈判进度，进一步加强对欧合作，逐步将中欧企业家大会办成中欧企业间的高层常态化交往平台。二是依托“一带一路”银行间常态化合作机制（BRBR），把金融合作论坛办成参与国际金融治理的精品平台，探索金融领域改革发展前沿，促进同业合作，首发产品成果，提升跨境服务品牌影响力。要继续发挥好“环球撮合荟”系统优势，统筹好境内外一体化经营，优化“全流程”跨境撮合服务，把我行磋商活动办成助力跨境贸易往来的文流平台。

（三）打通境内外，用好进博会“招商合作伙伴”权益。今年，我行已经升级成为进博会“招商合作伙

伴”。下一步，要充分发挥我行境内端优势，各分行要加强同所在省市区商务厅、贸促会的营销协调，积极与官方交易团建立联系，与进博局联合举办境内招商路演，逐步将招商邀请嵌入日常营销，全力做好境内的进博会宣传、招商、企业对接等工作。境外机构要密切同当地政府、协调进博会事务的官方机构、行业协会的日常联系，特别要加强对当地世界500强及行业龙头企业的营销，积极宣传我行服务进博会的成果，从源头争取优质客户资源，为第四届进博会的客户邀请和成果设计打下坚实基础。

（四）加速数字化布局，赋能进博会金融服务。数字化布局将为服务进博会等重要展会平台注入新动能。要加大资源整合，统筹“环球撮合荟”“融 e 购”“智慧贸金生态体系”等平台体系建设，探索与手机银行、网银等用户渠道的共享连通，通过构建开放的展会金融服务场景，打造客户“撮合接入、渠道互联、全方位服务”闭环。加大 GBC 联动，探讨对接政府、商会协会、产业园区、自贸区、跨境综合试验区，拓展批量获客渠道，实现综合带动。要优化升级“环球撮合荟”，提升磋商对接和金融服务匹配的精准度，为进博会等重要展会发挥更大作用。境内分行和境外机构要进一步密切跟进各项签约成果和意向，做到成果可回溯、可落地、可追踪，积极为客户做好后续金融服务，要见实效。

（五）上海分行要进一步提高服务保障能力。上海分行作为主办分行，要继续优化进博会常态化服务机制，加大同进博局、上海市商委等政府机构的联络力度，助力进博会扩大溢出效应。要把握自贸区新片区政策机遇，升级打造特色外汇业务，扩大同业等竞争优势。要发挥好上海跨境业务等中心功能，集中优势资源配置到互联互通、业务创新、产业协作等领域，助力上海高水平对外开放，服务长江经济带高质量发展。

关于进博会工作我先讲这些。今天有很多境外机构在线，借此机会，我再强调几项重点工作：

一是继续抓好防疫和抗疫工作。全球新冠肺炎疫情继续快速发展，美国、英国、土耳其等国防疫压力较大，希望相关机构要继续加强防疫工作，采取更严格的措施，把感染数和疑似病例数压下去。我行境外机构员工感染率总体较低，但疫情防控要采取更细、更准确的措施。两周前，我请国际部专门同部分机构的主要负责人联系，要求进一步加强疫情防控，但病例数和疑似病例数仍比较高。相关机构一定要坚持疫情防控的常态化、有效化，进一步细抓措施。境外机构要高度重视，继续把防疫抗疫工作做好，以员工的生命健康安全为主要目标，确保防控措施不松劲。有两点要特别注意，一方面不能依赖疫苗，打疫苗还需一段时间，只有把防疫措施做到位，才能把疫情防控做到位。另一方面，不能因为外派员工感染数少，而忽视本地员工防护。

二是业务连续性管理问题。现在境外机构居家办公率依然高达 70% ~80%，现场办公人员不到 20%，有的只有 10% 甚至 3%，这种状态已持续快一年了。员工心理和工作压力是巨大的，但都还在坚持。在总行金融科技部、运行管理部、金融市场部、资产负债管理部的大力支持下，境外机构在业务连续性上取得了阶段性成效。马上要进行年终决算，年初业务量又很大，要进一步做好相关工作。第一，总行相关部门继续加强对境外机构业务连续性的支持。第二，境外机构要加强业务连续性的风险控制，防范重大操作案件。第三，要强化居家和现场办公人员比例的动态调整，根据疫情发展做到差异化、精准化。第四，有效保护现场办公员工。第五，运行管理部要做好相关业务直接托管、直接管理的准备。

三是进一步提升市场竞争力。首先是存款竞争力。据悉，某可比同业存款增加较多，不能简单理解为是全球量化宽松。有的机构今年主动作为，在特殊情况下加强存款竞争，特别是当地的公司存款和低成本存款竞争。流动性不能依赖总行资产负债管理部的最后保障。其次要坚定国际化战略，加强重大优质项目储备。今年的策略是控制资产增长，疫情防控新状态下通过电话、视频等线上手段抓好无接触营销。再次要做好金融市场业务，在总行金融市场部指导下，做好业务拓展和发展。另外，要把今年的拨备前利润和净利润做实。通过对比分析，我行境外机构经营指标与可比同业当地机构的分化严重，在今年仅剩的 10 多天里，还需要境外机构奋发向上，交出一个符合预期的 2020 年财务决算报告。

四是处置和管控好风险。第一是市场风险。最近贵金属价格急剧波动、铁矿石价格暴涨、原油价格快速恢复性上升，都涉及金融市场波动。第二是汇率风险。有的国家本币急剧贬值，我行资本无法保值，净利润转化成美元大幅收缩。对此要高度重视。第三是信用风险。有些重点机构受疫情、历史信贷结构及信贷准入和管理基础不牢等影响，导致今年甚至明年持续面临信用风险压力。境外机构今明两年处于经营最困难的阶段，要在总行有关部门的支持下把资产质量做实。有关资源保障部门，特别是人力资源部和财务会计部要在业务指导、资源配置以及年终考核的兑现上做差异化安排，按照行领导的思路和要求做到位。此外，有些境外重点大户的跨机构处置要进行个性化推进，总行有关部门也要加强指导。

五是进一步强化对境外机构员工的关心和关怀。陈四清董事长高度重视境外机构员工的人文关怀，总行人力资源部专门发文，就加强境外机构员工人文关怀工作作出系列政策和措施安排。境外机构主要负责人要把员工关怀关心担起来，要把总行党委的关心关怀传递到位。要强化心理关怀、细节关怀，境外员工已持续抗疫

9个多月，估计还将持续较长时间，受到的心理冲击及压力非常大。各境外机构要从工作和生活细节上做具体安排。要做好对当地员工的关心关怀。这是境外机构负责人做跨文化管理的最重要时机，体现工行人文关怀的情怀和文化，形成新的凝聚力和战斗力。总行党委非常关心境外机构干部的成长，境外机构干部一定要坚持事业为重，把总行党委的关心落实到机构的发展与管理上。

在机构金融业务潜力领域旺季营销工作总结会上的讲话

熊　燕

（2020年6月2日）

本次会议的主要任务是，总结机构金融业务潜力领域旺季营销工作经验，分析常态化疫情防控条件下面临的经营形势，对下一步重点工作进行再安排。下面，我讲三点意见。

一、把握先机，迎难而上，旺季营销取得良好成效

今年以来，突如其来的新冠肺炎疫情扰乱了正常的社会经济生活秩序，也对全行机构金融业务发展和旺季营销活动开展带来了冲击。面对困难，全行机构金融条线认真落实总行党委部署，迎难而上，统筹做好疫情防控、客户服务、业务发展等各项工作，在旺季营销中取得了来之不易的成绩。

一是圆满完成既定目标，有力服务国家改革。此次旺季营销活动聚焦教培、“三农”、医保、财政四大关键领域，明确目标，重点攻坚，成功实现业务合作的迅速落地，为国家相关领域重点改革提供了有力支持，体现了大行责任担当。助力国家教育培训市场“强化监管、规范发展”，教培资金监管平台合作覆盖30个省、75个地市、共计205家区县级教委。河南、四川、陕西、辽宁等分行任务完成率均超200%。助力国家农村集体产权制度改革“全面覆盖、消灭盲区”，农村三资管理平台合作覆盖23个省、91个地市、共计257家区县级农业农村局，带动新增股份经济合作社客户超过2 000个，实现客户规模翻番，户均资产超过60万元。河南、陕西、河北、四川、广西等分行落地客户数位居前列。助力国家医保信息化改革“全国统一、业务协同”，医保清算移动支付平台合作覆盖24个省区、共计66个地市级医保局，并已在其中9个省区的38个地市投产上线，累计拓展医疗机构、定点药店等客户近1.2万家，辐射9 600万参保个人。山东、浙江分行上线地市数超过10个。助力国家财政支付电子化改革“纵向到底、横向到边”，工银e政务综合服务平台合作覆盖除西藏外其他所有省级地区，累计上线20 882家预算单位。山东、浙江、河北、北京、江苏等分行上线客户位居前列。

二是业务创新领先同业，构筑市场先发优势。产品创新是业务发展的源动力。此次旺季营销活动，全行聚焦痛点，服务场景，在同业尚未摸清市场需求、推出竞争产品之际，赢得了竞争先手。以新产品打出“组合拳”，填补行业空白。业内首创“教培资金监管平台”，帮助教育主管部门实现对培训资金的全流程管控，快速打开全新的市场局面。工银e政务在同业中首推“金融超市”服务理念，全方位提升了服务效能和服务水平。以优势产品跑出“加速度”，领先同业一个“身位”。全国首批上线医保清算移动支付平台，批量获客活客取得明显成效。同业首推“农村集体三资管理平台”，首家发放“智慧三农公务卡”，全力推进协议签署、平台上线，为抢占县域及农村新市场赢得了先机。

三是营销方式推陈出新，树立行业合作标杆。面对新领域新市场，全行上下以新的思维、新的模式进行了积极探索，发现了新的路径，树立了新的样板。批量营销开辟获客新途径。贵州、吉林、广西、河北、宁夏等分行与省级农业部门战略签约或联合发文，陕西、河南、黑龙江等分行借助市级主管部门的影响和辐射作用，自上而下实现各区县合作全覆盖。四川分行发挥我行平台防范基层“微腐败”、实现在线“强监管”的优势，推动资阳市纪委牵头相关部门与我行开展三资平台合作。创新服务解决业务新难题。广西、青海等分行借鉴服务驻地部队经验，引入流动银行服务车，解决了“三农”平台营销服务中我行物理网点分布不足和村集体开户不便难题。厦门、苏州等分行与当地教育部门紧密合作创新发放“复学贷”，力保培训市场主体。江苏分行立足医院核心客户，发放“医采云”贷款，确保医疗供应链稳定。同业合作建立营销新模式。陕西、河南等分行凭借我行“三农”平台在当地政府的良好口碑，引导当地农商行主动与我行开展平台合作，低成本营销了大量村集体账户，在农村薄弱领域站稳了脚跟，

获取了市场。

四是全面驰援疫情防控，危急关头展现工行本色。新冠肺炎疫情暴发后，全行机构业务条线提高政治站位，积极为打赢疫情防控阻击战贡献力量。全力保障抗疫资金拨付“主渠道”。全行按照“特事特办、急事急办”原则，建立疫情防控资金支付 7×24 小时“绿色通道”。春节期间，高效完成各级财政抗疫资金紧急支付1.7 万笔，金额 79 亿元。财政部为此专门致函，对我行的辛勤付出给予充分肯定。紧急推出金融科技战疫“产品包”。迅速投产应急物资管理系统、服务客户 2 879 家；上线校园防疫登记管理系统、服务各类大中小幼学校5 765家；成功上线融 e 行“抗击疫情服务专区”，得到人社部门的高度肯定；推出“我的宁夏”APP 疫情防控专栏，宁夏回族自治区政府专门致函表示感谢。新华社、人民日报、经济日报等主流媒体均对我行金融科技抗疫情况进行了专题报道。

各行在本次旺季营销活动中取得了丰硕成果。为鼓励先进、树立典型，本次旺季营销活动评选了“旺季营销 10 强分行”“旺季营销优秀个人”“旺季营销优秀案例”等奖项。在此，我代表总行党委向大家表示热烈的祝贺，并向为机构金融业务发展作出积极贡献的同志们，向奋战在客户服务最前线的同志们，表示衷心的感谢！

二、持续研判，把握关键，科学应对常态化疫情防控下的新形势

在年初专业会上，我们对今年机构金融业务总体形势作了预判，目前看总的方向判断是对的，但是本次疫情严峻性、复杂性超出想象，经济下行、重点领域改革叠加疫情影响，给全行机构金融业务带来前所未有、超出预期的巨大压力。全行对此必须有清醒认识，要持续跟进并准确研判疫情防控常态化下的市场变化，精准把握影响业务发展的关键节点，结合实际予以应对。

一是宏观调控政策相继出台，市场资金面变动幅度超出预期，全年稳存增存压力进一步加大。年初专业会对政府类资金“总量下降、下沉加快”的趋势已经作出判断，并有针对性地对抓好资金流量、把握流向进行了部署。今年前四个月资金走向也印证了相关判断，但受疫情期间政府出台宏观调控政策的影响，变动幅度远超预期。“减法”政策大幅缩减源头资金，减少资金流量。各级政府出台了一系列减费降税政策，全国“两会”又明确将相关政策至少延长至年底，这将导致各级财政收入减少约 1.7 万亿元，社保费收入减少约 8 000亿元，源头流量资金将大幅减少。“加法”政策大幅增加财政支出，压缩资金存量。各级政府为抗击疫情、保障民生的支出大幅增长，导致被动压缩结余资金，银行端资金存量受到直接影响。受上述政策影响最大的财政、社保等领域，恰恰也是我行市场份额最大的领域。与我行相比，建行占比较大的公积金板块，由于疫情期间住房成交低迷，公积金支出减少，存款沉淀反而增加。针对当前复杂严峻的稳存增存形势，全行要有清醒的认识，采取有力措施有效应对。

二是重点领域改革节奏相继调整，需要重新分析研判、修订营销计划表和路线图。年初专业会上，我们对今年政府机构重点领域改革动向也进行了分析，但受疫情影响，改革节奏相继调整。部分改革“被动提速”。社保费减免返还政策导致社保资金持续紧张，倒逼各地养老保险省级统筹加速推进，继广东之后，预计内蒙古等 9 个尚未开展省级统筹的地区将加快落地实施。各地财政资金持续紧张，将催化各地加快土地交易措施落地，按照中共中央、国务院《关于构建更加完善的要素市场化配置体制机制的意见》要求，推动土地交易市场升档提速。国家公共卫生应急管理体系经受了新冠肺炎疫情带来的考验，健全国家公共卫生应急管理体系更成为全国“两会”的重点议题。下一步，公立医院、基层医疗机构、基础设施建设步伐将进一步加快。部分改革“被迫延后”。机关事业单位工伤保险改革受疫情影响延后。在京中央机关事业单位，以及河北、河南等 9 个尚未启动改革的省区，预计将在下半年启动。药品和医疗器械招采改革目前仅在部分省份进行试点，预计年底前可在全国启动实施。农村集体产权制度改革和住房公积金制度改革，受疫情影响有所趋缓，但近期中共中央、国务院印发了《关于新时代加快完善社会主义市场经济体制的意见》，提出完善农村集体产权权能并创新组织形式，改革住房公积金制度，其他相关改革步伐也都将加快。针对上述改革新动向，全行要灵活调整工作计划，及早部署，提前应对。

三是疫情加速推动数字化转型，各项培育举措不断推出，新业态蕴含着大机遇。“互联网 +”战略不断推动各行业数字化转型，新的发展业态不断涌现，突如其来的疫情加速和催化了这一进程。此次“两会”也强调要打造数字经济新优势。未来已来，新业态将为机构金融业务发展带来新机遇，注入新动能。政府客户需求数字化升级。各级政府将加快构建全流程一体化在线服务平台，进一步扩大银政合作面。新形势下工商银行要巩固“第一政府合作银行”优势，就必须抓住数字化转型趋势，以金融科技优势助力智慧政务建设，依托“1 个政务门户 +12 大重点政务领域 +22 项增值服务”多引擎智慧政务合作方案，全方位参与政府部门“互联网 +政务服务”，构筑银政合作新形态，成为最大的政务服务和公共服务第三方服务机构。在线服务平台建设提速。以远程医疗、在线教育、大数据等为代表的大量新技术，为疫情防控和复工复产发挥了巨大作用，各类在线服务平台不断推出和加速应用，深刻改变着整个社会。谁能抓住数字化转型机遇，实现金融服务无缝嵌入各类在线服务平台，谁就能占据未来机构金融业务发

展的制高点，谁就能持有开启未来银行发展的金钥匙。全行要积极探索，前瞻布局，加快培育数字经济新业态，全力拓展新的增长点。

三、因势利导，以变应变，全力以赴抓好营销重点工作

面对当前疫情冲击带来的复杂多变的市场形势，陈董事长多次强调，要因势利导，以更加灵活的应变策略和战术打法，实现疫情防控和经营发展“两手都要硬、两战都要赢”。全行机构金融条线要做好贯彻落实，全力以赴抓好新形势下的客户营销工作，在数字化转型浪潮中拼得先机，在白热化竞争格局中占据优势。

针对下一步的工作，我再重点强调五个方面：

（一）再接再厉，推动潜力领域营销提速扩面。前期旺季营销取得了靓丽的战果，但也要清醒地看到，面对全国2 800多个区县和上百万家机关事业单位，我们的营销还没有在“面”上形成突破，我们的市场空间还很大。同业高度关注我行的旺季营销活动，已着手模仿我行研发同类产品或直接购买第三方服务，意图追赶我行前进步伐，容不得我们有“松口气、歇歇脚”的想法。要想巩固取得的成绩，将先发优势转化为压倒性的竞争胜势，必须再接再厉，将营销向纵深推进，以“不破楼兰终不还”的拼劲，尽快实现全面开花，用新策略、新打法获取更大的市场。

一要上下结合多点发力。前期旺季营销为了快速打开局面，主要是各二级分行和支行从市、区县级客户入手开展了大量营销工作。下一步，为了尽快提速扩面，实现“面”上突破，总行和各一级分行要在营销方面做更多工作，形成营销声势，打造品牌效应。总行要积极推进与各相关部委的战略合作，力争顶层签约，实现总体推动。各一级分行要与各领域省级管理部门寻求深度合作，抢占营销高地。各二级分行和支行要继续开展网格化营销，对市县区级部门实现全量走访，力求全面覆盖。

二要嵌入功能优化平台。本次旺季营销在相关重点领域成功推出了四大产品平台，在密切政府客户合作关系的同时，带动了银行卡、普惠、个人和结算等业务的拓展。下一步，各行要结合客户需求，将我行更多条线、更多产品服务嵌入平台，赋予平台更多功能，把平台打造成为我行面向各重点领域客户服务的统一窗口。要与各地教育部门合作，将教培云延伸到民办教育资金监管和学生配餐资金监管，通过平台为教培机构及家长办理融资、学费分期、信用卡等业务。要在三资平台嵌入我行村务卡、农e贷、农业产业扶持、电商扶贫等普惠助农服务。要在工银e政务平台嵌入我行结现、银行卡、网络金融等各条线产品。要在医保清算移动支付平台灵活推送我行各项服务产品，带动医疗机构、药企、经销商开户。

三要抓住痛点解决诉求。充分把握、精准锁定核心客户的核心环节，用切中要害、直击痛点的金融服务快速打通客户资金链循环的“梗阻”。要顺应常态化疫情防控下教育部门对教培机构一手抓监管、一手抓帮扶的政策导向，以教培云资金灵活拨付、“复学贷”精准纾困等举措，稳定教培市场。要紧盯农村集体经济组织办理注册登记和账户开立这一核心环节，在三资管理平台加载农村产权交易功能，满足不断增长的农村土地交易需求。要瞄准医院进一步提升患者就医体验、探索互联网医疗、加强医疗大数据建设核心环节，大力推广“智慧医疗开放平台”。要抓住政府客户电子化支付这一核心诉求，推介工银e政务其他服务功能。

四要建好团队提供保障。潜力领域营销要实现全面推广，关键要在全行打造一支“能打仗、打胜仗”专家团队。总行将从前期营销先进分行，尤其是在10强分行和优秀个人中选拔组建专家团队。团队成员既要承担本行潜力领域的营销、维护和培训工作，又要按照总行整体规划协助其他分行开展指导、答疑和帮扶工作。各行也要比照总行组建分行级专家团队，做好团队成员的选用工作。通过打造“人才共聚、智慧共享、经验共分”的新营销组织模式，充分发挥专家团队核心带动和模范激励作用，激发全员的潜能和创造力，实现共同成长和批量带动，使这支队伍成为全行打造“不可复制、不可追赶”竞争优势的核心资源。

（二）服务提质，将全量拓户工作做深做细。客户是全行经营之本，机构客户更是重要的源头性客户。全行要以全面提升机构客户服务质效为目标，做深做细各项营销服务工作，延伸服务链条，提升服务黏性，拓宽服务渠道，提高服务满意度。

一要加快场景落地，打造全行业务样板，延伸服务链条。场景建设是当前推进全行G－B－C战略落地实施的最优路径，也是推进“第一个人金融银行”“境内外汇首选银行”“战略性区域布局”等全行重大战略落地的有力支撑。本次旺季营销围绕四大潜力领域客户服务的难点与痛点，搭建全链条资金闭环场景，为全行积累了宝贵经验。目前，总行已研究制定了G－B－C战略落地方案，确定了37个业务场景作为当前的重要发力点，并优中选优确定了17个总行级重点场景。总行机构部作为G－B－C战略总体牵头部门，要狠抓落实牵好头。各级行机构部都要担起重担、负好责任，会同相关部门抓紧研究场景建设、资源投入、产品和服务配套、考核激励等重要事项，统筹推进战略落地。要一马当先作表率。总行机构部牵头负责的财政资金支付、医保服务、医疗、军队工程建设、高校、教育培训、“三农”、工会等总行级重点场景，要集中力量、抢先落地、及早见效，尽快实现重点领域的重点突破，为全行各场景建设打造样板、做出表率。

二要发挥科技优势，强化技术输出效能转化，提升

服务黏性。主动将我行科技服务输出到各类政府客户的内部管理全流程、运营全场景，协助政府客户提升治理能力和管理水平，提高客户黏性。同时，力争将我行金融服务嵌入到各类线上服务平台，增强客户营销成果转化，助推全行智慧银行战略落地。要加快现有创新成果输出。抢抓医疗、教育、科研等重点领域市场窗口期，加紧推广医疗开放平台、教培云、工银e科研、工银e政务等现有成熟产品平台，通过提供全面的信息化解决方案，满足客户信息化管理诉求，实现在最短的时间内拓展客群、抢占市场的目标。要深挖潜在市场客户需求。把握常态化疫情防控下各重点领域和潜在领域服务线上化、数字化、智能化的发展趋势，着力发掘潜在领域重点客户需求痛点，通过科技输出为客户提供信息化解决方案，拓展相关市场。

三要统筹行内资源，线下线上获客活客，拓宽服务渠道。围绕全渠道转型，各行要认真学习借鉴相关分行成功经验，统筹线上线下渠道资源，结合本行实际推动全渠道转型创新与业务发展高度融合。要促进营业网点转型，加快打造线下“网点+政务”特色服务网点。在营业网点为政府部门提供政务经办窗口，将社保、公积金、退役优抚服务等公共职能向我行线下网点延伸，构建“银行网点办政务”的业务模式，促进全行渠道转型，提高网点获客引流与场景变现能力，为业务发展赋能。要加快政务平台对接，提升线上公共服务内涵与外延。聚焦疫情催生的线上服务新需求，紧跟当地各级政府部门提升治理能力和公共服务能力的总要求，充分发挥我行线上渠道优势，实现金融服务无缝嵌入各类政务平台，有效承载政府服务职能，践行协助政府服务民生的大行责任，实现政府、公众、银行三方共赢。

四要抓好精细化管理，提高服务水平，提升服务满意度。把握机构客户的新动向新需求，切实把服务工作抓准抓细。要强化服务细节。着力提升服务“软硬件”，抓实员工素质能力培养，并结合本行实际，探索建立对客户经理日常服务的全面评价机制。把为客户提供优质服务的理念贯穿于整个服务工作的全过程，将服务中的每个环节做好，从细微之处入手，急客户之所急，为客户排忧解难，切实发挥优质服务对经营发展的促进作用。要注重诉求管理。对于各类客户特别是重点客户提出的服务诉求，必须秉承“快速有效妥善”的处理原则，用最短的时间予以解决，将客户的质疑解决在萌芽状态，防止演变成服务事件。同时，定期总结分析本行对各类机构客户服务流程、客户投诉、监督后评价等方面可能存在的问题，并结合实际持续加以改进，不断提高客户服务满意度。

（三）以变应变，把改革营销工作抓紧抓实。重点领域改革决定未来业务发展方向，影响未来市场格局。无论改革提早或滞后，但改革路径是明确的，实施内容是清晰的。各行要深入研究新的改革形势，及时调整工作计划，确保改革重点账户开在我行，改革新增资金留存我行。

对于已经提速的改革，要下好“先手棋”。紧跟改革步伐，不断提升营销服务速度。基本养老保险省级统筹改革要分类施策，完美收官。目前尚未开展统筹改革的内蒙古、吉林、江苏、河南、四川、云南、湖北、海南、甘肃9个地区的分行，要全力竞争省级统筹账户，力争成为统筹改革后省内社保资金的流转核心，进一步夯实我行社保领域市场竞争力。土地交易改革要把握契机。聚焦土地拍卖和房产交易市场，全力争揽土地交易资金、房产交易资金、住房维修资金和拆迁补偿款专项资金监管合作，承接实体资金账户。要合作建设多层次、多维度“不动产登记服务平台”，积极嵌入我行账户托管服务和资金收付产品，将流量资金沉淀我行。公共卫生体系改革要深化合作推陈出新。聚焦疫情后公立医院、基层医疗机构建设提速的医疗改革大趋势，加快客户拓展、业务研发和项目推广，打造银医服务新格局。

对于延后推进的改革，要打好“持久战”。深度参与改革顶层设计，不断加强营销公关，牢牢把握竞争主动权。机关事业单位工伤保险改革要精准对接、配套跟进。尚未启动改革的10个地区的分行，要积极争取辖内人社、财政部门的支持，全力竞争新开财政专户和支出户。药品和医疗器械招采改革要以点带面、全面开花。已实现合作突破的5家试点分行，要全面参与招采平台建设，深度绑定合作关系，确保招采保证金和结算账户在我行开立；尚未开展改革的地区分行，要学习借鉴试点成功经验，持续公关，全力竞争合作资格。住房公积金改革要抢抓拓面、补齐短板。要加强联动形成合力，与公司部门密切配合，全力推动公积金中心新增缴存单位拓户提质。要增加公积金专属服务网点和布设智能机具，拓展手机银行公积金业务功能，缓解公积金中心业务经办压力，通过渠道开发、设备投入和线上服务，加深双方合作，打造竞争力提升新路径。

此外，要全力做好国家增发1万亿抗疫特别国债和1.6万亿地方政府专项债配套金融服务工作，协助各地财政部门做好承销发行，强化下游项目承办单位在我行的开户揽存，努力实现地方债资金在我行体内的闭环流转。

（四）坚守底线，实现业务风险防控全面主动。合规是全行稳健经营发展的基础。特别是在当前形势错综复杂的情况下，全行更要高度重视，持续强化底线思维，紧盯关键领域、环节和岗位，开展潜在风险点排查，严防发生重大风险事件，实现对各类风险有效管控。

一要强化合规意识。针对财政、社保等重要领域客户流程管控环节多、办理流程复杂、资金流动快等特点，有针对性地定期开展全员专题培训，持续强化员工合规意识，规范业务操作流程，以制度引领业务合规稳健发展。

二要强化人员管理。全行机构金融条线要与各相关部门联动开展风险防控工作，加强员工异常行为及思想动态管控，完善责任评价、认定与问责机制，确保在岗相关人员懂业务、知风险、晓合规。

三要强化风险排查。主动适应外部经营形势变化、重点领域改革变化、业务发展需求、风险防控的重点，根据总行统一安排，全面开展代理财政集中支付、非税收缴、社保公积金、军队等重点领域风险排查工作，查堵业务流程、内部户核算、制度规范等薄弱环节。

（五）全力以赴，确保各项重点业务发展更稳更优。除上述大政府板块工作外，借今天的会议机会，对其他几项工作也一并提出要求。

一要做好半年末重点指标推动工作。今年以来，新冠肺炎疫情对全行机构金融业务，尤其是机构存款的发展带来了显著影响，机构存款增长比同期、比目标、比同业均存在较大压力。全行机构金融条线要高度重视，全力抓好存款等核心指标半年末的推动工作。要强化“比”的意识，确保机构和同业存款增量“双第一”，并与可比同业拉开距离。越是在困难的时候，机构金融条线越是要冲锋在前、勇挑重担。总行机构部要制定针对性措施支持分行，各行也要对照任务指标缺口、紧盯同业动向，采取有效措施，推动市场竞争力持续提升。这是总行党委部署的硬任务、硬指标，各行主管行长是第一责任人，要全力以赴完成任务。要树立“稳”的思维，力争日均存款尽快浮出水面。全行机构金融条线都要时刻绷紧“日均存款”这根弦，把工作做在平时，力争尽快扭转机构日均增量为负的局面。总行机构部要做好与总部客户的沟通联系，及时了解重点资金划拨意向，早请款、多留存。各行要通过抓客户、争账户、推产品、提服务等手段，吸引客户资金流入和沉淀。要制定“好”的方法，完善管理机制建设。总行机构部要加强对分行的支持和服务，加大精细化指导力度。各行也要传导和落实部门负责人责任包干制，帮助二级分行查短板、找方向、配资源，确保市场竞争力提升。

二要密切关注军改最新动态及配套改革举措。各行既要全面摸清资金上划金额、上收路径、隶属关系，确保应归属我行的资金应回尽回，也要紧盯与集中收付密切相关的机构设置、账户开立、关键岗位与人员的配备情况，提前谋划布局，占据先发优势。要紧盯预备役部队改革动向，提前做好营销部署。要早沟通、早部署，做好预备役部队改革营销准备。要根据军队练兵备战任务的新变化，适时创新调整服务手段和策略。结合常态化疫情防控新形势，各行要重点围绕辖内单位应急保障、科技创新、装备制造、代建工程、官兵服务等方面的新要求，有针对性地推广产品并抢占市场，全面助力军队提升遂行军事任务能力，巩固军队业务主办行地位。

三要对同业市场形势进行再认识，完善工作策略。为支持实体经济发展，人民银行自年初以来多次增加流动性投放，同业资金市场流动性较为充裕。近期，总行已经根据市场资产价格下降较快的趋势，连续三次下调了同业存款内部价格，但我行重点客户的负债价格仍处于高位。下一步，总行还将结合市场变化和全行整体资金运用需要，动态调整资金价格。各行要充分重视这一情况，及时调整营销策略，重点要统筹把握好量价协调，为全行经营提供更多低成本的资金来源。要提高工作站位，合理控制付息成本。要站在工商银行整体经营的高度，在吸收存款的同时主动压降同业存款价格，促进资产端、负债端价格匹配，向管理要效益，向市场要效益。要增强前瞻性，稳妥做好客户工作。要加强与客户的沟通，多向客户传导当前市场形势，打好心理“预防针”，做好价格调整后的平稳过渡。联动重点同业客户，降低存款成本，支持实体经济。要灵活开展竞争，做好个案处理。要将自主定价授权等创新政策用在“刀刃上”，满足重点客户的需要，同时加强高低利率搭配，不断提升利润贡献。

同志们，新的形势严峻但催人奋进，新的任务艰巨但使命光荣。刚刚结束的全国“两会”和总行党委一系列工作部署，为全行机构金融条线统筹推进疫情防控和经营发展、实现“双战双赢”指明了前进方向。全行要牢记使命、坚定信心，以更加积极的心态和良好的工作作风，把潜力领域旺季营销取得的成绩往深处拓展、往实里巩固，奋力夺取疫情防控、金融保障、经营发展的更大胜利。

紧抓机遇　发挥合力
积极服务社保改革　助力构建新发展格局

——在全行社保领域重点工作推动会上的讲话

熊　燕

（2020 年 10 月 22 日）

在当前民生保障力度加大、社保改革步伐加快的关键时期，我们召开全行社保领域重点工作推动会，主要任务是，总结前三季度社保领域工作情况，研判改革形势，部署下一阶段重点工作。下面我讲三方面意见。

一、应对挑战，逆势而上，前三季度全行社保领域业务发展实现新突破

今年以来，面对新冠肺炎疫情暴发蔓延、经济下行风险加大等内外部环境的复杂变化，全行机构、托管和养老金条线深入贯彻总行党委“48 字”工作思路及年度工作安排，把握大势，顶住压力，执行有力，超额完成了既定工作目标，关键业务指标和市场占比领先银行同业，向总行党委交出了一份令人满意的答卷。尤其是社保业务，在疫情对业务产生较大影响的不利局面下，全行上下积极应对，主动作为，9 月末社保存款余额四行占比达到 39%，较年初提升 1 个百分点；社保相关中间业务收入接近 12 亿元，同比增长 17.1%；托管各类社保基金 1.8 万亿元，较年初增加 4 021 亿元，增幅 29%，托管规模和增量稳居同业第一；受托管理年金基金规模 2 843 亿元，较年初增加 865 亿元，增幅达 43.7%；管理企业年金个人账户 1 124 万户，较年初增加 48 万户，同比多增 6 万户；工银瑞信养老金投资管理规模 4 000 亿元，较年初增加 500 亿元。能够取得上述成绩，主要得益于在社保业务领域取得了一系列重大突破，体现为“五个关键”：

一是关键账户营销有力。养老保险省级统筹账户竞争取得阶段性胜利。在已完成账户招标的 27 个省份中，我行成功开立 20 个统筹账户，市场占比 74%，领先排名第二的建行 27 个百分点。广东、江西、海南、新疆等分行通过开立省级统筹账户，积极争揽省内统筹资金，在国家社保减免政策出台、全市场资金减少的不利影响下，实现了存款逆势大幅增长，为全行稳存增存提供了有力支撑。

二是关键资格捷报频传。职业年金三大资格管理基金总规模和分项规模均居同业首位。在已启动职业年金计划的 31 个地区中，受托职业年金规模 1 215 亿元，银行业排名第一；托管职业年金规模 1 545 亿元，市场排名第一；投管规模 520 亿元，基金业排名第一。资格的取得和规模的增长，体现了我行强大的综合服务能力。未来，这三项业务均具有非常大的增长空间。成功中标多家重点客户企业年金合作资格。中标四川中烟、中海壳牌等 17 家重点客户企业年金受托人资格，中标中国航材等 14 家重点客户账管人资格，中标浙江出版集团等 20 家重点客户托管人资格。山东、四川、湖北、河北、广东、广州、浙江、云南、江苏、海南、内蒙古等分行在营销工作中表现突出，值得肯定。

三是关键系统建设提速。“工银 e 社保”实现全国省区服务全覆盖。今年共代理业务 4 467 万笔，同比增长 118%，代理资金规模 1 320 亿元，同比增长 91%，业务规模实现成倍增长，有效发挥了 G 端客户的源头作用。网点社保系统服务功能不断优化，实现柜面、自助机具应用全方位支持线下社保经办服务，全国一体化网点数量已突破 1 000 家。山东、四川、陕西、浙江、福建、河北、辽宁等分行快速上线“工银 e 社保”核心功能，代理业务量大幅增长。四川、浙江、天津、河北、深圳等分行率先推出社银一体化网点，受到社会各界一致好评。智慧托管系统建设不断加快。集中打造智慧营运平台、智慧数据平台、智慧客服平台等核心系统平台。智慧营运平台主体部分已完成投产，实施了包括全新托管账户系统界面、3 大业务模块、4 项系统功能在内的全面改造，营运效率整体提高 20% ~30%，劳动强度整体降低 20% ~30%，核心托管账务系统自动化率达到 90%，极大改善了托管营运效率。养老金数字化建设成效显著。以“效益、效率、满意度”为目标，推广“工银 e 养老”线上自助化创新模式，不断提升客户服务效果；通过管理驾驶舱、客户关系管理系统推动养老金业务管理的精细化水平迈上新台阶；以“养老测算 + 智能投顾”为核心，搭建一站式综合养老服务平台，提供智能化、定制化、一站式综合化养老服务。在社保改革的大背景下，如何更好地推动全行客户资源与养老服务相融合，总行养老金部做了很多有益的探索，为后续更好更快发展奠定了基础。

四是关键改革提前布局。独家参与全国养老统筹改革顶层设计。目前，省级养老统筹已接近尾声，全国统筹已经开始谋划。总行第一时间向人社部、财政部表达合作意愿，全力争取相关信息化建设合作资格。北京分行密切配合，做好各项营销支持工作，发挥了重要作用。提早做好第三支柱改革合作资格竞争准备。积极参与人社部、银保监会等监管部门第三支柱制度顶层设计，优化管理模式，调整产品范围，为我行拓展第三支柱业务打下基础。同步做好系统建设及产品储备，配合人社部完成多轮系统联调测试，测试进度市场领先。推出首款净值型养老理财产品“如意人生颐合”，支持第三支柱落地先行先试。在近日举行的金融街论坛上，银保监会郭树清主席专门对下一步的社会保障，尤其是第三支柱建设提出了思路，释放了重要的政策信号。前期，银保监会专门就此到我行调研，陈董事长非常重视，多次亲自参加座谈会，我们已经在提前布局，积极抢占先机，争取试点，为实现社保全链条服务奠定基础。

五是关键时期彰显担当。全力保障抗疫时期金融服务需求。快速响应疫情期间各级社保部门要求，确保养老、医保、工伤保险、企业年金、职业年金待遇支付等资金划转准确高效，做到“支付不延迟、待遇不减损、业务不中断、服务不断档”。联合人社部在业内首家推出“工银 e 社保－疫情防控服务专区”，提供线上参保缴费、防疫健康码、发热门诊查询等服务，得到各方高度评价。托管金融系统首只抗疫防疫专项基金，灵活调整备案方式、及时减免托管费用、快速高效投放资金。湖北、北京、上海、吉林、天津、四川等分行扎实做好疫情期间社保金融服务，彰显了大行担当。

二、勇立潮头，奋楫争先，紧跟社保改革进程、抢抓政策红利

“十四五”时期，我国将进一步健全多层次社会保障体系，社保业务发展将迎来战略机遇期。

从改革方向看，做大做强社保业务是构建新发展格局的必然选择。未来我国将在完善社会保障、增进民生福祉方面出台更多改革举措，更好地发挥政府和市场合力，有效满足社会民生需求，解决百姓后顾之忧，推动消费提质扩容，促进形成强大国内市场，畅通国内大循环。这将催生更多社保业务发展机遇。从社会发展趋势看，做大做强社保业务是顺应老龄化社会新形势的客观需要。我国开始步入老龄化社会，60 岁以上人口超过 2.5 亿人，占比高达 18%，远超国际上 10% 的老龄化社会认定标准，而且未来这一比例还将进一步提高。老龄人口的快速增加和对美好生活的追求，将对社会保障水平、覆盖范围、服务供给能力提出更高要求，需要进一步完善社会养老、医疗保障体系、增强社保可持续发展能力，从而推动养老医疗领域配套金融服务的快速跟进和持续发展。从全行经营发展看，做大做强社保业务是锻造全行经营转型新动能的现实要求。社保板块是全行优势和潜力业务板块，连接着 G 端各级政府主管部门，B 端机关事业和企业等各类参保单位以及 C 端 13.5 亿参保个人，市场空间巨大。未来工商银行实现高质量发展，社保业务将是重要动力。当前，全行正在推进 GBC 工作，这是一项夯实客户基础的工作。社保是 GBC 联动的最大场景，抓住社保改革机遇，将是推动全行整体战略实施的重要引擎。

“中流击水，奋楫者进”。作为国有大型金融机构，工商银行既要将服务构建新发展格局、服务社保改革作为自身的重要使命和社会责任，更要将其作为适应新常态、寻找新动力、实现新发展的重要途径。下一步，全行要重点抓住以下三个方面改革机遇。

第一支柱方面：要立足养老保险统筹改革，提前布局，抢占先机。下一步，养老保险基金全国统筹改革的具体实施步骤是：2020 年底前，各省将全部实现企业养老保险基金省级统收统支，同时启动全国统筹信息化建设。2021 年底前，实现缴费政策全国统一，出台全国统筹制度办法，建成全国统一的信息系统。2022 年 1 月 1 日，启动实施养老保险全国统筹制度。预计改革初期，暂不会实行养老基金全国统收统支，仍将继续沿用当前的中央调剂金政策。但是，调剂比例会逐年提升，原本分散在市县级的养老保险基金将逐步向省级和中央汇聚，改革后期将择机实施全国统收统支。所以，这三年是关键的窗口期，我们既要做好省级层面的统筹，也要筹划好全国统筹。这一系列改革举措，将对现有银社合作模式和市场格局产生重大影响，我行决不能错失良机。在 90 年代初住房改革和公积金制度建立之时，由于部分行对公积金业务认识不到位，总行统一战略也不够清晰，很多分行没有参与当地房改配套金融服务，使我行公积金业务与建行形成了历史性差距，我们要充分吸取教训。此次养老保险统筹改革与住房改革一样，都属于基础性、全局性的大变革。我们必须全力以赴，牢牢把握难得的发展契机，提前介入，提早谋划，积极参与国家社保系统建设，全力竞争中央和省级统筹账户，确保我行成为全国养老基金的“统筹主办银行”，真正把工行社保业务中长期发展的根基打牢夯实。同时，社会保障基金规模增长有望提速。“十四五”期间，国家通过增加财政支出、国有股权划转等方式，加大社会保障基金储备（由社保基金理事会管理），预计规模将增加 5 万亿元。从国际经验看，2018 年美国养老金规模与 GDP 的比例为 135%，而我国这一比例仅为 7%。第一支柱的改革发展，将为社保基金托管、投管业务提供广阔空间。

第二支柱方面：要挖掘年金新需求新空间，巩固优势，稳步扩张。近年来国家出台了一系列年金新政，积极推动第二支柱发展，为我行年金业务带来了重要发展

机遇。职业年金改革收官在即，对配套金融服务提出更高要求。职业年金改革将3 800万机关事业单位人员纳入年金保障体系，存量资金超过9 000亿元，每年新增资金约2 000亿元，为金融机构的存款、资金结算、银行卡、受托管理、资产托管、投资管理等业务创造了巨大的发展空间，也为我行批量拓展收入水平高、社会影响较大的个人客群提供了有利机遇。目前，全国31个省区已完成职业年金管理机构选择工作，30个省进入投资运营阶段，浙江、西藏两地预计年内完成合作资格招标。随着相关工作收官在即，职业年金发展重点将转向投资运营的产品收益、安全运行、投资保障等方面，对我行创新、管理、服务能力都提出了更高要求。必须及时调整工作重心，加强营运服务和增值服务，夯实各项业务领先优势。企业年金加速拓面，为业务发展创造机遇。目前，我行企业年金的规模还不及养老保险机构，这有一些客观原因，我们要正视不足，进一步发挥优势，用好强大的对公客户基础，加速营销拓面。近期中共中央、国务院印发了《国家积极应对人口老龄化中长期规划》，提出2050年补充养老保险覆盖60%以上全国职工的工作目标。目前全国参加企业年金职工总人数仅为2 637万人，累计结存1.98万亿元。按照我国企业职工数测算，未来企业年金将覆盖2.6亿人，是当前人数的10倍，预计每年新增800万职工，发展空间巨大。一方面，对于其他机构的存量客户，我们要在二次招标时全力争取；另一方面，要继续拓宽覆盖面，做好新客户的培育和营销。同时，四川、广东等多个省份已加速建立机关事业单位编外人员企业年金制度，市场覆盖面将进一步扩大。全行要认真研究，早规划，早部署，进一步做大业务规模。养老金市场化投资运营不断推进，为养老金业务转型发展带来契机。根据国家政策导向，养老金将逐步提高市场化投资运作比例，意味着原来以存款形式留存在商业银行体系中的养老资金将逐步流出，客观上要求商业银行改变原有定位、创新经营模式，从养老金存款机构转型为养老金资产管理机构，进一步提升市场参与程度与服务深度。我们要未雨绸缪，做好与全类型金融机构同台竞技的准备。

第三支柱方面：要开拓新市场新客群，统筹谋划，抓住机遇。第三支柱个人养老金是我国完善多支柱养老保障体系最后和最关键的一环，对于国家构建更为平衡的养老保障体系、保障和改善民生意义重大。为加快推进改革落地，人社部牵头制定的《关于建立个人养老金制度的意见》有望在年底前正式出台，改革已进入快车道。在近日召开的金融街论坛上，央行、银保监会、证监会均对第三支柱的发展思路作出了表述，未来这项工作的推进速度将进一步加快。该制度以账户制为核心，支持个人在商业银行开立专门账户积累个人养老资产，可购买理财、基金、保险、储蓄等多种类型的养老配套金融产品，并享受相应的税收优惠政策。经测算，第三支柱潜在客户超过8 000万人，将为金融机构带来丰富的个人客户资源，其对居民养老投资理念的引导也将有效激发居民投资热情，带动各类养老金融产品规模显著提升。预计第三支柱将成为继企业、职业年金之后的又一重要战场，各同业机构在业务模式、客户营销、产品创新等方面的竞争将更趋激烈。全行要充分认识第三支柱业务工作的重要性和紧迫性，加快做好开拓新市场的前期准备，为我行经营发展创造新的增长点。

“道阻且长，行则将至；行而不辍，未来可期”。面对社保改革蕴藏的众多新机遇、新挑战，我们勇立潮头、决胜市场、领先同业的信心在哪里？信心来自于深厚的客户基础。数量上，我行客户规模庞大。全行社保机构客户2 383家，养老金企业客户6.2万户、个人客户1 871万户，托管年金客户2万余户，均高居同业首位。结构上，我行客户类型多元。既包括机关事业单位、企业等对公客户，又包含各类企业职工、灵活就业和城乡居民参保人员，拥有丰富的客户资源。合作上，我行客户关系紧密。长期以来，我行不断提升服务能力，有效满足了客户多样化需求，与客户建立了稳固的关系，赢得了卓越的市场口碑和社会各界广泛认可。资产托管业务已累计获得“中国最佳托管银行”等73项国内外奖项。信心来自于领先的科技实力。社保系统领跑同业。独家与人社部开展社保与银行接口国颁标准制定工作，同业首家上线社保业务综合服务系统和手机端“工银e社保”，并实现全国省区全覆盖。年金系统业内领先。我行是国内唯一自主研发年金基金管理系统的金融机构，“工银e养老”项目获得国家专利。目前对养老金受托投资监督、管理驾驶舱以及客户管理等业内领先系统的研发储备，将为养老金业务长远发展奠定坚实基础。托管系统成果显著。正在集中打造的“智慧营运、智慧数据、智慧客服”三大平台，将成为我行巩固托管业务市场领先优势、由国内第一向全球一流迈进的关键利器。信心来自于齐全的资格牌照。既有全国社会保障基金、基本养老保险基金托管和投管，又有年金基金受托、账管、托管和投管等管理“全牌照”，相较同业优势显著。同时，积极推动工银理财子公司获取年金投资管理人牌照，引导监管部门将理财产品纳入第二、第三支柱投资范围，将为全领域拓展社保业务提供有力支撑。

尽管我行社保业务优势突出，但是我们也要看到目前业务发展中仍然存在一些问题亟待解决。部分行在社保改革营销竞争中还存在着步子不够快、办法不够多、资源配置不够全等问题。其中既有前期相关改革政策不明朗的客观原因，也反映了部分行思想还不够重视、方向还不够明确、行动还不够果断等主观因素。在社保改革中，机遇是转瞬即逝的，如何抢占先机，要在认识上、推动上不断加强。我们在整体占优的情况下还有一些短板需要补齐。比如在渠道建设上，我行基层网点数量落后于农行、邮储等可比同业，特别是市县级网点分布不足对社保改革招投标评分以及养老金产品销售产生了一定影响。再如产品创新上，我行新、特、优产品的市场竞争优势不明显，尤其是大中型重点客户的个性化需求难以及时满足。我们的业务协同发展机制仍有待完善。“以客户为中心”、全集团“一盘棋”的经营理念在体制机制上还未真正破题，部门之间一定程度上还存在联动协同效应不强的问题。全行上下务必要保持清醒，勇于改革，大胆创新，克服营销中的机制障碍，推动我行社保业务持续健康发展。

三、主动作为，发挥合力，推动社保改革营销服务工作再上新台阶

新形势需要新担当，新征程呼唤新作为。全行上下要进一步增强工作的紧迫感、责任感和使命感，乘势而上，把握主动，巩固优势，补齐短板，全力推动全行社保业务取得新胜利。未来一段时期，全行社保业务的发展思路是：面向国家社保改革大局，坚持“以客户为中心”的发展理念，运用“三比三看三提高”工作方法，通过发挥优势、统筹推进、提升服务、创新驱动，做强客户基础、做大业务规模、做实保障机制，构建覆盖社保“资金＋资产”管理、GBC 全类型客户服务一体化的社保业务格局，全面巩固提升我行社保业务领先优势，为全行转型发展做出新贡献。

（一）夯实客户基础，壮大业务新增长点。客户是全行经营之本，社保客户更是我行优质客群的重中之重。要做大做强社保业务，关键在于能否进一步夯实客户基础。

要聚焦改革机遇，在变局中巩固客户优势。当前国家社保改革的大格局、大脉络已逐渐清晰，时间表已基本明确，窗口期非常短暂，营销攻坚时不我待、刻不容缓。各业务条线要在社保改革的变局中看清新局、在危与机的转化中把握机遇，进一步巩固增强我行客户基础。

要坚决打好省级统筹营销收官战。已中标省级统筹账户的 20 家分行要积极引导当地统筹改革进度，加快省内资金归集；未招标的四川、内蒙古、吉林、湖北 4 家分行，要全力以赴，确保统筹账户落户我行；未中标的 7 家分行，也不要轻言放弃，要多想办法，通过总分联动、高层营销、全国统筹系统配套地方改造合作等手段，争取当地采用多银行模式、在我行新开统筹账户。

要全面参与全国统筹改革顶层设计。总行和北京分行要发挥优势，全力营销人社部、财政部两大部委，为统筹改革顶层设计贡献工行智慧，尤其是在是否设立中央和地方统筹收支户、改革初期调剂金提升比例、改革中后期何时启动养老基金统收统支等方面，力争按照有利于我行业务发展的原则向客户争取政策支持，不断扩大我行“社保合作首选银行”的领先优势。

要扩大职业年金营销战果。浙江、西藏两个尚未开展职业年金合作资格招标的分行，要以职业年金受托进入前三且位列银行业第一为基本目标，争取获得最优位次，以此带动后续托管、投管中标更多资格，确保全行职业年金营销工作顺利收官。竞标结束的分行，要继续做好新增计划、新增资金的二次营销。近期山东分行在二次营销过程中争取到第二个计划，成为山东省唯一一家获得两个计划的托管行。

要抢抓机关事业单位编外人员年金改革机遇。与人社部门保持密切联系，积极参与本地政策制定，协助人社、教育和医疗卫生主管部门统筹推进相关工作，争取有利于我行的政策方案。对于我行合作基础较好的地区，可建议政府采取地区统一或行业统一的管理模式，优先选择如意养老系列集合计划；对于我行把握不大的地区，可建议采取政府指导、单位自主建立的管理模式，发挥我行综合优势，分散营销各单位。在此基础上，加大对法人受托机构、投资管理人的营销力度，争取更多托管机会。总行要提前谋划，对先进做法做好总结推广，为分行搭建交流平台，促进经验分享，把握改革机遇，扩大营销成果。

要聚焦市场重点，在发展中深挖拓户潜力。目前我行在社保领域整体优势突出，但在部分细分板块仍存在短板，还需进一步把握市场发展契机，挖掘增长潜力。

要全力做大企业年金客户规模。借助国家大力推进年金扩面归集的有利形势，分类施策，有的放矢。要抓住龙头客户，对中央企业、地方大型集团客户、行业龙头企业、产业链核心企业进行名单制营销。要聚焦重点行业，对农信社、轨道交通、钢铁、机场、高速、建设投资等年金制度较为集中的行业，开展系统性营销。要拓展中小客户，发挥如意养老企业年金集合计划标准化、便捷化、普惠化的服务优势，批量拓展中小客户企业年金业务。同时，要加强对存量客户的维护和他行客户的挖转，出现客户流失要强化责任追究，实现客户挖转要加强经验分享和表彰激励。

要提前做好第三支柱营销布局。养老金部要发挥牵头作用，与机构、公司、个金等条线密切配合，面向存量年金客户及 8 000 万纳税客群开展定向营销。要发挥我行养老金大类资产配置经验优势，联合工银理财、工银瑞信、工银安盛等子公司和行外优质机构，研发第三支柱专属养老金融产品，满足个人客户多样化需求。北京、上海、广东等分行可先试先行，探索研发区域特色个人养老金产品，为第三支柱业务发展打下基础。

要提升社会保障基金托管份额。由于历史原因，我行获得社保基金理事会基金托管资格晚于交行、中行等银行同业，托管份额由此存在一定差距。下一步，要在社会保障基金规模增长提速过程中，加大对社保基金理事会和各地方保障基金管理机构的营销力度，全力竞争增量资金托管份额。

（二）实施创新驱动，锻造竞争新动能。面对同业竞争日益加剧的新形势，我行要立新求变，坚持创新驱动发展，提高响应速度、提升竞争能力。

要以系统创新增强客户黏性。全行要认真研判、深刻把握社保改革中客户的新动向、新需求，不断深化信息技术应用，提高我行服务社保客户的信息化水平和系统服务能力。要加快养老统筹信息化系统建设合作与对接工作。积极参与养老保险全国统筹信息化建设顶层设计，逐级对接，层层落实，全力配合各级人社部门做好配套信息系统建设。各行要按照总行整体部署和各省区实施方案，开展地方全国统筹信息化建设合作，做好配套系统和数据改造工作，以全方位的需求对接和高质量的科技服务供应，深化客户合作、扩大业务范围。要构建养老金业务“核心业务系统” + “三大客户生态圈系统”的新格局。对内加强核心业务系统建设，推进业务运营、投资监督、客户关系管理、内部精细化管理等系统建设项目；对外加大系统延伸，建立对公、对私及面向同业机构的三大系统生态圈，重点做好“工银e养老”、“工银养老愿”、养老金资产交易服务平台三大主客户系统的建设与推广，持续完善子系统和配套渠道。结合不同客户类型及服务需求，丰富服务内容，加大产品和服务的交叉供给，以远程线上方式打通客户服务的最后一公里。要推进数字化托管银行建设。应用“数据湖”等金融科技基础设施，对托管业务产品和指标数据进行系统性治理，完成数据中台建设，实现托管业务经营的数字化转型。依托企业图谱、云计算、人工智能、量化分析等前沿技术，挖掘海量托管数据价值，加快研发基金分析、大类资产配置工具、债券主体信用分析等托管增值服务体系，为客户提供一站式资产服务解决方案，促进托管业务向资产服务业务转型升级。

要以产品创新扩大合作覆盖。要以需求为导向，做到客户需要什么，我们就提供什么，不断将创新优势转化为业务规模及市场占比优势。要完善产品功能。紧跟各级政府提升治理能力和公共服务能力的系统建设需求，加快“工银e社保”“工银e养老”“智慧托管”等拳头产品的功能优化和场景升级，将我行区块链、大数据、生存认证、人脸识别等科技优势嵌入到社保改革全场景、运营全流程，打造具有市场竞争力的拳头产品。各行要积极营销当地人社部门，尽快促成双方合作，加快我行重点产品的推广应用和功能升级。紧密围绕企业客户需求，对如意养老集合计划产品进行创新升级，进一步突出养老金个人理财产品的养老属性。针对企业年金托管客户风险管理、绩效评估等个性化需求，不断优化系统、完善服务，提升客户满意度。要整合产品体系。以满足全生命周期的养老金融服务需求为出发点，构建覆盖政策内外、涵盖养老财富积累和养老财富消费的养老金融全产品链条，推动形成客户衍生需求，拓展市场空间。近期，各行要重点推动养老规划、养老理财、团养产品、资金端到资产端等创新产品有效营销拓展。要加快产品创新。积极创新地方国有股权划转资产、机关事业单位编外人员年金、养老金等业务产品，尤其是企业年金、职业年金客户连带投资、医保移动支付等新产品，各行要快速跟进、全力做好产品推广工作，抓住市场新机遇、满足客户新需求。要围绕客户日益增加的增值服务需求，借助“智慧托管”发展的契机，发挥托管业务数据优势、技术优势、市场优势，开发绩效评估、信用风险预警、大类资产配置等工具，提升托管业务核心竞争力。

要以渠道创新挖掘合作潜力。我们的客户在哪里，产品和服务的渠道就要铺设到哪里，下一步，要结合市场和客户需求对现有渠道进行转型升级和数字化改造。线下要加快网点布局。各行要齐头并进，多点开花，进一步扩大“社银一体化”网点的省区覆盖范围和数量，助力各级社保管理部门解决目前政府经办网点不多、经办人员不足的难点、痛点，利用我行渠道优势推动网点转型创新与业务发展，通过网点柜面和自助机具构建“银行网点办社保”的业务模式，创新渠道场景，增强客户黏性，挖掘业务机会。线上要丰富服务渠道。以数字化银行建设及ECOS推广应用为契机，打造线上“工银养老愿”智慧养老服务平台，满足客户养老规划、养老金融、养老服务的全方位养老需求，为批量营销、场景营销、主动营销提供强大的渠道支撑。要打造托管“智慧客服”平台，通过网银、APP等服务手段对客户展现托管业务全流程，以“透明厨房”方式全方位提升客户体验。要加快实现托管人与代理人、受托人的系统直连，实现数据传输、托管营运等业务线上不落地处理，增强客户黏性。

（三）强化整体联动，拓展协作新模式。总分行、各部门要进一步强化全局意识，加强联动协作，团结一致，形成合力，让我行社保业务优势更优、胜势更盛、强势更强。

要做好顶层设计。社保业务市场空间大，涉及条线多，服务范围广，客户涵盖全，将在未来全行经营转型中发挥重要推动作用。因此，要站在全行改革发展大局，立足第一个人金融银行、境内外汇业务首选银行、重点区域竞争力提升等重要战略，研究谋划全行社保业务发展。要统筹制定三年发展规划。充分发挥全集团整体资源优势，逐个梳理产品体系、系统平台和业务发展重点，结合全行重点战略，制定未来三年社保业务中长期战略规划和年度重点工作。各行要在总行规划基础上，制定与本地区经济结构、产业特点和居民需求相适应的业务规划和落地方案，明确目标任务方向、落实责任分工，排出时间表、理清路线图，有组织、有计划地系统性营销推动。在社保业务规划设计和执行过程中，要注重发挥源头辐射作用，带动GBC端客群同步拓展，以及投行、资管、保险、理财、基金等相关业务规模增长，形成“以公带私、以私带公”良性循环。北京、浙江、江苏、广东、上海等分行要结合辖内政府客户需求旺盛、金融机构密集和高净值客户集聚的地区特点，先行先试，为全行探索富有特色的社保业务发展路径。

要完善协同机制。立足“全行一盘棋”，实现集团利益最大化。要强化横向联动。总行要建立由机构、养老金、托管、科技、个金、资管等部门以及工银瑞信、工银安盛、工银理财等子公司共同参与的工作领导小组，做好规划方案的跟踪落实，联动开展重大项目营销，协调解决业务发展中的难点问题。各分行也要建立相应的部门协调机制，同时组建柔性团队保障重点项目落地实施，统筹资源满足客户综合化服务需求。对于养老领域各项业务资格问题，要进行统筹部署，用好受托资格的源头优势，带动账户管理、托管、投资管理资格齐头并进发展，发挥出“1 + 1 + 1 > 3”的作用。要打通纵向联动。总行要完善常态化业务管理与沟通机制，组织专家团队做好营销支持，及时跟踪分行工作进展，定期通报成功案例和执行情况，并对重点地区、重点分行进行调研督导。各分行要保持市场敏感性和信息敏锐度，掌握本地业务发展动态信息，及时上报总行。对于社保领域核心项目、重点客户，各一级分行主管行长要亲自过问、亲自营销、亲自竞标。各二级分行是客户营销的前沿阵地，各行可选取 1 至 3 家二级分行作为“重点推动行”，推动营销服务和业务拓展有序下沉。

要加大资源投入。聚焦社保改革和全量拓户，广泛整合行内资源。营销资源方面。要将信贷规模投放、投融资、资管产品配给等工作与社保重点业务结合起来，把行内的综合优势、丰富资源与社保客户营销很好地捆绑起来，打好“组合拳”。财务资源方面。要综合运用营销费用、行业合作类投入、资本性投入等财务资源，集中力量保障源头性重点客户营销和重大项目竞标，优化审批流程，提升投入产出，撬动更多客户回报。科技资源方面。要针对社保重点项目，适当调整全行重点项目创新计划，集中优势资源推进研发，尤其是加快服务 GBC 三端客户的平台型系统研发。要确保项目团队核心人员稳定，构建长期可持续技术赋能支撑保障。要发挥工银科技公司机制优势，聚焦重点合作项目，扩大科技赋能渗透的优势和效果。

目前距年底只有两个月时间，除上述重点工作外，借今天会议机会，对全力做好年底前重点指标推动工作也一并提出要求。关键是要强化“比”的意识，确保重点指标同业第一，为全行经营多做贡献。机构金融条线要把“保存款增量排名”作为首要任务。9 月末，机构存款比年初增长 6 146 亿元，其中超过半数来自于特种存款。但是，特种存款能否实现正增长尚存在较大不确定性，全行机构存款规模增长面临较大压力。同时，社保费用减免的政策影响仍将持续，因为多地收不抵支，四季度我行社保资金将新出现 900 亿元缺口，加之浙江地区 950 亿元职业年金即将投资运营，全行社保存款下降可能超过 2 000 亿元，对年末机构存款增量造成进一步冲击。面对严峻形势，全行上下要千方百计稳存增存，重点做好政府存量资金留存、养老保险省级统筹资金归集、社保财政补贴争揽、军队资金请款、机关事业板块深度挖潜等工作，全力以赴延缓下滑态势，保住增量同业排名。北京分行要配合总行做好军队总部客户沟通工作，广东和深圳分行要全力确保 360 亿元社保统筹资金按计划归集。托管条线要想方设法保持中间业务收入领先优势。受多种因素影响，今年我行托管中间业务收入虽仍保持同业第一，但同比增量落后于建行和农行，我们要全力争取改变这一态势。目前仍有 8 家分行中收排名同业第 3，5 家分行排名垫底，要充分利用今年四季度的收官冲刺时机，对症下药，拓户增收，尽快改善局面，实现排名提升。养老金条线要在全面完成任务指标基础上多作贡献。今年养老金业务实现了快速发展，预计可圆满完成各项任务指标。年底前要持续发力，在收入方面与同业拉开更大差距。要按计划组织好四季度营销竞赛，潜在目标客户要尽快实现拓户或挖转，营销成功的客户要尽早运作、尽快收效，进一步拓宽收入来源，多做贡献。

同志们，实干兴业，行胜于言。发展之路从无坦途，未来要靠我们携手并进，一步一个脚印走出来。面对市场形势复杂多变、社保改革业务机遇层出不穷的新情况，机构、托管和养老金条线要攻坚克难，主动作为，全力以赴做好下一阶段工作，为全行高质量发展作出更大贡献。

在全行个人金融和银行卡重点工作视频会议上的讲话

宋建华

（2020 年 3 月 6 日 · 根据录音整理）

在当前疫情防控的特殊时期，我们召开一次全行视频会议，落实总行党委工作部署和董事长在疫情防控领导小组会议上的讲话精神，深入分析研判疫情对业务经营的影响，对近期个金和银行卡重点工作进行再动员、再部署，推动疫情防控和业务发展两手抓、两不误。下面，我讲两个方面的意见。

一、当前面临的复杂经营形势

在总行党委全面打造“第一个人金融银行”战略指引下，2019 年全行个人金融和银行卡条线积极进取、同心协力，取得了近年来最好的经营业绩，市场竞争力进一步增强，价值贡献度持续提升，客户发展再创新高，资产质量持续向好，经营转型不断深化。进入旺季以来，全行上下以“获客吸金、维客提质”为重点，在实现岁末圆满收官的同时，1 月新春攻坚也取得了较好的成绩。新春伊始，疫情突然暴发，对国民经济和人民生活带来了严重冲击，也对我们正常的业务开展造成了重大影响。

（一）疫情对经济社会和业务经营的影响。在宏观层面，消费、投资和出口三驾马车都受到严重冲击。居家隔离大幅度降低和延后了消费需求；返城复工延迟，制造业、房地产和基建投资短期基本停滞；随着疫情的全球蔓延，国际交互限制，对出口也造成不利影响。有经济学家判断，如果疫情控制在 1 月，影响的主要是消费，重点是餐饮、住宿、娱乐、旅游和交运等服务业；如果控制在 2 月，影响就要扩大到生产，涉及工业、建筑业和农业；如果延伸到 3 月，影响的就是长期生产力，这时候就会伤筋动骨。尽管面临冲击，但也要看到，在党中央的坚强领导下，在全国人民的共同努力下，全国疫情防控已经取得了巨大成效。疫情的冲击是短期的、暂时的，我国经济长期向好的基本面并没有改变。同时，疫情之下，也触发了一些新需求、产生了一些新业态，包括线上零售的爆发式增长，在线娱乐、在线社交、在线办公、在线教育的蓬勃发展，人民群众健康意识的持续提升，都孕育着未来个人业务发展新空间。

在经营层面，业务开展、客户服务和风险管理都面临严峻考验。从储蓄存款情况看，虽然居家隔离短期抑制了消费，减少了资金流出，春节后 10 天全行消费流出同比减少了 418 亿元；但随着疫情持续，各类企业尤其是民营和小微企业经营难度加大，部分企业已经开始减少或延迟薪酬发放，春节后 10 天全行代发额同比减少 474 亿元，进而对储蓄存款的持续增长造成影响。这也凸显了大中型企业尤其是财政统发单位对稳定资金源头的重要性。从个人贷款情况看，由于房屋销售停滞，2 月份全行房贷新接单量同比下降 299 亿元，降幅 55%；全行已批待放额环比减少 389 亿元，降幅 36%。同时，由于网签备案、办抵等受限，也减缓了已审批贷款的发放速度。2 月当月发放额同比下降 32%，按揭贷款增量 359 亿元，位列同业第三，这也是几年来的第一次。从个人中收情况看，春节期间全行信用卡消费额下降 17%，收单额下降 47%，分期交易额下降 41%。借记卡支付结算业务也面临类似情况，春节后首周，借记卡收入同比下降近 50%。代销保险业务日均销量最高降幅达到 90%。从个人客户情况看，由于网点开业率、客户到店率较低，加之传统的批量拓客模式暂停，个人客户新增急剧放缓，2 月当月净增同比下降 78%，环比下降 75%，信用卡净增客户春节期间同比下降 18%。在客户维护上，传统以面对面服务为主的营销模式受到挑战，行外吸金、代理保险等线下销售为主的业务受到明显影响。从资产质量情况看，受客户还款能力下降、还款不便及暂停催收等多方面因素影响，2 月末全行个人不良贷款年初增加 37.95 亿元，不良率 0.41%，环比上升 4 个基点，较年初上升 6 个基点；个人逾期贷款较年初增加 41.03 亿元，逾期率 0.67%，较年初上升 7 个基点。如果还原延期代扣因素，实际逾期贷款较年初增加 599 亿元，逾期率 1.73%，环比翻了 1 倍，是年初的 2.7 倍。信用卡专业不良贷款增加 31.9 亿元，增幅 18.2%；不良率 2.93%，较年初上升 0.6 个百分点。

（二）已采取的应对措施。面对突如其来的疫情冲击，全行个人金融和银行卡条线广大干部员工提高站位、冲锋在前，始终坚持以客户为中心，出台多项措施保障人民群众的应急需求，并不断创新服务手段支持复工复产。这既是落实中央决策部署及总行党委工作要求的体现，也是两个条线义不容辞的职责使命。

一是迅速启动应急服务，全力保障防疫抗疫。切实把人民群众的生命安全和身体健康放在首位，为抗击疫情提供安全高效的金融服务。履行服务承诺，迅速构建慈善捐款绿色通道，总分合力、多部门联动，梳理受捐账户 1 700 余个，将四面八方超过 22 万笔、6.5 亿元的爱心捐款汇聚到抗疫一线。推出个人贷款和融 e 借延期代扣服务，联系回访客户 10 万人次，惠及客户 90 万人次，对应贷款余额 3 320 亿元，为抗疫工作者、患者及其家属提供了极大便利。坚持特事特办、急事急办，简化业务代办流程，解决客户本人不便到网点办理业务的难题；出台客户身份核验和录音录像应急处理流程，并快速开通理财在线风险测评功能，降低客户面对面办理业务时可能面临的风险。关注客户需求，对疫情期间到期的 350 万户本外币纸质定期存单，批量进行自动延期，按原利率计息，保障客户利益不受损。对受疫情影响的个人经营贷款调整还款期限，缓解客户还款压力。简化信用卡授信流程，加快业务办理，提供异地紧急取现服务，为客户带来温暖。高效处理客户投诉，建立了个金和银行卡部门与“95588”的联动机制和投诉按日通报机制，快速处理客户投诉，严防舆情风险。2 月份全行个人金融类投诉工单环比下降了 63%，在全行占比同比下降了近 30 个百分点，取得明显成效。

二是主动创新求变，支持复工复产。在满足人民群众基本金融需求外，加强疫情分析应对，创新服务手段支持企业复工复产，便利群众生活。快速形成疫情影响的分析报告，为全行经营决策提供参考，得到谷行长的肯定。积极落实监管要求，推出“工银 e 钱包”线上薪酬服务方案，实现员工薪酬发放“零接触”，为企业复工复产创造良好条件，目前已累计服务企业 130 余家，实现代发 8.2 万余笔、近 5 400 万元。针对疫情对线下营销的限制，在科技部门的协同下，快速上线个人客户经理云工作室，搭建线上营销的新平台、新阵地，与客户保持密切联系。目前已有 1.3 万名客户经理开通使用，累计访问超过 65 万人次。关注小微商户经营需求，提供免费的收款码收单服务，试行推出 e 商助梦贷，解决客户的收款和融资问题。推广聚合支付并调高二维码收款限额，为 300 余家医疗及公益机构收款提供更多的便利。全行个人金融和银行卡条线在防疫抗疫中的工作成效，得到了人民日报、经济日报、旗帜网等多家权威媒体的关注报道，取得了较好的社会效应。

二、下一阶段重点工作安排

今年是全面打造“第一个人金融银行”战略的开局之年。疫情的冲击，既是对我们工作作风的检验，也是对我们预判能力、创新能力和落地执行能力的考验。大家要加强作风建设，振奋士气精神，强化担当作为，坚决落实中央决策部署及总行党委要求，坚持问题导向和结果导向，坚持“48 字”工作思路，把统筹抓好疫情防控和业务发展作为增强“四个意识”、坚定“四个自信”、做到“两个维护”的具体检验，实现一季度各项任务圆满收官。近段时期，全行要重点推进以下五个方面的工作。

（一）坚定信心，坚决打赢疫情防控阻击战。当前疫情形势依然严峻，防控工作正处在最吃劲的关键阶段。全行要认真学习贯彻习近平总书记重要讲话精神，全面落实总行党委各项工作要求，将打赢疫情防控阻击战作为当前的头等大事。

一是提高政治站位，强化责任落实。要进一步增强责任感和使命感，坚定必胜信念，咬紧牙关，确保总行精神有效传导、责任层层落实、要求严格执行，抓紧抓实抓细各项工作任务，不获全胜决不轻言成功。

二是全力保障员工和客户的安全健康。要采取有效措施，保护好员工、客户和自身的安全。这既事关个人安危，更关系全行甚至全社会的平稳运行。首先思想上不能掉以轻心，要高度警惕可能出现的麻痹思想、侥幸心理。其次行动上要遵守规定，严格落实总分行和当地政府对疫情防控工作要求，尽最大努力为员工和客户提供安全的工作条件和服务环境。另外，管理上要加强人文关怀，关心关爱员工，尤其是多关注奋战在一线的工作人员，多帮助他们解决工作和生活上的实际困难。

三是切实抓好各项政策的落地执行。按照党中央、国务院决策部署及监管部门要求，落实总行党委任务安排，坚持为客户提供安全、持续、有温度的金融服务，支持复工复产、便利群众生活，履行好个金和银行卡条线在疫情防控中应有的职责。

湖北地区现在依然是疫情防控的关键。湖北分行的同志们在非常严峻的形势下，克服困难做了大量工作，保持了良好的作风士气，确保了服务的持续不间断。我代表总行向湖北分行各位同事表示慰问！希望再接再厉，继续做好各项工作，更好地满足客户需求，加强对条线队伍的关心关爱。相关困难也请及时反馈，总行一定全力支持。

（二）振奋精神，强化三个方面的意识。疫情防控是当前最重要的工作，经营发展也不能等、不能拖，要正确处理好两者的关系，确保疫情防控到位的前提下，统筹好业务经营和创新发展。当前距离一季度结束只有二十几天了，必须做好两手抓、两不误，进一步统一思想，振奋士气，强化以下三个方面的意识。

一是“比”的意识。董事长要求，要强化“比”的思想，既要比支持疫情防控，也要比经营发展。大家要深刻领会，按照“三比三看三提高”的要求，加强自我评价、自我对照，不能用“出了疫情，业务做不好正常”的心态来自我麻痹。要深入分析疫情对业务发展的影响，对标同业，对标系统，对标自身，不仅以有效之策守住同业占比，确保疫情结束市场占比不下降，更要找到“危中之机”，以新的业务模式和增长点，进一步巩固提升竞争优势。每家分行、每个条线、每项业务都要守土有责、守土担责、守土尽责，不能成为同业竞争的出血点、突破口。疫情对于各家银行影响是一样的，一定要坚持“比”的意识。

二是敏感意识。疫情当下，很多东西瞬息万变，必须保持敏锐，学会见叶知秋、见微知著，快速找到有效的应对之策。疫情虽然抑制延后了一些需求，但通过对业务经营和服务方式的改变，也催生、放大和升级了一些新的需求。宏观政策的调整，也会对资金流动和市场发展产生影响。大家要保持敏感性，密切监测数据，关注市场动态，及时采取有效措施，应对市场变化，捕捉市场机遇。

三是前瞻意识。疫情终将过去，在关注眼前的同时，还要未雨绸缪，提前应对疫情结束后的市场变化，只有做好准备，才能在机会来临时准确把握、赢得先机。在3月4日召开的中央政治局常委会会议上，习近平总书记要求把复工复产与扩大内需结合起来，把被抑制、被冻结的消费释放出来，把在疫情防控中催生的新型消费、升级消费培育壮大起来。这是一个重大信号。对于后续的消费反弹如何应对、按揭市场如何布局、居民健康保障需求如何满足，是对我们思考力和行动力的一次考验。希望大家能够快速预判、有效应对。

（三）统筹推进，确保市场竞争力持续提升。面对同样的外部冲击，如何检验工作成效，市场竞争力是最公平的标尺。全行上下必须对标市场，强化组织推动，确保一季度各项任务指标圆满完成。

一是储蓄存款要确保时点增量第一。今年储蓄存款较往年有进步，我们更早地赶超了主要可比同业。但也要看到，与其他可比同业相比，我们在源头资金上的差距仍然没有根本改变，旺季期间差距依然很大。

第一，既定目标不能动摇。董事长在3月2日党委（扩大）会议上强调，要全力抓好存款工作，下决心把储蓄存款抓上去。全行要按照董事长要求，全力确保一季度同业第一，这个目标必须实现。全行要因地制宜、分类推进。天津、云南、深圳等现在增量第四的分行要确保进入前两位；河北、浙江、安徽、湖南、广西、四川、甘肃、青海等目前增量第三的分行要确保进位提升；福建、湖南、陕西、广东、重庆等较同业增量差距在百亿元以上的分行，必须有效缩小差距；吉林、山东、海南、青岛等增量领先的分行，以及北京、上海、江苏等重点分行也不能松劲，要努力多作贡献。各分行要强优势、补短板，强化“重点城市行+重点县域行”双轮驱动对储蓄存款的支撑作用。省会城市行要确保增量第一，其他重点二级分行要保二争一；对于302家重点县域支行，各一级和二级分行要切实履行主体责任，确保存款增速明显高于全辖平均水平。

第二，坚持抓好源头客户。除继续加强对优质代发单位尤其是大型企业、财政统发类单位的营销外，还要积极寻找新的突破口。要高度关注商户客群营销，个金、银行卡专业要和普惠专业通力配合，以经营贷款、融e借为切入点做好客群渗透，并通过收单业务归集客户的回笼资金。要扎根县域市场蓝海，推动总行方案落地，建立配套的资源分配和考核机制，全力争揽新客户、新资金，力争年内初见成效。同时，还要深入研究G－B－C资金循环流动的规律，梳理出几条重要的业务线，加强与公司、机构等部门的合作，实现G－B－C三端资金在我行体系内的封闭流动。

第三，高度重视成本控制。谷行长对存款成本管理高度重视，指出“资产端利率下行很快，长期限高利率产品已出现利率倒挂，要坚持抓好基础客户抓源头不动摇，防范利率风险”。当前，资产端利率下行已是大势所趋，对负债端成本必须进一步精细管理、有效控制。今年1月份，全行新发生定期存款（不含大额存单）加权利率2.47%，为同业最高，这也反映出我行付息率走高的一种趋势。各行必须进一步统一思想，强化效益观念，算总账、细算账，推动量价协调。要顺应大势，不能把市场竞争力提升与依赖高成本负债简单挂钩。要主动调整产品的结构和节奏，有效控制3年期产品，防范利率风险。

同时，加快推进“个人外汇首选银行”建设。要加强队伍培训，加快各类产品的研发上线以及个人外汇服务网点建设，有部署、有动作、有进展，确保一季度末个人外汇储蓄存款新增不低于7亿美元。

二是个人信贷要进一步加强推动。过去几年，在总行党委的高度重视下，全行业务资源得到了有效配置，我们把握了按揭市场的发展机遇。但也要清醒地看到，当前业务发展面临着阶段转换，市场停滞、同业竞争对我们提出了新的挑战。希望我们不仅能够在资源支持下引领同业，靠自己的实力也能“打出一方天地”。

一方面，要继续坚持按揭贷款核心地位不动摇。要快速提升资源储备，不断优化业务流程，确保一季度新增1 660亿元以上，其中3月当月要新增640亿元以上，夺回增量第一。围绕这个目标，在管理上，要及时调整考核模式，将计划完成情况纳入开门红和全年经营考核中。在营销上，对总分行级重点开发商和中介机构，要加强主动对接，及时掌握销售安排和资源储备情况，争取按揭资源。对碧桂园、万科等总行级开发商，要加强长期战略合作，建立双方从总部贯穿到支行、销售公司的联合推动模式。在策略上，要高度关注当地市场与同业变化，因势而变，采取更加积极、灵活的定价策略，实现量价综合收益最大化。在流程上，要根据市场情况及时调整简化流程，既坚守底线也灵活有度，力争业务处理与放款效率比同业更具竞争力，扭转2月份投放进度落后的问题。同时，要用好二维码、系统直连、视频面谈签约等方式，全力提升业务体验和办理效率。此外，本周存量 LPR 转化工作已全面启动，各行要确保平稳完成。

另一方面，要统筹做好其他贷款品种发展。要确保3月当月个金条线普惠贷款净增30亿元，个人消费贷款不负增长。要高度关注个人经营贷款，着重把握企业发展趋势，考量中长期现金流量和盈利能力，帮助优质企业共渡难关。积极推进与北大创业训练营合作，开展免费线上授课，提升对商户客户群的影响力。要加大融e借营销力度，发挥全线上、纯自助、实时放款的优势，用好一季度利率优惠活动，加大营销力度。此外，住房公积金贷款关乎中收和客户拓展，要加快缩小差距，一季度力争新增300亿元。军人公积金贷款虽然体量不大，但重在巩固我行军队服务优势，提升品牌形象。目前总量继续以微弱优势领先同业，但增量落后同业，希望各行引起重视，一季度力争新增16亿元，尽快回到市场首位。

三是全力确保中收领先地位。上月末谷行长主持召开了一季度中收工作专题会议，会后总行个金和信用卡部都迅速传达部署，给各行下达了目标任务。大家要深刻思考市场趋势，精准施策，集中精力把对中收增长立竿见影的业务抓实抓细、抓出成效。尤其中收是全行赋予信用卡专业的特殊使命，必须不断创新寻求突破，一季度力争收入达到102亿元，实现同比不下降，全力赶超可比同业。

第一，突出重点做大代销收入。要紧跟市场热点，将重点主销基金由10只增加为14只，提高持有期激励系数，调动一线营销的积极性，力争一季度权益基金销量1 600亿元，确保基金收入四行占比达到45%。要开展AI指数专项营销，针对工银股混合配置指数两只FOF基金制定专项营销方案，力争3月份实现60亿元销量。要加强保险销售，联合12家保险公司开展3月期交冲刺，力争一季度期交销量达到90亿元，趸交销量达到380亿元，总销量实现同业进位。

第二，全力抓好分期付款拓展。一季度分期付款力争投放1 050亿元、增量150亿元。要以重点产品为突破口，提升中收发展速度。对于账单分期，要稳妥有序地做好西安外呼中心的复工复产，3月份把上线人数从目前的60余人逐步提升至400人左右。同时加快优化外呼系统，深化大数据应用，提升外呼成效。各行也要迅速行动，组织自有外呼人员做好精准营销。账单分期的收益率非常高、不良可控，要加大力度。对于汽车分期，要支持优质合作机构发展，实行动态保证金管理，适当下调合作机构汽车分期费率。要继续争取贴息品牌资源，加快完善与北汽、广汽、一汽和上汽的合作方案，并推动业务落地上量。为加快推动专项分期转型发展，总行拟开展直客式外包试点，请相关分行按照总行方案，加快外包直营团队组建，力争3月底前到位，为后续业务发展做好准备。此外，要把握线上消费快速增长的契机，积极探索与线上教育、线上娱乐等行业的分期合作。

第三，多措并举提升消费回佣。要坚持把做大消费作为信用卡专业的核心定位，既直接创造基础中收，又间接带动消费转分期。要强化对消费的重视，这是信用卡的本源，不管卡怎么发展，消费都是本源业务。能不能把消费做大，反映了整个信用卡的经营能力。整体经营能力强，消费的贡献就很大，对相关业务的拉动作用就很大。要重视消费。一是快速提升绑卡规模。目前我行信用卡绑卡总量4 700万张，与可比同业差距3 000万张。年内要将差距缩小至1 200万张，力争一季度信用卡消费额达到7 960亿元，绑卡客户数增加285万户。二是持续开展“爱购”促销。联合银联、微信、支付宝等开展“爱购”促销，把握疫情中新的消费业态，抢抓“后疫情”时期消费机遇。要发挥我行公务卡及商务卡产品优势，联合公司、机构等部门部开通授信政策、费率及办卡调额的绿色通道，为医疗机构、军队、政府等客户提供采购支持，全面激发B端、G端客户消费潜力。三是调整积分策略。根据总行下发的客户名单开展精准营销，加快积分兑换，实现中收增长。

第四，加大银行卡产品推广力度。围绕年内300万芯片卡到期客户，策划开展换卡赠礼活动。组织开展萌娃卡短视频社交裂变活动，做大个性化卡规模。对成功申办启用特色借记卡且短信包年套餐的客户，给予特色借记卡新卡礼遇。抓好重点信用卡推广，3月份起在全行开展Plus系列产品合伙人计划专项活动，同时面向私人银行客户开展黑金卡、白金卡等高端产品营销。

（四）强化创新，不断做好客户拓展维护。疫情一定程度上隔断了我们与客户面对面的服务，但也是对我们在线拓展和服务客户能力的考验。我们要用好各类创新工具和平台，一手抓拓展、一手抓维护。

一是顺应形势抓好全量客户拓展。全行个金和银行卡条线要尽快转换思维，抓好重点客群的营销服务，稳固存量、拓展增量，确保一季度末客户净增400万户以上。

第一，要密切公私联动，强化重点客户协同营销。围绕疫情防控，总行公司部门启动了“春润行动”，全面加强对重点企业保障支持力度；针对小微企业也推出一系列新产品帮助缓解短期经营困难。各行个人金融和银行卡部门要提高敏感性，主动与对公板块沟通对接，将个人业务纳入整体服务方案中，开展综合营销。3月份全行代发金额要确保2 800亿元以上，力争一季度同比增加500亿元以上。疫情也改变了民生金融的服务方式。各行要以去年总行与人社部签订合作协议为契机，加快推进电子社保卡，确保季末累计签发总量超过80万张，新增四行第一。

第二，要运用“工银e钱包”，加快线上拓客模式推广。这几年“工银e钱包”的建设和完善，不仅让我们在去年成功把握了ETC推广的风口，也为当下业务的持续开展提供了重要工具和平台。各行要充分认识“工银e钱包”对业务经营转型的重要意义，一方面做好线上薪酬服务项目推广，有效解决企业招工开户痛点，以实际行动支持企业复工复产；同时更要立足长远、提前布局，将我行金融服务更多地嵌入到客户线上的工作、生活、学习场景中，提高“非接触式服务”渗透率。总行近期将梳理下发一批重点行业、领域的平台清单，请各行做好营销对接。很多分行敏感性、创新意识和能力都很强，希望大家能够加强了解，把“工银e钱包”作为服务企业复工复产的重要手段。

第三，立足线上渠道扩大信用卡获客规模。有序扩大优质互联网引流渠道，积极拓展民生保障类消费场景平台，提升互联网引流获客效能。总行将根据各行线上获客情况，在风险可控的前提下，动态调整提升线上获客审批通过率。同时，要积极推进华为Card战略项目，加强与监管沟通，确保上半年能首批投放，抢占市场先机。

二是深入做好5万元以上客户拓展。截至2月末，全行月日均金融资产5万元以上客户净增183.7万户，同比多增29.2万户，实现了较好开局。但从历史数据看，年中阶段往往会出现增长瓶颈期，要完成全年200万户必保目标依然面临压力。各行要按照总行方案，做好本行的落地部署，继续强化源头获客，做好达标客户维护，推进精准营销，完善保障机制，努力推动达标客户稳定留存和潜力客户有效提升，确保季末5万元以上客户净增不下降，力争达到200万户。

三是用好各种手段做好客户服务。在运用电话、微信等多种手段做好客户维护和精准营销外，这里重点强调一下客户经理云工作室。总行将在总结经验的基础上，迭代完善功能，优化客户体验。各行要加快推广，通过线上服务开展客户慰问、产品到期提醒、重点产品推荐等，打破疫情期间无法面对面服务客户的障碍，提升客户经理线上维客和获客能力，确保“抗疫不放松，服务不降级”。同时，要用好“工银e生活”平台，加快金融功能闭环，丰富生活服务场景，建立适合行情并具有行业比较优势的消费金融生态，打通线上线下，促进个人、对公业务联动发展，做好客户的运营和服务。要提升e生活的定位，放到更高的层面看待它的价值，运用多种手段做多商户、做大客户、做上去交易额，带动金融服务增长。

四是加快个人客户分层维护体系建设。为进一步提升客户体验，打造良好口碑，总行正在规划建设新的全量个人客户分层服务体系，建立以客户金融资产为基础的主动升级和动态维护管理机制。通过统筹队伍、产品、权益、渠道、费用等各方面资源，推动客户规模增长和结构优化。总行个金部要加快推进，做精做细，确保6月份推向市场。各分行要继续加强客户经理队伍建设，不能因为疫情而放松管理，要积极创新手段，做好考核评价和教育培训。

（五）加强管理，确保业务平稳有效运行。受疫情影响，更多的外部不稳定因素被激活，各类不法行为对银行防线的试探和冲击会持续加剧；各项业务经营的压力，也会转化为合规管理的压力；客户收入的下降，导致个人信用风险承压；债券违约概率的上升，会给代销业务带来潜在的输入性风险。在这种背景下，全行更要高度重视合规管理，采取有效措施，遏制近期不良率有所抬头的势头，并强化应急思维，妥善处理投诉事件。

一是坚守合规理念确保高质量发展。疫情对业务经营的影响还将持续一段时间，要用9个月甚至更短的时间去完成全年任务，全行上下担子都很重。越是在这种时刻，越要牢牢守住合规底线。去年底全行个金专业风险管理专题会议提出了“五个强化”的要求，即强化合规经营、强化责任担当、强化落地执行、强化员工管理和强化检查监督，全行要认真落实。各行要高度关注声誉风险、外部欺诈风险、资金挪用风险、廉洁从业风险，开展揽存、征信查询、放贷、催收、营销宣传等各类业务活动，一律不得触碰监管红线。要严禁任何形式的转嫁收费、捆绑收费、变相提高收费标准等乱收费行为。

二是加强个人信贷质量管控。前段时间为配合疫情防控，我们暂停了个人贷款和信用卡的逾期催收。近期根据疫情变化，要分区域、分阶段、有策略的逐步恢复。在区域上，先启动湖北以外地区的短信催收。在时间节点上，目前短信提示已经恢复，近期要逐步启动短信催收和“95588”集中催收，二季度择机恢复线下催收清收。在策略上，要守好延期贷款转逾期的第一道防线，加强对客户的分类应对和分层管理。对医护群体和病患人员，要主动减免罚息，彰显大行责任；对因疫情影响还款能力暂时下降的客户，可通过贷款展期、提供宽限期等措施，缓释化解风险；对还款意愿较差、明显搭便车的客户，要坚持原则，全力催收。对于已经形成实质风险的贷款，要加快做好处置。个人金融和银行卡专业上半年要集中一部分资源做好不良贷款核销和证券化，各行要安排专人加快组卷。一季度末，全行个人贷款不良率要控制在0.42%以下，还原延期后的实质逾期率要控制在1.4%以下。信用卡核销要不少于40亿元。对风险管理不力且大幅上升的分行，要追究管理责任。

三是强化应急思维妥善处理投诉事件。当前恰逢“3·15”前夕，各行要提高敏感性，高度重视客户投诉，有效防范舆情风险。今年是个人金融专业的“投诉治理年”，目前开局较好。1月份客户投诉环比下降了47%。说明只要真抓，就能有效压降。银行卡部也要高度重视，加快制定客户投诉专项治理方案，确保年内投诉量下降一半。要注重日常投诉处置时效。与疫情相关的投诉，原则上要当日解决；确实无法解决的，也要及时联系客户，告知进度。对咨询类工单也要尽快处理，避免因处理不及时而演变升级为投诉。目前全行信用卡业务仍有近 1.5 万笔工单处于超时未完结状态，各行要高度重视，迅速集中排查，在规定时限内清理完毕。要妥善处置重大投诉事件。对监管认定、转办及其他可能引发严重后果的投诉，要优先妥善处理，及时上报总行，注意做好监管沟通。在投诉处理过程中，要不断总结规律，优化制度流程，解决一批屡诉不断的根源性问题。同时，要注意宣传纪律，不得利用疫情进行任何形式的营销炒作或搭车宣传。

今天也是我分管银行卡专业后第一次与条线的同志们开会。我想就银行卡业务再谈几点想法。近年来，全行银行卡业务在发展速度、市场竞争力、业务创新及口碑打造方面取得了一定的成绩，信用卡客户数、有效客户数、消费额这些基础指标逐年突破实现四行领先，客户和机构认可度有所提升，党建工作也得到了监管部门的肯定。但同时也要看到，我们在收入贡献、资产质量、客户体验等方面，还存在进一步提高的空间。下一步，银行卡条线要在全面打造“第一个人金融银行”战略统领下，进一步强化“比”的意识，着力提升市场竞争力、效益贡献度、经营质态和客户满意度。要坚持“高标定位、系统思维、创新引领、落地执行、强化管理”的总体原则，在日常工作中希望能够落实好五个方面的要求，一要遵循规律、回归本源，把握业务的本质，多一些原创性观点，找准杠杆的支点，努力实现“事半功倍”。前面说到对消费的重视，对效益、质量、客户的重视，这些都是本源。一定要对本源性的工作给予高度重视，在整个业务发展过程中放到更加突出的位置。创新的同时要守本，把基础做好。二要有系统思维。强化宏观意识和全局意识，把握大势，看清趋势，增强顶层设计能力。在经济上行期，我们可以适当做一些风险业务。在下行压力较大时期，要适当收缩，对于客户的选择、业务的选择、拿捏的程度都要慎重，符合市场的趋势。三要用数字说话。注重对数据的深层次分析，前天我们一起对中收进行了分析，分解到科目，层层下探，看科目看账户、看总量、看结构、看历史、看同业、看业务、看客户。挖掘数据背后的业务发展规律和趋势，找准工作的着力点。希望有深入的洞察。四要抓好落实。既要有一抓到底的韧性，更要强调工作方案的科学性、可行性，以顶层设计“最先一公里”的可执行，保障基层“最后一公里”的落地执行。五要有日积月累的心态。根据个人类业务“客户小、业务散、见效慢”的特点，耐得住寂寞，静下心来兢兢业业、深耕细作，才能取得“春种秋收”的硕果。

同志们，冬天终将过去，春天即将到来。疫情防控是检验干部作风是否过硬的“试金石”。越是在急难险重的任务面前，越能体现个金和银行卡专业的政治站位、全局观念、业务能力和担当精神。让我们以饱满的热情和高昂的状态，投入到各项工作中，全力打赢疫情防控阻击战，推动一季度业务经营和创新发展任务圆满完成，向总行党委交上一份满意的答卷！

在全行个金业务工作会议上的讲话

宋建华

（2020 年 4 月 29 日）

刚才谷行长充分肯定了个金业务取得的成绩，分析了当前及未来一段时期全行面临的形势和挑战，对下一步的工作进行了具体部署。下面，围绕贯彻落实谷行长讲话精神，推动第一个人金融银行战略落地，我再强调五个方面的工作。

一、加强效益管理，推动储蓄存款量价协调发展

一季度，全行在严重的疫情冲击和激烈的市场竞争下，储蓄存款时点增量从最多落后同业 4 000 多亿元，到最后阶段实现反超，夺取同业第一，增量创历史新高，对全行一般性存款的贡献达到 69%，日均存款的贡献超过 130%，为全行整体存款的稳定增长作出了重要贡献。尤其是各分行没有局限于总行的任务目标，而是紧盯市场，瞄准同业，增强“比”的意识，全行有 14 家一级（直属）分行实现了增量第一。但与此同时，储蓄存款付息率上升较快的问题也值得高度关注。到 3 月末披露口径的付息率 1.81%，同业排名第三；较年初提高了 9 个基点，也是四大行中唯一上升的银行。江苏、甘肃、宁波、贵州、云南、河南、湖南、广西、河北、江西、深圳、福建和苏州 13 家分行的付息率同业最高。

储蓄存款是全行最主要的负债来源，付息率的过快升高，不仅会对全行 NIM 水平的稳定带来压力，也会影响到个金业务自身营业贡献的提升。4 月 17 日全行统筹推进常态化疫情防控和经营发展工作视频会上，董事长和谷行长都对储蓄存款的量价协调工作提出了明确要求。刚才谷行长在讲话中又作了进一步强调。接下来，全行必须按照总行党委的要求，一手抓竞争力提升，确保二季度时点和日均增量“双第一”；一手抓成本管理，力争二季度付息率见顶回落。围绕这个目标，重点做好几个方面的工作。

（一）顺应趋势，优化整体负债结构。一是要对主动负债进行动态调整。当前利率下行的趋势已经非常明确，如果再大量投放长久期、高利率的负债产品，会给全行后续的经营带来很大的利率风险。因此，全行必须合理控制主动负债的品种、期限和结构，不能简单地依赖于高成本存款产品来竞争市场。从 4 月 1 日起，总行已经暂停了 3 年期上浮 1.5 倍的个人大额存单，下调了个人结构性存款的最高收益率，同时控制了个人保本理财的产品规模。二是要高度重视活期创新产品的压降。到 3 月末，全行活期创新产品虽然户数较年初下降了 206 万户，但余额仍有 7 729 亿元，且较年初增长了 919 亿元。这部分产品的利息计提，对全行的付息成本控制构成了极大的压力。目前，一些分行的压降力度还不够大，甚至有些规模较年初还有上升，特别是江苏、山东、福建、湖北、广东、河南、湖南和四川 8 家分行，增长都在 50 亿元以上。接下来全行必须进一步加大压降力度，二季度要完成压降任务。

（二）加强引导，做好资金的有序承接。既要做好压降，更重要的是确保资金的承接，这点刚才谷行长也特别做了提示。接下来即将到期的大额存单、定期创新和活期创新产品有 8 664 亿元，各行要用针对性的产品和服务做好承接，确保客户资金在我行体内循环。一是发挥工囍存单、福满溢、宝贝存钱罐、家庭梦想金等客群产品，以及定活通手机银行版、大额存单转让等创新产品的优势，做好客户营销，保持储蓄存款的稳定增长。二是用好添利宝等现金管理类产品，以及定期开放新规理财等具有一定收益优势的产品，构筑“第二防线”，扩大个人金融资产规模，做大储蓄存款“蓄水池”。三是要关注私人银行客户资产稳定。这两年，个人金融与私人银行专业密切联动，围绕高净值客户开展了大量的联动营销，取得了良好成效。一季度私人银行客户储蓄存款增长了 3 225 亿元，占全行储蓄存款增量的 36.6%。后续还要根据新的情况，继续做好沟通协调，加强客户的服务引导，确保客户在我行金融资产和储蓄存款的总体稳定。

（三）加强管理，提升精细化水平。不仅要做好压降和承接，还要精细管理。各行要对目前的付息结构进行深入分析，把因竞争新客户、新资金投入的高成本产品与因管理粗放导致的“无感上浮”区分开来。近期总行就加强利率管理专门印发了工作通知，各行要对照总行要求，进一步提高利率管理的精细化水平。一是完善定价体系，针对 2 年期和 3 年期定期存款产品，根据不同的利率上浮档次，设置差异化的起存金额，建立分层有序的定价机制。二是加强系统控制，全面推广储蓄存款利率审批和额度管理系统，加强对优势资源的精准投放，改善“无感上浮”。同时投产定期存款到期后自动约转挂牌利率的功能，降低成本支出。三是发挥好考核指挥棒作用。今年个金板块综合评价体系中，总行根据综合效益，对保本理财、结构性存款、长期限利率上浮产品和活期创新产品等，分别设置了不同的折算系数。其中，对于高成本的活期创新产品，按照 0 系数进行折算；而对于低成本的活期存款，则给予了 2 倍的奖励，引导全行更好地优化存款结构。各行要按照总行导向，做好对辖内机构的考核引导。

（四）提高认识，强化作风建设。储蓄存款竞争力的提升，不能简单地依赖高收益产品。个别分行把储蓄存款竞争力与高收益产品挂钩，认为压降成本会给储蓄存款的增长带来挑战，进而失去夺取“双第一”的信心。这种认识是错误的、不可取的，这其实也是工作作风不够硬、不够实的一种表现。总行分析了近 3 年来储蓄存款竞争力和付息率的关系。从 2018 年二季度至 2019 年二季度，我们的付息率环比一直优于领先同业，但同期我们新增储蓄存款的竞争力也保持领先。最终的决定因素还是要看各行的客户经营、管理水平和工作状态。各行要结合本行实际，制定有针对性、可落地的工作方案，实现市场竞争力与效益贡献度的平衡。希望能在全行尽快看到好的经验和样板。

（五）筑牢客户基础，推动可持续发展。刚才谷行长特别强调了客户经营与储蓄存款的关系。在持之以恒抓好客户拓展和客户维护的同时，我想再提示两点。

一是要重视社保卡养老代发业务。根据国家最新政策，对于全国的养老金业务，在年底前将强制通过社保卡来办理。这一重大政策调整，不仅会重塑养老金业务的市场格局，而且也是一次变道超车、抢抓源头资金、加快推动储蓄存款发展的良机。上周总行已经印发了文件，对这项工作进行了部署，后续还会持续推出一系列的举措。各行要高度重视，围绕摸现状、分类推、投资源、重深耕的工作思路，抢抓当前宝贵的机遇窗口期。在工作策略上，对于目前我行有养老代发、但社保卡不在我行的，要全力争取政策支持，力争将社保卡补换为我行卡；对于社保卡已在我行、但目前尚未在我行进行养老金代发的客户，要尽快引导客户完成卡片激活，加强代发争揽；对于社保卡和养老代发均在我行的，要切实做好维护，确保后续资金的有效承接。

二是要努力提升员工的综合贡献。目前全行有 40 多万员工、180 多万员工家属。董事长对构建全员营销机制高度重视，总行个金部也正在研究具体的落地方案。首先，要提高员工金融资产的贡献度。当前全行员工中，在我行金融资产超过5万元的占62%，还有提高空间。接下来，要综合运用存款、理财、基金、保险、第三方存管等产品，进一步提升员工金融资产的行内留存率，力争5万元以上客户的占比提升10个百分点。其次，要提高重点业务的员工覆盖率。对于按揭贷款、投资理财、信用卡、手机银行等业务，要优先做好对行内员工的营销推广，提高员工的覆盖率和活跃度。再次，要构建全员参与的营销和体验机制。对于AI投、车险、预约服务等各类创新业务和服务，要安排员工做我们的“体验员”，鼓励大家发现痛点，提出改进意见。要遴选恰当的产品，组织员工当我们的“宣传员”，建立全员营销和推荐机制，发动员工开展“家庭圈”“朋友圈”“同学圈”和“网络圈”宣传，形成全员营销的氛围。各行高度关注，结合本行情况深入研究，通过员工营销潜力的挖掘，拓展新的增长空间。

这里还要特别强调一下，要顺应本外币一体化、客户经营全球化的趋势，加快推动“个人外汇业务首选银行”建设，这是打造“境内外汇业务首选银行”战略的重要内容。要加快发展个人外汇存款，二季度继续缩小与先进同业的差距。上海、北京、浙江、江苏、广东、广州、深圳等规模大行要进一步做大规模，辽宁、福建、江苏、山东等差距大行要对标同业，加快赶超、多做贡献。要聚焦外汇金融资产客群、留学金融客群、商旅金融客群等八类重点客群，做好针对性营销。要高度关注当前全球疫情发展对个人外汇业务的影响，在风险可控的前提下，适当加大个人外汇结构性存款、外汇理财、账户贵金属、积存金等产品的供给。同时，要强化危机意识，树立底线思维，关注监管政策变化，准确把握合规要点，确保业务稳健经营。

二、提升市场拓展能力，确保按揭贷款新增同业领先

今年以来，受疫情的冲击，全国房地产投资、销售和新开工均同比大幅下降，市场竞争也更加激烈。2月当月，全行按揭贷款新增一度落后同业，3月份通过调整政策、优化流程和加强督导，成功实现反超，重回增量领先地位。但要看到，我们的优势并不明显，只比同业领先了23亿元。从4月份情况看，我们与同业仍处于交替上升的胶着状态。今年以来的发展情况充分说明，以往按揭贷款靠规模支持来争夺市场地位的阶段已经发生了转变，目前是真正考验大家营销能力和管理水平的时候。

（一）坚持按揭贷款主体地位不动摇。按揭贷款作为高收益、高质量的贷款产品，即使在当前货币宽松、资产收益率下行的背景下，一季度平均发放利率仍达到了5.64%，较去年全年逆势上升了4个基点，较全行整体贷款利率（4.63%）高出了101个基点。同时，贷款不良率仅为0.27%，虽比年初略有上升，但仍显著优于全行平均水平。我们必须充分认识到按揭贷款对全行信贷结构调整的重要意义，保持战略定力，坚持按揭贷款主体地位不摇摆。特别是在当前复杂严峻的外部形势下，更要全力以赴加快推进。

（二）全面提升按揭贷款的竞争能力。近年来，总行党委从全行信贷结构调整的高度，为按揭贷款配置了充分的资源，为我们把握机遇、加快赶超创造了条件。但也要看到，当前市场环境已经发生了变化。如果按部就班推进，就很难赶上对手。越是市场低迷的阶段，越是我们加快发展、赶超同业的时期。我们不仅在资源的支撑下能取得第一，靠自己的实力，也能在激烈的竞争中取得领先。二季度起，全行要力争每个月的新增都保持同业第一，并为后续业务的可持续发展奠定基础。

一是继续加快重点区域发展。结合全行区域发展战略，重点做好城市群经济圈的拓展，并梯次发展地市、县域按揭业务，形成良性互补的战略生态。特别是关注人口流入的城市、房地产市场发展仍具有潜力的重点城市和区域。二是加强与重点企业的合作。目前，全国十大开发商项目的按揭贷款不良率仅为0.15%，占全行不良贷款余额的5%，低于余额占比9个百分点，资产质量优良。要构建总分行级重点合作机构分层营销管理体系，围绕走进、跟进、贴进、前进开展“四进”营销，持续提升总分行级重点企业的新增贷款占比，这是统筹发展与风控的最好结合点。三是统筹好品种结构。坚持一手房按揭为主的策略，持续巩固和提升市场份额。同时，把握规律、分类施策，做好二手房贷款的营销。对于北京、上海等一线城市，要加快二手房业务的发展。对于部分二手房市场尚不成熟的地区，一定要注意把控风险，选择优质中介公司合作。四是统筹好表内表外。坚持以表内贷款业务为核心，建立信贷资源保障机制，支持业务加快发展。同时，根据市场规律和发展趋势，把握好节奏和周期，实现表内按揭贷款与表外资产证券化的协调发展。

三、聚焦挖潜开源，推动中间业务收入可持续增长

一季度，个金板块实现中收226.55亿元，在全行占比49.6%，继续保持较高的行内贡献。但对比同业，我们的业务发展面临一定的挑战。从个金专业看，如果按照传统可比口径，一季度全行实现中收101.55亿元，四行排名第一，但市场占比从2017年的34.9%下降到了当前的28.70%；如果按照财会部门的口径，已经成为同业第三。从信用卡专业看，作为行内重要的中收来源，一季度虽然实现逆势增长，但落后可比同业18.7亿元，差距还有所扩大。一季度中收的下滑，固然有疫情的影响，但也要高度关注业务发展中的一些内生问

题，重点抓好以下几项工作：

（一）巩固优势补齐短板，加快个金中收发展。跟踪市场热点和资金流动，及时调整营销策略，抓好中收增长。

一是巩固代理基金的领先优势。目前代理基金业务的收入虽然同业领先，但同业都在持续加大拼抢力度。全行必须进一步捍卫并巩固我们的领先优势，全力保持40%以上的四行占比，树立市场引领的基金代销品牌。首先，要把握好客户偏好的变化趋势，根据市场变化主动调整销售结构。以工银财富基金指数FOF产品、国内绩优权益基金和偏固收基金为销售重点，确保全年销量达到4 000亿元。其次，要开展投资者教育，加强售后服务，优化中收激励，进一步稳固并提升基金的存量规模。同时，要促进代理基金业务地区间的均衡发展，改变当前分行集中度较高的情况，加快打造江苏、山东、河南、四川、河北等分行基金销售第二梯队。目前，全行基金销售主要集中在北京、上海、广州、深圳以及浙江等分行。

二是大力缩小代理保险的收入差距。2017年以来，全行代理保险业务收入虽然同业排名第三，但差距在逐年缩窄。年内要加快赶超，力争实现同业进位。首先，在保险销售模式上，目前还是过于依赖线下出单。尤其在客户不来网点的情况下，业务发展就受到严重影响。要加快推动业务的全面线上化，对手机银行、网上银行的保险销售功能进行全面优化，改进操作体验，力争年内把在线出单占比从10%提升到30%。其次，在期交转型上，要围绕营销、队伍、服务、产品等方面加强创新，形成更加系统化的转型思路和实施方案。年内要完成365亿元的期交销售目标，期交保险的中收占比要从当前的37%提升到50%以上。再次，在区域重点上，目前全行还有20多家分行排名后两位，要加快赶超，努力实现年内进位。同时，在行司联动上，个金专业和工银安盛要进一步加强联动，围绕全年55亿元的期交目标共同做好推动，二季度要全力实现150亿元的趸交销售。

三是继续做大做强基础结算业务。抓住后疫情时期复工复产、复商复市的机会，进一步缩小基础结算收入与同业的差距。要把特色借记卡业务和线上直邮类服务，作为借记卡收入赶超同业的突破口。二季度总行将组织开展萌娃卡六一节营销活动，各行要做好活动落地，力争全年特色借记卡工本费收入突破2亿元。线上直邮服务是一项新的中收增长点，各行要选择目标客户，针对看重服务便利、价格敏感度低的客户开展营销，做好借记卡换卡、新发卡、资信证明等线上付费直邮服务推广，增加手续费收入。工银信使业务方面，个金与网金专业要加强协同，进一步厘清收费短信信使和免费融e联的定位，着力提升新开借记卡短信信使的渗透率，梳理压降存量免费短信信使规模，确保新开卡渗透率提升5个百分点。

四是加快提升第三方支付市场竞争力。总行网金部要抓好费率谈判、机制优化和促销投入，全力提升支付费率。要全面分析第三方支付机构通过自建生态实现资金体内循环对银行支付业务的冲击影响，尤其对流向金融板块的业务品种，要制定差异化的费率定价，筑起防火墙，减少对我行金融业务的冲击。各行要加大绑卡力度，尤其是加大信用卡的绑卡力度，联合本地商户开展特色化营销，加大便民支付优惠力度，进一步培育客户行为习惯。要系统规划，进一步理顺与第三方支付机构的竞合关系。一要守住金额的底线，明确对第三方支付机构输出资金的规模限制。二要守住费率的底线，做好与第三方支付公司的费率谈判，适当提高流向理财类、信用还款类产品的资金费率。三要守住信息的底线。严格按照监管有关规定，确保第三方支付回传信息的完整清晰、实时有效。

此外，要发挥私人银行专业化经营优势，加强与个金条线的协同联动，围绕客户做好服务，做大代销基金、保险、理财规模，为增收做出更大贡献。

（二）坚持五位一体，全面抓好信用卡发展。重点围绕分期、消费、客户、风控、服务五个方面推进相关工作。

一是抓好分期付款业务。这是信用卡中收的重要来源。要重点稳住汽车分期规模，推动定价管理水平的提升。

首先要聚焦业务模式转型做大汽车分期规模。汽车分期仍然是交易规模最大的分期品种，也是信用卡核心的中收来源。今年要加快推动业务模式由间客式向直客式转型。刚才谷行长已经就组建直客式团队提出了明确要求，各行在建好团队的同时，还要做好直客业务合作商的拓展。一方面要梳理辖内所有经销商及二手车市场，形成重点拓展目标清单，落实分支机构的营销责任。另一方面，要借助对公资源，通过给予经销商供应链融资等带动分期业务合作，实现覆盖式营销。在贴息品牌的拓展上，主机厂商所在地分行要做好辖内汽车厂商及汽车销售公司的清单梳理和营销。特别是北京、上海、吉林、湖北和广东分行，要分别与北汽、上汽、一汽、东风和广汽五大厂商集团建立沟通联系，达成品牌贴息合作。总行银行卡部要直接参与，全力支持。此外，近期总行也在研究采用“先收后支”模式，加快推动直客模式业务发展，各行要高度关注，努力实现同业赶超。

其次要多措并举提升贷款的定价管理水平。虽然我们的分期付款余额领先于同业，但对应的收入却有58亿元的巨大缺口，核心问题在于定价能力，目前我行的分期业务平均收益率落后同业1.56个百分点。这个问题要引起高度重视。要推动产品结构调整。继续加大收益率较高的账单分期、现金分期的推广力度，迅速做大规模。要加快填补家装分期的业务空白点。近期总行已经投产了家装分期的产品与系统，各行要抓紧完成优质合作商的筛选，加快打造新的收入增长点。要加强定价管理。尤其是减少各类定价的“无感下浮”。我们 e 分期的费率为 11.6%，只有同业的一半。总行已经取消了 6 折促销，恢复了标准定价，并提升了幸福分期卡的手续费率。各行要通过精细化管理，摆脱对价格战的依赖。

二是抓好信用卡消费。消费不仅直接创造中收，还为消费分期等其他业务提供了前提和场景，是信用卡业务最核心的指标之一，也是撬动业务发展的杠杆支点。全行要高度重视，不断做大消费规模，优化消费结构。尤其要突出重点，找准短板，全力抓好跨行消费和绑卡消费。跨行消费（持卡人在他行收单商户消费）是一项高回佣率的业务，实际回佣率可达 0.4% 以上，是本代本消费（持卡人在本行收单商户消费）的 4 倍。但由于一些分行在认识上的不足，仍习惯于将促销资源投入到本行的收单商户中，导致我们跨行消费的占比仍有待提高。去年占比为 53%，低于可比同业 19 个百分点，导致了收入与可比同业的差距。下一步全行要进一步转变观念，加快做好百货、超市、娱乐和餐饮等高回佣行业的拓展，加大促销力度，快速提升跨行消费的规模。绑卡消费已经成为保持信用卡消费持续增长、提升客户活跃度的重要手段。与同业相比，我们信用卡的绑卡渗透率仅为同业的一半，在绑卡量上有 3 300 万张的差距。针对原来信用卡在支付宝的消费不累计积分的情况，近期总行已经进行了政策调整，通过正常累计积分，打消客户因不计积分而不愿绑卡的顾虑。各行要以此为契机，加快推动信用卡的绑卡，并用好总行的首绑、满减、爱购等活动，加强促销宣传，确保年内绑卡量与同业的差距缩小到 1 500 万张，明年力争与同业基本持平。

三是抓好客户基础。消费的背后是客户。虽然我们信用卡的总客户和有效客户都位列同业第一，但如果按照更严格的统计口径（6 个月内有 3 笔交易，且不含查询交易），我们的活跃客户总量落后于可比同业，还需要重点抓好活跃客户的规模提升，进一步夯实客户基础。当前信用卡经营已经逐步向存量时代转变，更要重点抓好行内优质客户的渗透，以及信用卡存量客户的促活，提升客户的活跃度和价值贡献。全年拓展 500 万活跃客户，将同业差距缩小至 400 万户，力争明年持平、后年超越。近期，总行对信用卡客户的定位调整为以行内优质客户为主，外部线上获客为辅，重点强化部门联动，抓好优质客群信用卡渗透率的提升。后续总行将加强监测通报，希望各行重视并行动起来。

四是强化风险管控。信用卡业务的本质是资产业务。绝大部分的中收，都是以授信为基础得来的，必须要有一个强有力的风控体系，才能支撑业务做大做强。疫情的冲击，对客户的还款能力与还款意愿产生了较大影响。一季度因疫情增加的 180 亿元剪刀差中，预计将有 76 亿元在二季度成为不良，上半年将增加劣变约 100 亿元，风险管控压力很大。接下来，一方面要充分压实分行的主体责任，总行已经将账面及还原口径的风险指标，都纳入各行综合绩效考核体系，实现由单纯考核表内向表内外统筹考核转变。另一方面要在政策上有大的突破，尝试建立资产质量下迁收费管理机制。全年要将信用卡专业逾期贷款控制在 160 亿元以内，不良贷款控制在 185 亿元以内，不良率控制在 2.3% 左右，与去年基本持平。

五是抓好投诉治理。投诉是信用卡客户维护体系完善程度的一个折射。目前信用卡的投诉量在全行接近一半，全行务必引起高度重视，狠抓客户投诉治理工作。最近总行已经印发了信用卡客户投诉专项治理活动方案，围绕健全客户投诉治理机制、开展痛点问题根源治理、优化客户投诉管理模式等提出工作措施。各行要认真抓好落实，按计划扎实推进，确保 2020 年信用卡投诉总量（同口径）下降 30%。同时，要系统研究规划信用卡的客户服务体系建设，提升客户服务水平。

上述分期、消费、客户、风控和服务五个方面是一个有机的整体，总行银行卡业务部将强化系统思维，加强统筹管理，理顺经营思路，为全行中收的增长做出更大贡献。另外，要特别关注同业落后大行的增收工作。从一季度末四行排名情况看，广东、江苏和江西三家分行排名同业末位，河南、湖南、广西、青海、宁夏、苏州、青岛和大连 8 家分行排名第三，北京、上海、深圳、山东、河北和福建 6 家分行排名第二。同时，从整个市场看，这些分行的信用卡贷款余额和消费额排名也不够理想，有的甚至排在第 8、第 9 名开外，已经与我行应有的市场地位严重不相匹配。请相关分行高度重视，切实采取有效措施，尽快扭转当前的不利局面。

四、强化经营效益意识，提升个金板块营业贡献

近年来，个金业务的创利能力不断增强。从 2016 年到 2019 年，在全行整体营业贡献稳步增长的前提下，个金板块占比从 39.79% 提升至 46.09%，提高了近 7 个百分点，保持了稳定上升的势头。但在抗击疫情的背景下，一季度个金板块营业贡献同比出现了 0.98 个百分点的下降，全行占比较年初也下降了 3.46 个百分点，需要引起我们的关注，并进一步强化分析，找准措施，持续提升个金板块的价值创造能力。

（一）高度重视，围绕效益推动业务的高质量发展。效益贡献是第一个人金融银行战略的核心目标之一，其背后是业务发展质量的综合性体现。相较于其他业务指标，全行对营业贡献等效益类指标的关注程度还有待提高。在近几年的经营考评体系中，效益指标的占比逐步提升，各行要引起足够重视，增强效益意识，强

化主动管理，避免出现业务指标都好而整体考评结果不佳的情况。而且我们不能仅仅满足于事后算账和数据统计，而要结合本行、本专业的实际，培养懂效益、会算账的人才，做好营业贡献的深入分析，形成体系化的提升思路，并以此为抓手促进各项业务的高质量发展。

（二）突出重点，确保效益贡献的稳步提升。要实现营业贡献的提升，就要在存款、贷款和中收上下功夫。刚才对储蓄存款的效益管理、中间业务收入增长都已经做了安排，这里再重点讲一下个人贷款与营业贡献的关系。

个人贷款是营业贡献的重要组成部分，一方面要靠利差收入做大营业贡献，一季度全行个人住房贷款规模稳定增长，点差同比扩大了10个基点，量价齐升带动了营业贡献的稳定增长。另一方面，还要强化资产质量，防止因质量下降、拨备增加对营业贡献产生“减损”的作用。受疫情对资产质量的影响，一季度全行个人贷款拨备成本、信用卡专业拨备成本都较同期大幅增长。随着贷款潜在风险的逐步暴露，后续拨备可能还会持续上升。这种情况下，风险拨备已经成为影响营业贡献增长的重要因素。2018年起，全行实施了新的拨备计提准则，与原有的规则发生了较大变化，不仅看结果，也看重过程。首先，从结果看，个贷风险拨备的计提比率，随着资产风险程度呈几何倍数递增。一阶段（正常和N1）平均拨备率为0.7%、二阶段（N2/N3）上升至44%，三阶段（N4以上）则为89%。要尽可能把风险贷款化解在一阶段。其次，从过程看，每月计提拨备时，使用的是该笔贷款上月的违约概率，计算违约概率时不仅当期“零容忍”，还要向前追溯6个月根据客户的还款表现综合测算。也就是说，年底想要把拨备降下来，就要从11月向前推6个月，5月就要把这些逾期贷款催回正常并一直保持正常还款，违约概率才能降下来，年底前才能全面回吐因疫情影响贷款逾期增提拨备占用的利润。6月以后逾期的贷款，即使年底转为正常，占用的拨备也无法在当年充分回吐。因此，只靠年末来压降不良，对改善拨备的效果有限，必须早催收、早化解，才能早受益。

所以，要保持营业贡献的持续增长，不仅要做大规模，提高利差，加强资产质量的管理也同样重要。在当前宏观经济下行、外部经营环境错综复杂的形势下，各行一定要把营业贡献这本账算精算细，重点加强对资产质量的管理。上半年全行个人贷款的不良率要控制在0.56%，银行卡专业贷款的不良率要力争不高于2.8%，以资产质量的稳定，为个金板块整体营业贡献的增长奠定基础。

五、深化金融科技赋能，加快推动智慧化经营转型

随着客户行为的变迁和金融科技手段的进步，个人业务的线上化、数字化、智慧化已经成为大势所趋。此次疫情也进一步强化了这种趋势。

（一）要持续推进金融科技赋能。全行要围绕产品创新、流程优化、渠道协同、风险控制和客户服务等方面，全方位深化金融科技应用。一是加快产品创新。基于ECOS工程的成果，力争三年内实现90%的产品创新通过系统配置发布的方式实现，推动产品的个性化和定制化，提高产品创新速度。同时，推动产品的方案化和组合化。二是推动流程优化。运用5G视频流、语音交互、生物识别等技术，提升客户识别的精准度，强化在线交互能力；探索网点的无介质、无纸化服务模式，实现借贷记卡即时制卡；同时，加快推进个人贷款预约、审批、扣款及手续费收取等流程的全线上办理，提升服务效率和客户体验。三是强化渠道协同。推动柜面、自助机具、线上、合作方等各类渠道办理相同业务的规则、流程和体验一致，实现线上预约、线下办理的无缝衔接，提升客户跨渠道的服务体验。四是做好风险管控。打造综合化的风险监控平台，集成业务运营、欺诈等各类风险，构造事前、事中、事后闭环的监控体系。加快智能卫士的功能升级和推广应用，今年客户数要超过5 000万户，使用量要突破1亿人次。提升个贷业务风险监控能力，探索运用生物识别技术认证借款人身份，运用区块链技术跟踪贷款资金流向，通过物联网技术监测押品情况，提高贷款的管理水平。推动信用卡智能风控体系建设，扩大外部可信数据来源，优化Blaze决策引擎的模型和策略体系，实现与业务系统的有效对接。五是强化客户服务。继续深化智能管户方案应用，建立智慧大脑共商共用的协调机制，统一通过智能管户方案，对不同渠道的客户营销策略进行统筹管理，为客户提供协调一致的良好体验，推动各部门围绕客户画好同心圆。智慧大脑是利用大数据和人工智能打造的智慧化营销服务平台，可以根据客户的特点，制定千人千面的服务方案，并确定在什么时间、通过什么渠道触达客户，真正实现围绕客户画同心圆。目前，系统已经具备较强的方案设计能力，下一步会不断完善，与现有营销管理体系完成对接，同时会处理好客户需求与经营发展的平衡。加快推进极致体验工程，搭建体验管理平台，做好基金、存款等重点产品的体验升级，构建主动管理的体验优化机制。

（二）着眼未来推动经营模式转型。在加快各项具体业务创新的同时，还要有系统化思维，着眼未来，以金融科技赋能来推动经营模式向线上化、外部化、一体化和智慧化方向转型。首先要加快业务的线上化，把握技术发展、监管宽容和客户需求转型的契机，推动那些尚未线上化的复杂业务尽快实现线上化；在此基础上，把我们的产品和服务进一步外部化，向客户聚集的外部场景输出，把网点开到外部的线上平台去；在线上化和外部化的过程中，要坚持一体化，在线上和线下、内部

和外部的各类场景中，都能为客户提供标准一致、感受相同的服务体验。在此基础上，最终的目标是实现智慧化，以业务的数字化为基础，运用人工智能技术，加强决策分析，推动营销服务和内部管理的智慧化。部分分行启动较早，像山西分行等已经初见成效，希望各行能够进一步提高重视程度，面向未来谋划智慧转型。

同志们，当前我们面对的外部环境依然复杂多变，改革发展任务也更加繁重，全行个金板块要认真贯彻落实总行统筹推进常态化疫情防控和经营发展工作视频会精神，把思想统一到总行党委决策上来，按照董事长"稳、准、实、新"的工作要求，一方面慎终如始，紧绷安全弦、防止疲劳症，继续抓好疫情防控各项工作；另一方面振奋士气，强化作风，全力抓好战略落地和业务经营，取得疫情防控和改革发展的最终胜利！

齐心协力　互促互进
开创"第一个人手机银行"联动营销新局面

——在2020年网络金融重点工作推进会上的讲话

宋建华

（2020年5月8日）

打造"第一个人手机银行"，是总行党委在前瞻判断内外部环境基础上做出的重要决策，是打造"第一个人金融银行"战略的重要内容，是把握金融科技发展新机遇、建设智慧银行新生态的关键所在。稍后官董秘将从如何把手机银行锻造成"金融重器"、提升个人手机银行覆盖率、活跃度等方面进行总体部署。下面，我就个金条线如何抓好"第一个人手机银行"落地讲三点意见。

一、打造"第一个人手机银行"的重要意义

（一）发展手机银行是移动互联时代传承和强化"您身边的银行"经营理念的重要载体。20余年来，工商银行"您身边的银行，可信赖的银行"的形象深入人心，对于我行品牌输出、形象树立和取信于民发挥了重要作用。随着互联网的日益普及，整个社会的生产生活方式和人们的消费行为习惯发生巨大变化，客户到店办理业务的比例不断下降，通过手机银行、网上银行、第三方合作平台等线上方式与银行的联系则更为紧密。如何在新形势下顺势应变、变触点为机遇，是当前亟待解决的重要课题。2019年，全行个人客户手机银行人均交易笔数27笔，手机银行业务量和交易金额已远远超过柜面，居于各渠道之首。全力打造"第一手机银行"，打通线上线下、界内界外、境内境外，实现"一机在手、尽享所有，一机在手、走遍全球"，是新时期对董事长提出的"工商银行不仅要成为'您身边的银行'，更要成为'您手中的银行、您心中的银行'"的切实践行。

（二）发展手机银行是大行争霸时代个金业务竞争致胜的关键环节。当前，个人金融业务已成为大行一较高下的焦点，而手机银行作为展示企业形象的开放平台、服务个人客户的线上窗口，更是竞争的重中之重。近年来，银行同业纷纷在手机银行端发力，集金融科技之大成，全面加快ABCDI新技术应用，创新层出不穷，竞争日趋激烈。两军相交不但勇者胜、快者胜，更是和者胜、聚者胜，只有加强私私互动、公私联动，充分发挥集团优势，变"单兵作战"为"集团军作战"，增强合力和战斗力，才有可能突出重围、拔得头筹。强化板块协同，共同推动个人手机银行发展是我行决胜"第一个人金融银行"战略的重要内容。

（三）发展手机银行是个金板块协同发展相得益彰的内在诉求。网络金融与个人金融虽然分属于两个业务条线，但二者互为依靠、分工不分家，是个金板块的两个重要支柱。一是手机银行以其业务办理便捷、产品功能齐全的特点，成为个金条线获客、活客、黏客的重要手段和产品销售的重要渠道。二是手机银行打破时空限制，有效扩展个人金融服务半径，弥补我行在县域特别是中西部地区网点不足的劣势。三是手机银行分流线下压力，降低运营成本，解放客户经理，提高营销产能。四是手机银行是客户线上办理业务的"最初一公里"，也是我行营销落地的"最后一公里"，是打造营销闭环的关键环节。五是个金条线掌握产品和队伍，是充实手机银行功能的"弹药库"，是推动手机银行发展的"主力军"。因此，只有心往一处想，劲往一处使，全行一盘棋，才能实现网金与个金的互促互进和共同发展，才能以"1+1>2"的方式助力"第一个人金融银行"战略顺利实现。

（四）发展手机银行是居安思危应对重大突发事件

的解决方案。事实证明，发展手机银行不但是业务常态发展的基本要求，也是我行应对突发事件的重要抓手。比如，2019 年初，国家新个税法实施，贷款客户查询利息抵税信息需求激增，总行紧急投产的手机银行、微信等渠道自助查询功能，在上线当天查询量突破 50 万次，整体工作有序平稳，我行成功经受住重大政策调整考验。又如，面对突发疫情，手机银行当仁不让地成为保障对客服务正常运转的重要支柱，一季度手机银行业务在全渠道占比 35.97%，同比提高 5.22 个百分点。事实证明，重大突发事件更多考验的不是问题已来时的应变能力，而是问题未来时的前瞻性思维。只有以晴天补房的思维，持之以恒地发展手机银行，坚定不移地将手机银行作为线上平台的主入口，打牢客户服务、产品营销和市场拓展根基，才能打造持久竞争力，经受考验，穿越周期。

以上从四个方面总结了手机银行对个金业务发展、对打造“第一个人金融银行”的重要意义，核心就是个金板块要把发展手机银行作为本职工作，运用手机银行协助服务好客户。

二、营销手机银行的工作措施

（一）聚焦重点客群，强化场景拓客，开展源头批量营销。一是代发客群。要以工银 e 钱包线上薪酬服务、电子工资单、工资到账提醒等特色产品为抓手，针对代发工资新客户统一营销手机银行业务，开展外拓营销时实现统一发卡、统一开通手机银行，针对存量代发工资客户通过职场营销等形式加大手机银行渗透力度。二是个贷客群。2019 年，全行开展个贷客群价值提升项目，强化个贷场景对各条线产品的交叉渗透，取得良好效果。全年个贷客户较年初增加 72 万户，而个贷客户中的手机银行客户较年初新增 157 万户，是个贷客户新增的 2 倍多。个贷客户具有资质优、黏性强、与手机银行关联度高的特点，各行要以线上质押贷款、经营快贷、融 e 借、房管家账户、在线提前还款等功能为抓手，进一步加强个贷客户手机银行渗透。三是社保客群。要以手机银行 e 社保、医保电子凭证上线为契机，主动对接辖内医院、药店，建设社保医保线上应用场景，组织开展符合属地特色的手机银行“工银 e 社保”专区电子社保卡签发应用回馈活动，带动手机银行在社保客群的渗透及获客引流。四是军保客群。强化“随军行”品牌，特别是针对手机银行“随军行”服务专区的精准宣传，在军保卡和优抚卡开卡启用、上门为军人服务等多个环节注重定向推广，充分发挥“服务随军 安享随心”的优势，吸引更多现役退役客户开立手机银行享受“随军行”服务。五是县域客群。推动县域版手机银行在各县域重点客群的营销渗透，构建“以县域机构为主体，网点 + 外拓 + 第三方合伙人协同营销，手机银行获客、活客、黏客”的一体化营销服务体系。结合与县域客群有着天然关联的供销社、电商、扶贫等场景，重点推广跨行汇款免费、余额理财、幸福存、电商惠农等个人服务，扩大面向县域市场及农村地区的金融服务覆盖。六是信用卡客群。从开立信用卡源头上组合营销手机银行业务，对存量信用卡客户在对账单上引导办理手机银行，对于 1.2 亿融 e 借白名单个人客户中已有授信但未开通手机银行的客户加大营销力度，为客户提供优质、低息信贷产品，以提高手机银行渗透率。七是第三方支付客群。利用第三方支付协议管理、账户安全锁、一键大额、语音转账以及转账免费等优势，在客户通过智能终端/ATM 交易过程中以及交易结束后，开展场景化尾随营销。

（二）目标客户分层，开展差异营销，构建与客户适配的营销体系。手机银行渗透，首先是一个深耕存量、向内求取的过程。截至一季度末，全行个人手机银行客户 3.7 亿户，有效个人客户手机银行渗透率 67.4%，仍有较大的提升空间。各行要按照分层维护体系开展差异化营销。一是对 20 万元以上客户采用精细化营销。理财经理要在日常维护工作中，做好管户客户手机银行渗透。对于 20 万元以上无理财经理管户的，由网点负责人根据所属网点客户清单，安排专人在电话外拨、上门服务、沙龙等营销过程中，加强优质客户手机银行渗透力度。二是对于 1 万 ~20 万元客户采用批量化营销。以远维经理为主、客服经理为辅，远维经理营销手段包括短信、融 e 联、电话外拨、云工作室、智能语音机器人等，同时充分调动和发挥客服经理对 1 万 ~20 万元客户的辅助管户作用。三是对于 1 万元以下长尾客户采用系统化营销。1 万元以下客户因体量较大，采用系统营销方式，通过发短信、广宣传、埋触点、抓场景等手段加大手机银行渗透力度。四是对于到店客户，抓实网点阵地营销。支行、网点层面要落实一线营销和客户服务责任，做好到店客户的交叉营销；通过举办网点微沙龙等形式，增强到店客户办理手机银行积极性；加大转账、取现、理财等到店基础业务向线上引流，力争到店客户全部渗透手机银行。

（三）把握关键时机，借力打力拓户，助推手机银行实现跨越式增长。手机银行作为常态化、工具类、基础性产品，属于日常营销的基本内容，这一点无须赘述。需要强调的是，各行要保持政策敏感性，紧抓社会热点和流量事件，提高响应速度，实现手机银行的批量化发展。当前，对手机银行拓户有整体拉动作用的事件包括：一是疫情防控。疫情对全社会传统的生产生活方式发出了“暂停”的指令，同时对手机银行等线上产品吹响了“冲锋”的号角。抓住这一历史性的节点开展营销，对客户而言是雪中送炭，对我行而言是化危为机。目前，95% 以上的柜面业务都可以通过手机银行完成，可覆盖客户日常业务查询、缴费转账、投资理财、借贷还款、增值权益等各种场景，同时，我行手机银行结合疫情服务场景，上线了网点服务、线上投诉咨询、在线客服、疫情动态、疫情商品热卖等特色服务。各行要尽快从疫情对业务带来的负面影响中警醒，变被动为主动。二是利率市场化改革。根据人民银行要求，自3月1日至8月31日，全部金融机构存量贷款定价方式需转换成LPR，涉及我行个贷、信用卡、普惠等1 400万笔贷款，考虑共同借款人后，涉及个人客户达2 000万户。由于我行将手机银行定位为LPR转换主渠道，拓户潜力巨大。截至3月底，手机银行“一键转LPR”功能上线仅1个月，访问人数累计113万，访问次数累计324万，带动手机银行日均新增自助注册客户3.5万，较上月增长高达30%，对手机银行渗透和拉动作用十分明显。三是芯片卡到期换卡。根据人民银行规定，芯片借记卡有效期为10年，自2020年开始，存量芯片卡将大批量到期，且随着历年发卡量的持续上升，后续到期卡片数量将逐步递增，2020—2022年到期的卡片分别有260万张、802万张、2 634万张，由于未开通手机银行的客户须前往网点办理新卡启用，为我行开展到店渗透营销提供了契机，对于此类客户应以手机银行自助启用新卡为切入点，实现应开尽开。

（四）紧抓优势亮点，树立营销信心，以客户需求为导向提高营销成功率。交叉营销或产品渗透的最佳状态是“好雨知时节，当春乃发生”，因此，营销人员对内要了解我行手机银行的优势、亮点、新功能，对外要了解各类客户的偏好、需求、关注点，并将二者有机结合，变“捆绑式”“强塞式”营销，为“送炭式”“贴心式”服务。总体上看，我行手机银行功能全面丰富、服务成熟稳定，屡获最佳个人手机银行、中国互联网经济年度品牌、易观之星、我最喜欢的绿色应用等殊荣，是拿得出、叫得响、靠得住的品牌。我行个人手机银行客户数四行占比32%，领先可比同业1 353万户，3月份月活6 517万户，较可比同业领先404万户。同时，我行手机银行不断推陈出新，打磨亮点，不断提高科技含量、易用性及差异性。这些都为我们开展营销提供了底气和信心。各行要以亮点产品及服务为抓手开展营销。如手机银行投产客户线上办卡功能，建立基于码上荐的个人客户社交传播生态，配合建设线上营销支持服务平台，打造营销闭环；又如，手机银行推出转账汇款手续费全免、还他行信用卡免手续费、e支付一键大额转账等有吸引力的服务。向客户营销的第一步是向自己营销，说服客户的第一步是说服自己，这要求一线人员要首先自己熟悉并体验手机银行的各项功能，以恰到好处的切入点提高营销成功率。

以上我从向谁营销、由谁营销、如何营销、何时营销以及营销什么等方面，谈了如何抓好手机银行联动营销工作，各行要理清思路，找准方向，统筹规划，聚焦重点开展具体落地工作，把总体要求变成一个个动作方案，一项项抓好落实。

三、工作要求

（一）提高意识，做好组织推动。全行要牢固树立“第一个人手机银行”的经营理念。在总行党委全面打造“第一个人金融银行”战略引领下，传承和创新e-ICBC3.0战略，坚持开放、合作、共赢发展理念，坚持科技驱动、价值创造，全面推进“新动力、新体验、新价值、新融合、新生态”五位一体建设，坚持个人手机银行核心战略地位。加快个人手机银行生态建设，对标同业找差距、补短板、强基础，实现“客户规模、活跃程度、品牌影响力”各项指标全面领先，巩固我行移动金融行业标杆地位。

（二）系统思维，统筹部署推进。上个月，总行组织召开了行内优质客群信用卡e分期联动营销视频会，今天我们在网络金融重点工作推进会上重点布置了手机银行联动营销工作，后续我们还会从联动营销的角度组织推进全行5万元以上中高端客户提升工作，等等。各行要对总行工作部署有正确的认识，这些联动工作不是任务的罗列和叠加，而是各条线形成合力打出组合拳的分解动作，不是简单的指标和责任，而是统筹推进“第一个人金融银行”的思路和方案。各行要以“非以其无私，故能成其私”的辩证思维和哲学智慧，从客户一体化、服务一体化、体验一体化的角度出发，进一步强化全产品销售、全资产配置、全渠道协同、全队伍整合，形成你中有我、我中有你、全行一盘棋的工作格局。

（三）对标同业，夯实行动基础。各行要按照总行制订的战略规划和任务目标，因地制宜地制订争先进位实施方案，将打造“第一个人手机银行”作为一把手工程和核心任务，层层压实行长、分管行长、各业务部门负责人的责任，做好本地服务场景的建设和运营，开展企业代发工资以及学校、政府机构、工厂等联合营销。各行要定期监测辖内机构手机银行目标进度。对于业务落后的分行要积极开展帮扶，找到发展路径。

（四）加大投入，激发营销动能。各级机构要按照不低于可比同业的标准，加大员工激励、客户运营、营销宣传等资源投入。各分行要结合实际，加大个人手机银行在挂钩奖励中的占比，切实提高员工营销激励水平。开展办手机银行送积分等营销活动，增强客户吸引力。联合线上线下媒体持续开展个人手机银行新产品、新服务推广，加大社会化精准营销获客，不断提升个人手机银行的影响力。

同志们，手机银行是我行夯实个人客户基础、提升个人客户经营效能的重要手段。在当前外部形势日益复杂严峻的背景下，全行个金条线要增强全局意识、协同意识，统一思想、携手共进、找准目标、快速行动，打赢“第一个人手机银行”“第一个人金融银行”战略的攻坚战！

在全行信用卡“2020 夏天特别行动”营销竞赛启动会上的讲话

宋建华

（2020 年 7 月 15 日）

2020 年已经过半。这个上半年是新冠肺炎疫情突发、外部环境多变、对信用卡业务产生较大影响的半年，也是我们付出艰辛努力，积极克服困难，朝着全面打造“第一个人金融银行”战略及“第一信用卡银行”目标坚定前行的半年。为了尽快克服疫情影响，抢抓三季度复工复产、消费回升带来的发展机遇，加快缩小信用卡中收较领先同业的差距，总行决定开展全行信用卡“2020 夏天特别行动”营销竞赛活动，狠抓信用卡客户、消费、风控、效益“四大基础”，激励全行上下以昂扬的姿态进入本年度奋进之战的下半场。下面，我讲四个方面的意见。

一、上半年全行信用卡业务发展有喜有忧

今年上半年，全行信用卡条线努力克服疫情带来的不利影响，在一季度各项指标增长明显放缓的情况下，二季度奋起直追，主要业务指标较一季度有明显提升，但在市场竞争力方面也存在一些明显的短板，需要引起高度关注。

一是信用卡中收二季度以来呈现同比、环比双增长的良好态势，但总量较建行仍然有较大差距。上半年信用卡中间业务收入 217.6 亿元，同比增加 16.1 亿元，增幅 8.0%，增幅较一季度扩大 5.5 个百分点，高于全行中收平均增速 7.6 个百分点。二季度当季实现中收 112.3 亿元，同比增幅 13.7%，环比增幅 6.7%。上半年信用卡中收在全行和大零售板块的占比分别达 24.4%和 44.6%，较一季度均提升 1.4 个百分点，贡献度得到提升，继续稳居全行中收总量最大、贡献度最高的产品线。但与同业比，虽然二季度当季与建行差距较一季度缩小近 50%，但上半年总量仍落后建行 36.6 亿元，赶超压力较大。

二是资产质量改善明显，不良额和不良率较一季度实现双下降，但不良率仍居四行末位。6 月末信用卡不良率 2.71%，较一季度下降 8 个基点；融 e 借不良率 1.37%，较年初下降 122 个基点，较一季度下降 140 个基点。信用卡境内外欺诈率均低于同业，欺诈发生额和损失额连续三年保持下降。但信用卡不良率仍居四行末位，同业排名进位的压力较大。

三是信用卡获客量二季度以来企稳回升，继续保持客户数同业第一的市场地位，但较同业的领先优势有所减小。截至 6 月末，信用卡客户数 10 556 万户，较年初净增 85.4 万户。二季度客户数增量 72.4 万户，是一季度增量的 5.6 倍，且单月增量呈现逐月增长态势。e 生活注册客户数 6 954 万户，较年初增加 836 万户，其中二季度增量 578 万户，是一季度增量的 2.3 倍。但与同业相比，客户数、发卡量较同业领先优势有所缩小，其中客户总量仅领先建行 361 万户，优势较年初缩小 233 万户；发卡总量领先建行 1 938 万张，优势较年初缩小 564 万张。

四是商户拓展和收单额增长趋势向好，继续保持第一收单银行市场地位。截至 6 月末，商户数达 476.8 万户，较年初增加 83.5 万户，其中二季度增量 42.9 万户，环比增长 5.8%；活跃商户数 191.3 万户，较年初增加 42.8 万户，其中二季度增量 24.6 万户，环比增长 33.6%。上半年收单交易额达 13 760 亿元，其中二季度实现 7 892 亿元，环比增幅 34%，5－6 月连续两个月实现同比正增长。商户拓展呈现量质并举、快速推进的良好势态，但要密切关注农行商户业务超常规发展给我行带来的竞争压力。

五是消费额增长乏力，较建行差距有所扩大。受疫情、活跃客户基础薄弱、绑卡量落后主要同业、促销投入不足等因素影响，上半年信用卡消费额 12 765 亿元，同比减少 1 555 亿元，降幅 10.9%，较一季度扩大 2.3 个百分点。与同业比，我行消费额去年超越建行，但今年又被反超，上半年落后建行 1 910 亿元，差距较去年同期扩大 1 072 亿元，竞争力亟须提升。

六是分期付款交易额保持较快增长，但信用卡贷款余额仍为负增长，较建行差距有所扩大。上半年分期付款交易额 2 143 亿元，同比增加 249 亿元，增幅 13.2%，其中二季度实现交易额 1 118 亿元，环比增长 9.0%。截至 6 月末，信用卡贷款余额 6 556 亿元，较年初减少 217 亿元；融 e 借余额 806 亿元，较年初增加 77 亿元。与同业比，6 月末信用卡贷款余额落后建行1 203 亿元，差距较年初扩大 551 亿元，其中分期付款余额 4 月被建行反超，6 月末已落后 490 亿元。

七是客户投诉治理初见成效，但投诉总量占比仍然太高。上半年全行共受理信用卡投诉49 141件，月均投诉量8 190件，较去年12月大幅下降44%。信用卡投诉占全行投诉总量的比重较去年下降7.7个百分点，但6月信用卡投诉量全行占比仍高达51%。

二、全面开展“2020夏天特别行动”营销竞赛活动

上半年信用卡业务经营中出现的短板和问题就是下半年工作的重点和努力方向。全行信用卡专业要通过打好“2020夏天特别行动”这场特别战役，抢抓机遇，化被动为主动，打开新的发展局面。

（一）深刻理解开展此次营销竞赛活动的重要意义。

一是抢抓市场机遇，尽快实现业务突破的需要。今年以来，疫情改变了整个社会的生产生活方式，也对信用卡业务的经营发展产生了最为直接和深刻的负面影响。随着国内疫情在整体上的逐步缓解以及社会复工复产的不断推进，国民经济不断复苏。5月份，社会消费品零售总额降幅比上月收窄4.7个百分点，已连续3个月收窄，消费市场呈逐月回暖趋势，预计今年夏季将会迎来消费和复工复产的小高峰，其中蕴藏着巨大的市场机会。同时后疫情时代的复工复产和消费回暖也迫切需要我们提供配套的综合金融服务。全行信用卡条线必须牢牢抓住今年夏天不同于往年的特别时机，把因疫情影响而失去的上半年时间夺回来，把业务的损失抢回来，尽快使各项业务回到正常健康的发展轨道。

二是应对同业竞争，尽快缩小与先进同业差距的需要。受疫情影响，今年以来我行信用卡业务主要指标发展乏力。与自己比，客户数增量、贷款余额增量、消费额、收单交易额等较去年同期均出现不同程度的下滑，资产质量也承受较大压力；与同业比，虽然发卡量、客户数、商户数、收单额继续保持同业第一，但信用卡贷款余额、消费额、中间业务收入、资产质量与主要对标同业建行相比，差距较年初呈扩大趋势，形势非常严峻。今年是全面打造“第一个人金融银行”和“第一信用卡银行”的开局之年，信用卡专业需要通过特别的行动来统一思想、鼓舞士气，以一场全行性的竞赛活动来激发全行上下的斗志与活力，尽快扭转业务上的被动局面，为全面打造“第一信用卡银行”开好局，打下扎实基础。

三是调整竞争策略，出奇制胜赶超同业、完成全年任务的需要。夏季（三季度）是商业银行传统意义上的业务淡季。在今年上半年业务发展放缓的情况下，信用卡专业亟须适时调整竞争策略，抢在淡季阶段，以“淡季不淡”的逆向思维和打破常规的思路策略，主动出击、奋起直追，提前进入旺季营销状态，通过一场特别的主题营销竞赛活动，以更明确的目标、更聚焦的产品、更灵活的政策、更丰富的促销和更有针对性、更大力度的奖励，调动全行上下的积极性，打一场不同寻常的攻坚战、阵地战。力争通过三季度的攻坚，坚定全行信心、奠定全年胜局，推动信用卡业务2020年各项经营目标圆满完成。

（二）明确策略目标，强化落地执行。“2020夏天特别行动”是三季度全行信用卡专业最重要的工作，各行要按照突出“核心指标、业务短板、问题导向、基层抓手、一行一策”的总体思路，抓好此次营销竞赛，实现信用卡分期、消费、收单、获客的突破发展，进而推动中间业务收入有力增长。总体目标是：三季度末要实现信用卡中间业务收入较建行的差距比半年末不扩大，力争再有所缩小。具体的工作目标、工作举措、支持保障、工作要求等方面的内容，一会儿银行卡部将向大家做具体部署。各行要高度重视，抓好组织推动，落实好各项工作，确保达成目标任务。

三、认识规律，夯实基础，促进信用卡业务健康可持续发展

全行在抓好“2020夏天特别行动”营销竞赛的同时，也要注重加深对信用卡业务规律的认识，下大力气持续抓好信用卡业务长远的、基础的、系统性的工作，为信用卡业务的可持续发展夯实基础。

（一）深刻认识信用卡业务的本质规律。发展任何一项业务，都需要深刻认识业务本身的发展规律，只有回到业务的本源，从源头找到规律，才能找到解决问题的关键，找准发展路径。信用卡业务有四个鲜明的特征：即小、长、高、慢。

一是小。与其他零售业务一样，单个客户小是信用卡业务最基础的特点，这意味着信用卡不可能像对公业务一样，抓住一个客户解决所有问题。同时，正因为客户小、数量多，一方面更需要有全局思维、整体思维，思考问题要面向全体客户，要在工作中看大局、看大势，用系统思维去解决问题；另一方面需要控制发生问题的概率，比如需要把个贷的不良率控制在0.5%以内，信用卡不良率控制在1.5%～2%，这样即使单个大客户出现问题也不会对全局产生大的影响。

二是长。信用卡业务具有链条长、环节多的特点，牵一发而动全身。这个特点要求我们，首先要有短板思维，客户的满意度不仅仅取决于感受好的环节，还取决于感受不好的环节，这就要求我们在拥有业务长板的同时不能有短板。其次要有流程思维，每一个环节都要抓好，同时环环相扣不能有漏洞，这样才能实现流畅的客户体验。最后要有全生命周期的思维，包括产品全生命周期和客户全生命周期，要针对处于不同生命周期阶段的客户，配置相应的产品和服务，同时做好衔接和升级。

三是高，业务风险高。信用卡业务伴随的是授信，

是资产业务，每一笔消费都意味着透支和风险。首先要对风险保持高度的警惕性和敬畏之心。其次要增强风险的管控能力，做好顶层设计，搭建起风险防控体系的基本框架，解决好制度架构、系统设计和业务流程方面的问题。最后要持续增强风险的贷后处置能力，出了风险之后处置要能跟得上。

四是慢。“慢”是零售业务的共性。零售业务具有“春种秋收”的特点，能不能行稳致远取决于业务基础扎实不扎实。信用卡业务的健康发展也需要日积月累的努力，只有在“春天”扎实做好客户、产品、风控、服务等基础性工作，才能在“秋天”有好的收获。要有“不积跬步无以至千里”的决心和耐心以及“功成不必在我，功成必定有我”的心态，每天进步一点点，最终实现从量变到质变。

（二）夯实信用卡业务发展的四大基础。从上半年的经营情况来看，信用卡业务在市场竞争力、资产质量等方面还存在明显的短板和问题。要解决这些问题，不能头痛医头脚痛医脚，必须要夯实信用卡业务发展基础，特别是要解决好客户、消费、风控、效益这四个方面基础薄弱的问题。

一是夯实客户基础。信用卡目标客群应该定位为有消费信贷需求且有还款意愿和还款能力的优质客群。前些年信用卡更多的偏重线上获客和新客编客户，但线上获客要以具备相应风控能力为前提。近两年随着大数据风控逐步上线，信用卡线上获客风险整体处于可控水平，但仍然有很大提升空间，因此对于线上获客要有清醒的认识和审慎的态度。与此同时，对于行内存量优质客户的挖掘还远远不够。现在中高端客户的信用卡渗透率只有百分之二十几，还有八成左右客户没有工行信用卡，一个理财经理如果不能有效地把分管客户转化为信用卡客户，就是一个不合格的理财经理。今年4月全行启动行内优质客户信用卡渗透工作以来，个金条线已经逐步开始重视这项工作，下一步要解决好业务的痛点、堵点，迅速提高行内优质客群的信用卡渗透率。这不仅有助于增加信用卡客户总量，对于优化客户结构、防范风险、做大消费也很有帮助。同时要健全信用卡客户维护体系。维护客户最终还是要靠做好服务、权益、投诉管理、体验管理等一系列工作。当务之急是要建立起一整套的信用卡客户维护体系，包括客户全生命周期管理体系、产品全生命周期管理体系、客户权益积分管理体系、客户投诉处理管理体系和客户体验管理体系，为客户带来更好的支付服务、更好的权益、更好的回馈、更好的问题解决体验，实现能获客、留得住、促得活。

二是夯实消费基础。信用卡的表面功能是支付，背后是透支，但本质是消费。消费是获客的目的、活客的证明、分期的基础、中收的来源。全行都要提升对信用卡消费的重视程度，消费上去了，分期、中收等都能得到提升。首先要想方设法把消费做大，把消费的基础夯实。各行要以开展“爱购”促销活动为抓手，在全行统一开展促销的基础上，务必要投入配套的促销资源开展属地化“爱购”促销活动，总分联动共同提高活客、绑卡、消费的市场竞争力。同时要优化消费结构，一方面要加大线上消费和跨行消费等重点领域消费的提升，今年要花大力气提升互联网绑卡量及交易额，同时提升高收益的跨行消费交易额，聚焦重点行业开展促销；另一方面要调整本代本交易的经营策略，采取更加科学的、差异化的定价策略，提高综合收益。

三是夯实风控基础。信用卡以授信、透支为前提，支付的背后是资产业务，因此风控是信用卡业务的前提。风控优先在信用卡业务上是一个根本的要求，要提升对风控的重视程度。要加强风控体系建设，扎牢风控体系的“四梁八柱”，打造总行和分行之间、各级行之间清晰明确的授权体系；进一步加强前中后台三道防线建设，压实各自职责，形成有效的前中后台制衡机制；优化业务板块联动上的授权、制衡机制和流程衔接。要止住新的出血点。今年上半年信用卡单边劣变的金额达182亿元，比去年同期增长了46%，而且还面临贷款规模减少、剪刀差增加的压力。这种局面一定要尽快改变。这种改变靠的不光是加大核销处置力度，更重要的是要建立起严密、有效的风控体系，从源头控制风险。

四是夯实效益基础。在高度重视信用卡中间业务收入的同时，也要把效益贡献放在突出位置。只有能够创造效益的业务才是可持续的，要改变目前中收高效益低、客户多活跃客户少、消费多消费佣金少、分期交易额高收入少的现象。同时要加强产品定价的精细化管理。2019年我行分期付款平均年化收益率低于建行1.56个百分点，除了业务结构存在问题外，在产品定价上也不够科学合理。定价水平低不仅影响管理水平，时间长了还会影响工作作风，导致只会“以价换量”。要提升定价管理水平和定价能力，产品推广初期可以适当开展费率优惠，但也应尽量减少价格的“无感下调”。

客户基础、消费基础、风控基础、效益基础之间是相互制约、互为影响的。客户是所有业务的基础，它决定了消费、风控水平和结果，也决定了效益；消费是客户活跃的证明，是效益的直接来源；风控水平来源于客户结构、消费结构，资产质量也直接影响到效益；效益则是前面三项基础工作的结果和反映。这四个方面相互影响、牵一发而动全身。今年下半年全行信用卡条线一定要共同努力，切实把这四个基础夯实好，为明年及今后一个时期的发展创造好的条件。

四、全力做好信用卡优质客群渗透和不良资产处置工作

（一）齐心协力做好行内优质客群信用卡渗透工

作。今年启动行内优质客群信用卡渗透项目已有三个多月时间。截至7月7日，全行三大优质客群（房贷客户、中高资产客户、ETC客户）当年信用卡渗透71.5万户，占同期信用卡新客规模的25%。全行整体任务完成率仅为14%，与序时进度仍存在较大差距。期间优客渗透带来的日均获客仅4 574户，剔除总行批量获客因素，日均获客仅3 254户，平均每个网点日均获客仅0.2户。从细分客群情况看，房贷客群全行任务完成率25%，中高资产客群全行任务完成率19%，而ETC客群任务完成率仅为8%①。从分行情况看，当年优客渗透量排名前五的分行为山东、广东、江苏、四川及河北；排名后五的分行为海南、厦门、青海、天津及宁夏，这5家行当年渗透总量均不足5 000户。优客渗透年度任务完成率排名前五的五家分行分别为上海、福建、新疆、浙江和江苏；排名后五的分行分别为青岛、厦门、天津、江西和云南。但即使是任务完成率最高的上海分行，目前也仅完成了30%，没有一家分行达到序时进度。造成这种不利局面的原因主要有两个：一是主观上大部分分行重视程度还不够，特别是基层网点和一线客户经理还没有真正行动起来；二是客观上存在业务的痛点和流程的堵点。

分行主观能动性方面。一是从到店客户营销率来看，根据渠道部提供的数据，5月份行内三大优质客群中总计有490万人次靠柜台办理业务，总行已经部署了叫号机和柜面交易欢迎页面识别功能，在已经能够识别到店优客的前提下，当月全渠道渗透量仅9.4万户。二是从非到店客户营销率来看，6月起总行个金部和银行卡部联合部署了管户客户经理专项外呼营销活动，在总行下发的146万目标客户中，截至7月11日仅向3.4万客户进行了营销外拨，外拨执行率仅为2.3%，平均每周成功转化不足800户。三是从新增房贷客户转化率看，截至7月7日我行当年新增房贷客户90.3万户，约70%没有我行信用卡，其中只有6.1万户转化成了信用卡客户，占比仅为9.7%。这些数据表明，大部分分行重视程度不够，基层网点和一线客户经理还没有真正发动起来。

客观存在的痛点和堵点方面。一是分行反映因刚性扣减导致最终额度与告知客户的预审批额度不一致，总体审批通过率不高，影响营销积极性。二是行内三大优质客群的预审批客户约3 700万户，其中无卡客户约2 000万户，预审批客户数量还不能满足外呼需要。三是业务流程中存在堵点和断点，新增房贷客户通过GCMS系统联动BAM系统办卡时，因两个系统信息字段不一致导致约62%的进件堵塞在系统里；PBMS系统中尚未实现闭环办卡功能，管户经理外呼成功后只能通过发送短信或办卡链接的方式引导客户办卡，导致实际进件折损率很高，例如苏州分行在客户响应后的进件折损率高达45%。

在此次“2020夏季特别行动”竞赛期间，全行三大优质客群渗透的任务是新增260万户。到9月末还剩77天，需要每个网点每天转化2.2户，而不再是“一日一网点一户”。要完成这个目标，总行和分行需各司其职。

总行要做好顶层设计，尽快解决痛点堵点。总行银行卡部和个金部已在全力解决分行反映的问题，包括刚性扣减、审批通过率、GCMS系统与BAM系统联动、PBMS系统办卡闭环、客户经理云工作室信用卡营销业绩归属等问题。

分行要抓好工作落实，迅速发动全员营销。重点做到“五个100%”。一是对于到店客户，通过叫号机、柜面欢迎页面等渠道予以精准识别并做到100%营销。总行个金部、银行卡部、渠道部将联合定期通报每个网点的到店客户营销率。二是对于非到店客户，借鉴上海、贵州、苏州等先进分行经验，通过分行集中批量获客或分解到网点管户经理的方式，对预审批客户进行100%精准外呼，确保每个预审批客户每月外呼一次。三是要通过客户经理云工作室（客户经理名片）100%重点推荐信用卡产品，总行将增加信用卡产品营销业绩归属功能，提升客户经理营销积极性。四是对于新增的房贷、ETC和汽车分期客户，要做到100%同步办理信用卡，从源头上牢牢抓住每一个无卡客户。理财经理要面向客户100%营销信用卡产品，全面转化无卡中高资产客户。五是在联动对公条线开展代发工资、e分期等业务的职场营销时，要100%联动营销信用卡产品。采取名单制方式，重点面向医护、教师、军人、集团客户等六大优质办卡客群开展职场营销。

总之，对于行内优质客群的信用卡渗透工作，总行在政策、产品、工具、数据等各方面的支持都在陆续到位，接下来是考验分行执行力和行动力的关键阶段。对于工作不力的机构，总行将通过通报批评、行政问责、现场督办、倒扣中收等多种形式强化督导。各行要迅速行动起来，用好总行配套的各项支持政策，把责任真正落实到基层一线营销人员，全面完成三季度信用卡获客任务。

（二）把握机会，加大不良资产处置力度。最近一个时期以来，为更好地应对疫情影响，支持复工复产和实体经济发展，国务院多次召开会议，要求金融机构加大不良资产处置力度，防范和化解金融风险。银保监会、人民银行等监管机构陆续进行窗口指导，要求各商业银行增强拨备提取额度、强化贷款质量真实性管理、

① 统计时按照先归属房贷客群，再归属中高资产客群，最后归属ETC客群的方式进行去重，因此在一定程度上会低估中高资产客群和ETC客群的任务完成率。

加大不良资产处置力度，特别对于因新冠肺炎等自然灾害导致的信贷资产劣变可加快处置进度，进一步夯实金融稳健持续发展的基础。为抓住当前的政策“窗口期”，总行将加大对信用卡专业财务资源投入，有效化解存量不良资产。

各行要抓住这一历史性机遇，按照总行统一部署加强对信用卡风险资产的统筹管理。一是下半年不良资产处置工作时间紧、任务重，各行要选派精锐、配足人员，确保不良资产处置工作顺利完成。二是部分分行担心资产劣变会对风险拨备、利润等指标有所影响，思想上有顾虑。总行正在对今年的绩效考核方案进行调整，并将很快印发。各行要迅速统一认识、消除顾虑，树立机遇意识，通过现金清收、证券化、呆账核销等多种方式加快不良资产清收处置，尽快化解历史包袱，力争年底信用卡专业不良率控制在2%以内。

同志们，今年对于我们来说是非比寻常的一年，“2020夏天特别行动”营销竞赛活动是在疫情对信用卡业务产生较大不利影响，业务经营承受较大压力的背景下组织的一次特别的、打破常规的业务竞赛活动。去年的ETC营销攻坚战，同样也是在大幅落后同业的不利局面下打赢的一场漂亮的翻身仗。上一次，信用卡专业牵头全行创造了奇迹，相信大家只要能够继续发扬“勇往直前，勇争一流”“把不可能变为可能”的ETC精神，就一定能够再创奇迹，打赢今年这场不同寻常的攻坚战。同时，也希望全行信用卡和个金条线要按照“高标定位、系统思维、创新引领、落地执行、强化治理”20字要求，加强联动，携手共进，为全面打造“第一个人金融银行”及“第一信用卡银行”添砖加瓦，共同助力信用卡早日实现“客户首选、行业领军、世界一流、百年品牌”的美好愿景。

在全行个人金融业务下半年重点工作推动会上的讲话

宋建华

（2020年8月6日）

这次会议的主要任务是贯彻落实全行年中工作会议精神，深入推进“第一个人金融银行”战略，安排部署下半年全行个人金融业务的重点工作。下面，我讲三点意见。

一、上半年个人金融业务经营再创佳绩

今年以来，面对疫情对全行经营的影响，个金条线认真落实总行党委工作部署，全力抓好疫情防控、经营发展和战略落地各项任务的统筹推进。既克服困难、提前研判，灵活调整经营策略，把消费萎缩、客户到店减少、风险多发等负面影响降到最低；又抢抓机遇、顺势而为，加快推动业务的线上化、数字化转型。同时，通过“第一个人金融银行”战略品牌体系发布、大行争霸、客户经理日等一系列活动，压实责任、提振士气、激发活力。全行战略落地的氛围更加浓烈，在“比、拼、进”的过程中，不断检验并体现战略成效。

（一）坚持“比”的思想和行动，市场竞争力稳步提升。储蓄存款方面，把握社会资金流动规律，时点余额突破11万亿元关口，半年新增首次突破万亿元大关。日均增量8 868亿元，实现同业第一，占全行一般性存款增量的92%。同时，利率管理不断精细化，6月末全口径储蓄存款付息率1.91%，与一季度末持平，扭转了上升的势头。从各分行情况看，上海、山西、吉林、黑龙江、海南、新疆6家分行实现时点、日均增量的“双第一”，8家分行实现时点增量第一，14家分行实现日均增量第一。个人金融资产方面，围绕客户综合资产配置需求抢抓市场资金，余额达到15.5万亿元，同比多增3 054亿元，增幅47.28%，保持同业领先。个人外汇存款方面，加大重点客户群的营销拓展，加强结构性外汇储蓄存款创新，较年初增加11.5亿美元，同比多增21亿美元，四行占比提升0.3个百分点。从各分行情况看，上海分行余额同业第一，浙江、广东、福建、海南、厦门等分行实现增量同业第一。按揭贷款方面，抓住了房地产市场企稳复苏的机遇，及时调整经营策略，加强督导推动，强化对重点地区、重点企业和重点项目的资源投入，满足广大客户对美好生活的追求，新增3 133亿元，同业排名第一。从各分行情况看，有15家分行实现增量第一。其中，浙江、广东、江西、山东、河北、四川和上海7家分行增量领先主要可比同业30亿元以上。

（二）坚持价值创造，行内贡献度再创新高。不断扩大经营规模，改善经营质态，推动个金板块营业贡献再创历史新高，实现营业贡献1 216亿元，是全行唯一过千亿元的业务板块；在全行占比达到49.2%，同比提升2.1个百分点。其中，个金专业营业贡献1 179亿元，在全行占比达到47.7%，同比提升4.2个百分点，

在经济波动中发挥了压舱石和稳定器作用，真正体现了我们打造“第一个人金融银行”的意义。同时，抓住复工复产、复商复市的机遇，积极支持居民消费，发挥基金代销领域专业优势，加快基础结算业务创新，大力推动代理期交保险转型，加强新规理财产品销售，个金板块实现中收458亿元，在全行占比达到51.4%，其中个金中收（核心口径，不含三方）119.5亿元，完成序时任务102%，二季度当季实现同业第一。

（三）坚持客户为中心原则，客户基础逐步夯实。克服疫情防控对网点正常开业的影响，多措并举做好客户的营销服务。个人全量客户6.64亿户，净增1 402.96万户，增幅2.16%。强化GBC联动，重点客群拓展实现突破，代发客户达到9 722万户，较年初净增52万户，累计代发资金2.19万亿元，同比增加1 142亿元。深耕县域市场，县域客户达到2.83亿户，贡献了全行客户增量的57%，储蓄存款增量的34%。抢抓社保卡养老代发机遇，新获客347万户，占全量客户净增总量的25%，占全社会新发卡总量的65%。商友客户金融资产较年初增加1 970亿元，增幅6.45%。建工客群代发资金908亿元，同比增长41.8%。客户结构不断优化，月日均金融资产5万元以上客户达到4 483万户，净增176万户，同比多增72万户，增幅68.24%，创历年来新高。加大私人银行潜力客户推荐力度，9 917人提升至达标客户，同比提高11%。手机银行、信用卡及子公司产品的客户渗透率持续提升。

（四）坚持风控强基，资产质量保持稳定。经受住了疫情对个贷资产质量的考验，加快推进个贷业务集中处理，把好源头性风险防控的同时，强化贷后管理，抓紧逾期催收和不良处置，个人贷款不良率0.39%。其中，按揭贷款不良率0.29%，总体好于预期并保持合理水平，为全行整体资产质量稳定发挥了重要作用。“投诉治理年”效果初显，个人金融业务上半年月均投诉量2 909笔，较去年12月份下降54.5%，上半年累计投诉在全行的占比同比下降了22.8个百分点。

（五）加快转型发展，智慧化转型向纵深推进。在客户拓展上，运用工银e钱包加大线上获客力度，累计服务客户2 695万户，较年初增加929万户，成为个人客户拓展新亮点。在客户服务上，加快构建新一代全量客户分层维护体系，推出客户经理“云工作室”，访问突破318万次。运用智慧大脑服务中高端客户超过210万户；智能机器人外呼场景更加丰富，全员营销平台即将投入试运行。在客户体验上，极致体验工程建设持续推进，以智能资产配置、AI指数等引领代销转型，尤其是基金收入中权益基金占比同比提升33个百分点。工银智能卫士使用达到1.13亿人次，覆盖客户3 202万户。以线上化为方向推进业务流程优化，密码修改、风险评测等原来需要线下办理的业务，实现了在线办理，个贷业务的线上化改造也正在逐步落地。

（六）坚持做好常态化疫情防控，保障业务平稳发展。年初以来，面对疫情防控要求，全行上下提高站位，积极作为。构建了慈善捐款绿色通道，累计维护公益机构捐款账户超过1 700个，实现个人捐款21.7万笔、6.4亿元。个人贷款延期代扣惠及客户158万余人次。存单自动延期服务保障了355万户客户利益不受损。推出应急服务十条措施，特事特办、急事急办。高效处理客户投诉，有效化解舆情风险，充分体现了以客户为中心的经营理念和大行担当。

上半年个金业务发展的优异表现，也得到了监管、市场和客户的认可，我们蝉联了“中国最佳大型零售银行”，零售品牌以354亿美元的价值实现全球第一。成绩来之不易，得益于总行党委的正确领导和“第一个人金融银行”的战略引领，得益于全行上下的责任担当，也得益于个金条线广大干部员工的落地执行。在此，向大家并通过你们向奋战在一线的广大同志，表示衷心的感谢和诚挚的问候！

二、当前个金业务面临的经营形势

下半年，我们面对的形势更加复杂严峻。全行个金条线要认真学习领会年中工作会议精神，把思想统一到总行党委对形势的判断上来，把行动统一到总行党委的决策部署上来，以“第一个人金融银行”战略为引领，深刻把握业务发展规律，努力在危机中孕育新机、在变局中开创新局。

从当前业务发展面临的环境看，有几个总体判断：一是疫情防控将成为常态。从外部看，客户行为的线上化趋势已经不可逆转，非接触式金融服务需求将持续增长。从内部看，如何更好地搭准基层脉搏，创新工作方式，对我们的组织推动能力提出了更高的要求。二是货币政策将更加灵活适度。7月30日中央政治局会议提出，下半年财政政策要更加积极有为，货币政策导向要更加精准，保持货币供应量和社会融资规模的合理增长，推动社会资金更好地浇灌实体经济，助力小微企业。要深入分析，及时看清社会资金的流向和规律，提前做好预判和应对。三是各类风险将处于更加多发高发态势。在疫情影响、经济波动及中美关系发展不确定性等因素的多重叠加下，除了要应对传统的信用风险、操作风险外，还要高度关注、密切跟踪市场风险、合规风险、声誉风险等各类输入性、混合性风险。四是个金业务的市场竞争将更加激烈。在经济波动的背景下，个金业务对商业银行稳定器的作用更加凸显，将成为包括大型银行和股份制银行等各类同业的共同关注和转型焦点。

具体到个金业务来看，有几点值得我们关注：

（一）在抢抓市场机遇上要下大功夫。要深入研究，前瞻性布局，有效应对市场变化，提升市场竞争力。储蓄存款方面，7月末全行储蓄存款增量较可比同业，仍落后1 324亿元，且时点增量的最大差距超过了1 900亿元，这已经超出了我们保持日均增量领先所必需的“安全边界”，要引起高度重视，在提升发展稳定性的基础上，瞄准增量第一加快赶超。按揭贷款方面，按目前的资源约束条件看，到年底前每月可用的贷款资源不足400亿元。面对市场回暖的趋势，要提早布局，加大资产证券化力度，有效满足个人客户和合作伙伴的需求。个人中收方面，虽然二季度明显提速，核心口径个金中收实现当季第一，但总量距离同业仍有差距。要抓住国家扩大内需、推动居民消费升级的政策导向，把握资本市场发展机遇，实现下半年中收的加速增长。

（二）在夯实客户基础上要下大功夫。市场竞争力能否提升和稳固，背后取决于客户。客户基础决定了业务规模、风险水平和经营质态。要坚持全量客户和中高端客户协同发展。在客户拓展上，上半年受到疫情的冲击，全行客户净增1 403万户，同比少增了610万户。要继续深化GBC联动，抢抓代发、商户、县域等各类源头性客群。同时加快推动线上获客发挥成效，补齐客户拓展的缺口。在客户维护上，要加快构建新一代全量客户分层维护体系，不断充实个人客户经理队伍，加快技能提升，推动各类新的维护手段应用，扩大中高端客户规模。

（三）在智慧化转型上要下大功夫。疫情改变了传统的产业发展、商业模式和客户金融消费方式，正在倒逼商业银行运用金融科技手段，创新客户服务方式。总行这两年在智慧大脑、极致体验、客户经理“云工作室”、智能资产配置、AI指数、智能卫士、机器人外呼等方面进行了大量创新。对于各类智慧化项目的成果，有的分行步伐较快，应用较好，成效明显，也有的分行还需要进一步打破惯性思维，加快转型，推动各类创新服务的落地应用。

（四）在风险管理上要下大功夫。虽然上半年全行资产质量经受住了疫情的冲击，但要看到，潜在风险管控压力仍然较大。到6月末，全行个贷单边劣变额同比增长78%，剪刀差同比增长26%。同时，疫情造成的全球金融市场波动，也对我们的代理销售类业务、外汇业务、反洗钱合规等带来了挑战，还需要强化合规意识，加强产品设计，做好投资者教育，并密切关注中美关系变化对业务发展可能带来的风险。

三、下半年个金业务重点工作安排

下半年，全行个金条线要坚定信心，振奋士气，按照总行党委“48字”工作思路，持续做好各项重点工作，推动“第一个人金融银行”战略实现良好开局。

（一）下半年工作的总体思路。全行个金条线要在“第一个人金融银行”战略引领下，认真落实全行年中工作会议精神，运用“三比三看三提高”工作方法，准确把握“大、全、稳、新、优、强”的发展方位，进一步增强竞争意识、风险意识、客户意识、效益意识和转型意识，把握全行发展蓄势期、转型加速期和风险消化期的历史机遇，落实优先发展战略要求，加大资源投入，推动转型创新，夯实发展基础，持续提升核心业务竞争力，加快推动智慧化转型，实现个人金融业务更好更快地发展。

在工作落地上，要切实增强以下五个方面的意识：一是竞争意识，要按照“比”的思想，对标先进同业、对标任务目标、对标兄弟分行，以市场竞争力为目标，高标定位，努力实现市场排名的赶超进位。二是风险意识，要前瞻性地研判各种风险，强化业务发展与风险管理的统筹平衡，增强对新的风险特征的认识，及时有效应对，确保业务平稳发展。三是客户意识，客户是个金业务的基础、核心和关键，要把以客户为中心的理念体现在各类制度流程中，固化在各类系统平台上，不断完善客户分层维护体系，运用智慧化手段提升客户服务水平。四是效益意识，要不断提高效益管理水平，既会算账，算细账，提升业务发展质效，又会算好综合账、长远账，把资源用在刀刃上，不断提高个金业务的效益贡献度。五是转型意识，要与时俱进，紧跟互联网时代发展，运用好金融科技的煲汤赋能，构筑起业务发展的代际优势。

（二）下半年总体工作安排。在上述思路的指导下，下半年全行要重点抓好以下几方面工作。

1. 认真做好“美好与共”主题营销活动。近期总行“第一个人金融银行”战略品牌体系发布会赢得了良好的社会反响，激起了全行上下的广泛共识。为更好地拉动市场需求、提振居民消费、服务新发展格局，并提升个金业务的品牌美誉度，夯实客户基础，按照总行党委要求，总行决定启动为期三个月的个金业务大型主题营销活动。

这次活动从8月1日启动，到10月31日结束。围绕“客户扩面、交易扩量”为目标，重点围绕代发客户、商友客户、消费客群、资产提级客群、年轻客群和互联网客群六大类客群，推出八项针对性的主题营销活动。力争活动期间新拓客户1 200万户，到10月末，实现月日均金融资产5万元以上客户比年初净增220万户。总行成立了“美好与共”主题营销活动领导小组，由我任组长，个金板块相关部门的负责人任副组长，统筹做好组织协调、宣传推广、资源投入、监测评价等工作。各分行要高度重视，按照总行统一安排，结合本行实际，细化方案，进一步打响个人金融品牌，提升市场竞争力，为完成全年目标任务奠定基础。

2. 全面提升核心个人金融业务竞争力。要围绕全年经营目标，依托“美好与共”主题营销活动，加快竞争力提升。

储蓄存款，要以年末时点、日均新增“双第一”为目标，关注货币政策的变化趋势，关注资本市场发展和资管新规延期实施的影响，妥善应对各类创新产品集中到期的影响，做好资金的承接争揽，提升储蓄存款发展的稳定性。加强对代发、县域、社保、建工等源头性客群的储蓄存款营销，做大各类客户的“过路”资金，提高利率精细化管理水平，推动量价协调发展。全行要高度重视存款付息管理工作，特别是活期创新产品的压降工作。目前，还有部分行7月末的活期创新产品规模不降反增，全行必须统一思想，努力压降，为负债业务的发展腾挪空间。加强个人外汇重点客群营销，稳步做好个人外汇结构性存款产品发行，推进湾区零售业务创新，筑牢个人外汇合规基础，进一步缩小与先进同业的差距。把握居民财富保值增值需求，继续做大个人金融资产“蓄水池”，实现储蓄存款与金融资产的协同发展。

个人贷款，要坚持按揭贷款的主体地位不动摇，确保全年按揭贷款增量第一。坚持“三个重点”的发展策略，加大营销力度。在巩固一手房贷款竞争力的同时，根据市场发展阶段，加大对直辖市、省会城市等重点地区二手房贷款的发展力度。总行已将证券化还原纳入房贷增量同业竞争力的考核指标，下半年按揭规模分配将与证券化额度挂钩。各行要加强前瞻研判，认清形势，按照总行统筹部署，及时、有序做好证券化工作，统筹好表内外资产协调增长。个人消费贷款要抓好重点领域的创新突破，个人经营贷款要完成新增600亿元的普惠贷款目标任务，公积金委托贷款要进一步缩小与先进同业的差距。要抓好个贷业务的精细管理，推动个贷业务处理中心在城市行层面的全覆盖，加快个贷营销中心建设，同时加快推进与当地政府的权证等系统对接，从源头把控个贷风险。加快个贷业务创新转型，运用金融科技，推动个贷业务申请、审批、放款、催收等各环节的线上化发展，提升业务处理效率。

个金中收。二季度开始，全行个金中收呈现了加速追赶的态势，全行要继续保持，力争全年实现最严格口径个金中收的同业第一。要持续做好支付结算业务。以发行“故宫六百周年纪念卡”等为契机，加快特色卡的业务推广力度，加强借记卡年费、工本费减免管理，持续开展消费促销，积极发掘新的增长点。要加快代理业务的转型发展。抓住资本市场回暖机遇，运用AI投销售模式创新，推动全行基金收入四行占比超过40%。加快期交保险转型，做好队伍销售技能培训，推动线上化建设，力争全年销量超200亿元，实现同业第一。这里特别强调一下代理业务第二梯队建设，要优先把江苏、浙江、山东、四川等市场潜力较大、基础较好的分行代理业务发展好，尽快缩小与同业差距，提高系统内贡献度。在此基础上，推动河南、河北、福建等分行业务发展，形成全行更加合理均衡的区域发展格局。

3. 全力夯实客户基础。以“美好与共”主题营销活动为着力点，紧紧围绕重点客群做文章。要持续推动全量客户拓展，下半年客户净增1 800万户，力争2 000万户。围绕代发客群，重点做好建工、社保、军队等代发领域的拓展，提升代发工资总额。商友客群要针对细分群体开展针对性营销，加强个人普惠贷款融资支持，形成支付便利网络，沉淀更多结算资金，力争新增50万人。消费客群要重点加强活动促销，扩大绑卡消费交易规模，提升中收业务贡献，专题活动期间新增发放特色借记卡300万张，全年要突破700万张。资产提级客群要强化产品渗透，促进潜力个人客户资产提级，月日均金融资产5万元以上客户规模稳定增长。年轻客群要通过“开学季”主题营销，做好对大学生群体的拓展，并契合少儿学生金融服务需求，拓展非金融增值服务。互联网客群重点要发挥工银e钱包优势，加强线上场景合作，持续提升线上获客能力，力争全年获客达到1 800万户。要全面提升客户维护水平。抓紧构建更加完善的全量客户分层维护体系，10月份向社会发布。要加强客户经理“云工作室”的建设与应用，发挥客户维护和产品营销的作用，提升线上维客能力。围绕客户画像、营销、风控等重点领域做好落地应用，加快推动智能外呼平台场景应用。做好智慧大脑建设，以“复用、整合、聚合、共享”为原则，实现平台全面升级，覆盖全量客户、全类产品和全部渠道，不断完善管理、考核等机制建设，实现智能计算达到千亿量级，客户经理、远维经理人人会用、人人在用，推动中高端客户维护效能提升50%，推荐成交的各类产品销售及银行卡交易规模破千亿元。通过不断的使用和完善，让智慧大脑成为个人客户维护的基础，推动各部门依托智慧大脑，共同围绕客户画好同心圆。极致体验工程要在8月份如期完成咨询项目的既定任务，逐步建立起“以客户反馈为导向发现问题、追根溯源定位责任解决问题”的体验管理闭环系统，尽快实现项目成果的落地应用。

4. 持续加强风险管理。强化信用风险管理，主动融入全行信用风险管理框架，围绕“主动防、智能控、全面管”，严格履行“一道防线”直接责任和“二道防线”管理责任，看住“入口、闸口、出口”三道口，用好“七彩池”色区分级管理，一手抓好源头治理，严把准入关，做实基础调查、换手监督和核验检查，严防假按揭；一手抓风险的消化处置。到6月末，全行三年以上长账龄个人不良贷款还有47亿元，劣变超过3个月的“应诉未诉率”35%，个别分行甚至达到70%。各行要加大核销力度，特别是加大长账龄、历史遗留问题贷款的核销力度，为长期可持续发展创造条件。强化声誉风险管理，持续做好“投诉治理年”“销售适当性”“非实名”专项治理工作，集中力量整治投诉较多、销售违规损害消费者权益、高洗钱风险客户未管控等问题，保护消费者权益。防范合规风险，聚焦信贷、外汇、理财与代销、支付结算、中间业务收费、征信等处罚重点，组织开展监管红线专题风险评估工作。尤其今年以来，公安部、人民银行等多部委严厉打击涉赌涉诈，并要求商业银行加强对个人结算账户的管理，有效阻截违法犯罪活动资金链。各行要落实监管要求，集中开展针对存量个人账户的涉赌涉诈的集中排查、管控和治理工作。要不断加强个人结算账户的开户管理，落实好开户环节的身份识别要求。同时，做好欺诈风险管理，推动“工银智能卫士”功能升级，打造智能风控体系，将风险防控能力转化为市场竞争力。

5. 加快推动个金业务智慧化转型。顺应互联网时代发展和疫情防控形势，发挥我行金融科技优势，加快探索业务的线上化、数字化、智慧化转型，塑造新的竞争优势。要把握市场变化、技术发展和监管支持的契机，加快线上化步伐，实现目前还必须线下处理的一些复杂业务尽快“上线”，延伸服务触点，提升客户体验，实现线上线下的一体化布局。在线上化的基础上，一方面做好业务数字化输出，围绕“数字中国”建设，融入各类政务互联网、产业互联网发展潮流，把我们的产品和服务布放在客户常用的各类互联网场景中；另一方面，做好大数据的积累和建模分析，通过人工智能手段，为科学决策提供支撑，实现客户服务、市场营销、风险防控和内部管理等各领域的智慧化，发挥工商银行在金融科技领域的领先优势，打造行业转型的标杆。

6. 加强个金业务协同联动。今天银行卡业务部、工银瑞信、工银安盛的主要负责人也参加了会议，这里我想就几个专业的联动再做几点提示。

对于信用卡业务，总行党委高度重视，会前谷行长也特别强调，在本次会议上对信用卡的基础工作再做一个安排部署。自7月15日全行启动“夏天特别行动”以来，业务发展总体呈现了向好趋势。从7月当月情况看，一是分期付款交易额加快增长，当月实现分期交易额393亿元，较上半年月均水平提升了10%。二是客户拓展有所加速，当月客户净增17万户，较上半年月均水平提升了68%。三是收单交易额平稳增长，当月实现2 783亿元，较上半年月均水平提升了21%，前7个月同比降幅有所收窄。四是资产质量显著改善，当月单边劣变18.1亿元，比二季度月均下降14.3亿元，比上半年月均下降12.3亿元。

但仍要清醒地看到我们发展中面临的一些基础性问题。消费增长仍然乏力，前7个月消费额同比减少1 819亿元，降幅10.9%。中间业务同业压力依然很大，还需加快发展。接下来，全行要围绕客户、消费、风控和效益四个方面，持之以恒夯实发展基础。

第一是夯实客户基础。这是业务发展的根基。全年的客户目标是净增650万户，其中活跃客户净增300万户。三季度客户净增250万户，活跃客户200万户。一要做好行内优质客群的深耕，力争三季度优质客群渗透新增260万户，全年新增500万户。总行将加大“负面激励”力度，通过在分行高管和个金专业考核中设置较为严厉的倒扣分指标，让落后分行“有感觉”。同时，对一线客户经理设置相应的扣分指标，压实各层级营销责任。各分行要做到“五个全覆盖”，即管户客户100%营销，预审批客户100%外呼，职场联动100%营销，新增客户100%营销、到店客户100%营销，切实提升营销成效。二要深耕行业优势客群。目前我行对医护、军人、教师三大客户群体的信用卡渗透率分别仅为1%、31%和0.4%，发展空间巨大。年内各客群的营销渗透率要提升10个百分点以上。总行将对医护卡、军魂卡、教师卡等进行产品升级，各行要抓住教师节、开学季等重要营销节点，加快批量营销。三要健全信用卡客户维护体系。加快建立客户全生命周期管理体系，构建一套连贯衔接的客户运营维护流程以及分层分群服务体系。建立产品生命周期管理体系，实现从产品规划到产品退市的全流程科学管理。建立客户权益积分管理体系，提升客户黏性和活跃度。加快建立客户投诉管理体系、客户体验管理体系，全面提升客户服务水平。

第二是夯实消费基础。要围绕做大总量、做优结构、提升效益三大方面夯实消费基础。一要想方设法把消费做大。总分联动开展“爱购”促销活动。总行层面围绕主流互联网平台以及大型连锁品牌，做好全国性促销，做大爱购品牌声势；各分行要配置专项费用，优选餐饮、商超等本地优质商户开展“爱购”属地化促销，并做好商户宣传，实现场景化办卡、绑卡、消费协同发展。要推进G端B端消费，依托单位商务卡大力发展和培育各级政府、事业单位机构类客户的公务消费潜力，培育新的消费增长点。二要优化消费结构。要加大绑卡消费和跨行消费等重点领域消费的提升。在绑卡消费提升上，要树立“优先绑信用卡”的理念，以微信、支付宝、京东三大平台信用卡消费累计积分、节假日绑卡多倍积分、“绑卡合伙人”社会化营销、8月与网金部联合开展绑卡促销等为抓手，激励客户绑卡消费。在跨行消费提升上，要联合银联及第三方供应商针对商超、娱乐、餐饮等重点行业开展促销，大幅提升跨行消费水平。三要同步调整本代本交易的经营策略，实行本行卡刷卡手续费与银联卡跨行手续费率一致的定价策略，有效杜绝“无感减免”，提高综合收益。

第三是夯实风控基础。按照“统一风险偏好、统一制度政策、统一控制流程、统一风险限额、统一经营系统”的基本原则，尽快构建完善的信用卡风控体系。一要统一风险偏好。厘清前中后台职责边界，进一步加强前中后台三道防线建设，市场部门要履行风险防控的主体责任，风险部门要履行风险防控的管理责任，内控内审部门要履行监督责任，形成有效的前中后台制衡机制；压实卡中心领导班子风险管理的主体责任、主要负责人的第一责任以及分管领导的实施责任。二要统一风险限额。坚持以客户为单位的统一授信限额管理，构建“1+N”产品限额管控体系，强化分支机构限额管理，做好合作机构限额管理。三要统一制度政策。确保全流程制度覆盖、全产品建章立制。对于分行特色产品，必须经过充分创新风险评估并配套制定产品制度后开办业务。四要统一控制流程。年内将信用卡、分期、消费贷款等全产品、全流程授信审批统一纳入 Blaze 智能决策引擎，实现全行风控策略的统一管理和智能化控制。五要统一经营系统。加快研发“信用卡全流程智慧经营管理新系统”，按照线上化、数字化、智能化、生态化的理念，进行 IT 架构重建，破除业务流程壁垒，打造从客户识别、申请受理、调查审批，到发卡启用、消费分期、客户挽留，再到风险监控、逾期催收、不良处置全流程的信用卡经营管理新系统。

第四是夯实效益基础。把效益贡献放在突出位置，改变目前中收高、效益低，消费多、回佣收入少，分期交易额高、中收少的倒挂局面，按照“开源节流”的思路来提高信用卡效益管理水平。一要在收入“开源上”，实施定价精细化管理，进一步健全资产业务定价管理长效机制，避免开展全国统一性促销活动和价格无感下浮，不断提升经营效益。同时总行卡部要指导分行做好信用卡资产业务合理定价。尽快建立商户业务综合贡献评价与分润机制，并在全行应用推广。重点提高分期、商户业务的持续盈利能力。二要在成本“节流”上，抓住政策机遇，大力推进信用卡专业贷款核销与不良资产证券化，同时对潜在风险资产进行主动劣变和处置，前瞻性管控未来风险成本。分期付款业务要尽量投放 1 ~3 年内期限短的产品或业务，将资金成本控制在合理水平。同时加快清理高成本、低收入或零收入收单商户，降低商户业务刚性手续费支出。

对于工银瑞信，围绕全行个人客户的投资需求，实现了较好的联动。从产品销量看，上半年工银瑞信在全行股混基金的销量同比增长 4.7 倍，其中，非货币基金的保有规模占比达到 11.5%，较年初提升 2.3 个百分点。从投研看，通过发挥在研究领域的专业优势，量化筛选绩优基金，为工银财富基金动态配置指数提供了有效支撑。从服务支持看，创新营销方式，通过在线的直播、培训等加强队伍培训。接下来，行司要继续加强协同，合作打造基金销售第二梯队，共同服务好集团客户的投资需求。这里提示一下，7 月 22 日上交所发布了科创板 50 指数，目前工银瑞信即将推出跟踪该指数的 ETF 联接基金，并成为市场首批四家发行机构之一。这也是全行落实国家战略，助力科技创新企业融资和资本市场改革的重要内容，让更多投资者参与并分享国民经济高质量发展的红利。各行要统筹做好产品发行的激励政策、业务培训、营销推动，在充分揭示风险的情况下，做好客户的合规销售，确保发行规模在首批同业中实现第一。

对于工银安盛保险，要强化行司联动，大力支持工银安盛保险业务发展，努力实现银行系保险公司同业领先。稍后还会举行工银安盛银保荣誉会，这里不再展开。

同志们，在总行党委全面打造“第一个人金融银行”战略部署下，个人金融业务正迎来历史上最好的发展时期，每一个成绩的取得都振奋人心，更激励着全行个金人不断前行。我们要团结一心、奋斗落实、砥砺前行，一步一个脚印、日积月累，力争早日实现战略目标，重回市场领跑地位。

在持续推进监管转办投诉治理专题会上的讲话

宋建华

（2020 年 9 月 23 日）

一、客户投诉工作存在的问题

今年以来，个金部与卡部均在全行组织开展了客户投诉专项治理活动，各级机构对客户投诉工作的重视程度与消费者权益保护意识有了明显提升，投诉治理取得一定成效。这说明只要提高重视程度，狠抓落实，就一定会见效。目前，我行个人客户达到 6.7 亿户，存在一定的客户投诉属于正常现象。但需要引起注意的是，我行投诉数量居多、在同业中排名靠前，问题出自三方面。

（一）“以客户为中心”的宗旨并未真正落实。客户投诉是“以客户为中心”宗旨的试金石。产生客户投诉的根本原因在于“以客户为中心”的宗旨还没有真正落实。今年 1 –8 月的监管转办投诉中，还存在大量因客户对我行制度、流程、业务规则及服务态度与服务质量不满而引发的投诉，反映出我们的制度、流程、系统设计得不科学、不人性化，客户体验感差，投诉的处理和响应不及时，“以客户为中心”的宗旨还没有入脑、入心。

（二）对客户投诉响应不及时，处理效果不理想，导致客户投诉升级为向监管部门投诉。部分分行对处理客户投诉问题不重视、不及时、不灵活，完全照搬监管政策与我行制度，不善于充分发挥小额补偿息诉止争作用，不主动作为，缺乏担当意识。有的基层员工在处理客户投诉时，态度冷漠，无形中将客户推向了监管部门，导致全行监管转办投诉数量在可比同业中持续处于高位。

（三）分行层面重视程度与治理效果参差不齐。各行在落实总行消保工作“一把手”工程与客户投诉治理“规定性动作”方面存在较大差异。少数分行业务部门在客户投诉管理观念方面还存在“等”和“靠”的思想，过度依赖投诉管理牵头部门，工作主动性与积极性不够，对制度、流程、系统等根源治理的重视程度不高。

二、下一步工作要求

（一）提高站位，增强认识。落实“第一个人金融银行”战略，打造“第一口碑银行”，最终要看客户投诉管理是否到位。个金业务和银行卡业务是全行客户投诉的主体，这两个专业的投诉问题解决了，全行客户投诉的问题也就基本落定了。因此，各级个人金融业务部和银行卡业务部要承担主体责任，落实消保工作“一把手”要求，践行“以客户为中心”的宗旨，研究设计制度、流程、系统，找到投诉问题症结，坚持不懈做好根源治理，发生投诉及时处理，提升客户服务体验。在压降投诉的同时，更要紧盯同业，确保投诉数量同业排名降位。

（二）善于分析，挖掘客户投诉的价值。要加强投诉分析，深度挖掘投诉价值，开展投诉根源治理。要加快个人客户服务分层体系建设，通过“智慧大脑”建设与极致体验工程，为客户提供“千人千面”的个性化服务；要加快建立信用卡客户全生命周期管理体系，持续完善客户体验管理机制，健全客户投诉管理体系，提升信用卡客户满意度。针对个人贷款（包括融 e 借、个人经营贷款）与投资理财这两个监管转办投诉比较集中的业务，要研究问题根源，采取有力措施，开展专项治理，确保有效压降监管转办投诉。针对当前信用卡专业面临的协商还款、息费减免、征信纠改这三大投诉热点问题，要梳理优化相关制度、政策、流程，增强灵活性与可行性，为基层分行解决客户诉求持续赋能。

（三）坚定信心，持续推进客户投诉治理工作。个金部与卡部研究制定了很多的治理措施，由于存在一定的滞后性，在治理初期效果不是非常明显，但这些措施总体是有针对性的，目前的趋势是向好的。在治理过程中要分清轻重缓急，对于因服务态度和效率引起的不满，要坚决对当事人追责问责；对于制度、流程、系统方面的问题，要应改尽改、立行立改；对于制度、流程、系统无误但客户不理解的情况，要加强对客户的解释；对于社会上钻监管空子的职业投诉等黑色产业链问题，要加强与监管的沟通汇报。

（四）加强联动，增强合力。一是加强总分行联动。总行要加强对分行治理措施落实情况的跟踪与评价。治理进展与治理效果情况要通报，不重视的分行要点名通报，并约谈督导。二是加强总行部门间联动。好的治理措施要实现共享、复制。消保办作为牵头部门，要加强客户投诉管理的基础建设，进一步完善全行客户投诉治理机制，对有责、无责投诉开展精细化分类分析，明确各方责任，找到有利于根本解决问题的着力点；远程银行中心要落实“首问负责制”，发挥第一道投诉化解作用。三是部门内部各处室间的联动。要找准问题的出处与根源，将整改责任分解至各业务处室，由责任处室拿出具体措施。

在全行直客式专项分期营销队伍组建工作推动会上的讲话

宋建华

（2020 年 9 月 23 日）

今天我们召开会议，旨在贯彻落实总行零售业务推进委员会会议精神，尽快组建直客分期队伍，推动分期付款业务由间客向直客转型，为全面打造“第一个人金融银行”“第一信用卡银行”增势蓄力。下面，我讲三方面意见。

一、充分认识发展直客分期业务、组建专门队伍的重要意义

信用卡具有支付融资一体化的特点，本质是信贷业务，其核心就是分期付款。近年来，信用卡稳居全行中

间业务收入总量最大、贡献度最高的产品线，其中分期付款中收占信用卡中收的 65%，占大零售板块中收的 27%，一直是贡献度最高的单一产品。多年来，我行分期业务的发展模式以间客式为主，即与合作机构合作，由合作机构拓户、担保和代偿。但随着近年来外部环境和监管要求的变化，以及全面打造第一信用卡银行的需要，分期付款的发展模式已经到了由间客向直客转型的关键时刻。

（一）发展直客分期是遵循商业银行信贷业务经营规律的必然选择。商业银行信贷业务的经营规律要求我们，一是必须要有独立风控能力和专门人员队伍。直客模式依靠自有风控、自有系统和专门队伍来开展业务，完全符合商业银行信贷业务的经营规律。分期付款的本质是信贷业务，从本源上就应该按照直客模式来发展，营销、风控、贷后管理等核心业务环节不应交由第三方机构来处理，建行、招行等大多数商业银行的分期模式均以直客为主。二是优先选择优质客群。直客分期主要通过与优质的一级经销商和家装公司合作，以中高端客户为主，更符合我行的风险偏好和客群定位，是抢夺优质客户和优质渠道的最佳路径。而间客分期主要是与二级经销商合作，以下沉市场客户为主，这与我行的客户定位是不一致的。三是合规经营。直客分期能够最大限度确保业务办理的规范性和服务质量，符合合规经营的信贷业务发展导向。而间客分期由于部分业务由合作机构代办，我行无法掌控，存在收费事项客户不认可、异地业务解押慢、面签难落实等问题，成为近年来客户投诉的焦点和监管关注的重点。信用卡是客户投诉的焦点领域，其中关于分期付款的投诉占比很高。这与分期业务模式有着很大的关系。因此，从遵循信贷规律来说，我行需要大力发展直客分期业务，将风险管控、客户选择、系统运营牢牢把握在自己手里，实现业务的可持续发展。

（二）发展直客分期是适应外部环境变化的必然选择。由于多年来我行信用卡条线没有专职营销队伍，人员外包又有诸多限制，为了参与汽车分期市场竞争，与合作机构合作的间客模式成为了当时“不得不选择”的发展路径。目前我行专项分期中间客业务超过 80%，直客业务不足 20%。在经济上行以及监管相对宽松时期，间客模式对我行拓展汽车分期业务作出了重大贡献，但也越来越难以适应新的发展形势。一是近年来监管持续加强，对合作机构的资质、担保限额以及异地业务面签提出明确要求。目前我行专项分期合作机构已由 2018 年的 1 588 家下降到 350 家，专项分期余额也已由 2018 年的 2 334 亿元下降至 2 068 亿元，预计业务规模还将进一步萎缩。二是近年来经济下行压力增大，汽车销量持续负增长，合作机构经营能力出现波动，特别是今年疫情造成少数合作机构停业甚至倒闭，间客分期基本停滞。当前间客分期正面临着合规问题、发展问题、质量问题三大困境。为了适应新形势下的经济、市场和监管环境，我们必须依靠做大直客业务弥补间客业务缺口，并在此基础上寻求更大的增长空间。

（三）发展直客分期是补齐“第一信用卡银行”短板的必然选择。近年来我行信用卡中收较建行差距不断拉大，分期付款是最大短板，而间客模式又是最重要的影响因素。受间客业务收缩影响，我行分期付款余额较建行的领先优势明显缩小，并于今年被建行赶超。特别是今年以来疫情造成合作机构业务停滞，1－8 月我行分期余额较年初仅增加 1 亿元（同业可比口径）；而建行以直客模式为主，受疫情影响小、业务恢复快，1－8 月分期余额较年初增加 743 亿元。分期业务增长乏力造成今年 1－8 月我行分期中收较建行落后 52 亿元，信用卡中收总量差距近 60 亿元，较同期拉大 13 亿元。同时我行间客分期采取前端分润模式，而建行直客分期采取先收后支模式，直接对客收费，有效扩大了银行端中收。在当前形势下，我行必须要以发展直客分期为突破口，通过模式转型为分期业务带来新的活力和动力，尽快缩小较同业的差距。

（四）组建直客队伍是发展直客分期的关键路径。直客式业务转型不是一蹴而就的。今年以来，为推动分期业务向直客模式转型，总行努力夯实直客业务发展的基础。比如在科技部门的大力支持下，研发了全新的 e 分期系统，实现了移动端获客、纯线上无纸化、优质客户秒批秒贷、授信额度秒级测算、自动审批效率不断提高，流程不断优化，系统条件大大改善。特别在风控能力上，我们的系统技术、流程管控等均较前几年有了质的提升。比如，引入了“五大评分”（人行征信评分、FICO 评分、百融评分、中诚信评分、行内评分）、“六大风筛”（特别关注、反洗钱、内评系统、灰名单、交叉违约和外部反欺诈），提高了对于客户的识别能力；通过汽车抵押专线办理、家装分期上门勘验实时定位等技术手段，确保了业务的真实性；实现系统自动返显新车厂商指导价、二手车在线评估、在线核验发票和保单等，确保了交易和价格的真实性；可在线查询客户公积金、社保、纳税、银行流水，确保了客户收入的真实性。应该说，目前直客分期发展“万事俱备，只欠东风”，关键就在于建设一支专业化的人才队伍。从同业经验来看，建行拥有 6 000 人的专职营销队伍，其中2 000人为自有人员，4 000 人为外包人员，这是当下我们最根本的差距，也是只看业务指标看不出来的差距。从分行实践来看，广东分行开办直客分期 10 年，配备了近 1 300 人的客户经理队伍，累计放款超 410 亿元，不良率 0.3%，其中中山分行在全国 30 强分行中排名第 4，配备直客分期客户经理 52 名，年交易额突破 30 亿元，年创中收 2 亿元。无论是从同业经验还是分行实践来看，我们都必须尽快建立专门的直客队伍，激发系统、风控、队伍等方面的合力，真正将直客业务做大做强。组建4 000人的直客队伍，这是信用卡条线在用工方式的重大突破。各行要牢牢把握发展机遇，按照要求尽快组建团队。条件成熟后，可在直客式队伍的基础上建立一支信用卡营销外拓队伍，覆盖分期、获客等营销环节，补足基层信用卡营销队伍短板，夯实可持续发展的根基。希望各行清楚，要想把信用卡中间业务收入做大，必须要靠分期付款；要想做大分期付款就必须要通过组建直客式队伍、做大直客式业务来实现模式转变。

二、明确直客分期业务当前的主要工作

今年以来，直客分期业务开局良好，近三个月持续实现了环比 10% 的增长速度，8 月份直客分期交易额已突破 33 亿元。当前的重中之重是要抓紧组建直客式业务团队，并在此基础上铺开市场拓展，实现直客式业务的加速度发展。在这支队伍的助力下，到明年三季度，我行直客分期交易额预计将达到每月 100 亿元，基本追平建行。同时随着间客业务的逐步规范和属地业务落地，间客业务还将持续为我行分期作出贡献。我相信，在间客 + 直客双轮驱动的发展模式下，我行对建行的赶超指日可待。大家要充满信心、鼓足干劲，推动直客业务量质并举发展。

（一）抓紧组建直客式业务团队。前期，总行已通过行发文正式印发了《全行直客式专项分期营销队伍组建方案》，按照分步推进原则，优先选择资源禀赋好、市场潜力大的 100 家重点城市行先行组建不少于4 000人的信用卡直客式专项分期营销队伍，其中 1 000 人为我行人员，3 000 人为外包人员。北京、上海、天津、重庆，以及深圳、大连、青岛、宁波、厦门、广州、苏州、成都、南京、武汉、杭州 15 家直辖市及特大城市行，每行至少组建 80 人的直客式业务团队，其中自有人员不少于 20 人；郑州、西安、长沙、合肥等 85 家省会城市行和重点城市行，每行至少组建 40 人的直客式业务团队，其中自有人员不少于 10 人。其他二级分行要结合自身实际，按照“成熟一个、发展一个”的原则，逐步完成自有及外包的直客式业务团队的组建。

上周总行银行卡部已下发通知，要求各行上报团队组建方案及实施计划，目前仅有 3 家分行上报。请各行分管行长高度重视、亲自定方案、督进度、抓落实，特别是要做好和一把手的沟通。二级分行一把手行长也要亲自部署、亲自协调，亲自督办。

一是加快重点城市行自有队伍建设。发展模式上，可参考以下模式：一种是按照“谁营销、谁受益、谁负责”的原则，在具有优质合作资源的一级支行设立直客式团队，确保营销业绩准确统计到支行、落实到个人；另一种是在城市分行银行卡部设立专门团队，集中开展专项分期业务。人员配置上，分行银行卡部要联合人力部、内控部、财务部等相关部门，尽快启动内部招募工作。直客式团队从业人员均应具备信贷 C 类或信贷 A 类初级（含）以上专业资格。时间要求上，100 家重点城市行要确保在 9 月底前实现自有人员到位，并启动相关培训工作。为充分调动分行积极性，总行决定对人员到位的城市行，专门奖励中间业务收入 100 万元。从 10 月份开始，总行将定期对各行直客业务团队组建情况和营销业绩进行统计、通报和督办。加强队伍建设是总行的一项重大决策，对分期业务的转型、对信用卡中收未来的发展具有决定性意义。各行一定要加快推进、抓好落实，特别要对配备人员的资质和能力做好把关。

二是总分联动加快推动人员外包工作落地。目前总行正在加快推进将专项分期辅助服务项目纳入外包目录，总行银行卡部已经编写了相关办法、操作流程及申请报告，正在征求总行各相关部门意见，力争十月份完成纳入外包名录全部工作。各分行要不等不靠，提早筹备，尽快开始与当地优质的外包公司对接洽谈，考察评估外包公司资质，并根据自身实际，梳理制定外包合作业务流程，提前拟写协议、规划驻场外包办公场所和硬件设备，做好外包立项申请和财审集采材料的准备工作，待总行将分期辅助服务纳入外包名录后，迅速进入立项和财审流程。对分期辅助服务外包需求迫切的分行，可向总行申请单独立项。

（二）推动直客分期业务快速上量。各行要紧抓“金九银十”的汽车销售旺季和国庆、中秋、双十一、双十二等节假日、电商节等家装家居消费的窗口期，加大直客式汽车分期和家装分期的营销推广力度。直客式汽车分期业务方面，各行要重点营销优质特约经销商，年底前实现区域优质 4S 店 100% 营销全覆盖；有条件的分行要积极对接当地车管所，建立车辆抵押专线，通过行内直接办理车辆抵押、解押手续，提升风控能力和业务处理效率。暂时没有条件专线抵押的分行，要落实专人办理抵押，确保实质风险可控。直客式家装分期业务方面，各行要优选龙头家装公司、家居和家电卖场开展业务合作，通过联合开展“家装节”等方式掀起营销热潮，力争在较短时间内提高我行家装分期业务的市场占比。同时，各行要加快推动支持分期付款佣金支出。前期总行已下发了相关通知，明确可由一级分行统一发起财务审批程序，简化财审流程。截至 8 月末，全行仅有 14 家分行已列支佣金，16 家分行正在进行财审、集采流程，还有河北、江西、云南、青海等 5 家分行尚未进行佣金支出申请。下一步，已实现佣金支出的分行要加快推动业务，把政策用好、用足；尚未实现佣金支出的分行要抓紧申请，确保年底前所有分行可实现佣金支出，改变我行分期业务“前端分润”模式，提升中收贡献。

（三）抓好操作风险管控，持续提升直客分期业务的风险管理水平。直客式业务转型可以更好地自主控制风险，但也有其自身的风险特征，一定要管控好。一是强化第一道防线的风险管理职能和能力。要在直客分期队伍建设和管理的制度体系中，明确风险管理的职责和履职要求；同时将风险管理理念内嵌于直客分期的业务流程，确保按照监管规定、总行制度要求从事直客分期业务。二是规范直客分期辅助服务外包管理。总行近期将下发相关管理办法，明确外包服务商职责，加强外包服务商的准入、退出管理。各行要在与外包服务商合作过程中，做好客户信息保密及消费者权益保护，不断提高外包服务商的精细化管理水平。特别是直客分期的营销、调查、审查审批等核心环节必须由我行独立完成，不得外包。三是加强直客分期队伍人员管理。一方面提升队伍的欺诈风险识别能力，通过多种方式确保客户身份真实、申请意愿真实、购车交易真实和车辆抵押真实。另一方面加强员工异常行为排查，正向引导教育干部员工恪守行为准则，及时发现和有效处置员工的异常行为，前移案防关口，防范内部员工参与的案件和风险事件发生。

三、全力做好“夏天特别行动”最后冲刺和四季度旺季营销

从前8个月情况来看，信用卡中收、商户等业务指标保持了稳定的增长势头，但部分核心指标与同业比差距仍然较大。目前，“夏天特别行动”已进入尾声，从“红黑榜”通报情况看，进入红榜较多的有福建、山西、广东分行，进入黑榜较多的有宁波、浙江、安徽、北京分行，特别是宁波、安徽两家分行已被总行约谈督导。接下来，希望全行全力做好“夏天特别行动”最后冲刺，同时根据四季度的旺季特点，在统筹抓好客户、消费、风控、效益四大基础的同时，在一些重点领域要有大的突破和提升。要抓好各项指标的推动、考核，确保各项业务尽快看到起色，不能因为在打基础的阶段业务就出现停滞甚至是倒退。

（一）大力推广房抵e分期。各行在推广好直客汽车、直客家装、普通e分期等业务的同时，要在防范政策风险的前提下，把房抵e分期作为今年四季度资产业务突破提升的关键来抓。该业务以我行住房按揭客户以及行外有房无贷客户为目标客户，以房产为抵押，基于房屋评估价值的一定比例进行授信，具有风险可控、授信额度高、分期期限长、中收贡献大等显著特点，是我行首创的分期新产品，也是在短期内能尽快弥补间客式汽车专项分期业务缺口的利器。去年3月福建分行试点开办以来，目前余额82亿元，不良率仅0.1%。今天参会的100家重点城市行要率先启动，做到100%全覆盖，力争四季度全行房抵e分期余额新增150亿元。全行个金条线要与信用卡条线加强联动，充分调动个贷客户经理积极性，依托行内丰富的按揭客户资源帮助信用卡条线拓展业务。

（二）总分联动全面开展“爱购”促销。全行都要提升对信用卡消费的重视程度。消费是信用卡业务本源，是撬动业务发展的杠杆支点，不仅直接创造中收，还是账单分期的前提。消费上去了，分期、中收等都能得到提升。全行信用卡消费额在去年已超过建行，但今年又被建行反超，前8个月已落后建行2 983亿元，形势十分严峻，必须要想方设法把消费做大，把消费基础夯实。当前要全面提升“爱购”促销的活动质效，总行层面重点与微信、支付宝、京东、美团、苏宁、银联云闪付等头部平台及大型连锁商超等开展总对总促销；各分行要配套投入促销资源，积极选择持卡人真正愿意消费的商户，做好属地化“爱购”促销活动，实现场景化办卡、绑卡、消费协同发展。其次要树立“绑卡优先绑信用卡”的理念。持续做好微信、支付宝、京东三大已累积积分平台的绑卡工作，同时要围绕周末、节假日、电商节等时间窗口开展多倍积分活动，全力做大信用卡绑卡量和绑卡交易额。

（三）持续抓好行内和行业两大优质客群的营销渗透。截至8月末，我行信用卡客户数（10 417万户）继续保持同业第一，领先建行273万户，但领先优势较年初缩小了321万户。各行要把房贷、中高资产、ETC三大行内客群和医护、教师、军人三大行业客群作为持续深耕的重点领域，持之以恒抓好落实，巩固及扩大同业领先优势。一方面，要抓好行内优质客群渗透。近期总行解决了一批分行反映集中的痛点堵点问题。从数据看，行内优质客户渗透出现改善趋势，8月中高端无卡客户当月新增渗透4万户，环比提升21%，9月以来新增优客渗透数提升到了日均4 300户以上，这说明通过各部门、总分行之间的协同，优质客户信用卡渗透呈现出了趋势性的变化，这是一件非常有意义的事情。明年在客户、有效客户、有效卡量以及消费额的增长上一定能看到这项基础工作的重要作用。下一步全行信用卡和个金专业要继续加强联动，加快提升工作成效。本周内总行将落实分行高管考核方案的调整发文，各行要将考核压力有效传导到一线营销人员。同时总行将抓紧优化系统流程，力争10月投产上线“风控白名单”功能和PBMS在线提交办卡申请功能，解决优客识别问题、形成外呼营销闭环；加快推动获客营销“线上化”，尽快实现PBMS外呼、机器人外呼、码上荐、手机银行、e生活等线上渠道营销进件全覆盖。各行要加快营销进度，提升营销成功率。另一方面，要抓好行业优质客群营销。近期总行已对医护卡、军魂卡、教师卡等行业客群专属卡种进行了全面升级，增发简约白金等级产品，配套年费减免、消费返现、机场高铁贵宾厅等专属服务及权益，产品竞争力和客户体验已明显提升。各行要加强公私联动，根据总行卡部与机构部联合下发的营销推

广方案以及医院、学校等单位清单，开展名单制批量营销。

（四）做好不良资产处置工作。今年为更好地应对疫情影响，支持复工复产和实体经济发展，多个部委及监管机构均要求金融机构强化贷款质量真实性管理，特别对于因新冠肺炎等自然灾害导致的信贷资产劣变可加快处置进度，进一步夯实金融稳健持续发展的基础。为抓住当前的政策机遇，总行加大了对信用卡专业财务资源投入，支持信用卡业务有效化解存量不良资产。同时总行对责任认定机制进行了优化，给予不超过2年的责任认定窗口期，帮助分行加快处置速度、提高处置效率。各行要抓住难得的机遇，加快开展批量处置，特别要将长账龄的不良资产包袱卸下来。

（五）持续压降客户投诉。今年以来通过开展信用卡投诉专项治理活动、强化投诉根源治理，信用卡投诉压降取得阶段性成效。前8个月全行共受理信用卡投诉5.84万件，月均投诉量7 306件，较去年12月大幅下降50.1%。今年4月以来，尤其是开展“夏天特别行动”以来投诉量逐月下降态势明显，8月信用卡投诉量全行占比39%，较去年12月下降20个百分点。各行要继续抓牢抓实信用卡客户服务和投诉管理工作，强化各级分支机构投诉处理的主体责任，从根本上压降客户投诉，提升客户满意度。一方面，要提高监管转办投诉的化解率，加大小额补偿、息费冲减、征信纠改等投诉化解工具的应用，尽力化解客户纠纷。另一方面，要强化落地工单限时办结，坚决避免因处理不及时、不专业、不尽责产生的投诉，总行将不定期对信用卡服务典型事件进行通报。各分行要以“夏天特别行动”为契机，深入查找投诉问题根源，举一反三优化治理，进一步提高对信用卡服务工作的重视度和资源投入，巩固投诉压降工作成效，严防投诉量反弹。投诉是衡量是否以客户为中心的试金石。客户投诉治理做不好，新一代客户服务体系的建设就是空话，要建立常态化的工作机制，把投诉治理作为一项长期性、日常性工作抓实抓牢。

今年信用卡业务遇到了一些困难，但大的思路和方向已经非常明确，工作重点也很清晰，下一步就是抓好落实。希望各项核心指标在三季度末都能看到积极的变化，力争在四季度迎头赶上，取得阶段性成果，为明年的发展夯实坚实的基础。

同志们，希望大家严格按照总行要求，把发展直客业务当成整个零售条线的重要工作来抓，尽快把直客队伍组建起来并加快直客式业务推广，为推动分期付款业务发展和信用卡中收打下坚实的基础。同时要打好“夏天特别行动”的收官之战，提前谋划四季度的旺季营销，以“等不起”“慢不得”的紧迫感和危机意识推动工作落地见效，尽快缩小较同业差距，为全面打造“第一个人金融银行”“第一信用卡银行”建设作出更大贡献。

在全行个人商户市场发展动员大会上的讲话

宋建华

（2020年11月6日）

商户业务是全行重要的基础性、创新性业务，不仅可以创造直接收入，而且可以一揽子发展存款、贷款、理财、代发工资等综合金融业务，创造综合价值。个人商户作为商户客群的重要组成部分，无论是市场体量还是发展潜力都非常大，是全行获客吸金的重要抓手。总行专门召开此次动员会，就是要统一全行经营思想，提高对个人商户业务的重视程度，全力推动市场拓展，实现我行个人商户规模和储蓄存款的快速增长，全面做大商户业务综合价值，实现集团利益最大化。下面，我讲三点意见。

一、目标明确、措施有力，商户业务发展成效显著

（一）全行商户业务发展态势良好。突如其来的新冠肺炎疫情给我行商户业务带来了不小的冲击。疫情期间，由于商户闭门歇业、客户足不出户，商户业务各项指标出现断崖式下滑，全行商户数、收单交易额、回佣收入等核心指标增长下降近九成。进入常态化疫情防控后，全行采取积极应对措施，各项工作抓得早、抓得快、抓得实，前三季度实现了商户业务的快速健康发展，成为全行业务发展的一个亮点。一是商户数当年净增破100万户，商户总数突破500万户，分别达到116万户、509万户，均创历史新高。二是收单交易额达到2.2万亿元，自4月以来，连续5个月实现同比正增长，9月当月同比正增长7.6%，超额完成“夏天特别行动”任务计划。三是累计回佣收入达到19.9亿元，连续8个月扩大对建行领先优势，目前已领先6.5亿元，领先幅度63%，同比扩大了21个百分点。四是个

人商户业务快速发展。全行个人商户客户达到 386 万户，较年初增加 145 万户，增幅 60.23%；其中，发展新客编客户 25 万户，占新增客户的 17.3%。个人商户客户日均存款余额达到 1 651.8 亿元，较年初增加 166 亿元，增幅 11.2%。“e 商助梦贷”累计授信客户 1.5 万户，累放额 4.3 亿元。商户业务对个人客户拓客、揽存、增贷发挥出越来越重要的作用。

（二）商户发展目标明确措施有力。商户业务之所以能够取得良好的发展成效，得益于全行收单条线面对复杂经营环境的精准施策和落地执行，主要体现在五个方面。一是搭建绿色通道，支持抗疫行动。疫情期间为商户开户开通绿色通道，截至 9 月末，共为 28 个省市的 319 家医疗、公益机构开通二维码收款捐赠服务，累计交易金额 1.22 亿元，交易笔数 23.8 万笔。推出疫情期间小微商户手续费减免政策，累计为 180 万小微商户减免手续费 4.4 亿元，有力支持了全国抗疫行动。二是抢抓线上渠道，实现快速拓户。积极开辟线上获客渠道，通过“三融一活”平台、线上微沙龙、微信群、直播营销等多种方式推动线上拓客，线上获客总量已占到全行商户获客总量的 60% 以上，为商户业务快速发展提供了重要支撑。三是抓实网点渠道，加强专业联动。银行卡部与个金部联合下发《关于大力拓展商友客群的意见》，形成共拓商户市场的专业合力。紧抓中小微商户聚集的专业市场、菜市场、商圈（商业街）、地摊经济等开展“四大市场营销行动”，今年累计新增“四大市场”项目 256 个。持续开展“一网点一日一户”营销竞赛，全行“0 商户网点”“0 交易额网点”占比分别由年初的 25%、16% 下降至 13%、6.4%。四是支持“地摊经济”，拓展小微商户。开展声势浩大的“商户服务进地摊”营销活动，大力拓展小微商户市场。截至 9 月末，小微商户累计交易金额 863.9 亿元，同比增长 202.2%；交易笔数 7.33 亿笔，同比增长 447.4%。五是加强组织推动，做好落地执行。先后召开 2 次全行视频推动会，举办 2 场培训会，制定《大力发展中小微商户客群的指导意见》等制度文件，全面做好商户业务工作部署。投产商户自助申请、客户经理营销平台、云播报、预制码等重点产品功能，为个人商户获客提供系统支撑。新华网、人民网、经济日报等主流媒体对我行商户业务进行多次报道。e 支付收款码荣获中国支付清算协会“便民服务奖”等奖项，赢得市场广泛认可。

在此，我向大家并通过你们向奋战在商户业务一线的广大同事，表示衷心的感谢和诚挚的问候！

二、提高认识、抢抓机遇，深刻把握拓展个人商户市场的重要意义

当前，无论从外部环境来看，还是从我行自身发展要求看，个人商户业务都将迎来历史性的发展机遇。全行要牢牢抓住战略机遇期，深刻把握业务发展规律，努力在危机中育先机、在变局中开新局，推动商户业务快速健康发展。

（一）政策及监管环境利好商户业务发展。一是消费对经济的拉动作用将更加凸显。刚刚召开的十九届五中全会明确指出，要把握扩大内需这个战略基点。未来的经济结构中，消费对于经济的拉动作用将愈加凸显，这将对国内消费及收单市场发展创造有利条件。二是多项利好政策相继出台。今年疫情发生以来，传统线下商户市场受到冲击，国务院及有关部门相继制定了一系列扩内需、稳就业、惠民生的政策措施。国务院办公厅在 7 月印发了《关于支持多渠道灵活就业的意见》，从渠道、环境、保障、组织四个方面全力支持保障灵活就业；在 9 月印发了《关于以新业态新模式引领新型消费加快发展的意见》，推动新型消费加快发展。商务部等七部门在 7 月联合印发《关于开展小店经济推进行动的通知》，明确提出至 2025 年，要在全国范围内形成人气旺、“烟火气”浓的小店集聚区 1 000 个，达到“百城千区亿店”的目标。这些政策措施必将给商户市场发展注入新的活力。三是监管政策为个人商户业务发展创造了有利条件。监管机构重拳治理金融乱象、规范市场秩序，不规范的支付清算、互联网金融都将成为“过去式”；整体实力不佳的支付机构也面临转型压力。这将为商业银行腾挪出更多的业务发展空间。全行要下大力气做好政策研究，先人一步找到业务切入点，加快个人商户市场拓展。

（二）个人商户市场发展潜力巨大。一是商户资源丰富，市场空间广阔。从宏观经济来看，我国经济社会保持持续健康发展，2019 年我国 GDP 总量近 100 万亿元，较上年增长 6.1%；社会消费品零售总额 41 万亿元，较上年增长 8.0%。从市场规模来看，国家统计局数据显示，全国有营业执照的个体工商户 8 163 万户，没有营业执照的小微商户 1 亿户，个人商户市场总量合计约 1.9 亿户，商户市场资源非常丰富。此外，全行个人商友客户 2 200 万户，还有很多不是我行收单商户，发展空间很大。二是同业及第三方支付机构市场竞争激烈。从同业来看，各家银行快速推进商户市场布局。农业银行通过在个金部与银行卡部建立专业考核还原措施，形成了非常良好的专业协同效应，其个人商户规模得到了快速增长。中国银行通过推广“来聚财”业务发力个人商户市场，实现了个人客户和储蓄存款双增长。从支付机构来看，支付宝、微信快速抢占 B 端商户市场，建立了较为完备的支付生态，2019 年余额宝规模超万亿元，花呗借呗放款 1.8 万亿元，以收单支付切入融资市场，创造了高盈利，对商业银行形成了很大的挑战。

（三）发展个人商户市场综合价值巨大。一是全量客户经营的重要目标客群。个人商户市场规模大、资金

富集、交易活跃，是商业银行个人金融业务最重要的目标客群之一。抓住个人商户市场，意味着全量客户增长有了重要保证。今年前9个月，我行个人商户客户净增145万户，增幅超过60%，拓客成效明显。抓住个人商户市场，也是提高客户黏性的重要手段。通过综合营销将个人金融产品和服务逐步向个人商户渗透，可以牢牢把控商户的支付通道、资金的流转路径，从交易行为上紧紧抓住个人商户。抓住个人商户市场，还是构建金融生态圈的重要基础。可以把积累的海量个人交易行为信息作为切入点，打造多维度、多业态、“支付+融资+平台”组合式的场景解决方案，更高效地融入商户经营活动的各类场景生态，实现在场景服务中获客活客、在金融生态中黏客留客。

二是稳存增存的有力抓手。个人商户市场沉淀的资金量大、资金流动快，是全社会资金流转中的关键节点。以银行卡消费为例，2019年全年银行卡在我行商户消费资金即达7 900亿元之多，如不发展个人商户业务，这万亿级的个人消费资金必将流向行外。同时，2019年，我行银行卡跨行消费流出资金5.3万亿元，受理他行银行卡消费流入2.4万亿元，净流出2.9万亿元。我们必须大力发展个人商户业务的发展，让这部分资金都留在我行，把这一资金流出的漏洞堵住。总行将在今后的工作思路中更多体现这一要求，各行必须要提高站位，将稳存增存作为个人商户业务发展的重中之重来抓。同时我们也要看到，近年来个人商户业务已经逐渐成为储蓄存款竞争的关键变量。今年前三季度，商友卡持卡客户和个人商户持有金融资产达3.57万亿元，沉淀储蓄存款超2万亿元，分别占全行个人金融资产23%和储蓄存款的18%，这充分体现了银行卡和个人金融条线在储蓄存款上的联动成效。大力发展银行卡收单业务，帮助客户提高资金流动性、到账时间及时性以及周期性融资可得性等，争揽交易结算资金、争揽上下游客户，不仅能够扩大个人优质客户数量，也能有效吸引低成本储蓄存款，实现通过流量赢得存款的目标。这方面我们必须要坚持做好，尽快形成全行性的机制性工作安排。

三是综合营销的重要入口。以个人商户在我行开立收单结算账户为入口，围绕庞大的收单交易形成的稳定资金流为核心，衍生出支付结算、投资理财、融资服务等一系列个人金融服务需求。对此，银行卡和个人金融两条线都大有可为。个人商户遍布各行各业，其经营属性也是公私联动的较好纽带，必须形成合力。因此，发展个人商户业务是一项战略工程，是优化工商银行客户结构、布局未来市场、实现转型发展的重要支撑，不仅对保持我行商户领域优势、占领新型支付市场具有现实意义，也对夺取储蓄存款时点、日均增量“双第一”、发展个人金融综合服务具有重要的战略意义，必须持之以恒、常抓不懈。全行个金条线要统一思想认识，将商户收单产品作为拓展个金业务、维护个人客户的重要抓手，把个人商户市场营销工作抓实抓好。事实表明，能够把商户客群抓到手里的分行，存款、贷款业务都很强。如果不抓个人商户客群，分行的储蓄存款竞争力也不会强。

三、厘清思路、多措并举，坚决打赢个人商户市场拓展攻坚战

（一）明确目标思路，加强组织领导。要按照总行党委“48字”工作思路，运用“三比三看三提高”工作方法，准确把握“大、全、稳、新、优、强”发展方位，落实“高标定位、系统思维、创新引领、落地执行、强化管理”要求，抢抓发展机遇，加大资源投入，推动转型创新，夯实发展基础，持续提升商户业务竞争力。总体工作目标是：到今年末，实现净增e支付商户150万户，净增个人商户110万户，商户收单交易额达到3万亿元；2021—2022年，每年净增商户250万户，其中个人商户净增180万户；至2022年末，e支付商户、个人商户数分别达到1 000万户、700万户；个人商户收单额及日均储蓄存款余额分别达到1.2万亿元、3 000亿元，实现翻一番；持续保持“第一商户银行”市场地位。

商户业务带动效应强、综合贡献大，是全行的一项战略业务，需要加强多部门合作、全渠道协同，集全行之力推进业务发展。各行要组建主管行长任组长，银行卡、个金、网金等部门负责人任成员的个人商户市场专项推动委员会。银行卡部负责牵头商户业务发展工作，个金部负责投融资产品设计及外拓营销管理，网金部负责依托三融平台做好线上商户的联合拓展营销。各行要打破“条块思维”，树立“全行一盘棋”意识，把商户业务当做分内事，行长亲自抓、专业联合推、全行一起办，集结优势力量、打通优质资源，全力打好个人商户市场攻坚战。

（二）聚焦工作重点，大力拓展市场。一是抓好专业市场等商户集聚市场的营销。个人商户具有“量大、点多、面广”的特点，抓好专业市场等集聚型商户市场的营销，往往能达到事半功倍的效果。专业市场商户具有交易量大、交易额高的特点，是发展商户收单、存款融资等综合金融服务的绝佳土壤。菜市场、各类商圈聚集了大量的摊贩、零售商户，是我行拓展中小微商户市场的典型场景。地摊经济商户经营种类多样、结算需求旺盛，是我行深耕小支付、微支付领域，服务实体经济的重要领域。2021年，全行要新增亿元以上专业市场100家，交易额1 000万元以上的菜市场1 000家，商圈（商业街）200个，聚集型的地摊市场2 000个。二是用好线上线下两类营销渠道。线上渠道方面，要借助我行在同业具有先发优势的全类型商户线上自助申请功能，通过抖音直播、线上微沙龙、朋友圈等新型营销

模式开展营销。要依托我行线上“聚合收单+智慧清分”互联网收单能力，加快拓展线上个人商户，做到线上线下、能收尽收。要把我们的重点金融产品向创业者、网商，特别是带货网红商户等新型商户渗透，逐步从传统领域走向新兴领域，发掘新经济发展的红利。线下渠道方面，我行最突出的优势就是遍布各地、覆盖核心商圈的线下网点。各行要持续开展“一网点一日一户”商户营销竞赛，做好预制码、云音箱等设备的投放，打造e支付服务专区，将商户的营销服务渗透到网点日常经营过程中。三是发挥好营销服务外包队伍作用。商户业务经营链条长、涉及环节多、专业化程度高，做好队伍建设至关重要。为缓解各行商户营销服务压力，总行力争年底前将商户辅助营销纳入外包服务业务范畴。各行要尽快做好外包队伍组建，配足配强商户客群经营管理人员，建立一支懂专业、技术、市场的队伍持续开展外拓营销。

（三）强化专业联动，提升综合贡献。一是全面做好个人商户贷款理财服务。充分发挥我行产品丰富、供给能力较强的优势，向客户提供优质金融服务，吸引客户将我行作为主办银行，牢牢抓住资金流。理财产品方面，要研究分析商户资金管理的特点和需求，结合我行优势的投资理财产品，构建起短期灵活方便、中长期稳健安全的产品组合，实现商户资产的保值增值。贷款服务方面，要重点做好商户的经营性融资服务这篇文章，主动向商户营销推介个人金融资产质押贷款和个人房屋抵押消费与经营组合贷款等核心产品和服务，全方位满足客户融资需求。二是建立联合营销机制开展综合营销。个金条线要主动做好与银行卡条线的对接工作，加强零售外拓团队与商户发展团队的协同配合，将商户业务“产品库”与个金“拉杆箱”等外拓工具有机结合，开展联合营销。整合营销包括添利宝、II/III类账户、信用卡、e商助梦贷、个人金融资产质押贷款、个人房产抵押消费与经营组合贷款等在内的存款、理财、融资产品，为商户提供一揽子金融服务，持续扩大综合收益。三是纳入专业考核评价，建立科学的考核还原机制。各行要将个人商户业务发展目标纳入个金等部门的经营计划及专业评价中，配套做好相应的营销拓户奖励，提高客户经理拓户积极性。同时，在个金部与银行卡部间建立商户业务综合贡献考核还原机制，客观反映商户业务综合价值，调动各方发展商户业务的积极性，促进商户业务带动整体业务快速发展，创造商户业务更大的价值。要做好GBC工作，强化部门协同，关键是要优化机制，特别是考核机制来协调部门的联动。目前，个金部和银行卡部已经建立了初步的营业贡献分润机制，迈出了非常重要的一步。希望在总行财会部的帮助下建立一个更加良好的常态化分润机制，保护和调动发展商户业务的积极性。

（四）加大资源投入，加快创新驱动。一是加快产品创新步伐。商户业务的竞争，在一定程度上就是产品创新的竞争，灵活快速地提供商户所需产品和服务才能形成商户业务的核心竞争力。去年下半年，总行制定了“一个系统、两个平台”的商户业务系统总体建设规划，打造我行商户业务的核心竞争力。“一个系统”就是线上线下商户一体化系统，实现了全行商户的统一管理、统一交易处理、统一清算结算、统一数据对账和大数据风控；“两个平台”就是“商户营销平台”和“商户之家”服务平台，实现了商户营销和服务的互联网化、场景化、全渠道化。今年，总行加快系统建设和产品创新，集中投产了一批商户业务新产品、新功能，解决了商户营销、服务、管理方面的痛点难点，有效克服疫情影响，实现了商户业务的快速发展。下一步，要投入更多的科技资源，通过持续不断的产品、系统、流程优化，为商户业务提供源源不断的发展动力。二是开展专项营销行动。总行将把商户拓展作为重点监测核心指标纳入到旺季营销方案当中。各行从现在开始就要做好个人商户拓展，在旺季营销期间更要发挥其双节“旺”的特点，带动商户数、消费额、存款等指标整体增长。同时，旺季营销期间，总行将组织开展全行个人商户“攻商大会战”主题营销活动，各行要做好活动组织宣传工作，在全行营造营销氛围，提振全行打赢个人商户攻坚战的士气。三是加大促销力度。总行计划增加用于商户拓展和收单额提升的促销资源及费用投入，同时加大机具设备投入，进一步提升商户存款等综合贡献。各分行要按照不低于1:1的比例配置分行促销资源，因地制宜开展属地化的特色活动，发挥好百万级商户收银员的渠道推广作用，持续扩大商圈覆盖、抢占场景入口，确保活动能够带来更多的活跃商户、消费资金及回佣收入。四是做好宣传推广工作。充分发挥行内渠道宣传主阵地作用，利用门户网站、网点跑马屏、折页展架等渠道投放宣传物料。要借助报纸、电台等属地媒体，投放e支付产品广告。充分利用朋友圈、微信群等自媒体开展宣传，发挥互联网渠道传播速度快、范围广的特点，提升e支付品牌知名度。

（五）增强效益意识，提升管理水平。一要强化精细管理。针对不同的商户类别实行差异化定价，努力提升收单业务收入，避免出现“无感”减免、价格“一刀切”等情况。对于安装MIS、智能POS等设备的优质商户执行“标准费率”确保收益。对于仅受理扫码交易的中小商户，采取“保本微利”的定价策略，提高市场占有率。对于小微商户，采取“减费让利”的定价策略，大力渗透小微商户市场。二要发挥收单引流效应。各行要在深耕商户收单业务、实现提质扩容的同时，进一步树立全局意识，算好收单业务背后蕴含的综合效益账。要聚焦收单业务这一入口，通过量身定制支付、投资、融资等线上线下一体化金融服务方案，增强优质商户黏性。特别是要依托不同期限的投资理财产品，吸引商户交易资金在我行沉淀，做活客户流、做大资金流，快速提升商户业务对全行储蓄存款和金融资产业务的贡献度。三要努力提升商户服务水平。在产品日趋同质化的市场环境下，服务是决定市场成败的关键。下一步，总行将组建一支7×24 小时商户服务集约化运营团队，着力解决目前我行商户服务人员短缺、服务力量明显不足的核心问题，以满足千万级商户客群的服务支持。团队组建以后，除了开展现有的商户授权、7×24 小时客户服务工作外，还可进行商户远程巡检和睡眠商户唤醒等外呼工作，为全行商户业务发展提供更好的支持保障。四要切实加强商户风险管理。要强化风险意识，加强风险管理。第一，把好商户身份识别关。应遵循“了解你的客户”原则，严格落实商户实名制管理，按规定期限完成小微商户的二次审核工作，确保商户入网信息的完整、真实、有效。第二，做好商户交易监测。加强并完善商户风险模型部署，杜绝商户套现、欺诈等业务风险。做好商户巡查巡检工作，核查过程中应引导商户完成交易，做到“营销一户、促活一户”。第三，强化商户风险管控。要根据商户在我行的风险分类结果，采取尽职调查、增加巡检频次、调整交易限额等风险管控措施。依法合规履行反洗钱工作职责及相关工作要求，通过科学有效的风险管控措施，为全行商户业务快速健康发展保驾护航。

同志们，问道关山隘、成事黄金期。大力发展个人商户业务潜力巨大、正当其时。全行要重新认识新时期商户业务的重大意义和重要作用，抓住机遇、迎接挑战、团结一心、坚决打赢个人商户业务攻坚战，打造第一商户银行，为全行个人金融业务乃至全行业务发展作出新的更大贡献。

在全行旺季营销工作推动会议上的讲话

宋建华

（2020 年 11 月 25 日）

刚刚谷行长总结了前三季度全行个人金融业务发展情况，并立足当前国内社会经济发展历史阶段，围绕全面打造“第一个人金融银行”战略，明确了未来一段时期全行个金业务发展的整体思路，提出“走高质量发展的道路”，推动个金业务实现从外延式、粗放型增长向内涵式、集约型发展的转变。全行要认真领会谷行长讲话精神，扎实抓好个人客户基础工作，进一步提升个金业务经营贡献，促进储蓄存款和个人贷款量价协调发展，加快信用卡分期、消费、收单等业务转型创新，切实强化信用卡和个人贷款的风险防控，全面推动个金业务实现高质量发展。

个金业务已经进入了一个新的发展阶段，一定要有新思路、新打法，不能走老路，不能形成路径依赖。特别是在岁末年初的关键时期，全行要进一步统一思想、明确方向，统筹做好旺季营销活动部署，确保年底各项经营目标圆满实现，为明年一季度开门红创造良好开局。下面我重点围绕旺季营销再做三点工作部署。

一、准确把握客户与资金流向规律，高度重视个人金融业务旺季营销工作

近年来，在谷行长的指导下，全行坚持于每年 12 月至次年 3 月组织个人金融业务旺季工作，坚定贯彻全量客户与分层客户服务战略，通过梳理 GBC 之间社会资金流向，以“获客吸金”为目标，围绕重点客群和源头资金抓好旺季营销。从 2018 年起，总行聚焦重点客群制定系列营销行动方案。2018—2019 年旺季锁定了代发、建工、拆迁、商户、县域、线上获客六个关键领域，2019—2020 年围绕全量客户与 5 万元以上客户、代发、建工、拆迁、商友等重点客群与市场板块推出了 10 项行动方案，连续两年从组织推动、资源投入、营销宣传、监测评价、风险管控等多个方面，细化旺季营销具体措施，强调“明目标、划重点、锁产品、细督导”，抓实过程管理。

全行个人业务相关部门和集团子公司密切合作，推动各项核心指标取得“开门红”。2018—2019 年旺季储蓄存款时点和日均增量创八年来最佳业绩，时点增量同业第一；客户净增超千万，创七年来新高；信用卡、网金、私银、贵金属等多项指标四行第一，进一步夯实业务基础，为完成全年经营目标创造了有利条件。2019—2020 年旺季分为三个阶段，岁末和春节阶段全行开展 22 类 70 余项特色专题营销活动，全量客户净增 584 万户，储蓄存款时点增量超 7 000 亿元。春节以后，全行在抓好疫情防控工作的基础上，精简线下服务流程，全力保障抗疫相关金融服务，积极创新业务模式，线上获客与服务成为主要抓手，一季度 e 钱包新增电子账户近 400 万户，个人手机银行客户净增 739 万户，同比增长

34%，推出云工作室，个贷业务线上化取得突破性进展。全量客户、储蓄存款、个人贷款、中间业务收入等指标虽然受疫情影响，增量比同期略有下降，但仍然保持同业领先地位，为“第一个人金融银行”战略实现良好开局打下基础。

今年二三季度以来，全行个金条线努力克服疫情影响，积极应对外部环境变化，抓实核心业务经营，夯实全量客户基础，广泛应用金融科技，推动业绩价值创造，市场竞争力稳步提升，各项核心指标表现良好，经营质态持续优化。特别是7月发布“第一个人金融银行”战略品牌后，总行于8－10月开展了“美好与共”系列主题营销活动，围绕拓客目标，推出八项措施，取得明显成效。

总结近两年旺季营销及今年“美好与共”等活动组织情况，可以提炼出三条推动个人金融业务发展的经验：一是准确把握个人客户与社会资金流向趋势规律，找准业务发展的突破口与着力点；二是聚焦重点客群和市场板块，形成完整的市场营销方案，密切条线协同，强化公私联动，加大资源投入，实现批量获客及源头吸金；三是抓实过程管理，细化行动方案，做到营销有目标，行动有方案，过程有监测，业绩有统计，以强化过程管理、提升执行力为手段，保障“第一个人金融银行”战略各项举措落地实施。这三条经验应当成为我们开展旺季营销的工作原则。

当前，零售金融领域同业竞争日趋激烈。特别是在可比同业纷纷把个人金融业务作为优先发展战略的大背景下，我行在市场竞争中面临巨大压力。建行实施“零售优先”战略持续深耕个人金融市场，一篇“人行争霸”的新闻稿引发了全行个金条线的深入思考；农行着眼“再造线上农行”，加快推进数字化转型，以互联网化、智能化、开放化为方向，要打造“三农”普惠领域最佳的数字生态银行；招行坚持“一体两翼”战略，以个人业务带动全行价值提升，以个金为重点塑造核心竞争力。可以说，目前个金领域竞争已处于白热化。而市场较量又突出体现在旺季的四个月，这也是同业拉开差距最明显的阶段，尤其在源头资金争揽、储蓄存款、代发工资等业务方面。今年旺季马上就要开始，各行要紧盯同业，特别要关注岁末12月以及春节前10天，春节前10天的增量决定了旺季的业绩、决定了全年的业绩，各行一定要高度重视这两个时点，争取每年差距缩小一点，把旺季抓好了，全年的工作难度就会小很多。这其中还涉及今年我们遇到的偏离度管理问题，如果在旺季能够把日均存款的基础夯实，到关键时点的偏离度也就不再是问题；但是如果前期注意力不够、基础没有夯实、日均没有抓上去，偏离度仍然是一个制约因素。

二、聚焦重点客群抓实过程管理，推动五大系列行动方案落地实施

总行计划从今年12月到明年3月，在全行开展个人金融业务旺季营销活动。对外延续“工迎新春”主题，并融入“第一个人金融银行战略”品牌体系相关元素，打造工行个人金融服务品牌形象；内部仍然以“获客吸金”为重点，围绕重点客群、市场板块开展五大系列营销活动，通过各类主打产品、客户权益和特色促销活动，烘托旺季氛围，达成活动目标，抓好岁末收官，推动明年开门红，为全年业务发展打好基础。

总行个金部牵头，各相关部门配合共同拟订了“2020—2021年度‘工迎新春’旺季营销活动”通知，制订了旺季综合评价方案，按照“三个明显”的原则，即旺季资金规模明显、业务量全年占比明显、同业市场竞争明显，筛选具有旺季特征的三大类共15项核心指标。包括储蓄存款与代发工资，客户拓展与提级，信用卡、手机银行、贵金属、保险、三方绑卡、三方存管等。按照岁末和明年一季度两个阶段分别制定了旺季目标并进行任务分解，尤其在春节前关键时段，特别强调了储蓄存款增量、代发工资额的节前目标，抓好关键时点吸金，缩小同业差距。

今年旺季，总行围绕重点客群，制订了五大系列营销行动方案，随活动通知一并下发各行。具体包括：

（一）面向重点代发单位及代发客群的“薪享事成”系列活动。这也是我们历年旺季营销的核心工作。代发客群是我行获客吸金的重点源头客群，截至10月末，全行代发个人客户规模已经超过1亿户，储蓄存款与金融资产增量贡献均超过40%。岁末年初时期，企事业单位奖金福利集中发放，客户消费集中爆发，是我们抢抓源头资金、争揽活期存款的重要抓手和关键时期。今年旺季方案中，突出强调了民生保障、财政支付、新型基建等重点领域，并且在总体目标基础上，细化了三大领域分阶段的代发金额与代发单位拓户目标。抓好代发业务营销，关键要做好四个方面工作：一是落实GBC协同，密切公私联动。各行要认真贯彻全行GBC工作会议精神，深入推进公私条线营销联动，抓实过程管理，固优势、补短板。公司、机构、结现、普惠等对公业务部门，要围绕重点领域、重点项目、重点场景，梳理联动营销目标单位清单，明确代发金额、新拓代发单位等任务目标，强化重点代发单位监测与营销维护，持续推广“工银e钱包”线上薪酬服务模式，同步推介企业网银、企业手机银行、收款管家、企业年金等对公主打产品，实施一体化营销。也希望今年在旺季营销阶段，特别是春节前10天，我们能够用实战数据来证明各行GBC联动的成效。二是把握三大重点，找准营销关键。抓重要时点，每年12月份至次年春节前夕的代发资金规模占旺季期间60%，各行要提前与企业开展对接，摸清资金规模和节奏安排，加强争揽力度；年初是企业密集招工和合作协议重新招投标的关键期，各行要尽早锁定目标客户，找准关键，强化营销；抓重点资金，各行既要关注工资、年终奖、绩效、社保

养老等周期性资金，还要积极争揽企业改制金、集资返还款、股权分红等一次性源头资金，同时也要抓住回流的外汇资金；抓重点产品，总行结合“薪享事成”系列活动推出了主打产品服务方案，各行要加强客户需求分析，分类施策，优化产品配置策略，做好优势产品的精准投放。三是深耕客户维护，沉淀代发资金。各行要深入做好代发客群的大数据分析，了解客户金融需求，有针对性地制定产品配置方案，综合运用定期存款、大额存单、理财产品以及保险、基金等，吸引留存代发资金。同时，加快推广代发客群经理服务模式，明确职责分工，梳理服务流程，建立考评机制，确保代发客群“有人管，管得好”。四是强化产品渗透，提升客户黏性。重点是加强代发客群信用卡、手机银行、贵金属、第三方存管等产品的营销渗透，特别是信用卡，银行卡部要与个金部、私银以及公司、机构等对公部门密切协作，配置营销资源，丰富客户权益，用优质的产品和服务提升客户活跃度。信用卡的渗透率一直比较低，金融资产20万元以上客户的渗透率只有26%。一方面是因为抓考核推动不够到位，另一方面也暴露出办卡流程当中的一些不科学或者是说不顺畅的问题，导致基层客户经理不愿推荐，比如推荐了一个财富客户，结果只给了几千块钱额度等。信用卡渗透率其实某种程度上代表了我们客户经理熟悉客户的程度，就26%渗透率而言，基本相当于我们理财经理管户客户当中所熟识客户的大致比例。所以要把信用卡渗透率作为一个提高优质客户熟识度的标志，加大力度去推广。

（二）面向建工、返乡务工人员、拆迁客群、侨胞的“工享团圆”系列活动。以建工为代表的务工人员客群是近年增长较快的获客吸金重点客群之一。今年前10个月，尽管受到疫情因素影响，全行建筑业代发资金规模仍然较年初增长了43%，是平均水平的五倍多，建企代发单位和建工代发客户分别增长了37%和44%，持续保持高速增长态势。元旦、春节期间，各类外出务工人员返乡流动特征明显，消费需求旺盛、账户资金充裕，是获客吸金的重点。各行要精准把握客户资金流向，从流出、流入两端抓好协同营销。今年旺季，总行按照“源头代发、资金截留、返程拓新”三阶段部署相关工作。春节返乡前，用工单位所在地分行重点抓好三个关键（关键人、关键时点、关键资金），锁定源头客群，抓好源头资金代发。春节期间，劳务输出地（返乡地）所在分行，围绕“团圆”主线开展线上线下营销宣传，积极开展外拓营销。特别是结合返乡地多为县域区域的特点，深入抓好县域个人金融市场拓展方案落地，依托总行新升级的乡村振兴福农卡、幸福“1+4”系列金融服务，吸引返乡客流资金沉淀，加大县域版手机银行、智能卫士等产品宣传推广，拓宽客户业务办理渠道，宣传“安全+”战略品牌。其中，要特别关注拆迁市场营销，抓住节前拆迁补偿款一次性发放的契机，用大额存单、定期存单等优势产品锁定源头资金，并依托乡村振兴福农卡等相关产品，为客户提供账户服务、财富管理、购房融资、子女教育以及养老金融等综合化服务，实现资金体内循环。节后返程时期，结合企业密集招工用工需求，强化GBC协同，以实名制平台对接、工银建筑云、工资监管账户等为重点，强化建筑、制造、物流等行业核心企业代发营销拓展。此外，根据春节期间侨胞返乡以及因疫情原因华侨归国的客户流动规律，各行要把握两节时机开展本外币一体化营销，依托“薪酬结汇”及旺季点差优惠，吸引境外薪酬汇回和外币结汇，引导华侨客群办理国际借记卡，在争揽外汇业务客户的同时沉淀外币存款，助力境内外汇首选银行战略。

（三）面向商户客群和大消费市场的“工助消费”系列活动。个人工商经营户方面，结合经营者岁末年初资金大量回流，元宵节后大笔经营支出的资金流动特征，重点抓好五类子客群营销维护，抓实资金收付、融资、资产管理等关键动作，吸引商户经营资金沉淀，集支付结算、存款投资、贷款融资为一体，做好一站式金融服务。银行卡部、个金部联合开展“个人商户营销大会战”活动，设置“商户营销大比拼”和“综合营销争优赛”两大赛制，推动个人商户净增100万户，实现商户规模和储蓄存款余额双增长。消费促销方面，重点是抓好信用卡消费，围绕衣食住行、教育、母婴等场景，开展“爱购新春”“爱购海南”等消费促销活动，做大跨行消费，强化积分运营，优化权益配置，开展常态化提额，激发客户消费潜力。消费信贷方面，重点要抓好房抵组合贷款、金融资产质押贷款、e分期、账单分期等主打产品营销，利用申请便捷、利率优惠等产品优势，围绕客户购车、装修等场景，加强优质经销商及家装公司营销力度，推动直客式业务快速上量。三方绑卡方面，持续投入资源，开展绑卡消费促销，构建多维度促销场景，配套开展绑卡多倍积分活动，以积分为抓手促客户绑卡，尤其是大力推动信用卡绑卡。消费扶贫方面，针对年末企事业单位福利发放、商务礼赠、年终奖励等场景，推广贵金属个性化定制、e福礼、集团购等特色服务方案，联动消费支持精准扶贫，实现社会效益与经济效益有机结合。同时在国内大循环当中，消费拉动也是主力，所以各行一定要抓住消费支付、消费融资、消费资金回笼这些重点，来抓好旺季工作。

（四）面向私人银行、5万元以上客户、财富提级潜力客户的“财富同行”系列活动。充分把握旺季社会资金流动活跃、客户资产归集效应较强的客观规律，开展岁末年初高端客户回馈活动。一是抓好负债产品旺季营销，挖转行外资金，每家二级分行选取一家支行打造“行外吸金示范行”，总行组织六大区域开展旺季“存款争霸赛”活动，围绕“储蓄存款增量同业占比提升”目标，开展“双新提升”“资金回巢”“行外吸金”“活创承接”“县域争揽”和“理财转型”六大行动，把握客户资金流向，抢抓旺季资金。为配合旺季重点资金承接争揽，总行紧盯同业，适度配置优势负债产品资源，各行要发挥优势产品资金撬动作用，积极承接争揽回流资金。二是面向私人银行客户，持续推进“君子偕伙伴同行”系列活动，春节前组织新春回访，做好客户节日问候，促进客户交叉销售和资产配置；春节后开展私银周年庆感恩回馈专项活动，进一步推动私银专属产品渗透与客户尊享服务升级。三是对于5万元以上客户，重点围绕优质客群批量拓展、达标客户维护、潜力客户提级三个方面，抓实重点优质客群批量营销，做好新拓客户资金吸纳与留存；持续做实客户维护队伍配备、维护覆盖、管户维护规范与标准动作落实等基础工作，重点做好大额入账承接与大额出账挽留，并结合智能资产配置服务打造组合化、智能化、专家级财富管理服务，增强达标客户维护效能；部署潜力客户资产提级精准营销活动；同步开展“财富同行 提级有礼”奖励积分回馈；总行计划于明年初推出高端客户尊享权益系列增值服务。

（五）面向老龄、宝贝及其监护人客群的“阖家欢乐”系列活动。与往年相比，今年新增了老龄客群方案。结合人口老龄化趋势和我行客户年龄结构特征，计划明年初发布面向老龄客群的服务品牌及综合服务体系，以科技赋能推进智慧助老，提供专享服务，包括“95588”人工客服专线、网点工行驿站敬老版、手机银行幸福生活版，推出各种适合老龄客群的存款、理财、贵金属、保险等产品。同时，以“一老一小”为依托主打家庭概念。旺季组织开展“家庭大礼包”“主题直播间”“新春合家欢”三大特色活动，围绕金融安全、金融趣谈、文化传承三大主题开展线上课堂，组织线下网点活动，推广家庭系列沙龙讲座，实施产品组合营销，结合特色活动开展积分回馈，弘扬尊老爱幼传统美德。

三、强化组织推动，通过五个协同保障旺季活动开展

（一）总分协同抓实组织推动。总行层面已经成立跨部门的旺季工作协调小组，制订活动方案，明确工作要求，细化过程管理，对各行落地执行情况持续监测追踪并评价通报。总行相关部门负责人带队，根据疫情防控形势，有计划地开展督导。各行要切实提高对旺季营销工作的重视程度，统筹部署，统一行动，务实高效地抓好各项工作落实。要成立旺季营销工作小组，组织召开启动会、动员会或专题推进会，要明确旺季营销费用等资源投入安排。要结合总行活动通知及系列行动方案，因地制宜制订本行实施方案、明确工作重点，做好任务分解，落实执行措施，持续监测评价。要将行长讲话材料、营销方案上报至总行。其中北京、上海、江苏、浙江、广东等旺季资金规模大、系统占比高的分行，要尽早锁定目标客户，提前对接，摸清资金规模和节奏安排，结合不同场景需求，重点营销吸金揽储核心产品，提升储蓄存款同业占比，抓好源头资金代发与留存，特别是代发业务有下降趋势的分行，更要有实际措施，见到明显变化；四川、河南、重庆、安徽、江西等返乡人员集中流入的分行，要重点关注获客活客，因地制宜，有针对性地开展重点客群专项营销促活，用好总分行资源，夯实客户基础，依托优势产品，吸引客户资金沉淀；福建、陕西、湖南、贵州、广西等有突破潜力的分行，要深入挖掘当地资源，关注侨胞、商户、县域等重点客群，制订专项营销方案，配套投入资源，依托商会、同乡会等开展批量营销，扩大客户规模，争揽流动资金，实现储蓄存款排名进位。各行都要结合本地实际开展有特色、有针对性的营销活动。各级机构管理人员和营销人员带头走出去营销、走基层帮扶，引领工作作风“沉”下去，带动营销氛围“旺”起来。

各行要坚持服务国家重点区域发展战略，将旺季营销工作部署与推进重点区域竞争力提升战略结合起来，持续推进长三角、京津冀、粤港澳、成渝双城经济圈、中部地区五大区域分行做大做强个人金融业务；持续推进80家重点城市对标同业提升市场竞争力；持续推进重点县域市场发展，尤其是储蓄存款落后主要可比同业的县域，要集中优势资源，深挖市场潜力，实现进位提升。这里特别提示一下，在重点的市县分支行当中，有一些“两极行”，即当地资源极其丰富，同时跟同业的差距又极大的分行或者是县域支行，典型城市行代表如广东的佛山、浙江的温州、江苏的苏州和无锡，资源都非常丰富，同时跟当地同业的储蓄存款差距都在600亿元以上，佛山更是差距超过1 000亿元。对于这些“两极”的二级分行或支行，如果按照目前考核体系、资源配置体系，想让其在短期之内赶上同业，在现有的框架下是很难的。这就需要各一级分行、二级分行能够盯住这些“两极”行，加大资源投入，适度调整考核办法，助推这些行能够尽快地赶上同业，希望相关的一、二级分行在这方面能够有所动作。总行深改办将会同各区域战略牵头部门，持续跟踪区域旺季营销情况，定期发布区域战略工作动态通报。

（二）GBC协同落地重点场景。各行要深入贯彻全行GBC工作会议精神，结合旺季特点与客户需求，紧密围绕智慧政务、财政资金支付、务工人员工资监管、“三农”等重点场景，紧盯“客户流”“资金流”“信息流”，以代发工资作为联动重点，提升全行法人有贷户、机构户代发渗透率。各行公司、机构、结现、普惠等对公部门要切实担起责任，按照行动方案部署，梳理重点领域目标单位名单，结合岁末年初企业回访等活动，牵头抓好公私联动营销。总行提出了GBC联动营销的37个场景，这是一个大的概念，是总体的方案、

框架，到分行就是要把这37个场景变成一个一个具体的营销项目，比如总行提出医疗场景，到分行就是某某医院，并且围绕这些具体项目来定目标、定责任人、定资源投入，只有抓好一个个具体的项目，GBC联动才能够真正落到实处。同时，个金板块各部门要主动对接、密切配合，以消费、个贷、信用卡、个人客户服务等核心业务为依托，有效实现以C促B或促G。例如，目前全行每年按揭贷款1万多亿元的投放，都是直接发放到开发商的对公账户上的；又如信用卡收单业务，每年2万亿~3万亿元的收单额，其资金主要是落在对公账户上，在这些方面要特别关注以私促公，推动业务发展。要广泛应用金融科技，推进GBC模式创新与服务升级，加快重点项目落地见效，实现联动拓户，构建资金闭环。

（三）私私协同凝聚营销合力。个人金融业务相关部门要围绕五大系列活动，萃取优质产品与服务，整合各条线营销资源，集成特色促销活动，合力提升旺季综合化营销水平。个金、银行卡、网金、私银、贵金属等部门提供旺季主打产品与资源，开展联合营销；工银安盛、工银瑞信、工银理财等子公司要发挥集团综合化优势，强化创新能力，提供优质产品，保障供应额度，支持分支机构市场营销。境内外机构密切加强联动，推动个人外汇业务快速发展。总体看，个金板块的协同联动模式初步形成，已经成为一种常态化的动作。比如个金牵头的旺季营销汇聚了各部门的产品，聚合了各条线的资源；每年828理财节活动也是如此，搭建一个大的营销平台；日常工作中个金板块的交叉销售与产品渗透，都已经成为常态化动作。我们还需要不断地把私私协同的动作做到规范化、常态化、机制化。

（四）渠道协同开展一体化营销。全行要按照全渠道、多触点、线上线下结合的原则开展旺季活动宣传。总行统一设计了“工迎新春”宣传主视觉，制定线下网点节庆营销装饰方案，各行要按照统一部署安排，开展行内外线上线下多渠道宣传。营业网点要落实好两节期间现场装饰与场景搭建，利用电子屏、智能终端、网点WiFi等行内渠道开展宣传，结合各区域特色开展“陪您过大年”系列专题营销。积极利用便携式智能终端及“三融一活”平台，开展外拓营销。对于便携式智能终端，相关部门要协同进行改造优化，便携终端要更加便携、更加方便。同时，总行已通过智慧大脑将五大系列行动方案在系统中完成部署，客户经理、远维经理、客服经理等一线营销人员要用好智慧大脑，积极开展精准营销。各行要高度重视，将智慧大脑作为规范一线人员开展旺季营销的重要抓手，充分利用系统功能、统计监测抓实过程管理。各行要抓好内部宣导，通过晨会直通车、网点工作建议书等方式，将旺季各项工作部署及时传达到各营业网点和一线员工，总行已将远程银行中心“员工业务咨询平台”服务范围扩展至全行，为基层客户经理提供在线实时营销支持。要做好行外媒体渠道广告宣传，提早制定旺季媒体宣传费用预算，强化第一个人金融银行战略品牌宣传，并与特色活动结合起来，形成同频共振。此外，特别强调各行要注重加强线上渠道协同宣传，广泛利用行内公众号、“三融一活”平台、云网点、云工作室和行内外自媒体平台，开展多种形式的互联网传播宣传。工银e钱包项目实施分行，可联合外部合作伙伴，在行外互联网平台同步开展营销宣传，共同营造旺季声势。

（五）前后台协同强化资源保障。一是加大旺季营销费用资源投入，各行要参照本行2019年一季度个人金融业务营业贡献（不含经营和小微贷款），原则上按照不低于1%比例标准配置旺季专项营销费用，同时确保不低于2019—2020年旺季营销费用规模，支持重点客群拓展、核心产品营销、特色活动开展。各行财务会计部门要与业务部门密切配合，做好财务资源支持保障，确保费用尽快落地、尽早见效。二是加大人力费用资源投入，各行要结合旺季活动方案，锁定重点工作目标，通过组织劳动竞赛等形式，加大对基层网点、销售人员及联动部门的营销激励，明确奖励标准，加强监测评价，按照“谁营销，谁受益”的原则及时兑付相应奖励。三是加大优势产品资源投入，总行资负、资管等部门以及工银理财等子公司，要确保旺季期间提升个金业务重点产品资源倾斜。尤其是对大额存单、定期存款、结构性存款等重点储蓄存款产品，要合理把握旺季产品配置总量与结构，同时旺季期间参考同业产品发行情况适时适度进行调整，为基层行获客吸金提供支持。总行资管部、工银理财子公司要集中优质资源加大短期限及PR2、PR3级理财产品投放力度，根据需求保障旺季“添利宝、e灵通、灵通快线、尊享”等系列产品额度供应，对标同业持续提升产品竞争力。四是推出个人客户积分奖励计划，旺季期间总行个金部牵头，结合五大系列活动配置直达C端的个人奖励积分，积分有效期延至次年年末，确保客户跨年可兑付使用，提升客户积分使用体验；同时，依托融e购、e生活搭建积分换礼服务专区，为客户提供优质便捷的积分兑换服务。各行要充分用好个人客户积分、消费立减、费用减免等直达C端的权益资源，与特色促销活动结合起来；在此基础上，积极主动协调筹措资源，对源头性资金、批量式获客项目加大营销激励，助力全行旺季营销活动开展。

最后，还要强调两点：一是关于旺季的风险防控工作。旺季营销要加快市场拓展、营销拓户，同时也要牢固守住风险底线，确保合规发展。各行要及时将最新的法规及监管要求落实到制度和操作流程中，强化制度执行、传导、监督、整改闭环管理。要落实监管要求，严格履行反洗钱客户身份识别义务，加强账户开户管理，强化外汇业务合规操作，抓实销售适当性要求，注重个人客户信息保护。要做好客户投诉治理工作，发挥小额补偿机制的积极作用，提高客户诉后处理满意度，把监管转办投诉数量压降至同业第三、第四。切实抓好消费者合法权益保护，增强对特殊客群的关注和主动保护，将金融宣教普及内容融入到旺季宣传中，增强客户风险防范意识。各行一把手要切实承担起第一责任，高度重视案防工作，盯紧银行账户和关键人员，切实抓好风险管控，为全行旺季营销工作保驾护航。二是关于近期的储蓄存款工作。第一，储蓄是第一个人金融银行战略的核心指标。储蓄的竞争力是第一个人金融银行战略实现的核心评价指标。各级行领导，特别是一把手行长、分管行长，一定要牢固树立这样的理念。第二，年末对主要同业的策略能不能实现，其实关键是看从现在到12月中旬，我们储蓄存款增长的基础能不能夯实，这是实现年底目标的保障。单纯靠最后几天冲刺的领先，是没有意义的，更是不可持续的。

同志们，为期四个月的旺季工作即将开始。抓紧、抓实、抓好岁末年初旺季工作，不仅关系到今年个金各项工作任务的圆满收官，也是为明年各项工作开好头、起好步奠定坚实的基础。各行要高标定位、主动作为、全力以赴。预祝各行在旺季工作中取得新成绩。

在全行个人金融业务全员营销工作推动会上的讲话

宋建华

（2020年12月24日）

今天我们召开全行个人金融业务全员营销工作推动会。推动全员营销工作向更广、更深、更高层面迈进，这是全行落实陈董事长关于构建全员营销新型机制指示的关键一步，也是总行从体制机制层面推动全面打造“第一个人金融银行”战略落地的一次有益探索。下面，我讲三个方面的意见。

一、全员营销工作意义重大

（一）开展全员营销是总行党委的重要决策部署。面对新冠肺炎疫情冲击和后疫情时代零售经营模式的巨大变革，陈董事长在统筹推进常态化疫情防控和经营发展工作视频会上提出，要充分发挥全行员工及家属作为个人客户和客户经理的主观能动性，加速形成全员抓客户、全员拓资产的新型有效机制。总行党委这一重要决策部署，拉开了工商银行个人金融业务全员做、全行抓的序幕，使个人金融业务经营深入肌体的每一个细胞，不仅能有效释放员工的营销潜能，而且能使得对公部门和中后台板块的员工更加了解和熟悉个人金融业务，为进一步深化公私联动奠定良好基础。同时，这一决策部署还显著加速了我行个人金融业务线上化、社交化营销转型步伐，对未来的发展影响深远。

（二）全员营销是做好全量客户服务的必然选择。党的十九届五中全会提出，“加快构建以国内大循环为主体、国内国际双循环相互促进的新发展格局”。在这样的背景下，履行大行担当，满足广大人民日益增长的优质金融服务需要，使我行的个人金融服务特别是基础金融服务能够惠及更多客户，是我行经营面临的重要课题。因此，开展个人金融产品全员营销既是我们主动挖潜、主动创新的一次有益尝试，也是顺应国家发展趋势、服务全量客户的必然选择。

（三）全员营销是应对同业激烈竞争的制胜法宝。随着金融监管的持续加强和不断完善，预计明年和未来一段时期“资产回流、资金回表”的趋势仍将继续，但是商业银行对于个人客户和资金的竞争也更趋白热化。谁能在竞争中尽快树立比较优势，谁就能够占据先机。我行的员工规模大、执行力强，这是我们的潜在优势。现在，通过全员营销系统，我们能够把潜在优势转化为实实在在的战斗力，44万人的和衷共济将是我们打赢同业竞争战役，重夺第一个人金融银行地位的重要利器。

二、全员营销工作取得阶段性成果

在总行党委提出打造全员营销新型工作机制要求后，在总分行共同努力和各部门通力协作下，全员营销的顶层设计已经完成、系统建设加速突破、基层探索和实践有序推进，全员营销的框架性、基础性工作已经基本就绪。

（一）整体规划蓝图已经绘就。今年6月份，由总行个人金融业务部牵头，在人力资源部、财务会计部、银行卡业务部、网络金融业务部、机构金融业务部、管理信息部、运行管理部、渠道管理部、金融科技部、企业文化部（教育部）、工会工作委员会等部门密切配合下，经过两个多月的深入研究，完成了对全员营销方案的顶层设计，并印发《关于加快推进个人金融业务全员营销工作的通知》（以下简称《通知》），在全行范围正式启动个人金融业务全员营销工作。

一是阐明了全员营销的开展原则。明确了全员营销工作立足员工、客户、客户经理三重角色，一手抓营销全员、一手抓全员营销。通过打造关爱员工、互促共荣的家园文化，使员工主动成为我行“忠实粉丝”和“服务代言人”。采用多种激励方式，使全员营销工作成为员工资产增值、价值展现的重要渠道，避免简单的行政摊派。二是明确了全员营销的开展路径。在员工客群经营方面，施行标签式客群管理，构建涵盖专属客群经理、专属金融产品、专属非金融服务、专属活动的专属权益体系，发挥好员工“体验官”作用，增强员工客群黏性，提升金融资产水平。在全员开展营销方面，从个人金融业务基础产品和服务入手，用好总行全员营销系统平台，加强专业培训和营销支持，确保全员营销合规，打造全员营销个人金融产品的有效机制。三是提出了对全员营销的组织推动和支持保障要求。强调各行要成立行领导挂帅、多部门共同参与的工作机制，明确职责分工，合力推动全员营销。做好本行全员营销激励体系设计，明确激励规则。加强跟踪分析和典型宣导。

（二）系统建设取得重大突破。在印发《通知》的同时，总行个人金融业务部同步启动了全员营销系统建设，在总行金融科技部、人力资源部、管理信息部等相关部门的大力支持下，用时不到半年便完成了全员营销系统的研发工作。全员营销系统是全行员工社交化营销个人金融基础产品的核心系统，以 PBMS、工银 e 办公和微信平台为载体，实现了内部营销管理和员工对外营销的双闭环，具有社交分享便捷、业绩归属明确、内部管理灵活的特点，能够为全员营销常态化、可持续推进提供有力支撑。

系统一方面实现了精准灵活的内部管理。支持产品策略和营销素材总分行两级差异化配置，可配置包括本外币基础存款、借记卡、信用卡、工银信使、第三方绑卡、第三方存管、手机银行注册七大类个人金融基础产品。支持营销人员动态管理，已与人力资源系统智能化对接，白名单与开关式管控方式双线并行。支持业绩精准统计，可按机构、按专业、按岗位、按人员四维度挖掘导出全员营销业绩达成数据，主要业绩报表也正陆续投入使用。另一方面，实现了外部营销的便捷体验。营销分享门槛低，员工可在工银 e 办公“个人营销”板块，将产品营销长图及链接快速分享至微信好友或朋友圈。支持圈层辐射，好友转发营销链接的业绩依然归属于发起分享的员工，支持社交圈迅速裂变辐射。产品办理便捷，好友点击链接后，可直观了解产品特点，在微信 H5 中或自动唤起手机银行后一站式完成业务办理。业绩清晰展现，员工可在“个人营销”中查看跟进本人业绩达成情况。

（三）分行试点和探索有序开展。一是多家分行迅速做好全员营销组织推动。在总行 6 月份启动全员营销工作后，重庆、山西等多家分行第一时间召开辖内全员营销工作推动会，由分行一把手亲自部署全员营销工作。二是部分分行率先进行了模式探索。如山西分行在总行的统一部署下，根据本地员工特点，设计了产品积分激励体系和员工合伙人营销体系，依托分行平台开展了积极探索，为总行的系统开发积累了宝贵经验。三是多家分行参与总行系统试点工作。今年 9 月份起，全员营销系统在山东、广东、湖北、重庆、四川等 12 家分行陆续试点。截至 11 月末，累计参与试点人员超过 3 000人、分享和访问次数均超 2 000 次、达成交易逾千笔，对七大类业务进行了全流程验证。根据分行的试点反馈建议，总行对系统进行了针对性完善优化。

经过总分行相关部门的共同努力，依托全员营销系统全面、深入开展个人金融产品全员营销的时机已经基本成熟。

三、对做好全员营销工作的几点要求

（一）各行要充分动员、做好组织推动。

1. 明确目标。各机构要全面覆盖、各层级要全面渗透，通过全行的一致行动使全员营销步入“营销有突破、产品出业绩”的高质量发展路径。即日起，全员营销系统全行推广工作正式启动，力争年内实现“分行全渗透、人员全覆盖”，所有一级（直属）分行、二级分行、支行三级都要全面应用全员营销系统，辖内员工要全面开通启用“个人营销”系统功能。明年一季度，力争实现“营销有突破、产品出业绩”，分行每名员工的七大类基础产品营销业绩要全面破零，力争全行依托全员营销系统新拓人民币储蓄存款 44 亿元、外币储蓄存款 4 000 万美元，新增借记卡 44 万张、信用卡 88 万张、第三方绑卡 100 万个、工银信使 100 万个、第三方存管 44 万户、融 e 行注册用户 44 万户。

2. 凝聚共识。要提高对全员营销的认识。全行要深入贯彻落实总行党委关于“每个员工都兼具员工、客户、客户经理三重角色，要通过合理的机制，加快形成全员营销态势”部署，进一步统一思想，立足“客户至上”和“人才兴业”工作思路，把全行员工及其亲属作为最重要的资源，从三重角色、两个维度入手，一手抓营销全员、一手抓全员营销，充分释放全员营销和服务潜能，全面助力打造第一个人金融银行。要加强员工关爱，使全员营销成为员工自发自觉的行为。各行要把优化员工体验、基层体验作为切入点，打造关爱员工、互促共荣的家园文化，让员工切身感受到我行个人金融服务的温度，使员工主动自觉地成为工商银行的“忠实粉丝”和“服务代言人”。要采用多种激励方式，增强员工作为“客户”的认同感和归属感、作为“客户经理”的获得感和成就感，使全员营销工作成为员工资产增值、价值展现的重要渠道，成为深入人心、自觉自发的行为，避免简单的行政下压和任务摊派。全员营销系统对个人金融业务营销是巨大的推动，44 万人的共同发声、共同营销将能够发挥巨大的效能。

3. 突出重点。在方案设计上，各行开展全员营销要把握关键、灵活创新。要善于调动各专业、各机构、内外部各方面的积极性和主动性，把工作着力点聚焦到全员“抓客户”“抓资金”“抓资产”上来，加大公私联动、私私互动，既要做好合理机制的顶层设计，又要鼓励基层经营创新。在具体落地上，要将全员营销与旺季营销有机结合，聚焦旺季重点产品。各行要把全员营销系统作为旺季拓客户、引资金的利器，依托旺季做好练兵，形成常态化、可持续的全员营销新型机制。要围绕旺季营销核心目标，合理确定本行全员营销策略和重点产品，并在全员营销系统中做好相应产品维护和营销宣传材料布放，确保重点产品全员营销的顺利开展。

（二）各部门通力协作、实现统筹推进。

1. 各司其职做好协同配合。一是建立多专业共同参与的推广工作小组。全员营销系统的应用推广对全员营销效果起着决定性作用，各行要高度重视，坚持行领导挂帅、多部门共同参与的工作机制，建立由个人金融部门牵头，银行卡、网络金融、机构金融、人力资源、管理信息、财务会计、运行管理、渠道管理、金融科技等部门协同推动的全员营销系统推广小组。二是明确推广小组日常工作职责。个人金融业务部是全员营销系统推广的总牵头；人力资源部负责人力费用投入和员工名单的导入、调整、维护；管理信息部负责做好全员营销的数据监测和分析跟踪；财务会计部负责做好全员营销的效果考核和费用投入；运行管理部负责推进客服经理全员营销职责落地；渠道管理部负责营业网点全员营销相关服务机制建设；金融科技部负责特色系统与全员营销系统平台的对接建设。三是构建畅通的沟通反馈机制。各行要依托推广小组，建立面向辖内各机构、各专业的问题咨询反馈机制。发挥服务枢纽作用，畅通总行直达基层员工的信息通路，及时做好上传下达。

2. 各负其责做好专业推动。各行要在年底前面向辖内所有非一线个人金融营销岗位人员全面推广全员营销系统（个人客户经理应使用客户经理云工作室参与全员营销工作），各专业部门、各机构都要承担起推动本条线、本机构员工开展个人金融基础产品营销的主体责任。总行各专业要对本专业各层级营销进展情况进行定期监测、通报，分行各专业要对辖内本专业进行密切督导，确保本专业员工年底前全部启用、一季度营销全面破零，个人金融、公司金融、机构金融、普惠金融、私人银行、运行管理等部门要加强对个人客户经理、个贷经理、对公客户经理、财富顾问、客服经理等一线人员开展全员营销的组织推动。

（三）保证资源持续投入、调动员工积极性。

1. 做好激励方案设计。各行要做好本行全员营销激励体系设计，明确员工达成业绩的奖励规则。要对各类岗位、各类产品分别合理计分，形成明确合理的全产品激励体系，为开展全员营销打好基础。其中，一线营销人员应明确激励起点，对超额完成的业务予以奖励；其他人员的产品计价标准应与一线营销人员保持相对统一。各行可适当采取分档进阶的激励模式，鼓励员工多营销、多收益。

2. 持续保障资源投入。各行要根据本行实际情况，在确保符合内外部制度规定的基础上，采取营销费用投放、人力费用激励等行之有效的方式，支持员工开展营销活动、对员工的营销业绩进行回馈。各行财务会计、人力资源部门要加大对全员营销工作的支持力度，投入专项营销费用或人力费用，保持投入的持续性和相对稳定，确保全员营销顺利开展。

3. 确保激励及时兑现。在全员营销开展过程中，各行要及时、足额兑现员工的营销业绩，提高奖励兑现的频率，至少能够按季兑现，并根据既定的激励规则，确保足额兑现，使员工能够始终保持较高的营销热情。

（四）加强培训宣传、确保工作合规开展。

1. 抓好宣传培训，做好员工动员。各行要培训赋能和宣传动员两手抓。一方面，要抓好逐级培训。总行将于近期进行全行培训，就全员营销系统的整体框架、内部管理功能、员工端使用功能进行详细说明。各行要及时做好转培训，确保从事全员营销管理工作的人员能够熟练掌握内部管理相关功能，依托行内各个宣传平台使辖内员工能够充分掌握产品社交化营销的具体功能。另一方面，要做好营销动员。各行企业文化、工会、团委等部门要负责做好劳动竞赛、评优评先、青年员工营销大赛等动员工作，营造良好氛围。

2. 加强监测跟踪和典型宣导。总行将定期监测全行全员营销进展情况，各行也要做好跟踪分析和通报督导。一是加强营销进展监测分析。对于各机构、各专业、各岗位员工的营销情况，各行要定期进行数据统计、分析，对辖内机构、条线的营销情况定期通报，对营销进展情况好、员工参与度高的应通报表扬。二是抓好先进典型的树立宣导。对于在全员营销过程中涌现的营销业绩突出、营销方式新颖的员工和案例，各行要及时总结，做好宣传推广，并及时报总行个人金融业务部，总行择优在网讯、行报专栏专题进行通报分享。各行要在各类评比表彰工作中优先考虑全员营销和服务先进典型。

3. 加强风险管控，确保合规营销。各行要加强风险管控，从产品、人员、监管、舆情等多方面把好关口，确保全员营销工作顺利开展。在产品配置上，各行要确保配置的分行特色产品面向全量客户、适于线上广泛传播。在参与人员上，各行要在系统中及时清理已离职等不适于参加全员营销工作的人员信息。在监管沟通和舆情管理方面，各行要密切与监管部门的沟通协调，加强舆情管理，为全员营销系统推广创造良好的外部环境。

2021 年的脚步已经临近，旺季的高潮扑面而来，希望大家以高度的责任感和使命感，依托全员营销系统，抓住机遇、群策群力，带动身边人、辐射朋友圈，共筑我行第一个人金融银行的美好未来。

在行司联动工银安盛重点工作推动会上的讲话

宋建华

（2020 年 12 月 24 日）

今天我们召开 2021 年行司联动工银安盛重点工作推动会，回顾总结 2020 年业务发展情况，对 2021 年旺季营销工作进行部署。下面，我谈四个方面的意见。

一、2020 年全行代理工银安盛保险业务取得良好成绩

2020 年，突如其来的新冠肺炎疫情对我国经济社会发展带来了前所未有的冲击，对寿险行业也造成了不利的影响。截至 11 月末，全国寿险行业实现新业务保费 1.12 万亿元，同比下降 1%，其中，期交产品新业务保费 5 424 亿元，同比下降 4.66%。但银保业务呈现出“逆市上扬”态势，同期全国银保市场实现期交新业务保费 2 098 亿元，同比增长 3.7%。我行期交保费 228 亿元，同比增长 9.5%，大幅超越同业平均水平，面对危机展现出很强的战斗力。寿险行业与银保业务呈现出的增长反差，展现出了商业银行综合化营销的强大能力，以及银保业务在保险行业转型发展中的广阔市场前景。

在总行“第一个人金融银行”战略引领下，行司双方对保险业务转型发展的认识逐步统一、路径逐步清晰。从今年 1－11 月的经营成果来看，行司双方克服了新冠肺炎疫情的冲击和影响，取得了工银安盛银保业务近年来最好的发展业绩，对集团的贡献度持续提升，经营转型不断深化，客户基础进一步夯实。

一是对集团的贡献度持续提升。截至 11 月末，工银安盛在全行的保险中收、规模保费、期交保费三项重要指标占比均位列合作寿险公司第一。其中，贡献代理保险中间业务收入（不含续期）12.25 亿元，占全行保险收入比重 22.68%；规模保费 243.8 亿元，占全行销量比重 24.3%；期交保费 42.9 亿元，占全行销量比重 20.76%。

二是经营转型不断深化。截至 11 月末，全行代理销售工银安盛期交保险 42.9 亿元，创历史新高，同比增长 13.76%，大幅跑赢寿险业和银保市场的整体增速。以疫情之下客户健康保险需求增长为契机，强化场景营销，实现重疾产品销量 4.42 亿元，同比大幅增长 87.8%。

三是经营业态进一步优化。从全行情况看，截至 11 月末，全行代理销售工银安盛期交产品网点月均活动率 44.2%、网点月均期交产能 3.52 万元、网均期交件数 1.15 件，同比分别增长 27%、11% 和 30%，全行基层营销单元“最后一公里”的量与质均得到有效提升。

四是客户总量稳步增长。截至 11 月末，全行持有工银安盛保险产品的存量客户 95.72 万人，当年新增 8.74 万人，同比多增 1.06 万人，增幅 13.80%，其中新增期交客户 6.6 万人，同比增幅 6.5%，高质量的期交客户规模占比达到 63%，客户基础进一步夯实。

今年取得这样的成绩来之不易，得益于行司双方的相向而行、合作共赢，得益于行司各级干部员工的勠力同心、通力合作。在此，我向今天参会的各位行司同仁表示祝贺，并通过你们向奋战在业务一线的同事们表示衷心的感谢！

二、当前面临的问题与挑战

随着保险行业转型的深入推进，以及集团内协同发展的要求不断提高，行司双方都要深刻地认识到当前面临的紧迫形势，清醒地看到当前还有许多战略、策略、机制乃至认识方面的问题需要进一步厘清，行司合作还有很大的提升空间，

一是从业务趋势看，当前业务发展呈现出“调头向下”的不利态势。进入四季度以来，全行工银安盛期交保险销售节奏明显放缓，同比环比均出现明显下滑，四季度期交日均销量 827.9 万元，较三季度环比下降 38.9%，同比下降 30.8%。四季度期交保费在全行占比 16.7%，较三季度环比下降 7 个百分点，同比下降 4.47 个百分点，为年内最低水平。

二是从网均人均产能看，行司合作紧密度有待提升。截至 11 月末，全行代理工银安盛期交产品月均出单网点 4 890 个，占合作网点总数的 44.2%；月均理财经理出单人数 7 126 人，占 21 家合作分行理财经理总量（19 578 人）的 36.40%。也就是说，全行每个月平均有超过半数的网点、近 2/3 的理财经理都是零销售。网点和理财经理是保险产品销售最主要的渠道和推手，占比不高表明工银安盛与我们很多分支机构还没有形成持续稳定的业务合作关系。

三是从产品供给来看，主动适应市场的应变能力不强。工银安盛的期交产品主要为增额终身寿险，这类产品无论是对理财经理的销售技能还是工银安盛的服务支持能力要求都很高。今年疫情之下，面对全行业负增长的不利态势，无论是国寿、平安这样的头部公司，还是华夏、前海、君康这样的激进型公司，主推的都是销售难度相对较低的中期年金产品。工银安盛在产品策略的灵活性、适应性和应变性都有待提升。

四是从市场竞争来看，核心指标落后于竞争对手。截至11月末，主要竞争对手建信人寿在新单保费、期交销售等核心指标上已实现对工银安盛的全面超越，即使是销售难度最大的复杂期交产品，销量也领先1.7亿元，工银安盛已失去蝉联多年的银行系复杂期交排名第一的位置。

上述问题的出现需要我们警惕，而这些问题背后深层次的原因更需要我们关注。“万物得其本者生，百事得其道者成”。只有找到原因，才能以有针对性的举措和积极有为的方式，把问题解决好。随着保险行业转型的持续深入，工商银行与工银安盛之间的行司协作也进入了新的历史阶段，面对复杂多变的外部形势和日趋激烈的市场竞争，依靠任何一方自身的努力都难以支持业务的持续增长，行司之间必须要在战略上形成统一，策略上达成共识，步调上保持一致，机制上协调配合，建立起更精准、更契合的协作机制。目前的当务之急，是要解决好行司协同上的“三个不匹配”问题。

一是公司同业对标意识与激烈的竞争形势不匹配。工银安盛作为银行系保险公司，主要竞争对手是建信人寿。这些年，建信人寿对工银安盛的经营策略研究得非常深入，借助积极的产品策略和有效的竞争策略，逐步实现了赶超。相比之下，我们对竞争对手的分析还不够，研究还不深，应对策略还不够有效，导致了市场竞争中的被动。二是公司的业务节奏与工行节奏不匹配。四季度以来工银安盛期交占比持续下降，主要原因之一是未能跟上全行旺季营销的工作节奏。全行已于12月1日全面启动包括保险开门红在内的旺季营销工作，主要保险公司更是早在11月初就提前启动了旺季开门红营销，工银安盛在产品投放和营销配合上未能跟上全行的业务节奏，双方未能很好地形成合力。作为集团的一份子，工银安盛一定要有一盘棋的意识，要更加紧密地关注、跟随集团的整体部署和业务节奏，做到步调一致。三是公司服务能力与全行业务发展不匹配。截至11月末，全行代销期交产品总量228亿元，同比增长15.70%，同期工银安盛期交销售42.9亿元，同比增速13.76%，低于全行平均增速1.94个百分点，导致工银安盛期交销量行内占比同比下降0.03个百分点。云南、北京、天津、湖北、辽宁五家分公司在当地工行期交销售同比增长的情况下，总体期交销量出现同比下降，其中北京分公司下降24%，天津分公司下降25%，云南分公司下降43%。截至目前，共有13家分公司在当地工行期交销售占比同比下降，其中云南、山西、天津、辽宁四家分公司占比下降超过10个百分点，广西下降高达30个百分点。如何更好地匹配分公司服务能力与当地分行业务发展节奏、如何更好地利用工商银行丰富的客户资源是双方都要深入思考、研究和探讨的问题。

三、把握市场规律，切实推动工银安盛高质量发展

当前，我们面临着复杂多变的经营环境，疫情防控将成为常态，客户到店率低对于期交保险线下为主的销售模式产生了较大冲击。但也要看到，保险产品作为我国家庭金融资产配置重要手段，作为风险管理的首要工具的优势也在逐步凸显。我们要做好前瞻性的预判，把握市场规律，确定发展方向，找到实施路径。

从监管政策来看，合规稳健经营是大原则。2020年以来，严监管政策持续升级。今年以来，华夏人寿、天安人寿、天安财险等六家金融机构被银保监会依法接管，确保不发生系统性金融风险是当下乃至未来较长时期金融监管的首要任务。对于工商银行和工银安盛，合规经营始终是我们业务发展的核心价值导向，严监管的政策环境客观上也有利于营造一个更加规范的市场环境，更好地发挥工银安盛稳健经营的竞争优势。

从市场情况来看，保险市场增长是大趋势。一是客户观念更加成熟。尽管在短期内，疫情对保险业务发展造成了一定冲击，但后疫情时代消费者保障意识明显提升，对保险行业的长期发展起到助推作用。二是市场规则更加明晰。日前银保监会正式发布《重大疾病保险的疾病定义使用规范（2020版）》，以满足当前保险行业发展和消费者多元化需求的需要，在政策鼓励下，商业健康险将加速成长。三是客户资金面临重新配置。按照资管新规的整改期限要求，明年将有大量理财资金回流，保险产品将成为争揽资金的重要抓手。我们不能单从“中收来源”这一单一角度去看待保险销售，应当从服务客户、为客户设计更合理的资产配置结构这一方面去看待保险的价值，这样一来就会更加主动地加大保险的销售力度。

从同业机构来看，竞争加剧是大环境。一方面，随着经济增长放缓，利率与投资端收益率下行，在监管、资本和投资等多重约束下，保险公司已将经营重心转移到期交业务领域，期交产品已成为市场主流，“保险姓保”的转型之路进一步深化。另一方面，近期银保监会将商业养老保险纳入养老保障第三支柱体系，商业养老保险领域经营将全面提速，竞争也随之加剧，将对保险行业的经营发展和竞争格局带来新变化。

监管、市场、竞争格局的变化，已经推动保险行业重新洗牌。面对当前的机遇与挑战，工商银行与工银安盛能否在变革中把握机遇、抢占先机，决定了我们能否

赢得保险市场的未来。支持工银安盛快速健康发展也关系到工商银行代理保险业务的可持续发展，必须充分发挥集团的综合化经营优势。在此，我提三点要求。

（一）抓好工银安盛产品销售不是可选项，全行必须毫不犹豫，全力以赴。首先，从战略上看，工银安盛作为集团综合化战略的重要组成部分，作为“第一个人金融银行”战略的重要抓手，工银安盛的产品销售，不是要不要做的问题，而是必须要做、怎么做好的问题。在这一点上，全行上下必须厘清认识，毫不犹豫，全力以赴。其次，从本质上看，期交产品具备长期储蓄和保障功能两大独特优势，对于商业银行产品服务体系的完整性具有不可替代的独特作用。近年来，市场利率走势呈现明显的下行特征，大力发展期交产品，就是要充分利用保险产品的独特优势，为客户资产提供长期保障和增值锁定。期交保险在客户资产配置中，不是买不买的问题，而是买多少、买什么的问题。最后，从必要性看，为支持集团做大做强代理保险业务，工银安盛已连续三年每年为全行稳定供给200亿元以上的趸交产品，不仅为我行客户提供了有竞争力的保险产品，也成为我行代理保险中收增长不可或缺的手段。随着集团战略转型的进一步推进，“第一个人金融银行”战略的落地实施，抓好工银安盛产品销售不是可选项，而是一个必选项，全行上下要统一认识，密切配合，毫不犹豫，全力以赴。

（二）业务转型不是附加题，全行必须主动适应市场变化。保险姓保是大势所趋，银保业务向高价值转型必须有清晰的战略定位和发展目标。我们做业务，要算效益账，要算资金账，要算成本账。同样赚取1万元中间业务收入，卖趸交产品要消耗30万元存款，而卖期交产品只需要消耗5万元存款。同样卖10万元保险，趸交产品只能赚取3 500元中间业务收入，而期交产品能赚取近2万元中间业务收入，这就是销售转型的内涵价值。面对当前市场竞争和行业发展的新业态，开展工银安盛保险产品销售一定要与全行经营转型、与“第一个人金融银行”战略相适应，主动适应市场变化，主动调整业务节奏，苦练内功，久久为功，才能见效。要转变对期交产品的看法。期交产品相对难卖、金额不大、收入零散，不像趸交产品一个大单就有大额中收。但是，期交产品销售一定要放到前面提到的大背景中，通过算细账来提升对产品的认识，转变过去认识的偏差。这几年我们自身的发展经验以及同业的快速转型，都说明银行系卖期交是大有可为的。

（三）对标建信人寿不是走着看，是行司双方共同的责任与目标。刚才通报了工银安盛与建信人寿之间的销售差距，表面上看是两个公司在产品销售上的竞争，实质上是两家银行系保险公司经营能力的全面竞争，是两大集团对旗下综合化子公司支持能力的竞争。对标建信，首先是工银安盛的责任，公司必须在战略、机制、资源、产品和服务上，拿出全面对标建信的整体策略。其次，全行也要深入分析，面对相同的区域、同样的客户、同类的产品，我们落后建信的原因是什么，拿出有针对性的措施。工银安盛一定要明确对标建信人寿，同时总行个金部与各地分行也要协同完成这一目标。

四、理顺行司协同发展机制，打赢旺季营销攻坚战

2021年是全面打造“第一个人金融银行”战略的深化之年，是对全行和工银安盛创新能力及落地执行能力的考验。做好旺季工银安盛保险产品尤其是期交产品销售，不仅关乎行司双方全年的收入目标、资产增长及市场排名，也是对全行能否适应严监管政策、复杂市场环境、客户需求变化的试金石，希望各行要有清晰的认识，重点做好以下几个方面工作。

（一）明确任务目标，推动高质量发展。全行和工银安盛要按照总行党委“48字”工作思路，抢抓旺季发展机遇，加大资源投入，不断提质增效，确保明年规模和效益再上新台阶。明年旺季营销的总体工作目标是，实现工银安盛趸交保费100亿元，期交保费18亿元。在对标同业上，要确保复杂期交赶超建信人寿。全行和工银安盛要牢固树立“行司一盘棋”意识，扎实推进趸交与期交协同联动的产品策略，要将提升客户的保险覆盖率、全量资产配置率和产品渗透率作为抓手，加快客户的渗透转化。旺季开门红这个局必须开好，分管行长及分公司总经理必须亲自抓，行司联合推，全力打好旺季营销攻坚战。

（二）聚焦中坚赋能，打造分层营销服务体系。一是扩产能，以共同打造“亿元分行、千万支行、百万网点”三大提升工程为主线，2021年全行代销工银安盛期交保险销售亿元分行、千万支行、百万网点数量均要实现翻番。其中，亿元二级分行要由3家增加到6家，千万支行数量要由70家增加到140家，百万网点数量要1 100个增加到2 000个。二是增技能，着力建设“行司协同作业、客户分层营销”的分层服务体系，要紧抓旺季客户资金充沛的机遇期，聚焦客户财富传承、资产安全等需求，针对中高端客户，要深入开展“111项目”，每个网点每个月组织一场沙龙活动，切实提升网点活动率和网均产能。针对私人银行及高净值客户，开展“客情分析会”“律师面对面”“私董会”等系列营销活动，活动组织上要明确目标，力求高效，打造品牌。三是抓效能，全面实施期交销售“破零工程”，重点抓好最后一公里，支行行长、网点主任要作为工银安盛销售破零工程的第一责任人，确保实现每个支行、每个网点、每个理财经理月度销售必须破零的底线目标。各个行在抓工作的时候，一定要把抓手解决好，每个支行、网点、理财经理销售破零是底线目标。

（三）强化考核激励，发挥资源引导效应。第一，

要充分发挥总行人力资源下拨的工银安盛专项考核激励政策的正面引领作用，各分行要对工银安盛工资费用实施直通式考核，确保激励落实到主要营销人员，充分体现“谁营销、谁受益”原则，不得截留挪用，不得抵充应有的资源投入。目前，总行相关部门正在积极争取2021年延续工资费用专项激励政策，有条件的分行可先行垫付，或在分行层面制定专项费用激励政策，保持政策的稳定性、延续性。第二，考核要聚焦主要指标。全行个金、私银条线考核中均要设置工银安盛期交销售考核指标，切实加大挂钩力度。全行个金和私行条线，从分管行长做起，从部门老总做起，把工银安盛的保险产品销售纳入打造“第一个人金融银行”战略的核心产品体系，扎实推进。第三，工银安盛自身要切实优化考核指标，在考核机制和资源调配上必须保持与全行同频同步，自上而下贯穿考核导向，确保完成旺季营销任务。第四，强化过程管控，做好多维监测督导。总行与工银安盛总公司要联合建立“日通报、周分析、月总结、季述职”的业务督导机制，追踪各项举措的落实情况。每日监测业务数据，每周对工银安盛期交进度进行重点分析督导，每月开展月度总结分析，及时总结推广业务拓展经验和模式，每季进行考评排名，确定提升措施。

（四）聚焦智慧大脑，开展精准获客营销。总行前期在智慧大脑平台上线了面向不同客户需求的保险产品预测模型，支持保险产品精准推荐。全行要充分利用“智慧大脑”赋能一线精准拓客。一是在“亿元分行、千万支行、百万网点”提升工程中，要围绕获客、活客、留客三大主线，精准定位目标客户及资源丰富网点。二是在“网点沙龙”“支行训练营”“律师面对面”等场景营销中，充分发挥“智慧大脑”在客户筛选和分析方面的赋能效果，分析客户需求、制定营销方案。三是要抓好重疾新产品迭代培训，做好业务衔接。针对明年一季度重疾产品迭代的市场重要节点，突出新重疾产品在责任、理赔方面的升级亮点，强化客户经理营销能力，发挥重疾产品对年轻客群、低资产客群、行员客群的黏客效果。前面提到期交转型进度不是很快的原因，如果单靠理财经理个人的认识和学习能力来销售期交保险难度是很大的，所以我们现在借助“智慧大脑”来帮助理财经理，利用“智慧大脑”可以做到选准客户、配准产品、教导话术。今年，“智慧大脑”平台是第一次尝试，希望大家能够大胆地使用，你们用得越多，产生出来的数据就越多，以后“智慧大脑”的智慧化程度就会越高。

（五）强化自身优势，做到“五个匹配”。工银安盛要配合好集团发展战略，在经营导向、考核导向、资源投入、业务节奏、产品策略上要做到“五个匹配”。在经营导向上，要聚焦中高端客群，做实基本盘，发力高净值客户，做大增量盘；聚焦腰部机构，做大中间层，巩固头部机构，做强顶层。在考核导向上，考核指标的设计要进一步聚焦复杂期交，体现增长，体现贡献。在资源投入上，要加大旺季营销竞赛和“亿元分行、千万支行、百万网点”提升工程的资源投入，外勤服务队伍数量和质量要与业务指标相匹配，为业务发展提供保障。在业务节奏上，要结合全行整体计划精准把控产品投放节奏，在趸交产品额度分配上要形成“比贡献”的机制。在产品策略上，要紧跟监管政策变化和保险市场变化，围绕细分客群，共同建立覆盖全生命周期的产品线，提高产品市场竞争力。

大鹏之动，非一羽之轻也；骐骥之速，非一足之力也。站在新起点，希望大家紧密围绕总行“第一个人金融银行”战略，扎实奋进，聚力前行，共同推动工银安盛旺季营销各项任务目标圆满完成，为明年的业务发展打下坚实基础，为集团交上一份满意答卷！

第七部分

大事记

责任编辑：许银杰

1月

1月1日

陈四清董事长发表2020年新年贺词。

1月2日

谷澍行长通过晨会直通车向全行一线网点员工致新年祝福。

1月3日

陈四清董事长参加国务院常务会议。

党委书记陈四清主持召开第1次党委（扩大）会议，研究有关干部事项，审议拟提交董事会的议案或汇报事项。党委副书记谷澍、杨国中，党委委员王林、胡浩、廖林出席。王百荣首席风险官、官学清董事会秘书列席。

胡浩副行长会见中国东方电气集团总会计师白勇，双方就进一步加强银企战略合作进行交流。

胡浩副行长参加中国—中东欧国家领导人峰会筹备工作部际协调会。

1月6日

党委书记陈四清主持召开第2次党委（扩大）会议，审议2020年经营计划调整事项，研究2020年工作会议材料，研究有关干部事项。党委副书记谷澍、杨国中，党委委员王林、胡浩、廖林出席。王百荣首席风险官、官学清董事会秘书列席。

谷澍行长主持召开第1次执委会会议，审议执行委员会工作规则，听取资产负债管理部关于存量贷款定价基准转换为LPR工作方案的汇报，听取普惠金融事业部关于数字供应链融资业务情况的汇报，听取个人金融业务部关于代理非公募产品风险情况的报告。党委副书记杨国中、王林组长列席。胡浩副行长、廖林副行长、王百荣首席风险官、官学清董事会秘书出席。

1月7日

陈四清董事长主持召开中国工商银行股份有限公司董事会会议，谷澍副董事长、胡浩执行董事等14位董事会成员出席会议，官学清董事会秘书参加会议。候任监事长杨国中先生、监事会成员及总行相关部门负责人列席会议。会议审议通过《关于2020年度固定资产投资预算的议案》等4项议案，听取《关于2019年度董事会架构相关情况的汇报》等3项汇报。

胡浩副行长主持召开服务第二届进博会工作总结大会，总结成绩和经验，部署服务第三届进博会的工作，并对服务进博会先进单位和个人进行通报表彰。

1月8日

陈四清董事长参加国务院常务会议。

谷澍副董事长主持召开中国工商银行股份有限公司2020年第一次临时股东大会，候任监事长杨国中列席会议，董事会和监事会成员、官学清董事会秘书出席会议，股东代表及总行相关部门负责人列席会议。会议审议通过《关于选举杨国中先生为中国工商银行股份有限公司股东代表监事的议案》。

党委副书记杨国中出席总行党校第1期学习党的十九届四中全会精神专题研讨班结业并讲话。

廖林副行长出席银保监会大型银行准入工作座谈会。

1月9日

陈四清董事长、谷澍行长、党委副书记杨国中、王林组长、胡浩副行长、廖林副行长、王百荣首席风险官、官学清董事会秘书出席“ONE ICBC ONE FAMILY”工银全球荟主题活动暨2019年荣誉表彰仪式。

1月9日－1月10日

中国工商银行2020年工作会议在北京召开。陈四清董事长、谷澍行长出席并讲话，党委副书记杨国中主持，王林组长、胡浩副行长、廖林副行长、王百荣首席风险官、官学清董事会秘书出席。

1月10日

总行召开2019年度领导班子和班子成员综合考核评价暨选人用人“一报告两评议”工作会议、2019年度党组织书记抓基层党建工作述职评议考核会议。党委书记陈四清出席会议并讲话，党委副书记谷澍主持，党委副书记杨国中，党委委员王林、胡浩、廖林，王百荣首席风险官、官学清董事会秘书参加。

王林组长出席内审分局局长工作会议。

1月11日

总行召开境外机构交流汇报会，共同研究谋划贯彻落实全行年度工作会议精神、构建国际化发展新生态的思路举措。陈四清董事长就交流汇报情况作总结讲话，党委副书记杨国中主持，胡浩副行长作专题点评，谷澍行长、王林组长、廖林副行长、王百荣首席风险官、官学清董事会秘书出席。

1月12日

党委副书记杨国中出席总行党校第2期学习党的十九届四中全会精神专题研讨班开班并讲话。

1月13日

党委书记陈四清、党委副书记谷澍参加十九届中央纪委四次全会。

陈四清董事长参加国务院常务会议。

胡浩副行长参加国家发展改革委战略性新兴产业发展部际联席会第七次会议。

根据国务院国人字〔2019〕272号文件通知，经履行相关法律规定程序，杨国中同志任中国工商银行监事长。

1月13日－1月15日

王林组长参加十九届中央纪委四次全会。

1月14日

总行召开离退休老领导迎新春座谈会。张肖、田瑞璋、王为强、王占祥、肖昌秀、陈克儒、董东庆、张衢、魏国雄等老同志出席。陈四清董事长出席并讲话，谷澍行长通报经营情况，杨国中监事长主持，胡浩副行长、廖林副行长、王百荣首席风险官、官学清董事会秘书参加。

陈四清董事长、杨国中监事长、胡浩副行长、官学清董事会秘书拜会中国人民银行副行长、国家外汇管理局局长潘功胜，双方就落实国家经济金融政策、防范化解风险、探索相关领域改革试点等进行交流。

总行举办驻华使节新春招待会。陈四清董事长、谷澍行长、胡浩副行长、廖林副行长、官学清董事会秘书出席。

谷澍行长主持召开第2次执委会会议，听取办公室关于全行2020年工作会议分组讨论情况的汇报。廖林副行长、王百荣首席风险官、官学清董事会秘书出席。

谷澍行长、廖林副行长出席金融科技发展委员会暨ECOS工程领导小组2020年第一次会议。

胡浩副行长出席2020年公司客户“1+N”一体化金融服务工作会议。

1月14日–1月15日

杨国中监事长赴浙江分行、杭州金融研修学院调研并慰问员工。

1月15日

谷澍行长出席运行管理工作会议。

胡浩副行长出席2019年度一级（直属）分行直属党委书记党建工作现场述职评议会议。

胡浩副行长出席2020年度机构金融业务工作会议。

1月16日

党委书记陈四清主持召开第3次党委（扩大）会议，传达学习贯彻习近平总书记在中央政治局“不忘初心、牢记使命”专题民主生活会上的讲话与专题民主生活会情况的通报，传达学习贯彻十九届中央纪委四次全会精神，听取党委办公室关于2019年党风廉政建设情况的汇报，听取关于全行2019年全面从严治党、党风廉政建设和反腐败情况的通报，研究有关干部事项。党委副书记谷澍、杨国中，党委委员王林、胡浩、廖林出席。王百荣首席风险官、官学清董事会秘书列席。

党委书记陈四清主持召开“不忘初心、牢记使命”主题教育领导小组第十次会议，传达学习贯彻习近平总书记在“不忘初心、牢记使命”主题教育总结大会上的重要讲话。党委副书记谷澍、杨国中，党委委员王林、胡浩、廖林，王百荣首席风险官、官学清董事会秘书出席。

谷澍行长、胡浩副行长会见厦门大学校长张荣，双方就加强全面战略合作进行了交流。

谷澍行长、胡浩副行长、廖林副行长、王百荣首席风险官出席金融资产服务业务管理委员会会议。

廖林副行长出席资产管理业务2020年度投资策略会。

1月17日

王林组长主持召开十九届中央纪委四次全会精神学习研讨会。

胡浩副行长拜访华能集团总会计师王益华，并出席华能工银新能源债转股基金签约。

1月19日

中国工商银行“不忘初心、牢记使命”主题教育总结大会在京召开。党委书记陈四清传达习近平总书记在“不忘初心、牢记使命”主题教育总结大会上的重要讲话精神，并对全行主题教育情况进行总结。中央第十二巡回督导组组长卢纯出席会议并讲话。党委副书记谷澍主持，党委副书记杨国中，党委委员王林、胡浩、廖林，王百荣首席风险官、官学清董事会秘书出席。

党委书记陈四清主持召开第4次党委（扩大）会议，研究行领导、高管分工。党委副书记谷澍、杨国中，党委委员胡浩、廖林出席。王百荣首席风险官、官学清董事会秘书列席。

廖林副行长主持召开会议，研究做好春节期间安保工作。

1月19日–1月20日

王林组长出席全行巡视巡察上下联动工作专题研讨班。

1月20日

陈四清董事长参加国务院常务会议。

党委书记陈四清主持召开第5次党委（扩大）会议，听取离退休人员管理部关于全国离退休干部“双先”表彰大会和全国老干部局长会议精神有关情况的汇报，听取党委办公室关于反馈纪律检查建议书落实情况的汇报，听取财务会计部关于调整差旅费等部分费用开支标准并印发《境内机构负责人履职待遇和业务支出管理实施细则》的汇报，听取战略管理与投资者关系部关于入股锦州银行阶段性进展情况的汇报，听取直属机关党委关于《总行机关部室党组织党建工作考核评价办法》修订情况的汇报，研究有关干部事项。党委副书记谷澍、杨国中，党委委员王林、廖林出席。王百荣首席风险官、官学清董事会秘书列席。

陈四清董事长赴人力资源部看望慰问干部员工。

谷澍行长主持召开第3次执委会会议，审议授信审批部《关于吸取“两明案”教训，细化授信审批流程的意见》，听取金融科技部《关于数据中心发展规划及新园区选址方案的汇报》。廖林副行长、王百荣首席风险官、官学清董事会秘书出席。

杨国中监事长出席总行离休干部党支部迎春茶话会。

1 月 21 日

党委书记陈四清主持召开第 6 次党委（扩大）会议，部署新型冠状病毒感染的肺炎疫情防控工作。党委副书记谷澍、杨国中出席。官学清董事会秘书列席。

总行机关举行 2020 年春节团拜会。陈四清董事长出席并致新春贺词，谷澍行长主持，杨国中监事长、廖林副行长向员工代表赠送春联，王百荣首席风险官、官学清董事会秘书出席。

陈四清董事长通过视频方式慰问湖北分行。

陈四清董事长会见国家管网公司董事长张伟、总会计师王德华，双方就加强银企战略合作进行交流。

杨国中监事长赴北京分行慰问基层员工。

王林组长参加中央纪委国家监委驻中央金融单位纪检监察组工作交流暨述职会议。

1 月 21 日 –1 月 22 日

王林组长赴重庆进行工作调研。

1 月 22 日

陈四清董事长赴北京分行翠微路支行和西客站支行看望慰问基层干部员工，并致以新春的问候。

谷澍行长主持召开专题会，研究部署新型冠状病毒感染的肺炎疫情防控工作。

根据中共中央组织部组任字〔2020〕30 号文件通知，胡浩同志不再担任中国工商银行党委委员职务。

1 月 23 日

王林组长听取派驻纪检监察组、党委巡视办工作汇报。

1 月 26 日

党委书记陈四清主持召开第 7 次党委（扩大）会议，研究向湖北武汉疫情防控工作进行捐赠事项。党委副书记谷澍、杨国中，党委委员王林、廖林出席。官学清董事会秘书列席。

1 月 28 日

党委书记陈四清主持召开第 8 次党委（扩大）会议，学习贯彻党中央、国务院关于应对新型冠状病毒感染肺炎疫情的最新决策部署，研究全行疫情防控工作。党委副书记谷澍、杨国中，党委委员王林、廖林参加。王百荣首席风险官、官学清董事会秘书列席。

1 月 30 日

杨国中监事长主持召开专题会，研究部署总行大楼疫情防控工作。

1 月 31 日

王林组长主持召开派驻纪检监察组抗击疫情监督工作会议。

廖林副行长、官学清董事会秘书主持召开疫情防控重点企业信贷支持工作会议。

2 月

2 月 1 日

党委书记陈四清主持召开第 9 次党委会议，研究全行疫情防控工作。党委副书记谷澍、杨国中，党委委员王林、廖林出席。

2 月 3 日

党委书记陈四清主持召开第 10 次党委（扩大）会议，传达学习贯彻中央关于疫情防控工作最新要求，听取党委办公室关于全行疫情防控工作情况及节后安排建议的汇报。党委副书记谷澍、杨国中，党委委员王林、廖林出席。王百荣首席风险官、官学清董事会秘书列席。

陈四清董事长、廖林副行长赴授信审批部慰问干部员工，了解支持疫情防控情况，提出工作要求。

2 月 4 日

总行召开全行疫情防控工作视频会议，传达学习习近平总书记在 2 月 3 日中央政治局常委会会议上的重要讲话精神，对下一步疫情防控工作进行安排部署。陈四清董事长、谷澍行长出席并讲话，杨国中监事长主持，王林组长、廖林副行长、王百荣首席风险官、官学清董事会秘书出席。

陈四清董事长赴北京新街口支行和南礼士路支行网点看望慰问一线干部员工，了解新型冠状病毒感染肺炎疫情防控情况。

2 月 5 日

陈四清董事长参加国务院常务会议。

2 月 7 日

陈四清董事长主持召开应对疫情工作领导小组组长碰头会第一次会议，研究部署全行疫情防控工作。谷澍行长、杨国中监事长出席。

陈四清董事长主持召开专题会议，研究部署抗疫物资境外采购工作。

谷澍行长、官学清董事会秘书与锦州银行召开视频会议。

廖林副行长赴工银理财检查疫情防控情况并开展工作调研。

廖林副行长、官学清董事会秘书主持召开疫情防控重点企业信贷支持协调会议。

2 月 9 日

陈四清董事长主持召开应对疫情工作领导小组组长碰头会第二次会议，研究全行疫情防控期间关心关爱员工工作。谷澍行长、杨国中监事长出席。

2 月 10 日

党委书记陈四清主持召开第 11 次党委（扩大）会

议，传达学习习近平、赵乐际同志在第十九届中央纪律检查委员会第四次全体会议上的讲话和报告，传达中共中央办公厅关于赵正永严重违纪违法问题及其剖析警示的通报，审议“2020 年全面从严治党暨纪检监察工作视频会议”材料。党委副书记谷澍、杨国中，党委委员王林、廖林出席。王百荣首席风险官、官学清董事会秘书列席。

陈四清董事长主持召开总行应对新型冠状病毒感染肺炎疫情工作领导小组第一次会议，传达学习习近平总书记重要讲话精神，落实党中央、国务院最新决策部署，研究疫情防控工作。谷澍行长、杨国中监事长、王林组长、廖林副行长、王百荣首席风险官、官学清董事会秘书出席。

陈四清董事长主持召开应对疫情工作领导小组组长碰头会第三次会议，研究部署重点机构疫情防控工作。谷澍行长、杨国中监事长出席。

廖林副行长主持召开中台部门重要制度修订协调会议。

2 月 11 日

谷澍行长出席总行金融科技机构疫情防控视频工作会议并讲话。

2 月 12 日

总行召开 2020 年全面从严治党暨纪检监察工作视频会议。党委书记、董事长陈四清出席并讲话，派驻纪检监察组组长、党委委员王林主持。

谷澍行长赴翠微路办公楼慰问运行管理部干部员工，了解新型冠状病毒感染肺炎疫情防控情况，提出下一步工作要求。

廖林副行长、官学清董事会秘书出席全行疫情防控重点保障企业信贷支持工作视频会议并讲话。

根据国务院国人字〔2020〕17 号文件通知，胡浩同志不再担任中国工商银行执行董事、副行长职务。

2 月 13 日

陈四清董事长主持召开总行应对新型冠状病毒感染肺炎疫情工作领导小组第二次会议，传达学习 2 月 12 日中央政治局常委会会议精神，贯彻落实习近平总书记在北京市调研指导新冠肺炎疫情防控工作时的重要讲话精神，研究部署在京办公机构疫情防控工作。谷澍行长、杨国中监事长出席。

陈四清董事长主持召开应对疫情工作领导小组组长碰头会第四次会议，研究部署疫情防控重点工作。谷澍行长、杨国中监事长出席。

廖林副行长、王百荣首席风险官出席中台重要制度修订会议。

工银发〔2020〕13 号决定：胡浩同志不再担任中国工商银行（伦敦）有限公司董事长、非执行董事职务。

2 月 14 日

杨国中监事长赴在京机构开展疫情防控工作检查。

2 月 17 日

党委书记陈四清主持召开第 12 次党委（扩大）会议，传达学习贯彻习近平总书记在中央政治局常委会会议上关于当前疫情形势和做好下一步疫情防控工作的讲话，传达学习习近平总书记在中央财经委员会第六次会议上的重要讲话，审议《工商银行驻港机构党委设置方案》，听取党委组织部关于变更驻澳机构党组织名称的汇报，审议拟提交董事会关于设立高级业务总监职务及聘任熊燕、宋建华为高级业务总监的议案，研究行领导、高管分工。党委副书记谷澍、杨国中，党委委员王林、廖林出席。王百荣首席风险官、官学清董事会秘书列席。

谷澍行长主持召开第 4 次执委会会议，分析新冠病毒感染肺炎疫情对全行经营的影响，并就减少疫情对全行经营的负面影响，做好第一季度全行经营工作进行安排。杨国中监事长、王林组长列席。廖林副行长、王百荣首席风险官、官学清董事会秘书、执委会成员熊燕、宋建华出席。

2 月 18 日

陈四清董事长主持召开中国工商银行股份有限公司董事会电话会议，谷澍副董事长等 14 位董事会成员出席，官学清董事会秘书参加。杨国中监事长、监事会成员及行内相关部门负责人列席会议。会议审议通过《关于设立中国工商银行股份有限公司高级业务总监的议案》《关于聘任熊燕女士为中国工商银行股份有限公司高级业务总监的议案》《关于聘任宋建华先生为中国工商银行股份有限公司高级业务总监的议案》等 3 项议案。

陈四清董事长到总行本部餐厅看望慰问一线工作人员，检查总行餐饮服务防疫工作开展情况。

杨国中监事长主持召开专题会议，研究部署进一步做好总行餐饮与家属楼疫情防控工作。

杨国中监事长赴总行餐饮加工场所及宿舍区检查疫情防控工作。

2 月 19 日

陈四清董事长主持召开应对疫情工作领导小组组长碰头会第五次会议，研究部署当前疫情防控和金融支持抗疫重点工作。谷澍行长、杨国中监事长出席。

杨国中监事长主持召开专题会议，研究部署全行防疫物资保障和管理工作。

2 月 20 日

廖林副行长视频会见高盛集团亚太区首席执行官 Todd Leland。

2 月 21 日

陈四清董事长主持召开应对疫情工作领导小组组长碰头会第六次会议，研究分区分级精准加强疫情防控措施，部署北京机构防疫重点工作。谷澍行长、杨国中监事长出席。

2月24日

党委书记陈四清主持召开第13次党委（扩大）会议，传达学习贯彻习近平总书记在统筹推进新冠肺炎疫情防控和经济社会发展工作部署会议上的重要讲话，传达学习贯彻2月21日中央政治局会议精神，传达学习《中共中央关于印发〈中央政治局常委会2020年工作要点〉的通知》和《中共中央办公厅关于印发〈中央党的建设工作领导小组2020年工作要点〉的通知》，审议《中国共产党中国工商银行委员会2020年工作要点》，听取关于重新梳理和检视中央巡视整改情况的汇报和关于2019年党委巡视工作情况和2020年工作计划的汇报，审议《中共中国工商银行委员会巡视工作规定》和《工银标准未来发展备选方案补充报告》。党委副书记谷澍、杨国中，党委委员王林、廖林出席。王百荣首席风险官、官学清董事会秘书、执委会成员熊燕、宋建华列席。

陈四清董事长主持召开总行应对新型冠状病毒感染肺炎疫情工作领导小组第三次会议，听取关于工商银行落实五部门金融支持疫情防控“30条”相关情况的汇报，研究支持企业复工复产工作，研究布置北京办公机构疫防工作。谷澍行长，杨国中监事长，王林组长，廖林副行长，王百荣首席风险官，官学清董事会秘书，执委会成员熊燕、宋建华出席。

2月25日

陈四清董事长参加国务院常务会议。

总行党委巡视工作领导小组召开专项巡视工作情况汇报会。党委书记陈四清，党委副书记谷澍、杨国中，党委委员王林出席。

谷澍行长主持召开专题会议，研究部署第一季度中间业务收入工作。

廖林副行长主持召开融安e信业务发展专题会议。

2月26日

谷澍行长、官学清董事会秘书主持召开中央巡视问题整改工作相关部门电话会议。

廖林副行长主持召开e抵快贷业务发展专题会议。

2月27日

杨国中监事长主持召开专题会议，研究部署境外机构疫情防控工作。

2月28日

陈四清董事长主持召开应对疫情工作领导小组组长碰头会第七次会议，研究部署近期全行境内外疫情防控、支持经济发展及经营管理重点工作。谷澍行长、杨国中监事长出席。

杨国中监事长主持召开会议，研究党员自愿捐款支持新冠肺炎疫情防控工作。

王林组长主持召开新冠肺炎疫情防控情况交流会。

廖林副行长、王百荣首席风险官主持召开信贷业务巡视整改电话会议。

3月

3月2日

党委书记陈四清主持召开第14次党委（扩大）会议，传达学习2月26日中央政治局常委会会议精神、国务院应对新型冠状病毒感染肺炎疫情联防联控机制关于进一步落实分区分级差异化防控策略的通知，传达中纪委领导关于疫情防控的批示要求，听取全行境内外疫情防控、支持经济发展及经营工作情况的汇报，听取2020年定点扶贫工作思路和安排的汇报，审议《管理人员职务任期规定》《关于加强境内综合化子公司党建工作的意见》《关于进一步加强全行党的基层组织建设的意见》。党委副书记谷澍、杨国中，党委委员王林、廖林出席。王百荣首席风险官，官学清董事会秘书，执委会成员熊燕、宋建华列席。

党委书记陈四清主持召开第15次党委会议，研究有关干部事项。党委副书记谷澍、杨国中，党委委员王林、廖林出席。

党委书记陈四清带领全体党委班子成员，带头为支持新冠肺炎疫情防控工作捐款。

3月3日

陈四清董事长参加人民银行金融支持疫情防控和经济社会发展座谈会。

谷澍行长主持召开专题会议，研究部署第一季度资产质量管控工作。廖林副行长、王百荣首席风险官、执委会成员宋建华出席。

谷澍行长主持召开电话会议，研究储蓄、公司、机构存款工作，官学清董事会秘书，执委会成员熊燕、宋建华出席。

杨国中监事长、王林组长召开会议研究中央巡视整改相关事宜。

3月4日

谷澍行长、官学清董事会秘书出席支援锦州银行工作领导小组会议。

杨国中监事长主持召开专题会议，研究部署湖北分行、武汉分行疫情防控工作。

3月5日

谷澍行长、廖林副行长、王百荣首席风险官出席境外监管事项会议。

杨国中监事长主持召开专题会议，对北京办公机构疫情防控工作进行再强调再部署。

廖林副行长听取深改办关于2020年全行重点深改项目的工作汇报。

3月6日

党委书记陈四清主持召开第16次党委（扩大）会

议，宣布王景武同志任职事项。根据工作需要，经中组部研究决定，王景武同志任工商银行副行长、党委委员。党委副书记谷澍、杨国中，党委委员王林、廖林出席。王百荣首席风险官，官学清董事会秘书，执委会成员熊燕、宋建华列席。

王林组长通过视频方式约谈宁夏分行党委、纪委主要负责同志。

廖林副行长听取消费者权益保护办公室关于全行消费者权益保护情况的工作汇报。

3月9日

党委书记陈四清主持召开第17次党委（扩大）会议，传达学习3月4日中央政治局常委会会议精神，传达学习习近平总书记在北京考察新冠肺炎防控科研攻关工作时的重要讲话精神，传达学习习近平总书记在中央全面依法治国委员会第三次会议上的讲话，传达学习中共中央办公厅印发《关于2019年中央政治局贯彻执行中央八项规定情况的报告》和《关于解决形式主义突出问题为基层减负工作情况的报告》的通知，审议关于拟提交董事会聘任王景武为中国工商银行股份有限公司副行长的议案。党委副书记谷澍、杨国中，党委委员王林、廖林、王景武出席。王百荣首席风险官，官学清董事会秘书，执委会成员熊燕、宋建华列席。

3月10日

陈四清董事长参加国务院常务会议。

谷澍行长主持召开第5次执委会会议，听取财务会计部和资产负债管理部关于年初以来经营情况和第一季度经营目标的汇报，对第一季度全行经营工作作出安排。王林组长列席。廖林副行长，党委委员王景武，王百荣首席风险官，官学清董事会秘书，执委会成员熊燕、宋建华出席。

3月11日

谷澍行长、廖林副行长、党委委员王景武出席境外监管事项会议。

杨国中监事长主持召开专题会议，部署境外机构疫情防控和经营管理工作。

3月12日

党委书记陈四清主持召开第18次党委（扩大）会议，传达学习贯彻习近平总书记在决战决胜脱贫攻坚座谈会上的重要讲话，听取关于2019年机关党建工作情况和2020年重点工作安排的汇报，听取2019年度总行机关部室党组织党建工作考核评价情况的汇报，审议关于法律事务部梅明华违纪案件的处理意见，审议关于建议给予孙伯龙、肖永杰党纪处分的通报，研究行领导、高管分工。党委副书记谷澍、杨国中，党委委员王林、廖林、王景武出席。王百荣首席风险官、官学清董事会秘书、执委会成员熊燕、宋建华列席。

总行召开深入贯彻落实中央八项规定精神、驰而不息加强作风建设视频会议。党委书记陈四清出席并讲话，党委副书记杨国中主持，王林组长通报相关情况。

陈四清董事长主持召开会议，研究统筹推进疫情防控和经营发展工作。

王林组长通过视频方式约谈卡拉奇分行负责同志。

3月13日

王林组长出席纪检监察干部集中视频培训并做开班讲话。

廖林副行长出席全行普惠金融业务重点工作推进视频会议。

3月16日

党委书记陈四清主持召开第19次党委（扩大）会议，传达学习贯彻习近平总书记在湖北省考察新冠肺炎疫情防控工作时的重要指示精神和董事会工作汇报和监事会工作汇报，审议《2019年度总行管理干部任期考核情况》。党委副书记谷澍、杨国中，党委委员王林、廖林、王景武出席。王百荣首席风险官，官学清董事会秘书，执委会成员熊燕、宋建华列席。

党委书记陈四清主持召开第20次党委会议，听取在美机构监管事项与整改工作的汇报，研究有关干部事项。党委副书记谷澍、杨国中，党委委员王林、廖林、王景武出席。

谷澍行长视频宣布江苏分行干部任免。经总行党委研究决定，田枫林同志不再担任江苏分行行长、党委书记职务，暂由江苏分行副行长、党委副书记吴宗辉临时负责江苏分行全面工作。

谷澍行长、党委委员王景武宣布公司金融业务部干部调整事项。经总行党委研究决定，田枫林同志任总行公司金融业务部总经理，任免职文件将在履行完相关程序后正式印发。

3月17日

工银党任免〔2020〕12号决定：杨国中同志任中国工商银行直属机关党委委员、书记，免去胡浩同志的中国工商银行直属机关党委书记、委员职务。

3月18日

谷澍行长、党委委员王景武赴人民银行进行工作会谈。

杨国中监事长、廖林副行长召开会议，研究扶贫有关工作。

廖林副行长召开会议，听取资产管理部、工银理财党建工作情况汇报。

3月19日

谷澍行长、廖林副行长、党委委员王景武、官学清董事会秘书召开境外监管事项小组电话会议。

王林组长视频宣布内部审计局干部任免。经总行党委研究决定，黄力同志不再担任内部审计局主要负责人职务，暂由王景华同志临时负责内部审计局全面工作。

王林组长视频宣布党委巡视办干部调整事项。经总行党委研究决定，黄力同志任党委巡视办主任。

廖林副行长主持会议，听取私人银行部党建工作情况汇报。

3 月 20 日

陈四清董事长主持召开总行应对新型冠状病毒感染肺炎疫情工作领导小组第四次会议，研究部署境外机构疫情防控和经营管理工作。谷澍行长、杨国中监事长、官学清董事会秘书出席。

谷澍行长主持召开第 6 次执委会会议，听取资产负债管理部、风险管理部和信贷与投资管理部关于近期应对境内外市场波动相关措施有效性的汇报，研究部署风险防控工作。杨国中监事长、王林组长列席。廖林副行长，党委委员王景武，官学清董事会秘书，执委会成员熊燕、宋建华出席。

3 月 23 日

党委书记陈四清主持召开第 21 次党委（扩大）会议，传达学习贯彻 3 月 18 日中央政治局常委会会议精神，听取个人金融业务部关于全面打造“第一个人金融银行”进展情况的汇报，审议拟提交董事会的议案或汇报事项。党委副书记谷澍、杨国中，党委委员王林、廖林、王景武出席。官学清董事会秘书，执委会成员熊燕、宋建华列席。

党委书记陈四清主持召开第 22 次党委会议，研究有关干部事项。党委副书记谷澍、杨国中，党委委员王林、廖林、王景武出席。

3 月 24 日

陈四清董事长参加国务院常务会议。

总行召开支持脱贫攻坚工作会议。陈四清董事长出席会议并讲话，杨国中监事长主持，谷澍行长，王林组长，廖林副行长，党委委员王景武，官学清董事会秘书，执委会成员熊燕、宋建华出席。

总行召开 2020 年金融科技重点工作推进视频会议，谷澍行长出席并讲话。

3 月 26 日

廖林副行长出席中央纪委国家监委第三监督检查室调研座谈会。

3 月 27 日

陈四清董事长主持召开中国工商银行股份有限公司董事会会议，谷澍副董事长等全体董事会成员出席，杨国中监事长列席，官学清董事会秘书参加。

工商银行在北京通过全球电话会议方式召开 2019 年度业绩新闻发布会。谷澍行长、廖林副行长、党委委员王景武、官学清董事会秘书、执委会成员宋建华出席。

工商银行采取全球电话会议方式召开 2019 年度业绩发布投资者分析师会议，谷澍行长、廖林副行长、党委委员王景武、官学清董事会秘书出席。

杨国中监事长主持召开监事会会议。

3 月 30 日

党委书记陈四清主持召开第 23 次党委（扩大）会议，传达学习贯彻 3 月 27 日中央政治局会议精神，传达学习《中共中央办公厅关于印发〈党委（党组）落实全面从严治党主体责任规定〉的通知》，审议《关于进一步完善集团风险治理体系，提升风险治理能力指引》系列方案和《关于工商银行服务国家区域发展战略的总体意见》，听取关于《2021—2023 年发展战略规划编制工作方案》的汇报，审议《关于加强境内综合化子公司党建工作的意见》，听取关于建立境内综合化子公司中层干部职数管理机制的汇报。党委副书记谷澍、杨国中，党委委员王林、廖林、王景武出席。官学清董事会秘书，执委会成员熊燕、宋建华列席。

党委书记陈四清主持召开第 24 次党委会议，听取 2020 年专项巡视工作情况的汇报，研究有关干部事项，研究行领导、高管分工。党委副书记谷澍、杨国中，党委委员王林、廖林、王景武出席。

3 月 31 日

陈四清董事长参加国务院常务会议。

谷澍行长主持召开第 7 次执委会会议，听取普惠金融事业部关于数字供应链融资推动情况的汇报，听取工银租赁关于当前境内外疫情冲击下潜在经营风险的汇报。王林组长列席。廖林副行长，党委委员王景武，官学清董事会秘书，执委会成员熊燕、宋建华出席。

4 月

4 月 1 日

陈四清董事长主持召开总行应对新型冠状病毒感染肺炎疫情工作领导小组第五次会议，研究部署当前全行疫情防控重点工作。谷澍行长，杨国中监事长，王林组长，廖林副行长，王景武党委委员，官学清董事会秘书，执委会成员熊燕、宋建华出席。

廖林副行长主持召开疫情防控期间安全保卫工作专题视频会并讲话。

4 月 2 日

陈四清董事长、王林组长通过“现场 + 视频”会议方式听取内审系统工作汇报并讲话。

谷澍行长、执委会成员宋建华出席银保监会 2019 年度监管会谈。

4 月 3 日

杨国中监事长主持召开定点扶贫工作推进会并讲话。

廖林副行长参加人民银行 2020 年全国货币金银和安全保卫工作电视电话会议。

党委委员王景武、执委会成员熊燕会见财政部国库司司长王小龙，双方就进一步密切业务合作进行交流。

4 月 7 日

陈四清董事长参加国务院常务会议。

党委书记陈四清主持召开第 25 次党委（扩大）会议，听取执委会关于第一季度经营情况的汇报。党委副书记谷澍、杨国中，党委委员王林、廖林、王景武出席。王百荣首席风险官，官学清董事会秘书，执委会成员熊燕、宋建华列席。

党委书记陈四清主持召开第 26 次党委会议，研究 2020 年组织人事工作会议材料和有关干部事项。党委副书记谷澍、杨国中，党委委员王林、廖林、王景武出席。

4 月 8 日

廖林副行长视频宣布贵州分行干部调整事项。经总行党委研究决定，董建军同志任贵州分行行长、党委书记。

廖林副行长视频宣布法律事务部（消费者权益保护办公室）干部调整事项。经总行党委研究决定，董建军同志不再担任法律事务部总经理、消费者权益保护办公室主任职务，法律事务部（消费者权益保护办公室）工作暂由刘湘玲同志临时负责。

4 月 9 日

陈四清董事长与商务部钟山部长以传签方式签署“稳外贸、稳外资”合作备忘录，围绕做好“六稳”工作要求，实施“春融行动”，共同维护外贸、外资及产业链稳定。

廖林副行长主持召开全行内控合规重点工作推进视频会并讲话。

廖林副行长赴信贷与投资管理部进行工作调研。

党委委员王景武视频宣布内蒙古分行干部调整事项。经总行党委研究决定，李峰同志任内蒙古分行行长、党委书记。

党委委员王景武视频宣布投资银行部干部调整事项。经总行党委研究决定，田枫林同志任投资银行部总经理，李峰同志调往内蒙古分行任职，不再担任投资银行部总经理职务。

4 月 10 日

总行召开 2020 年组织人事工作会议。党委书记、董事长陈四清，党委副书记、行长谷澍出席会议并讲话，党委副书记、监事长杨国中主持会议。

党委副书记、监事长、直属机关党委书记杨国中主持召开 2020 年第 3 次总行直属机关党委全委会并讲话。执委会成员熊燕出席。

廖林副行长主持召开支持上海国际金融中心建设和金融支持长三角一体化座谈会，并就抢抓战略发展机遇做出部署。

4 月 13 日

党委书记陈四清主持召开第 27 次党委（扩大）会议，传达学习贯彻 4 月 8 日中央政治局常委会会议精神，听取直属机关党委关于创建总分行“让党中央放心、让人民群众满意的模范机关”实施方案的汇报，审议深改办《加快提升重点县域市场竞争力的意见》《工商银行服务长三角区域一体化发展工作方案》《关于支持深圳分行建设先行示范行的指导意见》，听取金融科技部关于全行信息基础设施自主可控转型工作情况及后续安排的汇报，审议党委组织部拟提交董事会《关于廖林兼任中国工商银行首席风险官、聘任王百荣为中国工商银行高级业务总监的议案》。党委副书记谷澍、杨国中，党委委员王林、廖林、王景武出席。王百荣首席风险官、官学清董事会秘书、执委会成员熊燕、宋建华列席。

党委书记陈四清主持召开第 28 次党委会议，听取纽约分行及美国区域 2019 年度监管评级回函情况的汇报。党委副书记谷澍、杨国中，党委委员王林、廖林、王景武出席。王百荣首席风险官列席。

4 月 14 日

陈四清董事长参加国务院常务会议。

陈四清董事长主持召开总行应对新型冠状病毒感染肺炎疫情工作领导小组第六次会议，传达学习国务院及国家有关部门关于疫情防控工作的最新要求，对境外机构疫情防控工作进行再强调、再部署。谷澍行长、杨国中监事长、官学清董事会秘书出席。

廖林副行长主持召开风险管理专题会议，安排部署《关于进一步完善风险治理体系 提升风险治理能力指引》《全面风险管理规定（2020 年版）》落实工作。

经中国工商银行董事会研究决定，并报中国银行保险监督管理委员会核准，熊燕、宋建华任中国工商银行高级业务总监。

4 月 15 日

党委书记陈四清主持召开第 29 次党委（扩大）会议，研究“统筹推进疫情防控和经营发展工作视频会议”材料。党委副书记谷澍、杨国中，党委委员王林、廖林、王景武出席。王百荣首席风险官、官学清董事会秘书、熊燕高级业务总监、宋建华高级业务总监列席。

党委委员王景武出席部分分行公司金融业务座谈会，听取参会分行公司金融业务发展工作汇报，研究下一步发展策略。

4 月 16 日

杨国中监事长主持召开会议，研究进一步支持湖北复工复产和经济社会发展有关工作措施。

王景武副行长、官学清董事会秘书出席全行“春融行动”稳外贸、稳外资工作动员视频会并讲话。

根据国务院国人字〔2020〕52 号文件通知，经履行相关法律规定程序，王景武同志任中国工商银行副行长。

4 月 17 日

总行召开统筹推进常态化疫情防控和经营发展工作

视频会议。陈四清董事长、谷澍行长出席并讲话，杨国中监事长主持，王林组长、廖林副行长、王景武副行长、王百荣首席风险官、官学清董事会秘书、熊燕高级业务总监、宋建华高级业务总监出席。

王景武副行长、熊燕高级业务总监、宋建华高级业务总监出席全行 G－B－C 战略推进工作会议。

4 月 20 日

党委书记陈四清主持召开第 30 次党委（扩大）会议暨党建工作领导小组会议、党委理论学习中心组学习，学习《2020 年省部级党委（党组）理论学习中心组专题学习重点内容》，听取党委宣传部关于《2020 年总行党委理论学习中心组专题学习重点内容安排》的汇报，观看“两明案”警示教育片，听取派驻纪检监察组《关于中国工商银行 2020 年一季度全面从严治党、党风廉政建设和反腐败情况的通报》，审议党委组织部《中国工商银行关于贯彻落实新时代全面从严治党要求的意见》《中国工商银行党委全面从严治党主体责任清单》，听取派驻纪检监察组关于《中央纪委国家监委驻中国工商银行纪检监察组全面从严治党监督责任清单》的汇报，党委成员结合工作实际谈《党委（党组）落实全面从严治党主体责任规定》学习体会。党委副书记谷澍、杨国中，党委委员王林、廖林、王景武出席。王百荣首席风险官、官学清董事会秘书、熊燕高级业务总监、宋建华高级业务总监列席。

党委书记陈四清主持召开第 31 次党委会议，传达学习贯彻 4 月 17 日中央政治局会议精神，研究有关干部事项。党委副书记谷澍、杨国中，党委委员王林、廖林、王景武出席。

4 月 21 日

陈四清董事长参加国务院常务会议。

党委书记陈四清主持召开党委办公室、党委组织部工作座谈会。

谷澍行长主持召开第 8 次执委会会议，听取个人金融业务部《关于第一个人金融银行战略推进情况的汇报》，听取银行卡业务部《关于信用卡中间业务收入赶超同业相关情况的汇报》，审议法律事务部《2020 年度基本授权方案》。廖林副行长、王景武副行长、王百荣首席风险官、官学清董事会秘书、熊燕高级业务总监、宋建华高级业务总监出席。

4 月 22 日

党委书记陈四清主持召开第 32 次党委（扩大）会议，审议拟提交董事会的关于启动设立工银数字货币公司等 13 项议案或汇报事项。党委副书记谷澍、杨国中，党委委员王林、廖林、王景武出席。王百荣首席风险官、官学清董事会秘书、熊燕高级业务总监、宋建华高级业务总监列席。

陈四清董事长出席总行本部处级干部座谈会，围绕常态化疫情防控形势下的全行经营管理工作，听取意见建议和思路举措，并与处级干部代表交流。

杨国中监事长、王林组长出席中共中国工商银行党校校务委员会第十七次会议并讲话。

4 月 23 日

总行与四川省政府通过视频连线方式共商金阳脱贫攻坚举措，陈四清董事长、杨国中监事长以及四川省副省长尧斯丹出席并进行交流。

谷澍行长与迪拜金融服务管理局主席 Saeb Eigner 先生举行电话会谈。

杨国中监事长视频宣布办公室（党委办公室）干部调整事项。经总行党委研究决定，张小东同志任办公室主任、党委办公室主任，谢泰峰同志调往江苏分行任职，不再担任办公室主任、党委办公室主任职务。任免职文件将在履行完相关程序后正式印发。

廖林副行长视频宣布私人银行部干部调整事项。经总行党委研究决定，张小东同志不再担任私人银行部党委书记、总经理职务，调往总行办公室任职，私人银行部工作由邹慧丽同志临时负责。

廖林副行长主持召开国别风险管理会议，分析当前国别风险管理形势，研究部署下一步工作。

王景武副行长拜会中国投资有限责任公司监事长胡浩、副总经理兼中央汇金总经理沈如军，就加强银企战略合作进行交流。

4 月 24 日

陈四清董事长视频宣布江苏分行干部调整事项。经总行党委研究决定，谢泰峰同志任江苏分行行长、党委书记。

杨国中监事长主持召开疫情防控工作专班碰头会，听取当前疫情防控措施开展情况，就下一阶段常态化疫情防控工作进行安排部署。

党委副书记、监事长、直属机关党委书记杨国中赴直属机关党委进行工作调研。

派驻纪检监察组组长、党委委员王林主持召开派驻纪检监察组干部警示教育会，传达中央纪委国家监委关于个别纪检监察干部严重违纪违法案件的通报，并就加强纪检监察队伍建设、强化自我监督和约束提出要求。

派驻纪检监察组组长、党委委员、巡视工作领导小组副组长王林赴党委巡视办进行工作调研。

廖林副行长参加人民银行全国金融精准扶贫工作电视电话会议。

4 月 26 日

陈四清董事长主持召开专题会议，研究账户原油业务风险管控与在美机构监管整改工作。谷澍行长、廖林副行长、王百荣首席风险官出席。

陈四清董事长出席干部员工座谈会，与境内外机构 14 名干部员工代表亲切交流。

谷澍行长主持召开第 9 次执委会会议，听取国际业务部关于打造“境内外汇业务首选银行”的汇报，听取金融科技部、数据中心、业务研发中心、软件开发中心关于网络安全工作的汇报。杨国中监事长、王林组长列席，廖林副行长、王景武副行长、王百荣首席风险官、官学清董事会秘书、熊燕高级业务总监、宋建华高级业务总监出席。

王景武副行长赴公司金融业务部进行工作调研。

4 月 27 日

党委书记陈四清主持召开第 33 次党委（扩大）会议，传达学习贯彻习近平总书记在中央财经委员会第七次会议上的重要讲话、《中共中央办公厅关于严格执行向党中央请示报告制度的通知》《中国共产党党和国家机关基层组织工作条例》，听取党委巡视办关于中央巡视整改情况的汇报，听取党委组织部关于建立境外机构中层干部职数管理机制的汇报，听取直属机关党委关于渠道管理部郭立杰违纪案件查处情况的汇报，审议派驻纪检监察组关于建议给予丛林、施光军党纪处分的通报。党委副书记谷澍、杨国中，党委委员王林、廖林、王景武出席。王百荣首席风险官、官学清董事会秘书、熊燕高级业务总监、宋建华高级业务总监列席。

党委书记陈四清主持召开第 34 次党委会议，研究有关干部事项。党委副书记谷澍、杨国中，党委委员王林、廖林、王景武出席。

杨国中监事长参加中央金融单位决战决胜脱贫攻坚工作推进会。

王林组长视频宣布内审西安分局干部调整事项。经总行党委研究决定，吴宁锋同志不再担任内审西安分局局长职务，由分局副局长苏南宏临时负责分局工作。

王景武副行长赴结算与现金管理部进行工作调研。

4 月 28 日

陈四清董事长参加国务院常务会议。

陈四清董事长主持召开中国工商银行股份有限公司董事会会议，谷澍副董事长等全体董事会成员出席，杨国中监事长列席，官学清董事会秘书参加。会议审议通过《关于 2020 年第一季度报告的议案》等 10 项议案，听取《关于 2019 年集团反洗钱工作情况的汇报》等 3 项汇报。

杨国中监事长参加中央和国家机关党的工作暨纪检工作会议。

4 月 29 日

党委书记陈四清主持召开党委巡视办、内部审计局、派驻纪检监察组工作座谈会。派驻纪检监察组组长王林出席。

谷澍行长、宋建华高级业务总监出席 2020 年个人金融业务工作会议并讲话。

杨国中监事长出席全行 2020 年宣传思想文化和教育培训工作会议并讲话。

廖林副行长会见银保监会重大风险事件与案件处置局局长朱衍生，双方围绕输出“融安 e 信”支持银保监会风险分析系统建设进行交流。

经中国工商银行董事会研究决定：廖林兼任中国工商银行首席风险官。王百荣任中国工商银行高级业务总监，不再担任中国工商银行首席风险官职务。

4 月 30 日

总行召开“不负韶华 逐梦前行”五四青年座谈会。陈四清董事长出席并讲话，谷澍行长宣读五四表彰通报，杨国中监事长主持会议。王林组长、廖林副行长、王景武副行长、王百荣高级业务总监、熊燕高级业务总监、宋建华高级业务总监出席会议。

王林组长出席“认真汲取‘两明案’教训 充分发挥审计监督和巡视监督作用”视频座谈会并讲话。

王景武副行长拜会国家能源投资集团有限责任公司总经理刘国跃、总会计师蔡安辉，就加强银企战略合作进行交流。

5 月

5 月 4 日

陈四清董事长应邀参加国际金融协会内部电话会议并发言。

5 月 5 日

陈四清董事长赴金融市场部慰问五一假日值班干部员工。

5 月 6 日

陈四清董事长参加国务院常务会议。

党委书记陈四清主持召开第 35 次党委（扩大）会议，传达学习贯彻 4 月 29 日中央政治局常委会会议精神，听取个人金融业务部关于一季度第一个人金融银行战略推进情况的汇报，听取直属机关党委关于印发《中共中国工商银行直属机关委员会工作规则（2020 年版）》等 2 项议题的汇报，传达学习国务院金融稳定发展委员会第二十八次会议精神，传达学习国务院第 93 次常务会议精神。党委副书记谷澍、杨国中，党委委员王林、廖林、王景武出席。王百荣高级业务总监、官学清董事会秘书、熊燕高级业务总监、宋建华高级业务总监列席。

5 月 7 日

党委书记陈四清主持召开第 36 次党委会议，研究有关干部事项。党委副书记谷澍、杨国中，党委委员王林、廖林、王景武出席。

总行召开成渝地区双城经济圈建设座谈会。陈四清董事长出席并讲话，廖林副行长主持会议，熊燕高级业务总监、宋建华高级业务总监出席。

5 月 8 日

杨国中监事长赴监事会办公室进行工作调研。

派驻纪检监察组组长、党委委员、党委巡视工作领导小组副组长王林出席总行党委2020年第一批次巡视动员部署会并作动员讲话。

王景武副行长走访中国核工业集团有限公司，与总会计师陈书堂就重大项目融资及央企改革等业务合作进行交流。

5月9日

党委书记、董事长陈四清主持召开总行应对新型冠状病毒感染肺炎疫情工作领导小组第七次会议，传达学习中央政治局常委会会议精神，总结全行疫情防控阶段性进展，研究部署下一阶段常态化疫情防控工作。党委副书记、行长谷澍，党委副书记、监事长杨国中，党委委员、副行长廖林、王景武，王百荣高级业务总监、官学清董事会秘书、熊燕高级业务总监、宋建华高级业务总监出席。

王林组长参加2020年全国巡视工作会议。

5月11日

党委书记陈四清主持召开第37次党委（扩大）会议，审议国际业务部《关于打造“境内外汇业务首选银行”的意见》，听取风险管理部关于《常态化疫情防控下风险运行情况及防控策略》的汇报，审议深改办《关于支持上海国际金融中心建设和金融支持长三角一体化的落实意见》，听取直属机关党委关于2020年中央和国家机关党的工作暨纪检工作会议情况的汇报。党委副书记谷澍、杨国中，党委委员王林、廖林、王景武出席。王百荣高级业务总监、官学清董事会秘书、熊燕高级业务总监、宋建华高级业务总监列席。

党委书记陈四清主持召开第38次党委会议，审议总行直管机构领导班子和领导干部2019年年度考核结果，研究有关干部事项。党委副书记谷澍、杨国中，党委委员王林、廖林、王景武出席。王百荣高级业务总监、官学清董事会秘书、熊燕高级业务总监、宋建华高级业务总监列席。

王景武副行长赴投资银行部进行党建和工作调研。

5月11日-13日

总行风险管理委员会以非现场方式召开2020年第三次会议，委员会主席谷澍，委员会副主席廖林、王景武、官学清参加会议。

5月12日

陈四清董事长主持召开财务会计部、资产负债管理部工作座谈会。

谷澍行长主持召开第10次执委会会议，审议机构金融业务部《全行G-B-C战略落地工作方案》，听取内部审计局关于2019年度监管通报问题整改工作安排的汇报。廖林副行长、王景武副行长，王百荣高级业务总监、官学清董事会秘书、熊燕高级业务总监、宋建华高级业务总监出席。

谷澍行长出席国家发展改革委举办的“数字化转型伙伴行动”线上启动会并发言。

王景武副行长出席部分分行公司金融业务座谈会，听取参会分行公司金融业务发展工作汇报，研究公司金融发展战略。

5月13日

陈四清董事长参加国务院常务会议。

总行与湖北省政府采取远程视频形式签署金融支持湖北复工复产暨推进经济社会高质量发展战略合作协议。湖北省委书记应勇、省长王晓东，党委书记、董事长陈四清、行长谷澍出席，湖北省副省长赵海山和副行长王景武代表双方在战略合作协议上签字。

党委副书记、监事长、直属机关党委书记杨国中主持召开2020年第4次总行直属机关党委全委会并讲话。熊燕高级业务总监出席。

王景武副行长赴工银租赁调研并看望慰问干部员工。

5月14日

总行召开集团综合化座谈会。陈四清董事长出席会议并讲话，杨国中监事长、王林组长、廖林副行长、王百荣高级业务总监、熊燕高级业务总监、宋建华高级业务总监出席会议，官学清董事会秘书主持。

5月15日

党委书记陈四清主持召开第39次党委（扩大）会议，宣布干部任职事项。根据工作需要，经中组部研究决定，张文武同志任工商银行副行长、党委委员。党委副书记谷澍、杨国中，党委委员王林、廖林、王景武、张文武出席。王百荣高级业务总监、官学清董事会秘书、熊燕高级业务总监、宋建华高级业务总监列席。

陈四清董事长主持召开公司金融业务部、投资银行部工作座谈会。王景武副行长出席。

谷澍行长、王景武副行长出席全行2020年公司结现投行业务推动会并讲话。

杨国中监事长出席全行信访工作会议并讲话。

廖林副行长拜访银保监会风险处置局局长朱衍生。

5月18日

党委书记陈四清主持召开第40次党委会议，通报总行本部部分员工集体发热情况，研究部署加强防控工作举措。党委副书记谷澍、杨国中，党委委员王林、廖林、王景武、张文武出席。王百荣高级业务总监、官学清董事会秘书、熊燕高级业务总监、宋建华高级业务总监列席。

党委书记陈四清主持召开第41次党委会议，研究部署进一步加强总行本部部分员工集体发热情况防控工作举措。党委副书记谷澍、杨国中，党委委员王林、廖林、王景武、张文武出席。官学清董事会秘书列席。

杨国中监事长主持召开专题会议，听取总行有关部门以及部分在京机构防疫情况汇报，研究部署两会期间疫情防控重点工作。

5 月 19 日

杨国中监事长主持召开专题会议，落实总行第 41 次党委会议精神，研究工作专班内设小组分工，对进一步加强员工健康监测管理等工作作出安排。党委委员张文武、官学清董事会秘书出席。

工银任免〔2020〕257 号决定：聘任刘彤同志为养老金业务部总经理。

5 月 20 日

党委委员张文武走访北京市通州区委区政府，与通州区委书记曾赞荣、副书记赵磊、副区长苏国斌就进一步深化双方合作关系进行会谈。

5 月 21 日 –28 日

王景武副行长参加第十三届全国人大三次会议。

5 月 22 日

杨国中监事长主持召开疫情防控工作专班碰头会，听取专班工作汇报，研究部署下一阶段工作。廖林副行长、党委委员张文武、官学清董事会秘书出席。

5 月 25 日

党委书记陈四清主持召开第 42 次党委（扩大）会议，传达学习贯彻 5 月 15 日中央政治局会议精神，传达学习贯彻 5 月 14 日中央政治局常委会会议精神，审议拟提交董事会的关于提名廖林先生为中国工商银行股份有限公司执行董事候选人等 6 项议案或汇报事项，研究派驻纪检监察组关于深化派驻改革工作座谈会材料和会议组织筹备情况的汇报。党委副书记谷澍、杨国中，党委委员王林、廖林、张文武出席。王百荣高级业务总监、官学清董事会秘书、熊燕高级业务总监列席。

党委书记陈四清主持召开第 43 次党委会议，研究有关干部事项。党委副书记谷澍、杨国中，党委委员王林、廖林、张文武出席。

杨国中监事长主持召开疫情防控工作专班碰头会，听取专班工作汇报，根据发热事件最新情况，研究下一阶段工作。党委委员张文武出席。

5 月 26 日

谷澍行长主持召开第 11 次执委会会议，强调落实 2020 年公司结现投行业务推动会议要求，听取普惠金融事业部关于全力支持小微企业“稳企业保就业”相关情况的汇报，听取资产负债管理部关于存量贷款定价基准 LPR 转换情况的汇报。廖林副行长、党委委员张文武、王百荣高级业务总监、官学清董事会秘书、熊燕高级业务总监、宋建华高级业务总监出席。

杨国中监事长主持召开疫情防控工作专班碰头会，听取专班工作汇报，研究部署下一阶段工作。廖林副行长、党委委员张文武、官学清董事会秘书出席。

5 月 27 日

受陈四清董事长委托，谷澍副董事长主持召开中国工商银行股份有限公司董事会电话会议，全体董事会成员出席，杨国中监事长列席，官学清董事会秘书参加。

谷澍行长赴人民银行参加数字货币调研座谈会。

5 月 28 日

杨国中监事长出席全行离退休人员“双先”表彰大会暨离退休人员工作会议并讲话。

王林组长参加中央纪委国家监委“四项监督”统筹衔接工作调研座谈会。

5 月 29 日

陈四清董事长参加国务院常务会议。

总行召开深化派驻改革工作座谈会。党委书记、董事长陈四清出席并讲话，派驻纪检监察组组长、党委委员王林主持会议，中央纪委国家监委第三监督检查室副局级纪检监察员赵武安出席指导。

廖林副行长出席审计署 2020 年审计见面会。

王景武副行长会见江西正邦集团董事局主席兼总裁林印孙，双方就进一步深化业务合作、银企合力支持恢复生猪生产进行交流。

经总行党委研究，并报请中国金融工会全国委员会同意，杨国中任中国工商银行工会工作委员会主任。

6 月

6 月 1 日

党委书记陈四清主持召开第 44 次党委（扩大）会议，传达学习全国两会精神，传达学习贯彻《中共中央　国务院关于新时代加快完善社会主义市场经济体制的意见》，传达全国巡视工作会议暨十九届中央第五轮巡视动员部署会精神，听取党委办公室关于明确党委会议研究审议“三重一大”决策事项的汇报，听取党委办公室关于总行议事协调机构梳理整合及规范运作的汇报，审议党委宣传部《中共中国工商银行委员会党校工作规则》《关于加强和改进新形势下全行党校工作的实施意见》，审议内控合规部关于给予杨世亮等 4 人行政处分的处理建议。党委副书记谷澍、杨国中，党委委员王林、廖林、王景武、张文武出席。王百荣高级业务总监、官学清董事会秘书、熊燕高级业务总监、宋建华高级业务总监列席。

党委书记陈四清主持召开第 45 次党委会议，审议 2020 年境外机构正职任期考核结果，研究有关干部事项。党委副书记谷澍、杨国中，党委委员王林、廖林、王景武、张文武出席。王百荣高级业务总监、官学清董事会秘书、熊燕高级业务总监、宋建华高级业务总监列席。

谷澍行长、廖林副行长、王景武副行长、官学清董事会秘书出席与纽联储电话会议。

王林组长参加中央纪委国家监委传达学习全国两会

精神会议。

6月2日

陈四清董事长主持召开金融支持小微企业座谈会，深入了解小微企业困难和需求，倾听企业家意见建议，要求通过进一步加强和改进金融服务，更好地支持小微企业发展。

杨国中监事长出席工银大学新星学院云发布仪式并致辞。

6月3日

党委书记、董事长陈四清主持召开总行应对新型冠状病毒感染肺炎疫情工作领导小组第八次会议，传达学习贯彻习近平总书记在专家学者座谈会上的重要讲话精神，听取总行相关部门和部分分行、直属机构防疫工作汇报，研究部署全行公共卫生体系建设工作。党委副书记、行长谷澍，党委副书记、监事长杨国中，派驻纪检监察组组长、党委委员王林，党委委员、副行长廖林、王景武，党委委员张文武，王百荣高级业务总监、官学清董事会秘书、熊燕高级业务总监、宋建华高级业务总监出席。

谷澍行长、廖林副行长、王景武副行长、党委委员张文武、官学清董事会秘书、熊燕高级业务总监、宋建华高级业务总监出席总行部室及利润中心考核指标论证会。

6月4日

总行召开机关党的建设工作会议。党委书记、董事长陈四清出席会议并讲话，党委副书记、监事长、直属机关党委书记杨国中主持，派驻纪检监察组组长、党委委员王林出席。

陈四清董事长、王景武副行长会见中央网信办副主任杨小伟，双方就以中国互联网投资基金为平台进一步加强合作、支持国家战略进行交流。

谷澍行长、官学清董事会秘书会见人民银行宏观审慎管理局局长霍颖励，双方就跨境人民币使用、离岸人民币市场发展、境外人民币清算行及大宗商品人民币结算等议题进行交流。

杨国中监事长主持召开疫情防控工作专班碰头会，落实总行应对疫情工作领导小组第八次会议精神，部署下一阶段工作。党委委员张文武出席。

王景武副行长会见TCL集团首席运营官兼首席财务官杜娟，双方就金融支持先进制造业发展进行交流。

6月5日

陈四清董事长出席干部员工座谈会，与总行部门及在京直属机构资历较深的副总经理代表进行交流。

廖林副行长出席综合化子公司风险治理座谈会并讲话。

6月8日

陈四清董事长、谷澍行长、王景武副行长、党委委员张文武、熊燕高级业务总监会见北京市市长陈吉宁、市政府秘书长靳伟，双方就进一步深化合作、支持北京经济社会高质量发展、加强常态化疫情防控等交换意见。

6月9日

陈四清董事长参加国务院常务会议。

党委书记陈四清主持总分行党委中心组两级联学，邀请中国人民大学常务副校长、中国法学会民法学研究会会长王利明教授围绕民法典进行专题讲座。党委副书记谷澍、杨国中，党委委员王林、廖林、王景武、张文武参加学习。王百荣高级业务总监、官学清董事会秘书、熊燕高级业务总监、宋建华高级业务总监通过视频参加学习。

谷澍行长主持召开第12次执委会会议，听取办公室关于落实《政府工作报告》重点任务责任分工的汇报，听取财务会计部、资产负债管理部、信贷与投资管理部关于2020年上半年经营目标情况的汇报。王林组长列席。廖林副行长、王景武副行长、党委委员张文武，王百荣高级业务总监、官学清董事会秘书、熊燕高级业务总监、宋建华高级业务总监出席。

6月10日

党委书记陈四清主持召开第46次党委（扩大）会议，审议深改办《工商银行服务粤港澳大湾区建设工作方案》《工商银行服务中部地区发展工作方案》《工商银行服务成渝地区双城经济圈建设工作方案》，审议战略管理与投资者关系部《关于向工银奥地利增资1亿欧元的议案》，审议拟提交董事会关于聘任张文武为中国工商银行股份有限公司副行长的议案，听取工银理财关于设立合资理财公司相关工作的汇报。党委副书记谷澍、杨国中，党委委员王林、廖林、王景武、张文武出席。王百荣高级业务总监、官学清董事会秘书、熊燕高级业务总监、宋建华高级业务总监列席。

党委书记陈四清主持召开第47次党委会议，传达学习贯彻习近平总书记在中央政治局第二十次集体学习时的讲话，传达中组部“领导干部个人有关事项报告专项整治工作部署会”精神，研究行领导、高管分工，研究有关干部事项。党委副书记谷澍、杨国中，党委委员王林、廖林、王景武、张文武出席。王百荣高级业务总监、官学清董事会秘书、熊燕高级业务总监、宋建华高级业务总监列席。

谷澍行长、王景武副行长会见中信保总经理蔡希良、副总经理张辉，就进一步深化双方全面战略合作进行交流。

谷澍行长出席联合国全球可持续发展投资者（GISD）联盟CEO特别视频会议并讲话。

杨国中监事长出席2020年保密委员会暨密码工作领导小组工作会议并讲话。

王景武副行长出席全行存量贷款定价基准转换工作会议并讲话。

6 月 11 日

陈四清董事长、王景武副行长会见国家开发投资集团有限公司董事长白涛、总会计师李汝革、副总裁阳晓辉，双方就新时期新形势下深化银企全面合作进行交流，并共同出席银企战略合作协议签约仪式。

谷澍行长主持召开支援锦州银行领导小组第 3 次工作视频会议，官学清董事会秘书出席。

王景武副行长拜访中国中化集团有限公司董事长宁高宁、总经理杨华、总会计师杨林，就中化集团与中国化工集团有限公司重组进程及相关综合金融合作进行交流。

6 月 12 日

党委书记陈四清主持召开第 48 次党委会议，听取财务会计部关于上半年经营目标情况的汇报。党委副书记谷澍、杨国中，党委委员王林、廖林、王景武、张文武出席。王百荣高级业务总监、官学清董事会秘书、熊燕高级业务总监、宋建华高级业务总监列席。

2019 年度股东年会在总行召开。董事长陈四清主持，副董事长、行长谷澍，监事长杨国中，候任执行董事、副行长兼首席风险官廖林，董事会、监事会成员，董事会秘书官学清出席会议。

陈四清董事长主持召开中国工商银行股份有限公司董事会电话会议，谷澍副董事长等全体董事会成员出席，杨国中监事长列席，官学清董事会秘书参加。会议审议通过《关于聘任张文武先生为中国工商银行股份有限公司副行长的议案》。

王林组长会见驻太平保险集团纪检监察组组长于小萍。

6 月 15 日

陈四清董事长主持召开专题会议，听取疫情防控专班关于总行疫情防控工作情况的汇报，研究部署进一步加强防控工作举措。党委委员张文武出席。

谷澍行长主持召开第 13 次执委会会议，听取运行管理部关于法定数字货币研发试点工作情况的汇报，听取授信审批部关于成立授信审批新规实施领导小组的汇报。王林组长列席。廖林副行长、王景武副行长、党委委员张文武，王百荣高级业务总监、官学清董事会秘书、熊燕高级业务总监、宋建华高级业务总监出席。

王景武副行长、党委委员张文武出席疫情防控工作专班碰头会。

6 月 16 日

党委书记陈四清主持召开第 49 次党委（扩大）会议，听取总行疫情防控专班、北京分行、业务研发中心关于总行本部和在京机构疫情防控工作情况的汇报，听取国际业务部《关于涉美业务极端情景及应对策略建议的汇报》《关于香港地区极端情景及应对策略建议的汇报》，审议党委办公室关于明确总行党委会议“三重一大”决策事项的汇报。党委副书记谷澍，党委委员王林、廖林、王景武、张文武出席。王百荣高级业务总监、官学清董事会秘书、熊燕高级业务总监、宋建华高级业务总监列席。

总行与四川省扶贫开发局、四川省地方金融监管局、凉山州金阳县政府通过云端视频连线，举行四川金阳支行“云”开业仪式暨支持金阳脱贫攻坚视频会议。党委书记、董事长陈四清宣布四川金阳支行开业，党委委员张文武出席。

王林组长参加中央纪委国家监委机关、派驻纪检监察组领导干部个人有关事项报告专项整治工作动员部署会议。

6 月 17 日

陈四清董事长参加国务院常务会议。

党委委员张文武主持召开疫情防控工作专班碰头会，针对北京市突发公共卫生事件应急响应级别调至二级，研究加强全行疫情防控工作。

6 月 18 日

党委委员张文武主持召开疫情防控工作专班碰头会，研究进一步加强全行疫情防控工作。

党委委员张文武主持召开北京机构疫情防控工作视频会议并讲话。

6 月 19 日

谷澍行长、廖林副行长出席授信审批新规实施工作动员会并讲话。

谷澍行长、王景武副行长出席全行公司金融业务推进会并讲话。

党委委员张文武主持召开金融科技条线直属机构与子公司座谈会并讲话。

6 月 22 日

陈四清董事长以视频的方式，在 2020 财新夏季峰会上发表题为《疫情下的全球经济展望》的演讲。

陈四清董事长通过视频方式对 12 家境内外机构开展调研，听取对当前经营形势的研判、下半年工作的思考以及对总行的意见建议和政策诉求。

杨国中监事长主持召开疫情防控工作专班碰头会，听取专班工作汇报，研究下一阶段工作。王景武副行长、党委委员张文武出席。

6 月 23 日

党委书记陈四清主持召开第 50 次党委（扩大）会议，传达学习贯彻 6 月 17 日国务院常务会议精神，审议财务会计部关于工银理财租赁金嘉大厦项目的议案。党委副书记谷澍、杨国中，党委委员王林、廖林、王景武、张文武出席。王百荣高级业务总监、官学清董事会秘书、熊燕高级业务总监、宋建华高级业务总监列席。

党委书记陈四清主持召开第 51 次党委会议，传达《关于胡怀邦严重违纪违法案件及其教训警示的通报》，审议综合化子公司领导班子和领导干部 2019 年年度考核结果，审议授信审批部《关于选聘总行审批人及信贷与投资审查委员会委员人选的议案》，审议党委组织部《2020年总行直管机构优秀年轻干部调研实施方案》，研究有关干部事项。党委副书记谷澍、杨国中，党委委员王林、廖林、王景武、张文武出席。王百荣高级业务总监、官学清董事会秘书、熊燕高级业务总监、宋建华高级业务总监列席。

党委书记、董事长陈四清主持召开总行应对新型冠状病毒感染肺炎疫情工作领导小组第九次（扩大）会议，听取总行相关部门及在京办公机构疫情防控工作情况汇报，研究部署下一阶段疫情防控工作。党委副书记、行长谷澍，党委副书记、监事长杨国中，派驻纪检监察组组长、党委委员王林，党委委员、副行长廖林、王景武，党委委员张文武，王百荣高级业务总监、官学清董事会秘书、熊燕高级业务总监、宋建华高级业务总监出席。

总行资产管理业务推进委员会以非现场方式召开2020年第二季度大资管业务经营督导会，谷澍行长、廖林副行长出席。

6月24日

陈四清董事长参加国务院常务会议。

陈四清董事长出席干部员工座谈会，与总行部门专家和处长代表交流。

谷澍行长主持召开第14次执委会会议，听取财务会计部、资产负债管理部、信贷与投资管理部关于上半年经营安排的汇报，听取管理信息部关于监管数据质量治理相关工作的汇报。王林组长列席。廖林副行长、王景武副行长、党委委员张文武，王百荣高级业务总监、官学清董事会秘书、熊燕高级业务总监、宋建华高级业务总监出席。

王林组长视频宣布内审武汉分局领导班子调整决定：李永平任内审武汉分局局长，邱建华不再担任内审武汉分局局长职务。

6月28日

陈四清董事长参加国务院常务会议。

陈四清董事长通过视频方式对境内外机构开展调研，听取对经营形势的分析、下半年工作的打算以及对总行的意见建议和政策诉求。

廖林副行长主持召开总行信贷与投资审查委员会审批人和专职委员见面会并讲话，王景武副行长、党委委员张文武、熊燕高级业务总监出席。

6月29日

党委书记陈四清主持召开第52次党委（扩大）会议，传达学习中共中央办公厅关于印发《党委（党组）意识形态工作责任制实施办法》的通知，审议党委巡视办《关于完善巡察制度的意见》，听取直属机关党委关于贯彻落实《关于加强中央和国家机关各部门机关党委自身建设的意见》的汇报，听取直属机关党委《关于推荐总行办公室党支部作为全国抗击新冠肺炎疫情先进集体的汇报》，审议机构金融业务部《全行G－B－C战略落地工作方案》，听取工银理财关于合资理财公司条款书的汇报。党委副书记谷澍、杨国中，党委委员王林、廖林、王景武、张文武出席。王百荣高级业务总监、官学清董事会秘书、熊燕高级业务总监、宋建华高级业务总监列席。

党委书记陈四清主持召开第53次党委会议，审议党委组织部《2020年总行直管机构优秀年轻干部调研实施方案》，研究有关干部事项。党委副书记谷澍、杨国中，党委委员王林、廖林、王景武、张文武出席。

陈四清董事长应邀参加国际金融协会（IIF）内部电话会议并发言。

6月30日

陈四清董事长主持召开专题会议，研究三十五中项目进展情况。王景武副行长、党委委员张文武、熊燕高级业务总监出席。

王景武副行长、党委委员张文武拜访西城区区委书记卢映川、区长孙硕。

党委委员张文武赴普惠金融事业部进行工作调研。

党委委员张文武赴运行管理部进行工作调研。

7月

7月1日

陈四清董事长参加国务院常务会议。

总行举办庆祝中国共产党成立99周年暨“七一”党课活动。党委书记陈四清讲授专题党课，党委副书记谷澍主持，党委副书记杨国中，党委委员王林、廖林、王景武、张文武，王百荣高级业务总监、官学清董事会秘书、熊燕高级业务总监、宋建华高级业务总监出席。

党委委员张文武赴金融科技部、安全保卫部进行工作调研。

7月2日

谷澍行长、廖林副行长、王景武副行长出席境外监管事项领导小组会议。

谷澍行长与迪拜金融服务管理局主席Saeb Eigner举行电话会谈，双方就新冠肢炎疫情下全球复工复产形势等进行交流。

杨国中监事长赴人力资源部进行工作调研。

王林组长参加派驻纪检监察组专题组织生活会。

廖林副行长赴风险管理部进行党建和工作调研。

党委委员张文武赴网络金融部、渠道管理部进行工作调研。

7月3日

党委书记陈四清主持召开总行党委务虚会，党委副书记谷澍、杨国中，党委委员王林、廖林、王景武、张文武出席。王百荣高级业务总监、官学清董事会秘书、熊燕高级业务总监、宋建华高级业务总监列席。

廖林副行长主持召开“三道口、七彩池”信贷风险管控调研会，听取信贷与投资管理部关于推进“三道口、七彩池”信贷风险管控的汇报，研究部署下一步工作。

党委委员张文武赴安全保卫部进行工作调研。

7月6日

王景武副行长赴专项融资部进行工作调研。

7月7日

总行党委中心组开展香港国安法专题学习。党委书记陈四清主持，党委副书记谷澍、杨国中，党委委员王林、廖林、王景武、张文武出席。王百荣高级业务总监、官学清董事会秘书、熊燕高级业务总监、宋建华高级业务总监列席。

党委书记陈四清主持召开第54次党委会议，传达学习中央有关文件要求，党委副书记谷澍、杨国中，党委委员王林、廖林、王景武、张文武出席。官学清董事会秘书列席。

党委书记陈四清主持召开第55次党委会议，听取并审议党委组织部关于干部事项的汇报。党委副书记谷澍、杨国中，党委委员王林、廖林、王景武、张文武出席。

7月8日

陈四清董事长参加国务院常务会议。

7月9日

廖林副行长主持召开加强个人及普惠信贷业务二道防线会议。

王景武副行长赴工银投资进行工作调研。

7月10日

谷澍行长主持召开第15次执委会会议，听取财务会计部、资产负债管理部、信贷与投资管理部关于下半年分行经营计划调整安排的汇报。杨国中监事长、王林组长列席。王景武副行长、党委委员张文武，王百荣高级业务总监、官学清董事会秘书、熊燕高级业务总监、宋建华高级业务总监出席。

杨国中监事长主持召开党风廉政建设专题会议，研究落实全面从严治党主体责任，推进党风廉政建设相关工作。

廖林副行长参加银保监会银行信用风险和拨备有关问题座谈会。

党委委员张文武赴北京分行金融街5G网点进行工作调研。

7月13日

党委书记陈四清主持召开专题党委会议，进一步学习领会中央纪委《关于胡怀邦严重违纪违法案件及其教训警示的通报》精神，深入对照检查、全面查摆剖析、提出整改措施。党委副书记谷澍、杨国中，党委委员王林、廖林、王景武、张文武出席。王百荣高级业务总监、官学清董事会秘书、熊燕高级业务总监、宋建华高级业务总监列席。

党委书记陈四清主持召开第57次党委（扩大）会议，传达学习贯彻习近平总书记在中央政治局第二十一次集体学习时的重要讲话，传达习近平总书记对进一步做好防汛救灾工作作出的重要指示，听取全行防汛工作汇报，研究2020年年中工作会议材料，审议内部审计局关于选聘2021年度会计师事务所的议案，审议信贷与投资管理部对青海盐湖工业股份有限公司实施收债转股的议案。党委副书记谷澍、杨国中，党委委员王林、廖林、王景武、张文武出席。王百荣高级业务总监、官学清董事会秘书、熊燕高级业务总监、宋建华高级业务总监列席。

杨国中监事长赴人民银行参加金融机构平台引进专家安全保障工作部署会。

廖林副行长、党委委员张文武、王百荣高级业务总监、官学清董事会秘书出席总行2019年度改革发展重点课题复评会。

7月14日

廖林副行长为授信审批部讲授专题党课。

廖林副行长主持召开半年度风险管理二道防线专题分析会。

党委委员张文武赴渠道管理部远程银行中心，网络金融部用户发展中心、营运支持中心进行工作调研。

7月15日

陈四清董事长参加国务院常务会议。

陈四清董事长出席国家绿色发展基金股份有限公司揭牌仪式。

杨国中监事长为分管、协管部门讲授专题党课。

廖林副行长主持召开操作风险暨内部控制管理委员会被诉风险专题会，听取法律事务部关于近三年境内分行主要被诉风险分析与防控建议的汇报，研究信贷与担保类等重点领域被诉风险的应对措施。

党委委员张文武赴运行管理部清算中心、参数管理中心进行工作调研。

7月16日

中国工商银行2020年年中工作会议在北京召开。陈四清董事长、谷澍行长出席并讲话，杨国中监事长主持会议，王林组长、廖林副行长、王景武副行长、党委委员张文武，王百荣高级业务总监、官学清董事会秘书、熊燕高级业务总监、宋建华高级业务总监出席。

7月17日

总行举行“第一个人金融银行战略”品牌体系发布会。陈四清董事长出席并致辞，杨国中监事长、党委委员张文武，官学清董事会秘书、宋建华高级业务总监参加活动。

陈四清董事长、谷澍行长、廖林副行长会见天津市副市长康义，双方就金融支持天津经济发展、深化银政合作、防范化解重大风险、助力企业转型发展进行交流。

王林组长参加中央纪委国家监委审理工作调研座谈会。

王林组长赴内部审计局进行工作调研。

廖林副行长主持召开支持重点业务发展与风险管理联防联控联席会议。

党委委员张文武赴国家发展改革委参加“信易贷”工作座谈会。

7 月 20 日

党委书记陈四清主持召开第 58 次党委（扩大）会议，传达学习贯彻习近平总书记在专家学者座谈会上的重要讲话，听取执委会关于党委重点战略执行情况的汇报，听取派驻纪检监察组关于中国工商银行 2020 年上半年全面从严治党、党风廉政建设和反腐败情况的通报。党委副书记谷澍、杨国中，党委委员王林、廖林、王景武、张文武出席。王百荣高级业务总监、官学清董事会秘书、熊燕高级业务总监、宋建华高级业务总监列席。

党委书记陈四清主持召开第 59 次党委会议，听取内控合规部关于纽约州金管局潜在执法行动进展的汇报。党委副书记谷澍、杨国中，党委委员王林、廖林、王景武、张文武出席。官学清董事会秘书列席。

7 月 21 日

谷澍行长主持召开第 16 次执委会会议，听取金融科技部关于强化非接触银行服务模式及有关系统建设的汇报，审议信贷与投资管理部关于成立绿色金融委员会的议案，听取信贷与投资管理部关于 2020 年上半年公共设施板块融资情况的汇报。王林组长列席。廖林副行长、王景武副行长、党委委员张文武，王百荣高级业务总监、官学清董事会秘书、熊燕高级业务总监、宋建华高级业务总监出席。

王景武副行长拜访中国国新集团董事长周渝波、总经理莫德旺和总会计师刘学诗，双方就重大项目融资、企票通、投行、境外等业务合作进行交流。

党委委员张文武主持召开全行防汛工作专题会议，传达党中央、国务院有关防汛工作部署及总行党委工作要求，对下一步防汛工作进行安排部署。

7 月 22 日

陈四清董事长参加国务院常务会议。

党委书记陈四清主持召开第 60 次党委会议，传达学习贯彻习近平总书记在企业家座谈会上的讲话，听取党委组织部关于调整机关工会和机关团委隶属关系的汇报，研究有关干部事项。党委副书记谷澍、杨国中，党委委员王林、廖林、王景武、张文武出席。

党委书记、董事长陈四清主持召开应对新型冠状病毒感染肺炎疫情工作领导小组第十次会议，听取总行相关部门和部分境内外机构防疫工作汇报，研究部署疫情常态化防控工作。党委副书记、行长谷澍，党委副书记、监事长杨国中，派驻纪检监察组组长、党委委员王林，党委委员、副行长廖林、王景武，党委委员张文武，王百荣高级业务总监、官学清董事会秘书、熊燕高级业务总监、宋建华高级业务总监出席。

陈四清董事长作为中方理事参加金砖国家工商理事会视频会议，会议审议并发布《金砖国家工商理事会联合抗疫宣言》。

7 月 23 日

陈四清董事长赴银保监会参加国务院第三次廉政工作会议。

陈四清董事长赴北京分行宣布干部调整事项。经总行党委研究决定，黄力同志任北京分行行长、党委书记；由于年龄原因，施刚同志不再担任区域总监兼北京分行行长、党委书记职务。

谷澍行长接受中央电视台关于人民币国际化的专访。

王林组长主持召开内审分局局长工作会议。

廖林副行长赴工银理财进行工作调研。

王景武副行长赴国资委参加央企信用保障基金成立大会。

王景武副行长拜访中国建筑总经理郑学选，双方就海外融资、公司信贷、个人金融等业务合作进行交流。

党委委员张文武赴工银科技进行工作调研。

7 月 24 日

党委书记陈四清主持召开第 61 次党委会议，传达国务院第三次廉政工作会议精神，研究有关干部事项。党委副书记谷澍、杨国中，党委委员王林、廖林、王景武、张文武出席。

总行党委巡视工作领导小组召开会议，听取 2020 年第一批巡视情况汇报。党委书记、董事长、巡视工作领导小组组长陈四清，党委副书记、行长、巡视工作领导小组副组长谷澍，党委副书记、监事长、巡视工作领导小组副组长杨国中，派驻纪检监察组组长、党委委员、巡视工作领导小组副组长王林出席会议。

王林组长为全行纪检监察条线讲授专题党课。

党委委员张文武主持召开线上线下一体化工作小组会议。

7 月 27 日

陈四清董事长通过视频方式对陕西分行进行调研，听取分行贯彻落实全行年中工作会议精神，统筹做好常态化疫情防控与经营管理工作的汇报。

杨国中监事长出席监事会办公室 2020 年第二季度监督情况分析会。

7 月 28 日

陈四清董事长通过视频方式对部分分行、综合化子公司进行调研，听取相关机构就贯彻落实全行年中工作会议精神、推动全行重点战略落地情况的汇报。

陈四清董事长出席公司金融业务座谈会并讲话。王景武副行长出席。

谷澍行长、廖林副行长、王景武副行长、官学清董事会秘书出席境外监管事项小组会。

7 月 29 日

陈四清董事长参加国务院常务会议。

总行党委理论学习中心组开展强化政治机关意识教育专题学习和意识形态专题学习。党委书记陈四清主持中心组学习并作重点发言，党委副书记谷澍、党委副书记杨国中、党委委员王林分别结合分管工作交流学习体会，党委委员廖林、王景武、张文武出席。

王景武副行长拜访国家管网公司董事长张伟、总会计师王德华，双方就融资、结算、年金等业务合作进行交流。

7 月 30 日

党委书记陈四清主持召开第 62 次党委（扩大）会议，宣布干部任职事项。根据工作需要，经中组部研究决定，徐守本同志任工商银行副行长、党委委员。党委副书记谷澍、杨国中，党委委员王林、廖林、王景武、张文武、徐守本出席，王百荣高级业务总监、官学清董事会秘书、熊燕高级业务总监、宋建华高级业务总监列席。

党委书记陈四清主持召开第 63 次党委（扩大）会议，听取派驻纪检监察组对 2020 年上半年工商银行党委贯彻落实党中央重大决策部署情况的监督报告，听取党委组织部关于修订《企业年金方案》的汇报，审议党委组织部关于 2021 年集团用工计划的议案，研究有关干部事项。党委副书记谷澍、杨国中，党委委员王林、廖林、王景武、张文武、徐守本出席。王百荣高级业务总监、熊燕高级业务总监、宋建华高级业务总监列席。

总行召开机关“灯下黑”问题专项整治情况监督检查工作动员会，党委副书记、直属机关党委书记杨国中出席会议并讲话，派驻纪检监察组组长、党委委员王林主持会议，熊燕高级业务总监、宋建华高级业务总监出席。

王景武副行长会见中信集团监事长任生俊、中信集团总经理助理兼中信证券董事长张佑君，双方就新形势下深化银企战略合作进行交流。

根据国务院国人字〔2020〕106 号文件通知，经履行相关法律规定程序，张文武同志任中国工商银行副行长。

7 月 31 日

杨国中监事长视频宣布湖南分行干部调整事项。经总行党委研究决定，张慎同志任湖南分行行长、党委书记，苏国庆同志不再担任湖南分行行长、党委书记职务，另有任用。

杨国中监事长视频宣布陕西分行干部调整事项。经总行党委研究决定，高志新同志不再担任陕西分行行长、党委书记，另有任用。由王军峰同志临时负责陕西分行工作。

廖林副行长主持召开专题会议，研究员工操作风险及道德风险管控工作。

张文武副行长主持召开专题会议，研究推进云网点建设工作。

8 月

8 月 3 日

谷澍行长、宋建华高级业务总监出席银保监会 2020 年半年度监管会谈。

王林组长出席总行党委巡视组联络员座谈会。

王林组长赴党委巡视办宣布干部调整事项。经总行党委研究决定，高志新同志任党委巡视办主任；黄力同志调往北京分行任职，不再担任党委巡视办主任职务。任免职文件将在履行完相关程序后正式印发。

8 月 4 日

陈四清董事长通过视频方式对山西分行开展调研，听取分行贯彻落实全行年中工作会议精神、推动重点战略落地情况。

张文武副行长赴银保监会参加监管标准化数据（EAST）数据质量稽核调查集中进场会。

8 月 5 日

王景武副行长拜访中国融通资产管理集团总会计师李耀，双方就深化综合金融服务进行交流。

张文武副行长拜访中央汇金公司总经理沈如军。

8 月 6 日

陈四清董事长出席总行干部员工座谈会，围绕贯彻落实行党委决策部署、抢抓发展机遇、推动经营管理等方面，听取意见建议和思路举措，并与处级干部代表交流。

杨国中监事长赴企业文化部进行工作调研。

王景武副行长会见丝元投资董事长韩红梅，双方就落实战略合作协议及加强海外投融资合作进行交流。

8 月 7 日

党委书记陈四清主持召开第 64 次党委（扩大）会议，传达学习贯彻 7 月 30 日中央政治局会议精神，审议资产负债管理部《中国工商银行 2021—2023 年资本规划》和党委组织部关于 2021 年集团用工计划的议案，研究有关干部事项。党委副书记谷澍、杨国中，党委委员王林、廖林、王景武、张文武、徐守本出席。熊燕高级业务总监、宋建华高级业务总监列席。

陈四清董事长、谷澍行长、廖林副行长、王景武副行长、熊燕高级业务总监会见光大集团董事长李晓鹏一行，双方就深化全面合作、共同落实中央要求进行交流，并出席《关于服务构建以国内大循环为主体、国内国际双循环相互促进的新发展格局专项合作协议》签约仪式。

陈四清董事长、熊燕高级业务总监会见中信建投董事长王常青，双方就新形势下深化银证全面合作进行交流。

8 月 10 日

党委书记陈四清主持召开第 65 次党委（扩大）会议，听取国际业务部、内控合规部关于涉美涉港最新情况的汇报，审议《总行责任认定委员会工作规则（试行）》及关于修订《操作风险管理规定》、关于发行不超过 1 000 亿元无固定期限资本债券等两项议案。党委副书记谷澍，党委委员王林、廖林、王景武、张文武、徐守本出席。王百荣高级业务总监、官学清董事会秘书、熊燕高级业务总监、宋建华高级业务总监列席。

张文武副行长主持召开 2020 年半年报审计沟通会。

8 月 11 日

陈四清董事长、熊燕高级业务总监会见银保监会人身险部主任陈映东、创新部主任杨东宁一行，双方就发挥金融机构担当、开展第三支柱银行产品创新、助力完善养老保障体系等进行交流。

廖林副行长主持召开授信审批新规第二、三批实施分行专题会议。

王景武副行长出席全行公司结现投行重点工作推动会并讲话。

张文武副行长主持召开总行部门金融科技专题座谈会。

8 月 11 日 –12 日

王林组长赴宁夏出差。其间，调研党中央和总行党委脱贫攻坚工作部署落实情况，督导资产质量攻坚战，看望慰问驻村工作同志和贫困群众。

8 月 12 日

谷澍行长主持召开零售金融业务推进委员会 2020 年第一次会议，张文武副行长、官学清董事会秘书、宋建华高级业务总监出席。

廖林副行长主持召开抓实二道防线专题研讨会。

张文武副行长主持召开支付生态建设专题会。

8 月 13 日

谷澍行长、官学清董事会秘书与标银集团首席执行官西姆・沙巴拉拉（Sim Tshabalala）、首席财务官阿诺・丹柯（Arno Daehnke）等召开视频沟通会。

张文武副行长通过视频方式主持召开部分分行金融科技专题座谈会。

8 月 13 日 –14 日

廖林副行长赴浙江分行、嘉兴分行进行党建与工作调研，先后在浙江分行、嘉兴分行召开座谈会，并赴嘉兴南湖支行实地调研，走访慰问基层干部员工。

8 月 14 日

陈四清董事长、谷澍行长会见贵州省副省长谭炯一行，双方围绕金融支持贵州经济发展、深化银政合作、助力脱贫攻坚及企业转型发展、防范化解重大风险等方面进行交流。

王景武副行长、熊燕高级业务总监、宋建华高级业务总监出席工商银行与光大集团战略合作推进会。

张文武副行长主持召开产品退出工作专题会议。

8 月 17 日

陈四清董事长参加国务院常务会议。

党委书记陈四清主持召开第 66 次党委（扩大）会议，听取内部审计局关于对银保监会 2019 年度监管通报问题整改情况、财务会计部关于 2020 年上半年经营情况、风险管理部、资产负债管理部关于美国区域风险偏好调整及各类风险管理情况、内控合规部关于美国区域 2020 年第二季度监管检查和整改情况等 4 项汇报，审议关于聘任徐守本先生为中国工商银行股份有限公司副行长、关于调整 2020 年经营计划等 8 项议案。党委副书记谷澍、杨国中，党委委员王林、廖林、张文武、徐守本出席。官学清董事会秘书、宋建华高级业务总监列席。

党委书记陈四清主持召开第 67 次党委会议，研究有关干部事项。党委副书记谷澍、杨国中，党委委员王林、廖林、张文武、徐守本出席。

王林组长出席离退休领导干部胡怀邦案“两明案”情况通报座谈会并讲话。

8 月 18 日

中国工商银行巡视巡察工作暨党委 2020 年第二批次巡视工作动员会议在北京召开。党委书记、董事长、党委巡视工作领导小组组长陈四清出席会议并讲话，党委副书记、行长、党委巡视工作领导小组副组长谷澍，党委副书记、监事长、党委巡视工作领导小组副组长杨国中出席会议，派驻纪检监察组组长、党委委员、党委巡视工作领导小组副组长王林主持会议并宣布 2020 年第二批次巡视的组长授权任职及任务分工。

谷澍行长主持召开第 17 次执委会会议，审议《中国工商银行防控电信网络新型违法犯罪工作方案》，听取内控合规部关于当前案防工作情况的汇报。杨国中监事长列席。廖林副行长、张文武副行长、党委委员徐守本、王百荣高级业务总监、官学清董事会秘书、熊燕高级业务总监出席。

8 月 19 日

杨国中监事长拜访国务院扶贫办副主任洪天云，双方就脱贫攻坚决战决胜阶段进一步推进扶贫工作进行交流。

廖林副行长主持召开“融安 e”系列风控系统建设汇报交流会，对持续做好风控系统建设、构建工行智能风控体系进行部署。

张文武副行长拜访银保监会消保局局长郭武平。

8 月 20 日

谷澍行长会见湖北省副省长赵海山一行，双方围绕进一步推动战略合作协议落地、金融支持湖北疫后重振以及经济社会高质量发展、加强银政合作进行交流。

张文武副行长主持召开部分分行及境外机构金融科技专题座谈会。

8 月 21 日

工银亚洲举办成立 20 周年线上庆祝仪式，陈四清董事长、谷澍行长、杨国中监事长、官学清董事会秘书致贺词。

杨国中监事长、张文武副行长出席疫情防控工作专班会议。

8 月 24 日

党委书记陈四清主持召开第 68 次党委（扩大）会议，传达学习习近平总书记关于制止餐饮浪费行为的重要指示精神，听取全行贯彻落实举措的汇报，审议《中国共产党中国工商银行委员会工作规则》等 5 项议案，听取现代金融研究院关于支持五大重点区域发展减负赋能方案的汇报。党委副书记谷澍、杨国中，党委委员王林、廖林、王景武、张文武、徐守本出席。王百荣高级业务总监、官学清董事会秘书、宋建华高级业务总监列席。

党委书记陈四清主持召开第 69 次党委会议，研究行领导、高管分工，研究有关干部事项，传达有关事项。党委副书记谷澍、杨国中，党委委员王林、廖林、王景武、张文武、徐守本出席。王百荣高级业务总监、官学清董事会秘书、宋建华高级业务总监列席。

谷澍行长、张文武副行长出席财务会计部第一党支部支部大会。

8 月 25 日

总行党委理论学习中心组围绕学习领会习近平总书记关于百年未有之大变局的重要论述，邀请外交部前副部长、清华大学战略与安全研究中心主任傅莹进行专题讲座。党委书记陈四清主持学习并作发言，党委副书记谷澍、杨国中，党委委员王林、廖林、王景武、张文武、徐守本出席。王百荣高级业务总监、官学清董事会秘书、宋建华高级业务总监列席。

谷澍行长、廖林副行长、王景武副行长、官学清董事会秘书出席国外监管事项领导小组专题会议。

张文武副行长主持召开融 e 购平台优化专题会议。

8 月 26 日 – 28 日

陈四清董事长、王景武副行长赴青岛出差。其间，出席亚布力中国企业家论坛第十六届夏季高峰会，出席工商银行与青岛市政府战略合作协议签约仪式，会见海尔集团董事局主席兼首席执行官张瑞敏，出席工商银行与海尔集团战略合作协议签约仪式，会见山东省港口集团总经理李奉利，并赴青岛分行调研。

8 月 26 日

谷澍行长参加国务院常务会议。

谷澍行长会见银行业协会副会长潘光伟，双方就银行业协会重点工作、合作推进银行询证函第三方平台建设等进行交流。

杨国中监事长会见毕马威中国及亚太区主席陶匡淳。

张文武副行长赴人民银行拜访科技司司长李伟。

8 月 27 日

2020 年全行案防工作会议在北京召开。谷澍行长出席会议并讲话，廖林副行长主持会议。

杨国中监事长赴离退休人员服务与管理部宣布干部事项。经总行党委研究决定，孙洪霞同志任离退休人员服务与管理部总经理，因年龄原因，杨烈同志不再担任总经理职务。

王林组长赴银保监会参加驻银保监会纪检监察组、银保监会大行部联席会议。

廖林副行长主持召开表外业务风险状况及制度建设专题会议。

张文武副行长主持召开雄安分行业务创新发展专题会议。

8 月 28 日

受陈四清董事长委托，谷澍副董事长主持召开中国工商银行股份有限公司董事会会议，廖林董事等董事会成员出席，官学清董事会秘书参加。会议审议通过《关于 2020 半年度报告及摘要的议案》等 18 项议案，听取《关于 2020 年上半年经营情况的汇报》等 4 项汇报。

王林组长赴河北分行进行纪检监察工作调研。

张文武副行长出席工商银行“环球撮合荟”平台发布暨 2020 年中国马来西亚中小企业（线上）跨境对接会并致辞。

8 月 31 日

谷澍行长、廖林副行长、王景武副行长、张文武副行长、宋建华高级业务总监出席 2020 年度中期业绩发布会。

张文武副行长、官学清董事会秘书出席 2020 年中期业绩说明会。

党委委员徐守本赴银保监会参加理财存量整改和不良处置专题工作会议。

8 月 31 日 – 9 月 4 日

王林组长赴天津、山东、吉林、宁波、浙江分行开展巡察工作调研，了解分行在完善监督体系、提升监督效能等方面的做法和成效，听取对巡察工作以及巡视巡察上下联动的意见建议，看望慰问正在 4 家分行开展上下联动巡视巡察工作的同志。

9 月

9 月 1 日

党委书记陈四清主持召开第 70 次党委（扩大）会议，传达学习贯彻习近平总书记在扎实推进长三角一体化发展座谈会上的重要讲话精神，传达学习贯彻习近平总书记在经济社会领域专家座谈会上的重要讲话，审议上海分行购置自由贸易试验区临港新片区营业用房项目。党委副书记谷澍、杨国中，党委委员王林、廖林、王景武、张文武、徐守本出席。王百荣高级业务总监、官学清董事会秘书、熊燕高级业务总监、宋建华高级业务总监列席。

党委书记陈四清主持召开第 71 次党委会议，传达学习贯彻习近平总书记在中央第七次西藏工作座谈会上的重要讲话，研究有关干部事项。党委副书记谷澍、杨国中，党委委员王林、廖林、王景武、张文武、徐守本出席。

陈四清董事长、熊燕高级业务总监会见浦发银行董事长郑杨，双方就深化全面合作、共同服务上海国际金融中心建设、长三角一体化发展、第三届中国国际进口博览会等共同关心的话题交换了意见。

9 月 2 日

陈四清董事长参加国务院常务会议。

党委书记、董事长陈四清主持召开总行应对新型冠状病毒感染肺炎疫情工作领导小组第十一次会议，听取全行公共卫生体系建设规划的报告，审议做好秋冬季新冠肺炎疫情防控工作的意见，研究部署持续做好常态化疫情防控工作举措。党委副书记、行长谷澍，党委副书记、监事长杨国中，党委委员、副行长王景武、张文武，党委委员徐守本，王百荣高级业务总监、熊燕高级业务总监、宋建华高级业务总监出席。

谷澍行长主持召开第 18 次执委会会议，研究第三季度经营工作安排。王林组长列席。王景武副行长、张文武副行长、党委委员徐守本，王百荣高级业务总监、熊燕高级业务总监、宋建华高级业务总监出席。

廖林副行长赴河北分行开展工作调研。其间，在河北分行召开全面风险管理座谈会，赴石家庄建南支行开展网点员工管理情况实地调研，并慰问基层干部员工。

张文武副行长会见苏州工业园区管委会主任丁立新，双方就进一步深化合作、支持促进苏州及工业园区金融科技创新发展等进行交流。

9 月 3 日

陈四清董事长主持召开专题会议，研究部署加快西藏分行经营发展的工作举措。王景武副行长、张文武副行长、熊燕高级业务总监出席。

陈四清董事长、谷澍行长、王景武副行长赴全国工商联参加民营企业座谈会，发布金融支持民营企业“八融”措施，并出席工商银行与全国工商联战略合作协议签约仪式、工商银行与多家民营企业“总对总”战略合作协议签约仪式。

谷澍行长出席管理信息重点工作推进会议并讲话。

张文武副行长主持召开工银科技发展专题会议。

9 月 4 日

陈四清董事长出席 2020 年中国国际服务贸易交易会全球服务贸易峰会开幕式。

谷澍行长主持召开美国相关事项会议，廖林副行长、张文武副行长、王百荣高级业务总监出席。

廖林副行长主持召开赋能减负支持五大重点区域发展专题会议并讲话。

张文武副行长拜访京东方科技集团董事、执行副总裁孙芸，双方就进一步加强合作进行交流。

9 月 6 日

张文武副行长出席 2020 中国国际金融年度论坛并致辞。

9 月 7 日

党委书记陈四清主持召开第 72 次党委（扩大）会议暨巡视工作专题党委会议，学习贯彻习近平总书记关于巡视工作的重要论述；听取关于中央企业、中管金融企业巡视重要骨干人员培训班有关情况的汇报和关于 2020 年第一批次巡视工作情况的汇报；审议《关于进一步做好监督发现问题和主题教育检视问题整改落实工作的方案》《关于按照中央巡视“四个落实”要求检视和改进各项工作的方案》《中共中国工商银行委员会巡视工作领导小组工作规则》《中共中国工商银行委员会巡视工作领导小组办公室工作规则》；听取关于进一步深刻汲取“两明案”以及林晓轩等案件教训，完善信贷、集中采购等领域管理机制的汇报；听取关于分行巡察工作开展情况的汇报。党委副书记谷澍、杨国中，党委委员王林、廖林、王景武、张文武、徐守本出席。王百荣高级业务总监、官学清董事会秘书、熊燕高级业务总监、宋建华高级业务总监列席。

陈四清董事长、王景武副行长、张文武副行长、熊燕高级业务总监会见西城区区委书记卢映川、区长孙硕一行。

9 月 8 日

陈四清董事长参加全国抗击新冠肺炎疫情表彰大会。

陈四清董事长、谷澍行长、王景武副行长、宋建华高级业务总监会见武汉市市委书记王忠林、市长周先旺一行，双方就深入贯彻落实习近平总书记在全国抗击新冠肺炎疫情表彰大会上的重要讲话精神，进一步加大对武汉经济社会发展的支持进行交流，并明确下一步工作举措。

杨国中监事长出席2020年教师节座谈会并讲话。

廖林副行长主持召开不良资产管理处置专题会议并讲话。

张文武副行长赴业务研发中心开展客户体验专题工作调研。

工银任免〔2020〕430号决定：聘任田枫林同志为公司金融业务部总经理兼投资银行部总经理。

9月9日

陈四清董事长参加国务院常务会议。

谷澍行长主持召开第19次执委会会议，传达学习有关文件，听取关于2020年上半年监管通报问题整改工作安排的汇报，审议《关键岗位人员岗位轮换和强制休假管理办法（2020年版）》。王林组长列席。廖林副行长、王景武副行长、张文武副行长、党委委员徐守本，王百荣高级业务总监、官学清董事会秘书、熊燕高级业务总监、宋建华高级业务总监出席。

9月9日－10日

陈四清董事长、王景武副行长赴贵州出差。其间，会见贵州省委书记、省人大常委会主任孙志刚，出席工商银行与贵州省人民政府共同举办以“汇聚工行资源·助推贵州发展”为主题的助推贵州产业发展大会，与贵州省人民政府签署新一轮战略合作协议，并赴贵州分行调研。

9月9日－12日

杨国中监事长赴四川出差。其间，深入巴中南江、通江和达州万源开展定点扶贫工作调研。

9月10日

谷澍行长主持召开支援锦州银行领导小组第4次工作视频会议并讲话，官学清董事会秘书出席。

张文武副行长出席2020中国民营企业500强峰会并致辞，为500强代表企业颁发证书。

9月10日－9月11日

廖林副行长赴河南分行进行工作调研。其间，开展信贷资产质量“123”攻坚战现场督导和全面风险管理工作调研，先后在河南分行、焦作分行召开座谈会，并走访慰问焦作分行营业部基层一线员工。

9月11日

王林组长赴河北分行进行工作调研。

张文武副行长拜访银保监会统计信息与风险监测部主任刘春航。

9月14日

党委书记陈四清主持召开第73次党委（扩大）会议，传达学习贯彻习近平总书记在全国抗击新冠肺炎疫情表彰大会上的重要讲话，传达学习贯彻习近平总书记在纪念中国人民抗日战争暨世界反法西斯战争胜利75周年座谈会上的重要讲话，传达学习贯彻习近平总书记在科学家座谈会上的重要讲话，听取西藏分行工作汇报，二次审议《中国共产党中国工商银行委员会工作规则》，听取关于向银保监会推荐“第六届全国文明单位”的汇报，听取关于向中央和国家机关文明委推荐“第六届全国文明单位”的汇报，审议《战略风险管理办法（2020年版）》等4项董事会前置审议议题。党委副书记杨国中，党委委员王林、廖林、王景武、张文武、徐守本出席。官学清董事会秘书、熊燕高级业务总监、宋建华高级业务总监列席。

廖林副行长赴信贷与投资管理部宣布干部调整事项。经总行党委研究决定，李志刚同志任信贷与投资管理部总经理，冯军伏同志不再担任信贷与投资管理部副总经理兼信用风险监控中心总经理职务。

王景武副行长赴工银投资宣布干部调整事项。经总行党委研究决定，提名张正华同志任工银金融资产投资有限公司董事长，不再担任工银金融资产投资有限公司总经理职务，提名冯军伏同志任工银金融资产投资有限公司执行董事、总经理职务，冯军伏同志任工银金融资产投资有限公司党委副书记。

9月15日

谷澍行长、廖林副行长、王景武副行长、官学清董事会秘书出席国外监管事项领导小组会议。

谷澍行长、党委委员徐守本出席银保监会小微企业收费核查离点会谈。

谷澍行长参加世界经济论坛全球企业家视频特别对话会。

杨国中监事长视频宣布大连分行干部调整事项。经总行党委研究决定，刘向明同志任大连市分行党委书记，姚春和同志不再担任大连市分行党委书记职务。

王景武副行长参加国家金融创新与稳定30人论坛。

党委委员徐守本参加人民银行聚焦深度贫困地区冲刺决战决胜脱贫攻坚电视电话会议。

9月15日－18日

张文武副行长赴江苏、上海出差。其间，赴江苏分行、苏州分行、上海分行和数据中心调研，拜访当地政府部门，并走访高科技企业客户。

9月16日－18日

杨国中监事长参加中组部基层党建业务专题研讨班。

9月16日

王景武副行长赴人民银行参加2019年度银行科技发展奖评审领导小组会议。

党委委员徐守本参加中央和国家机关党员干部形势报告会。

9月17日

陈四清董事长参加国务院常务会议。

谷澍行长主持召开第20次执委会会议，听取关于存量理财业务整改工作的汇报。王林组长列席。廖林副行长、王景武副行长、党委委员徐守本，官学清董事会秘书、熊燕高级业务总监出席。

谷澍行长、王景武副行长会见中国邮政储蓄银行行长郭新双一行，并出席双方银团贷款业务合作协议签约仪式。

廖林副行长主持召开操作风险暨内部控制管理委员会线上业务操作风险专题会议。

9 月 18 日

陈四清董事长赴银保监会参加有关会议。

陈四清董事长、谷澍行长、王景武副行长走访中信集团，双方就共同落实党中央决策部署、深化全面合作等进行交流，并出席全面战略合作协议签约仪式。

王林组长听取 2020 年第二批次巡视中期汇报。

工银发〔2020〕110 号决定：聘任吴翔江为职工代表监事，惠平不再担任职工代表监事。

9 月 19 日

党委书记陈四清主持召开第 74 次党委（扩大）会议，传达 9 月 18 日银保监会会议精神，审议存量理财业务整改计划，审议《国家管网债转股业务方案》，听取关于向中央和国家机关妇工委推荐“全国五好家庭暨家庭工作先进集体、先进个人、全国最美家庭和全国文明家庭”的汇报，听取关于向中央和国家机关妇工委推荐“推进抗击新冠肺炎疫情全国三八红旗手”的汇报，听取关于第一届职工代表大会临时会议筹备召开情况及选举结果的汇报，审议《直属分行班子女性副职退休年龄调整方案》，研究有关干部事项。党委副书记谷澍、杨国中，党委委员王林、廖林、王景武、张文武、徐守本出席。王百荣高级业务总监、官学清董事会秘书、熊燕高级业务总监、宋建华高级业务总监列席。

王景武副行长出席德胜门大讲堂暨第十七届中国并购年会并致辞。

9 月 21 日－22 日

陈四清董事长、张文武副行长赴西藏出差。其间，会见西藏自治区党委书记吴英杰，与西藏自治区人民政府在拉萨签署战略合作协议，出席工商银行西藏山南分行、那曲分行同步开业仪式。

王景武副行长赴重庆出差。其间，开展信贷资产质量“123”攻坚战现场督导，并走访重点制造业客户。

9 月 21 日

杨国中监事长、廖林副行长出席总行信贷与投资审查委员会专职委员公开选拔面试。

廖林副行长应邀视频出席第三届“甘肃 · 祁连山”论坛开幕式并致辞。

9 月 22 日

谷澍行长出席山东黄金集团战略发展交流会。

廖林副行长赴法律事务部宣布干部调整事项。经总行党委研究决定，刘湘玲同志任法律事务部（消费者权益保护办公室）总经理（主任）。

党委委员徐守本出席中央网信办信创督查评估启动会。

工银任免〔2020〕465 号决定：聘任张慎同志为湖南省分行行长。

9 月 22 日－23 日

杨国中监事长赴山东出差。其间，赴山东分行开展信贷资产质量“123”攻坚战现场督导和党建工作调研，并赴聊城实地调研某风险资产大户。

9 月 23 日

陈四清董事长、王景武副行长、张文武副行长赴四川出差。其间，会见四川省委书记彭清华，与四川省人民政府围绕成渝地区双城经济圈建设签署全面战略合作协议，并对四川分行开展调研。

谷澍行长参加国务院常务会议。

谷澍行长主持召开全行 G－B－C 工作会议并讲话。熊燕高级业务总监出席。

廖林副行长主持召开持续推进监管转办投诉治理专题会议并讲话。宋建华高级业务总监出席。

9 月 23 日－24 日

张文武副行长赴四川出差。其间，开展智慧运营调研，先后在集约运营中心（成都）、四川分行召开座谈会，并走访慰问基层干部员工。

9 月 24 日－25 日

陈四清董事长、王林组长赴四川金阳进行扶贫工作调研。其间，慰问困难群众，调研扶贫项目，督促整改落实，召开专题会议协商金阳扶贫问题整改有关工作，并慰问一线扶贫干部。

9 月 24 日－26 日

王景武副行长赴浙江出差。其间，赴浙江分行调研，看望慰问总行交易银行中心干部员工，赴宁波分行开展信贷资产质量“123”攻坚战现场督导，并走访重点公司客户。

9 月 25 日

受陈四清董事长委托，谷澍副董事长主持召开中国工商银行股份有限公司董事会及董事会专门委员会会议，廖林董事出席，官学清董事会秘书参加。

9 月 26 日

廖林副行长出席“变局中的中国与世界——习近平主席宣布设立国际知识中心五周年座谈会”并发言。

9 月 27 日

总行召开网络金融推进委员会 2020 年第一次会议，谷澍行长、张文武副行长出席并讲话。

杨国中监事长会见中央和国家机关工委委员、党委组织部部长顾祥胜一行。

杨国中监事长出席总分行机关 2020 年第 4 期“新时代新思想新征程”系列大讲堂。

王林组长参加派驻纪检监察组第二党小组“厉行勤俭节约、反对餐饮浪费”专题组织生活会，与党员干部交流并讲话。

9 月 28 日

陈四清董事长、张文武副行长出席科技与业务融合发展座谈会，听取总行部门、分行和直属机构有关负责同志关于科技与业务融合发展的意见和建议。

总行召开机关“灯下黑”问题专项整治情况监督检查工作专题会议。杨国中监事长、王林组长出席并讲话。

杨国中监事长出席部分分行信访工作会议并讲话。

王林组长参加全国人大监察和司法委员会监察官法立法工作座谈会。

张文武副行长出席财政部会计信息质量检查进场见面会。

9 月 29 日

党委书记陈四清主持召开第 75 次党委（扩大）会议，传达学习贯彻习近平总书记在第三次新疆工作座谈会上的重要讲话，传达学习贯彻习近平总书记在中央财经委员会第八次会议上的重要讲话，传达学习贯彻习近平总书记在基层代表座谈会上的重要讲话，传达杨晓渡在中央纪委国家监委机关有关学习交流会议上的讲话精神，审议关于建议给予卢健党纪政务处分的通报，审议《赋能减负支持五大重点区域一体化高质量发展措施》，听取关于总行机关 2020 年度发展党员工作情况的汇报，听取关于向中国金融工会推荐“全国模范职工小家候选单位”的汇报，传达陈希在“深入学习贯彻习近平总书记重要讲话精神贯彻落实新时代党的组织路线电视电话会议”上的讲话精神，审议《关于全行优秀年轻干部调研工作情况的报告》。党委副书记谷澍、杨国中，党委委员王林、王景武、张文武、徐守本出席。王百荣高级业务总监、官学清董事会秘书、熊燕高级业务总监、宋建华高级业务总监列席。

杨国中监事长主持召开 2020 年第 5 次总行直属机关党委全委会并讲话，熊燕高级业务总监出席。

王景武副行长走访中国南水北调集团公司（筹备组）。

张文武副行长主持召开数字货币工作专题会议。

工银任免〔2020〕463 号决定：惠平同志不再任省行行长级干部职务。

9 月 30 日

党委书记陈四清主持召开第 75 次党委（扩大）会议，审议《总行本部正副处长退休前转岗机制》，研究有关干部事项，传达有关保密情况的通报。党委副书记谷澍、杨国中，党委委员王林、王景武、张文武、徐守本出席。王百荣高级业务总监、官学清董事会秘书、熊燕高级业务总监、宋建华高级业务总监列席。

陈四清董事长、官学清董事会秘书出席境外机构“迎国庆、庆中秋”双节员工座谈会，听取境外机构员工代表工作体会与意见建议，以及家属代表的心声与感想，并向境内外全体干部员工及家属致以节日的祝贺。

杨国中监事长赴党委组织部参加新时代党的组织路线集体学习会。

10 月

10 月 9 日

党委书记陈四清主持召开第 76 次党委（扩大）会议，听取关于前三季度经营情况的汇报，传达学习中央《关于巩固深化“不忘初心、牢记使命”主题教育成果的意见》，审议《关于巩固深化“不忘初心、牢记使命”主题教育成果的具体措施》《总行党委巩固深化“不忘初心、牢记使命”主题教育成果工作安排》，听取关于三十五中项目进展情况的汇报，审议关于建议给予徐卫东党纪政务处分的通报。党委副书记谷澍、杨国中，党委委员王林、廖林、王景武、张文武、徐守本出席。王百荣高级业务总监、官学清董事会秘书、宋建华高级业务总监列席。

10 月 10 日 –12 日

陈四清董事长、王景武副行长赴福建出差。其间，会见福建省委书记于伟国，见证工商银行与福建省人民政府战略合作协议签署，出席第三届数字中国建设峰会，并在主论坛发表主题演讲，赴福建分行调研。

10 月 12 日

杨国中监事长主持召开疫情防控工作专班碰头会。

10 月 12 日 –14 日

陈四清董事长、党委委员徐守本赴深圳出差。其间，参加深圳经济特区建立 40 周年庆祝大会，赴深圳分行调研。

王景武副行长赴厦门分行调研并走访重点公司客户。

10 月 13 日

谷澍行长主持召开第 21 次执委会会议，听取关于前三季度个人金融营业贡献及中间业务收入情况的汇报。杨国中监事长、王林组长列席。廖林副行长、张文武副行长，王百荣高级业务总监、官学清董事会秘书、熊燕高级业务总监、宋建华高级业务总监出席。

谷澍行长视频会见日本三井住友银行行长兼 CEO 高岛诚。

杨国中监事长赴风险管理部调研。

10 月 13 日 –14 日

廖林副行长赴山西分行开展信贷资产质量督导和全面风险管理工作调研，在山西分行、太原长治路支行召开座谈会，并走访慰问长治路支行一线员工。

10 月 14 日

党委副书记谷澍赴党建工作联系点资产负债管理部

党支部开展党建工作调研。

杨国中监事长赴北京分行出席总行级“劳模和工匠人才创新工作室”授牌仪式并进行工作调研。

杨国中监事长视频宣布重庆分行干部调整事项。经总行党委研究决定，陈汀同志任重庆分行行长、党委书记，刘亚干同志不再担任重庆分行行长、党委书记职务，另有任用。

张文武副行长赴天津分行督导信贷资产质量及风险大户重组工作，并拜会天津市副市长康义。

根据国务院国人字〔2020〕214 号文件通知，经履行相关法律规定程序，徐守本同志任中国工商银行副行长。

10 月 15 日

陈四清董事长为“中国银行业协会成立二十周年”录制寄语视频。

陈四清董事长会见吉利控股集团董事长李书福一行，双方就深化银企合作进行交流。

杨国中监事长主持召开消费扶贫工作推进会议。

廖林副行长主持召开湖北分行全面风险管理及信贷资产质量督导会。

10 月 15 日 –16 日

王景武副行长赴江苏分行调研，出席南京科创企业金融服务中心成立仪式，并会见江苏省副省长马欣。

10 月 16 日

陈四清董事长出席第二届全行员工书法美术摄影展览开幕式并致辞，杨国中监事长主持，王林组长、廖林副行长、张文武副行长参加活动。

谷澍行长赴财务会计部宣布干部调整事项，张文武副行长出席。经总行党委研究决定，刘亚干同志任财务会计部总经理，张文武同志不再兼任总经理职务。任免职文件将在履行完相关程序后正式印发。

廖林副行长出席绿色金融改革试验区联席会暨绿色金融委员会第一次会议。

10 月 18 日

总行举行“工贺新婚 执手同行”集体云婚礼，党委书记、董事长陈四清作为主婚人在婚礼上致辞，党委副书记、监事长杨国中，派驻纪检监察组组长、党委委员王林，党委委员、副行长廖林、王景武、张文武，官学清董事会秘书，熊燕高级业务总监出席活动。

10 月 19 日

党委书记陈四清主持召开第 77 次党委（扩大）会议，传达学习贯彻习近平总书记在中央党校（国家行政学院）中青年干部培训班开班式上的重要讲话精神，传达学习贯彻习近平总书记在深圳经济特区建立 40 周年庆祝大会上的重要讲话，听取关于第一个人金融银行战略执行情况的汇报，听取关于境内外汇业务首选银行战略执行情况的汇报，听取关于重点区域竞争力提升战略执行情况的汇报，审议《关于境外欧元优先股和“工行优 1”股息分配的议案》《关于申请扶贫专项捐赠授权额度的议案》《中国工商银行股份有限公司董事会职业规范与价值准则》《关于选举廖林先生为中国工商银行股份有限公司董事会相关专门委员会委员的议案》，听取关于 2021 年董事会及股东大会会议计划的汇报，研究有关干部事项。党委副书记谷澍、杨国中，党委委员王林、廖林、王景武、张文武、徐守本出席。王百荣高级业务总监、官学清董事会秘书、熊燕高级业务总监、宋建华高级业务总监列席。

杨国中监事长赴资产管理部调研。

张文武副行长主持召开推进科技赋能“第一个人金融银行”战略专题会议，宋建华高级业务总监出席。

10 月 20 日

党委书记、董事长陈四清主持召开总行党委与派驻纪检监察组沟通会商专题会议，党委副书记、行长谷澍，党委副书记、监事长杨国中，派驻纪检监察组组长、党委委员王林，党委委员、副行长廖林、王景武、张文武、徐守本出席。王百荣高级业务总监、官学清董事会秘书、熊燕高级业务总监、宋建华高级业务总监列席。

谷澍行长主持召开第 22 次执委会会议，听取关于完善营销体系相关工作安排的汇报，听取关于数字供应链融资业务发展情况的汇报，听取关于前三季度境外机构风险防控情况的汇报，听取关于湖北武汉分行涉企收费情况的汇报。王林组长列席。廖林副行长、王景武副行长、张文武副行长、徐守本副行长，王百荣高级业务总监、官学清董事会秘书、熊燕高级业务总监、宋建华高级业务总监出席。

杨国中监事长出席总行党校第 21 期领导干部进修班开班仪式并讲话。

杨国中监事长、宋建华高级业务总监出席“工银大学星火学堂”发布仪式。

10 月 21 日

陈四清董事长参加国务院常务会议。

谷澍行长出席 2020 金融街论坛年会金融科技与创新暨成方金融科技论坛，并发表题为《金融科技时代下的创新与合规》的主题演讲。

杨国中监事长赴陕西分行宣布干部调整事项，会见陕西省委常委、省委组织部部长张广智，副省长徐大彤等省委省政府领导，并到西安北大街支行营业室调研和看望慰问基层一线员工。经总行党委研究决定，麻旭恒同志任陕西分行行长、党委书记。

王景武副行长出席 2020 金融街论坛年会“金融合作与变革”平行论坛并参加讨论。

张文武副行长主持召开防控电信网络新型违法犯罪工作小组第一次会议。

徐守本副行长会见中国五矿集团副总经理任珠峰一行，双方围绕五矿资本优先股发行、深化全方位金融合作进行交流。

10 月 21 日－22 日

陈四清董事长出席 2020 金融街论坛年会开幕式，在全球系统重要性金融机构闭门会上发表致辞并作总结发言。廖林副行长参加会议。

10 月 22 日

陈四清董事长、官学清董事会秘书会见商务部副部长俞建华一行，双方就共同关心的话题交换意见。

谷澍行长出席 2020 金融街论坛年会“金融开放与市场”平行论坛并作主旨演讲，廖林副行长主持平行论坛。

谷澍行长、熊燕高级业务总监走访中国农业再保险公司。

杨国中监事长出席保密委员会 2020 年第二次会议并讲话。

张文武副行长赴雄安分行、工银科技调研并拜会河北省委副书记、雄安新区管委会主任陈刚。

10 月 23 日

陈四清董事长参加纪念中国人民志愿军抗美援朝出国作战 70 周年大会。

党委书记陈四清主持召开第 78 次党委（扩大）会议，听取关于机构洗钱与恐怖融资风险评估情况的汇报，听取关于 2020 年前三季度经营情况的汇报，审议《关于 2020 年第三季度报告的议案》，听取关于美国区域流动性风险相关议案以及第三季度美国区域各类风险管理情况的汇报，听取关于美国区域机构 2020 年第三季度监管检查和整改情况的汇报，听取关于第二十二届中国专利奖评选推荐工作的汇报，听取关于开展开放平台及网络关键产品战略储备工作的汇报，审议《管理人员任职谈话实施办法》，研究有关干部事项。党委副书记谷澍、杨国中，党委委员王林、廖林、王景武、张文武、徐守本出席。官学清董事会秘书列席。

张文武副行长主持召开线上线下一体化体系建设专题会议。

10 月 24 日－25 日

张文武副行长出席第二届外滩金融峰会并发表主题演讲。

10 月 25 日－29 日

党委书记、董事长陈四清，党委副书记、行长谷澍参加党的十九届五中全会。

10 月 26 日

杨国中监事长主持召开全行培训疗养机构改革试点工作专题会。

王景武副行长赴深圳走访招商局集团并调研工银租赁海洋能源建设与生产装备。

张文武副行长赴人民银行参加金融与科技融合发展专题座谈会。

10 月 26 日－27 日

张文武副行长赴四川分行宣布干部调整事项。经总行党委研究决定，陆钦同志任四川分行行长、党委书记，韩松同志不再担任四川分行行长、党委书记职务，另有任用。

10 月 26 日－29 日

派驻纪检监察组组长、党委委员王林赴重庆、四川开展党建与扶贫调研。其间，在党建工作联系点重庆万州分行开展调研，与分行干部员工交流，了解分行党建工作和经营发展情况，并走访万州太白支行，慰问基层干部员工；赴四川省万源市、通江县、南江县调研定点扶贫工作，考察扶贫项目，看望慰问驻村工作同志和贫困群众。

10 月 27 日

廖林副行长主持召开违规问责委员会第三次会议。

徐守本副行长赴资产管理部和工银理财开展党建与业务调研。

10 月 27 日－28 日

党委副书记杨国中赴党建工作联系点江苏分行、南通分行开展调研，召开座谈会，深入了解分行党建工作和经营发展情况，并走访慰问基层干部员工。

10 月 28 日

廖林副行长赴银行卡业务部开展资产质量调研。

党委委员王景武为分管部门及子公司讲授专题党课。

10 月 28 日－29 日

徐守本副行长赴广东分行宣布干部调整事项，会见广东省委常委、省委组织部部长张义珍，副省长张新等省委省政府领导。经总行党委研究决定，韩松同志任广东分行行长、党委书记，沈晓东同志不再任广东分行行长、党委书记，另有任用。

10 月 29 日

杨国中监事长赴私人银行部调研，看望慰问私人银行部、上海分行营业部及有关网点干部员工，参观“红色金融足迹”展览。

廖林副行长为总行党校第 21 期领导干部进修班授课。

廖林副行长赴北京分行开展全面风险管理、信贷资产质量及授信审批新规实施工作调研。

10 月 30 日

党委书记陈四清主持召开第 79 次党委会议，传达学习贯彻党的十九届五中全会精神，研究部署工商银行贯彻落实工作举措。党委副书记谷澍、杨国中，党委委员王林、廖林、王景武、张文武、徐守本出席。

陈四清董事长主持召开中国工商银行股份有限公司董事会会议，谷澍行长、廖林副行长等全体董事会成员出席，杨国中监事长及监事会成员列席，官学清董事会秘书、宋建华高级业务总监参加。会议审议通过《关于2020年第三季度报告的议案》等4项议案，听取《关于2020年前三季度经营情况的汇报》等8项汇报。董事会会议前，陈四清董事长主持召开董事会战略委员会会议。

陈四清董事长主持召开独立董事座谈会，官学清董事会秘书参加。

杨国中监事长主持召开监事会会议。

张文武副行长赴渠道管理部调研。

11月

11月2日

党委书记陈四清主持召开第80次党委（扩大）会议，审议《关于完善营销体系提升营销质效的意见》《工商银行金融科技发展战略规划（2020—2023年）》，听取关于e－ICBC进程升级实施方案的汇报，听取关于工商银行自主可控转型工程进展情况的汇报，研究有关干部事项。党委副书记谷澍、杨国中，党委委员王林、廖林、王景武、张文武、徐守本出席。王百荣高级业务总监、官学清董事会秘书、熊燕高级业务总监、宋建华高级业务总监列席。

党委副书记杨国中，党委委员王景武出席"产业注力·云洽扶贫"金融扶贫联合党建活动。

王林组长为总行党校第21期领导干部进修班授课。

11月3日

王林组长主持召开第一期监督工作联席会议。

徐守本副行长赴工银国际（中国区）调研。

11月3日－6日

陈四清董事长、王景武副行长、官学清董事会秘书赴上海出差。其间，参加第三届中国国际进口博览会系列活动，出席中欧企业家大会、金融合作论坛、"一带一路"沿线贸易洽谈会并致辞，走访中国商用飞机有限责任公司。

11月4日

廖林副行长主持召开综合化子公司全面风险管理专题会议。

党委委员张文武赴党建工作联系点渠道管理部开展党建和业务工作调研。

11月5日

杨国中监事长视频宣布青岛分行干部调整事项。经总行党委研究决定，蔡谦同志任青岛分行行长、党委书记，牛喜军同志不再担任青岛分行行长、党委书记，另有任用。

廖林副行长主持召开2021—2023年发展战略规划董事监事座谈会。

张文武副行长拜会中国农业发展银行党委书记钱文挥，双方就进一步深化金融科技和业务合作等议题交换意见。

徐守本副行长主持召开理财业务整改工作专班会。

11月6日

杨国中监事长赴江西分行宣布干部调整事项，会见江西省委常委、省委组织部部长刘强，省委常委、常务副省长殷美根等省委省政府领导，并到南昌沿江支行营业厅调研和看望慰问基层一线员工。经总行党委研究决定，牛喜军同志任江西分行行长、党委书记，陈汀同志调任重庆分行行长、党委书记，不再担任江西分行行长、党委书记职务。

王林组长出席总行党校第21期领导干部进修班结业仪式。

张文武副行长出席银保监会2020年第三季度监管会谈。

11月7日

党委委员徐守本赴党建工作联系点深圳深东支行调研党建工作与经营发展情况，并赴支行营业部看望慰问一线员工。

11月7日－8日

王景武副行长赴上海出差。其间，主持召开长三角区域第一次联席会议，出席G60科创走廊政策发布会，并发表主题演讲。

11月9日

总行党委巡视工作领导小组召开会议，听取巡视情况汇报。党委书记、董事长、巡视工作领导小组组长陈四清，党委副书记、行长、巡视工作领导小组副组长谷澍，党委副书记、监事长、巡视工作领导小组副组长杨国中，派驻纪检监察组组长、党委委员、巡视工作领导小组副组长王林出席会议。

党委书记、董事长陈四清主持召开东北地区分行视频调研会，听取相关机构经营情况，特别是学习贯彻落实党的十九届五中全会精神的汇报，研究在新发展阶段支持东北全面振兴、提升东北区域竞争力的思路举措。

11月10日

党委书记陈四清主持召开第81次党委（扩大）会议，传达学习贯彻党的十九届五中全会精神，传达学习贯彻习近平总书记在中央政治局第二十四次集体学习时的重要讲话，听取关于总行机关"灯下黑"问题专项整治监督检查工作情况的汇报，审议《总行机关部室党组织党建工作考核评价办法》，研究有关干部事项。党委副书记谷澍、杨国中，党委委员王林、廖林、王景武、张文武、徐守本出席。王百荣高级业务总监、官学清董事会秘书、熊燕高级业务总监、宋建华高级业务总监列席。

陈四清董事长、王景武副行长会见鞍钢集团董事长谭成旭一行，双方就共同贯彻落实党的十九届五中全会精神，深化"十四五"期间银企合作进行交流。

陈四清董事长出席金砖国家工商理事会2020年度视频会议。

谷澍行长主持召开第23次执委会会议，听取关于《工商银行金融科技发展规划（2021—2023年）》的汇报，审议《境内分行信用风险事件责任评议及认定管理办法（试行）》《集团信用风险事件责任评议及认定标准（试行）》《流动性风险事件责任评议及认定管理办法（试行）》《银行账簿利率风险事件责任评议及认定管理办法（试行）》《战略风险事件责任评议及认定管理办法（试行）》《声誉风险事件责任评议及认定管理办法（试行）》。廖林副行长、王景武副行长、张文武副行长、徐守本副行长，王百荣高级业务总监、官学清董事会秘书、熊燕高级业务总监、宋建华高级业务总监出席。

杨国中监事长赴人力资源部（党委组织部）宣布干部调整事项。经总行党委研究并报中组部审批同意，顾斌同志不再担任人力资源部总经理、党委组织部部长职务，另有任用。人力资源部（党委组织部）工作由霍江同志临时负责。

杨国中监事长出席境外机构疫情防控工作会并讲话，官学清董事会秘书主持会议。

11月11日

陈四清董事长参加国务院常务会议。

总行举行党的十九届五中全会精神中心组学习暨宣讲报告会。党委书记、董事长陈四清作宣讲报告，党委副书记、行长谷澍就贯彻全会精神、做好全行经营管理工作讲话，党委副书记、监事长杨国中主持会议，派驻纪检监察组组长、党委委员王林，党委委员、副行长廖林、王景武、张文武、徐守本出席。王百荣高级业务总监、官学清董事会秘书、熊燕高级业务总监、宋建华高级业务总监参加学习。

王林组长出席总行党校第22期领导干部进修班开班仪式并授课。

张文武副行长出席第十五届21世纪亚洲金融年会并发表主旨演讲。

11月12日

党委书记、董事长陈四清，党委委员、副行长王景武、张文武，熊燕高级业务总监会见北京市西城区区委书记孙军民一行，双方就贯彻落实党的十九届五中全会精神，深化“十四五”期间银政合作、支持北京市及西城区经济社会高质量发展等交换意见。

谷澍行长参加人民银行、国资委联合举办的“推动人民币国际使用，更好服务企业贸易投资便利化”座谈会并发言。

廖林副行长主持召开2021—2023年发展战略规划分行座谈会。

张文武副行长会见IBM大中华区首席执行官包卓蓝一行。

徐守本副行长赴普惠金融事业部调研。

11月13日

廖林副行长赴授信审批部宣讲党的十九届五中全会精神。

徐守本副行长出席2020年普惠金融客户经理线上技能大赛决赛并致辞。

11月13日－14日

总行组织开展公开遴选一级（直属）分行副职面试，党委书记、董事长陈四清，党委副书记、行长谷澍出席，党委副书记、监事长杨国中主持面试，派驻纪检监察组组长、党委委员王林，党委委员、副行长廖林、王景武、张文武、徐守本，王百荣高级业务总监、官学清董事会秘书、熊燕高级业务总监、宋建华高级业务总监参加并担任评委。

11月14日

张文武副行长出席第十一届财新峰会。

11月16日

党委书记陈四清主持召开第82次党委（扩大）会议，传达学习贯彻习近平总书记在浦东开发开放30周年庆祝大会上的重要讲话，传达国务院第113次常务会议精神，传达10月31日国务院金融稳定发展委员会专题会议精神，听取关于支援锦州银行相关工作的汇报，审议《境外机构管理规定（2020年版）》，听取关于表外业务制度建设及风险情况的报告，听取关于参加中国金融思想政治工作研究会与中国企业文化研究会表彰评选活动的汇报，审议《中国工商银行党委贯彻落实〈中国共产党宣传工作条例〉实施细则》《中国工商银行党委贯彻落实〈党委（党组）意识形态责任制实施办法〉的细则》《关于调整省会城市行行长任免程序的意见》，研究有关干部事项，反馈领导班子2019年度综合测评情况，传达中组部对班子要求。党委副书记谷澍、杨国中，党委委员王林、廖林、王景武、张文武、徐守本出席。王百荣高级业务总监、官学清董事会秘书、熊燕高级业务总监、宋建华高级业务总监列席。

陈四清董事长、杨国中监事长、宋建华高级业务总监会见中国人民银行副行长范一飞一行，双方就共同贯彻落实党的十九届五中全会精神，开展“红色金融文化”主题活动交换意见。

杨国中监事长、宋建华高级业务总监出席“红色金融文化”主题活动启动仪式。

11月17日

总行党委理论学习中心组开展《习近平谈治国理政》第三卷专题学习，邀请中央党校韩庆祥教授进行专题讲座。党委书记陈四清主持学习并讲话。党委副书记谷澍、杨国中，党委委员王林、廖林、张文武参加学习。党委委员王景武、徐守本结合分管工作交流学习体会。王百荣高级业务总监、官学清董事会秘书、熊燕高级业务总监、宋建华高级业务总监列席学习。

谷澍行长主持召开第 24 次执委会会议，听取关于信贷资产质量“123”攻坚战推进情况的汇报，审议《表外业务制度管理指导意见》，听取关于 2020 年第三季度内部审计工作的汇报。杨国中监事长列席。廖林副行长、王景武副行长、张文武副行长、徐守本副行长，王百荣高级业务总监、官学清董事会秘书、熊燕高级业务总监、宋建华高级业务总监出席。

谷澍行长主持召开理财业务整改专题会议，廖林副行长、徐守本副行长出席。

11 月 18 日

谷澍行长参加国务院常务会议。

党委副书记、监事长、直属机关党委书记杨国中主持召开总行机关党建工作考核评价办法征求意见建议专题会议。

11 月 18 日 –19 日

廖林副行长赴吉林分行开展全面风险管理和信贷资产质量工作调研，赴长院出席授信审批新规专题座谈会并讲话。

徐守本副行长赴广西开展金融精准扶贫工作调研，并主持召开部分分行金融助力脱贫攻坚决战决胜工作推进会。

11 月 19 日

张文武副行长主持召开防控电信网络新型违法犯罪专题会议。

11 月 20 日

总行零售金融业务推进委员会以非现场形式召开 2020 年第二次会议，谷澍行长、张文武副行长、徐守本副行长、宋建华高级业务总监出席。

王林组长出席 2020 年银行业内部审计同业交流会并致辞。

张文武副行长视频调研金融科技研究院及创新实验室。

11 月 22 日

徐守本副行长主持召开小微企业违规收费问题整改工作专题会。

11 月 23 日

陈四清董事长与国家管网集团董事长张伟进行会谈，并出席双方战略合作协议签约仪式。

11 月 23 日 –24 日

王景武副行长赴重庆出席第三届中新（重庆）战略性互联互通示范项目金融峰会，并在中国债券 ETF 上市仪式上致辞。

11 月 24 日

党委书记陈四清主持召开第 83 次党委（扩大）会议，传达学习贯彻习近平总书记在全面推动长江经济带发展座谈会上的重要讲话精神，传达学习贯彻国务院金融稳定发展委员会第四十三次会议精神，听取关于工商银行债券业务风险情况的汇报，听取关于集团全面风险管理情况的汇报，听取关于当前工商银行信用风险及管理情况的汇报，通报 2020 年第三季度工商银行监管情况，听取关于国务院办公厅督查室及银保监会办公厅有关通报情况的汇报，二次审议《总行机关部室党组织党建工作考核评价办法》，审议《关于深入推进“千人工程”“万人工程”建设的意见》，研究有关干部事项。党委副书记谷澍、杨国中，党委委员王林、廖林、张文武、徐守本出席。王百荣高级业务总监、熊燕高级业务总监、宋建华高级业务总监列席。

中国现代金融学会召开换届会议。陈四清董事长出席会议并讲话，谷澍行长代表第六届理事会作工作报告，杨国中监事长、张文武副行长、王百荣高级业务总监、熊燕高级业务总监出席会议。廖林副行长主持会议。

王林组长出席总行本部巡视“回头看”动员部署会并讲话。

11 月 25 日

陈四清董事长参加国务院常务会议。

党委书记、董事长陈四清主持召开总行应对新型冠状病毒感染肺炎疫情工作领导小组第十二次会议，传达学习贯彻全国疫情防控工作电视电话会议精神，总结分析常态化疫情防控工作情况，研究部署今冬明春疫情防控安排。党委副书记、行长谷澍，党委副书记、监事长杨国中，党委委员、副行长廖林、王景武、徐守本，王百荣高级业务总监、熊燕高级业务总监、宋建华高级业务总监出席。

谷澍行长出席全行旺季营销工作推动会并讲话，宋建华高级业务总监对旺季营销进行具体部署。

杨国中监事长出席总行党校第 2 期中青年干部培训班开班仪式并讲话。

张文武副行长为总行党校第 22 期领导干部进修班和第 2 期中青年干部培训班授课。

11 月 25 日 –29 日

廖林副行长赴广西出差。其间，赴广西分行开展工作调研，深入了解全面风险管理、信贷资产质量及内控案防等工作情况，出席中国—东盟博览会和商务与投资峰会开幕大会，并在“中国—东盟金融合作与发展领袖论坛”发表主题演讲。

11 月 26 日

党委书记、董事长陈四清主持召开西北地区部分分行视频调研会，听取甘肃、青海、宁夏和新疆分行学习贯彻党的十九届五中全会精神情况汇报，研究新时代新阶段提升西北地区分行竞争力的思路举措。

谷澍副董事长、行长主持召开 2020 年第二次临时股东大会，审议通过《关于〈中国工商银行 2021—2023 年资本规划〉的议案》等 4 项议案，杨国中监事长出席会议，廖林副行长电话参会。

谷澍行长接受新华社采访。

王林组长主持召开一级机构纪委负责人审查调查工作学习交流会。

张文武副行长出席首届中国医疗器械智慧创新发展大会并致辞。

徐守本副行长会见东方资产管理公司总裁邓智毅一行。

11 月 27 日

陈四清董事长、张文武副行长、熊燕高级业务总监出席总行《首都功能核心区控制性详细规划》专题讲座。

杨国中监事长为总行党校第 22 期领导干部进修班和第 2 期中青年干部培训班授课，并出席第 22 期领导干部进修班结业仪式。

王林组长赴内部审计局宣布干部调整事项。经总行党委研究决定，顾斌同志任内部审计局局长，任免职文件将在履行完相关程序后正式印发。

王景武副行长出席全行公司板块重点工作推动会。

张文武副行长拜访融通集团副总经理、融通科研院总经理刘武艺。

徐守本副行长出席数字供应链业务推动视频会议并讲话。

11 月 29 日 –30 日

杨国中监事长参加中国金融工会第五届全国委员会第三次全体会议。

11 月 30 日

党委书记陈四清主持召开第 84 次党委（扩大）会议，传达学习贯彻习近平、王沪宁同志在中央全面依法治国工作会议上的重要讲话，听取关于 2020 年绩效考评审计相关情况的汇报，审议陕西分行置换本部营业用房项目，听取关于 2020 年第二批次巡视工作情况的汇报，审议《中共中国工商银行委员会巡视组工作规则》等 6 项制度，审议关于建议给予王洪冰同志相关处理的通报。党委副书记谷澍，党委委员王林、廖林、王景武、张文武、徐守本出席。王百荣高级业务总监、熊燕高级业务总监、宋建华高级业务总监列席。

张文武副行长参加人民银行金融标准化技术委员会会议。

12 月

12 月 1 日

陈四清董事长参加国务院常务会议。

谷澍行长主持召开第 25 次执委会会议，听取关于持续做好普惠金融服务的汇报，听取关于理财回表进展的汇报，听取关于《2020 年度境外债券投资策略执行情况及 2021 年度总体策略》的汇报。王林组长列席。廖林副行长、王景武副行长、张文武副行长、徐守本副行长，王百荣高级业务总监、熊燕高级业务总监、宋建华高级业务总监出席。

12 月 1 日 –2 日

党委副书记杨国中赴杭院主持召开 2020 年党建工作座谈会，出席基层党建业务专题培训班开班仪式、廉洁文化教育基地暨党校党性教育基地揭牌仪式。

12 月 1 日 –3 日

王景武副行长赴福建出席“民营企业高管金融研修班”开班仪式并致辞，走访重点公司客户。

12 月 2 日

廖林副行长主持召开境外合规与风险管理座谈会。

张文武副行长出席数字人民币工作推进会。

徐守本副行长赴普惠金融事业部宣讲党的十九届五中全会精神。

12 月 2 日 –3 日

王林组长赴辽宁分行、内审沈阳分局宣布干部调整事项，并主持召开部分一级机构纪委书记征求意见座谈会。经总行党委研究决定，吴迎春同志任辽宁分行行长、党委书记，鞠延强同志不再担任辽宁分行行长、党委书记，另有任用。

经总行党委研究决定，鞠延强同志任内审沈阳分局局长，王洪冰同志由于年龄原因，不再担任内审沈阳分局局长职务。

12 月 3 日

陈四清董事长、徐守本副行长、熊燕高级业务总监、宋建华高级业务总监会见人保集团董事长罗熹一行，双方就共同贯彻落实党的十九届五中全会精神、深化“十四五”期间战略合作进行交流。

谷澍行长、张文武副行长出席金融业网络安全态势感知与信息共享平台汇报演示会议。

廖林副行长、官学清董事会秘书出席中部地区第一次联席会议并讲话。

张文武副行长出席数字人民币扩大试点工作启动会。

徐守本副行长主持召开区域理财业务专题调研会。

12 月 4 日

党委书记陈四清主持召开第 85 次党委会议，研究有关干部事项。党委副书记谷澍、杨国中，党委委员王林、廖林、王景武、张文武、徐守本出席。

杨国中监事长视频宣布贵金属业务部干部调整事项，王百荣高级业务总监出席。经总行党委研究决定，徐晓岚同志任贵金属业务部总经理、党委书记，李宝权同志不再担任贵金属业务部总经理、党委书记，另有任用。

廖林副行长为总行党校第 2 期中青年干部培训班授课。

12 月 7 日

党委书记陈四清主持召开党委务虚会，深入学习贯彻党的十九届五中全会精神，研究谋划做好明年及未来一段时期工作的思路举措。党委副书记谷澍、杨国中，党委委员王林、廖林、王景武、张文武、徐守本出席。王百荣高级业务总监、官学清董事会秘书、熊燕高级业务总监、宋建华高级业务总监列席。

党委书记陈四清主持召开第87次党委（扩大）会议，传达学习贯彻12月3日中央政治局常委会会议精神，传达学习贯彻习近平总书记在中央政治局第二十五次集体学习时的重要讲话精神，传达国务院第114次、第115次、第116次常务会议精神，审议《反洗钱规定（2020年版）》和《合规管理基本规定（2020年版）》，听取关于全行离退休人员工作情况的汇报。党委副书记谷澍、杨国中，党委委员王林、廖林、王景武、张文武、徐守本出席。官学清董事会秘书、熊燕高级业务总监、宋建华高级业务总监列席。

12月8日

陈四清董事长、谷澍行长、王景武副行长、熊燕高级业务总监会见民生银行董事长高迎欣一行，双方就共同贯彻落实党的十九届五中全会精神、服务实体经济、落实国家重大发展战略等进行深入交流，并共同见证全面合作协议签署。

谷澍行长主持召开第26次执委会会议，研究2020年年底经营安排，审议《操作风险事件责任评议及认定管理办法（试行）》等7项风险认定管理办法，听取关于进一步加强全面风险管理三道防线建设意见的汇报。杨国中监事长列席。廖林副行长、王景武副行长、张文武副行长、徐守本副行长，官学清董事会秘书、熊燕高级业务总监、宋建华高级业务总监出席。

王林出席全行2020年全行巡察骨干人员培训班并授课。

12月8日－11日

党委委员张文武赴党建工作联系点软件开发中心及广州研发部开展党建和科技工作调研，赴集约运营中心（佛山）和广东分行调研，并看望慰问一线干部员工。

12月9日

陈四清董事长参加国务院常务会议。

谷澍行长出席2020年度全行决算工作会议并讲话。

杨国中监事长主持召开推进乡村振兴工作会商会。

王林组长为总行第2期中青年干部培训班授课。

12月10日

陈四清董事长、王景武副行长走访中国船舶集团有限公司。

12月10日－11日

廖林副行长赴浙江湖州参加中国人民银行绿色金融改革创新研讨会。

12月10日－13日

徐守本副行长赴私人银行部宣布干部调整事项并开展工作调研。经总行党委研究决定，李宝权同志任私人银行部总经理、党委书记。

12月11日

党委书记陈四清主持召开第88次党委会议，研究有关干部事项，审议管理人员“本人成长地”任职豁免有关事项。党委副书记谷澍、杨国中，党委委员王林、廖林、王景武、张文武、徐守本出席。

陈四清董事长出席总行党校第2期中青年干部培训班座谈会，听取学员代表的学习情况汇报和意见建议，并与学员交流。

党委副书记谷澍赴党建工作联系点河北分行、廊坊分行开展调研，并为基层干部员工讲党课。

杨国中监事长出席总行党校第2期中青年干部培训班结业仪式。

杨国中监事长出席2020年员工外语大赛颁奖典礼。

王景武副行长录制中非经贸合作线上磋商会致辞视频。

张文武副行长会见人保集团副总裁于泽一行，双方就金融科技发展和技术创新等内容进行深入交流。

12月14日

陈四清董事长参加国务院常务会议。

杨国中监事长视频宣布贵州分行干部调整事项。经总行党委研究决定，张卫东同志任贵州分行行长、党委书记，董建军同志不再担任贵州分行行长、党委书记，另有任用。

张文武副行长出席2020雄安区块链论坛并发表主旨演讲。

12月15日

陈四清董事长主持召开专题会议，研究布置总行本部近期疫情防控重点工作，谷澍行长、杨国中监事长、王景武副行长、张文武副行长出席。

杨国中监事长视频宣布深圳分行干部调整事项，徐守本副行长出席。经总行党委研究决定，董建军同志任深圳分行行长、党委书记，徐守本同志不再兼任深圳分行行长、党委书记职务。

党委副书记、监事长、直属机关党委书记杨国中主持召开2020年第7次总行直属机关党委全委会，熊燕高级业务总监出席。

杨国中监事长、张文武副行长出席疫情防控工作专班碰头会。

王景武副行长出席部分分行公司信贷业务座谈会。

12月16日

杨国中监事长主持召开疫情防控工作专班碰头会，王景武副行长、张文武副行长出席。

杨国中监事长、宋建华高级业务总监出席成渝区域第一次联席会议。

廖林副行长会见海南省副省长沈丹阳一行，双方就支持海南自贸区建设，进一步深化金融服务、风险管理合作进行交流。

张文武拜访物美集团董事长张文中。

徐守本副行长主持召开全行普惠金融旺季营销推动会并讲话。

12 月 16 日－18 日

陈四清董事长、谷澍行长参加中央经济工作会议。

12 月 17 日

杨国中监事长主持召开首届“工银卓越奖章”现场评审会议。

廖林副行长参加银保监会资本监管规制修订和实施工作会议。

王景武副行长、徐守本副行长出席粤港澳大湾区第一次联席会议。

张文武副行长会见银保监会重大风险事件与案件处置局局长朱衍生一行，共同出席工商银行与银保监会合作融安 e 信成果汇报会。

12 月 17 日－18 日

党委委员、副行长王景武赴广东出差，赴党建工作联系点广东分行、惠州分行开展调研，与干部员工交流，深入了解分行党建工作和经营发展情况，并拜访 TCL 集团董事长李东生。

12 月 18 日

党委副书记杨国中赴党建工作联系点企业文化部（教育部、党委宣传部、团委）调研。

张文武副行长出席银行函证区块链服务平台发布会暨签约仪式。

12 月 21 日

陈四清董事长参加国务院常务会议。

党委书记陈四清主持召开第 89 次党委会议，传达学习贯彻中央经济工作会议精神，研究部署工商银行贯彻落实工作举措。党委副书记谷澍、杨国中，党委委员王林、廖林、王景武、张文武出席。

王景武副行长出席国家电投北京公司增资引战签约仪式。

12 月 22 日

党委书记陈四清主持召开第 90 次党委（扩大）会议，审议《关于调整 2020 年经营计划的议案》《关于向工银投资增资的议案》《关于 2020—2022 年度首都机场外廊桥广告投放项目的议案》《关于实施数据中心外高桥园区改扩建项目的议案》《关于河北分行迁址购置保定分行营业用房项目的议案》，听取关于私人银行理财业务风险处置情况调研报告的汇报，听取关于推荐全国脱贫攻坚先进个人、先进集体有关情况的汇报，听取关于参加 2020 年度全国三八红旗手（集体）、中央和国家机关三八红旗手（集体）评选有关情况的汇报，审议贯彻落实《中国共产党国有企业基层组织工作条例（试行）》《中国共产党基层组织选举工作条例》重点措施，审议关于建议给予刘相勇同志党纪政务处分的通报，研究有关干部事项。党委副书记谷澍、杨国中，党委委员王林、廖林、王景武、张文武出席。王百荣高级业务总监、官学清董事会秘书、熊燕高级业务总监列席。

杨国中监事长赴工银瑞信宣布干部调整事项，官学清董事会秘书出席。经总行党委研究决定，赵桂才同志任工银瑞信党委书记，提名担任工银瑞信董事长、执行董事；王海璐同志不再担任工银瑞信党委书记、执行董事、总经理职务，另有任用。

12 月 23 日

廖林执行董事受陈四清董事长委托主持召开董事会会议，审议通过《关于向工银投资增资的议案》等 6 项议案。杨国中监事长列席，官学清董事会秘书参加。董事会会议前，廖林执行董事主持召开董事会社会责任与消费者权益保护委员会会议。

杨国中监事长主持召开监事会会议。

徐守本副行长赴工银理财宣布干部调整事项。经总行党委研究决定，王海璐同志任工银理财党委书记，提名担任工银理财董事长、执行董事；顾建纲同志不再兼任工银理财党委书记、董事长、非执行董事，继续担任总行资产管理部总经理。

12 月 24 日

总行党委理论学习中心组开展党章及党史、新中国史、改革开放史、社会主义发展史专题学习。党委书记、董事长陈四清主持学习并讲话，党委副书记、监事长杨国中，派驻纪检监察组组长、党委委员王林，党委委员、副行长王景武、张文武、徐守本结合分管工作交流了学习体会。官学清董事会秘书、熊燕高级业务总监、宋建华高级业务总监列席。

党委书记陈四清赴党建工作联系点北京分行、翠微路支行开展调研，召开干部员工座谈会，深入了解分行党建工作和经营发展情况。

杨国中监事长视频宣布河北分行干部调整事项。经总行党委研究决定，田耕同志任河北分行行长、党委书记，史立军同志不再担任河北分行行长、党委书记，另有任用。

党委副书记杨国中参加监事会办公室党支部党员大会。

廖林副行长主持召开总行绿色金融委员会第二次会议。

王景武副行长赴工银投资、工银租赁宣布干部调整事项。经总行党委研究决定，张正华同志不再担任工银投资党委书记、董事长、执行董事职务，另有任用。工银投资的工作由冯军伏同志临时负责。

经总行党委研究决定，张正华同志任工银租赁党委书记，提名其担任工银租赁董事长、执行董事；赵桂才同志不再担任工银租赁党委书记、执行董事、总裁，另有任用；常臻旺同志不再担任工银租赁董事长、非执行董事。

12 月 24 日 –25 日

王林组长视频听取一级机构纪委书记 2020 年度述职。

12 月 25 日

总行召开战略规划研讨会，听取有关方面对于全行新一轮发展规划的意见建议。陈四清董事长出席会议并讲话，廖林副行长主持，官学清董事会秘书出席。

杨国中监事长赴工会工作委员会宣布干部调整事项。经总行党委研究决定，因年龄原因，王保林同志不再担任工会工作委员会常务副主任职务，批准其退休。

廖林副行长主持召开毕马威 2020 年度审计进度及预审初步发现汇报会。

徐守本副行长出席理财业务整改工作专班会议。

12 月 27 日 –29 日

王景武副行长参加中央农村工作会议。

12 月 28 日

党委书记陈四清主持召开第 91 次党委（扩大）会议，传达学习贯彻中央经济工作会议精神，传达学习贯彻中央政治局民主生活会精神和习近平总书记重要讲话精神，听取关于持续做好普惠金融服务的汇报，听取关于绿色金融业务推进情况的汇报，审议《互联网贷款业务管理办法》《关于向工银国际增资的议案》《关于工银科技在北京设立子公司的议案》，听取关于首届“工银卓越奖章”获奖集体及个人评选情况的汇报、关于参加中央和国家机关创建模范机关先进单位评选有关情况的汇报、关于中央和国家机关警示教育会相关情况的汇报、关于中国金融工会第五届全国委员会第三次全体会议情况的汇报，研究行长临时空缺期间全行经营管理工作安排，审议关于由董事长代为履行行长职责的议案，研究行领导、高管分工，研究有关干部事项。党委副书记杨国中，党委委员王林、廖林、张文武、徐守本出席。王百荣高级业务总监、官学清董事会秘书、熊燕高级业务总监、宋建华高级业务总监列席。

根据中共中央组织部组任字〔2020〕591 号文件通知，谷澍同志不再担任中国工商银行党委副书记职务。

12 月 29 日

陈四清董事长对湖北分行信贷资产质量攻坚战进行督导，并对分行干部员工表示慰问，廖林副行长主持会议。

12 月 30 日

陈四清董事长参加国务院常务会议。

杨国中监事长、王景武副行长、张文武副行长出席疫情防控工作专班碰头会。

杨国中监事长赴机构金融业务部宣布干部调整事项，熊燕高级业务总监出席。经总行党委研究决定，史立军同志任机构金融业务部总经理，熊燕同志不再兼任机构金融业务部总经理。任免职文件将在履行完相关程序后正式印发。

廖林副行长主持召开审批新规领导小组第一次会议。

12 月 31 日

陈四清董事长、杨国中监事长、王林组长、廖林副行长、王景武副行长、张文武副行长、徐守本副行长、王百荣高级业务总监、官学清董事会秘书、熊燕高级业务总监、宋建华高级业务总监慰问总行本部参加年终决算的干部员工。

陈四清董事长、杨国中监事长、王林组长、张文武副行长、宋建华高级业务总监赴北京分行慰问基层干部员工。

第八部分

附录

责任编辑：刘文

2020年中国工商银行党委成员、董事、监事及高管人员名录

党委

党委书记：陈四清
党委副书记：杨国中
党委委员、中央纪委国家监委驻中国工商银行纪检监察组组长：王林
党委委员：廖林、王景武、张文武、徐守本

董事

董事长、执行董事：陈四清
非执行董事：卢永真、郑福清、梅迎春、冯卫东、曹利群
独立非执行董事：梁定邦、杨绍信、沈思、努特·韦林克、胡祖六

监事

监事长：杨国中
股东代表监事：张炜
外部监事：瞿强、沈炳熙
职工代表监事：黄力、吴翔江

高级管理人员

副行长：廖林、王景武、张文武、徐守本
派驻纪检监察组组长：王林
高级业务总监：王百荣
董事会秘书：官学清
高级业务总监：熊燕、宋建华

总行机构名录

总监

首席技术官：吕仲涛
首席经济学家：周月秋
派驻纪检监察组：
副组长：朝奇、苏万龙、王晓波、樊玉明、赵洪亮

办公室

主任：张小东
副主任：张彪、邢新华、卞俊峰、王连成、杨赫

董事会办公室

主任：乔晋声
副主任：金晖

监事会办公室

主任：张炜
副主任：郭敏

公司金融业务部

总经理：田枫林
副总经理：黄梅、张锋、戴莲、张保、李新彬、卫峥

个人金融业务部

总经理：宋建华
副总经理：任西明、徐建斌、周杨、张航宇、辛峰、王永生

机构金融业务部

总经理：熊燕
副总经理：郭琳、张凯、田庆松

普惠金融事业部

总经理：田哲
副总经理：陈昭旭、金小山、李纵

结算与现金管理部

总经理：曾琪
副总经理：翁伟勇、司春晓、王鈜

网络金融部

总经理：钱斌
副总经理：张立军、王嵩、徐晓群、鲁小涛、杨雷、温津伟

信贷与投资管理部

总经理：李志刚
副总经理：宁洁、张虹、周冀平、祝有溪

授信审批部

总经理：杨志忠
副总经理：杨海涛、张泽祥、任海燕、孙炜

风险管理部

总经理：刘瑞霞
副总经理：季景玉、武宗选、刘震、李宏凯

内部审计局

局长：顾斌
副局长：原擒龙、史晓媛、马恒山、王丰

内控合规部

总经理：吴翔江
副总经理：赵联盟、王栋、李哲、罗丽军、叶凯、廉何

法律事务部（消费者权益保护办公室）

总经理：刘湘玲
副总经理：邵光华、张国蓉、贾连杰、余保福

财务会计部

总经理：刘亚干
副总经理：王凤玲、王刚、许志胜、王志敏、黄焱

人力资源部

副总经理：霍江（主持工作）、苗帅、贾炜、陈炅

资产负债管理部

总经理：周玮
副总经理：赵传新、郑福鹏、邓洪

战略管理与投资者关系部

总经理：乔晋声
副总经理：钱忠华、王昌盛、吴敏敏

渠道管理部

总经理：郝彬
副总经理：陈静娴、彭兆芝、韩旭升、吕艾国、刘华

国际业务部

总经理：张伟武
副总经理：宋扬、汪蔚菁、李红燕、王鲲、王顺

金融科技部

总经理：马雁
副总经理：李秀媛、孔兵、陈满才、张安龙、陈铁钢

运行管理部

总经理：毛群
副总经理：高军、刘伟、彭华、张立新、戴辛晨、王鹏、王光生

管理信息部

总经理：苏宗国
副总经理：陈道斌、鲁滔、金阳

企业文化部（教育部）

总经理：宋翰乙
副总经理：陈立忠、孙伯龙

团委

团委书记：孙伯龙

直属机关党委

常务副书记：张兴东
副书记：郑延东、刘陶

现代金融研究院（深改办）

院长：周月秋
副院长：殷红、刘向明、王祺、陈新跃

党委巡视办

主任：高志新

安全保卫部

副总经理：郭春野（主持工作）、施维

离退休人员管理部

总经理：孙洪霞
副总经理：杨元泽

工会工作委员会

副主任：熊少军（主持工作）、王艳艳

金融市场部

总经理：朱长法
副总经理：沈士生、胡亚冰、赵弘宇、王屯、李勇、贾蔚、张桦

资产管理部

总经理：顾建纲
副总经理：韩强、肖婉如、董劭然

资产托管部

总经理：李勇
副总经理：晏秋生、张伟、蒋松云

投资银行部

总经理：田枫林
副总经理：张都兴、李钢、程斌宏

专项融资部（营业部）

总经理：刘建昌

副总经理：沈敏、李涛、赵富军

养老金业务部

总经理：刘彤
副总经理：周永发、何亚平

总行直属机构名录

牡丹卡中心

党委书记、总裁：王都富
党委委员、执行副总裁：龙春玲、周跃东、吕文宁、周万山、沈卫裕、罗榕
党委委员、纪委书记：赵力
地址：北京市西城区金融大街 5 号 – 甲 5 号，新盛大厦 A 座
邮编：100032

私人银行部

党委书记、总经理：李宝权
党委委员、副总经理：邹慧丽、郑琇煦、陈坚、殷仲洁
党委委员、派驻纪检组长：张颖
地址：上海市中山东一路 24 号 6 楼
邮编：200002

贵金属业务部

党委书记、总经理：徐晓岚
党委委员、纪委书记：陈一颖
党委委员、副总经理：仇奕、李雪松
地址：上海市中山东二路 11 号 18 楼
邮编：200002

票据营业部

党委委员、副总经理：何邵聪（主持工作）
党委委员、纪委书记：王永琪
地址：上海市虹口区天潼路 133 号 17 楼
邮编：200080

长春金融研修学院

党委书记、院长：刘德奇
党委委员、副院长：赵中彪、黄大武
党委委员、纪委书记：陈爱武
地址：长春市二道区公平路 448 号
邮编：130033

杭州金融研修学院

党委书记、院长：陈华蓉
党委委员、纪委书记、副院长：王龙华
党委委员、副院长：吕香茹
地址：杭州市西湖区留下街道屏峰 888 号
邮编：310023

软件开发中心

党委书记、总经理：杨龙如
党委委员、副总经理：李金浩、罗毅、简志雄、王雍、王旭光（兼）、高鸿升
党委委员、纪委书记、副总经理：吴绵顺
地址：珠海市唐家湾软件园路 2 号
邮编：519080

业务研发中心

党委书记、总经理：毛卫东
党委委员、副总经理：黎万明、王晓静、敦宏程、黄玉
党委委员、纪委书记：汪斌
地址：北京市海淀区西三旗建材东路 16 号
邮编：100096

数据中心（上海）

党委书记、总经理：刘方洲
党委委员、副总经理：丁旭东、王长江、王旭光（兼）、徐志扬
党委委员、派驻纪检组长：葛翠凤
地址：上海市杨高北路 2005 号（台南西路 80 号）
邮编：200131

国际结算单证中心

总经理：李红艳
副总经理：荆仁、夏霖
地址：北京市东城区朝阳门内大街 188 号鸿安商务大厦二层
邮编：100010

总行远程银行中心

总经理：陈静娴
副总经理：韩旭升、马铁军、彭兆芝、吕敏、郭杨、赵金龙
地址：北京市西城区德胜门外大街 77 号德胜国际中心 D 座
邮编：100088

远程银行中心（石家庄）

总经理：马铁军
副总经理：徐志强

地址：石家庄市桥西区时光街 88 号
邮编：050081

远程银行中心（合肥）

总经理：曾建平
副总经理：戴敏
地址：合肥市东流路 999 号新城国际大厦 B 座 14 楼
邮编：230031

远程银行中心（广州）

总经理：张敬华
副总经理：陈强
地址：广州市天河区科韵路 32－34 号 2 楼
邮编：510665

各一级分行、直属分行名录

北京分行

党委书记、行长：黄力
党委委员、副行长：王建红、张展、应维云、曲琰、郭俊
党委委员、纪委书记：赵树厂
行长助理：鲍晓晨
地址：北京市西城区复兴门南大街 2 号（天银大厦 B 座）
邮编：100031

天津分行

党委书记、行长：蒋伟
党委委员、副行长：张静、张希刚、梅霜、王建军
党委委员、纪委书记：宋立新
地址：天津市河西区围堤道 123 号
邮编：300074

河北分行

主要负责人：田耕
党委委员、副行长：李明海、王琦、余龙、王爱东、张志勇、储成龙、张凯、张志斌
党委委员、纪委书记：刘泽华
地址：石家庄市中山西路 188 号中华商务 B 座
邮编：050051

山西分行

党委书记、行长：陆钦
党委委员、副行长：张强、孙以洲、梅超、邹建文、甄燕
党委委员、纪委书记：胡亚辉
地址：太原市迎泽大街 145 号
邮编：030001

内蒙古分行

党委书记、行长：李峰
党委委员、副行长：涂晓光、曲向泽、纪彦彬
党委委员、纪委书记：王伟
地址：呼和浩特市新城区东二环路 10 号
邮编：010060

辽宁分行

党委书记、行长：吴迎春
党委委员、副行长：宋宁、刘静波、徐言峰、常江、王旭
党委委员、纪委书记：张彦辉
地址：沈阳市和平区南京北街 88 号
邮编：110001

吉林分行

党委书记、行长：岳万国
党委副书记、副行长：周春晓
党委委员、副行长：白颖、孙占国、窦洪涛、史举、韩基广
党委委员、纪委书记：曲云军
地址：长春市人民大街 9559 号
邮编：130022

黑龙江分行

党委书记、行长：张晓辛
党委委员、副行长：杨秀芬、姚春和、魏连彬、王玉刚、乔峰、郝松岩
地址：哈尔滨市道里区中央大街 218 号
邮编：150010

上海分行

党委书记、行长：付捷
党委委员、副行长：朱晓怡、高翀、张颖、潘强
党委委员、纪委书记：任建军
副行长：张晓琪
地址：上海市浦东新区浦东大道 9 号
邮编：200120

江苏分行

党委书记、行长：谢泰峰
党委副书记、副行长：吴宗辉
党委委员、副行长：吴代强、岳小勇、刘任捷、

姜乔、邱亚光、张海滨
党委委员、纪委书记：苏建旭
地址：南京市中山南路 408 号
邮编：210006

浙江分行

党委书记、行长：戴春林
党委委员、副行长：张松财、杨忆、王伟民、邵锦华、阮云波、包伶捷
党委委员、纪委书记：张脉群
地址：杭州市江干区剧院路 66 号
邮编：310016

安徽分行

党委书记、行长：胡伟谊
党委委员、副行长：朱勇、陈田武、石海龙
党委委员、纪委书记：金伟东
党委委员：王睿
地址：安徽省合肥市芜湖路 189 号
邮编：230001

福建分行

党委书记、行长：俞龙
党委委员、副行长：李良茂、王升烽、陈建愉、周灿森
党委委员：张程、王玲
党委委员、纪委书记：何松
地址：福建省福州市鼓楼区古田路 108 号
邮编：350005

江西分行

党委书记、行长：牛喜军
党委委员、副行长：张少华、周维、姜成茂、张毅、张屾
党委委员、纪委书记：贝玉双
地址：南昌市抚河北路 233 号
邮编：330008

山东分行

党委书记、行长：赵桂德
党委委员、副行长：刘爱峰、郑允弢、朱岩峰、张冠军、陈兵
党委委员、纪委书记：吴进
地址：济南市经四路 310 号
邮编：250001

河南分行

党委书记、行长：邹平
党委委员、副行长：姚虎、张有赋、王晓东、李照明、夏宗福
党委委员、纪委书记：刘小全
党委委员：刘超
地址：郑州市经三路 99 号
邮编：450011

湖北分行

党委书记、行长：郭伟
党委委员、副行长：施光军、邱世杰、夏志青、周刚、华静、李夺
党委委员、纪委书记：宋克修
地址：武汉市武昌区中北路 31 号
邮编：430071

湖南分行

党委书记、行长：张慎
党委委员、副行长：聂建国、张昕煜、秦谭平
党委委员、纪委书记：邹克胜
地址：长沙市芙蓉中路一段 619 号
邮编：410011

广东分行

党委书记、行长：韩松
党委副书记、副行长：苏国庆
党委委员、副行长：周骏、刘刚、陈明、周杰、胡贤文
党委委员、纪委书记：刘岩方
地址：广东省广州市沿江西路 123 号
邮编：510120

深圳分行

党委书记、行长：董建军
党委副书记、副行长：李学民
党委委员、副行长：周杰、骆伟华、何翔
党委委员、纪委书记：王增科
地址：深圳市罗湖区深南东路 5055 金融中心大厦北座
邮编：518015

海南分行

党委书记、行长：胡晔
党委委员、副行长：蔡文、王树慧、李峰
地址：海南省海口市美兰区和平南路 54 号
邮编：570203

广西分行

党委书记、行长：王学勇

党委委员、副行长：杨永、陈志彪、杨世亮、余昌涛
党委委员、纪委书记：严发忠
党委委员：何韶军、龙云
地址：南宁市教育路15－1号
邮编：530022

重庆分行

党委书记、行长：陈汀
党委委员、副行长：贺明、韩忠东、李红、曹茜、王耿、赵勇
纪委书记、党委委员：马培雄
地址：重庆市南岸区泰昌路61号
邮编：400061

四川分行

党委书记、行长：陆钦
党委委员、副行长：陈丹、周玥、张江山、李思林、王鹏、刘勇
党委委员、纪委书记：熊红英
地址：成都市总府路35号
邮编：610016

贵州分行

党委书记、行长：张卫东
党委委员、副行长：黄文晖、蒋云志、何骏、周伟
党委委员、纪委书记：凤兆龙
党委委员：谢嘉
地址：贵阳市中华北路200号
邮编：550001

云南分行

党委书记、行长：平凡
党委委员、副行长：余良、姚胜琦
党委委员、纪委书记：李双平
党委委员：曾劭群
地址：昆明市青年路395号邦克大厦
邮编：650021

陕西分行

党委书记、行长：麻旭恒
党委委员、副行长：王军峰、王引平、田亚欧、陶能虹
党委委员、纪委书记：周民志
地址：西安市东新街395号
邮编：710004

甘肃分行

党委书记、行长：宋关昶
党委委员、副行长：李昶、晏贵宾、张振民、袁桃
党委委员、纪委书记：童玉会
党委委员：冯刚、吕红晓
地址：甘肃省兰州市城关区庆阳路408号
邮编：730030

青海分行

党委委员、副行长：李香玲
党委委员、副行长：陈春霞、张禹、韩占永、陈斌
党委委员、纪委书记：王振宇
地址：西宁市胜利路2号
邮编：810001

宁夏分行

党委书记、行长：王跃民
党委委员、副行长：廉智、栗宁安、郝宗民、沈学勤、李锋
党委委员、纪委书记：杨彤
地址：银川市中海路67号
邮编：750002

新疆分行

党委书记、行长：张家琦
党委委员、副行长：文德明、博来、王睿
党委委员、纪委书记：张维梁
党委委员：唐红武
地址：新疆乌鲁木齐市人民路231号
邮编：830002

西藏分行

党委书记、行长：毕晓宏
党委副书记、副行长：格桑曲珍
党委委员、副行长：余志伟、刘军
党委委员、纪委书记：林进
地址：拉萨市城关区金珠中路31号
邮编：850000

大连分行

党委书记、行长：刘向明
党委委员、副行长：高亚林、李秉章、王刚剑、张棋
党委委员、纪委书记：赵洋
党委委员、行长助理：张野
地址：大连市中山区中山广场5号
邮编：116001

青岛分行

党委书记、行长：蔡谦

党委委员、副行长：程青、赵晓滨、孙伟、李霞、李昆
党委委员、纪委书记：邵冬霞
地址：青岛市市南区山东路25号
邮编：266071

宁波分行

党委书记、行长：陶飚
党委委员、副行长：江甬辉、蔡志文、陈霄、潘海英、徐艳、郑冲
党委委员、纪委书记：王进峰
地址：宁波市中山西路218号
邮编：315010

厦门分行

党委书记、行长：董继松
党委委员、副行长：黄立波、曾桂华、陈大文、崔航宇
党委委员、纪委书记：赵晋
地址：厦门市湖滨北路17号工商银行大厦
邮编：361012

苏州分行

党委委员、副行长：杨晓东、杨磊、金华、赵霆
党委委员、纪委书记：郭向军
党委委员：汗洋
地址：苏州工业园区旺墩路122号
邮编：215028

各内审分局名录

直属分局

局　长：黄庆惠
副局长：李新明、何黎萍、刘辉成、杨学宁
地　址：北京市西城区白云路10号工商银行二层
邮　编：100045

天津分局

局　长：孙建勇
副局长：兰莉、罗勇、赵义民、张杰
地　址：天津市河西区围堤道123号天津金融大厦26－27层
邮　编：300074

沈阳分局

局　长：鞠延强
地　址：沈阳市和平区和平北大街180号
邮　编：110001

上海分局

局　长：朱春华
副局长：周春明、刘刚
地　址：上海市黄浦区金陵东路2号光明金融大厦
邮　编：200002

南京分局

局　长：应俊惠
副局长：时辉、蔡万周
地　址：南京市建邺区兴隆大街172－5号
邮　编：210019

武汉分局

局　长：李永平
地　址：武汉市武昌区中北路31号18－19层
邮　编：430071

广州分局

局　长：黄再红
副局长：黄泉进、杨军、吴传武、肖舟
地　址：广州市海珠区昌岗东路五巷23号
邮　编：510260

成都分局

局　长：张延挺
副局长：严盖、刘永斌、李海臣
地　址：成都市锦江区总府路35号总府大厦
邮　编：610017

昆明分局

局　长：合杰
副局长：杨勇革
地　址：昆明市青年路395号邦克大厦
邮　编：650011

西安分局

副局长：苏南宏、王建设
地　址：西安市雁塔区高新路1号金融大厦15楼
邮　编：710075

各省会城市分行名录

石家庄分行

党委书记、行长：张志勇
地址：石家庄市平安南大街113号

邮编：050021

太原分行

党委书记、行长：吴海龙
地址：太原市新建路86号
邮编：030002

呼和浩特分行

党委书记、行长：纪彦彬
地址：呼和浩特市回民区锡林北路105号
邮编：010030

沈阳分行

党委书记、行长：常江
地址：沈阳市沈河区友好街9号
邮编：110013

长春分行

党委书记、行长：孙占国
地址：长春市朝阳区同志街136号
邮编：130061

哈尔滨分行

党委书记、行长：魏连彬
地址：哈尔滨市道里区河洛街7号
邮编：150076

南京分行

党委书记、行长：杨庆生
地址：南京市江东中路379号金融城7号楼
邮编：210019

杭州分行

党委书记、行长：包伶捷
地址：杭州市下城区庆春路90号
邮编：310003

合肥分行

党委书记、行长：苑卫东
地址：安徽省合肥市潜山路320号新华国际广场A座
邮编：230031

福州分行

党委书记、行长：周灿森
地址：福州市八一七中路600号
邮编：350004

南昌分行

党委书记、行长：张屾
地址：南昌市中山路206号
邮编：330003

济南分行

党委书记、行长：张冠军
地址：济南市历下区黑虎泉西路57号
邮编：250011

郑州分行

党委书记、行长：王晓东
地址：郑州市金水路219号（金水路与英协路交叉口东南角）
邮编：450008

武汉分行

党委书记、行长：邱世杰
地址：武汉市武昌区中南路2号
邮编：430071

长沙分行

党委书记、行长：黄堃
地址：长沙市五一大道465号
邮编：410005

广州分行

党委书记、行长：周骏
地址：广州市大沙头路29号
邮编：510100

南宁分行

党委书记、行长：龙云
地址：南宁市民族大道38－2号
邮编：530022

成都分行

党委书记、行长：李思林
地址：成都市藩库街9号
邮编：610016

昆明分行

党委书记、行长：刘健雄
地址：昆明市五一路164号
邮编：650000

贵阳分行

党委书记、行长：何骏

地址：贵阳市省府路 1 号
邮编：550001

西安分行

党委书记、行长：杨永生
地址：西安市东木头市 9 号
邮编：710002

兰州分行

党委书记：冯刚
地址：甘肃省兰州市城关区静宁路 358 号
邮编：730030

乌鲁木齐分行

党委书记、行长：吴文达
地址：新疆乌鲁木齐市新民路 2 号
邮编：830002

各二级分行机构名录

北京分行

分行营业部

党委书记、总经理：汪旭升
地址：西城区复兴门南大街 2 号天银大厦 B 座
邮编：100031

东城支行

党委书记、行长：王耕欣
地址：东城区东四十条 24 号
邮编：100007

王府井支行

党委书记、行长：刘笑东
地址：东城区金宝街 18 号 A
邮编：100008

和平里支行

党委书记、行长：任颉
地址：东城区安定门东大街 28 号雍和大厦 A 座
邮编：10007

长安支行

党委书记、行长：张渠
地址：西城区宣内大街乙 6 号
邮编：100031

新街口支行

党委书记、行长：李彤
地址：西城区西直门内大街 143 号
邮编：100035

南礼士路支行

党委书记、行长：江波
地址：西城区月坛南街 1 号院 5 号楼
邮编：100045

金融街支行

党委书记、行长：李鸿斌
地址：西城区太平桥大街丰汇园 11 号
邮编：100032

地安门支行

党委书记、行长：张建东
地址：西城区德胜门外大街 77 号 D 座
邮编：100088

崇文支行

党委书记、行长：肖斌
地址：东城区永外大街 86 号
邮编：100075

宣武支行

党委书记、行长：任小克
地址：西城区菜市口大街 1 号
邮编：100052

广安门支行

党委书记、行长：贯鹏华
地址：西城区广外南滨河路 3 号
邮编：100055

珠口支行

党委书记、行长：闫彬
地址：东城区珠口东大街 15 号
邮编：100050

朝阳支行

党委书记、行长：王耀红
地址：朝阳区朝外大街 1 号
邮编：100020

九龙山支行

党委书记、行长：祁卫士

地址：朝阳区广渠路甲 40 号
邮编：100022

亚运村支行

党委书记、行长：张德辉
地址：朝阳区慧忠北里 407 号
邮编：100012

望京支行

党委书记、行长：姚毅
地址：朝阳区酒仙桥路甲 10 号
邮编：100015

商务中心区支行

党委书记、行长：张军
地址：朝阳区建国路 108 号
邮编：100022

海淀支行

党委书记、行长：张俊杰
地址：海淀区中关村东路 100 号
邮编：100190

海淀西区支行

党委书记、行长：尹承德
地址：海淀区北四环西路 65 号
邮编：100080

中关村支行

党委书记、行长：潘端升
地址：海淀区上地信息路 2 号
邮编：100085

翠微路支行

党委书记、行长：郭俊
地址：海淀区阜成路 79 号
邮编：100142

西客站支行

党委书记、行长：李湛
地址：海淀区莲花池东路 39 号
邮编：100036

丰台支行

党委书记、行长：王智先
地址：丰台区文体路 19 号
邮编：100071

方庄支行

党委书记、行长：苏一平
地址：丰台区蒲芳路 5 号
邮编：100022

经济技术开发区支行

党委书记、行长：方园
地址：经济技术开发区荣昌东街甲 5 号
邮编：100176

石景山支行

党委书记、行长：郭英淳
地址：石景山区政达路 2 号
邮编：100040

门头沟支行

党委书记、行长：石建欣
地址：门头沟区新桥大街 16 号
邮编：102300

房山支行

党委书记、行长：范文
地址：房山区良乡西潞北大街 32 号
邮编：102488

通州支行

党委书记、行长：王炜
地址：通州区新华西街 47 号
邮编：101100

大兴支行

党委书记、行长：王强
地址：大兴区兴政街 24 号
邮编：102600

顺义支行

党委书记、行长：周宏峰
地址：顺义区仓上街 1 号
邮编：101300

昌平支行

党委副书记、副行长：安北（主持工作）
地址：昌平区鼓楼西街 35 号
邮编：102200

怀柔支行

党委副书记、副行长：张威（主持工作）

地址：怀柔区商业街 23 号
邮编：101400

密云支行

党委副书记、副行长：金辉（主持工作）
地址：密云区鼓楼南大街 7 号
邮编：101500

平谷支行

党委书记、行长：马刚
地址：平谷区府前西街 14 号
邮编：101200

延庆支行

党委书记、行长：陈哲
地址：延庆区东街 28 号
邮编：102100

天津分行

分行营业部

党委书记、总经理：李林原
地址：天津市和平区赤峰道 12 号
邮编：300041

和平支行

党委书记、行长：张立群
地址：天津市和平区和平路 254 号
邮编：300020

新华支行

党委书记、行长：张志福
地址：天津市和平区西康路 33 号
邮编：300051

河东支行

党委书记、行长：姚霞
地址：天津市河东区十一经路河东金融大厦
邮编：300171

河西支行

党委书记、行长：戴江
地址：天津市河西区围堤道 123 号
邮编：300074

广厦支行

党委书记、行长：秦志远
地址：天津市河西区大沽南路 880 号增 1 号
邮编：300220

河北支行

党委书记、行长：运东东
地址：天津市河北区滨海道 69 号
邮编：300010

南开支行

党委书记、行长：梁俊杰
地址：天津市南开区黄河道 12 号
邮编：300101

红桥支行

党委书记、行长：何应实
地址：天津市红桥区大丰路 6 号红桥金融大厦
邮编：300121

新技术产业园区支行

党委书记、行长：刘鹏
地址：天津市南开区红旗路 208 号增 2 号
邮编：300190

国信支行

党委书记、行长：刘磊
地址：天津市西青区卫津南路与丽江道交口西南侧美域广场 5－106
邮编：300381

自贸区分行

党委书记、行长：王双宁
地址：天津市滨海新区（中心商务区）新华路菜市街 1 号
邮编：300450

开发区分行

党委书记、行长：杨居庄
地址：天津开发区广场东路 20 号滨海金融街 E5AB 座
邮编：300457

保税区分行

党委书记、行长：王志咏
地址：天津港保税区天保大道 176 号
邮编：300461

大港支行

党委书记、行长：张震宇
地址：天津市滨海新区大港迎宾街 79 号

邮编：300270

东丽支行

党委书记、行长：石晓宁
地址：天津市东丽区福山路 24 号
邮编：300300

西青支行

党委书记、行长：张健
地址：天津市西青区杨柳青新华道 77 号
邮编：300380

津南支行

党委书记、行长：邢军
地址：天津市津南区咸水沽体育场路 35 号
邮编：300350

北辰支行

党委书记、行长：张志芳
地址：天津市北辰区京津路 346 号
邮编：300400

津西支行

党委书记、行长：张运航
地址：天津市西青开发区津港公路龙府花园 4 号楼
邮编：300385

静海支行

党委书记、行长：宁玉华
地址：天津市静海区静海镇胜利大街 21 号
邮编：301600

宝坻支行

党委书记、行长：杨建伟
地址：天津市宝坻区城关镇南关大街 2 号
邮编：301800

蓟州支行

党委委员、副行长：王寅
地址：天津市蓟州区城关兴华大街 1 号
邮编：301900

宁河支行

党总支书记、行长：曹雷
地址：天津市宁河区芦台镇商业道 59 号
邮编：301500

武清支行

党委书记、行长：华国强
地址：天津市武清开发区福源道与泉旺路交口俊安金融中心
邮编：301700

红旗路支行

党委书记、行长：曹宇斌
地址：天津市新技术产业园区华苑产业区榕苑路 2 号海益国际 2 号楼 4 层
邮编：300384

北站支行

党委书记、行长：戴素梅
地址：天津市河北区中山路 22 号
邮编：300142

新村支行

党委书记、行长：赵玉柱
地址：天津市红桥区咸阳北路与丁字沽一号路交口康平楼底商
邮编：300131

唐家口支行

党委书记、行长：卢永波
地址：天津市河东区泰兴南路 12 号增 12 号
邮编：300162

空港经济区支行

党委书记、行长：钟岩
地址：天津空港经济区汇津广场 1－4 号楼 S－23
邮编：300308

河北分行

邯郸分行

党委书记、行长：王维纲
地址：邯郸市人民东路 248 号
邮编：056100

邢台分行

党委书记、行长：刘金路
地址：邢台市郭守敬北路 285 号
邮编：054059

衡水分行

党委书记、行长：刘刚
地址：衡水市人民西路 321 号
邮编：053000

沧州分行

党委书记、行长：林延生
地址：沧州市清池大道 13 号
邮编：061000

保定分行

党委书记、行长：丛小东
地址：保定市东风中路 1902 号
邮编：071051

廊坊分行

党委书记、行长：杨力民
地址：廊坊市和平路 78 号
邮编：065000

唐山分行

党委书记、行长：韩晓坤
地址：唐山市新华东道 102 号
邮编：063000

秦皇岛分行

党委书记、行长：王伟炜
地址：秦皇岛市建设大街 136 号
邮编：066000

承德分行

党委书记、行长：赵洪瑕
地址：承德市西大街 26 号
邮编：067000

张家口分行

党委书记、行长：马颖
地址：张家口市解放大街 20 号
邮编：075000

雄安分行

党委书记、行长：储成龙
地址：保定市容城县奥威路 64 号
邮编：071700

山西分行

大同分行

党委书记、行长：王东山
地址：大同市新建西路 44 号
邮编：037006

阳泉分行

党委书记、行长：郭守诚
地址：阳泉市德胜东街 13 号
邮编：045000

长治分行

党委书记、行长：宋德缙
地址：长治市太行东街 167 号
邮编：046011

晋城分行

党委书记、行长：王军
地址：晋城市凤台西街 55 号
邮编：048026

朔州分行

党委书记、行长：马向阳
地址：朔州市振华西街 50 号
邮编：036000

忻州分行

党委书记、行长：裴小业
地址：忻州市长征西街 27 号
邮编：034000

吕梁分行

党委书记、行长：张卓
地址：吕梁市离石区永宁东路 29 号
邮编：033000

晋中分行

党委书记、行长：靳小红
地址：晋中市榆次区迎宾路 28 号
邮编：030600

临汾分行

党委书记、行长：史玥
地址：临汾市尧都区鼓楼北街 44 号
邮编：041000

运城分行

党委书记、行长：贾文彬
地址：运城市红旗东街 242 号
邮编：044000

内蒙古分行

包头分行

党委书记、行长：郭永煜
地址：包头市昆都仑区钢铁大街46号
邮编：014100

鄂尔多斯分行

党委书记、行长：王晓勇
地址：鄂尔多斯市伊金霍洛旗阿勒腾席热镇文明路北纵八路西兴泰鄂尔多斯中心商务广场B区T4楼
邮编：017200

巴彦淖尔分行

党委书记、行长：岳志强
地址：巴彦淖尔市临河区胜利路51号
邮编：015000

乌海分行

党委书记、行长：苏守华
地址：乌海市海勃湾区人民北路77号
邮编：016000

阿拉善盟分行

党委书记、行长：华沛雄
地址：阿拉善盟巴彦浩特镇额鲁特东路05号
邮编：750306

乌兰察布分行

党委书记、行长：赵子龙
地址：乌兰察布市集宁区桥东五马路6号
邮编：012000

锡林郭勒盟分行

党委书记、行长：于永志
地址：锡林浩特市察哈尔街23号
邮编：026000

赤峰分行

党委书记、行长：孙国军
地址：赤峰市红山区钢铁街100号
邮编：024000

通辽分行

党委书记、行长：李燕平
地址：通辽市科尔沁区永清大街352号
邮编：028000

兴安盟分行

党委书记、行长：施瑞平
地址：乌兰浩特市兴安北大路90号
邮编：137400

呼伦贝尔分行

党委书记、行长：刘文明
地址：呼伦贝尔市海拉尔区伊敏大街40号
邮编：021008

满洲里分行

党委书记、行长：刘春雷
地址：满洲里市三道街4号
邮编：021400

辽宁分行

鞍山分行

党委书记、行长：姜民
地址：鞍山市铁东区二一九路32号
邮编：114002

抚顺分行

党委书记、行长：刘伟
地址：抚顺市新抚区中央大街东七路4号
邮编：113008

本溪分行

党委书记、行长：杨树波
地址：本溪市平山区曙光路3号
邮编：117000

丹东分行

党委书记、行长：王立军
地址：丹东市元宝区锦山大街113号
邮编：118000

锦州分行

党委书记、行长：张弢
地址：锦州市凌河区解放路五段24甲
邮编：121000

营口分行

党委书记、行长：马震
地址：营口市金牛山大街西4号
邮编：115000

阜新分行

党委书记、行长：程海鹏
地址：阜新市细河区解放大街 8 号
邮编：123000

辽阳分行

党委书记、行长：张铁平
地址：辽阳市白塔区中华大街 157 号
邮编：111000

铁岭分行

党委书记、行长：何彬
地址：铁岭市银州区银州路 27 号
邮编：112000

朝阳分行

党委书记、行长：李军
地址：朝阳市双塔区朝阳大街四段 3 号
邮编：122000

盘锦分行

党委书记、行长：王卓力
地址：盘锦市兴隆台区市府大街 9 号
邮编：124010

葫芦岛分行

党委书记、行长：鄢立锋
地址：葫芦岛市龙港区龙湾大街 38 号
邮编：125000

吉林分行

吉林市分行

党委书记、行长：曲志勇
地址：吉林市松江路 9 号
邮编：132011

四平分行

党委书记、行长：袁学彬
地址：四平市铁西区英雄大路 258 号
邮编：136000

辽源分行

党委书记、行长：刘鑫
地址：辽源市人民大街 518 号
邮编：136200

通化分行

党委书记、行长：李响
地址：通化市东昌区滨江西路 3801 号
邮编：134000

白山分行

党委书记、行长：胡跃斌
地址：白山市通江路 2 号
邮编：134300

白城分行

党委书记、行长：刘红军
地址：白城市中兴东大路 10 号
邮编：137000

松原分行

党委书记、行长：王娜
地址：松原市宁江区长宁南街 2101 号
邮编：138001

延边分行

党委书记、行长：马海林
地址：延吉市长白山西路 1732 号
邮编：133001

黑龙江分行

齐齐哈尔分行

党委书记、行长：王志玉
地址：齐齐哈尔市龙沙区龙华路 89 号
邮编：161005

牡丹江分行

党委书记、行长：黄光伟
地址：牡丹江市东安区太平路 271 号
邮编：157006

佳木斯分行

党委书记、行长：梁爱民
地址：佳木斯市前进区保卫路 311 号
邮编：154002

大庆分行

党委书记、行长：贾凤涛
地址：大庆市萨尔图区东风路 37 号
邮编：163001

鹤岗分行

党委书记、行长：任鸿发
地址：鹤岗市工农区东解放路 69 号
邮编：154101

鸡西分行

党委书记、行长：李向锋
地址：鸡西市鸡冠区红旗路 25 号
邮编：158100

双鸭山分行

党委书记、行长：王凤君
地址：双鸭山市尖山区新兴大街 187 号
邮编：155100

伊春分行

党委书记、行长：李安
地址：伊春市伊春区新兴中大街 14 号
邮编：153000

七台河分行

党委书记：韩宇
地址：七台河市桃山区大同街 58 号
邮编：154600

绥化分行

党委书记、行长：罗广剑
地址：绥化市北林区中兴西路 72 号
邮编：152052

黑河分行

党委书记、行长：徐艳波
地址：黑河市通江路 27 号
邮编：164399

大兴安岭分行

党委书记：靳弢
地址：大兴安岭地区加格达奇区人民路 30 号
邮编：165000

上海分行

分行营业部

党委书记、总经理：徐光华
地址：上海市黄浦区中山东一路 24 号
邮编：200002

分行第二营业部

党委书记、总经理：钱海静
地址：上海市浦东新区即墨路 88 号
邮编：200120

外滩支行

党委书记、行长：周优泽
地址：上海市黄浦区中山东二路 11 号
邮编：200002

浦东分行

党委书记、行长：王德湛
地址：上海市浦东新区浦东南路 2024－2034 号
邮编：200127

静安支行

党委书记、行长：陈磊
地址：上海市静安区康定路 699 号
邮编：200040

徐汇支行

党委书记、行长：李毓菖
地址：上海市徐汇区辛耕路 133 号 3－6 层
邮编：200030

虹口支行

党委书记、行长：王本弘
地址：上海市虹口区东大名路 578 号
邮编：200080

闸北支行

党委书记、行长：糜良
地址：上海市静安区广中西路 571、581、587、591、611、615 号
邮编：200072

卢湾支行

党委书记、行长：余璟
地址：上海市黄浦区淮海中路 98 号
邮编：200021

黄浦支行

党委书记、行长：王卫政
地址：上海市黄浦区四川中路 346 号
邮编：200021

杨浦支行

党委书记、行长：王育松

地址：上海市杨浦区淞沪路 383 号 1－2 层、8－11 层
邮编：200433

普陀支行

党委书记、行长：徐晖
地址：上海市普陀区大渡河路 388 弄 5 号 1、2、20、21 层
邮编：200062

长宁支行

党委书记、行长：张政
地址：上海市长宁区延安西路 895 号
邮编：200050

宝山支行

党委书记、行长：陈军
地址：上海市宝山区淞滨路 318 号
邮编：200940

闵行支行

党委书记、行长：杨勇
地址：上海市闵行区都市路 4855 号 2 号楼 202 室、1502 室、1602 室
邮编：201199

金山支行

党委书记、行长：查春光
地址：上海市金山区石化卫零路 558 号
邮编：200540

漕河泾开发区支行

党委书记、行长：徐劲松
地址：上海市宜山路 900 号
邮编：200233

虹桥开发区支行

党委书记、行长：吴晓春
地址：上海市长宁区娄山关路 83 号
邮编：200336

浦东开发区支行

党委书记、行长：沈小刚
地址：上海市浦东新区金桥路 1391 号 1－7 层
邮编：200129

嘉定支行

党委书记、行长：曹枫
地址：上海市嘉定区德富路 1288 号
邮编：100050

南汇支行

党委书记、行长：吴斌
地址：上海市浦东新区惠南镇城南路 258 号
邮编：201399

奉贤支行

党委书记、行长：沈晓泉
地址：上海市奉贤区南桥镇南奉公路 7809 号
邮编：201499

松江支行

党委书记、行长：郑唐浩
地址：上海市松江区中山二路 218 －228 号 1 层（平高大厦）、216 号 2－4 层（平高大厦）
邮编：201600

长三角一体化示范区支行

党委书记、行长：叶明雯
地址：上海市青浦区城中东路 485 号
邮编：201700

崇明支行

党委书记、行长：夏建国
地址：上海市崇明区城桥镇南门路 158 号
邮编：202150

自贸试验区新片区分行

党总支书记、行长：詹晟
地址：上海市浦东新区临港新城新元南路 555 号
邮编：201306

张江科技支行

党委书记、行长：朱樑
地址：上海市浦东新区张江路 633 号
邮编：201120

世博支行

党委书记、行长：张铭
地址：上海市浦东新区国展路 839 号华电大厦 1 层 101 室、21 层
邮编：200126

自贸试验区分行

党总支书记、行长：陆真真
地址：上海市浦东新区马吉路 28 号

邮编：200131

虹桥商务区支行

党总支书记、行长：叶青
地址：上海市闵行区申虹路666弄9号101、102室
邮编：201106

江苏分行

无锡分行

党委书记、行长：汪超
地址：无锡市五爱路30号
邮编：214031

常州分行

党委副书记、副行长：黄建
地址：常州市天宁区延陵中路680号
邮编：213003

南通分行

党委书记、行长：张健
地址：南通市姚港路8号
邮编：226000

镇江分行

党委书记、行长：李杰
地址：镇江市解放路308号
邮编：212001

泰州分行

党委书记：陈杰
地址：泰州市海陵区青年北路188号
邮编：225300

扬州分行

党委书记：苏伟
地址：江苏省扬州市文昌西路1号
邮编：225000

徐州分行

党委书记、行长：张华军
地址：徐州市云龙区彭城街道大同街31号
邮编：221000

盐城分行

党委书记、行长：周良坤
地址：盐城市城南新区世纪大道5号金融城1号楼
邮编：224005

淮安分行

党委书记、行长：黄保成
地址：淮安市淮海西路81号
邮编：223001

连云港分行

党委书记：钱学锋
地址：连云港市海州区海连中路118号
邮编：222000

宿迁分行

党委书记：汤国栋
地址：宿迁市洪泽湖路810号
邮编：223800

浙江分行

温州分行

党委书记、行长：胡寅
地址：温州市鹿城区香源路99号
邮编：325003

嘉兴分行

党委书记、行长：蒋顺根
地址：嘉兴市禾兴南路419号
邮编：314001

湖州分行

党委书记、行长：李幼平
地址：湖州市苕溪西路258号
邮编：313000

绍兴分行

党委书记、副行长：张仕乾（主持工作）
地址：绍兴市越城区胜利东路180号
邮编：312000

金华分行

党委书记、行长：吕忠
地址：金华市八一北街595号
邮编：321000

衢州分行

党委书记、行长：陆益民
地址：衢州市上街66号
邮编：324000

台州分行

党委书记、行长：沈维嘉
地址：台州市市府大道 609 号
邮编：318000

丽水分行

党委副书记、副行长：王琳（主持工作）
地址：丽水市莲都区丽阳路 555 号
邮编：323000

舟山分行

党委书记、行长：张志平
地址：舟山市定海区临城街道定沈路 628 号
邮编：316000

义乌分行

党委书记、行长：楼雪君
地址：义乌市篁园路 128 号
邮编：322000

萧山分行

党委书记、行长：黄震宇
地址：杭州市萧山区城河街 54 号
邮编：311200

安徽分行

淮北分行

党委书记、行长：钱泽龙
地址：安徽省淮北市相山区人民中路 192 号
邮编：235000

宿州分行

党委书记、行长：徐广诚
地址：安徽省宿州市淮海中路 58 号
邮编：234000

蚌埠分行

党委书记、行长：屠彦恒
地址：安徽省蚌埠市中兴街 95 号
邮编：233000

阜阳分行

党委书记、行长：孙建民
地址：安徽省阜阳市清河东路 568 号
邮编：236032

淮南分行

党委书记、行长：姜涌
地址：安徽省淮南市田家庵区国庆中路 287 号
邮编：232007

滁州分行

党委书记、行长：周晨光
地址：安徽省滁州市南谯区龙蟠大道 186 号
邮编：239000

六安分行

党委书记、行长：张弓
地址：安徽省六安市解放南路 79 号
邮编：237000

马鞍山分行

党委书记、行长：王晓东
地址：安徽省马鞍山市太白大道 3455 号
邮编：243000

芜湖分行

党委书记、行长：杨良彬
地址：安徽省芜湖市文化路 38 号
邮编：241000

宣城分行

党委书记、行长：胡静
地址：安徽省宣城市鳌峰西路 76 号
邮编：242000

铜陵分行

党委书记、行长：方伟
地址：安徽省铜陵市长江东路 2 号
邮编：244000

池州分行

党委书记、行长：许民
地址：安徽省池州市秋浦西路 117 号
邮编：247000

安庆分行

党委书记、行长：纪小岗
地址：安徽省安庆市孝肃路 230 号
邮政编码：246004

黄山分行

党委书记、行长：石砚

地址：安徽省黄山市屯溪区黄山东路 57 号
邮编：245000

亳州分行

党委书记：刘飞
行长：王全
地址：安徽省亳州市谯城区魏武大道 983 号
邮编：236800

福建分行

泉州分行

党委书记、行长：郑一鹏
地址：泉州市丰泽街 610 号
邮编：362000

漳州分行

党委书记、行长：王黎强
地址：漳州市元光南路 3 号工行大楼
邮编：363000

三明分行

党委书记、行长：张建良
地址：三明市和仁新村一幢
邮编：365000

南平分行

党委书记、行长：尹冠强
地址：南平市东山路 2 号
邮编：353000

莆田分行

党委书记：沈非
地址：莆田市荔城大道南段 968 号
邮编：351100

龙岩分行

党委书记、行长：庄文聪
地址：龙岩市九一南路 47 号
邮编：364000

宁德分行

党委书记、行长：吴家春
地址：福建省宁德市东侨经济开发区南湖滨路 2 号（龙威·经茂广场）2 幢 1 层至 8 层
邮编：352100

晋江分行

党委书记：郑一鹏
党委副书记、行长：许志钦
地址：青阳街道崇德路 273 号
邮编：362200

福建自贸试验区平潭片区分行

党支部书记：郑宇
地址：平潭县潭城镇海坛中路 73 号
邮编：350400

福建自贸试验区福州片区分行

党支部书记、行长：钟玲明
地址：福州市马尾区君竹路 24 号
邮编：350015

江西分行

赣州分行

党委书记、行长：赵乘南
地址：赣州市文清路 39 号
邮编：341000

宜春分行

党委书记、行长：黄新根
地址：宜春市袁州区秀江中路 219 号
邮编：336000

吉安分行

党委书记、行长：方怡
地址：吉安市井冈山大道 103 号
邮编：343000

上饶分行

党委书记、行长：鄢毅
地址：上饶市滨江西路 25 号
邮编：334000

抚州分行

党委书记、行长：陈红根
地址：抚州市赣东大道 439 号
邮编：344000

九江分行

党委书记、行长：谢建国
地址：九江市滨江路 99 号
邮编：332000

景德镇分行

党委书记、行长：罗德平

地址：景德镇市瓷都大道 1106 号
邮编：333000

萍乡分行

党委书记、行长：徐惟
地址：萍乡市建设西路 76 号
邮编：337000

新余分行

党委书记、行长：陈世勇
地址：新余市仙来东大道 269 号
邮编：338000

鹰潭分行

党委书记、行长：李强
地址：鹰潭市环城西路 1 号
邮编：335000

山东分行

淄博分行

党委书记、行长：金滨
地址：淄博市张店金晶大道 158 号
邮编：255000

枣庄分行

党委书记、行长：李沧海
地址：枣庄市光明大道 2399 号
邮编：277102

东营分行

党委书记、行长：张东海
地址：东营市南一路 278 号
邮编：257091

烟台分行

党委书记、行长：滕云静
地址：烟台市芝罘区海港路 1 号
邮编：264000

潍坊分行

党委书记、行长：陈文
地址：潍坊市奎文区胜利东街 5099 号
邮编：261031

济宁分行

党委书记、行长：鞠立坤
地址：济宁市红星东路 115 号
邮编：272017

泰安分行

党委书记、行长：马庆东
地址：泰安市财源大街 135 号
邮编：271000

威海分行

党委书记、行长：鞠雷
地址：威海市文化西路 188 号
邮编：264209

日照分行

党委书记、行长：杨明
地址：日照市黄海一路 43 号
邮编：276826

莱芜分行

党委书记、行长：汤凯
地址：莱芜市鲁中东大街 1 号
邮编：271100

临沂分行

党委书记、行长：侯传和
地址：临沂市兰山区平安路 135 号
邮编：276000

德州分行

党委书记、行长：朱前锋
地址：德州市天衢中路 1561 号
邮编：253016

聊城分行

党委书记、行长：陈维东
地址：聊城市昌润南路 7 号
邮编：252000

滨州分行

党委书记、行长：乔宏宇
地址：滨州市滨城区渤海十八路 568 号
邮编：256600

菏泽分行

党委书记、行长：吕洪海
地址：菏泽市人民路 1366 号
邮编：274000

河南分行

洛阳分行

党委书记、行长：吕红晓
地址：洛阳市中州中路 230 号
邮编：471000

开封分行

党委书记、行长：王振
地址：开封市丁角街 88 号
邮编：475000

新乡分行

党委书记、行长：张丽静
地址：新乡市和平大道 88 号
邮编：453003

焦作分行

党委书记、行长：马世良
地址：焦作市焦东中路 23 号
邮编：454002

平顶山分行

党委书记、行长：张延庆
地址：平顶山市矿工中路南 37 号
邮编：467000

安阳分行

党委书记、行长：穆谢伟
地址：安阳市文峰大道西段 73 号
邮编：455000

鹤壁分行

党委书记、行长：吴秀红
地址：鹤壁市兴鹤大街 79 号
邮编：458030

濮阳分行

党委书记、行长：姚辉元
地址：濮阳市建设路 16 号
邮编：457000

许昌分行

党委书记、行长：崔胜利
地址：许昌市七一路 42 号
邮编：461000

漯河分行

党委书记、行长：王齐锋
地址：漯河市黄河路 692 号
邮编：462000

三门峡分行

党委书记、行长：杨梦华
地址：三门峡市崤山路中段 42 号
邮编：472000

南阳分行

党委书记、行长：党向阳
地址：南阳市工业路 124 号
邮编：473000

驻马店分行

党委书记、行长：陈卫东
地址：驻马店市解放路东段
邮编：463000

商丘分行

党委书记、行长：史卫红
地址：商丘市文化东路 569 号
邮编：476000

周口分行

党委书记、行长：刘玉山
地址：周口市工农路 20 号
邮编：466000

信阳分行

党委书记、行长：吴昊
地址：信阳市四一路 41 号
邮编：464000

济源分行

党委书记、行长：朱艳蓉
地址：济源市宣化东街 131 号
邮编：454650

湖北分行

三峡分行

党委书记、行长：韩强
地址：宜昌市夷陵大道特 169 号
邮编：443000

襄阳分行

党委书记、行长：徐云峰
地址：襄阳市前进路69号
邮编：441003

荆州分行

党委书记、行长：张斌
地址：荆州市沙市区北京中路352号
邮编：434000

孝感分行

党委书记、行长：易必新
地址：孝感市园林二路47号
邮编：432000

十堰分行

党委书记、行长：何志宝
地址：十堰市公园路7号
邮编：442000

荆门分行

党委书记、行长：柳景明
地址：荆门市象山一路1号
邮编：448000

黄冈分行

党委书记、行长：伍先跃
地址：黄冈市新港二路1号
邮编：438000

黄石分行

党委书记、行长：程先志
地址：黄石市南京路18号
邮编：435000

咸宁分行

党委书记、行长：刘杨
地址：咸宁市淦河大道66号
邮编：437100

随州分行

党委书记、行长：姜浩
地址：随州市烈山大道493号
邮编：441300

恩施分行

党委书记、行长：张文锋
地址：恩施市施州大道30号
邮编：445000

鄂州分行

党委书记、行长：吴小强
地址：鄂州市凤凰路50号
邮编：436000

湖南分行

株洲分行

党委书记、行长：喻毅彦
地址：株洲市天台路35号
邮编：412007

湘潭分行

党委书记、行长：朱炎生
地址：湘潭市韶山中路1号
邮编：411100

衡阳分行

党委书记、行长：杨林
地址：衡阳市解放路1号
邮编：421001

邵阳分行

党委书记、行长：周壮山
地址：邵阳市红旗路389号
邮编：422000

岳阳分行

党委书记、行长：刘超
地址：岳阳市南湖大道335号
邮编：414000

益阳分行

党委书记、行长：王健
地址：益阳市益宾路9号
邮编：413000

常德分行

党委书记、行长：侯军
地址：常德市人民路1888号
邮编：415000

永州分行

党委书记、行长：杜凌翼
地址：永州市湘江东路483号

邮编：425100

郴州分行

党委书记、行长：胡敏
地址：郴州市北湖路 27 号
邮编：423000

娄底分行

党委书记、行长：陈轶珑
地址：娄底市乐坪大道东 270 号
邮编：417000

怀化分行

党委书记、行长：周昌立
地址：怀化市迎丰中路 247 号
邮编：418000

湘西分行

党委书记、行长：王军宪
地址：吉首市人民北路 79 号
邮编：416000

张家界分行

党委书记、行长：曾俊
地址：张家界市回龙路 29 号
邮编：427000

广东分行

中山分行

党委书记、行长：曾广洺
地址：广东省中山市石岐悦来南路 7 号
邮编：528400

惠州分行

党委书记、行长：陈景新
地址：广东省惠州市江北文明一路 3 号
邮编：516003

东莞分行

党委书记、行长：许长明
地址：广东省东莞市莞太路胜和路段 18 号
邮编：523009

汕头分行

党委副书记、副行长：林斌
地址：广东省汕头市迎宾路 1 号工行大楼
邮编：515041

江门分行

党委书记、行长：刘勇
地址：广东省江门市港口路 93 号
邮编：529030

河源分行

党委书记、行长：熊泰
地址：广东省河源市沿江路 13 号
邮编：517000

揭阳分行

党委书记、行长：蔡志成
地址：广东省揭阳市黄岐山大道中段
邮编：522031

清远分行

党委书记、行长：林添喜
地址：广东省清远市桥北一路 1 号
邮编：511500

佛山分行

党委书记、行长：梁少群
地址：广东省佛山市汾江中路 130 号
邮编：528000

汕尾分行

党委书记、行长：江光明
地址：广东省汕尾市城区汕尾大道奎山桥西侧工行大楼
邮编：516600

珠海分行

党委书记、行长：童志军
地址：珠海市吉大景山路 19 号工商银行大厦
邮编：519015

湛江分行

党委书记、行长：符辉
地址：广东省湛江市康顺路 29 号
邮编：524043

梅州分行

党委书记、行长：肖文泽
地址：广东省梅州市嘉应东路 18 号
邮编：514021

肇庆分行

党委书记、行长：吴卫权

地址：广东省肇庆市端州三路 34 号
邮编：526040

潮州分行

党委书记、行长：林俊中
地址：广东省潮州市潮州大道中段
邮编：521000

云浮分行

党委书记、行长：夏国杰
地址：广东省云浮市建设北路 3 号
邮编：527300

茂名分行

党委书记、行长：余松友
地址：广东省茂名市人民南路 36 号
邮编：525000

韶关分行

党委书记、行长：邓湧
地址：广东省韶关市建国路 2 号
邮编：512000

阳江分行

党委书记、行长：陈泽鹏
地址：广东省阳江市新江北路 488 号
邮编：529500

横琴分行

党委书记、行长：童志军
地址：珠海市横琴新区十字门中央商务区横琴金融产业服务基地 1 号楼
邮编：519031

深圳分行

前海分行

党委书记、行长：张小荣
地址：深圳市前海深港合作区前湾一路 63 号前海企业公馆 10 栋
邮编：518000

分行营业部

党委书记、总经理：李玉霜
地址：深圳市罗湖区深南东路金塘街 1 号
邮编：518000

罗湖分行

党总支书记、行长：胡青
地址：深圳市罗湖区深房广场一层、二层和九层
邮编：518000

红围支行

党总支书记、行长：柳佳希
地址：深圳市罗湖区解放路信兴广场附楼 UG109、110
邮编：518000

深东支行

党总支书记、行长：潘为民
地址：深圳市罗湖区深南东路 2017 号华乐大厦一至三层
邮编：518000

东门支行

党总支书记、行长：杨大鹏
地址：深圳市罗湖区文锦中路 1012 号锦绣大厦一至二楼
邮编：518000

上步支行

党总支书记、行长：李振兴
地址：深圳市福田区红荔路四川大厦北附楼
邮编：518000

华强支行

党总支书记、行长：黄惠山
地址：深圳市福田区深南中路 2074 号电子大厦
邮编：518000

福田支行

党总支书记、行长：陶巍
地址：深圳市福田区滨河路联合广场首层
邮编：518000

深圳湾支行

党总支书记、行长：陈韦铭
地址：深圳市福田区深南大道 6008 号特区报业大厦一楼
邮编：518000

喜年支行

党总支书记、行长：马小亮
地址：深圳市福田区深南大道南泰然九路西喜年中心裙楼 202、203、205、206、207、208、209、301B
邮编：518000

南山支行

党总支书记、行长：张立超
地址：深圳市南山区南新路 32 号
邮编：518000

蛇口支行

党总支书记、副行长：袁泰伦（主持工作）
地址：深圳市南山区蛇口招商路 173 号
邮编：518000

盐田支行

党总支书记、行长：童仁俊
地址：深圳市盐田区沙头角镇金融路 99 号
邮编：518000

宝安支行

党总支书记、行长：皮勇革
地址：深圳市宝安区建安一路 56 号
邮编：518000

新沙支行

党总支书记、行长：黄振文
地址：深圳市宝安区沙井街道办中心路时代中心一、二楼
邮编：518000

龙华支行

党总支书记、行长：刘铁军
地址：深圳市宝安区龙华镇人民路工行大楼
邮编：518000

布吉支行

党总支书记、行长：潘劲松
地址：深圳市龙岗区布吉镇康利物联谷大厦 1 号楼 101
邮编：518000

龙岗支行

党总支书记、行长：杨多平
地址：深圳市龙岗区中心城新亚洲花园 10 区商业街商铺一、三、四层
邮编：518000

星河支行

党总支书记、行长：蔡悬峰
地址：深圳市福田区福华三路与民田路交汇处星河国际花园裙楼 L1－023A、L2－016、L2－017号
邮编：518000

高新园支行

党总支书记、行长：林维国
地址：深圳市南山区高新科技园南区高新南三道中国科技开发院孵化基地三期中科大厦一、二楼
邮编：518000

光明支行

党总支书记、行长：崔勇
地址：深圳市光明新区光明街道华夏路怡景园 7 栋一、二层商铺
邮编：518000

福永支行

党总支书记、行长：肖东良
地址：深圳市宝安区福永镇福永大道 349 号首层
邮编：518000

横岗支行

党总支书记、行长：杨兴定
地址：深圳市龙岗区横岗街道东城中心花园裙楼 132、132A、133
邮编：518000

观澜支行

党总支书记：王哲
行长：武涛
地址：深圳市宝安区观澜中航格澜阳光花园商业 B2 栋首层
邮编：518000

坪山支行

党总支书记、行长：李德伟
地址：深圳市坪山区坪山街道中山大道潮商广场 110－113，211－215
邮编：518000

华为支行

党总支书记、行长：王迪
地址：深圳市龙岗区坂田街道有所为大厦 103、104、215、315
邮编：518000

高新园南区支行

党总支书记、行长：欧新宏
地址：深圳市南山区高新技术产业园区综合服务楼

首层
邮编：518000

广西分行

南宁分行

党委书记、行长：龙云
地址：南宁市民族大道 38－2 号
邮编：530022

柳州分行

党委书记、行长：文华
地址：柳州市广雅路 19 号
邮编：545001

桂林分行

党委书记、行长：汪春
地址：桂林市中山中路 16 号
邮编：541002

梧州分行

党委书记、行长：张阳春
地址：梧州市大学路 25 号
邮编：543002

北海分行

党委书记、行长：刘敏
地址：北海市四川路 63 号
邮编：536000

玉林分行

党委书记、副行长：丁昌锋（主持工作）
地址：玉林市一环东路 158 号
邮编：537000

百色分行

党委书记、行长：徐彬
地址：百色市中山二路 1 号
邮编：533000

河池分行

党委书记：林敏强
地址：广西河池市新建路 74 号
邮编：547000

钦州分行

党委副书记、副行长：覃员（主持工作）
单位地址：钦州市向阳街 8 号
邮编：535000

防城港分行

党委书记、副行长：尹建美（主持工作）
地址：防城港市港口区友谊路 11 号
邮编：538001

贵港分行

党委书记、行长：高涛
地址：广西贵港市桂林路 708 号院东方巴黎写字楼 21－23 层
邮编：537100

来宾分行

党委书记、行长：林盛超
地址：广西来宾市新兴路 140 号
邮编：546100

崇左分行

党委书记、行长：黄勤
地址：崇左市江南路 42 号
邮编：532200

贺州分行

党委书记、副行长：雷锋成（主持工作）
地址：贺州市建设东路 2 号
邮编：542800

海南分行

三亚分行

党委书记、行长：王玲
地址：海南省三亚市吉阳区解放路 743 号
邮编：572000

洋浦分行

党委书记、行长：蔡于雄
地址：海南省洋浦经济开发区工商银行大厦
邮编：578101

儋州分行

党委书记、行长：韩航元
地址：儋州市人民中路 319 号
邮编：571700

重庆分行

两江分行

党委书记：张建伦

行长：赵敏
地址：重庆市渝北区青枫北路 6 号 1 – 10
邮编：401121

万州分行

党委书记、行长：刘永洪
地址：重庆市万州区白岩路 81 号
邮编：404000

涪陵分行

党委书记：刘波
行长：钟珣
地址：重庆市涪陵区兴华中路 2 号
邮编：408099

黔江分行

党委书记、行长：龚兵
地址：重庆市黔江区新华大道西段 1128 号
邮编：409099

高科技支行

党委书记、行长：王瑛玮
地址：重庆市渝州路 54 号
邮编：400039

渝中支行

党委书记、行长：赖涛
地址：重庆市渝中区民族路 177 号
邮编：400010

江北支行

党委书记、行长：蒋勇
地址：重庆市江北区永平门街 14 号 25 – 1、26 – 1
邮编：401147

沙坪坝支行

党委书记、行长：苏海涛
地址：重庆市沙坪坝区小龙坎新街 78 号
邮编：400030

九龙坡支行

党委书记、行长：方蕾
地址：重庆市九龙坡区杨家坪正街 13 号
邮编：400050

南岸支行

党委书记、行长：刘英丽
地址：重庆市南岸区江南大道 9 号
邮编：400060

大渡口支行

党委书记、行长：高兵
地址：重庆市大渡口区钢花路 350 号
邮编：400084

北碚支行

党委书记、行长：张克强
地址：重庆市北碚区康宁路 60 号
邮编：400700

巴南支行

党委书记、行长：文革兵
地址：重庆市巴南区龙洲湾龙海大道 3 号
邮编：401320

渝北支行

党委书记、行长：唐莉
地址：重庆市渝北区仙桃街道桂馥大道 1 号华辰财富广场 C 座 12 – 15 楼
邮编：401120

永川支行

党委书记、行长：杨忠坚
地址：重庆市永川区人民南路 66 号
邮编：402160

江津支行

党委书记、行长：李东
地址：重庆市江津区几江大同路 322 号
邮编：402260

合川支行

党委书记、行长：陶庆年
地址：重庆市合川区苏家街 3 号
邮编：401520

长寿支行

党委书记、行长：胡显明
地址：重庆市长寿区桃源大道 6 号
地址：401220

南坪支行

党委书记：张军
行长：刘同宇
地址：重庆市南岸区南坪西路 5 号
邮编：400060

两路口支行

党委书记、行长：袁毅
地址：重庆市渝中区重庆村 55 号附 1 号
邮编：400014

自由贸易试验区分行

党委书记、行长：田川
地址：重庆市南岸区泰昌路 61 号附 2 号 2－1、附 2 号 2－2、附 2 号 2－3、附 3 号、附 4 号
邮编：400061

四川分行

德阳分行

党委书记、行长：周伯林
地址：德阳市旌阳区凯江路 33 号
邮编：618000

绵阳分行

党委书记、行长：彭浪
地址：绵阳市涪城区警钟街 10 号
邮编：621000

广元分行

党委书记、行长：刘翔
地址：广元市利州区利州东路 667 号
邮编：628017

遂宁分行

党委书记、行长：李俊民
地址：遂宁市船山区遂州北路 159 号
邮编：629000

南充分行

党委书记、行长：刘天勇
地址：南充市顺庆区丝绸路 86 号
邮编：637000

广安分行

党委书记、行长：杨勇军
地址：广安市城南新区金安大道二段 1 号
邮编：638000

达州分行

党委书记、行长：耿忠
地址：达州市达川区西环路 538 号
邮编：635000

巴中分行

党委书记、行长：王涛
地址：巴中市巴州区江北大道 56 号
邮编：636600

资阳分行

党委书记、行长：王生
地址：资阳市雁江区西门桥 24 号
邮编：641300

内江分行

党委书记、行长：傅智刚
地址：内江市中区中央路 48－52 号
邮编：641000

自贡分行

党委书记、行长：孙涛
地址：自贡市自流井区尚义灏二支路 1 号
邮编：643000

泸州分行

党委书记、行长：王文超
地址：泸州市江阳区迎晖路 77 号
邮编：646000

宜宾分行

党委书记、行长：尧蜜
地址：宜宾市南岸商贸路 101 号
邮编：644002

眉山分行

党委书记、行长：贾林恒
地址：眉山市东坡区三苏路 81 号
邮编：620010

乐山分行

党委书记、行长：刘海
地址：乐山市中区紫云后街 10 号
邮编：614000

雅安分行

党委书记、行长：杜丹
地址：雅安市雨城区东大街 17 号
邮编：625000

凉山分行

党委书记、行长：韩建设

地址：四川省凉山彝族自治州西昌市航天大道三段28号
邮编：615000

攀枝花分行

党委书记、行长：王彬
地址：攀枝花市攀枝花大道东段492号
邮编：617000

甘孜直属支行

党总支书记、行长：王晓江
地址：四川省甘孜藏族自治州康定市沿河西路42号
邮编：626000

阿坝直属支行

党总支书记、行长：黄俊
地址：四川省阿坝藏区羌族自治州马尔康市达萨街169号
邮编：624000

贵州分行

贵安分行

党委书记、行长：龙凌
地址：贵安新区湖潮乡行政中心金融服务区1号楼（3号至4号门面1－2层）
邮编：550001

遵义分行

党委书记、行长：殷泓渊
地址：遵义市红花岗区新华路8号
邮编：563000

六盘水分行

党委委员、行长：张艳
地址：六盘水市钟山区凉都大道59号
邮编：553001

安顺分行

党委书记、行长：杜英杰
地址：安顺市西秀区建设路12号
邮编：561000

毕节分行

党委书记、行长：徐志刚
地址：毕节市七星关区麻园大道
邮编：551700

铜仁分行

党委书记、行长：盛军
地址：铜仁市共青路37号
邮编：554300

凯里分行

党委书记、行长：向立高
地址：凯里市北京西路15号
邮编：556000

都匀分行

党委书记、行长：吴奇
地址：都匀市斗篷山路100号
邮编：558000

兴义分行

党委书记、行长：龙梅
地址：兴义市瑞金北路7号
邮编：562400

云南分行

玉溪分行

党委书记、行长：张晶岚
地址：玉溪市玉兴路21号
邮编：653100

曲靖分行

党委书记、行长：李永德
地址：曲靖市麒麟东路6号
邮编：655000

昭通分行

党委书记：王军
地址：昭通市昭阳区学生路123号
邮编：657000

红河分行

党委书记、行长：张忠
地址：红河州蒙自市天马路41号
邮编：661199

文山分行

党委书记、行长：李辉
地址：文山州文山市普阳西路66号
邮编：663099

普洱分行

党委书记、行长：刘凯
地址：普洱市思茅区人民西路 90 号
邮编：665000

西双版纳分行

党委委员、副行长：自成良
地址：西双版纳州景洪市宣慰大道 112 号
邮编：666100

临沧分行

党委书记、行长：李锡钦
地址：临沧市临翔区南塘街 144 号
邮编：677099

楚雄分行

党委书记、行长：李涛
地址：楚雄州楚雄市北浦路 175 号
邮编：675000

大理分行

党委书记、行长：段斌丽
地址：大理州大理市下关人民街 30 号
邮编：671000

丽江分行

党委书记、行长：蒋威力
地址：丽江市古城区香格里大道 1071 号
邮编：674100

迪庆分行

党委副书记、副行长：郑元
地址：迪庆州香格里拉县长征大道 28 号
邮编：674400

怒江分行

党委书记：段继琮
地址：泸水市六库镇新城区沧江路 48 号
邮编：673199

保山分行

党委副书记、副行长：杨磊
地址：保山市隆阳区保岫东路 37 号
邮编：678000

德宏分行

党委书记：杨汉禹
地址：德宏州芒市胞波路 30 号
邮编：678400

陕西分行

铜川分行

党委书记、行长：吴浩强
地址：铜川市新区华原东道 7 号
邮编：7270316

宝鸡分行

党委书记、行长：张军
地址：宝鸡市经二路 157 号
邮编：721000

咸阳分行

党委书记、行长：王育新
地址：咸阳市人民中路 37 号
邮编：712000

渭南分行

党委书记、行长：李彬
地址：渭南市前进路中段 87 号
邮编：714000

商洛分行

党委书记、行长：张仲国
地址：商洛市迎宾路一号
邮编：726000

汉中分行

党委书记、行长：宋联海
地址：汉中市汉台区人民路 106 号
邮编：723000

安康分行

党委书记、行长：李敏
地址：安康市汉滨区解放路 16 号
邮编：725000

延安分行

党委书记、行长：丁维
地址：延安市师范路 441 号
邮编：716000

榆林分行

党委书记、行长：张宏亮
地址：榆林市长城路西 32 号

邮编：719000

陕西自贸区西安沣东分行

党委书记、行长：张瑞华
地址：西安市未央区西咸路 501 号启航时代广场 A 座
邮编：710086

甘肃分行

天水分行

党委书记、行长：鲁彬先
地址：甘肃省天水市秦州区建设路 331 号
邮编：741000

白银分行

党委书记、行长：史明太
地址：甘肃省白银市白银区人民路 81 号
邮编：730900

金昌分行

党委书记、行长：谢慧斌
地址：甘肃省金昌市金川区新华路 18 号
邮编：737100

嘉峪关分行

党委书记、行长：高玉涛
地址：甘肃省嘉峪关市新华中路 476 号
邮编：735100

酒泉分行

党委书记、行长：王伯平
地址：甘肃省酒泉市肃州区广场西路 2 号
邮编：735000

张掖分行

党委书记、行长：赵炳文
地址：甘肃省张掖市甘州区县府街 99 号
邮编：734000

武威分行

党委书记、行长：孙晓明
地址：甘肃省武威市凉州区西大街 9 号
邮编：733000

定西分行

党委书记、行长：韩文生
地址：甘肃省定西市安定区安定路 18A 号
邮编：743000

平凉分行

党委书记、行长：刘敏
地址：甘肃省平凉市崆峒区西大街 75 号
邮编：744000

庆阳分行

党委书记、行长：赵臻
地址：甘肃省庆阳市西峰区西大街 23 号
邮编：745000

陇南分行

党委书记、行长：朱晓明
地址：甘肃省陇南市武都区盘旋西路 02 号
邮编：746000

临夏分行

党委书记、行长：张永庆
地址：甘肃省临夏市团结路 50 号
邮编：731100

甘南分行

党委书记、行长：吕宏杰
地址：甘肃省甘南州合作市东三路 18 号
邮编：747000

东风场区分行

党委书记、行长：张翠红
地址：甘肃省酒泉市肃州区转十号基地
邮编：746000

兰州新区支行

党总支书记、行长：王效泽
地址：甘肃省兰州市兰州新区环湖东路 1385 号
邮编：730084

新疆分行

伊犁哈萨克自治州分行

党委书记、行长：冶生中
地址：新疆伊宁市斯大林东路 12 号
邮编：835000

塔城分行

党委书记、行长：穆玉刚
地址：新疆塔城市新华街 153 号
邮编：834700

阿勒泰分行

党委书记：赵宝
地址：新疆阿勒泰市金山路 4 号
邮编：836500

克拉玛依石油分行

党委书记：刘新胜
地址：新疆克拉玛依市天山路 38 号
邮编：834000

博尔塔拉蒙古自治州分行

党委书记、行长：韩卫东
地址：新疆博乐市青得里大街 148 号
邮编：833400

昌吉回族自治州分行

党委书记、行长：尹斌
地址：新疆昌吉市文化西路 3 号
邮编：831100

哈密分行

党委书记、行长：宋晓迪
地址：新疆哈密市中山北路 18 号
邮编：839000

吐鲁番分行

党委书记、行长：郭庆山
地址：新疆吐鲁番市绿洲中路 390 号
邮编：838000

巴音郭楞蒙古自治州分行

党委书记、行长：王新
地址：新疆库尔勒市石化大道工行大厦 30 号
邮编：841000

新疆第七支行

党委书记、行长：王晓钟
地址：新疆乌鲁木齐 21 信箱 456 分箱（新疆马兰）
邮编：841700

阿克苏分行

党委书记：徐振杰
地址：新疆阿克苏市北大街 24 号
邮编：843000

喀什分行

党委书记、行长：程晓胜
地址：新疆喀什市人民东路 1 号
邮编：844000

和田分行

党委书记、行长：李杰
地址：新疆和田市乌鲁木齐南路 2 号
邮编：848000

石河子分行

党委书记、行长：刘康康
地址：新疆石河子市 23 小区北四路 240 号
邮编：832000

新疆克州分行

党委书记、行长：吴文莲
地址：新疆克州阿图什市松他克路北路 22 号
邮编：845350

西藏分行

林芝分行

党委书记、行长：徐鸿
地址：林芝市巴宜区二桥北段西财富阳光 1 号楼
邮编：860000

昌都分行

党委书记、行长：赵光亮
地址：昌都市卡若区昌都西路 385 号
邮编：854000

那曲分行

党委书记、行长：尼玛泽仁
地址：那曲市色尼区高原西路 2 号
邮编：852000

山南分行

党委书记、行长：欧阳俊
地址：山南市乃东区泽当镇湖北大道 22 号
邮编：856000

境内控股及独资子公司名录

工银瑞信基金管理有限公司

党委书记、候任董事长：赵桂才
地址：北京市西城区金融大街 5 号新盛大厦 A 座 8 层
邮编：100033

工银金融租赁有限公司

党委书记、候任董事长：张正华
地址：天津经济技术开发区第二大街62号泰达MSD－B1座20层
邮编：300457

工银安盛人寿保险有限公司

党委书记、董事长：马健
监事长：张伟峰
总　裁：吴茜
地址：上海市浦东新区陆家嘴环路166号未来资产大厦19楼
邮编：200120

工银金融资产投资有限公司

党委副书记、总经理：冯军伏
地址：南京市浦滨路211号江北新区扬子科创中心一期B幢19－20层
邮编：210000

工银科技有限公司

党委书记、董事长：李六旬
总经理：李六旬
地址：中国（河北）自由贸易试验区雄安片区容城县雄安市民服务中心企业办公区C栋第1层111单元
邮编：071799

工银理财有限责任公司

党委书记、候任董事长：王海璐
地址：北京市西城区金融大街6号金嘉大厦B座
邮编：100034

重庆璧山工银村镇银行

党委书记、董事长：宋伟
行长：宋伟
地址：重庆市璧山区仙山路8号
邮编：402760

浙江平湖工银村镇银行

党委书记、董事长：蒋顺根
行长：张晓峰
地址：平湖市城南西路258号
邮编：314200

境外机构名录

港澳地区

香港分行

Industrial and Commercial Bank of China Limited, Hong Kong Branch
地址：33/F, ICBC Tower, 3 Garden Road, Central, Hong Kong SAR, China
邮箱：icbchk@icbcasia.com
电话：+852－25881188
传真：+852－25881160
SWIFT：ICBKHKHH

中国工商银行（亚洲）有限公司

Industrial and Commercial Bank of China (Asia) Limited
地址：33/F, ICBC Tower, 3 Garden Road, Central, Hong Kong SAR, China
邮箱：enquiry@icbcasia.com
电话：+852－35108888
传真：+852－28051166
SWIFT：UBHKHKHH

工银国际控股有限公司

ICBC International Holdings Limited
地址：37/F, ICBC Tower, 3 Garden Road, Central, Hong Kong SAR, China
邮箱：info@icbci.com.hk
电话：+852－26833888
传真：+852－26833900
SWIFT：ICILHKH1

中国工商银行（澳门）股份有限公司

Industrial and Commercial Bank of China (Macau) Limited
地址：18th Floor, ICBC Tower, Macau Landmark, 555 Avenida da Amizade, Macau SAR, China
邮箱：icbc@mc.icbc.com.cn
电话：+853－28555222
传真：+853－28338064
SWIFT：ICBKMOMX

澳门分行

Industrial and Commercial Bank of China Limited, Macau Branch

地址：Alm. Dr. Carlos d'Assumpcao, No. 393 – 437, 9 Andar, Edf. Dynasty Plaza, Macau SAR, China

邮箱：icbc@ mc. icbc. com. cn

电话：+853 – 28555222

传真：+853 – 28338064

SWIFT：ICBKMOMM

亚太地区

东京分行

Industrial and Commercial Bank of China Limited, Tokyo Branch

地址：5 – 1 Marunouchi 1 – Chome, Chiyoda – Ku Tokyo, 100 – 6512, Japan

邮箱：icbctokyo@ icbc. co. jp

电话：+813 – 52232088

传真：+813 – 52198525

SWIFT：ICBKJPJT

首尔分行

Industrial and Commercial Bank of China Limited, Seoul Branch

地址：16th Floor, Taepyeongno Bldg. , #73 Sejong – daero, Jung – gu, Seoul 100 – 767, Korea

邮箱：icbcseoul@ kr. icbc. com. cn

电话：+82 – 237886670

传真：+82 – 27553748

SWIFT：ICBKKRSE

釜山分行

Industrial and Commercial Bank of China Limited, Busan Branch

地址：1st Floor, ABL Life Bldg. , # 640 Jungang – daero, Busanjin – gu, Busan 47353, Korea

邮箱：busanadmin@ kr. icbc. com. cn

电话：+82 – 514638868

传真：+82 – 514636880

SWIFT：ICBKKRSE

中国工商银行股份有限公司蒙古代表处

Industrial and Commercial Bank of China Limited, Mongolia Representative Office

地址：Suite 1108, 11th floor, Shangri – la Office, Shangri – la Centre, 19A Olympic Street, Sukhbaatar District – 1, Ulaanbaatar, Mongolia

邮箱：mgdbcgw@ dccsh. icbc. com. cn

电话：+976 – 77108822, +976 – 77106677

传真：+976 – 77108866

新加坡分行

Industrial and Commercial Bank of China Limited, Singapore Branch

地址：6 Raffles Quay #12 – 01, Singapore 048580

邮箱：icbcsg@ sg. icbc. com. cn

电话：+65 – 65381066

传真：+65 – 65381370

SWIFT：ICBKSGSG

中国工商银行（印度尼西亚）有限公司

PT. Bank ICBC Indonesia

地址：The City Tower 32nd Floor, Jl. M. H. Thamrin No. 81, Jakarta Pusat 10310, Indonesia

邮箱：cs@ ina. icbc. com. cn

电话：+62 – 2123556000

传真：+62 – 2131996016

SWIFT：ICBKIDJA

中国工商银行马来西亚有限公司

Industrial and Commercial Bank of China (Malaysia) Berhad

地址：Level 10, Menara Maxis, Kuala Lumpur City Centre, 50088 Kuala Lumpur, Malaysia

邮箱：icbcmalaysia@ my. icbc. com. cn

电话：+603 – 23013399

传真：+603 – 23013388

SWIFT：ICBKMYKL

马尼拉分行

Industrial and Commercial Bank of China Limited, Manila Branch

地址：24F, The Curve, 32nd Street Corner, 3rd Ave, BGC, Taguig City, Manila 1634, Philippines

邮箱：info@ ph. icbc. com. cn

电话：+63 – 282803300

传真：+63 – 284032023

SWIFT：ICBKPHMM

中国工商银行（泰国）股份有限公司

Industrial and Commercial Bank of China (Thai) Public Company Limited

地址：622 Emporium Tower 11th – 13th Fl. , Sukhum-

vit Road, Khlong Ton, Khlong Toei, Bangkok, Thailand
电话：+66 - 26295588
传真：+66 - 26639888
SWIFT：ICBKTHBK

河内分行

Industrial and Commercial Bank of China Limited, Hanoi Branch
地址：3rd Floor Daeha Business Center, No. 360, Kim Ma Str., Ba Dinh Dist., Hanoi, Vietnam
邮箱：admin@ vn. icbc. com. cn
电话：+84 - 2462698888
传真：+84 - 2462699800
SWIFT：ICBKVNVN

中国工商银行股份有限公司胡志明市代表处

Industrial and Commercial Bank of China Limited, Ho Chi Minh City Representative Office
地址：12th floor Deutsches Haus building, 33 Le Duan Street, District 1, Ho Chi Minh City, Vietnam
邮箱：hcmadmin@ vn. icbc. com. cn
电话：+84 - 28 - 35208991

万象分行

Industrial and Commercial Bank of China Limited, Vientiane Branch
地址：Asean Road, Home No. 358, Unit12, Sibounheuang Village, Chanthabouly District, Vientiane Capital, Lao PDR
邮箱：icbcvte@ la. icbc. com. cn
电话：+856 - 21258888
传真：+856 - 21258897
SWIFT：ICBKLALA

金边分行

Industrial and Commercial Bank of China Limited, Phnom Penh Branch
地址：17th Floor, Exchange Square, No. 19 - 20, Street 106, Phnom Penh, Cambodia
邮箱：icbckh@ kh. icbc. com. cn
电话：+855 - 23955880
传真：+855 - 23965268
SWIFT：ICBKKHPP

仰光分行

Industrial and Commercial Bank of China Limited, Yangon Branch
地址：ICBC Center, Crystal Tower, Kyun Taw Road, Kamayut Township, Yangon, Myanmar
电话：+95 - 019339258
传真：+95 - 019339278
SWIFT：ICBKMMMY

中国工商银行（阿拉木图）股份公司

Industrial and Commercial Bank of China (Almaty) Joint Stock Company
地址：150/230, Abai/Turgut Ozal Street, Almaty, Kazakhstan. 050046
邮箱：office@ kz. icbc. com. cn
电话：+7 - 7272377085
SWIFT：ICBKKZKX

卡拉奇分行

Industrial and Commercial Bank of China Limited Karachi Branch
地址：15th & 16th Floor, Ocean Tower, G - 3, Block - 9, Scheme # 5, Main Clifton Road, Karachi, Pakistan. P. C：75600
邮箱：service@ pk. icbc. com. cn
电话：+92 - 2135208988
传真：+92 - 2135208930
SWIFT：ICBKPKKA

孟买分行

Industrial and Commercial Bank of China Limited, Mumbai Branch
地址：801, 8th Floor, A Wing, One BKC, C - 66, G Block, Bandra Kurla Complex, Bandra East, Mumbai - 400051, India
邮箱：icbcmumbai@ india. icbc. com. cn
电话：+91 - 2271110300
传真：+91 - 2271110353
SWIFT：ICBKINBB

迪拜国际金融中心分行

Industrial and Commercial Bank of China Limited, Dubai (DIFC) Branch
地址：Floor 5&6, Gate Village Building 1, Dubai International Financial Center, Dubai, United Arab Emirates P. O. Box：506856
邮箱：dboffice@ dxb. icbc. com. cn
电话：+971 - 47031111
传真：+971 - 47031199
SWIFT：ICBKAEAD

阿布扎比分行

Industrial and Commercial Bank of China Limited, Abu Dhabi Branch

地址：Addax Tower Offices 5207, 5208 and 5209, Al Reem Island, Abu Dhabi, United Arab Emirates P. O. Box 62108

邮箱：dboffice@ dxb. icbc. com. cn

电话：+971 -24998600

传真：+971 -24998622

SWIFT：ICBKAEAA

多哈分行

Industrial and Commercial Bank of China Limited, Doha (QFC) Branch

地址：Level 20, Burj Doha, Al Corniche Street, West Bay, Doha, Qatar P. O. BOX：11217

邮箱：ICBCDOHA@ doh. icbc. com. cn

电话：+974 -44072758

传真：+974 -44072751

SWIFT：ICBKQAQA

利雅得分行

Industrial and Commercial Bank of China Limited, Riyadh Branch

地址：Level 4&8, Al Faisaliah Tower Building No：7277 - King Fahad Road Al Olaya, Zip Code：12212, Additional No.：3333, Unit No.：95, Kingdom of Saudi Arabia

邮箱：service@ sa. icbc. com. cn

电话：+966 -112899800

传真：+966 -112899879

SWIFT：ICBKSARI

科威特分行

Industrial and Commercial Bank of China Limited, Kuwait Branch

地址：Building 2A (Al - Tijaria Tower), Floor 7&8, Al - Soor Street, Al - Morqab, Block3, Kuwait City, Kuwait

邮箱：info@ kw. icbc. com. cn

电话：+965 -22281777

传真：+965 -22281799

SWIFT：ICBKKWKW

悉尼分行

Industrial and Commercial Bank of China Limited, Sydney Branch

地址：Level 42, Tower 1, International Towers, 100 Barangaroo Avenue, Sydney NSW 2000 Australia

邮箱：info@ icbc. com. au

电话：+612 -94755588

传真：+612 -82885878

SWIFT：ICBKAU2S

中国工商银行新西兰有限公司

Industrial and Commercial Bank of China (New Zealand) Limited

地址：Level 11, 188 Quay Street, Auckland 1010, New Zealand

邮箱：info@ nz. icbc. com. cn

电话：+64 -93747288

传真：+64 -93747287

SWIFT：ICBKNZ2A

奥克兰分行

Industrial and Commercial Bank of China Limited, Auckland Branch

地址：Level 11, 188 Quay Street, Auckland 1010, New Zealand

邮箱：info@ nz. icbc. com. cn

电话：+64 -93747288

传真：+64 -93747287

SWIFT：ICBKNZ22

欧洲地区

法兰克福分行

Industrial and Commercial Bank of China Limited, Frankfurt Branch

地址：Bockenheimer Anlage 15, 60322 Frankfurt am Main, Germany

邮箱：icbc@ icbc - ffm. de

电话：+49 -6950604700

传真：+49 -6950604708

SWIFT：ICBKDEFF

卢森堡分行

Industrial and Commercial Bank of China Limited, Luxembourg Branch

地址：32, Boulevard Royal, L - 2449 Luxembourg, B. P. 278 L - 2012 Luxembourg

邮箱：office@ eu. icbc. com. cn

电话：+352 2686661

传真：+352 -26866666

SWIFT：ICBKLULL

中国工商银行（欧洲）有限公司

Industrial and Commercial Bank of China (Europe) S. A.

地址：32, Boulevard Royal, L－2449 Luxembourg, B. P. 278 L－2012 Luxembourg

邮箱：office@ eu. icbc. com. cn

电话：＋352－2686661

传真：＋352－26866666

SWIFT：ICBKLULU

中国工商银行（欧洲）有限公司巴黎分行

Industrial and Commercial Bank of China (Europe) S. A. Paris Branch

地　址：73 Boulevard Haussmann, 75008, Paris, France

邮箱：administration@ fr. icbc. com. cn

电话：＋33－140065858

传真：＋33－140065899

SWIFT：ICBKFRPP

中国工商银行（欧洲）有限公司阿姆斯特丹分行

Industrial and Commercial Bank of China (Europe) S. A. Amsterdam Branch

地址：Johannes Vermeerstraat 7－9, 1071 DK, Amsterdam, the Netherlands

邮箱：icbcamsterdam@ nl. icbc. com. cn

电话：＋31－205706666

传真：＋31－206702774

SWIFT：ICBKNL2A

中国工商银行（欧洲）有限公司布鲁塞尔分行

Industrial and Commercial Bank of China (Europe) S. A. Brussels Branch

地址：81, Avenue Louise, 1050 Brussels, Belgium

邮箱：info@ be. icbc. com. cn

电话：＋32－2－5398888

传真：＋32－2－5398870

SWIFT：ICBKBEBB

中国工商银行（欧洲）有限公司米兰分行

Industrial and Commercial Bank of China (Europe) S. A. Milan Branch

地址：Via Tommaso Grossi 2, 20121, Milano, Italy

邮箱：hradmin@ it. icbc. com. cn

电话：＋39－0200668899

传真：＋39－0200668888

SWIFT：ICBKITMM

中国工商银行（欧洲）有限公司马德里分行

Industrial and Commercial Bank of China (Europe) S. A. Sucursal en España

地　址：Paseo de Recoletos, 12, 28001, Madrid, España

邮箱：gad. dpt@ es. icbc. com. cn

电话：＋34－912168837

传真：＋34－912168866

SWIFT：ICBKESMM

中国工商银行（欧洲）有限公司华沙分行

Industrial and Commercial Bank of China (Europe) S. A. Poland Branch

地址：Plac Trzech Krzyży18, 00－499, Warszawa, Poland

邮箱：info@ pl. icbc. com. cn

电话：＋48－222788066

传真：＋48－222788090

SWIFT：ICBKPLPW

中国工商银行（欧洲）有限公司希腊代表处

Industrial and Commercial Bank of China (Europe) S. A. Greece Representative Office

地址：Amerikis 13, Athens 106 72 Greece

电话：＋30－2166868888

传真：＋30－2166868889

中国工商银行（伦敦）有限公司

ICBC (London) PLC

地　址：81 King William Street, London EC4N 7BG, UK

邮箱：admin@ icbclondon. com

电话：＋44－2073978888

传真：＋44－2073978899

SWIFT：ICBKGB2L

伦敦分行

Industrial and Commercial Bank of China Limited, London Branch

地　址：81 King William Street, London EC4N 7BG, UK

邮箱：admin@ icbclondon. com

电话：＋44－2073978888

传真：＋44－2073978890

SWIFT：ICBKGB3L

工银标准银行公众有限公司

ICBC Standard Bank PLC

地址：20 Gresham Street, London, United Kingdom, EC2V 7JE
邮箱：londonmarketing@icbcstandard.com
电话：+44-2031455000
传真：+44-2031895000
SWIFT：SBLLGB2L

中国工商银行（莫斯科）股份公司

Bank ICBC (joint stock company)
地址：Building 29, Serebryanicheskaya embankment, Moscow, Russia Federation 109028
邮箱：info@ms.icbc.com.cn
电话：+7-4952873099
传真：+7-4952873098
SWIFT：ICBKRUMM

中国工商银行（土耳其）股份有限公司

ICBC Turkey Bank Anonim Şirketi
地址：Maslak Mah. Dereboyu, 2 Caddesi No：13 34398 Sariyer, STANBUL
邮箱：gongwen@tr.icbc.com.cn
电话：+90-2123355011
SWIFT：ICBKTRIS

布拉格分行

Industrial and Commercial Bank of China Limited, Prague Branch, odštěpn závod
地址：12F City Empiria, Na Strži 1702/65, 14000 Prague 4 - Nusle, Czech Republic
邮箱：info@cz.icbc.com.cn
电话：+420-237762888
传真：+420-237762899
SWIFT：ICBKCZPP

苏黎世分行

Industrial and Commercial Bank of China Limited, Beijing, Zurich Branch
地址：Nüschelerstrasse 1, CH-8001, Zurich, Switzerland
邮箱：service@ch.icbc.com.cn
电话：+41-58-9095588
传真：+41-58-9095577
SWIFT：ICBKCHZZ

中国工商银行奥地利有限公司

ICBC Austria Bank GmbH
地址：Kolingasse 4, 1090 Vienna, Austria
邮箱：generaldept@at.icbc.com.cn
电话：+43-1-9395588
SWIFT：ICBKATWW

美洲地区

纽约分行

Industrial and Commercial Bank of China Limited, New York Branch
地址：725 Fifth Avenue, 20th Floor, New York, NY 10022, USA
邮箱：info-nyb@us.icbc.com.cn
电话：+1-2128387799
传真：+1-2128386688
SWIFT：ICBKUS33

中国工商银行（美国）

Industrial and Commercial Bank of China (USA) NA
地址：1185 Avenue of the Americas, 16th Floor, New York, NY 10036
邮箱：info@us.icbc.com.cn
电话：+1-2122388208
传真：+1-2122193211
SWIFT：ICBKUS3N

工银金融服务有限责任公司

Industrial and Commercial Bank of China Financial Services LLC
地址：1633 Broadway, 28th Floor, New York, NY, 10019, USA
邮箱：info@icbkfs.com
电话：+1-2129937300
传真：+1-2129937349
SWIFT：ICBKUS3F

中国工商银行（加拿大）有限公司

Industrial and Commercial Bank of China (Canada)
地址：Unit 3710, Bay Adelaide Centre, 333 Bay Street, Toronto, Ontario, M5H 2R2, Canada
邮箱：info@icbk.ca
电话：+1-4163665588
传真：+1-4166072000
SWIFT：ICBKCAT2

中国工商银行（墨西哥）有限公司

Industrial and Commercial Bank of China Mexico S. A.
地址：Paseo de la Reforma 250, Piso 18, Col. Juarez, C. P. 06600, Del. Cuauhtemoc, Ciudad de Mexico

邮箱：info@ icbc. com. mx
电话：+52 –5541253388
SWIFT：ICBKMXMM

中国工商银行（巴西）有限公司

Industrial and Commercial Bank of China (Brasil) S. A.
地址：Av. Brigadeiro Faria Lima, 3477 – Block B – 6 andar – SAO PAULO/SP – Brasil
邮箱：bxgw@ br. icbc. com. cn
电话：+55 –1123956600
SWIFT：ICBKBRSP

中国工商银行（秘鲁）有限公司

ICBC PERU BANK
地址：Calle Las Orquideas 585, Oficina 501, San Isidro, Lima, Peru
邮箱：consultas@ pe. icbc. com. cn
电话：+51 –16316800
传真：+51 –16316802
SWIFT：ICBKPEPL

中国工商银行（阿根廷）股份有限公司

Industrial and Commercial Bank of China (Argentina) S. A.
地址：Blvd. Cecilia Grierson 355, (C1107 CPG) Buenos Aires, Argentina
邮箱：gongwen@ ar. icbc. com. cn
电话：+54 –1148203784
传真：+54 –1148201901
SWIFT：ICBKARBA

工银投资（阿根廷）共同投资基金管理股份有限公司

ICBC Investments Argentina S. A. Sociedad Gerente de Fondos Comunes de Inversión
地 址：Blvd. Cecilia Grierson 355, Piso 14, (C1107CPG) CABA, Argentina
邮箱：alpha. sales@ icbc. com. ar
电话：+54 –1143949432

Inversora Diagonal 股份有限公司

Inversora Diagonal S. A.
地址：Florida 99, (C1105CPG) CABA, Argentina
电话：+54 –1148202200

巴拿马分行

Industrial and Commercial Bank of China Limited, Panama Branch
地址：MMG Tower | 20th Floor | Ave. Paseo del Mar | Costa del Este
Panama City, Republic of Panama
邮箱：info@ icbc. com. mx
电话：+507 –69083179
SWIFT：ICBKPAPA

非洲地区

中国工商银行股份有限公司非洲代表处

Industrial and Commercial Bank of China Limited, African Representative Office
地址 1：47 Price Drive, Constantia, Cape Town, South Africa, 7806
地址 2：T11, 2nd Floor East, 30 Baker Street, Rosebank, Johannesburg, Gauteng, South Africa, 2196
邮箱：icbcafrica@ afr. icbc. com. cn
电话：+27 –713301141

中国工商银行员工情况表

2020 年 12 月 31 日

序号	机构名称	合同制人员合计	性别结构		年龄结构								学历结构				
			男	女	平均年龄	25 岁及以下	26 ~ 30 岁	31 ~ 35 岁	36 ~ 40 岁	41 ~ 45 岁	46 ~ 50 岁	50 岁以上	博士研究生	硕士研究生	大学本科	大专	专科以下
1	合计	416 608	210 170	206 438	42.07	33 551	48 348	62 196	40 381	37 144	67 906	127 082	546	33 998	242 474	104 923	34 667
2	总行本部	3 881	2 234	1 647	36.8	158	773	876	1 005	556	222	291	271	2 570	1 013	22	5
3	北京分行	19 040	8 636	10 404	38.56	1 770	2 907	3 867	3 293	1 622	2 023	3 558	27	3 433	12 053	2 820	707
4	天津分行	7 849	3 867	3 982	42.79	732	833	753	912	690	1 223	2 696	3	591	4 303	1 873	1 079
5	河北分行	18 950	10 686	8 264	45.35	1 204	1 417	1 708	1 101	1 815	4 103	7 602	1	740	9 538	5 894	2 777
6	山西分行	13 170	6 720	6 450	45.49	346	753	1 634	1 109	1 691	2 406	5 231	1	768	5 389	5 036	1 976
7	内蒙古分行	10 590	5 550	5 040	45.39	693	721	900	606	1 039	2 365	4 266	2	361	5 697	3 078	1 452
8	辽宁分行	16 000	8 243	7 757	45.63	781	1 246	1 094	1 388	1 806	3 142	6 543		778	8 940	5 363	919
9	吉林分行	10 710	5 281	5 429	44.24	438	845	1 154	974	1 790	2 169	3 340	2	435	6 373	2 617	1 283
10	黑龙江分行	13 205	7 379	5 826	46.09	574	1 099	946	548	1 496	2 991	5 551	2	356	6 507	4 317	2 023
11	上海分行	14 100	5 370	8 730	38.47	1 378	2 400	3 222	1 491	1 275	1 532	2 802	29	1 665	9 347	2 126	933
12	江苏分行	19 185	10 111	9 074	41.43	2 373	1 920	3 447	1 533	894	2 431	6 587	7	1 357	11 590	4 493	1 738
13	浙江分行	20 565	8 715	11 850	38.02	2 719	2 817	4 093	3 375	1 762	2 389	3 410	11	1 420	15 081	3 202	851
14	安徽分行	12 105	7 119	4 986	43.89	780	1 516	1 444	596	986	2 054	4 729	4	710	6 511	3 717	1 163
15	福建分行	10 875	5 355	5 520	43.3	576	1 048	1 449	1 232	1 197	1 839	3 534	5	381	7 150	2 421	918
16	江西分行	9 741	5 162	4 579	44.42	455	1 079	946	656	1 188	1 857	3 559	1	411	4 894	3 192	1 243
17	山东分行	19 631	10 787	8 844	43.75	1 315	1 598	2 632	1 947	1 844	3 577	6 718	10	1 379	11 230	5 623	1 389
18	河南分行	18 660	10 412	8 248	44.48	1 219	1 964	1 773	637	1 676	4 596	6 795	6	723	9 976	5 443	2 512
19	湖北分行	16 171	8 372	7 799	45.29	862	1 586	1 584	648	1 285	3 299	6 907	10	1 134	8 226	4 723	2 078
20	湖南分行	12 535	6 556	5 979	45.04	898	971	1 020	1 026	1 131	2 150	5 339	1	569	6 388	4 476	1 101
21	广东分行	19 494	10 501	8 993	39.81	1 908	2 152	3 810	2 563	2 089	3 363	3 609	18	793	12 152	5 157	1 374
22	海南分行	2 695	1 546	1 149	43.34	251	253	277	129	372	459	954	1	136	1 697	676	185

续表

序号	机构名称	合同制人员合计	性别结构		年龄结构								学历结构				
			男	女	平均年龄	25岁及以下	26~30岁	31~35岁	36~40岁	41~45岁	46~50岁	50岁以上	博士研究生	硕士研究生	大学本科	大专	专科以下
23	广西分行	9 300	4 428	4 872	42.84	681	999	1 275	1 035	713	1 399	3 198		223	5 607	2 497	973
24	重庆分行	6 770	3 539	3 231	40.96	531	1 128	1 247	497	298	1 002	2 067	4	806	3 508	1 867	585
25	四川分行	16 096	7 860	8 236	41.83	840	1 723	3 312	1 730	1 229	2 737	4 525	14	1 300	9 367	4 685	730
26	云南分行	7 955	3 997	3 958	43.33	721	937	929	471	522	1 237	3 138	1	273	4 760	2 371	550
27	贵州分行	7 096	3 898	3 198	39.53	1 030	1 428	1 093	304	311	706	2 224	3	379	4 492	1 697	525
28	陕西分行	11 270	6 015	5 255	45.59	621	943	1 002	545	883	2 422	4 854	8	751	5 350	4 173	988
29	甘肃分行	6 733	3 793	2 940	45.79	433	690	342	369	503	1 183	3 213	1	168	4 094	2 040	430
30	青海分行	2 217	982	1 235	37.25	433	499	268	111	149	302	455	1	64	1 692	430	30
31	宁夏分行	2 680	1 342	1 338	41.2	283	427	405	147	129	496	793		110	1 621	776	173
32	新疆分行	7 800	3 499	4 301	41.82	824	1 162	939	474	642	1 054	2 705	5	330	4 802	2 141	522
33	西藏分行	316	193	123	32.53	91	74	52	26	29	34	10	2	22	281	11	
34	深圳分行	5 731	2 649	3 082	36.34	748	1 112	1 164	1 060	414	615	618	8	1 009	3 943	584	187
35	大连分行	3 673	1 429	2 244	42.36	155	275	792	391	293	886	881	2	324	2 365	869	113
36	青岛分行	3 398	1 700	1 698	40.29	411	411	662	400	193	355	966		420	2 081	621	276
37	宁波分行	4 093	1 621	2 472	38.69	370	495	1 016	631	400	456	725	1	234	3 001	631	226
38	厦门分行	2 349	1 035	1 314	39.99	202	378	430	192	226	422	499	3	218	1 707	266	155
39	广州分行	10 200	4 237	5 963	36.86	1 192	1 325	2 438	2 153	931	1 346	815	11	843	7 237	1 810	299
40	苏州分行	4 417	1 965	2 452	37.64	453	593	1 386	529	254	412	790	2	392	3 233	622	168
41	总行银行卡业务部（牡丹卡中心）	840	331	509	34.65	57	188	271	169	82	48	25	13	373	440	11	3
42	总行贵金属业务部	103	69	34	37.04	7	13	26	24	18	10	5	3	60	40		
43	总行票据营业部	313	130	183	39.14	15	42	79	44	42	45	46	3	114	184	11	1
44	总行私人银行部	162	102	60	35.19	2	51	43	30	14	14	8	6	113	40	3	

续表

序号	机构名称	合同制人员合计	性别结构		年龄结构								学历结构				
			男	女	平均年龄	25岁及以下	26~30岁	31~35岁	36~40岁	41~45岁	46~50岁	50岁以上	博士研究生	硕士研究生	大学本科	大专	专科以下
45	长春金融研修学院	58	33	25	39.29	2	10	12	16	3	3	12	1	28	28	1	
46	杭州金融研修学院	69	34	35	40.2	4	12	17	8	2	4	22	1	31	37		
47	业务研发中心	1 300	656	644	32.39	179	426	351	189	75	46	34	8	707	579	5	1
48	数据中心	1 185	740	445	32.45	214	339	236	198	68	40	40	5	525	636	16	3
49	软件开发中心	5 647	3 484	2 163	32.08	964	1 537	1 430	1 175	306	104	81	16	2 469	3 146	14	2
50	内部审计局直属分局	51	33	18	42.67		3	10	8	9	13	8	1	27	23		
51	内部审计局天津分局	48	34	14	46.08		4	8	5	2	7	22	1	12	35		
52	内部审计局沈阳分局	43	26	17	45.98		1	4	8	6	8	16		12	31		
53	内部审计局上海分局	48	27	21	44.63		3	8	4	12	6	15		16	32		
54	内部审计局南京分局	44	31	13	44.02		2	9	4	10	5	14		11	32	1	
55	内部审计局武汉分局	44	25	19	43.09		6	5	8	7	8	10		18	26		
56	内部审计局广州分局	40	28	12	47		3	1	7	2	12	15	4	8	28		
57	内部审计局成都分局	48	29	19	43.29		4	8	10	7	5	14	1	20	26	1	
58	内部审计局昆明分局	48	25	23	42.81		5	12	4	5	10	12		12	36		
59	内部审计局西安分局	44	30	14	44		3	13	5	1	5	17	1	14	29		
60	网络融资中心	151	77	74	27.72	44	73	28	4		1	1	1	99	51		
61	国际结算单证中心	680	129	551	31.94	88	200	253	86	26	21	6		344	335	1	
62	远程银行中心	3 494	1 001	2 493	32.87	366	707	1 679	449	76	134	83	1	172	2 887	428	6
63	网络金融部用户发展中心																
64	网络金融部运营支持中心	220	90	130	32.46	7	81	79	40	7	4	2	1	63	153	3	
65	网络金融部创新研发中心	201	114	87	30.24	36	71	70	16	8				100	101		
66	集约运营中心（佛山）	252	57	195	34.82	65	47	32	25	17	45	21	1	44	160	42	5
67	集约运营中心（成都）	229	51	178	39.79	51	20	21	11	16	54	56		30	163	26	10

中国工商银行系统机构设置情况表

2020 年 12 月 31 日

序号	机构名称	合计	总行	一级分行	直属分行	省会城市行	二级分行	一级支行			基层营业网点				总行利润中心、直属机构及其分支
								合计	县支行	城区支行	合计	二级支行	分理处	储蓄所	
1	合计	16 065	1	32	4	23	433	2 993	1 334	1 659	12 548	12 093	364	91	31
2	总行本部	1	1												
3	总行部门类利润中心	6													6
4	北京分行	565		1			37				527	507	8	12	
5	天津分行	339		1			23	7	2	5	308	308			
6	河北分行	785		1		1	11	209	98	111	563	563			
7	山西分行	457		1		1	10	131	64	67	314	314			
8	内蒙古分行	362		1		1	12	108	52	56	240	240			
9	辽宁分行	585		1		1	12	125	29	96	446	446			
10	吉林分行	366		1		1	8	79	29	50	277	267	3	7	
11	黑龙江分行	519		1		1	13	153	58	95	351	348	2	1	
12	上海分行	477		1			34				442	442			
13	江苏分行	887		1		1	11	119	40	79	755	738	14	3	
14	浙江分行	803		1		1	11	107	45	62	683	638	45		
15	安徽分行	542		1		1	15	149	44	105	376	376			
16	福建分行	448		1		1	10	85	51	34	351	351			
17	江西分行	418		1		1	11	119	76	43	286	267	19		
18	山东分行	893		1		1	15	160	73	87	716	421	238	57	
19	河南分行	717		1		1	18	180	83	97	517	517			
20	湖北分行	692		1		1	13	115	50	65	562	562			
21	湖南分行	530		1		1	13	135	62	73	380	380			
22	广东分行	975		1			19	194	55	139	761	761			
23	海南分行	123		1			4	15	9	6	103	103			
24	广西分行	450		1		1	13	107	54	53	328	328			
25	重庆分行	314		1			21	21	21		271	271			
26	四川分行	732		1		1	18	124	90	34	588	577	11		
27	云南分行	359		1		1	15	70	38	32	272	272			

续表

序号	机构名称	合计	总行	一级分行	直属分行	省会城市行	二级分行	一级支行			基层营业网点				总行利润中心、直属机构及其分支
								合计	县支行	城区支行	合计	二级支行	分理处	储蓄所	
28	贵州分行	278		1		1	9	76	53	23	191	191			
29	陕西分行	464		1		1	10	113	49	64	339	335	4		
30	甘肃分行	290		1		1	14	56	40	16	218	218			
31	青海分行	80		1			1	12	6	6	66	66			
32	宁夏分行	98		1				18	6	12	79	75	4		
33	新疆分行	251		1		1	15	62	42	20	172	172			
34	西藏分行	8		1			4	3		3					
35	深圳分行	140		1			1	27		27	111	111			
36	大连分行	163			1			20	4	16	142	142			
37	青岛分行	125			1		1	18	3	15	105	93	5	7	
38	宁波分行	169			1		4	16	3	13	148	146	1	1	
39	厦门分行	70			1		1	17		17	51	51			
40	广州分行	362				1	2	35	3	32	324	323		1	
41	苏州分行	197					4	8	2	6	185	173	10	2	
42	长春金融研修学院	1													1
43	杭州金融研修学院	1													1
44	总行银行卡业务部（牡丹卡中心）	5													5
45	软件开发中心	1													1
46	数据中心（北京）	1													1
47	数据中心（上海）	1													1
48	远程银行中心	1													1
49	国际结算单证中心	1													1
50	总行票据营业部	9													9
51	总行私人银行部	1													1
52	总行贵金属业务部	1													1
53	集约运营中心（佛山）	1													1
54	集约运营中心（成都）	1													1

注：本表不包括境内控股公司和境外机构。

2020 年总行级重点城市行综合竞争能力评价结果

2020 年综合竞争能力评价结果（直属行、省会城市行）

排名	一级分行	城市行	得分	2019 年	2020 年第三季度
1	山东	济南	946.48	A+	A+
2	浙江	杭州	931.39	A+	A-
3	陕西	西安	844.58	A-	A-
4	四川	成都	832.83	A-	A-
5	黑龙江	哈尔滨	794.21	B+	B+
6	福建	福州	777.83	B+	C+
7	广西	南宁	773.42	B+	C+
8	湖北	武汉	760.49	B+	B-
9	江苏	苏州	757.92	B+	C+
10	广东	广州	754.27	B+	B-
11	安徽	合肥	753.10	B+	B-
12	吉林	长春	740.56	B-	D+
13	江苏	南京	732.41	B-	B-
14	辽宁	沈阳	694.28	C+	B-
15	山西	太原	671.68	C+	B+
16	江西	南昌	647.20	C-	C+
17	云南	昆明	645.14	C-	C-
18	内蒙古	呼和浩特	613.80	C-	D+
19	河南	郑州	611.99	C-	C+
20	贵州	贵阳	611.55	C-	C-
21	新疆	乌鲁木齐	595.96	C-	D+
22	湖南	长沙	564.45	C-	C-
23	青岛	青岛	544.66	D+	C-
24	厦门	厦门	526.76	D+	D-
25	河北	石家庄	481.99	D-	C-
26	甘肃	兰州	419.57	D-	E-
27	宁波	宁波	286.60	E-	E-
28	大连	大连	277.39	E-	E-

评价结果划档标准：

A+：900 分以上　A-：[900，800）　B+：[800，750）　B-：[750，700）

C+：[700，650）　C-：[650，550）　D+：[550，500）　D-：[500，400）

E+：[400，350）　E-：350 分以下

2020 年综合竞争能力评价结果（重点二级分行）

排名	一级分行	城市行	得分	2019 年	2020 年第三季度
1	广东	东莞	886.64	A +	A +
2	山东	临沂	880.51	A +	A +
3	河北	保定	843.71	A +	B +
4	广东	江门	841.36	A +	A +
5	江西	赣州	824.61	A +	A +
6	浙江	金华	784.36	A −	A −
7	山东	东营	781.26	A −	B +
8	广东	中山	780.79	A −	B +
9	山东	济宁	775.55	B +	B −
10	海南	三亚	772.41	B +	B +
11	四川	绵阳	763.54	B +	B −
12	江苏	徐州	748.77	B +	B −
13	河北	廊坊	735.43	B +	B −
14	福建	泉州	732.38	B +	C +
15	广东	珠海	726.88	B −	B +
16	浙江	嘉兴	725.72	B −	A −
17	江苏	镇江	711.01	B −	C +
18	河南	平顶山	700.22	B −	B −
19	吉林	吉林市	697.69	B −	C +
20	浙江	台州	696.63	B −	B −
21	浙江	温州	690.14	B −	C +
22	湖南	岳阳	671.33	B −	C +
23	湖北	三峡	665.75	C +	B −
24	四川	南充	664.22	C +	D +
25	福建	漳州	644.31	C +	B −
26	陕西	咸阳	638.12	C +	D +
27	江苏	常州	621.77	C +	C +
28	江苏	南通	614.55	C +	C −
29	四川	德阳	612.66	C +	C +
30	广西	柳州	601.95	C +	C +
31	山东	淄博	601.43	C +	C +
32	山东	烟台	597.45	C −	B −
33	安徽	阜阳	592.35	C −	D +
34	河北	唐山	591.99	C −	C −

续表

排名	一级分行	城市行	得分	2019 年	2020 年第三季度
35	广东	惠州	586.45	C－	C＋
36	浙江	绍兴	577.47	C－	C－
37	广东	佛山	559.46	C－	D＋
38	山东	潍坊	558.57	C－	C－
39	广东	湛江	553.58	C－	B＋
40	湖北	襄阳	548.25	C－	C＋
41	河北	张家口	543.81	C－	C－
42	广西	桂林	525.84	D＋	D＋
43	湖北	荆州	514.19	D＋	E－
44	陕西	宝鸡	510.87	D＋	C－
45	贵州	遵义	507.72	D＋	D＋
46	河南	南阳	498.59	D＋	C＋
47	江苏	无锡	494.04	D＋	C－
48	江苏	扬州	478.83	D＋	D－
49	河南	洛阳	462.45	D－	D＋
50	江西	九江	461.88	D－	D－
51	安徽	芜湖	446.51	D－	E－
52	辽宁	鞍山	242.85	E－	E－

评价结果划档标准：

A＋：820 分及以上　A－：［780，820）　B＋：［730，780）　B－：［670，730）

C＋：［600，670）　C－：［530，600）　D＋：［470，530）　D－：［420，470）

E＋：［380，420）　E－：380 分以下

2020 年度二级分行经营效益 30 强

地区	分行	按绩效得分排名	按净利润排名	按人均 EVA 排名	三项因素综合排名
广东	中山	1	5	12	1
江苏	常州	6	3	14	2
广东	惠州	7	8	8	3
广东	东莞	2	1	23	4
苏州	昆山	18	17	3	5
江苏	南通	26	4	15	6
江苏	宿迁	14	25	6	7
浙江	嘉兴	8	6	31	8
广东	江门	5	14	27	9
苏州	吴江	13	30	5	10
浙江	金华	4	7	48	11

续表

地区	分行	按绩效得分排名	按净利润排名	按人均 EVA 排名	三项因素综合排名
浙江	湖州	9	19	32	12
广东	珠海	17	18	37	13
河北	廊坊	55	9	13	14
四川	眉山	3	62	16	15
山东	临沂	22	20	44	16
河北	保定	16	13	63	17
广东	河源	19	63	11	18
广东	佛山	48	2	43	19
四川	绵阳	10	28	60	20
海南	三亚	27	66	7	21
江苏	徐州	25	23	53	22
江苏	镇江	42	22	41	23
广东	汕尾	28	67	10	24
江西	上饶	24	33	49	25
广东	横琴	12	93	1	26
广东	肇庆	39	47	20	27
浙江	义乌	23	54	38	28
广东	汕头	31	34	54	29
广东	清远	58	43	19	30

2020 年度城区支行经营效益 40 强

地区	支行	按绩效得分排名	按净利润排名	按人均 EVA 排名	三项因素综合排名
北京	翠微路	3	1	2	1
深圳	高新园南区	1	10	1	2
北京	营业部	7	3	3	3
北京	新街口	4	2	10	4
浙江	营业部	5	7	5	5
浙江	西湖	2	13	9	6
浙江	朝晖	12	20	17	7
浙江	保俶	9	21	23	8
北京	长安	32	6	27	9
深圳	营业部	42	12	14	10
北京	海淀西区	6	8	57	11
北京	海淀	17	14	50	12
广东	北京路	39	16	29	13
北京	宣武	72	4	12	14

续表

地区	支行	按绩效得分排名	按净利润排名	按人均 EVA 排名	三项因素综合排名
深圳	宝安	16	42	35	15
北京	南礼士路	60	9	40	16
广东	第一支行	31	47	37	17
深圳	上步	21	63	33	18
广东	南方	50	39	30	19
上海	黄浦	8	11	105	20
广东	高新技术开发区	15	44	67	21
北京	西客站	33	15	81	22
浙江	解放路	22	71	36	22
四川	春熙	35	22	76	24
陕西	西安北大街	25	37	74	25
深圳	罗湖	24	66	48	26
深圳	喜年	34	55	49	26
上海	第二营业部	83	30	31	28
上海	营业部	130	5	13	29
深圳	红围	90	27	34	30
北京	东城	52	18	88	31
北京	中关村	19	26	114	32
北京	珠市口	92	25	43	33
北京	石景山	37	29	94	33
深圳	蛇口	11	104	46	35
深圳	华强	46	68	53	36
北京	地安门	76	35	59	37
深圳	华为	23	134	15	38
浙江	钱江	14	119	47	39
广东	花都	26	46	110	40

2020 年国际评级及获得的主要奖项

国际评级情况

项目	穆迪（Moody's）	标普（S&P）
长期外币存款评级	A1	A
短期外币存款评级	P-1	A-1
评级展望	稳定	稳定
基础信用评估（BCA）	baa1	—
个体信用状况（SACP）	—	bbb+

获奖情况

境外奖项

奖项中文	颁奖机构/媒体
最佳营销活动奖——微信绑卡	JCB 国际组织
依兰奖——独特创新奖（故宫借记卡）	国际制卡商协会（ICMA）
最具创意营销奖——绑卡合伙人	万事达卡组织
最具影响力活动奖——爱购全球购	
最具影响力活动奖——爱购月月刷	
杰出绿色债券发行机构——银行界最大规模单一绿色债券	香港品质保证局
香港公司管治卓越奖	香港上市公司商会/ 香港浸会大学公司管治与金融政策研究中心
中国最佳银行	《财资》（中国香港）
中国最佳保险托管银行	
中国最佳债券承销商	
最佳私人银行客户服务体验奖	
私人银行客户应用体验奖	
亚洲 G3 债券最佳投资机构	
中国最佳大型零售银行	《亚洲银行家》（新加坡）
亚太区最佳国际现金管理银行	
年度最佳私人财富服务	
中国最佳开放银行或 API 产品（国际奖项）——API 开放平台及生态圈开放项目	
中国最佳开放银行或 API 产品——工银“e”钱包	
中国最佳流程自动化项目	
中国最佳物联网产品、应用或项目	
金融科技创新奖（最佳 API 和开放银行）	
金融科技创新奖（最佳流程自动化）	
金融科技创新奖（最佳物联网）	
信用卡最佳信用风险实施项目	
中国最佳贵金属银行	《亚洲货币》（中国香港）
中国最佳境内债务融资银行	
中国最佳线上零售银行	

续表

奖项中文	颁奖机构/媒体
最佳互联网银行服务	《亚洲货币》（中国香港）
最佳境内债务融资银行	
中国最佳在岸人民币（第二名）	
“一带一路”倡议最佳咨询金融机构	
年度最佳 MBS 交易	
年度最佳 MBS 交易——工元宜居 2020 年第一期个人住房抵押贷款资产支持证券	
中国最佳银行	《环球金融》（美国）
中国最佳公司银行	
最具创新力银行	
亚太区最佳绿色金融交易	《银行家》（英国）

境内奖项

奖项中文	颁奖机构/媒体
银行科技发展奖	中国人民银行
“手机号码支付”案例特别奖	中国人民银行清算总中心
助力中小企业复工复产荣誉嘉奖	工信部企业经营管理人才素质提升工程协调小组办公室
国际业务特别贡献会员	上海黄金交易所
金融类优秀会员一等奖	
最佳竞价交易代理个人会员	
最佳询价交易机构金牌机构	
最佳询价交易做市商	
最佳业务创新会员	
最佳租借业务参与机构	
地方政府债券优秀承销商	上海证券交易所
优秀利率债承销机构奖	深圳证券交易所
债权融资计划“筑梦同行奖”	北京金融资产交易所
首都金融创新激励项目	北京市地方金融监督管理局
柜台债优秀承办机构	国家开发银行
境外市场推动奖	
社会责任奖——战疫先锋奖	
随买随卖优秀奖	
银行间市场优秀承销商	
金融债优秀承销商	中国进出口银行
最佳金融债承销商——卓越银行奖	Wind 资讯
最佳信贷 ABS 承销商	
最佳信用类债券承销商——卓越银行奖	
最佳银行间债务融资工具承销商	
最佳债券承销商	

续表

奖项中文	颁奖机构/媒体
Refinitiv 人民币市场展望奖宏观第二名	路孚特中国
最佳并购管理奖	全联并购公会
最佳并购交易奖	
最佳并购推广奖	
绿色应用 3.0 标准	软件绿色联盟
金融科技创新十佳案例	新金融联盟
结算业务和中央对手清算业务"优秀结算成员"	银行间市场清算所股份有限公司
结算业务和中央对手清算业务"优秀清算会员"	
债券通优秀做市商	债券通公司
银行业数字化转型优秀案例——数字渠道奖——手机银行 5.0	中国计算机用户协会金融互联网分会
银行业数字化转型优秀案例——数字营销奖——手机银行幸福生活版	
对外开放贡献奖	中国外汇交易中心暨全国银行间同业拆借中心
交易机制创新奖 X - Swap	
银行间本币市场核心交易商	
银行间本币市场交易 300 强	
银行间本币市场优秀货币市场交易商	
银行间外汇市场综合最佳做市机构	
优秀线上同业存款推进机构	
优秀衍生品市场交易商	
优秀债券市场交易商	
最佳 ESP 交易做市机构	
最佳阿联酋迪拉姆直接交易做市机构	
最佳交易后服务支持机构	
最佳竞价做市机构	
最佳卢布直接交易做市机构	
最佳南非兰特直接交易做市机构	
最佳期权报价行	
最佳沙特里亚尔直接交易做市机构	
最佳土耳其里拉直接交易做市机构	
最佳外币拆借报价行	
最佳外币拆借会员	
最佳外币对衍生品做市机构	
最佳外币对做市机构	
最佳外币回购会员	
最佳外币同业存款会员	
最佳询价做市机构	
最佳远掉询价做市机构	
最佳远掉做市机构	

续表

奖项中文	颁奖机构/媒体
最受欢迎即期询价做市机构	中国外汇交易中心暨全国银行间同业拆借中心
最受欢迎即期做市机构	
最受欢迎竞价做市机构	
最受欢迎询价做市机构	
最受欢迎远掉询价做市机构	
最受欢迎综合做市机构	
项目案例类（银法通）	中国网络金融联盟
银行数字化转型社会责任类“最佳金融抗疫服务奖”	
银行数字化转型优秀案例（供应链）	
银行数字化转型优秀案例——最佳移动银行	
践行“一带一路”倡议成效奖	中国银行业协会
助力打赢“三大攻坚战”成效奖	
最佳普惠金融成效奖	
客户服务积极协作奖	中国银联
便民服务奖	中国支付清算协会
金融服务中小微企业优秀案例	中国中小企业协会
储蓄国债（电子式）优秀承办机构奖	中央国债登记结算有限责任公司
地方债柜台业务贡献机构	
柜台流通式债券业务优秀机构	
结算100强——优秀自营商	
银行类优秀承销机构奖	
优秀ABS发起机构	
优秀地方债做市结算机构	
优秀国债做市结算机构	
优秀结算代理人	
优秀金融债发行人	
优秀托管人	
优秀做市结算机构	
中债绿色债券指数样本券优秀投资机构	
跨境推动奖	中债金融估值中心有限公司
研究应用奖	
年度最佳商业银行奖	《21世纪经济报道》
年度最具创新力公益传播奖	《财经》
最佳交易银行	《财资中国》
最佳全球现金管理银行	
金融科技创新特色服务奖/金融抗疫优秀产品及服务奖	《金融电子化》
金融科技及服务优秀创新奖——管理创新贡献奖	
金融科技及服务优秀创新奖——金融科技产品创新突出贡献奖	

续表

奖项中文	颁奖机构/媒体
金融科技及服务优秀创新奖——运维创新贡献奖	《金融电子化》
运营管理精英团队奖	
年度最佳商业银行奖	《金融时报》
年度卓越绿色银行	《经济观察报》
信用卡之星	
最佳交易银行	《贸易金融》
金牌银保服务力奖	《易趣财经》及《金融理财》
金牌银保业务协同奖	
十佳财富管理创新奖	《银行家》（中国）
十佳供应链金融创新奖	
十佳金融科技创新奖	
十佳智能风控创新奖	
消费金融创新奖	
最佳金融创新奖	
十佳小微企业金融服务创新奖	
十佳投资银行创新奖	
全能银行投行业务天玑奖	《证券时报》
养老金融服务银行天玑奖	
银行品牌建设天玑奖	
普惠金融服务银行天玑奖	
最佳基金托管银行英华奖	《中国基金报》
最佳基金销售银行	
产品优秀传播案例	《中国银行保险报》
银团贷款业务评优活动“最佳项目奖”	《中国银行业》
银团贷款业务评优活动“最佳业绩奖”	
中国银行业金融科技应用成果大赛最佳技术创新奖（区块链平台获一等奖）	
中国银行业金融科技应用成果大赛最佳应用成果奖（智能反洗钱获特等奖）	
“金臻奖”最佳中国私人银行品牌	财富管理
中资海外投资并购金哨奖——最佳金融服务机构	晨哨集团
优秀企业公民	二十一世纪传媒
TOP 金融榜——年度智慧金融	澎湃新闻
TOP 金融榜——普惠金融奖	
TOP 金融榜——年度绿色金融	
易观之星——最具潜力数字应用奖（工银 e 生活）	易观
易观之星——最受欢迎数字应用	
易观之星——最佳数字应用	易观国际

续表

奖项中文	颁奖机构/媒体
卓越竞争力手机银行	《中国经营报》
“金琥珀”财富管理优选私人银行	
杰出责任报告	《南方周末》
杰出责任企业	
银行业责任企业	
企业社会责任报告奖	《华夏时报》
杰出手机银行创新奖	《互联网周刊》
金 i 奖最佳智能创新手机银行奖	
年度责任企业	《新闻周刊》
百度知道合伙人用户体验奖	百度知道
年度创新传播银行	财经网
住房抵押贷款 ABS 优秀规模产品奖——20 工元宜居 1 期 RMBS 项目	财视中国
资产证券化 介甫奖 ABS 优秀原始权益人	
最佳私人银行	东方财富网
中国金融金领带奖最佳私人银行	华尔街见闻
年度杰出声誉风险管理奖	金融界
手机银行数字竞争力优秀奖	零壹财经
人民企业社会责任奖 年度最佳案例奖	人民网
人民网“匠心奖”——“人民匠心服务奖”	
互联网产业最佳解决方案	赛迪网
年度最佳传播奖	投资者网
金责奖	新浪财经
最佳国有商业银行奖	
最佳品牌金融科技银行	
明星信用卡“实力之星”	中国网
优秀金融扶贫先锋榜评选奖	
ADMEN 国际大奖 IP 营销实战金案	ADMEN 国际大奖组委会
ADMEN 国际大奖品牌 100 年度案例	
实现可持续发展目标 2020 企业最佳实践	全球契约中国网络
十佳呼叫中心卓越客户体验奖	中国电子商会
最佳供应链金融优质服务奖	中国供应链金融年会
年度最佳 RMBS 奖——工元宜居 2020 年第一期个人住房抵押贷款资产支持证券	中国金融前沿论坛
企业公民防疫抗疫先锋	中国企业公民交流总结大会
中国四星级企业公民	
中国百强企业奖	中国上市公司百强高峰论坛
中国产业区块链创新奖	中国物流与采购联合会区块链应用分会
可信区块链峰会高价值案例	中国信息通信研究院、中国通信标准化协会

续表

奖项中文	颁奖机构/媒体
年度杰出机构奖	中国资产证券化论坛
信贷资产证券化年度十佳交易奖——工元宜居系列 2019 年个人住房抵押贷款系列资产支持证券	
信贷资产证券化年度十佳交易奖——工元至诚系列 2019 年不良资产支持证券	

排名情况

排名机构	排名	排名依据
《福布斯》	全球企业 2000 强排名第 1 位	按公司销售收入、利润、资产、市值四项指标综合排名
《银行家》	全球银行 1000 强排名第 1 位	按银行一级资本排名
《财富》	世界 500 强排名第 24 位	按公司营业收入排名
Brand Finance	全球银行品牌 500 强排名第 1 位	按银行品牌价值排名

2020 年重要评比或评奖活动结果

全国劳动模范

张晓勤　中国工商银行河南安阳行政区支行副行长
李　鹏　中国工商银行新疆乌鲁木齐分行私人银行中心财富顾问
范国英　中国工商银行总行管理信息部研究分析专家

全国金融五一劳动奖状

四川分行
贵州分行

全国金融五一劳动奖章

梁阁（满族）　河北分行普惠金融事业部高级经理（现任丰宁满族自治县外沟门乡大营子村第一书记）
赵节跃　山西运城分行信贷管理部经理三级（现任平陆县杜马乡龙源村工作队队长）
闫振伟　河南洛阳分行嵩县支行副行长（现任嵩县何村乡花庄村驻村第一书记兼驻村工作队队长）
谢　强　湖北随州分行工会办公室经理三级（现任曾都区万店镇粉铺村精准扶贫工作队队长）
潘　利　四川乐山分行峨边支行营业室客户经理（现任峨边县五渡镇胜利村第一书记）
陈发忠　新疆阿克苏分行高级经理（现任新和县渭干乡果勒艾日克村工作队队长）

全国金融先锋号获得集体

总行办公室

2019—2020 年度全国十大金融工匠

程　实　工银国际控股有限公司首席经济学家（2019 年被授予全国金融五一劳动奖章）

2019—2020 年度全国十大金融工匠提名奖

卓敏静　浙江温州分行龙湾支行营业部客户经理
王伟尧　宁波市分行经理三级

陈　玲　陕西宝鸡清姜支行客户经理

金融系统五一巾帼标兵岗

中国工商银行江苏南京军管支行
中国工商银行浙江萧山江南支行营业室
中国工商银行江西宜春平安支行

全国金融五一巾帼标兵

朱子铖　中国工商银行河南平顶山分行
时　巍　中国工商银行黑龙江鹤岗分行
朱绍萍　中国工商银行云南运行风险监控中心
狄　燕　中国工商银行甘肃嘉峪关分行振兴支行

中国工商银行巾帼文明示范岗

北京金融街支行营业室
北京海淀西区四道口支行
北京长安支行营业室
天津分行个人金融业务部
天津北站支行营业室
河北廊坊朝阳支行营业室
河北秦皇岛昌黎支行营业室
河北邢台桥东支行营业室
山西太原城建支行营业室
山西朔州振华支行营业室
山西忻州长征街支行
内蒙古分行网络金融部
内蒙古包头青山支行营业室
辽宁沈阳皇姑支行营业室
辽宁鞍山雷锋支行
辽宁抚顺露天支行营业室
吉林长春吉大一院支行
吉林白山八道江支行营业部
黑龙江牡丹江锦江支行营业室
黑龙江鹤岗新世纪广场支行营业室
黑龙江大兴安岭人民路支行
上海长宁愚园路支行
上海静安支行营业厅
上海杨浦控江支行
江苏淮安分行营业部营业室
江苏盐城城南支行营业室
江苏泰州分行营业部营业室
浙江杭州钱江支行本级业务部
浙江湖州安吉支行营业部
浙江嘉兴海盐支行营业部
安徽合肥新站区支行营业室
安徽蚌埠汇通支行
福建福州长乐支行营业部
福建龙岩溪南支行
江西景德镇昌河支行
江西赣州安远支行
山东济南高新支行营业室
山东日照东港支行营业室
山东威海环翠支行营业室
河南郑州陇海路支行营业室
河南洛阳涧西支行营业部
河南许昌长葛支行营业室
湖北三峡临江支行营业室
湖北咸宁分行个人金融业务部
湖北恩施临江支行
湖南长沙银河支行
湖南岳阳奇家岭支行
湖南怀化洪江安江支行
广东梅州分行营业部
广东惠州惠阳秋长支行
广东东莞南城支行
海南海口国贸支行公司金融业务部
广西梧州国龙支行
广西南宁江南支行营业厅
重庆两江分行个人金融业务部
重庆渝中支行普惠金融事业部
四川成都分行龙泉总部经济港支行
四川绵阳高新支行
四川宜宾临港支行
云南昆明关上支行营业室
云南红河牡丹支行
贵州六盘水钟山支行
贵州毕节碧阳支行
陕西西安西工大支行
陕西宝鸡金台大道支行
甘肃甘南分行营业室
甘肃酒泉敦煌支行营业室
青海西宁八一支行
宁夏分行营业部营业室
新疆哈密天山西路支行
新疆石河子老街支行
西藏拉萨经开区支行营业室
深圳宝安支行营业部
深圳龙岗支行营业部
大连二七广场人民路支行
青岛胶州支行营业部
宁波宁海支行营业部
厦门美仁宫支行零售业务部
广州同福中路支行营业室
广州东风西路支行
广州机场支行
苏州吴江盛泽支行

总行资产托管部营运三处
票据营业部上海分部
总行私人银行部专户服务部客户服务团队
牡丹卡中心客户服务部
长春金融研修学院培训部
杭州金融研修学院培训部
软件开发中心工软学院
数据中心安全部安全管理组
业务研发中心个人结算产品线
远程银行中心（合肥）数据分析团队
国际结算单证中心（合肥）出口信用证二部
工银瑞信基金运作部
工银租赁法律事务部
工银安盛湖北分公司“护医天使”理赔小组
工银安盛天津分公司个险业务部
工银科技综合管理部

中国工商银行巾帼岗位标兵

郭圆圆　北京中关村支行私人银行财富顾问
冯晨莹　北京朝阳支行双桥新村网点负责人
宋　丹　北京丰台幸福街网点支行运营主管
葛　淼　天津开发区分行个人金融业务部经理
任晓君　天津新技术产业园区支行综合管理部副经理
齐　欣　河北保定长城支行营业室网点负责人
张思元　河北石家庄赞皇支行行长助理
刘玉春　河北唐山凤凰支行营业室经理
刘晓燕　山西大同灵丘支行客服经理
兰桂萍　山西临汾西城支行行长
高亚娜　山西运城私人银行中心财富顾问
张　丽　内蒙古呼和浩特明珠支行行长
周丽红　内蒙古通辽霍林郭勒支行营业室客户经理
张　宇　辽宁阜新分行运行管理部经理
赵秀丽　辽宁铁岭开发区支行行长
赵　丹　辽宁葫芦岛兴城兴海支行网点负责人
徐颖慧　吉林分行个人金融业务部总经理
王雪利　吉林白城通榆支行营业部客户经理
刘涵伍　黑龙江哈尔滨大直支行行长
张彤彤　黑龙江伊春分行副行长
朱　威　黑龙江绥化明水支行运营主管
赵文静　上海黄浦人民广场支行客服经理
唐永俊　上海浦开发联洋第二支行客服经理
龚岚青　上海徐汇东安路支行网点负责人
顾红梅　江苏南京城南支行营业部客服经理
陈　晔　江苏无锡惠山支行行长
崔余阳　江苏徐州分行营业部营业室副主任
徐晶贞　浙江金华永康城南支行行长
黄张苗　浙江温州经济技术开发区新田园支行行长
林晓琼　浙江舟山普陀沈家门支行行长
柯慧霞　安徽黄山城建支行牡丹营业室副主任
武　悦　安徽滁州琅琊支行客户经理
曾毓清　福建泉州鲤城支行副行长
杨小英　福建莆田忠湄支行行长
刘念念　江西南昌站前路赣江支行行长
朱梦晶　江西抚州广昌支行网点负责人
封莹莹　山东德州武城支行营业室网点机构负责人
宋雅利　山东济宁兖州支行行长
侯爱乡　山东烟台莱山新区支行网点负责人
娄芳超　河南郑州天赋路支行网点负责人
崔　星　河南洛阳分行涧西支行营业部经理
苏艳月　河南濮阳中原油田支行营业室主任
张　霞　湖北省分行法律事务部经理
关　娜　湖北武汉汉阳支行公司金融业务部客户经理
王珺春　湖北荆门东宝支行副行长
肖　玲　湖南湘潭高新支行行长
谭　燕　湖南常德分行德山支行行长
陈　洁　湖南益阳分行公司金融业务部总经理
谢尧萍　广东江门内控合规部副总经理
陈颖怡　广东湛江君临海岸支行网点负责人
陈晓丽　广东揭阳江南新城支行个人客户经理
曾其妙　海南三亚东方支行行长助理
郭　栩　广西分行机构金融业务部经理
李　智　广西柳州分行高新支行营业厅网点负责人
刘　丽　重庆沙坪坝三峡广场支行行长
余德琼　重庆渝北龙湖支行运营主管
杨晓鸥　四川成都盐市口支行机构业务部经理
周　擎　四川广安邻水支行营业室主任
李　蓉　四川凉山分行营业部客服经理
庄梦冰　云南省昆明汇通支行小坝支行副行长
史　静　云南曲靖罗平支行个人金融业务部经理
王　敏　贵州分行金融科技部应用研发员
赵　莱　贵州遵义湄潭支行行长
周　静　陕西西安莲湖路大兴西路支行网点负责人
董　萍　陕西商洛镇安县支行行长
何艳红　甘肃兰州分行结算与现金管理部经理
赵永杰　甘肃东风场区河东里支行行长
王　玲　青海西宁西门口支行副行长
徐天洁　宁夏贺兰太阳城支行副行长
彭云朗　新疆乌鲁木齐分行长春路支行营业室主任
魏　娜　新疆巴州和静支行理财经理
李梦昕　西藏营业部营业室主任
吴　丹　深圳南山西丽支行客服经理
黄贵花　深圳横岗支行营业部副经理
张秋莎　大连甘井子支行网点级机构主要负责人
杨　娜　青岛西海岸新区分行营业部副总经理

魏幼戎　宁波慈溪掌起支行个人客户经理
陈月鹤　厦门鹭江支行零售业务部经理
胡　炜　广州分行公司金融业务部经理
肖　蕙　广州万通支行综合管理部经理
何毅媚　广州庙署前路支行客户经理
薛方玺　苏州常熟碧溪支行运营主管
高　蕾　总行人力资源部工资管理处处长
高丽丽　总行票据营业部风险管理部副总经理
吴　莹　总行私人银行部综合管理部人力资源主管
钱晨虹　总行贵金属业务部信息科技部总经理
石岚岚　牡丹卡中心办公室行政保障科部门经理
李婧斐　长春金融研修学院团委副书记
胡小梅　杭州金融研修学院办公室（离退休人员管理部）总经理
俞丽萍　软件开发中心应用支持一部副总经理
赵　雁　数据中心系统一部高级经理
高　铮　业务研发中心业务研发二部副总经理
李美贤　远程银行中心（广州）客户服务一部境外服务代表
宋海雯　国际结算单证中心海外业务部三组组长
袁　芳　工银瑞信基金权益投资部基金经理
金　朦　工银租赁风险管理部副总经理
吴　杨　工银安盛上海业务地区银保业务部营销企划
张雅婷　工银安盛银保业务部副总经理
杨　倩　工银投资金融市场部（团队）交易经理
聂　玉　工银科技反洗钱产品经理